2010年 长三角年鉴

长三角联合研究中心 / 主办
长三角城市经济协调会办公室 / 联办
孙克强 / 执行主编

YEARBOOK OF CHANGJIANG DELTA DEVELOPMENT (2010)

河海大學出版社
HOHAI UNIVERSITY PRESS

编写说明

近年来，长江三角洲地区的发展引起了人们的广泛关注，以长江三角洲的发展为对象的研究活动正在迅速兴起。为组织和协调区域内的重要学术研究力量，进一步加强对长江三角洲地区的跟踪报道与深入研究，2005年12月，上海社会科学院、江苏省社会科学院、浙江省社会科学院共同发起和成立了“长三角联合研究中心”，以期发挥三院雄厚的专业研究力量，共同关注和研究长三角的发展问题。《长三角年鉴》的编写和出版即为该中心的年度工作内容之一。

目前，对“长江三角洲地区”有三种不同的解释：第一种是“小长三角”的概念，是指包括上海市，江苏省的苏州、无锡、常州、镇江、南京、南通、泰州、扬州，浙江的嘉兴、湖州、杭州、绍兴、宁波、舟山和台州，共16个城市及其周边地区。第二种是“大长三角”的概念，是指包括上海市、江苏省和浙江省全部行政区。第三种是“泛长三角”的概念，是指包括上海市、江苏省、浙江省与安徽省等邻近省份。本年鉴中使用的“长江三角洲地区”是“大长三角”的概念，主要是指上海、江苏和浙江两省一市的全部。

《长三角年鉴》重点分析长三角地区年度经济社会发展的基本情况与基本成就。但在年鉴的部分内容中也使用了前几年的发展数据，主要用于说明事情发展变化的过程，便于使用者从历史变化的角度对长三角地区的发展有一个整体认识。部分数据使用了相关地区的政府工作报告和年度统计公报中的材料。

《长三角年鉴》主要开设以下栏目：1、长三角区域概况，重点介绍和分析本区域的自然条件与自然状况、人口情况、行政区划及文化和旅游资源等；2、长三角地区经济社会发展，重点介绍和分析一年中上海市、江苏省和浙江省及各省辖市经济社会发展的主要进展与主要成就；3、长三角地区专项经济社会发展，重点是从长三角整体的角度对区域内年度经济社会发展的主要方面进行分析和总结；4、重要文献，主要介绍一年中上海市、江苏省和浙江省政府制定和实施的重要文件；5、经济社会发展重要指标；6、大事记。

《长三角年鉴》采用篇章编辑法编写，篇下设章，篇和章的标题分别使用不同字体和字号以示区别，篇目标明于页眉，以便于检索。

从2009年起，《长三角年鉴》增加泛长三角地区（安徽省、江西省和福建省）的发展内容，主要是考虑一方面扩大长三角地区的发展影响，让更多的地区共享长三角地区发展成果，另一方面也积极反映经济社会发展的客观规律，尊重长三角地区与周边地区在发展进程中不可缺少的各种联系。泛长三角地区的编写体例和内容与本年鉴的原有编写思路相同。

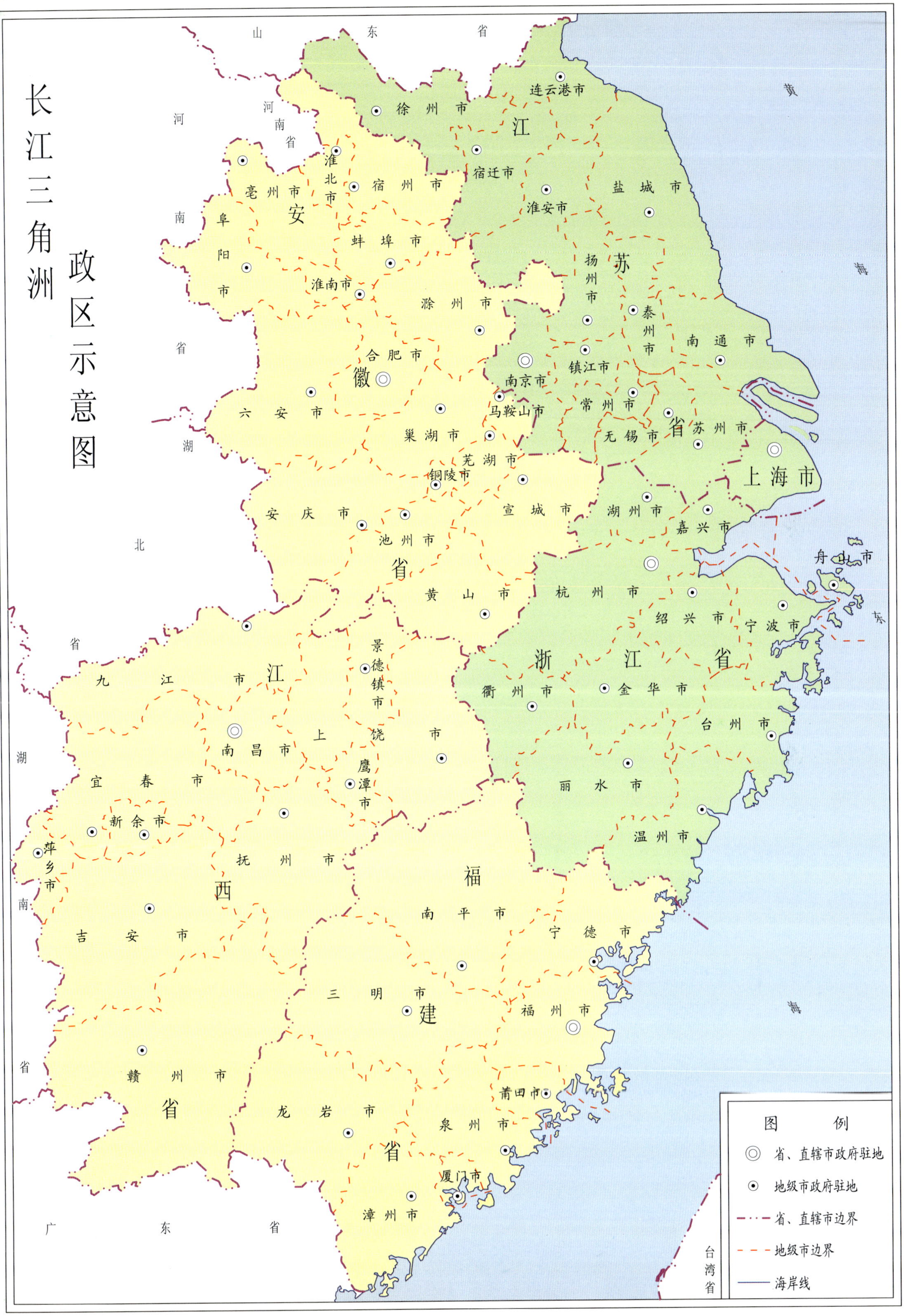
长江三角洲政区示意图
山东省
河南省
河南省
湖北省
湖南省
广东省
台湾省
黄海
东海
江苏省
安徽省
上海市
浙江省
江西省
福建省
连云港市
徐州市
宿迁市
淮安市
盐城市
扬州市
泰州市
南通市
南京市
镇江市
常州市
无锡市
苏州市
亳州市
淮北市
宿州市
阜阳市
蚌埠市
淮南市
滁州市
合肥市
六安市
马鞍山市
巢湖市
芜湖市
铜陵市
安庆市
池州市
宣城市
黄山市
湖州市
嘉兴市
杭州市
舟山市
绍兴市
宁波市
衢州市
金华市
台州市
丽水市
温州市
九江市
景德镇市
上饶市
南昌市
鹰潭市
宜春市
新余市
萍乡市
抚州市
吉安市
赣州市
南平市
宁德市
三明市
福州市
莆田市
龙岩市
泉州市
厦门市
漳州市
图例
省、直辖市政府驻地
地级市政府驻地
省、直辖市边界
地级市边界
海岸线

Introduction

长三角联合研究中心

网址：www.yangtze.org.cn

发展宗旨

长三角联合研究中心是由上海社会科学院、江苏省社会科学院、浙江省社会科学院共同创办的合作研究平台。

长三角联合研究中心整合江浙沪三地社会科学院的专业研究力量，着重研究长三角地区城市、产业发展和区域合作问题，并为政府和社会提供决策咨询服务。

长三角联合研究中心将为江浙沪三地的学者和政府部门搭建一个共同探讨长三角区域发展与合作的学术平台、交流平台和信息平台。

组织领导

长三角联合研究中心由江浙沪三地社会科学院院长担任主任，副院长担任副主任，科研处处长担任秘书长。由秘书长全面负责中心的日常运行与管理工作。

长三角联合研究中心设立学术咨询委员会，指导各项科研工作和年鉴、蓝皮书的编撰工作。

长三角联合研究中心在江浙沪三地社会科学院科研处同时挂牌，在上海社会科学院科研处设立联络办公室。

组织构架

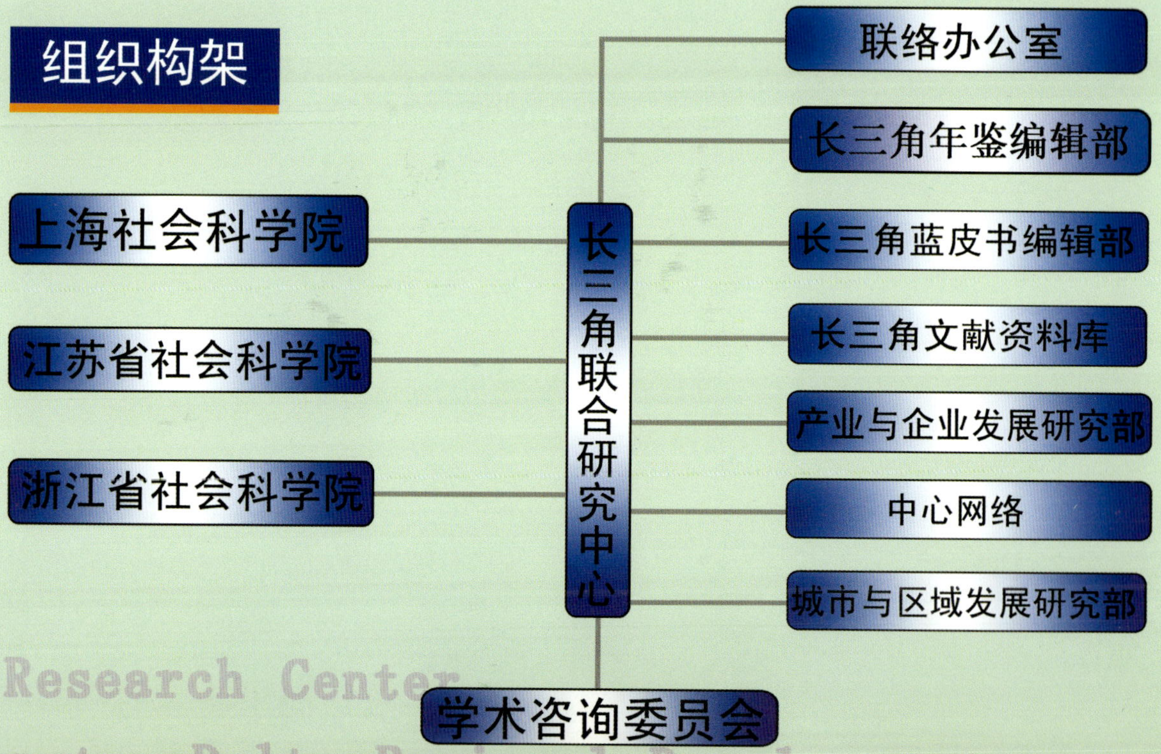

Joint Research Center for Yangtze Delta Regional Development

长三角年鉴2010编辑部

上海世博会

举世瞩目的上海世博会以“城市，让生活更美好”为主题，充分展示了丰富多彩的当代文明成就，汇集了人类探索城市发展的共同智慧，创造了多项世博会的新纪录，谱写了世界博览史的辉煌篇章。

上海世博会是一次成功的盛会。246个官方参展者，超出以往历届世博会。参观者达7300多万人次，创下参观人数新纪录。上海世博会还第一次开设了网上世博，为世界各地更多民众参与世博会开启了一扇新的大门。

上海世博会是一次精彩的盛会。一座座风格迥异、造型别致的建筑物毗邻而居，尽情挥洒着人类智慧的奇思妙想。世界各国的文化瑰宝纷纷闪亮登场，让人目不暇接、美不胜收。总计2万多场次的文化演艺活动，荟萃了绚丽多姿的各国文化精髓，给人心旷神怡的精神享受。全球许多政治家、企业家、政府官员和专家学者在上海世博会系列论坛上发表真知灼见，探讨未来世界，碰撞出无数睿智的思想火花，给人以遐想和启迪。

世博轴

上海世博会是一次难忘的盛会。世博会让渴望了解世界的中国人民和渴望了解中国的各国朋友走到一起，相互间结下了深厚的友谊。引人注目的是，8万多名身穿青衣白裤的园区志愿者，人们亲切地称之为“小白菜”，还有近200万名城市志愿者活跃在街头巷尾，他们的灿烂笑容和热情服务成为解读中国的真正名片。

世博轴

上海世博会的成功举办，凝结着无数人的辛勤劳动。正是广大世博会组织者、建设者、工作者、参观者、志愿者的真诚、智慧和汗水，共同铸就了世博会的辉煌。

上海世博会不仅荟萃了人类创造的物质文明，开阔了人们的眼界，而且为人类留下丰富的精神遗产，启迪了人们的心智。这是世博会的灵魂之所在。

上海世博会鲜明弘扬了绿色、环保、低碳等发展新理念。世博园本身就是一个低碳的典范，园内太阳能发电系统总装机容量高达4.6兆瓦，各类新能源汽车的运用超过千辆。用最新低碳材料和节能技术建造的各国展馆比比皆是，馆内陈列的最新低碳技术和产品不计其数。首次设立的城市最佳实践区，用一个个生动的案例，展示了世界各国在城市建设和管理方面的智慧，描绘了未来城市生活新模式。

上海世博会生动展现了人类文明的多样性。世博会为不同文化相互交流和融合提供了广阔舞台，充分展示了世界的丰富多彩。世博会告诉我们，每个国家、每个民族都有值得骄傲的传统文化，各种优秀文化都是人类文明的成果，都值得尊重和珍惜。

上海世博会充分表明了追求平等和谐是人类的共同愿望。世博会是世界人民的共同节日，参加世博会的每个人都是平等的。如果没有相互理解和信任，没有对和平的热爱和对和谐的向往，不可能有这么多国家和民族的人们欢聚在一起。

2010年10月31日，上海世博会高峰论坛成功举行。由联合国、国际展览局和中国2010年上海世博会组委会三方共同起草的《上海宣言》在高峰论坛上正式发布，246个国家和国际组织共同倡议：“将10月31日上海世博会闭幕之日定为世界城市日，让上海世博会的理念与实践得以永续，激励人类为城市创新与和谐发展而不懈追求与奋斗！”

城市未来馆

论坛

中国国家馆

演出

主题馆

举办日期：2010年5月1日至10月31日，共184天

举办地点：中国上海

面积：5.28平方公里，其中围栏区3.28平方公里

主题：城市，让生活更美好

参展方：246个国家和国际组织

参观人次：7308万

浙江省杭州市

一片湖，一条江，一座山，这是一座得天独厚的城市。西子湖边动人的婀娜，钱塘江畔追寻的脚步，这是一个懂得将幸福拥揽入怀的城市。国画长卷，梦想天堂——杭州！

2009 年，杭州市以科学发展观为统领，积极应对国际金融危机，实施“六大战略”，破解“七难”问题，全力保增长、扩内需、调结构、增活力、重民生，实现了经济平稳较快发展，社会和谐稳定。全市实现生产总值 5087.55 亿元，增长 10%；三次产业比重为 3.8:46.9:49.3；财政总收入 1019.43 亿元，增长 12%，其中地方财政收入 520.79 亿元。

杭州是一座充满发展活力的城市。在应对国际金融危机中，坚持把扩投资作为应对危机的重中之重，推进大项目带动，实施总投资 3275 亿元的新一轮“十大工程”；坚持把促消费作为应对危机的关键之举，发展十大特色潜力行业，培育“2+8”消费新模式，发放各类消费券 11.57 亿元；坚持把拓市场作为应对危机的当务之急，举办阿里巴巴网货交易会、中国杭州电子信息博览会等大型展览会，拓展杭产品市场；坚持把送温暖作为应对危机的保障机制，实施工业 10 条、外经贸 10 条、房地产“24+5”条、工商 21 条、就业 30 条、促消费 38 条和大项目带动、服务业优先等一揽子扶持政策，落实各项税费减免措施，新停征和取消 103 项行政事业性收费，为企业减负 107.57 亿元。

10月16日，第十一届杭州西湖国际博览会开幕式晚会在西子湖畔举行

4月28日–5月3日，第五届中国国际动漫产业博览会在杭州体博园举行

杭州是国际著名的风景旅游城市。拥有 2 个国家级风景名胜区（西湖风景名胜区、“两江一湖”风景名胜区）、2 个国家级自然保护区（西天目山自然保护区、清凉峰自然保护区）、7 个国家级森林公园（千岛湖、富春江、大奇山、午潮山、青山湖、山沟沟和瑶琳国家森林公园）、1 个国家级旅游度假区（之江国家旅游度假区）和全国首个国家级湿地公园（西溪国家湿地公园）。中国杭州西湖国际博览会、西湖国际茶文化博览会、西湖国际烟花大会等重要活动已成为杭州对外宣传的“金名片”。2009 年，杭州市接待国内旅游者 5093.72 万人次、入境旅游者 230.40 万人次，实现旅游总收入 803.12 亿元。杭州被评为中国优秀旅游城市、最值得向世界介绍的中国名城。

曲院风荷

中山路历史街区一角

西溪湿地鸟瞰

运河主城区试亮灯

杭州是中国最具幸福感的城市。2009 年，市区城镇居民人均可支配收入 26864 元，农村居民人均纯收入 11822 元，分别增长 11.5% 和 10.6%；成功创建国家知识产权工作示范城市和国家森林城市，荣获中国最具幸福感城市金奖、中国大陆最佳商业城市、中国大陆最具软实力城市、中国创业之城、中国十大创新城市、中国十大品牌城市、中国服务外包示范城市等称号。今后杭州将更加注重经济增长质量和效益，更加注重经济发展方式转变和经济结构调整，更加注重推进改革开放和自主创新，更加注重改善民生、保持社会和谐稳定，深入实施“六大战略”，继续破解“七难”问题，做好“一化七经济”和低碳城市建设文章，共建共享与世界名城相媲美的“生活品质之城”，努力在全省发挥龙头、领跑、示范、带头作用。

江苏省南京市

南京是江苏省省会，地处长江下游中部，是长江三角洲地区的重要一极，东接改革开放的最前沿上海，南与发达的浙江北部相望，西邻富饶的皖东地区，北连辽阔的江淮平原。现辖 11 个区、2 个县，总面积 6582 平方公里，建成区面积达 500 多平方公里，总人口 800 万。

——融山水城林为一体的生态型历史文化名城。有近 2500 年的建城史，先后有孙吴、东晋、宋、齐、梁、陈、南唐、明朝、太平天国、中华民国十个朝代和政权在此建都立国。1982 年被列为首批全国历史文化名城之一。明朝开国皇帝朱元璋在此登基、1912 年孙中山在这里就任中华民国临时大总统。拥有市级以上文物保护单位近 300 个，600 年前建成的 37.7 公里长的明城墙是世界上现有保存最好最长的古皇城墙。2008 年发现的七宝阿育王塔是近 50 年来国内发现的最大一尊地宫佛塔，塔座之内瘗藏的如来真身“感应舍利”和佛顶真骨于今年 6 月 12 日盛世重光。南京还先后获得联合国人居奖特别荣誉奖、国家级园林城市、中国优秀旅游城市、国家卫生城市、环保模范城市和全国文明城市等一系列荣誉称号。

夜秦淮

——产业特色较为突出的开放型滨江城市。襟江近海，区位条件良好，是沿海经济带和长江经济走廊的重要节点，现有外商和港澳台投资企业 3000 多家，世界 500 强企业有 90 家在宁投资。工业以电子信息、石油化工、钢铁、汽车产业等为支柱产业，增加值占全市规模以上工业增加值的 53.3%。作为长江中下游的商贸、旅游中心城市，第三产业较为发达，对全市经济增长贡献率提高到 56.7%。非公经济实现的增加值占全市经济的比重达到 47.6%，民营经济增加值占全市经济的比重达到 35.9%。经济结构和布局逐步优化，产业结构实现二、三产业并重的新格局，一、二、三次产业比例为 3.1:45.6:51.3。

2010 名城会开幕式迎宾晚会

名城市长论坛上市长合影

——人才知识密集的科教型城市。在全国各大城市中，南京的科教综合实力仅次于北京、上海，连续5年荣获“全国科技进步先进城市”称号，南京也是长三角地区规划确定的唯一一个科技创新中心城市。拥有各类高等院校70余所，中国科学院院士48人，中国工程院院士33人，各类专业技术人员56万余人，每万人口中的专业技术人员数为949人，居全国前列。建有各类研究与开发机构550家，国家和省级重点实验室48个，先后引进微软、爱立信等国内外知名企业在宁设立研发机构110多家。

台 城

——综合功能不断增强的枢纽型区域中心城市。是长江流域的四大中心城市之一，也是长三角地区承东启西的重要门户城市，铁路、公路、航空、水运、管道等五种运输方式齐备。南京港是中国内河第一大港，禄口国际机场是华东地区重要的现代化航空港。近年来，与镇江、扬州、马鞍山等6个周边城市的联系日益紧密，拥有2000多万人口、总面积3.5万平方公里的“一小时都市圈”正在逐步形成，对周边城市的辐射和带动能力日益增强。

紫峰大厦

南京图书馆

阅江楼

上海浦东新区

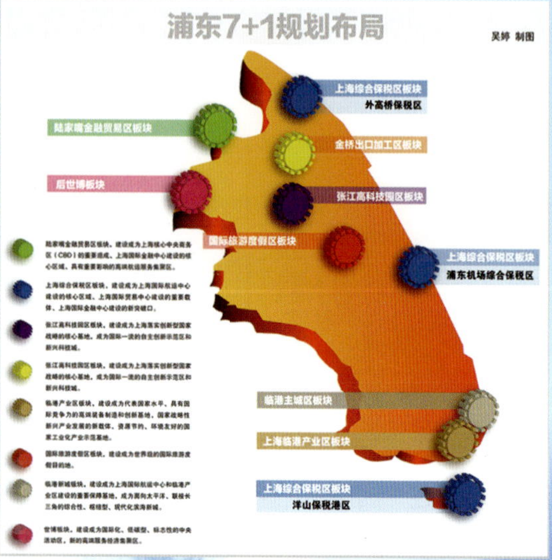

浦东开发区示意图

上海市浦东新区位于长江三角洲的东缘、上海的母亲河——黄浦江的东岸，面积1210平方公里，常住人口419.05万。1990年4月18日，党中央国务院宣布开发开放浦东。20年来，浦东开发始终作为国家战略，整体功能得到显著提升。作为2010年上海世博会主场馆的所在地，浦东在城市建设、城市管理、人文精神提升方面具有前所未有的机遇和广阔的发展空间。

浦东是上海经济发展的重要增长极。浦东开发20年来始终保持平均经济增长18%左右。2009年生产总值达到4001.39亿元，占上海市的26.9%。2009年全年完成全社会固定资产投资1420亿元。累计签订外商直接投资项目17747个，合同外资511.82亿美元；累计外贸进出口总额完成8977.41亿美元，市外在沪企业约为24222家，注册资本1202.9亿元。

加快建设以服务经济为主导、二三产业融合发展的产业体系。现代服务业发展势头良好，初步形成以高新技术产业、金融业、现代服务业为主的新型产业体系，新能源、新材料、文化创意产业等作为新的支柱产业异军突起。2009年，第三产业增加值达到1700亿元，占生产总值比重达到56.6%；新增中外资金融机构59家，总数达到603家；新认定跨国公司地区总部17家，累计达到132家，总量占全市50.8%以上。大力推进自主创新，高新技术产业产值同比增长12%，发明专利授权量1557件，高新技术成果转化项目147个，技术交易合同金额达到129.97亿元。证券、期货、金融期货、石油、钻石、外汇、产权、土地、房产等一批重要市场先后汇聚浦东。

围绕国务院提出的“着力转变政府职能，着力转变经济运行方式，着力改变城乡经济二元结构”的要求。5年来，浦东按照“全国能借鉴、上海能推广、浦东能突破”的要求，立足“三着力”，探索建立适应大区域特点、体现扁平化特征的新型行政管理体制；营造有利于市场经济、服务经济、创新经济、开放经济发展的运行环境；率先形成城乡一体化发展的新格局。

红与绿－中国馆和世博轴

金茂大厦、上海环球金融中心

连接洋山深水湾的大桥

浦东首批开展个人本外币兑换特许业务试点。设立中小企业创业投资基金和科技金融服务公司。新华社金融信息平台上海总部落户浦东。成立陆家嘴金融审判法庭。出台并实施行政审批和行政事业性收费、市场准入审批、基本建设程序审批、投资项目审批等专项改革方案以及人才、金融、自主创新、服务业发展等政策。取消或停缓征232项行政事业性收费。

2009年，浦东城市和农村居民家庭人均可支配收入分别是29116元、12401元。率先在全市实行农保区级统筹，基本建立覆盖城乡的社会保障体系。率先在全市建立居委会公共财力保障制度和居委会工作人员收入待遇适度增长机制。全区教育、医疗卫生、社会保障和就业、文化体育与传媒等支出预计达到80亿元，公共文化设施加快建设。率先推进公交体制改革，优化公交线网，新辟、延伸和调整公交线路216条。开展丰富多彩、形式多样的文明礼仪主题实践活动，推进文明示范区域、路口（路段）的创建。

安徽省合肥市

合肥，安徽省省会，长江三角洲区域城市，皖江城市带承接产业转移示范区核心城市。位于长江淮河之间、巢湖之滨，是中国中部最靠近东部沿海地区的省会城市。现辖肥东、肥西、长丰三县和瑶海、庐阳、蜀山、包河四区。市域面积7055平方公里，全市常住人口510万，其中，市区建成区面积302平方公里，市区常住人口290万。

合肥是中国综合实力百强城市、中国投资环境50优城市，位居中国城市整体竞争力和成长竞争力30强之列。2008年全市地区生产总值、地方财政收入、固定资产投资、规模以上工业增加值等四项指标增速名列全国省会城市第一。2009年，全市地区生产总值和规模以上工业增加值增幅继续位居全国省会城市之首。

合肥是中国对外开放的重要城市。已与美国、日本、韩国、丹麦、澳大利亚、英国、德国、智利等国家的12个城市结为友好城市，与世界180多个国家（地区）建立了经贸往来，至2009年底，53家世界500强企业落户合肥，累计实际利用外资46亿美元。

合肥绿城桂花园

合肥是中国最适宜人类居住和兴业发展的城市之一。是中国绿化先进城市、园林城市、卫生城市、优秀旅游城市、环境综合治理优秀城市。城市绿地率达40.2%，城市人均公园绿地面积12.15平方米。2004年荣膺“中国人居环境范例奖”。2005年以来，两次获中国社会治安综合治理最高荣誉“长安杯”奖。2006年，获“跨国公司眼中最具投资价值及投资潜力的中国城市”、“中国大陆最佳商业城市”、“浙商（省外）最佳投资城市”等称号。2007年被评为“全国十大经商成本最低城市”和“浙商投资最佳服务城市”。2008年位列近5年全球20个经济增长最快的城市第12位。2009年，荣获“中国城市十佳诚信政府”称号。

合肥是中国区域性综合交通枢纽。骆岗机场为国家一级大型机场，辟有直飞香港、台北、国内重要城市的30多条航线以及合肥至韩国首尔、新加坡的国际航线。正在兴建4E级新桥国际机场，近期到2020年，客货吞吐量分别达到1100万人次和15万吨。312、206国道和合宁、合徐、合巢芜、合界、合六叶、合淮阜六条高速公路在此交汇，与全长105公里的绕城高速构成“一环六射”的高速路网格局，成为安徽及中国公路交通中心。以合肥为枢纽，连接起东西、南北向六条铁路，已实现1小时到南京，2小时到武汉、上海的高铁经济圈。巢湖港直通长江，正在启动的江淮运河建设，也将使合肥成为沟通长江和淮河的水运中心。合肥海关已与长三角地区实行了区域一体化通关。

合肥是新兴的综合性工业城市，是中国“加工贸易梯度转移重点承接地”、“国家级汽车及零部件出口基地”、“国家级动漫产业发展基地”、“中国服务外包基地城市”、“中国家电产业基地”。现有 35 个工业行业，200 多个工业门类，2000 多种大类产品。已形成汽车、装备制造、家用电器、化工及轮胎、电子信息及软件、新材料、生物技术及新医药、食品及农副产品深加工 8 大重点产业以及正在快速发展的新能源产业，拥有江淮汽车、日立挖掘机、佳通轮胎、合力叉车、长虹电器、海尔电器、美菱电器、格力空调、美的冰洗、荣事达洗衣机、京东方液晶显示器等一批国内外知名产品。2009 年 8 大重点产业实现工业产值占全市规模以上工业总产值的 70.3%。

胡锦涛视察合肥叉车厂

吴邦国视察合肥

合肥是中国重要的科教基地。现为中国第一个、也是唯一的科技创新型试点城市，2010 年国家首批创新型试点城市，同时也是世界科技城市联盟会员城市。有中国科学院合肥物质科学研究院为代表的国家、省部属科研机构 200 余所，各类技术研究与开发机构 78 个；以中国科技大学为代表的各类高等院校 57 所，博士授权点 138 个；两院院士 41 人，科技人员近 30 万人；高新技术企业 636 家。正在建设中的合肥科技创新型试点城市示范区，通过 10 至 15 年的建设，将成为国际重要、国内一流的知识创新中心、技术创新中心、高水平的人才聚集中心和高新技术产业发展基地。

合肥淮河路步行街夜景

经过“十一五”的快速发展，合肥站在了一个新的历史起点上。“十二五”期间，合肥将进一步加快发展，努力建设成为充满活力、独具魅力、创新发展、宜居宜业的现代化滨湖大城市和现代产业基地，并向国内有较大影响力的区域性特大城市迈进。

合肥江淮宾悦汽车生产线

第四届全国体育大会

江苏省苏州市

苏州市地处江苏省东南部，东临上海，南接浙江，西抱太湖，北依长江。全市面积 8488 平方公里，其中市区面积 1650 平方公里。2009 年末全市户籍总人口 633.3 万人，其中市区人口 240.2 万人，是我国著名的历史文化名城和重要的风景旅游城市，也是长江三角洲重要的中心城市之一。苏州先后被评为世界九大新兴科技城市、中国最具经济活力城市、中国最具魅力城市、中国投资金牌城市和全国文明城市，所辖 5 个县级市综合实力均列全国百强县前十位。在《2009 年长三角城市发展报告》中，苏州综合经济实力和可持续发展能力综合排名紧随上海。

太湖大桥

近年来，在市委、市政府的正确领导下，苏州全面贯彻落实科学发展观，积极转变经济发展方式，加快推进转型升级，同时注重民生建设、生态建设和文化建设的统筹协调，取得了令人瞩目的成就。

园融雕塑

综合实力显著提升。2009 年，全市实现地区生产总值 7740.2 亿元，在长三角 16 个城市中居第 2 位，占长三角地区的比重达 13%。按常住人口计算的人均 GDP 超过 1.2 万美元。全年实现地方一般预算收入 745.2 亿元，增长 11.4%。外向型经济贡献突出。2009 年苏州进出口总额、出口额分别为 2014.5 亿美元和 1140.9 亿美元，实际利用外资 82.3 亿美元，占长三角地区的比重分别为 26.2%、25.6% 和 19.3%。投资和消费继续推动经济又好又快发展。2009 年全市完成全社会固定资产投资额 2967.4 亿元，社会消费品零售总额 2026.8 亿元，分别增长 13.6% 和 15.9%。

山塘夜色

经济结构持续优化。2009 年苏州三次产业比为 1.8：58.8：39.4，先进制造业和现代服务业加快发展。电子信息、精密机械、生物制药、新材料等一批主导产业加速集聚，许多世界知名企业研发中心相继落成，国内众多名牌高校分校和研究院所相继设立，苏州作为长三角高科技制造服务中心的角色正逐步确立。在服务业跨越发展计划的推动下，现代物流、信息咨询、服务外包等生产性服务业蓬勃发展，形成了服务业与工业化互动并进的发展局面。

科技创新能力有效提升。2009年全市财政科技经费支出28.8亿元，研究与试验发展经费支出占地区生产总值的比重达到2%，全年专利申请量和专利授权量分别达到6.13万件和3.93万件，分列全国大中城市第二位和第一位。围绕转型升级大力推进人才引智工程，2009年末，全市人才总量突破90万人，其中高层次人才达到5万人。

苏州园林

当前，苏州市委、市政府确立了以建设科学发展的样板区、开放创新的先行区、城乡一体的示范区，建成以现代经济为特征的高端产业城市、生态环境优美的最佳宜居城市、历史文化与现代文明相融的文化旅游城市为核心的“三区三城”战略目标。作为长三角地区的重要中心城市之一，苏州在传承历史悠久文化的同时，正在努力打造一座让世人惊叹的现代化城市。

苏州博物馆

城乡统筹发展呈现新局面。全市形成了以中心城市为核心、5个县级市城区为枢纽、10多个重点中心镇为基础的现代化区域城市群，城市化率达到66%。大力推进一体化发展综合配套改革，在优化城乡资源配置、促进就业、社会保障、公共服务城乡接轨等方面迈出实质性步伐。人民生活不断提高。2009年，市区居民人均可支配收入为26320元，农民人均纯收入为12969元，城乡居民收入差别近几年始终维持在2:1左右。年末城乡居民本外币储蓄存款余额4005亿元，在长三角城市中名列前茅。

香格里拉

浙江省金华市

市委书记徐止平（右二）陪同
省委书记赵洪祝视察浙江万里扬集团

金华古称婺州，地处浙江中部。《金华府志》云：“金星与婺女争华”，故曰金华。素有“历史文化之邦、名人荟萃之地、文风鼎盛之城、山清水秀之乡”的盛誉，又有火腿之乡、花卉苗木之乡、百果之乡、浙中粮仓等美称，是国家历史文化名城、国家卫生城市、中国优秀旅游城市、全国双拥模范城、全国科技进步先进城市、全国知识产权示范城市、全国科学发展十大优秀城市、省级文明城市、省级园林城市。南宋女词人李清照“水通南国三千里，气压江城十四州”的诗句，生动概括了金华的重要位置和雄伟气势。金华市树为樟树，市花为山茶花。全市总面积10918平方公里，人口463.68万。现辖婺城、金东2个区，兰溪、东阳、义乌、永康4个县级市，浦江、武义、磐安3个县。

市委副书记、市长陈昆忠（右五）
出席第十届工科会项目签约仪式

金华历史文化源远流长，八婺文化底蕴深厚。金华史称“小邹鲁”，历来文化兴盛，名人辈出。以金华斗牛、婺剧、迎会、道情等为主的地方文化和金华火腿、酥饼、寿生酒等饮食文化源远流长，具有浓郁的地方特色。历史名人文有宋濂、武有宗泽、医有丹溪、曲有李渔，文坛巨匠、丹青大师、爱国志士、民族英雄、专家学者在金华代不乏人。南宋时期以吕祖谦、陈亮为代表的金华学派一时名播四海。近代有史学家吴晗、文学家冯雪峰、国画大师黄宾虹、一代报人邵飘萍、人民音乐家施光南、诗人艾青和潘漠华、科学家严济慈和蔡希陶等一批名人。

金华基础设施布局完善，区位优势日益突出。近年来，随着经济发展和铁路、高速公路的建设，金华的交通区位优势日益突出，被列为国家级陆路交通主枢纽。

金华城乡经济繁荣发达，特色产业不断壮大。2009年，全市实现生产总值1766亿元；财政总收入232.6亿元，其中地方财政收入129.3亿元；实现规上工业总产值2653亿元，外贸出口总额86亿美元；社会消费品零售总额781亿元，市区城镇居民人均可支配收入和全市农民人均纯收入分别达到22915元和9001元。金华集贸市场起步较早，发展日趋成熟。现有各类市场408个，形成了以义乌中国小商品城、永康中国科技五金城为龙头，城乡市场为配套的市场体系，其中超亿元市场45个。

金华城市建设特色鲜明，浙中城市群加速崛起。金华境内各城市规模不大，但布局比较集中，发展各具特色。义乌是国际商贸城，东阳是著名的影视之城和建筑之乡，永康是中国五金之都，兰溪是中国织造名城，浦江、武义、磐安分别是书画水晶之乡、温泉城、国家级生态示范区，其中义乌、东阳、永康连续多年进入全国百强县(市)行列。

金华旅游形象图

金华生态环境优美，旅游资源十分丰富。金华山清水秀，生态优良，全市森林覆盖率超过60%。现拥有2个国家级风景名胜区、5个国家AAAA级旅游区、7个省级风景名胜区、3个省级旅游度假区。其中双龙风景区和有“东方好莱坞”之称的横店影视城为全国首批AAAA级旅游景区，同时横店影视城还为首个国家级影视产业实验区，义乌国际商贸城是全国首个AAAA级旅游购物景区。境内国家级文物保护单位16处，省级文物保护单位52处。

金华作为连接长三角经济圈与内陆腹地的枢纽城市，是浙江中西部中心城市和对外开放的重要窗口，交通便捷，市场繁荣，产业发达，设施完善，人才集聚，环境优良，是一片生机勃勃、商机无限的热土。金华真诚欢迎海内外客商前来观光旅游、投资兴业、共谋发展。

浙江省嘉兴市

嘉兴是浙江省推进城乡一体化、构建和谐社会的先行之地，区域发展均衡，城乡发展协调。作为浙江省统筹城乡综合配套改革试点城市，嘉兴在全省率先制定实施城乡一体化发展规划纲要，出台打造城乡一体化先行地行动纲领及七个推进体系文件，深化“两分两换”，推进“两新”工程建设，全面实施“1640”工程，现代化网络型大城市框架基本形成，2009年城乡居民收入分别达到24693元和12685元，农民收入增幅连续六年高于城镇居民，城乡居民收入比为1.95：1。社会发展水平连续六年居全省前列，社会保障体系日益完善，在全国率先制定实施城乡居民社会养老保险办法，推行“全民社保”，新型城乡居民合作医疗保险实现镇村全覆盖。

嘉兴地处浙江省东北部，东接上海，北邻苏州，西连杭州，南濒杭州湾，陆域面积3915平方公里，现有户籍人口339万，新居民180万，下辖南湖、秀洲2个区，平湖、海宁、桐乡3个县级市和嘉善、海盐2个县。

嘉兴是中国共产党的诞生地，1921年7月，中国革命的航船从嘉兴南湖扬帆启航。嘉兴是马家浜文化的发祥地，境内马家浜文化遗址距今已有7000多年，是长江下游、太湖流域新石器时代早期文化的代表。嘉兴“地美多俊木、水秀育英才”，在《中国大百科全书》记载的1800名全国名人中，嘉兴占了80余人，近现代又涌现出王国维、徐志摩、茅盾、丰子恺、陈省身、金庸等一大批名人，现有嘉兴籍“两院”院士39名。悠久的历史传承和改革发展的伟大实践，既凝炼了“崇文厚德、求实创新”的人文精神，又彰显了“越韵吴风”、“水乡绿城”的文化底蕴和生态特征，历史文明与现代文明在这里相互融合、交相辉映。2009年全市实现生产总值1918亿元，增长9.3%；财政收入279.4亿元，其中地方财政收入141.7亿元，分别增长10.8%和11.7%。

举办嘉兴全国龙舟赛

举办嘉兴全国龙舟赛

承办长江三角洲城市经济
协调会第十次市长联席会议

嘉兴作为浙江省接轨上海扩大区域合作的前沿阵地，积极参与长三角城市经济协调会的各项活动，通过高层互访、举办项目推介会、合作研讨会等各种方式，致力于与长三角区域各城市全方位的联动与合作，加快推进与长三角城市在综合交通、能源供应、环境保护、产业发展、人力资源等方面的对接与融合，不断将区位功能优势转化为现实经济优势，推进创业创新和科学发展，全力打造上海的“金南翼”。2009 年，嘉兴市加强与长三角协调会“世博主题体验之旅”、“自身建设”、“金融”、“医保”、“城市合作”等专题合作，参与长三角合作项目 490 项，注册资本金额 98.5 亿元。2010 年 3 月，长江三角洲城市经济协调会第十次市长联席会议在嘉兴顺利召开，会上，长三角 22 城市市长共同签署了《长三角城市合作（嘉兴）协议》。

嘉兴古镇旅游乌镇

嘉兴城市建设

当前，嘉兴市正高举中国特色社会主义伟大旗帜，认真学习贯彻党的十七大和十七届四中全会精神，深入贯彻科学发展观，按照“调结构稳增长、抓统筹推转型、优环境强基础、重民生促和谐”的总体要求，进一步解放思想，坚定信心，抢抓机遇，着力推进经济转型升级，统筹区域城乡发展，加快文化生态建设，深化改革扩大开放，以人为本改善民生，全面加强民主政治与党的建设，促进经济社会又好又快发展，加快把嘉兴建设成为长三角创新型经济强市、江南水乡生态型文化大市、杭州湾宜居型滨海新市。

浙江省宁波市

宁波市位于东海之滨，中国大陆海岸线中段，长江三角洲南翼，浙江省东部，土地总面积9816.23平方公里，其中市区面积2461.76平方公里，海域面积约9758平方公里，拥有较长的大陆岸线、岛屿岸线。

宁波市软件产业园

宁波历史悠久，河姆渡遗址见证文明发祥已有7000年。简称“甬”，早在《国语越语上》已有“甬”地记载，甬地由江得名，江因流经甬山而名。今境域春秋战国时为越、楚辖地。秦王政二十五年（公元前222年）设鄞、鄮、句章和余姚4县（一说西汉置余姚县），属会稽郡。唐开元二十六年（738年）别置明州。南宋绍熙五年（1194年），改称庆元府。元代称庆元路。明初仍为明州府，洪武十四年（1381年），单仲友以州与国名同，奏请改名，因府辖定海县，取“海定则波宁”义定名“宁波”。清仍为宁波府。1912年废府置道，鄞县城厢会稽道入驻。1927年废道，划鄞县城厢及近郊建宁波市。1949年5月25日，宁波解放。1983年，实行市管县体制，撤销宁波地区行政公署，所辖6县划归宁波市。2009年底全市户籍人口571.02万人，其中市区人口221.83万人，全市登记暂住人口（一个月以上）389.24万人。至2009年底，全市辖海曙、江东、江北、镇海、北仑、鄞州6区和宁海、象山2县，余姚、慈溪、奉化3个县级市，建成区面积397.81平方公里，有63个街道，78个镇，11个乡，2601个行政村。

2009年以来，宁波市继续加强与长三角各城市合作与交往。接轨上海参与长三角合作深入开展，借助上海2010年世博会契机，深化推进信息、旅游等领域专题合作，世博会宁波滕头案例馆建成。全年完成接轨上海参与长三角合作项目65个，协议资金总额43亿元，实际到位资金21亿元。10月13日，由浙江省发改委与江苏省经信委、上海市商务委和浙江省物流与采购协会、江苏省现代物流协会、上海市物流协会主办的2009长三角现代物流联动发展大会暨中国（浙江）长三角物流发展合作论坛在宁波举行，并通过《中国长三角地区物流行业行规公约的实施倡议》。

宁波杭州湾新区区位图

全年宁波市深入学习实践科学发展观，积极实施省委“创业富民、创新强省”和市委“六大联动、六大提升”战略，围绕“标本兼治、保增促调”总要求，统筹推进保增长、抓转型、重民生、促稳定的各项工作，应对国际金融危机取得明显成效，经济呈现回升向好态势。全年实现生产总值4239.3亿元，增长8.9%。地方财政收入432.8亿元，财政一般预算收入966.3亿元。市区居民人均可支配收入27368元，

农村居民人均纯收入12641元，分别增长9.2%和10.4%。工业总产值1.03万亿元。宁波港域完成集装箱吞吐量1042.34万标准箱，完成货物吞吐量3.84亿吨。外贸出口逐月回升，完成出口386.5亿美元，出口降幅由上半年的23%收窄到全年的16.6%。设立境外营销企业和机构118家、省外宁波名品直销中心2个。规模以上工业企业产品内销比重同比提高2.4个百分点。全社会固定资产投资增长16.0%，其中农林牧渔业投资增长111.7%，第三产业投资增长25.6%。重点工程建设取得新突破，轨道交通1号线一期、铁路枢纽等项目开工建设，舟山大陆连岛工程宁波连接线等项目建成投用，镇海炼化大乙烯、机场快速干道等项目加快建设，杭州湾跨海铁路等一批项目前期工作有序推进。服务业增加值增长13.3%，对GDP贡献率达63.9%，占比提高到42.3%。全国性物流节点城市建设扎实推进，第四方物流市场平台试运行，栎社保税物流中心封关运作。信息软件业、服务外包产业发展迅速，业务收入分别增长42.4%和34.7%。金融业稳健发展，新增金融机构13家、小额贷款公司9家，金融业增加值增长18%，占服务业比重达到18.3%。举办各类会展活动367个，增长33%；接待国内外游客4042万人次，实现旅游收入530.5亿元。引进、共建技术研发机构30家，新增市级以上企业技术中心125家。专利授权量突破万件，发明专利授权量增长58.8%，新增中国驰名商标4件。推进城乡统筹发展，深入实施新农村建设"百千工程"，新增全面小康村57个、环境整治村306个、农村联网公路331.8公里，新建清水河道405公里。推进土地规模化经营，土地流转率和规模经营率分别达到55%和56%。加快"中提升"功能区块和服务系统建设，和义路滨江休闲区、郁家巷历史文化街区、南部商务区初步建成；梅山保税港区开发建设快速推进；东部新城中央商务区、长丰滨江休闲居住区、东钱湖旅游度假区、宁波国际集装箱海铁联运物流枢纽中心、镇海大宗货物海铁联运物流枢纽港等建设加快推进，湾头休闲商务区、月湖西区历史文化街区实质性启动。加快重点领域改革，有序推进8个区域9项市级综合配套改革试点，稳步实施扩权强县建城改革。

宁波帮博物馆

全国最大的集装箱船地中海"丹妮特"轮停宁波港

宁波研发园

江苏省淮安市

淮安地处江苏北部，是国家历史文化名城、中国淮扬菜之乡、中国运河之都、中国优秀旅游城市、国家卫生城市、国家园林城市、国家环保模范城市、全国双拥模范城市、江苏省文明城市。现辖4县4区，总面积10072平方公里，总人口538万人。淮安是一座名人辈出的城市，有一代伟人开国总理周恩来，大军事家韩信，汉赋大家枚乘、枚皋，巾帼英雄梁红玉，小说大家吴承恩，民族英雄关天培，医学家吴鞠通，京剧界“通天教主”王瑶卿，京剧艺术表演家周信芳等众多名人。淮安是一座名著芬芳的城市，产生了中国四大名著之一《西游记》、中医四大经典之一《温病条辩》、晚清四大谴责小说之一《老残游记》等众多杰作。淮安是一座名菜飘香的城市，全国四大传统名菜之一淮扬菜发源于此，现存淮扬名菜名点1300余种，新中国开国宴席选用的就是淮扬菜。淮安是一座名水环绕的城市，京杭大运河、淮河从境内流过，洪泽湖及高邮湖、白马湖、宝应湖镶嵌其间，市区有京杭大运河、里运河、古黄河、盐河、淮沭新河五河穿城。

中央政治局委员、中央书记处书记、中央组织部部长李源潮来淮视察

出口加工区外景

近年来，淮安围绕江苏省委省政府提出的把淮安建成苏北重要中心城市的战略定位，紧紧抓住江苏沿海开放上升国家战略、苏北五市纳入长三角规划等重大发展机遇，全力推动经济社会又好又快发展。2009年，在极其复杂的经济形势下，经济社会发展仍然保持着强劲的增长态势，主要经济指标增幅位居全省前列，特别是人均GDP突破3000美元关口，进入了工业化转型、城市化加速、外向化提升互动并进的快车道。处在

清江石化外景

黄金发展期的淮安具有四大比较优势：一是有优越的兴业平台。全市拥有 8 个省级开发区，规划面积 300 平方公里，园区全部实现“九通一平”；建成国家级出口加工区、国家级留学人员创业园、省级软件园、台商工业园、物流园、海关通关点、省级国际服务外包示范区等功能区，能够为企业生产经营提供良好平台和载体。二是有良好的产业基础。全市拥有各类工业企业 1 万多家，已形成特钢、电子信息、盐化工新材料、机械、纺织、烟草食品、建材、新医药和新能源等九大产业，正在重点培育盐化工新材料、IT 和特钢三大千亿元级产业；现代物流、旅游、商务服务、金融保险、商贸流通等服务业加快发展，建立起较为完善的现代服务业体系。三是有丰富的矿产资源。淮安地下蕴藏着岩盐、芒硝、凹凸棒土、石油、天然气等非金属矿产资源，其中已经探明的岩盐储量达 1300 亿吨，居世界首位，芒硝储量 1 亿吨，被称为千用土的稀有资源凹凸棒粘土储量达5亿吨。四是有优良的政务环境。长期以来，全市上下把“为企业服务、为纳税人服务”作为重要职责，创新服务理念，倾力为客商提供“101% 服务”，即对客商提出的合情合理、应做能做的要求做到 100% 满足，用意想不到的真诚周到服务给其一份惊喜，让客商 101% 满意，努力把淮安打造成投资福地、成本洼地和服务高地。淮安已连续两年被台湾电电公会评为大陆地区投资环境值得推荐城市。

海协会副会长张铭清、市委书记刘永忠、市长高雪坤共同启动第四届台商论坛

市区里运河畔住宅小区

市民游憩

里运河畔住宅小区

江苏省盐城市

丹顶鹤

沿海滩涂湿地上一群麋鹿正在嬉戏

新四军纪念馆

水 街

盐城历史悠久、因盐得名，是全国唯一以“盐”命名的地级市，已有2100多年的历史。盐城地处江苏省北部偏东地域，东临黄海，下辖2市5县2区和盐城开发区。全市总人口810万，总面积1.7万平方公里，是江苏面积第一、人口第二的市，是中国优秀旅游城市、全国科技兴市先进市、江苏省文明城市。盐城资源丰富、生态独特，拥有太平洋西海岸最大的滩涂湿地，建有野生麋鹿和珍禽（丹顶鹤）两个国家级保护区。盐城市区水网密布，有98条大小河流，人称“百河之城”。盐城交通便捷、区位优越，已基本形成集高速公路、铁路、航空、海运四位一体的现代交通网络，现有大丰港和盐城机场两个国家一类开放口岸，是江苏唯一、全国第十家同时拥有海港和空港一类开放口岸的地级市，已开通盐城至韩国、香港及国内大中城市航班，新长铁路盐城站客货运可直达国内大中城市，宁靖盐、沿海、盐徐高速全线贯通，已融入长三角两小时经济圈。2009年，全市地区生产总值1900亿元，财政总收入突破300亿元，利用外资10亿美元，主要指标增幅领先全省。

盐城正处于工业化、城市化加速期。工业发展初具规模，汽车、纺织、装备制造等主导产业正在加快转型升级步伐，风电装备、节能环保、船舶制造、新能源、化工新材料、LED和光伏等新兴产业也在蓬勃发展。拥有年销售额达500亿元的江苏悦达集团等一批规模企业以及70多个中国驰名商标和省级以上名牌产品。汽车产业是盐城工业发展的最大亮点，目前已形成年产33万辆乘用车、1万辆客车、5000辆专用车的生产能力。东风悦达起亚汽车有限公司第二工厂全部投产达效，整车年产能将提升到45万辆，年销售额可超过500亿元。盐城还是中国重要的农副产品生产基地，粮棉油、桑果菜和禽蛋鱼等主要农产品的种养规模、总量和无公害农产品产地认证，均居江苏首位。第三产业持续发展，餐饮、商业零售等传统产业活力不断增强，旅游、娱乐、商务服务、现代物流等新型业态发展势头强劲。目前六大片区423平方公里的大市区框架已经形成，盐城将以建设我国沿海地区现代化工商城市为目标，到2020年建成经济实力较强的特大城市，人口规模达到200万以上。

盐城机场停机坪

悦达纺织

悦达二工厂停车场

大丰港

盐城的载体建设和服务环境较为完善。盐城现有省级以上开发区 11 个，化工集中区 2 个，并拥有高新技术园区、环保产业园、风电装备产业园、新能源汽车产业园、LED 及光伏产业园等各类特色产业园区。盐城对企业实施一站式服务，对重大项目，实行一事一议，给予特殊的支持。

盐城的沿海开发前景十分广阔，正在积极策应江苏沿海发展和长三角一体化发展两个国家战略，面向东北亚，立足长三角，抬高目标定位，完善规划体系，在更高起点、更大空间、更宽领域谋划盐城新一轮发展，努力把盐城建设成为中国东部沿海地区重要的新型工业基地、新能源产业基地、现代农业示范基地和湿地生态旅游基地。

浙江省衢州市

衢州市位于浙江省西部、钱塘江源头，浙闽赣皖四省交界处，是国家历史文化名城、中国优秀旅游城市、国家级生态示范区、国家园林城市、国家卫生城市、中国投资环境百佳城市、中国特色魅力城市。全市地域面积8841平方公里，下辖柯城区、衢江区、江山市、龙游县、常山县、开化县，2009年总人口达249万，人均生产总值3625美元。

衢州是底蕴深厚的文化之城。衢州建城已有1800多年历史，名城文化内涵十分丰富，最具价值的是南宗孔氏家庙、烂柯山和衢州府城。南宗孔氏家庙始建于南宋初年，是全国仅有的两座孔氏家庙之一。烂柯山是海内外公认的“围棋仙地”。衢州府城至今还有保留较为完好的古城墙和传统街区。

衢州是山水神奇的旅游之城。衢州山川秀美、风光旖旎，地貌多姿，是华东地区著名的生态休闲旅游度假胜地。旅游景观以“圣、神、奇、秀、谜、源”为特色，代表性景区景点有南宗孔氏家庙、烂柯山、江郎山、龙游石窟、九龙湖、清漾毛氏祖居、紫薇山、钱江源等。2010年8月，江郎山作为“中国丹霞”提名地之一被正式列入世界自然遗产名录，成为浙江省首个世界自然遗产地。

世界自然遗产－江郎山

孔氏南宗家庙

围棋仙地－烂柯山

千古之谜－龙游石窟

衢州是环境优美的生态之城。衢州是浙江省重要的生态屏障，生态环境优越，森林覆盖率达 71.3%，有“浙江绿源”之称。全年空气质量处于二级以上优良天数达 358 天，有“森林氧吧”之称。全市水资源总量达 100 亿立方米，水质达标率达 100%，市区是全省唯一饮用国家一级地表水的城市。

国家森林公园－天脊龙门

衢州是四省边际的中心城市。衢州素有“四省通衢、五路总头”之称，拥有民航、铁路、公路、水运齐全的立体交通网络。浙赣电气化铁路横贯全境，九景衢铁路衢常段已建成通车，杭长高铁衢州段已开工建设；杭金衢、杭新景、黄衢南、龙丽温等 4 条高速公路成“井”字状穿越全境 机场目前有通往北京、深圳、厦门、上海等地的航线；衢江 4 级航道已开工建设。衢州到杭州 2 小时、到上海、宁波约 3 小时的大交通圈基本形成。

根雕佛国－中国根艺美术博览园

衢州是充满活力的创业之城。衢州制造业特色鲜明，已建成国家氟硅新材料产业基地、国家空气动力机械产业基地、国家高档特种纸产业基地、浙江省光伏产业基地、浙江省电子元器件及材料产业基地。衢州是浙江省最大的绿色特色农产品生产基地，全市无公害特色、绿色农产品基地达 100 多万亩，享有 19 个中国特产之乡称号。现代服务业方面，重点围绕打造四省边际物流中心、旅游集散中心、职业技能培训中心和四省边际交通枢纽“三中心一枢纽”目标，加快发展消费性服务业和生产性服务业。

衢州经济开发区

国家历史文化名城－衢州

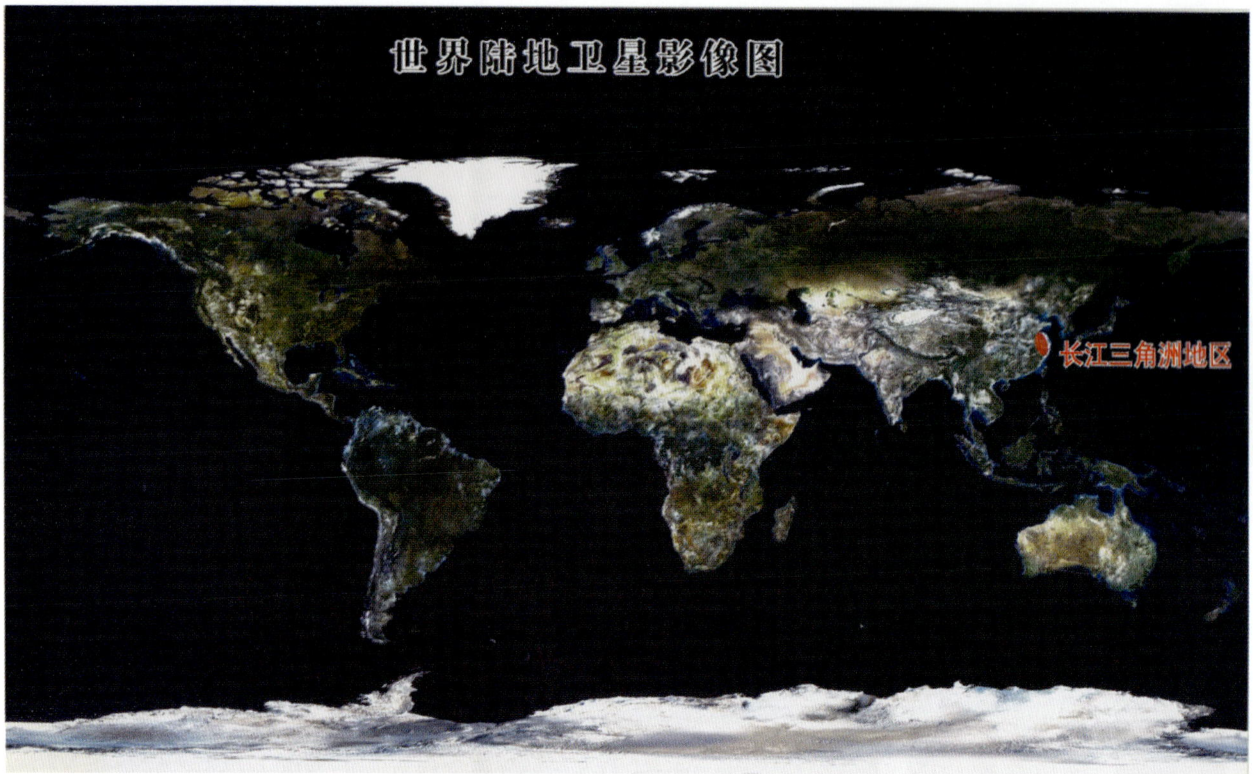
世界陆地卫星影像图
长江三角洲地区

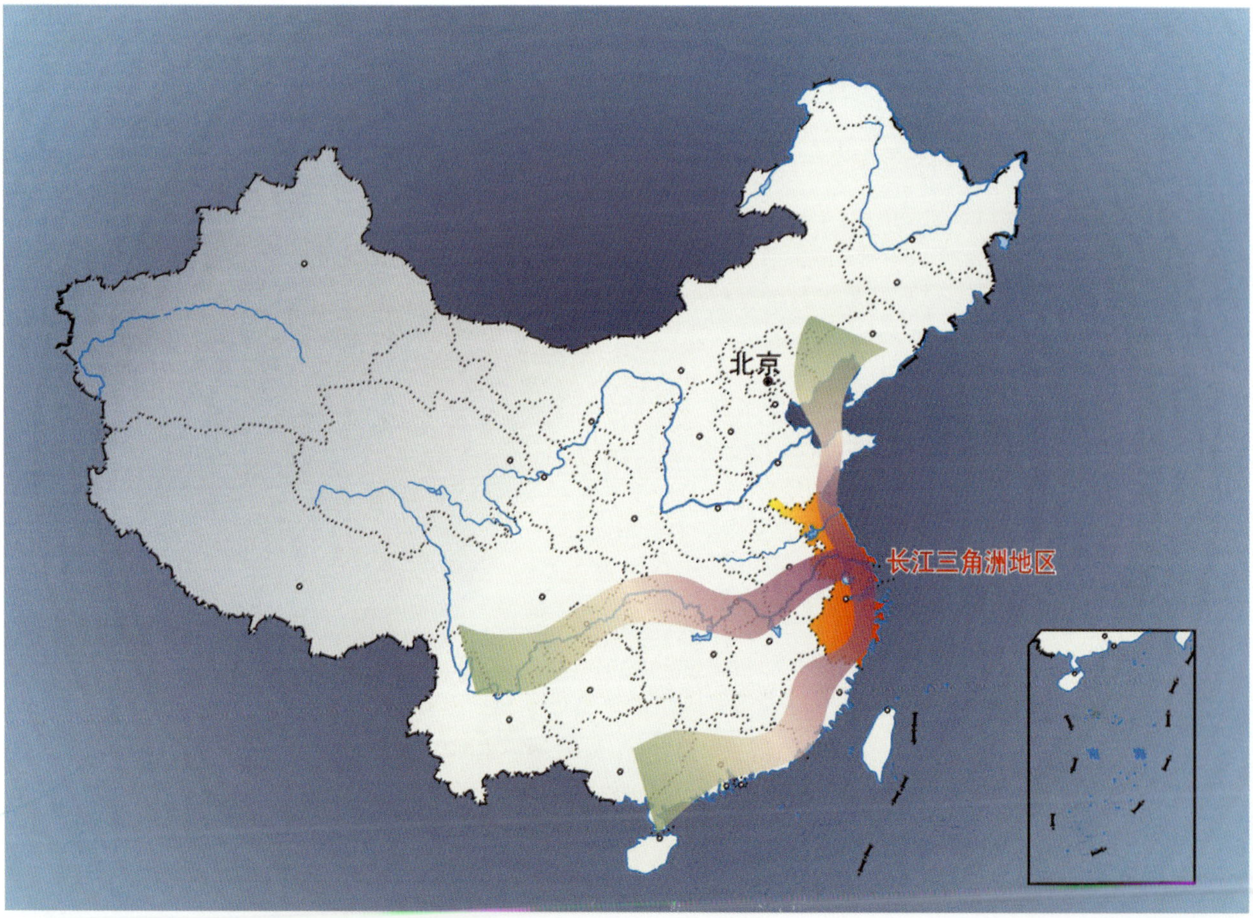
北京
长江三角洲地区

长江三角洲地区区域规划

2009~2020

规划范围

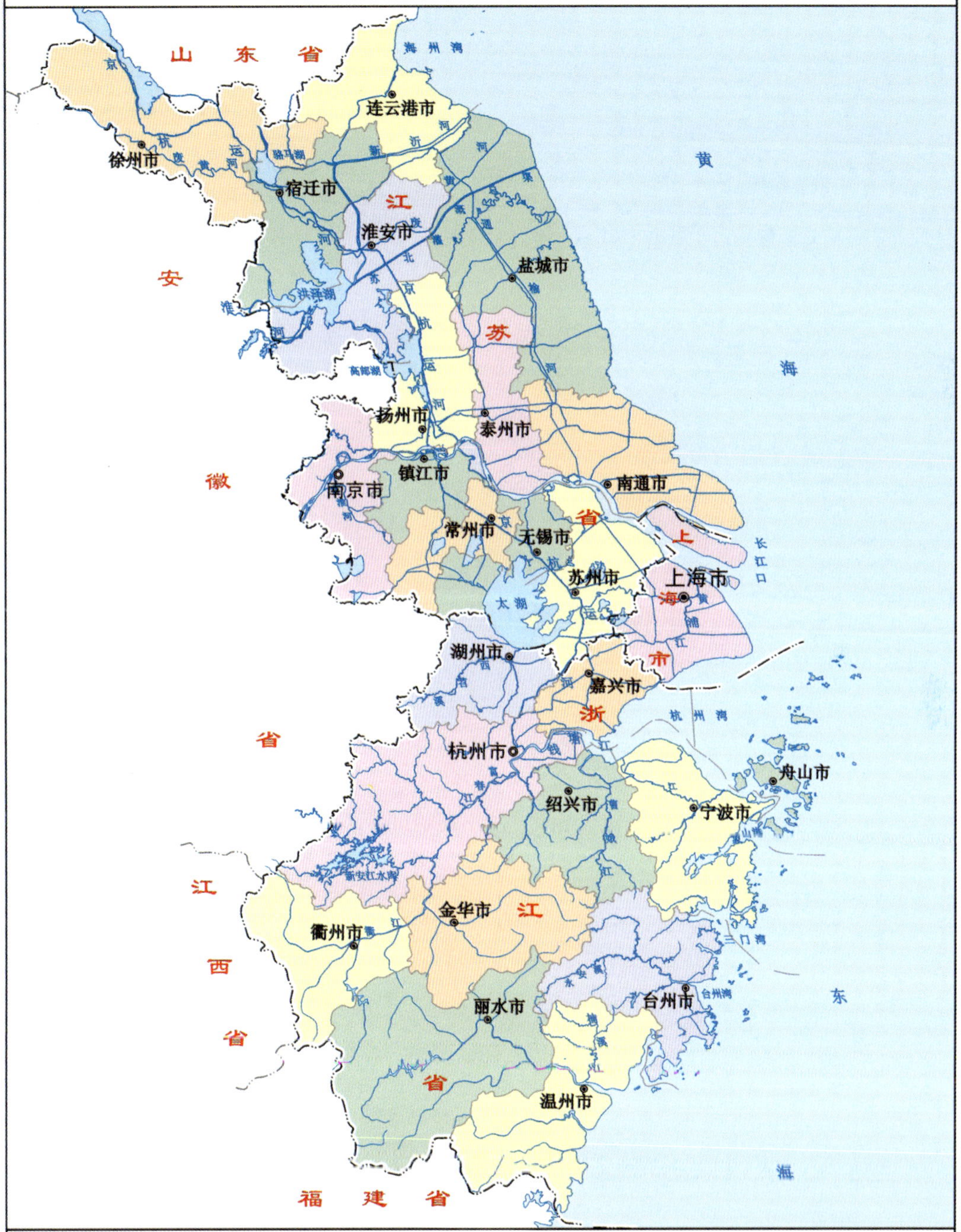

图例
- 直辖市
- 省会
- 地级市
- 省、直辖市界
- 省辖市界

0 100 200km

长江三角洲地区区域规划

2009~2020

总体布局

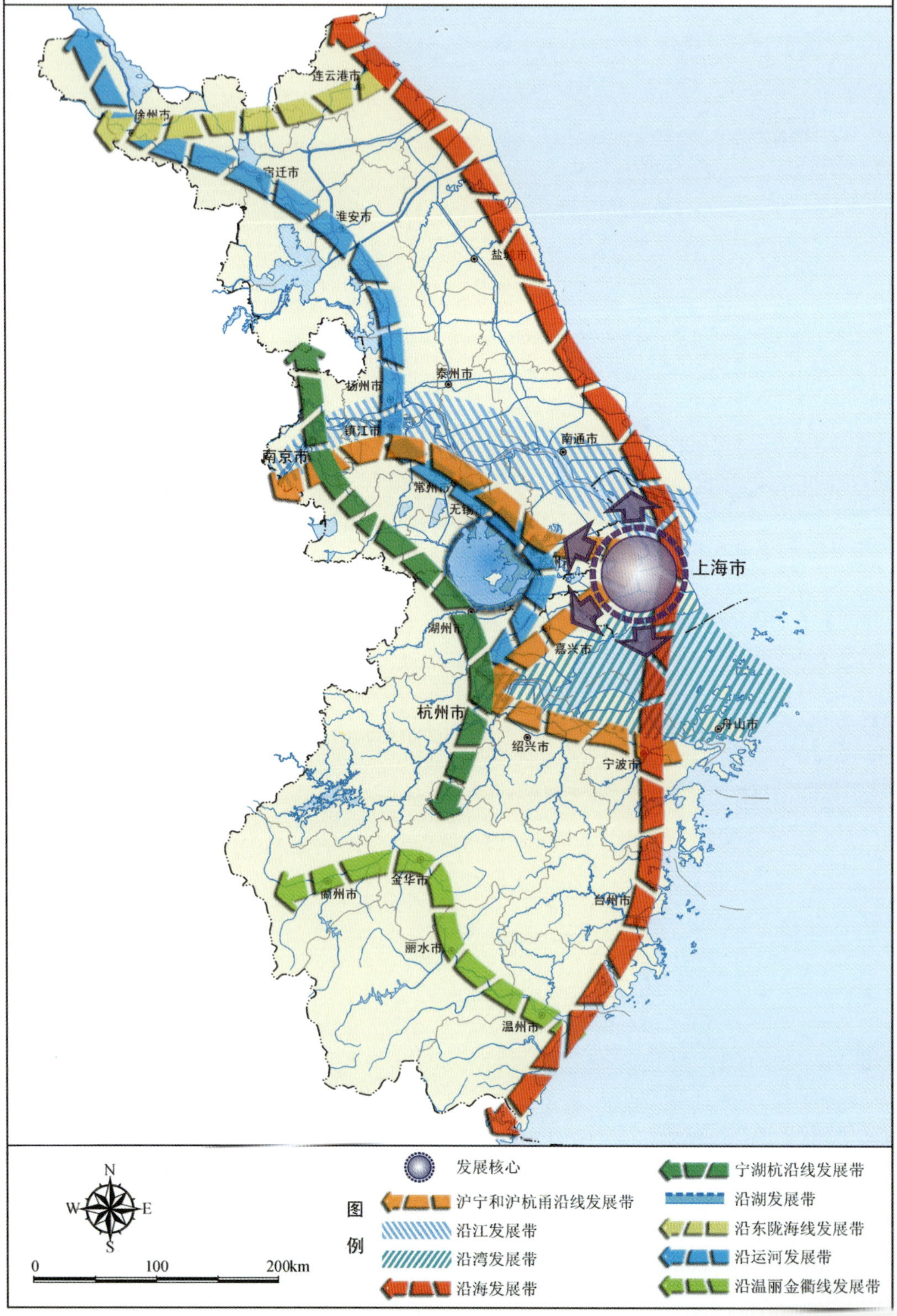

长江三角洲地区区域规划

2009~2020

城镇体系

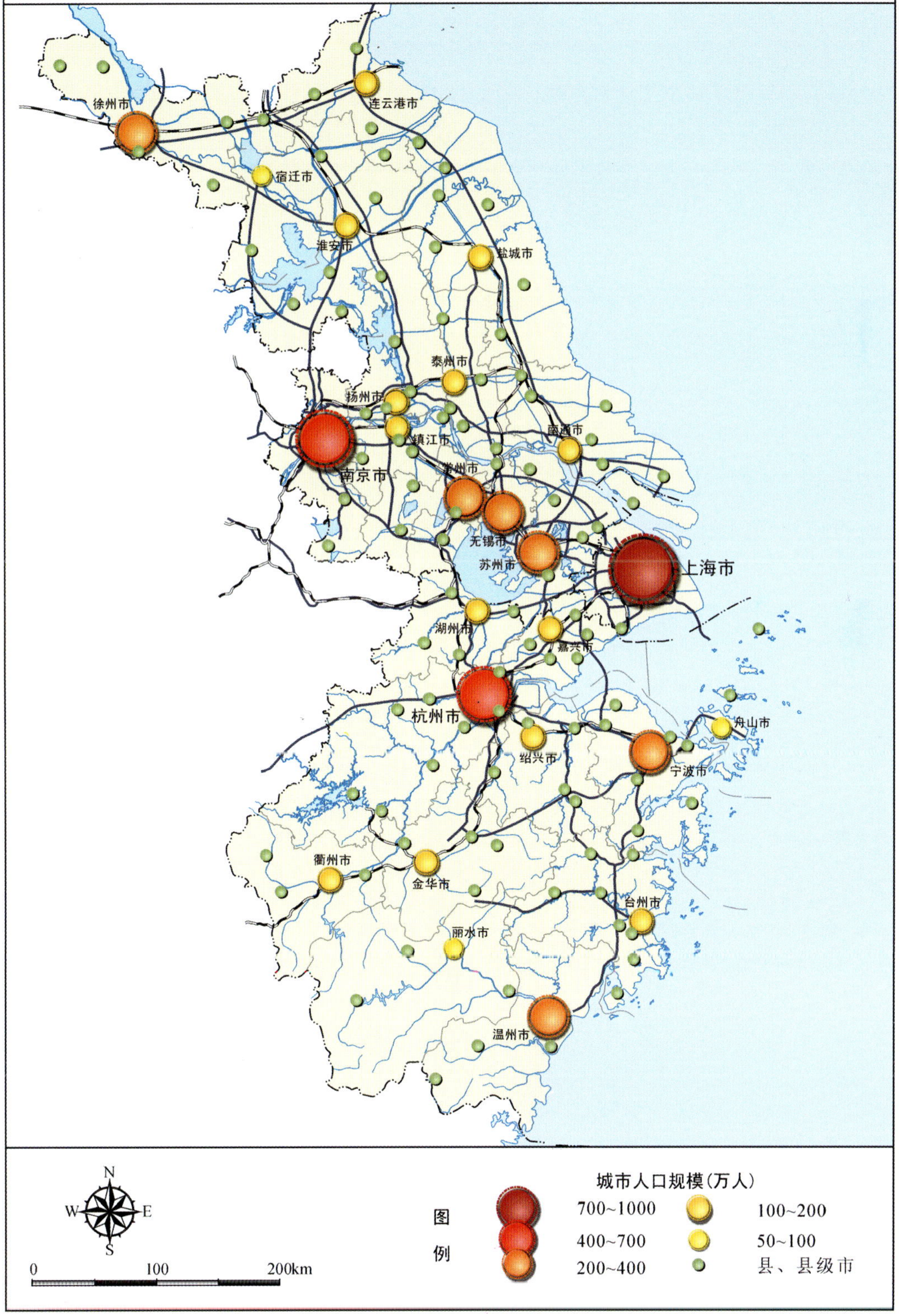

长江三角洲地区区域规划

2009~2020

电子信息产业

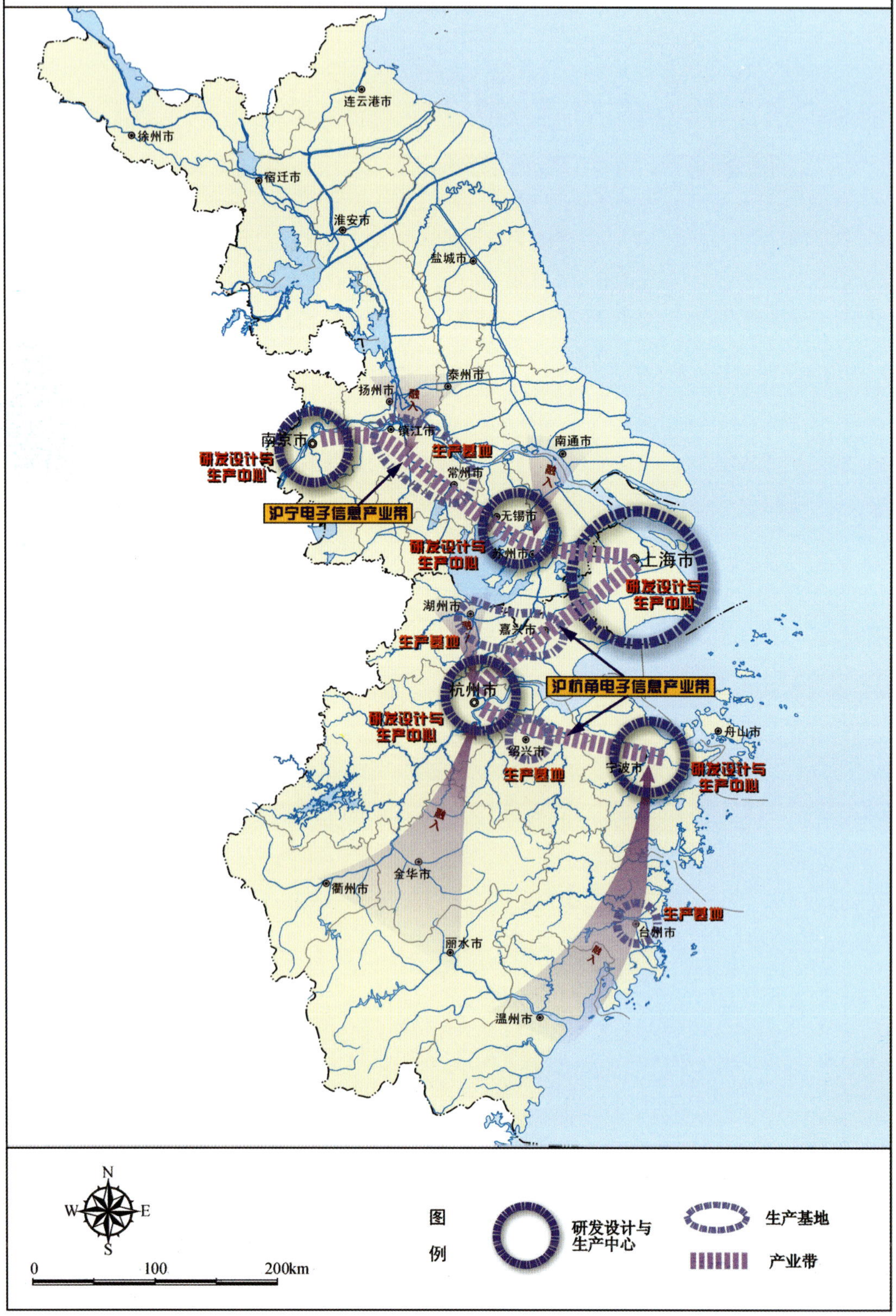

长江三角洲地区区域规划

2009~2020

装备制造业

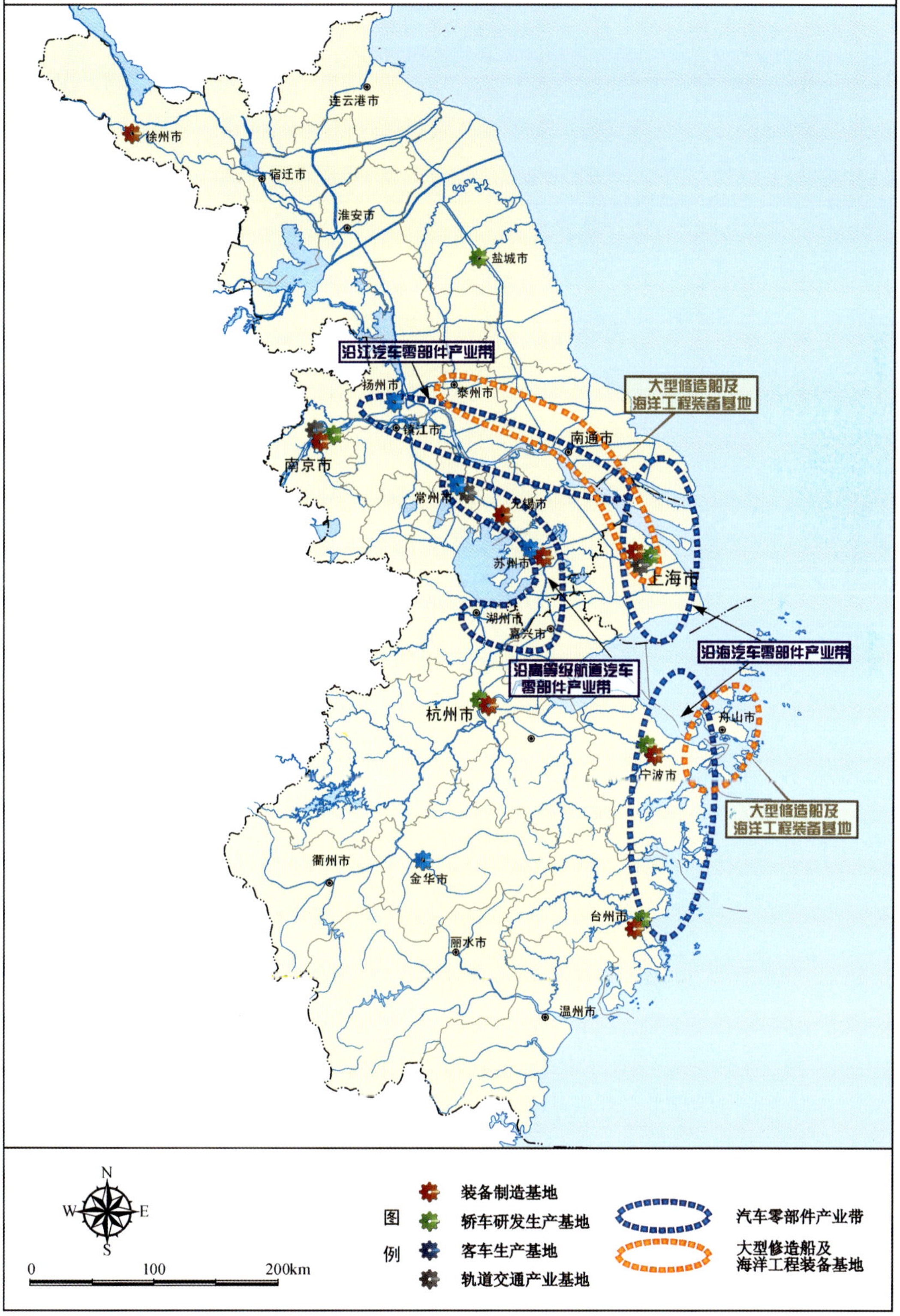

长江三角洲地区区域规划

2009~2020

钢铁与石化产业

目　录 CATALOGUE

长三角年鉴(2010)长三角联合研究中心编
List written by research center of CJD

长江三角洲地区区域规划(代序)

(二〇一〇年五月)

前　　言

长江三角洲地区(以下简称“长三角地区”)是我国综合实力最强的区域,在社会主义现代化建设全局中具有重要的战略地位和突出的带动作用。改革开放以来,长三角地区锐意改革,开拓创新,实现了经济社会发展的历史性跨越,已经成为提升国家综合实力和国际竞争力、带动全国经济又好又快发展的重要引擎。当前,长三角地区处于转型升级的关键时期,从实施国家区域发展总体战略和应对国际金融危机出发,必须进一步增强综合竞争力和可持续发展能力。为实现长三角地区又好又快发展,带动长江流域乃至全国全面协调可持续发展,依据《国务院关于进一步推进长江三角洲地区改革开放和经济社会发展的指导意见》,制定本规划。

本规划的范围包括上海市、江苏省和浙江省,区域面积21.07万平方公里。规划以上海市和江苏省的南京、苏州、无锡、常州、镇江、扬州、泰州、南通,浙江省的杭州、宁波、湖州、嘉兴、绍兴、舟山、台州16个城市为核心区,统筹两省一市发展,辐射泛长三角地区。规划期为2009－2015年,展望到2020年。

本规划是指导长三角地区未来一个时期发展改革的纲领性文件和编制相关规划的依据。

一、发展基础与背景

改革开放以来,长三角地区经济社会发展取得了举世瞩目的巨大成就,已成为全国发展基础最好、体制环境最优、整体竞争力最强的地区之一,具有在高起点上加快发展的优势和机遇。

(一)优势条件。

*区位条件优越。*位于亚太经济区、太平洋西岸的中间地带,处于西太平洋航线要冲,具有成为亚太地区重要门户的优越条件。地处我国东部沿海地区与长江流域的结合部,拥有面向国际、连接南北、辐射中西部的密集立体交通网络和现代化港口群,经济腹地广阔,对长江流域乃至全国发展具有重要的带动作用。

*自然禀赋优良。*属于我国东部亚热带湿润地区,四季分明,水系发达,淡水资源丰沛,地势平坦,土壤肥沃,港口岸线及沿海滩涂资源丰富,具有适宜发展的自然条件。

*经济基础雄厚。*农业基础良好,制造业和高技术产业发达,服务业发展较快,经济发展水平全国领先,是我国综合实力最强的区域。

*体制比较完善。*较早地建立起社会主义市场经济体制基本框架,是完善社会主义市场经济体制的主要试验地。已率先建立起开放型经济体系,形成了全方位、多层次、高水平的对外开放格局。

*城镇体系完整。*上海建设国际大都市目标明确,在长三角地区的核心地位突出。南京、苏州、无锡、杭州、宁波等特大城市在区域乃至全国占有重要地位。区域内城镇密集,一批各具特色的城市具有很强的发展活力。目前,核心区城镇化水平超过60%,具备了跻身世界级城市群的基础。

科教文化发达。区域内集中了大批高等院校和科研机构,拥有上海、南京、杭州等科教名城和南京、苏州、镇江、扬州、南通、徐州、淮安、杭州、宁波、绍兴、金华、衢州等国家历史文化名城,人力资源优势显著,文化底蕴深厚,具有率先建成创新型区域的坚实基础。

一体化发展基础较好。地域相邻,文化相融,人员交流和经济往来密切,形成了多层次、宽领域的合作交流机制,具备了一体化发展的良好条件。

(二)机遇和挑战。

在新的历史条件下,长三角地区发展面临着前所未有的机遇。经济全球化和区域经济一体化深入发展,国际产业向亚太地区转移方兴未艾,亚太区域合作与交流日益密切;我国仍处在重要的战略机遇期,工业化、信息化、城镇化、市场化、国际化不断深入,国家扩大内需的政策加快实施;国家区域发展总体战略深入推进,特别是党中央国务院高度重视长三角地区发展,进一步加大支持力度,长三角地区一体化发展势头强劲。这些都为长三角地区又好又快发展提供了有利条件和广阔空间。

同时,区域内尚未解决的结构性矛盾与国际金融危机的影响交织在一起,长三角地区进一步发展困难加大,一些深层次矛盾和问题亟待解决。区域内各城市发展定位和分工不够合理,区域整体优势尚未充分发挥;交通、能源、通信等重大基础设施还没有形成有效的配套与衔接,促进要素合理流动的制度环境和市场体系有待完善;产业层次不高,现代服务业发展相对滞后,产业水平和服务功能有待提升;外贸依存度偏高,贸易结构还需优化;自主创新能力不够强,国际竞争力尚需提高;土地、能源匮乏,资源环境约束日益明显;社会事业发展不平衡,城乡公共服务水平还有较大差距;行政管理、社会管理体制等方面改革还不到位,改革攻坚的任务仍然繁重。这些都给长三角地区进一步发展带来严峻的挑战。

二、战略定位与发展目标

(一)指导思想。

高举中国特色社会主义伟大旗帜,以邓小平理论和“三个代表”重要思想为指导,深入贯彻落实科学发展观,进一步解放思想,坚持改革开放,着力推进经济结构战略性调整,着力增强自主创新能力,着力促进城乡区域协调发展,着力提高资源节约和环境保护水平,着力促进社会和谐,在科学发展、和谐发展、率先发展、一体化发展方面走在全国前列,努力建设成为实践科学发展观的示范区、改革创新的引领区、现代化建设的先行区、国际化发展的先导区,为我国全面建设小康社会和实现现代化做出更大贡献。

(二)战略定位。

亚太地区重要的国际门户。围绕上海国际经济、金融、贸易和航运中心建设,打造在亚太乃至全球有重要影响力的国际金融服务体系、国际商务服务体系、国际物流网络体系,提高开放型经济水平,在我国参与全球合作与对外交流中发挥主体作用。

全球重要的现代服务业和先进制造业中心。围绕培育区域性综合服务功能,加快发展金融、物流、信息、研发等面向生产的服务业,努力形成以服务业为主的产业结构,建设一批主体功能突出、辐射带动能力强的现代服务业集聚区。加快区域创新体系建设,大力提升自主创新能力,发展循环经济,促进产业升级,提升制造业的层次和水平,打造若干规模和水平居国际前列的先进制造产业集群。

具有较强国际竞争力的世界级城市群。发挥上海的龙头作用,努力提升南京、苏州、无锡、杭州、宁波等区域性中心城市国际化水平，走新型城市化道路，全面加快现代化、一体化进程，形成以特大城市与大城市为主体，中小城市和小城镇共同发展的网络化城镇体系，成为我国最具活力和国际竞争力的世界级城市群。

（三）发展目标。

当前和今后一段时间，必须准确把握国际国内经济形势，坚定信心，齐心协力，携手应对国际金融危机带来的挑战，认真落实中央加强和改善宏观调控的各项政策措施，把扩大内需与经济增长、社会建设、民生改善和提高开放水平结合起来，加快转变发展方式，为促进全国经济平稳较快发展发挥更大作用。

到2015年，率先实现全面建设小康社会的目标。服务业比重进一步提高，产业结构明显优化；创新能力显著增强，科技进步对经济增长的贡献率大幅提升；区域分工和产业布局趋于合理，对外开放水平明显提高；单位地区生产总值能耗进一步降低，主要污染物排放总量得到有效控制；社会保障体系覆盖城乡，公共服务能力显著增强；城乡居民人均收入进一步提高，人民生活明显改善。人均地区生产总值达到82 000元（核心区100 000元），服务业比重达到48%（核心区50%），城镇化水平达到67%（核心区70%左右），研发经费支出占地区生产总值比重达到2.5%（核心区3%）。

到2020年，力争率先基本实现现代化。形成以服务业为主的产业结构，三次产业协调发展；在重要领域科技创新接近或达到世界先进水平，对经济发展的引领和支撑作用显著增强；区域内部发展更加协调，形成分工合理、各具特色的空间格局；生态环境明显改善，单位地区生产总值能耗接近或达到世界先进水平，形成人与自然和谐相处的良好局面；社会保障水平进一步提高，实现基本公共服务均等化；人民生活更加富裕，生活质量显著提高。人均地区生产总值达到110 000元（核心区130 000元），服务业比重达到53%（核心区55%），城镇化水平达到72%（核心区75%左右）。

三、区域布局与协调发展

按照优化开发区域的总体要求，统筹区域发展空间布局，形成以上海为核心，沿沪宁和沪杭甬线、沿江、沿湾、沿海、沿宁湖杭线、沿湖、沿东陇海线、沿运河、沿温丽金衢线为发展带的“一核九带”空间格局，推动区域协调发展。

（一）优化总体布局。

*以上海为发展核心。*优化提升上海核心城市的功能，充分发挥国际经济、金融、贸易、航运中心作用，大力发展现代服务业和先进制造业，加快形成以服务业为主的产业结构，进一步增强创新能力，促进区域整体优势的发挥和国际竞争力的提升。

*沪宁和沪杭甬沿线发展带。*包括沪宁、沪杭甬交通沿线的市县。优化城市功能，提升创新能力，严格控制环境污染重、资源消耗大的产业发展，保护开敞生态空间，改善环境质量，建成高技术产业带和现代服务业密集带，形成国际化水平较高的城镇集聚带，服务长三角地区乃至全国发展。

*沿江发展带。*包括长江沿岸市县。充分发挥黄金水道的优势及沿江交通通道的作用，合理推进岸线开发和港口建设，引导装备制造、化工、冶金、物流等产业适度集聚，加快城镇发展，注重水环境保护与生态建设，建成特色鲜明、布局合理、生态良好的基础产业发展带和城镇集聚带，成为长江产业带的核心组成部分，辐射皖江城市带，并向长江中上游延伸。

*沿湾发展带。*包括环杭州湾的市县。依托现有产业基础和港口条件，积极发展高技术、高附加值的制造业和重化工业，建设若干现代化新城区，注重区域环境综合治理，建成分工明确、布局合理、功能协调的先进制造业密集带和城镇集聚带，带动长三角南部地区的全面发展。

沿海发展带。包括沿海市县。依托临海港口,培育和发展临港产业,建设港口物流、重化工和能源基地,带动城镇发展,合理保护和开发海洋资源,形成与生态保护相协调的新兴临港产业和海洋经济发展带,辐射带动苏北、浙西南地区经济发展。

宁湖杭沿线发展带。包括宁湖杭交通沿线的市县。充分考虑资源环境容量和生态保护要求,重点发展高技术、轻纺家电、旅游休闲、现代物流、生态农业等产业,积极培育城镇集聚区,形成生态产业集聚、城镇发展有序的新型发展带,拓展长三角地区向中西部地区辐射带动的范围。

沿湖发展带。包括环太湖地区。坚持生态优先原则,以保护太湖及其沿岸生态环境为前提,严格控制土地开发规模和强度,优化产业布局,适度发展旅游观光、休闲度假、会展、研发等服务业和特色生态农业,成为全国重要的旅游休闲带、区域会展中心和研发基地。

沿东陇海线发展带。包括东陇海沿线的市县。大力发展劳动密集型产业,积极发展对外贸易,建设资源加工产业基地,成为振兴苏北、带动我国陇海兰新沿线地区经济发展的重要区域。

沿运河发展带。包括运河沿岸市县。依托人文底蕴深厚、生态环境良好的优势,大力发展旅游休闲、文化创意等服务业,积极发展生态产业,改善人居环境,成为独具特色的运河文化生态产业走廊。

沿温丽金衢线发展带。包括温州—丽水—金华—衢州高速公路沿线的市县。发挥毗邻海峡西岸经济区、生态环境良好、民营经济发达的优势,重点发展日用商品、汽车机电制造和商贸物流业,大力发展生态农业,建设浙中城市群,成为连接长三角地区和海峡西岸经济区的纽带。

(二)推动区域协调发展。

加快核心区发展。以上海为龙头,南京、杭州为两翼,增强高端要素集聚和综合服务功能,提高自主创新能力和城市核心竞争力。核心区其他城市要抓住上海优先发展现代服务业和先进制造业的机遇,协同推进产业升级、技术创新和集约发展,增强现代产业和人口集聚能力。推动城市之间的融合,加快形成世界级城市群。

促进苏北、浙西南地区发展。充分利用苏北地区的土地、劳动力和能源资源优势,建立长三角地区优质农产品、能源、先进制造业基地和承接劳动密集型产业转移基地。充分利用浙西南地区民营经济发达的优势和山区资源条件,建设长三角地区先进制造业基地、绿色农产品基地和生态休闲旅游目的地。加快连云港、盐城、温州等发展潜力较大地区的发展,形成新的经济增长点,带动江苏沿海、东陇海沿线和浙江温台沿海、金衢丽高速公路沿线地区发展。依托上海设在盐城的三个农场,建设承接上海产业转移基地。强化核心区与苏北、浙西南地区基础设施的共建共享,延伸城际轨道交通和高速公路,加强上海港与南北两翼港口的合作共建,充分发挥核心区的辐射服务与产业链延伸功能,促进区域共同发展。

四、城镇发展与城乡统筹

坚持走新型城镇化道路,增强城市功能,构建完备的城镇体系,推进城乡一体化发展,建设具有较强国际竞争力的世界级城市群。

(一)完善和提升各类城市功能。

提升上海核心地位。进一步强化上海国际大都市的综合服务功能,充分发挥服务全国、联系亚太、面向世界的作用,进一步增强高端服务功能,建成具有国际影响力和竞争力的大都市。加大自主创新投入,形成一批国际竞争力较强的产业创新基地和科技研发中心,发挥自主创新示范引领作用,带动长三角地区率先建成创新型区域。充分发挥上海浦东新区作为国家综合配套改革试验区的带动作用，率先形成更具活力、更加开放的发展环境。依托虹桥综合交通枢纽，构建面向长三角、服务全国的商务中心。优化功能分工，中心城区重点发展现代服务业，郊区重点建设先进制造业、高技术产业和现代农业基地，积极发展生产性服务业，形成合理的产业布局，带动产业转型与升级。

嘉定新城。依托沪宁高速等交通网络，重点发展以汽车产业为依托的现代服务业，建设集科研教育、运动休闲、生活居住、商业贸易、文化娱乐、旅游度假和都市工业等功能于一体的现代化城区。

松江新城。依托沪杭高速等交通网络，以高技术产业为支撑、现代服务业为导向，建设长三角地区重要的高等教育基地、适宜居住的生态园林城区、具有历史文化底蕴的旅游城区。

临港新城。依托集装箱国际深水枢纽港、国际航空枢纽港，建设以现代装备制造为核心的重要产业基地、具有海港特色的旅游目的地和综合型滨海新城。

完善区域性中心城市功能。进一步提升南京、杭州等区域性中心城市的综合承载能力和服务功能，错位发展，扩大辐射半径，带动区域整体发展。

——南京。发挥沿江港口、历史文化和科教人才资源优势，建设先进制造业基地、现代服务业基地和长江航运物流中心、科技创新中心。加快南京都市圈建设，促进皖江城市带发展，成为长三角辐射带动中西部地区发展的重要门户。

——苏州。发挥区位、产业和人文优势，进一步强化与上海的紧密对接，建设高技术产业基地、现代服务业基地和创新型城市、历史文化名城和旅游胜地。

——无锡。充分发挥产业、山水旅游资源优势，建设国际先进制造业基地、服务外包与创意设计基地和区域性商贸物流中心、职业教育中心、旅游度假中心。

——杭州。充分发挥科技优势和历史文化、山水旅游资源，建设高技术产业基地和国际重要的旅游休闲中心、全国文化创意中心、电子商务中心、区域性金融服务中心。建设杭州都市圈。

——宁波。发挥产业和沿海港口资源优势，推动宁波—舟山港一体化发展，建设先进制造业基地、现代物流基地和国际港口城市。

增强其他重要城市实力。按照区域总体布局的要求，充分发挥自身优势，形成特色鲜明、功能互补、具有竞争力的核心区城市。常州，发挥产业和科教优势，建设以装备制造、新能源、新材料为主的先进制造业基地和重要的创新型城市。镇江，依托长江港口和山水旅游、历史文化资源优势，建设以装备制造、精细化工、新材料、新能源、电子信息为主的先进制造业基地、区域物流中心和旅游文化名城。扬州，发挥历史文化和产业优势，建设以电子、装备制造、新材料、新能源为主的先进制造业基地和生态人文宜居城市。泰州，发挥滨江优势，建设以医药、机电、造船、化工、新材料、新能源为主的先进制造业基地，成为长江南北联动发展的枢纽、滨江生态宜居旅游城市。南通，发挥滨江临海优势，建设以海洋装备、精细化工为主的先进制造业基地和综合性物流加工基地，建设江海交汇的现代化国际港口城市。湖州，发挥临湖和生态优势，建设高技术产业引领的先进制造业基地和文化创意、旅游休闲城市，成为连接中部地区的重要节点城市。嘉兴，发挥临沪和沿湾优势，建设高技术产业、临港产业和商贸物流基地，成为运河沿岸重要的港口城市。绍兴，发挥传统文化和产业优势，建设以新型纺织、生物医药为主的先进制造业基地和国际文化旅游城市。舟山，发挥海洋和港口资源优势，建设以临港工业、港口物流、海洋渔业等为重点的海洋产业发展基地，与上海、宁波等城市相关功能配套的沿海港口城市。台州，发挥民营经济发达的优势，建设以汽摩、船舶、医药、石化为主的先进制造业基地，成为民营经济创新示范区。

依托核心区，引导苏北、浙西南地区产业和人口有序集聚，加快城市发展。连云港，建设综合性交通枢纽、以重化工为主的临港产业基地和国际性海港城市。徐州，建设以工程机械为主的装备制造业基地、能源工业基地、现代农业基地和商贸物流中心、旅游中心，成为淮海经济区的中心城市。盐城，建设先进制造业基地、能源基地和现代农业示范区、重要生态湿地旅游目的地，成为沿海地区现代工商城市。淮安,建设区域性交通枢纽、商贸物流中心、先进制造业基地和历史文化旅游目的地。宿迁,建设新兴工业和商贸基地、绿色生态和创新创业城市。温州,建设以装备制造为主的先进制造业基地、商贸物流为主的现代服务业基地、国家重要枢纽港和民营经济创新示范区,成为连接海峡西岸经济区的重要节点城市。金华,建设国际商贸物流中心和高技术产业基地,加快以金华—义乌为核心的浙中城市群发展。衢州,重点发展装备制造、新材料、职业教育、商贸物流、文化旅游,建设省际重要节点城市。丽水,建设绿色农产品基地、特色制造业基地和生态文化休闲旅游目的地,建成浙西南重要的区域性中心城市。

鼓励发展中小城镇。依托现有中小城市和重点中心镇,建设网络化的城镇体系。发挥各自比较优势,大力发展县域经济,突出发展特色,增强县域经济实力。着重发展一批经济实力雄厚、竞争力较强、发展空间较大的县(市),努力提高发展层次和质量,促进产业结构优化和空间集约利用。依托现有产业基础,重点培育一批工贸型小城镇。依托机场、港口、铁路和高速公路,发展一批交通节点型小城镇。依托独特的自然和人文资源,打造若干国内外知名度较高的旅游型小城镇。促进重点中心镇发展,将有条件的重点中心镇培育成为小城市。

(二)优化城镇人口布局。

引导人口合理分布。科学编制和实施人口分布规划,引导和鼓励人口向沿江、沿湾、沿海以及主要交通沿线、资源环境承载能力强的重点城镇转移,适度提高人口集聚度。创新流动人口服务管理体制,完善常住人口调控管理制度,引导人口有序流动。合理控制沪宁和沪杭甬沿线特大城市人口增长,积极引导重点生态保护区的人口逐步向外迁移。

调控城镇人口规模。上海市中心城常住人口控制在1 000万以内,嘉定、松江和临港三个新城常住人口规模发展到80－100万。南京、杭州市区常住人口不超过700万,苏州、无锡、常州、徐州、宁波、温州等城市市区常住人口规模不超过400万,镇江、扬州、泰州、南通、连云港、盐城、淮安、湖州、嘉兴、绍兴、台州、金华、衢州等城市市区常住人口规模发展到100－200万,宿迁、舟山、丽水等城市市区以及一批基础较好、潜力较大的县级市发展成为50－100万人口的城市,适度扩大小城镇人口规模,形成大、中、小城市和小城镇协调发展的城镇格局。

(三)推进城乡一体化。

提高城乡规划水平。切实加强城乡规划管理,加快城乡一体化建设,创造人与自然和谐发展的宜居环境。加强城乡规划与土地利用总体规划及各级各类区域规划、专项规划的相互衔接。加强分类指导,合理划定功能分区,优化城乡建设空间布局,做好村庄建设规划,严格控制新增建设用地规模,促进城乡集约发展。

统筹城乡基础设施建设。推动城市基础设施向农村延伸,提高城乡基础设施一体化水平。统筹建设城乡供排水、供气、供电、通信、垃圾污水处理和区域性防洪排涝、治污工程等重大基础设施。加快实施农村饮水安全工程,加强中小河流治理及湖泊河网水环境整治,保障农村饮用水安全。加快建成覆盖城乡、方便快捷的公交客运网络和现代商贸物流网络。实施农村清洁工程,改善农村卫生条件和人居环境。

促进城乡基本公共服务均等化。建立和完善基本公共服务均等化的保障机制,把社会事业建设重点转向农村,统筹城乡教育、卫生、文化、就业和社会保障发展,优化公共资源在城乡之间的配置,提升农村公共事业建设的财政保障水平,率先实现城乡基本公共服务均等化。

五、产业发展与布局

推进产业结构优化升级，加快发展现代服务业，推进信息化与工业化融合，培育一批具有国际竞争力的世界级企业和品牌，建设全球重要的现代服务业中心和先进制造业基地。

（一）优先发展现代服务业。

面向生产的服务业。推进上海国际航运中心建设，依托区域综合交通运输网络，大力发展现代物流业。推进上海国际金融中心建设，进一步健全金融市场体系，加快金融产品、服务、管理和组织机构创新，促进金融业发展。扶持和培育工业设计、节能服务、战略咨询、成果转化等技术创新型服务企业，大力发展科技服务业。规范发展法律咨询、会计审计、工程咨询、认证认可、信用评估、广告会展等商务服务业。整合建立区域内综合性的软件和信息服务公共技术平台，培育创新型特色化的软件服务和信息服务企业，积极发展增值电信业务、软件服务、计算机信息系统集成和互联网产业，大力发展服务外包产业。

面向民生的服务业。立足历史人文、山水风情、江南风貌、江海风光、现代都市等特色旅游资源，大力发展旅游业，进一步拓展市场、整合资源，建设世界一流水平的旅游目的地。加快发展广播影视、新闻出版、邮政、电信、商贸、文化、体育和休闲娱乐等服务业。运用信息技术和现代经营方式改造提升传统商贸业，加快现代商贸业发展。积极扶持文化科技、音乐制作、艺术创作、动漫游戏等文化创意产业发展。

上海重点发展金融、航运等服务业，成为服务全国、面向国际的现代服务业中心。南京重点发展现代物流、科技、文化旅游等服务业，成为长三角地区北翼的现代服务业中心。杭州重点发展文化创意、旅游休闲、电子商务等服务业，成为长三角地区南翼的现代服务业中心。苏州重点发展现代物流、科技服务、商务会展、旅游休闲等服务业，无锡重点发展创意设计、服务外包等服务业，宁波重点发展现代物流、商务会展等服务业。苏北和浙西南地区主要城市在改造提升传统服务业的基础上，加快建设各具特色的现代服务业集聚区。

（二）做强做优先进制造业。

电子信息产业。按照立足优势、加快研发、强化协作、促进集群的原则，加快建设世界级电子信息产业基地。发挥区域在电子信息研发、设计、制造及服务方面的综合优势，加快拥有自主知识产权的核心技术研发，促进集成电路、软件、新型平板显示器件、激光显示关键材料与器件、新型电子元器件、电子专用设备仪器制造等产业发展。加强区域产业协作配套能力和分工体系建设，努力打造自主品牌。以国家电子信息产业基地或产业园为依托，打造通信、计算机及网络、数字音视频等产业集群。

以上海、南京、杭州为中心，沿沪宁、沪杭甬线集中布局。沿沪宁线重点发展具有自主知识产权的通信、软件、计算机、微电子、光电子类产品制造，形成以上海、南京、苏州、无锡为主的研发设计与生产中心，以常州、镇江等为主要生产基地的电子信息产业带；沿沪杭甬线以上海、杭州、宁波为研发设计与生产中心，整合嘉兴、湖州、绍兴、台州等地的相关产业，构建国内重要的软件、通信、微电子、新型电子元器件、家电产业生产基地。扬州、泰州、南通、温州、金华、衢州等在巩固发展电子材料、电子元器件产业的基础上，以产业协作配套为重点，开拓计算机网络和外部设备等新产品领域，加快信息产业发展。

装备制造业。按照提升水平、重点突破、整合资源、加强配套的原则，加快建设具有世界影响的装备制造业基地。发挥大型机械、成套设备及汽车、船舶研发制造等方面的优势，巩固提升装备制造业水平,力争在大型电力设备、交通设备、数控机床以及大型加工设备等关键技术和规模生产上取得突破。依托重大工程建设,积极引导企业整合相关资源,组建具有国际竞争力的大型企业集团。采取产业链接、技术外溢和资本扩张等形式,进一步加强区内外产业配套协作。

以上海为龙头,沿沪宁、沪杭甬线及沿江、沿湾和沿海集聚发展。以上海、南京、杭州为先导,苏州、无锡、宁波、徐州、台州等为骨干,提升机械装备制造业水平和核心竞争力。上海、南京、杭州、宁波、台州和盐城积极发展轿车产业,形成区域性轿车研发生产基地。以苏州、常州、扬州和金华为重点,加快形成国内重要的客车生产基地。鼓励开展新能源汽车研发和生产。以上海、南京、常州为重点,加快形成轨道交通产业基地。围绕汽车整车制造,鼓励沿海、沿江等地区发展汽车零部件生产,形成汽车零部件产业带。以上海、南通、舟山等为重点,建设大型修造船及海洋工程装备基地。结合上海地区船舶工业结构调整和黄浦江内部船厂搬迁,重点建设长兴岛造船基地。

钢铁产业。按照提高产业集中度、提升国际竞争力、构建循环经济产业链的原则,推动钢铁产业集约式发展。依托区域现有大型钢铁企业,通过跨地区、跨行业的兼并重组和战略联盟,促进企业集团化发展。实施产品差异化战略,调整产品结构,增强高端产品的国际竞争力。大力发展和运用节能、节水、环保等技术,积极推广新一代可循环钢铁流程工艺技术,构建钢铁循环经济产业链。

依托上海、江苏的大型钢铁企业,积极发展精品钢材。推进钢铁产业结构调整,充分利用海港的有利条件,在不增加现有产能的前提下,结合大型钢铁企业搬迁和淘汰落后生产能力,在连云港等沿海具备条件的地方建设新型钢铁基地。

石化产业。按照立足优势、突破创新、促进集聚、清洁生产的原则,加快建设具有国际竞争力的石化产业基地。充分利用区域石化产业发展基础及沿江临海的区位优势,进一步优化发展石化产业。大力开发核心技术和专有技术,调整产品结构,重点发展精细化工及有机化学新材料。加快现有化工园区整合,推动产业集聚升级。

在充分考虑资源环境承载能力的基础上,依托现有大型石化企业加快建设具有国际水平的上海化工区、南京化学工业园区和宁波—舟山化工区,发挥沿海地区深水岸线和管道运输优势建设利用境外资源合作加工的大型石化基地,进一步壮大炼油、乙烯生产规模,建设大型基础石化产业密集区。发挥泰州、盐城、宁波、嘉兴、温州等滨海或临江区位优势,集中布局,优化发展精细化工。充分利用淮安岩盐和盐城矿盐资源,发展盐化工。

(三)加快发展新兴产业。

生物医药产业。充分利用区域医药生产门类齐全的优势,以生物基因工程和现代中药为重点,打造集研发、生产、销售及信息服务为一体的产业链,形成自主创新能力较强、具备一定国际竞争力的生物医药产业密集区。

建成上海生物及新型医药研发与生产中心,加快建设上海、泰州、杭州国家生物产业基地,进一步做强无锡"太湖药谷"等品牌,建设南京、苏州、连云港、杭州、湖州、金华等中医药、化学原料药和生物医药研发生产基地,加快以上海临港新城、盐城、宁波、舟山等为重点的海洋生物产业发展。

新材料产业。依托区域内雄厚的科研实力及产业基础,与电子信息、冶金、汽车、建筑、化工等产业配套衔接,大力发展信息新材料、金属和非金属新材料、纤维新材料、纳米材料、半导体照明用材料、新型建筑材料以及特种工程材料等产业。

以上海为核心,沿江、沿湾为重点区域,发展各类新材料产业。加快建设上海、苏州、杭州、宁波新材料研发中心和宁波、连云港国家新材料高技术产业基地,无锡、常州、镇江、泰州、南通、徐州、湖州、嘉兴、绍兴、台州、金华、衢州等城市积极建设新材料研发转化生产基地。

新能源产业。充分利用技术优势和发展基础,加大新能源技术研发和生产投入,鼓励发展可再

生能源和清洁能源，开发利用风能、太阳能、地热能、海洋能、生物质能等可再生能源、发展燃气蒸汽联合循环发电等。在沪宁、沪杭甬等沿线大城市，加快新能源技术研发基地建设。在南通、盐城、舟山、台州、温州等沿海地区以及杭州湾地区，大力发展风能发电。鼓励发展以风电、核电和光伏为主的新能源装备制造，提高零部件研发设计和生产加工能力。优化发展太阳能光伏电池及原材料制造业。

民用航空航天产业。充分依托上海民用航空航天产业研发、制造和综合集成能力较强的优势，利用已有的支线飞机和大型客机的研制基础和国际合作经验，积极推动民用飞机制造业、航空运输业和航空服务业协同发展。全面推进国家民用航天产业基地建设，大力发展卫星导航、卫星通信、卫星遥感和相关设备制造业与服务业，加快航天技术向新材料与新能源、节能技术、信息技术、特种制造、特种装备等领域延伸拓展。

（四）巩固提升传统产业。

农业。加快转变农业发展方式，推进农业科技进步与创新，发挥国有农场的示范作用，大力发展高产、优质、高效、生态、安全的现代农业，率先实现农业现代化。稳定发展粮食生产，加强粮食生产能力建设。改造和提升传统农业，大力提高农业机械化水平和土地集约利用水平，支持创建名优品牌，发展循环农业。充分发挥沿海地区滩涂资源丰富和山区生态优势，建立现代农业示范区。依托沿江靠海的优势，发展现代渔业。完善农产品质量安全体系，大力发展无公害、绿色、有机农产品，推进良好农业规范认证。建设优势农产品产业带和规模化养殖基地，积极引导农产品加工业发展，大力支持农业产业化经营和标准化生产，培育一批带动能力强的龙头企业。鼓励扩大农产品出口，进一步做大做强外向型农业。积极发展农村新型合作组织，健全农业经营和流通服务体系。

纺织服装业。以提升档次、打造品牌为重点，建成集研发、制造、展销、贸易等多功能于一体的国际纺织及服装设计制造中心。上海重点发展服装设计和贸易，苏州、无锡、南通、常州、杭州、宁波、湖州、温州重点发展服装及面料生产、研发、展销等，鼓励扬州、泰州、盐城、湖州、嘉兴、绍兴、金华等地发展现代纺织业，积极提升产业层次和产品档次，促进传统纺织业向周边地区转移。

旅游产业。加强旅游合作，联手推动形成“一核五城七带”的旅游业发展空间格局。以上海为核心，发展上海都市旅游，打造长三角地区旅游集散枢纽。以南京、苏州、无锡、杭州、宁波五城市为节点，培育和开发都市工业旅游、农业旅游、休闲旅游、文化旅游、会展旅游、水上旅游等新型品牌。积极开发以连云港—盐城—南通—上海—嘉兴—宁波—舟山—台州—温州为主的滨海海韵渔情旅游带，以苏州—无锡—常州—湖州为主的环太湖水乡风情旅游带，以上海—嘉兴—杭州—绍兴—宁波为主的杭州湾历史文化旅游带，以南京—镇江—扬州—泰州—南通—上海为主的长江风光旅游带，以杭州—嘉兴—苏州—无锡—常州—镇江—扬州—淮安—宿迁—徐州为主的古运河风情文化旅游带，以杭州—千岛湖—黄山为主的名山名水旅游带，以温州—丽水—金华—衢州为主的山水休闲旅游带。

六、自主创新与创新型区域建设

以关键领域和核心技术创新为突破口，增强自主创新能力，形成优势互补、资源共享、互利共赢的具有国际竞争力的区域创新体系，率先在全国建成创新型区域。

（一）建设区域创新体系。

强化企业的创新主体地位。加强以企业为主体的技术创新体系建设，加大政府对企业创新的支持力度，通过财税、金融等政策引导企业增加研发投入，加强企业创新能力建设。到 2015 年企业研发投入占全社会研发投入的比重达85%以上。开展自主创新产品的互认或联合认定,将自主创新产品纳入政府采购目录,支持科技创新型企业发展。创新产学研合作模式,建立产学研主体之间成果共创、信息互通、利益共享的机制。鼓励发展产学研联盟等多种形式的合作,重点围绕船舶、冶金、石化、风电、太阳能光伏、软件等产业建设一批具有国际先进水平的产业技术研究机构。支持高等院校、科研院所开放科技资源,与企业联合兴办研发机构、博士后工作站、成果转化基地等产学研合作组织。积极推进国际产学研合作,吸引和集聚国外先进技术和人才等创新要素,推动本土企业研发国际化和外资企业研发本土化。

完善区域科技创新平台。选择若干创新基础较好的地区开展自主创新试点,探索有利于促进区域自主创新一体化的财政、税收、金融等有关政策。以国家重点实验室、工程实验室、工程(技术)研究中心等为重点,建设研究实验体系。以科技文献情报资源、自然科技资源共享等为重点,加强科技公共支撑体系建设。依托高等院校、科研院所和骨干企业,建设一批技术创新服务平台。建立若干区域性重点科技园区,引导高技术产业、研发机构和融资平台向高新园区集聚,构建布局合理、开放高效的区域创新资源共享网络。加强区域创新合作机制建设,促进科技资源开放共享,推进科技资质互认,加强科技基础条件平台建设。到2015年,规划建设科技公共服务平台300个左右,创业投融资规模突破1 000亿元。

(二)提高技术创新能力。

加快关键领域与核心技术创新。以加快突破核心技术瓶颈、显著增强科技国际竞争力为目标,积极承担民用大型飞机、极大规模集成电路制造装备及成套工艺、新医药、重大疾病防治、核心电子器件、高端通用芯片及基础软件产品等国家重大科技专项,开展电子信息、生物医药、新能源、重大装备、纺织、石化、钢铁冶金等战略产业的重大科技联合攻关,研制一批具备国家乃至国际先进水平的重大战略产品,培育一批具有自主知识产权的世界品牌。在电子信息、机械装备、汽车、船舶等具有一定优势的产业领域,推动建立一批产业技术联盟,协作突破核心技术瓶颈。以高等院校和科研机构为主体,加强基础研究,开展联合攻关,全面提高原始创新能力。加大资源整合力度,形成一批优势学科领域、研究基地和跨地区产业共性技术科研机构。加强科研机构与高等院校合作,促进创新资源共享。

共建重大产业技术创新链。在软件与服务、集成电路、新一代移动通信、生物医药等高技术产业领域,上海逐步向研发、设计、高端制造转型,南京、苏州、杭州等城市侧重测试和制造。在汽车制造、先进装备制造等重要支柱产业领域,以上海为主体加强自主知识产权、核心产品和核心技术研发,南京、苏州、无锡、杭州、宁波等城市在研发、设计环节加强与上海的对接。在纺织、服装等传统特色产业领域,充分发挥上海的科研、高端制造优势,苏南地区、环杭州湾地区在研发、设计和深度加工方面加强与上海的对接。

(三)营造有利于自主创新的政策环境。

建立科技创新投融资体系。落实国家激励自主创新的有关政策措施,建立以政府科技投入为引导,企业、社会投入为主体的市场化科技创新投融资体系。加大财政对共性技术研发、引进技术消化吸收再创新、初创型科技中小企业的支持力度,确保财政科技投入增长高于财政经常性收入增长幅度。研究制定鼓励创业投资发展政策,完善退出、收益保障和风险承担机制。强化政府资金引导作用,结合产业发展特点,推动建立一批创业投资机构。充分发挥天使基金和种子基金的引导作用,支持高科技初创企业发展。设立中小企业信用再担保资金和中小科技企业发展专项引导资金,培育壮大中小科技企业。鼓励保险机构开发科技保险险种,积极探索科技型企业开展股权出质登记,支持符合条件的科技型企业上市。

完善创新服务支撑体系。大力发展各类科技中介服务机构，充分发挥其在自主创新中的桥梁作用。加强专业性和面向区域产业技术创新的服务体系建设，创新科技中介服务机构管理模式和运营机制，推动科技中介资源跨区域共享。强化专利、商标、版权等知识产权保护，加强对外资企业收购内资企业的知识产权保护，切实保护自主产权和民族品牌。

培养和引进创新型人才。加大创新型人才培养力度，建立创新型人才培养基地。加强国际交流合作，完善人才培养模式，培育适应国际科技创新需要的人才。开辟创新型人才引进的“绿色通道”，积极引进高层次创新型人才，研究制定引进高层次创新型人才鼓励政策，对外籍在华创业人才放宽在参与创新、享受所获成果方面的政策限制。加强创新型人才社会化服务平台建设，为创新型人才提供培训、交流、咨询、法律等配套服务。强化创新型人才开发的政策协调和制度衔接，拓宽高等院校、科研机构与企业之间创新型人才流动渠道。

七、基础设施建设与布局

推进跨区域重大基础设施一体化建设，提升交通、能源、水利、信息等基础设施的共建共享和互联互通水平，形成分工合作、功能互补的基础设施体系，增强区域发展支撑能力。

（一）完善交通通道建设。

沪宁和沪杭通道。依托沪宁、沪杭铁路和高速公路，优化运输结构，提升运输效率和通过能力，建设铁路、公路、水运相结合的主通道。建设京沪高速铁路沪宁段、沪宁和常苏嘉城际轨道交通、沪杭客运专线、沪苏湖铁路、杭州—黄山铁路以及沪杭磁悬浮交通，提升快速客运能力。改造京杭运河江南段、苏申内外港线、湖嘉申航道、杭申航道等国家和省级干线航道，增强水运货运能力。

沿长江通道。依托长江航道，构建综合型的交通运输通道，强化与长江中上游的联系。推进长江口12.5米深水航道向上延伸工程建设。改扩建宁通（南京—南通）、京沪高速公路，加快建设泰州—常州过江通道。建设南京—芜湖—安庆铁路、沿江铁路、淮扬镇铁路及过江通道，加快宁启铁路、新长铁路扩能改造及过江通道建设。

沿海通道。依托沿海港口和海运，加强崇明过江通道、崇明—启东长江公路通道建设，加快甬台温高速公路改扩建，建设连盐（淮）、沪通、甬台温、金甬、金台等铁路，规划建设跨杭州湾通道，完善沿海交通运输大通道体系。

宁湖杭通道。依托宁杭高速公路，加快宁杭客运专线建设，支撑宁湖杭发展带的发展。加强与上海的联系，建设湖州—乍浦铁路。

杭甬通道。依托杭甬高速公路和杭甬铁路，建设支撑杭州湾南翼产业和城镇发展以及连接宁波—舟山港的重要出海通道。加快杭甬客运专线、宁波铁路枢纽北环线以及疏港铁路建设，整治杭甬运河，加强沿杭州湾南岸城市间及陆岛间联系，提高沿海港口集疏运能力。

东陇海通道。依托陇海铁路和连霍高速公路，构建中西部地区至连云港港的重要出海通道。加快建设郑徐客运专线徐州段并规划延伸至连云港，增强对中西部地区的辐射带动作用并支撑沿线产业发展。

浙西南通道。依托浙赣和金温铁路、金丽温和杭金衢高速公路，建设金温铁路扩能工程、九景衢铁路、杭州长沙客运专线和杭新景高速公路，加强与长三角西南地区的联系并支撑沿线产业发展。

（二）加快综合枢纽建设。

综合运输枢纽建设。重点建设上海、南京、连云港、徐州、杭州、宁波全国性综合运输枢纽，加强苏州、无锡、常州、镇江、扬州、泰州、南通、盐城、湖州、嘉兴、金华、温州、衢州等区域性综合运输枢纽建设。强化各种交通运输方式的衔接,特别是加强铁路客运专线、城际铁路和干线铁路建设及其与港口、空港、城市轨道交通等的衔接。

——*上海*。增强航运和航空能力,提升上海铁路枢纽地位,提高国际客货运和集装箱中转的比例,优化物流节点布局,增强物流网络统筹协调功能,建成海陆空一体化的大型综合运输枢纽和现代物流中心。

——*南京*。积极发展铁路、公路、水运、航空综合交通,完善服务长江流域的大宗散货江海联运,以及服务长三角地区北部及其周边地区的国际物流功能,进一步提高客货运能力,建成江陆空综合运输枢纽和长江中下游综合性现代物流中心。

——*徐州*。完善徐州铁路、公路枢纽功能,充分发挥徐州港的功能和作用,建设铁路、公路、水运联运的综合性运输枢纽和区域物流中心。

——*连云港*。加快连云港港建设,尽快形成"一体两翼"的发展格局,强化港口对中西部地区的辐射能力,建成我国重要的综合交通枢纽和物流中心,成为辐射带动力强的新亚欧大陆桥东方桥头堡。

——*杭州*。加快杭州铁路东站综合交通枢纽建设,强化服务长三角地区南部及其周边地区的国际物流功能。配合旅游发展,强化客运功能,建成陆空水联运综合运输枢纽和空港型物流中心。

——*宁波*。结合梅山保税港区和宁波铁路枢纽建设,优化集疏运系统,强化货运枢纽功能,尤其是大宗散货海进江中转、海铁联运运输功能,建成海陆联运的综合运输枢纽和全国性大型物流中心。

港口枢纽与配套港口群建设。加强港口枢纽之间的协调,整合现有港口,加快以上海为中心,以江苏、浙江港口为两翼的上海国际航运中心建设。

——*上海港*。以建设上海国际航运中心为目标,进一步提升上海港主枢纽港的功能地位,重点加快建设洋山深水港区集装箱泊位和通往主要集装箱港区的内河集装箱运输通道及配套港区,以及洋山港区 LNG、油品码头,进一步扩大上海港的吞吐能力。

——*宁波—舟山港*。推进宁波—舟山港一体化进程,发展集装箱运输和大宗散货中转运输,建设宁波—舟山港大吨位、专业化铁矿石码头和原油码头,推进宁波梅山保税区 10 万吨级以上集装箱码头建设,完善铁矿石、原油、煤炭、粮油等大宗散货接卸转运系统和集装箱运输系统。

——*南京以下长江下游港口*。以开辟集装箱支线运输为主,加强南京、镇江、苏州、南通港口间的分工协调,重点建设太仓集装箱干线港和江海联运中转枢纽港,完善集装箱支线港。加快长江口深水航道和沿江海进江矿石码头建设,形成铁矿石转运系统。

——*江苏沿海港口群*。加快连云港港 30 万吨级深水航道建设,规划建设原油、矿石等大型专业化深水泊位,大力发展集装箱干线运输。以连云港港为核心,联合南通港、盐城港共同建设沿海港口群,大力发展国际航运和现代物流,增强为中西部服务的能力,建设成为上海国际航运中心北翼重要组成部分。

——*浙南沿海港口群*。围绕温州港深水航道建设,推进乐清港、状元岙、大小门岛港区建设。发展台州港临港产业,重点建设大陈岛、大麦屿等港区。以能源、原材料等大宗散货和集装箱运输为主,建成辐射赣东、闽北等地区的重要对外交流口岸。

航空枢纽与配套机场群建设。以扩大空港设施能力为重点,优化航空运输网络为主线,提高国际竞争力为目标,加快区域航空枢纽中心建设,形成大型国际枢纽机场—区域枢纽机场—国内小型枢纽机场合理布局、分工协作的航线网络和机场群。

——*上海航空枢纽港*。建成以浦东机场为主、虹桥机场为辅的上海航空枢纽港。浦东机场侧重于国际航线,加强设施建设,提高中转能力,发展成为国际航空网络的主枢纽之一。虹桥机场侧重于国内航线,适度发展台港澳航线,发展成为国内航空网络的主枢纽。加强两机场间交通设施建设,提高通达效率。

——南京和杭州国际机场。优化南京禄口机场和杭州萧山机场航线布局,大力开辟国内航线,适时增辟国际客运和国际货运航线,客货并举,内外并重,不断增加航线和加密航班,建成区域枢纽机场。

——苏南和宁波国际机场。积极推进苏南硕放国际机场的改扩建工程,重点增加国内客运和国际货运航线,建成国家干线机场、苏南一类航空口岸和区域枢纽机场。加快宁波栎社国际机场扩建工程建设,大力发展国际货运航线,形成以货为主、客货兼顾的区域性国际干线机场。

新建、调整、改造一批中小型机场。新建苏中江都机场和淮安机场,迁建连云港机场,调整南通、嘉兴机场运输功能,改造扩建常州、徐州、盐城、台州机场,形成区域客货运输航空网络。

(三)推进能源基础设施建设。

煤炭。重点建设宁波—舟山、连云港、盐城等沿海煤港,南京、镇江、扬州、泰州、南通等沿江煤港及徐州沿运河煤港,有选择地建设煤炭储备、配送基地,提高煤炭安全供应能力,基本满足区内煤炭需求。疏浚京杭运河苏北段,使全线达到二级标准,将大运河煤炭运力提高20%左右。

油气。重点建设宁波—舟山石油中转港口,完善宁波北—上海、宁波北—南京的输油管道,规划建设日照—仪征输油管道连云港支线。在沿海规划布局油气储备基地,加强舟山等油气储备基地建设。加快洋山港区、大榭港区油品码头、台州大陈岛石油储运设施建设。开展区域石油流通枢纽和天然气交易中心建设的可行性研究,推动长三角地区天然气主干管网互连互通,保障区域能源供应。

重点推进LNG项目建设,建成金坛大型天然气储气库,扩建上海五号沟LNG应急事故站。加快形成并完善环太湖天然气管网,完善苏中、苏北天然气管网,加快建设宁波—台州—温州和金华—丽水—温州天然气管网。

电力。重点在沿海、沿江和天然气管道沿线地区新建或扩建电源点。扩建田湾核电站,建设浙江三门核电站,研究在具备条件的地方新建核电站的可行性。加快电网建设和改造,扩大西电东送、皖电东送和北电南送接收规模,为启东—崇明岛—上海过江电缆通道的建设创造条件。预留通道走廊,确保西电东送工程顺利实施。

新能源。建设上海崇明等20－30万千瓦、江苏沿海500万千瓦、浙江沿海100万千瓦风电项目。加强潮汐能、洋流能的开发。积极利用太阳能、生物质能及集中型沼气等技术成熟的新能源。在沿海滩涂资源丰富的地区发展太阳能光伏发电。到2015年,新能源在能源结构中的比重提高到4%左右。

(四)改善水利基础设施。

按照水资源和水环境承载能力,统筹协调区域水利基础设施建设,构筑防洪防台抗旱减灾体系、水资源合理配置和高效利用体系、饮用水安全保障体系以及水生态环境保护体系。继续实施太湖、淮河、长江中下游崩岸治理和沿海防浪堤及防护林等重点工程,加快长江口和钱塘江综合整治开发。加强城市防洪排涝能力建设,完成病险水库除险加固、灌区续建配套与节水改造和城乡饮用水安全工程,加快小型农田水利设施建设,加强低洼易涝地区和山洪灾害易发区综合治理。加快水源工程等水资源调蓄和配置工程建设,建设沿海淡水通道。继续加强重点地区、重点城市水生态修复工程建设。加快水资源实时监控系统建设,完善跨界水资源监测体系。加强水资源统一管理,完善流域水资源管理体制。

(五)健全信息基础设施。

加快区域空间信息基础设施建设。在完善信息资源共建共享机制和统一数据标准的基础上,建立完整的地理空间信息库,逐步提高地理空间信息社会化应用与共享程度,不断满足国民经济和社会发展的需求,建成区域地理空间信息分发与交换中心,构建地理空间信息基础数据的汇交、分发服务和交换体系,带动各领域信息系统的建设,促进信息资源共享与应用。

完善信息网络基础设施。继续优化现有网络结构,挖掘网络潜力,适应信息网络技术发展的需要引进新技术,加快新一代移动通信、下一代互联网、地面数字电视等系统建设。积极推进“三网融合”,提高网络资源综合利用和信息交互能力。加强网络安全设施建设和网络安全管理,实施区域无线电协同监管。

加快重点工程和信息港建设。重点推进一批综合性网络应用工程、公益性信息服务工程、信息化与工业化融合工程等重点应用项目建设。大力推进区域交通、社会保障等“一卡通”工程。促进区域政务信息资源开发、应用与共享。加快城市空间信息基础设施建设,用5-10年时间,建设若干智能型现代化城市,将长三角地区主要城市建成区域性信息港。

八、资源利用与生态环境保护

实行最严格的耕地保护制度,提高土地节约集约利用水平,加强环境保护和生态建设,推进资源节约型和环境友好型社会建设,全面提高区域可持续发展能力。

(一)合理利用土地资源。

严格保护耕地。坚持保护耕地的基本国策,切实保护耕地特别是基本农田,提高耕地质量。加大土地复垦、开发整理力度,建设高标准基本农田。到2015年,核心区保有耕地面积不少于333万公顷,常住人口口粮确保自给。

提高建设用地节约集约利用水平。在充分尊重农民意愿的前提下,有条件的地方引导农民居住向城镇和中心村集中。严格控制城镇和农村居住用地增长,全面提高土地利用效率。努力转变用地方式,积极推进工业向园区集中、土地利用向适度规模经营集中。在严格执行土地用途管制的基础上,促进农村集体建设用地依法流转。在严禁跨省域易地占补平衡的前提下,探索耕地占补平衡的有效途径。以提高工业用地产出效率为重点,制定区域产业用地标准,提高新上工业项目入区入园门槛。在符合规划、不改变原用途的前提下,对提高土地利用率和增加容积率的工业用地,原则上不再增收土地价款。科学规划,合理布局,统筹安排农业、生态和建设等各类用地。

保障生态用地。对重要生态功能保护区、区域生态走廊和其他生态地位重要的地区,实施限制性保护。对自然保护区、森林公园、湿地公园、重要集中式饮用水水源地和重要水源涵养区、浙江南部地区海拔500米以上山体、江苏以及浙江的湖州和嘉兴两市海拔200米以上的山体、沿海湿地等区域实施严格的保护。对于重要湿地、重要水源地外围和输水通道两侧地区、长江和钱塘江干流、城市间的重要生态板块、浙江西部海拔200-500米之间的山体、江苏以及浙江湖州和嘉兴两市海拔50-200米之间的地带,严格控制土地开发强度,禁止开展导致生态退化的各种生产活动,鼓励发展生态型产业,有针对性地新建自然保护区和海洋特别保护区,改善区域生态环境质量。加强林地和草地保护,防止非法占用。

优化区域土地资源配置。按照区域总体布局框架,实行差别化土地政策,统筹保有耕地,优化用地布局。沪宁和沪杭甬沿线发展带,划定基本农田保护区,采取最严格的措施保护基本农田;优化土地利用结构,加大土地整理、复垦力度,着力提高土地产出率;严格控制上海、南京、苏州、无锡、杭州、宁波的城市建设用地增量。沿江、沿湾和沿海发展带,优先安排建设用地指标,科学利用滩涂资源,满足重点产业发展和基础设施建设需求。宁湖杭发展带以及其他沿路发展轴带,确保基本农田保护面积和生态保护面积,保留足够的自然生态空间,适度安排建设用地,促进城市与产业有序集聚和发展。沿湖发展带优先满足保护生态的要求,实施有效的土地用途管制,控制土地开发强度。其他地区适当调高基本农田保护率,严格控制建设用地占用耕地的规模。科学编制规划,合理有序开发利用滩涂和低丘缓坡资源,努力增加耕地和建设用地。

(二)加强生态建设与环境保护。

加强饮用水源地保护。重点保护集中式饮用水水源地水质安全,对长江干流、长江口、太湖、洪泽湖、淀山湖、黄浦江、太浦河、杭嘉湖水网、钱塘江干支流、瓯江及中小湖泊和水库等,划分水源保护区,完善饮用水水源保护区分级管理制度,制定保护范围、保护要求及水源地环境综合整治方案。加强南水北调东线调水水源保护区与望虞河、新孟河、通榆河、淮沭新河、浙北太湖取水、浙东引水等输水通道的水污染控制和水质保护,严格控制调水水源保护区沿线的开发建设,提高污废水排放标准。建立健全流域和水系上下游地区互利共赢的饮用水源保护运行机制。加强地下水资源保护,遏制地下水超采,切实防治地面沉降和海水倒灌。基本解决污染严重和水量供应不足的水源地水质和水量保障问题,调水水源地水质达到相应水质功能目标要求。

继续加强水污染防治。坚持预防与治理相结合,按照水功能区水质达标要求,控制污染物排放总量,加强对重要污染源的监控,关闭持续排放有毒有机污染物的企业,建立点源达标排放的长效管理机制,强化跨省、市界断面水质达标管理,确保跨界水环境水质达标。重点整治长江、太湖、淮河、钱塘江和城市水污染,加快城镇污水和垃圾处理设施建设。制定和实施化工、医药、印染、造纸等重污染行业环境准入标准,完善排污费征收和使用制度,加大环保执法力度。加快编制沿江、沿湖、环湾及沿海地区尾水达标排放规划。有效控制长江口、杭州湾陆源污染物排海,实施海域环境综合整治,加强海岸带生态系统的保护和修复,实施重要渔场生境保护,推广生态海水养殖,逐步改善海域环境质量,恢复海洋生态服务功能。加强海洋环境监测体系建设,建立重点区域赤潮(绿潮)预警防治体系,健全海上重大污染突发事故应急体系。完善水污染区域联防联控机制。到 2015 年,全部淘汰国家产业政策明令禁止的落后生产能力,城镇污水集中处理率达到 80% 以上,实施化学需氧量和氨氮排放量总量控制,近岸海域水质恶化的趋势得到控制。

推进区域大气污染防治。以"西气东输"、"西电东送"为契机,大力推进能源结构调整,实行煤炭使用总量控制,改善区域大气环境质量。推进火电厂的燃气工程建设,加速中小型锅炉燃气或电力对煤的替代。加快关停小火电,逐步淘汰单机容量 5 万千瓦以下的常规小火电机组和大电网覆盖范围内服役期满的单机容量在 10 万千瓦以下的常规燃煤凝汽火电机组。严格按环保要求限制新建、扩建燃煤火电厂(机组)。继续加大重点污染源的二氧化硫治理力度,有效削减火电厂二氧化硫排放量,加快烟气脱硫工程建设,控制工业炉窑二氧化硫排放,积极发展清洁煤燃烧技术。加强火电厂氮氧化物污染治理。大力发展新能源,在上海开展低碳经济试点。加快区域大气监测网络建设,建立健全区域大气污染联防联控机制。到 2015 年,二氧化硫排放量削减 8%,城市空气质量明显好转,酸雨污染得到缓解。

加强固体废物环境管理。建立健全固体废物全过程管理体系,提高固体废物处置能力。强化危险废物监管制度,加快建设处置设施。在典型电子废物集中处置区域开展污染调查与风险评价,建立电子废物回收体系,加强对拆解利用的资质许可管理。强化城市污水处理厂和垃圾填埋场的环境监管,推进污水厂污泥、垃圾填埋场滤液的无害化处理处置。到 2015 年,形成工业危险废物和医疗废物 100% 由产生单位或交有资质单位无害化利用或处置的能力。

开展农村环境综合整治。大力推进农业面源污染防治和土壤污染治理与修复,提高化肥、农药、农膜等农用化学品的利用率和秸秆综合利用率,推进畜禽规模化饲养和标准化养殖小区建设,控制规模化养殖场的污染物排放,提高畜禽粪便资源化率,鼓励与推广发展无公害、绿色及有机农业。按照建设社会主义新农村的总体要求,实施农村环保小康行动计划,推进农村环境综合治理。加强村庄整治,建立村庄环境卫生长效管理机制,着力解决农村安全用水、清洁能源、卫生公厕、污水和垃圾处理等问题,不断改善农村人居环境。结合创建国家生态市(区、县)、国家园林城市(县、城镇)、环境优美乡镇及生态村,全面推进农村环境基础设施建设。

加强生态建设。由长江干流、洪泽湖—入海水道、富春江—钱塘江三条生态水廊,以及连云港—盐城—南通—崇明岛东滩—宁波象山—台州—温州沿海湿地、骆马湖—高邮湖—邵伯湖—茅山—天目山—千岛湖—浙西山地,共同构成“三横两纵”生态网架。加强自然保护区、生态功能区、水源涵养区等保护与建设,实施海洋生态修复,加强沿海、沿江防护林体系建设,实现自然生态空间的链接,扩大区域生态空间,增强生态服务功能,保障区域生态安全。加强崇明生态岛保护和建设。开展区域生态环境补偿机制试点,设立浙江湖州、丽水生态文明建设示范区。

九、社会事业与公共服务

以改善民生为重点,加强社会事业建设,推进义务教育、公共卫生、公共文化等基本公共服务均等化,促进经济社会协调发展,形成人民幸福安康、社会和谐进步的良好局面。

(一)优先发展教育事业。

推进义务教育均衡发展。合理配置义务教育资源,优化学校布局,高水平、高质量普及九年义务教育。完成中小学校舍安全工程,推进义务教育阶段学校标准化建设。逐步解决常住人口子女平等接受义务教育问题,加大对欠发达地区学校的投入力度,推进城乡、区域之间义务教育均衡发展。

大力发展职业教育。继续扩大职业教育规模,提高职业教育质量,重点发展中等职业教育,加快建立完善的区域职业教育培训体系。结合区域产业特色,加快常州科教城和无锡、盐城、温州等职业教育园区建设,支持有条件的地区建设公共实训基地。完善工学结合、顶岗实习的人才培养模式,在人才紧缺的专业领域推行职业院校与企业共同培养人才。

提升高等教育发展水平。继续加强“985 工程”和“211 工程”建设,重点支持复旦大学、上海交通大学、南京大学、浙江大学等重点高校创建世界一流大学。大力支持重点学科建设,建成一批高水平、有特色的学科群,推动若干高校进入国内一流大学行列。推进中外合作办学,拓展国际交流,引进优质教育资源。发挥现有高等院校集中、高等教育发达的优势,显著提升高等院校科技创新与服务能力。

深化教育改革。鼓励开展各项教育改革试点,探索教育发展新路子。加强教育合作,建立区域间优质教育资源共享机制。以培养学生理想情操、创新精神和实践能力为重点,更新教育观念和教学方法,创新人才培养模式,全面实施素质教育。完善以政府投入为主、多渠道筹措教育经费的投入体制。大力发展民办教育,推动公办教育和民办教育相互促进、共同发展。落实高等学校办学自主权,加快建立现代大学制度。建立完善的现代国民教育体系和终身教育体系,率先基本实现教育现代化。

(二)提升医疗卫生服务水平。

加强公共卫生体系建设。建立健全疾病预防控制、健康教育、妇幼保健、精神卫生、应急处置、采供血、卫生监督和计划生育等专业公共卫生服务网络,加强重大传染病、慢性病、地方病、职业病和出生缺陷疾病的防控以及职业卫生和食品安全监管工作，提高突发公共卫生事件应急处置能力，建立疾病预防控制联防联控机制，着力构建覆盖城乡的公共卫生服务体系。适度扩大公共卫生服务范围，针对区域突出的公共卫生问题，在中央规定的服务项目基础上增加公共卫生服务内容。

优化医疗卫生资源配置。建立健全基层医疗卫生服务体系，推动医疗卫生资源向城市社区和农村基层倾斜，完善以社区卫生服务为基础的新型城市医疗卫生服务体系。在大中城市建立以三级综合医院为龙头，二级综合医院、专科医院、护理院和康复医院为骨干的现代医疗服务体系。加快建立健全以县级医院为龙头、乡镇卫生院为骨干、村卫生室为基础的农村三级医疗卫生服务网络。逐步建立城市医院与社区卫生服务机构、农村医疗卫生机构分工协作和对口支援机制，形成结构合理、分工明确、防治结合、覆盖城乡、运转有序的医疗卫生服务体系。探索建立区域化、集中化的血液采集服务网络。坚持中西医并重的原则，以上海、江苏、浙江国家中医研究基地为龙头，形成我国中医创新集聚区，推动中医药产业发展。

深化医药卫生体制改革。着眼于实现人人享有基本医疗卫生服务的目标，坚持公共医疗卫生的公益性质，实行政事分开、管办分开、医药分开、营利性与非营利性分开，加快医药卫生体制改革。建设公共卫生服务体系、医疗服务体系、医疗保障体系和药品供应保障体系，建立覆盖城乡居民的基本医疗卫生制度。强化政府责任，建立政府主导的多元卫生投入机制，鼓励和引导社会资本发展医疗卫生事业。推进公立医院改革试点，积极探索公立医院管理、运行和监管的有效形式。

（三）加快文化事业发展。

提升公民文明素质。广泛开展社会主义核心价值体系宣传普及活动和群众性精神文明创建活动，大力弘扬爱国主义、集体主义、社会主义思想。建设学习型社会，全面提升公民文化水平。以增强诚信意识为重点，进一步加强社会公德、职业道德、家庭美德和个人品德建设，形成文明健康的社会风尚。

积极发展文化事业。切实增加公益性文化事业投入，在大中城市建设一批功能实用、标准较高、覆盖面广的文化基础设施。加强社区和乡村文化设施建设，重点实施乡镇文化站等基础文化设施覆盖工程。推进全国文化信息资源共享工程基层服务点建设。加强文化遗产保护与传承，保护历史文化名城、街区、村镇、重要文物和非物质文化遗产，进一步扩大对外文化交流。积极发展体育事业，加快构建全民健身服务体系。到 2015 年，率先建成覆盖城乡的公共文化服务体系。

大力发展文化产业。加快文化产业基地和区域性特色文化产业群建设，扶持一批发展潜力大、市场前景好的文化产业，建设一批实力雄厚、具有较强竞争力和影响力的文化企业集团，提高文化产业规模化、集约化和专业化水平。深化文化体制改革，放宽市场准入条件，推进文化创新，实施高端文化人才引进工程，激励优秀文化产品创作，形成积极向上、特色鲜明、结构优化、科技含量高的文化产业体系。加强文化市场综合执法能力建设。到 2015 年，文化产业增加值占地区生产总值的 4% 以上。

（四）完善就业和社会保障体系。

建立市场化的就业促进体系。全面落实促进就业的各项优惠政策，健全统一规范的劳动用工制度和就业管理服务网络，加快建设覆盖城乡劳动者的就业、失业登记制度和城乡统一的人力资源市场，营造城乡劳动力就业公平竞争、同工同酬、同等待遇的良好环境，引导劳动力在地区、城乡之间合理有序流动。加强职业技能培训，加快培养一批高素质、专业化的高技能人才，提升劳动者职业技能和综合素质。

加快建立覆盖城乡的社会保障体系。继续完善企业职工基本养老保险制度，推进新型农村养老制度建设,探索建立城镇居民养老保险制度,切实做好被征地农民就业培训和社会保障工作,率先实现养老保险关系无障碍转移。到2015年,城乡养老保险制度基本实现全覆盖。推进城镇居民基本医疗保险、城镇职工基本医疗保险和新型农村合作医疗制度建设,全面建立统筹城乡、保障基本医疗、满足多层次需要的医疗保障体系,积极探索医疗保险关系转移接续和异地结算,实现全民医保。完善失业保险制度,扩大工伤保险覆盖面。完善自然灾害生活救助制度和农村五保供养制度,健全教育救助、医疗救助等专项救助制度,率先建立较为完善、覆盖城乡的社会救助体系。发展适度普惠型社会福利事业,扩大社会福利覆盖范围。大力发展各类慈善组织。

十、体制改革与制度创新

进一步发挥上海浦东综合配套改革示范作用,着力推进重点领域和关键环节改革攻坚,在新的更高起点上再创体制机制新优势,率先建立完善的社会主义市场经济体制。

(一)深化行政管理体制改革。

*切实转变政府职能。*按照政企分开、政资分开、政事分开以及政府与中介组织分开的原则,合理界定政府职责范围,充分发挥市场在资源配置中的基础性作用,鼓励公民和社会组织参与公共事务管理,让政府、市场、企业和中介组织各司其职、各负其责。进一步强化政府社会管理和公共服务职能,加强政府社会治安、公共应急等能力建设,提高科教文卫、就业和社会保障等社会服务水平。合理匹配地方各级政府事权和财力,增强公正履行职责的能力。加快推进事业单位分类改革,理顺政府与事业单位的关系。按照市场化方向加快行业协会、商会改革,推动建立区域性行业协会。

*创新政府管理方式。*深化行政审批制度改革,继续清理和调整行政审批项目和部门收费,逐步实行审批管理“零收费”制度。建立和完善跨部门统一互联的电子政务平台,积极推行网上办公。完善行政监督制度,推进区域电子监察系统网络建设。完善政府信息发布制度,推进政府信息公开与资源共享,充分发挥政务信息对经济社会活动和人民群众生产生活服务的引导作用。强化行政规划和行政指导,推行现代行政管理方式,降低行政成本,提高工作效率。

*深化政府机构改革。*支持上海率先实行职能有机统一的大部门体制,完善农业服务、综合交通协调、社会保障与人力资源管理、食品药品安全监管等体制机制。优化政府管理层次,加快江苏、浙江省直管县(市)体制改革,扩大县级政府经济社会管理权限,增强市、县(市)政府提供公共服务的能力。明确行政执法权限,完善行政执法程序,规范行政执法行为。健全基层行政管理体制,对江苏、浙江具备一定人口规模和经济实力的中心镇赋予部分县级经济社会管理权限,探索中心镇行政综合执法管理体制改革。研究建立区域统一的政府绩效管理制度,完善政府绩效管理体系。

(二)推进非公有制经济发展和国有企业改革。

*推动非公有制经济科学发展。*落实鼓励、支持和引导非公有制经济发展的各项政策措施,推进公平准入,改善融资条件。支持非公有制经济按照国家产业政策,积极发展低污染、低能耗、高附加值产业,提升产业层次,优化企业结构。推动非公有制经济制度创新,积极发展股份制经济,实施中小企业改制上市培育工程,鼓励民营资本参与国有大型企业和垄断企业改革,支持有条件的企业并购重组。改进对非公有制企业的服务和监管,加强执行劳动合同、工资报酬、劳动保护和社会保险等法律法规的监督检查,切实维护企业职工合法权益。到2015年,上海、江苏非公有制经济比重明显提高,浙江非公有制经济发展质量进一步提升。

*深化国有企业改革。*推动国有资本向重要行业、优势企业和企业主营业务集聚,加快技术、人才等要素资源向优势企业集中,积极培育市场竞争力强、有影响力的企业集团和行业排头兵。积极引

进战略投资者，鼓励国有企业采取股权转让、增资扩股、合资合作、战略协作等方式进行跨区域、跨所有制重组，促进国有企业投资主体多元化。健全现代企业制度，完善公司法人治理结构，建立外部董事制度，健全经营管理者市场选聘机制。鼓励竞争性行业中的国有全资控股企业实施股份制改造，推进有条件的企业整体上市或主业资产上市，推动符合产业发展方向、主业清晰的国有控股上市公司采取定向增发、并购重组等方式继续发展壮大。深化国有企业内部体制改革，加快形成适应竞争的激励约束机制。

（三）加快市场体系建设。

推动市场一体化。建立统一开放的人力资源、资本、技术等各类要素市场，实现生产要素跨区域合理流动和资源优化配置。建立区域统一的人力资源市场，完善人才评价体系和人力资源开发配置机制，建立有利于人才交流的户籍、住房、教育、人事管理和社会保险关系转移制度。建立区域统一的资本市场，推动产权交易市场合作，支持银行等金融机构跨地区经营，加快金融机构组织创新，建立中央与地方共同监管、各负其责的机制。建立区域统一的技术市场，实施统一的技术标准，实行高技术企业与成果资质互认制度。开展异地购票、异地托运、异地交费及异地"一卡通"业务。共同开发旅游市场，打造旅游整体品牌。全面开通鲜活农产品运输"绿色通道"。

进一步整顿和规范市场秩序。清理和修订阻碍要素合理流动的法规和政策，努力营造公平合理、平等互利、统一规范的市场环境。打击各种违法经营活动，规范市场主体行为和市场竞争秩序。清理整顿对企业的乱收费、乱罚款和各种摊派。加强价格监管，禁止价格欺诈、价格操纵等行为。加强区域信用体系建设，以完善信贷、纳税、合同履约等信用记录为重点，推进区域社会信用信息交换共享，规范信用服务行业发展，开展联合监督管理，构建"信用长三角"。

（四）开展重大改革试验。

深化上海浦东综合配套改革试点，总结和推广相对成熟、行之有效的经验和做法。开展科技创新综合改革试验，建设一批国家级创新创业平台和载体。推进上海国家级信息化与工业化融合试验区建设。对具备一定条件和较大规模的城市赋予立法权。在国家批准的范围内，开展城镇建设用地增加和农村建设用地减少挂钩试点。建设苏州城乡一体化发展示范区，设立江苏盐城沿海滩涂综合开发试验区和浙江舟山海洋综合开发试验区。建立浙江嘉善县域科学发展示范点。根据国家有关部署开展环境税试点，探索开征物业税，创新出口退税负担机制。研究制定互利共赢的财政政策，有序推动异地联合兴办开发区。设立区域发展促进基金，主要用于跨省市基础设施建设、生态建设和环境治理，以及产业升级、科技研发、人才引进、创新能力建设等方面，资金由长三角地区自行筹集。探索上海服务长三角地区的非上市公众公司股份转让的有效途径。实施股权投资基金先行先试政策，积极推进股权投资企业发展。开展太湖流域综合管理体制改革试点。稳步推进排污权有偿使用和交易制度改革，开展排污权跨产业调剂交易改革试点。

（五）加强法制环境建设。

加强区域内地方性法规、规章和规范性文件的制定、清理、审查备案工作的协作，形成区域相对统一的法制环境。制定和实施区域协调统一的依法行政考核指标体系，全面推进依法行政。加强城市管理行政执法规范化建设，进一步规范行政执法行为，建立健全信息共享和动态跟踪制度，推进相对集中行政处罚权和综合行政执法试点，建立健全行政执法争议协调机制，严厉查处节能减排、环境保护、市场秩序维护等方面的违法行为。建立健全政府信息公开工作考核、社会评议、年度报告、责任追究等制度，推进政府信息公开。

十一、对外开放与合作

立足长三角,服务全国,面向世界,充分利用国际国内两个市场、两种资源,在更大范围、更广领域、更高层次上参与国际合作与竞争,全面融入世界经济体系,实现开放型经济的新跨越,打造服务亚太乃至全球的重要国际门户。

(一)提高开放型经济水平。

转变对外贸易发展方式。优化加工贸易结构,推动加工贸易转型升级。引导加工贸易企业加强研发设计和营销服务。鼓励内资企业融入加工贸易配套产业链,加快由代加工向代设计、由贴牌向自主品牌转变。按照国家有关规定,理顺加工贸易管理体制,完善加工贸易政策环境,构建加工贸易信息平台。建立健全出口品牌培育机制,扶持自主品牌和具有自主知识产权的高附加值产品出口。加强出口基地建设,支持机电、软件、轻纺产品和农产品出口基地发展壮大,加快公共技术平台、商务平台和信息服务平台建设,率先推行符合国际惯例的质量、安全、环保、技术、劳工等标准,完善考核制度,强化企业社会责任。鼓励能源、原材料、先进技术和装备、关键零部件进口,发布重要商品进口信息,指导企业有序进口。在江苏连云港建设进口资源加工基地。加快上海国际贸易中心建设。支持昆山花桥国际商务区设立机电产品国际展示交易平台。

提高利用外资水平。改善投资环境,创新外商投资管理方式,试行外商投资企业格式化审批,推动投资便利化。引导外资投向高技术产业、基础设施领域和高端制造环节,提高国际资源要素的聚集层次和承接国际产业转移的技术层次。在符合《反垄断法》有关规定且不影响国家安全的前提下,鼓励外商投资企业采取并购、参股、结成战略同盟等方式参与国内企业改组改造,加快引进国际先进技术、管理经验和智力资源。

实施企业"走出去"战略。健全和完善"走出去"支持服务平台,及时发布境外投资信息,加强贸易投资实务培训、国际经营人才和知识产权管理人才培训,加大对境外投资的商品通关、人员进出境及资金融通的扶持力度。鼓励有实力的企业到境外开发资源,在海外建立生产加工基地、营销网络和研发中心。完善相关金融政策,支持企业采用境外投资并购、境外上市等方式"走出去"。下放境外投资审批权限,简化审批手续,为企业营造更宽松的"走出去"环境。鼓励具备条件的国内商业银行进一步扩展海外网点和业务,为企业境外并购提供融资服务。选择有条件的企业开展国际贸易人民币结算试点。

推进大通关建设。深化口岸管理体制改革,完善口岸联络协调机制,推进电子口岸互联互通和资源共享,建立大通关电子口岸统一信息平台。积极推进分类通关改革,建设上海、南京、杭州、宁波四个直属海关"大通关协作区域",实现跨关区申报、审单、验放,加快区域内进出口货物流动。推进海关特殊监管区域整合和业务流程再造,简化货物流转的环节和手续,加强关检业务协作和物流信息共享。

(二)加强国内外区域合作。

加强泛长三角合作。长三角周边的安徽等地区具有区位、自然资源、劳动力资源的比较优势,与长三角地区经济联系紧密,是长三角地区产业转移和直接辐射区。构建互联互通的基础设施体系和资源要素市场体系,强化上海及南京、杭州等中心城市的辐射功能,促进要素跨地区自由流动,实现人口和产业有序转移。加强长三角地区与周边地区的联合与协作,建立服务长三角地区的能源原材料、重要农产品生产和休闲旅游基地,实现优势互补。建立健全泛长三角合作机制,编制南京都市圈、淮海经济区区域规划,促进周边地区加快发展。

加强以长江流域为重点的区域合作。充分发挥长江黄金水道的作用，加强南京、镇江、苏州、南通等沿江港口与中上游港口合作，加快形成沿江铁路、公路、水路协调发展的综合运输大通道，促进长江上、中、下游地区的要素流动与产业协作，形成重要的沿江城镇和产业密集带。加强与中西部及其他地区之间的经贸联系，拓宽合作领域，提高合作层次，扩大地区间人才、技术、能源、原材料等方面的合作，鼓励长三角地区优势企业走向全国，促进其他地区加快发展。在连云港探索设立国家东中西区域合作示范区。

加强与港澳台地区合作。进一步拓展长三角与港澳台的经贸和科技合作。加强与港澳台的投资及贸易往来，充分利用香港作为拓展国际业务的基地和平台，进一步带动长三角地区深度融入国际市场。加强证券期货市场与港澳台资本市场的互动合作，促进互惠互利和共同发展。引进港澳台资本参与地方金融机构改造重组，推进对港澳地区贸易项目使用人民币计价、结算的试点，加强境内外币支付系统建设，鼓励符合条件的企业到香港上市融资。加强与港澳台地区的产学研合作，支持联合开展科技攻关和共建创新平台。鼓励共同建立自主知识产权和品牌，共同开拓国际市场。加大落实内地与港澳更紧密经贸关系安排力度。

加强国际经济合作。抓住上海世博会机遇，积极拓展经济、贸易、科技、文化、旅游等领域对外交流。进一步加强与东北亚、欧元区以及美英等世界发达国家和地区的合作。建立健全政府、企业、行业组织间贸易摩擦联动应对机制，更好、更快地融入世界经济体系，成为全球产业链中的重要一环，提升长三角乃至我国在世界的影响力。大力发展国际服务外包，以服务外包示范城市为重点，加快推进服务外包载体建设，积极发展信息技术、金融业务流程、医药流程等服务外包业务，加快建设苏南、环杭州湾国际服务外包产业带。

十二、规划组织实施

两省一市人民政府要切实加强对规划实施的组织领导，落实工作责任，明确工作分工，完善工作机制，制定切实可行的实施方案。要充分发挥长三角区域合作协调机制的作用，加强联系互动，推动规划实施。要加强与国务院有关部门的沟通衔接，按本规划要求落实各项任务和措施，努力实现规划确定的目标。

国务院有关部门要按照职能分工，加强对规划实施的指导，深入调查研究，研究制定贯彻实施本规划的具体政策措施，及时指导地方解决规划实施中的重大问题。

国家发展和改革委员会要加强对规划实施情况的分析评估和监督检查，做好与国家总体规划和相关专项规划的衔接与协调，及时将实施情况向国务院报告。进一步完善规划实施的公众参与和民主监督机制，做好规划及相关信息的公开工作。

实现长三角地区又好又快发展，事关国家改革开放和现代化建设大局。两省一市人民政府和国务院各有关部门要以实施规划为契机，解放思想，开拓进取，加强合作，真抓实干，创造性地开展工作，努力促进长三角地区在高起点上争创新优势、实现新跨越。

长三角年鉴2010

第一篇 长三角区域概况

第一章　长三角区域概况

一　自然地理

(一)位置

长三角区域包括上海、江苏、浙江两省一市,位于我国华东地区东部,介于东经116°18′~123°,北纬27°12′~35°20′之间。东岸濒临黄海和东海,西部与安徽、江西接壤,北部毗邻山东,南部紧邻福建。淮河、长江、钱塘江等大型河流穿越长三角地区入海。区域总面积21.07万平方公里,其中陆域面积19.33万平方公里。

上海,简称沪。位于北纬31°14′,东经121°29′。它北界长江入海口,东濒东海,南临杭州湾,西接江苏、浙江两省。全市面积6 340.5平方公里,占全国总面积的0.06%,其中耕地面积20.23万公顷,南北长约120公里,东西宽约100公里。上海地处长江三角洲东缘,位于我国南北弧形海岸线中部,交通便利,腹地广阔,地理位置优越,是一个良好的江海港口。

江苏,简称苏,位于我国大陆东部沿海中心,介于东经116°18′~121°57′,北纬30°45′~35°20′之间。东濒黄海,西连安徽,北接山东,东南与浙江和上海毗邻。全省面积10.26万平方公里,占全国总面积的1.1%。其中平原面积7.06万平方公里,水面面积1.73万平方公里。海岸线长954公里,耕地面积469万公顷。

浙江,简称浙,位于中国东南沿海长江三角洲南翼,介于北纬27°12′~31°31′和东经118°~123°之间,东濒东海,南界福建,西与江西、安徽相连,北与上海,江苏为邻。东西与南北的直线距离均为450公里左右,陆域面积10.18万平方公里,占全国总面积的1.06%。海岸线总长6 486.24公里,占全国海岸线总长的20.3%,居全国首位,可建万吨级以上泊位的深水岸线290.4公里,占全国的1/3以上。

(二)地貌

长三角区域地貌以平原和丘陵为主,其中长江以北(江苏北部地区)多为平原地形,长江两岸和长江以南多为丘陵,其中浙江省地形复杂,山地和丘陵地形占70%以上,上海则地势低平。

上海全境除西南部有少数丘陵山脉外,全为坦荡低平的长江三角洲冲积平原的一部分,平均海拔高度4米左右。陆地地势总体呈现由东向西低微倾斜。大金山为上海境内最高点,海拔高度103.4米。上海的崇明岛是我国的第三大岛,由长江挟带下来的泥沙冲积而成,面积为1 041.21平方公里。

江苏地形地势低平,河湖众多,平原、水域面积分别占69%和17%,比例之高在全国居首位,主要有苏南平原、江淮平原、黄淮平原和东部滨海平原。低山丘陵面积占14%,主要分布在盱眙-响水一线以北和省境西南部,主要有老山山脉、云台山脉、宁镇山脉、茅山山脉、宜溧山脉。连云港的市郊云台山玉女峰为全省最高峰,海拔 625 米。

浙江地形复杂,山地和丘陵占 70.4%,平原和盆地占 23.2%,河流和湖泊占 6.4%,有“七山一水两分田”之说。地势由西南向东北呈阶梯状倾斜。大致可分为浙北平原、浙西丘陵、浙东丘陵、中部金衢盆地、浙南山地、东南沿海平原及滨海岛屿等六个地形区。位于龙泉市境内的黄茅尖,海拔 1 929米,为全省最高峰。面积大于 500 平方米的海岛有3 061个,是全国岛屿最多的省份,其中面积 495.4 平方公里的舟山岛为我国第四大岛。

(三)水系

长三角区域内河湖交错,水系众多,由北向南主要有淮河、长江、钱塘江等三大天然水系,东西方向有京杭大运河贯穿江苏省和浙江省北部。洪泽湖、太湖是区域内的主要湖泊。杭州湾、温州湾等是区域内的主要港湾。

上海河网大多属黄浦江水系,主要河流有黄浦江及其支流吴淞江(苏州河)、川扬河、淀浦河等。黄浦江源自太湖,全长 113 公里,流经市区,江道宽度 300 - 770 米,平均 360 米,终年不冻,是上海的水上交通要道。苏州河河道平均宽度 45 米,在上海市境内段长 54 公里。上海最大的湖泊为淀山湖,面积为 62 平方公里。

江苏境内河川交错,水网密布,水面面积 1.73 万平方公里,约占总面积的 17%。长江横穿东西 400 多公里,大运河纵贯南北 690 公里,西南部有秦淮河,北部有苏北灌溉总渠、新沭河、通扬运河等,构成完整的水道系统,富航运、灌溉和水产养殖之利。有大小湖泊 290 多个,全国五大淡水湖,江苏得其二,太湖和洪泽湖象两面大明镜,分别镶嵌在水乡江南和苏北平原。海岸线南起长江口北岸启东市连兴港东侧蓼家嘴角,北止赣榆县绣针河口,长 954 公里。

浙江全省海域广阔,海岸曲折,形成了众多的港湾,如杭州湾、象山港、三门湾、台州湾、温州湾、乐清湾等。杭州湾是浙江省最大的港湾,钱塘江河口呈喇叭形,由于潮汐的作用,在海宁附近形成举世闻名的钱江潮。全省河流众多,主要有钱塘江、瓯江、灵江、苕溪、甬江、飞云江、鳌江、京杭运河(浙江段)等水系。钱塘江全长约 605 公里,是省内第一大江,京杭运河贯穿杭嘉湖平原中部,在浙江境内长 129 公里。杭州西湖、绍兴东湖、嘉兴南湖、宁波东钱湖为浙江四大名湖,此外还有人工湖泊千岛湖(即新安江水库)。

二 气 候

长三角区域为亚热带和暖温带的季风气候,大致以淮河 - 灌溉总渠一线为界,该线以北(苏北地区)属暖温带湿润季风气候,该线以南(江苏省中南部、上海市、浙江省)属亚热带湿润季风气候。区域内气候温和湿润、四季分明,除淮河 - 灌溉总渠一线以北的地区外,受梅雨和台风的影响较大,雨季较长,江水较多,均为雨热同步变化的区域,多数地区年降雨量在1 000毫米以上。

(一)上海市

上海属北亚热带季风气候,四季分明,日照充分,雨量充沛,气候温和湿润,春秋较短,冬夏较长。2009 年,上海的气候特点是气温高,高温天数多,降水较常年偏多。2009 年,上海年平均气温为 17.8℃,比常年平均值(16.2℃)高 1.6℃,比 2008 年高 0.3℃,年平均气温已连续第 16 年高于常年平均值。年极端最高气温为40.0℃，比2008年高1.2℃，日最高气温≥35℃的高温日数为18天，比常年的9天多出一倍；而年极端最低气温为－5.9℃，较2008年低2.6℃。年日照时间1 506.5小时，较2008年少28.2小时。

2009年，据徐家汇观测资料统计，累计降水量达1 457.9毫米，比常年（1 190.8毫米）偏多近二成，44%的雨量集中在7至9月的汛期，蒸发量732.3毫米。年降水季节分布不均，春季（3－5月）237.6毫米，比常年的291.2毫米偏少二成左右；夏季（6－8月）679.1毫米，比常年的506.1毫米偏多近四成；秋季（9－11月）292.2毫米，约比常年的249.4毫米偏多近二成。2009年，影响上海的台风只有8月10日的0908号台风“莫拉克”。

（二）江苏省

江苏气候具有明显的季风特征，处于亚热带季风气候向暖温带季风气候的过渡地带，大致以淮河－灌溉总渠一线为界，以南属亚热带湿润季风气候，以北属暖温带湿润季风气候。全省气候温和，雨量适中，四季分明，气温由北而南递增。

2009年，江苏年平均气温为15.7℃，较常年偏高0.8℃，为1951年来第八高值，异常度值为1.46，属偏高年份。各季气温变化起伏大，冬、春两季平均气温明显偏高，夏、秋两季较正常；其中2月、6月、10月气温异常偏高，11月气温异常偏低。全年降水量为1 087.4毫米，接近常年同期值，但时空分布不均，沿江苏南地区较常年偏多2－4成，淮北及江淮北部大部地区偏少1－3成。年内两次干旱过程后（2008年12月－2009年2月上旬及2009年9月26日－10月下旬），均出现较大强度降水。梅雨入梅偏迟，出梅正常，梅期较短，梅雨量偏少，以过程性降水为主，梅雨造成的灾害损失较轻。全省各站日照时数为1 639小时（如东）－2 287小时（射阳），除射阳、常州、东山等站点较常年略偏多外，其它大部分台站日照时数较常年偏少1－2成。

2009年，江苏气象灾害较为频繁，主要灾害有暴雨、雷电、干旱、大雾、暴雪、寒潮、台风、冰雹、大风等，其中因暴雨洪涝、台风和强对流天气造成的灾害最为严重，但灾害造成的总体损失不大，较去年偏轻。6月，强对流天气过程发生之频繁、频次之高、致灾种类之多、影响范围之广均为1961年来之最，全省共有50个站日出现冰雹，258个站日出现雷暴，130个站日出现7～11级大风，6个站出现暴雨。7月暴雨出现最多，其中7月7日南京地区出现了50年一遇的大暴雨天气，对城市管理和市民生活造成较大影响。0908号台风“莫拉克”对江苏的影响呈现范围广、降水强度大、灾害程度较重等特点，在江苏历时13小时，最大风力11级。10月底经历了近些年出现时间最早的寒潮，此次寒潮影响范围广、降温幅度大；11月中旬全省发生了大范围降雪，初雪日异常偏早，降雪中心主要在淮河以南地区；11月25日起至12月3日江苏省大部地区连续出现大雾天气。2009年，农业气象条件总体利大于弊，其中小麦、油菜、水稻属于丰产气候年型，仅棉花属于减产气候年型；对海盐、旅游、渔业等行业也为较好的气候年景，对交通和林业等行业气候年景正常或正常偏差，寒潮、强冷空气、强对流天气、暴雪、暴雨、大雾、高温等灾害性天气给交通状况带来了较大影响。

（三）浙江省

浙江属于亚热带季风气候，四季分明，气温适中，光照较多，雨量丰沛，雨热季节变化同步，气候资源配制多样，气象灾害繁多。

2009年，浙江省年平均气温18.0℃，较常年偏高1.1℃，是1997年以来的连续第13个偏暖年。年高温日数全省平均28天，较常年偏多10天，年低温日数全省平均19天，较常年偏少3天。全省年平均降水量1 419.4毫米,接近常年,比2008年偏多72毫米,降水连续7年偏少。降水各地分布不均,浙中及浙北地区较少,沿海及浙南地区较多。年初持续少雨,温州、台州沿海局部地区和海岛出现水资源紧张;2月中旬-3月上旬、7月下旬-8月中旬遭受连阴雨影响,农业等造成严重损失。日照时数全省平均1 832小时,接近常年平均值,比2008年偏多46小时。

2009年,浙江气候异常多变,全年气象灾害造成农作物受灾面积44.469万公顷,绝收5.772万公顷;受灾人口1 071.27万人,死亡21人;直接经济损失119.9亿元。0903号"莲花"和0908号"莫拉克"两个热带气旋影响浙江,其中"莲花"影响甚微,"莫拉克"造成降水范围之广、雨量之大为历史罕见,影响严重,造成866.8万人受灾,5人死亡,1人失踪,直接经济损失达98.7亿元。连阴雨灾害频繁,冬春季节出现的连阴雨造成德清、富阳等地出现了严重的泥石流塌方事故,夏季连阴雨降水量达百年一遇,秋季出现罕见的连阴雨(雪)天气。强对流天气出现早,结束晚,影响严重,全年风雹灾害造成直接经济损失26 544.98万元,2人死亡。暴雨洪涝灾害主要出现在梅汛期,秋季沿海出现罕见暴雨洪涝灾害,年初出现干旱,温台等沿海地区水资源紧张,夏季浙北地区多站日最高气温破历史记录。出现多次大雾天气,1月下旬、11月下旬两次持续大雾天气影响最为严重,造成高速封道、机场瘫痪。寒潮影响时间为有记录以来最早,10月下旬就出现大范围、高强度的罕见寒潮,其中杭州降温幅度达25年一遇;11月中旬,出现罕见降雪及积雪天气,并达有记录以来最早初雪日。雷电来得早,去得晚,共出现雷电地闪40万余次,发生雷电灾害事故793起,其中人员伤亡事故23起,死亡11人,伤28人。总的来说,2009年是早稻生育期气象条件属正常偏好年份,晚稻全生育期天气条件总体正常,大雾、寒潮、大风、台风及暴雨天气尤其是大雾对交通造成了巨大影响,赤潮灾害较2008年同期显著改善。

三 自然资源

长三角区域自然资源较为丰富,因平原、水面面积所占比例较大,水产资源充裕,江苏的吕四、海洲湾等四大渔场盛产黄鱼、带鱼、昌鱼、虾类、蟹类及贝藻类水产品,同时也是全国河蟹、鳗鱼苗的主要产地;浙江海域历来是全国最大的渔场,舟山渔场是我国最大的渔场,是世界四大渔场之一,东海大黄鱼誉满全球。长三角区域的矿产资源以非金属矿产为主,用于建筑、化工、冶金辅助等多种用途。上海市面积较小,资源相对贫乏。

(一)土地资源

长三角区域总面积占全国国土面积的2.1%,江南地区历史上是我国的鱼米之乡,但受工业化进程和自然原因影响,耕地流失的情况较为严重,且耕地质量不断下降。

2009年,上海共有耕地面积20.23万公顷,较2008年减少0.27万公顷,其中水田16.98万公顷,较2008年减少0.53万公顷,旱田3.25万公顷。农村人口人均占有耕地553平方米,农村从业人员人均占有耕地895平方米,分别比2008年增加3平方米和11平方米。土地面积6 340.5平方公里,人口密度3 030人/平方公里,较2008年增加了52人/平方公里,土地资源十分紧张。

江苏耕地面积468.8万公顷,较2008年减少3.1万公顷,其中水田293万公顷,旱地175.8万公顷,耕地后备资源集中于海岸带。农村人口人均占有耕地941.84平方米,比2008年减少1.9平方米,农村从业人员人均占有耕地5 349.77平方米,比2008年增加85.58平方米,人口密度753人/平方公里,土地人口负荷量较高。随着经济高速发展,江苏省土地利用结构变化快,耕地流失强度大,非农占用耕地不断增加。1996 年至 2009 年间，耕地面积净减少 37.36 万公顷，平均每年减少 2.87 万公顷。耕地面积大幅度减少的同时，耕地质量不断下降。采取切实可行的措施，保护耕地，已成当务之急。

浙江全省陆域 10.18 万平方公里，其中平原占 23.2%，有“七山一水二分田”之说。2009 总播种面积 250.48 万公顷，较 2008 年增加 2.24 万公顷。粮食播种面积和单产分别比 2008 年增长 1.5% 和 0.3%，粮食总产量为 789.2 万吨，增长 1.8%；主要经济作物播种面积有增有减，其中油料、蔬菜播种面积分别为 210.1 千公顷、618.9 千公顷，分别比上年增长 10.1% 和 0.1%，棉花播种面积 20.1 千公顷，比上年减少 1.2%。浙江耕地面积有限，必须通过发展现代农业提高单位面积产出，2009 年净增有效灌溉面积 6.1 千公顷，新增机电排灌面积 1.3 千公顷，农业机械总动力2 450.6万千瓦，比上年增长 2.8%。

(二)水资源

长三角区域内河湖众多，水网密布，主要有江苏的洪泽湖、太湖、骆马湖、高邮湖、邵伯湖和浙江的杭州西湖、绍兴东湖、嘉兴南湖、鄞县东钱湖等著名湖泊，除淮河、长江、钱塘江、京杭大运河等重要河流以外，还有江苏的秦淮河、苏北灌溉总渠、新沭河、通扬运河，浙江的瓯江、灵江、苕溪、南江、飞云江、鳌江、曹娥江等水系。

上海地区河湖众多，水网密布，水资源总量丰富，水面积占全市总面积的 11%，但人均水资源紧张，河湖污染较严重。2009 年，上海累计降水量达1 457.9毫米，比常年(1 190.8毫米)偏多近二成，蒸发量为 732.3 毫米，属偏丰水年。年取(用)水总量为 125.20 亿立方米，比上年增长 4.5%。按取水水源分，地表水取水量 124.94 亿立方米，地下水取水量 0.26 亿立方米；按用水性质分，农业、火电工业、一般工业、城市公共用水、居民生活用水分别为 17.11、73.34、10.82、11.30、12.63 亿立方米。城镇污水总量为 23.01 亿立方米，其中工业废水 6.54 亿立方米，生活污水 16.47 亿立方米，城镇污水处理率为 78.9%。719.8 千米评价河道中，优于Ⅲ类(含Ⅲ类)水河长占评价河长 28.7%、Ⅳ类水河长占 27.2%、Ⅴ类水河长占 8.5%、劣Ⅴ类水河长占 35.6%，淀山湖(上海部分)湖区水质仍属富营养化。

江苏省境内地势平坦，水系发达，主要有洪泽湖、太湖、骆马湖、高邮湖、邵伯湖等。江苏省水系分属长江、淮河两大流域，淮河流域又按习惯分为淮河和沂沭泗两个水系。南部属长江流域，长江是我国最大的河流，其长度及水量均列世界第三位，是全省沿江地区引排水的动脉，太湖属长江水系。中部为淮河水系，南以通扬运河与长江水系分界，北以废黄河与沂沭泗水系分开。2009 年，江苏属平水年，全省水资源总量 400.3 亿立方米，其中地表水资源量 306.1 亿立方米，地下水资源量 110.8 亿立方米，重复计算 16.59 亿立方米，产水总量占降水总量的 38.1%。总供水量 549.2 亿立方米，较 2008 年减少 0.09 亿立方米，其中地表水、地下水供水量分别为 540.4 和 8.83 亿立方米，分别占供水总量的 98.4% 和 1.6%。总用水量 549.2 亿立方米，其中生产用水、生活用水、城镇环境用水分别为 512.5、33.59、3.18 亿立方米，分别占总用水量的 93.3%、6.1% 和 0.6%。总耗水量 293.7 亿立方米，耗水率为 53.5%，废水排放总量 61.75 亿吨。全省监控18 623公里河流中，Ⅳ－劣Ⅴ类水河长 13 222公里，占 71.0%，主要超标项目为化学需氧量、氨氮、高锰酸盐指数等；主要湖泊中，太湖水质为Ⅳ类，呈轻度富营养，洪泽湖水质为Ⅲ类，呈中度富营养状态。

2009 年，浙江省总水资源量为 931.35 亿立方米，比上年偏少 8.9%，按单位面积计算居全国第 4 位，但人均水资源量仅1 800立方米，低于全国人均水平。全省总供水量 217.07 亿立方米，比 2008 年增加 0.45 亿立方米，其中地表水源、地下水源、其他水源供水量分别为 192.28、4.96、0.52 亿立方米，分别占88.6%、2.3%和0.2%。全省总用水量217.07亿立方米,其中农田灌溉、林牧渔畜、工业、城镇公共用水、居民生活用水、生态环境用水量和环境配水分别为83.20、15.79、55.34、10.78、25.11、7.55、19.31亿立方米,分别占总用水量的38.3%、7.3%、25.5%、5.0%、11.6%、3.5%和8.9%。全省年总耗水量为112.38亿立方米,平均耗水率为57.0%。全省江河水体仍存在不同程度的污染,其中城市内河、平原水网和各大水系流经城镇河段污染较重,污染类型仍以有机污染为主。在参与评价的3 322.6公里河流中,Ⅰ-Ⅲ类水河长1 769.5公里,占评价总河长53.3%;Ⅳ类水河长457公里,占评价总河长的13.8%;Ⅴ类水河长233.1公里,占评价总河长的7.0%;劣Ⅴ类水河长862.9公里,占评价总河长的26.0%。主要湖泊水体呈中营养-富营养状态,西湖总磷、总氮超标,呈轻度富营养,为Ⅳ类水,符合景观娱乐要求;鉴湖水体氨氮、总磷、总氮超标,呈中度富营养,为劣Ⅴ类水。参加评价的各水库水质普遍较好。

(三)矿产资源

长三角的矿产资源主要分布于江苏、浙江两省,其中江苏的矿产资源相对丰富,有煤炭、石油、天然气等能源矿产和大量的非金属矿产,另有一定数量的金属矿产。浙江的矿产资源以非金属矿产为主,多用于建筑材料的生产等用途。

上海矿产资源相当贫乏,基本无一次常规能源,所需的能源都要靠其他省市的支援。但是,具有一定数量和较高质量的二次能源生产,产品主要是电力、石油油品、焦煤和煤气(包括液化石油气)。其他可以利用开发的能源还有沼气、风能、潮汐及太阳能。据初步估算,东海大陆架油气资源储量约有60亿吨,是我国近海海域最大的含油气盆地;附近的南黄海,经过调查和勘探,也发现油气资源,估算有2.9亿吨储量。长江口浅海底下,还发现有锆石、钛铁砂、石榴石、金红石等重要矿物。

江苏省矿产资源分布广泛,品种较多,2009年已发现各类矿产133种,其中查明资源储量的有66种,全省已查明资源储量并列入《江苏省矿产资源储量统计表》的矿产地共596处,较2008年增加7处、注销2处,中、小型矿产地占矿产地总数的87%。能源矿产主要有煤炭、石油、和天然气;非金属矿产有硫、磷、钠盐、水晶、兰晶石、蓝宝石、金刚石、高岭土、石灰石、石英砂、大理石、陶瓷粘土;金属矿产有铁、铜、铅、锌、银、金、锶、锰等。粘土类矿产、建材类矿产、化工原料矿产、冶金辅助原料矿产、特种用途矿产和有色金属矿产,是江苏矿产资源的优势。

浙江矿产资源种类较多,已发现矿产113种,其中以非金属矿产为主,已发现72种。石煤、明矾石、叶蜡石、水泥用凝灰岩、建筑用凝灰岩等储量居全国首位,萤石居全国第二位,硅藻土居全国第三位。矿产资源总的特点是丰歉并存,除部分非金属矿产外,大部分矿产保有储量不能满足开采需求。其中,非金属矿产丰富,多数矿床规模大,埋藏浅,开采条件好;金属矿产点多面广,但规模不大,且矿石组成复杂,共伴生多种元素,铁矿资源有限,铜、钼矿质优,但后备储量不足,铅锌量较大,但以贫矿为主;陆域燃料(煤炭、石油)矿产贫乏,东海大陆架盆地有着良好的石油和天然气开发前景。

(四)生物资源

长三角地区生物资源较为丰富,其中江苏、浙江两省的野生植物资源品种繁多,上海位于东海、黄海、长江三水交汇处,海淡水交汇,水产资源丰富。

上海滨临东海,有丰富的水产资源,据统计,东海、黄海的水产资源有700多种。此外,上海地处长江口,这里江面宽阔,海淡水交汇,是鱼类索饵、繁殖、栖息的场所,有各种鱼类108种,其中经济鱼类有20多种。上海有众多的天然湖泊,螺蚬蚌等底栖生物资源比较丰富。稠密的水网,为淡水养殖提供了良好的条件。2009 年城市绿地面积116 929公顷,绿化覆盖率达38.1%,比2008 年增加了0.1个百分点。

江苏共有维管束植物2 400多种;野生动物资源有脊椎动物(除鱼类)584 种、约占全国的23.5%,有鸟类448 种、占全国总数的36%,还有鱼类500 多种等。有关研究表明,江苏境内有可开发利用的野生植物600 多种,其中具有利用价值的野生蔬菜种类就有192 种之多。江苏水产资源丰富,有广阔的海涂、浅海,东部沿海渔场面积达15.4 万平方公里,其中包括著名的吕泗、海州湾等四大渔场,盛产黄鱼、带鱼、昌鱼、虾类、蟹类及贝藻类等。江苏也是全国河蟹、鳗鱼苗的主要产地。内陆水面2 600多万亩,养殖面积815 万亩,有淡水鱼类140 余种,已利用的有40 多种。被称为"长江三鲜"的鲥鱼、刀鱼、河豚,"太湖三白"的白鱼、银鱼、白虾,都是水中珍品。

浙江2009 年共完成绿化造林106.5 千公顷,森林覆盖率达57.4%(按国家口径,不含灌木林),居全国前列。全省有43 个市、县(市、区)获得国家级生态示范区的验收命名,累计创建国家级环境优美乡镇138 个,建有国家级自然保护区9 个,国家级森林公园35 个。浙江是我国高产综合性农业区,经济林以茶园、桑园、油茶林、果园为主,其中,茶、桑、柑橘等中外闻名。树种资源丰富,素有"东南植物宝库"之称。野生动物种类繁多,有123 种动物被列入国家重点保护野生动物名录。浙江海域历来是全国最大的渔场,渔业资源的蕴藏量在205 万吨以上,年可捕量在105 万吨以上,2009 年水产品总产量445.6 万吨,其中海水产品产量343.1 万吨,淡水产品产量86.5 万吨,远洋渔业产量16.0 万吨。

四　人口与经济

(一)人口规模

2009 年长三角两省一市人口总量继续保持低速增长。年末区域内常住人口14 825.82万人,比上年末增加0.96%,140.86 万人。全年出生人口135.37 万人,人口出生率9.88‰;死亡93.3 万人,死亡率6.92‰;户籍人口增长42.07 万人,人口自然增长率2.96‰。上海人口的户籍人口继续保持负增长,江苏的增速低于长三角整体水平,浙江人口的增速最高。人口出生率由高到低依次是浙江、江苏、上海,死亡率由高到低依次是上海、江苏、浙江。

表1-1　2009 年长三角人口规模变化

单位:万人,‰

	上海	江苏	浙江	长三角
年末常住人口	1921.32	7 724.50	5 180.00	14 825.82
常住人口增加数	32.86	48.00	60.00	140.86
户籍人口数	1 400.70	7 419.23	4 716.18	13 536.11
出生人口数	9.23	73.54	52.60	135.37
人口出生率	6.62	9.55	10.22	9.88
死亡人口数	10.67	53.83	28.80	93.30

(续表)

	上海	江苏	浙江	长三角
人口死亡率	7.64	6.99	5.59	6.92
人口增长数	-1.44	19.71	23.80	42.07
人口自然增长率	-1.02	2.56	4.63	2.96

数据来源:2010年上海市、江苏省、浙江省统计年鉴

2009年末,上海全市户籍人口1 400.70万人,较上年减少9.66万人。全年户籍出生人口9.23万人,出生率为6.62‰;死亡人口10.67万人,死亡率为7.64‰;人口自然增长率为-1.02‰,较2008年下降0.27‰。至年末,全市常住人口达到1 921.32万人;外来人口695.82万人,其中半年及以上常住人口541.93万人。

2008年,江苏户籍人口总量继续增长,年末户籍人口达7 419.23万人。全年人口出生率9.55‰,上升0.21个千分点;人口死亡率6.99‰,下降0.05个千分点;人口自然增长率2.56‰,较2008年上升0.26‰。年末全省常住人口7 724.50万人,比上年末增加48万人。

2009年,浙江全省常住人口5 180万人,比上年增长1.17%,年末户籍人口达4 716.18万人。全年出生人口52.6万人,出生率10.22‰;死亡人口28.8万人,死亡率为5.59‰;全年自然增长人口23.8万人,自然增长率为4.63‰,较上年略有上升0.05个千分点。

(二)人口自然变动

长三角区域的人口自然变动情况与全国的情况趋于一致,部分地区略有不同。经过建国后的两次人口生育高峰,长三角两省一市的人口再生产类型已经由高出生、低死亡、高增长逐渐过渡到了低出生、低死亡、低增长的状况,其中,江苏、浙江两省的人口自然增长率近年来一直维持在较低的水平,上海市的人口自然变动继续维持负增长。

上海是全国除港澳台地区外的省、自治区、直辖市中第一个出现人口自然变动负增长的地区,人口自然增长率自1993年开始出现负增长。2003年,全市户籍人口出生率为4.3‰,死亡率为7.5‰,自然增长率为-3.2‰,为改革开放以来的最低人口自然增长率。上海市常住人口增长原因主要是人口净迁入,外来流动人口是上海人口总量增长的主要来源。上海外来流动人口1988年仅为106万,2000年第五次人口普查时已经升至387.11万人。上海已经成为全国三大省际人口流动中心之一。

表1-2　上海市历年人口自然变动情况

单位:万人,‰

年份	出生		死亡		自然增长	
	人数	出生率	人数	出生率	人数	出生率
1978	12.36	11.30	6.82	6.20	5.54	5.10
1980	14.31	12.60	7.39	6.50	6.92	6.10
1985	15.43	12.70	8.10	6.70	7.33	6.00
1990	13.12	10.20	8.63	6.70	4.49	3.50

(续表)

年份	出生		死亡		自然增长	
	人数	出生率	人数	出生率	人数	出生率
1991	10.08	7.80	8.56	6.70	1.52	1.10
1992	9.37	7.30	9.10	7.10	0.27	0.20
1993	8.40	6.50	9.40	7.30	-1.00	-0.80
1994	7.63	5.90	9.42	7.30	-1.79	-1.40
1995	7.11	5.50	9.79	7.50	-2.68	-2.00
1996	6.79	5.20	9.77	7.50	-2.98	-2.30
1997	6.42	4.90	9.57	7.30	-3.15	-2.40
1998	6.17	4.70	10.13	7.80	-3.96	-3.10
1999	6.56	5.00	9.54	7.30	-2.98	-2.30
2000	6.95	5.30	9.45	7.20	-2.50	-1.90
2001	5.76	4.40	9.34	7.10	-3.58	-2.70
2002	6.20	4.70	9.67	7.30	-3.47	-2.60
2003	5.73	4.30	10.07	7.50	-4.34	-3.20
2004	8.09	6.00	9.65	7.20	-1.56	-1.20
2005	8.24	6.10	10.23	7.54	-2.01	-1.50
2006	8.12	5.95	9.80	7.18	-1.68	-1.23
2007	10.08	7.34	10.22	7.44	-0.14	-0.10
2008	9.67	6.98	10.70	7.73	-1.03	-0.75
2009	9.23	6.62	10.67	7.64	-1.44	-1.02

数据来源:2010年上海市统计年鉴

进入新世纪,江苏省人口增长始终保持“低出生、低死亡、低自然增长”的现代人口再生产模式。“九五”期间,全省人口出生率由12.32‰下降到9.08‰,自然增长率由5.76‰下降到2.56‰。“十五”期间,尽管出现小幅波动,但全省人口出生率和自然增长率仍稳定在10‰和3‰以内。2002年,是全省人口出生率自90年代持续下降以来首次出现上升,与2001年相比上升了0.14个千分点。2004年,人口出生率第二次上升的幅度较前次增加了0.26个千分点,自然增长率为2.25‰,与上年相比增加了0.24个千分点,成为近20年来的首次回升。但与“九五”期末的2000年相比,仍然低0.31个千分点,比第三次生育高峰最低点的1984年(4.52‰)低2.27个千分点。2009年,人口出生率又较2004年上升了0.1个千分点,自然增长率上升0.31个百分点。稳定的现代人口再生产类型,主要得益于全省经济快速发展、社会进步、政策引导,以及人们在思想观念上、经济上、生活方式上发生的深刻变化,从而直接影响到全民婚育观的转变。人口自然增长率和出生率的上升则是受第三次人口生育高峰和外来人口转变为户籍人口增加等因素的影响,一定程度上减轻了人口老龄化的压力,也暗示着外来人口计划生育面临新的压力。

表1-3 江苏省人口自然变动

单位:万人,‰

年份	出生		死亡		自然增长	
	人数	出生率	人数	死亡率	人数	自然增长率
1978	90.62	15.63	35.32	6.09	55.30	9.54
1980	86.90	14.69	38.87	6.57	48.03	8.12
1985	67.11	10.84	36.35	5.87	30.76	4.97
1989	111.27	17.15	36.31	5.60	74.96	11.55
1990	137.96	20.54	43.86	6.53	94.10	14.01
1991	116.03	17.05	44.23	6.50	71.80	10.55
1992	108.04	15.71	46.49	6.76	61.55	8.95
1993	96.94	13.97	45.87	6.61	51.07	7.36
1994	96.38	13.78	47.98	6.86	48.40	6.92
1995	86.77	12.32	46.20	6.56	40.57	5.76
1996	85.84	12.11	46.64	6.58	39.20	5.53
1997	81.47	11.43	48.76	6.84	32.71	4.59
1998	78.60	10.97	49.01	6.84	29.59	4.13
1999	75.58	10.50	49.95	6.94	25.63	3.56
2000	66.01	9.08	47.40	6.52	18.61	2.56
2001	66.28	9.03	48.60	6.62	17.68	2.41
2002	67.56	9.17	51.50	6.99	16.06	2.18
2003	66.83	9.04	51.98	7.03	14.85	2.01
2004	70.11	9.45	53.42	7.20	16.69	2.25
2005	68.68	9.24	52.25	7.03	16.43	2.21
2006	69.96	9.36	52.92	7.08	17.04	2.28
2007	71.08	9.37	53.64	7.07	17.44	2.30
2008	71.44	9.34	53.86	7.04	17.58	2.30
2009	73.54	9.55	53.83	6.99	19.71	2.56

数据来源:2010年江苏省统计年鉴

中华人民共和国成立以来,浙江人口的发展变化起伏较大。根据增长率高低,可分为五个时期,即两个高峰,一个低谷和一个稳定下降期、一个低速增长期。第一阶段(1949-1958),是浙江省人口增长的第一个高峰期,年均增长率高达2.43%,第二阶段(1959-1961),是人口增长低谷期,年均增长率只有1.21%,第三阶段(1962-1966),是人口增长的第二个高峰期,年均增长率高达2.66%,第四阶段(1967-1979),是增长率稳定下降时期,年均增长率为1.79%,第五阶段(1980至今)迈向低速增长时期,1980-1990年年均增长1.03%,到1997年人口自然增长率已降至4.93‰。浙江人口再生产类型已完成由高出生、低死亡、高增长向低出生、低死亡、低增长的转变。进入90年代,浙江省人口生育水平有以下特点：总出生水平较低，但总出生量较大，地区间生育水平差异显著，其影响因素主要是经济、社会、政策以及人口再生产内部规律。2009 年人口出生率为 10.22‰，自然增长率为 4.63‰。

表 1-4　浙江省历年人口自然变动情况

单位：万人，‰

年份	出生		死亡		自然增长	
	人数	出生率	人数	死亡率	人数	自然增长率
1970	85.93	26.16	19.57	5.96	66.36	20.2
1971	86.16	25.70	20.45	6.10	65.71	19.60
1972	83.72	24.48	20.60	6.02	63.12	18.46
1973	80.92	23.24	21.16	6.08	59.76	17.16
1974	74.00	20.92	21.78	6.16	52.22	14.76
1975	69.92	19.49	22.64	6.31	47.28	13.18
1976	68.99	18.96	22.00	6.05	46.99	12.91
1977	69.78	18.94	24.13	6.55	45.65	12.39
1978	67.75	18.17	21.75	5.83	46.00	12.34
1979	67.82	17.98	22.23	5.89	45.59	12.09
1980	59.40	15.59	23.97	6.29	35.43	9.30
1981	69.00	17.93	24.12	6.27	44.89	11.66
1982	71.38	18.31	23.17	5.94	48.21	12.37
1983	62.66	15.89	25.13	6.37	37.53	9.52
1984	49.80	12.52	23.82	5.99	25.97	6.53
1985	50.59	12.61	24.25	6.05	26.34	6.56
1986	64.64	15.96	24.06	5.94	40.58	10.02
1987	69.67	17.01	28.34	6.92	41.33	10.09
1988	64.42	15.54	26.32	6.35	38.10	9.19
1989	63.68	15.20	26.85	6.41	36.83	8.79
1990	64.75	15.33	26.65	6.31	38.10	9.02
1991	61.59	14.48	27.18	6.39	34.41	8.09
1992	63.10	14.72	28.17	6.57	34.93	8.15
1993	58.79	13.61	28.42	6.58	30.37	7.03
1994	56.67	13.24	28.25	6.64	28.42	6.60
1995	54.52	12.66	29.07	6.75	25.45	5.91
1996	53.21	12.09	28.96	6.58	24.25	5.51
1997	50.47	11.41	28.66	6.48	21.81	4.93

(续表)

年份	出生		死亡		自然增长	
	人数	出生率	人数	死亡率	人数	自然增长率
1998	49.57	11.15	28.14	6.33	21.43	4.82
1999	47.51	10.64	28.36	6.35	19.15	4.29
2000	48.09	10.30	28.63	6.13	19.46	4.17
2001	46.14	10.02	28.78	6.25	17.39	3.77
2002	46.20	9.98	28.70	6.19	33.50	3.79
2003	45.00	9.66	29.70	6.38	15.30	3.28
2004	50.12	10.71	26.95	5.76	40.02	4.95
2005	54.37	11.10	29.78	6.08	24.59	5.02
2006	50.78	10.29	26.75	5.42	24.03	4.87
2007	52.11	10.38	27.96	5.57	24.15	4.81
2008	51.92	10.20	28.61	5.62	23.31	4.58
2009	52.60	10.22	28.80	5.59	23.80	4.63

数据来源:2010年浙江省统计年鉴

(三)人口构成

长三角区域内的人口构成变化的最明显趋势是人口老龄化,由于计划生育政策的严格执行,以及生活水平的提高和医疗条件的改善,少儿人口的比重呈下降趋势,老年人口的比重上升较快,老龄化社会的形成有加快的趋势。

2009年上海户籍人口年龄构成中,17岁及以下人口为146.11万人,占总人口的10.43%,较2008年下降0.15个百分点;18-59岁的人口为938.88万人,占总人口的67.03%;60岁及以上的人口为315.70万人,占总人口的22.54%,较2008年上升0.94个百分点。与第五次人口普查相比,60岁及以上人口的比重明显上升。60岁及以上人口中,60-64岁人口占30%,65-79岁人口占52.06%,80岁及以上人口达17.94%,人口平均预期寿命达81.73岁,较上年增加0.45岁,老龄人口呈现高龄化趋势。性别构成,男性为699.25万人,女性为701.45万人,男女性别比为100.315。农业人口164.54万人,非农业人口1 236.16万人,非农业人口占总人口比重为88.3%,较上年增0.8个百分点,保持稳步增长。

从1982年开始,江苏省人口年龄结构发生了较大的变化,少儿人口比重持续下降,老年人口比重上升较快,在进入成年型人口的同时,开始向老年型人口过渡,并于1986年在全国率先进入老年型。2000年人口普查时,全省0-14岁人口占总人口的19.64%,65岁及以上人口占8.84%,分别比1990年人口普查时下降4.11个百分点、上升2.05个百分点。进入新世纪,全省人口老年化速度明显加快。根据2009年人口变动情况抽样调查样本数据(抽样比为5.07‰),总抽样人口391 997人,其中0-14岁人口51 000人,占13.01%,下降0.57个百分点;15-64岁人口294 185人,占75.05%;65岁及以上人口46 812人,占11.94%,较2008年增加0.43个百分点。与2000年相比,0-14岁少儿人口的比重下降6.64个百分点,65岁及以上老年人口的比重上升3.18个百分点。老龄人口比重不断上升，其原因一方面是由于近年来全省人口出生率一直稳定在较低水平，0－14少儿比重逐年减少，另一方面，随着生活水平的提高，医疗条件改善，人均预期寿命不断提高。

浙江人口中，男性为2 614万人，女性为2 566万人，性别比为101.87，较2008年有所下降。城镇人口比重57.9%，较上年提高0.3个百分点。年龄结构，18岁以下人口821.6万人，占17.42%，较上年下降0.31个百分点；18－60岁的人口2 128.893万人，占66.37%，下降0.27个百分点；60岁以上人口764.69万人，占16. 2 115.63%，上升0.58个百分点，老年人口比重较高。

（四）经济

2009年是新世纪以来经济发展最为困难的一年，全球金融危机的影响呈现发散和深化趋势，长三角地区作为对外开放的前沿阵地，经济增长面临的国内外环境更为复杂严峻，经济增速在2008年的基础上有所回落，经济结构、发展模式、体制机制、产业格局的优势和劣势在金融风暴和国内外大局的新形势下暴露无遗。2009年长三角两省一市GDP总量72 335.75，亿元，同比增长10.44%，增速较上年回落5.05个百分点，比全国平均水平低1.1个百分点，占全国GDP总量的21.57%，较上年降低0.21个百分点。在这种发展形势下，长三角地区积极转变经济增长方式，促使经济发展从投资、出口拉动型转变为投资、出口、内需和创新协调推动型，从低层次产业分工地位提升为把握产业链的中高端环节，有效地遏制了经济下滑势头，经济运行率先企稳回升，总体发展形势积极向好。面对对外贸易出现大幅度下滑的情况，投资与消费成为拉动长三角经济企稳回升的重要动力，增长动力由外转内。长三角地区社会消费品零售总额为25 279.34亿元，增长16.82%，反映经济增长模式由出口拉动向内需推动的转变，是应对国际金融危机所取得的显著成绩。在外贸进出口方面，2009年，长三角外贸进出口总额8 042.62亿美元，同比下降13.1%，降幅较大。其中，实现出口总额4 741.56亿美元，同比下降15.58%；实现进口总额3 301.06亿美元，同比下降9.28%。在利用外资方面，2009年长三角实际利用外资总额457.61亿美元，同比下降3.94%，低于全国增速1.35个百分点，但仍占全国实际利用外资总额的50.85%。在固定资产投资方面，2009年长三角固定资产投资总额34 965.21亿元，增速为19.69%，低于全国增速10.81个百分点，占全国固定资产投资总额的15.55%。

表1－5 长三角主要经济指标与全国对比

单位：亿元，亿美元，%，百分点

	长三角		全国		占全国比重	增速高于全国
	总量	增速	总量	增速		
GDP	72 335.75	10.44	335 353	11.54	21.57	－1.10
社会消费品零售总额	25 279.34	16.82	125 343	15.54	20.17	1.28
外贸进出口总额	8 042.62	－13.10	22 072	－13.84	36.44	0.73
出口	4 741.56	－15.58	12 017	－15.88	39.46	0.30
进口	3 301.06	－9.28	10 056	－11.25	32.83	1.98
固定资产投资	34 965.21	19.69	224 846	30.50	15.55	－10.81
实际利用外资	457.61	－3.94	900	－2.60	50.85	－1.35

数据来源：2010年上海市、江苏省、浙江省统计年鉴，2009年全国国民经济与社会发展统计公报

2009 年第二产业特别是工业在国际金融危机中受到冲击最大,长三角地区大力发展第三产业,三次产业规模和结构发生了积极变化,三次产业结构调整为 4.89∶50.34∶44.77。在区域内部,上海市第三产业占比继续提高,三次产业比例关系为 0.7∶39.9∶59.4,产业结构呈现“三、二、一”格局。江苏省三产比例关系为 6.5∶53.9∶39.6;浙江省三产比例关系为 5.1∶51.9∶43。长三角“两翼”的经济机构都呈现“二、三、一”的格局。数据显示,长三角地区的工业比重显著高于全国整体水平,这与长三角地区的工业化程度高于全国水平是一致的,长三角地区的工业化发展阶段也领先于全国。其中上海市的第三产业比例高于第二产业比例,表明其已处于工业化阶段后期,江苏省和浙江省目前都处于工业化高速冲刺、从工业化中期向后期过渡的阶段。

表 1-6　长三角经济圈及两省一市产业结构与全国对比

单位:%

	上海	江苏	浙江	长三角	全国
第一产业	0.7	6.5	5.1	4.89	10.58
第二产业	39.9	53.9	51.9	50.34	46.80
第三产业	59.4	39.6	43.0	44.77	42.62

数据来源:2010 年上海市、江苏省、浙江省统计年鉴,2009 年全国国民经济与社会发展统计公报

2009 年是 20 世纪 90 年代浦东开发开放以来上海经济发展最困难的一年,面临国际金融危机冲击和自身发展转型的双重挑战。全年实现生产总值(GDP)15 046.45亿元,比上年增长 8.2%,增速下降 1.5 个百分点,是 1992 年以来的最低值。其中,第一产业生产总值 113.82 亿元,较上年增长 -1.1%;第二产业生产总值6 001.78亿元,较上年增长 3.5%,增幅下降 4 个百分点,降幅较大;第三产业生产总值8 930.85亿元,增加值1 058.62亿元,增长 12.2%,增幅上涨 0.5 个百分点。第三产业生产总值占全市生产总值的比重为 59.4%,比上年提高 3.4 个百分点,三次产业生产总值构成为 0.7∶39.9∶59.4,第三产业成为支撑经济增长的主要动力,产业结构持续优化。其中,金融、房地产增加值均增长 25% 以上,软件和信息服务业经营收入增速均超过 20%,生产性服务业、文化创意产业等新兴产业快速发展,现代服务业集聚区、生产性服务业功能区和服务外包示范区建设加快推进。上海迪士尼项目获国家批准。

江苏省 2009 年全年实现地区生产总值34 457.30亿元,较上年增长 12.4%,受经济危机和经济转型发展的影响,增速较 2009 年略有放缓(12.7%)。其中,第一产业生产总值2 261.86亿元,增加值 161.75 亿元,增长 4.5%;第二产业生产总值18 566.37亿元,增加值1 573.03亿元,增长 12.5%,增幅较上年下降 0.7 个百分点;第三产业生产总值13 629.07亿元,增加值1 740.54亿元,增长 13.6%,增幅较上年上升 0.2 个百分点。第三产业中,金融业增加值 298.5 亿元,增长 28.1%,增幅较上年上涨 16.1 个百分点;房地产业增加值 399.26 亿元,增长 27.3%,增幅较上年上升 18.3 个百分点,房地产市场回暖及由此带来的金融业发展对经济增长的贡献较大,未来应摆脱对房地产市场的依赖,把加快经济发展方式转变、拓宽新的消费领域、大力推进创新型经济作为发展重点。经济结构继续调整优化,三次产业生产总值构成调整为 6.5∶53.9∶39.6。

2009 年是新世纪以来浙江省经济发展最为困难的一年,也是宏观经济发展环境颇为严峻复杂的一年,全年实现地区生产总值为22 832亿元,比上年增长 8.9%,增速较上年下降 1.2 个百分点,2009 年下半年以来经济增速逐季回升,地区生产总值一季度、上半年、前三季度和全年分别增长 3.4%、6.3%、7.7% 和 8.9%。其中第一产业生产总值1 162亿元,第二产业生产总值11 843亿元,第三产业

生产总值9 827亿元,分别增长2.3%、6.89.4%和12.511.8%,第一产业、第二产业增速分别较上年下降1.6个百分点和2.6个百分点,第三产业增速较上年提升0.8个百分点,工业所受冲击较大,部分企业生产经营比较困难。三次产业生产总值构成调整为5.1∶51.9∶43,第三产业比重持续较高,服务业对经济增长的贡献率达57.6%,比上年提高9.9个百分点。

(五)劳动、收入与社会保障

1.上海市

上海市实施积极的就业政策,把促进就业放在民生工作的首要位置,大力实施就业"1+3"计划(鼓励创业带动就业三年计划、稳定岗位特别计划、职业培训特别计划、就业援助特别计划),就业规模在国际金融危机的背景下仍不断扩大。至2009年年末,全市从业人员1 064.42万人,比上年末增加11.18万人。全年新增就业岗位59.6万个,其中,农村富余劳动力实现非农就业11.6万个。就业援助机制进一步完善,新安置就业困难人员1.5万人,新消除零就业家庭2 017户。公共就业服务进一步加强,全年完成农民工职业技能培训11.62万人。至年末,全市城镇登记失业人员27.87万人,登记失业率4.3%,连续五年控制在4.5%以内。

城乡居民收入水平继续提高。2009年城市居民家庭人均年可支配收入28 838元,比上年增长8.1%,增幅较上年回落4.8个百分点;农村居民家庭人均年可支配收入突破达到12 324元,增长8.2%,增幅较上年回落3.2个百分点。全年城市居民人均消费支出20 992元,比上年增长8.2%,增幅较上年回落4.2个百分点。其中,服务性消费支出6 656元,增长5.9%。农村居民人均生活消费支出9 804元,比上年增长7.6%,增幅较上年上升4.5个百分点。其中,服务性消费支出2 896元,下降3.5%。

社会保障体系不断完善。至2009年年末,全市共有845.71万人(包括离退休人员)参加城镇基本养老保险;有523.53万人参加失业保险,全年领取失业保险金的人数27.02万人,居民医保参保人数(含普通高等院校学生)达254.18万人。保障覆盖面进一步扩大,将外省市城镇户籍来沪从业人员、在沪就业外国人、台港澳人员等纳入城镇职工基本社会保险覆盖范围。至年末,小城镇社会保险参保人数达到155.39万人,其中被征用土地农民参保人数97.77万人,外来从业人员综合保险参保人数达378.41万人,有5.62万人纳入城镇高龄无保障养老政策。农村社会养老保险制度和老年农民政府托底养老补贴政策进一步完善,全市农村户籍人员养老保障覆盖面达到99.1%。城乡最低生活保障、最低工资、公益性岗位从业人员收入标准提高,城镇低保标准从400元/月提高到425元/月;农村低保标准从3 200元/年提高到3 400元/年。为老服务不断加强,至年末,全市共有养老机构615家、床位8.99万张,其中2009年内新增养老机构33家、新增养老床位10 084张,年内新建老年人日间服务中心54家,为21.9万名老年人提供居家养老服务,对其中12.9万名生活困难且需照料服务的老人给予政府服务补贴。保障性住房建设加快推进,开工建设保障性住房1 200万平方米,累计开工建设经济适用住房约605万平方米。放宽廉租住房申请家庭准入标准,新增受益家庭约1.4万户,累计达到6.3万户。

2.江苏省

江苏省人民生活水平持续提高。2009年全年城镇居民人均可支配收入20 552元,比上年增加1 872元,增长10%,增长速度比上年降低4.06个百分点,考虑物价因素,实际增长10.5%,比上年增加2个百分点。人均生活消费支出13 153元,增长9.8%,其中食品支出占人均消费性支出的比重为36.337.9%,比上年下降1.6个百分点。全年农村居民人均纯收入8 004元,比上年增长8.8%,较上年下降3.3个百分点,考虑物价因素,实际增长9.46.2%,较上年上升3.2个百分点;人均生活消费支出5 804元,增长8.9%,其中食品支出占人均生活消费支出的比重为39.2%。城乡居民收入比达2.57∶1,

城乡居民收入差距进一步扩大。城乡居民居住条件进一步改善,城镇居民人均住房建筑面积为32.9平方米,农村居民人均住房使用面积为45.2平方米,分别较上年增加0.49平方米和1.15平方米。

就业形势保持稳定。实行更加积极的就业政策,出台一系列稳定和促进就业再就业的政策措施,推进城乡统筹就业,着力解决困难群众就业问题。年末城乡从业人员4 674.6万人,比上年末增加25.8万人。促进下岗失业人员再就业52万人,其中就业困难人员再就业18.1万人。城镇登记失业率为3.22%,城镇零就业家庭连续28个月保持动态为零。农村劳动力转移大力推进,新增农村劳动力转移31.1万人。

社会保障体系不断完善。城镇企业职工基本养老保险、失业保险、城镇职工基本医疗保险参保人数分别达到1 387.8万人、1 701.1万人(含参保退休人员)和1 079.1万人,分别比上年末增加96.9万人、96.8万人和26.9万人。年末享受企业职工基本养老保险离退休人员385.5万人,享受城镇职工基本医疗保险退休人员418.6万人。年末全省企业职工养老保险、城镇职工基本医疗保险覆盖面分别达98%、96%。城镇居民基本医疗保险参保人数达1 329.9万人,参保率超过97%。在实现城乡"低保"全覆盖的基础上,建立了"低保"标准随物价上涨和城乡居民收入水平提高相应增长的机制。启动脱贫攻坚工程,100万贫困人口实现脱贫。以廉租房制度为重点、多渠道解决城市低收入家庭住房困难的政策体系全面建立,并取得一定成效。全省新增廉租住房1.33万套,新开工建设经济适用房8.9万套,发放廉租住房租赁补贴5.1万户,完成城市危旧房、棚户区改造662万平方米。

3. 浙江省

2009年浙江省城镇居民人均可支配收入24 611元,农村居民人均纯收入10 007元,扣除价格因素,分别比上年实际增长9.7%和9.5%,增速较上年提高4.3%和3.3%,22年来首次双超GDP增幅,城镇居民人均可支配收入连续9年、农村居民人均纯收入连续25年列全国各省区第一位。城镇居民收入的基尼系数为0.293 5,较上年有所下降,农村居民的基尼系数为0.363 4,较上年略有增加,收入差距相对合理。城镇居民人均消费支出16 683元,比上年实际增长11.6%;农村居民人均生活消费支出7 375元,实际增长6.2%。城镇居民家庭恩格尔系数为33.6%,比上年下降2.8个百分点;农村居民家庭恩格尔系数为37.4%,比上年下降0.6个百分点。

城乡居民居住条件继续改善。城镇居民人均住房建筑面积35.1平方米,比上年增加0.77平方米;农村居民人均居住面积59.358.5平方米,比上年末增加0.8平方米。新增廉租住房保障家庭1.5万户,新开工经济适用房336万平方米,启动改造建设农村住房31.8万户,完成农村困难家庭危旧房改造3万户。城乡居民家庭耐用消费品拥有量变化明显,其中,每百户城镇居民和农村居民家用汽车拥有量分别增长20.741.8%和31.4,农村居民家用汽车增幅有了较大上涨。

各项社会保障待遇进一步提高。城镇职工基本医疗、工伤、失业、生育保险参保人数分别达到1 432万、1 174万、1 331万、784万、750万,分别比上年增加138.4万、119.8万、69.3万、53.4万、60.7万。企业基本养老保险基金累计结余935.8亿元,支付能力达到32个月。城镇居民基本医疗保险参保人数488万人,386万名被征地农民参加社会保障。全省企业退休人员月平均养老金待遇为1 445元,继续位居全国省区第一。

新型农村合作医疗制度不断完善,保障能力逐步增强。全省参合人数3 035万万人,参合率为92%,人均筹资水平179元,,所有县(市、区)人均筹资全部达到140元以上。全省共有170万人次得到住院结报,5 000万人次得到门诊等结报,报销支出住院费用43亿元,报销支出门诊等费用12亿元,住院补偿率为36.5%,门诊补偿率为24%。

社会救助工作机制逐步健全。现有在册低保对象69.8万人,比上年增加1.1万人,支出资金11.8亿元,增加2.3亿元。全面实施医疗分类救助模式,开展即时救助。全省全年共筹集医疗救助资金5.1亿元,支出超过5亿元,除资助133.5万名五保、低保对象等困难群众参加医疗保险外,救助困难群众近40万人次。全省五保、“三无”对象集中供养率分别为95.5%和99.1%。全省年新增各类养老机构床位数1.5万多张，新建市、县（市、区）养老服务指导中心32个、乡镇（街道）养老服务中心308个、城市社区居家养老服务站510个、农村“星光老年之家”4 100多个。

五　行政区划

（一）概况

长三角的行政区划由江苏、浙江、上海两省一市构成，其中江苏、浙江两省共设24个省辖市，下辖195个县、市、区。

1. 上海市

2009年，上海共有17个区、1个县，共109个镇，2个乡，99个街道办事处。全市有居民委员会3 640个，村民委员会1 722个。

表1－7　上海市行政区划

单位：个

行政区	面积（km^2）	人口（万人）	街道（个）	镇（个）	乡（个）
上海全市	6 340.50	1 921.32	109	2	99
浦东新区	1 210.41	419.05	25		13
黄浦区	12.41	53.20			6
卢湾区	8.05	26.94			4
徐汇区	54.76	96.27	1		12
长宁区	38.30	64.40	1		9
静安区	7.62	24.84			5
普陀区	54.83	113.59	3		6
闸北区	29.26	76.03	1		8
虹口区	23.48	77.08			8
杨浦区	60.73	120.62	1		11
闵行区	370.75	181.43	9		3
宝山区	270.99	136.55	9		3
嘉定区	464.20	110.54	7		3
金山区	586.05	69.10	9		1
松江区	605.64	118.99	11		4
青浦区	670.14	81.55	8		3
奉贤区	687.39	81.90	8		
崇明县	1 185.49	69.24	16	2	
全　市	6 340.50	1 921.32	109	2	99

数据来源：2010年上海市统计年鉴

至2009年底,江苏省辖13个地级市,省辖市下辖106个县、市、区,其中55个市辖区、26个县级市、25个县。共有1 018个乡镇,其中107个乡、911个镇。

表1-8 江苏省行政区划

单位:个

市名	各级市单位数	县级单位数	县级单位		
			县	县级市	市辖区
江苏全省	39	106	25	26	55
南京市	1	13	2		11
无锡市	3	8		2	6
徐州市	3	11	4	2	5
常州市	3	7		2	5
苏州市	6	11		5	6
南通市	4	8	2	3	3
连云港市	1	7	4		3
淮安市	1	8	4		4
盐城市	3	9	5	2	2
扬州市	4	7	1	3	3
镇江市	4	6		3	3
泰州市	5	6		4	2
宿迁市	1	5	3		2

数据来源:2010年江苏省统计年鉴

浙江现设杭州、宁波2个副省级城市(其中宁波市为全国计划单列市),温州、湖州、嘉兴、绍兴、金华、衢州、舟山、台州、丽水9个地级市,2009年底全省共有11个地级市,32个市辖区,22个县级市,36个县(其中自治县1个),445个乡,735个镇,333个街道。

表1-9 浙江省行政区划

单位:个

市名	各级市单位数	县级单位数	县级单位		
			县	县级市	市辖区
浙江全省	33	90	36	22	32
杭州市	4	13	2	3	8
宁波市	4	11	2	3	6
温州市	3	11	6	2	3
嘉兴市	4	7	2	3	2
湖州市	1	5	3	–	2

（续表）

市名	各级市单位数	县级单位数	县级单位		
			县	县级市	市辖区
绍兴市	4	6	2	3	1
金华市	5	9	3	4	2
衢州市	2	6	3	1	2
舟山市	1	4	2	–	2
台州市	3	9	4	2	3
丽水市	2	9	7	1	1

数据来源：浙江省民政厅

（二）行政区划变更

建国以来，长三角两省一市范围内的行政区划变更一直存在，但近年来变更的主要内容是“撤县设区”、“撤乡并镇”。经过撤并，基层政府的组织机构得以精简，冗员得以分流，地方政府的财政负担明显降低，政府的办事效率显著提高。

1. 上海市

2009 年，国务院批复上海市《关于撤销南汇区建制将原南汇区行政区域划入浦东新区的请示》，同意撤销上海市南汇区，将其行政区域并入上海市浦东新区，浦东新区的面积扩大到上海市总面积的五分之一。

2. 江苏省

2009 年，全省共撤并乡镇 21 个，设立街道 13 个。

2009 年 1 月 8 日，苏政复[2009]3 号批复南通市《关于调整港闸区部分行政区划的请示》（通政请[2008]99 号）：同意撤销港闸区幸福乡、陈桥乡，以其原辖区域设立街道办事处。

2009 年 1 月 8 日，苏政复[2009]4 号批复淮安市《关于洪泽县部分行政区划调整的请示》（淮政发[2008]152 号）：同意撤销洪泽县高良涧镇和朱坝镇，以原两镇所辖区域设立新的高良涧镇；同意将黄集镇大管、灯塔、清涧、双湖、花河、玉河、渠南等 7 个村委会划归高良涧镇管辖。

2009 年 1 月 8 日，苏政复[2009]5 号、6 号批复泰州市《关于调整市区部分行政区划的请示》（泰政发[2008]120 号和泰政发[2008]133 号）：意将姜堰市苏陈镇划归泰州市海陵区管辖；同意将苏陈镇的西查、东查、唐宁、杏林、军铺、三舍、小冯甸等 7 个村委会划归姜堰市姜堰镇管辖；同意将泰兴市胡庄镇划归泰州市高港区管辖；同意将泰兴市宣堡镇的赵王、乔杨、明河、钱赵、管营、孔桥、蔡庄等 7 个村委会划归泰州市高港区许庄街道管理；同意将泰兴市第二捕捞公司管理的区域划归泰州市高港区永安洲镇管辖。

2009 年 1 月 23 日，苏政复[2009]7 号批复常州市《关于常州市武进区撤销滆湖良种繁育场设立西湖街道办事处的请示》（常政发[2008]209 号）：同意撤销武进区滆湖良种繁育场，将原滆湖良种繁育场管理的区域与武进区牛塘镇划出的塔下村委会、“八一”农场、“七一”农场，邹区镇划出的霍庄、夏萧、赵墅村等 3 个村委会及嘉泽镇划出的厚庄村委会合并设立西湖街道办事处。

2009 年 3 月 19 日，苏政复[2009]18 号、19 号批复无锡市《关于撤销锡山区东北塘安镇鸿山三镇分别设立街道办事处的请示》（锡政发[2009]33 号）、《关于撤销滨湖区马山梅村两镇分别设立街道办事处的请示》(锡政发[2009]32号):同意撤销锡山区东北塘镇、安镇镇、鸿山镇,以其原辖区域设立街道办事处;同意撤销滨湖区马山镇、梅村镇,以其原辖区域设立街道办事处。

2009年3月31日,国务院批准撤销通州市,设立南通市通州区,以原通州市的行政区域为通州区的行政区域。区人民政府驻金沙镇。

2009年4月9日,苏政复[2009]25号、26号批复南通市《关于调整崇川区部分镇行政区划的请示》(通政请[2009]28号)、《关于调整如东县部分乡镇行政区划的请示》(通政请[2009]25号):同意撤销崇川区狼山镇、观音山镇,以其原辖区域设立街道办事处;同意撤销如东县大豫镇和兵房镇,以原两镇所辖区域设立新的大豫镇,镇政府驻大豫镇东凌村。

2009年4月30日,苏政复[2009]32号批复泰州市《关于将姜堰市罡杨镇划归海陵区管辖的请示》(泰政发[2009]51号):同意将姜堰市罡杨镇划归泰州市海陵区管辖。

2009年5月6日,苏政复[2009]33号批复苏州市《关于调整昆山市部分镇行政区划的请示》(苏府呈[2009]59号):同意将昆山市张浦镇的施家泾、盛家埭村委会划归千灯镇管辖。

2009年6月3日,苏政复[2009]47号批复连云港市《关于调整连云港市部分行政区划的请示》(连政发[2009]11号):同意将灌云县板浦镇划归连云港市海州区管辖;同意将连云港市新浦区宁海乡划归连云港市海州区管辖。

2009年7月3日,苏政复[2009]51号批复无锡市《关于撤销惠山区前洲玉祁两镇分别设立街道办事处的请示》(锡政发[2009]114号):同意撤销惠山区前洲镇、玉祁镇,以其原辖区域设立街道办事处。

3. 浙江省

杭州市拱墅区部分行政区划调整:2009年3月4日,浙政函[2009]36号同意撤销祥符镇建制,其行政区域由拱墅区人民政府直辖;2009年4月23日,杭政函[2009]75号同意撤销拱墅区祥符镇建制,设立拱墅区祥符街道办事处。

永康市部分行政区划调整:2009年4月20日,浙政函[2009]57号批复,将芝英街道的黄塘下、陈路塘、栋栊、杜山头、荆山陈、雅应、下堰头、陈园、郑村、下余、车马何、山头徐、堰头、沙端、炉头等15个行政村划归东城街道管理,同时撤销芝英街道建制,设立芝英镇;将江南街道的临溪、翁埠2个行政村和花街镇的梧涧、龙盘岭2个行政村划归西城街道管理。

嘉善县部分行政区划调整:2009年7月1日,浙政函[2009]92号批复,撤销洪溪镇、杨庙镇建制,其行政区域划归天凝镇管辖;撤销丁栅镇建制,其行政区域划归姚庄镇管辖;撤销魏塘镇、惠民镇建制,其行政区域改由嘉善县政府直辖。2009年7月2日,嘉政发[2009]56号批复,设立魏塘街道、罗星街道、惠民街道,其行政区域改由嘉善县人民政府直辖。

杭州市萧山区部分行政区划调整:2009年7月30日,浙政函[2009]110号批复,同意撤销靖江、南阳、河庄、义蓬、新湾5个镇建制,其行政区域改由萧山区人民政府直辖。2009年8月8日,杭政函[2009]141号批复,在此区域内设立靖江、南阳、河庄、义蓬、新湾、临江、前进7个街道办事处,行政区划调整后,萧山区辖17个镇、11个街道。

玉环县部分行政区划调整:2009年7月30日,浙政函[2009]111号批复,同意撤销珠港镇建制,其行政区域改由玉环县人民政府直辖。2009年8月10日,台政函[2009]61号批复,在此区域内设立玉城、坎门和大麦屿3个街道办事处,作为玉环县政府的派出机构。

湖州市吴兴区部分行政区划调整:2009年8月7日,浙政函[2009]116号批复,同意撤销白雀乡建制,其行政区域连同环渚乡新桥村的区域改由吴兴区政府直辖,调整后环渚乡辖19个行政村,乡政府驻地不变。在此区域内设立仁皇山、滨湖2个街道办事处。

平湖市部分行政区划调整:2009年12月11日,浙政函[2009]177号批复,同意撤销全塘镇、黄姑镇建制，合并设立独山港镇，辖22个行政村、3个社区，镇政府驻文明路34号（原黄姑镇政府驻地）。

六　文化和旅游

（一）文化

今长三角区域在春秋时期是吴、越文化的所在地，自春秋以来，长三角区域的人们依托长江和钱塘江两大流域繁衍生息。现在长江三角洲城市群的形成，是有着源远流长的历史文化互动基础前提的。新石器时代文化遗址的大量发现与发掘，揭示了长三角文化发展的历史源头。新中国建立后，长三角地区继续在文化上蓬勃发展，迎来前所未有的历史发展契机。长三角的文化精神，是长三角在区域竞争中借以制胜争优的"软实力"的核心所在，支撑着长三角创造出一个又一个的经济社会发展奇迹。

上海位于长江三角洲冲积平原，因吴淞江支流上海浦而得名。春秋时属吴，战国时先后属越、楚。古时当地渔民创造了捕鱼工具"扈"，又因为当时江流入海处称"渎"，因此，松江下游一带被称为"扈渎"，以后又改"扈"为"沪"，故上海简称"沪"。上海是中国的历史文化名城，被誉为"江海之通津，东南之都会"。"两千年历史看西安，一千年历史看北京，一百年历史看上海"，上海是近现代中国的"缩影"，拥有厚重的历史底蕴。作为党的诞生地，更为这座城市增添了一份独特的光彩。

江苏是中国古代吴越文化、长江文化的发祥地。南京汤山直立人化石将这块富饶土地的文明史追溯到距今35万年前的远古时期。在苏北东海、太湖中的三山岛、金坛市青龙山均发现有旧石器时代晚期的遗址，新石器时代的文化遗址中较为重要的有徐淮地区的青莲岗文化和大汶口文化，南京地区的北阴阳营文化，太湖地区的马家浜文化、崧泽文化和良渚文化。隋唐以后，随着中国的经济、文化中心南移，江淮之地更是人才荟萃，有"金陵会稽，文士成林"之称。2009年，江苏共有文化艺术和文物事业机构17 444个，从业人员110 177人，机构规模扩大。其中，艺术业机构279个，图书馆业109个，群众文化服务业机构1 447个，博物馆182个。生产故事影剧片14部。全年报纸出版27.12亿份，杂志出版11 413万册，图书出版46 470万册。

位于今浙江省境内的距今6 000－7 000年的河姆渡文化和距今4 000－5 000年的良渚文化是浙江悠久灿烂的史前文化的杰出代表。在浙江余姚河姆渡遗址出土的大量文物中，有种类齐全的骨、石、陶、木制成的生产工具和生活用具，大量保存完好的古代稻谷，榫卯结构清楚的木构件，以及色彩鲜艳的漆碗，依然能吹出动听音响的陶埙、骨哨等。良渚文化以发达的黑陶制作和精美绝伦的玉器制作闻名，曾经存在世界上早期的大规模犁耕稻作农业、大型营建工程及社会组织形态。河姆渡文化、良渚文化的发现，证明了长江流域也是中华民族的发祥地之一。浙江文化历史悠久，手工业发达，如春秋、战国时（前770－前221年）越国的铸剑，东汉时（25－220年）的制瓷技术和铜镜制作工艺，唐代（618－907年）以后的丝绸、雕版印刷、造塔、寺院建筑、佛像雕塑技艺。始镌于南齐建武年间（494－497年）的新昌大佛寺弥勒像，被称为"江南第一大佛"。北宋开宝三年（970年）建的杭州六和塔、唐中和四年（884年建内塔）和北宋开宝年间（968－975年建外塔）建的湖州飞英塔等，被誉为全国造塔工艺的典范。2009年末全省文化部门共有艺术表演团体72个，群艺（文化）馆、文化站1 610个，公共图书馆95个，博物馆84个；制作生产各类电影18部，电视剧31部1 100集，动画29部19 502分钟，广播影视业经营收入初步统计为110.6亿元，比上年增长10.4%。

(二)旅游

长三角区域山水秀丽,景色怡人,旅游资源丰富。它是一个异常活跃、极富生命力的区域,将跻身于世界第六大都市圈,除了它雄厚的经济实力外,得天独厚的地理位置和气候条件及快捷便利的三小时交通圈,提升了区域旅游经济。

1. 上海市

上海旅游资源丰富,作为历史文化名城,中国近代历史上的许多重大历史事件都发生在这里,130余处国家级和市级文物保护单位、众多的园林、博物馆、宗教寺院及有世界建筑博览会之称的城市建筑群,吸引了大量的中外游客。

上海是我国最大的经济中心和世界著名的港口城市,也是一座历史悠久的文化城市。古代这里为海滨村镇,唐天宝十年(751)设华亭县,宋设上海镇,元置上海县。上海具有光荣的革命历史,是中国共产党的诞生地,近、现代许多重要历史事件和历史人物的活动都发生在这里,如小刀会起义、五卅运动、上海工人三次武装起义、松沪抗战等。现存革命遗址有中共一大会址、孙中山故居、鲁迅墓、宋庆龄墓、龙华革命烈士纪念地等。文物古迹有龙华塔、松江方塔、豫园、秋霞浦、唐经幢等。上海近代的各式外国风格建筑在建筑史上也具有重要价值。20世纪90年代以来,上海相继建成了一批享誉国内外的功能性建筑,构成了迷人的都市风景线,同时也成为上海的旅游新景观,向世人展示了上海的新风貌。有象征上海的外滩;有被誉为"城市绿肺"的人民广场;有创造了十个"世界第一"的东方明珠广播电视塔;有中国第一摩天大楼金茂大厦;以及南京路步行街、上海博物馆、上海大剧院、上海城市规划展示馆等。上海除了港口城市的特点外,还是中国的重要工业城市,其工业生产已有一个半世纪的历史。上海素有购物天堂之美称,也是全国少数几个会展业发达的中心城市之一,新型的全球采购交易平台已初步形成并呈高速发展之势。

上海号称万国建筑博览会,名不虚传。横空出世的南浦、杨浦大桥,地铁,高架内环线,处处让人感受到上海城市交通的现代化。南京路、淮海路,以及上海西面的徐家汇商城,北面新客站的不夜城,一起展现着现代化城市的面貌,位于上海南市区的老城隍庙,有一座规模巨大的新豫园商场,一个由古园林、古街坊、古楼宇组成的综合旅游胜地。

2009年,全年实现旅游产业增加值1 007.08亿元,比上年增长6.9%,有星级宾馆298家,旅行社923家,A级旅游景点50家,红色旅游基地27个。全年接待国际旅游入境人数628.92万人次,比上年下降1.8%;其中入境外国人489.74万人次,下降3.5%,港、澳、台同胞139.18万人次,增长4.7%。全年接待国内旅游者12 360.74万人次,比上年增长12.3%。

2. 江苏省

江苏是全国七大重点旅游省份之一,旅游资源丰富,自然景观与人文景观交相辉映,名山、名湖、名泉、名园、名寺遍布各地,南京、苏州、扬州、镇江、徐州、淮安、常熟、无锡、南通均是中国的历史文化名城。南京的六朝胜迹,苏州的古典园林,无锡的太湖风光,扬州的汉唐文化,徐州的秦汉遗址,连云港的海域仙境,镇江的山林寺院以及陶都宜兴的洞天竹海等,令人留连忘返。截止2009年底,全省共有世界文化遗产2项10处,分别是苏州古典园林(沧浪亭、狮子林、留园、拙政园、网师园、环秀山庄、退思园、艺圃、耦园)和南京明孝陵("明清皇家陵寝"的扩展项目),世界人类口述和非物质遗产代表作2项(昆曲、古琴),全国优秀旅游城市28座,五星级旅游饭店50座,旅行社1 704家(其中具有出境游组团资格的49家),5A级国家旅游景区5家,全国工农业旅游示范点156家(其中工业旅游示范点32家)。

太湖烟波浩渺,景色之佳居全国五大淡水湖之首,南京玄武湖、莫愁湖、扬州瘦西湖、苏州阳澄湖、徐州云龙湖、溧阳天目湖皆独具风情。镇江中泠泉称“天下第一泉”，无锡惠山泉称“天下第二泉”，苏州虎丘憨泉称“天下第三泉”，南京汤山温泉、东海汤庙温泉等也颇具盛名。南京钟山、清凉山（石头山）、镇江三山（北固山、金山、焦山）苍翠雄秀。句容和金坛交界处的茅山是我国东南道教中心、全国重点道观之一，有道教“第一福地”、“第八洞天”之称。南通狼山是全国佛教八小名山之一。陶都宜兴号称“洞天世界”。连云港花果山因结缘《西游记》而闻名海内外。古典园林举世闻名，苏州拙政园、留园跻身全国四大名园，苏州9家古典园林被列为世界文化遗产。南京栖霞寺、镇江金山寺、扬州大明寺、苏州寒山寺、常熟兴福寺、常州天宁寺、句容隆昌寺等都是著名古刹。连云港锦屏山将军崖岩画被称为“我国最早的一部天书”；孔望山东汉摩崖造像是迄今为止我国发现的最早的佛教摩崖造像，比敦煌石窟还早一二百年，有“九州第一窟”之誉。武进春秋淹城是我国目前保存的最古老、最为完整的地面城池建筑遗址。徐州汉画像石，南京、丹阳帝王墓前留下的六朝石刻，是中国古代雕刻艺术的瑰宝。徐州狮子山发现的西汉兵马俑被考古学界称为第三大奇迹。南京明城墙不仅仅是我国城墙之最长者，也是世界上最大的砖城之一。近现代历史纪念地众多，如南京静海寺、太平天国天王府、总统府、中山陵、淮安周恩来纪念馆、南京梅园新村、雨花台烈士陵园、渡江胜利纪念碑、侵华日军南京大屠杀纪念馆、徐州淮海战役烈士纪念塔、盐城新四军纪念馆等。

2009年旅游业稳定发展。全年国内旅游人数29 726.6万人次，比上年增长13.8%；国内旅游收入3 449.5亿元，增长17.6%。全年境外入境旅游人数556.8万人次，比上年增长2.3%。其中外国人396.1万人次，与上年持平；港澳台同胞160.8万人次，增长8.5%。春节、五一、十一，共接待国内游客3 193.2万人次，实现国内旅游收入279.55亿元，分别占全年接待国内游客人数和收入的10.7%和8.1%，十一假日适逢中秋佳节，八天长假旅游叠加效应明显。

3. 浙江省

浙江旅游资源数量众多，类型丰富，特色显明，知名度较高。有重要地貌景观资源800余处，水域景观资源200余处，生物景观资源100余处，人文景观资源100余处。至2009年底，共有国家级旅游度假区1处、省级旅游度假区16处，国家级风景名胜区18处、省级风景名胜区41处，全国重点文物保护单位132处，国家级森林公园35处，国家级自然保护区9处（其中南麂列岛国家海洋自然保护区是我国唯一加入联合国世界人类生物圈保护组织的海岛），国家级历史文化名城6处、名镇14处、名村5处，国家级爱国主义教育基地12处，5A级风景名胜区3处（杭州西湖风景名胜区、雁荡山风景名胜区、普陀山风景名胜区），工业旅游示范点22处、农业旅游示范点24处、乡村旅游示范点22处，5星级宾馆酒店19家。旅游资源总量名列全国前茅，是全国有名的旅游资源大省。浙江主要的旅游景点有杭州西湖、普陀山、钱塘观潮、千岛湖、莫干山、奉化溪口等，开辟了浙东风情游、浙西名山名水游、浙北运河古镇游、浙南奇山奇水游等旅游路线，建立了以杭州为中心江南水乡特色的杭绍旅游区；以佛教、文化为主的宁舟台旅游区；以奇山奇水、民俗文化为主要内容的温丽台旅游区；以本地历史文化、山水风情为基础的金衢旅游区；以运河古镇为基础的杭嘉湖旅游区。

全省现有西湖、富春江－新安江、雁荡山、普陀山、楠溪江、天台山、嵊泗列岛、雪窦山、莫干山、双龙洞、仙都、五池、江郎山、仙居、百丈漈－飞云湖、方岩、方山－长屿洞天、天姥山18处国家级风景名胜区。此外还有省级风景名胜区41处，杭州之江国家旅游度假区和萧山湘湖、温州瓯江、绍兴会稽山等省级旅游度假区16个，旅游资源十分丰富。浙江的特色旅游比较发达。钱江观潮、书法、垂钓、气功保健、古民居观赏、佛教朝拜、道教养生、生态考察、“农家乐”、“渔家乐”之旅等多项具有浓郁浙江特色的旅游项目，深受国内外游客的青睐。中国国际钱江观潮节、西湖博览会、宁波国际服装节、绍兴国际书法节、舟山国际沙雕节等旅游节庆活动丰富多彩。

省会杭州是我国七大古都之一，也是中国著名的风景旅游城市，以秀丽迷人的西湖自然风光闻名于世。多年来，浙江省在重点开发杭州风景名胜区的同时，致力于开发全省各地的旅游资源，逐步建立了以杭州为中心的全省旅游网络,形成了浙东水乡佛国游、浙南奇山秀水游、浙西名山名水游、浙北丝绸古镇游四条精品旅游线路。西湖三面环山一面临城,面积4.65平方公里。千岛湖位于杭州和黄山之间的浙江省淳安县,处于杭州和黄山之间,东距杭州180公里左右,西距黄山160公里左右。千岛湖由一千多个岛屿组成,森林覆盖率达80%以上,已经开放了二十多个旅游景点。西塘、南浔、乌镇是浙江的著名古镇。

2009年旅游业总体保持较快增长,实现旅游总收入2 644亿元,比上年增长17.5%。其中,接待国内旅游者2.44亿人次,增长16.8%,实现国内旅游收入2 423.5亿元,增长18.8%;接待入境旅游者570.6万人次,增长5.7%,比上年末增长22.8%,实现旅游外汇收入32.2亿美元,同比增长6.6%。其中,接待外国人377.6万人次,增长3.1%;香港同胞74.2万人次,增长5.9%;澳门同胞16.5万人次,增长37.8%;台湾同胞102.4万人次,增长11.9%。春节、国庆两个黄金周共接待游客2 596.5万人,实现旅游收入214.3亿元,分别占全年的10.4%和8.1%。

第二章　泛长三角概况（安徽、江西、福建）区域概况

一　自然地理

（一）位置

安徽，简称皖。位居华东腹地，介于东经 114 度 54 分 ~ 119 度 37 分，北纬 29 度 41 分 ~ 34 度 38 分之间。它东连江苏省、浙江省，南邻江西省，西接湖北省、河南省，南邻江西省，北靠山东省，地处长江、淮河中下游，距东海 160 ~ 600 公里，是沿海与内陆腹地的过渡带。东西宽约 450 公里，南北长约 570 公里，面积 13.96 万平方公里，约占全国总面积的 1.45%，居华东第 3 位。

江西，简称赣。江西省地处中国东南偏中部长江中下游南岸，位于北纬 24 度 29 分 ~ 30 度 04 分，东经 113 度 34 分 ~ 118 度 28 分之间。东邻浙江、福建，南连广东，西靠湖南，北毗湖北、安徽而共接长江；上通武汉三镇，下贯南京、上海，东南与沿海开放城市相邻近。京九铁路和浙赣铁路纵横贯通全境，交通便利，地理位置优越。全省面积 16.69 万平方公里，占全国土地总面积的 1.74%，居华东各省市之首。

福建，简称闽，地处祖国东南部、东海之滨，陆域介于北纬 23 度 30 分 ~ 28 度 22 分，东经 115 度 50 分 ~ 120 度 40 分之间，东隔台湾海峡与台湾省隔海相望，东北与浙江省毗邻，西北横贯武夷山脉与江西省交界，西南与广东省相连。全省东西最大宽度约 480 公里，南北最大长度约 530 公里，土地面积 12.14 万平方公里。就海上交通而言，福建连东海、南海而通太平洋，是中国距离东南亚、西亚、东非和大洋洲较近的省份之一，历来是中国与世界交往的重要门户。

（二）地貌

安徽地势西南高、东北低，地形地貌南北迥异，复杂多样。长江和淮河自西向东横贯全境，将全省划分为淮北平原、江淮丘陵和皖南山区三大自然区域：淮北平原是华北平原的一部分，面积 3.8 万平方公里，平均海拔 20 – 40 米，平原面积占 95%；江淮丘陵横亘于江淮地区中部，是大别山脉向东北延伸的丘陵，面积 3.64 万平方公里，一般海拔为 40 – 100 米；长江两岸地势低平，河湖交错，平畴沃野，属于长江中下游平原；皖南山区是我国南方丘陵山地的组成部分，面积 2.66 万平方公里，以黄山、九华山脉为主，黄山莲花峰海拔1 873米，为省内最高峰。

江西版图轮廓略呈长方形。东西省界明显长于南北，而北之宽又数倍于南，恰如一头昂首直立的海豹。省境除北部较为平坦外，东西南部三面环山，中部丘陵起伏，全省成为一个整体向鄱阳湖倾斜而往北开口的巨大盆地。江西地貌类型较为齐全，分布大致成不规则环状结构，常态地貌类型则以山地和丘陵为主。其中山地60 101平方公里（包括中山和低山），占全省总面积的 36%；丘陵70 117平方公里（包括高丘和低丘），占 42%；岗地和平原20 022平方公里，占 12%；水面16 667平方公里，占 10%。除常态地貌类型外，还有岩溶、丹霞和冰川等特殊地貌类型。

福建境内峰岭耸峙,丘陵连绵,河谷、盆地穿插其间,山地、丘陵占全省总面积的80%以上,素有"八山一水一分田"之称。地势总体上西北高东南低,横断面略呈马鞍形。因受新华夏构造的控制,在西部和中部形成北东向斜贯全省的闽西大山带和闽中大山带。闽西大山带以武夷山脉为主体,长约530公里,最宽处达百余公里。闽中大山带由鹫峰山、戴云山、博平岭等山脉构成,长约550公里,以中低山为主。两大山带之间为互不贯通的河谷、盆地,东部沿海为丘陵、台地和滨海平原。东部沿海海拔一般在500米以下,岛屿星罗棋布,共有岛屿1 500多个,海坛岛现为全省第一大岛。福建海域广阔,面积13.6万多平方公里,超过陆地面积,海岸线长达3 324公里,仅次于广东省,海岸线曲折程度名列全国之冠。曲折的海岸形成了众多的港湾,全省有大小港湾125个。

(三)水系

安徽江河密布,共有河流2 000多条,湖泊110多个,著名的有长江、淮河、新安江和全国五大淡水湖之一的巢湖。淮河干流自洪河口进入安徽省,经淮南、蚌埠至嘉山县洪山头入江苏洪泽湖,长430公里。北岸支流长,流势缓,南岸支流河短流急,在皖流域面积6.69万平方公里。长江干流自江西湖口进入安徽省,经安庆、铜陵、芜湖至和县乌江进入江苏境内,长416公里,在皖流域面积6.6万平方公里,号称"八百里皖江"。新安江源于休宁、祁门境内的率水、横江,在屯溪合流后称新安江,经歙县街口注入浙江新安江水库,总长194.3公里,流域面积6 500平方公里。

江西全境有大小河流2 400余条,河流总长约1.84万公里,其中10平方公里以上河流有3 771条。全省各主要河流均汇注鄱阳湖后经湖口入长江,瑞昌、彭泽等地部分河流直接入长江,萍乡、寻乌和定南部分河流则分属湘水和珠江流域。赣江、抚河、信江、饶河和修水为江西五大水系。赣江是长江第二大支流,由南往北流贯全省,为江西最大河流,全长751公里,流域面积8.35万平方公里,占全省总土地面积的50%,水量仅次于四川省的岷江。境内鄱阳湖是长江流域最大的通江湖泊,也是中国最大的淡水湖泊,总面积224平方公里。

福建河流众多,共有24个水系、663条河流,总长度达12 850公里,河网密度之大全国少见。全省较大的河流有闽江、九龙江、汀江、晋江和木兰溪,其中闽江长541公里,流域面积6.09万平方公里,约占福建省总面积的一半,是中国东南沿海地区流域面积最大的河流。九龙江是福建省第二大河,主流长258公里,流域面积1.36万平方公里。汀江是闽西最大的河流,在广东大埔附近注入韩江,全长285公里,流域面积1.47万平方公里。

二 气 候

(一)安徽省

安徽地处中纬度地带,属于暖温带向亚热带过渡型气候,其中淮河以北属温带半湿润季风气候,淮河以南属亚热带湿润季风气候。安徽气候温和湿润,四季分明,日照充足,雨量适中。全省年平均气温在14－16℃之间,南北相差2°C左右;平均日照1 800－2 500小时,无霜期约为200－250天,平均降水量800－1 600毫米。

2009年安徽省年平均气温16.3℃,较常年偏高0.8℃,为1997年以来连续第13年偏高。年平均气温的空间分布为:沿淮淮北和大别山区14.0℃～16.0℃,其他地区16.0℃～17.6℃。与常年相比，全省大部分地区气温偏高 0.5℃以上，其中沿江江南东部显著偏高 1.0℃以上。年内各月平均气温起伏大，其中 8 月、11 月和 12 月较常年同期偏低，1 月与常年同期持平，其他各月气温偏高。

2009 年全省平均年降水量1 208mm，较常年略偏多。2009 年年初，50 年一遇的秋冬连旱袭击沿淮淮北冬麦区，沿淮淮北累计降水量比往年显著偏少一半以上，降水之少为 50 年一遇，造成皖北大旱。6 月份，罕见大范围强风天气肆虐全省，其中 6 月 5 日，全省有43 个县市、228 个乡镇出现 8 级以上的大风，超出安徽历史最大风速记录。7 月中旬是全年最热时段，宣城市、芜湖县极端最高气温均超过 40℃，逼近安徽历史气温最高记录；但 7 月 22 日起全省气温大幅下降，至 8 月 14 日阴雨不断，又出现了近 50 年来最强的盛夏低温阴雨天气。10 月，全省又迎来了罕见的寒潮和暴雪，初冬首个寒潮全省平均降温幅度为近 10 年来同期最强。

(二)江西省

江西处于北回归线附近，春季回暖较早，但天气易变，乍暖乍寒，雨量偏多，直至夏初；盛夏至中秋前晴热干燥；冬季阴冷但霜冻期短，尤其是近年，暖冬气候明显。由于江西地势狭长，南北气候差异较大，总体来说春秋季短而夏冬季长。全省气候温暖，日照充足，雨量充沛，无霜期长，为亚热带湿润气候，十分有利于农作物生长。江西省年平均气温 18℃左右，年均日照时数为1 473.3 – 2 077.5小时，年均降水量1 341 – 1 940mm，降水季节分配不均，全年降水 50% 以上集中在 4 – 7 月，该时期为江西的雨季。

2009 年全省平均气温为 18.7℃，较常年同期偏高 1.0℃，全省平均气温之高为 1959 年有完整气象记录以来第 3 位，仅次于 2007 年和 1998 年。降水量为1 438.1毫米，日照为1 686.3小时。。日照春播期天气属一般偏好年份，部分地区出现了轻度春寒；汛期降水略偏少，但局部地区出现了严重山洪地质灾害和内涝；伏秋期台风影响次数偏少，全省秋旱严重；入冬以来天气气候异常，极端天气气候事件发生较频繁。全年温、光、水匹配较适宜，气象条件有利农业生产。

(三)福建省

福建地处亚热带，属亚热带季风性气候，气候温和，雨量充沛。2009 年福建省气温显著偏高，全省年平均气温 20.0℃，偏高 0.8℃，比上一年同期偏低 0.3℃，为 1961 年以来历史第 6 高值。全省年降水量为1 350.6毫米，偏少 261.1 毫米，约 1.6 成，属偏少，比上一年同期偏少 153.6 毫米，为 1961 年以来历史第 7 少值。全省平均日照时数1 889.7小时，偏多 157.7 小时，属正常略偏多，比上一年偏多 144.1 小时。

冬季气温偏高、降水显著偏少，1 月上中旬，全省各地出现持续性低温冻害过程，但全省冬季气温仍偏高 1.4℃，为暖冬，降水为 1961 年以来历史同期第二少年，持续的少雨使全省大部分地区发生了不同程度的秋冬气象干旱；春季气温正常、降水偏少，局部地区出现强对流天气，灾情较轻，雨季于 5 月 18 日开始，7 月 4 日结束，起止时间均偏迟，历时偏短，强度偏弱，降水量偏少 2 成，使沿海地区出现秋冬春气象连旱；夏季气温偏高、降水正常，7 ~ 8 月先后三次出现最高气温超过 38℃的较大范围持续性高温天气；秋季气温偏高、降水正常，10 月 31 日 – 11 月 4 日受强冷空气影响，西部北部地区出现寒潮天气过程，历史上较少见，闽南局部县(市)的夏秋干旱给农业生产和人民生活造成严重影响。全年有 9 个热带气旋登陆或影响福建，个数接近常年，特点是影响路径偏南，风雨影响偏轻，造成灾害较轻，其中有 3 个热带气旋登陆，第 3 号热带风暴“莲花”6 月 21 日在晋江登陆，第 8 号台风“莫拉克”8 月 9 日在霞浦登陆和 7 月 14 日在莆田登陆的热带低压。

三　自然资源

(一)土地资源

安徽省南北长约570公里,东西宽约450公里,总面积13.94万平方公里,约占中国国土面积的1.45%。其中山区面积占29.52%,平原面积占24.82%,丘陵面积占29%,圩区面积占8.68%,湖泊洼地面积占7.98%,土地肥沃,适宜各种农作物生长。2008年全省首次实现耕地面积增加,新增耕地3万亩。2009年全省耕地面积4 171.22千公顷,其中水田1 904.7千公顷,旱田2 266.53千公顷。

江西省土地总面积166 947平方公里,占全国土地总面积的1.74%,居华东各省市之首。2009年末全省耕地面积2 819.8千公顷,全年粮食种植面积3 604.6千公顷,比上年增长0.7%;全年农田有效灌溉面积达1 840.4千公顷,新增有效灌溉面积14.0千公顷。

福建是全国土地面积较小的省份之一,土地总面积12.40万平方千米,占全国土地面积的1.3%,居全国第23位。福建多山,素有"八山一水一分田"之称,山地多、平地少,全省海拔80米以上的丘陵和山地占全省土地面积的89.3%,海拔80米以下的平原台地占总面积的10%。平原主要分布在沿海地区,较大的有福州、漳州、泉州和兴化等四大平原。耕地中高产田少,中低产田多,根据农业部门的调查,全省高、中、低产田占现有耕地的比例分别为17%、38%和45%。2009年农作物播种面积2 258.01千公顷,比上年扩大37.33千公顷。福建海域宽阔,滩涂广阔,开发利用潜力大。目前在理论基准面以上的滩涂资源有206.7千公顷,主要分布在三都澳、兴化湾、罗源湾等港湾,其中可围垦滩涂资源约有42.7千公顷。

(二)水资源

安徽省内的主要河道水系,淮北有颍河、茨淮新河、涡河、濉潼河、新汴河、濉河;淮南有史河、淠河、东淝河、池河;江北有皖河、巢湖、滁河;江南有青弋江、水阳江及新安江。全省重要的水利工程为淠史杭灌溉工程,驷马山引江灌溉工程。2009年安徽省水资源总量约773.10亿立方米,其中淮河流域水资源总量为253.27亿立方米。

2009年江西自产地表水资源量1 133.4亿立方米,比上年减少15.1%。人均拥有水资源量2 557立方米,减少17.0%。全省有大小河流2 400多条,总长约18 400公里,大部分河流汇向鄱阳湖,再注入长江。主要河流有5条,即赣江、抚河、信江、修河、饶河。赣江全长751公里,为江西第一大川,水量为长江第二大支流,它自南而北流贯全省,从赣州至湖口而入长江,通航里程5 000余公里。鄱阳湖是全国最大的淡水湖,它是江西最大的聚水盆,长江水量的巨大调节器,也是沟通省内外各地航道的中转站。江西水能理论蕴藏量682万千瓦以上,与主要负荷中心的华东、东北、华北地区各省相比处于较为丰富的地位,在华东地区六省区中位居第二。

福建境内河流密布,全省拥有29个水系,663条河流,内河长度达13 569公里,河网密度之大全国少见,且大多数流程短、水量大、水流湍急。福建地处丰水带,年总降水量为2 011亿立方米,河水径流总量平均每年为1.2万立方米,加之山地坡度大,所以水力资源颇为丰富。

(三)矿产资源

安徽是矿产资源大省,矿产种类较全,储量丰富。2009 年全省已发现的矿种为 158 种(含亚矿种)。查明资源储量的矿种共计 118 种(含普通建筑用石料矿种),其中能源矿产 5 种,金属矿产 19 种,非金属矿产 92 种,水气矿产 2 种。全年地质勘查部门开展各类地质(科研)项目 435 项,新增查明资源储量的大中型矿产地 36 处,新增探明储量矿种 10 种。其中煤、铁、铜、硫、明矾石为五大优势矿产。

江西为环西太平洋成矿带的组成部分。区内地层出露齐全,岩浆活动频繁,地质构造复杂,成矿条件优越,矿产资源丰富,是我国主要的有色、稀有、稀土矿产基地之一,也是我国矿产资源配套程度较高的省份之一。在目前已知的 150 多种矿产中,江西已发现各类固体矿产资源 l40 多种,其中探明工业储量的 89 种;矿产地 700 余处,其中大型矿床 80 余处,中型矿床 100 余处。储量居全国前三位的矿物有铜、钨、银、钽、钪、铀、铷、铯、金、伴生硫、滑石、粉石英、硅灰石等。铜、钨、铀、钽、稀土、金、银被誉为江西的“七朵金花”。江西铜业位居世界前三,旗下的德兴铜矿为亚洲最大的露天铜矿。其他还有不少金属、非金属矿产也在全国占有重要地位。黑色金属类除铁矿储量可观外,尚有大型锰矿产地,质量优良;赣北地区钒矿规模大,资源前景好。江西还发现有特大型银矿、特大型铅锌矿以及中型以上金矿铅锌矿、锑矿等,有色金属矿产资源开发前景十分广阔。非金属矿产有 70 余种,大中型矿床 20 多处,其中瓷土、熔剂灰岩等量大质优。还有粉石英、硅灰石、膨润土、滑石、花岗石、大理石、珍珠岩等多种矿产,其中赣西粉石英矿面积大、储量丰、埋藏浅,矿体裸露,适宜于工业规模露天开采。江西地处粤闽高、中温热水带边缘,现有温泉百余处、热水钻孔 20 多处,最高温度达 82℃(温泉)及 88℃(钻孔),以 60℃以下的多,约占总数的 86%左右。

福建省已发现矿产 118 种,占全国已发现矿产总数的 70.2%;已探明储量并列入储量表的矿产 106 种(含亚矿种),其中:能源矿产 3 种,金属矿产 34 种,非金属矿产 67 种,水气矿产 2 种。已探明矿产资源的特点可归纳为“三多、三少、一集中”,即非金属矿产多,金属矿产伴(共)生组分多,贫矿多;金属矿产规模达大型、特大型的矿床少,富矿少,能源矿种少;主要矿产相对集中分布。年末全省主要矿种保有储量:煤 11.86 亿吨,铁 6.43 亿吨,锰 504.37 万吨,铜 204.46 万吨,金 193.87 吨,铅 185.45 万吨,锌 306.08 万吨,钨 30.33 万吨,钼 23.92 万吨,水泥用灰岩 18.22 亿吨。

(四)生物资源

安徽现有林地总面积4 404千公顷,其中森林面积36 001千公顷,森林覆盖率26.06%。共有生物资源10 917种,其中国家重点保护的木本植物有 30 种,珍稀野生动物 54 种,国家一、二级保护动物分别有 18 种和 368 种,以扬子鳄、白鳍豚最为珍贵。

江西全省种子植物约有4 000余种,蕨类植物约有 470 种,苔藓类植物约有 100 种以上。低等植物中的大型真菌可达五百余种,有标本依据的就有 300 余种,其中可食用者有 100 多种。植物系统演化中各个阶段的代表植物江西均有分布,同时发现不少原始性状的古老植物,还有“活化石”银杏等。这些丰富的植物资源充分表明,包括江西省在内的中国亚热带地区是近代植物区系的起源中心之一。江西生态环境较为优越,特别是近年来环保措施的不断加强,丰富的动物和竹林资源日益得到有效保护。全省现有脊椎动物 600 余种。其中鱼类 170 余种,约占全国的 21.4%(淡水鱼);两栖类 40 余种,约占全国的 20.4%;爬行类 70 余种,约占全国的 23.5%;鸟类 270 余种,约占全国的 23.2%;兽类 50 多种,约占全国的 13.3%。鱼类和鸟类种类较多,经济价值较大,成为开发利用和资源保护的重点。

福建野生动植物资源丰富,种类繁多。野生动物多数属于东洋界的种类,一些古北界的动物也有在福建栖存。据不完全统计,脊椎动物已记录1 600多种(包括亚种,下同),无脊椎动物已记录到3 541种,昆虫1万多种。在各种野生动物中,国家重点保护野生动物达159种,其中国家一级保护野生动物22种,国家二级保护野生动物137种。植物种类以亚热带区系成分为主,区系成分较复杂。据调查统计,高等植物共有4 703种,占全国高等植物种类的15.7%;木本植物共有1 943种(含变种153种)。其中,裸子植物以我国特有的马尾松为主,海拔1 000米以上出现黄山松;杉木广布全省,还有柳杉、福建柏、油杉等,是构成常绿针叶林的主要成分。国家重点保护野生植物中,福建有25科42属55种,其中一级保护的7种、二级保护的48种;蕨类植物9种,裸子植物14种,被子植物32种。省重点保护珍贵树木有25种。全省森林面积906.7万公顷,森林覆盖率为62.96%,活立木总蓄积量4.967亿立方米。

四　人口与经济

(一)人口规模

2009年,安徽全省人口出生率为13.07‰,比上年上升0.02个千分点;死亡率为6.6‰,与上年持平;自然增长率6.47‰,上升0.02个千分点。年末全省户籍人口6 794.5万人,比上年增加53.7万人;常住人口6 131万人,减少4万人。城镇化率42.1%,比上年提高1.6个百分点。

2009年年末江西省常住人口为4 432.16万人,比上年末增加32.0万人。65岁及以上老年人口为375.85万人,占总人口的比重为8.5%,比上年提高0.1个百分点。全年出生人口61.25万人,出生率为13.87‰;死亡人口26.41万人,死亡率为5.98‰;自然增长率为7.89‰。

2009年福建省年末常住人口3 627万人,全年净增人口23万人。全年全省出生人口44.3万人,出生率12.2‰;死亡人口21.8万人,死亡率6.0‰;自然增长率6.2‰。城镇化水平为51.4%。

(二)人口自然变动

2009年,全省户籍人口为6 794.5万人,与2000年相比,年平均增加51.7万人,年均增长0.88%,低于上世纪90年代年均增长1.04%的水平。这是在人口基数较大的基础上的增速,说明进入新世纪以来全省人口总量控制明显,继续向“低出生、低死亡、低增长”的现代型人口生产方式转变。安徽的人口自然增长率自上世纪90年代中期以来,连续多年实现政府控制目标。从本世纪初开始,安徽迎来第四次生育高峰,2003年出生率探底至11.15‰,随后逐渐回升,到2008年超过了13‰,但年均上升不到0.4个千分点,其中处于谷底的2003年出生率,比第三次生育高峰低谷(1985年)低4个多千分点。由此说明,从2003年开始虽然安徽新一轮人口生育高峰期来临,但人口发展仍处于较为稳定的状态,人口变动趋于平稳。由于人口发展的惯性作用,未来10年,全省人口出生率将呈温和上升的趋势,这一趋势是年龄结构变动的结果,是实现人口转变后正常的人口现象。按照人口再生产规律,未来几年受人口生育高峰的影响,人口出生率会继续缓慢上升,但不会影响安徽低生育水平的稳定性,低生育水平的格局有望继续保持。

表 1－10 安徽历年人口自然变动情况

单位：万人，‰

年份	出生		死亡		自然增长	
	人数	出生率	人数	死亡率	人数	自然增长率
1991	121.57	21.19	34.77	6.06	86.80	15.13
1992	108.70	18.76	35.58	6.14	73.12	12.62
1993	100.07	17.18	37.92	6.51	62.15	10.67
1994	98.35	16.70	40.40	6.86	57.95	9.84
1995	95.18	16.07	37.97	6.41	57.22	9.66
1996	95.31	16.00	38.72	6.50	56.59	9.50
1997	94.67	15.80	38.95	6.50	55.73	9.30
1998	94.69	15.74	39.34	6.54	55.35	9.20
1999	91.37	15.10	39.33	6.50	52.04	8.60
2000	81.65	13.40	35.10	5.76	46.55	7.64
2001	76.35	12.46	35.85	5.85	40.51	6.61
2002	68.81	11.20	31.76	5.17	37.05	6.03
2003	68.72	11.15	32.05	5.20	36.67	5.95
2004	72.37	11.62	34.25	5.50	38.12	6.12
2005	76.07	12.43	38.13	6.23	37.94	6.20
2006	76.99	12.60	38.49	6.30	38.49	6.30
2007	78.00	12.75	39.16	6.40	38.85	6.35
2008	80.06	13.05	40.49	6.60	39.57	6.45
2009	80.13	13.07	40.46	6.60	39.67	6.47

1950 年以来，江西人口的发展过程大致经历五个阶段。第一阶段（1950－1952 年）国民经济迅速增长，人口大幅度上升，年均增长率 8.01%；第二阶段（1953－1959 年）为第一个生育高峰，年均递增 2.56%；第三阶段（1960－1962）受到自然灾害影响，人口增长速度下降，年均递增 1.01%；第四阶段（1963－1978 年）为第二个生育高峰，从 1962 年至 1976 年，江西人口出生率连续 15 年保持 30‰以上的高水平；第五阶段（1979 至今），江西省根据国家的计划生育政策采取了有效的措施，成功缓解了由于人口增长周期性带来的第三个生育高峰。进入 90 年代以来，由于人口基数不断增加，江西人口规模逐年扩大，对社会经济发展造成极大压力，在严峻人口形式下，江西省各级政府加大人口控制的力度，取得了显著的成效：人口出生率稳中有降，人口受教育程度提高，育龄妇女生育水平下降，多孩率下降。江西省 50 多年来从"地多人少，人口要大发展"转变到"人口要有计划控制"，经历了一个艰巨曲折的过程。建国以来，江西省的妇女生育水平在全国一直处于较高的状态，但是 90 年代以来，由于采取了有效的措施，出生率、总和生育率和多孩率保持下降的趋势。1994 年人口出生率降至 16.7‰，人口自然增长率开始降至 10‰以下。

表1－11 江西省历年人口自然变动情况

单位:万人,‰

年份	出生		死亡		自然增长	
	人数	出生率	人数	死亡率	人数	自然增长率
1978	85.97	27.01	23.52	7.39	62.45	19.62
1979	67.71	20.97	23.35	7.23	44.37	13.74
1980	60.73	18.57	20.86	6.38	39.86	12.19
1981	67.47	20.42	21.61	6.54	45.86	13.88
1982	64.22	19.18	20.32	6.07	43.90	13.11
1983	74.41	21.92	27.94	8.23	46.47	13.69
1984	87.48	25.30	23.51	6.80	63.97	18.50
1985	71.21	20.29	18.92	5.39	52.30	14.90
1986	86.35	24.15	19.77	5.53	66.58	18.62
1987	83.25	22.92	26.26	7.23	56.99	15.69
1988	73.31	19.90	21.37	5.80	51.94	14.10
1989	86.31	23.04	23.45	6.26	62.86	16.78
1990	93.70	24.59	28.73	7.54	64.97	17.05
1991	81.93	21.20	27.55	7.13	54.38	14.07
1992	76.42	19.53	27.67	7.07	48.76	12.46
1993	80.63	20.33	27.33	6.89	53.30	13.44
1994	77.82	19.38	28.11	7.00	49.71	12.38
1995	76.94	18.94	29.58	7.28	47.37	11.66
1996	71.97	17.53	28.82	7.02	43.15	10.51
1997	72.34	17.43	27.23	6.56	45.11	10.87
1998	70.62	16.85	29.55	7.05	41.07	9.80
1999	69.86	16.51	29.70	7.02	40.15	9.49
2000	64.51	15.55	25.18	6.07	39.33	9.48
2001	64.63	15.44	25.37	6.06	39.26	9.38
2002	62.24	14.74	25.42	6.02	36.82	8.72
2003	59.86	14.07	25.44	5.98	34.42	8.09
2004	58.30	13.61	25.66	5.99	32.64	7.62
2005	59.45	13.79	25.70	5.96	33.76	7.83
2006	59.88	13.80	26.08	6.01	33.80	7.79
2007	60.55	13.86	26.17	5.99	34.38	7.87
2008	61.25	13.92	26.44	6.01	34.81	7.91
2009	61.25	13.87	26.41	5.98	34.84	7.89

按照全省总人口增长速度的不同，福建人口发展大体上分为五个阶段：1949－1959 年为人口出生的第一个高峰期，年平均增长率达 2.63%；1960－1961 为低谷期，年平均增长 6.8%；1962－1973 年，是人口增长的第二个高峰期，也是人口增长最快的阶段，平均每年净增 53 万人，年平均增长 28.94%；1974－1981，是人口增长的相对低谷期，年平均增长 19.62%；1982－1990，人口增长的第三个高峰期，平均每年增加 52.7 万，年平均增长 19.03%；进入 90 年代以来，人口增长大幅度下降。福建 1950 年至今，人口生育经历了由高而低的转变过程，这一过程大致以福建开始全面推行计划生育的 1972 年为界，分为前后两个时期，前期基本处于无控制的自然状态，22 年的平均总和生育率为 5.99，后期生育逐渐由自然状态向计划控制转轨，生育控制成效显著。1997 年，福建总和生育率为 1.3，人口出生率为 12.41‰，人口自然增长率为 6.32‰。根据高、中、低三方案对福建省未来总人口变动趋势进行预测，综合三方案预测结果可知，目前的出生高峰将持续到本世纪末。

表 1－12 福建省历年人口自然变动情况

单位：万人，‰

年份	出生		死亡		自然增长	
	人数	出生率	人数	死亡率	人数	自然增长率
1978	62.01	25.35	15.43	6.31	46.57	19.04
1979	56.98	22.91	15.62	6.28	41.36	16.63
1980	47.05	18.68	15.79	6.27	31.26	12.41
1981	59.97	23.40	16.02	6.25	43.96	17.15
1982	73.12	27.91	16.64	6.35	56.49	21.56
1983	65.45	24.53	16.84	6.31	48.61	18.22
1984	69.85	25.68	17.00	6.25	52.85	19.43
1985	66.12	23.88	17.11	6.18	49.01	17.70
1986	67.74	24.02	16.50	5.85	51.24	18.17
1987	71.62	24.91	16.65	5.79	55.23	19.21
1988	71.29	24.34	17.02	5.81	54.27	18.53
1989	73.62	24.67	18.20	6.10	55.41	18.57
1990	74.22	24.44	20.38	6.71	53.85	17.73
1991	61.67	20.03	19.27	6.26	42.40	13.77
1992	56.65	18.18	18.76	6.02	37.89	12.16
1993	52.67	16.72	17.70	5.62	34.97	11.10
1994	51.69	16.24	18.94	5.95	32.75	10.29
1995	49.05	15.20	19.04	5.90	30.01	9.30
1996	43.11	13.22	19.37	5.94	23.74	7.28
1997	40.73	12.41	19.99	6.09	20.74	6.32
1998	38.04	11.53	20.45	6.20	17.58	5.33
1999	36.67	11.06	19.40	5.85	17.28	5.21

(续表)

年份	出生		死亡		自然增长	
	人数	出生率	人数	死亡率	人数	自然增长率
2000	39.56	11.60	19.95	5.85	19.61	5.75
2001	39.77	11.56	18.99	5.52	20.78	6.04
2002	39.34	11.35	19.31	5.57	20.03	5.78
2003	39.87	11.43	19.46	5.58	20.40	5.85
2004	40.66	11.58	19.73	5.62	20.93	5.96
2005	41.01	11.60	19.87	5.62	21.14	5.98
2006	42.70	12.00	20.46	5.75	22.24	6.25
2007	42.97	12.00	21.13	5.90	21.84	6.10
2008	43.97	12.20	21.26	5.90	22.71	6.30
2009	44.30	12.20	21.80	6.00	22.50	6.20

数据来源:2009 年安徽省、江西省、福建省统计年鉴

(三)人口构成

近年来安徽出生人口性别比偏高的问题日益凸显,2000 年数据显示高达 129.4,2005 年全国 1% 人口抽样调查显示已上升到 132.2,不过 2009 年有下降趋势,降低到 125 左右。随着文化教育事业的不断发展,全省人口文化素质也得到了提高。2009 年,全省常住人口中,具有大学文化程度的人口为 296 万人,占 4.83%;高中程度的人口为 638 万人,占 10.41%;初中程度的人口为2 569万人,占 41.9%;小学程度的人口为1 976万人,占 32.23%。与 2005 年相比,大学程度的人口增加 77 万人,高中程度的人口增加 113 万人,初中程度的人口增加 482 万人。同时,总人口文盲率也呈不断下降态势,2009 年全省总人口文盲率为 9.84%,比 2005 年下降了近 3 个百分点。2009 年,全省人口中,0 - 14 岁少年儿童系数为 19.40%;15 - 64 岁人口占总人口的 69.17%,65 岁及以上老年人口比重为 11.43%;老少比 58.92%,年龄中位数上移到 37.8 岁。

2009 年江西总人口为4 432.16万人,男性为2 271.71万人,占 51.3%;女性为2 160.45万人,占 48.7%,性别比为 105.15(以女性为 100,男性对女性的比例)。在全省人口中,0 - 14 岁人口为 982.61 万人,占 22.2%;15 - 64 岁人口为3 073.70万人,占 69.3%;65 岁及以上人口 375.85 万人,占 8.5%。

2009 年福建省年末常住人口3 627万人,男性为1 828万人,占 50.4%;女性为1 799万人,占 49.6%,性别比为 101.61(以女性为 100,男性对女性的比例)。在全省人口中,0 - 14 岁人口为 653 万人,占 18%;15 - 64 岁人口为2 637万人,占 72.7%;65 岁及以上人口 337 万人,占 9.3%。全省人口中,具有大专以上学历的人口占 9.1%,高中程度的人口占 13.1%,初中程度的人口占 31.5%,小学程度的人口占 31.5%。

（四）经济

1. 安徽省

安徽省 2009 年全年实现生产总值（GDP）10 052.9亿元，按可比价格计算，比上年增长 12.9%。分产业看，第一产业增加值1 495.6亿元，增长 5%；第二产业增加值4 902.8亿元，增长 16.8%；第三产业增加值3 654.5亿元，增长 11.1%。三次产业结构为 14.9∶48.8∶36.3。按常住人口计算，人均生产总值16 391元（折合2 400美元），比上年增加1 944元。全社会劳动生产率25 438元/人，比上年增加2 548元。

2. 江西省

2009 年全年江西省生产总值7 589.2亿元，比上年增长 13.1%，连续三年实现 13% 以上增长。分产业看，第一产业增加值1 098.3 亿元，增长 4.5%；第二产业增加值3 890.3亿元，增长 17.1%；第三产业增加值2 600.6亿元，增长 10.7%。三次产业结构调整为 14.5∶51.2∶34.3，二三一结构进一步强化和巩固。三次产业对经济增长的贡献率分别为 5.0%、68.1% 和 26.9%。非公有制经济快速发展，实现增加值4 090.6亿元，增长 16.0%，占 GDP 的比重达 53.9%。

3. 福建省

初步核算，2009 年全年福建省实现地区生产总值11 949.53亿元，比上年增长 12.0%。其中，第一产业增加值1 182.87亿元，增长 4.7%；第二产业增加值5 812.42亿元，增长 12.9%；第三产业增加值4 954.24亿元，增长 12.5%。分季度看，一季度增长 7.4%，上半年增长 8.5%，前三季度增长 10.2%。人均地区生产总值33 051元，比上年增长 11.3%。产业结构继续调整。第一产业、第二产业比重与上年比略降，第三产业比重上升。三次产业比例由上年的 10.7∶49.1∶40.2 调整为 9.9∶48.6∶41.5。

（五）劳动、收入与社会保障

1. 安徽省

2009 年全年城镇居民人均可支配收入14 085.7元，比上年增长 8.4%，扣除价格因素，实际增长 9.6%。人均消费性支出10 234元，增长 7.5%，其中食品支出增长 3.7%，交通和通信支出增长 10.1%，衣着支出增长 6.9%，娱乐教育文化支出增长 5.6%。城镇居民家庭恩格尔系数为 39.6%，比上年下降 1.4 个百分点。城镇居民人均住房建筑面积 30.9 平方米，比上年增加 1 平方米。

全年农村居民人均纯收入4 504.3元，比上年增长 7.2%，扣除价格因素，实际增长 7.8%。人均生活消费支出3 655元，增长 11.3%，其中食品支出增长 2.8%，交通通讯支出增长 7.7%，居住支出增长 25%。农村居民家庭恩格尔系数为 40.9%，比上年下降 3.4 个百分点。农村居民人均住房面积 31 平方米，比上年增加 1.1 平方米。

2009 年年末全省参加城镇基本养老、医疗保险人数分别为 626.8 万人和1 447万人。参加失业保险的人数为 377.8 万人，全年为 26.7 万名失业人员发放了不同期限的失业保险金。全省参加工伤、生育保险人数分别为 320.4 万人和 303.6 万人。被征地农民养老保险制度全面推进，年末被征地农民参保人数 145 万人，参保率 95.45%。新型农村养老保险试点工作稳步推进，参保人数 49.1 万人。农村低保提标扩面全面完成，全年保障人数 212.6 万人，发放低保金 15.5 亿元；城市低保应保尽保，全年保障人数 95.2 万人。

年末全省有各类收养性社会福利院床位 14.5 万张，收养各类人员 11.6 万人。城镇建立各种社区服务设施2 020个,其中综合性社区服务中心412个。全年销售社会福利彩票21.1亿元,筹集社会福利资金6.6亿元。

2. 江西省

2009年江西省农民人均纯收入5 075元,比上年增长8.0%;城镇居民人均可支配收入14 022元,增长9.0%。农村居民恩格尔系数为45.6%,城镇居民恩格尔系数为39.9%,比上年分别下降3.8个和1.8个百分点。年末农村居民人均住房面积39.53平方米,城镇居民人均住房建筑面积38.6平方米,比上年末分别增加1.97平方米和1.36平方米。

2009年"4050"人员实现再就业6.7万人。共发放小额担保贷款36.5亿元,累计总额继续保持全国领先地位,直接扶持个人创业6.4万人次,带动就业人数18.2万人次。年末参加城镇基本养老保险人数为581.9万人,比上年末增加31.6万人。其中,参保职工446.0万人,参保离退休人员135.9万人。行政事业单位离退休费和企业单位养老金月平均水平为1 279元。向城市低保户发放低保金18.2亿元,月人均补差161元;向农村低保户发放低保金11.7亿元,月人均补差68元。向城市居民发放社区公共卫生服务券7 003万元。为全省城乡597万名义务教育阶段公办学校学生全面免除学杂费和免费提供教课书。新开工建设经济适用住房137万平方米,廉租住房295万平方米,受益户数分别新增1.98万户和5.9万户。

2009年年末共有各类收养性社会福利单位1 967个,提供床位16.8万张,收养人数16.8万人。全年销售社会福利彩票10.7亿元,筹集社会福利资金1.8亿元。

3. 福建省

2009年农民人均纯收入6 680元,扣除价格因素,实际增长10.1%,增幅比上年提高1.8个百分点;城镇居民人均可支配收入19 577元,扣除价格因素,实际增长10.9%,增幅比上年提高0.1个百分点。农村居民家庭恩格尔系数(即居民家庭食品消费支出占家庭消费总支出的比重)为45.9%,城镇居民家庭恩格尔系数为39.7%。

2009年年末参加城镇基本养老保险人数584.61万人,比上年增加27.38万人,其中参保职工476.73万人,参保的离退休人员107.88万人。全省参加失业保险人数348.14万人,增加9.45万人。全省参加城镇基本医疗保险人数1 137.19万人,其中参保职工503.71万人,参保的城镇居民633.48万人。年末全省企业参加基本养老保险离退休人员88.66万人,全部实现了养老金按时足额发放。2009年全省领取失业保险金人数3.61万人,减少1.03万人;全省纳入城市最低生活保障的居民18.5万人,比上年减少0.73万人;纳入农村最低生活保障的居民80.76万人,增加3.09万人,其中"五保"供养对象9.74万人。

2009年各类收养性社会福利单位床位21 684张。全省建立各种社区服务设施5 000多个,其中社区服务中心(站)1 063个。全年销售社会福利彩票16.05亿元,筹集社会福利资金5.09亿元,直接接收社会捐赠款1 064.3万元。

五 行政区划

(一)概况

1. 安徽省

安徽省会合肥市,共有17个地级市,44市个辖区,5个县级市,56个县,908个镇,361个乡,254

个街道。

表1－13　安徽省行政区划(2009年末)

单位:个

地区	设区市	县级市	县	市辖区	市、县、区名称
全省	17	5	56	44	
合肥市	1		3	4	瑶海区(明光路街道)庐阳区(亳州路街道) 蜀山区(稻香村街道)包河区(骆岗街道) 长丰县(水湖镇)肥东县(店埠镇)肥西县(上派镇)
芜湖市	1		3	4	镜湖区(北京路街道)弋江区(利民路街道) 鸠江区(官陡街道)三山区(三山街道) 芜湖县(湾沚镇)繁昌县(繁阳镇)南陵县(籍山镇)
蚌埠市	1		3	4	龙子湖区(解放街道)蚌山区(天桥街道) 禹会区(朝阳街道)淮上区(小蚌埠镇) 怀远县(城关镇)五河县(城关镇)固镇县(城关镇)
淮南市	1		1	5	大通区(大通街道)田家庵区(公园街道) 谢家集区(平山街道)八公山区(新庄孜街道) 潘集区(田集街道)凤台县(城关镇)
马鞍山市	1		1	3	金家庄区(金家庄街道)花山区(解放路街道) 雨山区(雨山街道)当涂县(姑孰镇)
淮北市	1		1	3	杜集区(高岳街道)相山区(相南街道) 烈山区(杨庄街道)濉溪县(濉溪镇)
铜陵市	1		1	3	铜官山区(长江路街道)狮子山区(新庙街道) 郊区(桥南街道)铜陵县(五松镇)
安庆市	1	1	7	3	迎江区(宜城路街道)大观区(德宽路街道) 宜秀区(大龙山镇)桐城市(文昌街道)怀宁县(高河镇)枞阳县(枞阳镇)潜山县(梅城镇)太湖县(晋熙镇) 宿松县(孚玉镇)望江县(华阳镇)岳西县(天堂镇)
黄山市	1		4	3	屯溪区(昱东街道)黄山区(甘棠镇)徽州区(岩寺镇) 歙县(徽城镇)休宁县(海阳镇)黟县(碧阳镇) 祁门县(祁山镇)
滁州市	1	2	4	2	琅琊区(琅琊街道)南谯区(北门街道) 天长市(天长街道)明光市(明光街道) 来安县(新安镇)全椒县(襄河镇) 定远县(定城镇)凤阳县(府城镇)
阜阳市	1	1	4	3	颍州区(清河街道)颍东区(河东街道) 颍泉区(中市街道)界首市(东城街道) 临泉县(城关镇)太和县(城关镇) 阜南县(鹿城镇)颍上县(慎城镇)
宿州市	1		4	1	埇桥区(埇桥街道)砀山县(砀城镇) 萧县(龙城镇)灵璧县(灵城镇)泗县(泗城镇)
巢湖市	1		4	1	居巢区(卧牛山街道)庐江县(庐城镇) 无为县(无城镇)含山县(环峰镇)和县(历阳镇)

(续表)

地区	设区市	县级市	县	市辖区	市、县、区名称
六安市	1		5	2	金安区(中市街道)裕安区(平桥乡) 寿县(寿春镇)霍邱县(城关镇)舒城县(城关镇)金寨县(梅山镇)霍山县(衡山镇)
亳州市	1		3	1	谯城区(花戏楼街道)涡阳县(城关镇) 蒙城县(城关镇)利辛县(城关镇)
池州市	1		3	1	贵池区(池阳街道)东至县(尧渡镇) 石台县(仁里镇)青阳县(蓉城镇)
宣城市	1	1	5	1	宣州区(西林街道)宁国市(西津街道) 郎溪县(建平镇)广德县(桃州镇)泾县(泾川镇)绩溪县(华阳镇)旌德县(旌阳镇)

数据来源:安徽省统计年鉴—2009

2. 江西省

江西共有11个地级行政区划单位(其中:11个地级市),99个县级行政区划单位(其中:19个市辖区、10个县级市、70个县),1 530个乡级行政区划单位。省会南昌市。

表1-14 江西省行政区划(2008年末)

单位:个

地区	设区市	县级市	县	市辖区	市、县、区名称
全省	11	10	70	19	
南昌市	1		4	5	东湖区、西湖区、青云谱区、湾里区、青山湖区、南昌县、新建县、安义县、进贤县
景德镇市	1	1	1	2	昌江区、珠山区、浮梁县、乐平市
萍乡市	1		3	2	安源区、湘东区、莲花县、上栗县、芦溪县
九江市	1	1	9	2	庐山区、浔阳区、九江县、武宁县、修水县、永修县、德安县、星子县、都昌县、湖口县、彭泽县、瑞昌市
新余市	1		1	1	渝水区、分宜县
鹰潭市	1	1	1	1	月湖区、余江县、贵溪市
赣州市	1	2	15	1	章贡区、赣县、信丰县、大余县、上犹县、崇义县、安远县、龙南县、定南县、全南县、宁都县、于都县、兴国县、会昌县、寻乌县、石城县、瑞金市、南康市
吉安市	1	1	10	2	吉州区、青原区、吉安县、吉水县、峡江县、新干县、永丰县、泰和县、遂川县、万安县、安福县、永新县、井冈山市、
宜春市	1	3	6	1	袁州区、奉新县、万载县、上高县、宜丰县、靖安县、铜鼓县、丰城市、樟树市、高安市

（续表）

地区	设区市	县级市	县	市辖区	市、县、区名称
抚州市	1		10	1	临川区、南城县、黎川县、南丰县、崇仁县、乐安县、宜黄县、金溪县、资溪县、东乡县、广昌县
上饶市	1	1	10	1	信州区、上饶县、广丰县、玉山县、铅山县、横峰县、弋阳县、余干县、鄱阳县、万年县、婺源县、德兴市

数据来源：江西省统计年鉴—2009

3. 福建省

福建省省会福州市，现辖 9 个地级市，26 个市辖区、14 个县级市、45 个县。

表 1－15　福建省行政区划（2009 年底）

单位：个

设区市名称	县级行政单位				县级行政单位名称
	合计	县	县级市	市辖区	
总计	85	45	14	26	
福州市	13	6	2	5	鼓楼区仓山区台江区马尾区晋安区福清市长乐市闽侯县连江县
厦门市	6			6	思明区海沧区湖里区集美区同安区翔安区
莆田市	5	1		4	城厢区涵江区荔城区秀屿区仙游县
三明市	12	9	1	2	三元区梅列区永安市明溪县清流县宁化县
					大田县尤溪县沙县将乐县泰宁县建宁县
泉州市	12	5	3	4	鲤城区丰泽区洛江区泉港区石狮市晋江市
					南安市惠安县安溪县永春县德化县金门县
漳州市	11	8	1	2	芗城区龙文区龙海市云霄县诏安县漳浦县
					长泰县东山县南靖县平和县华安县
南平市	10	5	4	1	延平区邵武市武夷山市建瓯市建阳市顺昌县
					浦城县光泽县松溪县政和县
龙岩市	7	5	1	1	新罗区漳平市长汀县永定县上杭县武平县连城县
宁德市	9	6	2	1	蕉城区福安市福鼎市霞浦县古田县屏南县寿宁县周宁县柘荣县

数据来源：福建省统计年鉴—2010

（二）行政区划变更

1. 安徽省

2008 年，经合肥市批准，蜀山区新的区划版图正式开始执行，6 个街道的管辖范围将适当调整，此次该区涉及管辖范围调整的街道都位居老城区,分别是琥珀山庄街道、西园新村街道、稻香村街道、五里墩街道、三里庵街道和南七里站街道。

将琥珀山庄街道更名为琥珀街道。将三里庵街道安农社区、飞虹社区、蜀山新村社区划归琥珀街道管辖。面积3.138平方公里,人口53 152人。辖8个社区,即:琥珀潭、北苑村、花园村、翠竹园、奥林花园、蜀山新村、飞虹、安农社区。琥珀街道办事处驻清溪东路翠竹园中心区。

将三里庵街道安农社区、飞虹社区、蜀山新村社区划归琥珀街道管辖;将原西园新村街道梅源里、松涛里、竹荫里、龙河路社区划归三里庵街道管辖,将稻香村街道梅山路社区、绩溪路社区以及朝阳社区黄山路以北区域、黄山路社区黄山路以北区域划归三里庵街道管辖,面积3.330平方公里,人口85 209人,辖8个社区,即:二里街、杏林、梅源里、松涛里、竹荫里、龙河路、梅山路、绩溪路社区。三里庵街道办事处暂驻官亭路7号。

将稻香村街道梅山路社区、绩溪路社区以及朝阳社区黄山路以北区域、黄山路社区黄山路以北区域划归三里庵街道管辖;将原南七里站街道合作化南路社区(不包括合作化南路以西区域)、望江西路社区、金寨南路社区划归稻香村街道管辖,将原西园新村街道光明社区合作化南路以东、黄山路以南区域划归稻香村街道管辖,面积2.918平方公里,人口52 070人,辖5个社区,即朝阳、黄山路、望江西路、金寨南路、合作化南路社区。稻香村街道办事处暂驻肥西中路。

将五里墩街道安居苑社区、七里塘社区(不包括长江西路以北区域)、汉嘉社区以及青阳路社区长江西路以南区域划归西园街道管辖,面积5.422平方公里,人口41 057人,辖5个社区,即:青阳路、清溪路、团安村、陈村路、家家景园社区。五里墩街道办事处驻史河路18号。

将西园新村街道更名为西园街道。将原西园新村街道梅源里、松涛里、竹荫里、龙河路社区划归三里庵街道管辖,将原西园新村街道光明社区合作化南路以东、黄山路以南区域划归稻香村街道管辖,将原西园新村街道科企社区以及光明社区合作化南路以西、黄山路以南区域划归南七街道管辖;将五里墩街道安居苑社区、七里塘社区(不包括长江西路以北区域)、汉嘉社区以及青阳路社区长江西路以南区域划归西园街道管辖,将原南七里站街道洪岗社区黄山路以北区域划归西园街道管辖。将井岗镇岳西新村社区划归西园街道代管,面积2.981平方公里,人口35 440人,辖4个社区,即:安居苑、七里塘、汉嘉、光明社区。西园街道办事处暂驻西园新村松涛里。

将南七里站街道更名为南七街道。将原南七里站街道合作化南路社区(不包括合作化南路以西区域)、望江西路社区、金寨南路社区划归稻香村街道管辖,将原南七里站街道洪岗社区黄山路以北区域划归西园街道管辖;将原西园新村街道科企社区以及光明社区合作化南路以西、黄山路以南区域划归南七街道管辖,面积4.508平方公里,人口41 450人,辖4个社区,即:洪岗、丁岗、新华、科企社区。南七街道办事处驻石台路66号

2. 江西省

2004年,国务院同意江西省调整南昌市部分行政区划(国函〔2004〕70号)。将西湖区朝阳洲街道的西船居委会,青山湖区塘山镇的永和、公园、贤湖、永溪、长巷、七里6个村划归东湖区管辖。将青山湖区的桃花镇和湖坊镇的同盟村划归西湖区管辖。将西湖区十字街街道的谷市街、洪城路、南关口、九四、新丰5个居委会,上海路街道的草珊瑚集团、南昌肠衣厂、电子计算机厂、江西涤纶厂、江地基础公司、曙光、商标彩印厂、南昌市染整厂、江南蓄电池厂、四机床厂、二进、国乐新村12个居委会,南站街道的解放西路东居委会,青山湖区湖坊镇的楞上、太和、热心3个村划归青云谱区管辖。将东湖区彭家桥街道的187、高新、南大北院、青山湖、谢家村、星光、上坊路、江大南路、南大南院、南昌水专、北京东路11个居委会,青山路街道的潘坊、电化、塘山北、塘山南、纺园一、纺园二、纺园三7个居委会,西湖区上海路街道的轻化所、洪钢、省人民检察院、电信城东分局、安康、省机械施工公司、省水利设计院、省安装公司、南方电动工具厂、江西橡胶厂、上海路北、南昌电池厂、东华计量所、南昌

搪瓷厂、上海路新村、华安针织总厂、江西五金厂、三波电机厂、水文地质大队、二六〇厂、省卫生学校、新世纪、上海路住宅区北、塔子桥北、南航、上海路住宅区南、沿河、南昌阀门厂28个居委会,西湖区丁公路街道的新魏路、半边街、师大南路、顺化门、岔道口东路、师大、广电厅、手表厂、鸿顺9个居委会,南站街道的工人新村北、工人新村南、商苑、洪都中大道、铁路第三、铁路第四、铁路第六7个居委会划归青山湖区管辖。

调整后,东湖区辖董家窑、大院、公园、百花洲、墩子塘、豫章、八一桥、滕王阁、沙井、青山路、彭家桥11个街道,区人民政府驻叠山路;西湖区辖绳金塔、桃源、朝阳洲、广润门、南浦、西湖、系马桩、十字街、丁公路、南站10个街道和桃花镇,区人民政府驻孺子路;青云谱区辖三家店、洪都、京山、徐家坊、岱山5个街道和青云谱镇,区人民政府驻井冈山大道;青山湖区辖湖坊、京东、罗家、塘山、蛟桥5个镇和上海路街道、扬子洲乡,区人民政府驻南京东路。

3. 福建省

2005年,撤销福州市音西、阳下、宏路等3个镇和融城街道办事处建制,析出海口镇的祥丰、塘头、北店、柏渡、隆中、坊里、南宅、先强等8个村委会,整合设立玉屏、龙山、龙江、音西、宏路、石竹、阳下等7个街道办事处。

六　文化和旅游

(一)文化

安徽于清康熙六年(公元1667年)始建省,取安庆府与徽州府名第一字为安徽,因历史上有古皖国和境内的皖山、皖河而简称"皖"。安徽省是中国史前文明的重要发祥地,在繁昌县人字洞发现距今约250万年前人类活动遗址。在和县龙潭洞发掘的三、四十万年前旧石器时代的"和县猿人"遗址,表明远古时期已有人类生息繁衍在安徽这块土地上。亳州在商代曾为成汤之部,古寿春(今寿县)在春秋战国时曾为楚国首都。徽州文化是中华民族优秀传统文化百花园中的一朵奇葩,无论是器物文化层、制度文化,还是在精神文化,都有深厚的底蕴和杰出的创造。东汉、西晋、唐末、北宋四次北方强宗大族的南迁,带来了先进的生产技术和中原文化,使这块土地逐渐成了华夏名区。南宋以降,这里更是文风昌盛,人文荟萃,成了"东南邹鲁"、"礼义之邦"。徽州文化内涵丰富,各个领域都形成了独特的流派和风格。如新安理学、徽派朴学、新安医学、新安画派、徽派版画、徽派篆刻、徽剧、徽商、徽派建筑、徽州"四雕"、徽菜、徽州茶道、徽州方言,等等。

江西因公元733年唐玄宗设江南西道而为省名,又因为江西省最大河流为赣江而得简称"赣"。自古以来江西人文荟萃、物产富饶,有"文章节义之邦,白鹤鱼米之国"的美誉。江西古文明光辉灿烂。瑞昌铜岭商代铜矿遗址是我国和世界上最早的矿业遗迹。江西景德镇是以盛产瓷器而闻名于世的,有着"瓷都"的美誉。"新平冶陶,始于汉世",从汉代起,景德镇就开始了制瓷历史,据文献记载已有近1700多年的历史。在这漫长的制瓷历史进程中,它集各地名窑之大成,汇聚制瓷技艺之精华,形成了独具特色的景德镇瓷器,并以品种繁多,装饰丰富,造型优美,制作精良而著称于世。唐宋时期,景德镇瓷器号称假玉而闻名中外。在中华文明的历史长河中,江西人才辈出,陶渊明、欧阳修、曾巩、王安石、朱熹、文天祥、宋应星、汤显祖、詹天佑等文学家、政治家、科学家若群星灿烂,光耀史册。江西是中国革命的摇篮。八一南昌起义向国民党反动派打响了第一枪,毛泽东、朱德在井冈山创建了第一个农村革命根据地,中央苏区的中心就在赣南的瑞金。江西为中国革命牺牲的有名有姓的烈士达25万人之多。

福建历史源远流长,科学文化曾盛极一时。5000年前,先民们就在此生息繁衍,创造了可与仰韶文化、河姆渡文化相媲美的昙石山文化。三国时因造船业和航海技术发达,福建成为孙吴的一个水军基地和对外通商口岸。南宋和元代,泉州成为世界上最大商港之一,与100多个国家和地区有通商关系,形成了著名的"海上丝绸之路"。明代郑和七下西洋多次在福建驻泊,招募水手,修造船舶,从福建扬帆出海。清同治五年间,在马尾创办福州船政局和中国第一所海军学校,成为中国近代海军和造船工业的摇篮。福建历史上人才荟萃,涌现出一批在中国历史上有影响的杰出人物,如天文学家苏颂,世界法医学鼻祖宋慈,思想家、文学家李贽,音韵学家陈第,学者、书法家黄道周、蔡襄,文人严羽、杨亿、柳永,史学家郑樵、袁枢,民族英雄郑成功、林则徐,思想家、翻译家严复、林纾,铁路建设专家詹天佑等。他们以自己的胆识和献身精神,为中华民族的发展和繁荣作出了不可磨灭的贡献。历史上福建人民为反压迫、反侵略进行了无数可歌可泣的英勇斗争,有着光荣的革命传统。福建是全国重点老区省份之一,老区分布遍及的62个县(市);其中有46个老区县(市)、518个老区乡(镇)、7 772个老区行政村、2 919个革命老区基点村。

(二)旅游

优越的自然条件、悠久的历史和丰富的文化遗存,使得安徽旅游资源十分丰富,自然景观与人文景观交相辉映,品位高,类型多,山岳、洞府、江湖、墓葬、遗址、庙宇、民居、牌坊、温泉、森林公园、自然保护区等,应有尽有。全省有国家重点风景名胜区5个,省级风景名胜区19处;全国重点文物保护单位9处,省级历史文化名城4座,省级历史文化保护区6处;国家自然保护区3处,省级自然保护区12处,国家森林公园22处,省级森林公园12处。

名山胜水是安徽旅游资源的重要组成部分。安徽境内多山,5处国家重点风景区均为名山。黄山1985年以唯一的山岳风景区入选中国十大风景名胜,1990年被评为"中国旅游胜地40佳"之一,1990年12月被联合国教科文组织确认为世界文化和自然遗产,列入《世界遗产名录》,被誉为"天下第一奇山"。九华山气势雄伟,古刹林立,是全国四大佛教名山之一,素有"莲花佛国"之誉。天柱山本是古南岳,以其主峰如柱擎天而得名。琅琊山蔚然深秀,林壑幽美。齐云山古称"白岳",为中国道教圣地之一。全国5大淡水湖之一的巢湖、被称为"皖南明珠"的太平湖、花亭湖、万佛湖、安丰塘、如诗如画的新安江、如临仙境的秋浦河、桃花潭、半汤温泉、汤池温泉等等,均属安徽名水之列。

皖南明清古民居在全国独树一帜。黟县西递和宏村古民居群、歙县斗山街民居群、徽州区呈坎民居群、泾县查济民居群等,均属于古民居建筑艺术的瑰宝,被中外建筑专家誉之为"明清民居建筑博物馆"。安徽有多处具有很高游览观光价值的遗址墓葬,如"和县猿人"遗址、凤阳明皇陵、明中都皇故城、寿县古城墙,国内外游人赞不绝口,亳州、寿县、歙县三座国家级历史文化名城也独具特色。

江西历史悠久,山川秀丽,人文荟萃,名胜古迹众多。现拥有庐山、井冈山、龙虎山、三清山、三百山、龟峰点、武功山、仙女湖、瑶里等9个国家级风景名胜区,其中庐山作为"世界文化景观"列入"世界遗产名录",三清山作为"世界自然景观"列入"世界遗产名录";有南昌、景德镇、赣州3座国家级历史文化名城;还有中国第一大淡水湖鄱阳湖及鄱阳湖国家级候鸟自然保护区;36处国家级森林公园;5个国家重点保护寺观;52处国家重点文物保护单位,全省各类风景名胜区(点)多达2 400余处。

江西是著名的红色革命老区,有着很多独具特色的红色旅游景点:如"中国革命的摇篮"——井冈山;响誉中外的"红色故都"、中华苏维埃共和国临时中央政府的诞生地、中央红军长征出发地——瑞金;皖南事变之后国民党设立的规模庞大的法西斯式人间地狱——上饶集中营;南昌武装起义的总指挥部——八一起义纪念馆等等,它们均是进行爱国主义、革命传统教育的理想之地。

位于赣江与抚河的汇合处的腾王阁，与黄鹤楼、岳阳楼并称为江南三大名楼，王勃为其所作的《滕王阁序》更加使它名满天下。赣东北的婺源是全国著名的文化与生态旅游县，被外界誉为“中国最美的乡村”，以山、水、竹、石、树、木、桥、亭、涧、滩、岩洞、飞瀑、舟渡、古民居为组合的自然景观，有着世外桃园般的意境，给人们一种回归自然和超凡脱俗的感觉。2009 年全省共接待国内旅游人数9 303. 3万人次，比上年增长 16. 0%；国内旅游收入 655. 5 亿元，增长 21. 0%。共接待入境旅游人数96. 4 万人次，增长 20. 2%；旅游外汇收入 2. 9 亿美元，增长 15. 1%

福建全省人文荟萃，拥有十分丰富的旅游资源，拥有一大批影响日益扩大的旅游品牌，包括山与水完美结合、人与自然和谐统一的武夷山世界文化与自然遗产，素有海上花园、音乐岛美誉的鼓浪屿，情系海峡西岸、凝聚世界华人的湄州妈祖朝圣文化，多元文化相互融合、民俗风情独具特色的泉州海上丝绸之路，世界独一无二的山村民居建筑福建土楼，著名的革命圣地上杭古田会址，福建古文化和海洋文化的摇篮昙石山文化遗址，天下绝景、宇宙之谜的白水洋奇观，泰宁世界地质公园，漳州火山公园等旅游品牌和一大批风景名胜区。福建又是著名的老区、苏区，闽西、闽东等是重要的革命根据地，当年中央苏区有 10 个县在福建，老区分布在 62 个县(市)。全省共有 5 个国家级生态示范区，16 个省级生态村。有风景名胜区 51 处，其中国家级风景名胜区 16 处、省级 35 处，国家风景名胜区比上年增加 3 处，风景名胜区总面积约2 300万公顷，占全省土地面积的 1. 9%。有自然保护区 93 个，其中国家级自然保护区 12 个；自然保护区面积 50. 22 万公顷，占全省土地面积的 4. 13%。2009 年全省接待入境游客人数 312. 03 万人次，增长 6. 4%，国际旅游外汇收入 25. 09 亿美元，增长 8. 6%。全年接待国内旅游人数9 706. 41万人次，增长 13. 4%；国内旅游收入 955. 18 亿元，增长 12. 2%。旅游总收入1 132. 62亿元，增长 11. 3%。

第二篇 长三角地区经济社会发展

第一章　上海市2009年经济社会发展报告

2009年是浦东开发开放以来上海经济发展形势最复杂、困难最集中、挑战最严峻的一年。面对国际金融危机冲击和自身发展转型的双重考验,肩负筹办世博会紧迫繁重的任务,全市人民在党中央、国务院和中共上海市委的领导下,深入贯彻落实科学发展观,紧紧围绕"四个确保"要求,坚定信心,共克时艰,砥砺奋进,完成了市第十三届人大第二次会议确定的目标和任务。

一、2009年上海市经济发展概况

(一)综合经济

1.经济总量稳定增长

2009年上海市实现生产总值(GDP)14 900.93亿元,按可比价格计算,比上年增长8.2%(见图1)。其中,第一产业增加值113.82亿元,下降1.1%;第二产业增加值5 939.96亿元,增长3.1%;第三产业增加值8 847.15亿元,增长12.6%。第三产业增加值占全市生产总值的比重为59.4%,比上年提高3.4个百分点。

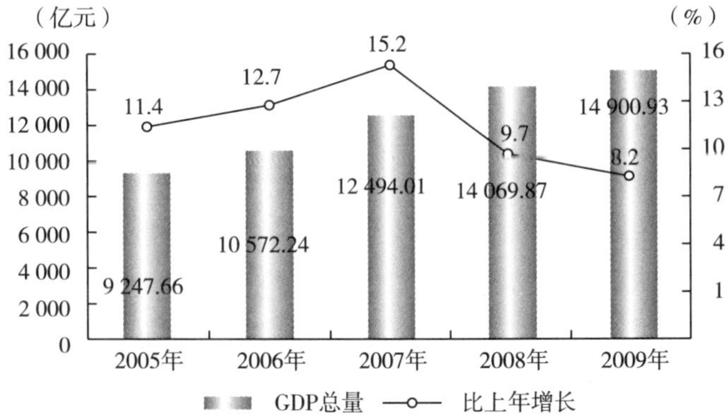

图2-1　上海市生产总值与增长

在全市生产总值中,公有制经济增加值7 676.17亿元,比上年增长8%;非公有制经济增加值7 224.76亿元,增长8.5%,占全市生产总值的比重由上年的47.8%提高到48.5%。其中,私营及个体经济增加值3 583.72亿元,增长8.8%,占全市生产总值的比重达到24.1%。

2.财政收入稳步增长

全年地方财政收入2 540.3亿元,比上年增长7.7%。其中,增值税372.47亿元,增长11.2%;营业税839.68亿元,增长10%;个人所得税230.44亿元,增长12.5%;企业所得税481.69亿元,下降

12.1%。着力优化财政支出结构,改善民生、支持经济发展、对口支援等方面的投入得到重点保障,会议、公务接待、公费出国、公务购车用车等费用进一步压缩。全年地方财政支出2 989.65亿元,比上年增长15.3%。其中,基本公共管理与服务支出206.68亿元,增长4%;公共安全支出163.41亿元,增长9.3%;社会保障和就业支出336.08亿元,增长0.3%;医疗卫生支出132.85亿元,增长8.6%;工业商业金融等事务支出357.14亿元,下降0.8%。稳步推进部门预算改革,进一步推行综合预算和零基预算管理模式,在全市推开"乡财县管"。

3. 居民消费价格指数稍有回落

全年居民消费价格指数为99.6(见表1)。其中,食品类价格指数102.1;烟酒及用品类价格指数100.8;家庭设备用品及维修服务类价格指数101.5。

表2-1 居民消费价格指数

指标	指数(上年=100)
居民消费价格指数	99.6
食品	102.1
烟酒及用品	100.8
衣着	99.3
家庭设备用品及维修服务	101.5
医疗保健和个人用品	99.4
交通和通信	97.5
娱乐教育文化用品及服务	98.0
居住	96.6

全年工业品出厂价格指数为93.8,原材料、燃料、动力购进价格指数为89.8。

全年房屋销售价格指数环比累计上涨7.4%。其中,新建住宅销售价格指数环比累计上涨9.2%。在新建住宅销售价格中,商品住宅指数环比累计上涨9.9%。其中,普通商品住宅指数环比累计上涨11.1%。全年住宅租赁价格指数环比累计上涨1.9%。

4. 固定资产投资继续增长

全年完成全社会固定资产投资总额5 273.33亿元,比上年增长9.2%(见图2)。其中,城市基础设施投资2 113.45亿元,增长21.9%。从产业投向看,第一产业投资11.41亿元,比上年增长35.8%,占全社会固定资产投资总额的比重为0.2%;第二产业投资1 427.5亿元,增长0.5%,所占比重为27.1%;第三产业投资3 834.42亿元,增长12.8%,所占比重为72.7%。从投资主体看,国有经济投资2 618.61亿元,比上年增长14.1%,占全社会固定资产投资总额的比重为49.7%;集体经济投资132.3亿元,增长26.2%,所占比重为2.5%;股份制经济投资1 174.81亿元,增长14.4%,所占比重为22.3%;外商及港澳台投资617.9亿元,下降17.4%,所占比重为11.7%。

(二)农业经济

全年完成农业总产值283.13亿元,比上年下降0.9%。其中,种植业产值146.8亿元,下降1.8%;畜牧业产值65.84亿元,增长6.8%;渔业产值53.4亿元,下降7.6%。

全年粮食种植面积达到19.33万公顷;粮食产量达到121.68万吨,比上年增长5.2%。郊区奶

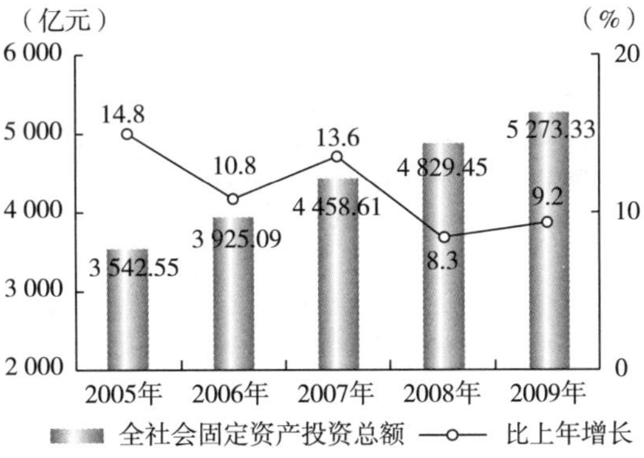

图 2－2　全社会固定资产投资总额与增长

牛良种率达到 100%，生猪良种率超过 95%，水稻、蔬菜良种覆盖率均超过 96%。主要农副产品产量（见表 2）。

表 2－2　主要农副产品产量

产品名称	单位	产量	比上年增长(%)
粮食	万吨	121.68	5.2
蔬菜	万吨	394.40	-3.8
生猪出栏	万头	269.74	4.5
牛奶	万吨	21.25	-8.8
鲜蛋	万吨	6.17	-0.5
水产品	万吨	33.60	-8.8

至 2009 年末，全市有 370 家企业、800 个产品获得农产品认证。其中，无公害农产品有 308 家企业、583 个产品；绿色食品有 45 家企业、55 个产品；有机农产品有 17 家企业、162 个产品。全市有 12 个市级现代农业园区；农业产业化龙头企业 419 家，实现销售 419.5 亿元，销售额比上年增长 12%。农机总动力达到 98.21 万千瓦。全年建成设施粮田 0.57 万公顷，设施菜田 0.27 万公顷。

（三）工业和建筑业

2009 年实现工业增加值5 374.91亿元，比上年增长 2.9%。其中，规模以上工业增加值5 152.02亿元，增长 3%。在规模以上工业增加值中，轻工业增加值1 632.01亿元，增长 1.5%；重工业增加值3 520.01亿元，增长 3.7%。全年工业总产值24 888.08亿元，比上年增长 3.2%。其中，规模以上工业总产值23 873.08亿元，增长 3.2%。

全年电子信息产品制造业、汽车制造业、石油化工及精细化工制造业、精品钢材制造业、成套设备制造业、生物医药制造业等六个重点发展工业行业完成工业总产值15 346.24亿元，比上年增长 7.3%，占全市规模以上工业总产值的比重达到 64.3%（见图 3）。

全年高技术产业完成工业总产值5 560.65亿元，比上年增长 8.2%，占全市规模以上工业总产值的比重为 23.3%。主要工业产品产量（见表 3）。

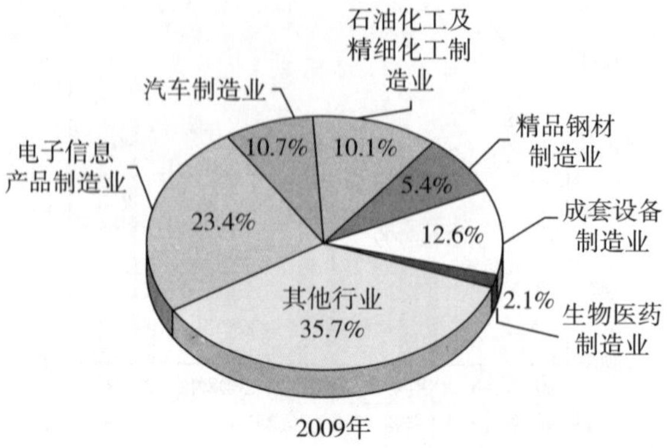

图2-3 六个重点发展工业行业占工业总产值的比重

表2-3 主要工业产品产量

产品名称	单位	产量	比上年增长(%)
微型电子计算机	万部	7 320.15	26.5
成品钢材	万吨	2 181.37	-0.3
汽车	万辆	125.03	55.0
#轿车	万辆	122.46	55.5
家用电冰箱	万台	189.15	28.4
电力电缆	万公里	51.97	16.6
发电量	亿千瓦小时	778.20	0.6
起重机	万吨	132.89	-0.5
乙烯	万吨	180.30	-0.9
化学原料药	万吨	2.57	45.6

全年规模以上工业企业实现利润总额1 405.74亿元,比上年增长43.8%;实现税金总额1 114.42亿元,增长33.4%。其中,国有及国有控股工业企业实现利润687.03亿元,增长1.1倍;实现税金770.02亿元,增长47.3%,占全市工业税金总额的比重为69.1%。全市工业企业亏损面为23.5%。全年工业企业经济效益综合指数为233.78,比上年提高10.48个百分点。

全年建筑业总产值3 827.84亿元,比上年增长17.9%;房屋建筑施工面积19 032.62万平方米,增长5.4%;竣工面积5 397.15万平方米,下降5.7%。建筑企业按总产值计算的全员劳动生产率达到人均34.09万元,比上年提高16.1%。

(四)服务业

1.批发和零售业

全年批发和零售业实现增加值2 183.86亿元,比上年增长13.6%。全年实现商品销售总额31 974.39亿元,比上年增长19.3%。其中,批发销售额27 568.74亿元,增长20.1%。至年末,全市共有商品交易市场1 160个,全年成交额5 100亿元,比上年增长12.6%。

全年实现社会消费品零售总额5 172.88亿元,比上年增长14%(见图4)。其中,吃的商品零售额2 060. 58亿元，增长 14. 5%；穿的商品零售额 639. 9 亿元，增长 15%；用的商品零售额2 296. 21亿元，增长 14. 9%。分行业看，批发零售贸易业实现零售额4 395. 65亿元，比上年增长 14. 1%；餐饮业实现零售额 761. 5 亿元，增长 13. 7%。

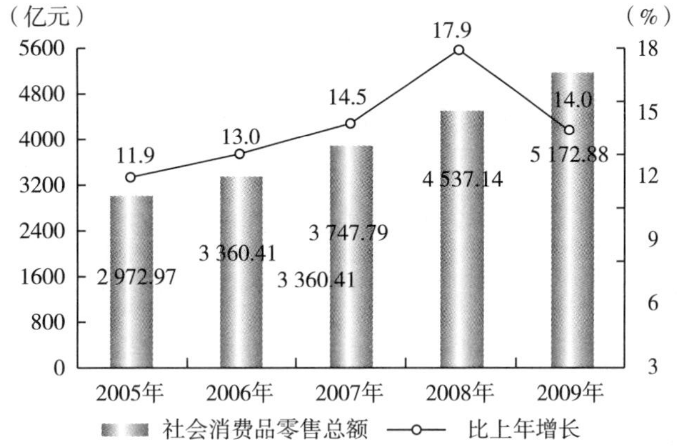

图 2－4　社会消费品零售总额与增长

至 2009 年末，全市连锁商业网点达到13 256家。其中，连锁超市门店3 107家，便利店4 352家。全年连锁商业销售额1 819亿元，与上年基本持平。

2. 交通业

全年实现交通运输、仓储和邮政业增加值 642. 13 亿元，比上年下降 4. 2%。

全年各种运输方式完成货物运输总量76 967. 57 万吨，比上年下降 8. 8%。旅客发送总量11 136. 25万人次，比上年增长 1. 8%（见表 4）。

表 2－4　货物运输量与旅客发送量

指标	单位	绝对值	比上年增长(%)
货物运输量	万吨	76 967. 57	－8. 8
铁路	万吨	941. 32	－7. 0
水运	万吨	37 983. 00	－11. 1
公路	万吨	37 745. 00	－6. 4
机场	万吨	298. 25	－1. 2
旅客发送量	万人次	11 136. 25	1. 8
铁路	万人次	5 161. 07	－3. 4
港口	万人次	89. 80	1. 0
公路	万人次	2 995. 00	2. 1
机场	万人次	2 890. 38	12. 5

全年上海港口货物吞吐量达到 5. 92 亿吨，比上年增长 1. 8%。全年港口集装箱吞吐量2 500. 2万国际标准箱，比上年下降 10. 7%。上海浦东、虹桥两大国际机场全年共起降航班 47. 7 万架次，比

上年增长 5.8%;进出港旅客达到5 699.96万人次,增长 11.5%。其中,国内航线进出港旅客4 089.65万人次,增长 18.2%;国际及地区航线进出港旅客1 610.31万人次,下降 2.4%。

至年末,全市轨道交通线路达到 11 条,运营线路长度达到 355.05 公里(含磁浮线路 29.1 公里)。全年优化调整公交线路 282 条。其中,新辟 98 条。公交运营车辆 1.63 万辆,运营出租车 4.91 万辆。全年市内公共交通客运量 51.27 亿人次,比上年增长 4.6%。其中,轨道交通客运量 13.18 亿人次,增长 16.9%;公共汽电车客运量 27.06 亿人次,增长 1.6%。

至年末,全市拥有各类民用车辆 283.81 万辆,比上年增长 6.3%。其中,汽车 147.3 万辆,增长 11.5%。在汽车拥有量中,私人汽车 85.19 万辆,比上年增长 18.3%。

3. 邮电业

全年完成邮政电信业务总量 875.45 亿元,比上年增长 5%。其中,邮政业务总量 68.59 亿元,增长 18.9%;电信业务总量 806.86 亿元,增长 4%。至年末,全市固定电话用户 935.48 万户。其中,住宅电话 616.24 万户。移动电话用户2 106.32万户,比上年末增加 225.46 万户。

4. 旅游业

全年实现旅游产业增加值1 007.08亿元,比上年增长 6.9%。

至年末,全市已有星级宾馆 298 家,旅行社 923 家,A 级旅游景点 50 家,红色旅游基地 27 个(见表 5)。

表 2-5　旅游设施情况

指标	单位	绝对值
星级宾馆	家	298
#五星级	家	38
四星级	家	58
旅行社	家	923
#经营出境旅游业务的旅行社	家	42
A 级旅游景点	家	50
#5A 级景点	家	2
4A 级景点	家	25
红色旅游基地	个	27
#全国红色旅游基地	个	4
工业旅游示范点	个	53
农业旅游示范点	个	18
旅游咨询服务中心	个	30
旅游集散中心站点	个	6

全年接待国际旅游入境人数 628.92 万人次,比上年下降 1.8%(见图 5)。其中,入境外国人 489.74 万人次,下降 3.5%;港、澳、台同胞 139.18 万人次,增长 4.7%。在国际旅游入境人数中,过夜旅游人数 533.39 万人次,比上年增长 1.3%。全年接待国内旅游者12 360.74万人次,比上年增长 12.3%。其中,外省市来沪旅游者8 483.68万人次,增长 8.2%。全年国际旅游外汇收入 47.96 亿美

元，比上年下降4.6%；国内旅游收入1 913.8亿元，增长18.7%。

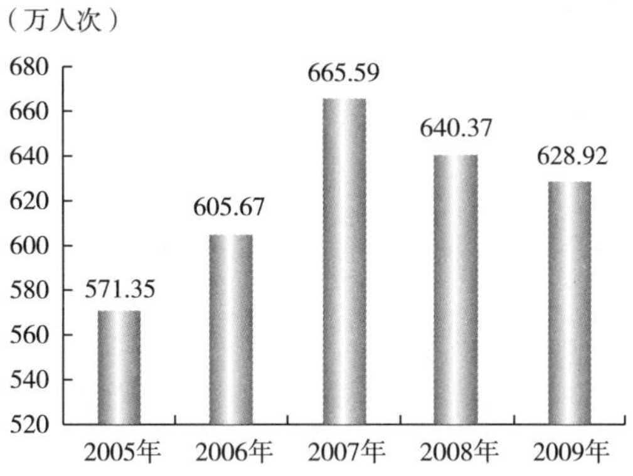

图2－5　2005－2009年接待境外入境旅游人数情况

5.金融和保险业

全年实现金融业增加值1 817.85亿元，比上年增长25.6%。

全年新增各类金融单位98家。其中，银行业9家，保险业16家。至年末，全市有各类金融单位787家。其中，银行业132家，证券业93家，保险业307家。至年末，在沪经营性外资金融单位数达到170家。其中，年内新增11家。

至年末，全市中外资金融机构本外币各项存款余额44 620.27亿元，贷款余额29 684.1亿元（见表6）。全年金融机构现金收入28 079.22亿元，现金支出29 033.36亿元，现金净投放954.14亿元。

表2－6　中外资金融机构本外币存贷款

指标	绝对值（亿元）	比年初增减额（亿元）
各项存款余额	44 620.27	9 010.88
#企事业单位存款	22 772.28	4 979.24
储蓄存款	14 357.65	2 269.23
各项贷款余额	29 684.10	5 371.55
#短期贷款	8 511.56	－329.94
中长期贷款	17 933.57	4 126.12
#中资商业银行人民币个人消费贷款	4 262.65	1 116.29
#住房按揭贷款	3 912.88	996.07
汽车消费贷款	90.89	40.26

全年通过上海资本市场筹资4 817.66亿元，比上年增长46.2%。其中，发行新股筹资1 251.25亿元，增长70.6%；再次发行（增发、配股和权证行权）筹资2 091.91亿元，增长39%；发行债券1 474.51亿元，增长39.5%。至年末，上海证券市场上市证券数1 351只。其中，股票914只，比上年增加6只。全年上海证券交易所各类有价证券成交金额44.19万亿元，比上年增长62.5%。其中，股票成

交金额34.65万亿元,增长92%。上海期货交易所各品种总成交金额73.76万亿元,比上年增长1.6倍。银行间同业拆借与债券市场成交金额137.57万亿元,比上年增长24.2%(见图6)。上海黄金交易所总成交金额11 030.63亿元,比上年增长22.6%。上海钻石交易所成交金额15.21亿美元,比上年增长16.4%。

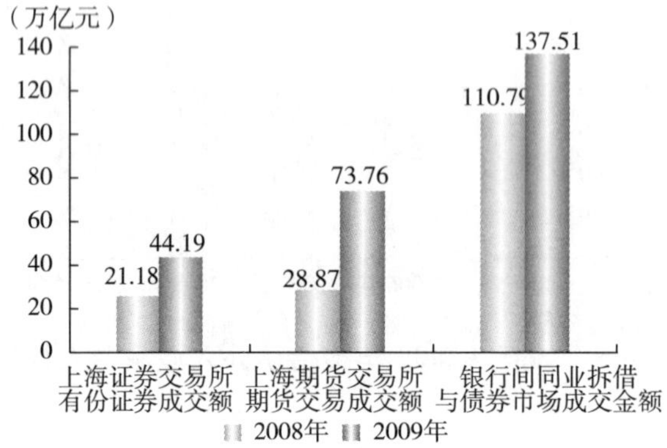

图2-6　证券、期货、银行间同业拆借与债券市场成交额

全年原保险保费收入665.03亿元,比上年增长10.8%。其中,财产险保险费收入151.81亿元,增长15.2%;人身险保险费收入513.22亿元,增长9.6%。在全年原保险保费收入中,中资保险公司保险保费收入552.17亿元,比上年增长10.4%;外资保险公司保险保费收入112.86亿元,增长13.2%。全年支付各类保险赔款及给付176.74亿元,比上年下降4%。其中,财产险78.5亿元,下降1.3%;人身险98.24亿元,下降6.1%。

6. 房地产业

全年完成房地产开发投资1 464.18亿元,比上年增长7.1%;商品房施工面积9 961.6万平方米,下降4.1%;竣工面积2 104.98万平方米,下降15%;销售面积3 372.45万平方米,增长46.9%。其中,商品住宅销售面积2 928.04万平方米,增长48.9%。全年商品房销售额4 330.22亿元,比上年增长1.3倍。其中,商品住宅销售额3 620.23亿元,增长1.3倍。全年存量房成交过户面积2 809.45万平方米,比上年增长98.8%。

7. 城市信息化

全年实现信息产业增加值1 632.39亿元,比上年增长6.4%。其中,信息服务业增加值768.48亿元,增长12.8%。至年末,通过CMM/CMMI3级以上国际认证的企业达到113家。其中,5级14家。172家企业获得计算机信息系统资质认证。其中,1级11家。经营收入超亿元软件企业135家。全市用于信息化建设的固定资产投资209.36亿元,占全社会固定资产投资总额的比重为4%。

至2009年末,集约化信息管线累计敷设5 354.13沟公里,比上年末增加1 346.99沟公里;互联网用户达到1 250万人,增加90万人;宽带接入用户470.32万户,增加51.72万户,其中,家庭宽带用户数423.28万户;IPTV用户达到101万户,增加26.42万户,有线电视用户达到557.99万户,增加30.79万户,其中,有线数字电视用户84.36万户。

全年完成电子商务交易额3 252.21亿元,比上年增长16.8%。口岸税费电子支付系统入网企业累计达到4 000家,全年实现电子支付金额1 048.48亿元,比上年增长4.4%。社会公共服务领域信息化建设不断深化(见表7)。

表 2－7　社会公共服务领域信息化

指标	单位	绝对值	比上年
“市民信箱”累计注册用户	万人	385.46	增加 24.26 万人
全年“付费通”业务平台交易量	万笔	4 649.81	增长 22.3%
全年“付费通”业务平台交易额	亿元	46.53	增长 31.1%
交通卡累计销售量	万张	4 944.28	增加 782.79 万张
全年交通卡销售额	亿元	11.94	下降 11.0%
银行卡累计发卡量	万张	10 009.93	增加 2 094.71 万张
全年银行卡交易额	亿元	9 517.10	增长 37.6%

至 2009 年末，数字证书累计发放 175.18 万张。社会信用体系持续完善。至年末，个人信用联合征信系统覆盖1 109.62万人的信用信息，比上年末增加 62.62 万人；个人信用产品提供量达到1 071.92万份，增加 63.92 万份。

8. 会展业

会展业不仅自身是一个产业“富矿”，更以其“乘数效应”对国民经济作出贡献。上海市会展行业协会经精细测算，得出上海 2009 年各类会展活动的平均拉动系数为 9.2；以此计算，上海会展业 2009 年总收入达 116 亿元，拉动的相关行业收入达1 000多亿元。2009 年全市共举办展览会项目 526 个，比 2005 年增长了 31.5%；总展出面积 723 万平方米，比 2005 年增加了 81.7%。

世博会工作是2010 年会展业的亮点。至2009 年末，已有242 个国家和国际组织确认来2010 年中国上海世博会参展。世博园区主要场馆和基础建设基本建成，“一轴四馆”永久性建筑和一批外国自建馆、租赁馆、联合馆相继竣工。中国 2010 年上海世博会筹办工作全面进入临战状态。党中央、国务院高度重视，国家有关部门、兄弟省区市、香港特别行政区、澳门特别行政区和台湾地区以及国际社会鼎力支持、踊跃参与，世博会各项筹办工作有力、有序、有效推进。世博会园区主要场馆和基础设施基本建成，“一轴四馆”永久性建筑和一批外国自建馆、租赁馆、联合馆相继竣工。242 个国家和国际组织确认参展，布展工作全面启动，中国馆、主题馆以及大部分国际、国内展馆和企业馆开始布展。宣传推介活动在 20 多个国家和地区，以及各省区市和港澳台地区开展。门票销售进展顺利。网上世博会已经开通。举办期间的活动策划总体方案基本完成，安全保障、交通组织、外事安排、旅游接待、志愿者服务等运营准备工作正在进一步深化细化。全社会广泛动员，各区县、各部门积极行动，开展一系列世博主题宣传和实践活动，强化窗口服务行业管理，加强市容市貌和城市管理顽症的综合整治，迎世博 600 天行动计划取得阶段性明显成效。

（五）开放型经济

1. 口岸服务与进出口贸易

2009 年，上海市主动应对国际经济环境变化，积极推进贸易便利化，着力优化口岸环境，增强口岸服务辐射能力，上海关区进出口商品总额达到5 154.9亿美元，继续占全国 1/4 左右。其中，进口总额1 903.61亿美元，下降 10.6%；出口总额3 251.28亿美元，下降 17.4%。

全年上海市进出口总额2 777.31亿美元，比上年下降 13.8%（见图 7）。其中，进口总额1 358.17亿美元，下降 11.1%；出口总额1 419.14亿美元，下降 16.2%。全年外商及港澳台投资企业出口 970.92 亿美元，下降 14.6%；私营企业完成出口 174.04 亿美元，下降 16.3%；国有企业出口 264.59

亿美元,下降21.2%;集体企业出口9.48亿美元,下降24.3%。

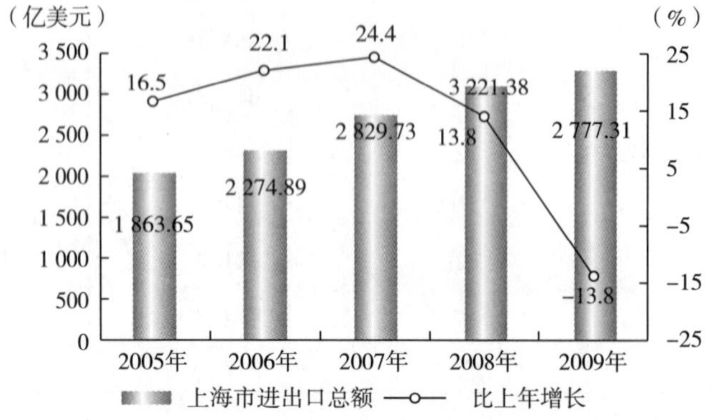

图2-7 上海市进出口总额与增长

在上海市出口总额中,高新技术产品出口636.16亿美元,比上年下降10.8%,机电产品出口1 025.63亿美元,下降13.5%;一般贸易出口488.62亿美元,下降23.9%,加工贸易出口814.63亿美元,下降11.3%。

表2-8 上海市出口市场结构

类别	绝对值(亿美元)	比上年增长(%)
上海市出口总额	1 419.14	-16.2
#亚洲	573.95	-14.2
#日本	160.84	-19.7
中国香港	109.86	-12.6
欧洲	370.76	-20.8
北美洲	343.68	-14.7
#美国	320.94	-13.8
拉丁美洲	58.64	-21.3
大洋洲	39.92	-13.7

2. 利用外资

全年批准外商直接投资合同项目3 090项,比上年下降17.6%;吸收外资合同金额133.01亿美元,下降22.3%;改善投资环境,发展总部经济,外商直接投资实际到位金额105.38亿美元,增长4.5%。全年第三产业吸收外商直接投资实际到位金额76.16亿美元,增长11.4%,占全市实际利用外资的比重达到72.3%。全年批准总投资在1 000万美元以上的外商直接投资项目177项,合同金额107.92亿美元。至年末,在上海投资的国家和地区已达144个。年内新增跨国公司地区总部36家、投资性公司13家、外资研发中心30家。至年末,在上海落户的跨国公司地区总部达到260家,投资性公司191家,外资研发中心304家。

3. 对外投资

深入开展沪港、沪澳、沪台经贸合作。外事工作顺利推进。深入推动长三角地区一体化发展,积极参与长江“黄金水道”建设，进一步加强了与中西部地区和东北地区的合作交流。

“走出去”迈上新台阶，全年对外投资总额比上年增长117%，对外工程承包和劳务合作营业额比上年增长31.8%。全年新批对外投资项目166项，投资总额15.36亿美元。签订对外承包工程和劳务合作合同7 480项；合同金额124.02亿美元，比上年增长12.2%；实际完成营业额73.41亿美元，增长31.8%；派出劳务人员1.39万人次，下降13.7%。至年末，上海对外承包工程和劳务合作涉及的国家和地区已达177个。

4. 浦东改革开放

2009年，顺利实施了原南汇区划入浦东新区工作。浦东新区全年实现增加值4 001.39亿元，比上年增长10.5%（见表9）。

表2－9　浦东新区主要经济指标

指标	单位	绝对值	比上年增长（%）
增加值	亿元	4 001.39	10.5
#第三产业增加值	亿元	2 264.49	14.5
工业总产值	亿元	7 038.19	6.7
固定资产投资总额	亿元	1 420.77	16.2
社会消费品零售总额	亿元	859.63	14.4
出口总额	亿美元	576.50	－16.9
外商直接投资合同金额	亿美元	55.29	0.3
外商直接投资实际到位金额	亿美元	39.08	0.9

至年末，已有135家跨国公司地区总部入驻浦东。全年外高桥保税区完成集装箱吞吐量1 353.8万国际标准箱，比上年下降12%。物流企业实现营业收入2 313.6亿元，比上年下降1%。张江高科技园区电子信息产品制造业完成工业总产值194.91亿元，比上年下降21%；生物医药制造业完成工业总产值109.53亿元，增长26.5%。金桥出口加工区完成工业总产值2 486.36亿元，比上年增长4.9%。

5. 民营经济

全面落实促进非公有制经济发展的政策措施，推进中小企业公共服务平台建设，非公有制经济增加值占市生产总值的比重达到47%左右。全年经工商登记新设立的各类市场主体16.86万户，比上年增长30.7%。其中，企业10.75万户，增长31%；个体工商户6万户，增长30.3%。在新设立企业中，内资企业（不含私营企业）3 959户，增长0.8%；外商投资企业5 080户，下降20.3%；私营企业98 482户，增长37.2%。

二、2009年上海市社会发展概况

（一）人口、人民生活

至2009年末，全市常住人口总数为1 921.32万人。其中，户籍常住人口1 379.39万人。常住出生人口16.46万人。其中，户籍出生9.23万人。常住人口出生率为8.64‰。其中，户籍人口出生率为6.62‰。常住死亡人口11.32万人。其中，户籍死亡10.67万人。常住人口死亡率为5.94‰。其中,户籍人口死亡率为 7.64‰。常住人口自然增长率为 2.‰。其中,户籍人口自然增长率为 -1.0‰。

2009 年,上海市政府努力解决人民群众最关心、最直接、最现实的利益问题,力求把保发展、调结构与保就业、惠民生更好结合起来,实现了居民收入与经济同步增长,城市居民家庭人均年可支配收入28 838元,比上年增长 8.1%;农村居民家庭人均年可支配收入12 324元,增长 8.2%。全年城市居民人均消费支出20 992元,比上年增长 8.2%。其中,服务性消费支出6 656元,增长 5.9%。农村居民人均生活消费支出9 804元,比上年增长 7.6%。其中,服务性消费支出2 896元,下降 3.5%。

据抽样调查,至 2009 年末,平均每百户城市居民家庭耐用消费品拥有量:家用轿车 14 辆,家用空调 196 台,移动电话 223 部,家用电脑 123 台。平均每百户农村居民家庭耐用消费品拥有量:彩电 190 台,洗衣机 93 台,热水淋浴器 94 台,移动电话 174 部,家用空调 135 台,家用电脑 54 台。

至 2009 年末,全市居民储蓄存款余额14 357.65亿元,当年新增2 269.23亿元。其中,定期储蓄存款余额9 733.13亿元,新增1 158.43亿元;活期储蓄存款余额4 624.53亿元,新增1 110.81亿元。

加快大型居住社区规划建设,旧区改造力度加大、进度加快,一批居住困难家庭的住房问题得到解决。廉租住房制度覆盖面进一步扩大,新增受益家庭约 1.4 万户。累计开工建设经济适用住房 605 万平方米,经济适用住房制度开始试点。全年竣工新建居住区配套公建设施 213 万平方米。旧区改造力度加大,进度加快。全年拆除住宅建筑面积 612.6 万平方米,动迁居民 6.54 万户;完成高层旧住房综合整治1 257万平方米,多层旧住房综合改造3 274万平方米。至年末,城镇居民人均住房建筑面积 34 平方米;人均住房居住面积 17.2 平方米(见图 9)。居民住房成套率达到 95.6%。

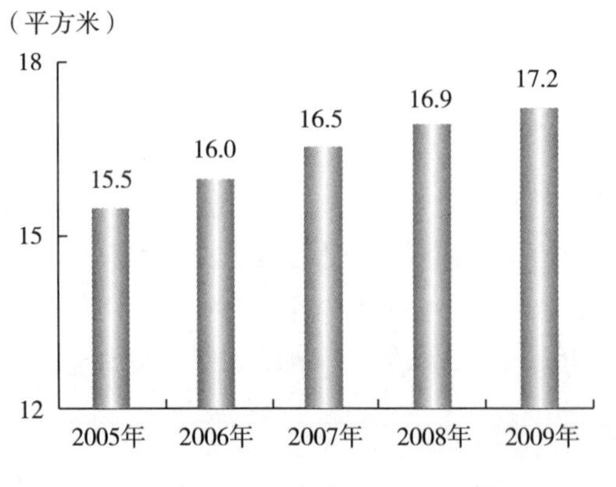

图 2-9　城镇居民人均住房居住面积

坚持维护劳动者权益与帮扶企业发展相结合,协调劳动关系,健全企业欠薪保障金垫付机制。

(二)就业、社会保障

2009 年,上海市政府把促进就业放在民生工作的首要位置,大力实施就业"1+3"计划,充分发挥社会各方面的积极性,挖掘就业潜力,拓展就业岗位,高校毕业生就业不低于往年水平。至年末,全市从业人员1 058万人,比上年末增加 4.76 万人。全年新增就业岗位 59.6 万个。其中,农村富余劳动力实现非农就业 11.6 万个。全年新安置就业困难人员 1.5 万人,新消除零就业家庭2 017户。全年完成农民工职业技能培训 11.62 万人。至年末,全市城镇登记失业人员 27.87 万人,城镇登记失业率为 4.3%。

继续完善社会保障体系,将外省市城镇户籍来沪从业人员等纳入城镇职工基本社会保险覆盖范围,增加各类退休人员养老金,加大医保综合减负和市民社区医疗互助帮困力度,完善生育保险办法,提高了失业保险、工伤保险待遇和城乡最低生活保障标准。至年末,全市共有845.71万人(包括离退休人员)参加城镇基本养老保险,有523.53万人参加失业保险,全年领取失业保险金的人数27.02万人。至年末,小城镇社会保险参保人数达到155.39万人,其中,被征用土地农民参保人数97.77万人。外来从业人员综合保险参保人数达到378.41万人。有5.62万人纳入城镇高龄无保障养老政策。全市农村户籍人员养老保障覆盖面达到99.1%。提高城乡低保标准和失业保险、工伤保险待遇。城镇最低生活保障标准从400元/月提高到425元/月;农村最低生活保障标准从3 200元/年提高到3 400元/年。全年各级政府支出城镇居民最低生活保障金11.81亿元,农村居民最低生活保障金1.22亿元,粮油帮困资金0.56亿元,支出医疗救助金2.13亿元。年内新办福利企业113家,新安置2 351名残疾人就业。年内新建盲道416.5公里,铺筑坡道7 275处,完成4 002处公共场所无障碍设施改造。

至年末,全市共有26.36万家城镇企业、机关事业单位,共951.2万人(包括离退休人员、个体工商户、自由职业人员)参加城镇职工基本医疗保险。至年末,居民医保参保人数(含普通高等院校学生)达254.18万人。

加强为老年人服务,新增养老床位1万张,社区居家养老服务对象达到21.9万人。至年末,全市共有养老机构615家,床位8.99万张。其中,年内新增养老机构33家,新增养老床位10 084张。在全市养老机构中,由社会投资开办的321家,床位4.79万张。年内新建老年人日间服务中心54家,为21.9万名老年人提供居家养老服务,对其中12.9万名生活困难且需照料服务的老人给予政府服务补贴。

(三)教育与科学技术

1.教育事业

推进中心城区优质学校到郊区大型居住社区对口办学,对农村义务教育学校开展委托管理,促进了义务教育均衡发展。投入36.9亿元用于来沪从业人员子女义务教育,完成86所来沪从业人员子女学校的设施改造并纳入民办教育管理,来沪从业人员同住子女在公办学校或政府委托的民办小学就读比例达到93%。新建了60所幼儿园。率先对中职学校的农村、海岛家庭学生和涉农专业学生实施了免费教育。至年末,全市共有普通高等学校(含独立学院)66所;普通中等学校871所;普通小学751所;特殊教育学校29所。普通高校在校生和毕业生数持续扩大,中等学校在校生和毕业生数继续下降(见表10)。至年末,全市共有54家机构培养研究生。全年研究生教育共招生3.74万人,在学研究生10.35万人,毕业生2.83万人。全市九年义务教育入学率保持在99.9%以上。全年86所来沪从业人员子女学校纳入民办教育管理,投入4 300万元用于改善办学条件,来沪从业人员子女在公办学校或政府委托的民办学校就读的比例达到92.7%。

表2-10　各级各类学校学生情况

类别	在校学生数(万人)	比上年增长(%)	毕业学生数(万人)	比上年增长(%)
普通高等学校	51.28	2.0	12.69	3.9
普通中等学校	77.07	-3.6	22.51	-13.5
普通中学	60.37	-2.3	17.03	-15.2
高中	17.76	-7.8	7.04	-26.0

(续表)

类别	在校学生数(万人)	比上年增长(%)	毕业学生数(万人)	比上年增长(%)
初中	42.61	0.2	9.99	-5.6
中等专业学校	11.50	-4.8	3.39	-8.6
职业学校	4.14	-13.8	1.73	4.2
技工学校	1.06	-19.7	0.36	-36.8
普通小学	67.12	13.6	11.36	8.8
特殊教育学校	0.50	-2.0	0.09	12.5

至年末,全市共有21所民办普通高校,在校学生9.52万人;111所民办普通中学,在校学生8.22万人;171所民办小学,在校学生15.1万人。全市共有独立设置的成人高校18所,在校学生(含网络本专科)36.62万人;成人中等学校47所,在校学生3.43万人;职业技术培训机构789所,注册生185.8万人次;老年教育机构278所,在校学员51.47万人。

2. 科学技术

2009年全年用于研究与试验发展(R&D)经费支出401亿元,相当于全市生产总值的比例为2.7%(见图9)。

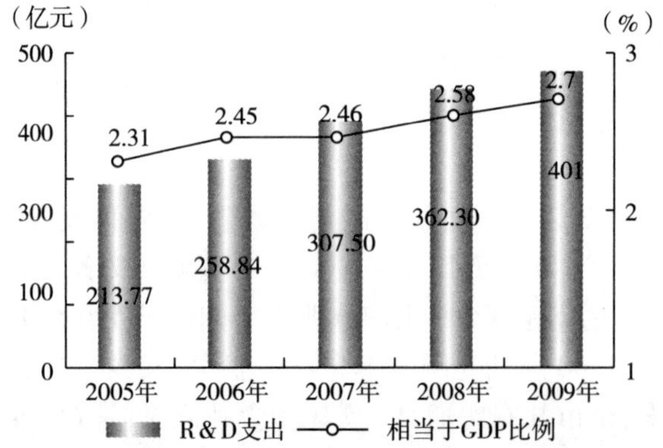

图2-9 R&D支出及其相当于生产总值的比例

全年共取得科技成果2 166项。其中,属于国际领先的有260项,达到国际先进水平的有651项。在已颁布的2009年度国家科学技术奖励获奖人选和项目中,上海共有56项(人)获奖,占获奖总数的15%。全年受理专利申请量6.22万件,比上年增长17.8%。其中,发明专利2.2万件,增长23.5%。全年专利授权量3.49万件,增长42.7%。其中,发明专利5 997件,增长40.8%。至年末,全市共有38家国家级企业技术中心和分中心;281家市级企业技术中心。全年新认定高新技术企业713家。至年末,全市共认定高新技术企业总数2 500家。高技术成果产业化加快推进。全年新认定高新技术成果转化项目791项。其中,电子信息、生物医药、新材料等重点领域的项目占88.6%;拥有自主知识产权的项目占100%。至年末,全市共认定高新技术成果转化项目6 581项。其中,69%的项目已实现产业转化。全年共签订各类技术交易合同2.71万项,比上年下降5.6%;合同金额489.86亿元,增长0.9%。

（四）文化、卫生和体育

1. 文化事业

推进文化体制改革，率先整体实施广播电视制播分离，全市出版单位和一批文艺院团完成转企改制，一批精品佳作相继推出。

至年末，全市有市、区（县）级文化馆、群众艺术馆29个，艺术表演团体112个，市、区（县）级公共图书馆28个，档案馆49个，博物馆111个。全市共有公共广播节目21套，公共电视节目25套。广播、电视综合覆盖率均达到100%。全年共出版报纸16.33亿份，各类期刊1.79亿册，图书2.74亿册。全年共组织开展各类群众文化活动和各级各类群众性业余团队活动41.8万场次，3 593万人次参加。年内建成800个"农家书屋"，31家社区文化活动中心和1 697个村级信息服务点。

2. 卫生事业

至年末，全市共有卫生机构3 013所，卫生技术人员13.09万人（见表11）。年内建立和完善5家危重孕产妇会诊抢救中心、6个危重新生儿会诊抢救中心和8个专科急救中心。完成郊区5家社区卫生服务中心、43家社区卫生服务分中心、426家村卫生室标准化建设，实现800所村卫生室新型农村合作医疗实时报销。

表2－11　卫生机构情况

指标	单位	绝对值	比上年增长（%）
卫生机构数	所	3 013.00	7.3
#医院	所	296.00	－1.3
门诊部	所	376.00	5.0
社区卫生服务中心	所	284.00	6.8
疾病预防控制中心	所	21.00	－4.5
卫生监督所	所	20.00	平
卫生技术人员数	万人	13.09	2.5
#执业医生	万人	5.11	－0.2
#医院执业医生	万人	3.15	3.3
注册护士	万人	5.23	7.2

国家部署的2009年医药卫生体制改革重点工作全面推进。深化社区卫生服务综合改革，在全市社区卫生服务机构实行了基本药品零差率政策。完成第二轮公共卫生体系建设三年行动计划，健康城市建设继续推进。国际标准化组织中医药技术委员会秘书处落户上海。坚持联防联控，甲型H1N1流感防控工作取得阶段性成果。

3. 体育事业

新建了一批社区公共文化体育设施，群众文化活动和全民健身活动丰富多彩。至年末，全市共建成社区公共运动场263处。其中，年内新建41处。

2009年内成功地举办了30项39次国际重大体育赛事和27项53次国内重要体育赛事。在第十一届全运会上，上海代表团共获得41枚金牌、34枚银牌、46.5枚铜牌，奖牌总数121.5枚，总分2 548.25分，取得了运动成绩和精神文明双丰收。在第一届全国智力运动会上，上海代表团共获9枚金牌、10 枚银牌、8 枚铜牌,金牌榜名列全国第一。

(五)城乡建设

1. 城市基础设施建设

2009 年是上海城市建设和管理任务最为紧迫、繁重、艰巨的一年。一批枢纽型、功能性、网络化重大基础设施和世博配套设施陆续建成。外高桥港区六期工程建设和洋山深水港区四期前期工作积极推进,苏申外港线航道整治项目竣工,上海港集装箱吞吐量达到2 500万标准箱,连续三年位居世界第二位。虹桥综合交通枢纽加快建设,虹桥国际机场扩建工程基本建成,上海空港旅客、货邮吞吐量分别达到5 708万人次、298 万吨,浦东国际机场货邮吞吐量排名世界第三。轨道交通 7 号线、8 号线二期、9 号线二期、11 号线北段一期建成,轨道交通运营线路总长达到 355 公里。一批世博配套路网项目和中心城路网改造工程年内相继完成。长江隧桥工程和新建路、人民路、西藏南路越江隧道、内环线浦东南段、机场高速公路、沪杭高速上海段改建等工程建成通车。全市高速公路网通车里程达到 767. 5 公里。进口液化天然气工程试投产成功。第三代移动通信网络等信息基础设施建设和应用不断加快。黄浦江两岸综合开发取得新进展。

全年完成城市基础设施建设投资2 113. 45亿元,比上年增长 21. 9% ,占全社会固定资产投资总额的比重为 40. 1% ,比上年提高 4. 2 个百分点。其中,交通运输邮电通信投资1 100. 9亿元,市政建设投资 623. 21 亿元,公用事业投资 135. 95 亿元(见表 12)。

表 2-12　城市基础设施建设投资

指标	绝对值(亿元)	比上年增长(%)
城市基础设施建设投资	2 113. 45	21. 9
电力建设	253. 39	95. 6
交通运输	978. 24	16. 6
邮电通信	122. 66	13. 0
公用事业	135. 95	20. 5
市政建设	623. 21	14. 7

2. 城市管理

城市网格化管理进一步加强,对乱设摊、乱搭建、乱张贴等城市管理顽症的治理力度加大。深入开展户外广告、外墙立面、绿化景观、道路、水域等市容环境综合整治,市容市貌明显改善。食品药品安全、产品质量监管得到强化。安全生产、社会治安、交通排堵保畅、应急管理等工作进一步加强。实有人口服务管理体制、机制、法制加快完善,基本实现实有人口、实有房屋的全覆盖管理。村委会、居委会换届选举顺利完成。信访工作在机制完善和制度创新中得到加强。

3. 公用事业

全市自来水日供水能力达到1 096万立方米,比上年增长 2. 5% 。全年全市用电量1 153. 38亿千瓦小时,比上年增长 1. 3%(见表 13)。至年末,全市家庭人工煤气用户 151. 5 万户;家庭液化气用户 310. 2 万户;家庭天然气用户达到 366. 8 万户。

表 2 – 13　公用事业

指标	单位	绝对值	比上年增长(%)
自来水日供水能力	万立方米	1 096.00	2.5
自来水售水总量	亿立方米	24.06	-0.9
#生活用水	亿立方米	18.47	2.7
工业用水	亿立方米	5.59	-11.3
用电量	亿千瓦小时	1 153.38	1.3
#城市居民生活用电	亿千瓦小时	152.52	4.1
煤气销售总量	亿立方米	14.20	19.7
液化气销售总量	万吨	40.10	-17.5
天然气销售总量	亿立方米	31.30	10.2

4. 新农村建设

进一步加强政策扶持，郊区农村改革发展取得新进展。对困难区县的财政转移支付力度进一步加大。积极支持现代农业发展，调整完善了种粮直补等农业补贴政策，全年建成设施粮田5 667公顷、设施菜田2 667公顷、标准化畜禽和水产养殖场 54 家。加大郊区农村基础设施和环境建设投入，新建改建约 500 公里农村公路，完成 118 个村庄改造、2 000多户低收入农户危旧房改造、2.2 万多户农村生活污水处理设施改造和2 000多公里村沟宅河综合整治。在城乡结合部增开了一批连接居民小区与交通枢纽的社区巴士，新开通一大批郊区农村公交线路，首次实现崇明与市区地面公交系统的对接。社会事业资源配置向郊区农村倾斜，积极推进"5 + 3 + 1"郊区三级医院建设，完成 48 家郊区社区卫生服务中心、分中心和 426 家村卫生室的标准化建设，建成 521 个农家书屋，农村数字电影放映等文化惠民工程加快推进，农村有线电视入户率达到 74%。积极扩大农村富余劳动力非农就业，新增非农就业岗位 11.6 万个。继续推进农民纳入养老保障体系工作，全市农村户籍人员养老保障覆盖面达到 99.1%。推进农村改革创新，开展土地延包后续完善工作，继续扶持农民专业合作社发展，建立对基本农田、水源地、公益林等生态建设和保护的补偿机制，启动小城镇发展改革试点。

(六)资源节约和环境保护

加大节能降耗工作的推进力度，调整淘汰 846 项落后产能，积极推广节能空调、高效照明，万元生产总值综合能耗超额完成年度计划。

第四轮环保三年行动计划全面启动，全年用于环境保护的资金投入 460.42 亿元，环保投入相当于市生产总值的比例达到 3% 以上，污染排放量大幅削减，水环境质量持续提高，空气质量优良天数比上年增加 6 天，空气质量优良率比上年提高 1.9 个百分点。污水处理能力达到 686.5 万立方米/日，城镇污水处理率达到 78.9%，比上年增加 3.4 个百分点。年内完成竹园第一污水处理厂升级改造工程和 5 座郊区污水处理厂新建扩建工程。全年处置生活垃圾 710 万吨，生活垃圾无害化处理率达到 82.3%，比上年提高 5.4 个百分点。

全年新建绿地1 096公顷。其中，公共绿地 582 公顷。至年末，城市绿化覆盖率达到 38.1%，人均公共绿地面积达到 12.8 平方米。全年新建公益林 560 公顷，经济林 530 公顷。森林覆盖率达到 11.6%。年内完成董家渡外马路绿地、蝴蝶湾绿地、大连路公共绿地和崇明新城公园等建设。

三、挑战与目标

上海市2009年经济社会发展成就喜人,但前进的道路上还有许多困难和挑战,政府工作中也还存在不足。制约经济持续发展的结构性矛盾进一步凸显,转变经济发展方式的思路视野有待拓宽,推进力度需要进一步加大。影响科学发展的体制机制瓶颈依然不少,深层次的改革攻坚任务十分繁重,思想需要更加解放,突破力度需要进一步加大。一些民生难题迫切需要解决,就业的结构性矛盾仍然突出,社会保障可持续发展的难度加大,相当一部分群众仍存在住房困难,为老年人服务不能满足需求,历史遗留问题需要下更大力气解决。城乡发展不平衡依然突出,推进城乡一体化发展的任务还很艰巨。轨道交通运行和城市建设管理方面的安全事故还时有发生,城市管理还不能完全适应大规模建设发展的要求,"重在管理"的措施需要深入细致地落实。社会群体利益诉求多样化,深层次社会矛盾逐渐凸显,社会管理需要在创新中不断加强。有些政府部门的工作落实不力,相互间协调配合不够,形式主义、官僚主义现象仍然不同程度地存在。特别是在整治非法营运中采用错误的执法方式,严重影响政府执法的公信力,严重损害人民群众的利益,依法行政、公正廉洁执法的能力和水平急需进一步提高。有些政府工作人员服务群众、服务企业、服务基层的观念淡薄,责任感、原则性不强,极少数人甚至违法违纪、以权谋私、贪污腐败。政府职能转变必须进一步加快,社会管理和公共服务需要加强,应对社会公众事件的能力亟待提高。在今后的工作中必须直面人民群众的关切,直面媒体舆论的关注,直面自身工作中存在的不足,勇于不断改进,善于主动应对,努力采取有效可行措施,切实解决好存在的问题与不足。

2010年是上海世博会的举办年,也是实施"十一五"规划的最后一年,上海市面临非常光荣而又十分艰巨的任务。党中央、国务院对上海发展寄予厚望,上海必须要在"四个率先"上取得实质性突破。新的一年,面对办好世博会的重大考验,面对率先转变发展方式的重大考验,面对解决新形势下民生和社会管理复杂难题的重大考验,面对公开透明、信息化、法治化条件下政府自身改革和建设的重大考验,上海市政府既要看到复杂形势下的有利条件,增强必胜信心,善于抓住机遇、用好机遇;也要充分估计前进中的各种困难,增强忧患意识,善于改革创新、攻坚克难,在科学发展的道路上迈出新的步伐。

综合各方面因素,2010年全市经济社会发展的主要预期目标是:全市生产总值增长8%以上,地方财政收入增长8%,城镇登记失业率控制在4.5%左右,居民消费价格指数与国家价格调控目标保持衔接,全社会研究与试验发展经费支出相当于市生产总值的比例达到2.8%以上,万元生产总值综合能耗进一步下降、完成"十一五"期间下降20%左右的目标,环保投入相当于市生产总值的比例保持在3%左右,城市和农村居民家庭人均可支配收入持续稳定增长。

四、上海市在长三角地区经济发展中的地位

2009年是浦东开发开放以来上海经济发展最困难的一年。从国际看,次贷危机引发的国际金融危机的影响持续加深,实体经济增速大幅下滑,欧美主要发达国家经济增长预期放缓甚至陷入衰退。从国内看,经济发展面临来自国际国内的严重困难和严峻挑战,国家实施积极的财政政策和适度宽松的货币政策,将推动我国经济保持平稳较快增长,但此次全球性的金融危机对我国经济的影响正进一步加深,我国经济增长有放缓的趋势。从上海看,中央和本市扩内需保增长调结构各项政策措施的落实和世博会效应形成合力,对上海市经济发展的拉动作用将更加凸显,但上海作为国际化的特大型城市,市场化程度较高,经济对外依存度较大,受全球性金融危机的影响可能更大,经济社会发展中的一些矛盾可能更加突出。面对国际金融危机冲击和自身发展转型的双重考验,上海市贯彻落实中央应对国际金融危机、促进经济平稳较快发展的一揽子计划措施,紧紧围绕"四个确保"的要求,坚定信心,克难前行,奋力拼搏,国民经济持续回升,呈现了在逆势中奋进、转型中发展的良好态势。

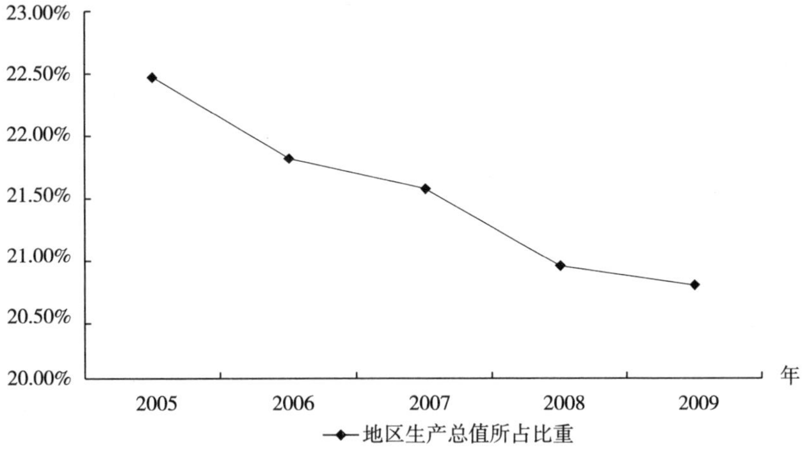

图 2－10　2005－2009 年上海市地区生产总值在长三角所占比重的变化趋势

2005－2009 年上海市地区生产总值所占比重分别为：22.46%、21.79%、21.55%、20.91% 和 20.76%，呈现逐年减少的态势。5 年间，占比累计减少了 1.71 个百分点，减少趋势明显。

2009 年，上海市地区生产总值比上年增长 8.2%，低于上一年 9.7% 的增速，经济增长速度在长三角城市中排名倒数第二，20 世纪 90 年代以来上海经济发展从未出现过如此低的增速和如此居后的排位。这也是上海市在在连续 16 年保持生产总值两位数增长之后，连续两年生产总值增长速度低于 10%。上海经济增长大幅下降，与过度依赖重化工业、第三产业徘徊不前等诸多结构性问题密切相关。一是在二、三产比重方面。第三产业比重在 2006 年略微超过第二产业之后，一直徘徊不前，服务经济的能级和水平的提升力度严重不足。经济危机所造成的国际市场需求剧烈萎缩严重影响到了工业产业运行，第三产业的增长又不足以弥补工业经济的下滑与萎缩，从而导致整体经济运行快速下行，客观上促成了第三产业比重的强劲提升，使一季度第三产业比重竟达到了 60.1% 的异常水平。二是在工业结构方面。上海重化工业一直占据约 75% 的比重水平，钢铁、石化、机械、电子、汽车等重化工业产业成为支撑上海工业经济的主导力量，而这轮危机中受冲击影响最大的也恰是这些行业。随着商务成本高企、土地资源有限、能源消耗紧张等多方面因素制约的不断加剧，上海在重化工业等产业发展上的竞争优势日益弱化，重化工业受危机影响的下行趋势日益显著。

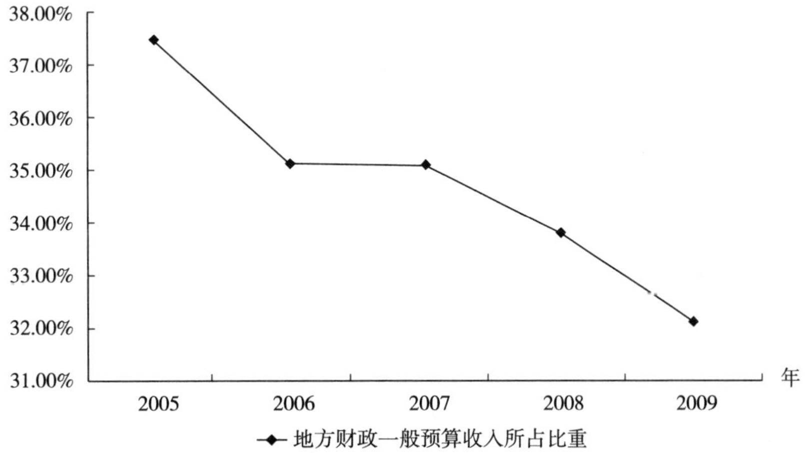

图 2－11　2005－2009 年上海市地方财政一般预算收入在长三角所占比重的变化趋势

2005－2009年上海市地方财政一般预算收入在长三角所占比重为:37.51%、35.13%、35.10%、33.81%和32.11%,减少趋势也很明显,累计降幅高达5.4个百分点。2009年,除经济因素给财政增收带来较大困难外,国家一系列减税清费和上海市清费政策的不断出台,将使得上海市财政收入增速明显放缓,收入波动加剧,地方财政收入一度出现连续数月负增长的局面。上半年,随着国家和本市宏观调控政策效应逐步显现,地方财政收入在一季度触底后企稳回升;下半年,宏观经济环境好转带动财政收入增长加快,月度收入持续保持两位数增长。

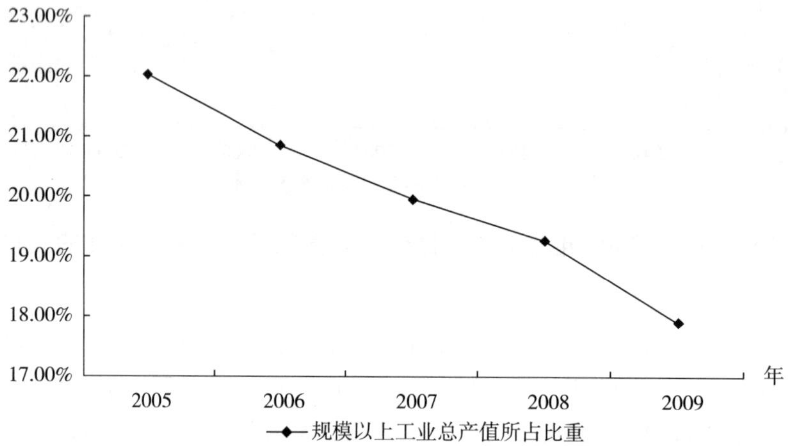

图2－12　2005－2009年上海市规模以上工业总产值在长三角所占比重的变化趋势

2005－2009年上海市规模以上工业总产值在长三角的占比分别为:22.03%、20.84%、19.94%、19.26%和17.89%,呈现逐年下降的趋势,5年间已累计减少了4.14个百分点。

上海市全年完成规模以上工业总产值24 888.08亿元,增长3.2%。从走势看,规模以上工业总产值同比由降转升,一季度下降9.9%,二季度下降1.6%,三季度增长4.7%,四季度增长18.4%。全年六个重点发展工业行业完成工业总产值15 346.24亿元,比上年增长7.3%,增幅高出全市规模以上工业4.1个百分点。其中,汽车制造业产值增长40.9%;生物医药制造业产值增长10.4%;精品钢材制造业和石油化工及精细化工制造业产值分别下降2.4%和1.5%。全年完成规模以上工业出口交货值6 681.75亿元,下降11.7%。

上海市工业占比持续下降一方面原因是支撑上海工业经济的主导力量——重化工业在这轮危机中受冲击影响最大,另一方面是因为上海市二产内部的结构同国家出台的"促内需"政策很难合拍:国家扩大投资的重点是加大基础设施投资的力度,这类投资对上海能够提供的装备类等投资品的需求较小;国家出台的促进城乡居民消费的政策中,上海能够提供的消费品不多。就连本市市场供应的日用消费品,90%以上都是由国内其他地区或国外提供的。

2005－2009年上海市进出口总额在长三角的占比分别为:35.72%、34.96%、34.96%、34.80%和34.53%,除2007和2006年持平外,其余各年份均呈现下降趋势,累计降幅1.19个百分点。

全年上海市进出口总额完成2 777.31亿美元,比上年下降13.8%,降幅比上半年减小9.7个百分点。其中,进口总额1 358.17亿美元,下降11.1%,降幅比上半年减小13.7个百分点;出口总额1 419.14亿美元,下降16.2%,降幅比上半年减小6.1个百分点。在出口总额中,一般贸易出口488.62亿美元,下降23.9%;加工贸易出口814.63亿美元;下降11.3%。全年高新技术产品出口636.16亿美元,下降10.8%;机电产品出口1 025.63亿美元,下降13.5%。上海外贸出口的形势非

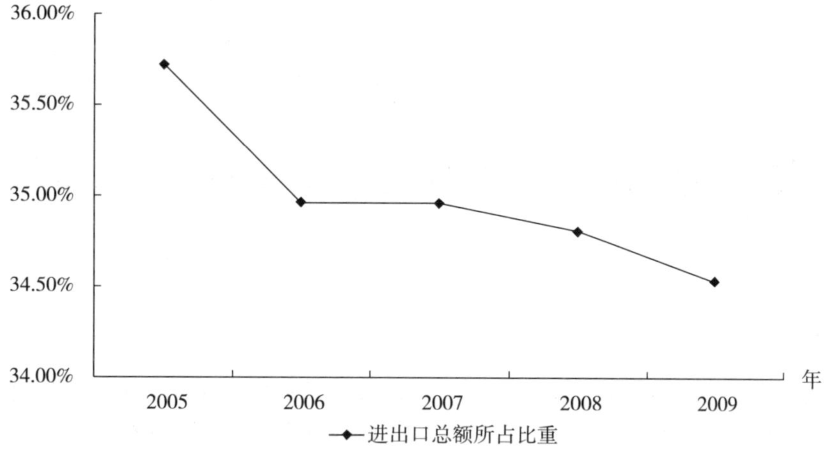

图 2-13　2005-2009 年上海市进出口总额在长三角所占比重的变化趋势

常严峻,在相当程度上与上海对外贸易的区域和市场有关。上海对外贸易对象主要是美国、日本和欧洲,这些国家和地区恰恰是这次金融危机中受影响最严重的,需求大幅下降且经济回升仍未出现明显迹象,导致上海外贸出口状况持续低迷,而且还会继续持续一段时期。

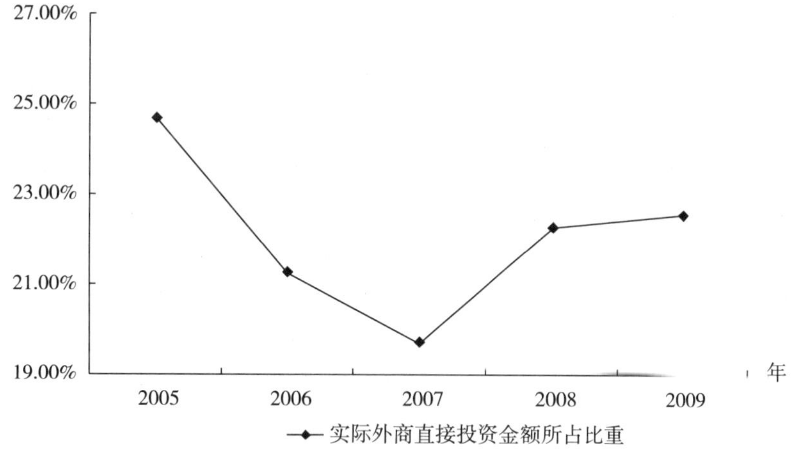

图 2-14　2005-2009 年上海市实际外商直接投资金额在长三角所占比重的变化趋势

2005-2009 年上海市实际外商直接投资金额在长三角所占比重分别为 24.68%、21.26%、19.71%、22.27%和 22.55%,在前面几年持续下降之后,2008 和 2009 年连续两年占比实现增长,累计增幅高达 2.83 个百分点。全年签订外商直接投资合同金额 133.01 亿美元,下降 22.3%;实际外商直接投资金额 105.38 亿美元,比上年增长 4.5%。其中,第三产业外资实际到位金额 76.16 亿美元,增长 11.4%;工业外资实际到位金额 28.27 亿美元,下降 11.7%。

第二章　江苏省2009年经济社会发展报告

2009年,在省委、省政府的正确领导下,江苏省深入贯彻科学发展观,认真落实中央决策部署和一系列政策措施,积极应对国际金融危机带来的严峻挑战和严重困难,统筹做好保增长保民生保稳定各项工作,经济企稳向好态势不断增强,结构调整和自主创新取得重大进展,发展质量稳步提高,民生继续得到改善,改革开放深入推进,各项社会事业全面进步,较好地完成了年初确定的各项目标任务。

一、2009年江苏省经济发展概况

(一)综合经济

1. 全年经济发展迈上新台阶

2009年,全省实现生产总值34 457.3亿元,比上年增长12.4%;其中,第一产业增加值2 201.7亿元,增长4.5%;第二产业增加值18 416.1亿元,增长12.5%;第三产业增加值13 443.4亿元,增长13.6%。人均地区生产总值44 232元,按当年汇率折算达到6 475美元。经济结构进一步优化。三次产业增加值比例调整为6.4∶54.1∶39.5。先进制造业水平提升,全年实现高新技术产业产值21 987亿元,增长19.5%,占规模以上工业比重达30%,比上年提高1.5个百分点。服务业特别是现代服务业增长加快、比重上升,实现服务业增加值13 555.6亿元,比上年增长13.6%,占GDP比重39.8%,提高1.1个百分点。新兴行业加快发展,新能源、新医药、新材料、环保产业产值分别增长66%、30%、22%和21%,软件业销售收入增长35.7%,服务外包执行总额增长177%。

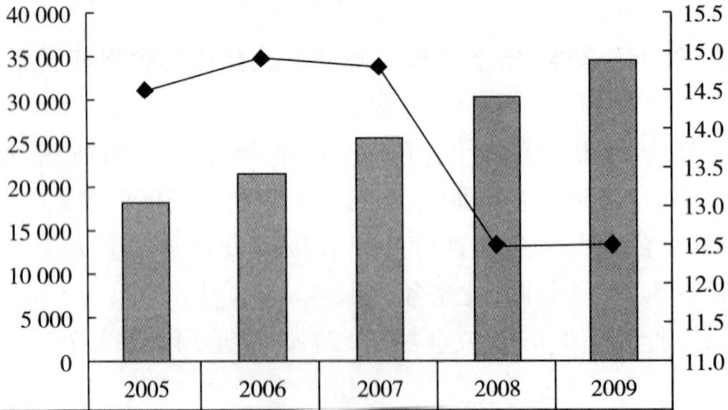

	2005	2006	2007	2008	2009
地区生产总值(亿元)	18 272	21 548	25 741	30 312.61	34 457.3
增幅(%)	14.5	14.9	14.8	12.5	12.5

图2-15　2005-2009年江苏省地区生产总值及增长速度

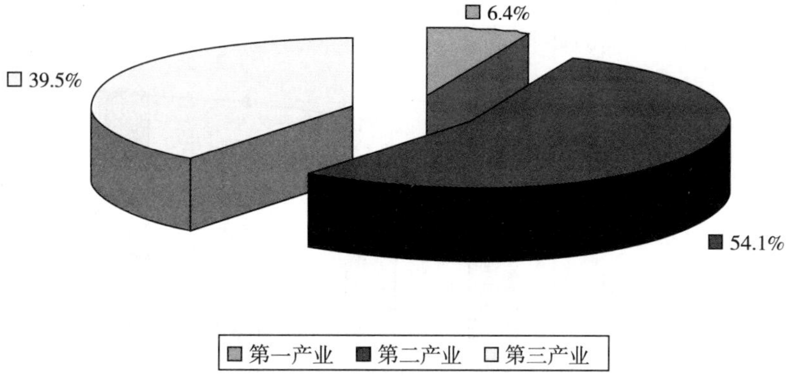

图 2-16　2009 年江苏省三次产业结构图

2. 财政收入稳步回升

2009 年同口径财政总收入达到8 404.9亿元(不含海关代征两税和关税等),比上年增长 18.2%,增幅分别比上半年、前三季度提高 13.6 个和 8.3 个百分点。其中,地方财政一般预算收入3 228.8亿元,增收 497.4 亿元,增长 18.2%;基金收入1 778.9亿元,增长 35.2%。

财政支出结构优化。一般预算支出3 955.5亿元,增支 708 亿元,同比增长 18.1%;基金预算支出1 684.5亿元,增支 377.8 亿元,增长 28.9%。全年教育支出 675.9 亿元,同比增长 18.4%;一般公共服务支出 569.9 亿元,增长 10.3%;公共安全支出 282.5 亿元,增长 11.7%;社会保障和就业支出 287.7 亿元,增长 24.3%。城乡社区事务支出 455.6 亿元,科学技术支出 110.4 亿元,环境保护支出 140.9 亿元,分别增长 25.9%、20.6% 和 48%。

3. 物价水平年内小幅上升

全年居民消费价格下降 0.4%,降幅比上半年收窄 1.3 个百分点。食品价格上涨 0.9%,其中猪肉下降 19.4%、油脂下降 24.3%、鲜蛋上涨 0.6%、禽上涨 1.3%、鲜菜上涨 18.1%。原材料、燃料、动力购进价格下降 8.1%,其中燃料动力类下降 12.0%、黑色金属材料类下降 11.3%、有色金属和电线类下降 14.1%、化工原料类下降 11.0%、建筑材料及非金属类下降 0.6%。工业品出厂价格下降 4.8%。农业生产资料价格下降 2.4%。

4. 固定资产投资增速较快

全年完成全社会固定资产投资18 751.6亿元,增长 24.5%;城镇固定资产投资14 122.6亿元,增长 24.2%;农村固定资产投资4 629亿元,增长 25.4%。在全社会投资中,国有及国有控股投资4 349.5亿元,增长 46.7%;外商港澳台经济投资2 655.9亿元,下降 6.5%;民间投资11 746.2亿元,增长 26.9%,其中私营个体经济投资6 791.4亿元,增长 28.8%。民间投资占全社会投资的比重达 62.6%,比上年提高 1.1 个百分点。2009 年实施总额3 000亿元的政府性投资计划,引导带动全社会投资 1.2 万亿元左右。省级财政安排保增长促发展资金 277 亿元。争取中央扩内需新增投资共四批 65.27 亿元,涉及大中型项目 711 个,总投资 857 亿元。

投资结构优化。在城镇固定资产投资中,第一产业投资 44.5 亿元,比上年增长 82.4%;第二产业投资6 689.1亿元,增长 21.5%;第三产业投资7 389亿元,增长 26.5%。工业投资6 603.6亿元,增长 21.4%。其中,制造业投资5 999.4亿元,增长 22%;高新技术产业投资1 493.3亿元,增长 8.6%,占工业投资的比重达 22.6%。主要工业行业投资中,化学原料及化学制品制造业 639.7 亿元,专用设备制造业 410 亿元,通用设备制造业 641.49 亿元,交通运输设备制造业 572.8 亿元,电气机械及器材制造业 508.4 亿元,分别增长 12.5%、42.7%、36.6%、30.5% 和 32.1%。第三产业投资中,房地产

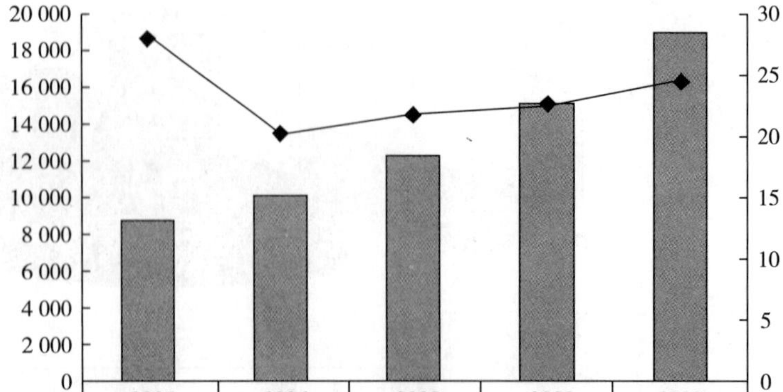

	2005	2006	2007	2008	2009
固定资产投资总额(单位:亿元)	8 739.7	10 063.65	12 270.6	15 061.5	18 949.88
增幅(%)	28	20.3	21.8	22.7	24.5

图 2 -17　2005 -2009 年江苏省全社会固定资产投资及增长幅度

开发投资3 338.6亿元,增长 9%;交通运输仓储和邮政业投资 841.2 亿元,增长 33%;水利、环境和公共设施管理业投资1 225.2亿元,增长 64.2%;科学研究、技术服务和地质勘察业投资 98 亿元,增长68%;文化、体育和娱乐业投资 122.8 亿元,增长 53.6%。现代服务业发展,加快服务业增加值13 556亿元,占地区生产总值比重提高 1.1 个百分点。

重点项目推进力度加大。积极贯彻落实中央扩内需保增长的政策,增强投资消费拉动,着力扩大有效投入,京沪高速铁路江苏段、沪宁城际铁路、宁杭城际铁路、南京铁路枢纽、泰州大桥、连云港30 万吨级航道和矿石码头、太仓港集装箱码头三期、通榆河北延、南水北调东线一期等一批重大基础设施项目进展顺利。年末发电装机容量达5 650.3万千瓦,新增 208.4 万千瓦。无锡海力士三期、昆山龙飞高世代线、南通熔盛海洋工程装备、淮安富士康三期等项目加快建设,南京扬巴二期扩建、常州新誉风电整机、镇江二重出海口基地、扬州特种钢管等项目顺利开工。

5. 区域发展格局进一步改善

进一步加强区域分类指导,推进苏南加快转型升级,巩固苏中、苏北快速发展局面,苏中、苏北对全省经济增长的贡献份额达到 42.3%,同比提高 2.9 个百分点。南北共建开发区稳步推进。全面实施沿海地区发展规划,加快港口等重大基础设施建设,在国内外举办系列招商活动,推进重大产业项目落户。

(二)农林牧渔业

2009 年继续推动农业农村持续发展。连续 6 年保持粮食增产、农业增效、农民增收、农村稳定的好形势。省级财政对"三农"投入 427 亿元,比上年增加 50 亿元。粮食总产量达到 646 亿斤,为 2000年以来最好水平。

农业生产形势较好。全年总产量达3 230.1万吨,比上年增加 54.6 万吨,增长 1.7%。其中夏粮1 103.2万吨,增长 0.8%;秋粮2 126.9万吨,增长 2.2%。农作物种植结构有所调整。全年粮食面积为 527.2 万公顷,比上年增加 0.5 万公顷;棉花面积为 25.2 万公顷,减少 4.8 万公顷;油料面积 59.3万公顷,增加 2.6 万公顷;蔬菜面积 114.8 万公顷,增长 5.0%。新增高效农业面积 19.1 万公顷,占耕地面积的比重提高到 30% 以上。农产品优质化水平提升,优质小麦、水稻比重继续提高,油菜全部实现优质化。

林牧渔业稳定发展。全年造林面积 12.1 万公顷。全年肉类总产量 348.1 万吨,比上年增长

6.3%，其中猪牛羊肉产量216.7万吨，增长5.8%；禽肉产量120.4万吨，增长6.7%。禽蛋总产量185.2万吨，增长7.6%。牛奶总产量55.4万吨，下降9.3%。全年水产品总产量443.2万吨，增长4.3%，其中淡水产品312.7万吨，海水产品130.5万吨，分别增长4.3%和4.2%。

全面落实强农惠农政策，加大支农投入力度。全省农田有效灌溉面积达382万公顷，新增节水灌溉面积7.7万公顷；年末全省农业机械总动力3 810万千瓦，比上年末增长4.9%。

（三）工业和建筑业

2009年江苏省进一步推进产业优化升级，制定和落实11个重点产业调整振兴规划和配套政策，提出加快工业经济优化升级的实施意见，设立调整振兴专项资金20亿元。规模以上工业增加值完成16 727亿元，增长14.6%，其中民营工业增加值完成8 289亿元，占49.6%。营业收入超百亿元的企业超过100家。高新技术产业占规模以上工业比重提高1.5个百分点，达到30%。

工业生产稳步向好。规模以上工业企业完成增加值16 727.1亿元，比上年增长14.6%，其中，轻、重工业增加值4 828.7亿元、11 898.4亿元，分别增长11.8%和15.7%。国有工业增加值1 071.5亿元，增长2.6%；集体工业增加值263.5亿元，增长10.9%；股份制工业增加值7 752.2亿元，增长17.4%；外商港澳台投资工业增加值6 658.9亿元，增长12.7%。在规模以上工业中，国有控股工业增加值1 921.2亿元，增长6.1%；私营工业增加值5 623.6亿元，增长19.7%。

企业效益逐步回升。规模以上工业企业实现主营业务收入71 181.3亿元，比上年增长11.4%，增幅分别比上半年、前三季度提高5.4个和4.1个百分点；实现利税6 448.1亿元，增长21.2%，增幅比上半年、前三季度提高19.4个和11.7个百分点；其中利润3 865.4亿元，增长24.3%，增幅比上半年、前三季度提高28.1个和17.1个百分点，呈现利润增幅高于利税增幅、利税增幅高于销售增幅的良好发展态势。企业亏损面11.7%，比上年末下降1.7个百分点；亏损企业亏损额290.3亿元，下降32.8%。工业经济效益综合指数为224.0，提高12.5个百分点。

先进制造业保持较快发展。在规模以上工业中，交通运输设备制造业产值4 857.9亿元，比上年增长36.7%；医药制造业产值1 079.2亿元，增长27.3%；专用设备制造业产值2 321.6亿元，增长20.5%；电气机械及器材制造业产值6 517.4亿元，增长14.6%；通用设备制造业产值4 902.8亿元，增长13.4%；通讯设备、计算机及其他电子设备制造业产值10 273.1亿元，增长8.4%。产品结构继续优化，实现工业新产品产值6 182.5亿元，比上年增长11.2%，在列入统计的75种主要工业产品中，保持增长的有46种，下降的有29种。

建筑业蓬勃发展。全省建筑企业实现利税总额755亿元，比上年增长21%。全年共完成建筑业总产值10 181.3亿元，增长18.4%；竣工产值7 637亿元，增长12.8%，竣工率达75%；建筑业劳动生产率为16.8万元/人，下降3.6%。建筑业总产值突破1万亿元大关，同比增长15%左右，成为全国第一个建筑业总产值突破万亿元的省份。建筑业的持续高速发展，解决了500多万农民工的就业问题，对全省农民人均纯收入的贡献超过20%。建筑业企业房屋建筑施工面积98 494万平方米，增长8.9%；房屋建筑竣工面积22 882.1万平方米，下降43.8%，其中住宅竣工面积14 530.8万平方米，下降42.3%。

（四）服务业

1. 国内贸易

消费品市场平稳较快增长。全年实现社会消费品零售总额11 484.1亿元，比上年增长18.9%。城乡市场均保持良好增长。城市消费品市场实现零售额8 471.5亿元，增长19.0%；县及县以下消费品市场实现零售额3 012.6亿元，增长18.4%。分行业看，批发和零售业零售额9 892.4亿元，增长

18. 3%;住宿和餐饮业零售额1 485. 3亿元,增长 22. 5%;其他行业零售额 106. 4 亿元,增长 19. 6%。限额以上批发和零售企业经营状况良好,全年实现商品销售14 707. 2亿元,比上年增长 38. 6%,其中批发业10 616. 4亿元,零售业4 090. 8亿元,分别增长 38. 8%和 38. 1%。受汽车下乡、税费减免、以旧换新等利好政策推动,汽车销售持续快速增长,全年实现零售额1 128. 0亿元,增长 36. 3%,占限上贸易企业零售额的 27. 9%。

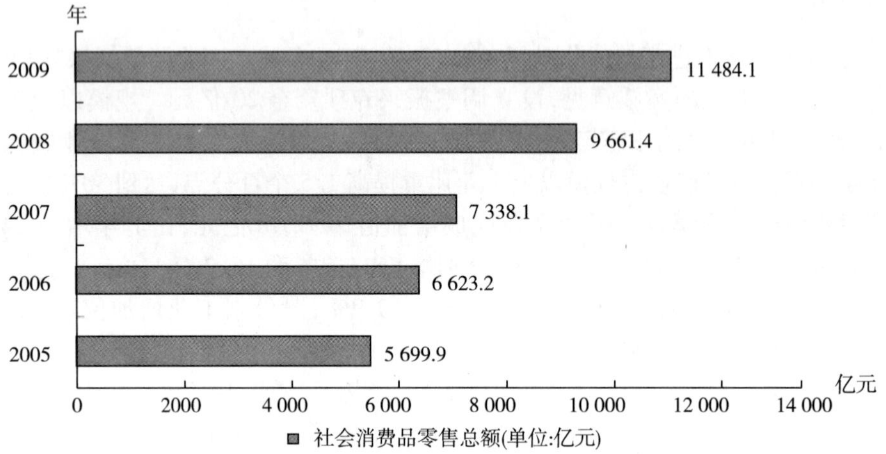

图 2－18　2005－2009 年江苏省社会消费品零售总额

2. 交通运输、邮政电信业

交通运输业稳步增长。全年完成旅客运输量、货物运输量分别比上年增长 9. 5%和 9. 2%,旅客周转量、货物周转量增长 8. 1%和 8. 5%。完成港口货物吞吐量 13. 3 亿吨,增长 14. 2%,其中外贸货物吞吐量 2. 0 亿吨,增长 24. 5%。港口货物吞吐量中,集装箱吞吐量达 878. 0 万标准集装箱,增长 3. 1%。年末全省公路里程 14. 2 万公里、新增1 071. 1公里,年末高速公路里程3 755公里。铁路营业里程1 642. 1公里,铁路正线延展长度2 381. 8公里。年末民用汽车保有量 458. 1 万辆,净增 84. 9 万辆,分别增长 22. 8%和 97. 5%。年末私人汽车保有量 338. 2 万辆,净增 74. 9 万辆,分别增长 28. 5%和 106%。其中私人轿车保有量 216. 5 万辆,净增 56. 4 万辆,分别增长 35. 2%和 59. 3%。

邮政电信业保持较快增长。全年邮政电信业务总量1 812. 4亿元,比上年增长 14%。其中邮政业务总量 153. 6 亿元,电信业务总量1 658. 8亿元,分别增长 20. 0%和 13. 4%。邮政电信业务收入 737. 2 亿元,比上年增长 7. 4%。其中邮政业务收入 93. 3 亿元,电信业务收入 643. 9 亿元,分别增长 24. 2%和 5. 3%。年末局用交换机总容量4 455. 4万门。年末固定电话用户2 662. 4万户,减少 306. 1 万户,其中:城市电话用户1 694. 4万户,乡村电话用户 968 万户。住宅电话用户1 875. 3万户,减少 283. 1 万户。年末移动电话用户4 918. 4万户,净增 961. 5 万户。全省电话普及率达 98. 8 部/百人,比上年增加 7. 9 部/百人。长途光缆线路总长度 3. 2 万公里,新增 0. 1 万公里。年末互联网用户 961. 0 万户,新增 189. 4 万户。

3. 金融、证券和保险业

稳步推进金融体制改革,地方金融机构继续发展壮大,新型农村金融组织迅速发展。金融市场高位稳健运行。年末全省金融机构人民币存款余额比年初增加11 804. 5亿元,比上年多增5 236. 6亿元;其中,居民储蓄存款增加3 359. 2亿元,少增 347. 1 亿元;企业存款增加5 690. 8亿元,多增4 317. 7亿元。年末金融机构人民币贷款余额比年初增加9 137. 6亿元,比上年多增4 826. 5亿元;其中短期贷款增加2 559.2亿元，多增1 136.4亿元。

证券市场运行平稳。年末全省境内上市公司由上年末的117家增加到128家，在上海、深圳证券交易所筹集资金270.7亿元，其中首发融资92.6亿元，分别比上年增加171.6亿元和65.2亿元。全年证券经营机构股票交易额72 659.7亿元，比上年增长94.6%；期货经营机构代理交易额91 637.4亿元，比上年增长69.4%。境内上市公司总股本658.5亿股，比上年末增长11.8%；市价总值8 874.4亿元，比上年末增长151%。年末共有证券营业部252家，期货经纪公司营业部58家，证券投资咨询机构3家。

保险事业稳步增长。全年保费收入907.7亿元，比上年增长17.1%。其中，财产险收入228.4亿元，寿险收入619.5亿元，分别增长26.1%、17.3%，健康险和意外伤害险收入59.9亿元，比上年下降9.5%。赔付额273.5亿元，比上年增长2.4%。其中财产险赔付127.4亿元，增长5.1%；寿险赔付124.9亿元，比上年下降3.6%；健康险和意外伤害险赔付21.2亿元，增长28.9%。

4. 旅游业

旅游业稳定发展。全年国内旅游人数29 726.6万人次，比上年增长13.8%；国内旅游收入3 449.5亿元，增长17.6%。全年境外入境旅游人数556.8万人次，比上年增长2.3%。其中外国人396.1万人次，与上年持平；港澳台同胞160.8万人次，增长8.5%。国际旅游外汇收入40.2亿美元，增长3.5%。旅行社组织公民自费出境旅游34.4万人次，下降2.7%。

5. 房地产业

房地产业、建筑业先于全省经济企稳回暖，为拉动内需、促进经济发展作出了贡献。2009年，全省共完成房地产开发投资3 338.58亿元，同比增长9%；商品房和商品住宅销售面积分别为9 922.73万平方米和8 775.69万平方米，同比分别增长83.3%和85.5%。房地产市场销售的回暖增长，成为拉动经济的重要增长点。

（六）开放型经济

1. 积极应对外需不足的严峻局面，对外贸易降幅不断收窄

全年进出口总额3 388.3亿美元，比上年下降13.6%，降幅比上半年和前三季度分别收窄11.6个和7.7个百分点；其中出口1 992.4亿美元、下降16.3%，进口1 395.9亿美元、下降9.5%，降幅比上半年分别收窄8.5个和16.2个百分点，比前三季度分别收窄6.4个和9.9个百分点。进出口总额占全国份额上升到15.4%。

出口商品结构进一步优化，高技术含量产品出口增加。机电产品、高新技术产品出口额为1 387.6亿美元和928.4亿美元，分别占出口总额的69.6%和46.6%。其中计算机与通信技术出口640.3亿美元，占高新技术产品出口额的69.0%。外商投资企业出口1 466.4亿美元，占出口总额的73.6%。私营企业出口比重增大，出口额为311.8亿美元，占出口总额的15.6%。对欧盟、美国、日本、中国香港特别行政区出口逐步恢复，出口额分别为493.1亿美元、451.6亿美元、195.7亿美元和142.2亿美元；对东盟、韩国、中国台湾省等市场出口额分别为166.8亿美元、100.9亿美元和49.0亿美元；对俄罗斯、拉丁美洲、非洲出口额分别为17.8亿美元、90.2亿美元和47.4亿美元。

2. 招商选资力度加大，利用外资结构不断改善

全年新批外商投资企业4 219家，新批协议外资509.8亿美元；实际外商直接投资253.2亿美元，增长0.8%。新批及净增资3 000万美元以上的大项目434个。全年服务业新批外商直接投资项目1 352个，协议注册外资136.9亿美元，实际到账外资66.4亿美元，增长7.4%。开发区建设取得新进展。全省开发区完成进出口总额2 600.2亿美元，其中出口总额1 477.5亿美元，分别占全省总量的76.7%和74.1%；实际到账注册外资额190.7亿美元，占全省总量的75.3%。

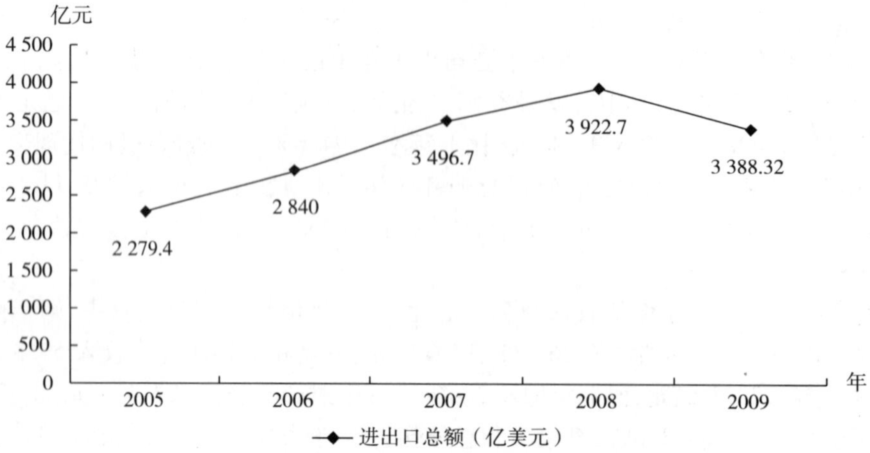

图 2－19　2005－2009 年江苏省外贸进出口总额

3. 企业“走出去”步伐加快,境外投资较快增长

全年新签对外承包工程和劳务合作合同额 50.3 亿美元,增长 3.0%;完成营业额 50.8 亿美元,增长 10.4%。全年新批境外投资项目 332 个,增长 43.1%,中方协议投资 10.6 亿美元,增长 67.6%。

4. 民营经济发展加快

2009 年末全省工商部门登记的私营企业达 91.2 万户,比上年增长 11.7%,注册资本20 136.7亿元,增长 28.1%;工商部门登记的个体户 261.4 万户。非公有制经济进一步发展,实现增加值在地区生产总值中的份额达 64.1%,其中私营个体经济比重为 39.4%,分别提高 0.9 个和 2.3 个百分点。

5. 各类开发园区创新发展

泰州医药高新区、扬州经济开发区升格为国家级开发区。与新加坡合作的苏通科技产业园建设正式起步。苏台、苏港合作进一步深化,台湾江苏周等活动取得丰硕成果。

二、2009 年江苏省社会发展概况

(一)人口、人民生活

人口总量保持增长。年末全省常住人口7 724.5万人,比上年末增加 48.0 万人。全年人口出生率 9.55‰,比上年上升 0.21 个千分点;人口死亡率 6.99‰,下降 0.05 个千分点;人口自然增长率 2.56‰,上升 0.26 个千分点。

城乡居民收入稳定提高。根据对城镇住户的抽样调查,全年城镇居民人均可支配收入达20 552元,比上年增长 10.0%,考虑物价因素,实际增长 10.5%;人均消费性支出13 153元,增长 9.8%,其中食品支出占人均消费性支出的比重为 36.3%。根据对农村住户的抽样调查,全年农村居民人均纯收入达8 004元,比上年增长 8.8%,考虑物价因素,实际增长 9.4%;人均生活消费支出5 804元,增长 8.9%,其中食品支出占人均生活消费支出的比重为 39.2%。城乡居民居住条件进一步改善。城镇居民人均住房建筑面积为 32.9 平方米,农村居民人均住房使用面积为 45.2 平方米。以廉租房制度为重点、多渠道解决城市低收入家庭住房困难的政策体系全面建立,并取得一定成效。

(二)就业、社会保障

就业形势保持平稳。2009 年江苏省实行更加积极的就业政策,出台一系列稳定和促进就业再就

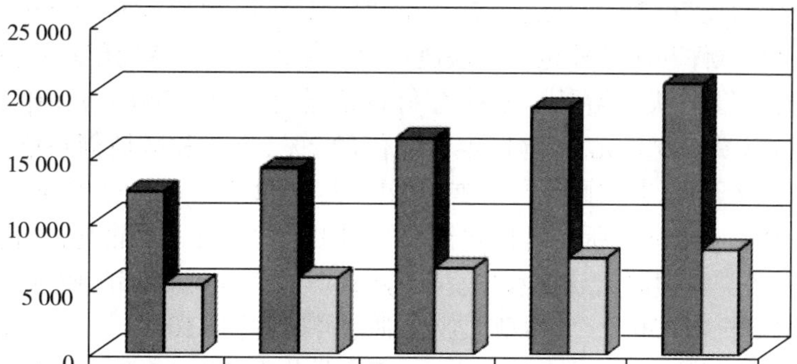

	2005	2006	2007	2008	2009
■ 城市居民人均可支配收入(元)	12 319	14 084	16 378	18 680	20 552
□ 农民人均纯收入(元)	5 276	5 813	6 561	7 357	8 004

图 2－20　2005－2009 年江苏城乡居民收入对比一览

业的政策措施，克服金融危机带来的严重影响，推进城乡统筹就业，着力解决困难群众就业问题。年末全省城乡从业人员4 674.6万人，比上年末增加 25.8 万人。促进下岗失业人员再就业 52 万人，其中就业困难人员再就业 18.1 万人。城镇登记失业率为 3.22%，城镇零就业家庭连续 28 个月保持动态为零。农村劳动力转移大力推进，新增农村劳动力转移 31.1 万人，返乡农民工基本实现就业。

社会保障水平进一步提高。2009 年基本实现城乡居民最低生活保障和医疗保险全覆盖，城镇职工养老保险覆盖率稳定在 95% 以上。新型农村社会养老保险试点工作扎实推进。企业退休人员基本养老金继续提高。城乡低保标准分别提高 9.3% 和 21.8%。80% 的县建有示范性养老机构，建成 57 所示范性残疾人托养机构。住房保障力度加大，新增廉租住房 1.33 万套，新开工建设经济适用住房 8.9 万套，发放廉租住房租赁补贴 5.1 万户，完成城市危旧房、棚户区改造 662 万平方米。450 万农村居民饮水安全问题得到改善，100 万人实现脱贫。2009 年，全省共新增廉租住房超过 1.33 万套，新开工经济适用住房 8.9 万套，发放廉租住房租赁补贴 5.1 万户，完成城市危旧房（棚户区）改造面积 662 万平方米，全部提前超额完成省政府确定的目标任务。深入实施脱贫攻坚工程，100 万贫困人口实现脱贫。

（三）科学技术和教育

1. 科学技术与创新

科技创新产出大幅度提升。全省科技进步贡献率为 52.3%。全年申请专利 17.4 件，比上年增长 36.2%，其中发明专利 3.18 万件。授权专利 8.7 万件，增长 95.7%。企业成为专利申请主体，全省企业共申请专利 7.9 万件，占专利申请总数的 45.6%。全省有 51 项成果获国家科技奖，其中自然科学奖 4 项、技术发明奖 4 项、科技进步奖 43 项，有 195 项成果获省科技进步奖。全年共签订各类技术合同 1.4 万项，技术合同成交额达 113.3 亿元，比上年增长 20.5%。

高新技术产业加快发展。深入实施高新技术产业“双倍增”计划，全年实现高新技术产业产值 21 987亿元，比上年增长 19.5%。省级科技创新与成果转化专项资金增加到 21 亿元，组织实施省科技成果转化项目 135 个，项目总投入 185.7 亿元。全省高新技术企业达5 241家，其中按国家新标准认定2 723家。当年认定省级高新技术产品3 487项，国家重点新产品 247 项，自主创新产品 235 项。已建国家级高新技术特色产业基地 68 个，其中当年新建 9 个。新建各类科技创业园和孵化器 200 家、省级以上科技平台超过 900 家。全省国家和省级高新技术产业开发区实现技工贸总收入24 229

亿元,比上年增长 26.2%。大力培育战略性新兴产业,新能源和智能电网、新材料、生物技术和新医药、节能环保、软件和服务外包产业快速发展。无锡国家传感网创新示范区建设开始起步。

科技投入继续快速增长。全社会科技活动经费达1 300亿元,比上年增长 15%,研究与发展(R&D)活动经费 680 亿元,占地区生产总值的 2%,企业和区域创新能力明显提升。全省从事科技活动人员 58.9 万人,其中研究与发展(R&D)人员 22.3 万人。全省拥有中国科学院和中国工程院院士 92 人。高校和科研院所在科技创新中的作用日益增强。一批海内外高层次人才和创新创业团队落户江苏。各类科学研究与技术开发机构4 950个,其中政府部门属独立研究与开发机构 149 个,高等院校属科研机构 436 个,大中型工业企业办科研机构2 100个。已建国家和省级高技术研究重点实验室、重大研发机构、工程技术研究中心、科技公共服务平台1 061个,比上年增加 520 个,经国家认定企业技术中心 37 个。

质量检验不断加强。全省共有产品质量检验机构 177 个,国家检测中心 25 个;监督抽查产品 263 种,比上年上升 15%。共有产品质量、体系认证机构 4 个,完成强制性产品认证的企业7 904个;法定计量技术机构 175 个,强制检定计量器具 433.5 万台件,下降 34%;制定、修订地方标准 241 项。

2. 教育事业

教育事业全面发展。全省共有普通高校 122 所,普通高等教育招生 42.98 万人,在校生 165.34 万人,毕业生 41.27 万人。研究生教育招生 4.02 万人,在校研究生 11.39 万人,毕业生 2.96 万人。高等教育毛入学率达 40%。全省中等职业教育在校生达到 104.82 万人(不含技工学校)。小学在校生巩固率达到 99.75%,初中在校生巩固率达到 98.56%,高中阶段教育毛入学率达到 95%,基本普及高中阶段教育。初中毕业生升学率 97.3%。小学学龄儿童入学率 99.94%。特殊教育招生 0.45 万人,在校生 3.09 万人。幼儿园在园幼儿 193.22 万人。城乡免费义务教育全面实行,各级各类学校政府财政经费投入不断加大。

(四)文化、卫生和体育

1. 文化事业更加繁荣

全面推进文化体制改革,加快文化强省建设,国有经营性文化单位转企改制取得新突破。公共文化服务体系、文化市场体系建设取得新进展,文艺创作、广播影视、新闻出版和哲学社会科学事业取得新成绩。年末全省共有文化馆、群众艺术馆 117 个,公共图书馆 108 个,博物馆 186 个,档案馆 168 个,向社会开放档案 345 万卷(件、册);共有广播电台 14 座,中短波广播发射台和转播台 21 座,电视台 14 座,广播综合人口覆盖率和电视综合人口覆盖率分别达 99.99% 和 99.88%。有线电视用户1 722.2万户,比上年增长 9.75%。生产故事影剧片 14 部。全年报纸出版 27.12 亿份,杂志出版 11 413万册,图书出版46 470万册。

2. 卫生事业统筹推进

全省城市社区卫生机构覆盖率达到 98%,农村三级卫生服务网络基本形成。新型农村合作医疗人口覆盖率达到 95% 以上,培训乡村卫生人员17 185人。年末共有各类卫生机构13 402个,其中医院、卫生院2 556个,卫生防疫和防治机构 216 个,妇幼卫生保健机构 105 个。各类卫生机构拥有病床 251 773张,其中医院、卫生院病床234 718张。共有卫生技术人员306 456人,其中执业医师、执业助理医师123 166人,注册护士110 567人,卫生防疫和防治机构卫生技术人员7 545人,妇幼卫生机构卫生技术人员4 999人。乡镇卫生院1 415个,床位56 416张,卫生技术人员63 949人,乡村医生和卫生员 70 000人。积极推进医药卫生体制改革,基本药物制度启动实施。

3. 体育事业蓬勃发展

全省运动员在第十一届全运会等重大国内、国际比赛中,有 63.5 人次获金牌,42 人次获银牌,43

人次获铜牌。

（五）城乡建设

1. 创新城乡规划工作思路，城乡规划体系构建全国领先

2009年，《江苏省城乡规划条例》已经过省人大常委会一审。《江苏省城镇体系规划》修编正式开展。在城乡规划全覆盖的基础上，组织开展了新一轮规划期至2030年的城市总体规划修编。在全国率先启动了生态型工业园区规划建设。

2. 城乡基础设施建设投入力度加大，城乡居民生活环境质量进一步改善

2009年，全省城市道路、城乡统筹供水、污水和垃圾处理设施建设等累计投入超过1 350亿元，同比增长超过60%。全省新增“中国人居环境奖”城市1个，新增“中国人居环境范例奖”项目3个，累计获得联合国人居奖和“中国人居环境奖”的城市和项目数均居全国前列。成功举办第六届江苏省园艺博览会。大力推进城乡统筹供水工程，苏中和苏北地区通水乡镇比例分别达到77%、33%。苏南城市饮水水质全面达到或优于国家《生活饮用水卫生标准》。全省城镇供水安全局势平稳，太湖流域城乡供水实现安全度夏。全省新增污水收集管网3 500公里、污水日处理能力120万立方米，城市污水处理率达85%以上。新建燃气管道2 000公里、新增天然气用户20万户。新增垃圾无害化处理能力4 000吨/日，城市（含县城）生活垃圾无害化处理率达83%。在全国率先开展了村庄生活污水治理适宜技术研究，在试点示范基础上，归纳梳理出9类相对稳定并符合江苏省实际的处理技术予以重点推广。全省累计建成村庄污水处理设施2 172个，完成201个省级村庄环境整治示范，村庄环境整治呈现由点到面的新局面。

城市化和城市现代化水平稳步提高，年末城市化率达55.6%，比上年提高1.3个百分点。

3. 新农村建设持成效显著，城乡统筹发展水平不断提高

2009年，江苏省委、省政府确定了“保供给、促增收、强基础、重民生”的农业农村发展总目标，并全面启动了农村人才工程、农民健康工程、为农服务工程、农村文化工程、农村环境工程、脱贫攻坚工程等新一轮农村六件实事工程，新农村建设呈现出新气象，农村生产生活条件进一步改善，全省行政村基本实现通电、通公路、通公交、通自来水、通电话、通有线电视、通宽带网。农民专业合作组织蓬勃发展，累计入社农户达541万户，占全省农户总数的36%。

2009年，江苏农村人均纯收入达到8 004元，城乡居民收入比为2.5:1，是全国城乡差别最小的省份。苏州等地通过“双置换”农民身份转为市民，在教育、就业、医保等方面享有同等的权利，实现了就地、就近城市化。大力培育农民专业合作组织，认真搞好农村土地股份合作制改革试点。全省农村三大合作累计达27 650家，社员541万户。建立健全农村土地市场流转新机制，全省新增土地流转面积500万亩，累计达1 420万亩，占农户家庭承包面积的28%。推进农业适度规模经营，全省农业适度规模经营面积累计达到2 696万亩，占全省耕地总面积的37.8%。积极实施“万项良田建设工程”试点，全省耕地占补平衡工作以总分97.06分位列全国第二，基本农田保护工作受到国家表彰。

（六）环境保护和安全生产

1. 节能减排取得明显成效

大力推进资源节约型、环境友好型社会建设，实施重点节能减排项目，淘汰落后产能，深入开展化工生产企业专项整治，建成一批节能和循环经济重点工程。全年共实施1 121个减排项目，关闭小火电机组687.6万千瓦，淘汰落后炼铁能力245万吨、落后炼钢能力547.2万吨，分别完成“十一五”总目标的224.3%、51.1%和77.4%。预计超额完成单位GDP能耗降低率的年度目标。化学需氧量、二氧化硫排放量分别削减3.1%和4.1%，累计完成“十一五”减排总目标的98.93%和121.1%。

2. 环保工作取得新进展

2009 年末全省设立自然保护区 31 个,其中国家级自然保护区 3 个,自然保护区面积 56.69 万公顷。加强太湖、淮河流域水污染防治,太湖水质进一步改善,饮用水安全保障和湖泛防控取得积极成效。工业废水排放总量 25.86 亿吨,工业废气排放总量26 400.5亿标立方,工业粉尘排放量 20.15 万吨,空气质量监测达到二级标准的城市 11 个。植树造林 156 万亩,森林覆盖率提高 1 个百分点。

安全生产事故下降。事故起数和死亡人数实现“双下降”,全年发生各类事故20 225起,死亡5 870人,同比事故起数下降 12.24%,死亡人数下降 1.84%。亿元 GDP 生产安全事故死亡人数为 0.168 人,下降 12.04%。

三、挑战与目标

在肯定成绩的同时应清醒地看到,江苏省经济社会发展中还存在许多困难和问题。一是扩大需求存在较大制约,外部需求恢复艰难,民间投资跟进有待进一步加快,城乡居民消费后劲有待进一步增强。二是推进经济发展方式转变难度增大,资源和环境约束日益突出,增强自主创新能力、优化产业结构、促进制造业向高端环节攀升任务艰巨。三是农民持续增收难度加大,农民就业创业技能需要继续提升。四是财税增支减收因素影响仍将持续,财政收支平衡面临较大压力。五是就业结构性矛盾较为突出,解决重点人群就业任务繁重。此外,物价上涨压力加大,食品药品安全、市场监管和安全生产方面存在许多薄弱环节,改善民生和社会建设方面还有不少亟待解决的问题,维护社会稳定面临新的情况。政府服务效能有待提高,勤政廉政建设有待加强。对此,必须高度重视,切实采取措施加以解决。

2010 年经济社会发展的主要预期目标是:地区生产总值增长 10%,地方一般预算收入增长 10%,全社会固定资产投资增长 18%,社会消费品零售总额增长 17%,外贸进出口总额增长 5% 以上,研发投入占地区生产总值比重达到 2% 以上,万元地区生产总值能耗下降 4% 左右,化学需氧量、二氧化硫排放量分别削减 3% 和 2.2%,城镇居民人均可支配收入增长 10%,农村居民人均纯收入增长 9% 左右,居民消费价格涨幅 3% 左右,城镇登记失业率控制在 4% 以内,人口自然增长率控制在 4‰以内。上述主要预期目标,是江苏省政府综合考虑各方面因素,根据需要和可能提出的。地区生产总值增幅与 2009 年持平,目的是引导各地把工作重点放到调整经济结构、转变发展方式、提高经济增长质量和效益上来。2010 年首次把研发投入占地区生产总值比重列入经济社会发展预期目标,目的是引导各市尽快走上创新驱动的发展轨道。

四、江苏省在长三角地区经济发展中的地位

2009 年,面对国际金融危机的严峻考验,江苏省认真落实中央的决策部署和一系列政策措施,统筹做好保增长保民生保稳定各项工作,有效遏制了经济增长下滑态势,经济企稳向好态势不断增强,结构调整和自主创新取得重大进展,民生继续得到改善,不仅实现了保增长目标,而且增添了发展后劲。但经济发展仍面临一些困难和矛盾,上升基础有待于进一步巩固。

近年来,江苏省地区生产总值在长三角地区稳居第一位,所占比重呈现明显的逐年增加趋势。2005 - 2009 年,江苏省地区生产总值在长三角所占比重分别为 44.78%、45.30%、45.50%、46.28% 和 47.53%,五年累计增幅高达 2.75 个百分点。其中,2008 年和 2009 年分别比上年增加 0.78 和 1.25 个百分点,为近年来最大增幅。2009 年江苏省整体经济运行态势良好,从主要经济指标的增长变动轨迹看,全年经济增长走出了一条“触底反弹—企稳向好—稳步回升”的曲线,一季度进入谷底,二季度企稳回升,下半年逐步加快,整体呈现 V 形反弹态势。

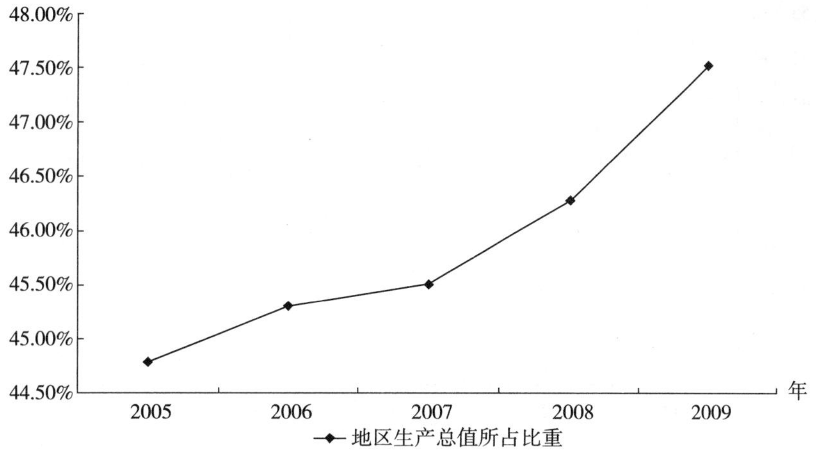

图 2－21　2005－2009 年江苏省地区生产总值在长三角所占比重的变化趋势

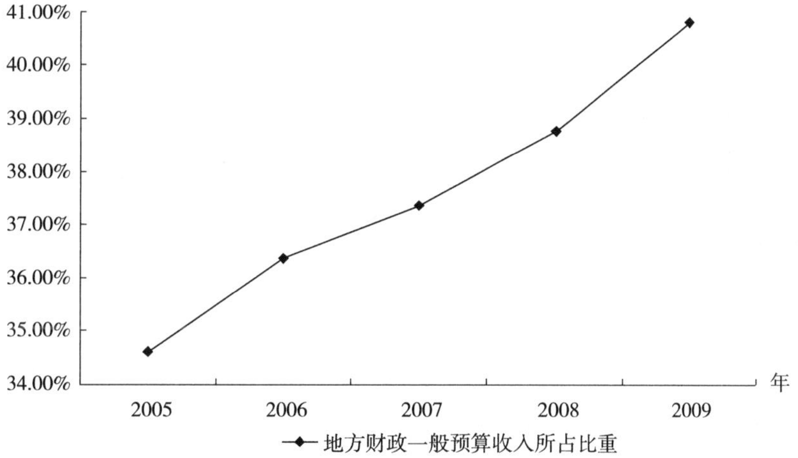

图 2－22　2005－2009 年江苏省地方财政一般预算收入在长三角所占比重的变化趋势

2005－2009 年，江苏省地方财政一般预算收入在长三角地区的占比分别是 34. 60%、36. 37%、37. 36%、38. 76%和 40. 81%，累计增幅达 6. 21 个百分点，增长趋势十分明显。自 2006 年江苏地方财政一般预算收入超越上海以来，已连续四年保持着该位次。经济决定财政，2009 年江苏省实现地方财政一般预算收入3 228. 8亿元，比上年增长 18. 2%，增幅分别比前一、二、三季度提高 9. 8 个、5. 7 个和 4. 1 个百分点，反映了经济运行逐步向好的态势。

2005－2009 年，江苏省规模以上工业总产值在长三角地区的占比分别是 45. 69%、46. 47%、47. 75%、49. 44%和 52. 62%，继续保持着大幅增长的态势，累计增幅高达 6. 92 个百分点。其中 2009 年占比比上年增长 3. 18 个百分点，并首次超越长三角地区的 50%。2009 年，全省工业生产持续回升，增速逐季加快。2009 年，全省产值排序居前 100 户工业企业实现产值16 571. 1亿元，占全省规模以上工业产值比重达 22. 7%，同比增长 10. 8%，百强企业全年产值增幅保持回升态势，1－3 月、1－6 月、1－9 月、1－12 月，实现产值同比分别增长 4. 7%、5. 4%、6. 2%、10. 8%，有力带动全省规模以上工业生产持续回升；全省大中型企业实现增加值9 313. 2亿元，同比增长 9. 7%，增速比上半年提高 2. 4 个百分点，对全省规模以上工业增长的贡献率为 39%，拉动全省规模以上工业增长 5. 7 个百分点，大中型企业支撑作用较为明显。

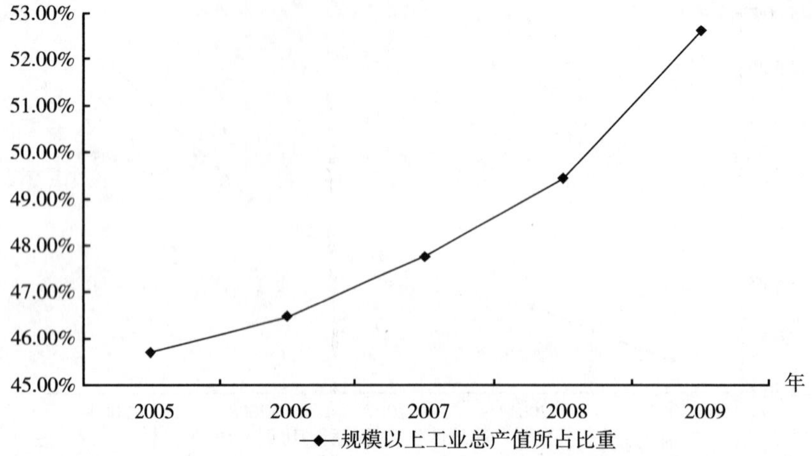

图 2-23 2005-2009 年江苏省规模以上工业总产值在长三角所占比重的变化趋势

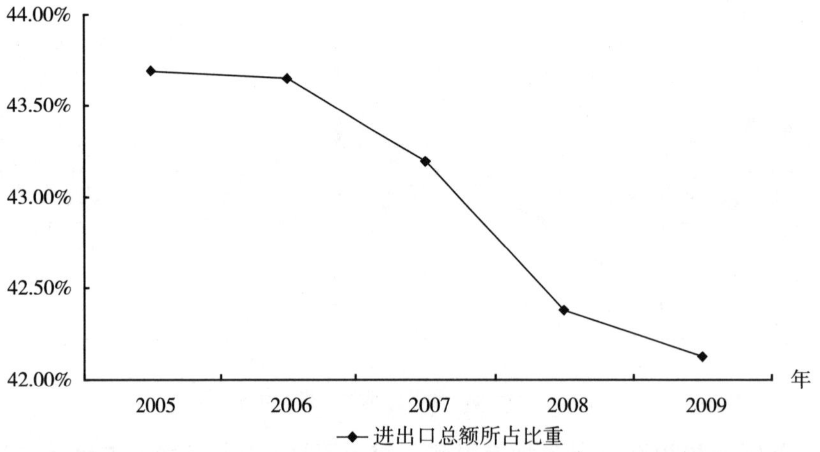

图 2-24 2005-2009 年江苏省进出口总额在长三角所占比重的变化趋势

2005-2009 年,江苏省进出口总额在长三角地区的占比分别是 43.69%、43.65%、43.20%、42.38%和42.13%,呈现逐年减少的态势,累计降幅为 1.56 个百分点。2009 年,江苏省对外贸易累计进出口总值为3 388.3亿美元,同比下降 13.6%,其中出口1 992.4亿美元,比 2008 年下降 16.3%;进口1 395.9亿美元,下降9.5%。全年贸易顺差 596.5 亿美元,较上年减少 28.8%。12 月份,外贸进出口总额 351.2 亿美元,同比增长 33.9%,比 11 月大幅提高 16.8 个百分点。其中出口 203.5 亿美元,为历史上月度出口值的第五高位,同比增速由 11 月份的 6.6% 扩大为 16.6%;进口 147.7 亿美元,为历史上月度进口额的第二高位,同比增长 65.4%,增幅较上月提高 30.5 个百分点;12 月份当月进出口、出口和进口环比分别增长 7.8%、4.5%、12.7%。12 月份,全省外贸进出口、出口、进口继 11 月之后继续保持正增长,且增速明显加快,表明全省对外贸易正在加速复苏,同时进口的大幅增长说明内需较为旺盛。

2005-2009 年,江苏省实际外商直接投资金额在长三角地区的占比分别是 47.50%、52.15%、54.49%、54.48%和 54.18%,在连续增长之后,2009 年下跌了 0.3 个百分点。2009 年,江苏外资工作凸显“总量保持稳定、结构日趋优化”的新特征。2009 年,江苏实际利用外资 253.2 亿美元,同比

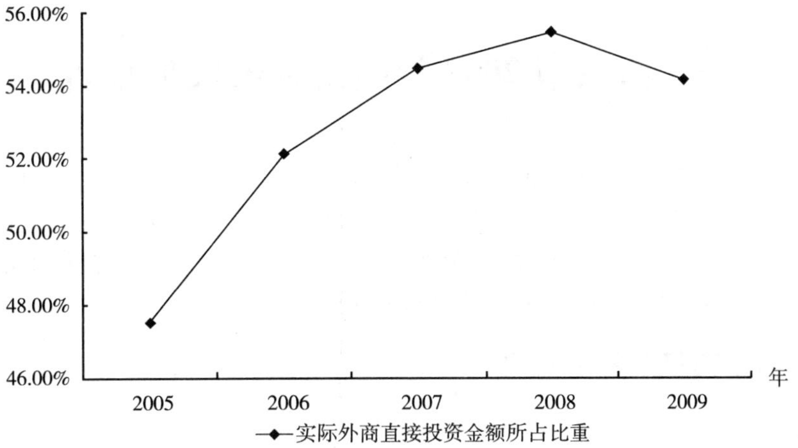

图 2－25　2005－2009 年江苏省实际外商直接投资金额在长三角所占比重的变化趋势

增长 0.8%，连续七年位居全国第一，连续三年总量突破 200 亿美元。实际利用外资规模占全国比重由 2008 年的 27% 提高到 28%。其中，苏南、苏北地区分别增长 3.6% 和 18%，苏中地区下降 17.3%。江苏全省半数以上的省辖市实际利用外资增幅超过 10%。有 10 个省辖市实际利用外资规模突破 10 亿美元。

一　南京市2009年经济社会发展报告

受国际金融危机的影响,刚刚过去的2009年是南京市经济社会发展面临严峻考验的一年。南京市人民在市委、市政府的领导下,全面落实中央、省各项决策部署和政策措施,坚持科学发展导向,坚持发展第一要务,围绕“保增长,扩内需、促转型”的工作主线,积极应对挑战,坚定发展信心,经济社会发展情况好于年初预期,较好地完成了全年确定的各项目标任务。

一、2009年南京市经济发展概况

(一)综合经济

1. 经济总量

2009年全市实现生产总值4 230.26亿元,按可比价格计算,比2008年增长11.5%。第一产业实现增加值129.18亿元,增长4.1%;第二产业实现增加值1 930.67亿元,增长10.1%,其中工业增加值1 640.53亿元,增长9.3%;第三产业实现增加值2 170.42亿元,增长13.5%。在全市生产总值中,非公经济实现的增加值占全市经济的比重达到47.6%,民营经济增加值占全市经济的比重达到35.9%。人均地区生产总值(按常住人口计算)达到55 290元,按可比价格计算,比2008年增长9.5%。三次产业结构由2008年的3.1∶46.4∶50.5调整为3.1∶45.6∶51.3。

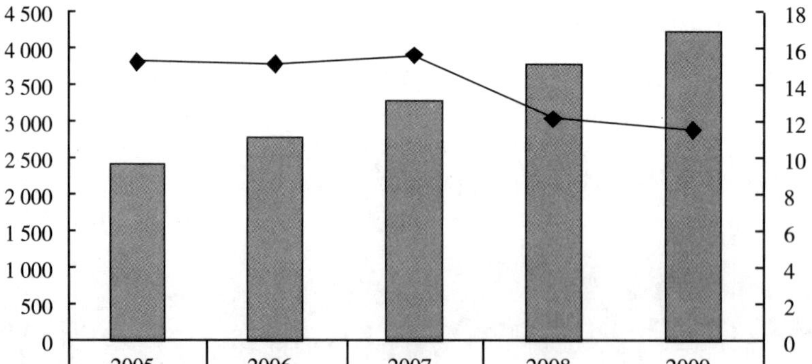

	2005	2006	2007	2008	2009
地区生产总值(亿元)	2 411	2 774	3 284	3 775	4 230.26
增幅(%)	15.2	15.1	15.6	12.1	11.5

图2－26　2005－2009年南京市地区生产总值及增长速度

2. 财政收支

2009年全市实现财政总收入901.15亿元,比2008年同口径增长21.4%。其中,地方一般预算收入434.51亿元,增长12.4%。2009年完成各项税费收入1 158.67亿元,比上年增长18.2%。其中,国税征收完成621.39亿元,地税征收完成493.3亿元,财政征收完成43.98亿元。在各项税收中,外商投资企业、私营企业分别完成203.77亿元和102.76亿元,分别增长15.1%和16.2%。

全年地方财政一般预算支出461.31亿元,比上年增长14.0%。其中,教育支出64.13亿元,增长10.4%;科学技术支出13.78亿元,增长45.4%;社会保障和就业支出36.84亿元,增长18.5%。

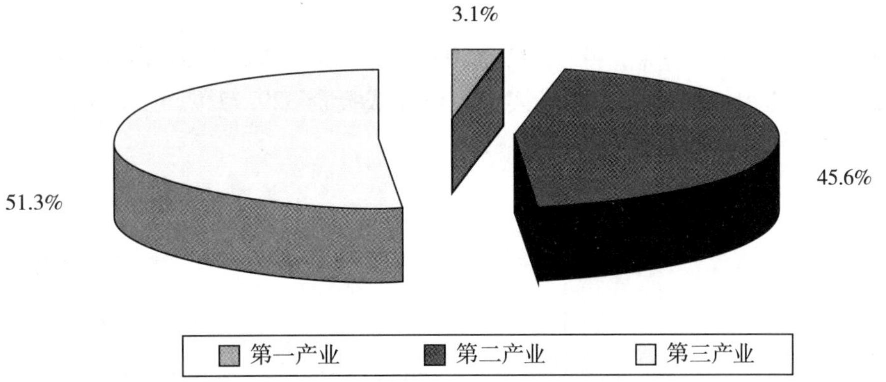

图 2-27 2009 年南京市三次产业结构图

3. 物价水平

2009 年全市居民消费价格指数为 100. 1，比 2008 年上升 0. 1%。构成消费价格的八大类指数"五升三降"。其中：食品类、烟酒及用品类、衣着类、医疗保健和个人用品类、家庭设备用品及维修服务类升幅分别为 2. 1%、2. 6%、0. 5%、0. 5% 和 6. 6%；交通和通信类、娱乐教育文化用品及服务类、居住类的降幅分别为 3. 1%、3. 5% 和 1. 1%。

表 2-14 2009 年居民消费和商品零售价格指数

指标名称	本年累计（上年同期 = 100）
居民消费价格总指数	100. 1
一、食品	102. 1
二、烟酒及用品	102. 6
三、衣着	100. 5
四、家庭设备用品及维修服务	106. 6
五、医疗保健和个人用品	100. 5
六、交通和通信	96. 9
七、娱乐教育文化用品及服务	96. 5
八、居住	98. 9
商品零售价格总指数	98. 7

2009 年全市工业品出厂价格指数为 90. 8，比 2008 年下降 9. 2%。其中，轻工业价格指数为 94. 1，重工业价格指数为 88. 7，分别下降 5. 9% 和 11. 3%；生产资料价格指数为 89. 1，下降 10. 9%；生活资料价格指数为 100. 1，上升 0. 1%。

4. 固定资产投资

2009 年全市完成全社会固定资产投资2 668. 03亿元，比 2008 年增长 23. 9%。

从产业结构看，第一产业完成投资 12. 24 亿元，比 2008 年下降 1. 5%；第二产业完成投资1 311. 31亿元，增长 20. 4%，其中工业投入1 300. 40亿元，增长 20. 3%；第三产业完成投资1 344. 48亿元，增长 27. 7%。民间投资大幅增长，完成投资1 365. 94亿元，增长 32. 5%，占全社会固定资产投资的比重达到51.2%。

从所有制结构看,国有经济完成投资972.32亿元,比2008年增长26.3%;非国有经济完成投资1 695.71亿元,增长22.5%,其中外商及港澳台经济完成投资329.77亿元,下降6.7%,私营和个体经济完成投资837.75亿元,增长48.5%。

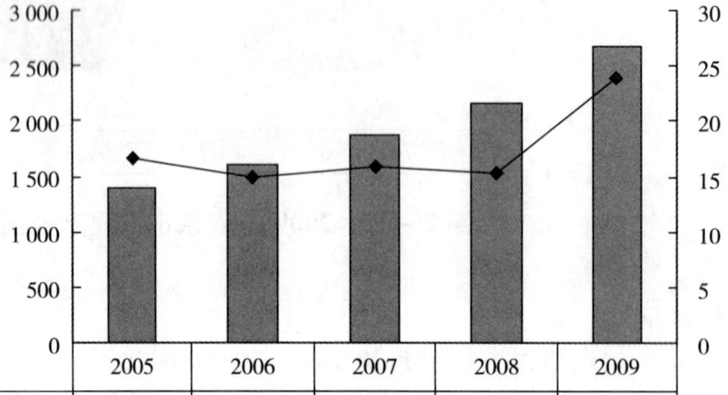

	2005	2006	2007	2008	2009
固定资产投资总额(单位:亿元)	1 402.72	1 613.55	1 867.96	2 154.17	2 668.03
增幅(%)	16.7	15	15.8	15.3	23.9

图2-28　2005-2009年南京市全社会固定资产投资及增长幅度

5.区县经济

2009年,南京市区、溧水县和高淳县地区生产总值分别占全市的89.43%、5.21%、5.36%。

溧水县全年实现地区生产总值199.37亿元,增长16.2%;完成财政收入23.65亿元,增长35%,其中,地方一般预算收入14.42亿元,增长44%,增幅在全市继续保持第一,总量在全省县(市)中位次又前移2位。工业经济快速增长,工业产值、销售收入、增加值、利润分别达到415亿元、395亿元、105亿元和19亿元,分别增长19.1%、19.5%、19%和24%。现代农业加快发展,完成增加值14亿元,增长4.2%。三产服务业继续发展,实现社会消费品零售总额56.31亿元,增长19.2%。十大重点商贸流通企业销售收入增长27.5%。

高淳县全年实现地区生产总值205.14亿元,增长16.9%。财政收入16.5亿元,其中地方一般预算收入10.67亿元,分别增长13.2%和18.3%。工业总产值296.91亿元,利润13亿元,分别增长23%和11.7%。全社会固定资产投资143.1亿元,其中工业固定资产投资101.3亿元,分别增长32.4%和31.5%。社会消费品零售总额67.7亿元,增长19.5%。农民人均纯收入9 881元,增长10%。

表2-15　2008年南京县区主要经济指标

县市	生产总值(亿元)	工业总产值(亿元)	城镇固定资产投资(亿元)	地方财政一般预算收入(亿元)	出口(亿美元)	社会消费品零售总额(亿元)
南京市区	3 421.25	5 476.24	2 008.36	384.33	176.79	1 692.77
溧水县	199.37	364.86	101.81	14.42	2.24	56.31
高淳县	205.14	296.91	43.11	10.67	1.65	65.05

（二）农业

2009年，全市农林牧渔及农林牧渔服务业实现总产值223.66亿元，比2008年增长6.7%。其中，农业产值122.81亿元，增长13.2%；林业产值3.05亿元，增长9.6%；牧业产值38.70亿元，下降10.0%；渔业产值47.71亿元，增长7.3%；农林牧渔服务业产值11.39亿元，增长5.1%。

全年粮食总产量110.69万吨，比2008年下降3.3%。其中，小麦产量20.52万吨，下降3.7%；水稻产量79.54万吨，下降3.4%。油料总产量13.41万吨，比2008年增长0.6%。其中油菜籽12.52万吨，增长0.8%。蔬菜总产量265.27万吨，比2008年下降1.6%。

2009年水产品产量20.27万吨，比2008年增长0.7%。肉类总产量12.66万吨，比2008年下降4.2%。禽蛋总产量7.75万吨，下降7.0%。全年牛奶总产量8.65万吨，下降13.3%。

2009年全市高效蔬菜面积达52万亩，比上年增长5.4%；高效茶园面积9.5万亩，增长5.0%；高效果品面积（含高效果用瓜面积）13.3万亩，增长4.9%；高效渔业面积27.8万亩，增长3.5%。截止2009年末，设施农业面积达到32.29万亩，当年新增5.49万亩。

年末全市累计通过省级认定的无公害农产品达287个（当年新增36个），有效使用绿色食品标志产品个数153个，有机食品基地80个（当年新增19个）。累计通过省级认定的无公害农产品生产基地总面积达189.01万亩（当年新增0.61万亩）。

（三）工业

产业结构调整取得新进展。以重大工程及项目推动产业升级，全力培育大企业大集团。开工建设高世代液晶面板、扬巴二期等81个亿元产业项目。

2009年全市完成工业增加值1 640.53亿元，按可比价格计算，比2008年增长9.3%。全市规模以上工业完成总产值6 756.15亿元，增长3.0%；其中，轻工业总产值1 184.82亿元，增长6.9%，快于重工业增幅4.7个百分点，轻重工业比调整为17.5∶82.5。

在规模以上工业企业中，股份制企业实现工业总产值2 953.30亿元，比2008年增长6.6%；外商及港澳台投资企业2 573.52亿元，增长1.1%；私营企业1 096.97亿元，增长16.5%；国有企业975.55亿元，下降4.0%；集体企业83.29亿元，增长1.2%。2009年，全市大中型企业实现工业总产值4 324.78亿元，下降5.6%。

2009年，全市规模以上工业完成新产品产值827.56亿元，比2008年增长3.8%，新产品产值率达12.2%。

2009年，全市规模以上工业企业实现主营业务收入6 674.49亿元，比2008年增长1.7%；工业产品产销率98.5%；实现利税698.44亿元，增长84.1%；实现利润318.34亿元，增长148.2%。工业产品出口交货值795.99亿元，比2008年下降30.8%，占工业销售产值的比重为12.0%。全市有出口交货值的规模以上工业企业达到507家，超过亿元的有97家。

全年工业用电量达到223.75亿千瓦时，比2008年增长7.7%，占全社会用电量的比重达到66.4%。

表2－16　2009年主要工业产品产量

产品名称	计量单位	产品产量	比上年增长（±%）
粗钢	万吨	950.65	12.7
生铁	万吨	949.42	17.0
成品钢材	万吨	997.74	11.2

(续表)

产品名称	计量单位	产品产量	比上年增长(±%)
民用钢质船舶	总吨	2 441 800.00	65.2
原油加工量	万吨	2 040.86	8.8
水泥	万吨	1 036.43	-20.9
合成氨	万吨	31.71	43.5
纯苯	万吨	61.74	21.1
初级形态的塑料	万吨	170.32	5.1
硫酸	万吨	75.09	23.6
乙烯	万吨	141.60	5.1
化肥(折纯)	万吨	21.10	58.5
农药	万吨	6.97	33.0
汽车	万辆	23.93	103.3
摩托车	万辆	56.52	-30.0
烷基苯	万吨	12.55	19.0
卷烟	亿支	326.80	-5.2
彩色电视机	万台	119.52	-29.4
微型电子计算机	万台	24.33	7.9
发电量	亿千瓦小时	207.04	4.5

(四)服务业

1. 国内贸易

2009 年全市完成社会消费品零售总额1 961.58亿元,比 2008 年增长 18.8%。其中,批发和零售业完成 1 704.08亿元,增长 18.8%;住宿和餐饮业完成 231.41 亿元,增长 18.6%。私营经济、个体经济和股份制经济完成零售额分别为 443.49 亿元、656.90 亿元和 205.54 亿元,分别增长 20.6%、18.6%和 12.7%。

全年新建和升级改造郊县"万村千乡"连锁农家店 385 个;"家电下乡"全年销售额达 1.73 亿元,家电以旧换新实现销售额达到 7.21 亿元。

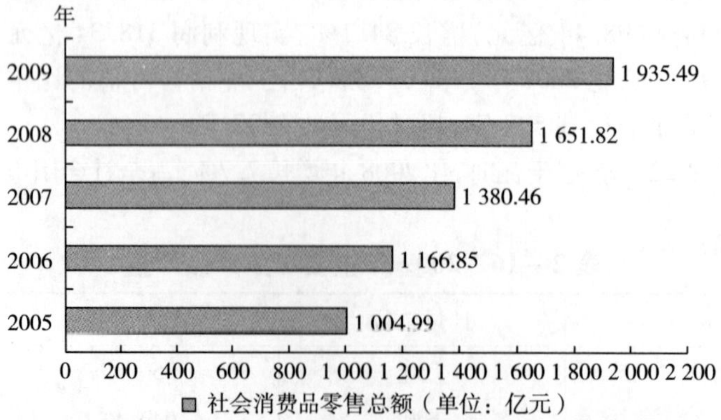

图 2-29 2005-2009 年南京市社会消费品零售总额

2. 交通运输、邮电

2009 年全市交通运输仓储业完成增加值 218.17 亿元，按可比价计算，比 2008 年增长 10.7%。各种运输方式共完成客运周转量 290.9 亿人公里，比 2008 年增长 8.9%；完成货运周转量2 820.36亿吨公里，增长 52.4%。

加快实施公交优先战略，全年新增和更新出租车 241 辆，出租车总数达到10 364辆；新增和更新公交车1 200辆，公交运营车辆总数达到6 201辆。全市公交车运营数达到7 791标台，其中地铁 300 标台。新增 2 条过江公交线路。

2009 年末全市民用汽车保有量达到 67.1 万辆，比 2008 年增长 23.8%，其中本年新注册 13.9 万辆，增长 51.1%。年末私人汽车保有量 50.2 万辆，增长 30.4%，其中本年新注册 11.3 万辆。2009 年末私人轿车保有量为 36.1 万辆，增长 33.7%，其中本年新注册 8.5 万辆。

全市 2009 年完成邮电通信业务总量 121.72 亿元，比 2008 年增长 16.4%。其中，电信业务总量 111.83 亿元，增长 17.2%；邮政业务总量 9.89 亿元，增长 7.9%。邮电业务收入 93.34 亿元，增长 5.4%。其中，电信业务收入 87.26 亿元，邮政业务收入 6.08 亿元，分别增长 7.3% 和下降 16.4%。2009 年末拥有移动电话用户 801.06 万户，新增 163.05 万户；全年固定电话用户为 300.1 万户，比 2008 年减少 18.95 万户；2009 年末住宅电话用户 183.1 万户，比 2008 年减少 20.04 万户。电话交换机总容量达 557.05 万门。计算机互联网用户达 142.07 万户，比 2008 年增长 32.7%。其中，宽带用户达 138.86 万户，增长 33.6%。国际国内特快专递完成 608 万件，增长 20.6%。

3. 旅游业

全年接待海内外旅游者5 633.36万人次，比 2008 年增长 10.7%。其中，接待国内游客5 519.91万人次，增长 11.1%；接待入境旅游者 113.45 万人次，下降 5.1%。国际旅游创汇 8.37 亿美元，下降 4.1%。全年经批准因私出国出境人数达 30.36 万人次，增长 24.4%。2009 年末全市拥有旅游星级宾馆饭店 131 家。旅游 A 级景区 47 家。其中 5A 级景区 1 个，4A 级景区 9 个，3A 级旅游景区 12 个，2A 级旅游景区 25 个。各类旅行社 450 家，其中经营出境旅游业务的旅行社 16 家。

4. 金融和保险

2009 年末全市全辖金融机构本外币各项存款余额达11 088.39亿元，比 2009 年初增加2 500.93亿元，增长 29.1%。其中，储蓄存款余额达3 125.00亿元，增长 21.8%。全市金融机构本外币贷款余额9 411.48亿元，比 2009 年初增加1 946.06亿元，增长 26.0%。

2009 年全市商业性保险保费收入 145.98 亿元，比 2008 年增长 13.3%。其中，人身险保费收入 107.76 亿元，增长 10.5%；非人身险保费收入 38.22 亿元，增长 21.9%。非人身险全年赔款支出 17.99 亿元，增长 0.2%。

5. 房地产业

2009 年全市完成房地产开发投资 595.68 亿元，增长 17.2%。2009 年实现商品房屋销售面积和销售额分别为1 187.27万平方米和 853.07 亿元，比 2008 年分别增长 68.8% 和 137.4%。

(五) 开放型经济

1. 对外贸易

2009 年全市实现进出口总额 337.45 亿美元，比 2008 年下降 16.9%。其中，出口完成 184.59 亿美元，下降 21.8%。在出口总额中，三资企业完成 64.81 亿美元，下降 26.5%，占全市出口额的比重为 35.1%。对亚洲、欧洲、北美洲三大主体市场的出口额为 157.78 亿美元，下降 22.5%，占全市出口额的 85.5%。2009 年对非洲和拉丁美洲的出口分别下降 6.8% 和 26.9%。

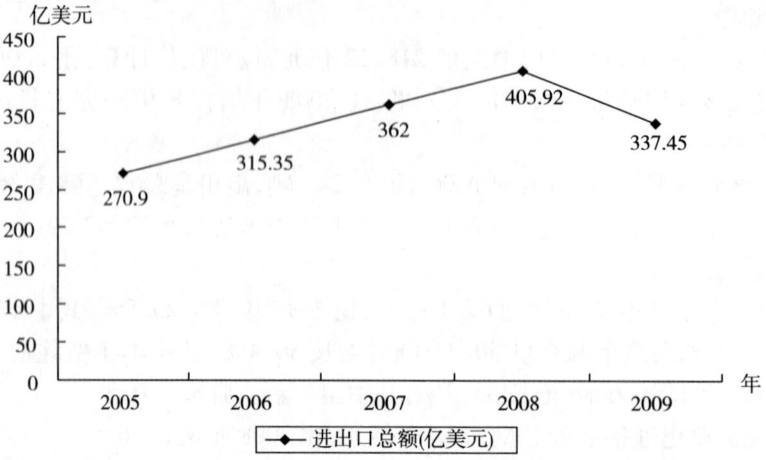

图 2－30　2005－2009 年南京市外贸进出口总额

全市出口额超千万美元的企业有 227 家,出口额达 154. 5 亿美元,比 2008 年下降 19. 4% ,占全市出口总量的 83. 7% 。

表 2－17　对主要地区和国家的货物出口情况

单位:亿美元

国别地区	出口额	增长%
合计	184. 59	－21. 8
一、亚洲	68. 78	－23. 9
#香港地区	8. 89	－27. 8
日本	12. 86	－2. 8
韩国	10. 16	－33. 4
中东国家	8. 13	－20. 3
东南亚国家联盟	15. 92	－28. 7
台湾省	2. 67	－30. 0
二、非洲	9. 14	－6. 8
三、欧洲	52. 76	－27. 1
#欧洲联盟	49. 44	－27. 2
独联体及东欧国家	2. 60	－34. 2
四、拉丁美洲	13. 47	－26. 9
五、北美洲	36. 24	－11. 7
#美国	31. 87	－9. 7
六、大洋洲	4. 24	6. 0

2. 利用外资

2009 年全市新批注册合同外资额 45. 59 亿美元,比 2008 年增长 15. 5% ;实际使用外资 23. 92 亿美元，增长0.8%。全市12个省级以上开发区新批注册合同外资28.12亿美元，增长13.8%；实际使用外资15.03亿美元，增长0.9%。

3. 对外经济

2009年新签对外承包劳务合作合同金额达11.50亿美元，比2008年增长10.9%；实际完成对外承包劳务营业额11.57亿美元，增长12.8%。2009年末在外劳务人数达5 406人，下降10.7%。

4. 民营企业

2009年，南京民营企业化危为机，创造了辉煌的成绩。全市民营经济增加值达1 490亿元，增长11.5%，占全市GDP的比重达35.9%；2009年1－11月，全市民营企业入库税收收入292.1亿元，占全市税收的32.6%；截至2009年11月底，全市民营企业完成固定资产投资1 254.71亿元，增长21.6%，占全社会固定资产投资的51.6%。此外，民营企业今年新增就业岗位11万个，成为南京市解决就业难题的主要渠道之一。在全市经济中，民营经济已经确立了"三分天下有其一"的地位。

5. 园区建设

2009年软件产业"两园多基地"建设快速推进，成功举办第五届中国（南京）国际软件产品博览会。13家省级服务业集聚区入园企业达到2 427家。累计建成农业科技示范园区6个，其中1个现代农业示范园区已通过省级认定。

二、2009年南京市社会发展概况

（一）人口、人民生活

2009年末全市户籍总人口为629.77万人，比2008年末增加5.31万人；其中，市区545.98万人，增加4.73万人。2009年末全市常住人口771.31万人，比2008年末增加12.42万人；常住人口出生率和死亡率分别为0.8‰和6.88‰。

2009年城市居民人均可支配收入25 504元，比2008年增长10.3%。其中，居民工薪收入、经营净收入、财产性收入、转移性收入比2008年分别增长8.4%、19.5%、19.1%和17.8%。城市居民人均消费支出为16 339.1元，比2008年增长8.0%。农民人均纯收入9 858元，比2008年增长10.1%。其中，工资性收入、家庭经营收入、财产性收入、转移性收入比2008年分别增长11.9%、5.4%、11.6%和22.3%。农民人均生活消费支出为7 587.7元，比2008年增长7.9%。

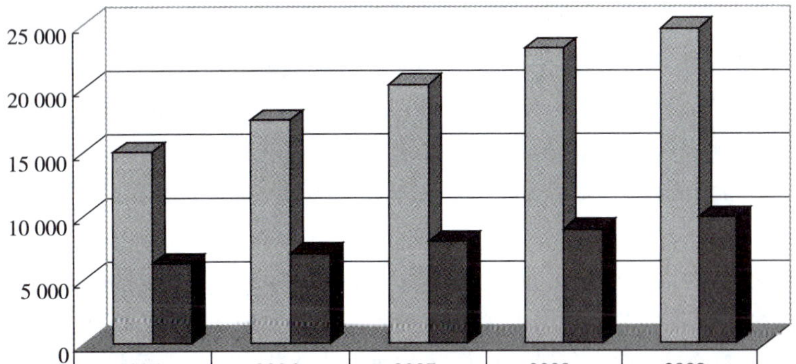

	2005	2006	2007	2008	2009
城市居民人均可支配收入(元)	14 997.47	17 537.72	20 317	23 123	24 678
农民人均纯收入(元)	6 225	7 045	8 020	8 950	9 858

图2－31　2005－2009年南京市城乡居民收入对比一览

(二)就业、社会保障

2009 年全市新增就业岗位 19.96 万个,农村劳动力转移就业人数 6.2 万人,援助困难人员再就业 1.29 万人。2009 年末城镇登记失业率为 3.02%,比 2008 年下降 0.14 个百分点。2009 年全市城镇社会保险五大险种累计参保人数达到 958.2 万人次,其中养老、失业、医疗保险覆盖率均达到 98% 以上。养老、失业保险金发放标准分别提高到1 540元、850 元。全市纳入各类养老保险总人数达到 409 万人,其中新型农村养老保险 120.33 万人,城镇基本养老保险参保人数为 188.32 万人;城镇失业保险参保人数为 180.23 万人,领取失业保险金人数为 2.57 万人;全市城镇职工基本医疗保险参保人数达到 250.18 万人。8.01 万名被征地农民进入社会保障。实施“慈善安居工程”,筹资 240 万元,帮助全市 300 户农村无自救能力家庭进行危房改造。

2009 年,南京市实现医疗、工伤、生育三险市级统筹,企业退休人员养老金、城市和农村低保标准分别有了新提高。新型农村养老保险覆盖率达 96.6%。出台老年人优待办法,老年人的社会优待水平进一步提高。建成经济适用房 256 万平方米,储备廉租房1 500套。

2009 年末全市福利类收养性单位拥有床位23 037张,收养人员达16 542人;其中,11 个社会福利院拥有床位2 415张,收养1 931人。建立城镇各类社区服务设施2 154处,区县街道级社区服务中心 53 个。全市城乡居民享受最低生活保障的有 14.64 万人。国家抚恤、补助各类优抚的对象 1.03 万人。

(三)科学技术和教育

1. 科技与创新

2009 年全市研究与发展活动经费支出占全市生产总值的比重约为 3%。全面启动国家科技体制综合改革试点城市和中国软件名城创建试点城市建设工作。完成软件业务收入 630 亿元。支持 100 家制造业信息化示范企业和 100 家信息化技术供应企业发展。新组建国家工程技术研究中心 1 家,省级工程技术研究中心 44 家,国家及省、市工程技术研究中心累计达 146 家,新建大中型企业研发机构 88 家。省市科技公共服务平台 78 家,省级以上重点实验室 48 家。

全年全市共签订各类技术合同7 951项。技术合同成交额为 63.78 亿元,增长 6.4%。2009 年度国家科学技术奖励南京地区共有 32 项成果上榜,比 2008 年增加 12 项。其中国家自然科学奖二等奖 2 项;国家技术发明奖二等奖 4 项;国家科技进步奖一等奖 3 项,二等奖 23 项。2009 年末全市拥有中国科学院院士 48 人;拥有中国工程院院士 33 人。

2009 年专利申请量达到14 220件,比 2008 年增长 21.6%。其中,发明专利申请量6 461件,比 2008 年增长 28.7%,占全年专利总申请量的 45.4%;专利授权量6 591件,增长 36.9%。其中,发明专利授权量2 039件,增长 36.2%,占全年专利授权量的 30.9%。

2009 年全市引进农业新品种 15 个。实施国际科技合作项目 37 个;其中,国家级 7 个,省级 11 个,市级 19 个。

2009 年末全市共有产品质量检验机构 242 个,国家检测中心 12 个;产品质量、体系认证机构 2 个;依法设立的计量技术机构 1 个,依法授权的计量技术机构 2 个。

2009 年对全市 15 大行业 43 类 164 种重点产品开展了质量监督检查,共计覆盖全市2 626家企业的3 983批次产品,抽查平均合格率为 92.0%。

2009 年全市制修订国际标准 4 项、国家和行业标准 54 项、地方标准 20 项。新建全国专业标准化技术委员会 3 个,新获“中国标准创新贡献奖”5 项。全市共有国家、省、市名牌产品 617 个(中国名牌产品 24 个,江苏名牌产品 181 个、南京名牌产品 412 个),国家、省质量奖获奖企业累计 29 个

（全国质量奖 2 个，江苏省质量奖 27 个）。

2. 教育事业

2009 年末拥有普通高等学校（不含部队院校）53 所，在校学生 77.34 万人（含研究生 8 万人），比 2008 年增加 4.84 万人。拥有普通中学 217 所，在校学生 26.11 万人，减少 1.16 万人。拥有小学 347 所，在校学生 28.32 万人，减少 0.24 万人。全市拥有小班化教育的中小学 130 所。拥有幼儿园 444 所，在园儿童 13.96 万人。中等职业学校在校学生 9.2 万人，减少 1.06 万人。全市各类市属学校共有教职工 7.09 万人，其中专任教师 5.62 万人。

初中毕业生升学率达 98.75%。优质教育资源不断扩大，三星以上普通高中和省级以上重点职业类学校招生比例达招生总数的 90%。2009 年全市有 3.19 万人被各类高校录取，录取率为 85.2%。全市高等教育自学考试报名 20.04 万人，报考课次 45.49 万门；国家非学历证书考试报名 47.75 万人；成人高考报名 4.02 万人。全年完成各级各类社会培训 100 万人次。

构建了全覆盖的政府助学体系，全年 3.33 万名幼儿及中小学生享受了“助学券”，共计减免学习费用1 100万元。在城乡一体全面实行义务教育免费政策的基础上，继续向“低保”家庭和低收入纯农户家庭义务教育阶段学生发放“助学券”，受益人数达到 2.37 万人。全年共为 4.05 万名学生发放职业教育助学金近6 000万元。基本实现在宁外来务工人员子女九年义务教育“全接纳”，人数达 6.19 万人，其中在公办学校就读的外来务工人员子女达到 93.1%。义务教育阶段人口覆盖率继续保持在 100%。

（三）文化、卫生和体育

1. 文化事业

2009 年末拥有文化馆 16 个，公共图书馆 18 个，博物馆 38 个（全社会口径）。拥有广播电台 2 座，中、短波广播发射台和转播台 2 座，电视台 2 座，一千瓦以上电视发射台和转播台 14 座，广播人口覆盖率和电视人口覆盖率均达到 100%。有线电视数字化工程平稳进展，有线电视用户数 193.49 万户，有线电视入户率达到 94.1%。年末拥有艺术表演团体 14 个。组织实施了送科技书籍、送戏、送电影下乡“三送”工程（“三送”统计范围为涉农 7 个区县），全年送图书下乡 3.69 万册、送电影4 539场、送戏 437 场。组织对外文化交流 35 批次，涉及 17 个国家和地区。全市共开展广场文化活动2 149场。举办了 2009（第四届）中国南京文化产业交易会。建国 60 周年暨南京解放 60 周年庆祝活动隆重开展。先后推出“公益系列交响音乐会”、“对外文化交流成果公益性系列演出”等文化展演。全市文艺工作者创作的多部文艺作品在省、国家获奖。全国第一部省会城市百科全书《南京百科全书》正式出版。南京云锦织造技艺、金陵刻经和南京剪纸成功入选《世界人类非物质文化遗产代表作名录》。

2. 卫生事业

2009 年末全市拥有医疗卫生机构1 764个。其中医院、卫生院及社区卫生服务中心 305 个，卫生防疫和防治机构 27 个，妇幼卫生保健机构 14 个。各类卫生机构拥有病床 2.99 万张，其中医院病床 2.6 万张。现有卫生技术人员 4.46 万人，其中执业医师（包括助理医师）1.66 万人，注册护士 1.77 万人；拥有卫生防疫和防治人员 0.12 万人。全市每千人拥有卫生技术人员 7.08 人，每千人拥有医疗床位 4.75 张。

全市共有 13 所惠民医院，接诊病人 5.94 万人次，收治住院病人1 700多人次，减免费用 411.1 万元。新型农村合作医疗人均筹资标准提高到 180 元以上，合作医疗行政村覆盖率达 100%，全市镇（街）初级卫生保健合格率达 100%。

全年新改建社区卫生服务中心、服务站 23 个，全市累计建成社区卫生服务中心、服务站 879 个。

社区卫生服务城市人口覆盖率达100%。继续维持高水平免疫覆盖率,儿童免疫接种乙肝、脊灰、麻疹、百白破、乙脑、流脑等基础免疫接种率均在96%以上,新生儿乙肝疫苗首针及时接种率达90%以上,新生儿卡介苗24小时接种率达98%。全力防控甲型H1N1流感,有效控制疫情传播流行。

2009年居民平均期望寿命为76.60岁,其中男74.20岁,女79.14岁。

3. 体育事业

2009年成功举办首届"全民健身节","百万市民健身工程"全面实施。全年全市举办各级各类群众性体育活动830多项(次),连续三年直接参与人数达到数百万人次。全市全民健身工程(点)达到1 437个。2009年全市产生1位世界冠军,南京籍的世界冠军运动员总人数累计达到24名。市体育代表团在全运会夺得15枚奖牌,其中金牌2枚。先后成功承办了中国南京国际象棋超级大赛、世界男子排球大奖赛等6项(次)大型国际比赛,10项(次)全国赛事。

大力推动奥林匹克精神在市民特别是青少年中的传播与普及,全力申办2014年第二届夏季青年奥运会。

(四)环境保护与资源节约

2009年全市有300余家单位积极开展循环经济试点工作,完成80多家企业清洁生产审核,对100家重点耗能企业进行了节能监察。初步测算,2009年规模以上工业能源消费总量7 436.12万吨标准煤,比上年增长7.3%;综合能源消费量2 813.88万吨,比上年增长6.0%。煤炭消费量2 166.62万吨,增长2.4%;原油消费量2 045.29万吨,增长8.9%;天然气消费量15.51亿立方米,增长12.1%;电力消费量201.59万千瓦时,增长8.3%。初步测算,规模以上工业企业万元产值能耗比上年增长3.4%,其中,年耗能5 000吨标煤以上的重点项目工业企业万元产值能耗比2008年增长13.7%。

全年实施污染减排项目170个,关停小化工企业21家。全年完成一批城市内河环境综合整治工程,城北污水收集系统建成,城东二期、桥北等污水处理系统、内秦淮河污水收集工程加快建设,改造污水管网50公里以上。生活污水日处理能力达到150万吨。2009年全市工业废水排放量3.49亿吨,比2008年下降7.5%;工业粉尘排放量41 305万吨,下降6.9%;工业废气排放量4 794.1亿标立方米,增长9.9%。全市工业废水排放达标率、工业重复用水率、工业固体废物综合利用率分别达到95.5%、87.0%和91.0%。主要污染物SO2和COD排放总量分别比2008年下降1.9%和3.5%。

2009年末全市拥有各级环境监测站14个,当年验收的建设项目环保"三同时"执行率达100%。全市建成了16个烟尘控制区,面积达736.5平方公里,建成区内共有25个环境噪声达标区,面积达551.28平方公里,比2008年增加1.3%。空气质量良好以上级别的天数达到315天,占全年的86.3%。2009年聚宝山公园二期、宁南森林公园、三桥滨江生态公园等郊野公园建设加快建设。完成20块老城绿地建设,城市新增绿地1 000万平方米,建成区绿化覆盖率达46.5%,人均公共绿地面积达到13.6平方米。完成造林10万亩,森林覆盖率提高到25%。

(五)城乡建设

城市建设取得新成就。大胜关铁路大桥顺利合龙,长江隧道全线贯通,京沪高铁、沪宁城际、铁路南站、绕越高速东南段、长江四桥等重点工程进展顺利。推进纬七路东进西延等快速路建设,拓宽改造和燕路等一批主次干道。基本完成地铁二号线一期、一号线南延和二号线东延主体工程。完成中山东路—汉中路、中央路—中山路—中山南路综合整治。加快实施公交优先战略,新增和更新公交车1200辆。仙林、城东污水处理厂二期工程投入试运行,生活污水日处理能力达到150万吨。大城管长效机制进一步完善。

2009年全市完成危旧房片区拆迁151万平方米,完成50个小区出新、800幢房屋整治。全年亮化楼宇 80 幢。2009 年城区新建和改建公厕 40 座,其中新建 13 座。新改建垃圾中转站 12 座,其中新建 1 座。全市日供水能力达到 570 万吨。天然气用户达到 92 万户。

新农村建设改建户厕 5.58 万座;新建垃圾中转站 9 座。农村发展取得新成绩。郊县地区生产总值占全市比重达 47.4%,实现工业增加值1 100亿元,增长 14.3%。新增高效农业 16.5 万亩、设施农业 5.1 万亩。休闲农业接待游客 430 万人次,实现旅游收入 14 亿元。启动第三轮农村实事工程,农村民生得到进一步改善。农民专业合作、土地股份合作、社区股份合作组织取得新进展,农村发展的活力有效增强。以创业带就业,突破农民增收薄弱环节,促进农民收入持续增长。

三、挑战与目标

在肯定成绩的同时,应清醒地意识到,南京的发展距离群众的期望还有差距,还存在一些深层次的问题需要解决:经济总量和整体实力还需要增强,调整经济结构、转变发展方式十分紧迫;科教资源亟待整合,优势有待发挥;城市功能品质有待提升,环境质量有待改善;城乡二元结构矛盾依然突出,统筹城乡发展压力较大;市民关心的住房、医疗、增加收入、社会保障等方面还有许多问题需要解决;政府自身能力、作风建设亟待加强。这些问题,政府一定要高度重视,并采取有力措施,重点加以解决。

今后一段时间,南京市将以现代化国际性人文绿都为目标,以"抢抓新机遇、再创新优势、实现新跨越、建设新南京"为总要求,以 2012 年和 2015 年为时间节点,坚持集约发展,绿色增长,突出重点,统筹协调,全力提升,全面提速,推动经济社会发展再上新台阶。到 2012 年,全市地区生产总值突破6 000亿元,全社会固定资产投资达到4 200亿元,地方财政一般预算收入突破 600 亿元,科技进步贡献率达到 55%,城市居民人均可支配收入和农民人均纯收入分别达到35 000元和13 000元。到 2015 年,全市地区生产总值突破 1 万亿元,全社会固定资产投资达到6 300亿元,地方财政一般预算收入突破1 000亿元,科技进步贡献率达到 60%,城市居民人均可支配收入和农民人均纯收入分别达到50 000元和17 000元。

2010 年经济社会发展主要预期指标是:地区生产总值增长 12%;地方财政一般预算收入增长 12%;社会消费品零售总额增长 17%;全社会固定资产投资增长 22%;实际利用外资和地方外贸出口分别增长 18% 和 10%;环保投入占地区生产总值比重达到 3% 以上,万元地区生产总值综合能耗、化学需氧量排放量和二氧化硫排放量完成"十一五"规划确定的目标;城市居民人均可支配收入增长 11%;农民人均纯收入增长 10%;全社会研发经费支出占地区生产总值的比重在 3% 左右;居民消费价格总水平涨幅控制在 3% 左右;城镇登记失业率控制在 4% 左右。

四、南京市在长三角地区经济发展中的地位

2009 年,国际经济金融动荡的冲击对全国经济产生深刻影响,面对外部需求的严重萎缩,中央出台了一系列保增长、扩内需的政策措施。南京市上下紧密团结、齐心协力,克服了种种不利影响和困难,积极实施保增长、调结构、稳民生等措施,经济工作取得显著成效:市场信心逐步恢复,一些领域下行趋势初步遏制,全市经济呈现出稳健回升的良好态势。

2005－2009 年南京市地区生产总值在长三角所占比重分别为 5.91%、5.83%、5.80%、5.76% 和 5.84%,在连续三年小幅降低后,2009 年出现回升,比 2008 年增加 0.08 个百分点。2009 年,南京市经济逐步走出了危机初袭时的阴影,呈现出稳健抬升的良好态势,一季度全市地区生产总值较上年同期增幅为 9.3%,二季度增幅继续回升至 10.2%,三季度增幅升至 10.8%,全年在三季度基础上又提高 0.7 个百分点,平均每季度提升 0.55 个百分点。全年经济逐步走好与第二产业,尤其是工业的奋力爬坡密切相关。2009 年一季度,第二产业增加值较 2008 年同期增幅为 3.5%,第二、三季度攀

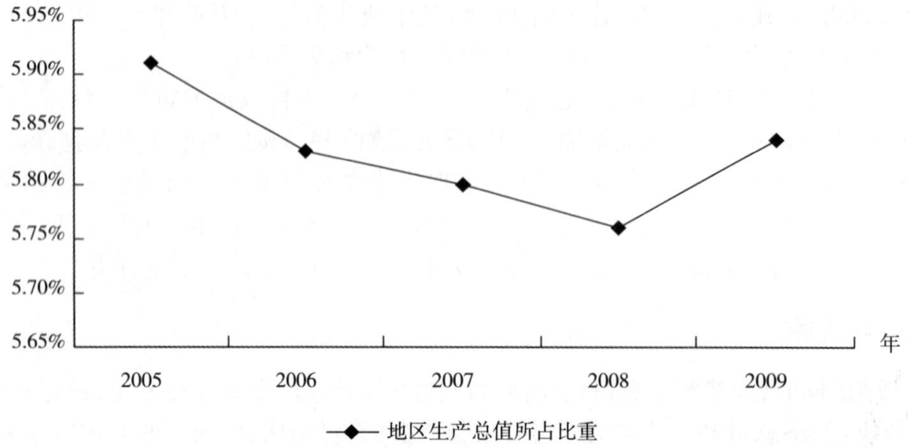

图 2 -32　2005 -2009 年南京市地区生产总值在长三角所占比重的变化趋势

升至 6. 5%、8. 2%,平均每季度提升 2. 2 个百分点。工业生产努力脱困,由于 2008 年四季度金融危机造成的生产经营困境难以在短期内消除,2009 年初全市工业生产下滑最为明显,1 -2 月份规模以上工业产值同比下降 19. 2%,之后降幅虽然不断缩小,但下降格局一直持续到 10 月份,11 月份全市工业生产终于扭转了累计增幅下降的局面,同比累计增长 0. 3%,全年增幅进一步提升到 3. 0%。

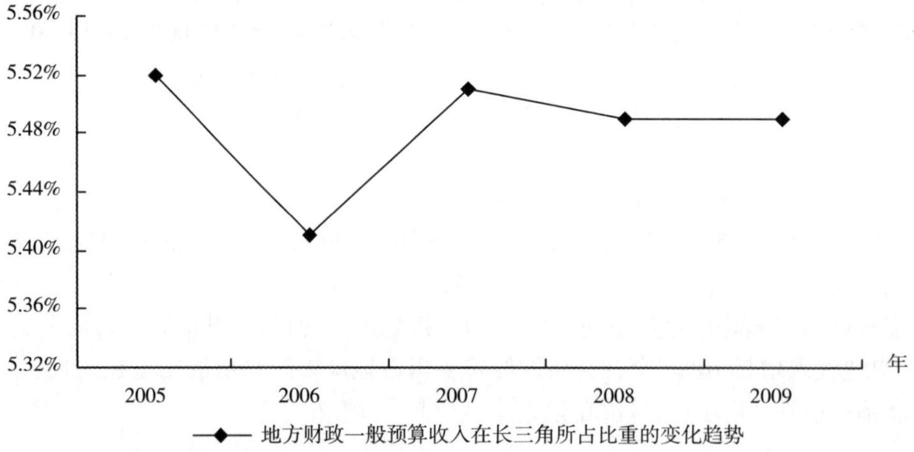

图 2 -33　2005 -2009 年南京市地方财政一般预算收入在长三角所占比重的变化趋势

2005 -2009 年南京市地方财政一般预算收入在长三角所占比重分别为 5. 52%、5. 41%、5. 51%、5. 49% 和 5. 49%,除 2006 年占比稍低外,其余年份十分接近。南京市实体经济运行状况持续回暖,经济增长速度明显回升,由此带动了地方一般预算收入增幅的稳步走高和城乡居民收入的平稳增长。2009 年全市实现财政总收入 901. 15 亿元,比 2008 年同口径增长 21. 4%。其中,地方一般预算收入 434. 51 亿元,增长 12. 4%。

2005 -2009 年南京市规模以上工业总产值在长三角所占比重分别为:5. 68%、5. 27%、5. 18%、4. 96% 和 4. 89%,呈现逐年下降的态势,累计降幅为 0. 79 个百分点。2009 年初以来,随着"保增长、扩内需、促转型"的一系列政策措施的全面落实,南京市工业经过了一季度的负重前行,二季度的企稳回升,三季度的爬坡渐进后,第四季度加大冲刺步伐,生产稳固收高,效益高位增长,经济稳固向好

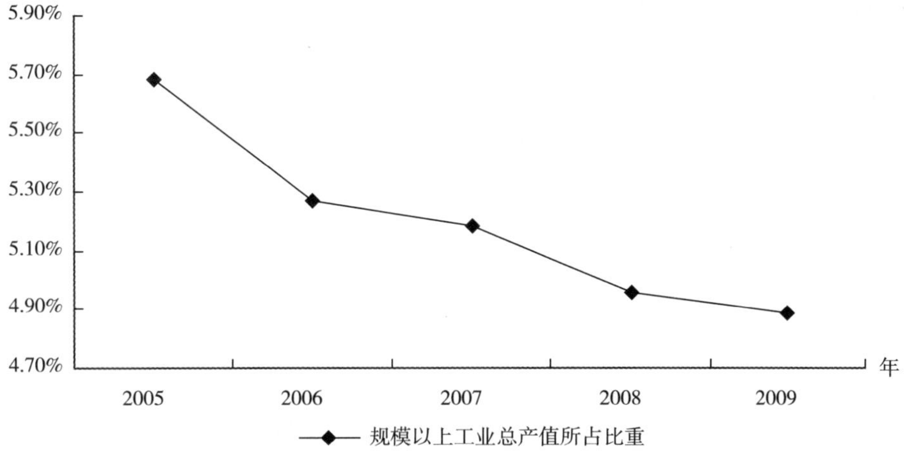

图 2－34　2005－2009 年南京市规模以上工业总产值在长三角所占比重的变化趋势

态势最终得以确定。2009 年，全市规模以上工业累计完成工业总产值6 799.77亿元，比 2008 年增长 3.0%，累计完成工业销售产值6 652.35亿元，比 2008 年增长 3.6%，其中，完成出口交货值 795.99 亿元，比 2008 年下降 30.8%。值得一提的是，外需的持续萎缩，使得全市工业出口低迷，同比下降，但降幅逐步收窄。全市工业战线积极应对，扩大内需的新政成效显著。2009 年，全市完成工业品内销产值5 960.16亿元，比 2008 年的5 317.05亿元增长了 12.1%，占全市工业销售产值的 89.6%。逐步扩大的内需有效补充了外需的萎缩，真正实现了"墙外损失墙内补"。

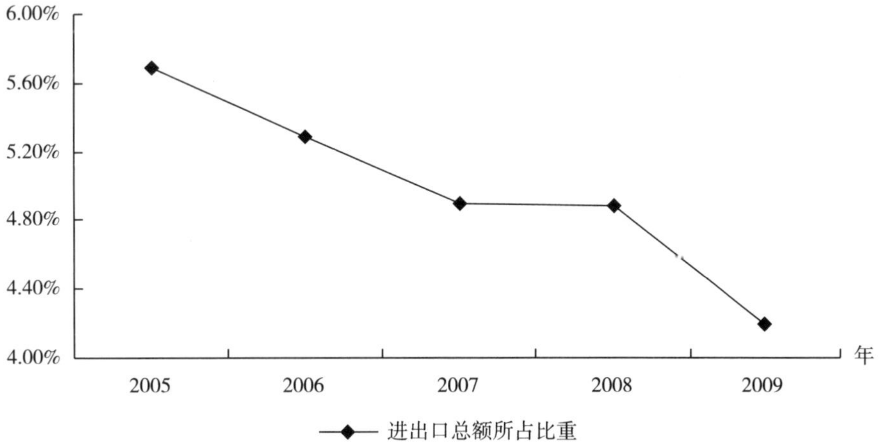

图 2－35　2005－2009 年南京市进出口总额在长三角所占比重的变化趋势

2005－2009 年南京市进出口总额在长三角所占比重分别为：5.69%、5.28%、4.90%、4.88% 和 4.20%，呈现逐年下降的趋势，累计降幅达 1.49 个百分点。其中 2009 年比 2008 年下跌 0.68 个百分点，为近年最大跌幅。2009 年全市实现进出口总额 337.45 亿美元，比 2008 年下降 16.9%。其中，出口完成 184.59 亿美元，下降 21.8%。受金融危机影响，南京市工业出口交货值自 2009 年初起就呈现出较大的下降幅度，1－2 月份出口交货值同比下降 50.4%，2009 年上半年降幅减小为 35.1%，全年下降 30.8%；虽然降幅呈逐步收窄的趋势，但全年的下降幅度依然很大。

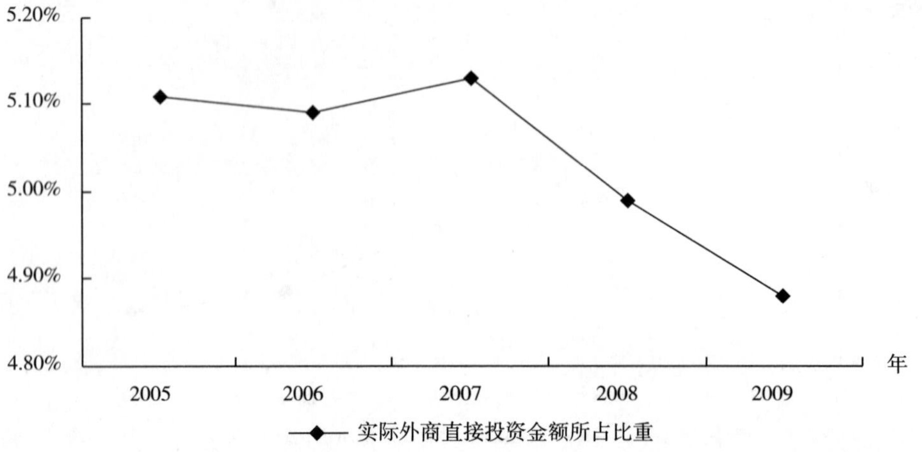

图 2-36 2005-2009 年南京市实际外商直接投资金额在长三角所占比重的变化趋势

2005-2009 年南京市实际外商直接投资金额在长三角所占比重分别为 5.11%、5.09%、5.13%、4.99%和4.88%,已连续两年出现明显下滑,两年累计降幅为0.25 个百分点。2009 年,外资经济受挫于全球经济危机的影响,其地位在不同领域均呈现一定程度下降趋势,南京市利用外资也出现了近年来罕有的停滞。2009 年,南京市新批准外商投资企业共 333 个,新增全口径实际使用外资 23.9 亿美元,同比增长 0.8%。

二　无锡市2009年经济社会发展报告

2009年无锡市委、市政府以科学发展观为指导，以“扩大内需保增长、创新创业促转型、政企合作维稳定”为中心任务，按照“保增长、促转型、重统筹、惠民生”的要求，沉着冷静、从容应对、果断决策，成功扭转了经济下滑的趋势，经济社会发展总体呈现“经济企稳、结构趋优、民生改善、社会稳定”的发展态势。

一、2009年无锡市经济发展概况

（一）综合经济

1. 国民经济持续平稳发展

2009年全市实现地区生产总值4 992亿元，按可比价格计算，比2008年增长11.6%。按常住人口计算人均生产总值81 151元，按现行汇率折算达11 885美元。

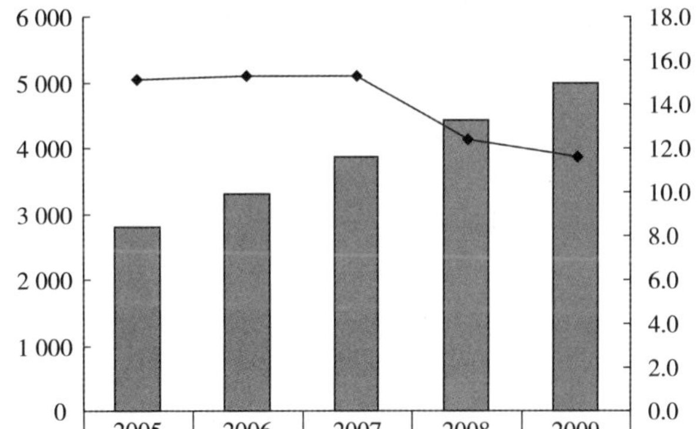

	2005	2006	2007	2008	2009
地区生产总值(亿元)	2 805	3 300	3 859	4 419.5	4 991.72
增幅(%)	15.1	15.3	15.3	12.4	11.6

图2－37　2005－2009年无锡市地区生产总值及增长速度

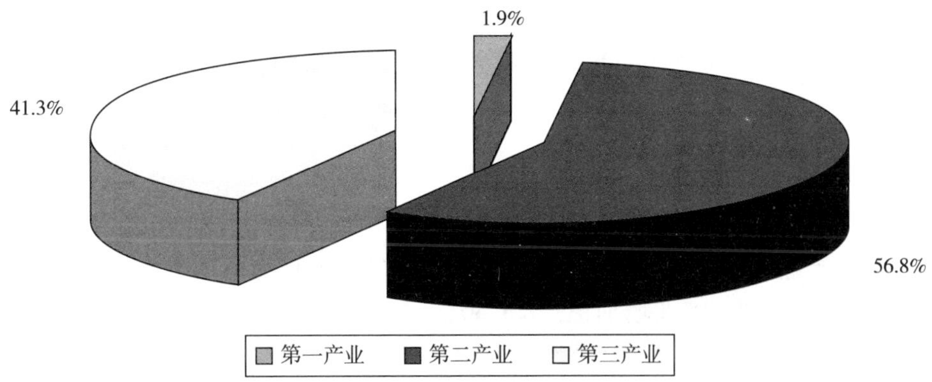

图2－38　2009年无锡市三次产业结构图

2. 财政收入快速增加

全市完成财政总收入1 061.99亿元，比2008年增长16.8%。财政总收入占地区生产总值的比重为21.3%，比2008年提高0.7个百分点。其中地方一般预算收入415.91亿元，比2008年增长13.8%，基金收入272.01亿元，比2008年增长46.4%，上划中央四税374.06亿元，比2008年增长4.5%。财政支出结构继续调整。一般预算支出401.27亿元，比2008年增长18.4%；基金预算支出278.37亿元，比2008年增长51%。

3. 市场物品及服务价格小幅下降

全年市区居民消费价格下降0.5%，涨幅比2008年回落了5.6个百分点。其中服务项目价格下降1.1%，消费品价格下降0.3%。商品零售价格下降0.9%。

4. 固定资产投资呈现高速增长

全年全社会固定资产投资完成2 387.56亿元，比2008年增长27.2%。分产业投向：第一产业投资14.20亿元，比2008年增长122.9%，第二产业投资1 052.53亿元，比2008年增长11.3%，第三产业投资1 320.83亿元，比2008年增长42.8%。分注册类型：国有经济投资654.27亿元，比2008年增长72.0%，三资经济投资490.05亿元，比2008年增长6.1%，其他经济投资1 243.25亿元，比2008年增长20.2%。全年城镇固定资产投资建成投产项目1 480个，项目建成投产率为74.8%；新增固定资产1 028.25亿元，固定资产交付使用率为73.6%。投资结构持续优化，工业技改投入增长16.7%，服务业投入占比达到55.3%。华润上华8英寸集成电路、尚德“冥王星”光伏电池等项目投产，海太半导体封装测试、中航无锡发动机控制工程中心、无锡粮食科技物流中心、宜兴油车水库等项目进展顺利。

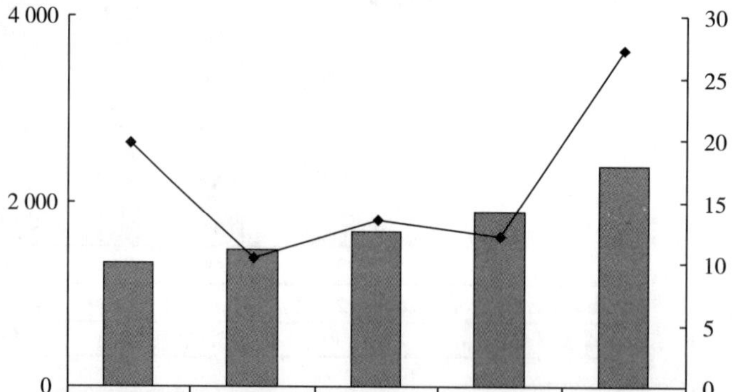

	2005	2006	2007	2008	2009
固定资产投资总额(单位:亿元)	1 335.09	1 474.94	1 674.22	1 877.02	2 387.56
增幅(%)	19.8	10.4	13.5	12.1	27.2

图2-39 2005-2009年无锡市全社会固定资产投资及增长幅度

5. 区县经济

2009年，无锡市区、江阴市和宜兴市地区生产总值在全市占比分比为：52.04%、34.32%和13.64%。

2009年江阴市实现地区生产总值1 713.19亿元，比2008年增长11.60%，其中第一产业增加值32.38亿元，增长5.80%；第二产业增加值1 028.40亿元，增长10.60%；第三产业增加值652.58亿元，增长13.50%。全市户籍人口人均地区生产总值142 572元，比2008年增长11.71%，按当年汇率折算超2万美元，达到20 880美元。产业结构继续优化，第一、第二、第三产业增加值在地区生产总值中的构成比例为1.89∶60.02∶38.09，第三产业比重比2008年提高1.11个百分点，再创历年新高。

全年财政收入 271.28 亿元，比 2008 年增长 10.72%，其中一般预算收入 110.77 亿元，增长 8.40%，财政收入占地区生产总值的比重为 15.83%。在全国县域经济基本竞争力排名中再次名列第一，实现了“七连冠”。

宜兴市地区生产总值 680.68 亿元，按可比价格计算，比 2008 年增长 11.7%。其中，第一产业增加值 32.14 亿元，增长 5.8%，比 2008 年上升 2.1 个百分点；第二产业增加值 382.39 亿元，增长 11.0%，比 2008 年回落 1.7 个百分点；第三产业增加值 266.15 亿元，增长 13.5%，比 2008 年上升 2.3 个百分点。三次产业比重为 4.7∶56.2∶39.1，第三产业比重比 2008 年提高 1.1 个百分点。按户籍人口计算人均地区生产总值63 627元，比 2008 年增长 12.8%，按年末汇率折算人均地区生产总值突破9 000美元，达9 318美元。按常住人口计算人均地区生产总值53 762元，比 2008 年增长 11.8%，按年末汇率计算人均地区生产总值达7 874美元。县域经济基本竞争力比上年上升一位，跃居全国第 6 位。

表 2－18　2009 年无锡市县区主要经济指标

县市	生产总值（亿元）	工业总产值（亿元）	城镇固定资产投资（亿元）	地方财政一般预算收入（亿元）	出口（亿美元）	社会消费品零售总额（亿元）
无锡市区	2 597.85	4 927.40	1 325.00	260.13	182.63	984.05
江阴市	1 713.19	4 345.27	225.20	110.77	61.75	325.21
宜兴市	680.68	1 568.86	153.87	45.02	15.50	233.44

（二）农业

农业生产稳定发展。积极推进农业结构调整，优化农产品供应结构，有效保障市场需求。全年粮食总产量 80.51 万吨，比 2008 年增长 0.7%。油料总产量 1.84 万吨，比 2008 年增长 8.5%，其中油菜籽 1.71 万吨，增长 7.2%；蚕茧总产量 130 吨，比 2008 年下降 44.7%；茶叶总产量6 866吨，比 2008 年增长 1%；水果总产量137 960吨，比 2008 年增长 6.7%。

种植业结构发生变化。全年粮食种植面积为 118.88 千公顷，比 2008 年减少 2.46 千公顷；油料种植面积为 9.17 千公顷，比 2009 年增加 1.01 千公顷。蔬菜面积 39.99 千公顷，比 2008 年增加 2.27 千公顷。农业适度规模经营面积比例达到 72.2%。全市现代高效农业面积累计超过 7.1 万公顷。

林牧渔业生产小幅下降。主要畜产品中，肉类总产量113 388吨，比 2008 年下降 2.3%，其中猪牛羊肉65 655吨，比 2008 年下降 2.8%；禽蛋总产量28 805吨。奶牛存栏 0.95 万头，比 2008 年下降 48.9%。全年水产品产量 12.17 万吨，比 2008 年下降 2%。

（三）工业和建筑业

工业生产保持平稳增长。全市规模以上工业企业实现增加值2 390.62亿元，比 2008 年增长 11.3%。分轻重工业看，全年轻工业实现增加值 594 亿元；重工业实现增加值1 796.62亿元。2009 年全市统计的 278 只主要工业产品中，产品产量比 2008 年增长的有 162 只，占全市统计产品数的 58.3%。在全市跟踪统计的 22 种重点产品中，有 16 种产品的产量实现同比增长。

工业经济运行质量继续提高。全市规模以上工业实现主营业务收入10 595.78亿元，比 2008 年增长 3.6%；产品销售率 97.90%，比 2008 年提高 0.19 个百分点；工业企业实现利税 931.22 亿元。其中利润 693.27 亿元；企业亏损面 13.7%，亏损额 33.83 亿元。工业经济综合效益指数达到 232.93%，创历史最好水平，比 2008 年提高 9.6 个百分点。

建筑业保持快速发展。全年全社会建筑业完成增加值 184.85 亿元,比 2008 年增长 21.9%;实现建筑业总产值 410.03 亿元,比 2008 年增长 19.1%。施工房屋建筑面积3 677.47万平方米。1 个建设工程项目获国家建筑工程“鲁班奖”,20 个建设工程项目获江苏省“扬子杯”优质工程奖,76 个建设工程项目获无锡市“太湖杯”优质工程奖。

(四)服务业

1. 国内贸易

消费品市场繁荣活跃。2009 年实现社会消费品零售总额1 542.69亿元,比 2008 年增长 18.7%。其中,城市消费品零售额1 394.63亿元,比 2008 年增长 18.9%;农村消费品零售额 256.74 亿元,比 2008 年增长 17.5%。批发零售贸易业零售额1 426.47亿元,比 2008 年增长 17.0%;住宿和餐饮业零售额 172.42 亿元,比 2008 年增长 24.5%;其他行业零售额 52.48 亿元,比 2008 年增长 56.2%。在限额以上批发和零售业零售额中,汽车类零售额比 2008 年增长 45.4%,石油及制品类增长 26.3%,服装鞋帽针纺织品类增长 14.0%。

市场建设稳步推进。年末拥有各类亿元以上商品交易市场 65 个,市场摊位总量43 072个,实现成交额2 500.52亿元,比 2008 年增长 1.7%。其中综合市场 15 个,专业市场 40 个。专业市场实现成交额2 198.4亿元,比 2008 年增长 1.1%。新型流通业态以及现代经营方式均有较快发展。

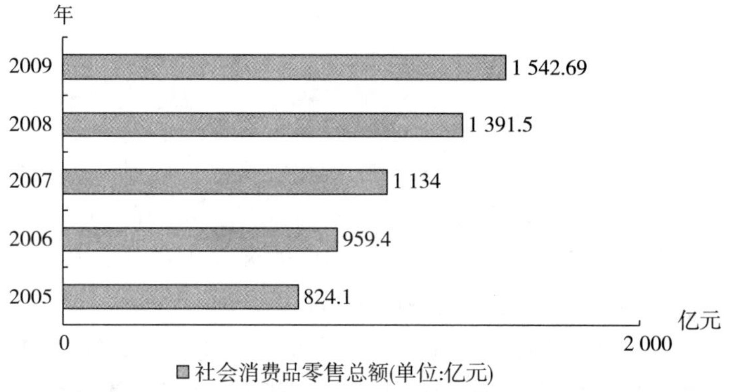

图 2-40　2005-2009 年无锡市社会消费品零售总额

2. 交通、邮电

社会运输能力继续提高。全市年末全社会拥有车辆 111.83 万辆,比 2008 年增长 12.0%。其中汽车 60.07 万辆,比 2008 年增长 20.3%。私人汽车又有大的发展,2009 年末达到 40.14 万辆,比 2008 年增加 8.35 万辆。全社会客货运量全面增长。全年完成客运量23 618万人次,比 2008 年增长 2.5%;完成货运量11 774万吨,比 2008 年增长 4.5%。全市港口货物吞吐量 1.72 亿吨,比 2008 年增长 49%。全年空港旅客吞吐量 221.79 万人次,比 2008 年增长 35%。

邮电通讯持续较快发展。全年邮电业务总量 89.10 亿元,比 2008 年增长 9.1%。邮政服务门类增多,投递速度加快。全年发送函件11 494.60万件。邮政特快专递 619.51 万件,比 2008 年增长 18.5%。年末固定电话交换机总容量达 509.96 万门,增加 18.88 万门。城乡本地固定电话用户 234.34 万户,其中移动市话 39.05 万户。移动电话用户达到 668.81 万户,增加 76.75 万户。计算机互联网用户达到 104.76 万户。

3. 金融和保险业

金融存贷款规模扩大。2009 年末金融机构各项本外币存款余额达7 405.68亿元，比 2008 年增长 35.0%；各项本外币贷款余额5 474.94亿元，比 2008 年增长 42.4%。存款中，企业存款余额2 949.76亿元，比2008 年增长51.4%；城乡居民储蓄存款余额2 733.12亿元，比2008 年增长 19.6%。贷款中，短期贷款2 479.46亿元，比 2008 年增长 22.5%；中长期贷款2 361.31亿元，比 2008 年增长 77.7%。2009 全年银行现金收入10 986.14亿元，比 2008 年增长 8.5%；现金支出11 283.16亿元，比 2008 年增长 8.7%；2009 全年现金净投放 297.02 亿元。

保险业发展势头良好。全年实现保费收入 111.31 亿元，比 2008 年增长 17.5%。其中财产险收入 31.73 亿元，比 2008 年增长 23.9%；人寿险收入 79.58 亿元，比 2008 年增长 15.2%。保险赔款支出 18.84 亿元，比 2008 年增长 4.4%。保险给付支出 20.25 亿元，比 2008 年下降 7.7%。

4. 旅游业

国内国际旅游业稳定发展。全年共接待旅游、参观、访问及从事各项活动的入境游客 66.16 万人次，比 2008 年增长 1.8%；接待国内游客4 310.48万人次，比 2008 年增长 17.1%。旅游总收入达 618.95 亿元，比 2008 年增长 19.0%。全市拥有年接待游客 10 万人以上的景区 40 个，国家 5A 级景区 2 家，国家 4A 级景区 13 家，3A 级景区 8 家，2A 级景区 12 家。灵山、鼋头渚、清明桥古运河等 6 个景区被评为长三角世博主题体验之旅示范点。创建农业旅游点 22 个、农业旅游特色村 3 个、特色镇 3 个。年末全市星级宾馆已达 64 家，其中五星级宾馆 6 家，四星级宾馆 18 家。全市拥有旅行社 118 家，其中出境游组团社 10 家。

5. 房地产业

房地产销售旺盛。2009 全年房地产业实现增加值 285.51 亿元，比 2008 年增长 23.2%。完成房地产开发投资 463.37 亿元，比 2008 年增长 3.0%，商品房施工面积为3 260.25万平方米，比 2008 年下降 2.2%，竣工面积 677.52 万平方米，比 2008 年下降 4.8%。全年商品房销售面积1 007.43万平方米，比 2008 年增长 87.5%，商品房销售额 631.25 亿元，比 2008 年增长 118.5%。

（五）开放型经济

1. 对外经济

对外贸易降幅逐渐收窄。全年实现外贸进出口总额 439.18 亿美元，比 2008 年下降 21.6%。其中，进口总额 179.33 亿美元，比 2008 年下降 11.4%；出口总额 260.12 亿美元，比 2008 年下降 27.3%。有进出口实绩的企业累计已达6 105家，其中内资企业3 583家。生产企业、外商投资企业出口均呈下降态势。全市生产企业出口 64.82 亿美元，比 2008 年下降 22.4%，占全市出口额的 24.9%。外商投资企业出口 183.48 亿美元，比 2008 年下降 28.5%，占全市出口额的 70.5%。外贸公司出口 11.81 亿美元，比 2008 年下降 33.4%，占全市出口额的 4.6%。其中民营企业出口 60.12 亿美元，比 2008 年下降 19.8%，占全市比重的 23.1%。

利用外资实现逆势增长。全年新批外资项目 503 个，协议注册外资 41.02 亿美元，到位注册外资连续两年超过 30 亿美元，达到 32.03 亿美元，再创历史新高，比 2008 年增长 1.2%。全市完成注册资本超3 000万美元重大外资项目 30 个。至 2009 年底全球财富 500 强企业中有 75 家在我市投资兴办了 144 家外资企业。

对外经济合作增势强劲。全年完成境外投资项目 52 个，中方投资额首次突破 2 亿美元，达到 2.07 亿美元，同比增长 41.5%，其中 500 万美元以上项目 14 个。

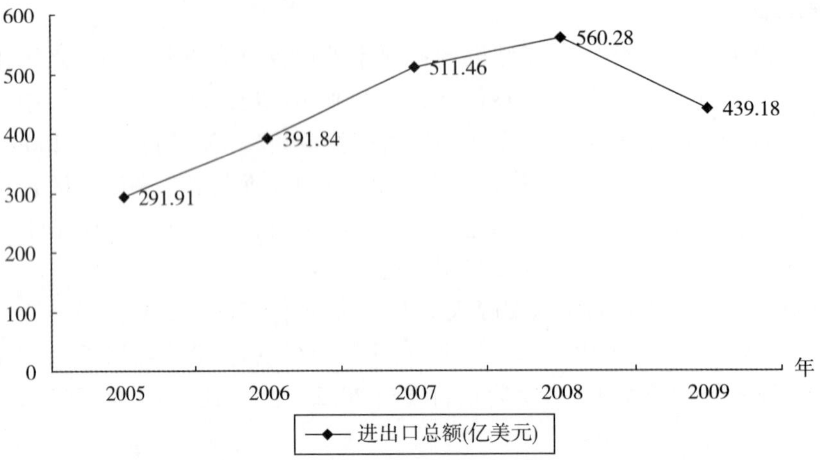

图2－41　2005－2009年无锡市外贸进出口总额

2. 民营经济

民营经济继续稳步壮大。全市民营经济延续上年的良好发展态势,总量继续扩张,规模继续壮大,活力增强。全市民营经济从业人员189万人,注册资金3 304.36亿元,比2008年增长22.4%。民营经济实现增加值3 099.88亿元,比2008年增长13.2%,占经济总量的比重为62.1%,比2008年提高1.3个百分点,完成工业总产值7 591.66亿元,比2008年增长7.8%,上缴税金369.35亿元,比2008年增长12.8%。民营经济固定资产投入988.62亿元,比2008年增长10.9%。

二、2009年无锡市社会发展概况

(一)人口、人民生活

2009年末全市户籍人口为465.65万人,人口出生率6.98‰,人口死亡率6.73‰,人口自然增长率为0.25‰。年末全市常住人口为619.57万人,比2008年增长1.4%。人均期望寿命77.5岁。人口和计划生育工作取得新成绩,成为全国首批人口计生综合改革示范市。

居民收入稳步增长。全市城镇集体以上单位在岗职工年平均工资43 346元,比2008年增长11.6%。城镇居民人均可支配收入25 027元,比2008年增长10.2%。农民人均纯收入12 403元,比2008年增长10.0%。城镇居民人均消费性支出15 619元,比2008年增长12.2%。农村居民人均消费性支出8 832元,比2008年增长11.2%。居民住房条件继续改善,据抽样调查资料显示,城镇人均住房面积39.4平米,农村居民人均住房面积57.7平方米。

(二)就业与社会保障

就业和再就业扎实推进。千方百计促进就业,降低社保费率,延长就业补贴期限,提高补贴标准,发放稳岗社保补贴1.1亿元,安排就业再就业资金4.1亿元,全市城镇新增就业11.3万人,净增就业8.5万人,各类城镇下岗失业人员实现就业再就业7.15万人,帮助就业困难人员再就业15 627人。全市城镇登记失业率为2.8%。

社会保障水平提高。全市企业养老、基本医疗、失业保险参保人数分别增加3.7万人、5.3万人、5.9万人,城乡养老保障覆盖总人数达341.9万人。41.9万名企业退休人员月人均增加养老金139.5元。新型农村合作医疗人均筹资水平超过300元,市区城镇居民医疗保险补助标准提高到

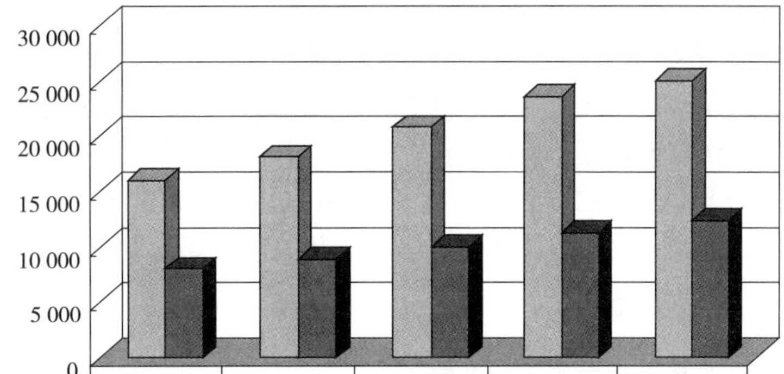

	2005	2006	2007	2008	2009
城市居民人均可支配收入(元)	16 005	18 189	20 898	23 605	25 027
农民人均纯收入(元)	8 004	8 880	10 026	11 280	12 403

图 2－42　2005－2009 年无锡市城乡居民收入对比一览

98.5 元。2009 年末在领失业保险金人数为 2.33 万人。企业离退休人员养老金社会化发放率达 100%。建立健全农村社会保障体系，全市农村养老保障综合覆盖率 92.2%。

社会福利事业稳步推进。全市各类福利机构拥有床位 1.98 万张，供养、代养 1.2 万人。建立城镇各种社区服务设施9 480处。城乡居民最低生活保障对象80 289人，全年共发放低保金 1.54 亿元。实施医疗救助 3.64 万人次，支付救助金 284.9 万元；实施临时救助 3.58 万人次，发放救助金2 106.9 万元。全市各类优抚对象 19 万人。全年全市慈善组织累计募集善款（含冠名基金）2.67 亿元。

（三）科学技术和教育

1. 科技力量增强

全市共有国家、省级工程技术研究中心 135 家，市级工程技术研究中心 149 家，国家、省级科技创业服务中心 32 家，市级科技创业服务中心 2 家，国家、省级重大研发机构、重点实验室、公共技术服务平台 37 家，市级重点实验室、公共技术服务平台 33 家。科技创新成绩显著。全市专利申请量达23 683件，比 2008 年增长 117.3%，其中发明专利申请量达到4 346件，比 2008 年增长 64.6%，专利授权量达9 364件，比 2008 年增长 95.74%。获国家、省科技计划项目 280 项，获国家和省科技计划到位经费 2.75 亿元。

2009 年全社会研发费用占地区生产总值比重达 2.3%。无锡被列为中国服务外包示范城市。国家传感网创新示范区（国家传感信息中心）获国务院批准，中国物联网研究发展中心正式成立。国家火炬计划江阴风电装备产业基地、惠山风电关键零部件产业基地获批。中国邮政长三角速递物流集散中心落户无锡。兴澄特钢公司、无锡供电公司获无锡市长质量奖。新增中国驰名商标 34 件。16 家企业集团入围 2009 中国企业 500 强，入围企业数居全省首位。

高新技术产业快速提升。全市高新技术产业增加值占全市规模以上工业增加值的比重超过 43.6%，比 2008 年提高 2.1 个百分点以上。集成电路产业实现主营业务收入 265.12 亿元，与 2008 年持平，光伏产业实现主营业务收入 305.17 亿元，比 2008 年增长 8.1%。全市按新标准认定高新技术企业 273 家。

2. 各级各类教育均衡发展

不断深化教育各类改革，扎实推进义务教育高位均衡发展示范区创建，全年投入 4.2 亿元改造提升 61 所相对薄弱学校。全面开展中小学校舍安全工程。规范办学行为实施素质教育取得重要进展。年末拥有各级各类学校467所,在校学生63.48万人。小学和初中普及率均达100%,巩固率分别为109.14%和98.6%,盲聋弱智儿童入学率为98.2%;初中毕业生升学率达99.9%,高中阶段毛入学率达121.46%。学前教育进一步发展提高。高中阶段教育优质化取得新进展,全市三星级以上普通高中和省级以上重点职校就读新生达到高中阶段招生总数的93%。藕塘职教园区展示新的形象,6所院校入驻,在园学生近6万人。公共实训基地建成投运。深入推进双语教育实验,年内新增双语实验学校22所,双语实验学校累计达到100所。在锡外籍学生超过1 000人。

(四)文化、卫生、体育

1. 文化事业和文化产业加快发展

文化事业精彩纷呈。成功举办“2009中国(无锡)吴文化节”,精心组织新春书市花市、激情广场文艺演出活动,全市各级积极开展文化下乡“三送”活动,为基层送电影9 000余场、送戏900余场、送书15.9万余册;电视连续剧《望族》、《江阴要塞》在央视热播,电视专题片《说吴》入选第六届中国纪录片国际选片会“十大纪录片”,动画电影《快乐奔跑》荣获中国电影华表奖优秀动画片奖。全市动漫原创能力不断提升,2009年原创动画片总时长19 214分钟,名列全省第一,全国第二。国家文化名城群建设全面推进。无锡市成为中国文化遗产保护年度杰出人物颁奖典礼常设城市。“鸿山大遗址启动申报国家考古遗址公园,阖闾城遗址入选“2008年度全国十大考古新发现”。文艺表演团体和文化设施建设平稳发展。年末共有艺术表演团体10个,文化馆9个,公共图书馆9个,文化站81个,博物(纪念)馆18个。全市人民广播电台节目8套,平均每天播出180小时;电视台节目8套,平均每周播出1 166小时;无锡有线电视总用户已达149.96万户。全市基本完成有线电视数字化整体转换工作。电视人口总覆盖率和广播人口覆盖率均达100%。

2. 卫生事业持续发展

医疗条件持续改善,市属医院改革有序展开,城乡社区卫生资源配置进一步优化,“政事分开、管办分离”改革深入推进,卫生事业加快发展。全市拥有卫生医疗机构1 558个,其中综合医院38家,社区卫生服务中心(卫生院)128家,社区卫生服务站358家,疗养院5家。年末全市共有卫生技术人员27 177人,其中医生15 180人;拥有医疗床位24 478张,其中医院、社区卫生服务中心(卫生院)23 237张。新型农村合作医疗人口覆盖率达到99.86%,卫生服务体系健全率达到100%。医疗水平进一步提高。全市各级医疗机构全年完成诊疗总次数3 012.60万人次,比2008年增长13.5%。医疗科研取得新成果,获省卫生厅新技术引进奖47项。获市科技进步奖19项,其中一等奖1项,二等奖6项。获省、部级以上科研项目3项,获省卫生厅立项6项,市科技局立项75项。建成4个省级全民健身工程和一批健身游园,无锡射击射箭馆投用。成功举办市第十届运动会,无锡籍运动员在第十一届全运会上取得历史最好成绩。医药卫生体制改革全面启动。传染病、慢性病、职业病防治等公共卫生工作全面加强。市妇幼保健院新门诊大楼、精神残疾康复中心等建成投用。

3. 体育事业蓬勃发展

全民健身服务体系进一步健全。全面启动市体育公园改造工程,完成了4个省级全民健身工程的建设,32.2%的行政村达到了省一类全民健身设施建设标准。无锡射击射箭馆投用。成功举办市第十届运动会,参赛规模、参赛人数和队伍都创历史记录。2009年,无锡籍运动员在国内外大赛中共取得59个冠军、46个亚军、48个季军,特别是在第十一届全运会上,夺得8枚金牌、11枚银牌、8枚铜牌,金牌、奖牌和总分都实现历史突破。丁俊晖第二次加冕斯诺克英锦赛冠军。全民健身活动广泛开展。举行了元旦万人长跑、全民健身月等大型群众活动,参加人数达150万人。全市新增青少年奥林匹克体育俱乐部4个、市级体育俱乐部18个,全年义务为23 500名群众进行国民体质测试。体育产业加快发展。全年举办2009年世界斯诺克江苏精英赛、国际射联世界杯总决赛等国际和全国性比赛23场次。2009年体育彩票销售总额达10.08亿元，比2008年增长35.5%。

（五）城乡建设

城市功能进一步提升。太湖新城框架基本成型，锡东新城建设全面展开。惠山古街、清名桥等五大历史文化街区保护建设进展顺利，运河公园建成开放。城市管理和环境综合整治力度加大，主要街道包装出新，市容市貌得到改善。基础设施承载力进一步增强。地铁1号线正式开工。无锡综合交通枢纽、沪宁城际铁路惠山站和新区站加快建设。贡湖大道、新光路、红星路等城市道路投用，市区竣工通车城市道路215公里，其中市级组织实施101.5公里。无锡机场跑道加厚工程竣工，全年进出港旅客和货邮吞吐量分别达221.8万人次和4.7万吨。无锡江阴港迈入亿吨大港行列。锡苏高速、230省道宜兴段等对外交通工程完工，苏南运河市区景观段示范工程基本建成。500千伏江阴东等输变电工程竣工，川气东输入锡工程投用。太湖、长江“双水源”双向对置供水格局基本建立，中桥水厂深度处理、尾水处理和雪浪水厂尾水处理等工程完工。无锡建成国家节水型城市。

新农村建设进一步加快。十大强农惠农工程全面完成年度任务，农村新五件实事总体目标提前实现。通过“两置换一转化”，新增耕地和农用地728公顷，完成土地整理5 727公顷。新增农村公路300公里，改造农村危桥314座。新建为农服务社259家。村级经济股份合作社增加到446家，累计发放个人股红利近5亿元。加强农村“三大合作”组织建设，累计建成示范合作经济组织485个。推进现代都市农业和产业化发展，全市培植发展超亿元农业园区5个，新增农业旅游示范点24个，建成3个农业现代科技创新中心，农村水利现代化示范园区5个。着力造就现代新型农民，全市青壮年农民接受职业技能培训比例达到91.6%。

（六）环境保护与生态建设

深入开展太湖治理。加强饮用水源地保护，全面启动贡湖湾等湖岸湿地工程，沿太湖纵深200米范围内开展生态修复，建设防护林和入湖河道生态绿地。科学组织调水引流，完成太湖生态清淤197万立方米。加大蓝藻打捞力度，建成运行4座藻水分离站。建成污水管网700多公里，基本实现污水主管网全覆盖。全面推进控源截污“排水达标区”建设，全市68座污水处理厂全部达到一级A排放标准，污水日处理能力达到190万吨，全市城镇污水集中处理率达到85%。主要污染物入湖总量下降，太湖无锡水域水质改善，富营养化指数降至中度水平。

加强节能监督，严格项目能效评估，有效遏制高耗能项目建设。2009年万元地区生产总值能耗下降4.5%以上。积极发展循环经济，45家企业完成强制性清洁生产审核验收。推行环境资源区域补偿和排污许可、有偿使用及排污权交易试点，集中开展环保专项行动，严查环境违法行为。节能减排完成良好。全市179个减排项目全部完成，主要污染物化学需氧量和二氧化硫排放总量在2005年基础上均累计削减30%。

绿色无锡建设成效凸显。全年造林绿化4 680公顷，市区新增城市公共绿地837万平方米，人均公共绿地达13平方米，无锡成为省内惟一的“国家森林城市”。457个自然村完成村庄环境综合整治，全年建成绿色家园示范村147个、示范镇10个，新增国家级环境优美乡镇13个、国家级卫生镇8个。所辖宜兴市和锡山区、惠山区、滨湖区通过国家生态市（区）考核验收，新区创建成国家生态工业示范区，无锡市、江阴市被确定为国家生态文明建设试点城市。

城市环境质量进一步改善。全年全市环境空气质量良好以上天数占总天数的比例达到93.4%，集中式饮用水源地水质达标率100%。全市建成烟尘控制区面积526.26平方公里；环境噪声达标区面积526.26平方公里。

三、挑战与目标

2009年,无锡市经济社会发展也面临不少困难和矛盾:经济持续增长的基础还不稳定、不牢固,社会投资和企业投资不足,消费需求对经济增长的贡献份额还不高,外部需求恢复困难很多;结构性矛盾仍较突出,传统产业技术水平和附加值偏低,新兴产业的发展壮大缺乏核心技术、领军人才和龙头企业,服务业的总量规模与发展水平都亟待提高。资源环境的瓶颈制约十分明显,生态环境质量还不稳定,资源节约型、环境友好型社会建设任重道远。城乡居民收入增长滞后于经济发展速度,社会保障层次还比较多、水平还不够高,城市管理、社会治安等方面还有一些突出问题亟待解决。此外,政府职能转变和作风建设仍有待进一步加强和改进。这些,都需要在今后工作中全力破解,重点突破。

2010年是实现"十一五"发展目标、谋划"十二五"规划的关键之年,也是全面启动"四城"建设的开局之年。综合考虑各方面因素,2010年经济社会发展的主要预期目标是:地区生产总值增长12%左右;万元地区生产总值能耗降低4%;主要污染物排放量在2005年基础上累计削减32%;环境质量综合指数达到90;地方财政一般预算收入同口径增长12%;城镇居民人均可支配收入和农民人均纯收入均增长10%以上;城镇登记失业率控制在3.6%以内;居民消费价格指数控制在省定范围以内。

四、无锡市在长三角地区经济发展中的地位

2009年是无锡经济发展极为困难的一年,面对席卷全球的金融危机,全市上下积极应对复杂、困难的外部经济环境,始终坚持以"扩大内需保增长、创新创业促转型、政企合作维稳定"为中心工作,经济总体呈现企稳向好、持续回升势头。

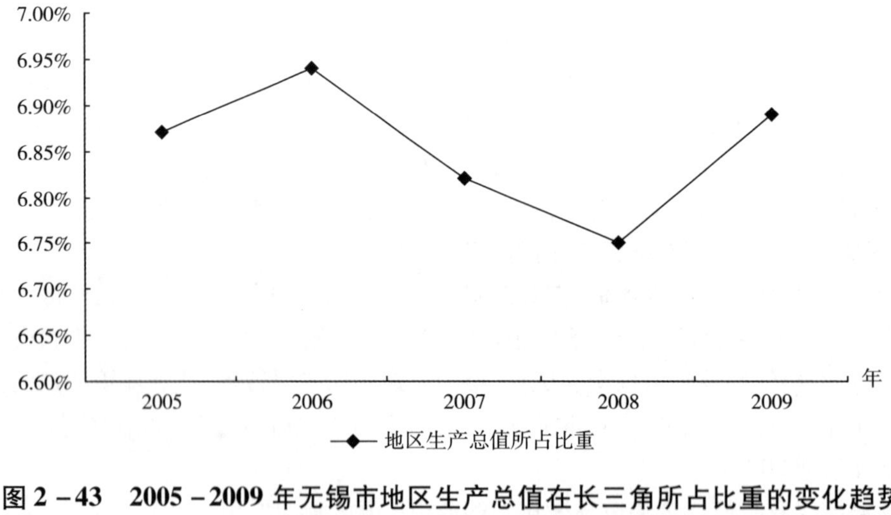

图2-43 2005-2009年无锡市地区生产总值在长三角所占比重的变化趋势

2005-2009年无锡市地区生产总值在长三角所占比重为6.87%、6.94%、6.82%、6.75%和6.89%,在2007、2008连续两年下跌后,2009年出现明显回升,增幅为0.14个百分点。2009年,全市经济呈现"弓形"曲线运行态势,2008年10月-2009年2月间,全市各项主要经济指标集体出现快速大幅下滑态势,2009年一季度地区生产总值增幅仅为9.7%,1-2月工业总产值同比下降7.6%,两项指标均跌至新世纪以来的最低点。到2009年3月,经济逐步止跌企稳,全市主要经济指标大幅下滑的趋势基本得到遏止,呈现出"下行趋缓、运行企稳"的态势;从6月开始,全市经济呈现出企稳

回升、逐月向好的发展态势。地区生产总值重新回到两位数增长，工业总产值增幅由负转正并逐月提高。2009 年全市实现地区生产总值4 992亿元，按可比价格计算，比 2008 年增长 11.6%，在长三角地区处于靠前的位置。

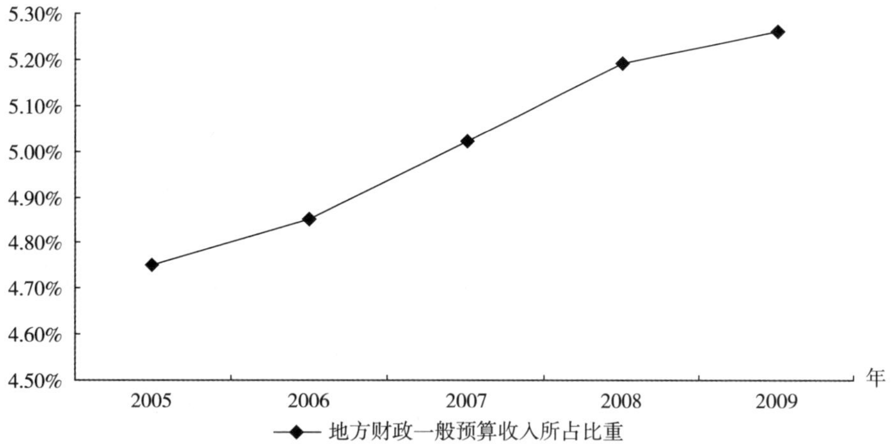

图 2－44　2005－2009 年无锡市地方财政一般预算收入在长三角所占比重的变化趋势

2005－2009 年无锡市地方财政一般预算收入在长三角所占比重为 4.75%、4.85%、5.02%、5.19% 和 5.26%，保持稳定增长的态势，累计增幅为 0.51 个百分点。2009 年，全市完成财政总收入1 061.99亿元，比 2008 年增长 16.8%。财政总收入占地区生产总值的比重为 21.3%，比 2008 年提高 0.7 个百分点。其中地方一般预算收入 415.91 亿元，比 2008 年增长 13.8%，继续保持苏南领先的地位。

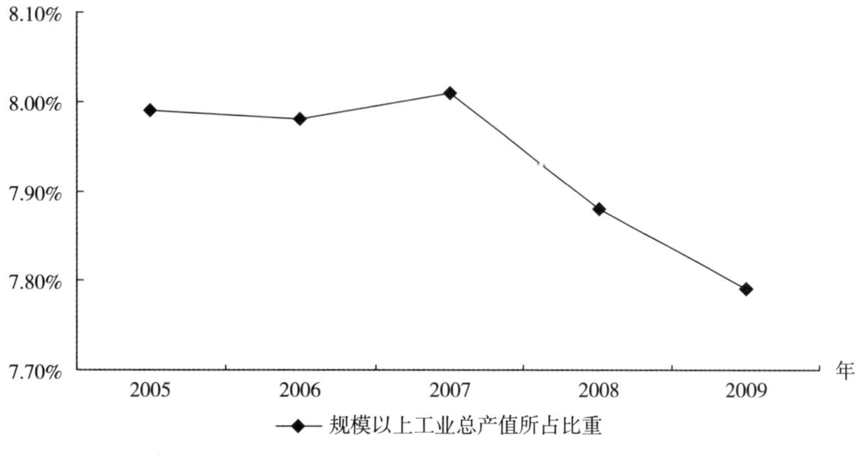

图 2－45　2005－2009 年无锡市规模以上工业总产值在长三角所占比重的变化趋势

2005－2009 年无锡市规模以上工业总产值在长三角所占比重为 7.99%、7.98%、8.01%、7.88% 和 7.79%，连续两年呈现小幅下降的趋势，累计降幅为 0.22 个百分点。2009 年无锡工业经济运行也经历了大幅下滑、企稳回升、逐月向好的过程，全市接连出台了扩大内需鼓励投资、进一步促进企业技术改造、加快推进城市综合体项目建设等一系列政策措施。与此同时，经济转型产业升级成效明显，以传感网、新能源、新材料、生物、环保、软件与服务外包等六大产业为主要内容的高新技术产业呈现出蓬勃的发展势头。

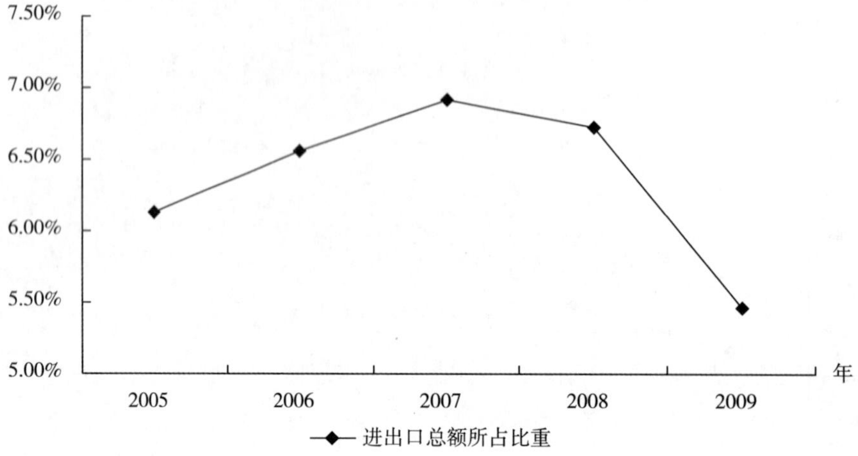

图2－46　2005－2009年无锡市进出口总额在长三角所占比重的变化趋势

2005－2009年无锡市进出口总额在长三角所占比重为6.13%、6.56%、6.92%、6.73%和5.46%,2009年比2008年下跌1.27个百分点,跌幅十分明显。2009年,全市外贸企业遇到了国际金融危机的严峻挑战,进出口经历了持续近一年的连续大幅下挫。在全市外贸企业以及各涉外部门的共同努力下,全市进出口降幅在年内已逐步收窄,外贸显露止跌企稳态势,进出口总额列江苏省第二位。全年实现外贸进出口总额439.45亿美元,比2008年下降21.6%。其中,进口总额179.33亿美元,比2008年下降11.4%;出口总额260.12亿美元,比2008年下降27.3%。

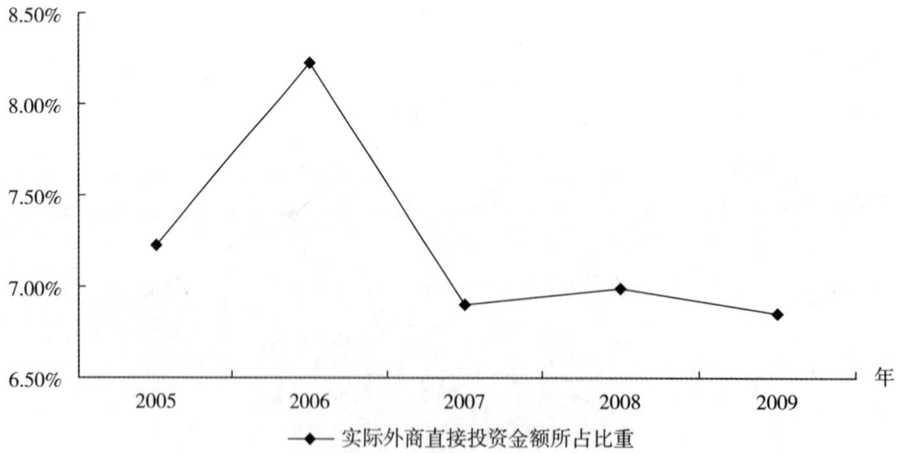

图2－47　2005－2009年无锡市实际外商直接投资金额在长三角所占比重的变化趋势

2005－2009年无锡市实际外商直接投资金额在长三角所占比重为7.23%、8.23%、6.90%、6.99%和6.85%,波动较为明显。2009年比2008年出现小幅下跌,跌幅为0.14个百分点。无锡市实际外商直接投资金额连续两年超过30亿美元,2009年达到32.03亿美元,再创历史新高,比2008年增长1.2%。全年新批外资项目503个,协议注册外资41.02亿美元,至2009年底全球财富500强企业中有75家在无锡市投资兴办了144家外资企业。

三　徐州市2009年经济社会发展报告

2009年，面对国际金融危机的严峻考验，徐州市委、市政府审时度势，带领全市人民坚持以“科学发展观”统揽全局，紧紧抓住振兴徐州老工业基地、江苏沿海开发、融入长三角三大机遇，实施了一系列强有力的应对措施，全市经济持续回升向好，全面小康建设顺利推进，民生民计继续改善，各项社会事业全面发展。

一、2009年徐州市经济发展概况

（一）综合经济

1. 经济发展持续回升向好

全年地区生产总值2 390.16亿元，按可比价格计算，比2008年增长13.9%。其中，第一产业增加值250.56亿元，增长4.7%；第二产业增加值1 249.04亿元，增长14.7%；第三产业增加值890.56亿元，增长15.6%。三次产业比例调整为0.5∶2.3∶37.2，第三产业增加值占地区生产总值的比重比2008年提高0.6个百分点。人均地区生产总值27 514元（按常住人口计算），按当年汇率折算突破4 000美元，达到4 028美元。

全面小康社会建设稳步推进。根据《江苏省全面建设小康社会统计指标体系》中25个指标的初步监测结果，已经达标指标15个，比2008年增加2个，总体指标达标率为60%，比2008年提高8个百分点；在未达标指标中，目标实现程度在90%以上的指标有7个；其余3个指标目标实现程度也都达到80%以上。

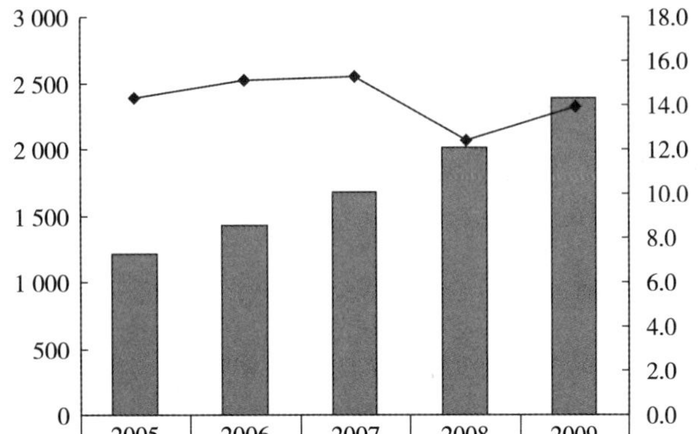

	2005	2006	2007	2008	2009
地区生产总值(亿元)	1 212	1 429	1 680	2 007.36	2 390.16
增幅(%)	14.3	15.1	15.3	12.4	13.9

图2－48　2005－2009年徐州市地区生产总值及增长速度

2. 财政收支较快增长

全年完成财政总收入318.89亿元（不含基金），比2008年增长18.7%，总量占GDP比重为13.3%。一般预算收入164.34亿元，增长30.6%。全年一般预算支出255.89亿元，增长28.6%，其中，医疗卫生、社会保障和就业、教育等关系民生的财政支出分别增长19.9%、16.9%和13.7%。

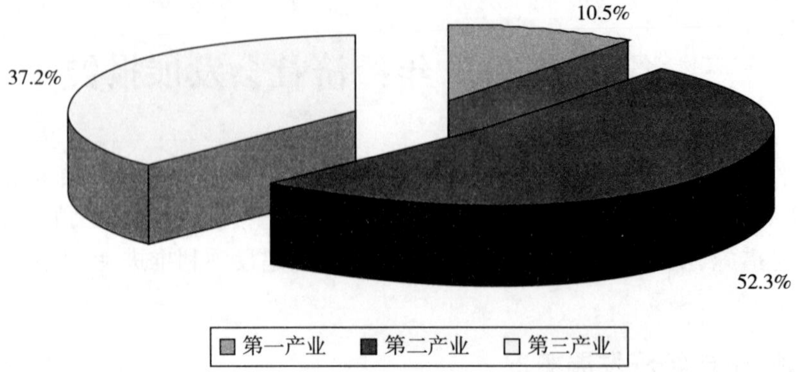

图 2-49　2009 年徐州市三次产业结构图

3. 物价水平总体温和回升

城市居民消费价格(CPI)比2008 年下降0.1%,降幅比1-11 月份收窄0.1 个百分点,连续5 个月收窄。八大类:食品、烟酒及用品、衣着、家庭设备用品及维修服务、娱乐教育文化用品及服务类分别上涨1.0%、1.2%、0.8%、2.3%和0.4%,交通与通信、医疗保健、居住类价格分别下降3.8%、0.9%、1.2%。工业品出厂价格(PPI)自10 月份起逐月回升,至12 月份同比上涨3.9%。

4. 固定资产投资较快增长

2009 全年完成全社会固定资产投资1 624.57亿元,比2008 年增长29.9%;规模以上投资1 568.99 亿元,增长35.1%。规模以上投资中城镇投资1 337.56亿元,增长31.8%;农村投资231.43 亿元,增长57.7%;房地产开发投资159.06 亿元,增长21.6%。商品房销售面积526.14 万平方米,增长78.8%。

投资结构进一步优化。全市规模以上固定资产投资中,服务业完成投资620.38 亿元,增长33.0%。关系居民生活质量的卫生社会保障和社会福利业、教育业、文化体育和娱乐业、居民服务和其他服务业规模以上投资分别增长31.9%、80.8%、85.6%和41.8%。全市重点发展的四大千亿元产业共完成规模以上投资911.40 亿元,增长29.8%,占规模以上投资的比重达58.1%。重大项目建设加快推进。全市在建规模以上投资项目3 175个,比上年增加919 个,其中3 000万元以上在建项目1 948个,比上年增加657 个,完成投资1 193.67亿元,增长38.6%;竣工项目1 277个,比2008 年增加627 个。

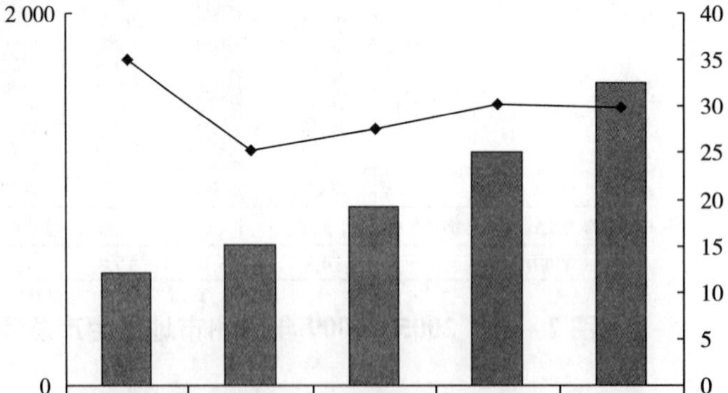

	2005	2006	2007	2008	2009
固定资产投资总额(单位:亿元)	601.31	752.99	960.7	1 250.66	1 624.57
增幅(%)	35	25.2	27.6	30.2	29.9

图 2-50　2005-2009 年徐州市全社会固定资产投资及增长幅度

5. 县域经济发展加速

六县(市)工业增加值增长 22.3%，高于全市 4.5 个百分点，铜山、邳州跨入全国百强县行列。铜山工程机械和钢铁冶金、沛县煤化工和铝加工、丰县盐化工和电动车、邳州板材和家具、新沂农用和精细化工、睢宁白色家电和纺织等特色产业规模层次稳步提升。

表 2-19　2009 年徐州市县区主要经济指标

县市	生产总值(亿元)	工业总产值(亿元)	城镇固定资产投资(亿元)	地方财政一般预算收入(亿元)	出口(亿美元)	社会消费品零售总额(亿元)
徐州市区	1 036.78	1 442.94	616.27	82.60	8.67	438.53
丰县	120.15	101.15	59.13	9.02	0.33	43.08
沛县	249.98	321.43	129.84	15.11	0.36	81.00
铜山县	338.11	888.09	208.10	19.60	0.76	66.47
睢宁县	151.15	146.62	69.08	8.22	0.14	53.11
新沂市	195.53	238.18	116.69	10.59	0.99	52.40
邳州市	298.46	459.09	138.46	19.21	3.90	71.40

(二)农林牧渔业

农村经济平稳发展。2009 年，全市实现农林牧渔业总产值 457.49 亿元，比 2008 年增长 8.8%，其中：农业总产值 285.36 亿元，增长 9.3%；林业总产值 10.01 亿元，增长 6.9%；牧业总产值 128.62 亿元，增长 7.4%；渔业总产值 24.48 亿元，增长 6.7%；农林牧渔服务业总产值 9.02 亿元，增长 20.5%。

粮食生产再获丰收。全年粮食种植面积 689.28 千公顷，增长 3.4%；粮食总产量达 427.67 万吨，增长 9.8%，连续 4 年实现增产。畜牧业生产较快增长。全年肉类总产量 72.54 万吨，增长 23.3%；禽蛋产量 44.42 万吨，增长 5.8%；奶类制品产量 20.85 万吨，增长 14.0%；水产品产量 16.95 万吨，增长 1.8%。生猪出栏 389.68 万头，羊出栏 334.18 万只，家禽出栏 1.57 亿只，分别增长 19.8%、20.3% 和 18.3%。

高效农业较快发展。全市高效农业面积 276.47 千公顷，高效渔业面积 9.96 千公顷，比 2008 年分别增加 20.0 千公顷、1.78 千公顷。主要农产品中有机、绿色及无公害产品种植面积比重达到 70%。

(三)工业和建筑业

工业经济快速回升。全年全部工业增加值1 065.28亿元，比 2008 年增长 13.7%。规模以上工业企业达到2 955个，其中本年新增 750 个；规模以上工业增加值突破千亿元大关，达到1 002.33亿元，增长 17.9%，其中，轻、重工业分别完成增加值 328.55 亿元和 673.78 亿元，分别增长 14.1% 和 19.8%。全年全社会用电量 202.44 亿千瓦时，增长 17.7%，其中，工业用电量 156.85 亿千瓦时，增长 18.2%。企业效益明显改善。2009 全年规模以上工业实现主营业务收入3 577.92亿元，增长 28.2%，实现利润 286.88 亿元，增长 29.9%，实现利税 590.22 亿元，增长 28.8%。工业经济效益综合指数为 275.69，比 2008 年提高 13.9 点。

主导产业实现新突破。全市重点培育的装备制造业、能源产业和食品及农副产品加工业三大千亿元工业产业共完成产值2 412.11亿元，增长 22.8%，其中装备制造业产值突破千亿元大关，达到

1 083.41亿元;食品及农副产品加工业完成产值接近千亿,达到940.63亿元。徐工集团营业收入突破500亿元,“中国工程机械之都”通过国家认定。中能多晶硅产量达7 500吨、跃居亚洲第一。

高新技术产业加快发展。2009年末规模以上高新技术产业单位341家,比2008年末增加120家;全年实现高新技术产业产值518.74亿元,增长51.6%;高新技术产业产值占规模以上工业总产值比重达14.4%,比2008年提高3.8个百分点。

建筑业快速发展。2009全年实现建筑业总产值391.90亿元,增长10.5%。其中,实现建筑工程产值356.86亿元,增长9.5%;实现安装工程产值32.38亿元,增长7.4%。房屋建筑施工面积3 940.17万平方米,增长45.8%。

(三)服务业

1.国内贸易

消费品市场较快增长。全年实现社会消费品零售总额808.97亿元,比2008年增长18.9%。城市消费品零售额510.57亿元,增长19.0%;县及县以下消费品零售额298.39亿元,增长18.8%。批发和零售业零售额679.91亿元,增长19.3%;住宿和餐饮业零售额126.08亿元,增长20.4%。限额以上贸易企业加快发展。2009年全市限上、限下单位及个体户分别实现零售额381.7亿元、424.3亿元,同比增长55.5%、-1.2%,限上企业增长高出限下单位56.3个百分点;限额以上同比口径增长15.7%,比上期增加2.9个百分点;限上企业零售额比重达到46.7%,比上期增加0.3个百分点。其中,2009年限额以上新增单位实现零售额115.7亿元,增长20.1%,拉动全市社会消费品零售总额增长6.5个百分点。

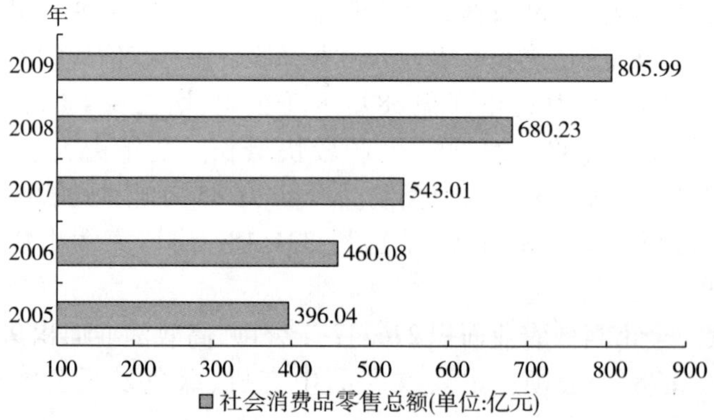

图2-51 2005-2009年徐州市社会消费品零售总额

2.交通、邮电

交通运输业发展稳定。全年各种运输方式(不含铁路运输)累计完成旅客运输量2.28亿人次,货物运输量2.35亿吨,港口货物吞吐量4 708万吨。全市拥有等级公路1.44万公里,高速公路350.19公里。观音机场已开辟国内航线22条,航空线里程达到2.2万公里。年末全市民用汽车拥有量29.06万辆,增长37.6%,私人汽车拥有量22.42万辆,增长43.4%。

邮政、通信业较快发展。2009全年邮电业务总量57.36亿元,邮电业务收入45.19亿元,其中邮政业务收入4亿元。2009年末固定电话(含小灵通)用户187.04万户,其中:城市电话用户108.96万户,乡村电话用户78.08万户。年末移动电话用户516.36万户;国际互联网用户59.13万户,新增10.33万户。

3. 旅游业

旅游业蓬勃发展。2009 全年接待国内游客1 790. 91万人次,增长 16. 4%,国内旅游收入 183. 97 亿元,增长 21. 0%。全年接待境外游客 13. 92 万人次,增长 5. 3%,其中外国游客 10. 70 万人次,港澳台同胞 3. 22 万人次。国际旅游外汇收入 1. 32 亿美元,增长 7. 3%。

4. 金融和保险

市级投融资平台建设进一步强化,农村新型金融组织建设加快,新沂市被评为"江苏省金融生态示范县(市)"。浦发、莱商等商业银行在徐州设立分支机构。

金融机构存贷款快速增长。2009 年末全市金融机构贷款余额为1 132. 56亿元,比年初增长 42. 2%,2009 全年新增贷款 335. 99 亿元,是 2008 年的 2. 2 倍。全市金融机构存款余额为2 172. 62亿元,比年初增长 26. 4%,其中居民储蓄存款1 139. 76亿元,比 2009 年初增长 17. 0%。

保险市场稳定发展。2009 年末全市拥有保险机构 31 家。2009 全年实现承保额7 260. 45亿元,比 2008 年增长 36. 3%;全年保费收入 51. 37 亿元,其中财产险收入 12. 52 亿元,人身险收入 38. 85 亿元。全年赔付额 8. 56 亿元,增长 23. 3%,其中财产险赔付 7. 05 亿元,人身险赔付 1. 51 亿元。

5. 房地产业

2009 年房地产业实现增加值 91. 38 亿元,增长 14. 9%;商品房销售面积 526. 14 万平方米,增长 78. 8%;商品房销售额 167. 13 亿元,增长 112. 4%。

(五)开放型经济

1. 对外经济

外贸出口降幅收窄。2009 全年进出口总额为 23. 00 亿美元,比 2008 年下降 33. 4%,降幅比上半年收窄 2. 1 个百分点,其中出口总额 15. 17 亿美元,下降 32. 4%,降幅比上半年收窄 5. 2 个百分点。

对外开放取得新成效。全年新批外商投资项目 145 个,年末三资企业1 370家,新增 158 家;协议注册外资 11. 10 亿美元;实际到账注册外资 6. 98 亿美元,增长 19. 8%。新签对外承包工程劳务合同额 1. 08 亿美元,增长 37. 1%,完成营业额 1. 26 亿美元,增长 53. 1%。

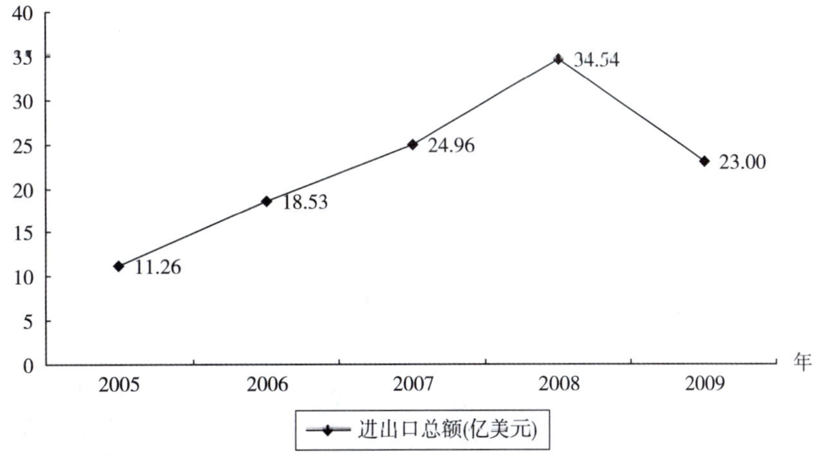

图 2-52 2005-2009 年徐州市外贸进出口总额

2. 民营经济彰显活力

民营经济快速发展,民营工业产值增速高于全市工业 11 个百分点。全市民营经济实现增加值

1 488.61亿元,比2008年增长14.3%,高于GDP增幅0.4个百分点;总量占全市GDP的62.3%,比2008年提高1.5个百分点;其中私营个体经济实现增加值1 237.33亿元,增长14.5%。年末工商部门登记私营企业5.83万户,增长19.5%,注册资本达844.79亿元,增长39.3%;个体户21.83万户,增长19.7%,注册资金60.42亿元,增长42.9%。

3. 园区建设

开发区建设步伐加快。徐州经济开发区和其他7个省级开发区实现业务总收入2 368亿元、增长50%。南北共建园区建设扎实推进,东方鲁尔工业园列入国家商务部指导项目。徐州经济开发区获批省级国际服务外包示范区。

全市8家省级开发区共完成进出口总额16.73亿美元,其中出口9.25亿美元,分别占全市的72.7%和61.0%;新批外商投资项目64个,占全市的44.1%;实际到账注册外资5.29亿美元,增长3.8%,占全市的75.8%。其中,徐州经济开发区进出口总额11.13亿美元;出口5.53亿美元;实际到账注册外资3.45亿美元;新批外商投资项目19个。

二、2009年徐州市社会发展概况

(一)人口、人民生活

人口总量均衡增长。2009年末户籍总户数278.46万户,户籍人口957.61万人,比2008年末增加10.75万人,其中:男性人口494.55万人,女性人口463.06万人;人口出生率19.1‰,人口死亡率7.1‰,人口自然增长率12.0‰。2009年末常住人口868.19万人。

人民生活水平持续提高。城市居民人均可支配收入18 769元,增长10.7%;人均消费性支出11 973元,增长11.7%,其中食品支出占消费性支出的比重为34.1%。农村居民人均纯收入6 951元,增长11.4%;人均生活消费支出4 719元,增长9.3%,其中食品支出占生活消费支出的比重为38.6%。城市百户家庭电话拥有量281部,百户家庭电脑拥有量78台;农村百户家庭电话拥有量242部,百户家庭电脑拥有量12台。

城乡居住条件进一步改善。2009年末实有房屋建筑面积7 179.72万平方米,其中住宅建筑面积4 826.98万平方米,增长17.3%。实有住宅使用面积3 470.15万平方米。城市(市区)居民人均住房建筑面积27.03平方米;农村人均年末生活住房面积37.40平方米。

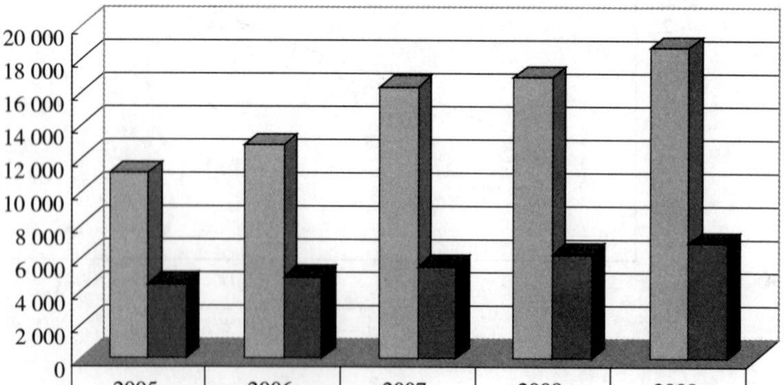

	2005	2006	2007	2008	2009
城市居民人均可支配收入(元)	11 185.3	12 837	16 366	16 955	18 769
农民人均纯收入(元)	4 443	4 896	5 534	6 240	6 951

图2-53　2005-2009年徐州市城乡居民收入对比一览

（二）就业、社会保障

就业创业工作扎实推进。2009 年，徐州市突出抓好“政策促就业、培训促就业、创业促就业”工程，培训各类技能就业人员 26.2 万人次，发放创业担保贷款突破 1 亿元，开辟了大学生创业培训基地，徐州市荣获首届“中国创业之城”称号。2009 全年城镇新增就业 11.8 万人，下岗失业人员再就业 5.6 万人，新增农村劳动力转移就业 9.16 万人。年末全社会从业人员 501.17 万人，比上年增加 15.12 万人，其中城镇单位从业人员 61.35 万人，乡村实有从业人员 358.75 万人，城镇私营个体从业人员 68.93 万人。

社会保障体系逐步完善。全市社会保障支出 88.78 亿元、增长 20.4%。企业职工社会保险覆盖面进一步扩大，城镇居民医疗保险参保率达 95.5%，新型农村合作医疗参合率达 99%。弱势群体基本生活保障水平不断提高，在省内率先建成残疾人基础数据库，为 5.7 万名就业困难人员发放社保补贴11 239.7万元；城乡低保标准分别提高到每人每月 283 元和 130 元；发放灾难救助资金2 600万元；新建经济适用房9 220套，新增廉租住房1 280套，发放廉租住房租赁补贴1 238万元。2009 年末全市社会福利事业单位 250 个，拥有床位 3.09 万张，在院 2.86 万人。2009 年末全市福利彩票销售网点 740 个，全年筹集社会福利资金 2.37 亿元。

（三）教育和科学技术

教育事业取得新进展。2009 年末全市普通高等学校在校学生人数 12.57 万人，其中研究生 0.84 万人，分别增长 4.7% 和 13.9%。全市普通中学在校学生 59.39 万人，小学在校学生 51.79 万人，分别下降 11.4% 和 3.6%。幼儿园在园人数 27.89 万人。幼儿园入园率达 92.0%，九年义务教育普及率达 100%，高中阶段毛入学率达 89.2%。

科技事业加快发展。全年研究与发展（R&D）经费支出占 GDP 比重 1.38%。受理专利申请6 898项，其中发明专利2 290项。专利申请授权量2 400项，增长 37.8%。完成科技成果 264 项，通过鉴定 186 项，比 2008 年增加 34 项，其中达到国际水平 75 项，达到省内先进水平 78 项。签订技术合同 803 项，技术合同金额 2.68 亿元。民营科技型企业1 498家，新增 302 家，实现技工贸总收入 340 亿元，增长 9.7%。全市从事科技活动人员 2.41 万人，其中研究与发展人员 1.05 万人。全市拥有中国科学院和中国工程院院士 7 人，国有独立研究与开发机构 23 个。

（四）文化、卫生和体育

1. 文化事业加快发展

2009 年末全市文化系统拥有艺术表演团体 8 个；公办文化馆（站）126 个；公共图书馆 7 个，总藏书量 1691 千册；博物馆 16 个，文物藏品59 197件（套）；全年出版报纸8 647万份，期刊 17.14 万册，图书 475.88 万册。市级广播电视台 1 座，县（区）级广播电视台 7 座，广播、电视人口综合覆盖率均达到 100%。有线电视用户 186.05 万户，入户率为 65.8%。

2. 卫生保障水平稳步提高

各类卫生机构1 175个，其中医院、卫生院 269 个；卫生机构床位 2.66 万张，其中医院、卫生院床位 2.51 万张；卫生技术人员 3.09 万人，其中医生 1.16 万人、注册护士 1.08 万人。卫生服务体系健全率达 97.9%，社区卫生机构覆盖率 100%。孕产妇死亡率为十万分之 7.6，婴儿死亡率 3.8%。

3. 各项体育活动蓬勃开展

2009 年末拥有体育场馆及游泳馆 30 个，万人拥有公共体育设施面积 1.48 万平方米。拥有等级运动员 214 人。在各类国内外比赛中，徐州籍运动员获得奖牌 348 枚，其中参加国际比赛获得金牌 5 枚，参加亚洲比赛获得金牌2枚。在省级比赛中,徐州运动员获得金牌111枚、银牌112枚、铜牌118枚。

(五)城乡建设

综合交通枢纽地位进一步巩固。京沪高铁徐州段线下工程顺利完成,徐连铁路电气化改造和火车站风雨棚改造基本结束,丰沛铁路全面开工,徐济高速江苏段建设加快推进,观音机场国家一类对外开放口岸建设、大郭庄机场搬迁和徐兰客运专线项目有力推进,徐州港总体规划获部、省联合批复,徐淮铁路和徐连城际铁路纳入省政府长三角铁路网规划。

城市项目建设加快推进。市区12条道路改扩建及7个路口渠化改造工程竣工,珠江路和徐贾快速通道按计划推进,云龙湖"四合一"工程、规划馆、档案馆等项目建成开放。中心商圈、新城区商圈和高铁站区商圈建设全面展开,彭城壹号和南湖水街等月光经济区竣工运营。新城区公共服务设施建设进展顺利,工程学院新校区一期工程投入使用,行政办公区基本建成。2009年末城市人均拥有道路面积14.20平方米,每万人拥有公交车辆17.89标台,全年运送乘客2.89亿人次;水厂综合生产能力87.39万立方米/日;人工煤气、液化气、天然气等家庭户数为42.50万户;集中供热面积1 003.9万平方米。集中力量解决振兴老工业基地三大历史遗留问题,制定并实施棚户区改造计划,出台了拆迁补偿安顿、审批手续简化和规费减免等政策措施,完成棚户区拆迁面积175万平方米,建设和购买安置房180万平方米,对41个老居民小区进行了综合整治。

城市管理水平不断提高。积极构建"大城管"体制,基本形成部门协同、齐抓共管的格局。对12个马路市场和7个城市出入口等进行专项环境整治,对32条道路户外店招实施改造,设置规范便民服务点470余处,主城区保洁市场化管理实现全覆盖,开放型公园和景区管理机制逐步完善,文明城市创建活动深入开展。城市化水平稳步提高,2009年末全市城市化率达49.1%,比2008年提高1.9个百分点。

农民专业合作社发展到2 271个,入社农户达68.1万户。重点规划建设40个中心镇,新建成50个市级新农村示范村和200个环境综合整治示范村,解决了100万农村人口的饮水安全问题。

(六)环境保护与资源节约

环境综合治理工作进一步加强。全市自然保护区13个,总面积达102.54千公顷。2009年末全市森林面积32.29万公顷,森林蓄积量2 036万立方米,森林覆盖率28.7%。2009年末全市各级环境监测站8个。全市环境质量综合指数达到81.7;集中式饮用水源地水质达标率100%。市区全年空气优良天数达322天,比2008年增加2天,再创历史新高。年末建成区绿化覆盖面积8 570公顷,覆盖率41.7%;省级风景名胜区面积38平方公里;人均公园绿地13.84平方米。

节能减排和生态建设成效显著。全市万元GDP能耗下降5.8%,化学需氧量、二氧化硫排放量完成年度省定任务。全部关闭水泥立窑生产线,建成城镇污水处理厂17座,南水北调截污导流工程投资量完成过半。实施了9 257亩市区山地绿化和15项绿化景观重点工程,全市森林覆盖率达27.6%,市区建成区绿化覆盖率达41.6%。采煤塌陷地复垦治理完成3万余亩,置换指标分配使用,中德合作徐州生态示范区建设取得积极进展。

三、挑战与目标

在充分肯定成绩的同时,要看到徐州市当前经济社会发展中还存在一些突出矛盾和问题:农业发展基础仍较薄弱,农产品精深加工和流通体系建设相对较慢,农民收入持续增长的难度进一步增加。工业经济增长特别是部分骨干企业的生产经营还面临不少困难,高新技术产业比重不高。实际利用外资总量偏小,出口形势依然严峻。财政收支矛盾比较突出,城乡居民就业、社会保障、看病、上学等问题仍旧较多,城市交通拥挤问题日益突出,维护社会稳定的任务较为繁重。一些政府部门效率不高，少数干部服务意识不强，个别干部还存在腐败行为等。对于这些问题，将在今后工作中重点加以解决。

2010年国民经济和社会发展的主要预期目标是：(1)地区生产总值增长13.5%。(2)财政一般预算收入增长18%。(3)全社会固定资产投资增长26%。(4)实际到账注册外资增长15%。(5)自营出口总额增长14%。(6)社会消费品零售总额增长18%。(7)城市居民人均可支配收入增长10%，农民人均纯收入增长10%。(8)城镇登记失业率控制在4%以内。(9)高新技术产业产值占规模以上工业的比重达15%，科技研发投入占GDP比重达1.45%。(10)单位地区生产总值能耗下降5.5%。(11)化学需氧量和二氧化硫排放量完成省下达的减排任务。(12)人口自然增长率控制在6‰以内。

四、徐州市在长三角地区经济发展中的地位

2009年，徐州市积极应对国际金融危机带来的不利影响，围绕振兴徐州老工业基地和建设特大型区域性中心城市，抓住用好“三大机遇”，全力推进“三重一大”，全市经济较快回升、逆势增长，全年主要经济指标完成情况好于预期，增幅高于江苏省平均水平。

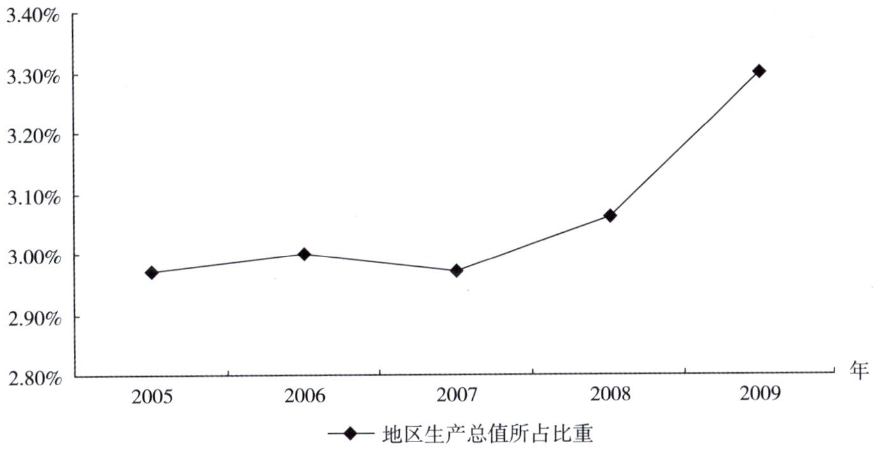

图2-54 2005-2009年徐州市地区生产总值在长三角所占比重的变化趋势

2005-2009年徐州市地区生产总值在长三角所占比重分别为2.97%、3.00%、2.97%、3.06%和3.30%，已连续两年出现较大幅度的增加，2009年比上年占比增加0.24个百分点，为近年最大增幅。2009年全市经济逆势持续回升向好，整体呈现V形反弹态势。全市实现地区生产总值2 390.16亿元，按可比价格计算，比上年同期增长13.9%，增幅比2009年前三个季度分别提高1.1、0.6和0.4个百分点，高于全省平均水平1.5个百分点，居全省第三位，比上半年提升两位。

2005-2009年徐州市地方财政一般预算收入在长三角所占比重分别为1.44%、1.56%、1.68%、1.79%和2.08%，保持稳定增长的态势，其中2009年比2008年增加0.29个百分点，是近年最大增幅。财政收支增速加快，全市完成财政总收入467.63亿元，同比增长30%，完成一般预算收入164.34亿元，增长30.6%，增速高于全省12.4个百分点，居全省第六位。

2005-2009年徐州市规模以上工业总产值在长三角所占比重分别为1.72%、1.83%、1.92%、2.18%和2.59%，继续保持稳定增长的态势，累计增幅达0.87个百分点。在国际金融危机不断蔓延，外贸出口持续不振的不利形势下，徐州市工业系统按照“保增长、扩内需、调结构、促发展”的工作要求，主动应对，开拓创新，积极推进产业转型升级。企业主动加大技术改造投入，加快技术升级步伐，化“危”

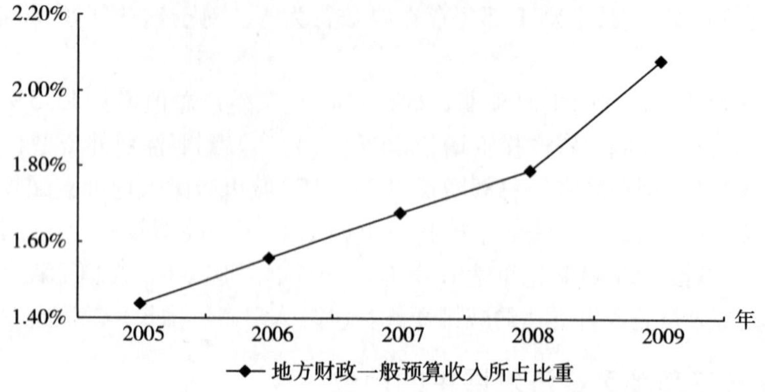

图 2-55　2005-2009 年徐州市地方财政一般预算收入在长三角所占比重的变化趋势

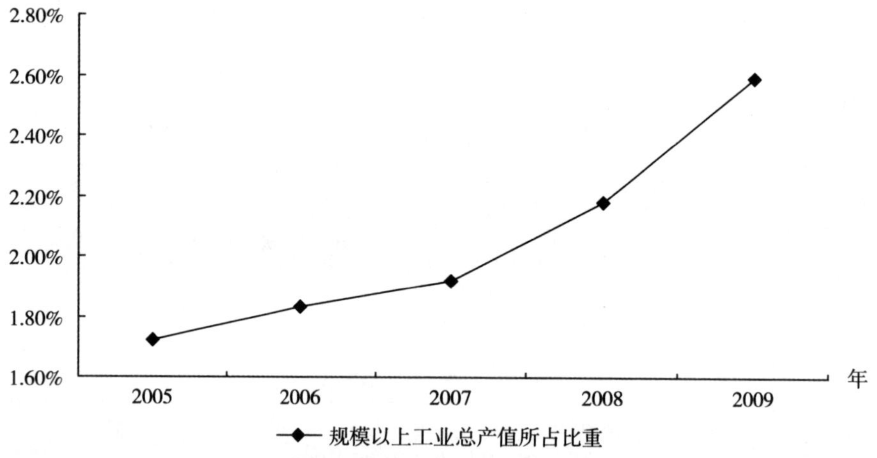

图 2-56　2005-2009 年徐州市规模以上工业总产值在长三角所占比重的变化趋势

为“机”、适应市场变化能力得到显著提高,工业经济增长的内生动力不断增强,向好趋势愈加明显。

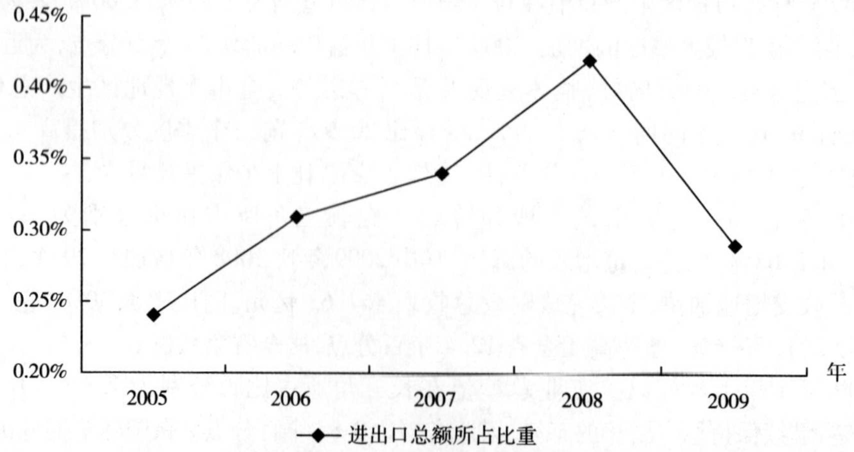

图 2-57　2005-2009 年徐州市进出口总额在长三角所占比重的变化趋势

2005－2009 年徐州市进出口总额在长三角所占比重分别为 0. 24%、0. 31%、0. 34%、0. 42% 和 0. 29%，在连续稳定增长后，2009 年首次出现下跌，跌幅为 0. 13 个百分点。外贸出口止跌增长。2009 年全市进出口总额为 23. 02 亿美元，同比下降 33. 4%。其中出口总额 15. 17 亿美元，同比下降 32. 4%，降幅比上半年收窄 5. 2 个百分点。12 月当月出口总额为 1. 84 亿美元，增长 16. 2%，2009 年以来首次实现增长，与全省的差距由 11 月的 11. 5 个百分点缩小到 0. 4 个百分点，居全省第五位。

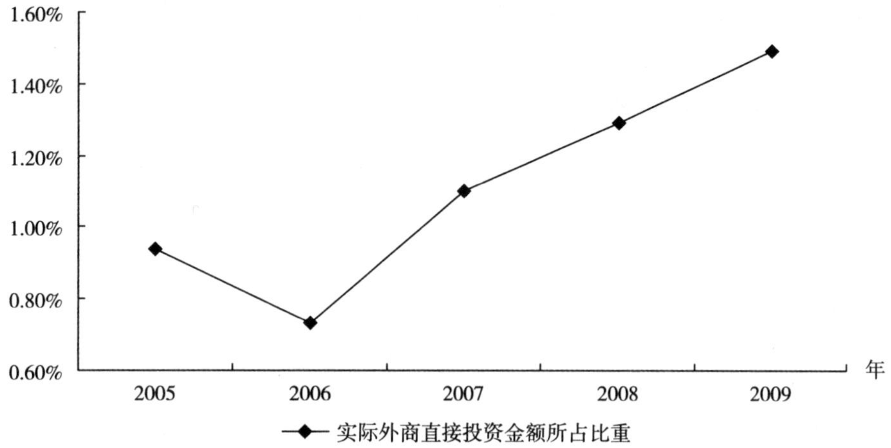

图 2－58　2005－2009 年徐州市实际外商直接投资金额在长三角所占比重的变化趋势

2005－2009 年徐州市实际外商直接投资金额在长三角所占比重分别为 0. 94%、0. 73%、1. 10%、1. 29% 和 1. 49%，已连续 3 年出现稳步增长，累计增幅为 0. 76 个百分点。2009 年的占比已超过 2006 年的 2 倍。尽管如此，徐州的外资利用与江苏省和长三角地区其他城市相比还有较大的差距，2009 年徐州市实际利用外资 6. 98 亿美元，在江苏省 13 个地级市 2009 年外资引进中排名第 11 位，外资引进规模仅高于淮安、宿迁两市。

四　常州市2009年经济社会发展报告

2009年,常州市委市政府审时度势,坚定信心,在全面贯彻落实中央、省应对金融危机一揽子政策计划的同时,结合常州实际出台多项扶持政策,全市经济呈现增长速度稳步回升、增长动力逐步走强、增长态势持续向好的格局,主要经济指标持续朝着积极的方向转化,健康、和谐、稳定的发展局面得到进一步巩固和提升。

一、2009年常州市经济发展概况

(一)综合经济

1. 经济总量稳步攀升

2009年,全市实现地区生产总值(GDP)2 519.93亿元,按可比价计算增长11.7%。分产业看,第一产业实现增加值91.6亿元,增长4.7%;第二产业增加值1 429.7亿元,增长10.8%;第三产业增加值997.3亿元,增长14.1%。产业结构得到明显优化,三次产业比重结构由上年的3.7∶58.1∶38.2调整为3.6∶56.8∶39.6。全市按常住人口计算的人均生产总值达到56 890元,按现行汇率折算超过8 000美元;按户籍人口计算的人均生产总值达到70 103元,按现行汇率折算超过10 000美元。

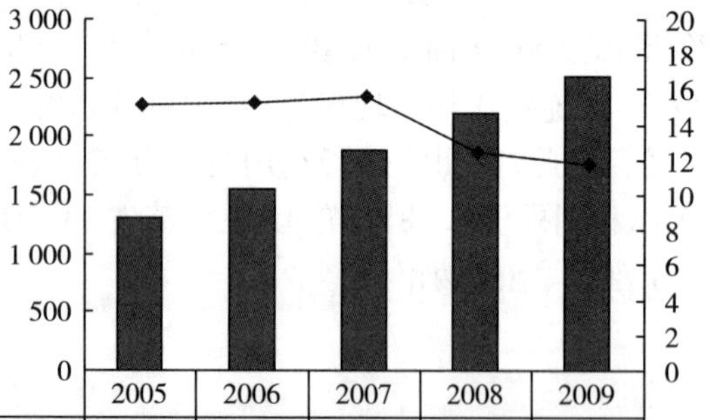

	2005	2006	2007	2008	2009
地区生产总值(亿元)	1 302.2	1 560	1 880.0	2 202.2	2 519.9
增幅(%)	15.1	15.2	15.6	12.4	11.7

图2-59　2005-2009年常州市地区生产总值及增长速度

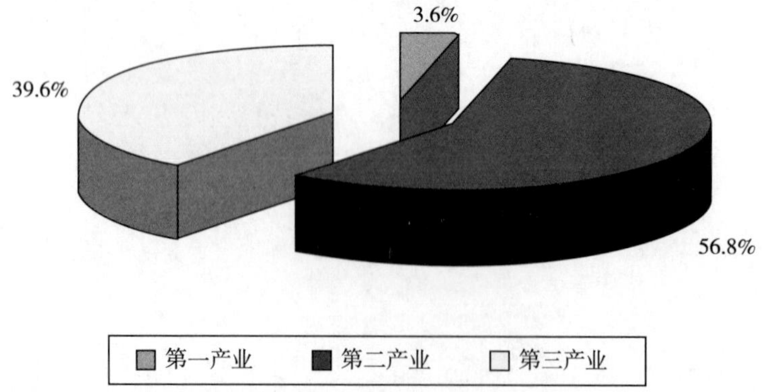

图2-60　2009年常州市三次产业结构图

2. 地方财力持续增强

全市地方一般预算收入首次突破200亿元大关，完成215.9亿元，比2008年增长16.6%；地方一般预算收入占GDP比重达8.6%，比2008年提高0.4个百分点。财政支出有序增长，全年财政一般预算支出217.3亿元，比2008年增长16.4%，其中教育支出35.3亿元，增长26.1%；社会保障与就业支出18.6亿元，增长18.4%；农林水事务支出18.4亿元，增长27.9%；医疗卫生支出10.7亿元，增长11.0%。

3. 消费价格低位运行

居民消费价格指数(CPI)呈现年初上涨、年中回落、年末走高的运行态势，居民消费价格总水平比上年下降0.5%。八大类商品及服务项目价格“五涨三跌”，其中烟酒及用品类、衣着类、家庭设备用品及维修服务类、食品类、医疗保健和个人用品类平均价格水平分别比上年上涨2.9%、2.6%、1.3%、1.3%、0.4%；娱乐教育文化用品及服务类、居住类、交通和通信类价格水平分别比上年下降1.4%、2.1%、5.1%。

4. 固定资产投资持续增长

围绕50项重点工程、100项工业重点项目和200个工业经济新增长点，加大项目跟踪落实力度，优化有效投入结构。全年完成全社会固定资产投资1 704.7亿元，比2008年增长17.7%，其中基础设施投资完成717.6亿元，增长18.3%。分产业看，第一产业完成投资4亿元，比2008年增长33.3%；第二产业完成投资978.8亿元，增长16.6%，其中工业投资971.1亿元，增长16.8%；第三产业完成投资722亿元，增长19.1%，其中房地产开发投资完成306.2亿元，下降0.9%

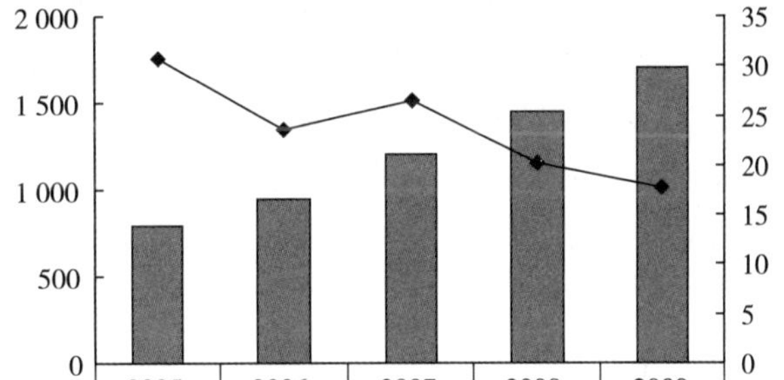

	2005	2006	2007	2008	2009
固定资产投资总额(单位：亿元)	796.8	951.6	1 203.9	1 448.2	1 704.7
增幅（%）	30.8	23.6	26.5	20.3	17.7

图2－61 2005－2009年常州市全社会固定资产投资及增长幅度

5. 区县经济

2009年，常州市区、溧阳市和金坛市在全市地区生产总值的占比分别为：75.31%、14.32%和10.37%。

溧阳市全年实现地区生产总值360.8亿元，比2008年增长13%。按常住人口计算人均地区生产总值48 488元，比2008年增加5 401元。从三次产业完成情况看，第一产业增加值27.41亿元，增长9.6%；第二产业增加值207.14亿元，增长11.3%（其中，工业增加值184.14亿元，增长12.5%，建筑业增加值23亿元，增长2.7%）；第三产业增加值126.25亿元，增长16.7%，三次产业比重为7.6∶57.4∶35。2009年全市财政总收入达到66.66亿元，比2008年增长23.3%；一般预算收入23.17亿元，比2008年增长18.1%。财政总收入占GDP的比重达18.5%，比2008年提高了1.6个百分点。

金坛市实现地区生产总值261.4亿元,按2005年价格计算比2008年增长12.6%,按现行价计算比上年增长10.3%,人均地区生产总值由上年的43 486元增加到47 858元(按常住人口计算)。全市完成财政总收入41.30亿元,增长18%,其中地方一般预算收入14.08亿元,增长10.2%。2009年,全市第一产业完成增加值20.2亿元,增长8.2%,占地区生产总值的比重为7.7%,比上年下降0.2个百分点;第二产业仍是全市经济发展的主要支柱,全年完成增加值147.1亿元,增长9.0%,占地区生产总值的比重为56.3%,比上年下降0.7个百分点;第三产业完成增加值94.1亿元,增长13.0%,占地区生产总值的比重为36.0%,比2008年提高0.9个百分点。

表2-20 2009年常州市县市主要经济指标

县市	生产总值(亿元)	工业总产值(亿元)	城镇固定资产投资(亿元)	地方财政一般预算收入(亿元)	出口(亿美元)	社会消费品零售总额(亿元)
常州市区	1 897.70	4 801.17	952.62	178.64	95.20	674.55
溧阳市	360.80	728.34	124.20	23.17	4.45	121.89
金坛市	261.43	453.40	89.66	14.08	8.96	95.10

(二)农业

2009年实现农林牧渔业总产值160.8亿元,比2008年增长7.3%。粮食总产量达到114.2万吨,比2008年增加0.8万吨,增长0.7%。稻麦油单产再创历史新高,全市水稻单产616.1公斤/亩,比2008年提高17.2公斤,高出全省平均水平81.1公斤,连续七年位列全省第一。标准粮田建设力度明显加大,全年建成标准粮田21.4万亩,投入资金总量1.8亿元。

高效农业建设取得新突破,全年增加高效种植业面积13.8万亩,高效渔业面积4.7万亩,增量创历史新高。无公害农产品基地建设继续推进,截至2009年底,全市共有无公害农产品生产基地313个,省级以上认证的无公害农产品403只,获得绿色标志的农产品256只,有机食品124个。

(三)工业和建筑业

工业生产逐步回升。工业经济扭转了2008年4季度以来增长速度持续下滑的局面,呈现行业回暖、增长提速、效益趋优、投资扩大的特点。全年完成规模以上工业产值5 978.7亿元,比2008年增长15%,其中轻工业完成产值1 326.5亿元,增长9.9%;重工业完成产值4 651.5亿元,增长16.5%。规模以上企业全年实现利税446.8亿元,利润273.9亿元,分别比2008年增长20.4%、23.7%。规模经济成效明显,全市产值超亿元企业达939家,比上年增加71家,其中超10亿元企业由2008年的66家增加到73家。

产业结构优化提升。五大产业(装备制造业、生物医药产业、电子信息产业、新材料产业、新能源产业)规模以上企业全年完成工业投资608.6亿元,比2008年增长14.3%;完成工业总产值3 690.8亿元,比2008年增长24.1%;实现利税308.2亿元,比2008年增长27.7%。五大产业在全市规模以上工业产值中所占比重达61.7%,比2008年提高4.5个百分点。高新技术产业全年完成投资375.9亿元,比2008年增长21.8%;完成工业总产值2 887亿元,比2008年增长23.9%,占全市规模以上工业产值的比重由上年的44.8%提高到48.3%。

建筑行业稳定发展。建筑企业劳动效率和综合竞争力不断提升,全市实现建筑业增加值107.7亿元,按可比价计算增长15.5%。建筑施工企业全年完成施工产值674.5亿元,比上年增长10.9%;

施工面积5 714.7万平方米，增长8.7%；竣工面积2 433.98万平方米，增长1.8%。建筑企业按施工产值计算的全员劳动生产率达到29.9万元/人，比2008年提高1.08%。

（四）服务业

1. 国内贸易

全年实现社会消费品零售总额891.54亿元，比2008年增长18.9%。城乡市场销售基本同步，其中城市市场实现零售额826.1亿元，农村市场实现零售额75.3亿元，分别比2008年增长19.0%、18.2%。零售业和餐饮业增长速度保持领先，2009全年零售业完成社会消费品零售总额694.0亿元，增长21.1%；餐饮业完成零售额99.0亿元，增长21.7%。汽车消费呈现强劲增长势头，限额以上批零贸易企业全年实现汽车类零售额126.8亿元，比2008年增长38.7%。

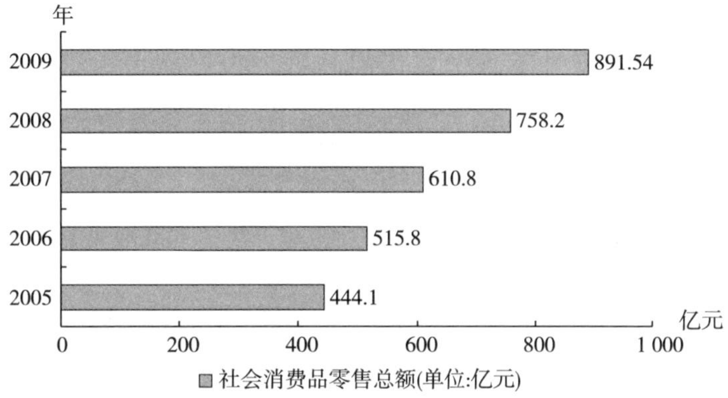

图2-62　2005-2009年常州市社会消费品零售总额

大市场建设成效显著。2009年，常州市着力提升市场对各类资源的配置功能，对已建市场加大投资力度，实现扩能提档。全年成交额超亿元大型骨干市场达54家，长江塑料化工交易市场有限公司、江苏湖塘纺织城投资发展有限公司和凌家塘市场发展有限公司年成交额分别达到122亿元、126.8亿元和135.8亿元。凌家塘市场在完成整体搬迁的基础上，投资2.8亿元建设仓储冷冻、物流配送中心；苏浙皖金属材料市场全年新增投资3亿元，建设7.4万平方米的再生资源交易区及仓储区；亚邦医药物流中心加大投资力度，全年成交额达到18.8亿元。

2. 交通运输和邮电通讯

交通运力运能持续增强。“公、铁、水、空”交通网络进一步完善，全年完成货物运输量11 101万吨，货物周转量74.4亿吨公里，分别比2008年增长27.2%、47%；完成旅客运输量24 700万人次，周转量128.6亿人公里，分别比2008年增长17.5%、29.6%；完成港口吞吐量9 077万吨，比2008年增长8.2%。民航常州机场全年进出港旅客53.5万人次，航空运输货物6 124.4吨，分别比2008年下降2.8%、3.9%。机动车拥有量持续增长，年末全市民用汽车拥有量35.9万辆，比2008年末增长23.6%，其中私人汽车25.5万辆，增长31.4%。

邮电通讯发展势头良好。通信业继续保持稳步发展的良好态势，实现通信业务总收入47.6亿元，比2008年增长6.2%。中国移动、中国电信和中国联通三大运营商正式拿到第三代移动通信(3G)牌照，移动电话业务快速发展，截止2009年12月底，全市共有移动电话用户424.6万户，比2008年末增长21.9%。年末全市本地电话用户数为169.2万户，比上年末下降14.6%；无线市话用户30.7万户，比上年末下降50.4%。居民家庭电脑普及率不断上升，截止2009年末，全市共有互联网用户 82.0 万户,比上年增长 40.8%。

3. 金融、保险业

银行服务体系更加完善。基本形成种类齐全、布局合理、功能完善、运作高效、服务领域较为全面的区域性银行业金融机构体系。浦发银行、兴业银行、民生银行先后来常设立分支机构,银行分支机构进一步向县域发展;农村新型金融组织快速发展,溧阳市成功设立溧阳浦发村镇银行,武进区、新北区、溧阳市先后设立武进龙城农村小额贷款股份有限公司、汇通农村小额贷款有限公司、盛大农村小额贷款有限公司;法人金融机构改革取得新的突破,由辖市区 5 家法人金融机构新设合并成立地(市)级农村商业银行——江苏江南农村商业银行股份有限公司正式成立。

企业直接融资快速增长。常州天合光能有限公司在境外募集资金 1.5 亿美元,华盛天龙股份有限公司登陆国内创业板市场,募集资金 9.09 亿元。常州高新区发展(集团)总公司、常州投资集团、武进城市建设投资公司成功发行企业债,融资金额合计达 57 亿元。全年直接融资金额 76.29 亿元,比 2008 年增长 204%。

存贷款规模继续扩大。2009 年末全市金融机构人民币存款余额3 765.9亿元,比年初增长 33.6%,其中城乡居民储蓄存款余额1 756.2亿元,比年初增长 22.7%,金融机构人民币贷款余额2 514亿元,比年初增长 35.8%;个人消费贷款增势强劲,年末短期消费贷款余额 7.3 亿元,比年初增长 66.7%;中长期消费贷款余额 297.1 亿元,比年初增长 52.3%。

保险业务快速发展。年末全市各类保险机构达 44 家,比上年增加 4 家。全年实现保费总收入 72.6 亿元,比 2008 年增长 17.7%,其中财产险保费收入 18.8 亿元,增长 21.1%;寿险保费收入 53.8 亿元,增长 16.6%。支付各类赔款及给付 22.6 亿元,比 2008 年下降 0.7%,其中各项赔款支出为 12 亿元,比 2008 年下降 4.1%。

4. 旅游业

围绕打造旅游目的地和建设旅游强市的目标,突出"休闲旅游年"主题,推进恐龙谷温泉、春秋淹城旅游区综合配套二期等重点项目建设。全年实现旅游总收入 282.4 亿元,比 2008 年增长 20.7%。全力推进中华恐龙园国家 5A 级旅游区创建工作,启动天目湖旅游度假区国家 5A 级旅游区创建工作,推进春秋淹城旅游区、金坛城南风景区、青枫公园和南大街商业街区创建国家 4A 级景区各项工作。进一步提升乡村旅游发展水平,培育 4 个省级乡村旅游精品。年末共有星级饭店 62 家,其中五星级 5 家,四星级 21 家。旅行社 96 家,4 家旅行社进入国内旅游百强社行列。旅游区(点)26 家,其中 4A 级 8 家。

5. 房地产业

房产交易高度活跃。全年商品房成交突破 10 万套,达到 10.1 万套,成交面积达1 082.9万平方米,比 2008 年增长 106.9%;成交额达 538.1 亿元,比上年增长 122.1%。列统房地产开发企业全年实现商品房销售面积 888.5 万平方米,比 2008 年增长 76.1%,其中住宅销售面积 787.2 万平方米,增长 85.0%;办公楼销售面积 21.4 万平方米,增长 106.1%;商业营业用房销售面积 70.5 万平方米,增长 13.2%。年末全市商品房空置面积 133.5 万平方米,比 2008 年末增长 12.2%,其中住宅空置面积为 58.5 万平方米,比 2008 年末下降 8.7%。

(五)开放型经济

1. 对外经济

外贸出口降幅收窄。2009 全年实现进出口总额 150.8 亿美元,下降 14.5%,降幅比上半年收窄 7.8 个百分点,其中出口 108.7 亿美元,下降 17.9%,比上半年收窄 5.5 个百分点;进口 42.1 亿美元,下降 3.9%,比上半年收窄 15.2 个百分点。

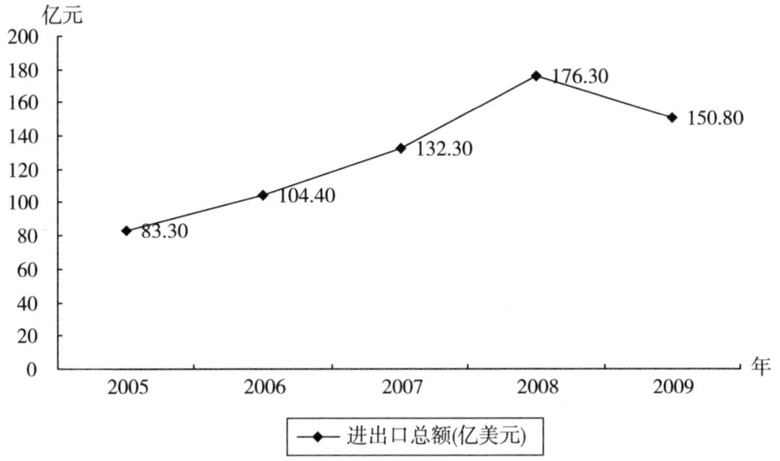

图 2－63　2005－2009 年常州市外贸进出口总额

招商引资难中有进。2009 年，常州市主攻大项目、好项目，引进了一批基地型、龙头型项目，利用外资在严峻的外部环境下取得较快增长。全市实际到账外资 22.6 亿美元，比上年增长 10.9%，增幅比全省平均水平高出 10.1 个百分点，利用外资总量在省内城市的排位由上年的第 5 位前移至第 4 位。全市新增总投资超亿美元或注册外资超3 000万美元项目 25 个，新增世界 500 强企业投资项目 5 个，新批项目平均规模达到1 672万美元，比上年增长 20%；新签总投资额1 000万美元以上项目 144 个，合同利用外资 36.1 亿美元，占全市总量的 85.5%。全市外资企业达3 100余家，吸纳就业近 30 万人，涉外税收达 82.02 亿元，比 2008 年增长 18.9%。

外经外包快速增长。全年新核准境外企业 30 家，比 2008 年增长 50%，中方协议投资总额达到 1.11 亿美元，比 2008 年增长 204.6%。完成外经营业额 4.11 亿美元，比 2008 年增长 10.5%。全年新增服务外包企业 110 家，实现服务外包合同额 2.04 亿美元，外包执行额 0.96 亿美元，其中离岸外包合同额 1.37 亿美元，外包执行额 0.56 亿美元；全市通过 CMMI3 以上认证的企业达 74 家，占全省的三分之一，居省内首位。

2. 民营经济

全市新增私营企业 0.29 万家，2009 年末累计达 5.97 万家；私营企业注册资本1 202.2亿元，户均注册资本 201.4 万元，分别增长 20.2% 和 14.4%。新增个体工商户 1.6 万户，年末累计达 14.3 万户；个体工商户注册资本 46.6 亿元，户均注册资本 3.3 万元，分别增长 22.2% 和 9.1%。全市民营经济增加值总量1 486.4亿元，按可比价计算增长 11.9%，在全市经济总量中所占比重达 59%；全年上缴税收 234.3 亿元，比 2008 年增长 4.2%。

3. 开发区建设

全市省级以上开发区园区基础设施投入达 172.0 亿元，主要指标在全省的综合排位明显前移。江苏武进出口加工区顺利通过由国家海关总署、国家发改委、财政部、国土资源部、商务部、税务总局、工商总局、质检总局、外汇局等 9 部委组织的联合验收，获得 9 部委颁发的验收合格证书，正式封关运作。全市新增 3 家省级特色产业园和 2 家省级生态园。省级以上开发区全年新增工商登记注册外资 35.6 亿美元，实现地方一般预算收入 116.7 亿元，占全市的比重分别为 82.4%、54.1%。

二、2009 年常州市社会发展概况

(一)人口、人民生活

2009 年末全市户籍人口 359. 8 万人,比 2008 年末增长 0. 3%;常住人口 445. 2 万人,比 2008 年末增长 1%。全市暂住人口 132. 1 万人,比 2008 年末下降 13. 2%。出生人口素质稳步提高,出生人口性别比保持正常,全市计划生育率达 98. 9%,独生子女率为 81. 7%,人口自然增长率为 -0. 4‰。

居民收入稳步提高。城镇居民全年人均可支配收入23 392元,比 2008 年增长 10%;人均消费性支出15 961元,比 2008 年增长 6. 6%;居民恩格尔系数(食品支出占全部消费支出的比重)33. 7%,比 2008 年下降 0. 1 个百分点。农民人均纯收入11 198元,比 2008 年增长 10. 1%;人均生活消费支出 8 843元,比 2008 年增长 8. 8%;居民恩格尔系数 36. 2%,比 2008 年下降 1. 5 个百分点。

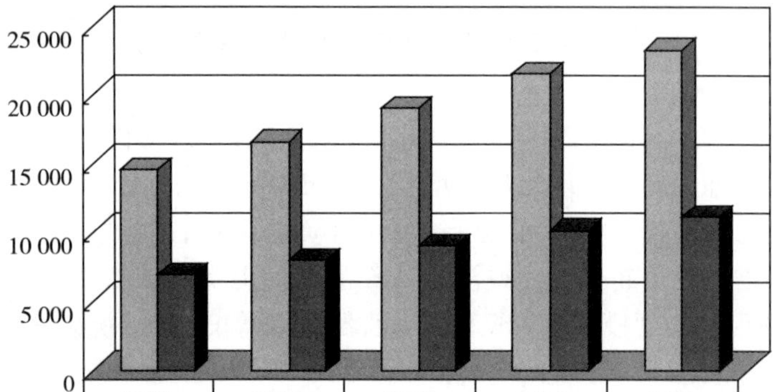

	2005	2006	2007	2008	2009
■城市居民人均可支配收入(元)	14 589	16 649	19 089	21 592	23 392
■农民人均纯收入(元)	7 002	8 001	9 033	10 171	11 198

图 2 -64　2005 -2009 年常州市城乡居民收入对比一览

(二)就业与社会保障

就业工作力度加大。2009 年,常州市积极实施海归创业工程、“城乡百千万”创业工程、创业培训工程、创业基地培育工程,出台稳定就业、促进就业系列文件及一整套较为完善的就业扶持政策体系,全年城镇新增就业 8. 5 万人,筹集就业再就业资金 1. 6 亿元,支出 2. 0 亿元;下岗失业人员再就业 3. 8 万人;实现新增农村劳动力转移 2. 1 万人;各类再就业培训机构全年培训 5. 8 万人。就业形势保持基本稳定,城镇登记失业率控制在 4% 以内。

社会保障水平得到提高。养老、医疗、失业保险参保分别净增 4. 5 万人、4. 9 万人和 4. 2 万人,三大保险综合覆盖率达到 97% 以上。被征地农民基本纳入社会保险范围,新型农村养老保险覆盖率达到 77. 8%。新型农村合作医疗参保率达 100%。市区低保、居家养老服务补贴、居家养老服务中心运行补贴和百岁老人营养补贴提标全部落实到位。住房保障力度加大。对符合条件的经济适用房申请家庭每户补贴 8 万元,经济适用房购房签约5 000户,新增廉租住房家庭1 953户,基本实现了廉租住房和经济适用房应保尽保。2009 年末拥有各类养老机构 104 个,床位总数达12 731张,收养人数达8 854人。2009 全年发行福利彩票 3. 73 亿元,比上年增长 42. 4%。

慈善事业不断创新。到 2009 年底,全市慈善基金突破 15 亿,达 15. 2 亿元,其中市本级 5. 6 亿

元。全市慈善募集收入11 850.6万元，全市慈善救助支出6 810.6万元，救助7.0万人次。在重点围绕助医、助学、助老、助孤、助残、助困传统集中“六助”的基础上，积极开拓慈善救助公益实体项目，创建常州市慈善医院血透中心，为市区低保尿毒症患者提供免费血透治疗；创建常州市福利院困难老人慈善生活照料区，为低保无生活自理能力的困难老人提供生活照料服务。

（三）科技与教育事业

1. 科技创新不断推进

2009年全年新标准认定高新技术企业113家，新认定省级创新型企业10家、民营科技企业558家；全年获得省级以上项目304项，争取经费3.4亿元。全市规模以上高新技术产业（市口径）完成产值2 887亿元，比上年增长23.9%，高新技术产品总量达2 387只。企业知识产权保护意识有所增强，全年专利申请量和授权量分别达12 116件和4 857件，比2008年增加2 970件、2 321件，专利申请量首次突破万件大关，其中职务发明专利申请量超过70%，申请量比上年增长1倍多；授权专利比上年增长91%。

不断增强自主创新能力。全市举办“5.18”等产学研合作及对接活动80余场，签订合作项目271项。创新平台建设成效显著，新建省级以上企业研发机构78家，国家重点实验室实现零的突破；孵化面积累计达201.6万平方米，在孵企业2 031家，科教城引建各类机构和企业超过220家。大力引进创业人才及团队，第五批领军型海归创业人才签约96个项目，千名海外人才集聚工程的5年任务3年完成。年末全市拥有各类专业技术人员35.0万人，比2008年增长6.5%；引进各类专业技术人才3.1万人，其中博士258名，硕士1 396名。常州科教城被批准为国家大学科技园。

2. 教育事业蓬勃发展

教育体系持续优化。2009年末全市共有各类全日制学校408所，在校学生61.5万人。另有在园幼儿8.63万人，成人高校及成人中专3.26万人。教职工达4.2万人。全市投入6.8亿元实施农村中小学千万元以上教育项目16个，完成建筑面积33万平方米以上。深入推进“蓝天计划”，全市外来务工人员子女接受义务教育普及率100%、公办学校吸纳比例83.87%以上。全面落实好家庭经济困难学生资助体系，年内发放帮困助学金3 000万元。新增“五级阶梯”教师1 054名，全市中小学五级阶梯优秀教师比例达25%以上。3 178名教师晋升高一级职称，全市中小学中学高级教师占比达12.07%。中职专业教师“双师型”教师比例达60%，“高级工”比例达45%。

教育发展水平进一步提升。所有辖市区均达到省教育现代化标准。全市省级优质中小学、幼儿园达到347所，占比率和就读率分别达到60.6%、72.3%。公办高中全部成为省三星级以上学校。学前三年教育入学率达100%，全市义务教育阶段入学率达100%，初中毕业生升入高一级学校的比例99.9%，高中阶段教育毛入学率达112.7%，盲聋哑及智障儿童少年义务教育入学率达98%以上，并全面实现免费教育，高中教育质量稳步提升，高考二本以上进线率达46.2%，位居全省前列。

职业教育取得突破。新增省高水平示范性职业学校2所。建有省高职品牌、特色专业34个，新增省级示范专业5个。全民教育深入推进。建立14部门（单位）终身教育工作联席会议制度，成立全省首家社区大学，基本形成社区大学、社区培训学院、社区教育中心、居民（村民）学校四级社区教育网络，全市7个辖市区全部成为省级以上社区教育实验区，举办第四届“全民终身学习活动周”，各类终身教育机构年培训总数达150万人次。

（四）文化、卫生、体育

1. 文化事业

群众文艺活动繁荣活跃。精心打造常州城市名片“常州故事”，整合歌舞演艺资源，实施品牌化发展战略。创办《常州文化产业》杂志。常州大剧院正式运营,辖市区博物馆、纪念馆、图书馆等公共文化设施全部免费向社会开放。组织“幸福广场——常州市广场文艺周周演”暨千台文艺节目走进社区(村镇)活动,全年阵地演出300场,广场演出180场,流动演出70场,非遗展示演2场。组织开展大规模送戏、送书、送电影“三下乡”活动,全年送科普书籍价值40万元,送戏386场,送电影11 952场。

文化精品创作成绩斐然。剧本《飞扬少年》获第七届江苏省戏剧文学奖剧本类二等奖。“常州市评弹团创作演出的中篇弹词《雨露青苗》、短篇弹词《晚饭前》获第四届中国“苏州评弹”艺术节优秀节目奖。编纂完成《常州先哲遗书》、《常州词派》。《永远的羔羊》作品入围《2009中国百家金陵中国画画展》,13件作品参加省展,3件作品入选“江苏省重大历史题材美术作品展”。电影《邓稼先》、广播剧《军训日记》获全国“五个一”工程奖,同时和电视剧《郭海的家事》、动画片《太空足球》一起获省“五个一”工程奖。

广播电视事业有序发展。整合文化信息和数字电影放映资源,充分利用文化信息共享工程基层点,为老百姓提供优质影片。继续加大力度,增加投入,加快网络改造,提升网络质量,数字电视用户增加13.86万户,入户率达92%。农村有线电视全面实现村村通,全年新增用户4.1万户,入户率达到92%。

2. 卫生事业

卫生保障体系更加健全。积极防控甲型H1N1流感,积极稳妥推进医改,深化卫生惠民工程。年末全市共有各类医疗卫生机构1 089个;卫生技术人员2.02万人。2009年末全市每千人拥有卫生技术人员5.62人,医生2.64人,床位4.49张,分别比上年末增加0.1人、0.21人、0.28张。社区卫生稳步推进,城区建成社区卫生服务中心19家,服务站63家,其中18个中心、55个站业务用房面积达标,达标率分别为90%、87%,基本装备达标率均达到100%,全科医生和护士岗位培训率达91.4%。社区卫生服务机构零差率药品增加品规至300种,2009年全年让利群众1 564万元。社区卫生机构就诊比例占全市各级各类医疗机构门急诊量的40%,门诊均次费用80元,比辖区三级医疗机构门急诊均次费用低53.8%。

农村卫生事业全面发展。基金管理规范,使用合理,运行平稳,平均住院补偿率为40.71%。按人均10元标准建立农村基本公共卫生服务专项经费。建成7家农村示范社区卫生服务中心、100个农村示范社区卫生服务站。武进区雪堰镇、遥观镇,金坛市薛埠镇通过国家卫生镇省级考核。全市农村无害化卫生户厕普及率95.1%,提前一年完成“十一五”规划目标。2009年年末拥有省级卫生镇30个、省级卫生村408个。

3. 体育事业

竞技体育取得丰硕成果。成功举办中国羽毛球大师赛、国际泳联世界跳水系列赛常州站等5项国际比赛、7项国家级、12项省级赛事。全年共组队参加25个项目的省年度比赛,获金牌130枚,总分3 826.5分,进入全省前三名。有68名运动员参加第十一届全运会,获3金5银5铜,总分281分,由常州市承办的省女子曲棍球队和女子手球队均顺利通过预赛,进入决赛阶段的比赛。

体育惠民工程扎实进展。完成全市188个全民健身点的整新,老小区整治中配套体育设施和场地建设28处,完成60个批次新建小区配套体育设施的验收工作,达标率为100%。建成圩墩公园羽毛球基地、西林公园全民健身基地、飞龙体育主题公园等户外广场。体育中心综合服务大楼及清潭体育馆改造项日顺利完工。

(五)城乡建设

现代化综合交通网络进一步完善。常州机场新航站楼主体工程开工建设。西绕城高速、泰州长江大桥南接线工程超额完成年度目标。京沪高铁、沪宁城际、宁杭铁路客运专线及配套场站建设顺利推进。全面建成长虹路、通江大道、录安洲港区疏港公路及239省道改造等道路工程。录安洲夹江港区一期工程及京杭运河东、西港区建成投运，新沟河延伸拓浚工程列入国家太湖治理重点项目。

城市建设加快推进。北部新城全面启动，南部新城初具规模，完成东部地区发展规划研究。清潭路、吊桥路、月季路改造工程完工。开工建设青洋路高架。中吴大道实施城市化改造。建成江边污水厂二期、戚区污水厂二期等重点市政工程。电网建设投入超过20亿元，供电能力和安全性大幅提高。城市长效管理水平逐步提升。建成数字化城管三级平台和视频监控系统，数字化城管覆盖面积扩大到220平方公里。完成城市主要道路环境提升任务。东坡公园、圩墩遗址公园、恐龙谷温泉公园建成开放，"三河三园"景观河带基本建成。

新农村建设扎实推进。积极实施新农村建设"五大工程"，2009年全年新改建农村公路297公里，改造农旧危桥240座。新型农村合作医疗人均筹资198元，参保人数突破190万，参保率达100%。农村环境综合整治工作取得新的成效，"三清一绿"千村整治任务基本完成，450个村达到"五化三有"标准。

（六）环境保护与资源节约

环境质量不断改善。打好太湖治水、市河清水、净化空气和城乡绿化四场硬仗，18个镇通过"全国环境优美镇"国家级验收，6个镇通过省级验收，30个村达到"省级生态村"标准。完成204个化学需氧量、13个二氧化硫减排项目，确保按时形成减排能力。着力推进武进港、太滆运河、漕桥河、武宜运河、运河、丹金溧漕河等19条河道小流域综合整治，水质主要污染物指标浓度比上年下降10%以上。对46条已整治河道、新增的14条整治河道和3条"清水通道"推进污水接管，加大沿河排污单位治理力度，实施河道生态修复工程，强化水质预警及应急保障能力，完善长效管理机制，实现市河水质提升。空气质量继续改善，全年市区环境空气质量优良天数达到334天，比2008年增加10天。

节能减排指标全面完成，国家生态市建设考核指标达标率上升到85.2%，金坛、武进通过全国生态市（区）验收。11个太湖考核断面达标率82%，滆湖清淤一期工程全面完成，市区又增6条支河达到水清标准。

城乡绿化工程成效明显。实施城乡绿化工程，新增城乡绿地2 584.36公顷。修复新北区小黄山等2个生态林地和金坛市长荡湖等4个生态湿地，生态修复面积540公顷。完成S338省道、S342省道、奔发公路等10条绿色通道工程及沿江高速等8条绿色通道提升工程；完成省庄河、李大河、十里横河等11条河道绿化工程；完成东方西路、红梅南路、运河路和BRT二号线等32条新建、改建道路绿化工程。完成9个集镇、261个绿化合格村和120个省级绿化示范村绿化达标工程建设。年末建成区绿地达5 118公顷，其中公园绿地1 542公顷，分别比2008年末增长11.4%和7.8%；建成区绿化覆盖率为42.2%，比上年末上升0.1个百分点；城区人均公园绿地达到12.3平方米，比上年末增加0.2平方米。

三、挑战与目标

在肯定成绩的同时，也应清醒地认识到工作中存在的问题。由于受金融危机的严重影响，2008年初确定的外贸目标没有完成；经济发展中结构性、素质性问题依然存在；产业招商还缺乏有效举措，工业投入的质量和水平有待提高；广大人民群众的收入增长还不快，中低收入群体的生活水平有待提高；行政机关的效能不尽如人意，政府职能转变还要进一步加快。这些问题都要在今后工作中切实加以解决。

2010年，全市主要预期目标是：地区生产总值增长12%；地方一般预算收入增长12%，全社会固定资产投资增长18%,其中工业投资增长20%;社会消费品零售总额增长17%;外贸进出口总额增长10%以上;注册外资实际到账增长10%;全社会研究与开发经费支出占地区生产总值的比重达到2.2%;城镇居民人均可支配收入增长10%,农民人均纯收入增长10%;城镇登记失业率控制在4%左右;万元地区生产总值综合能耗下降3.5%,化学需氧量和二氧化硫排放量均削减1%;环境质量综合指数达到85分以上。

四、常州市在长三角地区经济发展中的地位

2009年,常州市实施"创新、发展、提高"战略,紧紧围绕"三保三促"实施一系列政策措施,积极应对经济运行中出现的各种矛盾和问题,加快推进经济发展方式转变,着力保增长、调结构、促和谐,全市经济运行总体处于趋稳回升态势,内需主导型经济增长特征更趋明显,主要经济指标持续朝着积极的方向转化,健康、和谐、稳定的发展局面得到进一步巩固和提升。

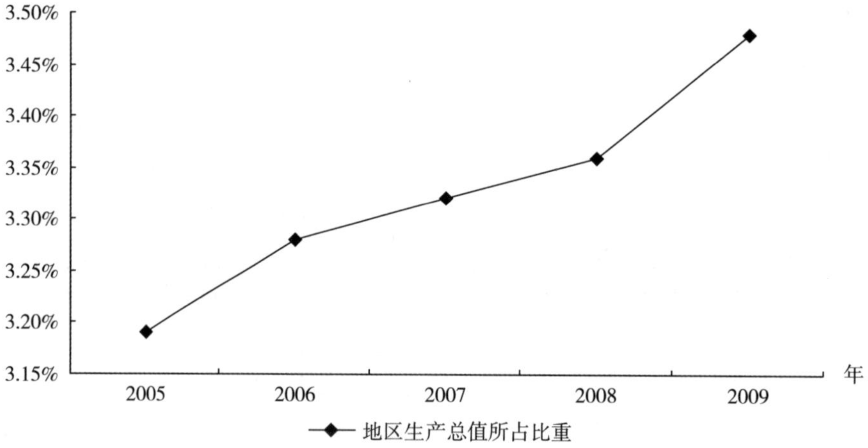

图2-65　2005-2009年常州市地区生产总值在长三角所占比重的变化趋势

2005-2009年,常州市地区生产总值在长三角所占比重分别为3.19%、3.28%、3.32%、3.36%和3.48%,呈现逐年增长的态势,累计增幅为0.29个百分点。在力度空前的经济政策刺激下,常州市2008年四季度以来的经济下滑趋势得到有效遏制,经济运行逐步度过最艰难时期,呈现增长速度稳步回升、增长动力逐步走强、增长态势持续向好的格局,微观层面活力有所增强,企业生产经营活动逐步恢复正常,市场销售情况明显好转,重点企业盈利水平有所回升,整体经济呈现持续回暖的发展势头,并连续第12年实现两位数增长。2009年全年完成地区生产总值2 519.93亿元,按可比价计算增长11.7%,增速分别比2009年一季度、上半年和前三季度提高1.7个、1个、0.5个百分点。

2005-2009年,常州市地方财政一般预算收入在长三角所占比重分别为2.48%、2.61%、2.64%、2.63%和2.73%,基本保持稳定增加的态势。2009年,随着宏观经济环境的逐步好转和经济刺激政策效应的逐步发挥,全市实体经济运行状况持续回暖,经济增长速度明显回升,运行质量稳步提高,由此带动了地方一般预算收入增幅的稳步走高和城乡居民收入的平稳增长。2009年,全市地方一般预算收入首次突破200亿元大关,达215.9亿元,增长16.6%;一般预算收入占GDP的比重达8.6%,比上年提高0.2个百分点。从地方一般预算收入的结构看,税收收入达185.9亿元,比上年增长15.7%,占总收入的比重达86.1%,其中第二产业实现税收244.2亿元,服务业实现税收131.4亿元,分别比上年增长8.9%、12.5%;非税收入30亿元,增长22.5%。

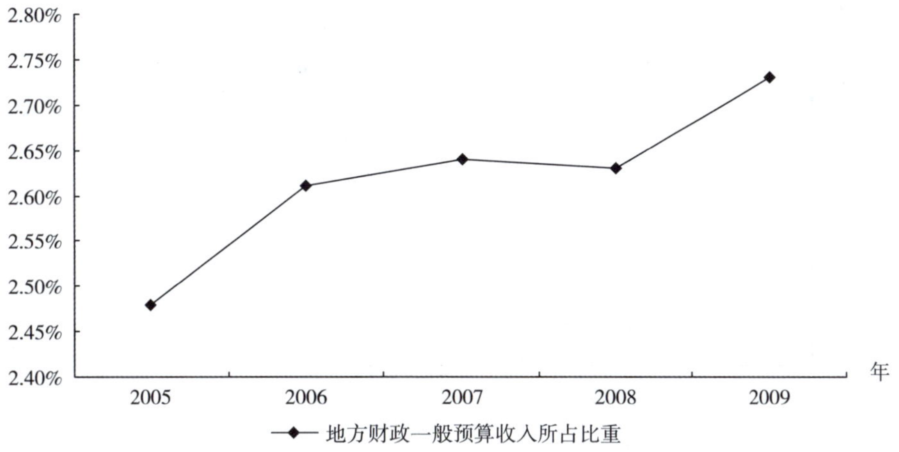

图 2－66　2005－2009 年常州市地方财政一般预算收入在长三角所占比重的变化趋势

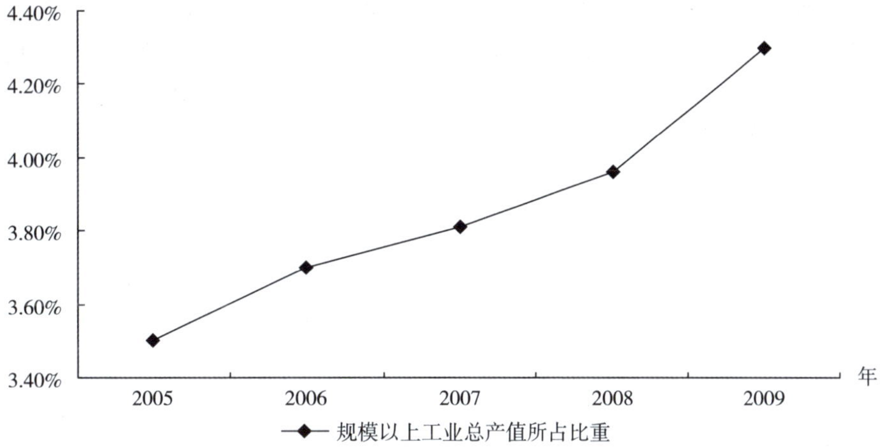

图 2－67　2005－2009 年常州市规模以上工业总产值在长三角所占比重的变化趋势

2005－2009 年，常州市规模以上工业总产值在长三角所占比重分别为 3. 50%、3. 70%、3. 81%、3. 96%和 4. 30%，呈现逐年稳步增加的趋势，累计增幅为 1. 8 个百分点。2009 年，常州市深入开展服务企业活动，努力提振企业发展信心，遏制工业经济下行趋势，进入下半年以后，随着钢铁、化工等行业生产经营相继出现回暖迹象，全市工业经济呈现行业回暖、增长提速、效益趋优、投资扩大的特点，多项指标持续向好发展，企稳回升态势逐步得到确立和巩固。2009 年，常州市规模以上工业完成现价总产值5 982. 91亿元，比 2008 年增长 15. 0%；实现产品销售收入5 862. 0亿元，比 2008 年增长 15. 2%。工业产值月度增速自 5 月份恢复两位数增长以来，连续 8 个月呈现逐月攀升的走势，12 月份完成产值 622 亿元，首次突破 600 亿元大关，创下新的历史记录。从产值、销售收入全年各月增速走势来看，运行轨迹基本吻合，均呈现单边上扬、稳步抬升的走势，增长速度在年终最高点收尾。

2005－2009 年，常州市进出口总额在长三角所占比重分别为 1. 75%、1. 75%、1. 79%、2. 12%和 1. 87%，在 2008 年出现明显增长后，2009 年出现较大幅度回落，降幅为 0. 25 个百分点。2008 年下半年以来的全球金融危机逆转了常州市对外贸易十多年来逐年稳步增长的格局，自 2009 年以来出现逐月负增长局面。面对对外贸易发展的困境，2009 年常州市政府及时出台了《关于保持外贸稳定增长的 18 条意见》、《促进全市外贸增长的 10 条措施》和《关于 2009 年度进一步促进外贸稳定增长措

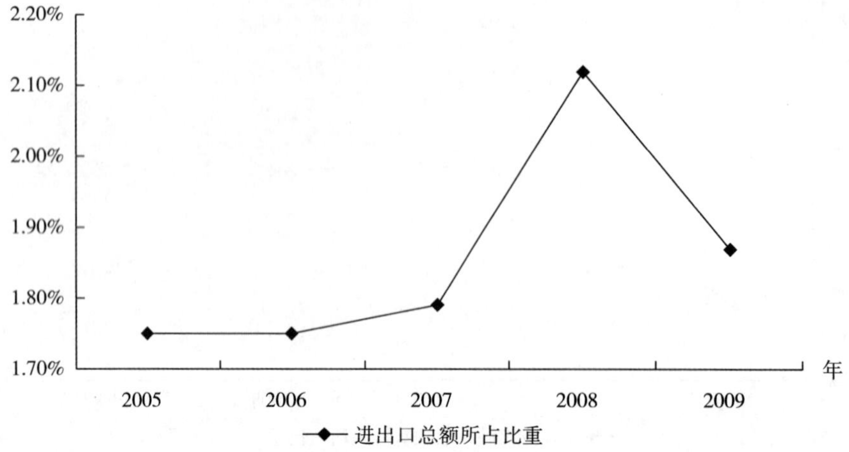

图 2-68　2005-2009 年常州市进出口总额在长三角所占比重的变化趋势

施(15 条)》等一系列政策,提振了企业家应对危机、渡过难关的信心,有效促进出口企业进一步巩固和开拓市场,遏制了对外贸易的下行,确保常州市对外贸易发展迅速走出低谷,步入平稳发展。2009 年全市完成进出口总额 150.8 亿美元,比 2008 年下降 14.5%,其中出口 108.7 亿美元,下降 17.9%,进口 42.1 亿美元,下降 3.9%。

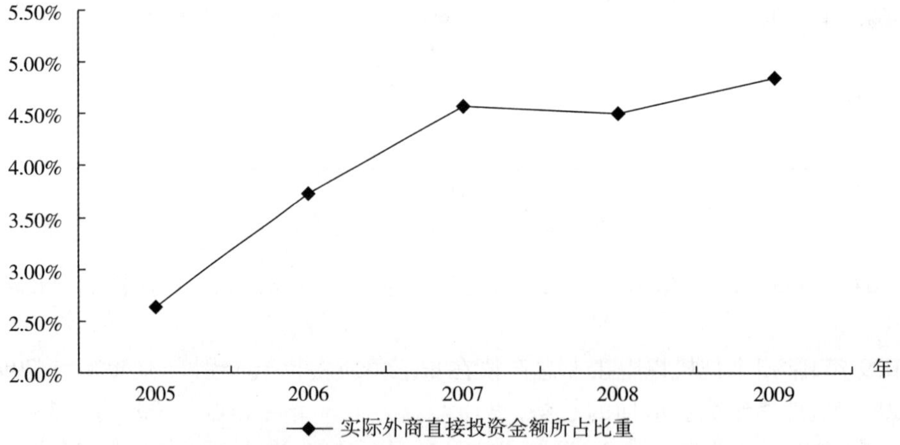

图 2-69　2005-2009 年常州市实际外商直接投资金额在长三角所占比重的变化趋势

2005-2009 年,常州市实际外商直接投资金额在长三角所占比重分别为 2.63%、3.74%、4.57%、4.51% 和 4.84%,保持增长的态势,累计增幅高达 2.21 个百分点。2008 年下半年以来的金融危机使全球经济处于低潮时期,发达国家和地区对外投资力度明显减弱,下滑速度较快,给常州市利用外资工作带来了前所未有的困难和挑战。常州市积极探索和研究招商引资的新举措,确保了全市利用外资的稳步增长。2009 年,全市共新签协议外资项目 252 个,协议注册外资 42.2 亿美元,比 2008 年增长 29.8%,新增工商登记注册外资 43.2 亿美元,比 2008 年增长 16.1%,实际外商直接投资金额 22.6 亿美元,比上年增长 10.9%。

五　苏州市2009年经济社会发展报告

2009年，苏州市委、市政府领导全市人民认真贯彻落实科学发展观，以建设“三区三城”为目标，以加快转型升级为主线，坚持扩内需与稳外需相结合，保增长与调结构相结合，谋创新与促发展相结合，重民生与抓经济相结合，在一系列有针对性的调控措施的综合作用下，经济运行经历了下降、企稳、回升三个阶段，逐步朝积极方向转化，经济触底回升的态势得到巩固和确立，经济社会呈现和谐共进的发展局面。

一、2009年苏州经济发展概况

（一）综合经济

1. 经济保持稳定增长

2009年，苏州全市地区生产总值达到7 740.20亿元，按可比价计算比2008年增长11%。

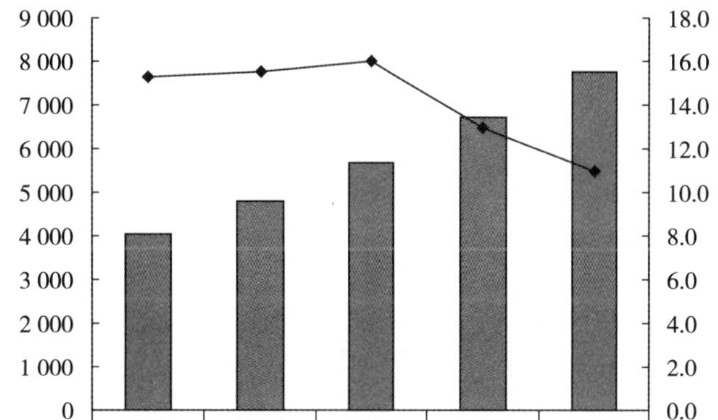

	2005	2006	2007	2008	2009
地区生产总值(亿元)	4 026	4 820	5 700	6 701	7 740.20
增幅(%)	15.3	15.5	16.0	13.0	11.0

图2-70　2005-2009年苏州市地区生产总值及增长速度

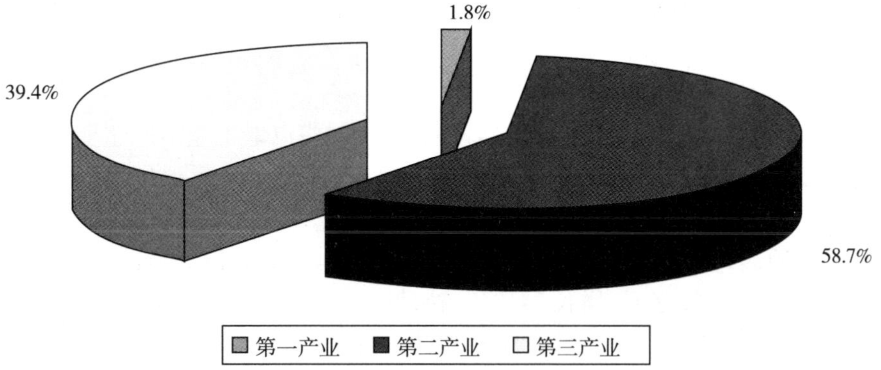

图2-71　2009年苏州市三次产业结构图

2. 财政收入持续增长

2009 年,苏州市实现地方一般预算收入 745. 2 亿元,增长 11. 4%,总量和增量继续位居全省首位。全年地方一般预算支出 681. 04 亿元,比 2008 年增长 9. 9%,其中用于社会保障与就业、科技、教育、文化、医疗卫生和环境保护等方面的财政投入为 245. 34 亿元,比 2008 年增长 12. 7%。

3. 市场物价呈 V 型走势

2009 年居民消费价格指数总体呈低开、探底、回升的 V 型走势。全年市区居民消费价格总水平比上年下降 0. 2%,其中服务项目价格下降 0. 6%,消费品价格下降 0. 1%。八大类消费价格“四升四降”,食品类、烟酒及用品类、衣着类、医疗保健和个人用品类价格分别比 2008 年上升 2. 3%、2. 9%、4. 6%和 1. 7%;家庭设备用品及维修服务类、交通及通信类、娱乐教育文化用品及服务类和居住类价格分别比 2008 年下降 0. 6%、6. 1%、1. 2%和 2. 6%。

4. 固定资产投资有所增长

2009 年全社会固定资产投资2 967. 35亿元,比 2008 年增长 13. 6%。其中公有制经济完成投资 839. 75 亿元,比 2008 年增长 58. 1%;私营个体投资 922. 90 亿元,增长 16. 9%。投资结构继续优化,第一产业完成投资 6. 46 亿元,增长 34. 6%;第二产业完成投资1 305. 03亿元,增长 2. 1%;第三产业完成投资1 655. 86亿元,增长 24. 6%,占全社会投资的比重达到 55. 8%,比 2008 年提高 4. 9 个百分点。环保、公共设施、教育、卫生、社保福利等有关民生投资比上年增长 68. 0%,科技、电信、金融等先进服务业投资增长 73. 2%。

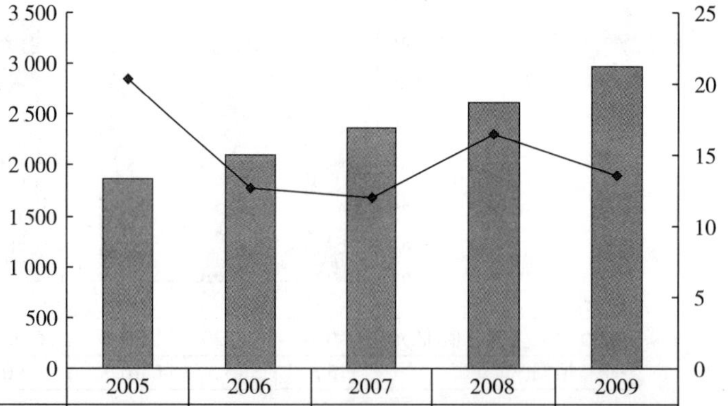

	2005	2006	2007	2008	2009
固定资产投资总额(单位:亿元)	1 870	2 106.99	2 360	2 611.16	2 967.35
增幅(%)	20.3	12.7	12	16.5	13.6

图 2 -72　2005 -2009 年苏州市全社会固定资产投资及增长幅度

5. 区县经济发展不均衡

2009 年五市四区区域间工业经济发展差异较大,全年规模以上工业增速超全市平均水平的仅有昆山、太仓和园区,其余地区均维持低速增长。五市四区中,昆山增速遥遥领先,全年实现产值5 387亿元,增长 14. 2%,高于全市规模以上工业增速 7. 1 个百分点,占全市的 26. 6%,比重比 2008 年提高 2. 2 个百分点。究其原因,主要是由于占其总量超六成的通信设备、计算机及其他电子设备制造业发展迅速,2009 年实现产值3 292亿元,增长 24. 2%,拉动昆山规模以上工业增长 13. 7 个百分点。增速最低的是吴江,2009 年实现产值2 091亿元,仅增 3. 8%,占全市的 10. 3%,比重比 2008 年下降 1. 4 个百分点。

表 2－21　2009 年苏州市县区主要经济指标

县市	生产总值（亿元）	工业总产值（亿元）	城镇固定资产投资（亿元）	地方财政一般预算收入（亿元）	出口（亿美元）	社会消费品零售总额（亿元）
苏州市区	1 895.21	5 875.12	995.62	299.97	487.49	890.03
常熟市	1 230.70	2 326.54	240.38	78.08	78.09	304.59
张家港市	1 402.00	3 432.07	214.64	105.00	65.04	226.18
昆山市	1 750.08	5 382.03	325.37	133.13	407.59	298.05
吴江市	850.20	2 102.18	236.99	70.20	74.87	187.40
太仓市	612.01	1 166.56	212.99	58.80	27.78	120.59

（二）农林牧渔业

现代农业建设加速发展，逐步形成了区域化、规模化、产业化、专业化、生态化生产格局。2009 年全市实现农林牧渔业总产值 213.14 亿元，比 2008 年增长 6.8%。

新增高效农（渔）业面积 15.5 千公顷，建成千亩以上高标准现代农业示范区 78 个，其中万亩以上 14 个。新增高效农业 15.5 千公顷、设施农业 3.7 千公顷、市级以上农业产业化龙头企业 16 家，农业规模经营面积占到 56%。年末无公害农产品、绿色食品和有机食品的总数达1 402只。加快实施农产品品牌战略，阳澄湖和太湖大闸蟹、碧螺春茶、苏太猪等一大批驰名中外的农业品牌竞争力和影响力不断提高。年末累计拥有省级以上名牌农产品 31 个。

创新农村金融服务，政策性农业保险、农业担保的领域和规模继续扩大，新增小额贷款公司 15 家，总数达到 18 家，累计注册资金 35.4 亿元。新建“三大合作”组织 309 家，持股农户占农户总数的比重超过 90%，农业规模经营面积占到 56%。完成农村集体资产确认产权发证工作，农村集体资产总额超过 700 亿元，村均集体收入增长 14.7%。建成“粮食银行”72 家，入行农户 5.1 万户。

（三）工业和建筑业

2009 年，工业生产稳步回升，重点产业保持优势，新兴产业快速发展，经营效益逐月向好，结构调整效果初显。全市实现工业总产值23 704.56亿元，其中规模以上工业总产值20 235.95亿元，分别比上年增长 6.6% 和 7.1%。全市规模以上工业中，私营工业产值3 357.35亿元，增长 4.1%；外资工业产值13 270.28亿元，增长 7.1%。重工业产值14 617.46亿元，轻工业产值5 618.49亿元，分别比 2008 年增长 9.2% 和 3.2%。

优势行业、新兴行业、民生行业和高技术行业成为带动工业经济走出低谷的主导力量。电子、纺织、冶金、化工和装备制造等超千亿元的支柱产业产值比 2008 年增长 7.7%，占规模以上工业产值的比重达 79.8%。高新技术产业完成产值6 912.61亿元，占规模以上工业总产值的比重达 34.2%，比 2008 年提高 1.4 个百分点。新兴产业整体运行向好，规模以上工业中新能源、新材料、新医药、智能电网、新型平板显示和传感器六大新兴产业实现产值2 056亿元，增长 4.4%。经营效益稳步好转。规模以上工业企业实现主营业务收入19 800亿元，比 2008 年增长 6.5%，规模以上工业产品销售率达到 98.7%；利税总额1 400亿元，增长 0.9%，其中利润总额1 000亿元，增长 1.5%；规模以上工业经济效益综合指数达到 192%。

2009 年全市 35 个工业行业大类中，有 25 个行业保持同比增长，其中 16 个行业的增速高于全市平均水平。前十大支柱行业全年实现工业总产值16 054亿元，同比增长 7.6%，高于规模以上工业增速0.5个百分点,拉动全市工业经济增长6.1个百分点,其中通信设备、计算机及其他电子设备制造业对全市工业经济增长的贡献最大,全年实现产值6 841亿元,同比增长12.9%,拉动规模以上工业增长4.2个百分点,占规模以上工业的比重为33.8%,比2008年提高1.7个百分点。

2009年全市工业百强企业始终保持两位数高速增长,全年累计实现工业总产值8 572亿元,同比增长16.4%,对规模以上工业增长的贡献率达86.2%,占规模以上工业的比重为42.4%,比去年提高1.4个百分点,户均产值为85.7亿元,比2008年增加9.3亿元。百强企业中,江苏沙钢集团有限公司继续保持百强第一名,2009年产值超千亿元,比2008年增加了近200亿元,同比增长20.3%,仁宝信息技术(昆山)有限公司、纬新资通(昆山)有限公司产值超500亿元,江苏永钢集团有限公司、仁宝资讯工业(昆山)有限公司等12家企业产值超百亿。

建筑业稳步发展。2009年,全市建筑施工企业完成施工产值1 035.26亿元,比2008年增长14.2%,施工面积7 341.84万平方米,竣工面积3 343.96万平方米,分别比2008年下降2.0%和6.4%。建筑企业积极拓展外部市场,全年本地建筑企业在外市完成建筑业产值118.14亿元,比上年增长25.9%。有3家建筑企业荣登江苏建筑业综合实力30强,6家装饰企业荣获江苏建筑装饰10强称号。

(四)服务业

1.国内贸易

2009年,全市实现社会消费品零售总额2 026.84亿元,比2008年增长19.0%,其中批发零售业实现零售额1 599.16亿元,增长20.0%;住宿和餐饮业实现零售额246.44亿元,增长12.9%。城乡消费市场有效激活,城市消费品零售额达到1 387.90亿元,农村消费品零售额达到458.40亿元,分别比2008年增长19.0%和19.1%。全市限额以上批发零售业中,吃、穿、用商品零售额分别为99.98亿元、88.76亿元和676.30亿元,分别比2008年增长7.7%、28.4%和19.3%。汽车、高端科技产品、时尚消费品、更新换代产品成为消费热点。热销商品中汽车类零售额增长35.3%,家具类零售额增长1.24倍,服装鞋帽类零售额增长31.2%,家电类零售额增长25.7%,消费结构提档升级。

消费刺激政策显现成效,2009年全市家电下乡产品销售额达到2.33亿元,家电以旧换新销售额达到6.5亿元。商业特色街区建设加快推进,园区时代广场、沃尔玛购物广场、平江新城万达广场等一批重大商贸项目相继竣工,久光百货、天虹百货、沃尔玛等一批著名百货、超市品牌进入苏州市场。

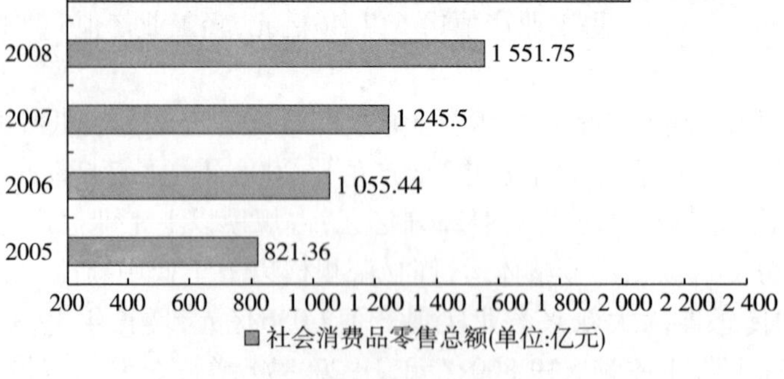

图2-73　2005-2009年苏州市社会消费品零售总额

2.运输邮电业

交通基础设施建设稳步推进,现代综合交通运输体系加快构建,城市公共交通发展明显提速。2009

全年完成交通基础设施投资166.4亿元，其中公路建设投资63.7亿元，港口建设投资26.7亿元。全年完成公路、水运客运量3.9亿人次，客运周转量167.9亿人公里，分别比2008年增长8.0%和6.4%；完成货运量1.1亿吨，货物周转量103.2亿吨公里，分别比2008年增长7.3%和11.4%。现代物流生产规模继续提升。苏州港港口货物吞吐量达2.46亿吨，比2008年增长21.1%；集装箱运量271.8万标箱，比上年增长5.8%。机动车保有量迅速攀升。全市年末拥有机动车186.9万辆，其中汽车101.6万辆，分别比上年增长5.5%和22.9%。其中私人汽车保有量达到78.4万辆，比2008年增长26.9%。

邮电通信稳健发展。全市实现邮政业务收入13.08亿元，比2008年增长22.1%。发送函件2.49亿件、特快专递1 371万件、报刊3.09亿份。年末邮政储蓄余额268.97亿元，比2008年增长13.8%。全市电信业务总收入143.34亿元，增长6.4%。2009年末固定电话用户382万户。移动电话用户1 136万户，比2008年增长17.0%。互联网宽带用户达到156万户，比2008年增长27.7%。

3. 金融、保险业

金融创新力度加大。鼓励发展创业投资、风险投资、股权基金和产业基金，支持企业发行债券，扩大直接融资规模。全市新增上市公司4家，累计拥有境内外上市公司37家，共募集资金227亿元。发行企业债券43亿元，超额完成年度目标。苏州国际发展集团构建起比较完善的地方金融平台，市区设立首期2亿元的再担保基金。金融生态建设成果显著，在全省率先实现全辖区金融生态达标县（市）创建“满堂红”。年末金融机构本外币存、贷款余额分别为11 450.54亿元和9 032.28亿元，比2009年初增加2 650.53亿元和2 451.71亿元。

保险业务稳定增长。全市新增保险机构3家，年末保险机构总数达到51家。全年实现保费收入148亿元，比2008年增长17.5%，其中财产险收入54亿元，比2008年增长29.2%；人寿险收入94亿元，比上年增长8.1%。全年已决赔款及给付48.95亿元，比2008年下降11.7%。

4. 旅游业

旅游业围绕古城文化深度游、新城浪漫时尚游、太湖生态休闲游三大品牌，强化规划引导，整合旅游资源，大力推动旅游业转型升级。全市实现旅游总收入830亿元，比2008年增长13%；接待境外游客219.13万人次，比2008年增长0.3%；旅游外汇收入9.97亿美元，增长0.2%；接待国内游客5 870万人次，增长11%。年末拥有星级饭店158家，其中四星级及以上饭店68家。全市4A级景区点23家，5A级景区点2家。全市景区接待游客7 273.35万人次，比上年增长10.5%。苏州成为长三角城市中拥有最多世博主题体验之旅线路的城市。

5. 房地产业

2009年以来，房产交易比较活跃。全年完成房地产开发投资724.34亿元，比2008年增长0.9%，占全社会固定资产投资的比重达24.4%。商品房施工面积6 929.95万平方米，比2008年下降1.5%；竣工面积1 488.1万平方米，比2008年增长0.5%。商品房销售面积2 182.5万平方米，增长116.7%，其中住宅销售面积1 882.97万平方米，增长126.8%。全年市区二手房交易成交面积467.52万平方米，比2008年增长149.7%，其中住宅412.69万平方米，比2008年增长311.9%。

（五）开放型经济

1. 对外贸易

面对外需萎缩的不利局面，2009年，苏州市制定出台了《关于促进开放型经济转型升级的若干意见》、《关于苏州市外贸出口保增长促发展的若干政策措施》等文件，积极推动开放型经济稳定健康发展。全年完成进出口总额2 014.5亿美元，其中出口1 140.9亿美元，分别下降11.8%和13.4%。出口降幅逐步收窄，呈现“低开平走逐步回升”态势，由2009年一季度的下降25.9%、上半年的下降24.7%、前三季度的下降21.3%，收窄至2009年全年下降13.4%。全市出口总额占全省、全国的比重分别为57.3%和9.5%。

传统出口市场份额保持稳定,新兴市场出口跌幅逐步收窄。对欧盟、美国、日本三大市场的出口额达707.31亿美元,占出口总额的比重为62.0%,比2008年提高2.6个百分点。其中对欧盟出口额290.44亿美元,下降17.1%;对美国出口额314.88亿美元,下降2.9%;对日本出口额101.99亿美元,下降5.2%。对拉美、东盟等新兴市场出口跌幅收窄,出口额达133.93亿美元。

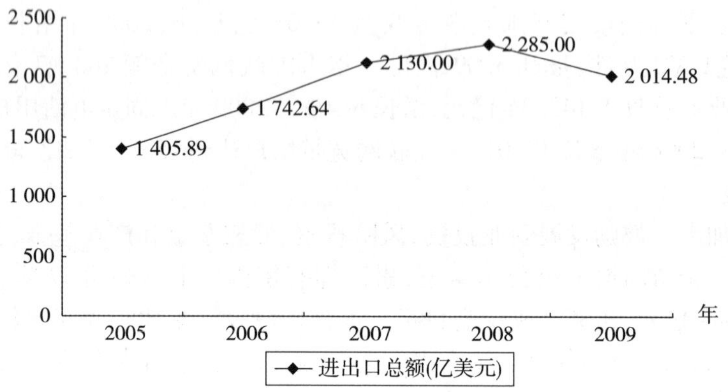

图2-74　2005-2009年苏州市外贸进出口总额

2. 利用外资

全市瞄准产业发展方向和产业链高端环节、关键环节,着力引进对结构优化升级起关键和引领作用的重大产业项目。2009全年实际利用外资82.2亿美元,增长1%。其中服务业利用外资16.9亿美元,占实际利用外资的比重达到21%。全年新增5家投资性公司、11家独立研发中心、8家创投企业等具有总部经济业态的外资项目。世界500强企业中有134家落户苏州。服务外包业务稳步发展,苏州被国务院批准成为中国服务外包示范城市,2009全年完成服务外包接包合同额13.98亿美元,离岸接包执行额8.71亿美元,分别增长122%和93.5%。

3. 外经合作

"走出去"形式日趋多样,形成了境外资源开发、境外高科技风险投资、境外传统产业投资的多元化格局。2009年新批境外投资项目111个,中方境外投资额3.2亿美元,分别增长76.2%和53.6%;占全省的30.3%其中千万美元以上的资源类项目占五成,民营企业占九成以上。全年新签对外劳务承包合同额5.56亿美元,完成营业额4.4亿美元,分别比上年增长49.8%和27.4%。

4. 开发区建设

加快推进开发区转型升级,打造全新的功能载体。积极引导开发区从产业集聚向功能提升转变,从政策优惠向体制优化转变。全市国家级开发区和省级开发区全年新增注册外资129.62亿美元,实际利用外资67亿美元,实现地方一般预算收入409.11亿元,出口总额994.08亿美元,占全市的比重分别为81.4%、85.5%、54.9%和87.1%。引进内资稳定发展。全市新引进内资项目6 220个,比上年增长26.6%,其中500万元以上的项目达1 742个,比2008年增长28%。引进内资项目注册资本408.93亿元,比2008年增长23.6%,其中新增外地注册资本389.41亿元,比2008年增长25.1%。

苏州工业园区加快"中国服务外包示范基地"建设,苏州高新区创建国家创新型科技园区取得重大突破,成为全国首批3家试点单位之一,海峡两岸(昆山)商贸合作区建设正式启动,花桥国际商务城成为中国十大最佳服务外包园区之一,张家港省级出口毛纺产品产业集聚监管区正式获批。推动开发区"二次创业",国家级、省级开发区逐步从产业集聚向功能提升转变,从政策优惠向体制优化转变。苏州工业园区开发建设十五周年庆典活动顺利举办，中新联合协调理事会第十一次会议成功召开，国家又在五个方面给予园区先行先试政策。张家港保税港区一期通过封关验收，昆山出口加工区转型为综合保税区，太仓港保税物流中心获准设立。

5. 民营经济

民营经济综合竞争力进一步提高。全市新登记私营企业 2.65 万家，2009 年末累计达 15.73 万家；新登记私营企业注册资本 629.97 亿元，年末累计注册资本4 205.53亿元；新登记个体工商户 7.13 万户，年末累计达到 32.55 万户；新登记个体工商户注册资本 38.25 亿元，年末累计注册资本 153.81 亿元；年末全市共有规模以上民营工业企业7 614家，占规模以上工业企业数的 57.1%，实现工业总产值6 456亿元，比 2008 年增长 7.9%，占规模以上工业总产值的比重达到 31.9%。私营个体经济完成投资 922.9 亿元，占全社会固定资产投资的比重达到 31.1%。

二、2009 年苏州市社会发展概况

1. 人口、人民生活

人口综合调控和管理进一步加强。2009 年全市出生49 663人，出生率为 7.86‰，人口自然增长率为 1.3‰；年末全市户籍总人口 633.29 万人，比 2008 年增加 3.54 万人，其中市区户籍人口 240.21 万人，比 2008 年增加 2 万人。完善城乡一体的人口和计划生育服务管理体系，改造、新建社区（村）世代服务室 948 家，深入实施人口出生缺陷社会化干预工程，苏州市成为全国人口和计划生育工作综合改革示范市。

2009 年末城乡居民人民币储蓄存款余额3 954亿元，比 2008 年增长 18.5%。农民人均纯收入 12 987元，比2008 年增长 10.2%。市区居民人均可支配收入27 188元，比2008 年增长 10.3%。收入结构逐步优化，非工资性收入继续保持较快增长，市区居民人均经营性收入、财产性收入和转移性收入分别比 2008 年增长 17.5%、45.4% 和 11.6%。

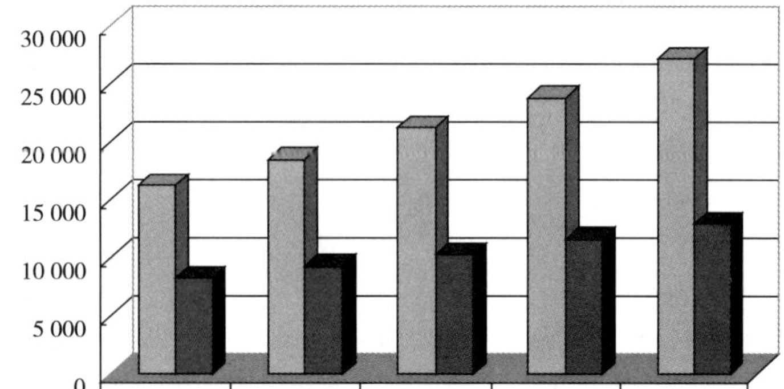

	2005	2006	2007	2008	2009
城市居民人均可支配收入(元)	16 276	18 532	21 260	23 867	27 188
农民人均纯收入(元)	8 300	9 316	10 300	11 680	12 969

图 2－75 2005－2009 年苏州市城乡居民收入对比一览

2. 就业、社会保障

扎实推进城乡就业。全市就业总量稳步增长，就业结构进一步优化，就业形势保持基本稳定，困难群体得到有效帮扶。全市开发公益性岗位 1 万个，新增就业 13 万人，8 万名失业人员实现再就业。城镇登记失业率为 2.9%。大力推进职业培训工作。2009 年全年完成城乡劳动力培训 37 万人，再

就业培训 8 万人,其中技能培训 2.9 万人,创业培训 1 万人。农村和外来劳动力培训 25.99 万人,其中技能培训 5.28 万人。新成长劳动力培训 1.73 万人。高技能人才培养8 500人。苏州籍高校毕业生就业率达到 95%,95% 的社区建成充分就业社区,85% 的行政村建成充分就业村。

城镇职工养老、医疗、失业、工伤、生育五大基本保险覆盖面均超过 98.5%,社会保障基金征缴率巩固在 99% 以上。农村基本养老保险参保率达到 99%,农村老年居民享受基本养老待遇或养老补贴的覆盖面达到 99%,农村基本医疗保险参保率达到 97%,被征地农民纳入城镇社会保障工作稳步推进。中小学生和少儿医保门诊补助政策制定实施。城乡居民最低生活保障标准分别提高至每月 380 元和每月 260 元,共计向 9 万名困难群众增发一个月低保金。

社会救助力度加大,发放各类救助补助资金 11.5 亿元,帮扶困难群众 18.3 万人次。新增养老床位2 227张,在全省率先实现居家养老服务中心(站)全覆盖。建成残疾人康复中心 9 个,为 18 周岁以下的听障人群免费配发助听器,创建全国无障碍建设城市通过国家中期检查。

住房保障受益面扩大。全市新增廉租住房1 226套,新建经济适用住房 25 万平方米,给2 565户发放了租赁补贴。对市区的 18 个老住宅小区、185 条街巷和 202 幢零星居民楼实施了综合整治。市区直管公房完成解危 11.8 万平方米。参加住房公积金制度的职工新增 25 万人,职工使用住房公积金 122 亿元。

3. 科技与教育事业

(1)科技事业

2009 年,全市财政科技经费支出超过 27 亿元。全市研究与试验发展经费支出占地区生产总值的比重达到 2%。新增国家高新技术企业 334 家,累计达到 695 家,新认定省级以上高新技术产品 903 个,累计达4 424个。企业创新力度不断增强,规模以上工业中新产品产值达到2 372亿元,比 2008 年增长 19.6%,占规模以上工业产值的比重达到 11.7%,比 2008 年提高 7 个百分点。

创新载体建设水平提升。苏州纳米技术与纳米仿生研究所列入中国科学院序列,新增省级以上科研机构 142 家。苏州市被批准进行国家创新型城市试点,苏州高新区、苏州工业园区进入国家创新型科技园区建设试点行列,常熟成为国家教育部首个"蓝火计划"试点城市。落实产业振兴计划,制定加快工业结构调整和优化升级的实施意见,促进新兴产业跨越发展,新增国家高新技术企业 334 家,昆山经济技术开发区光电产业园成为国家新型工业化产业示范基地,苏州工业园区生物纳米科技园成为省级生物医药专业孵化器。

加强知识产权创造、运用、保护和管理,全年专利申请量 5.5 万件、授权量 3.6 万件,分别增长 13.2% 和 96.7%,总量分列全国大中城市第二位和第一位。苏州市通过国家知识产权示范城市创建验收,国家知识产权局苏州专利代办处获准设立,太仓被认定为中德合作基地知识产权保护区。实施名牌带动和技术标准战略,开展质量兴市活动,新增中国驰名商标 53 件。

围绕转型升级推进创新人才引智工程。全年引进大专以上各类人才 10.4 万人。实施海外引智项目 30 个,引进海外留学人才1 411人。2009 年末,全市人才总量突破 90 万人,其中高层次人才达到 5 万人。设立了大学生科技创业专项扶持资金,全力支持大学生创新创业。实施新一轮姑苏创新创业领军人才计划,引进高层次领军人才及团队 38 个,8 人入选中央组织部"千人计划",29 人进入省高层次创新创业人才引进计划。苏州工业园区成为国家海外高层次人才创新创业基地。

(2)教育事业

努力构建优质教育体系,全面实施素质教育,不断提升教育品质,教育现代化稳步推进。全市拥有各级各类学校 670 所,在校学生 100.2 万人,毕业生 24.9 万人,教职工总数 7.44 万人,其中专任教师 6.30 万人。在苏州的高等院校有 19 所,二级学院 4 所。普通高等学校在校学生 18.77 万人,毕业生 4.10 万人;成人高等学校在校学生 3.98 万人,毕业生 1.38 万人。义务教育、基础教育、特殊教育均衡发展。学前三年幼儿入学率达99%，义务教育阶段学生入学率、巩固率继续保持在100%，全市初中毕业生升学率为99.53%，苏州市特殊教育学校现代化建设任务全面完成，义务教育阶段教育现代化学校实现全覆盖。创建省高水平示范性中等职业学校7所、省三星级以上中等职业技术学校8所，国家汽车运用与维修专业技能人才培训基地全面落成。新增2个国家级社区教育实验区，各县级市、区均建有老年大学。苏州独墅湖科教创新区加快建设，苏州国际教育园全面建成并实行属地化管理，在苏高校服务地方经济社会发展的能力进一步增强。

（四）文化、卫生、体育

1. 文化事业

2009年，苏州美术馆新馆、苏州文化馆新馆、苏州名人馆完成主体结构封顶。镇（街道）以上公益性文化设施实现全覆盖，行政村公益性文化设施覆盖率达85%以上。全市联动举办第四届苏州阅读节，苏州市被评为全国全民阅读活动先进单位。文化遗产得到有效保护，苏州端午习俗、宋锦、缂丝、香山帮传统建筑营造技艺被联合国教科文组织列入人类非物质文化遗产代表作名录，顺利完成第三次全国文物普查野外调查、全国非物质文化遗产普查和京杭大运河苏州段保护规划编制工作，平江历史街区被评为中国历史文化名街，10处古典园林、风景名胜区被命名为国家重点公园，苏州古城保护与更新入选上海世博会城市最佳实践区案例，太仓海运仓遗址入选全国古遗址类重要新发现。

文艺精品新作连创佳绩。滑稽戏《青春跑道》入围“国家舞台艺术精品工程十大精品剧目”；滑稽戏《顾家姆妈》荣获中宣部第十一届精神文明建设“五个一工程奖”优秀剧目奖；滑稽戏《一二三，起步走》被文化部评为建国六十周年首届“优秀保留剧目大奖”。成功承办第四届中国昆剧艺术节、第四届中国苏州评弹艺术节等重大文化活动。

新闻出版、广播电视事业加快发展。2009年末数字电视用户215万户，总数居全省各市之首。在2008年度全国少儿广电节目精品评比中，苏州市获奖数量在全国地级市中名列第一。

2. 卫生事业

全面实施社区居民常用药品政府补贴，继续做好老年居民免费健康体检，顺利完成医疗便民服务“一卡通”工程，母婴阳光工程全面推行。加快城乡社区卫生服务机构标准化、示范化建设，机构普及率和人口覆盖率均达到100%。相城区被评为全国中医药特色社区服务示范区。江苏盛泽医院建成使用，市中医医院迁建和市肿瘤诊疗中心建设进展顺利。严格防治甲型H1N1流感，加强艾滋病感染者监测管理，开展高危行为干预，有效防止了传染病传播。实施母婴阳光工程和医疗便民服务“一卡通”工程，开展新一轮老年居民免费健康体检，实行社区居民常用药品政府补贴，降低群众药费负担。推进农民健康工程，50%以上的镇达到苏州市农村卫生现代化总体要求。2009年末全市拥有各类卫生机构2 380个；年末卫生机构拥有床位3.6万张，拥有卫生技术人员4.2万人，其中医生1.68万人，分别比2008年增长7.3%、4.4%和4.5%。全市农村新型合作医疗保险参保率达到98.3%。

3. 体育事业

体育基本现代化试点工作扎实推进，全民健身活动迈向长效化，竞技体育取得丰硕成果。苏州健儿在十一届全运会上取得18金16银5铜，获得现代五项世锦赛和蹦床世锦赛冠军，苏州世界冠军增至16人。成功承办世界女子手球锦标赛、亚洲田径大奖赛、东亚俱乐部男子手球锦标赛和全国跆拳道锦标赛等51项省级以上体育赛事。体育设施进一步完善，全市城乡新建全民健身工程（点）162个，市体育运动学校新校初步建成。

（五）城乡建设

全市按照城乡一体化的要求，统筹城乡规划，全面均衡提升城乡规划和建设水平。推进各类控制性详规、专项规划、市政交通规划、村镇规划的编制。完成苏州市总体城市设计、城市色彩、高度形态、雕塑规划、城中村和无地队改造等规划研究。

积极扩大有效投入,加快推进重点项目建设。全市完成基础设施投资676.99亿元,比2008年增长50.5%。常昆高速公路、苏锡高速公路建成通车。京沪高速铁路苏州段、沪宁城际铁路苏州段加快施工。2009年年末全市公路总里程12 377公里,其中高等级公路总里程5 418公里;港口建设加快实施,建成8个万吨级码头泊位,年末苏州港已建成万吨以上泊位105个。

公用事业投入加大,服务功能有效提升。大力发展公交事业,努力优化公交服务,精心落实"公交优先工程"。市区新建、改建公共卫生间37座,新建、改建垃圾中转站4座,新、扩建城镇污水处理厂12座,敷设污水管网1 209公里,新增污水日处理能力(含扩建)51.25万吨。家庭燃气普及率100%。全社会用电量879.94亿千瓦时,比2008年增长3.7%。

加快推进城乡一体化发展综合配套改革,新农村建设实现新发展。全市财政投入新农村建设资金36.5亿元,比2008年增长24%。城市化率达到66.2%。农村社区服务中心建成率达到100%,张家港、太仓先后被评为全国农村社区建设实验全覆盖示范单位。新建扩建农民集中居住点860个。城乡客运一体化加速推进,新增农村公路60公里、汽车客运站25座,改建公路桥梁90座,新辟农村公交班线15条。行政村农村客运班车通达率保持100%,城乡客运一体化覆盖率达到90%。发展公共事业,加强环境治理,农村生产生活条件得到改善。

(六)环境保护与资源节约

生态环境持续优化。全市陆地森林覆盖率达到22%。市区人均公共绿地面积14.8平方米,比上年增加0.5平方米;市区建成区绿化覆盖率达42.5%。农村生态环境有效改善,新增林地、绿地面积8 140公顷。继张家港之后,常熟、昆山、太仓又被确定为全国生态文明建设试点地区。张家港、常熟、太仓、昆山成为国家可持续发展实验区。新增省级生态村25个、绿色社区76个、绿色学校99所。推进石湖景区北大门及滨湖绿带、三角咀生态公园二期、苏州火车站地区综合改造绿化景观、城市道路绿化综合整治,以及莲池湖公园、西塘公园、白洋湾生态公园等绿化工程建设,市区新增绿地530万平方米。实施绿色通道、绿色家园、绿色基地和沿湖沿江生态绿化、山体宕口复绿等工程,建成苏州高新区太湖湿地公园等生态绿地,太湖国家旅游度假区湖滨湿地公园和常熟沙家浜湿地公园成为国家级湿地公园,苏州高新区大阳山被命名为国家森林公园。农村新增林地绿地8 140公顷,陆地森林覆盖率达到22%。苏州市通过全国绿化模范城市考评和国家园林城市复检。

全社会环境保护投入270亿元,增长13.4%,占地区生产总值的比重达到3.6%。开展东太湖、阳澄湖水环境综合整治,实施国家水体污染控制与治理科技重大专项苏州项目,严格防治蓝藻,集中式饮用水源水质达标率达到100%。新建改建扩建城镇污水处理厂12座,新增污水日处理能力51.3万吨,苏州福星、娄江、城东污水处理厂升级改造完成主体工程。农村生活污水治理力度加大,太湖、阳澄湖保护区生活污水处理率达到50%,其他地区达到30%。苏州七子山垃圾填埋场扩建一期工程、苏州垃圾焚烧发电厂二期工程全面完工。扩大高污染燃料禁燃区面积,控制建筑施工和道路扬尘,治理机动车尾气,推动清洁公交体系建设,城市环境空气质量良好以上天数达到329天。基本完成数字环保一期工程,建成环境信息系统。严格保护耕地,合理安排建设用地,国土资源保障发展的能力继续增强。推广合同能源管理,建设节能项目,实现节能152万吨标准煤。积极发展循环经济,注重资源综合利用,新增通过ISO14000认证的企业100家,通过清洁生产审核验收的企业200家,循环经济试点企业100家。化学需氧量和二氧化硫减排量完成年度目标,环境质量综合指数达到91.3。

三、挑战与机遇

面对成绩也应看到苏州的发展仍面临不少困难和问题，政府工作还存在诸多不足，主要是：经济回升的基础尚不稳固，进出口脱幅明显，企业效益恢复缓慢，财政增收难度加大；自主创新能力亟待增强，经济转型升级的任务紧迫而艰巨；社会事业发展相对滞后，社会矛盾仍然较多；市民"口袋"还不够丰满，部分群众生活比较困难，惠民利民工作需要加强；政府的管理水平和服务能力还需进一步提高。对此，应引起高度重视，在今后的工作中努力加以解决。

2010 年，全市经济社会发展的主要预期目标是：地区生产总值增长 12% 左右，地方一般预算收入增长 12% 左右，全社会固定资产投资增长 16%，社会消费品零售总额增长 16%，进出口总额增长 6%，实际利用外资与上年基本持平，城镇居民人均可支配收入和农民人均纯收入增长 10%，城镇登记失业率控制在 4% 以内，居民消费价格总水平涨幅控制在 3% 左右，全社会研究与试验发展经费支出占地区生产总值的比重达到 2.2%，单位地区生产总值能源消耗和化学需氧量、二氧化硫排放总量全面完成"十一五"节能减排考核目标，环境质量综合指数超过 90。

四、苏州市在长三角地区经济发展中的地位

2009 年是苏州进入新世纪以来经济发展最为困难、最具挑战性的一年。在一系列调控措施的综合作用下，经济运行经历了下降、企稳、回升的三个阶段，逐步向积极方向转化，经济触底回升的态势得到巩固和确立，经济运行总体好于预期。

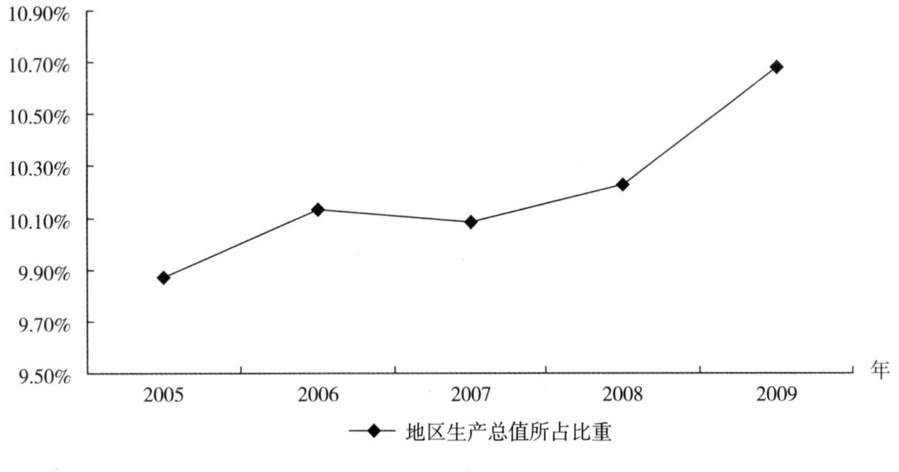

图 2 -76　2005 -2009 年苏州市地区生产总值在长三角所占比重的变化趋势

2005 - 2009 年苏州市地区生产总值在长三角所占比重分别为 9.87%、10.13%、10.08%、10.23% 和 10.68%，除 2007 年出现下降外，其余年份均保证增加，累计增幅为 0.81 个百分点。2009 年，全市实现地区生产总值7 400.2亿元，经济增长逐季加快，一季度增长 9.5%，上半年增长 10.3%，前三季度增长 10.9%，全年实现增长 11%。二、三产业协调发展。

2005 - 2009 年苏州市地方财政一般预算收入在长三角所占比重分别为 8.29%、8.79%、9.05%、9.49% 和 9.42%，在连续 3 年稳定增长后，2009 年比上年微跌 0.07 个百分点。2009 年，苏州市实现地方一般预算收入 745.2 亿元，总量仅次于上海，继续位居长三角地区城市的第二位；增速为 11.4%，在长三角地区位于中游。

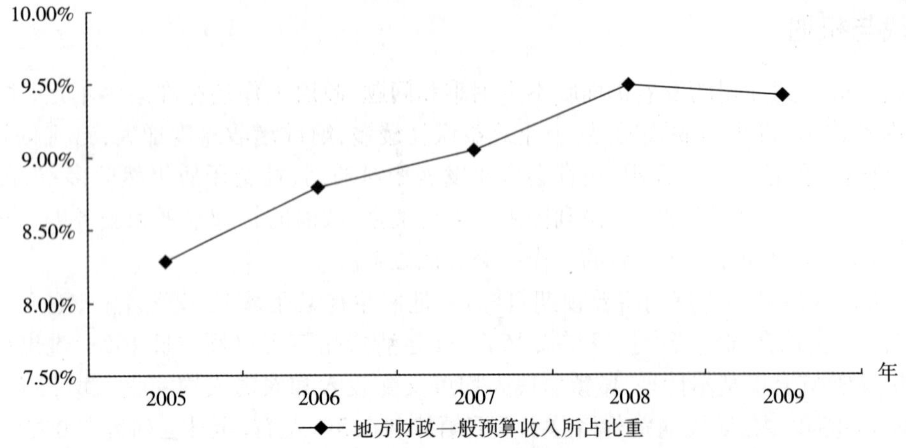

图 2－77　2005－2009 年苏州市地方财政一般预算收入在长三角所占比重的变化趋势

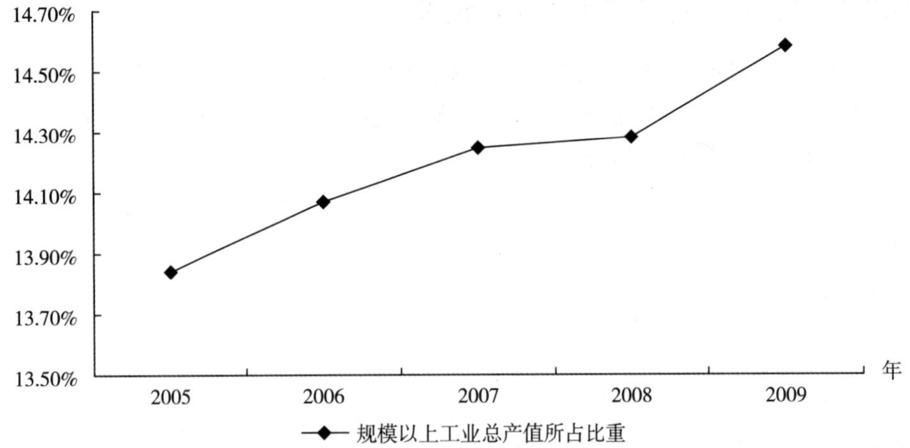

图 2－78　2005－2009 年苏州市规模以上工业总产值在长三角所占比重的变化趋势

2005－2009 年苏州市规模以上工业总产值在长三角所占比重分别为 13.84%、14.07%、14.25%、14.28%和 14.58%，近年来保持稳定增长的态势，累计增幅为 0.74 个百分点。受国际金融危机的冲击，苏州外贸出口持续下滑，工业品价格低位运行，工业效益增速在年初跌至近年的最低点。在中央“保增长、扩内需、调结构”一揽子计划的持续作用下，在苏州市产业振兴政策及结构调整战略的综合带动下，工业较快扭转了增速下滑的局面，回升向好的运行态势不断得到巩固，工业经济走势在 2008 年的基础上呈现清晰的“V”型反转。2009 年，全市13 332户规模以上工业企业实现销售收入19 808亿元，同比增长 6.0%，实现利税1 504亿元，增长 4.1%，其中利润突破千亿关，达1 025亿元，增长4.3%。工业经济效益综合指数 194.81%，同比提升 1.02 个百分点。从分月走势看，规模以上工业销售收入增速自 4 月份止跌后，逐月小幅上行，至年末比年初提升 15.9 个百分点。利税及利润降幅逐月收窄，最终以 12 月份转正收官，两项指标累计增速分别比年初提升 39.1%和 54.1%，工业经济效益恢复较快。

2005－2009 年苏州市进出口总额在长三角所占比重分别为 29.54%、29.17%、28.80%、27.47%和 25.05%，近年持续保持下行态势，累计降幅高达 4.49 个百分点。受国际金融危机影响，苏州外贸进出口增幅从 2008 年四季度开始出现了前所未有连续下降。以加工贸易为主的外资企业及以高新

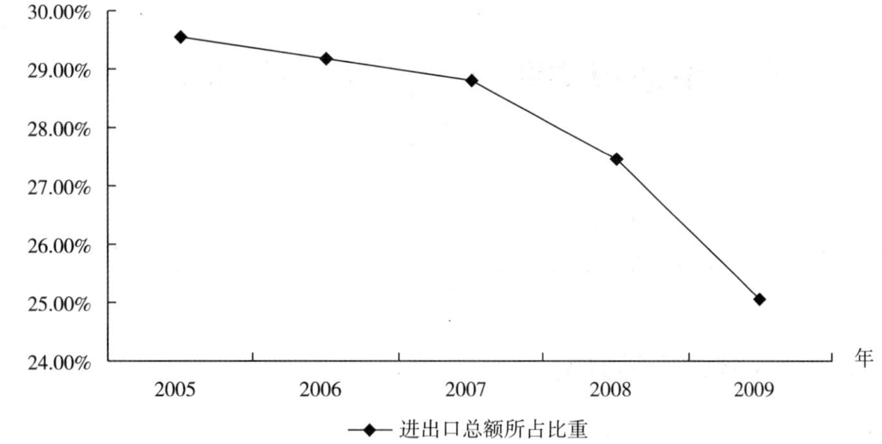

图 2－79　2005－2009 年苏州市进出口总额在长三角所占比重的变化趋势

技术产品为主的机电产品出口均受重创;主要出口市场普遍回落;新兴市场普遍深跌。2009 年企业积极应对市场变化,适时调整产品结构,加之国内各项振兴经济政策有效刺激,苏州外贸进出口降幅逐月收窄,下跌趋势有所遏制,从触底企稳走向逐渐回升,到 2009 年 4 季度出现明显回升趋势,全年外贸总量再次站稳2 000亿美元之上。2009 年苏州实现对外贸易进出口总值2 014.48亿美元,比 2008 年下降 11.8%,其中出口1 140.85亿美元,下降 13.4%;进口 873.61 亿美元,下降 9.8%。

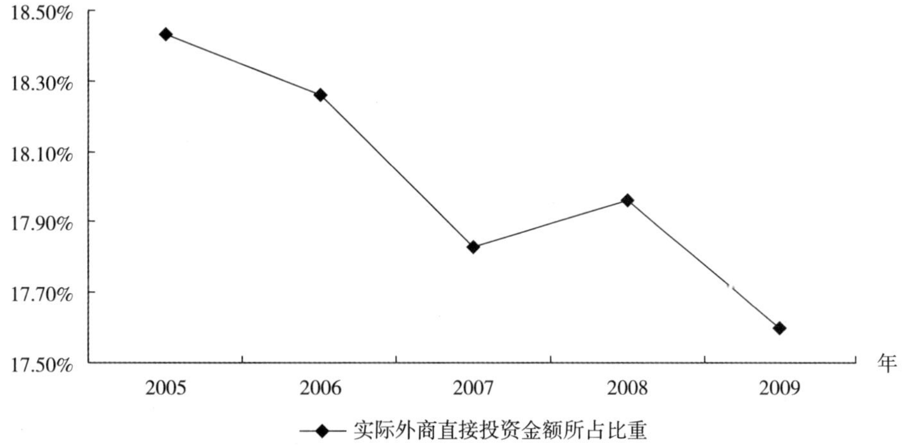

图 2－80　2005－2009 年苏州市实际外商直接投资金额在长三角所占比重的变化趋势

2005－2009 年苏州市实际外商直接投资金额在长三角所占比重分别为 18.43%、18.26%、17.83%、17.96% 和 17.60%,除 2008 年比 2008 年微幅增长外,其余年份均出现下降,累计降幅为 0.83 个百分点。全年实际利用外资 82.2 亿美元,增长 1%。全市瞄准产业发展方向和产业链高端环节、关键环节,着力引进对结构优化升级起关键和引领作用的重大产业项目,一批投资性公司、外资研发中心和创业投资公司等具有总部经济业态项目顺利推进。全市服务业利用外资达到 17.5 亿美元,占实际利用外资的比重达到 22%。新增 5 家世界 500 强企业落户苏州,累计达到 133 家。

六　南通市2009年经济社会发展报告

2009年,南通市上下在省委、省政府和市委的正确领导下,深入贯彻落实科学发展观,围绕“扎实保增长、全面达小康”工作主线,抢抓长三角一体化发展和江苏沿海开发两大国家战略机遇,落实中央、省的决策部署和政策措施,圆满实现了“保增长”、“达小康”两大目标,较好完成了市十三届人大二次会议确定的各项任务。

一、2009年南通市经济发展概况

(一)综合经济

1. 经济总量

2009年,实现GDP 2 872.8亿元,按可比价计算增长14%,增幅继续位居全省前列;全年地区生产总值2 872.80亿元,按可比价计算,比2008年增长14.0%。分产业看,第一产业增加值236.46亿元,增长4.2%;第二产业增加值1 607.50亿元,增长15.4%;第三产业增加值1 028.84亿元,增长14.3%。人均地区生产总值40 231元,按当年平均汇率折算达到5 889美元。三次产业的比例调整为8.2∶56.0∶35.8。

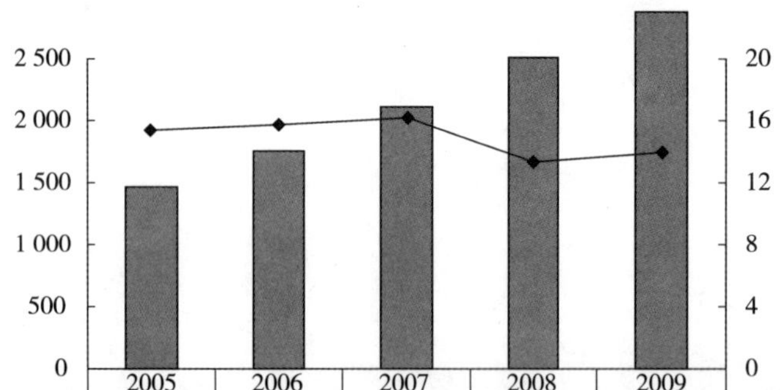

	2005	2006	2007	2008	2009
地区生产总值(亿元)	1 472.08	1 758.34	2 111.88	2 510.13	2 872.80
增幅(%)	15.4	15.7	16.2	13.3	14

图2-81　2005-2009年南通市地区生产总值及增长速度

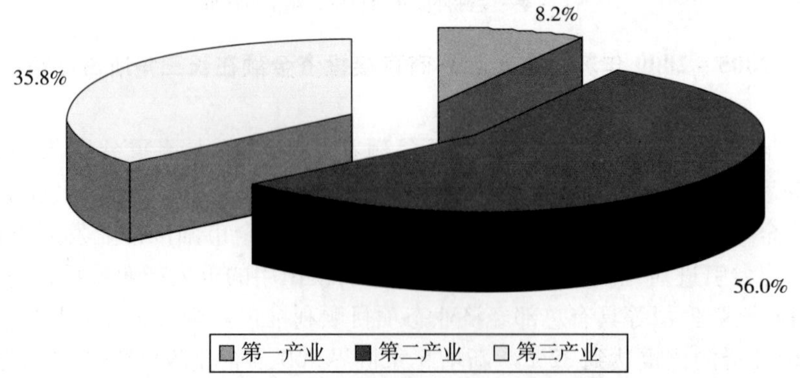

图2-82　2009年南通市三次产业结构图

2. 财政收支

财政总收入486.1亿元,其中地方一般预算收入198.99亿元,比2008年分别增长24.6%、24.7%;全年财政总收入486.10亿元,比2008年增长24.6%;各项税收325.44亿元,增长17.3%;一般预算收入198.99亿元,增长24.7%。全年房地产业营业税入库16.53亿元,比2008年增长57.6%。全年财政总支出384.97亿元,比2008年增长31.6%,其中,一般预算支出236.12亿元,增长20.3%。在一般预算支出中,用于社会保障与就业、科学技术、教育、医疗卫生、环境保护民生方面的财政投入达96.17亿元,比2008年增长24.8%。

3. 物价

市区居民消费价格总指数98.7,即物价总水平比上年下降1.3%。其中,服务项目价格下降1.8%,消费品价格下降1.1%。八大类消费价格呈现"五降两升一平"态势。

表2-22 市区居民消费价格涨跌情况

指标	比上年增长(%)
食品类	持平
其中:粮食类	4.6
水产品类	-4.7
烟酒及用品类	0.6
衣着类	-0.2
家庭设备用品及维修服务类	-0.1
医疗保健和个人用品类	2.1
交通和通讯类	-4.3
娱乐教育文化用品及服务类	-1.3
居住类	-5.0

4. 固定资产投资

全年全社会固定资产投资1 802.38亿元,比2008年增长19.7%。其中,规模以上投资占全社会投资的比重达91.0%;全社会民间投资增长21.0%,占全社会固定资产投资的比重达74.7%;全社会工业投资增长16.1%,占全社会固定资产投资的比重达73.8%。在规模以上固定资产投资中,分产业看,第一产业投资3.90亿元、增长90.7%,第二产业投资1 194.13亿元、增长21.7%,第三产业投资441.52亿元、增长34.9%;分区域看,城镇投资1 048.71亿元、增长24.9%,农村投资590.85亿元、增长25.5%。

全年基础设施投资210.44亿元,比2008年增长83.6%。其中,交通运输仓储和邮政业投资62.20亿元,增长51.5%;批发和零售业投资34.78亿元,增长45.8%;住宿和餐饮业投资18.75亿元,增长53.9%;教育投资19.03亿元,增长130.4%;水利环境和公共设施投资42.69亿元,增长61.7%。重大电力设施建设实现新突破,大唐吕四电厂4×60万千瓦超超临界机组获国家发改委核准,南通市电力装机容量达到571万千瓦,成为全省重要的电力能源生产基地。

5. 区县经济

通州、海门、如皋、启东地方一般预算收入均突破20亿元。2009年,省定全面小康25个指标总体达标,在全省江北率先以市为单位达到全面小康标准。

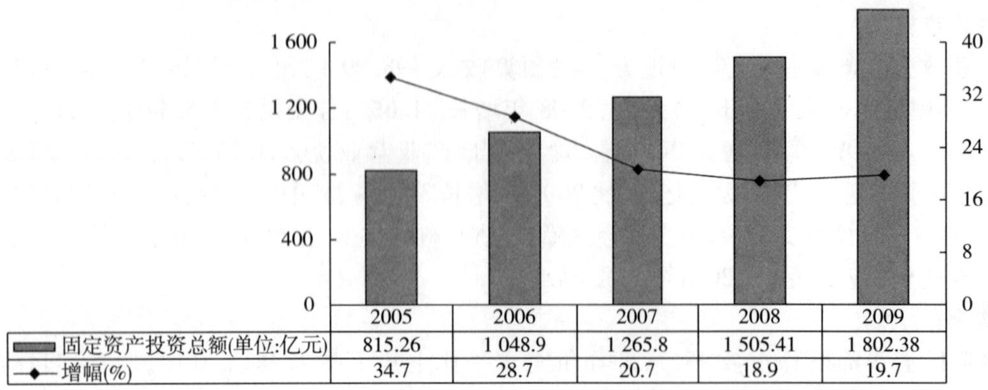

图 2－83　2005－2009 年南通市全社会固定资产投资及增长幅度

表 2－23　2009 年南通市县区主要经济指标

县市	生产总值（亿元）	工业总产值（亿元）	城镇固定资产投资（亿元）	地方财政一般预算收入（亿元）	出口（亿美元）	社会消费品零售总额（亿元）
南通市区	1 144. 90	2 393. 10	529. 67	102. 39	70. 83	406. 28
海安县	300. 75	674. 95	142. 73	15. 58	5. 88	112. 50
如东县	297. 50	635. 30	89. 44	15. 33	6. 13	125. 31
启东市	359. 50	669. 50	84. 56	21. 31	12. 21	143. 58
如皋市	355. 15	765. 01	90. 25	21. 65	9. 95	144. 63
海门市	415. 00	957. 03	112. 05	22. 72	6. 75	147. 92

（二）农业

全年粮食总产量 320. 62 万吨，比 2008 年增长 0. 5%；棉花产量 5. 31 万吨，下降 21. 4%；油料产量 42. 55 万吨，增长 11. 8%。全年肉类总产量 44. 91 万吨，比 2008 年增长 2. 1%。其中，猪肉增长 6. 1%，羊肉增长 6. 9%，禽肉下降 3. 4%。全年水产品产量 76. 00 万吨，比 2008 年增长 2. 7%。

大力调整农业结构，推动现代高效农业上规模、上水平。粮食连续六年丰收、综合单产创历史新高；规模以上“三资”开发农业投资 102. 85 亿元，列全省第一；新增高效农业面积 29. 1 万亩，其中设施农业 11. 96 万亩；新增高效渔业面积 12 万亩。农业综合开发投资历年最多，农机装备水平进一步提高。

（三）工业和建筑业

全年全部工业增加值1 319. 43亿元，按可比价计算，比 2008 年增长 13. 8%。全年规模以上工业总产值6 042. 35亿元，比 2008 年增长 14. 5%。其中，装备制造业产值2 629. 37亿元，增长 24. 4%，占全市规模以上工业总产值的比重为 43. 5%，比 2008 年提高 3. 6 个百分点。全市规模以上工业主营业务收入5 897. 37亿元，比 2008 年增长 13. 4%；规模以上工业利润总额 391. 71 亿元，增长 21. 6%；工业产品销售率 98. 8%，下降 0. 4 个百分点。2009 年主要原材料产品中，纱 53. 61 万吨，比 2008 年下降 3. 4%；布 27. 99 亿米，下降 2. 3%；粗钢 65. 13 万吨，下降 18. 7%；水泥 885. 81 万吨，增长 5. 9%；电动手提式工具10 129. 58万台，增长 23. 4%；发电量 147. 69 亿千瓦时，下降 9. 1%；煤气生产量4 447.00万立方米，增长1.0%。

加快发展先进制造业，制定了实施船舶海工及重装备等六大产业转型升级规划纲要。大力推进主导产业高端化，建造世界首座第六代超深水海洋钻探储油平台、被欧洲造船界誉为“熔盛型”的40万吨矿砂船等一批船舶海工高端产品。装备制造、电子信息、精细化工加速向产业链上游发展，神马电力复合绝缘子系列产品技术水平国际领先。大力推进新兴产业规模化，新能源、新医药、新材料及节能环保产业产值308亿元，占规模以上工业比重5.1%。风电并网发电装机容量54.4万千瓦，增长34%；光伏电池及组件产量321兆瓦，增长44.9%。

全年建筑业增加值288.07亿元，比2008年增长25.1%。全市建筑队伍人数94.57万人，建筑队伍遍及65个国家和地区，2009年末出国人数2.4万人。全年建筑企业承建施工面积2.95亿平方米，比上年增长12.0%，承建高层建筑8 337栋。推动建筑业向高附加值、高效益转型，施工产值突破2 000亿元，增长26%。年末全市拥有特级资质建筑企业15家，拥有一级建造师3 867人。

（四）服务业

2009年制定实施《加快市区服务业发展三年行动计划》，市区服务业增加值占GDP比重提高到39.4%。全市服务业增加值1 028.84亿元，增长14.3%，连续2年高于GDP增幅。新增省级服务业集聚区2家。现代物流业增加值增长15%。新引进金融机构3家。研究出台《服务外包发展战略和产业规划》，新引进服务外包企业超过100家，服务外包营业额增长116.8%，南通市成为全省江北首个省级国际服务外包示范城市。

1. 国内贸易

2009年全年社会消费品零售总额1 080.22亿元，比2008年增长18.7%。其中，城市消费品零售额（市区及六县城关镇）615.49亿元，增长18.6%；农村消费品零售额（县以下）470.62亿元，增长18.8%。分行业看，批发和零售业消费品零售额961.28亿元，增长17.8%；住宿和餐饮业消费品零售额121.94亿元，增长25.8%；其他行业消费品零售额2.89亿元，增长16.2%。全年家电下乡中标产品销售量20.79万台，销售额4.47亿元；家电以旧换新销售量7.41万台，销售额2.72亿元。

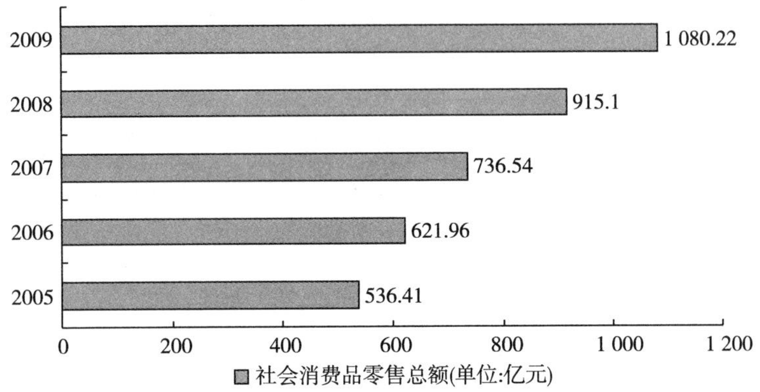

图2－84　2005－2009年南通市社会消费品零售总额

2. 交通、邮电业

2009年全年交通运输、仓储及邮政业增加值104.50亿元，比2008年增长8.4%；年末南通机场民航航线5条；全年民航货邮吞吐量2 923.30吨，比2008年增长10.2%；旅客吞吐量22.03万人次，增长36.5%。年末铁路南通站始发列车7对，全年铁路货运量210.00万吨，比2008年下降2.8%；

客运量 252.77 万人次,下降 5.6%。全年建成农村公路1 855公里,危桥改造 145 座;年末全市机动车保有量 183.36 万辆,比 2008 年末增加 11.89 万辆。年末全市个人汽车保有量达到 25.82 万辆,比 2008 年末增加 7.13 万辆。

2009 年南通港货物吞吐量13 641.4万吨,比 2008 年增长 3.2%;其中,进港8 025.10万吨,增长 1.7%;出港5 616.40万吨,增长 5.4%。外贸吞吐量2 860.00万吨,比 2008 年增长 17.2%;集装箱吞吐量 35.06 万标准箱,下降 20.9%,其中,国际航线 0.85 万标准箱,下降 28.9%;全年新增生产性万吨级以上码头 5 座,全部为 3.5 万吨级以上码头。

以港口建设带动开发。洋口港完成投资 43 亿元,10 万吨级 LNG 码头和管线桥工程初具规模,30 万吨级航道建设研究取得初步成果;吕四港区总体规划获部省批复,东灶港作业区码头建设实质性启动,腰沙 - 冷家沙海域开发前期研究加快。新通海沙和天生港水道整治开发有序推进。如皋港国家一类口岸正式开放,洋口港、吕四港获批临时开放。全市港口货物吞吐量 1.36 亿吨。

2009 年全年邮电业务收入 57.65 亿元,比 2008 年增长 12.6%;其中,邮政业务收入 6.05 亿元,电信业务收入 51.60 亿元,分别增长 17.8% 和 14.3%;年末固定电话用户 273.04 万户,比 2008 年减少 24.90 万户,其中,城市电话用户 127.99 万户;住宅电话用户 189.83 万户,增加 0.24 万户;年末移动电话用户 510.16 万户,净增 128.67 万户;年末互联网用户 58.87 万户,新增 10.28 万户。

3. 金融和保险业

推出“金融超市”等 12 项举措,推动金融机构与1 300多家企业达成1 500多亿元授信意向,各类金融机构新增贷款 681.23 亿元,为历史最高水平。

2009 年全年金融系统新增贷款 681.23 亿元,新增总量为 2008 年的 2.6 倍;年末金融系统各项贷款余额2 431.98亿元,比 2008 年末增长 38.9%;金融系统存款余额4 006.23亿元,比 2008 年末增长 31.8%。其中,居民储蓄存款余额2 285.89亿元,增长 20.9%;企业存款余额1 114.47亿元,增长 51.5%。

全年新增保险机构 4 家,年末保险机构总数达 52 家。全年保费收入 96.26 亿元,比 2008 年增长 42.0%;其中,财产保险收入 16.59 亿元,增长 45.0%;人寿险收入 79.67 亿元,增长 42.0%。全年已决赔款及给付 11.02 亿元。

4. 旅游业

年末全市拥有旅游星级饭店 65 家,旅行社 104 家,国家等级旅游景区(点)28 处,全国农业旅游示范点 2 个,全国工业旅游示范点 2 个。狼山、濠河创 5A 级景区等一批旅游项目快速推进,“江与海的交响”等 5 条精品线路入选世博旅游推荐线路。2009 年全年实现旅游总收入 183.30 亿元,比 2008 年增长 21.8%,其中,外汇收入 3.09 亿美元,增长 9.0%;国内旅游收入 162.17 亿元,增长 24.2%;全年接待海内外旅游者总人数1 513.25万人次,比 2008 年增长 16.1%。其中,国内旅游者1 483.26万人次,增长 16.3%;旅游住宿设施和居民家中接待过夜海外旅游者 29.99 万人次,增长 7.1%。

5. 房地产业

2009 年全市普通商品房销售面积增长 59%,拆迁安置房新开工面积 342.38 万 m^2、增长 31.9%,市区普通商品房用地出让 232.45 公顷、增长 249.9%;全年房地产开发投资 200.79 亿元,比 2008 年增长 16.3%。全市房屋施工面积2 008.48万平方米,比上年增长 7 比上年增长 7.9%,其中,住宅施工面积1 551.47万平方米,增长 6.1%。全市房屋竣工面积 549.68 万平方米,比 2008 年增长 6.1%,其中,住宅竣工面积 439.74 万平方米,增长 3.3%。

(五)开放型经济

1. 对外经济

2009 年,南通市果断采取促进外贸增长 10 项措施,全力保市场、争订单,外贸出口降幅低于全省

11.4个百分点，总量占全省的份额提高。全年进出口总值162.59亿美元，比2008年下降2.6%。其中，出口总值111.80亿美元，下降4.9%；进口总值50.79亿亿美元，增长2.9%。在出口贸易总值中，机电产品出口48.53亿美元，比2008年增长3.4%；高新技术产品出口17.60亿美元，下降3.6%；纺织服装制品出口37.68亿元，下降7.6%。至2009年末与南通市建立进出口贸易关系的国家和地区198个，年末有进出口业绩的企业3 521家。

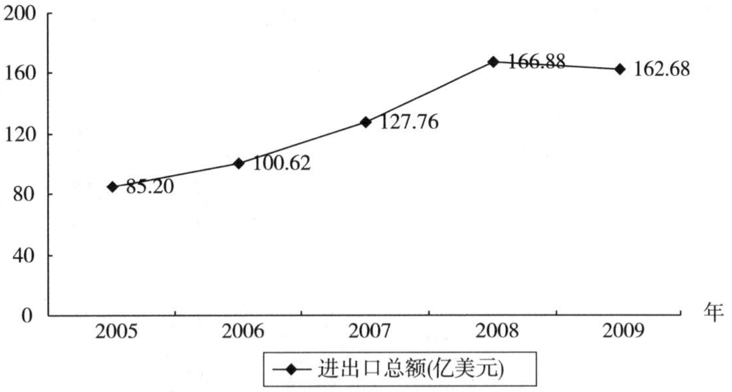

图2－85　2005－2009年南通市外贸进出口总额

2009年全年新批外商投资项目401个，比2008年下降3.6%；新批协议注册外资55.26亿美元，下降0.5%；实际到账注册外资20.05亿美元，下降31.7%。提高利用外资质量，新批1亿美元以上项目8个，新落户世界500强投资项目4个。

2009年全年新批设立境外企业12家，中方协议投资额4 321.08万美元；新签对外承包劳务合同额7.72亿美元，下降19.3%；对外承包劳务完成营业额11.56亿美元，增长9.6%，连续14年保持全省领先；新派劳务人员0.87万人次，下降39.8%；年末在外劳务人员3.20万人，下降14.7%。

2. 民营企业

继续争创江苏民营经济第一大市，个体工商户总数、私营企业数和注册资本保持全省第二，民营经济增加值、实现税收、完成投资占全市比重分别超过50%、60%、70%，20家企业入围全国民营企业500强。新落户央企投资项目12个，市国有资产经营公司为重点项目建设融资82亿元，其中发行企业债券23亿元。积极推进企业上市，中南建设、罗莱家纺成功上市，新增首发申请过会企业2家。

至2009年末累计登记的私营企业达13.78万家；新登记私人企业注册资本451.77亿元，年末累计注册资本3 041.32亿元；全市工商部门新登记个体户7.63万户，年末累计达34.17万户。

3. 园区建设

以载体打造促进开发。苏通科技产业园正式奠基，一期9.5平方公里基础设施项目开工建设，跨江开发、跨国合作迈出重要一步。在建在谈园区跨江合作项目20个，各县（市）区与上海的园区合作均取得实质性成效。13个省级以上开发区GDP、财政总收入占全市比重分别提高2个、4个百分点。洋口港南通国际产业园正式成立，沿海5个滨海产业园区建设加快。

二、2009年南通市社会发展概况

（一）人口、人民生活

2009年末全市户籍人口762.66万人，其中，市区（包括通州区）人口为211.54万人。全市人口出生率6.24‰,人口死亡率7.75‰,人口自然增长率-1.51‰。城镇化率52.7%。

2009年全年城镇居民人均可支配收入19 469元,比2008年增长11.0%;全年市区居民人均消费性支出13 103元,比2008年增长12.8%。城镇居民人均住房建筑面积39平方米,比2008年增加1.6平方米;全年发放住房公积金贷款41.89亿元,本年提取公积金19.14亿元,全年新增公积金开户人数5.80万人,至2009年年末已开户职工人数58.89万人。

全年农村居民人均纯收入8 696元,比上年增长11.3%;人均生活消费支出6 448元,增长14.1%。农村居民人均住房面积53.5平方米,比上年增长2.0%。

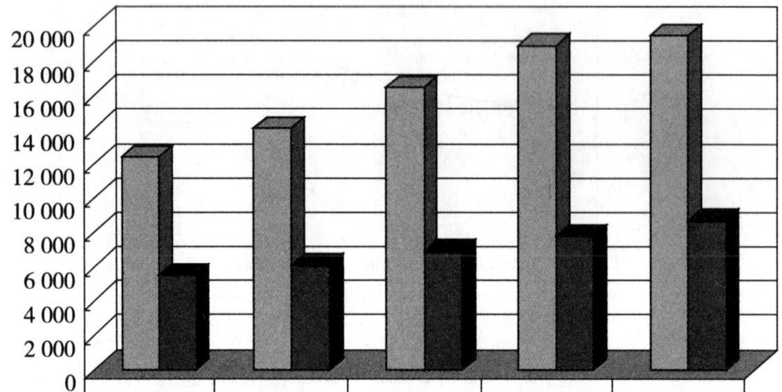

	2005	2006	2007	2008	2009
城市居民人均可支配收入(元)	12 384	14 058	16 451	18 903	19 469
农民人均纯收入(元)	5 501	6 106	6 905	7 811	8 696

图2-86　2005-2009年南通市城乡居民收入对比一览

(二)就业、社会保障

大力促进就业。以开展充分就业社区创建和实施促进就业工程为抓手,新增城镇就业8.2万人,帮助创业近2万人,促进城镇失业人员再就业3.8万人,城镇登记失业率连续11年低于全国、全省水平;全市城镇95%以上社区建成充分就业社区;农村劳动力转移新增4.6万人,总量继续保持全省领先。

积极完善"广覆盖、保基本、多层次、可持续"的社会保障体系。城镇职工基本养老、基本医疗、生育、工伤、失业保险和城镇居民医疗保险覆盖率均超过97.5%;新型农村社会养老保险参保人数113万人,参保率97.6%,居全省前列;新型农村合作医疗参合率99.2%,市区新型农村合作医疗和城镇居民医疗保险实现并轨,在通大学生全部纳入城镇居民医疗保险;为市区城镇老年居民发放养老补贴。再次提高企业退休人员养老金和城乡低保标准。进一步做好老年人优待和服务工作,市区新建10个社区老年活动场所;加强老年福利机构体育设施建设;对特困老人实施政府购买服务。全市拥有各类养老机构231家,总床位数23 714张。全市农村拥有敬老院144家,床位18 236张。在全市农村20 445名五保对象中,有14 304人实行了集中供养,集中供养率达到70%。

(三)科学技术和教育

1.科学技术

加快增强自主创新能力。2009年全年新增省级工程技术研究中心44家、超历年总和,新增院士工作站14个、高新技术企业105家,新增省级高新技术产品294项;全年新建公共技术服务平台16

家,市级工程技术研究中心 314 家,省级工程中心 44 家。新增科技孵化器面积 105 万 m^2、增加 3 倍,新增国家级、省级科技孵化器 12 家,科技创业社区即将建成投入使用。专利授权量9 279件、列全省第二,通过国家知识产权试点市验收。南通市连续 5 次被评为全国科技进步先进市。制定实施"江海英才"计划。市长质量奖评选正式启动。

大力推进传统产业品牌化。现代纺织、粮油食品、冶金建材等行业优势进一步巩固,南通成为中国家纺指数发布中心;新增省级以上名牌产品 70 个,驰名、著名商标 24 件。通过调高调优调强,高新技术产业实现产值1 800. 73亿元,占规模以上工业比重提高 1. 9 个百分点;年销售收入超 30 亿元工业企业新增 4 家,熔盛重工成为南通市首家百亿级工业企业。

2. 教育事业

全市拥有普通高等学校 6 所,年末在校学生 8. 94 万人;成人高校 2 所,在校学生 2. 45 万人;中等职业教育学校 31 所,在校学生 8. 56 万人;普通高中 63 所,在校学生 13. 33 万人;普通初中 208 所,在校学生 23. 37 万人;小学 382 所,在校学生 32. 81 万人;特殊教育学校 9 所,在校学生 0. 10 万人;各级各类幼儿园 372 所,在园儿童 14. 32 万人。全市小学学龄儿童入学率 100% ,升学率 100% ,巩固率 100% ;初中入学率 100. 0% ,毕业率 99. 96% ,巩固率 100% ;初中毕业升学率 98. 86% ,高中阶段教育毛入学率 99. 80% 。

（四）文化、卫生和体育

1. 文化事业

2009 年末全市共有文化经营单位2 115家,从业人员 0. 65 万人。年末全市登记在册的民营演出团体 149 个。全市新建农村乡镇文化站 13 家,年末累计已建成 119 家;全市新建 370 家"农家书香",年末累计已建成1 713家。全市拥有各类博物馆、纪念馆 25 家。全市拥有各级文物保护单位 82 处,其中,全国重点文物保护单位 6 处,省级文物保护单位 24 处。全市拥有国家级非物质文化遗产名录 6 项,省级非物质文化遗产名录 24 项。全市广播人口综合覆盖率和电视人口综合覆盖率均达到 100% 。全市数字电视用户比例超过 30% 。市区"有线通"个人用户达到 2. 20 万户。

2. 卫生事业

至 2009 年末,市区及六县城区共建成社区卫生服务中心 27 个,街道(镇)建成率 100% 。累计建成农村社区卫生服务站1 705个,行政村覆盖率 100% 。全市新型农村合作医疗参合率 99. 2% 。农村自来水普及率 98. 0% 。加快实施市区新城区医院和市妇幼保健院迁建等项目,支持优质医疗资源向社区延伸,提高社区卫生服务水平,促进公共卫生服务均等化。抓好医药卫生体制改革,开展公立医院改革试点,推进实施国家基本药物制度,降低群众看病负担。确保新型农村合作医疗人均筹资标准提高到 160 元,其中政府补助不低于 120 元,住院费用实际补偿比例 45% 以上。年末全市卫生机构床位数 2. 49 万张,卫生技术人员 2. 96 万人。其中,执业医师和执业助理医师 1. 27 万人,注册护士9 606人。全市拥有疾病预防控制中心(站)9 个,卫生技术人员 427 人;卫生监督所 7 个,卫生技术人员 217 人;乡镇卫生院 274 个,床位 1. 09 万张,卫生技术人员9 908人。

3. 体育事业

在十一届全运会上,南通籍运动员取得 12 金 3 银 10 铜的优异成绩。成功承办了 3 项国家赛事、11 项全国赛事、13 项全省赛事。全市城乡新建全民健身工程(点)160 个,市全民健身中心和市儿童体育学校综合训练馆工程前期各项工作进展顺利。体育彩票销售创历史新高,2009 年全年销售额 4. 40 亿元。

（五）城乡建设

强化规划龙头作用。以通州撤市设区为契机,迅速修编形成新一轮城市总体规划,编制完成市区分区规划、城市近期建设规划等4类22项规划,开展县(市)城总体规划修编和省级重点中心镇规划编制,积极构建大城市空间格局。

突出提升中心城市功能。组织实施106项城建项目,完成投资超100亿元。加快推进以通沪大道高架等快速通道为重点的68项路桥工程,市区新增道路面积189万平方米。新城区建设提速,中央商务区和能达商务区分别完成投资23.6亿元、2.1亿元;老城区改造步伐加快,十字街综合改造、老小区整治等工程陆续实施;北翼新城和通州区城东新区建设有序推进。加强城市环境和公用设施建设,制定并启动市区"清水工程"三年行动计划,完成12项河道整治工程;市区更新公交车180辆,新增绿地300公顷,新增污水日处理能力12.5万吨。2009年1月20日南通市荣获全国文明城市称号。

统筹推进中心城市与县(市)城、重点中心镇、小集镇建设。全市城市化率52.7%,提高2.4个百分点。支持县(市)城完善城市功能、加速人口集聚,各县(市)城完成城建投资总和超过100亿元。大力培育重点中心镇,一批临港新镇、工贸强镇、旅游名镇特色更加明显,对农村发展的示范带动力进一步增强。

加强农村基础设施和环境建设。新建农村公路900公里,新建、改造农村公路桥梁和农用桥梁984座。县(市)新建污水处理厂25家,新增污水日处理能力16万吨,乡镇污水处理设施覆盖率突破50%。农村河道整治提前一年完成省下达任务,农村改厕超额完成年度任务,农村生活垃圾"户集、村运、镇处理"机制进一步健全。新增造林面积25万亩,高标准建设"绿色通道"249公里,森林覆盖率提高到20%。积极稳妥推进农民集居区建设,新增竣工面积580万平方米、入住农户2.9万户。

加强农业服务体系建设,着力构建四级农业技术推广网络。提高农村经济组织化程度,新增农村三大合作组织1 040家、农村土地流转面积52万亩。强化农村金融服务,小额贷款公司实现县(市)区全覆盖。进一步加强农村基层组织建设和经营管理,村级公共服务中心功能不断完善,村级债务下降6.7%。供销服务网络、粮食流通体系进一步健全。

(六)环境保护与资源节约

2009年末全市共拥有61家污水处理厂,日设计处理能力累计达100.60万吨,化工、印染、钢丝绳等行业环境整治取得显著成效。以实施电力行业脱硫工程为重点,全市完成273.70万千瓦机组的脱硫工程,占总机组容量的99.8%;全年市区及六县(市)政府所在地城镇烟尘控制区覆盖率均达100%。全年空气污染指数达到良好以上的天数为339天,占全年天数的92.9%;长江南通段主流水质符合国家地面水质环境质量Ⅱ类水质标准,饮用水源地水质达标率为100%;全年市区(不包括通州区)新增绿地300公顷,城市绿化覆盖率40.8%,比2008年增长0.3个百分点;水质综合指标合格率100%;市区燃气普及率达到99.9%,用水普及率、生活垃圾无害化处理率均达到100%;全年市区新增路灯、景观灯10 163盏,城市道路亮灯率达到99.9%。

加大重点行业、重点区域环境整治力度,七大化工园区企业集中度提高10.8个百分点;市区姚港化工区三类企业提前1年完成搬迁改造,西城区集中供热工程完成。实施329个节能减排项目。全年规模以上工业企业综合能源消费量965.24万吨标准煤,比2008年下降1.4%;万元产值综合能耗0.160吨标准煤,下降13.9%。重工业企业综合能源消费量697.12万吨标准煤、比上年下降0.7%,万元产值能耗0.188吨标准煤、比上年下降17.4%;轻工业企业综合能源消费量268.12万吨标准煤、下降3.1%,万元产值能耗0.115吨标准煤、下降9.1%。

推进生态市创建,"城市环境综合整治定量考核"连续6年列全省第一,新增全国环境优美乡镇18个、省级生态村17个。

三、挑战与目标

面对成就，要清醒地看到，南通市经济社会发展仍然面临严峻挑战。经济结构中的深层次矛盾还比较多，高端产品、新兴产业比重还不高，相当数量的企业创新能力还不强，支撑发展的大企业（集团）还不多；城市化进程还需加快；城乡居民持续增收难度较大，部分群众生活比较困难，抑制普通商品房价格过快上涨还需作艰苦努力；随着经济环境变化和社会转型，社会管理面临不少新情况；政府职能还需加快转变，少数部门和工作人员为企业和群众服务的主动性、创造性还有待增强，极少数人甚至违法违纪。对此，一定要高度重视，认真解决。

2010 年全市经济社会发展的主要预期目标是：GDP 突破3 200亿元，增长 13% 左右；财政总收入突破 560 亿元，其中地方一般预算收入增长 15%；全社会固定资产投资增长 20%，外贸出口总额增长 10%，社会消费品零售总额增长 17%；城镇居民人均可支配收入、农民人均纯收入均增长 10%，居民消费价格指数涨幅 3% 以内，城镇登记失业率 4% 以内；全社会研发投入占 GDP 比重 1.8% 左右，高新技术产业产值占规模以上工业比重 30% 以上；万元 GDP 综合能耗下降 4% 左右，主要污染物 COD、SO_2 排放总量下降幅度完成省下达任务。与往年比，2010 年首次把全社会研发投入占 GDP 比重、高新技术产业产值占规模以上工业比重作为预期目标，主要是强化科学发展导向，把着力点更好地放到依靠科技进步、转变发展方式、提升发展质量上来。

四、南通市在长三角地区经济发展中的地位

面对国际金融危机的严重冲击，南通市围绕“扎实保增长、全面达小康”工作主线，抢抓长三角一体化发展和江苏沿海开发两大国家战略机遇，落实中央、省的决策部署和政策措施，圆满实现了“保增长”、“达小康”两大目标，较好完成了年初确定的各项任务。

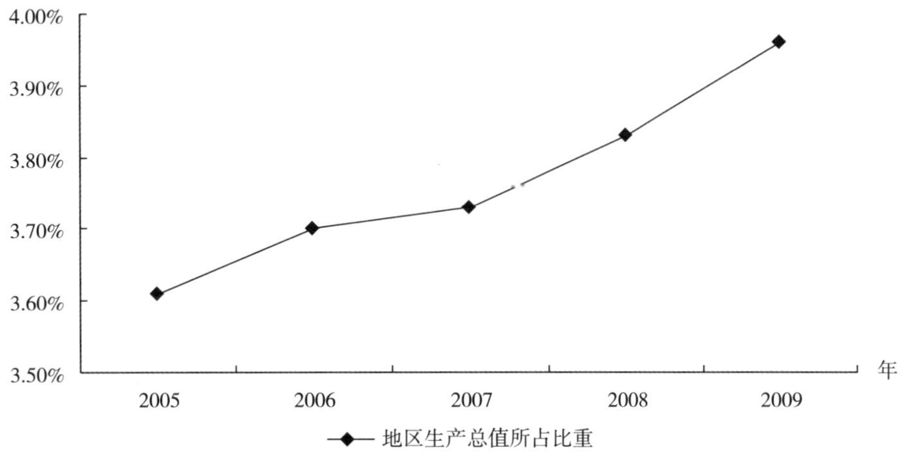

图 2－87　2005－2009 年南通市地区生产总值在长三角所占比重的变化趋势

2005－2009 年南通市地区生产总值在长三角所占比重分别为：3.61%、3.70%、3.73%、3.83% 和 3.96%，呈现稳定增加的态势，累计增幅为 0.35 个百分点。2009 年南通市经济总体实现了回升向好的发展格局，主要指标完成情况好于全国和江苏省。2009 年全年地区生产总值2 872.80亿元，按可比价计算，比 2008 年增长 14.0%，增幅在全省排第 2 位。

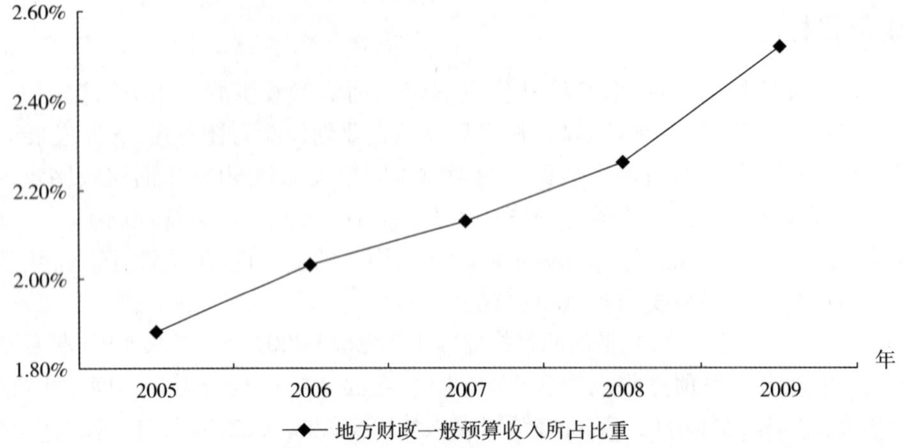

图 2－88　2005－2009 年南通市地方财政一般预算收入在长三角所占比重的变化趋势

2005－2009 年南通市地方财政一般预算收入在长三角所占比重分别为：1. 88%、2. 03%、2. 13%、2. 26% 和 2. 52%，呈现稳定增加的态势，累计增幅为 0. 64 个百分点。2009 年全市实现财政总收入 486. 10 亿元，比 2008 年增长 24. 6%，增速比 2009 年上半年加快 14. 7 个百分点；全市完成各项税收 325. 44 亿元，比 2008 年增长 17. 3%，增速比 2009 年上半年加快 8. 6 个百分点；全市实现一般预算收入 198. 99 亿元，比上年增长 24. 7%，增速比上半年加快 11. 5 个百分点。其中，市区一般预算收入 78. 20 亿元，比 2008 年增长 13. 1%；原六县（市）一般预算收入 120. 79 亿元，比 2009 年上年增长 33. 6%。

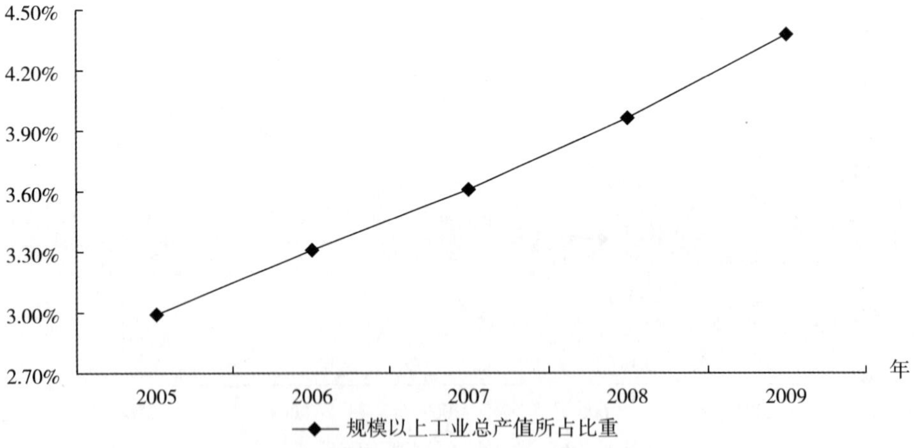

图 2－89　2005－2009 年南通市规模以上工业总产值在长三角所占比重的变化趋势

2005－2009 年南通市规模以上工业总产值在长三角所占比重分别为：2. 99%、3. 31%、3. 61%、3. 96% 和 4. 38%，呈现稳定增加的态势，累计增幅高达 1. 37 个百分点。2009 年，全年规模以上工业总产值6 042. 35亿元，比 2008 年增长 14. 5%；规模以上工业累计实现工业增加值1 546. 57亿元，增速为 16. 9%，高于全省平均水平 2. 3 个百分点，在江苏省十三个市中位列第三。其中，12 月份当月，全市规模以上工业实现工业增加值 149. 18 亿元，比 2008 年同月增长 18. 6%，高于全省平均水平 0. 2 个百分点。

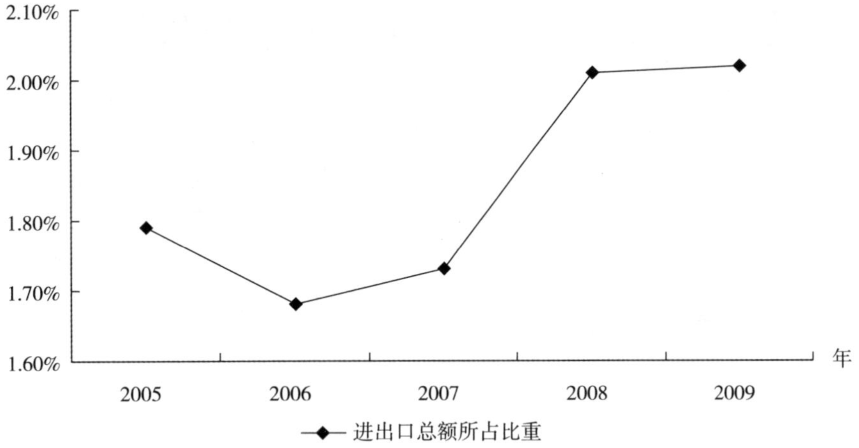

图 2 –90　2005 –2009 年南通市进出口总额在长三角所占比重的变化趋势

2005 –2009 年南通市进出口总额在长三角所占比重分别为:1. 79%、1. 68%、1. 73%、2. 01% 和 2. 02%,2009 年占比基本与 2008 年持平。2009 年,南通市外贸降幅明显收窄,全年进出口总值 162. 68 亿美元,比 2008 年下降 2. 6%,降幅比 2009 年上半年收窄 10. 1 个百分点,比全省平均降幅(–13. 6%)低 11. 0 个百分点。其中,出口总值 111. 80 亿美元,下降 4. 9%,降幅比 2009 年上半年收窄 7. 9 个百分点,比全省平均降幅(–16. 3%)低 11. 4 个百分点。

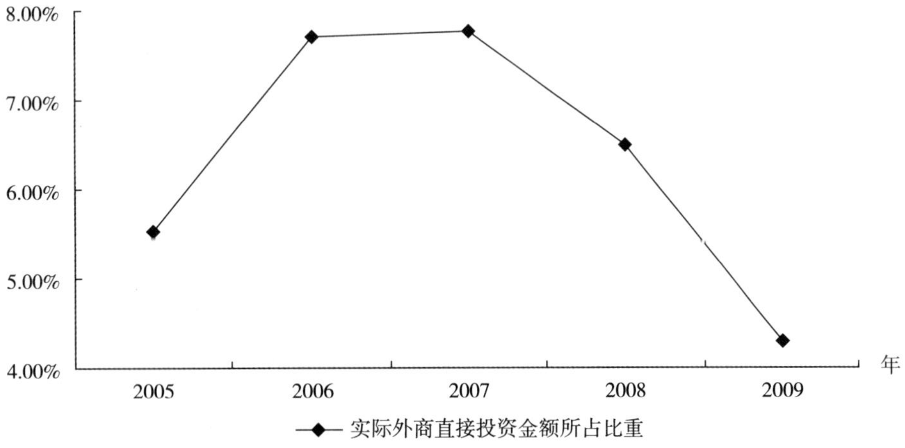

图 2 –91　2005 –2009 年南通市实际外商直接投资金额在长三角所占比重的变化趋势

2005 –2009 年南通市实际外商直接投资金额在长三角所占比重分别为:5. 52%、7. 70%、7. 76%、6. 49% 和 4. 29%,近两年持续出现较大规模的下跌,累计跌幅高达 3. 47 个百分点。2009 年,受国际金融危机影响,南通市利用外资虽然步履艰难,但仍难中求进。2009 年南通市外商直接投资金额 20. 05 亿美元,比 2008 年下降 31. 7%,月平均到帐外资 1. 67 亿美元;新批协议注册外资 55. 26 亿美元,下降 0. 5%。2009 年全市累计新增工商登记注册外资企业 401 个,其中千万美元以上的项目 157 个,占项目总数的 39. 2%,单体项目平均注册外资达1 378万美元,高出 2008 年平均水平(1 335万美元)43 万美元,增长 3. 2%,全市仍涌现出一批质量较高的重大项目。

七　连云港市2009年经济社会发展报告

2009年连云港市全市人民在市委、市政府的正确领导下，砥砺奋进，攻坚克难，全力保增长、保态势、保民生、保稳定，积极抢抓以连云港为龙头的江苏沿海开发上升为国家发展战略层面的历史机遇，全年经济运行尽管经历了低谷、复苏、回升的困难历程，但最终发展依然呈现出"总量突破、增长提速、质量平稳、发展和谐"的良好态势，总体发展仍是多年以来取得成果较为丰硕和充实的一年。

一、2009年连云港市经济发展概况

（一）综合经济

1. 经济总量实现历史突破

2009年，全市实现地区生产总值941.13亿元，按可比价格较上年增长13.6%，较全省平均增长高出1.2个百分点；增幅在全省13个市中位居第7位，较上年前移1个位次；按常住人口计算，全市人均GDP达到21144元，同比增长13.9%；按现行汇率计算，已跨上3 000美元台阶达到3 097美元；全年第一产业实现增加值154亿元，同比增长4.0%；第二产业实现增加值436.07亿元，增长15.9%，居全省第2位；第三产业实现增加值351.06亿元，增长15.2%，居全省第7位。全市三次产业结构调整为16.4∶46.3∶37.3。

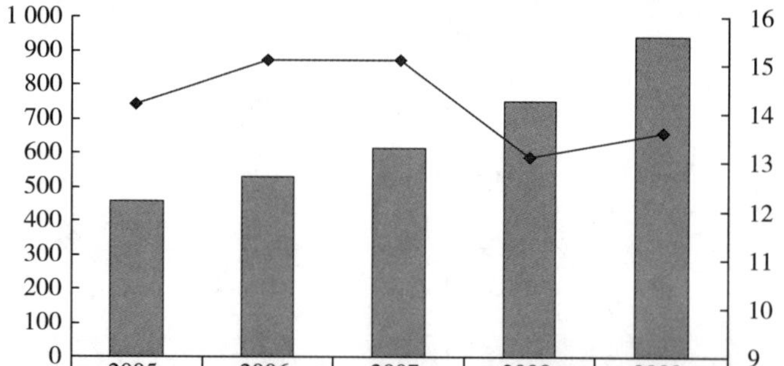

	2005	2006	2007	2008	2009
地区生产总值(亿元)	455.97	527.38	615.23	750.10	941.13
增幅(%)	14.2	15.1	15.1	13.1	14

图2－92　2005－2009年连云港市地区生产总值及增长速度

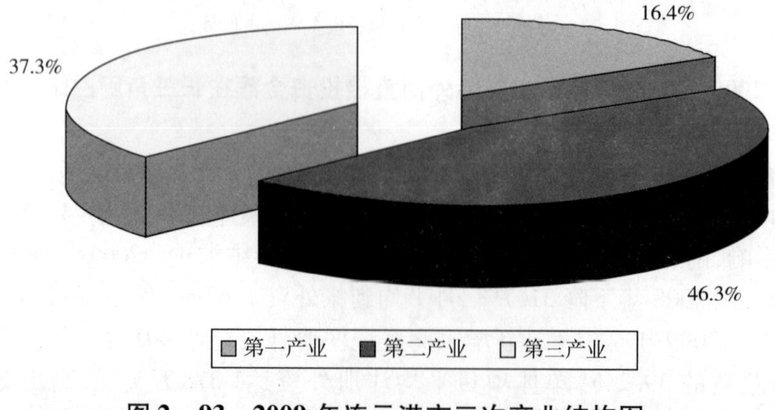

图2－93　2009年连云港市三次产业结构图

全面小康进程明显加快。从25个重点监测的小康指标看,全市有12个指标达到小康标准值,较上年新增1个指标,达标率提高到48%。12个达到小康目标标准的指标分别是:城镇登记失业率、城镇人均住房建筑面积、农村行政村通灰黑公路(或航道)比重、城镇人均拥有道路面积、百户家庭电话拥有量、恩格尔系数、卫生服务体系健全率、新型农村合作医疗覆盖面、人民群众对社会治安的满意率、城镇社区居委会依法自治达标率、农村村委会依法自治达标率、城市环境质量综合指数等。

2. 地方综合财力显著增强

全市财政总收入突破200亿元达到232.32亿元,同比增长28.6%;其中财政一般预算收入90.21亿元,增长36.3%,高出全省平均18.1个百分点,增幅居全省第3位,双双创下历史最高水平。一般预算收入占地区生产总值比重为9.6%,同比提高0.8个百分点。2009全年一般预算支出126.06亿元,增长18.4%,较2008年回落10.4个百分点。其中一般公共服务、教育、农林水、城乡社区事务、社会保障和就业支出占一般预算支出的比重达70%。

地方税收贡献明显突出。2009年全年财政税收收入完成69.05亿元,同比增长29.4%,占全部预算收入的76.5。其中国税部门完成14.78亿元,占全市一般预算收入的16.4%,同口径增长7.4%。地税部门完成41.02亿元,占全市一般预算收入的45.4%,同口径增长22.5%。

3. 市场消费价格呈现平稳回落

2009年全年居民消费价格总指数(即CPI)为99.3,同比下降0.7%;其中服务项目价格指数为100.3,上涨0.3%;消费品价格指数为98.9,下降1.1%。全市CPI在全省各市中居第9位,降幅较全省平均水平高0.3个百分点。

工业品价格指数呈现起伏。2009年全年工业品出厂价格指数(即PPI)为92.9环比高0.5个百分点,同比低15.6个百分点。从2009年12月份情况看,出厂价格上涨较多的主要行业有:煤炭开采业(涨12.5%)、石油加工与炼焦业(涨3.0%)、农副食品加工业(涨2.6%)、化学原料及化学制品制造业(涨1.5%)。跌幅较大的行业主要有:仪器仪表制造业(跌4.2%)、造纸及纸制品业(跌2.2%)、纺织业(跌1.2%)、非金属矿物制品业(跌1.0%)。

4. 固定资产投资突破千亿

全市2009年完成全社会固定资产投资突破千亿达到1 000.1亿元,其中规模以上投资890.5亿元,增长均为28.6%。城镇投资745.59亿元,增长31.2%,在全省居第7位。全社会工业投资突破600亿元大关,达627.8亿元,增长25.5%,占全市固定资产投资的比重达62.8%,成为投资增长的主体力量。

2009年是连云港基础建设实现"强筋健骨"的一年,全年城镇工业投资中电气机械、专用设备、通用设备和交通运输设备行业完成投资均有较大幅度增长,全部高于工业投资的平均增幅。全年港口完成建设投入26.3亿元,其中58#焦炭泊位通过验收对外开放,30万吨级矿石码头实现局部试投产,庙三突堤集装箱码头工程进入扫尾阶段,散化肥泊位水工主体建成,中云至墟沟北铁路电气化改造工程完工、至连云港东铁路电气化改造工程顺利开工。

5. 县域经济继续全面加速

县域GDP共实现571.6亿元,占全市比重60.7%,同比提高1.7个百分点;县域GDP增长15.2%,增速较全市高1.6个百分点。全市四县GDP增幅在在苏北24县乃至全省52个县(市)中均位居前列。县域投资增长加快。全市四县完成全社会固定资产投资662.67亿元,增长33.1%,增幅较全市高4.5个百分点,较市区高12.6个百分点,占全市比重达66.3%。

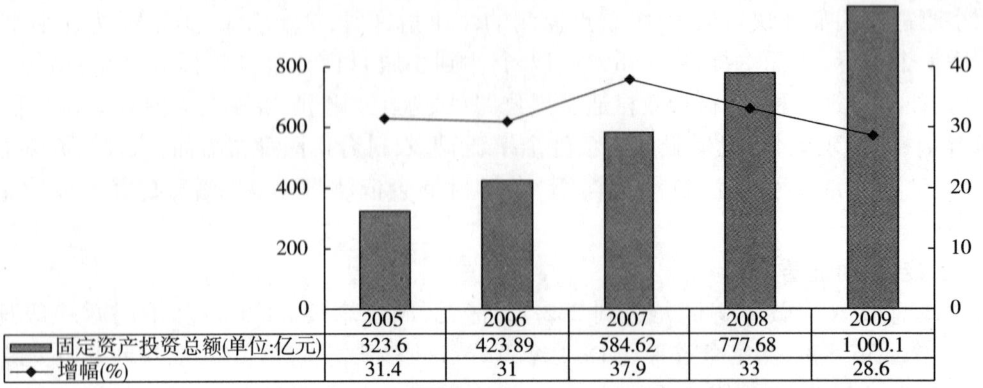

图 2-94　2005-2009 年连云港市全社会固定资产投资及增长幅度

表 2-24　2009 年连云港市县区主要经济指标

县市	生产总值(亿元)	工业总产值(亿元)	城镇固定资产投资(亿元)	地方财政一般预算收入(亿元)	出口(亿美元)	社会消费品零售总额(亿元)
连云港市区	369.54	654.30	303.90	45.05	15.30	148.16
赣榆县	182.44	198.87	109.54	11.71	0.80	66.46
东海县	162.69	152.91	100.27	11.35	1.37	64.16
灌云县	119.36	145.52	116.35	10.50	1.25	48.93
灌南县	107.10	162.65	115.53	11.60	0.78	35.01

(二)农林牧渔业

粮食生产连续七年丰收。认真落实强农惠农政策,发放粮食等政策性补助资金 4 亿元,建成 9 个国家级高产万亩示范区,全市粮食播种面积 721 万亩,同比增长 1.7%,粮食总产达 334.5 万吨,增长 4.5%,连续两年突破 300 万吨。全市油料播种面积 39.75 万亩,总产量 11.46 万吨,增长 6.3%。棉花播种面积 4.46 万亩,总产量3 747吨。林果生产取得明显成效。花卉苗木累计总面积达到 16.6 万亩,已成为全省规模最大的鲜切花基地和国内最大的蝴蝶兰种苗生产基地。全年营造林面积在全省排第三,造林综合管理在全省排第一,灌云、东海、赣榆等县成片造林面积在全省均进入前 10 位。渔业生产继续稳步增长。2009 年水产品产量达 58 万吨,同比增长 6.6%;其中海水产量 37 万吨,淡水产量 21 万吨,同比分别增长 5.7%和 8.1%。全市海水放养面积达 57 万亩,紫菜养殖面积 12.2 万亩,养殖总面积同比增加 2.2 万亩;全市淡水放养面积 43.36 万亩。

高效农业步入全省前列。加快推进高效农业规模化,新增高效农业面积 41.5 万亩、高效渔业面积 4.2 万亩,新建千亩连片高效设施农业示范基地 50 个。畜禽规模化养殖比重提高 6.5 个百分点,成为全国最大的泥鳅养殖出口基地、蝴蝶兰种苗生产基地和省内最大设施渔业基地、鲜切花基地。灌云县、灌南县分别建成全国最大的芦蒿和纯白金针菇生产基地。在全市范围内规划建设沿海鱼虾苔、平原粮花菜、山区林果茶 3 大类高效农业示范园区 26 个,初步形成了以东海 30 万亩优质生态稻米和 4 万亩绿色鲜果、赣榆万亩有机大樱桃和 2 万亩优质茶、灌云近 6 万亩高效设施蔬菜及灌南万亩现代农业科技示范等一批高效农业示范园。新浦区被列入国家农业综合开发项目县(区)。东海、灌云、灌南均获全省高效设施农业先进单位。初步形成了紫菜、对虾、梭子蟹、贝类、鱼类等规模产业链和出口创汇基地。

农畜产品质量安全性进一步提高。全市蔬菜等检测合格率95.7%以上，生猪瘦肉精、生鲜奶三聚氰胺检测合格率100%；组织申报无公害农产品产地19个，申报无公害品牌50个，绿色食品品牌8个，有机食品2个，新建6个农产品全程质量控制试点项目，2个省级名牌农产品。东海老淮猪肉和东海大米两个产品成功获国家农产品地理标志，成为全市首批获国家地理标志的产品。

农业机械化程度不断提高。全市新增6大类28种规格型号机具16 358台（套），农机总动力达357.84万千瓦。全市水稻机播率达28.2%，同比提高10个百分点，增幅位居全省前列。农村水利建设力度加大。重点水利工程进展顺利，2009年完成投资达10.4亿元。全市农村水利共完成土石方6 468.5万方。

（三）工业和建筑业

2009年全市全部工业增加值同比增长14.9%，工业化率达到36.4%。全市规模以上工业企业已经达到1 469家，其中当年新增263家；企业产值平均达到8 884万元，同比提高15.1%。其中有184家企业销售收入过1亿元，同比净增20家。

工业经济效益稳步提升。全市规模以上工业企业拥有资产1 213.99亿元，同比增长19.4%，增幅列全省第4位，高于全省平均水平5.6个百分点；实现销售收入1 286.93亿元，增长31.4%，增幅列全省第1位，高于全省平均水平20.0个百分点；实现利税169.13亿元，增长28.5%，增幅列全省第5位，高于全省平均水平7.3个百分点。

工业主要行业发展迅猛。至2009年末，全市产值超百亿元的行业有4个，分别是化学原料及化学制品制造业、农副食品加工业、非金属矿物制品业、医药制造业。50－100亿元的行业有3个，30－50亿元的行业有5个。其中四大超百亿元行业共实现产值659.73亿元，占全市规模以上工业产值的50.6%。重点企业贡献增大。全市20强工业企业不断壮大，2009年总产值达到541.03亿元，同比增加147.74亿元；其中最大的两家企业仍然是益海（连云港）粮油和江苏核电。20强工业企业实现销售收入528.35亿元，同比增长40.2%，高于全市平均水平8.8个百分点，对全市规模以上工业销售收入增长的贡献率为49.3%，拉动全市规模以上工业销售收入增幅15.5个百分点；实现利税96.57亿元，增长39.2%，高于全市平均水平10.7个百分点。

先进制造业加快成长。坚持调结构与保增长并重，编制实施船舶工业、装备制造等9项产业振兴规划，推动优势产业集聚发展，中材高新硅材料等6个重大产业项目和新能源装备、创新药物等特色产业基地建设进入省"双百"工程，新医药、新材料、新能源和装备制造业销售收入占规模以上工业比重40%，较上年提高5个百分点。

"临港工业"发展呈现上升势头。临港食品工业企业开工率充足，其中规模最大的益海（连云港）粮油完成产值同比增长仍达1.9%。临港石化行业产出稳步提高，效益有所好转。其中新海石化实现产值同比增长4.5倍，实现销售增长4.3倍，实现利税增长4.4倍。临港船舶工业发展迅速。全市船舶修造业实现产值同比增长2.0倍，实现销售收入增长1.5倍，实现利税增长3.7倍。临港钢铁工业随着价格逐步回升，企业开工率明显提升，2009年黑色金属冶炼及压延加工业产值达到65亿元，同比增长1.3倍，已经跃居全市工业第7大行业，其代表企业兴鑫建材增长高达4.6倍，为全市工业生产第6强。

建筑业继续保持良好发展态势。全市施工总承包和专业承包建筑业企业228家，同比增加32家；签订合同额368.08亿元，增长35.7%。2009年完成建筑业总产值272.69亿元，增长28.0%；其中在省外承揽工程完成总产值104.88亿元，增长59.1%。全市建筑业企业竣工产值211.35亿元，增长20.1%。2009年房屋建筑施工面积2 055.35万平方米，竣工面积1 057.58万平方米。

(三)服务业

1. 国内贸易

城乡市场继续繁荣。2009 年累计实现贸易总量首次突破千亿大关,达到1 190.6亿元,增长78%;其中全社会消费品零售总额369.53亿元,增长19.0%,增幅在全省位居第5位。从城乡看,农村增长较快,全市县及县以下实现消费品零售额159.88亿元,增长18.1%,较市区增长快了0.9个百分点。其中餐饮消费历史最好,实现零售额47.94亿元,增长高达45.3%;家用电器、汽车、建材等大宗耐用消费品的销售屡创新高,全年汽车零售额实现21.27亿元,增长59.7%。

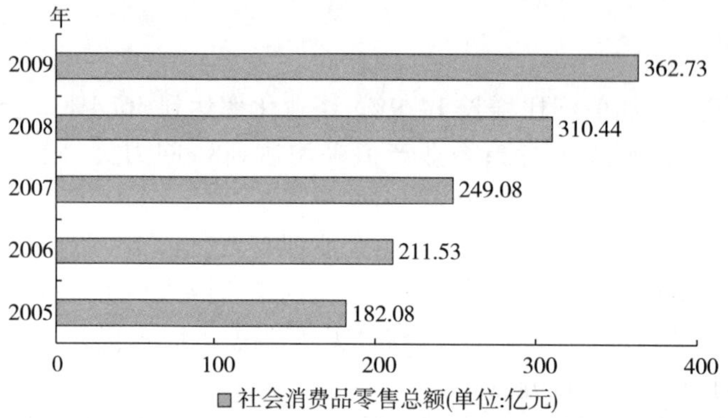

图 2-95　2005-2009 年连云港市社会消费品零售总额

大型商贸企业龙头作用明显。全市限额以上企业实现消费品零售总额93.97亿元,增长36.7%;限额以下企业(含个体户)实现消费品零售总额275.56亿元,增长14.0%。重点项目建设取得重大突破。苏宁、家乐福、沃尔马已经举行奠基仪式,国际商城、国际商务大厦等正在建设中。先后主办"农超对接采购会暨第三届迎新春购物节"、"新欧大陆桥国际汽车贸易博览会"、苍梧广场汽车展等各种展会30多起,实现交易额约15亿元。

2. 交通运输和信息通讯业

港口生产再创佳绩。2009年连云港港提前42天跨越1亿吨,全年完成货物吞吐量1.14亿吨,再次刷新了港口生产历史,同比增长13.1%;其中完成外贸货物吞吐量0.66亿吨,增长19.9%,增幅位列大陆沿海港口前三。港口集装箱完成303.2万标箱,增长1.0%;其中完成进口集装箱152万标箱,增长2.0%。在首届中国航运文化节上,连云港港荣获"中国最佳集装箱港"大奖。同时,连云港港引航站也与上海港、青岛港引航站一起入选本次大奖的"十佳最佳服务引航机构"。目前,连云港港正大步迈向"大港大船"时代,2009年进出港超大型船舶达1 026艘次,同比增长达71%,其中来港的开普型散货船、超大型集装箱船和巴拿马型散货船等,数量和增长率都创历史新高。

城乡交通呈现新局面。2009年共完成交通建设投资达48.89亿元,同比增长7.2%。全市县际以上客运班线公司化经营率达75.3%,城乡客运一体化覆盖率达81%,行政村客运班车通达率达99.2%、符合通车条件的通达率达100%。赣榆县在全省率先为104辆农公班车安装了GPS卫星定位装置。

民航服务环境逐步提升。2009年共安全飞行5 486架次,完成旅客吞吐量29.1万人次,同比增长40%;完成货物吞吐量944吨,航空运输总量达到31.6万人次。民航国际厅土建主体全面完成,第25个航空持续安全年顺利实现。

邮政通讯业务全面增长，信息化程度提升明显。2009 年邮电通信完成业务收入 24.8 亿元，同比增长 12.6%。其中邮政完成业务收入 2.74 亿元，增长 34.2%。电信完成业务收入 22.1 亿元，增长 10.4%；其中中国移动完成业务收入 12.36 亿元，增长 16.6%，高于全省平均水平。2009 年末全市互联网宽带接入用户数达到 62.16 万户。

3. 金融和保险业

2009 年，连云港市积极推进投融资体制创新，完善投融资平台建设，新海连公司成功发行 15 亿元企业债券，港口股份获准发债 6.5 亿元。，帮助1 300多家中小企业融资 30 亿元。加大小额担保贷款发放力度，实施“春风进万家创业助贷工程”。

信贷融资实现历史突破。2009 年末，全市金融机构本外币各项贷款余额 772.5 亿元，较年初增加 213.9 亿元，较年初增长了 38.3%，贷款增量和增速都达到历史最高水平；全年贷款增长率高于地区生产总值增长 24.8%。全市金融机构本外币各项存款余额1 019.4亿元，较 2009 年初增加 198.2 亿元；全市新增贷存比达到 108%，居全省第一位；余额贷存比达到 75.8%。全市可统计融资总量达 926 亿元，较 2009 年初增加 257.8 亿元，同比多增 95.2 亿元。

信贷资金投向继续优化。2009 年末，港口、道路等基本建设贷款余额较年初增加 34 亿元，同比多增 20.5 亿元；工业贷款余额较年初增加 60 亿元，同比多增 21.6 亿元；各类房地产贷款余额较年初增加 47 亿元，同比多增 30.5 亿元；各项涉农贷款余额较年初增加 40.4 亿元，同比多增 22.2 亿元。2009 年新增民营中小企业贷款 103.8 亿元，同比多增 53.6 亿元。累计发放下岗失业人员再就业贷款6 391万元，扶持3 195名下岗职工就业，保持全省领先。2009 年共发放助学贷款余额 1.08 亿元，共支持 2.11 万名贫困学生入学。

保险事业呈现蓬勃发展。全市现有保险主体 26 家，其中产险公司 15 家，寿险公司 11 家，保险从业人员已近万人。2009 年各类保费收入 25.40 亿元，增长 17.9%。其中财产险保险费入 7.78 亿元，增长 23.3%；人身险保费收入 17.62 亿元，增长 15.8%。保险深度为 2.7%，保险密度为 515.21 元。全年保险业为全市提供了总额9 000余亿元的风险保障，保险业共支出保险赔款约 9 亿元，其中产险赔款支出42 761万元，寿险赔付支出4 706万元，为灾后重建生产，恢复正常的生活秩序发挥了积极的作用。

4. 旅游业

旅游实现新发展。2009 年是国家旅游局确定的“生态旅游年”，全市先后在东海及赣榆举办了中国生态旅游年连云港启动仪式和乡村旅游节启动仪式，2009 年推出 30 项乡村旅游节庆活动及 9 条乡村休闲旅游线路。全市国家级农业旅游示范点增至 11 个，名列全省第 5、江北第一。东海国际水晶珠宝城成功创建国家 4A 级景区，灌云潮河湾、伊芦山、东磊景区创建成功 2A 级景区。全市共有星级饭店 61 家，其中三星级以上 35 家。累计接待国内外游客1 220.28万人次，同比增长 13.6%；旅游总收入 134.58 亿元，增长 15.4%。

5. 房地产业

全年共有房地产开发项目 292 个，其中市区有房地产开发项目 142 个。房地产开发投资完成 110.81 亿元；其中住宅投资 83.75 亿元。全市商品房施工面积1 541.41万平方米；其中商品住宅施工面积1 215.49万平方米。2009 年商品房新开工面积 407.53 万平方米；其中商品住宅新开工面积 319.07 万平方米。全市商品房屋竣工面积 353.12 万平方米，其中商品住宅竣工面积 293.46 万平方米。连云港市再次获得全省住房保障工作先进市称号，成为全省获此殊荣的 7 个地级市之一，也是自 2005 年以来第 4 次获得这一荣誉。

(五)开放型经济

1. 口岸经济逆势发展,地方外贸企稳回升。

连云港口岸全年进出口货值实现134.7亿美元,同比下降22.6%;其中进口实现85.5亿美元,增长1.7%。尽管受到金融危机影响,但口岸进口的大宗散货商品仍呈快速增长势头,铁矿砂、铬矿砂、铅矿砂等矿砂品种进口增长迅猛,已经成为全国矿砂进口的重要集散地之一。全市地方外贸完成外贸进出口38.6亿美元,同比下降13.2%;其中出口19.5亿美元,下降14.7%。

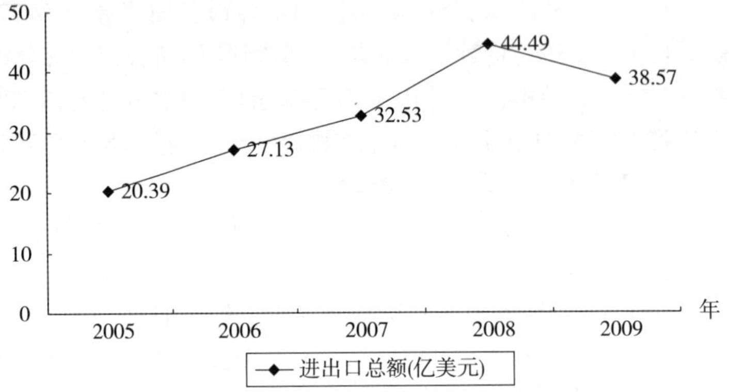

图2-96　2005-2009年连云港市外贸进出口总额

2. 外引内联逆势增长,重大招商有序推进。

强化招商引资工作,积极拓展与海内外大企业合资合作,在境内外密集举办投资说明会,利用"台湾江苏周"等各类经贸平台,广泛集聚外来资源,推进与长三角、珠三角、中西部地区互动合作发展,与上海、郑州、西安等重要城市建立战略合作机制,连云港—深圳新型产业园签约。全市注册外资实际到账10.3亿美元,内联客方到位资金370亿元。全市160项重大招商引资项目完成投资158.3亿元,其中外资5.22亿美元;在建项目竣工40项,建成率30.3%;在谈项目正式签约和开工建设19项,签约率67.8%。2009年度新增重大项目104个,其中在建项目49个,在谈项目55个,总投资887.8亿元。创新外派劳务市场管理机制。积极支持企业"走出去"发展,新增境外注册商标企业6家。

3. 民营经济稳居全市"半壁江山",税收呈现稳速回升

2009年民营经济实现增加值480.92亿元,同比增长14%,较全市GDP增幅高0.4个百分点,对经济发展的贡献率为52.8%;占全市GDP比重为51.1%。全市民营经济实现税收57.92亿元,增长22.1%,占全市全部税收49.9%,同比提高2.3个百分点。私营个体经济实现税收27.38亿元,增长25.8%。

私营个体企业稳步增加,注册资本增速提升。全市私营个体企业累计总数达12.83万户,同比增长11.1%;其中私营企业2.62万户,增长21.8%;个体经营户10.20万户,增长8.7%。

民营工业效益增速良好,民间投资活力增强。全市现有规模以上民营工业1 198户,占全部规模企业的81.5%;实现总产值714.69亿元,同比增长40.8%,较全部规模以上工业高9.6个百分点;销售收入715.5亿元,增长40.4%;利税总额87.77亿元,增长41.6%。全年民间固定资产投资675.41亿元,同比增长35.8%,占全市固定资产投资比重为67.5%,同比提高3.6个百分点。

4. 开发园区主体凸显，产业积聚取得成效

全市主要开发园区共13家，其中综合类园区10家，全部园区实际利用外资9.54亿美元，同比上升12.4%；固定资产投入525.99亿元，增长2.3%；业务总收入1 494.71亿元，增长24.2%；财政收入87.53亿元，增长35.2%。当年新成功获批1家省级东海硅材料科技兴贸出口基地、1个省级出口品牌（太阳雨），新批2家南北挂钩产业园（江宁工业园、灌云丹阳工业园）、2家特色产业园（灌南船舶、东海硅材料）、1家农业示范区（东海出口农业示范区）。

连云港开发区激流勇进，综合水平继续提升。2009年，连云港经济技术开发区在54个国家级经济技术开发区排名中居22位，较上年又前移1位，连续四年跃升10位。全区完成GDP158.4亿元，同比增长22.4%；财政总收入42.1亿元，增长23.1%；固定资产投资126.4亿元，增长25.7%；其中工业项目投入90.0亿元，增长33.8%。全区纳税过千万元企业35户，较上年净增13户；其中纳税过亿元6户。

以连云港为龙头的江苏沿海地区发展规划获得国务院批准，港城发展跃上国家战略平台。连云港市积极落实规划对接工作，建立沿海开发工作推进机制，制定贯彻规划三年行动方案。加大保税港区等重大政策争取力度，强化沿海开发新优势宣传推介，狠抓重大产业项目招商，迅速形成推进沿海开发的强劲声势。徐圩港区、赣榆港区总体规划通过部省联合审查，灌河口拦门沙治理乘势启动。石化产业基地、大型商品粮储备基地等一批重大项目成功签约，田湾核电5、6号机组获准开展前期工作，华电灌云风力发电、华东物料城、华磁电器等一批项目加快推进，国电联合动力、万吨碳纤维一期工程等产业项目建成投产。建立投融资平台，与多家金融机构开展战略合作，获得银行授信300亿元。同步开展产业项目招商，签订重大产业项目合作协议7项。

二、2009年连云港市社会发展概况

（一）人口、人民生活

2009年末，全市户籍总户数138.86万户，其中市区27.29万户；户籍总人口达490.64万人，其中市区88.69万人。户籍人口出生率12.58‰，上升0.85个千分点；自然增长率4.89‰，下降0.31个千分点。全市常住总人口444.65万人，同比减少0.91万人；其中市区99.83万人，同口径增加1.2%。

居民收入提高显著，生活质量切实改善。2009年城市居民人均可支配收入达到16 958元，增长11.2%，增幅在全省位居第6位，较全省平均增长高出1.2个百分点。农民人均纯收入突破6 000元达到6 111元，增长12.0%，增幅居全省首位，较全省平均增长高出3.2个百分点，是1996年以来增长最快的年份之一。城乡居民消费水平提高明显，市区居民人均消费达到11 577元，增长9.2%；全市农村居民人均消费实现4 291元，增长14.6%。

（二）就业、社会保障

大力推进创业带动就业，落实财税缓征等政策措施，积极帮扶困难企业稳定就业。开展充分就业社区创建和系列就业促进活动，投资1.4亿元建设公共实训鉴定基地，建立毕业生见习基地，多渠道扶持大中专毕业生、下岗失业人员就业。完成职业技能培训24.6万人次，新增城镇就业6.7万人、农村劳动力转移8万人，实现下岗失业人员再就业2.4万人，期末城镇登记失业率为3.02%。近15万名返乡农民工基本实现就业。为2.5万名就业困难对象和灵活就业人员办理社会保险补贴。保持城镇零就业家庭动态为零。

扩大社会保障覆盖面，实现社会保险市区统筹，城乡基本社会保险覆盖率达93.7%。提高11万名企业退休人员养老金标准，人均每月增加128元，推行新型农村养老保险制度，新增参保人员11.4

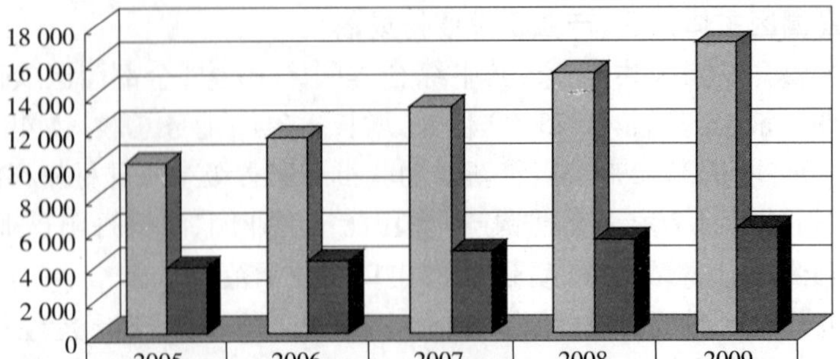

	2005	2006	2007	2008	2009
城市居民人均可支配收入(元)	10 006	11 475	13 254	15 255	16 958
农民人均纯收入(元)	3 869	4 265	4 828	5 454	6 111

图 2 -97　2005 -2009 年连云港市城乡居民收入对比一览

万人。开通城镇职工医疗保险省内异地就医结算,组织 20 万城镇医保参保人员免费健康检查,积极资助城乡困难群众参加医疗保险。加强被征地农民基本生活保障,新增失地农民全部纳入社会保障。增加城乡低保9 313人,发放低保金 1.5 亿元。市社会福利中心建设、老年大学搬迁改造取得积极进展。农村五保对象集中供养率达 70%,提高 4.3 个百分点。

(三)科技教育

1.科学技术

深入实施创新驱动战略,与南京大学合作建设国家重点实验室分室和高新技术研究院,引进南京工业大学筹建海洋工程研究院、江苏大学成立东海机械汽配研究院,与河海大学签订科技合作协议。和东南大学合作组建省高新技术研究重点实验室。江苏海洋资源开发研究院建设加快推进。中科院能源动力研发中心一期工程基本建成,标志着连云港市拥有了国际先进水平的研发平台。新增省级博士后科研工作站 9 家、企业院士工作站 2 家。新上省以上科技计划项目 126 项。省硅产品检测中心、高性能纤维产品检测中心成功落户。全市专利申请量1 500件、授权 350 件。组织鉴定科技成果 130 项,其中达到国内领先水平的 32 项。全市高新技术产业实现产值 381.05 亿元,增长 84.12%,增幅全省第一,高于全省平均增幅 64 个百分点;对工业经济增长贡献率超过 40%,利税率继续保持全省第一。首次荣获"全国科技进步先进市"称号,东海、赣榆也同时荣获了"全国科技进步县"称号。

创新型科技培育取得新成效。注重强化新医药、硅材料 2 个国家级产业基地建设,创建高性能纤维及其复合材料国家高新技术产业基地取得重大进展。恒瑞医药成为连云港首家国家级创新型试点企业,康缘药业等 5 家企业被认定为首批省级创新型企业。培育认定高新技术企业 29 家,14 家企业获批为国家重点扶持的高新术企业。获批省级民营科技企业 21 家,全市民营科技企业达1 209家。

国家科技重大专项取得突破。发挥连云港新医药产业自主创新优势,全年有 15 个项目列入该专项的创新药物研究开发、药物大品种技术改造、企业创新药物孵化基地等 3 类计划,占全省企业承担的重大专项项目数的 43%,在全国同类地区中处于领先地位,连云港已成为我国创新药物产业化的先行区和示范基地。市生产力促进中心获批为国家级示范生产力促进中心,成为全市首个进入国家序列的科技中介服务机构。

2. 教育事业

全市现有全日制大学3所;普通中等专业学校5所;普通中学205所,在校学生33.25万人;普通小学503所,在校学生32.64万人;各类幼儿园288所,在园幼儿17.02万人。小学教师具有专科及以上学历比例达72.1%,初中、普通高中、职业高中教师具有本科及以上学历比例分别达63%、95.95%和89.72%。加大义务教育投入,资助贫困生8 600万元,启动实施中小学校舍安全工程。促进教育均衡协调发展,开工建设东部城区四星级高中、市未成年人素质教育基地,连云港开发区三星级高中建成招生,苍梧小学主体封顶。全市学前教育毛入学率94.4%,小学、初中入学率基本100%,高中段毛入学率95.1%。大力发展职业技术教育,创建省三星级以上中等职业学校8所、省级示范专业9个、国家级实训基地1个。

(四)文化、卫生、体育事业

1. 文化事业蓬勃发展

公共文化服务体系不断完善,开工建设市文化创意产业园、广播影视文化城、东部城区文化创业中心,在苏北率先实现村文化室、农家书屋全覆盖,社区文化中心建设覆盖率超过50%。市博物馆新增西游记文化基本陈列,民俗博物馆、美术馆正式开放,挂牌成立南大出版社连云港出版中心。“桃花涧遗址”等10处文物保护单位申报第七批全国重点文物保护单位。完成李汝珍纪念馆等三处文保单位维修工程。全市各类艺术表演团体8个,文化馆站104个,博物馆文物藏品17 175件,公共图书馆藏书162.25万册,市图书馆被评为国家一级图书馆。完成城区数字电视整体转换,有线电视入户率72%。

各类文化艺术空前活跃。连云港女子民乐团受到省领导高度肯定,王咏梅创作的《如意的圣火》被确定为第十一届全国运动会火炬传递主题歌;现代都市淮海戏《左邻右舍》获全省优秀新剧目评比多个奖项。组织举办“和谐文化进万家”广场文化系列活动305场次,观众过百万人次,并再次获全国特色广场文化活动称号。大力开展“三送工程”,全市送戏1 000多场次、送电影12 000多场次、送书10万余册。东海县被评为全国文化先进县,灌南县成功举办国际魔术交流活动。连云港传媒网举办了沿海及泛亚欧大陆桥互联网站高峰论坛,邀请全国20余家重点网络媒体走进连云港采风。共有50件作品在省级以上政府奖评比中获奖,其中7件作品获省级政府奖一等奖。

2. 医疗卫生服务体系不断完善

2009年市一院综合楼主体封顶,建成新传染病医院。启动县级中医院、乡镇卫生院、城市社区卫生服务中心建设项目17个,社区卫生服务人口覆盖率达90%以上,农村社区卫生服务站标准化率87%,赣榆县提前一年实现了以行政村为单位的农村社区卫生机构全覆盖。城市社区卫生服务中心全部纳入医保定点,新型农村合作医疗参合率达99.5%。疾病防控、卫生监督能力不断增强,高度重视甲型流感疫情防控,为重点人群免费接种疫苗12.5万份,传染病发病率低于全省平均水平。年末,全市各类卫生机构达820个,其中各类医院161所;卫生工作人员17 907人,其中卫生技术人员14 566人;现有执业医师5 748人,注册护士5 468人;卫生机构床位数11 664张,其中医院床位7 958张。

3. 体育事业取得优异成绩

全年相继举办全国男子排球大奖赛、全国定向分区赛、全国CBA篮球俱乐部青年联赛、全国少年羽毛球比赛等10余项省以上比赛,并先后举办全市第六届农民体育节、第五届社区体育节、第四老年人体育节、中老年健身精品展示活动、“亿万青少年学生阳光体育运动”等活动14项,推动了全民健身运动的开展。市体育中心建设进展顺利,市体育馆、游泳馆主体竣工,东海县和灌云县体育场已经投入使用,赣榆县体育馆基本封顶。在十一届全运会上,连云港籍运动员共获得2金、4银、2铜的优异成绩，奖牌、总分排名全省各市第八位。

(五)城乡建设

特大城市框架进一步拉开。新一轮城市发展总体规划获批实施，编制完成城乡统筹、城市生态系统等专项规划20项。连云新城抛填形成陆域10平方公里，起步区胜利湖、海州湾商务中心等重点项目主体完工。科教创业园区、孔望山等片区开发快速推进，中心城市建成区面积突破100平方公里，城市化率达43.2%。城镇发展体系不断完善，赣榆城区加快向沿海拓展，东海、灌云、灌南县城规模扩大，新增市级城市化示范镇4个，燕尾港海滨新城建设步伐加快，温泉镇成功创建省级园林小城镇。

中心城市功能不断提升。东部城区中央商务区建设加快推进，海棠路立交、铁路连云港东站等重点工程竣工使用，新东方供水加压站主体工程竣工。新海城区开工建设苏宁广场等重点项目。新建续建城市道路18条，城市路网加快完善。发行城市公交IC卡，增开和调整优化公交线路8条。整治刷新城市绿化景观，青年公园开园，孔望山生态园、东盐河景观带一期工程主体完工，开工建设北固山森林公园和海滨公园改造工程，城市人均公共绿地达11平方米。新增自来水干线管道30公里、集中供热面积50万平方米、管道燃气用户9 000户，完成人防工程13.6万平方米。数字化城管建设取得积极进展。环境质量持续改善，垃圾焚烧热电厂基本建成，刘湾垃圾填埋场建设加快推进，城市污水处理率达79.3%，市区空气质量优良率93%。

新农村建设扎实开展。完成15个乡镇总体规划、390个新农村建设规划修编，建设康居示范村30个，开展19个省级村庄环境整治试点。完成182条河道疏浚，新改建排灌站174座，改造中低产田15.7万亩，复垦新增耕地近2万亩。建成农村公路520公里、桥梁130座，城乡客运一体化覆盖率达81.3%，行政村班车通达率99.2%。新增加农村户用沼气1.5万户，完成改厕3万座。新发展农民合作经济组织540家、土地股份合作社31家，新增土地流转面积13.5万亩，增加集体收入过20万元村73个。农村日用消费品、农资乡级“农家店”覆盖面达100%。农村饮水安全工程加快实施，全年开工建设项目66个，解决了63万人饮水安全问题。

(六)环境保护和资源节约

2009年环保创模工作顺利通过国家环保部专家核查，连续三年完成污染减排任务，入选国家创新发展模式、经济转型特色典型城市。饮用水源保护工作得到加强，地表水环境得到改善，声环境质量优于国家标准，公众环境满意率达85.6%；全市空气质量优良天数达335天，优良率91.8%，同比上升0.3个百分点。城市绿地面积达3 760公顷，绿地率达36.33%，人均公园绿地达10.98平方米，均超过国家园林城市指标。

认真落实节能减排措施，实施热电联产等20项节能降耗重点工程，完成16项污染减排项目，单位地区生产总值能耗下降完成省定目标，单位地区生产总值能耗下降5.3%，化学需氧量削减4 580吨，二氧化硫减排完成“十一五”任务。

三、挑战与目标

在成绩面前，也应清醒地看到，全市经济社会发展还面临不少困难，存在一些问题。一是产业经济实力还不强，资源环境保护、节能减排约束压力加大。二是重大项目建设、高端人才培养引进等发展制约需要进一步创新思路、大力破解。三是中心城市承载和辐射功能还不强，城市化进程需要进一步加快。四是民生事业满足群众需求还有不小差距。同时，政府自身建设还存在一些薄弱环节，公共服务能力需要进一步增强。对这些问题，要高度重视，采取有效措施，切实加以解决。

2010 年主要预期目标是：地区生产总值增长 14%，财政一般预算收入增长 20%，完成全社会固定资产投资1 200亿元，实现注册外资实际到帐 10 亿美元，引进内联客方到位资金 400 亿元。社会消费品零售总额增长 16%，城镇居民人均可支配收入增长 11%，农民人均纯收入增长 11%，城镇登记失业率控制在 3.6%，居民消费价格涨幅不高于省控标准，节能减排完成省下达任务。

四、连云港市在长三角地区经济发展中的地位

2009 年，连云港市认真落实中央扩内需保增长的各项政策措施，积极抢抓江苏沿海开发进入国家战略层面的发展机遇，努力克服国际经济危机带来的影响，着力解决发展中的各种矛盾和问题，精心组织经济运行，经济发展不但有效遏制了下滑态势，总体呈现逐步回升势头，而且回暖基础不断巩固，企稳向好趋势逐步增强。

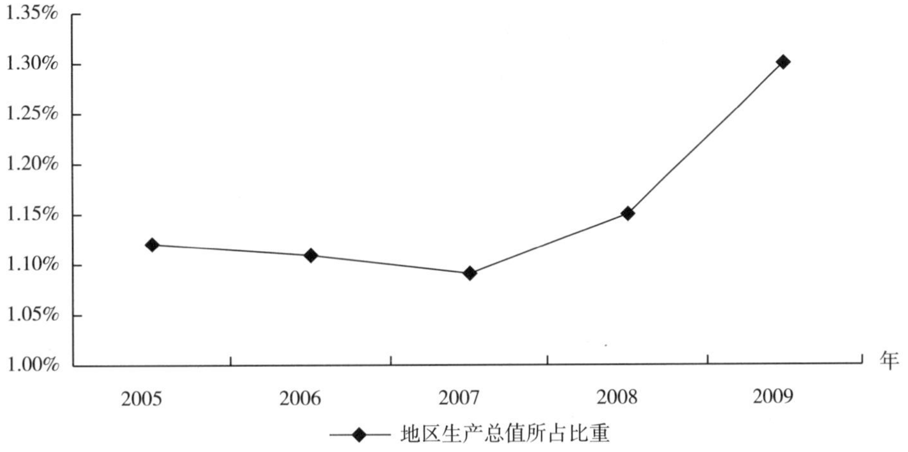

图 2－98　2005－2009 年连云港市地区生产总值在长三角所占比重的变化趋势

2005－2009 年连云港市地区生产总值在长三角所占比重分别为：1.12%、1.11%、1.09%、1.15% 和 1.30%，已连续两年实现小幅增长，累计增幅为 0.21 个百分点。2009 年全市地区生产总值 941.13 亿元，按可比价格计算较增长 13.6%，增幅在江苏省十三个市中居第 7 位；增长幅度较全省平均水平高 1.2 个百分点，较 2008 年提高 0.5 个百分点。与 2005 年相比，全市 GDP 实现倍增，总量是2005 年的2.1 倍；人均地区生产总值突破2 万元，跨上3 千美元台阶。从四个季度情况来看，全市 GDP 增长速度逐季走高，呈直线上扬走势，全市经济总体将进一步向好。

2005－2009 年连云港市地方财政一般预算收入在长三角所占比重分别为：0.64%、0.75%、0.81%、0.94% 和 1.14%，呈现稳定增长的态势，累计增幅为 0.50 个百分点。2009 年，全市完成财政总收入 232.32 亿元，增长 28.6%，完成年度预算的 109.0%。其中，完成一般预算收入 90.21 亿元，增长 36.3%，高出江苏全省平均 18.1 个百分点，增幅居省辖市第 3 位，完成年度预算的 115.5%。在财政收入保持较快增长的同时，收入质量也有了改善，全市税收收入占财政一般预算收入的比重达 76.5%，其中，四县税收收入占比为 69.6%。

2005－2009 年连云港市规模以上工业总产值在长三角所占比重分别为：0.48%、0.52%、0.62%、0.75% 和 0.94%，继续保持稳定增长的态势，累计增幅为 0.46 个百分点。全市工业在 2009 年一季度延续 2008 年的不景气状况，生产逐月下滑，进入 2009 年二季度以后，生产形势明显好转，工业总产值增幅开始逐渐回升。2009 年完成工业总产值1 314.27亿元，增长 30.3%。

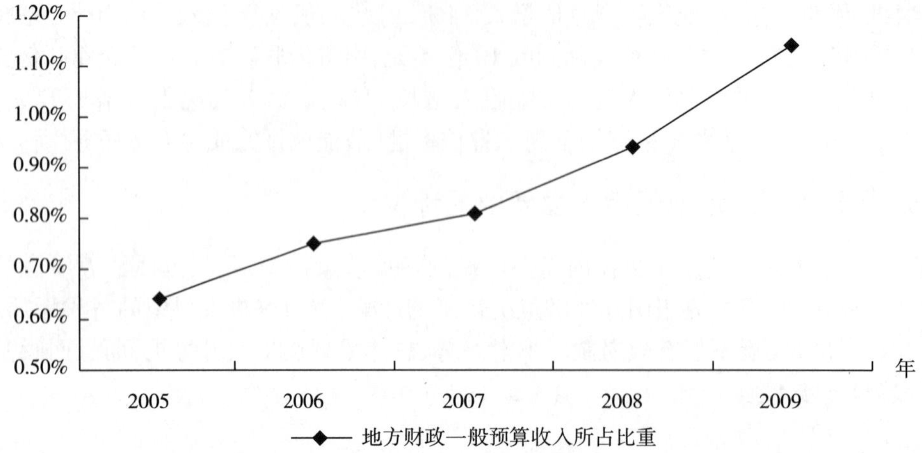

图 2－99　2005－2009 年连云港市地方财政一般预算收入在长三角所占比重的变化趋势

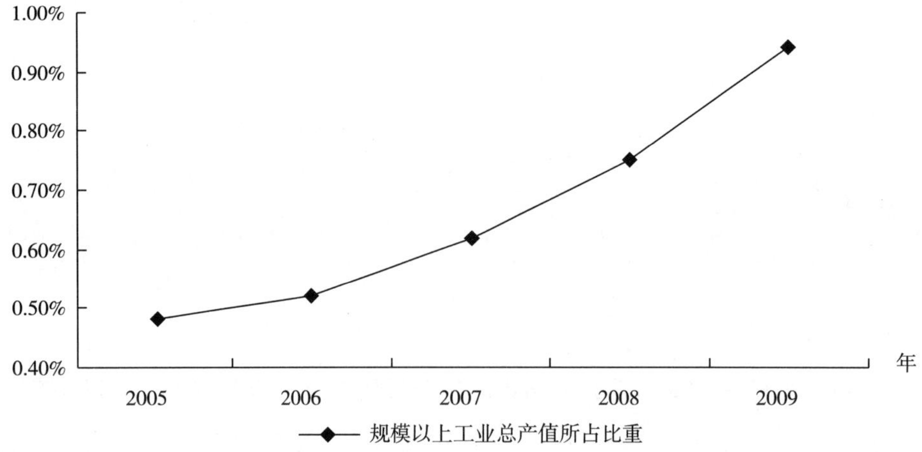

图 2－100　2005－2009 年连云港市规模以上工业总产值在长三角所占比重的变化趋势

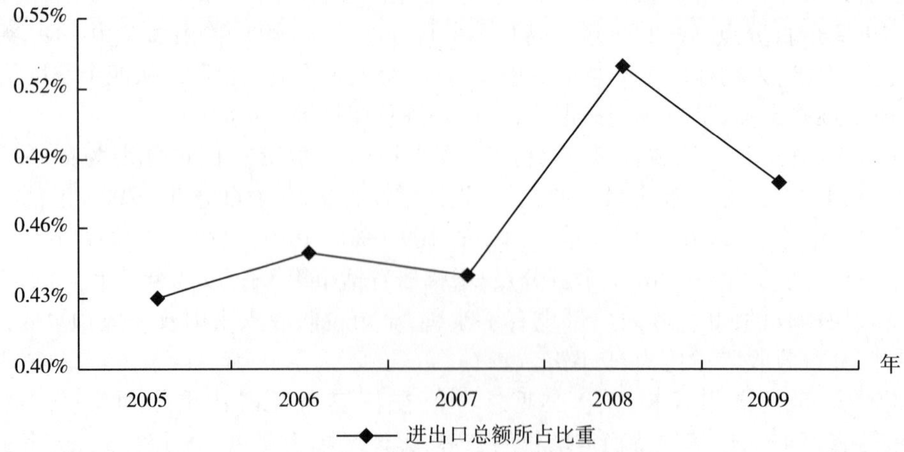

图 2－101　2005－2009 年连云港市进出口总额在长三角所占比重的变化趋势

2005－2009 年连云港市进出口总额在长三角所占比重分别为:0. 43%、0. 45%、0. 44%、0. 53%和0. 48%,在2008 年较大幅度增长后,2009 年下降了0. 05 个百分点。由于世界性金融危机影响,海外市场需求缩减,外贸定单情况不佳,连云港市贸易出口额大幅下跌,2009 年初的出口跌到历史低点;7 月份开始触底反弹,外贸降幅逐月收窄。2009 年进出口总额38. 57 亿美元,下降13. 3%;其中出口19. 5 亿美元,下降14. 9%。为刺激外贸行业回暖,连云港市研究出台《连云港市促进外经贸稳定发展意见》,建立连云港外经贸协调联席会议制度,形成部门联动协调机制。重点扶持30 家外经贸企业和100 家出口增长企业,在货物通关环节、检验检疫环节、出口退税环节等为企业提供优质便捷服务。此外,汽车、船舶、高新电子、重要工业装备和新能源产业等五个机电产品出口基地及硅材料和新医药两个科技兴贸创新基地形成规模效应,刺激出口回升。

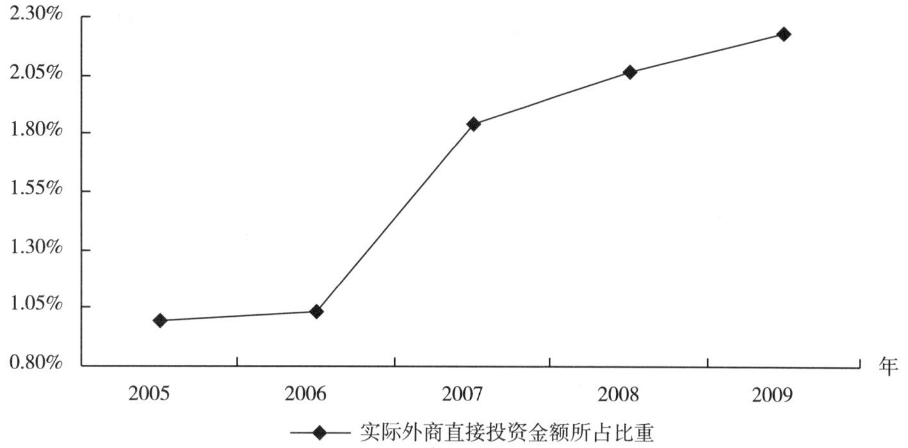

图2－102　2005－2009 年连云港市实际外商直接投资金额在长三角所占比重的变化趋势

2005－2009 年连云港市实际外商直接投资金额在长三角所占比重分别为0. 99%、1. 03%、1. 84%、2. 07%和2. 23%,继续保持稳定增加的态势,累计增幅为0. 24 个百分点。尽管遭遇严重的国际金融危机,外商依然看好连云港市的投资环境,在连投资热情有增无减。1－5 月份,全市外商投资企业发展速度减缓,效益下滑。从6 月份开始,外商投资企业发展有明显企稳回升趋势,特别是第三季度以后,全市外商投资企业发展总体形势向好,新设外商投资企业的数量和投资总额实现"双增长"。全市新增外商投资企业有三个明显特点:首先是外资在连云港市的投资比重继续扩大,独资企业这一组织形式仍较受外商青睐。其次,制造业仍然占主导地位,第三产业增速明显加快。第三,全市外商投资企业的投资商多数来自亚洲地区,欧美国家投资商数量也出现了一定增长。

八　淮安市2009年经济社会发展报告

2009年,淮安市市人民在市委、市政府的正确领导下,积极应对国际金融危机带来的严峻挑战,坚持以科学发展观为统领,全面落实中央和省委省政府保增长保民生保稳定的各项决策部署,强力推进“五大建设”,经济保持较快增长,社会事业加快发展,圆满完成了年初确定的各项目标任务。

一、2009年淮安市经济发展概况

(一)综合经济

1. 经济发展再上新台阶

2009年全市地区生产总值达到1 121.75亿元,按可比价计算,比2008年增长14.2%。其中,第一产业增加值170.97亿元,增长4.8%;第二产业增加值541.48亿元,增长16.5%;第三产业增加值409.30亿元,增长15.8%。按常住人口计算,全市人均地区生产总值2.33万元,比2008年增长14.7%。经济结构进一步优化,三次产业增加值比例由上年的16.1:47.6:36.3调整为15.2:48.3:36.5。

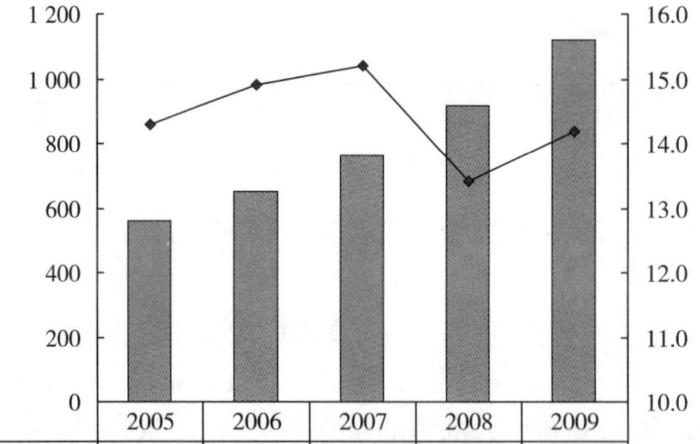

	2005	2006	2007	2008	2009
地区生产总值(亿元)	561.81	651.06	765.23	915.83	1 121.75
增幅(%)	14.3	14.9	15.2	13.4	14.2

图2-103　2005-2009年淮安市地区生产总值及增长速度

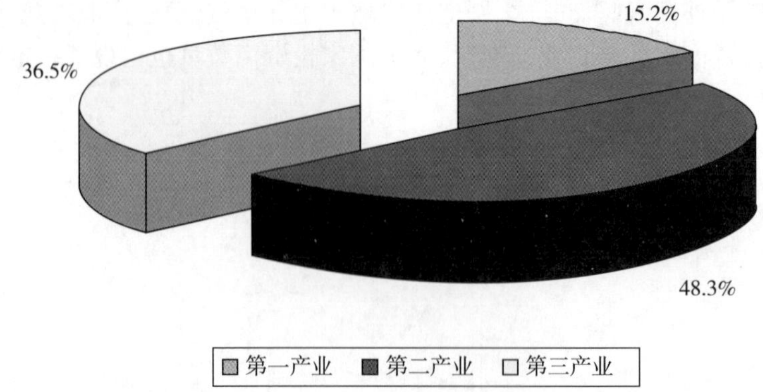

图2-104　2009年淮安市三次产业结构图

2. 财政收入较快增长

2009年财政总收入213.55亿元,比2008年增长25.2%。其中,上划中央收入85.7亿元,增长13.4%;一般预算收入96.45亿元,增长35.2%;社保基金收入27.30亿元,增长44.5%。财政支出结构优化。2009年财政总支出178.30亿元,比2008年增长31.2%。其中,一般预算支出147.71亿元,增长29.6%;社保基金支出25.43亿元,增长37.4%。在一般预算支出中,一般公共服务支出24.72亿元,增长25%;公共安全支出9.42亿元,增长17.8%;教育支出26.78亿元,增长16.2%;社会保障和就业支出15.48亿元,增长27.6%;医疗卫生支出9.02亿元,增长42.1%;城乡社区事务支出17.8亿元,增长49.3%;农林水事务支出19.54亿元,增长39.2%。

3. 物价总水平稳中略降

2009年城市居民消费价格比上年下降0.9%。食品类价格上涨2.9%,其中粮食上涨10.4%、油脂类下降22.0%、水产品下降8.4%、鲜菜上涨37.3%;烟酒及用品类价格上涨2.2%;衣着类价格下降5.4%;家庭设备用品及维修服务类价格下降1.3%;医疗保健及个人用品类价格下降2.8%;交通和通信类价格下降2.6%;娱乐教育文化用品及服务类价格下降2.1%;居住类价格下降4.2%。

4. 固定资产投资较快增长

2009年完成500万元以上项目固定资产投资745.58亿元,比2008年增长32.4%。其中,城镇投资682.95亿元,比2008年增长31.8%,城镇投资中房地产开发投资182.15亿元,增长31.6%;农村投资62.64亿元,增长39.0%。按产业分,第一产业投资14.19亿元,增长37.8%;第二产业投资366.22亿元,增长30.1%,其中工业投资360.12亿元,增长33.1%;第三产业投资365.18亿元,增长34.6%。

基础设施建设加快推进。交通基础设施建设完成投资45亿元,公、铁、水、空基础设施建设全面推进,综合性交通运输体系逐步完善。建成涟水机场主体工程和城南汽车客运站,盐河航道整治工程提前开工建设;205国道、325省道等干线公路建设加快推进;宿淮铁路完成前期拆迁并开工建设,淮扬镇铁路、淮连铁路前期工作稳步推进。

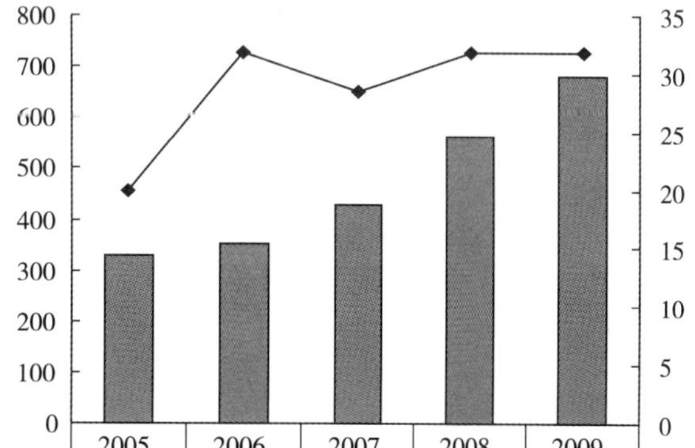

	2005	2006	2007	2008	2009
固定资产投资总额(单位:亿元)	330.73	353.74	427.22	563.25	682.95
增幅(%)	20	31.8	28.4	31.8	31.8

图2-105　2005-2009年淮安市全社会固定资产投资及增长幅度

5. 区县经济

淮安市区、涟水县、洪泽县、盱眙县和金湖县地区生产总值占全市的比重分别为:61.12%、11.94%、8.01%、11.51%和7.42%。

涟水县全年完成地区生产总值133.97亿元,城镇固定资产投资71.66亿元,社会消费品零售总额38亿元,同比分别增长17.7%、31.1%和19.5%;实现财政收入16亿元,其中地方一般预算收入7.6亿元,同比分别增长37.5%和50%;三次产业比重调整为26.2:44.6:29.2。

洪泽县全年实现地区生产总值89.86亿元,增长19.3%;财政收入14.72亿元,其中地方一般预算收入7.52亿元,分别增长46.6%和75%,一般预算收入增幅跃居全省第一;全社会固定资产投资88亿元,增长28.5%;城镇居民人均可支配收入14 600元,农民人均纯收入7 010元,分别增长14.1%和13.1%。

盱眙县人均地区生产总值2.3万元,增长34.2%;财政收入14.85亿元,增长45%;地方一般预算收入8.8亿元,增长49.1%;全社会固定资产投资180亿元,增长38.1%;城镇居民人均可支配收入14 958元,增长14.7%;农民人均现金收入6 520元,增长12.9%;实际到账外资6 300万美元,增长25.8%。成功实现"两突破,一达到":人均GDP突破3 000美元、城镇居民人均可支配收入突破2 000美元、农民人均现金收入基本达到1 000美元。

金湖县全年实现地区生产总值83.21亿元,同比增长17.0%;完成财政收入11.4亿元(不含土地出让金)、地方一般预算收入5.5亿元,同比分别增长35.8%、37.5%;全社会固定资产投资75.3亿元,同比增长39.0%;实现城镇居民人均可支配收入1.5万元、农民人均纯收入7 000元,同比分别增长13.6%、14.5%;单位生产总值能耗同比下降4.4%;COD、SO_2排放量分别削减3.0%、1.0%。

表2-25　2009年淮安市县区主要经济指标

县市	生产总值(亿元)	工业总产值(亿元)	城镇固定资产投资(亿元)	地方财政一般预算收入(亿元)	出口(亿美元)	社会消费品零售总额(亿元)
淮安市区	685.61	972.26	416.25	67.01	8.08	249.21
涟水县	133.97	193.98	71.66	7.61	0.82	38.00
洪泽县	89.86	148.80	48.45	7.52	0.32	35.72
盱眙县	129.10	165.04	103.81	8.81	0.37	38.40
金湖县	83.21	141.82	42.78	5.50	0.82	33.43

(二)农林牧渔业

农业生产形势较好。粮食连续六年丰收,全年粮食总产量440.70万吨,比2008年增加15.96万吨,增长3.8%。其中夏粮170.76万吨,增长3.8%;秋粮269.94万吨,增长3.7%。农作物种植结构有所调整。全年粮食播种面积966.86万亩,比2008年增加15.61万亩;棉花面积为0.75万亩,减少0.21万亩;油料面积60.22万亩,增加0.1万亩;蔬菜面积119.61万亩,增加5.82万亩。林牧渔业稳定发展。2009年完成造林面积13.58万亩,年末实有林地面积312.37万亩,比2008年增长4.3%。全年肉类总产量28.10万吨,比2008年增长7.1%,其中猪牛羊肉产量18.62万吨,增长5.4%;禽肉产量8.62万吨,增长5.7%。禽蛋总产量12.01万吨,下降0.5%。牛奶总产量4.38万吨,下降2.2%。2009年水产品总产量24.71万吨,下降5.1%。全市农田有效灌溉面积456.15万亩,新增节水灌溉面积18.69万亩。2009年末全市农业机械总动力371.91万千瓦,比2008年末增长6.9%。

水利建设稳步推进。全年完成水利建设投资11.58亿元。南水北调淮阴三站、里运河清淤等水利工程顺利完成。疏浚县乡河道313条,整治392个村的1 829个村庄河塘,实施渠南5期等6个灌区项目,兴建防渗渠道174公里,新建及改造机电泵站163座。开工建设西郊泵站、运河泵站改造以及越河泵站拆建等工程。

（三）工业和建筑业

工业生产持续增长。规模以上工业企业完成增加值414.54亿元，比2008年增长16.9%。在规模以上工业中，国有工业增加值59.10亿元，增长4.9%；集体工业增加值9.84亿元，增长17.9%；股份制工业增加值233.23亿元，增长18.0%；外商港澳台投资工业增加值61.17亿元，增长19.0%。大中型工业企业实现增加值196.28亿元，增长7.4%。2009年工业用电71.28亿千瓦时，比上年增长4.1%。

企业效益逐步回升。全市规模以上工业企业实现产品销售收入1 588.21亿元，比2008年增长25.7%；实现利税171.97亿元，增长25.6%，其中利润74.42亿元，增长27.4%。企业亏损面9.2%，比上年下降8.0个百分点；亏损企业亏损额2.72亿元，下降79.5%。工业经济效益综合指数245.27，比2008年提高16.3个百分点。

建筑业稳定发展。全市总承包、专业承包建筑业企业实现建筑业产值474.86亿元，比2008年增长22.9%。其中，建筑工程产值455.64亿元，增长23.4%；安装工程产值17.21亿元，增长8.8%。房屋建筑施工面积5 531.63万平方米，比上年增长15.7%；房屋建筑竣工面积2 421.69万平方米，下降9.5%。

（四）服务业

1. 国内贸易

消费品市场保持较快增长。全年实现社会消费品零售总额394.75亿元，比2008年增长19.1%。分城乡看，城市消费品零售额254.35亿元，增长19.1%；县及县以下消费品零售额145.54亿元，增长19.0%。分行业看，批发零售贸易业零售额338.86亿元，增长18.5%；住宿餐饮业零售额55.89亿元，增长22.4%；其他行业零售额5.14亿元，增长23.4%。全年限额以上批发零售贸易企业实现汽车类零售额6.45亿元，比上年增长82.7%；粮油类、肉禽蛋类零售额分别增长46.8%、58.5%。

全市有成交额超亿元的大型骨干市场16家，实现成交额88.07亿元。

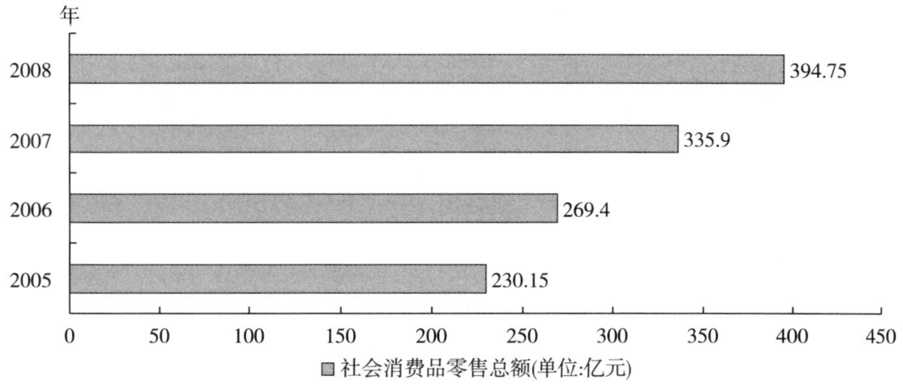

图2-106　2005-2009年淮安市社会消费品零售总额

2. 交通、邮电业

交通运输业稳步发展。2009年完成公路客运量8 210万人次、公路货运量4 842万吨、水路货运量2 821万吨，同口径分别比上年增长7.51%、7.98%和6.61%；客运周转量52.43亿人公里、货运周转量123.76亿吨公里,同口径分别比上年增长8.03%和7.54%;港口货物吞吐量3 850万吨,增长2.8%。2009市年末公路总里程11 231公里,比2008年增加167公里。其中,高速公路里程380公里。全市年末拥有民用汽车12.31万辆,其中私人汽车8.04万辆,分别比上年增长7.3%和5.0%。加快发展物流市场,引进佳吉快运、华通行物流等龙头物流企业,宝洁公司、青岛海尔、双汇集团、格力电器等大型企业在淮设立分公司或仓储中心。进一步深化与连云港港、江阴港、扬州港、太仓港的合作机制,淮安港内河集装箱运输吞吐量达到3.4万标箱。成立淮安市水上搜救中心,组建全省首支专业化水上交通应急救援队,加快推进市公路养护应急处置中心及2个基地建设。

邮电通信业稳定增长。2009年邮电业务收入19.26亿元,比2008年增长4.5%。其中,电信业务收入17.25亿元,增长3.7%;邮政业务收入2.01亿元,增长12.1%。全市年末固定电话(含小灵通)用户142.01万户,比2008年增长6.4%;年末移动电话用户170.12万户,比2008年增长27.9%;年末互联网注册用户28.56万户,增长36.2%,其中宽带网接入用户27.83万户,增长37.6%。

3. 旅游业

旅游业稳定发展。2009年接待国内外旅游者1 012.63万人次,比2008年增长18.1%,其中,国内接待1 010万人次,增长18.2%;入境游客26 264人,下降0.6%。实现国内旅游收入100亿元,比上年增长28.2%;实现旅游外汇收入2 090万美元,增长0.6%。市博物馆、盱眙第一山创成国家4A级景区。

4. 金融和保险业

2009年交通银行进驻淮安市,苏南6家农村商业银行在县(区)设点,江苏银行实现县域全覆盖。市属融资平台实际到账资金71.4亿元,其中成功发行15亿元企业债券。

金融业稳定运行。全市金融机构2009年末本外币存款余额942.33亿元,比2008年末增加240.73亿元,增长34.3%,其中居民储蓄存款余额486.86亿元,增加84.57亿元,增长21.0%。本外币贷款余额673.24亿元,比2008年末增加209.05亿元,增长45.0%。2009年金融机构现金收入2 415.56亿元,比2008年增长10.7%;现金支出2 359.62亿元,增长11.3%。

保险业稳步发展。2009年保险公司保费收入24.88亿元,比2008年增长13.0%。其中,财产险保费收入6.54亿元,增长34.6%;寿险收入16.85亿元,增长7.2%;健康险和意外伤害险收入1.49亿元,增长3.4%。2009年保险赔款和给付支出7.9亿元,其中财产险3.79亿元,寿险3.48亿元,健康险和意外伤害险0.63亿元。

5. 房地产业

商品房市场销售快速增长。全年商品房销售面积531.34万平方米,比2008年增长101.3%;其中住宅销售面积473.51万平方米,增长99.8%。商品房销售额154.81亿元,比2008年增长119.7%;其中住宅销售额132.93亿元,增长120.8%。

(五)开放型经济

1. 对外开放成效显著

积极开展系列招商活动,成功举办第八届中国淮扬菜美食文化节暨第四届台商论坛。新批外资项目164个,总投资20.8亿美元,协议注册外资13.1亿美元。全市注册外资实际到帐6.1亿美元,比2008年增长35.1%,其中,注册台资实际到帐3.55亿美元,增长83.9%。进出口总额21.4亿美元,比2008年增长20.1%,其中海关直接进出口14.45亿美元,下降18.8%;8家省级开发区业务总收入1 610.3亿元,新增基础设施投入53.1亿元。

2. 境外投资迈出新步伐

全年外经营业额2.39亿美元,比2008年增长15.3%。继金湖石油机械成功收购美国WDI公司股份之后,落户市开发区的世洋锌科技出资200万美元收购韩国清云能源科技20%股份,成为我

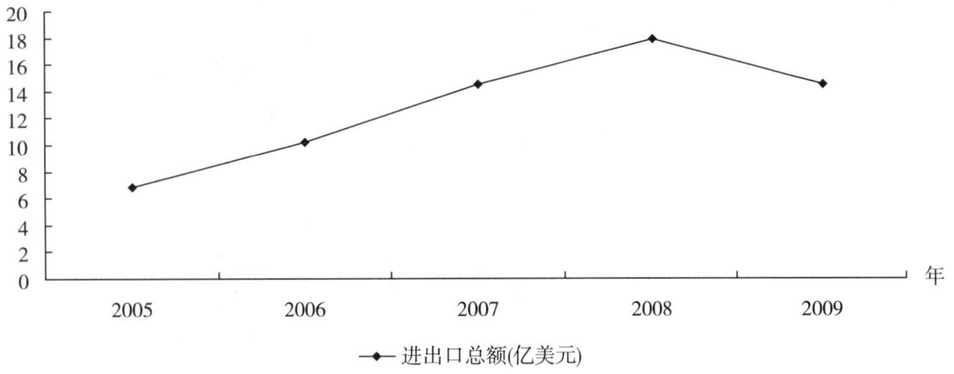

图 2 –107　2005 –2009 年淮安市外贸进出口总额

市第二家运用跨国并购方式进行境外投资的企业。

3. 服务外包工作成效突出

签约引进阿里巴巴、搜狐、微软等一批知名外包企业,促成市开发区创建成为省级国际服务外包示范区。

4. 特色园区发展较快

创建江苏楚州精密机械配件产业园、江苏金湖汽摩配产业园、江苏涟水高档服饰产业园、江苏淮安盐碱科技产业园等 4 家省级特色产业园区。留学人员创业园获批国家高新技术创业服务中心,淮安工业园区和盐化工新区基础设施加快推进,海关"区港联动"便捷通关模式正式启动。江苏省石油机械产品出口基地正式获批,成为苏北首家、全省唯一的省级机电产品出口基地。新引进5 000万元以上内资项目 261 个,固定资产实际到位 244 亿元;新批外资项目 164 个,协议注册外资 13. 1 亿美元,实际到账 6. 1 亿美元,其中台资占比达 58% ,我市已成为江北知名台资企业集聚最多的地区。积极扩大外贸出口,实现进出口总额 21. 4 亿美元,其中出口 14. 7 亿美元;出口加工区成功拓展保税物流功能,进入全国出口加工区前二十位,名列全省第五、江北第一。园区功能不断完善。8 个省级开发区新增基础设施投入 54. 3 亿元,实现业务总收入1 653亿元,成功创建 5 个省级特色产业园区。留学人员创业园获批国家高新技术创业服务中心,淮安工业园区和盐化工新区基础设施加快推进,海关"区港联动"便捷通关模式正式启动。

二、2009 年淮安市社会发展概况

(一)人口、人民生活

人口总量有所下降。2009 年末全市户籍总人口 534. 16 万人,比 2008 年减少 2. 75 万人,下降 0. 5% ;全年出生 6. 58 万人,死亡 5. 44 万人。

居民生活水平稳步提高。2009 年城镇居民人均可支配收入15 646元,比 2008 年增长 11. 7% ;人均消费性支出10 642元,增长 17. 5% 。农民人均纯收入6 308元,比 2008 年增长 11. 5% ;人均生活消费支出4 292元,增长 13. 3% 。在岗职工平均工资28 175元,增长 17. 4% 。居民住房条件继续改善,城市居民人均住房面积 33. 84 平方米,农村居民人均住房面积 33. 85 平方米。

(二)就业、社会保障

就业形势保持稳定。全市实现城镇新增就业 9. 2 万人,下岗失业人员再就业 3. 01 万人,就业困

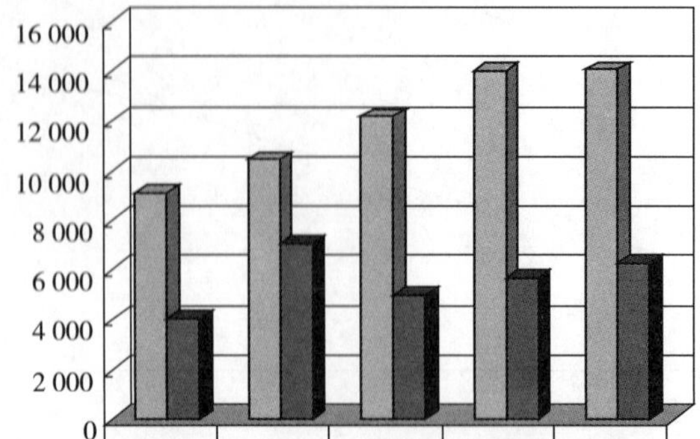

	2005	2006	2007	2008	2009
城市居民人均可支配收入(元)	9 115	10 447	12 164	14 007	14 050
农民人均纯收入(元)	4 024	7 077	5 010	5 657	6 308

图 2－108　2004－2008 年淮安市城乡居民收入对比一览

难人员再就业7 337人。城镇登记失业率为 3.03%。新增农村劳动力转移 8.32 万人,农村劳动力培训 7.25 万人。

社会保障体系不断完善。全市参加企业养老保险职工人数达 49.83 万人,比 2008 年增加 4.01 万人。其中,乡镇企业职工参保 4.39 万人,农民工参保 4.61 万人,个体灵活就业人员参保 20.87 万人。全市参加城镇职工基本医疗保险、工伤保险、生育保险、失业保险人数分别达 59.56 万人、32.33 万人、26.66 万人、45.28 万人,比 2008 年同期分别增加 3.76 万人、3.31 万人、2.88 万人、2.17 万人。城镇居民基本医疗保险参保人数达 61.88 万人。全市共支付 12.93 万名企业离退休人员养老金 16.39 亿元,确保了企业离退休人员养老金按时足额 100% 社会化发放。全市共有 12.78 万名企业退休人员纳入社区管理,社区管理率达 99.8%。全市累计接收企业退休人员档案 12.74 万份,档案接收率为 99.6%。全市为纳入社区管理退休人员进行免费体检,免费体检率为 100%。城乡低保、廉租房补贴、农村五保户供养全部实现提标扩面。投入 3.6 亿元帮助 16 万人脱贫,省定经济薄弱村村平收入达 4.6 万元。发放尊老金 1896 万元;6.6 万名市区 65 周岁以上老人免费乘坐公交车;建成廉租房 904 套,建设经济适用房5 268套;市综合性社会福利中心、妇女儿童活动中心建设全面启动。

(三)科学技术和教育

1. 科技创新支撑作用不断凸显

成功举办 2009 淮安科技洽谈会活动,签约实施产学研合作项目 448 项。新获批建设省级重大研发机构 1 家、省级企业院士工作站 4 家、省级工程技术研究中心 3 家、市级工程技术研究中心 17 家;新获批省级科技企业孵化器 5 个,市高新技术创新中心成功获得国家级创新中心认定。组织实施国家级各类科技计划项目 23 项、省级各类科技计划项目 99 项,其中国家科技型中小企业创新基金项目 11 项、国家农业科技成果转化资金项目 2 项、省重大科技成果转化资金项目 4 项。全市实现高新技术产业产值 245.83 亿元,比 2008 年增长 74.83%,占规模以上工业总产值 15.4%,比 2008 年提高 4.2 个百分点;新通过认定高新技术企业 52 家(其中国家重点高新技术企业 2 家、省高新技术企业 10 家),新通过认定高新技术产品 69 个(其中省级 23 个)。2009 年完成专利申请3 449件,比 2008 年增长 26.5%,其中发明专利申请 422 件,增长 27.9%;完成专利授权1 011件,增长 127.2%。金湖石油机械产业正式获批国家火炬计划特色产业基地。

2. 教育事业取得新进展

全市共有各级各类学校 986 所,在校生 97.4 万人,教职工 6 万人。其中,各类成规模幼儿园 271

所,在园幼儿15.2万人;小学455所,在校生30.6万人;初中160所,在校生20.7万人;普通高中44所,在校生11.4万人;中等职业学校43所,在校生11.3万人;特殊教育学校7所,在校生0.2万人;普通本科院校2所,高等职业技术学院4所,在校生共计7.9万人。初步形成了从低到高、相互衔接、门类齐全、较为完备的教育体系。全市学前教育毛入园率94.15%;九年义务教育巩固率99.99%;初中毕业生升学率97.26%;残疾儿童接受义务教育率38.8%。新增3所三星级普通高中、4所四星级中等职业学校。

(四)文化、卫生和体育

1. 文化、广电事业繁荣发展

2009年成功承办了"梅香淮安"——"江苏省优秀新剧目评比展演"和"第四届江苏省戏剧奖红梅奖"决赛。小戏《回娘家》、淮海戏《老县长的第二春》、淮剧《韩信》分别荣获全国、全省优秀剧目一等奖,30集电视剧《大将军韩信》拍摄完成;中国南北地理分界线标志园、中国淮扬菜博物馆等建成开放;基本完成主城区有线数字电视整体转换;市博物馆、苏皖边区政府旧址纪念馆成功申报国家4A、3A级景区。实现了乡镇文化站全达标、农家书屋全覆盖、有线电视"村村通";完成大运河(淮安段)遗产保护规划。年末全市共有剧场(影剧院)8个、公共图书馆8个、博物馆10个、广播电台7座、电视台7座、转播发射台6座;广播综合人口覆盖率和电视综合人口覆盖率均达100%;有线电视总户数达到79万户,比上年增长28.8%。乡镇文化站、农家书屋等工程均超额完成任务。

2. 卫生事业稳步发展

城市社区卫生机构标准化普及率达96%,新型农村合作医疗覆盖率达99.9%,建成百万农民"15分钟健康就医圈",甲型H1N1流感和手足口病防控工作得到加强。市一院成功创成"三甲医院"。全市共有各类卫生机构(不含村卫生室)603个,其中:疾病预防控制机构9个,卫生监督机构9个,综合医院31个,专科医院8个,中医院7个,中西医结合医院1个,妇幼卫生保健机构6个,卫生院137个。各类卫生机构实有病床12 071张,其中医院8 406张、卫生院3 406张;卫生技术人员(含村医生)2.1万人,其中执业(助理)医师5 817人,注册护士5 649人;疾病预防控制机构卫生技术人员315人,卫生监督机构卫生技术人员192人,妇幼卫生保健机构卫生技术人员226人。新建23个市级示范社区卫生服务中心、123个标准化卫生服务站。

3. 体育事业加快发展

开创性地实施了大学生村干部社会体育指导员工程。组织全民健身日活动,举办了400多项次内容丰富、形式多样的全民健身活动和比赛,有200多万人次参加。淮安籍运动员参加全国第十一届运动会,获得金牌1枚、银牌2枚、铜牌2枚,总分260分。组队参加省青少年比赛,获得金牌39.5枚。举办了国际比赛2次、全国比赛6次、省级比赛6次、市级比赛近30次。启动新体育中心建设,完成游泳馆扩建工程。体育彩票实现销售2.38亿元。成功获得第十八届省运会承办权。

(五)城乡建设

城市承载力进一步增强。坚持规划引领,完成新一轮城市总体规划、土地利用总体规划修编。投入261.2亿元,实施515个重点建设项目,中心城市基础设施覆盖面达157平方公里,建成区面积110平方公里,人口增加到110万,城市化率达43%。越河路、枚皋中路、人防051工程等顺利完成,万达广场、新亚国际购物广场等快速推进,生态新城启动建设。组织实施了淮海东路改造、淮海南路美化亮化等工程,免费开放中央(钵池山)公园,建成古黄河生态园,新增公共绿地240万平方米。

城市建设项目进展顺利。全年完成城建投资261亿元,实施了七大类515个项目,已竣工或工程主体基本完成项目328个。建成了天津路大运河桥、越河路、枚皋中路、人防051工程、市法院大楼、鼎立大酒店、国信大酒店、中鑫商务广场、淮州中学新校区等项目,快速推进万达广场、新亚国际购物广场等项目,加快建设淮海中心商业区、水渡口中央商务区,以及清河新区、楚州新区、清浦城南新区、市经济开发区新区等功能片区,集聚效应日益增强,城市功能逐步提升。

人居环境进一步改善。创新物业管理体制,不断构建和谐社区,我市物业管理与社区服务项目被国家住建部授予"中国人居环境范例奖"。探索建立共有产权住房保障模式,解决了一批中低收入群众住房问题。着力打造最佳人居环境,提升淮安美誉度和知名度,亿力未来城、康居花园保障性住房两个项目被纳入国家康居示范工程;我市与厦门、杭州、大连等一起被台湾居民评为"中国大陆最想居住的十大城市之一"。

特色城市化进程加快。紧紧围绕建设苏北重要中心城市的战略定位,以"构筑大交通、培育大产业、发展大流通、繁荣大文化、开发大旅游"为抓手,全力加快中心城市建设步伐,"历史古城、文化名城、生态水城"的城市特色进一步彰显。城市化水平不断提高,年末城市化水平43.1%,比2008年提高1.7个百分点。中心城市建成区面积扩大到110平方公里,新增公共绿地240万平方米。人口突破110万。和谐城管效应进一步放大,国家环保模范城市顺利通过验收,中心城区物业管理与社区服务荣获中国人居环境范例奖。

农村改革深入推进,组建土地股份合作社53个,农民专业合作组织达3 675个,新建供销连锁网点4 338个,小麦托市收购19.6亿斤,农村小额贷款公司试点全面推开,农业保险提档扩面。解决56万农村居民饮水不安全问题;完成农村改厕11.8万座。

(六)环境保护和资源节约

环境保护工作取得新进展。全市环境质量综合指数89.9%;市区空气质量优良天数为333天,优良率91.2%;城市水域功能区水质优良率81.6%,集中式饮用水源地水质达标率99.7%;城市区域环境噪声平均等效声值为54.4分贝,属良好等级;工业固体废弃物综合利用率在96%以上,主要危险废物安全处置率在90%以上;化学需氧量和二氧化硫排放量分别比上年削减2 002吨和4 251吨。2009年共受理各类环境信访案件1 384起,调处率和结案率达到98%。审批环评文件1 300多件,对997家企业环境行为进行等级评定。2009年帮助企业向上争取各类环境专项资金达1.09亿元,为环境污染治理工作提供了资金保障。

科技创新和节能减排成效明显,高新技术产业产值增长46.3%,单位生产总值能耗下降4.5%。2009年规模以上工业单位增加值能耗下降10.28%比2008年多下降0.74个百分点,创"十一五"前四年最好水平。

三、挑战与目标

在成绩面前应该清醒地认识到存在的困难和问题,主要是:生产要素制约严重,少数重大项目进展不快;列统企业数量较少,县域经济发展较慢;城市化水平不高,功能配套不够完善,集聚和辐射能力有待增强;财政增收压力加大,收入质量和结构有待优化;少数群众生活困难,社会保障水平有待提高;影响社会安定的因素仍然存在;少数部门市场意识淡薄,动手操作能力亟待加强。对此,应高度重视并采取有效措施加以解决。

2010年国民经济和社会发展的主要预期目标是:地区生产总值增长13.5%;财政总收入增长20%,其中地方一般预算收入增长25%;全社会固定资产投资增长35%;社会消费品零售总额增长18%;外贸进出口总额增长20%,注册外资实际到账增长25%;城镇居民人均可支配收入、农民人均纯收入分别增长12%和10%;居民消费价格指数低于全省平均水平;城镇登记失业率控制在3.5%以内;单位生产总值能耗、化学需氧量、二氧化硫排放量分别完成省定目标。

四、淮安市在长三角地区经济发展中的地位

2009 年淮安市认真贯彻落实科学发展观，积极应对国际金融危机的冲击，紧密围绕“保增长、促发展”的目标开展工作，国民经济运行实现平稳较快发展。2009 年，淮安实现了“三大历史性突破”，即全市地区生产总值突破1 000亿元、人均地区生产总值突破3 000美元、财政总收入突破 200 亿元。不仅如此，淮安市的财政总收入、全社会固定资产投资、城镇居民人均可支配收入、农民人均纯收入等 9 项主要指标，提前一年完成“十一五”发展规划目标。

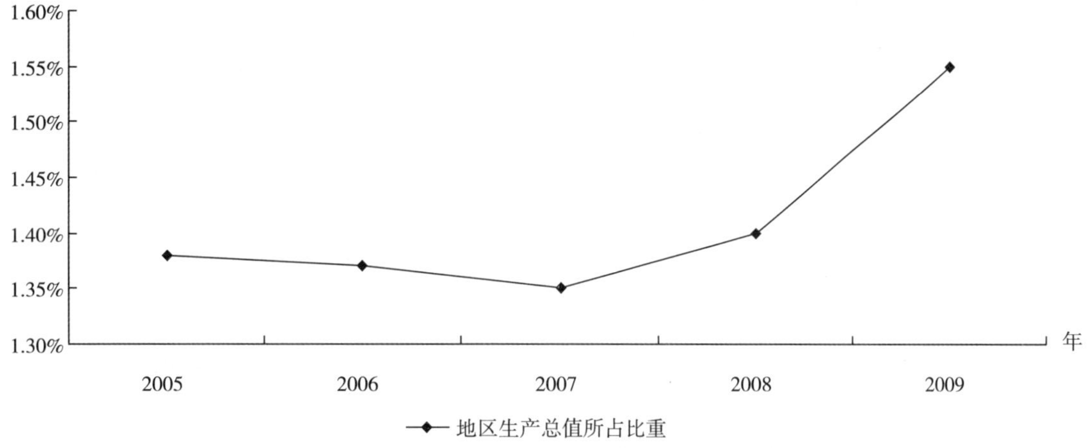

图 2－109　2005－2009 年淮安市地区生产总值在长三角所占比重的变化趋势

2005－2009 年，淮安市地区生产总值在长三角所占比重分别为 1.38%、1.37%、1.35%、1.40% 和 1.55%，在前几年基本稳定的情况下，2008 和 2009 年连续两年出现较大增长，累计增幅为 0.2 个百分点。

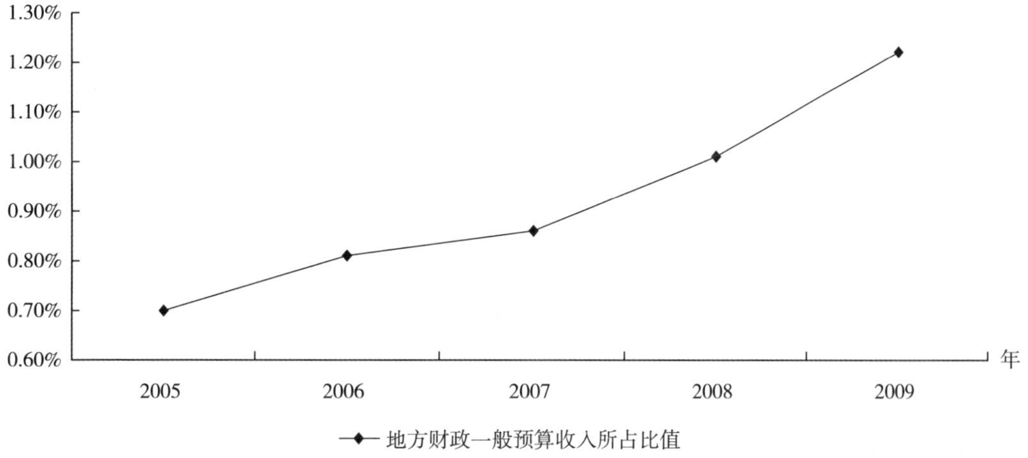

图 2－110　2005－2009 年淮安市地方财政一般预算收入在长三角所占比重的变化趋势

2005－2009 年，淮安市地方财政一般预算收入在长三角所占比重分别为 0.70%、0.81%、0.86%、1.01% 和 1.22%，呈现稳定增长的态势，累计增幅达 0.52 个百分点，相对 2005 年已实现了

较大幅度的跨越。继2008年突破170亿元后,2009年全市财政总收入突破“双百”,达到254.2亿元(含国有土地出让金40.6亿元),同比增收73.2亿元,增长40.5%。其中地方一般预算收入实现96.5亿元,同比增收25.1亿元,增长35.2%。淮安市财政收入提前一年完成“十一五”规划确定的“财政争双百”目标。

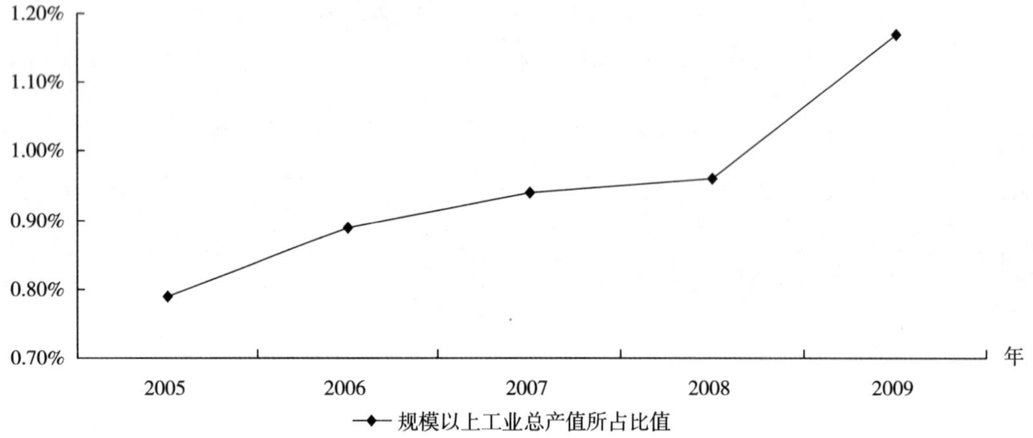

图2-111　2005-2009年淮安市规模以上工业总产值在长三角所占比重的变化趋势

2005-2009年,淮安市规模以上工业总产值在长三角所占比重分别为0.79%、0.89%、0.94%、0.96%和1.17%,呈现逐年增加的趋势,累计增幅为0.38个百分点,其中2009年增幅占累计增幅的一半以上。全市工业经济自2009年一季度以后增速呈现出下行趋势,与年内全国、江苏省工业增速发展趋势相反。为促进工业发展,淮安市于2009年11月颁布了《淮安市工业经济新增长点扶持资金管理办法》,充分发挥工业经济新增长点对加快新型工业化进程的推动作用。

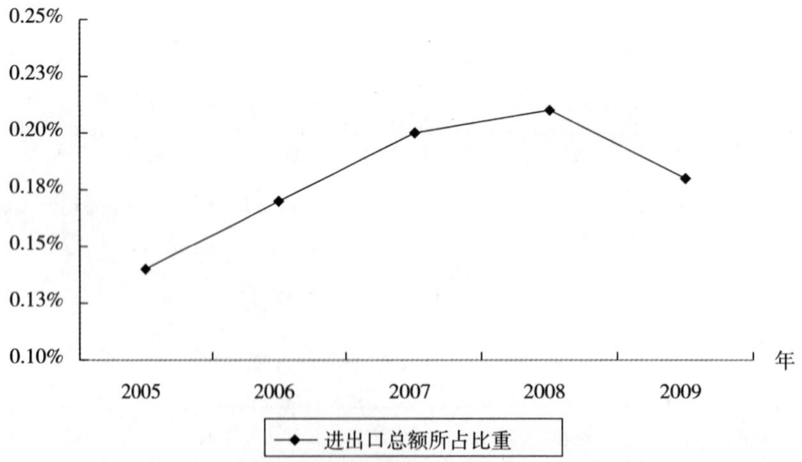

图2-112　2005-2009年淮安市进出口总额在长三角所占比重的变化趋势

2005-2009年,淮安市进出口总额在长三角所占比重分别为0.14%、0.17%、0.20%、0.21%和0.18%,在连续三年稳步增长之后,2009年首次出现小幅下跌。2009年,淮安海关直接进出口总额14.46亿美元,比上年下降18.8%。淮安市对外贸易总额在长三角地区排名相对靠后,中低档日用品出口占比较大。针对不同区域和国别市场受危机影响的梯度差异，淮安市及时捕捉境外市场的需求信息，向受危机冲击较小的中东、非洲、南美等新兴市场辐射，带动全市轻纺、服装、箱包、鞋帽等日用品出口普遍增长；同时采取“量身订做”的出口策略，遏制日、美、欧盟三大主体市场份额下降。

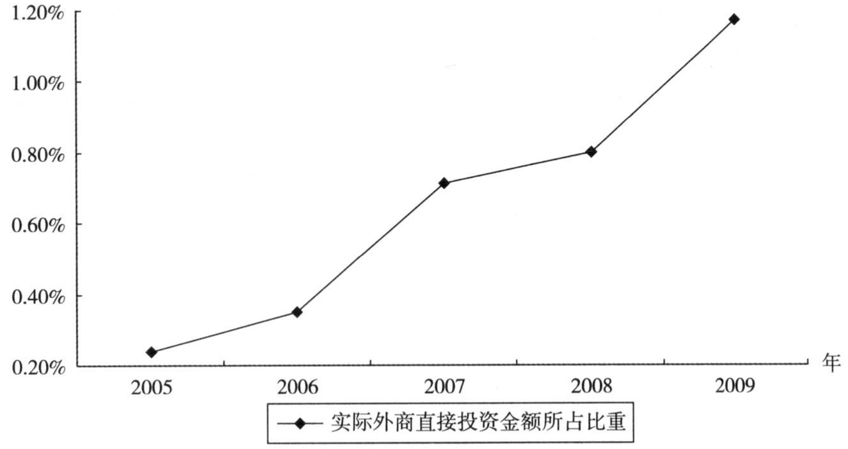

图2－113　2005－2009年淮安市实际外商直接投资金额在长三角所占比重的变化趋势

2005－2009年，淮安市实际外商直接投资金额在长三角所占比重分别为0.24%、0.35%、0.71%、0.80%和1.17%，呈现大幅增加的态势，5年内累计增幅为0.93个百分点，2009年的占比已接近2005年的5倍。2009年，淮安市主攻台资，年初启动“台资大项目突破年”竞赛活动，在无锡、江阴、东莞、深圳、上海及台湾、香港等地举办专题招商及签约活动，开展“百名台商看淮安”、“富士康供应商大会”等重大“请进来”活动，成功签约引进一批台资大项目。全市注册外资实际到帐6.1亿美元，比2008年增长35.1%，增幅列长三角地区第一位，其中，注册台资实际到帐3.55亿美元，增长83.9%。

九　盐城市 2010 年经济社会发展报告

2009 年,在盐城市委、市政府的正确领导下,全市深入贯彻科学发展观,认真落实中央和省应对国际金融危机的一系列决策部署,积极应对国际金融危机带来的严峻挑战和严重困难,统筹做好“保增长保民生保稳定”各项工作,国民经济形势总体回升向好,各项社会事业取得新的进展。

一、2009 年盐城市经济发展概况

(一)综合经济

1. 经济保持较快增长

2009 年全市实现地区生产总值达1 917. 0亿元,按可比价计算比上年增长 13. 4%;其中第一产业实现增加值 330. 4 亿元,增长 4. 0%;第二产业实现增加值 923. 7 亿元,增长 15. 8%;第三产业实现增加值 662. 9 亿元,增长 15. 2%,三次产业比重由 2008 年的 18. 1∶47. 9∶34. 0 调整为 17. 2∶48. 2∶34. 6,二、三产业比重上升了 0. 9 个百分点,人均地区生产总值达25 553元(按 2009 年年均汇率折算为 3 740美元),比上年增长 14. 3%。

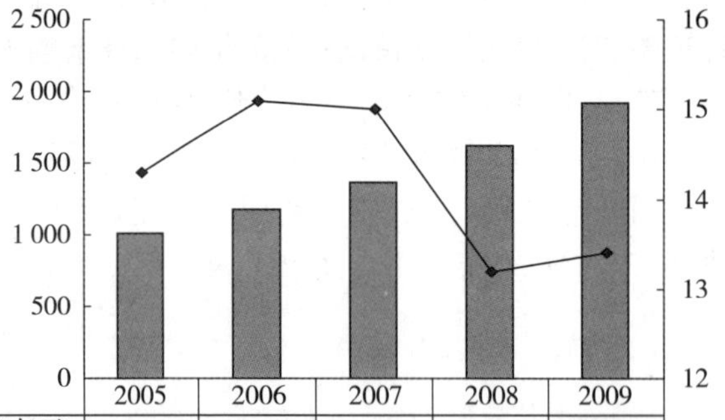

	2005	2006	2007	2008	2009
地区生产总值(亿元)	1 011.36	1 174.26	1 368	1 623	1 917.00
增幅(%)	14.3	15.1	15	13.2	13.4

图 2 –114　2005 –2009 年盐城市地区生产总值及增长速度

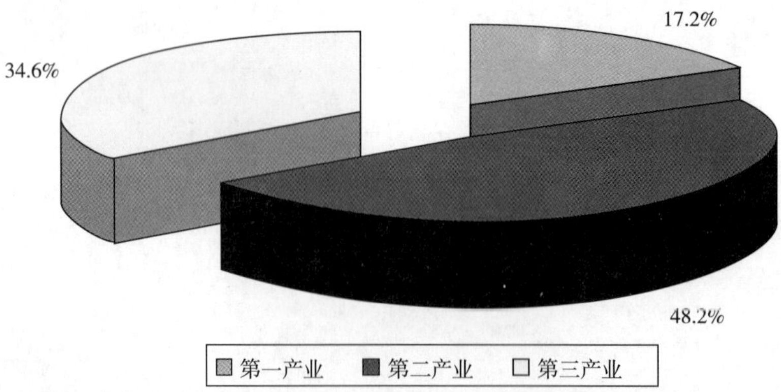

图 2 –115　2009 年盐城市三次产业结构图

全面小康进展顺利。从总体看全面小康社会建设跃上新台阶,2009 年全市全面小康综合得分达 93.3 分,比上年增加 3.3 分。从四大类构成看:生活水平实现程度最好,达到 95.3%,比上年提高 6.0 个百分点;经济发展实现程度达 94.4%,比上年提高 5.5 个百分点;社会发展实现程度达 92.4%,比上年提高 0.7 个百分点;生态环境实现程度达 92.4%,比上年提高 2.0 个百分点。从具体指标看,25 项指标中已有 14 项指标达标。各地全面小康建设均取得较大进展,其中东台、大丰继续走在全市的前列,预计综合得分均突破 96 分。

2. 财政收入再创新高

2009 年,全市实现财政总收入 311.8 亿元,比上年增长 44.3%。其中地方财政一般预算收入 126.8 亿元,比上年增长 40.5%,总收入和一般预算收入增幅均列全省第一。地方财政一般预算支出 199.7 亿元,比上年增长 32.2%。

3. 市场物价小幅下降

2009 年,市区居民消费价格总指数(CPI)为 99%。从八大类看,四升四降。其中烟酒及用品类和家庭设备用品及维修服务类均上涨 0.9%,医疗保健和个人用品类上涨 1.3%,娱乐教育文化用品及服务上涨 4.0%,食品类消费价格下降 1.8%,衣着类下降 1.3%,交通和通讯类下降 1.9%,居住类价格下降 4.4%。全市原材料购进价格下降 2.1%,工业品出厂价格(PPI)下降 1%。其中:轻工业下降 1.1%,重工业下降 0.9%;生产资料价格下降 1.8%,生活资料价格上涨 0.5%。

4. 固定资产投资持续增长

投资保持较快增长。2009 年,全市完成固定资产投资1 500.3亿元,比上年增长 33.9%。其中城镇固定资产投资 857.1 亿元,增长 31.9%;规模以上工业投资 825 亿元,比上年增长 35.1%,接近"十五"工业投资的总和。全市规模以上第一产业完成投资 19.0 亿元,增长 32.7%;第二产业完成投资 826.1 亿元,增长 34.6%;第三产业完成投资 366.0 亿元,增长 27.0%。

重大项目进展顺利。2009 年,全市八大类重点工程完成投资 655 亿元,同比增长近八成。年末全市在建亿元项目 452 个,比上年增加 65 个,完成投资 510.7 亿元,比上年增长 33.0%。其中:江苏华锐风电项目完成投资 8.7 亿元、沿海 3 个风力发电项目共完成投资 16.5 亿元、东台中玻特种玻璃有限公司完成投资 5.5 亿、G204 盐城南、北段共完成投资 11.2 亿元。

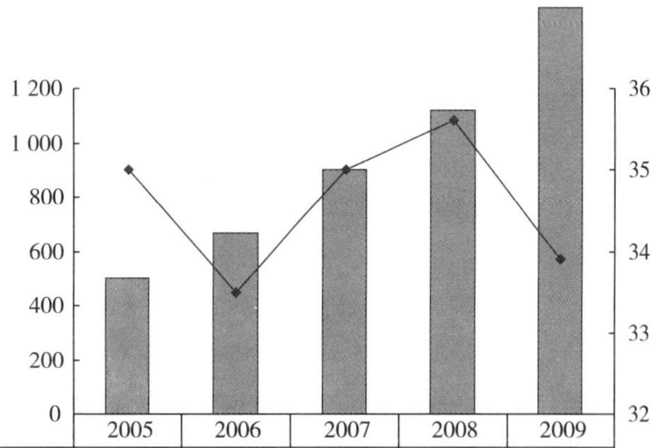

	2005	2006	2007	2008	2009
固定资产投资总额(单位:亿元)	500	667.5	901	1 120	1 500.3
增幅(%)	35	33.5	35	35.6	33.9

图 2-116　2005-2009 年盐城市全社会固定资产投资及增长幅度

5. 区县经济

2009年,盐城市区、响水县、滨海县、阜宁县、射阳县、建湖县、东台市和大丰市地区生产总值在全市的占比分别为:45.55%、9.01%、13.76%、14.35%、17.33%、17.28%、27.03%、20.93%。2009全国县域经济科学发展交流年会公布全国“百强县”排名,盐城市东台、大丰两市继续留在百强县阵营中,东台排名第66名,比去年提高了6名;大丰县排名略降,列98名。江苏省百强县格局正在改变,开始由苏南向苏北“北上”,特别是“区域经济强县统筹发展组团”现象正在逐步形成,东台、大丰成为“苏北组团”的重要力量。

表2-26　2009年盐城市县区主要经济指标

县市	生产总值(亿元)	工业总产值(亿元)	城镇固定资产投资(亿元)	地方财政一般预算收入(亿元)	出口(亿美元)	社会消费品零售总额(亿元)
盐城市区	528.42	968.44	330.79	46.85	8.19	210.93
响水县	104.56	215.61	62.93	6.80	1.93	24.88
滨海县	159.60	229.94	67.76	9.03	0.70	44.43
阜宁县	166.46	274.71	69.77	10.07	0.88	56.63
射阳县	201.07	277.00	61.69	10.01	0.74	69.28
建湖县	200.50	357.41	70.43	13.13	1.49	66.95
东台市	313.63	451.92	97.38	17.66	2.08	102.93
大丰市	242.76	315.35	96.22	13.29	2.63	68.78

(二)农林牧渔业

农业生产稳步发展。农业生产连续六年实现丰收,2009年全市实现农林牧渔业总产值693.8亿元,比上年增长5.4%。其中:农业327.0亿元,增长6.1%;林业16.5亿元,增长4.8%,牧业181.6亿元,增长2.3%;渔业123.8亿元,增长7.9%;农林牧渔服务业44.8亿元,增长7.3%。粮食总产量创建国以来最高纪录,2009年全市粮食总产达622.9万吨,增长3.3%;棉花总产13.6万吨,下降26.1%;油料总产36.0万吨,增长7.0%。肉类总产量72.8万吨,增长15.2%;水产品总产量94.6万吨,增长0.5%。

农业产业化进程加快。2009年,全市拥有农业产业化龙头加工企业996个,比上年增加69个;农民专业合作组织4 097个,比上年增加1 395个。年末拥有农业机械总动力495万千瓦,同比增长3.2%;大中型拖拉机1.27万台,增长14.4%;联合收割机1.25万台,增长31.1%;机械植保作业面积1 750万亩。

扎实开展“高效农业突破年”活动,不断深化农村改革,推进现代农业示范园区、农产品加工集中区和农产品批发市场“三大载体”建设,全市高效农业总面积达431万亩,跨上全省第一的新台阶。其中新增高效农业面积72.2万亩,比年初增长20%;新增设施农业面积22.6万亩,比年初增长27.6%。

(三)工业和建筑业

工业生产稳定增长。2009年,全市实现工业总产值3 143.5亿元,比上年增长22.6%。实现规模以上工业增加值714亿元,比上年增长16.7%。其中轻工业增加值达283.2亿元,增长13.5%;重工业增加值 430.8 亿元，增长 18.9%。规模以上工业实现主营业务收入3 070.6亿元，增长 26.8%；利税总额 268.3 亿元，增长 36.1%；利润总额 131.1 亿元，增长 39.2%。

建筑业保持稳步发展。2009 年，全市实现建筑业增加值 133.8 亿元，比上年增长 22.9%。建筑业从业人数达 35.4 万人，施工总面积达5 367万平方米，竣工面积达2 445万平方米，全员劳动生产率（产值）每人 34 万元，全年新承接高层建筑 739 幢，其中超高层 30 幢。

（四）服务业

1. 国内贸易

消费增长势头强劲。2009 年，全市实现社会消费品零售总额 644.81 亿元，比上年增长 19.2%，扣除价格因素，实际增长 20.4%。分地域看，市本级实现消费品零售额 285.3 亿元，比上年增长 17.9%；县级实现消费品零售额 159.6 亿元，比上年增长 24.1%；县以下实现消费品零售额 202.1 亿元，比上年增长 17.4%。分行业看，批发和零售业零售额为 544.1 亿元，比上年增长 15.6%；住宿和餐饮业零售额为 100.7 亿元，比上年增长 41.5%。

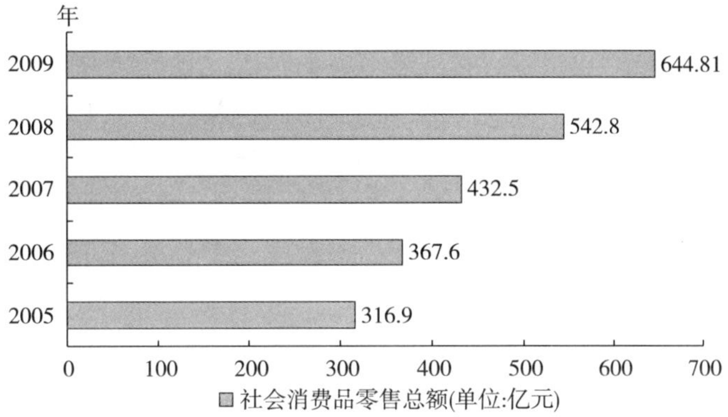

图 2－117　2005－2009 年盐城市社会消费品零售总额

2. 交通运输和邮电业

运输能力有所增强。2009 年年末全市公路总里程17 870公里，其中等级公路15 719公里，高速公路 322 公里，一级公路 685 公里，二级公路2 157公里。全社会客运量10 744万人，比上年增长 7.0%，旅客周转量 112.7 亿人公里，比上年增长 6.2%；全社会货运量11 857万吨，比上年增长 6.3%，货运周转量 180.5 亿吨公里，增长 6.2%。盐城南洋机场飞机安全起降1 108架次，比上年增长 36%；航空客运量 16.2 万人次，比上年增长 60.0%；航空货邮运量1 200吨，比上年增长 115%。

邮电业务平稳发展。2009 年，全市完成邮电业务总量 42.8 亿元，比上年增长 9.4%。其中，邮政业务总量 7.8 亿元，比上年增长 7.5%；电信业务总量 35.0 亿元，比上年增长 9.8%。年末固定电话用户达 219 万户，比上年下降 12%，其中市话年末用户 104.6 万户，下降 19%；农话年末用户 114.4 万户，下降 5%；全市移动电话用户达 409.9 万户，比上年增长 31%，计算机互联网用户达 51.4 万户，增长 38.1%。

3. 旅游业

旅游产业方兴未艾。2009 年，全市国内游客接待量达 967 万人次，比上年增长 19.3%，海外游客接待量 5.5 万人次，比上年增长 18.4%，实现旅游总收入 69.9 亿元、旅游创汇 0.39 亿美元，比上年分别增长 22.6% 和 11.8%。年底全市拥有国家农业旅游示范点 5 家，国家 2A 级以上旅游景区总数已经达到24家,其中4A级旅游景区3家,年内新增2家,3A级旅游景区4家,2A级旅游景区17家。海盐历史文化景区、大纵湖旅游景区创建成国家4A级旅游景区。

4. 金融和保险

金融信贷快速增长。2009年,全市金融机构年末本外币存款余额1 658.6亿元,比年初净增347.6亿元,增长26.5%。金融机构年末本外币贷款余额达1 053.11亿元,比年初净增323.1亿元,增长44.3%。其中中长期贷款408.23亿元,比年初净增199.57亿元,增长95.6%,增幅列全省第一。外汇存款余额1.96亿美元,比年初增加0.65亿美元;外汇贷款余额为2.86亿美元,比年初增加0.97亿美元。

保险事业稳步发展。2009年,全市拥有市级专业保险机构达到33家,其中产险14家,寿险19家。全市实现保费收入54.3亿元,比上年增长21.9%。其中产险9.51亿元,比上年增长26.1%;寿险44.83亿元,比上年增长21.1%。全市各项赔款和给付支出15.44亿元。其中产险赔款支出6.39亿元,寿险赔款支出9.05亿元。

5. 房地产业

房地产开发平稳增长。2009年,全市房地产开发投资完成129.9亿元,比上年增长19.2%。其中住宅投资100.6亿元,比上年增长17.0%;商业营业用房投资25.9亿元,比上年增长52.2%;办公用房投资1.8亿元,比上年增长12.3%。房屋建筑施工面积达1 053.6万平方米,比上年增长6.9%。其中住宅878.0平方米,比上年增长12.1%;房屋销售面积501.6万平方米,比上年增长74.8%。其中住宅426.9万平方米,比上年增长71.1%;房屋销售额154.6亿元,比上年增长100.6%,其中住宅122.4亿元,比上年增长95.6%。

(五)开放型经济

1. 对外经济

对外贸易保持平稳。2009年,全市完成进出口总额28.62亿美元,比上年增长2.5%,其中出口18.64亿美元,比上年下降11.4%,进口9.98亿美元,比上年增长45.0%。全市注册外资实际到帐10.44亿美元,同比增长10.6%,总量继续保持苏北第一。

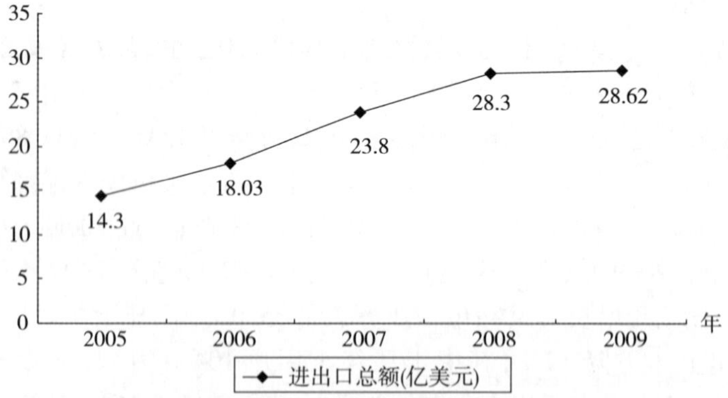

图2-118　2005-2009年盐城市出口总额

2. 民营经济

近年来,盐城市围绕打造"创业型城市"的总体目标,大力推进全民创业和民营经济发展。民营经济主要指标增速继续走在全省前列,中联电气在深圳中小企业板成功上市。截止到2009年底,全市民营企业发展到7.13万户，注册资金1 717亿元，从业人员162万人，其中：2009年新发展民营企业22 492户，新增注册资金747亿元，新增从业人员18万人。2009年，全市民营企业完成增加值1 318亿元，实现税收213.7亿元，占全市总量的近70%。

3. 沿海开发与园区建设

沿海开发在新的起点上全面推进。江苏沿海地区发展上升为国家战略，为盐城新一轮发展带来了历史性机遇。盐城市深入宣传贯彻《江苏沿海地区发展规划》，积极做好规划、政策、项目对接工作，制定沿海开发三年实施计划，在更高起点上推进沿海发展。加快以港口为重点的基础设施建设，大丰港区二期工程7万吨级码头建成通航，滨海港区10万吨级航道、射阳港区进港航道整治和响水港区灌河口拦门沙治理等工程加快推进。开通了南洋国际机场至香港、昆明、三亚等地的新航线。大力实施沿海45个重点产业项目，完成投资162.3亿元。成立沿海发展规划建设委员会，组建盐城港港口局，搭建海兴公司等投融资平台，加强对岸线、滩涂、盐田等战略资源的管理，保障沿海开发科学、有序推进。坚持以开放促开发，组建市政府驻日韩港台联络机构，加强与重点企业、重要商会联系，强力推进对日韩港台的招商工作。成功组织2009中国盐城经贸洽谈会暨第二届海盐文化节、中国盐城丹顶鹤国际湿地生态旅游节暨沿海发展经贸洽谈会。全年新开工亿元以上工业项目210个，比上年增加30个。加快开发区和各类园区建设，南北挂钩和盐沪合作共建开发区取得新的进展，各地中小企业园新建标准厂房154万平方米、新入园企业549户，各类园区的产业规模和层次进一步提高。

二、2009年盐城市社会发展概况

（一）人口、人民生活

人口总量保持平稳。2009年，年末全市户籍人口812.4万人，比上年末增加0.7万人，其中城镇人口385.7万人，比上年增加11.7万人。全年人口出生率为10.84‰，死亡率为7.53‰，自然增长率为3.31‰。

生活水平不断提高。2009年，全市城镇居民人均可支配收入达14 891元，比上年增长12.8%；市区城市居民人均可支配收入达17 664元，比上年增长11.4%；人均消费支出12 837元，比上年增长39.9%。农民人均纯收入达7 650元，比上年增长11.4%；农民人均生活消费支出4 770元，比上年增长11.6%；市区和农村恩格尔系数分别为31.8%和38.1%，比上年分别下降9.6个百分点和3.3个百分点，市区居民住房人均建筑面积29.5平方米；农村居民人均住房面积为38.1平方米，比上年增加1.3平方米。

（二）就业、社会保障

城镇就业保持稳定。着力解决返乡农民工、高校毕业生、城镇困难家庭等重点群体就业问题，2009年年末全市城镇从业人员数达到121万人，比上年末净增就业7.3万人。其中城镇单位从业人员51.8万人，比上年增加1.5万人；城镇私营个体从业人员达59.5万人，增加5.6万人；社区公益岗位及灵活就业人数达9.0万人，增加0.8万人。下岗失业人员实现再就业3.6万人，比上年增加0.5万人，年末城镇登记失业率为2.55%。

社会保障日益完善。进一步完善社会保障体系，提高了企业退休职工养老金标准和市区居民低保标准、社区工作者工资补助标准以及环卫工人工资福利待遇。新型农村社会养老保险制度全面推行。进一步扩大住房保障范围，市区新建政策性保障住房73.9万平方米，5 300户低收入困难家庭享受廉租住房补贴和实物配租。扎实推进脱贫攻坚工程，全市16万贫困人口实现脱贫目标。2009年，

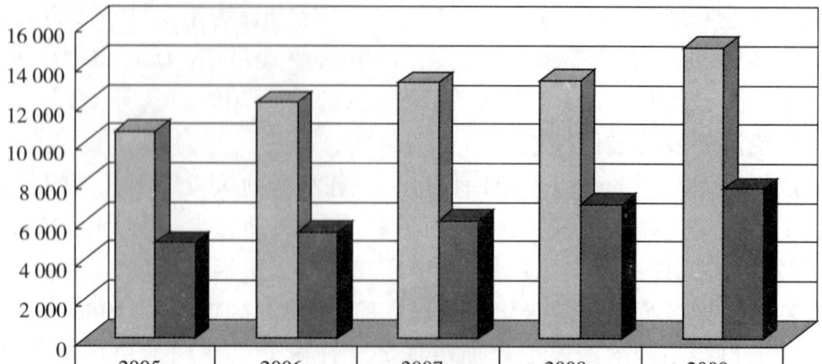

	2005	2006	2007	2008	2009
城市居民人均可支配收入(元)	10 580	12 052	13 050	13 201	14 891
农民人均纯收入(元)	4 893	5 431	6 030	6 867	7 650

图 2－119　2005－2009 年盐城市城乡居民收入对比一览

全市养老保险、医疗保险、失业保险覆盖面分别达到 97.0%、96.8%和 96.8%。年末全市参加失业保险人数为 57.7 万人,参加养老保险人数为 76.7 万人,参加基本医疗保险人数为 106.7 万人。

(三)科学技术和教育

科技创新成果辉煌。2009 年,全市实现高新技术产业产值 485.3 亿元,增长 15.6%。新认定高新技术企业 33 家。全年组织实施省级以上各类科技计划项目 199 项,争取科技经费超 1.32 亿元,其中:国家创新基金项目 42 项,获国家科技经费2 645万元,省科技成果转化专项资金项目 7 项,获省科技经费6 700万元。新增省级高新技术产品 100 个。专利申请数4 366个,授权数1 928个。新增产学研合作关系 315 个。获省科技进步奖 4 项,组织评定市科技进步奖 149 项。加强科技创新体系建设,新建国家和省级研发、设计、检测等公共平台 14 个,国家发改委批准在盐城市设立中国海上风电技术装备研发中心,江苏科行环境工程技术中心成为盐城市首家国家级企业技术中心。

教育事业蒸蒸日上。积极落实教育优先发展战略,义务教育、职业教育、高等教育加快发展,义务教育阶段绩效工资兑现到位。2009 年,全市学前三年幼儿入园率为 95.27%,列苏北第二;小学和初中入学率均为 100%,初中毕业生升学率达 98.9%,比上年提升了 2.1 个百分点;高考质量稳中有升,全市高考本科上线人数13 326人,占全省 10.1%,本一达线5 792人,占全省 9.9%,列苏北第一;职业教育年招生 4.7 万人,在校生 15 万人。

(四)文化、卫生、体育

1. 文化事业取得新的发展

全市乡镇文化站建设全部达到省定标准,7 个县(市、区)实现农家书屋全覆盖,数字电视整体转换工作通过国家验收,成功举办"精彩中国·魅力盐城"大型文艺晚会。科技馆暨青少年活动中心、新四军人物馆、陆公祠修复扩建工程、淮剧艺术博物馆等一批社会事业重点项目建成。

2. 卫生保健有所改善

强化城乡公共卫生体系建设,有效开展甲型 H1N1 流感防治工作,新型农村合作医疗和城镇居民基本医疗保险实现全覆盖。2009 年,全市拥有卫生机构 742 个,其中医院 116 个、卫生院 144 个、疾病预防控制中心 10 个、妇幼保健院(所)11 个。各类卫生机构拥有床位18 376张,其中医院拥有床位数12 176张;卫生技术人员21 077人,其中执业医师、执业助理医师9 197人。全市计划生育率稳定在96%以上。

3. 体育事业蓬勃发展

2009年，全市共获各项省级比赛奖牌101枚，其中金牌36枚。在东亚运动会上，我市运动员屈琳勇夺女子跳水一米板、三米板两枚金牌；在第十一届全运会上，我市收获2金1银2铜，於秀敏夺得女子飞碟双向冠军，实现了我市运动员全运会个人项目金牌"零"的突破，参赛人数、个人成绩等均超历史；在全国青少年保龄球锦标赛中，我市运动员囊括了14枚金牌中的10枚。年内盐城体育运动学校运动训练专业成为省级示范专业，大丰市少体校成为全市首家省三星级体校。市区建成全民健身中心。

（五）城乡建设

大市区建设实现"三年展新貌"目标。2009年市区累计投入190亿元，组织实施了154个城建重点项目。城市道路等基础设施逐步完善，综合整治解放路，建设江苏省长江以北地区第一个快速公交系统，全面完成青年路西延、北环路和大庆路西延等40多条道路建设任务。实施油坊沟整治，完成串场河闸站、大马沟调尾等防洪骨干工程。老城改造和新城建设步伐进一步加快，人民路农贸市场等一批公共设施建成运营，先锋岛等地段完成成片拆迁；城南新区全年开工项目49个，竣工44个，完成投资65亿元，建成园林大道、内港湖公园、盐塘河公园、城南健身中心等基础设施和公共设施配套项目，一批新型住宅小区加速推进，一个现代化新城区已初见端倪。2009年末大市区人口达163万人，城市化率达46.3%，比上年提升1.5个百分点。

各地加快县（市）城和重点镇建设步伐，大丰市在苏北县城中率先成为国家卫生城市。积极推进城乡统筹发展，启动了21个镇村的试点工作。以交通为重点的全市基础设施建设取得新突破。新204国道南段、331省道市区段基本建成，326省道响水东延段、327省道滨海段、沿海高速阜宁连接线、231省道建湖和阜宁段、332省道大丰段建成通车，一级公路竣工里程全省最多。新建220千伏变电站3座、110千伏变电所8座，电网供电能力进一步增强。邮政、通信等建设取得新的进展。里下河地区灾后应急治理工程基本建成，通榆河北延送水、海堤达标等重点水利建设工程加快实施。

组织开展农村基础设施、农村环境整治、绿色盐城建设三大会战，全市完成农村改厕10.9万座，农民生产生活环境进一步改善。国土资源工作成效明显，盐城市被评为全国"双保"先进单位和基本农田保护先进市。

（六）环境保护工作

环境质量总体趋好。接受"2.20水污染"事件的教训，切实加大市区饮用水源保护力度，关闭搬迁饮用水源保护区内所有化工企业，盐都区成为无化工区，完成城西水厂取水口西移和城东水厂第二取水口建设，启动实施盐龙湖饮用水源工程，区域供水和农村饮水安全工程建设加快推进。2009年，全市饮用水源水质持续好转，达标率为99.3%；全市地表水水质达标率为87%，比上年提高8个百分点；空气环境质量有所好转，全市环境空气质量良好天数329天，占比达90.2%；化学需氧量（COD）排放量6.64万吨，比上年下降4.7%；二氧化硫（SO_2）排放量3.94万吨，比上年下降2.0%。市区道路交通噪声平均等效声级66.4分贝，市区区域噪声平均等效声级52.6分贝。森林覆盖率比上年提高1.2个百分点。

三、挑战与目标

在肯定成绩的同时，也要清醒地看到，盐城市经济社会发展中仍然存在一些矛盾和问题：经济回升的基础还不稳固，消费和出口对经济增长的拉动力不够强，扩大需求存在较大制约；经济发展中的结构性矛盾仍然突出,传统产业比重偏高,现代服务业发展还不快;就业形势仍然严峻,城乡居民收入持续增长的难度加大,财政收支矛盾突出,保障和改善民生与人民群众的新期待还有差距;政府机关作风有待改进,行政服务效能需要进一步加强。对这些问题,盐城市各级政府一定要高度重视,并在今后的工作中采取更加有力措施,切实加以解决。

2010 年政府工作的总体要求是:加快转变经济发展方式,把保增长与调结构结合起来,着力巩固和发展经济向好势头,着力加快经济转型升级,着力推进沿海开发,着力统筹城乡协调发展,着力深化改革开放,着力保障和改善民生,促进社会和谐稳定,推动全市经济社会又好又快发展,确保全面实现"十一五"目标。

按照上述要求,2010 年全市经济社会发展的主要预期目标为:地区生产总值增长 13% 以上,规模以上工业增加值增长 18%,二、三产业增加值占地区生产总值的比重和高新技术产业产值占规模以上工业的比重均提高 1.5 个百分点;全社会固定资产投资和规模以上工业投资增长 30%,研发投入占地区生产总值的比重力争达到 1.5%;地方一般预算收入增长 20%,社会消费品零售总额增长 18%,注册外资实际到账增长 20%,出口总额增长 20%;万元 GDP 能耗下降 5.3%,化学需氧量和二氧化硫排放量全面完成"十一五"削减目标;城镇登记失业率控制在 4% 以内,城镇居民人均可支配收入增长 12%,农民人均纯收入增长 10%,人口自然增长率控制在 3.5‰以内,全市城市化率达到 48%。

四、盐城市在长三角地区经济发展中的地位

2009 年是新世纪以来盐城市经济社会发展最为困难的一年。面对复杂多变的经济形势和前所未有的工作压力,全市深入贯彻落实科学发展观,变压力为动力,化挑战为机遇,坚持把保增长促发展作为首要任务,认真落实中央和江苏省应对国际金融危机的一系列决策部署,采取超常规措施推进各项工作,年初确定的经济发展目标全面完成,部分指标增幅位居江苏省前列。

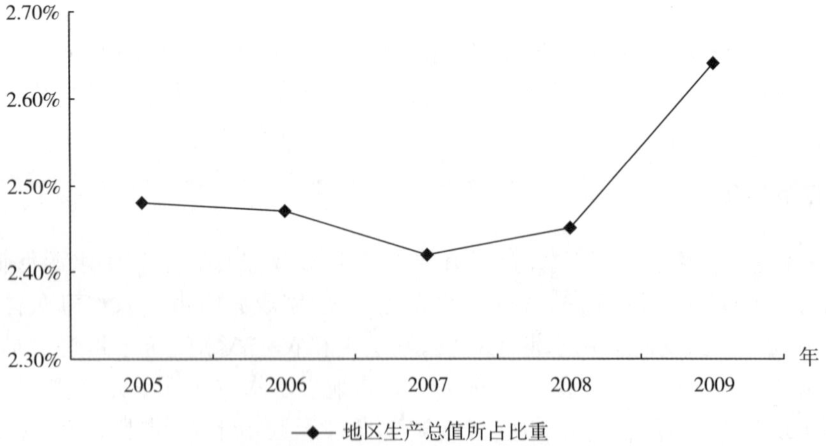

图 2-120　2005-2009 年盐城市地区生产总值在长三角所占比重

2005-2009 年盐城市地区生产总值在长三角所占比重分别为 2.48%、2.47%、2.42%、2.45% 和 2.64%,在前几年变化平稳的情况下,2009 年增加了 0.19 个百分点,增幅明显。2009 年全市实现地区生产总值达1 917.0亿元,按可比价计算比上年增长 13.4%,在长三角地区位居前列。

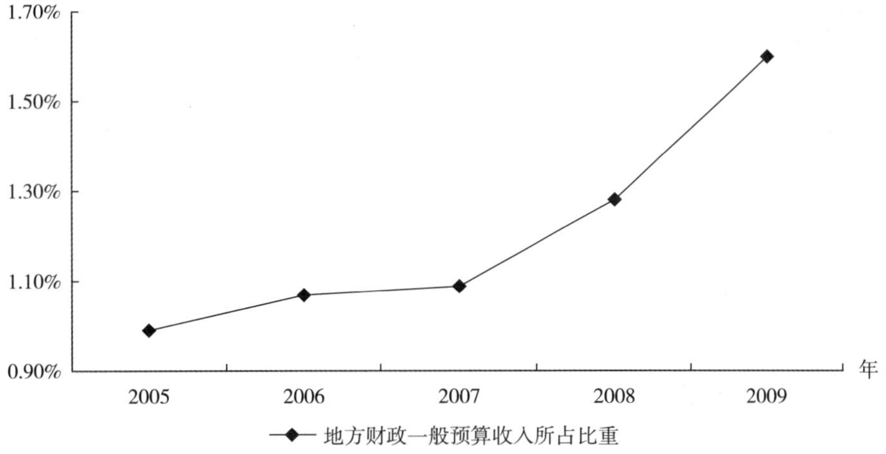

图 2－121　2005－2009 年盐城市地方财政一般预算收入在长三角所占比重

2005－2009 年盐城市地方财政一般预算收入在长三角所占比重分别为 0.99%、1.07%、1.09%、1.28% 和 1.60%，保持稳定增长的态势，累计增幅为 0.61 个百分点，其中 2008 和 2009 年增幅最为明显。2009 年，面对国际金融危机对经济发展带来的影响，盐城市大力发挥财政杠杆作用，制订激励政策，促进企业企稳向好，先后出台了支持汽车、房地产、服务业等一系列政策措施，保证了税源支柱行业的稳定发展。2009 年全市实现财政一般预算收入 126.8 亿元，增长 40.5%，增幅高于全省平均水平 22.3 个百分点，列全省第一名，创建市以来最好水平。全市实现财政总收入 311.8 亿元，增长 44.3%，实现两年翻一番。

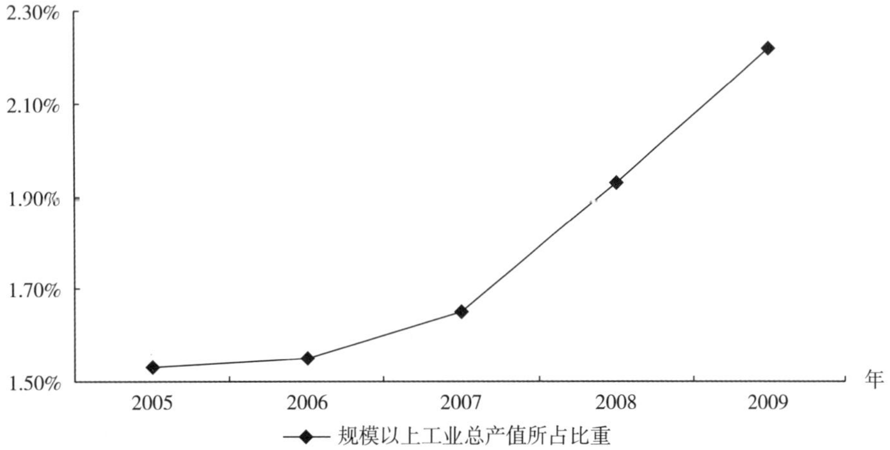

图 2－122　2005－2009 年盐城市规模以上工业总产值在长三角所占比重

2005－2009 年盐城市规模以上工业总产值在长三角所占比重分别为 1.53%、1.55%、1.65%、1.93% 和 2.22%，保持稳定增长的态势，累计增幅为 0.69 个百分点。2009 年，全市实现工业总产值 3 143.5亿元，比上年增长 22.6%，实现规模以上工业增加值 714 亿元，比上年增长 16.7%，增幅在长三角地区均位于前列。

2005－2009 年盐城市进出口总额在长三角所占比重分别为 0.30%、0.30%、0.32%、0.34% 和 0.36%，保持小幅增长的态势，累计增幅为 0.06 个百分点。2009 年盐城市外贸进出口形势逆流而

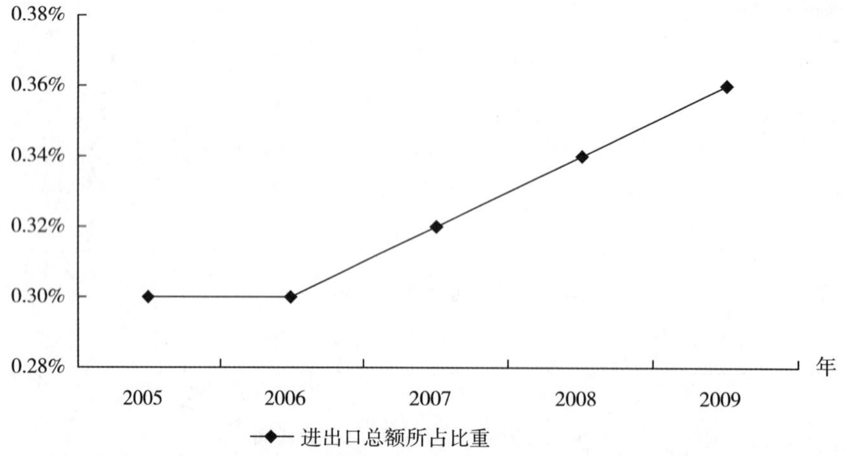

图 2－123　2005－2009 年盐城市进出口总额在长三角所占比重

上,实现进出口总值 28. 62 亿美元,比上年同期增长 2. 4%,成为江苏省除宿迁市外仅有的保持进出口贸易量增长的地区。其中全年进口总值为 9. 98 亿美元,同比增长 44. 9%,呈现进口量幅同增的态势。加工贸易保持增长势头,加工贸易进出口 5. 67 亿美元,同比增长 18. 1%,占全市进出口总额的 19%。在盐城与主要贸易伙伴的双边贸易中,韩国依旧保持最大的贸易伙伴国地位,全年对韩国进出口总值 7. 73 亿美元,同比增长 40%,占全市外贸进出口总值的 27%;对美贸易活力继续保持,对美出口跃居首要位置,全年对美国出口 4. 56 亿美元,占全市出口总值的近 25%。

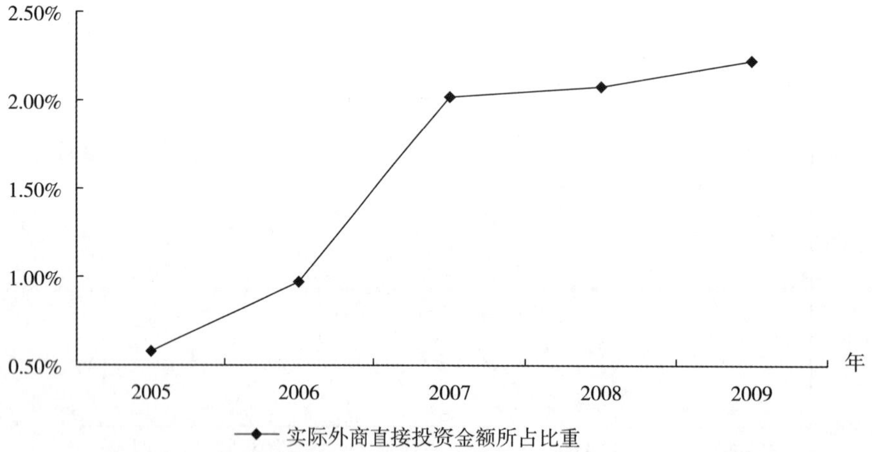

图 2－124　2005－2009 年盐城市实际外商直接投资金额在长三角所占比重

2005－2009 年盐城市实际外商直接投资金额在长三角所占比重分别为 0. 58%、0. 97%、2. 02%、2. 08% 和 2. 23%,近年来保持持续增长的态势,2009 年占比已接近 2005 年的 4 倍。2009 年全市实际外商直接投资金额为 10. 44 亿美元,同比增长 10. 6%,总量继续保持苏北第一。

十 扬州市2009年经济社会发展报告

2009年,面对国际金融危机的严峻形势,扬州市人民在市委、市政府的领导下,以科学发展观为统领,认真贯彻落实中央和省一系列决策部署,围绕"发展创新型经济、建设创新型城市"的主题,坚定信心,迎难而上,保增长、保民生、保稳定,全市经济发展企稳向好,开放创新深入推进,城乡统筹协调发展,社会事业全面进步,民生状况进一步改善。

一、2009年扬州市经济发展概况

(一)综合经济

1. 经济运行企稳向好

2009年全市实现地区生产总值1 856.39亿元,可比价增长13.8%。其中,第一产业增加值144.88亿元,增长5.1%;第二产业增加值1 042.03亿元,增长14.3%;第三产业增加值669.48亿元,增长15.0%。人均GDP达41 406元,按当年汇率计算折合6 065美元。产业结构不断优化。三次产业比例由上年的8.1∶56.2∶35.7调整为7.8∶56.1∶36.1,二、三产业增加值占GDP比重达到92.2%。

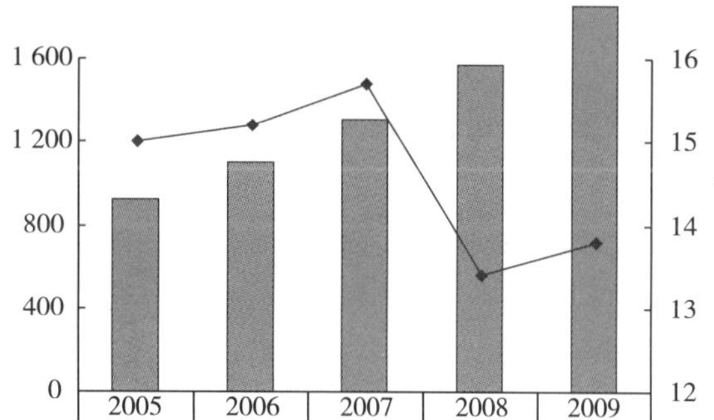

	2005	2006	2007	2008	2009
地区生产总值(亿元)	922	1 100	1 311	1 573.29	1 856.39
增幅(%)	15	15.2	15.7	13.4	13.8

图2-125 2005-2009年扬州市地区生产总值及增长速度

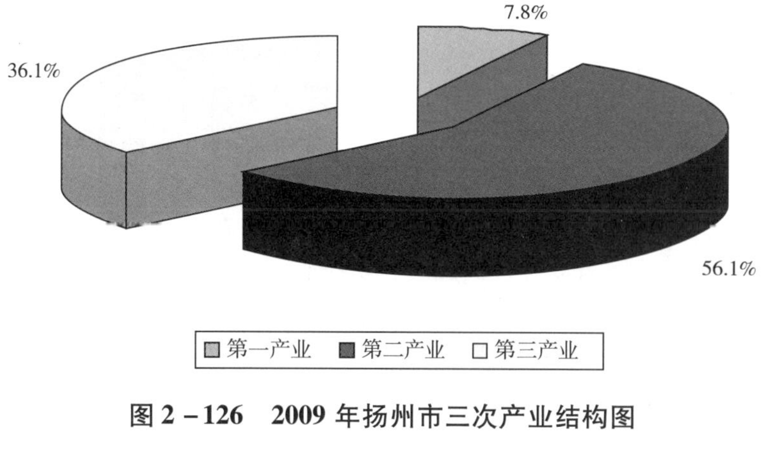

图2-126 2009年扬州市三次产业结构图

2. 财政收入增长较快

2009 年财政总收入突破 300 亿,达到 310.09 亿元,增长 16.5%;一般预算收入 128.08 亿元,增长 22.2%,占 GDP 的比重为 7.1%,比上年提高了 0.4 个百分点。财政收入结构逐步向好,税收占一般预算收入的比重不断回升,全年税收占比达 71.9%。一般预算收入中的增值税、营业税、企业所得税、个人所得税和城建税等五项主体税收累计完成 69.04 亿元,增长 16.8%,其中增值税 21.07 亿元,增长 6.5%;营业税 28.54 亿元,增长 31.2%。

财政支出结构优化。一般预算支出实现 151.48 亿元,增长 19.8%。其中一般公共服务支出 26.39 亿元,增长 10.5%;教育支出 29.47 亿元,增长 23.1%;科学技术支出 3.69 亿元,增长 20.6%;社会保障和就业支出 11.46 亿元,增长 23%;医疗卫生支出 7.87 亿元,增长 30.6%;环境保护支出 5.35 亿元,增长 36.3%。

3. 市场物价先下后上

2009 年,市场物价呈 U 型走势,全年 CPI 为 99.9%,价格水平同比下降 0.1 个百分点。构成 CPI 的商品类别中,上涨的有:食品类(102.1%)、烟酒及用品类(101.6%)、娱乐教育文化用品及服务类(101.1%)、医疗保健和个人用品类(100.7%);下降的有:家庭设备用品及维修服务类(99.8%)、交通和通信类(98.4%)、衣着类(95.8%)。

4. 固定资产投资持续增长

投资总量持续快速增长。全市完成全社会固定资产投资1 063.9亿元,增长 33.8%。其中规模以上项目完成投资1 000.1亿元,增长 35%,占全社会投资的 94%;规模以下项目完成投资 63.9 亿元,增长 17.1%,占全社会投资的 6%。规模以上项目投资中,城镇项目完成投资 594.1 亿元,增长 45%;农村项目完成投资 276.4 亿元,增长 43.2%;房地产开发完成投资 129.5 亿元,下降 5.9%。

投资结构继续调整。第一产业完成投资 11.3 亿元,增长 49.4%;第二产业完成投资 719 亿元,增长 41.2%;第三产业完成投资 333.6 亿元,增长 22.1%。一、二、三产业投资占全社会投资的比重分别为 1.1%、67.6% 和 31.3%。一产比重提高 0.1 个百分点,二产比重提高 3.5 个百分点,三产比重下降 3.6 个百分点。工业投资进一步加强。完成投资 713.7 亿元,增长 40.9%,占全社会投资的比重达 67.1%,比上年提高 3.4 个百分点。

重大基础设施建设加快推进。江海高速扬州段、沪陕高速江六段、京杭运河扬州段"三改二"、邵伯和施桥三线船闸扩容、乌塔沟分洪道等工程加快建设。宁启铁路复线及电气化改造、扬州港 5 号泊位开工建设。苏中江都机场项目建设已获批。连淮扬镇铁路、淮河入江水道整治和扬州西输变电工程等项目的前期工作取得积极进展。

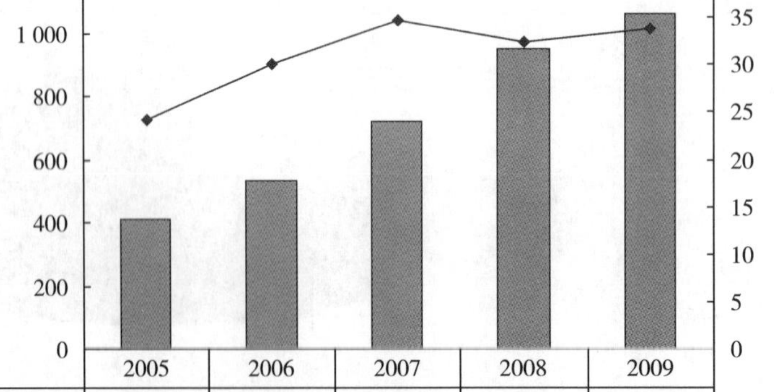

	2005	2006	2007	2008	2009
固定资产投资总额(单位:亿元)	410	533.3	717.9	950	1 063.9
增幅(%)	24.2	30.1	34.6	32.3	33.8

图 2-127　2005-2009 年扬州市全社会固定资产投资及增长幅度

5. 区县经济有所突破

扬州市区、宝应县、仪征市、高邮市、江都市地区生产总值在全市的占比分别为:43.88%、10.74%、12.24%、11.49%、21.66%。根据全国县域经济科学发展交流年发布的第十届全国县域经济基本竞争力百强县(市)排行榜,2009年扬州江都市和仪征市蝉联百强县称号,两市分居百强榜第56位、第93位,与上年排名基本持平。

表2－27　2009年扬州市县区主要经济指标

县市	生产总值(亿元)	工业总产值(亿元)	城镇固定资产投资(亿元)	地方财政一般预算收入(亿元)	出口(亿美元)	社会消费品零售总额(亿元)
扬州市区	814.49	1 860.79	340.90	73.88	27.63	283.50
宝应县	199.29	408.03	61.30	9.74	2.56	67.10
仪征市	227.29	640.38	89.35	14.79	2.25	71.41
高邮市	213.24	446.84	87.31	10.29	2.36	69.40
江都市	402.08	1 103.64	144.76	19.38	5.34	121.17

(二)农业

农业生产稳步增长。全年粮食总产282万吨,创历史新高,连续6年丰收。油料总产8.29吨,增长4.2%;蔬菜总产147万吨,增长7.5%。猪肉产量9.78万吨,增长3.2%。水产品产量37.41万吨,比上年持平略增。全年实现农业总产值256.42亿元,增长7.8%。其中农业产值114.71亿元,增长12%;林业产值7.72亿元,增长10.9%;牧业产值48.16亿元,下降0.7%;渔业产值73.61亿元,增长6.8%;农林牧渔服务业产值12.21亿元,增长11.2%。

新增高效农(渔)业面积54.4万亩、设施农业6.2万亩、适度规模经营34万亩。海峡两岸(扬州)农业合作试验区建设加快推进。农业利用外资2.16亿美元,利用民资58.4亿元,新增项目800个。新建农村"三大合作"组织815个。80家市级以上农业龙头企业实现销售176亿元,增长20.3%。农业、水利及综合开发等争取省以上投资10.9亿元。新创"三品"品牌67个。国家有机食品质量监督检验中心落户宝应。土地复垦与综合整治新增耕地2.54万亩。粮食流通、供销、农机、气象等工作得到加强。

(三)工业、建筑业

工业经济稳步向好。2009年全市规模以上工业完成总产值4 460.2亿元,增长26.4%。在工业35个大类行业中,完成产值过百亿元的行业有16个,比上年增加4个,其中电气机械及器材制造业、交通运输设备制造业和化学原料及化学制品制造业产值总量分别达696.9亿元、598.9亿元和491.8亿元,分别比上年增长32.6%、41.4%和13%。

企业规模持续扩大。全市规模以上工业企业数达3 446家,比上年底净增423家;企业单体平均规模达1.3亿元,比上年净增1 300万元,增长11%。产值过亿元企业达820家,比上年净增215家,产值份额占规上工业总量的78.8%。其中,5亿元以上企业144家,比上年净增31家;10亿元以上企业73家,比上年净增20家。

重点产业发展势头良好。三大支柱产业完成工业总产值3 078.4亿元,增长28.9%,高出规模以上工业平均增幅2.5个百分点,占全市规模工业的比重由上年的67.7%上升为69.0%,总量贡献率比上年末提高了1.3个百分点。全年高新技术产业产值增长57.2%，占规上工业产值比重30.5%，比上年提高5.9个百分点。“三新”产业累计完成工业总产值344.7亿元，增长41.6%，高出全市平均增幅15.2个百分点。其中，新能源企业完成产值123.7亿元，增长98.2%；新光源企业完成产值92.3亿元，增长28.9%；新材料企业完成产值128.7亿元，增长17.6%。

工业利税、利润增幅不断攀升。全年规模以上工业实现主营业务收入4 240.3亿元，增长26.5%；实现利税325.4亿元，增长21.5%；其中利润186.5亿元，增长34.6%。

建筑业稳步发展。全市建筑企业完成施工总产值1 296.7亿元，增长25.5%。全年建筑企业施工的房屋建筑面积11 243万平方米，增长13%；房屋竣工面积5 618万平方米，增长18.7%。获鲁班奖3项。

（四）服务业

1.国内贸易

消费市场持续繁荣。2009年全市实现社会消费品零售总额612.59亿元，增长18.7%。其中批发和零售业实现零售额522.9亿元，同比增长18.7%；住宿和餐饮业实现零售额89.7亿元，同比增长19.4%。城市社会消费品零售额454.2亿元，增长19.1%；县及县以下零售额164.8亿元，增长17.8%。城市市场增幅比农村市场高1.3个百分点，城乡市场增幅差距比去年缩小了5.4个百分点。

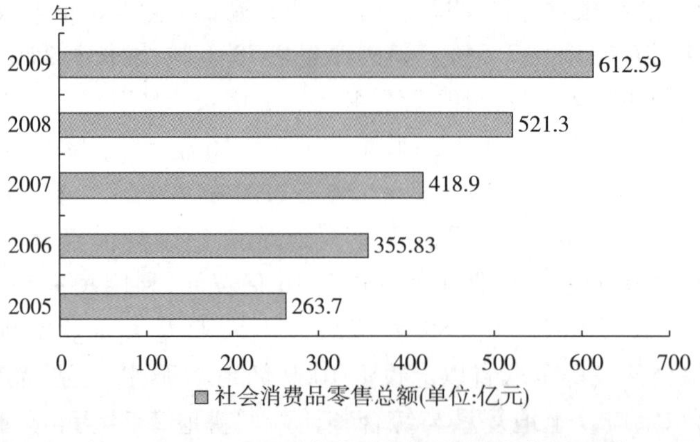

图2－128　2005－2009年扬州市社会消费品零售总额

消费升级类商品增势强劲。2009年食品、饮料、烟酒类零售额25.7亿元，增长13.5%。服装、鞋帽、针纺织品类零售额18.1亿元，增长16.4%。日用品类零售额6.6亿元，同比增长9.2%。化妆品类零售额3.2亿元，增长23.4%。金银珠宝类零售额5.1亿元，增长30.4%。家用电器和音像器材类零售额25.1亿元，增长33%。汽车类商品实现零售额51.4亿元，增长2.2倍。

2.邮电通讯、交通运输

邮电通讯业稳步发展。全年邮政业务收入4.36亿元，增长11.9%；电信业务收入31.42亿元，增长11%。年末电话用户487.81万户，其中移动电话用户331.91万户，增长39.6%。互联网宽带接入用户42.75万户。有线电视用户102.56万户，有线电视入户率超过90%，其中数字电视用户30.5万户。

交通运输业稳定发展。2009年，全市货运量达8 001万吨，增长11.3%；货物周转量154.27亿吨公里，增长11.6%。客运量6 363万人次，增长9.2%；旅客周转量40.58亿人公里，增长10.7%。港口货物吞吐量6 423万吨，增长 11%。完成集装箱吞吐量 23.2 万标箱，下降 17.1%。全市公路里程 10 060.5公里，高速公路里程 240.6 公里。

3. 金融业

金融平稳运行。人民币存款强劲增长。2009 年末，全市人民币存款余额为2 067.13亿元，比年初增加 515.25 亿元，余额同比增长 32.7%。贷款结构调整明显。年末，全市人民币贷款余额为 1 212.75亿元，比年初增加 323.33 亿元，同比增长 33.2%。从期限上看，短期贷款、中长期贷款、票据融资同步增长，其中，短期贷款余额为 558.39 亿元，比年初增加 106.71 亿元，同比多增 60.09 亿元；中长期贷款余额553.75 亿元，比年初增加 232.08 亿元，同比多增 170.16 亿元。华夏银行扬州支行、邗江民泰村镇银行、常熟农村商业银行邗江支行正式挂牌营业。

资本市场发展壮大。扬柴与潍柴合作重组。市开发区开发总公司和城建控股公司企业债券成功发行。扬农化工实现再融资，3 家企业上市材料报证监会审批。新增 35 家担保公司、6 家农村小额贷款公司和 6 家农村资金互助合作组织。全市 9 户证券公司营业部累计开户 23.68 万户，比年初增加 4.01 万户；股票交易额3 048.16亿元，增长 64.6%。

保险市场发展良好。全年 19 家寿险公司、22 家财险公司合计实现保费收入 54.08 亿元，增长 23.9%。其中寿险实现收入 43.66 亿元，增长 23.1%；财险实现收入 10.42 亿元，增长47.4%。累计理赔支出 7.41 亿元，增长 23.6%。

4. 旅游业

旅游业持续较快发展。全年接待境内外旅游人数2 320万人次，增长 22.5%；实现旅游总收入 252.8 亿元，增长 25.5%。其中，国内旅游人数2 270万人次，增长 22.8%；国内旅游收入 225.93 亿元，增长 28.2%。接待入境旅游人数 50.03 万人次，增长 7.9%；旅游外汇收入 4.01 亿美元，增长 11.8%。

5. 房地产业

全市房地产开发投资 129.5 亿元，竣工商品房 505.9 万平方米。市区商品房销售面积 235.2 万平方米，增长 73.7%。2009 年，全市房地产开发投资 129.5 亿元，下降 5.9%；其中商品住宅完成投资 106.3 亿元，下降 2.3%。商品房销售增势强劲，全市商品房共销售 514.7 万平方米，增长 69.1%。其中，住宅销售面积 466.8 万平方米，增长 75.3%；办公楼销售面积 6.6 万平方米，增长 5.5%；商业营业用房销售面积 37.2 万平方米，增长 40.9%。商品房销售额达 225.5 亿元，增长 105.0%；其中住宅销售额 198.6 亿元，同比增长 120.2%；办公楼销售额 3.6 亿元，下降 5.5%；商业营业用房销售额 22.4 亿元，增长 51.1%。

（五）开放型经济

1. 对外经济

对外开放不断深入。成功举办烟花三月国际经贸旅游节。全年协议利用外资 56.01 亿美元、注册外资实际到账 22.66 亿美元，分别增长 11.9% 和 31.7%；新批注册外资1 000万美元以上项目 153 个，比上年增加 24 个，协议注册外资 34.93 亿美元，增长 4.9%。其中，3 000万以上项目 18 个，增长 38.5%。

外贸形势逐步好转。全年进出口总额 54.34 亿美元，同比下降 12.1%，其中出口 40.13 亿美元，下降 12.1%，降幅分别较上半年收窄 13 和 8.7 个百分点。从出口商品看，船舶、纺织服装、化学化工制品、鞋帽、液晶面板和电子纸、钢管等产品位居前列。从出口市场结构看，除美国、东盟外，大部分重点市场出口形势趋好，对欧盟出口 133 233 万美元，下降 4.6%；日本出口 19 456万美元，下降 0.1%；香港出口25 109万美元，下降 2.2%；拉美出口27 247万美元，下降 11.6%；美国出口76 671万美元，下降 23.6%；东盟出口22 018万美元，下降 21.7%。

对外经济合作发展良好。全年完成外经营业额21 960万美元，增长 18.6%。外经市场不断扩大,合作项目分布在29个国家。境外投资快速发展,全年新批境外投资项目19个,增长137.5%。

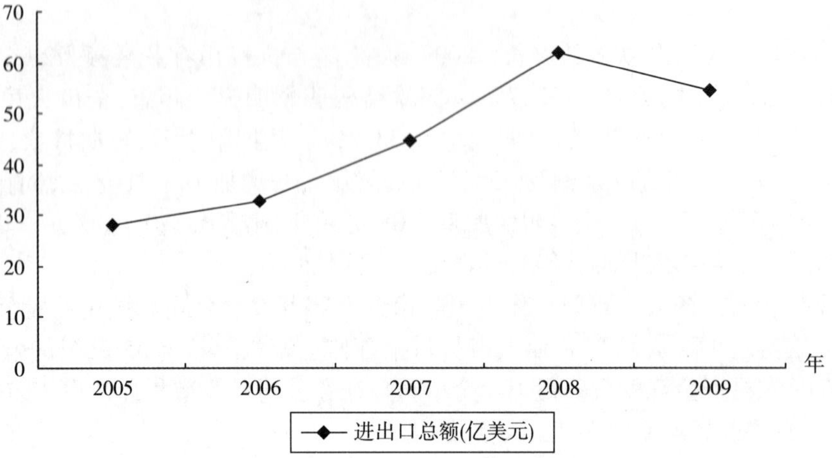

图2-129　2005-2009年扬州市进出口总额

2. 民营经济

民营经济加快发展。全市新增民营企业注册资本金543.1亿元,增长35.1%。新发展私营企业15 007户,增长19.4%。新发展个体工商户29 560户,增长2.6%。新开工投入5 000万元以上民资项目365个。

3. 园区建设

园区建设取得新进展。市开发区升级为国家级经济技术开发区,光电产业园被列为省十大创新型园区。"八区二园"新增开发面积8平方公里,实现业务总收入3 815亿元。一般预算收入59亿元、注册外资实际到账18.25亿美元、新增民营企业注册资本金378亿元,分别占全市总量的46%、81%和70%。37个乡镇工业集中区营业收入增长35%。

二、2009年扬州市社会发展概况

(一)人口、人民生活

人口总量基本稳定。2009年末,扬州市户籍总人口为458.8万人,比上年末减少9 980人,下降0.22%。全市登记出生人口3.3万人,出生率7.18‰;死亡人口4.07万人,死亡率8.86‰。人口自然增长率为-1.68‰。

居民收入稳步增加。2009年扬州市区居民人均可支配收入19 416元,增长11.6%;人均消费性支出12 888元,增长11.5%。城市居民人均住房建筑面积38.8平方米,百户家庭电话、电脑拥有量分别达300部、80台,恩格尔系数为36.4%。农村居民人均年纯收入8 295元,增长11.3%;人均消费性支出5 930元,增长8.9%。农民人均住房面积42平方米,百户家庭电话、电脑拥有量分别达291部、29台,农民恩格尔系数为38.7%。

(二)就业、社会保障

积极推动就业工作。城镇新增就业7.3万人。培训农村实用人才和农技人员29万人次、劳动力10.1万人,新增转移7.1万人。期末城镇登记失业率2.91%。培训农村实用人才和农技人员29

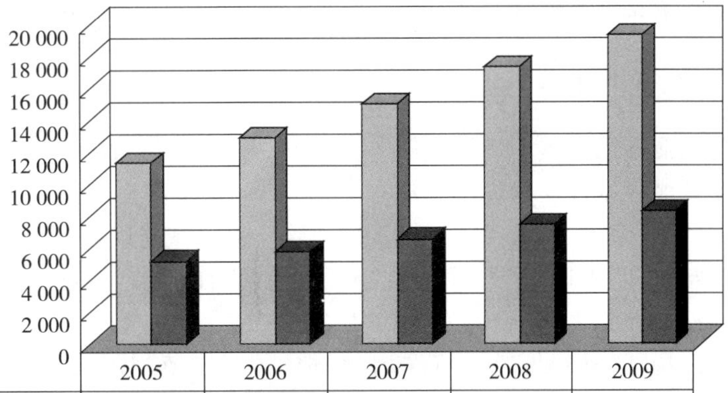

	2005	2006	2007	2008	2009
市区居民人均可支配收入(元)	11 379	12 945	15 057	17 398	19 416
农民人均纯收入(元)	5 215	5 813	6 586	7 450	8 295

图 2－130　2005－2009 年扬州市城乡居民收入对比一览

万人次、劳动力 10.1 万人，新增转移 7.1 万人。

社会保险覆盖面进一步扩大。城镇职工基本养老保险参保率 96.5%，新型农村社会养老保险参保率 65.2%。城镇职工和居民基本医疗参保率分别达 96% 和 95%。新型农村合作医疗覆盖率 99.8%。市区被征地农民基本生活保障“即征即保”率 100%。农村五保集中供养率 80%。实施市区 70 岁以上“三无”老人生活补贴政策。新发社会保障市民卡 3 万张。市区新建和调剂廉租房 280 套，提供经济适用房1 095套，发放购房政策性补贴 782.9 万元，公房解危 6.13 万平方米。新增住房公积金缴存职工 4.6 万人，归集住房公积金 20 亿元。提高了低保标准。落实残疾人帮扶政策。积极开展临时救助工作。关心发展慈善事业。市区为民办实事项目全面完成。邗江、广陵、维扬通过小康社会达标验收。

（三）科技、教育

1. 科技创新能力进一步提高

新认定国家高新技术企业 60 家。成功举办科技创新成果展暨洽谈会和上海、南京、长春“科技创新产业合作”推介会，签订产学研合作项目 227 个。科技创新能力进一步提高。新认定国家高新技术企业 60 家。全年高新技术产业产值增长 57.2%，占规模以上工业产值比重 30.5%，比上年提高 5.9 个百分点。获批省级以上科技计划项目 456 项，争取上级科技资金 1.8 亿元。研发经费支出占地区生产总值比重 1.5%。成功举办科技创新成果展暨洽谈会和上海、南京、长春“科技创新·产业合作”推介会，签订产学研合作项目 227 个。新获批院士工作站 8 家、省级博士后工作站 8 家，引进博士以上创新型人才 73 名。新获批国家重大科技专项 2 项，省重点新产品新技术项目 100 项，省以上高新技术产品 108 个，新获国家专利授权1 831件。新增省级以上“两站两中心”29 家，各县(市、区)均建立省级创业服务中心。引进高层次领军人才 153 人、产业发展急需专业技术人才1 384人。国家光电重点实验室、国家洗漱用品检测中心投入运行。扬州被列为国家“十城万盏”半导体照明应用工程试点城市、绿色新能源特色产业基地。荣获“全国科技进步先进市”称号。

2. 教育教学质量进一步提升

2009 年，邗江、广陵通过区域教育现代化省级验收。职业教育服务发展能力增强。特殊教育成效明显。宏志班教育覆盖所有县(市、区)启动中小学校舍安全工程。义务教育阶段教师绩效工资稳妥实施。小学入学率、巩固率保持100%，初中入学率保持100%，高中阶段毛入学率达 99.5%，全市高考成绩连续五年大幅攀升,本二达线12 777人,比2008年净增1 268人,增幅达10.6%。

(四)文化、卫生、体育

1. 文化事业继续发展

文化博览城建设加快推进。完成东关街二期工程,复建宋大城东门,长乐客栈对外营业。修缮阮元家庙祠堂、冬荣园、小盘谷等一批文保建筑。宋夹城遗址被授予“国家考古遗址保护公园”称号。雕版印刷、剪纸技艺入选“人类非物质文化遗产代表作名录”。扬州成为“中国传统工艺美术特色基地”。文化馆、群艺馆8座,公共图书馆7座,各类艺术机构17个,新建社区文化活动室65个、农家书屋366个。扬剧《县长与老板》获第十一届中国戏剧节“优秀剧目奖”。成功举办第三届世界运河名城博览会,“世界运河历史文化城市合作组织”在扬成立。顺利承办第五届中日韩文化交流论坛。

2. 公共卫生服务体系不断完善

基本公共卫生服务继续向均等化发展。全面启动电子健康档案等9类22项基本公共卫生服务项目;加强基层医疗卫生服务体系建设,50%以上的城乡社区卫生服务中心已达到标准化建设要求,新创建成4个省示范城市社区卫生服务中心。城乡社区公共卫生服务机构覆盖率分别达100%和97%。新型农村合作医疗保障水平不断提高,人均筹资标准由上年的103元提高到120元,覆盖率99.8%。有效控制甲型H1N1流感、手足口病等重大疾病扩散。市妇幼保健院被评为三级甲等医院。

3. 体育活动精彩纷呈

群众体育扎实有效,成功承办江苏省“沿江体育带”大联动、第二届社区运动会、老年人体育节。我市荣获全国“全民健身优秀组织奖”。扬州籍运动员在第十一届全国运动会上获6枚金牌、1枚银牌、4枚铜牌。举办了第四届鉴真国际马拉松(半程)赛,承办了第十九届世界女子手球锦标赛(复赛)。全年体育彩票销售总量达3.16亿元。

(五)城乡建设

1. 城市功能不断完善

深化“一体两翼”战略规划的研究编制,开展新一轮城市总体规划(2009-2020)修编。完成城市建设投资125亿元。新改建润扬北路、沙湾路等城区主次干道22条,翻建街巷68条。加快建设第五水厂、城北客运总站等项目。新辟公交线路4条,新增公交车200辆。建成万花园二期和润扬森林公园二期工程。整治古运河沿线环境。城区50平方公里主要区域实现无线宽带网络覆盖。建成数字化城管二期工程,道路保洁、绿化养护等方面市场化运作又有新成效。建成数字化城管二期工程。荣获省人居环境范例奖。全市城市化率达52.9%,比上年提高1.6个百分点。

2. 城乡统筹稳步发展

出台了《关于推进市区率先统筹城乡发展的实施意见》。完成“强县强镇、三年倍增”目标任务。农村“十大工程”、“新五件实事工程”加快推进,新建农村公路470公里,疏浚县乡河道2 900万方。新建“一池三改”户用沼气池1.56万个、无害化卫生户厕7.3万座,新增农村饮用安全水20万人。全面推动区域供水工作,覆盖范围不断扩大。新创全面小康村180个、新农村示范村33个。

(六)环境保护与资源节约

生态市建设持续推进。新建六圩污水处理厂二期、赵庄垃圾焚烧发电厂等项目。新铺设污水管166公里。11个乡镇建成污水集中处理设施,15个乡镇通过全国环境优美乡镇命名或考核。大力开展秸秆禁烧和综合利用工作。新增造林15.3万亩,其中成片造林10.2万亩。森林覆盖率达18.1%。市区新增绿化面积160万平方米。强化对138家重点污染源企业的监管,完成年度强制性清洁生产项目。化学需氧量、二氧化硫排放量分别下降 5.3% 和 6.9%。城市绿化覆盖率达到 41.8%。单位地区生产总值综合能耗下降 4.6%。全年市区空气质量达到或优于二级的天数达 339 天，比去年增加 18 天。城市饮用水源地水质达标率继续保持在 100%。

三、挑战与机遇

在充分肯定成绩的同时，也要清醒地认识到：扬州市经济回升的基础还不稳固，经济转型升级的任务还很艰巨；工业大项目、大企业不多；县域经济综合实力不强；提升城市功能与品质、推进城乡统筹还有大量工作要做；社会保障水平还需进一步提高；政府建设和公共服务与群众期望相比仍然存在差距。这些矛盾和问题都需要在今后的工作中，采取更加有力、更加有效的措施，切实加以解决。

2010 年全市经济和社会发展的预期目标为：地区生产总值增长 13%。财政总收入增长 16%，其中一般预算收入增长 18%。全社会固定资产投资增长 25%。研发经费支出占地区生产总值比重 1.8% 以上。社会消费品零售总额增长 16%。城市居民人均可支配收入增长 12% 左右。农民人均纯收入增长 10% 左右。城镇登记失业率控制在 4% 以内。约束性指标为：单位地区生产总值综合能耗下降 4.2%，二氧化硫排放量削减 2.4%，化学需氧量削减 5.5%。全市总体上建成全面小康社会。

四、扬州市在长三角地区经济发展中的地位

受国际金融危机的影响，实体经济受到了很大冲击，世界经济虽现回暖迹象，但彻底反弹将是漫长曲折的过程，国际市场需求根本好转有待时日。外部需求的不断减弱对工业出口造成直接冲击，最终影响到工业增长。2009 年，扬州市在保经济总量增长的同时，大力推进产业结构调整，扩大消费，有效的遏制了金融危机带来的冲击，经济开始逐步回暖，发展趋势良好。但外界国际环境依然不容乐观，进出口仍面临严峻考验。

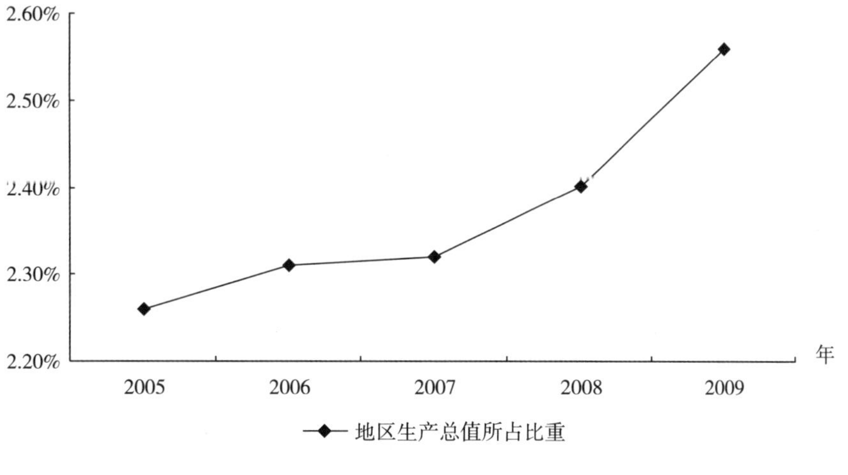

图 2－131　2005－2009 年扬州市地区生产总值在长三角所占比重

2005－2009 年扬州市地区生产总值在长三角所占比重分别为 2.26%、2.31%、2.32%、2.40% 和 2.56%，保持持续增长的态势，累计增幅为 0.3 个百分点。从 2008 年下半年以来，扬州陆续受到金融危机的冲击，各项经济指标均有不同程度的下滑。消费、投资、出口是拉动经济增长的三驾马车，金融危机以来，全市固定资产投资发展稳定，但整体水平仍低于 2008 年；消费市场在国家“扩内需、保增长”各项政策的拉动下，有较大幅度的上扬，整体基本回复到 2008 年水平，有望进一步提升；进

出口仍处于负增长,外贸形势持续低迷。

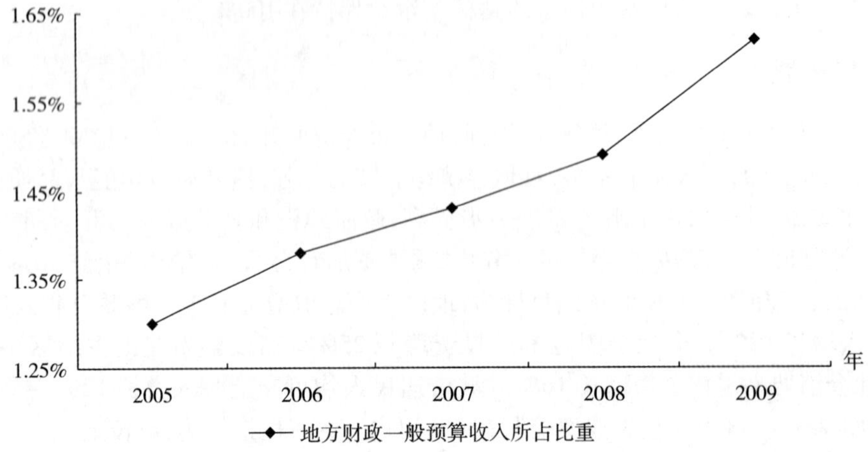

图 2-132　2005-2009 年扬州市地方财政一般预算收入在长三角所占比重

2005-2009 年扬州市地方财政一般预算收入在长三角所占比重分别为 1.30%、1.38%、1.43%、1.49%和 1.62%,保持持续增长的态势,累计增幅为 0.32 个百分点。2008 年 4 月至 2009 年 5 月,扬州市财政总收入与财政一般预算收入增幅均呈下降趋势,2009 年 5 月至 2009 年 11 月,两项指标增幅下降趋势得到扭转,开始回升,但回升趋势较缓,金融危机的影响对财政收入与一般预算收入相对较强。2009 年财政总收入突破 300 亿,达到 310.09 亿元,增长 16.5%;一般预算收入 128.08 亿元,增长 22.2%,占 GDP 的比重为 7.1%,比上年提高了 0.4 个百分点。财政收入结构逐步向好,税收占一般预算收入的比重不断回升。

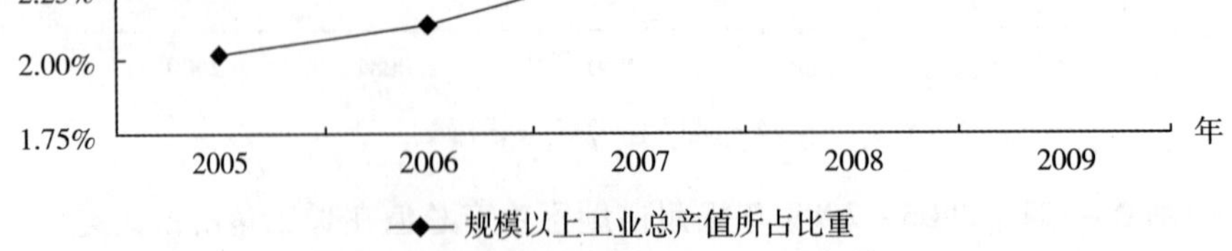

图 2-133　2005-2009 年扬州市规模以上工业总产值在长三角所占比重

2005-2009 年扬州市规模以上工业总产值在长三角所占比重分别为 2.02%、2.12%、2.32%、2.70%和 3.21%,保持持续增长的态势,累计增幅为 1.19 个百分点。2009 年全市规模以上工业完成总产值 4460.2 亿元,增长 26.4%。2009 年 1-2 月,两项指标增幅较 2008 年底均有较大幅度下降,而后逐步回升。2009 年以来,规模以上工业总产值呈企稳上升趋势,规模以上工业销售收入增幅较年初有小幅提升，发展态势平稳，工业经济稳步向好。

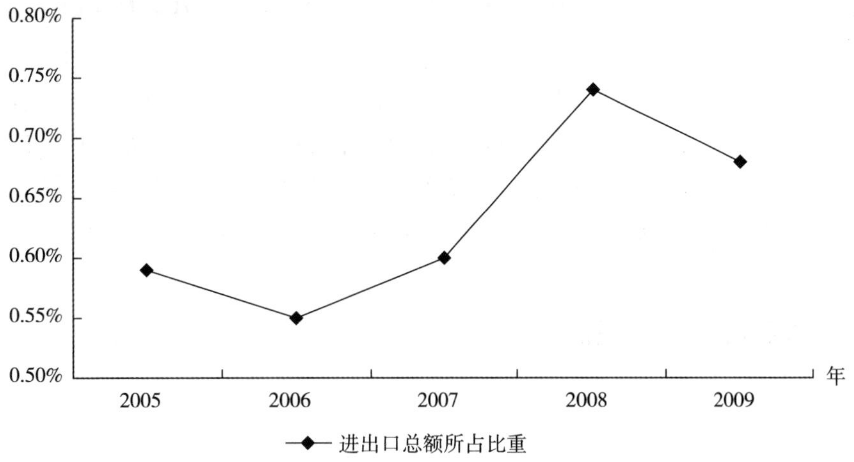

图 2－134　2005－2009 年扬州市进出口总额在长三角所占比重

2005－2009 年扬州市进出口总额在长三角所占比重分别为 0.59%、0.55%、0.60%、0.74% 和 0.68%，2009 年比上年微降 0.06 个百分点。2009 年，受国际金融危机冲击和国际市场需求严重萎缩的影响，扬州市对外贸易遇到前所未有的困难。自 2008 年 10 月国家启动保增长、扩内需诸多措施以来，一系列经济刺激计划的效果显现，全市进口情况逐步好转。2009 年全年进出口总额 54.34 亿美元，同比下降 12.1%，其中出口 40.13 亿美元，下降 12.1%。

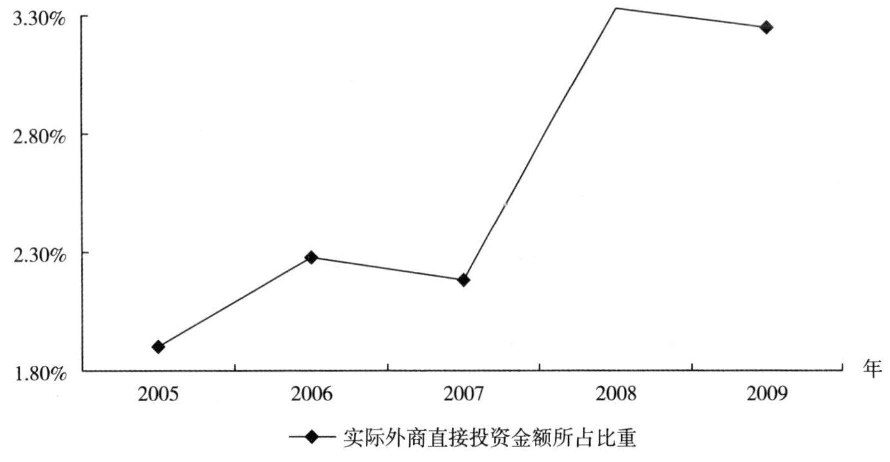

图 2－135　2005－2009 年扬州市实际外商直接投资金额在长三角所占比重

2005－2009 年扬州市实际外商直接投资金额在长三角所占比重分别为：1.90%、2.28%、2.18%、3.33% 和 3.25%，在 2008 年猛增 1.15 个百分点后，2009 年出现小幅回调，比上年下降 0.08 个百分点。尽管国际金融危机造成了全球经济放缓的不利局面，扬州市坚定不移地推进产业招商，出台了《全市产业招商活动方案》。各地、各部门纷纷以"烟花三月"国际经贸旅游节为平台，以各类园区为载体，围绕石油化工、汽车船舶、机械装备三大主导产业，以及新能源、新光源、新材料产业，千方百计做足产业招商、园区招商、企业招商等文章，完成了年初预定目标。

十一　镇江市2009年经济社会发展报告

2009年,镇江市坚持科学发展、和谐发展、跨越发展,围绕“保增长、保民生、保稳定”各项目标任务,抢抓机遇,全面贯彻落实中央一揽子宏观经济刺激政策和措施,全力推进项目建设、城乡建设、生态建设、民生建设,经济内生动力增强,跨越发展之势初显,国民经济和各项社会事业呈现经济企稳回升、结构优化调整、效益改善提高、城乡统筹发展、社会和谐稳定的良好发展态势,基本实现了年度各项计划目标。

一、2009年镇江市经济发展概况

(一)综合经济

1. 经济运行积极向好

2009年全市实现地区生产总值1 672.08亿元,按可比价计算比上年增长13.7%,其中:第一产业增加值75.92亿元,增长4.5%;第二产业增加值972.21亿元,增长11.9%,其中工业增加值895.76亿元,增长11.7%;第三产业增加值623.95亿元,增长17.7%。人均地区生产总值为54 732元,按当年汇率计算折合8 017美元。经济回暖步伐加快,发展速度逐季提升,全年GDP增幅高于上年0.9个百分点。经济结构调整优化,三次产业结构由上年的4.7∶58.9∶36.4调整至4.5∶58.1∶37.3,第三产业比重比上年提高0.9个百分点。

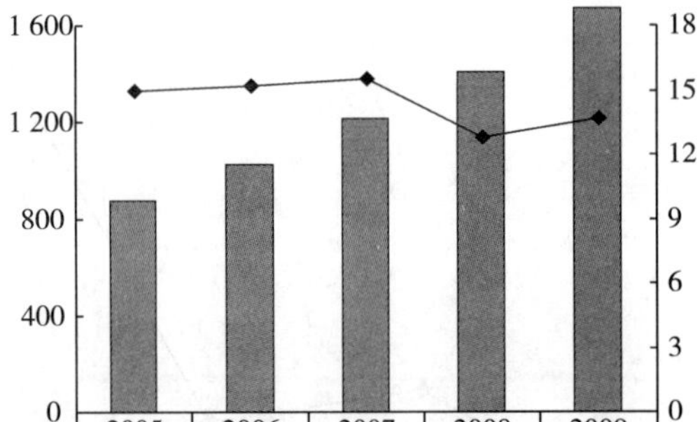

	2005	2006	2007	2008	2009
地区生产总值(亿元)	871.67	1 025.31	1 213	1 408.14	1 672.08
增幅(%)	15	15.2	15.5	12.8	13.7

图2-136　2005-2009年镇江市地区生产总值及增长速度

2. 经济效益持续改善

财政收支状况有效改善。2009年,全市实现财政总收入296.35亿元,比上年增长27.1%,实现财政一般预算收入101.57亿元,比上年增长18.6%,其中:工商税收完成82.9亿元,增长18.1%;非税收入完成18.67亿元,增长20.5%。财政一般预算收入占GDP比重达6.0%,比上年提高0.3个百分点。全市财政总支出231.27亿元,比上年增长36.5%,其中一般预算财政支出120.74亿元,增长26.9%,财政支出结构进一步调整,民生保障支出规模不断扩大、比重不断提高,教育、社会保障和就业、医疗卫生、环境保护一般预算支出为22.25亿元、6.43亿元、6.32亿元和4.98亿元,比上年分别增长31.0%、29.3%、62.9%和156.3%。

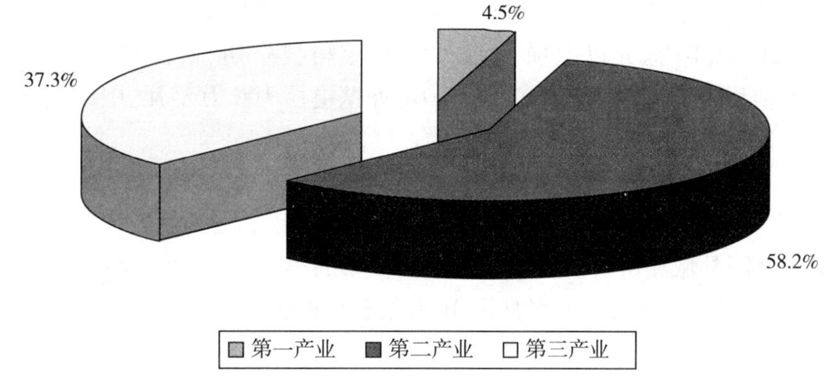

图 2－137　2009 年镇江市三次产业结构图

3. 物价总体温和上涨

2009 年，全市居民消费价格总指数为 99.6，比上年下降 0.4%。八大类消费品价格“五升三降”，其中：食品类上升 0.1%；烟酒及用品类上升 1.4%；医疗保健和个人用品类略升 0.5%；家庭设备用品及维修服务上升 0.9%；居住类上升 2.0%：衣着类下降 1.3%；交通和通信类下降 3.9%；娱乐教育文化用品及服务类下降 2.3%。由于粮食、蔬菜价格的刚性上涨，猪肉价格的触底回升，水价、电价、燃料价格的普遍上调，房价的高位运行，市场物价上涨预期和压力明显增强。

4. 固定资产投资持续增长

2009 年，全市全社会固定资产投资完成1 010.57亿元，比上年增长 40.6%，其中：第一产业投资 17.12 亿元，增长 32.5%；第二产业投资 634.26 亿元，增长 36.9%，其中工业投资 624.67 亿元，增长 36.5%；第三产业投资 359.19 亿元，增长 48.3%。在全社会固定资产投资中，规模投资 834.21 亿元，增长 35.8%；城镇投资 606.65 亿元，增长 32.9%。按登记注册类型分：国有投资 287.61 亿元，增长 106.1%；“三资”投资 227.34 亿元，增长 15.6%；民营投资 495.62 亿元，增长 29.3%。

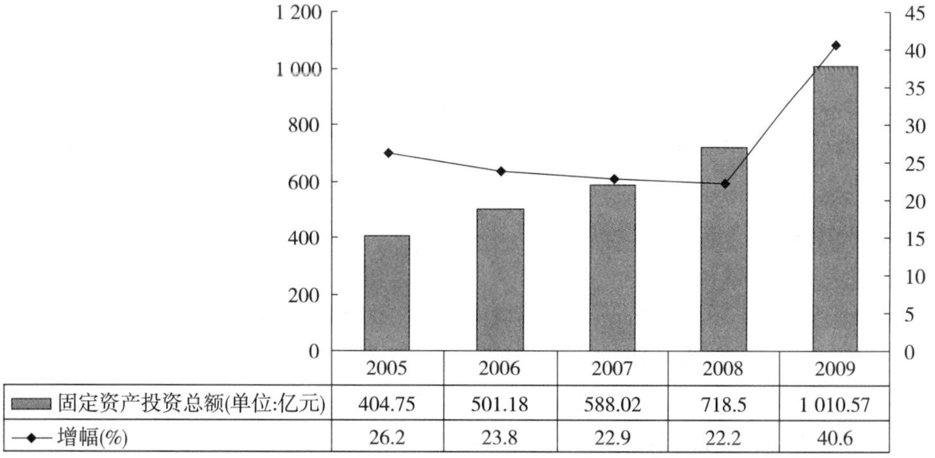

图 2－138　2005－2009 年镇江市全社会固定资产投资及增长幅度

重大投资项目进展顺利。2009 年，全市在建规模投资项目（500 万元以上）1 458个，比上年增加 53 个，其中：在建亿元以上项目 221 个，比上年增加 70 个，其中 5 亿元以上项目 52 个，比上年增加 23

个,10 亿元以上项目 21 个,比上年增加 17 个。在建规模投资项目中,当年新开工亿元以上项目 75 个,5 亿元以上项目 20 个,10 亿元以上项目 12 个。巨宝科技一期、索普 60 万吨醋酸造气、台泥二期、江苏胜华造船等项目竣工或投产;二重一期、国电谏壁电厂 100 万千瓦、中石油物流中心、中储粮镇江储备中心等项目顺利推进。

5. 区县经济

镇江市、丹阳市、扬中市、句容市地区生产总值在全市的占比分别为:44.33%、30.04%、12.77%、12.87%。全国县域经济科学发展交流年会发布的第十届(2009)全国县域经济基本竞争力百强县(市)名单中,丹阳市在排行榜上名列第 16 位,比上届前移 2 位;句容市排名第 90 位,比上届前移 4 位。

表 2-28　2009 年镇江市县区主要经济指标

县市	生产总值(亿元)	工业总产值(亿元)	城镇固定资产投资(亿元)	地方财政一般预算收入(亿元)	出口(亿美元)	社会消费品零售总额(亿元)
镇江市区	741.26	1 346.26	425.69	56.02	20.74	231.25
丹阳市	502.21	996.10	91.12	23.00	11.00	128.56
扬中市	213.48	431.93	38.98	11.34	1.71	57.17
句容市	215.12	465.77	50.86	11.21	1.96	58.76

(二)农业

农村经济平稳发展。2009 年,全市实现农林牧渔业总产值 113.2 亿元,比上年增长 6.5%,其中:农业总产值 58.6 亿元,增长 8.4%;林业总产值 4.59 亿元,增长 7.8%;牧业总产值 18.6 亿元,增长 0.2%;渔业总产值 14.7 亿元,增长 5.9%;农林牧渔服务业总产值 16.7 亿元,增长 7.8%。

粮食生产面扩产增。2009 年,全市粮食总产连续五年实现增产,粮食种植面积 264.33 万亩,比上年增长 0.2%。粮食总产量达 117.9 万吨,比上年增长 4.9%。油菜籽播种面积 40.98 万亩,比上年下降 4.7%,总产量 5.96 万吨,比上年下降 4.9%。

畜牧业恢复性增长。2009 年,全市肉类总产量 6.96 万吨,比上年增长 6.3%;生猪存栏量 48.6 万头,比上年下降 10.8%,出栏量为 55.2 万头,比上年下降 4.8%;家禽存栏量 520.9 万头,比上年下降 5.9%,出栏量1 408.6万羽,比上年增长 15%;水产品产量 8.5 万吨,比上年增长 3.0%。

现代农业提速增效。年末全市高效农业面积 90.2 万亩、高效渔业面积 10.8 万亩,比上年分别增加 22.4 万亩、3.2 万亩,占比重 34.9% 和 33.0%,比上年分别提高 8.6 和 9.7 个百分点。主要农产品中有机、绿色及无公害产品种植面积比重为 74.6%,比上年提高 7.0 个百分点。年末拥有省级认定的无公害、绿色、有机农产品 518 个,其中本年分别新增 33 个、3 个和 15 个。全市已建成现代农业园区 123 个,总面积 13.9 万亩。完成"三资"投入农业 34.5 亿元。新增高效农业 22.4 万亩,其中设施农业 5.8 万亩,高效农业面积占耕地面积的 34.9%,农民现金收入中 16.8% 来自高效农业。

(三)工业和建筑业

工业生产先抑后扬。2009 年,全市拥有规模以上工业企业2 886家,比上年增加 382 家。规模以上工业实现总产值3 211.2亿元,比上年增长 15.1%;实现增加值 790.03 亿元,比上年增长 15.3%。按轻重工业分:轻工业增加值 197.3 亿元,比上年增长 9.2%;重工业增加值 592.7 亿元,比上年增长

17.4%。按经济类型分，国有工业增加值 31.2 亿元，比上年下降 5.4%；集体工业增加值 24.1 亿元，比上年增长 13.8%；非公有制工业增加值 734.7 亿元，比上年增长 16.4%，其中民营工业增加值 454.8 亿元，比上年增长 19.1%；“三资”工业增加值 280.6 亿元，比上年增长 13.8%。全年工业用电量 117.14 亿千瓦时，比上年增长 4.1%。

重点培育主导产业发展。2009 年，积极实施“千百亿工程”发展战略，“五大主导产业”实现销售收入2 498.1亿元，比上年增长 14.8%，占比重达 83.2%，比上年提高 0.2 个百分点，其中：造纸销售收入 157.8 亿元，增长 6.8%；新材料销售收入 206.9 亿元，增长 22.4%；特种金属销售收入 295.7 亿元，增长 12.2%；绿色化工销售收入 571.6 亿元，增长 5.0%；装备制造销售收入1 266.0亿元，增长 20.4%。

企业盈利状况逐步改善。2009 年，全市规模以上工业实现销售收入、利税和利润总额3 003.4亿元、252.5 亿元和 148.1 亿元，比上年分别增长 14.5%、16.0% 和 17.3%。年末销售收入超 10 亿元企业 39 家，比上年增加 7 家，其中销售收入超百亿元企业 3 家；拥有利税超亿元企业 35 家，比上年增加 5 家。

建筑业快速发展。2009 年末全市拥有资质以上建筑业企业 408 家，比上年增加 34 家。实现建筑业总产值 263.5 亿元，比上年增长 23.7%，其中竣工产值 151.5 亿元，比上年增长 16.7%。建筑业实现利税总额 7.6 亿元，比上年增长 35.7%。建筑业全员劳动生产率达 20.5 万元/人，比上年增长 23.9%。全年房屋建筑施工面积1 405万平方米，比上年增长 18.2%；房屋建筑竣工面积 703.5 万平方米，比上年增长 19.6%，其中住宅竣工面积 333.9 万平方米，比上年增长 13.1%。

（四）服务业

现代服务业加速提升，增加值占 GDP 的比重达 37.7%。软件产业营业收入达 65 亿元，增长 116.7%。

1. 国内贸易

2009 年，全市实现社会消费品零售总额 488.5 亿元，比上年增长 19.1%。按行业分，批发和零售业实现零售额 418.3 亿元，比上年增长 17.0%；住宿和餐饮业实现零售额 67.4 亿元，比上年增长 34.5%。按城乡分，城市实现零售额 407.8 亿元，比上年增长 19.1%；农村市场实现零售额 80.7 亿元，比上年增长 19.1%。按消费品分，食品、烟酒、日用品、家用电器实现零售额分别增长 14.7%、34.2%、25.4% 和 21.4%。

各类市场规模不断扩大。2009 年，全市拥有限额以上企业 492 家，比上年增加 114 家，其中：批发和零售业 349 家，增加 96 家；住宿和餐饮业 143 家，增加 18 家。全市拥有星级宾馆（饭店）41 家，其中三星级以上 13 家。年末全市拥有各类亿元以商品交易市场 20 个，交易额 126 亿元，比上年增长 37.0%。

2. 交通、邮电

交通运输业发展稳定。2009 年，全市完成旅客运输量、货物运输量13 275万人次、9 405万吨，比上年分别增长 16.9% 和 16.7%；完成旅客周转量、货物周转量 80.2 亿人公里、57.6 亿吨公里，比上年分别增长 17.6% 和 16.4%。完成港口货物吞吐量10 132万吨，比上年增长 0.8%。年末全市等级公路里程6 732公里，本年新增 257 公里。年末私人汽车保有量 15.7 万辆，比上年增长 22.1%，其中私人轿车保有量 11.0 万辆，比上年增加 3 万辆，增长 29.7%。

邮电通信业平稳增长。2009 年，全市实现邮电业务总量 30.3 亿元，比上年增长 8.0%。邮电业务收入 24.1 亿元，比上年增长 8.1%。年末拥有邮政局（所）127 处，邮政报刊图书销售亭（点）165 处，邮政线路总长度5 853公里；年末固定电话用户 114.8 万户，其中：城市电话用户 43.3 万户；年末

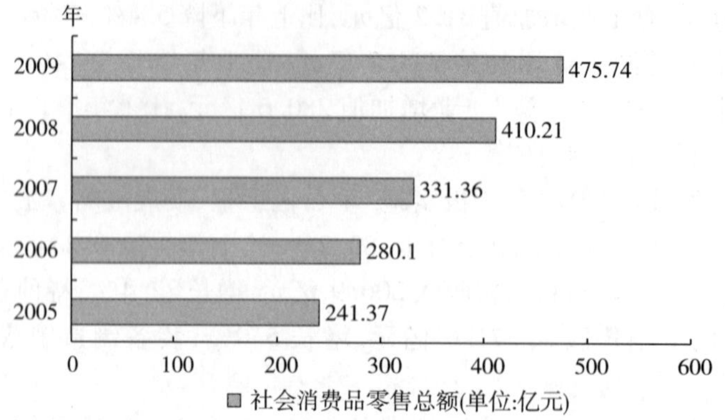

图 2-139　2005-2009 年镇江市社会消费品零售总额

移动电话用户 231.0 万户。年末互联网用户 37.1 万户,新增 8.1 万户。

3. 金融、保险业

2009 年,金融保障体系进一步完善,华夏、民生、浦发、大新、招商银行分支机构相继落户镇江。全市金融机构有效落实积极宽松的货币政策,货币供给规模创历史新高。至年末,全市金融机构各项存款余额1 785.29 亿元(人民币,下同),比年初增加 522.58 亿元。金融机构各项贷款余额1 286.64亿元,比年初增加 365.66 亿元,其中短期贷款 645.87 亿元,比年初增加 150.55 亿元;中长期贷款 532.46 亿元,比年初增加 184.53 亿元。票据贴现贷款 108.2 亿元,比年初增加 30.6 亿元。在各项贷款余额中,工业性贷款 266.34 亿元,个人消费贷款 160.3 亿元,比年初分别增加 34.55 亿元、74.7 亿元。

保险市场有序稳定发展。2009 年,全市拥有保险机构 42 家,本年新增 7 家,保险机构实现保费收入 40.8 亿元,比上年增长 24.1%。保险机构赔付支出 10.5 亿元,比上年增长 13.8%,其中:财产险赔付 5.6 亿元,增长 28.6%;人身险赔付 4.9 亿元,增长 0.4%。

4. 旅游业

2009 年,全市接待国内旅游者人数2 242万人次,比上年增长 17.8%;国内旅游收入 234.3 亿元,比上年增长 26.6%。接待海外旅游者人数 58.9 万人次,比上年增长 10.0%。其中外国人 46.4 万人次,增长 12.6%;港澳台同胞 12.5 万人次,增长 1.4%;国际旅游外汇收入 4.54 亿美元,增长 8.1%。

5. 房地产业

房地产市场量价齐升。2009 年,全市房地产开发投资完成 95.47 亿元,比上年下降 1.6%。商品房竣工面积 291.29 万平方米,比上年增长 3.4%,其中住宅 254.41 万平方米,增长 7.2%;商品房销售面积 457.27 万平方米,比上年增长 113.6%,其中住宅 414 万平方米,增长 115.4%;商品房销售额 187.17 亿元,比上年增长 158.1%,其中住宅 165.67 万平方米,增长 158.1%。全市商品房住宅销售均价4 002元/平方米。

(五)开放型经济

1. 对外贸易

2009 年,全市实现进出口总额 60.4 亿美元,比上年下降 19.1%,其中:进口总额 25.0 亿美元,下降 22.2%;出口总额 35.4 亿美元,下降 16.7%。按企业性质分:国有企业完成出口 3.37 亿美元,下降 26.5%;外商投资企业完成出口 20.56 亿美元,下降 11.9%;私营企业完成出口 10.32 亿美元,下降 21.6%。按国别(地区)分:对亚洲出口总额 16.13 亿美元,下降 15.0%;对欧洲出口总额 7.51 亿美元，下降 27.6%，其中对欧盟出口下降 25.4%；对北美洲出口总额 7.45 亿美元，下降 5.2%，其中对美国出口下降 6.3%。

外资形势相对稳定。2009 年，全市完成协议利用外资 28.0 亿美元，比上年增长 20.2%。工商新注册企业 164 家，比上年增加 18 家。新批1 000万美元以上外资项目 100 个，比上年增加 23 个。实际利用外资 14.41 亿美元，比上年增长 19.9%。

外经保持平稳发展。2009 年，全市新签对外承包工程和劳务合作合同金额 3.2 亿美元，比上年增长 3.4%，完成营业额 2.7 亿美元，比上年增长 5.4%。年末境外劳务人员11 030人，本年新派境外劳务人员5 221人，比上年增长 1.3%；年末拥有境外投资企业 53 家，中方投资7 067万美元，其中本年新批境外企业 14 家，中方投资3 647万美元。新签离岸服务外包合同额7 209万美元，增长 7.2 倍，新增服务外包企业 70 家。

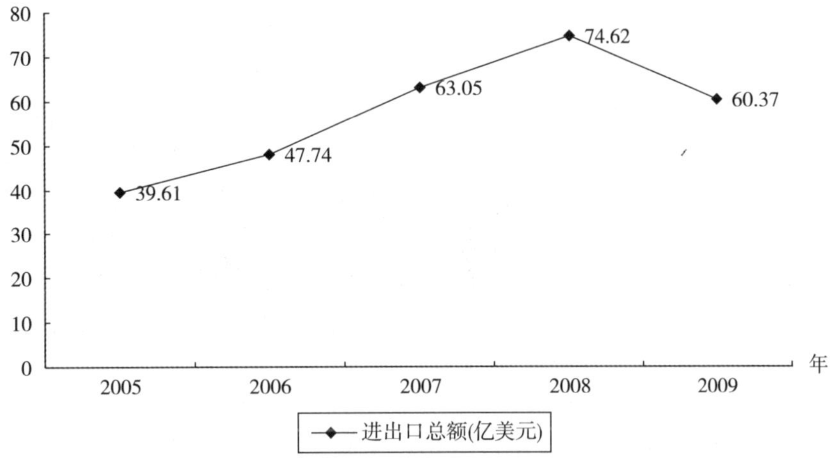

图 2－140　2005－2009 年镇江市外贸进出口总额

2. 民营经济

2009 年，镇江市被评为首批"中国创业之城"，新增私营企业4 828家、个体工商户 1.82 万户，累计注册资本达661 亿元。2009 年全市民营经济实现增加值 929.68 亿元，比上年增长 14.2%，占 GDP 比重达 55.6%，比上年提高 1.1 个百分点。私营个体经济保持快速发展，年末全市拥有私营企业 28 929户，注册资本 616.52 亿元，从业人员 45.83 万人，其中本年新增私营企业4 828户、注册资本 103.96 亿元、从业人员 5.50 万人；全市拥有个体工商户97 938户，注册资本 44.54 亿元，从业人员 16.24 万人。

3. 园区建设

开发园区外资集聚效应明显，全市 7 个省级以上开发区累计实际利用外资 10.9 亿美元，增长 30.4%，占比重 76.1%。7 个省级开发区基础设施投入 98 亿元，增长 75.3%。

二、2009 年镇江市社会发展概况

（一）人口、人民生活

2009 年末全市常住人口 306.9 万人，比上年末增加 2.9 万人；户籍人口 269.9 万人，比上年增加 1.1 万人，其中：男性人口 135.2 万人，女性人口 134.7 万人。人口出生率 7.6‰，人口死亡率 6.7‰，

人口自然增长率0.9‰。

人民生活水平不断提高。2009年,全市城市居民人均可支配收入21 941元,比上年实际增长10.4%;人均消费性支出13 031元,增长6.7%。农村居民人均纯收入9 642元,比上年实际增长11.4%;人均生活消费支出7 056元,增长7.3%。消费结构转型升级,城市居民用于交通和通讯、文化娱乐教育、医疗保健消费支出分别达900元、1 859元和727元,恩格尔系数为39.8%;农村居民用于交通和通讯、文化娱乐教育、医疗保健消费支出分别达816元、1 016元和419元,恩格尔系数为38.7%。生活条件继续改善,年末城市居民人均居住面积达35.2平方米,每百户家庭拥有彩色电视机179台,家用电脑80台,空调176台,移动电话182部,汽车5辆;农村居民人均居住面积达48.4平方米,每百户家庭拥有彩色电视机158台,家用电脑34台,空调95台,移动电话183部。

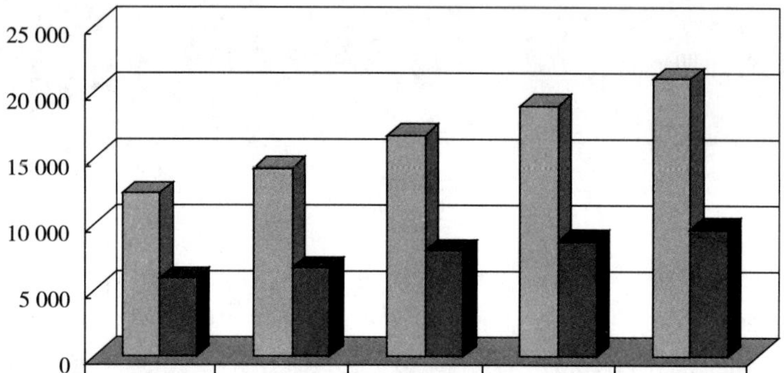

	2005	2006	2007	2008	2009
城市居民人均可支配收入(元)	12 394	14 291	16 775	19 040	21 041
农民人均纯收入(元)	5 916	6 717	8 007	8 742	9 642

图2-141　2005-2009年镇江市城乡居民收入对比一览

(二)就业和社会保障

就业形势基本稳定。新增城镇就业5.2万人,转移农村劳动力3.3万人,返乡农民工基本实现再就业;镇江籍高校毕业生就业率达90%。随着宏观经济形势的逐步好转、企业生产经营状况的逐步改善,加之积极有效的促进就业再就业政策措施,劳动力市场逐步升温,就业形势由紧趋稳发展。全年新增城镇从业人员5.2万人、新增转移农村劳动力3.3万人,年末全市全社会从业人员达173.2万人,比上年增加7.8万人,城镇登记失业率为2.3%。

社会保障日臻完善。2009年,全市企业职工基本养老保险、城镇基本医疗保险、失业保险参保人数分别为62.7万人、71.4万人和42.9万人,比上年分别增加2.7万人、1.5万人和0.8万人;覆盖面分别达98.4%、98.7%和98.3%。农村养老参保人数8.62万人,覆盖面达66.0%。社会救助机制不断完善,弱势群体和低收入家庭实现"应保尽保",全市最低生活保障人数达4.5万人,其中城市1.4万人,农村3.1万人,发放最低生活保障经费6 143万元,增长25.4%。慈善资金总收入(含增值)4 915万元,救助总支出1 571万元,救助8 754人次。

(三)科学技术和教育

科技研发步伐加快。2009年,全市全社会研究与发展(R&D)经费支出31.8亿元,比上年增长25.2%,占GDP比重1.9%,比上年提高0.2个百分点。年末从事科技活动人员2.4万人,其中研究与发展(R&D)人员1.02万人。拥有市级以上工程研究中心86家,其中省级以上40家。新建"东南大学—镇江工业技术研究院"、"东南大学—镇江智能电网研究中心"和"东南大学科技成果转化镇江工作站"。年末全市拥有10个省级科技孵化器基地,本年新增2个,累计面积达25万平方米。镇江大学科技园升格为国家级。全市科技进步贡献率达51%,镇江市第七次被评为"全国科技进步先进市"。"331人才计划"顺利实施,34个新兴产业项目、172名高层次人才得到资助。

高新产业加快发展。2009年,全市拥有省级以上高新技术企业145家,拥有省级以上高新技术产品1 087项。新立项国家火炬计划26个,总投资5.6亿元。实现高新技术产业产值1 063亿元,比上年增长24.6%,占比重达33.1%,比上年提高2.7个百分点。软件产业实现销售收入达65亿元,比上年增长116.7%。

科技创新成果丰硕。全年专利申请数8 608件,比上年增长17.3%。其中发明专利1 341件,增长18.3%;专利批准数4 064件,比上年增长56.8%,其中发明专利1 341件,增长18.4%。在专利批准数中,荣获国家优秀奖2项,省金奖1项、优秀奖10项。百亿元GDP专利授权数242件,百亿元GDP发明专利申请数80件,比上年分别增加69件和5件。

教育事业取得新进展。2009年,全市教育事业支出33.04亿元,比上年增长19.4%。提前实现"十一五"教育发展规划,全面完成基本教育现代化创建任务。年末全市幼儿园在园人数6.09万人;中小学校在校学生人数26.33万人,其中:小学12.90万人、中学13.43万人;职业技工学校在校学生人数2.35万人;普通高等学校在校学生人数8.66万人,其中研究生0.67万人。幼儿园入园率达97%,九年义务教育普及率达和高中阶段毛入学率均达100.0%,高等教育毛入学率达42.6%,全市人均受教育年限达14.5年。全年义务教育减免学杂费5 862万元,发放助学金3 091万元,全面实行义务教育阶段教师绩效工资。全面完成县级区域教育现代化创建,率先发放义务教育绩效工资。

(四)文化、卫生和体育

1. 文化事业

文化产业建设加快推进。2009年完成文化产业投资40.65亿元,比上年增长65.3%。群众性文化娱乐活动广泛开展,组织了46期"文化嘉年华"项目;成功举办"迷笛音乐节";"文心公益行动"放映免费电影38场,公益演出16场,广场文化活动20场。基层文化设施建设稳步推进,年末拥有镇(街道)文化站52个,605个行政村建成文化活动室,"农家书屋"覆盖率达100%。创作一批文化艺术精品,话剧《三国龙凤呈祥》、专题片《瘗鹤铭》、纪录片《诗话镇江》、音乐剧《水漫金山》等作品获得广泛好评。文化馆藏更加丰富,年末全市拥有图书馆8家,本年新增1家,藏书量190万册;博物馆9家,藏品3.71万件。全年各类报纸出版4 432万份,比上年增长11.3%;各类期刊出版15.1万册,增长15.2%;各类图书出版3 863万册,增长22.1%。

广电事业构筑新平台。2009年,新广电中心竣工并交付使用,建筑面积5.92万平方米,为镇江广电事业发展拓展了新空间。年末全市拥有广播电台、电视台各1座,广播、电视覆盖率均达100%,有线电视覆盖率达70.1%,新开通有线电视自然村100个,完成市区数字电视整转工作。

2. 体育事业

各项体育活动蓬勃开展。2009年,南徐体育会展中心正式开工建设,建筑面积达17.2万平方米。年末全市拥有体育场馆178个,健身点1 322个,健身俱乐部500个,万人拥有公共体育设施面积1.05万平方米。年末拥有等级运动员241人,全年向省级以上运动队输送优秀运动员19名。成功举办迎新年万人健身长跑、"百日万人"健步行活动。成功承办全国少年男子排球比赛、全国俱乐部女子篮球联赛、全国象棋甲级联赛等全国体育赛事。竞技体育再获佳绩,参加省级比赛共获得金牌34.5枚、银牌22枚、铜牌37枚。全年完成体育彩票销售3.16亿元,比上年增长26.2%。

3. 卫生事业

卫生保障水平稳步提高。人口出生缺陷发生率降至9‰。成为全省唯一公立医院改革试点城市,成立两大医疗集团,医药卫生体制改革取得良好开端。新二院整体搬迁工程、一院内科医技楼、中医院门诊综合楼建设加快推进。公共卫生服务能力显著增强,有效防控甲型 H1N1 流感疫情。2009 年,全市拥有卫生机构 890 个,其中医院、卫生院 100 个;卫生机构床位8 670张,其中医院、卫生院床位8 529张;卫生技术人员14 484人,其中医生5 230人、注册护士4 400人。卫生服务体系健全率达 87. 0% ,社区卫生机构覆盖率达 100% 。新型农村合作医疗参保人数 158. 3 万人,覆盖率达 99. 9% 。全年医治入院人数 22. 2 万人,治愈好转率达 96. 9% 。孕产妇死亡率为零,婴儿死亡率 3. 07‰。积极开展甲型 H1N1 流感防控与救治,建立 30 支应急处置队伍,收治危重病人 18 例。推行公立医院改革试点,成立江滨、康复两大医疗集团。医卫设施条件不断改善,市一院内科医技楼、中医院门诊综合楼工程进展顺利,新二院工程开工建设,口腔医院完成改造搬迁,市三院结核病楼及负压病房建成并投入使用。

(五)城乡建设

2009 年,全市完成城乡建设投资 305. 1 亿元,比上年增长 31. 7% ,“一中心四区域”城市雏形初显。南徐新城、北部滨水区、大市口 AB 地块、双井路片区和“三铁一桥”等建设顺利推进,金港大道、南山西入口、新南门汽车站、滨江旅游专线等工程顺利竣工。城管重心全面下移,“数字城管”正式运行。城市综合功能不断完善,全年新增公共汽车营运车辆 125 辆,新辟和优化公交线路 22 条,出租汽车全面更新,燃气普及率达到 96. 1% ,自来水普及率达 100% 。居民居住条件继续改善,市区完成房屋拆迁 381 万平方米,增长 1. 1 倍,定建拆迁安置房面积达 228. 5 万平方米,其中竣工交付 60 万平方米。城市化水平稳步提升,全市城市化率达 60. 0% ,市区建成区面积 102. 2 平方公里,比上年增加 4 平方公里。

农村改革强力推进,新增合作组织 531 家,新增入社农户 4. 2 万户。涉农乡镇全部建立土地流转服务中心。农村“三集中”有序推进,新建农民集中居住点 63 个,面积 257 万平方米。农村区域供水入户率、卫生户厕普及率、行政村班车通达率、互联网接入率进一步提高。家电下乡销售 7. 98 万台,获财政补贴2 038万元。

(六)环境保护和资源节约

环境保护扎实推进。2009 年,生态市创建全面推进,“青山绿水”工程加快实施,21 个乡镇通过全国环境优美乡镇省级考核。全年环境保护投资完成 85. 3 亿元,比上年增长 35. 1% ,占 GDP 比重达 5. 1% 。太湖流域 140 项重点治污工程基本完成,已建和新建 34 座乡镇污水处理厂,工业废水排放达标率达 93. 0% ,工业烟尘排放达标率达 99. 0% 。节能减排目标任务全面实现,全市 GDP 单位能耗比上年下降 4. 69% ,化学需氧量(COD)排放强度为 2. 46 千克/万元、二氧化硫(SO_2)排放强度为 3. 62 千克/万元,单位工业增加值新鲜水耗 20. 1 立方米/万元。工业用水重复使用率达 80. 4% 。环境质量稳步提高。全年空气优良天数优良率达 91. 0% ,酸雨天数出现率下降至 26. 7% 。集中式饮用水源水质达标率为 100% ,环境质量综合指数达 83. 2% ,森林覆盖率达 20. 7% ,城镇人均公共绿地面积达 15. 9 平方米,人民群众对环境的满意度逐年提升。

三、挑战与机遇

在总结成绩的同时,也应清醒地看到,镇江市经济社会发展中还存在不少薄弱环节。主要是:经济结构不优,新兴产业占比偏小;城市创新能力不强,综合实力偏弱;城乡居民收入水平偏低,对消费的拉动作用不强；城市管理需要进一步加强；等等。这些问题，将在今后的工作中采取有力措施，认真加以解决。

2010 年全市经济社会发展的主要预期目标是：地区生产总值增长 12%；地方财政一般预算收入增长 15%；全社会固定资产投资增长 20%；社会消费品零售总额增长 17%；实际利用外资增长 10%；研发投入占 GDP 比重达到 2%，高新技术产业产值占规模以上工业比重达到 35%；城镇居民人均可支配收入、农民人均纯收入增长 10%；城镇登记失业率控制在 4% 以内；单位 GDP 能耗、化学需氧量和二氧化硫排放量全面完成“十一五”削减任务。

四、镇江市在长三角地区经济发展中的地位

2009 年，镇江市积极应对金融危机的深度影响，危中抢机、奋力拼搏，除进出口指标外，全面完成本年度预计目标。全市实现地区生产总值1 672.08亿元，同比增长 13.7%；地方财政一般预算收入 101.6 亿元，增长 18.6%；全社会固定资产投资1 010亿元，增长 40.6%；实际利用外资 14.4 亿美元，增长 19.9%；社会消费品零售总额 488.5 亿元，增长 19.1%；城镇居民人均可支配收入21 041元，实际增长 10.4%；农民人均纯收入9 642元，实际增长 11.4%；城镇登记失业率 2.35%；单位 GDP 能耗下降 4.65%，化学需氧量削减 2.2%，二氧化硫排放量削减 4%。全社会固定资产投资、实际利用外资等多项主要经济指标增幅一直位居江苏省前列。“抢抓机遇、跨越发展”成为 2009 年镇江最鲜明的特征。

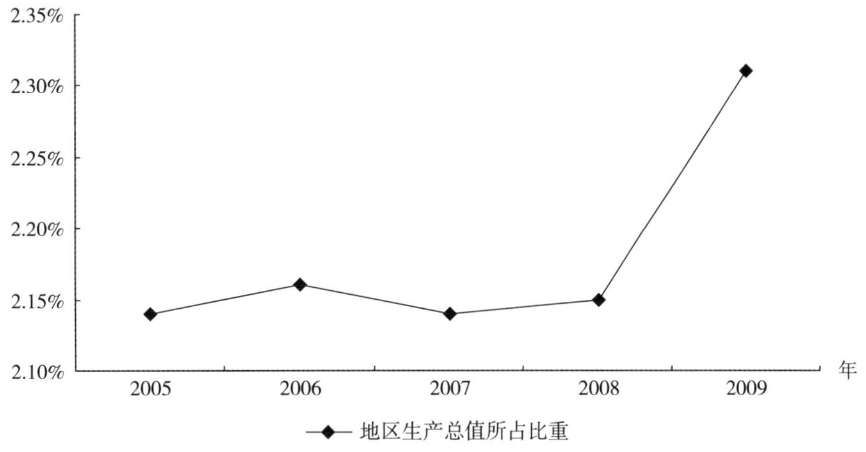

图 2－142　2005－2009 年镇江市地区生产总值在长三角所占比重

2005－2009 年镇江市地区生产总值在长三角所占比重分别为 2.14%、2.16%、2.14%、2.15% 和 2.31%，在连续三年保持稳定之后，2009 年比上年增加 0.16 个百分点，为近年最大增幅。

2005－2009 年镇江市地方财政一般预算收入在长三角所占比重分别为 1.23%、1.32%、1.34%、1.22%、1.28%，在 2008 年出现较大跌幅后，2009 年回升 0.06 个百分点。2009 年，全市财政一般预算收入 101.57 亿元，比上年增长 18.6%，其中：工商税收完成 82.9 亿元，增长 18.1%；非税收入完成 18.67 亿元，增长 20.5%。财政一般预算收入占 GDP 比重达 6.0%，比上年提高 0.3 个百分点。

2005－2009 年镇江市规模以上工业总产值在长三角所占比重分别为 1.86%、1.83%、1.92%、2.13% 和 2.33%，连续三年实现增长，累计增幅为 0.5 个百分点。2009 年，全市工业生产增速走出 V

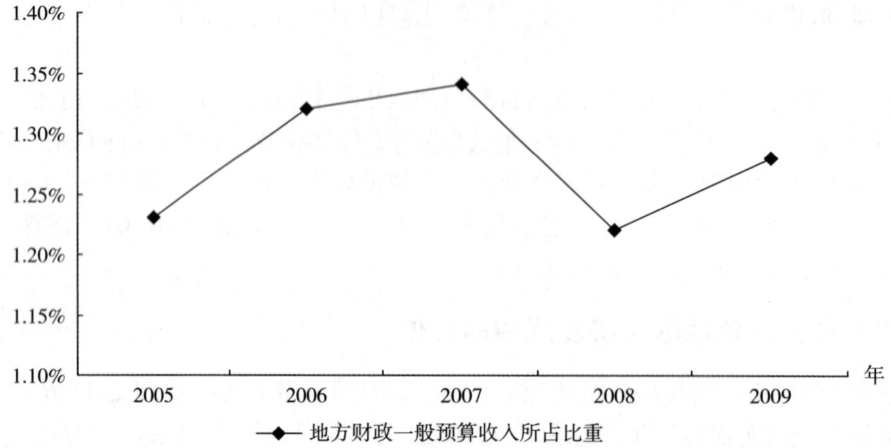

图 2-143　2005-2009 年镇江市地方财政一般预算收入在长三角所占比重

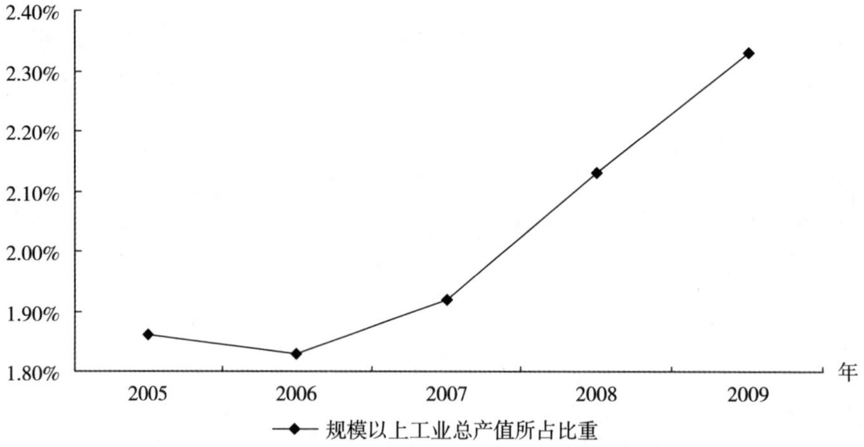

图 2-144　2005-2009 年镇江市规模以上工业总产值在长三角所占比重

形曲线。规模以上工业实现总产值3 211.2亿元,比上年增长 15.1%;实现增加值 790.03 亿元,比上年增长 15.3%。全市拥有规模以上工业企业比上年增加 382 家,达到2 886家。

2005-2009 年镇江市进出口总额在长三角所占比重分别为 0.83%、0.80%、0.85%、0.90% 和 0.75%,在连续两年增长后,2009 年比上年下跌 0.15 个百分点。2009 年,全市实现进出口总额跌幅高达 19.1%,其中:进口总额 25.0 亿美元,下降 22.2%;出口总额 35.4 亿美元,下降 16.7%。

2005-2009 年镇江市实际外商直接投资金额在长三角所占比重 2.15%、2.19%、2.65%、2.65% 和 3.08%,呈现持续增加的态势,近 5 年累计增幅为 0.93 个百分点。2009 年,全市协议利用外资 28.0 亿美元,比上年增长 20.2%;实际利用外资 14.41 亿美元,比上年增长 19.9%,增幅在长三角地区名列前茅。

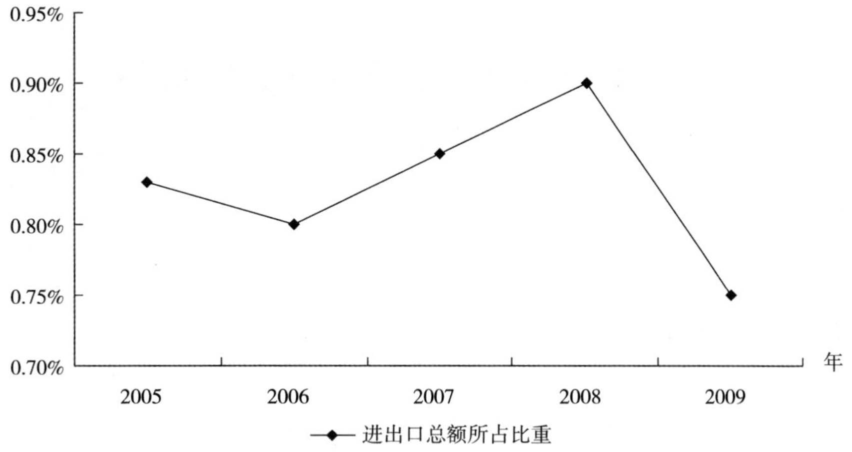

图2－145　2005－2009年镇江市进出口总额在长三角所占比重

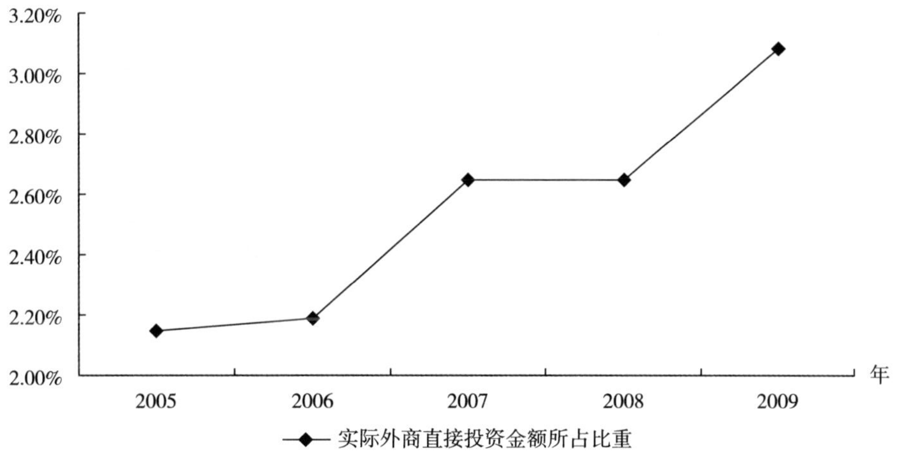

图2－146　2005－2009年镇江市实际外商直接投资金额在长三角所占比重

十二　泰州市 2009 年经济社会发展报告

2009 年,泰州全市上下深入贯彻科学发展观,积极应对国际金融危机带来的严峻挑战,统筹做好保增长促民生各项工作,经济向好态势不断增强,民生持续得到改善,改革开放深入推进,社会事业全面进步,较好地完成了年初确定的各项目标任务。

一、泰州市 2009 年经济发展概况

(一)综合经济

1. 国民经济平稳增长

全市地区生产总值1 660. 92 亿元,比上年增长 13. 8%。第一产业增加值 133. 7 亿元,增长 4. 6%;第二产业增加值 936. 56 亿元,增长 14. 4%,其中工业增加值 825. 35 亿元,增长 14. 7%;第三产业增加值 580. 76 亿元,增长 15. 0%。三次产业结构调整为:8. 1∶56. 7∶35. 2。按常住人口计算,全市人均地区生产总值35 498元,按当年汇率折算达到5 197美元。

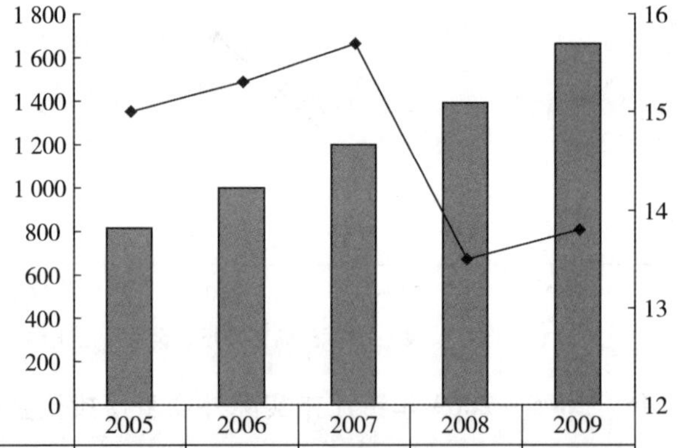

	2005	2006	2007	2008	2009
地区生产总值(亿元)	819.6	1 002.28	1 202.2	1 394.2	1 660.92
增幅(%)	15	15.3	15.7	13.5	13.8

图 2 -147　2005 -2009 年泰州市地区生产总值及增长速度

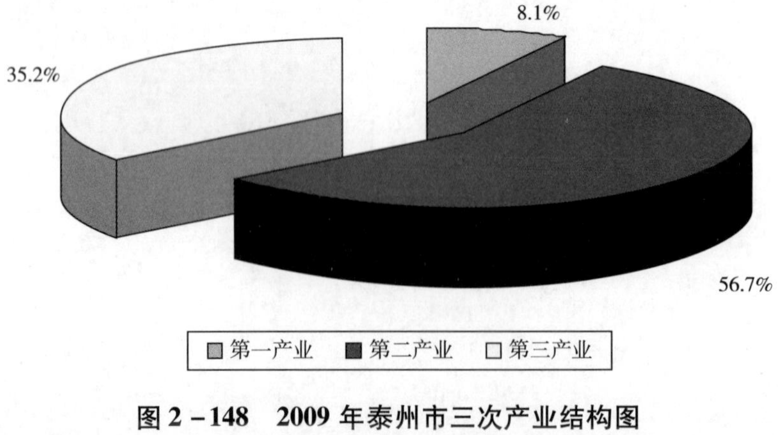

图 2 -148　2009 年泰州市三次产业结构图

2. 地方财力明显增强

全市财政总收入 343.84 亿元，比上年增长 31.1%。地方一般预算收入 138.62 亿元，增长 37.1%，其中增值税、营业税、企业所得税分别增长 11.4%、41.9%和23.0%。财政总支出 256.15 亿元，增长 39.7%。地方一般预算支出 168.86 亿元，增长 39.6%。财政支出结构不断优化，对城乡社区事务、环境保护、文化体育与传媒等领域的资金保障力度加大，分别增长 54.3%、54.4%和 88.4%。

3. 物价水平稳中有降

全年居民消费价格累计下降 0.3%，八大类商品和服务价格 5 升 3 降，食品类、烟酒及用品类、衣着类、家庭设备用品及维修服务类、医疗保健和个人用品类分别比上年增长 0.5%、0.6%、0.4%、0.5% 和 0.7%，交通及通讯类、娱乐教育文化用品及服务类、居住类分别下降 1.0%、0.4% 和 2.8%。

4. 固定资产投资增速较快

全社会固定资产投资1 166.20亿元，比上年增长 29.5%；其中城镇集体以上固定资产投资 564.20 亿元，增长 28.9%。第一、二、三产业投资 21.26 亿元、652.03 亿元和 492.90 亿元，分别增长 28.6%、28.9% 和 30.4%。民间投资 857.96 亿元，占全社会固定资产投资 73.6%。

沿江基础设施建设加快推进，新增万吨级码头 9 个，靖江港区 4 个万吨级码头实现对外开放，高港永安港区二期顺利实施。

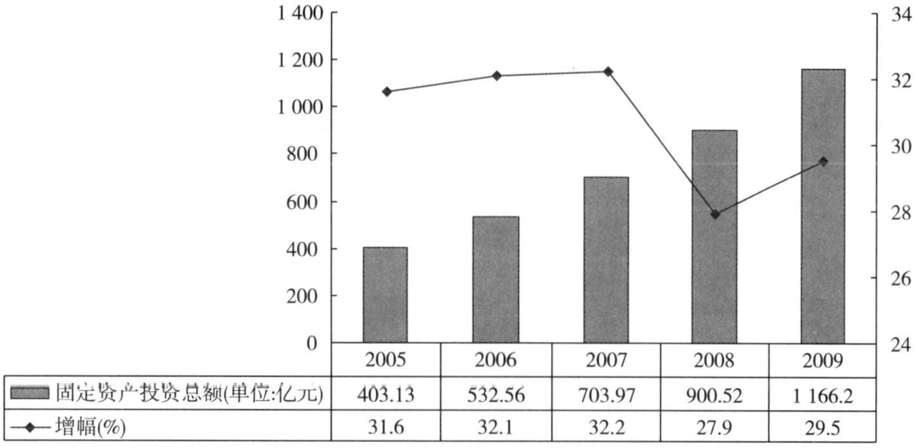

图 2－149　2005－2009 年泰州市全社会固定资产投资及增长幅度

5. 区县经济

2009 年，泰州四个郊县共计实现生产总值达1 277.74亿元，总体上保持着较高的增长速度。近年来，靖江、泰兴、姜堰、兴化四个市县域经济排名在全省位置不断前移，在 2009 年全部入围全国百强县。其中泰兴市排名比上届提升 2 位，已连续 8 年蝉联榜单；靖江市连续 6 年上榜，此次名列第 72 位，提升 7 位；首次上榜的姜堰市与兴化市并列第 76 位，兴化市比上一届提升 23 位。

表 2－29　2009 年泰州市县区主要经济指标

县市	生产总值（亿元）	工业总产值（亿元）	城镇固定资产投资（亿元）	地方财政一般预算收入（亿元）	出口（亿美元）	社会消费品零售总额（亿元）
泰州市区	383.18	1 097.91	225.65	62.40	15.33	143.31

(续表)

县市	生产总值(亿元)	工业总产值(亿元)	城镇固定资产投资(亿元)	地方财政一般预算收入(亿元)	出口(亿美元)	社会消费品零售总额(亿元)
兴化市	320.48	516.90	65.69	15.80	1.78	73.45
靖江市	364.43	908.83	123.79	27.12	16.56	78.92
泰兴市	337.07	687.57	84.73	18.83	4.90	92.51
姜堰市	255.76	558.25	64.33	14.48	3.58	79.18

(二)农业

农业生产平稳向好。全年粮食播种面积42.90万公顷,比上年增加1.01万公顷。粮食总产量310.22万吨,增长3.2%。其中夏粮112.18万吨,增长6.4%;秋粮198.04万吨,增长1.5%。棉花总产量1.60万吨,油料总产量11.73万吨。强化优质农产品基地建设,新增国家级农业标准化示范区1个,新增高效农业面积30万亩,新增国家级无公害农产品、绿色食品和有机食品50个。加快推进农业产业化、市场化进程,新增龙头企业10家,农业利用“三资”40亿元。

林牧渔业稳定增长。全市新增植树造林面积12.30万亩,年末森林覆盖率16.2%,比上年提高2.1个百分点。主要畜产品中,肉类总产量22.31万吨,增长5.3%;禽蛋总产量9.29万吨,增长0.2%;牛奶总产量3.21万吨,增长10.3%。全市水产养殖面积4.14万公顷,增长5.6%。水产品产量28.63万吨,增长18.9%;其中淡水产品28.55万吨,海水产品0.08万吨。

加快推进农业产业化、市场化进程,新增龙头企业10家、农村三大合作组织314家,农业利用“三资”40亿元。强化优质农产品基地建设,新增国家级农业标准化示范区1个、国家级无公害农产品、绿色食品和有机食品共50个。泰兴农产品加工园被授予国家级农产品加工创业基地称号。建立市级农业巨灾风险准备金,高效设施农业保险覆盖面进一步扩大。

(三)工业、建筑业

工业经济快速增长。全年工业技改财务发生数737.60亿元,实施亿元以上重大技改项目145个。全市规模以上工业总产值3 769.46亿元,增长27.9%。其中轻工业978.59亿元,增长24.1%;重工业2 745.15亿元,增长29.3%。工业出口平稳增长,全年规模以上工业出口交货值555.00亿元,增长16.5%。

企业效益逐步回升。规模以上工业产品销售率98.0%,比上年提高0.1个百分点;销售收入3 569.33亿元,增长29.0%;利税总额417.53亿元,增长43.7%;利润总额244.25亿元,增长60.3%。全市亏损企业246家,比上年下降15.5%;亏损企业亏损总额4.18亿元,下降12.4%。工业经济效益综合指数290.8%,比上年提高43.3个百分点。

支柱产业发展势头良好。三大支柱产业产值2 360.42亿元,销售收入2 270.81亿元,利税286.99亿元,分别比上年增长28.4%、30.3%和46.9%。其中,机电产业产值1 554.06亿元,增长37.4%;化工产业产值536.03亿元,增长11.1%;医药产业产值270.33亿元,增长20.2%;机电产业中船舶产业产值522.93亿元,增长46.2%。

建筑业蓬勃发展。年末全市建筑施工企业680家,从业人员56.02万人。全年完成建筑业总产值1 117.32亿元,增长17.1%;承接房屋建筑施工面积12 739万平方米,增长9.3%;房屋建筑竣工面积5 860万平方米,增长8.3%。

(四)服务业

1.国内贸易

消费市场繁荣兴旺。全市社会消费品零售总额469.89亿元,比上年增长18.7%。其中住宿和餐饮业零售额82.14亿元,增长25.9%;批发和零售业零售额385.22亿元,增长17.4%;其他行业零售额2.53亿元,增长3.0%。城乡市场协调发展。城市市场零售额344.67亿元,增长20.1%;县以下市场零售额125.22亿元,增长15.2%。

消费结构调整升级。全市限额以上批发零售中,化妆品类、中西药品类、汽车类商品零售额分别增长21.1%、22.5%和26.8%。市区居民消费支出12 163元,增长10.7%,其中居住类、交通和通讯类、医疗保健类分别增长18.8%、19.6%和22.1%。农村居民生活消费支出5 657元,增长11.5%,其中家庭设备用品类、居住类、文化教育娱乐类分别增长23.8%、28.0%和35.7%。

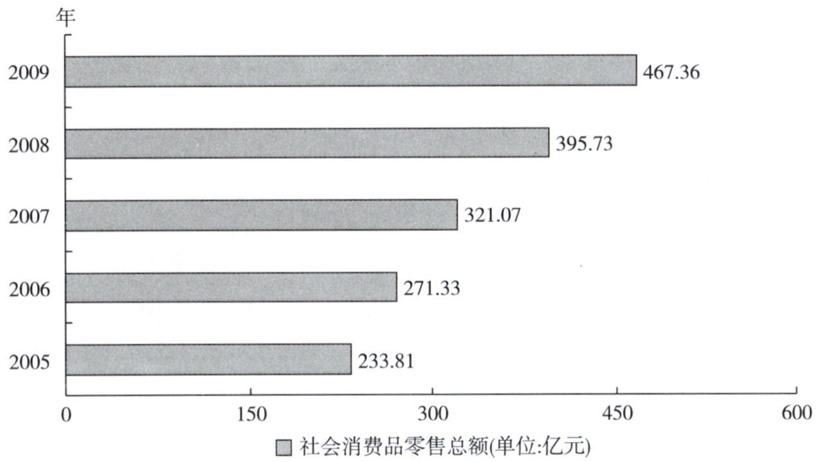

图2-150　2005-2009年泰州市社会消费品零售总额

2.交通、邮电

沿江基础设施建设加快推进,新增万吨级码头9个,靖江港区4个万吨级码头实现对外开放,高港永安港区二期顺利实施。全市港口货物吞吐量突破1亿吨。海关、国检、海事、边检等口岸查验机构为开放型经济发展作出新贡献。

交通运输能力进一步提高。全年公路客运量7 384万人,公路客运周转量521 630万人公里,分别增长9.0%和9.1%。公路货运量3 148万吨,增长7.2%;货运周转量289 944万吨公里,增长6.9%。水路货运量6 650万吨,增长4.1%;货运周转量2 156 033万吨公里,增长13.3%。港口货物吞吐量10 697万吨,增长48.4%,其中外贸吞吐量463万吨,增长52.3%。年末全市民用汽车拥有量17.42万辆,增长26.0%,其中私人汽车拥有量12.19万辆,增长36.8%。

邮电通讯能力进一步增强。全市邮电业务收入32.25亿元,比上年增长11.9%。其中,邮政业务收入3.66亿元,增长6.8%,电信业务收入28.59亿元,增长12.6%。年末全市宽带网用户48.02万户,增长45.5%;移动电话用户300.64万户,增长28.3%。

3.金融业

浦发银行和长江商业银行泰州分行获准筹建,苏中首家村镇银行-靖江润丰村镇银行开业。开展政银企融资洽谈活动,加强信用担保体系建设,设立企业应急周转金财政专户,力保企业资金链不断。

金融市场高位运行。年末全市金融机构人民币各项存款余额1 885.39亿元,比年初增加483.29亿元;其中企业存款571.94亿元,增加204.89亿元。人民币各项贷款余额1 160.37亿元,比年初增加368.98亿元。其中,短期贷款623.87亿元,增加150.78亿元;中长期贷款448.86亿元,增加204.05亿元。全年现金净投放30.66亿元,增长28.0%。

保险事业发展稳步。全年保险业务收入49.21亿元,比上年增长22.3%。其中财产保险收入9.8亿元,增长33.2%;人寿保险收入39.41亿元,增长19.9%。保险业务支出13.07亿元,增长16.1%。其中财产保险支出4.76亿元,增长6.3%;人寿保险支出8.31亿元,增长13.8%。

证券市场持续升温。年末全市上市公司5家,证券公司营业部10家。全年累计开户数200 110户,比上年增长20.8%。客户保证金余额19.50亿元,增长80.7%。证券交易总额2 380.55亿元,增长23.0%。实现利税2.17亿元。

4. 旅游业

旅游业发展取得新突破。年末全市星级饭店27家,客房总数2 765间,拥有床位4 289张。成功举办中国泰州国际旅游节,顺利承办省第六届园博会。全年接待国内外旅客940.06万人次,旅游总收入99.59亿元,分别增长18.7%和24.5%;其中境外游客6.82万人次,旅游外汇收入6 872万美元,分别增长13.4%和12.6%。

5. 房地产业

房地产开发稳步发展。全市房地产开发投资123.88亿元,增长10.8%;商品房施工面积1 091万平方米,与去年基本持平;商品房销售面积407万平方米,增长34.5%;商品房销售额159.94亿元,增长43.0%。市区新建经济适用房30万平方米,落实租售并举保障房源350套、廉租房源272套。

(五)开放型经济

1. 对外经济

对外贸易有所下降。受国际金融危机影响,全年进出口总额58.20亿美元,下降8.2%。其中出口总额42.15亿美元,下降13.7%;进口总额16.04亿美元,增长10.3%。一般贸易进出口27.55亿元,加工贸易进出口30.08亿元,分别比上年下降2.9%和10.5%。

精心组织境内外招商活动,台资、央企重大项目招引取得新突破,总投资10亿美元的纬创资通项目、总投资22亿元的中农发动物疫苗项目成功落户并开工建设。全年注册协议外资27亿美元,实际利用外资10.5亿美元,完成自营出口42.2亿美元,新签外经合同额3.85亿美元,实现外经营业额4.5亿美元。

外事、侨务和港澳台事务工作取得新成绩,与美国威廉斯波特市结成国际友好交流城市。

2. 民营经济

全市新增私营企业7 472家、个体工商户2.90万户。年末私营企业从业人员37.12万人,个体户从业人员17.68万人,私营个体经济注册资本1 000.46亿元,增长24.2%。利用外资取得新进展。全年注册协议外资27.15亿美元,实际利用外资10.56亿美元,分别增长46.0%和0.6%。企业"走出去"步伐加快。新签外经合同额3.85亿美元,实现外经营业额4.46亿美元,分别增长21.1%和24.0%。

3. 园区建设

举全市之力推进医药城建设,医药园区升格为国家级医药高新技术开发区。全球最大的疫苗企业葛兰素史克等200个产业项目签约落户,150家公司注册成立,美时医疗等48家企业建成投产,分

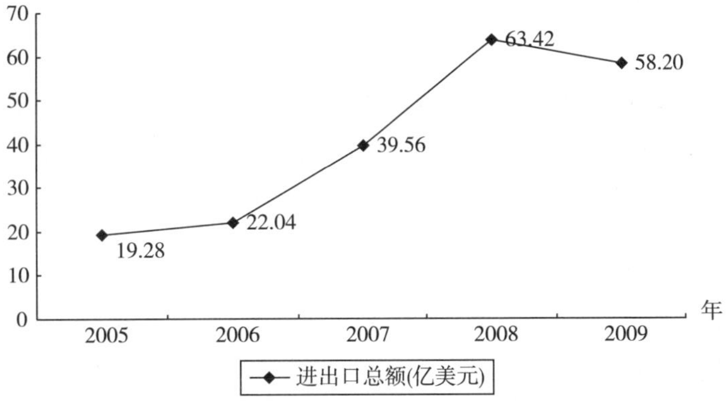

图 2－151　2005－2009 年泰州市进出口的总额

子平台、中试二期等研发平台建成运营，金迪克、疫苗中心等重点工程加快建设。省级开发区产业承载能力进一步增强，出口加工区建设有力推进。跨江联动开发取得新成效，江阴－靖江工业园区实现营业收入 308 亿元，增长 69.3%。

二、泰州市 2009 年社会发展概况

(一)人口、人民生活

人口平稳增长。年末全市总户数 172.34 万户，户籍总人口 503.98 万人。其中男性 256.48 万人，女性 247.5 万人。当年新出生人口 4.28 万人，人口出生率 8.52‰；当年净增人口 1.03 万人，人口自然增长率 2.05‰。年末全市常住人口 466.61 万人，增长 0.7%；城市化水平 51.0%，比上年提高 1.9 个百分点。

居民生活改善。全市城镇居民人均可支配收入18 079元，增长 11.9%；城镇在岗职工平均工资 29 807元，增长 15.8%；农民人均纯收入8 180元，增长 11.5%。城乡居民储蓄存款 997.87 亿元，比年初增加 173 亿元。城乡居民恩格尔系数 36.5%，比上年回落 2.2 个百分点。城镇人均住房建筑面积 36.77 平方米，农村人均钢筋、砖木结构住房面积 50.01 平方米。城乡居民文教娱乐服务支出占家庭消费支出 17.7%，比上年提高 3.1 个百分点。

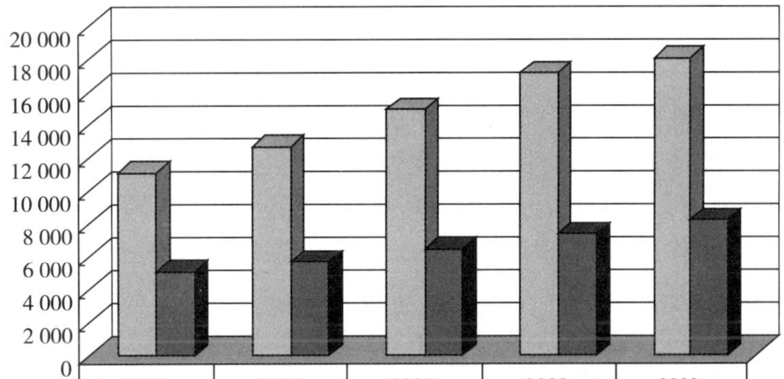

	2005	2006	2007	2008	2009
城市居民人均可支配收入(元)	11 122	12 682	14 940	17 198	18 079
农民人均纯收入(元)	5 102	5 695	6 469	7 338	8 180

图 2－152　2005－2009 年泰州市城乡居民收入对比一览

(二)就业、社会保障

就业形势基本稳定。实行积极的就业政策,继续加强就业再就业工作,多形式促进充分就业,积极推进城乡统筹就业,鼓励和支持返乡农民工、高校毕业生以及失业人员创业,着力解决困难群众就业问题。全年实施各类培训40万人次,净增城镇就业人员5.40万人、失业人员再就业2.20万人,农民创业5.35万人,年末全市城镇登记失业率2.9%,比上年下降0.3个百分点。

社会保障水平提高。出台城乡居民社会养老保险实施办法,进一步扩大社会保障受益面。降低市区职工医疗保险起付段标准,完善门诊统筹和二次救助办法,建立退休人员个人账户与养老金同步增长机制,在全省率先启动异地就医实时结算试点;提高新型农村合作医疗住院报销比例和补偿封顶线标准,城镇企业职工基本养老保险参保人数63.35万人、基本医疗保险参保人数92.59万人,失业保险参保人数40.93万人,分别增长9.1%、2.0%和2.3%,城镇劳动保障三大保险覆盖率98.0%,比上年提高0.6个百分点。新型农村社会养老保险参保人数83.25万人。高度重视社会困难群体生活,提高城乡居民最低生活保障标准、退职老职工定补标准,及时发放老复员军人和老残疾军人遗孀生活补助,与1.6万名农村重点优抚对象签订住院医保协议,对市区939户低保家庭实行免费医保,将18 809名重残无业人员全部纳入低保范围,基本实现市区有劳动能力并有就业意愿的残疾人"零待业"。

市社会福利中心、市救助管理站、市残疾人综合服务中心建成启用。千方百计保障困难家庭住房需求,全市新建经济适用房58.2万平方米,市区新建经济适用房30万平方米,落实租售并举保障房源350套、廉租房源272套。全市各类福利收养性单位床位数1.80万张,收养各类人员1.40万人,分别增长8.5%和6.6%。低保标准进一步提高,最低生活保障救济人数11.29万人,增长4.2%;累计发放低保金额1.42亿元,增长36.5%。

(三)科学技术、教育

积极推动创新型经济加快发展。全年高新技术产业产值突破千亿元,达1 137.5亿元。高新技术产业产值占全市规模以上工业产值30.6%,比上年提高1.7个百分点。首批16家市级企业院士工作站成立,中科院泰州中心新入驻4家研发分中心,省级科技孵化器新增3家。9家企业被评为全省首批创新型企业。春兰动力镍氢电源系统入选国家首批自主创新产品,泰州供电网无功电压优化运行集中控制系统等3个项目获得国家科技进步奖二等奖,9家企业成为全省首批创新型企业,泰州市成为全省唯一的国家知识产权工作示范市,并再次被评为国家科技进步先进市。成功举办第七届科技洽谈会。全年专利申请受理量6 265件,增长34.0%;专利申请授权量2 785件,增长83.0%;全年获省级以上科技进步奖10项,其中国家级科技进步奖3项。

教育事业协调发展。贯彻教育优先方针,稳步推进区域教育现代化创建,姜堰、海陵通过省级验收;重视义务教育均衡发展,着力提升基础教育教学质量,全市高考成绩继续位居全省前列;加快高等教育发展步伐,泰州大学筹建工作取得积极进展,南京医科大学康达学院等3所高校药城校区启动建设;调整和完善市区中小学中长期布局规划。2009年末全市普通小学166所,在校学生22.66万人,小学毕业生升学率100%;普通中学217所,在校学生25.82万人,初中毕业生升学率98.4%,高中阶段教育毛入学率90.8%,比上年提高5.1个百分点;普通高等学校5所,在校学生4.38万人,增长10.1%。

(四)文化、卫生和体育

文化事业繁荣发展。加快文化泰州建设,《泰州市历史文化名城保护规划》修编完成,非物质文化遗产名录体系建立,12 部古籍入选国家级古籍保护名录;泰州大剧院建成运营,海纪馆重新布展开馆,省泰中旧址保护性改造一期、北山寺大殿和岳武穆祠修缮进展顺利,市歌舞剧院组建;隆重举行庆祝建国 60 周年、纪念改革开放 30 周年、纪念海军诞生 60 周年等系列文化和庆祝活动。全市年末各类艺术馆 106 家,博物馆 8 家,公共图书馆 6 家,剧场、影剧院 4 家。公共图书馆藏书总量1 472千册,增长 15.4%。全市电视综合人口覆盖率、广播综合人口覆盖率 100%,有线电视用户 122.42 万户,有线电视入户率 72.8%,比上年提高 6.7 个百分点。

卫生事业加快发展。强化基层卫生资源布局调整和卫生服务网络建设,全市建成省级示范卫生院 10 个、标准化卫生院 88 个,卫生服务体系健全率 99.4%,新型农村合作医疗覆盖率 99.7%,分别比上年提高 0.4 和 1.6 个百分点。年末全市医疗卫生机构 597 家,其中医院、卫生院 174 家;专业卫生技术人员17 482人,其中执业医师7 949人,注册护士5 557人;卫生机构医疗床位14 219张。加强卫生应急能力建设,有效应对甲型 H1N1 流感疫情。

体育事业蓬勃发展。成功举办第三届少儿艺术节、第五届全民健身节和老年艺术节,承办全国乒乓球超级联赛、全国男子排球联赛。2009 年,泰州健儿在省级以上各类比赛中获金牌 23 枚、银牌 30 枚、铜牌 39 枚,其中在第十一届全运会上获得 3 金 3 银 1 铜的历史最好成绩。兴化被授予国际象棋之乡称号。

(五)城乡建设

强力推进中心城市建设,城乡面貌发生较大变化。2009 年是城建项目最多、体量最大、投资最强的一年。紧紧抓住国家扩内需、保增长政策机遇,强化资金筹措,推进阳光拆迁,加快项目实施,全年市区城建投资达 120 亿元。"十大重点工程"全面实施,园博园按期开园,泰九路改造基本完工,稻河古街区改造、凤城河风景区三水湾建设、南通路改造、328 国道泰姜段改线有序推进,泰州博物馆、图书馆、美术馆开工建设;鼓楼南路、海陵南路和扬子江路南延等一批路桥工程如期竣工,新老城区交叉道口改造 24 处,鼓楼路、税东街沿街小区环境整治基本结束。组织开展全国文明城市创建工作先进市、国家历史文化名城、国家级节水型社会建设试点市、国家生态市创建活动,中国宜居城市创建达标,国家园林城市创建通过专家组现场考核和遥感测试。数字化城管平台建设取得新成效,泰州市获得中国城市管理进步奖。各市加大城建力度,城区形象得到进一步提升。靖江滨江新城核心区加快建设,泰兴北部片区改造力度加大,姜堰创建国家卫生城市通过省级考核,兴化历史文化建筑保护和修缮成效明显。

社会主义新农村建设步伐加快。全市新(改)建农村公路 800 公里,改造农村桥梁 460 座,改厕 7.7 万座,疏浚河道3 923万方,泰兴、姜堰、海陵农村河道疏浚通过省级验收。继续推进全面小康"十百千"工程,新创市级全面小康先行村 250 个。农村生产生活条件进一步改善,全市行政村基本实现通电、通公路、通公交、通自来水、通电话、通有线电视、通宽带网。

(六)环境保护与资源节约

环境治理继续加强。全年实施 1121 个减排项目,关闭小火电组 687.60 万千瓦,淘汰落后炼铁能力 245 万吨、落后炼钢能力 547 万吨。工业废水排放达标率 97.7%;工业烟尘排放达标率 97.2%;工业固体废物综合利用率 99.7%;三废综合利用产品产值 5.37 亿元。污水集中处理率 37.0%,生活垃圾无害化处理率 40.6%。

环境质量持续改善。全市水资源总量 13.97 亿立方米,集中式引用水水源地水质达标率 100%。市区年平均气温 16.5℃,年平均降水量1 225毫米,年日照1 720小时,全年空气质量达标天数 327 天。城市建成区绿化覆盖面积6 258公顷,城市绿化覆盖率 40.3%。全市环境质量综合评价指数

85.9分。

三、挑战与机遇

在充分肯定成绩的同时,也应清醒地看到,泰州市经济社会发展中还存在一些问题和不足,主要是:经济回升的基础还不稳固,部分企业运营较为困难;转型升级的任务还非常艰巨,经济结构偏重、发展方式粗放、创新能力不强等都不同程度地存在;经济国际化水平有待进一步提高,利用外资规模还不够大,重大储备项目还相对较少,外贸出口增速回落;中心城市功能不够完善,集聚和辐射带动作用还不够强,社会建设、文化建设也存在不少薄弱环节;改善民生面临一些新的问题,就业形势依然严峻,农民持续增收难度还较大;政府自身建设有待进一步加强,尤其需要加快提升服务发展的能力和水平、切实提高执行力和落实力。对上述问题,一定要高度重视,采取切实有效措施,在今后的工作中努力克服和解决。

2010年全市国民经济和社会发展主要调控目标为:地区生产总值可比增长12%;财政总收入增长15%,一般预算收入增长15%;全社会固定资产投资增长20%;社会消费品零售总额增长16%;自营出口额增长5%;实际利用外资增长10%;城镇居民人均可支配收入增长10%,农民人均纯收入增长9%;居民消费价格涨幅不高于全省平均水平;城镇登记失业率控制在3.5%以内;研发投入占地区生产总值比重1.8%,高新技术产业产值占规模以上工业比重30%以上;万元GDP能耗下降5%。

四、泰州市在长三角地区经济发展中的地位

面对国际金融危机给经济社会发展带来的前所未有的困难和挑战,泰州市深入贯彻落实科学发展观,紧紧依靠全市人民,提振信心、攻坚克难,扎实工作、拼搏进取,及时制定和采取一系列保增长促发展的政策措施,着力化解金融危机影响,国民经济保持平稳较快发展,较好地完成了年初确定的目标任务。

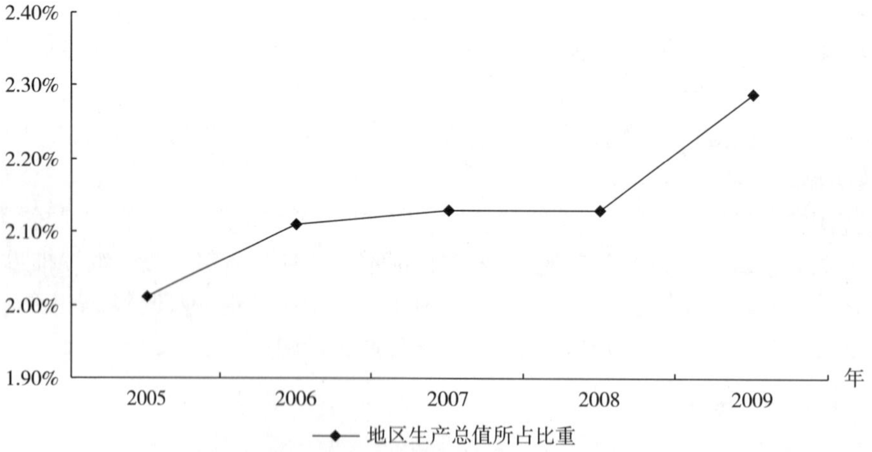

图2-153 2005-2009年泰州市地区生产总值在长三角所占比重

2005-2009年泰州市地区生产总值在长三角所占比重为2.01%、2.11%、2.13%、2.13%和2.29%,保持增长态势,2009年比上年增加0.16个百分点,是近年最大增幅。全市地区生产总值1 660.92亿元,比上年增长13.8%,增速在长三角地区名列前茅。

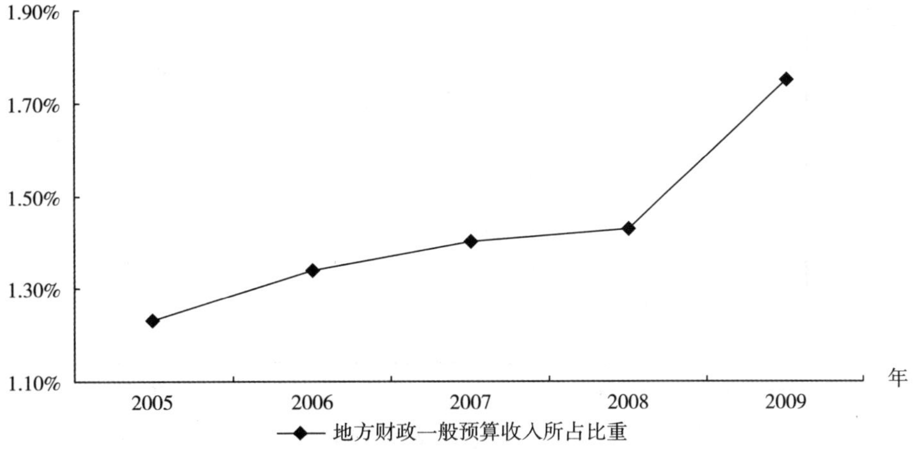

图 2－154　2005－2009 年泰州市地方财政一般预算收入在长三角所占比重

2005－2009 年泰州市地方财政一般预算收入在长三角所占比重为 1.23%、1.34%、1.40%、1.43% 和 1.75%，继续保持增长态势，2009 年比上年增加 0.32 个百分点，是近年最大增幅。2009 年泰州市财政收入保持高速增长，地方一般预算收入 138.62 亿元，增长 37.1%，其中增值税、营业税、企业所得税分别增长 11.4%、41.9% 和 23.0%。

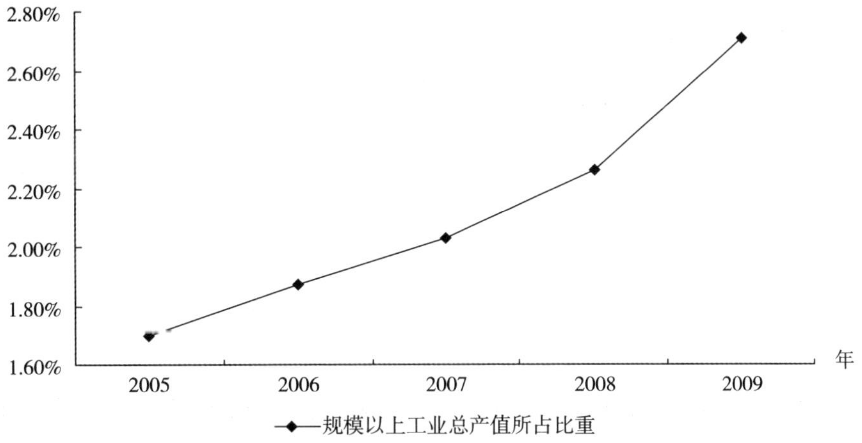

图 2－155　2005－2009 年泰州市规模以上工业总产值在长三角所占比重

2005－2009 年泰州市规模以上工业总产值在长三角所占比重为 1.70%、1.87%、2.03%、2.26% 和 2.71%，保持明显增长的态势，累计增幅为 1.04 个百分点。其中 2009 年比上年增加 0.45 个百分点，是近年最大增幅。2009 年，从 10 月份开始，泰州市列入统计的工业企业产值、利润、利税增幅逐月提速。规模以上工业全年完成现价产值3 769.46亿元，同比增长 27.93%，比上半年增幅高 3.73 个百分点；完成工业增加值1 005.67亿元，突破千亿大关，按可比价计算同比增长 16.5%，比上半年增幅提高 1.1 个百分点。

2005－2009 年泰州市进出口总额在长三角所占比重为 0.41%、0.37%、0.53%、0.76% 和 0.72%，在 2007、2008 年实现较大幅度增长后，2009 年比上年占比微跌 0.04 个百分点。受国际金融危机影响，泰州市对外贸易有所下降，外贸进出口生产呈不平衡发展趋势。全年进出口总额 58.20

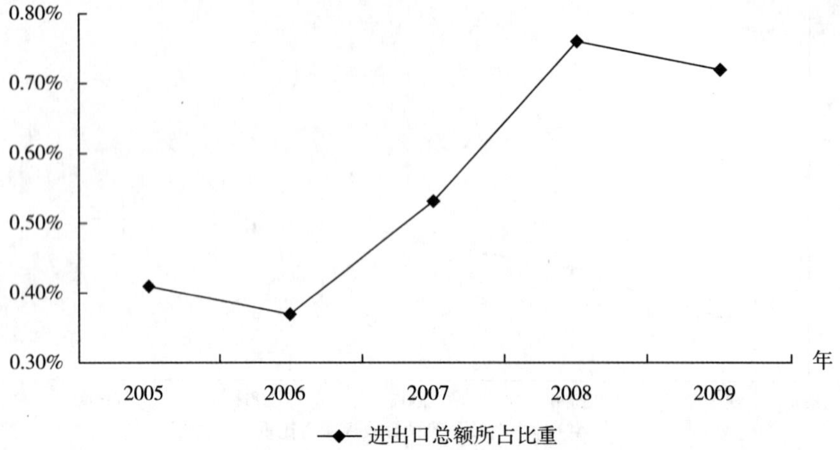

图2－156　2005－2009年泰州市进出口总额在长三角所占比重

亿美元,下降8.2%。其中出口总额42.15亿美元,下降13.7%;进口总额16.04亿美元,增长10.3%。

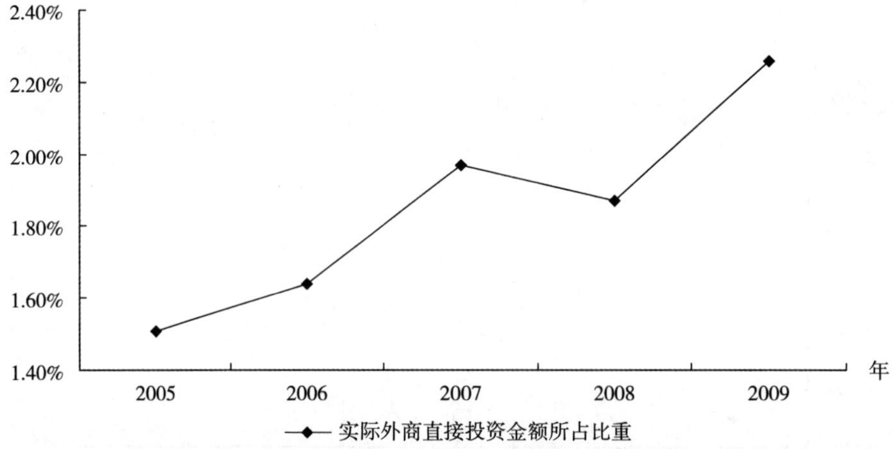

图2－157　2005－2009年泰州市实际外商直接投资金额在长三角所占比重

2005－2009年泰州市实际外商直接投资金额在长三角所占比重为1.51%、1.64%、1.97%、1.87%和2.26%,总体保持增长态势。2009年比上年占比增加0.39个百分点。2009年泰州市精心组织境内外招商活动,台资、央企重大项目招引取得新突破。全年注册协议外资27亿美元,实际利用外资10.5亿美元,完成自营出口42.2亿美元,新签外经合同额3.85亿美元,实现外经营业额4.5亿美元。

十三　宿迁市2009年经济社会发展报告

2009年是经济发展极具挑战的一年。面对复杂多变的宏观形势，宿迁市广大干群牢固树立“坚持好快干、跨越不动摇”意识，狠抓工作落实，全力招大引强，全市经济呈现迅速企稳、持续攀升的良好态势。经济总量突破800亿，财政收入跨越“百亿”，提前一年登上“十一五”规划的“双八平台”目标，主要经济指标增速在全省继续保持领先，“突破、跨越、赶超”势头强劲，谱写了逆势崛起、后发快进的新篇章。

一、2009年宿迁市经济发展概况

（一）综合经济

1. 经济总量实现新突破

2009年，全市实现地区生产总值826.85亿元，增长13.5%；比一季度、上半年和前三季度分别提升1.0、0.7和0.4个百分点。其中，第一产业实现增加值159.62亿元，增长5.6%；第二产业实现增加值382.86亿元，增长15.7%。其中工业实现增加值305.02亿元，增长15.3%；第三产业实现增加值284.36亿元，增长15.9%。综合实力跃上新的平台，人均GDP超过2 500美元。

产业结构形成新格局。全年三次产业比例为19.3∶46.3∶34.4，产业结构形成新格局。农业占GDP比重首次降至20%以下，比上年降1.2个百分点；二、三产业占GDP比重均比上年提高0.6个百分点。传统产业支撑作用明显，新兴产业蓬勃兴起，高效农业、现代服务业也都有突破性进展。

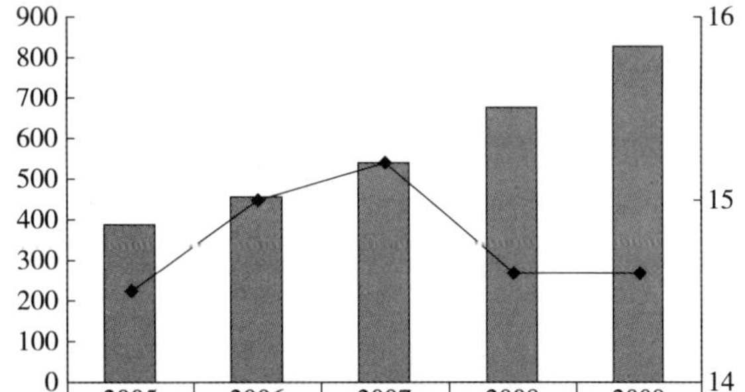

	2005	2006	2007	2008	2009
地区生产总值(亿元)	386.95	454.2	542	675.2	826.85
增幅(%)	14.5	15	15.2	14.6	14.6

图2－158　2005－2009年宿迁市地区生产总值及增长速度

2. 财政收入跨上“百亿”平台

全市实现财政总收入130.23亿元，增长41.3%。按税种分：增值税收入27.34亿元，增长53.1%；消费税收入7.13亿元，增长40.3%；营业税收入20.10亿元，增长37.0%；企业所得税收入12.21亿元，增长12.1%；个人所得税收入3.82亿元，增长0.6%。一般预算收入在全国333个地级市排名中首次进入百强行列，达到63.1亿元，增长35.6%。其中：税收收入48.95亿元，增长36.7%，占地方一般预算收入的77.6%；上划中央收入34.02亿元，增长30.0%；基金收入33.15亿元，增长70.5%。全年财政一般预算支出125.62亿元，增长27.4%。其中，教育科学文化支出

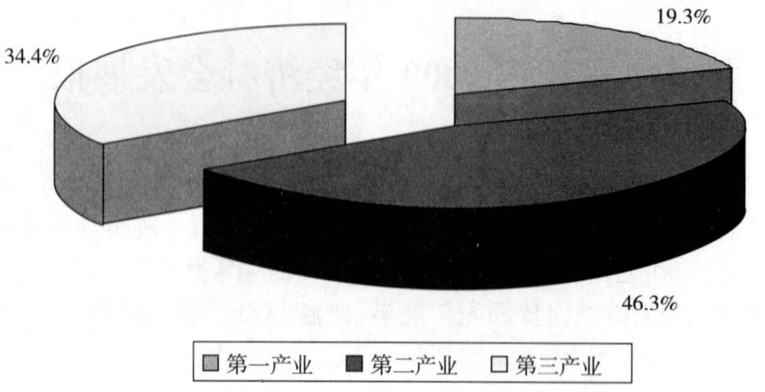

图 2－159　2009 年宿迁市三次产业结构图

33.30 亿元,增长 27.6%;社会保障和就业支出 12.77 亿元,增长 28.5%;医疗卫生支出 7.21 亿元,增长 18.2%;环境保护支出 3.94 亿元,增长 38.5%;城乡社区事务支出 9.14 亿元,增长 38.9%;农林水事务支出 20.35 亿元,增长 34.9%。90%左右的乡镇财政总收入超过千万元。

3. 物价指数略有下降

全年市区居民消费价格指数(CPI)为 98.8,即居民消费价格总水平比上年下跌 1.2 点,这是 6 年来 CPI 首次下降。从各月同比指数看,CPI 先抑后扬,实现“㾮”型反转。2 月起,CPI 开始步入负增长并负增长态势不断扩大,至 8 月创全年降幅最大,9 月起 CPI 负增长态势不断收窄,至 12 月 CPI 由负转正。

构成居民消费价格总水平的八大类商品和服务价格呈现“一升七降”格局。与上年相比,除烟酒及用品价格上涨 0.5 点外,其余七大类价格均出现下降。分别是:食品价格下降 0.8 点,衣着价格下降 2.0 点,家庭设备用品及维修服务价格下降 0.1 点,医疗保健和个人用品价格下降 0.2 点,交通和通信价格下降 0.8 点,娱乐教育文化用品及服务价格下降 0.3 点,居住价格下降 2.9 点。

4. 固定资产投资快速增长

全年完成全社会固定资产投资 798.6 亿元,增长 35.2%。其中 50 万元以上项目实现投资 740.43 亿元,增长 41.2%,占全部投资的 92.7%。全年规模以上(计划投资 500 万元以上)固定资产投资项目1 837个,累计实现投资 528.33 亿元,增长 32.0%。规模以上固定资产投资分城乡看,城镇完成 450.75 亿元,增长 31.8%;农村非农户完成 77.58 亿元,增长 33.0%。规模以上固定资产投资分产业看,第一产业完成 13.63 亿元,增长 2.3 倍;第二产业完成 334.22 亿元,增长 34.2%。其中工业完成 330.48 亿元,增长 32.9%;第三产业完成 180.48 亿元,增长 22.6%。

民营投资趋向活跃。全年 50 万元以上民营投资实现 680.51 亿元,增长 36.1%。规模以上民营投资完成 472.21 亿元,增长 35.8%,比规模以上投资增速高 3.8 个百分点,占规模以上投资的 89.4%。其中私营个体投资实现 356.58 亿元,增长 55.4%,占民营投资总量的 75.5%。

培育新经济增长点成效显著。全市上下紧紧围绕大项目突破这一工作重点,扎实开展“亿元大项目推进年”、“千名干部帮千企”等活动。年内分别新引进、开工、竣工亿元以上工业项目 289 个、57 个和 22 个,累计完成 50 万元以上工业固定资产投资 567.68 亿元,增长 55.3%。

5. 区县经济

宿迁市区、沭阳县、泗阳县和泗洪县在全市的地区生产总值占比分别为:34.11%、28.34%、19.06%、18.50%。

沭阳县全年地区生产总值 234.31 亿元,按可比价计算,比上年增长 14.4%。一般预算收入

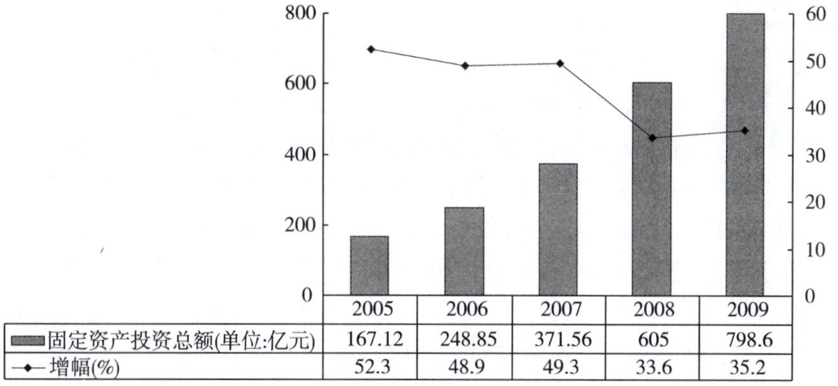

图2－160　2005－2009年宿迁市全社会固定资产投资及增长幅度

17.55亿元，在江苏省52县市中跃升3位，综合实力迈上新台阶。

泗阳县全年实现地区生产总值达157.56亿元，按可比价计算，比上年增长14.1%。其中，第一产业实现增加值32.76亿元，增长6.2%；第二产业实现增加值74.04亿元，增长17.2%，其中工业增加值59.61亿元，增长17.3%；第三产业实现增加值50.76亿元，增长15.4%。人均地区生产总值达18 324元(按常住人口计算)，比上年增加3 826元。

泗洪县全年实现地区生产总值152.93亿元，同比增长14%；财政总收入突破20亿元，达20.82亿元，增长45.6%；一般预算收入9.66亿元，增长44%；50万元以上固定资产投资102亿元，增长40.1%；城镇居民人均可支配收入10 332元、农民人均纯收入5 983元，分别增长12.8%和13%；进出口总额6 259万美元，实际到账外资2 145万美元，分别增长61.7%和29.9%。

表2－30　2009年宿迁市县区主要经济指标

县市	生产总值(亿元)	工业总产值(亿元)	城镇固定资产投资(亿元)	地方财政一般预算收入(亿元)	出口(亿美元)	社会消费品零售总额(亿元)
宿迁市区	282.05	338.40	183.75	36.34	2.85	97.10
沭阳县	234.31	219.82	119.54	17.55	0.97	68.62
泗阳县	157.56	143.14	81.45	8.56	0.92	39.76
泗洪县	152.93	91.84	66.01	9.66	0.62	37.87

（二）农林牧渔业

全市继续以促进农业增效和农民增收为核心，不断深化农村改革，扎实推进新农村建设，切实加大对农业的投入，积极发展现代高效农业，农村经济实现了平稳较快发展。全年实现农林牧渔业总产值287.54亿元，增长5.9%。粮食生产连续第六年保持增产，新增高效农业36.3万亩、高效渔业11.3万亩。

种植业生产形势良好。全年农作物播种面积1 048.41万亩，比上年增加14.05万亩，增长1.4%，农作物播种面积达到历史最高水平。粮食播种面积844.32万亩，比上年减少7.64万亩，下降0.9%，是连续增长五年后的首次回调。粮食总产358.99万吨，比上年增加6.53万吨，增长1.9%，创历史最高纪录；粮食亩产425公斤，比上年增加11公斤，增长2.7%，也创历史最好水平。其中，夏粮总产151.13万吨，增长2.1%；秋粮总产207.86万吨，增长1.6%。经济作物面积增加。

油料面积33.32万亩,比上年略减;棉花面积3.44万亩,比上年增加0.45万亩,增长15.1%;蔬菜瓜果类面积132.87万亩,比上年增加20.61万亩,增长18.4%;花卉等其它作物面积34.13万亩,比上年增加0.9万亩,增长2.7%。高效农业发展迅速。全市新增高效农业面积36.3万亩,累计面积达236万亩。新增设施农业面积20.5万亩,累计面积达58.9万亩,成为高效农业的主体。

林牧渔业稳定发展。全年造林面积4 211.3公顷。年末生猪存栏154.78万头,比上年增长8.7%;全年生猪出栏241.53万头,比上年增长2.2%。产业化带动禽类养殖迅速扩量。年末家禽存栏2 580.23万只,比上年增长32.4%;全年家禽出栏4 984.37万只,比上年增长23.3%。全年肉类总产量26.07万吨,比上年增长8.6%,其中猪牛羊肉总产量17.77万吨,增长2.5%;禽肉总产量7.97万吨,增长25.9%。禽蛋总产量11.74万吨,增长14.1%。牛奶总产量1.72万吨,增长2.2倍。水产品总产量24.3万吨,增长5.5%。

农业产业化深入推进。扎实推进农业产业化经营,加强龙头企业建设,促进高效农业发展。天津宝迪、广东温氏、北京汇源等知名企业相继落户,146家市级以上龙头企业累计实现销售收入76.3亿元、增长10.5%。

(三)工业和建筑业

工业生产先抑后扬。在一系列保增长促发展政策措施的有力提振下,全市工业经济稳步回升,经营效益不断向好,结构调整效果初显。全市完成工业增加值305.02亿元,比上年增长15.3%。规模以上企业实现增加值196.74亿元,增长20.2%,高出全省水平5.6个百分点。按企业类型分,股份制企业增长25.1%,私营企业增长24.1%;按企业规模分,大中型企业增长34.3%,小型企业增长24.5%;按轻重工业分,轻工业增长27.7%,重工业增长11.1%。全年工业用电量34.61亿千瓦时,增长17.7%。

经营效益大幅提高。全市规模以上工业经济效益综合指数206.1,比上年提高16.5个点;实现销售收入737.43亿元,增长27.1%;实现利税80.52亿元,增长45.7%。其中利润48.29亿元,增长60.8%。

重点产业保持优势。全市轻工食品、纺织服装、木材加工、建材玻璃、化工医药和金属加工等六大支柱产业完成增加值154.32亿元,占全市规模以上工业增加值的78.4%。以洋河酒厂股份有限公司为代表的饮料制造业发展迅速,成为工业增长的重要支撑力量。全年完成增加值39.01亿元,比上年增长36.2%,占规模以上工业总量的19.8%,比上年提高2.3个百分点,对全市工业增长的贡献率达到30.1%,为全市工业经济的稳步增长作出了突出贡献。以浙江天能电池(江苏)有限公司为代表的装备制造业异军突起,全年实现工业增加值19.30亿元,比上年增长32.7%,高于全市平均增速12.5个百分点。其中电气机械及器材制造业实现增加值10.98亿元,增长31.5%。

高新技术行业比重进一步提高。全市高新技术行业实现产值36.87亿元,增长38.9%;高新技术行业产值占规模以上工业总量的4.9%,比上年提高1.0个百分分

骨干企业队伍进一步壮大。"箭鹿"、"绿陵"被认定为中国驰名商标。全市工业产值净增超千万元企业共402户,净增产值171.76亿元,对全市工业产值增长的贡献率为110.1%,拉动工业产值增长22.2个百分点,其中产值超亿元企业110家,比上年净增21家。产值净增超5 000万元企业共60家,净增产值107.51亿元,对全市工业产值增长的贡献率为68.9%,拉动工业产值增长13.9个百分点。其中产值净增超亿元企业有25家,净增产值83.25亿元,对全市工业产值增长的贡献率为53.4%,拉动工业产值增长10.7个百分点。

主要工业产品产量增长较快。列入全市统计范围的工业产品共101个,其中77.2%的产品产量增长,增幅在30%以上的有41个,占40.6%。

建筑业稳步发展。年末全市有列统建筑业企业266家,比上年增长10.8%。全年完成建筑业总产值218.16亿元,增长24.4%;竣工产值157.00亿元,增长38.4%;建筑业企业房屋建筑施工面积2 212.86万平方米,增长27.9%;房屋建筑竣工面积1 128.23万平方米,增长17.9%。其中住宅竣工面积818.96万平方米,增长26.9%。

(四)服务业

1. 消费品市场平稳较快发展

全年实现社会消费品零售总额243.34亿元,增长19.2%。城乡市场同步发展。城市实现零售额90.90亿元,增长21.5%;县及县以下实现零售额143.70亿元,增长18.0%。分行业看,批发和零售业实现零售额191.30亿元,增长16.2%;住宿和餐饮业实现零售额43.00亿元,增长34.0%。受汽车下乡、税费减免、以旧换新等促销政策推动,汽车销售持续快速增长,全年实现零售额15.20亿元,增长42.6%,占限额以上批发零售贸易企业零售额的28.3%。

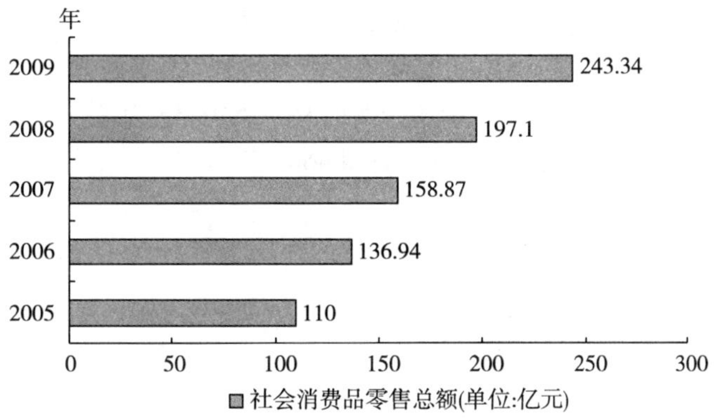

图2-161　2005-2009年宿迁市社会消费品零售总额

2. 邮政通信、交通运输

电信和邮政业加快发展。全年完成邮电业务总量16.15亿元,增长23.2%。其中电信业完成17.30亿元,增长22.9%。局用电话交换机总容量654.03万门,年末固定电话用户95.13万户,下降18.4%;移动电话用户204.17万户,增长47.3%。全年完成邮政业务总量2.60亿元,增长25.6%;全市征订报刊4 308.8万份,下降18.8%;全市完成特快专递50.30万件,增长7.8%。

交通运输能力进一步提高。对外交往日益频繁,城乡居民出行增多,旅客运输持续增长。全年旅客运输量9 835万人次,增长4.5%;旅客周转量84.51亿人公里,增长9.9%。经济繁荣带动货运业增长。全年货运总量8 309万吨,增长5.2%。其中公路货运总量6 565万吨,增长6.0%;水上货运总量1 744万吨,增长2.2%。全市货运周转量111.61亿吨公里,增长6.8%。其中公路货运周转量69.78亿吨公里,增长7.9%;水上货运周转量41.83亿吨公里,增长5.2%。港口货物吞吐量1 387.62万吨,增长36.9%。

3. 旅游业实现较快发展

全年实现旅游总收入29.17亿元,增长17.5%。接待国内游客427.74万人次,增长15.3%;国内旅游收入27.71亿元,增长17.9%。接待入境游客2.59万人次,增长7.6%;旅游创汇2 130万美元,增长13.4%。主要旅游指标增幅持续领先全省。成功获批“中国优秀旅游城市”称号;在第三届中国品牌节上荣获“2009中国最佳生态旅游品牌名城”称号;洪泽湖湿地成功创建为国家4A级旅游景区;成功举办“洋河蓝色经典杯”宿迁市首届导游电视大赛。

4. 金融保险业

金融运行态势良好。引进苏州五家农商行到宿设立分支机构,重组市国丰、城投、交投、水投、国投五大投融资平台,新成立5家注册资本亿元以上担保机构,7家小额贷款公司开业运营。年末全市金融机构各项存款余额607.09亿元,比年初增加158.09亿元。其中:储蓄存款336.13亿元,增加64.77亿元。各项贷款余额466.10亿元,比年初增加141.99亿元。其中:短期贷款245.99亿元,增加61.18亿元;中长期贷款216.42亿元,增加80.80亿元。

保险事业发展较快。全市共有21家保险公司,全年保费收入15.78亿元,增长25.7%。其中,财产险收入5.48亿元,寿险收入10.30亿元,分别增长22.7%和31.7%。保险赔付2.94亿元。其中财险赔付2.56亿元,增长22.5%;寿险赔付0.38亿元,增长14.2%;寿险到期给付1.19亿元,比上年少给付0.11亿元。

5. 房地产业

房地产开发投资首超百亿元。全年房地产开发完成投资117.36亿元,增长34.8%。房地产市场产销两旺。全年房地产开发施工面积1 581.76万平方米,增长29.1%。其中住宅施工面积1 222.83万平方米,增长27.9%。竣工各类商品房面积424.18万平方米,增长81.1%。其中住宅竣工面积333.72万平方米,增长76.3%。销售各类商品房540.33万平方米,实现销售额123.10亿元,分别增长52.4%和85.4%。其中住宅销售面积460.47万平方米,实现销售额94.18亿元,分别增长46.0%和72.8%。

(五)开放型经济

1. 对外贸易增势强劲

全年完成进出口总额62 323万美元,增长31.0%。其中出口53 534万美元,增长24.3%。全年利用外资实际到帐15 100万美元,增长35.3%。

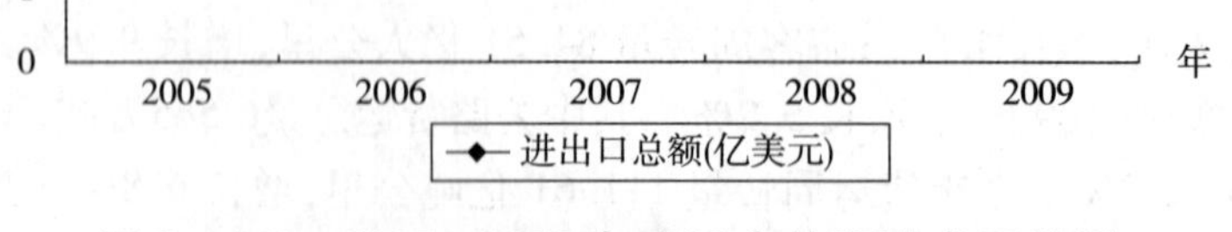

图2-162　2005-2009年宿迁市外贸进出口总额

2. 开发区建设成效显著

全市各开发区全力加快基础设施建设,大力推进项目开工建设,开发区经济保持较好的发展态势。南北共建工业园区建设成效显著,接收来自苏州的产业转移项目61个,到位资金35.3亿元。

基础设施全面推进,集聚效应日益彰显。全年基础设施投入26亿元,区内道路不断延伸和拓展,污水处理、道路绿化、亮化工程加快推进,电力管网设施、供热、污水处理等工程进展有序。各开发区基本达到“七通一平”，园区承载力进一步提升。全年新增进区项目238个，增长30.1%。其中亿元以上项目97个，占新开工项目数的40.7%，同比增长21.3%。“赐富工业园”、“德华纺织”、“德力化纤”等，都是科技含量高、贡献率大的骨干项目。各开发区实行产业配套招商和一区多园、园中园的发展模式，不断加快产业集聚，完善项目配套，使开发区的招商引资吸引力、企业发展竞争力显著提高。全年完成项目固定资产投资268.41亿元，增长10.8%。其中工业固定资产投资206.04亿元，增长11.6%。

产业结构优化升级，新兴产业势头强劲。以新能源、新材料和装备制造业为主体的高新技术产业发展迅速，全年高新技术企业实现产值42.85亿元。年内新批省级以上高新技术企业4家，新批省级以上新产品88个。软件和服务外包业实现新突破。全市形成6个软件和服务外包企业集聚区，其中2家获批省级国际服务外包示范区，3家获批省级软件和信息服务产业园。园内运营企业达120家，增长1.7倍。在“阿里巴巴”、“悦商”及“华军”等知名企业相继落户宿迁之后，又得到中国最大B2C电脑手机、数码家电和日用百货网上购物平台——京东网上商城的强势加盟。全年软件和服务外包业实现主营业务收入3.97亿元，占全市开发区三产服务业收入的4.5%，比年初提升了1.4个百分点。全年软件和外包业实现利润6 656万元，实现税收2 043万元。软件园从业人员达到2 415人，比年初增加1 981人。

经济总量扩张明显，对全市发展贡献突出。全年开发区实现业务总收入512.53亿元，增长27.9%；实现工业增加值98.82亿元，占全市工业增加值的32.4%。重点企业的带动作用明显。全年实现销售收入超两亿元企业有24家，实现销售收入105.58亿元，占业务总收入的20.6%。其中：“绿陵”、“长江润发”、“德顺纺织”、“箭鹿”和“申禾”等企业销售收入超5亿元。对全市的财税贡献突出。开发区全年实现财政总收入65.2亿元，占全市50.1%。实现税收收入39.11亿元，增长38.2%，占全市47.3%。

二、2009年宿迁市社会发展概况

（一）人口、人民生活

2009年，全市年末总户数146.37万户，户籍人口540.60万人。全年人口出生率16.09‰，死亡率6.89‰，人口自然增长率9.20‰。男女性别比106.04（女=100）。全市常住人口472.51万人，城镇常住人口比重37.7%。

2009年全市列统单位从业人员增加较多，职工收入大幅增长。年末全市城镇从业人员20.52万人，比上年增加7 581人。其中在岗职工19.95万人，比上年增加6 714人。全年在岗职工工资总额47.15亿元，增长23.2%；在岗职工年平均工资23 811元，增长19.4%。

城市居民生活水平进一步提高。全年城市居民人均可支配收入12 230元，增长11.6%，剔除价格因素，实际增长13.0%。从收入构成看，四大类收入“三升一降”。工薪收入、经营净收入和转移性收入人均分别为7 828元、2 549元和2 334元，比上年分别增长10.1%、17.1%和32.0%；财产性收入人均128元，比上年下降24.4%。全年人均消费支出8 009元，增长9.6%。年末城市居民人均住房面积36.09平方米，住房配套率48.0%。

农民生活水平稳步提高。全年农民人均纯收入6 057元，增长12.0%，增幅列全省第一位，连续六年保持两位数增长。四大类收入全面提升。其中工资性收入3 126元，增长11.6%；家庭经营收入2 720元，增长11.4%；财产性收入56元，增长32.2%；转移性收入156元，增长28.6%。全年农民人均生活消费支出4 028元，增长12.7%。八大类消费全面增长。

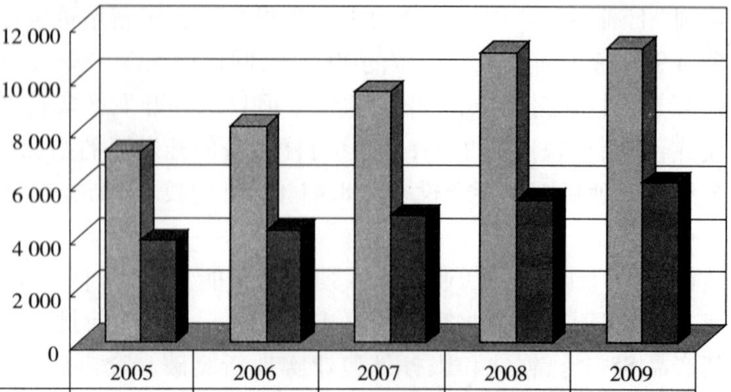

	2005	2006	2007	2008	2009
城市居民人均可支配收入(元)	7 208	8 176	9 468	10 959	11 149
农民人均纯收入(元)	3 839	4 228	4 783	5 406	6 057

图 2－163　2005－2009 年宿迁市城乡居民收入对比一览

(二)就业、社会保障

实施更加积极的就业政策,突出以创业促就业、增加投入保就业、政府购岗助就业,城镇新增就业 3.2 万人,登记失业率 3.1%;新转移农村劳动力 12 万人,返乡农民工全部实现就业。

覆盖城乡的社会保障制度框架基本形成,保障范围不断扩大,标准逐步提高。全市“五险”扩面合计新增 17.5 万人,3.8 万农村居民参加新型社会养老保险试点,城镇居民医疗保险参保率、新型农村合作医疗参合率均达 98% 以上。企业退休人员人均养老金提高到每月1 028元,失业保险金最低发放标准提高到每人每月 371 元,职工大病医疗救助、城镇居民医疗保险最高支付限额分别提高到 20 万元和 10 万元,城乡低保标准提高到每人每月 210 元和 130 元,农村五保集中和分散供养标准提高到每人每年2 700元和2 100元、集中供养率达 61%。新建经济适用房 52.6 万平方米,新筹集廉租住房 874 套,人均月收入低于 450 元、住房建筑面积低于 16 平方米的低收入住房困难家庭全部纳入住房保障范围。又有 54.3 万农村人口喝上干净卫生的自来水,26 万农村贫困人口实现脱贫。

(三)科学技术与教育

科技事业取得新进步。继续加大科技创新力度,全市高新技术工业企业达到 130 家,比上年净增 23 家,与南农大、南工大、南信大等多所高校建立产学研合作关系。全年共组织申报省级以上各类科技计划项目 120 余项,项目资金总额5 500余万元,获批国家中小企业创新基金项目 1 项,重大科技成果转化资金项目 4 项,条件平台建设项目 4 项,其它支撑计划近百项。宿豫区和泗阳县科技创业服务中心被认定为省级高新技术创业服务中心,全市省级科技企业孵化器达到 4 家。

及时兑现义务教育教师绩效工资,大力扶持民办教育发展,城乡义务教育全部免除学杂费,春秋两季累计发放免费教科书 128 万套。义务教育入学率保持 100%,初中毕业生升学率连续五年保持苏北第一,高考本科达线突破万人大关。农村留守少年儿童食宿条件改善和农村合格幼儿园建设“两项工程”惠及留守儿童 10 万余名、幼儿 8 万余名。10 所职业学校被评为省三星级以上职业学校,市技工学校通过国家高级技工学校验收,湖滨新城职教园区在校生超过 3 万人,全市普职比达到 4.3∶5.7。

(四)文化、卫生事业

大型音舞诗剧《虞美人》在宁首演,与电影《彭雪枫纵横江淮》、电视剧《美丽的中国结》同获省

"五个一工程奖"。在苏北率先全面完成乡镇文化站建设,农家书屋建设实现全覆盖,有线电视新发展农村用户13.9万户,市博物馆、名人馆正式免费对外开放。

认真贯彻中央和省深化医药卫生体制改革精神,加强公共卫生服务体系建设,健全市县乡村四级医疗卫生服务体系,推行基本药物制度,市传染病防治中心投入运行,手足口病、甲型流感得到有效防控。新建乡镇卫生与计生服务中心99家,计划生育率达到95%以上。

(五)城乡建设

推进城乡建设,不断增强区域发展的载体支撑。立足于优化城市功能、改善城市环境、提升城市品位,全面推进配套服务设施建设。市区的金柏年财富广场、四季青服装批发市场以及沭阳县的大润发、泗洪县的"第一街"、泗阳县的苏果等大型商业设施相继投入运营,海关国检大楼、湖滨新城商务大厦完成主体工程,宝龙城市广场正加快建设。省道245、249及市区运河一号桥、黄河三号桥等重点交通基础设施工程顺利推进,宿宿淮铁路、宿新高速启动建设,宿迁融入长三角、对接沿海开发迈出了实质性步伐。

城市规模继续扩展。中心城市规划区面积由建市初的180平方公里扩展至2 108平方公里,控制性详规覆盖率95.5%,建成区面积由13.30平方公里扩展到60平方公里,城市人口由14万人增加到46.5万人,城市化率37.7%,比1996年增加了25.2个百分点。城市道路里程809.50公里,增长11.4%;公交线路27条,公交线路运营里程855公里。城市特色迅速显现。围绕"生态宿迁、绿色家园"的城市定位和"一年城中园,二年园中城,三年基本构筑园林城市框架"的目标,城市生态特色迅速显现。城市绿化覆盖面积达2 406公顷,绿地面积2 179公顷,公园绿地470公顷,城市绿化覆盖率由1996年的23.2%提升到41.2%,绿地率由18.2%提升到37.3%,人均公园绿地面积由2.42平方米提升到11.32平方米。城市功能不断完善。市区及县城的一批大型商贸设施投入运营。中心城市水系沟通、市区第二水厂等重点水务工程进展顺利。顺利通过"国家园林城市"现场专家评审。一批生态环保型基础设施投入使用,全市污水总处理能力达到25.5万吨/日,城市污水处理率达到79.5%,生活垃圾无害化处理率达到100%。

城市管理不断加强。坚持推行"棋盘式"管理模式,按照"全面覆盖、不留死角、长效管理、永久保洁"的工作要求,全面深入开展精品城市创建活动,把城市管理从主次干道向背街小巷延伸,从中心城区向城乡结合部、农村延伸,积极推进"数字城管"建设,实施市区百栋楼体亮化节能改造和品位提升工程,城市形象和品位不断提升。再次荣获"中国城市管理进步奖"。沭阳县、泗阳县分别被评为"全国文明县城"和"全国平安建设先进县"。

在加快中心城市和县城建设的同时,制定出台鼓励农民进城(中心镇)购房和到集中居住区建房居住的政策,合理引导农民住房需求,全市城市化率提高到37.8%,启动建设农民集中居住区638个,累计建房5万余户。

(六)环境保护与资源节约

中心城市水系沟通、市区第二水厂等重点水务工程进展顺利,一批生态环保基础设施投入使用,全市污水总处理能力达到25.5万吨/日,完成省下达的年度节能减排任务,秸秆禁烧再次实现国家卫星遥感监测零火点记录。荣膺"中国优秀旅游城市"称号,再获"中国城市管理进步奖"殊荣,顺利通过"国家园林城市"现场专家评审。

三、挑战与目标

在看到成绩的同时,也必须清醒认识到工作中存在的矛盾和问题:相对于经济总量的快速膨大,产业质态还需进一步提高，新兴产业发展比较滞后，经济增长的外向拉动力仍然不足；相对于工业化水平的快速提升，城市化进程还需进一步提速，全市城市化率明显低于全省平均水平，中心城市和部分县城的人气商气需要加快集聚；相对于财政收入的快速增长，富民步伐还需进一步加快，城乡居民收入增幅总体上低于财政收入的增幅；相对于经济社会的快速发展，节能减排工作还需进一步加强，全面完成“十一五”节能减排任务必须付出更大努力。同时，少数政府部门的服务意识有待进一步增强，办事效率有待进一步提高，形式主义、官僚主义和消极腐败现象在少数人身上仍不同程度地存在。对于这些问题，一定要给予高度重视，采取有效措施，切实加以解决。

2010 年是全面完成“十一五”规划、超前谋划“十二五”发展的关键一年。经济社会发展的主要预期目标是：地区生产总值增长 13.5%，财政总收入增长 30% 以上，一般预算收入增长 25% 以上；50 万元以上固定资产投资增长 35% 以上；社会消费品零售总额增长 18%，进出口总额、实际到账外资均增长 15% 以上；研发投入占地区生产总值比重达到 0.6% 以上，高新技术产业产值占规模以上工业比重达到 6%；城镇居民人均可支配收入、农民人均纯收入均增长 12% 以上；万元 GDP 能耗下降 5% 以上，COD、二氧化硫排放总量在 2005 年的基础上分别削减 8.3% 和 2.8%。

四、宿迁市在长三角地区经济发展中的地位

2009 年是经济发展极具挑战的一年，面对复杂多变的宏观局势，宿迁市广大干群牢固树立“坚持好快干、跨越不动摇”意识，狠抓工作落实，全力招大引强，全市经济呈现“迅速企稳、持续攀升”的良好态势，提前一年登上“双八平台”，经济总量一举突破 800 亿，财政收入跨越“百亿”大关，主要经济指标增速在全省继续保持领先，“突破、跨越、赶超”势头强劲。

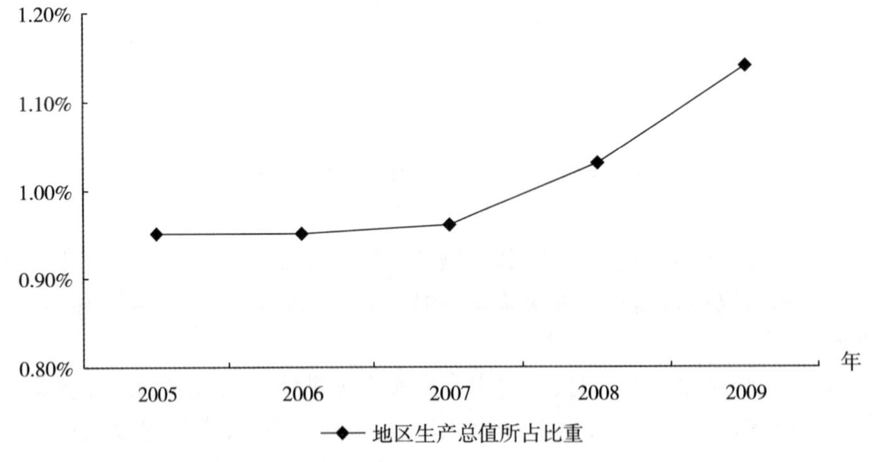

图 2－164　2005－2009 年宿迁市地区生产总值在长三角所占比重

2005－2009 年宿迁市地区生产总值在长三角所占比重为 0.95%、0.95%、0.96%、1.03% 和 1.14%，已连续两年占比明显增加，累计增幅为 0.18 个百分点。2008 年四季度以来，受国际金融危机影响，宿迁市经济增速回落较快。针对经济运行中的矛盾与问题，宿迁市及时启动刺激经济增长的应急方案，先后出台“扶持工业企业发展”、“促进中心城市房地产业和商业发展”、“鼓励中小企业发展”等举措，同时制定“促增长 12 条措施”，全市经济形势迅速企稳回升，经济总量实现新突破。全年实现地区生产总值 826.85 亿元，增长 13.5%；比一季度、上半年和前三季度分别提升 1.6、1.3 和 1.0 个百分点。

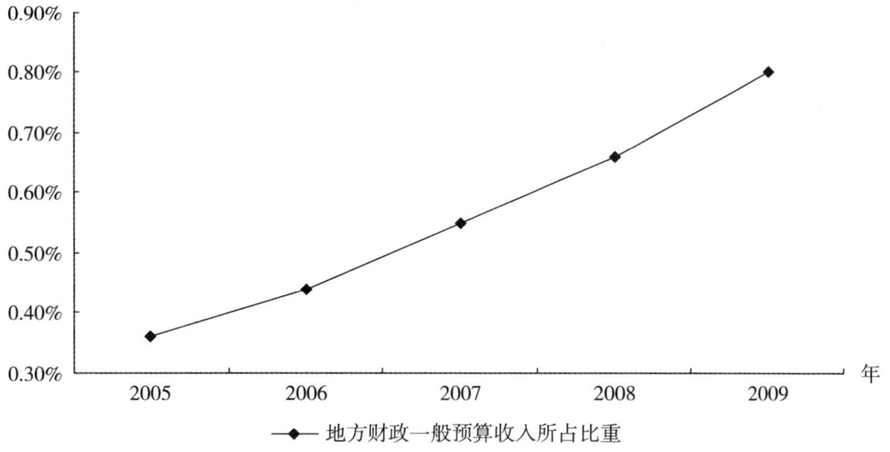

图 2 -165　2005 -2009 年宿迁市地方财政一般预算收入在长三角所占比重

2005 -2009 年宿迁市地方财政一般预算收入在长三角所占比重为 0.36%、0.44%、0.55%、0.66%和 0.80%，保持稳定增长的态势，累计增幅为 0.44 个百分点。2009 年，全市财政收入首次突破"百亿"大关，但是房地产及相关行业对财政贡献不菲，财政持续增收的形势不甚乐观，对稳定经济、实现平稳增收将产生不利影响。从财政统计情况看，一般预算收入的税收收入中契税实现 6.88 亿元，比增值税高 0.75 亿元，占税收收入的 14.0%。加之城镇土地使用税、土地增值税、房产税以及房地产企业上交的营业税、企业所得税等等，更远高于增值税。财政收入过多地依赖房地产及相关行业，对提升城市竞争力、集聚城市人气商气、实现经济持续健康发展不利。宿迁市全年实现地方财政一般预算收入 63.07 亿元，同比多收 16.55 亿元，增长 35.6%。其中税收收入 48.95 亿元，增长 36.7%，占一般预算收入比重 77.6%，比 2008 年高 0.6 个百分点。

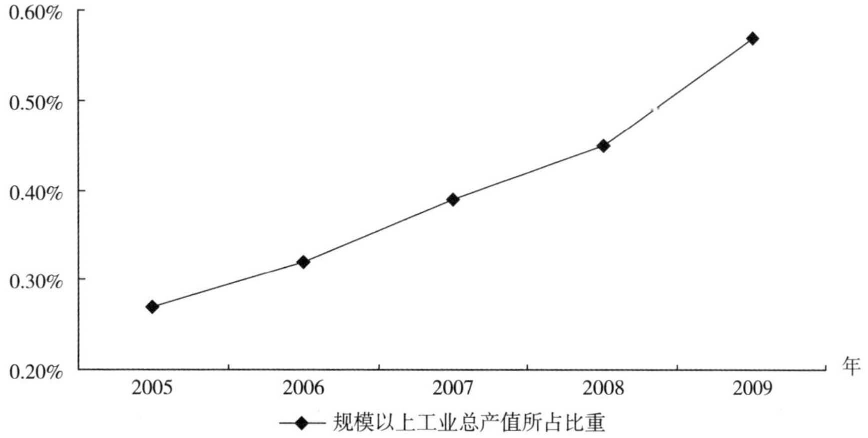

图 2 -166　2005 -2009 年宿迁市规模以上工业总产值在长三角所占比重

2005 -2009 年宿迁市规模以上工业总产值在长三角所占比重为 0.27%、0.32%、0.39%、0.45%和 0.57%，保持稳定增长的态势，累计增幅为 0.3 个百分点。2009 年，全市克服各种不利因素的影响，强力推进招商引资和项目建设，工业生产继续保持平稳较快发展，较好地发挥了工业经济的主导功能，引领全市经济实现了较快发展。但全市名牌产品出口少，出口企业创新能力弱，产品的国际竞争力不强,在日益加剧的国际市场竞争中,工业出口交货值增长缓慢。

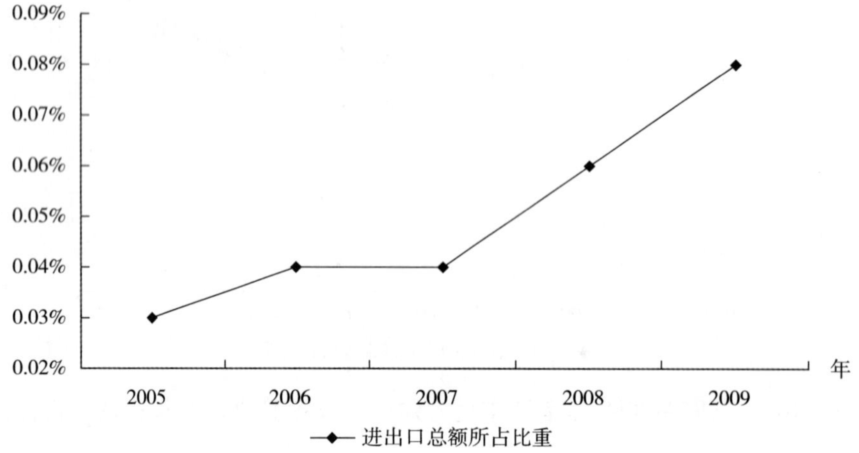

图 2-167 2005-2009 年宿迁市进出口总额在长三角所占比重

2005-2009 年宿迁市进出口总额在长三角所占比重为 0.03%、0.04%、0.04%、0.06% 和 0.08%,所占比重虽然不大但保持较快增长的态势,2009 年占比已达2005 年的2.67 倍。2009 年,在长三角绝大多数城市对外贸易全线下滑的情况下,宿迁市持续呈现两位数以上增长的态势,增速一直居长三角地区首位。全年完成进出口总额 6.23 亿美元,增长 31.0%。其中出口 5.35 亿美元,增长 24.3%。

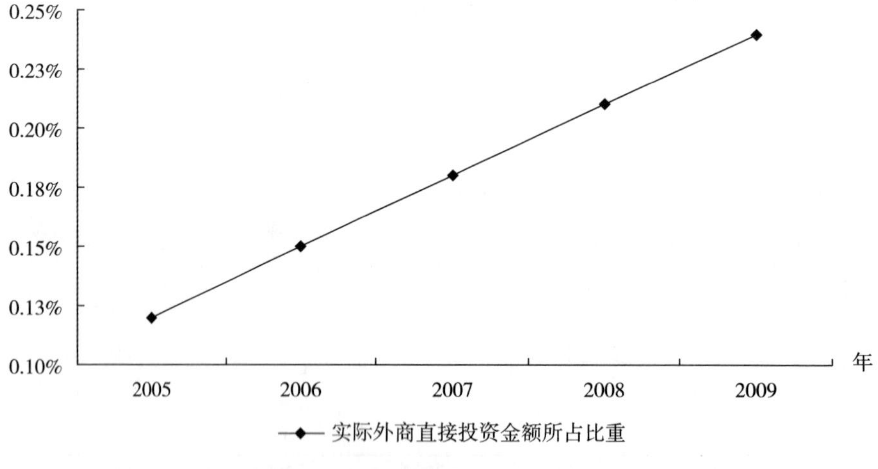

图 2-168 2005-2009 年宿迁市实际外商直接投资金额在长三角所占比重

2005-2009 年宿迁市地实际外商直接投资金额在长三角所占比重为 0.12%、0.15%、0.18%、0.21% 和 0.24%,所占比重虽然不大但保持较快增长的态势,2009 年占比已比 2005 年翻了一番。2009 年,全市外资项目规模不断扩大,合同利用外资 2.3 亿美元,比上年增长 7.0%;实际到账外资 1.5 亿美元,增幅居长三角地区前列。

第三章　浙江省2009年经济社会发展报告

2009年,是新世纪以来浙江经济发展最为困难的一年,面对经济危机,浙江省政府深入实施“八八战略”和“创业富民、创新强省”总战略,通过大力推进“全面小康六大行动计划”,坚持标本兼治、保稳促调,民生为本、企业为基,全力应对了国际金融危机冲击,迅速扭转了经济增速过快下滑的势头,全省经济回升向好。

一、2009年浙江省经济发展状况

(一)综合经济

1.经济总量继续增长

2009年,浙江全省生产总值为22 990亿元,比上年增长7.1%。其中,第一产业增加值1 163亿元,第二产业增加值11 908亿元,第三产业增加值9 919亿元,分别增长6.1%、2.9%和12.7%。人均GDP为44 641元,增长5.9%。三次产业增加值结构从上年的5.1%:53.9%:41.0%调整为5.1%:51.8%:43.1%。

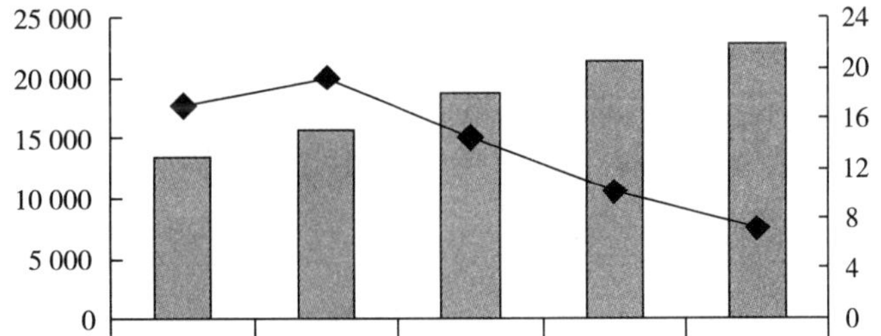

	2005	2006	2007	2008	2009
地区生产总值(亿元)	13 418	15 719	18 754	21 463	22 990
增幅(%)	17.1	19.3	14.4	10.1	7.1

图2-169　2005-2009年浙江省地区生产总值及增长速度

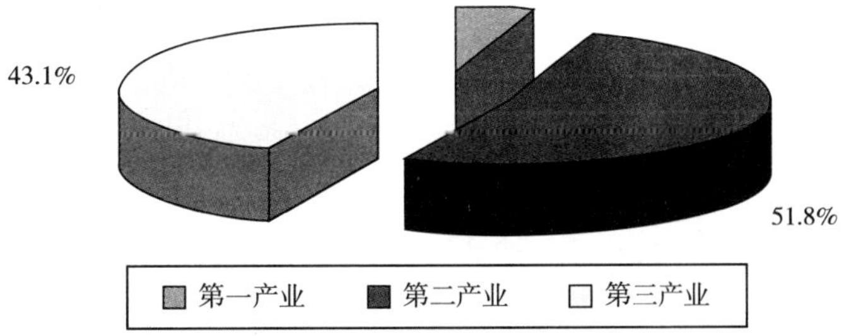

图2-170　2009年浙江省三次产业结构图

表 2－31　2009 年浙江省各地区国民经济主要指标

城市	年末总人口（万人）	生产总值（亿元）	全社会固定资产投资(亿元)	出口总额（亿美元）	财政总收入（亿元）
杭州	683.38	5 098.66	2 291.65	271.80	1 019
宁波	571.02	4 214.60	2 004.22	386.51	966
嘉兴	339.60	1 918.03	1 233.41	123.41	279
湖州	259.17	1 111.50	638.69	40.76	146
绍兴	437.74	2 375.46	1 055.03	157.61	298
舟山	96.77	533.26	400.66	37.39	76
温州	779.11	2 527.88	837.78	109.36	360
金华	463.68	1 765.94	635.16	85.98	232
其中:义乌	73.02	519.53	178.13	21.36	70
衢州	249.86	617.50	415.40	7.30	62
台州	578.47	2 025.47	834.10	100.67	263
丽水	257.39	542.02	279.19	9.35	65

2. 财政收入状况良好

2009 年全省财政一般预算总收入4 122亿元，比上年增长 10.5%，其中地方一般预算收入2 142亿元，增长 10.8%。

3. 物价水平有所下降

全省 2009 年居民消费价格比上年下降 1.5%，其中居住类下降 7.3%，食品类上涨 0.7%；商品零售价格下降 1.4%，农业生产资料价格下降 4.1%，工业品出厂价格下降 5.1%，原材料、燃料、动力购进价格下降 7.4%，固定资产投资价格下降 3.3%。

表 2－32　2009 年居民消费价格指数变动情况(上年＝100)

指标名称	全 省	城 市	农 村
居民消费价格总指数	98.5	98.7	98.2
食品	100.7	102.1	99.5
粮食	105.5	105.7	105.3
烟酒及用品	100.5	100.9	100.2
衣着	98.2	98.9	97.8
家庭设备用品及服务	99.8	100.6	99.2
医疗保健及个人用品	102.4	101.7	103.0
交通和通信	96.0	95.8	96.3
娱乐教育文化用品及服务	98.4	98.0	98.7
居住	92.7	92.0	93.3

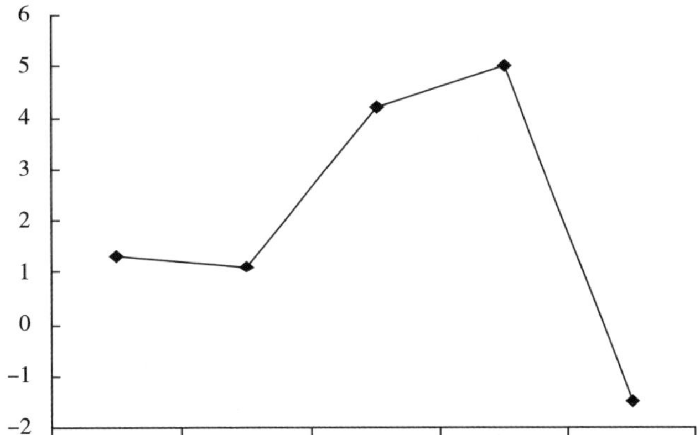

	2005	2006	2007	2008	2009
—◆—居民消费价格涨跌幅度(%)	1.3	1.1	4.2	5	−1.5

图 2－171　2009 年浙江省居民消费价格涨跌幅度

4. 固定资产投资突破万亿

2009 年浙江全省固定资产投资增长 15.2%，突破万亿，达到10 742亿元。比上年提高 4.5 个百分点，增幅创近 5 年来最好水平。列江苏、山东、广东、辽宁、河南、河北、四川后，居全国各省市区第 8 位。其运行的主要特点如下：

(1)基础设施投资保持较快增速，全省限额以上基础设施投资2 893亿元，增长 21.9%。其中，占基础设施投资比重最大的交通运输仓储和邮政业投资 985 亿元，增长 33.0%，文化艺术业投资增长 71.1%，体育设施投资增长 51.6%，卫生设施投资增长 28.1%，均明显高于全社会和限额以上固定资产投资的增幅。

(2)第一产业投资增长快、波动也大。2009 年，全省限额以上第一产业投资 57.5 亿元，增长 59.3%，增幅比上年提高 50.8 个百分点。从全年各月情况看，第一产业投资增幅经历了低开、走高再回落的过程，月度之间波动比较大，最低为 1－2 月仅增长 7.8%，最高为 1－6 月增长 93.2%，两者相差 85.4 个百分点。

(3)第二产业特别是制造业投资稳步回升，部分高耗能行业投资出现下降。2009 年，全省限额以上第二产业投资4 291亿元，占限额以上投资的 43.3%，比上年增长 8.9%。其中工业投资4 253亿元，增长 8.7%。

(4)积极推进投资结构的调整，第三产业投资增长较快。2009 年，限额以上第三产业投资5 557亿元，占限额以上投资的 56.1%，增长 21.5%。如扣除房地产开发投资，则增幅达到 29.4%。其中，居民服务和其他服务业、文化体育和娱乐业、卫生社会保障和社会福利业、交通运输仓储和邮政业、住宿和餐饮业、科学研究技术服务和地质勘查等行业投资在第三产业中增幅居前，分别增长 1.5 倍、83.0%、35.8%、33.0%、49.7% 和 29.9%。

(5)新开工项目主要指标增势较好，投资增长潜力增强。2009 年，限额以上施工项目个数29 977个，比上年增长 13.9%。其中，本年新开工15 868个、亿元以上新开工项目 895 个，分别增长 27.1% 和 28%；新开工项目(不含房地产)计划总投资7 085.5亿元，增长 36.4%。

(6)投资资金较为宽裕。积极的财政政策和宽松的货币政策，使投资资金有了充足的保障。2009 年，浙江省限额以上投资本年资金来源增长 26.3%，远远高于限额以上投资的增幅，资金面上比较宽裕，有效地支撑起浙江省投资平稳较快增长。在本年资金来源中，国家预算内资金、国内贷款、自筹资金和其他资金分别增长 34.6%、19.4%、13.9% 和 77.5%。但利用外资尤其是外商直接投资不甚理想,分别下降 19.7% 和 26.3% 。

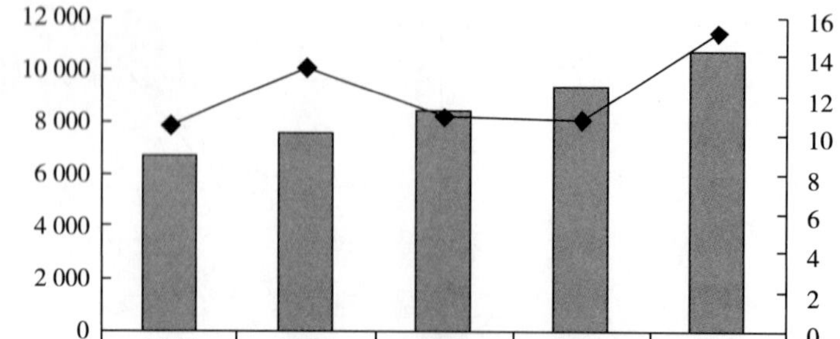

	2005	2006	2007	2008	2009
固定资产投资总额(单位:亿元)	6 696	7 594	8 420	9 323	10 742
增幅(%)	10.5	13.4	10.9	10.7	15.2

图 2 -172　2005 -2009 年浙江省全社会固定资产投资及增长幅度

(二)农业建设

2009 年,浙江省进一步加大了对种粮补贴的政策力度,提高稻谷最低收购价、实行订单早稻谷奖励政策,继续实行粮油种植大户直接补贴、种粮大户政策性农业保险政策等,有效地调动了农民种粮的积极性。全年粮食播种面积1 290.09千公顷,比上年增加 18.46 千公顷,增长 1.5% 。全省全年粮食单产也比上年增长 0.3% ,粮食总产量为 789.15 万吨,增长 1.8% 。其中,春粮播种面积 169.82 千公顷,比上年增长 5.8% ;总产量 58.53 万吨,增长 6.9% ;早稻播种面积为 114.87 千公顷,增长 10.1% ,总产量为 67.87 万吨,增长 14.3% ;晚稻播种面积为 823.87 千公顷,减少 1.1% ,总产量为 598.80 万吨,减少 0.4% 。

主要经济作物播种面积仍然有增有减。其中油料播种面积 210.1 千公顷,蔬菜 618.9 千公顷,分别比上年增长 10.1% 和 0.1% ;棉花播种面积 20.1 千公顷,比上年减少 1.2% 。

表 2 -33　2009 年主要农产品产量

指标名称	绝对数(万吨)	比上年增长(%)
粮食	789.15	1.8
春粮	58.53	6.9
秋粮	662.75	0.2
早稻	67.87	14.3
油料	43.24	4.8
油菜籽	37.02	4.8
花生	5.39	3.7
棉花	2.81	-0.4
糖料	81.36	-4.8
茶叶	16.74	3.1
水果	712.41	-4.7
蔬菜	1 764.76	2.3

畜牧业生产增长，渔业生产保持稳定。全年肉类总产量为 170.4 万吨，比上年增长 0.2%；水产品总产量 445.6 万吨，其中海水产品产量 343.1 万吨，淡水产品产量 86.5 万吨，远洋渔业产量 16.0 万吨。

现代农业进一步发展。全年净增有效灌溉面积 6.1 千公顷，新增机电排灌面积 1.3 千公顷。农业机械总动力2 450.6万千瓦，比上年增长 2.8%。

浙江省深入实施的“科技兴农”战略，积极培育现代农业经营主体，大力发展农业主导产业，着力推进农业发展方式的转变，保证了农产品的有效供给和农村经济的稳定发展。

（三）工业和建筑业

1. 工业增加值和工业转型

2009 年，浙江省全部工业增加值为10 457亿元，比上年增长 5.9%，其中规模以上工业增加值8 232亿元，增长 6.2%，轻、重工业增加值分别增长 5.5% 和 6.7%。规模以上工业销售产值39 629亿元，增长 2.1%。国有及国有控股工业企业增加值1 223亿元，比上年增长 3.6%。规模以上工业企业完成出口交货值8 561亿元，下降 10.8%；出口交货值占销售产值的比重为 21.6%，比上年下降 3.1 个百分点。

表 2－34　2009 年规模以上工业增加值

指标名称	绝对数（亿元）	比上年增长（%）
工业增加值总计	8 231.71	6.2
在总计中：轻工业	3 639.24	5.5
重工业	4 592.46	6.7
在总计中：国有企业	667.73	4.5
集体企业	33.38	3.9
股份合作企业	76.33	－3.6
联营企业	4.70	－0.7
有限责任公司	1 501.00	5.6
股份有限公司	539.89	4.6
私营企业	3 228.02	8.9
其他企业	35.59	6.0
港澳台商投资企业	922.13	6.7
外商投资企业	1 222.95	2.7
在总计中：国有及国有控股企业	1 223.20	3.6

2009 年浙江省规模以上工业企业新产品产值为7 361亿元，比上年增长 12.6%，新产品产值率为 18.1%，比上年提高 1.7 个百分点。制造业中，高新技术产业增加值1 771亿元，比上年增长 6.9%，占规模以上工业的比重为 21.5%。汽车产量为 28.2 万辆，增长 77.2%，其中轿车产量为 22.4 万辆，增长 73.1%。

表 2－35　2009 年主要工业产品产量

指标名称	单位	绝对数	比上年增长(%)
纱	万吨	195.60	16.3
布	亿米	139.20	2.0
化纤	万吨	1 207.16	7.8
卷烟	亿支	804.20	5.7
房间空调器	万台	303.10	－16.5
发电量	亿千瓦每小时	2 193.30	17.8
钢材	万吨	2 359.40	20.6
水泥	万吨	10 796.50	6.2
化肥(折 100%)	万吨	46.50	－2.6
汽车	万辆	28.20	14.8
自行车	万辆	1 224.00	－32.2
集成电路	亿块	21.40	－10.2
电子元件	亿只	339.70	5.9
移动电话机	万台	2 640.70	4.5
微型电子计算机	万台	89.20	－15.5

全年规模以上工业企业实现利润2 041亿元，比上年增长 34.4%。其中，国有及国有控股企业 283 亿元，增长 234.4%；股份制企业 260 亿元，增长 137.4%；外商及港澳台投资企业 651 亿元，增长 26.1%；私营企业 656 亿元，增长 18.5%。工业企业产品销售率 97.3%，比上年提高 0.1 个百分点。

表 2－36　2009 年浙江省各市工业总产值

单位:亿元

地区	工业总产值
杭州市	9 390.73
宁波市	8 272.85
嘉兴市	3 863.99
湖州市	2 198.09
绍兴市	5 518.91
舟山市	790.56
温州市	3 648.71
金华市	2 673.66
衢州市	832.59
台州市	2 869.88
丽水市	867.67

浙江省大力推动工业转型升级，省财政设立5亿元工业转型升级专项资金，编制实施11个重点产业转型升级规划，积极发展新能源等高新技术产业，举行重点产业转型升级系列专家报告会，开展21个块状经济向现代产业集群提升试点并派遣专家服务组，重点培育146家行业龙头骨干企业。限额以上工业技术改造投资增长8.7%，规模以上工业企业利润总额从一季度下降20%回升到全年增长34.4%，新产品产值率提高1.7个百分点。

2. 建筑业保持全国前列

2009年全年建筑业增加值1 386亿元，比上年增长15.3%，高于2008年的3.0%。全年资质以上建筑企业利润总额250亿元，比上年增长16.3%；税金总额280亿元，增长15.7%。

2009年，全省建筑业主要指标继续保持全国前列，完成建筑业总产值居全国第二位，在省外完成的产值居全国第一位，本年新签合同额全国第二。

2009年浙江省总承包和专业承包资质建筑业企业建筑业总产值9 351亿元，居全国各省（市、区）第二位，占全国的比重为12.3%。居第一位的是江苏，为10 181.3亿元；第三位的是山东，为4 578.3亿元。

2009年全省建筑业企业在省外完成的产值4 322.9亿元。省外完成产值超过2 000亿的省（市）分别是浙江、江苏（3 521亿）、北京（2 375亿）。

全省2009年总承包和专业承包资质建筑企业本年新签合同额9 802.3亿元，居全国第二位，占全国的比重为11.5%。居第一位的是江苏，为10 190.1亿元。

此外，浙江省建筑企业房屋施工面积105 436.2万平方米，居全国第一位；平均人数463.5万人，仅次于江苏省（604.4万人），居全国第二位。

（四）服务业

1. 国内贸易

2009年浙江省全年社会消费品零售总额8 622亿元，比上年增长15.9%，扣除价格因素，实际增长17.3%。其中，城市消费品零售额5 771亿元，比上年增长16.3%；县及县以下消费品零售额2 851亿元，增长14.9%。分行业看，批发零售贸易业零售额7 576亿元，增长16.2%；住宿餐饮业零售额994亿元，增长14.1%；其他行业零售额52亿元，增长1.1%。

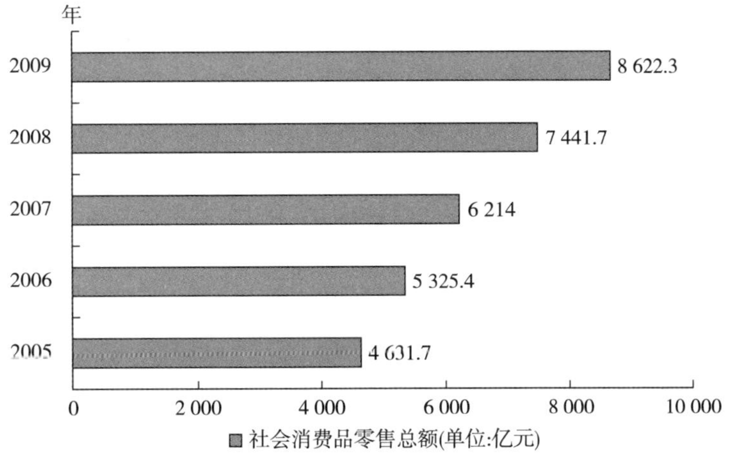

图2－173 2005－2009年社会消费品零售总额

在限额以上批发零售贸易业销售额中,汽车类零售额比上年增长30.2%,中西药品类增长18.0%,通信器材类下降17.8%,建筑及装潢材料类下降11.7%,服装、鞋帽、针纺织品类增长13.1%,家具类增长14.2%,日用品类增长13.0%,粮油食品饮料烟酒类增长6.6%,石油及制品类增长3.1%,家用电器和音像器材类增长5.4%。

年末全省共有商品交易市场4 232家(含38家网上交易市场),全年成交总额11 688亿元,其中有形市场成交总额10 745亿元,比上年增长9.7%。成交额超亿元的市场633个,超十亿元的市场162个,超百亿元的市场18个。全省累计已建立乡镇连锁超市1 843个,已有14 109个行政村开设便利店16 776个,覆盖率为47.2%。

2. 交通运输、邮电

浙江省2009年交通运输、仓储和邮政业增加值857亿元,比上年增长1.9%。其中全年铁路、公路和水运等运输方式完成货物周转量5 659.78亿吨公里,比上年增长3.4%;旅客周转量1 152.4亿人公里,增长3.0%。港口完成货物吞吐量10.3亿吨,同比增长9.7%,其中,沿海港口完成7.1亿吨,内河港口完成3.2亿吨,分别增长12.6%和3.9%。

表2-37　2009年铁、公、水路运输方式完成周转量

指标名称	单位	绝对数	比上年增长(%)
货物周转量	亿吨公里	5 659.78	3.4
铁路	亿吨公里	323.30	-4.8
公路	亿吨公里	1 188.70	6.7
水运	亿吨公里	4 147.80	3.1
旅客周转量	亿人公里	1 152.40	3.0
铁路	亿人公里	291.30	0.5
公路	亿人公里	853.63	3.9
水运	亿人公里	7.60	2.2
主要港口货物吞吐量	万吨	78 569.00	13.8

全年邮电业务总量1 666.4亿元,比上年增长7.8%。其中,邮政业务总量58.1亿元,增长19.2%;电信业务总量1 608.2亿元,增长7.4%。

全年本地电话交换机容量3 110万门。新增移动电话交换机72万户,总容量为7 973万户。年末本地电话用户达2 118.6万户,其中城市电话用户1 313.8万户,农村电话用户804.8万户;移动电话用户4 436万户,全年新增459万户。年末全省互联网用户数为890.9万户,比上年新增86万户。

3. 旅游业

2009年全年实现旅游总收入2 644亿元,比上年增长17.5%。其中,接待国内旅游者2.44亿人次,增长16.8%,实现国内旅游收入2 423.5亿元,增长18.8%;接待入境旅游者570.6万人次,增长5.7%,实现旅游外汇收入32.2亿美元,增长6.6%。

4. 金融、证券和保险

2009年,浙江省金融业保持稳健发展,金融运行总体平稳,各项改革深入推进,金融生态环境持续优化,金融对经济支持力度进一步增强。

2009年全省年末金融机构本外币各项存款余额45 112亿元,比上年末增长27.4%,其中人民币存款余额增长 27.6%。全部金融机构本外币各项贷款余额39 224亿元,比上年末增长 32.4%,其中人民币贷款余额增长 31.4%。年末城乡居民本外币储蓄存款余额18 169亿元,比上年末增长 22.8%。

表 2-38 2009 年浙江省全部金融机构本外币存贷款情况

指 标	年末数(亿元)	比上年增长%
各项存款余额	45 112.0	27.4
其中:企事业存款	16 791.7	46.8
城乡居民储蓄存款	18 169.4	22.8
其中:人民币	17 833.4	23.1
各项贷款余额	39 223.9	32.4
其中:短期贷款	21 684.3	26.1
中长期贷款	15 324.5	42.8

2009 年末,全省全年新增上市公司 16 家,其中境内上市 10 家,境外上市 6 家。目前,全省共有境内上市公司 141 家,居全国第三位,累计融资1 101.64亿元。其中中小板上市公司 60 家,占全国中小板上市公司总数的 18.3%,居全国第二位;创业板上市公司 5 家,占全国创业板上市公司总数的 13.9%。全省现有境外上市公司 45 家,累计融资 456.72 亿元。

全年保险业实现保费收入 645.5 亿元,比上年增长 12%。其中,财产险保费收入 247.4 亿元,比上年增长 21.7%;人身险保费收入 398.1 亿元,增长 6.8%。支付各类赔款及给付 220.1 亿元。其中,寿险业务给付 75.4 亿元,健康险和意外伤害险赔款及给付 16 亿元,财产险赔款 128.7 亿元。

全省金融机构本外币贷款新增9 597亿元,是上年的 2 倍,小型企业新增贷款1 859亿元,占企业新增贷款比重 34.3%。

浙江省通过积极协调解决小企业融资难等问题,鼓励银行在设立小企业信贷专营机构,发展多层次、广覆盖的中小企业信用担保体系,完善小企业贷款风险补偿机制,引导支持金融机构对成长性好的中小企业给予贷款利率优惠。做好了企业的解困、扶持和服务工作。

5. 房地产业

(1)基本状况

全年房地产开发投资2 254亿元,比上年增长 11.4%。商品房销售额 4303 亿元,增长 1.3 倍。

(2)浙江省 2009 年房地产业简要分析

相比 2008 年,2009 年浙江省房地产市场迅速走出调整期,市场成交量持续上涨,市场需求呈现出典型的 V 型走势。与此同时,市场供给却严重滞后,与市场需求形成了明显的“剪刀差”,后半年供不应求现象日益严重,整个房地产业呈现出以下特点:

①成交量攀上新高。从 2009 年 3 月开始,浙江省商品房销售面积和销售额逐渐回升,特别是进入二季度以后,市场成交量出现井喷式增长。

②供给严重滞后。房地产开发投资增长滞后于市场销售回升。浙江省房地产开发完成投资同比增幅从 2008 年下半年开始逐渐回落,于 2009 年 1 月跌入谷底。2009 年 1-2 月,全省房地产开发完成投资 218 亿元,同比仅增长 1.7%;住宅完成投资 150 亿元,罕见地出现同比下降 3.2%。3 月以后,投资额增幅虽然成功地扭转了下降趋势,但回升速度远低于市场交易量。1-12 月浙江省房地产

开发累计完成投资2 250亿元,同比增长 11%;其中,住宅开发累计完成投资1 580亿元,同比增长11%,与快速回升的销售额形成鲜明对比。

(五)对外经济

1. 对外贸易

全年进出口总额为1 877亿美元,比上年下降 11.1%,其中进口 547 亿美元,下降 3.7%;出口1 330亿美元,下降 13.8%。

表 2-39 2009 年进出口主要分类情况

	绝对数(亿美元)	比上年增长(%)
进出口总额	1 877.3	-11.1
出口额	1 330.1	-13.8
#一般贸易	1 066.4	-12.5
加工贸易	249.1	-13.5
#机电产品	555.1	-18.4
#高新技术产品	98.7	-28.0
进口额	547.2	-3.7
#一般贸易	374.4	8.8
加工贸易	117.6	-21.7
#机电产品	119.0	-20.8

主要出口市场逐渐回暖,出口降幅持续收窄。美国仍为第一大出口国,日本重新成为第一大进口来源地。宁波—舟山港货物吞吐量 5.77 亿吨,增长 10.9%。

表 2-40 2009 年对主要市场进出口情况

国家或地区	出口额(亿美元)	比上年增长(%)	进口额(亿美元)	比上年增长(%)
欧盟	360.7	-15.4	64.4	-1.9
东盟	80.4	-8.0	44.4	-12.7
美国	230.5	-13.1	40.4	-6.1
日本	89.1	-10.6	79.1	-11.6
韩国	35.5	-21.0	58.4	-14.9
中国香港	45.0	-13.5	2.2	-24.5
中国台湾	13.2	-23.8	77.4	14.3

2. 外资状况

全省 2009 年新批外商直接投资项目1 738个,比上年减少 120 个,合同外资 160 亿美元,实际到

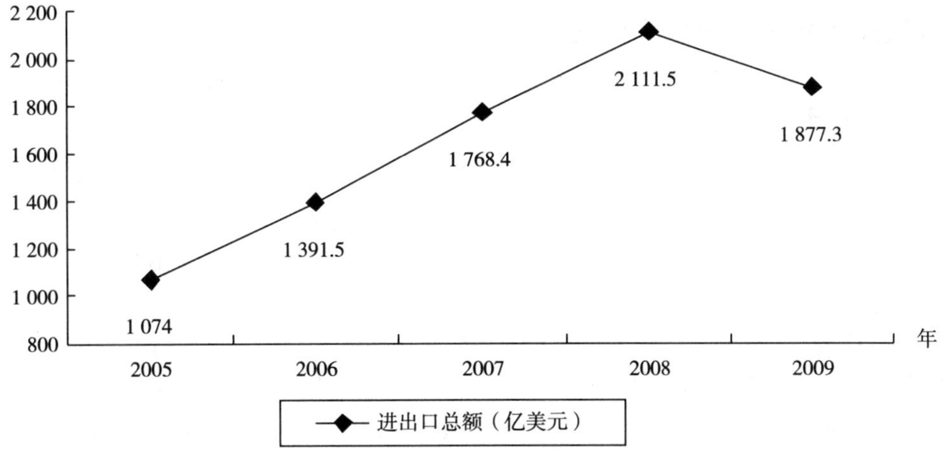

图 2－174 2005－2009 年浙江省外贸进出口总额

位外资 99 亿美元，分别比上年下降 10.1% 和 1.3%。第三产业利用外资继续保持良好势头，合同外资 57 亿美元，实际外资 34 亿美元，分别比上年增长 7% 和 11.4%，各占外资总额的 35.7% 和 34.2%。

表 2－41 2009 年浙江省各市实际使用外资金额

单位：万美元

地区	实际使用外资金额
杭州市	401 370
宁波市	220 541
嘉兴市	133 460
湖州市	81 095
绍兴市	81 117
舟山市	10 595
温州市	23 448
金华市	40 034
衢州市	6 380
台州市	18 806
丽水市	2 913

3. 对外合作

浙江省全年对外承包工程、对外劳务合作、对外设计咨询完成营业额 24 亿美元，比上年增长 38.7%；批准境外企业和机构共计 475 家，其中产业项目 149 家，贸易公司 235 家，境外办事处 91 家；总投资 13 亿美元，其中中方投资 12 亿美元，总投资和中方投资分别增长 45.7% 和 43.5%。

二、浙江省2009年社会发展概况

(一)人口、人民生活

2009年末全省常住人口5 180万人,比上年增长1.17%。其中,男性人口2 614万人,女性人口2 566万人,分别占总人口的50.5%和49.5%。全年出生人口52.6万人,出生率为10.2‰;死亡人口28.8万人,死亡率为5.59‰;全年自然增长人口23.8万人,自然增长率为4.63‰。

据对全省城乡住户抽样调查,全省城镇居民人均可支配收入24611元,农村居民人均纯收入10 007元,扣除价格因素,分别比上年实际增长9.7%和9.5%,城镇居民人均可支配收入连续9年、农村居民人均纯收入连续25年列全国各省区第一位。城镇居民收入基尼系数(衡量居民内部收入分配差距的指标)为0.293 5,农村居民收入基尼系数为0.363 4。城镇居民人均消费支出16 683元,比上年实际增长11.6%;农村居民人均生活消费支出7 375元,实际增长6.2%。城镇居民家庭恩格尔系数(居民家庭食品消费支出占生活消费总支出的比重)为33.6%,农村居民家庭恩格尔系数为37.4%,分别比上年下降2.8和0.6个百分点。

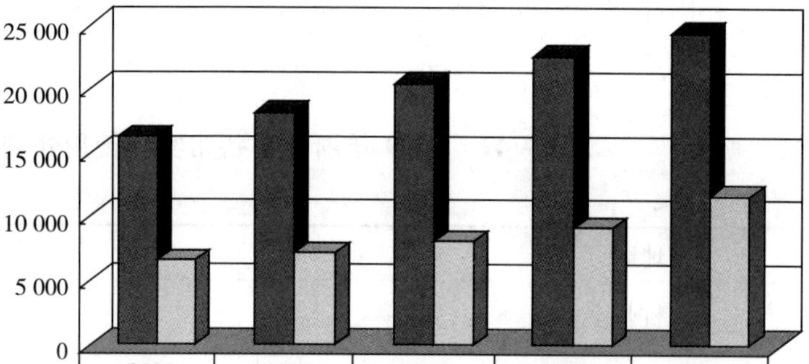

	2005	2006	2007	2008	2009
■城市居民人均可支配收入(元)	16 294	18 265	20 574	22 727	24 611
□农民人均纯收入(元)	6 660	7 335	8 265	9 258	10 007

图2-175　2005-2009年浙江省城乡居民收入对比一览

城乡居民居住条件继续改善。城镇居民人均住房建筑面积35.1平方米,农村居民人均居住面积59.3平方米。城乡居民家庭主要耐用消费品拥有量继续增长。

(二)就业与社会保障

1.就业

浙江省实施积极的就业政策,重点做好高校毕业生、农民工、就业困难人员的就业工作,鼓励和支持大学生创业,帮助37.8万城镇失业人员实现再就业,基本消除城镇零就业家庭。

全年新增城镇就业人数81.9万人。年末城镇登记失业率为3.26%,比上年末下降0.23个百分点。

2.社会保障

2009年,浙江省通过加强社会保障体系建设,在全国率先建立覆盖城乡居民的社会养老保险制度,企业职工养老保险基本实现省级统筹,城乡最低生活保障、农村五保与城镇“三无”对象集中供养水平继续提高,新增廉租住房保障家庭1.5万户,新开工建设经济适用房336.2万平方米,城镇廉租住房和经济适用房保障水平进一步提高。

年末全省企业养老、城镇职工基本医疗、工伤、失业、生育保险参保人数分别达到1 432万、1 174万、1 331万、784万、750万,分别比上年增加138.4万、119.8万、69.3万、53.4万、60.7万。企业基本养老保险基金累计结余935.8亿元,支付能力达到32个月。城镇居民基本医疗保险参保人数488万人,参加城镇居民医疗保险的大学生人数达63万,386万名被征地农民参加社会保障。全省企业退休人员月平均养老金待遇为1 445元,继续位居全国省区第一。

新型农村合作医疗机制继续完善,保障能力不断增强。2009年,全省参合人数3 035万人,参合率为92%,人均筹资水平179元,所有县(市、区)人均筹资全部达到140元以上。全省共有170万人次得到住院结报,5 000万人次得到门诊等结报,报销支出住院费用43亿元,报销支出门诊等费用12亿元,住院补偿率为36.5%,门诊补偿率为24%。

社会救助工作机制逐步健全。据初步统计,全省现有在册低保对象69.8万人,比上年增加1.1万人,支出资金11.8亿元,增加2.3亿元。全面实施医疗分类救助模式,开展即时救助。全省全年共筹集医疗救助资金5.1亿元,支出超过5亿元,除资助133.5万名五保、低保对象等困难群众参加医疗保险外,救助困难群众近40万人次。全省五保、"三无"对象集中供养率分别为95.5%和99.1%。全省年新增各类养老机构床位数1.5万多张,新建市、县(市、区)养老服务指导中心32个、乡镇(街道)养老服务中心308个、城市社区居家养老服务站510个、农村"星光老年之家"4 100多个。年内共发行各类福利彩票49.3亿元,增长21.2%,筹集公益金15.9亿元。

(三)教育和科学技术

1.教育事业

浙江省2009年中小学校舍安全排查鉴定工作全面完成,初中、小学生均公用经费最低标准分别提高到550元和350元,乡镇中心幼儿园建设加强,义务教育学校绩效工资制度全面实施,高等院校学科建设进一步加强。

全省拥有普通高校78所(含筹建1所)。全年研究生招生16 184人,在学研究生43 381人,毕业生7 941人;普通本专科招生26.14万人,在校生86.65万人,毕业生21.82万人。普通高考录取率82.5%,比上年提高7.5个百分点;高等教育毛入学率为43%,比上年提高3个百分点。各类中等职业教育招生27.68万人,在校生72.77万人,毕业生23.15万人;普通高中招生30.02万人,在校生85.55万人,毕业生28.58万人;初中招生55.45万人,在校生176.72万人,毕业生59.15万人。初中入学率、巩固率分别为99.93%和99.98%,初中毕业升高中段的比例为97.7%,比上年提高0.22个百分点。小学招生53.91万人,在校生325.14万人,毕业生57.24万人,小学毕业生升学比例为99.99%。义务教育入学率99.97%,巩固率99.99%,完成率98.58%。特殊教育招生1 649人,在校生1.23万人。全省拥有幼儿园10 067所,在园幼儿167.06万人。

2.科技与创新

2009年浙江省大力实施自主创新能力提升行动计划,完善落实促进企业自主创新的政策,设立5亿元创业风险投资引导基金,加快推进33个重大公共创新平台建设,引进132个科技创新载体,组织实施536个重大科技项目,推进省科研创新基地规划建设。全省财政科技投入增长16.7%,规模以上工业企业科技活动经费支出增长6.3%,发明专利授权量增长47.4%,引进各类人才3.6万人。

全年全社会科技活动经费投入720亿元,比上年增长16.2%,占全省生产总值的比例为3.15%,比上年提高0.27个百分点。R&D经费占全省生产总值的比例为1.7%,比上年提高0.09个百分点。地方财政科技投入101亿元,比上年增长16.7%,地方财政科技拨款占地方财政支出的比重为3.82%。

2009 年末全省拥有县及县以上独立的研究开发机构 149 家,省级以上重点实验室、工程技术研究中心(含试验基地)172 家,省级高新技术企业研发中心 953 家,国家认定的企业技术中心 40 家,拥有省级区域科技创新服务中心 117 家,国家级示范生产力促进中心 12 家。全年专利申请量 10.85 万件,专利授权量 7.99 万件,分别比上年增长 20.6% 和 51.0%。全年技术市场合同成交金额 56.5 亿元。

全省年末有1 122家产品质量检验机构,其中国家检测中心 22 个,产品质量、体系认证机构 5 个。全省有11 313家企业获得强制性产品认证76 699张,有39 752家企业获得了管理体系认证。法定计量技术机构 77 个,全年强制检定计量器具 586.35 万台件。全年测绘部门完成各种比例尺地形图 7.46 万幅。

(四)文化、卫生和体育

1. 文化事业

2009 年末浙江全省文化部门共有艺术表演团体 72 个,群艺(文化)馆、文化站1 610个,公共图书馆 95 个,博物馆 84 个。省市级广播电台、电视台各 12 座,县级广播电视台 66 家。全省乡镇和行政村的有线电视联网率分别达到 100% 和 99% 以上。有线电视用户数1 110.2万户,比上年增长 5.1%,入户率为 70.6%,广播、电视综合覆盖率分别达到 99.1% 和 99.3%。全省制作生产各类电影 18 部,电视剧 31 部1 100集,动画 29 部19 502分钟。广播影视业经营收入初步统计为 110.6 亿元,比上年增长 10.4%。全年城市影院共放映电影 43.82 万场,观众1 299.3万人次,票房收入 4.2 亿元,比上年增长 55.4%。共完成 25 万场农村电影放映任务。浙江博物馆、美术馆、科技馆、自然博物馆、革命历史纪念馆等一批公共文化设施建成开放,举办首届浙江文化艺术节。

全省 14 家图书出版社,2009 年共出版图书8 287种,总印数 3 亿册;公开发行的报纸有 70 种,年发行量 31 亿份,平均每千人每天拥有 164 份报纸;出版期刊 219 种,年发行量 0.71 亿册。全省共有综合档案馆 98 个,已开放各类档案10 783全宗,共计 218.4 万卷 15.7 万件。

2. 卫生事业

浙江省扎实推进医疗卫生事业发展,年末全省共有卫生机构 1.56 万个,其中医院、卫生院2 474个。医院和卫生院床位 15.79 万张,卫生技术人员 26 万人,其中执业医师和执业助理医师 10.79 万人,注册护士 8.78 万人。已设置城乡社区卫生服务中心1 314个、服务站7 158个,分别完成规划目标数的 92.2% 和 79.8%,共验收通过 136 家省级规范化社区卫生服务中心。本年完成第二轮农民健康体检工作,全省已体检参合农民1 854万人,体检率为 61%。

公共卫生体系建设工作和重大传染病防控工作进一步加强。2009 年,全省累计报告发生甲、乙类传染病166 390例,报告死亡病例 325 例。报告总发病率为 324.98/10 万,报告死亡率为 0.63/10 万,病死率为 0.20%。甲型 H1N1 流感等重大传染病防控取得积极成效。

3. 体育事业

2009 年,浙江省运动健儿共取得世界冠军 11 个、亚洲冠军 23 个、全国冠军 59 个。共举办国际性体育竞赛 26 项次、全国性竞赛 66 项次、全省性竞赛 145 项次。全省共有 7 个县(市、区)和 142 个乡镇通过省级体育强县、强镇的检查验收。全年发行体育彩票 45.28 亿元,比上年增加 5.03 亿元,居全国第四位。

(五)城乡建设

浙江省 2009 年大力促进农业农村发展和城乡区域协调。把农村住房改造建设作为扩大内需、统筹城乡发展、改善民生的重大举措在全省推开,改造建设农村住房已启动 31.8 万户。强农惠农政策力度进一步加大，各级财政投入“三农”资金762亿元，增长21.7%。大力培育十大农业主导产业，扎实推进粮食功能区建设，开展1 500万亩标准农田质量普查工作，启动50万亩标准农田质量提升试点，粮食播种面积、总产量和单产实现“三增”。农产品品质提升工程深入推进，农业龙头企业和农民专业合作社服务带动能力进一步增强，农机化和设施农业加快发展，土地规模经营稳步推进，新增土地流转面积87.5万亩。省域城镇体系规划修编和县市域总体规划编制工作基本完成，中心镇培育工作力度加大，城镇基础设施和公共服务加快向农村延伸覆盖。等级公路通村率达到99%，农村公路养护体系基本建立，城镇集中供水覆盖的农村人口新增144万，解决231万农村人口安全饮水问题，完成3 185个村庄环境综合整治任务。积极支持欠发达地区和海岛地区发展，省财政转移支付252亿元，增长14.5%，扶贫开发和新一轮“山海协作”工程取得新成效，对景宁县和重点民族乡镇的支持力度加大，山区、海岛基础设施建设和产业结构调整加快。

2009年新农村建设成效显著。全面完成3 185个村庄环境综合整治任务，目前80%村庄生活垃圾实现集中收集处理，70%农户家庭实现改厕，40%村庄开展了生活污水治理。“千万农村劳动力素质培训工程”共培训农民108.6万人。农家乐休闲旅游业发展较快，全省累计发展农家乐休闲旅游村(点)2 331个，经营农户1.1万户，直接从业人员9.6万人。低收入农户奔小康工程进展顺利。农民下山搬迁工程稳步推进，欠发达地区完成山区农民和库区移民下山搬迁总投资18.2亿元，实现下山搬迁1.45万户、5.3万人。

(六)环境保护和生态建设

1. 水资源保障状况良好

2009年，全省降水量接近多年平均水平，平均降雨量1 594毫米，比上年增加4.9%。全省水资源总量为946亿立方米，比上年增长10.6%，人均水资源量1 836.9立方米。总用水量为213.5亿立方米，其中生活用水24.9亿立方米，生产用水168.7亿立方米，城市环境用水19.8亿立方米，人均用水量为414.6立方米。全省拥有省市县三级海洋环境监测预报机构25个，气象雷达观测站点8个，卫星云图接收站点25个。

环境质量持续改善。2009年，全省八大水系、运河和主要湖库171个省控监测断面中有67.3%的断面水质满足水环境功能要求。钱塘江流域市县交接断面水质达标率为58.2%，26个省控饮用水源地水质达标率为84.7%。全省城市空气综合污染指数为1.62，11个设区市城市环境空气质量达到二级标准的天数均在292天以上，超过90%的县级以上城市空气质量达到二级标准。设区城市区域环境噪声小于55分贝的县以上城市比例超过70%，全省城市总体声环境质量保持在上一年水平。全省县及县以上城市污水处理率为75.6%，比上年提高2.5个百分点。

2. 节能降耗工作稳步进行

浙江省大力实施资源节约和环境保护行动计划。组织实施省重点节能改造项目264个，淘汰一批落后生产工艺和设备，拆除改造工业锅炉1 770台，关停小火电机组容量80万千瓦。深入开展“811”环境保护新三年行动，重点区域、流域、行业和企业污染整治力度进一步加大，否决1 490个“两高一资”和不符合环保要求的项目，城镇污水和生活垃圾日处理能力分别增加74万吨和2 000吨，新建县以上城市污水管网1 218公里，省级重点生态公益林补偿标准每亩提高到17元。全省环境质量保持稳定，八大水系、运河和主要湖库地表水环境功能区水质达标率67.3%，设区城市空气质量达到二级标准的天数均超过292天。

节能降耗工作扎实推进，能源利用效率继续呈稳步提高趋势。全省规模以上工业单位增加值能耗同比下降5.9%；千吨以上和1 311家重点用能企业能源消费比上年分别下降1.9%和3.3%，单位工业增加值能耗分别下降6.7%和6.9%。化学需氧量和二氧化硫排放量分别比上年削减4.6%

和5.3%。

3.绿化造林成效显著

生态省建设取得明显成效。全年共完成绿化造林106.5千公顷,森林覆盖率为57.4%(按国家口径,不含灌木林)。全省已有43个市、县(市、区)获得国家级生态示范区的验收命名,累计创建国家级环境优美乡镇138个、省级生态乡镇648个。现有全国绿色学校49所,省级生态环境教育示范基地69个。全省建有省级以上自然保护区18个,其中国家级自然保护区9个。省级以上森林公园103个,其中国家级森林公园35个。

(七)社会安全

2009年,浙江省群众安全感达96.35%,比上年度上升0.7个百分点,全省群众安全感持续6年保持在较高水平,被认为是全国最具安全感的省份之一。各类事故总量继续下降,连续第6年实现"零增长"的目标。全年全省共发生各类事故28 455起、死亡6 546人、直接经济损失27 771万元,分别比上年下降10.1%、6.4%和6.2%。其中,道路交通共发生事故23 390起、死亡5 689人、直接经济损失8 846万元,分别比上年下降9.8%、3.0%和10.2%;火灾事故共发生4 275起、死亡79人,直接经济损失5 306万元,分别下降8.7%、7.1%和6.8%。

三、浙江省在长三角地区经济发展中的地位

2009年,浙江坚持以科学发展观为统领,坚决贯彻执行中央促进经济增长的一揽子计划和相关政策措施,认真落实"标本兼治、保稳促调"的各项举措,积极应对国际金融危机的影响和冲击,保增长、抓转型、重民生、促稳定,经济运行呈现出增速持续回升、效益逐步向好、调整积极推进、民生不断改善的良好发展态势。由于国际金融危机、国内经济周期性波动,以及浙江经济自身结构性矛盾三种因素的叠加影响,2008年第四季度起浙江经济增长率明显下滑,至2009年第二季度初探底,然后迅速回升。2009年全年主要经济指标基本达到年初确定的预期目标,工业、投资、消费等主要经济指标持续回升,全社会投资突破万亿,出口降幅大幅收窄,财政总收入上4 000亿元、地方财政收入上2 000亿元台阶,银行贷款增量创历史新高,CPI和PPI月度同比转降为升,农村居民收入突破万元,城乡居民收入实际增长率在最近22年中首次双双高于GDP增长率。

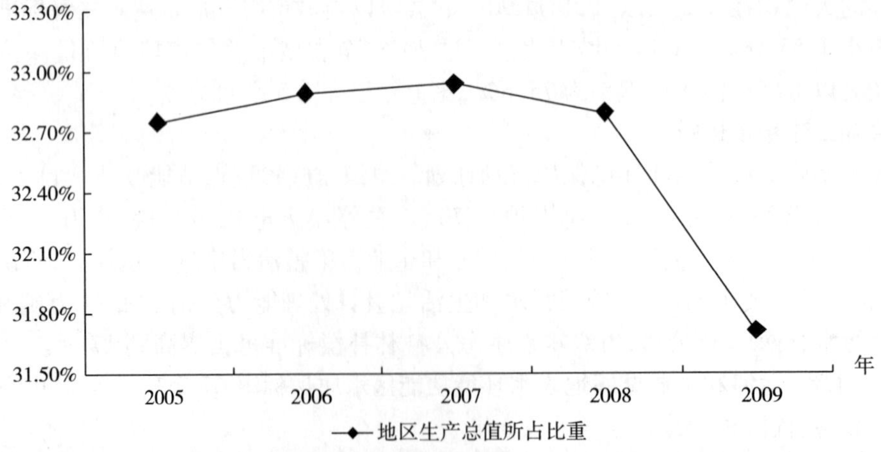

图2-176 2005-2009年浙江省地区生产总值在长三角所占比重

按总量来讲，多年来浙江省地区生产总值在长三角地区一直位居第二位。2005－2009 年浙江省地区生产总值在长三角所占比重分别为：32.76%、32.90%、32.95%、32.81% 和 31.71%。浙江省地区生产总值在长三角占比在2008 年占比略有下降后，2009 年又大幅下降 1.1 个百分点。近两年浙江生产总值占比下降的主要原因是其经济出口依存度高、易受国际因素影响。浙江出口依存度超过 50%，而且以一般出口贸易为主，贸易顺差占全国 40% 左右。因出口依存度、净出口依存度均高于上海和江苏，出口受冲击对浙江经济增长的影响明显大于长三角其他省市。此外，浙江以中小民营企业为主体的企业结构和以劳动密集型加工业为主体的产业结构对经济危机的"抗震能力"也相对较弱。

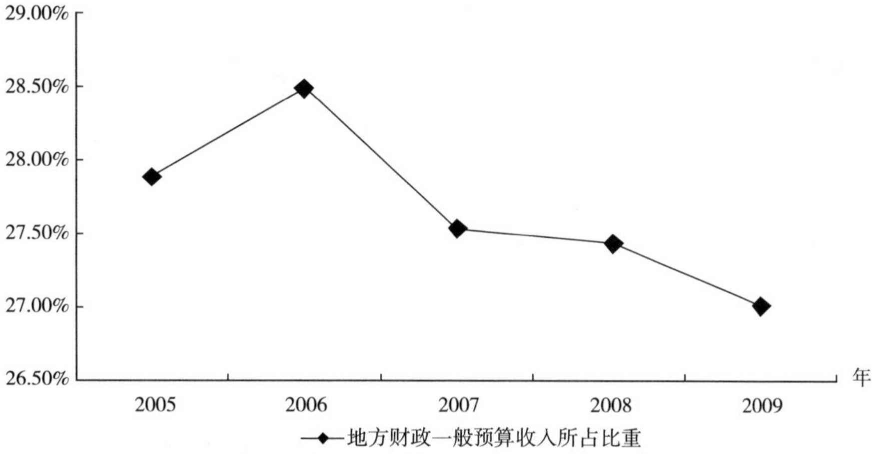

图 2－177　2005－2009 年浙江省地方财政一般预算收入在长三角所占比重

2005－2009 年浙江省地方财政一般预算收入在长三角所占比重分别为 27.90%、28.50%、27.54%、27.44% 和 27.08%，除 2006 年比 2005 年有 0.6 个百分点的增长之后，其余年份占比均比前一年略有减少，整体处于下行态势。2009 年浙江省地方财政一般预算收入2 142.51亿元，比 2008 年增加 209.12 亿元。一方面，由于经济增长乏力，企业效益明显下滑，财政收入增长的空间被挤压；另一方面，由于实施增值税转型改革，暂免征收居民个人储蓄存款利息所得税，降低房地产交易税费，取消和停征部分行政事业性收费等，都不同程度地减少财政收入，给财政收入增长带来较大压力。

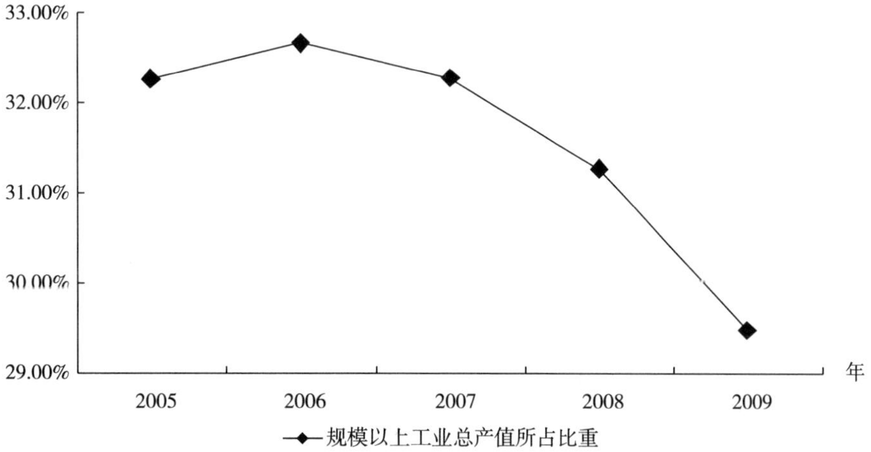

图 2－178　2005－2009 年浙江省规模以上工业总产值在长三角所占比重

2005－2009 年浙江省规模以上工业总产值在长三角所占比重分别为 32. 28%、32. 69%、32. 31%、31. 30% 和 29. 50%，总体上呈现下降趋势，5 年累计降幅达 2. 87 个百分点，其中 2009 年比 2008 年占比下降 1. 81 个百分点。受出口大幅下降的影响，浙江 2009 年规模以上工业总产值为41 035. 29亿元，仅比 2008 年增加 203. 19 亿元，为近年最小增幅。2009 年下半年在海外经济企稳回升的影响下，工业出口也逐步回暖，工业经济总体良性循环的特征有所显现。全年规模以上企业出口交货值在 11 月份实现 2009 年首次正增长(7. 4%)，12 月增幅进一步上升到 13. 5%，呈现积极向上态势。

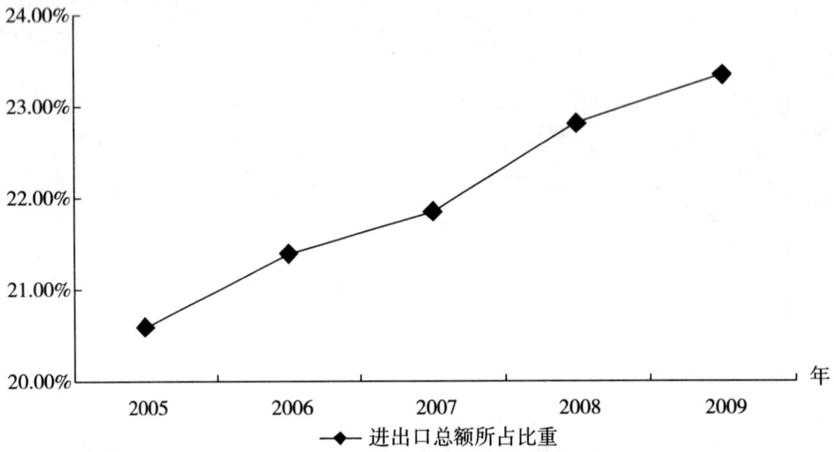

图 2－179　2005－2009 年浙江省进出口总额在长三角所占比重

2005－2009 年浙江省进出口总额在长三角所占比重分别为 20. 59%、21. 39%、21. 85%、22. 81% 和 23. 34%，保持持续增长的态势，累计增幅为 2. 74 个百分点。浙江全年进出口、出口和进口比上年分别下降 11. 1%、13. 8% 和 3. 7%，改革开放以来首次出现年度进出口、出口和进口均为负增长，特别是出口降幅高达两位数，出口形势不容乐观。从全年运行状况看，进出口降幅持续收窄，呈现前高后低的走势。降幅由一季度的 19. 3% 收窄至上半年的 18. 9% 和前三季度的 16. 7%，逐季收窄至全年的 11. 1%。随着世界经济逐步复苏，浙江省进出口降幅持续减缓，企稳回升态势明显，对外贸易形势逐步好转。

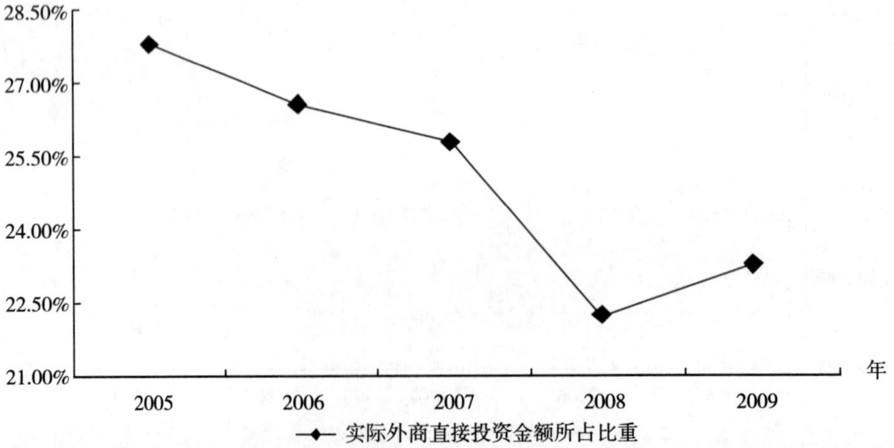

图 2－180　2005－2009 年浙江省实际外商直接投资金额在长三角所占比重

2005－2009年浙江省实际外商直接投资金额在长三角所占比重分别为27.82%、26.59%、25.80%、22.25%和23.27%，在连续三年的大幅下跌后2009年出现小幅上升。2009年浙江省遵循十七大提出的“拓展对外开放广度和深度，提高开放型经济水平”的总体要求，着力推进“招商引资”向“招商选资”转变，在利用外资促进经济增长和产业结构升级方面取得了积极成效。但在经济危机的大背景下，受资源环境制约，工业用地“招拍挂”政策实施，以及部分地区取消招商引资指标考核等多重因素的影响，2009年浙江省利用外资虽总体保持增长态势，但增幅逐月下降。在全国利用外资前5位的省市中，浙江省的增幅也名列最后，低于山东、江苏、广东和上海。当前浙江省经济正处于加快转型升级的关键时期，与其他省市和东南亚国家相比，浙江省既具备区位、人才、基础设施、产业配套等方面的优势，也面临土地资源紧缺、用工成本上升等方面的制约，要实现下一阶段利用外资工作又好又快发展存在不小的压力。

一 杭州市2009年社会经济发展报告

2009年,是杭州市进入新世纪以来经济发展最为困难的一年,面对国际金融危机的冲击,全市人民在市委、市政府的正确领导下,以科学发展观为统领,全力保增长、扩内需、调结构、增活力、重民生、抓稳定,各项工作取得了明显成效,经济实现稳步回升,社会保持和谐稳定,现代产业体系建设迈出新步伐,市域网络化大都市建设加快推进,市民生活品质进一步提高。

一、杭州市2009年经济发展概况

(一)综合经济

1.经济总量增幅放缓

2009年,杭州市实现生产总值(GDP)5 098.66亿元,按可比价格计算,比上年增长10.0%,连续19年保持两位数增长。全市全年第一产业增加值190.25亿元,第二产业增加值2 434.89亿元,第三产业增加值2 473.52亿元,比上年分别增长3.2%、6.8%和13.9%。三次产业结构由上年的3.7%:50.0%:46.3%调整为3.7%:47.8%:48.5%。全市按常住人口计算的人均GDP为63 471元,按户籍人口计算的人均GDP为74 924元,分别增长8.4%和9.1%,按国家公布的2009年平均汇率计算,分别达到9 292美元和10 968美元。

2009年的全市生产总值中,非公有制经济所占比重已达到64.5%,其中个体私营经济占全市生产总值的比重为52.5%。2009年末,全市共有私营企业14.09万户,从业人员130.93万人;个体工商户28.46万户,从业人员59.78万人。

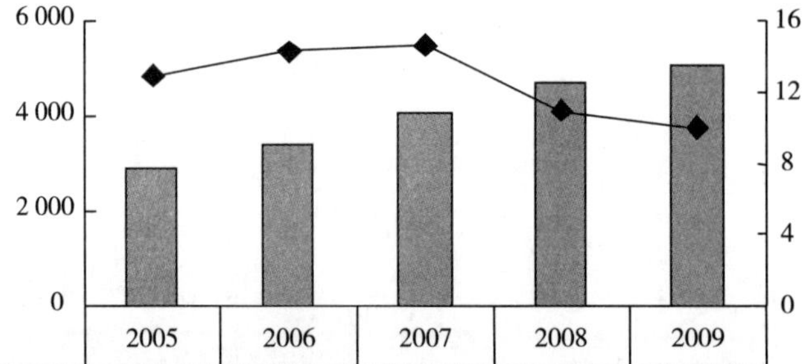

	2005	2006	2007	2008	2009
地区生产总值(亿元)	2 942.7	3 441.5	4 100.2	4 781.2	5 098.7
按可比价格增幅(%)	13	14.3	14.6	11	10

图2-181 2005-2009年杭州市地区生产总值及增长速度

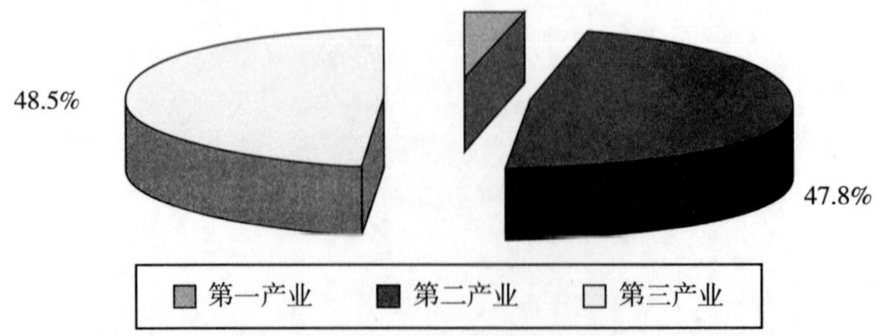

图2-182 2009年杭州市三次产业结构图

2. 财政收入持续增长

杭州市2009年完成财政总收入1 019.43亿元，比上年增长12.0%，其中地方财政一般预算收入520.79亿元，比上年增长14.4%。在税收收入中，增值税342.52亿元，增长12.1%；营业税176.45亿元，增长22.8%；企业所得税186.81亿元，下降8.3%；个人所得税80.27亿元，增长17.8%。全年地方财政支出490.40亿元，比上年增长16.9%。其中：教育、科学技术支出108.35亿元，增长16.8%；社会保障和就业支出48.55亿元，增长20.4%；医疗卫生支出32.36亿元，增长24.7%；环境保护支出9.75亿元，增长30.3%。市本级预算内民生支出89.93亿元，增长20.5%，支出增量占新增财力的76.8%。

3. 物价水平总体上扬

2009年杭州的市场价格以及市区居民消费价格总水平比上年下降1.4%。八大类商品和服务项目价格呈"五升三降"格局。

全市工业品出厂价格下降4.9%；原材料、燃料、动力购进价格下降7.8%。市区房屋销售价格平均上涨2.8%，其中新建房销售价格上涨2.0%，二手房销售价格上涨4.6%。2009年12月，市区房屋销售价格比上年同期上涨11.5%。

表2－42　杭州市区居民消费价格指数

项 目	2009年	2008年
市区居民消费价格指数（上年＝100）	98.6	104.9
1. 食品	101.7	114.6
2. 烟酒及用品	100.7	102.5
3. 衣着	100.6	98.6
4. 家庭设备用品及维修服务	100.9	105.0
5. 医疗保健和个人用品	100.6	105.3
6. 交通和通信	95.2	94.7
7. 娱乐教育文化用品及服务	96.9	99.4
8. 居住	91.8	102.4

4. 固定资产投资概况及分析

全市全年完成全社会固定资产投资2 291.65亿元，其中限额以上固定资产投资2 195.17亿元，分别比上年增长15.7%和16.6%。在限额以上固定资产投资中，第一产业投资3.13亿元，比上年增长1.7%；第二产业投资611.55亿元，增长7.2%；第三产业投资1 580.49亿元，增长20.8%。

2009年杭州市固定资产投资运行主要特点分析：

（1）工业投资增幅逐季回升

2009年，杭州市工业受经济危机影响较大，一季度全市工业投资增速出现近年来首度负增长。随着市委市政府相继出台"主攻工业、决战工业、稳定工业"等重要战略实施，杭州市工业企业家信心指数由一季度的96.74提高到四季度的150.14，提高了53.4个百分点。杭州市的工业投资也一扫一季度负增长的颓势，全年累计完成工业投资609.25亿元，增长7%，增幅较一季度回升17.9个百分点。其中主城区完成工业投资118.14亿元，下降7.4%；五县市则通过承接市区工业转移项目等，增速均超过市区平均水平，其中临安、建德和淳安的工业投资增速均达到两位数，分别为23.6%、

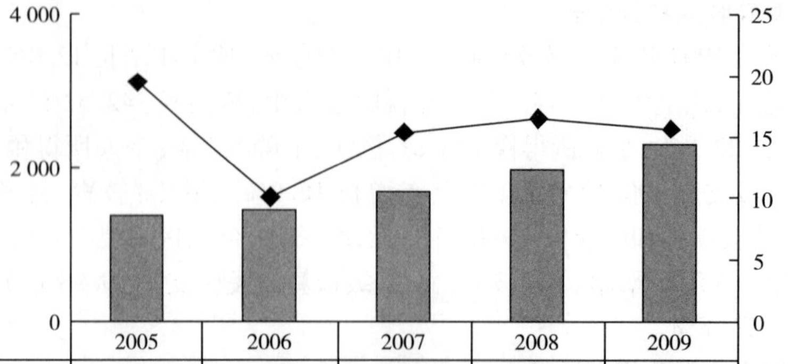

	2005	2006	2007	2008	2009
固定资产投资总额(单位:亿元)	1 386.68	1 460.74	1 684.13	1 961.72	2 291.65
增幅(%)	19.4	10.1	15.3	16.5	15.7

图 2－183　2005－2009 年杭州市全社会固定资产投资及增长幅度

22% 和 12.7%。

(2)基础设施投资增速逐月回落,但不乏增长亮点

受 2008 年杭州市基础设施投资基数较高且逐月走高影响,2009 年,杭州市基础设施投资增长呈逐月回落态势,增速较上年回落 22.2 个百分点,对限额以上投资增长的贡献率也下降了 26 个百分点。基础设施投资增长不快主要受水利、环境和公共设施管理业投资负增长的影响,该行业累计完成投资 258.83 亿元,比上年下降 5.6%,直接影响基础设施投资增长 2.9 个百分点。

但基础设施投资中,机场路改建交通分流工程、九堡大桥等新开工交通基础设施项目带动交通运输、仓储和邮政业完成投资 177.78 亿元,增长 28.3%。直接拉动基础设施投资增长 7.3 个百分点。此外,文化艺术业完成投资 16.33 亿元,增长 136.9%;电信和其他信息传输服务业完成投资 19.55 亿元,增长 30.3%;电力、燃气及水的生产和供应业投资完成投资 73.68 亿元,增长 28.6%。

(3)国有投资占据主导地位,民间投资逐步跟进

2009 年年初,受国际金融危机影响,杭州市的民间投资一度出现下滑,但以政府投资为主的国有投资大幅增长,对杭州市投资总体形势起到了稳定作用。在市委市政府一系列引导民间投资的政策措施作用下,杭州市民间投资呈逐步走高的良好态势。全年全市限额以上投资项目中,国有投资完成 779.60 亿元,增长 20.8%;非国有投资完成 710.90 亿元,增长 14.4%;其中民间投资完成 564.98 亿元,增长 17.9%。民间投资占限额以上投资项目的比重为 37.9%。

(4)重点项目建设成效显著

2009 年间,围绕保增长、扩内需、调结构的发展战略,杭州市加强重点建设项目的推进力度,白马湖生态创意城动漫广场、九堡大桥、杭州国际博览中心等一大批重点工程的开工建设,对杭州市投资增长起了重要的拉动作用。2009 年,全市完成投资亿元以上的项目共有 268 个,比上年增加 75 个,完成投资 731.02 亿元,增长 29.2%,增速较全部投资项目增速高 11.5 个百分点。亿元以上投资项目占全部项目投资的比重为 50.7%,较上年提高 3.9 个百分点。

5. 区域经济成效喜人

2009 年,杭州市区域合作成效明显。沪杭合作进一步深化,完成 40 个行动项目。编制完成《杭州都市经济圈发展规划》。杭湖嘉绍 4 市签署《推进杭州都市经济圈一体化行动纲要》,增设教育、会展、农产品、社保 4 个专业委员会,制定交通、环保、信息化、金融、旅游等专项合作计划,完成 30 个跨地区合作项目。都市圈所辖县市邮政快件实现"今日收寄次日投递",杭州与嘉兴公交卡实现互通。杭州都市圈综合竞争力名列全国六大都市圈首位。山海协作项目到位资金 20 亿元。青川 76 个对

口援建项目全面开工,完成投资 8 亿元。继续对口支援四川南充和重庆涪陵。

表 2 -43　2009 年杭州市县市主要经济指标

县市	生产总值（亿元）	财政总收入（亿元）	全社会固定资产投资（亿元）	出口总额（万美元）	社会消费品零售总额（亿元）
杭州市区	4 065.02	896.58	1 817.24	2 479 648	1 549.90
富阳市	356.40	50.11	168.07	56 165	73.49
临安市	236.49	25.51	90.34	61 133	62.08
建德市	165.86	20.03	66.92	59 281	40.02
桐庐县	171.56	17.64	88.20	52 824	51.60
淳安县	103.32	9.57	60.88	8 918	27.84

（二）农业和农村建设

杭州 2009 全年完成农林牧渔业总产值 289.74 亿元,比上年增长 5.5%。其中农业产值 149.74 亿元,增长 6.4%;林业产值 36.23 亿元,增长 12.6%;牧业产值 64.29 亿元,增长 0.1%;渔业产值 32.56 亿元,增长 4.0%。全年粮食总产量 107.24 万吨,比上年下降 2.6%;水产品 19.65 万吨,增长 6.4%;肉类 30.92 万吨,增长 4.7%;禽蛋 14.31 万吨,增长 8.1%;水果 77.27 万吨,增长 6.3%。

全市 2009 年茶叶、花卉苗木、水产品、节粮型畜禽、蔬菜和竹业等"六大优势产业"实现产值 162.37 亿元,比上年增长 5.5%;水果、干果、蚕桑、药材和蜂业等"五大特色产业"实现产值 36.43 亿元,比上年增长 14.3%,合计占农林牧渔业总产值比重为 68.8%,比上年提高 0.9 个百分点。

杭州市 2009 年新建无公害农产品生产基地 23.5 万亩。实施农业丰收项目 40 个,改造市级中低产田示范项目 70 个,新增市级农业龙头企业 77 家。

2009 年,杭州市新农村建设取得新成绩。随着推进农村股份合作制改革,杭州新增农民专业合作社 226 家。完成村庄布局规划修编。土地流转 10 万亩,经开发整理新增耕地 3.28 万亩。完成除险加固 33 座中小型水库与 221 座山塘,扎实推进闲林水库前期工作。开展风情小镇创建活动。完成 740 个村级社区服务中心建设,完善规范2 000个村级计生服务室。改造建设农村住房 4.9 万户。安置下山移民1 830户、6 314人。加大农村劳动力转移培训和就业帮扶力度。全市低收入农户人均纯收入超过3 000元。

（三）工业和建筑业

1. 工业增加值

2009 年,杭州全市实现工业增加值2 157.1亿元,按可比价计算增长 6%。实现工业销售产值10 647.98亿元,增长 1.5%。其中规模以上工业销售产值9 245.99亿元,增长 1.3%。在规模以上工业中:轻工业实现销售产值3 925.7亿元,增长 4.7%,重工业实现销售产值5 320.29亿元,下降 1.0%。全年规模以上工业实现新产品产值1 567.05亿元,增长 18.8%。新产品产值率由上年的 14.20% 提高到 16.73%。

2009 年,全市规模以上工业企业实现产品销售收入9 015.91亿元,比上年增长 1.1%;实现利税 859.3 亿元,比上年增长 15.5%,其中利润 495.99 亿元,增长 20.8%。工业产品产销衔接良好,规模以上工业产品产销率为 98.7%。

2009年,重点技改项目贴息标准提高,实施市级重点工业技改项目439个,杭氧、杭叉、杭机、杭重等重点搬迁企业顺利投产。

表2-44　2009年杭州市县区工业总产值

县市	工业总产值(亿元)
杭州市区	7 405.98
富阳市	905.54
临安市	382.08
建德市	269.90
桐庐县	302.83
淳安县	124.41

2. 建筑业

全市2009年实现建筑业增加值277.79亿元,比上年增长13.5%。全市有总承包和专业承包资格的建筑企业1 227家,完成施工产值2 025.78亿元,比上年增长12.5%;房屋建筑施工面积19 437万平方米,增长21.0%;房屋建筑竣工面积5 728万平方米,下降1.2%。

(四)服务业

1. 国内贸易

2009年,杭州市实现社会消费品零售总额1 804.93亿元,比上年增长15.8%。其中城市消费品零售额1 716.49亿元,增长15.8%;县以下农村消费品零售额88.44亿元,增长15.0%。分行业看,批发零售贸易业零售额1 597.26亿元,增长15.9%;餐饮业零售额203.28亿元,增长15.2%;其他行业零售额4.39亿元,增长4.8%。

杭州市发展的十大特色潜力行业,培育"2+8"消费模式有效促进了商贸、住房、通信、文化、健身、网络等消费持续发展。社会消费品零售额实际增幅高于GDP增幅7.4个百分点。

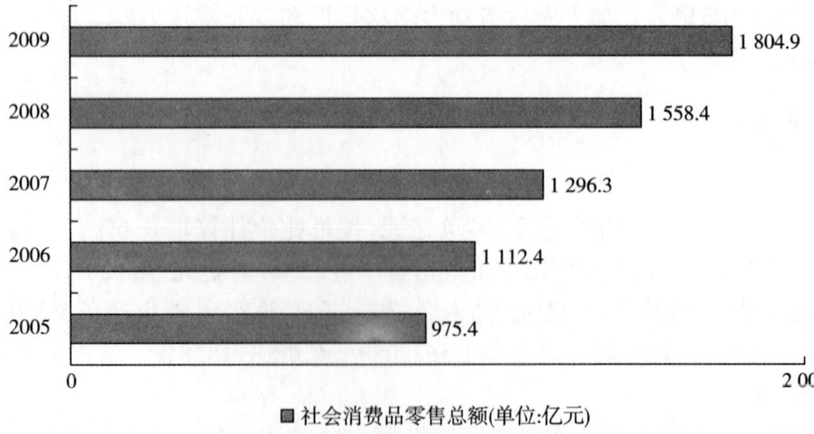

图2-184　2005-2009年社会消费品零售总额

2. 交通运输、邮电

杭州市全市2009年货物运输总量2.19亿吨，比上年下降0.5%；旅客运输量3.01亿人次，比上年增长1.6%。至2009年末，萧山国际机场已开通航线160条，其中国际航线25条，港、澳、台航线8条；全年民航旅客进出港达到1 494.47万人次，比上年增长17.9%。道路建设快速发展。全年新增公路里程412.91千米，至2009年末，全市境内公路总里程达到15 112.44千米，其中高速公路503.28千米。全市公路通村率为99.2%，行政村客运班车通达率由上年的97.5%提高到98.5%。机动车辆持续增长，2009年末全市社会机动车拥有量达157.89万辆，其中私人汽车71.87万辆，比2008年末分别增长13.2%和27.2%。

杭州市积极实施地铁、铁路"五线一枢纽"、快速路网、高速公路、桥隧、河道等重点城市基础设施工程。地铁一号线、二号线东南段36个站点全部开工，20个站点完成主体施工。"十纵十横"道路综合整治工程全面完工。萧山机场公路改造、钱江通道及南接线、杭新景高速公路延伸线（之江大桥）、庆春路过江隧道、杭长高速公路等重大项目进展顺利，申嘉湖杭高速主体工程建成。

2009年，杭州市完成邮政业务总量12.80亿元，比上年增长17.1%。邮政特快专递辐射221个国家和地区，完成国内特快业务1167.81万件，比上年增长35.3%；国际特快业务46.28万件，比上年增长71.0%。完成电信业务收入123.45亿元，比上年增长6.8%。2009年末固定电话用户为390.64万户，移动电话用户为1 028.93万户；计算机宽带用户达到158.17万户，比上年增长13.3%。

3. 旅游业

杭州市2009全年积极发放旅游消费券，加大国际国内旅游促销力度，承办第五届世界旅游目的地管理大会和亚太旅游交易会，推进旅游综合体建设。杭州接待入境旅游者230.40万人次，比上年增长4.1%；接待国内游客5 093.72万人次，增长11.9%。旅游总收入达到803.12亿元，增长13.6%，其中旅游外汇收入13.8亿美元，增长6.5%。市民出境旅游人数为41.7万人次，比2008年增长47.6%。旅游基础设施日趋完善。至2009年末，全市各类旅行社达427家；星级宾馆达到250家，其中五星级酒店16家；A级景区29个，其中5A景区1个，4A景区20个。

4. 金融、证券和保险

2009年末，杭州市新引进金融机构5家、累计达242家。全市金融机构本外币存款余额14 284.21亿元，比2008年末增长26.0%；贷款余额13 113.3亿元，当年新增贷款3 046.41亿元，比2008年末增长30.3%，其中个人消费贷款余额1 967.88亿元，比2008年末增长56.6%。

2009年，杭州市设立工业、服务业、文创产业债权基金和天使基金、产投基金，建立再担保联盟、中小企业信贷专营机构、网络银行风险池和杭州科技银行，新成立小额贷款公司14家，为企业提供投融资支撑。

2009年全市新增上市公司10家，共募集资金30.46亿元。全市上市公司累计64家，实现上市融资560.03亿元。金融业增加值占GDP比重达8.7%，金融总量和金融综合竞争力均位居全国大中城市第五，金融生态环境位居第一。

2009年全市保费收入159.7亿元，比2008年增长9.2%；其中，财产险保费收入59.6亿元，增长24.2%，人身险保费收入100.1亿元，增长1.9%。共支付各类保险赔款49.9亿元，增长4.4%，其中财产险30.1亿元，增长3.6%，人身险19.8亿元，增长5.6%。

5. 房地产业

杭州市2009年全市完成房地产开发投资704.68亿元，比2008年增长14.5%，增幅较2008年回落4.1个百分点。其中办公楼和商业营业用房投资增长较快，分别完成72.42亿元和49.79亿元，各增长33.6%和24.3%；住宅投资完成509.82亿元，增长11.7%。90平方米以下住宅投资成为住宅投资增长的亮点，共完成207.03亿元，增长38.4%，其占住宅投资比重为40.6%，较上年提高7.8

个百分点。房屋施工面积5 121.49万平方米,比上年增长2.7%;竣工面积763.95万平方米,下降25.9%。全年商品房销售面积1 441.18万平方米,比上年增长86.0%,其中住宅销售1 300.99万平方米,增长92.2%。市区公开销售经济适用房7 002套,建筑面积50.09万平方米。

(五)对外经济

1.对外贸易

2009年,由于受到国际金融危机影响,杭州市全年完成外贸进出口总额404.17亿美元,比2008年下降15.9%。其中进口总额132.37亿美元,下降8.4%;出口总额271.8亿美元,下降19.1%。按出口贸易方式分,一般贸易211.55亿美元,下降17.7%;加工贸易59.03亿美元,下降23.8%。出口国别和地区中,对欧盟出口76.71亿美元,下降17.3%;对美国出口57.74亿美元,下降23.1%;对日本出口24.82亿美元,下降11.0%。

近几年杭州市对外贸易主要特点如下:

(1)进出口贸易平稳发展,但增速呈逐年回落态势。

(2)私营企业出口发展势头良好,所占比重不断提高。

(3)一般贸易出口好于加工贸易,所占比重近八成。

(4)欧盟市场增长较快,成为杭州市第一大出口市场。

(5)商品结构不断优化,低附加值产品比重下降明显。

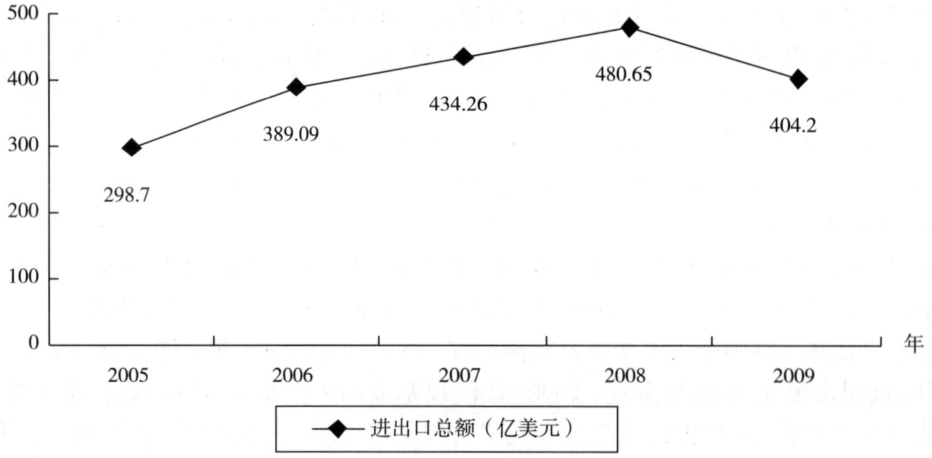

图2-185 2005-2009年杭州市外贸进出口总额

2.对外合作及外资状况

针对不利局面,杭州市政府鼓励企业参与地铁、高铁、大飞机等重大工程项目招投标。启动“十百千万亿”国际市场开拓工程,组织企业参加广交会、华交会等国际展会,到北京、上海等地开展大型促销活动,举办第二届阿里巴巴网货交易会、第三届中国杭州电子信息博览会等154场大型展览会,拓展杭产品市场。引导企业组建工业成套设备工程公司,扶持1.2万余家企业利用第三方电子商务平台开拓国内外市场。

表 2－45　2009 年杭州市县市实际使用外资

县市	实际使用外资金额(万美元)
杭州市区	355 179
富阳市	15 516
临安市	10 463
建德市	572
桐庐县	10 470
淳安县	9 170

杭州市 2009 间积极举办境内外招商活动,重点实施大项目招商,引进世界 500 强企业投资项目 10 个。实际利用外资 40. 14 亿美元,增长 21. 2% 。引进央企国企投资 161. 2 亿元,实际利用内资 560. 55 亿元,增长 18. 5% 。全市进出口总额 404. 17 亿美元,其中出口 271. 8 亿美元。企业"走出去"在境外投资 69 个项目,中方协议出资 1. 53 亿美元。服务外包强势推进,离岸服务外包合同执行额 9. 19 亿美元,增长 3. 5 倍。成功举办 2009 杭州国际友城市长峰会、2009APEC 中小企业峰会、首届杭商大会。对台交流合作取得新成效,杭台直航航点数为全国城市第一,客流总量达 31. 7 万人次。

二、杭州市 2009 年社会发展概况

(一)人口与人民生活

2009 年末,杭州市常住人口达 810 万人,比上年末增加 13. 4 万人。其中户籍人口 683. 38 万人,比上年末增加 5. 74 万人。在户籍人口中,农业人口 328. 9 万人,非农业人口 354. 48 万人。按公安部门统计的全市人口出生率为 9. 18‰,人口自然增长率为 3. 42‰。

根据抽样调查,2009 年市区城镇居民人均可支配收入26 171元。人均生活消费性支出18 595元,比 2008 年增长 11. 2% ,恩格尔系数(食品支出占消费支出比重)由 2008 年的 38. 3% 下降至 37. 5% 。2009 年末人均住房建筑面积 30. 85 平方米,比上年末增加 1. 02 平方米。每百户居民家庭拥有汽车 21. 65 辆、空调器 203. 87 台、移动电话 178. 5 部、家用计算机 86. 87 台、微波炉 74. 62 台、热水器 94. 95 台。

杭州市通过深入开展"消费促进年"活动,举办星光大卖场、中国杭州竹笋节等 200 多项主题促销活动,发放各类消费券 11. 57 亿元。全力保证经济增长。

全市农村居民人均纯收入11 822元,比上年增长 10. 6% ;人均生活消费性支出9 065元,增长 7. 3% 。恩格尔系数由上年的 35. 9% 下降至 33. 8% 。2009 年末人均居住面积达 70. 74 平方米,比 2008 年末增加 1. 04 平方米。每百户农村居民家庭拥有洗衣机 82 台、电冰箱 95 台、空调器 100 台、热水器 81 台、微波炉 23 台、移动电话 194 部、家用计算机 36 台,生活用汽车 12 辆。

2009 年末城乡居民储蓄存款余额达4 286. 92亿元,比上年末增长 23. 3% 。

(二)就业与社会保障

1. 就业工作

杭州市 2009 年全年城镇新增就业人员 23. 52 万人;安置失业人员再就业 15. 56 万人,分别比 2008 年增长 17% 和 23. 6% 。2009 年末城镇登记失业率由 2008 年的 3. 02% 下降为 2. 99% 。

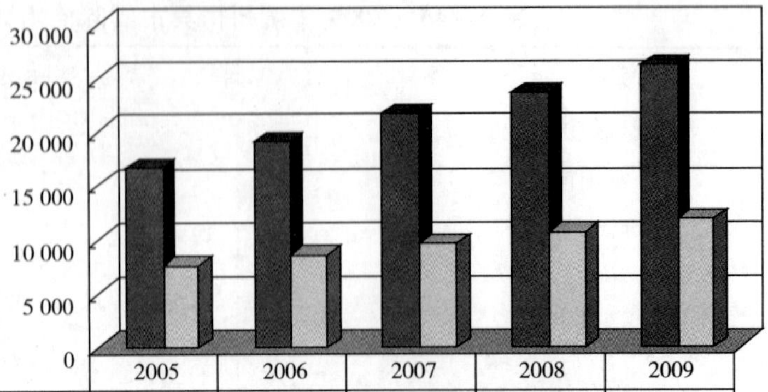

	2005	2006	2007	2008	2009
■城市居民人均可支配收入（元）	16 601	19 027	21 689	23 534	26 171
□农民人均纯收入（元）	7 655	8 515	9 549	10 692	11 822

图 2－186　2005－2009 年杭州市城乡居民收入对比

2. 社会保障和福利

至 2009 年末，全市参加基本养老保险 342. 24 万人，参加失业保险 215. 68 万人，参加工伤保险 274. 15 万人，参加生育保险 199. 25 万人，参加基本医疗保险 298. 31 万人，分别比 2008 年末净增 24. 13 万人、13. 27 万人、28. 33 万人、17. 57 万人和 23. 72 万人。市区最低月工资标准为 960 元。市区失业保险金标准为 768 元/月。

2009 年末，全市拥有各类福利院、敬老院 207 所（不含社会办农村敬老院），床位20 924张，收养人员13 600人。全市城镇享受最低生活保障人数17 510人，农村享受最低生活保障人员71 242人。农村五保户和城镇“三无”人员集中供养率分别为 93. 99% 和 99. 60%。开展第九次“春风行动”，共募集社会帮扶资金4 085. 50万元。

（三）教育和科学技术

1. 教育事业

2009 年，杭州市学前三年幼儿入园率为 97. 4%。2009 年末共有小学 417 所，在校学生 44. 51 万人；初中 252 所，在校学生 24. 19 万人；普通高中 75 所，在校学生 11. 81 万人。全市小学入学率和初中升学率均达到 100%，初中毕业生升入各类高中比例由上年的 98. 7% 提高到 99. 1%，其中优质高中招生比例由 2008 年的 76. 6% 上升到 78. 5%。普通高等院校 36 所，在校学生 42. 98 万人，比 2008 年增长 4. 9%，其中在校研究生 3. 57 万人。高等教育毛入学率由 2008 年的 51. 94% 提高到 53. 58%。全市义务教育阶段接收进城务工人员子女 17. 46 万人。全年义务教育免收杂费、课本费、作业本费 3. 61 亿元。

2009 年底，全市优质学前教育和义务教育覆盖率分别达 62. 9% 和 70%，优质高中教育覆盖率达 78. 5%。重视素质教育，青少年学生第二课堂建设成效显著。全面实施义务教育学校绩效工资改革。解决 17. 46 万名进城务工人员子女在杭就学并取消借读费、免除杂费和课本费。将在杭大学生纳入城镇基本医疗保险参保范围。杭州师范大学新设国际动漫学院，国际服务工程学院招生开学，杭州科技职业技术学院建成开学，杭州大学城奠基开工。杭州教育状况总体满意度评价排名全国第一。

2. 科技与创新

2009 年，杭州创新指数达 119. 71，全市专利申请量达到26 075件，专利授权量15 507件，分别比上年增长 40. 6% 和 57. 7%，专利申请和授权量均居省会城市第一。2009 年新增国家重点扶持的高新技术企业302家，累计1 236家。另有新增技术先进型服务企业16家、企业技术中心87家、研发中心79家、博士后科研工作站15家。新产品产值率达16.73%；累计培育认定研发中心521家，其中省级182家；企业技术中心454家，其中国家级14家，省级132家。新增12个中国驰名商标，累计已达78个。市级以上科技孵化器场地面积累计126.7万平方米。通过CMMI评估企业33家、累计108家。

2009年间，省科创基地落户临安并开工建设。杭州市还引进了中科院塑料国家工程研究中心、杭州中科新材料研究所、江南大学杭州研究院、国家生化工程技术研究中心南方中心及RFID技术研发中心，并推进与微软、英特尔等大公司的合作。高新（滨江）区试行知识产权质押贷款，建设公共技术服务平台和综合性政府服务平台，获国家海外高层次人才创新创业基地称号。

2009年杭州市积极扶持生物医药、新能源、新材料、物联网等战略性新兴产业发展。实施市技术创新计划项目315个，市重大科技创新项目53个，22个项目列入省“958”企业技术赶超计划。推进33个国家产业基地、试点及拓展区建设。主要推进的技术产业和现代服务业有正泰太阳能薄膜电池、海正医药、新安化工有机硅、阿里巴巴淘宝城、浙大网新科技园、杭州农副产品物流中心二期等。

（四）文化、卫生和体育

1. 文化事业

2009年全市获国家级、省级文艺、广播影视、动漫类奖131项，累计各类专业艺术表演团体20个，公共图书馆16个，文化馆13个，博物馆、纪念馆62个，全国重点文物保护单位24处（群）。文化创意产业增加值增长15%，占GDP比重达12.6%。十大文创园区建设稳步推进，之江文化创意产业园、白马湖生态创意城获中国最佳创意产业园区奖。2009年成功举办第五届中国国际动漫节、第三届中国（杭州）文化创意产业博览会和杭州艺术博览会等文化类会展。原创动画产品达2.74万分钟，8部作品入选国家优秀动画片，均居全国城市首位。全市有线电视用户203.62万户，其中数字电视104.39万户。电视、广播综合覆盖率分别达到99.8%和99.83%。成功举办第五届中国国际动漫节、第十一届西湖博览会等重大文化活动。蚕桑丝织技艺、西泠印社“篆刻”列入联合国教科文组织“人类非物质文化遗产代表作”名录。

杭州通过实施“文化惠民”七大工程，累计建成128个乡镇综合文化站，广播电视“村村通”与“村村响”工程实现行政村全覆盖。5万低保户免交有线电视入网费与视听维护费。推进第三次全国文物普查。跨湖桥遗址公园建成开放，中国刀剪剑、伞业、扇业和西溪湿地博物馆正式开馆。以西泠印社为主要传承代表组织的“中国篆刻艺术”和包括杭罗织造技艺在内的“中国传统蚕桑丝织技艺”成功入选联合国《人类非物质文化遗产代表作名录》。有74人分别入选国家和省级“非遗”项目代表性传承人，58个项目列入省“非遗”名录。加强文化市场管理，推进版权保护工作。获国家级、省级文艺、广播影视、动漫类奖131项。

2. 卫生事业

2009年末，全市拥有各类医疗卫生机构2 550个，其中医院142个；拥有床位3.9万张，其中医院床位3.2万张。有各类专业卫生技术人员5.2万人，其中执业（助理）医师2.1万人，注册护士1.9万人。农村卫生服务得到改善。农村自来水普及率由2008年的99.48%提高到99.72%，自来水受益人数达437.07万人。参加新型农村合作医疗参合率为97.62%，乡镇覆盖率达100%。全市婴儿死亡率及5岁以下儿童死亡率分别由上年的4.43‰、6.2‰下降到3.81‰、5.1‰，每十万孕产妇死亡率由上年的7.77人下降为7.26人。

2009年间，杭州市庭院改善、物业管理改善、道路修缮、截污纳管、背街小巷改善、公厕改造、古井保护、停车场建设、支小路改造、撤村建居环境整治、垃圾直运试点有效推进。数字城管及时处置率达95.1%。力争打造“国内最清洁城市”,市民满意率达92.7%。

3.体育事业

2009年,杭州籍运动员获第十一届全运会5金12银15铜奖牌。成功举办第十七届市运会、冲浪中国高峰论坛、国际冲浪嘉年华活动、世界汽车飘移大赛杭州站比赛、汽车“王中王”争霸赛等有影响力的大型赛事。群众体育活动深入开展。完成新建各类体育健身场所2 088个。组织举办了市冬泳表演赛、传统武术锦标赛、市桥牌联赛、羽毛球俱乐部联赛、全国门球邀请赛、全国桥牌邀请赛等活动。

(五)城市建设

杭州市2009年加快钱江新城、城东新城、奥体博览中心等新城和城市综合体建设。完成基础设施投资601.84亿元,比上年增长11.2%。地铁一二期36个站点全部开工,20个站点完成主体施工。“十纵十横”道路综合整治工程全面完工。萧山机场公路改造、钱江通道及南接线(钱江大道)、杭新景高速公路延伸线(之江大桥)、庆春路过江隧道、杭长高速公路等重大交通项目开工,申嘉湖杭高速建成。中山路综保工程顺利开街。市区完成47条河道综保工程。七格污水处理厂三期建成试通水。

全市2009年累计投产110千伏及以上变电容量448.7万千伏安,35千伏5.8万千伏安,新增110千伏及以上线路262.27千米。全市用电量达到459.70亿千瓦时,比2008年增长6.9%,其中城乡居民生活用电56.4亿千瓦时,增长10.1%。市区自来水日供水能力达到320万立方米,比2008年增加21万立方米。2009年末市区居民家庭天然气用户达到50.99万户,比2008年末增长17.0%;城区新辟公交线路15条,更新公交车855辆,公交空调车比例达93%以上。新增停车泊位9 704个,累计停车泊位数达60 129个。至2009年末,市区免费单车布点2 150个,投放自行车50 000辆。富阳、临安与主城区实现了公交一体化。

(六)环境保护和生态建设

2009年,杭州市化学需氧量和二氧化硫排放量较上年分别减少3.0%;工业废气二氧化硫排放达标率、工业废水排放达标率分别达到94%和90%。全市城市污水集中处理率由上年的83.2%提高到89.6%;主要水系监测断面水质三类以上比例由2008年的57.1%提高为60.7%。市区空气质量达到二级和好于二级的天数达到327天,比上年增加26天。市区扩绿面积799公顷。至2009年末,市区人均公园绿地面积17.2平方米,比上年增长9.1%,市区建成区绿化覆盖率为39.14%。

2009年间,生态环境保护取得新突破。杭州被列为第二批全国生态文明建设试点城市。西溪湿地被国际湿地公约组织列为国际重要湿地名录。成功举办第六届中国城市森林论坛和首届中国湿地文化节。全面推进“一绕四线”与杭徽、杭千高速公路沿线环境综合整治。杭州实施生态建设“1250”工程643个,截污纳管项目329个。市区新增绿地面积799万平方米。七个污水处理厂三期建成试通水。三堡引水、珊瑚沙引配水工程建成使用,市区河道水质又有改善。深入推进半山和北大桥地区环境整治,搬迁150家工业企业,整治6条河道和4条道路,半山地区空气质量明显改善。启动城市生活垃圾直运等37个城市生态建设项目。严格执行固定资产投资项目节能评估制度,完成126个企业节能技改项目与237家企业清洁生产审核。深入实施大气环境整治,关停杭州协联热电蒸汽供热网,完成139台热电和103台非热电燃煤锅炉脱硫改造,淘汰高污染车辆超过2万辆。推进“811”环境保护新三年行动,完成31个镇污水处理设施建设和9个省级以上开发区(工业园区)环境整治,萧山片印染化工行业整治通过省级验收。

（七）安全生产

2009年，"平安杭州"建设取得新进展。实现全市刑事发案、交通事故、火灾事故"零增长"。加强应急管理，有效防范和处置突发公共事件。加强建筑工程质量监督管理，强化对地铁等重大工程与重点行业领域的安全生产监管，全市发生各类事故次数、死亡人数、受伤人数和直接经济损失分别比2008年下降16.7%、8.7%、17.4%和16.1%。亿元GDP安全生产事故死亡人数为0.18人，比2008年下降14.3%。全市流通领域食品快速检测合格率为99%。

三、杭州市在长三角地区经济发展中的地位

2009年，杭州市坚持以科学发展观为统领，深入实施"六大战略"，强化调控，创新举措，积极应对国际金融危机挑战，着力解决发展中的突出矛盾和问题，有效遏制了经济下滑势头，经济社会发展呈现出"增速持续回升、效益逐步向好、调整积极推进、民生不断改善、社会协调发展"的良好发展态势。生产总值连续19年实现两位数增长，年初确定的主要预期目标基本完成，有力地推动了杭州转危为机，跨越发展。

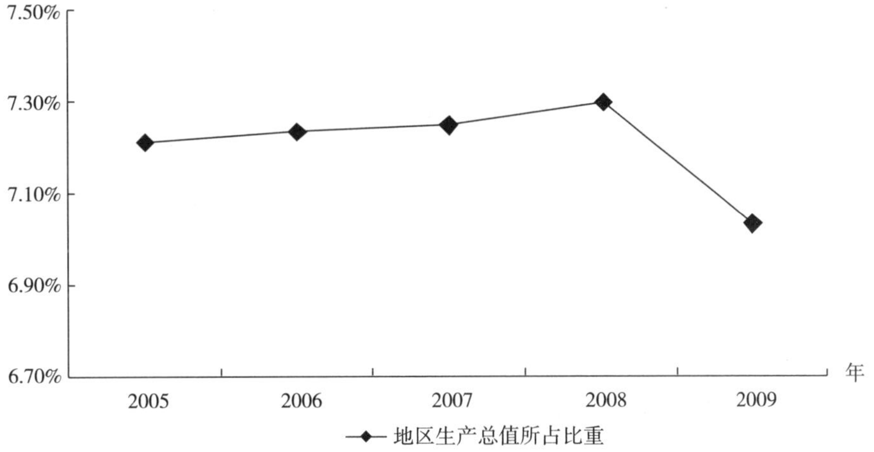

图2－187　2005－2009年杭州市地区生产总值在长三角所占比重的变化趋势

2005－2009年杭州市地区生产总值在长三角所占比重分别为7.21%、7.24%、7.25%、7.30%和7.03%，在连续3年微幅上升之后2009年出现了较小幅度的下跌。2009年，杭州市生产总值突破5 000亿元大关，达5 098.66亿元，已超过"十一五"规划目标，按可比价计算比上年增长10%，增速高于全国、全省1.3和1.1个百分点，在长三角城市中排在第11位。

2005－2009年杭州市地方财政一般预算收入在长三角所占比重分别为6.54%、6.61%、6.54%、6.46%和6.57%，整体上变幅不大，2009年占比比上年增加0.11个百分点。2009年杭州市地方财政一般预算收入比2008年增长14.4%，增幅在长三角地区城市中列第4位。杭州财政收入实现同比增长的主要原因包括：从税种分析，主要是增值税免抵调增入库出现了较大幅度的增长；从行业分析，主要是房地产交易放量拉动财政收入增长；从区域分析，开发区成为增收主力，总收入和地方财政收入增收额分别占全市增收额的80%以上；从措施分析，加强征管和均衡入库成为保增长的有力手段。

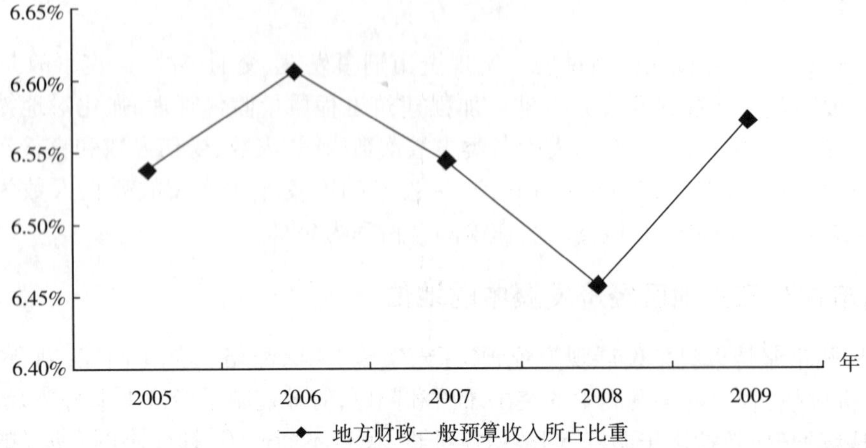

图 2-188　2005-2009 年杭州市地方财政一般预算收入在长三角所占比重的变化趋势

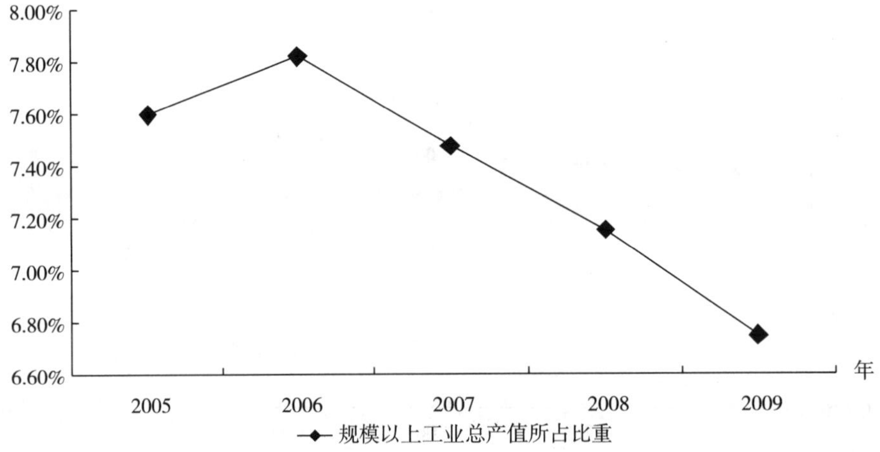

图 2-189　2005-2009 年杭州市规模以上工业总产值在长三角所占比重的变化趋势

2005-2009 年,杭州市规模以上工业总产值在长三角所占比重分别为 7.60%、7.83%、7.48%、7.15%和 6.75%,已连续三年出现下降,累计降幅为 1.08 个百分点。2009 年,杭州市规模以上工业总产值占比下降主要受出口影响,全年外贸出口下降 19.1%,规模以上工业出口交货值下降 17.4%,仅此就影响规模以上工业销售产值增长 3.4 个百分点。全市规模以上工业实现工业总产值 9 390.73亿元,实现销售产值9 245.99亿元,分别增长 0.9%、1.3%,增速比上半年回升 8.7 和 8.5 个百分点;工业产品产销率为 98.7%,比上年提高 0.47 个百分点。从 2009 年年内总体变化看,工业经济呈现逐步回升态势,在金融危机的倒逼机制和各项政策的积极引导下,工业增长过分依赖出口拉动、主要依靠资源消耗的发展模式正在加快转变,向着依靠消费与出口协调拉动、更加依靠自主创新的方向运行。

2005-2009 年杭州市进出口总额在长三角所占比重分别为 5.73%、5.98%、5.36%、5.19%和 5.03%,近三年累计降幅为 0.7 个百分点。进出口总额变化趋势与规模以上工业总产值占比基本一致,显示工业产值受外贸影响较大。面对外贸出口持续回落,杭州市全面落实出口退税、信保补贴、展会补贴和电子商务进企业等措施应对国际危机开拓市场。全市实现进出口总额 404.2 亿美元,下降 15.9%,其中出口 271.8 亿美元,下降 19.1%,进口 132.4 亿美元,下降 8.4%。进出口、出口、进

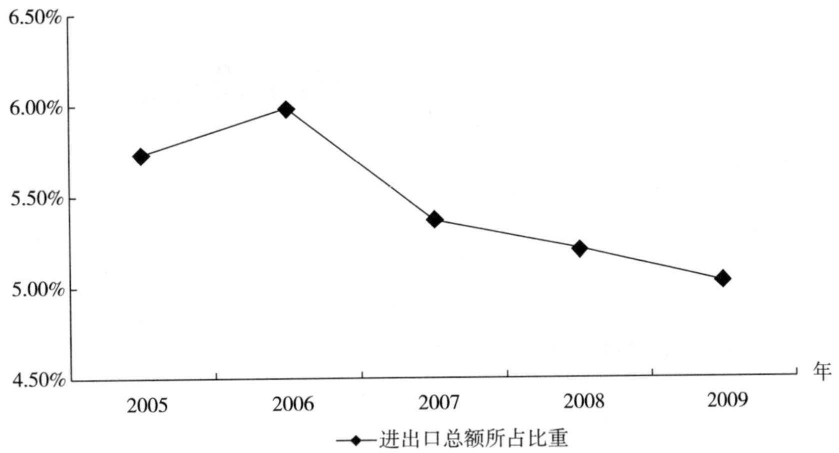

图 2－190　2005－2009 年杭州市进出口总额在长三角所占比重的变化趋势

口降幅分别比上半年收窄 6 个、5.1 个和 8.7 个百分点。重点企业出口总体回稳，多数重点出口产品如纺织服装等传统产业出口稳步回升，机电产品和高新技术产品出口降幅收窄。虽然 2009 年三季度以来杭州市出口降幅逐月收窄，但由于国际贸易保护主义抬头，出口形势不容乐观。

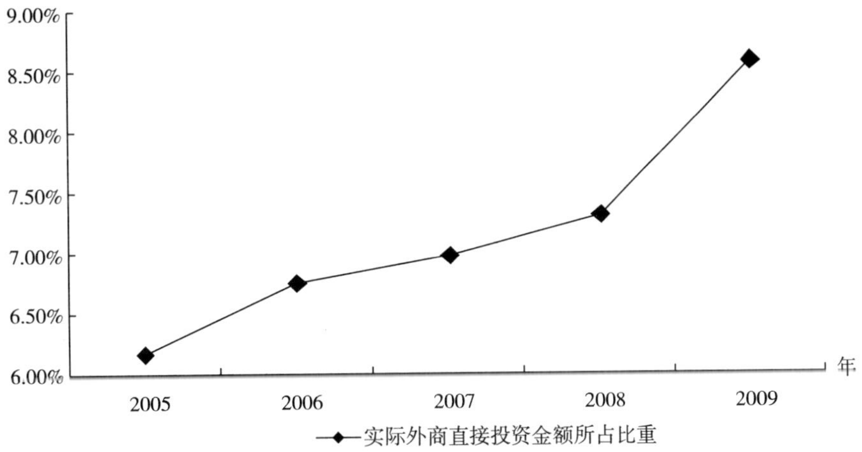

图 2－191　2005－2009 年杭州市实际外商直接投资金额在长三角所占比重的变化趋势

2005－2009 年，杭州市实际外商直接投资金额在长三角所占比重分别为 6.17%、6.75%、6.97%、7.31% 和 8.59%，处于明显的上行态势。5 年的累计增幅达 2.42 个百分点，其中 2009 年增幅为 1.27 个百分点。2009 年杭州市利用外资形势明显趋好，全市实际利用外资 40.14 亿美元，同比增长 21.2%，比上半年回升 20.1 个百分点；新批外资项目 554 个，同比增长 14.7%，比上半年回升 23.2 个百分点；协议利用外资 69.65 亿美元，增长 11.8%，比上半年回升 25.6 个百分点。

二　宁波市2009年经济社会发展报告

2009年,是新世纪以来宁波经济发展最困难、经受考验最严峻的一年。面对国际金融危机的严重冲击,市委、市政府积极实施省委"创业富民、创新强省"和市委"六大联动、六大提升"战略,围绕"标本兼治、保增促调"总要求,统筹推进保增长、抓转型、重民生、促稳定的各项工作,带领全市人民齐心协力,共克时艰,应对危机取得明显成效,经济运行呈现回升向好态势,转变发展方式迈出坚实步伐,民生得到持续改善,社会保持和谐稳定。

一、2009年宁波市经济发展状况

(一)综合经济

1.经济总量

宁波市2009年全年实现GDP 4 214.6亿元,按可比价格计算比上年增长8.6%,比一季度、上半年和前三季度分别回升7.6、4.0、2.0个百分点。其中,第一产业实现增加值183.8亿元,比2008年增长4.1%,增速与上年持平;第二产业实现增加值2 247.8亿元,增长5.4%,回落4.6个百分点,其中工业增加值2 006.6亿元,增长4.1%,回落6.3个百分点;第三产业实现增加值1 783.0亿元,增长13.3%,上升2.3个百分点。三次产业的比重为4.4%∶53.3%∶42.3%,第三产业占比比2008年提高1.9个百分点。人均生产总值为73 998元(按年平均汇率折算为10 833美元)。

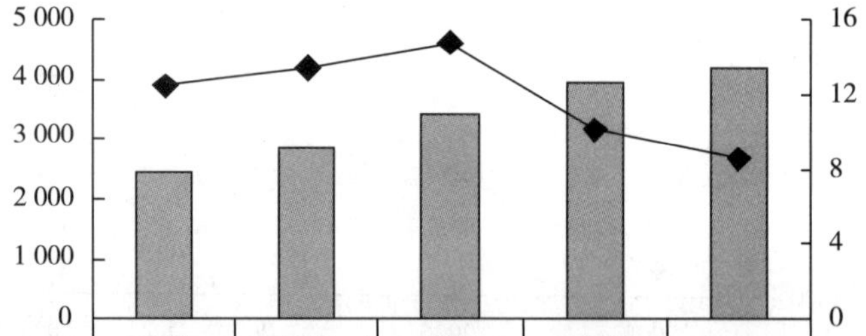

	2005	2006	2007	2008	2009
地区生产总值(亿元)	2 446.4	2 866.5	3 433.1	3 964.1	4 214.6
按可比价格增幅(%)	12.5	13.4	14.8	10.1	8.6

图2-192　2005-2009年宁波市地区生产总值及增长速度

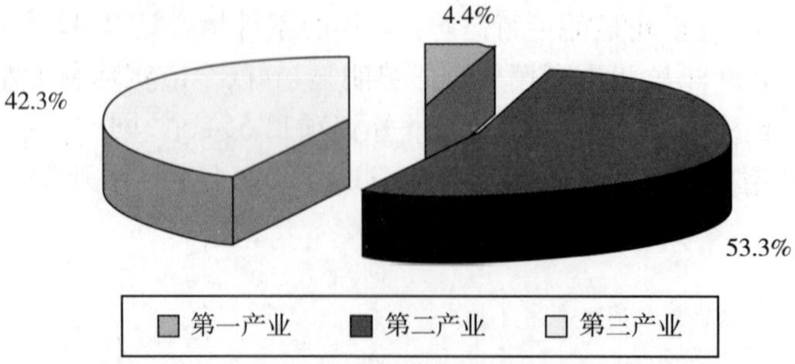

图2-193　2009年宁波市三次产业结构图

2. 财政收入

2009年，宁波市财政收支持续增长。全年全市实现财政一般预算收入966.2亿元，比2008年增长19.2%。其中中央财政收入533.4亿元，增长26.9%，地方财政收入432.8亿元，增长10.9%。完成地方财政一般预算支出506.1亿元，增长15.1%。其中一般公共服务、公共安全、教育、科学技术、医疗卫生、城乡社区事务、农林水事务、交通运输等分别支出76.6亿元、37.9亿元、77.1亿元、17.0亿元、30.6亿元、64.8亿元、35.5亿元和35.3亿元，分别增长6.8%、10.2%、14.9%、9.4%、5.3%、15.0%、16.3%和45.0%。

3. 物价水平

2009年间，宁波市CPI、PPI有所回落，房屋销售价格上涨。全年市区居民消费价格指数为99.4%，比上年下跌0.6个百分点，八大类价格呈现“二升一平五降”格局，其中食品类价格指数为102.3%，依然是价格上涨的主力。原材料、燃料、动力购进价格指数为88.99%，比上年下降11.01个百分点，工业品出厂价格指数为94.04%，下降5.96个百分点，出厂价格指数高于购进价格指数5.05个百分点。市区房屋销售价格指数为103.4%，其中，新建房屋销售价格比上年上涨4.9%，新建住宅上涨5.7%，二手房价格上涨1.9%。

4. 固定资产投资

宁波市2009年完成全社会固定资产投资2 004.2亿元，比上年增长16.0%。其中，农林牧渔业投资增长111.7%，且全社会基础设施投资633.2亿元，增长15.2%。第二产业完成投资776.7亿元，增长2.8%，其中工业投资769.3亿元，增长2.1%；第三产业完成投资1 213.1亿元，增长25.6%。房地产开发投资完成374.5亿元，增长21.7%。商品房销售面积815.2万平方米，增长81.8%，其中住宅销售面积652.0万平方米，增长82.6%；空置面积144.4万平方米，下降6.3%。

2009年，宁波市扎实开展重大项目会战攻坚行动，加强资源要素保障和工程质量监管，推动投资规模扩大和结构优化。重点工程建设取得新突破，轨道交通1号线一期、铁路枢纽等项目开工建设，舟山大陆连岛工程宁波连接线、东钱湖水厂二期、毛家坪水厂一期等项目建成投用，镇海炼化大乙烯、机场快速干道等项目加快建设，杭州湾跨海铁路等一批项目前期工作有序推进。

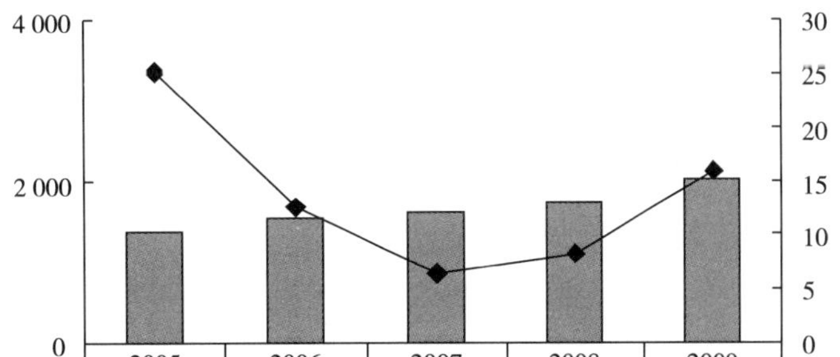

	2005	2006	2007	2008	2009
固定资产投资总额(单位:亿元)	1 370.4	1 543	1 597.9	1 728.2	2 004.2
增幅(%)	25.1	12.6	6.3	8.2	16

图2-194 2005-2009年宁波市全社会固定资产投资及增长幅度

5. 区域经济

2009年，宁波市政府继续促进区域协调发展。推动区域重大交通设施建设，甬台温铁路建成通车，穿山疏港高速、萧甬铁路平改立等项目开工建设。统筹余慈区域发展，杭甬客运专线及余慈站、梁周线北延等项目加快推进，慈溪垃圾发电厂建成投用，余慈两地医保定点医院实现互认。宁波杭州湾新区规划建设工作有序启动。加强象山港区域保护开发利用,区域规划体系进一步完善,象山港大桥及接线、奉化阳光海湾等项目稳步实施,宁海湾旅游度假区全面建设。

表2-46　2009年宁波市县市主要经济指标

县市	生产总值(亿元)	地方财政收入(亿元)	全社会固定资产投资(亿元)	出口总额(万美元)	社会消费品零售总额(亿元)
宁波市区	2 121.36	295.63	1 362.84	1 935 721	761.90
余姚市	500.69	39.03	173.13	133 134	184.30
慈溪市	626.24	49.10	215.97	93 608	245.80
奉化市	196.83	14.42	69.91	37 099	68.73
象山县	237.11	16.71	92.44	8 892	91.20
宁海县	235.55	17.91	89.94	7 748	77.74

(二)农业和农村建设

2009年,宁波市实现农林牧渔业总产值286.4亿元,按可比价格计算,比2008年增长3.9%。其中农业134.8亿元,增长4.5%;林业9.0亿元,增长10.5%;畜牧业46.9亿元,增长3.8%;渔业91.1亿元,增长2.4%;农林牧渔服务业4.5亿元,增长7.9%。肉类总产量增长2.5%,禽蛋和奶类总产量分别下降1.6%和7.3%;生猪存栏数94.7万头,增长18.1%。农作物播种面积32.2万公顷,下降2.5%。其中粮食播种面积14.8万公顷,下降3.7%,粮食产量86.3万吨,下降2.4%,蔬菜播种面积8.7万公顷,下降3.0%。大小麦面积增长56.6%,增产54.9%,油菜籽面积增长31.8%,增产34.3%,盆栽类园艺花卉盆数增长42.8%。

2009年全市实施市级农业龙头企业技改项目47个,完成技改投入2.8亿元。实施"强龙工程",新增市级农业龙头企业23家,总计241家,其中产值(销售额)上亿元的64家。新增农民专业合作社184家,总数达1 001家,其中规范化合作社450家。推进土地规模化经营,全市土地流转面积129万亩,流转率达52.0%,规模经营面积140万亩,占耕地面积的54.0%。

(三)工业和建筑业

1. 工业增加值与工业发展

2009年间,宁波市工业产销降幅逐季收窄,经济效益实现回升。2009全年全市实现全部工业总产值10 309.6亿元,比上年下降1.6%,比一季度、上半年和前三季度分别回升17.1、11.0、7.2个百分点。其中规模以上工业总产值8 152.5亿元,下降3.6%,比一季度、上半年和前三季度分别回升17.7、12.8、8.5个百分点。完成规模以上工业销售产值7 925.4亿元,比2008年下降3.3%,比一季度、上半年和前三季度分别回升17.3、13.1、8.8个百分点,工业产品产销率为97.2%。完成出口交货值2 201.0亿元,比上年下降11.4%,比一季度、上半年和前三季度分别回升10.7、9.7、6.5个百分点。工业企业经济效益加速回升,规模以上工业企业实现增加值1 617.3亿元,比上年增长3.0%,比一季度、上半年和前三季度分别回升15.0、10.1、5.7个百分点。实现利润和利税总额452.7和846.5亿元,分别增长98.9%和75.2%,比上年上升143.4和100.0个百分点。工业经济效益综合得分为225.3分,比2008年提高26.6分。

表 2－47 2009 年宁波市县区工业总产值

县市	工业总产值(亿元)
宁波市区	5 356.31
余姚市	839.10
慈溪市	1 045.35
奉化市	311.08
象山县	349.67
宁海县	371.34

2. 建筑业

宁波市 2009 年完成建筑业总产值1 043.6亿元，比上年增长 15.4%，增速比上年提高 1.8 个百分点。其中国有及国有控股企业完成 117.6 亿元，占建筑业总产值的比重为 11.3%。房屋建筑施工面积11 104.5万平方米；竣工面积4 092.5万平方米，增长 3.0%。按建筑业总产值计算的全员劳动生产率为 18.3 万元/人，提高 2.2%。

(四) 服务业

2009 年，宁波市全面实施服务业跨越式发展行动纲要，推进服务业功能区和产业基地建设，推动工业企业二、三产分离发展，服务业增加值增长 13.3%，对 GDP 的贡献率达到 63.9%，占 GDP 比重提高到 42.3%。

1. 国内贸易

2009 年宁波市实现社会消费品零售总额1 429.7亿元，比 2008 年增长 15.5%，扣除价格因素实际增长 17.3%，实际增速比 2008 年提高 5.6 个百分点。其中农村消费市场完成 414.3 亿元，增长 11.8%。批发业零售额 71.1 亿元，增长 7.6%；零售业零售额1 206.6亿元，增长 16.8%；住宿和餐饮业零售额 156.4 亿元，增长 12.8%。在限额以上批发和零售业零售额中，汽车类增长 31.2%，金银珠宝类增长 6.4%，粮油类增长 5.2%，肉禽蛋类增长 6.9%，服装类增长 9.0%，中西药品类增长 12.7%，化妆品类增长 10.6%。

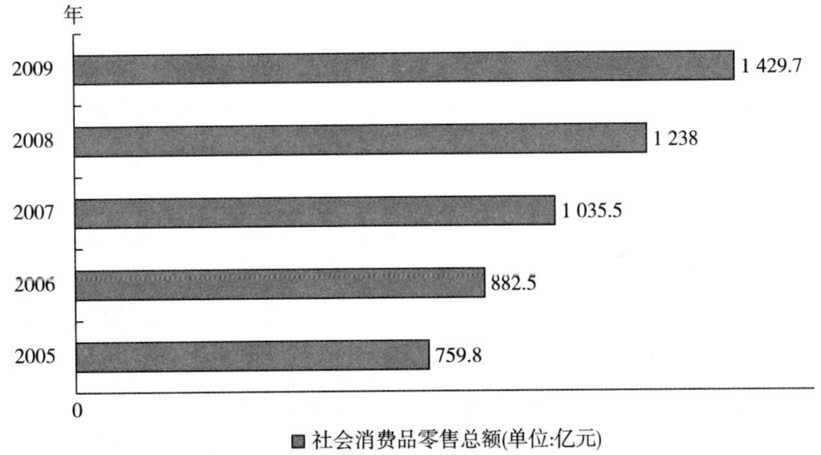

图 2－195 2005－2009 年社会消费品零售总额

宁波市 2009 年间信息软件业、服务外包产业发展迅速,业务收入分别增长 42. 4% 和 34. 7% 。

2. 消费品市场特征分析

2009 年,宁波市消费品零售总额实现了国际金融危机背景下的逆势增长。其中,2009 年 12 月完成社会消费品零售总额 148. 58 亿元,再创宁波市单月零售绝对额的历史新高。综观 2009 年消费品市场的运行态势,呈现以下几方面特征:

(1)2009 年宁波市实际增幅为 1995 年以来新高。全市全年消费品市场总体先抑后扬,实现了逆势增长。扣除物价因素,全年实际增幅达到 17. 3% ,是 1995 年以来实际增长的最高水平。从全年的增长情况看,2009 年 1 到 12 月增幅呈现逐月提升态势。从总的发展曲线看,2008 到 2009 年,社会消费品零售额基本呈现 V 字型的反转。

(2)百货零售业结构重整档次提升。城市核心商圈和新商圈的建设,为百货业的结构重整和档次提升提供了很大的空间。随着和义大道、世纪东方百联等一批大型商业设施的建成,百货零售业结构重整加快,商业版图有所调整,高端品牌销售额总体放大,但单体企业,比如新世界、金光百货、东方百联等销售额有所下滑,高端百货业的竞争更趋激烈。

(3)连锁超市集聚程度进一步提高。2009 年,以连锁经营、电子商务、现代物流为代表的现代流通业快速发展,特别是连锁经营的集聚化程度进一步提高。三江购物俱乐部、华润慈客隆、加贝购物俱乐部、新江厦连锁股份公司等本土连锁企业发展态势良好,四家企业 2009 年合计零售额达到 95. 8 亿元,占全市社零总额的 6. 7% 。

(4)汽车成为拉动消费的重要力量。2009 年,从限额以上企业的分类统计看,限上批发零售企业实现零售额 616 亿元,同比增长 12. 8% 。其中粮油食品类增长 6. 1% ,服装鞋帽类增长 6. 6% ,化妆品类增长 10. 6% ,金银珠宝类增长 6. 4% 。而汽车类零售额 2009 年 12 月增幅则达到创纪录的 62. 2% ,全年实现零售额 240. 53 亿元,占限上企业零售总额的 39. 9% ,贡献了限上企业 81. 5% 的增长。

(5)鄞州、江北领跑消费品市场增长。按照宁波市各地消费品市场的增长速度划分,可以划分三个阵营。一是领跑组,分别是鄞州和江北,增幅分别达到 22. 2% 和 20. 4% ;二是领先组,增幅高于全市平均水平,分别是北仑增长 18. 5% ,宁海增长 18. 3% ,镇海增长 16. 8% ,象山增长 16. 2% ,余姚增长 16. 0% ;三是稳健组,增长幅度低于全市平均水平,但实际增长水平均较去年有所增长。特别是江东、海曙等地,相比去年,提高幅度较大,海曙区 2009 年 12 月的增幅达到 27. 0% ,也显示了商圈结构调整后所激发出来的巨大潜力。

3. 交通运输、邮电

宁波市 2009 年港口生产保持增长,全市完成港口货物吞吐量 3. 8 亿吨,比 2008 年增长 6. 1% ,继续居中国大陆港口第二位,全球第四位,其中外贸货物吞吐量 1. 8 亿吨,增长 7. 6% 。集装箱吞吐量再次跨上1 000万标准箱大关,完成1 042. 3万标准箱,比 2008 年下降 3. 9% ,降幅低于全国沿海港口平均水平,继续保持全国大陆沿海港口第四位,其中 9 月份创下 104. 8 万标准箱的月度历史新高。新辟集装箱航线 6 条,累计 216 条,其中远洋干线 113 条,近洋支线 51 条,内支线 20 条,内贸线 32 条。月均航班 908 班,最高月航班达 955 班。

2009 年全市完成公路投资 87. 6 亿元,为计划投资的 112. 9% 。舟山跨海大桥宁波连接线主线、北仑集装箱货运第二通道等建成通车,奉化三高连接线基本完成。穿山疏港高速实现提前开工。全市公路里程达到9 883. 9公里,新改建农村联网公路 500 公里。港口水运完成投资 32. 6 亿元,比上年增长 26. 4% 。北仑五期集装箱码头 2#、8#、9#泊位通过竣工验收。新增港口生产性泊位 14 个、货物吞吐能力 0. 4 亿吨、集装箱吞吐能力 210 万标箱。铁路完成投资 55. 1 亿元,为计划投资的 212. 0% ,增长 355. 7% 。甬台温铁路宁波段建成通车。杭甬客运专线宁波段完成投资 25. 4 亿元,为计划投资的 254. 4% 。

2009年全年宁波市完成全社会客运量3.3亿人次，旅客周转量124.6亿人公里，比2008年分别增长4.4%、0.8%。货运量2.8亿吨，货物周转量123.5亿吨，分别增长11.5%、6.5%，其中水路货运量完成1.1亿吨，首次突破亿吨大关。铁路货物发送量1 705.8万吨，增长25.9%。公路货物周转量135.1亿吨，增长22.0%。机场旅客和货邮吞吐量分别达到403.2万人次、6.9万吨，分别增长12.8%、14.5%。随着运输结构的加快调整，第四方物流市场的推广应用，物流龙头企业及物流基地的迅速壮大，传统货运业加速向现代物流业转变，打造全国性物流节点城市进入加快推进的新阶段。

4. 旅游业

宁波市2009年实现旅游总收入530.5亿元，比上年增长17.8%。接待入境旅游者80.1万人次，增长5.7%；入境旅游外汇收入4.9亿美元，增长3.8%。接待国内游客3 962万人次，增长14.3%；国内旅游收入497.3亿元，增长19.6%。

5. 金融、证券和保险

2009年末，宁波市金融机构本外币存款余额达8 241.4亿元，比2008年增长29.7%，增速比2008年提高10.0个百分点；比2009年初增加1 886.5亿元，同比多增814.1亿元。其中人民币存款余额8 083.9亿元，增长30.0%。2009年末金融机构本外币贷款余额达7 715.9亿元，增长32.7%，增速比2008年提高15.5个百分点，并创下2004年6月以来的最高值；比2009年初增加1 900.3亿元，同比多增1 020.4亿元。其中人民币贷款余额7 424.9亿元，增长30.9%；比2009年初增加1 751.2亿元，同比多增787.9亿元。

综合2009年全年，宁波市金融业稳健发展，新增金融机构13家、小额贷款公司9家，金融业增加值增长18%，占服务业比重达到18.3%。

宁波市还加强企业发展的资源要素保障，2009年末金融机构本外币贷款余额增长32.7%，中小企业贷款占新增企业贷款比重达到82.8%，企业通过金融债券等方式直接融资增长110%。

2009年，全市证券市场回暖。全市证券成交总额18 393.4亿元，比上年增长68.2%。其中股票和基金成交16 899.8亿元，增长88.1%；权证成交1 428.8亿元，下降24.5%。证券客户交易结算资金余额167.5亿元，增长53.5%。期货代理交易量3 112.3万手，代理交易额20 566.4亿元，分别增长50.1%和66.5%。年末证券投资者开户74.1万户，增长12.2%。

2009全年宁波市实现保费收入107.4亿元，比2008年增长23.4%。其中财产险保费收入51.1亿元，增长26.6%；人身险保费收入56.4亿元，增长20.5%。各类赔款给付36.3亿元，下降4.3%。年内新增2家寿险机构（信泰人寿宁波中心支公司和阳光人寿宁波中心支公司）和1家产险机构（浙商保险宁波中心支公司）。累计44家保险公司在甬设立了分支机构，其中产险机构23家（分公司16家，中心支公司7家），均为中资机构，寿险机构21家（分公司11家，中心支公司4家，营销服务部6家），含中资14家，外资7家。2009年末保险业资产总额174.5亿元，比2008年增长15.6%。

（五）对外经济

1. 对外贸易

2009年宁波市实现外贸自营进出口总额608.1亿美元，比上年下降10.4%，比一季度、上半年和前三季度分别回升13.4、11.9、7.4个百分点。其中出口386.5亿美元，比2008年下降16.6%，比一季度、上半年和前三季度分别回升4.6、6.4、4.7个百分点；进口221.6亿美元，比2008年增长3.1%，比一季度、上半年和前三季度分别回升32.0、24.3、14.0个百分点。实现口岸进出口总额1 169.2亿美元，比2008年下降16.7%。新增外贸经营备案登记企业2 216家，累计达12 927家。机电产品和高新技术产品出口分别下降21.7%和30.1%；进口产品中机电产品和高新技术产品分别下降18.2%和15.0%。加工贸易进出口额为139.7亿美元，下降23.5%；一般贸易进出口额442.1

亿美元,下降4.7%。

宁波市鼓励企业加强产品研发创牌,完善出口品牌发展机制,新增外贸研发设计机构176家、市级出口名牌80个。设立国际贸易投诉协调服务中心,建立外经贸企业网上融资和法律咨询服务平台,外贸服务环境不断优化。

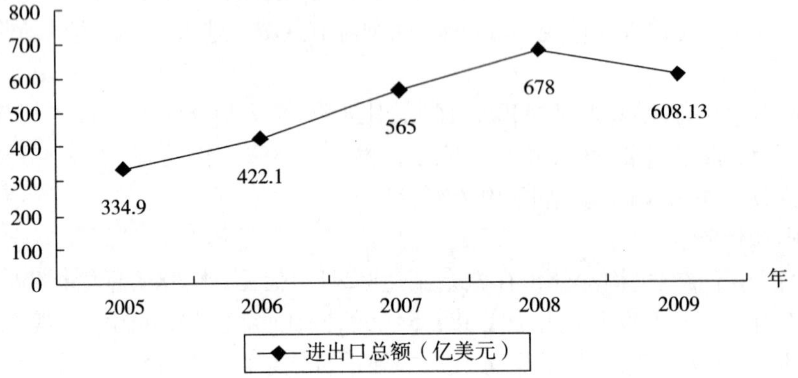

图2-196　2005-2009年宁波市外贸进出口总额

2. 利用外资

2009间宁波市利用外资状况回落明显。实施市县协作招商行动,建立在谈重大项目协作推进机制,全市合同利用外资34.2亿美元,比2008年下降17.0%,实际利用外资22.1亿美元,下降13.1%。其中第三产业新批项目193个,实到外资6.1亿美元,增长13.0%;房地产业实际利用外资2.7亿美元,增长13.0%。全年新增外商投资企业274家。

表2-48　2009年宁波市县市实际使用外资

县市	实际使用外资金额(万美元)
宁波市区	160 769
余姚市	7 534
慈溪市	38 153
奉化市	3 547
象山县	6 506
宁海县	4 032

3. 对外合作

2009年宁波市完成对外承包劳务合作营业额8.8亿美元,增长17.5%,其中境外工程承包营业额8.4亿美元,增长17.8%。新批境外投资企业和机构177家,项目总投资额4.5亿美元,其中中方投资4.1亿美元,增长31.1%。

2009年全市服务外包产业迅速发展。全市完成服务外包总额42.0亿元,比2008年增长34.7%;其中离岸业务1.3亿美元,增长31.4%。服务外包企业达394家,从业人员1.7万人。

宁波市鼓励企业到境外参展和设立营销网点,支持企业与大型跨国商贸企业合作,引导企业发展电子商务。外贸出口逐月回升,完成出口386.5亿美元,出口降幅由上半年的23%收窄到全年的

16.6%，新增进出口实绩企业1 840家。推进与重庆、南昌等城市的战略合作，完善内外对接的贸易物流体系，支持营销大企业大集团发展。设立境外营销企业和机构118家、省外宁波名品直销中心2个。

4. 对内合作

至2009年末，宁波市实际引进内资208.5亿元，引进重点机构186个，引进优质项目103个；新增山海协作项目99个，实际到位资金12亿元；完成与衢州资源与产业合作项目实际到位投资额46.2亿元；完成接轨上海参与长三角合作项目65个，总投资额43亿元；完成与中西部、东北等地区合作项目100多个，总投资额400多亿元。成功举办"2009南昌·宁波周"活动，签订合作项目40个，投资总额48.8亿元；成功举办"2009重庆·宁波周"活动，签订合作项目49个，协议总金额140.0亿元，为历届"宁波周"活动之最。组织企业参加了第十三届"西洽会"、第十九届"哈洽会"、第十届"西博会"和第十五届"郑交会"等国内重要展会，进一步帮助企业拓展国内市场。

2009年，宁波市推进全方位开放合作。举办"宁波周"、甬港经济合作论坛等活动，加强与国家部委和国内外城市的合作。深化与浙东经济合作区城市的合作交流，积极融入长三角一体化发展，接轨上海世博会工作有序推进，世博会宁波滕头案例馆顺利建成。宁波—舟山港口一体化稳步实施，合资建设的舟山跨海大桥建成投运，大通关、电子口岸、无水港、港口联盟和集装箱海铁联运建设进展良好。宁波—舟山港还保持了世界集装箱港口第八位的佳绩。加强国内经济技术合作，实际引进内资208.5亿元、重点机构186个。推进与央企的战略合作，签定合作项目21个。

二、宁波市2009年社会发展概况

（一）人口与人民生活

2009年末宁波市户籍人口571.0万人，比上年增长5.2%。市区人口221.8万人。人口出生率7.92‰，人口死亡率6.02‰，人口自然增长率1.90‰。

2009年宁波市城乡居民收支稳步增长。城镇居民人均可支配收入27 237元；农村居民人均纯收入12 641元，增长10.4%，扣除价格因素实际增长11.3%，收入水平居副省级城市之首。农村居民人均纯收入已是连续六年保持两位数的增长速度，并超过市区居民人均可支配收入增速。城乡居民收入差距由2008年的2.210∶1下降到2009年的2.165∶1。2009年市区和农村居民人均工资性收入分别为19 607元和7 373元，分别增长1.7%和8.2%；市区和农村居民人均离退休养老金分别增长33.2%和45.4%。市区居民人均消费性支出18 203元，增长11.1%，恩格尔系数为35.4%，比上年降低1.9个百分点；农村居民人均生活消费支出9 789元，增长6.7%，恩格尔系数为38.7%，比上年降低2.2个百分点。

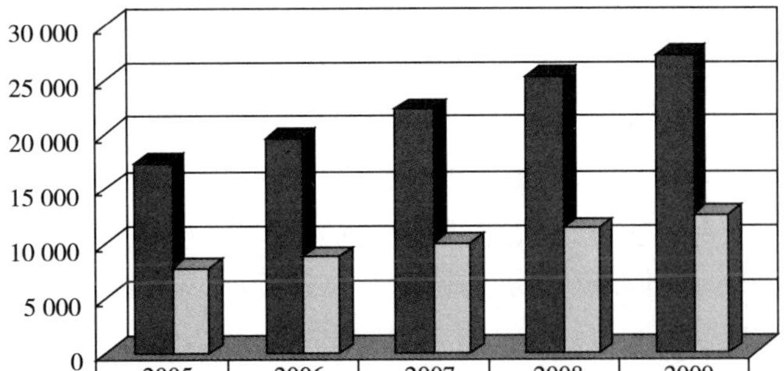

	2005	2006	2007	2008	2009
■城镇居民人均可支配收入（元）	17 408	19 674	22 307	25 304	27 237
□农民人均纯收入（元）	7 810	8 847	10 051	11 450	12 641

图2－197　2005－2009年宁波市城乡居民收入对比

(二)就业与社会保障

1. 就业

宁波市政府2009年实施积极的就业政策,大力开发就业岗位,运用失业保险基金帮扶困难企业稳定岗位,加强就业困难帮扶,就业和再就业工作成效明显。全年全市新增就业人员14.2万人,完成年度计划的123.8%,创历史新高。全市财政社保补贴、用工补助资金支出4 367.7万元,帮助1.4万名职工稳定了就业岗位;鼓励失业人员实现灵活就业,共有6.1万名城镇失业人员实现再就业,其中就业困难人员1.9万人,5.1万人享受了灵活就业社保补贴,向2 820名困难人员发放再就业援助补贴476.4万元。城镇“零就业家庭”动态消除。

宁波市鼓励创业带动就业,组建创业平台21家,发放失业人员家庭小额贷款9 053万元,直接扶持自主创业2 296人、带动就业6 615人。加强就业服务管理,完成技能培训21.2万人次,13.6万名城乡劳动力获得职业资格证书。组织2.7万名失业人员、8.7万名农村转移劳动力和外来劳动力开展技能培训,培训后就业率在60%以上。年末城镇登记失业率为3.16%,比上年下降0.15个百分点。

宁波市还推动农村劳动力转移就业,全年全市投入培训经费6 006.1万元,共培训各类农村劳动力12.8万人,其中农业专业技能培训3.3万人;农村劳动力转移就业培训3.9万人;务工农民岗位技能培训5.4万人;农村后备劳动力培训0.2万人。转移就业培训农村劳动力受训后转移就业3.2万人,转移率为81.2%。

2. 社会保障

2009年末宁波市企业基本养老保险、职工基本医疗保险、失业保险、工伤保险和生育保险参保人数分别达到344.3万人、251.8万人、173.2万人、214.9万人和177.6万人,实际缴费人数分别比上年净增9.2万人、13.2万人、11.8万人、5.6万人和12.9万人,对企业五大社会保险费缴费比例实行临时性适当下浮,共计减征社保费15.7亿元。年末新型农村养老保险参保人数13.7万人,其中待遇享受13.4万人。被征地人员养老保障参保人数55.6万人,重点对象参保率上升至86.5%。救助患重大疾病困难群众25 700人次,支出资金9 134.5万元,人均救助3 554元。发放各类医疗救助卡17 438张,支出金额717.7万元。资助18 975名城镇困难居民参加居民医疗保险,资助39.9万名农村困难群众和经济欠发达乡镇居民参加新型农村合作医疗。

全年宁波市慈善总会及各分会募集善款3 784.8万元,比上年增长37.7%;全年救助支出3 491.1万元,受助的困难群众达8 380人次。累计募集善款已达3.5亿元,累计救助支出2.1亿元,受助12万人次。全年市红十字会市本级筹集款物2 087.8万元,全年捐赠支出3 600万元,其中抗震救灾2 800万元。年末全市共有各类收养性单位166个,床位22 901张,收养各类人员14 301人。抚恤、补助各类优抚对象13 109人。实施流浪乞讨人员救助2 896人次,其中外省2 610人次,18周岁以下未成年人330人次;救治流浪乞讨危急病人740人次,支出医疗救治资金588.4万元。

2009年,宁波市继续完善社会救助体系,加大低收入群体帮扶力度,3.4万名残疾人受惠“残疾人共享小康工程”,在全省率先实现“重度残疾人托(安)养工程”全覆盖。扩大廉租住房保障对象范围,加快保障性房源建设,新增廉租住房保障家庭4 799户,开工建设经济适用住房、限价房、人才公寓54万平方米,启动非成套房改造13.9万平方米,中心城区完成老小区整治175万平方米,海曙、江东、江北三区推出销售经济适用房4 938套。

(三)教育和科学技术

1. 教育事业

2009年末宁波市共有高校15所,其中普通高校13所,在校生(含研究生)13.7万人,比上年增长3.0%，博士点3个。成人高校2所，在校生5.2万人。高等教育毛入学率达到49.0%。义务教育入学率、巩固率分别保持在100%和99.9%以上。初中毕业生升入高中段学校比例为98.7%。外来务工人员子女在宁波市接受义务教育人数达到23.4万人，其中公办学校接纳16.4万人，占70.0%。中等职业教育学校在校生达到8万余人，招收新生3万余人，与普通高中招生数基本持平。成人学校完成各级各类教育培训超过280万人次。2009年末全市共有全日制民办中小学（幼儿园）1 186所，在校生约29万人，占全市全日制中小学（幼儿园）在校（园）生数的27.0%。年末全市共有幼儿园1 280所，在园幼儿22万余人，其中70%以上的幼儿在省等级以上幼儿园就读。学前3年幼儿净入园率达到99%。44所幼儿园被评为首批省一级幼儿园，占全省的22.5%。

2009年，宁波市人才建设继续推进。全市新增各类人才9.5万余人，新增博士后工作站1家，新增进站博士后38人。年末全市人才总量78.5万人，比上年增长13.8%。其中专业技术人员53.0万人，增长12.5%；高级职称人才2.8万人，增长16.7%；博士、博士后1 534人，硕士14 317人，各类专家2 214人（包括柔性引进院士14人，享受国务院政府特殊津贴261人，获国家、省、市突出贡献专家230人，正高职称专家2 009人）。

2. 科技与创新

2009年宁波市新增国家级企业技术中心1家、省级企业技术中心24家、市级企业技术中心100家，培育国家创新型企业2家、国家级创新型试点企业5家，138家企业通过国家高新技术企业认定，累计615家，142家企业被认定为科技型企业，引进共建研发机构30家。获得国家级科学技术进步二等奖1项、省科学技术进步奖23项、其中一等奖4项。全市专利申请量达22 686件，授权量15 824件，比上年分别增长40.3%和60.1%。其中发明专利授权量802件，增长58.8%。

宁波市2009年新组建产学研技术创新联盟3个，新设立宁波创新团队8项，新增市级重点实验室5个，培育农村科技服务机构10家，农业创新型企业14家，新农村科技示范村镇10家，新认定星火示范基地10家。新增驰名商标6件，累计16件；新增省著名商标36件，累计331件；新认定市知名商标50件，累计783件。新增浙江名牌34件（其中区域名牌2件、服务业名牌1件），累计254件；新增市名牌127件，累计482件。

（四）文化、卫生和体育

1. 文化事业

2009年全市共有6个全国文化先进县、1个浙江省文化先进县和2个浙江省文化先进县创建县顺利通过了复查验收。为农民免费放映电影24 682场，演出戏剧1 000场，向12 257户农村困难家庭赠送了21英寸电视机，为49 793户低保户家庭免除了有线电视收视维护费和21 021户低保户家庭免费安装了有线电视，为28.2万户居民用户家庭安装了有线数字电视。风情舞剧《十里红妆·女儿梦》获国家“五个一工程奖”，姚剧《母亲》、越剧《王熙凤大闹宁国府》、甬剧《风雨祠堂》获省第十届戏剧节剧目大奖，51件作品获省政府奖，182件广播电视作品获市政府奖，其中宁波影视艺术中心拍摄的《名校》等3部作品获“飞天奖”，宁波电台老少广播阳光之声荣获全国优秀少儿广播频率奖项一等奖。举办了农民（农村外来务工者）电影节、社区文化艺术节、“海上丝绸之路”文化节、首届“历史文化名城保护日”等重大节庆活动和各类群众文化活动近3 000场，宁波逸夫剧院、宁波大剧院、宁波音乐厅等三个市级主要剧场举办高雅艺术演出300余场，12家公共图书馆实现了“一卡通”，实行“零门槛”免费开放，建立了700多个流动图书馆。

2009年，宁波市会展水平不断提升。全年全市举办各类会展活动367个，比上年增长33.0%。其中，举办展览178个，增长30.9%，展览总面积达180万平方米，增长29.0%；举办会议（论坛）105个，增长36.0%；举办节庆活动84个，增长33.0%。

2. 卫生事业

2009 年末,全市实有病床 2.3 万张,拥有专业卫生人员 4.6 万人,卫生技术人员 3.9 万人,其中执业医师(含助理)1.6 万人,注册护士 1.3 万人。共建成社区卫生服务中心 145 家,社区卫生服务站1 188家,城市社区卫生服务覆盖率达 100%,农村达 95%。新型农村合作医疗制度进一步巩固,参合率达 97.1%,筹资与补偿水平稳步提高,全市人均筹资从 2008 年的 201 元增加到 218 元。全市常住人口孕产妇死亡率为 7.30/10 万,婴儿死亡率 4.38‰,5 岁以下儿童死亡率 5.79‰,均保持在历史较低水平。

宁波市完善了城乡医疗卫生服务体系,建立健全食品药品长效监管机制,扎实做好甲型 H1N1 流感等重大传染病防治工作,十大医疗卫生基础设施建设扎实推进,通过全省卫生强市考核验收。

3. 体育事业

2009 年,宁波市体育事业成绩显著。全年全市举办了 25 项全国性以上赛事和活动。组队参加第十一届全国运动会,获金牌 1 枚、银牌 3 枚次、铜牌 14 枚;组队参加省青少年比赛,共获得 181.5 枚金牌、150 枚银牌、123 枚铜牌,总分4 969分,双双位居全省第二。更新城市社区健身路径 50 个,新建村落健身路径 600 条,总数4 600余条,建成各类球场 400 余个,行政村体育健身路径拥有率达 95.0%。70% 左右的城区公办中小学校体育设施向市民开放。体育彩票销售额达 7.8 亿元,创历史新高。

(五)城乡建设

宁波市全年改建人行道路面 2.0 万平方米,整修路面 6.9 万平方米,道路完好率 90% 以上。增补兴宁路等 21 条路段照明灯具和彩虹南路等 13 个路口路灯,整修灵桥小区等 23 个小区照明设施,亮灯率 98% 以上。新建垃圾中转站 10 座,改建 14 座;新建公厕 35 座,改建 51 座。完成 24 条内河整治任务,中心城区内河保洁完好率、绿化达标率、设施完好率均达到 96% 以上。全年市区新建公交首末站 11 个,基本完成宁波市首个室内停车候车始发站——段塘公交停车场(始发站)建设,新增场站面积 4 万多平方米,新建公交候车亭 100 余个,完成宁波市首个天然气公交(永安)加气站主体工程。新辟公交线路 16 条,优化调整线路 54 条,新购公交车辆 411 辆。顺利完成"春运"、"清运"保障工作,其中"春运"运送乘客3 649万余人次,出车 8.3 万余辆次,比 2008 年分别增长 4.2% 和 9.8%;"清运"投放公交车1 867辆次,开通公交扫墓专线 13 条,运送乘客 19.1 万人次,比 2008 年增长 7.3%。东钱湖水厂二期、毛家坪水厂一期相继建成投产,新增供水能力 50 万吨/日,中心城区制水能力达到 162 万吨/日。

宁波市 2009 年末共有 6 个区、2 个县、3 个县级市、78 个镇、11 个乡、63 个街道办事处,594 个居委会,2 601个村委会。登记注册社团1 813个,比上年增长 5.7%,其中民办非企业单位2 687个,增长 8.0%。

宁波市 2009 年的新农村建设扎实推进。全年全市新启动新村建设试点用地项目 4 个,累计 15 个。新实施农村住房制度改革试点项目 8 个,累计 21 个。累计启动农村住房集中改建项目 214 个,完成投资 71.7 亿元,改建面积 446.8 万平方米,节约用地3 884亩。完成农村住房改造建设 3.8 万户,其中改造农村困难居民危旧房2 288户,安置下山移民农户1 688户,搬迁安置地质灾害点移民 201 户。建成粮食生产功能区 120 个,面积 27 万亩。新建市级农业产业基地 22 个,农业科技示范园区 2 个,累计分别为 85 个和 21 个,总面积 92.8 万亩。

全市 2009 年新增全面小康村 57 个、环境整治村 306 个、农村联网公路 320 公里,新建清水河道 405 公里。全市已累计建成全面小康村 326 个,环境整治村2 142个,占全市村庄总数的 84% 以上。新增结对企业 168 家,累计5 862家;新增共建项目 954 个,实际到位资金 1.5 亿元。落实村级经济发展项目1 908个，落实水电路等基础设施项目2 898个，争取落实扶持资金 1.5 亿元，帮助捐赠物资价值1 600万元。

（六）环境保护和生态建设

宁波市的生态市建设成效明显。全年安排生态市建设专项资金 1.5 亿元。据初步测算，全年化学需氧量净削减量2 365吨，二氧化硫净削减量13 660吨，超额完成年度目标任务；深入实施“811”环境保护新 3 年行动，完成了北仑、镇海临港工业废气整治任务；全市共投入治理资金近 700 万元，完成了 107 家规模畜禽养殖场排泄物的污染治理工作；全市生态公益林建成面积达 218.3 万亩，废弃矿山治理率为 91%，完成清水河道建设 310 公里，治理水土流失面积 40.3 平方公里，全市生态墓葬覆盖率 95% 以上。全市 24 项化学需氧量减排重点工程已完成 15 项，10 项脱硫重点工程已全面完成；全市已建成各类污水集中处理厂 22 座，污水日处理总能力达 112 万吨；切实加大重点区域环境整治力度，临港工业区空气环境质量得到改善；农村环境保护和生态建设走在全省前列，累计建成全国环境优美乡镇 13 个、国家级生态村 1 个、省级生态县 3 个、省级生态乡镇 65 个。

2009 年，宁波市强化节能减排工作。推进生态市建设，完善节能减排政策，强化节能减排考核和问责制，立案查处环境违法案件 877 起。实施循环经济“十大行动计划”，加强重点区域、流域、行业和企业的污染整治。加快重点领域节能步伐，组织实施节能投资项目 210 项，关停一批高耗能企业。“2410”减排重点工程顺利推进，临港工业废气污染整治通过省级验收，江南污水处理厂开工建设，北仑电厂三期脱硫脱硝设施建成投用。

（七）社会安全

2009 年，“平安宁波”建设继续推进。全市各类安全生产事故起数比 2008 年下降 8.7%，死亡人数下降 4.4%，直接经济损失下降 6.8%（连续五年实现“负增长”）。发生较大事故 6 起，比上年减少 3 起，死亡 29 人，比 2008 年减少 10 人，是 5 年来发生较大事故最少的年份，其中道路交通、工矿商贸企业、渔业船舶事故起数和死亡人数比上年均有较大幅度下降。全年全市食品评价抽验达到37 700批次，至年底完成检验40 693批次，完成进度 107.9%。开发建成全市食品安全检验信息共享平台，实现了全市检测信息共享。制定了《宁波市食品安全检验管理办法》，进一步规范了全市检验检测工作。全年全市共有人民调解委员会5 136个，调解人员20 760名。共调解纠纷95 927件，其中调解成功94 176件，成功率达 98.2%，履行94 061件，履行率达 98.1%。全市信访总量 4.8 万人次，比 2008 年增长41.2%；集体上访1 630批次，增长 21.6%。信访办结率为98.0%。市 96178 效能投诉中心共受理群众有效投诉 474 件，办结 466 件，办结率达 98.3%。

三、宁波市在长三角地区经济发展中的地位

2009 年，面对极其严峻复杂的外部环境和国际金融危机带来的深度冲击，宁波市坚持以科学发展观为指导，紧紧围绕“保增促调”总体目标，贯彻落实中央各项政策措施，努力化解经济运行困难局面。随着政策效应的不断显现和外部环境的逐步改善，年初经济大幅下滑的势头得到明显遏制，主要指标企稳回升，积极变化不断增多，经济运行复苏向好的态势日趋明朗。

2005－2009 年宁波市地区生产总值在长三角所占比重分别为 6.00%、6.04%、6.07%、6.05% 和 5.81%，5 年来首次出现明显下降，2009 年占比低于 2008 年 0.24 个百分点。宁波市地区生产总值在长三角所有城市中均位居第 5，与 2008 年排名不变。在金融危机影响下，2009 年宁波市地区生产总值增速增幅低于以往水平，规模以上工业总产值、工业销售产值、进出口和集装箱吞吐量等指标增幅处于负增长区间；除投资以外，全市地区生产总值、工业产值和消费等指标增幅落后于全国、全省，在

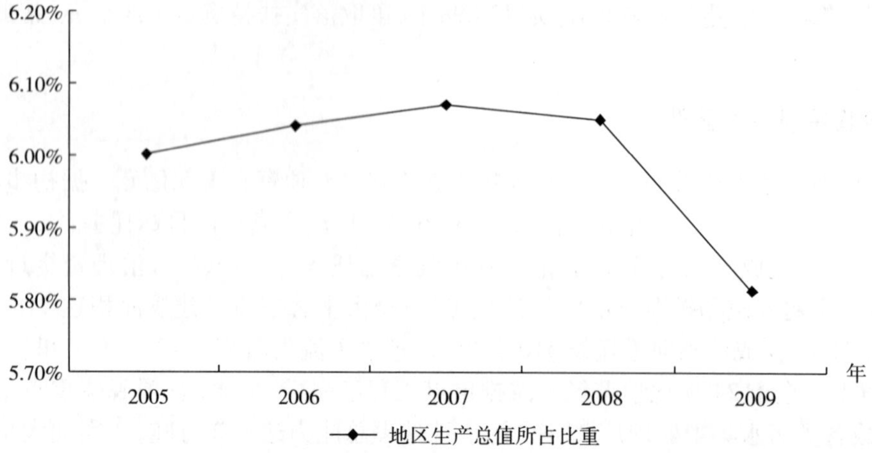

图 2－198　2005－2009 年宁波市地区生产总值在长三角所占比重的变化趋势

长三角、副省级城市的排名也相对靠后,当前经济运行尚未完全恢复正常。

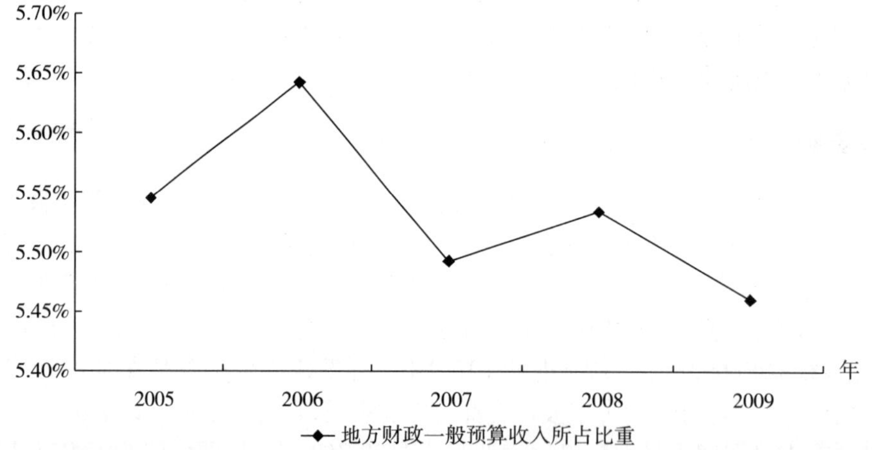

图 2－199　2005－2009 年宁波市地方财政一般预算收入在长三角所占比重的变化趋势

2005－2009 年宁波市地方财政一般预算收入在长三角所占比重分别为:5.55%、5.64%、5.49%、5.53%和 5.46%。在近 3 年变幅很小,2009 年宁波市地方财政一般预算收入占比也仅比 2006 年的高点低 0.18 个百分点。受行业效益下滑、税制改革以及一系列减税轻费政策实施等因素影响,2009 年宁波财政收入增长乏力,全市财政一般预算收入同比增长 10.9%,增幅比去年低 7.78 个百分点。企业所得税和个人所得税减收明显,非税收入贡献突出,占地方财政收入的比重出现较大增长。

2005－2009 年宁波市规模以上工业总产值在长三角所占比重分别为 6.83%、6.94%、6.98%、6.54%和 5.95%。在保持了多年的连续增长之后,2008、2009 年的占比出现了较大幅度的下跌,累计跌幅达 1.03 个百分点。2009 年宁波市工业生产处于较低水平,尽管规模以上工业总产值增幅呈现逐月攀升的良好态势,但总体上仍处于负增长区间,全年同比下降 3.6%,远低于 2000 年以来 22.6%的年均增长水平。宁波市工业生产受出口的影响明显,外销低迷的情况下不少企业在开拓内销市场上加大力度,内销比重也在逐步提高,但囿于国内市场在经营模式、经营理念、信用环境、营销

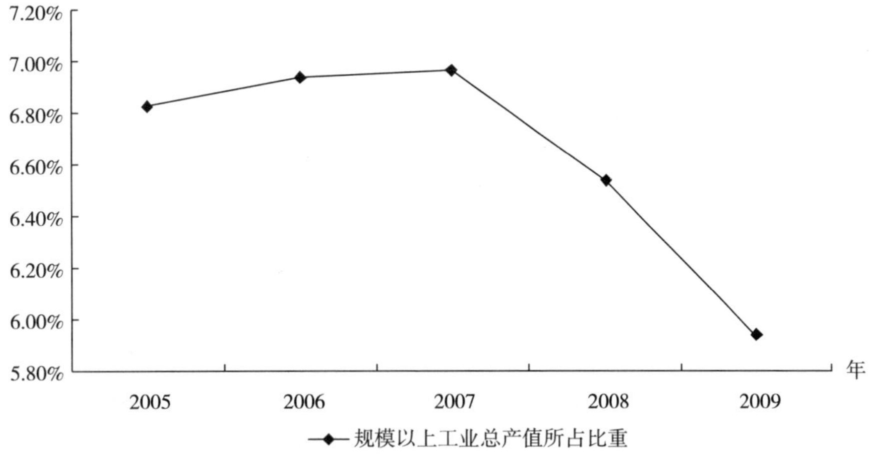

图 2 －200　2005 －2009 年宁波市规模以上工业总产值在长三角所占比重的变化趋势

渠道等因素的多方制约，多数企业开拓内销市场难度很大，特别是资金实力较弱的中小企业以及原来纯外贸型企业，要实现外转内的过程更是举步维艰。

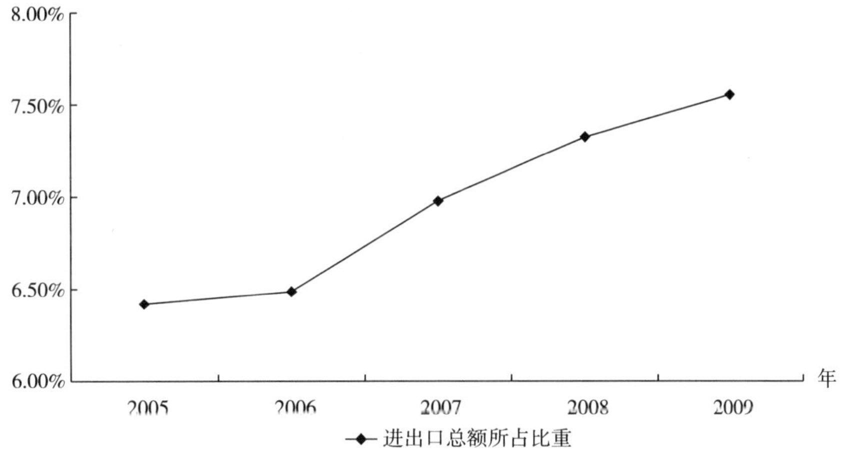

图 2 －201　2005 －2009 年宁波市进出口总额在长三角所占比重的变化趋势

2005 －2009 年宁波市进出口总额在长三角所占比重分别为 6. 42%、6. 49%、6. 98%、7. 33% 和 7. 56%，保持稳步增长的态势，5 年累计增幅为 1. 14 个百分点。2009 年，出口严重萎缩是影响宁波经济的首要原因。自 2009 年 2 月份以来出口增速始终徘徊在 20% 以上的负增长区间，对全市经济回升拖累明显。尽管三季度宁波出口形势在国外企业回补库存和圣诞节等因素推动下有所好转，但订单仍以小单、短单居多，出口形势低迷的局面没有得到根本改变，再加上企业相互压价竞争，国际贸易保护主义激增，短期内出口难以实现有效回升。2009 年全市进出口总额为 608. 13 亿美元，其中出口 386. 51 亿美元，进口 221. 62 亿美元，进出口和出口比上年分别下降 10. 4% 和 16. 6%，进口比上年增长 3%。全年进出口降幅低于全国、全省平均水平；进出口、出口和进口规模保持 15 个副省级城市第 3、第 2 和第 3 位；在 5 个计划单列市中均保持第 2 位，并且是唯一进口增长城市。

2005 －2009 年宁波市实际外商直接投资金额在长三角所占比重分别为 8. 33%、7. 27%、6. 24%、5. 61% 和 4. 72% %，已连续 4 年出现大幅度的下降，累计跌幅高达 3. 61 个百分点。受国家

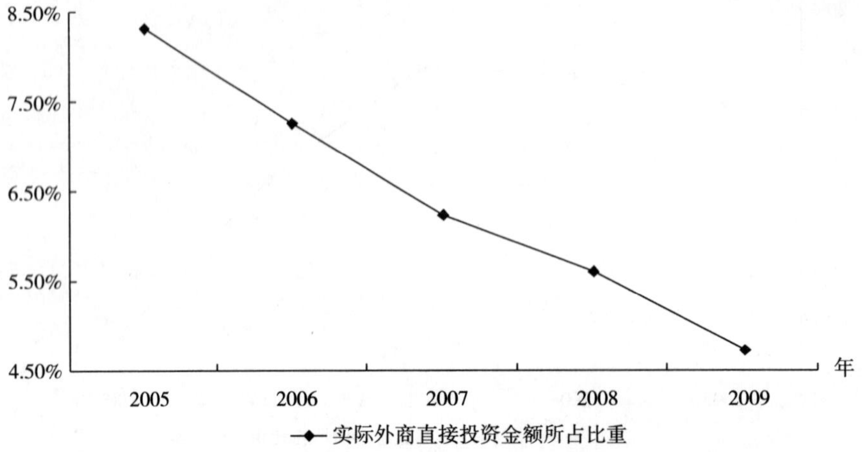

图 2 -202　2005 -2009 年宁波市实际外商直接投资金额在长三角所占比重的变化趋势

宏观调控政策和金融危机对实体经济冲击的影响,全球投资的意愿和能力普遍下降,2009 年宁波市利用外资形势严峻,在谈在批项目大幅减少,利用外资仍处于下行的趋势。全市累计新批外商投资项目 403 个,投资总额 51. 56 亿美元,合同利用外资 34. 24 亿美元,实际使用外资 22. 05 亿美元,同比分别下降 23. 7% 、30. 9% 、17. 0% 和 13. 1% 。同时,招商引资的氛围继续弱化,利用外资与先进地区的差距继续拉大,2010 年全市利用外资工作实现保稳促调的目标任务相当艰巨。

三　温州市2009年度经济社会发展报告

2009年,是新世纪以来温州经济发展困难最集中、挑战最严峻的一年,温州市人民坚持以科学发展观为统领,牢牢把握"保增长、抓转型、重民生、促稳定"的工作主线,积极应对国际金融危机的冲击,迅速扭转了经济增速过快下滑的势头。全市经济运行呈现企稳回升、积极向好的发展态势,产业结构调整取得积极成效,节能减排工作取得新进展,民生状况进一步改善,物价水平总体稳定,社会各项事业取得新的进步。

一、2009年温州市经济发展状况

(一)综合经济

1.经济总量

2009年,温州市生产总值(GDP)2 527.88亿元,按可比价格计算,比上年增长8.5%。分产业看,第一产业增加值79.89亿元,增长3.1%,增幅比上年略低0.5个百分点;第二产业增加值1 287.75亿元,增长6.3%,增幅较2008年提升0.1个百分点;第三产业增加值1 160.24亿元,增长11.5%,增幅同比略低0.2个百分点,第三产业对经济增长的贡献率为59.1%,比2008年提高0.6个百分点。人均地区生产总值按户籍人口计算32 595元,增长7.3%,按年平均汇率折算,达到4 772美元。

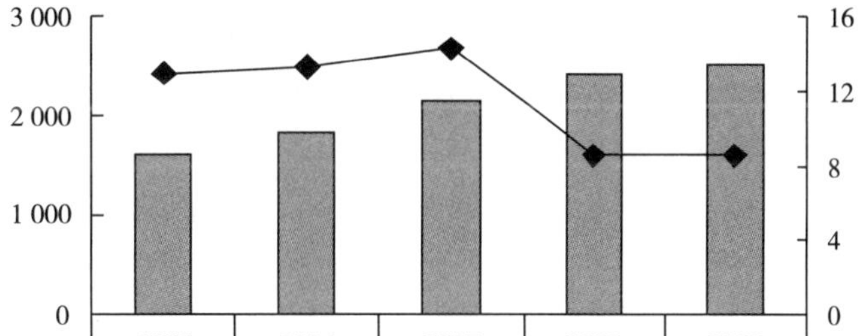

	2005	2006	2007	2008	2009
地区生产总值(亿元)	1 600.17	1 834.38	2 157	2 424.29	2 527.88
按可比价格增幅(%)	13	13.3	14.3	8.5	8.5

图2-203　2005-2009年温州市地区生产总值及增长速度

温州市2009年国民经济三次产业结构由上年的3.1%∶53.1%∶43.8%调整为3.2%∶50.9%∶45.9%。财政收入占GDP比重为14.3%,比上年提高0.3个百分点。民营经济占全市国民经济比重达到81.0%。

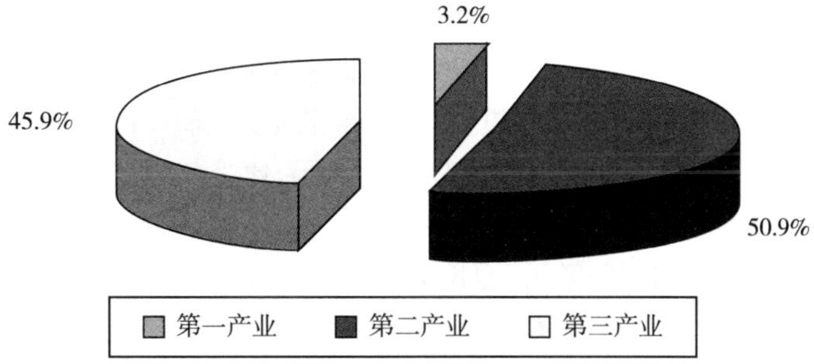

图2-204　2009年温州市三次产业结构图

表 2-49　2009 年温州市县市主要经济指标

县市	生产总值(亿元)	地方财政收入(亿元)	全社会固定资产投资(亿元)	出口总额(万美元)	社会消费品零售总额(亿元)
温州市区	1 054.35	98.96	393.16	144 588	683.76
瑞安市	383.24	27.40	108.66	35 313	151.65
乐清市	418.60	27.23	108.37	15 347	131.72
洞头县	33.34	2.27	19.01	19 591	9.29
永嘉县	179.71	11.59	52.54	7 624	60.72
平阳县	171.91	9.95	48.06	7 568	83.57
苍南县	219.26	12.93	73.74	3 795	113.38
文成县	33.59	2.68	18.53		16.21
泰顺县	34.00	2.63	15.71	459	14.43

2. 财政收入

温州市 2009 全年实现财政一般预算总收入 360.72 亿元,比上年增长 6.2%,其中地方财政一般预算收入 195.64 亿元,增长 8.6%。全年地方财政一般预算支出 251.56 亿元,增长 20.3%。其中,教育支出 68.97 亿元,增长 19.4%;社会保障和就业支出 13.24 亿元,增长 6.9%;医疗卫生支出 18.64 亿元,增长 37.9%;农林水事务支出 21.66 亿元,增长 20.4%;城乡社区事务支出 18.53 亿元,增长 47.6%。财政收入回升明显好于 GDP 的回升。其中增值税、营业税、企业所得税和个人所得税等四大主体税种均明显回升,有力推动温州市财政收入的稳步回升。

3. 物价水平

温州市 2009 全年居民消费价格总水平比上年下降 1.0%,各月降幅呈逐步缩小态势。从 8 大类消费品及服务价格看,呈"四涨四跌"状态,呈上涨的分别是食品类上涨 2.4%,烟酒及用品类上涨 3.4%,医疗保健和个人用品类上涨 2.2%;家庭设备用品及维修服务类上涨 1.1%;而价格出现下降的分别是衣着类、交通通信类、娱乐教育文化用品及服务类和居住类,同比分别下降 1.9%、2.7%、2.8%和 9.0%。总体来看,消费品价格下降 0.1%,服务项目价格下降 3.4%。商品零售价格下降 0.9%,原材料、燃料、动力购进价格下降 7.3%,工业品出厂价格下降 6.9%,农产品生产价格上涨 3.1%。总的来说,各类商品及服务涨跌幅度比较平稳。在经济回暖的带动下,原材料价格和工业品价格整体在盘整中低位小幅回升。

4. 固定资产投资

2009 年,温州市全社会完成固定资产投资 837.78 亿元,比上年增长 10.5%。按经济类型分,国有单位投资 263.43 亿元,增长 15.6%;非国有单位投资 504.12 亿元,增长 7.9%;农村私人投资 70.23 亿元,增长 10.4%。全年完成工业性投资 275.81 亿元,下降 1.1%。

全市 2009 年完成限额以上固定资产投资 724.48 亿元,比上年增长 10.5%。分产业看,第一产业投资 1.63 亿元,增长 20.5%;第二产业投资 241.26 亿元,下降 3.0%,其中工业性投资 241.18 亿元,下降 2.9%;第三产业投资 481.59 亿元,增长 18.7%。

在限额以上固定资产投资中,温州市 2009 全年完成基础设施建设投资 246.30 亿元,增长 21.1%。其中,水利环境和公共设施管理投资 78.23 亿元,增长 23.7%;电力、燃气及水的生产和供应业投资 57.98 亿元,增长 13.0%;交通运输、仓储和邮政业投资 71.17 亿元,增长 18.2%;电信和其他信息传输业投资 18.50 亿元，增长 140.1%；教育、文化及卫生等社会事业投资 20.43 亿元，下降 2.1%。

温州市 2009 年限额以上投资项目2 432个，比上年增加 47 个，其中新开工项目 875 个，增加 140 个。全年实施重点工程项目 110 项，当年完成投资额 236.90 亿元。其中，2009 年内新开工重点工程项目 10 项；年内已建成项目 15 项，主要有：洞头（温州）陆域引供水工程一期、温福铁路、甬台温铁路温州段、瑞枫公路瑞安至湖岭段、乐清湾港区围（海）涂、温州市中西医院病房大楼工程、温州大剧院等项目。年内续建项目 29 项，主要有：温州半岛浅滩一期、七都标准堤塘工程、温瑞塘河综合整治工程、104 国道乐清湖雾至清江段及虹桥段、洞头风力发电项目、温州市第二外国语学校等项目。

2009 年间温州市充分利用国家扩大内需的有利时机，加快实施"六大百亿"工程，完成重点建设投资 236.9 亿元。诸永高速公路温州段、绕城高速公路北线主体路段建成，洞头陆域引供水工程投用；"515"防洪保安工程全面推进；永强机场飞行区扩建、南金公路龙湾段和瑞安段、雁楠公路、珊溪水利枢纽平苍引水、浙能乐清电厂二期等工程开工建设。海涂围垦完成投资 10.2 亿元，圈围 4.6 万亩。

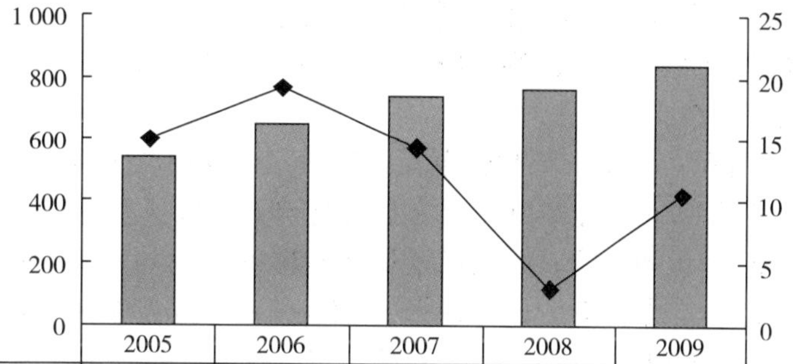

	2005	2006	2007	2008	2009
固定资产投资总额(单位:亿元)	542.11	645.55	737.03	758.44	837.78
增幅(%)	15	19.1	14.2	2.9	10.5

图 2－205　2005－2009 年温州市全社会固定资产投资及增长幅度

5. 经济发展方式转变分析

温州市 2009 年经济发展方式转变主要表现在以下几个方面：

一是产业结构调整取得积极成效，国民经济三次产业结构由上年的 3.1%∶53.1%∶43.8% 调整 3.2%∶50.9%∶45.9%，第三产业比重达到 45.9%，同比提高 2.1 个百分点，与"十一五"结构调整目标相一致。

二是企业自主能力逐步增强。全市 2009 年财政科技经费支出 5.70 亿元，增长 21.4%，同比提高 8.6 个百分点。规模以上工业企业新产品产值 348.16 亿元，增长 6.4%，高出规模以上工业产值平均增幅 6 个百分点，新产品产值率达到 9.8%，同比提高 0.6 个百分点。

三是高新技术产业发展步伐加快，全年新增 121 家高新技术企业，新建 11 家公共科技创新平台，高新技术产业增加值占规模以上工业增加值比重 29.53%，同比提高 0.75 个百分点。

四是沿海产业带建设稳步推进，新的经济增长点不断培育。2009 年，温州沿海产业带所在乡镇（街道）完成限额以上投资 212.15 亿元，增长 28.8%，高出全市投资平均水平 18.3 个百分点，比一季度回升 35.8 个百分点。其中瑞安、乐清和苍南所属的沿海产业带区块增长迅速，分别完成 63.05 亿元、62.14 亿元和 31.79 亿元，增长 56.6%、32.0% 和 34.6%，成为当地投资增长的主力军。

(二)农业和农村建设

温州市2009年农林牧渔业生产保持平稳发展。全年农林牧渔业总产值132.66亿元,按可比价格计算,比2008年增长3.9%。其中,农业产值55.76亿元,增长4.8%;林业产值3.17亿元,增长4.8%;牧业产值27.75亿元,增长1.9%;渔业产值43.82亿元,增长3.6%;农林牧渔服务业产值2.16亿元,增长12.2%。

温州市全年农作物总播种面积256.0千公顷,比上年增长4.5%,其中粮食播种面积163.57千公顷,增长3.7%。全年粮食总产量为93.85万吨,增长5.0%。在经济作物中,蔬菜、水果、茶叶、油料等作物增产,糖料作物减产。

2009年,温州市畜牧业发展态势平稳。全年肉类总产量13.01万吨,比上年增长3.0%,其中猪肉、牛肉产量上升,禽肉产量下降。年末生猪、牛、羊存栏继续上升,家禽存栏下降。

全市水产品总产量60.52万吨,比2008年减少2.1%,其中海水养殖产量平稳增长,海洋捕捞和淡水产品产量继续下降。

2009年,温州市水利工程建设继续稳步推进。2009年末拥有大型水库1座,中型水库18座,小型水库274座。全市旱涝保收田面积73.77千公顷,有效灌溉田面积127.10千公顷,其中机电排灌面积95.83千公顷。全市农(渔)业机械总动力220.1万千瓦,同比增长2.0%;农村用电量66.04亿千瓦时,增长5.7%。

2009年,温州市农业产业化经营有新进展。新发展农民专业合作社775家,新增市级农业龙头企业23家,累计170家;全年共建成生态牧场60个,新增无公害农产品产地28个。

温州市2009年间完成农业功能区规划编制并启动试点。实现粮食播种面积、单产和总产“三增长”,粮食产销合作进一步拓展。支持现代农业发展,推进农村土地承包经营权流转,新建效益农业基地4万亩,新增设施农业1万亩,新发展农民专业合作社775家。实施“千村整治、百村示范”工程,完成村庄整治590个,建成全面小康新社区28个。完成农村住房改造建设3.1万户。解决36.5万农村人口安全饮水问题。扎实推进“低收入农户奔小康共同跨越六大行动”,实施农业开发项目1 190个,培训农村劳动力7.8万人,启动扶贫开发整村推进试点50个,下山搬迁2.4万人。实施水库移民后期扶持项目731个。

(三)工业和建筑业

1. 工业增加值

温州市2009年工业经济加大结构调整力度,加快转型升级步伐,呈现积极回升的发展态势。全年工业总产值5 377.06亿元,比2008年增长1.1%;实现工业增加值1 163.66亿元,按可比价计算,增长6.1%,比上年回落0.9个百分点,但比2008年上半年提高7.1个百分点,对GDP增长的贡献率由上半年的-10.9%回升为35.4%。

2009年全市规模以上工业企业7 672家,实现工业总产值3 640.21亿元,比上年增长0.4%。其中,轻工业产值1 264.47亿元,下降1.5%;重工业产值2 375.75亿元,增长1.4%。全市规模以上工业企业产值占全部工业总产值的比重67.7%。全市拥有工业销售产值超亿元的企业692家,实现工业产值1 975.48亿元,增长3.9%,占规模以上工业总产值比重54.3%。其中产值超5亿元企业79家,超10亿元企业30家。

重点行业集聚能力增强。全市电气机械及器材制造业、皮革毛皮羽毛(绒)及其制品业、通用设备制造业、电力热力的生产和供应业、塑料制品业、纺织服装鞋帽制造业、交通运输设备制造业、化学原料及化学制品制造业、金属制品业、仪器仪表及文化办公机械制造业、黑色金属冶炼及压延加工业等11个行业年产值均超过100亿元,合计实现工业产值2 884.76亿元,增长0.5%,占规模以上工业总产值的比重79.2%。年底两个月重工业实现20%的增幅,累计增幅由2009年初的-12.5%回升至1.4%,成为推动工业经济回暖的主力军,如电气、交通设备制造、石油加工、化纤制造等行业回升力度强劲。同时占全市3/4强的十大重点行业回升力度增强,十大行业全年实现产值2 733.21亿元,同比增长1.0%,高出规模工业平均水平0.6个百分点,如服装行业持续保持增长态势,2009年增长7.1%。

至2009年末,温州市已拥有24个由国家工商总局认定的中国驰名商标,38个中国名牌产品,获得36个国家级生产基地称号,13家企业集团跻身中国企业集团竞争力500强,11家企业入围中国大企业1 000强。

表2-50　2009年温州市县区工业总产值

单位:亿元

县市	工业总产值
温州市区	1 426.71
瑞安市	569.46
乐清市	888.47
洞头县	34.89
永嘉县	304.64
平阳县	183.48
苍南县	204.75
文成县	22.50
泰顺县	13.83

温州市全年经济效益综合指数为203.96分,比上年提高4.53分。经济效益考核企业2009年实现主营业务收入3 530.74亿元,与上年持平;利税总额318.65亿元,增长12.2%,其中利润总额183.49亿元,增长19.5%。经济效益考核企业中,发生亏损企业461家,亏损额6.82亿元,下降49.1%。2009年末企业应收帐款净额664.16亿元,增长11.9%;产成品存货171.39亿元,增长0.2%。

2. 建筑业

2009年,温州市建筑业实现增加值124.09亿元,比上年增长8.7%。全市拥有三级以上资质的建筑企业551家,实现建筑业总产值540.80亿元,增长17.9%;实现利润总额16.21亿元,增长28.6%;年末拥有资产420.51亿元,其中固定资产原价64.34亿元。

(四)服务业

1. 国内贸易

温州市全年社会消费品零售总额1 264.72亿元,比上年增长16.8%,比上半年提高2.2个百分点。分地域看,城市零售额822.31亿元,增长16.5%;县及县以下零售额442.42亿元,增长17.3%。分主要行业看,批发零售贸易业零售额1 108.27亿元,增长17.1%;餐饮业零售额156.46亿元,增长15.0%。

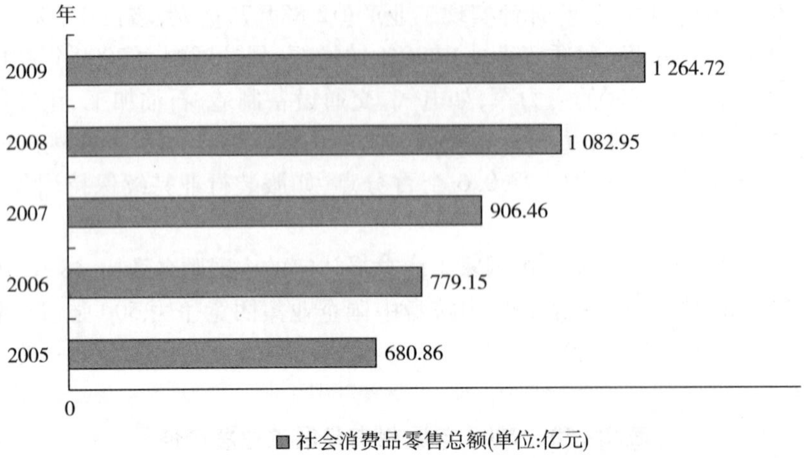

图2－206　2005－2009年社会消费品零售总额

2009年,在温州市限额以上批发零售贸易业零售额中,汽车类零售额比上年增长34.0%,同比提高24.9个百分点,拉动全社会消费品零售总额增长4.8个百分点,家具类增长13.3%,服装、鞋帽、针纺织品类增长11.2%,电子出版物及音像制品类增长5.1%,中西药品类增长38.7%。

2009年末,全市共有各类专业市场470个,比上年增加25个。其中消费品市场361个,生产资料市场90个,生产要素市场11个,网上市场6个,服务市场2个。专业市场成交额811.72亿元,比2008年增长12.7%。其中超亿元市场70个,年成交额608.0亿元;超十亿元市场19个,年成交额446.26亿元。

2. 交通运输、邮电

2009年末,温州市公路总里程13 716公里(含村道),其中高速公路292公里,一级公路261公里,二、三级公路1 683公里;公路绿化率63.8%。全市通公路建制村5 325个,通村率98.5%。全年高速公路、港口、物流基地等建设力度加大,交通网络体系日臻完善。

2009年末全市机动车拥有量114.91万辆,比2008年末净增加15.36万辆,其中载客汽车53.64万辆,载货汽车9.71万辆,摩托车51.07万辆。私人汽车53.44万辆,增加11.81万辆。全年各种交通工具客货物运输量稳定增长。

温州市2009全年邮电业务收入106.03亿元,比上年增长4.0%。其中,通信行业业务收入99.34亿元,增长3.5%;邮政业务收入6.69亿元,增长14.6%。年末本地电话交换机总容量451.88万门,本地电话用户数达到356.02万户。年末移动电话装机总量1 555万门,移动电话用户数858.75万户。2009年末互联网用户数439.60万户,其中宽带用户数达到125.72万户,增长13.9%。2009年函件总量14 210万件,包裹总量58.55万件,汇票356.12万张,特快专递414.44万件,订销报纸14 708.91万份,订销杂志615.96万份。

3. 旅游业

温州市2009年接待海内外游客总人数2 963.69万人次,实现旅游总收入265.90亿元,分别比上年增长14.9%和14.0%。其中,接待国内游客2 930.17万人次,增长15.1%,国内旅游收入253.74亿元,增长14.3%;接待海外游客32.98万人次,增长3.6%,国际旅游外汇收入1.78亿美元,增长10.5%。

4. 金融、证券和保险

温州市2009年末金融机构本外币各项存款余额5 352.44亿元,比2008年末增长25.6%,其中人民币存款余额5 191.24亿元,增长25.9%。金融机构本外币各项贷款余额4 486.68亿元,增长34.0%,其中人民币贷款余额4 393.71亿元,增长32.9%。城乡居民人民币储蓄存款余额2 617.22亿元，增长25.5%。金融机构现金收入14 188.05亿元，比上年增长2.7%；现金支出14 302.95亿元，增长2.6%；货币投放114.90亿元，下降5.4%。

2009年间，温州市继续深化地方金融改革和创新，深化投融资体制改革，新建小额贷款公司5家，年末累计12家；新建村镇银行2家。大力推动企业上市，金龙机电成功登陆创业板，正泰在沪交所成功上市，2家企业增发成功，年末全市已有上市公司8家，其中境内上市公司6家，境外上市公司2家。

证券市场有所回暖。2009年全市证券成交总额11 801.55亿元，比上年增长81.6%。其中股票（AB股合计）交易额10 718.64亿元，增长102.0%；基金交易额74.11亿元，增长9.7%；权证交易额989.29亿元，下降10.3%。证券投资者开户44.89万户，增长17.8%。

温州市2009年保险业实现保费收入80.27亿元，比上年增长15.8%。其中，财产险保费收入27.96亿元，增长21.7%；人身险保费收入52.31亿元，增长12.8%。支付各类赔款及给付22.18亿元，增长8.0%，其中财产险赔款14.23亿元，赔付率50.9%。

5. 房地产业

温州市2009全年完成房地产开发投资253.34亿元，增长15.5%，其中住宅建设投资174.29亿元，增长13.9%。房屋施工面积2 320.22万平方米，下降3.2%；竣工面积341.11万平方米，下降42.6%；商品房销售面积313.96万平方米，增长81.7%，其中住宅销售面积272.50万平方米，增长94.0%；商品房销售额426.54亿元，增长179.2%，其中住宅销售额383.84亿元，增长217.2%。

至2009年底，温州市缴存住房公积金32.85亿元，自房改以来累计缴存162.75亿元，2009年末余额104.53亿元。发放住房公积金贷款35.68亿元，累计发放贷款152.10亿元，2009年末贷款余额86.50亿元。经济适用房计划开工面积47.6万平方米，在建面积91.74万平方米，当年竣工面积2.35万平方米。

（五）对外经济

1. 对外贸易

温州市2009年外贸进出口总额132.79亿美元，比2008年下降5.1%。其中进口总额23.43亿美元，增长11.9%；出口总额109.36亿美元，下降8.1%。外贸依存度为35.9%，其中出口依存度为29.6%，分别比上年回落4.2个和4.5个百分点。目前，与温州市建立进出口贸易关系的国家和地区201个，年末拥有进出口经营权企业8 395家。

温州市2009年间深化"外贸企业服务月"活动，安排1.5亿元专项资金，支持开拓国际市场，外贸出口降幅低于全国全省平均水平。

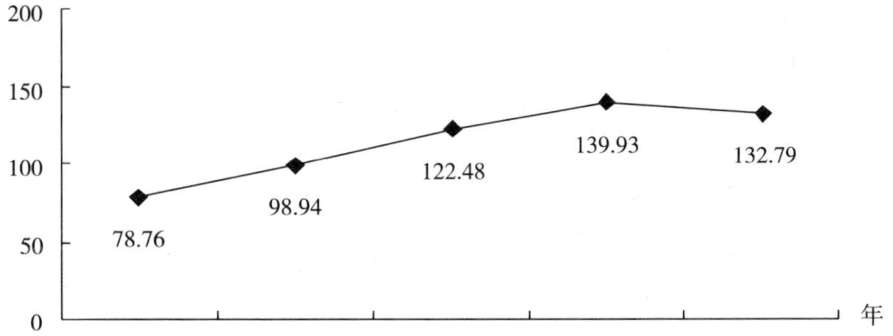

图2－207　2005－2009年温州市外贸进出口总额

2. 外资状况

温州市2009年新签外资项目21项,实际利用外资2.34亿美元,比2008年下降10.4%。继续实施“走出去”战略,拓展海外市场取得积极成效。全年新批设立境外机构43家,中方境外投资额1.45亿美元,增长95.9%。新签对外承包工程劳务合同金额1 002.17万美元,实际完成营业额1 787.24万美元。

表2-51　2009年温州市县市实际使用外资

县市	实际使用外资金额(万美元)
温州市区	12 673
瑞安市	1 116
乐清市	3 196
洞头县	2 860
永嘉县	1 473
平阳县	803
苍南县	1 312
文成县	
泰顺县	15

3. 外贸结构简析

2009年温州市外贸出口总体在低位盘整小幅回升,结构分化特征明显。从出口产品看,生活类产品好于生产类产品,如服装和合成革出口分别增长5.4%和7.5%,眼镜、打火机等产品降幅也在10%以内;而机电类降幅依然较大,下降15.2%,但降幅较2009年初已明显收窄。

二、温州市2009年社会发展概况

(一)人口与人民生活

2009年末温州市户籍总人口779.11万人,其中市区人口144.77万人。男性人口405.07万人,女性人口374.04万人;非农业人口167.12万人。全年出生人口108 304人,死亡人口46 076人,人口出生率14.0‰,死亡率5.9‰,按公安口径计算,人口自然增长率8.0‰。据5‰人口抽样调查,年末全市常住人口807.6万人,比上年末增加7.8万人,城镇人口比重为60.7%,比上年提高0.2个百分点。

全市2009年计划生育率为84.82%,比上年下降2.03个百分点;女性初婚人数57 990人,比上年增加241人;已婚育龄妇女综合节育率为87.21%;当年出生人口性别比(女性为100)125.88,比2008年上升3.15个点;一孩、二孩和多孩的出生人口性别比分别为103.59、169.80和265.18,二孩、多孩性别比居高,出生人口性别比失调现象仍没有得到有效控制。

温州市全年城市居民人均可支配收入28 021元,比上年增长7.1%;城市居民人均消费性支出21 068元,增长3.6%,其中食品类支出6 893元,占32.7%。全年农村居民人均纯收入10 100元,增长7.1%;农村居民人均生活费支出7 162元,增长6.0%,其中食品类支出3 318元,占46.3%,总体保持平稳增长态势。城市居民人均住房建筑面积30.93平方米;农村居民人均生活用房面积44.11平方米。

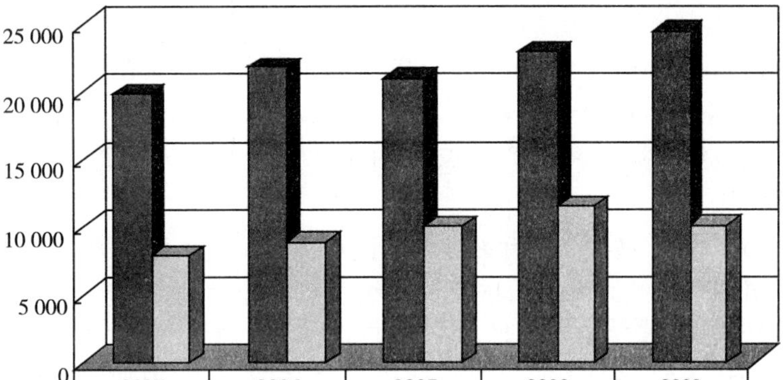

	2005	2006	2007	2008	2009
城镇居民人均可支配收入(元)	19 805	21 716	20 922	22 851	24 467
农民人均纯收入(元)	7 810	8 847	10 051	11 450	10 100

图2-208　2005-2009年温州市城乡居民收入对比

2009年间,温州市城乡居民家庭消费升级加快,高档耐用消费品拥有量持续增加,2009年末每百户城市居民家用汽车拥有量32.0辆,比上年增加2.7辆;每百户农村居民家用汽车拥有量9.2辆,比2008年增加0.6辆。

(二)就业与社会保障

1.就业

温州市2009年新增城镇就业岗位8.4万个,2009年末城镇登记失业人数3.10万人,城镇登记失业率为2.47%,与2008年末基本持平。共培训农村劳动力7.79万人。完善就业促进政策和援助制度,温籍高校应届毕业生初次就业率达86.9%。

2.社会保障

温州市2009年末参加基本养老保险职工144.29万人,比上年增加14.40万人,其中企业职工及自由职业者127.40万人,增加14.23万人;机关事业单位职工16.89万人,增加0.16万人。当年实缴基本养老保险费48.37亿元,比上年增加3.43亿元。全市享受基本养老保险的离退休职工26.88万人,发放养老金43.60亿元。参加工伤保险181.60万人,当年实缴工伤保险费1.90亿元。参加基本医疗保险105.86万人,其中在职职工85.38万人,离退休职工20.48万人。当年实缴基本医疗保险费11.02亿元,基本医疗保险待遇支出11.21亿元。

至2009年底,温州市城乡居民享受最低生活保障人数12.92万人,发放保障资金19 933万元。民政部门接受社会各界捐赠款18 941.7万元,捐赠衣被8.5万件,其他物资价值100.7万元。全市慈善系统共募款21 333.54万元,支出救助金40 138.57万元。全市资助贫困学生16 292人,资助金额2 275.0万元。2009全年办理结婚登记94 053对。

2009年间,温州市加大民生投入力度,全市财政支出增量的70.9%用于民生。加快推进保障性住房建设,开工建设经济适用房46.3万平方米,完成申购1 075套;新增廉租住房保障对象2 021户;市区开工建设安置房62万平方米,竣工88.6万平方米,交钥匙4 210户。城乡居民社会养老保险工作深入推进,市区被征地农民基本生活保障制度进一步完善。新型农村合作医疗参保率达95.2%。

(三)教育和科学技术

1. 教育事业

2009年末温州市各类全日制学校在校学生117.66万人,占全市年末户籍总人口15.1%。全市拥有普通高等学校6所,全年招生21 908人。全国普通高校在温录取新生43 112人,比2008年增加4 098人。高等教育毛入学率43%,比上年提高3个百分点。初中毕业生升入高中阶段的比例为95.51%,比上年下降0.56个百分点,其中初中毕业生升入普通高中的比例为51.74%,比上年下降3.9个百分点。

温州市2009年教育水平和教学设备同步提升。省市级教育强镇(乡)达到160个,比上年增加20个。省市级重点中学73所,国家和省级重点职业学校22所。全市70%的中小学仪器、实验室、仪器设备达到省教育装备I类标准,生均图书增加2.3册;全市81.35%教室建有多媒体平台。全年新建中小学校舍36万平方米,排除危房33.33万平方米,改造破旧房12万平方米。年末各类学校校舍总面积1 430.16万平方米,其中普通高校226.68万平方米。

2009年全市全面实施义务教育学校教师绩效工资制度。推进百所薄弱学校改造,创建首批素质教育示范学校30所、现代化学校35所。

2. 科技与创新

温州市全年全社会企业科技活动经费投入48.43亿元,比上年增长10.0%,其中R&D经费投入25.15亿元,增长23.5%。地方财政科技支出5.70亿元,增长21.4%;地方财政科技支出占地方财政支出的比重为2.26%。列入国家级“火炬计划”46项,累计实施355项;国家级“星火计划”16项,国家重点新产品计划21项,省级新产品试制计划619项。获国家级科技进步奖4项,省级科技进步奖26项,市科技进步奖98项。积极培育高新技术企业,新增高新技术企业121家;全年专利授权7 214项,累计43 039项。

2009年末市、县人事部门直接管理的各类专业技术人员118 058人,比上年增加2 400人,其中中级以上职称人员57 621人,增加4 402人。

2009年间,温州经济技术开发区、民营经济科技产业基地等功能区建设步伐加快,完成投资135亿元,建设用海报批13 542亩,推出具备招拍挂条件的产业用地11 038亩。编制十大行业转型升级行动方案,在泵阀、船舶、服装、电气等领域整合重组41家企业。新建公共科技创新平台11个,发明专利授权量增长86%,高新技术产业总产值突破1 000亿元。成功举办中国(温州)科技成果交易会。顺利通过创建国家知识产权示范市评定。

(四)文化、卫生和体育

1. 文化事业

2009年末温州市有文化站292个,文化馆11个,公共图书馆12个,博物馆6个,艺术表演团体10个,电影放映单位30个。全年艺术团体演出1 128场次;电影放映62 576场次,观众182万人次;农村数字电影放映44 952场次,观众1 071万人次。年末温州市拥有国家级非物质文化遗产名录项目17个,省级非物质文化遗产名录项目78个,市级非物质文化遗产名录项目203个。公共图书馆藏书304万册(件),年总流通量326万人次。全市广播综合人口覆盖率98.5%,电视综合人口覆盖率98.4%,有线电视用户143万户。

2009年间,温州大剧院投用,瑞安、平阳、苍南“两馆”建成。国庆60周年系列活动精彩纷呈。成功举办市第三届艺术节。

2. 卫生事业

2009 年全市有医疗卫生机构1 674家，其中医院 92 家，卫生院 335 家，个体诊所 901 家。有各类卫生技术人员36 550人，其中医生16 156人。全市医疗机构病床20 380张，平均每万人有病床 26.16 张、医生 20.74 人。全年医疗机构诊疗病人3 297万人次。全市建有村卫生室2 059个，社区服务中心 165 个，服务站 418 个。继续推进农村健康工程，全市已参合农民 498.6 万人，参合率 96.96%，人均筹资水平为 142 元。全市新医合门诊受益人数 320.47 万人次，住院受益人数 15.98 万人次，补偿金额 4.75 亿元。全年完成参合农民体检 217.79 万人，体检率为 44.35%，检出疾病 70.78 万人。

温州市 2009 年启动医药卫生体制改革。实施缓解"看病难"医疗卫生设施建设行动计划，加快温医附一医新院等骨干医院建设步伐，完成 20 家乡镇卫生院危旧房改造，创建 100 家标准化社区卫生服务机构。温州医学院获得 3 个国家科学技术奖二等奖。甲型 H1N1 流感等重大传染病防控取得成效。

3. 体育事业

至 2009 年末，温州市有公共体育场馆 32 个，业余体校 9 所，已建成公共健身点5 600个。在第十一届全运会上取得辉煌业绩，为浙江省代表团取得了 4 金 10 银 7 铜的好成绩。全年温籍运动员在世界锦标赛和世界杯总决赛中各夺得 1 枚金牌，在世界杯站赛中夺得 2 金 1 银 1 铜，在世界青少年锦标赛上夺得 1 枚金牌，在亚洲锦标赛上夺得 6 金 6 银 3 铜；在香港东亚运动会上，夺得 7 金 4 银 2 铜的优异成绩。全年共有 25 个乡镇通过省级体育强镇的检查验收，累计 78 个，省级体育强县累计 5 个。全年发行体育彩票 9.54 亿元，比 2008 年增长 19.5%，总销量居全省第 2 位。成功举办市第十四届运动会。

（五）城乡建设

2009 年间，温州市深入实施"共同跨越六大行动"。全市欠发达地区共实施开发农业项目1 190个，新建效益农业基地 4 万多亩，覆盖低收入农户集中村 687 个。继续推进新一轮"千村整治、百村示范"工程，完成整治村建设 701 个，新增村内主干道硬化 547.54 公里，新增垃圾集中收集房 855 座，新增垃圾清运车1 000辆，新解决 36.52 万农村人口饮水安全问题。

温州市 2009 年滨江商务区市政设施和安置房建设取得新进展，沿江休闲带初步形成。城市核心区功能得到整合，龙湾中心区初具形象，瓯海中心区掀起开发建设热潮。拆除违法建筑 140.7 万平方米，城市环卫保洁、道路设施建设和流动摊贩、户外广告整治得到加强，交通违法行为查处力度加大。乐清、瑞安城市功能进一步提升，鳌江流域城镇群建设步伐加快，各城关镇、中心镇发展势头良好。

2009 年末，全市设镇 119 个，乡 143 个，街道办事处 30 个。全市有居民委员会 524 个，村民委员会5 407个。年末实有社会团体1 711个。

温州市 2009 年新建扩建城市道路面积 12.46 万平方米，累计1 616.62万平方米；年末绿地面积3 418万平方米。市区公共交通营运线路 97 条，年载客量 2.19 亿人次；市区自来水日生产能力 110 万立方米，年供水量24 981.94万吨。

（六）环境保护和生态建设

温州市全年造林面积5 803公顷；低产林改造 1.12 万公顷；四旁（零星）植树 174.80 万株；封山育林 7.85 万公顷；生产木材 7.99 万立方米，毛竹 206.14 万根。成功举办中国森林旅游节。

温州市 2009 年建设占地2 182.81公顷，比 2008 年增加 66.69 公顷。土地整理复垦开发补充耕地1 225.79公顷，开垦荒地新增耕地 958.4 公顷。耕地增减相抵净减少 5.0 公顷。

2009年全市已建成国家级生态示范区3个,省级生态县1个,全国环境优美乡镇11个,省级生态乡镇128个;自然保护区4个,其中国家级2个,省级1个,县级1个;风景名胜区36个,其中国家级3个5处,省级8个,市县级25个;森林公园25个,其中国家级森林公园5个,省级森林公园12个,市级森林公园8个;合格饮用水源保护区73个。全市建成6所国家级绿色学校,91所省级绿色学校;建成3个国家级绿色社区,60个省级绿色社区,5家省级生态环境示范教育基地。

2009年间,据市环境监测中心站监测,温州市市区环境空气质量达到Ⅰ级标准的有87天,达到Ⅱ级标准的有265天,大气中的二氧化硫、二氧化氮、可吸入颗粒物年平均值符合国家环境空气质量Ⅱ级标准。全市地表水市控及市控以上站位54个,水质在Ⅰ至Ⅲ类的站位24个。市区有取水的两个饮用水源地(泽雅水库和赵山渡水库)共监测65个指标,监测结果达标率分别为100%和91.7%。市区区域环境噪声昼间等效声级平均值60.8分贝,比2008年下降0.2分贝;交通噪声等效声级平均值71.6分贝,比2008年下降0.8分贝。

温州市2009年的节能减排取得积极成效。深入开展温瑞塘河工业污染源整治工作,沿河电镀业等399家重点污染企业建立了基础档案,37家重点污染源完成在线监控安装,综合整治完成投资5.9亿元,新建污水管网105公里,清淤59万立方米,河道黑臭现象得到改善。。全市规模以上工业单位增加值能耗同比下降7.5%。33个行业大类中,有27个行业的单位增加值能耗有不同程度的下降,其中降低率在10%以上的行业主要有塑料制品、黑色金属、有色金属、通用设备、化学纤维、橡胶制造、鞋革和纺织服装等8个行业。

2009年,全市主要污染物减排力度加大。全市工业固体废物产生量为191.33万吨,工业固体废物综合利用率93.9%,比2008年提高8.9个百分点;全市辐射环境质量继续保持在较低水平。全市已建12座城镇污水处理厂,实际处理水量约48.8万吨/日,比2008年增加14.4万吨/日。市区生活垃圾无害化处置率达87.3%,农村生活垃圾收集率达到75.0%。

(七)社会安全

2009年间,“平安温州”建设取得较大成效。全市共发生各类事故3 744起,死亡721人,直接经济损失3 725.1万元,分别比上年下降10.1%、12.8%和4.6%。

至2009年末,全市共有律师机构62个,全年办理国内刑事诉讼辩护案件7 978件,民事诉讼案件18 672件,行政案件诉讼1 034件。各级人民调解机构调解各类纠纷23 996件。全年办理国内公证104 622件,办理涉外公证67 468件。

温州市2009年社会治安总体稳定,“两抢”案件、命案发案分别下降36.3%和14.5%,为近四五年来最低。成功处置“1116”持枪劫持人质案。开展信访积案化解专项行动,初步实现“减存量、控增量”目标。加强基层安全生产监管网络建设,深化重点隐患排查整治。

三、温州市在长三角地区经济发展中的地位

2009年,面对种种困难和压力,温州市上下坚持以科学发展观为指导,认真贯彻落实“保稳促调”方针,不断完善应对举措,全市经济积极变化不断增多,总体呈现企稳向好势头,但经济回升的基础还不稳定、不巩固、不平衡,形势依然复杂严峻,面临的困难和挑战仍然较多。

2005－2009年,温州市地区生产总值在长三角所占比重分别为:3.91%、3.86%、3.82%、3.70%和3.49%,呈现逐年下降的趋势,累计降幅为0.43个百分点。改革开放以来,温州经济发展迅速,但是自2003年,温州经济增长速度放慢;2008、2009年温州的地区生产总值增长率均只有8.5%,在长三角城市中排名靠后。温州的出口依存度一直比较高,超过30%,国际经济危机导致的国际市场需求萎缩,使出口企业面临更大压力。贸易壁垒下出口受阻、产业集群层次落后、产业结构轻型化、企

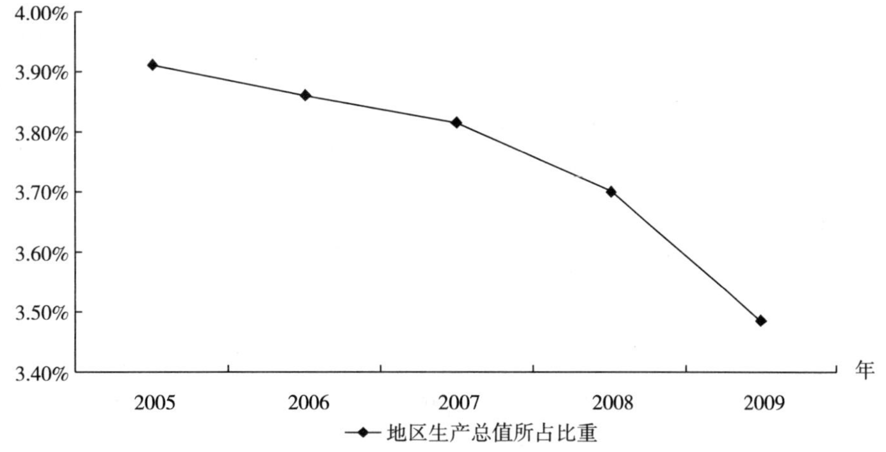

图 2-209 2005-2009 年温州市地区生产总值在长三角所占比重的变化趋势

业科技创新能力低等因素给温州经济增长带来严重制约。

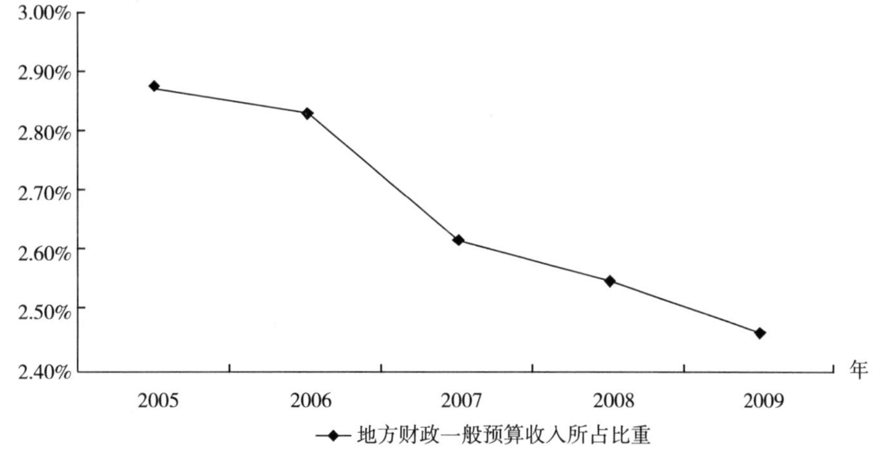

图 2-210 2005-2009 年温州市地方财政一般预算收入在长三角所占比重的变化趋势

2005-2009 年，温州市地方财政一般预算收入在长三角所占比重分别为 2.88%、2.83%、2.62%、2.55% 和 2.46%，呈现出逐年下降的态势，近 5 年累计降幅为 0.41 个百分点。2009 年，全市完成财政总收入 360.7 亿元，增长 6.2%，其中地方财政一般预算收入 195.6 亿元，增长 8.6%。全市地税部门组织收入 249.7 亿元，增长 9.4%，其中税收收入 150.6 亿元，增长 6.1%；规费收入 99.1 亿元，增长 14.6%。

2005-2009 年温州市规模以上工业总产值在长三角所占比重分别为 3.13%、3.06%、2.99%、2.78% 和 2.62%，同样呈现出逐年下降的态势，近 5 年累计降幅为 0.51 个百分点。在国际金融危机的突袭下，2009 年温州工业增长延续 2008 年四季度的急剧下行之势。从年内变化看，一季度，规模以上企业工业总产值下降 9.8%，出口交货值下降 13.4%。二季度至三季度，在一系列扩大内需、刺激经济政策的促进下，工业经济运行出现积极变化，工业生产活动逐步恢复，过快下行的势头得到遏制，企稳回升的趋势开始明朗。规模以上企业工业总产值增长率在 2009 年 5 月触底，2009 年 6 月以后降幅逐月收窄，9 月开始由负转正。规模以上企业工业总产值累计增长率，一季度为 -9.8%，上半

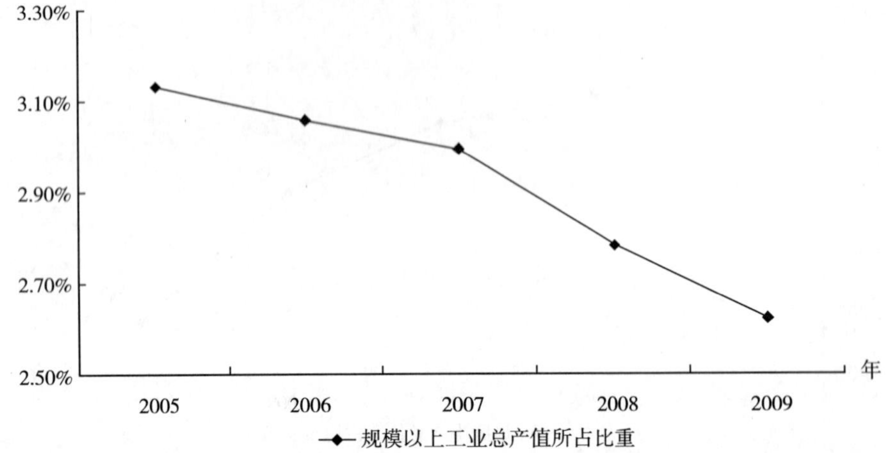

图 2-211　2005-2009 年温州市规模以上工业总产值在长三角所占比重的变化趋势

年为-8.1%，三季度为-5.5%，降幅逐季缩小。四季度，工业生产活动较为活跃，工业增长企稳回升的态势进一步巩固。加之上年同期基数很低，工业增长率逐月大幅提高。规模以上企业工业总产值累计增长率，由1-3月的-9.8%提高到全年的增长0.4%。

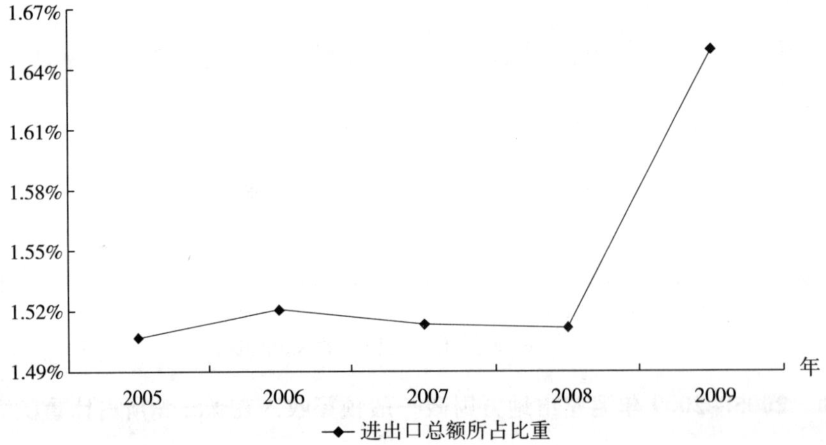

图 2-212　2005-2009 年温州市进出口总额在长三角所占比重的变化趋势

2005-2009年温州市进出口总额在长三角所占比重分别为：1.51%、1.52%、1.51%、1.51%和1.65%，在连续几年保持稳定后，2009年占比比上一年增加了0.14个百分点，增幅较为明显。总体来看，2009年温州地区进出口形势要优于浙江省平均水平，其中外贸进口除1月份外，其他各月同比增长且增幅均高于浙江省平均水平，外贸出口除2月份外，其他各月出口增长水平也好于浙江省平均水平。全年温州市外贸出口109.4亿美元，同比下降8.1%，明显好于原先预期10%左右的降幅，并小于全国平均降幅7.9个百分点、浙江省平均降幅5.7个百分点；进口23.4亿美元，同比增长12.0%，远远高于全国平均降幅11.2%和浙江省平均降幅3.7%。

2005-2009年温州市实际外商直接投资金额在长三角所占比重分别为：1.29%、1.38%、1.54%、0.58%和0.50%。已连续两年持续下跌，累计跌幅1.04个百分点。2009年温州市实际外商直接投资金额在长三角所占比重为近6年来最低点。温州经济具有民营企业发达和资本内源性、封

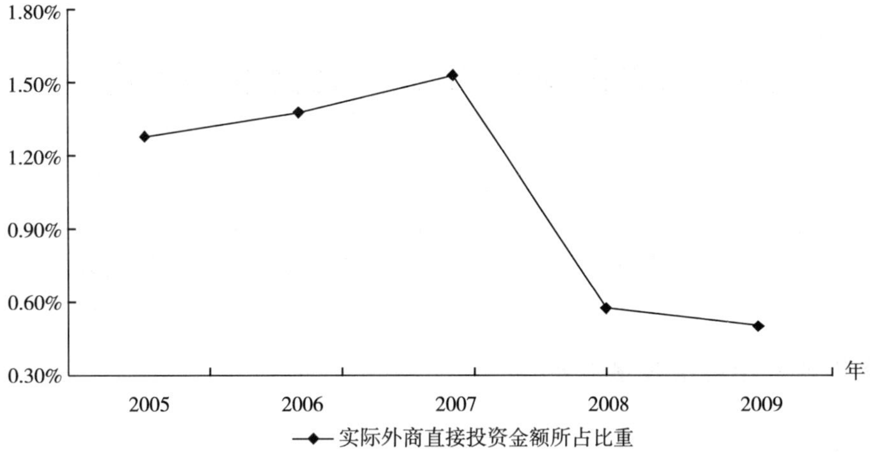

图 2-213 2005-2009 年温州市实际外商直接投资金额在长三角所占比重的变化趋势

闭性的鲜明区域特色，这也使得温州经济的投资结构以内资为主，在吸引外商直接投资上长期处于比较落后的状态。2005 年以来，温州加大对外引进资本力度，实施“以民引外、民外合璧”发展模式，取得了一些成效；但由于温州可用于工业发展的土地很少、离上海等中心城市远，区位条件差、交通不便，机场和铁路等基础设施建设滞后等自然条件限制，再加上以民营为主导的发展模式（即温州模式）下，外来资本受到民间资本的排斥，与同处于长三角地区的其他城市相比，温州在吸引外商直接投资方面仍然存在较多的问题与不足，从而影响了温州经济的结构调整和发展后劲。

四 嘉兴市2009年经济社会发展报告

2009年,嘉兴市人民贯彻落实科学发展观,积极应对国际金融危机带来的冲击,扎实开展"项目推进年"、"优化服务年"活动,着力解决影响经济运行中的突出矛盾和困难,各项推动经济增长的扶持鼓励政策得到积极落实并收效明显,在调整结构、转变发展方式和改善民生方面取得新进展。全市经济形势总体实现回升向好,各项社会事业和谐发展,城乡居民生活水平稳步提高。

一、2009年嘉兴市经济发展状况

(一)综合经济

1. 经济总量

嘉兴市2009年全市生产总值1 918.03亿元,按可比价格计算,增长9.3%,增幅比上年回落1.4个百分点。其中第一产业增加值107.51亿元,增长3.1%;第二产业增加值1 112.51亿元,增长7.4%;第三产业增加值698.01亿元,增长13.6%。三次产业结构由上年的5.8%:59.8%:34.4%调整为5.6%:58.0%:36.4%。按常住人口计算,人均GDP为44 896元(按年平均汇率折算为6 572美元),增长7.7%。

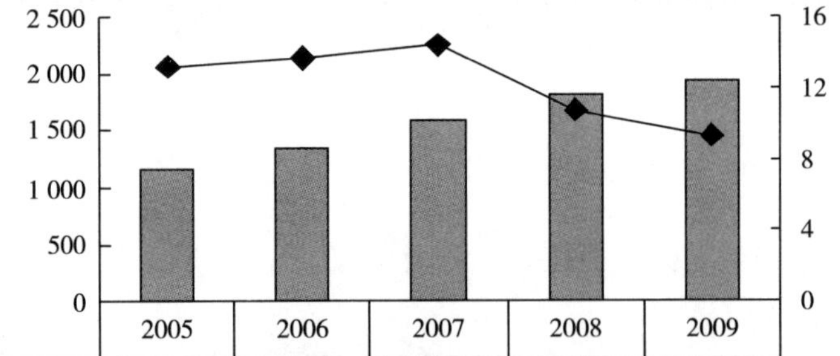

	2005	2006	2007	2008	2009
地区生产总值(亿元)	1 159.7	1 343.1	1 585.18	1 815.3	1 918.03
按可比价格增幅(%)	13.2	13.7	14.4	10.7	9.3

图2-214 2005-2009年嘉兴市地区生产总值及增长速度

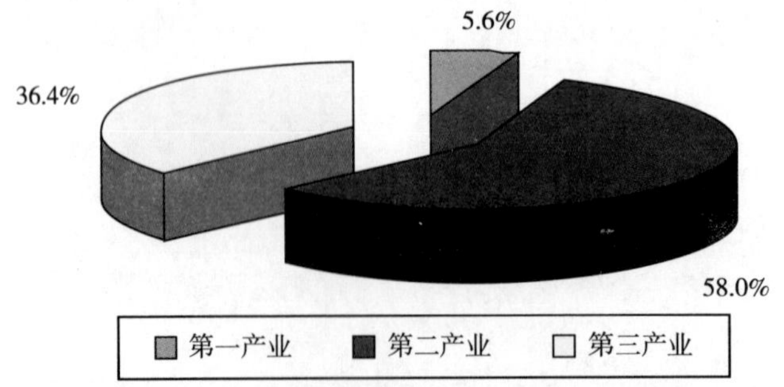

图2-215 2009年嘉兴市三次产业结构图

表 2 -52 2009 年嘉兴市县市主要经济指标

县市	生产总值（亿元）	地方财政收入（亿元）	全社会固定资产投资（亿元）	出口总额（万美元）	社会消费品零售总额（亿元）
嘉兴市区	482.25	47.51	373.48	116 302	196.89
平湖市	283.72	20.82	184.90	161 675	77.98
海宁市	375.26	23.95	184.91	67 922	153.91
桐乡市	340.27	22.57	163.62	62 277	138.00
嘉善县	226.36	15.97	146.82	59 973	75.08
海盐县	210.23	10.88	179.68	18 209	52.44

2. 财政收入平稳增长

2009 年，全市财政一般预算收入 279.35 亿元，比上年增长 10.8%，其中地方财政收入 141.70 亿元，增长 11.7%，增幅回落 8.9 个百分点。企业所得税下降 1.3%；营业税增长 15.4%。

3. 物价水平略有下降

2009 年嘉兴市市区城市居民消费价格下跌 0.9%。从分类情况看，食品类价格上涨 0.4%；烟酒及用品类价格上涨 1.7%；家庭设备用品及维修服务价格与上年持平；医疗保健和个人用品上涨 3.4%；居住类价格下跌 3.9%。交通和通信下跌 5.2%；衣着类商品价格下跌 2.7%；娱乐教育文化用品及服务下跌 0.1%。

2009 年，嘉兴市工业企业原材料、燃料、动力购进价格下跌 7.8%，工业品出厂价格下跌 5.1%。市区房屋销售价格涨幅前低后高，比上年平均上升 5.0%。

4. 固定资产投资

2009 年，嘉兴市全社会固定资产投资1 233.41亿元，比上年增长 22.5%，限额以上固定资产投资 1 122.95亿元，比上年增长 23.8%，其中第一产业投资额 9.93 亿元，增长 255.9%；第二产业投资额 661.89 亿元，增长 18.3%；第三产业投资额 451.14 亿元，增长 30.9%。

全市 2009 年列入重点工程在建项目 95 项，计划投资总额 975.8 亿元，建成和部分建成投产项目 23 个，完成投资总额 36.8 亿元。全市限额以上投资项目中，当年施工项目3 664个，增长 12.3%；当年新开工项目2 088个，增长 29.0%；建成投产项目1 703个，增长 24.9%；新增固定资产 639 亿元。嘉兴市政府大力实施“四个双百”工程，进一步健全项目推进机制，沪杭客运专线、嘉绍通道等一批政府主导性项目加快推进。

嘉兴市 2009 年非国有经济固定资产投资（全社会中扣除纯国有投资部分）887.1 亿元，下降 0.9%，占全社会固定资产投资比重是 71.9%，其中制造业、批发零售餐饮业和房地产业等竞争性行业投资仍占据主导地位。

（二）农业和农村建设

2009 年，嘉兴市农林牧渔业总产值 182.97 亿元，按可比价计算，增长 3.2%，增幅高于 2008 年 0.8 个百分点。全年粮食种植面积 301.98 万亩，比 2008 年增加 11.94 万亩；油菜籽种植面积 50.48 万亩，比 2008 年减少 3.68 万亩。蔬菜等其它经济作物种植面积 213.14 万亩，比 2008 年减少 11.02 万亩，其中，蔬菜种植面积 116.52 万亩，比 2008 年减少 1.82 万亩；果用瓜种植面积 17.02 万亩，比 2008 年减少 0.96 万亩；花卉苗木种植面积 9.98 万亩，比 2008 年减少 0.62 万亩。

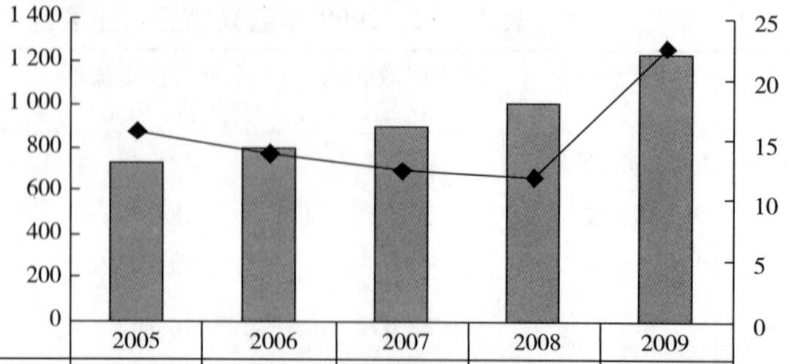

	2005	2006	2007	2008	2009
固定资产投资总额(单位:亿元)	732.89	800.21	900.01	1 006.69	1 233.41
增幅(%)	15.7	13.8	12.4	11.9	22.5

图 2－216　2005－2009 年嘉兴市全社会固定资产投资及增长幅度

表 2－53　2009 年嘉兴市主要农产品播种面积

指标名称	播种面积(千公顷)
#粮食	201. 32
#谷物	170. 73
#油料	33. 81
#棉花	2. 23
#蔬菜	77. 68
果用瓜	11. 35

粮经面积比由上年的 56. 41∶43. 59 调至 58. 62∶41. 38。稳定粮食播种面积,全年粮食总产量 135. 86 万吨,增长 2. 1%,连续六年保持增长;蔬菜总产量 229. 35 万吨,增长 2. 2%。

表 2－54　2009 年嘉兴市主要农产品产量

指标名称	产量(万吨)
粮食	1 358 631
#谷物	1 238 810
油菜籽	82 878
棉花	3 386
水果	560 971
#柑桔	38 877
茶叶	129
蚕茧	27 158

嘉兴市 2009 年生猪饲养量 770. 72 万头,比 2008 年增加 19. 1 万头;家禽出栏量3 939. 46万只,增长 1. 9%,家禽存栏增长 3. 9%;肉类总产量 38. 35 万吨,增长 2. 4%;水产品产量 17. 54 万吨,增长 5. 9%,蚕茧生产下降,全市蚕茧饲养量 59. 78 万张,减少 25. 8%,蚕茧总产量 2. 72 万吨,减少

19.9%，高附加值水产品品种继续增加，水产养殖结构不断优化。

2009年间，嘉兴市政府编制实施农业主导产业发展规划，特色农业、设施农业和休闲观光农业加快发展，基本建立市、县、镇三级农合联体系，全市新增市级以上农业龙头企业20家、规范化农民专业合作社109个。

至2009年底，嘉兴市已有种子种苗基地83个，引进新品种560个；全市制定农业标准402项，有364个农产品通过国家级无公害农产品认证。全市已建成各类休闲农业园区100个。农业产业化经营发展势头良好，新增市级以上农业龙头企业20家，新增农民专业合作社133家。农业利用外资进展顺利，签订农业外资项目39个，合同利用外资约1.62亿美元，实际利用外资0.63亿美元，2009年农产品出口额7.95亿美元。

（三）工业和建筑业

1. 工业增加值

2009年，嘉兴市工业增加值987.00亿元，按可比价格计算，增长6.2%，占全市生产总值51.5%。规模以上工业企业数7 080家，比上年增加352家，工业总产值3 876.39亿元，增长3.7%，增速比上年回落12.6个百分点，但比一季度回升了13.4个百分点，其中重工业产值1 827.28亿元，增长2.7%，轻工业产值2 049.11亿元，增长4.7%。

至2009年底，嘉兴市规模以上工业企业全年主营业务收入3 595.18亿元，增长2.0%；利税总额319.50亿元，增长25.5%，其中利润总额195.82亿元，增长45.3%。十一项经济效益指标综合得分240.01分，比上年提高9.8分。其中，产品销售率97.2%，总资产贡献率9.7%，资本保值增值率111.7%，成本费用利润率5.7%，全员劳动生产率由上年8.75万元/人提高到9.23万元/人，资产负债率由上年59.3%上升为59.7%，亏损率由上年14.1%下降为8.4%。

2009年嘉兴市还实施工业重点项目“五个一批”工程，支持企业加快技术改造，工业生产性投入增长10.5%。自二季度开始，工业经济稳步回升。

表2－55　2009年嘉兴市县区工业总产值

单位：亿元

县市	工业总产值
嘉兴市区	921.06
平湖市	635.72
海宁市	736.83
桐乡市	690.86
嘉善县	500.59
海盐县	378.93

2. 建筑业增长较快

2009年，全嘉兴建筑业增加值124.75亿元，按可比价格计算，增长20.2%。具有建筑业资质的独立核算企业完成房屋施工面积4 464.2万平方米，同比增长12.0%，竣工面积2 125.6万平方米，同比增长11.6%。

3. 工业经济简析

2009年全年嘉兴市工业经济经历了下行到企稳回升的阶段性“V型”回升过程，尤其是下半年回升明显加快,7－12 月当月规模以上工业总产值增速分别为－3.8%、1.1%、4.9%、7.9%、24.9%和24.1%,自8月份起转负为正,全年规模以上工业总产值3 876.39亿元,同比增长3.7%,比1－9月提升7个百分点。前10大行业呈七升三降态势。工业出口交货值958.84亿元,同比下降9.2%,降幅比前三季度缩小4.4个百分点。

2009年间,嘉兴市工业经济效益不断提升,全市自8月起扭转了利税、利润总额增幅下降的局面。全市规模以上工业企业主营业务收入3 595.18亿元,增长2%,增幅比前三季度提高7.3个百分点,利税总额319.50亿元,其中利润总额195.82亿元,比2008年分别增长25.5%和45.3%,增幅比前三季度分别提高23.1和41.9个百分点。制造业利税、利润总额分别增长22.9%和38.2%,增幅比前三季度分别提高26.8和45.9个百分点。全市原材料购进价格同比下降7.8%,工业品出厂价格下降5.1%,工业品价格涨幅"低进高出"成为企业效益改善提升的重要因素之一。

(四)服务业

1. 国内贸易

2009年,嘉兴市全社会消费品零售总额694.30亿元,比上年增长15.8%。城镇市场零售额459.84亿元,增长15.8%;农村市场零售额234.46亿元,增长15.7%。批发零售贸易业零售额592.79亿元,增长16.7%,住宿餐饮业零售额82.19亿元,增长14.0%。

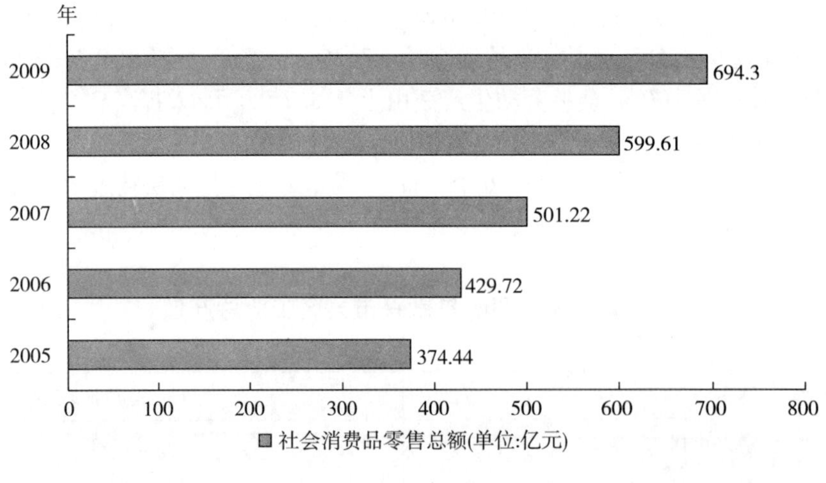

图2－217　2005－2009年社会消费品零售总额

2009年末嘉兴市拥有各类商品交易市场319个,商品交易额(不含网上交易额)674.45亿元,增长12.2%,其中成交额超亿元市场52个,超10亿元市场13个。

嘉兴市2009年制定服务业发展3年行动计划,组织实施服务业"百项百亿"工程,在北京、香港等地开展服务业推介招商,推进工业企业实施主辅分离,限额以上服务业投资增长30.9%,预计第三产业增加值增长13.5%,在生产总值中的占比提高到37%左右。

2. 交通运输、邮电

嘉兴市2009年,全年各种运输方式(不包括铁路,卜同)货物周转量132.69亿吨公里,增长10.0%。其中,公路23.99亿吨公里,增长12.0%;全年旅客周转量(营业性车辆)32.75亿人公里,增长3.4%。全年嘉兴港货物吞吐总量3 485万吨,增长23.0%,其中,外贸货物吞吐量351.5万吨,增长35.9%,货物集装箱20.2万标箱,增长100.0%。

嘉兴市2009年邮电业务总量66.48亿元，增长11.2%。其中，邮政业务总量4.19亿元，增长20.1%；电信业务总量62.29亿元，增长10.6%。年末城乡固定电话用户170.21万户，比上年末下降7.7%，其中住宅电话用户92.1万户，比2008年末下降0.5%；年末全市移动电话用户424.67万户，比2008年末增长19.1%。互联网络用户64.68万户，比2008年末增长19.6%。

3. 旅游业

嘉兴市2009年接待海内外游客2 548万人次，旅游总收入229亿元，分别增长16.2%和18.6%。其中，接待外国、港澳台游客55.67万人次，增长5.1%，旅游外汇收入1.92亿美元，增长1.4%；接待国内游客2 492万人次，增长16.5%，国内旅游收入215.9亿元，增长19.9%。

4. 金融、证券和保险

2009年末全市金融机构人民币存贷款余额分别为2 853.29亿元和2 170.57亿元，同比增长30.5%和35.3%，增幅分别比上年提高8.8和16.6个百分点，全年全市新增人民币各类贷款566.7亿元，为2008年的2.2倍。城乡居民储蓄存款余额1 376.75亿元，增长19.2%，增幅下降8.1个百分点。

2009年末，嘉兴市拥有上市公司12家，发行股票13个，累计募集资金110.02亿元，全市证券帐户35.81万户，新增5.15万户。全年全市证券交易额4 878.89亿元，同比增长92.5%，其中股票交易额4 617.2亿元，增长100.5%，基金交易额29.23亿元，下降26.6%。全年期货交易额3 979.67亿元，增长82.6%。

2009间，嘉兴市加大金融创新力度，设立小额贷款公司11家、村镇银行2家。实施市级国资公司改革重组，纳入监管的市级经营性国资总量达到709.6亿元。大力支持和培育企业股改上市，3家企业通过审核。

嘉兴市于2009年落实减免企业相关税收、下调养老保险费率和取消、暂停、降低涉企行政事业性收费等政策，共计减轻企业负担超过40亿元。引导金融机构优化信贷投向，积极推动银企对接，开展专项信用贷款，努力缓解中小企业融资难，全市金融机构新增贷款610.2亿元，比上年增长36.6%，其中中小企业贷款占56.2%。大力支持企业开拓市场，引导企业抱团营销，提高企业参加国内外展会补贴标准，各级财政外贸扶持资金超过1.1亿元。组织开展服务企业专项活动，建立重点企业运行监测制度，防范和化解企业债务风险。

2009年，嘉兴市保险业保费收入51.73亿元，比上年增长8.4%。其中，财产险保费收入17.37亿元，增长20.6%；人寿险保费收入34.36亿元，增长3.1%。全年赔付额9.40亿元，下降10.9%。其中，财产险赔付金额8.77亿元，下降12.2%；人寿险赔付金额(剔除期满给付)0.64亿元，增长14.3%。

5. 房地产业

嘉兴市全年房地产开发投资187.18亿元，增长3.3%；房屋施工面积2 202万平方米，增长11.3%；房屋竣工面积504.6万平方米，增长18.7%，销售面积680.2万平方米，增长104.1%。

(五)对外经济

1. 对外贸易

2009年，嘉兴全市进出口总值172.05亿美元，同比下降13.3%，其中出口总值123.41亿美元，下降12.5%；进口总值48.64亿美元，下降15.1%。机电、服装及纺织类产品等仍占居出口商品中主导地位，机电产品出口33.23亿美元，下降21.5%，占全市出口总额的26.9%；服装类产品出口32.55亿美元，下降4.7%，占全市出口总额的26.4%；纺织类产品出口20.46亿美元，下降8.9%，占全市出口总额的16.6%。经济外向度有所下降，进出口总额占GDP的比例61.3%(按当年汇率计算),其中出口额占 GDP 的比例 44.0%。

嘉兴港与上海港、宁波港的协作进一步深化,全年完成货物吞吐量3 485万吨,增长 23%,其中集装箱突破 20 万标箱,连续两年实现翻番。

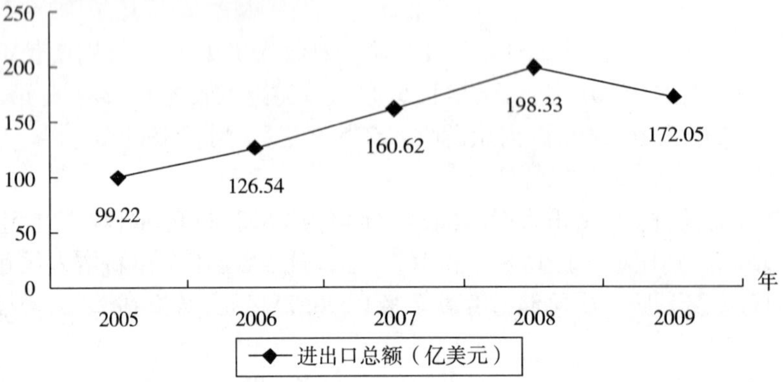

图 2 -218　2005 -2009 年嘉兴市外贸进出口总额

2. 外资状况

2009 年,全市新批外商投资企业 255 家,比上年增加 13 家;合同利用外资 26.23 亿美元,同比增长 15.0%;实际利用外资 13.35 亿美元,下降 2.0%。对外经济技术合作工作稳步推进。全年新办境外企业 40 家,投资总额达10 247万美元,增长 41.1%,全社会外派劳务 416 人次。全市引进内资项目1 283个,实际到位内资 141.0 亿元,增长 16.5%。

表 2 -56　2009 年嘉兴市县市实际使用外资

单位:万美元

县市	实际使用外资金额
嘉兴市区	33 183
平湖市	21 387
海宁市	24 101
桐乡市	16 899
嘉善县	27 887
海盐县	10 003

3. 引进内资

2009 年,嘉兴市引进央企等国内优势企业取得明显成效,北京中关村长三角创新园、上海漕河泾开发区海宁分区等一批项目开工建设,全年引进内资 141 亿元。加强国际交流,在经济、文化、教育和人员培训等方面的合作进一步深化。

二、嘉兴市 2009 年社会发展概况

(一)人口与人民生活

2009 年年末嘉兴市户籍人口 339.60 万人,比 2008 年末增加 1.53 万人。全市户籍人口出生率

6.79‰,死亡率6.91‰,自然增长率-0.12‰。全年迁入人口3.70万人,迁出人口2.17万人,人口机械增长率4.51‰。据5‰人口抽样调查推算并经省统计局核定,年末全市常住人口431.2万人,比上年增加8.0万人。

2009年嘉兴市城镇居民人均可支配收入24 693元,增长9.8%,扣除价格因素,实际增长10.8%;农村居民人均纯收入12 685元,增长9.9%,扣除价格因素,实际增长10.9%。城市居民人均消费性支出15 361元,增长7.1%;农村居民人均生活消费支出8 533元,增长9.2%。城乡居民家庭恩格尔系数(即居民家庭食品消费支出占家庭消费总支出的比重)分别为33.7%和33.4%。年末城镇居民家庭人均住房建筑面积34.6平方米;农村居民人均生活用房建筑面积69.0平方米,分别比上年增长1.9%和2.3%。

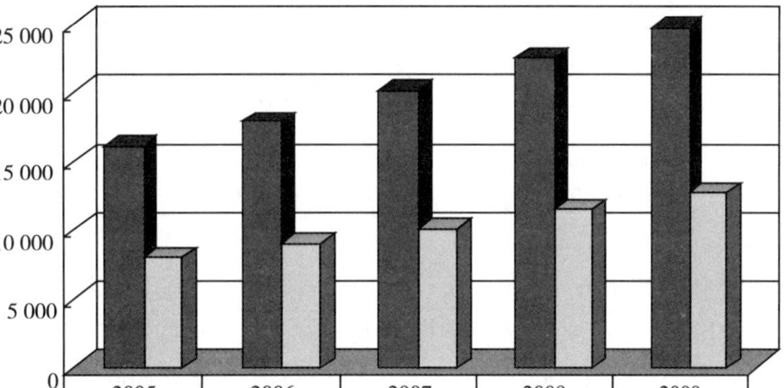

	2005	2006	2007	2008	2009
■城镇居民人均可支配收入(元)	16 189	17 828	20 128	22 481	24 693
□农民人均纯收入(元)	8 007	8 952	10 163	11 538	12 685

图2-219　2005-2009年嘉兴市城乡居民收入对比

(二)就业与社会保障

1.就业工作

2009年嘉兴市就业和社会保障制度继续完善。全市共有职业介绍机构115家,全年举办各类劳动力招聘活动438次,举办各类职业技能培训605期。全市城镇单位提供就业岗位67.3万个,比上年增加20.1万个;城镇新增就业人数5.86万人,帮助2.8万名城镇失业人员实现再就业,比上年减少0.24万人。城镇登记失业率3.5%。

嘉兴市于2009年实施积极的就业政策,完善公共就业服务体系,深入开展充分就业村(社区)创建活动,重点做好城镇零就业家庭和大中专毕业生就业工作。

2.社会保障

2009年嘉兴市城乡享受最低生活保障家庭1.85万户,比2008年减少2 000户;保障人数3.6万人。城市人均低保收入由2008年的2 195元提高到2 532元,农村由1 290元提高到1 628元。

全市全年投入城乡最低生活保障资金6 499万元,增长15.9%,提供城乡各种社会救济2.56万人次,比上年增加0.3万人次。

全市全年参加基本养老保险人数142.63万人,增长5.4%。全年共发放养老金31.0亿元;失业保险参保人数达68.13万人,增长12.6%;领取失业保险金的人数7.82万人。

2009年,嘉兴市社会福利事业成效明显。全市共有收养类福利单位95个,拥有床位11 335张,比上年同期增长12.9%,收养老人、残疾人、孤儿等各类民政服务对象5 917人,比上年增长10.3%。

2009年,嘉兴完善全民社保推进机制,初步建立城乡一体的失业保险制度,调整统一全市职工养老保险费率,城乡居民社会养老保险和合作医疗保险参保人数分别达到33.3万和223.2万。健全社会救助体系,城镇最低生活保障标准提高到340元,全市共发放物价补贴749万元、医疗救助金2 498万元。加大保障性住房建设力度,开工建设经济适用房21.1万平方米,新增廉租房保障家庭508户,实现低保标准2倍以下城市低收入住房困难家庭廉租住房"应保尽保"。市区11项民生工程基本完成。

(三)教育和科学技术

1. 教育事业

2009年,嘉兴市拥有各类学校(含幼儿园)732所,在校生64.29万人,其中,高等教育学校9所,在校生6.20万余人;普通高中36所,在校生6.89万人;初级中学124所,在校生14.67万人;小学225所,在校学生22.48万人。初中、小学入学率和巩固率均分别达99.99%和100%。初中毕业生升高中段各类学校比例达98.19%,比上年提高0.7个百分点。普通高校招生12 410人,毕业学生7 844人,比上年增长15.0%。高等自学考试报考人数4.4万人,获得大专以上文凭人数1 196人;成人高等学历教育毕业班学生8 960人;成人中等专业学历教育招收学生908人,毕业班学生1 548人。农村各类文化技术培训67万多人次。全市各类民办学校达32所,在校学生5.8万人。

嘉兴市2009年实施义务教育学校绩效工资制度,全面完成义务教育阶段债务化解工作,中小学生均公用经费分别提高到600元和400元。注重职业教育和高等教育内涵提升,新增省级示范专业(基地)6个,全市高校在校生规模达到6.5万人。

2. 科技与创新

2009年末全市拥有县级以上国有独立研究开发机构8个,全市人才资源总量64.34万人,比2008年增加6.5万人,增长11.2%。全年获得市级以上各类科技成果109项,其中,获得省级科技成果奖16项,市级科技成果奖92项。技术市场发展平稳,全年经认定登记技术交易金额2.26亿元,交易合同数592项。

全年全市高新园区入驻企业504家,技工贸总收入146.4亿元,利税总额15.03亿元,引进外资项目80个,合同利用外资3.37亿美元。全年国家级高新技术企业187家,省级科技型中小企业530家,比上年增加163家。新增省级以上企业研发(技术)中心13家、授权专利5 208件。

2009年,嘉兴市科技投入力度加大。财政用于科学技术支出5.9亿元,增长13%。全市科技活动经费支出总额63.64亿元,增长9.5%,研究与实验发展支出35.24亿元,增长9.6%,占GDP的比例由去年的1.77%提高到1.84%。全年规模以上工业企业科技活动经费支出56.92亿元,增长7.7%;新产品产值增长12.9%,快于总产值增速9.2个百分点;新产品产值率25.3%,比2008年提高1.5个百分点。

市财政设立1亿元创业投资引导基金,浙江创业创新投资公司(红土创业投资公司)落户嘉兴开展风险投资。引进大院名校联合共建创新载体20个,新增国家生产力促进中心1家、省级以上重大创新平台3个。实施创新嘉兴精英引领计划,加强创业创新领军人才队伍和创新团队建设,2009年引进各类人才2.7万名。被列为国家科技进步示范市和首批国家创新型试点城市。

(四)文化、卫生和体育

1. 文化事业

2009年末全市共有文化艺术表演团体3个,艺术表演场所6个,群众艺术馆1个,文化馆7个,文化站69个,公共图书馆8个,图书总藏量352万册。各类电影放映单位87家,广播电台6座,电视台6座,全市行政村有线电视联网率达到100%,广播和电视人口覆盖率均达100.0%。

嘉兴市2009年新增公共图书馆镇级分馆12个,各项文化设施、文化服务进一步加强。加快建设国家历史文化名城,组织实施文化遗产保护十项工程,积极推进运河申遗,开工建设马家浜遗址公园,蚕桑习俗被联合国列入"人类非物质文化遗产代表作名录"。南湖革命纪念馆新馆展陈工作有序推进。精心组织新中国成立60周年系列节庆活动,成功举办首届中国嘉兴端午民俗文化节、承办第六届全国"德艺双馨"电视艺术工作者表彰活动。组建报业、广电集团,文化创意、传媒演艺等文化产业加快发展。

全年嘉兴市获省级以上荣誉的各类文艺作品近180余件,其中作品《种植新文化,建设新农村》荣获国家级奖项。图书馆总分馆模式为全国所推广,成功承办了第六届全国"德艺双馨电视艺术工作者"颁奖活动,马家浜遗址公园、马家浜文化博物馆奠基。全市广场文艺演出209场次、电影下乡放映达8 588场次,戏曲歌舞下乡演出788场次,市、县两级图书流动20.8万册,大剧院引进各类演出99场次,观众人数达万余人次。

2. 卫生事业

2009年末,全市共有医疗卫生机构1 370个,各类卫生技术人员24 534人,其中医生7 525人,注册护士7 267人,医疗床位13 697张。平均每千人拥有医生2.2名,每千人拥有医院床位4.0张。全年急门诊病人2 392万人次,住院39.01万人次。

2009年末嘉兴市全市已建成87个社区卫生服务中心和844个社区卫生服务站,社区卫生服务能力继续提高。全市无偿献血39 195人次,献血量1 299.1万毫升;无偿献血占临床用血比例达100%。

2009年,全市(镇)、村合作医疗覆盖率均达100%,乡镇初保达标率为100%。全市农村自来水受益率99.35%,农村农户改厕率96.96%。

嘉兴市通过健全基本医疗服务体系,积极推进城乡社区卫生服务机构规范化建设,32家社区卫生服务中心通过省级验收。全力抓好甲型H1N1流感等重大传染病防控工作,公共卫生服务能力得到增强。启动新一轮医药卫生体制改革。

3. 体育事业

嘉兴市2009年组团参加了全省26项青少年(儿童)常规赛,共获73.5枚金牌,总分2 642.5分,金牌数和总分均列全省第5位。成功举办2009全国田径大奖赛系列赛嘉兴站比赛,省运会各项筹备工作进入倒计时。以全民健身宣传为契机,积极倡导科学锻炼,全年共组织举办综合性健身活动达52次,参加人数约22万人次。

(五)城乡建设

2009年全市建设占用耕地1 510.9公顷。因农业结构调整增加耕地35.98公顷。土地整理复垦开发补充耕地1 648.18公顷,当年净增加耕地173.08公顷。

2009年间,嘉兴市加快中心城市建设步伐,全年市区城市建设项目投资完成额22.17亿元,圆满完成植物园一期工程和国际友好园建设,市区东南片、湘家荡等重点区域开发建设扎实推进,沪杭高铁、嘉海公路、南北湖公路等工程建设进展顺利。南湖湖滨区块综合整治和旧区老居改造进展顺利。建成"数字嘉兴"地理信息共享平台。市本级基本完成城乡公交运营体制改革。各副中心城市功能进一步完善,滨海新城建设取得新进展。

2009年嘉兴市全面实施统筹城乡综合配套改革,编制完成"1+X"村镇布局规划,扎实推进新市镇和城乡一体新社区建设,加快农房改造集聚,全市新建改建农房3.4万户,新增土地流转面积11.4万亩。推进城市基础设施和公共服务向农村延伸,新建改建农村联网公路228公里,疏浚河道2 112

公里,新增信息化普及村20个,市本级实现城乡一体化供水管网镇级全覆盖。市域天然气管网工程开工建设,嘉兴机场军民合用及改扩建项目正式签约。

(六)环境保护和生态建设

嘉兴市水资源总量26.48亿立方米,下降3.0%;人均水资源量779.7立方米,下降3.5%;全市平均降水深1 303.9毫米,下降3.7%;全年全市总用水量约20.04亿立方米,与上年基本持平。

嘉兴市于2009年加快环保基础设施建设,市联合污水二期、桐乡尾水排海工程等项目扎实推进,年内新增污水集中收集管网308公里。石臼漾生态湿地净水功能初显,饮用水源水质进一步改善。城市交通、娱乐业噪声和餐饮业油烟排放整治力度加大,大气环境质量稳步提高,飞行监测达标率96.8%,全年市区空气质量优良率达92.6%。

全市规模以上工业企业能源消费量953.5万吨标准煤,比上年增长0.6%;万元工业增加值能耗下降6.4%。198家年耗能5 000吨标准煤及以上重点能耗企业能源消费量567.3万吨标准煤,下降3.8%,单耗下降6.9%。化学需氧量、二氧化硫排放量分别下降4.5%、3.6%。

嘉兴市还积极推广循环经济生产模式,加快淘汰落后生产工艺和设备,实施节能重点技改项目300项,淘汰燃煤小锅炉422台,完成124家企业清洁生产审核。加强水污染区域综合整治,建立市域环境联合执法机制,石臼漾生态湿地等水源保护工程功能进一步发挥,64个市控以上断面劣五类水体比例下降20.7%。启动新一轮畜禽养殖污染治理,提前一年基本完成存栏生猪50头以上规模养殖场(户)整治任务。加快环保基础设施建设,市联合污水处理二期、桐乡尾水排海工程等项目扎实推进,新增污水集中收集管网308公里。强化对重点区域、重点行业和重点企业的监管,全市共查处环境违法案件1 239起。加强生态建设,大力开展城乡绿化造林,新增绿化面积3.5万亩。初步测算,全市万元生产总值综合能耗、化学需氧量和二氧化硫排放量分别下降5%、4.5%和3.6%。

(七)社会安全

2009年间,嘉兴市政府建设"平安嘉兴"取得新成效。据调查,2009年全市人民群众安全感满意率达到97.22%,高于全省平均水平0.87个百分点,列全省第5位,群众安全感满意率连续5年稳定在90%以上,荣获"全国社会治安综合治理优秀城市"称号。全年全市共发生各类事故1 685起,比2008年减少73起;死亡人数435人,比上年减少18人;直接经济损失1 966.23万元,比上年减少77.48万元。

三、嘉兴市在长三角地区经济发展中的地位

2005－2009年嘉兴市地区生产总值在长三角所占比重分别为2.84%、2.83%、2.80%、2.77%和2.65%,呈现出逐年下跌的趋势。除2009年比2008年下跌0.12个百分点外,其余各年比前一年的跌幅均在0.01－0.03个百分点范围内。2009年,嘉兴市生产总值1918.03亿元,按可比价格计算,增长9.3%,增幅高于浙江省平均0.4个百分点,列全省第六位。

2005－2009年嘉兴市地方财政一般预算收入在长三角所占比重分别为1.75%、1.80%、1.75%、1.80%和1.78%,呈现增减相间的波动趋势。各年占比维持在1.75%－1.80%的区间震荡,每年的变化幅度均不明显,在0.02－0.05个百分点之间。2009年嘉兴工业经济"V"形回升,折射整个宏观经济气候逐渐改善,地方财政收入的逐季提高,在长三角所占的比重基本稳定。

2005－2009年嘉兴市规模以上工业总产值在长三角所占比重分别为3.04%、3.02%、2.99%、2.94%和2.78%,呈现逐年下跌的趋势。除2009年比2008年下跌0.16个百分点外,其余各年跌幅很小。工业在嘉兴经济总量中占了较大份额。遭遇国际金融危机的冲击,嘉兴市把工业作为应对重点,通过政策推动和市场主体的努力,全市工业经济走出了先抑后扬的轨迹。规模以上工业增速自2

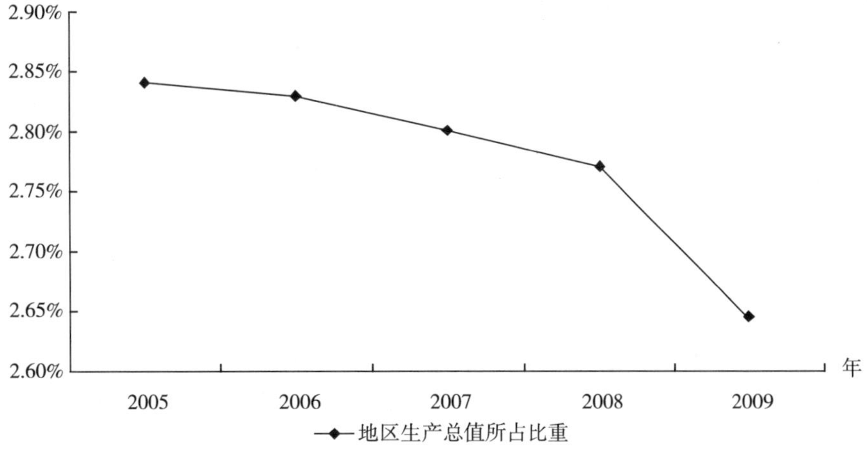

图 2－220 2005－2009 年嘉兴市地区生产总值在长三角所占比重的变化趋势

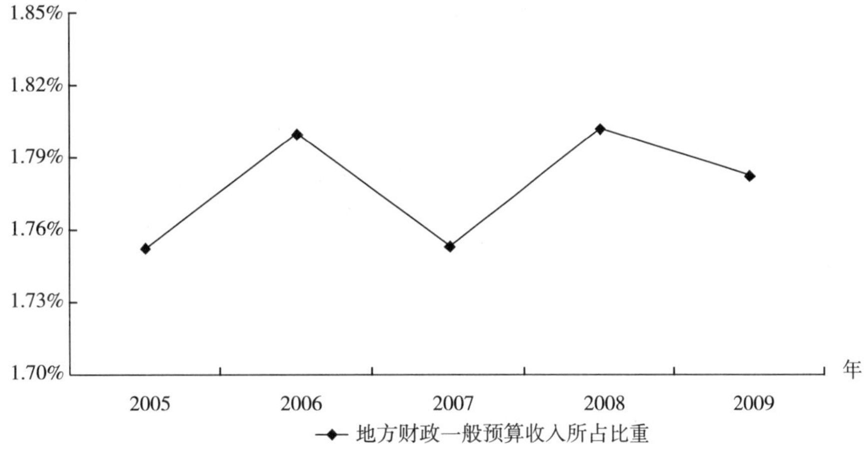

图 2－221 2005－2009 年嘉兴市地方财政一般预算收入在长三角所占比重的变化趋势

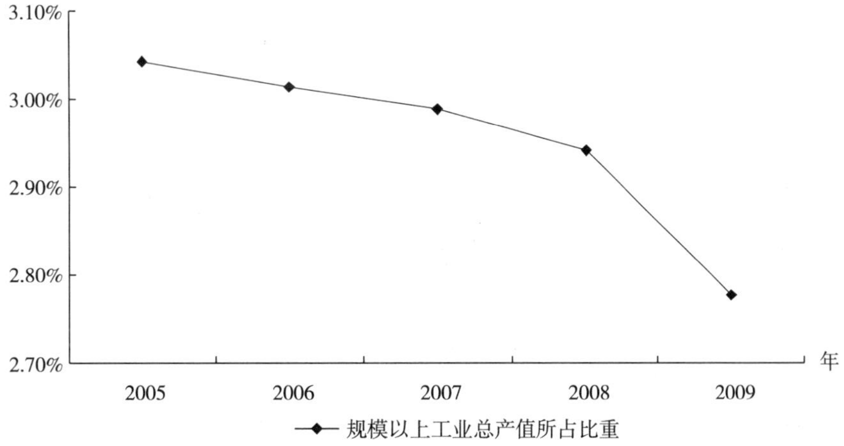

图 2－222 2005－2009 年嘉兴市规模以上工业总产值在长三角所占比重的变化趋势

月份开始回升,8 月份实现正增长,全年增速为 3.7%。

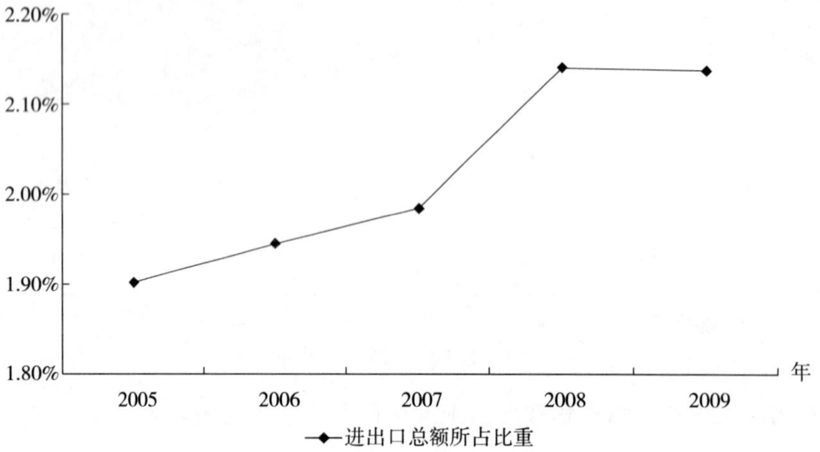

图 2-223　2005-2009 年嘉兴市进出口总额在长三角所占比重的变化趋势

2005-2009 年嘉兴市进出口总额在长三角所占比重分别为 1.90%、1.94%、1.98%、2.14% 和 2.14%。在连续 3 年的小幅增长后,2009 年与 2008 年持平。2009 年全市完成进出口总额 172.04 亿美元,同比下降 13.3%;其中出口 123.41 亿美元,下降 12.6%。从出口市场结构看,对美国、欧盟、日本等市场的出口降幅均低于全省平均水平,好于其它新兴市场。从出口商品结构看,日用消费类产品出口降幅较小,但机电类产品继续呈较大降幅。

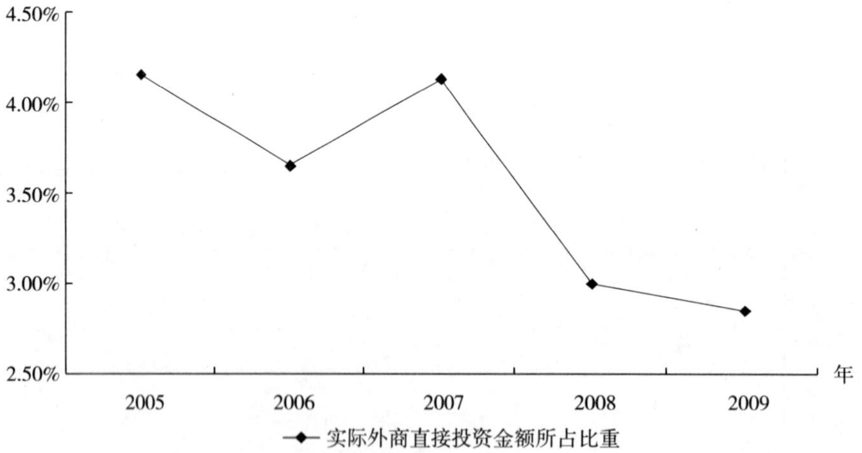

图 2-224　2005-2009 年嘉兴市实际外商直接投资金额在长三角所占比重的变化趋势

2005-2009 年嘉兴市实际外商直接投资金额在长三角所占比重分别为 4.17%、3.65%、4.14%、3.00% 和 2.86%,已连续两年出现较大幅度的下跌,累计跌幅达 1.28 个百分点。2009 年,嘉兴利用外资出现下滑态势,实际利用外资 13.3 亿美元,同比下降 2%。实际利用外资增长乏力主要是由于 2008 年合同利用外资的锐减导致 2009 年企业实际出资减少。

五　湖州市2009年经济社会发展报告

2009年，是新世纪以来湖州经济发展最为困难的一年。面对国际金融危机的严重冲击，湖州市政府紧扣"保增长、抓转型、增活力、重民生、促和谐、强保障"这一主线，开拓创新，攻坚克难，扎实开展各项工作，取得了明显的成效，增长质量稳步改善，经济结构积极调整，社会事业不断发展，民生状况继续改善，经济社会沿着科学发展的轨道继续前进。但是湖州市的土地、环境、能源等要素制约仍然在不断加大，支撑经济增长的内生动力还不够强，湖州市统筹经济社会发展的任务还很十分繁重。

一、湖州市2009年经济发展概况

(一)综合经济

1. 经济总量持续增长

2009年，湖州市实现地区生产总值(GDP)1 111.50亿元，按可比价格计算，比上年增长10.2%。分产业看，第一产业增加值为89.74亿元，增长3.0%；第二产业增加值617.76亿元，增长8.3%，其中工业增加值554.24亿元，增长8.0%；第三产业增加值404亿元，增长14.8%。三次产业比例调整为8.1%∶55.6%∶36.3%。按户籍人口计算的人均GDP为42 942元，增长9.9%，折合6 286美元；按常住人口计算的人均GDP为39 206元，增长9.2%，折合5 739美元。

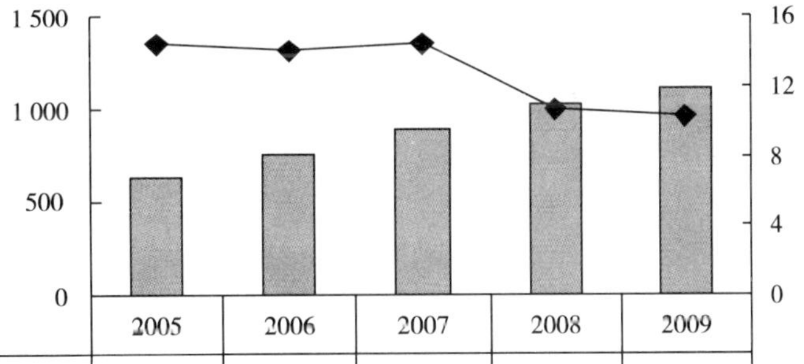

	2005	2006	2007	2008	2009
地区生产总值(亿元)	640.05	761.02	892.02	1 034.89	1 111.5
按可比价格增幅(%)	14.4	14	14.4	10.6	10.2

图2－225　2005－2009年湖州市地区生产总值及增长速度

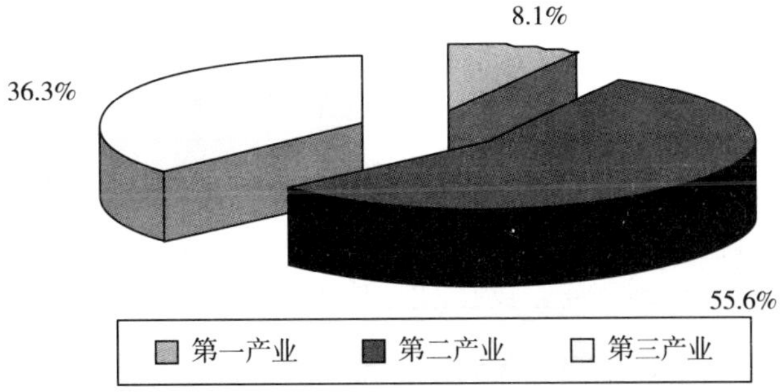

图2－226　2009年湖州市三次产业结构图

表 2－57　2009 年湖州市县市主要经济指标

县市	生产总值（亿元）	地方财政收入（亿元）	全社会固定资产投资(亿元)	出口总额（万美元）	社会消费品零售总额(亿元)
湖州市区	509. 92	36. 17	317. 88	54 347	226. 49
德清县	202. 40	14. 82	105. 39	14 141	65. 41
长兴县	242. 32	18. 47	146. 18	3 378	91. 15
安吉县	159. 52	10. 54	69. 25	3 863	59. 52

2. 财政收入稳步增长

湖州市 2009 年全年实现财政总收入 146. 69 亿元，其中地方财政收入 80. 01 亿元，分别比上年增长 9. 7% 和 11. 7%。财政总收入占 GDP 的比重为 13. 2%。从主要税种看，全年入库的增值税、营业税、个人所得税分别为 58. 95 亿元、21. 70 亿元和 11. 48 亿元，分别增长 9. 1%、16. 9% 和 9. 9%；企业所得税 23. 19 亿元，下降 3. 8%。全市财政支出 108. 51 亿元，增长 25. 6%。公共财政民生支出 70. 33 亿元，增长 18. 3%。其中，教育支出 21. 51 亿元，增长 18. 8%；科技支出 3. 25 亿元，增长 15. 4%；医疗卫生支出 6. 47 亿元，增长 31. 5%；社会保障和就业支出 5. 08 亿元，增长 7. 4%；城乡社区事务支出 7. 11 亿元，增长 19. 0%；农林水事务支出 9. 99 亿元，增长 34. 6%。

3. 物价水平有所下降

2009 年全年居民消费价格总水平比上年下降 0. 8%，其中服务项目价格下降 4. 1%，消费品价格上涨 0. 4%。八大类商品和服务价格"四升四降"：医疗保健和个人用品价格上涨 3. 6%、烟酒及用品价格上涨 2. 0%、家庭设备用品及服务价格上涨 1. 9%、食品价格上涨 1. 0%；交通和通信价格下降 0. 8%、娱乐教育文化用品及服务价格下降 4. 0%、居住价格下降 5. 9%、衣着价格下降 1. 0%。

4. 固定资产投资增幅明显

全市全年完成全社会固定资产投资 638. 69 亿元。按产业划分，第一产业投资 4. 49 亿元，下降 6. 9%；第二产业投资 341. 92 亿元，增长 14. 2%，其中工业投资 337. 73 亿元，增长 16. 0%；第三产业投资 291. 43 亿元，增长 29. 7%。全年限额以上固定资产投资项目2 246个，完成投资额 591. 76 亿元，增长 21. 9%。其中，基础设施投资 140. 47 亿元，增长 36. 7%；非国有投资 439. 02 亿元，增长 14%，占全部限额以上投资的 74. 2%。

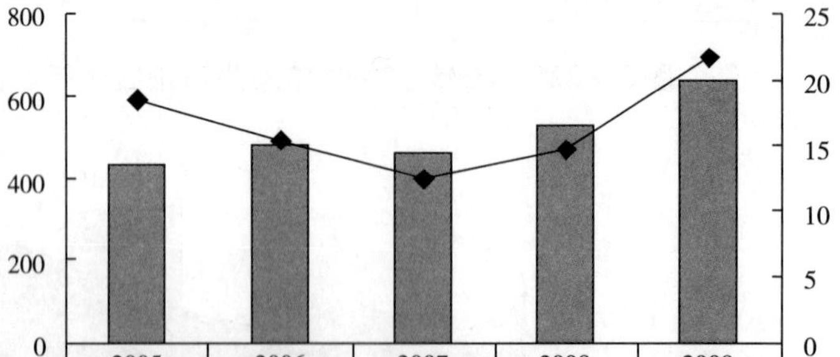

	2005	2006	2007	2008	2009
固定资产投资总额(单位:亿元)	433.08	479.62	458.32	525.24	638.69
增幅(%)	18.5	15.3	12.5	14.6	21.6

图 2－227　2005－2009 年湖州市全社会固定资产投资及增长幅度

（二）农业和农村建设

湖州市2009年实现农林牧渔业总产值153.09亿元，比上年增长4.7%。其中，农业产值67.61亿元，增长3.9%；林业产值18.88亿元，增长10.4%；牧业产值33.88亿元，增长1.3%；渔业产值26.42亿元，增长7.3%。全年粮食播种面积23.15万公顷，减少1.9%；经济作物播种面积9.65万公顷，减少1.1%，其中油菜籽面积3.17万公顷，增长0.6%；蔬菜面积3.75万公顷，增长3.9%；花卉苗木面积1.18万公顷，增长1.5%。全年粮食产量91.42万吨，减少1.4%；油菜籽产量7万吨，减少1.3%；蚕茧产量1.38万吨，减少20.4%；家禽出栏数4 913.84万只，增长0.6%；生猪出栏145.17万头，增长20.1%；水产品产量23.80万吨，增长4.2%。

2009年，湖州市加大新农村实验示范重点区域建设力度，政府推进"百村示范、千村整治"工程扩面提标。财政支农资金稳定增长机制进一步巩固，湖州市"三农"投入预算内支出36.17亿元，比上年增加7.2亿元。全年新增集体经济发展项目140个；新建1个省级、22个市级现代农业示范园；新增15个无公害水产品基地和24家市级农业龙头企业；新增省级标准鱼塘3.8万亩。全市年末省级无公害农产品基地213.67万亩，比上年增加17.17万亩；拥有无公害农产品541只、绿色食品116只，比上年分别增加137只和23只。特色优势农业产值增长16.2%，农业龙头企业、专业合作社、规模经营大户快速成长。完成8座小型水库除险加固、45座山塘整治、1 506公里河道清淤；改建县乡公路56.3公里，建成农村联网公路420公里；新改善8万农民的饮水条件；新增电气化乡镇13个、电气化村110个；新建信息化示范村65个；新建乡镇社区服务中心20个；完成农房改建13 668户、危旧房改造1 610户。农村交通、通信、环境、教育、卫生、文化、社保等继续改善，安吉"美丽乡村"、德清"和美家园"、长兴"魅力乡村"、吴兴"幸福社区"、南浔"魅力水乡"建设各显特色的新农村建设格局全面确立。

湖州市农村改革不断深化，耕地、林地流转面积比例分别达到38%和15.9%，农村住房和林权抵押贷款稳步推进，63个村完成集体资产股份制改革。

（三）工业和建筑业

1. 工业增加值

全市2009年全年实现规模以上工业总产值2 186.85亿元，比上年增长9.6%，其中轻工业产值895.33亿元、重工业产值1 291.52亿元，分别增长12.3%、7.9%。在34个大类行业中29个行业实现增长，占85.3%。有7个行业产值超过百亿元。其中，纺织业产值335.07亿元，增长10.4%；电气机械及器材制造业产值271.92亿元，增长7.5%；黑色金属冶炼及压延加工业产值173.14亿元，下降1.0%；木材加工及木竹藤棕草制品业产值169.43亿元，增长7.0%；非金属矿物制品业产值159.51亿元，增长11.1%；电力热力的生产和供应业产值161.44亿元，增长12.5%；化学原料及化学制品制造业产值108.27亿元，下降9.6%。

表2－58　2009年湖州市县区工业总产值

单位：亿元

县市	工业总产值
湖州市区	1 018.02
德清县	458.18
长兴县	461.90
安吉县	259.99

湖州市全年高新技术产业实现主营业务收入503.20亿元、利税42.28亿元、利润27.59亿元，分别增长3.2%、8.5%、13.5%。其中，新能源与节能产业利税增长7.8%，生物医药产业下降14.3%，新材料产业增长14.1%，光电一体化产业增长27.9%，电子信息增长28.1%。十大先进制造业中心实现主营业务收入1 077.19亿元、利税83.77亿元、利润51.57亿元，分别增长3.9%、10.0%、16.4%。其中，特色机电产品制造业利税增长14.4%，绿色竹木制品制造业利税增长7.5%，金属管道及不锈钢制造业利税增长6.1%，光电器材及材料制造业利税增长17.5%，特色纺织品制造业利税增长2.1%。

湖州市全年规模以上工业实现主营业务收入2 071.13亿元，比上年增长9.0%；利税167.63亿元，其中利润100.27亿元，分别增长18.9%、30.9%。有6个工业行业达到了"主营业务收入超100亿元、利税超10亿元"，实现主营业务收入1 206.93亿元、利税总额91.3亿元，分别占全部规模以上工业的58.3%和54.5%。其中，纺织业利税22.75亿元，增长16.7%；电气机械及器材制造业18.45亿元，增长12.1%；非金属矿物制品业14.66亿元，增长7.0%；木材加工及木竹藤棕草制品业13.41亿元，增长8.6%；黑色金属冶炼及压延加工业11.44亿元，增长0.4%；化学原料及化学制品制造业10.60亿元，下降11.0%。全市主营业务收入超亿元且利税超千万元的"亿千"工业企业已达280家，全年完成主营业务收入1 082.11亿元，增长11.1%；利税103.36亿元，增长34.7%；利税总额占全部规模以上工业的比重达到61.7%。

2009年间湖州市加大了工业转型升级投资推进力度，开工建设转型升级工业项目429项，千万元以上工业项目完成投资187.1亿元，增长14.9%。推动生物医药、新能源、装备制造、金属管道与不锈钢、特色纺织品、木地板六大重点特色产业做强。开展工业企业分离发展生产性服务业试点，第三产业增加值增幅高出生产总值增幅4.6个百分点。

2. 工业特点分析

2009年，湖州市3 325家规模以上工业企业工业总产值比上年增幅在全省列第3位；销售产值2 123.45亿元，增长9.4%；出口交货值332.37亿元，下降5.1%；产品销售率97.1%，比去年同期降低0.2个百分点。全年工业生产呈现以下特点：

1. 各经济类型产值增幅逐月提高(或降幅进一步收窄)。私营企业完成工业总产值967.65亿元，同比增长13.8%，增幅比年初(1-2月，下同)提高9.9个百分点；外商投资企业254.05亿元，增长13.0%，比年初提高7.1个百分点；港澳台投资企业231.49亿元，增长9.4%，比年初提高4.5个百分点；有限责任公司403.75亿元，增长1.3%；国有企业117.29亿元，增长16.8%，均在年内实现由降转升；股份制企业187.36亿元，下降0.4%，降幅比年初收窄9.5个百分点。

2. 轻工业生产快于重工业，小型企业增幅高于大中型企业。轻工业完成产值895.33亿元，同比增长12.3%，增幅比年初提高5.6个百分点；重工业产值1 291.51亿元，增长7.9%，比年初提高12.8个百分点。全市小型企业3 147家，完成产值1 454.00亿元，占规模以上工业总产值的66.5%，同比增长13.1%；大中型企业178家，产值732.84亿元，增长3.3%。

3. 主要行业呈加快回升态势。34个大类行业中有29个行业产值增长，5个行业产值下降。总量最大的十个行业呈"八升二降"格局。其中，金属制品业增长最快，增长19.3%；化学原料及化学制品制造业降幅最大，下降9.6%。纺织业、非金属矿物制品业、家具制造业3个行业稳步增长，增幅分别比年初上升4.3、5.6和0.9个百分点；电力热力的生产和供应业、木材加工及木竹藤棕草制品业、通用设备制造业、电气机械及器材制造业、黑色金属冶炼及压延加工业等5个行业回升态势强劲，增速分别由年初的-11.0%、-9.4%、-4.8%、-0.6%、-12.3%，回升至12.5%、10.4%、12.1%、7.5%、-1.0%；但化学原料及化学制品制造业表现不佳，继续震荡下行，与年初相比降幅扩大了4.9个百分点；金属制品业增幅回落0.4个百分点。

3. 建筑业

湖州市2009年全年完成房地产开发投资110.47亿元,增长3.4%。全年房屋施工面积1 155.34万平方米,增长15.7%;房屋竣工面积200.70万平方米,增长9.8%;商品房销售面积432.01万平方米,增长120.0%,其中住宅361.48万平方米,增长129.8%;商品房销售额218.76亿元,增长165.9%,其中住宅183.88亿元,增长184.7%。

全市年末拥有建筑企业177家,其中一级资质企业25家、二级资质企业85家。全年建筑业企业完成建筑业总产值281.58亿元,比上年增长19.4%,其中建筑工程产值235.10亿元,安装工程产值32.14亿元,分别增长22.5%和16.6%;房屋建筑施工面积2 576.66万平方米,增长20.9%;竣工面积1 282.09万平方米,增长46.6%。

(四)服务业

2009年湖州市服务业实现增加值404亿元,按可比价格计算比上年增长14.8%,增幅同比提高3个百分点,增速居全省各市第1位。九大服务业重点行业在房地产业和金融业的带动下快速增长。其中,房地产业、金融业增加值分别为54.04亿元和52.18亿元,同比分别增长33.1%和22.1%,拉动整个服务业增长6个百分点,带动作用非常明显。另外,文化创意产业、中介和社区服务业增长也较快,增幅分别为19.7%和14.9%;现代商贸业、科技服务业、休闲旅游业、信息服务业增长较为平稳,增幅分别为13.7%、13.7%、12.0%和10.0%;现代物流业增长相对较慢,增幅为4.0%。

表2-59　2009年湖州市重点服务行业增加值

项目	增加值(亿元)	±%
GDP	1 111.50	10.2
第三产业增加值	404.00	14.8
现代商贸业	105.88	13.7
休闲旅游业	48.90	12.0
文化创意产业	22.58	19.7
现代物流业	43.61	4.0
房地产业	54.04	33.1
金融业	52.18	22.1
信息服务业	20.83	10.0
科技服务业	7.76	13.7
中介和社区服务业	30.37	14.9

1. 国内贸易

至2009年底,湖州市实现社会消费品零售总额442.57亿元,比上年增长15.8%。其中,批发零售业387.46亿元,增长16.4%;住宿餐饮业49.36亿元,增长12.8%。限额以上批发零售贸易企业实现零售额123.92亿元,增长22.3%。其中,石油及制品类零售额37.88亿元,增长16.3%;汽车类零售额34.16亿元,增长48.7%;服装、鞋帽、针纺织品类零售额10.90亿元,增长11.9%;家用电器和音像器材类零售额10.10亿元,增长16.4%;粮油、食品类零售额9.79亿元,增长6.2%。

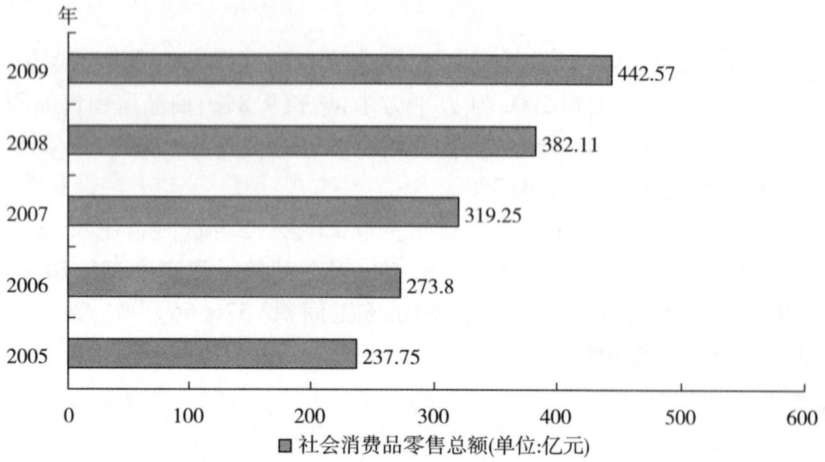

图 2－228　2005－2009 年社会消费品零售总额

湖州全市拥有商品交易市场 219 个,全年市场成交额 533. 22 亿元,比上年增长 7. 2%。市场成交额超亿元的市场 41 个,比上年增加 3 个,成交额 435. 95 亿元,占总成交额的 81. 8%;其中市场成交额超十亿元的市场 10 个,成交额 356. 14 亿元,占总成交额的 66. 8%。

2. 交通运输、邮电

2009 间,市政府大力推进现代化交通网络建设。申嘉湖杭高速公路练杭段顺利建成,杭长高速二期、滨湖大道、长湖申航道改建、318 国道长兴段改建、宁杭铁路等项目推进加快。加大港口资源整合力度,全年关闭 22 座与规划要求和建设规范不符的码头,新建、改建码头泊位 25 个,建成 15 个。按照"三园六中心"的规划布局,积极推进物流基础设施建设。全市年末不含村道的公路通车里程达到3 810公里,其中高速公路 264 公里、一级公路 346 公里、二级公路 414 公里。全年完成客运量 9 752万人,比上年增长 4. 1%;客运周转量 32. 43 亿人公里,增长 6. 2%。完成货运量16 353万吨,增长 2. 5%,其中公路6 332万吨,增长 3. 1%,水路10 021万吨,增长 2. 1%;货运周转量 187. 60 亿吨公里,增长 6. 5%,其中公路 32. 92 亿吨公里,增长 8. 2%,水路 154. 68 亿吨公里,增长 6. 1%。全年内河港口货物吞吐量14 945万吨,增长 4. 3%。

全市年末汽车保有量达到 16. 77 万辆,比上年增加 3. 70 万辆,增长 28. 3%。私人汽车保有量 13. 32 万辆,增加 3. 45 万辆,增长 34. 9%,其中轿车保有量 8. 95 万辆,比上年增加 2. 58 万辆,增长 40. 5%。全年小型汽车上牌量 4. 05 万辆,增长 79. 5%。

全市 2009 年实现邮政电信业务收入 26. 79 亿元,增长 4. 7%;年末固定电话(含小灵通)用户 112. 52 万户,比上年末减少 5. 46 万户;年末移动电话用户 245. 50 万户,增加 55. 05 万户;全市电话普及率为每百人 138 部,比上年增加 19 部;年末国际互联网用户 39. 49 万户,增加 10. 28 万户,增长 35. 2%,其中宽带用户 36. 99 万户,增加 8. 55 万户,增长 30. 1%。

3. 旅游业

湖州市 2009 年实现旅游总收入 166. 24 亿元,增长 26. 2%,其中国内旅游收入 159. 04 亿元,增长 26. 5%,旅游外汇收入10 286万美元,增长 18. 4%;全市旅游景区门票收入 1. 71 亿元,增长 25. 3%。年末全市拥有星级宾馆 55 家,其中三星级以上宾馆 30 家,比上年增加 2 家。2009 年间,湖州还举办浙台旅游合作大会和首届国际生态(乡村)旅游节,使休闲旅游品牌进一步打响。

4. 金融、证券和保险

2009 年湖州市金融机构年末本外币存款余额1 397. 69亿元、贷款余额1 150. 71亿元,分别比上年增长37.9%、46.4%；全年新增贷款379.94亿元，同比多增177.65亿元，几乎是上年的3倍。年末城乡居民本外币储蓄存款余额为688.33亿元，新增145.28亿元，同比多增20.53亿元。金融机构年末不良贷款余额为7.86亿元，比年初减少1.17亿元，不良贷款率为0.68%，比年初下降了0.46个百分点。小企业贷款占新增企业贷款的47.5%；争取到小额贷款公司扩大试点5个，新引进股份制银行分支机构2家；新增上市公司3家，企业债券发行工作再获突破，信用担保体系建设成效明显。

湖州市2009年证券营业机构全年业务成交额2 534.09亿元，比上年增长101.6%，其中代理A股成交2 322.69亿元，增长117.5%。全市新增久立特材、美都控股和华港实业3家上市公司，融资总额14.8亿元。年末全市已拥有境外挂牌企业2家，境内上市企业7家。市交投二期、长兴交投各15亿元债券顺利发行。成功引进中信、招商等异地股份制银行。新增小额贷款公司试点名额5家。

全市2009年保险公司全年保费收入31.45亿元，增长7.2%。其中，财产险保费收入11.01亿元，增长26.4%；人身险保费收入20.44亿元，下降0.9%。各类保险赔款支出6.35亿元，下降30.7%。其中，财险赔款5.64亿元，下降33.9%；寿险赔款7 163万元，增长11.3%。

（五）对外经济

1. 对外贸易

2009年湖州市外贸进出口总额48.33亿美元，比上年下降13.6%。其中，出口40.76亿美元，下降16.9%；进口7.57亿美元，增长10.2%。按出口贸易方式分，一般贸易出口36.65亿美元，加工贸易出口4.11亿美元，分别下降14.3%和34.9%。按出口企业性质分，私营企业出口21.74亿美元，外商投资企业出口15.91亿美元，分别下降9.2%、11.8%。按出口产品分，高新技术产品、化工产品出口大幅下降，分别下降了64.6%和50.3%；机电产品、机械设备、农副产品出口也有明显下降，分别下降13.0%、16.6%、17.0%；纺织原料及纺织制品出口降幅相对较小，下降4.3%。按出口市场分，主要出口市场全面下滑，其中北美洲下降14.0%，欧洲下降15.3%，亚洲下降13.9%。全年进出口贸易额超两千万美元的企业数为49家，比上年减少7家，其中出口超两千万美元企业40家，减少9家。

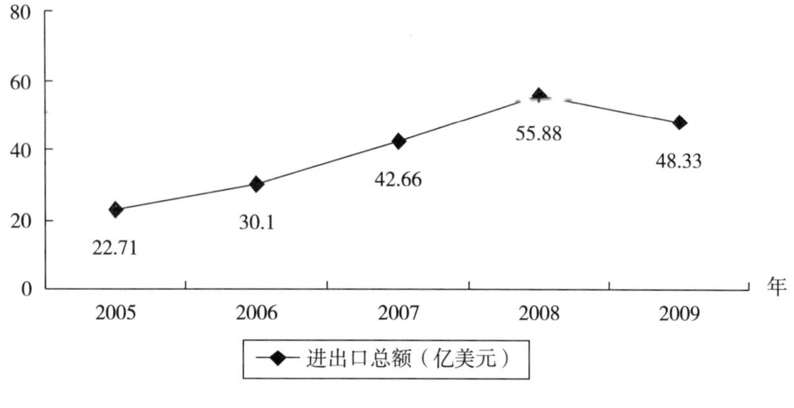

图2－229 2005－2009年湖州市外贸进出口总额

2. 利用外资

湖州市2009年新批准及增减资利用外资项目374个，其中新批外商投资企业179家，批准增资项目120个。全年合同外资17.15亿美元，比上年下降4.9%。实到外资8.11亿美元，增长1.1%，其中第一产业2337万美元，增长51.2%；第二产业6.15亿美元，下降5.4%；第三产业1.73亿美元，增长26.0%。全年批准总投资千万美元以上项目115个，合同外资14.62亿美元，占全部合同外资的85.2%,其中新批总投资千万美元以上企业92家,合同外资11.79亿美元,占全部合同外资的68.8%。湖州还注重创新和完善利用外资工作体系,加大与京、沪、杭、温等地区的合作力度,着力吸引大型国有企业、国内知名上市公司来湖投资。

全市全年共输出劳务404人次,年末在外人数1 236人;年承包劳务营业额1 096万美元;境外投资项目15个,境外直接投资总额2 757万美元,比上年增长50.7%,其中中方投资额1 943万美元,增长6.2%。

表2-60　2009年湖州市县区实际使用外资

单位:万美元

县市	实际使用外资金额
湖州市区	38 970
德清县	15 068
长兴县	15 856
安吉县	11 201

3. 民营经济

2009市政府推动民营企业开展对外合作、扩大有效投入,永兴特钢、久立特材、金洲管道、振兴阿祥等一批企业均实施了新的产业化项目。

二、湖州市2009年社会发展概况

(一)人口、人民生活

湖州市2009年末户籍人口259.17万人,其中男性129.78万人、女性129.39万人;非农人口81.84万人,比上年增加1.09万人;60岁及以上人口47.46万人,占总人口的18.3%,同比提高0.6个百分点。全年出生人口1.93万人,出生率为7.45‰;死亡人口1.89万人,死亡率为7.29‰;人口自然增长率为0.16‰;计划生育率为98.3%。

2009年,全市城镇居民人均可支配收入达到23 280元,比上年增长7.8%。其中市区城镇居民人均可支配收入23 242元,增长6.5%;占户数20%的最高收入组的收入为最低收入组的4.3倍;人均消费支出14 561元,增长2.3%;恩格尔系数为36.1%;年末人均住房面积31.5平方米。全市农村居民人均纯收入达到11 745元,增长9.2%;占户数20%的最高收入组的收入为最低收入组的6.8倍;人均生活消费支出8 058元,增长14.4%;恩格尔系数为33.1%;人均住宅面积53.9平方米。城乡居民年末人均本外币储蓄存款余额达26 559元,比上年增加55 85元,增长26.6%。

(二)就业与社会保障

1. 就业工作

湖州市2009全年新增城镇就业5.57万人,帮扶下岗失业人员再就业2.18万人,其中就业困难人员再就业0.52万人。年末城镇登记失业率为3.2%。

2009年湖州市政府于制定和实施新一轮促进就业政策,加大劳动关系协调力度,着力稳定就业岗位、稳定职工收入。全面开展创建创业型城市试点工作,大力推动创业促就业。加大促进高校毕业生就业力度,应届毕业生就业率达到88.9%。

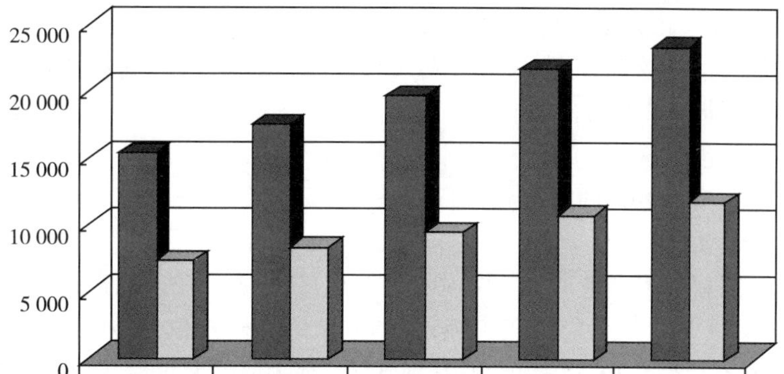

	2005	2006	2007	2008	2009
■城镇居民人均可支配收入(元)	15 375	17 503	19 663	21 604	23 280
□农民人均纯收入(元)	7 288	8 333	9 536	10 751	11 745

图 2－230　2005－2009 年湖州市城乡居民收入对比一览

2. 社会保障

年末全市参加基本养老保险人数达到 66. 25 万人，比上年增加 5. 41 万人；参加城镇职工基本医疗保险人数 49. 15 万人，增加 4. 57 万人；参加失业保险人数 34. 61 万人，增加 3. 41 万人；参加工伤保险人数 54. 18 万人，增加 3. 42 万人；参加生育保险人数 33. 64 万人，增加 2. 46 万人；参加生活保障和生活补助制度的被征地农民 16. 40 万人，增加 1. 87 万人。年末住房公积金正常缴存人数达到 17. 16 万人，比上年增加 0. 85 万人；全年归集住房公积金 16. 30 亿元，比上年增长 17. 4%；当年发放个人住房贷款 14. 15 亿元，增长 49. 3%。

湖州市为推进社会保障扩面提标，出台一系列政策，企业退休人员养老金、城乡居民最低生活保障金、被征地农民基本生活保障金、失业保险金等都有了新提高，企业退休人员门诊医疗统筹、免费健康体检全面实施，新型农村合作医疗人均筹资标准和补偿水平继续提高，新农合“一卡通”报销管理系统开通运行。加快建设廉租房、经济适用房等保障性住房，东湖家园竣工交付，住房公积金惠民利民水平进一步提升。社会救助、社会福利、社会优抚等工作取得新成绩，农村敬老院建设和五保供养工作得到加强。五大社会保险参保任务超额完成，2. 4 万名在湖大学生纳入城镇居民基本医保。

2009 年末全市各类收养性社会福利单位拥有床位8 995张，收养人数3 796人。城镇“三无”、农村“五保”集中供养对象2 806人，集中供养率 98. 7%，比上年提高 1. 2 个百分点。全市得到政府最低生活保障的家庭25 132户，人数45 855人，其中城镇10 378人、农村35 477人；全年发放低保保障金6 937万元，增长 24. 4%；市区城镇低保标准由上年的每人每月 300 元提高到340 元，农村由 180 元提高到 204 元。全年销售社会福利彩票 2. 19 亿元，筹集社会福利资金7 151万元。

（三）教育和科学技术

1. 教育事业

全市拥有各级各类学校 482 所，全年招收学生 12. 33 万人，在校学生 45. 64 万人，毕业生 12. 97 万人。高等教育毛入学率 43. 1%，比上年提高 3. 0 个百分点；高考（文理科）上线率 92. 2%，比上年提高 3. 2 个百分点；初中毕业升高中段的比例 97. 5%，比上年提高 1. 0 个百分点；初中、小学入学率均为 100%；十五年教育毛入学率为 97. 7%，比上年提高 0. 1 个百分点。全市共有专任教师 2. 56 万人，其中普通中小学专任教师 1. 86 万人；普通中小学每百名学生拥有专任教师数 6 人。

2009，湖州市继续加大教育投入力度，扎实推进农村学校“三进”工程，启动实施中小学校舍安全工程,各级各类学校办学条件明显改善。义务教育主要质量指标高于省均水平,高考上线率继续位居全省前茅。学前教育、特殊教育和成人教育持续健康发展,高等教育、职业教育服务地方经济社会发展水平不断提升。

2. 科技与创新

全年专利申请量6 030件,比上年增长23.4%;专利授权量5 165件,增长122.8%,其中发明专利92项,比上年增加35项。全年经认定登记的技术成交项目338项,技术成交金额4 059万元。年末已拥有省级高新技术企业研究开发中心73家,比上年增加13家;拥有省级以上高新技术企业132家,其中国家级132家。全年获市级以上政府奖的科技成果61项,其中国家级1项、省级17项。2009年新增省级高新技术特色产业基地3个,新认定国家重点扶持的高新技术企业64家,新列入省以上重大重点科技产业化项目94个,规模以上工业企业新产品产值增幅高出总产值增幅5.7个百分点。市政府通过加快区域科技创新体系建设,新增科技企业孵化器面积14.3万平方米,南太湖科技创新中心项目引进取得新进展。

(四)文化、卫生和体育

1. 文化事业

湖州市2009年末拥有影剧院6个,全年演出6 359场;文化馆、艺术馆4个,全年举办展览33个,组织文艺活动1 294次;公共图书馆4个,总藏量132.4万册件;乡镇街道文化站71个;档案馆4个;博物馆(纪念馆)8个;文物保护单位242个,其中国家级重点文物保护单位14个,省级重点文物保护单位25个。

2009间,湖州市政府全力推进公共文化服务体系建设。围绕新农村文化建设,重点推进五大工程;成功推出以“太湖之州”为主的系列文化精品,着力打造“欢乐湖州”系列文化活动品牌,市图书馆的“韵海”、市博物馆的高端书画展、湖州大剧院的重大高雅艺术演出等一系列公益文化品牌的影响力不断扩大。全年共引进高雅艺术演出174场,举办大型广场文化活动361场,组织基层文化活动2874场,开展电影下乡放映1.54万场次;年末有线电视用户67.48万户,比上年增加2.25万户;数字电视整体转换工作加快推进,数字电视用户数由上年的11.73户增加到27.41万户。全年出版各类报纸3 352万份,其中湖州日报1 600万份,湖州晚报1 518万份,湖州广播电视报234万份。农村文化“八有”保障工程启动实施,一批文化品牌成功打响,陈英士故居纪念馆建成开放。文化遗产保护、文化市场监管等工作取得新成绩。

2. 卫生事业

至2009年末,湖州市拥有医疗卫生机构1 284个,其中医院34家、卫生院95家、妇幼保健院4家、社区卫生服务站676个;等级医院22家,其中三级医院5家;拥有医疗床位9 794张,其中医院床位9 304张;卫生技术人员15 199人,比上年增加1 250人,其中执业医师4 440人、执业助理医师1 250人、注册护士4 722人;每万人拥有医院床位数36张;每万人拥有卫生技术人员59人,其中医生22人。年末新型农村合作医疗参保人数171.68万人,参保率由上年的97.1%提高到97.6%,全年报销金额2.97亿元,比上年增长45.8%。农村卫生厕所普及率90.9%,比上年提高1.9个百分点。农村改水投资总额7 469万元,符合国家标准的自来水人口受益率达到96.7%,比上年提高0.6个百分点。全市婴儿死亡率、5岁以下儿童死亡率分别为4.15‰、5.95‰。

2009年间,市政府深入推进社区卫生服务规范化建设,着力提高服务水平。全力抓好甲型H1N1流感、手足口病等疫情防控工作,深入开展爱国卫生运动,公共卫生安全进一步加强。全面实施“健康宝宝计划”,计划生育综合治理和优质服务水平继续提升。

3. 体育事业

2009年湖州市以倡导科学健身为理念,蓬勃开展全民健身活动。农村体育设施建设取得新进展,全市农村共新建篮球场195个,安装健身路径270条,乒乓球桌318副,门球场9个,地掷球场6个。全年承办省级以上比赛16次,全国小轮车冠军赛、全国青年象棋锦标赛、浙江省第三届攀岩锦标赛、首届中国湿地生存越野挑战赛等比赛圆满成功;推出“全民健身大广场”活动,举办了乒乓球、钓鱼、拉丁舞、篮球、羽毛球等丰富多彩的群体性体育比赛。全市运动健儿在省以上运动会上获得奖牌97枚,其中金牌22枚、银牌32枚、铜牌43枚。全年体育彩票销售额2.63亿元,比上年增长8.7%。2009年成功举办第十届全国极限运动大赛。

(五)城乡建设

2009年间,湖州市中心城市面貌不断改善。全面推进“一港两区”开发建设,星海栈道、长岛公园、项王公园、大桥公园等项目建成开放,新浙北大厦、星际广场等项目进展顺利;爱山广场步行街区全面结顶;衣裳街历史文化街区南街主入口工程基本完成。实施人民路(府庙)、白鱼潭路和龙溪港东段等“六路一河”综合整治,加快推进十个老居住区综合改造,其中白地街、眠佛寺街改造基本完成。大力推进滨湖开发建设,渔人码头一期建成,滨湖大道、太湖明珠等项目进展顺利,滨湖新区初见形象。东部新区建设强力推进,西南分区“三路六桥”全面贯通,湖东西区建设扎实推进,仁皇山新区、织里新区、南浔城区建设力度明显加大。中心城市建成区面积82.6平方公里,比上年扩大3.8平方公里。城市功能进一步提升。继续加大武康、雉城、递铺三大县城建设力度,全市各中心镇建设和发展步伐进一步加快。切实加强城市管理,探索建立新型城市管理新模式,全面启动“数字城管”建设,大力开展中心城区重点区域环境秩序综合整治,市容市貌得到改善。

2009年实施重点工程如老虎潭水库引水工程、大钱港整治主体工程、向上线特高压湖州段、嘉湖杭高速公路练杭段等等。另有宁杭铁路湖州段、杭长高速公路二期建设加快推进,合湖杭、湖苏沪铁路项目进展顺利。

(六)环境保护和生态建设

2009年间,湖州市节能减排工作不断强化。积极实施100项节能降耗技改项目,全面推进重点行业和重点企业的清洁生产和节能工作,严格执行投资项目用能评估和审查制度。全年通过强制清洁生产审核验收企业17家、上报省级绿色企业10家。深入实施“811”新三年行动,大力治理企业污染和农业面源污染,对126个重点污染源进行实时监测和动态管理,启动16个现有污水处理厂除磷脱氮升级改造工程,3个省级开发区(工业园区)、2个市级重点环境问题得到有效整治。开展矿山企业环境专项整治,关停矿山企业12家,停产整治企业15家。加强太湖蓝藻防治和水环境保护,南太湖生态修复工程、“苕溪清水入湖”等太湖水环境综合治理工程全面推进。

全市生态环境质量不断提升。地表水水质总体良好,80%的监测断面达到Ⅱ、Ⅲ类水质,比上年提高9.7个百分点;77.3%的监测断面水质满足功能要求,比上年提高8.4个百分点;市出境断面水质考核优秀;加快污水处理厂改造提升和配套管网建设,建立跨行政区域河流交接断面水质保护管理考核制度,太湖蓝藻防治工作卓有成效。市区环境空气质量优良率91.8%。完成3个省级开发区(工业园区)和2个市级重点环境问题整治工作,矿山企业整合和环境专项整治等工作扎实推进。全市已拥有20个国家环境优美乡镇、42个省级生态乡镇、55个市级生态乡镇和196个市级生态村,拥有省级绿色饭店20家、省级绿色学校57所。德清县通过国家生态县现场考核验收,长兴县被命名为省级生态县。深入开展生态创建工作,湖州市成为全省唯一的省级生态文明建设试点市。

2009年湖州市实施100项节能降耗技改项目和57项主要污染物减排项目,淘汰落后产能,推行清洁生产。

(七)社会安全和安全生产

2009年,湖州市进一步加强社会治安综合治理,“属地管理”和“谁主管、谁负责”原则同步有效推进。加强“两所一庭”建设,乡镇综治工作中心规范化建成率提前一年达到100%。推进基层民主法治建设,深入开展“五五普法”,切实加强法律援助工作,行政村法律顾问在全省率先实现全覆盖。广泛开展“平安细胞”创建活动,加强人民调解和信访基础工作,建立健全维稳工作“十大机制”,一批历史遗留问题及重大不稳定因素得到妥善处置和有效化解,国庆安保工作成效显著。切实加强隐蔽战线斗争,完善社会治安防控体系,除黑恶、打“两抢”等专项行动取得积极成效。有效加强监狱劳教管理,全面推进社区矫正工作,健全归正人员帮教安置网络。

湖州市2009年不断完善公共安全监管体系,扎实开展安全生产执法、治理、宣传教育“三项行动”,安全生产事故次数、死亡人数、直接经济损失分别下降11.6%、2.9%和4.7%。切实加强食品药品安全监管,“十小”行业质量安全整治取得积极成效。加强应急管理体系建设,突发事件得到平稳处置。重视和加强社会组织建设,扎实推进和谐社区创建活动,城市社区工作服务用房全部达到省定标准,社区工作者待遇得到改善。民族、宗教、国防、双拥、人防、气象等工作进一步加强。

三、湖州市在长三角地区经济发展中的地位

2009年,全市经济在年初明显下滑的情况下,逐步企稳回升,全年走势呈现V形反转,主要经济指标完成情况明显好于预期,经济总体保持了平稳较快发展。

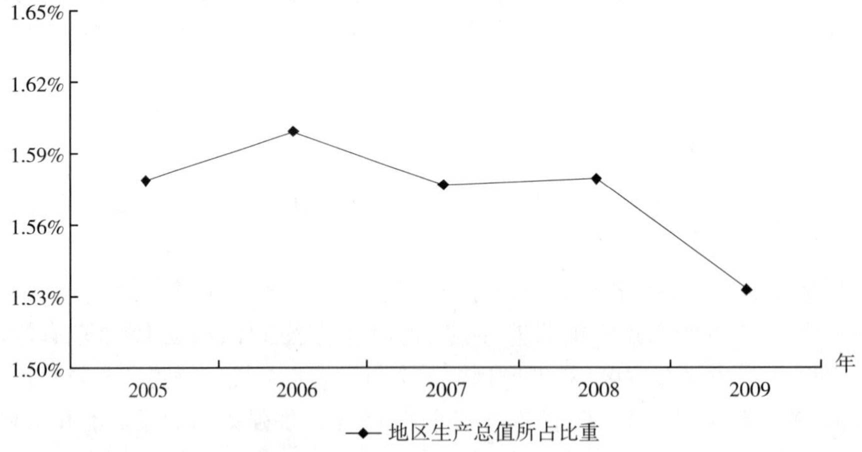

图2-231 2005-2009年湖州市地区生产总值在长三角所占比重

2005-2009年湖州市地区生产总值在长三角所占比重分别为1.58%、1.60%、1.58%、1.58%和1.53%,最近5年一直保持稳定,其中2009年微跌0.05个百分点。2009年初国际金融危机影响不断蔓延加深,年初湖州市经济也确实受到了重大冲击,一季度经济增长速度创本世纪以来最低,但从二季度开始经济开始企稳回升,到三季度回升趋势基本确立,四季度更是加速回暖。2009年全市实现生产总值1 111.50亿元,按可比价格计算,同比增长10.2%。其中第一产业增加值89.74亿元,增长3.0%;第二产业增加值617.76亿元,增长8.3%;第三产业增加值404亿元,增长14.8%。全年生产总值增幅虽然比上年回落了0.4个百分点,但年内回升趋势明显,且与年初目标相比仍超额完成年初目标,走势完全好于预期。2009年湖州市经济增长速度高于全国平均1.5个百分点,高于全省平均1.3个百分点,经济增长速度在浙江省居第四位、在长三角城市中居第十位,排名均比上年提高了2位。

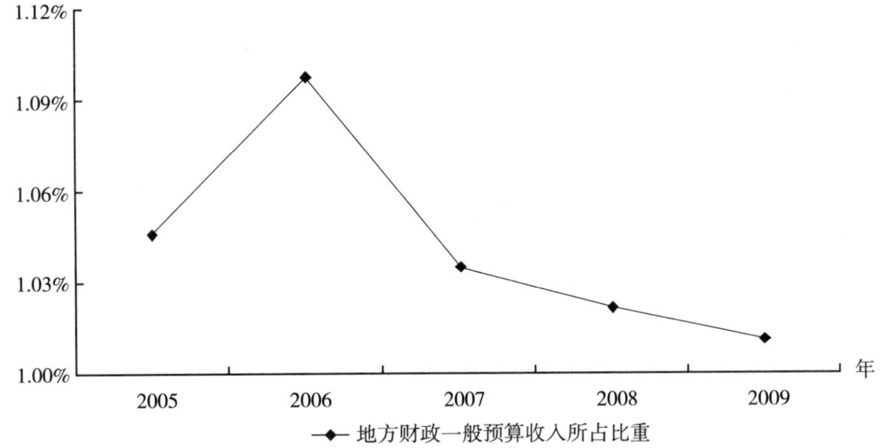

图 2－232　2005－2009 年湖州市地方财政一般预算收入在长三角所占比重

2005－2009 年湖州市地方财政一般预算收入在长三角所占比重为 1. 05%、1. 10%、1. 04%、1. 02% 和 1. 01%，呈现稳中有跌的态势，但跌幅不大，最近三年累计跌幅为 0. 09 个百分点。与经济走势相似，2009 年财政收入形势也经历了逐渐回升的过程，全年财政总收入达到 146. 69 亿元，比上年增长 9. 7%，其中地方财政收入 80. 01 亿元，增长 11. 7%，增幅虽然比上年明显回落，但年内不断好转的趋势明显，财政总收入和地方财政收入增幅分别比一季度提高了 12. 4 和 13. 9 个百分点。地方财政收入中，增值税增长 9. 1%，营业税增长 16. 9%，企业所得税下降 3. 8%，个人所得税增长 9. 9%，契税增长 6. 3%。

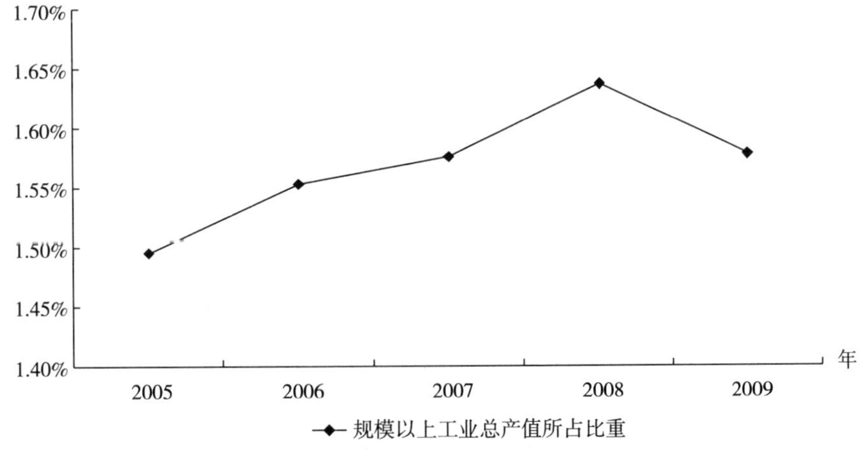

图 2－233　2005－2009 年湖州市规模以上工业总产值在长三角所占比重

2005－2009 年湖州市规模以上工业总产值所占比重分别为：1. 50%、1. 55%、1. 58%、1. 64% 和 1. 58%，连续 3 年增长后 2009 年首次出现微降，回落到 2007 年的水平。工业是受金融危机影响最大的产业，2009 年增幅虽有所回落，但稳步增长确实来之不易，也为全市经济平稳较快发展起了重要的支撑作用。2009 年规模以上工业总产值2 198. 09亿元，同比增长 9. 6%，增幅回落 12. 5 个百分点，创 2000 年以来最低水平，但与年初的负增长相比，生产复苏已经非常明显。全市工业企业发展的另一个亮点是效益强势回升。2009 年规模以上工业实现利税 167. 63 亿元，增长 18. 9%，其中利润 100. 27 亿元，增长 30. 9%，增幅同比分别提高 10. 2 和 27. 1 百分点。

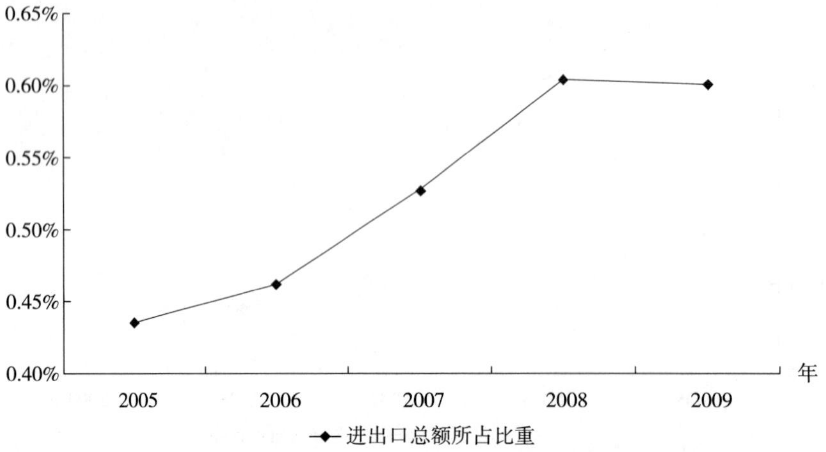

图 2－234　2005－2009 年湖州市进出口总额在长三角所占比重

2005－2009 年湖州市进出口总额在长三角所占比重分别为:0. 44%、0. 46%、0. 53%、0. 60%、0. 60%,连续多年增长后,2009 年与上年占比持平。受金融危机影响,2009 年国际主要经济体经济低迷,年内虽逐步回暖但复苏进程缓慢,国际市场需求不足也对湖州市出口带来了较大的冲击。全年进出口总额为 48. 33 亿美元,同比下降 13. 6%,其中出口额为 40. 76 亿美元,下降 16. 9%,创 1991 年以来最大年度降幅。

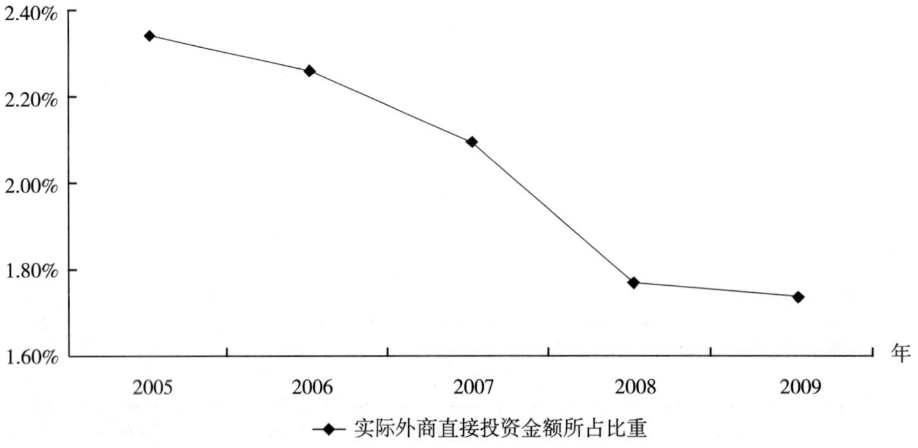

图 2－235　2005－2009 年湖州市实际外商直接投资金额在长三角所占比重

2005－2009 年湖州市实际外商直接投资金额在长三角所占比重分别为 2. 34%、2. 26%、2. 10%、1. 77% 和 1. 74%,呈现逐年下降的趋势,累计降幅为 0. 61 个百分点。2009 年湖州利用外资形势逐月好转,全年实现了小幅增长。全年合同外资 17. 15 亿美元,比上年下降 4. 9%,实到外资 8. 11 亿美元,增长 1. 1%。2009 年随着国际金融危机影响的不断蔓延,投资商普遍对全球经济持谨慎观望态度,投资意愿较弱,宏观形势给湖州市利用外资造成了不小的困难。再加上湖州建设用地价格大幅上升、工业用地供需矛盾突出、劳动力成本提高较快等因素的影响,造成外商在湖州投资的商务成本进一步加大,给招商引资工作造成了一定的难度。

六　绍兴市2009年经济社会发展报告

2009年，面对国际金融危机的严重冲击和自身经济转型的巨大压力，绍兴市上下坚持以科学发展观为指导，认真落实中央促进经济发展的计划和省委"标本兼治、保稳促调"的总方针，积极实施"保增长、抓转型、重民生、促稳定"的各项举措，着力解决经济运行中的突出矛盾和问题，牢牢把握了经济发展的主动权，较快扭转了经济增速的下滑势头，呈现出经济企稳回升、产业结构趋优、经济效益转好、人民生活提高、社会和谐稳定的良好局面。全市经济社会在科学发展道路上迈出了坚实步伐。

一、2009年绍兴市经济发展状况

（一）综合经济

1. 经济总量持续增强

2009年绍兴市生产总值2 375.46亿元，按可比价计算，比上年增长9.3%，经济总量居长江三角洲地区第9位，全省第4位。全市人均生产总值54 309元（按户籍人口计算），按现行汇率计算，人均生产总值已接近8 000美元，达到7 950美元。6个县（市、区）有3个已达到"人均GDP大于7 000美元"，5个达到"人均GDP大于6 000美元"，其中绍兴县13 393美元、市区9 191美元。从三大产业看：第一产业增加值124.45亿元，增长3.5%；第二产业增加值1 379.50亿元，增长7.1%；第三产业增加值871.51亿元，增长14.2%，增速居全省前列。产业结构进一步优化，第三产业增加值比重明显提高，三次产业结构由上年的5.2%∶59.8%∶35.0%演变为5.2%∶58.1%∶36.7%，第三产业增加值占GDP比重比上年提高1.7个百分点。

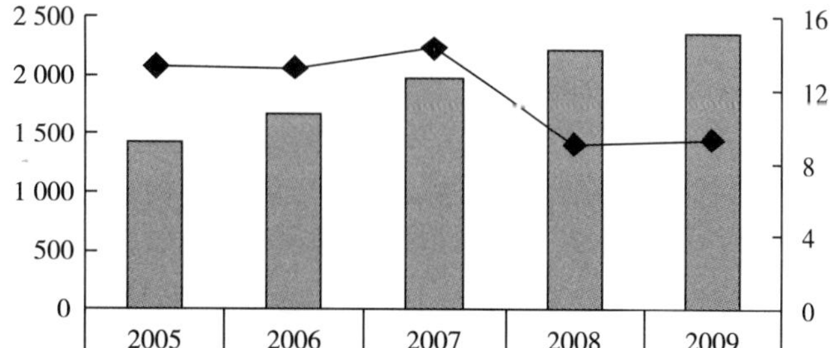

	2005	2006	2007	2008	2009
地区生产总值(亿元)	1 440.48	1 678.19	1 971	2 222.95	2 375.46
按可比价格增幅(%)	13.3	13.2	14.3	9	9.3

图2－236　2005－2009年绍兴市地区生产总值及增长速度

2. 财政收入稳步增加

绍兴市2009年财政总收入298.53亿元，地方财政收入160.43亿元，同比分别增长8.7%和11.7%，完成年度预算的100.5%和101.9%。财政收入结构继续优化，地方财政收入占财政总收入53.7%，同比增加1.4个百分点。营业税和个人所得税均保持较快增长，分别增长13.9%和10.6%。增值税增长7.4%，企业所得税下降6.6%。

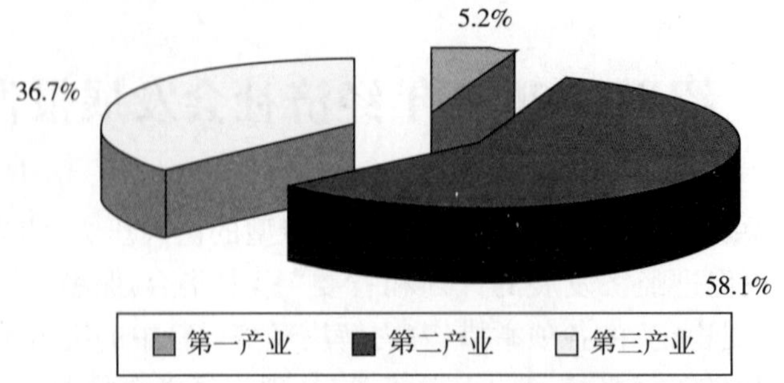

图 2－237　2009 年绍兴市三次产业结构图

3. 物价水平略有回落

2009 年，绍兴市区居民当月消费价格从 2 月起，连续 9 个月负增长，全年累计消费价格总水平下降 0.8%。八大类商品消费价格三涨五跌，其中食品类价格涨 1.7%，烟酒及用品类涨 0.8%，医疗保健和个人用品类涨 2.1%。衣着、家庭设备用品及维修服务、交通和通信、娱乐教育文化用品及服务、居住类价格分别下降 0.9%、0.2%、3.6%、1.8% 和 6.1%。工业品出厂价格下降 3.4%，原材料、燃料、动力购进价格下降 5.3%。

4. 固定资产投资快速增长

绍兴市全年全社会固定资产投资1 055.03亿元，增长 15.2%，高于预期目标 4.2 个百分点，其中工业性投资 586.02 亿元，增长 9.8%。基础设施投资增势强劲。限额以上投资中，基础设施投资 172.58 亿元，增长 49.6%；房地产开发投资 210.46 亿元，增长 4.2%；农村投资 348.29 亿元，增长 38.4%。

绍兴市 2009 年全面实施“三年建设计划”，认真修编新一轮城市总体规划，扎实推进重大基础设施项目建设。全年基础设施、民生保障等重大项目实际投资 367.47 亿元，工业性投资 586 亿元，产业升级类投资项目完成投资 295 亿元。曹娥江大闸全面建成，嘉绍大桥、绍诸高速、绍兴中心港作业区、解放南路二期、越王城保护整合等重大工程加快实施。上三高速复线、杭甬客运专线绍兴段、绍兴铁路东站、104 国道高桥立交桥、中兴南路二期及货场迁建等重大项目前期工作积极推进。中心城市功能加快建设完善，高铁、高教园区、奥体中心、文化中心、科技馆等项目全面启动，镜湖湿地梅山梅园基本完工，大滩水上体育运动中心建成开放。

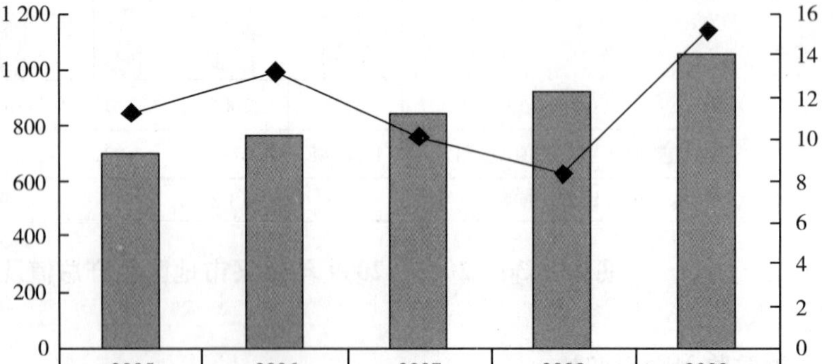

	2005	2006	2007	2008	2009
固定资产投资总额(单位:亿元)	700.25	765.06	843.27	915.75	1 055.03
增幅(%)	11.3	13.2	10.1	8.3	15.2

图 2－238　2005－2009 年绍兴市全社会固定资产投资及增长幅度

5. 区域发展

2009年间，绍兴市加快行政领域改革。推进扩权强县改革，132项市级管理事权全部下放各县（市）。推进扩权强镇改革，积极实施中心镇培育工程，去年28个省、市中心镇开工建设的222只重点项目完成投资达31.47亿元。启动新一轮行政审批制度改革，加快投资项目审批步伐。创新组团发展模式，编制嵊新区域发展规划，完善嵊新城市组团发展协调机制。

表2－61 2009年绍兴市县市主要经济指标

县市	生产总值（亿元）	地方财政收入（亿元）	全社会固定资产投资（亿元）	出口总额（万美元）	社会消费品零售总额（亿元）
绍兴市区	407.46	43.01	2 259.12	88 994	1 889.39
诸暨市	527.51	29.57	227.75	79 467	144.01
上虞市	368.00	22.76	165.91	45 672	114.30
嵊州市	231.18	10.86	93.36	7 866	100.04
绍兴县	655.26	43.58	272.07	244 422	105.89
新昌县	187.06	10.64	66.83	6 477	64.27

（二）农业和农村建设

至2009年末，绍兴市农作物播种面积326.94千公顷，比上年增长1.7%，其中粮食作物播种面积183.84千公顷，增长3.7%。全年粮食总产量118.37万吨，增长4.0%。蔬菜、生猪、茶叶、淡水产品、花卉苗木等五大特色主导产业总产值106.23亿元，占全市农林牧渔业总产值的55.9%。农业龙头企业进一步发展壮大，全市拥有各级各类农业龙头企业1 208家，新增市级农业龙头企业51家，其中超亿元企业55家，新增2家。

2009年间，绍兴市农业品牌得到新发展。至年末，全市农产品共有中国名牌产品12只，中国驰名商标27只，浙江名牌产品39只，浙江著名商标60只，绍兴名牌产品91只，绍兴著名商标133只。主导产业发展迈上新台阶，全市已建立各类特色农业基地269万亩，新增10.3万亩，全市新增"万字号"特色基地2个，累计达到96个。

2009年，绍兴市农业安全生产得到加强，全市共建立各类农业标准化示范区286个，示范推广面积87.56万亩；认证无公害农产品352只、认证A级绿色食品53只、认定无公害农产品产地300个，发展无公害农产品产地面积114万亩，其中新认证无公害农产品89个，新认定无公害农产品产地94个，新认证绿色食品9只。

绍兴市2009年加大各项强农惠农政策力度，全市财政预算内"三农"资金支出66.2亿元，增长19.5%。扎实开展13个粮食高产样板区建设，新增粮食播种面积10万亩，连续六年实现粮食生产稳定增长。大力发展农业主导产业，完成农业产业升级投资4.5亿元。出台建设茶叶强市的意见，成功举办中国浙江绿茶大会。

2009年间，绍兴市政府着力提升农业产业化水平，新增农业龙头企业51家、农民专业合作社480家，农民信箱用户数达到30万。积极推进城市基础设施、公共服务向农村延伸，新增村庄绿化面积66.7万平方米，整治农村河道213.2公里，城镇集中供水覆盖农村人口增加18.9万，创建村级社区服务中心918个，新增电气化村247个、信息化示范村75个。全面启动农村住房改造建设，改造面积263万平方米。加大村级集体经济政策扶持力度，大力发展农家乐和森林休闲旅游，引导农民转移就业和创业,广泛开展“欠发达乡村和低收入农户奔小康”工程,千方百计增加农民收入。

(三)工业和建筑业

1. 工业增加值稳步增长

绍兴市2009年工业增加值1 233.05亿元,按可比价计算,增长6.4%。规模以上工业总产值5 460.58亿元,同比增长4.7%,其中市区821.93亿元,同比增长1.9%。产销衔接处于较好水平,全市规模以上工业销售产值5 349.52亿元,产销率97.97%。新产品产值快速增长,全市规模以上工业新产品产值1 391.51亿元,同比增长14.5%,高出规模以上工业9.8个百分点,新产品产值率25.48%(其中机电产业提高到36.5%),同比提高2.17个百分点,居全省第二位。主营业务收入超亿元工业企业830家,比上年增加20家,其中超10亿元企业87家,超50亿元企业8家,超100亿元企业1家。

2009年绍兴市规模以上工业利税总额433.97亿元,同比增长9.9%,其中利润总额288.94亿元,增长13.8%。列入全省考核的十一项经济效益评价指标综合得分259.74分,同比提高5.64分,居全省第5位。

表2-62　2009年绍兴市县区工业总产值

单位:亿元

县市	工业总产值
绍兴市区	822.56
诸暨市	1 294.50
上虞市	775.81
嵊州市	288.85
绍兴县	2 046.17
新昌县	291.01

绍兴市全年规模以上工业综合能源消费量(当量)977.63万吨标准煤,同比增长0.7%,低于工业总产值增速4个百分点,万元产值能耗0.179吨标准煤,同比下降3.8%,化学需氧量排放量下降3%,二氧化硫排放量下降4%。全社会用电量258.87亿千瓦时,增长6.0%,其中工业用电量215.20亿千瓦时,增长5.4%。

2009年绍兴市工业结构转型加快。按照国家产业振兴规划和绍兴工业经济转型升级的要求,加快纺织、机械装备、医药化工、电子信息和城市型工业等五大产业的提升发展,全力构筑产业体系。2009年,绍兴工业经济增长实现“V”字型反转的同时,呈现出新产品生产增长快于全部工业增长、工业品内销增长快于外贸增长、效益回升快于产销回升的良好发展态势。

2. 建筑业实现利税稳定增长

绍兴市2009年又有16家企业晋升一级资质,27家企业晋升二级资质。至年底,全市建筑业企业756家,其中特级企业17家,一级企业95家,二级企业212家。全年按工程属地原则核算的建筑业增加值146.45亿元(不含绍兴市建筑企业在外地创造的增加值),按可比价计算,比上年增长14.6%,增加值总量居全省第3位,增速居全省第4位。全市建筑业总产值2 724.04亿元(含绍兴市建筑企业在外地的施工产值),比上年增长12.7%,其中产值超10亿元企业60家,超30亿元企业24家,超50亿元企业16家。2009年进沪登记业务186.47亿元,占全省进沪施工企业业务总量的

63.88%，进一步稳固了绍兴在沪施工的龙头地位。新兴市场不断发展壮大，绍兴市建筑企业在北京、江苏、安徽、江西、湖北等各类城市业务量增幅都超过10%，市外产值占全市建筑业产值的80%以上。工程质量合格率100%。全年共有21只工程获上海白玉兰杯，占全省67%；获钱江杯22只，鲁班奖1只。

（四）服务业

1. 国内贸易

绍兴市2009年社会消费品零售总额717.90亿元，同比增长16.0%，其中限额以上批发和零售业零售额增长18.3%。分城乡看，城镇市场零售总额459.27亿元，同比增长17.0%；农村市场零售总额258.64亿元，增长14.2%。分行业看，批发零售贸易业零售额652.69亿元，增长16.5%；住宿和餐饮业零售额65.21亿元，增长10.8%。分商品看，汽车类消费居首，其次是石油及制品类。限额以上企业中，汽车类、石油及制品类零售额分别为108.83亿元和55.54亿元，同比增长34.5%和19.0%；粮油类和烟酒类零售额分别6.41亿元和8.60亿元，增长8.3%和13.0%；饮料类零售额4.12亿元，下降6.9%；金银珠宝类零售额7.19亿元，增长16.5%。

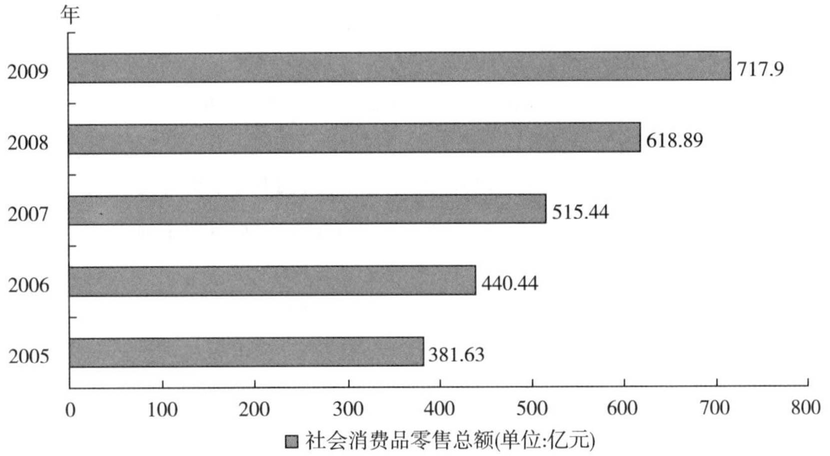

图2－239　2005－2009年社会消费品零售总额

年末绍兴市共有商品交易市场383个，成交额1 423.19亿元，同比增长13.1%，其中消费品市场成交额803.42亿元，增长19.5%；生产资料市场成交额619.76亿元，增长6.1%。年末超亿元市场41个，超10亿元市场19个，超100亿元市场3个。中国轻纺城和钱清轻纺原料市场成交额分别为391.49亿元和316.45亿元，增长11.0%和12.3%。

2. 交通运输、邮电

2009年绍兴市积极推进交通重点工程建设，全年全市交通基础设施项目投资额81.38亿元，增长164.1%。年末全市公路通车里程9 079公里，同比增长2.1%。大力推进农村公路建设，投入资金1.8亿元，完成农村联网公路和通村公路建设目标任务。积极推进城乡公交一体化，实施农村客运班线公交化改造，全市更新农村客运班车24辆，农村客运通达率99.2%。全年公路营业性客运量17 025万人次，周转量45.24亿人公里，分别比上年增长2.9%和7.5%；公路营业性货运量7 612万吨，周转量67.38亿吨公里，分别比上年增长3.3%和6.3%。

绍兴市全年邮电业务收入47.34亿元，比上年增长3.6%。年末城乡固定电话用户（含小灵通）

226.28 万户,固定电话主线普及率 51.69 号线/百人。年末移动电话用户数(通话用户)378.52 万户,其中新增 44.50 万户,移动电话普及率 86.47 部/百人。年末互联网用户数(不包括手机上网用户)63.59 万户。特快专递业务发展迅速,全年特快专递 164.78 万件,同比增长 28.7%。

3. 旅游业

2009 年间,绍兴市组建市旅游工作委员会和旅游集团,积极发展"全城旅游",促进旅游业提升发展。全市旅游总接待游客2 894.17万人次,旅游总收入 252.33 亿元,分别增长 16.9% 和 18.3%,其中接待国内游客2 851万人次,国内旅游收入 242.25 亿元,分别增长 17.1% 和 18.7%;接待入境游客 43.17 万人次,旅游外汇收入14 818万美元,分别增长 8.3% 和 8.6%。年末共有涉外饭店、宾馆 95 家,其中五星级 6 家,四星级 13 家,三星级 40 家。市区鲁迅故里二期、咸亨新天地和越王城保护整合工程、绍兴县大香林二期工程和乔波滑雪馆、嵊州市的温泉度假旅游区项目、上虞曹娥景区一期工程、诸暨西施故里二期等旅游工程顺利推进。诸暨华东国际珠宝城成功创建 4A 级旅游景区,上虞石狮商贸城成功创建 2A 级旅游景区。积极开展农家乐创建 A 级旅游景区工作,大力发展农家乐等乡村旅游。

4. 金融、证券和保险

2009 年末,全市金融机构本外币存款余额4 139.54亿元,同比增长 26.8%,其中城乡居民储蓄存款余额1 707.01亿元,增长 20.5%。金融机构本外币贷款余额3 296.95亿元,同比增长 32.4%,其中短期贷款2 404.39亿元,中长期贷款 732.59 亿元,分别增长 27.6% 和 46.9%。全市证券资金帐户新开户50 166户,累计387 609户。当年累计证券总交易额9 823.85亿元。

全市上市公司 36 家,其中境外上市 11 家。新增上市公司 2 家(唐龙针纺和绅花国际在澳大利亚上市),融资 1.07 亿元。亚厦装饰和亚太药业 2 家公司通过中国证券委员会审核。7 家上市公司启动再融资,其中卧龙地产、浙江龙盛和盾安环境 3 家已成功实施,再融资 25.63 亿元。

年末全市有各类保险机构 44 家,保费总收入 47.54 亿元,增长 15.4%,其中财产险保费收入 18.77 亿元,增长 18.2%;寿险保费收入 28.77 亿元,增长 13.7%。支付各类赔款及给付 13.56 亿元,同比下降 19.0%,其中财产险赔款 9.78 万元,下降 3.3%;人身险赔付 3.78 万元,下降 59.7%。

5. 房地产业

2009 年在各项政策措施的促动下,绍兴市房地产市场快速发展,交易活跃,成交量和成交额成倍增长。年末全市有房地产开发企业 320 家,全年商品房销售额 302.87 亿元,增长 160.8%,销售建筑面积 475.67 万平方米,增长 119.3%。房地产开发施工面积1 900.41万平方米,其中新开工面积 531.94 万平方米。年末商品房空置面积 209.58 万平方米,增长 3.8%。

6. 服务业特点简析

2009 年绍兴市服务业呈现三大特点,分别是:

(1)绍兴市服务业投资同比大增,市区服务业投资增长迅速。2009 年全市服务业投资 407.85 亿元,同比增长 21.7%,其中市区、嵊州市、新昌县服务业投资分别同比增长 53.1%、27.1% 和 19.6%。

(2)2009 年绍兴市服务业重大建设项目顺利完成预定目标。年初确定的全市 120 只服务业重大建设项目,2009 年计划完成投资 116.16 亿元,实际完成 127.13 亿元,完成率达 109.44%。

(3)绍兴市 2009 年下半年服务业发展步伐明显加快。1-6 月全市实现服务业投资为 171.39 亿元,仅占全年投资的 42.02%,7-12 月全市实现服务业投资 236.46 亿元,占全年投资的 57.98%。市服务业重大建设项目更是如此,下半年完成投资 86.67 亿元,占全年投资的 68.17%。

(五)对外经济

1. 对外贸易

绍兴市 2009 年进出口总额 204.90 亿美元,同比下降 14.0%,其中出口 157.61 亿美元,下降 9.9%,降幅低于全国、全省 6.1 和 3.9 个百分点;进口 47.29 亿美元,下降 25.3%。出口总量居全省第 3 位,出口增幅居全省第 5 位。

绍兴市进出口国家和地区 200 个,其中出口超1 000万美元的国家和地区 95 个。欧盟、美国和中东三大传统出口市场出口额分别下降 13.0%、6.5% 和 7.0%。纺织服装出口 105.76 亿美元,下降 4.3%;化纤布、棉布出口量分别增长 7.8% 和 5.5%。机电、化工及相关产品出口 26.76 亿美元和 8.81 亿美元,分别下降 16.0% 和 15.0%。高新技术产品出口 6.81 亿美元,下降 4.1%。新登记备案企业1 517家,累计获进出口经营权企业8 907家。

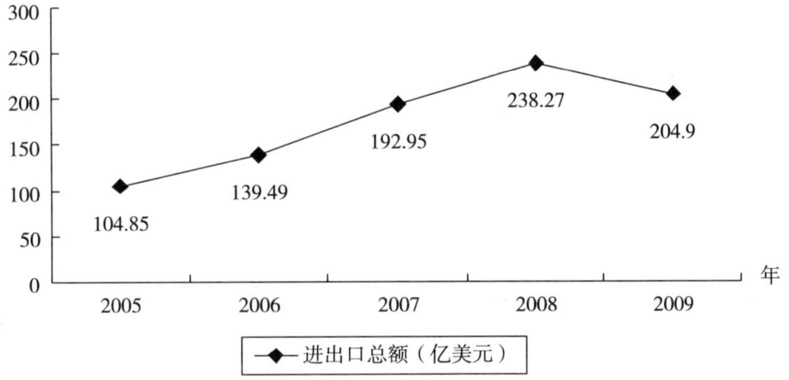

图 2-240　2005-2009 年绍兴市外贸进出口总额

2. 外资状况

绍兴市全年新批外资项目 174 只,新批项目单体投资规模 929 万美元,新增投资总额超千万美元项目 64 只,投资总额超3 000万美元以上重大项目 10 只,大项目与重大项目数均完成全年预定目标,并新增 1 家世界 500 强投资项目。合同外资 9.42 亿美元,下降 43.5%。实到外资 8.11 亿美元,增长 5.0%,实到外资总量居全省第 4 位,增幅居全省第 3 位,实际利用外资 8.1 亿美元。机电等高新行业引资占比大幅提升,全市新增机械、电子等高新技术项目 77 只,合同外资 4.99 亿美元。

表 2-63　2009 年绍兴市县市实际使用外资

单位:万美元

县市	实际使用外资金额
绍兴市区	13 766
诸暨市	23 225
上虞市	25 229
嵊州市	6 616
绍兴县	10 230
新昌县	2 051

3. 对外合作

2009 年全市新批境外投资企业98 家。完成对外承包劳务营业额4.24 亿美元,同比增长7.5%,境外投资规模居全省第2 位。境外工程项目承包的11 家企业在新加坡、蒙古、坦桑尼亚新签境外工程合同额1.3 亿美元,完成境外工程营业额9 035万美元。新增服务外包企业11 家,服务外包企业累计达到17 家,共完成服务外包总额522.9 万美元,其中离岸服务外包265 万美元。

4. 民营经济

绍兴市主动对接央企,引导鼓励民营企业投资,实际引进内资96.7 亿元,增长20.3%。出台稳定外贸出口政策,加大企业参加各类展销补贴力度,组织企业抱团参展,筹建新嵊海关办事处,推广电子商务平台,努力帮助企业拓展市场。

2009 年间,绍兴市的支持企业"走出去"健全营销网络,境外投资企业带动出口额增长10.3%。制订专业市场空间布局规划和提升发展的政策意见,加快迪荡商贸城、绍兴国际汽车城等项目建设。积极推进家电下乡和以旧换新,促进汽车等大宗消费,稳健发展房地产市场。新引进民生、恒丰、渤海等银行机构,组建6 家小额贷款公司,全市金融机构新增贷款806 亿元,贷款资源88.4%投向中小企业。鼓励企业上市和直接融资,新增上市企业2 家,募集企业债券资金58 亿元,成功发起小企业集合信托债权基金。争取奖励和追加土地指标12712 亩,有效保障用地需求。引进各类人才3.2 万人,增长7%。出台促进民营企业健康发展的政策意见,加强重点企业运营监测和协调,规范企业融资担保行为,协调解决部分企业解困工作。妥善处置"华联三鑫"等企业经营危机,初步完成"纵横集团"破产重整,社会反响良好。

二、绍兴市2009 年社会发展概况

(一)人口、人民生活

至2009 年末,绍兴市户籍人口437.74 万人,其中男性220.19 万人,女性217.55 万人,分别占总人口的50.3%和49.7%;全市非农业人口143.46 万人,占总人口的32.8%,比上年提高0.7 个百分点。年末全市暂住人口(暂住一个月以上)139.36 万人,比上年下降0.4%。据市人口计生委统计,全年全市人口出生率6.92‰、死亡率7.45‰,人口自然增长率-0.53‰。

居民生活水平稳步提高。财政支出继续向民生倾斜,全年财政支出169.54 亿元,其中用于民生116.02 亿元,占总支出的68.4%。全市财政支出中,教育、农业、科技支出分别增长16.1%、26.3%、25.9%。根据抽样调查,全市城镇居民人均可支配收入26 874元,同比增长9.0%。全市农村居民人均纯收入12 026元,同比增长9.8%。城镇居民人均消费性支出16 607元,增长6.6%。农村居民人均生活消费支出8 171元,增长3.7%。城乡居民恩格尔系数分别为37.2%和38.8%。城镇居民人均住房建筑面积38.39 平方米,同比增长4.9%。农村居民人均住房面积66.47 平方米,同比增长1.6%。

(二)就业与社会保障

1. 就业

全年全市城镇新增就业人数72 800人,完成省政府下达目标任务的135%,其中市区20 087人,完成目标任务的161%。全市下岗失业人员实现再就业34 000人,完成省政府下达目标任务的150%,其中市区10 939人,完成目标任务的171%。全市帮助就业困难人员实现再就业7 678人,完成目标任务的142%,其中市区2 182人,完成目标任务的150%。全市城镇登记失业率控制在3.50%。

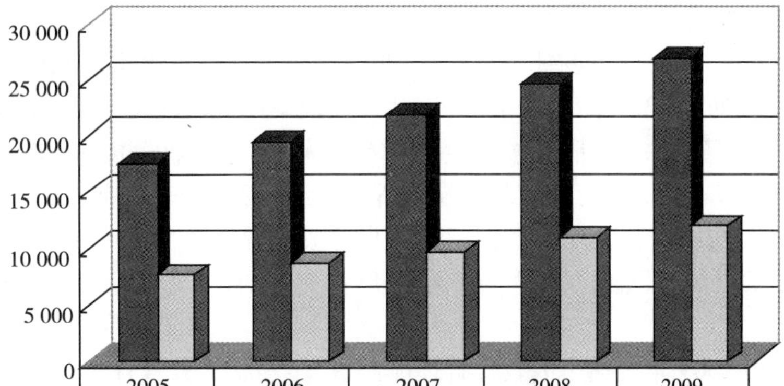

	2005	2006	2007	2008	2009
■城镇居民人均可支配收入(元)	17 516	19 486	21 971	24 646	26 874
□农民人均纯收入(元)	7 704	8 619	9 730	10 950	12 026

图 2-241　2005-2009 年绍兴市城乡居民收入对比一览

2. 社会保障

至 2009 年底，绍兴市企业职工基本养老保险总参保 124.82 万人，新增 12.07 万人；城镇职工基本医疗保险总参保 105.05 万人，新增 11.74 万人；城镇居民医疗保障总参保 43.93 万人，新增 14.64 万人；失业保险总参保 68.75 万人，新增 3.97 万人；工伤保险总参保 126.69 万人，新增 3.31 万人；生育保险总参保 74.44 万人，新增 6.87 万人。农村养老保险参保人数（包括被征地农民）91.48 万人，比上年增加 1.97 万人。建立了基本医疗保险市统筹制度、城乡居民社会养老保险制度，完善市区城镇居民和未成年人医疗保障制度和市区城镇职工基本医疗保险制度。实施社会保险费减征和缴费基数、缴费比例下调工作。

年末绍兴市共有低保对象53 884人，同比增加1 821人，支出低保金10 581万元，同比增加2 079万元。全市低保月人均补助城镇 249.55 元、农村 152.6 元。对“五保”、“三无”、低保对象实行零门槛救助。积极推进乡镇卫生院进入定点医院范围，全部实行即时救助，全年救助困难群众 7.8 万人次，救助资金4 715万元。不断扩大救助面，全市将低保标准 150% 的重度残疾对象纳入救助范围，市区将廉租房对象扩大到“低保标准 300% 范围”。全市共有集中供养对象3 634人，集中供养率 99.9%。积极推进养老服务体系建设，县级养老服务指导中心全部成立，40 个社区建成居家养老服务中心。高效推进农村“老年福利服务星光计划”，投资 2.8 亿元以上完成 960 家的建设任务。积极实施“蓝天计划”，扩大“明天计划”实施对象，将困难家庭残疾儿童纳入手术康复实施范围。全市社会福利床位数15 894张，同比增长 11%。全市慈善救助困难群众53 610人，支出善款12 116.8万元（其中赈灾资金7 756.99万元）。全市 216 家福利企业安置残疾职工10 282人。

2009 年，绍兴市全面实行社会保险“五费合征”，制订城乡居民养老保险政策，在全省率先启动城镇职工基本医疗保险市级统筹，各类社会保障覆盖面进一步扩大。

（三）教育和科学技术

1. 教育事业

2009 年，绍兴市扎实推进镜湖高教园建设，已完成高教园内区块划分，主要项目进入省重点建设项目增补名单。深入推进教育基本现代化乡镇创建活动，又成功创建 15 个教育基本现代化乡镇，覆盖率达到 70.3%。全市新创建国家级实训基地 1 个、省级实训基地 3 个，省级示范专业 5 个。至年末，全市有国家级实训基地 5 个、省级实训基地 22 个。拓展优质教育资源覆盖面，全市省义务教育标准化学校覆盖率达到85%,省级示范性中小学比例达22%。

至2009年末,全市共有国家级重点职业学校12所,省级重点职校19所。年末全市共有幼儿园734所,在园幼儿13.33万人;小学471所,在校学生30.02万人;普通中学188所,在校学生27.76万人,其中普通高中42所,在校学生10.16万人;中等职业学校30所,在校学生6.67万人;普通高校7所,在校学生8.61万人。教育普及程度持续提高,全市学前三年入园率98.2%,小学毕业生升学率100%,初中毕业生升学率98.7%。高考成绩继续走在全省前列,普通本科文理科上线率、每万人平均上重点线率、全省文理科前100名所占比重、被北大清华录取人数四项重要指标均列全省第1位。

绍兴市2009年调整市区教育管理体制,稳步实施义务教育学校绩效工资改革,深入推进中小学布局调整和义务教育标准化学校建设,实施中小学校舍安全工程。新增教育基本现代化乡镇15个,省义务教育标准化学校达标率提高到85%。绍兴文理学院列入硕士学位授权立项建设单位,浙江农业商贸职业学院正式筹建。

2. 科技与创新

2009年,绍兴市被国家科技部批准为国家可持续发展实验区,成为浙江省首个获批的地级市。全市新上国家创新基金项目、农业成果转化资金项目等国家级项目58项,省重大专项、厅市会商项目、新产品试制计划项目、农业成果转化资金项目等省级项目550多项。绍兴省级高新技术产业园区启动创建国家级高新技术产业开发区,新昌省级高新技术产业园区被认定为国家科技兴贸创新基地,绍兴纺织装备特色产业基地被科技部认定为国家火炬计划特色产业基地。

绍兴市2009年新认定国家需要重点扶持的高新技术企业88家,全市总量达到215家;新认定国家、省创新型示范(试点)企业9家;新认定省科技型中小企业140家。诸暨珍珠产业技术创新服务平台、嵊州领带产业技术创新服务平台被列入省重大创新平台建设名单。积极推进黄酒产业等一批市级科技创新公共服务平台建设。全市累计建成国家级科技企业孵化器1家,省级科技企业孵化器4家。新认定首批省级企业技术研究院3家,省级高新技术企业研发中心16家,市级企业研发中心74家。全年专利申请量、授权量分别达到14 768件、13 423件,均列全省第3位;其中发明专利申请量1 281件,比上年增长19%;发明专利授权量266件,比上年增长124%。深入实施品牌化、标准化战略,新增行政认定中国驰名商标10件、省级品牌基地3个。扎实推进“811”环境保护新三年行动。

(四)文化、卫生和体育

1. 文化事业

2009年间,绍兴市文化事业繁荣昌盛。举办国庆60周年文艺晚会和系列文艺活动,隆重举行2009年公祭大禹陵典礼。世界合唱比赛艺术活动筹备工作稳步推进。全面实施农村有线广播“村村响”工程和“广播电视低保工程”,农村有线广播可听人口平均覆盖率达到88%以上,农村广播电视综合人口覆盖率提高到99%以上。

2009年,全市创排、展演绍剧《生命的飞翔》等精品剧目,越剧《一钱太守》进京演出,越剧明星版《梁祝》全国巡演反响较好。非物质文化遗产保护工作深入推进。至年末,全市有国家级“非遗”项目18项,国家级传承人12人。

年末绍兴市拥有艺术表演团体6个,群艺馆、文化馆(站)124个,公共图书馆总藏量196.9万册,国家级文保单位16个,省级文保单位47家,文物藏品实际数量87 655件。电视台1座,广播电台1座,广播电视台6座。广播电台全年播出53 764小时,电视台全年播出46 110小时。年末有线电视用户数129.64万户,数字电视用户51.33万户,数字电视用户比上年增长75%。

绍兴市2009年开展新一轮全国文明城市创建。认真筹备第六届世界合唱比赛和建城2500年纪念活动,成功举办公祭大禹陵、兰亭书法节和中国绍兴黄酒节。

2. 卫生事业

绍兴市成功创建卫生强市,成为除杭州、宁波之外省内同类城市第一个省卫生强市。年末共有卫生机构989个,增长9.4%,其中医院37个,卫生院、分院及社区卫生服务中心(站)886个。卫生机构床位数14 827张,其中医院11 040张。全市医生9 270人,注册护士6 385人。每万人拥有医院床位33.87张,每万人拥有医生21.18人。全年孕产妇死亡率3.31/10万,婴儿死亡率4.63‰以下,保持在较低水平。城镇职工基本医疗保险新增11.74万人,城镇居民医疗保障新增14.64万人。

绍兴市2009年新型农村合作医疗制度覆盖人口297.34万人,参合率95.21%,人均筹资标准由上年的134.31元提高到170.22元。城乡社区卫生服务网络基本实现全覆盖,15分钟卫生服务圈基本形成。新建(改)标准化社会卫生服务中心15个,站179个,其中11家创建为省级示范社区服务中心。认真做好迎接国家卫生城市复查工作,新创建118个省、市卫生村和4个市级卫生镇。启动国家基本药物制度,开展社区卫生服务机构补偿机制改革试点。有力有效防控甲型H1N1流感,全年接种甲型H1N1流感疫苗153 018人份。同时实施了乙肝疫苗、麻疹疫苗查漏补种工作。积极做好汶川大地震支援工作,援建的青川关庄卫生院已建成投入使用。

3. 体育事业

2009年,绍兴市组织开展迎新春万人健步走、第12届万人登山周等一系列全民健身活动。积极开展第9届世界合球锦标赛前期工作,成功承办中俄比三国合球对抗赛。市水上体育公园一期工程如期完工,并对市民开放。市老年体育活动中心体育设施建设工程顺利完工,并投入使用。第15届省运会申(筹)办工作有序推进,已成功启动绍兴市代表团参赛项目布局和备战等工作。25名绍兴籍运动员在第11届全运会上取得了6金2银2铜的辉煌成绩,金牌数占浙江代表团总数的1/3,与杭州市并列全省第1位。顺利引进并承办全国游泳冠军赛暨全运会预选赛、全国皮划艇马拉松赛、全国男排联赛、浙江省公开水域游泳锦标赛等许多国家级、省级重要赛事。

(五)城乡建设

2009年绍兴市修编完成绍兴中心城市总体规划、历史文化名城保护规划大纲,土地利用总体规划大纲已获国土资源部批准,新编中心城市控制性详细规划13平方公里,完成25个城市综合体规划。全面启动镜湖核心区块规划建设,迎恩门工程、高铁站前区、高教园区、奥体中心、文化中心、科技中心等前期工作取得积极进展。中兴路、解放路、越西路、凤林西路等城市道路延伸工程有序推进。市委市政府及主要部门率先迁入镜湖新区,为新区建设和缓解旧城交通压力,发挥了重要作用。加快数字化城管步伐,加强流动摊点疏导管理和夜宵摊点集中管理。实施扩权强县和扩权强镇改革,132项事权下放到县,启动中心镇三年建设计划。创新嵊新组团合作机制,出台嵊新区域集约发展的政策意见。扎实开展开发区整合提升,袍江新区、绍兴经济开发区申报国家级经济技术开发区和国家级高新技术产业开发区取得大的进展。

绍兴市2009年新农村建设成效显著。全年全市财政对农林水事务投入16.12亿元,增长26.28%,用于"三农"的预算内资金66.15亿元,增长19.52%。积极实施"百村小康示范、千村改造整治"工程、"欠发达乡村和低收入农户奔小康"工程,财政共投入村庄整治资金1.83亿元,比上年增长17.24%,完成村庄整治行政村423个。建设完成了247个电气化行政村。开展农村垃圾集中处理行政村覆盖率达到94%。农民饮用水工程解决农村安全饮水人口新增23.48万人。全面推进以农村放心店和超市连锁配送为核心的农村现代流通"三网一制度"建设。"农民信箱万村联网"工程完成2 093个村级网站建设。积极推进农村宅基地制度创新和中心强权扩镇工作,实施农村住房改造263.3万平方米。全市28个省、市中心镇重点项目开工建设222只。加快农村土地承包经营权流转,全年财政专项扶持资金达到2 000万元,83.9%的乡镇建立土地流转服务站。城乡居民收入之比2.235,同比下降0.016,差距进一步缩小。

推进农村土地流转。发展土地股份合作制,组建土地股份合作社,建立健全土地承包经营权流转市场。新增土地承包经营权流转面积15.46万亩,累计达到79.27万亩,占全市承包耕地总面积的42.0%。新发展规范化农民专业合作社351家,总数1 243家。推进下山移民,促进农民向城镇和农村新社区集中。新昌县、嵊州市试行跨村域置换农村宅基地建设农村新社区,取得初步成效。

2009年间绍兴市农村信息化试点镇村建设成效显著,绍兴紧扣信息化服务"三农"工作主线,通过完善新农村信息化组织、建设、运营、培训等长效机制,信息技术在农村经济、社会、政治和文化等各领域取得了显著效果。一是基础信息设施进一步完善,工作制度进一步健全;二是农村信息化综合服务站点建设不断完善;三是村务管理和服务实现信息化;四是文化教育实现网络化;五是农村食品安全实现信息化管理。

(六)环境保护和生态建设

绍兴市全年完成造林面积2 387公顷,幼林抚育实际面积4 000公顷,累计封山育林面积28 480公顷,森林覆盖率达到54.03%。全市营造沿海防护林、农田林网和绿色通道264.8公里。绍兴县在海涂建设长11.8公里、宽25米的大型防护林;上虞市在海涂建设长69公里、宽12米的沿海防护林。全市新增省级林业龙头企业10家,市级以上专业合作社25家,省级林业观光园8家。全年水利资金总投入21.50亿元,同比增长19.2%。治理水土流失面积84.33千公顷,加高加固提防36.52公里,达标堤防长度459.52公里。已建成水库553座,总库容12.97亿立方米。曹娥江大闸工程如期完工,引水工程顺利推进,全长14.6公里的输水隧洞已完成开挖14.3公里。上虞市世纪丘治江围涂一期北丘1.46万亩成功合围。

2009年间,绍兴市生态文明建设顺利推进。深入实施"蓝天工程"、"清水工程"和农村环境保护。加强汽车尾气、工业废气、餐饮油烟和施工扬尘治理,积极实施鉴湖水域18项水环境综合保护措施。深入开展生态系列创建活动,全市累计获全国优美乡镇13个,省级生态乡镇49个。累计创建国家级绿色学校13所,省级绿色学校112所,省级以上绿色社区57个,省级绿色家庭120个,省级绿色企业46家,省级绿色医院9家,省级绿色饭店33家。结合"百村小康示范、千村改造整治"工程,着力推进农村生活污水、生活垃圾和畜禽养殖污染治理,完成196家规模化畜禽养殖场排泄物治理项目和2家畜禽粪便收集处理中心建设。

绍兴市2009年城市环境质量明显改善。6个县(市、区)环境空气质量良好以上天数占总天数的比例均在85%以上,其中嵊州市98.3%、新昌县95.4%、上虞市94.6%、绍兴县91.4%、诸暨市90.8%、市区85.2%。深入实施"811"环境保护新三年行动,启动鉴湖水环境综合整治和曹娥江治沙三年行动计划,开展污水"进管达标、处理提标"专项行动和工业污泥规范化处置集中整治。新创建25个合格规范饮用水源,县级以上集中式饮用水源地水质达标率达到100%。顺利通过萧绍区域(绍兴片)印染化工行业整治省级现场验收。4座污水处理厂污水处理总能力135万吨/日。全球首个垃圾(污泥)焚烧发电CDM项目已通过联合国CDM执行理事会审查。城市绿化工作进一步加强。据建设局月报统计,全市建成区园林绿地面积8 628公顷,人均公园绿地面积9.33平方米。

2009年全市否决不符合环保要求的工业项目144个,"关停并转"高污染、高能耗企业100多家。加快推进印染行业气流染色、建材行业余热发电等125项节能重点项目建设。启动鉴湖水环境综合整治和曹娥江采砂整治三年行动计划,深入开展污水"进管达标、处理提标"专项行动和工业污泥规范化处置集中整治。加强机动车尾气、工业废气治理,全年空气质量优良天数达到311天。

（七）社会安全

至年末，绍兴市安全生产进一步稳定好转，全年各类安全事故起数、死亡人数、直接经济损失分别下降7.7%、4.3%和7.0%，实现省政府下达的三个“零增长”目标。积极创建“平安绍兴”，扎实开展社会治安整治行动。全市破案绝对数同比增长1.34%，命案、五类案件破案率分别达96.63%、100%。全市刑事案件列案数同比下降0.05%，道路交通事故、火灾事故起数分别下降6.76%和7.0%。

2009年，绍兴市开展食品药品安全示范创建，整治规范“十小”行业。扎实开展安全生产执法、隐患治理和宣传教育“三项行动”，安全生产事故起数、死亡人数和直接经济损失分别下降7.7%、4.3%和7%。深入开展“信访积案化解年”活动，健全领导干部信访约访制度，信访总量下降18.6%。

2009年绍兴市顺利完成新中国成立60周年大庆安保任务，全市命案、“两抢”案件分别下降9%和15.4%。国防动员、民兵预备役、征兵、双拥、人民防空、国家安全工作得到加强。

三、绍兴市在长三角地区经济发展中的地位

2009年绍兴市按照“创业创新、走在前列”的战略部署，全面贯彻中央和浙江省保增长、调结构的各项重要决策，迎难而上，扎实推进“三年建设计划”，积极提升五大产业发展。各项政策和措施取得较好成效，实现了经济企稳回升，保持了社会和谐稳定。

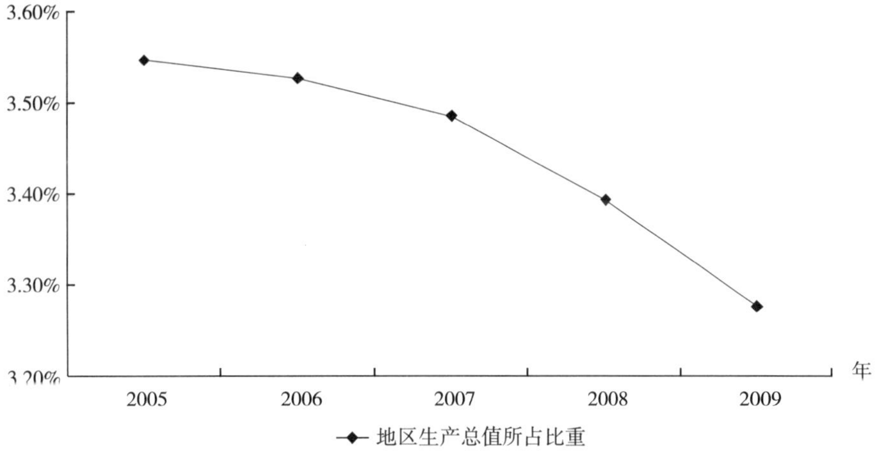

图2－242　2005－2009年绍兴市地区生产总值在长三角所占比重

2005－2009年绍兴市地区生产总值在长三角所占比重分别为：3.55%、3.53%、3.49%、3.39%和3.28%，五年来累计降幅为0.27个百分点。全市经济运行呈现明显的企稳回升态势，一季度是低谷，生产总值增长4.3%；二季度开始反弹，1－2季度增长6.8%；三、四季度继续回升，1－3季度增长8.3%，全年生产总值增长9.3%。2009年全市实现生产总值2375.46亿元，增长9.3%，高于浙江省平均增长水平，高于上年增长；但是生产总值在长三角地区的排名却下跌1位，列第9位。

2005－2009年绍兴市地方财政一般预算收入在长三角所占比重分别为：1.99%、2.09%、2.04%、2.04%和2.02%，近年来占比保持稳定，变幅很小。面对金融危机和实施积极财政政策带来的减收因素，绍兴市重点优化税收收入结构和地方财政收入结构，全市和市级地方财政收入占财政总收入的比重分别达到53.7%和57.5%，比上年分别提高1.4个百分点和1.2个百分点。2009年全市地方财政收入汇总预算为157.42亿元，实际执行数为160.43亿元，完成预算的101.9%，比上年增长11.7%。2009年全市财政支出汇总预算为153.45亿元，实际执行数为169.54亿元，完成预

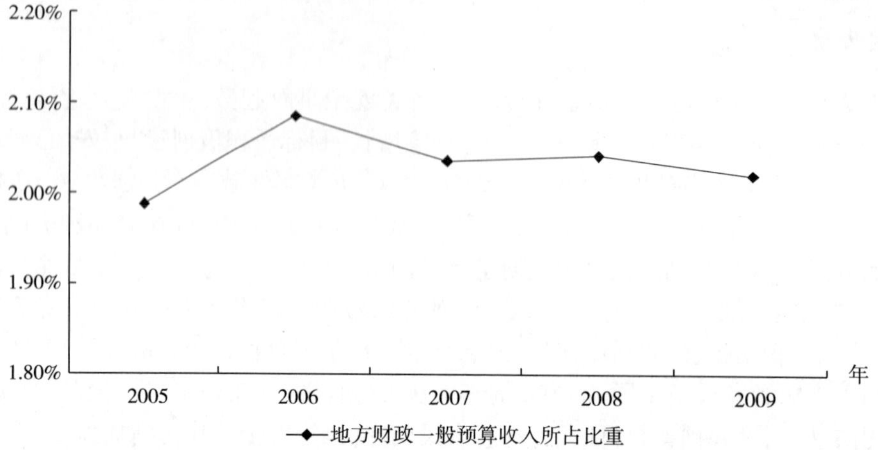

图 2－243　2005－2009 年绍兴市地方财政一般预算收入在长三角所占比重

算的 110.5%，比上年增长 17.7%，同比增长 14.9%。

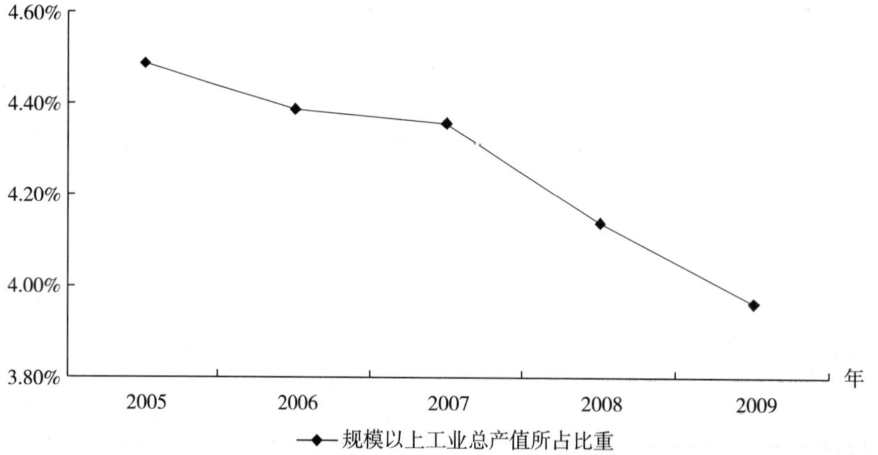

图 2－244　2005－2009 年绍兴市规模以上工业总产值在长三角所占比重

2005－2009 年绍兴市规模以上工业总产值在长三角所占比重分别为：4.49%、4.39%、4.36%、4.14%和3.97%，呈现明显的下降态势。2009 年的占比已比近年高点的2005 年累计下跌了0.52 个百分点。按照国家产业振兴规划和绍兴工业经济转型升级的要求，加快纺织、机械电子、医药化工、食品饮料和节能环保五大产业的提升发展。2009 年，全市规模以上工业总产值5 518.91亿元，同比增长 4.7%；尽管工业增长率在长三角地区排名靠后，绍兴工业呈现出新产品生产增长快于全部工业增长、工业品内销增长快于外贸增长、效益回升快于产销回升的良好发展态势。

2005－2009 年绍兴市进出口总额在长三角所占比重分别为：2.01%、2.14%、2.38%、2.57%和2.55%，在连续 3 年稳定增长之后，2009 年占比出现微幅下跌，跌幅为 0.02 个百分点。受国际金融危机影响，自 2008 年 10 月份开始，绍兴市外贸进出口急剧下滑，2009 年 2 月份下跌至谷底，3 月份以来，在国家出台的一系列稳外需、促出口政策利好刺激下，外贸出口形势开始企稳回升。至 11 月，进出口终于摆脱长达一年的同比下降态势。尽管进口值、出口值、进出口总值月度指标实现了年内由负转正，但绍兴全年外贸进出口仍出现两位数的降幅。绍兴市外贸进出口总值 204.9 亿美元，同比

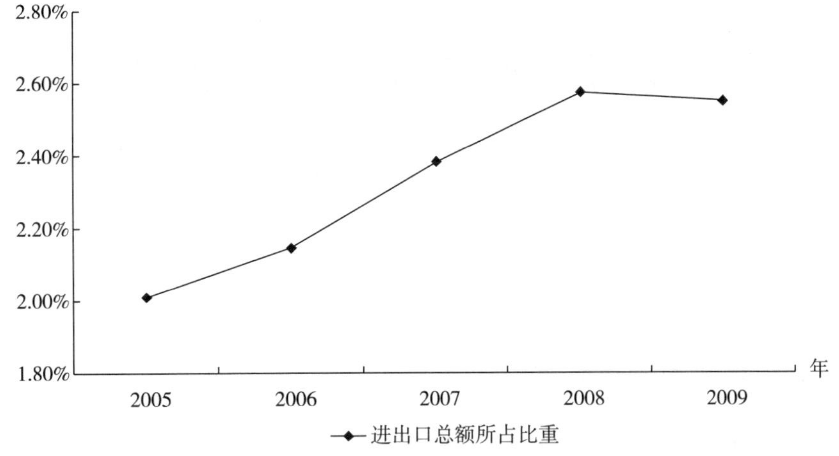

图 2 - 245 2005 - 2009 年绍兴市进出口总额在长三角所占比重

下降 14.0%。出口的持续大幅下滑,使量大面广的出口企业效益持续恶化,相关生产企业产能大量闲置,弱化持续回升的动力,影响经济企稳回升的势头。

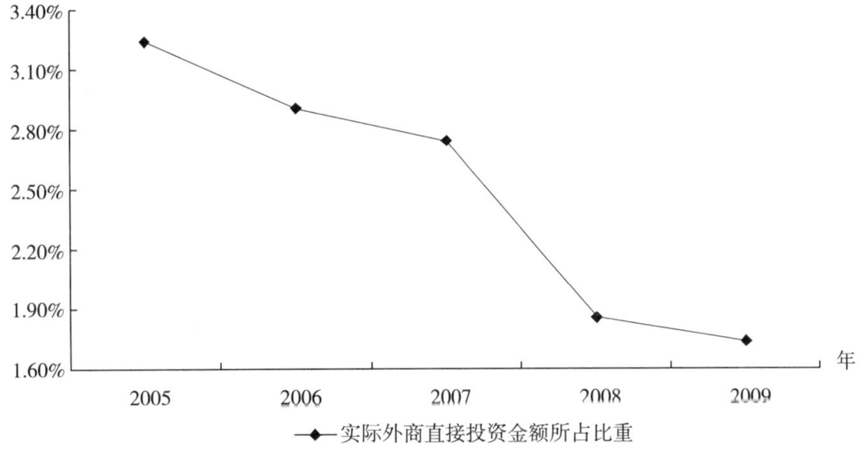

图 2 - 246 2005 - 2009 年绍兴市实际外商直接投资金额在长三角所占比重

2005 - 2009 年绍兴市实际外商直接投资金额在长三角所占比重分别为:3.25%、2.91%、2.75%、1.86%和 1.74%,呈现逐年下跌的态势。5 年来累计跌幅 1.51 个百分点,其中 2008 年比 2007 年下跌了 0.89 个百分点,占到 5 年总跌幅的 59.17%。2009 年全球对外直接投资持续下滑,绍兴市利用外资受到前所未有的压力和挑战,一直处于下降通道,年初合同外资与实到外资降幅均在 50% 以上,远高于全省平均 16% 的降幅,在全市各级外经贸部门的共同努力下,下半年开始降幅逐月收窄。单月合同外资额 10 月份开始回升,转为止增长,实到外资降幅由年初最大下降 57.1% 到目前一改下降局面,转为正增长 5%;单月实到外资额自 9 月份转为正增长,到 11 月份单月实到额超亿美元,12 月更是冲至 1.82 亿美元,环比增长 43.4%,同比增长 130.2%,创 2009 年单月实到外资额最高,后三个月的冲量,为 2009 年全市利用外资交出了一份满意的答卷。2009 年,全市共新批外资企业 174 家,新增合同外资 9.42 亿美元,实到外资 8.11 亿美元,完成全年预定目标 8.05 亿美元的 100.8%,超额完成全年预期目标。

七　金华市2009年经济社会发展报告

2009年,是创新破难、求实奋进的一年。面对国际金融危机持续蔓延带来的冲击,金华市上下坚持科学发展观,贯彻落实中央"扩内需,保增长"和省委"标本兼治、保稳促调"的一系列政策措施,扎实推进"创业富民、创新强市"和"工业强市"战略,积极应对国际金融危机的不利影响。遏制了经济下滑的势头,确保了全年经济的企稳回升。

一、2009年金华市经济发展状况

(一)综合经济

1. 经济总量

2009年金华市实现生产总值(GDP) 1 765.94亿元,按可比价计算,比上年增长9.0%。其中:第一产业增加值为92.13亿元,增长4.8%;第二产业增加值920.74亿元,增长7.4%;第三产业增加值753.07亿元,增长11.6%。在第三产业中,交通运输、仓储和邮政业增长3.6%,批发和零售业增长16.1%,住宿和餐饮业增长8.5%,金融业增长17.6%,房地产业增长7.0%,其他服务业增长10.1%。全市人均生产总值达到38 179元(按2009年均汇率折算为5 589美元),增长8.5%。

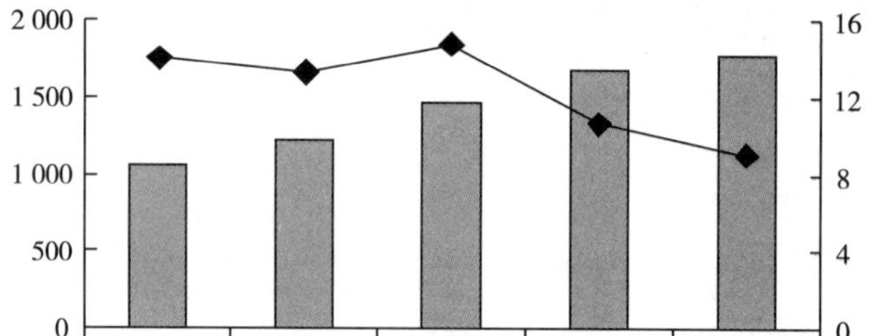

	2005	2006	2007	2008	2009
地区生产总值(亿元)	1 055.36	1 228.57	1 462.45	1 681.85	1 765.94
按可比价格增幅(%)	14	13.3	14.8	10.6	9

图2-247　2005-2009年金华市地区生产总值及增长速度

金华市2009年第一、二、三产业增加值占地区生产总值的比重由上年的5.3%:53.7%:41.0%变化为5.2%:52.2%:42.6%,第三产业所占比重比上年提高1.6个百分点。

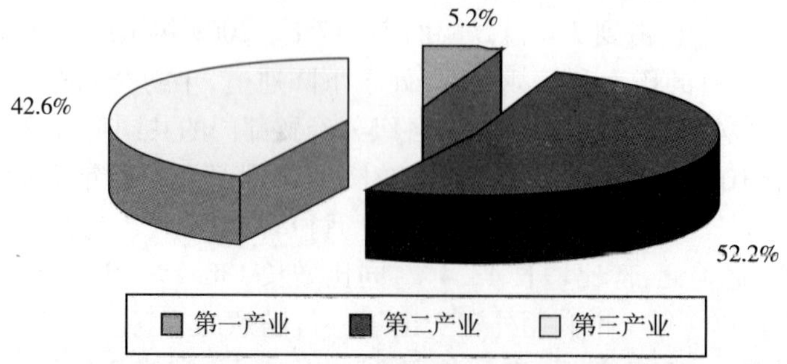

图2-248　2009年金华市三次产业结构图

表 2－64　2009 年金华市县市主要经济指标

县市	生产总值（亿元）	地方财政收入（亿元）	全社会固定资产投资（亿元）	出口总额（万美元）	社会消费品零售总额（亿元）
金华市区	338.91	31.48	145.54	10 942	189.08
兰溪市	147.76	9.02	49.20	13 172	59.30
东阳市	248.84	15.15	73.74	7 024	108.19
义乌市	519.53	38.63	178.13	2	244.90
永康市	257.36	17.72	86.42	14 262	78.88
武义县	103.25	7.34	42.07	2 200	39.70
浦江县	109.64	7.21	40.86	4 660	47.50
磐安县	40.65	2.72	19.19	454	13.44

2. 财政收入

2009 年，金华市全市完成财政一般预算收入 232.63 亿元，增长 6.3%。其中上划中央财政收入 103.36 亿元，增长 4.1%；地方财政收入 129.28 亿元，增长 8.0%。全市一般预算支出 165.36 亿元，增长 20.2%。全市新增财力的 70.2% 用于民生事业，财政支出更加注重民生，其中交通运输支出、医疗卫生支出、城乡社会事务支出、教育支出、环境保护支出和社会保障支出分别比去年可比增长 1 082.4%、32.6%、29.1%、16.7%、16.3%、15.1%。

3. 物价水平

至 2009 年底，金华市市区居民消费价格比上年下降 0.3%，其中食品类价格上涨 3.1%，居住类价格下降 7.2%。商品零售价格下降 0.2%，房屋销售价格上涨 5.8%。全市工业品出厂价格下降 5.5%，原材料购进价格下降 5.7%。

2009 年间，金华市组织了两届“浙中购物节”，精心举办义博会、文博会、旅博会、森博会、五金博览会等展会，落实家电下乡、汽车下乡等各项促进消费的政策。

4. 固定资产投资

2009 年金华市完成全社会固定资产投资 635.16 亿元，比上年增长 8.3%。其中，限额以上固定资产投资 585.39 亿元，比上年增长 9.3%。民间投资稳定增长，全年限额以上非国有投资 428.12 亿元，比上年增长 4.4%，占限额以上投资的 73.1%。在限额以上固定资产投资中，房地产开发投资 132.76 亿元，下降 5.8%；投资项目（单位）投资 452.92 亿元，增长 14.7%。

金华市 2009 年第一产业完成投资 1.17 亿元，增长 29.6%。第二产业完成投资 300.63 亿元，增长 11.9%。第三产业完成投资 283.88 亿元，增长 6.7%。

全市 2009 年重点工程进展顺利。2009 年市级以上重点项目 135 项，完成投资 96.61 亿元。其中省重点建设项目 44 项，完成 31.59 亿元。金华市教育局蒋堂校园改造工程、金华电信移动网络建设工程、金华银泰购物中心、虹戴公路等 17 项工程已建成投入使用。金华九峰水库、金华市文化中心、金华市体育中心、金华市文化艺术中心、上海财经大学浙江学院等 79 项工程完成年度投资计划。全年限额以上投资项目达2 798个，其中新开工项目1 236个。卫生设施、文化艺术及电信和其他信息传输服务业等基础设施投资有较大增长。

5. 固定资产运行特点分析

2009 年金华市累计全社会固定资产投资高于年度目标增速 0.3 个百分点。其中限额以上投资增速比去年加快 1.3 个百分点。其主要运行特点如下：

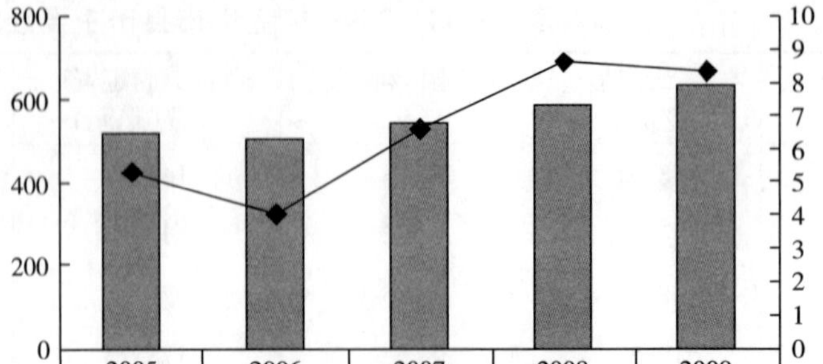

	2005	2006	2007	2008	2009
固定资产投资总额(单位:亿元)	519.71	504.95	540.41	586.93	635.16
增幅(%)	5.3	4	6.6	8.6	8.3

图 2 -249　2005 -2009 年金华市全社会固定资产投资及增长幅度

(1)新开工项目大幅增长。2009 年金华市限额以上投资中,新开工项目个数达1 236个,比上年增加 427 个,增长 52. 8%;其中亿元以上新开工项目 44 个,比上年增加 13 个,增长 41. 9%。当年新开工项目计划总投资达 480. 66 亿元,增长 18. 3%。

(2)基础设施投资增势强劲。2009 年全市限额以上投资中基础设施投资完成 110. 44 亿元,增长 23. 5%,占限上投资的比重为 18. 9%。其中高比重行业增速普遍强劲,水利、环境和公共设施管理业完成投资 49. 28 亿元,增长 48. 6%,电力、燃气及水的生产供应业完成投资 22. 3 亿元,增长 22%,同时教育设施、卫生设施、电信传输服务业等基建项目也都增长快速。

(3)工业投资稳定增长。全市限额以上工业完成投资 299. 2 亿元,增长 12. 3%,比三季度增速提高了 0. 8 个百分点,比上年增速则提高了 6. 4 个百分点。其中限额以上制造业投资完成 276. 61 亿元,增长 11. 6%。工业投资占全社会投资的比重为 47. 1%,是保证投资稳定增长的重要力量。

(4)房地产开发投资有所下降,销售形势良好。2009 年金华市房地产开发投资累计完成 132. 76 亿元,下降 5. 8%。但商品房销售情况却表现良好,全市商品房销售面积达 419. 16 万平方米,增长 24. 5%,其中住宅销售面积 377. 67 万平方米,增长 34. 6%;市区商品房销售面积 170. 14 万平方米,增长 42. 8%,其中住宅销售面积 143. 93 万平方米,增长 47. 4%。

(5)县(市、区)间投资增速相对平稳,高比重地区增长乏力。各县(市、区)今年以来全部限额以上投资增速基本保持着平稳增长的走势,增速居前三位的是兰溪、永康和东阳,分别增长 21. 8%、19. 7% 和 11. 8%。相比之下,高投资比重的地区增长乏力影响了全市投资的增速。全社会增速居前三位的是永康、兰溪和东阳,增速分别为 16. 9%、15. 1% 和 14. 2%。

(二)农业建设

2009 年金华市农林牧渔业增加值 92. 13 亿元,比上年增长 4. 8%。

2009 年间,金华市粮食生产增长较快。全市农作物播种面积 272. 8 千公顷,比上年增长 4. 5%,其中粮食播种面积为 159. 4 千公顷,总产量为 89. 55 万吨,分别比上年增长 3. 2% 和 2. 2%;棉花播种面积 5. 8 千公顷,产量为 0. 94 万吨,分别下降 2. 0% 和 3. 0%;油料播种面积为 25. 6 千公顷,产量为 4. 64 万吨,分别比上年增长 11. 1% 和 14. 6%;蔬菜播种面积为 42. 6 千公顷,产量为 92. 49 万吨,分别比上年增长 7. 4% 和 5. 0%;药材播种面积 7. 1 千公顷,增长 4. 2%;果用瓜种植面积 10. 4 千公顷,下降 2. 0%,产量为 24. 25 万吨,下降 3. 0%;花卉苗木种植面积 9. 4 千公顷,增长 19. 9%。经济作物产值占种植业的比重为 73. 8%。金华市、东阳市被授予全省粮食生产先进市县,婺城区被评为全国粮食生产先进县(区)。

全市全年农田有效灌溉面积158.81千公顷，旱涝保收面积118.82千公顷。年末拥有农业机械总动力239.94万千瓦，比上年末增长2.9%；全年化肥施用量(折纯)11.04万吨，增长2.3%；农村用电量35.9亿千瓦时，增长6.3%。

金华市全年肉类总产量20.03万吨，比上年增长3.2%，其中猪肉16.66万吨，下降0.1%。牛奶产量8.33万吨，比上年下降2.3%。全年生猪出栏224.98万头，增长3.3%；家禽出栏2 725万只，增长1.2%。全年水产品产量6.13万吨，增长6.5%。

金华市2009年继续发展高效生态农业，实施农业科技项目183项、标准化示范项目12项，兰溪、武义列入国家科技富民强县试点，全市新增高效生态循环示范基地318个。积极发展现代农业经营主体，新增农业龙头企业30家、农业科技型企业39家。成功举办第七届华东农交会、中国苗交会。来料加工业、"农家乐"休闲旅游业蓬勃发展，实现来料加工费收入20.1亿元，"农家乐"营业收入3.6亿元。金华市政府推进农村土地流转、集体林权制度改革，开展农村宅基地确权登记和置换试点。

(三)工业和建筑业

1. 工业增加值

2009年金华市完成工业增加值806.50亿元，比上年增长6.5%，工业增加值占GDP的比重45.7%。全市规模以上工业实现总产值2 673.66亿元，销售产值2 558.98亿元，分别增长5.6%和4.6%。规模以上工业企业完成出口交货值677.12亿元，下降4.9%，占销售产值的比重为26.5%。

2009年，金华市列入省考核的十一项规模以上工业经济效益评价考核指标综合得分为212.35分，比上年提高9.42分。全年规模以上工业企业实现利税190.82亿元，比上年增长17.4%；其中利润111.83亿元，增长35.7%。金属制品、纺织、交通运输设备制造、电气机械及器材制造、化学原料及化学制品制造、工艺品及其他制造等六大行业实现利润占全市规模以上工业利润总额的57.2%。

表2-65 2009年金华市县区工业总产值

单位:亿元

县市	工业总产值
金华市区	492.92
兰溪市	371.96
东阳市	257.06
义乌市	485.80
永康市	567.90
武义县	230.34
浦江县	225.41
磐安县	42.26

2009年间，全市规模以上工业企业实现利润首破百亿元大关，达到111.8亿元，增长35.7%。编制汽车等优势产业集群发展规划，汽车及零部件、永康五金、义乌饰品列入全省21个产业集群转型升级示范区试点。

2. 建筑业

金华市全年建筑业总产值达1 177亿元，比上年度增加185亿元，增长18.6%；完成建筑业地方税收12.67亿元,占全市税收的13.3%,比上年增长9.7%;建筑业年末从业人数达到61.39万人。建筑施工面积15 618.91万平方米,完成房屋竣工面积6 242.02万平方米。省外市场发展良好,2009年建筑业企业在省外完成产值651亿元,占全省的15.1%,占全市建筑业总产值的55.3%。

3. 金华市工业发展与优劣分析

改革开放以来,通过大力实施"工业强市"战略,加强金衢丽产业带发展规划和布局,提升改造轻纺、食品、机械、化工等传统产业,积极发展先进制造业,金华市工业经济得到了长足的发展,产业体系逐步完善,配套能力不断增强。

金华市在综合实力不断增强的同时,积极推进经济发展方式转变,优化产业结构,通过对工业经济的扶优扶强,积极提升现代服务业,促进传统农业向现代农业转变,产业结构不断得到优化升级。以工业为主导、第三产业加快发展的格局已比较稳固,浙江中西部中心城市的产业格局已逐步显现。

进入新世纪以来,金华市工业重化步伐不断加快,重工业比重超过轻工业,规模以上工业总产值在2004年突破千亿大关。高新技术产业化。通过引导各种创新要素向企业集聚,促进企业成为研究开发的投入主体、技术创新的承担主体、科技成果的转化和应用主体。同时全市还具有科技创新投入加强、工业实力居全省中游、区域经济特色显现、县域经济协调发展等新特点。

金华市工业经济扎根于深厚的婺州文化特别是商业文化,注重把人民群众的传统文化和经商素质引导到创业实践中去,将人文优势转化成经济优势,以此降低经营风险、交易成本和应对外来竞争。但传统的外延型、粗放型增长模式尚未根本转变,其主要表现为:

(1)产业层次相对低端。金华市工业整体上仍处于产业链的较低端,发展方式总体上还是粗放型的,"低、小、散"问题仍然比较突出,高新技术产业占比较低,产业结构层次较低,产业素质不够高,如纺织服装、小商品等行业是低技术行业,随着日趋激烈的竞争,致使行业的整体利润下降。

(2)产品技术含量、附加值低,技术创新能力不强。金华市目前的主导产业还属于传统的劳动密集型产业,高附加值产业所占比例偏低,特别是研发、人才、品牌等因素对产业发展的支撑力度还很不足,创新能力滞后于生产能力的发展。

(3)企业规模相对较小。金华市经济以中小企业为主体,起点较低,且整体规模不大、企业体量偏小。在国内宏观调控和国际经济形势的叠加影响下,大多数中小企业在生产、市场、研究与开发等方面不具备规模经济的优势,很难通过改进管理、技术创新、产品提价等方式来转嫁各种成本上涨的压力,抗市场风险能力较弱。

(4)产业集聚总体水平有待提高,企业间配套协作不够。金华市缺乏区域功能定位和工业布局的统一规划,造成不同产业相互交错,导致一些产业集聚效应不强,产品配套率低,分工和专业化程度不高。

(5)环境容量相对不足。突出表现为人口多、资源少、环境容量有限、生态环境脆弱。同时金华市处于浙江省重要水系的源头地区,为全省八大水系中五大水系发源地,是生态敏感地区。随着工业化、城镇化的快速推进,经济发展与人口、资源、环境承载能力的矛盾日益尖锐,传统的高投入、高消耗、高污染的增长模式已难以为继。

其制约工业经济运行的主要因素为:

(1)企业营运成本上升。原材料、燃料、动力价格上涨,工业品价格"高进低出"现象仍然存在;劳动用工成本增加,企业招工难度较大。

(2)要素制约影响发展。企业融资难的现象继续存在,资金成本明显上升。土地资源短缺,用地成本上升,企业综合费用不断攀升,影响利润增长和效益改善。

(3)宏观调控效果显现。目前国家宏观调控政策对低附加值、劳动密集型企业、产品主要依靠国际市场的企业、产能过剩企业相当不利。而金华市的传统产业,如服装、纺织品、农副产品、饰品玩具、电动工具、工量具、化纤、水泥等恰恰属于这些行业，随着宏观调控效果的进一步显现，将给金华市工业发展带来诸多不利影响。

(4)出口行业面临挑战。由于国际金融危机的影响，加上人民币持续升值等因素，工业企业出口增速下降。由于金华市出口的产品大多集中在劳动密集型行业，出口企业出口额呈负增长，出口行业形势仍不乐观。

面对严峻形势，金华市工业比以往任何时候都更加迫切地需要转型升级。发达国家的工业化历程表明，只有依靠科技的不断创新，才能真正解决好经济增长、环境保护和资源节约的关系。

(四)服务业

1. 国内贸易

2009 年金华市实现社会消费品零售总额 780. 99 亿元，比上年增长 15. 6% 。城乡消费市场同步增长，其中城市消费品零售额 577. 90 亿元，比上年增长 16. 0%；农村消费品零售额 203. 10 亿元，增长 14. 5% 。分行业看，批发零售贸易业零售额 693. 07 亿元，增长 15. 9%；住宿餐饮业零售额 79. 20 亿元，增长 14. 2% 。

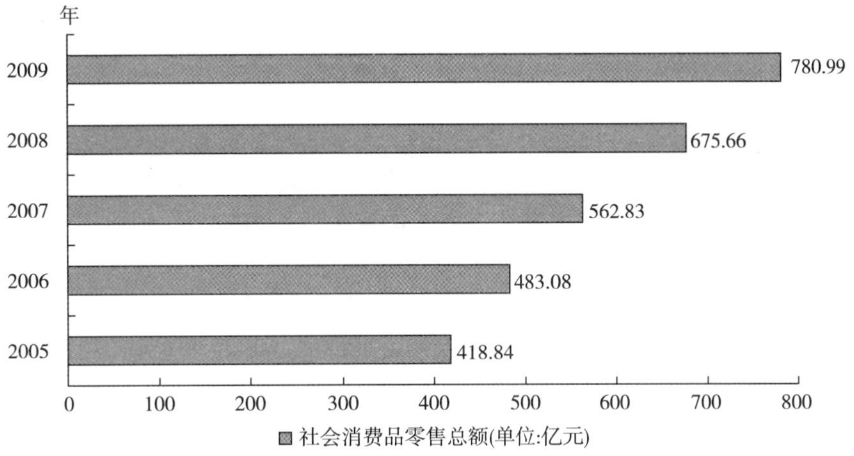

图 2 －250　2005 －2009 年社会消费品零售总额

全市全年市场需求稳定增长。在限额以上批发零售贸易业零售额中，吃穿用类商品稳定增长。食品、饮料、烟酒类零售额 23. 5 亿元，增长 12. 7% 。其中粮油类受物价影响增长较快，零售额 3. 58 亿元，增长 22. 2%；服装、鞋帽、针纺织品类零售额 20. 38 亿元，增长 10. 9%；日用品类、化妆品类、金银珠宝类零售额分别为 5. 28 亿、2. 35 亿、2. 71 亿元，分别增长 16. 9% 、14. 6% 、18. 5%；中西药品类、家用电器和音像器材类零售额分别为 16. 48 亿、11. 20 亿元，分别增长 12. 2% 、11. 3% 。热点商品中汽车类消费增长较快，能源类消费略有下降。汽车类销售额 115. 11 亿元，增长 31. 6%；石油及制品类零售额 57. 70 亿元，下降 1. 9% 。

2009 年金华市共有各类市场 439 个，商品交易市场年成交额1 291. 37亿元，比上年增长 12. 8% 。其中年成交额超亿元的市场有 47 个，总成交额1 184. 53亿元，比上年增长 13. 1% 。

2. 交通运输、邮电

2009 年金华市交通建设共投资 24. 98 亿元，其中高速网络工程投资 6. 45 亿元，境内高速公路通车里程达 309. 78 公里；国省道及重要县道干线畅通工程完成投资 11. 81 亿元；联网公路建设完成投资2.0亿元;大中修、安保工程及危桥改造完成投资4.45亿元;其他项目完成投资0.27亿元;全市境内公路总里程达11 320.27公里。全市拥有机动车110.65万辆,比上年增10.8%,其中汽车46.77万辆,比上年增长25.3%。年内公路旅客周转量85.32亿人公里,货物周转量114.43亿吨公里。航空出港客运量55.29万人次,货运量7 513吨,分别比上年增长9.4%和2.2%。

金华市全年邮电业务收入61.27亿元,比上年增长6.7%。其中,邮政业务收入5.86亿元,增长8.9%;电信业务收入55.40亿元,增长6.5%。年末城乡固定电话用户211.10万户,比上年末下降13.5%。其中住宅电话135.21万户,比上年末增长35.2%;公用电话25.71万户,下降7.2%。移动电话普及率114.1部/百人,固定电话普及率45.6部/百人。年末移动电话用户达527.59万户,比上年末增长24.1%。国际互联网络用户达75.82万户,比上年末增长35.2%。全年新增450个农村宽带节点的建设,年末行政村宽带覆盖率达到100%。

金华市还全力推进市区城乡公交统筹发展改革,城乡公交一体化平稳运行。开通了义乌火车站至东阳的客运班车。

3. 旅游业

2009年全市共接待海内外游客2 409.24万人次,比上年增长16.0%,实现旅游业总收入223.68亿元,增长17.0%。其中接待国内旅游者2 356.04万人次,增长16.2%,实现国内旅游收入202.9亿元,增长18.6%;接待入境旅游者53.2万人次,增长8.7%,实现旅游外汇收入30 422.88万美元,增长4.7%。全市共有旅行社110家,旅游饭店89家,A级旅游景区18家。

4. 金融、证券和保险

2009年末,金华市金融机构本外币各项存款余额3 220.83亿元,增长25.0%。其中本外币企事业单位存款余额878.47亿元,增长35.6%;城乡居民本外币储蓄存款余额1 718.21亿元,比年初增加352.69亿元,增长25.8%。金融机构本外币各项贷款余额2 510.35亿元,增长31.0%。其中短期贷款余额1 777.54亿元,增长30.4%;中长期贷款余额680.42亿元,增长34.1%。本外币存贷比为77.94。金华市政府2009年加大金融创新力度,设立了10家小额贷款公司。

金华市保险机构2009年全年保费收入60.24亿元,比上年增长9.1%。其中财产险保费收入24.32亿元,人身险保费收入35.92亿元,分别比上年增长19.3%和3.2%。全年支付各类赔偿及给付18.76亿元,比上年增长10.9%。其中财产险赔款12.86亿元,比上年增长9.2%;人身险赔款及给付5.90亿元,增长3.7%。

5. 房地产业

全市2009年完成房地产开发投资132.76亿元,比上年下降5.8%。商品房新开工面积511.79万平方米,比上年增长52.0%;竣工257.27万平方米,增长2.4%。商品房销售情况表现良好,全市商品房销售面积达419.16万平方米,增长24.5%。其中住宅销售面积377.67万平方米,增长34.6%。

(五)对外经济

1. 对外贸易

2009年全市完成进出口总额93.43亿美元,比上年下降2.1%。其中出口总额85.98亿美元,比上年下降4.1%,降幅低于全省9.7个百分点,增幅列全省第二;进口总额7.45亿美元,比上年增长28.8%,增幅列全省第一,高于全省32.5个百分点。出口占全省比重比上年提高了0.7个百分点。与208个国家和地区建立了贸易关系。出口有效主体增加,全年有出口实绩企业3657家,比上年净增697家,新增企业出口4.2亿美元。民营企业出口形势较好,全年出口占全市的71.0%,占比增加2.9个百分点。受国际市场刚性需求影响,轻纺产品出口形势良好。全年纺织服装、鞋、玩具出口分别增长6.2%、53.2%和26.8%。

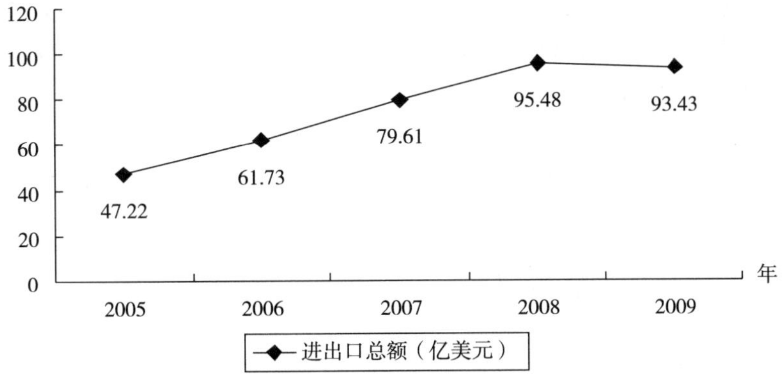

图 2－251　2005－2009 年金华市外贸进出口总额

2. 外资状况

金华市 2009 年新批外商投资企业 93 家，合同外资52 725万美元，实际利用外资40 034万美元。工业利用外资继续占主导。全年新批工业制造业外资项目 46 个，合同利用外资占当年新批合同外资的 93.2%，实到外资占全市总数的 95.4%。项目结构得到有效改善。新引进一批从事新能源、计算机软件、通信工程、电子科技、节能产品等研发生产的外资项目。外商投资大项目有所增加，全年新设立总投资1 000万美元以上项目 17 个，比上年增加 3 个，合计合同外资39 553万美元，占全市合同外资总数的 75.0%。全年有 37 家外资企业发生增资，共增加总投资 2.56 亿美元，合同外资 1.73 亿美元。

金华市全年新批境外投资企业（机构）34 家，实现境外投资总额5 707.71万美元，比上年增长 37.7%；其中中方投资额4 353.56万美元，增长 32.1%；实现对外承包工程营业额 1.56 亿美元，增长 141.4%，增幅列全省第一。在境外资源开发、利用保函专项资金拓展对外承包工程规模上有所突破。步阳集团投资 500 万美元设立步阳集团（老挝）责任有限公司，勘探开采矿产资源；天河集团投资 500 万美元在菲律宾成立天河（菲律宾）责任有限公司，生产销售铁矿砂。全市保函专项资金规模达到2 000万元。

表 2－66　2009 年金华市县市实际使用外资

单位：万美元

县市	实际使用外资金额
金华市区	13 586
兰溪市	9 472
东阳市	2 315
义乌市	8 049
永康市	2 064
武义县	2 013
浦江县	2 023
磐安县	512

3. 对外合作

至 2009 底，金华市通过积极举办主导产业重大项目对接招商活动，引进内资项目 530 项，实际利用内资105亿元。成功引进和落实一批重大工业投资项目,莱恩科利亚、今泰发动机等项目顺利开工,贵航、中国校车项目正式注册,中建材投资的南方水泥公司成立,伊利等项目正式签约。完成制造业投资277亿元,增长11.6%。

4. 民营经济

金华市2009年积极优化民营经济发展环境,支持民营企业加强制度创新、管理创新、市场创新、技术创新,促进了民营经济转型升级。

二、金华市2009年社会发展概况

(一)人口、人民生活

2009年金华全市出生人口44 893人,出生率9.71‰,人口自然增长率3.12‰。年末总人口463.68万人,其中市区92.70万人;非农业人口107.06万人,其中市区31.72万人。平均每户家庭人口2.55人。

2009年金华市市区城镇居民人均可支配收入22 915元,比上年增长7.0%;市区城镇居民人均消费支出15 849元,比上年增长15.6%。全市农村居民人均纯收入9 001元,增长8.9%;农村居民人均生活消费支出6 673元,增长4.3%。年末市区城镇居民人均现住房建筑面积34.06平方米,比上年末减少0.26平方米;全市农村居民人均生活用房面积61.9平方米,比上年增长3.5%。

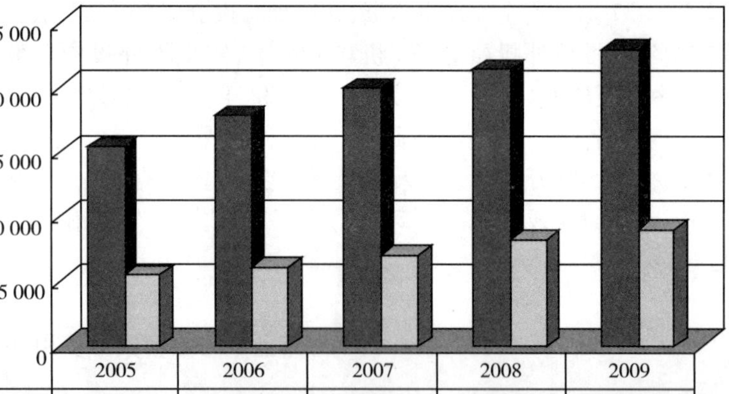

	2005	2006	2007	2008	2009
■城镇居民人均可支配收入(元)	15 387	17 806	19 855	21 408	22 915
□农民人均纯收入(元)	5 516	6 137	6 971	8 264	9 001

图2-252 2005-2009年金华市城乡居民收入对比一览

(二)就业与社会保障

1. 就业

2009年末全市拥有各类职业介绍机构118家,全年城镇新增就业人数66 935人,比上年增长8.4%。农村劳动力转移就业70 577人。年末城镇登记失业率为2.98%,低于省定4.0%的控制目标。全年失业人员再就业23 269人,比上年增长1.6%。

2009年全市深入实施农村劳动力素质培训工程,培训农民技工3.3万人,转移就业2.2万人。进一步做好低收入农户奔小康工作,低收入农户减少27.8%。

2. 社会保障

2009年金华市拥有各类收养性社会福利单位99个,社会福利床位数14 109张,收养各类人员

9 060人。全市共有低保对象6.09万人,发放最低生活保障金11 927.20万元。全市共筹集医疗救助资金3 375.1万元,实际救助32 800人次。全年发放救灾款810.8万元,救济灾民3.16万人。农村五保对象集中供养率为97.2%,城镇"三无"对象集中供养率为97.9%。社区服务功能日趋完善,建立街道服务中心30个、社区服务中心(站)172个、社区服务网点4 622个,建立捐赠接收站(慈善超市)116个,建立避灾场所260个。全市共有享受抚恤优待的对象14 901人,发放抚恤金13 215.5万元,义务兵优待金3 418.2万元,困难补助经费515.1万元,自谋职业一次性补助金1 426.2万元,城镇退役义务兵自谋职业率达到99.48%。发行社会福利彩票3.12亿元(不含义乌)。

年末全市养老保险总参保人数94.57万人,比上年净增7.16万人。医疗保险参保人数76.89万人,比上年净增9.09万人。城镇居民基本医疗保险覆盖面进一步扩大,在校大学生纳入保障范围,全市年末参保人数43.71万人,比上年净增4.03万人。参加失业保险52.54万人;工伤保险102.45万人;生育保险35.89万人;被征地农民基本生活保障参保41.58万人。

2009年间,金华市还加强保障性住房建设,新开工建设经济适用房18.9万平方米、廉租房2.1万平方米。社会救助和社会福利体系不断健全,最低生活保障标准提高了10%以上。建立农村"星光老年之家"563个,积极探索城市居家养老政府购买服务试点。慈善事业和红十字会工作得到加强,残疾人共享小康工程成效明显。

(三)教育和科学技术

1. 教育事业

至2009年末,金华市拥有各级各类全日制学校782所,在校学生74.87万人。其中小学468所,在校学生34.21万人,小学入学率、巩固率均达到100%;初中183所,在校学生17.85万人,初中入学率、巩固率分别达到99.99%、100%。普通高中教育与中等职业教育协调发展,招生比例连续8年达到1∶1。全市有普通高中60所,在校生8.54万人;职业高中43所,在校生6.01万人;普通中专5所,在校生5 739人;初中毕业生升入高中段学校比例98.27%。高等教育规模不断扩大。高等院校8所,在校生7.54万人,其中成人高校2所,在校生2 459人,高等教育毛入学率达到43%。全市拥有幼儿园1 646所,在园幼儿19.7万人,学前三年幼儿入园率98.32%。特殊教育学校7所,在校学生973人。十五年教育普及率达到99.22%。创建省教育强县8个,教育强县人口覆盖率85.77%,99.31%的乡镇成为省、市教育强乡镇。

金华市2009年全面落实义务教育学校教师绩效工资制度,实施中小学校舍安全和农村中小学教师集体宿舍危旧房改造工程,完成危险校舍改造53万平方米。扎实推进上海财经大学浙江学院、金华六中、婺城中学迁建等工程建设,宾虹高级中学和宾虹小学投入使用。

2. 科技与创新

2009年全市科技投入继续增加,全市规模以上工业企业科技活动经费支出17.18亿元,比上年增长3.3%。新产品生产增长较快,规模以上工业企业完成新产品产值357.03亿元,增长22.0%,新产品产值率达到13.5%,比上年提高1.8个百分点。

金华市连续第五次成为全国科技进步先进市。全市新列市级以上科技计划项目875项,其中国家、省级485项,创历史新高。获2008年省科学技术奖20项,2009年度市科学技术奖80项、科技合作个人奖1项。评出首批市科技创新领军人才8名。新认定市级以上创新型企业20家,其中国家级1家、省级5家,高新技术企业80家,其中国家级60家。东阳磁性材料、义乌无缝针织分别被认定为国家科技兴贸创新基地、省级高新技术特色产业基地。全市高新技术产业年产值实现502亿元,比上年增长23.6%。新认定市级以上高新技术研发中心33家,其中省级5家,青年集团、横店东磁、今飞机械3个企业研究院首批通过省级认定,中科院金华科技园新引进6家科研和服务机构。义乌虚拟研究院、上海高校武义技术转移中心、国家大院名校武义联合技术转移中心等先后挂牌,永康五金科技创新服务平台通过省级验收。

2009 年金华市扎实推进开发区整合提升,金华开发区、义乌开发区被列为省第一批整合提升试点,第二批试点方案上报省政府。全市新增省级农业科技企业 16 家、市级 23 家,农业科技研发中心 16 家,其中省级 5 家。启动省级婺南农业高科技园区第二轮建设。新列省科技特派员项目 21 项、市级 40 项,磐安县科技局被授予"全国科技特派员工作先进集体",金梅松等 5 人被授予"全国优秀科技特派员"称号。兰溪、武义被列为国家科技富民强县试点。

金华市 2009 年成功举办第 10 届工科会,新达成院企科技合作项目 185 项,市政府又与国内 4 家大院名校建立全面科技合作关系,汽摩配、电子信息、新能源与环保、生物医药、轻工纺织等 5 个专场科技对接活动受到广泛好评。网上技术市场新发布技术难题 283 个,新增上网企业 388 家,达成技术合同 266 项,总成交额 3.3 亿元。科技信箱累计建设站点2 366个,发展注册用户24 039名。

金华市跻身省内首批国家知识产权工作示范城市,义乌市通过国家知识产权试点城市的考核验收,东阳市列入国家传统知识产权保护试点,永康市成为首批实施国家知识产权强县工程县,金东区被列为省第三批知识产权示范创建区。全市新申请国家专利9 552件,比上年增长 28.0%;新增授权专利7 030件,比上年增长 38.6%,其中发明专利 272 项,增长 75.5%。新认定市级以上专利示范企业 44 家,其中国家级 9 家、省级 9 家。首批认定市知识产权示范乡镇(街道)9 个。在市区青年集团等 11 家企业建立市知识产权保护警企协作联系点。

2009 年,全市新增浙江名牌产品 25 只、累计 217 只,新增金华名牌产品 97 只、累计 347 只,6 家企业荣获了首届市长质量奖,名牌产品企业产值占规上工业企业产值的比重达 41.0%。企业参与制订国家标准 36 项、行业标准 21 项,重点产品可采用国际标准采标率达 87% 以上,新增省级标准化技术委员会 1 个;确认标准化良好行业企业 58 家、通过计量检测体系企业及计量检测能力企业 61 家;10 家企业被批准为浙江省标准创新型企业,10 个项目被列为省级标准化重点项目、4 个项目被列为省级质量赶超项目、12 项省级农业标准化推广示范项目通过现场考核工作,新增农业标准化示范区面积 171.76 万亩。质量指数 98.19、比上年提升了 2.3,产品监督抽查合格率 91.0%、比上年提高 2.32 个百分点,食品监督抽查合格率 94.4%、比上年提高 1 个百分点。特种设备定检率、登记率和操作人员持证上岗率达 95% 以上,计量器具强制检定 52.27 万台件。

(四)文化、卫生和体育

1. 文化事业

2009 年末金华市拥有艺术专业团体 6 个,群众艺术馆(文化馆)10 个,公共图书馆 10 个,剧院 9 家。地市级广播电台 1 座、电视台 1 座,县级广播电视台 7 座。广播综合覆盖率和电视综合覆盖率达 99.28% 和 99.55%。全市各县(市、区)全部开通了数字电视,发展数字电视用户达到 15.6 万多户。

2. 卫生事业

2009 年,金华市共有卫生机构 343 个(不含社区卫生服务站、村卫生室、诊所等,下同),其中医院、卫生院(含社区服务中心)254 个,妇保院(所、站)10 个,专科疾病防治院(所、站)6 个;全市实际开放床位数14 962张,其中医院和卫生院床位(含社区服务中心,不含妇保院)14 148张;全市卫生技术人员20 878人,其中执业医师和执业助理医师8 993人,注册护士6 806人;疾病预防控制机构 10 个,总人数 526 人;卫生监督检验机构 10 个,总人数 343 人。另有诊所、医务室、社区卫生服务站 1 202个,卫技人员2 002人。参加新型农村合作医疗的人数共达 336.39 万人,平均参合率为 93.36%。全市共有艾滋病初筛实验室 50 个、初筛中心实验室 1 个、确诊实验室 1 个。

金华市 2009 年积极推进医药卫生体制改革,建立了医疗纠纷化解机制,开通了市区医疗机构

“一卡通”。加快城乡社区卫生服务机构标准化建设，提高了新农合筹资标准，“健康新农村”建设取得实效。全力抓好甲型 H1N1 流感、登革热等防控工作，扎实开展三大类 12 项公共卫生服务。市公共卫生中心投入使用，市中心医院东扩、中医院病房综合楼、人民医院新病房大楼等项目开工建设。加强性别比整治和流动人口管理，推行优生“两免”工作，稳定低生育水平。

金华市认真开展“十小”行业质量安全整治，加强食品药品安全监管。积极发展妇女儿童事业，做好民族、宗教、档案、外事、侨务、对台事务等工作，大力支持国防建设。2009 年，金华市因认真开展创卫活动，被命名为国家卫生城市。数字城管通过省级验收。

3. 体育事业

金华市全年共培养一级运动员 3 人，二级运动员 131 人，一级裁判员 47 人。在国家级及以上比赛中共获得 8 金 6 银 7 铜。金华市 27 名运动员参加第 11 届全国运动会，7 人进入前八名，其中蔡力夺得 1 金 1 铜。

2009 年间，金华市成功举办市第七届运动会，全市近万名人员参加，有 6 人打破 9 项市最高纪录。成功承办了省青少年羽毛球锦标赛，被评为优秀赛区。组队参加了田径、游泳等 21 个省级体育比赛，获得 35 金 39 银 53 铜。组织了田径、篮球等 14 项青少年体育比赛。与市教育局联合开展学生阳光体育运动，举办了全市中小学生篮球比赛、第三届学生阳光体育冬季长跑活动。品牌赛事培育初现成效，成功举办第二届全国桥牌混双公开赛、第二届“八婺杯”篮球赛、浙江广厦与台湾啤酒海峡两岸篮球对抗赛等赛事。

2009 年全市共举办大型群众性体育活动 100 余次，拨出体育彩票公益金补助经费1 100多万元（不含县、乡、村投入），建成小康体育村 845 个。全市共创建国家级青少年体育俱乐部 1 个、省级青少年体育俱乐部 7 个、省级社区体育俱乐部 4 个、省级村级体育俱乐部 25 个、省级先进体育社团 1 个。培养二级社会体育指导员 233 人，三级社会体育指导员 448 人。

全年体育彩票发行安全有序，全年共发行体育彩票 3.51 亿元，共筹得体育彩票公益金3 000多万元。大型体育基础设施建设进展顺利。市体育中心全面开工，总投资 7.4 亿元。市区体育公园已基本建成，建有室外网球场、篮球场、乒乓球场等小型体育设施，被评为省级体育主题公园。体育组织网络日趋健全，完成了田径、游泳、乒乓球等单项体育协会的换届工作，各类体育单项协会建设进一步规范和加强。

（五）城乡建设

2009 年，金华市以村庄整治和农村住房改造建设为龙头，不断改善农村生产生活环境，义乌、金东基本完成整市（区）整治，全市累计完成整镇整治乡镇 70 个、整治村3 832个。稳步推进农村饮用水安全、“村庄绿化行动”、“兴林富民示范”、“万里清水河道”等工程，新增农村饮水安全人口 31.1 万人。启动 357 个村的住房改造建设工作，改造困难家庭危房2 900多户，在建农房 2.95 万户。全市推进新农村电气化建设，累计建成电气化乡镇 31 个、村 724 个。

金华市 2009 年基本完成浙中城市群总体规划编制。稳步推进城市群外通内畅工程，金义快速路、虹戴公路顺利通车，义浦二线、330 国道兰溪市区过境段改造等项目进展顺利，东永高速、十白线、怀万线东阳二期开工建设。市区城市功能不断完善，市文化中心试运行，市博物馆开馆，市文化艺术中心、中国婺剧院土建工程结顶，体育中心开工建设，八一南街和假日公园提升改造完工，防洪加固工程有序推进，市区康居工程和改善住房项目分获联合国和中国人居范例奖。完成了五百滩、后垄区块拆迁和九峰水库移民、老飞机场易址工作。

（六）环境保护和生态建设

全市全年完成造林更新面积 2.182 千公顷，其中人工造林 0.697 千公顷、迹地更新造林 1.485 千公顷;幼林抚育作业面积3.553千公顷;全市创建省级村庄绿化示范镇3个,省级绿化示范村33个,创建市级绿化示范村64个。

金华市新"811"环境污染整治三年行动深入开展,主要污染物减排取得良好成效,生态市建设全面推进。累计建成烟尘控制区面积349.5平方公里,噪声达标区253.9平方公里。全市城市环境空气质量与去年相比有所提高,按二氧化硫(SO_2)、可吸入颗粒物(PM10)、二氧化氮(NO_2)三项指标的年日均值评价,金华市区空气质量优良率达到95.3%,全市平均达到了90.3%。

2009年间,全市地表水环境质量总体稳定,但部分河段污染仍然较为严重,全市7个主要河段,达到或优于III类水质标准的断面占32.4%;全市18个地表水交接断面,达到或优于III类水质标准的断面占55.6%;9个出境断面,达到或优于III类水质标准的断面占88.9%。

全市2009年生态公益林建设面积221.87千公顷,生态公益林达到优质林分面积127.6千公顷。全市森林覆盖率60.44%。义乌市获得"浙江省森林城市"称号。生态环境保护力度加大。全市共建成全国环境优美乡镇8个,省级生态乡镇49个,市级生态乡镇82个,市级生态村120个,县级以上生态村1 442个。建成金华市沙金兰等26个规范化合格饮用水源保护区,全市8个县级以上集中式饮用水源地水质均达到或优于III类水标准。建成自然保护区4个,其中国家级自然保护区1个;森林公园12个,其中国家级森林公园2个。

2009年,金华市还加大节能降耗工作力度,使万元生产总值综合能耗下降5%以上。加强环境污染整治,建成33个镇级污水处理设施,化学需氧量、二氧化硫排放量分别下降5.71%、5.46%。

(七)社会安全

金华市2009年间加强"法治金华"、"平安金华"建设。围绕60周年国庆安保等重大任务,扎实开展基层平安创建活动,强化社会治安综合治理,健全了社会防控网络。深入开展严打整治斗争,维护社会治安稳定,金华跻身"中国30个最安全城市"。推进"民主法治村(社区)"创建,有序开展"法律六进"活动。完善信访、维稳与人民调解联动机制,积极开展"大排查、大调解、大整治、保稳定"活动,妥善处理了一批信访突出问题。全面落实安全生产责任制,有效遏制了安全生产事故多发势头。

三、金华市在长三角地区经济发展中的地位

2005－2009年金华市地区生产总值在长三角所占比重分别为:2.61%、2.60%、2.59%、2.57%和2.44%,呈现稳中略降的基本态势。其中2009年比2008年下降0.13个百分点,为5年来最大降幅。国际金融危机爆发以来,全市上下贯彻落实中央政策措施和一揽子计划,统筹做好保增长、抓转型、重民生、促稳定各项工作,GDP增速从一季度的4.2%、上半年的6.8%、前三季度的7.9%上升到全年的9%,经济运行企稳回升,完成了V形反转,承受外部冲击、保持平稳发展的能力达到新水平。经济全年增速虽比去年明显下降,但仍高于浙江省和全国平均水平。

2005－2009年金华市地方财政一般预算收入在长三角所占比重分别为:1.78%、1.78%、1.70%、1.70%和1.63%,呈现阶梯下行态势,累计降幅为0.15个百分点。全市财政预算总收入232.63亿元,增长6.3%;地方财政收入129.28亿元,增长8.0%。地方财政收入中,增值税增长3.5%,营业税增长6.8%,企业所得税下降0.8%。

2005－2009年金华市规模以上工业总产值在长三角所占比重分别为:1.95%、2.02%、2.01%、1.98%和1.92%,已连续三年呈现下行态势,累计跌幅为0.1个百分点。2009年,全年规模以上工业实现总产值2 673.66亿元,同比增长5.6%,增速比上半年回升7.3个百分点,位居浙江省第五位,长三角城市中的第十位。

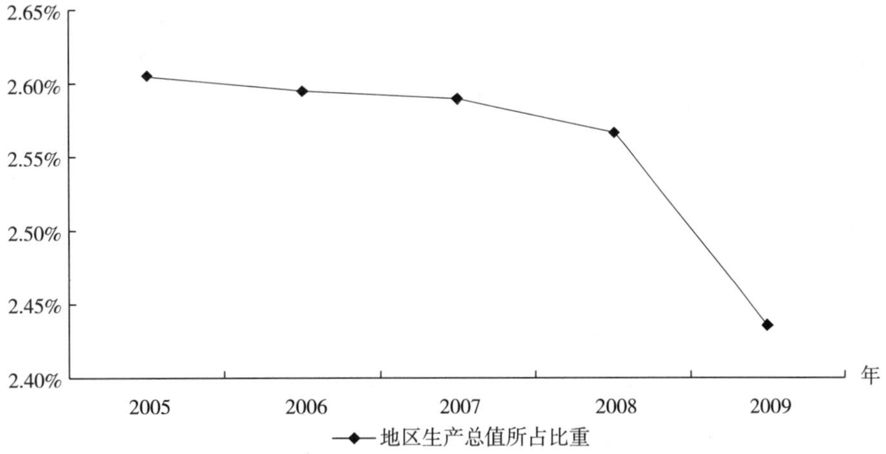

图 2－253　2005－2009 年金华市地区生产总值在长三角所占比重

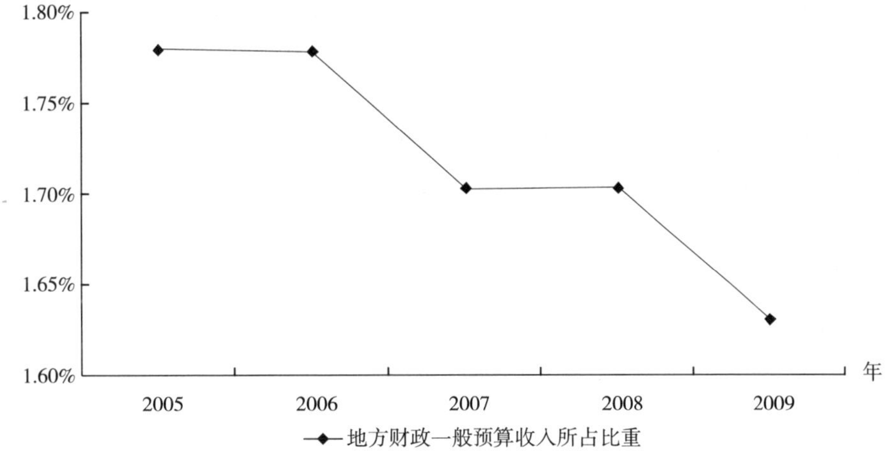

图 2－254　2005－2009 年金华市地方财政一般预算收入在长三角所占比重

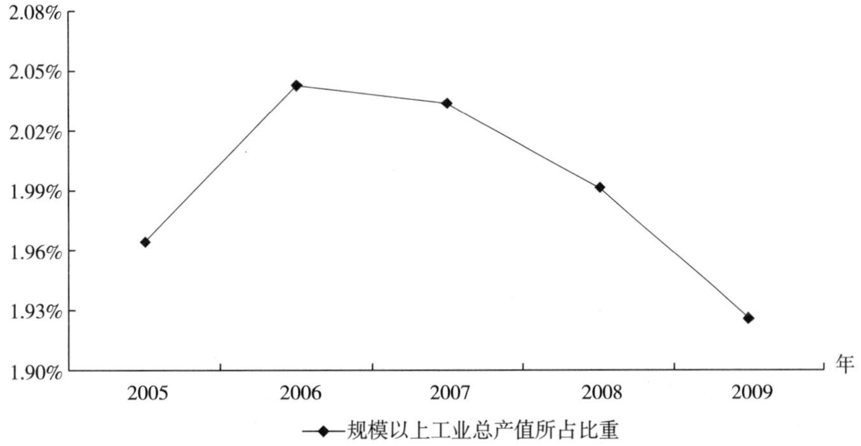

图 2－255　2005－2009 年金华市规模以上工业总产值在长三角所占比重

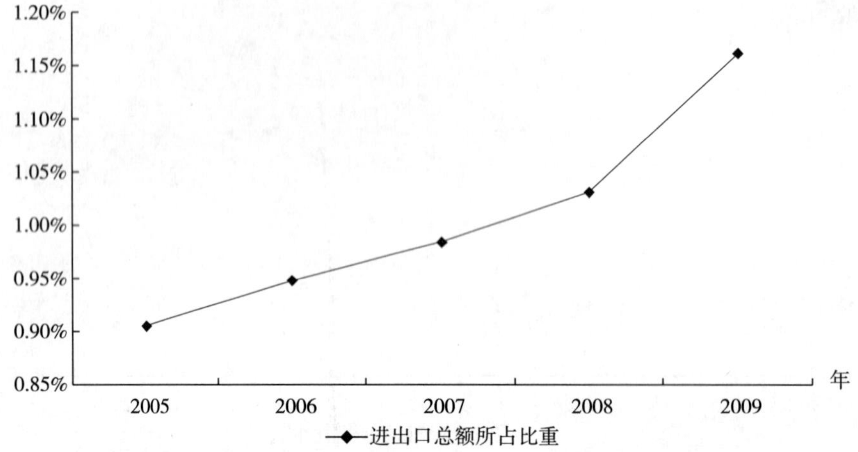

图 2-256　2005-2009 年金华市进出口总额在长三角所占比重

2005-2009 年金华市进出口总额在长三角所占比重分别为:0.90%、0.95%、0.98%、1.03% 和 1.16%。呈现逐年微幅增加的趋势,5 年累计增幅为 0.26 个百分点。2009 年,全市完成外贸进出口总额 93.43 亿美元,下降 2.1%;其中外贸出口 85.98 亿美元,下降 4.1%。随着政府进出口政策的积极推动和企业应对危机能力的提升,对外贸易逐步显现好转迹象;但是在贸易保护、汇率上升、成本增加等压力下,外贸出口前路依然坎坷。

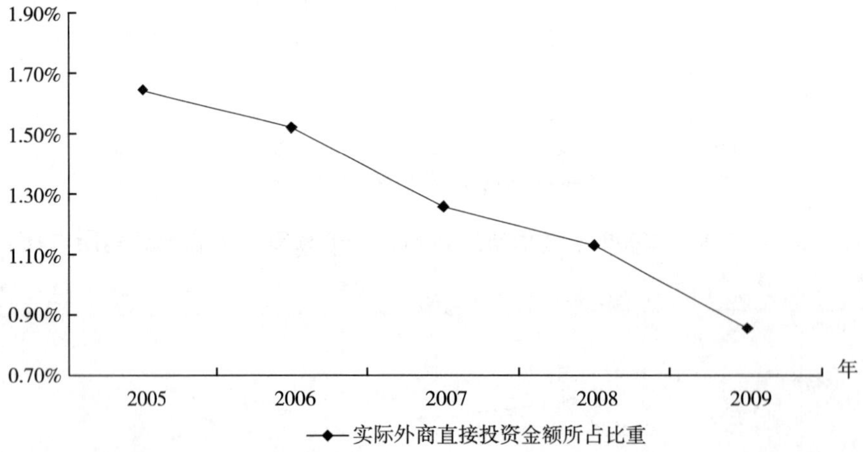

图 2-257　2005-2009 年金华市实际外商直接投资金额在长三角所占比重

2005-2009 年金华市实际外商直接投资金额在长三角所占比重分别为:1.65%、1.53%、1.26%、1.13% 和 0.86%,呈现逐年下降的趋势,5 年累计降幅为 0.79 个百分点。受金融资本市场动荡加剧影响,外商投资热情降低,国际资本流动必将减速,跨国并购活动也趋于减少,这直接影响了 2009 年金华市吸收外商直接投资的数量;影响招商引资的土地紧张、资金短缺、环境制约等问题仍然存在,也加剧了外商投资减少的趋势。2009 年金华实际利用外资40 034万美元,同比下降超过两成。但从引进的产业水平、投向领域看,金华利用外资项目的质量均有所提高,主要呈现了三个特点:一是工业线引资仍占主导,项目质量有所提高;二是服务业项目增多,成为利用外资的新亮点;三是投资国家继续增加。

八　衢州市 2009 年经济社会发展报告

2009 年是衢州市进入新世纪以来经济发展最困难的一年，全市全面实施“创业创新、富民强市”总战略和工业立市主战略，提出“保增长、促转型、重民生”的总体思路，实施一系列政策措施，全力化解全球金融危机带来的严重影响，积极应对经济社会运行中出现的各种矛盾和问题，加快推进经济发展方式转变，着力保增长、调结构、促和谐，经济运行总体仍处于较快增长区间，结构调整和发展方式转变取得积极进展。

一、2009 年衢州市经济发展状况

（一）综合经济

1. 经济总量

2009 年衢州全市生产总值 617. 50 亿元，按可比价格计算，比上年增长 11. 1%。其中第一产业增加值 60. 02 亿元，增长 4. 1%；第二产业增加值 337. 24 亿元，增长 12. 8%；第三产业增加值 220. 24 亿元，增长 10. 7%。在第三产业中，交通运输、仓储及邮政业增加值增长 4%，批发和零售业增加值增长 15. 9%，住宿和餐饮业增加值增长 11. 2%，金融业增加值增长 19. 3%，房地产业增加值增长 9. 5%。三次产业增加值结构由上年的 10. 6%∶54. 8%∶34. 6% 调整为 9. 7%∶54. 6%∶35. 7%。全市人均生产总值按户籍人口计算为24 764元（按常住人口计算为27 666元），合3 625美元，比上年增长 10. 6%。

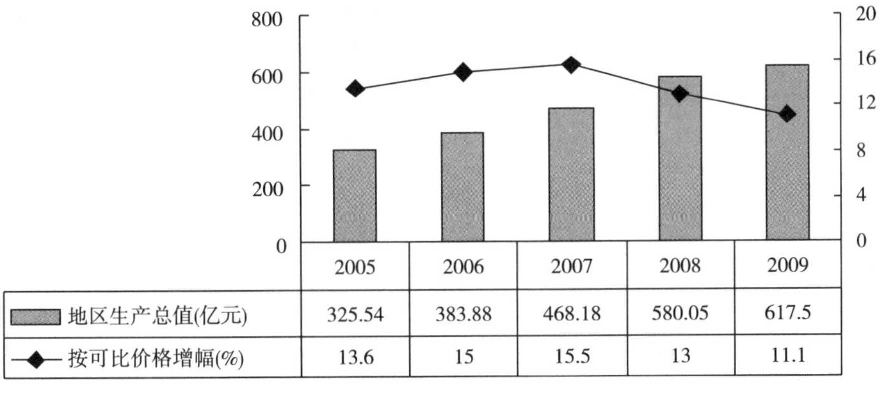

图 2 –258　2005 –2009 年衢州市地区生产总值及增长速度

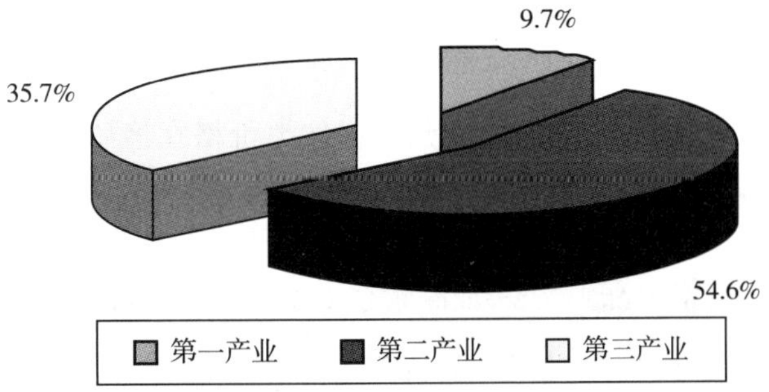

图 2 –259　2009 年衢州市三次产业结构图

表 2－67　2009 年衢州市县市主要经济指标

县市	生产总值（亿元）	地方财政收入（亿元）	全社会固定资产投资（亿元）	出口总额（万美元）	社会消费品零售总额（亿元）
衢州市区	254.15	19.21	160.85	36 309	95.90
江山市	140.91	6.59	86.78	2 111	48.14
常山县	62.96	3.81	57.69	350	25.08
开化县	59.10	3.25	37.04	1 702	27.51
龙游县	97.88	5.00	73.04	4 925	53.62

2. 财政收入

衢州市 2009 年全年实现财政总收入 62.34 亿元，比上年增长 8.8%，其中地方财政收入 37.85 亿元，增长 10.1%。在地方财政收入中：实现税收收入 34.03 亿元，增长 12.7%，其中主体税种增值税、营业税、企业所得税和个人所得税分别增长 0.9%、13%、2.1% 和 38.7%。全年财政支出 95.39 亿元，增长 40.4%。

3. 物价水平概况及其运行特点分析

2009 年，衢州市区居民消费价格比上年下降 0.8%，八大类消费品及服务项目价格与去年相比，呈现"两涨六跌"态势，食品和烟酒及用品价格上涨，分别上涨 4.5% 和 1.8%；其余六大类价格下降，依次是居住类同比下降 9.1%，家庭设备用品及维修服务类同比下降 3.1%，衣着类同比下降 2.3%，交通和通信类同比下降 2.3%，娱乐教育文化用品及服务类同比下降 1.8%，医疗保健和个人用品同比下降 0.4%。其主要运行特点如下：

（1）食品类价格持续走高。2009 年，衢州市食品类价格同比上涨 4.5%。粮食、蔬菜、水产品等价格涨幅较大，其中粮食价格同比上涨 4.7%，菜类价格同比上涨 13.4%，水产品价格同比上涨 9.9%。油脂、肉类价格止跌回升，油脂类价格从 8 月份开始逐月回升，全年同比下降 18.7%；肉类及其制品价格则从 6 月份开始逐月回升，12 月份由负转正，全年同比下降 8.0%。

（2）工业消费品价格由降转升。2009 年上半年，受金融危机影响，国内消费需求萎缩，工业消费品价格大幅下降，上半年同比下降 5.4%；从 7 月开始随着经济的回暖，价格逐月回升，12 月衢州市工业消费品转降为升，价格同比上涨 2.0%，结束了自去年 11 月份开始的同比下降走势，全年工业消费品价格指数为 96.2。价格上涨的日用工业消费品类有：室内装饰品价格上涨 13.1%，文化娱乐用品价格上涨 3.7%，交通工具价格上涨 1.7%。

（3）多项服务项目价格上涨。随着劳动力成本的提高，2009 年衢州市多项服务项目价格上涨，服务项目价格指数 101.4，同比上涨 1.4%。价格上涨的项目类有：衣着加工服务费上涨 15.5%，家庭服务及加工维修服务价格上涨 10.1%，车辆使用及维修费上涨 5.1%，个人服务价格上涨 2.5%，医疗保健服务价格上涨 1.5%。

（4）居住类价格持续回暖走势。2009 年衢州市居住类价格在经历上半年的低迷后，随着房地产市场的升温火爆持续快速回暖，从 6 月份开始连续 7 个月环比为正，12 月份价格同比上涨 2.9%，比年内最低的 6 月份高出 16.3 个百分点，波动之大近年罕见。居住项目中价格上涨的有：其它燃料（煤）价格上涨 7.5%，涂料价格上涨 1.7%，油漆价格上涨 1.5%，木材价格上涨 0.1%。

至 2009 年末，衢州市工业品出厂价格下降 6.8%，其中重工业产品出厂价格下降 3.1%，轻工业产品出厂价格下降 9.3%。原材料、燃料、动力购进价格下降 8.6%，其中黑色金属材料类下降 25%，有色金属类下降 23%，化工原料类下降 12.6%，燃料、动力类下降 3%。其主要运行特点有以下四点：

（1）工业品价格指数创编制以来新低。2009 年，衢州市工业品价格低迷，全年工业品出厂价格指数由上年上涨 8.2% 转为下降 6.8%，涨跌落差为 14.9 个百分点；原材料、燃料、动力购进价格指数由上涨 15.1% 转为下降 8.6%，涨跌落差达 23.7 个百分点，双双创衢州市指数编制以来最低点。

（2）从构成看，重工业产品价格下跌是导致工业品出厂价格下降的主要因素。2009 年，衢州市重工业产品出厂价格同比下降 9.3%，影响工业品出厂价格总水平下降 6.3 个百分点。其中，采掘、原料、加工业同比分别下降 12.5%、9.8% 和 8.8%。轻工业产品出厂价格同比下降 3.1%，影响工业品出厂价格总水平下降 1 个百分点。以农产品为原料和非农产品为原料产品价格同比分别下降了 2.0% 和 5.2%。

（3）近 8 成大类行业产品出厂价格下跌。在调查的 31 个大类行业中，有 24 个行业产品价格下跌，占被调查行业的 77.4%，其中化学原料及化学制品、黑色金属冶炼及压延加工产品和有色金属冶炼及压延加工产品价格同比分别下降 19.0%、18.4% 和 13.6%，居降幅前三位。

（4）原材料、燃料、动力购进价格也呈现大幅下降态势。2009 年，衢州市原材料、燃料、动力购进价格总水平同比下降 8.6%，九大类购进原材料中，仅农副产品类价格同比小幅上涨 0.7%，其他八大类购进价格都出现不同程度下降。其中，黑色金属材料类、有色金属材料及电线类、化工原料类购进价格同比分别下降 25%、23% 和 12.6%，降幅居前列。

4. 固定资产投资

衢州市 2009 年全年全社会固定资产投资 415.4 亿元，比上年增长 15%。其中限额以上固定资产投资 380.96 亿元，增长 16.7%。

2009 年，衢州市限额以上固定资产投资中：第一产业投资 10.49 亿元，增长 55.3%；第二产业投资 217.82 亿元，增长 21.6%；第三产业投资 152.64 亿元，增长 8.7%。

衢州市全年完成制造业投资 203.02 亿元，比上年增长 21.4%。纺织业、木材加工业、皮革、通用设备制造业、电气机械及器材制造业等 19 个行业的投资增长 20% 以上，有 7 类行业年投资额超 10 亿元，其中化学工业 37.59 亿元，增长 9.1%；非金属矿物制品业 16.41 亿元，增长 16.4%；木材加工业 17.06 亿元，增长 45.4%；纺织业 11.71 亿元，增长 27.2%。

全市 2009 年基础设施投资 95.14 亿元，比上年增长 20.3%。其中水利、环境和公共设施管理投资 43.4 亿元，增长 38%；交通运输、仓储和邮政业投资 29.66 亿元，下降 1.3%；电力、燃气及水的生产供应业投资 12.92 亿元，增长 13.8%；教育设施投资 2.52 亿元，增长 4.6%；电信及信息传输业投资 3.36 亿元，增长 165.4%。

全市全年组织实施重点项目 200 个，完成投资 128.9 亿元。其中 2009 年新开工项目 100 个，建成项目 91 个。

2009 年间，衢州市扎实开展"项目推进年"活动，完善项目推进机制，全力谋划、建设十大基础设施项目、十大产业项目和十大民生项目。抢抓国家扩大内需机遇，争取到中央投资计划项目 172 个、资金 4.3 亿元。实施重点工程 200 项，完成投资 128.9 亿元，为计划的 133.3%，龙游沐尘水库等一批项目建成发挥效益。限额以上工业投资增长 21.5%，增速位居全省第一。超额完成"六大百亿"工程五年投资目标，累计完成投资1 355.6亿元，为计划的 107.2%。"七个一"战略性项目取得突破，其中杭长客运专线和西气东输项目已开工建设，九景衢铁路、衢江航道基本具备开工建设条件，杭新景高速公路、衢州机场迁建、龙游核电等项目前期工作稳步推进。

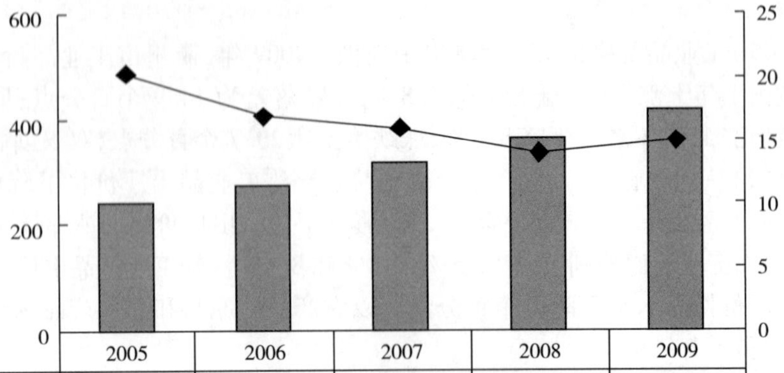

	2005	2006	2007	2008	2009
固定资产投资总额(单位:亿元)	241.34	273.46	317	361.17	415.4
增幅(%)	20.2	16.9	15.9	13.9	15

图 2－260　2005－2009 年衢州市全社会固定资产投资及增长幅度

(二)农业建设

衢州市 2009 年实现农林牧渔业总产值 101.76 亿元,比上年增长 5.6%。

全年农作物播种面积 327.01 万亩,比上年增长 6%,其中粮食播种面积 194.36 万亩,增长 5.4%;油料播种面积 54.11 万亩,增长 12.7%;蔬菜种植面积 49.2 万亩,增长 5.2%;果用瓜种植面积 7.51 万亩,下降 7.7%。

衢州市全年粮食总产量 76.1 万吨,比上年增加 3.55 万吨,增长 4.7%;油料产量 6.02 万吨,增长 15.4%,蔬菜产量 80.79 万吨,增长 6.9%,食用菌产量 20.31 万吨,增长 6.8%;果用瓜产量 15.23 万吨,增长 1.2%;茶叶总产量7 250吨,下降 3.2%;水果总产量 89.97 万吨,下降 16.9%,其中柑桔总产量 72.47 万吨,下降 20.5%。

全市全年肉类总产量 24.98 万吨,比上年增长 13.1%,其中猪肉 22.11 万吨,增长 11.3%。全年生猪出栏 426.1 万头,增长 9.5%;家禽出栏2 303.99万只,增长 30.9%。禽蛋总产量 2.5 万吨,下降 5.8%,蜂蜜产量 2.56 万吨,增长 8.1%,蜂皇浆总产量 569.44 吨,增长 56.2%,牛奶产量2 975吨,下降 0.5%。

2009 年间衢州市大力发展高效生态农业和现代设施农业,衢江莲花片区被确定为省级对外现代农业开发区,柯城建成全国最大鲟鱼养殖示范园,“开化龙顶”被认定为中国驰名商标。大力推进农业传统主导产业改造提升,粮食生产稳步发展,柑桔实现压产提质增效目标。积极引导农民发展特色农业,家禽饲养、山地蔬菜种植、食用菌栽培和渔业生产实现较大幅度增长。农业龙头企业和农民专业合作社带动服务能力进一步增强。成功举办第二届中国(衢州)农博会粮交会。全市农业增加值增长 4.1%。

(三)工业和建筑业

1. 工业增加值

衢州市 2009 年末共有规模以上工业企业单位1 265家,其中主营业务收入亿元以上的企业 148 家,比上年增加 12 家;大中型企业 71 家,比上年增加 8 家。

全年全部工业增加值 279.65 亿元,按可比价格计算比上年增长 12.9%。规模以上工业全年完成产值 840.54 亿元,增长 11.3%,其中重工业 617.07 亿元,增长 7.7%;轻工业 223.47 亿元,增长

22.8%。实现工业销售产值813.01亿元,增长10.3%,产销率96.73%,下降0.88个百分点。全年完成工业出口交货值56.41亿元,下降17.8%。

在规模以上工业中,化工行业实现产值164.01亿元,比上年下降11.1%;机械行业192.36亿元,增长17.6%;建材行业56.59亿元,增长3.1%;黑色金属冶压业100.08亿元,增长17.5%;造纸行业48.34亿元,增长24.5%;纺织业32.14亿元,增长21.8%;电力行业51亿元,增长7.3%。

全年规模以上工业企业实现利税65.69亿元,增长10.9%,其中利润43亿元,增长24.2%。列入省考核的十一项工业经济效益指数综合得分276.11分,比上年降低2.32分。

表2-68　2009年衢州市县区工业总产值

单位:亿元

县市	工业总产值
衢州市区	383.64
江山市	204.01
常山县	60.60
开化县	57.61
龙游县	126.73

衢州市2009年实施积极对接国家和省的产业振兴规划,启动新一轮产业规划编制,整合完善工业发展政策,设立1亿元工业转型升级专项资金。工业结构不断改善,装备制造、特种纸等特色产业发展势头良好,获得国家级空气动力机械特色产业基地、全国首个特种纸产业基地和省级光伏产业、电光源产业、电子元器件及材料产业基地命名,成为省特色产业发展综合配套改革试点区,氟硅产业被列为省产业集群转型升级示范单位试点,机械行业成为第一大产业,龙头企业支撑作用进一步增强。全市工业增加值增长12.9%,新增销售超亿元企业12家、大中型企业8家,新增国家高新技术企业18家。

2. 建筑业

2009全年衢州市建筑业实现增加值57.59亿元,按可比价格计算比上年增长12.4%。全市建筑业企业276家,超亿元产值的企业55家。其中具有一级资质企业9家,比上年增加3家,二级资质企业80家,增加12家。全年建筑业实现总产值164亿元,增长23.4%。

(四)服务业

1. 国内贸易

衢州市全年社会消费品零售总额250.25亿元,比上年增长16.1%。分地域看,城市消费品零售额173.76亿元,增长15%;县以下消费品零售额76.49亿元,增长18.7%。分行业看,批发和零售业零售额215.55亿元,增长16.8%;住宿和餐饮业零售额31.19亿元,增长16%;其他行业零售额3.51亿元,下降16.1%。

2009年全市限额以上批发零售业实现零售额50.02亿元,增长17%。其中食品、饮料、烟酒类增长12.2%,服装鞋帽、针、纺织品类增长112.1%,日用品类增长18.7%,家用电器和音像制品类增长17.3%,建筑及装潢材料类增长7.8%,汽车类增长49.8%。

全市共有成交额超亿元的各类市场22个,摊位数7 371个,实现成交额188.66亿元,增长6.8%。成交额超十亿元市场有7家,比上年增加1家。

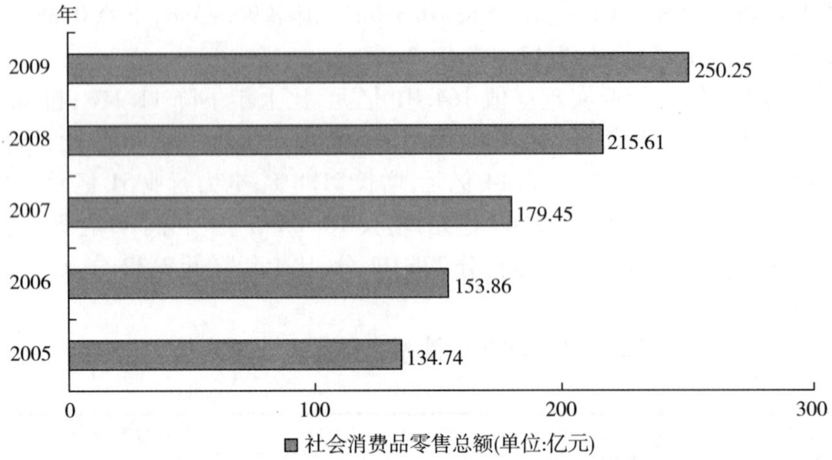

图 2-261　2005-2009 年社会消费品零售总额

衢州市2009年加快推进城乡商贸一体化,新增农村连锁经营网点259个。开展搞活流通扩大消费系列活动,推动家电、汽车摩托车下乡和家电以旧换新,全市财政拨付补贴资金4947万元,实现家电、汽车摩托车下乡销售8.6万台和1.8万辆。

2. 交通运输、邮电及道路建设

2009年,衢州市完成交通运输和邮政业增加值23.34亿元,比上年增长4%。

衢州市全年各种运输方式完成货物运输量6 657.76万吨,其中铁路637.42万吨,公路6 013万吨,水运7.32万吨,民航172.1吨。全年各种运输方式完成旅客运输量10 967.25万人,其中铁路210.27万人,公路10 747万人,水运3.55万人,民航6.43万人。

至2009年末,衢州市民用汽车拥有量为9.5万辆,比上年增长33.6%,其中载客汽车6.39万辆,载货汽车3.11万辆,分别增长37.4%和93.2%;私人汽车7.41万辆,增长37.7%;全市摩托车拥有量24万辆,增长7.4%。

年末全市各类公路里程7 241.21公里,其中高速公路244.31公里,一级公路289.76公里,二级公路651.18公里,村道3 235.2公里。

2009年全市完成通乡公路路面硬化412.3公里,通乡公路等级率、硬化率均达100%,等级公路通村率达到99.5%。

衢州市全年通信业务收入11.79亿元,比上年下降0.8%。完成国内邮政特快业务57.32万件,增长24.9%;国际邮政特快业务1.05万件,增长8.2%。年末城乡固定电话用户68.08万户,年末移动电话用户153.44万户,比上年新增12.03万户,电话普及率(含移动电话)88.7部/百人,互联网用户17.35万户,比上年新增1.68万户。

3. 旅游业

衢州市2009年全年接待国内旅游者1 272万人次,比上年增长20.1%,国内旅游收入69.57亿元,增长22%。全年入境的旅游者人数8.53万人次,增长16.5%,在入境的旅游者中外国人4.37万人次,增长7.6%;香港、澳门和台湾同胞3.82万人次,增长17.5%。国际旅游外汇收入4 231万美元,增长15.5%。全市拥有旅游星级宾馆饭店47家,客房总数3 652间,比上年增长7.1%。

2009年全市投入建设资金7 300万元,新增市级农家乐特色村(点)18个,申报省级农家乐特色村(点)7个,累计接待游客363.45万人次,营业收入2.06亿元。

2009年间,衢州市积极推动旅游业转型升级,江山廿八都古镇、开化根艺博览园等一批旅游项目顺利推进,江郎山申遗通过世遗中心专家组考察评估,龙游旅游创强通过省级验收,积极促进民航事业发展,衢州民航旅客吞吐量突破10万人次,达12.8万人次。

4. 金融、证券和保险

至2009年末,衢州市金融机构本外币存款余额755.09亿元,比上年末增长30.7%,其中人民币存款余额750.89亿元,增长30.7%。年末金融机构本外币贷款余额626.98亿元,增长30.6%,其中人民币贷款余额616.78亿元,增长30.2%。年末城乡居民本外币储蓄存款余额371.18亿元,增长20%。

2009年全市5家证券机构证券交易量1 564.34亿元,比上年增长100.6%;实现佣金收入2.67亿元,增长70.3%;期末保证金余额11.44亿元,增长85.8%;托管市值60.5亿元,增长126.6%;实现利润1.99亿元,增长89.3%;新开证券帐户13 765个,增长37.5%。

年末全市共有保险机构29家,全年保费收入16.4亿元,增长6.6%。其中寿险保费收入10.63亿元,下降0.1%;财产险保费收入5.77亿元,增长21.5%。支付各类赔款3.54亿元,下降1.1%,其中寿险业务赔款0.27亿元,增长1%;财产险赔款3.27亿元,下降1.2%。

衢州市2009年引导金融机构加大信贷投放力度,全市财政共安排近2亿元企业转贷周转金,市本级设立5 000万元创业投资引导基金,成功引进招商银行、浙商银行和浦发银行,全市金融机构本外币贷款新增146.7亿元,是上年新增额的2.1倍,中小企业贷款占全部贷款46.7%。

5. 房地产业概况及分析

衢州市全年房地产开发投资37.59亿元,比上年下降17.6%,其中住宅投资28.7亿元,下降18.5%。房地产开发施工面积518.49万平方米,下降14.1%;竣工面积169.21万平方米,下降32%;销售面积235.53万平方米,增长80.3%,其中住宅销售189.57万平方米,增长83.1%,商业营业用房13.95万平方米,增长55.4%。商品房实际销售额87.34亿元,增长118.5%,其中住宅销售额69.61亿元,增长130.7%。

2009年衢州市区房屋销售价格同比上涨3.5%,与去年同期相比,房屋销售价格涨幅回落了3.6个百分点。其价格变动的基本情况如下:

(1)商品房销售价格上涨较快。2009年市区新建商品房销售价格同比上涨3.4%。住宅销售价格上涨3.1%,其中,普通住宅、多层住宅、高层住宅和其它住宅销售价格分别上涨了3.3%、3.5%、3.2%和2.4%。同时,高档住宅销售价格同比上涨3.3%。

(2)非住宅销售价格上涨明显。2009年市区非住宅销售价格同比上涨4.0%,其中,商业营业用房销售价格上涨4.2%,其它用房销售价格上涨1.7%。

(3)二手房销售价格上涨较大。2009年市区二手房销售价格同比上涨4.%。其中,住宅销售价格上涨4.%,多层住宅销售价格上涨3.9%,高档住宅销售价格同比上涨1.3%,其它住宅销售价格上涨1.1%。

(4)土地交易价格稳中趋升。2009年市区土地交易价格同比上涨4.2%。其中,商品住宅用地交易价格上涨3.9%,商业营业用地交易价格7.4%。

(5)房屋租赁和物业管理价格基本平稳。2009年市区房屋租赁价格同比上涨1.0%。其中,住宅租赁价格上涨1.0%,普通住宅价格上涨0.8%。非住宅同比上涨0.9%。同时,物业管理价格中,住宅价格上涨0.4%,商业营业用房价格上涨1.8%。

(6)2009年市区房屋销售价格环比稳中趋升。

房地产价格变动主要原因有以下四点:

(1)房地产投资下降较快。2009年在国际金融危机和国家对房地产业继续调控的大背景下,衢州市区房地产市场有回暖态势。但是,房地产投资下降较快,其中市区房地产投资(包括柯城区、衢江区)16.91亿元,投资同比下降16.5%,市区房地产投资呈现较大的下降趋势。

(2)商品房建造成本上升。2009年一是土地交易价格同比上涨4.2%;二是新建商品房建造使用材料价格继续攀升,主要是新型装饰材料价格上涨;三是2008年下半年以来贷款利率的5次降低,带来房地产企业周转资金紧张局面;四是目前市区新建各类住宅小区配套设施成本增长较大。

(3)房地产市场需求推动。2009年在居民不断增长的住房需求是房价上涨的源动力,住房制度改革已实施12年的时间,购买商品房成为广大消费者唯一的选择。总需求增长,使之在总供给一定的前提下,带动了市区商品房销售价格的上升。

(4)国家宏观调控见成效。2008年下半年以来,一是国家和省政府先后出台一系列调控措施,进一步规范了房地产市场,市区商品房供求从总体上来看基本平衡。2009年市场商品房销售大有回暖,呈现商品房销售价格稳中趋升态势;二是随着商品房价格逐渐趋高,投资性居民购房的风险也随着增加,给投资者收益预期也带来一些不确定性;三是市区居民住房自有率和人均住宅面积大幅提高,当前市区居民购房的心态基本平稳。

(五)对外经济

1.对外贸易

衢州市全年进出口总额11.84亿美元,比上年下降10.8%。其中出口7.3亿美元,下降19%;进口4.54亿美元,增长6.6%。

在主要商品出口中,机电产品出口1.41亿美元,下降17.6%;高新技术产品出口0.48亿美元,下降59%;化工医药产品出口2.01亿美元,下降41%;服装、纺织品出口1.17亿美元,下降6.8%;农产品及其加工产品0.85亿美元,下降5.8%。

至2009年末,衢州市有出口实绩的企业424家,增长16.8%,其中当年新启动出口业务企业113家。出口额在100万美元以上的企业148家,增加8家;1 000万美元以上的龙头企业20家,减少1家。

2009年全市出口排前三位的市场依次是:欧盟、美国、日本。对欧盟出口1.4亿美元,下降7.7%;对美国出口0.92亿美元,下降34.9%;对日本出口0.43亿美元,下降19.1%。这三大主要市场出口额合计占全市出口总额的37.7%。

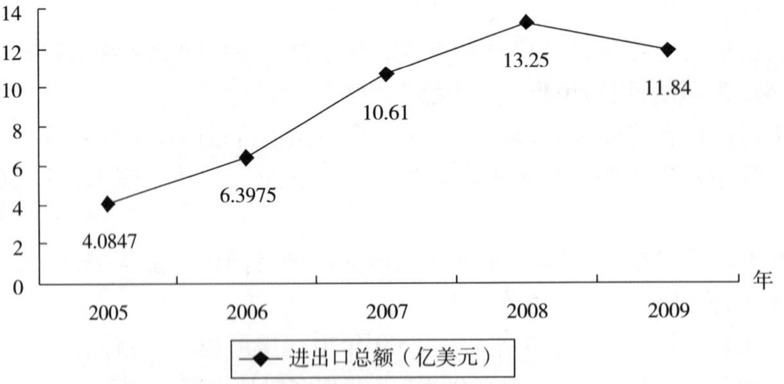

图2-262 2005-2009年衢州市外贸进出口总额

2.外资状况

衢州市全年新批外商投资企业20家,比上年增加1家,其中外资企业8家,合资企业11家。总投资31 765万美元,与上年基本持平;合同利用外资14 800万美元,增长9.7%;实际利用外资6 380万美元,增长9.8%。

表 2 －69　2009 年衢州市县市实际使用外资

单位:万美元

县市	实际使用外资金额
衢州市区	3 261
江山市	839
常山县	281
开化县	467
龙游县	1 532

3. 对外合作

2009 年,衢州市创新招商模式,强化考核激励和督查推进机制,招商引资取得新成效。全市招商引资到位资金 152 亿元,完成年计划的 108. 6% ,引进亿元以上项目 68 个。成功承办全省山海协作系列活动,拓展资源与产业合作范围,新签山海协作项目 324 个、到位资金 101. 6 亿元。主动加强与央企对接,与中建、中核集团等签订战略合作协议。

二、衢州市 2009 年社会发展概况

(一)人口、人民生活

衢州市 2009 年末户籍人口 249. 86 万人,其中,男性人口 129. 23 万人,女性人口 120. 63 万人,分别占总人口的 51. 7% 和 48. 3% 。全年出生人口 2. 42 万人,出生率为 9. 7‰;死亡人口 1. 7 万人,死亡率为 6. 81‰;全年净增人口 0. 72 万人,自然增长率为 2. 89‰。根据全市 5‰人口抽样调查结果推算,全市常住人口为 223. 5 万,城市人口占 41. 4% 。

2009 年市区城市居民人均可支配收入19 539元,比上年增长 8. 1% 。全市农村居民人均纯收入7 336元,增长 7. 2% 。

市区城市居民家庭恩格尔系数(即食品消费支出占消费总支出的比重)为 35. 4% ,比上年下降 5. 9 个百分点。农村居民家庭恩格尔系数为 40. 1% ,下降 1. 6 个百分点。市区城市居民人均住房建筑面积 38. 55 平方米,农村居民人均住房面积 54. 58 平方米。

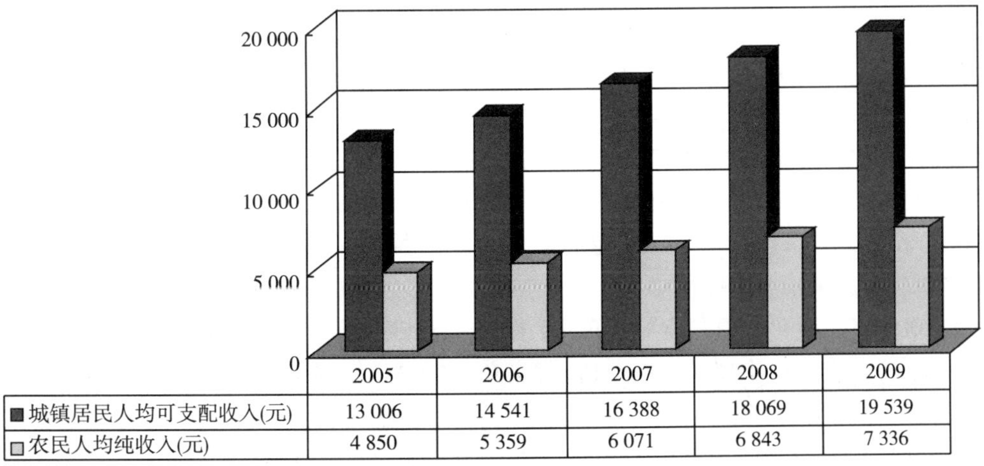

图 2 －263　2005 －2009 年衢州市城乡居民收入对比一览

(二)就业与社会保障

1.就业

2009年衢州市新增就业人数2.64万人,有1.1万城镇下岗失业人员实现再就业,年末城镇登记失业率为3.7%,比上年末下降0.19个百分点。

全市全年累计培训农民10.08万人,其中30天以上的新型农民技能等级培训2.53万人,农村劳动力培训获证率和转移就业率分别达86%、87%。

2.社会保障

至2009年底,全市参加养老保险的人数为37.93万人,比上年末增长10.7%,其中企业参保人数为33.37万人,增长12.3%;参加失业保险的人数为16.39万人,增长2.5%;参加基本医疗保险的人数为32.59万人,增长10.8%;参加工伤、生育保险的职工分别为28.3和16.14万人,分别增长4.5%和9.9%。年末享受失业保险职工人数为2 647人,增长5.0%。

全市有各类收养性社会福利单位94个,拥有床位10 695张,年末在院人数5 422人。农村五保人员集中供养率93.4%,城镇"三无"对象集中供养率99%。年末全市城镇居民和农村居民最低生活保障已保人数分别为4 625人和5.12万人。

2009年间,衢州市扎实推进社保扩面和"五费合征"工作,全市城镇职工社会保险新增各类参保人员9.9万人。实施城乡居民社会养老保险试点,实现职工基本养老保险市区统筹。提高企业退休人员基本养老金、新型农村合作医疗补助和城乡最低生活保障标准。被征地农民基本生活得到保障。加强社会救助体系建设,完成市儿童福利院、流浪儿童救助保护中心和救助管理站等民生基础设施建设。妇女、儿童、老龄、残疾人、社会福利、慈善、红十字等事业进一步发展。加强住房保障,发放公积金贷款10.6亿元,新增廉租房保障家庭2 005户,推进农房改造建设,完成5 600户农村困难群众危旧房救助。支援青川县马公乡恢复重建工作进展顺利,学校、卫生院等公建项目全面完成。

(三)教育和科学技术

1.教育事业

至2009年底,衢州市拥有普通高校1所,在校生10 186人。中等职业教育学校27所,在校生36 356人。普通高中23所,在校生42 589人。普通初中76所,在校生84 159人。小学220所,在校生14.72万人。特殊教育6所,在校生478人。全市拥有幼儿园947所,在园幼儿8.11万人。

全市小学入学率、巩固率和升学率均为100%,九年义务教育完成率99.99%,初中毕业升高中段的比例为95.7%,高中段毛入学率93.15%。15年教育普及率为96.54%,中小学校资源向社会开放率76.88%。

衢州市有普通高校专任教师527人;普通高中专任教师2 726人,学历合格率为97.98%;初中专任教师5 345人,学历合格率为99.63%;小学专任教师7 693人,学历合格率为99.79%;幼儿园专任教师3 534人,学历合格率为92.33%;中等职业教育专任教师1 526人,学历合格率为84.21%;特殊教育专任教师94人,学历合格率为100%。

衢州市2009年间深化农村教育"新四项工程",推进"领雁工程"和"青蓝工程",开展中小学校舍安全排查鉴定,完成农村小规模学校改造,落实义务教育学校绩效工资制度,省级教育强县实现全覆盖,基础教育从"有书读"向"读好书"转变。衢州学院(筹)成功升本。学前教育、电大教育、成人教育等全面发展。深入实施"双六计划",加强实训基地和示范专业建设,推动职业教育资源整合。市本级通过语言文字工作国家二类城市验收。

2. 科技与创新

2009 底，衢州市拥有国家级高新技术企业 40 家，市级及以上高新技术企业 127 家。全市拥有国有独立研究开发机构 11 个，企业技术开发机构 100 个。全年获得省以上科技进步奖 8 项，市级科技进步奖 40 项。当年专利申请受理1 370项，专利申请授权1 102项，分别增长 20. 7% 和 92% 。

年末拥有产品质量检验机构 69 家，法定计量技术机构 5 个，全年强制检定计量器具78 235(件)，其中贸易结算用计量器具65 721件，安全防护用计量器具7 504件。全年检验特种设备7 566台(件)，其中电梯1 228台，压力容器2 678台。

2009 年，衢州市政府加强科技和人才保障，落实引进海内外领军型人才政策，在全省率先与省科技厅建立市厅会商制度，积极推进市校合作，成功举办第七届科工会，产学研合作不断深化。全市财政科技投入增长 25. 7% ，新增省级高新技术研究中心 4 家。江山被评为全国科技进步先进县。

(四)文化、卫生和体育

1. 文化事业

2009 年末衢州市共有各类艺术表演团体 16 个，其中专业艺术表演团体 2 个。公共图书馆 7 个，面积11 208平方米，藏书量1 142千册。博物馆 3 个，面积18 350平方米。年末全市有县以上广播电台 6 座，广播综合人口覆盖率 96. 82% 。全市有电视台 5 座，电视综合人口覆盖率 97. 31% 。全市观看电影观众人次 421. 96 万人，城市影院票房收入 683. 53 万元。全市日均发行《衢州日报》6. 03 万份，《衢州晚报》7. 12 万份。全市共有综合档案馆 7 个，面积16 089平方米，馆藏档案全宗1 031个，共计 55. 02 万卷、59 582件。全年查阅档案、资料9 620人次，卷(件)24 528次。

2009 年间，衢州市深化文化名市建设，出台推动文化大发展大繁荣实施意见，成功举办庆祝新中国成立 60 周年、纪念孔子诞辰2 560周年、非物质文化遗产大型展示会和江山毛氏文化节等活动，加强文物普查和非遗保护，积极促进基层文化建设。常山成为省文化先进县。深化学习型城市建设，开展全民读书周和百姓讲坛等活动。

2. 卫生事业

2009 年末全市共有卫生机构 699 家，其中等级医院 39 家。共有病床床位7 002张。卫生技术人员8 647人，其中医生4 047人。全市有疾病控制中心 6 个，卫生防疫人员 183 人。全市农村安全饮用水普及率 97. 9% ，农村自来水受益率 68% ，农村卫生厕所普及率 81. 7% 。新型农村合作医疗参保人数 173. 12 万人，参保率 94% 。

2009 年，衢州市制订实施深化医药卫生体制改革方案，积极推进农村卫生改革试点。进一步健全医疗卫生服务体系，开工建设市中医院门急诊住院大楼扩建工程，新建社区卫生服务中心 11 家、社区卫生服务站 65 家。认真抓好甲型 H1N1 流感防控。

3. 体育事业

衢州市全年举办市、县运动会 103 次，参加人次 9. 64 万人。在全国及全省各类体育比赛中，全市共获金牌 66. 5 枚、银牌 56 枚、铜牌 69 枚。当年新增健身路径 102 条。圆满举办第三届市运会，成功承办中国围棋甲级联赛“衢州·烂柯”专场。

(五)城乡建设

2009 年末衢州市城区面积为 804. 95 平方公里，其中建成区面积 99. 02 平方公里，城区人口 65. 45 万人(常住人口)。全年新增道路面积 85 万平方米。年末拥有出租车 723 辆。全市日供水能力 123. 21 万立方米(含企业自备水)，全年供水总量1 594. 28万立方米。全市用气人口 59. 21 万人，燃气普及率 89%(按城区人口计算)，其中液化气用气人口 50. 43 万人，人工煤气用气人口 3. 75 万人,天然气用气人口5.03万人。全市现有污水处理厂7座(含企业),日处理能力19.3万立方米,城市污水处理率为63.6%。生活垃圾处理率为100%。全年新增园林绿地面积154公顷,建成区绿地率37%,人均公园绿地面积10.27平方米(城区范围)。

衢州市2009年加快土地利用总体规划修编,科学开发低丘缓坡资源,积极开展农村土地整治,加强项目用地保障,共报批建设用地1.8万亩、供地1.3万亩,新增耕地2.9万亩。谋划推进新型产业空间体系建设,省级工业园区熟地储备1万多亩,市开发区东港服务中心投入使用,园区物流、公交、金融、超市等生产生活功能配套进一步完善。

2009年间,衢州城市形象明显提升。"五城联创"取得重大成果,荣获国家卫生城市称号,城市宜居度明显提高。以打造四省边际中心城市为目标,制订加快推进新型城市化政策措施,完成衢州市城市总体规划调整。老城区功能品位进一步提升,北门街区历史文化风貌再现,府东街南段和双港西路改造实现通车,南湖广场片区和荷花中路绿化工程全面完成。西区建设步伐加快,市政广场基本建成,月亮湾公园开工建设,市行政服务中心等一批公建配套项目顺利实施。东区基础设施加快完善,百灵北路公铁立交建成通车,市区一体化格局基本形成。"数字城管"工作扎实推进。注重培育和提升城市品牌,开展衢州城市形象宣传口号征集活动。县城和中心镇加快发展。

2009年,衢州市在农村建设中全面落实强农惠农政策,各级财政投入"三农"资金35.9亿元,增长33.5%。实施新一轮"百千工程",全市共投入村庄整治资金6.2亿元,完成整治村374个。城市供水管网新覆盖农村人口9.2万人,解决43.2万农村人口饮水安全问题,新增沼气池容积16.8万立方米。推进农村社区建设,新建成乡镇社区服务中心42个、村级社区服务中心435个。不断深化农村改革,土地流转改革取得新进展,林权和农房抵押贷款工作稳步推进,政策性农业保险全面展开,政策性农村住房保险实现全覆盖。

(六)环境保护和生态建设

2009年全年全市万元GDP综合能耗下降5%以上,万元GDP耗电1 451.5千瓦时,降低1.3%。

全市关停淘汰40家(条)小化工、小造纸、小制革、小砖瓦、小水泥等企业,建设项目环评和"三同时"执行率100%。全市新增化学需氧量削减量8 719吨、二氧化硫削减量10 487吨。新增污水处理能力8.87万吨/天,38家工业企业完成限期治理和新建污水处理设施。工业危险废物无害化处理率81%,医疗废物集中处理率70%以上,规模化畜禽养殖粪尿综合利用率93.5%,城市污水集中处理率达63.6%,生活垃圾处理率达100%。县市交界断面和市出境水水质达标率100%,县级以上集中式饮用水源地水质全部达标。全市城市环境空气质量全部达到二级标准,市区全年空气优良天数达358天。推进"811"环境保护新三年行动,新完成减排项目103个,高新园区环境整治通过验收。

衢州市2009年获得"全国卫生城市"荣誉称号,并通过省级环境保护模范城市技术评估,全市累计有17个乡镇获得全国环境优美乡镇命名,53个乡镇获得省级生态乡镇称号。创建省级绿色企业35家,省级绿色饭店10家,省级绿色家庭90户,省级绿色学校64所,省级生态环境教育示范基地5个。累计建成生态公益林270万亩,全市森林覆盖率71%。共建立各类自然保护小区131个,保护面积143.4平方公里。新增水土流失治理面积85.52平方公里、清水河建设300公里。完成绿色通道工程3公里,边坡复绿工程2.8万平方米,废弃矿山生态环境累计治理率90%。全市新增绿色食品10个、无公害农产品11个。

全市全年共完成整治村284个,建成污水治理提升村90个,新增解决43.2万农民饮水难的问题,建成农村沼气池9 017个、累计59.35万立方米,农村垃圾集中收集处理覆盖率达85.7%。

（七）社会安全

衢州市全年自然灾害受灾人口 37.96 万人，无因灾死亡人口，无因灾伤病人口，倒塌房屋 240 间。农作物受灾面积 17.46 千公顷，其中绝收面积 1.58 千公顷。因灾害造成的直接经济损失 2.86 亿元，其中农业经济直接损失 1.45 亿元。

2009 年，全市群众综合安全率为 95%，比上年提高 1 个百分点。全年全市共发生各类事故1 170 起，死亡 304 人，受伤1 061人，直接经济损失1 058万元，分别比上年下降 3%、5%、2% 和 3%，其中交通事故1 064起、死亡 268 人、直接经济损失 471 万元，分别下降 2%、2% 和 0.3%；火灾事故 72 起、死亡 1 人、直接经济损失 142 万元，分别下降 9%、持平和 15%。

三、衢州市在长三角地区经济发展中的地位

2005－2009 年衢州市地区生产总值在长三角所占比重分别为：0.81%、0.81%、0.85%、0.89% 和 0.85%，在经历 3 年稳定增长之后，2009 出现微幅下跌，回退到与 2007 年相同的水平。2009 年全市实现生产总值 617.5 亿元，增长 11.1%，增幅首次跃居浙江省第一。在 2008 年下半年以来的国际金融危机冲击下，由于应对有效，全市经济实现了平稳较快增长。2008 年 3 季度至 2009 年 4 季度，全市地区生产总值同比增速分别为 13.3%、13.0%、8.5%、9.8%、10.6% 和 11.1%，与浙江省同期 10.6%、10.1%、3.4%、6.3%、7.7% 和 8.9% 的增速相比，衢州市经济增速较高，震幅较小，回升稳健。

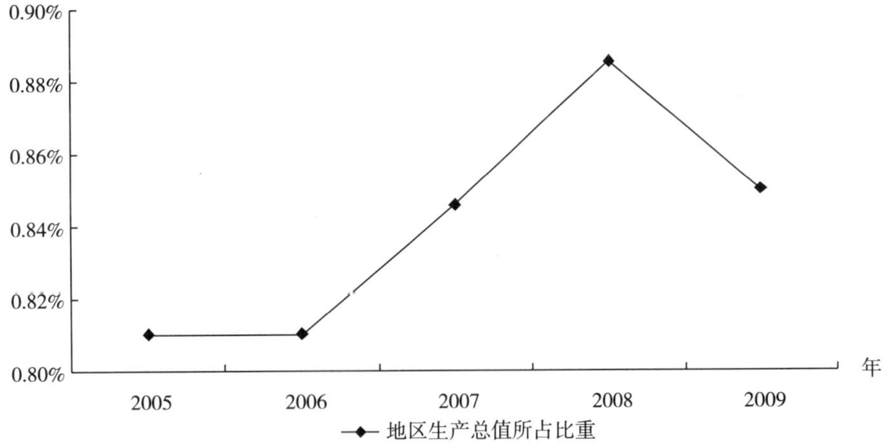

图 2－264　2005－2009 年衢州市地区生产总值在长三角所占比重

2005－2009 年衢州市地方财政一般预算收入在长三角所占比重分别为：0.52%、0.53%、0.48%、0.48% 和 0.47%，呈现微幅降低的趋势，近 4 年累计降幅为 0.06 个百分点。2009 年，全市财政总收入 62.34 亿元，增长 8.8%，增幅虽比上年减少 8.3 个百分点，但比 2009 年上半年提升 5.4 个百分点。其中，地方财政收入 37.85 亿元，增长 10.1%。随着宏观经济企稳回升、房地产市场交易日趋活跃以及收入征管力度加大，地方财政收入增幅逐月提升。

2005－2009 年衢州市规模以上工业总产值在长三角所占比重分别为：0.45%、0.48%、0.51%、0.59% 和 0.60%，呈现逐年增加的趋势，5 年内累计增幅为 0.15 个百分点。受全球金融危机影响，衢州市工业连续 6 年的 30% 以上的高速增长由此结束，但仍然实现了在 4 月份触底后的稳步回升。

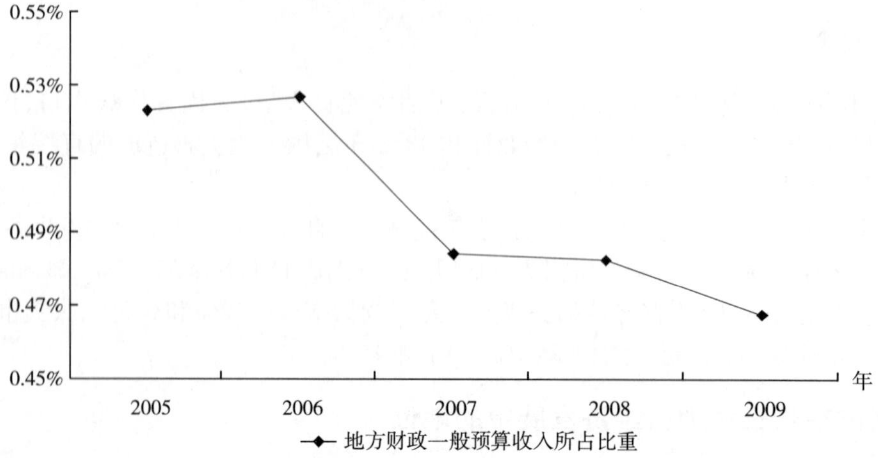

图 2 - 265　2005 - 2009 年衢州市地方财政一般预算收入在长三角所占比重

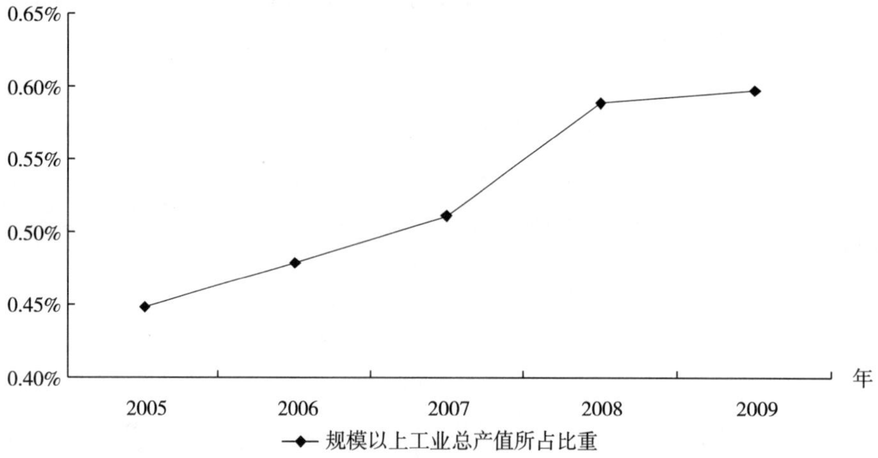

图 2 - 266　2005 - 2009 年衢州市规模以上工业总产值在长三角所占比重

全年规模以上工业产值增幅、效益综合得分均居浙江省第二,同时转型升级力度加大,三大产业发展呈现新的特点。2009 年氟硅产业、装备制造业和特色产业三大产业产值销售较 2008 年呈现两升一降,从产值看,分别达到 92.55 亿元、320.91 亿元和 427.08 亿元。其中装备制造业和特色产业分别由 2008 年的 200 亿元和 300 亿元以上的产值规模,上升到 300 亿元和 400 亿元以上,而氟硅产业受出口等影响由 2008 年的百亿元以上规模退回百亿元以下。

2005 - 2009 年衢州市进出口总额在长三角所占比重分别为 0.08%、0.10%、0.13%、0.14% 和 0.15%,保持小幅增长的态势,累计增幅为 0.07 个百分点。

新世纪以来,全市对外贸易取得了长足的发展。2009 年,衢州市全年进出口总额 11.84 亿美元,比上年下降 10.8%,近年来首次出现全年负增长。衢州市的两大出口市场美国、欧盟在 2009 年经济衰退迹象明显,其他新兴市场经济增长放缓,全球需求下降,使全市企业订单不足,直接导致进出口规模的下降;受金融危机的影响,世界各国越来越重视对本国贸易的保护,贸易壁垒进一步加剧,衢州市也遭遇多起反倾销、反补贴等贸易摩擦案件,在一定程度上影响了对外出口。近几年衢州市外向型经济发展较快,但只是低基数上的增长,总量仍很小,对外贸易对国民经济拉动作用与浙江省、长三角其他城市相比,还存在着较大的差距。

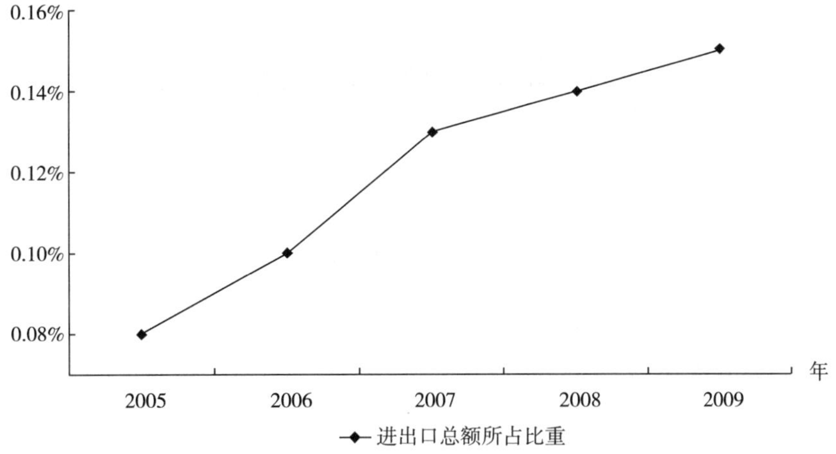

图 2－267　2005－2009 年衢州市进出口总额在长三角所占比重

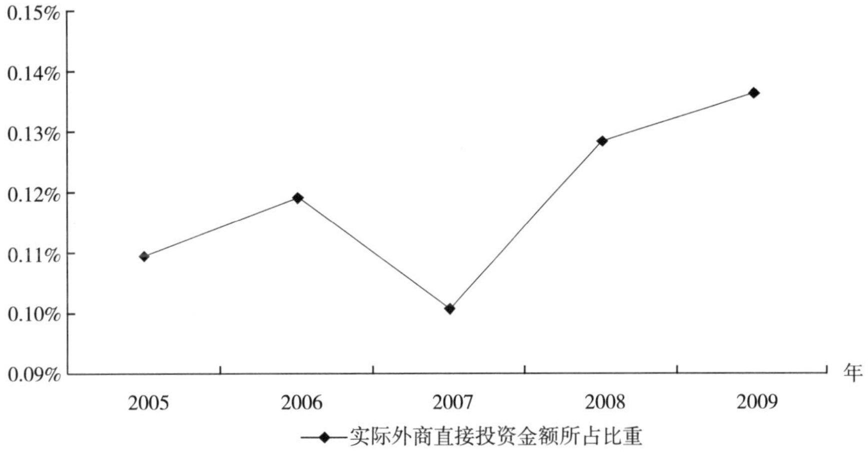

图 2－268　2005－2009 年衢州市实际外商直接投资金额在长三角所占比重

2005－2009 年衢州市实际外商直接投资金额在长三角所占比重分别为:0.11%、0.12%、0.10%、0.13%和0.14%,除2007 年比2006 年下降0.02 个百分点外,其余各年均保持微幅增长,2009 年比2005 年的占比增加了0.03 个百分点。2009 年,在浙江省利用外资下降1.3%的大背景下,衢州市招商引资逆势上扬,实际利用外商直接投资6 380万美元,增长9.8%;全市共引进市外投资项目498 个,到位市外资金152 亿元,增长12.6%。但衢州市利用外资总体规模还不大,外资项目投向主要分布在纺织服装、轻工、机械、化工等低技术层次的劳动密集型产业,科技含量普遍较低。

九　舟山市2009年经济社会发展报告

2009年,舟山市经济面对国际金融危机的冲击,全市人民在市委、市政府的正确领导下,深入贯彻科学发展观,全面落实省委"标本兼治、保稳促调"总战略和市委"增长为先、转型为本、创新为魂、民生为重、稳定为基"的工作主线,实现了经济运行的企稳回升,保障和改善了民生,促进了经济结构调整升级,确保了社会和谐稳定。

一、2009年舟山市经济发展状况

(一)综合经济

1. 经济总量

2009年舟山市实现生产总值533.26亿元,按可比价计算,比上年增长11.0%,连续11年保持两位数增长。分产业看,第一产业增加值51.41亿元,下降3.0%;第二产业增加值248.25亿元,增长14.7%;第三产业增加值233.60亿元,增长10.3%。三次产业结构比例由上年的10.0%∶46.2%∶43.8%调整为9.6%∶46.6%∶43.8%。按常住人口计算,全市人均生产总值50 379元,增长9.5%,约7 375美元;按户籍人口计算,人均生产总值55 106元,增长11.0%,约8 067美元。

舟山市2009年海洋经济总产出1 165亿元,按可比价计算,比上年增长12.9%;海洋经济增加值358亿元,增长11.8%,海洋经济增加值占全市GDP的比重为67.2%,比上年提高0.8个百分点。

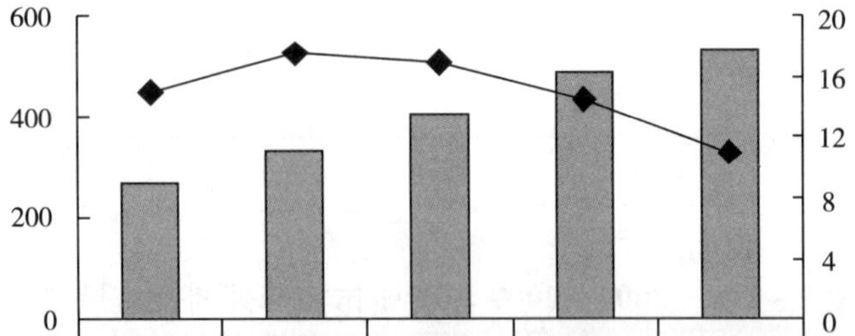

	2005	2006	2007	2008	2009
地区生产总值(亿元)	272	333.2	407	490.25	533.26
按可比价格增幅(%)	15	17.5	17	14.5	11

图2-269　2005-2009年舟山市地区生产总值及增长速度

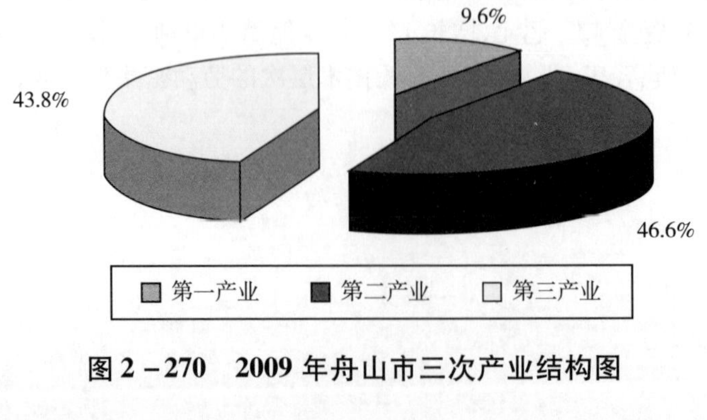

图2-270　2009年舟山市三次产业结构图

表 2－70　2009 年舟山市县市主要经济指标

县市	生产总值（亿元）	地方财政收入（亿元）	全社会固定资产投资（亿元）	出口总额（万美元）	社会消费品零售总额（亿元）
舟山市区	373.51	39.98	231.29	262 878	140.51
岱山县	102.35	5.11	66.05	52 292	28.21
嵊泗县	57.39	3.69	103.32	13 241	12.97

2. 财政收入

舟山市 2009 全年实现财政总收入 76.99 亿元，比上年增长 15.5%。地方财政一般预算收入 48.78 亿元，增长 13.0%；其中实现增值税、营业税和企业所得税分别为 5.41 亿元、19.19 亿元和 5.11 亿元，分别增长 25.4%、7.5% 和 8.5%。地方财政一般预算支出 82.74 亿元，增长 7.8%；其中用于民生方面的社会保障与就业、教育、文化体育与传媒、科学技术、环境保护、医疗卫生等的支出分别增长 8.2%、9.0%、12.1%、18.5%、45.9% 和 64.2%。

3. 物价水平概况及简析

2009 年舟山市居民消费价格比上年下降 0.8%。其中，服务项目价格下降 3.5%，消费品价格上涨 0.1%。商品零售价格下降 0.8%。工业品出厂价格下降 4.0%，其中水产加工品价格上涨 4.2%。

2009 年期间，1 月份 CPI 同比上涨 0.7%，2 月份由升转降，之后连续 10 个月在负增长区间运行，其中 7 月份同比指数 97.9，创 1999 年 9 月份以来月度新低。8 月份开始，随着部分食品价格的回升和负翘尾因素的逐步减弱，同比降幅收窄，至 12 月份止跌回升，上涨 1.6%，为全年月度同比最高涨幅。影响 CPI 低位运行及年末回升的主要因素如下（前四条为价格低位运行因素，后三条为年末价格明显回升原因）：

（1）金融危机影响。全球初级产品需求大幅收缩，国际市场原油、矿石、金属等基础性产品价格持续下行，导致国内主要生产资料价格下降。国际国内市场价格的波动、金融危机对实体经济的影响等因素共同作用，使舟山市价格总水平持续回落。

（2）政策性调价影响。从 2008 年下半年开始国家连续对房屋贷款利率进行了下调，同时积极推行成品油价格和税费改革等，这些政策措施助推了 CPI 走低。

（3）市场供需格局影响。农产品价格受市场供求影响更为明显，突出表现在猪肉价格上。另外工业消费品供大于求的状况也并未缓解，产能过剩，使工业消费品价格上升乏力。

（4）负翘尾因素影响。2008 年舟山市 CPI 上涨 5.6%，是 1997 年来的最大涨幅，高企的价格总水平对 2009 年价格走势产生较大的负影响。2009 年 CPI 下降 0.8%，据测算，负翘尾因素下拉 1.4 个百分点，新涨价因素推动上涨 0.6 个百分点。

（5）经济的逐步回暖。2008 年下半年以来全球经济出现复苏迹象，尤其是我国经济持续向好为价格总水平回升提供了一定的动力。

（6）宏观政策效应显现。国家 4 万亿元的投资刺激等影响，拉动了相关产品价格上升。2009 年下半年以来，舟山市建材价格累计环比上涨 2.9%。

（7）粮、肉等主要农产品价格上涨拉动。一是受需求影响，国际粮食价格始终维持在较高水平，且国家先后出台了一系列扶持粮食生产及大幅度提高粮食最低收购价政策，对粮价起到支撑作用。二是在国家采取收储生猪冷冻肉措施及饲料价格上升的影响下，2009 年 7 月份来猪肉价格止跌回升。

4. 固定资产投资

舟山市 2009 年全社会固定资产投资 400.66 亿元，比上年增长 18.0%。其中，限额以上项目投资388.63亿元,增长16.5%。年末全市计划投资亿元以上在建项目192个,比上年底增加92个。其中计划投资20亿元以上的在建项目11个,10－20亿元的在建项目13个,1－10亿元的在建项目168个。

舟山市在2009年全社会投资中,第一产业投资1.03亿元,下降7.9%;第二产业投资142.72亿元,增长10.5%,其中工业投资142.51亿元,增长11.5%;第三产业投资256.91亿元,增长22.8%,其中交通运输仓储邮政业投资153.33亿元,增长7.0%。

舟山市全年共安排重点建设项目88个,其中续建项目57个,新建项目31个。全年重点项目共完成投资124.64亿元。其中,舟山发电厂扩建工程本年完成投资4.88亿元,舟山港老塘山港区五期工程完成3.74亿元,舟山大陆二期引水工程完成3.26亿元,329国道舟山朱家尖大桥扩建工程完成2.00亿元,水库加固保安工程完成1.77亿元,舟山普陀区职业技术教育中心完成1.49亿元,110输变电工程完成0.96亿元,普陀城区污水处理工程完成0.81亿元。

2009年舟山市全力抓好大桥建设。高度重视大桥安全,完善了安全运行管理机制。大力开展交通配套、沿线整治、文明创建、对外宣传等活动,努力营造良好环境。2008年12月25日,全市人民翘首以盼的舟山跨海大桥建成通车,舟山跨入了大桥时代。全面实施"三大百亿"工程,狠抓项目建设,实现全社会固定资产投资400.7亿元,完成重点项目投资124.6亿元。本岛北向疏港公路、朱家尖大桥扩建、蜈蚣峙旅游集散中心等重点项目顺利推进,虾峙门30万吨级航道工程竣工投用,大陆引水二期、220千伏电力联网等工程进展顺利,基础设施条件得到进一步改善。

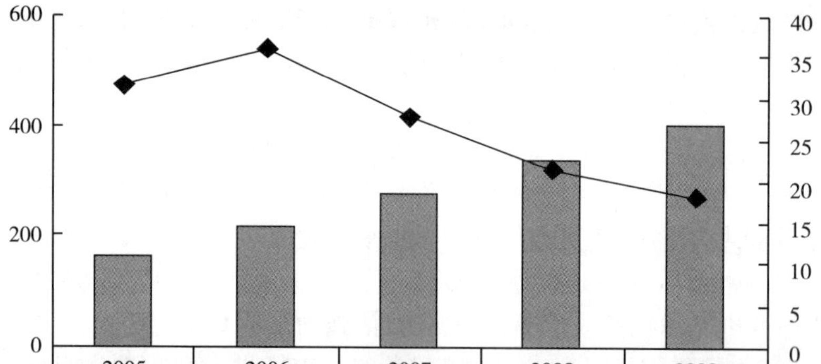

	2005	2006	2007	2008	2009
固定资产投资总额(单位:亿元)	163.83	218.99	279.64	339.43	400.66
增幅(%)	31.5	35.9	27.7	21.4	18

图2－271　2005－2009年舟山市全社会固定资产投资及增长幅度

5.2009年舟山市固定资产投资运行主要特点分析

2009年全市固定资产投资总体上仍保持适度增长。其运行特点有以下四点:

(1)全年投资运行呈V型态势。从月度增幅看,3月份全市固定资产投资月度增幅为57.2%,4、5、6、7四个月月度增速分别为9.5%、1.1%、2.2%、9.1%,处于个位数增长,8、9二个月处于负增长区间,分别为－25.3%、－7.5%,进入10月份后,面对固定资产投资月度增幅持续回落的局面,第四季度固定资产投资月度增幅强劲回升,10、11、12三个月月度增速分别为65.3%、72.5%、66.7%。

(2)基础设施投资仍保持适度增长。舟山市在水利、电力、教育、卫生、公共设施管理等领域进一步加大了投资力度,总体上全市基础设施投资增幅虽比上年有所回落,但仍保持了适度增长。1—12月全市基础设施投资额198.3亿元,增长15.9%,增速比上年同期回落了1.7个百分点。其中交通运输、仓储业1—12月完成投资额153.3亿元,增长7.0%;电力煤气及水的生产供应业完成投资额17.0亿元,增长31.3%;水利、环境和公共设施管理完成投资额16.8亿元,增长55.5%;教育设施建设完成投资额6.3亿元,增长2.9倍;卫生设施建设完成投资额2.1亿元,增长3.2倍。

(3)以船舶修造业为主的制造业投资增速明显下滑。近几年舟山市固定资产投资保持的高速增长,主要靠以船舶工业为主的制造业投资拉动。今年受全球金融危机影响,以船舶工业为主的制造业投资增速明显回落。2009年全市制造业投资额121.9亿元,同比增长7.8%,比上年同期回落了38.8个百分点。其中船舶工业完成投资额95.8亿元,增长0.8%,回落71.9个百分点;化学原料及化学制品制造业完成投资额8.2亿元,增长24.8%;农副食品加工业完成投资额3.3亿元,增长66.2%。

(4)房地产投资呈恢复性增长。1—12月全市房地产开发投资额49.0亿元,比上年增长25.8%,房屋施工面积463.9万平方米,增长20.5%,其中新开工面积191.2万平方米,增长59.8%。房地产开发投资额增长主要集中在新城和普陀。2009年新城房地产开发投资额9.3亿元,增长85.9%;普陀22.8亿元,增长29.4%。

(二)农业建设

舟山市2009年实现农林牧渔业总产值102.39亿元,比上年增长4.6%。其中,渔业总产值89.94亿元,增长4.3%;农业总产值7.92亿元,增长12.0%;牧业总产值4.11亿元,下降2.8%。

舟山市全年农作物总播种面积26.32千公顷,增长4.9%,其中粮食作物播种面积12.52千公顷,增长7.4%。粮食产量5.93万吨,增长9.5%,单产增长2.0%。蔬菜播种面积8 835公顷,增长6.1%,油料作物面积2 137公顷,下降0.2%,果用瓜面积2 107公顷,下降2.4%。蔬菜产量17.27万吨,增长1.0%;水果产量9.27万吨,增长2.3%。全市全年有效灌溉面积12.88千公顷。另有油料作物产量4 956吨,增长3.5%,单产增长3.7%;果用瓜产量43 403吨,增长5.1%。

2009年末,舟山市有生猪存栏16.65万头,比上年末增长12.0%;家禽存栏101.20万只,下降1.5%。全年肉类总产量2.02万吨,比上年增长5.2%,其中猪肉产量1.70万吨,增长7.8%。禽蛋产量7 624吨,增长4.4%。

舟山市全年水产品总产量123.78万吨,比上年下降1.4%,其中远洋渔业产量10.42万吨,下降38.2%。全市海水养殖面积7.98千公顷,增长2.2%,海水养殖产量12.74万吨,增长12.0%。

全市全年有国家级无公害农产品4个、养殖水产品39个,全国绿色食品3个。省级无公害农产品产地5个,面积133公顷;省级无公害水产品基地36个,面积2 866公顷。

舟山市2009年末有机动渔船9 091艘,其中生产渔船7 919艘,比上年末增加381艘;远洋渔船242艘,其中直接捕捞渔船228艘,比上年末增加18艘。渔船总吨位85.88万吨,比上年末增加近3万吨,其中生产渔船71.69万吨,增加1.37万吨。渔船总功率142.22万千瓦,增加0.51万千瓦,其中生产渔船119.56万千瓦,增加0.16万千瓦时。

2009年舟山市渔农产业稳步发展,渔业"十百千万"工程扎实推进,水产品质量安全顺利通过欧盟检查,新增渔农民专业合作社58家,新增土地流转面积1.01万亩,实现渔农业产值102.4亿元,增长4.6%。

(三)工业和建筑业

1. 工业增加值

舟山市2009年全年实现工业总产值1 006.29亿元,比上年增长20.9%。其中,规模以上工业总产值796.17亿元,增长17.6%。在规模以上工业总产值中,重工业总产值604.48亿元,增长

28.8%;轻工业总产值191.69亿元,下降7.7%;重工业总产值占规模以上工业总产值的比重为75.9%,比上年提高6.4个百分点。全市临港工业总产值763.89亿元,增长24.3%,对全市工业总产值增长的贡献率达86.0%,占全部工业比重为75.9%,比上年提高2.1个百分点。年末有工业总产值上亿元企业106家,比上年末增加7家,亿元企业工业总产值占全市工业总产值的比重为66.8%,对全市工业总产值增长的贡献率达84.7%。全市工业销售产值941.74亿元,比上年增长17.3%,其中出口交货值342.47亿元,增长18.2%。

舟山市全年规模以上工业经济效益考核综合得分290.99分,比上年提高9.75分。规模以上工业企业实现利税总额37.59亿元,比上年增长2.5%,其中利润总额27.07亿元,下降3.2%。规模以上工业新产品产值率27.27%,提高1.31个百分点;全员劳动生产率217 481元/人,比上年提高34 291元/人;资本保值增值率121.19%。

2009年,舟山市规模以上工业企业主要经济指标考核位居全省第一,新增工业产值超百亿乡镇2个。工业结构继续优化,引进了中海油、大新华物流、光汇实业等战略合作伙伴,制定实施船舶修造业整合提升规划,船舶工业集聚区被列为省级示范区。

表2-71　2009年舟山市县区工业总产值

单位:亿元

县市	工业总产值
舟山市区	587.95
岱山县	196.37
嵊泗县	6.23

舟山市2009年盐田生产面积21.75千公顷,比上年下降5.6%。全年生产原盐12.59万吨,下降5.1%;原盐销售12.44万吨,下降35.6%。

2. 建筑业

舟山市2009全年全社会建筑业增加值64.50亿元,比上年增长9.1%。年末全市具有资质等级的总承包和专业承包建筑业企业111家,实现总产值102.29亿元,增长44.9%;建筑施工面积925.61万平方米,增长46.1%,其中新开工面积396.22万平方米,增长22.8%;实现利润总额1.56亿元,增长66.0%。

(四)服务业

1. 国内贸易

2009年舟山市社会消费品零售总额181.69亿元,比上年增长15.1%。分行业看,批发业零售额19.44亿元,增长6.4%,其中限额以上企业零售额2.79亿元,增长12.4%;零售业零售额136.70亿元,增长17.2%,其中限额以上企业零售额35.87亿元,增长11.4%;住宿和餐饮业零售额24.97亿元,增长10.2%,其中限额以上住宿业和餐饮业零售额7.42亿元,增长3.9%。

2009年末舟山市有商品交易市场119个,其中消费品市场114个,生产资料市场5个。全年商品交易市场成交额148.28亿元,比上年增长3.4%。其中,水产品类市场成交额60.35亿元,增长3.7%;船舶交易市场成交额44.85亿元,增长2.0%;船用商品交易市场成交额15.00亿元,增长7.1%。

2009年,舟山市7家亿元商品交易市场发展平稳,它们分别是浙江船舶交易市场、舟山船用商品

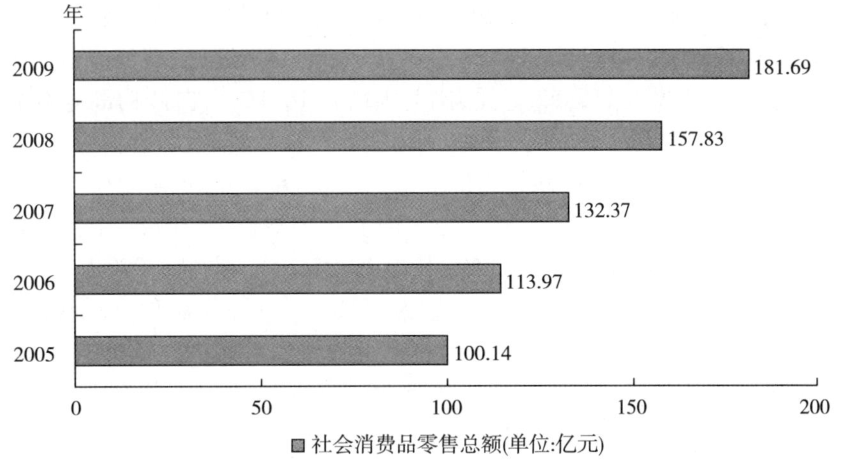

图 2 - 272　2005 - 2009 年社会消费品零售总额

交易市场、舟山水产品中心批发市场、定海南珍菜场、沈家门东河市场、岱山高亭农贸市场和嵊泗中心农贸市场,共有摊位数4 678个,全年成交额 115. 42 亿元,比上年增长 3. 3%。分市场类别来看,具有舟山特色的水产品交易市场和船舶交易市场增长平稳,同比分别增长 5. 3% 和 1. 9%,这两大市场成交额占全部亿元市场的 78. 6%,与上年基本持平;从商品类别来看,服装鞋帽针纺织品类和建筑装潢类成交活跃,同比分别增长 51. 3% 和 38. 2%。

2. 交通运输、邮电

舟山市 2009 全年交通运输、仓储和邮政业实现增加值 52. 98 亿元,比上年增长 1. 4%。全年水、陆货运量10 943万吨,增长 7. 2%;货运周转量 927. 03 亿吨公里,增长 3. 0%。水、陆客运量11 196万人,下降 5. 6%;客运周转量 20. 90 亿人公里,增长 2. 7%。舟山普陀山机场全年共安全起降航班4 653架次(不包括通用航空1 763架次),比上年增长 20. 1%;完成客运量 45 万人次,增长 25. 8%;货邮运量(不包括行李)435 吨,增长 35. 0%。年末全市民用汽车拥有量 4. 68 万辆,增长 25. 8%。

2009 年末舟山市有海运企业 210 家,海上货运运输船舶1 644艘,运力 336. 47 万载重吨,运力比上年末增长 14. 9%,其中万吨级以上船舶 80 艘,运力 144. 35 万载重吨,分别增加 23 艘和 46. 16 万载重吨。海运货运量8 070万吨,增长 3. 5%;货运周转量 920. 98 亿吨公里,增长 2. 9%。

2009 年间,舟山市港航产业扎实推进,大浦口集装箱码头一期顺利建成,六横煤电中转项目一期开港运作,全市港口货物吞吐量达到 1. 93 亿吨,增长 21. 7%;海运总运力达到 336. 7 万吨,增加 44 万吨。

其中,外贸货物吞吐量6 336万吨,增长 2. 7%。从主要品种看,金属矿石吞吐量6 462万吨,增长 4. 6%;石油及天然气吞吐量4 216万吨,增长 3. 3%;煤炭吞吐量1 439万吨,增长 71. 1%。全年港口集装箱吞吐量 7. 98 万 TEU,下降 8. 6%。年末全市有生产性泊位 336 个,比上年末增加 5 个,其中万吨级以上深水泊位 34 个,比上年末增加 7 个。

舟山市全年邮政电信业务总量 15. 27 亿元,比上年增长 6. 0%。其中,邮政业务总量 1. 50 亿元,增长 19. 6%;电信业务总量 13. 77 亿元,增长 4. 7%。年末全市固定电话(含小灵通)用户 56. 82 万户,下降 3. 2%,移动电话用户 107. 96 万户,增长 12. 6%,互联网宽带用户 19. 72 万户,增长 24. 2%。

3. 旅游业

舟山市 2009 年末有旅行社 104 家,其中国际旅行社 1 家,星级饭店 66 家,星级饭店客房4 840间,床位9 116张。全年接待国内外游客共1 752. 93万人次,比上年增长 15. 6%。其中,接待入境游客

22.35万人次,增长5.4%;国内游客1 730.58万人次,增长15.7%。从主要景区看,普陀山景区378.49万人次,增长8.0%;朱家尖景区221.37万人次,增长14.3%;桃花岛景区106.47万人次,增长18.1%。全年实现旅游总收入116.52亿元,比上年增长16.1%。白沙钓岛等精品项目建设加快推进,“2009中国海洋文化节”等活动取得积极效果。

随着舟山市旅游业不断发展,旅行社企业呈现稳步发展的态势。企业规模不断壮大,2009年末,全市营业的旅行社企业97家,资产总计1.97亿元,比上年末增长29.0%。旅行社企业业务量平稳增长,全年实现营业收入4.94亿元,增长9.9%;其中10家年营业收入1 000万以上的企业,实现营业收入2.66亿元,增长14.6%,占全部企业的比重为53.8%。由于金融危机对旅游市场带来的冲击及市外旅行社的竞争等因素,使得整个旅行社行业经济效益不甚理想。2009年旅行社企业共亏损90.40万元,比上年增亏40.10万元,其中10家年营业收入1 000万以上的企业实现利润总额48.20万元,下降8.6%。预计随着全球经济企稳回升,舟山市大桥经济的进一步显现,对提升旅游、拉动旅行社的发展有较大促进作用。

4. 金融、证券和保险

至2009年末,舟山市有各类金融机构35家,其中银行业机构13家,保险业机构20家,证券业机构2家。年末金融机构本外币存款余额943.93亿元,比上年末增长26.4%,其中城乡居民储蓄存款356.36亿元,增长18.1%。金融机构本外币贷款余额854.02亿元,增长31.9%。

全年保险公司保费收入16.43亿元,比上年增长4.6%。其中,财产保险费收入6.68亿元,增长15.0%;人身保险费收入9.75亿元,下降1.4%。保险公司赔款支出和给付支出分别为4.62亿元和2.60亿元,分别增长33.1%和20.0%。

2009年舟山市加快投融资体制改革,出台了企业上市等政策意见,开展小额贷款公司和农房抵押贷款试点,交投公司债券发行工作取得积极进展,2家商业银行落户舟山。

5. 房地产业

舟山市全年房地产开发投资48.99亿元,比上年增长25.8%;其中住宅投资35.17亿元,增长26.7%。房屋施工面积463.91万平方米,增长20.5%。房屋竣工面积70.86万平方米,下降27.1%。商品房销售面积161.37万平方米,增长1.2倍。商品房空置面积13.80万平方米,下降2.3%。

(五)对外经济

1. 对外贸易

舟山市2009年外贸进出口总额(含保税仓库货物)70.23亿美元,比上年增长16.0%。其中,进口总额32.84亿美元,增长18.7%;出口总额37.39亿美元,增长13.8%。全年工业制成品出口额25.82亿美元,增长31.3%,其中船舶出口额19.39亿美元,增长44.6%,占全市出口额的比重为51.8%,比上年提高12.4个百分点。加工贸易出口额18.62亿美元,增长62.3%。

全市全年舟山口岸进出口货运量6 731万吨,比上年增长10.3%。其中,进口6 247万吨,增长9.6%;出口484万吨,增长19.4%。全市进出口货运总值203.09亿美元,比上年下降24.1%。其中,进口货运值163.80亿美元,下降31.1%%;出口货运值39.29亿美元,增长31.9%。外籍船舶修理764艘次,增长1.9%;产值28.61亿元,下降31.4%。年末舟山口岸对外开放陆海域面积1 193平方公里,新增28平方公里。

2. 外资状况

2009全年舟山市新批设立外商投资企业12家,其中增资项目6个,合同外资金额10 423万美元,比上年增长1.2倍;实际使用外资金额10 595万美元,下降33.2%。新批设立境外投资企业5

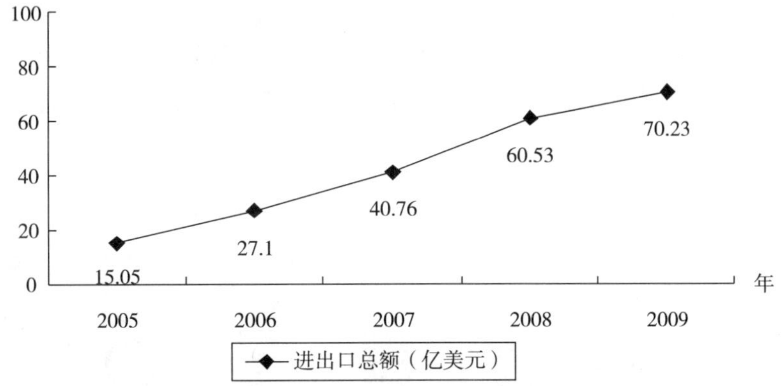

图 2－273　2005－2009 年舟山市外贸进出口总额

家，中方投资额2 380万美元，下降 24.5%。全年对外经济合作营业额10 024万美元，下降 26.6%。其中对外劳务合作营业额3 670万美元，增长 3.8 倍；对外工程承包营业额6 354万美元，下降 50.8%。全年外派劳务4 052人次，下降 28.5%。

表 2－72　2009 年舟山市县市实际使用外资

单位：万美元

县市	实际使用外资金额
舟山市区	9 262
岱山县	833
嵊泗县	500

3. 对外合作

舟山市 2009 年成功举办了新加坡舟山周、北京央企对接会、上海洽谈会和船博会、佛博会等各类活动，大力开展选商引资工作，引入市外资金 30.4 亿元。与长三角及沿海港口城市的合作不断深化，山海协作深入推进，对口援川工作出色完成年度任务。口岸工作取得新进展，沈家门、高亭等 11 个港区、1 193平方公里开放范围获国家确认，全年实现关税收入 160.58 亿元。外事、侨务、对台事务等工作在对外开放中的作用进一步增强。

二、舟山市 2009 年社会发展概况

（一）人口、人民生活

2009 年末舟山市家庭总户数 36.69 万户，户籍人口 96.77 万人，户均 2.64 人，其中男性人口 48.37 万人，女性 48.40 万人，男女性别比为 99.93∶100（女性＝100）。全年出生人口6 283人，死亡人口7 281人，人口自然增长率为－1.03‰。迁入人口 1.55 万人，迁出人口 1.44 万人，人口机械增长率为 1.14‰。年末全市常住人口 106.3 万人，城镇人口比重为 62.4%。

舟山市全年城镇居民人均可支配收入24 082元，比上年增长 8.2%，扣除价格上涨因素，实际增长 9.1%。城镇居民人均消费性支出15 236元，比上年增长 6.6%。全年渔农村居民人均纯收入12 612元，比上年增长 11.0%，扣除价格上涨因素，实际增长 11.9%。其中，渔村居民人均纯收入

12 735元,增长 7.9%;农村居民人均纯收入12 561元,增长 12.3%。渔农村居民人均生活消费支出9 221元,比上年增长9.4%。城镇居民和渔农村居民的恩格尔系数分别为 36.8% 和 39.5%,均比上年下降0.4 个百分点。年末城镇居民人均住房建筑面积 31.6 平方米,渔农村居民人均住房面积48.2 平方米。

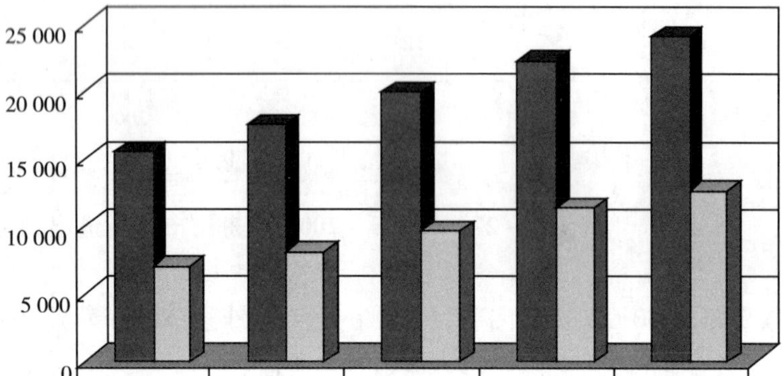

	2005	2006	2007	2008	2009
■城镇居民人均可支配收入(元)	15 524	17 525	19 856	22 257	24 082
□渔农村居民人均纯收入(元)	6 980	8 113	9 584	11 367	12 612

图 2-274　2005-2009 年舟山市城乡居民收入对比一览

(二)就业与社会保障

1. 就业

舟山市全年新增城镇就业人数7 036人,实现就业和再就业的城镇下岗失业人员3 989人,城镇登记失业率为 3.72%。年末渔农村从业人员 39.30 万人,比上年减少 0.08 万人。其中第一产业从业人员 10.81 万人,减少 0.18 万人;第二、三产业从业人员 28.49 万人,增加 0.10 万人,占全部渔农村从业人员的比重为 72.5%,比上年提高 0.4 个百分点。

2. 社会保障

至 2009 年末,舟山市全市参加基本养老保险人数 28.03 万人,基本医疗保险人数 27.53 万人,失业保险人数 14.98 万人,工伤保险人数 21.46 万人,生育保险人数 13.98 万人。全市被征地农民参加养老保险人数 11.03 万人。年末新型渔农村合作医疗实际参加人数 52.82 万人,参保率 95.93%,人均筹资水平 188 元。

2009 年末全市有敬老院 33 所,社会福利院 9 所,总床位 3071 张。城镇"三无"对象集中供养率达到 100%,渔农村"五保"老人集中供养率达到 98.56%。年末有13 267人纳入政府最低生活保障,其中城镇低保对象2 492人,渔农村低保对象10 775人。城镇低保标准从每人每月 280 元提高到 320 元,其中普陀山镇从 300 元提高到 350 元;渔农村低保标准从 170 元提高到 200 元,其中嵊泗县从 200 元提高到 230 元。

舟山市 2009 年普陀区城乡居民社会养老保险试点工作取得成效。加强住房保障工作,经济适用房竣工面积 2.07 万平方米,为 573 户低收入家庭提供了廉租房。出台了新一轮菜篮子工程规划,抓紧蔬菜基地建设,加强了市场监管和供销工作。调整市区公交线路和票价,改善了群众出行条件。提高城乡低保标准,第三次为低保户发放物价补贴。

（三）教育和科学技术

1. 教育事业

舟山市 2009 年末拥有普通高等院校 3 所（含独立学院 1 所），全年招生6 511人，毕业生6 334人，在校学生22 389人；成人高校 1 所，全年招生1 091人，毕业生 947 人，在校学生3 056人；中等职业学校 5 所，全年招生2 807人，毕业生3 137人，在校学生9 131人；普通高中 16 所，全年招生4 876人，在校学生14 664人；普通初中 36 所，全年招生8 436人，在校学生25 360人；普通小学 62 所，全年招生7 519 人，在校学生46 913人；幼儿园 118 所，在园幼儿23 255人。全市 3－5 周岁幼儿入园率为 99.27%，小学毕业生升学率达 100%，初中升高中段比例为 99.02%，高中段教育毛入学率 91.11%，高等教育毛入学率 52.37%。有12 818名外来民工子女在舟山市就读，其中公办学校7 659名，民办学校5 159名。年内撤并小学 2 所，初中 2 所。

2009 年舟山市积极推进城乡教育均衡化，学前教育办学体制进一步理顺，中小学生人均公用经费标准分别提高到 720 元和 520 元。职业教育加快发展，国际海员培训基地建设扎实起步。

2. 科技与创新

舟山市全年组织实施各类科技计划项目共 610 项，其中国家级 20 项，省级 188 项。全年获省市级政府奖励的科技成果 55 项，其中省级奖 10 项。全年申请专利 403 件，授权 257 件；其中申请发明 102 件，授权 20 件。全市新增高新技术企业 16 家，新增省标准创新型企业 6 家。

舟山市 2009 年科技支出达到 2.11 亿元，增长 18.5%，完成工业技改投入 60.6 亿元，增长 1.06 倍。科技合作取得重大进展，建立了与浙江大学的全面战略合作关系、与省科技厅的市厅会商机制，与中科院合作扎实起步。启动实施海洋经济领军人才引进计划，新引进各类紧缺人才1 592名，培训高技能人才1 178人。支持浙江海洋学院创建海洋大学的工作开始起步，浙江国际海运职业技术学院通过国家级评估。船舶、水产等国家级公共科技服务平台创建工作扎实推进。评选出首届市长质量奖。

2009 年新评舟山名牌 19 个，其中工业名牌 13 个、农业名牌 1 个、服务名牌 5 个；新增浙江名牌 4 个，其中服务名牌 3 个。年末止，全市共有各类注册商标2 795件，其中中国驰名商标 5 件，中国地理标志证明商标 15 件，集体商标 3 件，省著名商标 59 件，市著名商标 100 件。

（四）文化、卫生和体育

1. 文化事业

2009 年末全市有文化艺术表演团体 2 个，艺术表演场所 2 处，群众艺术馆 1 个，文化馆 4 个，文化站 43 个，公共图书馆 4 个，藏书 69.14 万册。年末全市有线电视用户数 23.24 万户，广播、电视人口综合覆盖率达到 98.6%。

舟山市与 2009 年深入推进精神文明建设和群众性文明创建活动，文化、广电、新闻出版、档案、史志等事业全面发展，乡镇综合文化站建设加快推进，公共文化服务网络进一步健全。

2. 卫生事业

2009 年末舟山市有医疗卫生机构 385 个，医院、卫生院 87 个，开放床位3 755张，每万人拥有卫生机构床位 38.80 张。卫生技术人员5 782人，其中执业医师2 370人，注册护士1 946人；每万人拥有执业医师 24.5 人，注册护士 20.1 人。全市有社区卫生服务中心 44 个，社区卫生服务站 158 个，社区卫生服务人口覆盖率 100%。全年累计报告传染病6 537例，发病率每 10 万人为 589.03 人。全市免费婚检率 85.42%，比上年提高 4.93 个百分点。

舟山市 2009 年创建国家卫生城市工作富有成效，顺利通过了国家爱卫会的初审和暗访检查。市级规范化社区卫生服务机构达到 35%，城乡公共卫生服务网络进一步健全。优生“两免”政策全面实施,连续三年实现孕产妇零死亡,人口计生工作水平继续保持全省领先。甲流防控工作扎实有效,未出现死亡病例。

3. 体育事业

全市全年共举办现代体育项目活动(规模为参加人数百人以上,下同)32 次,参加活动人数7 326人次,举办民间传统体育活动 231 次,参加活动人数 16 万人次。新建全民健身路径共 192 条。成功举办一批全国性大型赛事,舟山市运动员喜获第十一届全运会金牌。

(五)城乡建设

2009 年全市基础设施投资 198. 25 亿元,比上年增长 15. 9%。年末全市建成区面积 59. 99 平方公里,实有城市道路面积 623. 5 万平方米,建成区绿化覆盖率 40. 51%,绿地率 35. 37%,城市人均公园绿地面积 16. 50 平方米,城市污水集中处理率为 70. 54%,城市生活垃圾无害化处理率 92. 73%。全年城区供水总量4 831万吨,液化石油气供气总量 3. 37 万吨,天然气供气总量 322. 51 万立方米。

舟山市 2009 年新城中央商务区完成规划设计,建设大厦等商务楼宇建成启用,新引进入驻服务企业 30 家。新城公交总站和海天大道扩建等工程顺利竣工,公共自行车出租系统建成投用,舟山中学新城校区开工建设。定海旧城改造稳步推进,卫海路地块改造完成前期工作;普陀城区五个区块建设进展顺利,滨港路改造全面完成;岱山旧城改造和新区建设扎实推进;嵊泗城镇土地资源整合开发取得新进展。

全年舟山市三级财政用于渔农村建设资金 19. 77 亿元,比上年增长 21. 2%,"三农"支出达到 19. 77 亿元,增长 21. 2%。新创建渔农村小康社区 45 个,33 个渔农村社区达到全面小康标准,完成村庄整治 70 个、污水治理村 29 个、渔农村小菜场改造 20 个,新增渔农村卫生改厕 1. 23 万户,污水处理池受益 2. 9 万户,安全饮用水人口 2. 38 万人,通村联网公路 88. 6 公里,城乡公交一体化步伐加快。渔农村改水受益率达到 98. 45%,其中自来水受益率 93. 1%。渔农村卫生厕所普及率 87. 14%,粪便无害化处理率 70. 42%。新增土地流转面积 1. 01 万亩,全市农地流转率 32. 5%。连锁超市行政村覆盖率 85. 2%。

舟山市全年实施渔农村住房改造建设8 899户,其中完成渔农村困难群众住房救助 541 户(未包括城镇困难群众 10 户)。经济适用住房竣工面积 2. 07 万平方米,新增廉租住房保障家庭 573 户。完成旧住宅区综合改造 23. 82 万平方米,建设农民工公寓 1. 2 万平方米。

(六)环境保护和生态建设

2009 年舟山市节能降耗取得进一步成效,主要污染物排放强度明显下降,全市化学需氧量和二氧化硫排放量分别下降 3. 4% 以上和 4. 2% 以上。全社会用电量 34. 86 亿千瓦时,比上年增长 15. 7%。其中,工业用电 21. 84 亿千瓦时,增长 20. 2%;城乡居民生活用电 5. 09 亿千瓦时,增长 3. 8%。

全年日空气质量优良率为 99. 2%。县级以上集中式饮用水源水质达标率 100%,水环境功能区水质达标率 77. 3%。清水河道整治 142 公里。市区环境噪声平均等效声级 52. 3bB,烟尘控制区总面积 45. 71 平方公里。年末重点生态公益林建成面积累计达到 30. 66 万亩。

全年全市近岸海域 21 个海水水质监测点监测面积20 292平方公里,其中达到国家一、二类海水水质标准的海域面积占 26. 3%,三类海水的海域占 10. 5%,四类和劣四类海水的海域占 63. 2%。近岸海域环境功能区达标率为 17. 6%。全年舟山海域共发生赤潮 9 次,累计赤潮面积2 440平方公里。

舟山市"811"环境保护新三年行动扎实推进,8 个重点区块提前完成整治任务,38 个重点减排项目进展顺利,6 家企业实现关停,一批群众反映强烈的突出问题得到解决。全年单位生产总值能耗预计下降 4%,化学需氧量和二氧化硫排放量分别下降 3. 4% 和 4. 2%,超额完成了节能减排任务。节水型社会和节水型城市创建扎实推进,绿色生态建设取得进展。启动国家环保模范城市创建,完成了规划编制工作。

(七)社会安全

2009 年全市共发生各类生产安全事故 475 起,比上年减少 16 起,死亡(失踪)129 人,比上年下降 8.5%,亿元 GDP 生产安全事故死亡率 0.27,比上年降低 0.03% 各类生产安全事故直接经济损失 1 369万元,下降 1.8%。全年共发生交通事故 336 起,死亡人数 45 人,交通事故损失额 115 万元。发生火灾事故 49 起,损失额 89 万元。全市群众安全感满意率达到 99.13%。

2009 年间,舟山市“网格化管理、组团式服务”和重大项目风险评估机制不断深化,得到省委、省政府肯定并在全省推广。重点领域、重点行业的安全管理不断强化,安全生产形势保持稳定。流动人口服务管理不断深化。基层民主法制建设进一步加强,“五五”普法和依法治市工作扎实推进。信访维稳工作成效明显,“平安舟山”建设取得新成绩,人民群众的安全感满意率名列全省前茅。拥军优属、军民共建活动进一步深入,国防动员、后备力量建设和民防工作稳步推进。

三、舟山市在长三角地区经济发展中的地位

2009 年,舟山市上下努力克服国际金融危机带来的不利影响,经济企稳回升趋势逐步显现,全市经济总体上保持平稳较快发展,年初提出的计划目标任务多数完成。工业经济持续向好,消费拉动加强,投资仍保持一定增长,进出口在疲软环境下还有两位数增长,财政收入增长逐步加速,居民收入稳步增长,存贷款余额不断创新高。但经济运行中各种不确定因素还较多,发展动力还需增强。

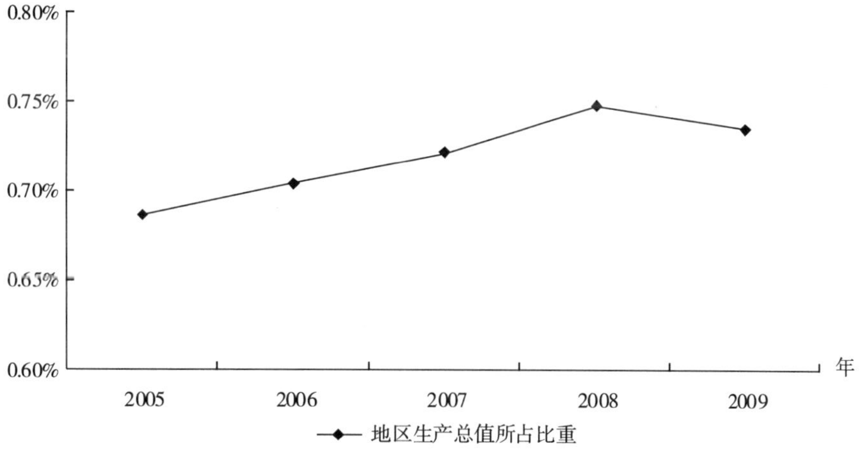

图 2-275　2005-2009 年舟山市地区生产总值在长三角所占比重

2005-2009 舟山市地区生产总值在长三角地区占比分别为:0.69%、0.70%、0.72%、0.75% 和 0.74%,在连续稳定增长之后,2009 年出现微幅下跌。舟山市经济总量在浙江省排名靠后,但近年来发展速度却一直保持在浙江省前列。2009 年全市实现地区生产总值 533.26 亿元,按可比价计算比上年增长 11.0%,高出全国、浙江省 2.3 和 2.1 个百分点,增速列浙江省各市第二。从季度运行来看,一季度 GDP 103.57 亿元,同比增长 11.8%,与全国、全省的增长 6.1% 和 3.4% 相比,分别高出 5.7 和 8.4 个百分点;上半年 GDP 228.29 亿元,增长 10.0%,增幅分别高出全国、全省 2.9 和 3.7 个百分点,一季度增速列浙江省第一;前三季度 GDP 359.93 亿元,增长 10.2%,增幅高出全国、全省均为 2.5 个百分点,增速位居全省第三;第四季度渔业、海运业、投资等相关领域形势有所回升,工业、

消费等仍保持较快发展,全年经济进一步回升。从四个季度运行轨迹来看,呈现出一季度高,二、三季度低,四季度有所回升格局。

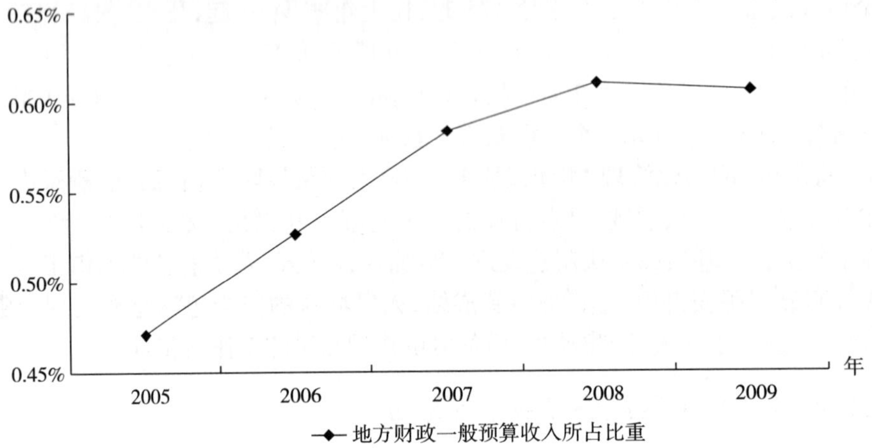

图 2-276　2005-2009 年舟山市地方财政一般预算收入在长三角所占比重

2005-2009 舟山市地方财政一般预算收入在长三角地区占比分别为:0.47%、0.53%、0.58%、0.61%和0.61%。走势与地区生产总值占比基本一致,在连续几年的稳定增长之后,2009 年出现微幅下跌。2009 年,全市实现财政总收入 76.99 亿元,同比增长 15.5%。其中,地方一般预算收入 48.78 亿元,增长 13.0%。

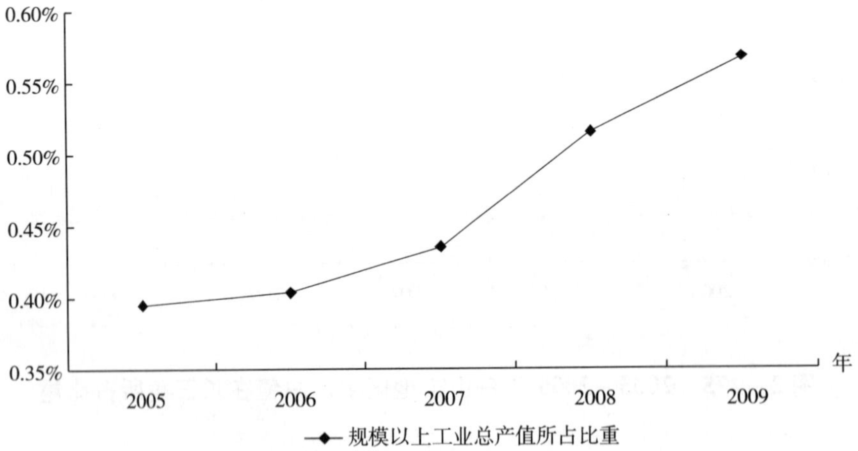

图 2-277　2005-2009 年舟山市规模以上工业总产值在长三角所占比重

2005-2009 舟山市地方财政一般预算收入在长三角地区占比分别为:0.40%、0.40%、0.44%、0.52%和0.57%,已连续多年保持上升的态势,近 5 年占比累计增加 0.17 个百分点。2009 年舟山市工业继续保持了 20%以上的高位增长态势,从 1999 年工业总产值跃上 100 亿元台阶开始,已连续十年工业总产值增幅持续保持在 20%以上。2009 年规模以上工业总产值比上年增长 17.6%,工业增加值同比增长 20.4%,从全省比较来看,增速均列全省各市之首。

2005-2009 舟山市进出口总额在长三角地区占比分别为:0.23%、0.42%、0.50%、0.65%和

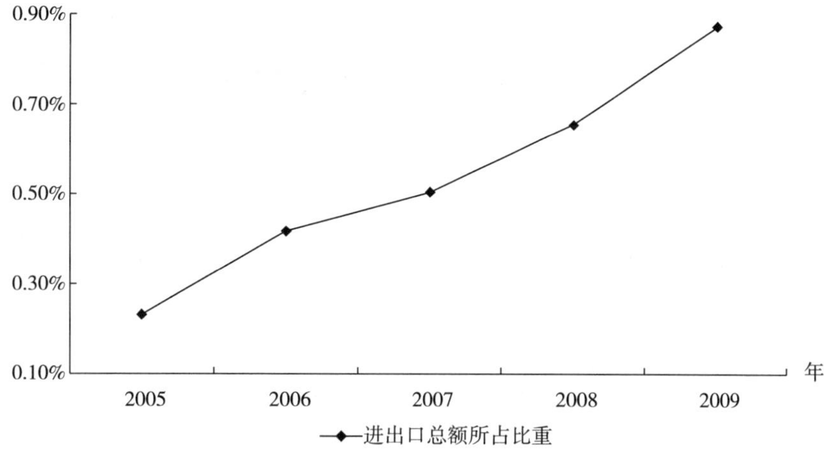

图 2－278　2005－2009 年舟山市进出口总额在长三角所占比重

0. 87%，已连续多年保持增长的态势，且增幅明显，近 5 年占比累计增加 0. 64 个百分点。2009 年，全市外贸进出口总额 70. 23 亿美元，增长 16. 0%。其中进口 32. 84 亿美元，增长 18. 7%，出口 37. 39 亿美元，增长 13. 8%。赖于油品业务较快发展，船舶出口不断增加，进出口形势较好。舟山市是长三角地区三个出口正增长的城市之一（另外两个城市是盐城和宿迁），也是浙江省各城市、沿海开放城市中出口唯一呈正增长且增幅在两位数的城市。

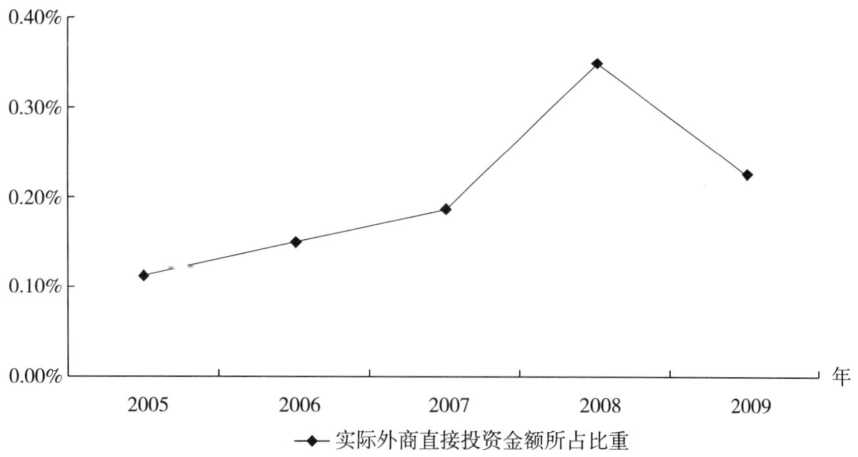

图 2－279　2005－2009 年舟山市实际外商直接投资金额在长三角所占比重

2005－2009 舟山市实际外商直接投资金额在长三角地区占比分别为：0. 11%、0. 15%、0. 19%、0. 35% 和 0. 23%，在连续增长之后 2009 年首次出现下跌。2008 年，舟山市实际利用外资突破 1. 5 亿美元，达到15 855万美元，同比增长 111%，创舟山市改革开放 30 年来历史新高。随着国际金融风暴越演越烈影响增大，跨国公司效益普遍下滑，2009 年舟山市可招商资源逐步减少；同时，发达国家，尤其是欧美发达国家开始呼吁“产业回归”、“制造业再造”，并出台了一些政策来鼓励资金回流，舟山市要素资源紧缺也给招商引资工作带来了较大的影响。在诸多因素影响下，2009 年，全市实际使用外资金额10 595万美元，下降 33. 2%。但是合同外资有新突破，全年新增外资合同项目 12 项，新增合同外资金额 10423 万美元，分别比上年增长 71. 4% 和 1. 2 倍。

十　台州市2009年经济社会发展报告

2009年,面对国际金融危机和自身发展转型升级的双重考验,台州市经济遭遇了新世纪以来最严峻的挑战。全市上下坚持以科学发展观为指导,大力实施“三个台州”战略,齐心协力,克难攻坚,统筹推进“保增长、抓转型、重民生、促稳定”各项工作,科学应对,积极有为,努力促进台州经济稳步回升与社会和谐稳定,经济下滑势头得到有效遏制,整体经济回升向好。

一、2009年台州市经济发展状况

(一)综合经济

1. 经济总量

2009年,台州市实现生产总值2 025.47亿元,按可比价格计算,比上年增长8.5%。经济增长逐季回升,全年增速分别比一季度、上半年和前三季度提高6.5、4.1和2.0个百分点。其中,第一产业增加值131.91亿元,增长2.1%;第二产业增加值1 039.01亿元,增长7.7%;第三产业增加值854.55亿元,增长10.3%;三次产业结构由上年的6.8%∶52.8%∶40.4%调整为6.5%∶51.3%∶42.2%。全市人均生产总值为35 148元,比上年增长7.6%,按年平均汇率折算已达5 145美元。

2009年,市区实现生产总值737.86亿元,按可比价格计算,比上年增长7.3%。市区人均生产总值达到48 144元,比上年增长6.6%,按年平均汇率折算已达7 048美元。

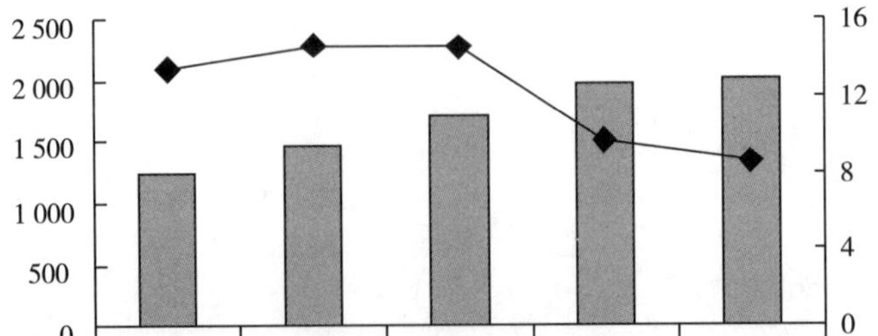

	2005	2006	2007	2008	2009
地区生产总值(亿元)	1 247.43	1 467.48	1 722.89	1 965.27	2 025.47
按可比价格增幅(%)	13.4	14.6	14.5	9.6	8.5

图2-280　2005-2009年台州市地区生产总值及增长速度

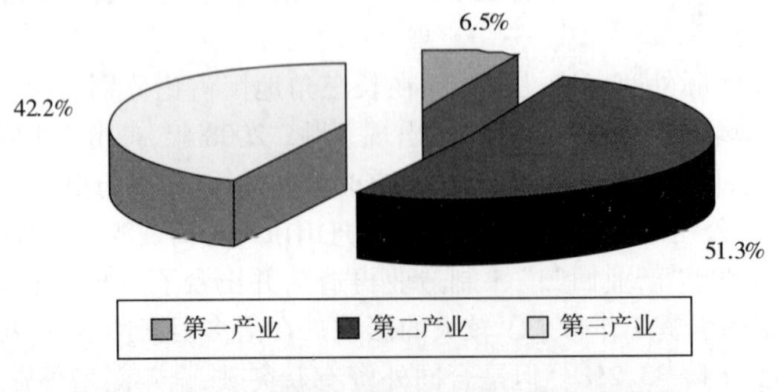

图2-281　2009年台州市三次产业结构图

2. 财政收入

2009 年,台州市财政总收入 263.16 亿元,其中地方财政预算内收入 136.02 亿元,分别增长 6.1% 和 7.9%。增幅继续回落。

3. 物价水平特点分析

2009 年台州市区居民消费价格指数(CPI)呈低开高走态势,全年市区 CPI 比上年下降 0.6%。2009 台州市区 CPI 主要运行特点有:

(1)全年 CPI 呈低开高走态势,总水平高于全省平均数。2009 年市区 CPI 有 10 个月为负增长,保持低位运行态势。11 月份初现同比上涨,12 月同比上涨 3.6%,为全年最高涨幅。从八大类消费品及服务项目价格构成看,呈四涨四跌的运行态势。比上年价格上涨的类别为:食品价格上涨 3.3%;娱乐教育文化用品价格上涨 2.7%;医疗保健和个人用品价格上涨 1.9%;家庭设备用品及服务价格上涨 0.3%。比上年价格下降的类别为:居住价格下降 9.6%;衣着价格下降 8.2%;交通和通信价格下降 1.6%;烟酒及用品价格下降 0.1%。2009 年市区 CPI 为 99.4,比上年低 4.8 个百分点。其中消费品价格指数为 99.5,比上年低 5.4 个百分点;服务项目价格指数为 99.1,比上年低 2.8 个百分点。综合来说,2009 年台州市区 CPI 运行趋势与全国和全省基本一致,但高于全省平均水平 0.9 个百分点,与宁波并列位居全省 11 个市的第 2 位。

(2)食品价格是主导 CPI 走势的首要因素。在所调查的八大类商品中,食品所占权重超过 30%。全年市区食品类价格比上年上涨 3.3%,拉动 CPI 上涨 1.1 个百分点,是 CPI 止跌回升的首要因素。在调查的 16 类食品中有 13 类上涨,涨幅较大的有:水产品价格上涨 9.7%;菜上涨 8.2%;在外用膳上涨 6.7%;干鲜瓜果上涨 3.9%;粮食上涨 3.3%,粮食价格从 2 月份开始环比连续 8 个月持续上涨。但食用油、猪肉价格大幅下降,全年分别下降 21.5% 和 20.4%。

(3)娱乐教育文化用品价格上涨是拉动 CPI 回升的又一因素。全年市区娱乐教育文化用品价格上涨 2.7%,是八大类价格涨幅仅次于食品的一项,拉动 CPI 上涨 0.4 个百分点。影响娱乐教育文化用品价格上涨的因素较多。主要是教材及参考书上涨 9.6%,学杂、托幼、技能培训费上涨 6.0%,旅游费用上涨 5.9%。

(4)工业消费品价格呈下降走势。受国际金融危机影响,2009 年我国工业消费品出口大幅下滑,国内市场供大于求,市区消费类工业品价格总体呈下降趋势,全年下降 3.3%。其中通信工具下降 14.6%;文娱用耐用消费品下降 11.9%;车用燃料及配件下降 9.1%;衣着类下降 8.2%;耐用消费品和家庭设备分别下降 4.0% 和 2.4%。但西药上涨 6.7%;酒类上涨 0.8%;建房及装修材料上涨 0.7%。

(5)居住类价格下降是 CPI 呈负增长的决定性因素。2009 年,由于水电燃料、房屋贷款利率和玻璃、胶合板、水泥等部分建材价格的下降,导致市区居住类价格比上年下降 9.6%,拉动总指数下降 1.3 个百分点。

4. 固定资产投资

台州市 2009 年完成全社会固定资产投资 834.10 亿元,比上年增长 9.8%,增幅比上年提高 5.4 个百分点。全年完成工业性投资 439.74 亿元,比上年增长 1.2%。全部限额以上固定资产投资 729.78 亿元,比上年增长 11.5%。其中第一产业完成投资 2.06 亿元,比上年下降 29.5%,第二产业和第三产业分别完成投资 410.24 亿元和 317.47 亿元,分别增长 5.1% 和 21.5%。全部限额以上投资中,基础设施完成投资 190.54 亿元,比上年增长 27.1%;民间投资 483.71 亿元,增长 5.2%。

台州市完成全社会基础设施投资 190.54 亿元,比上年增长 27.1%,增幅比上年提高 50.5 个百分点。其中,电力、燃气及水的供应业完成投资 77.19 亿元,比上年增长 48%,是基础设施增长的主要推动力。

台州市 2009 年各县(市、区)发展不均衡。在九个县(市、区)中,2009 年全社会固定资产投资增长较快的,依次为:三门县 111.60 亿元,比上年增长 42.5%;临海市 132.30 亿元,增长 14.4%;椒江区 105.26 亿元,增长 11.5%。增长较为平稳的有:天台县 43.10 亿元,增长 8.2%;温岭 181.54 亿元,增长 7.3%;仙居县 33.99 亿元,增长 4.8%;路桥区 104.70 亿元,增长 4.0%;黄岩区 69.43 亿元,增长 3.5%。负增长的有:玉环县 52.18 亿元,比上年减少 15.7%。

2009 年,台州市重点工程建设加快推进。全年省、市 115 个重点项目完成投资 178.19 亿元,完成年度计划的 111.3%。甬台温铁路、35 省道临海东延段建成通车,500 千伏台东变、临海变、玉环变等一批电力项目建成投运,临海沿海片和椒北引水工程实现贯通,三门核电一期、台金高速公路东延段、椒江二桥、市汽车客运总站、机场改造二期加快推进,三山北涂等围垦工程、永宁江治理二期、金清新闸二期进展顺利,中央公园基础设施工程、台州中心港区(临海)疏港公路一期等项目动工建设。甬台温高速公路复线三座跨海湾大桥及接线工程、仙居抽水蓄能电站、台州第二发电厂等项目前期工作取得较快进展。

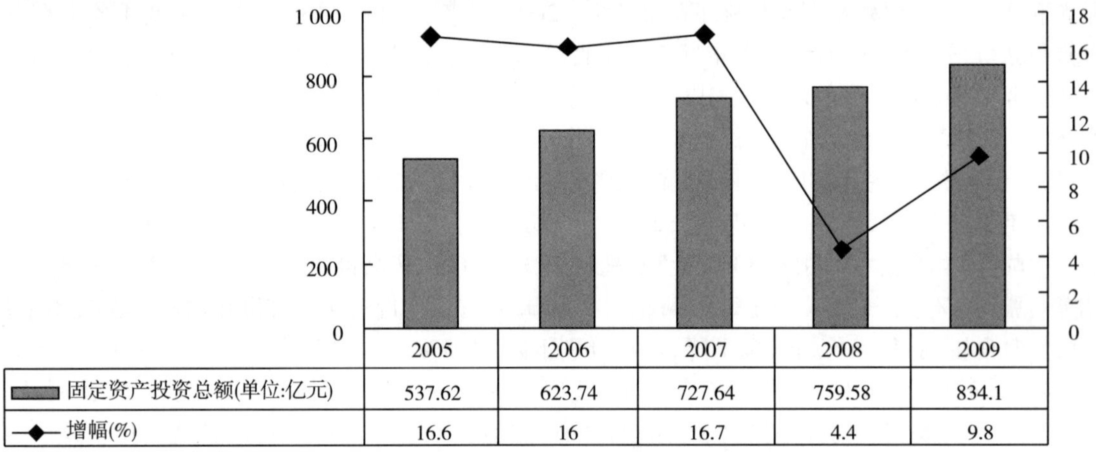

图 2-282　2005-2009 年台州市全社会固定资产投资及增长幅度

5. 区域经济协调发展

2009 年,台州市努力推进区域一体化。加快实施"南北协作",坚持"政府引导、企业唱戏、市场运作、实现双赢"原则,围绕"产业、劳动力、人口"三大转移,以项目合作为中心,以产业梯度转移和要素合理配置为主线,扎实推进南北协作工程。2009 年南北协作大会共签约项目 42 项,协议总投资 69.32 亿元。

表 2-73　2009 年台州市县市主要经济指标

县市	生产总值(亿元)	地方财政收入(亿元)	全社会固定资产投资(亿元)	出口总额(万美元)	社会消费品零售总额(亿元)
台州市区	737.86	59.01	279.39	162 996	346.62
温岭市	498.73	25.02	181.54	10 205	202.51
临海市	275.62	17.34	132.30	8 792	93.80
玉环县	243.32	16.56	52.18	10 283	64.17
三门县	86.63	6.61	111.60	2 346	32.59
天台县	101.96	6.54	43.10	1 539	43.53
仙居县	82.95	4.94	33.99	308	34.66

（二）农业建设

至2009年底，台州市实现农林牧渔业总产值227.40亿元，按可比价格计算，比上年增长1.9%。其中，农业产值87.13亿元，增长2.9%；林业产值4.09亿元，增长2.0%；牧业产值23.82亿元，增长2.9%；渔业产值109.8亿元，增长0.7%；农林牧渔服务业产值2.55亿元，增长8.2%。

台州市全年农作物总播种面积271.54千公顷，比上年下降4.3%。全市粮食作物播种面积158.65千公顷，比上年下降8.8%；全年粮食总产量84.60万吨，比上年下降9.5%，每公顷单产为5 332公斤，下降0.8%。全市非粮作物播种面积112.89千公顷，比上年增长2.7%。粮食作物与非粮食作物播种面积的比例为58.4∶41.6。全年蔬菜产量170.88万吨，比上年增长1.6%；油菜籽产量1.63万吨，增长22.9%；水果产量116.58万吨，下降3.3%。

2009年台州市农业标准化生产继续推进。台州市农民专业合作社已发展到3 669家，其中省级示范性专业合作社72家。全市共认证有机食品62个，绿色食品186个，国家无公害农产品229个，浙江省无公害农产品产（基）地225个。

台州市2009年畜牧业生产保持平稳增长。全年肉类总产量10.9万吨，比上年增长3.0%，其中猪肉产量8.4万吨，增长1.8%。禽蛋产量4.38万吨，增长1.8%。

渔业产量略有下降。全年水产品产量134.05万吨，比上年下降3.4%。其中海洋捕捞产量96.69万吨，比上年下降3.7%；海水养殖产量33.41万吨，比上年下降3.1%。

（三）工业和建筑业

1. 工业增加值

2009年，台州市实现工业增加值929.18亿元，按可比价格计算，比上年增长7.1%，增幅比上年回落2.0个百分点。全市年主营业务收入500万元及以上工业企业（以下简称规模以上工业企业）家数为5 837家，完成工业总产值2 968.17亿元，比上年增长1.0%。

2009年，台州市规模以上工业企业实现利税总额212.50亿元，比上年增长13.0%，其中利润总额118.82亿元，比上年增长24.0%。工业经济效益综合得分218.2分（不包括台州电业局、台州电业局直属供电局、台州发电厂、华能国际电力股份有限公司浙江省分公司和浙江桐柏抽水蓄能发电有限公司），比上年提高9.6分。

台州市2009年规模以上轻工业实现工业总产值1 084.59亿元，与上年持平，重工业实现工业总产值1 883.58亿元，比上年增长1.6%，重工业增长速度快于轻工业1.6个百分点。全市重点监测的主导行业实现规模以上工业总产值1 584.11亿元，比上年增长3.8%。全市工业总产值超亿元企业有556家，完成工业总产值1 883.21亿元；超10亿元企业有35家，完成工业总产值746.31亿元。

表2－74　2009台州市县区工业总产值

单位：亿元

县市	工业总产值
台州市区	1 074.97
温岭市	640.52
临海市	411.03
玉环县	411.82

(续表)

县市	工业总产值
三门县	121.27
天台县	124.88
仙居县	85.38

2009年末,台州市规模以上工业高新技术企业1 130家,占全部规模以上工业企业总数的19.4%,全年实现工业总产值695.11亿元,综合能源消费量为81.35万吨标准煤(电力按等价计算),分别占全部规模以上工业企业的23.4%和21.2%,比重分别比上年提高1.4个百分点和减少0.4个百分点。

2. 工业能源消费情况分析

2009年,全市规模以上工业企业中有873家企业消费原煤,消费原煤1 340.2万吨,比上年下降0.7%。其中1 275.7万吨用于加工转换消费,占原煤消费量的95.2%;电力消费94.2亿千瓦时,比上年增长1.7%,其中生产性用电91.8亿千瓦时,比上年增长1.7%。因今年电力供应较往年宽松些,企业自发电用油减少,各类油品消费17.9万吨,比上年减少16.4%。

2009年,全市规模以上工业34个行业大类中,万元产值综合能耗下降的有19个行业。综合能源消费量居前五位的行业为电力热力的生产和供应业、医药制造业、塑料制品业、交通运输设备制造业和通用设备制造业,五个行业综合能源消费246.4万吨标准煤,占全部规模以上工业综合能源消费的64.2%,万元产值综合能耗0.154吨标准煤,比上年下降4.2%,降幅高于全市平均水平1.6个百分点。其中:通用设备制造业受产品出厂价格下降影响,生产不景气,空放能源较多,万元产值综合能耗比上年上升7.2%。

高新技术企业能源利用效率高于非高新技术企业。2009年,台州市高新技术企业万元产值综合能耗0.117吨标准煤,比上年下降6.8%;非高新技术企业万元产值综合能耗0.133 1吨标准煤,比上年下降1.2%;高新技术企业的万元产值综合能耗水平比非高新技术企业低12.1%。

八成行业高新技术企业能源利用率有不同程度提升。十大行业中,专用设备制造业和电气机械及器材制造业的万元产值综合能耗分别比上年上升4.9%和5.6%;其他八个行业的万元产值综合能耗均比上年有不同幅度下降,其中交通运输设备制造业、通信设备和计算机及其他电子设备制造业的万元产值综合能耗分别比上年下降24.4%和30.8%。

2009年,全市主导行业实现工业总产值1 584.11亿元,比上年增长3.8%,综合能源消费量为178.1万吨标准煤,比上年下降0.3%,万元产值综合能耗0.112吨标准煤,比全部规模以上工业能耗低13.2%。主导行业中除家用电器行业万元产值综合能耗比上年上升1.3%外,其他行业的万元产值综合能耗比上年均有不同程度下降。

2009年末,台州市规模以上高耗能工业企业350家,分布在石油加工和炼焦业、化学原料及化学制品制造业、非金属矿物制品业、黑色金属冶炼及压延加工业、有色金属及压延加工业和电力热力生产与供应业等六大高耗能行业。六大行业综合能源消费126.5万吨标准煤,占全部规模以上工业的32.9%,比上年减少0.2个百分点,万元产值综合能耗0.255吨标准煤,比上年下降4.3%。

2009年,全市综合能源消费量1 000吨标准煤(按当量计算)以上的企业有301家。2009年耗能1 000吨以上企业实现工业总产值1 195.8亿元,比上年增长6.5%,综合能源消费243.5万吨标准煤,比上年下降0.6%,计算的万元产值综合能耗为0.204吨标准煤,比上年下降6.6%。其中新增36家企业综合能源消费8.4万吨标准煤,比上年增长1.4倍,万元产值能耗0.111吨标准煤,比上年上升 8.5%。

2009 年间大部分县(市、区)万元产值综合能耗下降。从各县(市、区)万元产值综合能耗降低情况看,除玉环县和黄岩区万元产值综合能耗分别比上年上升 2.5% 和 0.9% 外,其他 7 县(市、区)万元产值综合能耗比上年均有不同程度下降。其中:天台县下降 7.5%,仙居县下降 7.0%,温岭市下降 6.2%,临海市下降 3.9%,椒江区下降 2.3%,路桥区下降 1.9%,三门县下降 0.1%。

2009 年,全市 7 家能源加工转换企业用于火力发电的投入量为 890.0 万吨标准煤,比上年增长 1.1%,电力产出量为 305.0 亿千瓦时,比上年增长 1.6%。火力发电标准煤耗和供电煤耗分别为 291.8 克标准煤/千瓦时和 308.4 克标准煤/千瓦时,分别比上年下降 0.4% 和 1.1%。

3. 建筑业

台州市 2009 年建筑业增长平稳。全市实现建筑业增加值 109.83 亿元,按可比价格计算,比上年增长 14.3%。

(四)服务业

1. 国内贸易

至 2009 年末,台州市实现社会消费品零售总额 817.88 亿元,比上年增长 15.2%,扣除价格因素,实际增长 16.0%。其中批发业实现零售额 113.50 亿元,比上年增长 13.1%;零售业实现零售额 586.99 亿元,比上年增长 15.7%;住宿和餐饮业实现零售额 114.63 亿元,比上年增长 15.2%。汽车类商品成为 2009 年消费品市场最大的亮点,全市限额以上批发和零售企业中汽车类商品实现零售额 96.65 亿元,比上年增长 34.1%。现代流通网络建设大力推进,浙江松门水产品批发市场改造提升工作全面启动,钢材市场迁建工程落成,台州国际塑料城建成开业。年末全市拥有各类商品交易市场 571 家,成交额 905.77 亿元,年成交额超亿元的市场有 95 家。

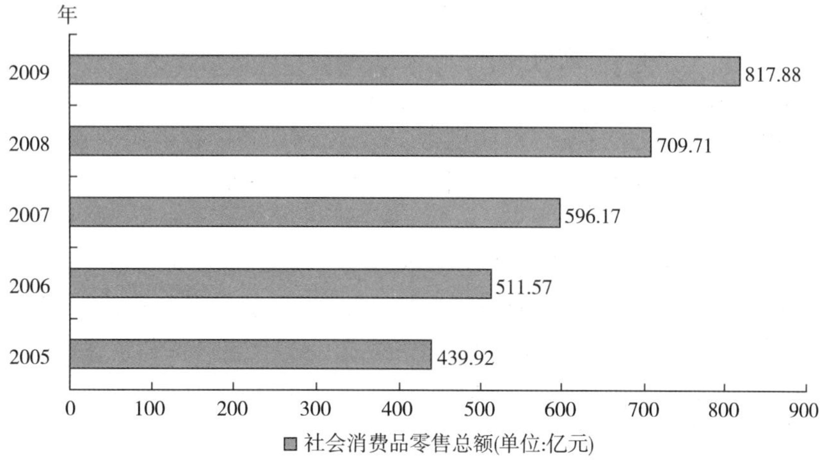

图 2-283　2005-2009 年社会消费品零售总额

2009 年,台州市各类年成交额亿元以上的商品交易市场(简称亿元市场)作为流通体系的重要组成部分,总体显示出良好的发展态势。2009 年,全市共有亿元市场 95 个,比上年增加 1 个,实现年成交总额 593.18 亿元,比上年增长 8.1%,年末市场经营总面积为 158.83 万平方米,比上年增加 17.86 万平方米,增长 12.7%。其发展状况具有以下五大特点:

(1)摊位总量不断增加,经营规模有所扩大。

(2)专业市场所占的比重较大,市场门类相对齐全。

(3)经营环境不断改善,市场均为常年营业。

(4)批发市场占据主体,零售市场发展较快。

(5)区域分布明显集中,路桥、温岭两地成交额占八成。

2009年台州市居民消费价格总水平比上年下跌0.8%。其中消费品价格下跌0.7%,服务项目价格下跌1.3%。工业品出厂价格比上年下降5.6%,原材料、燃料、动力购进价格比上年下降8.8%。其中亿元市场的商品交易情况具有以下五大特点:

(1)日常生活用品销售快速增长。

(2)汽车类商品增势强劲。

(3)家电类商品销售成倍增长。

(4)金属类商品销售稳步增长。

(5)建筑及装潢材料类商品销售下滑。

2. 交通运输、邮电

台州市全年完成货物周转量743.83亿吨公里,比上年增长5.7%;旅客周转量为115.99亿人公里,比上年增长8.8%。全年完成港口货物吞吐量4 294万吨,比上年增长10.2%。其中外贸吞吐量728万吨,增长63.6%,完成集装箱吞吐量9.09万标箱,增长42.3%。民航完成旅客吞吐量52.67万人,比上年增长29.2%,货邮吞吐量4 293吨,增长32.7%。铁路发送旅客39.85万人。

2009年末全市公路总里程(含村道)10 988公里,其中等级公路10 671公里,占公路总里程的97.1%,高速公路274公里,比上年增加44公里。年末全市民用汽车拥有量达45.48万辆,比上年净增8.68万辆,其中私人汽车37.93万辆,比上年增加8.02万辆。

2009年间,台州市立体交通网、沿海供水网、区域电力网、生态环保网等重大基础设施建设有序推进,2009年基础设施投入约20亿元,累计投入180亿元。台州港完成货物吞吐量同比增长7.2%,集装箱吞吐量同比增长42.47%,船舶运力迅猛发展;大麦屿港上升为国家一级开放口岸,对台货客直航正式开通,并多次续航;500KV临海变、台东变、玉环变均已建成投运。

2009年台州市完成邮电业务收入62.54亿元,比上年下降3.2%。年末移动电话用户达567.19万户,全年新增13.06万户。年末国际互联网用户75.26万户,其中宽带用户68.30万户,比上年增加12.48万户。固话业务有所萎缩,年末城乡固定电话用户为189.95万户,比上年减少21.91万户。

3. 旅游业

旅游环境和服务水平不断提升。全市成功举办"台州人游台州——新春旅游总动员"、第六届中国台州旅游节暨"2009形象中国·百家中外媒体聚焦台州"国际旅游新闻摄影大赛、首届台州旅游休闲产品交易会等活动,启动迎世博甬台温"3D新干线"旅游。全年共接待旅游总人数2 895.87万人次,比上年增长11.2%。实现旅游总收入230.04亿元,比上年增长10.3%。年末全市共有星级饭店66家,客房7 698间,床位13 106张,旅行社118家。

4. 金融、证券和保险

2009年末,台州市金融机构本外币存款余额2 935.61亿元,比上年末增长23.8%,当年新增存款560.66亿元。其中城乡居民本外币储蓄存款余额1 449.72亿元,比上年末增长19.8%,当年新增238.07亿元。年末金融机构本外币贷款余额2 518.06亿元,比上年末增长30.7%,当年新增贷款589.63亿元,比上年多增274.62亿元。年末金融机构本外币存贷比为85.8%,不良贷款率为1.7%。

至2009年末,3家台州市商业银行已在杭州、宁波、成都、上海等地设立了分行,13家小额贷款公司工商登记营业。积极探索资金互助社试点,临海涌泉镇忘不了农村资金互助社成为我省首家农村资金互助社已正式运作。开展专利权、商标权、林权、农村住房等多种抵押贷款和产业链贷款融资试点等工作，全市创新农村金融产品20余种。

年末台州市有各类保险机构（含分支机构）40家，比上年增加8家。全年保费总收入56.85亿元，比上年增长10.3%。其中财产险保费收入23.70亿元，人寿险保费收入33.16亿元，分别比上年增长18.9%和12.5%。全年各类赔款、给付支出19.25亿元，比上年增长44.9%。

5. 房地产业

台州市2009年房地产投资保持较快增长。全年房地产开发完成投资152.27亿元，比上年增长20.6%，增幅比上年下降10.3个百分点。其中，完成住宅投资114.14亿元，比上年增长24.6%，占全部房地产开发投资的75.0%。房屋施工面积1 454.63万平方米，比上年增长6.6%，房屋竣工面积169.68万平方米，比上年下降42.7%。房地产市场销售活跃，全年实现商品房销售额271.54亿元，比上年增长121.4%，销售面积422.36万平方米，增长85.3%。

（五）对外经济

1. 对外贸易

台州市2009全年外贸进出口总额120.32亿美元，比上年下降12.9%。其中自营出口总额100.67亿美元，下降14.4%。全年外贸企业出口16.35亿美元，下降9.5%；三资企业出口19.42亿美元，下降27.4%；生产企业出口64.89亿美元，下降10.9%。在出口总额中，一般贸易出口89.73亿美元，下降16.3%；加工贸易出口10.90亿美元，增长4.6%。主要出口产品中，船舶出口仍然保持较快增长，比上年增长62.2%。2009年末台州市有进出口实绩企业3 452家，比上年末增加262家，其中进出口超5 000万美元企业有27家。出口国家和地区已达202个。

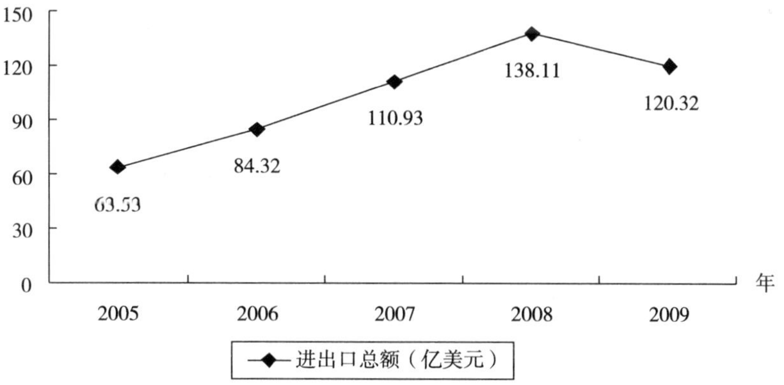

图2－284　2005－2009年台州市外贸进出口总额

2. 外资状况

2009年，台州市全年新签外资项目25个，项目总投资2.86亿美元，合同利用外资1.43亿美元，比上年下降47.5%，实际利用外资1.88亿美元，比上年下降21.3%。全年新批境外投资项目26个，中方投资额5 119万美元。全市累计境外投资项目342个，中方累计投资额2.76亿美元。

表 2－75　2009 年台州市县市实际使用外资

单位:万美元

县市	实际使用外资金额
台州市区	6 636
温岭市	2 476
临海市	4 138
玉环县	4 055
三门县	846
天台县	312
仙居县	343

3. 民营经济

2009 年,台州市民营企业制度创新取得新突破。台州市鼓励优势企业在危机中加快重组购并步伐,与关联产业、上下游企业实现联合。吉利、新杰克、宝石等企业完成重大海外并购或引资共建。企业上市步伐加快,2009 年,永太科技、仙琚制药实现上市,伟星建材 IPO 获发审委通过。产权交易平台加快筹建,浙江省未上市公司股份转让试点台州运行中心成立,有 2 家已正式进入中心挂牌交易,为促进台州市未上市公司股份合理转让、资源有效配置迈出了实质性步伐。

台州市 2009 年间还进一步放宽民营企业市场准入,积极支持民营资本进入垄断性行业、社会事业和公共基础设施建设等领域。

二、台州市 2009 年社会发展概况

(一)人口、人民生活

2009 年末,台州市户籍总人口 578. 47 万人,其中男性人口 297. 54 万人,女性人口 280. 93 万人,男女性别比为 105. 9∶100。全年共出生 6. 67 万人,死亡 3. 47 万人,人口出生率为 11. 58‰,死亡率为 6. 01‰,人口自然增长率为 5. 57‰, 比上年回升 0. 18 个千分点。总人口中市区人口 153. 77 万人。

2009 年,台州市户籍人口保持平稳增长,主要特点有以下三点:

(1)人口总量保持一定增长。2009 年末全市户籍总人口 578. 47 万人,比上年净增加 4. 41 万人,增长 7. 7‰。其中男性人口 297. 54 万人,女性人口 280. 93 万人,分别占总人口的 51. 4% 和 48. 6%,男女性别比为 105. 9∶100。人口密度为 614 人/平方公里,比上年末增加 4 人。

(2)人口自然增长率略有回升。全年共出生 6. 67 万人,死亡 3. 47 万人,人口出生率和死亡率分别为 11. 58‰和 6. 01‰,人口自然增长率为 5. 57‰,比上年回升 0. 18 个千分点。出生人口中,男性 3. 61 万人,女性 3. 06 万人,男女出生性别比为 118. 2∶100,与上年相比有所上升。

(3)老年人口所占比重继续上升。在户籍总人口中,年龄在 18 岁以下的人口为 115. 09 万人,比上年增加 0. 71 万人,占总人口的比重为 19. 9%,与上年持平;18－60 岁之间的人口为 377. 26 万人,比重为 65. 2%,比上年下降 0. 5 个百分点;60 岁以上的人口为 86. 12 万人,比上年增加 3. 51 万人,比重为 14. 9%,比上年提高 0. 5 个百分点。

台州市全年城镇居民人均可支配收入24 429元,比上年增长 7. 4%,扣除价格因素实际增长 8. 3%。全年农村居民人均纯收入10 006元,首次突破万元,比上年增长 9. 0%,扣除价格因素实际增

长 9. 9% ,比上年提高 4. 8 个百分点,增幅已连续五年快于城镇居民人均可支配收入。城乡居民收入差距倍数由上年的 2. 48 缩小到 2. 44。城镇居民恩格尔系数为 34. 0% ,农村居民恩格尔系数为 36. 0% 。年末城镇居民和农村居民人均住房建筑面积分别为 42. 6 平方米和 56. 3 平方米。城乡居民每百户家庭家用汽车、空调、家用电脑等高档耐用消费品拥有量不断增加。

2009 年,台州市各级党委政府积极应对国际金融危机给农民增收造成的不利影响,继续加大对“三农”的投入和扶持力度,不断拓宽农民增收渠道,农民收入保持稳定增长,人均纯收入首次突破万元大关。农民增收的主要有以下几点特征:

(1)工资性收入是全年农民增收的主要支撑点。2009 年,全市工资性收入人均4 163元,比上年增加 477 元,增长 12. 9% 。工资性收入对农民人均纯收入的增长贡献率达 57. 7% ,拉动农民收入增幅提高 5. 2 个百分点。

(2)家庭经营性收入仍然是农民收入的主渠道。2009 年,台州市农村居民家庭经营性纯收入人均4 619元,比上年增加 297 元,增长 6. 9% 。2009 年农村居民家庭经营第一产业人均纯收入1 542元,增长 6. 8% ,增幅比上年提高 4. 1 个百分点。全年家庭经营非农产业人均纯收入3 077元,比上年增长 6. 9% 。其中家庭经营第二产业纯收入人均为1 486元,比上年增长 2. 4% ;家庭经营第三产业纯收入人均1 591元,增长 11. 5% 。

(3)非经营性收入是农民增收的有益补充。2009 年,台州市农村居民非经营性收入人均为1 225元,比上年增长 4. 5% ,是农村居民增收的有益补充。其中财产性收入人均 724 元,增长 1. 6% ;转移性收入人均 501 元,增长 9. 0% 。

(4)农民内部收入差距有所缩小。2009 年,全市 20% 高收入农户人均纯收入20 723元,增长 9. 3% ,增幅比上年回落 1. 5 个百分点; 而 20% 低收入农户人均纯收入2 702元,增长 14. 3% ,增幅比上年提高 9. 9 个百分点。高收入农户与低收入农户收入平均水平差距进一步缩小,农村居民基尼系数也由 2008 年的0. 381 2缩小至 2009 年的0. 379 9。

(5)县(市、区)收入增幅呈“南低北高”格局。与 2008 年比较,各县(市、区)农村居民收入实际增幅普遍提高。总体来看,经济相对比较发达,二、三产业收入比重大,农村居民收入水平高的路桥区、玉环县、椒江区等南部地区增幅相对较低,而北部的仙居、天台、三门等地增幅相对较高。

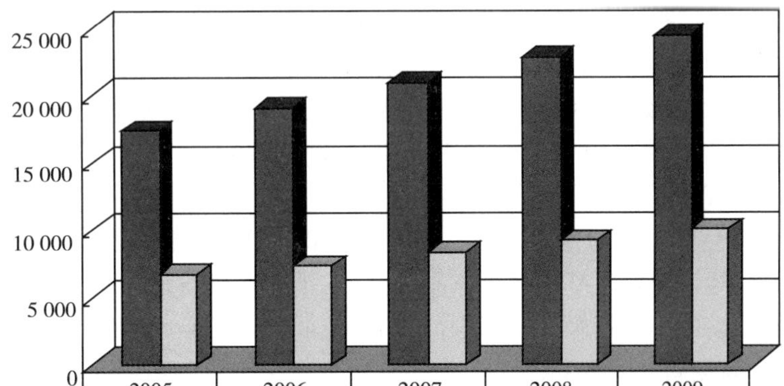

	2005	2006	2007	2008	2009
■城镇居民人均可支配收入(元)	17 394	19 036	20 942	22 738	24 429
□农民人均纯收入(元)	6 689	7 368	8 331	9 180	10 006

图 2 -285　2005 -2009 年台州市城乡居民收入对比一览

(二)就业与社会保障

1. 就业

2009年全市城镇新增就业人数5.55万人,帮助1.78万名城镇失业人员实现再就业。年末全市拥有职业介绍机构194个,全年介绍就业成功人数17.35万人。全年人事劳动部门共举办各类招聘会529场次,其中人才招聘会373场次,2.94万家用人单位进场招聘,提供各类就业岗位21.66万个。全年再就业培训9 587人。年末城镇登记失业率为3.72%。

台州市2009年间加强就业服务,开展了以高校毕业生、就业困难人员、农民工等三大群体为援助对象的三大就业服务(援助)系列活动。全市新增就业人数为5.55万人。继续加大对"三农"的投入,公共财政更多向农村倾斜。

2. 社会保障

2009年末全市有参加城镇养老保险、基本医疗保险、工伤保险、生育保险和失业保险年末参保人数分别达到101.04万人、66.24万人、160.07万人、27.43万人和56.2万人,分别比上年末增加10.36万人、7.56万人、12.07万人、3.05万人和4.57万人。"五大保险"全年收缴各类基金38.36亿元,支出24.22亿元。城镇居民医疗保险参保人数为49.68万人。年末全市有21.4万被征地农民参加农村养老保险,比上年增加5.62万人。农村新型合作医疗参保人数431.05万人,参合率93.7%,人均筹资水平140元,实现了全市9个县(市、区)32家二级以上定点医疗机构异地就医刷卡即时结报。城乡居民社会养老保险工作正式启动。

2009年社会救助和社会福利体系进一步完善。年末台州市共有各类收养类单位203个,床位15 574张,收养各类人员9 107人。城乡居民最低生活保障人数63 260人,全年共投入低保资金9 560万元。城镇低保对象人均月补差206元,农村低保对象月人均补差127元,与上年相比均有一定程度提高。全市农村五保对象集中供养率达到95.45%,城镇"三无"人员供养率达到99.64%。

(三)教育和科学技术

1. 教育事业

台州市2009年教育事业发展良好。教育均衡稳步推进,教育服务能力和教育质量持续提高。全市有幼儿园1297所,在园幼儿23.99万人,普通小学575所,在校生41.08万人,初中在校生20.28万人,高中段在校生15.62万人,初升高比例达到99.0%。全市特殊教育招生(含普通学校随班就读)263人,在校生2 045人。新增省级及以上中等职业学校实训基地4个。全市全日制普通高校招生9 738人,在校生29 164人,成人高校在校学生24 256人。高等教育毛入学率达到41.8%,比上年提高1.3个百分点。

2009年,台州市大力推动义务教育均衡发展,全面实施乡镇"中心校"战略和"初中发展联盟"建设,完成台州经济开发区基础教育体制调整,取消义务教育借读费,进一步扩大中职校免学费政策覆盖面,全面启动中小学校舍安全工程,台州科技职业学院新校区投入使用。

2. 科技与创新

2009年,台州市规模以上工业企业中,高新技术企业完成工业总产值696.17亿元,比上年增长4.8%,占规模以上工业总产值23.5%。浙大台州研究院被认定为省级重点科技中介机构,新设立自动控制、工业设计和产业经济等3个研究所;中国汽车工程研究院浙江分院建设已基本竣工;浙江清华长三角研究院台州办事处设立。华海药业被列为国家级创新型企业;当年新认定省级创新型试点企业9家,新认定省级科技型企业80家。全年申请专利8 806件,比上年下降2.6%;专利授权8 145件,增长69.3%,其中发明225件,增长33.9%。全年共签订各类技术合同240项,技术交易额4.3亿元。

台州市还大力加强品牌培育和质量提升工作。2009 年末，台州市被国家工商总局认定的驰名商标有 14 件。全市有中国名牌产品 19 个；浙江名牌产品 198 个。全市产品国家级监督抽查合格率为 86.9%，省级合格率为 88.6%。全市累计有 460 家食品企业取得 546 本 QS 证书。

（四）文化、卫生和体育

1. 文化事业

至 2009 年末台州市建有 4 个省级文化先进县，61 个省东海文化明珠乡镇，67 家乡镇综合文化站，4 148家基层文化俱乐部，完成4 997个行政村广播“村村响”的建设任务。成功举办第四届农民文化节、第四届艺术节、文化遗产日系列展演示、新中国成立 60 周年文艺晚会等文化活动。全市成功申报非物质文化遗产第三批国家级项目 5 项，省级 37 项，至 2009 年末全市拥有国家级非物质文化遗产项目 10 项，省级 67 项。年末全市有群众艺术馆 1 个，文化馆 9 个，公共图书馆 10 个，自办广播节目 10 套，自办电视节目 10 套。年末全市拥有有线电视用户 128.36 万户，其中数字电视用户 24.08 万户。全年广播节目播出时间70 245小时，电视节目播出时间56 464小时。广播人口综合覆盖率和电视人口综合覆盖率分别为 99.65% 和 99.48%。

2009 年间台州市群众文体活动日益丰富，全国基层公共文化服务体系建设现场会在台州市召开，“百分之一文化计划”获文化部创新奖，临海市荣获“全国文化先进市”称号。

2. 卫生事业

年末台州市共有各类医疗卫生机构1 394家，床位15 563张，各类卫生技术人员25 798人，其中执业医生和执业助理医生11 237人，注册护士8 432人。年末每千人拥有卫生技术人员 4.5 人，其中医生 1.9 人。全市拥有社区卫生服务机构 440 家。全市孕产妇死亡率 12.03/10 万，五岁以下儿童死亡率 7.16‰，其中婴儿死亡率 4.91‰。全年有 8.01 万人参加无偿献血。农村自来水普及率 90.5%，卫生户厕普及率 82.9%。

台州市医药卫生事业稳步推进，全市共有 26 个基层医疗卫生基础设施建设项目列入中央新增投资计划，有效开展甲型 H1N1 流感等重大疫情和传染病防控工作，探索建立医疗纠纷处置新机制，启动了医药卫生体制改革。

3. 体育事业

2009 年台州市举办了全国青少年羽毛球比赛、台州市首届青少年体质健康论坛、国际体育舞蹈精英邀请赛、“健身欢乐行”进农村进社区等活动和比赛。2009 年，全市共夺得全国比赛金牌 12 枚、银牌 19 枚、铜牌 24 枚，省级比赛金牌 75.5 枚、银牌 56 枚、铜牌 57 枚。体育社团力量不断壮大，2009 年新增台州市青少年体育俱乐部 11 家，社区体育健身俱乐部 11 家，农村体育示范俱乐部 31 个。全市共实现创建基层文体俱乐部4 148家。2009 年成功举办首届体育健身节，竞技体育备战有序进行。

（五）城乡建设

2009 年间，台州市中央商务区动工建设，西商务区加快推进。图书馆、青少年妇女儿童活动中心主体工程完工。台州大道一期、疏港大道一期、台州火车站黄岩通站道路建成通车，开发大道、东二路、桔乡大道北延等进展顺利，市区路网得到明显改善；机场改造二期工程进展较快，全年民航旅客吞吐量达 52.6 万人次，新增通航 6 个大中城市；3G 网络全面铺开，信息基础设施实现跨越式发展，进一步拓展了中心城区规模、扩大城市容量、提升城市形象、完善城市网络，有效推进了市区一体化建设。城市轨道交通线网规划编制完成。数字城管试点、创建国家园林城市工作通过建设部验收。

台州市农田水利建设大力开展。全市通过改田治涝、开沟理渠等措施大力开展农田水利基础设施建设，修复水毁工程 338 处，新增蓄水能力 437.3 万立方米，新增节水灌溉面积4 740公顷，年新增节水能力381.2万立方米,改善灌溉面积1 907公顷,改造中低产田100公顷,改造农村泵站590千瓦。年末全市拥有农业机械总动力448.38万千瓦,比上年下降1.0%,全年农村用电量70.62亿千瓦时,比上年增长11.5%。

台州市2009年加快推进城乡一体化。坚持分类指导,推进"扩权强镇"试点,在原国家发展改革试点小城镇和省级中心镇的基础上,新增了2个参照省级中心镇和11个市级中心镇,农村接受城市辐射能力不断增强。加快新农村建设,城乡公交、供水一体化突破性进展,13个镇级污水处理工程进展顺利。大力推进农村土地综合整治和农村住房改造工作,农村困难群众危旧房改造、宅基地置换等取得新成效,394个村庄完成环境整治,完成3万户农房改造建设。

(六)环境保护和生态建设

2009年,台州市绿化造林工作有效开展。全市完成造林更新面积3 884公顷,其中当年造林面积3 567公顷。全市有林地面积535.78千公顷,森林覆盖率为62.2%。全市有自然保护区(含小区)35个,面积12.14千公顷。

2009年,全市万元生产总值综合能耗预计比上年下降5.0%,全年化学需氧量和二氧化硫排放量分别比上年下降5.94%和5.91%。全市地表水满足水域功能达标率为57.3%,比上年提高1.1个百分点,城市空气综合污染指数1.42。全市工业废水排放达标率为87%,工业固体废物综合利用率为93%。城镇生活污水处理率为70%,城镇生活垃圾无害化处理率为99%。2009年,市区环境空气质量达到二级标准以上的天数有360天,比上年增加6天,占全年总天数的98.6%。

台州市还大力发展循环经济、低碳经济,加快推进"811"环境整治任务。城市污水处理厂及配套管网建设不断加快,2009年共投入1.2亿元,新增污水管网115.63公里。全市完成农村生活污水治理的村庄509个,完成6个省级以上工业园区、6个市级重点区域环境污染整治。累计完成工业企业废水达标整治7 079家。主要污染物排放实现"双削减"。

(七)社会安全

2009年,台州市共发生各类事故4 704起,死亡677人,受伤4 027人,直接经济损失3 861.8万元,分别比上年下降5.8%、8.8%、6.0%和5.4%。

三、台州市在长三角地区经济发展中的地位

2005-2009年,台州市地区生产总值在长三角所占比重分别为:3.07%、3.08%、3.04%、3.00%和2.79%,呈现逐年微幅下降的趋势,其中2009年跌幅最为明显,下降0.21个百分点。2009年,全市实现生产总值2 025.47亿元,按可比价格计算,比上年增长8.5%。与上年相比,2009年全市生产总值增幅回落了1.1个百分点。

2005-2009年台州市地方财政一般预算收入在长三角所占比重分别为:1.88%、1.89%、1.82%、1.79%和1.72%,从2006年开始就呈现下降的态势,累计降幅为0.17个百分点。2009年,全市共实现财政总收入263.16亿元,比上年增长6.1%。其中地方财政收入136.02亿元,增长7.9%。与前几年较高增幅相比,2009年财政增速仍处较低水平,但这是在国家政策性税收调整、资源性产品等价格下降和财政增收压力较大的形势下取得的较好成绩。

2005-2009年台州市规模以上工业总产值在长三角所占比重分别为:2.43%、2.50%、2.45%、2.35%和2.06%。2006年以来呈现下降的态势,累计降幅为0.44个百分点,其中2009年降幅最大,为0.29个百分点。2009年,全市工业发展总体上保持平稳回升态势,全市规模以上工业生产速度从一季度的下降11.6%回升至上半年的下降5.9%,进入三季度后当月生产速度开始扭负为正,2009年全市实现规模以上工业总产值2 869.88亿元,比上年增长1%,增幅比上半年提高6.9个百分点。

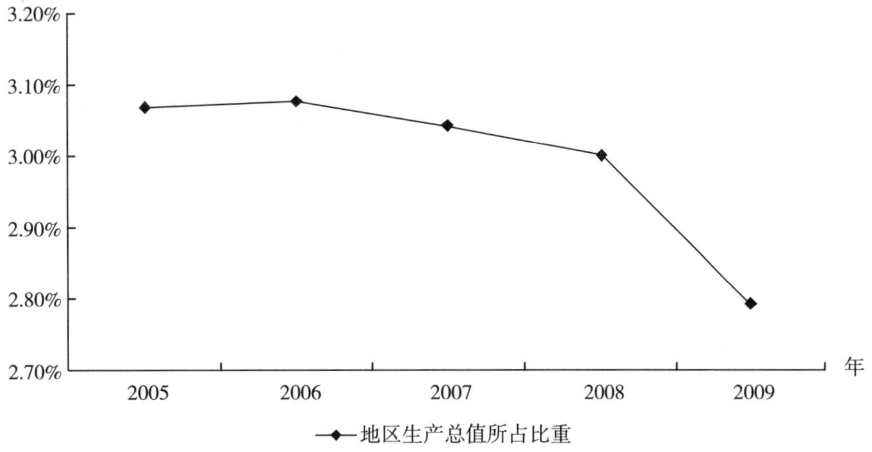

图 2－286　2005－2009 年台州市地区生产总值在长三角所占比重的变化趋势

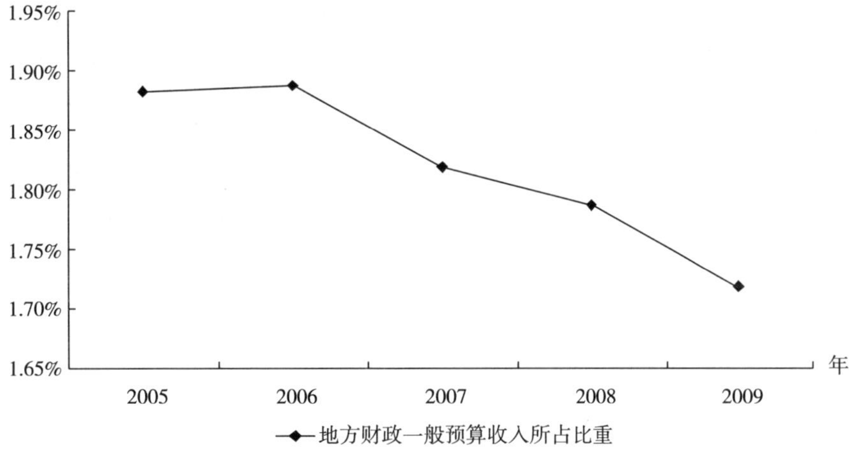

图 2－287　2005－2009 年台州市地方财政一般预算收入在长三角所占比重的变化趋势

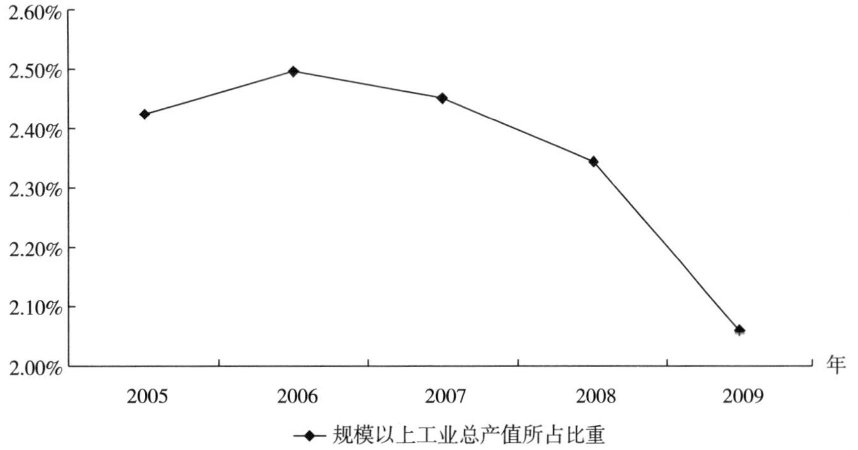

图 2－288　2005－2009 年台州市规模以上工业总产值在长三角所占比重的变化趋势

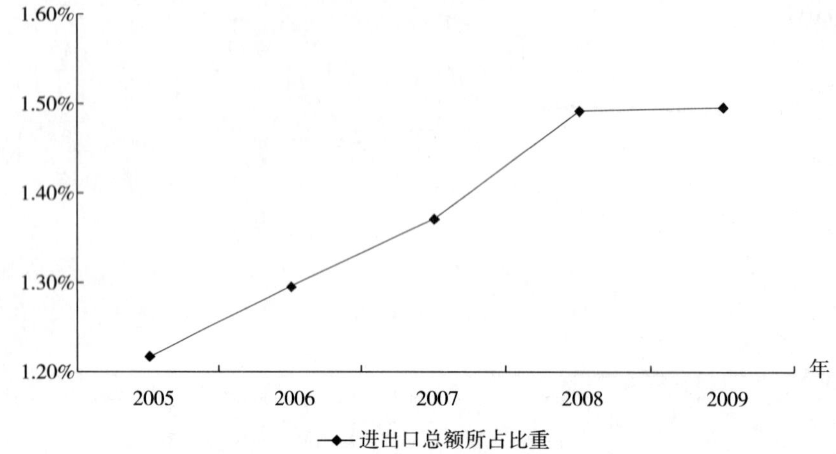

图2－289　2005－2009年台州市进出口总额在长三角所占比重的变化趋势

2005－2009年台州市进出口总额在长三角所占比重分别为:1. 22%、1. 30%、1. 37%、1. 49%和1. 50%,在连续几年稳定增长后,2009年增幅明显减缓。2009年全市外贸进出口120. 32亿美元,同比下降12. 9%,比浙江省平均水平低1. 8个百分点,比上年同期低37. 4个百分点。其中出口100. 67亿美元,同比下降14. 4%,低于浙江省平均水平0. 6个百分点,比上年同期低40. 0个百分点;进口19. 65亿美元,同比下降4. 0%,低于浙江省平均水平0. 3个百分点,比上年同期低22. 4个百分点。2009年以来国家已经出台了多项扩大出口的政策措施,全市外贸形势有所好转。

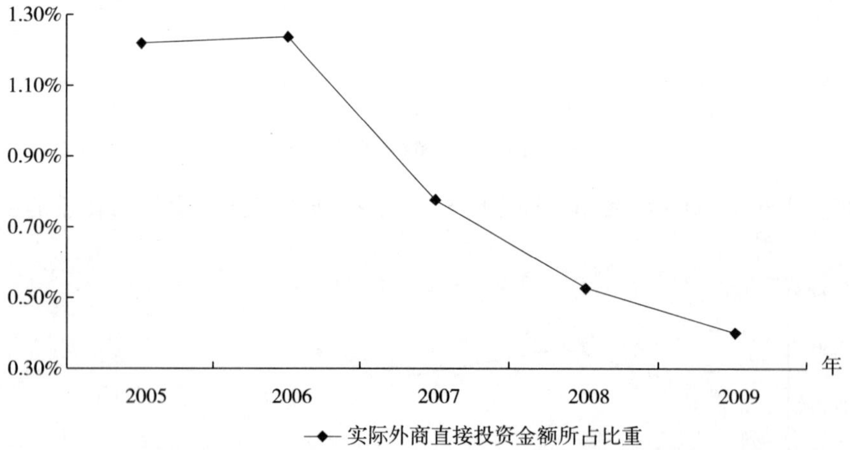

图2－290　2005－2009年台州市实际外商直接投资金额在长三角所占比重的变化趋势

2005－2009年台州市进出口总额在长三角所占比重分别为:1. 22%、1. 24%、0. 78%、0. 53%和0. 40%,呈现逐年下跌的趋势,3年累计跌幅达0. 84个百分点。由于台州企业多而可利用土地资源少,引起土地购置价格的飚升,企业生产要素成本大幅上升,导致部分企业向江苏、江西等地转移。同时,全市招商引资工作因主客观因素进展缓慢,利用外资情况不容乐观。2009年台州市新签外资项目25个,项目总投资2. 86亿美元,合同利用外资1. 43亿美元,比上年下降47. 5%,实际利用外资1. 88亿美元,比上年下降21. 3%。2009年台州实际利用外资在长三角地区的占比已下跌到2005、2006年的三分之一左右,与台州的经济地位并不相称。

十一　丽水市2009年经济社会发展报告

2009年,是新世纪以来丽水经济发展最为困难的一年。全市人民坚持以科学发展观为统领,紧紧围绕建设生态文明和全面小康社会的战略目标,积极应对国际金融危机和外部环境的深刻变化,坚定信心保增长、攻坚克难促转型,实现了全年主要经济指标好于预期,基本完成市二届人大五次会议确定的各项目标任务。

一、2009年丽水市经济发展状况

(一)综合经济

1.经济总量

2009年,丽水市生产总值为542.02亿元,比上年增长10.6%。其中,第一产业增加值58.06亿元,第二产业增加值260.93亿元,第三产业增加值223.03亿元,分别增长3.5%、11.3%和11.7%。人均生产总值23 520元(按年平均汇率折算为3 443美元),比上年增长10.0%。三次产业增加值结构从上年的10.9%∶48.6%∶40.5%调整为10.7%∶48.1%∶41.2%。

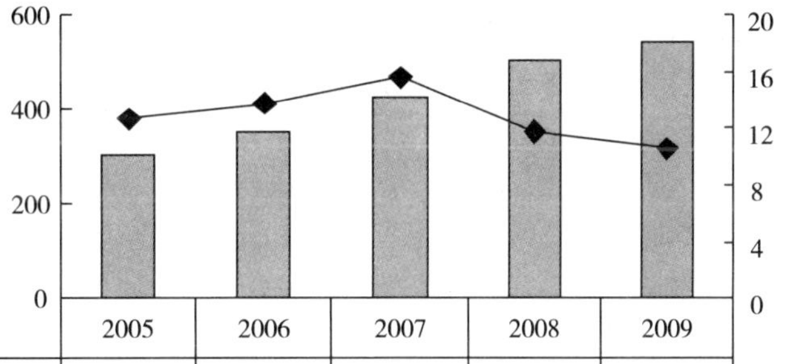

	2005	2006	2007	2008	2009
地区生产总值(亿元)	300.31	353.23	425.26	505.68	542.02
按可比价格增幅(%)	12.7	13.7	15.6	11.8	10.6

图2-291　2005-2009年丽水市地区生产总值及增长速度

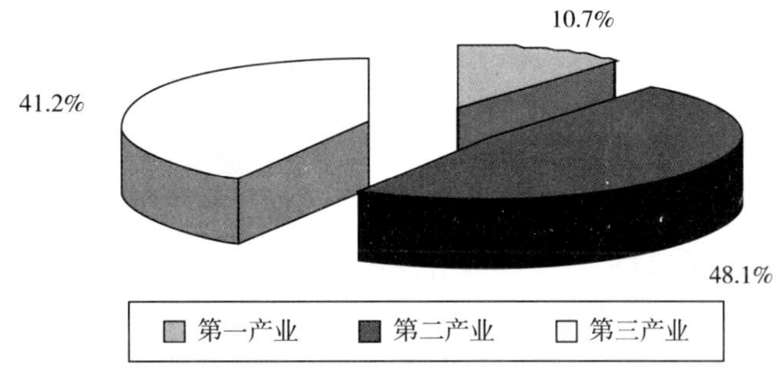

图2-292　2009年丽水市三次产业结构图

2. 财政收入

丽水市2009年财政一般预算总收入65.58亿元,比上年增长3.4%,其中地方一般预算收入37.42亿元,增长3.5%。

3. 物价水平

2009年,丽水市居民消费价格比上年下降1.1%,其中食品类价格下降0.2%,居住类价格下降8.4%。

2009年丽水市各大类价格变动分析起来有以下四点:

(1)食品价格总体来说较稳定。2009年食品类价格总水平与上年相近。但是在食品类统计的16个分类中涨多跌少。涨幅较大的有:菜类价格同比上涨7.3%,调味品价格同比上涨9.9%,干鲜瓜果价格同比上涨6.4%。降幅较大的有油脂类价格同比下降21.1%,肉禽及其制品同比下降10.4%。

(2)家庭设备用品及维修服务类价格第四季度延续了前三季度的下降趋势。耐用消费品中的家具类价格和家庭设备类价格同比分别下降4.7%和3.5%;床上用品价格同比下降7.8%;家庭服务项目同比下降2.3%。

(3)交通和通信类价格同比下降2.4%,拉动居民消费价格总水平下降0.3个百分点。其中交通类下降2.6%,通信类下降2.1%。交通类价格下降主要受交通工具售价下降、燃料油价格下降以及飞机票降价等方面因素影响,其中汽油价格下降12.4%,柴油价格下降14.7%,飞机票价格全年同比下降了26.6%。

(4)居住类价格同比下降8.4%,拉动居民消费价格总水平下降1.2个百分点。其主要原因还是受房贷利率下调的影响,2009年全年房屋贷款利率同比下降了36.5%。

4. 固定资产投资

2009年,丽水市在限额以上固定资产投资中,第一产业投资7.71亿元,比上年下降8.4%;第二产业投资90.25亿元,下降3.2%,其中工业投资87.21亿元,下降5.1%;第三产业投资158.65亿元,增长22.0%。

2009年丽水市完成全社会固定资产投资279.19亿元,比上年增长12.2%,其中市区完成全社会固定资产投资83.20亿元,比上年增长21.7%,增幅比全市高9.5个百分点。其中,完成限额以上房地产投资25.89亿元,增长44.8%;完成限额以上工业投资16.12亿元,增长6.8%,其中制造业投资14.05亿元,增长5.6%;国有及国有控股投资36.65亿元,增长22.2%;完成民间投资40.49亿元,增长20.2%。

丽水市全年限额以上投资项目1 410个,比上年增加228个,其中,新开工项目651个,增加188个。滩坑水电站工程、青田外雄水电站、景宁外舍防护工程、500千伏万象变二期扩建工程、水阁污水处理厂、丽中迁建工程、市职高迁建工程、丽水外国语实验学校、龙泉市中等职业学校扩建、丽水华侨饭店、丽水体育场等一批社会民生、能源水利重大项目如期建成。

2009年间,丽水市政府按照"出手快、出拳重、措施准、工作实"的要求,抓住国家实施积极财政政策和适度宽松货币政策的机遇,全力推进项目建设。完成重点项目投资79.41亿元,占年度计划的112.9%;累计争取中央新增预算内投资项目181个,中央资金4.32亿元。滩坑水电站工程、景宁外舍防护一期工程等项目如期建成,莲都山海协作示范项目、云景高速公路等项目稳步推进,龙庆高速公路、金温铁路扩能改造等项目顺利开工,方溪抽水蓄能、好溪水利枢纽等项目前期取得突破,丽水机场迁建、衢丽铁路、龙浦高速公路等项目前期工作全面启动。

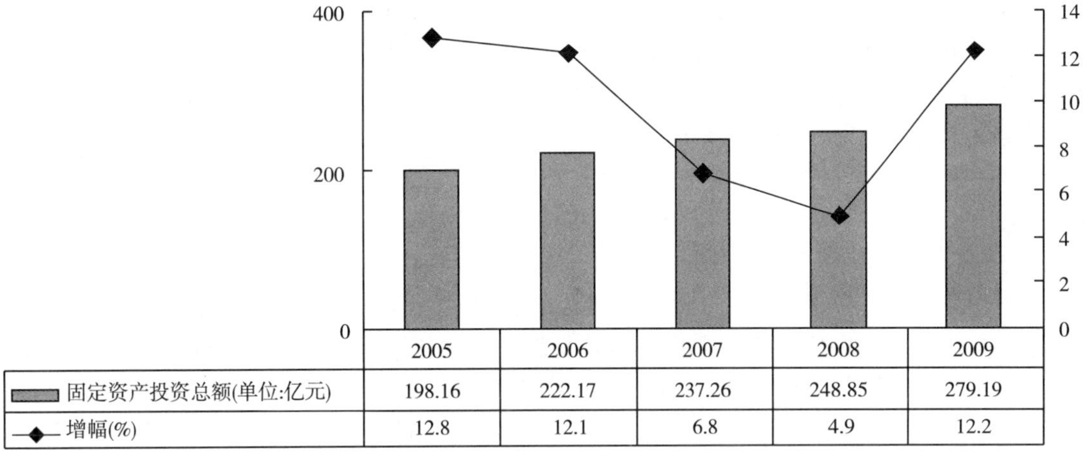

图 2 –293 2005 –2009 年丽水市全社会固定资产投资及增长幅度

5. 区域经济

丽水市 2009 年继续推进山海协作、浙商回归和华侨要素回流工程，引进市外内资项目 200 个，合同利用内资 126. 84 亿元，增长 51. 5%，实际利用内资 59. 7 亿元。举办丽水经济发展战略恳谈会，与央企、省企和大型民企签约战略合作项目 59 个。总投资 25 亿元、年产 50 万吨重型高强度金属材料项目落户缙云。举行台商·丽水经济合作洽谈会，成立共建海西浙闽边际区域协作组织，新设驻福州办事处。继续推进闽浙赣皖九方经济区合作。

表 2 –76 2009 年丽水市县市主要经济指标

县市	生产总值（亿元）	地方财政收入（亿元）	全社会固定资产投资（亿元）	出口总额（万美元）	社会消费品零售总额（亿元）
丽水市区	143. 19	12. 82	83. 20	11 170	71. 06
龙泉市	51. 03	2. 49	30. 17	107	22. 15
青田县	94. 17	7. 39	47. 31	3 931	36. 38
云和县	27. 71	1. 90	18. 45	9	11. 04
庆元县	25. 95	1. 29	14. 05	22	13. 39
缙云县	89. 08	4. 45	30. 13	821	31. 74
遂昌县	47. 86	3. 19	19. 28	1 485	19. 63
松阳县	38. 90	2. 19	20. 19	1	16. 11
景宁自治县	23. 13	1. 70	15. 42	15	11. 12

（二）农业建设

1. 农业生产和建设概况

丽水市全年农作物总播种面积 183. 81 千公顷，比上年下降 4. 3%，其中粮食播种面积为 110. 24 千公顷，下降 9. 8%；果用瓜种植面积 3. 2 千公顷，增长 5. 5%；药材种植面积 3. 0 千公顷，下降 0. 7%；油料种植面积 11. 37 千公顷，增长 33. 9%；蔬菜种植面积 43. 4 千公顷，增长 3. 2%；花卉苗木面积1.4千公顷,增长3.6%。全年粮食总产量为56.37万吨,比上年下降9.5%。

全市全年肉类总产量为8.74万吨,比上年下降0.2%,其中猪肉产量5.99万吨,下降0.6%,禽肉产量2.39万吨,与上年持平。牛奶产量364吨,下降38.8%。全年生猪出栏67.53万头,增长5.4%;家禽出栏1395.48万只,下降9.6%。水产品总产量1.88万吨,比上年下降9.3%。

2009年末,丽水市农田有效灌溉面积83.86千公顷,比上年增长0.7%,其中旱涝保收面积50.04千公顷,增长0.2%。全年化肥施用量(折纯)6.17万吨,增长1.0%。农业机械总动力100.3万千瓦,增长4.1%。

至2009底,丽水市实现农业总产值90.15亿元,增长5.6%。食用菌、茶叶、笋竹、水果、蔬菜、畜禽、油茶等产业转型升级工作全面展开,标准化基地建设加快推进。新培育3 000万元以上农业龙头企业7家、农业龙头企业订单基地6.8万亩,新增市级规范化农民专业合作社221家。启动新农技综合站试点,建立浙西南农业技术推广中心。推进农产品质量安全体系和生态品牌建设,新增高效生态农业示范基地44个1.5万亩,国家级无公害、绿色、有机农产品87个,地理标志产品3个。成功举办“丽水特色农产品东北行”系列活动,农产品营销市场进一步拓展。

2. 农业生产特点分析

2009年,全市农林牧渔业总产值扣除价格因素实际增长3.7%。从分行业看:农业产值61.55亿元、林业产值12.99亿元、牧业产值13.06亿元、渔业产值1.83亿元,分别比上年增长9.1%、-1.4%、-2.4%和5.6%。农林牧渔业增加值58.78亿元,增长6.1%,扣除价格因素实际增长3.6%。其主要特点如下:

(1)种植业生产形势较好,除水果生产下降外,其余均有所增长。农作物种植结构进一步调整,粮食作物下降,经济作物增加,水果产量下降,价格回升。茶叶增产增收,总产量达2.19万吨,比去年增长13.5%。食用菌生产继续保持增长,结构调整加快。

(2)林业生产受去年雪灾的影响有所下降,林产品中,油茶籽17 108吨,下降3.3%;笋干产量12 553吨,增长10.6%;人造板原料80 692吨,增长8.3%;板栗产量18 808吨,增长7.8%;毛竹产量3 362.67万根,增长0.6%。

(3)受国际金融危机与甲型H1N1流感的影响,畜牧业价格下降,养殖户信心受挫,家禽饲养量下滑。2009年生猪存栏55.5万头,比上年增长7.5%,出栏为67.53万头,增长5.4%;家禽存栏520.37万羽,下降3.3%,出栏量1 395.48万羽,下降9.6%。全年肉类总产达8.74万吨,增长1.9%,其中,猪肉产量5.99万吨,下降0.6%;禽蛋产量0.82万吨,增长7.9%。

(4)丽水市渔业生产“以养为主”,通过产业结构调整,发展优质高效渔业,进一步提升产业发展水平。渔业因产能压缩,略有下降。全年水产品产量18 849吨,同比下降9.3%。

(三)工业和建筑业

1. 工业及工业建设

丽水市2009年全年全部工业增加值220.72亿元,比上年增长12.0%。规模以上工业销售产值814.87亿元,增长11.5%。完成出口交货值66.18亿元,下降21.7%,出口交货值占销售产值的比重为8.1%,比上年下降3.5个百分点。

2009年丽水市规模以上工业企业中高新技术企业完成产值66.32亿元,比上年增长11.3%,占规模以上工业总产值比重为7.6%。新产品产值81.91亿元,增长32.6%,占规模以上工业产值比重为8.3%,比上年提高0.6个百分点。全年发电量25.13亿千瓦时,比上年增长26.2%,成品钢材产量197.17万吨,增长35.5%。2009年全市规模以上工业企业产品销售率93.9%,比上年上升1.5个百分点。

表 2-77　2009 年丽水市县区工业总产值

单位:亿元

县市	工业总产值
丽水市区	237.44
龙泉市	58.27
青田县	169.59
云和县	32.44
庆元县	25.80
缙云县	192.53
遂昌县	84.25
松阳县	55.90
景宁自治县	11.44

丽水市 2009 年全年实现工业总产值1 018.42亿元,增长 10.7%,首次突破千亿大关,提前完成"十一五"规划目标。其中规模以上工业产值 874.14 亿元,增长 10.4%,增速在全省各市中列第三位,占全部工业产值比重为 85.8%。

2009 年间,全市完成丽水经济开发区东扩首期区块道路网和千亩工业用地建设,启动二期区块和丽景民族工业园建设。完成工业开发面积 4.32 平方公里,建设标准厂房 25.8 万平方米。启动工业主导产业发展规划编制工作,制订工业转型升级重点产业产品导向目录。建立工业转型升级投资项目库,完成市级以上重点技术改造项目 43 项 27.04 亿元。新认定 12 家市级企业技术中心,规模以上工业新产品产值 81.91 亿元,增长 32.6%。

2. 建筑业

丽水市 2009 年建筑业增加值 40.42 亿元,比上年增长 7.5%。资质以上建筑企业完成总产值 104.11 亿元,增长 6.8%,利润总额 4.87 亿元,增长 18.3%。

(四)服务业

1. 国内贸易

丽水市全年社会消费品零售总额 232.62 亿元,比上年增长 14.6%, 其中,城市消费品零售额 87.59 亿元,县及县以下消费品零售额 145.03 亿元,分别增长 14.8% 和 14.0%。分行业看,批发零售业零售额 194.29 亿元,增长 15.0%;住宿餐饮业零售额 31.51 亿元,增长 15.9%;其他行业零售额 6.82 亿元,下降 0.1%。另丽水市区实现社会消费品零售总额 71.06 亿元,比上年增长 14.8%,增幅比全市高 0.2 个百分点。分行业看,批发和零售业零售额 58.92 亿元,增长 17.9%;住宿和餐饮业零售额 10.41 亿元,增长 8%;家用电器销售额增长 18.4%;汽车类销售额增长 86.1%。

丽水市 2009 年末共有商品交易市场 106 个,比上年减少 9 个,全年成交额 161.71 亿元,比上年增长 21.6%,其中,成交额超亿元的市场 16 个,全年成交额 93.09 亿元;超十亿元的市场 5 个,全年成交额 70.29 亿元。

2. 消费品市场特点分析

(1)城镇市场成交活跃。全年城镇市场(市和县)实现消费品零售额 185.29 亿元,同比增长 14.8%,占全市社会消费品零售总额的 79.7%,继续占据主导地位。

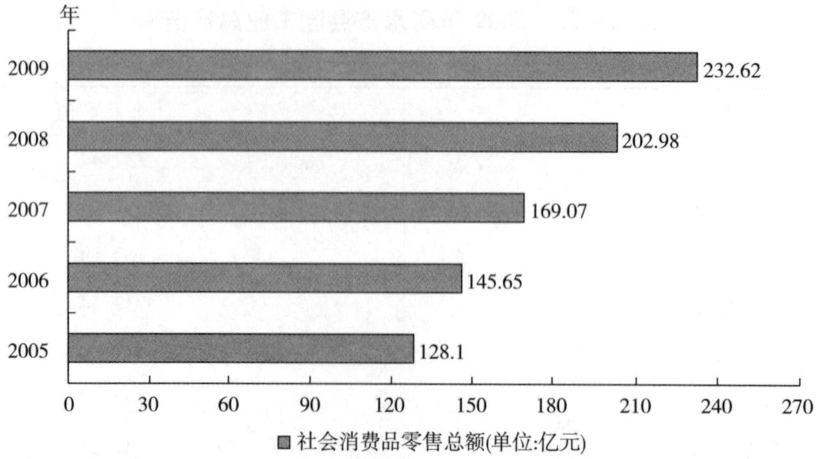

图 2-294　2005-2009 年社会消费品零售总额

(2)农村市场稳步发展。随着农村经济的发展和农民收入的不断提高,农村购买力也有所增强,近年来丽水市“千镇连锁超市和万村放心店”工程实施,使农村消费品的质量有了提高,农村消费品市场得到稳步发展。全年县以下市场实现消费品零售额 47.33 亿元,同比增长 14.0%,实际增幅比上年提高 5.5 个百分点。

(3)批发零售业持续向好。2009 年,丽水市批发零售业实现零售额 194.29 亿元,同比增长 15.0%,批零业依然是实现消费的主要力量。

(4)住宿餐饮业增势强劲。旅游业的快速发展,有力促进了丽水市住宿餐饮业的发展。全年住宿和餐饮业实现社会消费品零售总额 31.51 亿元,同比增长 15.9%。

(5)限额以上企业带动作用明显。大中型企业的龙头作用进一步显现。2009 年,全市 256 家限额以上批发零售企业实现零售额 46.80 亿元,同比增长 16.9%,其中有 13 家企业零售额突破 1 亿元。

(6)限额以下企业零售额总量稳步增长。丽水市流通领域开放程度加大,消费品市场经营多元化得到充分发展,特别是限额以下私营个体经济呈现快速健康的发展态势。2009 年,限额以下私营企业及个体户实现零售额 168.78 亿元,同比增长 15.8%,占全市消费品市场比重达 72.6%。

(7)节假日促进市场繁荣。节假日及国庆 60 周年等一系列庆祝活动,为本地市场增添了繁荣。分月来看,丽水市每个月的零售额都在 16 亿元以上,保持了平稳增长。

3. 交通运输、邮电

2009 年丽水市交通运输、仓储和邮政业增加值 13.64 亿元,比上年增长 2.3%。全市 2009 年公路货物周转量799 079万吨公里,比上年增长 6.7%;公路旅客周转量237 630万人公里,增长 7.9%。铁路客运量 126 万人,货运量 130 万吨。

丽水市全年邮电业务收入 17.78 亿元,比上年增长 15.4%。其中,邮政业务收入 2.05 亿元,增长 58%;电信业务收入 14.12 亿元,增长 11.4%。年末固定电话用户(含小灵通)达 54.89 万户,年末移动电话用户 215.58 万户;固定电话、移动电话普及率分别为 21.4 部/百人和 84.1 部/百人。全年新增互联网用户(含宽带用户)2.31 万户,年末总量达 19.33 万户,比上年末增长 13.6%。

4. 旅游业

2009 年丽水市完成旅游项目投入 10.4 亿元,新增 1 个省级旅游经济强县,遂昌神龙飞瀑等 5 个景区成为国家 4A 级景区,成功创建“中国优秀旅游城市”,并荣膺“中国优秀生态旅游城市”称号。

全年国内旅游者1 539.62万人次，比上年增长28.9%；国内旅游收入71.15亿元，增长27.9%。入境旅游者10.51万人次，增长23.9%，其中外国人9.45万人次，增长8.2%；香港、澳门和台湾同胞1.05万人次，增长44.2%。国际旅游外汇收入23 011万美元，增长24.3%。全年旅游总收入86.87亿元，增长26.9%，增幅均居全省各市首位。旅游总收入占GDP的比例由上年的13.5%提高到16.0%。

5. 金融、证券和保险

2009年末金融机构本外币各项存款余额937.03亿元，比上年末增长37.0%，其中人民币存款余额881.12亿元，增长39.2%。金融机构本外币各项贷款余额672.30亿元，比上年末增长42.3%，其中人民币贷款余额666.08亿元，增长41.6%。全年新增人民币贷款195.56亿元，相当于2008年全年新增贷款3.2倍。年末城乡居民本外币储蓄存款余额551.51亿元，比上年末增长35.3%。

2009年，丽水市按五级分类4家国有商业银行不良贷款34 841万元，不良贷款率为0.7%，比年初下降0.5个百分点。

全年中小企业贷款、涉农贷款、基础设施及基本建设贷款余额分别比年初增长55.6%、44.1%和67.8%。中信银行丽水支行进入筹建阶段。金融机构布点加快向县城、基层延伸。

全年保险业实现保费收入16.45亿元，比上年增长11.8%，其中，财产险保费收入6.30亿元，增长18.6%；人身险保费收入10.14亿元，增长8.0%。支付各类赔款及给付5.01亿元，其中寿险赔款及给付1.49亿元；财产险赔款3.51亿元。

6. 房地产业

2009年全年房地产开发投资41.30亿元，比上年增长3.3%。商品房销售额79.69亿元，比上年增长77.9%。出台促进房地产市场持续稳定发展的政策措施，房地产市场总体趋于稳定。

（五）对外经济

1. 对外贸易

2009年丽水市进出口总额111 055万美元，比上年下降12.4%。其中，出口93 493万美元，下降9.3%，进口17 562万美元，下降25.8%。欧洲和亚洲仍是丽水市产品出口的主要市场，对大洋洲市场保持较快增长。

2009年间，丽水市坚持把稳市场、保份额、拓领域作为外贸工作重点，新增出口实绩企业128家，出口总额降幅逐月收窄。

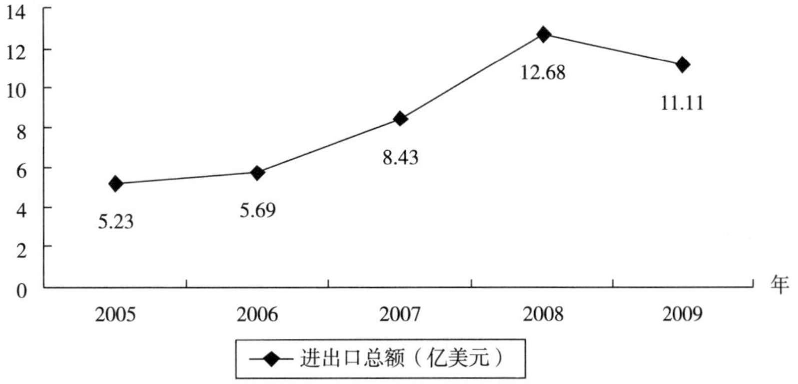

图2-295 2005-2009年丽水市外贸进出口总额

2. 外资状况

2009 年,全市新批准设立外商直接投资企业 8 个,比上年减少 2 个;外商直接总投资3 100万美元,下降 96.8%;合同利用外资金额1 973万美元,下降 83.5%;实际利用外资金额2 913万美元,下降64.0%。

表 2－78　2009 年丽水市县市实际使用外资

单位:万美元

县市	实际使用外资金额
丽水市区	582
龙泉市	
青田县	1 770
云和县	
庆元县	
缙云县	
遂昌县	268
松阳县	
景宁自治县	293

二、丽水市 2009 年社会发展概况

(一)人口、人民生活

2009 年末,丽水市全市公安户籍人口2 573 853人,比上年增长 0.57%。其中,男性人口1 335 432人,女性人口1 238 421人,分别占总人口的 52.0% 和 48.0%。全年出生人口30 631人,出生率 11.95‰;死亡人口15 886人,死亡率为 6.2‰;全年净增人口14 754人,自然增长率为 5.8‰。

丽水市全年城镇居民人均可支配收入19 018元,农村居民人均纯收入5 703元,扣除价格因素,实际分别比上年增长 8.6% 和 14.2%。城镇居民人均生活消费支出14 044元、农村居民人均生活消费支出4 588元,实际分别增长 14.6% 和 7.1%。城镇居民家庭恩格尔系数(即居民家庭食品消费支出占家庭消费总支出的比重)为 34.8%,比上年下降 2.2 个百分点;农村居民家庭恩格尔系数为39.1%,比上年下降 0.6 个百分点。城镇居民人均住房建筑面积 41.7 平方米,比上年末增加 0.7 平方米;农村居民人均居住面积 46.56 平方米,比上年增加 1.86 平方米。年末每百户城镇居民家用汽车拥有量 11.3 辆,比上年增加 3.4 辆。

(二)就业与社会保障

1. 就业

丽水市全年新增城镇就业岗位14 346个,帮助4 889人下岗失业人员实现了再就业。年末城镇登记失业率为 3.91%,比上年末上升 0.01 个百分点。

2009 年,丽水市政府深入实施农民素质培训工程和异地转移工程,培训农村劳动力 10.4 万人,全年实现农民转移就业52 929人,帮助解决农民就业岗位16 234个。异地转移农民 2.6 万人,其中整

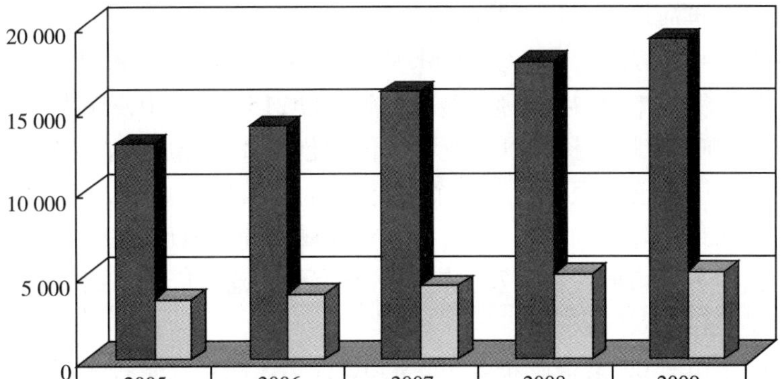

	2005	2006	2007	2008	2009
■城镇居民人均可支配收入(元)	12 846	13 958	15 910	17 710	19 018
□农民人均纯收入(元)	3 572	3 869	4 373	5 050	5 073

图 2－296　2005－2009 年丽水市城乡居民收入对比一览

村搬迁 286 个村(包括自然村),3 859户、1.3 万人。除低保户外,低收入农户中家庭人均纯收入超过2 500元的人口占比达到 55.2%。

2. 社会保障

2009 年末丽水市参加基本养老保险人数为 20.39 万人;参加失业保险的人数为 15.02 万人,增加 0.82 万人;参加医疗保险的人数为 24.73 万人,增加 2.01 万人;工伤保险参保人数 26.35 万人,增加 0.28 万人;生育保险参保职工 11.48 万人。被征地农民基本生活保障累计参保人数 5.67 万人,筹集资金 7.63 亿元。全市低保对象68 229人,其中城镇4 590人,农村63 639人,全年共支出低保金9 318.2万元,比上年增长 47.7%。农村五保集中供养率 89.6%,城镇"三无"集中供养率 96.3%。

2009 年全年销售社会福利彩票 1.32 亿元。

(三)教育和科学技术

1. 教育事业

2009 年末全市拥有普通高校 3 所,普通高等教育本专科招生11 860人,在校生34 402人,毕业生11 643人。各类中等职业教育招生12 379人,在校生31 511人,毕业生9 930人。普通高中招生12 173人,在校生35 295人,毕业生11 160人。初中招生28 058人,在校生88 555人,毕业生25 599人,初中毕业升高中段的比例为 94.97%,比上年提高 0.89 个百分点。普通小学招生25 167人,在校生155 288人,毕业生28 164人;小学毕业生升学比例达 100%,初中入学率、巩固率分别为 99.88% 和 99.92%。特殊教育招生 90 人,在校生 514 人。全市拥有幼儿园 943 所,在园幼儿79 130人。

2009 年间,丽水市全面实施义务教育学校绩效工资制度,继续推进小规模学校、教师集体宿舍改造和乡镇中心幼儿园建设,丽水中学、丽水职高等新校区投入使用,各县(市、区)基本达到省级教育强县评估标准。围绕高考竞争力的提高,制定实施"普通高中五项行动计划"。努力提高高等教育水平,丽水职业技术学院一项目荣获第六届高等教育国家级教学成果二等奖。

2. 科技与创新

丽水市全年新增高新技术企业 13 家、省级科技型中小企业 5 家、省级创新型试点企业 1 家、省级高新技术企业研发中心 2 个。高新技术企业认定新政策出台后,累计获批高新技术企业 24 家。年末共有省级科技型中小企业 39 家、省级创新型试点企业 6 家、省级高新技术企业研发中心 29 个。全年获批国家、省级新产品 40 个,国家、省级创新基金项目 5 个。

丽水市全年通过市级以上验收科技项目共90项，评审和鉴定科技项目共21项，其中有16项达到国内领先水平，5项达到国内先进水平，获得国家级科学技术进步奖2项，省级科学技术进步奖4项。知识产权保护工作得到加强，共获专利授权215项，其中发明专利2项。

丽水市2009年加快构建以企业为主体的创新体系，新增省级农业科技企业13家、高新技术企业13家，省级区域创新服务中心2个、高新企业研发中心5个，专利申请量增长62.1%。积极推动与大专院校和科研院所的科技合作，实施对外科技合作项目139项，成立同济大学丽水中药研究院。都市型设施园艺栽培模式创新及关键技术研究与示范推广项目、竹炭生产关键技术与应用机理及系列产品开发项目荣获国家科技进步二等奖。

年末丽水市有69家企业获得392张3C证书。法定计量技术机构9个，全年强制检定计量器具18 940台件。年末累计全市已获得国家名牌产品5个、省名牌产品53个、国家驰名商标29件、省著名商标97件。

(四)文化、卫生和体育

1. 文化事业

2009年末丽水市共有艺术表演团体5个，群艺馆1个、文化站183个，公共图书馆9个，博物馆8个。市级广播电视台1座，县级广播电视台8座。全市有线广播电视用户39.4万户。广播、电视人口覆盖率分别达到94%和97%。全年公共电视、广播节目播出时间分别达到55 753小时和52 010小时。全市公开发行的报纸有3种，年发行量达3 542万份，平均每千人每天拥有38份报纸。全市共有综合档案馆11个，已开放各类档案1 708个全宗，共计86.31万卷。

2009年，丽水市成功举办中国第十三届国际摄影艺术展览暨2009中国·丽水国际摄影文化节。完成第三次全国文物普查野外调查工作，“龙泉青瓷传统烧制技艺”入选人类非物质文化遗产代表作名录，“庆元木拱廊桥营造技艺”入选联合国教科文组织首批急需保护的非物质文化遗产名录。扎实推进农村文化基础设施建设，新创东海明珠乡镇2个、山花乡镇5个；完成有线广播“村村响”工程，新建村广播室1 382个。

2. 卫生事业

2009年末全市共有医疗卫生机构(不含诊所)341个，其中医院、卫生院290个，妇幼保健院(所、站)9个，疾病预防控制中心(防疫站)9个，卫生监督所(中心)10个。卫生技术人员(不含诊所)9 744人，其中执业医师和执业助理医师4 188人，注册护士3 231人，床位数6 604张。

丽水市2009年间全力做好甲型H1N1流感等传染病防控工作。深化医药卫生体制改革，加强卫生基础设施建设，积极构建覆盖城乡的医疗卫生服务网络。新农医参合率达93.7%，人均筹资140元以上，社区卫生服务中心设置率达87.3%。

丽水市年末全市九个县(市、区)全部实施新型农村合作医疗制度，参合人员达187.7万人，占全市应参合人口的93.82%，人均筹资水平140元。

3. 体育事业

2009全年丽水市运动健儿共取得世界冠军6个、全国冠军6个、全省冠军21个。全市共创建11个省级体育强镇(乡)，12个省级青少年俱乐部，扶持建设470个小康体育村。全年发行体育彩票1.23亿元，比上年增长2.7%。市体育中心主体育场投入使用，成功举办第二届市运会，启动省首届体育大会筹备工作。

(五)城乡建设

2009年，丽水市加快中心城市建设。深入开展“六城联创”工作，强化城市管理，完善城市功能，提升城市品位。有序推进市区专项规划,不断加强规划管理。继续加大中心城市建设力度,新增城市道路9.32公里、城市公共绿地53.52万平方米,完成21处亮化工程。江滨区块旧城改造顺利推进,滨江景观带城市意象区、白云森林公园入口综合区建成并向市民开放,府前菜市场一期改造工程投入使用。完成青少年科技活动中心主体工程,基本完成西出入口改造工程、内河整治一期工程囿山路以北段,水阁污水处理厂投入试运行。推进市区城管执法体制改革,各级联动的城市管理网络进一步完善。

2009年,丽水市农村房屋建设完成投资32.5亿元,发放集体土地使用权证42万户、房屋所有权证5.9万户。深化集体林权制度改革,林权抵押贷款余额达到6.59亿元。创新地方金融体制,申报发行政府性企业债券,积极发展村镇银行,推进小额贷款公司试点,深入开展农村信用体系建设,27.5万户信用农户共取得51.55亿元授信额度。稳妥推进扩权强县和强镇扩权改革,着力培育中心镇、中心村。

2009年,丽水市新农村建设成效进一步凸现。围绕"农民增收六大目标",坚持统筹城乡发展,积极实施各项惠民工程,农村环境面貌日新月异。2009年间全市创建农村新社区9个、示范村14个,农村垃圾收集率达到79.5%,比上年提高6.5个百分点。全年异地转移农民2.58万人。农村危旧房改造工程全面启动,全市实施农村危旧房改造5.15万户,拆除危旧房建筑占地面积225.85万平方米,新增建设用地面积26.4万平方米,启动旧村改造242个,完成投资32.5亿元。积极推进集体林权制度改革,全市林权抵押贷款余额达到6.59亿元。2009年丽水市扎实推进"百村示范、千村整治"工程,创建农村新社区9个、示范村14个、整治村580个。

(六)环境保护和生态建设

2009年全年丽水市水资源总量170.28亿立方米,比上年增长17.2%;人均水资源6 581立方米,增长14.0%。年末全市32座大中型水库,蓄水总量35.17亿立方米。

丽水市全年噪声达标区198.8平方公里,烟尘控制区298.8平方公里。建设项目环评执行率达到100%。全市地表水89个断面的水质监测,有85个断面年均值满足相应水功能要求。市区空气质量符合Ⅱ级标准要求的天数达到358天。城市声环境质量符合国家标准,各标准适用区平均值均低于相应标准。

丽水市2009年间生态建设成效进一步显现,全年完成造林面积1 005公顷;迹地更新7 005公顷;当年新增育苗106公顷;中、幼龄林抚育面积7 772公顷,森林覆盖率为80.79%。全市共创建省级生态乡镇93个,省级绿色学校65所,建成省级生态环境教育示范基地5个。全市建有各级自然保护区(含自然保护小区)83个,其中国家级自然保护区2个;自然保护区面积4.50千公顷,占土地总面积的2.60%。建有市级以上森林公园11个。全年新增公园绿地面积133万平方米,人均公园绿地面积达11.47平方米。

丽水市2009年实施的节能降耗取得成效,主要污染物排放强度继续下降。企业加大了对节能减排项目的技术改造,积极采取节能减排措施,规模以上工业万元增加值能耗下降12.7%。34个行业大类中,有17个行业的综合能源消费量有不同程度的下降。化学需氧量和二氧化硫排放总量分别比2005年末累计减排13.4%和14.12%。

2009年间,丽水市政府还加强对重点用能企业监管,实施144项节能降耗重点项目改造。大力开展环保新三年行动,加大丽水经济开发区污染整治力度。完成城市污水配套管网投资1.6亿元,市区污水收集处理率达到68%,县(市)城市污水收集处理率达到30%,基本完成10个镇级污水处理项目建设。超额完成化学需氧量、二氧化硫排放量年度减排任务,龙泉、莲都、缙云通过省级生态县检查验收,新增省级生态乡镇29个,全市生态环境状况指数继续稳居全省第一。丽水市还加强农村垃圾固废污染治理,农村垃圾收集率达到79.5%。

(七)社会安全及安全生产

丽水市2009年间大幅改善突发公共事件应急处置机制,提高预防和处置能力。全面落实安全生产责任制,安全生产事故起数、死亡人数和直接经济损失分别下降21.4%、11.2%和27.2%。规范和维护市场秩序,整合食品检测资源,深入开展"十小"行业质量安全整治规范工作。扎实开展平安创建活动,健全社会治安综合治理和防控体系,依法打击各类刑事犯罪活动。国防建设、国防动员、民兵预备役、人民防空和双拥优抚安置工作进一步加强。

2009年,建设"平安丽水"取得阶段性成效。2009年全市群众安全感满意率96.85%,比上年提高0.43个百分点。全年共发生道路交通事故689起、死亡279人、受伤812人、直接财产损失130万元,分别比上年下降22.0%、6.7%、27.5%和56.4%。火灾事故92起,比上年下降4.2%。

丽水市全年因山洪爆发等自然灾害死亡2人,受伤590人,倒塌房屋885间,损坏房屋10 150间,造成直接经济损失9.6亿元,其中农业直接经济损失3.46亿元。全市工矿商贸企业发生事故49起、死亡48人。

三、丽水市在长三角地区经济发展中的地位

2005-2009年丽水市地区生产总值在长三角所占比重分别为:0.75%、0.74%、0.77%、0.77%和0.75%,保持相对稳定,仅在0.74%、0.77%的区间内窄幅变化。2009年全市实现生产总值542.02亿元,按可比价计算,增长10.6%,增幅分别比全国、浙江省高1.9和1.7个百分点。全市地区生产总值增速由一季度8.4%、上半年9.9%、一至三季度10.4%上升到全年10.6%,并处在浙江省第三位。同时,经济结构在回升中逐步得到调整,在继续加强农业基础地位、推动工业扩量与提质同时,着力提高了服务业比重。第三产业比重上升,表明以消费拉动经济增长取得明显效果,服务业有较快发展,使三次产业结构更趋优化。

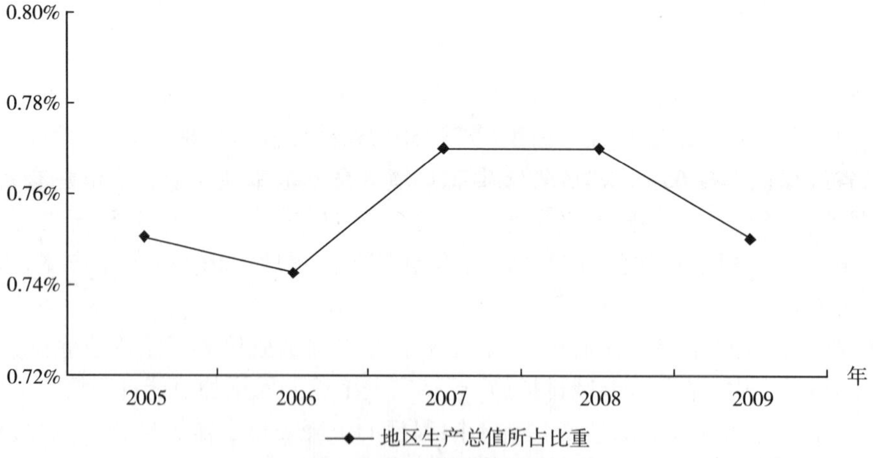

图2-297 2005-2009年丽水市地区生产总值在长三角所占比重的变化趋势

2005-2009年丽水市地方财政一般预算收入在长三角所占比重分别为:0.52%、0.55%、0.55%、0.51%和0.47%,最近两年降幅相对较为明显,累计降幅为0.08个百分点。2009年全市结构性减收因素较多,财政收入呈低速增长状态,增速低于浙江省。全年实现财政总收入65.58亿元,比上年增长3.4%,其中地方财政收入37.42亿元,增长3.5%,增速处在浙江省各市末位,比浙江省

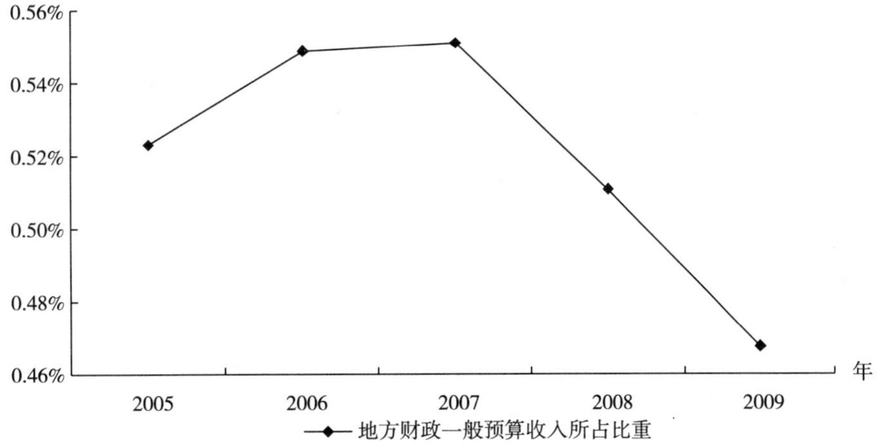

图 2－298　2005－2009 年丽水市地方财政一般预算收入在长三角所占比重的变化趋势

10.8% 的增幅低 7.3 个百分点。

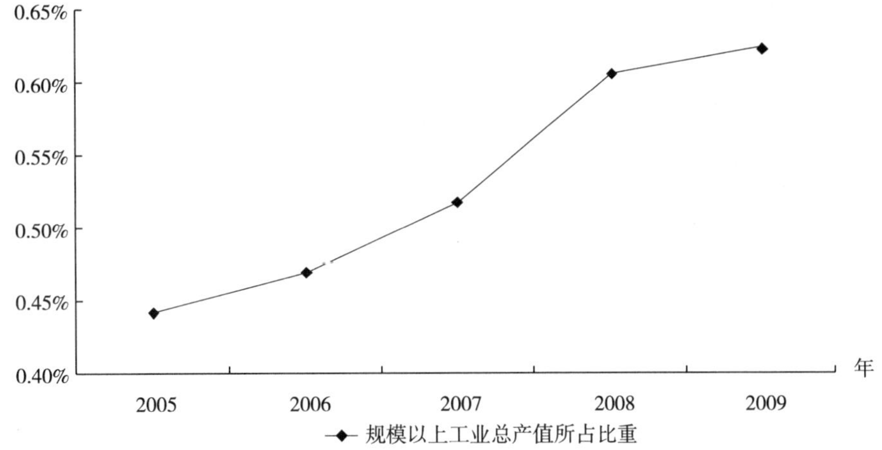

图 2－299　2005－2009 年丽水市规模以上工业总产值在长三角所占比重的变化趋势

2005－2009 年丽水市规模以上工业总产值在长三角地区所占比重分别为：0.44%、0.47%、0.52%、0.61% 和 0.62%，呈现明显的增长态势，5 年累计增幅为 0.18 个百分点。2009 年丽水工业经济在金融危机影响下，增幅较上年有所回落，但工业经济总体表现出企稳回暖的良好发展态势，经济总量突破千亿元大关，提前一年完成丽水市“十一五”规划中工业产值超千亿元目标。2009 年全市工业经济运行总体上呈现 N 字型运行轨迹：一季度全部工业产值增幅以 4.3% 开局，上半年增幅上升到 5.5%，而前三季增幅则回落至 3.7%，全年实现工业产值1 018.42亿元，增幅达 10.7%。其中规模以上工业全年累计实现产值 874.14 亿元，同比增长 10.4%，占全部工业产值比重为 85.8%，增幅在浙江省 11 市中排名第 4 位。

2005－2009 年丽水市进出口总额在长三角所占比重分别为 0.10%、0.09%、0.10%、0.14% 和 0.14%，2009 年占比与上年持平。外部需求并没有出现根本好转的情况下，2009 年丽水市出口形势仍然比较严峻。全市外贸出口在下半年虽逐步有所好转，但下降局面一直没有明显改变，全年外贸出口93 493万美元，比上年下降 9.3%，下降幅度比浙江省的 13.8% 低 4.5 个百分点，与全省的差距

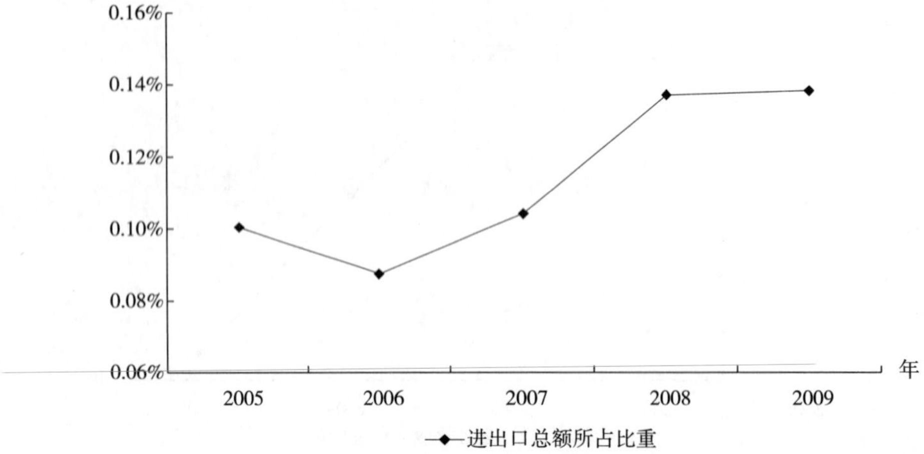

图 2－300　2005－2009 年丽水市进出口总额在长三角所占比重的变化趋势

有所缩小。虽然丽水市直接出口占经济总量比重不大,但间接出口企业、产品仍然不在少数,占全市规模以上工业销售产值近十分之一的出口交货值比上年下降 11.4%,出口交货值较大幅度下降成为制约工业经济增长的重要因素之一。

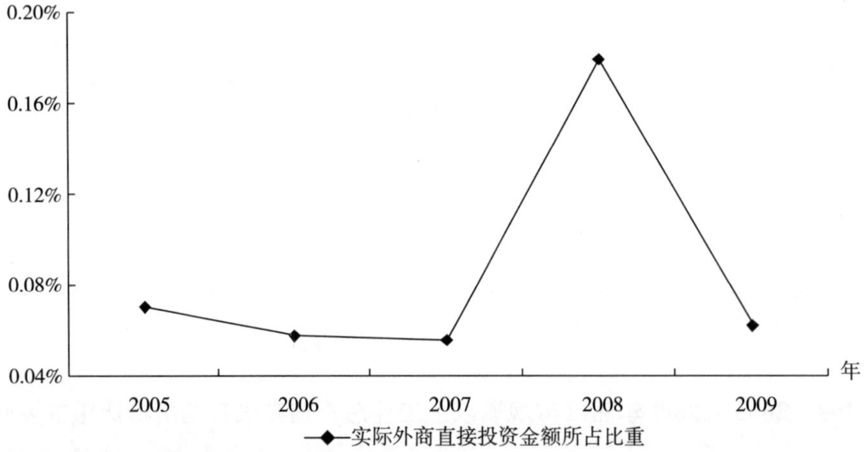

图 2－301　2005－2009 年丽水市实际外商直接投资金额在长三角所占比重的变化趋势

2005－2009 年丽水市实际外商直接投资金额在长三角所占比重分别为:0.07%、0.06%、0.06%、0.18%和0.06%,在2008 年显著增长后,2009 年又下跌了0.12 个百分点,回退到2006、2007年的水平。2009 年,在金融危机影响下,国际上的对外投资减少,引进外资难度日益加大,丽水市积极加大项目包装和推介力度,努力拓展招商网络,搭建各类招商平台,夯实基础工作。全年丽水市实际利用外资2 913万美元,超额完成年度目标任务。全年外商直接投资3 100万美元,下降 86.7%,合同利用外资1 973万美元,下降 83.5%,实际利用外资2 913万美元,下降 64%。丽水市所有实际到位外资均为制造业项目,制造业项目的合同外资占全年总数的 61%。利用外资主要集中在市本级(含丽水经济开发区)和青田,两个区域的合同外资占全市的 89%,实际外资占 81%。

第四章 泛长三角地区2009年经济社会发展(皖、赣、闽)

一 安徽省2009年经济社会发展

2009年,是新世纪以来安徽省经济社会发展面临挑战最为严峻的一年,也是安徽省发展成就巨大的一年。全省各族人民在省委、省政府的坚强领导下,深入贯彻落实科学发展观,万众一心,克难奋进,积极应对国际金融危机,全力以赴保增长、保民生、保稳定,实现了经济持续平稳较快发展,综合成效有新提升,结构调整有新进展,改革开放有新突破,人民生活有新改善,社会发展和谐稳定。

一、2009年安徽省经济发展状况

(一)综合经济

1. 经济总量

2009年,安徽省生产总值(GDP)10 062.82亿元,成为第14个"万亿大省"。按可比价格计算,比上年增长12.94%。分产业看,第一产业增加值1 495.45亿元,增长5.02%;第二产业增加值4 905.22亿元,增长16.83%;第三产业增加值3 662.15亿元,增长11.04%。三次产业结构为14.86∶48.75∶36.39。按常住人口计算,人均生产总值16 407.66元,比上年增加1 960元。全社会劳动生产率25 438元/人,比上年增加2 548元。

2009年间全省第二产业尤其是工业增加值增长速度大大快于第一产业和第三产业,三次产业结构发生了较大变化,第一产业和第三产业比重下降,第二产业比重上升。2009年,第一产业增加值占GDP比重为14.9%,比上年回落1.1个百分点;第二产业比重为48.8%,上升1.3个百分点。其中,工业比重为40.4%,上升0.8个百分点。第三产业比重36.3%,回落0.2个百分点。

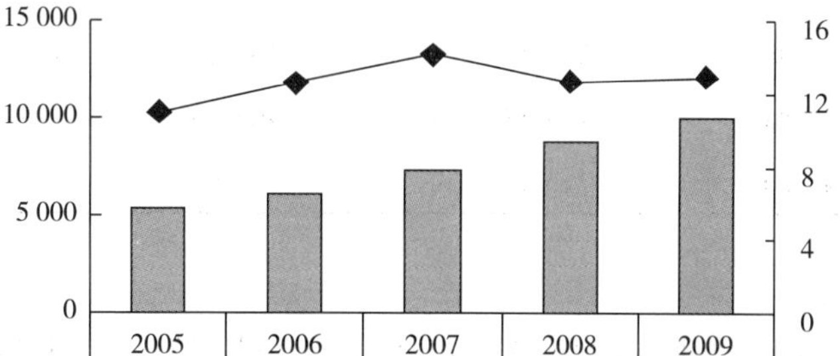

	2005	2006	2007	2008	2009
安徽生产总值(亿元)	5 350.17	6 112.5	7 360.92	8 851.66	10 062.82
增幅(%)	10.97	12.53	14.17	12.67	12.94

图2-302 2005-2009年安徽省地区生产总值及增长速度

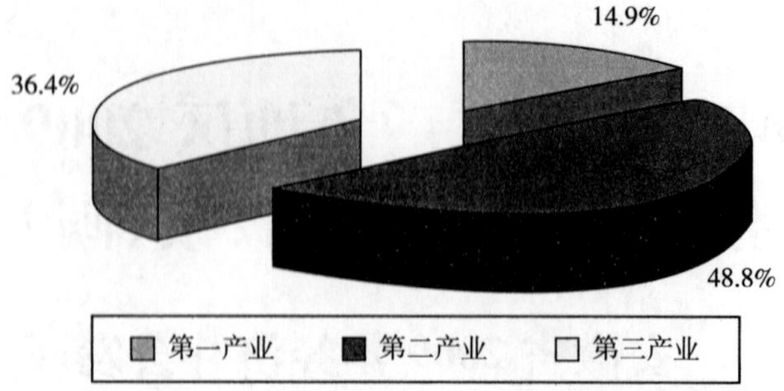

图 2－303　2009 年安徽省三次产业结构图

表 2－79　2009 年安徽省各地区国民经济主要指标

城市	年末总人口（万人）	生产总值（亿元）	全社会固定资产投资(亿元)	出口总额（万美元）	财政总收入（万元）
合肥	491.43	2 102.13	1 623.72	542 993	1 808 977
淮北	217.74	371.87	237.55	10 270	221 226
亳州	596.93	431.91	132.73	9 015	173 184
宿州	635.19	541.70	184.26	7 091	185 322
蚌埠	360.64	532.09	265.22	35 764	317 195
阜阳	1000.50	607.81	181.51	14 041	299 226
淮南	242.52	508.77	196.94	3 063	372 847
滁州	450.25	576.18	410.03	58 170	370 665
六安	705.89	563.72	273.49	32 363	330 759
马鞍山	128.61	666.49	434.62	110 258	637 281
巢湖	458.60	529.59	334.79	39 881	309 447
芜湖	230.10	888.42	673.62	147 987	694 123
宣城	277.77	432.76	479.81	49 797	354 225
铜陵	73.99	343.66	227.00	19 227	330 450
池州	159.98	245.59	134.20	6 950	240 977
安庆	615.88	796.13	466.34	34 762	415 553
黄山	148.60	266.97	228.96	13 639	207 809

2. 财政收入

全省 2009 年财政收入1 551.3亿元，比上年增长 17%，其中地方财政收入 863.9 亿元，增长 19.2%。在全部财政收入中，增值税增长 11.3%，营业税增长 23.7%。财政支出2 141.3亿元，增长 30%。其中，科学技术支出增长 79.1%，文化体育与传媒支出增长 47.8%，医疗卫生支出增长 72.8%，农林水事务支出增长92.2%，交通运输支出增长1.9 倍，社会保障与就业支出增长24%。全年 28 项民生工程累计投入 254 亿元，惠及6 000多万城乡居民。

3. 物价水平

2009 年安徽省居民消费价格一季度比上年同期下降 1.5%，上半年下降 1.8%，前三季度下降

1.5%，全年下降0.9%。全年商品零售价格下降1%。工业品出厂价格下降7.2%。原材料、燃料、动力购进价格下降4.7%。固定资产投资价格下降4%。农产品生产价格下降0.9%。农业生产资料价格下降4.2%。

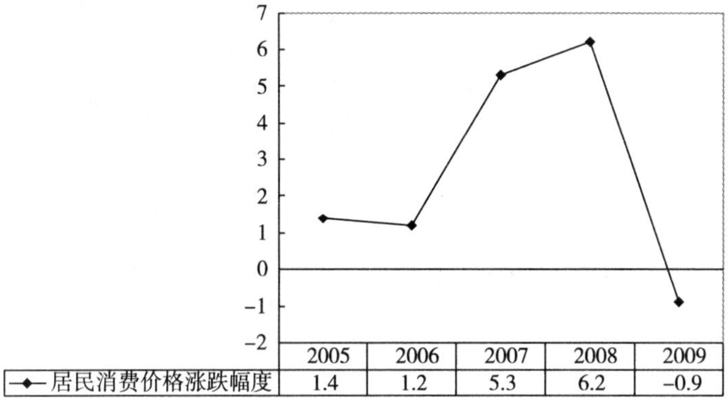

图2－304　2009年安徽省居民消费价格涨跌幅度

4. 固定资产投资

安徽省全年全社会固定资产投资9 263.2亿元，比上年增长36.2%。其中，城镇投资8 154.6亿元，增长35.9%；农村投资1 108.6亿元，增长38.9%。工业及信息化产业技术改造投资1 802.8亿元，增长35.7%。

从产业看，第一产业投资236.7亿元，增长29.6%；第二产业投资3 999.9亿元，增长35.1%；第三产业投资5 026.6亿元，增长37.4%。从行业看，工业投资增长33.1%，其中制造业投资增长44.2%。六大高耗能行业投资增长15.2%。三产中的信息传输、计算机服务和软件业投资增长62.9%，金融业增长65.8%，居民服务业增长90.4%，卫生、社会保障和社会福利业增长1倍，文化、体育和娱乐业增长82%。

全省全年共安排“861”行动计划项目2 563项，当年完成投资3 675.7亿元。江汽年产20万辆乘用车、铜陵锐展发动机、格力工业园、华茂紧密纺扩建项目、刘店矿井、国电蚌埠电厂2号机组等一批项目建成投产；合武铁路开行动车组，京九铁路电气化改造安徽段建成投入使用；六潜高速、六武高速安徽段、阜阳至周集高速北段建成通车，新增高速公路302公里，通车总里程超过2 800公里。全年新增煤炭产能585万吨，电力装机容量1 045.4万千瓦。

2009年间，合蚌客运专线、合福铁路安徽段、九华山机场、宣绩高速等一批重大项目相继开工，马钢车轮扩能改造、新桥国际机场等重大项目扎实推进，经过多年建设，总投资183.4亿元的14项治淮骨干工程全面完成，标志着淮河中游骨干防洪体系基本建成。

5. 非公有制经济发展分析

近年来，在各项加快非公有制经济发展政策措施的推动下，安徽省非公有制经济发展明显加快，呈现出规模不断扩大、比重逐步提升、活力不断增强的良好局面。其主要表现如下：

（1）从经济规模看，企业数量明显增加，经济总量占全省近六成。截至2009年末，全省共注册个体工商户125.1万户，比上年增加10.8万户，增长9.4%；实有资金419.2亿元，增长48.8%。私营企业19万户，增加1.6万户；注册资金3 655.9亿元，增长35.2%。港澳台和外商投资企业5 579户，增加56户；注册资金159.9亿美元，增长8.4%。

2009年，全省非公有制经济完成增加值5 661.9亿元，占全省经济总量的56.3%，比上年提升1

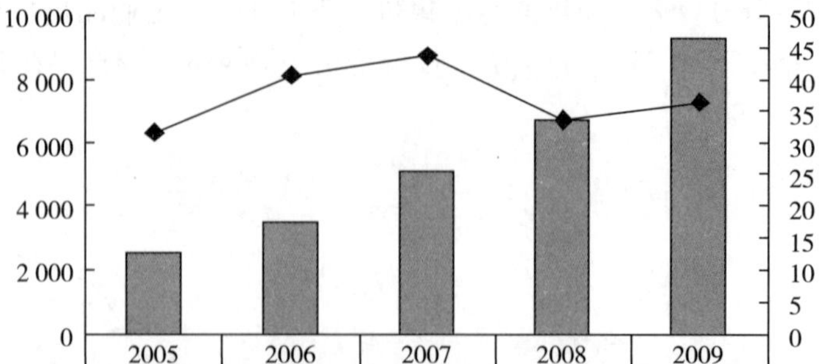

	2005	2006	2007	2008	2009
固定资产投资总额(单位:亿元)	2 521	3 544.7	5 093.7	6 710	9 263.2
增幅(%)	31.7	40.61	43.7	33.5	36.22

图 2 -305　2005 -2009 年安徽省全社会固定资产投资及增长幅度

个百分点,对全省经济增长的贡献为65.1%,拉动经济增长8.4个百分点。其中个体私营经济、港澳台经济和外商经济实现增加值分别为4 768.2亿元、331.3亿元和562.4亿元,占全省经济总量的47.4%、3.3%和5.6%。

(2)从发展速度看,工业增速持续领先,第二产业比重提升明显。2009年,按可比价计算,全省非公有制经济增加值比上年增长15.3%,增幅高于全省GDP 2.4个百分点。分三次产业看,第一产业、第二产业和第三产业增加值分别增长0.3%、19.2%和12.8%,其中工业增加值增长20.3%,增幅高于非公有制经济增加值5个百分点,高于全部工业增加值2.9个百分点。

在工业快速增长的带动下,全省非公有制经济增加值中三次产业结构比由上年的10.5∶56.4∶33.1调整为9.2∶58.1∶32.7,其中第二产业增加值比重上升1.7个百分点,第一产业和第三产业分别下降1.3个和0.4个百分点,与全省经济产业结构变化趋势基本一致。非公有制经济三次产业结构与全省经济结构相比,第二产业增加值比重高9.3个百分点,第一产业和第三产业增加值比重分别低5.7个和3.6个百分点。

(3)从社会贡献看,社会效益和经济效益实现双提升。非公有制经济的稳步发展,为社会增加了就业机会,促进了社会稳定。截至2009年末,全省非公有制经济从业人员(包括单位非公从业人员,私营、个体从业人员和自营劳动者)已达899.3万人,比上年增长4.4%,增幅高于全部从业人员增速2.6个百分点;占全部从业人员的比重为22.5%,比上年提升0.5个百分点。同时,非公有制经济的快速发展,也促进了农民工资性收入的增加。

非公有制经济还是国家税收的重要来源。2009年,全省非公有制企业(含私营、港澳台、外商企业和个体户)创造税收342.9亿元,比上年增长12.9%,占全部税收的比重为27.6%。纳税超过1 000万元的各类非公企业有200多家,其中纳税超过1亿元的近20家,安徽大昌矿业集团、安徽天大企业集团公司纳税超过2亿元以上。同时非公有制企业授权专利数增加明显,2009年非公有制企业拥有授权专利数8 594件,比上年增加4 248件;省级以上(含省级)名牌产品116件,增加9件。

(4)从发展环境看,融资环境不断改善,投资保持大幅增长。2009年,省政府明确提出把解决中小企业融资难问题作为工作重点之一,强调积极运用财政支持、税收优惠等政策措施,发挥中小企业担保基金和风险补偿资金的"杠杆"作用,引导各类资金增加对中小企业投入,提升中小企业应对危机的能力。2009年末,全省乡镇企业、私营企业及个体短期贷款余额分别为233.7亿元和126亿元,分别比年初增加52.7亿元和71.9亿元,增量分别为上年增量的1.3倍和4.1倍。

在扩内需、保增长的过程中,非公有制经济投资发挥了重要作用。2009年,全省非公有制企业完成固定资产投资(包括50万元以上的项目投资和房地产投资,不含农村个人投资)2 934.3亿元,比上年增长 52.3%，增幅高于全省投资增速 15.4 个百分点；占全省投资总额的 33.1%，高于上年 3.3 个百分点。

(5)从特色产业看，产业集群不断扩大，龙头作用日益巩固。2009 年，安徽省产业集群规模不断扩大，实力逐渐增强，产业特色日益突出，在非公有制经济的发展中发挥着越来越重要的作用。全年经省政府认定的 57 个产业集群专业镇已登记企业7 000多家，其中规模以上企业近1 500家。产业集群中年产值超亿元企业 9 家，超1 000万元企业 50 多家；营业收入超亿元的约 400 户，其中超过 20 亿元近 20 户。

(二)农业建设

2009 全年安徽省粮食作物种植面积6 605.6千公顷，比上年扩大 44.5 千公顷，其中优质专用小麦面积1 766.5千公顷，扩大 95.6 千公顷。油料种植面积 968.8 千公顷，棉花种植面积 344 千公顷，蔬菜种植面积 745.4 千公顷。

全省全年粮食产量3 069.9万吨，比上年增加 46.6 万吨，增长 1.5%，连续四年创新高。油料产量 240.3 万吨，增长 5.4%。棉花产量 35.1 万吨，下降 4.8%。

2009 年末全省生猪存栏1 482.6万头，比上年增长 3.5%；全年生猪出栏2 680.2万头，增长 6%。全年主要肉类产量 360.8 万吨，增长 5.5%，其中猪牛羊肉产量 261.2 万吨，增长 5.4%。禽蛋产量 118.2 万吨，增长 5.4%。牛奶产量 20.1 万吨，增长 11%。水产品产量 190 万吨，增长 6.3%。

年末全省农业机械总动力5 108.8万千瓦，比上年增长 6.3%。农用拖拉机 243.7 万台，增长 1.7%；农用运输车 67.1 万辆，下降 1.1%。全年化肥施用量(折纯)312.8 万吨，增长 1.8%。农村用电量 98.1 亿千瓦时，增长 9.1%。有效灌溉面积达3 492.2千公顷，新增 49.9 千公顷；新增节水灌溉面积 23.1 千公顷。

表 2-80　2009 年主要农产品产量

指标名称	播种面积(千公顷)	产量(万吨)
粮食作物合计	6 605.57	3 069.87
谷物	5 386.17	2 895.93
小麦	2 355.27	1 177.16
玉米	730.75	304.70
大麦	49.80	8.17
大豆	969.98	124.24
绿豆	63.11	2.04
马铃薯	8.33	4.80
花生	180.85	75.09
棉花	327.67	34.56
瓜果类	160.61	530.04
蔬菜	747.32	2 028.05

2009 年间，安徽省深入推进粮食生产“三大行动”，战胜皖北地区 50 年一遇的特大干旱等自然灾害，夺得粮食丰收。扎实开展畜牧业升级计划和水产跨越工程，畜牧水产业规模养殖比重较上年

提高5个百分点。大力实施农业产业化“532”提升行动,农产品加工业产值达2 582.5亿元、增长29.7%,规模以上农产品加工企业达4 115家、增加744家。新增农民专业合作组织3 507个,完成新型农民培训59.8万人。成功举办首届安徽(合肥)农业产业化交易会和第十届安徽名优农产品、绿色食品(上海)交易会。

(三)工业和建筑业

全省全年规模以上工业企业共实现利润514.9亿元,增幅达50.1%。年末,全省规模以上工业企业亏损面为15.7%,同比下降5.8个百分点;亏损企业亏损额57.1亿元,下降35.2%。

1. 工业增加值

全省全年规模以上工业增加值3 987.9亿元,增长22.6%,其中轻、重工业分别增长29.3%和19.9%,轻重工业增加值比例由上年的27.9:72.1变化为30.9:69.1。股份制企业继续快速增长。

外商及港澳台投资企业517.4亿元,占总数15.9%,国有及国有控股企业1 640.2亿元,占总数14.0%,大中型工业企业2 384.9亿元,占总数13.8%。

2009年安徽省37个工业行业增加值全部增长,其中电气机械及器材制造业增长32.2%,交通运输设备制造业增长44.3%,专用设备制造业增长41%,农副食品加工业增长32.2%,非金属矿物制品业增长26.2%,化学原料及化学制品业增长19%,电力、热力的生产和供应业增长19.4%。

表2-81 各年规模以上工业企业增加值

单位:亿元

行业	2000	2005	2007	2008	2009
总计	507.38	1 483.75	2 562.70	3 259.71	3 980.55
总计中:					
内资企业	451.57	1 250.13	2 185.24	2 783.05	3 474.52
国有企业	171.00	247.63	299.99	355.44	399.62
集体企业	49.60	22.17	45.21	46.27	30.33
股份合作企业	16.45	9.81	13.33	19.60	25.33
联营企业	2.53	2.65	3.45	4.00	3.34
有限责任公司	101.74	475.95	842.75	1 060.09	1 314.48
股份有限公司	85.05	272.50	435.49	467.91	599.40
私营企业	22.24	215.10	537.00	822.74	1 095.93
其他企业	2.96	4.32	8.01	7.00	6.09
港澳台商投资企业	17.62	78.46	91.35	154.94	151.98
外商投资企业	38.19	155.16	286.11	321.72	354.05
总计中:					
独资企业	240.87	0.00	525.51	0.00	716.51
合作合伙企业	24.93	0.00	39.50	0.00	56.86
股份有限公司	92.56	0.00	492.69	0.00	714.28

（续表）

行业	2000	2005	2007	2008	2009
有限责任公司	149.03	0.00	1 504.99	0.00	2 492.90
总计中：					
国有及国有控股企业	340.42	835.34	1 211.17	1 471.12	1 778.23
总计中：					
轻工业	206.02	452.18	753.82	911.06	1 140.83
重工业	301.36	1 031.57	1 808.87	2 348.65	2 839.72
总计中：					
大型企业	270.74	658.94	1 035.91	1 245.31	1 568.59
中型企业	77.68	470.09	735.80	781.75	993.49
小型企业	158.96	354.73	790.99	1 232.65	1 418.47

全省主要工业产品产量中，原煤、发电量分别增长11.9%和21.9%，粗钢、钢材分别增长0.1%和11.2%，水泥增长23.1%；家用洗衣机、家用电冰箱、房间空调器产量均超过千万台，分别达1 002.3万台、1 565.8万台和1 022.8万台，比上年增长38.2%、34.5%和62.5%，彩色电视机增长46.1%；汽车产量91.6万辆，增长48.7%。

全年全省规模以上工业经济效益综合指数222.1，比上年提高13.1个百分点。企业主营业务收入12 203.6亿元，增长16.8%；实现利税1 094.4亿元，增长31.1%，其中利润514.9亿元，增长50.1%。电气机械及器材制造业、煤炭开采和洗选业、交通运输设备制造业、非金属矿物制品业等16个行业利润超10亿元，累计实现利润428.1亿元，占全部规模以上工业的83.1%。

表2－82　2009年安徽省各市工业总产值

单位：亿元

地区	工业总产值
合肥	2 766.40
淮北	576.57
亳州	237.90
宿州	473.93
蚌埠	477.33
阜阳	504.23
淮南	638.35
滁州	690.43
六安	546.84
马鞍山	1 130.52
巢湖	593.86
芜湖	1 554.41
宣城	730.43
铜陵	643.11
池州	196.98
安庆	958.76
黄山	226.94

2. 建筑业

安徽省全年全社会建筑业增加值 838.6 亿元,比上年增长 13.5%。资质内建筑企业利税总额 153 亿元,增长 15.5%。房屋建筑施工面积18 258.2万平方米,增加1 473.9万平方米;房屋竣工面积 8 402.7万平方米,增加 527.7 万平方米。

(四)服务业

2009 年,安徽省服务业增加值3 654.5亿元,增长 11.1%,增幅比上年提高 0.1 个百分点。与上年相比,六大服务业行业增幅“三升三降”。三个增幅上升的行业分别是:批发和零售业增加值 710.8 亿元,增长 15.3%,比上年提高 1.8 个百分点;金融业增加值 378.8 亿元,增长 12.7%,比上年提高 2.2 个百分点;房地产业增加值 494.3 亿元,增长 10.4%,比上年提高 6 个百分点。三个增幅回落的行业分别是:交通运输仓储邮政业增加值 466.2 亿元,同比增长 5.1%,增幅比上年回落 5.4 个百分点;住宿和餐饮业增加值 169.6 亿元,增长 14.9%,比上年回落 0.2 个百分点;其他服务业增加值1 434.8亿元,增长 10.7%,比上年回落 0.5 个百分点。

1. 国内贸易

安徽省 2009 年社会消费品零售总额3 527.8亿元,比上年增长 19%。分城乡看,城市消费品零售额1 938.2亿元,增长 18.4%;县及县以下消费品零售额1 589.6亿元,增长 19.6%。分行业看,批发和零售业零售额2 958.2亿元,增长 18.5%;住宿和餐饮业零售额 529.1 亿元,增长 22%;其他行业零售额 40.5 亿元,增长 15.9%。

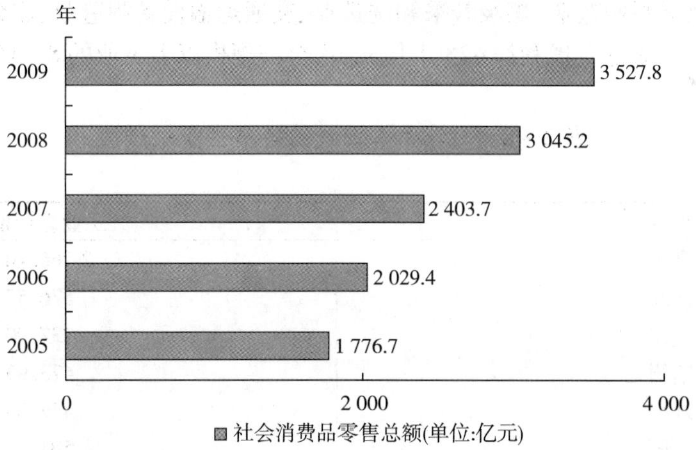

图 2-306　2005-2009 年社会消费品零售总额

全省在限额以上批发零售业零售额中,建筑及装潢材料类比上年增长 89.1%,五金、电料类增长 31.4%,机电产品及设备类增长 45.1%,汽车类增长 40.3%,家具类增长 2.7 倍,文化办公用品类增长 21.7%,体育、娱乐用品类增长 26.4%,粮油、食品、饮料、烟酒类增长 24.7%,服装鞋帽、针纺织品类增长 17.5%,化妆品类增长 20.1%。

2. 交通运输、邮电

2009 年全省交通运输、仓储和邮政业增加值 466.2 亿元,比上年增长 5.1%。

安徽省全年旅客运输量 14.1 亿人,货物运输量 19.7 亿吨,分别比上年增长 8.8%和 10.1%;旅客运输周转量1 321.5亿人公里,货物运输周转量6 273.3亿吨公里,分别增长 9.7%和 7.5%。全年港口货物吞吐量2.6亿吨，比上年下降3.3%，其中外贸货物吞吐量274.8万吨，下降1.9%。全省民航机场旅客吞吐量353.8万人次，比上年增长27.6%，其中合肥机场旅客吞吐量320.6万人次，增长26.9%。

2009年末全省民用汽车拥有量167.4万辆，比上年增长24.1%，其中私人汽车100.7万辆，增长37.1%。民用轿车拥有量65.3万辆，增长34.7%，其中私人轿车49.4万辆，增长44.5%。

全省全年邮电业务总量665.5亿元，比上年增长21%。其中，电信业务总量630.2亿元，增长19.6%；邮政业务总量35.3亿元，增长16.3%。年末本地固定电话交换机总容量1 606.4万门，比上年减少7.4万门。本地固定电话用户1 267.3万户，减少112.7万户；移动电话用户2 154.3万户，增加439.3万户。每百人拥有电话(含移动)55.8部，增加5.2部。年末基础电信运营企业计算机互联网宽带接入用户270.7万户，增加84万户。2009年各种运输方式完成旅客运输量与周转量。

3. 旅游业

安徽省全年入境旅游人数156.2万人次，比上年增长18.2%；国内游客12 268.1万人次，增长23.4%。旅游总收入908.9亿元，增长23.3%。其中，旅游外汇收入6.6亿美元，增长22.3%；国内旅游收入863.8亿元，增长23.4%。年末全省共有A级旅游景点(区)337处。

4. 金融、证券和保险

2009年末全省金融机构各项存款余额13 306.5亿元，比上年末增加2 996.1亿元，增长29.1%。其中，企业存款余额4 318.2亿元，增长43%；城乡居民储蓄存款余额6 619.5亿元，增长17.2%。金融机构各项贷款余额9 289.4亿元，比上年末增加2 338.7亿元，增长33.7%。其中，短期贷款3 501.4亿元，增长18.3%；中长期贷款5 292.2亿元，增长46%，中长期贷款中个人消费贷款1 282.4亿元，增长64.8%。

至2009年末，全省农村信用社专项票据兑付工作全部完成，新组建开业农村银行13家，新增担保机构25家，获准开业小额贷款公司123家，政策性农业保险覆盖17个市，中国进出口银行、民生银行、汇丰银行等14家境内外银行在安徽省新设23家分支行。

全省全年在上海、深圳证券交易所发行新股4只(A股)，增发1只，非公开增发4只，发行公司债券1只，共筹集资金162.9亿元。到2009年末，全省有上市公司59家，上市公司流通股市价总值2 897亿元，为上年的3.8倍。全年新增上市公司7家，从资本市场募集资金163亿元，发行企业债券、短期融资券、中期票据共234亿元，财政部代理发行安徽省地方政府债券77亿元。大力完善地方金融体系，积极引进各类金融机构，有力地支持了经济社会发展。全年安徽省境内证券经营机构证券交易量16 053亿元，期货经营机构代理交易量48 017.1亿元。

安徽省全年保险业保费收入357.2亿元，比上年增长20.5%。其中，财产险业务保费收入87.6亿元，增长37%；人身险业务保费收入269.6亿元，增长15.9%。赔款和给付91.7亿元，增长4.5%。其中，财产险业务赔款支出49.4亿元，增长18.5%；人身险业务赔款和给付支出42.3亿元，下降8.3%。

5. 房地产业

2009年安徽省房地产开发投资1 669.8亿元，比上年增长22.5%，其中经济适用房投资24.1亿元，下降15.4%。商品房销售面积4 053.9万平方米，增长45.5%；商品房销售额1 378.4亿元，增长67.8%；商品房空置面积491.9万平方米，增长34.9%。

(五)对外经济

1. 对外贸易

全省全年进出口总额156.4亿美元，比上年下降22.5%。其中，出口88.9亿美元，下降21.8%；进口67.5亿美元，下降23.5%。

从出口经营主体看,全省生产型企业、贸易型企业出口分别下降23%和18.6%。从出口商品看,机电产品、高新技术产品出口分别下降25.5%和21.6%。

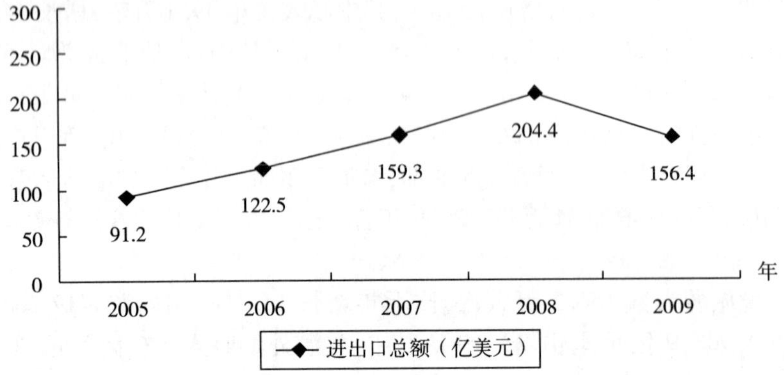

图2-307　2005-2009年安徽省外贸进出口总额

2.外资状况

全省全年新批外商投资企业303家,比上年增长18.4%;合同利用外资20.9亿美元,增长1.6%;实际利用外商直接投资38.8亿美元,增长11.3%。到2009年底,来皖投资的境外世界500强企业增加到48家。

表2-83　2009年安徽省各市实际使用外资金额

单位:万美元

地区	实际利用外资
合肥	99 378
淮北	8 938
亳州	5 993
宿州	7 207
蚌埠	21 021
阜阳	4 295
淮南	6 346
滁州	9 113
六安	8 791
马鞍山	41 669
巢湖	19 894
芜湖	50 685
宣城	11 626
铜陵	16 170
池州	10 608
安庆	15 486
黄山	11 768

3. 对外合作

安徽省全年对外经济技术合作新签合同金额 10.3 亿美元，比上年下降 32%；完成营业额 16.2 亿美元，增长 33.4%；当年外派劳务人员14 620人，增长 14.7%。全年新批境外企业（机构）37 个，实际对外投资5 415万美元。

二、安徽省 2009 年社会发展概况

（一）人口、人民生活

2009 年，安徽省人口出生率为 13.07‰，比上年上升 0.02 个千分点；死亡率为 6.6‰，与上年持平；自然增长率 6.47‰，上升 0.02 个千分点。年末全省户籍人口6 794.5万人，比上年增加 53.7 万人；常住人口6 131万人，减少 4 万人。城镇化率 42.1%，比上年提高 1.6 个百分点。

全省全年城镇居民人均可支配收入14 085.7元，比上年增长 8.4%，扣除价格因素，实际增长 9.6%。人均消费性支出10 234元，增长 7.5%，其中食品支出增长 3.7%，交通和通信支出增长 10.1%，衣着支出增长 6.9%，娱乐教育文化支出增长 5.6%。城镇居民家庭恩格尔系数为 39.6%，比上年下降 1.4 个百分点。城镇居民人均住房建筑面积 30.9 平方米，比上年增加 1 平方米。

2009 全年安徽省农村居民人均纯收入4 504.3元，比上年增长 7.2%，扣除价格因素，实际增长 7.8%。人均生活消费支出3 655元，增长 11.3%，其中食品支出增长 2.8%，交通通讯支出增长 7.7%，居住支出增长 25%。农村居民家庭恩格尔系数为 40.9%，比上年下降 3.4 个百分点。农村居民人均住房面积 31 平方米，比上年增加 1.1 平方米。

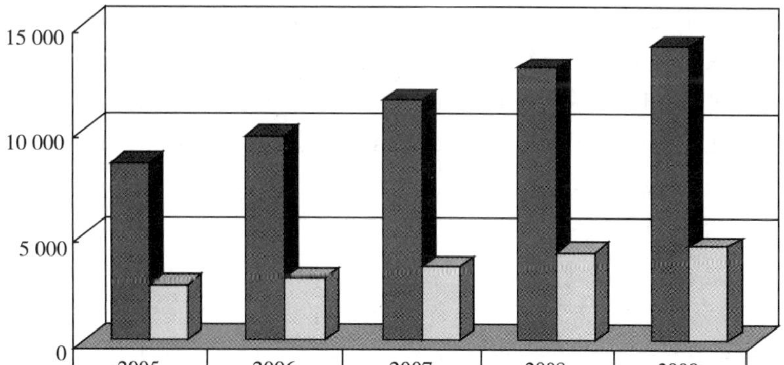

	2005	2006	2007	2008	2009
■ 城市居民人均可支配收入（元）	8 470.68	9 771.05	11 473.58	12 990.35	14 085.74
□ 农民人均纯收入（元）	2 640.96	2 969.08	3 556.27	4 202.49	4 504.32

图 2－308　2005－2009 年安徽省城乡居民收入对比一览

2009 年间，安徽大力推进家电下乡、以旧换新等工作，销售家电、汽车、摩托车、农机等 231.5 万台（辆），销售额 108 亿元，家电下乡销售量居全国前列，补贴兑付率全国第一，200 多万农户受益。

（二）就业与社会保障

1. 就业概况

2009 年末全省从业人员3 988万人，比上年增加 72 万人。其中，第一产业1 566.1万人，减少 26.7 万人；第二产业 996 万人，增加 27.3 万人；第三产业1 425.9万人，增加 71.4 万人。年末在岗职

工335.7万人,增加17.2万人;城乡私营企业从业人员和个体劳动者460.4万人,增加16.2万人。全年城镇新增就业51.2万人,下岗失业人员再就业25.1万人。年末城镇登记失业率为3.92%。

针对严峻的就业形势,安徽省政府实施更加积极的就业政策,突出抓好高校毕业生、农民工和城镇困难群体就业,高校毕业生就业率达到90.1%,建成和在建农民工创业园253个,培训农民工52.8万人,返乡农民工中98%返城就业,全省就业形势基本稳定。

2. 非私营单位就业分析

2009年间,安徽省城镇非私营单位就业人员稳中有升,工资总额和年平均工资水平均保持稳步增长,其主要特点如下:

(1)城镇非私营单位就业人员稳步增长。2009年,全省城镇非私营单位就业人员为359.9万人,比上年末增加16.1万人,增长4.7%。

(2)城镇非私营单位离岗职工人数持续减少。2009年,全省城镇非私营单位离岗职工21.6万人,比上年末减少2.6万人,下降11.2%。

(3)就业人员工资总额持续增长。2009年,全省城镇非私营单位就业人员工资总额1 021.2亿元,比上年增加143.8亿元,增长16.4%。

(4)在岗职工年平均工资水平稳步增长。全省城镇非私营单位在岗职工年平均工资29 658元,比上年增加3 295元,增长12.5%。

(5)不同地区在岗职工年平均工资水平差异较为明显。与上年相比,各市城镇非私营单位在岗职工年平均工资水平在全省的位次有一定的变化。在岗职工年平均工资位于前六位的依次是淮南(40 029元)、马鞍山(38 223元)、淮北(35 566元)、合肥(34 143元)、芜湖(32 154元)和铜陵(31 034元),淮南、马鞍山、芜湖、铜陵四市位次没变,淮北由上年的第四位升为第三位,合肥由第三位变为第四位,17个市中也只有这6市超过全省平均水平,其余11个市均在全省平均水平以下。位于后四位的分别为阜阳(22 160元)、亳州(22 958元)、六安(24 006元)、安庆(24 390元)。年平均工资最高的淮南市是最低的阜阳市的1.81倍,两者之间相差17 869元。

(6)不同行业间在岗职工年平均工资水平差距依然较大。在国民经济19个行业门类中,有6个行业的工资水平高于全省平均水平,其余13个主要集中在传统产业和劳动力密集、技术含量较低的行业则低于全省平均水平。

(7)在岗职工年平均工资水平在全国的位次处于中游,在中部地区居首位,在华东仍然靠后。2009年,安徽省城镇非私营单位在岗职工年平均工资29 658元,比全国平均水平低3 078元,月均低257元,相当于全国平均水平的90.6%,居全国第15位,比上年下降了2位。在中部地区,安徽省城镇非私营单位在岗职工年平均工资居首位,与"两湖"相比,平均工资比湖南由上年的高1 493元扩大为高2 374元,比湖北由上年的高3 624元缩小为高2 531元。

3. 社会保障

2009年末全省参加城镇基本养老、医疗保险人数分别为626.8万人和1 447万人。参加失业保险的人数为377.8万人,全年为26.7万名失业人员发放了不同期限的失业保险金。全省参加工伤、生育保险人数分别为320.4万人和303.6万人。被征地农民养老保险制度全面推进,年末被征地农民参保人数145万人,参保率95.45%。新型农村养老保险试点工作稳步推进,参保人数49.1万人。农村低保提标扩面全面完成,全年保障人数212.6万人,发放低保金15.5亿元;城市低保应保尽保,全年保障人数95.2万人。

年末全省有各类收养性社会福利院床位14.5万张,收养各类人员11.6万人。城镇建立各种社区服务设施2 020个,其中综合性社区服务中心412个。全年销售社会福利彩票21.1亿元,筹集社会福利资金6.6亿元。

2009年间,安徽省社会保障体系覆盖范围不断扩大,基本养老、基本医疗、失业保险参保人数分别达到626.8万人、1 447万人和377.8万人,新型农村社会养老保险试点工作启动,城乡居民最低生活保障基本实现应保尽保,12.5万户城市低收入住房困难家庭享受到廉租房保障。采煤塌陷区村庄搬迁应急工程首批项目进展顺利。

(三)教育和科学技术

1.教育事业

2009年末全省共有研究生培养单位18个,在学研究生34 603人。普通高校95所,在校生87.8万人,高等教育毛入学率22.3%,比上年上升1.1个百分点。各类中等职业教育(不含技工学校)在校生86.3万人。普通高中769所,在校生130.6万人,高中阶段毛入学率74.2%,比上年上升3.9个百分点。普通初中3 087所,在校生297.4万人,初中阶段适龄人口入学率为99.18%。小学14 974所,在校生486.9万人,小学学龄儿童入学率为99.88%。各级各类成人学校毕业生数51.8万人。全面实施免费义务教育,受益学生784.7万人。

2009年间安徽省推进义务教育经费保障机制改革,实施义务教育学校绩效工资制度和农村教师特岗计划,加快职业教育大省建设,高等教育"双百工程"和质量工程取得新进展。按照重点设防类抗震设防标准,全面排查鉴定中小学校舍,制定实施3年消除安全隐患工作方案,完成加固改造年度任务,努力将中小学校建成质量最安全、家长最放心的场所。

2.科技与创新

至2009年末,安徽省共有各类专业技术人员146.8万人,比上年增长9%。科研机构1 533个,其中大中型工业企业办机构468个。从事科技活动人员18万人,其中科学家和工程师12.2万人。全年用于科技活动的经费支出为314.2亿元,比上年增长28%。其中,用于研究与试验发展经费(R&D)131亿元,增长31.7%,相当于全省生产总值的1.3%。全省有国家大科学工程5个;有国家实验室(含筹备)2个,国家重点工程实验室4个,省级(含重点)实验室77个,部属(含院属)实验室35个;有国家级(工程)技术研究中心9家,省级工程(技术)研究中心152家。

2009年,安徽省被批准为首批三个国家技术创新工程试点省之一,13项重大科技成果获得国家科技奖,其中1项首次获得国际科学技术合作奖;新增两院院士4名。全力推进合芜蚌自主创新综合试验区建设,聚焦核心区域、核心企业和核心项目,狠抓企业主体、创新载体和产学研一体建设,科技、产业、改革和人才成果加速涌现,试验区建设进入国家层面。科技研发实现新突破,建成世界首个量子通信网络,奇瑞混合动力轿车、科大讯飞畅言教学产品等成功面市。创新型产业加快发展,京东方液晶平板显示器、普乐非晶硅太阳能电池等重大项目扎实推进,高新技术领域新增规模以上工业企业509户。人才培养和引进取得新进展,与国家外专局签署合作框架协议,实施引智项目237项,中国科协"海智计划"工作基地落户合肥,中科大微尺度国家实验室和奇瑞公司成为国家级海外高层次人才创新创业基地。制定实施钢铁、汽车等9大重点产业调整和振兴规划,出台文化、现代物流产业发展规划,完成重点产业技改投资1 800亿元,工业化率较上年提高0.8个百分点。

全省全年共取得省部级以上科技成果760项。主要科技成果有:汽车大型覆盖件液压机柔性冲压生产线、特种材料设备设计与制造关键技术研究及其产业化、奇瑞A3轿车研发等。全年受理专利申请16 386件,授权专利8 594件,分别比上年增长57.4%和97.7%,在全国位次分别提升2位和6位。共签订各类技术合同5 888项;成交金额35.6亿元,比上年增长9.6%。

年末全省共有县以上产品质量检验机构712个,其中系统内128个,新增国家级质检中心2家,国家检测中心总量达到9个,居中部地区首位。有产品质量、体系认证机构4个,完成强制性产品认证的企业1 243个;法定计量技术机构79个,强制检定计量器具130万台件;制定国际标准2项、国家标准86项,制定、修订地方标准238项。年末全省有中国名牌产品37个,国家地理标志产品22个、安徽名牌产品829个。

全年省测绘资料档案馆为社会各界提供各种比例尺地形图约7 500幅,国家大地控制点成果3 700点(含GPS点),利用档案资料950卷(盒),航空摄影底片5 500张,底片28筒,航空航天影像数据光盘590盘。全年省测绘部门完成基础测绘10 050幅。

(四)文化、卫生和体育

1. 文化事业

2009年末安徽省共有专业艺术表演团体87个,文化馆120个,公共图书馆85个,博物馆53个,乡镇文化站1 270个。全国重点文物保护单位56处,省级重点文物保护单位454处。国家级非物质文化遗产名录47项,省级名录202项。广播电台17座,中波发射台和转播台23座,广播人口覆盖率为97.01%。电视台17座,有线电视用户390.3万户,电视人口覆盖率为97.2%。全年出版报纸98种,总印数10.7亿份;期刊(杂志)178种,总印数0.6亿册;图书6 163种,总印数2.4亿册;电子、音像出版物326种,出版数量141.4万盒(张)。有各级国家档案馆131个,馆藏档案资料1 155万卷(件、册),库馆总建筑面积18.6万平方米。

2009年间。安徽省加快文化事业发展,广播电视村村通、文化信息资源共享、乡镇综合文化站、农家书屋等文化惠民工程扎实推进。话剧《万世根本》、黄梅戏《雷雨》等一批精品佳作获国家级奖项,成功举办第二届中国国际动漫创意产业交易会、第二届中国农民歌会、第五届中国黄梅戏艺术节,徽州文化生态保护项目获第三届文化部科技创新奖唯一特等奖。

2. 卫生事业

年末安徽省共有卫生机构7 548个,其中医院710个,卫生院1 685个,社区卫生服务中心(站)962个,妇幼保健院(所、站)119个,疾病预防控制中心126个。卫生技术人员18.8万人,其中执业(助理)医师7.4万人,注册护士6.1万人。医院、卫生院床位15万张。全年诊疗1.1亿人次。村卫生室1.9万个,乡村医生和卫生员4.9万人,农村有医疗点的村占总村数的96%。参加新型农村合作医疗的农业人口4 651.7万人,参合率93.57%。及时处置突发公共卫生事件,甲型H1N1流感防控取得阶段性成效。

2009年间安徽省强化公共卫生服务,免费实施扩大国家免疫规划、婚前医学检查和农村孕产妇保健,启动中医临床研究基地建设,甲型H1N1流感、手足口病等重点传染病和地方病防控取得明显成效。城市社区卫生覆盖率达89%,新型农村合作医疗运行质量全国领先。

3. 体育事业

2009全年,在国际和国内的重大比赛中,安徽省运动健儿共获得40枚金牌、30枚银牌和39枚铜牌。其中,世界冠军10个、世界亚军1个。在第十一届全运会上,获得13枚金牌、12.5枚银牌和9枚铜牌。"全民健身、健康安徽"系列主题活动蓬勃开展,全年共举办百人以上群众体育活动3 774次,其中现代体育项目群众活动1 582次,民间传统体育群众活动2 192次,"全民健身、健康安徽"主题活动蓬勃开展。

(五)城乡建设

2009年间,安徽省农村现代流通体系建设步伐加快,"新网工程"网点达3.8万个,比上年增加3 296个。加大农村基础设施建设力度,新建改建农村公路16 708公里,新建改造排灌泵站11.8万千瓦,新增改善灌溉面积230万亩、除涝面积80万亩,投入16.6亿元、新开工建设430座病险水库除险加固工程,新增营造林195万亩,新增农村沼气用户近10万户,解决了316.4万农村人口饮水安全问题。积极稳妥开展农村土地整治整村推进试点和农村危房改造试点,连续11年实现耕地占补平衡,新农村建设"千村百镇"示范工程取得新进展。继续深化农村综合改革,启动村级公益事业建设一事一议财政奖补试点,"惠民直达工程"试点成效明显,基层农技推广体系和兽医管理体制改革基本完成。

(六)环境保护和生态建设

2009年末全省共有省、市、县级环境监测站80个。监测的17个城市中,有15个城市空气质量达到二级标准。年末全省国家级生态示范区建设试点总数累计34个。已建成自然保护区38个,其中国家级6个、省级29个、市级3个。当年人工造林面积67千公顷。年末森林面积3 600千公顷,活立木总蓄积量16 258万立方米,森林蓄积量13 755万立方米。

安徽省2009年切实加强节能减排和环境保护,推进淮河、巢湖等重点流域环境整治,所有市县都建成污水处理厂,新增日处理污水能力101.5万吨。淮河干流总体水质由轻度污染转为良好,主要支流水质为中度污染。巢湖湖区水质和主要环湖河流总体水质中度污染,湖区营养状态由中度富营养好转为轻度富营养。长江干流水质优,支流水质轻度污染。新安江流域和主要水库水质优。全省城市集中式饮用水源地水质达标率为93.1%,比上年提高4.5个百分点。

至年末,安徽省新增燃煤机组脱硫设施496万千瓦,"十一五"二氧化硫减排目标提前一年完成。单位生产总值能耗持续下降,化学需氧量排放量下降2%,二氧化硫排放量下降3.1%。

(七)社会安全

全省全年亿元GDP生产安全事故死亡率为0.35,比上年下降14.6%;工矿商贸从业人员十万人生产安全事故死亡率为1.81,下降9.1%;煤矿百万吨死亡率为0.47,增长6.8%;道路交通万车死亡率为3.52,下降11.6%。全年共发生道路交通事故8 190起,发生火灾事故5 479起。

2009年间,安徽省深入开展平安创建活动,健全社会治安防控体系,高度重视国家安全工作,全省社会治安大局稳定,人民群众安全感进一步增强。加强信访工作创新,建立下行接访、涉访特困救助、网友留言办理反馈等制度,加强积案化解,信访总量稳中有降。深入开展"质量和安全年"活动,加强重点行业和领域安全生产专项整顿,扎实推进产品质量和食品药品安全监管,安全生产形势总体平稳。建立健全应急机制,基本形成覆盖各类突发事件的应急预案体系。加强法制宣传教育,落实法律援助政府责任,全省已建法律援助中心123个、法律援助工作站2 060个。

1　合肥市2009年经济社会发展报告

2009年,是合肥市实施“十一五”规划的关键之年,也是进入新世纪以来合肥市经济发展最为困难、最具挑战性的一年,更是经受严峻考验并取得可喜成绩的一年。一年来,全市人民以科学发展观为统领,坚持扩内需与稳外需相结合,保增长与调结构相结合,谋创新与促发展相结合,抓经济与重民生相结合,继续强力推进“大发展、大建设、大环境”,再次取得可喜的发展业绩,实现了又好又快的发展,经济总量再上新台阶,城市辐射带动力进一步增强。

一、2009年合肥市经济发展状况

(一)综合经济

1. 经济总量

2009年,合肥市实现生产总值(GDP)2 102.13亿元,比上年增长17.8%。其中,第一产业增加值108.69亿元,增长6.2%;第二产业增加值1 104.98亿元,增长22.5%;第三产业增加值888.45亿元,增长12.4%。三次产业结构由上年5.9∶50.0∶44.1调整为5.2∶52.6∶42.2。按常住人口计算,人均GDP达到41 543元(折合6 082美元),比上年增加5 718元。

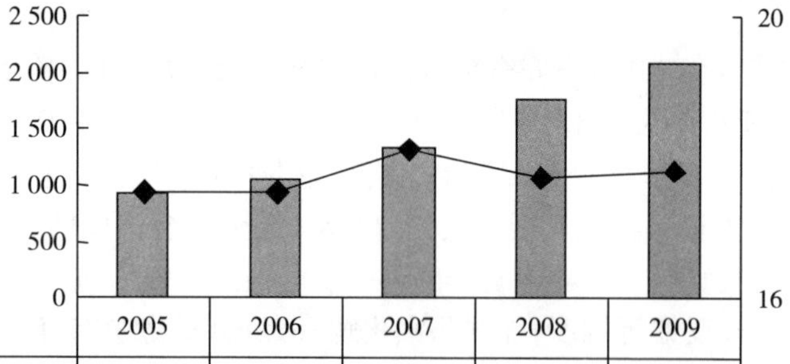

	2005	2006	2007	2008	2009
地区生产总值(亿元)	925.61	1 073.86	1 334.2	1 776.86	2 102.13
按可比价格增幅(%)	17.5	17.5	18.1	17.7	17.8

图2-309　2005-2009年合肥市地区生产总值及增长速度

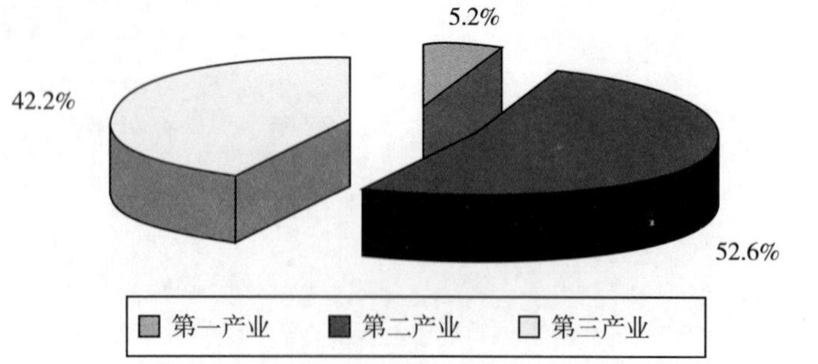

图2-310　2009年合肥市三次产业结构图

表 2－84 2009 年合肥市县市主要经济指标

县市	生产总值（亿元）	地方财政收入（万元）	新增固定资产投资（万元）	农林牧渔总产值（万元）	社会消费品零售总额（万元）
长丰县	132.2	62 302	866 138	554 080	186 905
肥东县	186.8	92 180	766 697	617 773	358 209
肥西县	214.6	102 030	560 882	547 285	305 414

2. 财政收入

合肥市 2009 全年完成财政收入 341.91 亿元，比上年增长 13.5%。地方财政收入 180.9 亿元，增长 12.4%，其中税收收入 154.34 亿元，增长 15.2%；实现增值税、营业税、耕地占用税和契税 21.26、67.29 和 18.13 亿元，分别增长 27.6%、17.2% 和 3.5%。财政支出 245.86 亿元，增长 18.7%。其中，一般公共服务支出 25.36 亿元，增长 11%；教育支出 30.05 亿元，增长 21.1%；社会保障和就业支出 23.03 亿元，增长 10.5%；城乡社区服务支出 64.57 亿元，增长 2.8%。为开发园区和乡镇工业聚集区2 305家企业免收行政事业性费用 3.59 亿元。

2009 年间，合肥市大力压缩行政性经费，实现车辆购置零增加，出国、会议费用分别降低 40.74% 和 8.6%；积极推进市直行政事业单位日常办公用品、宣传、印刷等定点采购，资金节约 13.4%。加大财政资金奖补力度，实行窗口受理、预拨兑现，重点支持工业、外贸企业扩大产销，支持自主创新和新兴产业培育。全年用于支持工业发展资金 26.6 亿元，各类企业均受到支持；免收开发园区、乡镇工业园 2305 家企业各种行政性费用 3.59 亿元；支持科技创新及产业结构优化升级资金 8.86 亿元。

3. 物价水平

2009 年，合肥市物价水平小幅下跌。城市居民消费价格总水平为 99.1%，下跌 0.9%。八大类消费价格“四升四降”，食品类、医疗保健及个人用品类、烟酒及用品类、家庭设备用品及维修服务类价格比上年分别上涨 3%、2.6%、1.2% 和 0.9%；居住类、交通与通信类、娱乐教育文化用品及服务类、衣着类价格分别下降 12.8%、2.9%、1.5% 和 1.1%。全年工业品出厂价格下降 1.5%；原材料、燃料、动力购进价格下降 4.8%。

4. 固定资产投资

合肥市 2009 年全社会固定资产投资2 468.42 亿元，比上年增长 34.3%。其中，城镇投资 2 357.78亿元，增长 33.9%；农村投资 110.64 亿元，增长 42.5%。国有及国有控股投资 986.27 亿，增长 27.2%；非国有投资1 482.15亿元，增长 39.4%，非国有投资中，外商及港澳台投资 163.09 亿元，增长 15.4%；民间投资1 319.06亿元，增长 43.1%。市区投资1 956.6亿元，增长 30.6%；县域投资 511.82 亿元，增长 50.1%。

2009 年，合肥市第一产业完成投资 26.8 亿元，比上年增长 28.8%；第二产业 771.13 亿元，增长 37.8%。第三产业1 670.49亿元，增长 32.8%，三次产业投资比例由上年的 1.1∶30.4∶68.5 调整为 1.1∶31.2∶67.7。从行业看，工业投资 752.20 亿元，增长 40.4%，其中八大产业投资 400.76 亿元，增长 45.6%。第三产业投资中，房地产开发投资 670.36 亿元，增长 18.5%，铁路运输业增长 1.62 倍，电信和其他信息传输服务业增长 1.2 倍，餐饮业增长 1.08 倍，居民服务和其他服务业增长 1.07 倍，卫生、社会保障和福利业增长 1.08 倍。

至 2009 年末，全市全年 50 万元以上施工项目4 793个，比上年增加1 359个。其中，新开工项目 3 532个，增加1 390个。竣工项目3 603 个，同比增长 1.23 倍。“1346”项目累计投资 721.86 亿元，

“861”项目投资765.03亿元。熔安动力首台机下线，海尔冰箱二期、格力电器一期等项目建成投产，京东方六代线、大陆轮胎一期、江汽两万辆客车基地、三洋机电产业园等开工建设更加有力保证了项目的扩张。

城市建设日新月异。全年完成市政基础设施投资261.71亿元，比上年增长14.3%。市政道路、桥梁等公共设施累计完成投资221.39亿元，同比增长10.8%。全年完成了801项城建工程，建成道路708.3公里、桥梁87座，完成污水管网建设长度335公里。南岗公路、疏港公路等城市出入口道路建成通车，长江西路、裕溪路、南北一号线等三座高架桥及轨道交通一号线试验段全面开工，合肥火车站改造、新桥国际机场建设顺利进行，畅通一环、改造二环等路桥工程加快推进。

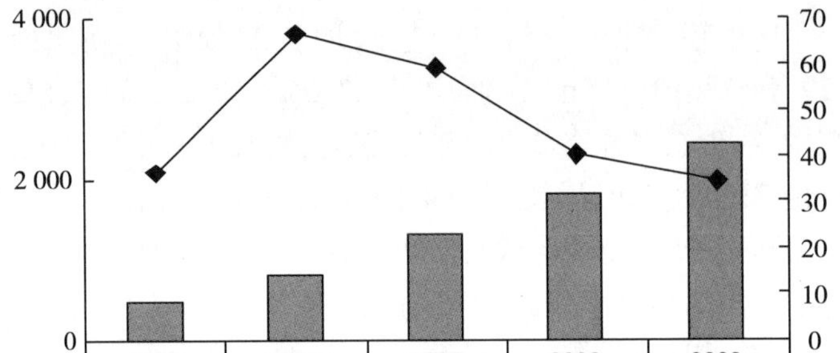

	2005	2006	2007	2008	2009
固定资产投资总额(单位:亿元)	495.27	824.8	1 310.43	1 838.64	2 468.42
增幅(%)	36.4	66.5	58.9	40.3	34.3

图2－311　2005－2009年合肥市全社会固定资产投资及增长幅度

（二）农业建设

合肥市2009年全市粮食播种面积278.36千公顷，与上年基本持平，产量190.4万吨，比上年增长2%，连续6年实现丰收。其中，夏粮播种面积56.93千公顷，产量29.3万吨；秋粮播种面积218千公顷，产量158.9万吨；早稻播种面积3.43千公顷，产量2.2万吨。全年油料、棉花、蔬菜播种面积分别为134.75、18.98和48.04千公顷，其中，油料、蔬菜分别比上年增长12%和6.6%，棉花下降6.4%；产量分别为31.73、1.89和99.88万吨，增长1.1%、1.2%和8.5%。

年末全市生猪存栏111.7万头，增长6.2%；出栏肉猪224.5万头，增长7.5%；出栏家禽1.19亿只，增长13.1%；禽蛋产量12.9万吨，增长9.5%；牛奶产量6.25万吨，增长45%；肉类产量36.82万吨，增长8.6%。水产品产量12.62万吨，增长15%。

全年农林牧渔业总产值185.79亿元，按可比价格计算增长6.5%。其中，农业产值88.31亿元，增长3.5%；林业产值4.17亿元，增长1.7%；牧业产值73.05亿元，增长9.7%；渔业产值16.33亿元，增长13.4%；农林牧渔业服务业产值3.93亿元，下降6.4%。

2009年末，合肥市农业机械总动力178.63万千瓦，比上年增长6.9%。拥有农用拖拉机13.14万台，增长4.4%；农用运输车、排灌动力机械分别为1.11万辆和2.7万台，与上年基本持平。化肥施用量（折纯）19.17万吨，增长1.5%。农村用电量5.06亿千瓦时，增长18.9%。有效灌溉面积244.28千公顷，保持上年水平。全年实施40座中小型水库除险加固工程，解决17万人饮水安全问题，农村饮水安全覆盖率达86.4%；完成农村公路建设投资6.7亿元，新建农村公路956.6公里，全市行政村水泥（沥青）路通达率100%。

2009年合肥市以“稳粮、扩菜、强畜、兴果、重加工”为发展方向，着力打造现代特色农业工程。

年末市级以上"一村一品"专业示范村225个;市级以上龙头企业243家;新增农民专业合作组织230家;新增中国名牌产品2个,省著名商标8个。丰乐生态园、包河区大圩、肥西三岗被列为全国农业观光旅游示范点。

合肥市2009年间农村产业结构调整步伐加快。县域工业总量进一步扩大。汽车零部件、现代建材、食品加工等产业加速发展,涌现出鸿路钢构、中南光电、亿恒汽配等一批支柱型企业,县域规模以上企业756家,实现增加值198.7亿元,增长46.5%;县区工业园区及乡镇工业聚集区发展到41个,桃花工业园成为全省首个税收突破10亿元园区,工业对县域经济的贡献率达65%。

2009年合肥市高效特色农业基地超过100万亩,新增农业园区100个、设施农业5万亩、露地蔬菜10万亩、市级以上特色村镇100个,肉、蛋、奶、水产品产量68万吨;新建各类规模养殖场280多个,规模养殖比重达到75%。新认定无公害农产品基地5.8万亩,新增中国名牌产品2个、省著名商标8个。和诚肉鸡深加工、现代牧业、香港宝石集团及粮食物流园区等骨干项目加快建设,全市农业产业化龙头企业实现销售收入突破300亿元。

(三)工业和建筑业

1.工业增加值

合肥市2009年全年1 761户规模以上工业企业完成工业总产值2 749.16亿元,实现增加值767.51亿元,按可比口径计算,增加值比上年增长27.2%。规模以上工业企业中,轻工业实现增加值314.94亿元,比上年增长36.1%;重工业实现增加值452.57亿元,增长22%,轻、重工业比例由上年37.2∶62.8调整为41∶59。股份制企业实现增加值461.96亿元,增长34.2%;大中型企业户数从2008年的110户提高至166户,实现增加值528.96亿元,增长23.3%。

2009年的全市33个工业行业中,有30个增加值实现增长。汽车、装备制造、家用电器、化工及橡胶轮胎、新材料、电子信息及软件、生物医药和食品及农副产品加工等八大产业共实现增加值530.27亿元,增长27.1%。其中,汽车、家用电器两大产业分别实现增加值84.67和147.96亿元,增长37.7%和58.7%;电冰箱、洗衣机、彩色电视机、空调器产量分别为1 270.09、991.96、315.37和519.28万台,增长37.4%、40.5%、47.6%和186.8%;汽车产量39.06万量,增长53.9%。

至2009年底,合肥市规模以上工业企业实现主营业务收入2 279.63亿元,比上年增长25.5%;实现利税205.6亿元,增长52.6%,其中利润总额115.1亿元,增长80.6%;企业亏损面16.6%,同比减少0.6个百分点,亏损额为9.6亿元,下降27.3%;工业经济效益综合指数为289.7%,比上年提高27.8个百分点。

2009年间,合肥市新兴产业培育加速,主导产业提档升级,工业总量大幅提升,结构不断优化。编制实施电子信息、新材料、软件、节能环保、公共安全等八个新兴产业发展规划。鑫昊PDP显示器、彩虹玻璃基板等项目开工建设,新型平板显示产业基地初见端倪;组建公共安全技术研究院,建设公共安全产业基地。全年高新技术产业产值1 400亿元,增长30%;实现增加值约420亿元,占全市GDP比重21%。主导产业技术改造步伐加快。全年工业技改投资351.2亿元,占工业总投资46.7%,安利、应流集团等企业技改项目加快实施,安凯新能源汽车示范推广及马钢(合肥)高炉喷煤改造等工程进展顺利。全市规模以上工业企业达到1 761户,增长29%;规模以上工业实现产值2 749.2亿元,增加值767.5亿元,增长27.2%;汽车、家电等八大产业增加值增长27.1%,对全市工业增长的贡献率达到68.1%。

表 2-85　2009 年合肥市县区工业总产值

单位:亿元

县市	工业总产值
长丰县	174.27
肥东县	231.86
肥西县	368.18

2. 建筑业

2009 年,合肥市拥有资质等级以上建筑施工企业 699 个,完成总产值1 062亿元,比上年增长 28.1%。建筑企业全年人均劳动生产率 19.21 万元,增长 4.8%。全年房屋建筑施工面积7 320.31 万平方米,增长 7.9%,其中新开工面积3 758.91万平方米,增长 18.6%;房屋建筑竣工面积2 733.91 万平方米,增长 22.1%。建筑业从业人员 53.39 万人,增长 22.4%。

(四)服务业

1. 国内贸易

合肥市全年实现社会消费品零售总额 703.42 亿元,比上年增长 19.6%。分城乡看,城市消费市场实现零售额 620.12 亿元,增长 19.1%;县及县以下零售额 83.3 亿元,增长 22.9%。分行业看,批发零售业实现零售额 614.47 亿元,增长 19.9%;住宿餐饮业零售额 87.92 亿元,增长 17.2%。

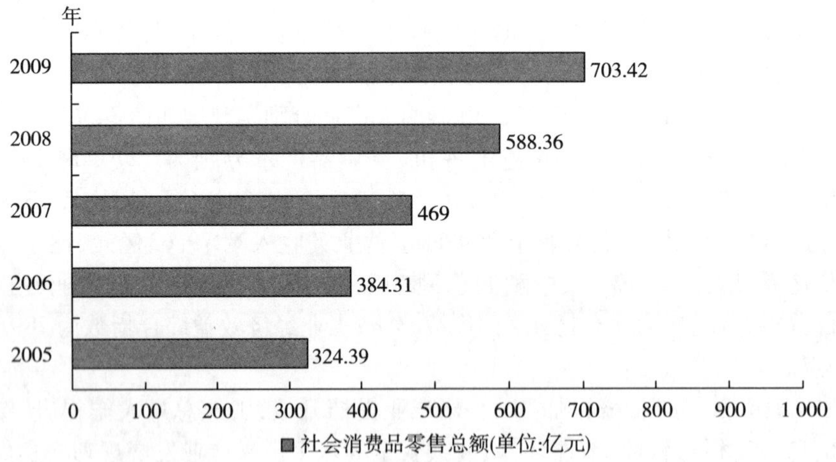

图 2-312　2005-2009 年社会消费品零售总额

限额以上批发零售业零售额中,建筑及装潢材料类比上年增长 43.4%,汽车类增长 36.1%,服装、鞋帽、针纺织品类增长 20.2%,粮油、食品、饮料、烟酒类增长 20%,家用电器和音像器材类增长 11.8%。全年新建万村千乡农村连锁店 614 家;备案家电下乡销售网点 785 个;举办中博会、农机展等各类会展 132 场。

合肥作为核心城市,积极参与编制皖江城市带承接产业转移示范区建设规划。组建第六批招商小组 391 个,发挥"合肥之友"等招商平台作用,开展"阳光地产"、"阳光市场"及国有产权转让等系列推介活动。大力度开展与央企对接合作,达成在肥投资意向项目 82 个,总投资额2 000多亿元。全年实现招商引资1 040亿元,增长 33%;实际到位外资 13 亿美元,增长 8.3%,新落户世界 500 强外资企业5户。

2009年，合肥市还引进万达广场等重点项目，加快发展连锁经营、高端百货等新型流通业态，继续推进"农超对接"和"双百市场"工程。

2. 交通运输、邮电

合肥市2009全年旅客运输量17 317.21万人，比上年增长16.7%。其中，公路15 044万人，增长16.8%；铁路2 101.25万人，增长15.1%；民航171.96万人，增长28.5%。全年货物运输量15 911.96万吨，比上年增长23%。其中，公路13 665万吨，增长29%；铁路1 075.93万吨，下降16.2%；民航1.31万吨，增长18.5%；水运1 169.72万吨，增长10.8%。年末民用汽车保有量30.31万辆，比上年增长28.1%，其中轿车14.85万辆，增长39.6%。私人汽车保有量17.62万辆，增长41.8%，其中轿车11.42万辆，增长48.8%。

2009年间，合肥市引进中远物流、普洛斯物流等一批国内外知名物流企业，支持徽骆驼、安泰物流等企业做大做强。

全市全年区域综合交通枢纽建设加速推进。铁路大建设如火如荼，合肥火车站改造、宁西复线、合蚌、合福客运专线、南站迁建、铁路枢纽南环线及南客站开工建设，商杭客运专线、华东二通道电气化等项目前期工作顺利推进。新桥国际机场建设工程全面推进。派河熔安动力专用码头建成，合肥港综合码头一期工程进展顺利，巢湖及裕溪复线船闸开工建设。合六路延伸段、疏港公路建成通车，城市出入口进一步通畅便捷。长江西路、裕溪路、南北一号线等三座高架桥及轨道交通一号线试验段全面开工。

合肥市全年邮电业务收入100.25亿元，比上年增长25.3%。其中，电信业务收入96.16亿元，增长25.2%；邮政业务收入4.09亿元，增长26.6%。全市年末固定电话用户为159.56万户，比上年减少6.93万户。移动电话户数为308.11万户，增加39.63万户。基础电信运营企业计算机互联网用户数41.21万户，增长50.6%。

3. 旅游业

2009年，合肥市共接待国内外游客1 731万人次，实现旅游总收入172.88亿元，分别比上年增长27.7%和30.5%。其中，接待入境游客20.03万人次，增长35.7%。全年成功创建紫蓬山森林公园、岱山湖风景区和三国新城遗址等3个国家4A级景区。

4. 金融、证券和保险

2009年末合肥市金融机构人民币各项存款余额3 735.31亿元，比年初增长38.2%。其中，企业存款1 909.03亿元，增长45.9%；居民储蓄存款1 031.81亿元，增长22.6%。金融机构人民币各项贷款余额3 492.53亿元，比年初增长35.9%。其中，短期贷款952.13亿元，增长24.8%；中长期贷款2 454.72亿元，增长42%。

全年全市保险机构实现保费收入40.82亿元，比上年增长7.8%。其中，财产险保费收入12.33亿元，增长15.9%；人寿险保费收入28.5亿元，增长4.6%。全年各项赔款与给付支出14亿元，比上年下降27.7%。其中，财产险赔款与给付7.08亿元，下降5.1%；人寿险赔款与给付6.93亿元，下降41.8%。

合肥市2009年间积极推介优质企业，完善考核奖励办法，引导金融机构扩大信贷投放，促进银企互利双赢；支持商业银行建立小企业金融服务专营机构；举办季度银企对接会，累计签约项目395个、贷款额175.4亿元；全年新增贷款924亿元，增长35%。鼓励发展股权质押、动产质押、仓单质押等新型融资方式，发行两期、总规模3亿元的"滨湖·春晓"中小企业集合信托计划；三县农村信用社改革全部完成，小额贷款公司试点达19家，新增典当行40家；发行企业债券40亿元，安科生物、皖通科技成功上市，新华传媒通过上市审核。

2009 年间,汇丰银行、进出口银行、华夏银行、九江银行、中安财险等纷纷落户合肥,合肥国际金融后台基地开工建设。旅游业发展有新突破,创建紫蓬山等 3 个国家 4A 旅游景区,中青旅、合肥旅行社晋升"全国百强社",合肥科教游、乡村游成知名品牌,动漫主题公园成功签约。

5. 房地产业

合肥市房地产全年完成投资 121.9 亿元,房建开工面积 429 万平方米,竣工面积 226 万平方米;滨湖轮滑场竣工,国际创新展示馆、渡江战役纪念馆、国际会展中心、安徽名人馆等馆群开工建设,成为国家"城市生态建设示范区"。政务文化新区商业、教育等配套功能不断完善,合肥大剧院投入使用,市青少年活动中心主体结构封顶。旧城改造与新区开发同步实施。畅通一环、改造二环等路桥工程加快推进。启动坝上街、粮食二库、十五里河中段片区等改造。实施景观整治工程,重点整治道路 42 条,建筑2 915栋,老旧小区 20 万平方米,建筑立面 280 万平方米。

(五)对外经济

1. 对外贸易

2009 年,合肥市外贸形势逐渐好转。合肥地区进出口总额 64.28 亿美元,比上年下降 16.6%,其中出口 44.48 亿美元,下降 18.1%。从出口商品类型看,机电产品、高新技术产品出口分别下降 22.9% 和 26.7%。其中,橡胶轮胎、电冰箱、货运机动车辆等主要出口商品分别下降 18.2%、20.6% 和 50%。全年对外经济合作新签合同额 5.3 亿美元,比上年下降 57%,完成营业额 12.2 亿美元,比上年增长 30%,外派劳务人员9 641人,增长 13%。

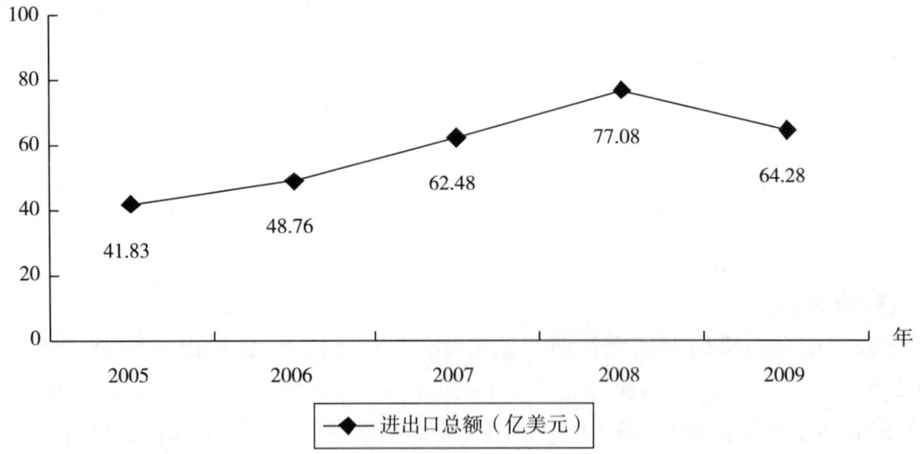

图 2-313　2005-2009 年合肥市外贸进出口总额

2. 外资状况

合肥市 2009 年招商引资质量提高。全年新批外商投资企业 59 户,实际利用外资 13 亿美元,增长 8.4%。其中,外商直接投资 8.57 亿美元,增长 11%;工业实际利用外资 5.86 亿美元,增长 34%。全年共有 5 家境外世界 500 强企业在合肥市注册了 6 家外商投资企业。

3. 对外合作

2009 年,合肥市对外合作进一步拓展。编制合肥经济圈和合淮同城化总体规划并付诸实施,与南京、南昌、佛山及巢湖、阜阳等地签署区域合作协议。加密国内航线、实现台北直航,开通首尔定期航班,扩大与奥斯纳布吕克市等国际友城的合作交流。

承办第四届中博会取得圆满成功。到会中外客商3.8万人,参展境内外企业1 000多家;签约外资项目127个、投资总额76.1亿美元,内资项目356个、投资总额1 682.4亿元。被誉为是一次"盛况空前、成果丰硕、精彩纷呈、引人瞩目"的经贸盛会,集中展示了合肥乃至安徽改革开放、加速崛起的新风采。

二、合肥市2009年社会发展概况

(一)人口、人民生活

1.人口及人民生活概况

2009年末,合肥市户籍总人口491.43万人,比上年增加4.69万人。其中,市区人口208.58万人,增长2.5%;非农业人口213.7万人,增长1.8%。全年出生人口50 036人,出生率10.2‰,比上年下降0.4个千分点;死亡人口16 050人,死亡率3.3‰,下降0.4个千分点;人口自然增长率6.9‰,与上年持平。年末常住人口510万人,增加9万人。城镇化率64.1%,比上年提高1.7个百分点。

据2009年人口变动情况抽样调查资料推算,2009年合肥市常住总人口为510万人,比2008年增加9万人,增长1.8%。其中,城镇人口326.9万人,比2008年增加14.3万人,增长4.5%;乡村人口为183.1万人,比2008年减少5.3万人。

城乡居民收入提高。全年城镇居民人均可支配收入17 158元,增长10.1%;人均消费性支出12 695元,增长8%,其中居住类支出增长56.3%,家庭设备用品及服务支出增长22.1%,旅游支出增长62.5%。全年农民人均纯收入6 065元,增长13%;人均生活消费支出3 714元,增长0.3%。居民住房条件进一步改善。城镇居民人均住房建筑面积26.1平方米,农村居民人均住房使用面积为33.47平方米,分别比上年提高0.3和0.53平方米。

2.2009年农民收入简析

2009全年农民收入主要特点有以下几点:

(1)工资性收入仍是拉动农民收入的主力军

2009年合肥市农民人均工资性收入为3 424元,比上年同期增加404元,增长13.4%,占人均纯收入的56%,对人均纯收入增长的贡献率达58%,拉动人均纯收入增长7.5个百分点,是合肥市农民收入的主要来源,也是农民收入的主要增长点。

从工资性收入构成看,人均外出务工收入2 491元,占工资性收入的72.7%,同比增加446元,增长21.8%,拉动工资性收入增长15个百分点;本地(住户所属乡镇地域范围内,下同)零散打工收入362.63元,增加220.6元,增长1.55倍;非企业组织和本地企业劳动得到的工资收入分别为228.6元和342.1元,同比分别下降36.5%和27.7%。外出务工和本地零散打工收入之和占工资性收入的83%,同比提高11个百分点,是合肥市农民人均工资性收入较快增长的主要因素。

(2)家庭经营收入增长加快

2009年,合肥市人均家庭经营收入达到了3 979元,同比增加476元,增长13.6%。扣除家庭经营费用支出、生产性固定资产折旧及税费支出后人均家庭经营纯收入达到2 260元,同比增加352元,增长18.4%,人均家庭经营纯收入对人均纯收入的贡献率达到50%,拉动人均纯收入增长6.6个百分点。

(3)非经营性收入减少

2009年合肥市农民人均财产性收入和人均转移性收入分别为95元和286元,同比分别减少21元和30元,下降18.2%、9%。但由于非经营性收入占纯收入比重甚小,非经营收入的减少对农民收入影响不大。

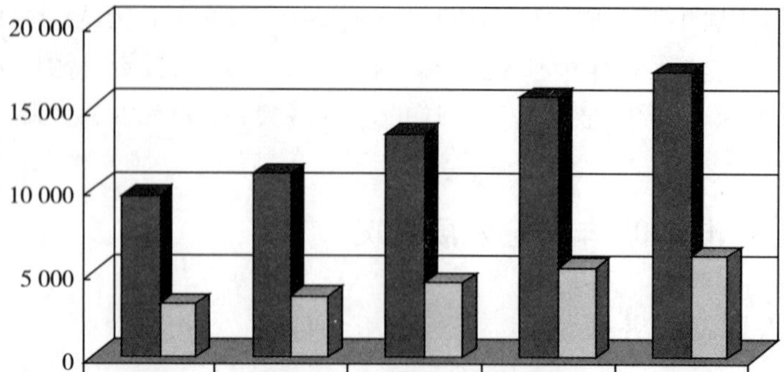

	2005	2006	2007	2008	2009
■ 城市居民人均可支配收入（元）	9 684	11 013	13 427	15591	17 158
□ 农民人均纯收入（元）	3 207	3 690	4 486	5 368	6 065

图 2 -314　2005 -2009 年合肥市城乡居民收入对比一览

(二)就业与社会保障

1. 就业

合肥市 2009 全年新增就业人数 10. 96 万人,其中被企业(单位)吸纳就业人员 8. 87 万人;失业人员再就业人数 14. 51 万人,其中被企业(单位)吸纳就业人员 8. 31 万人;下岗失业人员再就业 2. 97 万人;“零就业家庭”援助项目提供就业岗位1 485个;年末城镇登记失业率为 4. 05% 。

2009 年间,合肥市就业再就业工作扎实推进。积极开展创建国家级创业型城市工作,推行农民工培训券制度,新建农民工创业园 10 个;实施“零就业家庭”援助项目,提供就业岗位1 485个;全年下岗失业人员再就业 2. 97 万人,新增城镇就业 10. 96 万人。

2. 社会保障

合肥市 2009 全年共 83. 65 万人领取城市居民最低生活保障金,发放城市低保金 1. 51 亿元。农村低保人数 11 万人,发放农村低保金8 850. 88万元。城乡 13. 86 万人享受医疗救助。年末养老保险、失业保险、城镇居民医疗保险、工伤保险、生育保险参保人数分别为 83. 99 万人、62. 5 万人、119. 13 万人、58. 99 万人和 49. 3 万人。全市 29. 23 万被征地农民全部纳入养老保障范围,被征地农民参保率达 100% ;“515 敬老工程”覆盖全部乡镇,发放五保供养金5 635万元,集中供养率达 40% 。全年累计发行福利彩票 4. 27 亿元,增长 23. 8% 。

合肥市 2009 年农村低保提标扩面,将 1988 年 10 月前被征地农民全部纳入保障范围;新农合参合率达 97. 54% ,住院费用补偿提升至 47% ;新建、改建乡村卫生服务机构 82 处;“515 敬老工程”覆盖全部乡镇,荣获“中华慈善突出贡献奖”。建成社区示范卫生服务中心和服务站 73 所;35 万在肥高校大学生全面纳入城镇居民医疗保险;向城区 2. 8 万名 80 岁以上老人发放高龄津贴;新建、续建廉租住房 29 万平米,发放补贴1 830万元,低收入住房困难家庭实现应保尽保。为民服务全程代理网络全面建立,惠民直达工程试点成效明显。

(三)教育和科学技术

1. 教育事业

2009 年,合肥市教育事业全面发展。全市共有普通高等院校 43 所,比上年增加 1 所,普通本专科在校学生 35. 21 万人,增加 5. 19 万人,在校博士生和研究生 2. 61 万人。普通中等专业学校 32 所,增加 4 所,在校学生 7. 81 万人。职业中学 45 所,在校学生 6. 66 万人。普通中学 256 所,在校学生

32.02 万人,其中初中 21.01 万人,高中 11.01 万人。小学 730 所,在校学生 33.42 万人。幼儿园 415 所,在园幼儿 4.58 万人。全市专任教师数 6.31 万人。其中,普通高等学校 1.98 万人,普通中学 1.84 万人,小学 1.68 万人。全年义务教育经费机制改革惠及学生 52.47 万人,其中市区 20.34 万人,农村 32.13 万人。

合肥市全年实施中小学校舍安全工程,开展义务教育学校绩效工资改革,义务教育均衡发展进入全国先进城市;出台扶持政策,引导学前教育健康发展;推进资源整合,高中教育水平明显提高;强化职教基地建设,合肥职教城签约入驻院校 17 所;合肥学院成为省级示范应用型本科高校,合肥老年大学获全国先进称号。

2. 科技与创新

2009 年底,全市高新技术企业完成产值1 445亿元,其中新增高新技术企业 109 家。全年完成农业新技术试验示范科研项目 30 项;实现专利授权2 304件,比上年增长 95.9%。强化产学研合作机制,全市产学研战略联盟 14 个,工程技术研究中心 36 家;中国风险投资研究院合肥分院、安徽股权交易所挂牌,各类风险投资公司发展到 20 家。安科生物成为全省首家创业板上市企业。

2009 年间,合肥市继续强化创新平台建设,优化创新机制,创新能力显著提升。全市规模以上工业企业全部设立研发机构,新增国家级企业技术中心 3 家、省级 12 家。新增国家级自主创新产品 6 个、省级创新型企业 23 家,专利授权量超过2 100件,新认定高新技术企业 109 家。中国风险投资研究院合肥分院、安徽股权交易所挂牌,各类风险投资公司发展到 20 家。成立合肥"科技路路通"分中心,建立汽车自动化装备、环保动力能源等产业技术创新战略联盟。示范区及核心区建设提速,"一个中心、三个基地" 创新平台建设加快推进,大学科技园、科研孵化基地等项目全面开工。

(四)文化、卫生和体育

1. 文化事业

合肥市 2009 年举办"新春文化庙会"等大型文化活动,组织《庐州放歌》百场文艺下基层、"平安合肥"法制宣传进社区等专业文艺演出,涌现出《庐韵三章》、《今天是你的生日》等一批优秀庐剧和歌舞类优秀作品。全年三县建设乡镇综合文化站 10 所,农家书屋 207 个;数字电视整体转换 43 万户,广播电视综合覆盖率100%。年末全市图书馆图书藏有量371.8 万册,增长20.8%。合肥报业集团挂牌,《合肥日报》正式创刊。建成 10 个乡镇综合文化站、207 个农家书屋;数字电视整体转换 43 万户,广播电视综合覆盖率 100%。

2. 卫生事业

2009 年末合肥市共有卫生机构 793 个(含村卫生室、科研院校和计生服务站),其中医院、卫生院 223 个,社区卫生服务机构 199 个;卫生机构床位数 2.59 万张,其中医院、卫生院 2.55 万张。全市专业卫生技术人员 3 万人,其中执业医师9 215人、注册护士11 951人。每千人拥有医院床位数 5.2 张、拥有卫生技术人员 6.1 人。婴儿死亡率 7.06‰,产妇住院分娩率 99.4%,新农合参合率为 97.54%。

合肥市 2009 年扩充优质卫生资源,市滨湖医院、省心脑血管病医院建成开诊,市二院新区、妇幼保健院东区开工建设;加强重大疫情和传染病防控,甲型 H1N1 流感和手足口病防治工作平稳有效;开展肥西县、庐阳区基层医药卫生体制综合改革试点。流动人口管理、出生人口性别比治理等取得新突破,低生育水平保持稳定。

3. 体育事业

2009 年间,在全国第十一届运动会中,合肥市共输送运动健儿 41 名,其中 35 人获得决赛资格。以备战省第十二届运动会为重点,筹备第四届全国体育大会为契机,广泛开展全民健身运动。全年主办和承办了合肥市第49届新年健身走活动,第二届农民篮球赛,万人长跑赛,全国第十一届运动会火炬传递活动,明日之星棋类比赛等,直接参与活动人数达17万多。圆满完成了34个农民体育健身工程场地建设任务。全年体育彩票销售额达3.15亿元,再创历史新高。第四届全国体育大会筹备工作进展有序,“全民健身、健康合肥”活动蓬勃开展。

(五)城乡建设

2009年间,合肥市坚持以城带乡、城乡融合统筹发展。长丰县与新站区共建平板显示产业基地,肥东龙岗开发区整体移交瑶海区,肥西县分别与高新区、经开区联合建设工业园区,县区合作开发取得新突破;完成合水路、合店路一期改造等工程,城乡公用及基础设施对接继续深入推进。全年财政拨付涉农资金5.4亿元,累计发放各类财政补贴农民资金12.7亿元。三县实现GDP470亿元,增速高于全市约1个百分点,县域经济对全市增长的贡献率达24%。

近几年随着合肥市大建设的强力推进和经济社会的快速发展,城市的承载力和聚集力大幅提高,城市化进程明显加快。2009年,合肥市城镇化率为64.1%,比2005年的55.8%提高8.3个百分点,高于2008年1.7个百分点。与全省相比,合肥市城镇化率比全省的42.1%高出22个百分点,在省内17个市中与淮南并列第四,比上年前移1位,与沿江城市马鞍山、芜湖和铜陵的差距缩小。

合肥市2009年农村基础设施建设进一步强化。实施40座中小型水库除险加固工程,解决17万人饮水安全问题;完成农村公路建设投资6.7亿元,全市行政村水泥(沥青)路通达率100%,行政村班车开通率98.3%。

合肥市2009年间市政公用设施逐步完善。新建供水管网400多公里,董铺水源厂扩容改造完工,六水厂一期工程并网运行。新增天然气用户12万户,日最高供气量突破80万立方米。长江中路、长江东大街BRT公交专用道及中央岛式站台投入使用。供电、供气、供热等服务保障能力有新的提高。

2009年间合肥市城乡一体化综合配套改革试点工作扎实推进。扩权强县、土地经营权流转、综合产权交易、“双置换”等改革稳步实施,累计流转土地72万亩,占承包耕地23%。万亩土地复垦、宅基地整理和整村推进新农村建设工程成为全国样板,新增耕地4万亩。“十镇百村”工程市级示范点扩大到152个,缩并自然村1 028个,近8万农民转为市民。新增农民专业合作组织230家。“农民向社区集中、土地向规模经营集中、产业向园区集中”的发展格局加快形成。

(六)环境保护和生态建设

合肥市全年累计完成城市绿化投资8.56亿元,比上年增长3.79倍。完成人工造林2.9万亩,新增城市园林绿地1.11万亩,城市绿地率达40.2%,人均公园绿地12.15平方米。“清洁家园、绿化乡村”启动行政村数604个,新增庭院绿化4.59万处,道路绿化2 134公里,成片造林4 712亩。

环境保护成效显著。全市共有市县级环境监测站4个,环境噪声达标区31个,烟尘控制区23个;全年空气质量优良天数达到317天,比上年增加56天,优良率86.8%;国控省控重点排污企业废水达标率100%,生活垃圾无害化处理率100%,饮用水源水质达标率100%;超额完成GDP能耗下降4%的目标。

2009年间,合肥市坚持大力度投入、高标准建设,加快推进水环境治理。继续实施巢湖沿岸生态环境综合治理,完成湖崩试验段主体工程;完成四里河、板桥河综合治理及二十埠河、塘西河、十五里河主要截污工程,铺设污水管网377公里;建成蔡田铺一期、十五里河、小仓房污水处理厂,日新增污水处理能力20.2万吨。清溪路垃圾填埋场综合治理工程获“中国人居环境范例奖”。启动城市景观水体治理试点,建立河道生态补水机制,巢湖西半湖及南淝河、十五里河、派河水质日趋改善。加大扬尘污染控制和机动车尾气污染治理力度。危险固体废物处置中心二期工程基本建成。开展四里河、板桥河沿岸、高压走廊等廊道绿化建设，新增城市园林绿地1.1万亩；"清洁家园、绿化乡村"活动取得实效，基本完成外环森林生态长廊二期工程，全市农村植树造林3.3万亩。

（七）安全生产与社会安全

全市全年亿元GDP生产安全事故死亡率0.17，比上年下降19%，全市亿元GDP生产安全事故死亡率较去年下降13.6%；工矿商贸企业从业人员10万人生产安全事故死亡率1.83，比上年下降23.1%。全年共发生道路交通事故693起，道路交通万车死亡率5.01，下降18.5%。人民群众对合肥市社会治安满意率为96%，比上年提高1个百分点。

合肥市坚持切实维护社会和谐稳定。严厉打击各种犯罪活动，出台重大事项社会稳定风险评估办法，综治工作向民企、民医、民校拓展，治安防控体系进一步完善，连续四届荣获中国社会治安综合治理优秀城市称号，再次获得"长安杯"。严格落实信访工作各项制度，扎实开展"信访积案化解年"活动。民族宗教工作成效显著，荣获全国民族团结进步模范市称号。

2　马鞍山市2009年经济社会发展报告

2009年是新世纪以来马鞍山经济发展最为困难的一年。面对国际金融危机的严重影响和冲击，市委市政府统揽全局、果断决策、沉着应对，团结带领全市人民，认真贯彻落实党的十七大和十七届三中、四中全会精神，以庆祝新中国成立六十周年为动力，非常之举促增长，化危为机调结构，全市经济社会发展取得了一系列可喜成绩，呈现主要经济指标超年初预期目标、经济结构调整取得积极进展、人民群众共享改革开放和经济发展成果、经济总量指标继续位居全省前列、人均指标稳居全省首位、赶超长三角步伐进一步加快、建设更高水平的全面小康社会进程持续攀升的良好局面。

一、马鞍山市2009年经济发展概况

(一)综合经济

1. 经济总量

2009年，全市生产总值(GDP，下同)665.9亿元，按可比价格计算，比上年增长12.1%(见图2-315)。其中，第一产业增加值25.7亿元，增长5.2%；第二产业增加值443.0亿元，增长13.0%；第三产业增加值197.2亿元，增长10.8%。

2009年，我市充分利用金融危机形成的倒逼机制和洗牌效应，着力推进经济结构调整和产业优化升级。大力扶持与推进新兴产业，新能源、新光源、节能环保和软件动漫等新兴产业集群加速形成；服务业发展水平迈上新台阶。全市第三产业增加值占GDP的比重达29.6%，比上年提升0.9个百分点。

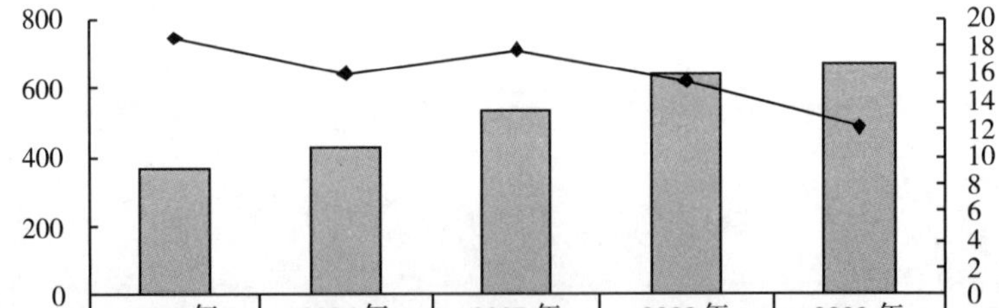

	2005年	2006年	2007年	2008年	2009年
地区生产总值(亿元)	371.35	427.01	532.1	636.3	665.9
增幅(%)	18.6	16	17.8	15.5	12.1

地区生产总值(亿元)　增幅(%)

图2-315　2005-2009马鞍山市地区生产总值及增长速度

2. 财政收入

全市实现财政收入达122.31亿元，比上年增长11.0%，财政收入占GDP的比例为18.4%，比上年提升1.1个百分点。其中，中央财政收入58.58亿元，地方财政收入63.73亿元。三个区财政收入增幅均超过30%。财政支出结构继续调整。全市累计财政支出80.07亿元，比上年增长42.5%。其中，社会保障和就业支出9.86亿元，比上年增长11.0%。扎实推进民生工程，全年实施50项民生工程，资金总投入达9.9亿元，比上年增长30.3%，惠及全市城乡居民。

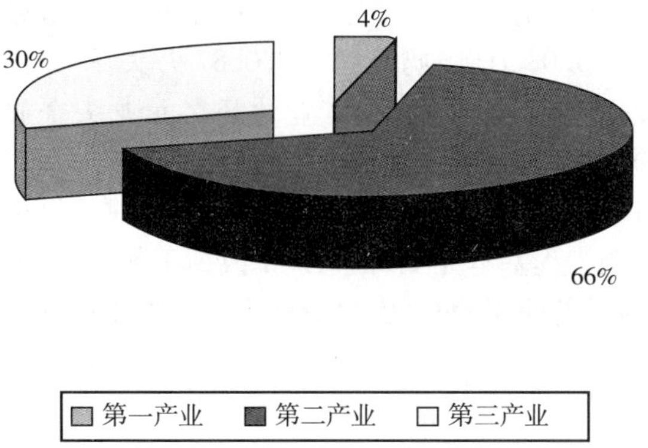

图 2－316　2009 年马鞍山市三次产业结构图

3. 物价水平

2009 年,全市居民消费价格指数为 98.3%,比上年回落 1.7 个百分点。分类别来看,八大类商品价格呈现“四升四降”格局。其中,食品类 100.3%;烟酒及用品类 100.5%;衣着类 101.6%;家庭设备用品类 97.0%;医疗保健和个人用品类 101.2%;交通和通讯类 97.3%;娱乐教育文化用品 99.3%;居住类 88.0%。工业品出厂价格指数为 81.4%,比上年回落 18.6 个百分点。

4. 固定资产投资

全年全社会固定资产投资为 546.14 亿元,比上年增长 35%(见图 2－317),投资额居全省第 5 位。其中房地产开发投资 62.76 亿元,比上年下降 3.7%。

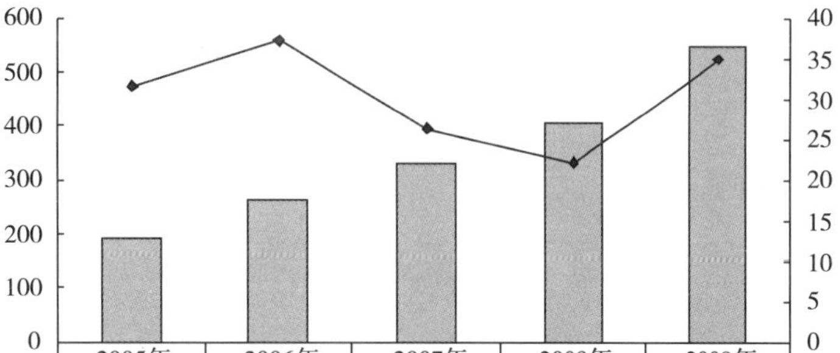

	2005年	2006年	2007年	2008年	2009年
固定资产投资总额(单位：亿元)	191.38	262.25	331.34	404.5	546.14
增幅(%)	31.6	37.2	26.3	22.1	35

图 2－317　2005－2009 年马鞍山市全社会固定资产投资及增长幅度

(二)农业

全年完成农业增加值 25.7 亿元,按可比价格计算,比上年增长 5.2%。全市粮食与经济作物种植面积比为 68.2∶31.8。50 亩以上粮食规模种植户为 561 户。全市粮食种植面积为 65.7 千公顷,比上年增长 1.5%。当涂县被列入“中国1 000亿斤粮食增产计划项目县”。全年粮食总产量创历史新高,达 46.4 万吨,比上年增长 4%;棉花总产量 0.47 万吨,比上年增长 6.8%;油料因种植面积减少,总产量有所下降,油料产量为 4.7 万吨,比上年下降 2.1%。

当涂县成为“中国生态养蟹第一县”。发展规模畜禽养殖 526.3 万头(只),规模养殖比重达

50%,比上年提升5个百分点;推广水产生态养殖面积26万亩,占总养殖面积的76%,比上年提升3个百分点。全年肉类总产量为3.08万吨;奶牛存栏达0.87万头。

启动建设当涂现代农业示范园。全市农业产业化超亿元龙头企业达10家,超10亿元企业2家;"三资"农业加快发展,全年到位资金4.9亿元。

抓住省委省政府确定我市为全省城乡一体化综合配套改革试验区的契机,全力推进城乡一体化进程。花山区张庄中心村一期工程基本完工,霍里镇镇改街工作全面完成。新农村"四条示范线"建设扎实推进,新农村试点镇村示范作用明显,农村有线电视"进村入户"工程加快推进。全年完成小城镇建设投资14.1亿元。

(三)工业、建筑业

全年完成规模以上工业增加值357.56亿元,比上年增长15.2%。完成规模以上工业总产值1 139.17亿元,比上年下降0.6%。县区工业生产在上年高速增长的基础上,继续保持平稳较快的良好发展态势,全年完成规模以上工业总产值314.35亿元,增长18.4%。

全年规模以上工业企业产品销售率达98.92%。适应市场需求的主要工业产品产量保持较快增长(见下表)。

表2-86　2009年主要工业产品产量及增长速度主要工业产品产量表

产品名称	单位	产量	比上年增长(%)
生铁	万吨	1 406.77	3.0
粗钢	万吨	1 472.07	0.4
钢材	万吨	1 461.89	2.9
水泥	万吨	349.38	-4.7
专用汽车	辆	6 997.00	46.9
机制纸及纸板	万吨	87.55	30.5
发电量	亿千瓦时	157.97	44.4
啤酒	千升	77 438.00	-4.3
纱	吨	8 494.00	-11.1
服装	万件	2 637.75	62.7
乳制品	万吨	20.11	11.2

规模以上工业产品销售收入1 057.95亿元,比上年下降16.4%;实现利润为21.07亿元,比上年增长1.6%。经济效益综合指数为262.37,比上年减少27.48个百分点。

全年实现建筑业增加值36亿元,按可比价格计算,比上年增长13.9%。资质以上建筑企业实现利税总额6.12亿元,比上年增长15.5%。房屋建筑施工面积580.79万平方米,房屋竣工面积375.41万平方米。

(四)服务业

1.国内贸易

全年实现社会消费品零售总额为125.75亿元,比上年增长18.7%(见图2-318)。分地区看,城乡市场全面协调发展，全年城市和农村市场分别实现零售额96.45亿元和29.3亿元，比上年分别增长18.3%和20.0%。分行业看，批发零售业实现零售额107.08亿元，比上年增长18.6%；其中，限额以上企业实现零售额38.28亿元，比上年增长20.6%。住宿餐饮业实现零售额17.04亿元，比上年增长18.4%；其中，限额以上企业实现零售额3.46亿元，比上年增长3.0%。

居民消费结构发生可喜变化，全年城市居民人均消费性支出达12 739元，比上年增长11.8%。其中，设备用品及服务、医疗保健、娱乐文教服务和衣着消费支出快速增长。设备用品及服务消费支出增长26.9%，医疗保健消费增长26.2%，娱乐文教服务类消费增长15.7%，衣着消费支出增长15.3%。全年农民人均生活消费支出为5 962元，比上年增长11.2%。其中，人均食品支出2 184元；人均衣着支出和人均居住支出分别增长12.2%和10.6%；人均家庭设备支出和人均医疗保健支出增长较快，分别增长92.6%和76%。

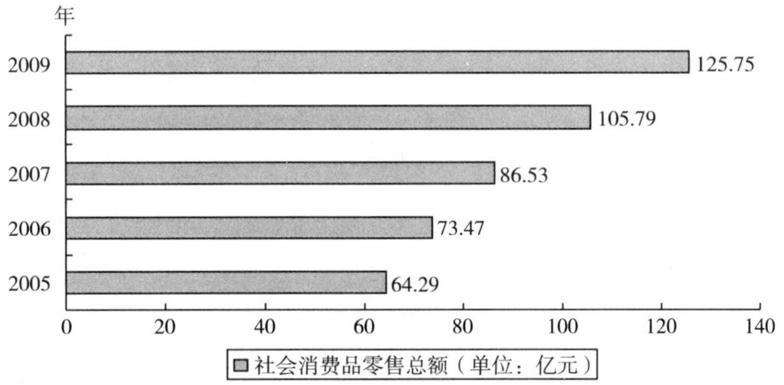

图2－318　2005－2009年马鞍山市社会消费品零售总额

2. 交通、邮电

全年交通运输仓储业完成增加值21.6亿元，比上年增长0.3%。铁路旅客发送量117万人，铁路货运发送量488.9万吨。大力完善港口设施建设。小黄洲锚地一期工程两艘趸船建成下水，进一步强化港口水运功能。全年港口货物吞吐量4 191.1万吨，比上年增长10.8%。交通东向联动工作稳步展开，与南京交通部门通力合作，完成两市边界205国道收费站的合并工作，开通两市公路客运联网售票系统，促进两市经济、贸易、人员、文化的交流。提升公路管理养护水平，完成东环路部分路段、314局部路段的维修养护和新黄路安保工程，对丹阳东桥实施加固，提升了公路桥梁的通行能力和安全性，公路养护工作已跻身全省前列。

全年完成邮电业务收入8.15亿元，比上年增长9.5%。年末固定电话用户为37.42万户，其中，城市电话用户25.46万户。年末移动电话用户为90.17万户，比上年增加15.97万户。年末宽带用户为11.11万户。

3. 旅游业

积极开展旅游主题活动，发挥旅游产业拉动内需、促进经济增长的作用。全年旅游业总收入28.81亿元，比上年增长20.5%。其中，国际旅游外汇收入4 091.22万美元，比上年增长55.4%。全年共接待海外旅游者29 124人次，比上年增长17.7%。年末星级饭店为23家。其中，四星级5家，三星级8家。

4. 金融业

我市金融业准确把握国家宏观调控政策，应对国际金融危机的复杂形势，积极落实市委市政府

“保增长、保民生、保稳定”的要求和部署,不断加大对全市经济发展的支持力度。年末全市金融机构本外币存款余额705.88亿元,比年初增加155.04亿元。年末金融机构本外币贷款余额453.1亿元,比年初增加125亿元。全年货币投放663.5亿元,比上年增加49.16亿元;货币回笼582.34亿元,比上年增加1.52亿元。

(五)开放型经济

1. 对外贸易

受国际金融危机的冲击,全市外贸进出口出现不同程度的下降。全年完成外贸进出口总额为17.33亿美元,比上年下降48.5%;出口总额4.53亿美元,比上年下降58.9%。中小企业进出口保持增长,全年中小企业实现进出口总额5.4亿美元,增长7.6%。

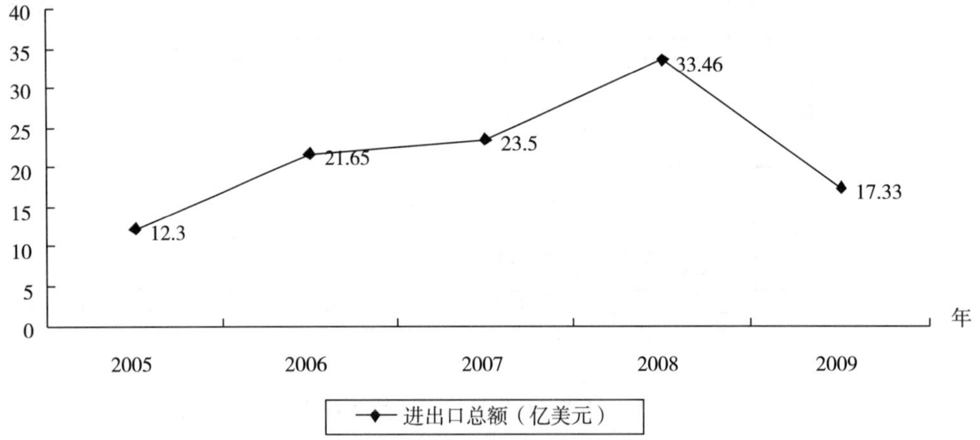

图2-319 2005-2009年马鞍山市外贸进出口总额

2. 利用外资

全市外向型经济继续保持较快的发展势头,招商引资工作取得新突破。全年实际利用外资6亿美元,比上年增长17.4%。其中,实际利用外商直接投资5.72亿美元,比上年增长37.4%;实际利用内资268.46亿元,比上年增长18.7%。

二、马鞍山市2009年社会发展概况

(一)人口、人民生活

年末全市户籍人口为128.61万人。其中,农业人口64.52万人,非农业人口64.09万人。据抽样调查,人口出生率为10.2‰,死亡率为5‰,自然增长率为5.2‰。

据抽样调查,全市城市居民人均可支配收入20 390元,比上年增长11.2%,居全省首位;人均消费性支出12 739元,比上年增长11.8%。全市农民人均纯收入居全省首位,达7 947元,比上年增长9.8%。

据抽样调查,年末平均每百户城市居民家庭耐用消费品拥有量:家用空调156台,冰箱102台,移动电话168部,家用电脑60台,热水淋浴器99台。

2009年末城乡居民储蓄余额达305.83亿元,比年初增加46.24亿元。其中,定期储蓄存款余额

206.16亿元，比年初增加21.72亿元；活期储蓄存款余额99.67亿元，比年初增加24.52亿元。

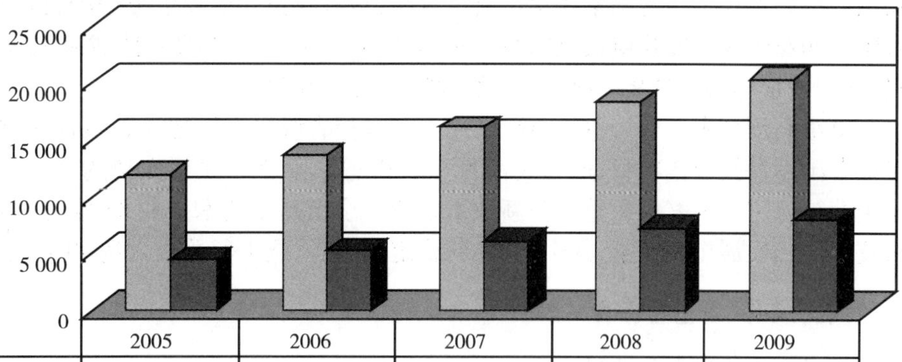

	2005	2006	2007	2008	2009
城市居民人均可支配收入（元）	11 935	13 705	16 137	18 330	20 390
农民人均纯收入（元）	4 511	5 191	6 145	7 238	7 947

图2－320　2005－2009年马鞍山市城乡居民收入对比一览

（二）就业和社会保障

全年累计新增就业3.96万人，其中下岗失业人员再就业1.83万人，“4050”人员等困难群体再就业5 049人，城镇登记失业率为3.2%。完成就业再就业技能培训2.24万人，创业培训1 200人。建立城乡居民生育保险制度，加快完善城乡社会保障体系，巩固完善新农保、城乡一体化居民医疗保险制度，全市城镇职工基本养老保险参保人数达29.23万人，失业保险参保人数18.66万人，医疗保险参保人数33.48万人，工伤保险参保人数23.57万人，生育保险参保人数43.54万人。城镇居民医疗保险参保人数38.55万人。建立了被征地农民养老金正常调整机制，基础养老金从每人每月120元提高到180元，被征地农民参保人数5.7万人。完善城镇居民养老保险、事业单位养老保险、未参保集体企业职工基本生活保障等制度，促进城乡社会保障体系进一步健全。

困难群众救助制度逐步完善，社会救助体系建设成效凸显。市区城乡低保标准实现一体化，大幅提高城乡医疗救助年度封顶线标准。全市城乡最低生活保障救助55.92万人次，全年共支出低保金9 392.55万元。全市社会收养性福利床位数4 548张；抚恤、补助各类优抚对象7 769人；慈善事业健康发展，接受社会捐赠382万元；全市福利彩票销售8 426万元，比上年增长25.6%，筹集福利彩票公益金2 820万元，比上年增长26.4%，其中市本级1 058万元，比上年增长26.1%。

（三）教育、科学技术

1. 教育事业

全年财政用于教育的支出为8.97亿元，比上年增长33.5%。全市共有各类学校398所，其中，高等院校6所、中小学及其他各类学校392所。在中小学及其他各类学校中，幼儿园155所，小学158所，特殊教育学校2所，普通中学57所。全市省一类幼儿园6所，省示范高中6所，省特色初中1所，省特色小学2所，国家重点职业学校4所。全市中小学及其他各类学校共有在校学生24.45万人、教职工1.68万人。全市高中阶段在校学生5.12万人，高中阶段教育毛入学率为86.8%。

2. 科技事业

2009年，全市高新技术产业增加值占规模以上工业增加值的比重为27.9%。专利申请量685

件,比上年增长38.9%。中冶华天"一种合金化微调方法"发明专利在美国取得专利权,填补了我市海外专利申请的空白。全市认定登记的技术合同196项,技术合同交易额1.23亿元。我市被国家知识产权局正式批准为国家知识产权试点市,被省科技厅推荐申报全国科技进步先进市,当涂县、金家庄区和花山区被推荐申报全国科技进步先进县(区)。10项科技成果入围2009年度省科学技术奖,其中被推荐为一等奖2项、二等奖2项、三等奖6项。

全市高新技术产业产值为360亿元。共承担省级以上科技计划项目34个,其中,华菱公司成功申报省国际科技合作项目,成为我市首个获得省国际合作立项支持的企业。惊天液压、海狮织造2家企业被认定为国家火炬重点高新技术企业。全市高新技术企业83家,高新技术产品155个,民营科技企业已发展至228家,其中,当年新认定26家。技工贸总收入达48亿元。

(四)文化、卫生和体育

1. 进一步推进文化建设

全力实施"文化设施建设、文化保护、文化精品、文化展示、文化人才培养和文化产业"六大工程。成功举办"2009马鞍山中国李白诗歌节"。新建市博物馆和图书馆正式开馆运营。年末拥有公共图书馆5个,藏书56万册。专业艺术表演团体3个,文化馆5个。年末广播人口覆盖率、电视人口覆盖率均为100%。年末综合档案馆5个,档案资料31.89万卷、4.15万件,总建筑面积10 890平方米。

2. 加快完善城乡卫生医疗体系

制定《马鞍山市医疗质量控制与管理实施方案》,完善医疗质量管理长效机制。建立健全应急管理体制和各类突发公共卫生事件应急预案,不断健全疫情信息反应机制、预警预测机制。全年突发公共卫生事件及时报告率100%,网络直报率100%。科学有序地开展防治手足口病、甲型H1N1流感防控工作。推进卫生民生工程建设,进一步完善新型农村合作医疗制度。全市农村居民新型合作医疗制度覆盖全市64.19万农民,乡村覆盖率100%,参合农民实现"持卡就医";全市农村新型合作医疗参保率达99.57%,其中,当涂县农民参合率达99.63%,市辖区农民参合率达99.3%。年末全市共有卫生机构332个。其中医院、卫生院56个;共有病床4 068张,卫生技术人员7 182人。全市以乡镇为单位四苗和五苗接种率达97.85%,乙肝疫苗首针接种率达98%。

3. 深入开展体育健身活动

围绕喜庆新中国60华诞等节假日开展大型全民健身系列活动。成功举办马鞍山市第35届"安利杯"迎新年万人环湖长跑活动和第四届社区运动会。组织全省全民健身日暨第二届彩民运动会和全国全民健身日系列活动。不断丰富校园体育活动,举办"扬奥运精神,展校园风采"为主题的全市中小学篮球赛、中小学乒乓球赛、"天翼"杯第二届大学生运动会乒乓球比赛。组队参加省常规比赛取得好成绩,获得53金48银64铜的良好成绩。参加全国第十一届运动会比赛取得优异成绩,共夺得3项冠军、4项亚军、1个第4、1个第5、1个第6。其中,李臻获得男子双人皮艇500米和1 000米2项冠军以及四人皮艇1 000米亚军,何艳获得武术散打女子小团体冠军。

(五)城乡建设

抓住国家扩大内需和建设成本相对较低的有利时机,全面开工建设一批重大基础设施项目。城市建成区面积扩大到75.5平方公里,城市化率提高到65.7%。强力推进城市重点基础设施建设,进一步提高城市综合承载功能。积极推进湖南路等三条路"白加黑"改造工程。深入开展水环境整治工程,完成了王百滩、永丰河、碧溪河等清淤工程和雨山河长沟水系整治工程。

(六)环境保护与生态建设

加强污染减排工作力度,将总量控制指标和污染减排任务分解到相关企业,纳入年度环保工作目标考核。全年列入省政府减排计划的项目13个,有10个已经形成减排能力。不断加大环境综合整治力度,慈湖河生态环境综合整治扎实推进。全市空气质量优良率达95.9%,城市饮用水水质达标率为100%。工业废水排放达标率为94%。全市万元GDP能耗为2.21吨标煤,比上年下降5.5%。

以全国园林城市复查为契机,进一步巩固生态园林城市建设成果。全年新增绿地面积108公顷,市区人均公园绿地面积达13.26平方米,市区绿化覆盖率达42.57%。完成国家园林城市复查工作。着力推进污水处理厂及其外部管网配套工程建设,完成第二污水处理厂、开发区南区污水处理厂和东部污水处理厂外部管网配套工程。

(七)安全生产

亿元GDP安全事故死亡率0.189,比上年下降0.02个百分点。

三、挑战与目标

在未来的发展中,马鞍山还面临许多的问题和不足:综合经济实力和区域竞争力还不够强,经济结构性矛盾依然比较突出,产业结构偏重、产业层次偏低、消耗排放偏高,企业核心竞争力和科技创新能力不强,新型工业化步伐还不快;产业层次还比较低,产业升级、节能降耗、污染减排和环境保护的任务依然艰巨;要素瓶颈制约突出,保持合理的投资增长、优化投资结构、提高投资效益的难度不小;农业持续增效、农民持续增收、农村持续发展的长效机制还没有形成,文化建设、社会建设相对滞后于经济建设;困难群体就业、提高社会保障水平等方面,还有大量工作要做;转变政府职能、改善公共服务,还需要进一步加强。对这些问题,必须高度重视,切实加以解决。

2010年全市经济社会发展主要预期目标是:地区生产总值增长13%;单位生产总值能耗下降4%,二氧化硫、化学需氧量排放分别削减3%和2%;财政总收入增长12%,地方财政一般预算收入增长12%;全社会固定资产投资增长18%;社会消费品零售总额增长15%;城镇居民人均可支配收入增长12%,农民人均纯收入增长8%;城镇登记失业率控制在3.5%以内。其中,节能减排指标是约束性的,必须作为硬任务,千方百计确保完成;其他指标是指导性的,力争在工作中完成得更好。

四、马鞍山市在南京都市圈经济发展中的地位

市委市政府审时度势,多举克难,团结带领全市人民深入贯彻党的十七大、十七届三中全会和胡锦涛总书记两次视察安徽的重要讲话精神,全面落实科学发展观,紧紧围绕"又好又快新跨越、率先全面达小康"的奋斗目标,抓发展、增活力、保民生、促稳定,全市经济社会发展取得新的显著成就。

在2005年－2009年期间,马鞍山市地区生产总值在南京都市圈中所占的比重分别为:6.02%,5.98%,6.33%,6.33%,5.76%,从总体来看,呈现出较大的波动,但总体保持在5.5%－6.5%之间的水平上,在2008－2009年间,出现了较大幅度的下降,降幅为0.57%。

在2005－2009年期间,马鞍山市地方财政一般预算收入在南京都市圈中所占的比重分别为:6.23%,6.99%,6.28%,5.41%,6.63%,从总体来看,呈现出上下波动的趋势,既有增长也有下降,但总体维持在5%－7%的水平之间。

在2005－2009年期间,马鞍山市规模以上工业总产值在南京都市圈中所占的比重分别为:6.06%,5.48%,6.00%,6.84%,5.80%,从总体来看,规模以上工业总产值在南京都市圈中的比重也是不断波动,有上升也有下降,总体上维持在5%－7%的水平之间。

在2005－2009年期间,马鞍山市进出口总额在南京都市圈中所占的比重分别为:3.34%,4.90%,4.42%,5.35%,3.36%,从总体来看,该比重呈现出上下波动的趋势,在2008－2009年间的

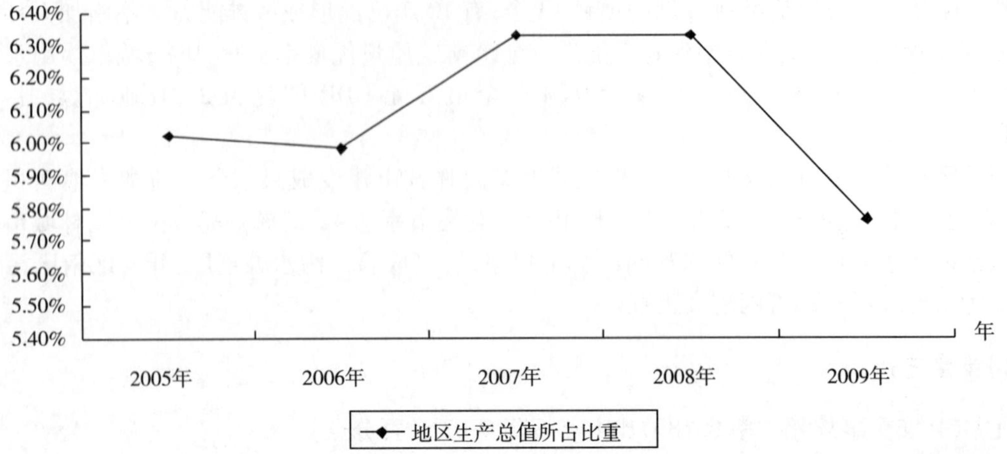

图 2-321　2005-2009 年马鞍山市地区生产总值在南京都市圈所占比重的变化趋势

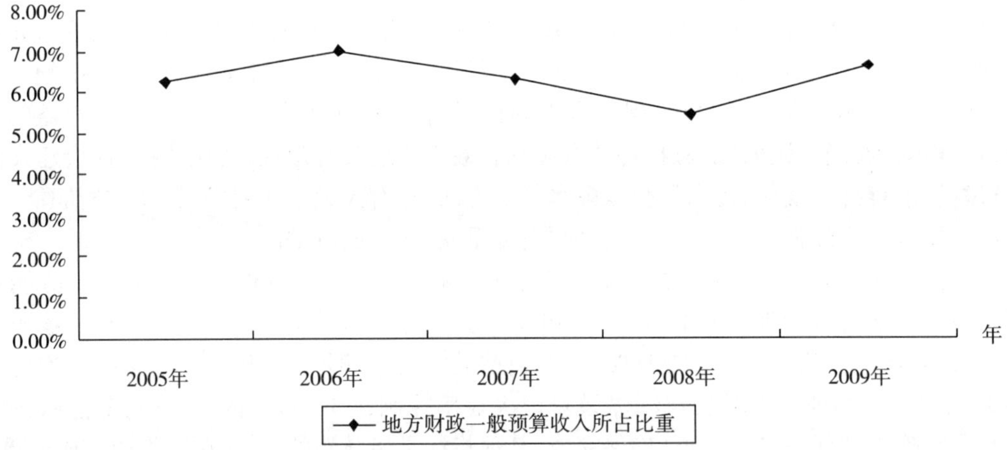

图 2-322　2005-2009 年马鞍山市地方财政一般预算收入在南京都市圈所占比重的变化趋势

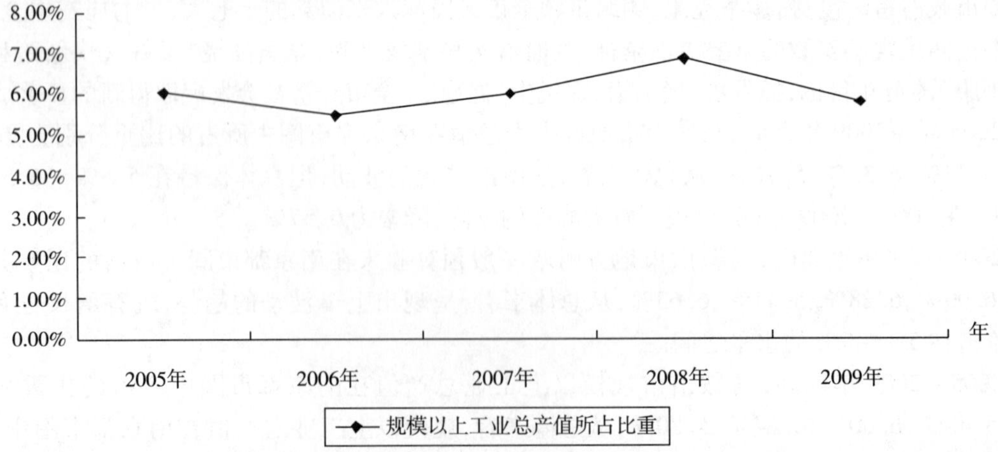

图 2-323　2005-2009 年马鞍山市规模以上工业总产值在南京都市圈所占比重的变化趋势

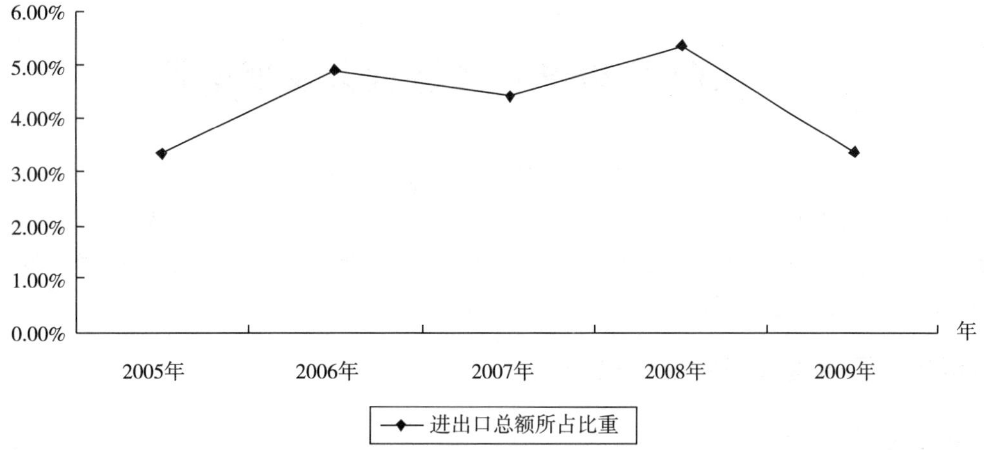

图 2－324 2005－2009 年马鞍山市进出口总额在南京都市圈所占比重的变化趋势

降幅最大，为 1.99%。

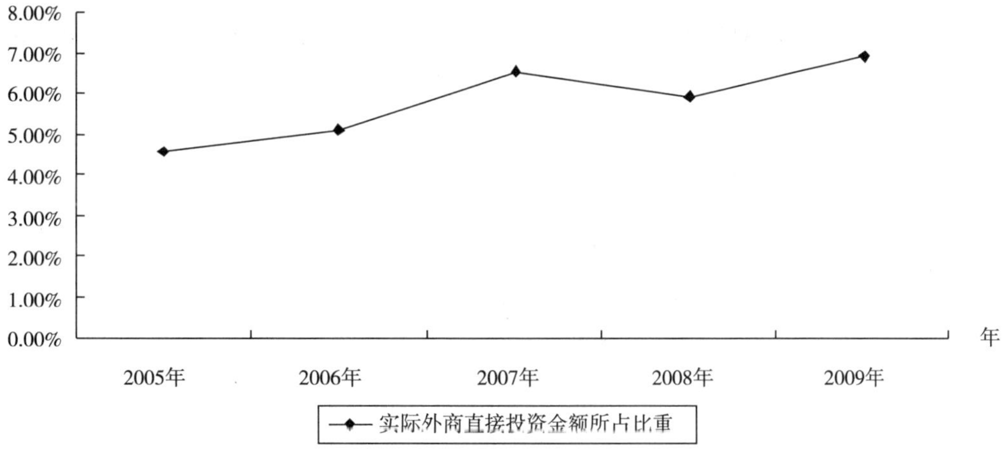

图 2－325 2005－2009 年马鞍山市实际外商直接投资金额在南京都市圈所占比重的变化趋势

在 2005－2009 年期间，马鞍山市实际外商直接投资金额在南京都市圈中所占的比重分别为：4.59%，5.09%，6.52%，5.91%，6.88%，除了 2007－2008 年间出现小幅度的下降外，其他年度均保持了增长的势头，最大的涨幅出现在 2006－2007 年间，增长幅度为 1.43%。

二　江西省2009年经济社会发展报告

2009年，是新世纪以来江西省经济社会发展最为困难的一年。全省人民坚持以科学发展观为指导，贯彻落实“三保一弘扬”的总体要求，全力以赴保增长，千方百计保民生，加大力度保稳定，全省经济社会保持平稳较快发展，主要经济指标好于年初预期，多项指标在全国位次前移，经济发展呈现回升向好、逆势上扬的良好态势，各项社会事业取得了新的成就。

一、2009年江西省经济发展状况

(一)综合经济

1.经济总量

2009年全省生产总值7 655.18亿元，比上年增长13.1%，连续三年实现13%以上增长。分产业看，第一产业增加值1 098.66亿元，增长4.5%；第二产业增加值3 919.45亿元，增长17.1%；第三产业增加值2 637.07亿元，增长10.7%。三次产业结构调整为14.4∶51.2∶34.4，二三一结构进一步强化和巩固。三次产业对经济增长的贡献率分别为5.0%、68.1%和26.9%。非公有制经济快速发展，实现增加值4 090.6亿元，增长16.0%，占GDP的比重达53.9%。

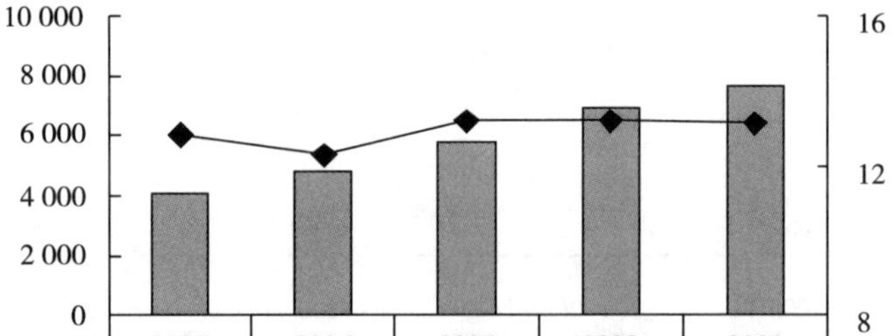

	2005	2006	2007	2008	2009
地区生产总值(亿元)	4 056.76	4 820.53	5 800.25	6 971.05	7 655.18
增幅(%)	12.8	12.3	13.2	13.2	13.1

图2-326　2005-2009年江西省地区生产总值及增长速度

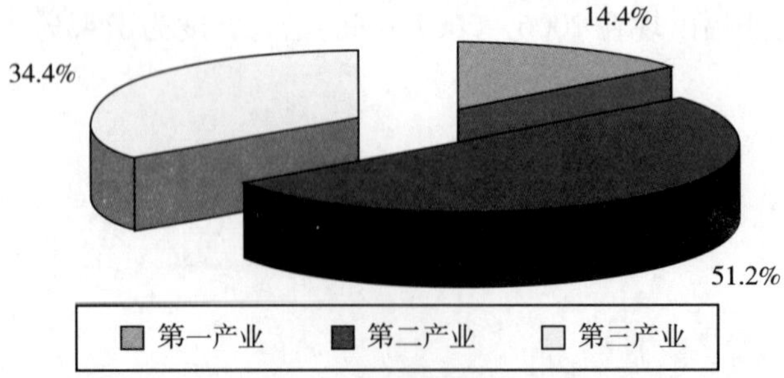

图2-327　2009年江西省三次产业结构图

表 2－87　2009 年江西省各地区国民经济主要指标

城市	年末总人口（人）	生产总值（万元）	全社会固定资产投资（万元）	出口总额（万美元）	财政一般预算收入（万元）
南昌市	4 648 898	18 375 008	14 034 086	134 921	1 158 800
景德镇市	1 576 589	3 640 337	3 158 100	8 039	243 257
萍乡市	1 864 278	4 214 862	4 621 429	650	273 057
九江市	4 789 502	8 313 636	6 426 795	24 729	505 023
新余市	1 140 308	4 841 748	4 612 202	133 298	330 301
鹰潭市	1 115 406	2 568 020	1 589 969	195 263	181 148
赣州市	8 428 813	9 406 290	4 955 557	23 300	680 858
吉安市	4 830 175	5 841 087	5 252 872	8 261	397 408
宜春市	5 484 264	7 002 430	4 260 612	6 355	476 870
抚州市	3 905 673	5 029 103	4 325 605	221	355 950
上饶市	6 537 675	7 285 029	5 682 209	5 993	480 791

2. 财政收入

全省全年财政总收入突破 900 亿元，达 928.9 亿元，比上年增长 13.7%。其中，地方财政收入 581.2 亿元，增长 18.9%。税收收入实现较快增长。税收总收入 777.5 亿元，增长 13.3%。财政收入较快增长为加强和改善宏观调控、大力实施“民生工程”等提供了强有力的财力支持。全年地方财政支出1 548.6亿元，增长 28.0%。其中，医疗卫生支出增长 44.3%，农林水事务支出增长 35.7%。

3. 物价水平

2009 年江西省居民消费价格下降 0.7%。其中，城市下降 0.6%，农村下降 0.8%。从八大类别看，食品类价格上涨 0.1%，烟酒及用品类上涨 0.4%，家庭设备用品及服务类、医疗保健及个人用品类均上涨 1.1%，娱乐教育文化用品及服务业上涨 0.3%，其他类价格均呈不同幅度下降。商品零售价格下降 0.9%。工业品出厂价格下降 7.0%。原材料、燃料、动力购进价格下降 9.3%。固定资产投资价格下降 3.9%。农产品生产价格下降 3.2%。

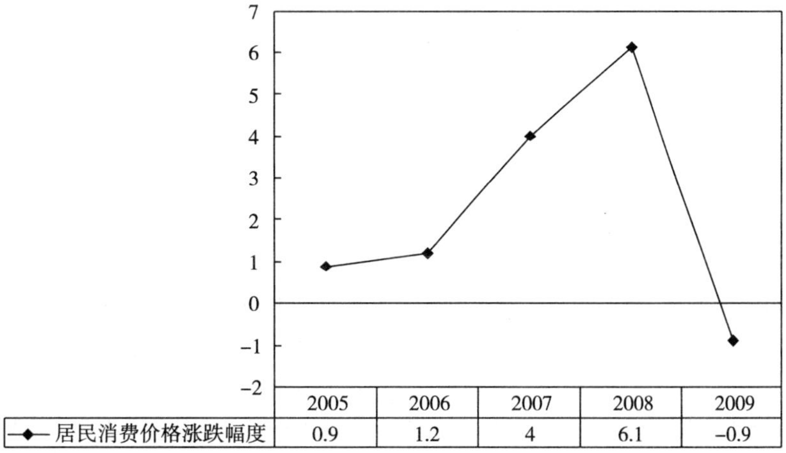

图 2－328　2009 年江西省居民消费价格涨跌幅度

4. 固定资产投资

江西省全年全社会固定资产投资6 643.1亿元,比上年增长40.0%。其中,城镇固定资产投资6 006.7亿元,增长38.9%。分产业看,第一产业投资225.8亿元,增长67.5%;第二产业投资3 630.9亿元,增长40.7%,其中工业投资3 607.5亿元,增长40.7%;第三产业投资2 785.7亿元,增长37.3%。非国有投资增势强劲,完成投资4 860.0亿元,增长43.3%,占全社会固定资产投资的比重由上年的71.5%提高到73.2%。

2009年间江西省紧抓住国家扩大内需的政策机遇,围绕基础设施、高新技术生态建设、民生工程等重点领域,全力推进项目建设。全省新开工项目13 630个,续建项目4 336个,建成投产项目11 204个,新开工和建成项目分别增长67.5%和38.8%。

2009年间,德兴至南昌、上饶至武夷山等7条高速公路相继开工;鹰潭至瑞金、石城至吉安等高速公里进展顺利;瑞金至赣州高速公路建成通车。全年新增高速公路通车里程117公里;硬化改造农村公路11 500公里。衡茶吉铁路全面开工,昌九城际、向莆等铁路建设进展顺利,京九(北段)、峰福等铁路电气化改造全面完成。全年改造铁路281.8公里。昌北机场扩建加快推进。贵溪电厂、景德镇电厂“上大压小”项目开工建设,华能井冈山电厂二期、新昌电厂1号机组建设投运,统调电力装机新增162.5万千瓦。500千伏鄂赣Ⅲ回建成投运。江西艺术中心、江报传媒大厦等重大社会公益性项目进展顺利。

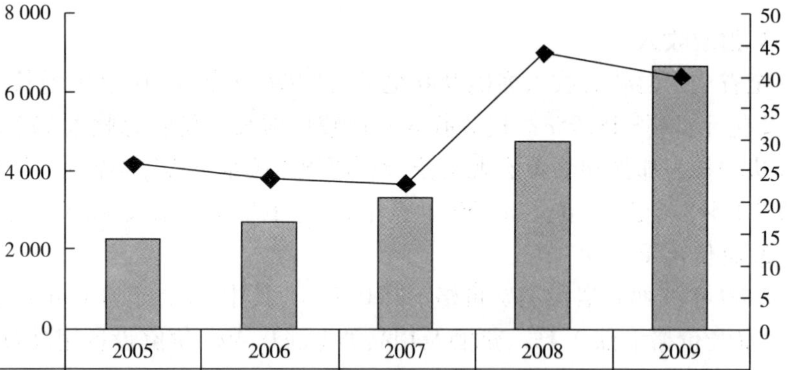

	2005	2006	2007	2008	2009
固定资产投资总额(单位:亿元)	2 293	2 683.2	3 300.1	4 745	6 643
增幅(%)	26	23.7	23	43.5	40

图2-329　2005-2009年江西省全社会固定资产投资及增长幅度

(二)农业建设

2009年,江西省粮食连续六年实现增产,全年总产量首次突破400亿斤,达400.5亿斤,增长2.3%。全年粮食种植面积3 604.6千公顷,比上年增长0.7%;油料种植面积716.4千公顷,增长8.7%;棉花种植面积75.5千公顷,增长13.4%;蔬菜种植面积509.7千公顷,减少0.6%。

全省全年完成造林面积243.2千公顷。全年肉类总产量300.9万吨,增长15.0%,其中猪肉增长15.4%。生猪出栏2 814.5万头,增长10.9%。年末生猪存栏1 680.1万头,增长9.8%。全年水产品产量205.3万吨,增长7.8%。

2009年末全省有省级以上龙头企业407家,全年实现销售收入1 200.1亿元,比上年增长13.3%;实现利润48.5亿元,增长9.0%。规模以上农产品加工企业2 192家,增长19.0%;实现销售收入1 293亿元,增长20.1%。农民专业合作组织8 416个,增长90.1%;合作组织成员8.9万户,增长84.4%。

全省全年农田有效灌溉面积达1 840. 4千公顷,新增有效灌溉面积 14. 0 千公顷。年末农业机械总动力3 358. 9万千瓦,比上年末增长 14. 0% ,其中农用排灌动力机械 825. 9 万千瓦,增长 20. 2% ;联合收割机达 3. 8 万台,增长 31. 0% 。实际机耕面积达2 579. 4千公顷;机械收获面积1 994. 6千公顷,占农作物总播种面积的比重达 37. 1% ,提高 1. 7 个百分点。农用化肥施用量(折纯)135. 8 万吨,增长 2. 1% 。

表 2 –88　2009 年主要农产品产量及其增长速度

产品名称	产量	比上年增长%
粮食	2002. 6	2. 3
其中:稻谷	1 905. 9	2. 4
油料	102. 0	11. 8
其中:油菜籽	61. 0	18. 2
棉花	12. 5	11. 6
烟叶	4. 3	-10. 4
茶叶	2. 6	13. 0
水果	327. 1	18. 8
蔬菜	1 088. 6	0. 3
肉类	300. 9	15. 0
水产品	205. 3	7. 8

2009 年间,江西省全面落实强农惠农政策,全面通过“一卡通”发放各类补贴 85. 5 亿元。严格落实耕地保护责任目标,深入实施造地增粮富民工程,全省新增耕地 10 万亩,实现了耕地占补平衡。峡江水利枢纽工程正式奠基,廖坊灌区一期、大中型病险水库除险加固等重大水利项目扎实推进,农业生产保障能力进一步提升。大力推进农业产业化,省级以上龙头企业增加到 407 家,直接带动农户 347 万户。农业技术服务体系、动植物防疫体系和农产品质量安全检测体系进一步健全。

(三)工业和建筑业

1. 工业增加值

2009 全年江西省工业增加值3 170. 1亿元,比上年增长 18. 4% ,占生产总值的比重达 41. 8% 。其中,规模以上工业增加值2 610. 8亿元,增长 20. 1% 。支柱产业保持较快发展。六大支柱产业完成工业增加值1 484. 5亿元,增长 18. 6% ,对规模以上工业增长的贡献率为 53. 9% 。

全省全年规模以上工业原煤产量2 982. 5万吨,增长 15. 3% ;钢材1 647. 4万吨,增长 29. 1% ;水泥6 153. 2万吨,增长 17. 7% ;机制纸及纸板 139. 6 万吨,增长 18. 8% ;汽车 28. 5 万辆,增长 35. 0% ;十种有色金属 94. 2 万吨,增长 9. 1% 。

江西省全年规模以上工业产品销售率 98. 8% ,比上年提高 0. 3 个百分点;实现主营业务收入9 814. 2亿元,比上年增长 16. 3% ;实现利润 496. 8 亿元,增长 49. 5% ;实现利税 942. 7 亿元,增长34. 0% 。在 37 个行业中,有 34 个行业实现了盈利,其中利润增长 20% 以上的有 32 个。工业经济效益综合指数 233. 8% ,提高 14. 9 个百分点。

表 2-89 2009 年规模以上工业增加值及其增长速度

指标	增加值	比上年增长%
规模以上工业	2 610.8	20.1
其中:轻工业	877.1	20.9
重工业	1 733.6	19.7
其中:国有及国有控股企业	629.5	4.6
其中:集体企业	26.1	1.0
股份制企业	851.6	18.2
外商及港澳台投资企业	427.9	23.2
私营企业	998.3	26.9

2009 年末江西省入园投产工业企业达7 936家,比上年增长 4.9%;全年安置从业人数 139.1 万人,增长 3.2%。全年园区完成工业增加值2 102.7亿元,增长 21.6%;主营业务收入、利润、利税分别完成6 687.3亿元、348.0 亿元和 627.6 亿元,分别增长 19.4%、34.9%和 25.4%。年主营业务收入超 100 亿元的园区达 20 家,比上年增加 7 家,其中南昌高新技术产业开发区达 537.8 亿元,南昌经济技术产业开发区 325.7 亿元。

表 2-90 2009 年规模以上工业主要产品产量及其增长速度

产品名称	单位	产量	比上年增长%
纱	万吨	62.0	39.5
布	亿米	6.8	11.7
机制纸及纸板	万吨	139.6	18.8
卷烟	亿支	529.0	5.0
彩色电视机	万台	91.0	103.9
家用电冰箱	万台	91.3	20.1
房间空气调节器	万台	132.7	1.6
原煤	万吨	2 982.5	15.3
原油加工量	万吨	450.1	10.0
发电量	亿千瓦小时	496.4	12.7
火电	亿千瓦小时	447.4	16.1
水电	亿千瓦小时	48.6	-11.9
粗钢	万吨	1 620.9	30.8
钢材	万吨	1 647.4	29.1
十种有色金属	万吨	94.2	9.1

（续表）

产品名称	单位	产量	比上年增长%
水泥	万吨	6 153.2	17.7
硫酸	万吨	213.6	12.9
烧碱	万吨	24.5	-28.0
汽车	万辆	28.5	35.0
其中:轿车	万辆	8.1	21.5
大中型拖拉机	台	3 904.0	13.2
工业锅炉	蒸发量吨	1 144.3	44.3
金属切削机床	台	959.0	-29.7

2009年间,江西省政府采取有力措施支持企业渡过难关、平稳发展。通过实施增值税转型改革、取消部分省级行政事业性收费、降低企业社保缴费门槛等措施,依法依规为企业和创业者直接减免税费138.4亿元;融资担保机构增加到203家,为5 098家"四有三不"企业提供流动资金贷款担保150.2亿元;整合资金2亿元,为工业园区免费培训新招员工36万人。支持企业节能减排增效、节支降本增产,提高竞争力。建立百亿企业、百亿园区和重大项目调度会制度,认真抓好煤电油运调度,保障有订单、有销路的企业正常生产。继续组织实施产业经济"十百千亿工程"、高新技术成果产业化工程、高新矿产经济工程,促进工业结构调整。全年推进重大工业项目1 000项。争取大飞机项目取得成功,南昌航空城顺利奠基,新钢300万吨薄板I系列、江西赛维LDK万吨级高纯硅一期工程等200多个重点产业项目建成投产。全省规模以上工业增加值2 610.8亿元,增长20.1%,为保增长作出了重要贡献。

全省31户省属工业企业、42户省属下放企业、338户设区市国有工业企业已基本完成改制,95户政策性关闭破产企业已基本完成90户,省属集团公司层面股权多元化改革达73.5%,为进一步发展创造了历史性的机遇和条件。

表2-91 2009年江西省各市规模以上工业总产值

单位:万元

地区	工业总产值
南昌市	20 966 709
景德镇市	4 959 525
萍乡市	7 079 961
九江市	10 538 420
新余市	7 941 318
鹰潭市	7 885 156
赣州市	8 670 299
吉安市	7 355 843
宜春市	8 547 671
抚州市	5 108 030
上饶市	7 951 792

2. 建筑业

全省全年具有建筑业资质等级总承包和专业承包建筑业企业完成建筑业总产值1 285.0亿元,增长24.2%;按建筑业总产值计算,全员劳动生产率人均17万元,增长12.4%。

(四)服务业

1. 国内贸易

江西省全年社会消费品零售总额2 484.4亿元,比上年增长19.3%。分城乡看,城市市场1 330.6亿元,增长19.4%;县及县以下市场1 153.8亿元,增长19.2%。住宿和餐饮业快速增长,实现零售额278.6亿元,增长22.3%;批发零售贸易业实现零售额2 185.6亿元,增长19.0%。在限额以上批发零售业零售额中,汽车类实现零售额114.3亿元,增长70.3%;家具类3.6亿元,增长1.5倍;金银珠宝类7亿元,增长20.1%;化妆品类5.7亿元,增长35.3%;电子出版物及音像制品类2.5亿元,增长26.4%。

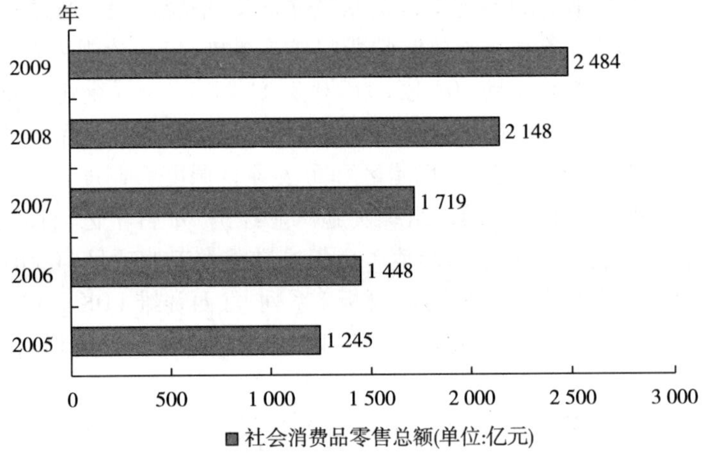

图2-330　2005-2009年社会消费品零售总额

2009年,江西省年成交额在亿元以上的商品交易市场88家,实现成交额1 047.6亿元。其中,年成交额在10亿元以上的有23家,成交额825.2亿元。

2. 交通运输、邮电

全省全年铁路、公路、水运完成旅客运输量70 491.7万人,增长7.0%;完成货物运输量85 630万吨,比上年增长6.7%。机场旅客吞吐量453.8万人,增长21.0%。其中,昌北机场旅客吞吐量393.8万人,增长18.3%。

全省全年完成邮电业务总量624.2亿元,比上年增长26.3%。其中,邮政业务量31.1亿元,增长15.9%;电信业务量593.1亿元,增长26.8%。年末局用电话交换机总容量619.5万门。固定电话用户748.5万户,其中城市电话用户448.0万户,乡村电话用户300.5万户。新增移动电话用户270万户,年末达到1 547.3万户。宽带网用户达245.9万户,增长36.2%。

3. 旅游业

江西省全年共接待国内旅游人数9 303.3万人次,比上年增长16.0%;国内旅游收入655.5亿元,增长21.0%。共接待入境旅游人数96.4万人次,增长20.2%;旅游外汇收入2.9亿美元,增长15.1%。

4. 金融、证券和保险

2009年末江西省金融机构人民币存款余额9 296.4亿元，比上年增长29.0%，同比加快6.9个百分点。其中，企业存款余额2 598.3亿元，增长40.8%；城乡居民储蓄存款余额5 092.7亿元，增长22.2%。金融机构贷款余额6 347.0亿元，增长39.7%，同比加快21.5个百分点。其中，短期贷款余额为2 666.7亿元，增长36.8%；中长期贷款为3 368.4亿元，增长45.6%。全年金融机构现金收入18 589.1亿元，金融机构现金支出18 155.6亿元，收支相抵，净回笼货币433.5亿元，下降3.5%。

2009年间，江西省新组建省信用担保公司及农业产业化、科技、旅游、外贸等专业性担保公司，全年担保融资53亿元。批准设立小额贷款公司31家，提供贷款12.4亿元。引进14家金融机构入赣。全省金融机构贷款增量达1 802.3亿元，增长39%；存款增量2 086亿元，增长28%.新增存贷比达到86.3%。政策性保险取得新进展。资本市场再融资42.8亿元。全年境内上市公司直接募集资金42.8亿元。年末证券公司营业网点130家，全年证券交易额1.7万亿元。年末期货公司营业部17家，全年成交金额7 147.3亿元，比上年增长61.8%。

全省全年保险公司保费收入187.1亿元，比上年增长9.2%。其中，财产险保费收入44.1亿元，寿险保费收入130.1亿元，健康险保费收入8.7亿元，意外伤害险收入4.3亿元。支付各类赔款及给付55.8亿元，下降3.2%。其中，财产险赔款22.5亿元，寿险给付28.0亿元，健康险赔款和给付4.0亿元，意外险赔款1.2亿元。

5. 房地产业

江西省全年房地产开发投资634.5亿元，比上年增长15.9%。商品房竣工面积1 646.8万平方米，增长3.8%。全年商品房销售面积2 280.9万平方米，销售总额602.8亿元，分别增长32%和63.4%。按工程用途来看，商品住宅投资509.17亿元，增长14.1%；办公楼投资11.60亿元，增长149.3%；商业营业用房投资63.18亿元，增长24.5%；其他投资50.57亿元，增长10.3%。按户型结构来看，90平方米及以下住宅投资115.78亿元，增长75.7%；140平方米及以上住宅投资72.36亿元，增长40.5%。

（五）对外经济

1. 对外贸易

江西省2009年进出口总额127.8亿美元，比上年下降7.0%，比上半年收窄9.4个百分点。其中，出口73.64亿美元，下降4.7%；进口53.01亿美元，下降10.0%。在出口中，外商投资企业出口额32.26亿美元，下降14.6%；私营及其他企业30.97亿美元，增长32.8%；国有企业出口额10.40亿美元，下降35.8%。在国际市场严重萎缩的形势下，海关出口总额完成73.6亿美元，下降4.7%；出口总额在全国排位上升2位。

表2－92　2009年进出口主要分类情况及其增长速度

单位：亿美元

指标	绝对数	比上年增长%
进出口总额	126.65	－7.0
出口额	73.64	－4.7
其中：一般贸易	49.49	－6.6
加工贸易	20.89	－7.9

(续表)

指标	绝对数	比上年增长%
其中:机电产品	19.33	24.5
其中:高新技术产品	13.92	-7.8
进口额	53.01	-10.0
其中:一般贸易	32.17	-4.3
加工贸易	11.67	-7.3
其中:机电产品	17.32	30.0
其中:高新技术产品	8.47	63.7

2009 年江西省纺织服装、鞋类等传统大宗商品出口分别增长 12.7%、18.5%。机电产品出口 19.33 亿美元,增长 24.5%。对美国、香港、东盟等国家或地区出口保持增长,分别增长 29.9%、9.7%和 8.9%。

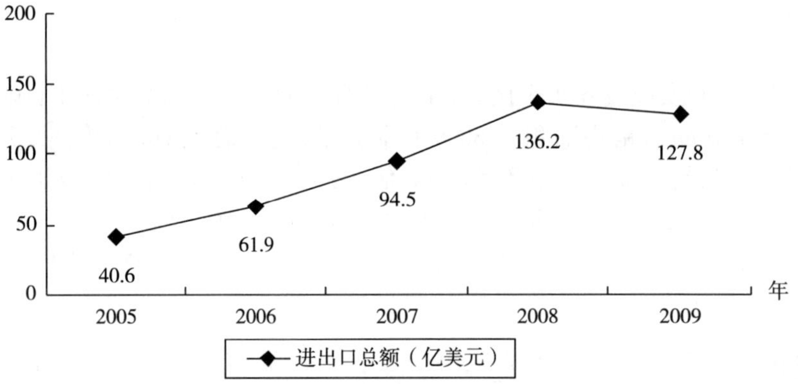

图 2-331　2005-2009 年江西省外贸进出口总额

2. 外资状况

全省全年新批外商投资企业 821 个,增长 19.2%,其中新批合同外资1 000万美元以上大项目 94 个。实际使用外商直接投资 40.24 亿美元,增长 11.7%。全年新增具有世界 500 强投资背景的企业 1 家,总数达 37 家。实际引进省外单项投资5 000万元以上工业项目资金1 367.1亿元,增长 24.2%。组织"百人服务团"对重点出口企业实行结对帮扶,促进外贸出口止跌回升。

表 2-93　2009 年江西省各市实际使用外资金额

单位:万美元

地区	实际使用外资金额
南昌市	125 089
景德镇市	10 072
萍乡市	12 434
九江市	52 072

（续表）

地区	实际使用外资金额
新余市	42 831
鹰潭市	11 079
赣州市	77 193
吉安市	34 481
宜春市	32 614
抚州市	13 599
上饶市	34 890

3. 对外合作

2009 年间，江西省积极实施“走出去”战略，对外承包工程和劳务合作营业额完成 7.6 亿美元，增长 34.4%．加快推进“大通关”等开放平台建设，九江城西港、上饶“无水港”建成运营；开通南昌—宁波、吉安—厦门、吉安—深圳铁海联运班列，铁海联运线路增加至 9 条，江西至沿海主要口岸的出海通道全部打通；新增南昌—仁川定期包机和南昌—台北空中直航两条国际（地区）航线。国际友好城市增加 8 对。

全省全年对外承包工程、劳务合作和设计咨询合同项目 233 个，合同金额 10.67 亿美元，增长 39.5%；完成营业额 7.56 亿美元，增长 34.4%。

二、江西省 2009 年社会发展概况

（一）人口、人民生活

1. 基本概况

2009 年末江西省常住人口为4 432.16万人，比上年末增加 32.0 万人。65 岁及以上老年人口为 375.85 万人，占总人口的比重为 8.5%，比上年提高 0.1 个百分点。全年出生人口 61.25 万人，出生率为 13.87‰；死亡人口 26.41 万人，死亡率为 5.98‰；自然增长率为 7.89‰。

全省全年农民人均纯收入5 075元，比上年增长 8.0%；城镇居民人均可支配收入14 022元，增长 9.0%。农村居民恩格尔系数为 45.6%，城镇居民恩格尔系数为 39.9%，比上年分别下降 3.8 个和 1.8 个百分点。年末农村居民人均住房面积 39.53 平方米，城镇居民人均住房建筑面积 38.6 平方米，比上年末分别增加 1.97 平方米和 1.36 平方米。

2. 人口发展特征分析

2009 年，江西省人口发展也呈现出人口总量保持低速增长、人口城镇化稳步推进、人口文化素质持续提升等良好势头，其主要特征有以下几点：

（1）人口出生率和自然增长率略有下降

年度人口变动情况抽样调查资料显示，2009 年江西人口出生率为 13.87‰，人口死亡率为 5.98‰，自然增长率为 7.89‰。据此推算，2009 年全省年末常住人口总量为4 432.16万人，其中出生人口 61.25 万人，死亡人口 26.41 万人，剔除迁移变动影响，全年净增人口 32.05 万人。与 2008 年相比，人口出生率下降了 0.05 个千分点，死亡率下降了 0.03 个千分点，自然增长率下降了 0.02 个千分点。

从人口增长情况看，净增人口比 20 世纪 80 年代年均增加量减少了 21.96 万人，比 20 世纪 90 年代年均增加量减少了 3.70 万人，人口增长水平继续保持了自 2003 年以来稳定控制在 30 万人左右

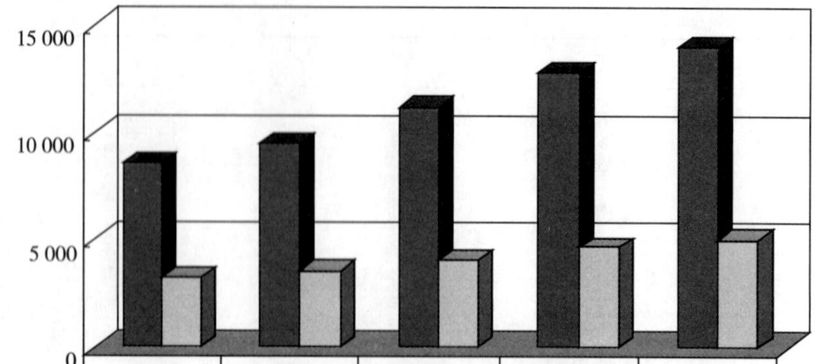

	2005	2006	2007	2008	2009
■ 城市居民人均可支配收入（元）	8 620	9 551	11 222	12 866	14 022
□ 农民人均纯收入（元）	3 266	3 585	4 098	4 697	5 075

图 2－332　2005－2009 年江西省城乡居民收入对比一览

的水平，人口总量依然了保持低速增长的态势。

（2）人口城镇化水平进一步提高

城镇化率是衡量经济发展水平特别是工业发展水平的重要指标。进入 21 世纪以来，全省市场经济体制框架基本形成，江西进入工业化中期阶段，工业蓬勃发展，城市基础设施建设不断完善，大批农村人口进城务工，使江西省城镇化率不断提高。

2009 年，江西省城镇人口达1 913.81万人，城镇化率为 43.18%。与 2008 年相比，城镇人口增加了 93.93 万人，城镇化率上升了 1.82 个百分点，是近 5 年来城镇化水平提高最快的一年，这表明江西省在推进新型城镇化和城市建设工作上取得了可喜的成绩。

（3）人口文化素质持续提升

2009 年，江西全民文化素质得到进一步提高：全省 6 岁及以上人口平均受教育年限达到 8.39 年，比上一年高 0.11 年；15 岁及以上人口平均受教育年限达到 8.97 年，比上一年高 0.11 年。每 10 万人中接受小学教育的人口有30 218人，接受初中教育有34 652人，接受高中教育的有15 867人，接受大专以上文化教育的人口有5 114人。与上一年相比，每十万人口中接受小学教育人数减少了 1 598人，接受初中教育人数增加了 300 人，接受高中和大专以上文化教育的人数分别增加了 446 人和 252 人；与 2000 年相比，每十万人口中接受小学教育人数减少了7 970人，接受初中、高中和大专以上文化教育的人数分别增加了1 844、6 153和2 568人。人口受教育程度重心逐年上移。

（4）“三口之家”成为家庭户主体

随着社会发展和生活水平的提高，人们的思想观念也在不断转变，少生优育逐步成为现代家庭组合的导向，推动家庭户规模向小型化、核心化发展。2009 年人口变动情况抽样调查资料显示，全省家庭户规模（平均每个家庭的人口）为 3.37 人，比 1982 年“三普”时期少 1.56 人，比 1990 年“四普”时期少 1.03 人，比 2000 年“五普”时期少 0.39 人，比上年少 0.01 人。

（5）劳动年龄人口不断增加

2009 年，江西 15－64 岁劳动年龄人口达到3 073.70万人，占全省总人口的 69.35%，总抚养比为 44.20%。与上一年相比，劳动年龄人口增加了 29.71 万人，比重上升了 0.17 个百分点。总抚养比大大低于 20 世纪 80 年代初的 76.38%，也低于 2000 年的 47.43%；相当于每 10 个劳动年龄人口负担的非劳动年龄人口由 20 多年前的 8 个减少到目前的 4 个，抚养负担明显减轻。江西仍然处于劳动年龄人口的“黄金”时期，这对全省经济发展将会带来更加丰厚的收益。

(6)人口老龄化速度加快

2009年,全省65岁及以上老年人口为375.85万人,占总人口的8.48%,比上一年上升了0.07个百分点。与2005年相比,老年人口增加了59.31万人,比重上升了1.13个百分点。预计今后人口老龄化进程将进一步加快。

(二)就业与社会保障

1. 就业概况

年末江西省从业人员2 445.2万人,比上年增加40.7万人。全年城镇新增就业人员47.5万人。年末城镇登记失业率为3.4%。新增农村劳动力转移就业49.68万人,高校毕业生就业率达到83.7%。全年"4050"人员实现再就业6.7万人。

2. 社会保障

全省全年共发放小额担保贷款36.5亿元,累计总额继续保持全国领先地位,直接扶持个人创业6.4万人次,带动就业人数18.2万人次。年末参加城镇基本养老保险人数为581.9万人,比上年末增加31.6万人。其中,参保职工446.0万人,参保离退休人员135.9万人。行政事业单位离退休费和企业单位养老金月平均水平为1 279元。向城市低保户发放低保金18.2亿元,月人均补差161元;向农村低保户发放低保金11.7亿元,月人均补差68元。向城市居民发放社区公共卫生服务券7 003万元。为全省城乡597万名义务教育阶段公办学校学生全面免除学杂费和免费提供教课书。新开工建设经济适用住房137万平方米,廉租住房295万平方米,受益户数分别新增1.98万户和5.9万户。新建廉租住房5.67万套,发放廉租住房租赁补贴12.8万户;新建经济适用住房93.9万平方米;拆迁改造设区市中心城区棚户区危旧房216.2万平方米;完成农村危房改造1.8万户。

2009年,全省参加城镇职工基本养老保险人数新增35.4万,企业退休人员月人均增加基本养老金143元;提高了城乡低保补助标准、农村五保户和城镇"三无"特困群众供养标准。大力实施"光明·微笑"工程,共为全省130 368例白内障患者、6 267例唇腭裂患者实行了免费手术治疗,让他们重见了光明、绽开了幸福笑脸。深入开展农村文化三项活动,新增一批博物馆纪念馆免费向社会开放。

全省年末共有各类收养性社会福利单位1 967个,提供床位16.8万张,收养人数16.8万人。全年销售社会福利彩票10.7亿元,筹集社会福利资金1.8亿元。

(三)教育和科学技术

1. 教育事业

江西省全年研究生教育在校研究生1.8万人,比上年增长17.6%。普通高校在校生79.3万人。普通高中、初中、小学在校生分别达77.2万人、189万人和422.7万人。特殊教育在校生2.2万人。在园幼儿112.2万人。高等教育毛入学率达到24.0%,比上年提高0.8个百分点;初中毕业生升高中段的比例为96.0%,提高3.0个百分点;初中适龄人口入学率为98.8%,提高1个百分点;小学适龄儿童入学率为99.9%。各类民办学校605所,在校学生69.5万人,其中,民办普通高校26所。

2. 科技与创新

全年江西省研究与试验发展(R&D)经费支出78.8亿元,比上年增长25.2%,占生产总值的1.04%,同比提高0.07个百分点。国家级重点实验室1家,省级重点实验室40家;国家工程(技术)研究中心3家,省工程(技术)研究中心69家。全年受理专利申请5 224件,增长39.5%;授权专利2 915件,增长27.0%。全年技术市场合同成交金额9.9亿元。高新技术产业增加值613.2亿元,占GDP的8.1%。

全省全年共有37个实验室通过国家实验室认可。全年共获3 777张管理体系认证证书,其中获质量管理体系认证证书3 084张;共有359家企业获得1 547张3C证书;共获172张自愿性产品认证证书。法定计量技术机构94个,全年强制检定计量器具67.6万台件,开展定期产品质量监督抽查4 215批次。截止2009年底,共发放工业产品生产许可证1 557张。年末拥有气象雷达观测站点5个,卫星云图接收站点9个。全年测绘部门为经济社会发展提供各种基本比例尺地形图5 660张,大地成果8 357点。

(四)文化、卫生和体育

1. 文化事业

江西省2009年末共有艺术表演团体83个(含个体),文化馆101个,公共图书馆105个,博物馆101个。共有广播电台12座,中短波广播发射台16座,广播综合人口覆盖率96.1%;电视台12座,有线电视用户407.0万户,电视综合人口覆盖率97.5%。全年共出版各种图书、期刊、报纸4 002种;期刊出版量6 285万册,图书15 460万册,报纸70 490万份。

2009年江西省文化产业近年来有了长足的发展。据文化产业调查资料显示,2009年江西文化产业在世界金融危机的背景下,主营业务收入达741.10亿元,增加值218.41亿元,占全省地区生产总值的比重达到2.88%。其主要发展特点如下:

(1)速度较快。根据调查资料推算,2009年全省文化产业主营业务收入为741.10亿元,可比增长16.9%;增加值218.41亿元,可比增长21.99%,比地区生产总值增速高8.9个百分点,呈现出较好的发展势头,成为江西经济发展中最具活力、最具发展潜力的重要产业之一。按照目前的发展速度推算,2012年文化产业营业收入突破千亿大关几成定局。

(2)特征明显。2009年全省以新闻出版、广播影视、文化艺术为主体的传统意义上的文化产业"核心层"创造的增加值达55.9亿元,占全省文化产业增加值的比重为25.6%;以网络、旅游、休闲娱乐、经纪代理、广告会展等新兴文化服务业为主体的文化产业"外围层"创造的增加值43.8亿元,占全省文化产业增加值的20.1%;以文化用品、设备及相关文化产品生产和销售为主体的文化产业"相关层"创造的增加值118.7亿元,占54.3%。文化产业的核心层、外围层和相关层增加值的比例由2007年的30.1∶22.5∶47.4调整为25.6∶20.1∶54.3,核心层、外围层和相关层呈两头"粗"、中间"细"的亚葫芦形状发展态势,产业结构特征明显。

(3)特色显著。风景秀丽的山山水水、历史悠久的陶瓷艺术、独一无二的红色文化,形成了江西文化产业发展的别样特色。数据资料显示,2009年地方特色文化产业增长明显快于全省文化产业增长。旅游业主营业务收入达到82亿元,同比增长28.9%,增加值20.16亿元,同比增长20.33%,明显高于全省文化产业增长速度。享誉海内外的陶瓷文化产业增加值为13.7亿元,同比增长53.6%,主营业务收入25.99亿元,同比增长31.2%,均高于全省文化产业增长速度。

(4)一体化凸显。随着经济的发展、科技的进步,尤其是网络的兴起,经济文化的一体化趋势日益明显。从2008、2009年各设区市文化产业增加值与生产总值对比情况看,江西省经济与文化产业相互映照,呈现经济文化一体化趋势。南昌市作为全省的文化中心,2009年文化产业主营业务收入、增加值在全省遥遥领先,文化产业增加值达到80亿元,占GDP的比重达到4.35%,比全省平均水平高1.47个百分点。

2. 卫生事业

全省年末共有各类医疗卫生机构7 070个(未含诊所、卫生所、医务室、卫生保健院)。其中,医院、卫生院2 076个,妇幼保健院(所、站)111个,专科疾病防治院(所、站)109个,疾病预防控制中心(防疫站)121个,卫生监督检验所109个。卫生技术人员14.7万人。其中,执业医师和执业助理医师5.6万人,注册护士4.8万人。医院和卫生院床位10.5万张。

江西省2009年医药卫生体制改革全面启动,基本药物制度建设和公立医疗机构取消药品加成试点正式推开，城乡医疗保障“三张网”进一步健全。

3. 体育事业

年末全省共有全民健身中心 6 个，青少年俱乐部 93 个，晨晚炼健身活动点5 488个。农民体育健身工程1 912个，老区和贫困地区“雪炭工程”设施建设项目 12 个。全民健身活动广泛开展，健身意识不断加强，全年参加健身活动人数达2 200万人次。全年在国际和国内的重大比赛中共获得 40 枚金牌、25 枚银牌和 27 枚铜牌。

（五）城乡建设

2009 年间，江西省新农村建设扎实推进，试点自然村新增8 000个。及时出台了 17 条帮助返乡农民工的政策措施，有力地促进了返乡农民工就业创业和农民增收。

（六）环境保护和生态建设

全省年末共有县级以上环境监测站 107 个。对环境空气质量进行监测的 11 个设区市城区环境空气质量全部达到二级（达标）。南昌市和九江市城市环境空气质量优良天数分别为 347 天和 363 天。城镇地表水集中式饮用水源地水质达标率 100%。

江西省年末已建有自然保护区 172 个，其中国家级自然保护区 8 个；自然保护区总面积达10 310平方公里，占全省土地面积 6.2%。已批准国家级生态示范区 12 个，已批准全国环境优美乡镇 10 个。

江西省 2009 年万元生产总值综合能耗 0.88 吨标准煤，比上年下降 4.5%；万元规模以上工业增加值能耗 1.67 吨标准煤，下降 10.1%；万元生产总值电耗 622.5 千瓦时，下降 1.5%。，化学需氧量排放量和二氧化硫排放量均下降 2% 以上。

2009 年间，全省重点推进县市污水处理设施建设，85 座污水处理厂基本建成并陆续投入运营。推进造林绿化“一大四小”建设工程，完成绿色造林面积 560 多万亩。推进以农村垃圾无害化处理为主的农村清洁工程，建立了8 000个村点的垃圾处理点，完成 5 万个自然村、500 个集镇农村垃圾无害化处理设施建设。累计关停小火电机组 169 万千瓦。推进“五河一湖”生态环境综合治理工程，科学划定“五河一湖”及东江源头生态保护区范围，取缔关闭饮用水源保护区内违法建设项目 37 个、集中式地表水饮用水源一级保护区内的排污口 28 个。全省主要河流监测断面水质达标率 80.2%，11 个设区市城市环境空气质量全部达到国家二级标准。

2009 年，江西省全力推进鄱阳湖生态经济区建设上升为国家战略。鄱阳湖生态经济区建设得到党中央、国务院的亲切关怀和高度重视，中央领导多次亲临江西省调研，进行面对面地指导。国家有关部门和单位给予了大力支持，25 个部门近百位领导和专家专程来赣调研论证，帮助完善规划。这是新中国成立以来江西第一个上升为国家战略的区域性发展规划，是江西发展史上的重要里程碑。鄱阳湖生态经济区建设上升为国家战略，是“山江湖工程”的沿续和拓展，是生态立省、绿色发展战略的继承和提升，是历届省委、省政府长期探索的结晶，是全省广大干部群众半个世纪奋发努力的结果，翻开了江西发展崭新的一页，必将有力地推进江西科学发展、绿色崛起。

（七）社会安全

全省全年生产安全事故10 577起。其中，道路交通事故4 262起，工矿商贸事故 199 起，铁路交通事故 88 起，水上交通事故 7 起，火灾事故5 889起。全年生产安全事故死亡2 025人，比上年 6.9%。其中，道路交通事故死亡1 664人，下降 7.5%；工矿商贸事故 277 人，增长 14.9%；铁路交通事故死亡 60 人，下降 30.2%；水上交通事故死亡 9 人，下降 25.0%；火灾事故死亡 23 人，与上年持平。亿元生产总值生产安全事故死亡人数为 0.267 人，下降 20.3%。

三　福建省2009年经济社会发展报告

2009年,面对严峻复杂的经济形势,福建省上下深入学习实践科学发展观,全面落实国务院《关于支持福建省加快建设海峡西岸经济区的若干意见》,坚持把保持经济平稳较快发展作为经济工作的首要任务,持续推出加强“三农”、振兴产业、科技创新、扩大投资、拉动消费、稳定出口等一系列举措,按照省委八届三次、五次、六次全会的部署,采取有力措施保增长、保民生、保稳定,加快推进海峡西岸经济区建设,政策效应逐步显现,经济运行逐季回升,增长态势持续向好。

一、2009年福建省经济发展状况

(一)综合经济

1. 经济总量

2009年福建省实现地区生产总值12 236.53亿元,比上年增长12.3%。其中,第一产业增加值1 182.74亿元,增长4.7%;第二产业增加值6 005.30亿元,增长13.7%;第三产业增加值5 048.49亿元,增长12.5%。分季度看,一季度增长7.4%,上半年增长8.5%,前三季度增长12.3%。人均地区生产总值33 840元,比上年增长11.6%。

2009年全省产业结构继续调整。第一产业、第二产业比重与上年比略降,第三产业比重上升。三次产业比例由上年的10.7:49.1:40.2调整为9.7:49.1:41.2。

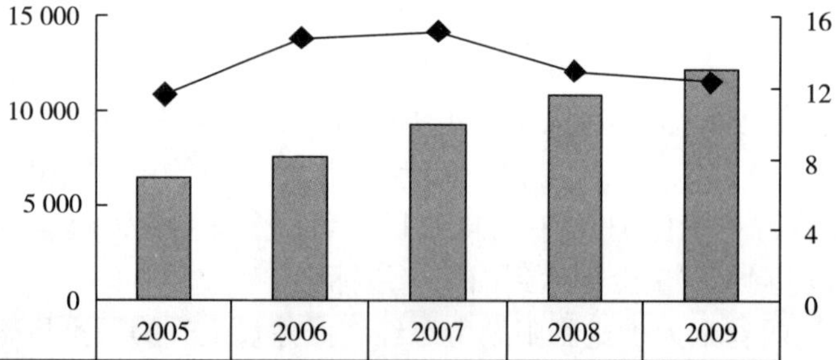

	2005	2006	2007	2008	2009
地区生产总值(亿元)	6 554.69	7 583.85	9 248.53	10 823.01	12 236.53
增幅(%)	11.6	14.8	15.2	13	12.3

图2-333　2005-2009年福建省地区生产总值及增长速度

表2-94　2009年福建省各地区国民经济主要指标

城市	年末户籍统计人口(万人)	生产总值(亿元)	城镇固定资产投资(万元)	出口总额(万美元)	财政总收入(万元)
福州市	637.92	2 604.04	14 386 148	1 201 088	1 952 612
厦门市	177.00	1 737.23	8 252 512	2 939 860	2 405 608
莆田市	319.61	691.42	2 626 234	171 604	379 066
三明市	271.06	800.24	4 414 111	70 192	379 648

（续表）

城市	年末户籍统计人口（万人）	生产总值（亿元）	城镇固定资产投资（万元）	出口总额（万美元）	财政总收入（万元）
泉州市	680.85	3 039.50	8 228 216	579 465	1 500 538
漳州市	471.77	1 178.01	4 702 668	387 622	709 464
南平市	310.10	621.65	3 560 091	63 386	313 852
龙岩市	293.35	824.88	3 065 598	45 913	543 378
宁德市	337.02	612.28	2 355 833	82 479	275 414

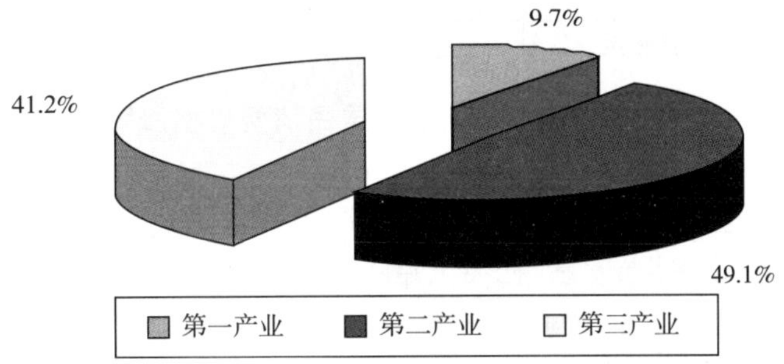

图2－334　2009年福建省三次产业结构图

2. 财政收入

福建省2009年财政总收入1 694.63亿元，比上年增长11.7%，其中，地方级财政收入932.43亿元，增长11.9%；财政支出1 411.82亿元，增长24.1%。全省国税税收收入（含海关代征）1 126.97亿元，增长10.2%；全省地税系统组织各项收入893.69亿元，增长15.9%。

3. 物价水平

2009年底，福建省居民消费价格总水平比上年下降1.8%，其中，服务价格下降0.9%。商品零售价格下降2.1%。固定资产投资价格下降2.0%。工业品出厂价格下降4.5%。原材料、燃料、动力购进价格下降6.8%。农产品生产价格下降2.0%。农业生产资料价格下降6.7%。厦门、泉州两市房屋销售价格分别下降0.2%、1.0%，福州市上涨0.2%。

4. 固定资产投资

福建省2009全年全社会固定资产投资6 362.03亿元，比上年增长20.0%，其中，城镇投资5 679.44亿元，增长21.0%，农村投资682.59亿元，增长12.6%。

在城镇投资中，第一产业投资增长66.3%；第二产业投资增长16.7%，其中，工业投资增长16.3%；第三产业投资增长23.1%。

全省全年投资对经济增长的贡献率达67.6%，比上年提高5个百分点。351个在建重点项目完成投资1 493亿元，占全社会投资的23.5%。全年建成投产或部分投产125个项目，新开工130个项目。温福、福厦铁路、泉三高速泉州段、永武高速上杭至武平段、福泉高速莆秀支线、福州江阴4#、5#泊位、厦门港海沧航道扩建二期，厦门燃气电厂1#机组、莆田和晋江燃气电厂2#机组，福建炼化一体化、省石化集团1,4－丁二醇项目、南纸林纸一体化、南铝技改、LNG冷能空分，省广电中心、福建艺术职业学院新校区等一批项目建成投产，石狮PTA项目基本建成；宁德、福清核电，龙厦、厦深、向莆铁路，永武高速、泉厦高速扩建，中化重油深加工、中铝瑞闽板带，十四届省运会比赛场馆、省残疾人

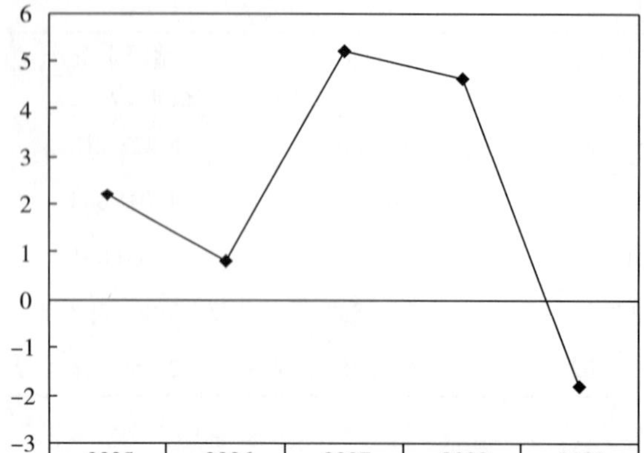

	2005	2006	2007	2008	2009
居民消费价格涨跌幅度(%)	2.2	0.8	5.2	4.6	−1.8

图 2－335　2009 年福建省居民消费价格涨跌幅度

康复中心等项目建设加快建设;合福、赣龙扩能、漳州港尾铁路及宁德白马、罗源湾北岸、湄洲湾南岸港口支线,福州地铁 1 号线,福州至永泰、松溪至建瓯、厦门海沧至漳州天宝高速公路,省石化合成橡胶、漳州古雷石化项目、龙岩紫金铜冶炼,省体育中心一场二馆改造、省少儿图书馆等一批项目开工建设。港口吞吐能力新增6 220万吨,全年吞吐量突破3 亿吨,厦门港步入亿吨港行列。宁德、福清核电站建设全面铺开,一批火电、气电、风电项目建成投产,推动主干电网、特高压电网、智能电网和省外联网建设,新增电力装机 400 万千瓦,总容量突破3 000万千瓦,提前建成全省 500 千伏大环网。

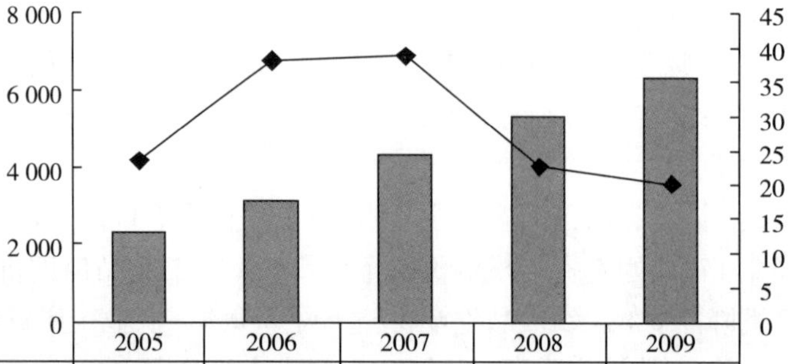

	2005	2006	2007	2008	2009
固定资产投资总额(亿元)	2 344.73	3 115.08	4 321.74	5 301.69	6 362.03
增幅(%)	23.5	38	38.7	22.7	20

图 2－336　2005－2009 年福建省全社会固定资产投资及增长幅度

5. 固定资产投资情况分析

2009 年,福建省固定资产投资形势持续向好,投资增速稳步回升。全年全社会固定资产投资比 2008 年增长 20.0%,其主要运行特点如下:

(1)城镇投资增幅逐步回升

在诸多提升投资政策的推动下,福建省投资形势逐渐回暖。各月投资走势大体经历了三个变化阶段:上半年为第一个阶段,城镇投资增幅持续上升,由年初下降 12.9% 逐月提升至 1－6 月的增长 19.7%;第三季度为第二阶段,投资增幅出现波动调整,但变化幅度不大,增幅均在 17%－19%;第四季度为第三阶段,投资稳步上行,各报告期投资累计增幅分别为 17.9%、19.6%、21.0%。

(2)投资结构优化调整

第三产业投资增幅与比重上升。2009 年全社会第一产业投资 124.08 亿元，增长 20.9%，增幅比 2008 年回落 21.4 个百分点；第二产业投资2 368.51亿元，增长 16.4%，增幅同比回落 13.8 个百分点；第三产业投资3 869.44亿元，增长 22.3%，增幅同比提高 4.6 百分点。全社会三次产业投资比重由 2008 年的 1.9∶38.4∶59.7 调整为 2.0∶37.2∶60.8。

改建和技术改造项目投资快速提升。城镇新建项目投资2 707.85亿元，增长 20.0%，占全省城镇项目投资的比重为 59.6%，同比降低 3.7 个百分点；扩建项目完成投资1 083.99亿元，增长 42.8%，占城镇项目投资的比重为 23.9%，同比提高 2.6 个百分点；改建和技术改造项目完成投资 434.20 亿元，增长 50.9%，增幅比 2008 年提高 13.5 个百分点，占城镇项目投资的比重为 9.6%，比 2008 年提高 1.5 个百分点。

民间投资再现活力。2009 年全社会国有投资2 165.66亿元，增长 17.8%，增幅同比回落 7.1 个百分点，占全省投资的比重也由 2008 年的 34.7%降至 34.0%；民间投资3 357.74亿元，增长 26.7%，增幅同比提高 2.9 个百分点，也比本期全社会投资高 6.7 个百分点，比重由 2008 年的 50.0%上升至 52.8%，民间投资对全省投资的增长贡献率达 66.8%，比 2008 年提高 14.7 个百分点；外商港澳台投资 838.64 亿元，增长 3.0%，增幅同比回落 11.5 个百分点，比重由 2008 年的 15.4%降低至 13.2%。

(3)主要行业投资呈现“三快速、两回升”特点

农业投资迅猛增长。城镇农林牧渔业投资 49.78 亿元，同比增长 66.3%，增幅比全省投资高 45.3 个百分点。分行业看，农业投资 17.74 亿元，增长 114.7%；畜牧业投资 12.40 亿元，增长 107.2%；林业投资 5.73 亿元，增长 67.7%；农林牧渔服务业投资 10.86 亿元，增长 23.2%；渔业投资 3.05 亿元，下降 11.4%。

民生和物流行业投资快速增长。城镇批发零售业投资 92.54 亿元，增长 72.9%；住宿和餐饮业投资 86.36 亿元，增长 33.1%；居民服务和其他服务业投资 7.13 亿元，增长 1.6 倍；社会保障业投资 8.79 亿元，增长 4.5 倍；社会福利业投资 5.50 亿元，增长 1.5 倍；仓储业投资 35.26 亿元，增长 69.8%；邮政业投资 3.29 亿元，增长 2.3 倍。

基础设施投资快速提升。城镇基础设施投资2 145.68亿元，比 2008 年增长 36.5%，增幅同比提高 7.2 个百分点，也比 2009 年全省城镇投资高 15.5 个百分点。基础设施对全省投资的增长贡献率为 58.4%，同比提高 15.6 个百分点。从具体构成看，交通运输投资 902.46 亿元，增长 48.0%；市政建设投资 582.82 亿元，增长 37.1%；电力、燃气及水的生产和供应业投资 469.95 亿元，增长 20.2%，其中电力投资 408.17 亿元，增长 15.4%。

制造业投资稳步回升。城镇制造业投资1 515.39亿元，增长 14.0%，增幅虽低于 2008 年，但下半年以来各月投资增幅逐渐回升。7 月至 12 月全省城镇制造业投资累计增幅分别为 -0.2%、2.8%、4.6%、5.1%、10.3%和 14.0%。分行业看，30 个行业中的 25 个行业投资实现增长，其中 9 个行业投资增速在 30%以上，快速增长的行业主要分布于烟草、食品、仪器仪表、有色金属冶炼压延等领域。

房地产开发投资止跌回升。2009 年元月至 11 月，全省房地产开发投资累计下降幅度分别为 45.4%、26.9%、25.4%、24.4%、22.2%、19.3%、17.3%、11.3%、9.6%、6.1%和 2.0%，降幅呈持续收窄的趋势。全年房地产开发投资1 136.35亿元，增长 0.6%，在经历了连续 12 个月的下降后，房地产开发投资首次实现增长。从结构看，建筑安装工程投资 731.42 亿元，下降 2.1%；土地购置费用 332.69 亿元，增长 11.1%。

(4)新开工项目带动作用增强

全年城镇投资施工项目11 952个，增长 2.8%，计划总投资23 145.63亿元，增长 25.2%。其中新开工项目6 620个，增长 9.4%。新开工项目计划总投资3 153.46亿元，增长 0.3%。新开工项目完成

投资1 468.66亿元,增长57.4%,增幅同比提高54个百分点,也比城镇投资高36.4个百分点。新开工项目拉动全省投资增长11.4个百分点。

(5)重点项目建设平稳推进

全省在建重点项目351个,完成投资1 493.27亿元,超额完成年度计划。重点项目投资占全社会投资的比重由上年的22.9%提升至23.5%,对全社会投资的增长贡献率为26.7%,拉动全社会投资增长5.3个百分点。其中交通重点项目45个,投资531.10亿元,占年计划的110.6%;能源重点项目12个,完成投资303.21亿元,完成年计划投资进度的89.1%;工业科技重点项目155个,完成投资418.01亿元,占年计划进度的105.5%。

(二)农业建设

2009全年福建省农林牧渔业完成总产值2 001.08亿元,比上年增长5.0%。

全省全年粮食种植面积1 846.52万亩,比上年增加31.11万亩,其中稻谷面积1 296.90万亩,增加5.07万亩;烟叶种植面积103.51万亩,增加2.59万亩;油料种植面积165.76万亩,增加4.73万亩;蔬菜种植面积979.56万亩,增加13.57万亩。全年粮食产量666.87万吨,比上年增加14.54万吨,增产2.2%,其中稻谷515.33万吨,增加6.52万吨,增产1.3%。

福建省全年肉蛋奶总产量219.50万吨,比上年增长1.0%。肉类总产量175.19万吨,比上年增长3.4%。其中,猪、牛、羊肉分别增长4.6%、1.2%和5.8%,禽肉下降2.3%。奶产量15.56万吨,增长4.6%。

全年水产品产量569.7万吨,增长2.8%。其中,淡水产品产量71.7万吨,增长6.5%;海洋捕捞204.9万吨,增长0.8%;海水养殖293万吨,增长3.3%。

全省全年新增有效灌溉面积12.96万亩,新增节水灌溉面积54.99万亩。

2009年间,福建省农业产业化加快推进,184家省级重点龙头企业销售收入预计706.52亿元,增长9.0%,带动农户276.84万户。

福建省2009年加大"三农"工作力度。全面落实粮食直补、良种补贴、农资综合补贴和农机具购置补贴等政策,全省财政支持"三农"投入438亿元,增长21%。农业产业化规模扩大,省级重点龙头企业实现销售收入增长9%,农产品出口增长12.8%。

(三)工业和建筑业

1. 工业增加值

2009年底,福建省全部工业增加值4 918.12亿元,比上年增长12.1%,其中规模以上工业增加值4 675.31亿元,增长13.0%。工业产品销售率97.42%,比上年提高0.09个百分点。

在规模以上工业企业中,国有企业、外商及港澳台投资企业和股份制企业分别完成增加值243.05亿元、2 246.57亿元和1 926.96亿元,分别增长8.1%、8.2%和18.9%。

全省全年规模以上工业的37个行业大类中有25个增加值增速在两位数以上。其中,燃气生产和供应业增加值比上年增长141.2%,农副食品加工业增长21.9%,化学纤维制造业增长22.5%,通用设备制造业增长16.2%,皮革、毛皮、羽毛(绒)及其制品业增长15.0%,纺织业增长13.0%,有色金属冶炼及压延加工业增长10.7%,非金属矿物制品业增长10.7%,黑色金属冶炼及压延加工业增长19.5%,电力、热力的生产和供应业增长7.6%,石油加工、炼焦及核燃料加工业增长75.3%,化学原料及化学制品制造业增长14.8%。规模以上工业中三大主导产业实现增加值1 569.03亿元,增长11.4%。其中,机械装备业实现增加值728.37亿元,增长6.9%;电子信息业实现增加值385.18亿元,增长12.0%;石油化工业实现增加值455.48亿元,增长18.7%。高技术产业增加值492.96亿元，比上年增长7.8%。

全省2009年规模以上工业企业实现利润784.27亿元，比上年增长35.6%。其中，股份制企业实现利润288.73亿元，增长22.5%；外商及港澳台投资企业实现利润445.16亿元，增长55.6%；私营企业实现利润171.70亿元，增长27.6%；国有及国有控股企业实现利润84.66亿元，增长29.6%。

福建省全年全部工业产品（采掘业和制造业）销售收入中，销往省内的比重为35.3%，比上年上升1.1个百分点；销往省外的比重为32.2%，上升1.3个百分点；销往境外的比重为32.5%，下降2.4个百分点。

2009年间，福建省产业集群进一步壮大，福建炼化一体化、南纸林纸一体化、液化天然气冷能空分等一批项目建成投产，光电、软件、微波通信、生物医药、环保设备等一批新兴产业基地加快形成；制定实施14个重点产业调整振兴方案，深入推进工业内涵深化技改提升工程，完成工业改扩建投资936亿元，增长49.7%。帮扶企业力度加大，全面落实扶持中小企业的36条政策等措施，建立完善信用担保补偿、再担保、贷款风险补偿和资金链应急保障机制，设立创投资金，全年省级财政扶持企业资金达25.7亿元；支持企业扩大直接融资，新增境内外上市公司20家，累计达147家；取消、停止、减征一批行政事业性收费和政府性基金，为企业减负25亿元；支持企业拓展营销联盟和电子商务，规模以上工业产销率达97.42%。服务业拉动作用增强，金融支持经济发展有力，全年本外币贷款余额增长30.5%；动漫、创意等新兴服务业和服务外包迅速成长，一批物流园区、节点和配送中心初步建成，咨询、广告、会展等商务服务业加快发展，旅游总收入持续增长，全年第三产业增加值增长12.5%，对经济增长的贡献率提高4.8个百分点。

表2-95　2009年福建省各市规模以上工业总产值

单位:亿元

地区	规模以上工业总产值
福州市	3 634.66
厦门市	2 812.76
莆田市	959.09
三明市	974.28
泉州市	4 883.59
漳州市	1 436.18
南平市	599.31
龙岩市	845.61
宁德市	617.33

2. 工业经济效益分析

2009年，全省工业企业经济效益整体保持平稳健康发展；特别是下半年以后，主营业务收入增幅稳步提升，利润总额增速由负转正，工业经济效益综合指数创历史新高。具体分析如下：

工业经济效益综合指数创历史新高。2009年全省规模以上工业经济效益综合指数达190.81，比上年同期提高10.00个点，分别比一季度、上半年和前三季度提高28.10个、14.28个和7.20个点,创历史新高。构成效益指数的七项指标中有五项好于上年同期水平;产品销售率2009年以来首次出现同比提高,为97.42%,提高0.10个百分点;总资产贡献率为12.06%,提高0.67个百分点;资产负债率(逆指标)为53.67%,下降0.72个百分点;成本费用利润率为2.57%,提高0.99个百分点;全员劳动生产率为13.60万元/人,提高1.08万元/人。分设区市看,宁德、福州、厦门、莆田、泉州等五个设区市经济效益综合指数同比提高超过10个点,分别提高18.93个、14.69个、13.75个、13.08个和10.14个点;南平、漳州、三明三个设区市分别提高7.28个、3.22个和2.76个点;龙岩市经济效益综合指数同比下降2.80个点。

主营业务收入实现两位数增长。2009年全省规模以上工业企业实现主营业务收入16 204.76亿元,比上年同期增长11.0%,增速分别比一季度、上半年和前三季度加快11.8个、11.1个和6.6个百分点。分经济类型看,所有类型企业主营业务收入均实现增长,其中,股份制企业实现主营业务收入6 467.96亿元,增长17.1%,对全省规模以上工业企业主营业务收入增长的贡献率达到58.8%,居各经济类型企业之首;外商及港澳台商投资企业实现主营业务收入8 011.59亿元,增长6.0%,对全省规模以上工业企业主营业务收入增长的贡献率为28.2%。分行业看,37个大类行业中有20个行业主营业务收入实现两位数增长;对全省主营业务收入增长的贡献率居前的3个行业分别是皮革、毛皮、羽毛(绒)及其制品业(贡献率12.5%,下同),农副食品加工业(9.6%),电力、热力的生产和供应业(8.4%)。

企业盈利水平明显提高。2009年福建省规模以上实现利润总额784.27亿元,比上年增长35.6%,增速比一季度、上半年和前三季度分别加快58.3个、44.7个和26.2个百分点。成本费用利润率创年内新高,为5.18%,比一季度、上半年和前三季度分别提高1.57个、0.83个和0.42个百分点;工业企业的成本费用支出有所减少,1—12月主营业务成本占主营业务收入的比重为86.2%,比上年同期下降1.0个百分点;企业的管理水平有所提高,三项费用(营业费用、管理费用、财务费用)占主营业务收入的比重为7.2%,为年内最低点。

企业亏损情况有进一步好转。2009年全省规模以上工业企业亏损面为14.3%,比上年同期下降1.7个百分点,较一季度、上半年和前三季度分别下降8.3个、5.4个和3.0个百分点。亏损企业亏损额为88.92亿元,比上年同期减少32.3%,相对于第一季度亏损企业亏损额同比增长66.6%有明显好转。分经济类型看,"三资"工业亏损企业亏损额同比降幅明显,下降58.2%;分行业看,37个行业大类中,有23个行业亏损企业亏损额同比下降,其中:石油加工、炼焦及核燃料加工业亏损企业亏损额同比下降99.8%,有色金属冶炼及压延加工业亏损额下降68.7%,通信设备、计算机及其电子设备制造业亏损额下降58.1%。

上缴税金总额突破500亿元。2009年全省规模以上工业企业上缴税金514.04亿元,比上年同期增长12.2%。其中,实现主营业务税金及附加185.60亿元,增长33.4%;应交增值税328.44亿元,增长3.0%。2009年全省大中型工业企业上缴税金323.10亿元,占全省规模以上企业的62.9%,比上年同期增长12.3%,对全省规模以上工业企业税金增长的贡献率为63.3%;小型企业上缴税金190.94亿元,占37.1%,增长12.0%,对全省规模以上工业企业税金增长的贡献率为36.7%。

3. 建筑业

2009年全社会建筑业实现增加值894.30亿元,比上年增长18.6%。全省资质等级以上的总承包和专业承包建筑业企业完成建筑业总产值2 162.29亿元,增长16.7%;房屋建筑施工面积21 006.93万平方米,增长4.9%;房屋建筑竣工面积6 682.20万平方米,下降1.6%;实现利润60.59亿元,增长16.7%;税金总额79.02亿元,增长16.7%。

（四）服务业

1. 国内贸易

福建省全年社会消费品零售总额4 480.99亿元，比上年增长16.5%。分城乡看，城市消费品零售额3 015.67亿元，增长16.6%；县及县以下消费品零售额1 465.33亿元，增长16.3%。分行业看，批发零售业零售额3 819.11亿元，增长16.0%；住宿餐饮业零售额580.73亿元，增长18.4%；其他行业零售额81.16亿元，增长25.1%。

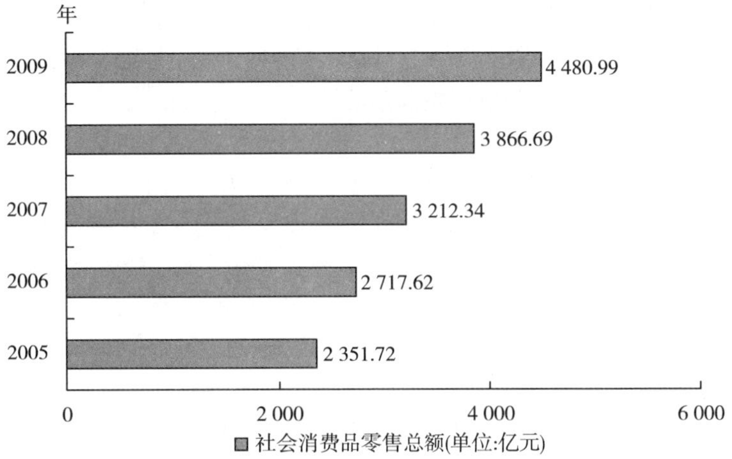

图2－337　2005－2009年福建省社会消费品零售总额

在限额以上批发零售业零售额中，福建省食品饮料烟酒类比上年增长28.9%，服装鞋帽针纺织品类增长28.2%，石油及制品类下降8.4%，家具类增长56.5%，金银珠宝类增长15.8%，汽车类增长35.8%，家用电器和音像器材类增长13.9%，体育、娱乐用品类增长15.5%，通讯器材类下降4.9%。

2009年间，福建省落实减免居民自住房交易税、下调贷款利率等优惠政策，商品房销售面积、销售额分别增长67.5%和107.4%。鼓励和支持购买节能环保小排量汽车，全年汽车类零售额增长35.8%。大力发展连锁经营、物流配送、电子商务等现代流通方式，加快集贸市场和“万村千乡”市场工程建设，推进家电、汽车、摩托车下乡和家电、汽车以旧换新，城市社区商业服务网络和农村现代流通网络进一步健全。整顿规范市场秩序，强化产品质量和食品药品安全监管，建设食品放心工程。

2. 交通运输、邮电

全年全省交通运输、仓储和邮政业实现增加值758.35亿元，比上年增长1.2%。公路累计通车里程89 504公里，比上年增长1.0%。其中，海西网高速公路2 014公里，增长14%。

全省全年完成邮电业务总量1 008.94亿元，比上年增长12.2%。其中，邮政业业务总量55.27亿元，增长13.8%；电信业务总量953.67亿元，增长12.1%。全省邮政业业务总收入47.64亿元，增长15.3%。全省电信业完成主营业务收入325.51亿元，增长3.6%。年末全省电话用户总数达到3 884万户，新增85万户，其中：固定电话用户数达到1 245万户，减少186万户；移动电话用户数达到2 639万户，新增271万户。

2009年全省固定电话交换机容量（含PHS交换机容量）达到1 942万门，减少31万门；移动电话交换机容量5 741万户，新增1 112万户。移动分组数据网容量1 508万户，新增463万户，移动短消息中心容量9 342万条,新增1 234万条。互联网宽带接入端口471万个,新增64万个。光缆线路长度达到30.3万公里,新增6.6万公里。年末全省电话普及率达107.76部/百人,数据及多媒体业务普及率达29.2户/百人。全年共发送短消息270亿条,新增54亿条。

2009年间,福建省全面推进新一轮基础设施建设。围绕形成服务周边地区发展新的对外开放综合通道,完善现代化基础设施体系。构建"三纵六横九环"海峡铁路网,开工浦建龙梅、南三龙等线路,续建14个项目,深化衢宁、长泉等项目前期工作。建设"三纵八横"海西高速公路网,开工10个、续建25个项目,新增通车里程391公里。

福建省2009年间积极壮大海峡西岸港口群,继续整合港湾资源,加强深水航道、疏港通道和公共配套设施建设,重点发展大型集装箱和散货港区。优化空港布局,加快现有机场更新改造和新建、迁建机场的前期工作。健全城市基础设施功能,加快建设城市路网、综合枢纽、轨道交通、公共停车场、公交和客货运场站,提升供水供气和防洪排涝能力。

3. 旅游业

2009全年福建省入境旅游、商务、探亲等人数312.04万人次,比上年增长6.4%。其中,外国人97.8万人次,下降0.8%;台湾同胞123.43万人次,增长25.3%;港澳同胞90.77万人次,下降5.5%。在入境旅游者中,过夜人数273.5万人次,下降2.5%。国际旅游外汇收入25.99亿美元,增长8.5%。全年接待国内旅游人数9 706.41万人次,增长13.4%;国内旅游收入955.18亿元,增长12.2%。旅游总收入1 132.62亿元,增长11.3%。

4. 金融、证券和保险

福建省2009年末全省金融机构本外币各项存款余额15 097.82亿元,比上年末增长24.0%;金融机构本外币各项贷款余额12 905.84亿元,增长30.5%。

2009年,全省农村合作金融机构人民币各项贷款余额938.16亿元,比上年末增长21.9%。中资金融机构人民币个人消费贷款余额2 623.57亿元,增长44.1%。

全年全省证券市场发行A股2家,募集资金15.09亿元;无发行B股和H股。年末境内上市公司A股数量达到56家,比上年增加2家,市价总值5 982.13亿元,比上年末增长145.5%;上市公司B股数量为1家,市价总值18.32亿元,比上年末增长119.7%。

全省全年内外资保险公司保费收入330.65亿元,比上年增长13.75%,其中寿险保费收入209.3亿元;健康险和意外伤害险保费收入29.26亿元;财产险保费收入92.09亿元。支付各类赔款及给付94.73亿元,其中寿险业务给付30.25亿元;健康险和意外伤害险赔款及给付11.2亿元;财产险赔款53.28亿元。

5. 房地产业

福建省2009年房地产开发投资1 136.35亿元,比上年增长0.6%。按工程用途分,商品住宅投资743.30亿元,增长1.0%;办公楼投资37.84亿元,增长53.0%;商业营业用房投资87.29亿元,增长7.9%。商品房销售面积2 723.23万平方米,增长67.5%。商品房销售额1 478.22亿元,增长107.4%。在建(含配建)廉租住房164.5万平方米,年底前竣工75万平方米。经济适用住房施工面积383.58万平方米,增长18.1%。

2009年,福建省政府出台的一系列鼓励住房消费政策取得积极成效,福建省房地产市场总体保持着持续同升的态势,呈现了投资略有增长、销售大幅增加、土地交易明显回升、房价环比上涨和资金较为充裕等特点。具体如下:

(1)投资略有增长

2009年,全省房地产开发投资比上年增长0.6%,增幅比上年提高0.9个百分点。分类型看,商品住宅投资同比增长1.0%;办公楼投资同比增长53.0%;商业营业用房投资同比增长7.9%。分地区看，投资实现增长的有龙岩、福州、三明、泉州、南平和莆田市，分别增长23.7%、15.4%、12.3%、8.8%、4.1%和0.4%；漳州、厦门和宁德市投资仍为负增长，分别下降11.4%、9.9%和0.1%。

（2）销售大幅增加

2009年，全省商品房销售2 723.23万平方米，同比增长67.5%，增幅比上年提高100.4个百分点。其中，住宅销售达2 420.83万平方米，同比增长93.7%，增幅比上年提高134.1个百分点，占全部商品房屋销售面积的比重高达88.9%，比上年提高12个百分点；商品房销售额1 478.22亿元，同比增长1.1倍，增幅比上年提高144.6个百分点。其中，住宅销售额1 299.09亿元，同比增长1.3倍，增幅比上年提高171.1个百分点。

（3）土地交易明显回升

2009年，全省土地购置面积1 120.61万平方米，同比增长4.1%，增幅比上年提高39.0个百分点；土地成交价款415.25亿元，同比增长55.1%，增幅比上年提高88.0个百分点；土地购置费支出332.69亿元，同比增长11.1%，增幅比上年提高44.8个百分点，拉动全省房地产开发投资增长2.9个百分点。

（4）房价环比上涨

2009年，福州市房屋销售价格同比上涨0.2%，厦门、泉州两市同比分别下跌0.2%和1.0%。从各月走势看，年初福州、厦门、泉州三市房屋销售价格同比分别下跌0.3%、4.6%和0.9%，福州市从6月份起、厦门市从8月份起、泉州市从11月份起由负转正，且涨幅逐月扩大。

（5）资金较为充裕

2009年，全省房地产开发企业本年到位资金1 936.01亿元，同比增长35.7%，增幅比上年提高56个百分点。其中，国内贷款393.05亿元，同比增长25.3%；利用外资13.86亿元，同比下降66.2%，自筹资金458.09亿元，同比增长7.7%；其他资金来源1 071.02亿元，同比增长65.7%。个人按揭贷款增长明显加快，占资金来源的比重明显提高，个人按揭贷款460.67亿元，同比增长90.9%，占本年到位资金的比重为23.8%，比上年提高6.9个百分点。

6. 亿元以上商品交易市场发展情况分析

2009年，福建省共有亿元市场156家，比上年增加3家，营业面积达315万平方米，与上年持平，实现成交额1 193.99亿元，相当于全省批发零售业商品销售总额的20.0%，增长11.6%。其主要发展现状如下：

（1）市场门类纷呈，专业市场占优势

至2009年底全省已建成一批涵盖日用消费品、农副产品和生产要素等专业性和综合性较强的亿元市场，形成了以综合市场和专业市场并举的门类齐全、协调配套、各具特色的商品市场体系。2009年，全省156个亿元市场中，有综合市场68个，占亿元市场的43.6%，其中农产品综合市场51个，工业消费品综合市场4个；全省专业市场达88个，占亿元市场的56.4%，在专业市场中，市场数居前7位的依次是：农产品市场36个，纺织服装鞋帽市场15个，生产资料市场11个，家具五金装修材料市场7个，黄金、珠宝、玉器等首饰市场和汽车、摩托车及零配件市场各4个，食品饮料及烟酒市场3个。

（2）市场经营环境不断改善，常年营业市场占主导

从亿元市场经营环境看，2009年全省有封闭市场136个，露天市场12个，其他市场8个，分别实现成交额1 080.77亿元、78.19亿元和35.03亿元，比上年增长10.4%、2倍和-46.6%。全省156家亿元市场中常年营业市场155家，季节性营业的市场只有1家。常年营业市场出租摊位数、营业面积和成交额占全部的比重均达99%以上，显示出福建省亿元市场稳定性好，市场货源充足，交易旺盛，一年四季营业，直接促使亿元市场数量持续扩大，成交额稳定增长。

(3)零售市场数占比超半,批发市场成交额占比超七成

2009 年,全省亿元商品交易市场中以零售经营为主的市场有 89 家,占全省亿元市场数的比重为 57.1%;以批发经营为主的市场 67 家,占比 42.9%。在出租摊位中,从事零售经营有 2.91 万个摊位,占亿元市场总摊位数的 54.2%;批发摊位 2.45 万个,占比 45.8%。在营业面积中,批发市场营业面积 184.22 万平方米,占亿元市场总面积的 58.5%;零售市场 130.78 万平方米,占比 41.5%。在成交额中,批发市场成交额 850.48 亿元,占亿元市场总成交额比重为 71.2%,零售市场成交额 343.51 亿元,仅占 28.8%。

(4)市场分布区域相对集中,地区差异依然存在。

从地区市场分布看,亿元市场个数和成交额居全省前三位的设区市为福州市、泉州市和厦门市,2009 年末三个设区市的市场数分别为 62 个、24 个和 18 个,占全省亿元市场数比重分别为 39.7%、15.4% 和 11.5%;全年市场成交额分别为 674.89 亿元、192.71 亿元和 105.55 亿元,占全省亿元市场总成交额比重分别为 56.5%、16.1% 和 8.8%;三明市、南平市和龙岩市无论是市场个数还是市场成交额均居全省后三位,三市的亿元市场总个数为 24 个,仅占全省总数的 15.4%;市场成交额为 68.96 亿元,仅占全省总成交额的 5.8%。

(5)市场龙头作用显著,规模效益明显

从市场成交额看,2009 年全省商品交易市场成交额在 5 亿元以上的市场有 46 家,比上年增加 4 家,占全省亿元市场个数的 29.5%,实现成交额 966.65 亿元,比上年增长 14.0%,占亿元市场总成交额的 81.0%。其中,5 亿～10 亿元商品交易市场有 16 家;10 亿～50 亿元的商品交易市场有 26 家;50 亿～100 亿元的商品交易市场有 3 家;100 亿元以上的商品交易市场有 1 家。2009 年全省前十大亿元市场实现总成交额 544.04 亿元,比上年同期增加 53.23 亿元,同比增长 5.0%,占全省亿元市场成交总额的 45.6%,显示出福建省亿元市场规模不断扩大,规模化发展的趋势明显。

结合以上五点表现,亿元市场商品交易的主要特点有以下四条:

(1)与城乡居民生产生活息息相关的商品交易额最大。2009 年全省亿元市场中,食品、饮料、烟酒类商品销售比重最高,其成交额为 465.67 亿元,占总成交额的比重达 39.0%;服装、鞋帽类商品销售比重居第二位,成交额为 181.72 亿元,占总成交额的 15.2%。全年食品、饮料、烟酒类成交额同比增长 8.9%,服装、鞋帽类成交额同比增长 16.3%。

(2)金银珠宝首饰需求旺盛。随着经济的发展和人民生活水平的提高,人们对首饰的消费成为继住房、汽车之后的又一个消费热点,同时伴随着近年来美元大幅贬值,也刺激了黄金钻石的需求。2009 年亿元商品交易市场中金银珠宝类商品成交额为 93.95 亿元,比上年增长 41.8%,拉动全省亿元市场成交额增长 2.6 个百分点;化妆品类商品成交额为 2.11 亿元,比上年增长 8.9%。

(3)住宅装修相关类商品交易成交活跃。2009 年全省房地产市场不断升温,房屋装修材料市场火爆。在亿元市场中,建筑及装潢材料类和金属材料类商品实现成交额 175.11 亿元和 122.63 亿元,分别比上年增长 18.7% 和 24.9%,拉动同期全省亿元市场成交额增长 2.6 和 2.3 个百分点。

(4)家电类商品销售明显升温。2009 年国家出台了家电下乡和以旧换新等消费刺激政策,对家电市场产生了较大的影响。福建省各地通过广播、电视、报纸等多种形式,对家电下乡政策进行了全方位的宣传,不断加大家电下乡工作推广力度,2009 年亿元市场中,全省家用电器和音像器材类出租摊位比上年增加 30 个,增长 5.1%,实现成交额 7.42 亿元,比上年增长 31.9%。

(五)对外经济

1. 对外贸易

全省全年进出口总额 796.5 亿美元,比上年下降 6.1%。其中,出口 533.29 亿美元,下降 6.4%;

进口263.34亿美元,下降5.4%。出口比进口多269.95亿美元,比上年减少21.68亿美元。

2009年间,福建省及时出台稳定外贸增长的35条政策等措施,扶持重点企业和大宗商品出口,加大对企业信用保险支持力度。全省外贸运行好于全国,居十大外贸省市前列,降幅小于全国7.8个百分点,民营企业出口、一般贸易出口比重分别提高7.5个和4.9个百分点。电子口岸覆盖面扩大,通关环境继续改善。厦门翔安B型保税物流中心封关运作,漳州成为全国光机电科技兴贸创新基地。

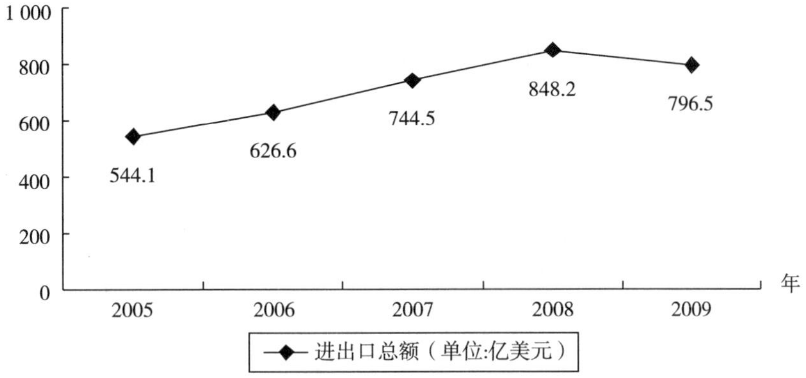

图2-338 2005-2009年福建省外贸进出口总额

全省全年继续实行出口退税超基数地方负担部分由省级财政统一承担的办法,支持大宗传统特色优势商品出口,加大对机电和高新技术产品出口的扶持,组织企业参加境内外重点展会,鼓励发展出口信贷,扩大出口信用保险和出口企业先退后审覆盖面。全面启动重点商品出口基地建设,推动加工贸易向产业链高端发展,扩大自主品牌和高技术含量、高附加值产品出口。积极发展外贸物流业,发挥保税港区等政策功能,拓展国际中转业务,开辟腹地货源基地,建设晋江、南平、三明、龙岩和周边省份的"无水港",鼓励发展"飞地港",支持台商依托海关特殊监管区开展加工增值复出口业务,加快形成大物流、大港口、大外贸新格局。有效应对国际贸易摩擦,积极开拓东盟等自贸区市场,巩固欧美日等传统市场,拓展拉美、非洲等新兴市场。鼓励企业引进国外先进技术和关键设备,增加重要资源和原材料进口。加快推进"无纸化"通关建设,坚持和完善重点口岸7天工作制和24小时预约通关,扩大电子口岸覆盖面,拓展铁海联运和区港联动政策覆盖范围。实施"走出去"战略,推动企业到境外建立生产基地、资源基地、研发机构和营销网络。

2. 外资状况

福建2009年批准设立外商直接投资项目939个,比上年下降14.7%。按历史可比口径统计,合同外资金额90.76亿美元,下降20.5%;实际利用外商直接投资100.65亿美元,增长0.4%。按验资口径统计,合同外资金额53.61亿美元,下降25.0%;实际利用外商直接投资57.37亿美元,增长1.2%。

表2-96 2009年福建省各市实际利用外资金额

单位:万美元

地区	实际利用外资金额(按历史可比口径)
福州市	229 596

(续表)

地区	实际利用外资金额(按历史可比口径)
厦门市	226 971
莆田市	103 207
三明市	26 100
泉州市	235 275
漳州市	85 102
南平市	48 550
龙岩市	34 995
宁德市	16 685

2009 年福建省新批境外投资企业 165 家,协议投资总额 4.90 亿美元,其中中方投资 4.36 亿美元,分别比上年增长 52.8%、63.9% 和 75.1%。对外承包工程完成营业额 1.75 亿美元,增长 31.5%;对外劳务合作完成营业额 2.48 亿美元,下降 7.3%。

全年福建省利用外资质量提升,服务业实际利用外资增长 14.9%,比重提高 3 个百分点。鼓励企业"走出去"取得进展。闽港闽澳合作不断深化,实际利用港澳资金 47.6 亿美元,闽港闽澳贸易额 36.3 亿美元。侨务、外事工作继续加强。

二、福建省 2009 年社会发展概况

(一)人口、人民生活

全省 2009 年末常住人口3 627万人,全年净增人口 23 万人。全年全省出生人口 44.3 万人,出生率 12.2‰;死亡人口 21.8 万人,死亡率 6.0‰;自然增长率 6.2‰。城镇化水平为 51.4%。

福建省 2009 年农民人均纯收入6 680元,扣除价格因素,实际增长 10.1%,增幅比上年提高 1.8 个百分点;城镇居民人均可支配收入19 577元,扣除价格因素,实际增长 10.9%,增幅比上年提高 0.1 个百分点。农村居民家庭恩格尔系数(即居民家庭食品消费支出占家庭消费总支出的比重)为 45.9%,城镇居民家庭恩格尔系数为 39.7%。

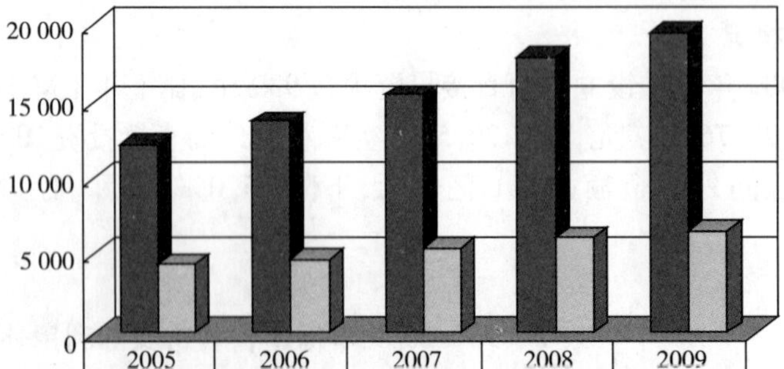

	2005	2006	2007	2008	2009
■城镇居民人均可支配收入(元)	12 321	13 753	15 505	17 961	19 577
□农村居民人均纯收入(元)	4 450	4 835	5 467	6 196	6 680

图 2-339　2005-2009 年福建省城乡居民收入对比一览

(二)就业与社会保障

1. 就业概况

2009年末全省从业人员2 169.93万人,比上年末增加90.15万人。其中城镇单位从业人员475.03万人。城镇新增就业67.2万人,农村劳动力转移就业45.2万人,全年有9.4万下岗人员实现了再就业。年末城镇登记失业率为3.9%,比上年末上升0.04个百分点。

2. 社会保障

福建省2009年末参加城镇基本养老保险人数584.61万人,比上年增加27.38万人。其中参保职工476.73万人,参保的离退休人员107.88万人。全省参加失业保险人数348.14万人,增加9.45万人。全省参加城镇基本医疗保险人数1 137.19万人,其中参保职工503.71万人,参保的城镇居民633.48万人。年末全省企业参加基本养老保险离退休人员88.66万人,全部实现了养老金按时足额发放。

2009年末全省领取失业保险金人数3.61万人,减少1.03万人;全省纳入城市最低生活保障的居民18.5万人,比上年减少0.73万人;纳入农村最低生活保障的居民80.76万人,增加3.09万人,其中"五保"供养对象9.74万人。

全省年末各类收养性社会福利单位床位21 684张。全省建立各种社区服务设施5 000多个,其中社区服务中心(站)1 063个。全年销售社会福利彩票16.05亿元,筹集社会福利资金5.09亿元,直接接收社会捐赠款1 064.3万元。

(三)教育和科学技术

1. 教育事业概况及分析

全省全年研究生教育招生0.99万人,在学研究生2.90万人,毕业生0.78万人。普通高等教育招生19.37万人,在校生60.63万人,毕业生14.28万人。各类中等职业教育招生26.55万人,在校生62.82万人,毕业生17.32万人。成人高等教育招生3.27万人,在校生9.95万人。全省普通高中招生23.85万人,在校生71.91万人,毕业生24.90万人。全省初中招生42.61万人,在校生141.52万人,毕业生47.79万人。普通小学招生40.40万人,在校生239.76万人,毕业生43.90万人。特殊教育在校生3.41万人。幼儿园在园幼儿107.72万人。

2009年福建省优先发展教育事业。加快城乡中小学标准化建设,落实义务教育教师校际交流和城镇教师农村任教服务期制度,促进义务教育均衡发展。提高普通高中教育质量。加大技能型紧缺人才培养力度,改革高职单招办法,推进职教集团、公共实训基地建设。继续实施高校服务海西工程,落实一批产业人才培养计划,加快专业学科结构调整,培育一批国家级重点学科。加强教师队伍建设,着力推进素质教育,促进学生全面发展。规范发展民办教育。扶持特殊教育,促进早期教育、幼儿教育健康有序发展。关心老年教育,抓好县(市、区)老年大学和老年活动中心建设,发展继续教育、社区教育,构建终身教育体系。取得的主要成果如下:

(1)学前教育得到进一步加强。2009年,全省共有幼儿园7 137所。幼儿园在园幼儿107.72万人,比上年增加8.45万人,增长8.5%;幼儿园入园率达90.5%,比上年提高1.26个百分点。

(2)基础教育在巩固中发展。2009年,全省普通小学招生40.40万人,在校生239.76万人,毕业生43.90万人,小学阶段学龄人口入学率达99.97%,与上年持平;全省初中招生42.61万人,在校生141.52万人,毕业生47.79万人,初中学龄人口入学率达97.47%,比上年提高0.32个百分点;义务教育各项指标继续保持在全国较高水平,全省实现"双高普九"目标的县(市、区)增至60个。

(3)高中阶段教育大力发展。2009年,全省普通高中招生23.85万人,在校生71.91万人,毕业生24.90万人。全省中职招生26.55万人,占高中阶段招生总数的52%左右,首次超过普通高中招生规模,超额完成教育部下达的招生任务;中等职业学校在校生总数62.3万人,比上年增加2.7万人。全省高中阶段入学率80%,比上年提升3.7个百分点。紧缺人才培养规模不断扩大,全省高职院校10大紧缺领域专业在校生占总数达62%,每年培养高技能人才达4.3万人。2009年,全省中职毕业生平均就业率达96.4%,比上年提高0.21个百分点。中职学校全面推行学历证书和职业资格并重的"双证书"制度,中职应届毕业生取得职业资格证书的比例达92.1%。

(4)高等教育稳步发展。2009年,全省高校新增工学类专业87个,在校生达19.08万人,占全省普通高校在校生数33.9%。新增525个省级本科质量工程项目,省级项目总数达1 727个、国家级项目总数达249个。新增26个产学结合的研究生教育创新基地,新增81个学士学位授权专业。全年普通高等教育招生19.37万人,在校生60.63万人,毕业生14.28万人,分别比上年增长2.4%、7.8%和9.5%。成人高等教育招生3.27万人,在校生9.95万人。研究生招生数达0.99万人,研究生在校学生数达2.90万人,毕业生0.78万人,分别比上年增长13.1%、7.2%和13.1%。高等教育毛入学率达24.40%以上,比上年提高1.2个百分点。

(5)终身教育加快推进。2009年,全省36个市、县新设立终身教育促进委员会,比去年增加了37.6%。目前全省已有89个市、县成立了终身教育促进委员会,占全省总数的95.6%。共培训各类人员112万人。2009年,全省参加自学考试学历教育累计154.8万人,非学历教育考试累计376多万人,自学考试为福建高等教育毛入学率贡献了3.5个百分点,自学考生占全省高等院校在校生总数的20%。

(6)办学条件继续改善。2009年,全省下达农村义务教育阶段寄宿生工程项目351个,新建面积41万平方米,总投资4.6亿元,已全部动工。全省中等职业学校(不含技工校)校舍建筑面积新增15万平方米,在建16万平方米,教学、试验实训仪器设备资产总值达10.98亿元(2008年为9.69亿元)。

(7)教育补助力度加大。从春季学期起,国家对城乡低保家庭普通高中学生实施助学金政策,资助标准为每生每学年1 500元。2009年秋季学期开始,按照高校隶属关系,同级财政部门按30元/生年标准,拨付全部普通高等学校(包含民办高校)全日制在校生日常医疗补助经费。截至2009年11月20日,全省已有46.5万名在校大学生办理参保登记,占在校大学生人数比例约75%。继续实施高校、中等职业学校家庭困难学生资助新政策。全年发放普通高等学校(包括高职学校)奖助学金3.4亿元,惠及学生10.4万人;下达中职学校助学金预算3.99亿元,惠及学生27.4万人(以上数据均不含厦门)。

(8)农村教师队伍建设不断加强。2009年,全省深入贯彻落实福建省人民政府的相关政策,加强中小学教师队伍建设,积极推进城镇教师支援农村教育,促进师资均衡配置。首先,全面开展中小学新编制标准核编工作,分解下达6 500个农村小学紧缺学科教师编制。其次,实施"农村紧缺师资代偿学费计划"和"经济困难县新补充农村学校教师资助计划",为到47个经济较困难县农村中小学任教的高校毕业生代偿学费,资助20个经济困难县600名新补充农村教师工资性支出,支持经济困难县补充农村教师。第三,组织全省新增农村教师编制统一招聘考试,各县市区择优聘用1 000多名应届高校毕业生到农村小学任教。

(9)中职教师素质整体提高。全省中等职业学校现有专任教师1.83万人,其中本科以上学历的占82.6%,比2008年提高4个百分点;高级职务教师占19.6%,比2008年提高0.8个百分点,副高级职务的教师有3 592人,比上年增长4.9%。教师中"双师型"的比例达34.8%,比2008年提高3个百分点。选派110位专业骨干教师参加国家级培训,组织1 659位公共基础课程骨干教师进行省级培训工作。

（10）高校高层次人才不断引进培养。2009 年，福建省实施高校访问学者项目，选派 121 名高校教师到国内知名高校做访问学者。组织申报国家“千人计划”、长江学者特聘教授、省优秀人才等人才计划。建立高校海外层次人才信息库，组织“福建女教授赴台交流团”开展“海西人才台湾行”活动。

（11）专任教师趋向高学历化。2009 年，各类学校专任教师达 41.33 万人，同比增长 1.3%。其中：小学教师中具有专科以上学历的比重达到 70.2%，同比提高 3.79 个百分点。初中教师中具有专科以上学历的比重达 98.8%，同比提高 0.3 个百分点。普通高中教师中具有本科以上学历的比重达 93.3%，同比提高 2.03 个百分点，普通高等学校教师中具有硕士以上学历的比重达 45.1%，同比提高 2.63 个百分点，具有正高级职务的教师有3 480人，具有副高级职务的教师有9 174人，分别比上年增长 11.0%、7.8%。

2. 科技与创新

2009 年福建省科技活动经费支出 262.26 亿元，比上年增长 24.7%。其中，研究与试验发展（R&D）经费支出 126.54 亿元，增长 23.9%，占全省生产总值的 1.06%，比重比上年提高 0.12 个百分点。全省继续实施 16 个省级科技重大专项，新启动 11 个省级科技重大专项，新增 19 个省级工程技术研究中心、11 个省级重点实验室。分别新增国家级、省级企业技术中心 3 家和 30 家，累计分别达 23 家和 235 家。新增省级行业技术开发基地 7 个，累计达 29 个。新增专利代理机构 6 家、全国企事业知识产权试点单位 58 家。新增 4 个国家级创新型企业、30 家省级以上企业技术中心。推进科技重大专项，万吨级煤制乙二醇成套技术、陶瓷纤维等关键技术取得突破，水稻转基因育种、重大传染病防治技术等专项列入国家计划。全省 8 项科研成果获 2009 年度国家科技进步奖二等奖，比上年增加 3 项，1 项发明专利获第 11 届中国专利奖优秀奖。全省新认定高新技术企业 576 家，共有 906 家。专利申请17 559件，专利授权11 282件，分别比上年增长 33.2% 和 42.1%。全年共登记技术合同4 799项，技术合同成交金额 26.23 亿元，比上年增长 38.3%。全年共确认福建省新产品 81 项，其中技术水平达国际水平 12 项、国内领先 53 项、国内先进 16 项。

福建省 2009 年间创新平台加快拓展，新建 4 个国家产品质量监督检验中心、7 个行业技术开发基地。中国科学院城市环境科学研究所通过验收。实施知识产权战略，新增中国驰名商标 30 个、专利授权量11 282件，新制修订国家标准 90 项。科技人员服务企业“百千万”行动深入开展，技术经纪队伍逐步壮大。第七届“6·18”成功对接5 008个项目，有效促进技术、资本、人才等创新要素集聚。“数字福建”建设扎实推进，信息化应用水平进一步提高。

全省年末共有产品检测实验室 601 个，国家产品质量监督检验中心 10 个。全省现有独立的认证机构 1 个、分支机构 23 个，累计12 406家企业获得18 009张产品认证证书，获证数量比上年增长 21.0%。新建社会公用计量标准 56 项，累计建立1 013项。全省共有法定计量技术机构 65 个，国家城市能源计量中心 1 个，全年强制检定工作计量器具 92 万台（件）。全年制修订国家标准 90 项、行业标准 25 项、地方标准 102 项（其中新制定 95 项），累计全省共制订国家标准 679 项、行业标准 562 项、地方标准1 028项，分别比上年增长 15.3%、4.7% 和 10.2%；全年新获批筹建 17 个全国专业标准化技术委员会，累计达 36 个。中国名牌产品累计 100 个；新增国家地理标志产品 9 个，累计 40 个。新评福建名牌产品 515 个，累计1 454个，比上年增长 10.5%。

2009 年底，全省共有国家级地面气象观测站 72 个，其中国家基准气候站 5 个、国家基本气象站 23 个、国家一般气象站 44 个；高空气象探测站 4 个，其中移动高空探测站 1 个；天气雷达观测站 6 个，其中移动天气雷达站 1 个。共有地震前兆台站 42 个，前兆测项 125 个；测震台站 48 个，强震动观测台站 40 个；GPS 观测基准站 8 个，基本站 16 个。共有 880 个海洋监测站位和监测区域，其中：水质（含沉积物、生态）站位 851 个，生物站位 23 个，海漂垃圾监测 6 个区域。

全省全年基础测绘共完成1:1万数字线划图(DLG)更新213幅。至2009年底,福建省1:1万基础测绘行政区陆域图幅总数累计4 689幅,省级基础地理信息数据库建设DEM、数字正射影像图(DOM)累计各达4 689幅、4 689幅;省级基础地理信息数据库建设DLG累计达4 669幅。2009年向社会提供大地控制成果4 008点,3D数字地图1 780幅;公开出版地图56种。

(四)文化、卫生和体育

1. 文化事业

福建省2009年末共有各类艺术表演团体90个,剧场、影剧院68个,群众艺术馆10个,文化馆81个,公共图书馆85个,博物馆89个。文化系统各类艺术表演团体演出1.69万场,观众1 727万人次,剧场、影剧院演(映)出3.59万场次。年末全省电台10座,中短波发射台和转播台36座,调频广播发射台和转播台95座,广播节目86套,广播综合人口覆盖率97.64%;电视台10座,一百瓦以上电视发射台和转播台62座,电视节目37套,电视人口综合覆盖率98.41%,全省有线电视用户526.8万户,有线广播电视网络干线总长13.56万公里。

全省全年出版图书3 422种,总印数0.77亿册;报纸59种,总印数8.29亿份;期刊175种,总印数0.28亿册;音像电子出版物复制0.51亿盒(张)。

2009年,全省新闻出版系统坚持中国先进文化的前进方向,大力发展文化事业和文化产业,在多项工作中取得了可喜的成绩。2009年,全年出版图书3 600种,总印数0.80亿册,分别比上年增长3.7%和2.7%;全年出版报纸59种,与上年持平,总印数10.50亿份,比上年增长1.2%;期刊177种,总印数0.32亿册,分别比上年增长1.7%和10.3%;音像出版物复制0.83亿盒(张)。

2009年,福建省加强文学艺术创作,努力多出精品力作。高甲剧《阿搭嫂》和越剧《唐琬》分别获得由文化部主办的全国地方戏优秀剧目(南北片)二等奖和三等奖;京剧《北风紧》荣获第十一届"五个一工程"优秀剧目奖、中国戏曲学会奖,独舞《铜雀女》获第八届全国舞蹈比赛优秀表演奖。杂技《灯偶—空中造型》获第四届俄罗斯国际马戏艺术节银奖。福建省歌舞剧院选送的《古老的一首歌》、福州市歌舞剧院选送的《妙音鸟》分别获"中国江南文化节·江南舞蹈赛"专业组铜奖;群舞《阿婆的幸福生活》在全国第九届"桃李杯"舞蹈比赛中获表演金奖、创作金奖。这是福建省历年来"桃李杯"舞蹈比赛的最好成绩,也是历史性的突破,还实现了福建省在全国"桃李杯"舞蹈比赛获金奖零的突破。中国剧协于11月在厦门举办的第11届中国戏剧节中,福建省闽剧《别妻书》、歌仔戏《蝴蝶之恋》、音乐剧《停一停,等等我们的灵魂》等3台剧目获得中国戏剧节的最高奖项——优秀剧目奖,越剧《唐琬》(新编)获得剧目奖。

2009福建省召开第四届"京沪闽"作曲研讨会、"郭祖荣交响作品座谈会"以及举办华东、华中、东北等十三省戏剧期刊"田汉戏剧奖"评奖活动。出版《2008年福建艺术研究论集》、《宗教与戏剧研究丛稿》、《音乐知识教程》(上、下)等著作三部共160多万字;完成省哲学社会科学重点课题"闽南文化生态保护区建设研究";完成"省传统文化知识和遗传资源知识产权保护课题"的子课题任务;完成《闽南文化生态保护区规划》。

2. 卫生事业

福建省年末共有各类卫生机构7 500个,其中医院412个,卫生院877个。年末共有卫生技术人员12.4万人,其中医生5.2万人,注册护士4.5万人。年末共有卫生机构床位10万张。农村有医疗点的村数占总村数的90%,乡村医生和卫生员3万人。

2009年,福建全省新农合覆盖面继续扩大,参合率稳步提高。全省参合人数达到2 350.79万人,参合率95.3%,同比提高3.68个百分点。为提高新型农村合作医疗保障水平,福建省将新农合筹资水平提高到100元,晋江、石狮达到120~130元。乡镇卫生院、县级和县以上(县外)定点医疗机构的补偿比例分别达到80%、60%和40%，封顶线达到4万元。截至2009年第三季度，新农合基金补偿总额18.52亿元，其中住院补偿17.67亿元，住院补偿人次123.14万人次，次均住院补偿1 434元，实际住院补偿比为35.9%。

2009年，全省共安排卫生院业务用房改扩建和环境改造项目110个，新建、改造业务用房共20.4万平方米；安排12个县（市、区）的38个乡镇卫生院D级危房拆建，改造D级危房3万平方米，所有项目都已动工，部分项目已基本完成建设。省级财政安排8 000万元用于300所乡镇卫生院基本诊疗设备装备和远程医疗会诊工程建设，安排1 091万元预算为92所乡镇卫生院配备救护车，已经全部完成。2009年农村卫生院卫生技术人员人均300元/月的补贴顺利发放，省级财政下拨补助经费9 118万元。全省社区卫生工作稳步推进，截至2009年底，全省共有社区卫生服务中心196家，社区卫生服务站381个，其中政府举办的社区卫生服务中心193家，占98.5%。

3. 体育事业

在第十一届全运会上，福建省346名运动员参赛，取得19金11银21铜的优异成绩，金牌总数居全国第九位；2人4次创4项全国纪录，1人3次创3项亚洲纪录，实现参加决赛人数、参赛项目和获得的金牌数、奖牌数历史突破。全年销售体育彩票34.8亿元。

2009年，福建省加强全民健身设施建设，增加未成年人体育活动场所，培养高水平体育人才。积极发挥老体协作用，开展老年体育活动，办好老年人健身风采展示大会。承办第五届全国特奥运动会，举办第十四届省运会。全省从体彩公益中安排资金7 600万元，新建1 900个农民体育健身工程点和65个乡镇体育活动中心，以建国60周年、8月8日首个全国“全民健身日”和十一届全国运动会等契机，组织举办了建国六十周年福建体育成就展、海峡两岸万民登山、全运会火炬传递、社区体育运动会等一系列群众喜爱、富于地域特色的群众体育活动。

2009年，福建省体育场馆设施建设有序开展。福建省体育中心“一场两馆”改造项目正在按计划有序展开，以确保2010年特奥会如期进行；体育职业技术学院二期主体工程基本竣工；省少体校搬迁征地和初步设计正在实施；马江举重训练基地二期工程也在有序进行。总建设项目11个，建筑面积179 765平方米，投入建设资金约76 453万元。市县体育设施建设力度也不断加大，在福建省体育局投入体彩公益金1 000万元带动下，有15个县（市、区）投入资金3亿余元新建了15个体育场馆，全省体育设施改善明显。

2009年，福建省圆满组织了“海峡论坛”首次体育交流系列活动，参加交流的人数之多、规模之大、规格之高，开创了海峡两岸体育交流之先河。积极与台湾民间体育组织联系，台湾各种体育协会分别参加了在全省各地举办的登山、武术、围棋、冬泳、高尔夫、排球、篮球、体育舞蹈等比赛。按照福建省委、省政府部署，加大体育入岛交流力度，先后组织羽毛球、武术等5批代表团入岛进行体育交流。

（五）城乡建设

2009年间，福建省“五新”推广步伐加快，实施94个示范项目，建设9个集成推广示范县。实施土地整理70.5万亩，建设高标准农田40.5万亩，新建改扩建标准渔港17个，修复病险水库120座，完成海堤除险加固152.5公里、农村路网工程4 650公里，解决农村133.5万人的饮水安全问题，全省20户以上自然村通电话全面实现。农村社区综合服务试点工作扎实推进，农民专业合作社快速发展，供销社作用进一步发挥，金融服务网点覆盖全省所有乡镇。动植物疫情疫病有效防控，省级救灾物资储备库基本建成，因灾倒房的受灾户2010年春节前可全部搬入新居。

福建省坚持提高城镇综合承载能力。按照统筹规划、合理布局、完善功能、以大带小的原则，积极稳妥推进城镇化。全省继续壮大中心城市。实施《海峡西岸城市群发展规划》，统筹安排城市布局和建设,拓展中心城市框架,提升中心城市实力,增强辐射带动作用。

2009 年间,全省大力发展县域经济。加快解决制约县域经济发展的体制机制、要素瓶颈、基础设施等问题,引导县域产业突出特色、参与分工,增强县级统筹发展能力。

全省 2009 年加快小城镇建设。抓好 20 个重点小城镇综合改革建设试点,在户籍管理、房地产开发、城乡建设用地占补平衡和增减挂钩等方面赋予相关政策,建设"规划先行、功能齐备、设施完善、生活便利、环境优美、保障一体"的宜居城市综合体。

五是全省推进统筹城乡综合配套改革试验。坚持工业反哺农业、城市支持农村,加快城乡基础设施、公共服务、社会保障和生态建设等方面一体化进程。有计划有步骤地解决农民工在城镇就业和生活问题,放宽中小城市特别是县城和中心镇落户条件。

(六)环境保护和生态建设

2009 年福建省化学需氧量(COD)排放量 37.57 万吨,比上年减排 0.67%;二氧化硫(SO_2)排放量 41.97 万吨,比上年减排 2.15%,完成了年度减排目标。万元地区生产总值能耗年度下降目标预计可以完成。

全省全年完成植树造林总面积 253.80 万亩,其中,完成人工造林更新总面积 186.71 万亩,比上年增长 8.3%。其中荒山造林 49.92 万亩,增长 1.4%;人工迹地更新面积 136.79 万亩,增长 11.1%。全省森林覆盖率 63.1%。商品材产量 635.27 万立方米,下降 16.1%。

全省完成环境污染限期治理项目 601 个,投资 2.1 亿元。全省已发放排污许可证的企业为6 397家,累计发放排污许可证书数为12 177家。全年关停并转迁企业数为 375 家。城市生活垃圾处理率 99%;城市污水处理率 75%。

2009 年,在降雨量比往年少 20% 左右、主要河流来水量比往年少 40% 左右的情况下,全省 12 条主要河流水质保持优质水平,水域功能达标率和 Ⅰ 类 - Ⅲ 类水质比例分别为 95.9% 和 93.8%,与上年基本持平;饮用水源地水质继续改善,9 个设区城市集中式饮用水源地水质达标率为 95.2%,14 个县级市为 96.2%,均比上年提高 0.8 个百分点;44 个县城为 97.6%,比上年提高 2.5 个百分点。

至 2009 年底,全省共有 5 个国家级生态示范区,16 个省级生态村。有风景名胜区 51 处,其中国家级风景名胜区 16 处、省级 35 处,国家风景名胜区比上年增加 3 处,风景名胜区总面积约2 300万公顷,占全省土地面积的 1.9%。有自然保护区 93 个,其中国家级自然保护区 12 个;自然保护区面积 50.22 万公顷,占全省土地面积的 4.13%。

2009 年间,福建省 23 个城市中有 22 个城市的空气质量达到或优于二级标准。23 个城市中,区域声环境质量较好的城市有 11 个,交通声环境质量较好的城市有 22 个。

全省全年2 583公里评价河长中,水质符合和优于 Ⅲ 类水的河长为2 088公里,占评价河长的 80.84%。12 条主要水系水质达到或优于国家地表水 Ⅲ 类标准要求的占 93.8%。全省近岸海域海水达到清洁、较清洁的面积占 56.1%。9 个设区城市的 33 个饮用水源地水质达标率为 95.2%。

(七)社会安全

2009 年福建省各类自然灾害造成直接经济损失 23.42 亿元。全年农作物受灾面积 168.91 千公顷,其中绝收 11.95 千公顷。全省共发生森林火灾 579 起,其中一般火灾 38 起,较大火灾 528 起,重大森林火灾 13 起;过火面积 1.6 万公顷,受害面积 1.1 万公顷;森林火灾发生率、过火率和受害率分别为 7.04 次/十万公顷、1.71‰和 1.48‰。全年因海洋灾害造成直接经济损失约 23.84 亿元,增加 35.8%。全年发生海洋赤潮 12 次,减少 2 次;累计赤潮面积约 377 平方公里,下降 21.4%。

全省全年安全生产形势总体平稳,共发生各类事故17 680起,比上年下降 11.5%;死亡3 413人,下降6.1%；受伤16 398人，下降13.6%；经济损失18 673万元，下降6.5%。亿元生产总值生产安全事故死亡人数为0.29人，下降14.7%；工矿商贸就业人员十万人生产安全事故死亡人数为1.87人，下降11.0%。煤矿事故13起，死亡20人，分别下降27.8%和4.8%。全年共发生道路交通事故13 643起，造成2 916人死亡，16 264人受伤，直接财产损失4 706万元，分别下降13.0%、5.1%、13.9%和4.7%；万车死亡人数为4.37人，下降14.5%。其中高速公路交通事故639起，比上年增加46起，上升7.8%，死亡262人，比上年增加37人，上升16.4%；水上交通事故13起，比上年减少1起，死亡20人，比上年增加2人；国有铁路交通事故72起，死亡49人，比上年分别减少26起和20人，分别下降26.5%和29.0%；农业机械事故64起，死亡16人，比上年分别减少38起和6人，分别下降37.3%和27.3%；渔业船舶事故57起，死亡35人，与上年比事故减少12起，死亡减少10人，分别比上年下降17.4%和22.2%。

第三篇 长三角地区专项经济社会发展

长三角年鉴2010

一　长三角产业布局

一、长三角产业布局总体概况

（一）长三角三次产业布局

2009 年，长三角两省一市国内生产总值（GDP）达72 494.10亿元，占同期我国经济总量的21.29%。其中，第一产业产值为3 538.76亿元，占全国的比重为 10.05%，第二产业产值为36 476.64亿元，占全国的比重为 23.14%，第三产业产值为32 478.7亿元，占全国的比重为 22.00%。从三次产业结构来看，长三角 2009 年三次产业结构为 4.88∶50.32∶44.80，与 2008 年相比，第三产业比重上升了 2.49 个百分点，而第一产业、第二产业比重则分别下降了 0.17 个和 2.32 个百分点。

表 3－1　长三角三次产业发展情况（2009）

单位：亿元，%

	国内生产总值		第一产业		第二产业		第三产业	
	数额	占全国的比重	数额	占全国的比重	数额	占全国的比重	数额	占全国的比重
上海市	15 046.45	4.42	113.82	0.32	6 001.78	3.81	8 930.85	6.05
江苏省	34 457.30	10.12	2 261.86	6.42	18 566.37	11.78	13 629.07	9.23
浙江省	22 990.35	6.75	1 163.08	3.30	11 908.49	7.55	9 918.78	6.72
长三角	72 494.10	21.29	3 538.76	10.05	36 476.64	23.14	32 478.70	22.00

（二）长三角第一产业布局

2009 年，长三角第一产业增加值3 538.76亿元，以当年价计算，增长 7.0%；长三角第一产业总产值5 972.57亿元，以当年价计算，增长 5.69%。从第一产业总产值的区域分布情况来看，上海市第一产业总产值为 283.15 亿元，占长三角第一产业总产值的比重为 4.74%；江苏省第一产业总产值为3 816.02亿元，占长三角第一产业总产值的比重为 63.89%；浙江省第一产业总产值为1 873.40亿元，占长三角第一产业总产值的比重为 31.37%。

对第一产业总产值的内部结构进行分析。2009 年，上海市农业总产值 147.53 亿元，占上海市第一产业总产值的比重为 52.10%；林业总产值 8.99 亿元，占第一产业总产值的比重为 3.17%；畜牧业总产值 64.61 亿元，占第一产业总产值的比重为 22.82%；渔业总产值 53.53 亿元，占第一产业总产值的比重为 18.91%；农林牧渔服务业总产值 8.49 亿元，占第一产业总产值的比重为 3.00%。

2009 年，江苏省农业总产值1 948.20亿元，占江苏省第一产业总产值的比重为 51.05%；林业总产值 70.79 亿元，占第一产业总产值的比重为 1.86%；畜牧业总产值 873.97 亿元，占第一产业总产值的比重为 22.90%；渔业总产值 719.25 亿元，占第一产业总产值的比重为 18.85%；农林牧渔服务业总产值 203.81 亿元，占第一产业总产值的比重为 5.34%。

2009 年，浙江省农业总产值 879.05 亿元，占浙江省第一产业总产值的比重为 46.92%；林业总产值117.64亿元,占第一产业总产值的比重为6.28%;畜牧业总产值404.88亿元,占第一产业总产值的比重为21.61%;渔业总产值435.48亿元,占第一产业总产值的比重为23.25%;农林牧渔服务业总产值36.36亿元,占第一产业总产值的比重为1.94%。

表3-2 长三角第一产业布局基本情况(2009)

单位:亿元,%

	上海市		江苏省		浙江省		长三角	
	总产值	比重	总产值	比重	总产值	比重	总产值	比重
第一产业	283.15	—	3 816.02	—	1 873.40	—	5 972.57	—
农业	147.53	52.10	1 948.20	51.05	879.05	46.92	2 974.78	49.81
林业	8.99	3.17	70.79	1.86	117.64	6.28	197.42	3.31
畜牧业	64.61	22.82	873.97	22.90	404.88	21.61	1 343.46	22.49
渔业	53.53	18.91	719.25	18.85	435.48	23.25	1 208.26	20.23
农林牧渔服务业	8.49	3.00	203.81	5.34	36.36	1.94	248.66	4.16

(三)长三角第二产业布局

1.长三角工业布局

工业在长三角地区具有重要的战略地位。2009年,长三角工业增加值达到32 391.9亿元,占我国工业增加值的比重为23.95%。分工业行业来看,上海市工业总产值排名前十位的工业行业分别是:通信设备、计算机及其他电子设备制造业,交通运输设备制造业,通用设备制造业,化学原料及化学制品制造业,电气机械及器材制造业,黑色金属冶炼及压延加工业,电力、热力的生产和供应业,石油加工、炼焦及核燃料加工业,专用设备制造业和金属制品业,占工业总产值的比重分别为20.11%、13.47%、9.02%、7.02%、6.67%、5.35%、5.31%、4.06%、3.55%和3.12%。与2008年相比,在前十大工业行业排名中,第1-8位未发生变化;专用设备制造业由2008年的第10位上升到2009年的第9位,金属制品业由2008年的第9位下降为2009年的第10位。2009年,上海市前十大工业行业总产值合计占工业总产值的比重为77.68%,较2008年下降了0.08个百分点。

2009年,江苏省工业总产值排名前十位的工业行业分别是:通信设备、计算机及其他电子设备制造业,化学原料及化学制品制造业,电气机械及器材制造业,黑色金属冶炼及压延加工业,纺织业,交通运输设备制造业,通用设备制造业,金属制品业,电力、热力的生产和供应业和专用设备制造业。前十个行业占工业总产值的比重分别为14.29%、9.69%、8.93%、8.58%、6.70%、6.65%、6.50%、3.88%、3.72%和3.30%。与2008年相比,2009年前十大工业行业的排名变化情况是:电气机械及器材制造业由2008年的第4位上升到第3位;黑色金属冶炼及压延加工业由2008年的第3位下降到第4位;交通运输设备制造业由2008年的第7位上升到第6位;通用设备制造业由2008年的第6位下降到第7位;专用设备制造业取代有色金属冶炼及压延加工业位居第10位。2009年,江苏省前十大工业行业总产值合计占工业总产值的比重为72.24%,较2008年下降了0.63个百分点。

2009年,浙江省工业总产值排名前十位的工业行业分别是:纺织业,电气机械及器材制造业,交通运输设备制造业,通用设备制造业,电力、热力的生产和供应业,化学原料及化学制品制造业,金属制品业,塑料制品业,通信设备、计算机及其他电子设备制造业和黑色金属冶炼及压延加工业。前十个行业占工业总产值的比重分别为11.43%、9.08%、7.02%、6.91%、6.84%、6.59%、4.22%、3.76%、3.65%和3.63%。与2008年相比,2009年前十大工业行业的排名变化情况是:交通运输设备制造业由2008年的第5位上升到第3位;通用设备制造业由2008年的第3位下降到第4位;电力、热力的生产和供应业由2008年的第6位上升到第5位;化学原料及化学制品制造业由2008年的第4位下降到第6位;塑料制品业首次进入前十名,位居第8位;通信设备、计算机及其他电子设备制造业由2008年的第8位下降到第9位;黑色金属冶炼及压延加工业由2008年的第9位下降到第10位。

表3-3 沪苏浙前十大工业行业占工业总产值的比重(2009)

排名	上海市		江苏省		浙江省	
	行业	占工业总产值比重	行业	占工业总产值比重	行业	占工业总产值比重
1	通信设备、计算机及其他电子设备制造业	20.11%	通信设备、计算机及其他电子设备制造业	14.29%	纺织业	11.43%
2	交通运输设备制造业	13.47%	化学原料及化学制品制造业	9.69%	电气机械及器材制造业	9.08%
3	通用设备制造业	9.02%	电气机械及器材制造业	8.93%	交通运输设备制造业	7.02%
4	化学原料及化学制品制造业	7.02%	黑色金属冶炼及压延加工业	8.58%	通用设备制造业	6.91%
5	电气机械及器材制造业	6.67%	纺织业	6.70%	电力、热力的生产和供应业	6.84%
6	黑色金属冶炼及压延加工业	5.35%	交通运输设备制造业	6.65%	化学原料及化学制品制造业	6.59%
7	电力、热力的生产和供应业	5.31%	通用设备制造业	6.50%	金属制品业	4.22%
8	石油加工、炼焦及核燃料加工业	4.06%	金属制品业	3.88%	塑料制品业	3.76%
9	专用设备制造业	3.55%	电力、热力的生产和供应业	3.72%	通信设备、计算机及其他电子设备制造业	3.65%
10	金属制品业	3.12%	专用设备制造业	3.30%	黑色金属冶炼及压延加工业	3.63%

2. 长三角建筑业布局

2009年,长三角建筑业增加值4 084.74亿元,占全国建筑业增加值的比重为18.24%。从建筑业的区域分布情况来看,上海市建筑业增加值为593.03亿元,占长三角建筑业增加值的比重为14.52%,占全国建筑业增加值的比重为2.65%;江苏省建筑业增加值为2 101.43亿元,占长三角建筑业增加值的比重为51.45%,占全国建筑业增加值的比重为9.38%;浙江省建筑业增加值为1 390.28亿元,占长三角建筑业增加值的比重为34.04%,占全国建筑业增加值的比重为6.21%。

表 3-4　长三角建筑业布局基本情况(2009)

单位:亿元,%

	建筑业增加值	占长三角建筑业增加值的比重	占全国建筑业增加值的比重
上海市	593.03	14.52	2.65
江苏省	2 101.43	51.45	9.38
浙江省	1 390.28	34.04	6.21
长三角	4 084.74	—	18.24
全国	22 398.83	—	—

二、上海市产业布局基本情况

2009 年,上海“三环”(内环、外环以及内外环之间)产业布局在 2008 年基础上进一步完善和发展;电子信息产品制造业、汽车制造业、石油化工及精细化工制造业、精品钢材制造业、成套设备制造业和生物医药制造业等六个重点发展的工业行业主要经济指标总体保持稳定;国家级、市级工业园区稳步发展,7 个国家级开发区和 26 个市级工业园区为全市工业发展作出了重要贡献。

1.“三环”产业布局

(1)内环线以内

以都市型先进制造业园区(楼宇)为基本载体,发展以产品设计开发、技术服务、经营管理和高增值、低消耗、少污染生产为主体的都市型先进制造业,形成新的产业业态,如服装设计制造业、信息加工制造业、软件业、钟表设计装配业、钻石设计加工贸易业、工艺美术旅游品开发制造业、绿色包装产品设计与现代精美印刷业、玩具设计制造业,以及其他具有上述特征的新兴行业等。

(2)内外环线之间

重点发展都市型先进制造业和高科技产业,以及与支柱先进制造业相配套的产品。鼓励向高科技产业和都市型先进制造业“转型”发展。

(3)外环线以外

新增大型先进制造业项目向市级以上开发区集中,并按各先进制造业区产业功能定位导向布局,同时鼓励围绕“一城九镇”建设进行产业配套。

2. 六个重点发展工业行业

2009 年,上海市电子信息产品制造业、汽车制造业、石油化工及精细化工制造业、精品钢材制造业、成套设备制造业、生物医药制造业等六个重点发展工业行业完成工业总产值15 538.23亿元,比 2008 年下降 2.88%,占全市规模以上工业总产值的比重达到 64.5%。

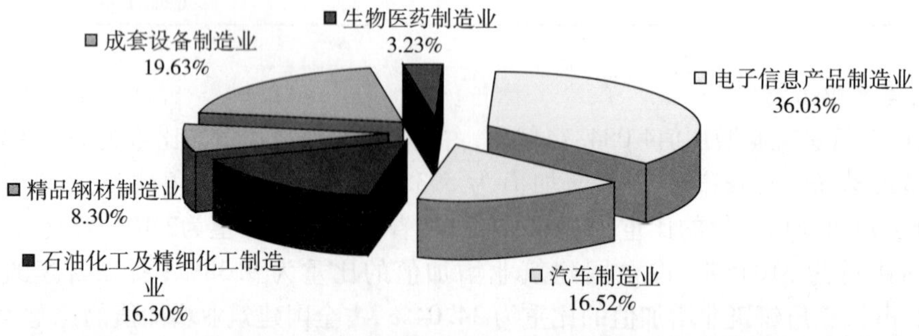

图 3-1　上海市六个重点发展工业行业占工业总产值的比重

(1)电子信息产品制造业

2009 年,上海拥有电子信息产品制造企业1 846家,比 2008 年减少 108 家,从业人员数 48.87 万人,比 2008 年下降 10.41%;完成工业总产值5 598.16亿元,比 2008 年下降 8.64%,完成主营业务收入5 812.62亿元,比 2008 年下降 15.55%;创造利润 37.92 亿元,比 2008 年下降 58.07%;上缴税金总额 31.47 亿元,比 2008 年增长 20.99%。

(2)汽车制造业

2009 年,上海汽车制造业拥有汽车制造企业 677 家,比 2008 年减少 10 家,从业人员数 18.18 万人,比 2008 年增长 2.77%;完成工业总产值2 566.79亿元,比 2008 年增长 38.65%,完成主营业务收入3 141.82亿元,比 2008 年增长 39.65%;创造利润 351.72 亿元,比 2008 年增长 123.27%;上缴税金总额 197.24 亿元,比 2008 年增长 89.73%。

(3)石油化工及精细化工制造业

2009 年,上海拥有石油化工及精细化工制造企业1 063家,比 2008 年减少 20 家,从业人员数 12.81 万人,比 2008 年下降 3.97%;完成工业总产值2 532.3亿元,比 2008 年下降 12.67%;完成主营业务收入2 569.99亿元,比 2008 年下降 12.96%;利润总额 126.51 亿元,较上年扭亏为盈;上缴税金总额 196.83 亿元,比 2008 年增长 163.78%。

(4)精品钢材制造业

2009 年,上海拥有精品钢材制造企业 134 家,比 2008 年减少 17 家,从业人员数 4.02 万人,比 2008 年下降 6.07%;完成工业总产值1 289.01亿元,比 2008 年下降 21.35%;完成主营业务收入1 475.45亿元,比 2008 年下降 22.46%;创造利润 55.25 亿元,比 2008 年下降 10.32%;上缴税金总额 41.34 亿元,比 2008 年下降 44.10%。

(5)成套设备制造业

2009 年,上海拥有成套设备制造企业2 228家,比 2008 年减少 66 家,从业人员数 35.81 万人,比 2008 年下降 2.95%;完成工业总产值3 049.86亿元,比 2008 年微增 0.05%;完成主营业务收入3 081.51亿元,比 2008 年增长 4.36%;创造利润 224.50 亿元,比 2008 年下降 2.01%;上缴税金总额 95.84 亿元,比 2008 年增长 134.50%。

(6)生物医药制造业

2009 年,上海拥有生物医药制造企业 480 家,比 2008 年减少 9 家,从业人员数 9.04 万人,比 2008 年增长 4.03%;完成工业总产值 502.12 亿元,比 2008 年增长 16.07%;完成主营业务收入 508.40 亿元,比 2008 年增长 16.42%;创造利润 61.85 亿元,比 2008 年增长 28.88%;上缴税金总额 27.04 亿元,比 2008 年增长 6.88%。

表 3-5　上海市六个重点发展工业行业主要指标(2009)

单位:个,万人,万元,%

行业	单位数	从业人员	工业总产值	年末资产总计	主营业务收入	利润总额	税金总额
电子信息产品制造业	1 846.0	48.87	5 598.16	3 532.08	5 812.62	37.92	31.47
汽车制造业	677.0	18.18	2 566.79	2 514.50	3 141.82	351.72	197.24
石油化工及精细化工制造业	1 063.0	12.81	2 532.30	2 157.23	2 569.99	126.51	196.83
精品钢材制造业	134.0	4.02	1 289.01	1 954.23	1 475.45	55.25	41.34

(续表)

行业	单位数	从业人员	工业总产值	年末资产总计	主营业务收入	利润总额	税金总额
成套设备制造业	2 228.0	35.81	3 049.86	3 996.10	3 081.51	224.50	95.84
生物医药制造业	480.0	9.04	502.12	591.00	508.40	61.85	27.04
总计	6 428.0	128.73	15 538.23	14 745.87	16 589.80	857.75	589.76
六个重点发展工业行业占全市比重	35.9	45.30	64.50	60.00	65.30	59.90	53.00

3. 工业园区

2009 年,上海市 7 个国家级开发区拥有企业 943 家,比 2008 年减少 83 家,从业人员 42.61 万人,比 2008 年增长 4.28%;全年完成工业总产值6 061.96亿元,比 2008 年下降 4.31%;年末资产总计4 454.49亿元,比 2008 年增长 6.68%;主营业务收入6 742.59亿元,比 2008 年下降 1.23%;全年实现利润总额 347.30 亿元,比 2008 年增长 41.35%,税金总额 165.20 亿元,比 2008 年增长 37.55%。

2009 年,上海市 26 个市级工业园区拥有企业4 719家,比 2008 年减少 76 家,从业人员 86.99 万人,比 2008 年增长 1.27%;全年完成工业总产值6 247.54亿元,比 2008 年下降 0.69%;年末资产总计6 824.69亿元,比 2008 年增长 21.25%;主营业务收入6 271.10亿元,比 2008 年下降 1.30%;全年实现利润总额 358.97 亿元,比 2008 年增长 29.08%,税金总额 164.46 亿元,比 2008 年下降 4.38%。

三、江苏省产业布局基本情况

2009 年,江苏省"沿江、沿沪宁线、沿东陇海线、沿海"的"四沿"发展格局在 2008 年的基础上进一步完善和发展,正逐步成为江苏生产力总体布局的主骨架。

1. 沿江产业带

沿江开发区域包括南京、镇江、常州、扬州、泰州、南通 6 个市的市区和句容、扬中、丹阳、江阴、张家港、常熟、太仓、仪征、江都、泰兴、靖江、如皋、海门、启东 14 个县(市),土地面积 2.48 万平方公里,占江苏省的比重为 24.14%。2009 年,沿江产业带拥有户籍人口2 523.60万人,占全省的比重为 34.01%;全年完成地区生产总值为17 269.98亿元,占全省的比重为 50.12%;社会消费品零售总额 5 529.82亿元,占全省的比重为 48.15%;进出口总额1 246.74亿美元,占全省的比重为 36.80%;地方财政一般预算收入为1 426.74亿元,占全省的比重为 44.19%。工业在全省占有举足轻重的地位。2009 年沿江产业带工业总产值占全省的比重为 49.92%。

2. 沿沪宁线产业带

沿沪宁线产业带包括南京市区、镇江市区、句容、丹阳、常州市区、无锡市区、苏州市区、昆山等地,土地面积 1.67 万平方公里,占江苏省的比重为 16.22%。2009 年,沿沪宁线产业带拥有户籍人口1 563.18万人,占全省的比重为 21.07%,全年实现的地区生产总值13 425.19亿元,占全省的比重为 38.96%,社会消费品零售总额5 079.372亿元,占全省的比重为 44.23%,规模以上工业总产值 29 931.85亿元,占全省的比重为 40.89%,地方财政收入1 371.51亿元,占全省的比重为 42.48%。外向型经济在全省占据绝对优势地位。2009 年,沿沪宁线产业带完成进出口总额2 344.11亿美元,占全省的比重为 69.18%。其中,出口总额1 387.30亿美元,占全省的比重为 69.63%。

3. 沿东陇海线产业带

沿东陇海线产业带包括徐州、连云港两个市区和铜山、邳州、新沂、东海四个县(市),土地面积 9 889平方公里。2009 年,沿东陇海地区拥有户籍人口 786.17 万人,占全省的比重为 10.60%;实现地区生产总值2 507.69亿元,占全省的比重为 7.28%;社会消费品零售总额 844.10 亿元,占全省的比重为7.35%；进出口总额57.03亿美元，占全省的比重为1.68%。工业对沿东陇海线产业带经济发展具有重要作用。2009年沿东陇海地区实现工业增加值1 107.02亿元，占GDP的比重为44.1%。

4. 沿海产业带

江苏沿海地区包括南通、盐城、连云港三个市的市区和所辖的14个县(市)，土地面积28 382平方公里，占全省的比重为27.66%。2009年年末总人口为1 734.99万人，占全省的比重为23.38%。2009年，沿海产业带完成地区生产总值5 008.95亿元，占全省的比重为14.54%；社会消费品零售总额1 807.84亿元，占全省的比重为15.74%。2009年，沿海产业带规模以上工业企业完成工业总产值9 102.41亿元，占全省的比重为12.43%，比2008年提高了0.75个百分点。

表3-6　江苏省“四沿”产业带主要经济指标(2009)

单位：万人，万平方公里，亿元，亿美元，%

	全省总计	沿沪宁线产业带		沿江产业带		沿东陇海线产业带		沿海产业带	
		数额	比重	数额	比重	数额	比重	数额	比重
年末总人口	7 419.23	1 563.18	21.07	2 523.60	34.01	786.17	10.60	1 734.99	23.38
土地面积	10.26	1.67	16.22	2.48	24.14	0.99	9.64	2.84	27.66
地区生产总值	34 457.30	13 425.19	38.96	17 269.98	50.12	2 507.69	7.28	5 008.95	14.54
社会消费品零售总额	11 484.10	5 079.37	44.23	5 529.82	48.15	844.10	7.35	1 807.84	15.74
规模以上工业总产值	73 200.03	29 931.85	40.89	36 533.43	49.92	3 835.51	5.24	9 102.41	12.43
进出口总额	3 388.31	2 344.11	69.18	1 246.74	36.80	57.03	1.68	211.50	6.24
#出口	1 992.42	1 387.30	69.63	715.83	35.93	31.05	1.56	137.67	6.91
地方财政一般预算收入	3 228.78	1 371.51	42.48	1 426.74	44.19	188.40	5.84	371.18	11.50

注：沿沪宁产业带和沿江产业带，沿东陇海产业带和沿海产业带所覆盖的区域有重叠。

四、浙江省产业布局基本情况

2009年，浙江省“四圈三带”(“四圈”是指杭州、宁波、温台、浙中城市四大都市圈；“三带”是指环杭州湾、温台沿海、金衢丽高速公路沿线三大产业带)产业发展格局进一步完善和发展。与2008年相比，浙江省“四圈三带”主要经济指标呈稳步增长态势。

1. 四大都市圈

(1)杭州都市圈

杭州都市经济圈涵盖杭州、嘉兴、湖州、绍兴四市全境的区域，土地总面积34 360平方公里，占全省的比重为33.00%。2009年，杭州都市经济圈年末总人口为1 719.89万人，较2008年增加8.62万人，2009年杭州都市经济圈占全省的比重为36.47%；全年实现地区生产总值10 503.65亿元，占全省的比重为45.69%；社会消费品零售总额3 659.7亿元，同比增长15.85%，占全省的比重为42.44%；全社会固定资产投资额5 218.78亿元，同比增长18.36%，占全省的比重为48.58%；出口总额593.58亿美元，同比下降15.34%，占全省的比重为44.63%；完成财政总收入1 742亿元，同比增长10.81%，占全省的比重为42.26%。其中，地方财政收入901亿元，同比增长%，占全省的比重为42.05%。

(2)宁波都市圈

宁波都市圈包含宁波全境的行政区域，土地面积9 817平方公里，占全省的比重为9.43%。2009年，宁波市年末总人口数为571.02万人，比2008年增加2.93万人，占全省的比重为12.11%；全市完成地区生产总值4 214.60亿元,占全省的比重为18.33%;社会消费品零售总额1 429.68亿元,同比增长15.48%,占全省的比重为16.58%;全社会固定资产投资2 004.22亿元,同比增长15.97%,占全省的比重为18.66%;出口总额386.51亿美元,同比下降16.57%,占全省的比重为29.06%;完成财政总收入966亿元,同比增长19.11%,占全省的比重为23.44%。其中,地方财政收入432亿元,占全省的比重为20.16%。

(3)温台都市圈

温台都市圈包括温州和台州两个地级市,土地面积21 199平方公里,占全省的比重为20.36%。2009年,温台都市圈年末总人口1 357.58万人,较2008年增加11.53万人,占全省的比重为28.79%;全年实现地区生产总值4 553.35亿元,占全省的比重为19.81%;完成社会消费品零售总额2 082.1亿元,同比增长16.15%,占全省的比重为24.15%;全社会固定资产投资额为1 671.88亿元,同比增长10.14%,占全省的比重为15.56%;完成财政总收入623亿元,同比增长5.95%,占全省的比重为15.11%。其中,地方财政收入331亿元,占全省的比重为15.45%。

(4)浙中城市群

浙中城市群由金华市本级、义乌、兰溪、永康、东阳四个县级市和武义、浦江、磐安三个县组成,土地面积10 941平方公里,占全省的比重为10.51%。2009年,浙中城市群年末总人口数为463.68万人,较2008年增加2.28万人,2009年浙中城市群人口占全省的比重为9.83%;全年实现地区生产总值1 765.94亿元,占全省的比重为7.68%;社会消费品零售总额780.99亿元,同比增长15.59%,占全省的比重为9.06%,全社会固定资产投资额为635.16亿元,同比增长8.22%,占全省的比重为5.91%;全年完成财政总收入232亿元,同比增长5.96%,占全省的比重为5.63%。其中,地方财政收入129亿元,占全省的比重为6.02%。

表3-7 浙江省四大都市圈主要经济指标(2009)

单位:万人,平方公里,亿元,亿美元,%

	杭州都市圈		宁波都市圈		温台都市圈		浙中城市群	
	数额	比重	数额	比重	数额	比重	数额	比重
年末总人口	1 719.89	36.47	571.02	12.11	1 357.58	28.79	463.68	9.83
土地面积	34 360.00	33.00	9 817.00	9.43	21 199.00	20.36	10 941.00	10.51
地区生产总值	10 503.65	45.69	4 214.60	18.33	4 553.35	19.81	1 765.94	7.68
社会消费品零售总额	3 659.70	42.44	1 429.68	16.58	2 082.10	24.15	780.99	9.06
全社会固定资产投资	5 218.78	48.58	2 004.22	18.66	1 671.88	15.56	635.16	5.91
出口总额	593.58	44.63	386.51	29.06	210.03	15.79	85.98	6.46
财政总收入	1 742.00	42.26	966.00	23.44	623.00	15.11	232.00	5.63
地方财政收入	901.00	42.05	432.00	20.16	331.00	15.45	129.00	6.02

2. 三大产业带

(1)环杭州湾产业带

环杭州湾产业带包括杭州、宁波、绍兴、嘉兴、湖州、舟山六市,土地面积45 617平方公里。2009年,环杭州湾产业带年末总人口数为2 387.68万人,较2008年增加11.55万人,占全省的比重为50.63%;全年累计完成地区生产总值15 251.51亿元,占全省的比重为66.34%。2009年,环杭州湾产业带人均GDP为63 876元,是全省平均水平的1.43倍。全年完成社会消费品零售总额5 271.07

亿元，同比增长15.72%，占全省的比重为61.13%；全社会固定资产投资额达到7 623.66亿元，同比增长17.70%，占全省的比重为70.97%；出口总额1 017.48亿美元，同比下降15.02%，占全省的比重为76.50%；2009年，完成财政总收入2 784亿元，同比增长13.68%，占全省的比重为67.54%。其中，地方财政收入1 381亿元，占全省的比重为64.46%。该产业带区位条件优越、经济资源富集、综合实力较强，是浙江现代化进程最快的区域。

环杭州湾产业带产业发展的重点是电子信息、现代医药、石化、纺织、服装五大标志性产业集群，以及交通运输设备、先进装备制造、新型金属材料及制品、造纸业及纸制品、家用电器及设备和食品加工制造六大成长性产业集群。

(2)温台沿海产业带

温台沿海产业带包括温州、台州2个地级市，土地面积21 199平方公里，占全省的比重为20.36%。2009年，温台沿海产业带年末总人口为1 357.58万人，全年实现地区生产总值4 553.35亿元。这一产业带市场化水平较高，民营经济活跃，块状经济发达，民间资金充裕，是著名的“温台模式”发源地。温台沿海产业带汇集了一系列在全国具有较强竞争优势的特色产业集群。主要包括：汽车摩托车及零配件、医药化工、模具塑料、服装机械、水泵阀门、工艺美术、家用电器、绿色农产品和水产品加工、鞋帽服装、日用品加工等。

(3)金衢丽产业带

金衢丽产业带包括金华、衢州、丽水3个地级市，土地面积37 080平方公里，占全省的比重为36.42%。2009年，金衢丽产业带年末人口数为970.93万人，占全省的比重为20.59%。全年实现地区生产总值2 925.46亿元，占全省的比重为12.72%；完成社会消费品零售总额1 263.86亿元，同比增长15.50%，占全省的比重为14.66%；全社会固定资产投资额达到1 329.75亿元，同比增长11.09%，占全省的比重为12.38%；全年完成财政总收入359亿元，同比增长5.90%，占全省的比重为8.71%。其中，地方财政收入203亿元，占全省的比重为9.47%。

金衢丽产业带产业发展的重点是：①金华市：重点打造汽车制造、日用小商品、五金机械、现代医药、食品加工、电子产业、建材产业等七大产业集群。②衢州市：重点发展氟化工、新型干法水泥、矿山机械、高档纸制品、输变电设备、轻工制品等六大特色制造业基地。③丽水市：重点培育日用化工、特种材料、五金机电、羽绒制鞋、现代中医药等五大特色制造业基地。

表3-8　浙江省三大产业带主要经济指标(2009)

单位：万人，平方公里，亿元，亿美元，%

	环杭州湾产业带		温台沿海产业带		金衢丽产业带	
	数额	比重	数额	比重	数额	比重
年末总人口	2 387.68	50.63	1 357.58	28.79	970.93	20.59
土地面积	45 617.00	43.81	21 199.00	20.36	37 080.00	36.42
地区生产总值	15 251.51	66.34	4 553.35	19.81	2 925.46	12.72
社会消费品零售总额	5 271.07	61.13	2 082.10	24.15	1 263.86	14.66
全社会固定资产投资	7 623.66	70.97	1 671.88	15.56	1 329.75	12.38
出口总额	1 017.48	76.50	210.03	15.79	102.63	7.72
财政总收入	2 784.00	67.54	623.00	15.11	359.00	8.71
地方财政收入	1 381.00	64.46	331.00	15.45	203.00	9.47

二　长三角产业结构

2009 年长江三角洲地区产业结构得到了进一步调整优化,三次产业结构调整为 4.8∶50.3∶44.9。第一产业比重比上年增加了 1.5 个百分点,第二产业比重比上年减少了 3.2 个百分点,服务业增加值占 GDP 比重比上年增加了 1.7 个百分点。

(一)长三角产业结构概述

2009 年,长三角地区实现地区生产总值71 979.65亿元。从三次产业情况看,第一产业实现增加值3 477.52亿元,比上年增加 170.29 亿元,第二产业实现增加值36 230.88亿元,比上年增加1 900.9亿元,第三产业实现增加值32 271.25亿元,比上年增加4 039.06亿元。

从与全国对比情况来看,初步核算,全国 2009 年国内生产总值335 353亿元,比上年增长 8.7%。分产业看,第一产业增加值35 477亿元,增长 4.2%;第二产业增加值156 958亿元,增长 9.5%;第三产业增加值142 918亿元,增长 8.9%。第一产业增加值占国内生产总值的比重为 10.6%,比上年下降 0.1 个百分点;第二产业增加值比重为 46.8%,下降 0.7 个百分点;第三产业增加值比重为 42.6%,上升 0.8 个百分点。全国三产结构比为 11∶46.8∶42.2,长三角地区第一产业比重低于全国 6.2 个百分点,第二产业比重高于全国 1.8 个百分点,第三产业比重高于全国 2.7 个百分点。

从与江苏比较看,2009 年江苏省三次产业结构从上年的 6.9∶55.0∶38.1 调整为 6.4∶54.1∶39.5。长三角地区第一产业比重低于江苏 1.6 个百分点,第二产业比重低于江苏 3.8 个百分点,第三产业比重高于江苏 5.4 个百分点。

从与浙江比较看,2009 年浙江省三次产业结构从上年的 5.1∶53.9∶41.0 调整为 5.1∶51.9∶43。长三角地区第一产业比重低于浙江 0.3 个百分点,第二产业比重低于浙江 1.7 个百分点,第三产业比重高于浙江 1.9 个百分点。

从与上海比较来看,2009 年上海市三次产业结构从上年的 0.8∶43.2∶56 调整为 0.7∶39.9∶59.4,长三角地区第一产业比重低于上海 4 个百分点,第二产业比重高于上海 10.4 百分点,第三产业比重低于上海 14.5 个百分点。

(二)三大板块产业结构的分析

上海市 2009 年全年实现生产总值(GDP)14 900.93亿元,按可比价格计算,比上年增长 8.2%。其中,第一产业增加值 113.82 亿元,下降 1.1%;第二产业增加值5 939.96亿元,增长 3.1%;第三产业增加值8 847.15亿元,增长 12.6%。第三产业增加值占全市生产总值的比重为 59.4%,比上年提高 3.4 个百分点。

江苏省实现生产总值34 061.2亿元,比上年增长 12.4%;其中,第一产业增加值2 201.7亿元,增长 4.5%;第二产业增加值18 416.1亿元,增长 12.5%;第三产业增加值13 443.4亿元,增长 13.6%。人均地区生产总值44 232元,按当年汇率折算达到6 475美元。经济结构进一步优化。三次产业增加值比例调整为 6.4∶54.1∶39.5。先进制造业水平提升,全年实现高新技术产业产值21 987亿元,增长 19.5%,占规模以上工业比重达 30%,比上年提高 1.5 个百分点。服务业特别是现代服务业增长加快、比重上升,实现服务业增加值13 555.6亿元,比上年增长 13.6%,占 GDP 比重 39.8%,提高 1.1 个百分点。新兴行业加快发展,新能源、新医药、新材料、环保产业产值分别增长 66%、30%、22% 和 21%,软件业销售收入增长 35.7%,服务外包执行总额增长 177%。

2009年浙江省全省生产总值为22 832亿元，比上年增长8.9%。其中，第一产业增加值1 162亿元，第二产业增加值11 843亿元，第三产业增加值9 827亿元，分别增长2.3%、6.8%和12.5%。人均GDP为44 335元(按年平均汇率折算为6 490美元)，增长7.6%。三次产业增加值结构从上年的5.1:53.9:41调整为5.1:51.9:43。产业结构仍然处在“二、三、一”的格局。

(三)2009年长三角产业结构调整的特点

2009年金融危机的后续效应加速了长三角产业“洗牌”，长三角面临路径选择：是继续走附加值不高、边际发展空间小的传统制造业，还是主攻附加值和产业能级高、发展空间大的高端、现代制造业？在经受了危机的洗礼之后，新长三角的产业版图将向“高、轻、新”方向调整发展。

上海已确立了先进制造业的突破方向。2009年出台的《关于加快推进上海市高新技术产业化的实施意见》中，上海列出了新能源、民航制造、先进装备、生物医药、电子信息制造、新能源汽车、海洋工程装备、新材料、软件和信息服务等九大产业，提出：在2012年使这九大产业的产值由目前的6 500亿元提高到1.1万亿元。除现实的经济效益之外，上海还希望通过推进高新技术产业化，带动传统制造业淘汰落后、抢占高端，带动先进制造业走工业化和信息化“两化融合”之路，并带动现代服务业等新兴产业成长。

作为经济发展的新引擎，江苏现代服务业的发展主要体现在增长提速、比重提高、水平提升。2009年江苏全省新签离岸外包合同额，软件业销售收入、利润，旅游业总收入都在大幅度增加。新公布的“2009年中国国际服务外包十大领军企业”和“百家成长型企业”中，江苏19家企业跻身百家成长型企业。

浙江的产业结构调整成绩也同样令人瞩目，全省限额以上第三产业投资迅猛。在第三产业投资中，增幅超过30%的有金融业、信息传输计算机服务和软件业、居民服务和其他服务业、文化体育和娱乐业、租赁和商务服务业等。目前浙江的现代服务业在四个方面发展比较迅猛，一是金融服务，二是商贸流通服务，三是现代物流，四是信息服务。此外，还促进工业企业分离发展服务业，为“浙江制造”做好配套性生产服务。

(四)长三角地区产业结构未来走向

2009年6月，国家发改委正式公布了《长江三角洲地区区域规划》，其中对长三角区域内产业的未来发展方向作出了重点说明，明确了上海、杭州等主要城市，以及苏北和浙西南地区的产业发展定位。此次规划明确了长三角产业发展的定位，明确了长三角区域内的产业一体化发展，也明确了同产业内的上下游分工。在传统产业的转型升级以及新兴产业的重点培育与发展过程中，长三角区域内的产业转型升级将带动周边地区乃至全国范围内新一轮的产业转型升级。

1. 区域内产业分工明确

在长三角区域内推进产业结构优化升级，加快发展现代服务业，推进信息化与工业化融合，培育一批具有国际竞争力的世界级企业和品牌，建设全球重要的现代服务业中心和先进制造业基地。根据规划，上海、杭州、南京、苏州、无锡、苏北和浙西南地区的区域产业发展定位是：上海将重点发展金融、航运等服务业，成为服务全国、面向国际的现代服务业中心。

南京重点发展现代物流、科技、文化旅游等服务业，成为长三角地区北翼的现代服务业中心。

杭州重点发展文化创意、旅游休闲、电子商务等服务业，成为长三角地区南翼的现代服务业中心。

苏州重点发展现代物流、科技服务、商务会展、旅游休闲等服务业；无锡重点发展创意设计、服务外包等服务业；宁波重点发展现代物流、商务会展等服务业。苏北和浙西南地区主要城市在改造提升传统服务业的基础上,加快建设各具特色的现代服务业集聚区。

明确的产业分工与定位将会逐渐改变长三角地区原有的产业分工布局比较混乱的局面,为各地未来产业发展形成了明确的发展目标与方向。以上海为例,其原有的产业发展目标定位在此次规划中予以重点体现,这对区域经济发展的引领带动作用将会逐步显现。

上海与长三角区域内其他主要省份城市在产业分工方面形成了互补发展的局面,这不仅有助于各地经济发展,而且对长三角一体化发展进程的加快,进而带动相关产业在区域内以及区域外的转型升级都具有深远意义。通过传统产业的转型升级与新兴产业的培育发展,长三角区域内的产业细化,不仅对长三角周边地区的产业发展有着积极带动作用,而且对产业的深层影响也将逐渐辐射到全国范围。

2. 传统产业待转型,新兴产业待培育

上海通过对口支援等方式将传统产业直接推向中西部地区,而不是向长三角其他城市转移,长三角其他城市也将随着经济的发展进一步向内地转移传统产业,这也将带动周边地区乃至全国新一轮的转型升级。长三角产业的转型升级需要对传统产业和新兴产业区别对待,根据两者亟需解决的问题予以重点解决,方能达到最终的转型升级,进而形成带动周边、辐射全国的深层次影响。

在加快发展新兴产业方面,对生物医药产业、新材料产业、新能源产业以及民用航空航天产业等方面都提出了明确的发展方向和具体的发展目标。

在巩固提升传统产业方面,对加快转变农业发展方式、提升纺织服装业竞争力、加强旅游合作及联手推动形成"一核五城七带"的旅游业发展空间格局等方面予以重点明确。

3. 各展所长、错位发展

促进长三角服务业结构的优化。服务业是随着一、二产业的发展而逐渐发展起来的,服务需求的上升为服务供给提供了必要性,第一、二产业的生产高效率,为服务供给提供了需求的可能性。因而,一个地区一、二产业的发展规模与结构在一定程度上决定了该地适宜的服务业规模与结构。这给予我们的启示是,并不是长三角每一个市(区)都要建构"三、二、一"的产业结构模式,各地可以根据产业结构的发展特点,在优化第一、二产业发展规模、结构、水平的同时确定自身服务业功能和重点发展行业,以做到各展所长。

当然,长三角服务业在强调错位发展和差别化的同时,也要避免一味排斥产业雷同和同质竞争。所谓竞合,是在合作的指导下竞争,在竞争的基础上合作,合作是为了能够更好的竞争。因而,要保证长三角区域内各地服务业的有效竞合发展,一定不可忽视竞争基础性作用的发挥,在强调错位发展的同时不能排斥一定程度的同质竞争。长三角域内各地服务业实施差异化发展战略,固然有利于整体服务业的结构优化与水平提升,但如果过于缺少同质竞争对手,便会在相当程度上减弱单个服务行业尤其是垄断行业的竞争动力,势必削弱竞争,影响相应服务行业活力的发挥。而一定程度的同质竞争和结构雷同,由于增加了某一地区某一服务行业的竞争压力,会激发其参与竞争的动力,获得增强活力的效果,提高长三角服务业的整体实力。为了提高整体实力,长三角区域内各地服务业应当配套对接、捆绑发展。一方面,各地要找准具有竞争潜力的服务行业,加大投入并积极参与地区间竞争,以提高自身的效率和水平;另一方面,又要着眼长三角服务业的整体和长远利益,适应区域服务业的空间规划与布局,有所倚重,相互整合发展。交通运输是重要的服务业部门,长三角区域内各地更应在完善本地公路、铁路、水路等交通基础设施建设的同时,进一步加强地区间交通基础设施的对接,强化交通联系,为服务业市场一体化和地区间合作竞争打好硬件基础。为了加强竞争基础上的合作,还要巩固和发展政府、企业及民间全方位、多层次的交流与合作,以促进长三角服务业的整体实力得到切实的提升。

三　长三角第一产业

一、长三角第一产业总体特征

2009年以来，全球金融危机影响持续加深，长三角地区经济也受到了一定的冲击，但在两省一市保持经济平稳增长宏观政策作用下，经济总体上保持了平稳增长。

按当年价格计算，2009年，长三角两省一市国内生产总值合计为72 494.10亿元。其中，第一产业增加值3 538.76亿元，同比增长6.98%，第一产业增加值占长三角地区生产总值比重为4.88%，比重略有下降。其中，上海市、江苏省和浙江省第一产业总产值分别为113.82亿元、2 261.86亿元和1 163.08亿元，分别占长三角总体的3.21%、63.92%和32.87%。按照各自第一产业在当地地区总产值中的构成比重排列，江苏以6.56%排在第一，浙江以5.06%排在第二，上海第一产业比重最低，只占0.76%。

2005年以来，长三角两省一市第一产业增加值持续提高，按可比价格计算，从2005年的2 444.60亿元增加到2009年的3 538.76亿元，增长了44.76%。但其在地区生产总值中的比重却有所下降，从2005年占比6.39%下降到2009年的4.88%，下降了1.51个百分点。从各地区看，上海市第一产业总产值提高了26.10%，占比下降0.22%；江苏省第一产业总产值提高了54.76%，占比下降2.81%；浙江省第一产业总产值提高了30.27%，占比下降1.59%。

表3-9　长三角两省一市第一产业基本情况

单位：亿元，%

地区	指标	2005	2008	2009	2009年同比增	2009年比2005年增
上海	地区生产总值	9 247.66	14 069.87	15 046.45	6.94	62.71
	第一产业增加值	90.26	111.80	113.82	1.81	26.10
	一产占地区总产值比重%	0.98	0.79	0.76	-	-
江苏	地区生产总值	15 598.69	30 981.98	34 457.30	11.22	120.90
	第一产业增加值	1 461.51	2 100.11	2 261.86	7.70	54.76
	一产占地区总产值比重	9.37	6.78	6.56	-	-
浙江	地区生产总值	13 417.68	21 462.69	22 990.35	7.12	71.34
	第一产业增加值	892.83	1 095.96	1 163.08	6.12	30.27
	一产占地区总产值比重	6.65	5.11	5.06	-	-
长三角	地区生产总值	38 264.03	66 514.54	72 494.10	8.99	89.46
	第一产业增加值	2 444.60	3 307.87	3 538.76	6.98	44.76
	一产占地区总产值比重	6.39	4.97	4.88	-	-

二、两省一市第一产业的具体情况

1. 上海市

(1)基本情况

2009年上海第一产业(同农、林、牧、渔业)从业人员48.53万人,比上年减少0.85万人。2009年,上海耕地面积为20.23万公顷,近年来耕地面积保持相对稳定,仅比2008年减少了0.27万公顷,比2006年减少0.57公顷。平均每个农村人口占有耕地553平方米,自2000年以来首次正增长,比2008年增加3平方米;平均每个农村从业人员占有耕地895平方米,比上年增加11平方米。2009年,上海市固定资产总投资4 475.52亿元,一二三产业分别投资10.53亿元、1 016.15亿元和3 448.84亿元,分布仍然呈现出"三、二、一"产业结构特征,但第一产业投资增幅达到25.36%,为各产业最高,其次为第三产业,同比增长了13.31%。

全年完成农业总产值283.15亿元,其中种植业产值147.53亿元,比上年增长7.28%;林业产值8.99亿元,比上年下降1.43%;畜牧业产值64.61亿元,比上年下降5.54%;渔业产值53.53亿元,比上年下降6.27%。全年农作物总播种面积39.61万公顷,比上年增加0.77万公顷,其中,粮食种植面积增加到19.33万公顷,经济作物播种面积2.53万公顷;粮食(包括大豆)产量达到121.68万吨。全年水产品产量33.86万吨,比上年增长4.70%;蔬菜产量394.08万吨,比上年下降3.88%;生猪出栏数269.74万头,增长4.46%;牛奶产量21.25万吨,下降8.76%;家禽出栏量4 098万羽,比上年下降8.07%。受国际金融危机及H1N1禽流感等影响,2009年农产品出口总额12.91亿元,比2008年减少6.79亿元,下降34.47%。

表3-10　上海市农、林、牧、渔、服分项产值及变化

单位:亿元,%

年份	种植业	林业	牧业	渔业	农林牧渔服务业
2008	137.52	9.12	68.40	57.11	8.20
2009	147.53	8.99	64.61	53.53	8.49
同比增(减)	7.28	-1.43	-5.54	-6.27	3.54

(2)粮食生产

2009年,上海市粮食播种面积289.9万亩,比上年增28.1万亩,增幅为10.7%。其中,夏粮种植面积110.1万亩,比上年增25.5万亩,增幅为23.2%;秋粮种植面积179.8万亩,比上年增2.6万亩,增幅1.5%。全年粮食总产121.7万吨,比上年增6万吨。水稻种植面积为162.7万亩,与上年基本持平,水稻单产达到553.1公斤,创历史新高。受国家粮食最低保护价政策的影响,小麦、稻谷收购价明显高于上年,小麦的收购价每斤比上年增0.11元,达0.83元,稻谷每斤比上年增0.03元,达1.01元。由价格、单产增长因素增加的亩产值分别达33元和10元,而受农资价格上涨和人工成本增加,引起生产成本每亩增4元,不考虑土地流转和国家地方等各项补贴,水稻亩效益达478元,比上年增39元,增幅为8.9%。

与此同时,上海市蔬菜生产供应保持稳定,菜田面积60.3万亩,播种面积187万亩次,地产蔬菜总上市量341.9万吨,同比减幅4.2%;总产值54.2亿元,同比增幅4.2%;平均亩产量5.5吨,与上年基本持平;平均亩产量8 700元,增幅6.6%。同时,针对夏季持续强降雨和"莫拉克"台风的影响,抢种抢播3万亩速生绿叶菜,在最短时间稳定了市场绿叶菜供应。在10个区县及光明食品集团建立了多项绿色防控技术集成示范区14个,面积达1.05万亩;建立了单项绿色防控技术示范区45个,总面积1.46万亩;推广应用安打等28种高效低毒低残留农药和防虫网覆盖等栽培技术,有效减少病虫发生基数和化学农药使用次数,并杜绝了禁用、限用农药的使用。

(3)林业与特种作物

2009年,上海市林业总产值为8.99亿元,自2005年以来连续下降,但降幅有所缓和。

另外,上海市特种经济作物基地不断推进,在前三年基本完成23个区域特色经作农产品生产基地建设基础上,2009年新启动7个项目建设,面积为5 433亩,目前已建和在建面积达3万多亩,涉及经济果林、花卉、食用菌、草莓、瓜类等作物。经济作物产品质量不断提升。

(4)畜牧业

2009年,上海市继续采取一系列稳定畜牧业生产的措施,使畜牧业稳定增长。2009年全市生猪出栏270万头,同比增长4.5%;年末,生猪总存栏175.16万头,比2008年增加7.78%。奶牛存栏6.39万头,同比增长6.9%;;羊年末头数为25.08万头,比上年增长4.85%;兔年末圈存量21.00万只,比上年减少0.62万只;全年产出猪肉17.55万吨,比上年增加0.62万吨;牛羊肉0.57万吨,比上年略有增加;鲜奶产量21.2万吨,鲜蛋产量6.2万吨,与上年基本持平;家禽出栏4 099万羽,同比下降8%;水产品总产量33.86万吨,比上年减少8.2%,其中淡水养殖产量16.53万吨,下降4.37%;远洋捕捞产量14.67万吨,下降12.31%。畜牧业标准化水平进一步提高,全市共批准立项争取国家发改委和农业部立项的畜牧标准化建设项目200个,其中90个已建设完成。2009年,全市抓好高致病性禽流感、口蹄疫、高致病性猪蓝耳病和猪瘟等4种重大动物疫病强制免疫工作,没有发生一起因强制免疫不到位而引发的重大动物疫情。

(5)渔业

2009年上海市继续推进水产养殖基础设施建设,青浦区新金泽水产良种场项目全面竣工,金山区松隐市级水产良种场改造项目进入设计阶段,市水产研究所启东水产苗种繁育基地(以海水品种繁育为主)投入使用,崇明国家级中华绒螯蟹良种基地和市水产研究所暗纹东方鲀原种场建设全面竣工,东海水产研究所海南锯缘青蟹苗种基地建设项目通过验收。进一步推进渔业科技入户,根据主导品种和主推技术,遴选出市区两级63名技术指导员,240户渔业科技示范户,36家科技示范场,辐射带动1 962户水产养殖户。在金山区的山阳村和漕泾村成功开展了"七彩神仙鱼养殖进渔家"试点项目,举办了2009年上海第四届国际休闲水族展览会,浦东观赏鱼中心项目开工建设,"淀山湖捕捞节"活动顺利举办。

2009年,全市水产品总产量33.86万吨,比上年下降8.2%,其中淡水养殖产量达16.53万吨,较上年减少4.37%;远洋捕捞产量达14.67万吨,同比下降12.31%;渔业总产值54.81亿元,同比下降7.33%;渔民人均收入达13 335元,同比增长5%。全市水产养殖面积达39.41万亩,较上年减少9.95%。精养鱼塘(含内塘)养殖面积保持在30万亩以上,确保了上海市养殖水产品的有效供给和地产水产品最低保有量。名特优水产品养殖面积保持在25万亩以上。上海市外水产养殖基地保持稳定,崇明、奉贤等区(县)在13个省(市)建立市外养殖基地面积达93.52万亩。

(6)农业科技

2009年,上海市以科技入户为抓手,积极推广以产品质量控制技术为主的成熟适用技术;组织行业协会开展农产品"评优、推优"活动,进一步引导生产者进行标准化、规范化、科学化管理,促进品牌建设,提升产品质量和生产效益等。全年共组织500多名农业科技人员深入田间地头开展技术指导和科技培训。在浦东、金山、崇明全面实施基层农技推广体系改革与建设示范县项目,建立健全农技推广运行机制。积极推进农业有害生物预警体系项目建设,已建成闵行、浦东、崇明、金山等区县病虫预警与控制区域站,基本完成建立市级病虫测报点建设,农作物病虫监测实现了全覆盖。推广应用安打等28种高效低毒低残留农药和防虫网覆盖等栽培技术,有效减少病虫发生基数和化学农药使用次数,并杜绝了禁用、限用农药的使用。同时,开展对散户农药残留例行定量检测,加强对蔬菜种植散户的农残速测等。全年完成推广使用商品有机肥16万吨,推广面积近100万亩。

(7)设施农业与园区建设

2009年,上海市设施农业建设不断完善,全年新建成设施粮田5 666公顷,设施菜田2 666公顷,标准化畜禽养殖场40家,标准化水产养殖场14家,为农综合服务站170家。西郊国际农产品交易中心一期工程基本完工,松江浦南“三农”工作综合试点区、崇明现代农业基地建设有序推进。

上海市进一步突出种子种苗、设施农业、农产品加工与精深加工、温室工程与建造、生物技术及旅游休闲观光等六大农业产业建设,通过龙头企业集聚、科技功能辐射、产业链延伸,在科技农业、服务农业等方面成为领头羊。

(8)农业机械

2009年全市农作物播种机耕面积583万亩,机耕率为98.21%;水稻种、收机械化程度分别为37.91%和99.43%;小麦种、收机械化程度分别为16.51%和99.22%。全市农机保有量持续提升,总动力同比增长4.1%,达99.23万千瓦。其中,大中型拖拉机5 394台、联合收割机2 113台、乘坐式高速插秧机815台,分别比上年净增598台、199台和357台,农机装备结构进一步优化。2009年全市共完成水稻机插面积32.08万亩,比上年增加10.78万亩,水稻机种率达到37.91%,比上年增长4.92%,机收继续保持高水平,达到99.43%;油菜机械化收获取得了突破性进展,新增油菜收割机105台,油菜机收面积达1.6万亩,较上年增长近9倍。

(9)农田水利

2009年,上海市继续努力推进防汛除涝、水系整治和水环境改善。全年农田水利工程投资达到619 579万元,其中海塘、农田水利和基本建设分别投资7 299万、240 471万和128 160万元。在总投资额中,有106 142万元为乡镇自筹,占17.13%,比上年增长50.71%;15 854万元为企事业单位和区县自筹,占2.56%,同比下降85.57%。

2. 江苏省

(1)基本情况

2009年,江苏省坚持把统筹城乡发展作为实现“两个率先”的根本要求,突出推进农业现代化和城乡发展一体化,农业农村经济发展势头较好。2009年,江苏省乡村劳动力共2 667.7万人,其中,农林牧渔业劳动力减少到876.31万人,同比减2.23%。实现农林牧渔业总产值3 816.02亿元,比上年增长6.28%。年末耕地总资源4 688.06千公顷,略有减少。全年粮食总产量达3 230.1万吨,比上年增加54.61万吨,增长1.72%。其中夏粮总产量1 103.2万吨,比上年增加8.69万吨;秋粮总产量2 126.9万吨,增长2.21%。种植业结构发生变化,全年农作物总播种面积为7 558.15千公顷,其中,粮食大豆面积总计为5 272.04千公顷,比上年增加4.34千公顷;棉花种植面积为252.34千公顷,比上年减少48.13千公顷;油料种植面积593.31千公顷,比上年增加25.88千公顷。蔬菜面积1 147.61千公顷,比上年增加54.24千公顷。全年造林面积85.2千公顷,比上年减少6.07千公顷。除牛奶外的多数畜产品产量稳步提高,肉类总产量344.4万吨,比上年增加16.85万吨,其中猪牛羊肉产量215.24万吨,禽肉产量120.39万吨;禽蛋总产量185.2万吨,增长7.61%;牛奶总产量55.4万吨,同比减少5.65万吨,减少了9.25%。全年水产品总产量443.22万吨,增长4.29%;其中淡水产品312.72万吨,海水产品130.5万吨,分别增长4.33%和4.19%。

表 3－11 江苏省农作物种植面积及构成

单位:千公顷,%

年份	总面积	粮食大豆		棉花		油料		蔬菜	
		面积	占比	面积	占比	面积	占比	面积	占比
2008	7 510.27	5 267.10	70.13	300.47	4.00	567.43	7.56	1 093.37	14.56
2009	7 558.15	5 272.04	69.75	252.34	3.34	593.31	7.85	1 147.61	15.18
增减	47.88	4.94	－0.38	－48.13	－0.66	25.88	0.29	54.24	0.62

分地区看,按照从高到低的顺序排列,盐城市第一产业增加值继续为全省最高,为 330.4 亿元,徐州市次之,为 249.9 亿元,镇江市最低,为 75.5 亿元,其他地区,南通市 236.47 亿元,淮安市 170.97 亿元,宿迁市 159.6 亿元,连云港市 154.46 亿元,扬州市 144.88 亿元,苏州市 142.82 亿元,泰州市 133.7 亿元,南京市 129.18 亿元,无锡市 93.62 亿元,常州市 91.75 亿元。同比增幅较大的分别是常州 8.58%、连云港 8.55% 和南京市 8.19%,镇江、苏州增幅较小。

(2)粮食生产

2009 年江苏省粮食生产再获丰收,这是连续 6 年来的大丰收,总产量为3 230.1万吨,创 11 年来历史新高。全年全省粮食作物总播种面积为5 272.04 千公顷,比上年增加 4.94 千公顷,增长 0.09%。粮食总产量比上年增加 54.61 万吨,增长 1.72%。全年夏粮播种面积为2 323.47千公顷,总产量为1 103.2万吨,比上年增产 8.7 万吨,增长 0.79%,单位面积产量为4 748千克/公顷;秋粮播种面积为2 948.57千公顷,总产量为2 126.9万吨,比上年增产 45.9 万吨,增长 2.21%,单位面积产量为7 213千克/公顷。

从各市来看,2009 年粮食产量为:南京市 110.69 万吨,无锡市 80.51 万吨,徐州市 427.67 万吨,常州市 114.18 万吨,苏州市 112.94 万吨,南通市 320.62 万吨,连云港市 334.54 万吨,淮安市 440.70 万吨,盐城市 622.90 万吨,扬州市 282.35 万吨,镇江市 117.87 万吨,泰州市 310.22 万吨,宿迁市 358.99 万吨。

(3)林业

2009 年,江苏省全年造林面积达到 85.2 千公顷,比 2008 年减少 6.07 千公顷,减少了 6.65%。其中用材林 4.17 千公顷,经济林 4.1 千公顷,防护林 76.93 千公顷。主要林产品油茶籽、竹笋干、板栗、白果等产量分别为 12 吨、3 887吨、26 056吨和33 868吨。育苗面积 108.01 千公顷,当年苗木产量 28.96 亿株,幼林抚育作业面积 319.64 千公顷次,成林抚育实际面积 431.34 千公顷,木材采伐量 98.68 万立方米,竹材采伐量 398.8 万根,四旁植树12 660万株。

(4)畜牧业

2009 年,江苏省畜牧业以“稳生猪保供给、抓防疫保安全、上规模增效益、调结构促发展”为重点,落实各项政策措施和组织实施各类扶持项目,重大动物疫情保持稳定控制,全省畜禽业生产总体稳定。2009 年,江苏省畜牧业增加值为 837.97 亿元,年末大牲畜 39.65 万头,牛 33.9 万头,猪 1 760.2万头,羊 426.5 万头。当年肉猪出栏2 748.1万头,同比增 5.52%,当年出售和自宰的肉用牛 17.5 万头。肉类产品总产量 344.4 万吨,比上年增加 16.85 万吨。猪牛羊肉合计产量 215.24 万吨,禽肉产量 120.29 万吨。牛奶产量 55.4 万吨,同比减少 5.65 万吨,禽蛋 185.2 万吨,比上年增加 13.1 万吨。

(5)水产业

2009 年,江苏省全年水产品总产量为 443.22 万吨,比上年增长 4.29%,海水产品产量为 130.5

万吨,比上年增长4.19%,其中,按生产性质分,天然生产为57万吨,人工养殖为73.5万吨;按类别分,鱼类39.7万吨,甲壳类18.07万吨,贝类63.5万吨,藻类3.35万吨,鱼类比2008年下降了0.9%,甲壳类、贝类、藻类都有不同程度上升。淡水产品产量为312.72万吨,比上年增长4.33%,其中,按生产性质分,天然生产32.07万吨,人工养殖为280.65万吨;按类别分,鱼类227.45万吨,甲壳类71.1万吨,贝类9.66万吨,比2008年分别增加了4.3%、2.82%和4.89%。

(6)农业科技

"十一五"以来,江苏省共育成农作物新品种(系)244个,"两优培九"、"南粳44"等11个品种被农业部认定为超级稻品种,苏太猪、京海黄鸡、扬州鹅等6个新品种(配套系)通过国家级审定。2000年以来全省农业领域获国家科技进步二等奖以上成果16项,居全国第三位。深入实施"挂县强农富民"工程,组织34家农业科研教学推广单位与38个县挂钩对接,建立特色基地190个。实施农业"三新"工程、科技入户工程,扶持建设25个农业良种繁育与种苗供应中心,集成推广20项现代农业关键技术,在不同生态农区建立28个农业科技综合展示基地,一大批农业科技成果得到普及,一批新的技术模式得到快速推广。深入实施农民培训工程,2006年以来累计开展农业实用技术培训912.9万人、农民创业培训43万人,农民科技素质和就业技能不断提高,为现代农业发展和新农村建设提供了人才支持和智力支撑。2009年,江苏省农业科技贡献率达到58.1%,高于全国平均水平7个百分点。大力推进粮食高产技术普及化,全面开展品种、技术、配方肥、农药"四主推"推介发布,深入实施粮食高产增效创建活动,2009年全省创建万亩示范片297个,测土配方施肥实施面积5 600万亩次,重大病虫防治覆盖率90%以上。

(7)农业机械

2009年,江苏省各级财政用于农机化的投入大幅增长,全年共落实农机购置补贴资金8亿元,比上年增长1倍以上,是历史上投入最多的一年。其中中央财政资金5.4亿元,江苏省级财政1.5亿元,地方各级财政配套补贴投入达到了1.1亿元。共补贴各类机具13万台套,吸引农民直接投入20亿元,受益农户及服务组织达9.1万个。2009年,江苏省主要农作物生产综合机械化水平超过76%,农机总动力达到3 810万千瓦,农机经营总服务收入超过了200亿元。

2009年,江苏省大马力拖拉机、高性能联合收割机、秸秆还田机大幅增长。大中型拖拉机新增1.4万台,增幅达20%,其中75马力以上超过了50%,保有量达到8.5万台;稻麦联合收割机新增4 800台,保有量接近9万台;水稻插秧机新增量连续第三年超过1万台,增幅达23%,保有量达到5.5万台;渔业、畜牧业、蔬菜园艺业、林果业及农产品加工机械均得到了较快发展,2009年江苏省新增各种特色农机装备超过2.5万台套,高效农业生产机械化水平达35%。

3.浙江省

(1)基本情况

2009年,浙江省第一产业总产值为1 873.40亿元,比上年增长5.25%,其中农业产值879.05亿元,林业产值117.64亿元,牧业产值404.88亿元,渔业产值435.48亿元,农林牧渔服务业产值36.35亿元,除牧业产值比上年下降3.34%外,其余各产业分别比上年增长8.11%、10.00%、6.78%和9.22%。全年农作物总播种面积2 504.79千公顷,总面积自2005年以来首现增长态势,比上年增长0.95%。其中粮食播种面积1 290.09千公顷,比上年增长1.45%。棉花播种面积20.1千公顷,比上年减少1.18%。果用瓜果种植面积110.23千公顷,下降3.32%。蔬菜播种面积618.86千公顷,同比基本持平。油料播种面积210.14千公顷,增长10.15%。药材种植面积28.76千公顷,下降3.94%。花卉苗木面积103.83千公顷,减少0.54千公顷。全年粮食总产量为789.15万吨,比上年增长1.75%。全省水产品总产量429.6万吨,比上年增长7.78%。其中海水产品产量343.1万吨,比上年增长8.1%;海水养殖产量76.46万吨,比上年减少7.97%;淡水产品产量86.51万吨,比上年增长6.55%,淡水养殖产量77.47万吨,比上年增长5.99%;远洋渔业产量10.71万吨。全年农作物有效灌溉面积1 446.37千公顷,机电排灌面积1 047.96千公顷。农业机械总动力2 450.64万千瓦,耕作机械动力190.71万千瓦。

表3-12　浙江省农业分项产值、构成及变化

单位:亿元,%

年份	总产值	农业		林业		牧业		渔业		农服业	
		产值	占比	产值	占比	产值	占比	产值	占比	产值	占比
2008	1 780.01	813.10	45.68	106.95	6.01	418.86	23.53	407.82	22.91	33.28	1.87
2009	1 873.40	879.05	47.92	117.64	6.28	404.88	21.61	435.48	23.25	36.35	1.94
增减	5.25	8.11	-	10.00	-	-3.34	-	6.78	-	9.22	-

从各市的情况来看,杭州市第一产业增加值为190.51亿元,宁波市183.54亿元,嘉兴市107.51亿元,湖州市90.26亿元,绍兴市124.46亿元,舟山市52.24亿元,温州市80.31亿元,金华市91.53亿元,衢州市59.62亿元,台州市132.22亿元,丽水市58.78亿元。

(2)粮食生产

2009年,浙江省农作物播种面积为2 504.79千公顷,比上年增长0.95%。粮食播种面积、单产和总产量分别为1 290.09千公顷、6 117千克/公顷和789.15万吨,比2008年分别增长1.5%、0.3%和1.8%。其中,春粮和早稻的播种面积、单产和总产也实现了明显的"三增长";秋粮虽然播种面积微减,但由于单产增长,总产量依然增长。2009年浙江粮食生产"三增长"的首要原因是受到了政策利好的推动。2009年,在粮食生产扶持政策及时出台,补助力度加大,土地流转规模扩大以及"保增长"政策拉动等诸多因素的共同作用下,浙江早稻种植面积大幅增长,增幅超过10%。同时,2009年浙江早晚稻生产期间的气候条件均属正常偏好年景,病虫害较轻,而农药化肥价格也稳中有降,加上各地加大优质高产新品种和先进适用技术的推广力度,使得早晚稻单产均同比增长,其中早稻单产同比增长3.8%,晚稻同比增长0.8%。

2009年,浙江省油料播种面积210.14千公顷,比上年增长10.15%,棉花播种面积20.1千公顷,麻类、糖类、烟叶、药材类分别为0.17千公顷、13.12千公顷、1.5千公顷和28.76千公顷。蔬菜、果用瓜、花卉苗木的播种面积分别为618.86千公顷、110.23千公顷和103.83千公顷。其他作物为107.99千公顷。2009年,棉花、麻类、烟叶、蔬菜、果用瓜单产分别为每公顷1 397千克、3 518千克、61 994千克、2 468千克、28 516千克和29 660千克。

从各市来看,2009年,杭州市粮食播种面积188.99千公顷,宁波市148.14千公顷,嘉兴市201.32千公顷,湖州市135.01千公顷,绍兴市183.84千公顷,舟山市12.52千公顷,温州市163.57千公顷,金华市159.38千公顷,衢州市129.57千公顷,台州市158.65千公顷,丽水市110.24千公顷。杭州市粮食总产量为107.24万吨,比上年减少2.65%,宁波市86.32万吨,减少2.38%,嘉兴市135.86万吨,增长2.08%,湖州市91.42万吨,减少1.36%,绍兴市118.37万吨,增长3.96%,舟山市5.93万吨,增长9.41%,温州市93.85万吨,增长4.95%,金华市90.19万吨,增长2.89%,衢州市76.1万吨,增长4.35%,台州市84.6万吨,减少9.49%,丽水市56.37万吨,减少9.49%。

(3)林业

作为我国沿海经济大省和经济强省,浙江也已经成为全国有名的林业产业大省。2009年全省新建兴林富民示范乡镇37个、示范村231个,改造提升低效竹林80万亩,改造低产油茶林15万亩。组织开展了“浙江笋竹产品东北行”活动,积极组织参加第七届中国花卉博览会,成功举办了2009中国(温州)森林旅游节、2009中国义乌国际森林产品博览会。2009中国义乌国际森林产品博览会参展企业达1 000多家,实现成交额16.72亿元,成为亚洲最大的林产品展会。2009年,浙江省造林面积27.42千公顷(其中用材林1.5千公顷,经济林1.79千公顷,防护林24.13千公顷),零星(四旁)植树2 380.87万株,幼林抚育实际面积46.25千公顷,育苗面积90.19千公顷,迹地更新面积15.74千公顷。全年主要林产品中,油菜籽产量47 048吨,竹笋干126 061吨,山核桃20 731吨,板栗77 526吨。全年共实现林业总产值117.64亿元,同比增加10.69亿元。其中,人造林木生长产值8.74亿元,林产品产值61.2亿元,竹木采运产值47.7亿元。

(4)畜牧业

2009年,浙江省深入实施畜牧业“西进东扩”发展战略,加快推进畜牧业由传统发展方式向规模化、生态化、产业化方向转变。到2009年底,全省生猪、蛋禽、肉禽、奶牛规模化率分别达80.06%、90.42%、87.48%和95.37%,比2000年分别提高31.55个、48个、27.45个和26.93个百分点。其中有年出栏500头以上的生猪规模场(小区)5 835个,年出栏生猪975.25万头,占总出栏的44.21%。有年存栏2 000只以上蛋禽规模场(小区)6 606个,存栏蛋禽3 426.66万只,占总存栏的75.09%。有年出栏1万只以上肉禽规模场(小区)6 719个,年出栏肉禽16 517.78万只,占总出栏的68.99%。有年存栏50头以上奶牛规模场(小区)204个,存栏奶牛4.64万头,占总存栏的67.46%。

2009年,浙江生猪年末存栏头数(含未断奶小猪)为1 225.8万头,牛年末存栏头数为20.37万头,羊年末存栏只数为111.55万只,兔年末存栏只数为376.59万只,家禽年末存栏只数为12 352.28万只,养蜂年末箱数为94.07万箱。2009年全年,肥猪出栏头数为1 894万头,牛出栏头数为7.03万只,羊出栏只数为102.85万只,兔出栏只数为476.42万只,家禽出栏只数为26 021.56万只。

(5)渔业

2009年,浙江渔业生产继续稳定发展,全年水产品总产量429.6万吨,比上年增长7.78%,海水产品产量343.1万吨,其中,按生产性质分,海洋捕捞266.64万吨,海水养殖76.46万吨;按类别分,鱼类187.62万吨,虾蟹类75.24万吨,贝类62.49万吨,藻类4.22万吨,头足类11.44万吨,其他海水产品2.1万吨。淡水产品产量86.51万吨,按生产性质分,天然生产9.03万吨,淡水养殖77.47万吨;按类别分,鱼类56.42万吨,虾蟹类12.78万吨,贝类4.56万吨,其他类12.75万吨。海水养殖面积94.51千公顷,淡水养殖面积219.45千公顷。

从各市来看,杭州市水产品总产量为20.28万吨,宁波市93.95万吨,嘉兴市17.54万吨,湖州市23.9万吨,绍兴市8.93万吨,舟山市123.78万吨,温州市60.52万吨,金华市6.13万吨,衢州市4.47万吨,台州市134.05万吨,丽水市1.88万吨。

(6)农业机械

2009年,浙江省以落实农机化扶持政策尤其是购机补贴政策作为推动农机化新技术推广的主要抓手,重点推进粮油及农业十大主导产业关键环节机械化。全年落实农机购置补贴资金3.07亿元,其中中央资金2.4亿元,省级资金0.35亿元,县(市、区)配套0.32亿元,带动农民和农业生产经营组织自筹资金5.48亿元。落实农机作业环节补贴资金1 754.58万元,补贴水稻机插、油菜机收面积98.34万亩(不含宁波)。落实农机化促进工程项目资金700万元,安排项目实施点22个。新增各类农业机械8.54万台套,其中全喂入联合收割机1 360台,高性能半喂入联合收割机715台,大中型拖拉机1 209台,插秧机1 185台,粮食烘干机械234台,茶叶加工机械3万多台套,受益农户达7.5万人。依托农机购置补贴、作业环节补贴等惠农政策和农机化促进工程项目实施以及农机化示范区建设,着力推进了水稻机插和油菜机收的推广应用。全省共推广水稻机插面积117.08万亩,较上年增长117.6%。完成油菜机收面积130 723亩,较上年增长323%。

2009 年,浙江省农机化水平比上年均有不同程度提升。全省农业机械总动力为2 450. 64万千瓦,同比增长 5. 12% ,耕作机械动力为 190. 71 万千瓦,比上年增长 8. 9% ,大中型拖拉机7 366台,比上年增长 26. 09% ,农业小型拖拉机为 17. 01 万台,比上年增加 0. 39 万台,联合收割机17 221台,比上年增长 13. 56% ,机动收割机 214 台,比上年减少 14 台,机动脱粒机 121. 55 万台,比上年减少 7. 39% 。当年机耕地面积 996. 87 千公顷,当年机械收割面积为 905 千公顷。植保机械动力为 35. 31 万千瓦,比上年增长 15. 2% ,排灌机械动力为 284. 15 万千瓦,比上年增长 1. 08% ,农副产品加工机械动力为 138. 3 万千瓦,比上年增长 1. 2% ,运输机械动力为 549. 87 万千瓦,比上年增长 1. 28% ,渔业机械动力为 440. 13 万千瓦,比上年增长 0. 79% ,其他农业机械动力为 548. 48 万千瓦。

从各市来看,杭州市农业机械总动力为 323. 53 万千瓦,宁波市 322. 85 万千瓦,嘉兴市 159. 75 万千瓦,湖州市 161. 86 万千瓦,绍兴市 233. 93 万千瓦,舟山市 172. 82 万千瓦,温州市 228. 33 万千瓦,金华市 240. 05 万千瓦,衢州市 156. 13 万千瓦,台州市 346. 97 万千瓦,丽水市 100. 6 万千瓦。

四　长三角第二产业

(一)长三角第二产业基本情况

1. 2009 年长三角第二产业总体情况

2009 年长三角工业生产逐步走出低谷,企业利润增长较快。2009 年,受国际金融危机冲击,外需不足、出口受阻成为长三角地区工业生产普遍面临的困难,生产形势异常严峻。为扭转工业生产过快下滑的局面,长三角地区抓住国家扩大内需机遇,积极调整产品结构,扩大国内市场销售,内需成为拉动工业生产增长的主要动力;同时,稳定国际市场份额,出口也有所恢复。2009 年长三角第二产业总产值为36 260. 88亿元,比上年增长 5. 16% ,是 2006 年的 1. 41 倍。

2. 2006 –2009 年长三角第二产业的增长情况

2006 年是"十一五"计划起始年,在"十一五"期间长三角地区两省一市的第二产业产值不断增长,按照可比价格计算,2006 年长三角第二产业的产值比上年增长 17. 36% ,以后各年第二产业的产值绝对数在不断增长但涨幅比例不断下降,长三角第二产业 2008 年的增长速度回落到 5. 16% ,这种情况增长符合增长理论中指数抛物线增长路径,表明长三角地区第二产业面临资源、环境、市场约束下增速调整和增长方式改变。

表 3 –13　2006 –2009 年长三角第二产业情况

单位:亿元,%

指标	2006	2007	2008	2009
二产产值	25 788. 78	30 133. 36	34 480. 06	36 260. 88
增长	17. 36%	16. 85%	14. 42%	5. 16%

3. 2006 –2009 年长三角第二产业比例情况

从占比情况来看,2006 年长三角地区生产总值为47 753. 96亿元,其中第二产业的总值为25 788. 78亿元,第二产业占总产值的比重为 54. 0% ,以后各年的第二产业总值绝对数每年增加,二产占 GDP 的比例开始逐渐下降,平均每年下降 1 个百分点左右,可以看出产业结构调整正在进行,但调整速度有待进一步提高,因为从现在的数据上来看,二产比例还占有 50% 以上,与发达国家相比还有很大距离,还存在二产比例结构过大的问题。

表 3 –14　2006 –2009 年长三角第二产业情况

单位:亿元,%

指标	2006	2007	2008	2009
地区生产总值	47 753. 96	56 710. 44	65 497. 68	71 939. 65
第二产业增加值	25 788. 78	30 133. 36	34 480. 06	36 260. 88
占比	54. 00	53. 10	52. 60	50. 40

数据来源:《江苏统计年鉴》、《上海统计年鉴》、《浙江统计年鉴》(历年)。

4.2006－2009年两省一市第二产业情况

从两省一市的情况来看，在第二产业的增长方面，江苏地区的第二产业增长领先于上海和浙江两地。主要因为江苏省历年来都是长三角制造业大省，制造业在江苏省的主导地位比较稳固，历史也非常悠久。

表3－15　长三角两省一市第二产业总体概况

单位：亿元，%

地点	指标	2006	2007	2008	2009
上海	地区生产总值	103 665.64	12 188.85	13 698.15	15 046.45
	第二产业增加值	5 028.37	5 678.51	6 235.92	6 001.78
	二产产值占GDP比重	48.51	46.59	45.52	39.89
	二产产值增长	12.30	11.50	9.80	－3.70
江苏	地区生产总值	21 645.08	25 741.15	30 312.61	34 061.20
	第二产业增加值	12 250.84	14 306.40	16 663.81	18 416.10
	二产产值占GDP比重	56.60	55.58	54.97	56.59
	二产产值增长	16.00	15.50	16.50	10.52
浙江	地区生产总值	15 742.51	18 780.44	21 486.92	22 832.00
	第二产业增加值	8 509.57	10 148.45	11 580.33	11 843.00
	二产产值占GDP比重	54.05	54.04	53.89	51.87
	二产产值增长	14.30	15.50	14.41	22.20

数据来源：《江苏统计年鉴》、《上海统计年鉴》、《浙江统计年鉴》（历年）。

5.2009年长三角第二产业的特点

2009年，长三角地区贯彻执行国家应对国际金融危机、保持经济平稳较快增长的一揽子计划措施，全力保增长，立足扩内需，坚持调结构，迅速扭转了经济增速下滑趋势，主要指标持续回升，经济总体回升向好，逐步进入复苏通道。长三角在经济最困难之年，在保增长、调结构和提高经济运行质量等方面取得积极成效。分区域来看，江苏和浙江第二产业产值增长较快，江苏第二产业产值占地区生产比重最高，相比而言，上海地区的第二产业产值比重较小，第三产业发展较为迅速。

（二）上海市的情况

1.2009年上海市第二产业发展总体情况

上海工业以发展先进制造业为重点，产业基地和重大项目建设取得了很大发展，第二产值稳步提高，高新技术产业、能源产业、高端产业发展迅速，成为产业进步亮点。从2006年到2009年，第二产业产值从5 028.37亿元增加到6 001.78亿元，2009年是2006年的1.19倍。

从增长速度来看，上海市2009年以来第二产业增速只有3.7%，主要原因是金融危机带来的产业发展瓶颈。从占比情况来看，2006年第二产业生产总值为亿元，占比48.51%，以后各年第二产业产值占总产值的比重呈不断下降趋势，到2009年下降为39.89%，反映了上海市产业结构的优化。

2.2007年上海市第二产业发展的主要特点

全年实现工业增加值5 374.91亿元，比上年增长2.9%。其中，规模以上工业增加值5 152.02亿元,增长3%。在规模以上工业增加值中,轻工业增加值1 632.01亿元,增长1.5%;重工业增加值3 520.01亿元,增长3.7%。全年工业总产值24 888.08亿元,比上年增长3.2%。其中,规模以上工业总产值23 873.08亿元,增长3.2%。

全年电子信息产品制造业、汽车制造业、石油化工及精细化工制造业、精品钢材制造业、成套设备制造业、生物医药制造业等六个重点发展工业行业完成工业总产值15 346.24亿元,比上年增长7.3%,占全市规模以上工业总产值的比重达到64.3%。

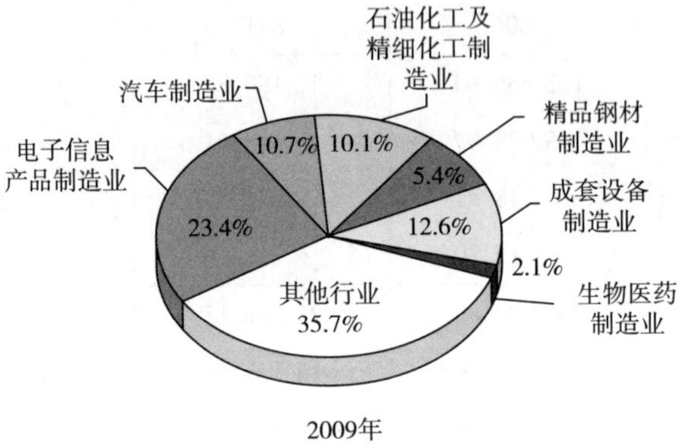

图3-2 2009年上海六个重点发展工业行业占工业总产值的比重

全年高技术产业完成工业总产值5 560.65亿元,比上年增长8.2%,占全市规模以上工业总产值的比重为23.3%。微型电子计算机、汽车等主要工业产品产量增长较快。

表3-16 2009年上海主要工业产品产量

产品名称	单位	产量	比上年增长(%)
微型电子计算机	万部	7 320.15	26.5
成品钢材	万吨	2 181.37	-0.3
汽车	万辆	125.03	55.0
#轿车	万辆	122.46	55.5
家用电冰箱	万台	189.15	28.4
电力电缆	万公里	51.97	16.6
发电量	亿千瓦小时	778.20	0.6
起重机	万吨	132.89	-0.5
乙烯	万吨	180.30	-0.9
化学原料药	万吨	2.57	45.6

全年规模以上工业企业实现利润总额1 405.74亿元,比上年增长43.8%;实现税金总额1 114.42亿元,增长33.4%。其中,国有及国有控股工业企业实现利润687.03亿元,增长1.1倍;实现税金770.02亿元,增长47.3%,占全市工业税金总额的比重为69.1%。全市工业企业亏损面为23.5%。全年工业企业经济效益综合指数为233.78,比上年提高10.48个点。

全年建筑业总产值3 827.84亿元，比上年增长17.9%；房屋建筑施工面积19 032.62万平方米，增长5.4%；竣工面积5 397.15万平方米，下降5.7%。建筑企业按总产值计算的全员劳动生产率达到人均34.09万元，比上年提高16.1%。

（三）江苏省的情况

1. 2009年江苏省第二产业总体情况

从2006年到2009年，江苏省第二产业增加值从12 250.84亿元增长到18 416.1亿元，2009年是2006年的1.5倍。从增长速度来看，江苏省历年来第二产业增速较高，从2006年到2009年都维持在10%以上的增速，但从两省一市的情况来看，江苏省的二产增速一直维持在最高水平，这体现了江苏省制造大省、工业大省特征。从占比情况来看，2006年江苏省第二产业占比56.6%，2007年下降为55.58%，2008年下降为54.97%，2009年为56.59%。体现了江苏省以第二产业为支柱的特征。

2. 2009年江苏省第二产业发展的主要特点

工业生产稳步向好。规模以上工业企业完成增加值16 727.1亿元，比上年增长14.6%，其中，轻、重工业增加值4 828.7亿元、11 898.4亿元，分别增长11.8%和15.7%。国有工业增加值1 071.5亿元，增长2.6%；集体工业增加值263.5亿元，增长10.9%；股份制工业增加值7 752.2亿元，增长17.4%；外商港澳台投资工业增加值6 658.9亿元，增长12.7%。在规模以上工业中，国有控股工业增加值1 921.2亿元，增长6.1%；私营工业增加值5 623.6亿元，增长19.7%。

企业效益逐步回升。规模以上工业企业实现主营业务收入71 181.3亿元，比上年增长11.4%，增幅分别比上半年、前三季度提高5.4个和4.1个百分点；实现利税6 448.1亿元，增长21.2%，增幅比上半年、前三季度提高19.4个和11.7个百分点；其中利润3 865.4亿元，增长24.3%，增幅比上半年、前三季度提高28.1个和17.1个百分点，呈现利润增幅高于利税增幅、利税增幅高于销售增幅的良好发展态势。企业亏损面11.7%，比上年末下降1.7个百分点；亏损企业亏损额290.3亿元，下降32.8%。工业经济效益综合指数为224.0，提高12.5个百分点。

先进制造业保持较快发展。在规模以上工业中，交通运输设备制造业产值4 857.9亿元，比上年增长36.7%；医药制造业产值1 079.2亿元，增长27.3%；专用设备制造业产值2 321.6亿元，增长20.5%；电气机械及器材制造业产值6 517.4亿元，增长14.6%；通用设备制造业产值4 902.8亿元，增长13.4%；通讯设备、计算机及其他电子设备制造业产值10 273.1亿元，增长8.4%。产品结构继续优化，实现工业新产品产值6 182.5亿元，比上年增长11.2%；在列入统计的75种主要工业产品中，保持增长的有46种，下降的有29种。

表3-17　2009年江苏主要工业产品产量情况

产品名称	单位	产量	比上年增长(%)
纱	万吨	401.9	6.4
布	亿米	79.0	1.3
化学纤维	万吨	894.5	11.1
卷烟	亿支	924.6	3.4
彩色电视机	万台	1 151.3	34.3
家用电冰箱	万台	667.1	4.7
房间空调器	万台	331.2	-53.2

(续表)

产品名称	单位	产量	比上年增长(%)
原煤	万吨	2 397.4	-2.6
天然原油	万吨	184.0	0.0
发电量	亿千瓦小时	2 984.3	3.4
粗钢	万吨	5 489.9	12.9
钢材	万吨	7 859.7	8.4
十种有色金属	万吨	54.1	13.4
水泥	万吨	14 434.1	6.7
硫酸	万吨	401.5	4.7
纯碱	万吨	248.3	-0.9
乙烯	万吨	141.6	5.1
化肥(折100%)	万吨	317.3	4.8
汽车	万辆	50.6	79.8
#轿车	万辆	21.5	84.7
发电设备	万千瓦	371.9	-43.7
集成电路	亿块	163.7	13.4
程控交换机	万线	4.7	-61.0
微型电子计算机	万台	8 180.9	35.8
移动通讯基站设备	信道	519 111.0	-27.4

建筑业蓬勃发展。全省建筑企业实现利税总额755亿元,比上年增长21%。全年共完成建筑业总产值10 181.3亿元,增长18.4%;竣工产值7 637亿元,增长12.8%,竣工率达75%;建筑业劳动生产率为16.8万元/人,下降3.6%。建筑业企业房屋建筑施工面积98 494万平方米,增长8.9%;房屋建筑竣工面积22 882.1万平方米,下降43.8%,其中住宅竣工面积14 530.8万平方米,下降42.3%。

(四)浙江省的情况

1.2006-2009年总体情况

浙江省的制造业也非常有特色,以民营企业为基础发展小商品和轻工业的浙江省,第二产业非常发达。从增长速度来看,浙江省2006年第二产业增速为14.3%,2007年为15.5%,2008年下降到14.41%,2009年增长到22.2%。从占比情况来看,2006年浙江省第二产业占比54.05%,2007年为54.4%,2008年为53.9%,2009年为51.87%。

2.2009年浙江省第二产业发展的主要特点

2009年,全部工业增加值为10 457亿元,比上年增长5.9%,其中规模以上工业增加值8 232亿元,增长6.2%,轻、重工业增加值分别增长5.5%和6.7%。规模以上工业销售产值39 629亿元,增长2.1%。国有及国有控股工业企业增加值1 223亿元,比上年增长3.6%。规模以上工业企业完成出口交货值8 561亿元,下降10.8%;出口交货值占销售产值的比重为21.6%,比上年下降3.1个百分点。

表 3 – 18　2009 年浙江省规模以上工业增加值

指标	绝对数(亿元)	比上年增长(%)
工业增加值总计	8 231. 71	6. 2
在总计中:轻工业	3 639. 24	5. 5
重工业	4 592. 46	6. 7
在总计中:国有企业	667. 73	4. 5
集体企业	33. 38	3. 9
股份合作企业	76. 33	-3. 6
联营企业	4. 70	-0. 7
有限责任公司	1 501. 00	5. 6
股份有限公司	539. 89	4. 6
私营企业	3 228. 02	8. 9
其他企业	35. 59	6. 0
港澳台商投资企业	922. 13	6. 7
外商投资企业	1 222. 95	2. 7
在总计中:国有及国有控股企业	1 223. 20	3. 6

规模以上工业企业新产品产值为7 361亿元,比上年增长 12. 6%,新产品产值率为 18. 1%,比上年提高 1. 7 个百分点。制造业中,高新技术产业增加值1 771亿元,比上年增长 6. 9%,占规模以上工业的比重为 21. 5%。汽车产量为 28. 2 万辆,增长 77. 2%,其中轿车产量为 22. 4 万辆,增长 73. 1%。

表 3 – 19　2009 年浙江主要工业产品产量

产品	单位	绝对数	比上年增长(%)
纱	万吨	195. 6	11. 8
布	亿米	139. 2	5. 7
化纤	万吨	1 207. 2	18. 6
卷烟	亿支	804. 2	5. 7
房间空调器	万台	303. 1	– 16. 5
发电量	亿千瓦小时	2 193. 3	5. 8
钢材	万吨	2 359. 4	28. 7
水泥	万吨	10 796. 5	7. 2
化肥(折 100%)	万吨	46. 5	– 1. 7
汽车	万辆	28. 2	77. 2
#轿车	万辆	22. 4	73. 1
集成电路	亿块	21. 4	– 10. 2
电子元件	亿只	339. 7	5. 9
移动电话机	万台	2 640. 7	4. 5
微型电子计算机	万台	89. 2	– 15. 5

全年规模以上工业企业实现利润2 041亿元,比上年增长34.4%。其中,国有及国有控股企业283亿元,增长234.4%;股份制企业260亿元,增长137.4%;外商及港澳台投资企业651亿元,增长26.1%;私营企业656亿元,增长18.5%。工业企业产品销售率97.3%,比上年提高0.1个百分点。

全年建筑业增加值1 386亿元,比上年增长15.3%。全年资质以上建筑企业利润总额250亿元,比上年增长16.3%;税金总额280亿元,增长15.7%。

(五)长三角第二产业发展政策分析

1. 江苏省

(1)关于装备制造业:实现小型向大型、轻型向重型、粗加工向精加工、普通产品向高新技术产品、低附加值向高附加值、设备制造向总集成六个转变。到2011年实现销售收入3.8万亿元,产业规模继续保持国内领先。培育1家年销售收入超500亿元、5家超300亿元、30家超100亿元的大型企业(集团)和一大批专、精、特的中小型企业。重点打造工程机械、新型电力装备、轨道交通装备、数控机床及工具附件4大产业链,大力培育内燃机及内燃机配件制造、生产输变电及发电设备、数控机床和工程装备制造4大产业集群,加快建设无锡太阳能装备、南京风电设备、丹阳汽车零部件、扬中电器、阜宁阀门、泰兴减速机、宜兴电线电缆、常州农用柴油机等15个特色装备产业基地,争创50个中国驰名商标和100个名牌产品。

汽车产业:形成具有竞争优势和江苏特色的产品系列。到2011年规模以上企业销售收入3 600亿元,销售汽车整车60万辆、改装及专用汽车13万辆。乘用车生产占整车比重70%;新能源汽车取得明显突破,混合动力和纯电动客车实现商业化;中高级大中型客车比重进一步提高;载货车实现改型升级,新一代重卡制造形成规模;专用汽车产品系列更加丰富,特色优势进一步增强。重点打造南汽名爵、东风悦达起亚、长安福特马自达三大乘用车生产基地;大力发展以依维柯商用车、跃进轻卡、南京徐工汽车、精功镇江汽车为主体的载货车;以苏州金龙、常隆客车、扬州亚星为主体的客车;以徐工集团汽车起重机、扬州中集通华集装箱运输车为主体的专用车;组织实施新能源汽车工程;提高汽车零部件配套能力。

船舶工业:到2011年基本建成以沿江地区为主、沿海地区为辅、在全国具有较强竞争力的船舶产业基地。全省造船能力达1 600万载重吨左右,造船完工量达1 300万载重吨;油轮、散货船、集装箱船等主流船型研发制造能力逐步增强,总体达到国内先进水平,部分产品接近国际先进水平;海洋工程装备加速发展,占全国市场份额力争突破15%;船用柴油机等关键配套装备取得重大突破,其他配套装备发展水平明显提升。全行业规模以上企业普遍建立现代企业制度,技术装备水平得到提升,大型企业逐步实现数字化造船,排名前10位企业全部采用现代总装造船模式。重点打造4条产业链:一是大型散货船、油船、集装箱船等主导产业链,二是大型液化天然气船、大型液化石油气船、万箱级大型集装箱船等高端产业链,三是钻井平台、生产平台、浮式生产储油船等海工装备产业链,四是船用柴油机、发电机等配套产业链,基本建成南通、泰州、扬州3个远洋船舶制造基地和仪征、海陵、灌河3个内河船舶制造基地。

(2)关于电子信息产业:建成全国重要、全球有影响力的信息技术研发基地、软件基地、信息产品制造和出口基地。重点打造软件、集成电路、新型显示器件、现代通信及信息技术应用5条产业链,形成五大规模产业。到2011年实现销售收入2.3万亿元,其中五大产业规模1.4万亿元。进一步推进沿沪宁线信息产业带建设,努力打造国内最大、国际上有较大影响、具有较强竞争力的产业带。加快苏州信息产业、无锡微电子产业、南京软件产业国家级高技术产业基地建设,启动建设10家以上省级高技术产业基地。

(3)关于石油化工产业:提高产业结构水平,促进产业向高端化、精细化、完整产业链方向发展。

到2011年，全行业实现销售收入1.26万亿元，高端精细化学品产值占全行业总产值的比重达到50%以上，化工新材料、生物化工、能源化工的产值占全行业比重达到35%以上，能耗比2008年下降15%以上，形成主营业务年销售收入在1 000亿元以上的大型企业2个，建成2～3个大型成品油商品贮存基地，10个左右大型碳一化工、化工新材料、盐化工、生物化工、能源化工生产和研发基地，5～6个石化及延伸产品(精细化工产品)、农用化学品生产和研发基地。重点打造基础石化、通用和专用合成材料、新领域精细化学品、化工新材料、生命科学化学品、盐化工、煤化工、循环经济、农用化工、石化装备10条产业链，扎实做好沿海地区大石化项目前期工作，加快沿江石化产业带和苏北化工集中区调整步伐，推进集聚发展、特色发展。

(4)配套政策和环境支撑

要实现上述目标，必须有相关的配套政策和环境支撑，各级政府必须切实做好组织实施工作。

第一，在产业政策方面，积极贯彻落实国家相关产业政策，研究制定进一步鼓励软件、集成电路、新型显示器件和数字电视、扩大汽车消费和汽车出口等产业发展的政策措施。鼓励省内国产设备首购首用，支持依托重大投资项目采购国产设备。对列入规划的重点项目加快核准和备案。

第二，在财税政策方面，积极争取国家重点行业技术改造和技术研发专项资金支持。落实我省支持工业发展的各项财政专项引导资金，向符合产业政策的重点项目倾斜。

第三，在资源整合方面，推动企业跨地区、跨行业、跨所有制兼并与联合，提高专业化分工水平和社会化生产程度。加强国际技术交流与合作，鼓励有条件的企业“走出去”，整合重组国外装备制造研发机构、生产企业、品牌和营销网络。

第四，在金融支持方面，鼓励金融机构为产业发展提供更多融资服务，推进银企合作，积极向金融机构推介重点融资项目。支持有条件的企业利用企业债、公司债、短期融资券和中期票据等债务融资工具，增加直接融资规模。积极发展风险创业投资。

第五，在自主创新方面，加大自主创新投入，推进技术创新模式由引进消化型为主向引进消化型与自主创新型并重转变。落实企业研发费用加计扣除、高新技术企业税收优惠等促进企业自主创新的政策，对获得中国世界名牌、中国名牌、中国出口名牌、中国驰名商标和国际商标注册的企业，由各级政府给予适当奖励。

第六，在优化服务方面，切实加大跨部门协调服务力度，及时帮助解决企业生产经营中的困难和问题，对产业发展带动作用明显的重点项目要加快审批进度。充分发挥相关协会的作用，使其成为政府与企业联系的桥梁和纽带。吸引掌握关键技术和管理才能的海外留学人员来我省投资创业，为产业升级提供源源不断的智力支持。

2. 上海市

上海市根据国务院的要求《国务院关于推进上海加快发展现代服务业和先进制造业建设国际金融中心和国际航运中心的意见》，提出了上海“两个中心”建设的总体目标：到2020年，基本建成与我国经济实力以及人民币国际地位相适应的国际金融中心；基本建成航运资源高度集聚、航运服务功能健全、航运市场环境优良、现代物流服务高效、具有全球航运资源配置能力的国际航运中心。《意见》还围绕实现上述总体目标，提出了建设上海国际金融中心和国际航运中心，以及加快推进先进制造业和技术先进型服务企业发展等方面的主要任务和具体政策措施。

推进上海国际金融中心建设，要在进一步加强金融市场体系建设基础上，充分发挥上海金融市场体系比较完备的良好基础，完善金融服务设施和布局，在金融市场、金融机构、金融产品、金融业务等方面推进改革创新的先行先试，率先扩大金融业对外开放，不断拓展上海金融市场的广度和深度，不断提升金融服务水平，不断提高金融监管水平，完善金融发展环境。

推进上海国际航运中心建设，要在优化现代航运集疏运体系基础上，充分发挥上海靠近国际主航线的区位优势,整合长三角港口资源,形成分工合作、优势互补、竞争有序的港口格局,推进内河航道、铁路、空港设施建设,增强综合运输能力。要探索建立国际航运发展综合试验区,更好地发挥洋山港的中转枢纽功能。要大力发展各类航运服务机构,加快发展航运金融服务,实施有利于现代航运发展的配套政策,完善现代航运服务体系,提高我国航运业的国际竞争力。

加快推进上海产业结构升级,必须以加快发展现代服务业和先进制造业为重点。要以现有优势产业为基础,以调整、优化和提高为方向,以研发、创新和增值为重点,不断提高先进制造业的核心竞争力和产业附加值。要实施必要的税收支持政策,大力促进技术先进型服务企业的发展,形成现代服务业与先进制造业相互支撑、相互带动的产业发展格局。

3. 浙江省

为加快工业转型升级,2009 年浙江省政府发布了有 32 条实施意见的新政策,旨在推动原来以低端产业、低附加值产品、低层次技术、低价格竞争为主的发展模式的转型。

浙江省政府提出,力争到 2012 年,科技进步贡献率要达到 55%,规模以上企业研发经费支出占销售收入的比例要达到 1.5% 左右,新产品产值率达到 18% 以上,高新技术产业、装备制造业增加值占工业增加值的比重分别要达到 26% 和 32%。

为此,浙江省将大力发展装备制造业,提高核电、火电等电站设备以及轨道交通设备等重要装备的制造水平;加快发展高新技术产业,形成通信与网络设备、生物与新医药、电子元器件等 7 个重点优势产业;积极发展先进临港工业,着力在石化、船舶、钢铁三个产业领域实施一批技术含量高、产业带动强、经济效益好、节能环保的重大项目;鼓励浙江省企业提高产业分工地位,向全球产业链高端提升。

同时,优先支持符合转型升级方向的企业在境内外上市,发行债券、短期融资券、中期票据以及支持上市公司再融资。浙江省财政每年安排一定的中小企业信用担保和风险补偿专项资金,省政府设立创业投资引导资金,鼓励民间设立创业投资、风险投资机构,鼓励设立产业投资基金。

根据浙江省政府的规定,全省将依法减少审批事项,简化审批程序,下放审批权限,探索推行行政审批全程代理制度。

据了解,从 2009 年起,浙江省政府每年对各市工业转型升级进展情况进行评估,对各市政府和省级有关部门推进工业转型升级的重点工作及其成效适时开展督查,评估结果和督查情况及时向全省通报。

(六)2009 年长三角第二产业发展特点总结

总体而言,长三角地区 2009 年第二产业呈现以下特点:

1. 经济总量持续扩大,增长速度逐季回升

初步统计,2009 年长三角地区经济总量占全国的比重达到 17.8%。从板块看,上海继续扮演龙头老大的角色,江苏呈继续上升趋势。从城市看,目前长三角地区 16 个城市中 GDP 超过千亿元的城市为 15 个,上海总量超过 1.4 万亿元、苏州超过7 700亿元,杭州超过5 000亿元,分别占据前 3 位,无锡、南京、宁波均超过4 000亿元。分列 4 - 6 位。从增速看,16 城市 GDP 平均增速达到 11.0%,增速比一季度回升了 3.1 个百分点,比上半年回升了 1.8 个百分点,比三季度回升了 0.9 个百分点,呈现逐季回升的态势,16 个城市中增速最快的达到 14.0%,最低的为 8.2%,13 个城市增速高于全国平均水平,总体平均增速高于全国平均水平 2.3 个百分点,11 个城市增速达到两位数,同时江苏板块增速明显高于浙江板块。

2. 产业结构调整加快,第三产业比重提升

2009 年第二产业特别是工业在国际金融危机中受到冲击最大,长三角地区大力发展第三产业,三次产业规模和结构发生了积极变化。2009 年长三角地区产业结构得到了进一步调整优化,三次产业结构调整为 3.4∶50.8∶45.8。服务业增加值占 GDP 比重首次突破 45%。与全国对比看,长三角地区第二产业比重高于全国 4.0 个百分点,第三产业比重高于全国 3.2 个百分点。第一产业比重低于全国 7.2 个百分点。

从城市看,2009 年长三角地区 16 个城市中除上海、南京、杭州外,其他 13 个城市的三次产业结构都呈现"二、三、一"分布。第三产业成为上海经济发展的"主角",也成为南京发展的"主力",两市第三产业占比均超过 50%,上海接近 60%。2009 年 16 城市第一产业比重均低于 10%,一半城市低于 5%。12 个城市第二产业比重超过 50%,反映出长三角城市工业化加速发展时期特征明显。杭州、舟山、宁波、台州、无锡等城市第三产业比重在 40% 以上,9 个城市第三产业比重低于 40%,服务业仍需加快发展。

3. 工业生产止跌回升,经济效益明显好转

长江三角洲地区各城市的工业经济在国民经济中均占据着举足轻重的位置。2009 年从城市看,上海市、苏州市规模以上工业总产值均突破 2 万亿元,无锡超过万亿元,16 个城市中 9 个城市工业产值总量在5 000亿元以上。从增速看,16 个城市中 6 个城市增速超过两位数,15 个城市呈现了正增长。工业生产的止跌回升带动了工业经济效益的提高,16 个城市工业产销率均值达到 97.61%,产销衔接良好,反映工业经济效益的利润、利税等指标都呈现明显增长。除上海、台州外统计的 14 个城市中 11 个城市利税增幅超过两位数,10 个城市利润总额增幅超过两位数。

4. 增长动力由外转内,消费投资拉动明显

作为对外开放的窗口和阵地,出口一直以来作为拉动长三角地区增长的重要力量,2009 年在国际金融危机的影响下,面对对外贸易出现大幅度下滑,投资与消费成为拉动经济企稳回升的重要动力。2009 年 16 个城市共完成全社会固定资产投资额28 501亿元,同比增长 18.3%,增速比 2008 年提高了 4.7 个百分点。从城市看,投资总量超过1 000亿元的有 13 个,其中超过2 000亿元的城市达到 6 个,分别是上海、苏州、南京、无锡、杭州、宁波。从增速看,长三角 16 个城市中 7 个城市增速超过 20%,增幅最快的达到 40.6%,最低的也增长 9.2%。与 2008 年相比,13 个城市增速比上年有所加快。投资快速增长同时,受扩大内需、家电下乡等政策带动,2009 年长三角地区实现社会消费品零售总额突破 2 万亿元,达到20 291亿元,同比增长 16.6%,扣除物价因素实际比上年加快 2.6 个百分点左右。从城市看,上海市独占鳌头占整个长三角地区的 25.5%,南京、苏州、杭州、无锡、宁波、南通等 6 个城市超过1 000亿元,分列 2 - 7 位。从增速看,江苏消费品市场明显旺销,8 个城市包揽前 8 位,增幅最快的达到 19.1%,最低的也增长 14.0%,平均增幅快于全国平均水平 1.1 个百分点。

5. 利用外资小幅增长,出口降幅逐季收窄

受国际金融危机影响,2009 年长三角地区利用外资呈现小幅微增态势。16 个城市共完成到位注册外资 420 亿美元,同比微增 1.0%。从增速看,16 个城市中 11 个城市利用外资实现了正增长,比三季度增加了 8 个城市。杭州、镇江、常州外资增幅超过两位数。利用外资小幅增长的同时,对外贸易降幅呈现逐步收窄的态势。2009 年 16 个城市共完成外贸进出口总额7 683亿美元,同比下降 12.1%,出口额4 461亿美元,同比下降 15.9%,其中出口降幅比一季度收窄了 6.1 个百分点,比上半年收窄了 7.2 个百分点,比三季度收窄了 5.8 个百分点。从增速看,舟山市保持增长,其余 15 个城市出现不同程度下降,降幅超过 15% 的有 8 个城市,长三角进出口、出口降幅分别好于全国平均水平 1.8 个和 0.1 个百分点。

五 长三角财政

2009 年,长三角地区一般预算收入为7 911.45亿元,同比增长 12.26%,比 2008 年同期增长速度降低约 5.39 个百分点。其中,江苏一般预算收入在长三角中占比最高,约 40.08%,其次为上海 32.11%。2009 年,长三角地区一般预算支出为9 598.95亿元,同比增长 18.89%,比 2008 年同期增长速度降低 4.14 个百分点。其中,江苏一般预算支出在长三角中占比最高,约 41.21%,其次为上海 31.15%。2006 年至2009 年,长三角地区一般预算收入与支出呈稳定增长的趋势。上海、江苏和浙江一般预算收入与支出也呈稳定增长的趋势。

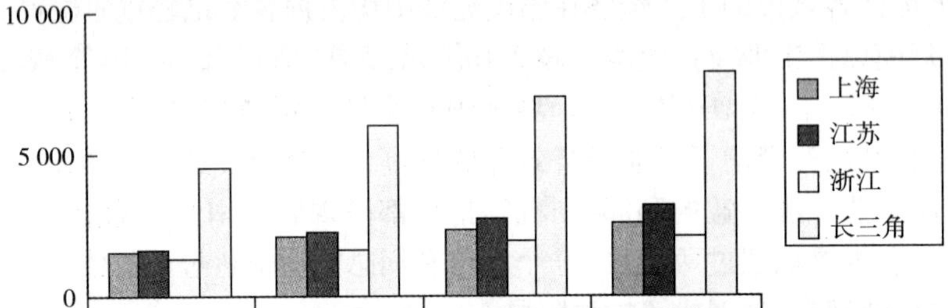

	2006	2007	2008	2009
上海	1 600.37	2 102.63	2 382.34	2 540.3
江苏	1 656.68	2 237.73	2 731.41	3 228.78
浙江	1 298.2	1 649.5	1 933.39	2 142.37
长三角	4 555.25	5 989.86	7 047.14	7 911.45

图 3-3 长三角地方一般预算收入趋势图(单位:亿元)

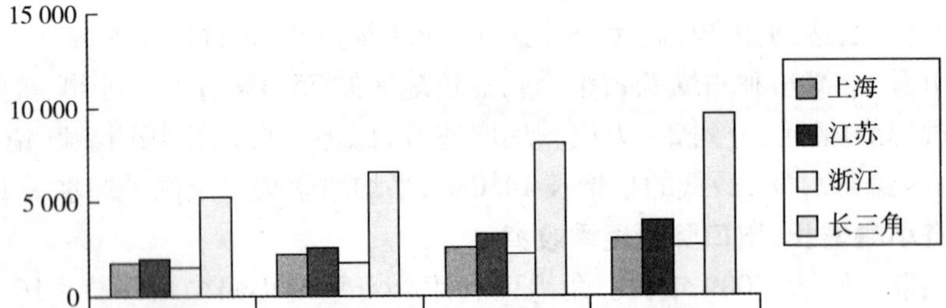

	2006	2007	2008	2009
上海	1 813.8	2 201.92	2 617.68	2 989.65
江苏	2 013.25	2 553.72	3 247.49	3 955.54
浙江	1 471.86	1 806.79	2 208.58	2 653.76
长三角	5 298.91	6 562.43	8 073.75	9 598.95

图 3-4 长三角地方一般预算支出趋势图(单位:亿元)

(一)上海财政

2009 年是浦东开发开放以来上海经济发展和财政运行最困难的一年。受经济增长放缓和结构性减税政策的双重制约，地方财政收入一度出现连续数月负增长的局面。通过坚定不移地实施积极的财政政策，进一步加强财源建设、优化支出结构、完善财税体制、规范预算管理、强化财政监督，全市预算执行情况良好，财政收入圆满完成年初人代会确定目标，财政支出有序落实“四个重点保障”，财政改革和发展也取得新成绩、迈上新台阶。

1. 上海地方一般预算收入收支执行情况

2009 年，上海市地方财政收入2 540. 30亿元，同比增长 7. 7%，完成预算 101. 6%，加上中央与上海市的结算收入等 334. 9 亿元，加上调入市级和区县预算稳定调节基金 98. 3 亿元，上海市可以安排使用的财政收入总计2 973. 5亿元。地方财政支出2 989. 65亿元，同比增长 15. 3%，完成调整预算 104%，加上结转下年支出 31. 7 亿元、部分区县安排预算稳定调节基金 23. 8 亿元，支出总计3 045. 2 亿元。全市财政支出大于收入 71. 7 亿元，通过财政部代理发行的市地方政府债券收入 76 亿元弥补后，收支执行结余 4. 3 亿元。

2009 年，上海市本级财政收入1 257. 1亿元，同比增长 5%，完成预算 100%，加上中央与上海市的结算收入等 323 亿元，加上调入市级预算稳定调节基金 95 亿元，减去市对区县的税收返还和转移支付 522. 1 亿元，市本级财政收入总计1 153亿元。市本级财政支出1 197. 3亿元，同比增长 23. 6%，完成调整预算 104. 7%，加上结转下年支出 31. 7 亿元，市本级财政支出总计1 229亿元。市本级财政支出大于收入 76 亿元，通过财政部代理发行的市地方政府债券收入 76 亿元弥补后，收支执行基本平衡。

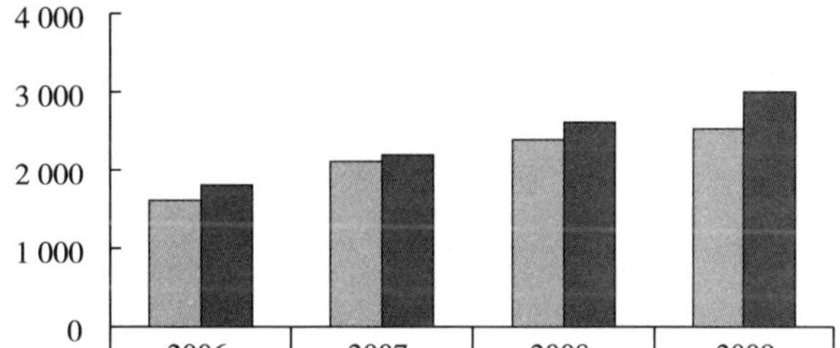

	2006	2007	2008	2009
一般预算收入	1 600.37	2 102.63	2 382.34	2 540.3
一般预算支出	1 813.8	2 201.92	2 617.68	2 989.65

一般预算收入　一般预算支出

图 3－5　上海地方一般预算收支趋势图(单位:亿元)

2. 上海财政预算执行与工作特点

(1)完善财政体制。一是完善转移支付制度。加大转移支付力度，2009 年市对区县的转移支付总量达到 157. 5 亿元，比上年增长 30%，其中对财力困难区县补助资金占转移支付资金总量的 87%。出台生态补偿转移支付办法，建立基本农田、公益林和水源地生态建设和保护的补偿机制，使生态补偿需求大、财政投入强度高、生态建设成效好的区县得到多补偿。突出保障重点，转移支付资金安排重点考虑义务教育绩效工资、落实黄浦江上游水源地涵养林建设、失地农民社会保障等区县新增支出压力。2009 年安排的生态补偿、教育、医疗卫生、社保转移支付增量资金占一般性转移支付增量的 75%。二是完善区域经济扶持政策。聚焦重点产业，研究完善上海化工区、临港产业区、上海综合保税区财政支持政策，理顺市、区两级分配关系，合力支持区域经济发展，为加快产业结构调整升级提供财政体制保障。三是指导完善区县以下财政体制。深入拓展“乡财县管”，加强激励考核，引导 81 个乡镇全面开展试点工作，切实规范试点乡镇财政管理、缓解试点乡镇财力困难。稳步推进全部 69 个中心城区街道的经费由区本级保障，引导街道更加重视社会管理和更好地提供公共服务，并加强对企业跨区迁移的管理,促进企业有序流动。

(2)规范预算管理。一是加强综合预算管理。按照国家要求,2009 年 1 月 1 日起,将中央立项的行政事业性收费项目全部纳入预算内管理。二是推进国库集中支付。结合政务网建设进度,拓展全额拨款事业单位国库单一账户体系改革试点,在市级行政机关和参照公务员管理的事业单位中推行公务卡制度改革,继续规范和优化大额资金财政直接支付、中额资金财政授权支付和小额现金公务卡支付流程,加强执行监管,完善各项保障和服务措施,提高预算执行效率和规范度、透明度。三是改进政府采购管理。研究出台《上海市政府采购自主创新产品操作规程(试行)》、《上海市 2009 年政府采购自主创新产品目录》、《政府采购促进中小企业发展暂行办法》等,进一步发挥政府采购政策功能。

(3)加强财政监督。一是加强专项监督检查。加强对"扩内需、保增长"政府投资资金的监督管理,积极配合中央检查组开展专项检查。根据中央有关部署,开展本市党政机关和事业单位"小金库"专项治理。根据财政部工作要求,组织对本市 386 家企业进行会计信息质量检查,对 15 家会计师事务所进行会计师事务所执业质量检查,严肃处理违规单位,坚决纠正违规问题,进一步规范各项会计行为。在政府投资、支农项目等领域,研究探索财政支出绩效评价工作。二是自觉接受人大监督。增加和细化报送市人代会的预算草案和相关材料,在原来报送地方财政收支预算的基础上,增加报送文化建设事业费、国有土地使用权出让收入等政府性基金收支预算,并将市本级预算草案中的重点支出细化到部分款级科目。同时,积极配合市人大财经委、预算工委开展政府采购专题调研、对市教委部门预算全过程跟踪等工作,进一步完善相关制度建设。三是推进预算信息公开。贯彻落实《中华人民共和国政府信息公开条例》、《上海市政府信息公开规定》和《上海市人民政府关于进一步加强政府信息公开工作的若干意见》,在向社会公开预、决算报告,公开彩票公益金、农业综合开发资金、良种补贴等资金管理办法和使用情况的基础上,进一步公开对口支援都江堰灾后重建资金、新增机动车额度拍卖收入等资金筹集和使用情况,稳步推进预算信息公开进程,保障人民群众依法参加民主决策、民主监督,促进依法理财。

2009 年,上海财政运行不断规范,预算完成情况总体较好。但财政运行和预算执行中还存在一些亟待解决的问题:一是财政增收面对巨大压力。国际经济环境重大变化的不利影响、自身经济发展转型的严峻挑战,使上海市今后一段时期的财政收入增收形势不容乐观。二是支出管理仍需进一步科学化、规范化。较大的财政收支压力,对进一步调整和优化支出结构,改进和完善预算管理带来巨大的需求和动力,需要持续提高财政资金使用的规范性、安全性、有效性和透明度,努力缓解收支紧张的突出矛盾。三是基本公共服务均衡供给仍需不断加强。随着新的转移支付办法框架基本确立,上海市不同区域间基本公共服务的供给水平和均等化程度将得到有力推进,但具体操作办法仍需要在实践中不断跟踪改进,区域间基本公共财政保障的范围和标准需要尽力而为、量力而行,逐步加以完善。

(二)江苏财政

2009 年,江苏省财政部门坚决落实省委省政府的重大决策部署,深入贯彻落实科学发展观,积极创新财政体制机制,充分发挥财政职能作用,大力优化财政支出结构,突出支持加快转变经济发展方式,全力保障"三农"和以改善民生为重点的社会事业建设,财政改革与发展取得了新的进展。

1. 江苏地方财政一般预算收支执行情况

2009 年江苏预算执行总体情况是好的。全省一般预算收入3 228.78亿元,比上年增长 18.2%;一般预算支出3 955.54亿元,剔除成品油价格税费改革不可比支出因素,同比增长 18.1%;全省财政预计未完事项结转下年支出及年终结余资金 400 亿元。省级征收的一般预算收入 311.83 亿元,比上年增长 13.1%，为调整预算的 101.9%；省级一般预算支出1 187.03亿元，同比增长 21.5%，完成调整预算的 93.6%。省级一般预算收入加上中央税收返还及各项补助、下级上解收入、地方政府债券收入、上年结余结转及调入资金共计2 094.95亿元，减去本级一般预算支出、上解中央支出、税收返还及补助下级支出、转贷地方政府债券支出共计1 983.21亿元，预计未完事项结转下年支出 111.43 亿元，结余 0.31 亿元。

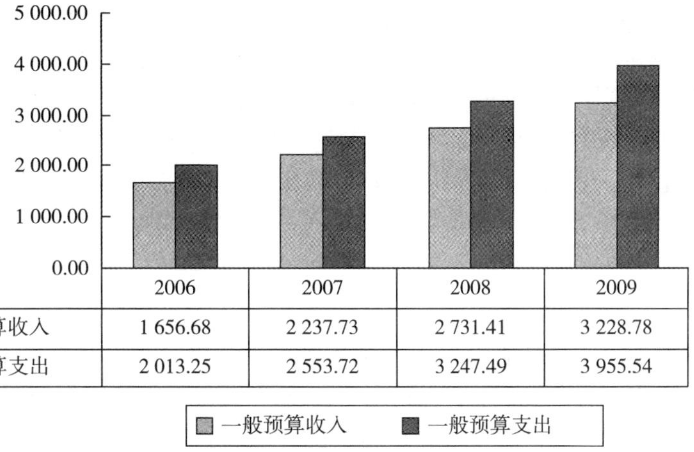

	2006	2007	2008	2009
一般预算收入	1 656.68	2 237.73	2 731.41	3 228.78
一般预算支出	2 013.25	2 553.72	3 247.49	3 955.54

图 3-6　江苏地方一般预算收支趋势图(单位:亿元)

2. 江苏财政预算执行与工作特点

(1)支持经济平稳较快发展

江苏省财政在省级 100 亿元支持扩大内需资金中，安排 10 亿元企业信贷担保资金，支持建立健全担保和再担保体系，解决中小企业融资担保难问题；建立小企业贷款风险补偿专项资金，每年安排 1 亿元，对于省内各银行业金融机构对小企业贷款年度新增部分，给予一定比例的风险补偿，引导银行业金融机构增加对小企业的信贷投放；设立省级现代服务业(金融业)发展专项引导资金，每年安排 1.2 亿元，鼓励和引导银行业金融机构加大对现代服务业领域的信贷支持力度；落实科技贷款和微小企业贷款风险补偿资金政策，鼓励银行业金融机构增加对高科技项目和微小企业的信贷投放；制定省级银行业贷款增量奖励政策，鼓励省内各银行业金融机构保持信贷总量适度增长。

(2)采取有效措施“扩大内需”

为支持苏北地区加快工业化进程，实现经济早日复苏，省财政在省级 100 亿元扩大内需资金中单独安排了“加快苏北地区开发建设”资金共计 10.93 亿元用于支持苏北地区开发建设。充分利用国外贷款支持扩内需保增长。自金融危机以来，江苏申请、批准列入规划或谈判成功的项目共计 9 个，计划利用国外贷款 4.74 亿美元；江苏省财政还积极组织申报江苏城市水环境项目，主要涉及镇江、泰州、金坛、东台市水环境项目以及连云港城区污水管网及固体废弃物处理场、技术支持等 6 个子项目的建设，计划利用世行贷款 1.76 亿美元，目前该项目已经上报国家发改委和财政部。这些项目的建成投产，对于当前保增长促发展，应对全球性金融危机，刺激江苏省经济复苏将起到积极的作用。

(3)积极支持新农村建设

大力支持农村小额贷款公司等各类新型农村金融组织发展。一是按小额贷款公司到位注册资本的 2% 给予一次性奖励；二是按小额贷款公司为农服务业务缴纳所得税地方留成部分和营业税的

50%比例给予奖励;三是按小额贷款公司年度涉农贷款新增额的2‰给予风险补偿;四是对按规定可以从事担保业务的小额贷款公司涉农担保月均余额的2%给予风险补偿;五是小额贷款公司发放农民创业贷款的,对其年度新增贷款按基准利率的50%给予奖励;六是小额贷款公司发放农民专业合作组织贷款的,按基准利率的50%给予奖励。

(4)稳步推进公共财政进程

2009年省财政年初预算安排社会保障资金101.35亿元,比2008年年初预算安排增加18.98亿元,增长23%。其中社会保障和就业资金50.72亿元,医疗卫生资金50.63亿元。支持稳定就业形势,切实帮助企业稳定就业岗位,及时扶持困难人员实现就业,完善返乡农民工和被征地农民就业政策。支持完善社会保障体系,加快推进养老保险省级统筹,探索建立农民工养老保险制度。启动大学生医疗保障工作,加大城乡医疗救助工作力度,进一步完善城乡最低生活保障制度。积极支持深化医药卫生体制改革,推进政府购买社区卫生服务工作。完善农村"五保"供养机制,落实优抚及残疾人保障政策。

(三)浙江财政

2009年是新世纪以来浙江省经济发展最为困难的一年。浙江省坚决执行中央和省应对金融危机的一系列政策措施,全面落实省十一届人大二次会议有关决议精神,积极做好保增长、抓转型、重民生、促稳定的各项工作,全省财政预算执行情况良好,财政改革与发展取得新进展。

1.浙江地方一般预算收入收支执行情况

2009年浙江省地方财政收入汇总预算为2 042.00亿元,执行数为2 142.37亿元,完成预算的104.9%,按可比口径计算增长7.2%。全省地方财政收入主要项目完成情况为:税收收入1 983.67亿元,完成预算的105.2%,增长10.7%;非税收入158.70亿元,完成预算的101.0%,增长12.3%。

2009年浙江省财政支出汇总预算为2 406.00亿元,执行数为2 653.76亿元,完成预算的110.3%,按可比口径计算增长6.8%。全省财政重点支出完成情况为:农林水事务236.73亿元,完成预算的126.7%,增长33.4%,增长较多,主要是政府收支分类科目口径调整因素,石油价格改革对渔业的补贴和农资综合直补由"采掘电力信息及粮油物资储备等事务"科目调整到"农林水事务"科目;教育519.99亿元,完成预算的108.9%,增长14.5%;科学技术101.31亿元,完成预算的110.7%,增长16.7%;文化体育与传媒64.14亿元,完成预算的95.4%,增长0.6%,主要是部分市县大型文体基础设施建设进度较慢;医疗卫生177.12亿元,完成预算的117.5%,增长24.0%;社会保障和就业153.03亿元,完成预算的103.0%,增长8.1%。

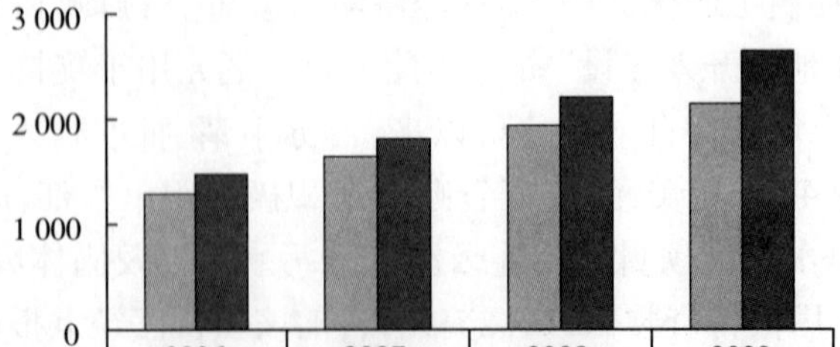

	2006	2007	2008	2009
一般预算收入	1 298.2	1 649.5	1 933.39	2 142.37
一般预算支出	1 471.86	1 806.79	2 208.58	2 653.76

■一般预算收入 ■一般预算支出

图3-7 浙江地方一般预算收支趋势图(单位:亿元)

2.浙江财政预算执行与工作特点

(1)加强增收节支,财政收支保持平衡。按照“法治、务实、有为”的原则,在落实各项财税政策的基础上,切实加强精细化管理,着力提高征管质量和效率,依法组织各项收入,科学把握好财税收支总“盘子”,重点优化税收收入结构和地方财政收入结构,确保财税收入平稳可持续增长,全省地方财政收入运行呈现“低开—企稳—回升”的态势。同时,认真贯彻落实中央和省有关增收节支、厉行节约各项规定,严格控制行政成本。加大财政支出结构调整力度,增强预算执行刚性,保障各项重点支出需要,确保财政收支平衡。

(2)发挥财税职能,助推经济保稳促调。一是帮扶企业应对危机。积极落实税收优惠政策,取消、降低有关涉企收费,减轻企业负担。制定小额贷款公司财税扶持政策,完善贷款风险补偿办法,加大风险补偿力度,缓解中小企业融资难题。加大财政资金扶持,重点支持中小企业公共技术服务平台和环境建设。二是推动“三大产业”优化升级。认真落实分类分档激励奖补机制,筹措支持服务业发展专项资金,调整资金支持重点,引导服务业加快发展;统筹落实税费、信贷、产业等政策,扶持企业分离发展服务业。整合工业类、科技类财政专项资金,设立总额为5亿元的工业转型升级专项资金,推进企业技术创新和技术改造;加大科技创新支持力度,省财政设立5亿元创业风险投资引导基金,支持处于初创期、成长期的科技型中小企业创业创新;支持推广应用新能源,加快推进循环经济发展和企业节能降耗工作。整合和落实省级财政资金,促进农业主导产业转型升级。

(3)坚持有保有压,民生支出重点保障。全省财政支出增量用于民生的比例达到72.8%。全省“三农”财政投入达到762亿元,增长21.7%,逐步建立健全财政支农资金稳定增长机制。支持实施积极的就业政策。重点做好农民工、高校毕业生、就业困难人员就业和稳定企业用工工作。继续深入实施残疾人共享小康工程,扶持全省残疾人就业创业。支持生态环境保护和“平安浙江”建设。省财政筹措安排生态环保专项资金41.09亿元。加大生态环保财力转移支付力度,提高森林生态效益补偿标准,改革完善省级以上自然保护区财政补助政策,探索开展省排污权有偿使用和交易试点。

(4)深化财税改革,创新财税运行机制。加大“收入一个笼子、预算一个盘子、支出一个口子”预算管理改革力度,构建预算编制、执行、监督的管理框架。深化部门预算改革,完善预算定额体系、预算支出标准和资产配置标准体系,进一步加强项目预算管理,对省级项目预算进行整合。完善省级国库集中支付改革,进一步规范预算单位资金支付;在全省11个设区市均已实施改革的基础上,稳步推进县级国库集中支付改革。扎实推进财税库银横向联网改革和公务卡制度改革,省级预算单位初步完成公务卡改革。进一步完善绩效评价制度,加大绩效评价宣传力度,组织落实部门单位绩效自评和重点项目评价工作,省级共对41个部门128个项目组织实施绩效自评,并对全省基层文化设施建设项目和乡村卫技人员素质提升工程等20个重点项目开展绩效评价。加快推进全省政府采购信息化建设,进一步拓展和发挥政府采购政策功能,加大对我省自主创新和节能环保产品的政府采购支持力度,不断扩大政府采购范围和规模,预计全年政府采购合同金额达到450亿元以上,资金节约率达到12%以上。

总之,2009年,浙江省财政运行不断规范,预算完成情况总体较好。但财政运行和预算执行中还存在一些亟待解决的问题:财政收支矛盾十分突出;防范和化解财政风险的任务艰巨;区域间基本公共服务的供给水平和均等化程度有待加强;财税管理的质量和财政资金使用的安全性、规范性和有效性有待进一步提高,等等。

(四)长三角财政展望

目前,长江三角洲一体化已经取得了不错的成绩,但是阻碍长三角经济一体化持续发展的行政壁垒设置、产业结构雷同、建设项目重复等深层次障碍至今仍然存在。同时,由于地方政府对税率没有决定权,但财政政策是地方政府能够用于调节地方经济的主要手段。所以在税政高度统一的情况下,地方政府不得不采取一系列隐性的政策竞争手段来保护本地利益,从而使长三角地区经济过度竞争,市场环境变得更具不确定性。追求财政收入最大化就要追求地方利润最大化,这形成阻碍长三角一体化发展的根本。

因此,实现长三角真正一体化必须打破地方财政的行政界限,只有实现财政制度创新,才能实现区域公共产品共享与均等化。可以仿效欧盟的做法,建立长三角区域共同财政预算。区域共同预算需要设置收入来源和共同支出目标。同时应明确区域共同财政支出仅限于区域经济一体化事权范围。对区域公共产品的财政资助上,按照混合公共产品的特点,主要由项目牵头方和主要受益方承担,并确定区域资助额的一个最高比率。同时,建议建立长三角地方政府横向财政转移支付机制,既能在一定程度上减轻对中央政府的压力,又能使长三角地区的转移支付与利益平衡之间形成明确的授受关系,缓解地区利益矛盾。财政转移支付目标应该主要用于加强人力资源建设和改善基础设施,以增强落后地方发展后劲。

六　长三角居民收入与消费

（一）长三角居民收入与消费基本情况

1. 长三角居民收入与消费整体情况

2009 年，长三角地区居民收入水平和消费水平稳步提高。长三角地区城镇居民可支配收入 2009 年为24 667元，比 2008 年增长了4 973.2元，城镇居民消费支出为16 609元，比上一年增加了1 097.8元。2009 年长三角地区农村居民人均纯收入为10 112元，比 2008 年增加了 778.7 元，农村居民生活消费支出为7 661元，比上年增加了 489.9 元。职工年平均工资 2009 年为38 711元，比上年增长了3 606元。

表 3－20　长三角居民收入与消费整体情况

单位：元

指标	2006	2007	2008	2009
城镇居民人均可支配收入	17 672.3	20 191.7	22 693.8	24 667
城镇居民生活消费支出	12 580.0	14 013.7	15 511.2	16 609
农村居民人均纯收入	7 453.7	8 349.3	9 333.3	10 112
农村居民生活消费支出	5 967.7	6 693.0	7 171.7	7 661
职工年平均工资	26 972.7	30 978.3	35 105.0	38 711

数据来源：《江苏统计年鉴》、《上海统计年鉴》、《浙江统计年鉴》（历年）。

2. 2006 年到 2009 年长三角收入与消费增长情况

表 3－21　长三角居民收入与消费增长情况

单位：%

收入与支出	2006	2007	2008	2009
城镇居民人均可支配收入	12.2	14.3	12.4	8.62
城镇居民生活消费支出	8.9	11.4	10.7	7.07
农村居民人均纯收入	10.3	12.0	11.8	8.34
农村居民生活消费支出	11.6	12.2	7.2	6.82
职工年平均工资	10.3	14.9	13.3	10.27

数据来源：《江苏统计年鉴》、《上海统计年鉴》、《浙江统计年鉴》（历年）。

2006 年到 2009 年，长三角地区居民收入增长速度有所放缓，城镇居民收入水平年均增长速度在 10% 左右，2007 年城镇居民人均可支配收入增加了 14.3%，但 2008 年回落到 12.4%，2009 年回落到 8.62%。农村居民纯收入的增长速度为 9.45%，2007 年农村居民纯收入增长 12%，2008 年下降了 0.2 个百分点，2009 年下降了 0.38 个百分点。

从消费方面看,城镇居民生活消费支出2006年比2005年增长了8.9个百分点,2008年上升了10.7个百分点,2009年只增加了7.07个百分点。农村居民消费2006年增长了11.6个百分点,2009年农村居民消费增长速度不高,只有6.82%。职工年平均工资水平在2009年有小幅度的下降,只增加了10.27个百分点。

(二)上海市

1. 上海市居民收入消费整体情况

据抽样调查,2009年上海城市居民家庭人均年可支配收入28 838元,比上年增长8.1%;农村居民家庭人均年可支配收入12 324元,增长8.2%。全年城市居民人均消费支出20 992元,比上年增长8.2%。其中,服务性消费支出6 656元,增长5.9%。农村居民人均生活消费支出9 804元,比上年增长7.6%。其中,服务性消费支出2 896元,下降3.5%。

抽样调查结果显示:至2009年末,上海市平均每百户城市居民家庭耐用消费品拥有量:家用轿车14辆,家用空调196台,移动电话223部,家用电脑123台。平均每百户农村居民家庭耐用消费品拥有量:彩电190台,洗衣机93台,热水淋浴器94台,移动电话174部,家用空调135台,家用电脑54台。

上海市全市居民储蓄存款余额14 357.65亿元,当年新增2 269.23亿元。其中,定期储蓄存款余额9 733.13亿元,新增1 158.43亿元;活期储蓄存款余额4 624.53亿元,新增1 110.81亿元。

表3-22　2006-2009年上海市居民收支情况

收入与支出	2006	2007	2008	2009
城镇居民人均可支配收入(元)	20 668	23 623	26 675	28 838
城镇居民生活消费支出(元)	14 762	17 235	19 398	20 992
农村居民人均纯收入(元)	9 213	10 222	11 385	12 324
农村居民生活消费支出(元)	8 006	8 845	9 115	9 804
职工年平均工资(元)	29 569	34 707	39 502	42 789
人均储蓄存款余额(元)	52 231	50 194	63 987	75 373

数据来源:《上海统计年鉴》(历年)。

表3-23　2006-2009年上海市居民收入增长情况

单位:%

收入与支出	2006	2007	2008	2009
城镇居民人均可支配收入	10.85	14.30	12.92	8.1
城镇居民生活消费支出	7.18	16.75	12.55	8.2
农村居民人均纯收入	10.44	10.95	11.38	8.2
农村居民生活消费支出	10.20	10.48	3.05	7.5
职工年平均工资	10.24	17.38	13.82	8.3
人均储蓄存款余额	10.15	-3.90	27.48	17.8

数据来源:《上海统计年鉴》(历年)。

（三）江苏省

1. 江苏省居民收入消费总体情况

城乡居民收入稳定提高。根据对城镇住户的抽样调查，全年城镇居民人均可支配收入达20 552元，比上年增长10.0%，考虑物价因素，实际增长10.5%；人均消费性支出13 153元，增长9.8%，其中食品支出占人均消费性支出的比重为36.3%。根据对农村住户的抽样调查，全年农村居民人均纯收入达8 004元，比上年增长8.8%，考虑物价因素，实际增长9.4%；人均生活消费支出5 804元，增长8.9%，其中食品支出占人均生活消费支出的比重为39.2%。

表3－24　2006－2009年江苏省居民收支情况

收入与支出	2006	2007	2008	2009
城镇居民人均可支配收入（元）	14 084	16 378	18 680	20 552
城镇居民生活消费支出（元）	9 629	10 715	11 978	13 153
农村居民人均纯收入（元）	5 813	6 561	7 357	8 004
农村居民生活消费支出（元）	4 135	4 792	5 328	5 804
职工年平均工资（元）	23 782	27 374	31 667	35 890

表3－25　2006－2009年江苏省居民收入和消费增长情况

单位：%

收入与支出	2006	2007	2008	2009
城镇居民人均可支配收入	14.33	16.29	14.05	10.02
城镇居民生活消费支出	11.68	11.28	11.78	9.81
农村居民人均纯收入	10.18	12.87	12.13	8.45
农村居民生活消费支出	15.92	15.89	11.19	8.93
职工年平均工资	13.48	15.10	15.68	13.34

数据来源：《江苏统计年鉴》（历年）。

2. 江苏省城乡居民消费价格变化

物价水平年内小幅上升。全年居民消费价格下降0.4%，降幅比上半年收窄1.3个百分点。食品价格上涨0.9%，其中猪肉下降19.4%、油脂下降24.3%、鲜蛋上涨0.6%、禽上涨1.3%、鲜菜上涨18.1%。原材料、燃料、动力购进价格下降8.1%，其中燃料动力类下降12.0%、黑色金属材料类下降11.3%、有色金属和电线类下降14.1%、化工原料类下降11.0%、建筑材料及非金属类下降0.6%。工业品出厂价格下降4.8%。农业生产资料价格下降2.4%。

表3－26　2009年江苏省居民消费价格比上年上涨情况

单位：%

指标	全省	城市	农村
居民消费价格	－0.4	－0.4	－0.5
食品	0.9	1.1	0.7

(续表)

指标	全省	城市	农村
#粮食	4.4	5.1	4.0
烟酒及用品	1.7	1.8	1.5
衣着	-1.0	0.1	-4.1
家庭设备用品及服务	1.3	1.9	-0.5
医疗保健及个人用品	0.7	0.6	0.9
交通和通信	-3.3	-3.7	-2.3
娱乐教育文化用品及服务	-0.1	-1.1	2.2
居住	-2.5	-2.2	-3.3

来源:《2009年江苏省国民经济和社会发展统计公报》。

3. 2009年江苏省居民收入特点

(1)各项收入全面增长

政策性措施保证工资性收入稳步增长。随着全省经济逐步企稳向好,一系列稳定和促进就业的政策措施出台,就业面逐步扩大。2009年全省城镇居民家庭就业人数占家庭人口数的比重为50.5%,比上年增加0.5个百分点。在单位薪资和奖金水平提高、国家有关全面提高义务阶段中小学教师津、补贴政策的推动下,居民工资性收入稳定增长。2009年城镇居民人均工资性收入13 481元,增加1 161元,增长9.4%。工资性收入仍是城镇居民家庭收入的主要来源,在总收入中所占比重59.9%,拉动总收入增长5.8个百分点。

保民生措施拉动转移性收入较快增长。2009年离退休金以及低保标准的提高,拉动了转移性收入的增加。城镇居民人均转移性收入6 493元,增加944元,增长17.0%,占家庭总收入的28.9%,对拉动可支配收入的增长起到了重要的推动作用。人均养老金或离退休金收入5 404元,同比增加820元,增长17.9%,与转移性收入增幅基本相同;人均社会救济收入31元,同比增长6.9%。

投资市场回暖推动财产性收入快速增长。2009年城镇居民人均财产性收入382元,增加75元,增长24.2%,增速高于可支配收入增幅;占家庭总收入的比重为1.7%,同比提高0.2个百分点。财产性收入增长迅速的主要因素是利息收入和出租房屋收入的增加。2009年城镇居民人均利息收入80元,增长91.9%;人均出租房屋收入175元,增长22.1%,两者占财产性收入的比重达66.8%,是财产性收入的主要组成部分。

金融危机促使经营性收入增速放缓。由于受到国际金融危机的影响,全省城镇居民经营性收入增速放缓。人均经营性收入2 140元,同比增加140元,增长7.0%,比上年下降24.3个百分点;占家庭总收入9.5%,同比下降0.4个百分点。

(2)各群体收入差距拉大

从不同群体看,高收入群体收入增幅高于全省平均水平,其余各群体均低于全省平均水平。2009年,按占总体20%(五等分)分组,较高收入组、高收入组家庭的收入增长相对较快,人均分别为23 594元、44 371元,同比增长9.7%、12.2%。而低收入组、较低收入组、中等收入组家庭的收入增长相对较慢,人均分别为7 632元、12 627元、17 331元,同比增长7.7%、9.1%、8.9%。高低收入组的收入差距由上年的5.6∶1扩大到5.8∶1。

(3)各地区收入水平全面提升,收入差距缩小

2009年全省各市城镇居民人均可支配收入(加权汇总)增幅均达两位数,连云港市最高,为

13.2%。苏南五市人均可支配收入均超过20 000元,苏州市最高,为27 188元。

从区域来看,苏北、苏中地区的增速高于苏南地区。苏北地区城镇居民人均可支配收入(加权汇总)14 101元,增长12.5%;苏中18 480元,增长11.5%;苏南24 995元,增长9.8%。三地区的人均可支配收入比由上年同期的1.82:1.32:1缩小为1.77:1.31:1。

4. 江苏省居民消费特点

(1)消费倾向逐渐上升

随着消费信心的提升,城镇居民消费趋向活跃,消费倾向呈逐季上升的态势。其中一季度消费倾向最低,为0.53,二季度上升到0.58,三季度为0.63,四季度最高,为0.64。居民消费心理逐步稳定,消费欲望以及即期消费逐步增强。

(2)交通和通讯支出增速迅速,汽车消费成热点

国家先后出台了《汽车产业调整和振兴规划》和《关于促进汽车消费的意见》,取消养路费和二级公路车辆通行费,这些政策措施极大地激发了城镇居民的购车热情。2009年,全省城镇人均购买家用汽车支出596元,增长96.8%。人均车辆用燃料支出增长11.4%,人均交通工具维修费支出增长12.2%。截至2009年年末,全省城镇居民每百户拥有汽车12辆,同比增长14.7%。居民的购车热情带动了交通类支出的快速增长。2009年,全省城镇居民人均交通和通讯消费支出为1 722元,增长26.8%,在调查的八大类支出中涨幅居第一位。占消费性支出的比重为13.1%,比上年同期提高1.8个百分点。其中人均交通类支出1 173元,增长37.3%,人均通信类支出549元,增长9.1%。

(3)楼市变热,居民购房支出翻一番

2009年房地产市场从一季度后开始回暖,至下半年快速升温,居民买卖房屋热潮出现。全年全省城镇居民人均购房支出1 695元,增长达103.8%;全年人均出售住房收入298元,增长71.5%。与居住类相关的支出也增长较大。人均提取住房公积金93元,增长172.3%;2009年人均住房装潢支出399元,增长18.9%;家具类消费121元,增长23.4%;居住服务费59元,增长18.9%。住房消费拉动居住类支出稳步增加,全年人均居住类支出1 149元,增长10.2%。

(4)家庭耐用消费品升级需求强劲,家电更新换代成热点

随着消费水平的提高和家庭用品更新换代的提速,居民家庭设备用品及服务支出较快增长。全省全年居民人均家庭设备用品及服务消费支出达923元,增长13.5%,占消费性支出的比重从上年同期的6.8%上升到2009年的7.0%。家庭拥有耐用消费品不断增加,人均支出437元,同比增长19.5%。家电下乡、以旧换新等相关政策的颁布,更极大地刺激了市民的购买欲望。家庭电器设备消费渐成热点。其中每百户彩色电视机拥有量同比增长2.4%,家用电脑增长11.1%,洗衣机购买量增长31.7%,空调器增长15.8%。

(5)教育消费结构变化,文化生活丰富多彩

中小学实行义务教育免学杂费和免教材费,国家是为了减轻居民家庭教育费用负担,但是居民家庭对教育的投入并没有减少。2009年全省人均义务教育学杂费在上年下降22.6%的基础上继续下降8.7%。而成人教育费、培训班等费用同比增长,人均成人教育费增长90.4%,人均参加培训的费用增长15.9%,各类托幼费、家教费、学校住宿费也有不同程度的增长。随着收入水平的提高,带薪休假制度的完善,居民假期增加,居民出游逐渐升温。2009年,城镇居民文化娱乐服务类人均支出607元,增长10.7%。参观游览和团体旅游人均消费82元、358元,分别同比增长13.5%、15.9%。全年全省城镇居民人均旅游花费总额449元,增幅达27.7%。

(6)恩格尔系数下降,膳食结构改善

2009年食品消费支出4 774元,增长5.0%,反映居民生活质量改善的指标恩格尔系数为36.3%,比上年下降1.6个百分点,下降较多。综合分析来看,在全年汽车消费、购房支出大幅增长,

消费偏好,饮食社会化服务普及,居民在外饮食增长15.2%,全年食品价格微涨(100.9%)的情况下,居民主要主副食品的消费量仍有不同程度的增加,食品消费支出仍能增长5%,居民饮食水平在提高。同时膳食结构逐步改善,全年人均蔬菜、干鲜瓜果、鱼虾等水产品支出增长较快,分别增长了11.3%、12.2%、7.2%,粮食、肉禽蛋类增长同比下降。

(7)健康意识逐步增强,健身热情持续高涨

随着生活条件的改善及对健康认识水平的提高,居民的保健和防病意识进一步增强,保健品消费趋势强劲,居民的健身热情持续高涨。人均滋补保健品支出161元,增长17.0%。人均健身活动支出17.5元,增长22.4%。

(8)衣着支出和奢侈品消费持续增长

生活水平的提高使人们越来越注重自己的仪容仪表,对高档服装和佩饰的追求使得居民家庭人均衣着支出和奢侈品支出稳步增长。2009年,城镇居民年人均衣着消费支出1 298元,同比增长11.2%,其中服装类消费增长11.0%;鞋类消费增长11.7%。2009年城镇居民人均金银珠宝首饰消费支出87元,比上年增长23.7%,化妆品支出增长8.0%。

(9)居住面积扩大,配套设置进一步完善

随着收入水平的提高和住房制度改革的深入,全省城镇居民的居住条件进一步改善,居住面积扩大,住房配套设施继续完善。2009年末城镇居民人均居住面积达到32.9平方米,增长1.4%。全省4.8%的城镇居民家庭住上了建筑面积在100平方米以上的家庭单栋高级住宅;每百户城镇居民中三居室和四居室家庭占到37.7%。另一方面,居民的配套设施进一步完善。城镇居民卫浴齐备户的比重达90.7%;有暖气、空调等取暖设备户的比重达84.6%;使用管道煤气、天然气和液化石油气的用户达96.7%。此外,到2009年末,全省每百户城镇居民家庭中除现住房外,还有20套其它住房,其中9套用于出租。

(10)网络消费渐成城镇居民消费新亮点

随着家用电脑的逐渐普及和互联网技术的飞速发展,居民网络知识日益更新,网上消费和服务以其便利、价廉的优势吸引着越来越多的消费者。调查数据表明,2009年全省城镇居民家庭每百户家用电脑拥有量已达75.7台,比上年增长11.1%,其中接入互联网的计算机达到58.8台,增长10.5%。全年人均上网费72元,增长32.5%。网上购物和享受各种服务也成为新的时尚,人均通过互联网购买商品或服务支出达14元,增长4.8%,网上交易正被越来越多的居民所接受。

(四)浙江省

1.浙江省居民收入消费总体情况

全省城镇居民人均可支配收入24 611元,农村居民人均纯收入10 007元,扣除价格因素,分别比上年实际增长9.7%和9.5%,城镇居民人均可支配收入连续9年、农村居民人均纯收入连续25年列全国各省区第一位。城镇居民收入基尼系数(衡量居民内部收入分配差距的指标)为0.293 5,农村居民收入基尼系数为0.363 4。城镇居民人均消费支出16 683元,比上年实际增长11.6%;农村居民人均生活消费支出7 375元,实际增长6.2%。城镇居民家庭恩格尔系数(居民家庭食品消费支出占生活消费总支出的比重)为33.6%,农村居民家庭恩格系数为37.4%,分别比上年下降2.8个和0.6个百分点。

表 3－27　2006－2009 年浙江省居民收支情况

收入与支出	2006	2007	2008	2009
城镇居民人均可支配收入(元)	18 265	20 574	22 727	24 611
城镇居民生活消费支出(元)	13 349	14 091	15 158	16 683
农村居民人均纯收入(元)	7 335	8 265	9 258	10 007
农村居民生活消费支出(元)	5 762	6 442	7 072	7 375
职工年平均工资(元)	27 567	30 854	34 146	37 480

数据来源:《浙江统计年鉴》(历年)。

表 3－28　2006－2009 年浙江省居民收入和消费增长情况

单位:%

收入与支出	2006	2007	2008	2009
城镇居民人均可支配收入	12.10	12.64	10.46	8.28
城镇居民生活消费支出	8.94	5.56	7.57	10.06
农村居民人均纯收入	10.14	12.68	12.01	8.09
农村居民生活消费支出	10.49	11.80	9.78	4.28
职工年平均工资	7.80	11.92	10.67	9.70

数据来源:《浙江统计年鉴》(历年)。

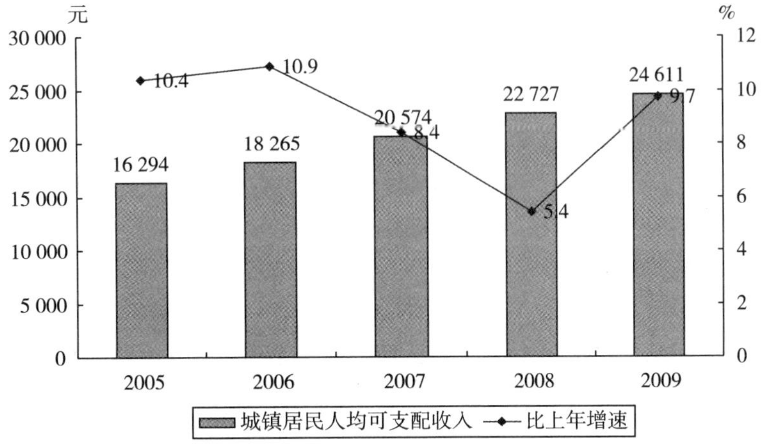

图 3－8　2005－2009 年浙江省城镇人均可支配收入及实际增长速度

城乡居民居住条件继续改善。城镇居民人均住房建筑面积 35.1 平方米,农村居民人均居住面积 59.3 平方米。城乡居民家庭主要耐用消费品拥有量继续增长。

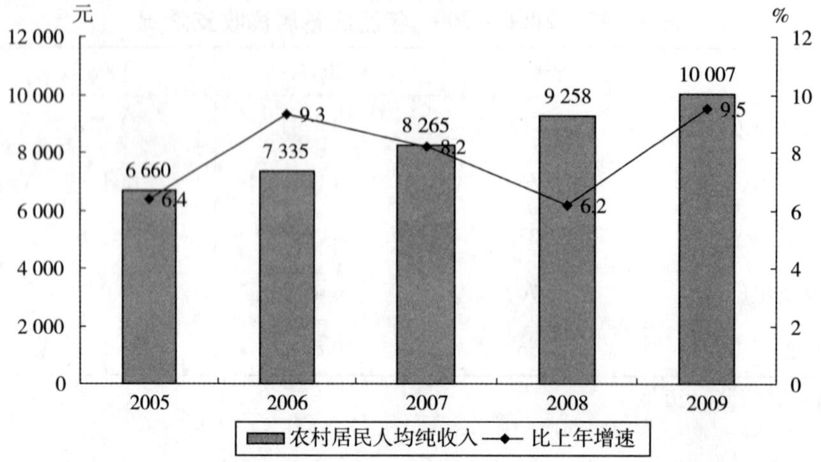

图3－9　2005－2009年浙江省农村人均纯收入及实际增长速度

表3－29　2009年浙江省城乡居民每百户主要耐用消费品拥有量

产品	单位	城镇居民	比上年增长(%)	农村居民	比上年增长(%)
洗衣机	台	92.91	1.8	65.64	4.9
电冰箱	台	99.23	1.4	85.34	6.4
空调器	台	180.05	5.5	69.62	13.6
摩托车	辆	25.63	－0.9	55.64	－2.2
家用汽车	辆	23.72	20.7	6.23	31.4
彩色电视机	台	181.63	3.1	157.02	4.9
固定电话	部	89.71	－0.4	89.94	－2.5
移动电话	部	191.57	1.4	176.64	10.6

2.浙江省居民消费品价格变化情况

全省居民消费价格比上年下降1.5%，其中居住类下降7.3%，食品类上涨0.7%；商品零售价格下降1.2%，农业生产资料价格下降4.1%，工业品出厂价格下降5.1%，原材料、燃料、动力购进价格下降7.4%，固定资产投资价格下降3.3%。

表3－30　2009年浙江省居民消费价格变动情况(上年＝100)

	全省	城市	农村
居民消费价格总指数	98.5	98.7	98.2
食品	100.7	102.1	99.5
#粮食	105.5	105.7	105.3
烟酒及用品	100.5	100.9	100.2
衣着	98.2	98.9	97.8
家庭设备用品及服务	99.8	100.6	99.2

（续表）

	全省	城市	农村
医疗保健及个人用品	102.4	101.7	103.0
交通和通信	96.0	95.8	96.3
娱乐教育文化用品及服务	98.4	98.0	98.7
居住	92.7	92.0	93.3

资料来源：《2009年浙江省国民经济和社会发展统计公报》。

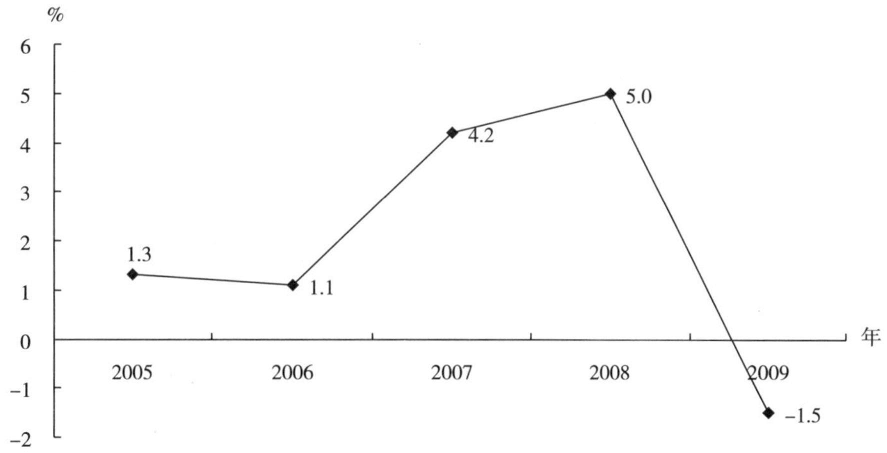

图3－10　2005－2009年浙江省居民消费价格涨跌幅度

（五）2009长三角居民收入与消费的特点

1.长三角16城市居民收入情况对比

2009年，长三角16城市居民人均可支配收入达24 068元，比上年增长8.9%。江浙沪三地城市居民人均可支配收入平均水平分别为22 582元、25 085元和28 838元，比上年分别增长9.7%、8.2%和8.1%。江苏8市可支配收入平均水平分别比上海、浙江七市平均水平低6 256元和2 503元。

表3－31　2009年长三角16城市居民人均可支配收入及增速

序号	城市	可支配收入（元）	增幅（%）	序号	城市	可支配收入（元）	增幅（%）
1	上海市	28 838	8.1	9	舟山市	24 082	8.2
2	宁波市	27 368	9.2	10	常州市	23 751	10.0
3	杭州市	26 864	11.5	11	湖州市	23 242	6.5
4	苏州市	26 320	10.3	12	嘉兴市	22 730	7.3
5	台州市	25 889	7.1	13	南通市	21 001	11.1
6	南京市	25 504	10.3	14	镇江市	20 949	10.0
7	绍兴市	25 418	8.1	15	扬州市	19 416	11.6
8	无锡市	24 576	7.2	16	泰州市	19 143	11.3

(1)工薪收入仍是主渠道。工薪收入作为居民收入主要来源,其占居民家庭总收入比重的多少,是形成居民收入差距的主要原因。资料显示,2009 年长三角 16 城市居民人均工薪收入16 362元,比上年增长 7.1%,在居民家庭总收入中所占比重达 61.8%。分地区看,上海工薪收入水平最高,人均达23 172元,比上年增长 6.3%,占家庭总收入的比重为 71.5%;江苏 8 市人均工薪收入15 040元,比上年增长 8.2%,占家庭总收入的比重为 60.7%;浙江 7 市人均工薪收入16 900元,比上年增长 6.1%,占家庭总收入的比重为 61.4%。

(2)经营净收入差异明显。2009 年,长三角 16 城市居民人均经营性净收入2 296元,占居民家庭总收入比重为 8.7%,比上年增长 7.7%。分地区看,浙江经营性净收入水平明显高于江苏、上海两地,人均达3 230元,分别比江苏、上海人均水平高出1 644元和1 795元,占家庭总收入的比重高达 11.7%,高出江苏、上海 5.3 个和 7.3 个百分点。

(3)财产性收入浙江领先。财产性收入由于投资渠道的多样性,收益的不稳定性及各城市经济建设发展重点的不均衡,地区间差距的形成不可避免。2009 年,长三角 16 城市居民人均财产性收入 908 元,比上年增长 22.4%,占居民家庭总收入比重为 3.4%。浙江 7 市人均财产性收入1 484元,比上年增长 20.2%,占家庭总收入 5.4%。其人均水平分别高出江苏、上海1 025元和1 010元。

(4)转移性收入江苏最高。养老金和离退休金、赡养和赠送等转移性收入,是居民家庭可支配收入的重要组成部分,在可支配收入中所占的比重仅次于工薪收入。2009 年,长三角 16 城市居民人均转移性收入6 898元,在居民家庭总收入中所占比重达 26.1%,比上年增长 15.9%。分地区看,江苏转移性收入水平最高,人均达7 711元,分别比上海、浙江人均水平高出 389 元和1 802元,在居民家庭总收入中所占比重达 31.1%。

2. 长三角 16 城市居民消费情况对比

据长三角地区交换资料显示,2009 年长三角 16 城市居民人均消费支出15 677元,比上年增长 8.4%,与收入呈现同步上升态势。

表 3-32　2009 年长三角 16 城市居民人均消费支出及增速

序号	城市	消费支出(元)	增幅(%)	序号	城市	消费支出(元)	增幅(%)
1	上海市	20 992	8.2	9	舟山市	15 236	6.6
2	杭州市	18 595	11.2	10	无锡市	14 963	10.3
3	宁波市	18 203	11.1	11	嘉兴市	14 691	1.3
4	台州市	17 477	11.2	12	湖州市	14 561	2.3
5	苏州市	16 402	8.0	13	南通市	13 103	12.8
6	南京市	16 339	8.0	14	镇江市	13 031	6.7
7	绍兴市	16 220	9.3	15	扬州市	12 888	11.5
8	常州市	15 961	6.6	16	泰州市	12 163	10.7

(1)消费水平差异明显。2009 年,上海市居民人均消费支出超过20 000元,达20 992元,居 16 城市之首;人均消费支出最低的泰州市,人均支出12 163元,地区之间消费差距显著。从江、浙、沪地区看,浙江 7 市居民平均消费支出达16 426元,比 16 城市平均消费支出高出 749 元;江苏 8 市居民平均消费支出为14 356元,低于 16 城市平均消费支出1 321元,比浙江 7 市平均水平低2 070元,比上海市低6 636元。从区域消费水平看,江苏 8 市消费差距略高于浙江 7 市。江苏消费水平最高的苏州市比

最低的泰州市高出4 239元,而浙江消费水平最高的杭州市仅比最低的湖州市高出4 034元。

(2)消费增速快慢不均。2009 年,长三角 16 城市居民人均消费支出增长速度呈现快慢不均的特点,增幅最高的是南通市,比上年增长 12.8%,而增幅最低的嘉兴市仅增长 1.3%。16 城市中,人均消费支出增幅达到两位数的城市有 7 个。从江、浙、沪地区看,江苏 8 市居民人均消费支出增幅最高,比上年增长 9.2%;而上海市居民人均消费支出比上年增长 8.2%,增幅高于浙江 7 市 0.4 个百分点。

(3)消费意愿有所下降。受国际金融危机和物价等整体经济环境氛围的影响,城市居民消费行为趋于谨慎。2009 年,长三角地区城市居民的人均消费支出比上年增长 8.4%,低于可支配收入增幅 0.5 个百分点,居民消费占可支配收入的比重为 65.1%,也较上年下降了 0.3 个百分点,比 2007 年、2006 年分别下降了 0.8 个和 3.4 个百分点,城市居民消费意愿呈逐年下降的趋势。在长三角 16 城市中,有 10 个城市居民消费意愿出现了不同程度的下降,其中降幅最大的嘉兴市下降了 3.8 百分点。

(4)恩格尔系数普遍下降。恩格尔系数,作为衡量居民生活质量的指标之一,已被人们熟知。抽样调查数据显示,近年来长三角地区城市居民恩格尔系数平均在 30% ~40%,以联合国粮农组织标准来衡量,已经处于富裕阶段。2009 年,长三角 16 城市居民家庭人均食品支出5 752元,比上年增长 4.7%,占消费支出比重(恩格尔系数)为 36.7%,比上年下降 1.3 个百分点。16 城市中,镇江市恩格尔系数最高,达 39.8%,比上年下降 0.5 个百分点;常州市最低,为 33.7%,比上年下降 0.1 个百分点。其余 14 城市中,除南京市上升了 0.1 个百分点外,均有不同程度的下降。

七　长三角基础设施建设

(一)长三角基础设施建设的基本情况

1. 2006 - 2009 年总体发展情况

加强长江三角洲重大基础设施建设,构建网络化、开放式的基础设施体系,是营造一体化发展的基础条件,这有利于增强区域整体吸引力,更好地吸引人才和资源;有利于优势互补,实现资源共享,提高投资的总体效率;有利于抓住世界制造业转移的机遇,促进长江三角洲地区成为世界制造业转移的承接基地,构筑现代工业走廊,提高核心竞争力和综合实力。随着各地区城市化进程的不断发展,长三角地区两省一市的基础设施建设取得了较快发展,城市道路建设和供电、供水、供气能力大幅度提高,服务水平不断上升,同时,长三角地区很多城市正在积极建设生态园林城市,城市生态基础设施建设也取得了快速发展,见表 3 - 33。

表 3 - 33　2006 - 2009 年长三角地区基础设施建设情况

指标	2006	2007	2008	2009
自来水供水量(亿吨)	105.96	102.15	95.35	106.26
液化石油气供气量(万吨)	255.85	244.40	235.44	234.39
年末实有道路面积(万平方米)	87 153.00	92 708.00	105 482.00	110 791.00
城市排水管道长度(公里)	59 862.00	64 234.00	74 271.00	82 311.00
公共车辆总数(辆)	56 459.00	59 530.00	50 709.00	66 593.00
园林绿地面积(公顷)	241 253.00	275 882.00	299 337.00	445 501.00

数据来源:上海、江苏、浙江 2007 - 2010 年统计年鉴。

2. 2004 - 2008 年长三角基础设施增长情况

近年来,长三角地区基础设施建设不断出现新发展(见表 3 - 34),2009 年,除了液化石油气供应量较 2008 年略有下降以外,其他公用事业建设不断完善,自来水供水量、排水管长度和道路面积等基础设施建设不断加强,相应的各项指标比上年均有较大提高,尤其是园林绿地面积呈现出快速增长的趋势,2009 年增长幅度达到了 48.83%。

表 3 - 34　2006 - 2009 年长三角地区基础设施建设情况

单位:%

指标	2006	2007	2008	2009
自来水供水量	12.9	-3.6	-6.7	11.44
液化石油气供气量	-2.5	-4.5	-3.7	-0.45
年末实有道路面积	4.3	6.4	13.8	5.03
城市排水管道长度	10.6	7.3	15.6	10.83

（续表）

指标	2006	2007	2008	2009
公共车辆总数	0.5	5.4	-14.8	31.32
园林绿地面积	-11.6	14.4	8.5	48.83

数据来源：上海、江苏、浙江2007－2010年统计年鉴。

（二）上海基础设施建设的主要进展

2009年，上海市基础设施建设的主要进展体现为枢纽型、功能性、网络化重大城市基础设施体系加快建设。从表3－35可见，全年完成城市基础设施建设投资2 113.45亿元，比上年增长21.9%，占全社会固定资产投资总额的比重为40.1%，比上年提高4.2个百分点。其中，交通运输邮电通信投资1 100.9亿元，市政建设投资623.21亿元，公用事业投资135.95亿元。一批世博配套路网项目和中心城路网改造工程年内相继完成。长江隧桥工程和新建路、人民路、西藏南路越江隧道、内环线浦东南段、机场高速公路、沪杭高速上海段改建等工程建成通车。全市高速公路网通车里程达到767.5公里。

表3－35　2009年上海城市基础设施建设投资与增长情况

指标	绝对值（亿元）	比上年增长（%）
城市基础设施建设投资	2 113.45	21.9
电力建设	253.39	95.6
交通运输	978.24	16.6
邮电通信	122.66	13.0
公用事业	135.95	20.5
市政建设	623.21	14.7

资料来源：2009年上海市国民经济和社会发展统计公报。

公用事业服务水平不断提升，见表3－36。全市自来水日供水能力达到1 096万立方米，比上年增长2.5%。全年全市用电量1 153.38亿千瓦小时，比上年增长1.3%。至年末，全市家庭人工煤气用户151.5万户；家庭液化气用户310.2万户；家庭天然气用户达到366.8万户。

表3－36　2009年上海公用事业发展与增长情况

指标	单位	绝对值	比上年增长（%）
自来水日供水能力	万立方米	1 096.00	2.5
自来水售水总量	亿立方米	24.06	-0.9
#生活用水	亿立方米	18.47	2.7
工业用水	亿立方米	5.59	-11.3
用电量	亿千瓦小时	1 153.38	1.3
#城市居民生活用电	亿千瓦小时	152.52	4.1

(续表)

指标	单位	绝对值	比上年增长(%)
煤气销售总量	亿立方米	14.20	19.7
液化气销售总量	万吨	40.10	-17.5
天然气销售总量	亿立方米	31.30	10.2

资料来源:2009年上海市国民经济和社会发展统计公报。

2009年,上海市城市生态环境明显改善。全年新建绿地1 096公顷。其中,公共绿地582公顷。至2009年末,城市绿化覆盖率达到38.1%,人均公共绿地面积达到12.8平方米。全年新建公益林560公顷,经济林530公顷。森林覆盖率达到11.6%。

(三)江苏省基础设施建设主要进展

2009年,江苏省继续加大交通基础设施建设投资,到2009年末,江苏省高速公路里程3 755公里。铁路营业里程1 642.1公里,铁路正线延展长度2 381.8公里。2009年,江苏重点项目推进力度加大。积极贯彻落实中央扩内需保增长的政策,着力扩大有效投入,京沪高速铁路江苏段、沪宁城际铁路、宁杭城际铁路、南京铁路枢纽、泰州大桥、连云港30万吨级航道和矿石码头、太仓港集装箱码头三期、通榆河北延、南水北调东线一期等一批重大基础设施项目进展顺利。年末发电装机容量达5 650.3万千瓦,新增208.4万千瓦。无锡海力士三期、昆山龙飞高世代线、南通熔盛海洋工程装备、淮安富士康三期等项目加快建设,南京扬巴二期扩建、常州新誉风电整机、镇江二重出海口基地、扬州特种钢管等项目顺利开工。

(四)浙江省基础设施建设主要进展

浙江省的基础设施建设中,交通基础设施建设仍然是主要内容之一。从2008年起,交通基础设施计划建设的有40个重大建设项目,包括嘉绍高速公路、沿海高速公路、钱塘江中上游航道开发等,其中高速公路项目24个,水运工程16个,40个项目中的25个项目还被列入浙江省"三个千亿"工程。

2009年,浙江继续推进现代交通三大建设。在大港口建设中,以梅山、金塘、衢山等港区为重点,加快构建以宁波——舟山港为龙头的沿海港口体系。以京杭运河、钱塘江中上游等干线航道为重点,加快构建内河航道体系。水路计划投资105亿元,全年建成万吨级以上泊位超过10个,建成陆岛码头项目10个,完成渡埠改造项目50个等。在大路网建设中,公路投资465亿元,建成舟山大陆连岛工程金塘大桥、西堠门大桥等6项工程共175公里;建成申嘉湖杭高速公路练杭段51公里。二是加快推进黄衢南高速公路衢黄段、宁波绕城高速公路东段等续建项目。三是开建东永高速公路、龙庆高速公路等7项工程;农村公路全年开工建设通村公路4 000公里,完成2 500公里,使等级公路通村率达到99%,路面硬化率达到98.1%。

2009年,浙江生态省建设取得明显成效。全年共完成绿化造林106.5千公顷,森林覆盖率为57.4%(按国家口径,不含灌木林)。全省已有43个市、县(市、区)获得国家级生态示范区的验收命名,累计创建国家级环境优美乡镇138个、省级生态乡镇648个。现有全国绿色学校49所,省级生态环境教育示范基地69个。全省建有省级以上自然保护区18个,其中国家级自然保护区9个。省级以上森林公园103个,其中国家级森林公园35个。

（五）长三角地区基础设施一体化建设的对策

1. 完善综合交通运输体系

铁路要以客运专线和城际轨道交通建设为重点，加快区域对外通道、区域内省际通道、城际快速通道以及跨长江通道、重要枢纽客运设施等建设，优化路网结构，提高路网质量。公路要以加强关键工程和断头路段建设为重点，加快国家高速公路网建设，加强区域对外通道、区域内省际通道、重要的城际快速通道、跨海湾和跨长江通道及重要疏港高速公路建设。抓紧编制实施沿海港口发展总体规划，加强港口群协调发展。提高长江"黄金水道"、京杭运河等高等级航道通航标准，完善集装箱运输系统、外贸大宗散货海进江中转运输系统、江海物资转运系统和客运系统。积极推进空域管理和使用方式改革，科学利用空域资源，加强航空枢纽与配套支线机场建设。

2. 构建区域能源安全体系

进一步优化能源结构，鼓励发展可再生能源和清洁能源。加快石油、天然气基础设施建设，共同推进石油和液化天然气码头建设，完善油气输送管道网络，加强油气战略储备，加快建设区域石油流通枢纽和交易中心，研究建立区域天然气交易中心。改善煤炭运输条件，研究规划建设大型储煤基地。优化电力基础设施建设与布局，重点在沿海、沿江地带布置电源点，加快西电东送、北电南送和皖电东送输变电线路等的规划和建设，建设过江电缆通道。加快核电的规划和建设，进一步做好江苏沿海等地区的风电项目规划建设。

3. 改善水利基础设施

按照水资源和水环境承载能力，统筹协调区域水利基础设施建设，构筑防洪减灾体系、水资源合理配置和高效利用体系、饮用水安全保障体系以及水生态环境保护体系。加快实施太湖流域第二轮治理、长江口综合整治、淮河治理和沿海防浪堤及防护林等重点工程建设，加强城市防洪排涝能力建设，继续实施病险水库除险加固，加强蓄滞洪区建设和管理，加强低洼易涝地区和山洪灾害易发区综合治理。加快水源工程等水资源调蓄和配置工程建设，继续加强重点地区、重点城市河湖治理和水生态修复工程建设。加快水文、水资源和水环境实时监控系统建设。加强水资源统一管理，完善流域综合管理体制。

八 长三角土地利用与开发

长江三角洲地区包括上海市、江苏省和浙江省,其总面积为210 740km^2,占国土面积的2.19%。其中陆地面积186 802.8平方公里、水面面积23 937.2平方公里。耕地总面积740.7万公顷,其中上海20.5万公顷、江苏472万公顷、浙江248.2万公顷。

表3-37 长三角地区土地资源情况

	长三角	上海	江苏	浙江
总面积(平方公里)	210 740.0	6 340.0	102 600.0	101 800.0
陆地面积(平方公里)	186 802.8	6 218.0	85 300.0	95 284.8
水面面积(平方公里)	23 937.2	122.0	17 300.0	6 515.2
耕地面积(万公顷)	740.7	20.5	472.0	248.2

长三角地区生态系统类型复杂,地表覆盖多样。主要土地利用类型共有6大类14小类,分别是耕地(包括水田和旱地)、林地(包括有林地、灌木林地、疏林地、其它林地)、草地(包括高覆盖度草地、中覆盖度草地和低覆盖度草地)、水域(包括河流、湖泊、水库、坑塘、海涂和滩地)、建设用地(包括城镇用地、农村居民点用地和公交建设用地)和未利用地(包括裸土地和裸岩石用地)等。

一、长三角土地资源现状

1.上海市

上海市共有土地总面积为6 340平方公里,按所有制类型划分为国有土地和集体土地。具体的用地类型有商业、工业、仓储、市政绿化、住宅、交通、特种用地、水域、农业、其他等十大类。在各类用地中,占地面积最大的是水域和农业用地,为4 628平方公里,占上海总面积的72%。除了这两类用地,占地面积最大的为住宅用地。

1)中央商务区

上海的中央商务区是指浦西的外滩与河南路、人民路、天潼路、长治路、公平路与复兴路之间和浦东的小陆家嘴地区,区域范围约为5平方公里。

2)中心商业区

中心商业区是指北抵天目路、老北站附近,西到乌鲁木齐路、万航渡路,南到复兴路、陆家浜路,东到浦东的陆家嘴地区,面积约30平方公里,是上海中心城区人口最密集的地区,也是商业、贸易、金融等第三产业十分繁荣的地区。

3)内环线以内三产为主的综合功能区

内环线以内三产为主的综合功能区,包括内环线以内、中心商业区以外的环形区域,面积约100平方公里。本环区是中心城区工业布局最集中的地区,据统计,有工业企业3 000多家,实现工业总产值和利润占中心城区总数的60%以上,工业用地占城市总用地的比例高达30%以上,是市区平均水平的1.7倍左右。工业布局类型,主要是相对集中的工业街坊和众多分散的工业点。

4)内环线以外、外环线以内,以二、三产业为主的综合功能区

包括浦东新区、闵行区的一部分和宝山区的大部分,面积约为620平方公里。主要分布有城市

边缘的9个工业区、若干大型住宅区及各类批发市场、储运中心等。

5)外环线以外,以一、二产业为主的综合功能区

在本圈层内,除金山、宝山、安亭几个大工业基地外,在地域上,主要包括“改县建区”前的郊区县及嘉定大部分。

2. 江苏省

江苏省农用地面积为10 073.4万亩,建设用地面积为2 901.2万亩,未利用地面积为3 036.6万亩,合计16 011.2万亩。其中耕地7 1 456 892.9亩,园地4 743 063.1亩,林地4 848 550.8亩,牧草地16 057.7亩,其他农用地19 669 867.2亩,居民点及独立工矿用地24 156 410.4亩,交通运输用地1 960 411.2亩,水利设施用地2 895 419.7亩。全省耕地占土地总面积的44.63%,居民地及工矿用地占总面积的14.81%。

表3－38　江苏省土地利用现状面积

单位:亩

一级地类	面积	比重	二级地类	面积	比重
合计	160 112 515.1	100.00%		160 112 515.1	100.00%
农用地	100 734 431.7	62.91%	耕地	71 456 892.9	44.63%
			园地	4 743 063.1	2.96%
			林地	4 848 550.8	3.03%
			牧草地	16 057.7	0.01%
			其他农用地	19 669 867.2	12.29%
建设用地	29 012 241.3	18.12%	居民点及独立工矿用地	24 156 410.4	15.09%
			交通运输用地	1 960 411.2	1.22%
			水利设施用地	2 895 419.7	1.81%
未利用地	30 365 842.1	18.97%	未利用土地	2 760 372.8	1.72%
			其他土地	27 605 469.3	17.24%

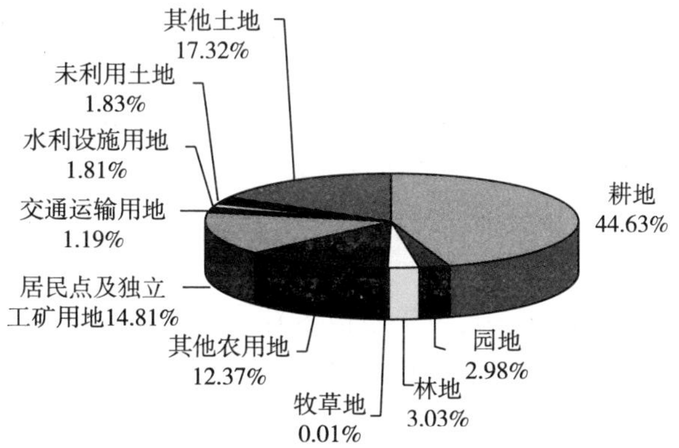

图3－11　江苏省土地利用现状

3. 浙江省

浙江省各类土地总面积15 809. 6万亩,其中农用地13 007. 3万亩,占 82. 3%;建设用地1 573. 9万亩,占 9. 9%;未利用地1 228. 4万亩,占 7. 8%。

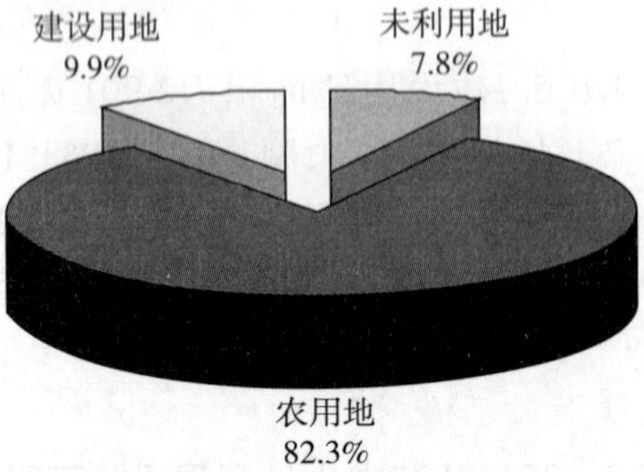

图 3-12　浙江省土地利用现状

农用地面积中,耕地2 881. 3万亩,占全省农用地面积的 22. 2%,另有可调整土地 243. 9 万亩,耕地和可调整土地合计为3 125. 2万亩,继续保持耕地总量的动态平衡;园地 992. 2 万亩,占 7. 6%;林地8 443. 2万亩,占 64. 9%;牧草地 0. 7 万亩;其他农用地面积为 689. 9 万亩,占 5. 3%。

建设用地面积中,居民点及独立工矿用地1 225. 6万亩,占全省建设用地面积的 77. 9%;交通运输用地面积为 141. 8 万亩,占 9. 0%;水利设施用地 206. 5 万亩,占 13. 1%。

未利用地面积中,未利用土地 410. 0 万亩,占全省未利用地面积的 33. 4%;其他土地 818. 4 万亩,占 66. 6%。

二、长三角土地利用与开发情况

1. 土地利用与开发工作顺利推进

上海市严格按照"四个中心"建设和"四个率先"的总体要求,积极推进土地资源利用与开发工作,为经济社会提供强劲支撑。2009 年度上海市新增建设用地计划5 000公顷,其中农用地转用计划4 400公顷(耕地3 550公顷)。市预留新增建设用地计划2 400公顷,其中农用地转用计划2 000公顷(耕地计划1 600公顷),未利用土地 400 公顷。下达区县新增建设用地计划2 600公顷,其中农用地转用计划2 400公顷(耕地计划1 950公顷),未利用土地 200 公顷。土地整理复垦开发补充耕地计划4 250公顷。加快推进基本农田(耕地)保护区内的农田综合整治、农村零星建设用地整理复垦,实现土地开发整理补充耕地1 160公顷;滩涂圈围形成补充耕地计划3 090公顷。

江苏省以科学发展观为指导,认真落实节约优先方针,坚持"守土有责、护土有方、动土有据、用土有益"的工作准则,深化改革,优化服务,集聚资源,扩大内需,规范管理,依法行政,实现国土资源可持续利用。2009 年新增建设用地总量 24. 9 万亩,其中新增建设占用农用地 18. 3 万亩,新增建设占用耕地 15 万亩。新增建设占用耕地中,省级及以下独立选址重点项目建设占用耕地 4. 77 万亩。整理复垦开发补充耕地 24. 3 万亩,其中土地整理复垦补充耕地 11. 055 万亩,土地开发补充耕地计划 13. 245 万亩。

2009 年,浙江按照"保增长、抓转型、重民生、促稳定"的工作主线,全面落实"保护保障、节约集约、维权维稳、依法依规、有责有方"的基本要求,积极主动服务大局,保障经济平稳较快发展。2009 年新增耕地 23. 96 万亩,完成年度目标任务的 120%,全省连续 14 年实现耕地占补平衡。

2. 土地利用与开发主要经验和举措

为推动国土资源利用与开发工作，2009年江浙沪三地不断进行新的尝试和配套政策，归纳为以下几点：

1）保障重点项目用地

上海市从严从紧利用好土地计划指标，按照“有保有压”的原则，积极参与宏观调控，严格控制各类建设用地的规模、结构、布局和时序，体现“控增逼存”。新增建设用地指标的75%用于确保市级以上工业园区、六大产业基地等重点区域以及重点投资领域和市重大项目。

江苏省认真履行保护保障的职责，全面落实国家和省出台的各项政策措施，保增长、调结构、促节约，优化服务，提高效能，规范管理，健康有序。保障重点项目。积极向国家争取更多的新增建设用地计划。计划指标保重点，一般项目靠挖潜。实行差别化管理，将用地计划直接分解到县（市）。完善用地计划“点供”政策，加大省级调控力度。

浙江省提高计划编制管理的科学性，实行年度土地利用计划预安排，突出节约集约用地绩效的计划分配权重，保障扩内需重点项目和民生项目的用地需求，“百万”造地保障工程顺利推进，保障了重大项目依法及时开工建设。实行耕地数量质量双重管理，全面完成3个国家级和8个省级基本农田保护示范区建设。

2）改善行政服务水平

上海市结合实际，分阶段建立并严格实施工业、基础设施、社会事业等各类项目用地的定额标准。从工业项目入手，逐步实现由按需供地向按标准供地转变，将用地定额标准扩大到基础设施项目和社会事业项目，严格按照标准进行项目用地审批。在全面推行六类经营性用地实施招标拍卖挂牌出让的基础上，积极稳妥推进工业用地的招拍挂出让。有效发挥市场对资源的配置作用，完善土地资源集约利用的市场机制。贯彻保护公共空间、农业用地、自然景观的用地理念，制定城镇建设集约用地的导向性政策。城镇建设引入“理性增长”理念，城市建设相对集中，适当增加居住点的居住密度，提供共享的社会公共服务设施。加强建设项目的用地预审和批后管理，根据项目优劣、轻重缓急、规划布局、产业导向和“三个集中”原则，以及各类建设用地规模指标体系的规定，建立和完善土地资源利用的综合评价体系及操作机制。从行政推动层面，制定整套推进土地资源利用的产业政策、价格政策、财税政策和投资政策等，明确推进目标、推进重点和保障措施，落实政府、企业、社会团体和市民的各自责任。建立由相关部门参加的联席会议制度，负责专项规划的实施和跨部门的协调推进，对有关体制、机制、政策和技术标准等方面进行充分衔接。

江苏省着力提升全系统依法行政的水平。启动《江苏省征地补偿和被征地农民基本生活保障条例》立法调研，修订《江苏省国有土地储备办法》。建立健全政务公开责任制，完善政府信息主动公开发布机制和依申请公开制度。全力配合做好全省土地出让金和土地开发整理资金专项审计，依法规范财务收支管理。保质保量地完成规划修编和二次调查。完成《江苏省土地利用总体规划（2006—2020年）（大纲）》和《江苏省矿产资源规划（2008—2020年）》报批工作。加快市县级土地、矿产规划的修编、审查及报批工作。按时完成第二次全国土地调查任务。三是推进国土资源信息化建设。落实江苏省“金土工程”一期建设的各项任务，加快“数字城市”建设步伐。继续开展门户网站测评。对于民生工程、基础设施、公益事业、生态环境项目，实行建设用地审批“绿色通道”，予以超前、高效、全程服务。加快用地预审，扩大先行用地范围。严把质量关口。认真执行国家产业政策和供地政策，把好土地供应闸门，防止低水平重复建设项目。

浙江省加强土地利用总体规划的统筹和管控。加快推进新一轮土地利用总体规划修编工作，加强对各类新增建设用地项目的统筹安排和总体布局。完成省级土地利用总体规划上报工作。11个市级土地利用总体规划完成编制报批工作，同时积极推进县、乡级土地利用总体规划编制，试点县、乡争取提前完成土地利用总体规划编制任务。积极推进土地利用总体规划修改试点工作。按照国土资源部的批复精神,遵循规划修改试点原则,把握纳入试点范围的项目,确保涉及基本农田调整的5 000公顷额度用于“急、重、难”项目。

完善土地利用计划管理。切实加强土地利用计划管理,统筹耕地保护和建设用地,合理安排各类建设用地,积极为经济社会全面协调可持续发展提供要素保障。严格控制新增建设用地总量,积极推进城乡增减挂钩试点工作,建设用地复垦等指标要纳入年度新增建设用地计划进行管理。强化建设项目用地预审,促进经济结构优化和增长质量提高,实现保障发展和保护耕地“双赢”。完善加强计划动态管理,加强对新增建设用地指标分解安排的监督、指导和调控,合理把握新增建设用地审批节奏,有序推进新增建设用地计划执行。

全面提高审批服务质量和效率,开辟重大项目报批“绿色通道”,开展上门服务和全程跟踪服务。稳妥做好行政复议、诉讼及争议调处工作,维护群众合法权益。审批制度改革取得突破。省、市、县三级分级审查负责制度更加完善。供地审批权限下放给市、县人民政府。由市、县登记发证的新设置采矿权,审批权由省厅下放到市。简化审批报件,单独选址建设项目用地和城市分批次建设用地报批材料分别减少78%和10%。

3)深化土地制度改革

上海市开展动态监控,形成土地集约利用绩效评估的标准和机制。开展建设项目用地定额标准和核定办法研究。按照“批项目、核土地”要求,完善各类建设项目用地定额标准体系,研究制定有关核定、评价及操作办法,建立用地规模核定制度。加强建设项目用地的批后管理和后评估。建立项目用地供应评估机制,加强对土地利用总体规划和计划实施情况的动态评价研究,跟踪掌握已批建设项目用地的供地、投资、开工、竣工、开发强度、产出效率等方面情况,作为评估考核的基础依据。

建立地价与土地利用集约程度挂钩的调节机制。完善土地市场运行的基本制度、组织架构和运行模式,推进全市统一、透明、规范的土地有形市场建设。按照国家要求和本市经济社会发展的实际情况,加快研究更新本市基准地价。在不低于全市各类土地基准地价的前提下,对土地利用低效的适当提高供地价格,对土地利用效率高的适当给予优惠。

建立土地供应与土地集约利用考核结合的评估机制。根据区域不同情况,制定相应的考核标准,并提出逐年提高土地集约利用水平的具体目标和要求,将土地供应与节约集约用地情况挂钩,特别是将增量用地计划指标和存量土地消化利用情况挂钩,建立长效的评估激励机制。对土地集约利用度较高的地区,倾斜安排下一年度土地利用计划,优先办理农用地转用、土地征用审批手续。

江苏省积极稳妥实施“万顷良田建设工程”试点。坚持试点工作“局部试验、封闭运行、结果可控”的指导方针;支持地方积极探索农民土地承包经营权置换城镇社会保障和宅基地使用权置换城镇住房保障的“双置换”改革;将组织实施试点工程,与城乡建设用地增减挂钩、与土地开发整理、与基本农田保护示范区建设有机结合;坚持耕地面积不减少、建设用地不增加、农民利益不受损、国土规章不违背。结合新一轮规划修编工作,将“万顷良田建设工程”纳入土地利用总体规划中统筹安排和布局。严格试点程序和标准,在地方人民政府申报的前提下,严格方案审查论证。规范有序地推进城乡建设用地增减挂钩。继续完善增减挂钩模式,在妥善落实补偿安置的前提下,全面实行试点项目“先垦后用”。继续深化农村土地使用制度改革。推行征地、补偿、基本保障“三同步”,实现应保尽保。推动集体建设用地使用权管理办法出台,加快农村土地确权登记发证进度,构建城乡统一土地市场。

浙江省落实深化土地、矿产资源使用制度改革,继续深化工业用地招拍挂制度,充分发挥市场配置资源的基础性工作。加大基础设施建设用地有偿使用制度改革,严格控制划拨土地范围。进一步规范推进矿业权有偿使用制度改革。积极构建保障和促进国土资源科学发展新机制。着力在参与宏观调节、节约集约、市场配置与行政法律手段相结合的资源调节、共同责任和统筹配置城乡土地资源五个机制建设中取得突破和进展。

4)集约土地利用

上海市积极完善土地储备库蓄水池的调控作用,强化土地储备中心功能,统一收购、储备、开发和供地,充分发挥土地总阀门的调控功能。支持中低价普通商品房和配套商品房建设。限制高地耗、高能耗、低产出的用地供应。严格按照《限制用地项目目录》和《禁止用地项目目录》的要求,继续停止别墅类房地产开发项目土地供应,严格限制低密度、大套型住宅项目土地供应。

江苏省落实最严格的耕地保护制度。强化各级政府耕地保护责任,会同有关部门开展市级政府耕地保护责任目标履行情况的考核。加快推进基本农田示范区建设,2009 年完成整理基本农田 10 万亩,投入资金 1 亿元;实施一批开发整理重大工程,严格项目库验收标准,落实"先补后占",2009 年实现新增耕地面积 17 万亩,确保全省耕地占补平衡。实行最严格的节约用地制度。修订《江苏省建设用地指标体系》,做好开发区升级扩区审核,开展开发区和区域土地集约利用考核评价。全面推行"净地"出让,强化土地市场动态分析制度,完善土地收储机制。健全国土资源执法监察长效机制。认真做好新形势下的卫片执法检查工作,加大对中央和省新增投资项目的执法监察力度,主动防范违法用地的发生。深入开展以地方政府为主体的"土地执法模范县"创建活动,出台土地违法违规问责办法。切实做好国土资源信访工作。

浙江省落实最严格的耕地保护制度,坚守 18 亿亩耕地红线。实行最严格的节约用地制度,从严控制城乡建设用地总规模。做好农村土地的确权登记颁证工作,全面建设与农村改革发展相适应的土地产权制度。推进征地制度改革,维护农民土地财产权益。逐步建立城乡统一的建设用地市场,促进建立城乡经济社会一体化新格局。

着力落实耕地保护责任目标,探索建立基本农田保护补偿制度。率先在基本农田保护示范区、示范乡镇建设中,结合基本农田保护责任落村到户工作,充分调动村和农民通过土地耕作提升地力保护基本农田的积极性和主动性。逐步探索建立基本农田保护补偿制度,出台基本农田保护补偿办法。严格落实各级政府行政首长耕地保护责任,坚守耕地红线。完善耕地占补管理机制。继续严格实行垦造耕地市级验收制、报国务院重点项目补充耕地省级确认制。加强"边补边占"垦造耕地项目监管,层层把好耕地补充质量关。

不断完善耕地补充储备库和耕地占补管理信息系统建设,切实落实耕地先补后占。全面实行土地整理复垦开发项目报部备案制度。积极推行新增耕地质量等级验收制度,夯实补充耕地数量质量等级折算基础工作。继续推进建设占用耕地耕作层剥离和再利用工作,推进废弃矿山覆土复垦工作,努力提高复垦新增耕地质量。加大土地开发整理复垦项目后期管护力度,防止新增耕地抛荒浪费。

继续推进"365"节约集约用地行动计划。落实"365"行动计划的各项目标任务,重点做好六大节地工程和十大示范工程。严格执行供地政策,严格依据规定合理确定建设项目供地数量,引导和促进建设项目用地的集约高效利用。完善区域集约利用评价考核工作。全面实施开发区(园区)土地集约利用评价工作。

积极推进存量挖潜工作。建立闲置土地处置长效机制。建立健全全省统一的闲置土地登记备案制度和定期公告制度,不断强化建设项目用地开发利用情况巡查工作,有效建立健全闲置土地的预防体系。继续加大转而未供土地的消化利用,加快建设用地供地速度。将盘活存量建设用地与消化农用地转而未供土地年度任务指标落实到各地,并加强督促指导。全省建设用地供应与开发利用监管核查制度进一步强化,2009 年,全年盘活存量建设用地 5.18 万亩,消化转而未供土地 11.64 万亩。

九　长三角海洋经济

地球上海洋面积占71%,陆地面积占29%。由于过去人类对海洋资源的认识有限,世界经济的主体是陆地经济。随着人类自身的扩张和工业化规模的扩大,现在已面临陆地资源枯竭、生态环境恶化的严重威胁。人类生存资源的供给正趋向海洋,海洋经济成为世界经济主体是一个必然的选择。从当代科学发展观来看,地球上绝大部分资源蕴藏在海洋,海洋经济是最具开发潜力的经济。

海洋产业已经成为世界经济新的增长点。如今世界海洋经济形成了4大支柱产业,海洋石油和天然气业、滨海旅游业、海洋渔业、海洋交通业。2006年世界主要海洋产业总产值约为1.6万亿美元,约占世界经济总产值的4%。目前世界海洋经济发展由直接开发海洋资源的产业阶段跨入了以高新技术为支撑的、海陆一体化的,以经济发展、社会进步和生态环境不断改善为基本内容的系统整体协调发展阶段。

一、长三角海洋经济的发展情况

据国家海洋局初步核算,2009年全国海洋生产总值31 964亿元,比2008年增长8.6%,略低于同期国民经济增长速度。海洋生产总值占国内生产总值的9.53%,占沿海地区生产总值的15.5%。其中,海洋产业增加值18 742亿元,海洋相关产业增加值13 222亿元。海洋第一产业增加值1 879亿元,海洋第二产业增加值15 062亿元,海洋第三产业增加值15 023亿元。海洋经济三次产业结构5.9:47.1:47.0。2009年全国涉海就业人员3 270万人,其中新增就业52万人。

2009年,长江三角洲经济区海洋生产总值9 466亿元,占全国海洋生产总值的比重为29.6%,比上年减少2.6个百分点。位居前列的主要海洋产业为滨海旅游业、海洋交通运输业、海洋船舶工业和海洋渔业。

表3-39　我国2005-2009年主要海洋产业发展情况(单位:亿元)

产业/时间	2005	2006	2007	2008	2009
海洋生物医药业	17	26	40	58	59
海洋交通运输业	1 145	1 060	3 414	3 858	3 748
滨海旅游业	2 031	2 400	3 242	3 438	3 725
海洋船舶工业	176	252	448	762	828
海洋盐业	52	44	50	59	55
海洋油气业	467	683	769	874	748
海洋化工业	79	140	209	542	611
海洋工程建筑业	103	135	342	411	658
海洋渔业	2 011	1 902	1 904	2 216	2 509
海洋矿业	8	8	5	9	21

表 3－40　2009 年全国区域海洋经济发展情况一览表

地区	海洋生产总值（亿元）	占全国海洋生产总值的比重（%）	位居前列的主要海洋产业
长江三角洲经济区	9 466	29.6	滨海旅游业、海洋交通运输业、海洋船舶工业和海洋渔业
环渤海经济区	12 015	37.6	海洋交通运输业、海洋渔业和滨海旅游业
珠江三角洲经济区	6 614	20.7	滨海旅游业、海洋交通运输业、海洋化工业、海洋油气业和海洋渔业

表 3－41　2009 年长三角海洋经济发展情况一览表

省份	海域面积（万平方公里）	大陆海岸线和海岛岸线（公里）	海岛（个）	滩涂面积（万亩）	海洋生产总值（亿元）
上海	0.80	763	16	126	4 300.0
江苏	3.75	954	16	1 034	2 526.9
浙江	26.00	6 500	3 061	400	2 809.0

（一）上海海洋经济的发展情况

上海位于中国东海之滨，全市海域面积约9 000平方公里，江海岸线总长 788 公里，0 米线以上岛屿、沙洲 24 个。近年来，上海海洋经济持续快速发展，2009 年全市海洋生产总值约4 300亿元，占全市生产总值的 28.9%。目前，围绕上海国际航运中心的建设，初步形成了以洋山深水港为核心，临港新城和崇明三岛为依托，江、浙沿江沿海地区为两翼的长三角滨江临海产业带。据国家海洋局统计，上海市滨海旅游业增加值占全国滨海旅游业增加值比重 24.0%，位居全国第一。

据统计，海洋交通运输、滨海旅游、海洋船舶工业等上海海洋支柱产业继续保持全国领先水平，海洋现代服务业和海洋高科技产业发展迅速。上海海洋资源得到了有效有序的开发利用，初步形成规划引导、政府调控、市场配置、集约利用的海洋资源开发利用管理体系。上海海洋环境质量总体状况得到改善，陆源污染控制、生态环境修复等领域取得明显成效。海洋船舶及工程制造技术、海洋生物医药以及深海探测等方面取得了重要突破，海洋综合管理水平明显提高。

（二）江苏海洋经济的发展情况

江苏是我国海洋大省之一，拥有海岸线 954 公里，管辖海域面积约 3.75 万平方公里。海洋资源丰富，海岸类型多样，海洋资源综合指数位居全国第四，是全国海洋资源富集区域之一。江苏沿海一个很大特色是淤涨型滩涂，面积达到1 031万亩，占全国滩涂面积的四分之一。

近几年来，江苏省委、省政府审时度势，顺势而为，高度重视海洋经济发展，先后启动实施了“海上苏东”和“沿海产业带”建设，把沿海开发列为全省沿江、沿沪宁线、沿东陇海线“四沿”发展战略，加大投入、全面扶持、强力推进。长期制约江苏沿海经济发展的基础设施问题得到了根本改观。随着苏通大桥的建成通车，沿海大通道全线贯通，高速公路通车里程超过 800 公里。连云港港、南通港已成为全国重要港口。新长铁路、宁启铁路开通运营，填补了江苏沿海中南部没有铁路的空白。南通、盐城、连云港沿海三市都有机场，初具规模。电力、通信、水利等配套条件迅速提升。海洋产业蓬勃兴起，初步形成了 4 大基地，即港口基地、新能源基地、造船基地、现代农业基地。2009 年全省海洋经济生产总值2 526.9亿元，比 08 年增长 19.5%，占全省 GDP 比重提高到 7.4%。

(三)浙江海洋经济的发展情况

浙江省海洋资源十分丰富,拥有海域面积约26万平方公里,相当于陆域面积的2.56倍;大陆海岸线和海岛岸线长达6 500公里,占全国海岸线总长的20.3%;大于500平方米的海岛有3 061个,占全国岛屿总数的40%;港口、渔业、旅游、油气、滩涂五大主要资源得天独厚,组合优势显著,为加快海洋经济发展提供了优越的区位条件、丰富的资源保障和良好的产业基础。据国家海洋局统计,浙江省海洋生物医药业增加值占全国海洋生物医药业增加值比重37.3%,位居全国第一。

自2003年浙江第三次海洋经济工作会议提出“海洋经济强省”建设目标以来,海洋经济发展取得明显成效,目前浙江海洋经济已居全国前列。2009年,浙江海洋经济总值为2 809亿元,占GDP比重超过12.5%,预计到2015年,浙江海洋经济生产总值有望突破6 000亿元,占全省GDP比重超过15%,占全国海洋经济比重超过10%。根据规划,浙江省将逐渐成长为我国重要的国际枢纽港、具有较强国际竞争力的新型临港产业基地、世界级城市群新型城市化先行区、海洋综合开发体制改革试验区、全国清洁能源和海洋生态文明示范区。

二、长三角海洋经济的发展的机遇和挑战

影响长三角海洋经济发展的主要因素:第一,缺乏全局性的宏观调控和统筹协调。区域间海洋产业同构、临港产业布局类似。沿海各地除海洋渔业、滨海旅游业和海洋交通运输业等海洋支柱产业外,造船、钢铁、原材料加工、重化工、电力工业等其他产业雷同。第二,近岸海域资源环境压力巨大。目前绝大部分的海洋产业活动和开发利用活动发生在近岸海域,经济社会发展与资源环境承载力矛盾突出。第三,海洋科技创新能力不强,缺乏核心竞争力。一是涉海企业自主研发能力较弱,产品竞争力不强;二是主要海洋产业多以资源开发型和劳动密集型为主,产品科技含量和附加值低;三是海洋高技术产业在海洋经济中的比重较低。

值得引起高度重视的问题:一是近岸海域的性变,不科学的围填海行为,引起湿地、滩涂、海湾等由海变陆的变化;二是近岸海水的质变,海洋污染严重,海水水质变劣,生态环境严重恶化,海洋生物资源遭破坏;三是资源的量变,海洋生物资源锐减,大批海洋物种灭绝。

(一)上海

——海洋产业结构有待优化提升

尽管上海已初步建立了比较完整的海洋产业体系,奠定了发展海洋经济的良好基础,但全市海洋产业总体上仍偏重于传统的海上运输业以及由此带动的相关服务型产业,新兴的海洋高科技产业和海洋装备制造业尚未形成规模,海洋产业结构亟待优化升级。海洋第二产业仍然是总量小、比重低,明显处于弱势。在海洋电力、海洋工程、海洋生物药业等新兴海洋产业方面上海与沿海省市相比也有一定差距,海洋资源利用率较低,增值型、高层次的新兴海洋产业还有待培育发展。

——海陆互动机制有待进一步完善

近年来,上海海洋经济增长迅速,但陆海产业之间的互动机制尚不成熟。这既制约着海洋产业的进一步发展,也未能有效促进陆域经济的增长。在空间关系上,海洋运输业的发展有赖于沿岸港口、陆域仓储和集疏运体系的配套发展,上海的陆域集疏运体系则未能跟上港口的发展速度;在技术上,上海拥有全国生命科学研究方面的突出优势,却并未给予海洋生物医药产业的发展提供强大的技术支撑;在投资上,上海的金融业、风险投资市场均未完全进入海洋经济领域,为海洋产业的发展服务甚少;在生产联系上,上海先进的信息化、网络化技术在海洋产业与陆地产业之间的联系方面还未能得以有效利用,海洋咨询及信息服务业仍处于零星发展状态等。

——河口岛屿资源开发利用程度严重不足

崇明三岛陆域面积1 411km，约占上海陆域面积的22%，扼居长江入海口并与黄浦江和钱塘江连通，通江达海、腹地深广的区位条件极为优越，港域空间、淡水、生物以及环境资源优越。但由于自然、历史等多种因素的影响，社会经济发展水平极为缓慢，不仅与世界上较发达的岛屿相距甚远，与上海其他郊县及国内沿海岛屿相比差距也十分明显。2006 年崇明县（包括长兴和横沙）地区生产总值为10 813亿元，不到上海市的 1/9，不及金山（25 415亿元）和奉贤（26 818亿元）的 1/2；经济密度 GDP/陆域面积 为 765 万元/km^2，只及上海市平均值的 4.17%，上海市区平均值的 0.19% 和上海郊县平均值的 11.18%，呈现出十分鲜明的“发达的城市、落后的岸线、贫穷的岛屿”的不平衡发展格局。

——海洋生态环境保护与可持续发展形势依然严峻

上海市前两轮的环境保护和建设三年行动计划已初显成效，但总体形势依然不容乐观。据上海市海洋环境质量公报显示，上海 2006 年监测的 19 个陆域排污口中，有 18 个排污口超标排放污水，占监测总数的 94.17%；监测排污口污水年排放总量为 213 亿 t，其中污染物排放总量为 219 万 t，有的排污口还检出萘、二氢苊、芴、氯代萘等多种持久性有机污染物；受排污口污水排放的影响，排污口邻近海域底栖生物密度和生物量分布均偏低，分别是全海域平均值的 8% 和 38%。可见海洋生态环境的污染仍然严重，需要高度重视，保护和治理海洋生态环境的任务依然艰巨。

——海洋科技自主创新能力不强，科技资源亟需开发与整合

上海拥有国家海洋局极地研究中心、东海海洋工程勘察设计研究院和东海预报中心、中国科学院上海生命科学研究院、中国水产科学研究院东海水产研究所等一大批国家重点实验室和研究机构，国家级海洋科技资源仅次于青岛等少数城市。由于体制和机制原因，上海的海洋科技力量较分散，众多的海洋研究机构分属不同部门，缺少整合，未能形成合力，海洋科技与海洋经济的结合度不高，科技成果产业转化率较低，因而海洋科研成果并不突出。

（二）江苏

——海洋管理体制与海洋经济发展不相称

江苏省海洋管理体制存在条块分割明显，部门缺少沟通，规划整体性不强，资金使用分散，全省在促进海洋经济发展方面没有形成合力。另外，由于行政体制和经济体制不融合，如行政区经济的刚性约束，使海洋经济成为各据一方的“诸侯经济”。如早就明确的连盐通海洋经济开发区，由于目标、任务、政策措施不到位，几年来的一揽子式开发，结果跨越不快，“洼地”依然。

——海洋环境脆弱，资源可利用潜力不大

由于江苏海域的地理区位决定了江苏海洋环境的脆弱性，主要表现在岸滩开阔，掩护条件差，海底地形复杂，滩涂、浅海面积大，易受海洋灾害影响。此外，随着海洋的开发，来自工农业及生活等方面的陆源排污，使得近海的污染日益严重。据全国海洋污染调查，江苏海洋环境有所恶化，水质环境最差，生物环境次之，底质环境开始受到污染。

——海洋产业结构不合理，经济规模偏小

“海上苏东”战略提出虽对江苏海洋经济的长远发展十分有利，但近期发展却不尽人意。江苏海洋经济仍以传统海洋产业为主，整体层次不高，配套能力差，产业结构不合理，传统产业偏高，二、三产业比重偏小。目前，随着海洋经济发展，江苏省海洋产业具有一定规模，但大企业、大公司少，像海洋渔业，滨海旅游等基本上是靠个体或几人合股，资金有限，无力购置大型设备，小规模的生产组织抗拒投资风险和自然灾害能力不足，不敢上品种，上规模。

——科技力量薄弱，基础设施落后

由于江苏沿海地区经济落后,交通不便,优秀人才很难引进和长期扎根,另外,本地人才流失现象加剧,使沿海的人才市场陷入雪上加霜的境地,沿海三市大、中专院校中,几乎没有一所真正意义上的从事海洋研究的海洋学院。除连云港有一些科研机构外,大多数市县科技机构很小,每年投入经费完成的科研项目成果更少,远远不能适应江苏海洋经济发展的需要。沿海地区经济发展相对滞后,部分县(市)还列于重点扶贫对象的范围,从而资金投入少。在交通方面公路建设虽较以前有很大发展,但是高等级公路所占比重偏小,路网通达程度不高。铁路和航空刚处于起步阶段。

(三)浙江

——主要海洋产业发展粗放

呈现资源消耗型、增长粗放型、产业同质化和竞争无序化等四大特征。海洋产业过度依赖于资源和环境,综合开发利用水平较低,海洋科技支撑薄弱 科技含量不高,海洋生产性服务业落后,产业链不长,区域统筹和资源整合力度不足,重复建设和低端竞争趋势日益加剧。

——资源环境承载力下降

一是海洋资源快速占用和不合理利用现象严重。浙江省 3.09 万平方公里的内海海域,已用 2 万多平方公里,且年用海面积仍以 20% 以上的速度在增加,深水岸线等稀缺资源快速减少(全省深水岸线已使用和近期规划使用总量 80% 以上)海洋资源综合利用效率不高,浪费现象比较突出,资源有限性和开发低效性问题日益突出。二是近海海域环境污染不断加剧。中度和严重污染面积占近岸海域的 77%,居全国第二,局部海域甚至出现了海洋荒漠化现象。三是海洋灾害频发,危害损失严重。超强台风、风暴潮等海洋灾害发生概率明显增加,近几年每年都有超强台风在浙江登陆,造成数十亿元的损失。海域赤潮爆发时间越来越早、频次越来越高、区域越来越广(全省每年发现赤潮 30 次以上,总面积每年达5 000 ~ 10 000平方公里)。四是生态环境的脆弱性和不可逆性等问题日益突出。

——海洋资源管理不到位

一是管理力量薄弱。面对海域使用、海底电缆管道、海洋倾废、养殖用海管理、海洋环境保护等不断增加的新任务,日常工作长期处于应急应付状态,致使大量的违法违规用海行为得不到及时纠正。二是管理手段落后。对用海项目评估缺少技术支撑,无法开展科学量化的控制性管理。海域使用动态监视监管体系缺失,无法为动态监管提供技术保障;海洋环境监测网点稀疏,预警预报与监测监控能力不强;海监执法装备不足,严重影响执法效率等等。三是体制机制不顺。海洋管理缺规范、缺标准、缺协调机制。导致日常工作中范围不清、职责不明、交叉扯皮现象屡有发生,相关部门在海岸线附近出现管理重叠或真空区。

——三渔问题日益突出

随着海洋开发、城市化进程的加快、沿海渔业水域被不断占用,许多滩涂浅海的生态环境受到了不同程度的破坏和污染,渔业空间受到大幅挤压,船多鱼少矛盾日益突出。内海资源中,50% ~60% 的渔业水域已被规划作为港口、锚地、航道和海底管道。全省仅 2005、2006 两年海水养殖面积就锐减 14 万亩,渔业水域征占用和污染的补赔偿机制未建立,渔民就业、养老等社会保障机制不健全,渔民因老、病、失水(生产水域被征占)致贫问题日益突出。

三、长三角海洋经济的发展的对策

(一)上海

一是转变思想,突出创新

首先，在政治制度、经济制度方面应大胆创新，积极探讨海洋经济持续发展的新模式。在落实崇明三岛海岛政策的基础上，争取将浦东综合配套改革试点的国家政策向崇明延伸，赋予海岸地区和岛屿更多开发开放的自主权和先行先试的机会；在港口发展模式上，以洋山保税港区为试点，逐步转变为自由贸易港区。其次，在资金投入上，规定一定比例的海洋产业收入返还于海洋科技的研发；政府牵头设立“上海市海洋高新技术发展基金”，与银行和大企业共同资助海洋高新技术研究及其成果的转化；通过重大项目公开竞投标等方式积极吸引境外大公司参与海洋开发。第三，整合科技资源，借助上海水产大学和上海海事大学迁入南汇临港新城的机遇，实行南汇大学校区、科技园区、公共社区的“三区联动”创新模式，建立国际化、现代化、综合化的海洋高等教育模式，建立一个全国性的海洋科技教育培训基地，作为海洋人才储备中心，提高海洋自主创新能力，以保证海洋经济的持续发展。第四，建立服务、激励机制，推行海洋综合管理方式，提高海洋开发整体统筹能力，进一步理顺全市各涉海部门的管理范围、权限，明确职责，解决职能交叉问题。

二是区域联动，发展海岛

区域分工合作、联动发展，是保证上海海洋经济持续发展的重要机制。从地理环境上看，江浙沪海域位居我国沿海的中段，并且是我国沿海地区经济最发达的区域。长江口和杭州湾在此处形成的“Σ”字型的水陆地理特点，在我国沿海独一无二，经济价值极大。溯长江西进，可深入江浙两省，将一般意义的“长三角”升级为“海洋长三角”。就上海而言，如何通过高层面合作，取江浙之长，补己之短，错位协调发展，互促共赢，对促进海洋经济持续发展意义重大。优化港口资源，建设合理港群分工体系共同发展。长江三角洲地区港口众多，形成了以洋山港为主体的上海港群、以北仑港为主体的宁波－舟山－嘉兴港群和以南京港为主体的江苏内河港群等三大组合港群。各港群之间应打破行政壁垒，建立协调机制，实现功能互补，形成有分有合、合作竞争的港群组合体系，提高长三角港口的整体国际竞争力。其中，应把上海港作为国际航运中心和东北亚国际集装箱枢纽港来建设；北仑港作为副中心，应充分发挥其建港岸线长、航道条件好、港域空间大的突出优势，加快专业码头建设；南京港应以承担长江中上游货物运输为主；其他长江内河港口则根据各自特色形成比较优势，作为上海国际航运中心的内支线港和喂给港。

三是培养可持续发展的动力。首先，注意海洋环境的保护。使上海陆源入海污染物排放总量得到有效控制，排海污水处理率达到85%以上；海洋主体功能区水质指标基本达标；海洋环境灾害得到有效监控；近岸海域生态环境逐步修复。目前，上海将实施“健康海洋上海行动”计划，其中包括控制污染行动；修复生态行动；保护资源行动。这将使未来上海海洋经济工作的重点围绕国际航运中心建设，形成国际重要的船舶及配套设备研发制造基地、国内海洋工程与装备研发制造基地和国内海洋科技、人才和海洋信息服务基地，努力实现海洋经济总产值年增长率不低于15%的目标。

其次，实施跨区域可持续发展战略，促进海陆一体化，推进海洋生态环境保护。江浙沪可共同协商建立“长三角海洋经济发展联席会议领导小组”，负责长三角海洋经济发展中有关重大问题的组织协调；制定统一的海陆发展规划和政策，打破主管部门分离、各自为政现象，建立综合的海陆管理体系，促进海陆产业一体化发展，催生联动效应，加强港口建设，完善港口集疏运系统，增强港口对内陆腹地的辐射作用；长三角在发展海洋产业的过程中，应在规范市场和促进竞争的基础上进行错位协调，形成海洋支柱产业配套发展、一般产业互补发展、新兴产业共建发展的良好格局；建立促进长三角海洋生态环境保护的联动机制，积极贯彻执行“长三角海洋生态环境保护与建设合作”的协议，多渠道筹集环保资金，制定鼓励发展海洋生态环境保护产业的相关政策，加强各城市政府间的组织协调与合作。

最后，以可持续发展理念为指导，联合发展海岛生态经济。一般而言，河口岛屿因其外通大洋、内联腹地的优越区位，多是商旅辐辏、经济繁荣繁华之地，如美国的曼哈顿岛和我国的香港岛。江浙沪所辖范围内海岛甚多，可以统一开发政策，联合开发。其中，尤以发展上海的崇明三岛最为紧迫。崇明囿于自然、交通、人为等原因，经济发展长期滞缓。未来的崇明应发挥长三角的整体优势，从长三角的整体去考虑其定位：崇明岛应综合开发、全面发展，使其成为长三角的“海上花园”；长兴岛为长三角的“海洋装备岛”；横沙岛则为长三角的后备水源岛。

(二)江苏

——充分利用海洋资源,加强产业调整

据考察,荷兰与江苏沿海滩涂地理相似,荷兰根据自身的滩涂特色,坚持发展集约化的高效企业,加工农业和港口工业群,成为农业出口仅次于美、法两国的农业大国。江苏应借鉴外国经验,针对省内海洋自然条件的优势及沿海地区社会发展状况,顺应自然和市场经济的规律对海洋产业进行调整,突出产业开发重点,可优先发展海洋渔业,滩涂农业,海洋制造业和滨海旅游业。如近年开发的保健水产食品,美容水产食品等医药生物领域产品,是有一定的保健功能。适应了市场需要。在开发的同时应注意可持续发展原则,真正使海洋产业的发展走上一条上规模,高效益,可持续的路子。

——加强基础设施建设,创造良好的外部环境

主要通过加快公路、铁路、港口、通讯网络等基础交通、通讯设施的建设,促进沿海地区和外界商流、物流、信息流、人才流、资金流的相互沟通,缩短与苏南、沿江地区的空间距离。同时注意沿路电力供应,淡水供应以及路边第三产业服务设施等基础建设项目,以直接为海洋产业第一线的生产经营活动服务。基础设施投资资金主要来源于以下几个方面:一是国家投资;二是国债资金投资;三是外资投入,四是自身投资,即民间资本。

——进行资源整合,加快发展沿海经济

运用增长极理论,选择适当区域,大力开发沿海高标准开发区,配置一些关联效应比较强的产业,实施龙头带动战略,通过人流、物流的综合集聚效应对附近区域的辐射作用,形成新的生产力,使之在区域经济发展仍较低的情况下,将资金投入和开发重点少数关键项目上,从而优化增长极的投资环境。在海洋经济内部,应通过政策措施的引导,促进各种集团、联合体、股份制企业的发展,扶持和培育规模化、集约化、程度高的大公司、大企业。江苏赣榆海洋经济开发区和吕四海洋开发区就是一个很好的尝试。前者利用地区优势积极吸引海内外投资者,以合作、股份、合资、独资等多种经营方式,投资海水养殖、育苗、海洋化工、水产品加工等领域。其中与外商合资的中大海藻工业公司产销量居全国前列。从而促进当地经济的发展。

——坚持科教兴海,推动海洋产业优化升级

在当今这个科技飞速发展时代,要加大“海上苏东”战略的实施力度,实现江苏陆海经济齐飞,无疑离不开科学技术的支持。近年来,江苏海洋经济发展,主要得益于把科教兴海放在一个重要地位。如射阳县的“苏东自然农园”就是发展高科技农业,走可持续发展道路的体现。要实现科教兴海,一要增强技术装备;二要促进技术攻关,提高业务生产水平;三要加快人才培养,培养高水平的专业人才,保证海洋开发对劳动者素质的要求。江苏沿海地区现有的产业构成已不能适应发展的需求,必须以高新技术为依托,改造和提高传统产业,发展新兴产业和高新技术产业,加快海洋石油产业,海中提取工业,海洋药品和保健品工业,海洋船舶工业的发展。

——海洋经济发展与城市化要同步推进

多年来,导致江苏海洋经济洼地现象的出现,很大程度上是城市体系发育滞缓有关。进入21世纪初,苏锡常已步入“城市圈”发展新阶段,而沿海地区受城乡二元经济的困扰,仍停留在原地徘徊,城市的集聚流动功能不强;沿海城市“小马拉大车”现象严重,形成海洋经济发展动力不足,在东部沿

海缺乏大城市和较大城市。在江苏长达约1 000公里的海岸带上，平均300公里才摊到一个中等城市。所以城市化地位如不突出，龙头带动力度如不加大，要使海洋经济成为苏东产业核心是不可能的。同时，在新世纪，区域经济竞争力主要来自城市经济竞争力，无论是我国沿海大陆架北端的大连还是南端的珠海，他们的实践告诉我们，发展海洋经济必须与城市化同步推进。

（三）浙江

——增强海洋意识，树立科学海洋发展观

围绕建设浙江沿海现代化港口大城市的目标，以科学发展观统领海洋经济发展，实现下列四个思想转变：从陆域国土空间转变为海陆一体的空间思想；从追求陆域经济效益、大陆经济思想转变为多层次、海陆资源综合开发的现代海洋经济思想；从片面追求经济效益转变为发展经济和生态建设并举思想；从单纯发展海洋经济转变为发展海洋经济和弘扬海洋文化并举思想。通过统筹协调，推动海洋经济强市建设。

——加强组织领导，统筹协调海洋经济发展

海洋经济覆盖国民经济一、二、三产业，涉及国民经济15个门类中的13个。涉海行政部门多，为了使各涉海产业协调发展，在编制海洋经济发展规划、提高综合调控能力的同时，进一步健全沿海县（市、区）海洋行政管理机构，切实履行海洋综合管理职能。加强对海洋经济发展中重大决策的执行、重大工程项目的协调、重大政策和措施的落实，以保证海洋经济强市战略的顺利实施。

——加大海洋经济投入，构建发展的支撑体系

积极拓展海洋基础设施建设和海洋产业发展的投资、融资渠道，鼓励和支持国内外投资者依法平等参与海洋经济开发，形成多元化投融资新格局。安排专项基金，增加海洋基础设施建设、海洋公益事业、海洋产业结构调整等方面的投入，大力支持、积极鼓励社会和个人特别是大企业、大集团投资海洋产业，使浙江发展海洋经济的开发主体和开发项目多元化。

——实施“科技兴海”，提高海洋经济创新能力

实施科技兴海是加快海洋经济发展的必然选择。建设海洋经济强省，必须加大科技兴海的投入，促进科技与经济的有效结合。加大对海洋新兴产业的扶持力度，增加创新投资，延伸产业链，提高规模经济和国际竞争力。积极参与《浙江省科技兴海重大科技攻关及示范工程》，鼓励海洋企业提高自主创新能力，走科技型的发展道路。完善科技创新激励制度，鼓励科技要素参与收益分配，加速技术要素市场化进程，培育、扶持、规范和完善科技中介服务。加快海洋科技人员的培养，引进浙江急需的高层次海洋科技和管理人才，实行引才、引资和引项三位一体，形成产学研结合的海洋开发体系。

——强化海洋管理，切实保护海洋资源环境

严格执行《中华人民共和国海域使用管理法》、《中华人民共和国海洋环境保护法》、《中华人民共和国渔业法》等法律法规，加强海洋综合管理，进一步规范海洋开发秩序，依法审批各类海洋开发活动。加快海域使用管理信息系统建设，科学地指导海洋资源综合开发和海洋环境保护。实施污水达标排放和总量控制等措施，减轻海洋污染。严格执行涉海项目的海洋环境评价制度，加强滩涂围涂科学论证和审批。加强涉海执法队伍建设，进一步强化海上执法管理，确保各项法律法规的贯彻实施。理顺各涉海部门关系，依法治海，使海洋资源的开发、管理走向法制化和科学化。

十　长三角农村发展

一、农业生产总值

1. 长三角地区

近年来，长三角农业农村经济发展一直走在全国前列，大部分地区已经或正在进入全面小康阶段。2009 年，长三角地区农林牧渔业生产总值达到5 972. 57亿元，比 2005 年增长 40. 91%，年均增长 8. 95%。其中农业总产值比 2005 年增加 917. 66 亿元，年均增长 9. 66%；林业总产值比 2005 年增加 57. 53 亿元，年均增长 8. 99%；牧业总产值比 2005 年增加 404. 03 亿元，年均增长 9. 36%；渔业总产值比 2005 年增加 264. 35 亿元，增长了 28%，年均增长 6. 36%；农林牧渔服务业比 2005 增加 90. 75 亿元，增加了 57. 47%，年均增长 12. 02%，增速相对较快。

从农林牧渔总产值构成看(详见表 3 - 42)，长三角地区农林牧渔各产值的比重总体较为稳定，各年份间波动不大。与 2008 年相比，长三角地区农业总产值占农林牧渔总产值的比重由 2008 年的 47. 73% 增加到 2009 年的 49. 81%；林业、渔业比重分别上升了 0. 11%、0. 23%；畜牧业、农林牧渔服务业比重则有所下降，同比分别下降了 2. 35 个百分点、0. 05 个百分点。

表 3 - 42　2005 - 2009 年长三角地区农林牧渔业生产总值

单位：亿元，%

	总产值合计	农业	林业	牧业	渔业	农林牧渔服务业
2005 产值	4 238. 65	2 057. 12	139. 89	939. 43	944. 31	157. 90
占当年农林牧渔总产值比重	100. 00	48. 53	3. 30	22. 16	22. 28	3. 73
2008 产值	5 651. 00	2 697. 45	180. 99	1 403. 72	1 130. 68	238. 17
占当年农林牧渔总产值比重	100. 00	47. 73	3. 20	24. 84	20. 01	4. 21
2009 产值	5 972. 57	2 974. 78	197. 42	1 343. 46	1 208. 66	248. 65
占当年农林牧渔总产值比重	100. 00	49. 81	3. 31	22. 49	20. 24	4. 16
2009 - 2005	1 733. 92	917. 66	57. 53	404. 03	264. 35	90. 75
年均增长率	8. 95	9. 66	8. 99	9. 36	6. 36	12. 02

数据来源：两省一市相关年份统计年鉴，下同。

2. 上海市

2009 年，上海市农林牧渔业总产值在长三角地区的比重为 3. 91%，增长速度在长三角“两省一市”中最慢，2005 - 2009 年期间年均增长 4. 95%，远低于江浙两省。与 2005 年相比，2009 年上海市农林牧渔业总产值在长三角所占比重进一步下降，下降了 0. 76%。其中，农、林、牧、渔业总产值比重均有不同程度下降，分别下降 0. 45%、3. 39%、0. 98%、1. 04%；农林牧渔服务业比重则上升了 0. 22%。

从上海市农业各产业内部构成看，林、牧、渔业比重有所下降，农业、农林牧渔服务业比重上升。2005 - 2009 年，林、牧、渔业总产值比重分别下降了 1. 59%、0. 46% 和 3. 22%，农业、农林牧渔服务业比重分别上升了近4.44、0.83个百分点。

2. 江苏省

2005－2009年，江苏省农林牧渔业总产值由2 576.98亿元增加到3 816.02亿元，增长了48.08%，年均递增10.31%。其中，农林牧渔服务业总产值增长较快，2005－2009年，总产值增加了74.16亿元，增长57.2%，年均增长11.97%。相比较而言，农业总产值增量最高，由2005年的1 291.06亿元增加到2009年的1 948.20亿元，增长了50.89%，年均增长10.83%；林业总产值增量最低，由2005年的45.27亿元增加到2009年的70.79亿元，增长了56.37%，年均增长11.83%。其它各业变化情况是，牧业总产值增长了45.87%，年均增长9.9%；渔业总产值增长了40.52%，年均增长8.88%。

从农、林、牧、渔、服各业产值在长三角的比重看，农林牧渔服务业比重有所下降，其它各业均有不同程度上升。2005－2009年，农林牧渔业总产值比重由60.8%上升到63.89%，提高了3.09个百分点。农业总产值比重提高了2.73%，林业、牧业、渔业总产值比重分别上升了3.5%、1.28%、5.3%；与之相比，农林牧渔服务业总产值比重略有下降，由2005年的82.11%下降到2009年的81.97%。

3. 浙江省

2005－2009年，农、林、牧、渔、农业服务业总产值分别增长了34.24%、40.87%、41.59%、14.46%、56.68%，年均增长速度分别为7.64%、8.94%、9.08%、3.43%、11.88%。农林牧渔服务业增长率最快，2009年总产值达到36.35亿元，比2005年增加了13.15亿元，年均增长11.88%。

从农林牧渔服各业产值占长三角的比重看，均有不同程度下降，农业总产值由2005年的占比31.83%下降到2009年的29.55%，下降了2.28个百分点，林、牧、渔、农林牧服务业比重分别由2005年的59.7%、30.44%、40.33%、14.69%下降到2009年的59.59%、30.14%、36.06%、14.62%。

从各业占浙江省农林牧渔服总产值的比重看，除渔业比重有所下降外，其它各业均有所上升。渔业由2005年的占26.66%下降到2009年的23.27%，下降了近3.4个百分点。农、林、牧、农业服务业比重分别上升了1.08、0.43、1.59、0.32个百分点。

二、乡镇中小企业发展

2009年，长三角地区中小企业受金融危机冲击和自身发展转型双重因素的影响，生存发展受到严峻挑战，但总体来看，主要经济指标均保持了平稳的发展态势。

1. 上海市

2009年，上海市进一步完善中小企业融资担保体系，缓解中小企业融资困难。同时，加大中小企业发展专项资金扶持力度，全年争取到国家各类扶持中小企业发展的专项资金资助共计1.6亿多元。据统计，2009年1－11月份，规模以上工业中小企业累计完成工业总产值12 379.4亿元，可比下降2.8%，实现利润总额724.3亿元，同比增长17.1%。

2. 江苏省

2009年，江苏省积极为银行、企业双方搭建供需平台，促进融资及服务产品创新，加快担保体系建设。年内还出台了《促进中小企业平稳健康发展的意见》，从推动经济发展方式转变、加快产业集群建设、加大资金扶持力度、加大对中小企业的信贷投放、减轻中小企业负担、推进服务体系建设、帮助开拓国内外市场等十个方面提出具体的政策扶持措施。2009年，全省乡镇企业个数为604 469个，比2008年增加了40 999个，增长7.28%；从业人员1 434.48人，同比增长4.54%。总产值（现价）66 484.8亿元，同比增17.73%；企业增加值15 012.51亿元，同比增加19.45%；营业收入65 282.02亿元，同比增17.29%；利润总额3 240.7亿元，同比增32.83%；上交税金1 941.89亿元，同比增

16.49%。由此可见,虽然2009年受到全球金融危机的冲击,但江苏省乡镇企业的经济效益仍取得了很大明显成效。

3.浙江省

2009年,浙江进一步加大中小企业信用担保力度,全省担保机构共为3.02万户中小企业提供5.89万笔合计512.31亿元的贷款担保额,平均每户担保金额为169.74万元,平均每笔贷款担保金额为87.01万元。同时,还利用浙商遍布全国的优势进一步加大市场开拓力度。2009年,浙江省百强民企资产总额为2 848亿元,同比增长110%,有88家企业资产增长超过上年。销售收入合计为10 411亿元,同比增长72%,有90家企业销售收入超过上年。百强民营企业排序在前三位的杭州娃哈哈集团有限公司、万向集团公司、广厦控股创业投资有限公司,销售收入增长率分别达到31.59%、13.13%和15.03%。百强民企销售收入最低的企业为28.98亿元,比2008年的26.84亿元提高了4.02%。百强民企净利润总额为521.31亿元,同比增长了168%。有87家企业净利润实现增长,2家利润持平。

三、农村劳动力转移

1.上海市

2009年,上海市积极应对国际金融危机对就业市场的不利影响,连续出台了一系列就业优惠政策。当年研究出台《关于推进本市农村劳动力非农就业的指导意见》,聚焦本市农民群体,确定了稳定岗位、促进跨区就业和低收入农户就业等8条政策措施。各区县、乡镇积极落实农村劳动力非农就业措施,采取安排就业专项补贴资金预算、推行企农联合、居家就业和建立手工业合作社等方式,推进非农就业工作。2009年全市新增农村富余劳动力非农就业岗位11.8万个,超额完成全年新增10万个非农就业岗位的任务。

2009年,上海市迁入人口15.72万人,比2008年少1.56万人,迁入率为11.26‰,比上年低1.22个千分点;迁出人口为4.77万人,比2008年多0.48万人,迁出率为3.42‰,比2008高出0.32个千分点。人口机械增长率为7.84‰。(详见表3-43)

表3-43　2005-2009年上海市户籍人口迁移情况

单位:万人,‰

年份	迁入		迁出		机械增长	
	人口(万人)	迁入率(‰)	人口(万人)	迁出率(‰)	人口(万人)	增长率(‰)
2005	12.96	9.55	3.46	2.55	9.50	7.00
2008	17.28	12.48	4.29	3.10	12.99	9.38
2009	15.72	11.26	4.77	3.42	10.95	7.84
同比增(减)	(1.56)	(1.22)	0.48	0.32	(2.04)	(1.54)

从上海市新增城镇就业劳动力来源看(见表3-44),2009年,城市新增劳动力就业人数为62.86万人,其中有24.55万人来源于农村劳动力,占比为39.06%,比2008年的占比35.78%高3.28个百分点。

表 3－44　上海市城镇新增劳动力就业按主要来源分

单位:万人

年份	总计	城镇劳动力	农村劳动力	大学、中专、技校毕业生	其他
2008	63.66	22.55	22.78	9.94	8.39
2009	62.86	22.58	24.55	10.17	5.56

2009 年,上海市农、林、牧、渔业从业人员进一步减少,为 48.53 万人,比 2008 年的 49.38 万人减少了 0.88 万人,减少 1.78%。

2. 江苏省

受国际金融危机的影响,自 2008 年 10 月份开始,江苏省农村劳动力新增转移人数逐步减少,出现自 2003 年以后的首次负增长。为促进农民就业创业,江苏省出台了多项促进就业、鼓励创业的政策措施,并及时将返乡农民工和参加创业培训的农民工纳入培训券补助范围。同时,全省还定期举办省、市、县联动就业招聘等活动,将就业岗位送到农民身边。2009 年上半年,江苏省共培训农村劳动力 57.39 万人,同比增长 52.03%;上半年举办专场招聘会1 968场次,提供就业岗位 145.75 万个,202.54 万名劳动者求职应聘,达成就业意向 61.82 万人次。截至 2009 年 6 月末,全省农村劳动力转移总量已达1 709.21万人,转移率为 64.32%。

从农村劳动力的就业结构来看(见表 3－45),2009 年,江苏省共有乡村劳动力2 667.7万人,比上年增加 10.4 万人。其中,农林牧渔业劳动力 876.31 万人,占 32.85%;农村工业劳动力 748.69 万人,占 28.06%;农村建筑业劳动力 358.45 万人,占 13.44%。与 2005 年相比,农林牧渔业劳动力呈现明显下降趋势,占比下降了 6.9 个百分点,而农村工业、建筑业从业劳动力均有不同程度上升,分别上升了 5.58 个和 1.56 个百分点。

表 3－45　江苏省 2005－2009 农村劳动力就业构成

单位:万人,%

年份	乡村劳动力	农林牧渔业	所占比重	工业	所占比重	建筑业	所占比重
2005	2 662.5	1 058.28	39.75	598.52	22.48	316.38	11.88
2008	2 657.3	896.37	33.73	721.68	27.16	350.47	13.19
2009	2 667.7	876.31	32.85	748.69	28.06	358.45	13.44

从江苏省各市情况看,各地进一步加快农村劳动力转移步伐,农林牧渔业从业人员占农村劳动力比重不断下降。2009 年,南京市农林牧渔业从业人员为 30.4 万人,无锡市 23.52 万人,徐州市 159.18 万人,常州市 28.81 万人,苏州市 28.69 万人,南通市 82.21 万人,连云港市 91.21 万人,淮安市 93.94 万人,盐城市 119.47 万人,扬州市 39.67 万人,镇江市 28.69 万人,泰州市 51.98 万人,宿迁市 98.54 万人。与 2008 年相比,连云港市和淮安市农林牧渔从业人员略有增加外(分别同比增 1.78 万人、0.05 万人),其它地区绝对数都有下降,具体下降数为:南京市(1.47 万人)、无锡市(1.47 万人)、徐州市(1.56 万人)、常州市(0.22 万人)、苏州市(2.62 万人)、南通市(5.24 万人)、盐城市(1.62 万人)、扬州市(2.17 万人)、镇江市(0.44 万人)、泰州市(2.31 万人)、宿迁市(2.87 万人)。

3. 浙江省

2009 年 6 月,浙江省通过了《浙江省流动人口居住登记条例》,废除了已实行 14 年的浙江流动人员暂住证制度,实行外来人口居住证制度。持证者将在医疗保险、子女就学、住房保障等方面享受市民待遇;同时规定"流动"一定年限可申转常住户口,成为全国户籍制度改革的先导。

受金融危机的影响,2009 年浙江省农村劳动力有所回流,人口为2 321.41万人,比上年增加 17.08 万人,增加了 0.74%。农林牧渔业劳动力进一步下降,同比减少了 12.8 万人。2005 - 2009 年,浙江农林牧渔业劳动力共减少 133.37 万人,减少了 16.95%,年均递减 4.54%,占农村劳动力比重由 2005 年的 34.24% 下降到 2008 年的 28.15%,下降了近 6 个百分点。农村工业劳动力数量不断增加,农村工业劳动力数目共增加 114.31 万人,占农村劳动力比重不断提高,由 2005 年的 32.84% 增加到 37.44%。农村建筑业劳动力增加了 19.13 万人,增长 13.16%,占农村劳动力比重由 2005 年的 6.32% 上升到 2008 年的 7.09%。交通运输、仓储业和邮电通讯业农村劳动力增加了 9.31 万人,增长了 10.1%,占农村劳动力比重由 2005 年的 4.01% 增加到 2009 年的 4.37%。批发、零售贸易业、餐饮业农村劳动力增加了 39.75 万人,增长 18.33%,占农村劳动力比重由 2005 年的 9.43% 上升到 2009 年的 11.05%。(详见表 3 - 46)

表 3 - 46　浙江省 2006 - 2009 农村劳动力就业构成

单位:万人

	2005	2008	2009
农村劳动力合计	2 298.54	2 304.33	2 321.41
农林牧渔业	786.92	666.35	653.55
工业	754.89	849.87	869.2
建筑业	145.37	161.81	164.5
交通运输、仓储业和邮电通讯业	92.15	98.18	101.46
批发、零售贸易业、餐饮业	216.81	247.33	256.56
农村实有劳动力中:外出劳动力	417.68	456.27	467.4

浙江省各地级市农村劳动力大量转向非农产业。2006 - 2009 年,农林牧渔业劳动力减幅最大的是台州市,由 2006 年的 100.53 万人减少到 2009 年的 77.37 万人,减少了 23.04%。其次是湖州市,减少了 19.34%,其他各市的情况是:杭州市减少了 9.76%,宁波市减少 9.91%,绍兴市减少 6.79%,舟山市减少 14.48%,温州市减少 9.97%,金华市减少 4.26%,衢州市减少 6.8%,丽水市减少 5.79%。

表 3 - 47　2006 - 2009 年浙江省各市农林牧渔业从业人员比重

单位:%

地区	2006	2007	2008	2009	比 2006 年增减
杭州市	83.99	79.96	78.08	75.79	-9.76%
宁波市	69.14	65.44	64.14	62.29	-9.91%
嘉兴市	40.77	38.72	36.23	35.57	-12.75%
湖州市	37.65	34.53	32.13	30.37	-19.34%
绍兴市	55.97	52.66	52.61	52.17	-6.79%
舟山市	12.64	11.57	10.99	10.81	-14.48%

（续表）

地区	2006	2007	2008	2009	比 2006 年增减
温州市	111.28	103.81	100.27	100.18	-9.97%
金华市	94.59	90.46	89.94	90.56	-4.26%
衢州市	60.19	58.64	57.38	56.10	-6.80%
台州市	100.53	87.83	83.00	77.37	-23.04%
丽水市	66.17	64.42	61.58	62.34	-5.79%

四、农民收入水平

2009 年，面对国际金融危机的挑战，长三角地区“两省一市”不断采取针对性的措施，进一步加大了支农、惠农、扶农、护农政策力度，鼓励农民自主创业，努力拓宽农民增收渠道，农民收入继续保持增长态势。

1. 上海市

2009 年，上海市农民人均可支配收入为12 324元，同比增长 8.2%。这主要得益于一系列支农措施的落实：一是促进非农就业。上海下发了《关于推进本市农村劳动力非农就业的指导意见》，全年新增非农就业岗位 11 万个，农村居民家庭人均工资性收入达到8 721元，比上年增长 6.6%，拉动可支配收入增长 4.7 个百分点。二是深入推进农村改革，财产性收入增长较快。通过规范土地承包经营权流转、开展农村村级集体产权制度改革、推进农民宅基地置换试点，增加农民的财产性收入。2009 年，上海农村居民家庭人均财产性收入 932 元，比上年增长 11.4%。拉动可支配收入增长 0.8 个百分点。三是提高社会保障力度，转移性收入拉动作用明显。上海相继出台了提高“镇保”、“农保”养老金和农村“低保”标准等多项政策，农村居民转移性收入2 081元，比上年增长 25.7%。四是发展农业旅游，农民增收渠道进一步扩大。上海下发了《关于促进本市农业旅游发展的若干政策意见》。菜花节、桃花节、蟠桃节、葡萄节、柑橘节等举办得有声有色，吸引了大批市民前去观光旅游，带动了农民增收。

此外，上海还调整完善了农作物良种补贴、农机具购置补贴、粮食直补和农资综合直补等政策；新增了水稻机械化育插秧补贴、市级农业园区贴息等政策；出台了商品有机肥、绿肥种植测土配方施肥、农药施用、农业保险费等补贴政策；加大了对粮食、蔬菜、畜禽、水产等生产量大的区县政策倾斜力度，为上海农村居民增收打下了良好的基础。

表 3-48 2009 年上海市农民收入及其构成情况

单位：元，%

年份	人均可支配收入	工资性收入	家庭经营纯收入	财产性和转移性收入
2008	11 385.00	8 182.00	711.00	2 492.00
2009	12 324.00	8 721.00	590.00	3 013.00
同比增（减）	8.25%	6.59%	-17.02%	20.91%

2. 江苏省

2009 年，江苏省农民人均纯收入首次突破8 000元大关、达8 004元，连续六年保持五百元以上的增收态势，比上年增加 647 元，增长 8.8%。增量低于上海（1 043元）、浙江（749 元），增幅高于浙江

(8.1%)、低于上海(9.1%)。

从农民收入构成看,(1)2009年,江苏省农民人均工资性收入为4 239元,比上年增加343元,增长8.8%。其中,在本地企业中得到的收入2 412元,增加256元,增长11.9%;农民外出从业得到的收入1 328元,增加69元,增长5.5%,占工资性收入的31.3%,比上年下降一个百分点;来自乡村干部和教师等非企业组织得到的收入人均499元,增加17元,增长3.6%。工资性收入占全部纯收入的比重为53.0%,占据农民收入来源的半壁江山,工资性收入的增加额占纯收入增加额的53.0%,比上年高0.4个百分点;(2)农民人均家庭经营纯收入为2 939元,比上年增加127元,增长4.5%,占纯收入的比重为36.7%,增长额占纯收入增长额的近二成,为19.6%。其中,农民家庭经营的第一产业收入1 720元,比上年增加10元,增长0.6%,第一产业收入占农民家庭经营收入的58.5%;(3)农民人均财产性和转移性收入为827元,比上年增加177元,增长27.6%,较上年提高5.7个百分点,这两项收入占农民纯收入的比重为10.3%,较上年提高1.5个百分点。其中,农民人均财产性收入326元,比上年增加72元,增长28.5%;农民人均转移性收入501元,比上年增加105元,增长26.6%。

3. 浙江省

2009年浙江农村居民人均纯收入达到10 007元,比2008年增加749元,增幅8.1%。

工资性收入仍是推动收入增长的主要力量。2009年浙江农村居民工资性收入人均5 195元,比上年增加482元,增长10.23%,占全部纯收入的比重为51.91%,比上年提高1.01个百分点。工资性收入增加额占全部收入增加额的64.35%。从工资性收入的分项来看,在本地企业中得到的收入人均4 149元,增长10.08%,外出从业得到的收入人均657元,增长9.5%,在非企业组织得到的收入人均389元,增长13.08%,均保持了较快的增长。

家庭经营收入是农村居民稳定增收的基础。2009年浙江农村居民来自家庭经营的收入人均3 788元,比上年增加134元,增长3.67%,增幅比上年回落2.73个百分点,占农村居民纯收入的37.85%,比重比上年下降1.62个百分点。分行业看,家庭农林牧渔业收入1 661元,增加了10元,工业收入人均573元,增长8.94%;建筑业收入人均370元,增长14.9%;交通运输邮电业人均344元,增长6.83%;批零贸易餐饮业人均447元,减少2.83%;社会服务业收入人均149元,增长24.17%。

转移性和财产性收入增长较快。2009年浙江农村居民转移性收入人均519元,增加47元,增长9.96%,占纯收入增加额的11.48%。财产性收入人均506元,增加86元,增长20.48,占纯收入增加额的11.48%。

表3-49　2009年浙江省农民人均纯收入及其构成

单位:元,%

年份	全年纯收入	工资性收入	家庭经营收入	转移性收入	财产性收入
2008	9 258.00	4 713.00	3 654.00	472.00	420.00
占比	100.00%	50.91%	39.47%	5.10%	4.54%
2009	10 007.00	5 195.00	3 788.00	519.00	506.00
占比	100.00%	51.91%	37.85%	5.19%	5.06%
增量	749.00	482.00	134.00	47.00	86.00
增幅	8.09%	10.23%	3.67%	9.96%	20.48%
增量占比	100.00%	64.35%	17.89%	6.28%	11.48%
比重变化	0.00	1.01%	-1.62%	0.09%	0.52%

五、农村消费水平

随着长三角农民收入水平的提高,农村消费水平和结构也在不断地变化着。

1. 上海市

2009 年,上海农村居民家庭人均生活消费支出9 804元,比上年增长 7.56%。八大类消费呈现与 2008 年截然相反的格局,其中,食品、家庭设备用品及服务有所下降,衣着、居住、交通通信、文教娱乐用品及服务、医疗保健、其他商品和服务消费均有不同程度上升。其中,人均食品消费支出3 639元,比上年下降 2.49%;人均衣着消费支出 496 元,比上年增加 6.21%;人均居住消费支出2 103元,比上年增加 16.45%;用于购买家庭设备用品及服务消费支出 481 元,比上年下降 4.56%;用于交通和通信消费支出1 212元,比上年增加 37.73%,增幅最大;人均文化教育娱乐用品及服务消费支出 943 元,比上年增加 10.94%;人均医疗保健消费支出 739 元,比上年增长 6.03%;人均其他商品和服务消费支出 191 元,比上年增加 6.7%。

与 2005 年相比,农村居民人均生活消费支出持续增加。(详见表 3-50)2005-2009 年,人均生活消费支出增加2 539元,年均增 1.78%。其中,食品、衣着、居住等基本消费开支增加1 872元,增长 42.88%,年均增 9.33%;家庭设备增加 23 元,增长 1.23%;交通通信和医疗保健分别增加 473 元、177 元,分别增长了 13.17%、7.08%。

从农村消费结构的变化看,2009 年农村居民消费支出中占比靠前的分别是食品(37.1%)、居住(21.5%)、交通和通讯(12.4%),而家庭设备用品与服务(4.9%)、衣着(5.1%)、等相对较少。与 2008 年相比,食品、家庭设备等消费比重有所下降,而居住、交通通信等比重有明显增加,分别增加了 1.7%、2.7%。

表 3-50 上海市 2005-2009 年农村居民人均生活消费支出及构成

单位:元,%

年份	生活消费支出	食品	衣着	居住	家庭设备用品及服务	交通和通信	文教娱乐用品及服务	医疗保健	其他商品和服务
2005	7 265.00	2 676.00	367.00	1 323.00	458.00	739.00	936.00	562.00	204.00
占比%	100.00	36.80	5.10	18.20	6.30	10.20	12.90	7.70	2.80
2008	9 115.00	3 732.00	467.00	1 806.00	504.00	880.00	850.00	697.00	179.00
占比%	100.00	40.90	5.10	19.80	5.50	9.70	9.30	7.70	2.00
2009	9 804.00	3 639.00	496.00	2 103.00	481.00	1 212.00	943.00	739.00	191.00
占比%	100.00	37.10	5.10	21.50	4.90	12.40	9.60	7.50	1.90
同比增降	7.56%	-2.49%	6.21%	16.45%	-4.56%	37.73%	10.94%	6.03%	6.70%
2009-2005	2 539.00	963.00	129.00	780.00	23.00	473.00	7.00	177.00	-13.00
平均增幅	7.78%	7.99%	7.82%	12.28%	1.23%	13.17%	0.19%	7.08%	-1.63%

农民拥有耐用品数量进一步增加,农民生活方式进一步市民化(详见表 3-51)。2009 年,上海市每百户农户拥有彩电、电冰箱、洗衣机、空调机、抽油烟机、微波炉、吸尘器、热水器、移动电话和家用电脑数量分别比 2005 年增加了 33 台、12 台、7 台、51 台、11 台、16 台、7 台、16 台、44 部和 22 台,分别增长了 21.02%、13.48%、8.14%、60.71%、18.33%、24.24%、33.33%、20.51%、33.85% 和 68.75%。

表3-51　2005-2009上海市每百户农户耐用品拥有情况

单位:台,部,%

商品名称	2005	2008	2009	增量	增幅
彩色电视机(台)	157	186	190	33	21.02%
电冰箱(台)	89	101	101	12	13.48%
洗衣机(台)	86	93	93	7	8.14%
影碟机(台)	33	25	26	-7	-21.21%
家用空调器(台)	84	129	135	51	60.71%
抽油烟机(台)	60	71	71	11	18.33%
微波炉(台)	66	81	82	16	24.24%
吸尘器(台)	21	26	28	7	33.33%
热水淋浴器(台)	78	90	94	16	20.51%
移动电话(部)	130	156	174	44	33.85%
家用电脑(台)	32	47	54	22	68.75%

2. 江苏省

2009年,江苏省农民生活质量进一步提高,各类生活消费支出全面增长,消费结构更加合理。全省农民人均生活消费支出5 797元,比上年增加469元,增长8.8%。2009年,全省农民食品消费支出增长缓慢,人均2 275元,同比增长3.3%;恩格尔系数为39.2%,较上年回落2.1个百分点。从食品消费构成来看,人均消费支出增长较快的有蔬菜及制品,人均消费支出180元,增长12.2%;烟酒支出人均302元,增长10.2%;在外饮食人均462元,增长12.2%;而肉禽蛋奶类消费支出较往年下降4.6%,人均488元,主要原因是年内农产品价格波动,肉类价格持续低位徘徊;谷物类、水产品类消费支出增长平稳,分别为人均348元、137元,增长6.1%、1.4%。(详见表3-52)

表3-52　2009年农民人均生活消费支出情况表

	金额(元)	增加额(元)	增长率(%)	结构(%)
生活消费支出	5 797	469	8.8	100.0
其中:服务性支出	2 012	201	11.1	34.7
1. 食品	2 275	73	3.3	39.2
2. 衣着	307	30	10.9	5.3
3. 居住	963	102	11.9	16.6
4. 家庭设备用品	286	36	14.5	4.9
5. 交通和通讯	692	77	12.6	11.9
6. 文化教育娱乐	818	105	14.8	14.1
7. 医疗保健	323	32	11.0	5.6
8. 其他	133	13	10.7	2.3

2009 年,人均衣着消费支出 307 元,同比增长 10.9%。从分类看,服装类的人均购买数量仅上升 2.2%,而人均消费支出(210 元)却增长 10.1%,这说明农民在选择服装时更加注重品牌与档次。农民建(购)房的支出显著增长。2009 年,农民人均居住消费支出 963 元,同比增长 11.9%。其中:购买生活用房消费支出 135 元,增长 13.6%;建筑生活用房材料支出 189 元,增长 13.8%;装修生活用房材料支出 206 元,增长 15.4%。

人均家庭设备用品消费支出 286 元,同比增长 14.5%,增幅位居八大类消费支出第二,仅次于文教娱乐支出。随着家电下乡、以旧换新等措施的推行和一系列优惠政策的出台,农村家电普及率不断提高。2009 年末,全省农村家庭洗衣机、电冰箱、空调和微波炉的百户拥有量分别达到 88.4 台、53.4 台、39.6 台和 26.1 台,比上年增加 3.0 台、4.9 台、4.5 台和 3.2 台。家用电器的升级推动了生活用水、用电的消费。年内农民人均用水、用电消费支出分别为 26 元、130 元,分别增长 12.7%、12.0%。

其余的各项消费支出中,农民人均交通和通讯消费支出 692 元,增长 12.6%。人均文化教育、娱乐消费支出 818 元,增长 14.8%,增幅跃居八大类消费支出之首。农民医疗保健消费人均支出 323 元,增长 11.0%。其他商品和服务支出 133 元,增长 10.7%

3. 浙江省

农民人均生活消费支出不断提高。2005 - 2009 年,农民人均生活消费支出增加了2 160元,年均增长 9.05%。其中,食品、衣着、居住等基本消费增加1 420元,增长 31.17%;家庭设备、用品及服务消费增加 95 元,增长 36.68%;交通通讯、文化娱乐用品及服务、医疗保健等享受型消费增加 614 元,增长 36.77%。(详见表 3 - 53)

表 3 - 53 浙江省 2005 - 2009 年农民人均生活消费支出及其构成

单位:元,%

	2005	2008	2009	年均增长率
生活消费支出	5 215	7 072	7 375	9.05%
食品	2 011	2 690	2 756	8.20%
衣着	310	441	462	10.49%
居住	843	1 425	1 366	12.83%
家庭设备、用品及服务	259	354	354	8.12%
交通和通讯	592	777	866	9.98%
文教娱乐用品及服务	679	733	803	4.28%
医疗保健	399	512	615	11.42%

食品、衣着、居住等基本消费支出占生活消费支出的比重近年来有所增加,由 2005 年的 60.67%增加到 2009 年的 62.16%,增加 1.48 个百分点;交通、通讯、文教娱乐用品及服务、医疗保健等享受型消费比重由 2005 年的 32.02%下降到 2009 年的 30.97%,下降了 1.05 个百分点。

平均每百户农户耐用品拥有量不断增加。2009 年,每百户农户拥有洗衣机、电冰箱、空调机、抽油烟机、移动电话、彩色电视机数量分别为 65.64 台、85.34 台、69.6 台、49.49 台、176.64 部、157.02 台,分别比 2008 年增加了 3.04 台、5.14 台、8.3 台、3.49 台、16.94 部、7.42 台。

六、农村经营体制改革

1.上海市

2009年,上海市在广泛调研基础上,就金融支持“三农”发展、进一步稳定完善农村土地承包关系建立健全土地承包经营权流转市场、推进农村村级集体经济组织产权制度改革等出台了一系列指导性文件。一是稳定和完善农村土地承包关系。已有39个镇、429个村完善了农村土地承包关系,14个试点镇正在推进土地承包经营权流转管理服务中心平台建设。开发建立了市、区县、乡镇、村四级农村土地承包管理信息网络。年内各区县将全面建成农村土地承包经营纠纷调解仲裁机构。二是推进村级集体经济产权制度改革。共有4个区的29个村组建完成24个股份制公司或社区股份合作社,6个村的改制工作正在进行中。同时,全面开展了村级组织清产核资工作。三是金融支持农业和扶持农民专业合作社。出台了《关于上海市金融支持“三农”发展若干意见》,已组建完成2家村镇银行,2家正在筹建。此外10个小城镇改革发展试点单位、5个农村集体建设用地流转试点村也都如期启动。据统计,到2009年底,全市具有一定规模的农业产业化龙头企业达到419家,其中国家级龙头企业15家,市级龙头企业37家,实现销售额419.5亿元,比上年的增加了12%。全市各类农民专业合作社数量达到1 850家,比上年增加47.6%,合作社成员达到6.98万人,比上年增加9.5%,带动当地农户22.88万户,比上年增加21.8%,实现农产品销售额43.25亿元,比上年增加20.9%。全市由农民专业合作社和农业产业化龙头企业带动的农户数量达到33.9万户,其中农民专业合作社带动的农户数量已达到22.88万户,各类农业组织经营的种养殖面积达到185.01万亩,占全市309万亩耕地面积的59%。

2.江苏省

江苏省加快发展农村合作经济组织,创新农业组织形式和经营方式,增强农业农村经济发展活力。以农村“三大合作”为主体的多种形式的农民合作组织快速发展,农村“三大合作”组织累计达27 650家,成员总数541万户,成员数占总农户的36%,依法登记的农民专业合作社入社成员和出资总额均居全国第一。其中,农民专业合作组织23 500家,社员393.5万户;农村土地股份合作社1 130家,社员21.5万户;农村社区股份合作社3 020家,社员126万户。

积极发展土地集中型、专业合作型、统一服务型农业适度规模经营,提高农业经营水平和效益。2009年,全省新增土地流转面积500万亩,累计达1 420万亩,占家庭承包面积的28%;新增农业适度规模经营面积410万亩,累计达2 696万亩。占比提高到38%。

同时,江苏省在58个县(市、区)开展一事一议财政奖补试点,直接受益人口1 700万人。农村集体财务规范化管理合格乡村达90%。集体林权制度改革扎实推进,县级以上兽医管理体制改革基本完成。农村金融改革积极推进,2009年,全省村镇银行达到13家,农村小额贷款公司达150个。农业保险范围扩大,高效农业保险占整个农业保险保费收入的比重提高到13%。

3.浙江省

2009年,浙江省适应城乡协调发展要求,推进农村土地承包权、宅基地使用权等制度创新,完善新型农业经营体制,进一步增强了农业农村发展活力。年内,全省共有54个县(市、区)、810个乡镇、9 036个村成立土地流转服务组织,分别占总县、乡镇和村数的61.3%、55.7%和29.8%。土地流转规模进一步扩大,2009年底全省土地流转总面积633.5万亩,涉及流出土地农户322.9万户,分别占总承包耕地面积、承包经营总农户的32.4%和34.5%。全省新增农民专业合作社6 704家,累计已达15 965家,社员71.5万户,带动农户401.2万户。

七、农村公共服务

1. 上海市

近年来,上海市高度重视农民工同住子女义务教育工作,将其纳入政府保障范围,构建涵盖农民工子女的基本均等的义务教育公共服务。市政府连续两年把农民工子女小学办学设施改造并纳入民办教育管理列为实事工程予以推进。对以招收农民工同住子女为主的民办小学,每校给予50万元办学设施改造补贴,并按成本补贴学校办学经费,2008年按每生1 000元标准、2009年按每生1 500元标准予以补贴,不足部分由区县补足。

社会事业资源配置向郊区农村倾斜。到2009年底,完成了48家郊区社区卫生服务中心、426家标准化村卫生室、500多个农家书屋建设。农村居民最低生活保障标准由每人每年3 200元提高到3 400元。"镇保"月养老金增加65元后达到686元;"农保"月养老金平均已达到309元。65周岁以上老年农民最低养老金月补贴标准提高到100元,60至65周岁老年农民月养老金补贴标准为80元。

2. 江苏省

2009年,江苏省全面推进城乡规划、产业布局、基础设施、公共服务、劳动就业"五个一体化",城乡建设用地增减挂钩、"双置换"试点加快推进。从2003年开始,先后组织实施了两轮农村五件实事工程,2009年起启动实施新一轮农村六件实事工程。解决了450万农村居民饮水安全问题,实现了100万贫困人口基本脱贫。全省所有行政村基本实现通电、通公路、通公交、通自来水、通电话、通有线电视、通宽带网"七通",在全国较早实现了城乡免费义务教育、农村新型合作医疗、城乡最低生活保障全覆盖,新型农村社会养老保险参保人数突破1 000万,2010年年底前将基本实现适龄农民参保、60岁以上老年农民基础养老金发放两个全覆盖,农村生产生活条件显著提高,农村环境面貌明显改善。

3. 浙江省

2009年,浙江省深入实施城乡统筹发展的各项工程建设,改善农村基础设施建设、推进基本公共服务均等化。2009年,浙江省完成通村公路路基、路面改建里程3 397公里,完成农村联网公路建设2 515.5公里,浙江省等级公路通村率达99%,路面硬化率达98.1%,班车通村率达91%。"农民健康工程"顺利推进。2009年,新型农村合作医疗参加人数3 035万人,参合率92%,人均筹资179元,所有县(市、区)人均筹资全部达到140元以上。农村社保取得新进展,农村低保户应保尽保。农村文化体育建设进一步加强。2009年,浙江省共有文化活动团队8 070支,全年累计送戏下乡1.9万场,送书下乡166万册。小康体育村建设全面完成,浙江省共建4 466个小康体育村。

十一　长三角开发区建设

一、长三角开发区情况

1. 开发区的总体情况

开发区是我国对外开放的产物,在长三角两省一市对外开放和经济发展中占有重要的地位。初步统计,经过20多年的发展,长三角两省一市已建成国家级经济技术开发区共15个,国家级保税区3个,国家级高新技术产业开发区8个(表3-54)。除此之外,长三角还拥有4个国家级旅游度假区,各地还拥有众多不同类型的省市级开发区,其中,上海建成宝山工业园区等市级工业开发区26个,江苏则有省级开发区116个,浙江有省级开发区100个。

表3-54　长三角两省一市国家级开发区一览

	国家级经济技术开发区	国家级保税区	国家级高新技术产业开发区
上海	漕河泾新兴技术开发区 闵行经济技术开发区 虹桥经济技术开发区 金桥出口加工区	外高桥保税区	张江高科技园区
江苏	苏州工业园区 昆山经济技术开发区 南京经济技术开发区 南通经济技术开发区 连云港经济技术开发区 扬州经济技术开发区	张家港保税区	南京高新技术产业开发区 苏州高新技术产业开发区 常州高新技术产业开发区 无锡高新技术产业开发区 泰州医药高新技术产业开发区
浙江	杭州经济技术开发区 萧山经济技术开发区 宁波经济技术开发区 宁波大榭开发区 温州经济技术开发区	宁波保税区	杭州高新技术产业开发区 宁波高新技术产业开发区
长三角开发区小记	15	3	8

2. 国家级经济技术开发区情况

2009年,与中西部地区相比,长三角地区国家级经济技术开发区受经济危机的影响较大,闵行经济技术开发区、虹桥经济技术开发区和温州经济技术开发区均出现了负增长(表3-55)。2009年长三角14个国家级经济技术开发区共实现地区生产总值5 123.69亿元,占全国54个国家级开发区总量的28.90%,同比下降了0.72个百分点,其中苏州工业园区实现地区生产总值最多,达到1 120.09亿元,南通经济技术开发区地区生产总值增长最快,为31.27%。

表 3－55　长三角国家级经济技术开发区地区生产总值情况

单位:亿元

开发区名称	2009 年	2008 年	同比
漕河泾新兴经济技术开发区	562. 13	473. 99	18. 60%
闵行经济技术开发区	137. 02	166. 39	－17. 65%
虹桥经济技术开发区	68. 01	91. 94	－26. 02%
上海金桥出口加工区	443. 77	367. 02	20. 91%
南通经济技术开发区	296. 43	225. 82	31. 27%
连云港经济技术开发区	158. 37	126. 33	25. 37%
昆山经济技术开发区	964. 93	843. 46	14. 40%
苏州工业园区	1 120. 09	1 001. 52	11. 84%
南京经济技术开发区	265. 64	206. 18	28. 84%
杭州经济技术开发区	312. 15	291. 73	7. 00%
萧山经济技术开发区	157. 37	138. 80	13. 37%
宁波经济技术开发区	375. 93	353. 12	6. 46%
宁波大榭开发区	130. 04	117. 03	11. 11%
温州经济技术开发区	131. 81	132. 56	－0. 56%

二、上海市开发区情况①

1. 开发区的总体情况

2009 年,上海市开发区积极应对国际金融危机的严重冲击,贯彻落实“保增长、扩内需、调结构”,加快结构调整和发展转型步伐,尽管在招商引资数量、工业生产和出口等方面仍略有下降,但利润和税收依然保持高速增长。(表 3－56)。

表 3－56　2006－2009 年上海市开发区总体情况

	2006 年	2007 年		2008 年		2009 年	
		数值	增幅(%)	数值	增幅(%)	数值	增幅(%)
单位数(个)	3 701. 00	4 651. 00	25. 67	5 821. 00	25. 16	5 662. 00	－2. 73
从业人员(万人)	94. 16	122. 60	30. 20	126. 76	3. 39	129. 60	2. 24
工业总产值(亿元)	8 620. 49	11 392. 93	32. 16	12 626. 56	10. 83	12 309. 50	－2. 51
出口交货值(亿元)	4 009. 35	5 326. 97	32. 86	5 812. 54	9. 12	5 247. 53	－9. 72
利润总额(亿元)	414. 38	612. 27	47. 76	523. 79	－14. 45	706. 27	34. 84
税金总额(亿元)	222. 58	281. 11	26. 30	292. 09	3. 91	329. 66	12. 86

①本专题所指上海开发区为市级以上工业开发区

2. 国家级开发区情况

2009 年上海市国家级开发区共有 943 个单位,比 2008 年减少 83 个,降幅为 8. 09%;从业人员为 42. 61 万人,比 2008 年增加了 1. 75 万人,增幅为 4. 28%;工业总产值和出口交货值分别为6 061. 96 亿元和3 365. 23亿元,同比分别下降了 4. 31% 和 15. 98%;利润总额和税金总额有大幅提高,并达到 2006 年以来的最高峰,分别为 347. 30 亿元和 165. 20 亿元,同比上升了 41. 35% 和 37. 55%(表 3 – 57)。

表 3 –57　2006 –2009 年上海市国家级开发区总体情况

	2006 年	2007 年	2008 年	2009 年
单位数(个)	842. 00	878. 00	1 026. 00	943. 00
从业人员(万人)	33. 83	41. 87	40. 86	42. 61
工业总产值(亿元)	4 698. 43	6 009. 43	6 335. 32	6 061. 96
出口交货值(亿元)	2 870. 61	3 781. 75	4 005. 15	3 365. 23
利润总额(亿元)	235. 80	294. 96	245. 70	347. 30
税金总额(亿元)	107. 92	131. 49	120. 10	165. 20

3. 市级开发区情况

2009 年,上海市级开发区共有4 719个单位,比 2008 年减少 76 个,降幅为 1. 58%;从业人员为 86. 99 万人,比 2008 年增加 1. 09 万人,增幅为 1. 27%;工业总产值6 247. 54亿元,较 2008 年略有下降,降幅为 0. 69%;出口交货值和利润总额再创 2006 年以来的新高,分别达到1 882. 30亿元和 358. 97 亿元,同比分别增长 4. 14% 和 29. 08%;税金总额 164. 46 亿元,较 2008 年有所下降,降幅为 4. 38%(表 3 –58)。

表 3 –58　2006 –2009 年上海市市级开发区总体情况

	2006 年	2007 年	2008 年	2009 年
单位数(个)	2 859. 00	3 773. 00	4 795. 00	4 719. 00
从业人员(万人)	60. 33	80. 73	85. 90	86. 99
工业总产值(亿元)	3 922. 06	5 383. 50	6 291. 24	6 247. 54
出口交货值(亿元)	1 138. 74	1 545. 22	1 807. 39	1 882. 30
利润总额(亿元)	178. 58	317. 31	278. 09	358. 97
税金总额(亿元)	114. 66	149. 62	171. 99	164. 46

4. 2009 年发展的主要特点

2009 年,上海市共有 7 个国家级工业园区和 26 个市级工业园区,其余为区级配套工业区(表 3 –59)。

表3－59　上海工业园区主要经济指标(2009年)

单位:亿元

名称	工业总产值	比上年增长(%)	出口交货值	比上年增长(%)	利润总额	比上年增长(%)
总计	12 309.50	-2.51	5 247.53	-9.72	706.27	34.84
国家级开发区	6 061.96	-4.31	3 365.23	-15.98	347.30	41.35
外高桥保税区	565.76	1.38	189.47	-45.39	25.48	-15.66
金桥出口加工区	1 718.92	7.28	321.66	-23.33	171.18	90.94
张江高科技园区	447.69	6.67	168.90	-21.73	64.42	40.84
漕河泾新兴技术开发区	650.23	-11.12	439.06	-18.37	26.65	61.03
漕河泾出口加工区	576.87	31.73	490.43	19.24	2.26	413.64
闵行经济技术开发区	348.41	-31.28	59.35	-31.29	38.82	-7.59
松江出口加工区	1 754.07	-15.62	1 696.38	-14.64	18.49	-12.37
市级开发区	6 247.54	-0.69	1 882.30	4.14	358.97	29.08
宝山工业园区	161.01	-8.61	23.31	-49.19	14.37	-5.40
月杨工业园区	141.34	-10.67	8.08	-27.73	8.41	39.47
富盛经济开发区	0.74	117.65	0.51	363.64	0.02	-200.00
浦东空港工业园区	110.52	-2.36	17.42	-36.70	7.52	-16.72
嘉定区工业园区	699.07	-8.40	185.65	-39.90	45.31	58.70
嘉定区汽车产业园区	398.27	-53.16	34.33	-55.04	31.45	-31.14
莘庄工业区	569.44	-13.48	144.64	-32.16	31.97	7.75
青浦工业园区	486.69	-1.89	126.73	-21.87	29.52	63.91
西郊经济开发区	149.77	-25.91	42.07	-22.47	3.83	28.09
松江工业园区	829.87	-0.80	239.92	-15.35	41.73	25.88
松江经济开发区	97.85	-8.28	24.50	-20.20	6.76	44.75
奉贤经济开发区	234.46	0.03	99.75	-20.58	13.80	27.66
金山工业园区	139.65	3.64	15.40	-26.98	4.44	86.55
枫泾工业园区	110.96	-13.96	8.81	-31.86	7.06	89.78
朱泾工业园区	20.12	-	5.86	-	0.68	-
市北工业园区	13.66	-51.28	4.28	-37.43	0.46	6.98
崇明工业园区	7.67	-18.58	0.55	-45.54	0.13	-80.30
星火工业园区	145.48	29.48	24.61	84.62	6.32	53.40
紫竹高新技术产业园区	99.66	819.37	7.73	8.42	13.09	990.83
浦东康桥工业园区	731.62	24.30	433.16	37.12	36.85	-6.02
化学工业园区	374.91	-16.99	29.53	-12.71	-1.19	-119.64
新杨工业园区	15.58	-8.68	0.38	-54.22	2.21	15.71
浦东合庆工业园区	101.07	13.02	27.18	52.95	3.63	-11.68
南汇工业园区	81.80	22.75	25.76	9.71	4.82	-14.99
奉城工业园区	13.79	-	0.00	-	1.27	-
未来岛物流科技园区	24.38	-30.42	4.34	-42.36	4.74	14.49

结合表3－59,可以看出,上海市开发区呈现以下一些特点:

(1)工业生产总值小幅下降

2009年末,全市工业开发区共有5 662户企业,从业人员人数129.6万人。全年完成工业总产值12 309.5亿元,比上年降低2.51%;占全市工业总产值的49.46%,比重同比上升0.21个百分点。其中,国家级开发区完成工业总产值6 061.96亿元,比上年降低4.31%,;市级开发区完成工业总产值6 247.54亿元,降低0.69 %。

(2)出口持续低迷

上海开发区作为对外开放程度比较高的区域,受到国际金融危机冲击较大。2009年上海开发区工业出口持续低迷,出口外向度下降,全年完成出口交货值5 247.53亿元,比上年下降9.72%。33个工业开发区中,只有7个区的出口交货值比上年增加。其中,松江出口加工区出口居各开发区之首,完成出口交货值1 696.38亿元,较08年下降了14.64%,降幅进一步增大;富盛经济开发区增长最快,出口交货值0.51亿元,增长3.64倍;星火工业园区的出口交货值增长速度也较快,达到84.62%。

(3)利润逆势增长

2009年,工业开发区实现利润总额706.27亿元,比上年增长34.84%。其中,国家级开发区利润总额347.30亿元,增长41.35%;市级工业区利润总额358.97亿元,增长29.08%。大多数开发区都实现盈利。其中,金桥出口加工区利润总额最多,为171.18亿元,同比增长90.94%;紫竹高新技术产业园区增长幅度最大,达990.83%。

三、江苏省开发区情况②

1. 开发区的总体情况

江苏开发区经历了上个世纪80年代的创业探索阶段、90年代的迅速发展阶段、近年来在发展中提高的阶段,已成为全省经济的重要增长极、实施五大战略的重要载体,在发展开放型经济和新兴产业方面发挥了吸纳集聚和辐射作用,在体制创新和技术创新方面发挥了先行示范和带动作用。2009年,江苏省开发区业务再创新高,达到70 681.21亿元,比上年增长24.52%;进出口总额出现2006年以来的首次滑坡,只有26 006 292万美元,比上年下降10.25%,其中出口额为14 776 250,降幅为11.29%(表3－60)。

表3－60　2006－2009年江苏省开发区总体情况

	2006年	2007年	2008年	2009年
业务总收入(亿元)	33 724.51	43 713.61	56 761.29	70 681.21
进出口总额(万美元)	21 021 353.00	25 325 878.00	28 976 810.00	26 006 292.00
# 出口额(万美元)	11 403 417.00	14 184 339.00	16 657 481.00	14 776 250.00

2. 开发区的增长情况

2006－2009年,江苏省业务总收入增长最快的年份是2006年,为45.44%,最慢的是2009年,为24.52%;进出口总额和出口额的增幅都呈逐年递减趋势,分别从2006年的30.78%和37.38%下降到2009年的－10.25%和－11.29%(表3－61)。

②本专题所指江苏省开发区为省级以上开发区

表 3－61　2006－2009 年江苏省开发区增长情况

单位:%

	2006 年	2007 年	2008 年	2009 年
业务总收入	45.44	29.62	29.85	24.52
进出口总额	30.78	20.48	14.42	－10.25
# 出口额	37.38	24.39	17.44	－11.29

3. 2009 年发展的主要特点

2009 年,面对金融危机、人民币升值、原材料价格上涨、劳动力成本上升等不利因素影响,江苏省开发区在省委、省政府的领导下,以科学发展观统领经济和社会发展全局,坚持集约开发,在挑战中抢抓机遇,在创新中谋求发展,确保了经济平稳发展,为全省经济社会发展做出了重大的贡献。

(1)业务总收入保持高位运行

据统计,2009 年,全省共有 129 个开发区,其中国家级开发区 15 个,省级开发区 116 个。全省省级以上开发区实现业务总收入70 681.21亿元,同比增长 24.52%,增速与 2008 年相比有所下降。

(2)地方一般预算收入保持较高增速

2009 年,江苏省完成地方一般预算收入3 228.78亿元,同比增长 18.21%,其中国家级开发区完成436.50 亿元,同比增长 17.06%,增幅下降了 14.21 个百分点,占江苏省开发区完成地方一般财政收入的 37.50%,占比下降了 2.91 个百分点。

(3)利用外资略有下降

尽管受到金融危机的影响,江苏省开发区在招商引资方面并没有出现大幅下降,全年实际外商直接投资额 190.9 亿美元,同比下降 1.6%,占全省总量的 75.40%,比重同比下降 1.6 个百分点。

(4)进出口好于全省平均水平

2009 年,全省开发区完成进出口总额2 600.63亿美元,比上年减少 10.25%,占全省总量的 76.8%,降幅低于江苏省 3.37 个百分点,占比提高了 6.1 个百分点;其中出口额1 477.63亿美元,比上年减少 11.29%,占全省出口总量的 74.16%,降幅低于江苏省 8.18 个百分点,占比提高了 7.96 个百分点。

四、浙江省开发区情况③

1. 开发区基本建设情况

面对国际金融危机的严峻挑战,浙江省各开发区以科学发展观为指导,以“两创”总战略为引领,以开发区整合提升为契机,加快经济结构调整和发展方式转变,平台建设取得重大进展,经济发展保持稳中求进,为促进全省经济企稳回升做出了积极贡献。

2009 年,浙江省引进外资数量和到位外资金额在困境中实现逆势增长,成为长三角两省一市中唯一利用外资实现增长的省份。全年引进入园企业7 989家,其中工业企业3 265家,外资及港澳台企业 684 家,高新技术企业 171 家,投产企业5 610家,比上年分别增长 4.68 %、3.17%、0.00 % 和 20.41%。实际到位外资 62.4 亿美元,比上年增长 14.92 %;相应的基础设施投入和拆迁成本也随之上升,基础建设投入 545.1 亿元,拆迁安置补偿款 128.1 亿元,入园企业投资额2 230.0亿元,同比分别增长 15.81 %、38.19 % 和 15.97 %(表 3－62)。

③本专题所指浙江省开发区为省级以上开发区

表 3 –62　开发区(园区)基本建设情况

	2008 年	2009 年	至 2009 年累计
引进项目(个)			
入园企业	8 400.0	7 989.0	69 504.0
#工业企业	3 119.0	3 265.0	40 146.0
外资及港澳台	663.0	684.0	9 498.0
高新技术企业	171.0	171.0	2 292.0
投产企业	4 659.0	5 610.0	50 708.0
引进外资(亿美元)			
实际到位外资	54.3	62.4	469.2
投资(亿元)			
基础建设投入	470.7	545.1	3 515.8
拆迁安置补偿款	92.7	128.1	835.0
入园企业投资额	1 922.9	2 230.0	15 897.9

从单个开发区来看,外商投资前三位的开发区分别是杭州经济技术开发区、宁波经济技术开发区和杭州高新技术开发区,投资额分别为59 002万美元、57 089万美元和52 756万美元。其中杭州经济技术开发区从第三名跃升至第一名,外商投资额有了突破性的进展,增长了 1.27 倍。

2. 开发区经济效益情况

2009 年浙江省开发区经济运行总体向好,除出口有所下降外,其余反映生产、利润和利税的指标都呈上升态势,其中实现工业总产值18 225.3亿元,同比增长 3.64%;工业增加值4 064.7亿元,同比增长 15.99 %;出口交货值3 810.0亿元,同比下降 13.70 %;实现利税总额1 790.9亿元,利润总额1 021.3亿元,同比分别上升45.63 %和49.07 %。

表 3 –63　开发区(园区)主要经济指标

指标(亿元)	2009 年	上年同期	同比
工业总产值	18 225.3	17 585.5	3.64%
工业增加值	4 064.7	3 504.3	15.99%
出口交货值	3 810.0	4 414.8	–13.70%
利税总额	1 790.9	1 229.8	45.63%
#利润总额	1 021.3	685.1	49.07%

五、长三角开发区的未来发展

1. 面临的挑战

(1)土地约束与开发建设的矛盾突出

国土资源部核准的开发区面积,长三角地区的大多数开发区已基本用尽,目前又无法及时补充所需的适量土地资源,相当一批进区项目受到不同程度的影响,开发区集约发展和结构调整的任务十分紧迫。《国务院关于加强土地调控有关问题的通知》进一步规范和严格了土地管理,依赖土地等要素驱动的增长方式难以为继。

(2)部分开发区基础设施投融资难度加大

开发区一般是按照开发土地、举债经营、滚动发展的运行模式进行开发建设的。开发区基础设施建设资金主要依靠银行贷款,政府财政投入很少,又缺乏市场化融资方式和渠道,资金紧张状况短期难以解决。同时,作为开发区发展时形成的高负债也遇到考验。

(3)开发区特殊优惠政策渐趋淡化

随着开发区域的迅速扩大,同时中国市场与世贸规则的逐渐接轨,开发区依靠特殊优惠政策的优势逐渐消退。各地开发区纷纷各自为政,竞相出台自己的土地政策,低价出让土地,减免税费,返还税收,营造小特区的环境,其负面作用是明显的。与此同时,许多发展中国家特别是我国周边地区的发展中国家加快改善基础设施条件,采取十分优惠的税收政策,国际资本分流速度加快,导致国际间、地区间引资竞争更趋激烈。

(4)科学规划滞后产业布局不合理

长三角地区开发区虽然起步早,但规划布局并不合理,开发区的建设规划、用地规划调整滞后。许多开发区在建设初期,为了尽快启动建设产生经济效益,没有把握好规划定位与项目引进的关系,以致项目进区门槛低,类别分散零乱,没有形成产业特色和产业链,不利于产业集聚、企业集群、人才集中。

(5)产业雷同,层次不高

开发区之间产业雷同现象较为严重。许多开发区引进的外资项目大都处于产业链的末端,核心技术和关键部件大量依靠进口,生产过程主要集中在劳动密集型的一般加工组装环节,缺乏自主知识产权的技术和品牌。高新技术产业本土化率低,不少企业自主创新动力不足,引进国外先进技术设备的溢出效应不强。风险投资机制尚未形成,导致支持科技创新创业的资本短缺。

(6)体制管理出现“复归”现象

随着开发区实际管辖范围的扩大,开发区所承担的社会管理事务日益繁重,管理机构膨胀,管理人员增多,有的地方把开发区作为安置干部的机构。开发区“小政府、大社会”、“精简、高效”的体制优势趋向“复归”。开发区对项目立项、申报、审批等方面的行政能力弱化,原先享有的许多职权随着审批制度改革被逐渐收回,开发区在规划、登记等诸多方面都必须“层层通、关关过”,致使开发区“一站式服务”难以实现,行政效率降低。

2. 对策建议分析

(1)坚持集约发展,不断增强开发区的资源利用力

当前,土地紧张、资金紧缺、能源不足等问题,在一定程度上困扰和制约着长三角地区开发区的建设发展。这种状况短期内难以明显改观,从长远看,从严审批、从紧用地的政策将会长期执行。开发区的发展已经到了战略转型的关键时期,必须由外延扩张向内涵提升转型,由量的扩张向质的提高转型,努力提高土地集约利用水平,在集约利用资源上求发展。

一是强化资本投入,更强化资源有效利用。从目前和今后来说,资源的约束更强。开发区没有了资源依托,就没有资本的承载能力,再大的项目,再好的企业也无法落户。所以开发区今后的发展,不仅要突出引进资本,继续强化集聚吸纳各类同类生产要素,而且要突出资源的有效利用,把资源放到与资本同等重要的位置。

二是强调投入强度,更强调产出强度。根据产业和科技的发展,进一步改进开发区的评价体系,继续强调投入,提高单位面积的投入强度。同时,随着服务业的开放和高新技术产业的发展,资本投入强度已不是评价项目质量高低的主要指标,而智力、品牌、技术等无形资产是投入的重要指标,特

别要更加突出发展效果的评价。

(2)提高招商水平,不断增强开发区的产业集聚

提高招商引资水平是长三角地区开发区工作的重中之重,加快招商引资向招商选资转变。

一是突出主导产业招商。主导产业的竞争力是开发区核心竞争力的重要体现。围绕培育产业集群,突出主导产业的招商引资。明确产业定位,确定主导产业和核心产品,重点引进主导产业的龙头企业,围绕主导产品的上下游延伸,大力开展产业链招商,由产品优势扩展到产业竞争优势。

二是加强服务业招商。发展服务业是对制造业发展的有力支撑,有利于增强开发区的整体集聚力。当前,国际产业转移的重心已转向服务业,特别是服务外包产业,因此,服务业招商是今后开发区招商引资的重点。大力引进与工业企业相配套的生产性服务业,引进和培育金融、保险、会计、设计、咨询、会展、现代物流、中介机构等产业,把更多的人流、物流、资金流及信息流引进来,使二、三产业协调发展,互动并进。

三是加快科技招商。为支持科技创新实现产业升级,要重点引进技术密集、资金密集型高科技企业,特别是研发中心、设计中心等科技型企业,着力提高长三角地区开发区的科技水平和竞争实力。

四是注重招才引智。前一轮开放,主要在资本国际化上做了大量工作,但在人才国际化上花的精力不多。在新一轮开放中,要大力引进国际科技人才和管理人才,以人才国际化带动经济全球化。各区必须在这些方面有所突破,取得实质性效果。

(3)加快科技创新,不断增强开发区的发展竞争力

开发区的定位应该是两个基地,既是生产制造基地,又是科技创新基地。没有科技创新,开发区是不可持续发展的。

一是大力支持科技创业。科技创业是科技创新的主力军,无锡高新技术开发区引进"海归"施正荣博士,成功创业"尚德"太阳能,在国内外引起强烈反响,掀起"尚德"效应。无锡市制定"53"工程,五年内引进30个"海归",全力支持"海归"科技创业,这个示范效应值得效仿。为此要加快高新技术产业创业中心、留学生创业园等孵化器建设,加大科技风险基金的投入。充分发挥政府资金投入的引导效应,鼓励企业从事技术创新活动。积极鼓励社会力量发展信息咨询、成果转让、专利代理等科技中介机构,为科技创新创业提供配套服务。注重在引进中消化、吸收和创新,加快形成一批拥有自主知识产权的产业。

二是大力培养科技人才。科技人才是科技创新的灵魂,特别是高端人才,包括科技领军人才和科技企业家人才,必须高度重视、积极引进、加快培养。既要为高端人才营造良好的生活环境,更要为高端人才创造必要的发展环境。苏州工业园为高端人才继续学习、更新知识、交流信息服务,专门建立国际研究生园,国内外十多所大学争办研究生院,创造了优良的人才发展环境。

(4)营造环境新优势,不断增强开发区的吸引力

开发区初创时期赋予特殊的扶持政策,促进了开发区的发展。但任何优惠政策都是有时效性的,弱化和趋同是必然的规律。特别是中国加入WTO、实行国民待遇的今天,仅靠政策的优势招商引资是不能长久的。所以,今后开发区的发展主要不是靠优惠政策吸引投资者,而主要靠环境吸引投资者,形成与国际接轨的投资环境。在继续加强投资硬环境的建设的同时,把开发区软环境建设放在更加突出的位置。

一是营造良好的产业配套环境。现在投资者十分重视产业配套环境,要把产业配套率作为开发区环境建设的重要指标。许多开发区已具有很好的产业基础。在强化区内企业配套的同时,要积极寻求与区外企业的配套。昆山出口加工区生产一台笔记本电脑,在70公里范围内953个零部件全部配套。许多整机企业都是因为昆山的IT产业基础好、配套能力强才进行投资的。

二是营造优质的服务环境。人性化服务是职责，高效率是品牌。要不断创造新的服务优势。进一步强化服务业的发展，建设标准统一、结构合理、功能完善、安全可靠的公共信息服务平台，加快“大通关”和现代物流服务体系建设，尽快形成服务集聚区和产业 CBD，为进区企业提供集成服务。

三是营造完善的法制环境。认真贯彻执行《行政许可法》，规范行政行为，依法行政。按照营造高水平的人文生态环境。加快培训适应经济国际化发展的人才队伍，优化高端人才的市场环境和发展环境。采取积极有效措施，改善生态质量，加强环境保护，争取更多的开发区通过 ISO1400 国际环保标准认证，建设生态园区。

(5)坚持制度创新，不断增强开发区的体制新动力

开发区的发展历程就是不断创新的历程。长三角地区的开发区要继续保持开拓创新的优良传统，根据国际经济形势的发展和国际产业转移的变化，根据自身发展的需要，大胆试、大胆闯，探索开发区建设的新路子。

一是体制创新。开发区是以吸引外资和发展高新技术产业为主的特殊经济区域，不是一般的行为区域，要始终坚持小政府、大社会的体制，坚决防止体制“复归”。同时，积极探索新的制度，是开发区不仅要始终走在开放的前列，而且要始终走在改革的前列。

二是功能创新。开发区功能创新是开发区持续发展的动力源泉。进一步创办好各类特色园区，形成整体优势和竞争合力，共享出口加工区、保税区的政策优势，共享产业优势和区位优势，放大出口加工区的政策效应，优势互补，相互促进，共同发展。

十二　长三角科技进步与创新

(一)长三角地区基本情况

2009年,长三角地区R & D支出总额为1 768.6亿元,其中上海432亿元、江苏717.1亿元、浙江619.5亿元。专利申请受理量为34.5万件,其中上海5.3万件、江苏17.4万件、浙江10.9万件。专利申请授权量为20.2万件,其中上海3.5万件、江苏8.7万件、浙江8万件。

表3-64　长三角科技活动情况

	长三角	上海	江苏	浙江
R&D支出(亿元)	1 768.6	432.0	717.1	619.5
专利申请受理量(万件)	34.5	6.2	17.4	10.9
专利申请授权量(万件)	20.2	3.5	8.7	8.0

(二)上海市的基本情况

1. 上海市科技进步发展概况

1)科技队伍迅速壮大

2009年,上海市科技活动人员达23.08万人,为2000年1.71倍;2000年,科技活动经费支出总额为221.38亿元,2009年迅速增长为745.71亿元,年增长率为14.45%。

表3-65　上海市科技活动情况

年份	科技活动人员(万人)	科技活动经费支出总额(亿元)
2000	20.17	221.38
2001	17.57	237.13
2002	17.89	272.93
2003	17.59	304.48
2004	18.25	364.94
2005	19.67	419.34
2006	20.07	436.44
2007	22.79	528.72
2008	23.08	595.39
2009	34.56	745.71

2)科技投入逐年加大

在科技投入方面,2008年,上海市R & D支出为431.98亿元,是2000年的5.63倍,占GDP的比重由 2000 年的 1.61% 提升至 2008 年的 2.9%；地方财政科技经费支出为 215.31 亿元，是 2000 年的 21.36 倍，占地方财政支出的比重由 2000 年的 1.6% 提升至 2008 年的 7.2%。

表 3－66　上海市科技投入情况

年份	R&D 支出（亿元）	R&D 支出占 GDP 比重（%）	地方财政科技经费支出（亿元）	科技经费支出占地方财政支出比重（%）
2000	76.73	1.61	10.08	1.60
2001	88.08	1.69	12.39	1.70
2002	102.36	1.78	15.25	1.70
2003	128.92	1.93	19.84	1.80
2004	170.28	2.11	39.32	2.80
2005	213.77	2.33	79.34	4.80
2006	258.84	2.50	94.89	5.20
2007	307.50	2.52	105.77	4.85
2008	362.30	2.64	115.66	4.42
2009	431.98	2.90	215.31	7.20

3）科技成果稳步增长

2009 年上海市国内专利申请量62 241件，同比增长 17.8%；其中国内发明专利申请数为22 012件，同比增长 23.5%。2009 年上海市国内专利申请量及其中的发明专利申请整体都呈增长趋势，增速较上年有所提高，分别比上年提高了 5.9 和 6.3 个百分点。

表 3－67　2005－2009 年上海市国内专利申请及同比增幅

	2005 年	2006 年	2007 年	2008 年	2009 年
专利申请数（件）	32 741.0	36 042.0	47 205.0	52 835.0	62 241.0
同比增幅（%）	59.9	10.1	31.0	11.9	17.8
其中：发明专利（件）	10 441.0	12 050.0	15 212.0	17 829.0	22 012.0
同比增幅（%）	55.0	15.4	26.2	17.2	23.5

表 3－68　2008、2009 年上海国内三种专利申请结构情况

	专利申请合计（件）	发明专利	实用新型	外观设计
2008 年	52 835	17 829	14 327	20 679
2009 年	62 241	22 012	19 650	20 579

2009 年上海国内发明专利为22 012件，占专利申请总量的 35.4%，实用新型19 650件，外观设计20 579件，二者占专利申请总量的比例分别为：31.5% 和 33.1%。可以看到，发明专利占专利总数的比例较上年上升了 1.6 个百分点，这已是连续第二年增长（2008 年较 2007 年也增长 1.6 个百分点），说明上海专利申请的质量在稳步提升。

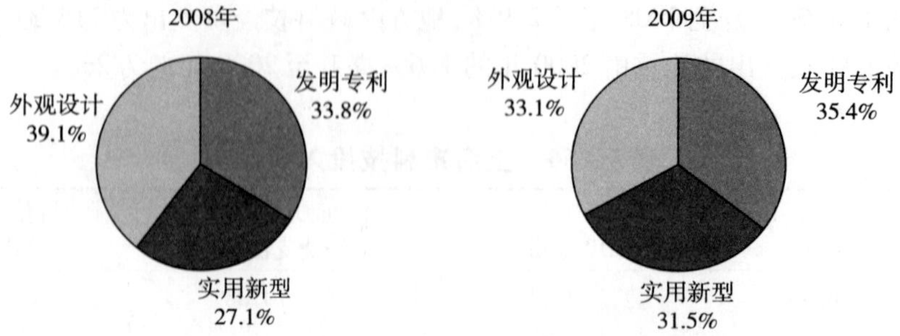

图3-13 2008年和2009年上海市国内三种专利申请比例情况

4)国内专利授权大幅增长

2009年上海市国内专利授权34 913件,同比增幅为42.7%;其中国内发明专利授权5 997件,同比增长40.8%,2009年比2008年两者的增幅分别提高了42.8个百分点和10.1个百分点。

表3-69 2005-2009年上海市国内专利授权情况

	2005年	2006年	2007年	2008年	2009年
专利授权数(件)	12 603.0	16 602.0	24 481.0	24 468.0	34 913.0
同比增幅(%)	13.5	31.7	47.5	-0.1	42.7
其中:发明专利(件)	1 997.0	2 644.0	3 259.0	4 258.0	5 997.0
同比增幅(%)	18.4	32.4	23.3	30.7	40.8

表3-70 2008、2009年上海国内三种专利授权结构

	专利授权合计(件)	发明专利	实用新型	外观设计
2008年	24 468	4 258	11 973	8 237
2009年	34 913	5 997	13 158	15 759

2009年上海市国内三种专利授权总量为34 913件,其中:发明专利为5 997件,实用新型为13 158件,外观设计为15 758件。

2009年上海市国内发明、实用新型、外观设计三种专利占授权总量的比重分别为17.2%、37.7%和45.71%,其中发明专利授权的比重与2008年的17.4%基本持平,实用新型专利下降了11.2个百分点,外观设计专利上升了11.4个百分点。

2. 上海市科技进步的主要经验

1)强化重大项目实施

积极承接国家重大专项,深化部市合作和院市合作,组织优势创新力量,积极承接并抓紧实施"大飞机"、"核高基"等国家重大专项任务,努力实现重大关键技术和共性技术突破,积极承接国家科技支撑计划、863、973等项目,在服务国家战略任务中提升实力。

推进实施市级重大专项。启动实施下一代广电网络、有机发光平板显示等市级重大专项。通过集聚资源和产学研联合攻关,推进若干战略产品和关键技术研发,为促进装备制造业升级和引领现代服务业发展提供技术支撑。加快发展生物与医药产业,研究制定生物医药产业专项政策,做强重

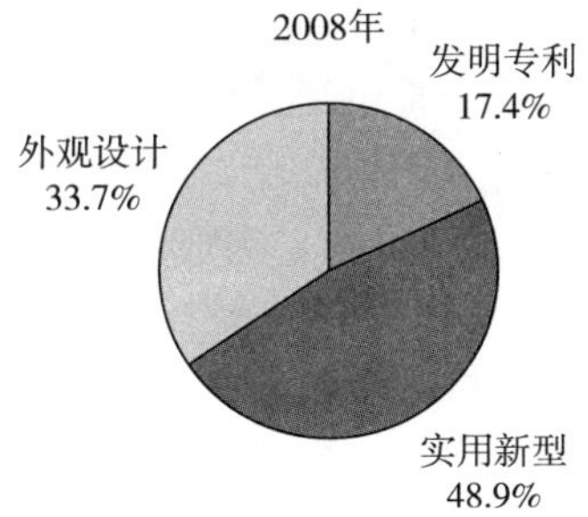

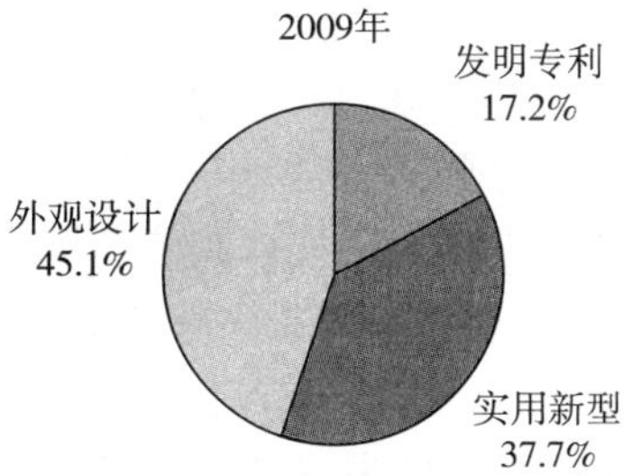

图3-14 2008年和2009年上海市国内三种专利授权比例情况

点企业，做大拳头产品，着力增强本地产业核心竞争力。推进崇明生态岛、临港新城等科技示范工程建设，深化节能减排科技支撑工作，大力推进农业科技创新。围绕市民健康、城市管理、生态治理和环境保护等领域，启动实施一批民生科技项目。

2）强化企业创新主体建设

提升中小企业技术创新能力。动员广大科技人员深入企业、服务企业，鼓励大学、科研院所向企业开放实验室、中试基地等设施。鼓励孵化器和企业开设大学生实习岗位，积极促进大学生就业。继续实施科技小巨人工程。实施“企业加速创新计划”，提高企业技术创新效率。探索实施“事后补贴”扶持方式，支持企业技术创新活动和成果转化。

培育和发展创新集群。重点聚焦数字电视和生物医药研发外包、微创医疗器械等创新热点，完善产业链，推动创新集群的培育和壮大。加快建立技术创新联盟，完善产业配套基础设施。鼓励和支持集群内企业之间、产学研之间的互动交流，促进人才流动、信息交汇和资源共享。

完善研发公共服务平台。进一步完善服务网络，加大向区县推广力度。完善服务模式和流程，加快客户关系管理系统的构建，提升分析诊断能力和个性化服务能力。进一步落实《共享规定》，研究制定《研发平台建设与运行管理办法》。加强共性技术研发和公益性服务。积极推进转制院所深化改革，加快上海科学院的功能定位，增强其在共性技术研发和公益性服务方面的作用。

3）强化创新要素互动

促进区县创新发展。建立并实施与区县及重点企业定点联系制度，跟踪服务企业技术创新需求。加快落实联动协议和工作计划，积极推进区县“科技创新服务中心”建设。全面落实浦东综合配套改革相关任务，加快推进杨浦科技创新型示范城区建设。

服务中央在沪单位发展。鼓励并支持中央在沪研究院所、高校和企业承接重大项目，建设高水平研究基地和人才高地。搭建合作交流平台，促进中央在沪单位与地方机构的合作交流，支持其与企业开展“创新结对”活动，实现其创新成果在沪转化和产业化。

强化国内合作交流。进一步完善长三角创新体系的建设，积极推动国家自主创新综合试验示范区工作，继续推进长三角大型仪器、科技文献和技术交易等平台建设。认真做好对口支援地区及都江堰灾后重建的科技支撑工作。加强与西部、东北和环渤海等地区的科技合作，支持成果转移和人才、信息等交流。

（三）江苏省的基本情况

1. 科技创新综合实力大幅度跃升

2009年，全社会研发投入680亿元，占全省GDP比重突破2%，提前一年完成“十一五”规划目标，基本达到创新型国家投入水平。实施国家重大科技专项项目215项，国拨预算安排27.3亿元；

获国家其它科技计划项目2 300项,国拨经费14亿元,均居全国前列;全省专利申请量17.4万件,继续保持全国第一。113个市、县、区通过全国科技进步考核,通过率95%以上。11个市、33个县(市)、11个城区被评为全国先进,14个县(市、区)成为国家科技进步示范县(市),位居全国第一。南京市被批准为全国唯一的科技体制改革综合试点城市。主持和参与完成的51项成果获国家科学技术奖励,总数居全国第二。科技进步贡献率达52.3%,比上年提高1.6个百分点。据刚公布的《中国区域创新能力报告(2009)》,江苏区域创新能力综合排名跃居全国第一,实现了历史性跨越。

2. 新兴产业发展呈现爆发性增长态势

高新技术产业实现产值21 987亿元,增长19.5%,占规模以上工业比重达30.11%。特别是依靠科技培育战略性新兴产业取得重大进展,当年组织实施135个重大科技成果转化项目,安排省级专项资金11.8亿元,带动社会新增总投入185.7亿元,加上前几年的工作积累,全省新兴产业持续快速增长,新能源、医药及生物技术、新材料、节能环保等实现产值8 782亿元,分别增长31.15%、33.07%、17.55%、26.07%,占全省高新技术产业产值的39.94%,成为带动经济企稳回升的重要力量。同时,产业发展的集聚程度提高,16个国家和省级高新园区集中了全省近40%的高新技术产业产值和60%的新兴产业产值,实现技工贸总收入24 229亿元,增长26.2%。

3. 企业自主创新能力明显提升

江苏被列为国家技术创新工程首批三个试点省份之一。全省企业研发投入大幅增长,总额560亿元,居全国第一,占全社会的83%。大中型企业建立研发机构2 139个,其中本土大中型企业建有研发机构比例达64%。人才加快向企业集聚,三年引进海内外各类创新创业人才团队891个。建设142个院士工作站,吸引全国154名两院院士及其团队参与企业技术创新。创新型企业加快发展,新认定高新技术企业1 355家,总数达2 723家。新认定国家重点高新技术企业136家,居全国第一。民营科技企业24 431家,居全国第一。企业知识创新产出大幅度增加,企业申请专利7.9万件,授权专利4.7万件,均居全国第一;获国家认定重点新产品累计4 292项,占全国1/7;高技术产业新产品产值占全国1/5。

4. 科技服务社会及产学研合作成效显著

启动实施科技服务社会"校企联盟"行动,建立各类"校企联盟"4112个,省内高校院所服务企业的科技人员达18 000多名。建立政策辅导员制度,在全省科技系统开展"千人万企"行动,帮助企业依靠创新应对危机克服困难。"第二届产学研合作成果展示洽谈会",为历年来科技成果展示层次最高、吸引省内外科技成果最多、参展单位规模最大、参展领域最广的一次产学研合作盛会,参展科技成果2 698项,对接洽谈企业达3 598家,共成交合作项目889项,项目总投资161亿元。目前,全省企业已与国内941家高校院所建立稳定合作关系,实施各类产学研项目20 000余项。南京"软博会"、无锡"工业设计博览会"、常州"制造技术展洽会"、苏州"电博会"、连云港"中科院高技术对接会"、徐州和盐城"成果交易会"、扬州"成果展洽会"、镇江"军民两用成果对接会"、淮安和泰州"科技洽谈会"、南通和宿迁"走进高校院所"等地方产学研活动各具特色。深入推进与国家重点科教单位合作,苏州纳米所、苏州医工所、连云港能源动力中心等重大合作平台建设取得实质性进展,中国传感网产业发展中心、国家传感网工程技术研究中心等新的平台建设启动。与中科院合作项目产出突破300亿元,成为中科院在全国合作面最宽、规模最大、产出最多的省份。

5. 创新载体和平台建设达到新的水平

泰州医药城被批准为国家医药高新技术产业开发区。苏州高新区、无锡高新区、苏州工业园被列为国家创新型试点园区,规划建设的南京创新创业模范路、常州科教城等10个省创新核心区取得较大进展。新获批2个国家级大学科技园、15个国家级高新技术创业服务中心,全省国家级创业载体达49家,各类科技创业园和科技企业孵化器200家,孵化面积941万平方米,在孵科技企业11 421

家，分别占全国的1/3和1/5。新获批国家高技术特色产业基地9家，总数达68家，新增国家国际科技合作基地4家，总数13家，均居全国第一。加强基层创新组织建设，启动首批30个创新专业镇。创建国家级各类创新平台取得较大突破，新建国家级重点实验室、工程技术研究中心等平台8家，总数47家。建立13家企业研究院、15个重大产业创新支撑平台。在新兴产业和高科技企业集中的高新园区、特色产业基地等，建设230家科技公共服务平台，服务企业15 000多家。面向苏北苏中建设47个科技成果转化服务中心，在13所重点高校设立技术转移中心，累计转让技术成果1 000多项。科技服务业收入达261亿元，同比增长30%。

6. 农业和民生领域科技创新迈出新的步伐

实施农业优良品种培育工程和粮食丰产科技工程，育成农业新品种104个，项目区新增稻谷122万吨，新增效益15.5亿元，兴化百亩攻关田创亩产937.2公斤的新纪录。培育建设156家农业科技型企业、34个现代农业科技园以及8个农业产业技术创新战略联盟，充分发挥对农业科技创新的示范带动作用。组织开展"送科技下乡，促农民增收"活动，实施2 300个科技短平快项目，带动500万农民增收20.5亿元。开展农村科技服务超市建设试点。深化科技富民强县专项行动，累计建立21个国家试点县和5个省级重点县。加快苏北41个科技特色产业提档升级，支持形成优势产品和产业集群。大力推进社会主义新农村建设，创建了5个各具特色的建设模式。深入实施科技惠民工程，共安排科技计划项目99项，组织实施"江苏网络警务工程"、"亚健康状态预防与改善的综合技术措施研究与应用示范"等一批重点项目，发挥了较好的科技支撑和示范作用。科技治太进展顺利，组织实施88个太湖水污染治理科技专项项目，有近一半的项目顺利通过验收发挥重要作用，其中，攻关研制的88艘蓝藻打捞船蓝藻打捞量占总量的30%，确保了太湖安全度夏。宜兴、太仓、常熟、昆山4市被新批为国家可持续发展实验区，全省已达10个，全国最多。科技支撑节能减排成效明显，扬州市被列入全国首批"十城万盏"试点城市。

（四）浙江省的基本情况

1. 科技进步发展现状

2009年，浙江继续加大科技投入力度，全年全社会科技活动经费投入619.5亿元，占全省生产总值的比例为2.9%，比上年提高0.11个百分点。R&D经费占全省生产总值的比例为1.6%，比上年提高0.08个百分点。地方财政科技投入86.8亿元，比上年增长21.3%；地方财政科技拨款占地方财政支出的比重为3.93%。

2009年末，全省拥有县及县以上独立的研究开发机构150家，省级以上重点实验室（含试验基地）145家、省级高新技术企业研发中心813家，国家认定的企业技术中心37家；拥有省级区域科技创新服务中心107家，国家级示范生产力促进中心9家。全年受理专利申请10.9万件，授权专利8万件，分别比上年增长21.1%和50.9%。全年技术市场合同成交金额58.9亿元。

2. 浙江科技进步主要经验

1）加强科技宣传与普及，推进依法兴科

全面实施知识产权战略。研究制定推进国家知识产权战略实施意见，加大发明专利扶持力度，鼓励企业购买国内外发明专利特别是重大发明专利。开展专利执法专项行动，提高知识产权创造、应用和保护水平。推行和完善技术要素参与股权和收益分配的政策。推进知识产权试点示范工作，培育100家左右省级专利示范企业。加强杭州、宁波、温州和金华完成国家知识产权示范城市创建工作，培育8家左右省级知识产权示范创建县（市、区）、园区。

建立健全支持企业自主创新的投融资体系。鼓励有条件的市县设立创业风险投资引导基金，积极引进国内外风险投资机构，大力发展创业风险投资。探索兴办科技担保公司、小额科技贷款公司和科技开发银行(商业银行科技支行),探索科技型企业开展股权质押登记试点,规范并逐步推广专利权质押贷款业务。鼓励高新技术企业和科技型中小企业充分利用资本市场包括股权交易市场筹措资金,积极争取到国内外资本市场上市或收购重组上市公司。

3. 加快培养和引进创新人才,加强国内外科技合作

支持符合条件的高校、科研机构及部分国家级高新区建立海外高层次人才创新创业基地。抓住全球金融危机对国外企业的影响,积极吸引留学生和外籍专家来浙江创新创业,积极支持留学生和外籍专家主持重大科研项目和工程项目。有条件的市县都要设立科技企业孵化器种子资金,支持留学生和外籍专家领办创办科技型企业。继续推进钱江人才计划、新苗人才计划和高技能人才技术创新计划,支持留学生、研究生、大学生和高技能人才创新创业。

加强基础研究和竞争前技术研究。根据浙江科技经济发展的长远战略目标,从优势学科和人才条件出发,选择有一定研究基础、在具有广阔应用前景和对经济社会发展关系重大的领域,加强应用基础研究。

加强国内外科技合作,组织实施一批国内科技成果转化和国外引进消化吸收再创新的重大重点项目,支持有条件的企业抢抓机遇,收购、兼并发达国家的企业研发设计机构和知名品牌。深入实施引进大院名校共建创新载体战略,鼓励有条件的市县引进共建创新园区和重大科技产业化项目,争取新引进共建各类创新载体15家以上。

4. 加快建设各类创新平台和创新载体

加快企业研发机构建设。支持有条件的企业建立研发机构,积极推动高新技术企业建立研发中心,传统企业建立技术中心,新建140家以上省级企业研发(技术)中心。鼓励大中型企业与高校、科研院所联合共建研发机构;鼓励有条件的大企业建立研究院,争取成为国家企业技术(工程)中心。

加快重点实验室和试验基地的建设。研究制定《省级重点实验室和试验基地管理办法》,现有的国家及省级重点实验室要进一步提高水平,强化公共服务。围绕点产业和优势技术领域,在大型企业、高校、科研院所,以产学研结合方式新建一批省级重点实验室和试验基地。高校、科研院所的重点实验室、试验基地等各类科研和测试设备都要主动向企业开放,提供优质服务,支持企业技术创新。

加快科技企业孵化器建设。进一步扩大科技企业孵化器的孵化面积,强化孵化功能,建立公共实验室、检测中心、商务中心、信息服务平台,帮助在孵企业开展工商登记、专利代理、金融保险、运输物流、会计、统计、税务、培训等方面的配套服务。全年新建5家以上省级和国家级科技企业孵化器,新增孵化面积30万平方米。

加快区域创新服务中心建设。紧紧围绕区域特色优势产业发展的需要,加强产学研合作,提高创新服务能力,为中小企业和广大农户提供技术开发、技术转让、技术咨询、技术服务、技术培训,有条件的要整合、集聚区域内外的创新资源,争取发展成为区域创新平台。依托大中型企业设立的区域创新服务中心要防止仅为本企业服务,要通过产业技术分工、技术转移和技术服务,形成大企业带动中小企业发展的有效机制。

大力发展技术市场和科技会展。进一步办好中国浙江网上技术市场及其活动周,重点抓好中介服务和英文版建设。加快技术转移、技术经纪、科技咨询、科技评估等中介机构的发展,提高专业技术水平,建立广泛、稳定的服务网络和丰富的专家、成果、项目、信息资源库,提高专利代理机构的代理和诉讼水平,改进服务质量和效率,树立品牌,扩大规模,增强涉外专利代理和诉讼能力。积极开展面向企业和科技人员的专利服务工作。鼓励各地办好科技会展业,支持企业积极参与国内外会展,鼓励中介机构创办专业性会展。

加快三类重大创新平台建设。对已启动和运行的33个重大创新平台,继续抓好组织、制度、资金、服务、项目五落实，着力创新体制机制，整合科技资源，强化公共服务，加强绩效评估。大力发展行业和区域的产学研战略联盟，增强企业的自主创新能力。

5. 加快提升工业自主创新能力

加快实施先进制造业科技创新工程。以组织实施重大科技专项和项目为抓手，大力发展高新技术产业，加快运用高新技术改造传统产业，加快发展装备制造业。进一步凝练主题，突出重点，紧紧围绕6个破千亿重点高新技术产业和6个重点传统产业，集中资源，实施网络通信技术及装备、软件与集成电路设计、重大应用电子技术和新型电子元器件、生物制药、重大机电装备、可再生能源利用、现代纺织与服装、高档皮塑加工、绿色化工等重大科技专项。

加快建设高新技术产业园区和特色产业基地。提升高新技术园区和特色产业基地的公共技术服务功能，办好杭州、宁波2个国家级高新区，软件、信息、生物、新材料4个国家高技术产业基地，11个省级高新技术产业园区，新建省级和国家火炬计划产业基地6家以上，使产业基地达到60家以上。鼓励经济技术开发区发展成为高新园区，支持有条件的省级高新园区争取成为国家级高新区，把园区（开发区）建设成为经济转型升级的示范区。

积极培育高新技术企业和科技型中小企业。抓好国家级和省级创新型试点示范工作，在创新型示范、试点企业中开展创新方法的培训、推广和应用工作，努力提高企业的创新能力。支持企业引进、转化和应用最新科研成果与先进技术，从快从多认定高新技术企业，使其及早享受国家减免税扶持政策。对暂时不符合国家规定的企业，也要帮助其制订方案，尽早发展为高新技术企业。

十三　长三角信息化

信息化是推动经济社会变革的重要力量。信息资源作为生产要素、无形资产和社会财富,在资源结构中具有不可替代的地位。信息技术对提高劳动生产率、降低能源资源消耗和生产成本、加快社会事业发展有着巨大的推动作用。2009 年,为了应对金融危机,调整经济结构,发达国家重新开始重视实体经济,实施了以先进制造业为核心的"再工业化",提出了一系列"IT 救市"计划,如美国的"智慧地球"、日本的"i - Japan 战略 2015"、"新西兰数字战略 2.0"、"数字英国"、"IT 韩国未来战略"等,希望通过信息化实现经济的振兴。而在长三角,信息化已经成为与工业化、城镇化、市场化、国际化同样具有深远影响的战略举措。2009 年长三角通过推进信息化,促进经济发展方式的转变,建设资源节约型社会与环境友好型社会,取得显著成效。

一、长三角年信息化的现状成果

作为中国经济最发达、开放度最高、最具发展潜力的地区,长三角的信息化建设起步早,成果多,目前信息基础设施框架基本建成,信息产业飞速发展壮大、信息技术应用日趋深入,在中国信息化发展中名列前茅。根据 2009 年国家统计局研究报告,2008 年中国信息化发展指数达到 0.645,而长三角三地信息化发展指数均高于平均水平,如表 3 - 71 所示。

表 3 - 71　全国及信息化五类地区总指数与分类指数

层级	指数	基础设施指数	使用指数	知识指数	环境与效果指数	信息消费指数	总指数
	全国合计	0.409	0.887	0.794	0.555	0.516	0.645
第一层	北京、上海	0.789	0.997	0.869	0.892	0.697	0.868
第二层	天津、浙江、广东、江苏、福建、辽宁、陕西、山东、重庆、山西	0.500	0.918	0.806	0.553	0.549	0.681
第三层	吉林、新疆、河北、黑龙江、湖北、内蒙古、海南、宁夏、湖南、江西、四川、广西	0.355	0.860	0.802	0.468	0.473	0.605
第四层	青海、安徽、河南、甘肃、云南、贵州	0.288	0.830	0.744	0.456	0.467	0.566
第五层	西藏	0.266	0.851	0.559	0.507	0.331	0.525

2009 年,上海市以世博信息化配套建设及服务保障为重点,全面展开"城市光网"行动,借助"城市光网",上海的宽带网络将一步跨进"百兆时代"。江苏省提出"崛起、创新、渗透、跨越"的信息化发展主题,并将信息化作为落实科学发展观、建设和谐社会以及富民强省和"两个率先"的重要路径。浙江突出信息化与工业化融合这一主线,实施信息技术倍增行动计划、城乡统筹发展信息化行动计划和信息产业振兴行动计划,充分发挥信息技术产业经济增长"倍增器"、发展方式"转换器"和产业升级"助推器"的作用,推进"数字浙江"再上新台阶。通过统筹规划与科学引导,长三角信息化正在逐步从经济领域向社会生活领域渗透与扩展,以市场需求为导向,以便民利民为宗旨的社会、文化信

息服务体系正在完善，基本形成政府信息化、企业信息化、家庭信息化三者良性互动的发展格局。

1. 上海信息化

2009 年，上海信息化建设取得显著成效。一、信息基础设施能级不断提升。国际互联网出口带宽超过 200G；实现总量超过 80 万用户的光纤接入到户覆盖能力；新建第三代移动通信（3G）室外基站和室内覆盖7 000个，覆盖了中心城区、郊区主要城镇和重要交通干线沿线，3G 用户超过 80 万；固定通信、移动通信、有线电视、宽带接入等信息通信服务基本实现按需接入，家庭宽带普及率约为 56%；推进长江隧桥、虹桥综合交通枢纽等市重大工程信息基础设施配套建设。二、政务领域信息化取得新成效。启动实有人口信息管理系统（二期）、法人信息共享和应用系统建设，空间地理信息共享和交换平台形成初步方案；公文类信息目备案 10.5 万条，政务信息目录体系试点取得阶段性成果；全市行政审批办事平台完成功能框架建设，世博安保、公路客运信息、苏州河综合监控、环保信息化能力等一批信息系统启动建设。三、经济领域信息化取得新进展。推动 B2B、B2C 电子商务应用，扶持重点领域行业性电子商务平台建设，开展电子商务进校园等迎世博推广实践活动；电子商务交易额达3 000亿元，比上年增长 25% 以上；银行卡产业呈现较快增长，截至 2009 年 11 月银行卡交易金额8 437.89亿元，同比增长 34%；深化电子口岸发展，平台联网用户3 500家，交易额达 924 亿元。四、社会领域信息化取得新成果。完成 5 个网站无障碍标准化改造；城市网格化管理实现城市化地区全覆盖并向全市域延伸；市政府实事项目“千村万户”农村信息化培训普及工程完成培训 3.47 万人，宣传普及 31.61 万人，超额完成年度任务；“医联工程”覆盖 23 家市级医院，基本实现诊疗信息共享；建成新型农村合作医疗信息系统，实现 800 所村卫生室的实时结算。五、信息安全保障能力持续增强。市灾备中心信息系统启动建设；推进工信部“政府信息系统上互联网出口归并试点”，形成“1 +9”项目推进方案；落实重要信息系统等级保护、安全测评工作，完成 60 周年国庆信息安全检查任务；完善世博会信息安全保障机制，协调信息安全重点单位签订“世博会信息安全保障工作责任书”，推进世博会系留气球监测系统项目实施。主要数据如表 3 - 72 所示。

表 3 - 72　上海市信息化发展状况

年份	2006 年	2007 年	2008 年	2009 年
电信业务总量（亿元）	511.41	668.00	776.1	806.86
年末固定电话用户（万户）	1 112.00	1 022.00	1 015.4	935.48
移动电话用户（万户）	1 609.50	1 776.50	1 880.9	2 106.32
全年长途通话时长（亿分钟）	151.40	189.80	194.2	190.86
移动电话通话时长（亿分钟）	453.40	661.60	783.2	877.89
国际互联网用户（万人）	957.00	1 080.00	1 160.0	1 250.00
互联网用户普及率（%）	52.70	58.10	61.4	65.10
家庭宽带接入用户（万户）	301.70	327.60	376.7	423.28
家庭宽带接入用户普及率（%）	44.90	47.60	53.9	60.60
信息通信管线长度（沟公里）	2 451.00	3 131.00	4 007.0	5 354.00
本地信息交互流量（万亿字节）	2 113.00	2 188.00	2 429.0	2 950.00

资料来源：2010 年上海市统计年鉴

2009 年，受国际经济金融危机的影响，上海信息产业发展的速度有所减缓，具体数据如表 3 - 73

所示。全市用于信息化建设的固定资产投资209.36亿元,占全社会固定资产投资总额的比重为4%。全年完成电子商务交易额3 252.21亿元,比上年增长16.8%。口岸税费电子支付系统入网企业累计达到4 000家,全年实现电子支付金额1 048.48亿元,比上年增长4.4%。

表3-73　上海市信息产业发展状况

年份	2006年	2007年	2008年	2009年
信息产业增加值(亿元)	1 337.89	1 651.34	1 670.52	1 446.32
信息产品制造业增加值(亿元)	813.43	1 038.00	944.61	630.56
信息产品销售业增加值(亿元)	24.91	29.39	35.27	43.56
信息服务业增加值(亿元)	499.55	583.95	690.64	772.20
信息产业占生产总值的比重(%)	12.90	13.80	12.20	9.60

资料来源:2010年上海市统计年鉴

2. 江苏信息化

2009年江苏以建设国家和江苏省两化融合示范区为重点,以实施两化融合重点工程为抓手,在推动设计数字化、装备智能化、流程自动化、管理网络化、商务电子化建设的过程中带动信息产业发展,取得了阶段性成效。全年邮政电信业务总量1 812.4亿元,比上年增长14%。其中邮政业务总量153.6亿元,电信业务总量1 658.8亿元,分别增长20.0%和13.4%。邮政电信业务收入737.2亿元,比上年增长7.4%,其中邮政业务收入93.3亿元,电信业务收入643.9亿元,分别增长24.2%和5.3%。2009年末局用交换机总容量4 455.4万门,固定电话用户2 662.4万户,减少306.1万户,其中:城市电话用户1 694.4万户,乡村电话用户968万户。住宅电话用户1 875.3万户,减少283.1万户。年末移动电话用户4 918.4万户,净增961.5万户。全省电话普及率达98.8部/百人,比上年增加7.9部/百人。长途光缆线路总长度3.2万公里,新增0.1万公里。年末互联网用户961.0万户,新增189.4万户,具体数据如表4所示。目前,共有广播电台14座,中短波广播发射台和转播台21座,电视台14座,广播综合人口覆盖率和电视综合人口覆盖率分别达99.99%和99.88%。有线电视用户1 722.2万户,比上年增长9.75%。在国际金融危机的背景下,信息产业仍然保持良好的发展势头,通讯设备、计算机及其他电子设备制造业产值10 273.1亿元,增长8.4%。

表3-74　江苏省近年信息化状况

年份	2006年	2007年	2008	2009
函件(亿件)	3.94	7.40	8.82	9.51
国际互联网用户(万户)	577.95	671.90	771.65	960.95
固定电话普及率(部/百人)	42.71	42.31	38.20	33.80
移动电话用户(万户)	2 873.40	3 313.20	3 957.00	4 940.30
邮电业务总量(亿元)	997.26	1 280.10	1 584.13	1 812.40

资料来源:2009年江苏省统计年鉴

特别值得骄傲的是:2009年6月南京被正式认定为"首批国家级信息化和工业化融合试验区",各城市信息产业发展状况如表3-75所示。

表 3－75　2009 年江苏省各城市信息化情况

城市	电子产品制造业工业增加值(亿元)	邮电业务收入(亿元)	本地电话用户(万户)	年末移动电话用户(万户)	国际互联网用户(万户)	城市居民人均交通和通讯支出(元)
南京	1 009.9	88.90	277.52	742.23	136.44	2 158
无锡	1 903.9	50.55	142.46	399.08	76.43	1 884
徐州	124.6	20.17	81.48	198.29	35.42	1 855
常州	619.3	41.21	115.65	325.58	66.10	2 831
苏州	6 501.1	67.56	162.84	467.57	82.48	2 551
南通	587.1	24.34	93.61	201.29	25.44	1 592
连云港	43.6	10.34	49.94	92.18	26.02	1 490
淮安	134.6	11.25	82.63	103.27	18.93	1 178
盐城	56.8	11.07	47.00	16.35	12.15	1 957
扬州	556.0	15.37	59.87	144.08	28.32	1 333
镇江	207.3	11.24	54.25	85.57	18.22	900
泰州	316.6	8.47	35.25	73.89	10.73	1 261
宿迁	30.8	6.72	42.32	77.10	9.22	1 298

资料来源:2009 年江苏省统计年鉴,“电子产品制造业工业增加值”是江苏省经济和信息化委员会提供的 2009 年 1－11 月的数据。

3. 浙江信息化

2009 年,浙江着力加强经济领域信息技术推广应用,增强信息化与工业化的融合度,发挥信息技术“倍增”作用,促进工业转型升级、节能减排和服务业的发展。组织实施信息技术改造专项工作,通过组织一批投资规模大、技术水平高、效益显著的重大信息技术改造项目,围绕工业产品研发设计、生产装备与制造过程、生产与经营管理等三个关键环节,抓好七大行业的信息技术改造。大力发展电子商务和网络服务,推进电子商务交易服务、电子认证服务、在线支付服务、电子商务信用服务、物流信息服务等第三方电子商务服务平台的发展。全年邮电业务总量1 666.3亿元,其中,邮政业务总量 58.1 亿元,电信业务总量1 608.2亿元。全年本地电话交换机容量3 110万门。新增移动电话交换机 72 万户,总容量为7 973万户。2009 年末本地电话用户达2 118.6万户,其中城市电话用户1 313.8万户,农村电话用户 804.8 万户;移动电话用户4 436万户,全年新增 459 万户。年末全省互联网用户数为 890.9 万户,比上年新增 86 万户。目前,浙江有省市级广播电台、电视台各 12 座,县级广播电视台 66 家。全省乡镇和行政村的有线电视联网率分别达到 100% 和 99% 以上。有线电视用户数1 110.2万户,比上年增长 5.1%,入户率为 70.6%,广播、电视综合覆盖率分别达到 99.1% 和 99.3%。具体数据参看表 3－76。

表 3-76 浙江省近年信息化发展状况

年份	2006 年	2007 年	2008 年	2009 年
邮电业务总量(亿元)	1 027.90	1 327.10	1 945.80	1 666.30
通信设备、计算机及电子设备制造业工业总产值(亿元)	1 583.60	1 814.58	1 705.58	1 496.57
信息传输、计算机服务和软件业生产总值(亿元)	316.19	376.17	463.37	515.40
长途光缆线路长度(公里)	25 562.00	25 790.00	24 145.00	23 235.00
市话年末户数(户)	15 665 856.00	16 014 157.00	14 823 869.00	13 137 656.00
移动电话普及率(部/百人)	60.50	69.70	77.70	85.60
固定电话普及率(部/百人)	48.00	47.50	44.90	40.90
互联网用户(万户)	574.00	681.00	805.00	891.00
宽带用户(万户)	453.00	562.00	692.00	821.00
人均邮政、电信费用支出(元/人)	970.00	1 107.00	1 185.00	1 220.00
每百人长话量(分钟/百人)	48 217.00	31 519.00	62 243.00	63 305.00
电视人口覆盖率(%)	98.95	99.07	99.13	99.30
有线电视入户率(%)	63.72	66.69	66.93	70.60

资料来源:2010 年浙江省统计年鉴

二、长三角信息化的进展举措

1."两化"融合成为重点

目前,长三角正处于工业化中期,进入了信息化和工业化迅速融合、良性互动的最佳时期。在国际金融危机蔓延扩散、经济发展最为困难的 2009 年,信息化与工业化的加速融合对于长三角的"保增长、促发展"发挥积极作用。通过推进信息技术在经济和社会发展各领域的广泛应用,较好地促进了传统产业的改造,带动了企业生产管理模式的革新,提升了产业技术创新能力。

上海市经济和信息化委员会公布了 2009 年上海市信息化与工业化融合发展水平评估报告,上海市 2009 年度"两化融合"发展水平指数为 69.38,"两化融合"局面初步形成。该报告总共调查企业 294 家,其中大型企业 78 家,中小企业 216 家,范围覆盖"上海市推进信息化与工业化融合行动计划(2009-2011 年)"重点推进的十个产业领域。根据报告从企业规模和企业注册类型两个维度进行的数据分析显示,目前上海企业信息化保障工作机制基本建立,信息基础环境建设成果明显,业务流程信息化覆盖率较高,但国内外企业在信息化投入、信息基础设施装备及信息化应用水平上存在较大差距。

2009 年,继南京市成为全国首批国家级"两化融合"试验区之后,江苏省又建立了常熟、江阴、无锡惠山区、常州武进区和南通船舶产业集聚区、宜兴环保产业集聚区等六个省级"两化融合"试验区,并在 2008、2009 年度省级现代服务业(软件产业)发展专项引导资金中先后支持了 48 个有关装备制造、冶金、造船、轻工、纺织等领域"两化融合"试点项目,支持资金 1.35 亿元,带动社会投入超过 20 亿元。

义乌现象、台州速度,"天堂硅谷",2009 年浙江信息化被贴上了一个又一个举世瞩目的标签。

加快“两化”融合也成为促进浙江产业升级的“助推器”。浙江积极推进信息技术在机电、装备、家电等产品上的渗透融合，重点推动嵌入式系统的应用领域和范围，提高产品信息技术含量和附加值。积极推进经营管理网络化，促进电子商务发展，以信息技术提高企业的生产能力和物流效率，提高企业经营管理水平和参与国际市场竞争的能力。充分运用信息技术推动高能耗、高物耗和高污染行业的改造，推动清洁生产和节能降耗。大力发展涵盖信息传输服务、数字内容服务和信息技术服务的信息服务业。积极承接全球离岸服务外包业务，引导公共服务部门和企事业单位外包数据处理、信息技术运行维护等非核心业务，建立基于信息技术和网络的服务外包体系，以信息系统集成和服务外包为重点，积极开拓国际软件外包市场。

未来长三角“两化融合”的重点将集中在：推进信息技术与研发设计融合，提升产品创新能力；推进信息技术与生产过程融合，促进工业精细化生产；推进信息技术与经营管理融合，优化企业核心竞争力；推进电子商务与采购和营销体系融合，提高市场响应速度和服务水平；推进信息技术与主导产业、新兴产业、传统产业融合，催生现代产业体系等方面。

2. 三网融合拉开序幕

推进电信网、广播电视网和互联网融合发展，实现三网互联互通、资源共享，为用户提供话音、数据和广播电视等多种服务，对于促进信息和文化产业发展，提高国民经济和社会信息化水平，满足人民群众日益多样的生产、生活服务需求，拉动国内消费，形成新的经济增长点，具有重要意义。目前，长三角已基本具备开展三网融合的技术条件、网络基础和市场空间，加快推进三网融合已进入关键时期。

上海是全国第一批三网融合试点城市，作为全国三网融合最早的“试验田”，上海一直努力做好行业“领头羊”，创新管理模式、监管体系，推动广电、电信、互联网间的相互合作。目前，上海宽带互联网用户超过300万户，有线电视用户超过300万，3G手机电视用户超过30万户。IP电视用户达到120万户，已成为全球最大的IP电视城市。中国电信和中国移动分别在上海成立了视讯运营中心和视频产品创新基地，以期进一步推进三网融合和三屏互动，构建和带动视讯产业链上下游的发展。从广电行业看，上海广播电视台已先后获得IP电视集成运营、手机电视、互联网视听、互联网电视以及N G B和数字电视集成播控等牌照。电信方面，除了中国电信近年在上海投资40亿元加快3G网络建设，中国联通和中国移动也分别计划3年内对上海投入200亿元和310亿元，推进宽带提速战略。上海的优势体现在：一、可以与世界发展主流相吻合。二、上海具有同轴网建设的先天优势。三、上海的产业链发育相对完善。四、上海具有国际大都市的有利地位。五、上海在宽带网络技术发展与实验实践方面在国内是先行者，具有较深厚的积淀。

江苏积极推动三网融合工作，鼓励省内电信和广电运营商在政策范围内开展试点。江苏省政府与中国电信、中国移动和中国联通三大电信运营商分别签订共同推进江苏信息化合作协议，协议中均将共同推动本地三网融合工作列为重要内容。2009年，全省互联网接入、IPTV、手机电视等双向业务融合进入实质性探索，成效显著、反映积极。江苏省广播电视信息网络股份有限公司于2009年获批互联网信息服务业务（ICP）和因特网接入服务业务（ISP）业务经营许可证，并在全省境内提供互联网接入服务，宽带数据用户规模30万户。在省广电总台获批广电总局IPTV业务许可后，省电信与省广电总台签订合作协议，在全省依法开展IPTV业务，市场反应良好，全省用户数达110万。省移动与省广电总台合作共同运营流媒体手机电视业务，登陆用户超过150万。省移动公司与省广电网络公司签订了CMMB基于TD手机业务的合作协议。省联通公司与省广电网络公司签订了宽带、内容、固话和移动业务合作协议。

为了有效推动三网融合，浙江省成立三网融合工作协调小组，协调小组成员由省委宣传部、省发改委、省经信委、省科技厅、省公安厅、省财政厅、省国资委、省质监局、省广电局、省通管局、杭州市政府、省广电集团、中国电信浙江分公司、中国移动浙江公司、中国联通浙江分公司共15家单位的领导组成。协调小组办公室设在省经信委,省经信委副主任兼任办公室主任,省广电局、省通信管理局分管领导兼任办公室副主任。协调小组对三网融合增强政策扶持力度,制定相关产业政策,支持三网融合共性技术、关键技术、基础技术和关键软硬件的研发和产业化。对三网融合涉及的产品开发、网络建设、业务应用及在农村地区的推广,给予金融、财政、税收等支持,并且将三网融合相关产品和业务纳入政府采购范围。

3. 物联网发展备受关注

物联网(The Internet of things)的概念是在1999年提出的,就是"物物相连的互联网",定义为:通过射频识别、红外感应器、全球定位系统、激光扫描器等信息传感设备,按约定的协议,把任何物品与互联网连接起来,进行信息交换和通讯,以实现智能化识别、定位、跟踪、监控和管理的一种网络。自2009年8月温家宝总理提出"感知中国"以来,物联网被正式列为国家五大新兴战略性产业之一,写入"政府工作报告"。2009年8月7日,温家宝总理在江苏无锡调研时,对微纳传感器研发中心予以厚望,提出把传感网络中心设在无锡、辐射全国的想法。江苏省委省政府接到指示后认真落实总理的要求,热情拥抱"物联网",突出抓好平台建设和应用示范工作,并迅速形成了研发突破与产业发展的先发优势。无锡市则作出部署:举全市之力,抢占新一轮科技革命制高点,把无锡建成传感网信息技术的创新高地、人才高地和产业高地。目前,中科院无锡微纳传感网工程技术研发中心,已经成为国内研究物联网的核心单位。

2009年11月,中国电信物联网应用和推广中心、中国电信物联网技术重点实验室也在无锡成立。中国电信与无锡市政府签署合作框架协议,双方决定深入推进物联网项目合作,促进传感技术与中国电信有线、无线宽带网及3G网络的融合,在智能交通、智能校园等行业应用领域以及下一代互联网、云计算、电子支付等技术领域广泛开展项目合作和市场化运作试验,加快建设国家"感知中国"示范区(中心)。2009年11月东南大学传感器网络技术研究中心、南理工无锡传感网应用开发中心,清华无锡智能传感网研究中心等11个物联网项目又在无锡落户。这11个物联网研发机构总投资将超过2.76亿元,合作伙伴既有中科院软件所和自动化所、江南计算机所等"国家队",还有深圳清华大学研究院、北京邮电大学、东南大学、南京理工大学、南京邮电大学等技术的"领军者",合作领域覆盖传感网智能技术研发、传感网络应用研究、传感网络系统集成、感知气象技术研究、智能技术示范推广、传感网络高端人才培育等物联网产业多个前沿领域。

2009年,无锡传感网中心的传感器产品在上海浦东国际机场和上海世博会被成功应用,首批价值1 500万元的传感安全防护设备销售成功,这套设备由10万个微小的传感器组成,散布在墙头墙角墙面和周围道路上。传感器能根据声音、图像、震动频率等信息分析判断,爬上墙的究竟是人还是猫狗等动物。

三、2009年发展的主要问题

2009年,长三角信息化取得很多成果,但是还是主要集中在"量"上面,在"质"上还相对不足,一些长期困扰信息化发展的深层次问题尚未解决。

1. 信息产业需要提升竞争力

长三角信息产业具有集群优势,但是也存在着产业结构趋同、恶性竞争、贪大求全等弊端。目前,区域发展的竞争力已由依赖资源禀赋的优势向依赖区域持续创新的优势演化,长三角未来的任务就是要进一步提升信息产业的核心竞争力,将规模优势转化为技术优势与品牌优势。

进一步提升信息产业创新能力。加大资金支持、加强政策扶持、完善投融资环境、加快实施国家科技重大专项、加强标准化和知识产权保护等政策措施,为企业开展重要研发提供实际支撑,推动企业和产业的技术创新进程。拓展信息产业市场空间。结合国民经济和社会信息化建设以及家电下乡等重点产业调整和振兴规划的实施,进一步拓展信息产业的发展空间。在促进产业总量做大的同时,刺激企业改进技术和提高生产率,从而提升产业竞争力。提高信息产业集中度。支持优势企业并购重组,鼓励优势企业整合国内资源,支持企业"走出去"兼并或参股信息技术企业,提高管理水平,增强国际竞争力。优化产业结构。注重对集成电路、新型显示器件、软件等核心基础产业链的完善,突破核心关键技术,形成健全的产业体系;注重对内需市场的开拓和新增长点的培育,强化信息技术在经济社会领域的运用,积极采用信息技术改造传统产业,以新应用带动新增长。在着力提高国产软件自主创新能力的同时,进一步开发适应经济社会发展需求的信息服务业务。

提高长三角信息产业的竞争力,必须推动长三角信息产业的合作与共赢。由于信息产业的巨大经济效益,引发了许多不合适宜的跟风行为,在长三角的15个核心城市中就有12个选择电子信息业为主导产业,主导产业极度雷同。为了防止产业同构所导致的竞争加剧、资源短缺与生产能力过剩,长三角信息产业的合作应致力于形成错位竞争、优势互补的发展格局。上海在通讯光缆、通信设备、电脑、移动通信器材等方面具备优势,形成了芯片设计、生产、封装、测试产业链;苏州、无锡、常州的通讯光缆、计算机外设等产业颇具规模,苏州已形成了笔记本电脑、显示器的产业链,无锡偏重于通信和PC相关零部件的生产;宁波以波导手机为首的通讯设备生产也正在崛起;南京与杭州的软件生产也已形成特色。未来长三角信息产业发展,应注重强化各自的优势领域,重点生产适合自身资源禀赋的产品,避免过分"同业竞争"。在空间组织与布局上,长三角的信息企业应立足区域高度,建立有机的联系,进行全区域的产业互动,推动在核心城市已经不具备优势的信息制造业与信息服务业向外围地区转移,以缩小信息产业的地区差距。信息产业的区域合作必须遵循利益分配与补偿机制原则,在合作中竞争,在竞争中合作,制定统一的市场准入标准,共同开拓市场,建立起彼此衔接、互惠互荣的信息产业共同体,以群体优势竞争国际市场。

2. 信息一体化需要深入推进

长三角两省一市的政府在行政管理体制上不存在上下级的隶属关系,作为独立的行政管理主体,各地的信息化管理体系不一致,部门之间、地区之间协调性较差,政策往往难以衔接,甚至产生冲突。区域内电子政务、电子商务、电子社区的发展水平也不平衡,信息服务市场的人为分割及行业性垄断也降低了信息资源共享的程度与配置的效率,信息化的协同度与平衡性还远不能满足区域一体化的要求。因而,迫切需要推进长三角信息一体化建设。

长三角信息一体化要克服行政职权与地方考核对信息化要素流动的限制,必须建立起行之有效的协调机制,以减少阻隔。信息一体化不仅需要政府之间的斡旋,城市之间的联动、城乡之间的互动、企业之间的协作,还需要协会、商会等民间社会组织和中介机构的参与,建立起一种多层面、多领域的信息化管理协调机制。建议成立具有权威性、专门性的省级协调机构,并赋予一定的法律效力,因为,在中国"至上而下"的推动是最为有效的。完善长三角各省市信息化主管部门的定期例会制度,将其作为兼具倡导式合作与制度化协调的结合点。建立政策统一、功能健全的长三角信息化政策管理体系,加快信息化规划、政策、法规、标准、措施、人才培养等方面的制度整合。积极培育多种形式的市场联盟、合作论坛,组织各地区、各部门广泛参与信息一体化建设。在长三角信息化合作的初期,适宜以政府主导,行政色彩可以比较浓厚,而随着合作成熟度的提高,适宜以企业主导,政府不再直接参与跨地区的一般经济活动,而是通过公布信息、编制规划、建章立制、塑造环境等手段,来调节企业的行为。

长三角应按照"共建共享"、"互利互赢"的原则,合理布局区域的信息基础设施,提高网络的综合服务能力,形成技术领先、容量充足、功能完善、运行高效、安全可靠的硬件平台。重点提升网络设施的等级,推动第三代移动通信网络建设,同时,切实提高宽带网络的接入能力,特别是增加农村与外围地区的用户数量,通过广泛的接入性来缩小地区之间的数字鸿沟。目前,中国互联网费用还远高于发达国家,因而,有必要推动宽带网络的内部竞争,以降低用户的使用费用。积极调动长三角互联网运营商、移动运营商、固定电话运营商的积极性,引导他们实施统一、优惠的价格策略,开展同城互联,逐步实现长三角区域内互联网与移动通讯的"同城效应"。信息基础设施具有一定的非排他性和公益性,因而建议在长三角地区内部建立信息基础设施建设的公共基金,用于内部的转移支付,同时统筹各地的资金投入,监管资金动向,减少因各自为政,互相封锁和低水平重复建设所造成的浪费。

政府拥有80%的信息资源,是推动信息资源共享的主力。目前,必须推动长三角两省一市的交通、人事、规划、环保、质量等行政部门的协同作业,采用统一的数据传输标准和技术规范,实现互联互通和数据共享。按照"一数一源、共建共用"原则,构建区域基础性大型数据库,加快区域人口、企业、地理空间与自然资源、宏观经济四大基础数据库的开发建设与共享利用。提倡两省一市数据互为备份,强化互联网的交换能力,提升城市之间超级计算、存贮中心、灾情备份等信息资源的共享水平。继续完善区域交通、社会保险、医疗卫生的"一卡通"工程,为广大百姓搭建覆盖全区域的功能齐全、操作简便、费用低廉的信息服务平台。目前,"长三角信息港"、"长三角论坛"、"长三角人才网"、"长三角城市网"等区域综合门户网站已经开始发挥作用,今后,应继续推动公益性信息资源的利用,促进经营性信息资源的市场化开发,从而实现政府、企业、个人三者信息资源的有机互动。

十四　长三角对外贸易

一、长三角对外贸易总体情况

随着金融危机的阴影逐渐散去和去年同期低基数的影响，长三角地区出口出现快速回升，2009年长三角对外贸易进出口总值达8 042.6亿美元，比上年（下同）下降 13.5%，占全国外贸比重36.4%。其中，出口4 741.5亿美元，同比下降 15%，占全国出口比重 39.5%。贸易顺差1 440.4亿美元。进出口总值增长率与出口增长率跌幅略低于或持平全国水平。

表 3－77　2009 年长三角外贸情况

单位：亿美元

	进出口总额		出口额	
	累计	±%	累计	±%
上海市	2 777.3	－13.8	1 419.1	－16.2
江苏省	3 388.3	－13.6	1 992.4	－16.3
浙江省	1 877.0	－11.1	1 330.0	－13.8
长三角	8 042.6	－13.5	4 741.5	－15.6
全国	22 072.2	－13.9	12 016.6	－16.0

二、两省一市外贸进展与特点

1. 上海市

全年上海关区进出口总额5 154.89亿美元，比上年下降 15%。其中，进口总额1 903.61亿美元，下降 10.6%；出口总额3 251.28亿美元，下降 17.4%。

全年上海市进出口总额2 777.31亿美元，比上年下降 13.8%（见图 23－3）。其中，进口总额1 358.17亿美元，下降 11.1%；出口总额1 419.14亿美元，下降 16.2%。全年外商及港澳台投资企业出口 970.92 亿美元，下降 14.6%；私营企业完成出口 174.04 亿美元，下降 16.3%；国有企业出口264.59 亿美元，下降 21.2%；集体企业出口 9.48 亿美元，下降 24.3%。

表 3－78　主要年份上海关区出口总额

单位：亿美元

年份	关区出口总额	其中				
		#一般贸易	#来料加工装配贸易	#进料加工贸易	#对外承包工程货物	#出料加工贸易
1990	86.62	51.39	3.20	30.67	0.41	0.45
1995	256.07	149.16	14.31	90.12	0.63	0.06
2000	615.72	341.02	64.21	205.13	1.25	

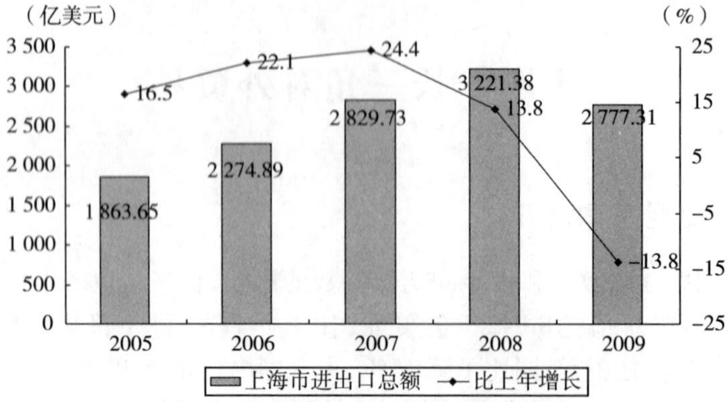

图3-15 上海进出口总额与增长

(续表)

年份	关区出口总额	其中				
		#一般贸易	#来料加工装配贸易	#进料加工贸易	#对外承包工程货物	#出料加工贸易
2005	2 124.30	1 057.68	195.83	813.26	6.37	0.16
2006	2 665.65	1 319.56	212.77	1 058.07	9.45	0.14
2007	3 284.80	1 659.44	228.77	1 273.71	20.55	0.17
2008	3 936.50	2 050.49	240.91	1 467.78	53.92	0.23
2009	3 251.28	1 647.82	175.38	1 252.87	69.78	0.13

注:①本表数据由上海海关提供。②自2009年起,原口岸进出口商品总额改为上海关区进出口总额。

表3-79 主要年份上海市进出口总额

年份	上海市进出口总额(亿美元)	上海市进口总额(亿美元)	上海市出口总额(亿美元)	进出口差额(亿美元)	进出口总额相当于生产总值的比例(%)	出口总额相当于生产总值的比例(%)
1990	74.31	21.10	53.21	32.11	47.0	33.6
1995	190.25	74.48	115.77	41.29	63.6	38.7
2000	547.10	293.56	253.54	-40.02	94.9	44.0
2003	1 123.97	639.15	484.82	-154.33	139.0	59.9
2004	1 600.26	865.06	735.20	-129.86	164.1	75.4
2005	1 863.65	956.23	907.42	-48.81	165.1	80.4
2006	2 274.89	1 139.16	1 135.73	-3.43	171.5	85.6
2007	2 829.73	1 390.45	1 439.28	48.83	172.2	87.6
2008	3 221.38	1 527.88	1 693.50	165.62	159.0	83.6
2009	2 777.31	1 358.17	1 419.14	60.97	126.1	64.4

注:①本表数据由上海海关提供。②1999年以前外贸进口、出口商品总额为外经贸委统计口径,1999年以后为海关统计的上海企业进口、出口总额。

在上海市出口总额中,高新技术产品出口636.16亿美元,比上年下降10.8%,机电产品出口

1 025.63亿美元,下降13.5%;一般贸易出口488.62亿美元,下降23.9%,加工贸易出口814.63亿美元,下降11.3%。

表3-80　上海市出口市场结构

类别	绝对值(亿美元)	比上年增长(%)
上海市出口总额	1 419.14	-16.2
#亚洲	573.95	-14.2
#日本	160.84	-19.7
中国香港	109.86	-12.6
欧洲	370.76	-20.8
北美洲	343.68	-14.7
#美国	320.94	-13.8
拉丁美洲	58.64	-21.3
大洋洲	39.92	-13.7

2. 江苏省

积极应对外需不足的严峻局面,对外贸易降幅不断收窄。全年进出口总额3 388.3亿美元,比上年下降13.6%,降幅比上半年和前三季度分别收窄11.6个和7.7个百分点;其中出口1 992.4亿美元、下降16.3%,进口1 395.9亿美元、下降9.5%,降幅比上半年分别收窄8.5个和16.2个百分点,比前三季度分别收窄6.4个和9.9个百分点。进出口总额占全国份额上升到15.4%。

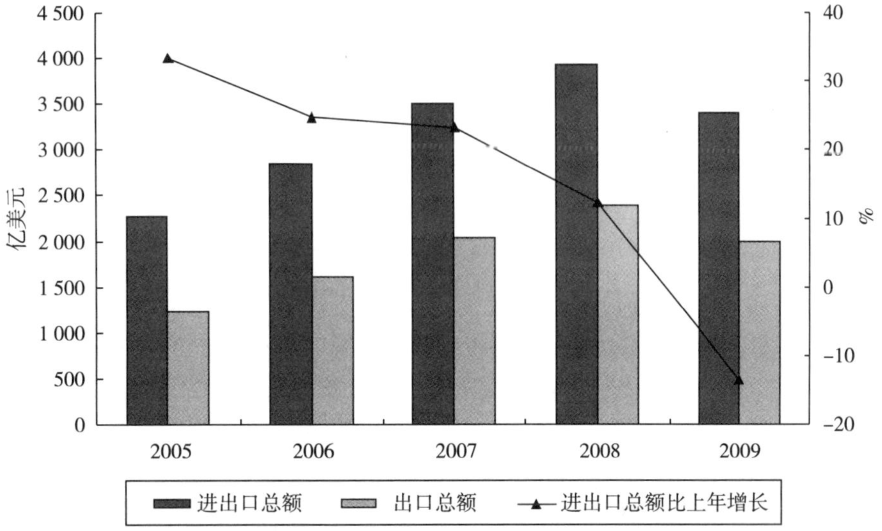

图3-16　外贸进出口总额与增长

出口商品结构进一步优化,高技术含量产品出口增加。机电产品、高新技术产品出口额为1 387.6亿美元和928.4亿美元,分别占出口总额的69.6%和46.6%。其中计算机与通信技术出口640.3亿美元,占高新技术产品出口额的69.0%。外商投资企业出口1 466.4亿美元,占出口总额的

73.6%。私营企业出口比重增大,出口额为311.8亿美元,占出口总额的15.6%。对欧盟、美国、日本、香港特别行政区出口逐步恢复,出口额分别为493.1亿美元、451.6亿美元、195.7亿美元和142.2亿美元;对东盟、韩国、台湾省等市场出口额分别为166.8亿美元、100.9亿美元和49.0亿美元;对俄罗斯、拉丁美洲、非洲出口额分别为17.8亿美元、90.2亿美元和47.4亿美元。

表3-81　进出口贸易主要分类情况

指标	绝对数(亿美元)	比上年增长(%)
出口总额	1 992.4	-16.3
#一般贸易	708.9	-23.0
加工贸易	1 226.1	-13.6
#工业制成品	1 962.8	-16.4
初级产品	29.6	-8.4
#机电产品	1 387.6	-14.0
#高新技术产品	928.4	-10.8
#外商投资企业	1 466.4	-16.2
国有企业	173.8	-16.4
进口总额	1 395.9	-9.5
#一般贸易	451.4	4.6
加工贸易	707.3	-15.8
#工业制成品	1 202.2	-10.5
初级产品	193.7	-2.8
#机电产品	868.4	-12.2
#高新技术产品	612.8	-13.2
#外商投资企业	1 130.8	-12.1

资料来源:《江苏统计年鉴2010》。

各市外贸情况:

南京市全市进出口总值337.45亿美元,比上年下降16.9%。其中,出口总值184.59亿美元,下降21.8%。三资企业全年出口额64.81亿美元,下降26.5%,占全市出口额的比重为35.1%。对亚洲、欧洲、北美洲三大主体市场出口额为157.78亿美元,下降22.5%,占全市出口额的85.5%。全年对非洲和拉丁美洲出口分别下降6.8%和22.5%。全市出口额超千万美元的企业有227家,出口额达154.5亿美元,比上年下降19.4%,占全市出口总量的83.7%。

无锡市对外贸易降幅逐渐收窄。全年实现外贸进出口总额439.45亿美元,比上年下降21.6%。其中,进口总额179.33亿美元,比上年下降11.4%;出口总额260.12亿美元,比上年下降27.3%。有进出口实绩的企业累计已达6 105家,其中内资企业3 583家。生产企业、外商投资企业出口均呈下降态势。全市生产企业出口64.82亿美元,比上年下降22.4%,占全市出口额的24.9%。外商投资企业出口183.48亿美元,比上年下降28.5%,占全市出口额的70.5%。外贸公司出口11.81亿美元,比上年下降33.4%,占全市出口额的4.6%。其中民营企业出口60.12亿美元,比上年下降

19.8%,占全市比重的23.1%。

徐州市外贸出口降幅收窄。全年进出口总额为23.02亿美元,比上年下降33.4%,降幅比上半年收窄2.1个百分点。其中出口总额15.17亿美元,下降32.4%,降幅比上半年收窄5.2个百分点。

常州市外贸出口降幅收窄。全面落实各级外贸扶持政策,支持外贸企业应对国际金融危机,稳定和拓展外贸市场份额,全市外贸进出口降幅逐步收窄,走势日渐趋稳。全年实现进出口总额150.8亿美元,下降14.5%,降幅比上半年收窄7.8个百分点,其中出口108.7亿美元,下降17.9%,比上半年收窄5.5个百分点;进口42.1亿美元,下降3.9%,比上半年收窄15.2个百分点。

苏州市全年完成进出口总额2 014.5亿美元,其中出口1 140.9亿美元,分别下降11.8%和13.4%。出口降幅逐步收窄,呈现"低开平走逐步回升"态势,由一季度的下降25.9%、上半年的下降24.7%、前三季度的下降21.3%,收窄至全年下降13.4%。全市出口总额占全省、全国的比重分别为57.3%和9.5%。传统出口市场份额保持稳定,新兴市场出口跌幅逐步收窄。对欧盟、美国、日本三大市场的出口额达707.31亿美元,占出口总额的比重为62.0%,比上年提高2.6个百分点。其中对欧盟出口额290.44亿美元,下降17.1%;对美国出口额314.88亿美元,下降2.9%;对日本出口额101.99亿美元,下降5.2%。对拉美、东盟等新兴市场出口跌幅收窄,出口额达133.93亿美元。传统出口市场份额保持稳定,新兴市场开拓取得进展。对欧盟、美国、日本三大市场的出口额占出口总额的比重达60.1%,其中对欧盟出口额352亿美元,增长3.5%;对美国出口额325亿美元,增长9.4%;对日本出口额108亿美元,增长3.4%。东盟、拉美、非洲等新兴市场出口发展迅速,出口增幅超过30%。

南通市全年进出口总值162.59亿美元,比上年下降2.6%。其中,出口总值111.80亿美元,下降4.9%;进口总值50.79亿美元,增长2.9%。在出口贸易总值中,机电产品出口48.53亿美元,比上年增长3.4%;高新技术产品出口17.60亿美元,下降3.6%;纺织服装制品出口37.68亿元,下降7.6%。

连云港市口岸经济逆势发展,地方外贸企稳回升。连云港口岸全年进出口货值实现134.7亿美元,同比下降22.6%;其中进口实现85.5亿美元,增长1.7%。尽管受到金融危机影响,但口岸进口的大宗散货商品仍呈快速增长势头,铁矿砂、铬矿砂,铅矿砂等矿砂品种进口增长迅猛,已经成为全国矿砂进口的重要集散地之一。全市地方外贸完成外贸进出口38.6亿美元,同比下降13.2%;其中出口19.5亿美元,下降14.7%。

淮安市进出口总额21.4亿美元,比上年增长20.1%,其中海关直接进出口14.46亿美元,下降18.8%;8家省级开发区业务总收入1 610.3亿元,新增基础设施投入53.1亿元。特色园区发展较快。创建江苏楚州精密机械配件产业园、江苏金湖汽摩配产业园、江苏涟水高档服饰产业园、江苏淮安盐碱科技产业园等4家省级特色产业园区。留学人员创业园获批国家高新技术创业服务中心,淮安工业园区和盐化工新区基础设施加快推进,海关"区港联动"便捷通关模式正式启动。江苏省石油机械产品出口基地正式获批,成为苏北首家、全省唯一的省级机电产品出口基地。

盐城市对外贸易增长较快。全年累计完成进出口总额28.62亿美元,比上年增长2.5%,其中出口18.64亿美元,下降11.4%,进口9.98亿美元,比上年增长45%。

扬州市完成进出口总额61.8亿美元,增长38.6%;出口45.67亿美元,增长40.5%;高新技术产品出口9.97亿美元,增长53.5%;机电产品出口22.22亿美元,增长40.4%。

镇江市全市实现进出口总额60.4亿美元,比上年下降19.1%,其中:进口总额25.0亿美元,下降22.2%;出口总额35.4亿美元,下降16.7%。按贸易方式分:一般贸易完成出口23.45亿美元,下降22.3%;加工贸易完成出口11.93亿美元,下降3.3%。按企业性质分:国有企业完成出口3.37亿美元,下降26.5%;外商投资企业完成出口20.56亿美元,下降11.9%;私营企业完成出口10.32亿美元,下降21.6%。按国别(地区)分:对亚洲出口总额16.13亿美元,下降15.0%,其中对香港出口下降20.2%、对日本出口增长6.6%、对韩国出口下降30.3%;对欧洲出口总额7.51亿美元,下降27.6%,其中对欧盟出口下降25.4%;对北美洲出口总额7.45亿美元,下降5.2%,其中对美国出口下降6.3%。按出口商品分,机电产品出口13.35亿美元,下降18.9%。纸及纸制品出口7.39亿美元,增长9.3%;金属制品出口总额4.73亿美元,下降40.4%。

泰州市对外贸易有所下降。受国际金融危机影响,全年进出口总额58.20亿美元,下降8.2%。其中出口总额42.15亿美元,下降13.7%;进口总额16.04亿美元,增长10.3%。一般贸易和加工贸易仍然是对外贸易的主要方式,其中一般贸易进出口27.55亿元,加工贸易进出口30.08亿元,分别比上年下降2.9%和10.5%。

3. 浙江省

全年进出口总额为1 877亿美元,比上年下降11.1%,其中进口547亿美元,下降3.7%;出口1 330亿美元,下降13.8%(见表23-6)。

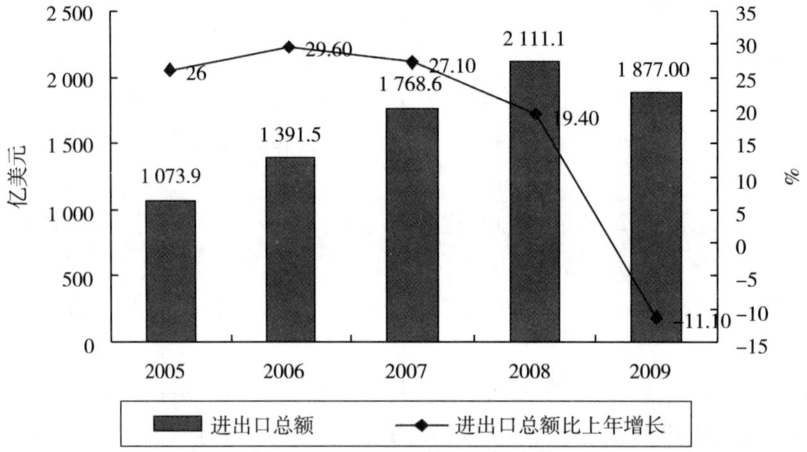

图3-17 浙江进出口总额及其增长速度

表3-82 2009年进出口主要分类情况

	绝对数(亿美元)	比上年增长(%)
进出口总额	1 877.3	-11.1
出口额	1 330.1	-13.8
#一般贸易	1 066.5	-12.5
加工贸易	249.1	-13.5
#机电产品	555.1	-18.4
#高新技术产品	98.5	-28.2
进口额	547.2	-3.7
#一般贸易	374.4	8.8
加工贸易	117.6	-21.7
#机电产品	119.0	-20.8

主要出口市场逐渐回暖，出口降幅持续收窄。美国仍为第一大出口国，日本重新成为第一大进口来源地（见表 23－7）。

表 3－83　2009 年对主要市场进出口情况

国家或地区	出口额（亿美元）	比上年增长（%）	进口额（亿美元）	比上年增长（%）
欧盟	360.7	－15.4	64.4	－1.9
东盟	80.4	－8.0	44.4	－12.7
美国	230.6	－13.1	40.4	－6.1
日本	89.0	－10.6	79.1	－11.6
韩国	35.5	－21.0	58.4	－14.9
中国香港	45.0	－13.5	2.2	－24.5
中国台湾	13.2	－23.8	77.4	－14.3

各市 2009 年外贸完成情况：

杭州市受国际金融危机影响，全年完成外贸进出口总额 404.17 亿美元，比上年下降 15.9%。其中进口总额 132.37 亿美元，下降 8.4%；出口总额 271.8 亿美元，下降 19.1%。按出口贸易方式分，一般贸易 211.55 亿美元，下降 17.7%；加工贸易 59.03 亿美元，下降 23.8%。出口国别和地区中，对欧盟出口 76.71 亿美元，下降 17.3%；对美国出口 57.74 亿美元，下降 23.1%；对日本出口 24.82 亿美元，下降 11.0%。

宁波市出口回升进口提速。全年全市实现外贸自营进出口总额 608.1 亿美元，比上年下降 10.4%，比一季度、上半年和前三季度分别回升 13.4、11.9、7.4 个百分点。其中出口 386.5 亿美元，比上年下降 16.6%，比一季度、上半年和前三季度分别回升 4.6、6.4、4.7 个百分点；进口 221.6 亿美元，比上年增长 3.1%，比一季度、上半年和前三季度分别回升 32.0、24.3、14.0 个百分点。实现口岸进出口总额1 169.2亿美元，比上年下降 16.7%。新增外贸经营备案登记企业2 216家，累计达12 927家。机电产品和高新技术产品出口分别下降 21.7% 和 30.1%；进口产品中机电产品和高新技术产品分别下降 18.2% 和 15.0%。加工贸易进出口额为 139.7 亿美元，下降 23.5%；一般贸易进出口额 442.1 亿美元，下降 4.7%。

嘉兴市进出口总值 172.05 亿美元，同比下降 13.3%，其中出口总值 123.41 亿美元，下降 12.5%；进口总值 48.64 亿美元，下降 15.1%。机电、服装及纺织类产品等仍占居出口商品中主导地位，机电产品出口 33.23 亿美元，下降 21.5%，占全市出口总额的 26.9%；服装类产品出口 32.55 亿美元，下降 4.7%，占全市出口总额的 26.4%；纺织类产品出口 20.46 亿美元，下降 8.9%，占全市出口总额的 16.6%。经济外向度有所下降，进出口总额占 GDP 的比例 61.3%（按当年汇率计算），其中出口额占 GDP 的比例 44.0%。

湖州市全年外贸进出口总额达到 55.88 亿美元，比上年增长 31.1%，其中出口 49.01 亿美元、进口 6.87 亿美元，分别增长 33.4%、16.6%。按出口贸易方式分，一般贸易出口 42.69 亿美元，加工贸易出口 6.31 亿美元，分别增长 35.5% 和 20.7%，占全部出口的比重分别为 87.1% 和 12.9%。按出口企业性质分，私营企业出口 23.90 亿美元，外商投资企业出口 18.03 亿美元，分别增长 34.0%、31.4%，占全部出口的比重分别为 48.8% 和 36.8%。按出口产品分，高新技术产品出口 2.51 亿美元，增长 94.9%；化工产品出口 6.34 亿美元，增长 66.1%；机械设备出口 6.13 亿美元，增长 52.9%；

机电产品出口12.48亿美元,增长38.6%;纺织原料及纺织制品出口15.61亿美元,增长22.8%;农副产品出口6.07亿美元,增长12.6%。按出口地区分,对美国出口10.32亿美元,增长17.7%;对日本出口2.40亿美元,增长16.2%;对欧洲出口15.70亿美元,增长38.8%。全年进出口贸易额超两千万美元的企业达到56家,比上年增加15家,其中出口超两千万美元企业49家,增加16家。

绍兴市外贸出口有所回落。全年全市进出口总额204.90亿美元,同比下降14.0%,其中出口157.61亿美元,下降9.9%,降幅低于全国、全省6.1和3.9个百分点;进口47.29亿美元,下降25.3%。出口总量居全省第3位,出口增幅居全省第5位。全市进出口国家和地区200个,其中出口超1 000万美元的国家和地区95个。欧盟、美国和中东三大传统出口市场出口额分别下降13.0%、6.5%和7.0%。纺织服装出口105.76亿美元,下降4.3%;化纤布、棉布出口量分别增长7.8%和5.5%。机电、化工及相关产品出口26.76亿美元和8.81亿美元,分别下降16.0%和15.0%。高新技术产品出口6.81亿美元,下降4.1%。新登记备案企业1 517家,累计获进出口经营权企业8 907家。

金华市外贸出口受国际金融危机影响较大。全年实现自营出口额42 777万美元,同比下降14.6%。

衢州市全年进出口总额11.84亿美元,比上年下降10.8%。其中:出口7.3亿美元,下降19%;进口4.54亿美元,增长6.6%。全市有出口实绩的企业424家,增长16.8%,其中当年新启动出口业务企业113家。出口额在100万美元以上的企业148家,增加8家;1 000万美元以上的龙头企业20家,减少1家。全市出口排前三位的市场依次是:欧盟、美国、日本。对欧盟出口1.4亿美元,下降7.7%;对美国出口0.92亿美元,下降34.9%;对日本出口0.43亿美元,下降19.1%。对这三大主要市场出口额合计占全市出口总额的37.7%。在主要商品出口中:机电产品出口1.41亿美元,下降17.6%;高新技术产品出口0.48亿美元,下降59%;化工医药产品出口2.01亿美元,下降41%;服装、纺织品出口1.17亿美元,下降6.8%;农产品及其加工产品0.85亿美元,下降5.8%

舟山市全年外贸进出口总额(含保税仓库货物)70.23亿美元,比上年增长16.0%。其中,进口总额32.84亿美元,增长18.7%;出口总额37.39亿美元,增长13.8%。全年工业制成品出口额25.82亿美元,增长31.3%,其中船舶出口额19.39亿美元,增长44.6%,占全市出口额的比重为51.8%,比上年提高12.4个百分点。加工贸易出口额18.62亿美元,增长62.3%。

台州市对外贸易形势严峻。全年外贸进出口总额120.32亿美元,比上年下降12.9%。其中自营出口总额100.67亿美元,下降14.4%。全年外贸企业出口16.35亿美元,下降9.5%;三资企业出口19.42亿美元,下降27.4%;生产企业出口64.89亿美元,下降10.9%。在出口总额中,一般贸易出口89.73亿美元,下降16.3%;加工贸易出口10.90亿美元,增长4.6%。主要出口产品中,船舶出口仍然保持较快增长,比上年增长62.2%。2009年末我市有进出口实绩企业3 452家,比上年末增加262家,其中进出口超5 000万美元企业有27家。出口国家和地区已达202个。

三、展望

受国际金融风暴冲击,长三角的对外贸易增长幅度明显下滑,在国际经济环境景气度下滑的今后几年,长三角引以为豪的外贸模式面临着挑战。2009年长三角外贸大幅下滑,今后积极尽快地转变出口方式必然成为继续保持外贸领先全国的发展之路。

受国际主要经济体复苏后库存补充,但仅保持较低速增长影响,预计2010年全国外贸将呈现"前高后低"走向。因此,单纯出口导向战略将难以为继,今后统筹国际国内两种资源和两个市场,实行竞争力导向战略势在必行。

2010年起,配合国家发展战略调整,各地外贸主管部门将着力调整出口商品结构、市场结构、转变贸易方式、扶持企业主体以及售后服务主体，特别是要引导和帮助中小企业从劳动密集型、低附加值的产品逐渐向高附加值、高技术的产品转变，从而积极支持战略性新兴产业出口。

近年来，长三角出口结构越来越多元化，出口企业的成本消化能力、议价能力也得到较大提高，长三角出口业的基础已经十分雄厚，可以有效抵御单个市场经济下滑风险。因此，尽管2008年的出口形势将更加复杂多变，但是多年的高增长的积累，长三角地区不少外贸企业已经具备了“病痛修复能力”。经过此轮优胜劣汰，中国出口将会更加健康、积极、稳定地发展。

今后外贸出口的新趋势是：“两高一资”产品受限，大企业出口增长快。即出口呈现“两升两降”：一是大企业出口快速增长而中小企业出口明显下降；二是服装、鞋、玩具等劳动力密集型产品和政策调控的资源类产品出口迅速下滑，而机电产品、高新技术产品出口仍然保持高速增长。

在当前“滞胀+金融危机”的世界经济环境中，那些调整较快、内在提升较好的企业，就能存活下来并收获更大的市场。长三角腹地广阔，出口产业基础较好，应该借此契机主动调整，打造全新的“中国制造”品牌，包括产品品牌、技术品牌和服务品牌。长三角外贸会因此跃上新的台阶。

十五　长三角外向型经济

一、长三角对外经济总体情况

随着我国经济国际化的深化，长三角地区对外经济迅猛发展，规模继续居于全国前列，全年对外承包工程及对外劳务合作完成营业额246.7亿美元，比上年增长102%，占到全国总量的28.5%。对外投资方面，长三角地区中方对外投资额为28.9亿美元，同比增长35.6%。

表3－84　长三角外经情况

单位：亿美元

	对外承包工程与劳务合作完成营业额	增长率%	中方对外投资额	增长率%
上海市	73.41	31.8	6.3	35.6
江苏省	50.30	3.0	10.6	67.6
浙江省	24.00	38.7	12.0	43.5
长三角	246.70	102.0	28.9	35.6

二、两省一市情况

1.上海市

全年新批对外投资项目166项，投资总额15.36亿美元。签订对外承包工程和劳务合作合同7 480项；合同金额124.02亿美元，比上年增长12.2%；实际完成营业额73.41亿美元，增长31.8%；派出劳务人员1.39万人次，下降13.7%。至年末，上海对外承包工程和劳务合作涉及的国家和地区已达177个。

至年末，已有242个国家和国际组织确认来2010年中国上海世博会参展。世博园区主要场馆和基础建设基本建成，“一轴四馆”永久性建筑和一批外国自建馆、租赁馆、联合馆相继竣工。

“走出去”步伐加快，境外投资较快增长。全年新签对外承包工程和劳务合作合同额49.5亿美元，增长9.3%；完成营业额46.1亿美元，增长10.7%；期末在外人数10.2万人，下降12.8%。全年新批境外投资项目232个，下降7.9%，中方协议投资6.3亿美元，增长35.6%。

表3－85　主要年份对外经济合作情况

指标	2000	2008	2009
签订合同项目(个)	1 076	5 815	7 480
#对外承包工程	143	478	2 638
对外劳务合作	836	5 230	4 842
签订合同金额(万美元)	98 050	1 113 987	1 240 205
#对外承包工程	76 058	1 045 972	1 193 790

（续表）

指标	2000	2008	2009
对外劳务合作	20 837	58 990	46 415
实际营业额（万美元）	83 790	559 560	734 105
#对外承包工程	61 906	490 707	665 664
对外劳务合作	21 049	66 324	68 441
年末在外人员（人）	30 052	27 459	26 250
#对外承包工程	1 327	7 270	8 178
对外劳务合作	28 710	20 165	18 072

注：本表数据由市商务委员会提供。

表 3－86　海外企业情况（2008－2009）

指标	2008 年新增	至 2008 年底累计	2009 年新增	至 2009 年底累计
企业数（个）	104	1 163	166	1 329
投资额（万美元）	70 810	372 622	153 644	526 266

2. 江苏省

企业“走出去”步伐加快，境外投资较快增长。全年新签对外承包工程和劳务合作合同额 50.3 亿美元，增长 3.0%；完成营业额 50.8 亿美元，增长 10.4%。全年新批境外投资项目 332 个，增长 43.1%，中方协议投资 10.6 亿美元，增长 67.6%。

表 3－87　江苏对外经济情况

单位：亿美元

指标	2000	2005	2008	2009
对外经济合作				
合同金额	9.80	33.10	48.88	50.34
#对外承包工程	5.85	29.01	43.20	44.96
对外劳务合作	3.94	4.05	5.61	5.38
完成营业额	8.01	31.97	45.99	50.78
#对外承包工程	4.97	25.11	38.84	43.32
对外劳务合作	3.03	6.81	7.13	7.46
境外投资情况				
新批项目数（个）	34.00	160.00	232.00	332.00
#贸易型项目	8.00	82.00	96.00	126.00
非贸易型项目	26.00	78.00	136.00	206.00
中方协议金额（万美元）	1 783.00	20 504.00	63 459.00	106 347.00
#贸易型项目	209.00	4 214.00	8 573.00	14 443.00
非贸易型项目	1 574.00	16 291.00	54 886.00	91 904.00

各市情况:

南京市新签对外承包劳务合作合同金额达 11.50 亿美元,比上年增长 10.9%;实际完成对外承包劳务营业额 11.57 亿美元,增长 12.8%。期末在外劳务人数达5 406人,下降 10.7%。

无锡市对外经济合作增势强劲。全年完成境外投资项目 52 个,中方投资额首次突破 2 亿美元,达到 2.07 亿美元,同比增长 41.5%,其中 500 万美元以上项目 14 个。

徐州市对外开放水平不断提升。新签对外承包工程劳务合同额 1.08 亿美元,增长 37.1%,完成营业额 1.26 亿美元,增长 53.1%。

常州市外经外包快速增长。全年新核准境外企业 30 家,比上年增长 50%,中方协议投资总额达到 1.11 亿美元,比上年增长 204.6%。完成外经营业额 4.11 亿美元,比上年增长 10.5%。全年新增服务外包企业 110 家,实现服务外包合同额 2.04 亿美元,外包执行额 0.96 亿美元,其中离岸外包合同额 1.37 亿美元,外包执行额 0.56 亿美元;全市通过 CMMI3 以上认证的企业达 74 家,占全省的三分之一,居省内首位。

苏州市"走出去"形式日趋多样,形成了境外资源开发、境外高科技风险投资、境外传统产业投资的多元化格局。当年新批境外投资项目 111 个,中方境外投资额 3.2 亿美元,分别增长 76.2% 和 53.6%;其中千万美元以上的资源类项目占五成,民营企业占九成以上。全年新签对外劳务承包合同额 5.56 亿美元,完成营业额 4.4 亿美元,分别比上年增长 49.8% 和 27.4%。

南通市全年新批设立境外企业 12 家,中方协议投资额4 321.08万美元。新签对外承包劳务合同额 7.72 亿美元,下降 19.3%;对外承包劳务完成营业额 11.56 亿美元,增长 9.6%;新派劳务人员 0.87 万人次,下降 39.8%;年末在外劳务人员 3.20 万人,下降 14.7%。

淮安市境外投资迈出新步伐。全年外经营业额 2.39 亿美元,比上年增长 15.3%。继金湖石油机械成功收购美国 WDI 公司股份之后,落户市开发区的世洋锌科技出资 200 万美元收购韩国清云能源科技 20% 股份,成为淮安市第二家运用跨国并购方式进行境外投资的企业。

扬州市全年完成外经营业额 1.85 亿美元,增长 23%。

镇江市外经保持平稳发展。2009 年,全市新签对外承包工程和劳务合作合同金额 3.2 亿美元,比上年增长 3.4%,完成营业额 2.7 亿美元,比上年增长 5.4%。年末境外劳务人员11 030人,本年新派境外劳务人员5 221人,比上年增长 1.3%;年末拥有境外投资企业 53 家,中方投资7 067万美元,其中本年新批境外企业 14 家,中方投资3 647万美元。新签离岸服务外包合同额7 209万美元,增长 7.2 倍,新增服务外包企业 70 家。

泰州市企业"走出去"步伐加快。新签外经合同额 3.85 亿美元,实现外经营业额 4.46 亿美元,分别增长 21.1% 和 24.0%。

3. 浙江省

全年对外承包工程、对外劳务合作、对外设计咨询完成营业额 24 亿美元,比上年增长 38.7%;批准境外企业和机构共计 475 家,其中产业项目 149 家,贸易公司 235 家,境外办事处 91 家;总投资 13 亿美元,其中中方投资 12 亿美元,总投资和中方投资分别增长 45.7% 和 43.5%。

表 3-88 对外经济合作情况

项目	2002	2005	2006	2007	2008	2009
新签对外承包工程和劳务合作合同额(亿美元)	1.8	17.3	18.1	17.5	33.6	-
对外承包工程和劳务合作营业额(亿美元)	10.5	17.6	20.4	20.8	20.9	24.0
对外承包工程和劳务合作在年底在外人数(万人)	2.8	2.8	2.7	2.4	2.5	-

（续表）

项目	2002	2005	2006	2007	2008	2009
境外投资企业数(个)	226.0	435.0	425.0	420.0	427.0	475.0
境外企业中方投资额(亿美元)	0.5	1.7	3.0	6.1	8.6	12.0

各市情况：

杭州市至2009年末，全市累计设立各类境外投资企业(机构)69个，比上年增长43.8%，其中非贸易企业27个。全年境外协议出资1.53亿美元，其中非贸易性投资1.06亿美元，比上年分别增长15.4%和14.0%。完成对外承包工程和劳务合作营业额3.70亿美元。

宁波市对外经济技术合作逆势增长。全年全市完成对外承包劳务合作营业额8.8亿美元，增长17.5%，其中境外工程承包营业额8.4亿美元，增长17.8%。新批境外投资企业和机构177家，项目总投资额4.5亿美元，其中中方投资4.1亿美元，增长31.1%。服务外包产业迅速发展。全年全市完成服务外包总额42.0亿元，比上年增长34.7%；其中离岸业务1.3亿美元，增长31.4%。服务外包企业达394家，从业人员1.7万人。

嘉兴市对外经济技术合作工作稳步推进。全年新办境外企业40家，投资总额达10 247万美元，增长41.1%，全社会外派劳务416人次。全市引进内资项目1 283个，实际到位内资141.0亿元，增长16.5%。

湖州市全年共输出劳务548人次，年末在外人数达到1 534人，年承包劳务营业额为830万美元。新批境外企业14家，境外直接投资总额1 829万美元，增长39.0%，其中中方投资额1 829万美元，增长63.6%。

绍兴市外经合作有序推进。全市新批境外投资企业98家。完成对外承包劳务营业额4.24亿美元，同比增长7.5%，境外投资规模居全省第2位。境外工程项目承包的11家企业在新加坡、蒙古、坦桑尼亚新签境外工程合同额1.3亿美元，完成境外工程营业额9 035万美元。新增服务外包企业11家，服务外包企业累计达到17家，共完成服务外包总额522.9万美元，其中离岸服务外包265万美元。

舟山市新批设立境外投资企业5家，中方投资额2 380万美元，下降24.5%。全年对外经济合作营业额10 024万美元，下降26.6%。其中对外劳务合作营业额3 670万美元，增长3.8倍；对外工程承包营业额6 354万美元，下降50.8%。全年外派劳务4 052人次，下降28.5%。台州市全市累计境外投资项目315个，中方累计投资额2.25亿美元。

三、展望

改革开放前二十年，长三角一直是世界上最大的资本输入地区之一。近年来，随着中国经济对外开放步伐不断加快，尤其是实施“走出去”战略以来，长三角企业对外投资规模迅速扩大，后劲十足。本次国际金融危机为我国企业“走出去”提供了机遇与舞台，2009年长三角地区对外投资结构与规模都取得了空前成绩：境外企业的平均投资规模不断扩大，大项目所占的比重不断提高，境外企业持续发展能力不断增强。

目前，长三角地区对外承包工程业务正由过去的以劳务分包、土建分包为主逐步向总承包方式转变，初步形成了具有一定国际竞争力的业务结构。

长三角境外投资结构优化体现在以下四个方面：一是境外资源开发快速发展，矿产资源开发涉及铁、铜、金、锡、锰、钴、锆、钾盐、稀土等矿种。二是境外研发逐步增多，企业通过在海外设立研发中心和设计中心，充分利用国外先进技术和智力资源，提高了自主创新能力。三是投资方式由新设向收购兼并拓展，企业通过国际资本市场，购并国外知名品牌、销售服务网络，加快融入国际生产营销体系。四是由分散向集中拓展，境外经贸合作区建设加快，成为长三角企业境外投资的重要平台。

十六　长三角利用外资

一、长三角利用外资总体情况

据海关统计,2009 年长三角实际利用外资总额达 476.4 亿美元,比上年(下同)增长 1.2%,占全国实际利用外资总额比重 50.8%,总体情况好于全国。其中,江苏仍然是长三角地区的引资主力,外资增长率为 0.8%,实际到帐外资 253.2 亿美元,同比增长 0.8%。规模连续七年保持全国第一,占全国比重进一步提高。分别占长三角地区和全国外资总额的 55.3% 和 28%。增长方面,在全国外资回落情况下,上海实际利用外资增速突出,增长 4.5%,占全国出口比重 11.7%。浙江省利用外资出现了轻度倒退,为 -1.3%,详见表 3-89。

表 3-89　2009 年长三角外资情况

单位:亿美元

	当年实际利用外资额	±%
上海市	105.40	4.5
江苏省	253.20	0.8
南京	22.82	0.9
无锡	32.03	1.2
常州	22.61	10.9
苏州	82.27	1.2
南通	20.05	-31.7
扬州	15.19	0.6
镇江	14.41	19.9
泰州	10.56	0.6
浙江省	99.00	-1.3
杭州	38.80	17.2
宁波	21.96	-12.8
嘉兴	13.35	-1.8
湖州	8.11	1.1
绍兴	8.11	5.0
舟山	0.75	-52.7
台州	1.88	-21.3
长三角	476.40	1.2
全国	900.00	-2.6

二、两省一市利用外资进展与特点

1. 上海市

全年批准外商直接投资合同项目3 090项，比上年下降 17.6%；吸收外资合同金额 133.01 亿美元，下降22.3%；实际到位金额105.38 亿美元，增长4.5%。全年第三产业吸收外商直接投资实际到位金额76.16 亿美元，增长 11.4%，占全市实际利用外资的比重达到 72.3%。全年批准总投资在1 000万美元以上的外商直接投资项目 177 项，合同金额 107.92 亿美元。至年末，在上海投资的国家和地区已达 144 个。年内新增跨国公司地区总部 36 家、投资性公司 13 家、外资研发中心 30 家。至年末，在上海落户的跨国公司地区总部达到 260 家，投资性公司 191 家，外资研发中心 304 家。

表 3－90　主要年份直接吸收外资情况

指标	2000	2008	2009
签订合同项目(个)	1 814.00	3 748.00	3 090.00
#合资经营	441.00	360.00	361.00
合作经营	226.00	23.00	7.00
独资经营	1 146.00	3 364.00	2 721.00
签订合同金额(亿美元)	63.90	171.12	133.01
#合资经营	13.86	24.11	17.40
合作经营	5.86	3.25	3.73
独资经营	44.14	142.89	109.23
实际吸收外资金额(亿美元)	31.60	100.84	105.38
#合资经营	12.94	19.66	16.16
合作经营	2.99	2.23	2.04
独资经营	15.67	78.83	87.18

注：本表部分数据由上海市商务委员会提供。

2. 江苏省

江苏省招商引资力度加大，外商投资结构不断改善。全年新批外商投资企业4 219家，新批协议外资 509.8 亿美元；实际外商直接投资 253.2 亿美元，增长 0.8%。新批及净增资3 000万美元以上的大项目 434 个。全年服务业新批外商直接投资项目1 352个，协议注册外资 136.9 亿美元，实际到帐外资 66.4 亿美元，增长 7.4%。开发区建设取得新进展。全省开发区完成进出口总额2 600.2亿美元，其中出口总额1 477.5亿美元，分别占全省总量的 76.7% 和 74.1%；实际到帐注册外资额190.7 亿美元，占全省总量的 75.3%。

表 3 -91　江苏利用外资情况

单位:亿美元

指标	2000	2005	2008	2009
合同外商直接投资项目(个)	2 645.00	7 126.00	4 236.00	4 219.00
合同外商直接投资	106.11	464.39	507.26	509.81
实际外商直接投资	64.23	131.83	251.20	253.23
外商投资企业基本情况				
年底登记户数(户)	18 192.00	33 321.00	38 594.00	38 502.00
投资总额	774.80	2 657.28	4 159.30	4 443.95
注册资本	419.64	1 321.32	2 203.10	2 394.72

各市利用外资情况:

南京市全市新批注册合同外资额 45.59 亿美元,比上年增长 15.5%;实际使用外资 23.92 亿美元,增长 0.8%。全市 12 个省级以上开发区新批注册合同外资 28.12 亿美元,增长 13.8%;实际使用外资 15.03 亿美元,增长 0.9%。

无锡市利用外资实现逆势增长。全年新批外资项目 503 个,协议注册外资 41.02 亿美元,到位注册外资连续两年超过 30 亿美元,达到 32.03 亿美元,再创历史新高,比上年增长 1.2%。全市完成注册资本超3 000万美元重大外资项目 30 个。至 2009 年底全球财富 500 强企业中有 75 家在我市投资兴办了 144 家外资企业。

徐州市对外开放取得新成效。全年新批外商投资项目 145 个,年末三资企业1 370家,新增 158 家;协议注册外资 11.10 亿美元;实际到账注册外资 6.98 亿美元,增长 19.8%。开发区建设步伐加快。全市 8 家省级开发区共完成进出口总额 16.73 亿美元,其中出口 9.25 亿美元,分别占全市的 72.7% 和 61.0%;新批外商投资项目 64 个,占全市的 44.1%;实际到账注册外资 5.29 亿美元,增长 3.8%,占全市的 75.8%。其中,徐州经济开发区进出口总额 11.13 亿美元;出口 5.53 亿美元;实际到账注册外资 3.45 亿美元;新批外商投资项目 19 个。

常州市招商引资难中有进。把招商引资作为经济转型升级的重要途径,切实加大工作力度,在抓好园区招商、产业招商和"以外引外"、"以民引外"的同时,着力推进驻点招商,在京沪等地设立招商联络处。主攻大项目、好项目,引进了一批基地型、龙头型项目,利用外资在严峻的外部环境下取得较快增长。全市实际到账外资 22.6 亿美元,比上年增长 10.9%,增幅比全省平均水平高出 10.1 个百分点,利用外资总量在省内城市的排位由上年的第 5 位前移至第 4 位。全市新增总投资超亿美元或注册外资超3 000万美元项目 25 个,新增世界 500 强企业投资项目 5 个,新批项目平均规模达到 1 672万美元,比上年增长 20%;新签总投资额1 000万美元以上项目 144 个,合同利用外资 36.1 亿美元,占全市总量的 85.5%。全市外资企业达3 100余家,吸纳就业近 30 万人,涉外税收达 82.02 亿元,比上年增长 18.9%。

苏州市瞄准产业发展方向和产业链高端环节、关键环节,着力引进对结构优化升级起关键和引领作用的重大产业项目。全年实际利用外资 82.2 亿美元,增长 1%。其中服务业利用外资 16.9 亿美元,占实际利用外资的比重达到 21%。全年新增 5 家投资性公司、11 家独立研发中心、8 家创投企业等具有总部经济业态的外资项目。世界 500 强企业中有 134 家落户苏州。服务外包业务稳步发展,苏州被国务院批准成为中国服务外包示范城市,全年完成服务外包接包合同额 13.98 亿美元,离岸接包执行额8.71亿美元，分别增长122%和93.5%。全年新签外资协议项目416个，比上年下降44.1%，其中总投资1 000万美元以上的项目190个；新批协议注册外资额55.55亿美元，下降28.2%；实际到帐注册外资29.37亿美元，下降5.8%。加快推进开发区转型升级，打造全新的功能载体。积极引导开发区从产业集聚向功能提升转变，从政策优惠向体制优化转变。全市国家级开发区和省级开发区全年新增注册外资129.62亿美元，实际利用外资67亿美元，实现地方一般预算收入409.11亿元，出口总额994.08亿美元，占全市的比重分别为81.4%、85.5%、54.9%和87.1%。苏州工业园区加快“中国服务外包示范基地”建设，苏州高新区创建国家创新型科技园区取得重大突破，成为全国首批3家试点单位之一，海峡两岸（昆山）商贸合作区建设正式启动，花桥国际商务城成为中国十大最佳服务外包园区之一，张家港省级出口毛纺产品产业集聚监管区正式获批。

南通市全年新批外商投资项目401个，比上年下降3.6%；新批协议注册外资55.26亿美元，下降0.5%；实际到账注册外资20.05亿美元，下降31.7%。南通经济技术开发区生产总值200.16亿元，比上年增长17.0%；一般预算收入17.59亿元，增长16.4%；实际到账注册外资额4.39亿美元，下降25.9%；进出口总值28.84亿美元（含出口加工区），下降13.3%，其中，进口总值14.80亿美元，下降5.3%；出口总值14.04亿美元，下降20.4%。

连云港市外引内联逆势增长，重大招商有序推进。全年完成实际利用外资10.39亿美元，同比增长11%。当年新批外资项目159个，增长8.2%；合同利用外资18.6亿美元，增长2.4%。新批3 000万美元以上项目10个，投资总额7.7亿美元，占全部的34.4%。引进内联客方到位资金373.52亿元，增长13.5%。全市160项重大招商引资项目完成投资158.3亿元，其中外资5.22亿美元；在建项目竣工40项，建成率30.3%。本年度新增重大项目104个。其中在建项目49个，在谈项目55个，总投资887.8亿元。全市主要开发园区共13家，其中综合类园区10家，全部园区实际利用外资9.54亿美元，同比上升12.4%；固定资产投入525.99亿元，增长2.3%；业务总收入1 494.71亿元，增长24.2%；财政收入87.53亿元，增长35.2%。

淮安市积极开展系列招商活动，成功举办第八届中国淮扬菜美食文化节暨第四届台商论坛。新批外资项目164个，总投资20.8亿美元，协议注册外资13.1亿美元。全市注册外资实际到帐6.1亿美元，比上年增长35.1%，其中，注册台资实际到帐3.55亿美元，增长83.9%。

盐城市利用外资平稳增长。全市连续三年实现注册外资实际到账倍增之后继续保持较快增长，开放型经济的发展水平不断提高。全年注册外资实际到账达到10.44亿美元，比上年增长10.6%。

扬州市利用外资快速增长，对外贸易持续扩大。全年完成协议注册外资50.1亿美元，增长48.6%；注册外资实际到账额17.2亿美元，增长50.2%。

镇江市外资形势相对稳定。2009年，全市完成协议利用外资28.0亿美元，比上年增长20.2%。工商新注册企业164家，比上年增加18家。新批1 000万美元以上外资项目100个，比上年增加23个。实际利用外资14.41亿美元，比上年增长19.9%。开发园区外资集聚效应明显，全市7个省级以上开发区累计实际利用外资10.9亿美元，增长30.4%，占比重76.1%。

泰州市利用外资取得新进展。全年注册协议外资27.15亿美元，实际利用外资10.56亿美元，分别增长46.0%和0.6%。

3. 浙江省

浙江全省新批外商直接投资项目1 738个，比上年减少120个，合同外资160亿美元，实际到位外资99亿美元，分别比上年下降10.1%和1.3%。第三产业利用外资继续保持良好势头，合同外资57亿美元，实际外资34亿美元，分别比上年增长7%和11.4%，各占外资总额的35.7%和34.2%。

各市利用外资情况：

杭州市全年批准外商直接投资554项，合同利用外资69.65亿美元，比上年增长11.8%；实际到位外资 40.14 亿美元,增长 21.2%。全年总投资在1 000万美元以上大项目 288 个,投资总额和合同外资分别占全市的 96.7% 和 92.7%。至 2009 年末,共有 70 家世界 500 强企业来杭投资 117 个项目。杭州经济技术开发区、杭州高新技术产业开发区、萧山经济技术开发区和杭州之江国家旅游度假区等 4 个国家级开发区全年合同引进外资 24.93 亿美元,实际利用外资 15.45 亿美元,分别占全市的 35.8% 和 38.5%。全年实现技工贸总收入3 282.83亿元,比上年下降 8.3%;实现利税 347.68 亿元,比上年增长 15.1%。

宁波市利用外资回落明显。全年全市合同利用外资 34.2 亿美元,比上年下降 17.0%,实际利用外资 22.1 亿美元,下降 13.1%。其中第三产业新批项目 193 个,实到外资 6.1 亿美元,增长 13.0%;房地产业实际利用外资 2.7 亿美元,增长 13.0%。

嘉兴全市新批外商投资企业 255 家,比上年增加 13 家;合同利用外资 26.23 亿美元,同比增长 15.0%;实际利用外资 13.35 亿美元,下降 2.0%。

湖州市全年新批准及增减资利用外资项目 421 个,其中新批外商投资企业 173 家,批准增资项目 164 个。合同外资 18.03 亿美元,比上年下降 9.2%。实到外资 8.02 亿美元,下降 4.9%,其中第一产业1 546万美元,增长 67.0%;第二产业 6.49 亿美元,下降 7.8%;第三产业 1.37 亿美元,下降 5.5%。全年批准总投资千万美元以上项目 112 个,合同外资 14.11 亿美元,占全部合同外资的 78.3%,其中新批总投资千万美元以上企业 85 家,合同外资 11.21 亿美元,占全部合同外资的 62.2%

绍兴市利用外资难中求进。全年新批外资项目 174 个,新批项目单体投资规模 929 万美元,新增投资总额超千万美元项目 64 个,投资总额超3 000万美元以上重大项目 10 个,大项目与重大项目数均完成全年预定目标,并新增 1 家世界 500 强投资项目。合同外资 9.42 亿美元,下降 43.5%。实到外资 8.11 亿美元,增长 5.0%,实到外资总量居全省第 4 位,增幅居全省第 3 位。机电等高新行业引资占比大幅提升,全市新增机械、电子等高新技术项目 77 个,合同外资 4.99 亿美元。

金华市合同利用外资3 251万美元,同比下降 10.8%;实际利用外资3 021万美元,同比下降 33.2%。

衢州市全年新批外商投资企业 20 家,比上年增加 1 家,其中:外资企业 8 家,合资企业 11 家。总投资31 765万美元,与上年基本持平;合同利用外资14 800万美元,增长 9.7%;实际利用外资6 380万美元,增长 9.8%。

舟山市全年新批设立外商投资企业 12 家,其中增资项目 6 个,合同外资金额10 423万美元,比上年增长 1.2 倍;实际使用外资金额10 595万美元,下降 33.2%。

台州市全年新签外资项目 25 个,项目总投资 2.86 亿美元,合同利用外资 1.43 亿美元,比上年下降 47.5%,实际利用外资 1.88 亿美元,比上年下降 21.3%。全年新批境外投资项目 26 个,中方投资额5 119万美元。全市累计境外投资项目 342 个,中方累计投资额 2.76 亿美元。

三、展望

尽管全球 FDI 经历 2009 年的大幅下降,但中国对外资仍极具吸引力。据统计,在 2009 年全球跨国投资下降 40% 的情况下,中国实际吸收外资仅下降 2.6%,达到 900 亿美元,仅次于美国,位居世界第二。中国目前已经连续 18 年位居发展中国家吸收国际资本的第一位。

2010 年,受国际国内宏观环境不断发生变化,吸收外资工作将面临着国际金融危机、国家宏观调控、土地供给趋紧、竞争加剧等各方面的考验和压力。长三角地区作为领军者,利用外资将逐步实现利用外资目标、产业导向、主要任务的积极转型。未来,长三角地区应以优化城市全球资源配置能力为目标,把利用国际资本作为引进各种竞争性要素的载体。利用外资的目的将从弥补资金、外汇不足转向引进先进技术、管理经验和高素质人才，从“招商引资”向“择优利用外资”转变，实现从“量”到“质”的转变。在产业导向上，利用外资的重点领域将从一般制造业向现代服务业、高新技术产业转变。在项目类型上，从以往侧重考虑拉动当地就业、出口，更多地借助跨国公司自身的市场和资源优势，发展增加值率相对较低的出口型、加工贸易型项目，转向注重强化引资促进当地经济、产业发展的效果，增加零部件和原材料在当地的采购率，延长产业链条，提升整体经济质量。外资政策将从以优惠政策为主，转变为营造良好的市场环境，建立更加开放的制度政策环境，提供公平竞争的政策基础。长三角地区最能感受到世博会的辐射面和影响力。从现在起的数年里，世博会将对长三角经济发展产生巨大的拉动作用，这种拉动持续时间长，相关产业领域广，不仅在金融、商业、旅游、建筑、管理以及咨询等方面，还会扩大到贸易、运输、物流等领域，将极大地促进长三角地区现代服务业的跨越式发展和外资流入。

十七　长三角金融业

(一)长三角金融业发展态势概述

金融是现代经济的核心,直接关系到经济社会发展全局。2009 年是推进长三角地区金融协调发展支持区域经济一体化框架建立并正式运作的第二年,也是我国经济社会发展不平凡的一年。自 2008 年下半年,国际金融与经济环境不断恶化,全球主要经济体经济增长乏力,长三角地区作为我国外向型经济最发达、与全球经济和金融市场联系最紧密的地区之一,金融与经济发展遇到了很大的压力和困难。但随着央行果断采取的综合性金融宏观调控措施,长三角地区同全国一样妥善应对国际金融危机的冲击,取得了较好成效,并在长三角金融合作发展中取得了新的进展。

2009 年,国内外需求的下滑对长三角地区消费和出口增长形成较大压力,但政府扩大内需、加大公共投资力度的措施对投资增长将产生有力的支撑作用。从金融运行情况看,随着国家保增长的各项宏观调控政策逐渐发挥效应,长三角金融运行基本保持平稳健康的总体态势。

1. 银行业

2009 年,上海、浙江和江苏两省一市金融机构各项存款总额为138 582. 58亿元,比 2008 年增加 30 494. 8亿元,增长 28. 21%,存款总额占全国比重为 17. 67%,比 2008 年低 4. 92 个百分点;贷款发放量增长平稳,两省一市金融机构各项贷款总额为104 204. 7亿元,比 2008 年增加24 219. 21亿元,增长 30. 28%,贷款总额占全国比重为 18. 79%,低于 2008 年 6. 2 个百分点。

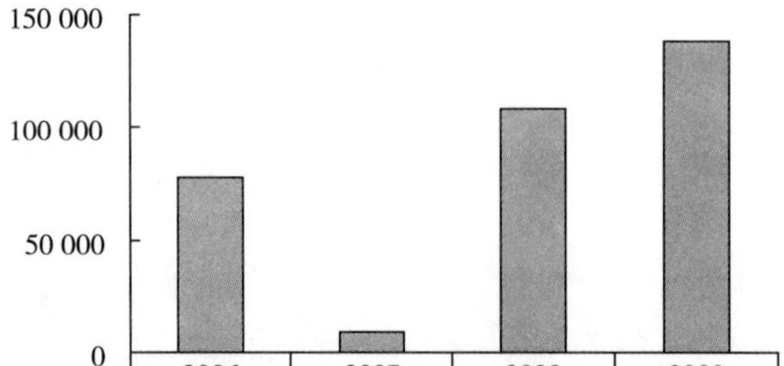

	2006	2007	2008	2009
本外币存款余额	77 321	8 976	108 088	138 582

图 3－18　2006－2009 年长三角金融机构存款余额走势(单位:亿元)

如上图所示,2006 年至 2009 年,长三角金融机构存贷款余额每年逐步攀升,上升幅度基本稳定,但 2009 年势头较为明显。

2.　证券业

发达的证券市场能充分发挥资本市场的“融资功能”,实现资金资源的动员、集聚和再分配,使各种经济资源实现动态优化配置。2009 年末,上海地区集合理财产品共有 9 个,首发规模超过 150 亿元,涵盖股票、债券、货币、FOF、混合型等多种形式。江苏省境内上市公司由上年末的 117 家增加到 128 家。2009 年末浙江省证券经营机构数位居全国第三。全年证券市场交易规模增长 72. 8%,交易总额居全国第三,证券营业部平均利润水平居全国第二。期货公司综合实力和盈利能力继续保持领

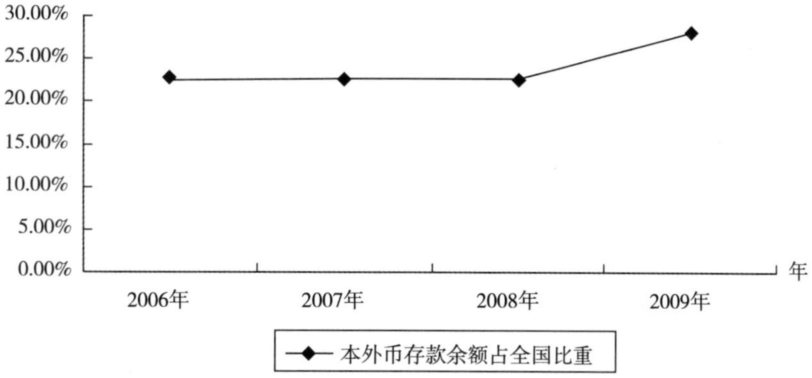

图 3－19　2006－2009 年长三角金融机构存款余额占全国比重走势

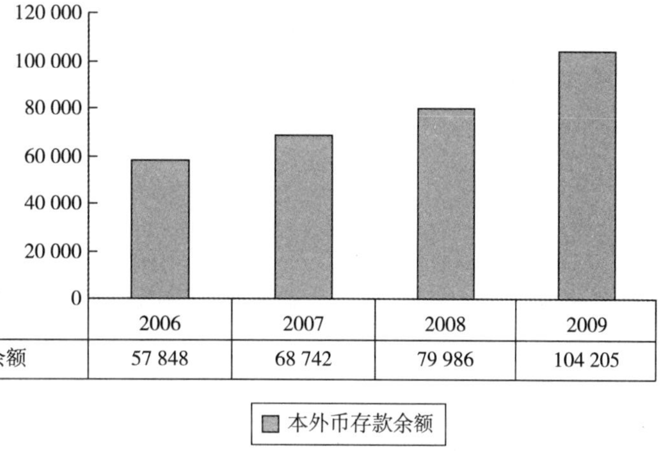

	2006	2007	2008	2009
本外币存款余额	57 848	68 742	79 986	104 205

图 3－20　2006－2009 年长三角金融机构贷款余额走势（单位：亿元）

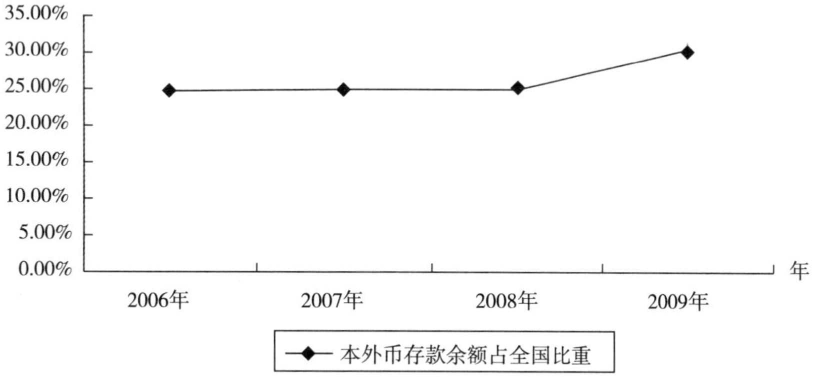

图 3－21　2006－2009 年长三角金融机构贷款余额占全国比重走势

先，期货经营机构代理交易金额居全国第一，增长 87.6%。期货公司规范运作水平持续提升，实现规模增长和强化风险管理双重目标。总体来看，长三角地区证券市场表现良好，在金融业中的地位不断提升。

3. 保险业

2009 年,长三角地区保险业平稳发展。如图所示,两省一市 2009 年保费收入总额2 218.23亿元,比上年增长 14.83%,占全国比重为 19.92%,略高于 2008 年。上海,江苏和浙江保费收入均有所上涨,其中,江苏省保险机构实现保费收入 907.7 亿元,依然为长三角之首,占据长三角保费收入 41% 的份额。上海市和浙江省分别实现保费收入 665.03 亿元、645.5 亿元。从增幅来看,江苏省增长较快,同比增长 17.06%。

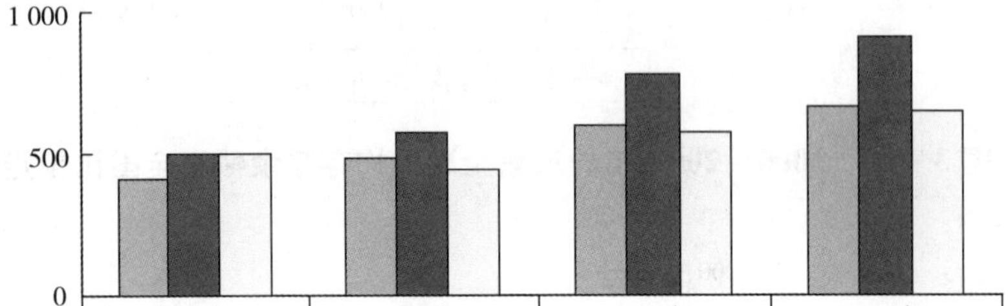

	2006年	2007年	2008年	2009年
上海	407.04	482.64	600.06	665.03
江苏	502.83	577.1	775.4	907.7
浙江	502.83	441.94	576.33	645.5

上海　江苏　浙江

图 3－22　2002 年－2008 年长三角保险机构保费收入趋势图(单位:亿元)

(二)长三角两省一市金融业发展分述

1. 上海市金融业发展情况

2009 年,上海市各金融机构认真贯彻落实适度宽松的货币政策,各项存贷款快速增长。证券业创新力度加大,保险业持续平稳发展。金融市场交易活跃,上海国际金融中心建设稳步推进。

上海国际金融中心建设取得新进展。国务院《关于推进上海加快发展现代服务业和先进制造业,建设国际金融中心和国际航运中心的意见》于 2009 年 4 月发布后,人民银行上海总部制定具体实施意见,积极推动有关工作并取得一定成果。跨境贸易人民币结算试点进展顺利,贷款转让市场筹建工作启动。扩大国际开发机构在境内发行人民币债券的规模,推动境外机构和法人外资银行在境内发行人民币债券。促进票据专营机构集聚,努力把上海建成全国票据业务中心。完成房地产信托投资基金、洋山保税港区离岸金融业务发展、在沪金融机构综合经营试点、境外人民币回流境内金融市场的初步方案,积极研究扩大符合条件的境内企业开设离岸账户的试点。

各项存贷款快速增长。2009 年上海实现金融业增加值1 817.85亿元,比上年增长 25.6%。全年新增各类金融单位 98 家。其中,银行业 9 家,保险业 16 家。至 2009 年末,上海市有各类金融单位 787 家。其中,银行业 132 家,证券业 93 家,保险业 307 家。至 2009 年末,在沪经营性外资金融单位数达到 170 家。其中,年内新增 11 家。至 2009 年末,全市中外资金融机构本外币各项存款余额 44 620.27亿元,贷款余额29 684.1亿元(见表 3－92)。全年金融机构现金收入28 079.22亿元,现金支出29 033.36亿元,现金净投放 954.14 亿元。

表 3－92　中外资金融机构本外币存贷款

指标	绝对值(亿元)	比年初增减额(亿元)
各项存款余额	44 620. 27	9 010. 88
#企事业单位存款	22 772. 28	4 979. 24
储蓄存款	14 357. 65	2 269. 23
各项贷款余额	29 684. 10	5 371. 55
#短期贷款	8 511. 56	－329. 94
中长期贷款	17 933. 57	4 126. 12
#中资商业银行人民币个人消费贷款	4 262. 65	1 116. 29
#住房按揭贷款	3 912. 88	996. 07
汽车消费贷款	90. 89	40. 26

储蓄存款同比少增。2009 年，上海市本外币储蓄存款增加2 269. 2亿元，同比少增 475. 4 亿元。受下半年新股发行节奏加快、理财市场重新活跃、房地产市场交易量明显放大等因素影响，储蓄存款加速分流。下半年储蓄存款增加 572. 5 亿元，较上半年少增1 124. 3亿元。2009 年末储蓄存款同比增长 18. 8%，比 6 月末回落 15. 2 个百分点。

2009 年，上海市本外币贷款增加5 371. 6亿元，同比多增2 826亿元。其中，人民币贷款增加4 813. 9亿元，同比多增2 080. 7亿元。本外币贷款增加额和人民币贷款增加额均创历史新高。从贷款投放节奏看，全年贷款投放不均衡程度加剧，中资金融机构贷款投放逐季减弱，其中一季度贷款增加额占全年本外币贷款增量近四成。

证券业创新力度加大，赢利模式呈现多元化趋势。创新业务成为证券公司新的增长点。证券公司集合理财和定向理财业务有序发展，产品发行频次明显加快。2009 年末，上海地区集合理财产品共有 9 个，首发规模超过 150 亿元，涵盖股票、债券、货币、FOF、混合型等多种形式。证券公司“承销＋直投”的业务模式初步形成，年末拥有直投资格的证券公司已达 6 家。证券公司 IB 业务初步开展，创业板顺利推出，融资融券、股指期货准备就绪。

2009 年通过上海资本市场筹资4 817. 66亿元，比上年增长 46. 2%。其中，发行新股筹资1 251. 25亿元，增长 70. 6%；再次发行(增发、配股和权证行权)筹资2 091. 91亿元，增长 39%；发行债券1 474. 51亿元，增长 39. 5%。至年末，上海证券市场上市证券数1 351个。其中，股票 914 支，比上年增加 6 支。全年上海证券交易所各类有价证券成交金额 44. 19 万亿元，比上年增长 62. 5%。其中，股票成交金额 34. 65 万亿元，增长 92%。上海期货交易所各品种总成交金额 73. 76 万亿元，比上年增长 1. 6 倍。银行间同业拆借与债券市场成交金额 137. 57 万亿元，比上年增长 24. 2%(见图 6)。上海黄金交易所总成交金额11 030. 63亿元，比上年增长 22. 6%。上海钻石交易所成交金额 15. 21 亿美元，比上年增长 16. 4%。

保险业持续平稳发展。2009 年原保险保费收入 665. 03 亿元，比上年增长 10. 8%。其中，财产险保险费收入 151. 81 亿元，增长 15. 2%；人身险保险费收入 513. 22 亿元，增长 9. 6%。在全年原保险保费收入中，中资保险公司保险保费收入 552. 17 亿元，比上年增长 10. 4%；外资保险公司保险保费收入 112. 86 亿元，增长 13. 2%。全年支付各类保险赔款及给付 176. 74 亿元，比上年下降 4%。其中，财产险 78. 5 亿元，下降 1. 3%；人身险 98. 24 亿元，下降 6. 1%。

金融市场成交活跃，发展势头良好。2009 年，上海银行间同业拆借市场累计成交 19. 4 万亿元，

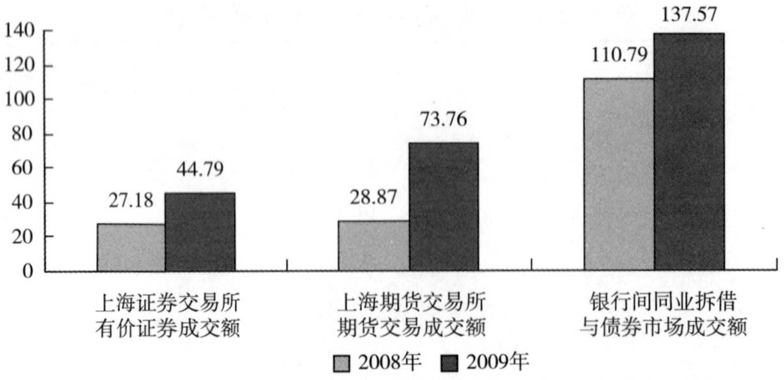

图3－23　证券、期货、银行间同业拆借与债券市场成交额

同比增长28.6%,其中上海金融机构拆入拆出合计8.7万亿元。质押式回购累计成交67.7万亿元,同比增长20.1%;买断式回购累计成交2.6万亿元,较上年增长48.9%,其中上海金融机构质押式和买断式回购分别成交18.2万亿元和0.2万亿元。银行间债券市场现券交易大幅增加,累计成交47.3万亿元,同比增长27.3%,其中上海金融机构现券买卖合计19.5万亿元。2009年,上海市金融机构累计签发银行承兑汇票3 737.4亿元,同比增长100.3%;累计办理企业直接贴现4 016.7亿元,同比增长70.3%。年末,上海市金融机构银行承兑汇票余额1 406.7亿元,同比增长49.8%;票据贴现余额1 650亿元,同比增长65.1%。

2.江苏省金融业发展情况

2009年,面对严峻的国内外经济形势,江苏金融部门主动作为,努力加大有效信贷投入,积极调整信贷结构,有力保证了地方经济复苏过程中的资金需求。金融改革深入推进,证券保险市场秩序不断规范,金融生态环境进一步优化。

金融市场高位稳健运行。2009年末江苏省金融机构人民币存款余额比年初增加11 804.5亿元,比上年多增5 236.6亿元;其中,居民储蓄存款增加3 359.2亿元,少增347.1亿元;企业存款增加5 690.8亿元,多增4 317.7亿元。年末金融机构人民币贷款余额比年初增加9 137.6亿元,比上年多增4 826.5亿元;其中短期贷款增加2 559.2亿元,多增1 136.4亿元。

表3－93　金融机构人民币存贷款情况

指标	绝对数(亿元)	比年初增加(亿元)	比上年末增长(%)
年末各项存款余额	48 850.3	11 804.5	32.0
#企业存款	18 550.7	5 690.8	43.9
居民储蓄存款	20 080.6	3 359.2	20.1
年末各项贷款余额	35 296.7	9 137.6	34.9
#短期贷款	14 723.7	2 559.2	20.2
#工业贷款	4 629.6	479.4	11.7
商业贷款	1 412.3	250.4	21.3
农业贷款	1 391.5	380.9	37.8
私营企业及个体贷款	718.2	367.0	99.5

（续表）

指标	绝对数(亿元)	比年初增加(亿元)	比上年末增长(%)
中长期贷款	18 173.6	6 464.6	56.3
#消费贷款	5 098.0	1 919.6	60.6
#个人住房贷款	4 494.3	1 782.1	65.7

数据来源：中国人民银行南京分行

银行体系流动性充裕，盈利水平平稳上升。2009 年末，江苏省法人金融机构超额存款准备金率为 6.3%，比 6 月末提高 3.8 个百分点，比上年末提高 0.2 个百分点。考虑存放同业及债券投资等高流动性资产因素，则全省法人金融机构广义备付率达到 25.8%。银行业利润稳中有升。2009 年江苏省银行业金融机构实现利润 694 亿元，同比增加 56 亿元。

人民币贷款基准利率下调效应的逐步显现，一、二、三、四季度江苏省金融机构人民币贷款利率，同比分别下降 2.16、2.17、2.15、1.02 个百分点。金融机构贷款利率总体在历史低位运行。信贷利率的机构和地区差异有效反映了信贷市场的资金供求状况。分机构看，农村金融机构的贷款利率相对较高；分地区看，贷款利率由南到北渐次升高，苏北金融机构贷款利率高于苏南。

银行业改革扎实推进。工商银行江苏省分行深化重点县支行改革，改革范围扩大到 18 家县支行。农业银行江苏省分行全面启动"三农金融事业部"改革试点，目前，省、市分行机构和人员已经全部到位。银行业机构组织体系进一步完善，银行业机构设立进一步加快。2009 年新设 5 家股份制商业银行分行，6 家分行获准筹建，并设立了 5 家经济紧密区支行。外资银行法人机构设立实现零突破，首都银行（中国）总部落户南京。

农村金融组织体系进一步完善。2009 年共有 3 家农村商业银行开业、3 家获准筹建，至 2009 年末江苏省共有农村商业银行 12 家。新型农村机构发展迅速，2009 年有 6 家村镇银行开业，总数达到 10 家；新增小额贷款公司 80 家，累计批准设立小额贷款公司 110 家。

证券市场运行平稳。2009 年末江苏省境内上市公司由上年末的 117 家增加到 128 家，在上海、深圳证券交易所筹集资金 270.7 亿元，其中首发融资 92.6 亿元，分别比上年增加 171.6 亿元和 65.2 亿元。全年证券经营机构股票交易额72 659.7亿元，比上年增长 94.6%；期货经营机构代理交易额91 637.4亿元，比上年增长 69.4%。境内上市公司总股本 658.5 亿股，比上年末增长 11.8%；市价总值8 874.4亿元，比上年末增长 151%。年末共有证券营业部 252 家，期货经纪公司营业部 58 家，证券投资咨询机构 3 家。

保险事业稳步增长。2009 年保费收入 907.7 亿元，比上年增长 17.1%。其中，财产险收入 228.4 亿元，寿险收入 619.5 亿元，分别增长 26.1%、17.3%，健康险和意外伤害险收入 59.9 亿元，比上年下降 9.5%。赔付额 273.5 亿元，比上年增长 2.4%。其中财产险赔付 127.4 亿元，增长 5.1%；寿险赔付 124.9 亿元，比上年下降 3.6%；健康险和意外伤害险赔付 21.2 亿元，增长 28.9%。

金融生态建设深入推进。2009 年，江苏省金融生态县创建工作继续深入推进，突出信用环境、法制环境和中介服务规范化建设，切实维护金融部门合法权益，有效地优化了县域金融生态环境。各金融生态达标县通过生态县创建，投融资环境更趋完善，吸引了更多投资者到县域投资创业，金融机构在县域的分支机构与网点均有所增加，村镇银行、小额贷款公司等新型农村金融组织发展迅猛；金融机构案件执结率与胜诉案件标的兑现率保持在较高的水平。

展望 2010 年，江苏经济发展面临的国内外环境将持续改善，经济发展的有利条件和积极因素不断增多，全球经济金融环境变化蕴藏新的机遇，江苏经济有望在平稳增长中率先实现结构调整。从金融运行情况看,随着宏观经济继续向好发展,江苏省金融运行将保持平稳健康的总体态势。存贷款总量在2009年高基数基础上保持合理增长,与国家加大"调结构"力度相契合,贷款的期限结构、行业结构、区域结构将进一步优化。信贷总量和增速在全国的比重和位次保持基本稳定。

3. 浙江省金融业发展情况

2009年,浙江省金融业保持稳健发展,金融运行总体平稳,各项改革深入推进,金融生态环境持续优化,金融对经济支持力度进一步增强。

银行业发展势头良好,经营效益持续提升。2009年末金融机构本外币各项存款45 112亿元,比上年末增长27.4%,其中人民币存款余额增长27.6%。全部金融机构本外币各项贷款余额39 224亿元,比上年末增长32.4%,其中人民币贷款余额增长31.4%。年末城乡居民本外币储蓄存款余额18 169亿元,比上年末增长22.8%。

表3-94　2009年全部金融机构本外币存贷款情况

指标	年末数(亿元)	比上年增长%
各项存款余额	45 112.0	27.4
其中:企事业存款	16 791.7	46.8
城乡居民储蓄存款	18 169.4	22.8
其中:人民币	17 833.4	23.1
各项贷款余额	39 223.9	32.4
其中:短期贷款	21 684.3	26.1
中长期贷款	15 324.5	42.8

2009年,在信贷增长带动下,浙江省银行业机构资产规模快速增长,年末资产总额同比增长28.0%。在存贷利差下降背景下,盈利水平仍稳步提升。资产质量持续改善,年末不良率为1.3%,同比下降0.3个百分点;浙江省法人金融机构资本充足率和拨备覆盖率分别比年初提高0.7个和55.5个百分点。2009年末,浙江省金融机构本外币各项存款增长27.4%,同比提高5.5个百分点。企业存款增加较多,反映保增长政策作用下,资金面总体宽松,企业生产经营进入恢复通道;房市和股市等对储蓄存款分流明显,全省储蓄存款增幅同比下降7.2个百分点。存款呈活期化趋势,主要原因是宏观经济回升向好,投资、消费行为趋于活跃。由于企业和居民持汇意愿减少,外汇存款增长缓慢。

银行业改革持续推进,农村金融改革取得新成果。工商银行、中国银行、建设银行在浙分支机构在各自总行部署下改革工作继续推进;农业银行在浙分支机构三农事业部制改革全面开展。地方法人银行机构改革稳步推进,城市商业银行跨区域发展迅速,全年有6家城市商业银行在省内外共设立9家异地分行;农村金融改革取得新成果,杭州联合银行股份制改革试点有序推进,农村合作银行新开业4家,农村新型金融组织发展迅速,至年末全省小额贷款公司注册开业家数和贷款规模均居全国前列,并成立和获批筹建多家村镇银行和农村资金互助社。

2009年末,浙江省全年新增上市公司16家,其中境内上市10家,境外上市6家。目前,全省共有境内上市公司141家,居全国第三位,累计融资1 101.64亿元。其中中小板上市公司60家,占全国中小板上市公司总数的18.3%,居全国第二位;创业板上市公司5家,占全国创业板上市公司总数的13.9%。全省现有境外上市公司45家,累计融资456.72亿元。

保险业稳步发展，保险市场体系不断完善。2009年，浙江省各项保险业务较快增长，保险公司治理结构持续改善。全年保险业实现保费收入645.5亿元，比上年增长12%。其中，财产险保费收入247.4亿元，比上年增长21.7%；人身险保费收入398.1亿元，增长6.8%。支付各类赔款及给付220.1亿元。其中，寿险业务给付75.4亿元，健康险和意外伤害险赔款及给付16亿元，财产险赔款128.7亿元。

信用体系建设进展显著，金融生态持续优化。2009年，在人民银行推动下，征信系统建设成效显著，系统覆盖面继续扩大，服务对象日益广泛，已成为金融机构风险管理的重要工具，并为法院、政府部门等提供有效服务。中小企业和农村信用体系建设实质性推进，2009年末，全省累计征集尚未与银行发生信贷关系的中小企业信息14.6万户。农户信用档案电子化建设加快推进，"信用户、信用村、信用乡镇"创建活动卓有成效，2009年末，全省建立信用档案的农户数同比增长26.1%。票据市场信用体系建设力度加大，商业承兑汇票信用评级工作全省推开，并首先在150家重点企业开展试点。

预计2010年，浙江经济将稳定回升，转型升级成为全省经济发展主线。从金融运行情况看，影响金融运行因素日趋复杂和多元化。在流动性总体充足、企业资金面好转、居民收入稳定增长趋势下，存款有望平稳增长，储蓄资金分流可能性存在。融资结构将日趋多元化，在各方推动下直接融资步伐将继续加快，贷款将保持合理适度增长，金融对经济转型升级、中小企业和"三农"等的支持力度将进一步加大。

（三）长三角金融业展望

2009年长三角金融合作取得明显成效。进一步完善推进长三角金融协调发展工作联席会议制度，在商业汇票、金融稳定、反洗钱、外汇检查等方面形成了一系列合作方案。华东三省一市银行汇票依托小额支付系统顺利上线，在长三角地区推广商业承兑汇票、银行承兑汇票转贴现文本和商业承兑汇票转贴现文本。开展支票授信业务试点，推动长三角地区金融IC卡的推广应用，加快银行卡受理环境建设。连续举办两届长江三角洲地区金融论坛，联合地方政府部门举办了一系列形式多样的融资洽谈会，促进区域产融结合。

2010年金融调控面临的任务和形势更为复杂，不仅要解决经济复苏的可持续性问题，还要预防潜在的通胀风险和金融风险、应对后危机时代国际金融形势的可能变数。2010年长三角金融业要着重解决上述问题，具体的趋势如下：

第一，中央实施的积极的财政政策和适度宽松的货币政策不会有大的变化，长三角两省一市应努力保持信贷对经济社会发展的有力支持。认识要统一，行动要及时，措施要扎实。信贷对经济增长具有先导支撑作用，货币信贷增长较快是特殊环境下适度宽松货币政策有效传导的体现，有利于消除通货紧缩预期、稳定资本市场、加速企业存货周期调整、增强公众对于经济保持平稳较快增长的信心，总体效果是好的。

第二，以完善金融服务功能为方向，积极推进直接融资和保险业发展。在强化银行信贷工作的同时，高度重视资本市场和保险市场的功能，努力形成银、证、保三足鼎立的金融市场结构。进一步利用好资本市场的直接融资功能，争取更多的企业在境内外资本市场发行上市。充分利用各类债券市场，继续推动一批符合条件的大中型企业发行短期融资券、中期票据、企业债券和公司债券，积极组织中小企业集合发行短期融资券和企业债券。进一步推进农业保险试点，积极扩大经济作物和种养殖业保险，健全政策性农业保险机制，完善农业保险服务体系。积极发展商业养老保险和健康保险，大力发展责任保险，创新保险产品，提高保险业服务水平。

十八　长三角上市公司

一、长三角地区上市公司总体情况

截至2009年12月31日,长三角两省一市共有529家公司[①]在沪、深证券交易所挂牌上市,其中2009年新上市企业78家。年末长三角上市公司总资产规模达到69 005亿元,同比增长44.7%,净资产规模达到13 175亿元,同比增长45.2%。2009年全年,长三角上市公司共实现营业总收入17 195亿元,总营业利润率10.1%,净利润1 463亿元,净资产收益率11.1%。

根据中国证监会行业分类方法,长三角两省一市的上市公司分布于机械、设备、仪表和石油、化学、塑胶、塑料等23个行业,其中机械、设备、仪表,石油、化学、塑胶、塑料和信息技术这三个行业的上市公司数量较多,合计有195家公司,占总数的37%。

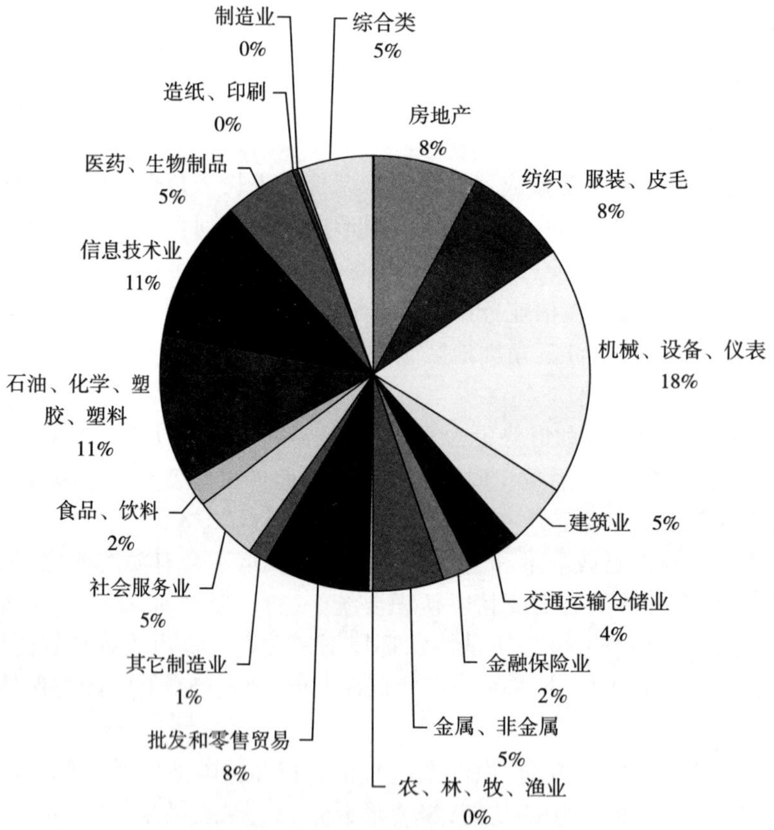

图3-24　长三角上市公司行业分布

数据来源:WIND资讯

①指注册地址在上海、江苏、浙江两省一市的上市公司。

二、上海上市公司的基本情况

（一）上海上市公司总体情况

截至 2009 年 12 月 31 日，上海共有 206 家公司在沪、深证券交易所挂牌上市，其中 2008 年新上市企业 10 家。年末上海上市公司总资产规模达到62 027亿元，净资产规模达到10 790亿元，平均市盈率 38.1 倍，平均市净率 3.8 倍，平均总市值 205.4 亿元。2009 年全年，上海上市公司共实现营业总收入12 986亿元，平均营业利润率 10.18%，净利润1 110亿元，净资产收益率 10.29%。

（二）上海上市公司行业分布情况

根据中国证监会行业分类方法，上海上市公司分布于机械、设备、仪表和石油、化学、塑胶、塑料等 22 个行业，其中机械、设备、仪表，石油、化学、塑胶、塑料，房地产和批发、零售业这四个行业的上市公司数量较多，合计有 90 家公司，占总数的 44%。

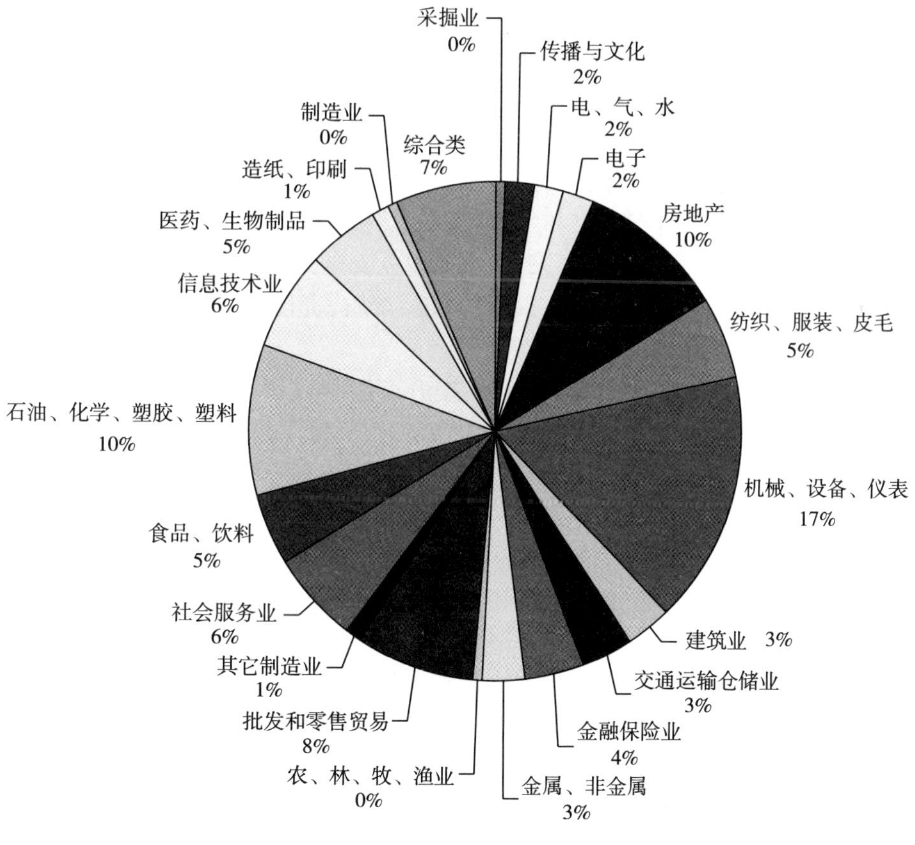

图 3-25　上海上市公司行业分布

数据来源：WIND 资讯

(三)上海知名上市公司

1. 东风科技(600081)

2009年公司落实科学发展观,坚持提高效率、改善收益、稳健经营、全面提升经营业绩和竞争实力。公司干部员工按照年初确立的工作思路,团结拼搏、克难奋进,全面完成了年初制订的经营目标,为公司在2010年及后续几年持续高速发展打下了坚实基础。

2009年,公司实现营业总收入128 998万元,比去年同期增长10.44%;实现归属于母公司净利润3 036万元,比去年同期增长143.06%;每股收益为0.096 8元。超额完成全年经营目标。

由于国家采取一系列的政策拉动和经济刺激,包括4万亿元政府投资、燃油税征收、汽车产业政策出台、1.6L及以下车型购置税减半、汽车下乡、以旧换新等,从而使得2009年汽车产销超过1 300万辆,同比增长48.3%,跃居全球第一。其中乘用车同比增长54%,产量超过1 000万辆;商用车同比增长33%,超过340万辆。公司产销量基本与行业保持一致,同比取得较好的增长;另外,公司加强管理降低了购车成本及开发新产品所取得的成效使得汽配及整车销售、组合仪表、传感器及软轴、轿车、卡车及汽配销售营业利润比上年分别增长22.11%、16.11%、22.11%。

2. 上海能源(600508)

2009年面对国际金融危机的持续影响,公司坚持早谋划、早安排、早部署,强化安全生产,努力提高产能;规范内部管理,全过程增收节支;加强重点项目建设,全力推进“1231”发展战略实施,在全体干部职工的共同努力下,圆满完成了全年各项工作任务,企业进入了一个新的发展时期。回顾一年来的工作,公司重点抓了以下六项工作:

(1)2009年,公司认真贯彻落实国家和中煤集团关于安全生产的一系列指示精神,始终坚持把安全作为企业发展的战略任务和头等大事来抓,牢固树立安全先进理念,创新安全工作方式方法,以全面提升安全质量标准化建设水平为主线,狠抓“环境、素质、责任”建设,始终保持一种强烈的安全氛围,确保了2009年安全“零死亡”目标的实现。

(2)2009年,公司把加强安全高效矿井建设、提升产能和效率作为全年工作重点,强化生产组织,合理生产布局,充分挖掘生产潜能,大幅提高生产能力,确保了公司主要产品产量均创历史新高。2009年,公司原煤产量860.9万吨,洗精煤产量278万吨,发电量27.7亿度,电解铝产量10.7万吨,铁路货运量完成1 301.3万吨。

(3)面对国际金融危机带来的不利影响,公司紧紧围绕市场需求,积极调整营销策略,加强企业内部管理,全方位、全过程增收节支,有效应对市场风险,企业经营质量明显好于预期,超额完成2009年全年的利润目标。2009年实现营业收入73.30亿元,比上年减少3.82亿元,减少4.96%;实现利润总额12.65亿元,比上年按会计政策变更追溯调整后的利润总额减少0.40亿元,减少3.06%。

(4)2009年,公司始终坚持把加快发展作为第一要务,进一步统一思想、更新观念,明确了加快发展要求和五年发展规划;加强领导、落实责任,全力推进“1231”战略实施,企业发展取得突破性进展。公司在新疆开发苇子沟煤矿、106煤矿等项目进展顺利,“走出去”发展真正得以实施;姚桥矿选煤厂项目已经投入生产,孔庄矿三期改扩建项目、10万吨高精度铝板带项目等正在加紧建设中,各重点工程建设项目均圆满完成计划进度。

(5)加强技术创新工作,坚持以提高安全生产保障能力和资源综合利用率为主线,充分发挥“煤矿深部开采和资源综合利用”两个平台作用,深化科技攻关、自主创新和节能减排工作,积极履行中央企业社会责任,不断提高科技对发展的贡献率,取得了较好成效。全年技术投入比达4.54%;公司提前两年完成政府下达的“十一五”节能减排考核指标,荣获行业节能减排先进企业。

(6)坚持以科学发展统领公司各项工作,深入开展学习实践科学发展观活动,把维护稳定作为事关企业发展的大事来抓，加强队伍建设，强化民主管理，深化文明创建，关心职工生活，充分发挥多方优势，有效化解企业内外矛盾，形成了良好的干群和地区关系，为公司快速发展营造了和谐、稳定的良好氛围。

三、江苏上市公司的基本情况

（一）江苏上市公司总体情况

截至2009年12月31日，江苏共有153家公司在沪、深证券交易所挂牌上市，其中2009年新上市企业21家。年末江苏上市公司总资产规模为2 932亿元，净资产规模为1 020亿元，平均市盈率77倍，平均市净率5.7倍，平均总市值68.25亿元。2009年全年，江苏上市公司共实现营业总收入1 867.7亿元，总营业利润率8.47%，净利润134.29亿元，净资产收益率13.16%。

（二）江苏上市公司行业分布情况

根据中国证监会行业分类方法，江苏上市公司分布于机械、设备、仪表和石油、化学、塑胶、塑料等17个行业，其中机械、设备、仪表，石油、化学、塑胶、塑料，信息技术和纺织、服装、皮毛这四个行业的上市公司数量较多，合计有85家公司，占总数的47%。

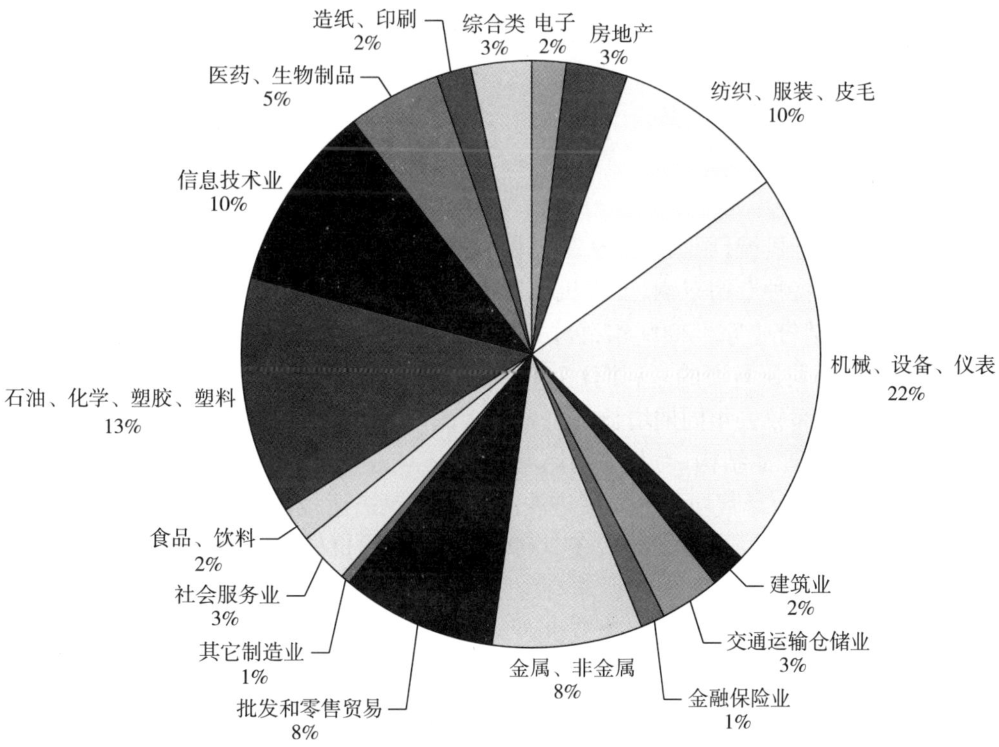

图3－26　江苏上市公司行业分布

数据来源：**WIND**资讯

(三)江苏上市公司区域分布情况

根据上市公司的办公地址划分,江苏的上市公司中约80%分布于苏南地区,位于苏中和苏北地区的分别仅有12%和8%。

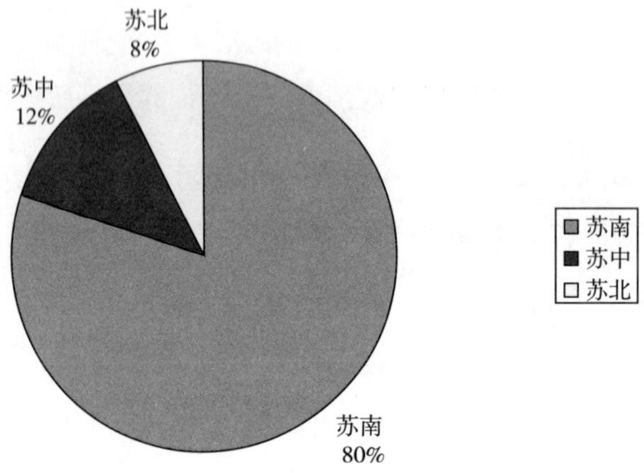

图3-27　江苏上市公司区域分布

数据来源:**WIND**资讯

(四)江苏知名上市公司

1. 徐工机械(000425)

公司所属行业为工程机械行业,主要从事工程起重机械、路面机械、压实机械、铲土运输机械、重型卡车、高空消防设备、特种专用车辆、工程机械专用底盘等系列工程机械主机和液压件等基础零部件产品的开发、制造和销售业务。2009年,公司实现营业总收入20 699 085 204.25元,比去年同期增长30.27%;归属于母公司所有者的净利润1 741 265 329.71元,比去年同期增长16.42%。公司归属于母公司所有者的净利润较去年同期增长的主要原因国内工程机械市场需求超预期,公司销售收入同比增加;公司深入优化产品结构,毛利率同比增加。

2009年内,公司各方面经营均取得长足进展。一是规模快速增长,主要指标取得历史性最好成绩。始于2008年下半年的世界金融危机,在2009年初将工程机械行业冲击至二十年未遇最低谷,出现了空前严重的行业大萧条。面对前所未有的强力挑战,公司经营团队和全体干部职工咬定目标不放松,苦练内功不动摇,把握国家重大政策机遇,找准发力的主战场,集中最大力量抢抓国内市场,抢抓大客户、大项目、大工程,创新大干,担当突破,保持经营指标逐月回升,上半年实现主要指标正增长,全年主要经营指标取得历史性最好成绩。公司汽车起重机、压路机、摊铺机、登高平台消防车、随车起重机、挖掘装载机等主机和工程机械油缸等零部件占有率继续保持国内市场第一位。

二是自主创新提升,技术研发实力迈上新的台阶。2009年,公司围绕重大技术创新项目,打通横向壁垒,打破纵向瓶颈,整合内外资源,强化整体协作,自主创新能力取得了一系列突破性进展。

三是整体运营发力,公司变革转型取得新的突破。报告期内,公司完成了重大资产重组,目前已按照"三分开"、"两独立"的规范原则,基本完成机构设置和班子建设。以六西格玛项目实施为契机,推进精细化管理,项目已进行有效改善210项,预期财务收益5 200万元。以ERP项目实施和大宗物料集中采购为契机，推进信息流、资金流、物流等的统一、集成。“4321 工程”一期、二期项目按时上线、运行稳定，完成了全价值链的一体化系统，为实现管理标准化、过程规范化、成本核算精细化和产品全生命周期管理提供了重要平台。推进了七大类物资的集中采购，全年采购额 7.3 亿元，全年实现降本9 008万元，降本率达 12.3%。借助长江商学院的力量，强化了对公司高层管理者的能力提升培训。

四是海外拓展提速，继续保持行业出口第一位置。报告期内公司充分集中资源，强化整体战略推动，进出口公司加快市场前移，各制造企业积极协同共进，十分艰难地保持和扩大了出口逐月环比增长的趋势，汽车起重机、装载机、压路机出口收入和公司出口总额均保持行业第一位置。

2. 悦达投资（600805）

2009 年，东风悦达起亚汽车公司共生产汽车243 630台、销售汽车243 329台，同比分别增长 75.69% 和 73.84%。产销量屡创新高，月产销先后突破 2 万辆、3 万辆，市场占有率提升到 2.9%。

公司 2009 年公路项目整体经营依然稳健，为公司带来稳定现金流。京沪高速公司实现通行费收入 26.37 亿元，较上年同期 23.61 增长 11.69%；西铜高速克服了超载车辆大幅减少和道路施工对通行的影响，实现通行费收入53 483万元，较上年同期54 754万元减少1 271万元，下降 2.32%；徐州三环路全年实现通行费收入13 999万元，较上年同期12 842万元增加1 157万元，增长 9.01%。

2009 年，国家加大了农民购机补贴的力度，国内农机市场取得较大发展。但由于国际市场的低迷，外销订单下滑，拖累了拖拉机公司整体的销售增长。全年公司生产四轮拖拉机24 321台、销售四轮拖拉机23 268台，同比分别增长 5.29% 和 2.1%。

2009 年是纺织公司成立以来运行发展最为困难的一年。经共同努力，从 2009 年 10 月份开始，生产经营形势逐步回升，经济效益指标出现好转。全年实现销售收入67 699万元，同比增长 16.2%。销售纱线23 176吨，同比增长 23%。

2009 年，乌兰渠公司由于采区拆迁补偿谈判、临时用地未能审批及火工品管制等原因，下半年才开始生产。全年生产煤炭 55 万吨、销售煤炭 50.61 万吨，同比分别增长 77.41% 和 94.65%。全年实现销售收入8 490万元，较上年同期4 100万元增长 107.07%。

四、浙江上市公司的基本情况

（一）浙江上市公司总体情况

截至 2009 年 12 月 31 日，浙江共有 170 家公司在沪、深证券交易所挂牌上市，其中 2009 年新上市企业 36 家。年末浙江上市公司总资产规模达到4 045.9亿元，净资产规模达到1 364.6亿元，平均市盈率 43.24 倍，平均市净率 5.19 倍，平均总市值 55.57 亿元。2009 年全年，江苏上市公司共实现营业总收入2 341.7亿元，总营业利润率 10.74%，净利润 218.48 亿元，净资产收益率 16.01%。

（二）浙江上市公司行业分布情况

根据中国证监会行业分类方法，浙江上市公司分布于机械、设备、仪表和石油、化学、塑胶、塑料等 19 个行业，其中机械、设备、仪表，石油、化学、塑胶、塑料，信息技术和纺织、服装、皮毛这四个行业的上市公司数量较多，合计有 81 家公司，占总数的 48%。

（三）浙江上市公司区域分布情况

根据上市公司的办公地址划分，浙江的上市公司中约 78% 分布于环杭州湾地区，位于浙东南和浙西北地区的分别仅有 14% 和 8%。

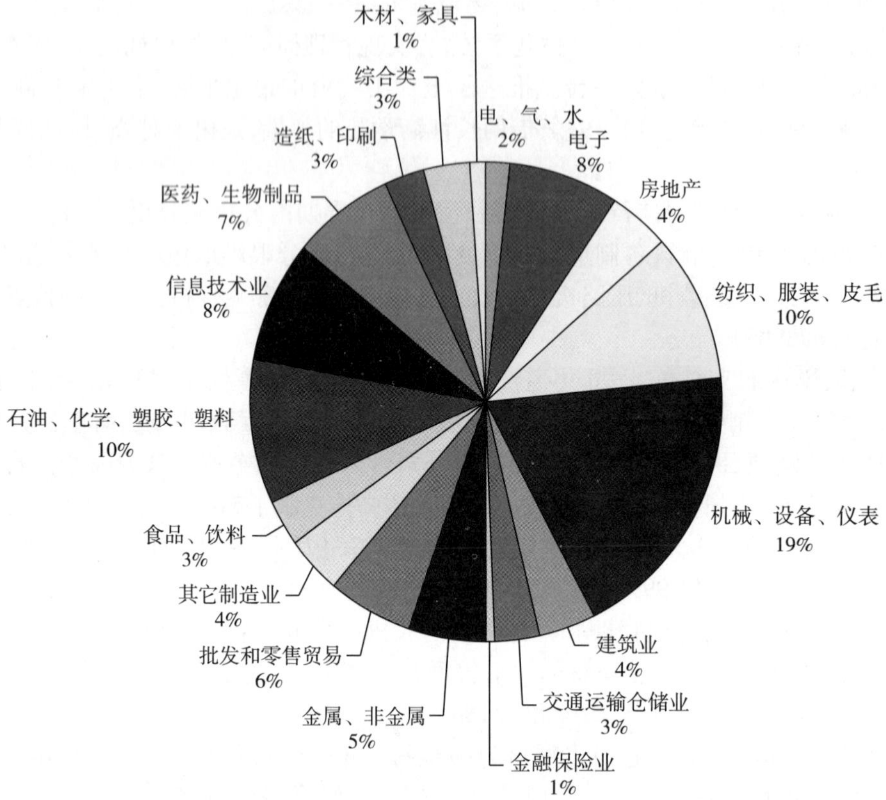

图3-28　浙江上市公司行业分布

数据来源:**WIND**资讯

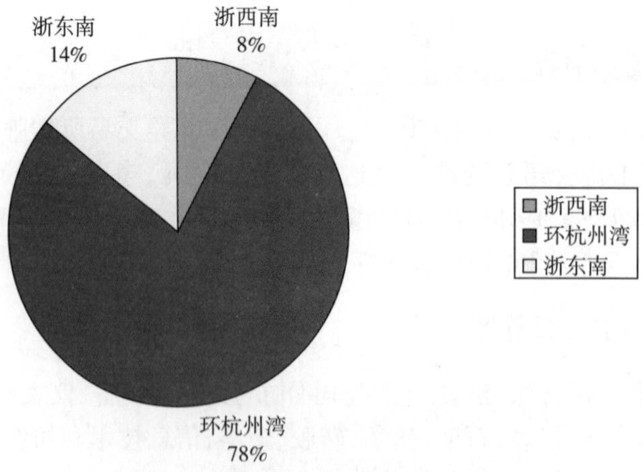

图3-29　浙江上市公司区域分布

数据来源:**WIND**资讯

（四）浙江知名上市公司

1. 华东医药（000963）

2009 年，公司实现营业收入 78.25 亿元，较上年同期增长 30.06%；利润总额 5.65 亿元，较上年同期增长 100.19%；归属于母公司的净利润 3.78 亿元，较上年同期增长 124.44%；截至 2009 年底，公司资产总额 35.69 亿元，归属于母公司的净资产 11.31 亿元，资产负债率 63.75%，经营活动产生的现金流量净额为 5.68 亿元。公司资产质量良好，财务状况健康，资金实力进一步增强。

2009 年是我国医药卫生体制改革新政全面启动，配套政策陆续出台的一年，也是医药行业大发展的一年。公司经营班子和全体干部员工在公司董事会的正确领导下，克服国际金融危机的影响，积极把握医药行业发展机遇，团结一致、开拓创新、鼓足干劲、真抓实干，经过一年的调整与努力奋战，使公司继续保持良好的发展势头，全面完成了第二个三年规划的奋斗目标，实现了公司四年联动发展规划第一年的开门红，以良好的经营业绩为公司上市十周年交出了一份满意的答卷。

2009 年，公司在全公司范围内认真开展四年联动发展规划的讨论制订与论证工作，使四年联动发展规划的目标、措施与激励机制真正落到实处，对 2009 年生产、营销、科研与管理等各方面工作的开展起到了有力的推动作用。在制订四年联动发展规划的基础上，公司又在全公司范围内开展了商业模式改革工作。

报告期内，公司继续建立健全各项财务管理制度，加强对各事业部的财务管理，资金管理上采用多种方式，大大降低了财务运作费用；物流资源管理方面，以药政、财务、管理为三条主线，启动计划管理体系，优化管理内部供应链，提升采购计划科学性和物料供应协调能力；建立供应商评价体系和风险评估体系，优化和稳定供应商队伍，降低供应风险；完善采购全过程管理，提升采供的效率和规范化。

2. 士兰微（600460）

2009 年，公司营业总收入为95 987万元，比 2008 年增加 2.87%；公司营业利润为5 947万元，比 2008 年增加2 033.39%；公司利润总额为7 872万元，比 2008 年增加 211.5%；公司归属于母公司股东的净利润为7 663万元，比 2008 年增加 465.11%。

2009 年公司主要生产销售数据呈现出前低后高的走势。受 2008 年四季度全球性金融危机爆发的影响，2009 年 1－2 月份公司生产销售数据与 2008 年同期相比出现了大幅度下滑；但进入 3 月份以来，随着政府刺激经济的政策逐步落实到位以及外部市场的逐步复苏，公司生产销售开始明显回升，三季度公司的主要生产销售数据已经创出历史上的最好水平。四季度，受欧美经济从底部复苏的拉动，公司的生产经营数据（与历史同期相比）继续保持了较好的增长势头，并且由于存货、应收账款等财务指标反映良好，因此我们有理由相信目前的增长态势将在 2010 年继续得以保持。

公司的经营业绩能够在 2009 年实现反转，这是与公司长期以来立足于主业发展分不开的，也是公司在 2007 年－2008 年开展的产品与运行结构调整、各项精细化管理活动的成果。这轮金融危机一度使公司的生产经营面临较大的困难，但是由于公司准备比较充分、措施基本得当，所以比较好的渡过了危机。对于危机，我们更看到危机背后蕴藏着的机遇。“化危为机、谋求稳健的发展”则是我们在今后较长的时间里要坚定不移地走下去的道路。

金融危机过后，全球经济格局已经发生了较大变化，我们国家正在将经济发展的重点逐步转移到“调结构、促转变”上来。在这个过程中，集成电路和半导体产业作为国民经济的基础性产业将发挥更为重要的作用。这轮金融危机将进一步加速集成电路和半导体产业从成本相对较高的欧、美、日等发达地区向成本相对较低中国沿海地区转移。由于公司长期以来坚持发展主业、坚持自主研发，逐步积累了较大规模的生产能力和较高的技术水平，因此我们将有更多的机遇和能力去承接这一次产业转移的浪潮。

经过前期的调整,公司在集成电路芯片设计、硅半导体芯片(包括集成电路和分立器件)制造、发光半导体器件芯片制造这三大主业上均呈现了良好的发展势头。在集成电路芯片设计方面,依托公司子公司杭州士兰集成电路有限公司建立的国内较为领先的BICMOS/BCD工艺平台,公司在电源和功率驱动产品线、混合信号与射频产品线上实现了IDM(设计与制造一体化)模式,这将明显缩短芯片开发周期,较好地实现芯片推陈出新。今后符合"绿色、节能"要求的AC-DC电源芯片、LED照明驱动芯片、直流无刷电机驱动芯片等领域将成为公司重点产品领域,将成为公司新的经济增长点。

在硅半导体芯片制造方面,公司子公司杭州士兰集成电路有限公司已经建成了月产出芯片10.5万片的生产能力,在国内同类型的5、6英寸芯片生产线中,其产能规模和实际产出已位居前列。2009年,杭州士兰集成电路有限公司结束了长达10个季度的连续亏损的局面,全年盈利947万元。在发光半导体器件芯片制造方面,依托公司在集成电路和分立器件设计和制造领域所积累的能力,公司子公司杭州士兰明芯科技有限公司已经成为国内技术领先、品牌优势突出、最具规模的LED芯片制造企业之一。杭州士兰明芯科技有限公司的LED芯片制造业务,已经成为公司稳定的收入、利润来源,其未来的良好发展前景,将为公司业绩的持续增长增添动力。

五、长三角地区上市公司发展政策

(一)上海

上海市金融办在推进上海企业改制上市工作中,一是积极参与拟上市企业的培育工作。与上海市经委、科委和上海证监局联合出台《关于实施上海中小企业培育改制上市工程的意见》,成立培育改制上市工程领导小组和办公室。多次召开上海市拟上市企业座谈会,了解和协调企业上市过程中的难点问题,辅导拟上市企业做好各项上市准备工作。通过摸底、筛选,基本形成了"培育一批、改制一批、辅导一批、审核一批"的上市批次推进格局。

二是认真做好拟上市企业的办文工作。及时审查上海市拟上市公司的申报文件,了解企业情况,提出审核意见,并代表市政府草拟致证监会的同意函。据了解,今年已经完成对12家拟上市公司的审核出文工作。上海市金融办还会同市国资委、法制办提出拟上市公司在集体或国有企业改制时,产权界定和改制合法性确认事宜的工作程序,并报市政府批准。

三是持续跟踪做好后续服务工作。对上海市已经提出上市申请的企业持续跟踪,及时了解上市进程情况,进行协调和指导,帮助部分企业与证监会进行有效沟通。

(二)江苏

为加强对金融业的统筹和服务,2005年,江苏省政府成立金融工作办公室(简称省金融办)。省金融办的职能是研究拟定全省金融发展中长期规划和工作计划,促进金融机构合理布局,协调金融资源的优化配置;研究分析经济金融形势,提出改善金融环境,加强服务,促进金融业发展的意见和政策建议。承办省政府交办的全省股份公司设立和改造的审核、审批工作;承办省政府交办的拟上市企业的培育、初审及推荐工作,指导和推动上市公司资产重组和再融资;协助证券监管机构做好证券期货机构和上市公司规范发展工作。江苏企业上市工作办公室工作职能和人员整建制划入省金融办,撤销江苏企业上市工作办公室。

省金融办资本市场处负责分析资本市场形势,研究提出全省发展资本市场的政策意见;根据《公司法》规定,承办省政府交办的股份公司的设立、变更、分立、合并等审批事项,办理未上市股份公司股权变更等事项的备案管理；承办省政府交办的拟上市企业的培育、初审及推荐工作，推进企业上市；协助证券监管机构开展上市公司规范发展工作；协调有关部门办理企业债券的审核、发行工作；联系、指导资本市场的相关协会，指导、协调各市上市工作办公室（或相应机构）的工作。

（三）浙江

浙江省为切实抓好全省金融重点工作，落实各项政策措施，对金融重点工作实行部门分工负责，努力拓展上市等直接融资途径，大力推动符合条件的优质企业上市融资。

1. 积极培育上市后备资源，加大多层次、多渠道上市融资力度

鼓励省属国有企业上市融资，继续开拓境外资本市场，推动民营企业赴境外上市融资。积极推进上市公司可持续发展，充分发挥上市公司作用。鼓励优质上市公司通过多种方式扩大再融资规模，提高对外投资控股能力。鼓励优质企业买壳或收购控股上市公司，对已丧失融资功能的上市公司进行整合重组，提高上市公司质量。加强对上市公司运行风险的防范和化解，做强做优上市公司。

2. 鼓励符合条件的企业进行债券融资

以债券发行管理体制改革为契机，努力扩大企业债发行规模。推动重点基础设施、技术改造项目等发行企业债。鼓励上市公司发行公司债。积极探索中小企业集合发行债券。鼓励符合条件的企业发行短期融资券。积极探索资产证券化试点。鼓励金融机构积极创造条件申请发行次级债等资本性债务工具和金融债。

3. 积极发展证券期货信托等金融组织

积极支持财通、浙商证券增资扩股，推动期货公司的金融期货准备工作，支持筹建财通、浙商证券投资基金。积极争取信托业务牌照，支持信托公司规范开展创新型信托业务。积极支持和引导业绩优良、管理规范、符合国家产业政策的大型集团公司成立财务公司。鼓励我省企业投资入股省内外的非银行金融机构。优先为省内非银行金融法人机构提供业务及发展机会。

4. 大力发展基金投资类组织

争取设立产业投资基金，主要对涉及全省的重大基础设施建设和产业转型升级项目进行引导性、战略性投资。吸引国内外知名基金类、投资类公司落户我省。设立省级创业投资引导基金，鼓励民营资本为主体的创业（风险）投资基金、成长型企业股权投资基金的发展。

5. 健全地方产权交易市场

引导全省各地产权交易机构通过联合、合作、兼并、托管等方式进行整合，逐步形成以省产权交易所为中心，各地交易所联动的全省产权交易统一市场。积极探索非上市股份公司股权转让和进入场外市场的途径，争取在我省开展股权流转试点。支持高新技术开发区内股份公司进入股份转让报价系统进行融资和股份转让。争取建设规范化的区域性柜台交易市场。

六、长三角地区上市公司发展态势

进一步提高上市公司质量是加快证券市场发展的基础。长三角是拥有上市公司最多的区域，其规模的壮大、效益的提升，对推动长三角地区经济水平的提升，乃至全国经济的发展具有重要的参考价值。

（一）长三角上市公司的特点

1. 数量居全国第一，地位非常重要

从数量上看，长三角上市公司占全国上市公司总量的约30%，居各经济区域数量之首。由此可见，长三角上市公司在全国的地位非常重要，特别是由于上海上市公司全部集中在沪市，它们的表现直接影响着沪市的表现。

2. 行业集中度较高

在行业分布上,长三角上市公司虽然涉及20多个行业,但近40%的上市公司集中在三大行业,即机械、设备、仪表公司89家,占16.8%;石油、化学、塑胶、塑料业公司54家,占10.2%;信息技术业公司52家,占9.8%。行业分布特征至少说明四个方面的问题,其一,资本这个稀缺资源主要在这三个行业配置,并且一直是这样一个结构,全国也是如此。其二,制造业、信息技术业行业发展状况直接影响全体上市公司的发展。其三,从动态看,资本配置的结构在近十年中,变化并不大。提高上市公司质量不仅要从个别公司抓起,而且需要关注上市公司的行业结构和产业结构,他们反映资本的配置结构和宏观政策的结果,需要宏观指导。其四,这四个行业上市公司的业绩状况不仅影响整体上市公司的业绩水平,而且反映资本的配置效率,也是对有关政府机构政策效果的一个检验。

3. 效益好于全国,资产重组取得成效

从业绩水平看,长三角上市公司的加权平均净资产收益率从2000年以来,一直高于全国平均水平。反映了长三角上市公司这几年的快速发展。业绩水平的提高,一个重要的原因是受益于公司购并和资产重组。从1997年开始,为了改善长三角上市公司的质量,两省一市政府对一批业绩不良的上市公司进行了大规模的重组。通过并壳、不良资产剥离、定向增发、吸收合并、置入优质资产等措施,上市公司质量大大提高。到2000年,长三角上市公司的业绩终于第一次好于全国平均水平,并且,这种竞争优势一直保持到今天。

(二)提高长三角上市公司质量的若干建议

提高长三角上市公司质量是一个系统工程,要在多方面进行深入研究,在发展、改革和稳定方面多管齐下,统筹兼顾,逐步推进。

1. 加快产业结构调整,突出发展重点

产业结构调整是我国“十二五”时期经济发展的重要内容之一,长三角上市公司未来发展也必须以产业结构调整为重点。没有一个合理的产业结构,资本市场资源配置的作用不可能充分发挥,上市公司进一步支持和推动长三角国民经济发展的作用也将逐渐减弱。加快产业结构调整可以集中在以下三个方面:第一,调整存量,按照产业结构调整的方向,大力支持金融、信息、公共服务业和基础产业等行业上市公司的发展,进一步提高其地位。第二,重视增量,大力推动优质的,符合产业结构调整要求的外资、民营企业上市。第三,对于早期上市的中小型上市公司,通过兼并重组,推动其向适应长三角城市特点的都市型产业转化。

2. 加快国资体制改革,落实股东责任

国有资产体制改革是我国今后一段时期内经济体制改革的一项重要内容,要将管人、管事和管资产三项任务有机地结合起来。在推动上市公司发展方面,国有资产体制改革应促进以下问题的解决:第一,要进一步使国有股东终极代表人的身份具体化,通过经济和市场的方式加强与上市公司的联系,把思路的转变落实在行动上,减少行政化,为完善公司治理提供条件。第二,国有大股东要在法律界定的职责范围内行使其管人、管事和管资产的权力,明确其责任和约束,把大股东的权力置于《公司法》的监督之中。第三,要落实上市公司股东大会的选人、用人责任,不能把国有大股东的选人、用人等同于股东大会的选人、用人。

3. 加快并购重组,实现产业升级

对上市公司整体而言,并购重组的目的是为了实现产业结构的升级、公司盈利能力的提升和公司价值的最大化。为了实现这个目的,推动并购重组的原则应该是:第一,以政府指导和市场化运作为手段,以加强中小型上市公司并购重组为重点,以存量资产和国有股权的出售为内容,以新股东的引入为主导，以重组后公司盈利能力的提高为目的，制定并购重组规划，推动并购重组的深入开展。第二，衡量公司并购重组是否成功，不仅要看公司重组后不良资产的剥离和新资金注入情况，更要看重组后，公司的盈利模式是否发生重大改变，是否符合长三角整体产业结构调整和发展的目标，只有这样才能真正取得并购重组的绩效。第三，把并购重组工作与长三角本地产权市场的发展相结合，将母公司的改造与控股公司的再建、资产结构的调整与疏导结合起来，重组后剥离出来的不良资产，通过产权市场，进一步配置和流通，防范和化解风险。

4. 完善公司治理，提高股东价值

长三角上市公司发展中存在的问题是与多种原因相关的，公司治理不完善是其中的重要原因之一。因此，促进上市公司发展必须与完善公司治理紧密结合。首先，要因地制宜，探索建立合理的股东结构。合理的股东结构是完善公司治理的基础。但是，国际上并没有一种最优的股东结构。大股东持有股权比例到底多少合适，不能一概而论。不能笼统地反对"一股独大"，没有控股股东而出现的内部人控制现象，对中小股东利益造成的损害同样严重。股东结构的合理与否要通过公司发展和股东价值提升来检验。只要公司在逐步发展，股东价值在不断提高，公司的股权结构就是合适的。其次，要进一步完善对公司管理层的激励和约束机制。净资产收益率 = 销售利润率 × 总资产周转率/(1 - 资产负债率)。统计分析表明，上市公司销售利润率并不低，资产负债率比其他类型企业的负债水平反而要高，问题根源出在总资产周转率上。上市公司总资产周转率水平显著地低于其他类型企业的相应指标，说明上市公司管理层营运资产的能力不足，管理水平没有跟上。可能有两种原因，一是部分公司管理人员的素质不高，需要进行调整，淘汰不合格人员，吸引高素质人才；二是部分公司管理人员营运资产的责任不强，积极性不高。

只有多管齐下，才能达到进一步提高长三角上市公司质量的目的。在中国资本市场发展和提高长三角上市公司质量的过程中，要坚持实践第一的观点，要增加自信和自我，要把国际经验的借鉴与改革创新相结合。

十九　长三角钢铁产业

(一)长三角钢铁产业整体情况综述

长三角规模以上钢铁企业的总产值保持增长,2009 年为18 510.19亿元,增长率为 8.8%,主营业务收入 2009 年为15 418.01亿元,但增长速度稍有减缓的趋势,从利润情况来看,到了 2009 年利润额开始回升,2009 年的利润为 675.82 亿元,2009 年的利税总额开始上升。

表 3-95　长三角规模以上钢铁企业主要经济指标(一)

单位:亿元

长三角钢铁	企业单位数(个)	工业总产值	出口交货值
2007	8 536	14 599.04	877.62
2008	9 158	17 005.15	1 114.58
2009	14 559	18 510.19	1 440.02

数据来源:《江苏统计年鉴》、《上海统计年鉴》、《浙江统计年鉴》(历年)

表 3-96　长三角规模以上钢铁企业主要经济指标(二)

单位:亿元

长三角钢铁	总资产	主营业务收入	利润	利税
2007	10 644.33	14 658.72	744.65	1 238.33
2008	11 618.05	16 884.58	580.65	1 181.49
2009	12 172.35	15 418.01	675.82	1 376.91

数据来源:《江苏统计年鉴》、《上海统计年鉴》、《浙江统计年鉴》(历年)

(二)江苏省钢铁业

1. 江苏省钢铁行业整体情况

江苏省规模以上钢铁行业的主要指标显示,2009 年江苏省钢铁企业6 764个,新增钢铁企业2 342个,工业总产值为11 513.22亿元,新产品产值为 494.43 亿元,工业销售产值为11 431.19亿元,出口交货值为 697.01 亿元。

江苏省钢铁企业的总资产 2009 年为7 339.5亿元,比上一年增加了1 328.7亿元,主营业务收入 2009 年为11 332.9亿元。2009 年江苏省钢铁行业的利润比 2008 年下降了 73.97 亿元。

表 3－97　江苏省规模以钢铁企业主要指标(一)

单位:亿元

江苏省钢铁业	企业单位数(个)	工业总产值	新产品产值	工业销售产值	出口交货值
2007	4 173	8 523.17	544.73	8 395.58	552.04
2008	4 422	10 171.00	678.00	10 031.00	806.00
2009	6 764	11 613.22	494.43	11 431.19	697.01

数据来源:《江苏统计年鉴》(历年)

表 3－98　江苏省规模以上钢铁企业主要指标(二)

单位:亿元

江苏省钢铁业	总资产	主营业务收入	利润	利税
2007	5 127.25	8 460.42	423.50	688.08
2008	6 010.80	9 908.29	399.78	773.67
2009	7 339.50	11 332.90	473.75	790.73

数据来源:《江苏统计年鉴》(历年)

2. 江苏省钢铁行业前景

进入新世纪以来,我省钢铁产业持续较快发展,已成为全国重要的钢铁产业基地之一。2008 年,生产生铁3 858万吨、粗钢4 864万吨、钢材7 364万吨,均占全国 1/10 左右。骨干企业产品结构不断优化,一批优质产品在国内市场享有较高声誉。自主创新能力进一步增强,加快实施工艺调整,骨干企业技术装备总体上已接近国际先进水平,初步形成了以大型骨干企业为主体的研发体系。但是,受国际金融危机影响,钢铁市场需求不振,产量大幅下降,出口严重受阻,价格大幅下跌,企业经营困难。同时,长期积累的矛盾日益突出。一是资源控制力较弱。我省铁矿资源匮乏,90% 的矿石依靠进口和省外市场采购,进口矿石中"协议矿"不足 30%,"权益矿"比重低于 3%。二是产业集中度较低。2008 年,全省前 5 名钢铁企业生铁、粗钢和钢材行业集中度分别为 65.8%、61.6% 和 40.2%,骨干企业大多缺乏市场领导力、控制力。三是产品附加值较低。成品钢材中附加值较低的棒、线、型材占 45%,先进生产技术和高端产品研发、应用相对滞后。四是布局调整步伐较慢。全省 90% 的铁、钢产能集中在沿江两岸,30% 左右的产能布局在城市或城市近郊。五是环境压力较大。煤、电、水、矿等资源消耗总量增加,环境要素制约加重。

(一)未来主要目标

调整和振兴钢铁产业,要以转变发展方式和促进优化升级为主线,在发展中调整,在调整中提升,努力增强产业整体素质,提高产业竞争力。

产业布局优化。根据国家钢铁产业政策确定的布局原则,严格控制沿江地区产能,通过兼并重组、淘汰落后以及搬迁改造,向沿海地区转移生产能力,逐步减少全省钢铁企业数量。到 2011 年,力争前 5 名钢铁企业生铁、粗钢集中度提高到 75%,钢材集中度提高到 55%。

技术进步加快。加强原始创新、集成创新和引进消化吸收再创新,推动技术进步,实现一般装备自主化、本地化,并在关键工艺技术和高端产品研发上取得突破。综合运用经济、法律和行政手段,在按期淘汰 300 立方米及以下高炉和 20 吨及以下转炉、电炉产能的基础上,提高标准,加大力度,淘汰 400 立方米及以下高炉和 30 吨及以下转炉、电炉。

品种质量提升。依托区位优势,围绕汽车、船舶、家电、电力设备、油气输送、集装箱制造和工程机械等行业市场需求,在南京、苏州、无锡、常州、淮安等地区,加快发展特殊钢、优质钢,提高精深加工能力,力争特殊钢、优质钢比重提高到60%,板带管比重提高到55%左右。

兼并重组加速。根据市场供求关系变化,通过政府引导、政策扶持,努力培育自主创新能力较强、具有国际竞争力的特大型企业集团。加强对中小企业发展的分类指导,鼓励开发特色产品,支持部分中小企业转换主营业务,有序退出钢铁产业。绿色制造水平提高。加快建设钢铁产业循环经济体系,采用大型化、连续式、高精度、低损耗冶炼和轧制设备,集成式、循环型工艺流程,努力使全行业吨钢综合能耗降到0.65吨以下,吨钢新水消耗降到5吨以下,低于全国平均水平,其中重点骨干企业低于全国平均水平20%左右。积极开展清洁生产,加强"三废"综合利用,废渣、煤气利用率基本达到100%,工业用水复用率达到95%,废钢利用率达到30%以上。

产业发展稳定。遏制下滑势头,保持总体稳定,在提高技术水平和创新能力基础上,产业规模控制在合理水平,其中生铁4 000万吨左右,粗钢5 000万吨左右,巩固强化支柱产业地位,逐步实现全行业良性发展。

(二)未来技术研发领域

(1)前沿技术和关键产品生产技术。主要包括非高炉炼铁技术、连铸薄带技术、高效低成本纯净钢生产技术、大型板坯连铸技术、钢渣综合利用等关键共性技术研发和成果转化。重点为百万千瓦火电及核电用特厚板和高压锅炉管、25万千伏安以上变压器用高磁感低铁损取向硅钢等高端品种生产技术。

(2)自主集成重大装备和首台首套设备。主要包括千万吨级钢铁企业的设计、制造和系统耦合技术,中厚板调质热处理及热轧和冷轧宽带钢关键技术及装备,重大装备国产化依托工程首台首套设备。

(3)成熟应用技术。主要包括高强度钢筋、汽车板、造船板等产品生产应用技术。

(三)未来技术引进领域

(1)高端产品生产技术。主要包括高磁感取向硅钢、耐高温高压腐蚀电站用钢、高性能调质热处理中厚板、高强度轿车板等生产技术。

(2)清洁生产和循环经济工艺技术。主要包括焦炉煤调湿、大型热电联产、循环水及中水回用和海水淡化等工艺技术。

(四)未来工艺技术装备升级领域

(1)关键钢材品种。主要包括高速铁路用钢、高牌号无取向硅钢、高磁感取向硅钢、高性能调质热处理钢、抗腐蚀抗大变形管线钢、高强度高档次机械用钢、轿车用钢、工模具钢、海洋工程装备用钢、桥梁斜拉索用钢、电力用钢、高强度建筑用钢、高档精密不锈钢薄板带、特殊大锻材、特殊质量要求的高级无缝钢管等产品及技术。

(2)高强度钢筋和节材型建材。主要包括淘汰强度335Mpa热轧带肋钢筋,对建筑物基础工程、重点工程强制使用强度400Mpa以上钢筋,采用超细晶粒或微合金化等工艺对建筑钢材生产线进行改造提升,促进建筑钢材升级换代。

(3)可循环工艺和节能减排工艺技术。主要包括在现有企业和国家核准的新建钢铁企业建设中推广高温高压干熄焦技术、烧结余热利用技术、烧结烟气脱硫技术、高炉和烧结工序系统工艺技术、高炉炉顶余压发电技术、干法除尘技术、转炉煤气干法除尘及回收利用技术、铸轧一体化技术、综合能源管理技术，以及沿海企业采用风力发电等清洁新能源。

(4)低品位难选冶矿产资源采选冶炼。主要包括利用共生、低品位、难选冶的褐铁矿、高磷铁矿、菱铁矿等深部开采和选冶技术，钒钛、硼铁资源综合利用技术。

(5)焦化附产和辅料。主要包括焦化产品回收，铁合金、炭素和耐火材料等产品先进节能减排技术开发及应用。

(6)信息化和自动化。主要包括自主开发应用钢铁生产工艺自动化控制技术和信息化管理技术。

(二)上海市钢铁业

1. 上海市钢铁行业整体情况

上海规模以上钢铁行业的主要指标显示，2009 年上海钢铁企业2 096个，新增钢铁企业 945 个。工业总产值为2 362. 36亿元。工业销售产值为2 340. 8亿元，出口交货值为 307. 51 亿元，比 2008 年略有下降。上海市钢铁企业的总资产 2009 年为2 915. 35亿元，比上年增加了 662. 69 亿元。主营业务收入 2009 年为2 600. 12亿元。

表 3－99　上海市规模以钢铁企业主要指标(一)

单位:亿元

上海市钢铁业	企业单位数	工业总产值	工业销售产值	出口交货值
2007	1 028	2 477. 74	2 442. 27	325. 58
2008	1 151	2 530. 74	2 515. 83	308. 58
2009	2 096	2 362. 36	2 340. 80	307. 51

数据来源:《上海统计年鉴》(历年)

表 3－100　上海市规模以钢铁企业主要指标(二)

单位:亿元

	总资产	主营业务收入	利润	利税
2007	2 782. 93	2 700. 21	190. 92	311. 94
2008	2 252. 66	2 812. 57	83. 72	181. 54
2009	2 915. 35	2 600. 12	103. 36	165. 37

数据来源:《上海统计年鉴》(历年)

2. 上海钢铁产业未来发展趋势

(1)从现货交易到电子商务

现货交易是钢材市场中最基础、最重要的交易模式。目前，钢铁产品除部分由钢厂直供给终端用户外，大部分还是通过贸易流通商，分流到终端用户。我们看一个 2004 年的数据。据国家发改委对全国 76 家重点钢铁企业的统计分析，2004 年，这 76 家企业通过自行销售钢材占全部的 21. 8%；通过流通企业销售钢材占 63. 8%。

应该说，直供——也就是钢厂给终端用户直接供应钢材产品，是流通渠道中效率最高的一种流通方式。由于钢厂的生产是比较刚性的，也就说钢厂每月生产的产量和品种都比较稳定，所以直供一般是针对需求量大且稳定的终端客户。也因为此，近几年国内许多钢厂都在纷纷加大直供力度。

除直供外,一般钢厂更多的产品是通过贸易商代理的方式流通到市场,再由贸易商分销或零售给各种类型的终端用户。由于许多中小型用户对钢材产品的需求存在量小、但品种规格多等特点,钢厂无法实现直接销售,而贸易商在两者中间起到承上启下的作用,为两者的供求实现对接。由于钢厂产能释放比较刚性,而需求则有淡旺季,供求关系会出现弹性变化,而贸易流通行业则在其中起到了蓄水池的作用。

传统的钢材现货交易中,交易由买方和卖方直接进行,交易时间、地点、方式等由双方协商决定。市场上信息不对等,价格透明度不高,难以形成统一的价格;交易效率低、成本高,容易出现交易诚信问题造成的质量纠纷和"三角债"。从更深层次看,传统的现货交易存在层层"剥皮"现象,从钢厂出来的材料可能要经过许多贸易商的手才最终到终端用户,容易造成实际需求的失真和市场价格的波动,增加整个社会的物流成本和交易成本。如何减少传统经营模式所存在的弊端? 电子商务模式为这一切的改变提供了新的可能。

2006 年 5 月,宝钢旗下的东方钢铁在线推出现货电子交易一期平台,这是宝钢进军钢铁电子商务领域迈出的重要一步。06 年当年运营仅半年多,通过东方钢铁在线的现货交易量已达 10 多万吨,参与交易的会员已达 300 多家。继东方钢铁之后,Mysteel 旗下的 Banksteel、中金交易在线等也推出钢铁现货电子交易平台,开始探索发展钢铁电子商务。

现货电子交易除了可以提高交易效率、降低成本等优势之外,更重要的是其引发的商业模式的变化,是对钢铁供应链的业态创新。东方钢铁在线推出的钢材电子现货交易是专注于真实的现货交易,以网络技术为手段,提高现货交易的便利性,为供需双方提供一个高效、公正的第三方平台。由钢厂、贸易商、终端用户等交易中心会员组成的交易主体,通过专业的交易平台,以挂牌、竞价、招标、专场、团购等方式,完成网上支付、在线交易。

随着信息化的普及,电子商务模式开始影响和冲击传统的钢材贸易行业。钢铁电子商务已成为业内关注的新趋势和新的利润增长点。不过由于面临法律环境不够成熟、信用体系不够健全以及信息流、资金流和物流三者能否有机结合等问题,钢铁电子商务还处于起步发展阶段,市场还有待培育壮大。

(2)从有形市场到无形市场

上海钢材贸易商大军的发展同时也促成了各地规模不一、形态各异的钢材交易市场。上海最早出现的钢材市场是 90 年代初期的宝山钢材市场,这是典型的"票据式"市场,在市场内仅有票据交易,没有现货仓储和加工,其商流与物流分开操作。同类型的还有地处上海徐家汇黄金地段的香山钢市等。这些交易市场往往具有国企背景,与当时的物资系统或冶金系统有密切的关系,管理团队成员也大多出于此。2000 年后,这些国企背景的交易市场也大多进行了改制,成为民营性质的交易市场。

说到钢材交易市场不能不提第一钢市。第一钢市的前身为逸仙钢市,由福建周宁商人周华瑞于 1996 年创建,首开"前店后库"的市场模式,也成为后来不少钢材交易市场效仿的样板。经过十多年的发展,入驻企业已近 800 家,交易量也逐年上升。据其网站公布数据,年成交额达 200 多亿。之后,一批福建籍老板开创的铁闵钢市、砖桥钢市、曹安钢市、松江钢市等后来居上,风头渐盛,与宝山、香山等钢市分庭抗礼。

进入 21 世纪后,中国的钢铁产业迎来大爆发时期,上海钢材贸易流通行业也急剧膨胀,钢材市场也得到很大发展。为了满足钢铁用户个性化的需求,在"仓储式"基础上,一些市场又引入了钢材剪切加工的配套服务,出现了"加工式"市场。随后这些市场又联合银行、担保公司等,为市场内的企业提供融资担保服务。钢材交易市场作为钢铁服务业中重要的组成部分,其提供服务内容的增加和转变,说明了市场对钢铁服务业需求的必然性。到目前,上海地区有近7 000家与钢铁相关的服务企业,60 余家钢材交易市场。

在有形的交易市场得到较大发展后,“无形交易市场”也开始崭露头角。一类是以大宗等为代表的中远期电子交易。随着电子网络技术的成熟,继 2003 年安徽出现了首个钢铁电子交易市场后,以大宗、钢之源、欧浦等为代表的中远期钢铁电子交易市场开始兴起,不仅很快吸引众多贸易商的参与,并与现货市场形成互动影响。

另一类就是以东方钢铁为代表的现货电子交易。上文提到的东方钢铁在线,其母体就是宝钢国贸于 2000 年开始筹划的现货电子交易平台,然后在 2004 年整合推出东方钢铁在线,成为全国首家现货电子交易平台。由于其具有的 BtoB 特性,我们将其归类在电子商务平台来阐述,但形式上也是属于“无形市场”。这种“无形市场”的模式突破了时间与空间的限制,有利于提高交易效率,节约交易成本。

从最初仅提供票据交易到提供现货仓储,再到集仓储加工于一体,再到提供融资担保等,从钢材交易市场的发展轨迹看,从“票据式”走向“仓储式”和“加工式”,再从有形市场向无形市场的发展趋势,标志着上海的钢铁服务业发展已经在不自觉中获得了走在了全国的前列。

(3)期货交易市场的再度兴起

2009 年 3 月 27 日,上海期货交易所推出线材和螺纹钢两个品种的钢材期货,受到行业内外广泛关注。

由于钢材期货具有的价格发现和套期保值的功能,发展钢材期货有利于完善钢铁行业市场体系和价格形成机制,更大程度发挥钢铁在资源配置中的作用,可以为生产企业和用户提供规避市场风险的工具,引导钢铁产业有序健康发展。由于期货市场集中众多的生产、加工、贸易企业以及投资者,公开公平的进行竞价交易,有助于权威性、公正性、透明性、连续性的价格的形成,有利于钢材相关企业提前锁定成本、合理安排经营计划,避免钢材价格涨跌的风险。

而实际上,在此之前,国内就曾推出过钢材期货。1993 年 3 月,苏州商品交易所率先在国内推出了钢材期货——直径 6.5mm 线材期货交易。之后,天津联合期货交易所、沈阳商品交易所、重庆商品交易所、上海建筑材料交易所和北京商品交易所也相继推出该品种的期货合约。

线材期货交易一经推出,立即得到多方响应。由于线材市场需求面广量大,银行资金也相对宽松,线材期货品种的交易规模迅速催化扩大。据有关统计数据显示,这期间全国线材期货交易累计成交总量达到 4.52 多亿吨,成交金额计 1.32 多万亿元,交割总量 251 多万吨,成为当时全国成交量最大的商品期货品。但当时的环境不成熟,条件不具备,钢材期货市场不规范,严重的投机炒作产生了严重的后果,出现了一系列问题,最后被取缔而退出了市场。

为再次推出钢材期货,上海期货交易所于 2005 成立钢材期货小组,多次奔赴各地,对各地主要钢厂生产企业、流通市场以及贸易流通商进行调研,同时对钢材期货合约设计进行反复推敲和论证。

由于我国钢材现货市场存在的问题和电子交易市场的局限性,加上期货市场所具有的功能,钢材期货的推出,将会对目前的中远期市场和现货市场产生新的影响,但三者相互之间的互动会有一个过程。从一个成熟的市场经济的形态来看,现货市场、远期市场和期货市场共同发展、相互促进不仅是合理的,也是必要的。我们相信,随着钢材期货市场的逐步发展成熟,将对钢材现货市场的发展、对整个钢铁产业的发展,起到保驾护航的作用。

(4)从传统模式到服务模式的转变

近期有一个值得我们关注的现象:一批规模较大实力较强的钢铁贸易流通企业纷纷提出要从传统的钢铁贸易商向服务提供商转变,即不再简单为客户提供产品,而是为客户提供剪切加工、物流配送等增值服务。

经过十数年的市场打拼,贸易流通商已达到了一定的经营规模,积累了相当的资金实力,但在钢铁贸易方面再要深挖潜力却遇到瓶颈,所以从传统贸易商向服务提供商转型不仅是其企业寻求突破发展的自觉自愿,也是适应产业形态发展的必需。

由钢铁贸易商的客户群体分析可见,很多钢材贸易商的客户群体具有连带关系和地域关系,这一关系是钢材贸易商和其客户之间的信任、合作获得保证;地域的优势也造就贴近终端用户的便利,使钢材贸易商与用户良好的合作关系获得延伸与保持,能够依据对终端用户需求更多的了解、掌握,促使服务手段的多样化。追求向服务提供商的转型,不断深化服务内涵,提高服务水平,需要结合自身的特点与专长,掌握客户的需求和需求节点,才能够对不同的客户提供针对性的个性服务。为了实现其服务手段的实现,许多钢铁贸易商开始寻求产业上下游的延伸,或投资参股钢厂,或建设加工配送中心,以实体的资源成为实现服务客户的载体,同时寻找新的利润增长点。

随着产业结构的调整,围绕钢铁产业的相关服务企业,也必须不断调整其服务手段,丰富其服务内容,不断向产业链的价值高端去寻求自身的定位和发展。

目前,上海钢铁产业在发展中存在的问题主要体现在:一是上海钢铁服务业发展缺乏全局性的科学规划,如钢材交易市场存在低水平的重复建设情况;二是上海钢铁服务业市场信息不够流畅,交易成本过高;三是产业集中度低,难以形成规模优势;四是钢铁服务业与钢铁主业的合作关系大多停留在初步合作阶段,没能充分发挥双方的协同发展效应。正是上述这些问题的存在,阻碍了上海钢铁服务业向更高的层次发展。

我们注意到,自 20 世纪 60 年代初,世界主要发达国家经济重心开始转向服务业,服务业在就业和国内生产总值中的比重不断加大。20 世纪 80 年代全球经济呈现出从“工业型经济”向“服务型经济”转型的总趋势,产业发展则呈现出服务化的新趋势。

作为生产性服务业的钢铁服务业贯穿于钢铁生产、流通、分配、消费等社会再生产环节之中,作为全过程参与的服务,发挥着重要的协同功能,提高了生产过程不同阶段的产出价值和运行效率。这条完整的钢铁服务产业链已经成为集成众多生产服务要素和资源的调配器。同时,由于钢铁服务业的内容十分宽泛,行业跨度大,市场组合需求的集成度高,这些因素都要求钢铁服务业企业同钢铁企业之间形成更高的联动发展能力,能够通过联动体的成本比较优势和服务集成优势在市场兑现价值。

从《钢铁产业发展政策》到《钢铁产业调整和振兴规划》出台的政策路径,上海城市发展功能定位,以及与国外先进钢铁产业发展模式的对比,我们不难从中得出结论,钢铁产业结构的进一步调整和优化,整个钢铁产业的振兴,必须大力发展紧紧围绕钢铁产业主链的物流配送、融资担保、交易市场(包括现货交易、中远期交易和期货交易)、工程设计、结构安装、科研教育、节能环保、信息资讯、咨询管理、会展旅游以及企业信息化等钢铁服务业。

引导服务落地

今年 3 月份出台的《钢铁产业调整和振兴规划》提出政策措施中明确提出,要发挥行业协会的作用。上海钢铁服务业协会作为全国首家钢铁行业的协会,面向整个钢铁产业链,以“服务企业、规范行业、发展产业”的宗旨和使命,搭建政府和企业、企业和企业之间沟通平台,及时反映行业问题和企业诉求,引导企业落实国家产业政策,加强行业自律,提高行业整体素质。具体通过“仲裁中心、统计中心、融资担保中心、教育培训中心、人事服务中心、技术服务中心、质量检测中心”等一个个平台的搭建和运营,发动钢铁服务企业广泛参与,将各项服务引导落地,解决当前钢铁服务企业面临的共性和个性问题,促进上海钢铁服务业又好又快发展。从行业协会工作者的角度看,我们可以从以下几个方面来推进钢铁服务业的发展。

一是根据行业现实和需要,制定具体政策和措施,通过政策和措施的实施来促进钢铁服务业的市场化发展。从上海发展现代服务业的大框架看,上海钢铁服务业可以着重在钢铁物流、加工配送、融资担保、技术服务以及管理咨询等方面下功夫，提出现实可行的发展政策，辅以工商、税务等相关产业支持政策和措施，建立质量检测中心等专业服务机构，促进钢铁服务业的市场化进程。

二是制定和完善钢铁服务业行业规范和标准，营造规范诚信的市场环境，促进钢铁服务业的健康有序发展。通过各种组织与制度安排，为钢铁服务也发展创造规范而诚信的环境与氛围，建立健全钢铁服务业的行业自律组织，制定并完善钢铁服务业的行业规范与相关标准，加强行业自律管理，从而为钢铁服务业的规范有序、健康快速发展提供相应的制度保障与组织平台。并积极推进钢铁服务行业的信用体系与平台建设，形成良好的信用约束机制，为诚信企业的健康发展创造良好的环境氛围。

三是引导专业化战略实施，提高钢铁服务企业的核心竞争力。目前钢铁服务业面临企业多而分散、重复和低层次竞争格局。需要通过专业化战略来做强做大，形成产业集群，以获得规模效应，提高效率，降低成本，形成良好的竞争格局，进而培育出一些更具影响力的知名品牌，提高钢铁服务企业在国际上的竞争力。

四是加强行业内外交流，促进商机对接和业务合作。推动钢铁服务业的行业内外和国内外交流，以借鉴吸收其他行业或国外先进发展模式，同时促成企业间或行业间商机对接和业务合作。同时开展信息统计分析工作，为钢铁服务业企业经营决策提供有效帮助。

五是抓好钢铁服务业的人才引进和培养，构筑钢铁服务业人才高地。当前企业之间的竞争更多程度体现在人才的竞争上，所以人力资源开发和人才队伍培养建设，将是钢铁服务业持续发展的动力保证。除了为钢铁服务业发展提供钢铁营销、钢铁物流等方面专业人才外，可以尝试建立职业资格认证制度，确保钢铁服务业从业人员的基本职业素养。

（三）浙江省钢铁产业

1. 浙江省钢铁产业发展情况

浙江省规模以上钢铁行业的主要指标显示，2009 年浙江省钢铁企业5 737个。工业总产值为4 534. 69亿元，比 2008 年增加 231. 28 亿元。浙江省钢铁企业的总资产 2009 年为2 593. 6亿元，比上一年减少了 758. 99 亿元。主营业务收入 2009 年为2 082. 84亿元。

表 3 –101　浙江省规模以钢铁企业主要指标

单位：亿元

浙江省钢铁业	企业单位数（个）	工业总产值	总资产	主营业务收入	利润	利税
2007	3 335	3 598. 13	2 734. 15	3 498. 09	130. 23	238. 31
2008	3 585	4 303. 41	3 354. 59	4 163. 72	97. 15	226. 28
2009	5 737	4 534. 69	2 595. 6	2 082. 84	98. 97	136. 16

数据来源：《浙江统计年鉴》（历年）

2. 浙江省钢铁产业前景分析

浙江省钢铁产业将加紧布局调整和结构转型升级，2012 年，力争使钢铁产业总体实力明显增强。粗钢生产能力达到1 300万吨左右；不锈钢生产能力保持 300 万吨左右，产业集中度明显提高；不锈钢无缝管规模和质量继续居国内领先地位；钢铁服务业较快发展。

（1）规划建设宁波大型临港钢铁基地。

以宝钢重组宁波钢铁公司为契机，规划建设“千万吨级”宁波大型临港钢铁基地。充分发挥宁钢现有产能效益的基础上,启动200万吨钢铁改造提升工程,在2012年形成年产600万吨钢铁规模;结合杭钢转型升级,适时规划建设郭巨年产1 500万吨钢铁项目。

(2)加快推进杭钢转型升级。

按照《钢铁产业调整和振兴规划》关于杭州城市钢厂搬迁的要求,积极推动杭钢转型升级,研究制定相关方案;积极探讨并推动杭钢与国内大型钢铁企业集团的合作,推动杭钢产品结构调整升级;在相关条件基本具备后,杭州厂区适时退出炼钢炼铁,重点发展钢铁冷轧及深加工,以钢铁为重点的仓储、物流、贸易等现代服务业。

(3)做强做精不锈钢产业。

根据我省不锈钢板带、棒、管的区域分工特点,按照"上大压小"要求集聚发展,形成技术先进、特色鲜明、错位竞争的发展格局。

(4)积极发展优特钢。

要充分发挥元立集团现有金属制品加工优势,进一步提升发展优质棒、线材产品,逐步向优特钢方向转型发展;通过钢材品质的提升,进一步提高钢铁深加工产品档次、附加值,增强竞争力。

二十 长三角 IT 产业

一、长三角 IT 业

2009 年,电子信息产业虽然受到国际金融危机的严重冲击,但在中央"保增长、扩内需、调结构、惠民生"等一揽子计划和政策措施的持续作用下,全行业扭转了大幅下滑的局面,发展趋势明显向好,在国民经济中的地位依然突出。2009 年,长三角地区信息化合作取得很大进展,合作意识得到增强,合作理念逐步树立。区域信息化和信息产业管理部门间的沟通与协调机制初步建立,实现了由对话型合作向项目型合作的转变。企业间交往频繁,行业协会和民间团体间的联谊活动逐渐增加。长三角地区在信息技术研究、信息资源共享、信息系统互联互通等方面迈出了实质性的合作步伐。多方关注、共同参与、不断创新的区域合作局面初步形成。

长三角地区信息化整体水平通过"十一五"期间的持续推进已经处于国内领先地位,但与发达国家城市地区相比,仍然存在较大差距,区域内在信息基础网络设施、信息技术应用、信息产业发展等领域的数字鸿沟依然存在,区域信息化合作的深度和广度都还有较大的拓展空间。未来长三角区域社会经济率先协调发展在客观上需要开展区域信息化的合作,社会经济领域的合作对区域信息化合作的互馈效应也将进一步增强。长三角区域内三省可以把握国际信息化发展方向,遵循国家信息化发展战略,以全球化的视野,从区域整体发展要求出发,进一步完善区域信息化合作机制,克服行政区划形成的合作阻碍,在战略和政策层面营造一个资源共享、技术携手、优势互补、互惠共赢的区域信息化协同发展环境,推动企业有效参与全球经济竞争,抢占全球信息化制高点。据统计,2009 年长三角信息产业共实现增加值5 833.03亿元。

二、上海 IT 业情况分析

(一)总体情况分析

2009 年上海实现信息产业增加值1 632.39亿元,比 2008 年增长 6.4%。其中,信息服务业增加值 768.48 亿元,增长 12.8%。至 2009 年末,通过 CMM/CMMI3 级以上国际认证的企业达到 113 家。其中,5 级 14 家。172 家企业获得计算机信息系统资质认证。其中,1 级 11 家。经营收入超亿元软件企业 135 家。上海用于信息化建设的固定资产投资 209.36 亿元,占全社会固定资产投资总额的比重为 4%。2009 年上海信息服务业经营收入为1 642.12亿元。2009 年上海信息传输、计算机服务和软件业共实现产值 601.73 亿元。

至 2009 年末,集约化信息管线累计敷设5 354.13沟公里,比 2008 年末增加1 346.99沟公里;互联网用户达到1 250万人,增加 90 万人;宽带接入用户 470.32 万户,增加 51.72 万户,其中,家庭宽带用户数 423.28 万户;IPTV 用户达到 101 万户,增加 26.42 万户。有线电视用户达到 557.99 万户,增加 30.79 万户,其中,有线数字电视用户 84.36 万户。

2009 年完成电子商务交易额3 252.21亿元,比 2008 年增长 16.8%。口岸税费电子支付系统入网企业累计达到4 000家,2009 年实现电子支付金额1 048.48亿元,比上 2008 年增长 4.4%。社会公共服务领域信息化建设不断深化(见表 3 - 102)。

表 3 - 102　上海市社会公共服务领域信息化

指标	单位	绝对值	比 2008 年
“市民信箱”累计注册用户	万人	385.46	增加 24.26 万人
全年“付费通”业务平台交易量	万笔	4 649.81	增长 22.3%
全年“付费通”业务平台交易额	亿元	46.53	增长 31.1%
交通卡累计销售量	万张	4 944.28	增加 782.79 万张
全年交通卡销售额	亿元	11.94	下降 11.0%
银行卡累计发卡量	万张	10 009.93	增加 2 094.71 万张
全年银行卡交易额	亿元	9 517.10	增长 37.6%

至 2009 年末,数字证书累计发放 175.18 万张。社会信用体系持续完善。至 2009 年末,个人信用联合征信系统覆盖1 109.62万人的信用信息,比 2008 年末增加 62.62 万人;个人信用产品提供量达到1 071.92万份,增加 63.92 万份。

表 3 - 103　上海市信息产品制造业主要指标(2009)

指标	工业总产值	工业销售产值	年末资产总计	主营业务收入	利润总额	税金总额
总 计	5 598.16	5 515.16	3 532.08	5 812.62	37.92	31.47
通信设备制造	621.26	615.74	522.15	631.55	16.68	3.60
雷达及配套产品制造	0.37	0.37	0.65	0.55	0.06	0.06
广播电视设备制造	14.23	14.23	9.44	14.37	0.72	0.27
电子计算机制造	3 139.32	3 082.00	981.31	3 335.50	18.85	2.43
家用视听设备制造	219.70	210.63	104.48	215.43	2.24	0.48
电子测量仪器制造	113.66	114.81	108.44	115.94	15.38	2.91
电子专用设备制造	151.05	147.37	178.97	152.46	10.51	4.78
电子元件制造	431.52	430.85	479.38	436.29	19.59	7.29
电子器件制造	470.11	468.17	760.10	474.27	-64.64	3.02
# 集成电路制造	303.96	303.07	533.98	305.71	-46.53	2.06
电子机电产品制造	419.16	413.55	348.15	417.88	18.76	6.47
电子专用材料制造	17.78	17.42	39.02	18.38	-0.24	0.17

(二)上海信息产业发展的主要问题

1. 政府需求推动具有初始动力作用,但不能作为上海信息产业发展的长远思路

上海信息产业发展中基本上依靠两个方面的动力,一是引进技术,二是政府需求拉动。上海对于信息化建设投入了大量的资金,这给上海本地的信息企业创造了很好的发展条件,不少企业就是在为政府信息化和社会信息化服务过程中发展起来的,这同上海在进行城市面貌“三年大变样”过程中培养出了一批城市建设企业是同样的道理。但这也已经衍生出新的问题,因为这类企业几乎都是从规模较小的时候就在政府的支持下，其所经受的市场洗礼似乎不够，有些企业在为政府服务获得成功以后有了等、靠、要的思想，没有投入足够的力量将自己在为上海信息化服务过程中提供的产品和服务推向更为广阔的市场。此外，上海信息化过程也已经培养出了一批优秀的企业，但这些企业因为有政府订单的稳定来源，创新与竞争动力不足，本来已经初步成熟的一些技术不能及时变为产品，占领市场，丧失了机会。

2. 信息产品制造业群体已经形成，但上下游产业明显偏弱，信息产业体系不完整

虽然上海信息产业已经形成一个较为完整的产业体系，但上海离这个目标还有不小的距离。因为从上海信息产业的构成看，信息制造业占有绝对主导地位，而且随着今后若干大项目的建设，这一特点将更为突出。所以，上海信息产业如果说已经形成完整体系的话，只是指信息制造业已经形成体系，而其他信息产业的发展显得相对落后。

3. 依靠体制内企业和引进外资发展信息产业的道路需要进一步拓宽

上海信息产业发展中技术更新走的基本上是两条路子，一是引进，二是大型企业集团开发，它们也是目前世界上较为通行的信息产业发展方式，但也绝不仅仅只有这两种路子，上海目前还未发展出的第三条依靠中小企业和民间创新发展信息产业的道路，而这却又是世界许多地方形成具有强大竞争力的信息产业必然走过的道路。引进技术是顺应全球化过程中跨国公司全球一体化生产体系布局调整的必然结果，引进的项目大多属于跨国公司生产体系中成本密集型的环节，即这种生产对于成本十分敏感，而技术则由母公司开发。这种项目向产业链后拓展的空间较大（如台湾的板卡），前向空间几乎不存在。而企业集团的开发虽然可以投入巨资，搞大项目攻关，但企业集团由于体制问题仍然需要理顺，研究开发中的一系列激励措施还需要重新制定，而且企业内部组织架构仍然是偏于陈旧，所以要真正形成很有竞争力的产品仍然需要一定的周期。因此，信息产业中最具有活力的实际上是小型企业和民间创新，而大型企业集团主要是依靠收购民间创新的成果加以发挥、培养，只有这样操作才会形成一种良性发展的机制。所以，上海发展信息产业目前最需要的是拓宽民间创新的道路，提高全社会的创新活力。

4. 社会创新氛围不够，没有形成一种创业的环境与气氛

比较全国和世界上一些信息产业发展较快的地区，可以发现，上海的基础条件很好，特别是上海拥有强大的传统产业基础，生产制造能力强大，产业工人的素质较高，金融、服务体系较为完备。但需要看到的是，信息产业的发展并不同于传统产业，制造业水平高低并不是决定一个国家、一个地区信息产业发展前途的决定因素。在全球经济一体化的今天，制造业只是信息产业生产环节中成本环节的一环，并不是信息产业真正的盈利与发展点所在，发展点只有研究与开发。

像上海这样一个拥有大量人才资源并对全国人才具有很强吸引力的地区，如果只以信息产品制造业作为发展方向，就意味着没有充分利用上海的优势，或者没有认识到上海的优势。上海信息产业创新能力并不强，主要是社会创新氛围相对较差，这虽然受到体制、文化背景等影响，但最主要的还是政府比较注重大项目的发展，而对民间创新，对于中小企业的发展没有投入同等的关注。可以说，这是影响上海创新环境的主要因素。不能有效培养出社会创新能力，城市的综合竞争力也就会大打折扣。

（三）政策措施

1. 制定推进信息服务业发展的政策

根据技术进步和国际产业发展趋势，以落实国家即将出台的新 18 号文件、《软件和集成电路促进条例》和《促进信息服务业发展的若干政策》为重点，做好地方政策措施的衔接和配套。目前，重点是制定《促进上海信息服务业发展的若干意见》，进一步强化中心城区、产业基地推进信息服务业发展的主导地位和积聚辐射效应,分类指导,梯次推进,避免区县之间相互攀比、重复雷同问题,加快形成全市信息服务业协调发展的良好局面。

2. 加大专项资金支持力度

“市现代服务业引导资金”要重点支持信息服务业发展,主要用于支持信息服务业的关键共性技术、服务产品的开发以及产业化;支持产业基地、园区和公共技术服务平台建设;支持国家和市级重大项目建设;支持品牌培育、标准制订等产业环境建设等。

“市宣传文化发展专项资金”要支持动漫产业发展,主要用于支持优秀动漫原创产品的创作生产、民族民间动漫素材库建设,以及建立动漫公共技术服务体系等动漫产业链发展的关键环节。

发挥“市软件和集成电路产业发展专项资金”的引导作用,重点支持软件产业基地建设、重大软件项目研发、软件技术成果转让和产业化。

3. 发挥现有税收优惠政策的引导作用

2008 年 1 月 1 日之后完成登记注册的信息服务业企业,经认定为高新技术企业的,自取得第一笔生产经营收入所属纳税年度起,第一年至第二年免征企业所得税,第三年至第五年按照 25% 的法定税率减半征收企业所得税。(国家给予浦东新区政策)

信息服务业企业的技术开发费用,在按规定实行 100% 扣除的基础上,允许再按当年实际发生额的 50% 在企业所得税税前加计扣除。企业年度实际发生的技术开发费用当年不足抵扣的部分,五年内可在企业所得税应纳税所得额中结转抵扣。(国家科技政策 60 条)

信息服务业企业用于研究开发的仪器和设备,单位价值在 30 万元以下的,可一次或分次计入成本费用,在企业所得税税前扣除;其中达到固定资产标准的应单独管理,不再提取折旧;单位价值在 30 万元以上的,允许采用双倍余额递减法或年数总和法实行加速折旧。(国家科技政策 60 条)

信息服务业企业进行技术转让,以及在技术转让过程中发生的与技术转让有关的技术咨询、技术服务、技术培训的所得,年净收入在 30 万元以下的,暂免征收企业所得税。(广东做法)

符合国家规定的动漫企业自主开发、生产动漫产品,可申请享受国家现行鼓励软件产业发展的有关增值税、所得税优惠政策。(国家政策)

动漫企业自主开发、生产动漫产品涉及营业税应税劳务的(除广告业、娱乐业外),暂减按 3% 的税率征收营业税。(国家政策)

新创办软件企业经认定后,自获利年度起,享受企业所得税“两免三减半”的优惠政策。(国务院 18 号文件)

对增值税一般纳税人销售其自行开发生产的软件产品,按国家规定,对其增值税实际税负超过 3% 的部分,实行即征即退。(国务院 18 号文件)

对开发出具有自主知识产权的软件设计人员的奖励,免征个人所得税。(市政府 54 号文件)

上述税收政策,如遇国家政策调整,按新规定执行。

4. 积极拓宽投融资渠道

制订《上海市信息服务业发展投资指导目录》,明确鼓励、允许、限制和禁止投资的项目和领域,引导资本投向。支持金融机构对鼓励发展的项目予以重点支持,对产业基地、公共平台、产学研项目建设和关键共性技术产业化等加大扶持力度。以企业为主体,完善中小企业行业担保机制,为中小型信息服务业企业提供融资担保。完善风险投资机制,鼓励、支持国内外风险投资基金投向信息服务业。风险投资公司投资信息服务业的项目或产品,在本市累计投资额超过其公司注册资本 60% 的,享受高新技术企业政策;不到 60% 的,按其投资额占其公司注册资本的比例享受相应的高新技术企业政策。大力支持信息服务业企业在国内主板和中小企业板上市。

5. 加快产业基地和产业园区建设

坚持“统筹规划，科学引导，合理布局，错位发展，分工有序，特色鲜明，资源共享，优势互补，协作发展”的原则，以浦东综合改革为契机，加快国家软件产业基地、国家软件出口基地建设，重点是浦东软件园3期建设，加快产业集聚步伐；在国家认可的开发区内，加快动漫、网络游戏、多媒体、电子商务、网络增值服务等基地的建设；在有条件的地方，建设独具特色的信息服务业专业园区。鼓励电信运营企业为园区提供优质低价的电信网络服务；支持园区为入驻企业在机房、培训中心等公共基础设施上提供服务。

6. 加强公共技术服务平台建设

坚持政府引导、企业主体、市场运作原则，依托产业基地、产业园区、中介机构和龙头企业，建设公共技术服务平台。强化现有公共技术服务平台作用，进一步完善软件评测中心、硅知识产权交易中心、信息安全评测中心、互联网交互中心、超算中心等公共技术支持平台。加快建设一批面向行业的公共技术服务平台，重点建设数字内容公共技术服务平台、软件和信息服务外包公共服务平台、电子商务公共服务平台等。鼓励有条件企业承担本行业公共技术服务平台建设。

7. 加强人才队伍建设

积极引进海外人才，落实海外高层次留学人才的政策待遇。鼓励海外留学人员在沪创办信息服务业企业。对信息服务业企业引进外国专家、留学人员或建立博士后科研工作站，各级人事部门要在立项、经费等方面给予必要支持。“市领军人才队伍建设专项资金”要向信息服务业倾斜。加强校企合作，成立“校企合作信息服务业专业理事会”，培养适合产业发展和适应时代需要的实用性人才。

8. 加快标准体系建设和知识产权保护

鼓励企业加强信息服务业领域的标准化工作。相关标准规范研制项目，由“市标准化推进专项资金”给予适当资助。鼓励和引导企业加大知识产权投入，申请国内外专利。鼓励企业依法组建知识产权保护联盟，提高知识产权保护能力和水平。鼓励企业在国内外注册商标、创建品牌。鼓励数字内容创意企业登记著作权。加大知识产权保护执法力度，严厉打击各种侵权、盗版、制假、贩假等违法行为。

9. 加强招商引资和国际交流

按照政府推动、市场运作的方式，搭建信息服务业招商引资和国际合作交流平台。加大力度引进世界500强企业中的信息服务业企业，鼓励企业将其总部、地区总部、采购中心、研发中心等落户上海，经认定后可对其购地建设、购买或租赁自用办公用房给予相应资金补助。支持本市企业走向国际市场，进行境外战略性投资，或在境外设立国际营销渠道。

三、江苏IT业情况分析

（一）总体情况分析

2009年江苏信息传输、计算机服务和软件业共实现产值526.52亿元。江苏软件销售收入总量由2002年的全国第7位上升至2009年的第3位，年均增幅达44%。2009年，全省软件产业实现销售收入1 605亿元，占全国总量的16.1%；完成软件出口35.5亿美元，增长41.7%；全省累计通过认定的软件企业1 805家，累计登记软件产品8 334个。特别在应对国际金融危机中，江苏软件业保持了30%以上的增速，为全省经济保持平稳较快增长作出了积极贡献。

（二）目前产业发展遇到的问题

一是产业结构不够合理。在国际产业分工中处于价值链低端，产品附加值低。软硬件比例不协调,基础软件和软件技术服务比重偏小,软件外包企业国际市场竞争力不强。二是自主研发能力较弱。集成电路、基础软件和大尺寸液晶面板等核心技术受制于人,拥有自主品牌、具有较强竞争力的大企业较少,自有品牌产品市场占有率较低。三是吸引和发挥人才作用的有效激励机制尚未真正形成,缺少高层次的信息技术人才。支持产业发展的政策措施还不完善。以国内需求支撑产业增长的机制还不健全。

(三)产业发展方向

围绕提升产业核心竞争力,重点培育和壮大软件、集成电路、新型显示器件、现代通信及信息技术应用五大产业,到2011年形成产业规模14 000亿元。

1. 软件产业

实施软件产业"双倍增"计划,加快规模化发展步伐,形成一批骨干企业和知名品牌。到2011年,形成产业规模2 800亿元。

支持具有自主知识产权的基础软件、嵌入式软件、应用软件及中间件产业化,确保在电力、电信、智能交通、信息安全、办公软件等领域继续保持优势。加快建设江苏虚拟软件园和软件产业服务中心,加快完善软件产业基地国际通信基础设施,加快建设南京"中国软件名城"、苏州嵌入式软件产业基地、无锡集成电路设计产业化基地、常州动漫游戏产业化基地,加快建设沿沪宁线软件产业密集带,促进园区建设与城市发展优势互补。

大力推进软件和信息服务外包,积极开拓软件外包市场,增强"江苏软件外包联盟"服务功能,提升"江苏外包"品牌知名度。组织省内重点软件外包企业在国外重点发包地设立工作机构。建设5个产业特色鲜明、目标市场明确的软件外包示范园,整合软件外包企业资源,推进南京、无锡、苏州中国服务外包示范城市发展。

围绕机械、纺织、船舶、电力、医疗、金融、教育等行业嵌入式软件需求,引导软件和信息服务企业组建软件应用联盟。在全省钢铁、汽车等行业开展信息技术改造传统产业试点。发展数字设计业,提升动漫与网络游戏等创意产业发展水平。

推进电子政务、电子商务软件及服务发展,加快发展为社会信息化服务的数据库业,建设统一的政府外网,加强省公共信用信息系统建设。

2. 集成电路产业

充分发挥江苏集成电路产业链较为完整的优势,以国家实施"核心电子器件、高端通用芯片与基础软件产品"等科技重大专项为契机,提高芯片产品的设计开发水平和自主创新能力,推进集成电路制造和封装业规模化发展,加快发展以材料和装备为主线的配套产业。集中力量,重点突破,形成特色,全力打造国家微电子产业基地,使江苏集成电路产业在规模、水平、发展速度和竞争力等方面形成新优势。到2011年,形成产业规模1 000亿元。

依托骨干企业,推进重点项目建设,提高芯片制造工艺水平,实现8－12英寸芯片生产线的规模化生产,形成65－45纳米工艺技术的加工能力。继续引导和支持掌握核心技术和先进制造能力的跨国芯片制造企业加大在江苏的投资,增设生产基地和研发中心。完善集成电路设计的支撑服务体系,引导芯片设计企业与整机制造企业加强战略合作,推进国家级微电子产业基地建设,加快建设江苏集成电路公共技术平台。发展多芯片集成技术、倒装焊技术、圆片级封装等技术研发和产业化。跟踪研究数字信号处理(DSP)、高清晰数字电视(HDTV)的高端芯片测试方法和技术。

3. 新型显示产业

充分发挥江苏已有产业和技术优势,加快形成以自主品牌平板电视为龙头、可控面板为突破口、相对完善的平板显示产业体系,将江苏建成国际先进、国内最大的平板显示产业研发基地、生产基地和产品扩散基地。到2011年,形成产业规模4 500亿元。

重点突破面板生产关键技术,提高关键配套材料的供给能力。支持骨干企业建设6-8代薄膜液晶显示(TFT-LCD)和等离子显示(PDP)面板生产线,扶持平板显示技术用彩色滤光片、玻璃基板、偏光片、发光二极管(LED)背光源、部分生产设备以及材料开发和产业化,推动家电企业与显示企业合作。推进中小尺寸有机发光显示(OLED)产品的生产及应用。

4. 现代通信和网络

以国家建设第三代移动通信和下一代广播电视网(NGB)为契机,发挥江苏创新优势,加快开发适应新一代移动通信网络和广播电视网的新业务、新技术,带动系统和终端产品的升级换代。到2011年,形成产业规模1 200亿元以上。

通过下一代互联网建设和宽带通信网络升级,大力推动相关应用技术,推进交互式网络电视(IPTV)、手机电视等服务模式创新,支持企业开发基于先进网络技术的系统设备、应用终端,加快光纤接入网络建设,带动相关产业链的快速发展。推进以下一代互联网协议(IPv6)、交互式多媒体(IMS)为核心的多媒体业务网技术、高性能多业务承载网技术以及端到端网络保障技术等领域的研发和产业化。加快长期演进(LTE)、第四代移动通信(4G)等后续技术的研发和产业化。吸引大型通信企业的研发机构落户江苏。

推进城市宽带无线上网工程,重点城市、重点软件园区率先实现无线宽带全覆盖,拓展一批无线应用示范项目。加强农村信息基础设施建设,提高信息技术服务"三农"水平。支持具有自主知识产权和低成本优势的笔记本电脑产业化,并纳入"家电下乡"支持产品范围,积极研究支持"计算机进校园"的政策措施。

5. 信息技术应用

突破核心产业关键技术,加快信息基础设施建设,大力推动业务创新和服务模式创新,积极采用信息技术改造传统产业,强化信息技术在经济社会领域的应用。到2011年,信息技术应用产业及其带动的相关产业形成4 500亿元产业规模。

加快视听产业数字化转型,推进信息产品高端化。加快模拟电视向数字电视过渡,推动下一代广播电视网络(NGB)建设,丰富数字内容,加大高清节目播出量。推动基于国内标准的蓝光高清影碟机、(超)高清电视及其机顶盒、一体化高清电视等产品发展,推动卫星接收设备升级换代。积极发展中国移动多媒体广播(CMMB)业务。

培育新业务模式,促进信息服务业创新发展。依托信息网络,加快发展网络增值服务、电子金融、现代物流、连锁经营、咨询中介等新型服务业,促进数据处理、呼叫中心、研发设计外包、人力资源、客户支持等现代服务外包产业发展。

深化信息技术在传统产业中的应用,着力提升信息化水平。以研发设计、生产制造、市场流通、企业管理等关键环节为突破口,推进信息技术与传统工业相结合,提高工业自动化、智能化、网络化水平。加快行业解决方案的开发和推广,大力扶持电子标签(RFID)、汽车电子、机床电子、医疗电子、工业控制等产品的开发和标准研究。

(四)政策措施

1. 完善产业政策

积极贯彻落实国家相关产业政策,根据国家电子信息产业调整和振兴规划的实施进度要求,研究制定进一步鼓励软件、集成电路、新型显示器件和数字电视等产业发展的政策措施。支持依托重大投资项目采购国产电子信息产品。提供用地保障,落实重点项目建设用地,提高用地计划"点供"比例,引导产业向园区、基地集中。落实环保要求,组织实施一批循环经济试点和节能减排重大科技项目,加快培育一批示范园区和企业,对重点信息产业类项目排污指标实行"点供",提高环评审批效率。深化环境资源价格改革,开展排污权有偿分配和交易试点。

2. 加大财税支持力度

支持一批重大产业项目的实施,推进自主创新和产业升级,对国家支持的关键领域和重点项目给予资金支持。以贷款贴息、研发和产业化补助、政府采购、资本金注入等多种方式引导社会资金投向电子信息产业领域,建立多元化的投入体系。用足用好现行各项税收优惠政策。加快出口退税进度,确保退税资金及时足额到位。

3. 拓宽融资渠道

鼓励金融机构为产业发展提供更多融资服务,合理增加对总部设在江苏的外资、港澳台资企业的信贷支持。推进银企合作,积极向金融机构推介重点融资项目。支持金融创新,探索开展出口退税、保单、仓单以及知识产权等质押贷款,规范发展股权质押贷款。对苏南向苏中苏北转移的重点产业项目,优先给予信贷支持。支持有条件的企业利用企业债、公司债、短期融资券和中期票据等债务融资工具,增加直接融资规模。探索开展中小企业集合债券、集合短期融资券试点。促进股权投资基金行业规范健康发展。积极发展风险创业投资。

4. 鼓励兼并重组

促进要素向优势企业集中、向行业龙头企业集聚,鼓励优势企业整合国内资源,拓展产业链,将一批拥有自主知识产权和知名品牌、主业突出、行业领先的大企业集团建设成为百亿元级行业龙头企业。支持企业"走出去"兼并或参股拥有先进技术、知名品牌、核心专利、人才团队和营销渠道的海外企业,提高管理水平,增强国际竞争力。鼓励金融机构对电子信息企业重组给予支持。

5. 提升国际化水平

采取综合措施为企业拓展国际市场创造条件,支持企业"走出去"设立研发、生产基地,建立境外营销网络。在扩大引进外资规模的同时,进一步提高利用外资水平。积极推进电子口岸系统(EDI)建设,降低商务成本。鼓励境内研发机构和企业与跨国公司加强合作,促进外商投资技术外溢。落实扶持服务外包产业发展的政策措施,推动软件外包企业加快发展。

四、浙江 IT 业情况分析

(一)总体情况

2009 年度浙江省全社会电子信息产业共实现工业总产值3 674.39亿元,同比下降 5.9%;工业销售产值3 547.09亿元,同比下降 6.4%;信息产业收入4 044.03亿元,同比下降 3.7%,其中电子制造业主营业务收入3 538.91亿元,同比下降 6.3%,软件业务收入 505.11 亿元,同比增长 19.6%;完成出口交货值1 223.63亿元,同比增长 18.4%。

(二)产业发展遇到的问题

从浙江信息产业发展和信息化建设的现实基础看,经过发展,浙江已经具备了加快信息产业发展的基础条件。但是,近年来,浙江信息产业已经进入平衡发展运行期;与其他沿海发达省市相比,无论是总体规模、科技创新能力,还是开放水平,浙江都存在一定差距。地区发展不平衡、软件产业布局不合理的问题比较明显;支撑"数字浙江"建设的装备技术能力有待提高,具有龙头带动作用的大企业大集团还比较少,产业结构转型升级任务还十分艰巨,特别是要看到浙江有些产业的竞争优势有弱化趋势。

(三)主要发展方向

浙江开始实施信息技术"倍增"行动计划,就是要充分发挥信息技术渗透性强、融合性好、倍增性高等特性,大力推进信息化与工业化融合,加快传统产业的信息化改造升级,推动先进制造业和现代服务业的创新发展,促进经济结构调整和增长方式转变。具体工作任务为推进七大"倍增"主题应用:一是围绕节能减排,推进信息技术在高能耗、高物耗、高污染行业的应用。二是围绕装备制造业现代化,推进纺织机械、数控机床、基础装备的信息化改造。三是围绕传统产品的提升增值,大力发展嵌入软件和智能系统。四是围绕块状经济创新能力的提升,推进区域工业经济信息技术公共支撑服务体系建设。五是围绕网络经济发展,推进网络技术与传统服务业融合。六是围绕传统市场和企业竞争能力的提高,加快电子商务发展。七是围绕信息资源开发利用,大力发展信息服务业和文化创意产业。

实施统筹城乡发展信息化行动计划:按照社会信息化与经济信息化并重并举的原则,统筹城乡、区域、领域信息化,努力减少信息化发展在不同地区、领域和社会群体间的差距,切实提高公共服务和社会管理的信息化水平,促进信息化与信息安全协调发展,普遍提升国民技能,使全体公民更好地分享信息化成果。具体工作任务为抓好六项社会信息化发展重点:一是围绕农业增效、农民增收、农村发展,加快农业和农村信息化建设。二是围绕提升城市管理水平和为民服务能力,推进城市和社区信息化。三是围绕构建法制政府和服务型政府,深化电子政务建设与应用。四是围绕构建和谐社会的总体要求,推进社会事业信息化。五是围绕核心战略资源作用的发挥,加强信息资源开发利用与共享。六是围绕打造"平安浙江",做好网络与信息安全保障工作。

推进六个方面发展重点。一是优先发展面向公共服务、节能降耗环保与工业自动化控制的支撑技术、平台软件和嵌入式软件。二是重点发展第三代移动通信、新一代网络和计算机技术。三是大力发展软件与信息服务业,扩大软件外包业务;加快发展集成电路设计技术和新型元器件、数字音视频等技术和产品。四是着力深化信息产业基地(园区)建设,调整优化产业布局,进一步提高产业发展集聚度。五是切实抓好信息安全保障工作,促进信息化和信息安全工作协调发展。六是加强无线电频谱资源科学化、规范化管理,维护空中电波秩序。

(四)政策措施

1.增强自主创新能力,壮大核心产业,实现信息技术产业发展新跨越

切实增强企业自主创新能力。加快建立以企业为主体,产学研用相结合的信息技术创新体系,加强企业技术中心和工程中心建设,重点建设面向产业集群、块状经济、中小型企业技术创新的公共服务平台。建立信息产业创新服务体系、人才培养体系和国内外产业链合作平台。鼓励软件企业提高产业化、工程化和自主知识产权产品的比重。推动知识产权、标准化战略的实施,鼓励有实力的企业牵头或参与行业标准制定。

不断壮大核心主导产业规模。立足浙江信息产业发展现实基础和信息化建设客观需求,加快发展软件、信息服务、微电子产业、新型电子元器件等核心关键产业,抢占产业发展制高点,不断延伸和完善产业链。紧紧抓住信息化、国际软件和信息服务外包发展的重要机遇,加快浙江软件和信息服务业、电子商务、移动通信产业、动漫游戏等新兴优势产业的发展。通过实施大公司大集团发展战略,努力培育一批大而强的龙头企业和专而精的"小巨人企业。

大力推进产业集聚发展。围绕长三角一体化发展战略,承接国际 IT 产业转移,建设环杭州湾具有国际竞争力的信息产业基地的目标,加快推进"两带十园多块产业功能区建设进度,着力建设一批产业规模大、研发能力强、核心产业优势明显、骨干企业相对集中、区域内产业配套协作能力强的信

息产业基地和园区,提高区域产业配套协作能力。加快软件与集成电路、光电子、微电子、通信与网络、基础材料和新型配套元器件等七大主导产业集群发展。

2. 发挥信息技术倍增作用,促进经济转型升级,提升企业综合竞争力

加快推进经济信息化。大力推进能源、机械、原材料等传统产业的信息化改造与应用;加快建设面向中小企业的信息技术公共服务体系,大力推进企业信息化;着力推动信息技术和网络技术在商贸、金融、旅游、文化、房地产等优势服务业和科教、中介、社区等新兴服务业的普及应用;加快发展现代金融业务,培育第三方电子商务及相关增值服务,鼓励专业市场利用信息技术创新交易模式;积极推动电子商务在国际贸易与经济合作、政府采购等领域的应用。

加大七大制造业信息化改造力度。加快推进"信息技术改造传统产业工程",以电力、石化、冶金、建材、纺织、印染、装备制造等七个行业为重点,大力推进信息技术与传统产业技术相结合的集成创新和应用融合。加快关键和重大装备的信息化改造,突破共性技术和关键产品,大力推进智能传感器和检测技术、数控技术、工业控制技术、人工智能和优化技术、网络协同和集成技术等信息技术的开发和普及应用。

加强节能减排信息技术的运用。大力推进节能减排电子信息技术在高耗能、高污染企业生产环节中的应用,促进"绿色制造",发展循环经济。运用信息化手段,充分挖掘各种信息资源,加强对能源、冶金、化工、纺织印染等传统高耗能、高污染行业的技术改造和监督管理,改进监测、预警和控制方法,改革工艺流程管理,大幅度降低能耗、水耗、材耗和污染物排放水平。

3. 深入实施统筹城乡发展信息化行动计划,加快农村信息化,促进农村改革发展

高起点建设农村信息化综合服务平台。以农村信息化综合服务平台建设为重点,加快基层村务管理信息系统和农村经济合作社经营管理、农产品电子商务等软件的集约化开发和村级门户网站集群的建设。在深化试点应用的基础上,不断完善平台应用功能,切实满足农村信息化需要,充分发挥平台在推进村务管理、信息发布、政务公开、培训教育、产品销售等方面的作用。

五、值得关注的问题

当前,产业正处于转型升级的关键时期,从技术发展、市场竞争、宏观环境等方面都出现一些新的苗头,需要引起高度重视。

(一)产业调整升级趋势加快

一是技术和网络的融合。信息技术融合发展使整机产品的界限日趋模糊,三网融合逐步走向实质发展阶段,互联网电视、手机电视、PCTV 等融合产品成为新的增长点。移动互联网成为产业链发展的重要平台,同时随着智慧地球概念的不断研究和落实,传统的网络将进一步拓及物联网,也将影响制造业的发展格局。

二是服务化趋势。随着经济社会发展水平的不断提高,人民生活需求日益从产品转向服务,信息服务业是现代服务业的重要代表和发展方向,特别是基于网络的内容开发和在线服务成为下一步重要的增长点。

三是产业链分工整合。电子信息产业分化整合趋势更加清晰,跨国公司日益将战略重心转向芯片设计、软件开发和信息服务等高端环节,日益将低端环节外包出去。软件外包服务更加深入,传统的业务外包转向战略合作和产业链整合,传统的半导体制造企业也逐步向整合设计生产模式转型。

四是生态发展要求。废旧电子产品对环境污染问题日益突出,电子产品充电器、电池、网络接口等统一标准的要求日益明确,生态设计模式从源头整合产业各个环节的能耗、环保要求,将成为产业重要的发展方向。

（二）国际产业竞争日趋加剧

一是国家力量介入明显。为应对国际金融危机影响，各国家和地区的政府纷纷加大对 IT 等高技术领域的战略投入，产业竞争上升为国家和地区间的竞争。

二是大企业并购增多。2009 年是电子信息企业并购重组的重要一年，最突出的变化体现在大企业并购和基础领域整合增多，如日本 NEC 电子和瑞萨合并成立了第三大半导体公司，台湾地区多家半导体企业整合建立了“台湾记忆体公司”，群创并购奇美等，都将在全球半导体、面板领域形成新的竞争格局。此外，松下并购三洋、甲骨文并购 SUN 等重大并购案件，也将对家电、软件产业格局带来深远影响。

三是产业链竞争突出。当前企业间的竞争不仅是产品的竞争，更多是基于产业链开展的竞争。近年来，跨国公司经常基于完整的产业链优势，利用局部领域打击竞争对手。

（三）行业发展秩序仍需规范

一是产品质量和售后服务问题突出。由于电子产品更新换代快，企业为适应市场需要，更多注重新品开发的节奏，而相对忽视了质量和服务的问题。根据中国电子商会 315 消费电子投诉网统计，2009 年手机、平板电视质量投诉案件同比增长 30% 以上，成为消费市场的投诉热点。

二是低价竞争现象明显。电信运营商集中采购时价格竞争现象明显，通信产品价格同比下降 20% 以上。计算机产品价格下降明显，上网本、一体机对传统微机价格冲击明显，2009 年价格降幅比往年正常水平提高 10% 以上。

三是山寨产品已成为行业发展不容忽视的力量。山寨产品从手机行业日益向彩电、计算机等多个领域延伸，成为行业发展不容忽视的力量。

四是部分领域盲目建设的苗头有所显现，一些低水平重复建设倾向突出。

（四）产业环境亟待改善

一是核心领域的政策仍不能满足产业需要。软件和集成电路产业的新政策始终未能出台，严重影响企业发展的信心。国家增值税制转型后，集成电路、液晶面板企业进口面临的增值税税负压力巨大，严重影响企业的流动资金。以旧换新政策不断落实，但配套的电子产品回收处理体系仍需完善。

二是管理机制仍不适应产业发展和三网融合的要求。行业主管部门在发展产业中的手段依然不足，难以有效反映和协调产业发展的问题。广电、通信网络不能有效地互联互通，数字电视标准不统一，导致制造企业难以适从。网络电视管理体制需要改善，加强内容管理和促进制造业发展应统筹推进。

三是宏观环境变化影响产业比较优势。近几年，国家实施汇率改革、出台新劳动合同法、统一企业所得税率等措施，在一定程度上增加了企业的成本。人民币升值预期明显，将对产品和服务出口带来不利影响。

二十一　长三角纺织服装业

一、长三角纺织服装业发展总体概况

2009年以来,在国家一系列政策措施的支持下,长三角纺织服装行业逐渐企稳回升。与2008年相比,长三角纺织服装业销售明显回暖,行业盈利水平得到显著改善,行业整体资产负债率逐步向好。

2009年,长三角地区拥有规模以上纺织服装、鞋、帽制造企业8 107家,比2008年增加934家;完成工业总产值4 162亿元,同比增长8.75%;实现主营业务收入4 043.97亿元,同比增长8.57%;全年创造利润总额219亿元,同比增长24.23%,这一增速比2008年水平提高了18.02个百分点;利税总额355.11亿元,同比增长17.57%,比2008年增速高6.71个百分点;年末资产总额为2 747.01亿元,同比增长9.29%。

与2005年相比,2009年长三角纺织服装业企业单位数年均增加757家,工业总产值年均增速为15.22%,主营业务收入年均增速为15.08%,利润总额年均增速为17.34%,利税总额年均增速为18.45%,资产总额年均增速为14.49%。

表3－104　长三角纺织服装、鞋、帽制造业发展情况(2005－2009)

单位:个,亿元,%

	企业单位数		工业总产值		利润总额		利税总额		主营业务收入		资产总计	
	数额	增加数	数额	增速	数额	增速	数额	增速	数额	增速	数额	增速
2005	5 354	276	2 361.46	35.97	115.54	45.50	180.40	41.59	2 305.37	37.11	1 598.67	27.33
2006	5 914	560	2 931.00	24.12	145.53	25.96	227.13	25.90	2 857.66	23.96	1 895.22	18.55
2007	6 644	730	3 462.00	18.12	165.98	14.05	272.46	19.96	3 382.30	18.36	2 221.29	17.20
2008	7 173	529	3 826.97	10.54	176.29	6.21	302.05	10.86	3 724.68	10.12	2 513.47	13.15
2009	8 107	934	4 162.00	8.75	219.00	24.23	355.11	17.57	4 043.97	8.57	2 747.01	9.29

(一)资产运营情况

从资产运营情况来看,2009年长三角纺织服装业年末资产总额为2 747.01亿元,负债总额为1 545.64亿元,同比增速分别为9.29%和7.03%。资产增长快于负债增速,使得2009年长三角纺织服装业资产负债率较2008年下降了1.19个百分点,达56.27%。分省市来看,上海纺织服装业资产负债率下降最快,2009年上海纺织服装业资产负债率为53.23%,较2008年下降了3.14个百分点;江苏和浙江两省纺织服装业资产负债率也出现了不同程度下降,2009年其资产负债率分别为54.61%和58.91%,较2008年分别下降了0.44个和1.00个百分点。

(二)服装鞋帽类上市公司经营分析

2009年,在我国上海证券交易所和深圳证券交易所全部A股上市公司中,长三角共有服装鞋帽类上市公司13家。其中,沪市7家、中小企业板6家。分别为:雅戈尔集团股份有限公司、上海美特斯邦威服饰股份有限公司、宁波杉杉股份有限公司、浙江伟星实业发展股份有限公司、江苏红豆实业股份有限公司、凯诺科技股份有限公司、上海华源企业发展股份有限公司、浙江报喜鸟服饰股份有限公司、黑牡丹(集团)股份有限公司、江苏金飞达服装股份有限公司、上海开开实业股份有限公司、江苏三友集团股份有限公司、宁波宜科科技实业股份有限公司。

1. 经济总量分析

从主营业务收入的增长情况来看,2009 年,13 家服装鞋帽类上市公司合计实现主营业务收入 291.74 亿元,同比增长 10.50%。在 13 家服装鞋帽类上市公司中,6 家上市公司主营业务收入较 2008 年出现增长。其中,黑牡丹、江苏三友、开开实业等 3 家公司主营业务收入增长最快,同比增幅分别为 178.99%、23.45%、21.70%;7 家上市公司主营业务收入较 2008 年出现下降。其中,金飞达、华源发展降幅最大,同比降幅分别为 51.82% 和 44.77%。

表 3－105　长三角 13 家服装鞋帽类上市公司主要经济指标

单位:万元,%

	2008	2009	同比增幅
主营业务收入	2 640 321.12	2 917 436.93	10.50
利润总额	332 771.65	547 229.86	64.45
净利润	206 436.18	438 524.94	112.43
资产总额	5 877 738.75	7 355 707.05	25.15
负债总额	3 517 820.84	4 116 811.59	17.03

数据来源:根据沪深 A 股 13 家长三角服装鞋帽类上市公司相关年份年度报告相关数据汇总计算。

2. 盈利能力分析

从利润总额增长情况来看,在 13 家服装鞋帽类上市公司中,5 家长三角服装鞋帽类上市公司 2009 年利润总额较 2008 年出现增长。其中,利润总额增幅最大的上市公司为:黑牡丹、雅戈尔和江苏三友,同比增幅分别为12 712.10%、72.52% 和 48.39%。8 家上市公司利润总额较 2008 年出现下降,降幅较大的上市公司是:宜科科技(－59.43%)、金飞达(－38.79%)、红豆股份(－31.68%)和华源发展(－27.45%)。

从净利润增长情况来看,除华源发展在 2009 年出现亏损外,其余 12 家上市公司均实现盈利。与 2008 年相比,6 家上市公司净利润较 2008 年出现增长。其中,净利润增长最快的上市公司为:黑牡丹、雅戈尔和报喜鸟,同比增幅分别为9 828.45%、106.16% 和 50.51%。7 家上市公司净利润同比出现下降,降幅最大的上市公司是:宜科科技、金飞达、红豆股份和华源发展,同比降幅分别为 55.06%、42.48%、41.70% 和 33.66%。

表 3－106　长三角 13 家服装鞋帽类上市公司盈利情况(2009)

单位:万元,%

股票代码	股票简称	主营业务收入		利润总额		净利润	
		数额	同比增幅	数额	同比增幅	数额	同比增幅
002003	伟星股份	139 513.15	－5.58	22 270.83	6.87	17 247.62	10.26
002036	宜科科技	26 847.63	－7.62	1 075.66	－59.43	778.20	－55.06

(续表)

股票代码	股票简称	主营业务收入		利润总额		净利润	
		数额	同比增幅	数额	同比增幅	数额	同比增幅
002044	江苏三友	50 983. 90	23. 45	2 881. 44	48. 39	1 898. 26	45. 16
002154	报喜鸟	109 185. 05	16. 41	22 108. 22	33. 27	18 498. 40	50. 51
002239	金飞达	40 331. 10	-51. 82	4 031. 92	-38. 79	2 894. 73	-42. 48
002269	美邦服饰	521 751. 81	16. 63	63 282. 44	-24. 77	60 422. 85	2. 84
600177	雅戈尔	1 227 862. 22	13. 90	409 760. 13	72. 52	326 392. 11	106. 16
600272	开开实业	86 566. 20	21. 70	4 426. 66	-23. 84	3 950. 32	-29. 78
600398	凯诺科技	101 649. 49	-0. 67	8 594. 20	-26. 81	7 919. 96	-9. 55
600400	红豆股份	105 282. 70	-5. 79	4 099. 23	-31. 68	2 579. 58	-41. 70
600510	黑牡丹	239 553. 72	178. 99	48 393. 86	12 712. 10	36 461. 25	9 828. 45
600757	华源发展	54 717. 81	-44. 77	-56 422. 30	-27. 45	-50 034. 35	-33. 66
600884	杉杉股份	213 192. 15	-14. 43	12 727. 57	-22. 22	9 516. 01	-0. 91

从销售毛利率的变化情况来看,10 家上市公司 2009 年销售毛利率较 2008 年出现上升,3 家上市公司销售毛利率出现下降。在销售毛利率出现上升的公司中,黑牡丹和华源发展 2 家公司销售毛利率升幅最大,2009 年销售毛利率分别比 2008 年提高了 13. 49 个和 6. 20 个百分点。销售毛利率出现下降的 3 家公司分别为宜科科技、美邦服饰和凯诺科技,其 2009 年销售毛利率分别比 2008 年下降了 0. 98 个、1. 07 个和 3. 62 个百分点。

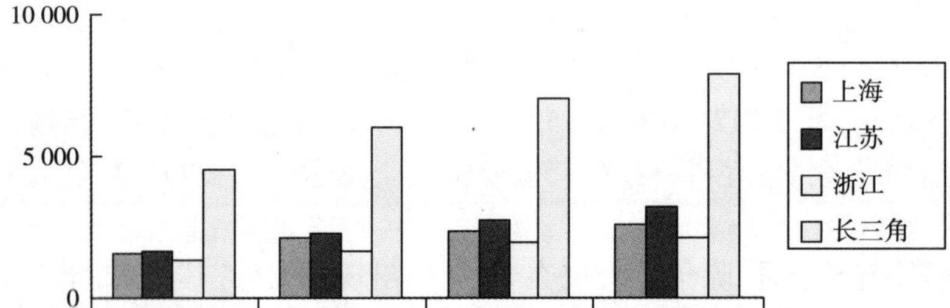

	2006	2007	2008	2009
上海	1 600.37	2 102.63	2 382.34	2 540.3
江苏	1 656.68	2 237.73	2 731.41	3 228.78
浙江	1 298.2	1 649.5	1 933.39	2 142.37
长三角	4 555.25	5 989.86	7 047.14	7 911.45

图 3-30　长三角 13 家服装鞋帽类上市公司销售毛利率的变化(2008-2009)

3. 经营与发展能力分析

①存货周转率

在 13 家服装鞋帽类上市公司中,2009 年,江苏三友、开开实业和伟星股份等 3 家上市公司存货周转率最高,分别为 11. 21%、6. 04% 和 5. 79%,反映出上述 3 家公司存货管理水平相对较高。而雅戈尔、红豆股份、黑牡丹等3家公司存货周转率最低,分别为0.48%、0.52%和0.55%。

②应收账款周转率

在13家服装鞋帽类上市公司中,2009年,雅戈尔和江苏三友2家公司应收账款周转率最高,分别为16.79%和15.80%,表明上述2家公司收帐速度快,资产流动快,偿债能力强。而黑牡丹、红豆股份和金飞达等3家公司应收账款周转率相对较低,其2009年应收账款周转率分别为2.66%、3.48%和3.51%。

③总资产周转率

在13家服装鞋帽类上市公司中,2009年,江苏三友和美邦服饰总资产周转率最高,其总资产周转率分别为1.19%和1.04%,表明上述2家公司总资产周转速度快,销售能力强,资产利用效率高。而红豆股份和雅戈尔总资产周转率相对较低,分别为0.27%和0.33%。

表3-107　长三角13家服装鞋帽类上市公司三项指标周转率(2009)

单位:%

股票代码	股票简称	存货周转率	应收账款周转率	总资产周转率
002003	伟星股份	5.79	9.70	0.99
002036	宜科科技	2.92	4.19	0.43
002044	江苏三友	11.21	15.80	1.19
002154	报喜鸟	1.80	9.01	0.68
002239	金飞达	3.56	3.51	0.62
002269	美邦服饰	3.70	11.69	1.04
600177	雅戈尔	0.48	16.79	0.33
600272	开开实业	6.04	8.88	0.87
600398	凯诺科技	3.79	10.62	0.45
600400	红豆股份	0.52	3.48	0.27
600510	黑牡丹	0.55	2.66	0.40
600757	华源发展	3.75	8.97	0.42
600884	杉杉股份	3.21	4.97	0.40

数据来源:上市公司2009年年度报告。

4.资产负债分析

从资产运营情况来看,在13家服装鞋帽类上市公司中,有7家公司2009年资产负债率比2008年出现下降。其中,报喜鸟降幅最大,2009年资产负债率比2008年下降了26.16个百分点,达到19.83%;6家上市公司出现上升。其中,华源发展升幅最大,2009年资产负债率比2008年大幅上升了71.09个百分点,达到215.96%。

对资产负债率水平进行横向比较,2009年资产负债率相对较低的公司有:金飞达(8.58%)、凯诺科技(14.46%)、江苏三友(17.35%)、报喜鸟(19.83%)。资产负债率相对较高的公司有:华源发展(215.96%)、开开实业(73.47%)、红豆股份(67.94%)、雅戈尔(62.86%)。

表3－108　服装鞋帽类上市公司资产负债情况(2009)

单位:万元,%

股票代码	股票简称	资产总额	负债总额	资产总额增速	负债总额增速	资产负债率	
						2008	2009
002003	伟星股份	144 891.82	47 411.98	5.02	25.33	27.42	32.72
002036	宜科科技	63 678.43	11 048.82	3.64	46.54	12.27	17.35
002044	江苏三友	44 764.26	10 896.29	9.47	39.26	19.13	24.34
002154	报喜鸟	199 088.26	39 478.67	62.21	－30.06	45.99	19.83
002239	金飞达	62 318.06	5 344.47	－8.63	－56.56	18.04	8.58
002269	美邦服饰	545 116.18	246 017.52	19.10	23.68	43.46	45.13
600177	雅戈尔	4 193 400.11	2 636 078.52	30.12	20.52	68.68	62.86
600272	开开实业	99 104.45	72 813.11	0.16	－9.04	80.90	73.47
600398	凯诺科技	224 525.23	32 476.36	－2.69	－24.44	18.63	14.46
600400	红豆股份	426 014.23	289 436.87	16.21	24.73	63.30	67.94
600510	黑牡丹	599 178.44	232 307.21	0.82	－13.52	45.20	38.77
600757	华源发展	106 810.09	230 667.23	－31.40	2.27	144.87	215.96
600884	杉杉股份	646 817.49	262 834.54	50.78	40.52	43.60	40.64

数据来源:上市公司2009年年度报告。

二、上海市纺织服装业基本情况

(一)行业经济总量

2009年,上海市拥有规模以上纺织服装、鞋、帽制造企业1 159家,比2008年减少69家。全行业实现工业总产值467.14亿元,同比下降0.95%;实现工业销售产值452.63亿元,同比下降3.67%;年末资产总额为382.81亿元,同比增长7.12%,全部从业人员年平均人数达到22.25万人,比2008年减少0.58万人,同比降幅为2.54%。

表3－109　上海纺织服装、鞋、帽制造业增长情况(2005－2009)

单位:个,亿元,万人

	企业单位数	工业总产值	工业销售产值	利润总额	税金总额	资产总计	从业人员
2005	1 083	354.86	347.12	15.01	8.74	248.26	23.64
2006	1 036	405.72	388.37	19.78	10.00	269.23	22.01
2007	1 039	434.31	426.62	22.29	13.14	298.38	22.25
2008	1 228	471.64	469.87	19.83	16.42	357.35	22.83
2009	1 159	467.14	452.63	28.63	13.54	382.81	22.25

(二)行业经济效益

2009年,上海纺织服装业创造的利润总额为28.63亿元,同比增长44.38%;税金总额13.54亿元,同比下降17.54%。2005－2009年,上海纺织服装业利润总额年均增幅为17.52%,税金总额年均增幅为11.56%。

三、江苏省纺织服装业基本情况

(一)行业经济总量

2009年,江苏全省拥有规模以上纺织服装、鞋、帽制造企业3 715家,比2008年增加998家;全年共实现工业总产值2 302.53亿元,同比增长20.58%;新产品产值181.73亿元,同比增长26.61%;工业销售产值2 261.93亿元,同比增长21.02%;2009年年末资产总额1 182.66亿元,同比增长17.12%。

表3－110　江苏省纺织服装、鞋、帽制造业主要经济指标(2005－2009)

单位:个,亿元,万人

	企业单位数	工业总产值	#新产品产值	工业销售产值	资产总计	利润总额	利税总额	从业人员
2005	1 983	1 050.88	54.77	1 031.16	635.09	49.18	74.98	56.63
2006	2 293	1 419.04	66.49	1 396.58	794.23	68.67	106.21	64.14
2007	2 649	1 710.97	117.73	1 676.28	915.21	76.53	127.21	70.93
2008	2 717	1 909.62	143.54	1 869.05	1 009.79	85.09	140.97	71.22
2009	3 715	2 302.53	181.73	2 261.93	1 182.66	111.40	185.52	82.22

(二)行业经济效益

(1)企业亏损情况显著改善。2009年,江苏省纺织服装业企业亏损率达到12.30%,比2008年下降3.27个百分点,这也是自2005年以来仅次于2006年的第二好水平。

(2)企业盈利能力提升。2009年,江苏纺织服装业实现利润总额111.4亿元,同比增长30.92%,比2008年增速高19.73个百分点;利税总额185.22亿元,同比增长15.45%,比2008年增速高4.63个百分点。

(3)行业利税率稳步上升。2009年,江苏纺织服装业的产值利税率和销售利税率分别为8.06%和8.31%,比2008年水平分别提高了0.68个和0.71个百分点。但资金利税率出现下降,2009年江苏纺织服装业资金利税率为18.49%,比2008年水平下降了1.53个百分点。

(4)企业流动资产周转速度加快。2005－2009年,江苏省纺织服装、鞋、帽制造企业流动资产周转次数由2005年的2.80次/年增加到2009年的3.12次/年。

(5)产品销售率出现上升。2009年,江苏省纺织服装、鞋、帽制造业产品销售率为98.24%,比2008年水平提高了0.36个百分点,一举扭转了2007年以来产品销售率连年下滑的态势。

表 3－111　江苏省纺织服装、鞋、帽制造业主要经济效益指标(2005－2009)

单位:%,次/年

	2005	2006	2007	2008	2009
企业亏损面	15.48	11.86	12.80	15.57	12.30
产值利税率	7.14	7.48	7.43	7.38	8.06
销售利税率	7.32	7.63	7.61	7.60	8.31
资金利税率	14.24	16.32	16.36	20.02	18.49
成本费用利润率	5.05	5.19	4.83	4.85	5.30
资产负债率	57.66	56.21	54.36	55.05	54.61
流动资产周转次数	2.80	3.03	3.04	3.11	3.12
产品销售率	98.12	98.42	97.97	97.88	98.24

四、浙江省纺织服装业基本情况

(一)行业经济总量

2009 年,浙江省拥有规模以上纺织服装、鞋、帽制造企业数量3 233家,比 2008 年增加 5 家;全年完成工业总产值1 392.76亿元,同比下降 3.66%;主营业务收入1 351.64亿元,同比下降 3.27%;年末资产总额达到1 181.54亿元,同比增长 3.07%。

表 3－112　浙江省纺织服装、鞋、帽制造业主要经济指标(2005－2009)

单位:个,亿元

	企业单位数	工业总产值	主营业务收入	利润总额	利税总额	资产总计
2005	2 288	955.72	928.75	51.35	81.67	715.32
2006	2 585	1 106.46	1 075.95	57.08	91.14	831.76
2007	2 956	1 317.04	1 286.74	67.16	109.82	1 007.70
2008	3 228	1 445.71	1 397.34	71.37	124.83	1 146.33
2009	3 233	1 392.76	1 351.64	78.85	127.42	1 181.54

(二)行业经济效益

(1)企业盈利能力稳步提高。2009 年,浙江省规模以上纺织服装、鞋、帽制造企业创造的利润总额为 78.85 亿元,同比增长 10.48%;实现利税总额 127.42 亿元,同比增长 2.07%。

(2)行业利税率稳步提高。2009 年,浙江省规模以上纺织服装、鞋、帽制造企业“每百元固定资产原值实现利税”、“每百元主营业务收入实现利税”分别为 31.53 元和 9.43 元,比 2008 年分别上升了 0.19 元和 0.50 元。

(3)产品销售率显著上升。2009 年,浙江省纺织服装、鞋、帽制造业产品销售率为 97.69%,比 2008 年提高了 0.76 个百分点,扭转了 2008 年产品销售率出现的下跌态势。

表3-113　浙江省纺织服装、鞋、帽制造业主要经济效益指标(2005-2009)

单位:元,%,次/年,元/人

	2005	2006	2007	2008	2009
每百元资金实现利税	13.62	13.10	13.13	13.17	—
每百元固定资产原值实现利税	31.33	31.63	31.88	31.34	31.53
每百元主营业务收入实现利税	8.79	8.47	8.53	8.93	9.43
产品销售率	97.68	97.73	98.37	96.93	97.69
流动资金周转次数	2.25	2.20	2.18	2.09	—

二十二　长三角新能源产业

(一)长三角地区基本情况

1. 产业发展环境日益完善,新能源产业链和产业集群逐步形成

近年来,长三角积极发展风能、太阳能、生物质能等新能源,与之相配套的政策、法规也相继出台,建立了许多新能源产业基地。2009 年初,江苏省已建成新能源发电工程 24 个,风能资源发电能力 64. 225 万千瓦。未来 2 ~4 年,江苏省核能、风力和天然气三大新能源将形成 2 万千瓦以上的装机容量,超过目前三峡电站的总装机。上海市正在开展 6 ~7 个风电场项目的准备工作,其中,包括洋山港东海大桥海上风电场、奉贤海湾风电项目、长兴岛一期风电项目等。浙江省光伏公司已发展 60 多家,光热企业 100 多家,及一批风机设备企业。

新能源产业的蓬勃发展,直接带动了上下游行业,包括金属材料、机械锻造、装备制造、电子信息、化工新材料等的发展。新能源产业链和产业集群在一些地方正逐步形成和完善。海宁袁花镇共有太阳能热水器生产企业 429 家,形成了集整机、制管、配件生产及销售网络于一体的相对完整的产业链,年产值近 20 亿元,约占全国市场份额的 10% 。无锡惠山集中了 24 家分别从事风能发电底座、塔杆、轴承座、法兰、风叶等多种风能设备零部件的风能设备生产企业,电机设备配套率可达 70% 以上。

2. 关键技术存在瓶颈,削弱长三角新能源产业核心竞争力

与新能源产业的发展规模和经济总量不相匹配的是,长三角地区新能源产业自主创新能力不够,在国际上有影响、拥有原创性成果的技术不多。风能、太阳能等新能源产业在基础研发领域投入明显不足,关键技术始终未能有大的突破。自主技术路线不成熟、过度依赖国外关键技术、一线科技人才缺乏等“瓶颈”制约着长三角新能源产业进一步做大做强。此外,长三角的新能源企业规模普遍较小,自主研发能力跟不上,与国际同类企业的技术差距制约着长三角新能源产业进一步做大做强。此外,长三角的新能源企业规模普遍较小,自主研发能力跟不上,与国际同类企业的技术差距越拉越大。

3. 新能源科技研发各自为政,区域协同创新能力较弱

目前,长三角地区缺乏协调统一,尚未形成能源科技合作发展的战略性规划;各地新能源科技资源不能共享,科技力量、科技基础条件和信息资源相对分散。此外,新能源自主创新投入不足,条块分割、低水平重复、各自为政的科技管理和运行机制也不能适应产业发展的需要。目前,影响长三角区域能源科技合作的因素主要有:大专院校、科研机构与企业之间的技术转让效率不高,科技中介机构对区域竞争力提升作用有限,区域技术市场和技术产权交易市场一体化程度不高,高新技术园区的合作与技术创新环境尚不成熟,人才资源流动还存在壁垒。

(二)上海市的基本情况

1. 上海新能源产业发展概况

上海地处东南沿海,是我国除内蒙古之外最适合于风力发电的地区之一。上海 50 米高度的年平均风速是每秒 6. 7 至 7. 1 米,年有效风力累计时间在7 300小时以上,风电资源丰富,而且海上的风能较陆地更为充足,发展空间极大。事实上,上海周边大量的滩涂和浅海区域都可用于建设大型的风力发电场。由于风车在上海还属新鲜事物,崇明和南汇的这两个风电场还有望成为旅游景点。风

力发电十分环保，有资料显示，风力发电一度，就可相应减少960克二氧化碳的排放量。目前，位于奉贤区的风电场已经建成使用，每年可输出的风电已达748万千瓦时，包括位于崇明、南汇的风电场，这3个风电场的风电年输出量达5 368万千瓦时。

从2009年起，上海全力推进新能源、新能源汽车、先进重大装备等九个重点领域的高新技术产业化。特别是把推进新能源产业，作为实施能源战略的重要抓手，加快发展核电、风电和太阳能等战略性新兴产业。2009年全市新能源领域产业规模达到了250亿元，比上一年增长13%。浦东、闵行、奉贤、松江等新能源产业基地也得到快速发展。世博会场馆建设采用了大量的新能源绿色环保的新技术、新产品。1 000多辆新能源汽车集中使用，成为目前示范应用规模最大的城市。同时，围绕促进资源节约集约利用，大力推进工业项目向园区集中，引导价值高端型、资源集约型和环境友好型企业，加快发展。2009年工业向主要产业基地和市级工业区的集中度达到66%。

2. 上海推动新能源发展的主要思路

（1）积极支持新能源装备制造业发展。制订首台（套）政策。根据《上海市企业自主创新专项资金管理办法》，对经认定的首台（套）风力发电、核电、IGCC、薄膜太阳能电池和智能电网等关键装备，给予资金支持。支持符合条件的中资及中资控股风机制造企业根据《风力发电设备产业化专项资金管理暂行办法》，申请国家首台（套）政策资金补助。

（2）设立专项资金。设立自主创新和高新技术产业发展重大项目专项资金，重点支持企业实施新能源领域的高新技术产业发展重大项目、重大技术装备研制项目、重要共性关键技术研发项目和公共服务平台项目。对高新技术产业化重大项目，专项资金的支持比例一般不超过项目新增总投资的10%；对重大技术装备研制项目、重要共性关键技术研发项目和公共服务平台项目，专项资金的支持比例一般不超过项目新增总投资的30%。

（3）鼓励技术创新。支持和鼓励新能源企业为吸收和创新的技术申请国内外专利。对获得外国发明专利权的，由本市知识产权部门给予每件一个国家最高不超过30 000元的专利申请费资助（最多不超过3个国家）；对企业申请国内专利的，按专利申请费实际缴纳费用资助；获国内发明专利权的，对发明专利的实审费、授权费及授权后第二年、第三年的年费，按实际缴纳费用资助。

（4）给予税收政策支持。支持符合条件的新能源企业申报认定国家高新技术企业、技术先进型服务企业。被认定为国家高新技术企业，减按15%的税率征收企业所得税。自2009年1月1日起至2013年12月31日止，对符合条件的技术先进型服务企业，减按15%的税率征收企业所得税。技术先进型服务企业职工教育经费按不超过企业工资总额8%的比例，据实在企业所得税税前扣除；对技术先进型服务企业离岸服务外包业务收入，免征营业税。

对新能源企业和个人从事技术转让、技术开发业务和与之相关的技术咨询、技术服务业务所取得的收入，免征营业税。符合条件的新能源产品的技术转让，在一个纳税年度内，技术转让所得不超过500万元的部分，免征企业所得税；超过500万元的部分，减半征收企业所得税。

对新能源企业投资符合《当前国家重点鼓励发展的产业、产品和技术目录》和《外商投资产业指导目录》鼓励类的项目，在投资总额内进口的自用设备，以及按合同随设备进口的技术及配套件、备件，除列入《国内投资项目不予免税的进口商品目录》和《外商投资项目不予免税的进口商品目录》的商品外，免征关税。

（5）引进高端人才。积极创造条件，引入国内外优秀的行业领军人才和技术团队，重点实施高层次海外人才“千人计划”。引进的人员可根据相关规定优先解决上海户籍、上海市居住证。每年组织评选认定，加大对领军人才和高层次人才的资助力度。建立产学研合作机制，通过“校企合作”等方式，加强新能源领域人才培养力度。支持高校和科研机构建设新能源领域的研究基地和创新平台，支持有条件的高等院校设立新能源相关学科和专业。

(6)加大金融支持力度。设立地方政府创业投资引导基金,借助财政资金的杠杆效应,引导社会资金增加对新能源领域创业企业的投资。探索设立专注于新能源领域的专业创业投资企业,逐步完善有利于创业投资企业投资新能源产业的配套机制。积极支持符合条件的新能源企业通过境内外资本市场融资。鼓励新能源企业加大体制机制创新力度,充分利用现有金融资源,通过战略重组、兼并收购等多种方式,进一步转换经营机制、提升产业能级。

(三)江苏省的基本情况

1.光伏产业

(1)着力发展四大重点领域,保持全国领先地位

硅材料。重点发展高纯多晶硅提纯工艺技术与关键装置。在引进国际先进高纯硅生产工艺和设备基础上,加快消化吸收提升改良西门子工艺技术,掌握和完善还原炉、氢化系统和尾气干法回收系统及全过程自动控制等关键技术。开发冶金法制备多晶硅材料、高纯石英砂制备太阳能级多晶硅等低成本材料和无氯工艺等新技术、新工艺,加快实现产业化。对应用传统工艺的高纯多晶硅项目,原则上不再布设新点。重点支持协鑫江苏中能、江苏顺大、连云港中彩、镇江大全等大规模、高水平、低能耗多晶硅基地建设。

硅片。重点发展大面积超薄硅片和浆料回收利用技术,加强对熔铸、剖锭及切割等关键技术创新,提高熔锭容量,降低硅片厚度,减少硅料损耗。支持镇江辉煌硅能源、常州亿晶、江阴海润等一批骨干企业提升技术水平,扩大生产规模,形成10亿片年生产能力。

太阳能电池与组件。重点发展高效低成本晶硅电池和薄膜电池等关键技术和产品,支持组件封装工艺关键技术和新材料研发与产业化,鼓励发展光电转化率国际领先的单晶硅电池、多晶硅电池和薄膜太阳能电池,限制低水平重复建设。加快推进无锡尚德太阳能电池和组件、常州天合光伏垂直一体化产品和苏州百世德薄膜太阳能电池等一批重大项目建设。

集成系统与设备。发展太阳能并网发电系统集成和平衡调度技术、生产和检测设备设计制造技术及配套材料国产化技术和产品。重点支持中盛光电、江苏兆伏、国电南瑞、中环工程、南京冠亚和南自通华等一批重点企业开发大功率并网发电系统集成设备;支持无锡南亚、苏州库特勒和常州华盛天龙等一批企业的生产与检测设备国产化。推进太阳能电池用光伏玻璃、电池生产辅助材料、固体照明器件等配套产业的发展,重点支持苏州中来、常州亚玛顿等一批企业的配套材料产业化。

(2)降低生产成本,推进试点示范

围绕光伏产业的关键技术和应用,建设15个国家级和省级企业技术中心、工程(技术)中心和工程实验室等科技创新支撑平台,积极筹建省级光伏产业研究院。加快发展千瓦级以上系统集成装备、光伏建筑一体化应用等关键技术和产品,形成规模制造能力。突破关键技术瓶颈,降低单位耗能、减少材料损耗、提高转换效率,降低光伏产品和电站投资发电成本,到2011年实现光伏并网发电每千瓦时2元以内,尽早达到每千瓦时1元的目标。

扩大光伏并网发电试点示范,实施系统集成设备本土化率达90%的光伏并网发电示范工程建设。重点推进建筑屋顶和地面大型光伏并网电站试点示范。在有条件的城市和企业建设小型光伏电站作为补充电源。在城市建筑物、公共设施和新建小区,建设与建筑物一体化的屋顶光伏并网发电电站。在道路、公园、车站等公共设施推广使用光伏电源路灯照明,建设一批新能源照明示范项目。扩大江苏省光伏发电利用量,积极拓展光伏产业发展市场空间。

(3)优化产业布局,建设光伏基地

围绕高纯多晶硅、晶硅电池、薄膜电池、生产及检测设备、集成系统设备设计和制造等关键环节,狠抓基地建设。以徐州、扬州和连云港为重点发展硅材料产业,以无锡、常州、苏州、南京和镇江等地

为重点发展光伏垂直一体化产品，以苏州、南通等地为重点发展新一代薄膜太阳能电池，以苏州、无锡和常州等地为重点发展光伏生产与检测设备产业，以镇江和泰州等地为重点发展配套材料和集成系统。

鼓励和引导光伏企业向经济开发区、高新技术园区集聚。到2011年，建成5个特色明显、产业链完善、创新能力突出、辐射带动作用强的省级特色光伏产业基地。以基地建设带动产业集聚，促进光伏产业规模化、集约化、国际化发展。按照完善产业链的要求，发挥大企业、大集团的带动和支撑作用，形成骨干企业和配套企业相互协同的产业格局。鼓励光伏企业向上下游产业延伸，着力发展与光伏主导产业配套的服务业和相关产业，提高产业配套能力和发展水平，拓展产业集聚空间。集成和整合光伏产业主导产品、关键技术、研发体系、人才团队等各类资源，以高纯多晶硅、太阳能电池、设备制造等为重点，争取形成5个规模超千亿元的光伏产业集群。

2. 风力发电装备

（1）突破核心技术，扩大产业规模

风电机组。以兆瓦级以上成套机组为重点，提升1.5兆瓦陆上风电机组设计制造的技术水平，扩大规模化生产能力；加快2兆瓦以上陆上风电机组和兆瓦级以上海上风电机组的研制和产业化；进行3兆瓦以上风电机组的关键技术攻关。重点发展大功率双馈式发电机组、直驱式发电机组和液压式主传动发电机组设计制造等关键技术。积极推进一批整机厂加快兆瓦级以上风电成套机组重点项目建设，形成3 000台年生产能力。

关键零部件。提高发电机、叶片、塔筒、大功率风电齿轮箱等关键零部件技术水平和制造能力。重点发展高速齿轮箱、发电机、叶片、塔筒、法兰、轮毂、底盘、主轴、回转支承和变浆系统等关键配套件。支持一批骨干企业加快发展，重点关键零部件国内市场占有率争取达到50%。

控制系统。重点开发变频、变浆控制、驱动设计制造技术、数字化风力发电场调度控制技术和并网控制系统等关键技术和产品，形成自主制造能力。

（2）建设支撑平台，推动技术创新。

围绕风电机组、关键部件和控制系统等重点领域，建设10个国家级和省级企业技术中心、工程（技术）中心和工程实验室等风力发电科技创新支撑平台，筹建省级风电产业研究院。建设风电产品和设备检测公共服务平台，提供产品的设备质量检测和认证服务。积极创造条件，推进陆地和海上风电实验场建设，制定我省风力发电技术地方标准，为打造江苏省沿海风电“海上三峡”提供技术支撑。

（3）优化产业布局，促进集聚发展。

以兆瓦级及以上风电整机、小型家用风电整机、关键零部件和控制系统为重点，建设一批特色风电装备产业基地，推进产业集聚发展。以无锡、常州、镇江、南通、盐城等地为重点，突出发展年产100台以上兆瓦级风电整机；以扬州为重点，突出发展大批量小型家用风电整机；以南京、无锡、泰州、徐州、盐城、连云港等地为重点，突出发展叶片、塔筒、法兰、轮毂、底盘、主轴、回转支承以及特种电缆、变压器等关键部件和配套产品。支持其他有条件的地区加快发展风电配套产品。

3. 生物质能装备

（1）重点发展发电机组和关键部件制造

重点研制生物质直燃和掺烧发电、气化发电系统设备、秸秆发电、垃圾发电和沼气发电等发电机组。开发生物质固体燃料致密加工成型技术、高效燃烧及供热技术、气化和液化技术、垃圾发电二恶英处理技术等关键技术。提高生物质燃烧锅炉、焚烧锅炉、高效气化装置、热解液化装置等关键装备生产能力。加快推进秸秆直燃锅炉、生物质循环流化床气化炉及系统等发电机组和关键部件的研发与产业化，形成完善的产业体系和规模生产能力，建设国家重要的生物质能装备制造基地。

(2)加快生物质能源产品制造装备的开发

积极研制生物质气体燃料、液体燃料、固体燃料等新型能源产品制造工艺和装备。培育一批生物柴油、生物乙醇、生物丁醇等工艺设计和装备制造高技术骨干企业,构建我省生物质能源产业链。加快推进新型生物质能源产品生产工艺开发和设备产业化。建设一批生物质、农林废弃物直燃与气化发电供热供气示范工程,建设国家生物质能源利用先进示范区。

(3)推进创新平台建设

充分发挥我省已有产业和技术优势,围绕生物质产业发电机组与关键设备、能源产品生产工艺与设备制造和应用等方面重大目标产品开发和技术升级,建设5个国家级和省级科技创新支撑平台,提升产业自主创新能力。

4. 核电装备

(1)大力发展优势关键零部件

提高核电站汽水管道用高等级不锈钢无缝管及钛合金管材、核电站用海绵锆、高等级输电电缆、大型高品质铸锻件等核电装备关键配件和材料的研发及制造能力。推进重点骨干企业进行关键零部件的技术开发和产业化,突破关键技术,形成规模生产能力,建设国家重要的核电关键零部件生产基地。

(2)积极开展核电有关设备技术攻关

积极开展高等级压力容器(核岛内蒸汽发生器、稳压器、安注箱等)、核电站用泵及阀门、核电用高压、超高压交直流输变电成套设备(包括交直流大型高效节能变压器、全封闭组合开关)等核电站机电设备的技术攻关与研发。努力将设备制造范围扩大到汽轮机、发电机和其他重要主辅机设备,加快主设备及配套设备制造能力建设。

(四)浙江省的基本情况

1. 浙江能源产业发展概况

2009年,浙江省一次能源生产总量为1 238万吨标准煤(等价值),比上年增长0.7%。其中,水、核、风电共发电396亿千瓦时,比上年增长2.6%。原煤产量13万吨,与上年基本持平。全省净调入和进口能源13 955万吨标准煤,比上年增长1.5%。其中从外省净调入能源量11 011万吨标准煤,净进口2 944万吨标准煤。全省一次能源自产率为3.4%(当量值),与上年基本持平。

(1)一次能源

煤炭。全年共调入和进口煤炭13 124万吨,与上年基本持平。其中国外进口396万吨,比上年增长1.77倍。外省调入12 728万吨,比上年下降2.0%。全省煤炭自产率仅为0.1%。

原油与天然气。全省共进口和调入原油2 519万吨,比上年增长9.7%。天然气调入19.1亿立方米,比上年增长7.9%,净增加供应量1.4亿立方米。

核能与水能。本省域内核电总装机容量307万千瓦,占全省电力总装机容量的5.5%。全年核电生产电量240亿千瓦时,占全省总发电量的10.7%。

全省水电装机容量649万千瓦(不含抽水蓄能机组),比上年增长10.1%,年发电量122亿千瓦时,比上年增长7.3%。全省抽水蓄能电站总装机容量308万千瓦,比上年增长2.7%。抽水蓄能调峰机组年发电量29.7亿千瓦时,比上年下降9.2%。

(2)二次能源

电力生产。全省电力总装机容量5 616万千瓦,比上年增长5.6%。其中华东和省统调发电机组总装机容量4 297万千瓦,新增装机容量342万千瓦。淘汰小火电(小油机)80万千瓦。全省6 000千瓦以上发电机组发电量2 207亿千瓦时,比上年增长5.6%,其中火电机组发电量1 852亿千瓦时,比上年增长 6.2%。省统调最高负荷3 712万千瓦，比上年增长 9.1%。全年从外省净调入电量 223 亿千瓦时，比上年增长 16.1%。

热电联产。全省供热机组装机容量 548 万千瓦，约占全省电力总装机容量 9.8%。其中地方热电联产企业 126 家，装机容量 382 万千瓦，占全省供热机组的 69.7%，年发电量 205 亿千瓦时，比上年增长 21.3%；年集中供热量 3.2 亿吉焦，比上年增长 2.9%。

原油加工生产。全省加工原油2 502万吨，比上年增长 9.8%。生产各类成品油及石油制品2 511万吨，比上年增长 3.2%，增幅比上年提高 0.8 个百分点。其中加工产出汽油 321 万吨，柴油826 万吨，比上年分别增长 12.2% 和下降 3.7%。

(3)可再生能源

风能利用。全省已建成投产风力发电总装机容量 22.7 万千瓦，比上年增长 53.4%。风力发电量 3.5 亿千瓦时，比上年增长 1.8 倍。

太阳能利用。全省已建成投产的光伏利用示范项目装机容量4 375千瓦，比上年增长 1.6 倍。

垃圾及生物质焚烧发电。全省已有城镇垃圾及生物质焚烧发电企业 25 家，焚烧处理城镇垃圾总能力14 640吨/日。已建成投产的垃圾焚烧发电机组装机容量 32.5 万千瓦，比上年增长 13.2%，年发电量约 16.0 亿千瓦时，比上年增长 20.3%。垃圾焚烧年供热能力约 647 万吉焦，实际供热量359 万吉焦，比上年增长 4.4%。生物质利用量 640 吨/日，年发电量2 016万千瓦时，比上年增长53.2%，供热量 68 万吉焦。

农村生物质能。全省农村地区生产、生活用能中，秸秆消费折合标准煤 62.9 万吨，薪柴消费折合标准煤 92.8 万吨，推广太阳能热水器折合标准煤 49.0 万吨。全省沼气用户 14.4 万户，大中型沼气工程7 059处，总容积 95.6 万立方米，年产沼气 1.4 亿万立方米，折合 10 万吨标准煤。全省畜禽规模化养殖中，养殖排泄物资源量约1 514万吨，年可产沼气 19.1 亿立方米，相当于可替代常规能源136 万吨标准煤。

2. 浙江推动新能源发展的战略思路

(1)全面推广“6+1”新能源

启动“6+1”新能源推广应用计划。包括：实施 100 万屋顶发电计划，建设约 50MW 光伏发电装机；实施 100 万 m^2 太阳能热水器利用计划，加大力度在工业领域和公共建筑上推广应用光热技术；实施 100MW 风电场计划，加速建设陆上及近海风力发电场；实施 100 万 m^2 建筑地源(水源)热泵空调计划；实施 100 条道路太阳能照明计划，在全省范围内建设 100 条太阳能照明示范道路；实施 100 万农户沼气(技术)利用计划，在农村形成 120 万 m^3 沼气池量，年产沼气 1 亿 m^3，惠及农户 100 万户；开展综合性新能源应用示范基地建设等。

(2)新能源产品优先列入政府采购目录

如万向纯电动车公司生产的电动公交车、市政用车、电力工程用车已经走上了杭州的大街小巷。温州市已开展了节能环保产品调查并列入政府采购目录，该市今后财政资金建设的道路照明、高速公路信号灯、交通指示灯、公共场所的液晶显示屏，铁路信号系统、政府大楼供热供电系统都将优先采购新能源产品。

(3)鼓励各种社会资本进入新能源领域

通过多元化的投融资渠道，吸收民营企业参与，共同设立“浙江中节能环保股权投资基金”，用于发展新能源产业。运用担保、上市、风投等多种方式，支持企业投资光伏产业高端领域，特别是薄膜电池等新型光伏产品的研发及规模化生产。

二十三　长三角房地产业

一、长三角地区房地产业发展情况综述

(一)全国房地产市场发展情况

2009 年以来,受政策利好、信心恢复等多重因素影响,我国房地产市场在 2009 年实现了较快发展。房地产开发投资额、房地产成交量和成交额等多项指标均创下历史新高。全年商品房销售面积 9.48 亿平方米,同比增长 43.63%;商品房销售额44 355.17亿元,同比增长 76.94%。2009 年,全国完成房地产开发投资36 241.81亿元,同比增长 16.15%;房屋施工面积 32.04 亿平方米,同比增长 13.10%;房屋新开工面积 11.64 亿平方米,同比增长 13.52%;房屋竣工面积 7.27 亿平方米,同比增长 9.22%。2009 年,全国房地产开发企业完成土地购置面积31 909.5万平方米,同比下降 18.92%;完成土地开发面积23 037.4万平方米,同比下降 19.76%。2009 年 12 月份,全国 70 个大中城市房屋销售价格同比上涨 7.8%,为 2009 年 6 月份以来连续 7 个月实现同比上涨;环比上涨 1.5%,自 2009 年 3 月份以来连续 10 个月实现环比上涨。

(二)长三角房地产市场发展情况

2009 年,长三角两省一市累计完成房地产开发投资7 056.95亿元,同比增长 9.33%。长三角房地产开发投资占全国的比重为 19.47%;房屋施工面积59 848.18万平方米,同比增长 3.45%。长三角房屋施工面积占全国的比重为 20.42%;新开工房屋面积17 298.96万平方米,同比下跌 7.76%。长三角新开工房屋面积占全国的比重为 14.86%;房屋竣工面积14 391.60万平方米,同比增长 5.53%。长三角房屋竣工面积占全国的比重为 19.80%;商品房销售面积19 158.78万平方米,同比增长 79.04%。长三角商品房销售面积占全国的比重为 20.22%。

表 3-114　长三角房地产业发展情况(2005-2009)

单位:亿元,万平方米,%

	房地产开发投资		房屋施工面积		房屋新开工面积		房屋竣工面积		商品房销售面积	
	数额	增速	数额	增速	数额	增速	数额	增速	数额	增速
2005	4 248.50	11.85	41 733.39	16.48	14 568.30	-4.10	12 726.66	16.62	11 600.26	19.36
2006	4 756.58	11.96	47 017.08	12.66	15 490.11	6.33	13 085.25	2.82	12 671.51	9.23
2007	5 645.11	18.68	52 358.42	11.36	16 821.43	8.59	13 821.00	5.62	15 835.28	24.97
2008	6 454.45	14.34	57 852.14	10.49	18 754.42	11.49	13 637.80	-1.33	10 700.58	-32.43
2009	7 056.95	9.33	59 848.18	3.45	17 298.96	-7.76	14 391.60	5.53	19 158.78	79.04

从纳入国家统计范畴的 9 个长三角城市的房价增长情况看,2009 年 1-12 月份,长三角 9 市房屋销售价格指数呈现出"先抑后扬"走势:在 2009 年 6 月份之前,仅有宁波、扬州、温州、金华四市房价高于 2008 年水平。但是从 7 月份开始,上海、南京、杭州、无锡四市房价开始超过 2008 年同期水平,而徐州房屋销售价格从 11 月份也开始超过上年同期水平。从分月房屋销售价格指数的走势来

看,2009年5月份以来,长三角9个城市的房屋销售价格指数呈逐月加速上扬态势。截至2009年12月份,上海、南京、杭州、宁波、无锡、扬州、徐州、温州和金华等9市房价同比分别增长7.4%、10.4%、11.5%、7.5%、4.7%、4.9%、4.1%、4.5%和2.0%。

表3-115 长三角主要城市房屋销售价格指数(2009)

	1月份	2月份	3月份	4月份	5月份	6月份	7月份	8月份	9月份	10月份	11月份	12月份
上海	97.7	97.6	98.0	98	98.4	99.4	100.1	101.1	102.3	103.9	105.5	107.4
南京	96.4	96.2	97.0	96.3	97.0	98.6	100.2	101.5	103.4	105.8	108.7	110.4
杭州	99.9	99.6	99.3	98.7	99.1	99.8	101.2	102.9	104.9	106.6	109.6	111.5
宁波	100.5	100.6	100.9	101.2	101.5	103.0	104.3	104.5	104.9	105.8	106.4	107.5
无锡	99.9	99.6	99.2	99.2	99.4	99.8	100.3	100.6	100.9	101.7	103.6	104.7
扬州	100.7	100.4	100.3	100.1	100.1	100.4	100.6	101.7	102.7	102.8	103.5	104.9
徐州	98.7	97.6	96.6	96.2	96.3	96.4	96.6	97.1	97.2	97.7	100.1	104.1
温州	100.0	99.1	99.5	99.7	101.1	103.1	103.9	105.4	108.2	109.7	111.6	114.5
金华	104.3	104.0	103.3	102.4	102.0	102.3	104.6	106.9	107.7	109.5	110.4	112.0

从房地产开发企业融资渠道来看,自筹资金比重过低一直是困扰长三角房地产开发企业发展的突出问题。虽然2008年长三角"自筹资金"比重一改2007年的下降态势,出现了大幅上升。2008年长三角"自筹资金"占房地产开发资金的比重为28.81%,较2007年水平提高了5.88个百分点。但是,2009年长三角"自筹资金"占房地产开发资金的比重却再次出现下降,为19.93%,较2008年水平下降了8.88个百分点。与此相对应,以购房者的银行按揭贷款为主的"其他资金"比重比2008年上升了13.95个百分点,达到59.86%。

表3-116 长三角房地产开发企业资金来源(2005-2009)

单位:亿元,%

	本年资金来源小计	国内贷款		利用外资		自筹资金		其他资金	
	绝对额	数额	比重	数额	比重	数额	比重	数额	比重
2005	5 968.86	1 309.62	21.94	80.22	1.34	1 576.56	26.41	3 002.47	50.30
2006	7 200.30	1 615.08	22.43	126.47	1.76	1 791.19	24.88	3 667.56	50.94
2007	9 639.81	1 940.58	20.13	195.34	2.03	2 210.66	22.93	5 293.23	54.91
2008	9 275.49	2 143.39	23.11	202.09	2.18	2 671.81	28.81	4 258.22	45.91
2009	13 936.68	2 719.75	19.52	96.40	0.69	2 778.26	19.93	8 342.28	59.86

二、长三角地区两省一市房地产业发展基本情况

(一)上海市

1.房地产开发投资实现较快增长

2009年,上海市房地产开发投资较上年有所加快,全年完成房地产开发投资额1 464.18亿元,同

比增长 7.12%,增速较 2008 年提高 2.58 个百分点,是 2005 年以来的最快增长速度。在房地产开发投资总额中,住宅类开发投资 918.68 亿元,同比增长 8.90%,办公楼开发投资 189.15 亿元,同比增长 1.57%,商业营业用房开发投资 185.10 亿元,同比增长 7.22%,其他类开发投资 171.25 亿元,同比增长 4.17%。在住宅开发投资中,别墅、高档公寓投资额为 246.51 亿元,同比增长 5.87%。

2. 房屋施工与竣工面积继续下降

2009 年,上海市完成房屋施工面积9 961.60万平方米,房屋竣工面积2 104.98万平方米,同比分别下降 4.13% 和 14.95%。其中,房屋施工面积自 2007 年以来连续三年呈下降态势,房屋竣工面积自 2008 年以来连续两年呈下降态势。

表 3-117　上海市房地产业发展情况(2005-2009)

单位:亿元,万平方米,%

	房地产开发投资		房屋施工面积		房屋竣工面积		商品房销售面积	
	数额	增速	数额	增速	数额	增速	数额	增速
2005	1 246.86	6.07	10 462.39	10.34	3 095.74	-10.09	3 158.87	-9.46
2006	1 275.59	2.30	10 938.75	4.55	3 274.27	5.77	3 025.40	-4.23
2007	1 307.53	2.50	10 766.72	-1.57	3 380.12	3.23	3 694.96	22.13
2008	1 366.87	4.54	10 390.67	-3.49	2 475.04	-26.78	2 296.12	-37.86
2009	1 464.18	7.12	9 961.60	-4.13	2 104.98	-14.95	3 372.45	46.88

3. 商品房销售面积快速回暖

在楼市优惠政策、消费者预期等多种因素的影响下,上海市房地产销售市场快速回暖,体现为商品房销售面积迅速增长,而房价也随之加速上扬。2009 年全年,上海市累计销售商品房3 372.45万平方米,较 2008 年同期增长 46.88%。2009 年,上海市商品房销售价格为12 840元/平方米,同比上涨 55.54%,为 2000 年以来的最高涨幅。

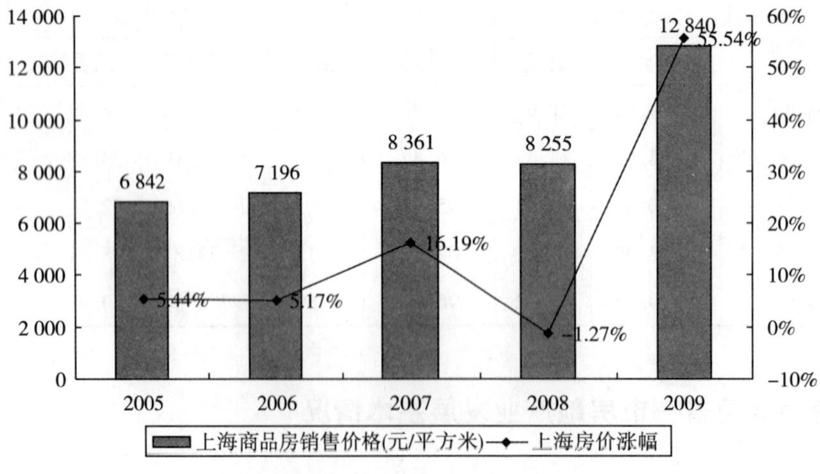

图 3-31　上海市商品房销售价格增长情况(2005-2009)

4. 居民购房压力大

"房价收入比"是衡量居民住房消费能力的一个重要指标。按照世界银行提出的标准,发达国家的房价收入比一般在 1.8 – 5.5 倍之间,发展中国家的房价收入比一般在 4 – 6 倍之间。一般认为,当一个地区房价收入比超过 5 的时候,通常认为该城市房屋购买力"极低";当一个地区房价收入比超过 6 的时候,则被称为房地产泡沫区;当一个地区房价收入比超过 7 以后,就会被世界上公认为"国际房价最难承受地区"。

2009 年,上海市城镇居民人均可支配收入为28 838元,人均建筑面积为 34 平方米,商品房平均销售价格为12 840元/平方米。依此计算,2005 – 2009 年上海市房价收入比分别为:10.40 倍、10.19 倍、11.40 倍、10.26 倍和 15.14 倍。这表明,2009 年特别是下半年以来房价的大幅飙升,使得上海居民购房压力进一步增大。

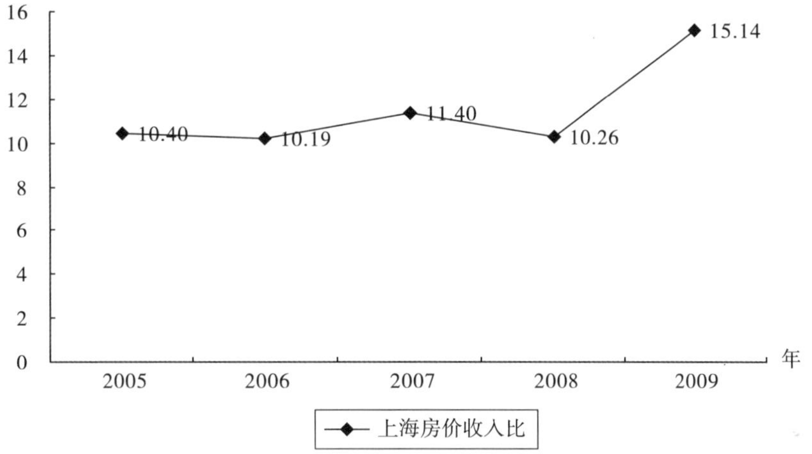

图 3 – 32　上海市房价收入比的变动(2005 – 2009)

(二)江苏省

1. 房地产开发投资增速放缓

2009 年,江苏省房地产开发投资额达3 338.50亿元,同比增长 8.94%,这一增速较 2008 年水平下滑了 12.86 个百分点,是 2001 年以来的最低增长速度。在房地产开发投资总额中,住宅类开发投资2 423.77亿元,同比增长 5.54%;办公楼开发投资 130.92 亿元,同比增长 44.33%;商业营业用房开发投资 510.78 亿元,同比增长 18.80%;其他类开发投资 273.02 亿元,同比增长 10.46%。

2. 房屋施工面积增速下降

房地产开发投资增速放缓带来的直接影响是房屋施工面积增速出现下降。2009 年,江苏全省完成商品房施工面积28 188.14万平方米,同比仅增长 6.26%,较 2008 年下降了 15.13 个百分点。

3. 商品房竣工面积与销售面积出现快速增长

与 2008 年相比,2009 年江苏省商品房竣工面积呈快速增长势头,全年完成竣工面积8 442.80万平方米,同比增长 25.93%。2009 年增速较 2008 年增速大幅提高了 20.19 个百分点。

在商品房销售端,商品房销量呈井喷式增长。2009 年,江苏省实现商品房销售面积5 412.26万平方米,同比增速高达 89.35%,为 2000 年以来的最高增长速度,一举扭转了 2008 年商品房销售下跌的局面。

表 3-118　江苏省房地产业发展情况(2005-2009)

单位:亿元,万平方米,%

	房地产开发投资		房屋施工面积		房屋竣工面积		商品房销售面积	
	数额	增速	数额	增速	数额	增速	数额	增速
2005	1 545. 15	21. 69	15 619. 26	26. 82	5 500. 12	40. 80	5 135. 55	61. 55
2006	1 906. 71	23. 40	19 108. 2468	22. 34	5 933. 51	7. 88	6 101. 15	18. 80
2007	2 515. 91	31. 95	23 221. 55	21. 53	6 340. 75	6. 86	7 598. 35	24. 54
2008	3 064. 46	21. 80	28 188. 14	21. 39	6 704. 50	5. 74	5 412. 26	-28. 77
2009	3 338. 50	8. 94	29 953. 89	6. 26	8 442. 80	25. 93	10 248. 20	89. 35

4. 房价依然较高

2009 年,江苏省商品房平均销售价格为4 994元/平方米,同比上涨 23. 33%。从房价的绝对水平来看,江苏省房价要低于上海和浙江水平。但是与江苏居民收入水平相比,当前江苏省房价水平依然是较高的。通过计算,2009 年江苏省房价收入比为 7. 99 倍。对照世界银行提出的标准,江苏省依然是"房价最难承受地区"。

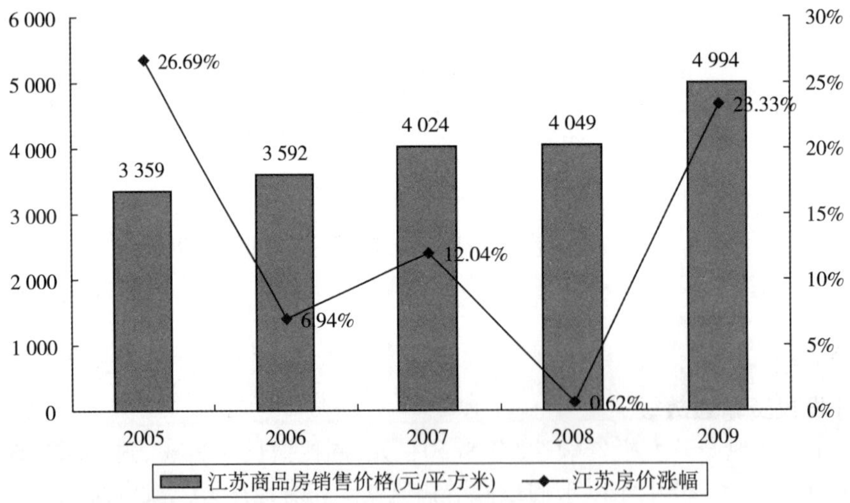

图 3-33　江苏省商品房销售价格增长情况(2005-2009)

5. 住宅供应结构有待进一步优化

房地产开发的结构性矛盾是房地产市场亟待解决的重点问题,这在住宅供应与销售结构中比较突出。从投资结构来看,2009 年,江苏省住宅开发投资额为2 423. 77亿元。其中,90 平方米以下住宅和经济适用房投资额分别为 600. 21 亿元和 111. 16 亿元,占住宅开发投资总额的比重分别为 24. 76%和 4. 59%,二者合计占住宅开发投资的比重为 29. 35%。这表明,占比高达 70. 65%的房地产开发资金投向了 90-140 平方米和 140 平方米以上的大中户型房建设。从销售结构来看,2009 年,江苏省住宅销售面积为9 034. 69万平方米。其中,90 平方米以下住宅销售面积为1 733. 15万平方米,经济适用房销售面积为 320. 67 万平方米,占全部住宅销售面积的比重分别为 19. 18% 和 3. 55%。二者合计占住宅销售面积的比重为 22. 73%。这表明,受住宅供应结构的影响,占房地产销售市场77.27%的住宅为90平方米以上的大中户型房。而占人口比重最大的中低收入阶层，由于购买力的限制，往往对中低价位的中小户型房需求量较大。由此造成了房地产市场供应结构与实际需求结构的脱节。

表3-119 江苏省住宅开发投资与销售结构(2009)

单位：亿元、万平方米

项目／类别	投资完成额		销售面积	
	数额	比重	数额	比重
住宅	2 423.77	100.00%	9 034.69	100.00%
其中：90平方米以下	600.21	24.76%	1 733.15	19.18%
140平方米以上	538.24	22.21%	2 145.23	23.74%
经济适用房屋	111.16	4.59%	320.67	3.55%

（三）浙江省

1. 房地产开发投资保持平稳快速增长

2009年，浙江省房地产开发投资继续延续上一年的快速增长态势，全年房地产开发投资额为2 254.27亿元，同比增长11.43%，自2007年以来连续三年保持两位数以上的增长速度。在房地产开发投资总额中，住宅类开发投资1 581.32亿元，同比增长10.85%，办公楼开发投资147.26亿元，同比增长7.13%，商业营业用房开发投资250.99亿元，同比增长20.24%，其他类开发投资274.69亿元，同比增长9.71%。在住宅开发投资中，别墅、高档公寓投资额为137.39亿元，同比下降4.91%，经济适用房投资额为55.60亿元，同比增长13.12%。

2. 房屋施工面积增速进一步放缓

2009年，浙江省累计完成商品房施工面积19 932.69万平方米，同比仅增长3.42%，这一增速较2008年下降了1.50个百分点，延续了自2004年以来商品房施工面积增速逐年递减的发展态势。

3. 房屋竣工面积同比出现下降

2009年，浙江省累计完成商品房竣工面积3 843.82万平方米，较2008年减少614.14万平方米，降幅为13.78%。这主要是2008年浙江施工面积增速下滑带来的影响。

表3-120 浙江省房地产业发展情况(2005-2009)

单位：亿元，万平方米，%

	房地产开发投资		房屋施工面积		房屋竣工面积		商品房销售面积	
	数额	增速	数额	增速	数额	增速	数额	增速
2005	1 456.49	7.64	15 651.74	11.56	4 130.80	15.91	3 305.84	8.34
2006	1 574.28	8.09	16 970.08	8.42	3 877.47	-6.13	3 544.96	7.23
2007	1 821.67	15.71	18 370.15	8.25	4 100.13	5.74	4 541.97	28.12
2008	2 023.12	11.06	19 273.33	4.92	4 458.26	8.73	2 992.20	-34.12
2009	2 254.27	11.43	19 932.69	3.42	3 843.82	-13.78	5 538.13	85.09

4. 商品房销售加速回暖

2009年,浙江省商品房销售一改2008年的低迷状态,呈现出加速回暖的发展势头。2009年全年浙江省累计完成商品房销售面积5 538.13万平方米,同比增长85.09%,为2000年以来的最高增长速度。

5. 居民购房压力较大

伴随着商品房销售的加速回暖,浙江省商品房价格也呈现快速增长态势。2009年,浙江省商品房平均销售价格为7 788元/平方米,同比涨幅为24.37%。在房价快速上涨的背后是居民购房压力的增加。伴随着浙江省房屋销售价格的逐年上涨,2005-2009年的四年间,浙江省房价收入比从2005年的9.12倍上升到2009年的11.11倍。这表明,2009年浙江居民购房压力较往年有所增加。

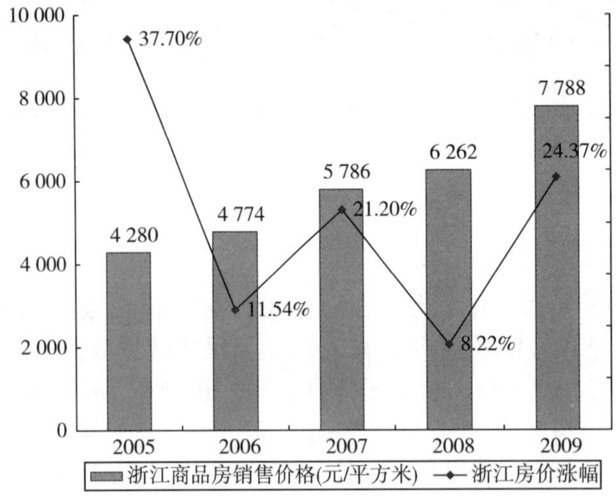

图3-34　浙江省商品房销售价格增长情况(2005-2009)

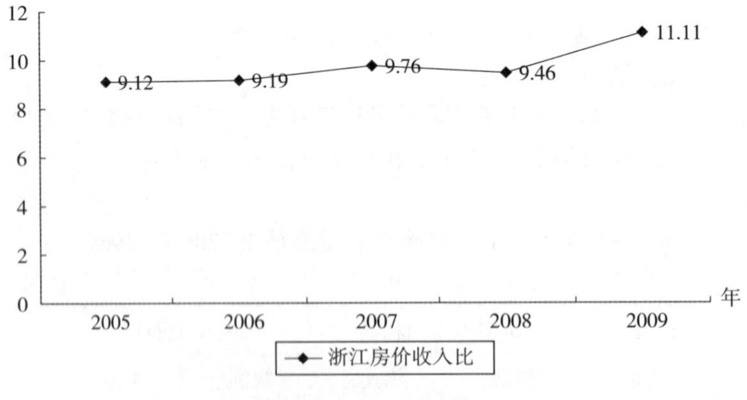

图3-35　浙江省房价收入比的变动(2005-2009)

6. 非公有制企业成为房地产开发投资的支柱

按登记注册类型分,2009年,在浙江省房地产开发投资中,内资企业完成房地产开发投资额1 859.91亿元,占全部房地产开发投资额的比重为91.04%,比2008年水平下降了0.89个百分点;港澳台商开发投资额为106.48亿元,占全部房地产开发投资额的比重为4.72%,比2008年水平提高了0.98个百分点;外商投资额为95.60亿元,占全部房地产开发投资额的比重为4.24%,比2008年下降0.08个百分点。在内资企业中,“其他有限公司”房地产开发投资额为967.46亿元,占全部房地产开发投资额的比重为42.92%;股份有限公司房地产开发投资额为103.97亿元,占全部房地产开发投资额的比重为4.61%;私营企业房地产开发投资额828.77亿元,占全部房地产开发投资额的比重为36.76%。由此计算,在内资企业中,非公有制企业房地产开发投资占全部房地产开发投资额的比重合计为84.29%,在浙江省房地产市场牢牢占据着支柱地位。

二十四　长三角交通运输业

(一)长三角地区基本情况

1. 交通运输基础设施不断完善

在构建现代化综合交通运输体系思想指导下，长三角地区各种交通运输方式加快发展。2009年，长三角地区公路总里程达26.24万公里，其中高速公路总里程达7 821公里，同比增长0.77%和5.21%，内河航道总里程达43 621公里。长三角港口吞吐量为27.06亿吨，比上年增长12.97%。

2. 交通运输服务能力稳步提升

2009年，长三角地区共完成客运周转量3 578.3亿人公里，占全国的14.44%，其中公路完成2 011.2亿人公里、铁路完成653.7亿人公里、水运完成15.1亿人公里，分别占全国的比例为14.95%、8.3%、21.88%；完成货运周转量25 250.2亿吨公里，占全国的20.83%，其中铁路完成672.2亿吨公里、公路完成2 403.8亿吨公里、水运完成21 637.8亿吨公里，分别占全国的比例为2.66%、6.61%和37.67%。

表3-121　长三角地区运输能力

	长三角	全国	长三角占比(%)
客运周转量(亿人公里)	3 578.3	24 773.6	14.44
铁路	653.7	7 878.9	8.30
公路	2 011.2	13 450.7	14.95
水运	15.1	69.1	21.88
货运周转量(亿吨公里)	25 250.2	121 211.3	20.83
铁路	672.2	25 239.2	2.66
公路	2 403.8	36 383.5	6.61
水运	21 637.8	57 439.9	37.67
港口吞吐量(亿吨)	26.2	69.1	37.97

3. 交通运输结构趋于优化

从各种运输方式的特性及国外交通运输发展经验来看，现代公路由于突出的优越性——机动、灵活、迅速、方便、直达，将是客运的主导交通方式；而在货运方面，由于水路交通运载能力大、投资少、能耗低、单位运输成本低等优越性，将成为货物运输的主要方式。

在综合交通运输网络逐步完善的同时，交通运输结构趋于优化。2009年，长三角地区共完成客运周转量3 578.3亿人公里，其中公路完成2 011.2亿人公里，占56.21%，铁路完成653.7亿人公里，占18.27%；完成货运周转量25 250.2亿吨公里，其中水运完成21 637.8亿吨公里，占85.69%。

表3－122　长三角交通运输结构

	长三角	江苏	上海	浙江
客运周转量(亿人公里)	3 578.30	1 423.33	1 002.59	1 152.38
铁路	653.71	311.29	51.12	291.30
公路	2 011.21	1 058.01	99.57	853.63
水运	15.12	1.29	6.38	7.45
货运周转量(亿吨公里)	25 250.24	5 154.46	14 436.00	5 659.78
铁路	672.20	323.90	25.00	323.30
公路	2 403.83	971.125 8	244.00	1 188.70
水运	21 637.83	3 372.054	14 118.00	4 147.78
客运周转量(亿人公里)	3 578.30	1 423.33	1 002.59	1 152.38

(二)上海市的基本情况

2009年,上海完成城市客运总量51.3亿人次,同比增长4.6%。其中,公共交通(轨道交通、地面公交)客运总量40.2亿人次,同比增长6.1%;出租汽车客运总量11.1亿人次,与上年基本持平。公路省际客运发送量0.3亿人次,同比增长2.1%。全年道路货物运输量3.77亿吨。全年上海港货物吞吐量5.92亿吨,集装箱吞吐量2 500.2万标准箱,继续分别位居世界第一和第二位。全年机场旅客累计吞吐量为0.57亿人次,同比增长11.7%。

1.“迎世博”各项工作圆满实现

交通基础设施专项整治取得明显成效。完成或超额完成公交车辆和出租汽车更新、车身罩漆整新和车厢整新、公交调度亭整体翻新任务。规范公交车、出租车、轨道车辆的车身、车厢广告以及轨道交通车站广告设置。推进完成公交枢纽、长途客运及轮渡站点,以及黄浦江沿线和苏州河水域环境的整治。牵头完成金陵东路码头搬迁任务。

窗口服务和社会动员取得阶段性成果。制定并全面推行公交、出租、省际客运、停车等行业服务规范;组织开展迎世博600天行动立功竞赛评选活动。公交、省际客运、道路停车等行业,积极开展世博礼仪知识等相关培训。全市优质出租汽车增加至8 750辆,出租车中高星级驾驶员增加至23 000名。

世博交通保障方案全面完成。研究制定了由16条世博专线、20条常规公交线路B线及6条接驳线路等3个层次构成的世博公交保障方案。研究制定了世博专属出租车队营运方案,完成了车辆额度招投标工作。完成世博省际包车专线和世博专用P+R方案。水上世博交通船建造积极推进。

2.“公交优先”工作继续向纵深推进

公交改革成效不断显现。有序推进第3轮公交改革,完成浦西、浦东两大国有公交运营板块的企业重组;除金山外,各郊区县都已形成“一区一骨干”的市场经营格局。全年市、区两级不断加大对地面公交的投入。为8个大型居住区配套公交线路50条。在郊区农村和城乡结合部,开辟经济效益差但群众有需求的冷僻线路。全年郊区县新开区域性公交线路100多条;开通社区巴士线路20余条;“村村通”公交线路达到270条,道路桥梁符合条件的行政村实现了“村村通公交”目标。自4月1日起扩大换乘优惠范围,覆盖所有线路和所有车辆,换乘优惠时间由1.5小时延长至2小时,日均优惠换乘客流228万人次;老人免费乘车日均48万人次。据此测算,市民公交出行支出平均下降了15%。

公共交通基础设施建设不断推进。轨道交通运营线路长度达到355公里(含磁浮线),运营车站224座,覆盖全市14个行政区域。建成"十一五"规划中的交通枢纽30个,建成公交专用道113公里。更新投运公交车3 350余辆,国Ⅲ排放和环保车辆超过公交车总数的一半。改造建设公交候车亭1 630多座、新式立杆站牌1 310多根,新建改造190块停车诱导屏。同时,在轨道交通一号线锦江乐园站、二号线淞虹路站,推进P+R设施建设和运行试点。

公交行业服务水平得到提升。颁布实施《上海市公交行业服务规范》。全市"信得过公交线路"达到340条,车容车貌合格率达90%,规范停站执行率达97%,规范服务执行率达97%。

3. 国际航运中心建设工作有序展开

建立健全组织架构和制度。研究提出了《市交通港口局关于贯彻落实加快推进上海国际航运中心建设若干举措的实施意见》。围绕12项重点工作任务,分别成立牵头部门和配合部门参加的专项工作小组,明确了联络员,形成了工作网络,建立健全了内部运作机制和外部协调机制。

牵头各项任务有序推进。洋山深水港区北港区工程一至三期全部通过国家竣工验收。2009年上海港水水中转率达40.1%。支持洋山港区内盛东、冠东公司大力实施空箱运输战略,研究道路集装箱甩挂运输方案并在部分企业中试点。研究规范邮轮经营市场。克服困难,积极协调地中海航运有限公司在沪设立全资子公司。

4. 行业监管不断强化

道路运输行业管理与服务不断提升。研究并出台《关于进一步促进本市出租汽车行业健康持续发展的意见》,推出了加大支持出租汽车行业油价补贴政策力度、降低出租汽车承包指标、实行出租汽车通行长江隧桥段"单向收费"优惠政策等8项工作措施。完善了公交线路经营权考核办法,完成600余条公交线路的考核和重新授权。制定发布《上海市省际道路客运班线经营权考核指标》,规范了省际客运考核工作。

港航经营秩序不断规范。内河码头持证经营比率由年初的60%提高到76%。进一步开放和规范船舶港口服务业,完善作业网上申报制度,并加强对船舶港口服务业车辆船舶标识的推广使用和检查,无证经营现象得到有效遏制。完成国内水路运输经营资质普查和水路运输及水路运输服务业年度核查。全力推进浦江游览专项整治工作,牵头研究出台了《黄浦江旅游客运业营运设施标准》和《黄浦江旅游客运业经营服务规范》等文件。

行业信息化监管水平大力推进。基本建成市交通港口局指挥中心和上海交通港航信息中心监管平台,危险品运输监管系统覆盖全行业99%以上营运车辆和60%以上境内营运船只。全市1.2万辆公交车安装了车载信息系统,4 100辆更新公交车全部安装视频监控设施,9 500余辆公交车实现动态信息接入监管,基本覆盖浦西地区世博相关线路车辆。

行业安全生产总体受控。深入开展安全生产大检查和安全生产"三项行动"。发布《上海港危险货物管理实施细则》,进一步完善危险货物港口作业申报管理机制。推进水路内贸集装箱超载治理取得明显成效。按照"四不放过"原则,严肃处理行业内安全生产违规违章事故和行为。积极应对和处置行业突发事件,协调针对轨道交通突发营运事故原因的调查分析;针对苏州河堵航情况,及时排堵保畅,并研究建立长效保畅措施。

(三)江苏省的基本情况

1. 重点工程建设加快推进

加快推进交通基础设施建设,完成投资再创历史新高。新增高速公路30公里,新改建国省干线公路536公里、农村公路6 043公里,改造农村公路桥梁2 172座;新增万吨级以上泊位26个;整治完成干线航道96公里，建成船闸2座。在加快推进工程建设的同时，深入开展“两创三比”和混凝土质量通病治理活动，工程质量监督和安全监管实现全覆盖，工程整体质量水平继续保持全国领先，施工安全形势平稳。招投标信用体系建设深入推进，交通建设市场管理进一步加强。

综合客运枢纽建设取得新突破。江苏省政府把加强综合客运枢纽规划建设作为江苏推进综合交通运输体系建设的重要切入点和突破口，制订出台《关于加强全省铁路综合客运枢纽建设的意见》和《铁路综合客运枢纽规划编制要点》，着力加强规划建设指导和技术支持，同时，拟定了综合客运枢纽建设资金补助政策。2009年，苏南五市的铁路综合客运枢纽站相继开工，其中，南京南站已被列为全国综合客运枢纽示范工程。

2. 运输服务保障能力显著提升

全力保障旅客和重点物资运输，认真做好道路水路运输环节甲型H1N1流感防控工作；对国家和省重点电厂电煤运输船舶开通“绿色通道”。针对国际金融危机对运输企业生产经营带来的影响，及时开展“服务企业保增长、转变作风促发展”主题实践活动，帮助企业共克时艰。主动协调国际知名船公司在江苏重点港口开辟集装箱运输航线；落实省政府培育民航产业专项政策，新开和加密国际（地区）航线8条、国内航线25条，开通无锡至大阪、盐城至香港、南京至名古屋直达航线。

全省公铁水空运输生产快速回升。全省公路、水运交通服务业增加值同比增长12.8%。全年综合客运量、客运周转量同比增长9.5%和8.1%；综合货运量、货运周转量同比增长9.2%和8.4%。全省港口完成货物吞吐量同比增长14.2%，无锡（江阴）港成为江苏第5个亿吨大港；港口外贸货物吞吐量同比增长24.4%；完成集装箱吞吐量同比增长3.1%，其中，连云港港、太仓港同比分别增长1%、4.3%。全省机场旅客吞吐量、货邮吞吐量同比分别增长23.7%、8.6%，南京禄口机场、无锡硕放机场分别跻身千万级大型机场和200万以上中型机场行列，沿海3个机场旅客吞吐量同比增长40%以上。

城乡客运发展有了新的提升。新建了106个农村客运站、2 336个城乡客运一体化候车亭，行政村客运班车通达率达到93.6%。省内市际、县际客运班车公司化经营率平均稳定在70%以上。各地进一步加大统筹城乡客运发展力度，苏州市加快推进城际公交和镇村公交建设，城乡客运一体化覆盖率达到90%；南通市加大对农村公交发展的财政支持力度，市到县、县到乡、乡到村三级农村公交客运网络基本形成；常州市城乡公交一体化已从常武地区、溧阳市拓展到金坛市东部片区。

3. 重大改革实施工作积极稳妥推进

成品油税费改革有序实施。在全国首批取消政府还贷二级公路收费，撤销70个收费站、131个收费点；制订《江苏省成品油价格与税费改革中央转移支付资金分配管理办法》；配合审计部门完成了政府还贷二级公路债务及里程锁定审计；积极帮助各地拓展渠道，推进分流安置人员，至2009年底，全省航养费、汽车养路费征稽人员安置工作全部完成；政府还贷二级公路收费人员分流安置完成率达到60.65%，苏州、无锡、镇江、徐州、南通、泰州市已全部完成收费站人员安置工作。

大交通管理体制改革扎实推进。在广泛深入调研的基础上，提出了“三定”方案建议，省交通运输厅新增了组织编制全省综合运输体系规划、指导城市客运管理及出租汽车行业管理工作、组织拟订并监督实施交通物流业规划等职责，统筹全省大交通发展的职能进一步加强。同时，全省高速公路路政管理体制改革全面完成，市县层面的大交通管理体制改革正在积极推进。

4. 科技创新取得一批新成果

苏通大桥作为国家科技支撑计划支持的第一个工程项目，圆满完成验收和鉴定，其关键技术和管理研究获交通运输部、教育部和江苏省科技进步一等奖、特等奖5项；国家科技支撑计划项目泰州长江大桥建设关键技术攻关全面启动。国际国内技术交流与合作全面加强，组织开展、承办了中日交通工程技术交流会、混凝土桥梁技术国际研讨会（PIARC2009）、第四届国际橡胶沥青会议

(AR2009)、崛起——中国桥梁自主创新之路主题活动等众多技术交流和学术研讨活动。

江苏交通服务热线96196建设全面启动,完成了省市平台建设,先行在南京、无锡、苏州、淮安、盐城等市开通了面向社会公众的出行帮助、政策咨询、投诉监督等交通信息服务,并与网站、广播、短信等多种媒介形成联动。所有省辖市均开通了118/118114公路客票查询购票平台,极大地方便了群众购票。机动车维修救援网络的服务能力和范围已延伸拓展到全省各县(市、区),成功施救9.7万辆/次。无锡市加快建设公交智能化系统、出租汽车指挥调度系统、水上安全电子监控系统和公路养护管理系统,积极探索交通运输管理智能化。

高速公路出行服务体系建设加快推进。江苏高速公路联网不停车收费系统(ETC)与上海和安徽均顺利完成了对接,专用车道由2008年底的23条增至77条,客服网点由6个增至14个,用户数已达1.7万辆。高速公路命名与编号实施工作稳步推进,京沪高速江苏段和南京机场高速公路基本完成了新的命名与编号标志试点。

交通运输节能减排工作扎实推进。"交通运输节能监测管理研究"等一批科研项目立项,累计有5家运输企业被列入全国交通行业节能减排示范项目单位。配合交通运输部举办全省客运汽车驾驶员节油驾驶技能竞赛,进一步推动了全省汽车驾驶员节能驾驶技能的普及和提高。

(四)浙江省的基本情况

1. 全力加大交通投资,发挥保增长主力军作用

以抓项目为第一要务,加快以"六个一批"为重点的交通基础设施建设,积极扩大有效投资。据初步统计,全年完成交通固定资产投资685亿元,创下历史新高。西堠门大桥、金塘大桥及宁波接线,温州绕城高速公路北线,诸永高速公路台州段(双峰互通以南)、温州段、申嘉湖杭高速公路练杭段等7个高速公路项目计226公里春节前全部建成,全省高速公路里程达到3 299公里。特别是舟山跨海大桥的建成试通车,真正形成了覆盖全省11个市的高速公路网。嘉绍跨江通道、象山港大桥、黄衢南高速公路衢黄段、云景高速公路、绍诸高速公路等续建项目顺利推进。完成干线公路新改建项目70个计820公里,大中修1 190公里。沿海港口新增泊位40个,其中北仑五期集装箱码头、金塘大浦口集装箱码头、马岙港区化工码头、国华宁海电厂二期卸煤码头等万吨级以上泊位15个,新增货物吞吐能力7 274万吨,其中集装箱吞吐能力310万标箱。内河新增泊位96个,新增货物吞吐能力1 711万吨。

2. 扎实推进港航强省建设,加快海洋经济发展

全省港航建设投资连续第二年超百亿元。港航生产在国内率先企稳回升,全省港口完成货物吞吐量突破10亿吨,达到10.4亿吨,同比增长8%。其中,沿海港口完成7.2亿吨,内河港口完成3.2亿吨,分别增长12.6%、3.9%。宁波-舟山港完成货物吞吐量5.77亿吨,逆势增长10.9%,集装箱吞吐量在外贸大幅下滑形势下,仍达到1 050万标箱。

一是完善规划体系。《宁波-舟山港总体规划》获得了交通运输部和省政府联合批复并公布实施,内河主要港口总体规划先后通过审批。同时,宁波-舟山港综合集疏运网络规划印发实施,全省沿海港口综合集疏运网络规划完成初稿,部分港区的控制性详规、航道与锚地专项规划等通过评审。

二是建设港航联盟。积极支持全省各港口开展各种形式合作,宁波-舟山港与嘉兴、温州、台州港先后签订合作协议,港口间集装箱中转量大幅增长。同时,制定航运联盟组建实施方案,推动腹地城市"无水港"建设,扩大港航联盟的合作范围。

三是培育航运市场。加强市场信息分析预测工作,采取组织银企见面洽谈、推动信用担保体系建设、减免相关规费等措施,帮助航运企业走出困境。全省船舶运力规模达1 550万载重吨,比上年增长20.1%,其中新增万吨以上运输船舶和特种船舶251.6万载重吨。积极支持港航企业开拓新市

场，增辟国内外航线，截至2009年底，全省沿海港口已开辟集装箱航线251条，与100多个国家和地区的600多个港口通航，减轻了国际金融危机对航运市场的冲击，促进了对外开放新格局的形成。

此外，积极推动对台海上直航工作，宁波－舟山港、温州港、台州港、嘉兴港等沿海港口均成功实现直航并运行平稳，完成货物吞吐量98万吨，其中集装箱吞吐量近13万标箱，进出港船舶434艘。

3. 创新发展交通物流，推动运输产业转型升级

以创新的理念、创新的手段全面推进交通大物流建设，推动运输产业转型升级，引领现代物流业发展，为优化产业结构、转变发展方式作出了新贡献。

一是积极推进物流基地建设。出台全省交通物流基地布局规划和交通物流基地建设意见，12个省交通运输重点扶持物流基地全部开工建设，安排资金补助项目27个，完成投资21.4亿。同时，筛选19个市级物流基地纳入省级资金补助范围，安排资金补助项目18个，完成投资4.6亿元。

二是大力培育物流龙头企业。对12家省级物流龙头企业安排技术改造、节能减排、信息化建设等发展项目17个，完成投资5.7亿元。同时，筛选19家市级物流龙头企业纳入省级资金补助范围，安排发展项目33个，完成投资2.1亿元。

三是加快建设公共信息平台。"浙江省交通物流公共信息系统"建设的一期产品"瘾1000"正式发布，系统管理中心（电子枢纽）与6个外部系统实现对接，与16个省（市、自治区）、中国电信等形成了共建机制，日交换数据10万余条，被交通运输部确定为全国试点示范项目。

四是启动城乡物流配送体系建设。各市相继出台发展农村物流的工作意见，建成50个农村货运站（含客货一体站、网络站），并在衢州、安吉、松阳等市、县开展试点工作，培育了一批典型，取得了初步成效。

4. 全面发展农村交通运输，促进城乡协调发展

提出构建农村公路网、安全保障网、养护管理网、运输服务网的新目标，并印发《关于进一步加强农村公路工作，促进农村交通发展的指导意见》，统筹推进农村公路建管养运一体化发展。

一是加快推进农村公路建设。结合落实中央新增投资计划，提前启动，配套实施，完成农村公路总投资31.4亿元；建设通村公路3 397公里，农村联网公路2 516公里，全省等级公路通村率达到99%，通村公路路面硬化率达到98%。

二是建立农村公路管理养护体制。在三年试点基础上，出台并组织落实《关于全省农村公路养护管理体制改革的实施意见》，基本形成了"政府主体、交通主力、部门参与、分级负责、以县为主、群管群养"的良好局面。完善农村公路临水临崖安全设施4 700公里，修复改造病危桥梁573座，创建农村文明公路41条。

三是积极推进农村客运发展。继续因地制宜地提高农村客运通达水平，新开通班车行政村310个，班车通村率达到91%；公交化改造农村客运班线120条，城乡客运一体化率达到45.5%；建成农村客运站51个、港湾式停靠站3 050个。此外，全省建成102家惠农快修、127家浙江快修网点，引导农村汽车维修市场向规范化、品牌化、网络化发展。

二十五　长三角化学工业

一、长三角化学工业总体概况

2009年,长三角化学工业合计拥有规模以上企业20 010家,比2008年增加2 139家。其中,石油加工、炼焦及核燃料加工企业288家,比2008年增加17家;化学原料及化学制品制造企业8 115家,增加881家;医药制造企业1 450家,增加182家;化学纤维制造企业1 398家,增加171家;橡胶制品企业1 603家,增加155家;塑料制品企业7 156家,增加733家。

2009年,长三角化学工业总产值为23 781.59亿元,同比增长2.82%。其中,石油加工、炼焦及核燃料加工业总产值2 977.28亿元,同比下降11.66%;化学原料及化学制品制造业总产值11 486.73亿元,增长4.64%;医药制造业总产值2 125.36亿元,增长23.40%;化学纤维制造业总产值2 756.08亿元,同比下降1.23%;橡胶制品业总产值1 185.08亿元,增长5.63%;塑料制品业总产值3 251.06亿元,增长3.33%。

2009年,长三角化学工业创造利润1 472.2亿元,同比增长114.73%。其中,石油加工、炼焦及核燃料加工业利润总额157.91亿元,实现扭亏为盈;化学原料及化学制品制造业利润总额706.79亿元,增长53.73%;医药制造业利润总额242.27亿元,增长32.03%;化学纤维制造业利润总额120.23亿元,增长77.72%;橡胶制品业利润总额81.38亿元,增长122.96%;塑料制品业利润总额163.62亿元,增长24.51%。长三角化学工业实现利税2 665.65亿元,同比增长90.19%。其中,石油加工、炼焦及核燃料加工业利税总额627.7亿元,实现扭亏为盈;化学原料及化学制品制造业利税总额1 111.75亿元,增长41.13%;医药制造业利税总额371.6亿元,增长26.45%;化学纤维制造业利税总额168.45亿元,增长49.72%;橡胶制品业利税总额126.01亿元,增长70.72%;塑料制品业利税总额260.14亿元,增长16.20%。

2009年,长三角化学工业合计完成主营业务收入23 572.85亿元,同比增长2.80%。其中,石油加工、炼焦及核燃料加工业主营业务收入2 973.85亿元,同比下降12.57%;化学原料及化学制品制造业主营业务收入11 408.44亿元,增长4.34%;医药制造业主营业务收入2 094.46亿元,增长25.50%;化学纤维制造业主营业务收入2 732.22亿元,增长0.28%;橡胶制品业主营业务收入1 198.41亿元,增长6.21%;塑料制品业主营业务收入3 165.47亿元,增长2.98%。

表3－123　长三角化学工业发展情况(2009)

单位:个,亿元

行业	企业单位数	工业总产值	利润总额	利税总额	主营业务收入	资产总计	负债合计
石油加工、炼焦及核燃料加工业	288	2 977.28	157.91	627.70	2 973.85	1 355.94	729.36
化学原料及化学制品制造业	8 115	11 486.73	706.79	1 111.75	11 408.44	9 479.02	5 246.59
医药制造业	1 450	2 125.36	242.27	371.60	2 094.46	2 065.49	953.73
化学纤维制造业	1 398	2 756.08	120.23	168.45	2 732.22	2 220.39	1 389.10

（续表）

行业	企业单位数	工业总产值	利润总额	利税总额	主营业务收入	资产总计	负债合计
橡胶制品业	1 603	1 185.08	81.38	126.01	1 198.41	1 070.47	582.16
塑料制品业	7 156	3 251.06	163.62	260.14	3 165.47	2 714.61	1 524.15
合计	20 010	23 781.59	1 472.20	2 665.65	23 572.85	18 905.92	10 425.09

（一）主要产品产量

长三角化学工业门类齐全、化工产品种类丰富。从2009年长三角主要化学产品产量增长情况看，多数化工产品生产量比2008年呈上涨态势。

1. 上海市化学工业主要产品产量

2009年，上海市化学农药、汽油、烧碱、硫酸等产品产量同比出现上涨，产量分别为72.38万吨、6.19万吨、4.12万吨、3.68万吨，同比涨幅分别为72.38%、6.19%、4.12%和3.68%；化学纤维、柴油、焦炭、合成洗涤剂等产品产量下降幅度较大，同比降幅分别为11.84%、8.74%、6.37%和6.28%，2009年产量分别为37.91万吨、682.63万吨、660.79万吨和21.93万吨。

2. 江苏省化学工业主要产品产量

2009年，江苏省煤油、汽油、化学原料药、农用化学肥料、染料、浓硝酸、化学农药原药等产品产量涨幅较大，同比增速分别为49.67%、37.08%、35.14%、24.04%、23.67%、19.75%和19.58%，2009年产量分别为156.87万吨、318.24万吨、11.60万吨、317.34万吨、27.31万吨、27.94万吨和64.44万吨；燃料油、纯碱、合成洗涤剂、烧碱等产品产量降幅较大，同比降幅分别为34.94%、8.65%、8.49%和6.73%，2009年产量分别为154.89万吨、273.99万吨、17.81万吨和232.30万吨。

3. 浙江省化学工业主要产品产量

2009年，浙江省合成洗涤剂、化学原料药、轮胎外胎、焦炭、肥皂等产量涨幅较大，同比增速分别为90.36%、49.49%、39.56%、38.19%和25.60%，2009年产量分别为55.55万吨、28.66万吨、6 505.25万条、229.69万吨和36.9万吨；农药、燃料油、纯苯、纯碱、塑料制品等产品产量降幅较大，同比降幅分别为81.93%、34.85%、29.89%、22.69%和20.02%，2009年产量分别为3.91万吨、113.32万吨、16.70万吨、14.89万吨和811.5万吨。

表3－124　长三角化学工业主要产品产量

单位：万吨，万条，%

地区	产品	产量		2009年比2008年增长
		2008	2009	
上海市	化学纤维	43.00	37.91	－11.84
	汽油	244.88	260.04	6.19
	柴油	747.98	682.63	－8.74
	焦炭	705.78	660.79	－6.37
	硫酸	26.06	27.02	3.68
	烧碱	70.09	72.98	4.12

(续表)

地区	产品	产量		2009 年比 2008 年增长
		2008	2009	
上海市	化学农药	2. 10	3. 62	72. 38
	乙烯	182. 03	180. 30	-0. 95
	合成橡胶	25. 09	24. 69	-1. 59
	合成洗涤剂	23. 40	21. 93	-6. 28
	轮胎外胎	866. 65	849. 07	-2. 03
江苏省	化学纤维	790. 67	894. 50	13. 13
	天然原油	184. 01	184. 03	0. 01
	汽油	232. 16	318. 24	37. 08
	煤油	104. 81	156. 87	49. 67
	燃料油	238. 09	154. 89	-34. 94
	焦炭	1 076. 52	1 212. 57	12. 64
	硫酸	366. 73	362. 88	-1. 05
	浓硝酸	23. 33	27. 94	19. 75
	烧碱	249. 06	232. 30	-6. 73
	纯碱	299. 95	273. 99	-8. 65
	农用化学肥料	255. 83	317. 34	24. 04
	化学农药原药	53. 89	64. 44	19. 58
	乙烯	134. 78	141. 60	5. 06
	染料	22. 08	27. 31	23. 67
	合成洗涤剂	19. 46	17. 81	-8. 49
	化学原料药	8. 58	11. 60	35. 14
	轮胎外胎	10 515. 13	10 381. 29	-1. 27
浙江省	汽油	288. 75	321. 32	11. 28
	煤油	129. 41	146. 08	12. 88
	柴油	862. 33	825. 89	-4. 23
	燃料油	173. 94	113. 32	-34. 85
	焦炭	166. 21	229. 69	38. 19
	硫酸	108. 76	98. 84	-9. 12
	烧碱	103. 68	98. 48	-5. 02
	纯碱	19. 26	14. 89	-22. 69
	合成氨	61. 73	64. 42	4. 36
	农用化肥	47. 69	46. 47	-2. 56

（续表）

地区	产品	产量		2009 年比 2008 年增长
		2008	2009	
浙江省	农药	21.65	3.91	-81.93
	纯苯	23.82	16.70	-29.89
	肥皂	29.38	36.90	25.60
	合成洗涤剂	29.18	55.55	90.36
	化学原料药	19.17	28.66	49.49
	中成药	1.83	1.91	4.12
	化学纤维	1 119.81	1 207.16	7.80
	合成纤维	1 077.18	1 161.86	7.86
	轮胎外胎	4 661.12	6 505.25	39.56
	塑料制品	1 014.65	811.50	-20.02

（二）资产运营情况

2009 年，长三角化学工业年末资产总额为18 905.92亿元，同比增长 14.22%；负债总额为10 425.09亿元，同比增长 10.98%；2009 年资产负债率为 55.14%，比 2008 年下降 1.61 个百分点。分工业行业来看，石油加工炼焦及核燃料加工业资产负债率下降最快，2009 年资产负债率比 2008 年下降了 9.94 个百分点，其余五个行业资产负债率也出现了不同程度的下降。从横向比较来看，医药制造业资产负债率最低，2009 年资产负债率仅为 46.17%，化学纤维制造业资产负债率最高，2009 年资产负债率为 62.56%。而石油加工炼焦及核燃料加工业、化学原料及化学制品制造业、橡胶制品业、塑料制品业资产负债率分别为 53.79%、55.35%、54.35% 和 56.15%。

表 3－125　长三角化学工业分行业资产负债率

单位：%，百分点

	2008	2009	2009 年比 2008 年增减
石油加工、炼焦及核燃料加工业	63.73	53.79	-9.94
化学原料及化学制品制造业	55.62	55.35	-0.27
医药制造业	47.17	46.17	-1.00
化学纤维制造业	63.07	62.56	-0.51
橡胶制品业	58.14	54.38	-3.75
塑料制品业	57.90	56.15	-1.75
合计	56.75	55.14	-1.61

分地区来看，在石油加工、炼焦及核燃料加工业中，2009 年，上海市资产负债率最低，仅为 44.76%，浙江省资产负债率最高，为 62.05%，江苏省居中，资产负债率为 55.92%；在化学原料及化学制品制造业中，上海市资产负债率最低，为 52.51%，浙江省资产负债率最高，为 59.60%，江苏省

居中,资产负债率为54.24%;在医药制造业中,江苏省资产负债率最低,为43.31%,浙江省资产负债率最高,为49.13%,上海市居中,资产负债率为46.14%;在化学纤维制造业中,上海市资产负债率最低,仅为42.03%,浙江省资产负债率最高,为65.19%,江苏省居中,资产负债率为60.35%;在橡胶制品业中,江苏省资产负债率最低,为50.31%,浙江省资产负债率最高,为59.69%,上海市居中,资产负债率为55.23%;在塑料制品业中,上海市资产负债率最低,为49.65%,浙江省资产负债率最高,为61.60%,江苏省居中,资产负债率为51.77%。

表3-126 长三角化学工业分地区资产负债率(2009)

单位:%

	上海市	江苏省	浙江省
石油加工、炼焦及核燃料加工业	44.76	55.92	62.05
化学原料及化学制品制造业	52.51	54.24	59.60
医药制造业	46.14	43.31	49.13
化学纤维制造业	42.03	60.35	65.19
橡胶制品业	55.23	50.31	59.69
塑料制品业	49.65	51.77	61.60

二、上海市化学工业基本情况

(一)行业经济总量

1. 企业单位数

2009年,上海市拥有规模以上化学工业企业2 979家,比2008年减少111家。其中,石油加工、炼焦及核燃料加工企业53家,比2008年减少5家;化学原料及化学制品制造企业1 211家,比2008年减少25家;医药制造企业247家,比2008年减少5家;化学纤维制造企业59家,比2008年减少3家;橡胶制品企业286家,比2008年减少4家;塑料制品企业1 123家,比2008年减少69家。

2. 工业总产值

2009年,上海市规模以上化学工业实现工业总产值3 741.51亿元,同比下降8.88%。其中,石油加工、炼焦及核燃料加工业总产值同比下降18.71%,2009年工业总产值为978.24亿元;化学原料及化学制品制造业总产值同比下降9.16%,2009年工业总产值为1 691.65亿元;化学纤维制造业总产值同比下降17.92%,2009年工业总产值为36.96亿元;橡胶制品业总产值同比下降5.79%,2009年工业总产值为161.34亿元;塑料制品业总产值同比下降4.87%,2009年工业总产值为519.73亿元;仅医药制造业总产值同比出现增长,增幅为27.25%,2009年工业总产值为353.59亿元。

3. 主营业务收入

2009年,上海市规模以上化学工业完成主营业务收入3 806.27亿元,同比下降9.05%。其中,石油加工、炼焦及核燃料加工业主营业务收入997.67亿元,同比下降18.57%;化学原料及化学制品制造业主营业务收入1 713.56亿元,同比下降9.60%;化学纤维制造业主营业务收入为37.30亿元,同比下降17.57%;橡胶制品业主营业务收入为184.73亿元,同比下降4.75%;塑料制品业主营业务收入为513.33亿元,同比降幅为5.72%;六个化学行业中,只有医药制造业主营业务收入同比出现增长,增幅为28.31%,2009年主营业务收入为359.68亿元。

4. 年末资产总额

截至2009年末，上海市规模以上化学工业资产总额为3 555.15亿元，同比增长5.53%。其中，石油加工、炼焦及核燃料加工业年末资产总额为516.7亿元，同比增长2.17%；化学原料及化学制品制造业年末资产总额为1 835.27亿元，同比增长4.70%；医药制造业年末资产总额为428.86亿元，同比增长16.89%；橡胶制品业年末资产总额为191.16亿元，同比增长1.10%；塑料制品业年末资产总额为538.91亿元，同比增长6.35%；六个化学行业中，只有化学纤维制造业年末资产总额同比出现下降，降幅为6.90%。

表3－127　上海市化学工业主要经济指标(2009)

单位：个，亿元

行业	企业单位数	工业总产值	利润总额	税金总额	主营业务收入	资产总计
石油加工、炼焦及核燃料加工业	53	978.24	41.80	142.43	997.67	516.70
化学原料及化学制品制造业	1 211	1 691.65	90.41	60.27	1 713.56	1 835.27
医药制造业	247	353.59	47.07	22.26	359.68	428.86
化学纤维制造业	59	36.96	1.68	0.94	37.30	44.25
橡胶制品业	286	161.34	9.76	5.13	184.73	191.16
塑料制品业	1123	519.73	31.55	14.80	513.33	538.91
合计	2 979	3 741.51	222.27	245.83	3 806.27	3 555.15

(二)行业经济效益

2009年，上海市化学工业实现利润总额222.27亿元，同比增长7511.99%；税金总额245.83亿元，同比增长91.67%。其中，石油加工、炼焦及核燃料加工业利润总额41.8亿元，实现扭亏为盈，税金总额142.43亿元，同比增长481.11%；化学原料及化学制品制造业利润总额90.41亿元，同比增长12.45%，税金总额60.27亿元，同比增长3.43%；医药制造业利润总额47.07亿元，同比增长51.06%，税金总额22.26亿元，同比增长7.12%；化学纤维制造业利润总额1.68亿元，同比增长16.67%，税金总额0.94亿元，同比下降59.48%；橡胶制品业利润总额9.76亿元，同比增长140.99%，税金总额5.13亿元，同比下降10.16%；塑料制品业利润总额31.55亿元，同比增长74.02%，税金总额14.8亿元，同比下降11.22%。

三、江苏省化学工业基本情况

(一)行业经济总量

1. 企业单位数

2009年，江苏省拥有规模以上化学工业企业9 473家，比2008年增加2 042家。其中，石油加工、炼焦及核燃料加工企业166家，比2008年增加15家；化学原料及化学制品制造企业4 632家，比2008年增加819家；医药制造企业672家，比2008年增加159家；化学纤维制造企业878家，比2008年增加179家；橡胶制品企业643家，比2008年增加149家；塑料制品企业2 482家，比2008年增加721家。

2. 工业总产值

2009年，江苏省规模以上化学工业实现工业总产值12 326.91亿元，同比增长9.92%。其中，化学原料及化学制品制造业总产值7 091.04亿元,同比增长9.60%;医药制造业总产值1 106.34亿元,同比增长33.46%;化学纤维制造业总产值1 294.71亿元,同比增长7.98%;橡胶制品业总产值614.06亿元,同比增长11.14%;塑料制品业总产值1 186.96亿元,同比增长7.78%。六个化学行业中,仅石油加工、炼焦及核燃料加工业总产值同比出现下降,同比降幅为2.69%,2009年工业总产值为1 033.80亿元。

3. 主营业务收入

2009年,江苏省规模以上化学工业完成主营业务收入12 129.52亿元,同比增长9.36%。其中,化学原料及化学制品制造业主营业务收入6 970.02亿元,同比增长8.76%;医药制造业主营业务收入1 105.69亿元,同比增长36.10%;化学纤维制造业主营业务收入为1 292.02亿元,同比增长9.14%;橡胶制品业主营业务收入为599.94亿元,同比增长12.06%;塑料制品业主营业务收入为1 160.09亿元,同比增长7.77%;六个化学行业中,只有石油加工、炼焦及核燃料加工业主营业务收入同比出现下降,降幅为6.81%,2009年主营业务收入为1 001.76亿元。

4. 年末资产总额

截至2009年末,江苏省规模以上化学工业资产总额为8 647.11亿元,同比增长20.14%。其中,石油加工、炼焦及核燃料加工业年末资产总额为369.13亿元,同比增长8.20%;化学原料及化学制品制造业年末资产总额为5 089.33亿元,同比增长21.76%;医药制造业年末资产总额为828.59亿元,同比增长32.19%;化学纤维制造业年末资产总额为994.55亿元,同比增长20.77%;橡胶制品业年末资产总额为514.80亿元,同比增长8.78%;塑料制品业年末资产总额为850.71亿元,同比增长13.03%。

表3-128　江苏省化学工业主要经济指标(2009)

单位:个,亿元

行业	企业单位数	工业总产值	利润总额	利税总额	主营业务收入	资产总计
石油加工、炼焦及核燃料加工业	166	1 033.80	49.98	195.15	1 001.76	369.13
化学原料及化学制品制造业	4 632	7 091.04	431.05	694.41	6 970.02	5 089.33
医药制造业	672	1 106.34	112.80	181.54	1 105.69	828.59
化学纤维制造业	878	1 294.71	64.20	92.12	1 292.02	994.55
橡胶制品业	643	614.06	44.07	69.48	599.94	514.80
塑料制品业	2 482	1 186.96	58.75	99.78	1 160.09	850.71
合计	9 473	12 326.91	760.85	1 332.48	12 129.52	8 647.11

(二)行业经济效益

1. 石油加工、炼焦及核燃料加工业

2009年,江苏省石油加工、炼焦及核燃料加工业主要经济效益指标显著好转,表现为:(1)企业亏损面、资产负债率下降。2009年企业亏损面为10.24%,比2008年下降了8.96个百分点;2009年资产负债率为55.92%,比2008年下降了11.89个百分点。(2)产值利税率、销售利税率和成本费用利润率上升。2009年产值利税率为18.88%,销售利税率为19.48%,成本费用利润率为5.90%,分别比2008年提高了17.46个、18.08个和8.09个百分点。但是,流动资产周转次数有所减缓,2009年比2008年减少了1.00次/年;产品销售率也有所下降,2009年比2008年下降了0.82个百分点。

2. 化学原料及化学制品制造业

2009 年,江苏省化学原料及化学制品制造业主要经济效益指标较 2008 年出现好转,表现为:(1)企业亏损面下降。2009 年企业亏损面为 9.43%,比 2008 年下降了 1.32 个百分点。(2)产值利税率、销售利税率和成本费用利润率上升。2009 年产值利税率为 9.79%,销售利税率为 9.96%,成本费用利润率为 6.66%,分别比 2008 年提高了 3.07 个、3.17 个和 2.71 个百分点。

部分经济效益指标略有下滑,体现为:(1)流动资产周转次数有所减缓,2009 年流动资产周转次数为 2.81 次/年,比 2008 年减少了 0.29 次/年。(2)产品销售率略有下降,2009 年产品销售率为 98.11%,比 2008 年下降了 0.13 个百分点。

3. 医药制造业

2009 年,江苏省医药制造业部分经济效益指标好于 2008 年,主要有:(1)企业亏损面下降。2009 年企业亏损面为 9.97%,比 2008 年下降了 2.70 个百分点。(2)流动资产周转次数有所加快。2009 年流动资产周转次数为 2.38 次/年,比 2008 年提高了 0.04 次/年。(3)产品销售率上升。2009 年产品销售率为 97.61%,比 2008 年提高了 2.16 个百分点。

主要利税指标出现下滑。2009 年产值利税率为 16.41%,比 2008 年下降了 0.55 个百分点;销售利税率为 16.42%,比 2008 年下降了 0.89 个百分点;成本费用利润率为 11.42%,比 2008 年下降了 0.55 个百分点。此外,2009 年江苏医药制造业资产负债率上升较快,2009 年资产负债率比 2008 年上升了 1.41 个百分点,达到 43.31%。

4. 化学纤维制造业

2009 年,江苏省化学纤维制造业多数经济指标较 2008 年出现好转。表现为:(1)企业亏损面、资产负债率下降。2009 年企业亏损面为 11.85%,比 2008 年下降了 9.04 个百分点;2009 年资产负债率为 60.35%,比 2008 年下降了 1.39 个百分点。(2)产值利税率、销售利税率、成本费用利润率上升。2009 年产值利税率为 7.12%,销售利税率为 7.12%,成本费用利润率为 5.26%,分别比 2008 年提高了 1.76 个、1.71 个和 1.64 个百分点。(3)产品销售率上升。2009 年产品销售率为 100.05%,比 2008 年提高了 1.88 个百分点。仅流动资产周转次数较 2008 年出现下滑,2009 年江苏化学纤维制造业流动资产周转次数为 2.76 次/年,比 2008 年减少 0.39 次/年。

5. 橡胶制品业

2009 年,江苏省橡胶制品业多数经济指标较 2008 年出现好转。表现为:(1)企业亏损面、资产负债率下降。2009 年企业亏损面为 10.42%,比 2008 年下降了 2.13 个百分点;2009 年资产负债率为 50.31%,比 2008 年下降了 3.10 个百分点。(2)产值利税率、销售利税率、成本费用利润率上升。2009 年产值利税率为 11.31%,销售利税率为 11.58%,成本费用利润率为 7.97%,分别比 2008 年提高了 4.39 个、4.43 个和 4.20 个百分点。(3)产品销售率上升。2009 年产品销售率为 97.61%,比 2008 年提高了 0.64 个百分点。仅流动资产周转次数较 2008 年略有减少,2009 年江苏橡胶制品业流动资产周转次数为 2.52 次/年,比 2008 年减少 0.14 次/年。

6. 塑料制品业

2009 年,江苏省橡胶制品业多数经济指标较 2008 年出现好转。表现为:(1)企业亏损面、资产负债率下降。2009 年企业亏损面为 12.13%,比 2008 年下降了 2.47 个百分点;2009 年资产负债率为 51.77%,比 2008 年下降了 3.14 个百分点。(2)产值利税率、销售利税率、成本费用利润率上升。2009 年产值利税率为 8.41%,销售利税率为 8.60%,成本费用利润率为 5.36%,分别比 2008 年提高了 1.06 个、1.08 个和 0.82 个百分点。

部分经济指标下滑。表现为:(1)流动资产周转次数较 2008 年出现下滑,2009 年江苏塑料制品业流动资产周转次数为 2.46 次/年,比 2008 年减少 0.21 次/年。(2)产品销售率下降。2009 年产品销售率为98.12%,比2008年下降1.82个百分点。

表3-129 江苏省化学工业主要经济效益指标(2009)

单位:%,次/年

行业	企业亏损面	产值利税率	销售利税率	资产负债率	流动资产周转次数	成本费用利润率	产品销售率
石油加工、炼焦及核燃料加工业	10.24	18.88	19.48	55.92	5.59	5.90	98.12
化学原料及化学制品制造业	9.43	9.79	9.96	54.24	2.81	6.66	98.11
医药制造业	9.97	16.41	16.42	43.31	2.38	11.42	97.61
化学纤维制造业	11.85	7.12	7.13	60.35	2.76	5.26	100.05
橡胶制品业	10.42	11.31	11.58	50.31	2.52	7.97	97.61
塑料制品业	12.13	8.41	8.60	51.77	2.46	5.36	98.12
全部工业总计	11.18	9.28	9.47	58.14	2.52	6.12	98.32

四、浙江省化学工业基本情况

(一)行业经济总量

1. 企业单位数

2009年,浙江省拥有规模以上化学工业企业7 558家,比2008年增加208家。其中,石油加工、炼焦及核燃料加工企业69家,比2008年增加7家;化学原料及化学制品制造企业2 272家,比2008年增加87家;医药制造企业531家,比2008年增加28家;化学纤维制造企业461家,比2008年减少5家;橡胶制品企业674家,比2008年增加10家;塑料制品企业3 551家,比2008年增加81家。

2. 工业总产值

2009年,浙江省规模以上化学工业实现工业总产值7 713.17亿元,同比下降1.21%。其中,石油加工、炼焦及核燃料加工业总产值同比下降12.60%,2009年工业总产值为965.24亿元;化学原料及化学制品制造业总产值同比增长2.24%,2009年工业总产值为2 704.04亿元;医药制造业总产值同比增长8.11%,2009年工业总产值为665.43亿元;化学纤维制造业总产值同比下降7.89%,2009年工业总产值为1 424.41亿元;橡胶制品业总产值同比增长2.89%,2009年工业总产值为409.68亿元;塑料制品业总产值同比增长3.05%,2009年工业总产值为1 544.37亿元。

3. 主营业务收入

2009年,浙江省规模以上化学工业完成主营业务收入7 637.06亿元,同比下降0.22%。其中,石油加工、炼焦及核燃料加工业主营业务收入974.42亿元,同比下降11.53%;化学原料及化学制品制造业主营业务收入2 724.86亿元,同比增长3.64%;医药制造业主营业务收入同比增长9.20%,2009年主营业务收入为629.09亿元;化学纤维制造业主营业务收入为1 402.9亿元,同比下降6.20%;橡胶制品业主营业务收入为413.74亿元,同比增长3.69%;塑料制品业主营业务收入为1 492.05亿元,同比增长2.70%。

4. 年末资产总额

截至2009年末,浙江省规模以上化学工业资产总额为6 703.66亿元,同比增长11.98%。其中,石油加工、炼焦及核燃料加工业年末资产总额为470.11亿元,同比增长40.78%;化学原料及化学制品制造业年末资产总额为2 554.42亿元,同比增长11.75%;医药制造业年末资产总额为808.04亿元,同比增长21.32%;化学纤维制造业年末资产总额为1 181.59亿元,同比增长3.59%;橡胶制品业年末资产总额为364.51亿元,同比增长4.33%;塑料制品业年末资产总额为1 324.99亿元,同比增长9.45%。

表3-130 浙江省化学工业主要经济指标(2009)

单位:个,亿元

行业	企业单位数	工业总产值	利润总额	利税总额	主营业务收入	资产总计
石油加工、炼焦及核燃料加工业	69	965.24	66.13	248.32	974.42	470.11
化学原料及化学制品制造业	2 272	2 704.04	185.33	266.66	2 724.86	2 554.42
医药制造业	531	665.43	82.40	120.73	629.09	808.04
化学纤维制造业	461	1 424.41	54.35	73.71	1 402.90	1 181.59
橡胶制品业	674	409.68	27.55	41.64	413.74	364.51
塑料制品业	3 551	1 544.37	73.32	114.01	1 492.05	1 324.99
合计	7 558	7 713.17	489.08	865.07	7 637.06	6 703.66

(二)行业经济效益

1. 石油加工、炼焦及核燃料加工业

主要利税指标大幅上升。2009年,浙江省石油加工、炼焦及核燃料加工业每百元规定资产原值实现利税113.62元,比2008年增加112.36元;每百元主营业务收入实现利税25.48元,比2008年增加25.25元。

产品销售率略有下降。2009年,浙江省石油加工、炼焦及核燃料加工业产品销售率为99.09%,比2008年下降0.14个百分点。

出口交货值占销售产值比重、新产品产值率比重低于全部工业平均水平。2009年,浙江省石油加工、炼焦及核燃料加工业出口交货值占销售产值比重为0.31%,比全部工业平均水平低20.96个百分点。这表明石油加工、炼焦及核燃料加工业主要以内销为主;新产品产值率为1.19%,比全部工业平均水平低16.52个百分点。

2. 化学原料及化学制品制造业

主要利税指标出现上升。2009年,浙江省化学原料及化学制品制造业每百元规定资产原值实现利税23.36元,比2008年增加2.41元;每百元主营业务收入实现利税9.79元,比2008年增加1.66元。

产品销售率大体稳定。2009年,浙江省化学原料及化学制品制造业产品销售率为96.76%,比2008年微降0.02个百分点。

2009年,浙江省化学原料及化学制品制造业出口交货值占销售产值比重为10.81%,比全部工业平均水平低10.46个百分点;新产品产值率为22.78%,比全部工业平均水平高5.07个百分点。

3. 医药制造业

主要利税指标出现上升。2009 年,浙江省医药制造业每百元规定资产原值实现利税 39.73 元,比 2008 年增加 1.62 元;每百元主营业务收入实现利税 19.19 元,比 2008 年增加 1.60 元。

产品销售率上升。2009 年,浙江省医药制造业产品销售率为 95.15%,比 2008 年提高 1.03 个百分点。

出口交货值占销售产值比重、新产品产值率比重均高于全部工业平均水平。2009 年,浙江省医药制造业出口交货值占销售产值比重为 28.09%,比全部工业平均水平高 6.82 个百分点;新产品产值率为 32.36%,比全部工业平均水平高 14.65 个百分点。这表明,医药制造业新产品开发能力比较突出。

4. 化学纤维制造业

主要利税指标上升较快。2009 年,浙江省化学纤维制造业每百元规定资产原值实现利税 12.96 元,比 2008 年增加 5.35 元;每百元主营业务收入实现利税 5.25 元,比 2008 年增加 2.27 元。

产品销售率上升。2009 年,浙江省化学纤维制造业产品销售率为 98.75%,比 2008 年提高 1.30 个百分点。

2009 年,浙江省化学纤维制造业出口交货值占销售产值比重为 4.90%,比全部工业平均水平低 16.37 个百分点;新产品产值率为 26.80%,比全部工业平均水平高 9.09 个百分点。

5. 橡胶制品业

2009 年,浙江省橡胶制品业主要经济效益指标比 2008 年均有不同程度提升,体现为:(1)每百元规定资产原值实现利税、每百元主营业务收入实现利税出现上升。2009 年,浙江省橡胶制品业每百元规定资产原值实现利税为 22.74 元,比 2008 年提高 6.96 元;每百元主营业务收入实现利税 10.06 元,比 2008 年提高 3.60 元。(2)产品销售率上升。2009 年,浙江省橡胶制品业产品销售率为 101.48%,比 2008 年提高 1.97 个百分点。

6. 塑料制品业

2009 年,浙江省塑料制品业主要经济效益指标较 2008 年有所下滑,体现为:(1)每百元固定资产原值实现利税同比出现下降。2009 年,浙江省塑料制品业每百元固定资产原值实现利税 22.15 元,比 2008 年减少 1.07 元。(2)产品销售率下降。2009 年,浙江省塑料制品业产品销售率为 97.43%,比 2008 年下降 0.17 个百分点。但是,每百元主营业务收入实现利税有所上升,2009 年比 2008 年提高了 0.20 元,达到 7.64 元。

表 3-131 浙江省化学工业主要经济效益指标(2009)

单位:元,%

行业	每百元固定资产原值实现利税	每百元主营业务收入实现利税	产品销售率	出口交货值占销售产值比重	新产品产值率
石油加工、炼焦及核燃料加工业	113.62	25.48	99.09	0.31	1.19
化学原料及化学制品制造业	23.36	9.79	96.76	10.81	22.78
医药制造业	39.73	19.19	95.15	28.09	32.36
化学纤维制造业	12.96	5.25	98.75	4.90	26.80
橡胶制品业	22.74	10.06	101.48	25.40	20.62
塑料制品业	22.15	7.64	97.43	18.87	12.17
全部工业总计	20.84	9.12	97.40	21.27	17.71

二十六　长三角服务业

现代服务业的发达程度是衡量区域综合竞争力的重要标志。面对国际服务业向我国转移步伐加快的新机遇，面对全国现代服务业加速发展的新态势，长三角地区应科学地制定发展现代服务业的战略目标，这是提高长三角地区综合竞争力的必然选择，是增强长三角地区可持续发展能力的关键举措，也是争创长三角地区发展新优势的紧迫要求。

2009 年长江三角洲地区经济发展速度快，实现地区生产总值71 794.13亿元。从三次产业情况看，第一产业实现增加值3 477.52亿元，第二产业实现增加值36 199.06亿元，第三产业实现增加值32 117.55亿元，比上年增加4 299.96亿元，增长 15.46%。三次产业结构调整为 4.8∶50.5∶44.7。

上海市国民经济保持平稳较快发展。2009 年上海市实现生产总值14 900.93亿元，按可比价格计算，比 2008 年增长 8.2%。其中，第一产业增加值 113.82 亿元，下降 1.1%；第二产业增加值5 939.96亿元，增长 3.1%；第三产业增加值8 847.15亿元，增长 12.6%。第三产业增加值占全市生产总值的比重为 59.4%，比 2008 年提高 3.4 个百分点。

江苏省经济保持平稳较快增长。2009 年江苏实现生产总值34 061.2亿元，比 2008 年增长 12.4%；其中，第一产业增加值2 201.7亿元，增长 4.5%；第二产业增加值18 416.1亿元，增长 12.5%；第三产业增加值13 443.4亿元，增长 13.6%。服务业特别是现代服务业增长加快、比重上升，实现服务业增加值13 555.6亿元，比 2008 年增长 13.6%，占 GDP 比重 39.8%，提高 1.1 个百分点。新兴行业加快发展，新能源、新医药、新材料、环保产业产值分别增长 66%、30%、22% 和 21%，软件业销售收入增长 35.7%，服务外包执行总额增长 177%。

2009 年，浙江生产总值为22 832亿元，比 2008 年增长 8.9%。其中，第一产业增加值1 162亿元，第二产业增加值11 843亿元，第三产业增加值9 827亿元，分别增长 2.3%、6.8% 和 12.5%。三次产业增加值结构从上年的 5.1∶53.9∶41 调整为 5.1∶51.9∶43。

表 3－132　长三角服务业发展情况（2000－2009 年）

地区	指标	2000	2001	2002	2003	2004	2005	2006	2007	2008	2009
上海	地区生产总值	4 771.2	5 210.1	5 741.0	6 694.2	8 072.8	9 154.2	10 366.4	12 188.8	13 698.15	14 900.93
	服务业增加值	2 486.9	2 728.9	3 038.9	3 404.2	4 097.3	4 620.9	5 244.2	6 408.5	7 350.43	8 847.15
	服务业比重	52.1	52.4	52.9	50.8	50.7	50.5	50.6	52.6	53.70	59.40
	服务业增长率	15.0	8.7	10.0	8.0	12.9	10.5	11.5	15.2	11.30	12.60
江苏	地区生产总值	8 553.7	9 456.8	10 606.8	12 442.9	15 300.6	18 305.7	21 645.1	25 741.2	30 000.00	34 061.20
	服务业增加值	3 069.5	3 454.9	3 891.9	4 493.3	5 198.0	6 489.1	7 849.2	9 618.5	11 656.00	13 443.40
	服务业比重	35.9	36.5	36.7	36.1	34.6	35.4	36.3	37.4	38.10	39.47
	服务业增长率	11.2	11.1	11.2	11.9	13.7	14.8	15.5	15.9	12.60	13.60
浙江	地区生产总值	6 141.0	6 898.3	8 003.7	9 705.0	11 648.7	13 437.8	15 742.5	18 780.4	21 486.92	22 832.00
	服务业增加值	2 236.1	2 665.7	3 227.9	3 890.8	4 584.2	5 378.9	6 307.8	7 645.9	8 811.16	9 827.00
	服务业比重	36.4	38.6	40.3	40.1	39.3	40.0	40.1	40.7	41.00	43.00
	服务业增长率	11.9	11.5	13.5	13.8	13.9	14.9	15.1	15.1	11.80	12.50

(续表)

地区	指标	2000	2001	2002	2003	2004	2005	2006	2007	2008	2009
长三角	地区生产总值	19 465.9	21 565.3	24 351.6	28 842.1	34 725.1	40 897.7	47 753.9	56 710.4	65 185.07	71 794.13
	服务业增加值	5 305.6	6 120.6	7 119.9	8 384.1	9 782.3	11 868.0	14 157.1	23 672.9	27 817.59	32 117.55
	服务业比重	27.3	28.4	29.2	29.1	28.2	29.0	29.6	41.7	42.70	44.70
	服务业增长率	12.4	10.4	11.5	11.2	13.5	13.5	15.4	67.2	17.50	15.46
全国	地区生产总值	99 214.6	109 655.2	120 332.7	135 822.8	159 878.3	183 084.8	209 407.0	246 619.0	300 670.00	335 353.00
	服务业增加值	33 137.7	37 392.4	41 274.1	45 364.8	51 001.3	73 783.2	82 703.0	96 328.0	120 487.00	142 918.00
	服务业比重	33.4	34.1	34.3	33.4	31.9	40.3	39.5	39.1	40.10	42.60
	服务业增长率	8.1	8.4	8.7	8.3	8.3	9.6	10.3	11.4	9.50	8.90

一、长三角两省一市服务业发展特点

(一)上海服务业发展特点

近年来上海服务业总体呈现出了持续健康、快速发展的态势,服务业的地位和作用日益提升,对于城市经济的发展贡献度不断增强,对外开放程度日益提高,空间布局也逐步趋向优化,以服务经济为主的产业结构正逐步形成。

1. 服务业规模不断扩大。2009 年,上海市实现服务业增加值8 847.15亿元,服务业增加值比 2008 年增长 12.6%。2009 年服务业占上海市 GDP 比重达到 59.4%,比 2008 年提高了 3.4 个百分点,以服务经济为主的产业结构得到进一步体现。

2. 商品市场流通规模进一步扩大。交通运输、仓储和邮政业稳步发展。2009 年批发和零售业实现增加值2 183.86亿元,比上年增长 13.6%。市场销售增长加快。2009 年实现社会消费品零售总额5 172.88亿元,比 2008 年增长 14%。2009 年实现交通运输、仓储和邮政业增加值 642.13 亿元,比 2008 年下降 4.2%。

3. 国际金融中心建设取得新成就。2009 年,金融业实现增加值1 817.85亿元,比 2008 年增长 25.6%。金融机构加快集聚,2009 年新增各类金融单位 98 家。其中,银行业 9 家,保险业 16 家。

4. 国际航运中心建设取得新进展。2009 年上海港口货物吞吐量达到 5.92 亿吨,比 2008 年增长 1.8%。2009 年港口集装箱吞吐量2 500.2万国际标准箱,比 2008 年下降 10.7%。

(二)江苏服务业发展特点

1. 服务业投资快速增加。2009 年,江苏完成服务业城镇固定资产投资7 389亿元,比 2008 年增长 26.5%;服务业投资占城镇投资总额的比重达 52.3%。从行业看,房地产开发投资3 338.6亿元,增长 9%;交通运输仓储和邮政业投资 841.2 亿元,增长 33%;水利、环境和公共设施管理业投资1 225.2亿元,增长 64.2%;科学研究、技术服务和地质勘察业投资 98 亿元,增长 68%;文化、体育和娱乐业投资 122.8 亿元,增长 53.6%。

2. 消费市场增速回升。2009 年,江苏实现社会消费品零售总额11 484.1亿元,比 2008 年增长 18.9%。分行业看,批发和零售业零售额9 892.4亿元,增长 18.3%;住宿和餐饮业零售额1 485.3亿元,增长 22.5%;其他行业零售额 106.4 亿元,增长 19.6%。

3. 交通运输业稳定发展。2009 年完成旅客运输量、货物运输量分别比 2008 年增长 9.5% 和

9.2%，旅客周转量、货物周转量增长8.1%和8.5%。完成港口货物吞吐量13.3亿吨，增长14.2%，其中外贸货物吞吐量2.0亿吨，增长24.5%。港口货物吞吐量中，集装箱吞吐量达878万标箱，增长3.1%。

4. 金融市场运行趋好。2009年末，江苏金融机构人民币存款余额(本外币)48 850.3亿元，同比增长32%；金融机构人民币贷款余额(本外币)35 296.7亿元，同比增长34.9%。在贷款总量增长的情况下，江苏金融机构现金收入稳步增长，2008年保险业完成保费总收入907.7亿元，同比增长17.1%。

5. 软件业发展势头强劲。2009年江苏软件业实现总收入1 605亿元，占全国总量的16.1%；完成软件出口35.5亿美元，增长41.7%；全省累计通过认定的软件企业1 805家，累计登记软件产品8 334个。

6. 物流业保持平稳增长。2009年，完成铁路货运量6 137.4万吨，增长19.9%；公路货运量104 002.0万吨，增长8.8%；水运货运量42 016万吨，增长9.1%。

7. 旅游业继续稳定增长。2009年，国内旅游人数29 726.6万人次，比2008年增长13.8%；国内旅游收入3 449.5亿元，增长17.6%。全年境外入境旅游人数556.8万人次，比2008年增长2.3%。其中外国人396.1万人次，与2008年持平；港澳台同胞160.8万人次，增长8.5%。国际旅游外汇收入40.2亿美元，增长3.5%。旅行社组织公民自费出境旅游34.4万人次，下降2.7%。

(三)浙江服务业发展特点

1. 房地产业销售火爆。随着各项购房优惠政策的出台，积蓄已久的刚性需求得到进一步释放，房地产市场快速探底回升。2009年，全省房地产业实现增加值1 304.75亿元，比2008年增长22.2%，增幅比2008年提高24.2个百分点。2009年浙江商品房销售面积5 525万平方米，比2008年增长84.7%；其中，住宅销售面积增长91.3%；办公楼和商业营业用房销售面积分别增长53.5%和51.0%，高于50%的增速与年初的负增长形成鲜明对比。2009年商品房销售额增长更快，增幅达1.3倍，其中住宅销售额增幅更高。

2. 金融业贷款增势喜人，存款增幅略有回落。2009年，全省金融业完成增加值1 920.28亿元，比2008年增长17.8%，增幅比2008年提高1个百分点。2009年末，金融机构本外币贷款余额39 223.9亿元，同比增长32.4%，增幅比2008年提高13.7个百分点。从人民币贷款投向看，短期贷款增长25.5%；中长期贷款增长42.4%；个人消费贷款增长51.0%；票据融资增长10.6%。受房地产、汽车和股市市场相对活跃的影响，2009年末存款增幅相比年初小幅回落。2009年12月末，金融机构本外币存款余额45 112亿元，同比增长27.4%，增幅比上年提高5.3个百分点，但与3月末、6月末、9月末相比分别回落3、1.6和0.2个百分点。2009年末城乡储蓄存款17 833.4亿元，增长23.1%；企业存款16 398亿元，增长47.6%。

3. 旅游业快速回暖。2009年，浙江接待国内旅游者24 410万人次，实现旅游收入2 423.5亿元，分别比2008年增长16.8%和18.8%，增幅均比2008年提高6.8个百分点。入境游平稳发展。2009年接待入境旅游人数570.6万人次，增长5.7%；实现旅游外汇收入32.2亿美元，增长6.6%。出境游保持高位增长。2009年浙江有组织的出境游人数为62万人次，增长55.4%。其中出国游增长13.4%，港澳台游增长11.4%。

4. 商贸流通业较快增长，消费热点突出。2009年，浙江批发和零售业完成增加值2 162.53亿元，比2008年增长14.1%，增速比2008年提高1.5个百分点。随着浙江扩内需、促消费的各项政策措施逐步贯彻到位，消费者信心不断回升，浙江消费品市场均呈现稳步上扬态势。2009年浙江实现社会消费品零售总额8 622.3亿元，增长15.9%，扣除价格因素，实际增长17.3%。汽车销售成为2009

年消费品市场的一大亮点,2009 年一直保持高速增长势头,接近年尾甚至出现有价无车、加价提车的火爆场面。

5. 交通运输业四大指标均恢复正增长。2009 年,浙江交通运输、仓储和邮政业完成增加值856.61 亿元,比 2008 年增长 1.9%。随着实体经济的逐步复苏,浙江交通运输业主要指标逐月好转,客运保持平稳增长,货运扭转负增长态势。2009 年,浙江铁路、公路、水路客运量和旅客周转量累计分别完成 19.9 亿人和1 103.5亿人公里,分别增长 2.6% 和 3.0%。2009 年浙江铁路、公路、水路货运量为 16.3 亿吨,增长 2.6%;货物周转量4 918.5亿吨公里,增长 0.7%,结束了自 2009 年 2 月以来九个月的负增长态势。2009 年,浙江邮政电信业务总量累计完成1 666.3亿元,增长 7.8%。

二、长三角主要 16 个城市的服务业发展情况比较

表 3－133　2009 年长三角主要城市的服务业发展指标分析

城市	服务业增加值(亿元)	服务业增速(%)	服务业增加值占GDP 比重(%)	二产增加值占GDP 比重(%)	金融机构存款余额(亿元)	金融机构贷款余额(亿元)
上海	8 847.15	12.60	59.4	39.90	44 620.27	29 684.10
南京	2 170.42	13.50	51.3	45.60	11 088.39	9 444.48
无锡	2 046.72	13.08	41.0	56.80	7 405.68	5 474.94
苏州	3 050.00	25.20	39.4	58.75	11 450.54	9 032.28
常州	997.30	14.10	39.6	56.80	3 765.90	2 514.00
南通	1 028.84	14.30	35.8	56.00	4 006.23	2 431.98
扬州	669.48	15.00	36.1	56.10	2 067.13	1 212.75
镇江	623.95	17.70	37.3	58.10	1 785.29	1 286.64
泰州	580.76	15.00	35.2	56.70	1 885.39	1 160.37
杭州	2 473.52	13.90	48.5	47.80	14 284.21	13 113.30
宁波	1 783.00	13.30	42.3	53.30	8 241.40	7 715.90
嘉兴	699.21	13.60	36.4	58.00	2 853.29	2 170.57
湖州	404.00	14.80	36.3	55.60	1 397.69	1 150.71
绍兴	871.51	14.20	36.7	58.10	4 139.54	3 296.95
舟山	233.60	10.30	43.8	46.20	943.93	854.02
台州	854.55	10.30	42.2	51.30	2 935.61	2 518.06

三、长三角地区服务业发展中存在的问题和对策

(一)长三角地区服务业发展中存在的问题

上海

1. 上海现有服务业的集聚力和辐射力不够。虽然已经基本具备了经济中心城市所具备的强大经济势能差,但上海服务经济的主要发展形态仍是传统服务业务,新型高附加值业态的培育缓慢,产

业间的融合和区域联动发展不够，呈现出“弱辐射、属地化”的阶段特征。从2007年数据看，上海第三产业比重为51.9%，与北京（71.4%）的差距接近20个百分点，与广州（57.8%）的差距也较明显。即使在长三角16个城市中，上海生产总值占该地区经济总量的比重由2000年的29.8%下降到2007年的25.7%，下降4.1个百分点；第三产业增加值占比由2000年的37.3%下降到2007年的31.6%，下降5.7个百分点。以上数据显示，不考虑经济发展质量和效益水平，仅从增长速度和规模比重看，上海经济无论是在两省一市还是在长三角16城市范围内的优势都有所减弱，尤其是第三产业，占比下降幅度大于经济总量。

2. 上海综合商务成本高于周边地区。由于土地资源相对稀缺，人力资源价格上升，商务成本中硬成本的上升刚性一定程度上制约了上海现代服务业的快速发展。2007年，上海人均建成区面积为47.7平方米，天津是51.31平方米，北京是79平方米，广州是84平方米。2007年，上海职工平均工资49 310元，北京46 507元，天津34 938元，重庆23 098元，广州40 187元，武汉22 999元。

3. 上海服务业的投入结构不尽合理。上海第二产业中的服务投入率低，与服务业发展的融合度不高。2007年，上海第三产业的服务投入率最高，达到28.89%，第一产业为18.62%；第二产业仅为14.85%。这表明，一方面，服务业自身的发展具有很强的自我增强效应；另一方面，第二产业与整个服务业的联系程度较低，二次产业之间的融合发展、相互促进、共同推动整体经济发展的格局是比较脆弱的。可见，上海二产和三产之间在发展上存在较大的独立性。第二产业的发展并未能有力带动服务业的发展，服务业的发展也不能有效促进第二产业的升级。这与上海服务业的整体发展水平较低（国际比较），生产性服务发展较慢有着密切的关系。

4. 上海现代服务业与区际产业资本、金融资本融合度不够，只有本地政策，缺少区域联动政策。目前，受到区际政策、品牌影响力、企业实力、体制机制等因素的制约，上海服务企业与区际产业资本和金融资本融合度不够，很少有走出去主动拓展周边发展空间的动力，跨区域经营能力十分有限。特别是在财税分割的情况下，上海服务企业在异地开展业务，实际上步履维艰。

江苏

1. 服务业面临传统体制环境的约束，部分行业“制度性垄断”效应显著，导致创新不足，效率与服务质量水平低。例如，在电信、铁路、民航、教育、卫生公共事业等行业，市场准入门槛高，存在着部门或行业垄断，非国有企业难以介入，投资比例较低，从而使这些服务领域供给能力的扩张受到制约。在金融、新闻出版、广播电视等众多领域也保持着十分严格的市场准入限制，而且过于强调其作为国家调节经济和社会活动工具的职能。对科学研究、文化体育、医疗卫生、后勤服务、市政服务等部门，则过于注重其社会公益和单位福利的一面，长期以来处于政企不分、政事不分、盈利性机构与非盈利性机构不分的状态。

2. 江苏服务业国际化水平有待提升。20世纪九十年代以来，尽管江苏服务业的开放力度不断加大，但总体而言，相当多的服务行业并没有对外资实行积极有效的开放。一方面市场化和产业化水平较低，使得服务业难以像制造业那样吸引到更多的外资。同时，制造业中加工贸易的规模过大，服务业发展的“挤出”效应明显，也抑制了服务业对外资的需求；另一方面服务业中的外资主要集中在房地产业和传统的商业服务业，许多现代服务业领域，如现代物流、金融服务等生产型服务业利用外资则严重不足，尤其是高科技服务业，引进外资就更为欠缺。由于不能很好地引进外资及外国先进技术和管理经验，服务业的供给、服务质量和服务手段也就难以像制造业一样迅速发展和提升。

3. 服务业面临自身发展环境不足的约束。目前，江苏服务业中实现收入最多、占比较大的项目主要是旅游、运输、转口贸易、经营租赁等劳动密集型或资金密集型的低附加值项目，传统服务业，如交通通信业、商贸餐饮业仍然占服务业增量的一半以上。金融、保险、计算机信息服务、技术咨询、专有权利、广告宣传、电影音像等技术密集型、高附加值服务产业，发展速度则相对缓慢。

4. 高素质劳动力有效供给不足。由于未形成合理的人才培养和引进机制,江苏人才结构与市场需求结构存在巨大矛盾,一方面一些人才供大于求,而另一方面市场对人才的需求却得不到满足,特别是从事国际贸易、咨询、信息、国际旅游、会计、广告、技术服务等方面的高级专业人才非常缺乏。在国际服务业向知识技术密集型加速发展的大趋势下,江苏服务业高素质劳动力的有效供给却存在严重约束。

5. 服务业发展的内部结构不平衡、不合理。一是服务业的内部行业结构不平衡、不合理。突出表现在传统服务业偏多,现代服务业偏少;生产型服务业分工不细,生活型服务业不健全,服务业为生产服务、为生活服务的功能均远不到位,影响了生产的进一步发展提升和生活的进一步改善提高;二是服务业的地区分布结构不平衡、不合理。突出表现在苏南服务业发展稍快,苏中苏北服务业发展滞后。服务业发展明显呈现出从南到北阶梯分布的特点,且南北阶差也越来越大,反映出各地区服务业发展规模和水平与经济发展总体水平具有一定的相关性。地区发展差距拉大,不利于提升江苏服务业的整体水平。

浙江

1. 产业需求存在断层。目前,浙江在国内国际市场中具有比较优势的产业主要是个体私营经济较为集中、规模经济不显著的劳动密集型产业,随着相对比较优势向中西部地区的转移,这些产业已经出现丁转移和萎缩现象;同时由于产业结构调整和升级有一个过程,资本密集型和技术密集型产业发展成为新的支柱产业也需假以时日,一定程度上制约了经济发展对服务业特别是现代服务业的需求。浙江服务业的发展不仅滞后于国内外需求结构的变化和经济发展的阶段性变化,而且也滞后于上海、江苏、山东、广东等其他沿海发达省、市。

2. 中心城市竞争力有待提升。改革开放以来,浙江实施“强县战略”,经济发展的主战场在农村,中心城市的发展相对较为缓慢,城市化进程总体上滞后于工业化进程。进入工业化后期以后,区域经济的竞争日益表现为城市之间的竞争,而浙江生产要素分布依然主要滞留在农村及集镇地区,在区域经济竞争中具有比较优势的产业也主要以农村和小城镇为生产基地,很难在以中心城市为核心的资金、人才、信息等高级要素的竞争中占据有利位置。

3. 教育和科技发展水平滞后。浙江经济规模居全国第 4 位,但据浙江科技统计数据显示,浙江科技综合实力居全国第 7 位,高新技术产业化水平居全国第 12 位,每万人拥有科技人员数居全国第 15 位,每万人中在校大学生数仅处于全国中等水平。教育和科技发展水平相对滞后于经济发展水平,也制约了产业结构的加速转型。

4. 体制优势面临考验。浙江先行发育的市场经济是一种与工业化初期相适应的初级市场经济,其主要特点是以传统中小企业为微观基础,市场组织化程度低,传统商品市场和交易方式较为发达,生产要素市场发育不完善,政府经济调控作用较弱。到了工业化中期和后期,这种初级市场经济已经不能适应现代经济部门发展的需要,尤其是对政府调控能力和对科技、知识、信息的依赖性强的现代服务业发展的需要。

(二)长三角地区服务业发展的对策

上海

1. 以建设金融中心为抓手,发展现代金融业

上海现阶段建立国际金融中心,应当而且必须依靠世界制造业大规模向中国转移的有利时机,以生产为依托,优先发展与生产联系紧密地金融服务,吸引金融资源向上海集聚,引进国内外优秀金融人才,推动金融集聚区的形成。并逐步开展和完善离岸金融业务、金融衍生品业务等其他金融业务,带动中国其他地区相关业务的发展,使之真正成为全球资金“聚集 - 配置 - 辐射”的中心。

建议上海通过优化金融市场环境和创新金融服务提高金融服务业的竞争力。从长期看，上海要逐步发展保险、基金等专业性要求较高的金融服务，加快引进国内外著名的评估、经纪、咨询等相关金融中介机构，鼓励市内外、国内外金融机构多样化联合与合作，支持银企探索多样化联合和合作方式。形成期货市场与证券市场、资本市场与货币市场的互补通道，逐步掌握金融资产的定价权，并加强各个金融市场之间的联系，促进长三角金融市场一体化，增强上海金融市场在全国的集聚和辐射能力。

2. 以建设航运中心为契机，发展现代物流业

上海要以建设国际航运中心为契机，以扩大深水港和航空港建设运营为突破口，加强政策引导、产业创新和市场拓展，加快培育现代物流业急需人才，加速推进现代物流集聚地建设，发展第三方物流市场，构建多式联运物流网络体系，拓展航运服务产业链，推进航运、配送、仓储等物流行业的发展，推动统一开放的物流大市场形成，尽快形成国际航运中心，服务长三角和全中国。第一，进一步加强物流设施建设，大力发展水水联运、水陆联运、公铁联运、空陆联运等多式联运方式；第二，进一步强化物流信息技术平台支撑建设长三角现代物流公共信息平台，为企业和客户提供供应链整合、物流信息交换、物流信息查询、在线交易等服务；第三，进一步完善和优化物流市场环境，发展和提高各种有形市场的集约化、信息化、标准化水平。

3. 以信息化提升服务业，构建长三角区域信息服务中心

上海要以信息化提升服务业，加快建设国际一流的现代信息服务业园区，构建长三角区域和全国产业信息服务中心、国际信息服务集团集聚地和亚太地区最重要的电信枢纽之一。主要路径：一是促进信息产业化及其服务化，上海目前应着眼于发展3G移动通信等基于无线宽带网络的移动终端增值链，建设具有自主知识产权的导航电子地图数据库，发展数字内容产业，建成内容制作、信息提供等基于有线网络的数字电视增值链及具有国际水平的数字电视播出平台。二是促进产业信息化及其与传统产业的融合，巩固和提高传统优势服务业，淘汰和转移低层次劣势服务业，提高上海服务业的信息化水平；同时依托国家软件产业基地，建设具有国内外领先地位的软件测试平台，为软件产业提供引擎开发、产品评测、人才培养等服务；依托政府职能部门的信息系统，开发建设大型公益性基础数据库和商用数据库；推进第三方中小企业信息化服务平台建设，为长三角及全国中小企业生产、经营、管理提供廉价的信息化服务。

在产业融合中开创新的市场和新的客户群。对新型服务业（需制定标准）和有较强产业融合效应、区域联动效应或就业带动效应的服务业实行创业板上市扶持和税收优惠或财政补贴政策。

4. 以举办世博会为契机，促进商贸旅游业和会展服务业的互动发展

建议从“走进上海滩，可见全世界”上做文章，有效利用2010年上海举办的世博会和迪斯尼建设的战略机遇，促进上海商贸旅游和会展服务业的互动式、跨越式发展。具体路径：第一，中心城区商贸业要在现代服务业集聚区建设中，拓展内涵、完善功能、提升能级，郊区商贸业要发挥重点地区和重点项目集聚集成功能和效应，实现跨越式发展。同时鼓励商旅文展服务业联动，创造上海大都市商业、旅游、文化、会展发展共赢的平台和机制。第二，制定相关的促进政策，加强区域标准制定和信用体系建设。积极开展区域市场信息监测、政策信息发布、项目信息发布、信息咨询服务，构建区域协调互动的政策发展环境，推进商贸业和会展业在资本、商品、市场、技术、人才、管理等全方位的合作，加快产业联动发展。

5. 以科教文卫为抓手，发展区域性公共服务业

在科技方面，继续支持建立一批高新技术专业孵化器，形成服务长三角和全国的区域性和全国性孵化基地。以高校和科技园为载体，打造集教育、培训、研发、产业化于一体的科技创新区。积极建设市场化、社会化、网络化的科技中介服务体系，鼓励开展技术检验、科技评估和认证服务。在教

育方面,发挥上海教育资源优势,实现长三角联动和教育资源共享。扩大学校办学自主权和师生有条件跨区域流动。在文化方面,大力推进文化与经济的融合,繁荣文化市场,整合文化资源,突出长三角优势特色,不断增强文化产业的融合力和竞争力,成为全国文化产业的重要基地。在卫生方面,鼓励长三角地区医疗、健康保健资源的整合、创新、共享和流动,使上海的优质医疗、健康保健资源更多、更好地服务于长三角,服务于全国,服务于全球的劳动者。

江苏

1. 加大政策支持力度。第一,改变"重制造、轻服务"的产业政策倾向,重视制造业同服务业的协调发展。第二,发挥政府财税政策的宏观导向作用,支持服务业的发展与开放,促进高端服务业发展,减轻服务业纳税人负担,促进服务业的长远发展,特别是作为高端服务产业的生产性服务业和现代服务业的发展。第三,出台有利于服务业创业的政策,降低服务业创业门坎,为大学生、社会待业人员从事服务业提供支持平台。第四,加强对民营中小企业的金融支持力度。

2. 深化服务业体制改革,加快市场化的步伐。第一,降低服务业中国有性质企业的比重。引导民营企业广泛参与服务业领域的经营,特别是要完善为民营服务业服务的金融服务体系。第二,深化体制改革,放宽市场准入条件,减少垄断,加强市场竞争,除基本公共服务领域外,其他领域都要尽快实行产业化经营。当前,江苏服务业在信息媒体、文化、卫生、教育等行业中还存在进入管制问题,要深化公益、公用事业等服务价格改革,减少政府直接参与定价。

3. 扩大服务业对外开放。第一,加快招商引资步伐,提高利用外资水平。第二,积极承接国际服务业转移。

4. 加强现代服务业人才培养。第一,建立完善人才培养、引进机制,将服务业人才培养上升到战略层面,要依托江苏高校的优势,建设培养基地,培养大量熟悉国际规则、高层次、熟悉现代管理的服务业专业人才。第二,大力发展职业教育来培养合格的、高素质的服务业专业人才。第三,建立相应的激励制度,吸引海外优秀服务业人才来江苏工作,引进发达国家先进管理经验和技术。

5. 服务业结构升级。应注重优先发展生产性服务业,特别是重视现代物流业、信息服务业、科技服务业、金融保险业等生产性服务业的发展。同时要提高服务业组织与管理水平,建议江苏由政府牵头建设各有关部门参加的服务业联席会议制度,鼓励支持服务业各行业协会发展,发挥其自身组织作用。

浙江

1. 尽快实现浙江服务业发展的量的突破。一是进一步刺激服务业国内需求。实现浙江服务业发展的量的突破,离不开国内市场对服务业的现实需求。首先,要增加农民收入;其次,要增加城镇居民收入,通过完善分配制度和调整税制来避免收入两极分化;通过健全全民医疗保障制度和社会养老保障制度来消除居民的后顾之忧,从而确保城镇居民收入的持续提高;再次,要通过实施服务业消费鼓励政策来刺激对服务业的消费。二是积极拓展国际服务贸易市场。首先,要扩大国际运输贸易规模。其次,要加大国际旅游贸易开拓力度,在旅游产品设计、旅游促销、旅游服务等方面有针对性地做出相应的调整和改进,以吸引更多国际游客来浙江旅游和度假。再次,要积极开展金融服务、计算机和信息服务、通信服务、教育服务、广告和宣传服务、咨询服务、其他商业服务等国际服务贸易。最后,要大力承接国际服务外包业务。三是继续促进各类企业投资服务业。应进一步打破服务业行业垄断,减少行业进入壁垒,促进公平竞争,营造公平的行业进入环境和竞争环境。只有各类企业大量投资于服务业,形成服务业投资主体的多元化,才能突破服务业发展的规模制约。四是大力发展农村服务业。

2. 加大服务业人力资本积累力度。一是人力资本是任何产业发展的基础要素,而现代服务业的要素构成特点使得人力资本成为服务企业发展的根本和支柱。只有进一步提高各类教育入学率,才能从根本上提高全民素质，为服务业发展提供充足的人力资本。二是要改革教育教学管理体制，努力培养适合经济社会发展需要的各类专业人才。高校专业设置应随着经济社会的变化而及时做出相应调整，增设现代服务业类的专业，如物流服务、信息服务、文化服务、专业服务等。还应及时更新现有专业教学计划，增加新课程，在教学计划中增加学生社会实践时间，确保学生在掌握系统专业知识的同时能够得到实践能力的培养。还需将高校专业和学生能否满足经济社会发展需要作为高校、教师、学生评价体系和评价标准中的重要内容。另外要加强职业教育和专业技能培训，有的放矢地培养服务业专业人才。三是要创造和形成吸引人才的良好环境和氛围。应研究北京、上海、深圳等大城市聚集人才的方法和经验，使浙江的城市也能成为全国重要的人才聚集地。例如应大力发展总部经济，吸引更多跨国公司总部来浙江落户，积极吸引海外留学人员来浙发展，改善企业员工待遇，为各类人才提供创新与创业的环境和施展才能的舞台，从而带动服务业的发展和人才的聚集与积累。

3. 进一步提升服务业企业竞争力。企业竞争力是服务业企业的生存之本和发展之道，浙江服务业发展要实现质的飞跃必须进一步提升服务业企业的竞争力。今后首先应注重浙江服务企业的技术进步与技术创新。企业应及时跟踪本行业国际最新技术的研究、开发和应用动态，加强自主研发投入和研发实力，凭借独特技术获得竞争优势。技术进步与技术创新离不开 R&D 经费投入的支撑。其次，要重视培育企业服务品牌，依靠采用先进技术设备和信息系统，提高企业服务技术，强化企业质量管理、战略管理、知识管理、信息化管理、诚信管理及危机管理，向客户提供优质高效的个性化服务，培育企业独特品牌。再次，要进行规模经营，可通过并购重组等方式实现企业规模扩张和优势互补，通过国际化经营扩大企业国际市场份额，获取规模经济效应。

二十七　长三角通讯服务业

随着信息化程度的快速提高,通讯服务业为各地区的经济社会发展提供了便捷高效的平台,因此,通讯服务业是经济发展的重要行业,也对各地经济总体发展作出了重大贡献。长三角地区人口密度大,经济增长比较快,对地区信息化程度的要求也相对较高,相应的,通讯服务业的发展空间也很大。

(一)上海市通讯服务业

经过近几年发展,上海信息服务业形成了较完整的产业体系,产业门类比较齐全,信息服务业企业数和从业人员不断增加,产业整体发展态势良好,对国民经济贡献逐年增加。

1. 邮政电信服务业稳定发展

上海市2009年邮电业务实现了较为稳定的增长,2009年全年完成邮政电信业务总量875.45亿元,比上年增长5%。其中,邮政业务总量68.59亿元,增长18.9%;电信业务总量806.86亿元,增长4%。至年末,全市固定电话用户935.48万户。其中,住宅电话616.24万户。移动电话用户2 106.32万户,比上年末增加225.46万户。

2. 通信信息服务业继续保持较快增长

上海对于城市信息化建设比较重视,并致力于提高城市的通信信息服务水平,因此,上海信息产业发展较快,见表3－134。全年实现信息产业增加值1 632.39亿元,比上年增长6.4%。其中,信息服务业增加值768.48亿元,增长12.8%。至年末,通过CMM/CMMI3级以上国际认证的企业达到113家。其中,5级14家。172家企业获得计算机信息系统资质认证。其中,1级11家。经营收入超亿元软件企业135家。全市用于信息化建设的固定资产投资209.36亿元,占全社会固定资产投资总额的比重为4%。至2009年末,集约化信息管线累计敷设5 354.13沟公里,比上年末增加1 346.99沟公里;互联网用户达到1 250万人,增加90万人;宽带接入用户470.32万户,增加51.72万户,其中,家庭宽带用户数423.28万户;IPTV用户达到101万户,增加26.42万户。有线电视用户达到557.99万户,增加30.79万户,其中,有线数字电视用户84.36万户。全年完成电子商务交易额3 252.21亿元,比上年增长16.8%。口岸税费电子支付系统入网企业累计达到4 000家,全年实现电子支付金额1 048.48亿元,比上年增长4.4%。社会公共服务领域信息化建设不断深化。

表3－134　2009年上海市通信业务发展情况(截至11月)

指标名称	计量单位	合计
电信业务总量	亿元	735.1
电信业务收入	亿元	367.6
固定电话用户	万户	938.6
其中:无线市话用户	万户	79.2
移动电话用户	万户	2 070.7
固定电话本地网内通话量	亿次	240.9
固定电话长途通话时长	亿分钟	24.5

（续表）

指标名称	计量单位	合计
移动电话通话时长	亿分钟	796.8
其中:长途通话时长	亿分钟	29.7
移动短信业务量	亿条	299.0
IP 电话通话时长	亿分钟	119.9

资料来源:上海市通信管理局

表 3－135　2009 年上海市社会公共服务领域信息化发展

指标	单位	绝对值	比上年
“市民信箱”累计注册用户	万人	385.46	增加 24.26 万人
全年“付费通”业务平台交易量	万笔	4 649.81	增长 22.3%
全年“付费通”业务平台交易额	亿元	46.53	增长 31.1%
交通卡累计销售量	万张	4 944.28	增加 782.79 万张
全年交通卡销售额	亿元	11.94	下降 11.0%
银行卡累计发卡量	万张	10 009.93	增加 2 094.71 万张
全年银行卡交易额	亿元	9 517.10	增长 37.6%

资料来源:2009 年上海市统计公报。

截至 2009 年末,数字证书累计发放 175.18 万张。社会信用体系持续完善。个人信用联合征信系统覆盖1 109.62万人的信用信息,比上年末增加 62.62 万人;个人信用产品提供量达到1 071.92万份,增加 63.92 万份。

3. 通信信息服务业企业和产业发展不断健全

目前,上海市有各类信息服务业企业3 000多家,信息服务业从业人员超过 30 万人。涌现了上海热线、东方网等全国著名门户网站,盛大、九城等游戏运营公司,携程、易趣、前程无忧、中吴化工、东方钢铁在线等著名的行业性电子商务公司,掌上灵通等专业内容提供商,宝信、新华控制等一大批全国著名的软件开发企业,以及汇丰数据、花旗银行数据中心等跨国公司的信息服务中心。其中,盛大、携程、易趣、掌上灵通、四方信息、九城已经在纳斯达克成功上市,宝信、华东电脑等在国内主板上市,交大慧谷、华博、交大铭泰等香港上市。在产业形态上,电信服务业随着电信市场整体的扩张而稳健发展。宽带互联网应用发展迅速,电子商务日益广泛,众多网络服务模式带来了巨大的市场。广电的传媒业转向数字电视及其内容提供领域,基于数字技术的新媒体正逐步成为市场主力。通过利用各种虚拟和实体的网络,实现资源和能力的整合和共享,上海信息服务业已成为企业参与国际竞争、实现全球化管理和运营的不可或缺的手段。

（二）江苏省通讯服务业

1. 邮政和电信业都持续较快增长

2009 年江苏省全年邮政电信业务总量1 812.4亿元,比上年增长 14%。其中邮政业务总量 153.6 亿元,电信业务总量1 658.8亿元,分别增长 20.0% 和 13.4%。邮政电信业务收入 737.2 亿元,比上年增长 7.4%。其中邮政业务收入 93.3 亿元,电信业务收入 643.9 亿元,分别增长 24.2% 和

5.3%。至2009年末,局用交换机总容量4 455.4万门;固定电话用户2 662.4万户,减少306.1万户,其中:城市电话用户1 694.4万户,乡村电话用户968万户。住宅电话用户1 875.3万户,减少283.1万户。移动电话用户4 918.4万户,净增961.5万户。全省电话普及率达98.8部/百人,比上年增加7.9部/百人。长途光缆线路总长度3.2万公里,新增0.1万公里。互联网用户961.0万户,新增189.4万户。

2. 电信企业发展实力不断壮大

2009年底,江苏省新增省内增值业务经营单位约200家,省内增值电信业务经营单位达到超过700家;新增持跨地区增值电信业务经营许可证的备案单位超过200家,江苏省跨地区备案单位超过800家。少数较早进入的增值电信业务经营单位不断发展壮大,形成了中国制造网、马可尼通信、欣网视讯、南京宁网、江阴欧维网络等一批具备一定规模实力和国内影响力的增值电信业务经营单位。从业务构成看,信息服务业务在经营主体数量和业务收入等方面都占绝对优势,其中信息服务业务收入占90%以上,呼叫中心、因特网接入服务等业务也有较快发展。从投资主体看,民营控股和参股企业所占比重达到95.5%,并且比重呈不断扩大趋势。

(三)浙江省通讯服务业

2009年,浙江邮电通信能力稳步提高。随着浙江省通信技术装备水平的进一步提高,浙江省通信服务能力持续增强。

浙江省大力加强营业网、投递网、信息网、实物网和营销体系等支撑能力的建设,努力改善和提高邮政通信行业的整体服务水平,这为邮政业务的持续快速发展打下了坚实的基础。邮电业务总量在连续多年高增长的基础上,2009年,浙江省全年邮电业务总量1 666.3亿元,比上年增长7.8%。其中,邮政业务总量58.1亿元,增长19.2%;电信业务总量1 608.2亿元,增长7.4%。2009年,本地电话交换机容量3 110万门。新增移动电话交换机72万户,总容量为7 973万户。到2009年末本地电话用户达2 118.6万户,其中城市电话用户1 313.8万户,农村电话用户804.8万户;移动电话用户4 436万户,全年新增459万户;全省互联网用户数为890.9万户,比上年新增86万户。

(四)长三角地区电信一体化的发展与对策

自2008年9月国务院将长三角一体化发展战略上升到国家层面以来,长三角融合发展的步伐再次加快。在各行各业推动长三角社会经济一体化发展的大背景下,如何利用信息通信的资源优势加速推动区域经济快速发展,不仅对长三角地区信息通信一体化融合有重要意义,也将对在全国范围内促进信息化和工业化深度融合产生重要影响。

作为迅速崛起的世界第6大城市群,长三角地区固定电话用户数、移动电话用户数、互联网用户数分别占全国的17%、18%、19%,其电话普及率远远高于全国平均水平。随着长三角一体化进程加快,区域内人员流动增加(城际日流动人数超过220万),继而带动了跨地区通信需求大幅增长,要求实现通信一体化的呼声也越来越高。

正是应对这一呼声,近年来长三角地区的信息通信服务企业在一体化方面逐步开始了有益尝试:

中国电信的上海、浙江、江苏公司,已经就实现信息资源共享、积极探索新业务、新技术发展进行了研讨,并在中小企业信息化建设、加快宽带、视频导航等新业务发展方面达成了共识。中国电信还在长三角正式启动了"无线宽带"省际漫游业务,也就是说,江苏、浙江、上海的中国电信无线宽带用户只要在原有的宽带账号后增加相应后缀,就可在三地的"无线宽带"覆盖区域内享受互联网接入服务。而一场消除城市界限的"114"革命则意味着日后在长三角任何一个城市,不用拨区号,就可以直接查询两省一市各地的电话号码。

中国移动方面推出了长三角异地一卡双号服务。一张SIM卡上同时开通上海移动号码和外地(如江苏或浙江)移动号码。用户可通过一定设置,在不关机、不换机的条件下进行软切换。中国联通则在2006年率先推出了“长三角商旅卡”,打破行政区划的概念,实现区域内统一的通话费率,此举被业内人士看作是长三角通信一体化的“试水项目”。除此以外,目前在客户维护方面,中国联通在长三角地区还实现了高端客户的异地缴费、充值、查询和补卡。

近两年来,长三角的电信业近年来发展迅猛,其用户规模、服务水平都走在全国前列。长三角地区的通信运营公司在一体化方面进行了有益的尝试,并实施了诸多实质性举措,包括无线宽带省际漫游、长三角异地一卡双号服务、长三角商旅卡等等。但与长三角经济一体化的需求相比,仍有一定差距。因此,还需进一步促进长三角通信一体化的形成。具体来说,长三角通信业一体化的实现可以重点把握以下几个方面②:

1. 基础设施一体化

目前,长三角区域内各地的信息化发展程度参差不齐。总的来说,上海处于领跑位置,众多中小城市正积极升级改造其通信设施。该地区各个城市在加大通信基础设施投入的形势下,地区间的通信建设仍存在一定的条块分割现象,这与网络经济的统一性、开放性、交互性和规模性等特性是相违背的。而在长三角不同的城市、不同的行政机构之间的信息化网络建设中,类似的问题同样存在,这不仅造成了社会资源的浪费,而且将极大地影响这一地区信息一体化与经济一体化的进程。随着电信业重组成3家实力相当的运营商,通信管理机构可以积极推动各电信运营商之间的良性合作互动,共享基础设施,减少不必要的重复建设,在长三角这样土地资源、设备资源都很宝贵的地区,最大程度地节约社会开销,为建立节约型社会和提高资源利用水平都提供了很好的示范作用。为帮助相关企业整合通信服务资源,长三角通信管理部门还可以争取相关政策支持,探索电信运营企业之间、电信运营企业与相关企业(设备制造企业、终端销售企业等)的合作模式,鼓励利用产业链整合和企业合作,最大程度地实现资源共享。

2. 市场一体化

长三角是一个市场发育较为成熟的地区,区域内各类有形的和无形的市场很多,当务之急是要打破行政区界进行梳理和整合,以形成统一、开放、有序的市场机制。在一些相关行业已经出现了示例:长三角邮政部门将建立区域快递服务一体化发展联席会议制度,争取区域内有关部门的支持,制定统一的扶持政策,以协调解决快递车辆进城、企业融资、设施用地、航空运能、快件通关、税费减免、工商登记、人才培育等问题。在长三角通信一体化的过程中,应该逐步弱化政府的角色,加强市场机制的作用;目前长三角一体化还是以政府的推动力为主,这一点不应当否定,但在推动当中,还需要把社会的一些力量、企业的力量、民间力量都纳入到一体化中。在这个过程当中,通信市场应该有统一的规划、管理、指挥,这样不仅有利于提高市场决策的科学性,还能充分挖掘长三角地区独特的市场需求,为更好地服务该地区提供保障。

3. 生态环境保护一体化

通信业在适应长三角一体化发展的同时,必须大力倡导“环境友好、节能减排、减少辐射”的绿色通信。为此,江浙沪三地政府间可以成立相应的协调机构、建立通信环保标准工作组,加强对通信环保的实施和执行;三大运营商也应主动根据长三角地区资源紧张、增值业务众多等特点推出有利于节能、健康的业务与活动,并将环保作为企业社会责任的一种体现;电信设备制造企业则需要加大研发力度,推出各种低辐射、节能的环保产品,满足保护环境的终端产品。在保护通信环境方面,研究

---

②夏林,聚焦长三角通信一体化之路,中国信息产业网:http://www.cnii.com.cn/20080623/ca566503.htm(2009年7月16日)

者一直都遗忘了通信活动中重要的一员——消费者,他们认为消费者只是通信设备的使用者、通信服务的收益者,通信环境的保护与消费者联系不上。其实在很大程度上,通信环境的保护是需要消费者积极配合的,例如选择环保健康的网络、规范处理淘汰通信设备、杜绝传播不良信息等。

4. 技术发展一体化

在技术的研究与应用方面,长三角地区可以尝试编制统一的通信发展规划。我国以往的通信发展规划都是严格按行政区域来制订和实施的,在国家发改委刚颁布的《新编长三角发展规划》中,国务院也已有了明确的指导性意见:“各城市政府理应及时呼应,联手编制统一的区域性尤其是城市圈的信息发展规划,以在未来的发展中做到资源共享。”目前该区域内各单位采用不同技术、设定不同的接口等行为,都提高了信息共享的门槛,影响了长三角地区一体化的质量。具体表现有:电子政务建设方面,一些政府和部门往往“各自为政”,采用不同的技术标准,业务内容单调而且重复。企业信息化建设方面,则不同程度地表现为“信息孤岛”现象,各个城市的企业之间信息封闭,引起区域内部生产资源利用率不足、区域竞争力不高的局面。所以只是各城市的学者讨论先进技术,是无法推动区域信息一体化的,可以成立一个“长三角通信技术一体化委员会”,仿效欧盟的管理方式,由区域内的各个城市轮流来当委员会的主席,同时赋予这个委员会一定的技术指导权,尝试指导该区域构建统一的信息平台,统一接入标准,实施通信人才互认制度,并协同推进一体化应急机制的建设。

二十八　长三角汽车产业

一、长三角汽车产业基本情况

汽车产业是国民经济的重要支柱产业，是一个技术密集、高度竞争、必须不断自主创新的产业。凭借优越的地理位置、良好的工业基础、强大的经济实力和灵活的民间资本，长三角已成为中国国内最大的汽车产业集群，集聚了全国最多的汽车整车、零部件和研发等企业。

（一）长三角的总体情况

从总量上看，2006－2009年长三角汽车产量始终保持稳定的增长态势。2009年，长三角汽车产业不仅经受住了金融危机的考验，同时得益于中国宏观经济的整体增长和产业振兴规划及各项优惠政策的有力实施，汽车产量再次出现井喷，达到203.82万辆，比去年增加65.6万辆，创出4年来汽车产量的最高峰（表3－136）。

表3－136　2006－2009年长三角汽车产量

单位：万辆

	2006年	2007年	2008年	2009年
汽车	110.58	129.84	138.22	203.82

从增长情况看，2009年长三角汽车产量比2008年增长47.46%，增长率较08年（6.45%）有超过40个点的大幅增加，但还略低于全国的平均增长速度（表3－137）。

表3－137　2006－2009年长三角汽车产量增长率

单位：%

	2006年	2007年	2008年	2009年
长三角	17.66	17.42	6.45	47.46
全国	27.59	22.12	5.14	47.57

（二）长三角的占比情况

2009年长三角汽车产量占全国的14.78%，比2008年略有下降，降低了个0.01个百分点（表3－138）。

表3－138　2004－2008年长三角汽车产量占全国比重

	2006年	2007年	2008年	2009年
长三角产量（万辆）	110.58	129.84	138.22	203.82
全国产量（万辆）	727.89	888.89	934.55	1 379.10
比重（%）	15.19	14.61	14.79	14.78

(三)两省一市情况

2006-2009年期间,上海市汽车产量始终占据了长三角汽车总产量的半壁江山以上,最高比重为2007年的63.25%,最低为2008年的58.35%,2009年上海汽车产量在长三角中的比重61.34%,较2008年提高了2.99个百分点;江苏省汽车产量在长三角中的比重位居第二,多年来发展平稳,除2007年比重下降到20.75%,其余年份均在24%左右上下波动,2009年比重为24.84%,较2008年提高了0.94个百分点;浙江省汽车产量在长三角中比重最小,最高比重为2008年的17.75%,到2009年跌至新低,为13.82%,比2008年下降了3.93个百分点(图3-36)。

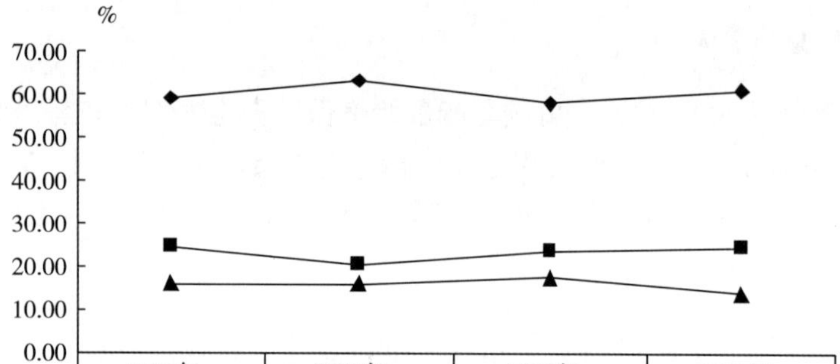

	2006年	2007年	2008年	2009年
上海	59.03	63.25	58.35	61.34
江苏	24.85	20.75	23.90	24.84
浙江	16.12	16.00	17.75	13.82

图3-36　2006-2009年两省一市各自汽车产量占长三角的比例

二、上海市汽车产业基本情况

(一)上海市的总体情况

1. 汽车生产与销售

2009年,上海汽车产销量为125.03万辆和123.98万辆,分别比2008年增加了55.03%和54.67%。其中轿车产销量为122.46万辆和121.36万辆,分别比2008年增加了53.08%和51.53%(表4)。

表3-139　2006-2009年上海市汽车产销量

单位:万辆

		2006年	2007年	2008年	2009年
产量	汽车	65.28	82.12	80.65	125.03
	#轿车	64.47	81.15	80.00	122.46
销量	汽车	65.08	81.92	80.16	123.98
	#轿车	64.22	81.04	80.09	121.36

2. 行业经济总量及效益

汽车产业是上海市的六大重点发展工业行业之一，也是上海着力发展的优势产业。2009 年上海共有汽车制造业单位677 个，同比减少1.46 %；从业人员18.18 万人，同比增长2.77 %；完成工业生产总值2 566.79亿元，同比增长38.65%，占全市规模以上工业总产值的比重达10.65%（图3－37），同比增加3.28 个百分点；实现销售产值2 531.18亿元，同比增长36.36%；年末资产总计2 514.50亿元，同比增长28.29 %；主营业务收入3 141.82亿元，同比增长39.65 %；实现利润总额351.72 亿元，同比增加123.27%；实现利税总额197.24 亿元，同比增加89.73 %（表3－140）。

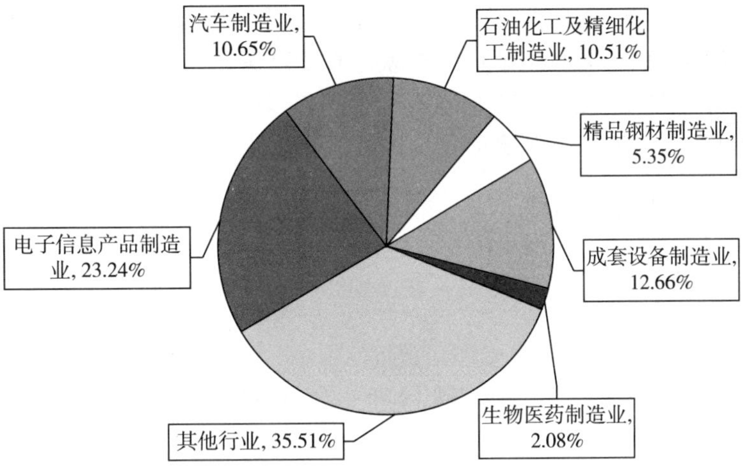

图3－37　2009 年上海市六大重点发展工业行业占规模以上工业总产值的比例

表3－140　2006－2009 年上海市汽车行业主要指标

	2006 年	2007 年	2008 年	2009 年
单位数（个）	407.00	469.00	687.00	677.00
从业人员（万人）	11.73	14.43	17.69	18.18
工业总产值（亿元）	1 462.34	1 807.52	1 851.27	2 566.79
工业销售产值（亿元）	1 446.35	1 775.57	1 856.31	2 531.18
年末资产总计（亿元）	1 512.73	1 816.64	1 960.05	2 514.50
主营业务收入（亿元）	1 666.42	2 114.45	2 249.74	3 141.82
利润总额（亿元）	133.11	185.61	157.53	351.72
税金总额（亿元）	106.76	130.47	103.96	197.24

（二）汽车生产企业（集团）情况

上海汽车工业（集团）总公司（简称“上汽集团”）是中国三大汽车集团之一，主要从事乘用车、商用车和汽车零部件的生产、销售、开发、投资及相关的汽车服务贸易和金融业务。集团持有上海汽车集团股份有限公司（简称“上海汽车”）78.94% 的股份；同时持有独立供应汽车零部件业务上市公司——华域汽车系统股份有限公司（简称“华域汽车”）60.10% 的股份。上汽集团在汽车整车及相关零部件制造和研发、汽车服务等领域，与德国、美国、日本、瑞典、意大利等11 个国家和地区著名国际汽车集团合资建立了60家企业。

2009年上海汽车全年整车销量为272万辆,同比增长57%。其中,乘用车销售160万辆,同比增长57%;商用车销售112万辆,同比增长58%。其中上海大众销售整车72.8万辆,同比增长48.6%;上海通用实现销售72.7万辆,同比增长58.7%;上汽通用五菱销售106.5万辆,同比增长63.7%。

(三)汽车产业发展的主要特点

上海市汽车产业的总体规模较大,处于国内同行业第一阵营的位置,已经形成了若干实力较强的优势企业,如全国三大汽车集团之一的上汽集团、中德合资企业上海大众、中美合资企业上海通用,且2004年上汽集团就已成为我国第一家进入全球500强的汽车集团;产品结构以乘用车为主,以轿车为重点,商用车发展相对滞后;产业体系比较完整,整车、零部件、技术开发和服务贸易并举发展;特别是依托优越的区域条件,汽车服务贸易发展较快。

三、江苏省汽车产业基本情况

(一)江苏省的总体情况

1. 汽车生产、销售和库存

2009年,江苏省年初库存汽车1.10万辆,本年生产50.62万辆,本年销售49.92万辆,年末库存1.80万辆,同比分别增长-29.03%、53.25%、49.15%、62.16%(表3-141)。

表3-141 2006-2009年江苏省规模以上工业企业汽车生产、销售、库存

单位:万辆

	2006年	2007年	2008年	2009年
年初库存	1.60	1.10	1.55	1.10
本年生产	27.48	26.94	33.03	50.62
本年销售	28.00	26.44	33.47	49.92
年末库存	1.08	1.59	1.11	1.80

2. 载货汽车生产、销售和库存

2009年,江苏省年初库存载货汽车0.31万辆,本年生产5.87万辆,本年销售5.70万辆,年末库存0.48万辆,同比分别增长3.33%、7.71%、4.59%、54.84%(表3-142)。

表3-142 2006-2009年江苏省规模以上工业企业载货汽车生产、销售、库存

单位:万辆

	2006年	2007年	2008年	2009年
年初库存	0.21	0.22	0.30	0.31
本年生产	6.86	6.78	5.45	5.87
本年销售	6.85	6.77	5.45	5.70
年末库存	0.22	0.22	0.31	0.48

3. 轿车生产、销售和库存

2009 年，江苏省年初库存轿车 0.31 万辆，本年生产 21.47 万辆，本年销售 21.27 万辆，年末库存 0.52 万辆，同比分别增长了 -62.20%、15.06%、11.89%、10.64%（表 3-143）。

表 3-143　2006-2009 年江苏省规模以上工业企业轿车生产、销售、库存

单位：万辆

	2006 年	2007 年	2008 年	2009 年
年初库存	0.37	0.34	0.82	0.31
本年生产	14.60	12.53	18.66	21.47
本年销售	14.63	12.05	19.01	21.27
年末库存	0.34	0.82	0.47	0.52

（二）江苏省的区域情况

江苏省有南汽集团、春兰汽车、扬州亚星，还有盐城的东风悦达起亚，已经在这一地域形成了密集的汽车工业园区。南汽集团依托上汽集团综合优势，着力打造 MG 名爵自主品牌，加快实施具有自主知识产权的乘用车和小型发动机项目，形成 20 万辆乘用车和 25 万台发动机产能。其中南汽名爵二期工程，总投资 25.66 亿元，包括新型发动机和新型中级车平台两大项目。东风悦达起亚规划 2011 年，公司跻身中国乘用车企业前 10 位，年销售收入 500 亿元，整车产能达到 43 万辆。南长安福特马自达在完成 16 万辆乘用车项目建设基础上，新建年产 5 万辆乘用车项目，同时加快推出换代产品马自达劲翔及福特嘉年华。到 2011 年，形成 31 万辆乘用车和 43 万台套动力总成生产能力。

（三）汽车产业发展的主要特点

江苏省汽车产业发展的总体特点是：产品领域包括轿车、载货车、大中轻型客车、专用车、农用运输车及汽车零部件；有南京菲亚特、春兰汽车、上汽仪征、扬州亚星，盐城的东风悦达起亚等数家独具各自优势的企业；在专用车制造方面具有较强的市场竞争力；轿车领域以经济车型为主，中高档轿车起步较晚。

四、浙江省汽车产业基本情况

（一）浙江省的总体情况

虽然浙江汽车产业起步晚，特别是整车产业相对较薄弱，汽车产量与上海和江苏相比有一定的差距，但 2006-2009 年期间浙江省汽车产量发展形势良好，产量节节攀升，于 2009 年达到 28.17 万辆，比去年增加 3.63 万辆，同比增长 14.79 %，其中载货汽车产量为 2.30 万辆，比去年减少 0.98 万辆，同比下降 29.88%（表 3-144）。

表 3-144　2006-2009 年浙江省汽车产量

单位：万辆

	2006 年	2007 年	2008 年	2009 年
汽车	17.82	20.78	24.54	28.17
#载货汽车	1.46	1.96	3.28	2.30

(二)浙江省的区域情况

与上海相隔一湾的浙江省,民营汽车企业十分发达。这里有年产销能力已经达到30万辆的吉利汽车集团,还有众泰汽车等一批民营汽车企业。此外,浙江省还有以万向集团、华翔集团为代表的一批实力雄厚的汽车零部件公司,和一大批中小零部件企业,很多零部件产品已经形成一定的出口规模,浙江已成为全国汽车类部件主要生产基地和出口基地。全省列入国家车辆公告目录的整车生产企业已达20多家,生产涵盖了轿车、豪华客车、SUV、皮卡等不同车型的专用汽车,形成汽车整车50万辆和汽车零部件2 000万元人民币产值的生产能力。

(三)汽车产业发展的主要特点

浙江省产业总体规模虽然不大,但其产业特色突出地体现在两个方面:一是以民营经济为主,民营企业的迅速崛起是浙江汽车及零部件产业快速发展的重要原因。如吉利汽车集团是国内最早获得轿车生产资格的民营企业,其生产的经济型轿车已在国内汽车市场占据一席之地。二是产业的集群化发展。块状经济发达是浙江经济快速发展的主要特色之一,其汽车产业的发展同样秉承这种特色。杭州、宁波、台洲等地都已形成了汽车及零部件生产的产业集群,并成为支撑当地经济发展的主要产业。全省现有汽车零部件生产企业7 000余家,汽车零部件行业规模以上企业1 670家,2008年产值达1 250亿元。杭州市规模以上企业154家,汽车产业总产值达601.05亿元。汽车零部件及相关产品涵盖整车制造的五大类零部件系列,汽车零部件及相关产品大量占领国内外的售后市场。

五、主要措施分析

(一)上海市的主要措施

上汽一是紧紧抓住购置税减半、汽车下乡等国家刺激政策带来的增长机遇,提高市场响应速度,努力满足用户需求,继续保持行业领先地位。二是通过不断优化产品结构推动盈利能力上升,新产品销量持续增长。公司的新君威、新领驭、新君越、昊瑞等中高级车型即推出后受到市场欢迎,销量稳步攀升。此外,上海汽车"高起点、差异化"发展自主品牌的策略初见成效,"以用户利益为重"的质量文化得到了市场认可。

在推动销量持续上升的同时,公司把服务世博会、推进新能源汽车产业化、开拓海外市场作为调整经济增长方式、实现可持续发展的三驾马车。即将到来的2010年世博会上,上汽将提供近千辆新能源汽车,技术上包括混合动力、纯电动、燃料电池、超级电容等多种方案,品种上包括轿车、大客车、观光车、出租车等多种样式。近千辆新能源汽车的应用与展示将是2010上海世博会的一大亮点。同时,上汽携手通用汽车,以"直达2030"为主题,建设世博汽车馆,展望未来20年汽车工业和城市交通系统的发展。

此外,上汽与战略合作伙伴通用汽车于2009年12月共同宣布,双方将以印度市场为起点,联手拓展亚洲新兴市场业务。双方将整合通用汽车在印度的品牌、网络和资产,在当地生产、销售上海通用、泛亚汽车技术中心、上汽通用五菱主导开发的小型和微型车产品。这一战略意在充分利用国内合资企业优势资源,抢抓新兴市场发展机会。

(二)江苏省的主要措施

江苏省为加速节能与新能源汽车产业发展,出台了江苏省新能源汽车产业发展专项规划纲要(2009-2012年)。江苏省及各市都亮出了推动新能源汽车发展的措施。据悉,南汽集团正在加快研发具有自主知识产权的名爵混合动力汽车,到2011年完成适应性开发和产业化技术改造,形成年产各类混合动力汽车4.5万辆的能力;南京依维柯加快开发采用动力锂电池驱动的纯电动轻型客车,争取2009年推向市场;南汽专用车以4-11座电动车入选2010年世博会场馆用车为契机,加快技术改造步伐,形成2 000辆产能;南京嘉远利用现有研发基础实施技术改造,形成年产2万套锂电池驱动系统能力,为城市公交和小型乘用电动汽车配套;苏州金龙实施国家"十一五"氢燃料电池客车项目,开发混合动力客车、天然气客车;常隆组织实施城市公交电动客车小批量生产,形成800辆产能;中大与国内科研所合作,开发纯电动客车、氢动力客车,形成5 000辆产能;亚星与有关院校合作开发混合动力客车产品;春兰进一步加大镍氢环保动力电源系统的研发和技术改造投入,形成年产4 000套混合动力车用电源系统的配套能力。

(三)浙江省的主要措施

浙江已在萧山大江东地区设立了35平方公里的汽车产业园。2009年5月,杭州市政府下发《杭州市汽车产业发展专项资金管理办法(试行)》,决定每年安排3 000万元汽车专项资金,主要用于扶持大江东汽车产业园项目和国家节能和新能源汽车示范推广应用项目,重点推广应用项目,重点支持汽车整车和零部件生产企业的产业升级、自主创新、兼并重组。产业园的建成,对于招引汽车主机厂及规模型零部件厂起到积极的推进作用,同时为浙江汽车产业的进一步提升打下了扎实的基础,也为浙江汽车产业新一轮的发展创建了一个良好的平台。目前,已有吉奥汽车、青年莲花轿车、青年商用车、纳智捷乘用车等四个整车项目进入园区。未来,浙江省市政府还将加大扶持力度,积极吸引更多汽车厂商和主机厂来杭。

整车制造方面,吉利集团宁波基地已完成了北仑厂区的一期、二期建设,通过改造和引进扩建工艺生产线,形成了年产10万辆整车及配套发动机和变速箱的生产能力;通过自主培养和人才引进形成了比较成熟的整车及发动机、变速箱等关键零部件研发队伍;逐步掌握了高性能发动机、自动变速箱及其他轿车核心技术。并且,在紧锣密鼓地加快北仑厂区三期建设的同时,积极推进下邵吉利汽车工业城和慈溪出口加工区汽车城项目建设。一个以吉利、华翔、波导等三家产业集团为主体的宁波市汽车产业支柱正在形成,以上述骨干企业为依托和龙头,进而带动和促进鄞州、慈溪、余姚、奉化、象山等地的汽车零部件和汽车用品工业的发展。

六、长三角的未来发展

(一)未来趋势分析

金融危机之后,欧美等发达国家的汽车市场饱和,汽车需求量逐渐降低,2009年中国汽车销量1 300万辆,首次正式超越美国,成为全球第一大新车市场。长三角是中国经济最发达的地区,有着巨大的汽车消费市场,将成为国外汽车产业转移的目标地,长三角汽车产能有扩大趋势,并直接导致竞争的白热化,加之消费需求更趋多元化,将有更多的新产品推向市场。众多生产企业为了在有限的现实市场空间中占有更大的市场分额,不仅将继续在产品价格上做文章,而且会在管理、降低成本、产品开发、营销等方面加强创新,在加强售后服务、提升产品质量等多个方面提升顾客的满意度。

另一方面,近些年,世界汽车产能增长速度远大于市场销售增长速度,产能过剩矛盾日趋突出。在后危机时代,长三角汽车产业单纯扩大产能的发展模式已经难以为继,汽车产业必须从目前数量扩张型向技术制胜型转变。在未来发展中,谁拥有技术谁就会占领市场制高点。各地在发展汽车产业的时候,应跳出简单的产能扩张思维,把更多的精力投放到技术创新和自主创新上来。

此外,受金融危机影响,部分汽车企业受到冲击,汽车产业将在更大范围内加快产业重组,提高产业集中度。国家出台的《汽车产业调整和振兴规划》也为长三角汽车产业的发展提供了良好的外部环境,在市场调节和政府有关政策的双重作用下长三角汽车产业结构进一步向合理方向发展,企业之间的兼并、重组及战略合作仍会不断上演,国内企业同国外企业之间的合资与合作也会进一步发展。自主品牌企业也将在产品研发、市场开拓、管理、营销等诸多方面有更大的进展。

(二)存在问题分析

近年来,长三角汽车产业在取得快速发展的同时,也还存在一些较明显的问题:

1. 自主研发能力薄弱

中国汽车工业的迅速发展,得益于与国际汽车公司的合资与合作。长三角亦是如此,合资、合作加速了长三角汽车产业的发展,也导致了其汽车产业的持续发展在某种程度上受制于国际汽车集团。由于长期以来比较重视引进产品,而在引进技术的消化吸收和核心技术的研发上投入不足,缺乏产品研发的实践,尚未形成产品研发的整体力量。目前,长三角汽车产业除了在载货汽车和客车方面具有几个自主品牌和一定的研发能力外,在标志汽车专业水平的轿车方面研发能力很弱,在关键零部件方面几乎是空白。

2. 自主品牌竞争力较弱

由于缺乏核心技术,长三角汽车自主品牌的竞争实力与国际汽车巨头还有一定的差距。不仅轿车产品技术水平与国外存在较大的差距,商用车产品技术水平同样存在着不小的差距。特别是在耐久性、可靠性、舒适性和环保方面还存在着很大的差距。

虽然以吉利为代表的自主品牌近年发展迅猛,但总体来看长三角汽车自主品牌企业规模有限,产品集中于低端市场,与合资品牌产品相比技术、性能、质量差距很大,缺乏整体品牌规划,品牌差距巨大,溢价能力低下,价值差距明显,利润微薄差距悬殊等问题依然困扰着自主品牌汽车企业的发展。

3. 产业集中度有待提高

近年来,虽然国家一直提出要提升产业集中度,但实际上,由于中国市场的复杂性和多元性,中国汽车企业的数量依然是全世界最多的,诸多中小型汽车企业虽然利润微薄,但在中国汽车市场特定的发展大潮和地方政府支持下,还是小农经济式地生存着。

从国际汽车产业发展现状看,年产100万辆以下的汽车公司已经不能单独存在,200万辆规模的公司也面临重组的局面。而位于长三角的上汽集团作为当今中国最大的汽车企业生产规模也才突破200万辆,单个车型则更少,离国际标准还有很大的差距。这说明,虽经多年的产业结构调整,长三角汽车产业组织结构与国际相比仍显落后,汽车行业分散型、低规模、低水平的现象并未消除。

4. 专业化协作程度低

在全球经济一体化的背景下,汽车零部件的通用率(通约化)与专业化程度越来越高,国际汽车集团的零部件自制率只有30%左右,而中国汽车企业的自制率还高达70% -80%左右。长三角地区这一问题也很突出,汽车企业无论规模大小还是合资与否,都各自拥有大量的汽车零部件配套企业,如上汽集团拥有43家零部件企业,“大(小)而全”不仅导致汽车的生产成本居高不下,而且也制约了汽车零部件本身的发展。汽车零部件技术基础还是比较弱,零部件生产较分散,缺少核心技术和大企业。

5. 汽车产业后市场严重滞后于产业发展

主要表现在营销方式、服务、贸易理念以及汽车金融、消费信贷、二手车的流通、配件流通、报废回收拆解等方面,长三角地区跟美国、加拿大等发达国家相比,差距非常大。

6. 能源、交通、环保和汽车工业快速发展的矛盾比较突出

长三角作为中国人口最为密集的地区之一，汽车数量的快速增长，加剧了城市特别是大城市闹市区的拥挤；我国原油资源缺乏，进口依存度不断提高，使人们对汽车能源供应的可持续性提出质疑；汽车有害气体在城市排放中的分担比重随汽车数量增长而上升，环境污染压力增大，这些因素都将制约汽车工业的快速发展。

（三）对策建议分析

加快长三角汽车产业的发展，核心是要调整发展战略，提高自主创新的能力，推动产业结构调整和优化升级，加快与国际汽车产业接轨。

1. 提高自主研发和技术创新的能力，发展自主品牌

重点就是要形成和提高产品的研发和科技创新能力，大力培育和发展自主品牌。然而，自主研发并非意味着和20年引进合资、融入全球化的实践相对立，合资企业也可以创建自主品牌，上汽荣威和南汽名爵的出现就是对这一创新方式的有益尝试。可见，发展自主品牌必须站在一个高的起点上，充分利用这些年积累的经验，利用全球资源，从中低端的产品开始，不断扩大长三角汽车产品的市场比重，逐步向高端产品发展，打造具有国际竞争力的自主品牌。通过原始创新、集成创新和引进消化、吸收再创新等多种创新方式，走一条适合长三角地区的自主创新道路。

2. 面向两个市场，实施走出去的发展战略

随着我国汽车产业竞争力的提高，比较优势的不断显现，我国汽车产品已开始大规模走向国际市场，长三角汽车工业要抓住机遇，加快拓展国际市场。整车出口要以商用车为主，向商用车和乘用车并重的方向转变；零部件出口要以售后市场为主，向售后市场和OEM并重转变；从低附加值的产品为主，向低、中、高并重的方向转变；出口方式要以单一的出口产品向产品、技术、资本出口并重的方向转变。

3. 提高产业集中度，形成规模经济

改变汽车工业部门的条块分割体制，对全国汽车生产进行统一管理，统一法规，杜绝重复建设和投资浪费。在对外开放市场之前先完成对内开放，减少企业之间竞争障碍。在此基础上，长三角两省一市有关政府主管部门通过政策的支持鼓励，让企业在统一市场竞争中去自发进行市场的扩张，并通过并购方式对现有的汽车产业进行战略重组。在整车市场上应针对不同的市场结构采取横向并购的方式，以上汽、南汽、吉利为龙头进行并购重组，淘汰一批劣势企业，提高整个行业的规模效益和竞争实力，提高产业集中度。

4. 建立强大的汽车零部件支撑体系

汽车零部件产业的发展重点是要努力成为国际汽车零部件采购中心。目前，国际上正面临着新一轮的汽车零部件产业的转移，长三角要抓住机遇，加强汽车零部件企业招商引资的力度，利用本地区汽车零部件产业已有的基础，发挥比较优势，积极主动地与国际汽车零部件巨头合资合作和技术联合，提升长三角汽车零部件企业的整体实力，加快形成一批有实力的零部件骨干企业和名牌产品，加快零部件产业基地建设。努力提高企业的研发能力，实现规模经营，系列化配套，主动参与和进入到跨国汽车集团零部件采购体系，两个市场共同发展。特别是要紧密配合整车企业品牌建设战略，通过共同合作，提高汽车零部件产业竞争力。同时，把握好汽车产业提升期的发展机遇，积极实施"零部件出口战略"，扩大长三角汽车零部件出口份额。

5. 延伸汽车产业链，加强汽车后市场的培育与发展

随着国内汽车产业逐渐成熟，整车销售的利润空间逐渐下滑，而汽车后市场正商机涌动。根据汽车发达国家的经验，汽车后市场的利润可占整个汽车产业利润总和的60% -70%左右，汽车售后服务是整车制造市场容量的1.5倍。我国汽车后市场必将成为汽车产业一个新的增长亮点。长三角地区既是汽车生产的重点地区,同时也是汽车消费的重点地区,汽车保有量在全国居于前列,汽车后市场发展前景巨大。长三角汽车产业应从"生产带动型"向"市场带动型"转变,在积极扩大整车生产能力的同时,做好汽车后市场的培育和发展。进一步扩大招商引资,吸收国外先进的后市场开拓理念和先进的技术、经验,大力发展售后服务、维修保养、二手车经营、加油、洗车及美容、物流、金融服务、保险、租赁、信息咨询、汽车文化等汽车后市场,延长汽车产业链,有效拓展汽车产业发展空间,提升汽车产业的规模和水平。

6. 支持节能与新能源汽车产业化

发展节能环保型汽车和新能源汽车是长三角地区能源战略的需要,也是我国汽车工业乃至整个社会可持续发展的需要。鉴于发达国家的汽车产业已发展到成熟阶段,具有了很强的发展惯性,而长三角恰好可以利用在技术上的后发优势积极投入到电动汽车和新能源汽车等节能环保汽车的开发和研制。可以在各省市科技发展专项资金中安排一定比例,重点支持新能源汽车共性技术研发平台和产品研发平台建设,加快关键核心技术和整车产品研发。鼓励和支持民营科技企业参与节能和新能源汽车及零部件研发,推进节能与新能源汽车的产业化。

二十九　长三角农副食品加工业

一、长三角农副食品加工业发展总体概况

2009年，受益于国民经济复苏和居民消费水平的提高，长三角农副食品加工业资产、营业收入、利润、利税等主要经济指标均实现快速增长，特别是行业盈利能力得到显著增强。

2009年，长江三角洲地区拥有规模以上农副食品加工企业3 032家，比2008年增加512家；全年实现工业总产值2 748.6亿元，同比增长13.90%；完成主营业务收入2 722.35亿元，同比增长13.87%；年末资产总额1 487.76亿元，同比增长24.83%；行业盈利能力进一步增强。全年创造利润117.57亿元，同比增长32.83%，增速比2008年水平提高13.32个百分点；完成利税总额180.08亿元，同比增长32.82%，增速比2008年水平提高5.24个百分点。

表3－145　长三角农副食品加工业发展情况(2005－2009)

单位:个,亿元,%

	企业单位数		工业总产值		利润总额		利税总额		主营业务收入		资产总计	
	数额	增加数	数额	增速	数额	增速	数额	增速	数额	增速	数额	增速
2005	1 938	29	1 261.32	14.71	24.64	53.23	42.99	38.81	1 233.20	15.33	699.11	9.34
2006	2 143	205	1 458.02	15.59	43.97	78.45	70.10	63.06	1 459.67	18.36	808.49	15.65
2007	2 303	160	1 908.56	30.90	74.06	68.43	106.27	51.60	1 912.56	31.03	1 007.05	24.56
2008	2 520	217	2 413.09	26.44	88.51	19.51	135.58	27.58	2 390.77	25.00	1 191.80	18.35
2009	3 032	512	2 748.60	13.90	117.57	32.83	180.08	32.82	2 722.35	13.87	1 487.76	24.83

(一)主要产品产量

1. 食用植物油

2009年，长三角食用植物油产量为604.31万吨，比2008年增长65.04%。分地区来看，2009年，上海市生产食用植物油92.27万吨，比2008年下降4.76%；江苏省精制食用植物油的生产量为467.49万吨，同比增长123.65%，销售量为459.50万吨，同比增长131.49%；浙江省食用植物油的产量为44.55万吨，同比下降26.05%。

表3－146　长三角食用植物油产量(2005－2009)

单位:万吨

	上海市	江苏省	浙江省	长三角
2005	45.11	194.62	11.92	251.65
2006	72.86	254.68	31.73	359.27
2007	85.24	254.32	39.37	378.93

(续表)

	上海市	江苏省	浙江省	长三角
2008	96.88	209.03	60.24	305.91
2009	92.27	467.49	44.55	604.31

2. 配混合饲料

2009年,长三角配混合饲料产量大体保持快速增长态势。由于上海市、江苏省未对2009年配混合饲料产量进行统计,在此仅对浙江省配混合饲料产量进行分析。2009年,浙江省配混合饲料产量为264.83万吨,比2008年增长4.75%。与2005年相比,2009年浙江省配混合饲料产量较2005年增长了23.53%,年平均增长速度为5.43%。

(二)资产运营情况

从资产运营情况来看,2009年,长三角农副食品加工业资产总额为1 487.76亿元,同比增长24.83%;负债总额为958.07亿元,同比增长26.64%。农副食品加工业资产的增长慢于负债的增长,导致2009年长三角农副食品加工业资产负债率有所上升,达到64.40%,较2008年提高了0.92个百分点。分地区来看,上海农副食品加工业资产运营情况最好,2009年资产负债率为55.60%,比2008年下降了0.79个百分点;江苏农副食品加工业资产负债率最高,2009年资产负债率为66.58%,比2008年上升了4.35个百分点;浙江农副食品加工业资产负债率有明显改善,2009年资产负债率为63.70%,比2008年下降了3.86个百分点。

(三)重点企业发展情况

1. 江苏雨润食品产业集团有限公司

雨润集团是一家集食品、物流、百货、旅游和房地产等产业于一体的中国500强企业,创建于1993年。集团总部位于江苏南京,员工65 000人,下属子(分)公司200多家,遍布全国28个省、直辖市和自治区。集团总资产近350亿元。目前,雨润旗下拥有雨润食品(1068. HK)、南京中商(600280. SH)两家上市公司。

2009年,雨润集团实现销售收入451亿元,其中雨润物流、百货、旅游和房地产销售收入突破200亿元。雨润集团在中国企业500强中排名165位、在中国肉食品加工业排名第1位。集团生猪屠宰产能达2 555万头,居世界首位。雨润牌低温肉制品市场占有率连续12年位列全国第一。

2. 冠生园(集团)有限公司

冠生园创建于1915年,是一家有着近百年历史的中华民族名牌老字号企业,也是中国食品工业二十大杰出企业之一。冠生园(集团)有限公司是由光明食品集团与国际跨国公司中信资本共同投资的中外合资企业,分别占股55%和45%。公司总部位于上海市中心新闸路,生产基地主要集中于上海星火开发区和青浦工业园区内。

冠生园(集团)有限公司拥有"冠生园"和"大白兔"两个中国驰名商标,主要生产和经营大白兔糖果、冠生园蜂制品、保健品、面制品、华佗十全酒、佛手调味品等五大类上千个品种的产品。冠生园集团注册资金10亿元,年销售收入60亿元,效益连年增长。冠生园集团的科研机构为市级技术中心,并通过国家实验室认可,同时拥有多项技术发明专利。冠生园在全国各大省市建立了20多个销售中心,形成10 000余个销售网点。与逾100家国外经销商建立长期业务往来关系,并在五十多个国家和地区注册了商标。

3. 上海良友海狮油脂实业有限公司

上海良友海狮油脂实业有限公司是由上海良友(集团)有限公司和上海市油脂公司共同投资的一家专门从事食用植物油生产、销售、储运、内外贸为一体的大中型国有企业,注册资金一亿余元人民币。公司主要生产经营各种精炼食用油,拥有年加工能力达18万吨的油脂精炼设备、15万吨的小包装灌装设备、8万吨的散装油脂储存罐、3千吨的小包装油脂成品仓库、1座专用内江码头、1个检测仪器齐全的中心实验室。公司旗下共有"海狮"、"友益"、"乐惠"、"玉兰"及"金海狮"等五个食用油品牌,拥有9大类(大豆油、菜油、调和油、玉米油、葵花籽油、橄榄油、山茶籽油、红花籽油、芝麻油等)、40多个品种的包装油脂产品。"海狮"食用油商标是上海市著名商标。"海狮"系列食用油是"上海名牌产品"与"国家免检产品"。目前,海狮公司的各种品牌食用油已进入7500多家销售网点,在上海的市场覆盖率达90%以上,在上海的食用油市场占有率位居第一位。

二、上海市农副食品加工业基本情况

(一)行业经济总量

2009年,上海市拥有规模以上农副食品加工企业208家,比2008年增加2家;实现工业总产值243.09亿元,同比下降16.63%;实现工业销售产值237.13亿元,同比下降17.15%;年末资产总额168.7亿元,同比增长4.38%;全部从业人员年平均人数达到3.08万人,比2008年减少0.01万人,降幅为3.24%。与2005年相比,2009年上海市农副食品加工业企业单位数比2005年增加了29家,年均增加7家;农副食品加工业总产值增长了61.69%,年均增长12.76%;工业销售产值增长了57.98%,年均增长12.11%;年末资产总额增长了61.95%,年均增长12.81%;2009年全部从业人员年平均人数比2005年增加了0.93万人,年均增加0.23万人。

表3-147 上海市农副食品加工业发展情况(2005-2009)

单位:个,亿元,万人

	企业单位数	工业总产值	工业销售产值	利润总额	税金总额	资产总计	从业人员
2005	179	150.34	150.10	3.03	2.56	104.17	2.15
2006	171	152.54	152.30	6.42	3.15	110.55	2.17
2007	170	208.44	207.36	13.10	3.47	145.91	2.62
2008	206	291.59	286.22	8.68	5.35	161.62	3.09
2009	208	243.09	237.13	12.29	4.31	168.70	3.08

(二)行业经济效益

2009年,上海市农副食品加工业创造利润总额12.29亿元,同比增长41.59%;税金总额4.31亿元,同比下降19.44%。与2005年相比,2009年上海市农副食品加工业利润总额增长了305.61%,年均增长41.91%;2009年税金总额较2005年增长了68.36%,年均增速为13.91%。

三、江苏省农副食品加工业基本情况

(一)行业经济总量

江苏省农副食品加工业在长三角农副食品加工业处于占绝对优势地位。2009年,江苏全省拥有规模以上农副食品加工企业1754家,比2008年增加462家;年末资产总额836.01亿元,同比增长45.90%;全年共实现工业总产值1 851.67亿元,工业销售产值1 825.16亿元,同比分别增长24.76%和24.32%;全部从业人员年平均人数为15.89万人,比2008年增加2.9万人,同比增幅为22.32%。

与2005年相比,2009年江苏省农副食品加工业企业单位数比2005年增加了771家,年均增加193家;农副食品加工业总产值增长了162.13%,年均增速为27.24%;工业销售产值增长了163.18%,年均增速为27.37%;年末资产总额增长了155.50%,年均增速为26.43%;2009年全部从业人员年平均人数比2005年增加了5.28万人,年均增加1.32万人。

表3-148 江苏省农副食品加工业主要经济指标(2005-2009)

单位:个,亿元,万人

	企业单位数	工业总产值	工业销售产值	资产总计	利润总额	利税总额	从业人员
2005	983	706.40	693.50	327.20	12.91	22.06	10.61
2006	1 108	851.06	841.42	378.27	22.94	36.05	11.14
2007	1 221	1 158.03	1 131.50	462.64	43.61	63.70	11.91
2008	1 292	1 484.15	1 468.08	573.02	64.59	97.30	12.99
2009	1 754	1 851.67	1 825.16	836.01	85.66	135.00	15.89

(二)行业经济效益

1.行业盈利能力显著提高

2009年,江苏省农副食品加工行业创造利润总额85.66亿元,同比增长32.62%;利税总额135亿元,同比增长38.75%。利润总额和利税总额增速高于行业总产值和销售产值的增长速度。这表明,江苏农副食品加工业的盈利能力是不断增强的。

2.行业亏损面减少

2007年以前,江苏农副食品加工业的企业亏损率呈逐年下降趋势。受全球金融危机的影响,2008年企业亏损面有所提高。2009年,江苏农副食品加工企业亏损面明显好转,2009年企业亏损面比2008年降低了2.86个百分点,仅为5.19%,为近年最低水平。

3.行业利税率增长较快

2009年,江苏省农副食品加工业产值利税率、销售利税率分别为7.29%和7.34%,分别比2008年提高了0.73个和0.71个百分点。但是资金利税率下滑较快,2009年资金利税率比2008年下降了12.15个百分点,达到18.3%。与2005年相比,2009年江苏省农副食品加工业产值利税率、销售利税率和资金利税率分别提高了4.17个、4.13个和10.84个百分点,年均分别提高1.04个、1.03个和2.71个百分点。

4.资产负债率有所上升

2009年,江苏省农副食品加工业资产负债率为66.58%,比2008年提高了4.35个百分点。与2005年相比,2009年资产负债率比2005年高0.62个百分点,为近年来的最高水平。

5.企业流动资产周转有所放缓

2007年以前,企业流动资产周转次数呈逐年加快态势。从2008年开始,江苏农副食品加工业流动资产周转次数开始下降。2009年,江苏农副食品加工业流动资产周转次数在2008年基础上再次下降,为3.67次/年,比2008年降低了0.57次/年。

6. 产品销售率有所下降

2009 年,江苏省农副食品加工业产品销售率为 98.57%,比 2008 年水平下降了 0.35 个百分点。

表 3－149　江苏省农副食品加工业主要经济效益指标(2005－2009)

单位:%,次/年

	2005	2006	2007	2008	2009
企业亏损面	11.90	9.84	7.62	8.05	5.19
产值利税率	3.12	4.24	5.50	6.56	7.29
销售利税率	3.21	4.21	5.46	6.63	7.34
资金利税率	7.46	10.80	15.87	30.45	18.30
成本费用利润率	1.92	2.76	3.92	4.62	4.92
资产负债率	65.96	64.68	64.43	62.23	66.58
流动资产周转次数	3.62	3.92	4.32	4.24	3.67
产品销售率	98.17	98.87	97.71	98.92	98.57

四、浙江省农副食品加工业基本情况

(一)行业经济总量

2009 年,浙江省拥有规模以上农副食品加工企业1 070家,比 2008 年增加 48 家;完成工业总产值 653.84 亿元,同比增长 2.59%;主营业务收入达到 632.28 亿元,同比增长 3.21%;年末资产总额为 483.05 亿元,同比增长 5.66%。

与 2005 年相比,2009 年浙江省农副食品加工业企业单位数比 2005 年增加了 294 家,年均增加 74 家;农副食品加工业总产值增长了 61.61%,四年间工业总产值年平均增长速度为 12.75%;主营业务收入增长了 63.67%,年均增速为 13.11%;年末资产总额增长了 80.42%,年均增速为 15.90%。

表 3－150　浙江省农副食品加工业主要经济指标(2005－2009)

单位:个,亿元

	企业单位数	工业总产值	主营业务收入	利润总额	利税总额	资产总计
2005	776	404.58	386.31	8.70	15.34	267.74
2006	864	454.42	433.65	14.61	24.48	319.67
2007	912	542.09	520.00	17.35	26.00	398.50
2008	1 022	637.35	612.59	15.24	24.25	457.16
2009	1 070	653.84	632.28	19.62	28.48	483.05

(二)行业经济效益

1. 行业盈利能力显著提高

2009 年,浙江省规模以上农副食品加工业创造利润总额为 19.62 亿元,同比增长 28.74%;利税总额为28.48亿元,同比增长17.44%。行业盈利能力提高带来了企业亏损面的下降。2009年,在1 070家农副食品加工企业中,仅有137家企业出现亏损,亏损面为12.80%,较2008年下降了1.78个百分点。

2. 行业利税率稳步提高

2009年,浙江省规模以上农副食品加工业"每百元固定资产原值实现利税"、"每百元主营业务收入实现利税"分别为17.08元和4.50元,比2008年分别提高了1.38元和0.54元。

3. 产品销售率略有下降

2009年,浙江省农副食品加工业产品销售率为96.05%,比2008年下降了0.04个百分点,比2005年下降了0.76个百分点。

表3-151 浙江省农副食品加工业主要经济效益指标(2005-2009)

单位:元,%,次/年

	2005	2006	2007	2008	2009
每百元资金实现利税	6.70	9.25	8.00	6.30	—
每百元固定资产原值实现利税	13.85	19.78	19.08	15.70	17.08
每百元主营业务收入实现利税	3.97	5.64	5.00	3.96	4.50
产品销售率	96.81	95.98	95.68	96.09	96.05
流动资金周转次数	2.56	2.44	2.24	2.21	—

(三)不同所有制企业经营情况

1. 私营企业

分所有制来看,在农副食品加工企业中,浙江省私营工业企业在农副食品加工业占据支柱地位。从企业单位数来看,2009年,浙江省私营工业企业数为787家,占全部规模以上工业企业单位数的比重高达73.55%;从工业总产值来看,2009年,浙江省私营企业完成工业总产值为345.22亿元,占浙江全省农副食品加工业总产值的比重为52.80%;主营业务收入为330.29亿元,占全省农副食品加工业主营业务收入的比重为52.24%;年末资产总额为239.46亿元,占全省农副食品加工业年末资产总额的比重为49.57%;创造利润12.75亿元,占2009年浙江农副食品加工业利润总额的比重为64.98%;实现利税18.34亿元,占2009年浙江省农副食品加工业利税总额的比重为64.40%。与此同时,私营农副食品加工企业"每百元固定资产原值实现利税"指标也位居前列,2009年数值为24.34元,而同期国有及国有控股企业、外商投资和港澳台投资企业的这一指标值仅为9.75元和8.58元。

2. 国有及国有控股企业

国有及国有控股企业在浙江省农副食品加工行业中所占比重较小。2009年,浙江省拥有国有及国有控股企业17家,比2008年增加2家;完成工业总产值10.32亿元,同比下降1.15%;实现主营业务收入11.93亿元,同比增长4.74%;创造利润0.76亿元,同比增长590.91%;完成利税总额0.88亿元,同比增长300%。"每百元主营业务收入实现利税"为7.38元,高于私营企业、外商投资和港澳台投资企业1.83元和4.75元;产品销售情况良好,2009年产品销售率为101.16%。这表明,2009年国有及国有控股食品加工企业在"去库存化"方面有较大进展。

3. 外商投资和港澳台外商投资和港澳台企业

2009年,浙江省拥有外商投资和港澳台投资食品加工企业112家,比2008年减少12家;完成工业总产值163.39亿元,同比下降15.77%;主营业务收入159.43亿元,同比下降13.84%。在主营业务收入下降的同时,企业盈利能力却得到显著增强,2009年全年创造利润2.3亿元、利税4.19亿元,分别是2008年的32.86倍和2.30倍。产品出口比重较大,2009年外商投资和港澳台投资食品加工企业出口交货值占销售产值的比重为27.89%,高于国有及国有控股企业的12.40%和私营企业的18.71%。

表3-152 浙江省农副食品加工业不同所有制企业主要经济指标(2009)

单位:个,亿元,元,%

	国有及国有控股企业	私营企业	外商投资和港澳台投资企业
企业单位数	17.00	787.00	112.00
其中:亏损企业数	5.00	84.00	24.00
工业总产值	10.32	345.22	163.39
资产总计	16.71	239.46	126.56
负债合计	12.00	148.70	81.52
主营业务收入	11.93	330.29	159.43
利润总额	0.76	12.75	2.30
利税总额	0.88	18.34	4.19
每百元固定资产原值实现利税	9.75	24.34	8.58
每百元主营业务收入实现利税	7.38	5.55	2.63
产品销售率	101.16	96.24	95.03
出口交货值占销售产值比重	12.40	18.71	27.89
新产品产值率	—	7.91	5.55

三十　长三角生态文明

新阶段发展的新要求、新任务要求有良好的生态环境来予以保障。改革开放30年来,长三角经济增长取得了显著成就,成为我国"综合实力最强"的区域,以全国2%的面积、1/10的人口,创造全国1/5以上的GDP、1/4以上的财税收入、1/3以上的进出口和1/3以上的外资。在我国科学发展新的历史背景下,在我国新型工业化和新型城市化推进的关键历史阶段,国际经济竞争日趋激烈,国际形势的不可预见性进一步加深,如何推进我国经济发展方式转变?如何提升我国在国际上的竞争力?都更加需要长三角这一具有重要战略优势和战略地位的地区,进一步发挥对全国的龙头作用和示范带动作用。在科学发展与和谐发展上,应继续走在全国前列,率先推进经济发展方式的转变,率先推进外贸增长方式的转变,率先推进政府管理方式的转变,率先进行区域一体化的探索,进一步加强与国际的对接,以新的区域整体的形象,继续领跑全国,影响世界,参与国际竞争。国务院出台《关于进一步推进长江三角洲地区改革开放和经济社会发展的指导意见》,正是要赋予长三角在新时期的新的发展机遇,同时也赋予其更高的历史责任,即长三角要发挥我国经济发展的主引擎作用,成为今后我国现代化的领航区、区域一体化的先导区。

一、长三角生态环境面临的形势

正处于产业升级和转型的关键时期的长三角,同时要在新的历史时期承担起更加艰巨的历史责任,因此,必须具有足够的动力加以推进,更加良好的发展环境。而良好的生态环境是长三角地区科学发展、和谐发展发展、可持续发展具有决定性的先决条件。

生态危机"倒逼"要求推进生态文明建设。长期粗放发展模式的表现和结果,给长三角带来的是面临能源供给紧张、土地资源矛盾突出、生态环境恶化以及社会发展滞后等问题,生态文明问题日益突出,长三角正处在生态文明失衡的征兆之中。

工业结构性污染突出。从区位、交通、资源、市场等各种综合条件看,长三角具有发展现代重化工及制造业的优越条件,加之以GDP和财政收入最大化导向的竞争机制,使得长三角地区不可避免地均将机械、电力、钢铁、造纸、化工等作为首选、优先发展的支柱产业,工业第一方略和城市化战略成为各个城市的优先发展战略,并且短时期内不会有很大改变。目前,长三角地区聚集了全国22%的制造业,在中国加工制造领域处于龙头地位,但长期高速的工业发展造成的也使得长三角地区的环境承载能力变得十分脆弱,使长三角成为中国新的生态环境脆弱带。而且这些重污染的企业和项目主要布局于城市四周,靠近江河湖泊、道路要塞,对城市生态环境,特别是对城市生活造成极大的威胁。

其结果:(1)产业结构的趋同引发的竞争将长期存在,难以形成一个完全互补的产业链。长江三角洲的产业结构雷同现象的相当严重,产业布局上条块分割、重复布点等情况比比皆是。在产业结构调整方向上也存在趋同现象,为了本地区的眼前利益,普遍向高产值高利润的产业投资,形成各自为政、盲目竞争的局面。甚至在一省之内相关城市也相互竞争成为制造业基地。

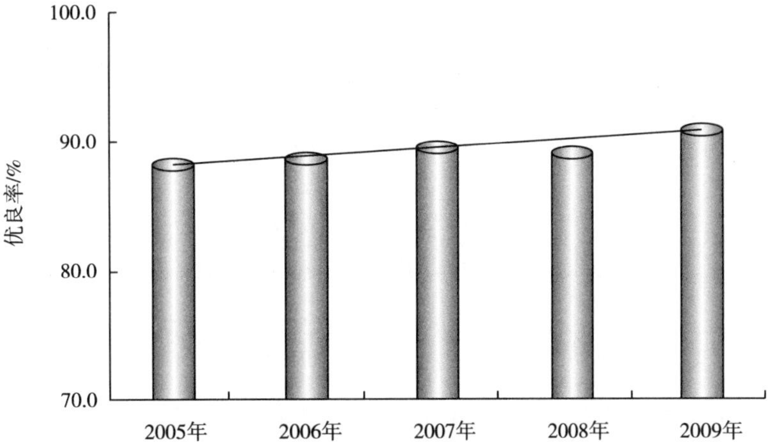

图 3－38　上海市 2005－2009 年环境空气质量优良率变化趋势图

表 3－153　主要年份江苏各类废气排放量

单位:万吨

年份	2003 年	2004 年	2005 年	2006 年	2007 年	2008 年	2009 年
二氧化硫	124.07	123.99	137.34	130.38	121.80	113.03	107.41
烟尘	38.78	41.51	45.25	42.97	36.91	33.46	32.99
工业粉尘	43.00	35.27	35.45	30.20	27.11	20.47	16.37

(2)构成对资源能源的压力。长江三角洲总体上处于工业化的中后期,除上海的服务业向高层次发展、高新技术产业显示较强的发展势头外,其他地区的工业无不以汽车、冶金、重化工、一般的电器为主导产业,这些行业由于占有相当大的比例,且又是一个以大进大出、大运输量、高耗水为主要特征的环境资源消耗型产业,高消耗行业大都具有高污染特征,消耗的大量原材料和能源,且对外依存度很高。

(3)带来严重的结构性污染,特别是经济水平较差的小城市,以吸引投资为目的,不惜牺牲环境利益追求经济目标。长三角地区每年排放的工业废水近 50 亿吨,占全国的 20% 左右,使得长三角地区以及重点城市的单位产值污染物质排放强度甚至还超过全国平均水平,结构性污染带来的环境压力会长期存在,控制排放总量难度很大。

(4)产业过度集聚带来的环境冲击明显。尤其是重化工业,目前,区域内遍布着正在建设或将要规划建设的近 20 个重点化工园区,似乎有将长江三角洲建成化工三角洲的趋势。在产业选择上,沿江南岸的七大园区和北岸的八大园区,都无不例外地将石油化工、精细化工、化学新材料、生物化工、有机化工原料等作为园区发展的支柱产业。在区域布局上,南京化学工业园力图以扬子石化为核心打造世界级石油化工产业基地;南通开发区在拥有占地 15 平方公里的化学工业园区基础上,准备大力发展化学工业园;占地 20 平方公里的镇江国际化工园、中国精细化工开发园区(泰州)以及江苏扬子江国际化工园区等都在建设之中。

浙江嘉兴规划了以新型材料为主,约 30 平方公里的乍浦石化工业基地;宁波石化工业园区气魄宏大,规划面积达 80 平方公里,大乙稀达到 150 万吨,准备从化工下游产品向上游产品推进;上海化工园区更是以其"一体化"的建设理念,吸引了世界著名的 BP、BASF、BAYRE 等众多跨国公司落户,成了长江经济带中的化工园区建设龙头。长江江苏段石油类常年超标以及高锰酸盐指数、氨氮自上

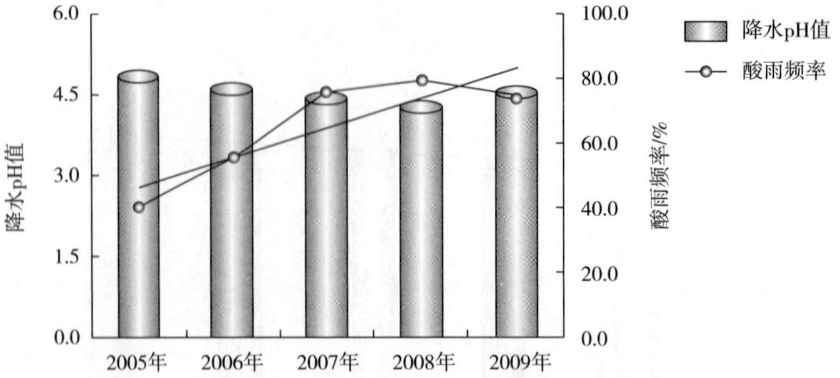

图 3-39　2005-2009 年上海市酸雨和降水 pH 值变化趋势图

而下逐渐升高的趋势,均与沿江大力发展石油化工业有着十分密切的联系。按照沿江开发规划,未来化工产业还要继续集聚,这势必会加剧环境污染负荷和资源短缺的程度,进一步增加水污染物排放总量,极有可能成为经济社会快速发展的包袱。

表 3-154　主要年份江苏工业固体废弃物防治

单位:万吨,%

项目	2004 年	2005 年	2006 年	2007 年	2008 年	2009 年
产生量	4 672.53	5 757.37	7 195.04	7 354.22	7 843.48	8 019.91
综合利用率	92.30	94.90	94.10	96.10	98.70	97.93
综合利用量	4 596.36	5 986.51	6 966.17	7 259.30	7 743.42	7 854.14

生态环境与产业逆向演替。从经济发展流程来看,产业的演变是由发达地区向后发地区进行产业梯度转移。随着经济的发展和技术的进步,经济发达地区会将所谓的夕阳产业向经济欠发达地区转移,如果处理不妥,也会产生污染的梯度转移。从长三角地区看,上海随着产业结构的升级换代,已经逐渐向高新技术、服务业等方向发展,原来的消耗资源型产业逐渐向江、浙地区转移,呈现由东向西扩散的趋势。但从地势上看,由于江苏高于上海,江苏许多河流都位于上海上游,导致扩散污染的回归,呈现生态环境演变与产业演变的逆向演替,产生更大的经济与环境的矛盾。

表 3-155　2009 年上海市网格环境噪声声级分布

测点数(个)	1	3	15	95	98	24
噪声范围 dB(A)	>70	65-70	60-65	55-60	50-55	≤50

高新技术产业产生的现代环境问题危害加剧。目前,随着 IT 产业、新材料、重化工、新医药及许多高新技术产业的快速发展,危险废物、核安全、有机毒物、电磁辐射和电子垃圾等已经成为新的环境危害。浙江、江苏都先后兴建了核电站,这预示着将承担巨大的核安全风险。高速公路的发展,其流动污染源危害也日益明显。据国家环保总局南京环境科学研究所对沪宁高速、205 国道等多条道路两旁的土壤及种植的作物进行采样分析,受污染较重的土壤中有害物质竟有近百种,沪宁高速沿途受到的铅污染最为严重,部分地段小麦中含铅量甚至超过国家标准 6.98 倍。除最常见的铅污染

外，还有多环芳烃等有机污染物，这些物质有一定的生物积累性、毒性和致癌、致畸、致突变的“三致”效应。估计江苏有1/10的耕地已经遭到汽车废气的污染，有机毒物对人体健康的影响更不容忽视，虽然长江巨大的水资源和环境容量构成沿江开发的资源优势，能净化大量的有机污染物，但对耗氧水平低、难以被氧化降解、治理难度大、对人类具有“三致”效应的持久性有机污染物（有机毒物），则难以自净降解。

表3－156　浙江省2009年与2008年废气污染物排放状况对比

单位：万吨

年份	二氧化硫			烟尘			粉尘
	合计	工业	生活	合计	工业	生活	
2008年	74.06	71.59	2.47	17.46	16.49	0.97	17.13
2009年	70.13	67.70	2.43	18.84	17.86	0.98	16.83
增减率（%）	－5.30	－5.43	－1.62	7.90	8.31	1.03	－1.75

据环境监测部门分析，沿江主要饮用水源地已经检出几十种有机毒物，其中化工企业废水中排放的卤代烃、苯系物、萘及萘的同系物是主要来源，成为长江开发中出现的新的环境问题。因此，既面临着工业污染、生活污染、机动车污染等第一、二代环境问题，又要解决化学品污染、有机毒物、电磁辐射等新一代环境问题，也就是说，发达国家上百年逐步出现、分阶段解决的环境问题，长三角在20多年的快速发展中已经集中产生，呈现显著的压缩型、复合型、叠加型特点，这更加重了解决环境问题的难度。

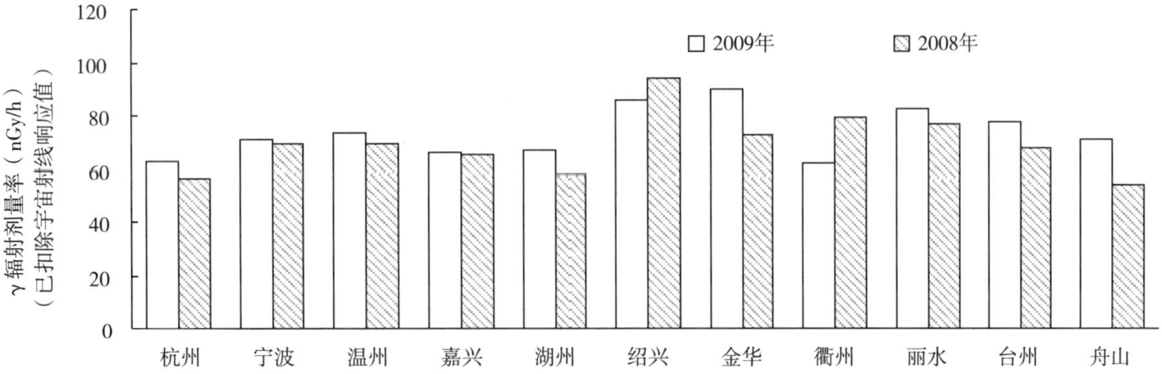

图3－40　2009年浙江省11个设区市环境γ辐射剂量率

污染的综合性和集中性并存。综合污染表现为工业、农业与生活的共同污染；传统产业污染与高科技污染；液态、固态、气态以及辐射的多种污染。集中污染表现在上述多种污染又主要集中于城市都市圈，如太湖流域使全国酸雨最重的地区，2008年的太湖蓝藻大爆发是这一特征的典型表现。快速的工业化、城市化进程，导致耕地资源被大规模非农用占用，严重影响着区域生态保护。目前长三角地区人均耕地仅0.8亩，相当于全国平均水平的50%，且耕地流失强度是全国平均数的6.7倍。江苏人均耕地面积不足1亩，14个县（市）的人均耕地低于0.8亩的警戒线，耕地后备资源不足。上海土地利用率已经超过85.8%，但是按照上海城市总体规划的中长期发展目标，今后20年上海城市建设还将新增用地面积达到1 800km²,届时仍将有 800km² 土地资源的缺口。耕地(稻田)锐减,加剧了粮食供需矛盾,对当地生态系统也造成了相当大的破坏。

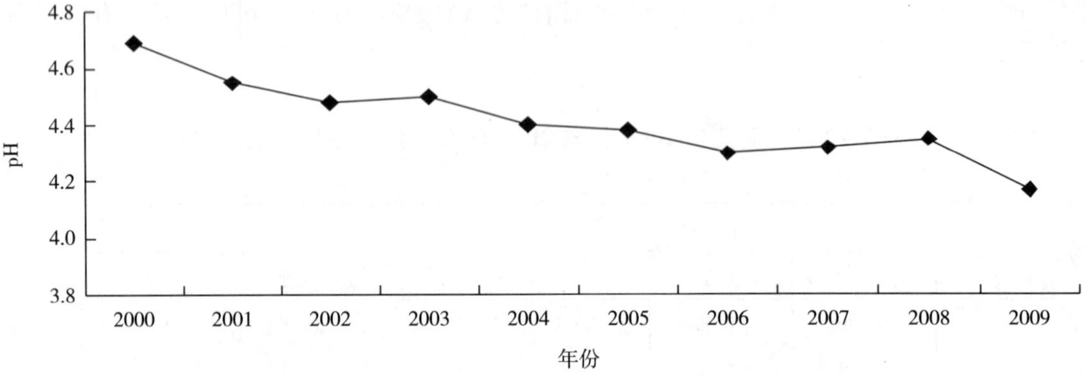

图 3-41　浙江省省控城市降水 pH 年均值变化趋势图

由于基本农田的减少,长三角各地加大了对滩涂资源的围垦,但极大地影响到湿地生态保。长期以来,围垦滩涂资源是长三角沿海(湾)地区缓解用地紧缺、增加后备土地资源的重要渠道。但滩涂围垦处理不恰当,将和湿地生态保护形成矛盾,甚至与自然保护区管理条例相冲突。更严重的是,长三角地区土壤污染日趋严重,受重金属、有机物等污染的土壤,由原来点状的、局部的发展成面上的、区域性的污染。一些地区已不宜种植蔬菜、果品和粮食。

表 3-157　浙江省 2009 年与 2008 年废水及 COD 排放状况对比

年份	废水(亿吨)			化学需氧量(万吨)		
	合计	工业	生活	合计	工业	生活
2008 年	35.04	20.05	14.99	53.86	24.27	29.59
2009 年	36.50	20.34	16.16	51.38	22.05	29.33
增减率(%)	4.17	1.45	7.81	-4.61	-9.15	-0.88

生态环境问题已经对社会经济安全构成威胁。目前,环境安全已由单纯对自然生态、经济增长、人民身体健康的直接直观影响日益转化为对社会安定、精神文明等综合影响,日益扩展为影响环境道德、社会伦理和社会稳定等各个方面。因环境问题引发的污染纠纷不断升级,流域性、区域性特大污染事故和纠纷越来越成为社会关注的热点,由此引发的群众来信和集体上访呈显著上升趋势。2004 年汛期,受暴雨影响,淮河流域 5 亿多吨高指标污水形成 150 多公里长的污水带扫荡了淮河中下游,江苏沿途进行鱼虾养殖的业主的经济利益也险些遭受"灭顶之灾";上游江苏某乡镇的印染废水导致了下游浙江嘉兴的水域污染,浙江东阳等引发的群体性事件,一时间在全国闹得沸沸扬扬。环境恶化的直接后果,使传统疾病和癌症发病率都较以前有较大幅度地上升,危及人体身体健康,造成人民生命财产的巨大损失。

国内环境压力与国际环境履约压力加重。长三角是我国改革开放的前沿阵地,特别是加入 WTO 后,对外合作交流日益频繁,引资数额居全国之首,区域内主要工业及其出口呈现快速的发展态势,但随着可持续发展战略在全球范围内的实施,环境因素越来越成为国际贸易的重要条件,日益

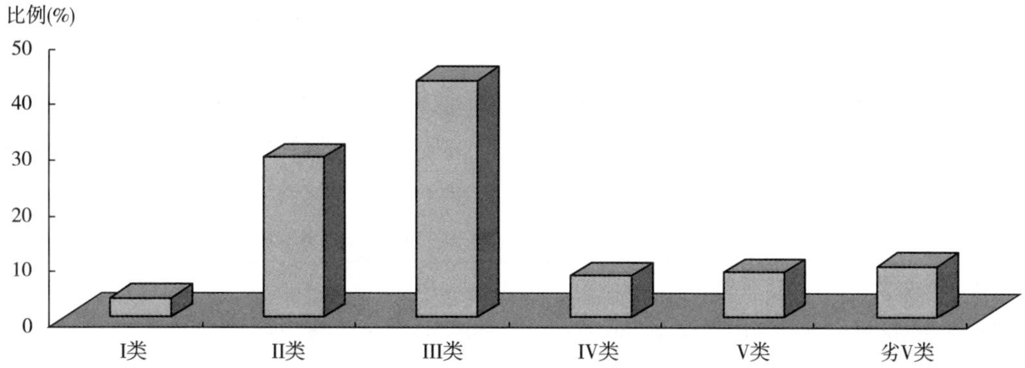

图 3－42　2009 年浙江省地表水水质状况

受到国外绿色贸易壁垒的制约。越来越多的发达国家，为了取得国际贸易中的收支平衡乃至争取更多顺差，纷纷打出环境牌，规定进口的产品必须符合该国或国际公认的环境标准，环境标志或绿色标签越来越成为市场准入的必要条件，这种趋势客观上对长三角各省区的产品出口极为不利。例如，化工产品出口主要受制于国外对化学品、危险化学品、进口新化学品、农药、合成洗涤剂等分类管理规定的影响，严格的化学品管理规定使一些作为化工产品中间材料的危险化学品的生产遭到禁止或限制。同时，由于发展中国家环境标准不严，如果不注重可持续发展原则的实施，客观上为发达国家实施重污染产业转移提供了可能。

表 3－158　主要年份江苏省工业污染治理项目及投资情况

单位：个，亿元

项目		1995 年	2000 年	2005 年	2008 年	2009 年
本年施工污染治理项目数		919.00	2 412.00	782.00	830.00	651.00
其中	废水治理项目	357.00	966.00	425.00	559.00	379.00
	废气治理项目	359.00	1 216.00	257.00	191.00	189.00
	固体废物治理项目	38.00	68.00	27.00	17.00	19.00
	噪声治理项目	127.00	98.00	27.00	21.00	11.00
	其他	38.00	64.00	46.00	42.00	53.00
污染治理项目本年完成投资		5.42	13.11	38.95	39.71	27.05
其中	废水治理项目	3.34	6.53	8.16	19.81	14.54
	废气治理项目	1.34	5.49	28.46	16.58	10.48
	固体废物治理项目	0.46	0.79	0.20	1.31	0.34
	噪声治理项目	0.19	0.14	0.22	0.18	0.04
	其他	0.09	0.16	1.91	1.83	1.65

目前，我国已签署和批准了 30 多项国际环境公约，履约任务十分繁重。我国是一个环境消费大国，二氧化硫和消耗臭氧层物质（ODS）排放量居世界第一；二氧化碳排放量居世界第二，占全世界排放量 11%。

表3－159　主要年份两省一市工业废气排放总量

单位:亿标立方米

年份	2003年	2004年	2005年	2006年	2007年	2008年	2009年
上海	7 799	8 834	8 482	9 428	9 591	10 436	10 709
江苏	14 633	17 818	20 197	24 881	2 359	26 726	27 432
浙江	10 432	11 749	13 025	14 702	17 467	17 620	-

外来物种入侵危害加大,松材线虫、水葫芦、紫茎泽兰、微甘菊等外来物种的入侵,构成对生物多样性和种质资源的严重威胁,造成巨大损失。

二、长三角生态文明建设的进展

长三角地区的一体化进程由来已久。长三角区域合作始于1992年,上海、无锡、宁波、舟山、苏州、扬州、杭州、绍兴、南京、南通、常州、湖州、嘉兴和镇江14个城市发起成立了长三角经协(委)办主任联席会议,主要目标是开展经济合作。后于1997年、2003年分别吸纳泰州市、台州市,至此,成员数达到16个。这对于进一步巩固了长三角地区的经济合作,为协调长三角地区资源优化配置和发挥竞争优势产生了积极的作用。在产业结构的区域优化升级方面,促进了从过去的产业梯度转移演变为以产业链为特征的经济合作。经济领域的区域合作为环境合作奠定了沟通、协调基础。在2003年8月举行的经济协调会第四次市长峰会上,并协商讨论了8个领域的合作问题,其中就包括,要联手实施环境保护国策,维护可持续发展的生态环境。

长三角地区的环境合作机制正在逐步形成,江、浙、沪两省一市就构建区域环境和生态合作机制已经进行了积极地沟通和协作。2002年2月,在国家环保总局的支持和协助下,针对江浙边界水污染防治工作和江浙两省交界断面水质情况,嘉兴、苏州两市建立了污染防治联席会议制度。苏浙两省环保部门在污染联防、事故苗头控制和信息互通等方面一直保持着联系,2002年1月和2003年12月分别在两省交界的王江泾水域建立两个水质自动监测站,加强两省交界断面水质的监测工作,坚持每周一次的监测。2008年12月15日《长江三角洲地区环境保护合作协议(2009－2010年)》的签订,将有利于长三角在提高区域环境准入和污染物排放标准等方面紧密合作,推进环境保护一体化进程,并提出两年内的六项重点任务:提高区域环境准入和污染物排放标准、创新区域环境经济政策、重点推进太湖流域水环境综合治理、加强区域大气污染控制、建立全区域环境监管与应急联动机制、完善区域环境信息共享与发布制度。

国家层面对于长三角生态环境保护的一体化也极为重视。如在太湖流域,1984年就成立太湖流域管理局,2007年太湖蓝藻暴发后,国务院先后召开了太湖巢湖滇池污染防治座谈会和太湖水污染防治座谈会,2008年5月7日,国务院又批复了太湖流域水环境综合治理总体方案,太湖综合治理进入新的阶段。2008年,国务院《关于进一步推进长江三角洲地区改革开放和经济社会发展的指导意见》,又明确提出要加强长三角区域生态环境的共同建设、共同保护和共同治理。

应该说,长三角生态文明正不断向一体化迈进,成效显著。但在合作的层次与效益上,在区域环境管理水平上,步伐还不够快、力度还不够大、范围还不够广,一体化的实践与话语之间差距较大。尤其是目前还主要注重环境的保护与治理方面,注重生态保护对能够取得的经济效益方面,注重当下的生态保护和环境污染的治理,还未有上升到生态文明建设的高度。

三、协力推进长三角生态文明一体化

作为城市化、国际化、工业化前沿的长三角必须以生态文明作为支撑。建设生态文明的长三角,要推进科学发展,重新确立经济与社会发展的目的,进而重新确定长三角的产业结构,重新确定长三角整个区域的发展规划,进一步提升区域生态文明水平。尽管在行政体制、法律框架方面存在差异,但应该有趋同的文化价值体系、资源节约的生产体系、环境友好的生活方式以及和谐的社会民生,这既是长三角生态化发展的开始,也是中国未来在资源约束下对可持续发展路径的探索。长三角要以共建绿色为着力点,加快推进生态文明的一体化,着力解决不利于生态环境保护的体制和机制障碍,全面提升长三角地区必需的可持续发展的能力

要确立科学发展的核心理念,转变发展思路。尽管呼声很高,但科学发展理念的确立有很大的难度。当前,长三角各地从政府、民间、企业都尚未形成完整的理念,在实践中更不可能得到有效的实施。在未来的发展目标上,不仅要关注经济发展,而且要关注社会发展,关注资源节约和环境优好;不仅要考虑当前发展,而且要顾及长远发展。要正确处理经济发展与环境保护的关系,不能以牺牲环境为代价换取一时的发展,不能走高投入、高消耗、高污染的粗放型发展的老路。要转变发展观念,创新发展模式,提高发展质量。要促进经济发展与生态环境保护和建设有机结合、相互促进、相得益彰。经济发展过程中,要不污染水资源、不破坏植被、不破坏景观、不造成水土流失,推动经济社会发展切实转入科学发展的轨道。要坚持不懈地加强生态环境保护和建设,加快建设环境友好型社会的步伐。树立环境保护意识,做到在生态环境事前保护与事后建设上更加注重事前保护,在污染治理与污染预防上更加注重预防。

要不断加深经济增长方式转变,大力发展包括循环经济和低碳经济在内的绿色经济。发展绿色经济,是提高资源利用效率,促进经济增长方式转变的内在动力,也是开发利用再生资源,培育新的经济增长点的重要途径。长三角地区经济要继续保持快速增长,必须在有限的资源存量和环境承载力条件下,通过新型经济建设,大力推行清洁生产,大幅度提高资源综合利用效率,才能从根本上转变传统的经济增长方式,实现从量的扩张到质的提高的转变,促进经济和环境协调发展。积极探索“资源——产品——再生资源——再生产品”的循环经济发展模式,在生产和消费的过程中追求资源、能源利用效率最大化和废弃物最小(少)化,做到物尽其用。大力发展低碳经济,倡导人们在生活、生产中,尽量减少“碳”排放,提高能源利用效率和创建清洁能源结构,通过减少碳排量,实现经济与环境双赢。

要注重提高人口素质,培育新时代的生态公民。在生态环境治理和生态文明建设中,生态公民的主体作用是不容忽视的。现代文明社会包括生态文明的建设,必须有现代文明公民的支撑。从概念上讲,“生态公民”就是指能够将实现人与自然的和谐作为其核心理念与基本目标,依法享有生态环境权利和承担生态环境义务,其中也表现为具有参与生态环境管理事务并担任公职资格的人。态公民的养成是解决生态环境问题的重要机制。当然,生态公民的养成不是一个自发的过程,只有通过整合教育资源,强化生态环境意识,奠定生态文化基础;完善法律政策,明确公民权利义务,提供生态法制保障;降低参与成本,健全生态评价体系,疏通生态参与渠道等诸多方面的支持,才能促进生态公民的养成和生态公民社会的形成。

要协力共治,在预防、治理、建设等方面推进生态环境一体化。合作是地区经济发展的必然趋势,是资源优化配置和发挥竞争优势的必然要求。经济发展带来的环境压力是长三角所有城市所面临的共同问题,共同的环境治理需要成为环境合作的驱动力。因此,(1)不断加强环保立法协调,从制度上实现环境保护地方立法的协调和统一,尤其要避免目前环境保护地方立法现状存在重复性立法现象、立法形式不协调、法规内容存在冲突等问题。(2)加强对话与合作。建立长期有效的区域环境合作对话机制,协调各地之间的环保战略。相邻区域政府根据本区域资源、环境特点确定经济发展战略,实现优势互补,促进经济结构和产业布局的调整,并在水污染防治项目、资金和技术方面展开全方位合作,实现污染联防、联合治污、信息共享、重大环境事件通报机制。完善区域环境监测网

络,建立环境质量信息共享和交流机制,在深化空气环境质量信息交流的基础上,开展长三角空气质量预测、预报合作项目,为区域的污染防治综合决策提供依据。此外,应加大循环经济和清洁生产技术、固废综合利用技术、排污许可证与污染物总量控制管理等方面的交流与合作。(3)提升联合治理的深度。环境治理需要建立合纵联盟,循序渐进,逐步推进在现在的环境保护合作基础上逐步扩大范围、层层深入是长三角区域环境合作的基本路径。虽然对于长三角而言,开展区域环境合作不乏基础,但是如何在很多问题上有一盘棋的考虑,还需要各行政区域联合起来。应充分发挥两行政区域内环保部门现有资源,有计划地开展对跨行政区流域水体功能的研究,为跨行政区流域水环境的国家专门行政机构统一规划流域水资源、治理流域水污染提供思路和依据。不断深化和完善"污染联防机制"、"固体污染物越界转移管理机制"和"船舶污染联防机制",使之早日取得应有成效。特别是对于可能出现的边界污染问题,应按"污染联防"等机制,将污染事故消灭在萌芽状态。(4)建立事故应急机制。要建立污染事故预警机制,制定应急预案,强化环境应急手段。省际、区际污染事故发生后,当地基层环保部门应立即将情况报告省级环保部门和国家环保总局,同时通报相关省市,以便各方尽快采取应急对策。国家环保总局"环境应急与事故调查中心"要加强对区域间污染纠纷的监督检查,督促责任方采取有效措施,尽快消除污染影响。

要不断探索和建立环境污染赔偿机制和流域经济补偿制度。当前,长三角地区水网密布互通,跨界污染现象时有发生,重要的原因在于"公地悲剧"。因此,探索环境污染赔偿机制和流域经济补偿制度,将有助于解决这一问题。如上游排污给下游造成污染和损害,上游的政府和企业必须作出相应赔偿;与此相适应,如果上游水质好转,带来下游入水口水质的相应提升,下游必须从用水企业和个人的排污费中拿出一定比例,作为对上游关停污染企业带来的经济损失的补偿。此外,可以借鉴欧洲莱茵河的管理经验,在流域内建立跨省区、民间性质的河流保护委员会,由最下游的城市派出常任秘书长(因为最下游的水质是对全流域水质的"总结算",一旦河流污染,其受害也往往最重);委员会主席轮流由沿流域各省市的主要领导担任;在委员会中设立观察员机制,把自来水、矿泉水公司和食品制造企业等"水敏感企业"都组织进来,使之成为水质污染的"报警员"。

三十一 长三角教育发展

(一)长三角地区教育发展总体情况

2009 年末长三角两省一市共有普通中等学校、小学和特殊教育学校合计17 137所,比 2008 年增加 42 所。其中普通中等学校7 020所,比 2008 年增加 453 所;小学9 911所,比 2008 年减少 411 所。

2009 年上述三类学校总数比 2000 年减少23 349所,减幅 57.67%。2009 年普通中等学校数比 2008 年增加453 所,同比增加 6.90%,比 2000 年减少1 275所,减幅为 15.37%。2009 年小学数比 2008 年减少 411 所,同比减少 3.98%,比 2000 年减少22 061所,减幅为 69.00%。2009 年特殊教育学校与 2008 年持平,比 2000 年减少了 13 所,减幅为 5.94%。2009 年专任教师总数比 2008 年增加 5.18 万人,同比增加 5.02%,比 2000 年增加 13.28 万人,增幅为 13.97%。2009 年普通中等学校专任教师数比 2008 年增加 4.61 万人,同比增加 8.19%,比 2000 年增加 15.66 万人,增幅为 34.64%。2009 年小学专任教师数比上年增加 0.56 万人,同比增加 1.21%,比 2000 年减少 2.46 万人,减幅为 4.98%。2009 年特殊教育学校专任教师数比 2008 年增加 0.01 万人,同比增加 1.85%,比 2000 年增加 0.08 万人,增幅为 17.02%。2009 年在校学生总数比 2008 年增加 42.54 万人,同比增加 2.52%,比 2000 年减少 213.88 万人,减幅为 14.94%。2009 年普通中等学校在校学生数比 2008 年增加 53.62 万人,同比增加 16.52%,比 2000 年则增加了 150.29 万人,增幅为 19.05%。2009 年小学在校学生数比 2008 年减少 11.13 万人,同比减少 1.39%,比 2000 年减少 362.89 万人,减幅为 31.52%。2009 年特殊教育学校在校学生数比 2008 年增加 0.01 万人,同比增加 0.21%,比 2000 年减少 1.28 万人,减幅为 20.98%。

表 3-160 长三角教育发展历年概况

单位:所,万人

指标	2000 年	2003 年	2004 年	2005 年	2006 年	2007 年	2008 年	2009 年
学校数	40 486.00	23 798.00	21 431.00	20 220.00	19 166.00	18 029.00	17 095.00	17 137.00
普通中等学校	8 295.00	7 365.00	7 160.00	7 020.00	6 902.00	6 748.00	6 567.00	7 020.00
小学	31 972.00	16 231.00	14 071.00	13 001.00	12 066.00	11 083.00	10 322.00	9 911.00
特殊教育	219.00	202.00	200.00	199.00	198.00	198.00	206.00	206.00
专任教师数	95.05	97.78	99.33	100.49	105.07	102.47	103.15	108.33
普通中等学校	45.21	50.69	52.61	53.90	55.01	55.72	56.26	60.87
小学	49.37	46.63	46.25	46.12	46.18	46.24	46.35	46.91
特殊教育	0.47	0.46	0.47	0.47	0.50	0.51	0.54	0.55
在校学生数	1 946.32	1 924.67	1 895.47	1 839.66	1 793.01	1 739.69	1 689.90	1 732.44
普通中等学校	789.05	934.85	964.22	953.35	939.74	916.88	885.68	939.34
小学	1 151.17	984.51	926.26	881.43	848.55	817.97	799.41	788.28
特殊教育	6.10	5.31	4.99	4.88	4.72	4.84	4.81	4.82

注:本表数据综合上海市、江苏省、浙江省统计年鉴。

(二)上海市的教育发展基本情况

1. 上海市教育发展总体情况

2009 年上海市共有各类学校(全日制学校,含高等学校)1 730所,在校学生数 196.29 万人,分别比 2008 年增加 3.10%、3.23%;教职工数达 21.44 万人,比 2008 年增加了 1.37%。各类普通中等学校呈现出继续减少的势头,技工学校由 2008 年的 28 所锐减为 13 所,一年内的降幅竟达到了 53.57%。在普通中等学校继续减少的同时,普通小学则继续保持了回升的态势,2009 年上海市普通小学共有 751 所,比 2008 年又增加了 79 所,增幅达到了 11.76%。此外,普通高等学校又增加了 5 所,增幅 8.20%。各级各类学校总教职工数增加了 1.37%,专任教师数则增加了 9.75%,这意味着专任教师在教职工中所占比例继续得到扩大。从发展趋势来看,普通高等学校和普通小学都呈现继续扩张的趋势,而普通中等学校的规模则进一步萎缩。

2. 上海市教育发展的历史情况

2000 年以来,上海市各类学校总数持续减少,2000 年至 2007 年,包括普通高等学校在内的各类学校总数从2 225所下降到了1 640所,减幅 26.29%,其中只有普通高等学校保持着增长态势。但这一趋势在 2008 年出现逆转,2008 年各类学校总数回升到1 678所,比 2007 年增加了 2.32%。2009 年,各类学校总数比 2008 年又增加了 52 所,增幅 3.10%。从细化数据中,我们发现,这一逆转主要是由于普通小学的数量出现了回升,2009 年普通小学由 2008 年的 672 所上升到 751 所,这一数字已经恢复到了 2002 年的水平。而各类普通中等学校则继续减少,其中中等专业学校减少 3 所,减幅 4.11%,职业中学减少 2 所,减幅 7.14%,技工学校减少 15 所,减幅 53.57%,普通中学减少了 12 所,减幅 1.55%。

2009 年,各类学校教职工数比 2008 年有所增加,但主要增长仍集中在普通高等学校和普通小学方面,普通中等学校的教职工数量继续减少。但值得注意的是,在普通中等学校方面,职业中学的专任教师数与 2008 年保持一致,中等专业学校和技工学校专任教师的减幅要小于教职工总数的减幅,普通中学在教职工总数减少的情况下,专任教师数还有小幅上升,这意味着这些学校的专任教师在教职工中所占比例得到继续增长。在普通中等学校的学生数量继续减少的情况下,各类学校在校学生总数却由于普通高等学校和普通小学学生数的增加保持回升势头,达到 196.29 万人。不过,这一数字虽然比 2008 年又增加了 6.14 万人,但是仍比 2000 年的在校学生总数少 5.45%。

3. 上海市各区域教育发展基本情况

2009 年上海市各区、县共有普通中学 762 所,招生165 026人,毕业生170 261人,在校学生603 670人,教职员工67 614人,其中专任教师50 513人。浦东新区的普通中学在各项指标上均居全市之首。

表 3-161　上海市各区、县普通中学基本情况(2009 年)

单位:所,人

地区	学校	毕业生数	招生数	在校学生	教职员工	#专任教师
总计	762	170 261	165 026	603 670	67 614	50 513
浦东新区	153	36 845	38 861	139 167	13 558	10 942
黄浦区	23	6 938	5 027	19 014	2 500	1 637
卢湾区	14	2 599	2 266	7 911	1 172	838

（续表）

地区	学校	毕业生数	招生数	在校学生	教职员工	#专任教师
徐汇区	40	10 356	10 793	38 138	4 386	3 284
长宁区	28	6 508	5 630	21 115	2 624	1 824
静安区	15	4 013	3 557	13 262	1 684	1 126
普陀区	48	9 154	8 331	30 371	3 817	2 525
闸北区	37	8 958	7 392	27 294	3 368	2 270
虹口区	41	8 725	7 453	27 901	3 159	2 399
杨浦区	55	11 543	10 083	37 229	4 479	3 383
闵行区	59	10 563	12 226	42 177	5 335	3 999
宝山区	54	10 080	11 037	39 166	3 888	3 120
嘉定区	31	6 267	6 697	24 021	2 671	2 093
金山区	30	7 242	6 319	25 562	2 781	2 100
松江区	32	8 291	7 845	30 245	3 391	2 379
青浦区	26	6 219	6 461	23 716	2 415	1 922
奉贤区	37	7 022	8 054	30 009	2 981	2 260
崇明县	39	8 938	6 994	27 372	3 405	2 412

注：本表数据由上海市教育委员会提供。

2009年上海市各区、县共有普通小学751所，招生138 598人，毕业生113 558人，在校学生671 245人，教职员工54 841人，其中专任教师44 278人。浦东新区的普通小学在各项指标上均居全市之首。

表3－162　上海市各区、县普通小学基本情况（2009年）

单位：所，人

地区	学校	毕业生数	招生数	在校学生	教职员工	#专任教师
总计	751	113 558	138 598	671 245	54 841	44 278
浦东新区	161	28 710	33 740	159 948	11 727	10 127
黄浦区	19	2 397	2 085	11 322	1 482	1 059
卢湾区	13	1 365	1 195	6 432	930	649
徐汇区	42	6 572	5 677	30 272	2 621	2 203
长宁区	26	3 860	3 451	17 984	1 894	1 494
静安区	12	1 769	1 710	8 917	1 132	714
普陀区	28	5 504	5 108	28 369	2 239	1 643
闸北区	34	4 285	3 857	20 447	2 132	1 536
虹口区	35	4 100	4 123	20 656	2 119	1 740

(续表)

地区	学校	毕业生数	招生数	在校学生	教职员工	#专任教师
杨浦区	44	5 919	4 849	27 409	2 796	2 409
闵行区	55	8 458	14 903	70 986	5 220	4 238
宝山区	72	9 482	12 225	58 412	4 346	3 714
嘉定区	37	4 972	7 844	36 343	2 516	2 068
金山区	32	4 146	5 376	25 285	2 247	1 624
松江区	31	6 359	10 788	49 554	3 126	2 597
青浦区	40	4 989	7 828	35 632	2 862	2 167
奉贤区	33	6 567	10 030	44 066	2 999	2 454
崇明县	37	4 104	3 809	19 211	2 453	1 842

注:本表数据由上海市教育委员会提供。

4. 2009 年上海市教育发展的主要特点

2009 年与 2008 年相比,各类普通中等学校继续呈现学校数量、学生人数、师资力量等各项指标的减少,但普通高等学校持续发展,而普通小学相关指标在 2008 年的基础上继续大幅度回升,因此各项主要教育指标继续呈现“两头增长、中间减少”的现象,即普通高等学校与普通小学逐步增长,普通中等学校继续萎缩。普通小学的数量与规模回升趋势更加明显,已恢复到了 2002 年的水平,普通小学数量与学校数量总数继续实现正增长。

5. 上海市著名学校

1)上海市格致中学

1874 年,我国近代科学和教育的先驱徐寿与英国人傅兰雅等人在上海创办格致书院。格致书院是我国第一所开展自然科学活动,培养科技人才的新型学堂。作为“中国化学之父”的徐寿亲自主讲化学,传授西方科学新知识,对国内兴办近代科学教育起了优良的示范作用。1914 年 10 月,格致书院归公共租界工部局,学校改名为“华童公学”。其后,学校几迁校址,几易其名,曾用“工部局格致公学”、“上海特别市市立格致中学”、“上海市市立格致中学”等作为校名。1949 年 6 月,学校改名为“上海市格致中学”,此校名沿用至今。1958 年学校被市教育局确定为上海市重点中学。

格致中学迄今获得了上海市文明单位、上海市行为规范示范学校、国家教育部现代化教育技术学校、市科技特色学校、市德育工作先进集体、市教育科研先进集体、全国创造学会创造教育实验基地等三十余项市级以上荣誉称号。1999 年,学校首批通过建设实验性示范性高级中学的办学规划评审。学校教学质量优异,涌现了一大批学有所长的优秀学生,每年都有多人多次荣获市级与全国级各类竞赛奖项。学校的发展目标,是继承和发扬学校“科学、爱国、求实”的优秀文化传统和办学理念,设计和实施有中国特色的教育实验,总结和形成有国际意义的教改经验,逐步营造有独特个性的学校文化,创意建构高效能的学生培养模式,持久地培育世界名校特征,经过 10 年努力,把格致中学建设成为名符其实的现代世界名校。

格致中学素以“爱国”和“科学”的优良传统享誉海内外,著名校友包括吴学谦、经叔平、谢丽娟等国家和政府领导人,中科院、工程院院士杨福家、汪品先、邹世昌、方守贤、陈贤寿等优秀科学家。

2)上海市向明中学

向明中学是沪上百年名校，前身为震旦大学附中，由清末著名教育家马相伯先生于1902年创建，1952年改用现名。学校是上海市重点中学，首批市实验性、示范性高级中学。

学校地处上海市商业经济文化中心城区，与淮海路商业街毗邻。享有得天独厚的经济、人文资源环境，构成中西文化交汇，演绎海纳百川的胸怀。近百年的向明历史，构画了向明人的传统文化与现代文明的有机交融。早在上世纪80年代初，学校就提出了“坚持全面发展，发挥个性特长，培养创造才能，造就四有人才”的办学思想，开展了中学创造教育的实践与探索，开始注重学生的素质能力的培养。到上世纪90年代后期，学校提出了“以学生可持续发展为本，让每个学生在创造实践中成长”的办学理念，确立了“培养学生创造素质，塑造创造性人格，形成具有综合能力和国际化素养的创造性人才”的培养目标，构建以德育为核心，以创造教育为重点的，以素质教育为根本的向明创造教育课程框架，秉持“明理向上”的校训，“勤思创造”的学风，“崇实求新”的教风，形成了“基础－特长－创造”的办学特色。

学校现代教育设施齐全，师资队伍优秀，特级教师、学科带头人、高级教师近60%，学校除开设基础性课程外，还开设一批拓展性校本课程、提高性的专业课程，每年聘请一批外籍教师任教，还开设英、法、日、韩多国外语，与美、法、日、澳等国和港澳台兄弟学校建立友好关系，互相交流访问。经上海市教委批准，学校面向外省市招收优秀初中应届毕业生。学校还设立国际部，每年招收外籍学生。

（三）江苏省教育发展基本情况

1. 江苏省教育发展总体情况

2009年江苏省共有各类学校（除普通高等学校之外）20 907所，在校学生数16 464 651人，教职工数842 564人，其中专任教师数量为699 306人。各类学校中，普通中学2 891所、小学5 013所，分别比2008年又减少了55所和220所；特殊教育学校113所，与2008年持平；普通中等专业学校减少了5所，而职业高中则又减少了13所。职业技术培训机构数量回落到7 725所，比2008年减少了16.42%。普通中等专业学校的教职工与专任教师数继续小幅增长，分别比2008年增加了1.66%、1.49%，特殊教育学校的教职工与专任教师则分别比2008年增加了2.36%、3.29%。普通中学的教职工比2008年减少了0.48%，小学教职工比2008年则减少了0.43%。

2. 江苏省教育发展历史变化情况

2000年以来，江苏省的普通中等学校、小学和特殊教育学校数量保持减少的趋势。其中普通中等学校减少了24.16%，特殊教育学校也减少了8.13%，而小学数量的减幅则高达73.77%。与此相反，三类学校专任教师总数则总体呈逐步增加的态势，其中小学专任教师与2008年基本持平，但比2000年减少了11.87%，而普通中等学校的专任教师数量则增加了30.06%。在招生数方面，普通中等学校2009年的招生数自2005年以来继续减少，与2000年相比也减少了1.95%，小学招生数比2008年小幅增加，与2000年相比则仍减少了30.86%，特殊教育学校的招生数则比2008年有所减少，但仍比2000年多出了15.38%。

3. 江苏省辖市教育发展基本情况

2009年江苏省13个省辖市共有在校学生总数1 120.10万人，其中普通中学398.45万人，小学396.01万人。普通中学和小学在校生数最多的市为徐州市，分别占全省总数的14.91%和13.08%。而南京市的在校学生总数达145.57万人、专任教师数量则达到了9.59万人，均居全省第一，分别占全省总数的13.00%和13.76%。

表 3-163　江苏省省辖市教育情况(2009 年)

单位:万人

市县	在校学生总数	#普通中学	#小学	专任教师总数
合计	1 120.10	398.45	396.01	69.67
南京市	145.57	26.11	28.32	9.59
无锡市	78.25	23.77	30.32	5.05
徐州市	138.80	59.39	51.79	8.82
常州市	61.48	20.10	21.68	3.45
苏州市	96.08	28.60	37.02	6.29
南通市	88.35	36.70	32.81	5.41
连云港市	77.39	33.25	32.64	4.71
淮安市	83.03	32.12	30.63	4.77
盐城市	88.67	36.42	35.87	6.30
扬州市	61.48	23.61	22.93	3.87
镇江市	39.78	13.44	12.90	2.57
泰州市	57.35	25.82	22.66	4.08
宿迁市	103.87	39.12	36.44	4.76

注:本表数据摘自江苏省统计年鉴 2010。

4.2009 年江苏省教育发展的主要特点

2009 年江苏省普通中等学校、小学等主要教育机构延续了 2000 年以来的减少趋势,其中小学数量减幅明显,2009 年与 2000 年相比,小学数量减少了 73.77%。在专任教师、招生数、在校生数和毕业生数等其他重要指标上,依然保持了“中增小减”的态势,即普通中等学校的各项指标总体保持小幅上升的趋势,而小学的各项指标则持续走低。值得一提的是,2009 年江苏省各类职业技术培训机构数量在 2008 年基础上出现大幅震荡,从9 243所锐减至7 725所,显然在国家教育政策向职业教育倾斜的背景下,职业教育和职业培训正在经历深刻的体制调整过程,而这一教育领域受市场化因素影响较高,对其保持关注对于研究教育体制改革和教育社会化问题都有十分重要的意义。

5. 江苏省著名学校

1)南京市中华中学

南京市中华中学是一所与世纪同步的江苏省四星级中学,国家级示范高中。学校始建于 1899 年,是英籍加拿大人马林(原名威廉姆·爱德华·麦克林)创办的,校名“基督中学”,后更名为“育群中学”。1983 年定名为“南京市中华中学”。学校自创建以来,办学严谨,师资力量雄厚,坚持育人为本,教育教学质量在南京市名列前茅。早在 1953 年,学校就被确定为省级重点中学。1980 年又被确定为首批办好的省重点中学。2001 年被评为国家级示范高中。

中华中学,拥有许多教有特长、德高望重的著名教师。百年耕耘,育才万千,莘莘学子,遍及世界各地,许多校友各领风骚,成绩骄人。自 1989 年以来,学校已连续 14 年荣获“南京市文明单位”称号,1999 年、2001 年获"江苏省文明单位"称号。1993 年、2000 年被评为德育先进学校。1996 年成为江苏省电化教育示范学校。1997 年成为江苏省 OEH 多媒体教育网络实验学校,国家教委"九五"重点教科研课题——心理教育实验学校。1998 年被教育部确认为全国现代教育技术实验学校;1999 年成为"江苏省青少年科技教育特色学校",2000 年,学校被命名为"江苏省青少年科技教育创新基地"、2001 年又成为"江苏省绿色学校"、"江苏省中学生学科奥林匹克竞赛培训基地"、"江苏省培养体育后备人才试点中学"、2002 年被评为"江苏省电子技师认定单位",国家重点教科研课题"基于网络环境下的学与教"试验学校。2003 年被评为"南京市模范学校"。

中华中学校园环境优美,设施配备一流,教育教学质量在南京市和江苏省稳居前列。学校的教育信息化工作居全国领先地位,拥有 900 多台计算机的千兆校园网覆盖学校的每一个角落,不管是教室、办公室、阅览室都有联网;建成了1 000多 G 的教育教学资源库。校园网给学校管理以及实现信息化教育提供了有力的保证。学校将继承百年光荣传统,坚持科研兴校的办学方针,树立育人为本的办学思想,继续发扬信息化教育和心理健康教育的优势,努力培养学生创新精神和实践能力,为把中华中学办成现代化、高质量、有教育信息化特色的国内一流、国际知名,具有实验性、示范性的五星级中学而奋斗。

2)江苏省南通中学

江苏省南通中学是由清末状元、著名实业家和教育家张謇先生于 1909 年规划和建设"中国近代第一城"中亲手创办的。历经世纪风雨的洗礼,"诚于做人,恒于学问"的通中精神生生不息,代代相传。办学之初,教育先驱蔡元培欣然题词:"积健为雄",西学大师杜威翁远涉重洋,登台讲学;一代硕儒朱东润姜亮夫殚精竭虑,铸就"严谨善教"的凝重教风,几辈先贤江上清、钱素凡上下求索,播下"爱国求真"的光荣传统。在历届毕业生中,还有备受敬仰的革命先烈、勇攀高峰的科技英才、闻名遐迩的艺术大师、为国争光的体坛明星、身居要职的党政领导、自领风骚的两院院士等等。通中在办学近百年里为祖国培养了一大批优秀杰出的栋梁之才。

学校优良传统与时代精神的结合,是通中这所百年老校永远充满生机与活力的源泉。近年来,随着学校办学的跨越发展和教育改革的不断深入,全校上下对通中办学多年来积淀的厚重的人文精神和"以人为本"的教育思想,进行了全面挖掘与和深入思考,不断丰富、提炼其内涵,凝铸成"以人为本,追求卓越,为学生的终生发展打下坚实基础"的办学理念。

近年来,学校党领导班子扎住机遇,因势而上,对学校发展适时做出调整与完善,不断提出新的目标,带领全校师生负重开拓、锐意进取、团结奋斗。加强常规管理,加大改革力度,加快建设步伐取得了令人瞩目的办学业绩。全校上下心齐劲足,师资队伍持续优化,事业规模逐年扩大,办学实力不断增强,在校师生已经超过5 600人,校舍面积达到了48 210平方米,固定资产超过一亿,教学设备总值达到2 515万元。学生在中考、高考中屡创佳绩,教师在任教与科研中取得丰硕成果,学校屡获国家和省、市的各项表彰,赢得了社会各界的普遍赞誉,开创了通中办学的崭新局面。

(四)浙江省教育发展基本情况

1. 浙江省教育发展总体情况

2009 年浙江省共有普通中学2 353所,小学4 147所,幼儿园10 067所,均比 2008 年有所减少。普通中学、小学和幼儿园的专任教师数量则都比 2007 年有所增加,分别达到180 158人、170 102人和87 271人。普通中学在校生2 622 652人,小学在校生3 251 416人,比 2008 年均略有减少。

2. 浙江省教育发展历史变化情况

2000 年以来,浙江省小学的数量持续减少,从 2000 年的11 841所减少到了 2009 年的4 147所,减幅达到 64.98%。小学招生数比 2008 年减少了 1.87 万人,同比减少 3.35%,与 2000 年相比减少了

12.46%,但与人数最少的2005年相比仍增加了10.11%。与此同时,小学教师队伍建设却稳步增长,2009年小学专任教师的数量比2000年增加了0.97万人,增幅为6.61%。普通中学数量从2000年的2940所减少到2009年的2 353所,减幅19.97%,专任教师数量却从2000年的13.93万人增加到2008年的18.02万人,增幅为29.36%,招生数继续小幅回落。特殊教育学校数量与2008年持平,专任教师数比2000年增加27.27%,招生数则减少了25.00%。

3. 浙江省各省辖市教育发展情况

2009年浙江省共有中等职业学校在校生646 559人,其中52.85%在浙东北地区,杭州市在校生数接近10万,占全省总数的14.93%。普通中学在校生262.47万人,其中52.41%在浙东北地区,47.59%在浙西南地区,温州市在校生数44.56万人,占全省总数的16.98%。小学在校生325.15万人,其中浙东北地区占50.14%,浙西南地区占49.86%,温州市在校生人数接近57万,占全省总数的17.40%。

表3-164 浙江省各市中等职业学校、普通中学、小学在校学生数(2009年)

城市	中等职业学校(人)	普通中学(万人)	小学(万人)
浙东北	341 704	137.55	163.04
杭州	96 544	36.00	44.51
宁波	81 293	33.29	45.03
嘉兴	54 504	21.57	22.48
湖州	33 554	14.93	16.31
绍兴	66 678	27.76	30.02
舟山	9 131	4.00	4.69
浙西南	304 855	124.92	162.11
温州	90 157	44.56	56.57
金华	79 070	26.39	34.21
其中:义乌	10 789	4.82	7.17
衢州	36 356	12.67	14.72
台州	67 761	28.91	41.08
丽水	31 511	12.39	15.53
合计	646 559	262.47	325.15

注:本表转自浙江统计年鉴2010。

4. 2009年浙江教育发展的主要特点

2009年浙江省各类教育普通中等教育与小学数量继续减少,特殊教育变化则较小。与此同时,小学的专任教师数量则继续增加,比2008年又增长了1.37%,招生数则比2008年减少了3.35%。在各类教育机构占比方面,小学占比继续下降,下降了1.22个百分点,普通中学则从2008年的34.66%上升到35.85%。

5. 浙江省著名学校

1)浙江省杭州第四中学

杭州四中前身是"养正书塾",创办于1899年,与浙江大学、浙江理工大学同出一源,为浙江省最早的现代公立中学,是杭城最早的三所省重点中学之一。马叙伦、徐志摩、郁达夫、华君武、刘吉等文化名流和丁舜年、程裕淇、杜庆华、叶培健等十余位两院院士曾在此执教或求学。

2004年,学校由西子湖滨吴山北麓迁至钱塘江畔下沙东区,现为浙江省一级重点中学、浙江省文明单位、杭城占地面积最大的公办寄宿制高中、杭州市人民满意学校、杭州市唯一的全国德育先进学校、杭城唯一的"中国人民武装警察部队国防生生源基地"。

学校坚持"以人为本,以质为重,以法为准,以和为贵"的办学理念,凸显"人本养正,教学中心"的办学特色,倡导"教育就是提供服务"的精神,注重过程管理,追求可持续发展,努力谋求学生利益的最大化,促成学生生命价值的全面提升。学校教师养正为魂,求是为本。学校先后涌现出了程宝佩、沈祖炎、陆鉴三、丁宗武等十余位特级教师。现有高级教师107人,特级教师、省5522工程名师、市2211学科带头人和省市级教坛新秀61人,硕士研究生学历教师45人。学校社团活动丰富,有"漫步云端"动漫社、随想音乐社、"养正"文学社、"爱薇"英语社、媒体工作室、简舞社、爱之社、围棋社、"亲&聆"心理社、"蓦绪48"涂鸦社等社团,学生可以根据自己的兴趣自由参加各类社团活动。学校拥有高校式的校园和学生公寓,4人间和6人间两种公寓,均有空调和独立卫生间,热水直通盥洗池,配备直拨电话;每个学生均有独立的写字台、书架和衣橱。学校贯彻"方便如家、休闲胜家"的服务理念,设有浴室、洗衣房、小超市等,晚自修后为学生提供夜宵,让学生享受家庭的温馨和方便。寄宿制既减少路途奔波之苦,增加学习和活动时间,又有利于培养良好的学习、生活习惯和独立生活能力、合作交往能力,为将来更好地适应大学生活和走上社会奠定坚实的基础。

2)绍兴市第一中学

1897年(清光绪二十三年),山阴乡绅、维新人士徐树兰(仲凡)捐银一千两,并筹得捐款四千余元,仿天津中西学堂,以二等学堂(相当于中学)规制创办绍郡中西学堂(绍兴一中前身),奏明清廷备案,领绍兴乃至浙江近代教育之先。1898年冬,戊戌变法失败后,在京城任翰林院编修的蔡元培乃弃官回绍,应聘出任绍郡中西学堂总理(校长),在主事的近两年时间里,把绍郡中西学堂办成了清末国内新式学堂的佼佼者之一。1910年9月,鲁迅先生由浙江两级师范学堂来校任监学(教务主任)兼博物教员一年。

1954年,学校被定为浙江省级重点中学,1981年列入浙江省首批办好的十八所重点中学行列,1995年成为浙江省首批十三所一级重点中学之一。在一百多年的办学历程中,绍兴一中走出了两位北大校长,17名院士,四万余名德才兼备的优秀毕业生。其中数学家陈建功,全国人大常委会副委员长、作家胡愈之,北大校长蒋梦麟,中国工程院副院长、三峡工程副总指挥潘家铮,九三学社中央名誉主席、中国农业科学院名誉院长、中国现代小麦科学主要奠基人金善宝,中国物理海洋学家、中国科学院院士毛汉礼,建设部科学技术委员会顾问、中国建设机械协会理事长、中国建筑学会副理事长许溶烈、中国高科技发展计划航天遥科学及太空机器人领域首席技术顾问徐扬生等成名成家者,遍布海内外。

学校现有专任教师167人,其中特级教师3人,教授级高级教师7人,高、中级职称127人,中学生奥林匹克竞赛国际金牌教练2人,全国金牌教练4人,全国教育先进工作者和优秀教师2人;浙江省功勋教师、有突出贡献的中青年专家、劳动模范4人,浙江省优秀教师、教坛新秀、名师培养对象8人,浙江省优质课一等奖获得者6人;绍兴市劳动模范2人,绍兴市专业技术拔尖人才3人,绍兴市学科带头人7人,绍兴市"三十佳"教师9人,绍兴市教坛新秀5人,绍兴市名师、名校长培养对象8人,市级优质课一等奖获得者16人,硕士近30人。学校是浙江省学生"航模"传统基地,学生创新发明的优势学校,学生社团活跃学校,"走近名人、走进经典"读书活动倡导学校,校史教育的示范学校,学生向往、家长满意的名牌中学。

(五)长三角地区教育发展政策分析

1. 上海

2009 年,上海市展开研究制定《上海市中长期教育改革和发展规划纲要》的工作,启动上海教育事业“十二五”发展规划编制工作,希望通过逐步建成学习型终身教育体系,构建一个面向现代化、面向世界、面向未来的现代国民教育体系。2009 年,上海市首先是特别注意深化德育工作内涵,提高学生道德素质,把推进校外教育工作和学科德育教育及温馨教室建设结合起来,广泛开展民族团结教育活动;其次,继续推进基础教育的均衡化发展,加快学前教育发展步伐,加快园舍建设,缓解幼儿入学矛盾,提高学前教育质量,在首轮农村义务教育学校委托管理取得显著成效的基础上,2009 年启动了第二轮委托管理,44 所农村义务教育学校由中心城区优质教育机构进行委托管理,启动新一轮郊区学校建设,推进城乡教育一体化发展,促进教育公平;其三,深化职业教育体制改革,提升职业教育服务能力,把注意力集中在提升职业教育优质资源服务能级、增强职业教育办学能力、促进职业教育集团内涵发展、深化职业教育教学改革等方面;其四,推进教师队伍建设,持续提高教师队伍水平,实施义务教育绩效工资工作,促进教师专业发展,推进各项人才计划,构建高端人才体系。

此外,上海市还在扶持和规范社会力量兴办教育、推进教育督政与督学、教育政策研究和教育法制工作等方面,作了不少特别深入的工作,并在促进对外交流、推动体育教育、艺术教育、科普教育等长期性的工作上,取得了更大的进展。

2. 江苏

2009 年,江苏省教育主管部门紧紧围绕加快建设教育强省、率先基本实现现代化,认真落实教育发展“十一五”规划,统筹推进教育改革发展稳定的各项工作,各级各类教育事业持续健康快速发展,其成果涵盖范围极广:一是基础教育均衡发展水平不断提高;二是职业教育基础能力建设得到加强;三是高等教育内涵建设水平稳步提升;四是高校招生就业工作成绩显著;五是教师队伍建设水平持续提高;六是教育国际和港澳台交流合作日益深化;七是教育服务地方发展能力逐步增强;八是群众关心的教育热点问题得到较好解决;九是教育规范管理进一步加强;十是党的建设和思想政治教育工作扎实有效;十一是厅机关各项建设取得新的成效。

江苏省教育改革发展立足于深入贯彻落实科学发展观,将教育作为经济转型的支撑、社会进步的引擎和民生改善的重点,大力实施科教兴省和人才强省战略,全面贯彻党的教育方针,坚持解放思想、改革创新,坚持面向现代化、面向世界、面向未来,坚持教育优先、德育为先、素质领先,坚持分类指导、分区规划、分步推进,以推进教育现代化为主线,以全面实施素质教育为主题,以提高质量和促进公平为重点,以健全和完善教育体系为抓手,以深化教育综合改革为动力,以服务经济社会发展为宗旨,着力建设更高质量的国民教育、惠及全民的公平教育、体系完善的终身教育、资源共享的优质教育,办好人民满意的教育,办成全国一流的教育,为江苏率先全面建成小康社会、率先基本实现现代化提供坚强的人才保证和全面的智力支持。

3. 浙江

2009 年浙江省教育系统扎实工作,积极进取,比较好地完成了年初确定的工作任务,全省十五年教育普及率已达到 96.5%。

浙江省教育部门的成绩包括以下几个方面:教师队伍建设继续得到重视和加强,连续两年把教师队伍建设作为年度工作的第一重点,以市县培训为主体继续实施农村中小学教师“领雁工程”,全年共培训农村骨干教师12 300名;薄弱地区和薄弱学校办学条件继续改善,完成了 866 个保留的农村小规模学校改造项目,对汶川大地震后排查出来的 255 万平方米校舍建筑安全隐患进行了整改,初步提出了全省 2009 – 2011 年校舍安全工程规划和分年度加固改造计划,制定全省乡镇中心幼儿园建设规划，已开工建设305所；职业教育发展能力不断提升，开展了中等职业学校布局和专业结构的调整优化研究，实施了第二轮“职业教育六项行动计划”；素质教育实施继续得到强化，以11个联系县为基地，继续加大区域推进“轻负担高质量”教学力度，制定并下发《关于试行学校发展性评价的指导意见》，制定了《关于构建家校有效合作机制的指导意见》，积极构建家庭、学校和社会结合的德育网络，还以建国60周年为契机，广泛开展主题鲜明的爱国主义教育和民族团结教育活动；各级各类学校办学行为得到进一步规范，分别就加强义务教育社会捐助资金管理、清理和规范青少年假日活动中心、加强义务教育阶段学校食堂管理、规范和完善教育收费有关政策等下发文件进行规范；教育改革开放取得新突破，顺利实施首次新课改高考，自主命题实现了与高中新课程的有效对接，减负导向鲜明，共录取考生26.75万人，录取率82.5%，把高职自主招生范围扩大到22所示范性高职院校，遴选34所中等职业学校为省中职专业课程改革基地学校，加快调整规范“国有民办”学校；校园总体上保持了安全稳定。

4. 基本评价与分析

近年来，长三角两省一市都把建设完备的终身教育、社会教育体系，促进学习型社会的建设，作为重要的战略目标，并且都取得了比较突出的成果。

金融危机以来，我国经济面临产业结构调整升级的巨大压力，作为经济发展最快速的地区，长三角地区对于经验丰富、素质全面的技术工人等专门人才的需要更加迫切。长三角地区长三角各地的政府部门也注意到了这一现实需要，在政策上予以了倾斜，对职业教育的认识更为全面，并将之置于对高等教育的发展模式和社会终身教育体系的完善背景下加以思考。对于职业教育的制度建构，长三角地区开始进入深化阶段，职业教育机构得到进一步的优化和调整，此类教育机构的发展由前几年的单纯数量发展，开始转向资源的优化配置，机构数量出现回调，但教育质量得到提高。

地区间的发展不平衡得到很大缓解，但两方面的矛盾依然存在，并将在今后一段时间里成为长三角地区间进一步协调相互间关系和各自内部问题需要注意的方面。一是长三角的两省一市间存在地区发展不平衡。2009年，上海市更加关注义务教育阶段的学校结构的调整，进一步从单纯的结构调整、精简机构，转向合理发展、稳步提高教学水平，小学数量根据社会发展需要，出现了回升，而学前教育则成为了上海市教育部门着重关注的新问题，但江苏和浙江两省现阶段的主要任务仍然是努力缩减学校数量，优化学校布局，因此中小学数量依然在持续减少。二是长三角两省一市内部各地区之间的发展存在不平衡，上海市市区与郊区教育资源分布不均衡，目前正在致力于加强郊区的教育资源投入，而江苏省的苏北地区与浙江省的西部山区，经济社会发展相对滞后，都需要有关部门制定与经济发展战略相配套的教育发展计划来推动这些地区的教育资源优化。通过各方面的协调，促进教育发展的地区平衡，在相当一段时间里，仍应是长三角地区的相关部门的工作重点。

（六）长三角地区教育未来发展态势

1. 未来趋势

教育资源的投入与教育结构的完善程度，直接决定了一个地区的教育水平的高低，而其与社会意识的发展水平形成的互动关系，则会影响一个社会的发展潜力。长三角地区社会发展对教育提出了新的要求，也带来了对新的教育理念的需要，但受社会结构传统性和社会现实资源有限性的制约，完成教育事业的现代化转变还面临着各种挑战与困难。

2. 存在问题

近年来，长三角地区的教育事业取得了很大成就，各地对于教育的认识，尤其是在教育公平、教育地区平衡、素质教育的重要性、教师队伍的培育、职业教育与终身教育的完善等方面，都有了更加深入的理解，也取得了很多成绩。但长三角地区的教育事业面临的现实困难与挑战依然很多。

1)教育布局和结构问题依然比较突出

经济与社会的快速发展,不可避免会带来经济发展水平的地区间不平衡加大,而这种不平衡又很大程度上体现在城乡之间的差异。城市包括县中心镇教育负荷偏重,乡村或偏远地区的教育资源分配不足。这些现状都极大影响了城乡间的教育发展平衡,也为完成国家教育部要求的区域发展平衡目标的实现带来现实的障碍。

2)高中段教育结构矛盾浮出水面

随着国家对义务教育阶段的资源调配基本到位,高中阶段的教育结构矛盾逐渐显露。该问题主要体现在,在现有的教育体制结构下,高中阶段教育、包括中等专业教育,都未明确被纳入义务教育资源覆盖下,因此对于高中阶段教育的深化发展,存在着路径选择上的不同方向。从目前来看,长三角地区的教育部门,正在试图利用经济发展带来的收益盈余,将高中教育也逐步纳入公共开支范围内来解决,并在此基础上,辅之以必要的市场化手段,用更加灵活的方式来缓解相关方面的矛盾。不过要完成这方面的尝试,教育部门还需要进一步作探索。

3)教育与经济社会发展结合得还不够紧密

在现代化的社会条件下,能不能培养出足够的满足社会化生产之需要的人才,是这个社会教育体系是否合理与有效的重要判断标准。长三角地区作为我国经济和社会发展最快的地区,教育发展程度也一直居于前列,已逐步完成从中等教育水平的普及向高等教育的普及的转变。但也应当看到,在全球金融危机发生之后,我国经济面临着进一步结构调整的压力和契机,尤其是增加制造业等实体工业的发展潜力,社会对于教育的要求正在从单纯追求学历层次提高向要求实际能力和专业培养的方面转变。经济与社会的发展,正在要求教育体系更加多元化、多层次,为社会成员提供更大的自由选择空间。现有的职业教育虽然在最近几年也得到了很大的重视,有了比较大的发展,但是仍然面临着更加合理化的紧迫要求。为了适应社会生产的需要,为了更好的满足社会成员的受教育诉求,需要以发展职业教育为突破口,构建更为全面的职业教育、继续教育和终身教育体系。

4)教师待遇有待进一步得到平衡

发展教育要强调以人为本,这一方面体现在教育要以人为对象、为目的,要以提高受教育者素质,促进受教育者全面发展,使之能够通过接受教育完善自我,从而找准个人的社会定位,更好实现其个人的社会价值,并为社会作出应有贡献,另一方面也体现在要更加注重对从事教育事业者的了解、关心和尊重上。随着义务教育阶段的教师待遇得到落实,长期以来存在的义务教育教职工待遇与法律要求不相符合的现象得到了很大扭转。但我们也要注意到,由于城乡关系发生的变化,很多不具有公办教师资格,但很大程度上承担了重要职责的广大民办教师,也需要有关部门给予更密切的关注。这方面,长三角地区的教育部门既应该也有能力,为全国创出榜样。为了更好的实现教育体系的功能,维系和传承教育的传统,又促进教育发展顺应社会与时代的要求,就必须在教师队伍的稳定性与流动性之间找到一种良好的平衡。在现阶段,如何建立起更加有效的培养机制,特别是为相对不发达地区的教育事业提供源源不断的人才,并且又能够最大限度留住培养出的人才,减少不必要的人才流失,依然是摆在长三角地区各级政府和教育主管部门、各类教育机构面前的重要课题。

3. 对策建议

为了满足经济社会发展对教育的日益增长的需要,长三角地区应当坚持科学发展观,加强规划,推进改革,我们有以下三方面的建议。

第一,进一步加强对人才的保障力度,吸引更多优秀人才投身各级教育事业,特别是基础教育。随着《义务教育法》等法律法规中规定的,使更多教职工享受到与公务员同等待遇的目标,已经在很多地方得到了实现,我们已经发现了这种政策落实所带来的巨大社会效应,教师职业对于社会人才的吸引力与日俱增。目前还要注意做好教育资源分配的平衡,特别要关注那些长期坚持在教育工作第一线、坚持在欠发达地区或特殊教育领域,有突出或重大贡献的杰出教师,包括不少尚未能解决待遇问题的民办教师,应该为他们建立更为长期、正式和有效的激励机制。

第二,更为深入研究和解决教育布局及结构调整的问题。必须坚持教育优先发展,必须坚持教育的公益性,必须坚持教育的优先投入。但也要认识到,从根本上而言,教育制度是社会制度的一个方面,教育的公平有赖于更加公平的社会资源分配与价值评价体系的建立。随着我国经济社会飞速发展,全球化经济因素对于社会结构变迁的有利一面得到更大体现,城乡差异的社会性结构问题,正在逐步得到缓解。城乡间的经济权利差异和政治权利差异,已经得到了制度性调整的回应。这就为我们在社会公平保障体系的大框架下建构教育公平的实现机制,适当和合理发挥教育的社会功能,达到促进社会公平,减少现实社会矛盾与发展不均衡现象的目的,提供了实践的历史性机遇。为达到这一目标,就要更加注意教育资源向乡村地区和欠发达地区的倾斜,将更多的资源投向那些急需资金和支援的地区的学校,减少城乡之间的教育资源不平衡的矛盾。

第三,进一步完善社会教育的体系。推进职业教育、专科教育、继续教育和终身教育的发展,建立更加完备的、系统化和现代化的社会教育体系,并开始探索对这些教育资源的更为合理化的配置与调整。建设并逐步推广社会信息交流平台,发展远程教育。顺应现实需要,优化调整或扩大规模化与可持续发展的职业教育,促进中等专业学校、职业高中和技工学校的优化协调,将其更有机的融入普通教育体系,加强各级各类学校之间不同程度的互动与联系。

三十二　长三角文化发展

(一)文化事业

1. 基层文化与文化基础设施建设

上海

近年来,上海市探索建立公共文化服务配送体系,形成按基层需求定制、招标选择供应方、提供菜单式服务、及时免费配送的运行模式。一是采取直营连锁模式,实施专业联网管理,建成遍及全市各区县的社区信息苑313家、农村信息苑600家,为群众提供网上文化信息服务。二是以配送优质讲座资源为主,通过电视、广播、DVD等介质,开办"东方讲坛",受众达1亿多人次。三是建设"东方社区学校",在各街道(镇)建成社区学校220所,教学点5 000个,开设600多门课程,在校学员约40万人。四是组建"东方文化艺术指导中心",负责为各社区培训文化指导员;同时,组织专业文艺工作者下社区担任群众文艺团队的指导员。

江苏

到2010年7月,江苏建成并投入使用的"农家书屋"达1.5万余家,约占全国总量三分之一,"农家书屋"公共服务网络初步形成。"农家书屋"工程自1996年率先在江苏实施以来,全省各级财政和社会捐助累计投入2亿多元,总量居全国前列。在保证政府投入的同时,江苏还积极创新投入机制,灵活采取结对帮扶、冠名捐建等方式建设"农家书屋",实现了供给主体的多元化。

浙江

浙江公共财政对文化建设的投入逐年加大,2006年全省各级财政对文化的投入总额达17.26亿元,2007年达21.9亿元,2008年达26.14亿元,2009年达32.28亿元,年均递增速度为23.2%,高于同期财政预算总支出年递增速度1.33个百分点,人均文化投入从"十五"期末的30.38元上升到了2009年的62.32元,位居全国前列。浙江已基本建成了覆盖全省的公共文化设施网络,农村文化建设多项指标领先全国,浙江目前已经有27个全国先进文化县和42个省级文化先进县。在加大硬件建设的同时,浙江还加大基层文化的软件建设,近两年累计送戏下乡3.94万余场,送书下乡350.55万册,省市县三级累计培训全省基层文化干部、农村业余文艺骨干和村级文化管理员近4.2万人次。

2. 图书馆、博物馆、纪念馆

上海

2009年上海市有图书馆29个,与2008年持平,从业人员2 379人,比2008年减少207人。图书总藏量6 593.43万册,新购藏量196.69万册,建筑面积28.59万平方米,阅览座位16 839个,图书借阅556.13万人次,为读者举办各种活动2 132次,参加人次87.06万人次。博物馆、纪念馆111个,新增了上海动漫博物馆、上海电信博物馆、上海人文纪念博物馆等,从业人员现有2 280人,馆内藏品283.05万件,举办展览活动197个,参观人数达到1 117万人次。

江苏

2009年江苏共有公共图书馆109个,比2008年增加3个,从业人员2 787人,比2008年增加70人。公共图书馆总藏量4 070.96万册,新购藏量204.69万册,书刊文献外借1 481.06万人次,外借2 444.81万册次,组织各类讲座2 109次,参加人数38.86万人次,举办展览682个,参观人次177.25万人次,举办培训班1 367个,培训人次13.67万人次,公用房屋建筑面积64.83万平方米。在2010年初文化部公示的全国公共图书馆第四次评估定级拟上等级图书馆名单中,江苏一级馆总数大大领先于全国其他各省(市、区),再拔头筹。2009 年江苏有博物馆 182 个,新增镇江中国醋文化博物馆等 17 个博物馆,从业人员3 938人,比 2008 年增加 468 人。

浙江

2009 年浙江共有公共图书馆 96 个,比 2008 年增加 2 个,从业人员2 646人,比 2008 年增加 120 人。公共图书馆总藏量3 552万册,本年新购藏量 372 万册,书刊文献外借2 785万人次,比 2008 年增加 482 万人次。经费总支出45 058万元,比 2008 年增加6 945万元。建筑面积共 56 万平方米,比 2008 年增加 1 万平方米。2009 年有博物馆 90 个,新增中国湿地博物馆等 9 个博物馆。藏品640 913件,比 2008 年增加10 028件。其中一级品1 802件,比 2008 年增加 62 件。举办陈列、展览 911 个,比 2008 年增加 255 个。参观人数1 671万人次,比 2008 年增加 531 万人次。收入58 987万元,比 2008 年增加21 046万元。经费支出48 797万元,比 2008 年增加15 545万元。

民资投向博物馆是浙江的一大文化特色。近年来,浙江民办博物馆呈爆发之势,目前,浙江有民办博物馆 60 余家,涉及中草药、珠算、铜雕、民俗工艺等多个门类,大都是国有博物馆未曾关注的领域。

3. 群众艺术馆和文化馆(站)

上海

2009 年上海有群众文化活动机构 242 个,比 2008 年减少 3 个,从业人员4 632人,比 2008 年增加 360 人。共举办文艺活动38 377次,理论研讨和讲座 328 次,举办训练班19 721次,结业 101.53 万人次,举办展览2 483个。其中群众艺术馆 1 个,从业人员 72 人,举办文艺活动 75 次,理论研讨和讲座 102 次,举办训练班 32 次,结业 0.29 万人次,举办展览 9 个。文化馆 28 个,从业人员1 043人,举办文艺活动4 429次,理论研讨和讲座 226 次,举办训练班1 595次,结业 4.28 万人次,举办展览 274 个;文化站 213 个,从业人员3 517人,举办文艺活动33 873次,举办训练班18 094次,结业 96.96 万人次,举办展览2 200个。

江苏

2009 年江苏有群众文化服务机构1 447个,比 2008 年增加 36 个,从业人员6 228人,比 2008 年增加 496 人。其中群众艺术馆、文化馆 117 个,与 2008 年持平,从业人员1 970人,比 2008 年减少 16 人;文化站1 330个,比 2008 年增加 36 个,从业人员4 258人,比 2008 年增加 512 人。

浙江

2009 年浙江有群众艺术馆 12 个,与 2008 年持平。共举办展览 144 个,比 2008 年减少 24 个。组织文艺活动1 663次,比 2008 年增加 958 次。举办训练班1 155次,比 2008 年减少 192 班次。结业人次 4 万 7 千人次,比 2008 年减少 8 千人次。总支出8 926万元,比 2008 年增加1 058万元。有文化馆1 513个,比 2008 年增加 19 个,组织文艺活动25 518次,比 2008 年增加4 246次。举办训练班14 742次,比 2008 年减少2 564班次。结业人次 8 万 1 千 1 百人次,比 2008 年减少 1 万 2 千 6 百人次。总支出43 875万元,比 2008 年增加6 846万元。

4. 文物保护维修

上海

2009 年上海有文物保护机构 112 个,比 2008 年增加 1 个,从业人员2 379人,比 2008 年减少 1 人。保护维修项目 41 个,比 2008 年减少 2 个;维修面积 9 万平方米,比 2008 年增加 7 万平方米;项目总预算24 798万元;当年保护维修支出13 176万元。

2010 年,上海市将城市历史建筑的保护工作放到“重中之重”的高度,提出要建立最严格的保护制度。目前,上海市着手对 64 条中心道路进行原汁原味的整体规划保护,承诺“永不拓宽”,并将通过住房保障体制的完善,进一步平衡居民生活改善与历史建筑保护。

江苏

截至2009年,江苏有文物保护管理机构62个,比2008年增加2个,从业人员331人,比2008年减少17人;文物科研及其他文物机构14个,比2008年增加2个,从业人员81人,比2008年减少19人。

2010年初,国家住房与城乡建设部日前公布了"第二批中国国家自然与文化双遗产预备名录",南京中山陵园风景区成功入选,实现了江苏在"国家级自然与文化双遗产"方面零的突破。2010年4月,第五届"中国文化遗产保护无锡论坛"在太湖之滨无锡举行。连续五年的成功举办,使"无锡论坛"成为国内文化遗产界最具影响力的高端论坛。2010年6月,中国文化遗产日主场城市活动在苏州举办。闭幕式上,第二届"中国历史文化名街"正式揭晓,苏州市山塘街、无锡市清名桥历史文化街区、扬州市东关街登榜。几乎与此同时,张家港东山村遗址入选全国十大考古新发现。但令人遗憾的是,仅仅一个月之后,曾入围2009年度全国十大考古新发现的镇江宋元粮仓惨遭强拆,这一事件警醒人们:如果没有行之有效的问责制,文物保护只能扮演弱者的角色。

浙江

2009年,浙江有文物保护单位93个,与2008年持平。藏品66 304件,比2008年减少9 039件,其中一级品258件,比2008年减少26件。举办陈列、展览141个,比2008年增加10个。参观人数881万人次,比2008年增加94万人次。收入60 691万元,比2008年增加17 559万元。经费支出53 227万元,比2008年增加20 580万元。

2010年7月,中国水下文化遗产保护宁波基地在浙江宁波正式挂牌,与此同时,中国国家水下文化遗产保护宁波基地暨宁波中国港口博物馆建设工程在宁波北仑春晓滨海新区正式奠基。2010年8月,在巴西利亚举行的第34届世界遗产大会上,经联合国教科文组织世界遗产委员会批准,"中国丹霞"被正式列入《世界遗产名录》,浙江与其他地区联合申报的江山江郎山名列其中,浙江申遗取得零的突破。

5. 广播电视

上海

2009年有广播电台中短波发射台4座,广播节目22套,日均播音时间360小时,比2008年减少1小时,全年制作节目时间91 660小时,比2008年增加5 134小时;电视发射台11座,公共电视节目25套,付费电视节目16套,周均播放3 341小时,比2008年增加39小时,全年制作节目63 401小时,比2008年增加10 043小时。有线电视总用户553.3万户,比2008年增加26.1万户,有线电视入户率109.21%,有线广播电视传输网络干线总长35 387公里,比2008年增加1 691公里。

江苏

2009年江苏广播、电视业职工总人数为42 575人,比2008年增加3 065人。有广播电台14座,广播人口覆盖率100%,广播节目制作571 053小时,比2008年减少7 621小时。有电视台14座,电视人口覆盖率99.9%,电视节目制作162 649小时,比2008年增加5 796小时。有线电视用户数1 724万户,比2008年增加155万户,有线电视入户率72.2%。数字电视用户数730万户,比2008年增加174万户。

浙江

2009年浙江有广播电台12台,广播节目106套,与2008年持平。全年公共广播节目播出时间694 857小时,比2008年增加7 833小时。广播人口综合覆盖率99.09%,而2008年为98.92%。有省市级电视台共12个,电视节目114套,与2008年持平。电视节目播出时间700 188小时,比2008年增加20 856小时。电视人口覆盖率为99.27%,2008年为99.13%。有线电视入户率为69.61%,2008年为66.93%。

（二）文化产业

1. 演艺业

上海

2009 年有艺术表演场所 104 个，比 2008 年减少 35 个，从业人员1 891人；艺术表演团体 77 个，从业人员6 258人，国内演出共15 763场，观众共计1 012万人次。其中话剧、儿童剧、滑稽剧团 9 个，从业人员 517 人，国内演出共1 091场，观众共计 93.3 万人次。歌剧、舞剧、歌舞剧团 5 个，从业人员 543 人，国内演出共 890 场，观众共计 35.6 万人次。乐团、歌舞团、轻音乐团 22 个，从业人员3 376人，国内演出共2 201场，观众共计 238.5 万人次。戏曲剧团 22 个，从业人员1 257人，国内演出共6 721场，观众共计 247.4 万人次。曲艺，杂技，木偶，皮影团 9 个，从业人员 428 人，国内演出共2 910场，观众共计 224.9 万人次。

江苏

2009 年有艺术表演场馆 97 个，比 2008 年增加 7 个，从业人员2 563人，比 2008 年减少 37 人。艺术表演团体 119 个，与 2008 年持平，从业人员5 655人，比 2008 年增加 76 人。其中话剧、儿童剧、滑稽剧团 5 个，与 2008 年持平，从业人员 173 人，比 2008 年减少 3 人；歌剧、舞剧、歌舞剧团仍为空白；歌舞团、轻音乐团 14 个，与 2008 年持平，从业人员 929 人，比 2008 年增加 14 人；乐团 2 个，与 2008 年持平，从业人员 28 人，比 2008 年减少 1 人；戏曲剧团 75 个，与 2008 年持平，从业人员2 545人，比 2008 年增加 1 人；曲、杂、木、皮团 17 个，与 2008 年持平，从业人员 523 人，比 2008 年增加 10 人；综合性剧团 6 个，与 2008 年持平，从业人员1 457人，比 2008 年增加 55 人。

浙江

浙江现有 125 个艺术表演场馆，136 340个坐席，每年演出 3.9 万场，观众 922.6 万人次，演出收入22 676.7万元。1 200个座位以上的大型剧院有 42 座，800 至1 200个座位的中型剧院有 65 座，300 至 800 个座位的小型剧院有 18 座。近年来，浙江新建（改扩建）的 12 座剧院，投资均超过了 1 亿元，如杭州大剧院投资超过 10 亿元，宁波大剧院投资 6.2 亿元，温州大剧院投资 6 亿元，湖州大剧院投资 2 亿元等等。这些剧院设施先进、功能完备，能够较好地满足不同要求的舞台演出。2009 年浙江有艺术表演团体 72 个，比 2008 年增加 1 个。民营文艺表演团体蓬勃发展，现已初具产业规模，呈现出良好的发展态势和产业前景。目前，浙江全省有民营文艺表演团体 489 家，年均演出 10 万余场，成为浙江演出市场尤其是农村演出市场的重要力量。

2. 新闻出版业

上海

2009 年出版图书 2.74 亿册，比 2008 年增加 0.1 亿册，占全国图书总出版量 3.9%；图书出版机构 40 个，比 2008 年增加 1 个，从业人员4 006人，比 2008 年增加 123 人。书刊印刷机构4 614个，比 2008 年减少 509 个，从业人员 15.62 万人，比 2008 年增加 1.75 万人。图书发行机构8 862个，比 2008 年减少 83 个，从业人员 2.68 万人，比 2008 年增加 0.18 万人。发行期刊 1.79 亿册，比 2008 年减少 0.11 亿册，占全国期刊总发行数的 5.8%；发行报纸 16.33 亿份，比 2008 年减少 0.91 亿份，占全国报纸总发行数的 3.7%。出版音像电子产品数量3 126种，共计4 628.79万张（盒），发行2 787.65万张（盒），发行总金额26 288.64万元。

江苏

2009 年出版图书总计12 587种，总印数49 486万册，总印张303 010万印张；出版期刊 439 种，总印数9 578万册，总印张38 683 万印张；出版报纸 142 种，总印数264 971 万册，总印张1 134 141万印张。

浙江

2009年出版图书7 835种,比2008年增加553种,总印数31 221万册,比2008年增加1 657万册,总印张2 059 221千印张,比2008年增加240 886千印张;出版杂志218种,比2008年减少1种,总印数7 596万册,比2008年增加189万册,总印张360 658千印张,比2008年增加60 776千印张;出版报纸70种,与2008年持平,总印数314 033万份,比2008年增加15 356万份,总印张13 589 502千印张,比2008年增加1 612 165千印张。

3. 影视业

上海

2009年有电影放映单位226个,比2008年减少9个。其中影、剧院169个,比2008年增加了3个。2009年生产故事影片11部,比2008年减少6部,译制片284部,比2008年增加36部。放映电影44万场,比2008年增加9万场。观众1 938万人次,比2008年增加1 456万人次。放映收入66 737.07万元,比2008年增加22 776.89万元。

浙江

2009年浙江有电影放映单位100个,放映电影43万场,比2008年增加5万场。观众1 299万人次,比2008年增加384万人次。放映收入42 144万元,比2008年增加14 844万元。

(三)文化体制改革

上海

根据中央确定的文化体制改革各项重点任务的"路线图"和"时间表",近年来,上海抓住重点加速推进:经营性出版发行单位转企改制、党报党刊发行体制和广播电视节目制播分离改革、电影制作发行放映单位转企改制、国有文艺院团转企改制整体转企改制,让濒临绝境的上影厂重新挺立在中国电影产业的潮头;"制播分离"改革之路,让上海文广集团创造了"喜羊羊"营销奇迹;项目公司制改革,让上海马戏团彻底摆脱人才流失、四面楚歌的窘境;牢牢坚持"新模式是文化产业发展的突破点",让盛大网络逆势飞扬。2009年10月,原上海文广新闻传媒集团宣告更名为上海广播电视台,并出资组建上海东方传媒(集团)有限公司,在全国率先整体实施广播电视制播分离。11月,上海文化广播影视集团下属的文广演艺中心,率领5家上海知名文艺院团集体实施转企改制。挂牌成立的上海文广演艺(集团)有限公司,成为一家拥有5千万元注册资本、净资产近10亿元的大型演艺集团。标志着上海国有文艺演出院团转企改制工作取得了阶段性的成果。

江苏

在2009年8月召开的江苏全省文化建设工作会议上,时任江苏省委书记梁保华明确提出要全面推进文化强省建设,要求2010年全省经营性文化事业单位转企改制到位,公益性文化事业单位内部机制改革到位,2012年全省文化产业增加值占GDP的比重将达到5%以上。同一时期,全国文化体制改革经验交流会在江苏召开,江苏省获评"文化体制改革先进地区",江苏省演艺集团有限公司、江苏省广播电视信息网络股份有限公司、江苏幸福蓝海影视文化集团有限公司、江苏凤凰出版传媒集团有限公司等4家"文化体制改革先进企业"也获得了表彰。目前,江苏文化体制改革总体进展顺利:在全国率先整合全省广电资源,组建省广电网络公司;2009年全面完成全省市、县级文艺院团体制改革任务,完成全省文化系统所有公益性文化事业单位内部机制改革;加强资源整合,完成全省文化市场综合执法机构的组建工作,形成文化市场综合执法的整体合力。

浙江

2006年全国文化体制改革工作会议之后,文化体制改革在浙江全省各地全面铺开。2009年5月,浙江省委十二届五次全会将深化文化体制改革作为继续深化改革的六大重点之一,随后的全省文化体制改革工作会议又对2009年基本完成文化体制改革任务作了全面部署。在此期间，浙江省委、省政府先后出台了《关于全面推进文化体制改革的实施意见》、《浙江省推动文化大发展大繁荣纲要(2008－2012)》等一系列政策，明确提出解放和发展文化生产力，着力建设文化产业发展体系。试点先发优势为改革赢得了机遇，决策部署带动了产业的发展。浙江出版联合集团公司在全国省级出版集团中率先整体转制。浙江日报报业集团、浙江广播电视集团等新闻媒体稳步探索宣传业务和经营业务“两分开”，文艺院团的改革逐步深化。

(四)上海世博会与长三角文化发展

在上海世博会的184天会期里，来自世界各地的800多个节目在世博园内轮番上演约2万场次，平均每天上演100多场。比2000年德国汉诺威世博会和2005年日本爱知世博会分别多出5 000场和9 000场。包括西班牙弗拉门戈舞蹈、俄罗斯马林斯基芭蕾、英国伦敦爱乐交响、加拿大太阳马戏、黎巴嫩卡拉卡拉舞蹈、委内瑞拉玻利维亚青年交响，布隆迪大鼓等在内的不少演出团体是第一次来到中国，有些甚至是第一次来到亚洲演出。同时，国内各省区市活动周的节目，也将中国文化、中国元素对世界进行了全面展示，这无疑极大地促进了各国文化交流，开拓文化创意产业的最新思路，从而推动文化创新发展。

此外，在184天的世博会期间，共有4万场群众文化活动在上海城乡的广场、绿地、社区举行。上海世博会的举办还带动了艺术展览热，全国乃至世界的艺术珍品齐聚沪上，为人们奉上了一道道饕餮大餐。除了在世博园区和上海美术馆举办的一系列大型艺术展外，上海几乎所有的展览馆、画廊等民间艺术机构都借此机会推出艺术活动，形成壮观的“外围”展览景观，呈现出文化多元性和鲜活生命力。

当上海世博会临近尾声，双年展、国际当代艺术展、电子艺术节等三项大工程又将相继登沪三个非盈利艺术机构也相继落户上海，民生美术馆、外滩美术馆和喜马拉雅美术中心的开馆，为这个城市乃至整个中国的当代艺术生态注入源源活力。世博之后，上海东方明珠(集团)股份有限公司、AEG以及NBA将联手对世博文化中心今后的20年进行经营管理，而文化中心作为上海世博会永久保留的标志性建筑之一，在以昂扬姿态服务世博的同时，也在积极拓展“后世博”的综合发展规划，力争将世界水平的各类大型体育赛事、文化娱乐活动、演出及展览带进全新的文化中心，为大型场馆和公众建筑的经营管理与可持续发展树立全新典范。

为了给上海世博会营造一个良好的社会文化环境，江浙沪共同建立世博会版权行政执法快速反应机制。在世博会筹办和举办期间，江浙沪联手及时查处有关侵犯世博会会徽、会歌、吉祥物、口号及参赛作品等有关作品版权的行为，积极防范和查处损害国家利益和形象的重大侵权盗版活动。按照文化部的统一部署，上海、江苏、浙江针对上海世博会延续时间长、文艺演出活动丰富、旅游参观人员多的特点，达成了文化市场综合执法区域协作协议。协议旨在有效整合区域执法资源，形成监管合力，提高监管效能。按照协议规定，3省市建立联席会议机制，定期召开联席会议，通报“平安世博”行动进展情况，研究文化市场监管形势，制定综合执法区域协作方案，组织开展联合执法行动，协调查处文化市场重大案件，并以此为基础，积极探索长效机制，共同推进长三角地区的文化市场建设。

世博会期间，江浙沪三地还同时举办以“文化世博，阅读天下”为主题的图书精品展销活动。三省市中心城市新华书店以“世博出版物”、“长三角精品出版物”等为分主题，开展集中陈列促销；同时在博库书城等网站进行同步主题推广。结合年度全民阅读活动，三地还将轮流举办长三角读书节和专题读书活动。

三十三　长三角大众传媒产业

一、长三角大众传媒产业基本情况

长三角地区在国内的强势经济地位与发展活力,为当地传媒产业的发展提供了肥沃土壤和发展的动力,发展水平在全国处于较高的层次。2009年受金融危机影响,长三角传媒产业发展也受到一定的冲击,其报纸、期刊等传统媒体的发行种类和发行量都出现小幅下降。图书因为教育类图书产品刚性需求的存在,受危机影响较小,发行种类和数量继续保持增长态势。

2009年长三角共出版报刊312种,比2008年减少1种;总印数74.23亿册,比2008年减少0.82亿册,同比下降1.09%;总印张数327.25亿印张,比2008年减少0.28亿印张,同比下降0.09%。出版期刊1 278种,比2008年减少3种;总印数3.51亿册,比2008年减少0.1亿册,同比下降2.77%;总印张数16.00亿印张,比2008年增加0.25亿印张,同比增长1.59%。出版图书39 295种,比2008年增加3 042种,同比增长8.39%;总印数10.81亿册,比2008年增加0.15亿册,同比增长1.41%;总印张数76.35亿印张,比2008年减少1.46亿印张,同比下降1.88%(表3-165)

表3-165　2006-2009年长三角报刊、期刊、图书出版情况

		2006年	2007年	2008年	2009年
报刊	种类(种)	314.00	314.00	313.00	312.00
	总印数(亿册)	72.65	74.17	75.05	74.23
	总印张数(亿印张)	313.58	324.88	327.53	327.25
期刊	种类(种)	1 273.00	1 281.00	1 281.00	1 278.00
	总印数(亿册)	3.54	3.51	3.61	3.51
	总印张数(亿印张)	15.47	46.40	15.75	16.00
图书	种类(种)	34 121.00	34 537.00	36 253.00	39 295.00
	总印数(亿册)	9.97	9.88	10.66	10.81
	总印张数(亿印张)	71.51	71.81	77.81	76.35

二、上海市大众传媒产业基本情况

(一)上海市的总体情况

1. 电视台情况

2009年上海市电视台共有节目25套;公共节目播出时间173 742小时,其中市级电视台123 846小时,区县级电视台49 896小时,同比分别增长1.17%、2.47%和-1.92%;全年制作节目时间63 401小时,同比增长18.82%(表3-166)。

表 3-166 2006-2009 年上海市电视台情况

	2006 年	2007 年	2008 年	2009 年
节目套数(套)	25	25	25	25
公共节目播出时间(小时)	159 550	172 278	171 730	173 742
全年制作节目时间(小时)	66 275	61 275	53 358	63 401

2. 广播电台情况

2009 年上海市广播电台共有节目 21 套;公共节目播出时间131 467小时,其中市级广播电台76 807小时,区县级广播电台55 047小时,同比分别增长-0.29%、-0.95%和0.62%;全年制作节目时间91 660小时,同比分别增长6.01%(表3-167)。

表 3-167 2006-2009 年上海市广播电台情况

	2006 年	2007 年	2008 年	2009 年
节目套数(套)	21	21	21	21
公共节目播出时间(小时)	129 740	130 511	131 854	131 467
全年制作节目时间(小时)	90 582	86 733	86 466	91 660

3. 有线电视情况

2009 年,上海有线电视总用户数为 553.3 万户,比 2008 年增加了 26.1 万户,同比增长了4.95%;有线电视入户率为 109.21%,增加了 4.45 个百分点;有线广播电视传输网络干线总长35 387公里,同比增长了5.02%(表3-168)。

表 3-168 2006-2009 年上海市有线电视基本情况

	2006 年	2007 年	2008 年	2009 年
有线电视总用户数(万户)	477.20	499.30	527.20	553.30
有线电视入户率(%)	96.10	99.94	104.76	109.21
有线广播电视传输网络干线总长(公里)	28 551.00	30 201.00	33 696.00	35 387.00

4. 报刊出版情况

2009 年上海市共出版报刊 100 种,其中综合报 12 种,专业报 88 种,均与 2008 年相同;报刊期数为11 178期,比 2008 年增加了 144 期,增幅为 1.31%;每期平均印数 741 万份,同比减少了 46 万份,降幅为 5.84%;总印数为 16.33 亿册,同比减少了 -0.91 亿册,降幅为 5.28%;总印张数为 77.94 亿印张,同比减少了 10.35 亿印张,降幅为 11.72%(表3-169)。

表 3 -169　2006 -2009 年上海市报刊出版情况

		2006 年	2007 年	2008 年	2009 年
种类(种)	总计	101.00	101.00	100.00	100 .00
	综合报	19.00	18.00	12.00	12.00
	专业报	82.00	83.00	88.00	88.00
期数(期)		10 982.00	10 894.00	11 034.00	11 178.00
每期平均印数(万份)		850.00	815.00	787.00	741.00
总印数(亿册)		17.89	17.04	17.24	16.33
总印张数(亿印张)		87.33	86.75	88.29	77.94

5. 期刊出版情况

2009 年上海市共出版期刊621 种,比2008 年减少了2 种;出版期数为5 907期,同比减少了3 期,降幅为 0.05%;每期平均印数1 039万份,同比减少了 66 万份,降幅为 5.97%;总印数为 1.79 亿册,同比减少了 0.11 亿册,降幅为 5.79%;总印张数为 9.02 亿印张,同比减少了 0.25 亿印张,降幅为 2.70%(表 3 -170)。

表 3 -170　2006 -2009 年上海市期刊出版情况

	2006 年	2007 年	2008 年	2009 年
种类(种)	616.00	624.00	623.00	621.00
出版期数(期)	5 756.00	5 540.00	5 910.00	5 907.00
每期平均印数(万册、份)	1 125.00	1 117.00	1 105.00	1 039.00
总印数(亿册)	1.83	1.83	1.90	1.79
总印张数(亿印张)	8.76	8.75	9.27	9.02

6. 图书出版情况

2009 年上海市共出版图书18 873种,比 2008 年增加了1 093种,增幅为 6.15%;总印数为 2.74 亿册,同比增加了 0.1 亿册,增幅为 3.79%;总印张数为 25.46 亿印张,同比增加了 0.49 亿印张,增幅为 1.96%(表 3 -171)。

表 3 -171　2006 -2009 年上海市图书出版情况

	2006 年	2007 年	2008 年	2009 年
种类(种)	17 283.00	16 958.00	17 780.00	18 873.00
总印数(亿册)	2.54	2.40	2.64	2.74
总印张数(亿印张)	24.86	24.05	24.97	25.46

(二)上海市的占比情况

2006 -2009 年上海市报刊种类和总印量在长三角的比重并不大,平均在 1/3 以下,2009 年上海报刊种类、总印数、总印张数分别占长三角的 32. 05 %、22. 00% 和 23. 82%；期刊和图书发展相当繁荣，出版种类在长三角的比重接近一半，显示出绝对主力地位，2009 年上海期刊种类、总印数、总印张数分别占长三角的 48. 59%、51. 00% 和 56. 38%，均比 2008 年略有下降，图书种类、总印数、总印张分别占长三角的 48. 03%、25. 35% 和 33. 35%（图 3 －43、表 3 －172）。

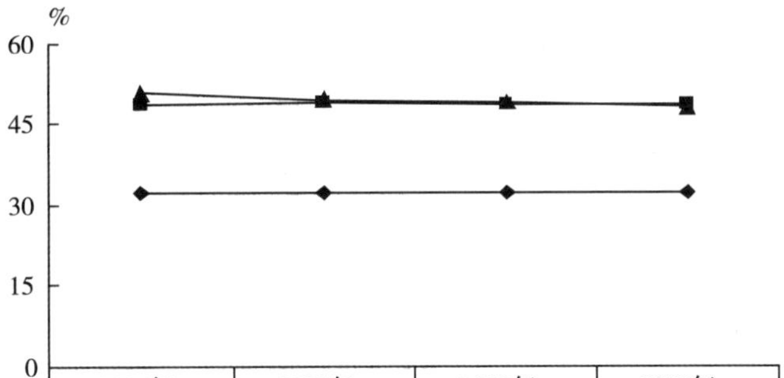

	2006年	2007年	2008年	2009年
—◆— 报刊	32.17	32.17	31.95	32.05
—■— 期刊	48.39	48.71	48.63	48.59
—▲— 图书	50.65	49.10	49.04	48.03

图 3 －43　2006 －2009 年上海市报刊、期刊、图书出版种类占长三角的比重

表 3 －172　2006 －2009 年上海市报刊、期刊、图书出版占长三角比重

单位：%

		2006 年	2007 年	2008 年	2009 年
报刊	总印数	24. 62	22. 97	22. 97	22. 00
	总印张数	27. 85	26. 70	26. 96	23. 82
期刊	总印数	51. 69	52. 17	52. 63	51. 00
	总印张数	56. 63	18. 86	58. 86	56. 38
图书	总印数	25. 48	24. 28	24. 77	25. 35
	总印张数	34. 76	33. 49	32. 09	33. 35

三、江苏省大众传媒产业基本情况

（一）江苏省的总体情况

1. 电视台情况

2009 年，江苏省共有电视台 14 座；电视发射及转播台 116 座；发射机功率为 505 千瓦，增加了 13 千瓦，增幅为 2. 64%；电视人口覆盖率为 99. 9%；有线电视用户1 724万户，数字电视用户 730 万户；有线电视入户率 72. 2%；节目制作时间为162 649小时，同比增长 3. 7%（表 3 －173）。

表 3－173 2006－2009 年江苏省电视台情况

	2006 年	2007 年	2008 年	2009 年
电视台(座)	14.0	14.0	14.0	14.0
电视发射及转播台(座)	112.0	116.0	116.0	116.0
发射机功率(千瓦)	475.0	487.0	492.0	505.0
电视人口覆盖率(%)	99.9	99.9	99.9	99.9
有线电视用户数(万户)	-	1 451.0	1 569.0	1 724.0
数字电视用户数(万户)	-	323.0	556.0	730.0
有线电视入户率(%)	-	62.4	65.8	72.2
节目制作时间(小时)	216 089.0	156 840.0	156 853.0	162 649.0

2. 广播电台情况

2009 年,江苏省共有广播电台 14 座,中短波发射台及转播台 21 座;中短波发射机功率为 795 千瓦;广播人口覆盖率为 100.0%;节目制作时间为571 053小时,同比减少 1.32%(表 3－174)。

表 3－174 2006－2009 年江苏省广播电台情况

	2006 年	2007 年	2008 年	2009 年
广播电台(座)	14.0	14.0	14.0	14.0
中短波发射台及转播台(座)	21.0	21.0	21.0	21.0
中短波发射机功率(千瓦)	565.0	755.0	755.0	795.0
广播人口覆盖率(%)	99.9	99.9	99.9	100.0
节目制作时间(小时)	500 707.0	528 823.0	578 674.0	571 053.0

3. 报刊出版情况

2009 年江苏省共有报纸 142 种,比去年减少 1 种;总印数为264 971万册,同比减少14 429万册,降幅为 5.16%;总印张数为1 134 141万印张,同比减少60 590万印张,降幅为 5.07%(表 3－175)。

表 3－175 2006－2009 年江苏省报纸出版情况

	2006 年	2007 年	2008 年	2009 年
种数(种)	143	143	143	142
总印数(万册、万份)	267 261	280 300	279 400	264 971
总印张(万印张)	1 018 267	1 089 560	1 194 731	1 134 141

4. 期刊出版情况

2009 年江苏省共出版期刊 439 种,与去年持平;总印数为9 578万册,同比减少 74 万册,降幅为 0.77%;总印张数为38 683万印张,同比增加3 901万印张,增幅为 11.22 %(表 3－176)。

表 3－176　2006－2009 年江苏省期刊出版情况

	2006 年	2007 年	2008 年	2009 年
种数(种)	439	439	439	439
总印数(万册、万份)	9 069	8 696	9 652	9 578
总印张(万印张)	36 663	343 701	34 782	38 683

5. 图书出版情况

2009 年江苏省共出版图书12 587种，同比增加1 396种，增幅为 12. 47 %；总印数为49 486万册，同比减少1 154. 56万册，降幅为 2. 28%；总印张数为303 010万印张，同比减少43 551. 1万印张，降幅为 12. 57%（表 3－177）。

表 3－177　2006－2009 年江苏省图书出版情况

	2006 年	2007 年	2008 年	2009 年
种数(种)	9 550	10 593	11 191. 00	12 587
总印数(万册、万份)	47 277	49 189	50 640. 56	49 486
总印张(万印张)	303 581	314 262	346 561. 10	303 010

（二）江苏省的占比情况

2006－2009 年江苏省报刊种类在长三角中比重最大，平均超过 45%，总印数所占比重也较大，均大于 35%，2009 年江苏省报刊种类、总印数、总印张数占长三角的比例均有所下降，分别为 45. 51%、35. 70 % 和 34. 66 %；期刊种类在长三角的比重较大，平均超过 34%，总印数所占比重却相对偏小，2009 年江苏省期刊种类、总印数、总印张数分别占长三角的 34. 35%、27. 35% 和 24. 19%；图书种类在长三角比重也偏小，但总印数却较高，2009 年江苏省图书种类、总印数、总印张数分别占长三角的 32. 03%、45. 79% 和 39. 69%（图 3－44、表 3－178）。

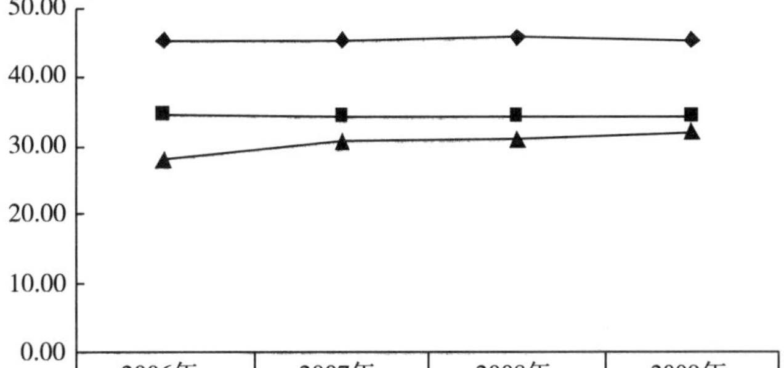

	2006年	2007年	2008年	2009年
报刊	45.54	45.54	45.69	45.51
期刊	34.49	34.27	34.27	34.35
图书	27.99	30.67	30.87	32.03

图 3－44　2006－2009 年江苏省报刊、期刊、图书出版种类占长三角的比重

表 3－178　2006－2009 年江苏省报刊、期刊、图书出版占长三角比重

单位:%

		2006 年	2007 年	2008 年	2009 年
报刊	总印数	36.79	37.79	37.23	35.70
	总印张数	32.47	33.54	36.48	34.66
期刊	总印数	25.71	24.79	26.87	27.35
	总印张数	23.72	74.07	22.10	24.19
图书	总印数	47.44	49.76	47.47	45.79
	总印张数	42.46	43.76	44.54	39.69

四、浙江省大众传媒产业基本情况

(一)浙江省的总体情况

1. 电视台情况

2009 年,浙江省共有省市级电视台 12 座;电视节目套数 114 套;电视发射台及转播台 104 座,同比减少了 6 座;播出时间为700 188小时,同比增长了 3.07%;电视人口覆盖率为 99.27%,同比增加 0.14 个百分点;有线电视入户率 69.61%,同比增加 2.68 个百分点(表 3－179)。

表 3－179　2006－2009 年浙江省电视节目制作情况

	2006 年	2007 年	2008 年	2009 年
省市级电视台(座)	12.00	12.00	12.00	12.00
电视节目套数(套)	111.00	114.00	114.00	114.00
电视发射台及转播台(座)	128.00	117.00	110.00	104.00
播出时间(小时)	608 806.00	659 073.00	679 332.00	700 188.00
电视人口覆盖率(%)	98.95	99.07	99.13	99.27
有线电视入户率(%)	63.72	66.69	66.93	69.61

2. 广播电台情况

2009 年,浙江省共有省市级广播电台 12 座;广播节目套数 106 套;中短波广播发射台和转播台 37 座;县级广播电视台 66 个;广播人口综合覆盖率为 99.09%,同比增加 0.17 个百分点;全年公共广播节目播出时间694 857小时,同比增长 1.14%(表 3－180)。

表 3－180　2006－2009 年浙江省广播节目制作情况

	2006 年	2007 年	2008 年	2009 年
省市级广播电台(座)	12.00	12.00	12.00	12.00
广播节目套数(套)	104.00	106.00	106.00	106.00

（续表）

	2006 年	2007 年	2008 年	2009 年
中短波广播发射台和转播台（座）	36.00	36.00	36.00	37.00
县级广播电视台（个）	66.00	66.00	66.00	66.00
广播人口综合覆盖率（%）	98.56	98.73	98.92	99.09
全年公共广播节目播出时间（小时）	657 249.00	672 587.00	687 024.00	694 857.00

3. 报纸出版情况

2009 年浙江省共出版报纸 70 种，其中综合报 44 种，专业报 26 种；总印量为314 033万册，同比增加15 356万册，增幅为 5.14 %；总印张为13 589 502千印张，同比增加1 612 165千印张，增幅为 13.46 %（表 3－181）。

表 3－181　2006－2009 年浙江省报纸出版情况

		2006 年	2007 年	2008 年	2009 年
种类（种）	总计	70	70	70	70
	综合报	45	47	47	44
	专业报	25	23	23	26
总印量（万册、万份）		280 261	291 048	298 677	314 033
总印张（千印张）		12 441 926	12 917 060	11 977 337	13 589 502

4. 杂志出版情况

2009 年浙江省共出版杂志 218 种，同比减少 1 种；总印量为7 596万册，同比增加 189 万册，增幅为 2.55 %；总印张为310 658千印张，同比增加10 776千印张，增幅为 3.59%（表 3－182）。

表 3－182　2006－2009 年浙江省杂志出版情况

	2006 年	2007 年	2008 年	2009 年
种数（种）	218	218	219	218
总印量（万册、万份）	8 009	8 082	7 407	7 596
总印张（千印张）	304 191	327 935	299 882	310 658

5. 图书出版情况

2009 年浙江省共出版本版图书7 835种，同比增加 553 种，增幅为 7.59 %；总印量为31 221万册，同比增加1 657万册，增幅为 5.60 %；总印张为2 059 221千印张，同比增加240 886千印张，增幅为 13.25 %（表 3－183）。

表 3 – 183　2006 – 2009 年浙江省图书出版情况

	2006 年	2007 年	2008 年	2009 年
本版图书种数(种)	7 288	6 986	7 282	7 835
总印量(万册、万份)	27 026	25 656	29 564	31 221
总印张(千印张)	1 628 931	1 633 112	1 818 335	2 059 221

(二)浙江省的占比情况

2006 – 2009 年浙江省大众传媒产业有了突飞猛进的发展,其中报刊发行成绩最为显著,2009 年浙江虽然报刊种类占长三角的比例最低,只有 22. 44% ,但总印数和总印张的比例却最高,并首次突破 40% ,分别达到 42. 30% 和 41. 53% ;期刊种类在长三角的比重是三种出版物中最低的,总印数基本在 23% 左右上下波动,2009 年浙江省期刊种类、总印数、总印张数分别占长三角的 17. 06% 、21. 65% 和 19. 44 % ;图书种类在长三角中的比重也较低,2009 年浙江省图书种类、总印数、总印张数分别占长三角的 19. 94% 、28. 86% 和 26. 97% (图 3 – 45、表 3 – 184)。

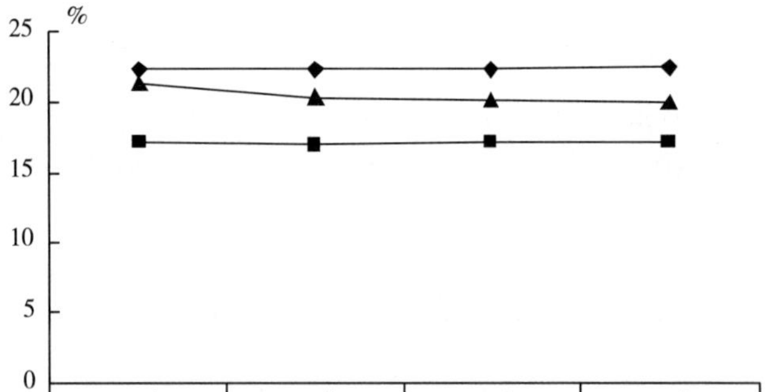

	2006年	2007年	2008年	2009年
◆ 报刊	22.29	22.29	22.36	22.44
■ 期刊	17.12	17.02	17.10	17.06
▲ 图书	21.36	20.23	20.09	19.94

图 3 – 45　2006 – 2009 年浙江省报刊、期刊、图书出版种类占长三角的比重

表 3 – 184　2006 – 2009 年浙江省报刊、期刊、图书出版占长三角比重

单位:%

		2006 年	2007 年	2008 年	2009 年
报刊	总印数	38. 58	39. 24	39. 80	42. 30
	总印张数	39. 68	39. 76	36. 57	41. 53
期刊	总印数	22. 60	23. 04	20. 50	21. 65
	总印张数	19. 65	7. 07	19. 05	19. 44
图书	总印数	27. 08	25. 96	27. 77	28. 86
	总印张数	22. 78	22. 74	23. 36	26. 97

五、主要措施分析

（一）上海市的主要措施

上海传媒产业的发展致力于布局未来竞争的制高点。如文广集团（SMG）致力于实现两个战略转变：从为播出而制作变为为市场而制作；从一个地方广播电视播出机构转变为面向全国、乃至全球华语世界的内容提供商、发行商和服务商。目前，上海文广集团旗下不仅有传统的广播、电视、报刊，还有手机电视、电视购物、网络宽频等新媒体业务及文化产业相关多元化业务，他们还充分利用各种资源，开发了张江创意产业园。其旗下的第一财经，从电视频道开始，逐步将电视、广播、网络、日报、周刊等全部资源融合在一起，构建了全媒体的格局。

（二）江苏省的主要措施

江苏传媒产业的发展顺应趋势进入新媒体。新华日报报业集团依托自身新闻资源优势，同时与江苏省三大运营商合作创办了一个立足江苏、覆盖全国的手机新媒体平台《江苏手机报》，收费总用户数同时突破200万，成为该集团第二个超200万读者用户的媒体，也是目前全国省级报业集团中读者用户最多的手机新媒体。2009年以来，“江苏手机报”不断扩大读者覆盖面，实现新跨越，新媒体系列业务涵盖短信、彩信、WAP和3G多媒体等各种形式，产品既有以《江苏手机报—综合版》、《江苏手机报—扬子晚报》为代表的新闻综合类产品，又有江苏手机报的财经、健康、体彩、福彩、娱乐、体育、校园等专业版，丰富多样的版面和品种满足了不同用户的个性化新闻信息需求。

（三）浙江省的主要措施

浙江传媒产业的发展高度重视发展战略。浙江日报报业集团斥巨资同时聘请全球知名的罗兰·贝格等三家咨询公司，全面梳理了该集团的战略发展、管控体系等方面的问题，提出了从传统报业集团向现代传媒集团战略转型的战略目标。同时浙江日报报业集团多方出击实施多元化经营：一是积极实施资本运作。成立了新干线投资公司，专门进行资本运作。二是进行房地产投资开发。该集团与浙江绿城房地产股份公司（上市公司）合资成立浙江报业绿城投资公司，注册资金3.1亿元。现有的房地产项目主要由浙江日报报业集团投资，双方计算资金成本，收取高于银行的利息。

六、存在问题分析

1. 规模“多”而“散”，市场集中度低

尽管近年来长三角地区建立了一批规模较大的传媒集团，但与国外大型传媒企业相比，“个头”仍然偏小，区域产业链群集中度非常低，没有形成在市场占有绝对主导地位的产业或传媒机构。由于传统文化体制条块分割的束缚，传媒集团基本上都是在行政方式推动下，按照同行业、同区域范围组建的。长三角的传媒产业集团也是如此，基本上还停留在以省为单位的“原生态”，没有形成跨地区的好的传媒产业集团，市场集中度低，资源配置没有形成规模，条块分割，竞争也停留在浅层次、低水平上。如果不出台一系列打破条块分割的政策，则集团化建设可能导致新一轮的产业组织结构同构化、低级化，全国统一大流通市场下的产业链经济难以实现。

2. 资源有效整合的“不作为”，使产业组织程度处于低下状态

我国的传媒产业依托的不是市场及其规律的发展，而是行政命令这只“有形的手”“拉郎配”，在积累和扩张过程中，没有形成真正意义上的一体化，也没有形成促进产业生态成长的优质土壤。长三角的传媒产业，大多（或根本上）是属于计划经济的产物，“发展”、“壮大”多是“政策施惠”的结果,因此,资源有效整合“不作为”,使遵循产业规律的有机发展往往是市场的“体外循环”;产业宏观目标和具体战略的市场特征不突出;没有形成有价值的产业文化底蕴;也没有形成产业资源共享的科学机制。

3. 管理“行政化”现象严重,转制革新任重道远

虽然长三角的传媒产业在体制转型方面算是走在前列,但由于产业的市场化程度低,加上长期的计划经济体制的影响和高度的“政府控制惯性”,使传媒产业总体市场管理水平较低,很多传媒转制并不彻底,或者只学到了公司化治理的皮毛而未能领会其精髓。这就导致一些地区传媒产业企业化之后,管理者的政策性宏观调控能力缺失,不知从哪里下手。另一个极端则是,“像以往(计划经济体制状态下)一样”,有利益的人、财、物“眉毛胡子”一把抓,导致二级传媒机构等的生产经营决策权“彷徨”,市场反应能力弱化,传媒产业的转制革新依然任重而道远。

4. 同质化竞争严重,缺乏创意制约传媒持续发展

目前长三角传媒市场基本上还处在早期竞争阶段,同质化竞争严重。一方面传媒竞争日趋激烈,而在内容服务和营销手段上又越来越“大同小异”。报纸没有特色,电视频道面目模糊,克隆成风,媒体普遍缺乏好的产品和服务。传媒产品雷同的背后其实是文化需求创意的不足,文化市场中的多元文化消费需求没有得到全面的关注,产品定位及功能单一。创意为首的传媒产业中创意的价值未得到应有的重视。

5. 赢利模式单一,传媒整合产业价值链能力弱

我国传媒市场仍是半垄断性的,业外资本难以进入,专业化分工不够,传媒产业价值链尚未完全形成。长三角地区也是如此,传媒严重依赖广告,经营模式单一。国泰君安的一份报告指出,绝大多数报纸的收入结构比较单一,广告收入占主营收入比重超过70%,发行收入占比例小,缺乏市场应变能力,经营前景堪忧。由于传媒整合产业价值链能力不高,资源整合能力不强,传媒竞争不是真正内容和服务质量的竞争,而是对有限的广告费进行你死我活的争夺,尽管投入不少,传媒业依然市场总量不大、经营绩效不高、发展后劲不足。

6. 决策型人才匮乏,传媒人才培养方式有待完善

传媒是需要创造力的行业,离不开创造性人才,特别是决策型人才。长三角是我国人才集聚的重要之地,但符合传媒业发展需求的高端人才却相对匮乏。所谓高端人才,是指那种复合型专业化人才,不同于一般岗位上的专业人才。随着传媒从生产型向经营型转变,市场化取向的传媒业对经营者的素质要求也越来越高,决策型人才匮乏问题便显得愈发突出。

另一方面,长三角媒介人才市场远未充分开发,传媒人才的培养方式还不完善,这些都导致对人才的培养远远不能适应市场的需求。以经营管理人才为例,仅仅靠学校教育是不够的,还需要传媒“实战”中的锻炼和熏陶。如何在实践中发掘和培养能够适应国际化传媒经营的人才队伍,是传媒业发展中亟待解决的重要问题。

七、对策建议分析

传媒产业作为国家重点扶持的战略性产业,在产业发展、消费升级和技术进步等因素的推动下,有着巨大的增长空间,也面临着难得的历史性发展机遇。因此,虽然短期内长三角传媒业将受到金融危机的影响,但其程度会比西方媒体弱,而且长期将继续保持高速发展态势。如果能够利用好其中的机会,就有可能变危机为机遇,关键在于采取切实可行的对策。

1. 完善传媒相关法律法规,保障传媒业的健康成长

没有规矩,不成方圆。法律法规是保证正常市场秩序,开展公平竞争的关键,没有制度的约束,市场的经济行为就会陷入混乱。由于计划经济的后遗症和传媒业的特殊性,长期以来我国传媒业的

"人治"现象还普遍存在,特别是在立法滞后,法律法规体系不完善,层次不高,法规与法规之间缺乏协同性的情况下,给"人治"留下了很大的发挥空间。传媒业要实现长远发展,对外发展,必须结合我国的实际情况制定一套适合我国传媒业发展的、符合国际惯例的法律体系。用以保证传媒业的多渠道融资、民营与国有企业的公平竞争、跨区域、跨行业、跨媒体的推行、"走出去"战略的实施等得到详尽的、操作性强的法律法规的保障。

2. 强化创新意识,提高创新能力

传媒业属于创意产业,创新是传媒的永恒主题。随着科学的进步,在信息技术飞速发展的今天,创新已经成为生存的手段。科学技术、科技创新这些基本要素,在经济下行阶段恰恰能够形成"创新的温床"。长三角传媒业处于发展水平较低的不成熟阶段,尤其在当前,改革创新是应对危机之道,要通过体制、内容、载体和经营机制的创新,促生新的消费群体,开拓市场空间,取得跨越式发展和超越。

3. 拓展融资渠道,为中小型传媒企业提供资金保障,激发市场活力

进一步落实对中小型企业的优惠政策,保证市场的多元化,激发市场活力。可以通过设立专项基金鼓励中小型企业打造富有原创性的精品节目;其次,长三角各级政府可以加强与各大银行的联系,为传媒企业和银行搭建沟通的桥梁,帮助企业获得贷款,在条件允许的情况下,尝试政府贴息、银行提供免息贷款等合作方式。还可以以优秀的项目方案和良好的行业前景重塑投资者信心,通过行业协会等相关组织与银行业进行沟通,行业协会可为银行提供客观的项目评估报告,为优秀的项目争取贷款;降低项目成本,积极推进跨媒体合作。

4. 变粗放型的外延式增长方式为内涵式的集约型增长方式

长三角的传媒业大多还处于重量不重质的粗放型经济发展阶段,进行量上的大规模扩张,虽然总盘子很大,但是利润额很小,利润率更低。要实现集约型的经济增长方式,一是进行科学的定岗,避免出现人浮于事的冗员现象。二是对信息产品进行深层次开发。当前,传媒对信息的开发基本上是一次性使用,导致了新闻产品大量浪费和成本过高。一般来说,信息产品经过第一次采集和加工后,还可以进行第二次加工用在其他类型的媒体上,如新闻产品在报纸上刊登之后,还可以放在网络媒体和移动媒体上,更可以对读者和受众分类,进行信息产品综合的深层次加工,满足读者的个性化需求。例如,财经类媒体可以针对大型企业和个人大客户,提供相关行业的年度分析报告。三是实施跨区域和跨媒体战略,充分发挥媒体的规模经济和范围经济效应。媒体通过实施跨区域和跨媒体战略,同样的新闻内容就能在不同地区的媒体和不同的媒介上共同使用,例如,同一媒体在不同省份办的媒体可以共用国际新闻和国内新闻,在同一省份办的媒体还可以共用省内新闻。

5. 改变过于依靠广告的单一盈利模式,丰富和完善盈利模式

目前长三角传媒业仍处于转型和扩张期,积极寻找和拓展新的盈利模式是经营业绩的重要手段。要通过整合资源打通传媒的产业链,实现纵向或横向整合。一方面,我们可以实现纵向整合,通过纵向整合,传媒集团将原材料供应、销售渠道、资本运营等价值行为整合成一条完整的产业链,降低集团内部的交易成本,产业链上的多种盈利模式也降低了行业经营风险。另一方面,也可以尝试横向整合。这方面长三角媒体已在普遍行动,例如新华传媒由图书音像发行业务扩展至图书音像和报刊发行、报刊经营、媒体广告代理、物流配送以及传媒衍生品开发等业务,资产规模、质量和盈利能力都大幅提升。对长三角传媒来讲,以媒体平台为基础,渗入产业领域,真正实现产业协作,力争降低广告收入所占比例,将使一批专业媒体真正焕发青春,实现内容、渠道、实业的共赢。如此不仅可以改变目前收入来源单一,商业模式原始、初级的问题,还可以占据制高点从而获得竞争优势。

6. 加大传媒业人才的培养力度

人才是传媒业中最活跃、最重要的资源,是决定传媒企业在未来竞争中取胜的关键,也是传媒业实现长期、可持续发展的决定性资源。因此,有专家认为,长三角传媒业发展最缺乏的不是资金,而是人才,特别是高层次的复合型人才。随着传媒业由生产型向经营型的转变,既懂新闻,又懂经营的复合型人才成为了传媒业发展的宝贵资源。传媒业要长远持续发展,必须加强对人才的培养和储备。充分利用长三角高校众多、教育资源丰富的优势,把传媒人才教育与传媒企业的实践结合起来,设立职业培训机构和教学科研实习基地,引进培养熟悉国际传媒市场规则和环境的高级人才,建立“官产学研一体化”的传媒业发展模式,为传媒业的长远发展提供源源不断的人才支持和智力保障。

我们正经历着一个世界规模性的经济危机,中国经过三十年的改革开放已经深深地融入了全球经济一体化的进程,所以世界的危机也是我们自己的危机。与历次金融危机相比,这次金融危机波及的范围更广,影响的幅度也更大,必然给我国传媒业带来一定的冲击。但是中国经济保持平稳较快发展的总体格局没有变;推动中国经济持续较快发展的深层因素没有变;中国经济保持平稳较快发展的基本条件没有变。在当前这样的经济大环境下,长三角传媒业应该认清形势,坚定信心,积极应对,把危机转化为历史性机遇,实现产业自身的良性发展。

三十四　长三角文化创意产业

(一)长三角文化创意产业发展基本情况

在我国当前的三大文化产业带(长江三角洲、珠江三角洲、环渤海地区)中,文化产业资产拥有量超过1 000亿元的省市自治区有6个,长三角的上海、江苏、浙江均在其中。近年来,上海提出了以世博为契机打造中国创意之都的口号,江苏和浙江则提出了建设文化强省、文化大省的目标,在国际金融危机的影响下,文化产业在长三角区域仍逆势飘红,成为引人瞩目的现象。

1. 上海

2009年,上海文化产业总体上呈现出快速复苏、稳步增长、走向繁荣的良好势头。上海文化产业从业人员为56.01万人;实现总产出达到3 555.68亿元,比上年增长7.2%;实现增加值847.29亿元,按可比价格计算,比上年增长9.5%;占上海生产总值的比重为5.63%,比上年提高0.07%;对上海经济增长的贡献率达到6.8%,比上年提高0.3%。

从文化产业的结构分布来看,上海文化产业的主体部分即文化服务业实现增加值549.18亿元,比上年增长13.4%,占文化产业增加值的64.8%;文化相关产业实现增加值298.10亿元,增长3.3%,占35.2%。网络文化服务、文化休闲娱乐服务和以广告、会展文化服务为主的其他文化服务三大行业分别实现增加值130.29亿元、149亿元和138.09亿元,合计417.38亿元,占文化服务业增加值的76%。其中网络文化服务、文化休闲娱乐服务业增加值分别比上年增长19.9%、16.3%,在文化服务业各个行业增幅中分列第一、二位。新闻服务、出版发行和版权服务、广播、电视、电影服务、文化艺术服务等传统文化产业去年实现增加值65.68亿元,比上年增长14.3%。

受金融危机后续影响,上海文化贸易出现了多年来首次负增长,但仍然实现贸易顺差。2009年上海文化贸易进出口132.77亿美元,同比下降14.9%。其中,进口43.63亿美元,出口89.13亿美元,实现贸易顺差45.5亿美元。2009年上海核心文化产品出口18.19亿美元,同比下降9.37%,比货物贸易少降4.43个百分点。其中,进口5.08亿美元,出口13.10亿美元,实现贸易顺差8.02亿美元。

截至2009年年底,上海共有80家创意产业集聚区,入驻企业6 110家,比上年增长54%,营业总收入达到422.2亿元,增长84%,缴纳税收增长56%。

2. 江苏

江苏文化产业增长速度继2007年、2008年连续两年超30%之后,2009年文化产业增加值超过1 000亿,增长速度实现了"两个高于":高于全省GDP增长速度,高于第三产业增长速度。截至2009年底,江苏省共有文化产业机构4万家左右,其中企业规模1亿元以上的有300多家。目前,江苏省建成或在建的文化(创意)产业园区和示范基地超过100家,拥有3个国家级动画产业基地、7个国家级文化产业示范基地和27个省级文化产业示范基地。文化创意产业园区和基地已经成为中小文化企业的孵化器,引领、积聚效应正在显现,尤其是动漫企业的集聚效益最为明显。至2009年年底,江苏拥有动漫企业300多家,超过80%的企业入驻省内3个国家级动画产业基地,原创动漫片突破4万分钟,居全国首位。

经过近几年的培育和推进,江苏文化产业发展速度显著加快,市场主体不断壮大,多元投入格局逐步形成,文化产业集聚程度不断提高,文化产业渐成规模,其中,凤凰出版传媒集团、江苏省广电网络股份有限公司的规模和实力在全国处于领先地位,江苏出版业、广播电视业、工艺美术业的销售在国内位于前列。

目前,江苏已基本形成出版发行、广播电视、文化旅游、工艺美术、演艺娱乐等优势文化产业门类。江苏省新闻出版业实现销售收入突破910亿元,成为我国重要的新闻出版基地、印刷基地、光存储生产基地和出版物流通基地。2009年江苏广播影视业总收入超过110亿元,稳居全国前三位。江苏工艺美术行业产值占全国总量的1/10。2008－2009年度全国“文化企业30强”,江苏共有凤凰出版传媒集团公司、省广播电视集团有限责任公司、省广播电视信息网络股份有限公司、省演艺集团有限公司等4家企业入围,名列全国第一。此外,江苏还有21家企业、13个项目入选2009－2010年度全国文化出口重点企业和重点项目,成为国家文化出口重点省份。

3. 浙江

作为全国首批文化体制改革综合试点地区,浙江近年来文化体制改革和文化建设取得重大进展,文化产业呈现出良好的发展态势。2009,浙江文化产业产值比上年增长15.4%,增幅比同期国内生产总值高出5.4个百分点,文化产业实现增加值807.96亿元,比上年增长9.9%,占同期国内生产总值的3.5%,出版发行、广播影视、动漫游戏等文化产业核心层效益稳中有升,显示出旺盛的生命力。动画片产量32 000多分钟,名列全国第二,占据了全国原创动画近1/6,全国优秀动画片中约四分之一源自浙江,浙江动漫已稳居国内“第一方阵”。围绕杭州、宁波、温州等中心城市,浙江现已形成数个文化创意产业集聚地,全省已有18个创意园区,3个国家级人才培训基地。

(二)长三角文化创意产业发展特点

1. 上海

2009年,上海文化产业发展呈现出如下主要特征:

(1)文化与科技融合引领新兴产业迅速崛起。2009年,上海更加注重文化与高新技术融合,在网络视听服务、网络阅读服务、网络财经服务、网络电子商务、网络游戏服务、网络休闲娱乐服务、网络远程教育服务、有线电视“三网合一”等领域保持着全国领先地位。全国第一家“国家数字出版基地”已集聚了330多家数字出版及相关企业,基本形成网络文学、互动教育、网络游戏等特色产业聚集的数字出版产业链。一些大型出版、报业传媒集团与电信运营商强强联手,在电子书、电子报、手机报等新媒体领域加快了跨行业、跨媒体、跨区域发展步伐。

(2)文化与金融融合形成新的文化金融服务产业。针对普遍存在的文化企业“融资难”、文化项目“担保难”、文化资产“估值难”、文化产品“质押难”的症结,上海依托上海国际金融中心建设,大胆启动一系列开拓性尝试。包括创新银行信贷投向引导机制,充分发挥“上海东方惠金文化产业担保有限公司”作用,鼓励社会资本进入文化产业和中小文化企业发展;创新文化产业项目跨地区、跨行业、跨所有制融资机制,创设了全国第一家文化产业投资基金“华人文化产业投资基金”;建立了全国第一家文化产权交易所,为文化产业创设了投融资新渠道和产业资本退出通道。2010年6月,上海首创播映权质押融资,中国银行上海市分行联手中国投资担保有限公司上海分公司、徐汇区财政局,通过电视剧《神话》的播映权质押,向上影英皇文化发展有限公司发放了450万元的贷款,为新片《金枝玉叶》开拍注入“流动性”。这也成为全国首创的播映权质押融资模式。

(3)文化与贸易融合加快文化产品“走出去”步伐。虽然遭遇国际金融危机影响,2009年上海文化贸易仍逆势而上实现顺差45.5亿美元,文化产业的核心领域——文化服务业也是顺差,并已形成拥有自主知识产权的网络文化版权出口、文化娱乐软件服务外包、网上游戏娱乐服务出口等多种国际贸易新形态。

(4)文化体制改革催生出更多的市场主体。到2009年底,上海已完成市属电影制作发行放映单位和电视剧制作(甲种证)单位转企改制,党报党刊发行体制改革,60家经营性出版单位转企改制,

90 家非时政类报刊出版单位转企改制和 6 家市属文艺院团的转企改制。文化体制改革带动了文化市场开放，非公资本进入经营性文化产业领域的空间广为扩展；同时，在众多政策鼓励和允许进入的文化产业领域，初步形成非公资本大规模进入文化产业领域发展的好势头。2009 年上海共有影视剧制作、影视节目制作机构 321 家，其中非公有的 266 家，占总数的 82.9%；持《电影放映许可证》的经营性电影、影剧院 143 家，其中非公有的 95 家，占总数的 66.4%；中小文化企业的快速发展也为上海文化产业不断注入动力、增添活力。

2. 江苏

（1）文化体制改革引发乘数效应。2009 年是江苏文化体制改革的关键年，7 月全省文化建设工作会议在南京召开，会议制订了全省文化体制改革的时间表和路线图，要求 2010 年全省经营性文化单位转企改制到位，2012 年文化产业增加值占比达到 5% 以上。在转企改制过程中，江苏采取"扶上马送一程"的原则，建立相应机制，把资源向改革早、见成效的文化单位倾斜，文化产业焕发出前所未有的活力：凤凰出版传媒集团成为全国第一家资产、销售双超百亿出版传媒集团；江苏广电网络公司有线电视网络用户规模名列中国第一。在 2009 年全国文化体制改革经验交流会上，江苏荣获由中宣部等 4 部委联合授予的"全国文化体制改革先进地区"称号。

（2）利用文化产业发展基金和引导资金推动文化产业快速发展。为了打破制约文化产业发展的资金瓶颈，2009 年，江苏省委、省政府提出设立初始规模约 20 亿元的省级文化产业发展基金，通过贷款贴息、补助、投资参股、有偿使用等形式，重点投资全省演艺娱乐、动漫游戏、影视制作、文化会展、网络信息传媒等现代文化领域。此外，江苏省政府还设立了文化产业引导资金。通过省文化产业引导资金扶持后，企业的资信度得到了大幅提升，企业在融资等诸多方面得到了金融机构强有力的支持和帮助，为企业的壮大提供了条件。目前，已有 201 个项目获得超过 3 亿元的资金扶持。从跟踪考核的情况看，大部分项目进展顺利，社会效益和经济效益逐步显现。

（3）资源整合，集聚优质资源打造"文化航母"。近两年，江苏省文化资源整合频出大手笔，省内各文化集团之间开始打破封锁，通过彼此优势资源的相互整合，创造出新的市场空间和产业格局：2009 年 9 月，江苏省广电集团下属的幸福蓝海影视公司，与凤凰集团旗下的凤凰新华书业公司签署战略合作协议，在国内率先采取"书城 + 影城"的合作模式。双方将在 3 年内投资 3 亿元，在省内及周边地区建设 15 – 20 家五星级连锁影院，为消费者提供购书、观影等一站式文化消费服务。江苏演艺集团在全国率先完成体制改革后，继续开拓创新，整合地方剧院，重点打造"苏演院线"，2009 年全省已有 15 家地方剧院加盟该院线。

（4）走出去请进来，文化产业占据市场制高点。"走出去"带动了江苏文化产业的全面扩张和升级。2009 年 10 月，凤凰出版传媒集团和法国阿歇特图书集团在法兰克福正式签署合作协议，合资成立凤凰阿歇特文化发展（北京）有限公司。合资公司可以优先获取阿歇特集团优秀大众图书的版权，同时，借助阿歇特集团的出版文化资源和遍布全球的图书销售网络，向国外输出凤凰集团图书的版权，帮助江苏文化产品在全世界传播推介。2009 年，江苏广电网络公司和昆明合作建设昆明互动数字电视平台，将互动电视业务及相关技术、内容产品输送出去；凤凰集团旗下的江苏人民出版社和民资北京共和联动组建北京凤凰联动文化传媒有限公司，这是第一家国有出版企业与非公有出版工作室成功合作的个案。

（5）动漫等新兴文化产业发展迅速。一是动漫产业集聚区基本形成。截至 2009 年底，南京、无锡、苏州、常州四大国家动画产业基地集聚 387 家动漫游戏相关企业，成为华东地区具有重要影响的影视动漫产业集聚区之一；二是动漫原创产量持续位居全国前列。2009 年，江苏生产并发行原创电视动画片 69 部40 314分钟，比上年增长了 82%，产量全国第一；三是动漫创作质量提升迅速。动画品牌地位进一步凸现，2009 年自主创作发行动画电影 5 部，参与制作发行 3 部，有 2 部动画电影获第

13 届中国电影华表奖优秀动画片奖；四是动漫人力资源日渐丰富。目前，江苏全省有 60 所大专院校开设影视动画专业。苏州、无锡、南京、常州等地还出现了大量民营动漫人才专业培训机构；五是国际合作和海外拓展快速增长。目前江苏已有 30 部原创影视动画向欧美、中东、东南亚、日韩等国家和地区的客户售出了播映版权和品牌授权。

江苏的文化产业自 2006 年后呈现出速度加快、主体壮大、集聚发展的态势，但同江苏经济总量相比，文化产业所占比重还比较小，发展文化产业仍以政府推动为主。民间投资远不如湖南、浙江活跃，相应的微观经营机制也不完善。江苏文化产业发展要实现高于全省 GDP 增长速度、高于服务业增长速度，成为国民经济的支柱产业，必须加大改革和创新力度，突破体制瓶颈、内容瓶颈、资金瓶颈和人才瓶颈。

3. 浙江

(1)文化体制改革卓有成效。浙江已经陆续启动针对报业、出版、广电、文艺院团的"转企改制"，通过改制、重组、合并，越来越多的文化单位和企业成为具有竞争力的市场主体。2009 年 5 月，浙江省委、省政府召开了全省文化体制改革工作会议，印发了《浙江省经营性文化单位转企改制任务分解表》，进一步明确了文化体制改革的"时间表"和"路线图"。首先，加快出版发行、电影、文艺院团等经营性单位转企改制步伐，使其迸发出强大的市场竞争力。其次，不断创新国有文化集团运行机制，深化劳动人事、收入分配和社会保障等改革。改革后的浙江新闻出版、广播影视、文化演出等方面的 10 家国有文化集团，正在成为浙江文化领域的主导力量和文化市场的战略投资者，新体制对阻碍文化生产力发展的旧体制的突围已卓有成效。浙江出版联合集团、华数数字电视传媒集团有限公司、西泠印社集团有限公司还被评为"全国文化体制改革工作先进企业"。

(2)民营文化企业发展成为亮点。近年来，作为民营经济大省，浙江积极鼓励和支持民间资本和社会力量进入文化产业领域，有效引导民营文化产业发展，浙江省委、省政府及有关部门相继出台《浙江省推动文化大发展大繁荣纲要(2008 - 2012)》、《浙江省文化产业振兴规划》、《关于支持文化体制改革和文化企业发展的意见》，积极鼓励和支持民间资本和社会力量进入文化产业领域，使民营文化产业的投资规模越来越大，经营领域越来越宽，已经形成一批在全国有较大影响的民营文化龙头企业，逐渐成为全省文化产业发展的一大亮点。目前，浙江已有民营文化企业 4 万余家，从业人员 50 余万人，涉及影视、印刷、演艺娱乐、艺术品经营、旅游、广告、会展等 10 个行业，投资总规模达到 230 亿元以上，全省民营文化企业总收入达 300 亿元以上。

(3)新兴文化产业发展取得突破。浙江是教育、科技、旅游等文化资源的大省，也是民营资本和制造业发达的强省，良好的软硬件环境，有助于新兴文化产业的萌发与兴起。近年来，浙江文化产业高新技术含量明显提升，文化产业开始从劳动密集型向技术密集型转变，从低附加值向高附加值转变，以动漫和游戏为主的数字娱乐业已初具规模。目前，浙江有影视动画制作机构 100 余家，逐步形成了动漫产品研发、制作、运营和周边产品开发的产业链。浙江还采用高新技术提高广电采编、制作等网络化、数字化水平，基本形成了以华数数字电视公司为互动节目平台、全省统一联合发展的数字电视运行格局。

(4)重点文化产业基地建设势头良好。浙江借鉴区域经济发展模式，以文化产业示范基地建设为抓手，扶持横店影视产业实验区、杭州高新区国家动画产业基地、杭州数字娱乐产业园等 70 多家重点产业基地的聚集发展。横店影视城 2009 年接待中外剧组 106 个，吸引旅游人次 674 万，实现旅游收入 35 亿元，实现影视业和旅游业双丰收。杭州市经过几年的发展，形成了十大文化创意产业园，聚集了 100 多家文化企业共同发展，2009 年文化产业增加值在 GDP 中的份额达 12.8%。

(5)文化企业发展投融资平台不断创新。2009 年，浙江制定了《关于支持文化体制改革和文化企业发展的意见》，在财政、税收、劳动保障、企业用地、投融资等方面出台新的扶持政策，为文化产业发展保驾护航。2010 年 7 月,中国银行浙江省分行推出专门针对浙江横店影视产业实验区入区企业的融资信贷产品“影视通宝”。作为我国首个针对文化产业的信贷产品,“影视通宝”为我国文化产业破解“融资难”问题提供了宝贵的经验。浙江还充分发挥社会资本雄厚的优势,2009 年 5 月正式启动由浙江日报报业集团牵头组建的文化产业投资基金—东方星空文化基金,首期注册资本 2.5 亿元,为文化产业开辟了新的投融资渠道,这也是我国首个由传媒集团牵头组建的文化产业投资基金。

(三)长三角文化创意产业一体化发展

长三角在占全国约 1% 的国土面积上实现了 20% 以上的 GDP,创造了 30% 的进出口贸易额,吸引了 40% 的实到外资。长三角地区以长江、大运河乃至沿海为依托而历史形成的江南文化深厚底蕴,其所具备的毗连内陆、汇通海外的区位优势,以世界第六大都市圈密集组合的 15 + 1 城市群等要件,均一再表明:在区域联动背景下,长三角有潜力实现文化服务业及其相关产业的做强做大。

近年来,长三角地区在文化大市场共建方面作出了艰辛努力、取得了一定成效,仅演出业务洽谈会就连续举办了 17 届,成立了长三角演艺联盟,沪苏浙等多方首脑协调会及文化厅局长联席会也是连续召开,还共签了诸如《关于加强长三角文化合作的协议》、《苏浙沪文化市场合作与发展意向书》、《苏浙沪文化交流与合作行动计划》、《杭州倡议》、《长三角地区演出市场一体化战略合作协议》、《苏浙沪工商行政管理联席会议备忘录》、《长三角工商一号文件》及《关于长三角区域新闻出版合作发展的框架协议》等文件,以及建立了长三角地区演出演艺信息资源共享平台等。

目前,长三角城市群的文化产业竞争已经成雁形方阵展开,初步形成群雄崛起、错落有致的差序化发展格局。长三角城市群不同方阵之间存在着较大差距,而方阵内的城市之间的实力差别则比较小。长三角文化产业的硬件建设成效显著,但是与文化创新能力还要继续发扬光大,文化产业存在重复建设等问题,并且文化消费能力还需要进一步培育和养成,从而从根本上提高自身的真正实力和文化影响力。今后几年将是长三角地区文化联动发展进入破解各方矛盾、寻求深度合作的机遇期。2010 年举办的上海综合性世博会,将带来长三角阶段性的世博文化消费高潮,从而使长三角文化消费获得一次历史上的发展突进。今后的文化合作还有待从礼节性、框架性、意向性及权宜性的层面不断向更深一步的法制型“制度化共建”境界提升。

(四)世博会对长三角文化创意产业的推动

受“世博效应”的助推,上海文化产业在 2010 年上半年出现了全面上扬,不仅文化产业增加值实现同比增长,而且文化贸易也有望恢复到 2008 年的水平,甚至还有所突破。世博会上各种创新思想、新理念、新文化、新产品的交流碰撞也将激发创意人才思维模式的转变与创新,从而推动创意产业、创意经济迈上新台阶。从短期来看,长三角旅游、演艺、会展、新媒体四大产业将直接受益于世博会:

1. 新媒体产业。上海世博会首次采用“电视、电脑、手机三屏融合”的方式进行传播,世博会相关视听内容将同时在 IPTV(交互式网络电视)、互联网、手机电视、互动电视等多个媒体平台上播出。一条完整的新媒体产业链正在围绕世博契机形成,包括电信业运营商、网络服务商、广告代理商、内容提供商、终端设备商等。为将世博商机最大化,上海及周边地区,以及我国重要城市都已进入新媒体战略布局。

2. 演艺业。上海世博会为上海和长三角的文化演艺业带来了难得的机遇。上海世博会的举办除了给世博园区内带来两万多场的文化活动外,也给世博园区外带来大量的精彩纷呈的文化活动,这就是世博的文化溢出效应。除了促进文化交流,提升国内演出业的演出水平之外,国际演出行业先进的组织方式、运营模式和时尚理念也将通过世博会登陆上海,而这期间所积累的合作经验、管理方式,都可能在世博会之后,形成一个以上海为核心的长三角文化演艺辐射圈,从而使长三角的文化演艺业获得资源整合与空间重组的机会,并由此实现跨越式发展。

3. 旅游业。世博会对旅游业、尤其是对长三角地区旅游业的带动效应非常显著,据国家统计局预测,2010 年上海世博会 6 个月的会期中,长三角将共享客源7 000多万,其中有 36.6% 的参观者除参观世博会外,还打算在周边地区作顺道旅游,世博会期间,上海的住宿缺口每天在 6 万张床位左右,这将依靠上海周边城市的支持。从目前长三角地区开发的旅游产品和线路看,这些世博旅游产品将不仅适合世博会,在今后的长期发展中也会更具生命力,成为长三角旅游业的宝贵资源。

4. 会展业。世博会对于上海地区的会展业将起到整合的作用。而且,世博会留下的永久性展馆,以及在布展组织运营中得到锻炼的服务产业链,都将是世博后推动长三角乃至全国会展经济的主要力量。世博会的实践还将极大地推动会展服务业(摄影、摄像、印刷、广告、会场设施)的发展,从而改善会展产业空间布局,优化会展产业结构,提升策展水平,培育国际会展品牌与广告品牌。有分析认为,2010 年上海和周边的南京、宁波、杭州等长江三角城市群,将在世博会带领下成为亚洲最大的会展城市群,并以会展产业为核心,形成娱乐、传媒、印刷、广告、设计、网络等相关产业群,聚拢历史上空前的人流、信息流、商品流和资金流。

此外,世博会作为科技创新、文化创意的展示平台,对处于黄金发展期的长三角文化创意产业而言,其影响力不仅仅反映在直接的经济效益上,更重要的是提升了资本、科技、知识产权要素在文化产业中的作用,进而将提升长三角文化产业的发展层次。

三十五 长三角非物质文化遗产保护

(一)长三角非物质文化遗产保护最新进展

1. 上海

2010年3月,上海市公布了上海港码头号子、浦东说书、独脚戏、海派面塑、徐行草编工艺等国家级"非遗"名录项目,至此,上海非遗保护已有33项国家项目、123项市级项目,256项区(县)级项目,平均密度列全国前位,成为上海建设国际文化大都市最重要的本土文化资源。

2010年6月,在"文化遗产日"上海非物质文化遗产系列活动中,上海推出了首批国家级非物质文化遗产名录项目丛书、系列专题片和第二批上海市珍贵古籍名录,公布130人为第二批上海市非物质文化遗产项目代表性传承人,包括"昆曲"项目周志刚、"京剧"项目马科、"淮剧"项目施月娥、"海派木偶戏"项目卢萍、"独脚戏"项目筱声咪、"海派杂技"项目王玉振、"海派绒绣"项目许凤英、"紫檀雕刻"项目屠杰、"曹素功墨锭制作技艺"项目李光雨、"民族乐器制作技艺"项目徐振高等,连同去年211名首批上海非遗项目代表性传承人,上海市级项目代表性传承人已达341名。上海非物质文化遗产网也同时正式开通。

2. 江苏

江苏现有国家级非遗名录项目88个,公布省级名录项目274项,市级名录项目817项、县级名录项目2 029项,形成了较为完整的四级名录体系。按照分级保护的原则,这些项目都分别落实了保护主体,明确了保护责任,制定了保护计划和具体措施。有国家级非遗项目代表性传承人102名、省级传承人251名。截至2009年,由江苏省独立申报、牵头申报和参与申报的昆曲、古琴艺术、南京云锦织造技艺、中国雕版印刷技艺、中国剪纸、中国传统木结构营造技艺、中国传统桑蚕丝织技艺和端午节等8个项目入选"人类非物质文化遗产代表作名录",是全国入选项目最多的省份。

2010年,江苏省进一步加快推进非物质文化遗产保护工作,以"人类代表作"和国家级项目保护为重点,以濒危项目抢救为优先,以传承人保护为核心,以生态化整体保护为目标,采取多项措施,加大"非遗"保护力度,着力构建"非遗"保护网络化信息平台,促进"非遗"保护传承水平迈上新台阶。在此前"非遗"普查成果的基础上,江苏省文化厅启动了《江苏非物质文化遗产资源全集》编辑工作,开始建立省级"非遗"保护中心数据库,推进"非遗"信息和资源共享。同时,江苏省文化厅还制定《江苏省非物质文化遗产名录项目保护与管理办法》,加强名录项目保护的科学与规范化管理,大力推进珍贵项目的有效保护和传承。

3. 浙江

2009年10月,浙江的中国传统蚕桑丝织技艺、龙泉青瓷传统烧制技艺、中国篆刻(西泠印社金石篆刻)、中国剪纸(乐清细纹刻纸)4个项目列入世界《人类非物质文化遗产代表作名录》,中国编梁木拱桥营造技艺列入《教科文组织急需保护的非物质文化遗产名录》。至此,浙江的世界级文化遗产上榜数以总数7项与江苏省并列全国第一。这是浙江省继第一批国遗、第二批国遗项目连续名列全国第一之后的又一重大成果。尤其是"龙泉青瓷传统烧制技艺"的入围,标志着浙江省独有项目入选世界级文化遗产领域零的突破。

2007年以来,浙江已认定了三批共738名省级名录项目代表性传承人。同时积极推荐申报国家级代表性传承人评定,浙江现有国家级代表性传承人94名。从2007年开始,还对65周岁以上的国家级、省级代表性传承人,由省级财政给予每人每年3 000元至4 000元的政府补贴。2007年至2009

年的3年中,浙江对国家级、省级代表性传承人已发放政府津贴404万元,许多县市也纷纷出台相关政策,向代表性传承人颁发政府艺术津贴。如海宁市对60周岁及以上的国家级、省级代表性传承人,除上级补贴外,再给予每人每年配套补助2 000元。

(二)上海世博会与长三角非物质文化遗产保护

1. 世博会全面展示了长三角非物质文化遗产

中国2010年上海世博会对"城市,让生活更美好"的主题进行了充分演绎,城市文化遗产,特别是非物质文化遗产的传承和发展是展现的一个重要方面。上海世博会期间,在园区内举办的各类文化演艺娱乐活动达2万场,其中,中国56个民族的特色文化、300多个地方传统剧种、500多种国家级的非物质文化遗产的展现,成为2万场活动的重要组成部分。上海非物质文化遗产保护抓住世博会带来的难得机遇,精心策划组织好展演展示活动,以喜闻乐见的形式向来自世界各地的参观者展现中华文化的独特魅力,展示非物质文化遗产的多元性。

2. 世博会推动"非遗"现代化

在上海世博会的推动下,非物质文化遗产走出了"博物馆生存"状态。用云锦、蓝印花布、龙泉青瓷、香云纱、皮影、剪纸等6种"非遗"技艺开发制作世博特许商品,是一次把"非遗"从工艺品时代带进工业品时代的尝试。世博特许商品中,有很大一部分是由非物质文化遗产转化而来的创意产品,如用皮影人物制作的扑克牌、剪纸"海宝"等。借助于世博契机,非遗的创意生存之路更完美地融入了大众生活。

(三)长三角非物质文化遗产保护所取得的成就与经验

1. 上海

近年来,上海按照文化部和国家非物质文化遗产保护中心的部署,在"保护为主,抢救第一,合理利用,传承发展"的工作方针和"政府主导、社会参与,明确职责、形成合力,长远规划、分步实施,点面结合、讲求实效"的工作原则指导下,通过健全保护工作机制,全面开展资源普查,建立三级名录体系,强化各项保护措施,加强宣传普及和交流传播等,积极推进非物质文化遗产保护工作,取得明显进展。上海在保护非物质文化遗产方面的经验主要有:

(1)与物质文化遗产保护相结合。非物质文化遗产与物质文化遗产关系密切,非物质文化催生了物质文化,物质文化又涵盖了非物质文化遗产,两者相互依存、互相作用。近年来上海把保护非物质文化遗产与保护物质文化遗产紧密结合起来,取得了初步成效。如近年来普陀区致力于打造苏州河文化长廊,通过发掘苏州河沿岸的老厂房、老建筑等文化遗存,再现民族工业发展轨迹,保护苏州河传承的文化血脉。

(2)与现代教育相结合。上海很早就开始探索利用现代教育体系,进一步加强非物质文化遗产传承人才的培养。如名列国家级非物质文化遗产传统医药类的石氏伤科疗法,由于较早进入了中医高等院校教授,通过现代教育手段进行科研和教学,所以该门派伤科的门人遍及天下,成为国内中医学界令人瞩目的医学流派,随着中医在国内外越来越受到重视,其项目保护前景相当看好。

(3)与文化产业的推进相结合。近年来上海在发展文化产业的过程中,自觉将保护和弘扬非物质文化遗产贯穿始终,取得了积极成效。目前,全市创意产业集聚区的三分之二以上是通过保护性开发老厂房、老仓库和老建筑等存量资源建立起来的。

(4)与国家申请非物质文化遗产项目相结合。近年来,上海以做好国家级非物质文化遗产保护项目申报作为重要抓手,大力推进上海非物质文化遗产保护工作,通过资源普查和资料梳理,进一步明确了具有重大价值的保护项目,并通过申报国家非物质文化遗产保护名录,使这些项目的重要历史价值被重新认识，其生存保护现状以及传承发展瓶颈等问题引起有关方面的高度重视，有利于吸纳社会各界力量共同参与保护工作。

(5)与政府职能转变相结合。一是健全保护工作机制。上海市委、市府领导历来重视非遗保护工作，明确了“保护遗存、扶持传承、开发利用、扩大传播”的工作思路，每年均召开有关工作会议，规划部署保护工作。二是全面开展资源普查。上海自2005年7月以来，在浦东新区开展普查试点的基础上，全面推进非物质文化遗产资源普查工作。三是建立三级名录体系。在普查工作取得初步成果的基础上，上海建立了国家、市和区县三级名录体系。

2. 江苏

近年来，江苏非物质文化遗产保护工作全面推进，并摸索出了一套适应自身特点、切合江苏省实际的保护方法与途径，整体工作取得了明显成效。

(1)遵循保护和发展的双重规律。江苏于2006年11月1日起施行《江苏省非物质文化遗产保护条例》，在对非物质文化遗产进行生产性保护的过程中，严格按照《条例》办事，同时，遵循非物质文化遗产保护和经济发展的双重规律，为生产性保护创造良好的条件，主要是通过体制改革、经济扶持、区域协作、科技援助、搭建平台等一系列措施，扶持传统文化产业的发展，如2008年南京云锦、惠山泥人等9个非物质文化遗产共得到1 490万元的补助。

(2)保护非遗代表性传承人。江苏在全国率先建立了非遗代表性传承人保护制度，并率先开展了非遗代表性传承人认定命名工作，有计划地对代表性传承人提供资助，鼓励和支持其带徒传艺，并已建立了完整的国家、省、市、县四级代表性传承人认定保护体系。由江苏率先实施的这一创新型举措，后被文化部在全国推广实施。迄今，在文化部第3批认定的总共1 488名国家级非遗代表性传承人中，江苏省101人榜上有名，入榜数在全国名列前茅。

(3)把传承作为第一要务。同属非物质文化遗产，其产品在市场竞争中的地位有强有弱，如红木工艺、金箔锻制等有着较强的市场竞争力，而剪纸、年画等，市场销量则有限。在生产性保护中，江苏把传承非物质文化遗产作为首要任务，优先扶持在市场竞争中处于弱势地位的传统技艺。从2004年起，省财政每年安排400到500万元的专项保护资金，扶持在市场中生存困难的非物质文化遗产保护，从而有效地保护、抢救了一批濒危项目。如通过资助等措施，南京云锦成功地走出了困境，企业发展到11家，从业者达1 800人，年产值达4 000多万元。

(4)积极加强基础设施建设。近年来，江苏积极兴建公益性非物质文化遗产专题场馆，为非物质文化遗产提供展示空间。这类场馆集宣传展示、精品收藏、产品研制、技艺传承等于一体，既是对外宣传、推介、销售的窗口，也是业内交流、教育的平台。如南通蓝印花布博物馆，是我国第一家集收藏、展示、研究、生产、经营为一体的专业博物馆，开馆以来，赴海内外展览30多次，接待中外宾客50多万人次。现阶段，江苏通过“政府投一点、企业筹一点、社会捐一点”办法，建立起场馆建设的长效机制。迄今为止，全省已经建立起非遗专题性博物馆、民俗博物馆和非遗制作技艺传习所168家，另有65家馆、所在建和立项待建，总数位居全国第一。

(5)建立健全相关法规。江苏在全国率先开展非遗保护地方立法，于2006年颁布实施的《江苏省非物质文化遗产保护条例》，不仅填补了江苏非遗保护立法空白，也为立法提供了有益的实践探索。2007年4月1日正式实施的《无锡市宜兴紫砂保护条例》，则成为国内首部保护传统制作技艺、矿产资源及紫砂制品的地方性法规。

3. 浙江

近年来，浙江省的非物质文化遗产保护工作一直处于全国前列，作为全国的综合试点省，浙江无论是入选第一批国家级名录项目的数量，保护工作机制的完善，相关政策法规的建设，还是保护管理工作机构的组建，都为全国瞩目。浙江非物质文化遗产保护工作具有以下特点：

(1)对非遗保护工作高度重视。从2002年开始,浙江省政府就设立了非物质文化遗产保护专项资金,并逐步加大投入力度。2002年至2005年,连续四年每年投入500万元;从2006年起增加到每年1 500万元。省专项资金每年用于项目保护经费在1 000万元左右,尤其是国家级名录项目,基本上做到每个项目有资金补助,发挥了较好的保护效益。在省专项资金的带动下,全省各地普遍建立了非遗保护资金,逐步形成了“分级负责,以县为主”的投入机制。全省上下还形成了一支强有力的非遗保护工作队伍。对优秀传统文化发自内心的热爱和追求以及对非物质文化遗产面临消亡的痛心疾首,这种心态在富裕起来的浙江老百姓身上表现非常突出。许多民营企业家自觉参加了“非遗”的保护,民营博物馆发展十分迅速,成为一种社会热潮。

(2)保护措施落实、责任落实、方法创新。浙江的非遗普查工作做到组织落实、经费落实、社会动员、全程指导,全省动员23万人参与。保护工作积极探索,大胆创新,如上虞市对普查和保护工作坚持每月通报制度。浙江还建立了严格的考核督查制度,及时发现问题、解决问题、总结经验、推动工作。

(3)对非遗保护工作的保障有力。一是制度保障。浙江省人大常委会很早就通过了有关保护条例,还出台了一些制度化的文件规章。二是资金保障。省财政的“非遗”保护专项支出在全国各省区名列前茅。三是组织机构队伍的保障。目前省非物质文化遗产保护中心机构编制已经获批,各市县的专门机构也陆续成立,有26个市县已经落实编制机构。

(4)深入拓展非遗保护载体。2007年,浙江开展了非物质文化遗产生态保护区试点工作,首批确认了杭嘉湖蚕桑丝织文化生态区、浙东海洋渔俗文化生态区、婺文化生态区、越文化生态区等8个区域,作为文化生态保护区试点,探索传统文化生态保持较完整区域整体性保护的有效途径。2008年确立了14个传统节日保护示范地,春节、元宵、清明等8个传统节日都有了各自的标志地。随着保护工作的深入开展,浙江许多市、县甚至乡镇和村相继建立了一批非物质文化遗产展示中心、展示馆、传习所,既宣传展示重点文化遗产,也让保护成果走向大众,增强群众的保护意识。

(5)利用合理影响日增。浙江对一些蕴含科技价值和经济价值的传统技艺类国家级和省级名录项目,探索生产性方式保护,在继承传统的基础上,合理开发利用,成为拉动内需的重要载体。如龙泉青瓷、龙泉宝剑、青田石雕等国遗项目,运用传统技艺,逐步形成了生产规模。龙泉宝剑现有宝剑厂、剑铺118家,实现销售额约2个多亿,从业人员万余人。青田石雕现有从业人员达3.5万人,经营户1 000多家,年产值达5亿余元。

(四)长三角非物质文化遗产保护存在的问题

虽然长三角地区近年来在加强非物质文化遗产保护方面进行了积极的探索,也取得了初步的成效,但是还要清醒地看到,保护工作还存在以下不足:

一是非物质文化遗产保护的视野亟待拓宽,不能仅限于民间文学、民间音乐、民间舞蹈、民间美术、传统戏剧、传统手工艺等方面,还要将保护范围进一步扩大到老建筑、老厂房、老字号等方面,进一步探索物质文化遗产和非物质文化遗产并举的保护模式。

二是非物质文化遗产保护过程中的知识产权问题值得重视。与《文物法》等物质文化遗产保护立法相比,非物质文化遗产保护立法有更多的复杂性。它不仅涉及(文)物涉及到(非物质文化遗产传承)人的问题,而且在其对象形态、流传范围、传承人与相关遗产的继承关系等方面有不少难以界定之处。国务院办公厅已经出台了《关于加强我国非物质文化遗产保护工作的意见》,上海、江苏、浙江近年来也出台了一些非物质文化遗产保护条例,对非物质文化遗产的保护和利用起到了一定的促进作用。但是,由于非物质文化遗产的保护和利用还处于起步阶段,所以相应的法律法规还不完善,现有的条例已多不具有操作性。

三是非物质文化遗产保护内容的完整性值得重视。每一个被纳入保护体系的非物质文化遗产项目，其背后往往都有社会民俗，但是现在的保护工作往往对项目本身给予高度重视，而忽略了民俗民风的原貌，导致保护工作成为政府部门自上而下的强势推动，往往缺乏社会力量的自觉参与，这不利于非物质文化遗产保护的可持续发展。非物质文化遗产保护的绝大多数对象都在民间、在乡村，非物质文化遗产不能脱离它产生的具体语境，不能脱离它脚下的土地。而保持乡土的醇厚，保持原生态民间艺术的本质越来越困难。

四是在对非物质文化遗产经济价值的开发过程中，存在着重开发轻保护的现象。一些地方重申报、重开发，轻保护、轻管理，对非物质文化遗产进行超负荷利用和破坏性开发，甚至借继承创新之名随意篡改民俗艺术，极大地损害了非物质文化遗产的原真性。从产业化角度开发利用非物质文化遗产资源，能有效地拉动地方经济增长，但从具体实践项目来看，开发商往往对非物质文化遗产的认识不深，热衷于追求短期经济效益，而忽略了非物质文化遗产的稀缺性和不可再生性特征。如上海郊区水上“非遗”项目，被当地旅游公司开发为旅游项目，后因经营问题被“压缩”掉，其可持续性令人忧虑。

（五）关于长三角非物质文化遗产保护的对策建议

一是应明确非物质文化遗产保护的生命主体。人才是加强非物质文化遗产保护的生命主体，加强人才培养，是提升非物质文化遗产保护成效的关键所在。因此，要加大非物质文化遗产保护项目名家大师及其技艺的抢救、保护力度，利用现有教育体系，进一步加强对年轻一代传统手工艺技能传承人的培养，通过制定系列扶持政策吸收人才从事传统手工艺。如可以为民间艺人提供一个名优产品的长期展销平台，给予展位优惠，让他们有公开展示和销售自己作品的地方；制定相关政策，给大师、杰出艺人一定的带徒津贴，使传统民间文化得以存活、延续、创新、发展；对陷入困境确需加强保护力度的民间老艺人和一些传统民间工艺行业，加强政府扶持力度。

二是应进一步提供非物质文化遗产保护的政策和法律支持。一方面应争取财政的积极支持，为非物质文化遗产基础性的保护、研究和开发工作提供资金支撑；另一方面，目前的文化产业投融资体制不适应新型文化产业发展的需要，社会资本参与程度还比较低，还没有建立起市场化、多元性、使文化企业能够有效规避风险和获得合理回报的投融资机制。建议筹组专项基金会，奖励以民族、民俗、民间文化素材进行创作、开发的文化产品，为非物质文化的市场化提供持续、稳定的社会化筹资渠道。此外，还应加快非遗的立法保护进程。实现非物质遗产保护法制化已成世界趋势，尤其要加强知识保护力度，妥善处理社会参与所产生的新问题。有了法理依据，则能创造出公正、公平、和谐的保护氛围。

三是应形成非物质文化遗产保护的协调合力。非物质文化遗产的开发需要各政府主管部门相互协调，合理布局，形成整体性结构。各相关部门要分工协作，各司其责，为非物质文化遗产的市场开发提供完善的服务。应建立一个公平、公正、具有代表性的专家委员会评定机制，以期建立全国性传承人名录。其中，需要厘定代表性传承人与一般传承人及与所在社群的关系；在家族传承关系中厘定长门长子与技术优秀者之间的关系；尤其要厘定民间、专家评审与政府认定之间的程序关系。

四是应积极打造非物质文化遗产保护的长三角平台。长三角各地文化主管部门应加强联系，构建长三角非物质文化遗产创意机制，对于列入名录的长三角地区的非物质文化遗产名录项目，在不损害原生形态的基础上合理利用，进行嫁接、变形、重构，汲取其中的文化元素，进行重组形成新的作品，使之直接融入现代社会生活中。对非物质文化遗产的开发不要以行政区划为局限而自设藩篱，本着“工作共担，成果共享”的原则，通力合作，各自承担责任与义务，合理分配权利与利益，谋求共同繁荣、共同发展。

三十六　泛长三角经济社会发展情况

(一)泛长三角的提出和界定

近年来,区域经济社会的一体化发展,已成为我国国民经济和社会发展的一项重大战略,它有利于解决由于区域发展不平衡而导致的地方矛盾突出、城乡冲突凸现等社会问题。例如,珠三角从原来的广东省内的区域经济一体化到大珠三角,再演变为"9+2"的"泛珠三角"态势;再如,京津冀经济协作区,目前已发展成为环渤海湾区域的合作;还有,北部湾区域合作已走到泛北部湾区域合作。在国内几大区域的泛化发展的大背景下,长三角泛化发展就成了必然选择。经过多年的区域合作和共同发展,长三角地区的经济发展取得了全国瞩目的成绩,为了顺应区域经济发展的基本趋势,并进一步发挥长三角地区的辐射和带动作用,泛长三角的概念近年以来经常会出现在人们的视野中。2008年8月6日,国务院常务会议审议并原则通过了《进一步推进长江三角洲地区改革开放和经济社会发展的指导意见》,明确提出长三角要加快推进"区域一体化"进程,强化服务和辐射功能,充分发挥对周边地区、长江流域及其他地区的带动作用。这表明泛长三角将正式步入政府推动的区域合作发展轨道。

然而,对于"泛长三角"概念的界定,一直存在不同的方法,除了原先长三角区域的苏浙沪两省一市之外,其他包含哪几个地区呢?这要从建立泛长三角的目的和意义来分析。建立泛长三角的重要性在于加强区域经济和社会发展的竞争力,增强社会、资源和环境的可持续发展。因此,泛长三角必须满足以下几个条件:一是地域上接近。二是密集分布。三是区域内一般存在一个或多个中心城市,并且城市之间的经济交流密切。因此,泛长三角区域必须具备区域性、集聚性、中心性和联系性。因此,在这里,我们将泛长三角区域定义为:上海市、江苏省、浙江省、安徽省、江西省和福建省五省一市。

(二)泛长三角区域的经济发展情况

1.经济总量发展情况

一个地区的GDP及其增长率是衡量其经济发展实力和发展速度的综合性指标。过去几年以来,国际金融危机没有爆发以前,世界经济上行预期明显,然而,自2008年下半年开始,美国次贷危机转化为国际性的金融危机,这对中国经济造成了重大的冲击。泛长三角地区的主要省市所受到的负面影响也较大,但是,由于多年经济发展的良好基础以及经济发展对危机反应的滞后性等原因,该地区仍然成为中国经济增长的主要动力。总的来看(见表3-185),泛长三角地区GDP总和占全国的30.2%,近全国的三分之一。从经济增长速度来看,除上海外,泛长三角区域的各省市都明显快于全国平均水平(8.7%)。如果从各省市的经济增长来看,后纳入泛长三角区域的经济后发优势比较明显,安徽、江西和福建三省的经济增长速度都在12%以上,但由于经济发展的基础条件等因素影响,其经济总量,尤其是从占全国比重的数据来看,还偏低,三省GDP比重占全国的9%左右;相对来说,上海、江苏、浙江三地的经济总量较大,在全国经济发展中具有更重要的地位。但是,随着国内经济发展的结构调整和泛长三角区域合作的不断深入,可以预见,安徽、江西和福建三省将在未来中国经济增长中占有越来越高的比重和地位。

表 3－185　2009 年泛长三角地区经济发展总量与增长

单位:亿元;%

地区	GDP	同比增长	GDP 占全国比重
上海市	14 901.0	8.2	4.4
江苏省	34 061.0	12.4	10.2
浙江省	22 832.0	8.9	6.8
安徽省	10 053.0	12.9	3.0
江西省	7 589.2	13.1	2.3
福建省	11 950.0	12.0	3.6

数据来源:相关各省市及全国 2010 年统计年鉴

2. 三次产业发展和结构

三次产业,尤其是第二产业是中国大多数地区的经济发展的重要基础。第二产业不仅生产消费资料,而且生产生产资料,它是国民经济的主体。而第三产业则是经济增长的增长点。随着经济的发展,第三产业在国民经济中的作用越来越重要,它的发展不仅带动了经济的迅速发展,而且给人们的生活带来切实的福利。但是,由于长三角各个地区的经济发展规模有很大的差距,因此,单纯比较各地的分产业的生产总值没有实际意义,而三次产业结构,即各产业产值占 GDP 比重则能更加真实地反映一个地区的经济发展水平和产业结构层次。其中,如果第二产业的比重越大,表示工业化进程程度越高。如果第三产业的比重越高,表示该地区的产业结构层次越高,可持续发展能力也相对较高。泛长三角地区的三次产业结构情况见表 3－186。从表 3－186 的数据来看,上海在泛长三角地区中产业结构层次最高,因为,上海的第三产业发展在全国处于前列,第三产业比重从 2006 年起已经超过了 50%,而且,2007 年和 2008 年又逐步提高,到 2009 年已经达到了 59.4%。相对来说,其他地区仍处于以第二产业主,工业化进程不断推进的发展阶段,其中以安徽为例,其第二产业比重逐年迅速提高,同时,引起了第一和第三产业的比重下降。泛长三角地区的产业结构的差异,一方面表明了区域内不同省市的经济发展层次和差距,另一方面也暗含了区域内根据产业优势分工和合作的条件。

表 3－186　2006－2009 年泛长三角地区的三次产业结构情况

地区	2006	2007	2008	2009
上海市	0.9:48.5:50.6	0.8:46.5:52.6	0.8:45.5:53.7	0.8:39.9:59.4
江苏省	7.1:56.6:36.3	7.1:55.6:37.4	6.9: 55.0: 38.1	6.5:54.1:39.5
浙江省	5.9:54.1:40.1	5.3:54.0:40.7	5.1:53.9:41.0	5.1:51.9:43.0
安徽省	16.7:43.1:40.2	16.3:44.7:39.8	16.0:46.6:37.4	14.9:48.8:36.3
江西省	16.8:49.7:33.5	16.5:51.7:31.9	16.4:52.7:31.0	14.5:51.3:34.3
福建省	11.8:49.2:39.1	10.8:49.2:40.0	10.7:50.0:39.3	9.9:48.6:41.5

数据来源:相关各省市 2007－2010 年统计年鉴

3. 固定资产投资

从固定资产投资来看,根据各个地区经济发展阶段的不同,其投资的数量和方向都具有很大的不同。2009 年,上海全年完成全社会固定资产投资总额5 273.33亿元,比上年增长 9.2%。其中,城市基础设施投资2 113.45亿元,增长 21.9%。从产业投向来看,上海市的固定资产投资主要投向于第三产业,第三产业投资3 834.42亿元,增长 12.8%,所占比重为 72.7%。从其他地区的固定资产投资来看,浙江省注重对第三产业投资 2009 年,浙江全社会固定资产投资10 742亿元,比上年增长15.2%,其中第三产业投资5 557亿元,增长 21.5%。而安徽和福建两省则比较注重对第一产业的投资,两省对第一产业投资增长速度在 45% -70%之间。江苏和江西的固定资产投资主要投入城镇固定资产投资,其中,2009 年江苏固定资产投资较快增长。全年完成全社会固定资产投资18 751.6亿元,比上年增长 24.5%。总得来说,由于经济发达地区的固定资产投资的基础条件较好,而且在以前也已经具有一定的固定资产积累,如上海和浙江等省市,所以,固定资产投资规模扩张速度下降,而重点在于优化固定资产投资结构,其他地区相对来说,目前还比较注重固定资产投资总量的扩张,发展速度也比较快。

4. 社会消费

表 3 -187　2008 年泛长三角地区各省市社会消费及增长情况

单位:亿元;%

地区	社会消费品零售总额		城市消费		乡村消费	
	金额	同比增长	金额	同比增长	金额	同比增长
上海市	5 173	14.0	-	-	-	-
江苏省	11 484	18.9	8 472	19.0	3 012	18.4
浙江省	8 622	15.9	5 771	16.3	2 851	14.1
安徽省	3 528	19.0	1 938	18.4	1 590	19.6
江西省	2 484	19.3	1 330	19.4	1 154	19.0
福建省	4 481	16.5	3 016	16.6	1 465	16.3

数据来源:相关各省市 2010 年统计年鉴

由于国内贸易受到国际金融危机影响较小,区域经济发展的不断繁荣,泛长三角地区各省市的社会消费普遍比较旺盛,五省一市的社会消费品零售总额的同比增长都在 15 -20%左右。因此,无论社会消费规模还是增长速度,都比较快,但是,从消费的城乡结构来看,江苏省的城乡消费比例严重失调,乡村消费仅仅为城市消费的三分之一,并且乡村消费的增长速度落后于城市消费。其他各省份,如浙江省和福建省也存在相同的问题,二省的乡村消费规模仅为城市消费规模的二分之一。因此,总得来看,虽然我国经济增长一直保持相对较快得发展速度,但是,由于政府初次和二次分配比例逐步向企业和政府部门倾斜,而向居民的分配中又向城市部门倾斜,这造成了泛长三角区域普遍存在农村居民收入增长缓慢,市场消费乏力的问题。

5. 外贸和外资

表 3-188 2009 年泛长三角地区各省市对外贸易和外商直接投资

单位:亿美元;%

地区	进出口总额		出口		进口		外商直接投资	
	金额	增长	金额	增长	金额	增长	金额	增长
上海市	5 155	-15.0	3 251	-17.4	1 904	-10.6	105	4.5
江苏省	3 388	-13.6	1 992	-16.3	1 396	-9.6	253	0.8
浙江省	1 877	-11.1	1 330	-13.8	547	-3.7	99	-11.4
安徽省	156	-22.5	89	-21.8	68	-23.5	39	11.3
江西省	127	-7.0	74	4.7	53	-10.0	40	11.7
福建省	797	-6.1	533	-6.4	263	-5.4	101	0.4

数据来源:相关各省市及全国 2010 年统计年鉴

由于国际金融危机爆发并不断向我国传导,因为危机对我国经济的负面影响主要是通过投资和贸易渠道来传递的,各省市对外经贸的发展都在不同程度上受到了国际金融危机的负面影响,到 2009 年,各种负面效应对外贸的影响全部显现,因此 2009 年是受危机影响最深刻的一年,从表 3-188 可见,各省市外贸进出口规模和速度都有不同程度的负增长。上海对外贸易规模在泛长三角地区是最大的,2009 年进出口总额5 155亿美元,比上年下降 15%。其中出口3 251亿美元,下降 17.4%;进口1 904亿美元,下降 10.6%。这与历史数据比较,对外贸易的增长速度有较大的回落,与上海和江苏相比浙江对外贸易资源和资本的"内向"性较强,浙江省的对外贸易受到的危机影响较轻,2009 年浙江省进出口总额为1 877亿美元,比上年下降 11.1%。安徽、江西和福建三省之中,安徽省的进出口下降幅度最大。

从泛长三角地区各省市的实际外商直接投资来看,由于危机导致国际资本流动性紧缺,因此,导致了外国直接投资增速有所放缓。但是,由于中国经济在危机中所受打击相对较小,因此,其经济发展仍能保持相对较快的增长,所以,国际资本仍将中国,尤其是较发达的省份,作为投资的目标之一。如上海市 2009 年外商直接投资实际到位金额达到 105 亿美元,增长 4.5%。但是,由于各地方政府的发展目标和外资外贸政策的不同,也有的省份外商直接投资发展缓慢,如浙江省 2009 年外商直接投资出现了 11.4% 的负增长。

综上所述,泛长三角地区作为中国的主要经济合作发展区域之一,在中国经济发展中具有重要的地位和作用。泛长三角地区的经济总量占全国经济总量的近三分之一。从经济增长速度来看,泛长三角区域的各省市都明显快于全国平均水平。从三次产业结构变动来看,泛长三角地区,除了上海已经步入第三产业主导的高层次产业发展阶段以外,其他省份仍然处于推进工业化进程的,以第二产业为主导的发展阶段。从固定资产投资来看,根据各个地区经济发展阶段的不同,其投资的数量和方向都具有很大的不同。其中,经济较为发达,固定资产基础较好的省市,如上海和浙江,将投资的重点由固定资产投资规模的扩张转为投资结构优化阶段,而其他省份还在致力与促进固定资产投资扩张,其固定资产投资的增长速度较快。由于国内贸易受到国际金融危机影响较小,区域经济发展的不断繁荣,泛长三角地区各省市的社会消费普遍比较旺盛,五省一市的社会消费品零售总额的同比增长都在 20% 左右。但是由于国家分配政策等原因,城乡消费的规模和增长速度还普遍存在很大差距,具有明显的二元结构特征。从外资和外贸发展方面来看,国际金融危机爆发并不断向我国传导,并通过投资和贸易渠道来传递,各省市对外经贸的发展都在不同程度上受到了国际金融危机的负面影响。对于外贸发展规模较大,对外贸易中资本和资源"外向型"依赖程度较高的省市所受的危机冲击严重,如江苏省、福建省和上海市,它们的对外贸易规模和增长速度与历史同期表现较大幅度的回落。而资本和资源“内向型”较强的省份,以及具有后发优势的省份,如浙江省和江西省,对外贸易发展情况相对较好。

(三)泛长三角区域合作的问题

区域经济的关键词是产业,而“泛长三角”合作与发展,重在推动区域产业结构调整。“泛长三角”重点加强地区产业发展的协调工作,促进产业整合。在科学制定产业发展规划时,不仅要看到自己适合发展某些产业,还应看到其他地区是否更适合发展这些产业;在产业政策方面,“泛长三角”的各级政府,应根据国家的产业政策,在维护区域整体利益的基础上,制定指导性的建设规划,避免与区域内其他省份的政策冲突。坚持规划先行,并使这种规划既要有思想观念和体制政策方面的融入设想,又要有产业关联、通关申报、口岸验收乃至技术接口等具体的工作机制和措施。

因此,制定泛长三角区域合作规划之前,必须要解决几个区域合作发展中长期存在的难点:其一,是合作机制。泛长三角的区域合作要根据跨越省份不同的发展水平,采取不同的合作机制,这是泛长三角区域能否顺利进行合作的前提和保证;其二,合作途径。以一个和多个中心城市为主体来推动泛长三角区域之间的合作进程,是决定“泛长三角”区域合作成效的关键;其三,制度协作。各城市为本地区的发展,制定了适应区域性发展的地缘性、基础性政策。

第四篇 重要文献

第四篇 重要文档

一 上海市政府相关文件

关于促进服务外包产业发展的实施意见

为贯彻落实《国务院办公厅关于促进服务外包产业发展问题的复函》(国办函〔2009〕9号)、《上海市人民政府印发关于促进上海服务外包发展若干意见的通知》(沪府发〔2006〕26号),根据"发展高端、承接离岸、完善功能、集聚总部、区域合作"的总体思路,以及"因地制宜、整合聚焦、先行先试、注重公共服务"等原则,现就促进本市服务外包产业发展提出如下实施意见:

一、工作机制

建立由分管副市长领导,市商务委牵头,各相关委办局共同推进的服务外包工作机制。

二、财税政策

(一)率先推进技术先进型服务企业政策。贯彻实施国办函〔2009〕9号文件,结合实际,制定落实本市技术先进型服务企业政策。自2009年1月1日起至2013年12月31日止,对符合条件的技术先进型服务企业,减按15%的税率征收企业所得税;技术先进型服务企业职工教育经费按不超过企业工资总额8%的比例据实在企业所得税税前扣除;对技术先进型服务企业离岸服务外包业务收入免征营业税。

(二)给予服务外包发展专项资金扶持。

1. 落实国家服务外包专项资金的配套资金。本市服务外包重点企业在获得国家专项资金支持的同时,凡符合政策规定的,可以享受本市的政策扶持。

2. 大力支持服务外包人才培训。对服务外包企业录用新员工、吸纳见习学员,对培训机构培训服务外包业务人才,凡符合条件的,给予相应的培训支持。

3. 对服务外包公共信息、技术、培训等服务平台建设给予必要的资金支持。

4. 对服务外包企业取得国际资质认证,开展品牌建设,开拓国际市场,参加出口信用保险,参加境内外各类相关展览、国际推介会等,符合规定的,给予适当支持。

5. 对符合本市服务外包发展方向的离岸、总部型服务外包企业,给予适当支持。

三、人力资源与劳动保护

(一)鼓励服务外包人才开发和培训。

1. 做好服务外包领域急需的新职业开发工作。开展服务外包行业人才现状和需求调研,适时编制服务外包人才开发专项目录,引导服务外包人才的培养和集聚。

2. 开展多种方式的服务外包人才培训。引导服务外包企业与职业院校开展校企合作培养工作。鼓励本市劳动者参加补贴培训目录内的服务外包培训项目,按规定给予一定培训费资助。

3. 积极开发服务外包职业见习基地。对参加服务外包职业见习的学员，按规定由市失业保险基金按本市最低工资标准的60%发放生活费资助。

(二)制定和落实服务外包人才优惠政策。推荐符合条件的服务外包人才享受本市人才发展资金的资助和奖励。对符合人才引进条件的从事服务外包行业且专业对口的人员在户籍办理及居住证申领方面，给予便利。对服务外包企业中符合条件的外籍从业人员，给予办理居留许可证和多次出入境便利。

(三)支持服务外包人才创业。服务外包人才(包括留学生)在沪创办服务外包企业，根据《上海市人民政府关于进一步做好本市促进创业带动就业工作的若干意见》(沪府发〔2009〕1号)的相关规定，享受融资担保、场地扶持、培训补贴等政策。

(四)实行综合工时制。对符合条件且劳动用工管理规范的服务外包企业，因生产经营特点无法实行标准工时工作制的部分岗位，经市商务委核准，报市人力资源社会保障部门审批，可以实行不定时或综合计算的工时工作制。

四、金融服务

(一)加强对服务外包产业发展的金融支持。

1. 完善政府部门、金融企业、服务外包产业基地以及服务外包企业间的联动机制，构建多层次的服务外包企业融资体系。

2. 鼓励金融机构加强金融创新，加大研究开发力度，丰富符合服务外包企业特点的金融产品与金融服务。

3. 支持符合条件的服务外包企业进行资产重组、收购兼并，支持有条件的服务外包企业在境内外资本市场上市。

4. 制定符合服务外包产业特点的保险险种，鼓励服务外包企业办理出口信用保险。

5. 设立“服务外包外汇业务绿色通道”，为符合条件的服务外包企业提供办理相关外汇业务的便利，简化服务贸易售付汇手续，在核准其“跨国公司资质”申请后，允许其向境外关联公司支付代垫、分摊费用。

(二)优化金融机构业务流程，将非核心业务外包，促进金融服务外包在岸业务的发展。

五、其他服务

(一)建立和完善与服务外包产业特点相适应的检验检疫通关管理监管模式，提供相应的检验检疫通关放行便利。

(二)给予服务外包企业前置审批和工商登记便利。放宽服务外包企业名称登记条件，允许从事服务外包的企业申请冠以“服务外包”、“外包服务”等相关字样的企业名称。在服务外包企业的经营范围核定上，允许明确“服务外包方式”。

(三)强化服务外包发展的法律保障，鼓励服务外包企业加强知识产权保护。出台加强本市服务外包企业知识产权工作的指导意见，积极提供上海市知识产权信息服务；将符合条件的服务外包企业列为上海市专利示范、试点、培育企业，享受相关政策；将服务外包业务中取得重大社会或经济效益的知识产权项目，列入政府奖励范畴。

(四)加强服务外包基础设施建设，特别是加强服务外包示范园区及国家级经济技术开发区内信息基础设施的专业规划编制和配套建设，鼓励电信运营商进一步优化服务架构，调整服务品种，为有特殊需求的服务外包企业设计相应的通信产品，提供国际互联网优化通道。

(五)贯彻中共上海市委办公厅、上海市人民政府办公厅印发《关于进一步加强上海市信息安全保障工作的实施意见》的通知(沪委办〔2004〕24 号),研究制定商业信息数据安全保护规定和本市服务外包产业相关安全标准。

(六)鼓励政府和企业通过购买服务等方式,将数据处理等不涉密的业务外包给专业企业。

(七)筹建上海服务外包协会,充分发挥企业间信息交流、中介协调、规范自律等作用。支持中国服务外包研究中心建设,加强服务外包产业发展规划、政策研究,制定服务外包企业认定等有关标准。

各区、县要按照本意见要求,结合实际,制定服务外包产业扶持政策以及相关实施办法,促进本区域服务外包产业发展。

关于促进上海新能源产业发展的若干规定

为贯彻落实《可再生能源法》,市委、市政府《关于进一步推进科技创新加快高新技术产业化的若干意见》和市政府《关于加快推进上海高新技术产业化的实施意见》,优化上海新能源产业的创新和发展环境,增强上海新能源产业的创新能力和产业竞争力,推动上海新能源产业成为支撑和拉动经济发展的重点领域,根据有关法律、法规及政策,特制定关于促进上海新能源产业发展的若干规定如下:

一、确定重点支持领域和对象

本规定适用于在本市进行工商注册、税务登记,并从事核电、风电、太阳能发电、整体煤气化联合循环发电(IGCC)和智能电网等领域研发、生产和应用的企业和机构。

二、明确发展和应用原则

根据上海的资源、产业、科技、成本等实际情况,上海在新能源产业发展和装备制造上,坚持"立足长远、统筹规划、高端制造、差别竞争"的原则;在新能源开发应用上,坚持"引领水平、体现示范、促进制造、逐步推广"的原则。

三、积极支持新能源装备制造业发展

(一)制订首台(套)政策。支持符合条件的中资及中资控股风机制造企业根据《风力发电设备产业化专项资金管理暂行办法》,申请国家首台(套)政策资金补助。

根据《上海市企业自主创新专项资金管理办法》,对经认定的首台(套)风力发电、核电、IGCC、薄膜太阳能电池和智能电网等关键装备,给予资金支持。对个别特重大项目,经市政府批准后,补贴标准可不受最高补贴金额的限制。

(二)设立专项资金。本市设立的自主创新和高新技术产业发展重大项目专项资金,重点支持企业实施新能源领域的高新技术产业发展重大项目、重大技术装备研制项目、重要共性关键技术研发项目和公共服务平台项目。

对高新技术产业化重大项目,专项资金的支持比例一般不超过项目新增总投资的10%;对重大技术装备研制项目、重要共性关键技术研发项目和公共服务平台项目,专项资金的支持比例一般不超过项目新增总投资的30%。以上具体通过资本金、贷款贴息、投资补助等方式给予支持。对特别重大的项目,专项资金支持比例需超过上述比例上限或采取特殊支持方式的,另行报市政府同意后确定。

(三)鼓励技术创新。新能源企业经认定的拥有自主知识产权的高新技术成果转化项目,按有关规定,由本市高新技术成果转化专项资金予以研发支持。

对新能源企业为提高核心竞争力单纯引进技术和生产母机等装备的项目,或收购兼并境外拥有核心技术的企业和研发机构且获得相对控股权的项目，按本市有关规定给予资助。

支持和鼓励新能源企业为吸收和创新的技术申请国内外专利。对获得外国发明专利权的，由本市知识产权部门给予每件一个国家最高不超过30 000元的专利申请费资助（最多不超过3个国家）；对企业申请国内专利的，按专利申请费实际缴纳费用资助；获国内发明专利权的，对发明专利的实审费、授权费及授权后第二年、第三年的年费，按实际缴纳费用资助。

（四）给予税收政策支持。支持符合条件的新能源企业申报认定国家高新技术企业、技术先进型服务企业。被认定为国家高新技术企业，减按15%的税率征收企业所得税。自2009年1月1日起至2013年12月31日止，对符合条件的技术先进型服务企业，减按15%的税率征收企业所得税。技术先进型服务企业职工教育经费按不超过企业工资总额8%的比例，据实在企业所得税税前扣除；对技术先进型服务企业离岸服务外包业务收入，免征营业税。

新能源企业为开发新技术、新产品、新工艺发生的研究开发费用，未形成无形资产计入当期损益的，在按规定据实扣除的基础上，按研究开发费用的50%加计扣除；形成无形资产的，按无形资产成本的150%摊销。

对新能源企业和个人从事技术转让、技术开发业务和与之相关的技术咨询、技术服务业务所取得的收入，免征营业税。符合条件的新能源产品的技术转让，在一个纳税年度内，技术转让所得不超过500万元的部分，免征企业所得税；超过500万元的部分，减半征收企业所得税。

对新能源企业投资符合《当前国家重点鼓励发展的产业、产品和技术目录》和《外商投资产业指导目录》鼓励类的项目，在投资总额内进口的自用设备，以及按合同随设备进口的技术及配套件、备件，除列入《国内投资项目不予免税的进口商品目录》和《外商投资项目不予免税的进口商品目录》的商品外，免征关税。

（五）引进高端人才。积极创造条件，引入国内外优秀的行业领军人才和技术团队，重点实施高层次海外人才“千人计划”。引进的人员可根据相关规定优先解决上海户籍、上海市居住证。每年组织评选认定，加大对领军人才和高层次人才的资助力度。

从事新能源高新技术转化项目的海外留学生在沪取得的工薪收入，在计算个人应纳所得税时，可按规定加计扣除。新能源高新技术企业和科研院所等用人单位聘用的外籍专家，其薪金可列支成本。

建立产学研合作机制，通过“校企合作”等方式，加强新能源领域人才培养力度。支持高校和科研机构建设新能源领域的研究基地和创新平台，支持有条件的高等院校设立新能源相关学科和专业。

新能源领域的国有独资高新技术企业在实施公司制改制时，可按规定将国有净资产增值中不高于35%的部分作为股份，奖励有贡献的企业骨干人员。

（六）加大金融支持力度。根据国家有关要求，设立地方政府创业投资引导基金，借助财政资金的杠杆效应，引导社会资金增加对新能源领域创业企业的投资。探索设立专注于新能源领域的专业创业投资企业，逐步完善有利于创业投资企业投资新能源产业的配套机制。

积极支持符合条件的新能源企业通过境内外资本市场融资。鼓励新能源企业加大体制机制创新力度，充分利用现有金融资源，通过战略重组、兼并收购等多种方式，进一步转换经营机制、提升产业能级。

鼓励和引导银行业金融机构进一步加大对新能源企业的信贷支持和金融服务力度，加强新能源产业重大项目的信息沟通，有效降低新能源企业的融资成本，提高信贷审批效率，逐步建立金融支持新能源产业发展的有效管理机制。

（七）吸引设立企业总部。鼓励跨国新能源企业在上海设立地区总部，并按《上海市鼓励跨国公司设立地区总部的规定》给予资助与奖励等政策优惠。

制定吸引国内企业设立地区总部和研发中心政策,对符合条件在本市新注册及新迁入的内资新能源企业地区总部和研发中心,给予资金支持等政策优惠。

(八)建设产业基地。支持具备条件的区县建设新能源产业基地,鼓励基地完善公共基础设施,建设研发、中试、咨询等公共服务平台。市、区县政府对基地公共建设和重点项目,给予资金、土地、人才等方面的支持,区县政府可因地制宜地,制定本区鼓励新能源产业发展的具体实施意见和办法。

(九)加强国际交流与合作。加强与国际权威检测认证机构合作,建立上海国家级太阳能光伏、风机设备等检测认证中心。鼓励新能源企业开展产品的国际注册与营销,支持企业通过 IEC、UL、TUV、GL 等国际权威认证。

构建上海新能源技术交流合作平台、标准化平台和培训平台。发挥中介服务等机构、企事业单位的作用,支持举办新能源技术和产品展览、展示和研讨,推介新能源技术和产品,支持发展新能源产业技术咨询、工程设计、项目管理等服务。支持新能源企业制订相关标准,并根据《上海市标准化推进专项资金管理办法》的相关规定给予资助。支持新能源企业与国外机构合作,组织技术、管理、服务等多领域培训。

四、加大新能源开发应用的力度

(一)组织编制发展规划。鼓励风电、太阳能光伏发电等新能源开发利用,不断提高新能源在能源消费结构中的比重。到 2012 年,规划本市风力发电装机达 500 兆瓦,重点建设“三岛”(崇明、长兴、横沙)陆上风电基地和“两海”(临港、奉贤海域)海上风电基地,太阳能光伏发电装机达 50 兆瓦。

(二)支持应用项目建设。将新能源重点项目纳入“绿色通道”,在规划、土地指标、环境保护、基础设施配套等方面,优先予以支持。

在确保防汛安全等前提下,支持风力发电等新能源项目利用具备条件的近海和沿海(江)滩涂、海塘内青坎等开发建设。需要用地的风电开发利用项目,以实际占用土地面积征用土地,按规定程序办理建设用地手续。

鼓励符合安装条件的公共建筑、工业建筑等安装大型并网太阳能光伏发电系统。其中,政府投资的公共建筑,应在可行性研究报告中论证安装光伏发电系统的可行性,具备安装条件的,必须进行一体化设计;市建设交通、住宅管理部门结合建筑节能工作,每年安排一批项目。

加快配套电网建设。对经市发展改革部门核准的新能源发电项目,其配套电网项目纳入本市电网建设计划。市电网企业要结合本市智能电网示范工程,加快电网建设与改造,积极提供并网的条件,确保新能源发电全额上网。

结合太阳能与建筑一体化(BIPV)开发利用,制定相关技术标准和规程。

(三)给予电价政策支持。根据国家发展改革委制定的《可再生能源发电价格和费用分摊管理试行办法》,积极帮助企业向国家争取最优惠的核准电价。在国家核定电价前,采取临时电价等措施予以扶持。

积极向国家发展改革委争取电价附加政策设立新能源发电扶持专项资金,研究符合上海实际的新能源发电上网指导价机制。

对新能源发电项目的上网电价低于发电成本的差额,通过绿色电力资金消化,不足部分,从新能源发电扶持专项资金中支出。

进一步加强宣传,倡导重点用能单位、居民用户购买“绿色电力”,建立绿色电力资金。

(四)积极争取落实国家及本市财政资金补贴。根据《太阳能光电建筑应用财政补助资金管理暂行办法》、《关于实施金太阳示范工程的通知》以及《上海市可再生能源和新能源发展专项资金扶持办法》、《上海市建筑节能项目专项扶持管理办法》等，支持符合条件的新能源项目申请中央和本市财政专项资金补助。

（五）支持应用新技术、新产品。对在本市生产的拥有专利技术的新能源产品或经国家和上海市认定的新能源产品，凡符合相关规定的，支持列入《上海市自主创新产品目录》。对列入《上海市自主创新产品目录》的新能源产品，鼓励财政性资金优先采购；政府支持新建和改造公共建筑时，也予以优先采购。建设一批用于本地新能源产品示范的"试验风电场"、"试验光伏电站"等项目。

关于促进知识产权质押融资工作的实施意见

知识产权质押融资是知识产权权利人将其所合法拥有的且目前仍为有效的专利权、注册商标专用权、著作权等知识产权出质,从银行等融资服务机构取得资金,并按期偿还资金本息的一种融资方式。为进一步加强知识产权工作,发挥金融服务功能,支持企业通过知识产权质押融资,拓宽企业融资渠道,缓解企业融资困难,促进本市科技型中小企业加快发展,根据有关法律、法规,结合本市实际,现就本市促进知识产权质押融资工作提出如下实施意见:

一、建立市促进知识产权质押融资工作联席会议

市促进知识产权质押融资工作联席会议(以下简称"联席会议")由市政府分管领导牵头召集,成员单位包括市知识产权局、市金融办、市经济信息化委、市财政局、市科委、市工商局、市版权局、市政府法制办、上海银监局、上海保监局等。其日常联系工作由市知识产权局和市金融办承担。联席会议的主要职能是指导、推进和协调本市知识产权质押融资相关工作;推动建立本市知识产权质押融资服务平台和知识产权交易市场;组织有关部门制定知识产权资产评估的地方性规则;拟订本市促进知识产权质押融资的扶持政策;推进从事知识产权质押融资工作的相关部门和银行等融资服务机构、社会中介组织加强合作,形成合力,共同做好本市知识产权质押融资服务工作。

二、完善知识产权质押融资服务平台

在联席会议指导下,由市相关部门、银行等融资服务机构和社会中介组织共同构建本市知识产权质押融资服务平台(以下简称"服务平台")。服务平台为本市企业提出的知识产权质押融资需求配套做好知识产权展示、登记、评估、咨询和知识产权质押融资推荐等相关服务。服务平台各相关部门和单位要密切配合,通过"一门式"办理窗口或网上办理等多种方式,为企业咨询、办理知识产权质押融资提供便捷、高效的服务。市知识产权相关管理部门要加强与国家主管部门的沟通,建立知识产权质押登记快速通道。

三、开展知识产权资产评估工作

(一)制订《上海市知识产权资产评估管理暂行办法》。市知识产权相关主管部门要组织市资产评估行业协会等机构按照"市场认可、公允合理"的原则,制订《上海市知识产权资产评估管理暂行办法》和地方性规则,规范本市知识产权资产评估的方法。

(二)建立市知识产权专家库。市知识产权专家库由知识产权相关领域和部门的专家、学者组成,向社会各方提供知识产权专业服务。

(三)加强知识产权资产评估机构行业自律和人才队伍建设。市资产评估行业协会要积极组织知识产权资产评估机构开展业务合作交流、加强专业知识培训、强化评估质量管理,并会同相关高校和人力资源服务机构研究培养知识产权资产评估人才的措施。从事知识产权资产评估的社会中介

机构要充分重视知识产权资产评估工作，加强专业研究力量，规范评估方法，有效提高知识产权资产评估水平，为本市知识产权质押融资做好基础性工作。

四、创新知识产权质押融资方式

（一）企业将知识产权出质给银行等融资服务机构，银行等融资服务机构作为知识产权质权人向企业出借资金，企业按期向银行等融资服务机构偿还本息。

（二）企业将知识产权出质给融资担保机构、保险公司等第三人，融资担保机构、保险公司等第三人作为知识产权质权人为企业融资提供担保或信用保险，银行等融资服务机构向企业出借资金，企业按期向银行等融资服务机构偿还本息。

（三）由拥有知识产权的企业与银行等融资服务机构协商确定法律允许的其他知识产权质押融资方式。

五、培育知识产权质押物流转市场体系

由上海联合产权交易所会同其他专业知识产权交易机构建立和培育本市知识产权质押物流转市场体系，提供知识产权质押物转让相关服务，实现知识产权质押物顺利流转。上海联合产权交易所等知识产权质押物流转市场制定知识产权质押物交易的相关规则，规范各类知识产权质押物交易行为，并定期向联席会议报告知识产权质押物交易情况，向市知识产权相关主管部门反馈申请交易的知识产权质押物再评估和转让成交等相关信息，为知识产权质押物交易相关各方提供配套服务。

六、形成知识产权质押融资风险多方分担机制

探索建立本市知识产权质押融资风险多方分担机制。在知识产权质押融资中发生的风险，由担保机构、保险公司、银行等融资服务机构和资产评估机构共同分担。具体办法另行制定。

七、健全知识产权质押融资保障机制

（一）鼓励加大对科技型中小企业信贷等融资支持的力度。各商业银行等金融机构要按照银监会《关于进一步加大对科技型中小企业信贷支持的指导意见》（银监发〔2009〕37 号）的要求，落实银行对科技型中小企业信贷支持的有关政策，加强科技资源和金融资源的结合，开发适合科技型中小企业特点的金融服务产品，积极开展知识产权质押贷款业务。

（二）进一步发挥担保机构的保障作用。市、区（县）各类担保机构要按照市政府办公厅《关于完善本市贷款担保体系进一步做好中小企业融资服务工作的若干意见》（沪府办〔2009〕32 号）要求，积极为知识产权质押融资提供担保服务。各区（县）政府根据区（县）内企业实际情况，进一步发挥政策性担保机构的引导和示范作用，加大对知识产权质押融资的政策性担保支持力度，确保担保资金投入。鼓励和支持有关区（县）设立知识产权质押融资担保专项资金，扩大知识产权质押融资担保资金的来源。

（三）积极引入保险机制。针对知识产权质押融资特点，研究开发知识产权质押融资保险产品，促进知识产权质押融资中的银保合作，提高保险对知识产权质押融资的保障作用。

（四）加大对拥有自主知识产权的科技型中小企业支持力度。在做好知识产权质押融资工作的同时，由各区（县）政府和市有关部门根据国家和本市对科技型中小企业、高新技术产业的各项扶持政策，在贷款贴息、税收优惠和专项补贴等方面给予优先支持。

八、实施知识产权质押融资试点

根据本市科技型中小企业的发展情况和知识产权质押融资的实际需求,选择部分区先行开展知识产权质押融资试点。各试点单位要在联席会议的指导下,按照本实施意见,加强与各相关部门之间的协商和合作,制定试点方案,落实有关措施,确保试点取得实效。

关于加快推进上海高新技术产业化的实施意见

为了深入贯彻中央经济工作会议和市委九届七次全会精神，落实国家重点产业调整振兴规划和市委“推进科技创新，增强发展能力”重大课题研究成果，积极应对国际金融危机，增强上海产业综合竞争力，确保经济平稳较快发展，现就加快推进上海高新技术产业化提出如下实施意见：

一、加快推进上海高新技术产业化的重要性

（一）加快推进高新技术产业化是增强先进制造业发展后劲的需要

改革开放以来，上海制造业经历“调整中发展”、“发展中调整”、“发展调整中提升”三个阶段，汽车、电子信息、成套装备、船舶、钢铁和石化等产业在国内已占据重要地位。进入“十一五”时期，自主创新和产业结构升级以及经济社会发展迈入了新阶段，随着竞争的加剧，以及各类资源要素刚性约束所带来的外部环境变化，上海制造业资本驱动力日趋弱化，产业能级提升、结构调整遇到压力。上海已到了高新技术产业化发展的关键时期，必须充分利用当前高端产业增长空间放大的重要契机，立足长期打造的高新技术产业基础，结合国际高新技术产业发展的特点和趋势，大力推进高新技术产业化。

（二）加快推进高新技术产业化是新一轮产业结构调整的需要

当前，上海先进制造业发展已进入新型产业体系的构建阶段，产业结构趋向高度化。新一轮产业结构调整，要求上海加快形成以服务经济为主的产业结构，从产业竞争力的提升转变为综合竞争力的提升、从传统制造业生产转变为大力发展以高新技术和新兴产业为主导的先进制造业，推动产业资源的有效配置，实现支柱产业、装备产业、战略产业发展的重点突破。

（三）加快推进高新技术产业化是建设现代化国际大都市的需要

国务院《关于推进上海加快发展现代服务业和先进制造业建设国际金融中心和国际航运中心的意见》明确，到2020年，上海要基本建成与我国经济实力和人民币国际地位相适应的国际金融中心和具有全球航运资源配置能力的国际航运中心，要求上海构筑更加高端的现代产业体系，增强先进制造业和现代服务业的国际竞争力。加快高新技术产业化，形成与国际大都市和建设“两个中心”相适应的高附加值、高科技含量和高集聚度的现代产业体系，以适应全面参与经济全球化的战略需要，是加快上海城市功能和产业转型的迫切要求。

当前，上海高新技术产业发展还面临着一些挑战。一是宏观经济环境存在不确定因素。国际金融危机对实体经济的影响逐步显现，市场竞争格局发生重大变化，使上海产业发展的压力增大。二是土地、能源等资源环境要素对产业发展的约束不断增加。产业调整成本不断上升，高新技术产业发展面临瓶颈制约。三是产业资本集聚能力不强。上海在新能源、航天航空、生物医药、海洋工程装

备等领域具有一定的技术储备优势,但由于缺少外部资本有效投入而未能同步形成较大产业规模。四是核心企业技术支撑能力有待提高。高新技术产业的龙头企业缺乏强有力的技术支撑和系统集成能力,核心技术创新能力和产业链衔接能力还较薄弱等。对这些问题,必须切实加以解决。上海要抓住当前重要的发展机遇,坚决服从、服务国家战略,充分发挥上海产业基础雄厚、科技资源密集、综合实力领先、要素流动迅捷等优势,通过创新突破和资本集聚,集中发展代表全球产业发展方向和体现国家战略的高新技术产业,实现产业集聚、规模扩展和能级提升。

二、加快推进上海高新技术产业化的基本思路、主要原则和总体目标

(一)基本思路

一是服从服务国家战略,落实国家重大专项,主动衔接国家重点产业调整和振兴规划;

二是将推动高新技术产业化作为应对国际金融危机挑战、推动产业结构优化升级、确保经济平稳较快发展的主要方向;

三是结合本市产业发展实际,聚焦重点领域和重大项目,培育新的增长点,抢占新一轮产业发展制高点;

四是立足上海产业、金融、科技、人才等综合优势,加快引进、消化、吸收先进技术,推动集成创新和自主创新,增强产业持续发展能力。

(二)主要原则

1. 立足技术进步,提高产业竞争力。以技术进步为主线,以企业为载体,以产业化为抓手,通过开放式创新,充分利用国内外资源,着力推动"产学研"的深度融合,促进高新技术成果转化,在不断提高自主知识产权的基础上,努力把握行业发展先机;在保持技术进步与国际同步的基础上,切实增强产业发展后劲。

2. 集聚优势条件,抢占行业制高点。以市场需求为导向,紧紧瞄准行业高端,集聚优势条件重点攻坚。充分激发企业技术创新的内在动力,引导各类创新要素向产业集聚,构建产业链的创新模式,以行业龙头企业为中心,带动产业链上相关企业的技术进步,实现产业化关键瓶颈的持续突破。

3. 明确责任主体,聚焦重点突破口。坚持以企业为责任主体,实施高新技术产业化重大项目,充分发挥实施主体的积极性,发挥各种所有制企业的作用,明确工作责任制和责任人,制定详细的推进计划,及时协调解决项目实施中遇到的问题,确保组织落实、责任落实、进度落实。

4. 强化深度融合,推进产业集约化。坚持走新型工业化道路,加快发展信息产业,积极培育以信息技术、网络技术和数字技术为基础的高新技术服务业,运用信息技术改造装备制造和节能环保等传统产业,促进产业技术升级,增强产业核心竞争力。

(三)总体目标

围绕转变经济发展方式,推进产业结构优化升级,加快高新技术产业化,大力发展能够缩小与发达国家制造业水平差距、对提升国家自主创新能力和产业竞争力有重要推动作用、具有一定产业基础和比较优势的产业领域,聚焦新能源、民用航空制造业、先进重大装备、生物医药、电子信息制造业、新能源汽车、海洋工程装备、新材料、软件和信息服务业等九个重点领域和重大项目,集聚创新资源,突出技术进步,攻克关键瓶颈,夯实产业基础,完善以高新技术产业化为主体的发展团队。

——调整结构。到2012年,重点领域通过打造自主品牌,开发自主知识产权,实现技术引领;通过提高核心设备制造环节的集聚度,实现系统引领;通过融合发展总集成、研发设计等,实现价值链

引领。

——发展增量。到 2012 年,全市高新技术产业重点领域总产值达到11 000亿元,比 2008 年增加 4 500亿元左右。

——带动效应。民用航空制造业、先进重大装备、新能源汽车、海洋工程装备等领域的技术创新能力保持国内领先,新能源、生物医药、电子信息制造业、新材料、软件和信息服务业等领域的技术创新能力接近国际先进水平,高端产业带动作用明显,产业链衔接较为完善,实现重点产业的集约化发展。

三、加快推进上海高新技术产业化的重点领域

根据国家重点产业调整和振兴规划提出的要求,参照《上海产业发展重点支持目录(2008)》的内容,依据上海现有的产业基础、科研技术水平和人才支撑条件,确定推进高新技术产业化发展的九个重点领域,即新能源、民用航空制造业、先进重大装备、生物医药、电子信息制造业、新能源汽车、海洋工程装备、新材料、软件和信息服务业。

(一)新能源。到 2012 年,产业规模达到 500 亿元。实现 2MW 陆上风电机组规模化生产和 3. 6MW 海上风电机组的产业化,加快风电发电机、主控制器及系统等关键部件国产化,推进太阳能电池生产线建设及相关装备产业化,推进 IGCC 有关装备研制及示范工程建设。2009 年第一批拟推进的薄膜太阳能电池及关键生产设备产业化等重点项目,主要集聚在浦东、闵行等区域。

(二)民用航空制造业。到 2012 年,产业规模达到 200 亿元。形成大型客机的总装和研发基地、ARJ21 - 700 支线飞机 30 架批产、商用飞机发动机研发中心和航电系统集成产业化。2009 年第一批拟推进的大型客机总装和研发基地、商用飞机发动机研发中心等重点项目,主要集聚在浦东、闵行、宝山等区域。

(三)先进重大装备。到 2012 年,产业规模达到1 200亿元。重点聚焦核电、火电、特高压输变电、轨道交通装备、自动控制系统等,实现关键核岛主设备国产化配套,提升大型锻件产品的极端制造能力,发展 60 - 120 万千瓦清洁高效火电设备系列,实现轨道交通车辆及自动控制系统国产化。2009 年第一批拟推进的百万千瓦等级核电关键设备及部件产业化、大容量超超临界火电机组系列产业化等重点项目,主要集聚在浦东、闵行、松江等区域。

(四)生物医药。到 2012 年,生物医药制造业总产值达到 850 亿元,服务外包收入达到 150 亿元,医药商业收入突破1 000亿元。在高端化学原料药制造领域取得突破,加快开发中药及天然提取物,重点突破生物诊断试剂、疫苗及抗体类药物的产业化,着力发展数字化高端医疗设备。2009 年第一批拟推进的精密医疗器械和检测系统仪器等重点项目,主要集聚在浦东、徐汇、奉贤等区域。

(五)电子信息制造业。到 2012 年,集成电路和平板显示产业规模达到1 500亿元。重点推进 12 英寸 65nm 以下芯片生产线建设,实现新一代移动通信、数字电视、平板显示、汽车电子等芯片的国产化,加快集成电路制造、测试装备产业化,推进 TFT - LCD 高世代生产线、OLED 中试线及配套产业建设,发展大功率 LED 封装器件及产品产业化。2009 年第一批拟推进的 4. 5 代 OLED 中试线建设、数字电视芯片套片产业化等重点项目,主要集聚在浦东、徐汇、闵行等区域。

(六)新能源汽车。到 2012 年,产业规模达到 900 亿元。加快推进混合动力汽车和纯电动客车产业化,提升驱动电机、动力电池及其控制系统等关键零部件的国产化配套能力,支持燃料电池汽车研发和产业化,提升汽车电子系统集成能力。2009 年第一批拟推进的自主品牌混合动力轿车、客车和动力系统、汽车电子控制系统等重点项目,主要集聚在浦东、嘉定、金山等区域。

(七)海洋工程装备。到 2012 年,产业规模达到1 500亿元。重点提升浮式生产储油船(FPSO)、自升式钻井平台、半潜式钻井平台、钻井船等研制能力,加快海洋钻探设备、油处理模块的研制,提升

港口装卸运输设备等级,实现船用通讯、导航、控制电子设备等船舶电子的突破。2009 年第一批拟推进的自升式、半潜式钻井平台等重点项目,主要集聚在浦东、长兴岛等区域。

(八)新材料。到 2012 年,产业规模达到1 000亿元。重点推进高性能碳纤维、耐高温纤维等生产线建设,实现高温合金、钛合金材料产业化,推进生物相容材料及终端产品产业化,加快环保节能材料与新型绿色建材产业化及其推广应用。2009 年第一批拟推进的1 500吨高性能碳纤维生产线建设等重点项目,主要集聚在金山、奉贤、宝山等区域。

(九)软件和信息服务业。到 2012 年,产业规模达到3 600亿元。重点推动信息服务业的基础软件、嵌入式软件和大型行业应用软件的研发和产业化,加快发展 TD - SCDMA、TD - LTE 等移动通信技术,推进基于互联网的电子商务、互动娱乐、金融服务和在线视听等数字内容服务产业。2009 年第一批拟推进的基础软件产品研发、TD - SCDMA 增强技术基带芯片产业化等重点项目,主要集聚在浦东、徐汇等区域。

四、加快推进上海高新技术产业化的具体措施

(一)建立推进工作体系。市委、市政府主要领导对口联系部分重点项目。成立上海市推进高新技术产业化领导小组及工作小组。上海市推进高新技术产业化工作小组建立例会制度,协调推进工作中的有关事项。九个重点领域中,新能源、民用航空制造业、先进重大装备、电子信息制造业、新能源汽车、海洋工程装备、新材料、软件和信息服务业等八个领域由市经济信息化委为主负责推进;生物医药领域由市科委为主负责推进。有关委办局、区县政府、开发区共同做好推进工作。

(二)明确项目实施主体。全市高新技术产业化工作由中央企业、地方企业、民营企业等各种所有制企业共同参与。实施主体需制定详细的项目推进计划,明确工作责任制和责任人。对实施主体提出的政策需求以及需要协调的有关事项,由市推进高新技术产业化工作小组予以协调。

(三)完善高新技术产业化服务平台。组建上海市高新技术产业化促进中心,作为市政府面向全社会服务并推进高新技术产业化的平台,具体承担高新技术产业化的信息发布、政策咨询、项目受理、技术服务、配套对接、平台聚焦、绩效评估等工作。

(四)优先落实支持政策。将本市出台的财税、规划、土地、人才、科技方面的鼓励支持政策,在高新技术产业化的九个重点领域优先落实,对项目实施主体和配套单位倾斜,给予优先支持。

(五)设立高新技术产业化专项资金。市政府设立 100 亿元的专项资金,用于扶持高新技术产业化项目,专项资金按照《上海市自主创新和高新技术产业化重大项目专项资金管理办法》使用。鼓励金融资本与重点产业发展对接,鼓励社会资本的积极投入。

(六)推动产业链配套建设。建立中小企业对接高新技术产业化重点项目的工作机制,定期向中小企业发布需求信息、召开对接会议等。围绕项目实施主体,培育一批“专精特新”的中小企业,形成专业化配套。

(七)不断完善产业发展规划引导。编制高新技术产业化重点领域产业发展规划布局,制定和完善适应九个重点领域产业特点、有针对性的支持政策。动态跟踪国内外各重点领域产业发展趋势,了解和把握技术动态。分领域、分专业建立专家库。

(八)推进产学研合作。支持在重大产业和重点项目中开展产学研用的融合,扶持高新技术产业化重点企业建立若干产学研示范基地,每年由高新技术产业化承担主体企业发布产学研合作攻关需求,分领域召开产学研合作对接会。鼓励高校学科建设、人才培养向高新技术产业化重点领域倾斜。

关于进一步加快转制科研院所改革和发展的指导意见

已转制为企业的应用开发类科研院所(以下简称“转制科研院所”)是构成区域乃至国家创新体系的重要组成部分。上世纪90年代末实施的应用开发类科研院所的企业化转制,显著提高了科研人员面向市场的创新意识,有效促进了科研院所的成果转化和产业化,为探索新型科研管理体制和运行机制、支撑区域经济社会的协调发展作出了重要贡献。但由于体制机制等多方面原因,在促进科研成果实现更快转化的同时,转制科研院所为社会提供公共技术服务的能力也在一定程度受到了制约和削弱,部分转制科研院所原有的管理模式和发展模式已难以完全适应新形势下产业技术进步对共性技术和公益性服务提出的需求。在坚持市场机制、确保竞争活力的前提下,进一步加快转制科研院所的改革和发展,提高转制科研院所为社会提供公共技术服务的能力,已成为上海城市创新体系建设的一项迫在眉睫的任务。

为贯彻落实《中共中央、国务院关于实施科技规划纲要增强自主创新能力的决定》,全面实施《国家中长期科学和技术发展规划纲要(2006－2020年)》及相关配套政策,推进转制科研院所的改革和发展,加快提升并充分释放转制科研院所为社会提供公共技术服务的能力,完善区域创新体系,增强自主创新能力,根据市委、市政府《关于进一步推进科技创新加快高新技术产业化的若干意见》(沪委发〔2009〕9号),现就进一步加快转制科研院所改革和发展提出如下指导意见:

一、加快转制科研院所改革和发展的总体目标是:面向本市和长三角区域产业发展的需求,通过政府引导和政策扶持,理顺管理体制,优化运行机制,持续提升转制科研院所在产业发展中共性技术的研发能力、专业服务的供给能力和行业标准的创制能力,支持转制科研院所在共性技术研究开发与推广应用中发挥骨干作用,支撑引领上海先进制造业和现代服务业实现快速发展。

二、在进一步加快转制科研院所改革和发展的过程中,要坚持“聚焦功能、分类指导、自主选择、循序渐进”的基本原则。在继续保持转制科研院所改革市场化和运行企业化的前提下,聚焦转制科研院所已承担的经济社会发展和维护国家安全所需、但通过市场无法得到相应经济回报的研发功能和服务功能,针对转制科研院所的局部或者整体,对其承担的相应功能给予支持。各转制科研院所可根据自身发展的实际状况,自主选择实施方案,积极稳妥地推进转制科研院所的改革和发展进程。

三、各转制科研院所可依托已有的、具有较强公益性和战略性的共性技术研究基础,建设相关研发基地,并在此基础上,申请筹建“上海市重点实验室”或“上海工程技术研究中心”。市科委根据《上海市重点实验室建设与管理办法》或《上海工程技术研究中心建设与管理办法》,对研发基地进行界定和评估,将符合条件的研发基地纳入支持序列。市科委按照有关规定,定期对相关研发基地进行考核评估,并根据评估结果给予相应的资助。

四、对具有突出共性技术研发能力和显著行业技术服务能力的转制科研院所,可申请开展整体改革试点,在将其研究开发及专业技术服务功能与产品生产功能进行分离后,以其研发服务功能为基础,整建制地转为“新型科研院所”。

新型科研院所以推进产业科技进步为宗旨,承担产业基础技术、共性技术和前瞻技术的研究开发及专业技术服务等公共职能及准公共职能(以下统称“公共职能”)。

转制科研院所原有的产品生产等其他非公共职能,可逐步从新型科研院所剥离成为独立运行的衍生企业。新型科研院所可以控股、参股等方式,设立衍生企业。

五、新型科研院所继续保留原有的企业法人资格,必须遵守法律法规的规定和出资者的约定,制定章程,明确机构宗旨、经营范围、组织机构、内部管理制度。企业的税后利润应全部用于其承担的公共职能以及与其公共职能相关的能力建设。

六、对新型科研院所在产业技术研究开发和服务中承担的公共职能,由市科委每年会同相关部门进行绩效评价,根据绩效评价的结果,通过政府购买服务的方式,对新型科研院所实际承担的公共职能给予相应的支持。

七、新型科研院所可通过投资衍生企业、技术许可、技术开发、技术转让、技术咨询、技术服务等多种形式,获得投资收益和技术性收入,收益和收入应全部用于其承担的公共职能以及与其公共职能相关的能力建设。

八、申请开展新型科研院所整体改革试点的转制科研院所,必须同时具备以下四个条件:

(一)仍然保留独立的法人资格;

(二)最近两个年度的科学研究、技术开发、技术转让、技术服务、技术咨询活动收入的总和,均超过当年总收入的50%;

(三)相关专业领域的研发能力和服务能力达到国内一流水平,并在行业内具有公认的地位和影响力;

(四)承诺最迟在改革试点方案正式实施后的两年内,将原有的产品生产等非公共职能全部从新型科研院所剥离,并不再新增。

九、申请开展整体改革试点的转制科研院所需根据本指导意见,拟订改革试点方案并报送市科委,经市科委会同市发展改革委、市国资委、市财政局、市工商局等部门共同审核、批准后实施。

十、进一步为包括新型科研院所在内的转制科研院所服务地方经济社会发展创造有利条件。通过加强协调、改进服务,有针对性地组织各类转制科研院所参与国家和地方的各类科研计划攻关、技术创新服务平台建设、产学研技术创新联盟建设以及区县特色产业创新集群培育,促进各类转制科研院所更加紧密地融入区域创新体系。

关于推进信息化与工业化融合促进产业能级提升的实施意见

为深入贯彻落实党的十七大精神，加快经济发展方式转变，探索全面协调可持续的新型工业化道路，促进上海“四个中心”和社会主义现代化国际大都市的建设，现就推进信息化与工业化融合（以下统称“两化融合”），促进产业能级提升提出如下实施意见：

一、深刻认识信息化与工业化融合的重要意义

（一）推进“两化融合”是贯彻落实国家战略的客观要求

自党的十四届五中全会提出“加快国民经济信息化进程”以来，信息化已成为覆盖我国现代化建设全局的战略举措，信息技术在产业各领域的广泛应用、渗透与融合，有效带动了企业生产管理模式的革新，极大提升了产业技术创新能力和发展能级。党的十七大提出大力推进“两化融合”，是顺应全球信息化趋势、落实科学发展观、符合我国工业化发展阶段要求的战略举措。上海要服从服务好国家战略，把“两化融合”作为贯穿今后全市信息化建设、工业化发展的一条主线，进行总体部署，全力推动实施。

（二）推进“两化融合”是增强上海持续发展能力的重要举措

作为全国重要的经济中心和传统的工商业城市，上海具有较雄厚的产业综合实力。同时，上海信息基础设施功能、信息技术应用水平、信息安全保障能力等信息化整体发展水平在国内领先，信息化与工业化具备了在更大范围内、更深层次上相互促进融合的基础。全面推进“两化融合”，有利于转变经济发展方式，突破资源环境承载能力的制约；有利于发挥信息化的带动和渗透效应，构建以信息化为支撑、高新技术为主导的现代产业体系；有利于上海整合产业发展资源，率先探索出一条切合实际的新型工业化道路，更好地在全国发挥示范带动作用。

（三）推进“两化融合”是提升上海产业能级的必然选择

上海产业经历了调整中发展、发展中调整，当前正步入发展调整中提升的新阶段，电子信息、汽车、钢铁等支柱产业在国内占有重要地位，航空、船舶、医药等战略产业快速壮大，能源、材料等新兴产业蓬勃发展；以金融、信息服务等为代表的现代服务业迅速发展。为突破资本驱动弱化、资源能源匮乏、市场竞争加剧等日益突出的发展瓶颈，上海产业亟需进行新一轮结构调整和优化升级，大力发展创新驱动、技术支撑的先进制造业和现代服务业。在新的发展起点上，通过“两化融合”促进新技术、新工艺、新产品的发展，带动企业生产经营和管理模式创新，提升传统产业能级，催生新兴产业门类，加快向服务经济为主的产业结构转型升级。

二、明确全面推进信息化与工业化融合的总体要求

(一)基本思路

在科学发展观指导下,以加快提升上海产业能级、构建现代产业体系为总体目标,围绕促进经济发展方式转变、促进产业结构优化升级、促进政府职能转变这一主线,抓住工业产品研发设计信息化、工业生产过程自动化、企业管理和行业服务信息化、产品流通和市场信息化四个切入点,通过"两化融合"提升传统产业、壮大支柱产业、发展新兴产业,促进上海工业由大变强,确保上海经济又好又快发展。

(二)推进原则

1. 统筹规划,分类推进。加强全市"两化融合"工作的统筹规划,形成和完善指导全局的工作机制和规划方案;根据各产业门类、各区域的特点,形成各有侧重的推进策略。

2. 点面结合,重点突破。结合重点产业调整振兴规划、高新技术产业化、企业技术改造等工作的推进,集中全市力量和产业发展资源,通过以点带面,聚焦重点产业、重要环节进行突破,逐步形成示范推广效应。

3. 政府引导,企业主体。充分发挥企业主体作用,激发企业应用信息技术改造传统产业、提升产业能级的积极性;各级政府部门要形成合力,主动承担好政策扶持、平台搭建、资金引导、人才培养等工作。

(三)发展目标

1. 2009年到2011年,为规划布局、重点突破阶段。制订《上海市推进信息化与工业化融合行动计划(2009-2011年)》(详见附件),明确推进信息化与工业化融合的思路、目标、重点产业领域、重点专项工程及保障措施,基本完成"两化融合"总体规划,基本形成社会各方面积极参与的工作格局,推动信息技术在先进制造业和现代服务业关键环节、重点领域和骨干企业的创新应用,"两化融合"发展指数达到75。

2. 2012年到"十二五"期末,为全面推进、整体提升阶段。基本确立以"两化融合"为主要特征的产业发展模式,实现信息技术应用在产业各领域的全面渗透,基本形成适合特大型城市发展的现代产业体系,上海在新型工业化道路上走在全国前列,"两化融合"发展指数达到85。

三、大力推进信息化在工业领域的应用渗透,促进制造业向高端发展

以先进制造业作为全面推进"两化融合"的核心内容,在大力发展先进制造业的过程中,以重点行业为主体,推广信息技术在各产业门类的深入应用;以骨干企业为依托,实现信息化对工业生产的全方位渗透;以优化产品功能为着力点,不断提高工业产品信息化含量。

(一)全面推广信息技术在重点行业应用

钢铁、石化、汽车等支柱产业重点推广跨地域协同制造、全流程业务监控、企业级信息集成等信息技术应用,提升产业内涵发展。航空、船舶、海洋工程等战略产业以产品全周期管理和服务信息化为重点,推动产业做大、做强、做精。装备制造业推进具有"三高"(高可靠性、高性能、高适用性)、"四化"(数字化、智能化、网络化、集成化)特征的装备自动化控制系统研发应用,实现产业振兴发展。轻工、纺织等消费品产业加快信息技术在产品生产各环节的应用推广,促进产业向研发、品牌两

端拓展。

(二)分类推进企业信息化建设

推动企业发展模式从生产型制造为主向生产与服务并重转型,探索建立企业首席信息官制度。对行业龙头企业,鼓励企业参与制定行业信息化标准,根据业务需求建立全球供应链管理、协同研发设计制造系统和跨地域经营管理系统,进而带动产业信息化;对大型企业,鼓励企业推广跨部门系统集成、数据共享、业务协同,以及应用集成、业务集成等决策支持系统的应用,加快车间控制系统、MES 系统、ERP 系统的衔接配套,进而加快行业信息化进程;对中小企业,建立和完善信息化公共服务平台,引导广大中小企业通过平台建立企业信息门户、开展商务服务、加强企业管理,降低企业信息化建设成本。

(三)提高工业产品的信息技术含量和附加值

大力推动信息技术在精品钢材、石化衍生品等重要工业品生产中的渗透应用,提高产品附加值和国际竞争力。加快发展车载电子、航空电子、船舶电子等先进制造业配套产业,为自主品牌汽车、民用大型客机、大吨位船舶等的研发和产业化提供信息技术支撑。运用信息技术优化专用装备、发电与输配电设备、海洋工程装备等的功能,提高工业生产母机和重大产业装备的信息化水平。

(四)推广信息技术在节能减排中的应用

应用信息技术,促进企业挖潜增效,提高工业生产效益。重点推进高耗能行业生产设备的数字化和智能化,改造传统工艺和生产流程,提高能源综合利用、污染源(物)监控和清洁生产的水平。完善信息化监测系统,对本市高耗能高污染行业的能耗和污染排放进行实时监控,增强企业持续发展能力,促进绿色环保产业发展壮大。

四、积极推进信息化在服务业重点领域的应用推广,加快发展现代服务业

围绕加快建设国际金融中心、国际航运中心,以促进信息资源的开发共享为主线,以发展生产性服务业为重点,深入推广信息技术在重点服务行业的应用,促进信息流与物流、资金流的整合互动,实现制造业与服务业的融合发展。

(一)推进金融服务业信息化

不断优化金融信息服务,为金融市场体系建设、金融机构业务发展、金融创新先行先试和完善金融发展环境提供支撑。鼓励银行、证券、保险等行业不断提高业务电子化、服务网络化、管理信息化水平,加强信息安全风险防控,为企业提供个性化、专业化、安全可靠的金融服务。发展金融资讯信息加工、整合与分析业务以及相关外包业务,提高面向全球的金融信息服务水平。依托张江金融信息服务产业基地,推动专业化金融信息服务企业向园区集聚。推动与金融服务密切相关的征信行业发展,完善个人和企业信用征信系统,拓展征信产品种类,为产业发展和企业融资提供良好的信用保障机制。

(二)推进航运服务和物流业信息化

结合国际航运中心建设,不断优化上海电子口岸服务功能,建设综合信息服务平台,进一步推动港口、航运、物流、监管等口岸信息的共享。积极推动信息技术在制造业物流、城市配送物流等各类物流模式中的应用,鼓励以信息化为主要特征的第三方、第四方物流新模式发展。鼓励支持供应链

管理、物流监管等相关信息技术的自主研发和产业化,在重点企业、园区和基地研究“物联网”的技术选型、建设模式和基本框架。

(三)推进生产性服务业信息化

大力发展电子商务,拓展B2B、B2C等模式在工业企业的应用,推动建设专业化的行业性电子商务平台,完善电子支付、数字认证、争议处置等保障机制。鼓励重点行业的骨干企业将信息化等非核心业务进行剥离重组,面向全行业提供专业的信息服务,促进企业资源向核心业务集中。鼓励有条件的生产型制造企业向服务型制造企业转型,充分利用信息化手段,拓展和优化总集成总承包服务模式。

五、以“两化融合”为契机,大力发展电子信息产业和相关新兴产业

把握“两化融合”带来的机遇,进一步巩固和提升信息产业在国民经济发展中的战略性、基础性、先导性支柱产业地位。同时,积极推动“两化融合”带动产生的新兴产业发展,培育新的经济增长点。

(一)实施“电子强市计划”

聚焦关键技术的研发与产业化,加大首台(套)应用的支持力度,在集成电路、通信制造、新型显示等领域实现重点突破。培育壮大优势产业门类,使集成电路、新一代移动通信、半导体照明等产业在全国居于前列。加快新型元器件、关键仪器仪表的科技攻关,提升工业生产信息采集、自动控制的自主研发水平。深化信息产业“走出去”战略,加强与国际先进企业合作以及跨国兼并重组,进一步拓展国际市场,并带动新技术、新工艺的引进和集成创新。推进信息产业集群化发展,鼓励产业链上下游企业建立产业联盟,增强整体抗风险能力。

(二)实施“软件振兴计划”

大力发展嵌入式软件技术和应用,支持和鼓励工业软件研发设计和应用实施,推进软件技术与整机制造的联动。以操作系统、数据库管理系统、中间件软件等为重点,推动自主软件和行业解决方案的研发与产业化。支持国产软件在政府、卫生、教育以及公共服务等领域的应用,扶持国产软件做大做强。鼓励软件企业增强集成服务能力,促进有条件的软件服务商向整体解决方案提供商转变。

(三)实施“新兴产业扶持计划”

推进信息技术在新能源、新材料以及生物医药等高新技术领域的应用,推动太阳能光伏、纳米技术、生物计算机等技术的产业化。发展数字内容服务产业,拓展数字出版、网络视听等基于互联网的数字内容服务,培育扶持具有特色的数字内容服务企业发展成为国内龙头企业。推动信息服务外包产业发展,促进外包业务向高端化发展,引导企业积极承接离岸外包。

六、优化“两化融合”发展环境,完善工作推进机制

以产业园区为载体,以公共服务平台为依托,加强人才保障、基础研究等工作,为“两化融合”深入推进营造良好环境,加大“两化融合”统筹协调推进力度。

(一)提高重要产业园区的信息化服务水平

把全市各类产业园区作为推进“两化融合”的重要载体,聚焦张江、临港、漕河泾、长兴岛等产业集聚地,打造数字化产业园区。加强产业园区信息基础设施配套建设,支持园区建设具有信息咨询、

商务服务、产品检测等功能的信息化公共服务平台，构建信息资源和技术共享的服务体系和标准，为园区内企业提供多层次、综合性的信息化服务。

（二）建设完善信息化公共服务平台

支持信息服务提供商、信息化咨询服务机构面向广大企业，提供有行业针对性的信息化公共服务，鼓励企业选择公共平台开展相关应用，避免重复建设。提升超级计算、软件评测、信息安全测评等信息化功能性机构的服务能力，拓展和深化面向各产业门类和企业信息化的应用服务。搭建产学研协作平台，建设一批“两化融合”研究中心和重点实验室，通过加强企业与科研院所等方面的沟通，推动信息化领域新技术、新产品、新工艺的应用和产业化。

（三）加强“两化融合”基础保障体系建设

着力提升信息基础设施服务能级，增强信息安全保障能力，为推进“两化融合”提供信息化应用的有利条件。在人才知识更新工程（“653 工程”）的框架下，实施“两化融合”人才战略，着力培育一批兼具信息化与工业化知识背景的复合型人才。整合相关研究资源，组织开展评估体系、指标体系、政策框架等基础研究工作，为推进“两化融合”提供环境支撑。

（四）增强“两化融合”工作推进合力

市级层面建立分管领导牵头、相关部门参与的议事协调机制，统筹推进全市“两化融合”重点工作。市经济信息化委作为牵头部门，开展本市“两化融合”的规划制定、组织实施等工作。市政府相关部门、各区县政府全面落实全市“两化融合”的规划、计划和有关任务。积极发挥相关行业协会、专业学会等社会团体以及专家学者的作用，形成全社会推进“两化融合”的合力。

关于做好当前形势下协调劳动关系工作的指导意见

为贯彻落实《关于应对当前经济形势稳定劳动关系的指导意见》(人社部发〔2009〕18号)的要求,经省协调劳动关系三方委员会研究,结合我省实际,现就做好当前形势下协调劳动关系工作提出以下意见,请各地认真执行。

一、充分认识做好协调劳动关系工作的重要性和紧迫性

2008年以来,由于受到国际金融危机等因素的直接影响,我省部分企业生产经营困难增加,一些企业关停甚至倒闭破产,影响了劳动关系的正常运行,发展和谐劳动关系面临新情况新问题。各级协调劳动关系三方组织要密切关注和高度重视劳动关系领域出现的新变化,按照国家和省委、省政府应对当前经济形势的决策部署,从保增长、促发展、重民生的高度,充分认识现阶段做好劳动关系稳定工作的重要性,深入研究分析当前经济形势对劳动关系的影响,准确判断和掌握劳动关系中的突出矛盾。要在当地党委、政府的领导下,将助推企业发展与保障职工权益有机结合起来,着力加强政策配套和工作协调,积极促成出台更多的政策措施扶持企业发展;着力加强协调劳动关系机制建设与运行,为企业发展营造更好的社会环境;着力加强企业利益共同体建设,使职工更自觉更主动地与企业同舟共济;着力引导和推动企业更主动地承担对职工、对社会的各项法定义务和社会责任,维护劳动关系和谐稳定。

二、积极支持和鼓励劳动关系双方共同稳定就业局势

各级协调劳动关系三方组织要把帮助企业渡过难关、稳定就业局势作为当前头等大事来抓。各级劳动保障部门要全面落实各项就业扶持政策,加强就业服务工作,发挥失业保险促进就业再就业的作用,帮助和鼓励困难企业尽量稳定用工岗位。进一步完善动态就业援助制度,制定专门的援助计划,落实好公益性岗位安置、免费职业技术培训等帮扶措施。各级企业代表组织要积极引导和支持企业,特别是国有企业要切实承担社会责任,通过加强管理、技术创新,主动推动产业产品结构优化升级,提高企业竞争能力,采取在岗培训、轮班工作、协商薪酬等办法尽最大努力不裁员或少裁员。各级工会组织要强化职工与企业同舟共济的意识,大力推进"共聚合力、共担风险、共渡难关、共谋发展"的企业文化建设,深入开展劳动关系和谐企业创建活动,增进劳动关系双方的信任和信心,引导职工理解并支持企业应对经济形势的积极措施。各级协调劳动关系三方组织要推动落实特别职业培训计划,搞好职工特别是农民工培训,提升职工的技能素质,为企业走出困境和实现发展储备技能人才。

三、推动企业加快建立集体协商机制

各级协调劳动关系三方组织要把集体协商集体合同制度作为构建和谐劳动关系的重要抓手,大

力实施集体合同制度“彩虹计划”。各地要以工资集体协商为重点，进一步推动扩大集体合同制度覆盖面，增强集体协商的针对性和实效性。要积极指导各类企业就稳定用工岗位、保障工资支付、灵活用工管理等涉及职工切身利益的重大事项开展集体协商。对经济效益保持增长的企业，要着眼于建立职工工资正常增长机制，适度提高职工工资水平。对生产经营困难的企业，可采取灵活用工、弹性工时、弹性工资、组织培训等措施，共同应对当前经济形势，稳定就业岗位和劳动关系。

四、加强对困难企业经济性裁员的指导和管理

各级协调劳动关系三方组织要立足各自职责，就企业裁员建立健全预警调控、全程指导、信息报告、监督检查等制度，全面掌握企业用工情况，动态了解重点行业、重点企业和困难企业的用工变化，把握好事前、事中、事后三个环节，督促企业履行法定程序，规范裁员行为。在企业实施裁员前，要加强对企业人力资源开发管理的指导服务，指导企业根据实际情况采取依法降低劳动报酬水平、停止招工、停止加班加点、退回劳务派遣职工、降低其他生产经营成本等补救措施，调控企业规模裁员的数量，放缓企业规模裁员的速度，避免将职工集中推向社会，同时指导企业将保障职工知情权作为实施裁员的必备条件之一，有针对性地做好沟通解释工作，避免因职工不知情、工会未参与而引发劳动纠纷矛盾。在企业实施裁员中，应指导企业分类处理好与职工的劳动关系，优先留用法律规定的三类职工，规范办理解除劳动合同手续，依法支付经济补偿金，主动为职工办理档案和社会保险关系转移手续，同时做好与劳动保障公共服务机构的各项衔接工作。对确实无力一次性支付经济补偿的困难企业，可引导企业与工会或职工协商作出具体约定，分期支付经济补偿。在企业实施裁员后，劳动保障部门要认真做好社会保险和就业再就业服务工作，会同相关各方提供就业信息和加强技能培训，落实再就业和自主创业优惠政策措施，为职工实现再就业创造条件。

五、积极预防和妥善处理企业工资拖欠问题

各级协调劳动关系三方组织要共同做好预防和解决企业拖欠工资工作，加强对重点企业和困难企业工资发放情况的排查了解，及时发现企业可能拖欠工资的迹象和苗头，做到早发现、早预警、早防范。在工作对象上，要以农民工比较集中的建筑施工企业、受金融危机影响较大的劳动密集型和出口加工型中小企业、企业资产变现能力薄弱的租赁型企业和劳务派遣企业为主。在工作措施上，要以建立健全企业工资支付保障长效机制为主，把解决当前突出问题与建立长效机制紧密结合起来，推动建立健全欠薪预警报告、工资保证金制度和其他行之有效的工资支付保障制度。在工作职责上，企业代表组织要积极引导企业主动配合工会组织建立内部劳动争议的预防和调解机制，切实把劳资矛盾消除在萌芽状态；工会组织要加强对企业工资支付情况的监督，及时掌握工资发放情况，引导职工通过合法途径理性反映维权诉求；劳动保障部门要依法及时处理因拖欠工资引发的劳动争议，按照“快立、快调、快审、快结”的原则，及时受理、及时调解或裁决，及时申请人民法院优先执行。

六、建立健全解决劳动关系重大问题的沟通协调制度

各地在协调劳动关系工作中，既要发挥各自职能优势，认真履行职责，又要密切配合，加强联动，共同研究解决劳动关系的重大问题。要结合当地实际，总结成功经验，建立健全劳动关系调处应急工作机制，从组织协调、信息交流、情况报告、现场处置等方面做好相应准备，妥善处理因企业无力支付拖欠工资或欠薪逃匿等引发的重大群体性事件。要注意共同研判当前劳动关系的动态变化，掌握工作的主动权，增强工作的实效性。对社会影响较大的重大劳动关系问题，三方组织要统一研究应对措施，协调一致行动，及时妥善化解矛盾，以劳动关系的和谐稳定助推经济社会的平稳较快发展。

贯彻国务院关于推进上海加快发展现代服务业和先进制造业建设国际金融中心和国际航运中心意见的实施意见

为贯彻《国务院关于推进上海加快发展现代服务业和先进制造业建设国际金融中心和国际航运中心的意见》(国发〔2009〕19号,以下简称国务院《意见》),把握历史机遇,应对国际金融危机,加快建设"四个中心",努力实现"四个率先",结合上海实际,现提出如下实施意见:

一、深刻认识贯彻国务院《意见》的重大意义

(一)推进上海加快发展现代服务业和先进制造业,加快建设国际金融中心、国际航运中心和现代国际大都市,是我国现代化建设和继续推动改革开放的重大举措;是贯彻落实科学发展观,推进产业结构升级,转变经济发展方式,突破资源环境承载能力制约,实现全面协调可持续发展的重要选择;是适应全球化新格局和对外开放新形势,加快构筑新的竞争优势,提高国家整体竞争力的有效途径。深入贯彻国务院《意见》,加快落实各项任务措施,有利于拓展金融资源运作空间,提高金融资产配置效率,更好地维护国家经济金融安全;有利于强化航运枢纽中心地位,更好地满足周边地区和全国的国际航运要求;有利于通过先行先试,加快形成更具活力、更富效率、更加开放的体制机制,奠定科学发展的制度基础。

(二)加快发展现代服务业和先进制造业,推进上海国际金融中心和国际航运中心建设,有利于提升上海的比较优势,增强国际竞争力和可持续发展能力。上海具有加快形成国际金融中心和国际航运中心的有利条件。深入贯彻国务院《意见》,进一步解放思想,推进改革开放,大力发展金融业、航运业等现代服务业和先进制造业,率先转变经济发展方式,可以使上海更好地发挥综合优势,更好地发挥带动示范作用,更好地服务长三角地区、服务长江流域、服务全国,继续当好全国改革开放的排头兵。

二、明确加快推进上海国际金融中心建设的具体任务和措施

全力配合国家金融管理部门,积极推进金融市场体系、金融机构体系建设,大力支持金融产品创新和业务发展,促进金融改革、开放、创新在上海先行先试,维护金融安全稳定。同时,加强政府服务,营造良好环境。到2020年,基本建成与我国经济实力以及人民币国际地位相适应的国际金融中心。

(一)加强金融市场体系建设

1. 拓展金融市场广度。积极配合国家金融管理部门,发挥商业银行票据业务中心在上海比较集中的优势,扩大票据业务规模,争取把上海建成全国票据集中交换的中心;积极推进信贷转让市场建设;探索建立保单、信托资产转让等市场。

2. 促进债券市场加快发展。积极配合国家金融管理部门,支持银行间债券市场和上海证券交易所债券市场完善做市商制度,促进债券一、二级市场建设及其协调发展;推进上市商业银行进入上海证券交易所债券市场试点,促进银行间债券市场与交易所债券市场在投资者、交易品种、登记托管等方面的互联互通。

3. 加大期货市场发展力度。积极配合国家金融管理部门,支持上海期货交易所有序推出原油、汽柴油、沥青等能源化工期货品种上市,促进形成亚太地区的原油等大宗产品基准价格;支持推出铜、铝等期权类产品,开发铅、白银等金属类期货以及商品指数期货。探索在海关特殊监管区域内开展期货保税交割业务,引入境外投资者参与上海期货市场交易;探索期货市场引入合格机构投资者的有效途径。

4. 完善多层次资本市场体系。积极配合国家金融管理部门研究制定不同市场和层次间上市公司转板方案,拓宽上海证券交易所上市公司行业和规模覆盖面,提高其主板地位和市场影响力。在国家金融管理部门的指导下,先行探索建立以上海高新技术类股份有限公司股份为交易对象、以机构投资者为投资主体、由优质证券公司进行保荐的非上市公众公司股份转让市场,并在条件成熟后,逐步向其他领域及长三角地区辐射。

5. 积极发展上海再保险市场。积极配合国家金融管理部门推进上海再保险市场建设,大力发展中资和中外合资再保险公司,吸引境内外著名再保险机构入驻或设立分支机构,加快培育再保险经纪人,探索发展离岸再保险业务的有效途径。

(二)加强金融机构体系建设

1. 大力发展各类金融机构。制定相关政策措施,支持银行、证券公司、保险公司、信托公司加快发展,大力促进投资银行、基金管理公司、资产管理公司、货币经纪公司、融资租赁公司、企业集团财务公司、汽车金融公司等有利于增强市场功能的机构集聚和发展。

2. 积极推进金融综合经营试点。积极配合国家金融管理部门推进具备一定条件且注册在上海的金融企业开展综合经营试点,大力吸引具有综合经营能力和国际竞争力的金融控股集团,在试点过程中探索建立由有关金融管理部门共同参加,在业务监管上相互协调、相互配合的金融监管协调机制。

3. 积极推进地方国有控股金融企业改革和重组。制定深化上海金融国资和地方国有控股金融企业改革与发展的指导意见,大力推进上海金融国资布局优化和地方国有控股金融企业的市场化改革、开放性重组,积极培育和吸引具有全国性影响力的金融企业。

4. 鼓励发展各类股权投资企业(基金)。根据国家有关要求,细化完善本市促进各类股权投资企业(基金)及创业投资企业发展的政策措施,进一步加大支持力度。鼓励境外知名的股权投资管理企业在沪设立分支机构,支持符合一定条件的境外投资者参与设立境内股权投资企业(基金)。推进上海金融发展投资基金尽快完成募集工作,争取国家金融管理部门支持金融机构参与投资,并协助解决上海金融发展投资基金投资金融企业的资格。

(三)加快金融产品创新与业务发展

1. 大力发展各类债券产品。积极配合国家金融管理部门扩大企业(公司)债发行规模,大力发展资产支持债券,开展项目收益债券试点,推进外币债券和其他债券品种的创新和发展。

2. 稳步发展金融衍生产品。积极配合国家金融管理部门支持有关金融市场推出股指期货、国债期货、外汇期货、股指期权、外汇期权、利率期权、黄金 ETF 等金融衍生产品;完善上海银行间同业拆放利率(Shibor)的基准利率功能,积极培育以其为定价基准的各类衍生产品。

3. 率先开展个人税收递延型养老保险产品试点。积极配合财政部、国家税务总局、中国保监会，研究制定个人税收递延型养老保险产品的税收办法和实施细则，并尽快开展试点。

4. 支持商业银行开展并购贷款业务。支持商业银行扩大并购贷款规模，增加上海参与并购贷款业务的银行数量，为企业境内外并购重组活动提供有效的资金支持；鼓励商业银行加强与在沪证券公司、信托公司在并购贷款融资方面的业务合作，支持在沪证券公司、信托公司参与上海重大并购项目。

5. 支持机构投资者扩大金融市场投资业务。积极配合国家金融管理部门，建立合格投资者制度，逐步扩大社保基金、保险资产、企业年金、信托计划等各类机构投资者投资金融市场的比例和规模。

6. 积极拓展各类金融业务。研究制定促进私人银行、券商直投、离岸金融、信托租赁、汽车金融等业务发展的政策措施，探索建立股权投资和银行信贷之间的投贷联动机制，有序开发跨机构、跨市场、跨产品的金融业务。在上海先行开展金融业务等方面的改革与创新，创新科技贷款体制机制，完善知识产权质押制度，积极开展信用保险保单融资、小企业网络联保贷款、证券公司专项资产管理业务，探索开展期货特定客户资产管理等业务。

(四)稳步推进金融对外开放

1. 推进金融市场扩大开放。积极配合国家金融管理部门逐步扩大境外投资者参与上海金融市场的比例和规模，积极研究境外人民币资金投资境内金融市场的有效途径；研究扩大上海证券市场QFII投资规模；探索在上海期货市场建立QFII制度；扩大国际开发机构在银行间市场发行人民币债券的规模；支持有人民币长期资金需求的在沪外资法人银行发行人民币债券；稳步推进符合条件的境外企业试点在境内发行人民币债券；积极支持上海证券交易所国际板建设，适时启动符合条件的境外企业在上海证券交易所上市，推进红筹企业在上海证券市场发行A股。

2. 支持设在上海的合资证券公司、合资基金公司率先扩大开放范围。在已有的合资证券公司开展A股经纪、投资咨询试点的基础上，积极争取扩大上海合资证券公司试点的数量，扩展业务范围；争取选择设在上海的包括合资基金管理公司在内的基金管理公司开展设立专业子公司以及业务创新等方面的试点。

3. 积极探索上海与香港的证券产品合作。积极配合国家金融管理部门推进上海证券交易所同香港联合交易所以及香港知名指数开发机构加强合作，争取在上海证券交易所推出恒生指数ETF、国企指数ETF和红筹指数ETF。

(五)完善金融服务体系

1. 健全现代化金融支持体系。积极配合国家金融管理部门完善金融服务设施和布局规划，健全金融市场登记、托管、清算、结算系统，逐步形成统一高效的金融市场后台支持体系。根据国际贸易结算试点进展情况，充分发挥上海金融市场在人民币支付清算和市场交易方面的作用，研究在上海建立人民币跨境支付清算体系；试点在上海建立全国性的信托登记服务体系；协助做好上海清算所有限责任公司的筹备工作。

2. 加强陆家嘴等重要金融集聚区的规划和建设。根据陆家嘴金融城、外滩金融集聚带、张江金融信息服务产业基地、洋山保税港区以及其他区域各自的发展优势，完善本市金融业空间布局，编制金融功能区域布局规划，全面提升金融集聚区承载和服务能力。

3. 加快发展融资担保机构。建立中小企业贷款担保工作联席会议制度，协调完善支持政策和扶持措施；提高融资担保服务机构设立的审批效率；继续加大政策性担保资金投入力度，完善绩效评估考核机制;研究建立再担保机构;积极发展中小企业贷款保证保险、信用保险业务;创新担保服务模式,探索建立网络联保贷款机制;改善贷款担保信用服务环境,深化中小企业信用增级服务工作。

4. 加快发展各类投资咨询机构。积极配合国家金融管理部门推动证券、期货等投资咨询服务机构扩大业务规模,促进各类投资咨询服务机构规范运作,不断增强服务能力和水平。

5. 加快发展信用评级机构。制定相关政策措施,促进信用评级机构加快发展,支持中资信用评级机构与国际知名信用评级机构开展战略合作,大力培育具有市场竞争力和国际影响力的信用评级机构。

6. 加快发展资产评估、会计审计和法律服务机构。进一步简化和规范资产评估、会计审计服务机构设立的行政审批工作;组织编制本市律师业发展规划,鼓励和支持律师事务所开拓金融证券、投资兼并等法律服务领域,加强对法律服务机构的政策支持,加强金融证券、企业并购和重组等专业领域的律师培训,培养和引进具有金融专业背景的国际化、复合型律师人才。

7. 大力促进金融资讯信息服务平台建设。积极配合国家有关部门在本市建立我国金融资讯信息服务平台,着力支持金融资讯服务商拓展业务,培育具有国际竞争力的金融资讯信息服务机构。

(六)优化金融发展环境

1. 完善金融税收和法律制度。在研究借鉴全球主要国际金融中心税收、法律制度的基础上,积极配合国家有关部门研究制定既切合我国实际又符合国际惯例的上海国际金融中心税收、法律制度。

2. 优化金融法治环境。积极支持在沪金融管理部门依法履行职能,加强地方执法部门与金融监管部门之间的协作交流,支持本市各级法院完善金融诉讼案件审理机制,建立金融专业法庭。协助构建金融审判领域专家咨询库。支持上海金融仲裁院参照国际惯例完善金融仲裁规则,提高化解金融纠纷的能力和水平,加强上海金融仲裁机构与金融机构之间的沟通交流。

3. 加强社会信用体系建设。积极配合国家金融管理部门依托人民银行征信中心,建立金融业统一的征信平台,配合开展“金诚”工程建设,支持建立联网的行业管理信息系统及有关信息共享平台,促进信用信息共享,扩大非银行信息采集范围。拓展征信服务应用领域,加快征信产品创新。不断完善征信系统功能,积极支持和推动中小企业和农村信用体系建设。

4. 完善金融创新政策和机制。积极配合国家金融管理部门,完善金融创新政策和机制,争取率先开展金融创新机制改革试点,促进上海加快形成以市场需求为导向、金融市场和金融企业为主体的金融创新机制。

5. 改进金融监管方式。支持国家金融管理部门根据上海金融改革和创新的需要,不断完善金融监管体系,改进监管方式,形成贴近市场、促进创新、信息共享、风险可控的金融监管制度。

6. 切实维护金融稳定和安全。积极支持和协助国家金融管理部门加强跨行业、跨市场监管协作,加强地方政府与金融管理部门的协调,健全金融稳定工作机制,完善金融突发事件应急预案和应急处置机制,不断增强防范和化解金融风险能力。

三、明确加快推进上海国际航运中心建设的具体任务和措施

全力配合国家有关部门,加快推进国际航运枢纽港、现代航运集疏运体系和现代航运服务体系建设,努力增强国际航运资源整合能力,提高综合竞争力和服务能力。到2020年,基本建成航运资源高度集聚、航运服务功能健全、航运市场环境优良、现代物流服务高效,具有全球航运资源配置能力的国际航运中心。

(一)优化现代航运集疏运体系

1. 发挥区域整体优势。积极配合国家有关部门编制完善和组织实施长三角地区综合交通运输规划和港口、城际轨道交通等重点专项规划。鼓励支持港口、航运企业以资本为纽带,开展跨区域合作。

2. 完善上海港口结构与布局。继续推进外高桥港区和洋山深水港区建设,增强港口参与国际竞争的综合实力,建成东北亚国际集装箱枢纽港。有序推进黄浦江沿岸港区的功能调整和专用码头的资源整合,加快建设国际邮轮母港。

3. 大力发展水水中转。研究制定促进集装箱水水中转业务发展和市场培育的政策措施。积极依托长江黄金水道建设,研究建立推进国际集装箱水水中转业务发展的监管模式,鼓励长江、沿海和国际水水中转业务做大做强。加快江海直达船型的研发和推广,落实特定航线船舶安全管理有关规定,提高江海直达比例。

4. 增强综合运输能力。加快推进航道整治工程和配套港区建设,形成高等级内河航道网。适当增加高速公路通道,不断完善高速公路网。深化落实《上海航空枢纽战略规划》,大力发展中远程航空运输。优化铁路枢纽布局,加快铁路路网建设和货场调整,发展海铁联运。

(二)发展现代航运服务体系

1. 完善港口收费体系。进一步梳理调整干支线船舶进港成本,形成合理的、具有竞争力的港口收费体系,吸引更多航运公司的船舶挂靠上海港。建立动态的价格机制,鼓励我国外贸集装箱在上海转运。完善一门式服务和收费方式,改进和规范货物通关收费,逐步形成标准程式服务管理。

2. 拓展航运服务产业链,完善航运服务功能。鼓励世界知名船舶管理公司入户上海,配套建设中国船员专业人才市场。大力发展航运经纪人,建立航运经纪人资质准入和审核工作制度。积极引进世界知名航运研究机构和咨询机构,完善航运科技、航运咨询和航运信息服务产业体系。鼓励船舶技术转让、技术开发和与之相关的船舶技术咨询、技术服务等加快发展。

3. 拓展洋山保税港区的功能,发展北外滩、陆家嘴、临港等航运服务集聚区。支持洋山保税港区积极发展现代物流、贸易展示、研发加工、期货保税交割等业务,大力吸引跨国企业采购分拨中心、营运结算中心以及国际航运企业入驻。依托北外滩、陆家嘴、临港等航运服务集聚区的发展基础和各自优势,集聚航运要素资源,营造良好的航运市场环境,提升航运服务功能,完善航运服务空间布局。

4. 加强船舶交易市场建设。积极争取国家有关部门支持,依托上海航运交易所,加快建设全国性的船舶交易信息平台,编制开发船舶交易指数,在上海形成具有示范作用的船舶交易市场,引导和规范船舶交易市场健康发展。进一步拓展上海航运交易所的服务功能,开展船舶交易鉴证、船舶拍卖、评估等服务,增强航运市场的综合竞争力。

5. 建立航运综合信息共享平台。积极配合国家有关部门开展区域经济一体化、长三角通关模式改革等制度建设,充分发挥上海港航 EDI 中心及上海电子口岸平台的整合优势,加大上海港与长江干线港口的交流合作力度,加快建立上海国际航运中心综合信息共享平台,形成港口、航运、物流、监管等信息共享和应用体系,推动长三角、长江流域航运市场联动发展。

(三)探索建立国际航运发展综合试验区

1. 实施洋山保税港区营业税优惠政策。对注册在洋山保税港区内的航运企业从事国际航运业务取得的收入和仓储、物流等服务企业从事货物运输、仓储、装卸搬运业务取得的收入,免征营业税。

2. 继续实施中资外籍船舶特案减免税政策。积极配合国家有关部门延长执行中资外籍船舶特案减免税政策,将执行截止日期由 2009 年 6 月 30 日延长至 2011 年 6 月 30 日。

3. 推进企业开设离岸账户试点。继续推进外汇管理改革试点,在完善现有跨国公司外汇资金管理方式改革试点政策的基础上,支持注册在洋山保税港区等特殊监管区域内,有实际需求的贸易、物流等外向型企业在境内银行开设离岸账户,为其境外业务提供资金结算便利,降低企业财务成本。

4. 抓紧实施启运港退税政策。积极配合国家有关部门研究完善出口货物国内中转的监管制度和有效防止骗退税的措施;推动实施在国内港口报关启运,经洋山保税港区中转出口的货物,凭启运地海关签发的出口报关单办理退税。

5. 探索创新特殊监管区域管理制度。在国家有关部门指导下,积极拓展航运服务业对外开放创新试点,探索创新符合洋山保税港区实际的各项管理制度,为开展国际中转、现代物流、商品展示、仓储租赁、期货交割等多层次业务提供监管服务支撑,进一步优化口岸服务环境。实现以"关检联动"为重点的口岸管理单位联动,确保口岸安全,提高通关效率。

6. 加强促进航运发展的政策和制度研究。积极配合国家有关部门,借鉴航运发达国家(地区)的支持政策,研究制定具有国际竞争力的航运税费政策。研究借鉴国际自由港政策,拓展洋山保税港区功能。不断丰富和完善国际航运发展综合试验区的内涵。

(四)完善现代航运发展配套支持政策

1. 积极发展多种航运融资方式。引导金融机构加大对具有发展前景、信用良好的造船、航运等企业的信贷支持。鼓励金融机构加大金融服务创新,大力开展船舶抵押贷款、船舶抵押贷款信托、船舶融资租赁、船舶经营性租赁、船舶融资租赁信托、船舶售后回租、船舶出口信贷等融资服务。探索航运融资方式创新,支持航运相关企业、金融机构等共同组建航运产业基金,为航运金融、物流等航运服务,以及航运制造业提供融资服务。支持航运相关企业等参与组建或参股金融租赁公司,支持在上海的金融租赁公司进入银行间市场拆借资金和发行债券。

2. 加快发展航运保险业务。大力发展船舶保险、海上货运险、保赔保险等传统保险业务,积极探索新型航运保险业务,培育航运再保险市场。鼓励在沪保险公司结合实际自主开发产品,不断提高勘验、评估、理赔等保险服务水平。加强航运保险信息化建设,努力形成具有影响力的航运保险定价机制。积极推动有实力的金融机构、航运企业等共同出资组建专业化的航运保险机构。

3. 优化航运金融服务发展环境。对注册在上海的保险企业从事国际航运保险业务取得的收入,免征营业税。积极配合国家有关部门完善船舶抵押登记制度,简化操作流程;研究并先行试点从事国际航运船舶融资租赁业务的融资租赁公司(金融租赁公司)的税收优惠政策;研究进出口企业海上货物运输保险费的有关税收问题,鼓励进出口企业在国内投保。

4. 加快开发航运运价指数衍生品。依托上海期货交易所、上海航运交易所的专业优势,在国家有关部门指导下,进一步完善运价指数体系,加强航运运价指数衍生品研究,为我国航运企业进行航运风险控制创造条件。

(五)促进和规范邮轮产业发展

1. 大力吸引境外国际邮轮公司落户上海。积极配合国家有关部门,制定境外国际邮轮公司在上海注册设立经营性机构和开展经批准的国际航线邮轮业务的操作办法。积极争取国家有关部门同意境外邮轮公司在沪设立控股或独资的邮轮公司,开展邮轮业务。

2. 着力完善促进境外大型邮轮公司挂靠上海的政策措施。积极争取国家有关部门支持,对以上海为母港长期停靠的邮轮给予规费优惠;探索制定国际邮轮公司挂靠上海的"一揽子"规费优惠标准和便利通关措施,进一步规范邮轮船供市场;制定国外入境邮轮乘客中转免签的相关规定,提高通关效率。

3. 加快完善促进邮轮产业发展的金融服务体系。研究建立上海邮轮产业发展的金融服务体系,积极争取国家有关部门支持,在保险、信贷等方面开设邮轮产业专项目录。

四、加强统筹协调,确保各项政策落实

(一)建立完善协调推进机制。积极配合国家有关部门建立和完善上海国际金融中心和国际航运中心建设的协调推进机制,研究解决重要问题,落实有关协调推进工作。

(二)加强地方立法,完善法治保障。配合市人大制定出台《上海市推进国际金融中心建设条例》,加快研究建立相关配套制度,全力营造有利于金融发展的人才环境、创新环境、信用环境、监管环境和法治环境;研究制定促进上海国际航运中心建设的地方性法规,推进上海口岸综合管理地方立法,按法定程序完善港口经营、船舶服务等方面的政策法规。大力支持海事仲裁机构和海事司法机构建设。

(三)加快政府职能转变和管理创新。深化行政审批制度改革,简化审批程序,优化审批流程,建立网上审批平台,推广告知承诺和并联审批,进一步减少审批事项和收费项目,加快构建服务型政府。深入推进浦东综合配套改革试点,在政府行政管理体制改革、金融体制改革、科技体制改革、航运制度创新、口岸保税体制改革等方面先行先试,加快构建适应服务经济发展的管理模式和制度框架。加大国资国企改革力度,推进国有企业开放性、市场化联合重组,不断提高企业核心竞争力,推动国资管控模式优化,着力完善进退有序、流转顺畅的国资运营体系。加大支持力度,不断优化非公有制经济发展环境。

(四)着力推进产业结构优化升级。积极对接国家重点产业调整和振兴规划,制订出台本市重点行业调整振兴的实施意见,推动一批重点项目列入国家规划,着力提升汽车、装备、船舶、电子信息等优势产业的国际竞争力。加强国家重大科技专项配套支持,争取国家级科研设施落户上海。设立100亿元的上海自主创新和高新技术产业化重大项目专项资金,引导社会资金投入,积极推进新能源、民用航空制造业、先进重大装备、生物医药、电子信息制造业、新能源汽车、海洋工程装备、新材料、软件和信息服务业等重点领域高新技术产业化。以建设国家信息化和工业化融合试验区为契机,聚焦钢铁、石化等行业,推进一批产业信息化重点项目建设。设立政府创业投资引导基金,引导民间资金加大对重点领域种子期、起步期创业企业的投入力度。加快淘汰落后生产能力,聚焦水泥、纺织印染等行业和电镀、热处理、铸造、锻造等生产工艺,力争每年完成600项左右的产业结构调整项目。

(五)完善有利于人才集聚的政策措施。实施"千人计划",着力引进金融、航运等各类海外高层次人才。鼓励金融和航运机构引进各类高端、紧缺人才,对于符合条件的人才,给予住房、医疗保障、子女就学、户籍(居住证)等方面的优惠或便利。建立金融等人才奖励计划,对于做出显著贡献的人才给予奖励。进一步完善金融和航运类人才公共服务平台功能,提高人才综合服务水平。促进高校主动加强学科专业优化调整,积极利用"985工程"和"211工程",重点支持金融和航运类学科专业建设和相关人才培养。加强职业教育培训,统筹利用教育资源,鼓励和支持高等院校等有关方面加大金融、航运人才教育培训力度,研究建立浦东国际金融研究培训中心。强化校企合作、产学研联盟,探索建立金融和航运专业学位制度。积极引进海外知名教育和培训机构,支持高校开展高水平国际合作,提高金融类、航运类人才培养培训的国际化水平。完善金融和航运类人才评价标准,构建与国际接轨的职业能力评价制度。

(六)努力形成滚动推进的落实机制。在国家和本市协调机制统筹安排下,突出重点、远近结合,每年制定一个年度实施计划,明确各项工作的推进举措、责任部门,确保各项工作扎实推进。各相关部门要从全局和战略的高度出发,细化落实国家有关部门制定出台的配套政策和措施,积极配合国家有关部门研究制定相关实施方案,争取在上海先行先试;制定完善相关配套政策,形成有利于现代服务业和先进制造业发展的政策体系。相关区县政府要结合实际,制定和完善相应的工作措施。

关于加大对科技型中小企业金融服务和支持的实施意见

金融服务和支持的实施意见为贯彻落实国家有关缓解科技型中小企业融资困难的政策措施和银监会、科技部《关于进一步加大对科技型中小企业信贷支持的指导意见》(银监发〔2009〕37号),加强科技资源和金融资源的结合,促进本市科技产业的发展,现就本市加大对科技型中小企业金融服务和支持提出以下实施意见:

一、突出重点产业领域和科技园区,加大科技型中小企业信贷支持力度。

鼓励银行加大对科技型中小企业的信贷支持力度,特别是围绕市政府《关于加快推进上海高新技术产业化的实施意见》(沪府发〔2009〕26号)确定的高新技术产业化发展的九个重点领域,加大对新能源、民用航空制造业、先进重大装备、生物医药、电子信息制造业、新能源汽车、海洋工程装备、新材料、软件和信息服务业等九个重点领域科技型中小企业的信贷支持力度。支持银行在张江高科技园区、漕河泾新兴技术开发区、紫竹高新技术产业园区、杨浦知识创新区等国家级、市级重点高新技术开发区和科技园区开设分支机构,为科技型中小企业提供信贷融资、现金流管理、财务顾问等银行服务。

二、创新管理模式,加快科技型中小企业信贷业务体系建设。

探索加大对科技型中小企业信贷支持的有效途径和管理模式,银行可培育专业的科技型中小企业信贷分支机构,或设立专门针对科技型中小企业的事业部或中心,不断开发适合科技型中小企业特点的金融服务产品,建立与完善中小企业金融服务"六项机制",在贷款审核与贷款使用及还款方式上适应科技型中小企业发展需求,适当下放贷款审批权限,建立适合科技型中小企业特点的贷款风险评估、尽职免责和考核奖励制度,适当提高对科技型中小企业不良贷款的风险容忍度,不断创新金融服务方式。对银行开展科技型中小企业信贷业务实施差异化监管,鼓励银行加大对科技型中小企业贷款服务。

三、完善政策措施,营造科技型中小企业信贷发展良好环境。

运用科技计划(专项)中的贷款贴息、项目资助等方式,降低科技型中小企业的融资成本,分担科技型中小企业的贷款风险。提升银行对科技型中小企业贷款业务的信心,鼓励银行业金融机构加大对科技型中小企业的信贷投放力度。贯彻财政部、税务总局关于金融企业有关中小企业贷款损失准备金税前扣除政策,对银行科技型中小企业贷款进行风险分类后,按不同比例计提的贷款损失专项准备金,准予在计算应纳税所得额时扣除。税务部门根据税务总局关于企业资产损失税前扣除的有关规定,在认定科技型中小企业贷款资产损失时,充分运用司法机关、经济仲裁机构及其他授权鉴定机构等依法出具的具有法律效力的证据,提供高效、便捷的受理审批服务,提高科技型中小企业贷款呆账核销效率。

四、健全担保体系，建立科技型中小企业信贷风险分担机制。

积极发挥政策性担保机构、商业性担保机构和再担保机构作用，逐步完善科技型企业融资担保体系。鼓励各类担保公司为科技型中小企业服务。支持国家级、市级科技园区建立为科技企业服务的担保公司或担保基金，并通过补充资本金、担保补贴、风险补偿等方式进一步提高其担保能力。在风险可控的前提下，各银行可在国家规定的范围内提高为科技企业服务的担保公司或担保基金的担保放大倍数。上海市再担保公司要为科技型中小企业担保业务提供再担保服务，推动建立科技型中小企业贷款风险多方分担机制。

五、建立专家库，为科技型中小企业信贷提供专业咨询服务。

建立市级科技专家库，为银行和科技企业提供科技融资专业咨询服务，提高对科技型中小企业信贷服务的配套支持力度。鼓励和引导银行设立科技专家顾问委员会。在审贷委员会中吸收有表决权的科技专家，并建立相应的考核约束机制。市、区县政府相关部门根据需要，通过交流、挂职等方式，推荐合适的科技专家担任有关银行分管领导，协调开发地方科技资源。

六、开展创新试点，提高科技型中小企业融资能力。

大力推动科技园区和科技型中小企业与银行、股权投资机构、创业投资机构的战略合作，开展“投贷联动”或“贷投联动”试点，建立资金链供应服务新模式。建立和完善知识产权转让和抵(质)押统一服务平台，发展知识产权质押融资业务。商业银行根据银监会关于项目融资业务指引，可以对符合抵(质)押条件的高新技术产业项目资产、项目预期收益或项目发起人的项目公司股权实行抵(质)押担保贷款。积极开展科技信用贷款保险试点。加快发展信用保险保单融资。

七、支持直接融资，拓宽科技型中小企业融资渠道。

引导股权投资、创业投资等风险资本投入科技型中小企业，拓宽企业融资渠道。为股权投资、创业投资企业在本市的发展创造规范良好的环境，发挥本市市场和项目优势，为股权投资企业提供交易平台和投资资源。

积极推进多层次资本市场体系建设，畅通风险资本退出机制。根据科技型中小企业所处不同产业发展阶段，引导支持符合条件的企业在中小企业板、创业板等市场开展直接融资；积极推动上海张江高新技术产业开发区进入代办股份转让系统扩大试点范围，实现园区非上市股份有限公司股份在代办股份转让系统报价转让；在国家金融管理部门的指导下，探索建立以科技型中小型股份有限公司股份为主要交易对象的区域性非上市公众公司股份转让市场。

八、建立工作机制，搭建金融服务和支持科技型中小企业发展平台。

市金融办、市科委、人民银行上海分行、上海银监局、上海证监局、上海保监局、市财政局、市地税局建立科技型中小企业金融服务联合工作机制，及时研究科技型中小企业金融服务中出现的新情况、新问题，制定并调整有关政策措施，加强对相关金融机构和有关部门的考核评估，进一步搞好金融服务，支持科技型中小企业健康发展。

上海市集聚金融资源加强金融服务促进金融业发展的若干规定

第一条(目的和依据)

为贯彻落实《国务院关于推进上海加快发展现代服务业和先进制造业建设国际金融中心和国际航运中心的意见》,加快推进上海国际金融中心建设,优化上海金融发展环境,集聚金融人才和金融机构,鼓励金融创新,进一步增强上海国际金融中心对国内、国外两个市场的服务能力,根据《上海市推进国际金融中心建设条例》,制定本规定。

第二条(责任部门)

市金融办、市财政局会同有关部门负责金融机构和金融人才的认定工作,并协调有关部门做好对本规定的实施工作。

第三条(人才激励和服务)

(一)按照建设具有国际竞争力金融人才队伍的要求,对为上海国际金融中心建设做出显著贡献的金融人才,市政府给予金融人才奖励。

(二)支持本市金融机构引进所需金融人才,市有关部门为金融人才办理本市户籍和居住证、社会保险接续等提供便利。

(三)市有关部门及主要金融集聚区所在区政府为金融人才医疗保障、子女就学等提供便利措施,搞好服务。

(四)本市主要金融集聚区所在区政府加大金融人才公寓建设力度,为金融机构引进的金融人才提供房屋租赁服务。

(五)建立金融人才培训基地。充分利用本市金融教育资源,积极为各类金融机构和金融从业人员提供职业教育和培训。经市政府批准,对国家金融监督管理部门在本市设立的培训中心,可给予一定的扶持。

第四条(机构扶持)

(一)对外资金融机构分支机构改制成外资法人金融机构后注册或迁入本市的,给予一次性开办扶持资金。

(二)除上述外资法人金融机构以外,在本市新注册设立或新迁入的金融机构总部,给予一次性扶持资金,并在其开业或迁入5年内,对经营业绩、市场占有率、行业地位、资产质量、吸纳就业等各项指标进行综合考核,成绩突出的给予相应的专项扶持资金。在本市新注册设立或新迁入的持有营业执照的大型金融机构各类营运中心,可参照执行。

(三)对上述两类金融机构在开业或迁入5年内购买自用办公用房的,其房地产交易手续费减半征收,按契税应缴税额给予50%的地方贴费。

(四)对完善金融市场体系、金融机构体系和金融发展环境有重要作用的金融要素市场、金融机构以及对上海国际金融中心建设有突出贡献的单位,经市政府批准,给予专项扶持政策。

第五条(创新奖励)

设立金融创新奖,鼓励在本市的各类金融要素市场和金融机构以及其他有关金融单位在金融产品创新、技术创新、服务创新、管理创新、组织形式创新等方面开展金融创新。本市对优秀的金融创新项目给予奖励。具体实施办法,由市金融办、市财政局会同有关金融管理部门另行制定。

第六条(区域布局)

本市金融业发展的区域布局为,以陆家嘴金融城和外滩金融聚集带为核心,适当向邻近地区延伸和拓展,大力集聚国家级金融要素市场和金融机构总部、国际金融机构地区总部;市中心城区重点吸引新兴金融机构、股权投资机构以及金融专业中介服务机构;张江金融信息服务产业基地、外高桥保税区、周浦中国电信信息产业园区、漕河泾高科技园区等区域重点吸引金融后台服务机构和金融服务外包业;洋山保税港区积极发展离岸金融和航运金融。

市金融办、市发展改革委、市规划国土资源局、市住房保障房屋管理局等部门会同上述区域的有关区政府根据本市城市总体规划和土地利用总体规划,研究制定区域发展的详细规划,促进本市金融发展空间的合理布局,为金融机构建设用地提供服务。

第七条(行政服务)

市金融办、市工商局、市地税局、市质量技监局和市交通港口局等部门建立有效的工作机制,为金融机构办理有关登记、年检以及车辆购置等提供便捷服务,提高办事效率。

第八条(资金来源和管理)

本市设立的"上海金融发展资金",由市、区两级财政分级负担,专项安排用于上述各项奖励、扶持等。市金融办、市财政局按照财政专项资金管理的有关要求,加强对"上海金融发展资金"的规范管理。市审计局按照有关法律法规,加强对"上海金融发展资金"预算执行、资金使用情况的监督检查。

二 江苏省政府相关文件

关于促进外向型农业持续稳定发展的意见

为贯彻落实中央和省委农村工作会议、全省农林工作会议精神，积极应对国际金融危机，促进全省外向型农业持续发展，现提出如下意见：

一、正确分析全省外向型农业发展现状

2008 年，全省各地突出农产品贸易与农业对外招商引资重点，全面实施农产品出口振兴计划，外向型农业呈现良好发展态势。

（一）农产品出口增长两成。强化出口农产品基地建设和自主品牌培育，组织企业赴日本、美国、法国、波兰促销，农产品出口保持较好增长势头。全省农产品进出口总额 80.74 亿美元，其中出口 19.79 亿美元，再创历史新高，同比增长 20.8%，增幅居全国农产品出口十强省首位，首次超过全省外贸出口增幅。

（二）农业利用外资量质并举。全力办好第十届农洽会，推进外向型农业示范区建设，组织招商推介，推出重点项目 160 个，利用外资呈现量质并举的良好态势。全省新批外商投资农业项目 290 个，增资项目 89 个，实际利用外资 13.32 亿美元，超额完成全年目标任务，同比增长 1.5%。

（三）苏台农业合作持续升温。无锡锡山、南京江宁台湾农民创业园获国家批准并运行，农业部海峡两岸农业合作项目成功争取并在试验区内实施，组团参加第二届海峡两岸食品展取得初步成效。全省对台农产品贸易总额8 074万美元，同比增长 11.6%；新增台资农业项目 90 个（含增资 19 个），实际利用台资 2.1 亿美元，同比增长 27.7%。

二、充分认识金融危机对外向型农业的影响

去年以来，世界经济形势复杂多变，经济因素与自然灾害相互叠加，国际国内因素相互传导，由美国金融危机引发全球经济低速下行，国际市场需求明显减弱，外向型农业发展面临更加复杂严峻环境。

（一）农产品出口保持稳定增长压力加大。近期，国际货币基金组织连续几次下调世界经济及主要经济大国增长预期，目前已大幅调低至 2.2%，其中美、日、欧分别为 -0.7%、-0.5% 和 -0.2%，将世界贸易增长也调低至 2.1%。世界银行则预测，2009 年全球经济的增长将进一步大幅减缓至 1% 左右。日本、美国和欧盟是我省农产品出口主要市场，其经济衰退，需求萎缩，贸易环境恶化，已经影响全省农产品出口。去年我省农产品出口虽然保持了 20.8% 的增幅，但自 8 月份开始单月增速已呈下降趋势，11 月同比下降 16.7%，12 月同比下降 3.1%。

（二）农业利用外资竞争更加激烈。金融危机引发世界经济震荡，引发全球跨国投资实力明显减弱，跨国公司投资意愿与能力下降，外商投资信心不足，对投资预期降低。国际经合组织预测，在经

济危机影响下,今年全球 FDI 流量将缩减 40%,与此同时,世界各国纷纷放开对外来投资的限制,利用外资竞争更加激烈。江苏作为开放型经济大省,土地资源供应更紧、原材料价格和劳动力成本上升更明显,吸引外资难度进一步加大。

(三)不确定因素增加影响外向型农业持续发展。目前这场金融危机尚未见底,对实体经济的影响正进一步加深,严重后果还会进一步显现。受金融危机影响,许多国家经济面临诸多困难,贸易保护趋势进一步加剧,贸易摩擦形势更为严峻,企业战略决策的不确定因素增多。随着次贷危机进一步恶化,经济下行预期加大,国内金融机构普遍出现"惜贷"现象,国际"热钱"大量撤出,中小农产品出口企业流动资金短缺。加上个别食品安全事件使我国食品在国际市场上声誉严重受损,农产品出口受到不同形式限制。近期一些周边国家货币大幅贬值,进一步削弱了农产品出口企业的竞争力。

近期,国家出台了一系列应对救助政策,提高出口退税率,取消部分产品出口关税、央行降息、信贷放松,我省也出台了促进外经贸健康稳定发展的政策措施,将加大外贸企业财税金融支持,减免食品、农产品检验收费,降低检验检疫标志费用,提高贸易便利化程度。只要我们发挥优势,及时调整措施,有效应对,完全有条件变压力为动力,化挑战为机遇,推动外向型农业持续发展。

三、全力推进全省外向型农业持续稳定发展

2009 年,全省外向型农业将以十七届三中全会精神为指导,围绕现代高效农业发展,大力实施"引进来"和"走出去"战略,全面落实农产品出口振兴计划,积极开拓国际市场,引导外商投资发展现代农业,强化农业国际交流合作,做强苏台农业合作载体,进一步拓展农业对外开放广度与深度,在更大范围、更广领域和更高层次上参与国际农业经济技术合作与竞争。力争全省农产品出口增长 10% 以上,农业实际利用外资保持 10 亿美元规模。

(一)拓展合作渠道,加强农业国际交流。巩固现有渠道,拓宽新渠道,形成多元化农业国际交流格局。围绕现代农业发展,积极组织赴境外专业考察和培训交流,拓展现代农业发展思路;在更广领域利用国外农业科技资源,在更高层次引进国外新品种、新技术及管理经验,推进我省农业技术和制度创新。精心组织与安排农业外事接待工作,定期编制江苏农业对外宣传材料,办好江苏农业对外合作网,加强农业对外宣传,扩大江苏农业国际影响。加强农产品进出口企业与外商投资企业间横向联合,为现代农业发展增添新活力。

(二)加强基地建设,认定一批出口农产品示范基地和示范区。强化部门协作,出台省出口农产品示范基地与示范区工作意见,重点建设和认定 10 - 15 个出口农产品示范基地,3 - 5 个出口农产品示范区,形成一批符合目标市场技术标准的规模化出口示范基地;一批出口产业集聚效应明显、示范带动强的出口重镇;一批抵御市场风险能力强、规模大的出口重点企业;一批质量安全水平高、国际竞争能力强的出口重点产品。提高优势农产品出口附加值和质量安全,提升我省农产品国际竞争力,扩大优势农产品出口。

(三)强化境外促销,构建农产品贸易促进体系。加大农产品境外促销力度,强化国际市场研究和信息服务,多形式、多层次拓宽农产品出口渠道。继续组织企业赴日本、美国、欧盟等地促销,努力巩固传统市场,参加澳大利亚、中东等地农业食品展览会,全力开拓新兴市场。引导和鼓励农产品出口企业增加投入、开展自主研发转化创新成果积极性,培育自主品牌,提高出口产品竞争力和附加值。

(四)全力办好江苏农业国际合作洽谈会,引导外商投资发展现代农业。进 ·步突出农业国际投资与贸易合作主题,广泛开展招商招展、宣传推介工作,不断创新工作思路,丰富活动内容,全力办好第十一届江苏农业国际合作洽谈会。进一步强化后续服务与跟踪管理,提高外资农业项目规模和效益。充分发挥外向型农业示范区等载体功能,拓宽招商引资渠道和领域,精心包装并推出一批现代

农业招商引资项目,健全农业对外招商项目库,引导外商投资现代农业。

(五)加强苏台农业合作,做强做大海峡两岸农业合作试验区与台湾农民创业园。充分利用海峡两岸局势新变化,贯彻落实海峡两岸农业合作优惠政策,强化苏台农业合作。积极引进台湾优良品种、先进技术、管理经验、科研成果。加大海峡两岸农业合作试验区、台湾农民创业园招商引资与政策扶持力度,强化基础设施建设,实施考核奖励政策,将海峡两岸农业合作试验区、台湾农民创业园建设成具有特色、较强示范带动作用的重要农业基地,建设成科技创新、信息交流、安全农产品交易和为台商提供优质服务的平台。

(六)培育跨国经营企业,推动农业走出去。紧紧抓住国家实施"走出去"战略与中非合作机遇,着力培育农业跨国经营企业,积极参与国家境外农业技术试验示范基地、境外农业资源开发体系、境外农业技术输出平台建设。鼓励企业到国外投资开发农业资源,建设农产品原料基地,带动我省农业良种、技术、设备和劳务输出,适度进口结构性短缺农产品原料,增创我省农业发展新空间和新优势。

(七)转变工作方式,强化调研指导和服务。实行省市县三级联动,进一步"完善、稳定、提高"外向型农业工作体系,不断挖掘体系工作潜能,以科学发展观为指导,把应对金融危机、保持外向型农业又好又快发展放到突出位置,不断提高科学发展能力。准确把握国内外经济形势变化,及时提出有效应对措施,主动为党委、政府宏观决策当好参谋和助手。密切关注国家宏观政策调整,加强政策宣讲和应用辅导,通过业务培训、网络宣传、政策汇编等多种有效方式,帮助企业了解政策,熟练运用政策。更加注重深入调研,摸准实情,及时反映基层企业诉求,帮助企业解决困难提振信心。

关于加快推进基本医疗保障制度建设的意见

近年来,全省基本医疗保障制度建设取得了较快进展,城镇职工基本医疗保险(以下简称"职工医保")、城镇居民基本医疗保险(以下简称"居民医保")制度全面建立,参保覆盖面不断扩大,保障水平逐步提高,有效减轻了参保人员的医药费用负担。但是,与人民群众健康需求及经济社会协调发展的要求相比,仍然面临着完善提高、持续健康发展的艰巨任务。为适应日益发展的新形势要求,根据党中央、国务院和省委、省政府关于深化医药卫生体制改革的有关文件精神,结合实际,对加快推进我省基本医疗保障制度建设提出如下意见。

一、总体目标和基本原则

(一)总体目标。建立健全多层次基本医疗保障体系。到2011年,职工医保、居民医保参保率均稳定在95%以上。居民医保门诊统筹全面建立,医疗保障水平不断提高,参保人员个人医药费负担进一步减轻。强化基金监管和支付管理,建立基本医疗保险风险金制度,医疗保险统筹层次逐步提高,统筹基金的共济能力和保障能力得到加强。到2020年,探索建立城乡一体化的基本医疗保障管理制度,医疗保障体系进一步健全。

(二)基本原则。坚持以人为本,普惠于民,努力实现人民群众病有所医。坚持以满足不同人群基本医疗保障需求为出发点和落脚点,逐步提高筹资标准和保障水平,努力减轻个人负担。坚持合理确定基金的支付范围和报销比例,提高基金使用效率。坚持统筹兼顾,协同推进,做好各项医疗保障制度间基本政策、标准和管理服务等衔接,促进医保关系的转移接续和异地就医结算服务。

二、扩大基本医疗保障覆盖面

(三)进一步完善职工医保制度。深入贯彻落实国家、省有关文件精神,完善职工医保政策,努力扩大覆盖面。采取多种措施,促进非公有制经济组织从业人员、灵活就业人员、就业困难人员和农民工参保。全面解决关闭破产国有集体企业退休人员的基本医疗保障问题,各地要通过破产企业资产变现、企业集团或主管部门统筹调剂和政府投入等多渠道筹资,帮助困难和破产关闭国有集体企业退休人员参加职工医保。同时,统筹解决困难企业职工基本医疗保障问题。政府对符合《中华人民共和国就业促进法》和《江苏省实施〈中华人民共和国就业促进法〉办法》规定的就业困难人员参加职工医保给予补助。2010年底,将关闭破产企业退休人员和困难企业职工纳入职工医保,确有困难的,由所在统筹地区人民政府报经省人民政府批准后,参加居民医保。

签订劳动合同并与用人单位建立稳定劳动关系的农民工,要按照国家规定明确用人单位缴费责任,将其纳入职工医保制度;其他农民工根据实际情况,参加务工所在地的居民医保或户籍所在地的新农合。

(四)巩固发展居民医保制度。按照国家和省关于推进居民医保工作的总体要求,切实将城镇非从业居民纳入居民医保,巩固和扩大覆盖面。2009年底将在校的各类全日制高等学校、科研院所中接受普通高等学历教育的全日制本专科生、全日制研究生，按照属地管理原则，统一纳入所在地居民医保制度体系。要不断完善政策措施，将参保居民住院分娩发生的符合规定的医疗费用纳入居民医保基金支付范围，提高受益面，吸引居民参保；建立缴费年限与待遇享受相挂钩的激励机制，促进参保对象连续参保。

（五）加强医疗保障制度间有效衔接。要按照城乡统筹发展的目标，做好职工医保、居民医保、新农合和医疗救助制度之间的协调和衔接，逐步缩小在政策规定、支付标准、管理服务等之间的差距，促进各制度覆盖人群、保障内容、筹资标准、待遇水平等方面的有效衔接。同时，要统筹考虑医疗保险和生育保险制度的衔接，促进医疗保障制度的持续健康发展。

三、提高基本医疗保障水平

（六）逐步提高筹资标准。建立国家、单位、个人（家庭）责任明确，分担合理的多渠道筹资机制。到 2010 年，各级财政对居民医保的补助标准，提高到每人每年不低于 120 元，并随着经济发展逐步提高。各地可根据当地经济发展水平和居民人均可支配收入，结合医疗费用增长等因素，合理确定筹资标准和分担比例，并建立稳定的筹资动态增长机制，财政补贴向困难人群倾斜。省财政对经济薄弱地区困难破产关闭国有集体企业退休人员参加职工医保和城镇居民参加居民医保给予重点补助。

（七）逐步提高保障水平。进一步完善医保待遇支付政策，合理确定起付标准和个人支付比例，逐步扩大和提高统筹基金的支付范围和报销比例。2010 年，城镇职工医保和居民医保参保人员制度规定范围内医药费用报销比例分别达到 80% 和 60%。职工医保和居民医保最高支付限额分别提高到当地职工年平均工资和居民年人均可支配收入的 6 倍以上。随着保障水平不断提高，逐步取消最高支付限额。

（八）全面推进居民医保门诊统筹。根据居民医保基金支付能力，在重点保障参保居民住院和门诊大病医疗费用支出的基础上，到 2010 年底，各地要全面建立居民医保门诊统筹，将参保居民门诊小病医疗费用和符合规定的产前检查费用纳入基金支付范围。门诊统筹可以单独设立起付标准、支付比例和最高支付限额，具体由各地根据实际合理确定。开展门诊统筹应充分利用基层医疗机构（包括社区卫生服务机构）和中医药服务。要积极探索适合门诊统筹费用控制的结算管理办法，有效控制门诊医疗服务成本费用。有条件的地区可以探索改革职工医保个人账户使用办法，实行职工医保门诊费用统筹，通过统筹共济的方式有效解决参保职工门诊医药费用负担过重问题。

四、强化医保基金监管

（九）完善基金收支运行管理制度。要按年度编制基本医疗保险基金收支预算。编制基金收入预算应综合考虑当地经济发展水平、参保人员收入水平、覆盖面、筹资比例等因素；编制基金支出预算应综合考虑参保人员年龄结构、医疗费用增长、医疗保险受益面、保障水平和基金结余情况等因素。要建立医保基金运行分析和风险预警系统，将统筹基金累计结余作为风险预警监测的关键指标，加强对医保基金运行情况分析。剔除一次性预缴医保费外，统筹地区职工医保统筹基金累计结余原则上控制在 6 - 9 个月平均支付水平。累计结余超过 15 个月的，为结余过多状态，低于 3 个月的，为结余不足状态。居民医保的当年基金结余率超过 15% 或累计结余超过 4 个月平均支付水平的为过多状态。连续 2 年统筹基金累计结余处于过多状态的统筹地区，要在加强费用监管的基础上，通过完善政策、提高待遇水平等途径，控制基金累计结余率。同时，要重视统筹基金当期收不抵支的现象，通过查找原因、改革结算方式、调整待遇政策、强化支出管理等办法，控制费用支出增长，确保基金收支平衡。

(十)加强基金监管。完善医保经办机构内控制度,合理设置部门岗位及其职责权限,形成部门、岗位和业务相互制衡与监督的内控机制。强化医疗保障对医疗服务的监控作用,建立激励与惩戒并重的约束机制。建立医疗保险欺诈防范机制,防范并及时查处骗保等欺诈行为。加强医疗保险支付稽核,探索多部门联合方式,有效查处欺诈冒领医疗保险待遇行为。建立社会监督机制和基金运行情况披露制度,接受社会各界监督。

五、提高医疗保障管理服务水平

(十一)完善医保基金支付方式。探索总额预付、定额付费等多种付费方式相结合的综合付费方式,促进医疗服务机构加强自我管理和费用控制,提高医疗服务质量和降低医疗服务成本,促进基本药物的优先选择和合理使用。积极探索建立医保经办机构与医疗机构、药品及特殊医用耗材供应商的谈判机制,合理确定药品、医疗服务和特殊医用材料的结算价格和付费方式,加强医用特殊耗材及植(介)入类医疗器械使用环节的控制和管理,发挥医疗保障对医疗服务、药品和特殊医用耗材费用的制约作用。

(十二)提高定点医疗服务利用效率。加强定点医疗服务管理,将符合条件的社会力量举办的医疗机构纳入定点范围,全面推行定点医疗机构、定点药店信用等级评定制度,实行分类管理。完善医药费用信息公开制度,促进定点医疗机构、定点零售药店规范服务、合理收费。健全就医导向机制,引导一般诊疗下沉到基层,充分利用社区卫生服务资源,逐步实现社区首诊、分级医疗和双向转诊。加强对定点医疗机构的协议管理,完善对定点医疗机构考核评价体系,充分利用卫生和医药行业管理标准,与医疗保险管理办法相结合,促进医药服务质量提高。

(十三)做好医保关系转移接续和异地就医费用结算工作。制定未达到国家法定退休年龄的机关、事业单位和建立稳定劳动关系的企业职工等就业人员跨地区医疗保险关系转移接续办法。规定跨地区流动就业人员在3个月内及时接续医保关系的,各地要承认其原有参保年限和实际缴费年限,不得设立等待期,实现同城、同制度、同保障待遇。建立省级医疗保险异地就医信息管理平台,2010年底前实现省内异地就医联网结算,为参保人员异地就医提供便捷高效的结算服务。

(十四)逐步提高医疗保险统筹层次。各地要积极探索实现居民医保和职工医保更高统筹层次范围内政策标准、基金管理、待遇水平、经办流程和信息系统的"五统一"。基本建立医疗保险基金风险金制度。各统筹地区可按当年统筹基金筹集总额的5%提取风险金,当风险金达到6个月的平均支付水平后停止筹集。风险金单独列帐,由各统筹地区管理,主要用于缓解人口老龄化等重大疾病风险带来的医疗保险基金支付压力。

(十五)发挥多种形式的补充保障作用。在坚持基本医疗保障制度为主体情况下,鼓励商业保险机构开发适应不同需要的健康产品,发挥其制度外的补充保障作用,满足群众多样化的健康保障需求;企业和个人可以参加商业保险及多种形式的补充医疗保险,解决基本医疗保障之外的医疗保障需求;开展多种形式的医疗互助活动,鼓励和引导各类组织和个人发展社会慈善医疗救助。在确保基金安全和有效监管的前提下,探索以政府购买医疗保障服务的方式,委托具有资质的商业保险机构经办各类医疗保障管理服务。委托经办医疗保障管理服务,应当签订委托管理合同,明确双方权利义务。

六、加强医保经办服务管理能力建设

(十六)加强医保经办机构队伍建设。按照医疗保障全覆盖的要求和人员编制分级管理的原则,根据服务对象和服务质量,合理核定医保经办机构的人员编制,充分发挥其履行公共服务的职能。医保经办机构符合参照公务员法管理相关条件的,经审批可参照公务员管理。创新经办机构用人机制，完善医保经办机构工作人员专业结构，鼓励引进医药卫生、信息技术、财务等专业人才，探索实行医保经办人员分类管理办法。

（十七）建立医保经办机构经费保障机制。落实政府对医保经办机构的保障政策，对开展正常工作、探索购买医疗保障服务、建立完善医疗保障信息系统等所需必要经费和应由政府承担的基本建设投资纳入同级财政预算安排，确保医保经办机构有效运行和履行服务职能。

（十八）加强医疗保障服务平台建设。加强基层社会保障服务平台建设，增强医疗保障服务功能。建立和完善以医保经办机构为管理主体，街道社区劳动保障所（站）为服务平台的经办网络，基本实现经办服务网格化，方便参保人员在社区就近办理医保业务。扩大街道、社区、乡镇劳动保障所（站）的职能，将医疗保险有关工作纳入服务范围，配备相关的人员、设备和经费。加强对基层医疗保险服务的指导、培训和考核，向基层服务机构提供政策、技术、管理和服务支持。有条件的大型企事业单位和学校应建立医疗保险服务点。同时，加快建立标准统一、覆盖全部参保人员的信息处理系统，将网络终端延伸到各级经办平台和定点医疗机构，实现医保主要业务的全程信息化处理。加快推进基本医疗保障制度和医疗救助制度间的衔接，努力实现资源共享、信息互通、结算同步。

七、加强对医疗保障制度建设的组织领导

（十九）加强组织领导。加快推进覆盖城乡全体居民的基本医疗保障制度建设，关系到解决人民群众最关心、最直接、最现实的利益问题，是重大的民生问题，各级党委政府要高度重视，加强领导，加大工作的指导力度。各级劳动保障部门要按照文件精神积极会同相关部门组织制定具体实施方案和有关配套措施，明确牵头组织的工作责任；财政部门要完善补助办法，建立健全投入机制，提高财政资金使用效益；机构编制部门要根据基本医疗保障制度建设需要合理配置机构编制。其他相关部门都要积极配合，为推进全省医疗保障制度建设提供有力支撑。

关于加快推进工业结构调整和优化升级的实施意见

为深入贯彻落实科学发展观,加快转变经济发展方式,有效应对国际金融危机的影响,落实党中央、国务院保增长、扩内需、调结构的总体要求,指导钢铁、汽车、船舶、石化、纺织、轻工、有色金属、装备制造、电子信息、物流、新能源、医药及生物技术等12个产业调整和振兴规划纲要的实施,加快推进工业结构调整和优化升级,进一步提高工业经济整体素质和抵御风险能力,制定本实施意见。本意见实施期限为2009－2012年。

一、总体要求和主要目标

(一)面临的形势。改革开放以来,我省工业经济持续快速发展,总量不断扩大,质量不断提高,已成为全省经济发展的主导力量。同时,也存在产业结构不够优、自主创新能力不够强、可持续发展水平不够高等问题。当前,我省工业经济正经受着国际金融危机冲击的严峻挑战,也面临着调整和振兴的重大机遇。各地、各部门必须增强进取意识,坚定信心,创新克难,积极推进工业结构调整和优化升级,努力形成新的增长点和竞争优势,加快实现由工业大省向工业强省的转变,为经济社会又好又快发展作出更大贡献。

(二)总体要求。以邓小平理论和"三个代表"重要思想为指导,深入贯彻落实科学发展观,坚持走新型工业化道路,围绕保增长、扩内需、调结构的主线,以调高调优调强为基本取向,主攻产业结构调整,主攻自主创新,重点支持一批优势产业向高端环节延伸,重点培育一批大企业大集团,重点创建一批知名品牌,重点打造一批特色产业集群和产业基地,促进制造业由一般加工向高端制造提升、由产品竞争向品牌竞争提升、由江苏制造向江苏创造提升,努力形成信息化与工业化有机融合、先进制造业与现代服务业互动并进、结构布局合理、自主创新能力强、技术含量和附加值高、能源资源消耗低、污染排放少、经济效益好的现代产业体系。

(三)主要目标。遵循市场经济规律,有效运用规划引导、政策扶持、法律规范、行政推动等手段,积极推进工业经济总体实力的增强和发展水平的提升。到2011年,如期实现12个产业调整和振兴规划纲要确定的各项目标任务。到2012年,工业结构调整和优化升级实现以下主要目标:

1. 产业结构。高新技术产业产值占规模以上工业产值比重达到32%,高端制造业产值占制造业产值比重达到54%,基本形成以高新技术产业为先导、先进制造业为主体、现代服务业为支撑的产业发展新格局。

2. 产业水平。规模以上工业增加值达到2.4万亿元,销售收入达到12万亿元,实现利税、利润总额分别达到9 000亿元、6 000亿元,工业经济综合效益指数达到235%。

3. 创新能力。全社会研发投入占GDP比重达到2.2%,工业企业研发经费支出占销售收入比重达到1.5%以上;企业专利申请量达到11万件、授权量达到4.9万件,其中发明专利申请量达到2万件以上、授权量达到3 000件以上;工业科技进步贡献率达到52%以上。

4. 品牌建设。形成一批在国内外具有较大影响力和较强竞争力的品牌,其中中国世界名牌产品6个、中国名牌产品500个、江苏名牌产品2 000个,中国出口名牌60个、江苏省出口名牌150个,中国驰名商标200件、江苏省著名商标2 500件。省级以上品牌产品销售收入占工业销售收入比重提高到30%。

5. 节能减排。确保实现国家下达我省的节能减排考核目标,建成一大批循环经济示范园区和清洁生产企业,资源节约、环境保护水平进一步提高。安全生产形势进一步好转。

二、重点任务

(一)大力推进产业高端化。以增强核心竞争力为目标,以打造重点产业链高端环节为支撑,紧紧围绕自主创新和技术进步,实施重点突破,加快产业高端化进程。

1. 主攻产业高端发展的关键技术。坚持以创新为导向,组织实施"江苏省高科技产业发展841攀登计划",力争到2012年,在电子与信息、生物技术与新医药、新能源与节能、现代装备与先进制造、新材料制造与应用、环境保护与资源利用、重要技术标准与科技服务等领域,突破800项制约产业发展的关键技术,抓好400项重大科技成果项目转化,培育100项具有自主知识产权、引领产业发展的重大战略产品,推进高技术优势产业实现核心部件、关键材料、重大装备的自主设计制造,核心部件或关键材料的国产化率达到80%以上。

2. 促进制造业向高端环节延伸。围绕12个产业调整和振兴规划纲要确定的重点发展领域,引导企业的生产制造体系加快向研发设计和销售服务延伸。重视产业链招商,主动承接高新产业和高端技术转移,积极引进产业链高端环节,引进研发机构和地区营销总部,提高产业竞争力。有条件的地区要大力发展总部经济。做强做大电子信息、装备制造、石油化工三大主导产业,推进工程机械、船舶与海洋工程装备、数控机床、软件、集成电路、石化、农用化工等15条重点产业链向高端延伸,发展一批核心技术。精心培育新能源、新材料、新医药和环保四大新兴产业,推进风电设备、光伏、化学药物、生物技术、光电显示、半导体照明、特种纤维及复合材料、纳米材料、新型环保设备等14条重点产业链向高端延伸,抢占行业发展制高点。积极提升纺织、轻工、冶金、建材四大传统产业发展水平,推进品牌服装、家用纺织品、优特钢等10条重点产业链向高端延伸,形成一批高科技含量、高附加值产品。围绕重点产业组织实施100项重点项目,编制2009－2012年重点工业投资项目计划,加大重点项目组织实施力度,促进重点项目建设达产达效。到2012年,重点产业链的优势企业达到1 000家以上。

3. 强化技术创新服务平台建设。加强产学研合作,围绕主要行业和重点区域技术创新,以资源与能力共享为基础,集应用基础研究、工程技术攻关和产品开发于一体,在集成电路、工程机械、计算机系统工程、制造业信息化、生物医药材料、光电子技术等领域,建设400个左右行业创新平台、区域创新平台和创新服务平台,实施500项重点产学研合作项目。以建设国家创新型园区为目标,依托各类科技园区和特色产业基地,有效汇聚各种创新要素,促进科研活动与特色产业集群、产业基地有机结合,积极推进产业集群向创新集群转型。到2012年,基本建成南京高新区"三创"载体、苏州工业园区科教创新区、苏州高新区科技城、无锡高新区太湖国际科技园、常州高新区创意产业基地等5个科技创业创新示范区,全省各类科技企业孵化器达到200家,孵化面积达到1 000万平方米,在孵科技中小企业达到1.5万家。

4. 着力增强企业自主创新能力。努力增加全社会研发投入,重点引导和鼓励企业加大研发投入,使企业真正成为创新活动的主体和成果应用的主体。着力推进企业研发机构和研发平台建设,每年新增省级以上工程技术研究中心、企业技术中心、重点实验室等各类研发机构100家以上。加强自主知识产权技术开发,提高发明专利的比重,推动专利技术的应用和产业化。加强企业技术研发合作,支持跨地区、跨部门、跨行业合作创新,每年组织实施一批共性技术、关键技术、前沿技术联合攻关。鼓励企业兼并收购国外技术团队和科研平台,鼓励有条件的企业到境外设立研发机构。组织实施创新工程,完成200个重大自主创新产业化项目,培育200家具有自主知识产权的创新型企业。到2012年,省级以上各类企业技术研究中心达到1 000家以上,大中型企业全部建立研发机构,企业研发投入占全社会研发投入80%以上,认定高新技术企业累计达到3 000家。

5. 推动工业化与信息化融合。推进产品研发、设计信息化,促进工业产品更新换代,提高附加值和竞争力;推进生产装备信息化,提高工艺水平和生产效率;推进企业管理信息化,促进企业资源优化和管理水平提升;推进产品流通信息化,扩大企业电子商务应用,支持和引导企业利用电子商务公共平台开展内外贸业务。加快实施百家企业信息化示范带动工程、千家企业信息化应用工程和万家企业信息化人才培训工程。到2012年,企业利用互联网发布和获取信息的比例超过95%,利用电子商务开展采购、销售等业务的比例超过35%,利用信息技术开展生产、管理、创新活动的比例超过50%,其中20%以上的企业达到中高级信息化应用水平。

6. 强化现代服务业支撑。坚持一手抓先进制造业,一手抓现代服务业,通过服务业发展促进制造业优化升级。大力发展现代物流、金融保险、信息服务、科技研发、工业设计等生产服务业,积极为制造业提供配套服务。加快推进现代物流基地建设,以沿海沿江港口、机场、交通枢纽、开发区、大型批发市场为依托,大力发展综合物流中心、专业物流中心和配送分拨中心,促进批发交易与物流配送一体化发展,加快发展第三方物流,培育一批大型现代物流企业。积极发展专业性技术服务业,大力发展电子商务、特色专业市场和会展业。鼓励制造业企业将工业咨询、设计、广告、策划、物流、售后服务等业务,外包给信誉好、效率高的品牌型社会中介服务机构。

(二)大力推进产业规模化。立足产业、园区、企业三个层面,加快实施万亿元级产业、千亿元级集群和基地、百亿元级企业培育工程,进一步壮大规模,提高集约化程度,提高市场占有率,形成新的竞争优势。

1. 加快实施万亿元级产业培育工程,推动产业发展壮大。围绕做强主导产业、做大新兴产业、做精传统产业的目标,突出高端化、集聚化、特色化,优化资源配置,加强技术创新和技术改造,加快产业调整和发展,不断壮大产业规模。瞄准国际产业发展的高端水平,引进200项国际尖端技术项目,实施100项重大产业项目、300项重点技术引进改造项目,千方百计吸引高技术含量、高附加值大项目落户江苏,促进产业规模化发展跃上新的台阶。到2012年,电子信息、装备制造和石油化工三大主导产业销售收入分别达到2.5万亿元、4.5万亿元和1.4万亿元;新材料、新能源、新医药和环保等四大新兴产业销售收入分别达到3 500亿元、4 000亿元、2 500亿元和2 500亿元;冶金、纺织、轻工、建材等四大传统产业销售收入分别达到1.5万亿元、1.3万亿元、1.3万亿元和3 500亿元。

2. 加快实施千亿元级特色产业集群和产业基地培育工程,推动集约发展。以实施主体功能区建设规划为契机,加强对苏南苏中苏北三大区域产业发展的分类指导,全面推进"四沿"产业带建设,进一步优化全省生产力布局。进一步强化开发区和工业园区载体功能,促进关联企业向园区集聚,促进产业链向上下游延伸,提高集约发展水平。到2012年,建成苏州工业园区、昆山经济技术开发区、无锡高新技术产业开发区等8个2 000亿元以上工业园区及15个1 000亿元级工业园区;培育发展徐州工程机械、昆山模具制造、无锡工业设计、常熟服装、南通家纺、淮安盐化工、宜兴电线电缆、邗江数控金属板材加工设备、杭集日化、戴南不锈钢制品等100个特色产业集群;培育壮大高技术产业基地和特色产业基地,重点抓好南京软件、苏州电子信息、无锡微电子、泰州生物医药、连云港新材料等10个产业特色明显、产业链完善、创新能力突出、辐射带动力强的国家级高新技术产业基地建设,大力发展新型显示、现代通讯、光纤光缆、工程机械、轨道交通、风电设备、光伏设备、半导体照明、环保设备、新材料、汽车及零部件、船舶及海洋工程装备、新医药及生物技术等100个具有较大规模和较强竞争力的特色产业基地。

3. 加快实施百亿元级企业培育工程，推动企业做强做大。制定并实施大企业、大集团培育计划，进一步发挥规模骨干企业对工业经济的支撑和带动作用。抓住当前有利时机，鼓励钢铁、石化、机械、电子信息等行业龙头企业、优势企业开展跨国、跨地区、跨行业、跨所有制兼并重组，进行强强联合和上下游一体化经营，促进各类要素向优势企业集中、向行业龙头企业集聚，提高规模效益和抗风险能力。支持企业“走出去”，积极开展跨国经营，参与国际资产重组，鼓励重点骨干企业与跨国公司开展合资合作和技术交流，充分利用国际国内两个市场、两种资源做强做大。培育更多拥有自主知识产权和知名品牌、主业突出、核心竞争力强的大企业大集团。支持中小企业向专、精、特、新方向发展，为大企业大集团协作配套。到2012年，全省营业收入超百亿元企业达到188家，其中超500亿元企业16家，超千亿元企业6家。超百亿元工业企业销售收入占规模以上工业企业销售收入比重达到30%以上。

（三）大力推进产业品牌化。以打造品牌强省为目标，通过科技创新、管理创新、营销创新，不断丰富品牌内涵，提升品牌无形资产价值，增强品牌的知名度、美誉度和忠诚度，扩大市场占有率。

1. 加大品牌创建力度。借鉴国内外成功的品牌建设经验和运作方式，制定实施品牌发展规划，着力抓好品牌设计、传播、提升、推广等工作，推动更多江苏名牌向中国名牌、世界名牌跃升。积极引导、鼓励具有名牌产品发展潜力的中小企业拥有自主品牌、自主知识产权。研究制订鼓励政策，支持企业积极开展境外商标注册和专利申请，扩大具有自主知识产权和自主品牌的产品出口，鼓励有条件的企业收购、兼并、参股国际品牌。重点引导骨干民营企业、高新技术企业、新兴服务业企业注册商标，鼓励行业协会、龙头企业牵头或由中小企业合作，共同打造集体商标和证明商标。到2012年，全省工业企业国内注册商标年均新增1.5万件，国际注册商标年均增长20%以上。

2. 加强品牌创建服务。深入推进质量振兴和标准化战略，引导企业建立健全质量管理体系、标准化体系、计量检测体系和质量信用体系。鼓励企业借鉴国内外先进管理模式，严格执行强制性标准，积极采用国际标准和国内先进标准。推进专利技术标准化，鼓励企业以自主知识产权参与国际国内标准制订。加强质量、标准、认证等公共平台建设，重点抓好光伏产品、网络信息产品等国家级质检中心和不锈钢、皮革橡胶等省级质检中心建设。到2012年，新建国家级检测中心10个、省级检测中心15个；新设立国际标准化专业技术委员会2个，国家标准化专业技术委员会、分委员会和工作组70个。开展诚信企业创建活动，大力提升企业市场信用水平。进一步加强商标知识产权管理服务体系建设，健全企业商标管理标准，引导企业实施商标管理规范化工程。加大品牌宣传力度，组织开展品牌战略专题培训，帮助企业制订品牌发展规划。发布《江苏省品牌战略实施纲要》，引导专项资金优先向省级以上品牌企业倾斜，对获得中国世界名牌、中国名牌、中国出口名牌、中国驰名商标和国际注册商标的企业，各级政府给予适当奖励。

3. 依法建立品牌保护机制。积极推动品牌省内外互认、互保，帮助企业强化对商标权的保护。加强司法保护与行政保护，加大对知识产权侵权违法行为的打击力度。充分运用知识产权和专利保护制度，建立健全品牌维权援助机制，帮助市场主体依法应对商标侵权纠纷，对维权确有困难的商标权利人给予法律援助。

（四）大力推进绿色制造。以增强可持续发展能力为目标，坚持结构调整、技术进步和管理创新“三管齐下”，建立有效的激励、约束和倒逼机制，努力提高资源综合利用率和节能环保水平。

1. 积极发展循环经济。对列入国家和省首批循环经济试点的单位，组织开展中期评估和监督检查。在冶金、电力、化工、建材、纺织、轻工等行业选择重点企业，组织实施第二批省级循环经济试点。积极创建一批省级生态工业园区。加快开发区环境基础设施建设，新上工业项目全部入园进区。在资源综合利用领域，以大宗工业固体废物再利用、再生资源拆解加工利用、废旧金属再生利用、装备再制造、废旧轮胎橡胶、废旧电池及生活垃圾资源化、农业废弃物综合利用为重点,加快培育一批示范城市、园区和企业。组织编制造纸、制革、酿造、染料、印染、电镀等重点行业结构调整规划,明确产业升级目标,优化产业布局,提高废渣、废水、废气的综合利用率。

2. 推进企业清洁生产。完善政策法规和技术标准,建立健全企业自愿和政府支持相结合的清洁生产机制。每年对500个企业实行清洁生产审核,培育一批能源资源消耗少、环境污染小的清洁生产企业。到2012年,纳入强制审核范围的重点排污企业分期分批完成清洁生产审核,太湖、淮河、南水北调东线、沿江、沿海等重点流域的工业企业普遍开展自愿性清洁生产审核。

3. 实施节能减排工程。以炼铁高炉、工业锅炉、电机节能、余热余压利用和高耗能行业工艺技术装备更新改造等为重点,加快推进节能改造工程,在高效清洁燃烧、工业余热利用、高效机电节能等10大节能减排重点技术领域,加快攻克100项关键共性技术及装备,开发推广100项潜力大、应用广的先进实用技术,培育扶持100家节能减排科技创新示范企业。抓好燃煤电厂脱硫改造工程,对超标排污的企业进行限期治理和提标改造。

4. 加快淘汰落后产能。建立淘汰落后产能企业名单公告制度,落实限制类和淘汰类企业差别电价等政策,倒逼落后企业和产品退出市场。认真执行国家产业政策和环保标准,对禁止生产和使用的产品、技术和装备,在国内处于落后水平的技术和工艺,重污染、高物耗以及产生严重有毒有害物的产品、技术和企业,限期予以淘汰。在控制排污总量的基础上,坚持有保有压,调整结构,将有限的环境容量用于支持高端产业发展,推动产业转型升级。开展太湖流域、淮河流域工业污染防治专项整治。推进第二轮小化工整治工作。

三、保障措施

(一)加强组织领导。省政府建立联席会议制度,对全省工业结构调整和优化升级工作进行统筹协调,研究制定年度目标,组织实施12个产业调整和振兴规划纲要,协调解决重大事项,推进落实重大项目,组织开展督查考核。联席会议由省政府领导牵头,有关部门负责同志参加,省各有关部门依照各自职责主动开展工作。联席会议召开前由分管秘书长协调会议有关事项。各地也要建立相应的协调机制,协调和推动本地工业结构调整和优化升级方案的实施。省政府每年对工业结构调整和优化升级重点目标任务完成情况进行督查考核,考核和评价结果向社会公布,并与党政干部年度工作考核挂钩。

(二)加大政策扶持力度。认真落实国家和省促进工业发展的各项优惠政策。按照"优化增量、整合存量、上下联动"的原则,设立省级重点产业调整和振兴引导资金,重点支持产业布局调整、产业优化升级、重大产业项目投资、重大技术改造、自主创新、品牌创建、重大兼并重组和淘汰落后产能等。引导存量资金支持工业调整振兴,省级现有支持企业发展的各类专项资金要向12个产业调整和振兴规划纲要的实施倾斜。各市、县(市)政府也要加大财政投入力度,支持工业结构调整和优化升级。进一步拓宽融资渠道,继续开展多形式、多层次的银企合作,加大信贷支持力度;支持金融创新;鼓励企业上市,发行企业债券、短期融资债券和信托债券。通过政府引导、企业主导、市场运作,积极发展和引进各类创业投资机构,鼓励有条件的地区建立产业发展基金,支持产业优化升级、科技成果转化和高新技术产业发展。进一步完善中小企业信用担保体系,通过社会资本入股、财政投入等渠道,扩大资本规模,形成覆盖全省的担保网络。完善中小企业贷款风险补偿机制,加快组建小额贷款公司,有效缓解中小企业融资难矛盾。对符合产业优化升级要求的重点建设项目和企业技术进步项目,所需用地指标给予优先安排,环评实施高效审批。

(三)培养引进人才。在大力培养和用好省内创新创业人才的同时,抓住国家实施引进海外高层次人才"千人计划"的契机,通过企业为主、政府资助,实施我省重点产业千名高端、百名世界级人才引进工程。为引进的高层次创业创新领军型人才和团队创造必要的工作和生活条件,对有特殊贡献的高科技人才实行重奖。加大企业家培养力度,重点培育一批具有现代经营管理理念的企业家,每年组织一定数量的企业经营管理人员到国外学习培训。到2012年,培养重点骨干企业领军人才1 000名、企业中高级职业经理人才10 000名。加强高技能人才队伍建设,培养造就一大批技术技能型、复合技能型和知识技能型的中高级技工,积极引进急需的高技能人才。

(四)坚持依法推进。抓好与工业相关的地方性法规、规章和政策性文件的研究制定、贯彻落实与督促检查,营造良好的法制环境。加快推进《节约能源条例》、《企业技术进步条例》、《中小企业促进条例》、《太湖水污染防治条例》等地方性法规、规章和政策性文件的修订与制定。

(五)加强行业管理。制定并实施《行业协会管理办法》。加快转变政府职能,把行业管理的基础性工作交由行业协会负责,充分发挥工业行业协会的桥梁和纽带作用。对现有行业协会进行调整重组,鼓励企业在自愿基础上组建一批行业协会。建立完善行业协会有偿服务制度。引导行业协会加强自身建设,推进行业自律,积极协助政府搞好行业管理,为企业提供优质服务。

各地和省各有关部门要认真做好本实施意见的贯彻落实工作。各市、县(市、区)政府要根据本实施意见要求,结合本地实际,制定具体实施办法。省各有关部门要结合自身职责,制定相应的实施细则、配套措施和具体考核办法,认真组织落实。

关于进一步加强共建园区建设政策措施的通知

为全面贯彻落实科学发展观,推进苏南产业转型升级,加快苏北新型工业化进程,促进区域经济协调发展,现就进一步加强南北共建园区工作提出如下政策措施:

一、扩大共建园区合作范围

苏北各地可拓宽开发区共建合作方的选择范围,既可与省内外发达地区政府或开发区开展合作共建,也可争取省内外大型企业自建或共建园区。原则上对苏北每个县(市)扶持一个共建园区或企业自建园区。开发公司注册到位资金5 000万元以上(苏北以外的共建方资金至少占60%)的共建园区、企业固定资产投入实际到位资金10亿元以上的自建园区,由园区所在地县(市)政府经省辖市政府向省政府提出申报,具体办法仍按《省政府办公厅关于申报南北挂钩共建苏北开发区有关问题的通知》(苏政办发〔2006〕154号)执行。

二、加强省级对共建园区的扶持

自2010年起,依据考核评价结果,按照《省政府关于支持南北挂钩共建苏北开发区政策措施的通知》(苏政发〔2006〕119号)规定,对共建园区兑付以奖代补资金,用于园区的基础设施建设贷款贴息及奖励。其中:新批的园区自批准之年起连续3年内,经年度考核合格后,每年给予1 500万元以奖代补资金;2009年底前已执行省以奖代补政策满3年的共建园区,自第4年起连续3年内,经年度考核评价合格的,每年奖励500万元;正在执行省以奖代补政策的园区,经考核评价合格后,每年给予以奖代补资金1 000万元,执行政策满3年后,自第4年起连续3年内,经年度考核评价合格的,每年奖励500万元。考核不合格的年度仍计入执行期。奖励资金由省财政拨付园区所在地财政。对违反国家产业政策、土地政策、节能政策、环保政策的共建园区,暂停享受奖励政策。

2012年前,对共建园区中新增增值税、所得税省、市、县留成部分,全部由省、市、县财政补贴给园区,用于园区滚动发展。根据全省建设用地年度计划总量情况,对建设成效显著的共建园区给予建设用地指标奖励。

三、加大苏南对共建园区的支持力度

共建园区苏南挂钩合作方首期到位注册资金不低于3 000万元,在此基础上要逐年加大资金投入力度。苏南合作方要为共建园区配备专职工作人员5人以上。苏南要从开发区后备干部中选拔年富力强的同志到共建园区任职;对苏南派驻共建园区工作满2年以上人员,享受派出地区省定扶贫工作待遇。

四、鼓励重大产业转移项目落户苏北

对转移到苏北符合国家产业政策的重大产业项目,适当放宽条件、降低建设用地"点供"门槛

(一般比苏南地区降低10%)。对省内重大产业转移项目输出输入地相关经济指标的认定,由省统计主管部门另行确定。

按照利益共享原则,对重大产业转移项目,可由合作双方商定利益分成办法,由项目输入地对项目输出地给予适当补偿,具体事宜由双方协商。省财政厅可根据需要帮助办理财力划转。

五、继续执行电费综合补贴政策

继续执行苏政发〔2006〕119号文件中确定的电费综合补贴政策。

六、加强对共建园区的考核评价

为确保扶持政策落实到位,加强对共建园区的考核。考核评价工作由省苏北发展协调小组办公室牵头,省发展改革委、经济和信息化委员会、科技厅、财政厅、国土资源厅、住房和城乡建设厅、商务厅、环保厅、统计局、物价局等有关部门参加,主要考核评价指标为:共建园区基础设施投资完成额、企业固定资产投资完成额、土地投资强度、环保基础设施建设、业务总收入、入库税收收入、从业人数等。具体考核评价办法另行规定。

江苏省科技成果转化风险补偿专项资金暂行管理办法

第一章　总　则

第一条　为促进科技成果转化,加强科技资源与金融资源紧密结合,提升企业自主创新能力,推动新兴产业加快发展,促进全省产业结构调整升级,经省政府同意,设立江苏省科技成果转化风险补偿专项资金(以下简称"省风险补偿资金")。为确保省风险补偿资金的规范管理和高效运作,制定本办法。

第二条　省风险补偿资金每年从省科技成果转化专项资金资助项目有偿使用的回收资金中安排,由省科技厅、省财政厅共同管理。

第三条　省风险补偿资金用于补偿协作银行在支持科技型小企业具有自主知识产权的科技成果产业化过程中所发生的贷款损失。

第四条　省风险补偿资金的使用遵循"政府引导、市场运作、利益共享、风险共担"的原则,其风险责任由省、各市县(区)、项目单位及协作银行共同承担。

第二章　管理机构及职责

第五条　省科技厅会同省财政厅负责省风险补偿资金的管理工作,主要职责是:拟定省风险补偿资金管理办法及相关实施细则;研究提出授信贷款年度支持重点和项目指南;审议授信贷款年度支持项目、贷款安排建议、项目代偿及核销申请;负责项目实施的监管与绩效考核。

第六条　依托江苏省生产力促进中心设立省风险补偿资金管理服务中心(以下简称"省管理服务中心")。省管理服务中心受省科技厅、省财政厅委托,具体负责省风险补偿资金的日常管理工作。其主要职责是:负责项目受理、评估、审核及贷款合同的签订;跟踪了解项目实施情况;督促项目承担单位按时归还贷款;提出项目代偿与核销建议等。

第三章　运作方式

第七条　省风险补偿资金作为信用保障资金,以引导协作银行向企业发放项目贷款的方式支持科技型小企业发展。

第八条　鼓励各市、县(区)安排相应的风险补偿资金,省对设立风险补偿资金的地区予以贷款额度支持。

第九条　协作银行在省及各地风险补偿资金规模的基础上给予放大 3 倍左右的贷款授信,并在中国人民银行公布的同期基准利率基础上予以一定的利率优惠。

第十条　省科技厅会同省财政厅根据省及各市、县(区)风险补偿资金规模,以及与协作银行商定的贷款规模等,每年核定各市、县(区)的贷款控制额度。

第十一条　省对所贷项目承担70%左右的贷款损失风险，各市、县（区）承担30%左右的贷款损失风险，项目承担单位的法定代表人对项目贷款承担相应的法律责任，协作银行承担相应的利息损失风险。

第四章　支持对象

第十二条　协作银行的授信贷款用于扶持我省高技术新兴产业的小企业成果转化项目，其项目应符合以下条件：

（一）技术创新性强，技术水平领先；

（二）拥有作为申报项目依托的自主知识产权；

（三）项目实施能产生较好的经济效益和社会效益；

（四）已完成研究开发，具备产业化生产的基本条件。

第十三条　申请授信贷款支持的科技型小企业，除项目符合第十二条要求外，还应具备下列条件：

（一）已在本省登记注册，具备独立法人资格，产权清晰，具有健全的财务管理制度；

（二）企业主要从事高新技术产品的研制、开发、生产和服务业务，企业管理团队具有较强的创新意识、较高的市场开拓能力和经营管理水平；

（三）企业年销售收入在3 000万元以下，资产不超过1 000万元，职工人数原则上不超过300人，具有大专以上学历的科技人员占职工总数的比例不低于30%；

（四）无不良信用记录。

第十四条　协作银行的授信贷款优先支持符合下列条件的科技型小企业：

（一）省级以上高新区内的企业；

（二）省级以上科技企业孵化器内的企业；

（三）省高层次创新创业人才引进计划和省“双千人才工程”资助对象所创办的企业。

第五章　项目申报与审核

第十五条　省科技厅会同省财政厅每年根据省科技成果转化重点工作发布贷款项目申报指南，明确贷款项目的申报及组织要求。

第十六条　授信贷款项目申报材料包括：

（一）《江苏省科技成果转化风险补偿专项资金项目贷款申报书》；

（二）企业营业执照副本、法人代码证、国税和地税登记证副本复印件；

（三）企业章程、注册资本验资报告、上年度财务报表；

（四）项目情况的佐证材料（市级以上科技计划项目批准文件、技术报告、检测报告、用户意见等）；

（五）项目知识产权归属的证明文件（商标专用权证书、专利证书、著作权登记证书及新药证书等）；

（六）与申报项目和企业有关的其它佐证材料（国家专卖、专控及特殊行业的产品，需提供主管机关出具的批准文书复印件）。

第十七条　项目申报实行属地化管理。符合条件的项目，由企业向所在地市、县（区）科技局、财政局申报。各市、县（区）科技局会同财政局，依据贷款项目的申报条件与指南要求，对申报项目的技术先进性、可行性，知识产权的法律状态，企业财务状况等进行审核。

第十八条　各市、县（区）科技局会同财政局对申报项目审核后，在省核定的贷款控制额度内将项目推荐给省协作银行的地方分支机构,由其对申报项目的财务风险等进行评估。经各市、县(区)科技、财政部门审核和省协作银行地方分支机构评估合格的项目,推荐至省管理服务中心。

第十九条 省管理服务中心对各市、县(区)推荐的项目进行评估审核后,提出拟立项项目及贷款安排建议,报省科技厅、省财政厅审批。经批准的项目,由协作银行发放贷款。对审核不合格项目,其申请的贷款额度可在其他市、县(区)间调剂。

第二十条 经批准贷款的项目,由省管理服务中心、协作银行、项目推荐单位及项目承担单位共同签订贷款合同。

第二十一条 对批准贷款的项目,项目承担单位以相应的自主知识产权作为质押。

第二十二条 贷款项目实施周期原则上不超过2年。

第六章 项目管理与代偿

第二十三条 各市、县(区)科技局、财政局、省管理服务中心与协作银行应共同做好贷款项目的管理工作。其中,各市、县(区)科技局会同财政局负责贷款项目进展情况的日常跟踪管理,协调各方共同推进项目实施,并及时报告项目实施情况和项目实施过程中出现的重大问题;省协作银行及其地方分支机构负责项目贷款后的财务监管。

第二十四条 项目承担单位在贷款期内被并购重组的,其还款责任由并购重组后的企业承担。

第二十五条 项目承担单位因项目失败、中止等原因致使贷款无法归还的,由项目承担单位提出代偿申请,协作银行及各市、县(区)科技局、财政局核实情况后,报省管理服务中心;省管理服务中心对各地提出代偿申请的项目进行审核,并报省科技厅、省财政厅审批;经批准的代偿项目由省协作银行和其地方分支机构按责任比例从省及各市、县(区)风险补偿资金中划款代偿。协作银行对发生代偿项目的贷款免收利息。

第二十六条 各市、县(区)科技部门对发生代偿的项目,应将其出质的知识产权在省技术产权交易市场拍卖、变卖,所得收入由省和地方按风险责任比例受益。

第七章 考核奖惩

第二十七条 省科技厅、省财政厅每年根据立项项目的还款情况对省管理服务中心及各市、县(区)科技局进行考核。对未发生代偿的市、县(区),可增加其下一年度贷款控制额度;对代偿超过一定比例的市、县(区),核减其下一年度贷款控制额度,并相应增加其风险责任比例。对连续两年代偿比例较大的地区,将取消其项目推荐资格。

第二十八条 项目承担单位发生下列情形之一的,省科技厅、省财政厅和各市、县(区)科技局及协作银行有权提前追讨项目承担单位的贷款本息,并依法追究其法律责任:

(1)弄虚作假骗取贷款的;

(2)违反财经纪律,挪用或挤占贷款资金的;

(3)在日常管理中不配合项目实施情况核查,不按要求提供完整财务报表,项目进展情况报告等材料的。

第二十九条 项目承担单位贷款到期后,故意不还款的,省管理服务中心和各市、县(区)科技主管部门应联合协作银行通过法律程序追偿欠款及超期利息。

第三十条 发生代偿的项目,其承担单位列入省级各类科技计划项目信用管理。协作银行根据有关规定记录其企业和企业法定代表人或主要管理者个人的不良信用。

贯彻国务院关于进一步推进长江三角洲地区改革开放和经济社会发展指导意见的实施方案

《国务院关于进一步推进长江三角洲地区改革开放和经济社会发展的指导意见》(以下简称《指导意见》)已正式颁布,标志着长三角地区发展已上升为国家战略。为进一步贯彻落实《指导意见》精神,加快发展创新型经济,实现我省经济社会又好又快发展,积极推进长三角地区一体化进程,提出如下实施方案。

一、贯彻《指导意见》,加快江苏改革开放和经济社会发展的重大意义、总体要求和主要目标

(一)重大意义。进一步推进长江三角洲地区改革开放和经济社会发展,是国家从区域发展总体战略出发,着眼全局、审时度势作出的一项重大战略部署。我省全域作为长三角地区一个重要组成部分,将面临新的重大发展机遇。《指导意见》的实施,有利于在更高层次上转变发展方式,提高自主创新能力,加快向创新型经济升级,加快实现江苏"两个率先"的目标;有利于在更广范围内优化资源配置,促进区域协调发展,辐射带动泛长三角地区、长江流域以及陇海兰新沿线地区的发展;有利于在更高水平上创新体制机制,扩大对外开放,增强发展活力,更好地参与国际经济合作与竞争。

(二)总体要求。高举中国特色社会主义伟大旗帜,以邓小平理论和"三个代表"重要思想为指导,深入贯彻科学发展观,认真落实国家区域发展总体战略,紧紧围绕建设亚太地区重要的国际门户、全球重要的先进制造业基地、具有较强国际竞争力的世界级城市群这三大战略任务,进一步解放思想、与时俱进,进一步深化改革、扩大开放,着力推进经济结构战略性调整,转变经济发展方式;着力推进自主创新,发展创新型经济;着力加快苏北振兴、沿海开发,促进城乡统筹与区域协调发展;着力提高资源节约与环境保护水平,提高可持续发展能力;着力保障与改善民生,加快构建社会主义和谐社会,在更高起点上争创新优势、实现新跨越,推进长三角区域一体化进程,增强应对国际金融危机和抵御各种风险的能力,为全国发展大局做出更大贡献。

(三)主要原则。坚持科学发展,努力提高自主创新能力,加强资源节约与环境保护,加快产业优化升级。坚持和谐发展,加快发展社会事业,统筹城乡发展,维护社会公平正义。坚持率先发展,强化服务辐射功能,积极开展泛长三角合作,加强与长江中上游和中西部地区交流与协作。坚持一体化发展,优化生产力布局,统筹基础设施建设,促进生产要素合理流动和资源优化配置。坚持改革开放,率先在重要领域和关键环节取得突破,加快建立更加有效开放的市场经济体制,为又好又快发展提供制度保障。

(四)主要目标。到2012年,产业结构进一步优化,服务业增加值占GDP比重达到42%以上,高新技术产业产值占规模以上工业比重达到32%;自主创新能力显著增强,全社会研发投入占GDP比重达到2.2%,科技进步贡献率达到55%;区域分工和产业布局趋于合理,区域协调发展水平明显提

高,对外开放质量和水平进一步提升,国际竞争力和抗风险能力明显增强;主要污染物排放量和单位地区生产总值能耗、水耗进一步下降,重点流域生态环境进一步改善,全社会环境保护投入占 GDP 的比例提高到 3% 以上;城乡居民收入持续稳定增长,收入分配进一步优化;基本建立覆盖城乡的社会保障体系,公共服务能力进一步增强,率先基本实现全面建设小康社会的目标。

到 2020 年,三次产业协调发展,形成以现代农业为基础、先进制造业为支撑、服务业为主的产业结构;自主创新成为产业发展的重要动力,形成一批在国际上有较高知名度和核心竞争力的自主知识产权和自主品牌;主要污染物排放总量得到有效控制,单位地区生产总值能耗接近或达到世界先进水平,形成人与自然和谐相处的生态环境;城乡社会保障水平明显提高,实现基本公共服务均等化,率先基本实现现代化。

二、加快发展现代服务业,形成以服务业为主的产业结构

(五)优先发展现代物流业。以现代管理和信息技术为支撑,以构建物流运输体系和网络体系为重点,以区域公共物流信息平台为载体,加快传统物流业向现代物流业转变。强化铁路、公路、水运、空运、管道等运输方式的衔接配套和功能互补,完善现代物流集疏运体系。形成南京全国性物流节点城市和苏州、无锡、常州、镇江、南通、徐州、连云港、淮安等各具特色的区域性物流枢纽城市,发展立足江苏、服务长三角地区的综合物流中心、专业物流中心和配送中心,大力推进物流基地建设。推动区港联动,加快发展港口物流和保税物流。推进制造企业物流服务外包,发展第三方物流,大力培育和引进物流重点企业。加强长三角地区物流合作,构建布局合理、技术先进、便捷高效的区域现代物流服务体系。

(六)加快发展信息服务业。依托信息基础设施建设,以信息增值、信息技术改造传统产业为重点,推进信息服务业加速发展。促进信息服务业与商业、文化、娱乐等领域的融合,发展各种信息增值服务。把软件和服务外包作为新兴产业加以重点发展。做大软件业规模,提升南京"中国软件名城"和苏州、无锡、常州等国家级软件园发展水平。加快发展境内服务外包,大力发展国际服务外包,以加快建设南京、苏州、无锡国家级"中国服务外包示范城市"为重点,大力拓展服务外包国际市场。

(七)着力发展金融服务业。融入上海国际金融中心建设,打造南京区域性金融中心,加大金融改革创新力度,推动区域联动和先行先试,形成优势互补、分工合作的金融协调发展格局。增强地方金融机构实力,加快江苏银行、南京银行、华泰证券、紫金保险等发展步伐。鼓励银行、保险、证券等金融机构在江苏设立总部性机构和分支机构,探索设立中外合资金融机构。继续推动长三角金融机构的战略合作。深化农村金融改革,扩大新农村金融组织覆盖面。推进资本、货币、外汇、期货和产权市场建设,加快企业上市步伐。大力发展创业投资,推进产业投资基金试点。建设长三角地区金融市场公共结算平台,实现互联互通。大力推进金融信用体系建设,探索推进长三角信用评级一体化。共同应对金融风险,维护区域金融稳定和安全。

(八)积极发展商务服务业。降低商务成本、优化商务环境,支持发展商务服务业。积极发展会展业,发展壮大企业管理、法律、咨询、评估、广告、知识产权等商务服务机构,形成一批具有知名品牌的大型商务事务所。积极支持境内外高端商务中介企业到江苏设立分支机构,加快推进南京河西 CBD、昆山花桥国际商务城和连云港国际商务中心建设。

(九)大力发展科技服务业。加快形成市场化、专业化的科技服务体系,重点扶持 100 家骨干科技服务机构发展,培育一批科技服务业名牌。加快发展研发设计服务业,依托江苏科教资源优势,以无锡(太湖)国际科技园、南京工业设计园、常州科教城和苏州高新区科技城等为重点,集中建设一批工业研发设计平台,形成国内重要的工业研发设计服务中心。加快建设软件、集成电路、新药创制等国内一流的专业科技创业服务平台。推进重点高校科技产业园、留学生创业园建设。到 2012 年,基

本形成特色鲜明、国内一流的研发设计体系。

（十）提升生活服务业发展水平。推动江苏旅游强省建设，构建环太湖旅游圈、环洪泽湖旅游圈、沿长江旅游带、沿海旅游带、沿东陇海线旅游带、古运河旅游轴“两圈三沿一轴”空间布局，建设一批特色旅游基地。以上海世博会为契机，开辟跨区域旅游线路，提升长三角地区旅游产业竞争力。改造提升传统商贸业，积极发展连锁经营、仓储式超市等新型流通业态。优化中心城区商贸布局，改进农村消费环境。建设一批具有物流集散、批发交易等综合功能的新型市场集群，构建现代商贸流通体系。积极发展广播影视、文化体育和休闲娱乐等服务业，不断满足人民群众日益增长的文化消费需求。

（十一）努力改善服务业发展环境。加快建立长三角地区服务业发展联动机制，逐步建立区域相对统一的标准体系，研究制定促进服务业发展的政策和措施，并加强与上海、浙江的政策对接。推进服务业集聚区建设，为服务业发展创造优良载体，重点抓好软件园、创意产业园、现代物流园、科技创业园、中央商务区和产品交易市场等集聚区建设。到2012年，建成100个特色鲜明、主业突出、功能完善、与生产生活配套的现代服务业集聚区。引进和培养一批熟悉国际规则服务业人才，为服务业发展提供智力保障。

三、坚持调高调优调强，加快建设国际先进制造业基地

（十二）加快新兴产业规模化。切实加强新能源、新材料、新医药、环保和传感网产业自主创新，扩大产业规模，基本形成引领未来发展的战略性高技术产业体系。以“感知中国”中心项目建设为契机，把传感网产业的发展放在突出位置，使其成为我省新的经济增长点。突出发展光伏产业和风力发电装备制造业，加快发展生物质能和核能利用设备，积极推进光伏并网发电示范工程，努力打造具有国际水平和竞争力的新能源产业研发、制造和应用示范基地。突出发展硅材料、碳纤维、功能陶瓷、光电显示、半导体照明等新材料，注重纳米技术在材料领域的应用，加快实现产业化和规模化。积极推进中药现代化，加快发展生物药物，研发创新化学制剂，着力建设泰州、南京、连云港、苏州等新医药产业基地。联合攻克关键技术，加快研发节能和环保装备及产品，促进发展环境服务业，努力打造新兴支柱产业。

（十三）推进主导产业高端化。切实推动电子信息、装备制造、石油化工产业向高端环节延伸，努力形成以核心关键技术为支撑的万亿元级主导产业。培育壮大软件、集成电路、新型显示器件、现代通信和信息技术应用等产业，建设100个创新平台，形成全国重要、全球有影响力的技术研发、软件开发、信息产品制造和出口基地。立足高端化、集聚化和特色化，协同主攻高端制造环节，提高自主设计、制造和成套能力，加快发展具有自主知识产权的大型成套装备、高新技术装备和关键零部件，形成工程机械、新型电力装备、轨道交通装备、数控机床等具有较强国际竞争力的重点产业链。加强汽车、船舶研发设计，实施新能源汽车工程，推动海洋工程装备发展，提升关键零部件和配套装备制造水平。积极争取国家布局炼化一体化项目，高起点推进建设沿海沿江石化产业园区，促进联合重组和绿色制造，形成一体化、特色化发展格局。

（十四）促进传统产业品牌化。持续推进纺织、轻工、冶金和建材产业实施品牌战略，新创100个中国驰名商标，基本形成以名企名牌为依托的传统产业新优势。加强新材料应用、新技术开发和品牌创建，构建专业化分工程度高、社会化配套能力强的产业体系，实现纺织大省向纺织强省转变。以食品、造纸、家电、五金制品、塑料等为重点，推进轻工产业品牌化、标准化，提高产品档次和产业集聚水平。优化冶金产业布局，加快技术进步，加速兼并重组，促进淘汰落后，形成国内重要的高档建筑用材、优特制造用材产业基地。坚持控制总量与调整结构、节能减排相结合，加快淘汰建材行业落后产能，推进建设大型新型干法水泥熟料和新型建材基地，鼓励发展节能环保型新型建筑材料。

(十五)进一步优化产业布局。着力建设沿海、沿江、沿沪宁线和沿东陇海线产业带,形成产业融合、企业联合、集中布局、集聚发展的新格局。着力建设特色产业基地,加快建设微电子、生物医药、信息产业等国家高技术产业基地;以电子信息、装备制造、新能源、新材料为重点,吸引国内外资源,共同打造100个特色产业基地,形成5万亿元产业规模。着力推进产业转移,引导长三角地区在纺织、轻工、机械等领域形成中心城市研发、设计、营销与苏北地区制造分工协调、互动发展的格局。着力推进跨区域合作,协同上海建设全国领先的航空产业基地、船舶及海洋工程装备基地、核电装备基地;引导和鼓励省内资源性产业和一般加工环节向泛长三角和中西部地区转移,推进跨区域协同发展。

(十六)加快培育东部沿海重要经济增长极。加快实施沿海开发战略,积极推进苏北工业化进程,形成区域增长极。在新的起点上加快沿海地区发展,推进集中集聚开发,促进港口、产业、城市联动发展,形成沿海"三极、一带、多节点"的空间布局框架和以现代农业为基础、先进制造业为主体、生产性服务业为支撑的产业协调发展新格局。依托连云港港口,推进布局钢铁、石化等战略性产业,促进发展新能源、新材料和新医药产业,增强"东方桥头堡"引领、辐射功能,加快建设我国东部地区重要的经济增长极。推进盐城港、洋口港等沿海港口有序开发、加快建设,加快沿海临港产业集聚区建设,扩大临港产业规模,重点发展新能源、新装备和新兴海洋产业。振兴徐州老工业基地,优先发展装备制造业、食品及农副产品加工业、能源产业、商贸物流旅游业四大千亿元级支柱产业,优化发展煤化工、盐化工产业,增强辐射带动苏北乃至淮海经济区的能力。

四、全面推进社会主义新农村建设,加快形成城乡一体化发展新格局

(十七)加快发展现代农业。推进农业适度规模经营,大力发展现代高效农业。加强农业基础设施建设,加大农业综合开发力度,扩大高标准农田面积,积极推进农业机械化,增强粮食综合生产能力。积极推进农业产业化经营,扶持发展农民专业合作组织、农业龙头企业和农产品出口企业,突出发展设施园艺业、规模畜牧业和特色水产业。加快农业科技创新与推广步伐,大力实施农业新品种、新技术、新模式工程,积极培育和创建名牌,提高农产品竞争力。充分发挥沿海滩涂资源丰富的优势,创新开发利用模式与机制,建立现代农业示范区、农产品加工集聚区和农业物流园区。加强区域农业合作,建设长三角农副产品基地。到2012年,全省新增设施农业面积320万亩,农业适度规模经营比重提高到50%,农业科技贡献率达到60%。

(十八)积极构建新型农业服务体系。加强农村现代流通体系建设,建立健全大型批发市场、农贸市场、农民合作组织和农民经纪人参与的长三角农副产品市场流通体系。加快建设具有农业技术推广、动植物疫病防控、农产品质量监管等功能的区域性农业公共服务机构,大力培育社会化农业服务组织,不断提高农业生产服务水平。加强农产品质量安全体系建设,严格执行农产品质量安全市场准入制度。强化长三角地区农业信息服务网络建设,联办农产品展示展销、推介洽谈等产销对接活动,实行统一的农副产品运输"绿色通道"政策,促进跨区域流通。

(十九)深化农村综合改革。深入推进农村土地使用制度改革,建立健全农村土地承包经营权流转市场,建设县级土地流转服务平台和乡镇交易服务中心,鼓励农民用土地承包经营权、农村宅基地置换城镇社会保障和城镇住房,完善农村土地股份合作制和社区股份合作制,探索建立城乡统一的土地市场体系。加快建立现代农村金融制度,完善农村信贷担保机制,扩大农业保险覆盖面。继续深化集体林权改革。推进农村民主政治建设和村民自治。

(二十)加快城乡一体化进程。统筹城乡布局规划,推进城市交通、水利、电力、通信、供水、环保等重大基础设施建设向农村延伸,鼓励城乡基础设施共建共享。统筹城乡科技教育、医疗卫生、文化体育等社会事业发展,推进城市优质社会事业资源进入农村,全面改善农村居住环境和生活质量,实

现城乡基本公共服务均等化。统筹城乡劳动就业，逐步建立城乡统一的人力资源市场和公平竞争的就业制度。提高农村最低生活保障水平，加快推行新型农村社会养老保险，逐步形成城乡统筹衔接的社会保障制度。

五、大力推动自主创新，加快向创新型经济升级

（二十一）构建协同开放的区域创新体系。规划建设微结构国家实验室、通信技术国家实验室等10多个代表国家水平的重大基础性、公益性研发平台。进一步推进大型仪器、科技文献、动植物种质资源等基础性科技资源的联网共享，相互开放实验室，共同申报、建设国家重大基础研究与产业创新支撑平台。加快建立以企业为主体的技术创新体系，到2012年，建成600家省级工程中心、200家博士后科研工作站和200家博士后流动站，组建200家企业院士工作站和100家研究生工作站，60%的大中型企业建有研发机构。

（二十二）推进关键领域和核心技术创新突破。与上海、浙江联合组织科技攻关，研发一批具有自主知识产权的新产品、新技术、新工艺，联合申报国家重大科技项目和国际科技合作项目等。围绕高新技术产业发展，组织实施"高端跨越工程"，在风电、生物制药、现代通信、微纳制造、太阳能光伏、集成电路等关键产业领域突破800项支撑产业发展的重大关键技术，并集中抓好400项重大科技成果转化应用和示范。加快"感知中国"中心建设，新建一批国家级高新技术创业服务中心、大学科技园，加强专业孵化技术平台建设。

（二十三）深化产学研合作。进一步加大对产学研合作的财政引导和扶持力度，创新合作机制，提高科技成果转化率。鼓励企业和高校院所联合共建研发平台。推动研究生、博士后、院士及其创新团队进入企业，建设"企业院士工作站"。支持企业和高校定向共同培养研究生。在重点产业领域建设一批产学研合作联盟。创新利益分配机制，提高研发人员技术创新收益，激发创业创新热情。支持知名院校、科研院所在省内建设创新基地。

（二十四）加强创新型人才培养和引进。建立长三角地区人才开发与合作一体化机制，充分利用科教与人才优势，完善创新型人才开发的政策措施和服务体系。加强企业与高校、科研院所合作，共同建立创新型人才培养基地。启动创新培训工程，加快培养一大批创业创新创优型人才。以高层次、高科技、高技能人才以及经济社会发展需要的紧缺型人才为重点，实施"高层次创业创新人才引进计划"，推进"江苏科技创新创业双千人才工程"。联合组建引进海外人才平台，实施"海外高层次人才引进计划"，更多地引进国际高端人才特别是领军人才和研发团队。加强社会化人才服务平台建设，在人才培训、交流、咨询、法律等方面提供配套服务。

（二十五）营造鼓励自主创新政策环境。完善财政科技投入稳定增长机制。建立市场化运作的创业投资引导基金，支持国家级开发区中高新技术企业进入股权代办转让系统。鼓励保险机构开发科技保险险种，积极探索科技型企业开展股权质押登记，支持有条件的科技型企业上市。形成以企业为主体的自主创新投入机制。制定和实施地区、行业商标战略，完善商标扶持政策。强化长三角地区知识产权协同保护机制，先行探索专利授权、商标和版权登记注册集中管理模式。

六、走新型城市化道路，提高城市群国际竞争力

（二十六）优化城镇空间布局。以推进形成上海为龙头的长三角世界级城市群为目标，以特大城市和大城市发展为主体，大力发展中心城市，壮大县城镇和重点中心镇，构建网络化的城镇布局。增强南京、苏州、无锡三个特大城市的区域支撑能力，进一步提升沿江城市带发展水平，提高在长三角城市群中的地位。积极培育沿海、沿东陇海线、沿运河城镇带，加快发展苏北腹地中心城市，促进产业和人口集聚，提升长三角城市群北翼的发展水平。根据不同的功能定位，合理安排城市和乡村的

设施配套,形成特色分明的城镇与乡村空间格局。

(二十七)提升城市服务功能。在中心城市大力发展服务经济,提升综合承载能力和服务功能,提高对区域发展的影响力和带动力。加强城市群内部资源整合,推进优势资源共享和区域性重大基础设施对接,促进要素在城市间合理流动和优化配置,扩大同城效应,提升城市公共服务功能,推进城市现代化。加快城市快速公共交通系统优先建设,促进中心城市功能转型,优化城市空间结构,合理布局产业和人口。充分发挥南京作为长三角辐射中西部门户城市的独特优势,提升南京综合承载能力和服务功能,加快南京都市圈建设,加强与合肥、南昌的交流与合作,增强长三角在更大范围、更高层次方面的传导和辐射作用,推进泛长三角城市群建设。加快连云港国际性海港城市发展,增强新亚欧大陆桥东桥头堡的作用;推进徐州区域性中心城市建设,发挥对淮海经济区的带动辐射作用。强化小城镇在社会主义新农村建设中的服务功能,增加农村公共服务供给。

(二十八)加强城市建设和管理。促进城市空间开发由外延式扩张向内涵式提升转变,引导城市理性发展。加强体制创新,研究提出相应的土地、就业、社保等制度设计,促进农民向市民转化。增强城市公共服务供给能力,逐步实现流动人口与本地居民享受同等公共服务,促进人的公平发展。统筹城乡规划和管理,促进城市规划与村镇规划有效衔接,加强城市详细规划和城市设计,注重提升城市品质,塑造城市特色;加强村镇规划,保护村庄的社会结构和空间形态;加强城乡和谐社区建设,促进管理重心贴近百姓。重视城乡历史文化资源的保护和利用,延续城市文脉,保留和彰显乡村风貌。加强城市基础设施建设,提高防灾减灾和应急管理能力。

七、推进重大基础设施一体化建设,增强区域经济社会发展支撑能力

(二十九)建设现代综合交通运输体系。围绕建设世界级城市群的目标,以大力调整运输方式结构,努力加强各交通运输方式之间、城市交通与区域交通之间衔接协调为重点,促进现代综合交通运输体系建设。打造长三角新型快速轨道交通网,加快建设京沪高速铁路江苏段、沪宁城际铁路、宁杭铁路客运专线和南京南站等综合客运枢纽,形成长三角核心区"1 小时交通圈";规划建设宁连铁路和淮扬镇铁路,尽早开工建设沪通、连盐铁路,打通长三角和亚欧大陆桥之间的铁路运输通道,构建沿海开发大通道,实现长三角北翼"2 小时交通圈";加快铁路向安徽延伸,建设宁安城际铁路和宿(州)淮(安)铁路,促进泛长三角城市间的合作与交流。加强省际通道、过江通道和港口疏运通道建设,推进高速公路的联网衔接;重点推进沪通铁路过江通道和崇启大桥、泰州长江大桥、南京长江四桥和连云港港、太仓港疏港公路建设;加快崇海大桥、苏通大桥至杭州湾大桥高速公路建设。以强化连云港港和太仓港功能为重点,促进沿海、沿江以及沿河港口协调发展,全力打造上海国际航运中心北翼港口群;加快推进连云港港30万吨级深水航道和深水专业化泊位建设,使连云港港成为服务中西部地区最为便捷的出海通道;加快太仓港建设,集中打造集装箱干线港;加快推进长江江苏段12.5米深水航道建设,更好地发挥长江"黄金水道"对中上游地区的带动作用;加快京杭运河、芜申运河、连申线、盐河等航道建设,构建长三角地区高等级航道网络。促进功能完备、优势互补、错位发展的长三角机场群建设,着力提升南京禄口机场功能,将苏南(硕放)机场和南通机场分别建设成为上海国际航空枢纽机场的组成部分和辅助机场。

(三十)构建区域能源安全体系。加强区域能源供应市场体系建设,建立互为调节、互为备用的区域能源合作机制,重点将苏北沿海地区建成长三角地区新兴的能源和新能源基地。优化电力布局,在积极落实"西电东送"、"皖电东送"的同时,重点布局沿海、沿江、沿路和坑口电源建设。统筹规划建设沿海液化天然气和石油接收设施,建设如东 LNG 项目,推进连云港和盐城滨海 LNG 项目和沿海石油储备的前期研究,完善输气和输油管线网络。建设覆盖全省的天然气管网和省际间互联管网,逐步建设覆盖全省的输油管网。加大电网建设力度,建设过江电缆通道,完善500千伏"四纵四

横”网架及其配套电网，逐步建成“六纵六横”网架，规划建设特高压输电通道。进一步优化能源结构，积极推进太阳能、风能、生物质能的利用和核电建设，启动沿海地区百万千瓦级风电基地建设，至2020 年，建成风电装机1 000万千瓦，建成核电1 000万千瓦。

（三十一）加强水利基础设施建设。积极推进长江干流河道整治和长江口综合整治，实施水阳江、滁河、秦淮河等支流治理工程。全面完成南水北调东线一期工程、沂沭泗洪水东调南下工程和蓄滞洪区安全建设，实施淮河入江入海水道等泄洪河道的整治加固；推进病险水库加固、易涝洼地、入海河口整治和海堤加固工程。逐步提高城市防洪标准，加强城市防洪排涝能力建设。加快推进沿海水利基础设施建设。重点推进太湖流域引排骨干工程建设，实施走马塘、新沟河、新孟河延伸拓浚工程，加快望虞河扩大等工程前期工作，新辟沟通长江和太湖通道，增强流域水网和太湖水体流动能力。加快推进城市水源地和农村安全饮水工程建设，加强水文、水资源和水环境实时监控系统建设，建立健全饮用水安全保障体系。

（三十二）完善信息基础设施建设。推进长三角地区重点城市互联网络交互中心的互联互通，实现区域内信息高速交换，构筑区域移动通信一体化网络，逐步实现区域互联网络及移动通信的“同城效应”。加快构建传感网。完善区域信息共享协调机制，统一数据标准，推进信息一体化。推进南京、苏州、无锡等城市的无线宽带城市群建设，到 2012 年实现热点地区全覆盖。务实推进“三网融合”。强化网络信息安全与应急保障，建设容灾备份中心。促进区域社会和公共服务领域信息化应用系统的联动，推进电子口岸、电子政务、电子商务等一体化建设，促进区域 CA 应用和数字认证服务体系建设，加快征信体系建设，实现信用资源互通共享。推动空间地理基础数据信息资源共享，建设长三角地区高速公路电子收费系统，大力推进区域交通、社保等“一卡通”工程。加快金融信息基础设施建设，加强长三角地区支付结算网络对接，加快区域性支付平台建设。

八、推进资源节约型和环境友好型社会建设，全面提高可持续发展能力

（三十三）提高土地节约和集约利用水平。实行最严格的耕地保护制度和节约用地制度，科学编制并严格实施土地利用总体规划，加强城乡规划管理，从严控制建设用地总规模和建设占用耕地规模，切实保护耕地和基本农田。进一步优化土地利用空间布局，引导工业向园区集中、人口向城镇集中、居住向社区集中。严格土地利用年度计划管理，实行更严格的区域土地供应政策和市场准入标准，对建设项目土地利用强度、投资强度等控制指标实施动态管理。建立健全以土地产出为核心的节约集约用地考核评价制度。严格执行闲置土地处置政策，积极盘活闲置和空闲土地。大力开展企业挖潜节地活动，合理开发利用城市地下空间。积极推进农村建设用地整理，实行城乡建设用地增减挂钩，积极开展万顷粮田建设工程试点。科学编制海域滩涂围填开发规划，选择有条件的区域实施不同类型的滩涂综合开发试点，合理有序开发利用滩涂资源。

（三十四）全面推进节能降耗和循环经济发展。加强区域产业政策和能源政策、环保政策的衔接，完善节能减排地方性法规。对新建及改扩建项目，率先实行国际先进水平的能耗、物耗、水耗等标准。坚持结构调整、技术进步和管理创新并重，进一步完善推动节能的倒逼机制、约束机制和激励机制，全面落实节能目标考核责任制。严格实施节能评估审查制度，加快实施节能重点工程，坚决淘汰国家产业政策明令禁止的落后生产能力。积极推广节能环保型建筑和绿色建筑。深入推进多层次、多领域的循环经济试点，发挥典型示范作用。全面开展工业园区生态化改造，重点组织冶金、化工、纺织、造纸等行业开展清洁生产审核。到 2012 年，建成 30 个国家和省级生态工业园区，把太湖流域率先建成清洁生产示范区域。

（三十五）全面推进节水型社会建设。重点推进电力、化工、冶金、纺织印染等高耗水行业的节水行动，制定中水、再生水和“零排放”企业减免污水处理费价格政策，实行行政区域用水总量控制和行

业产品用水定额管理,落实建设项目节水"三同时"和节水评估制度,建立用水效率和效益评价与考核指标体系。加强灌区节水改造,探索建立农业节水补偿机制。开展节水型城市、企业、学校、园区、社区等载体创建活动,推广普及节水技术和设备。

(三十六)切实加强环境保护。继续坚持环保优先方针,推进环境综合整治,努力改善区域环境质量。认真落实国家太湖流域水环境综合治理总体方案和江苏实施方案,实施综合治理措施,促进太湖水质持续改善。加快推进淮河流域暨南水北调东线江苏段治污工程建设,加强长江主要支流水环境综合整治。继续整治小化工企业,逐步提高化工园区环境基础设施水平。切实加强集中式饮用水源地专项整治,实施区域集中供水和备用水源建设工程。切实改善长三角地区大气质量,严格控制新建项目的二氧化硫排放总量,启动燃煤电厂的脱硝改造工程,严格执行国家第三阶段机动车污染物排放标准。加快建设城镇污水处理、配套管网和生活垃圾处理设施,强化运行监管,到2012年城市污水集中处理率达88%。继续实施农村河道疏浚整治工程,加强农村面源污染治理,大力发展生态农业,推进农村生活污染治理。加强近海海域污染综合治理和生态保护。积极建设长三角环境保护合作平台,完善区域联合监管、监测预警、信息共享等污染联防、联治机制,建立健全公众参与和监督机制,落实污染减排考核和责任追究制度,研究推进排污权交易和逐步建立生态补偿机制。

(三十七)全面推进生态建设。加快建设江海河湖防护林、绿色通道等重点林业工程,构建区域稳定的森林生态系统。加强水土保持,强化对各类自然保护区、湿地、水源涵养区等重要生态功能区的保护,构建太湖、洪泽湖、骆马湖、高邮湖等湖泊生态保护体系,实施河湖湿地和入海河口的恢复和治理,促进生态系统良性循环。加快矿山、采煤塌陷地的生态修复,遏制地下水超采,加强生物多样性保护,维护生态系统安全。到2012年,森林覆盖率达21%,受保护地占国土面积比例达22%。到2020年,基本建成生态省。

九、加强文化建设和社会事业建设,全面推进经济社会协调发展

(三十八)着力推进文化强省建设。加强社会主义核心价值体系宣传普及,深入实施公民道德建设工程,形成文明健康的社会风尚。加快建立覆盖全省城乡的公共文化服务体系,丰富城乡居民的精神文化生活。加强网络文化建设与管理。认真做好物质和非物质文化遗产保护与利用工作。创建区域文化联动发展协作机制,共同制定区域文化发展规划。着力推进文化体制改革,大力发展文化产业,重点发展文化创意、影视制作、出版发行、印刷复制、广告、演艺、娱乐、文化会展、数字内容和动漫等九大门类,加快建设重点文化产业集聚区。大力培育文化市场主体,健全各类文化市场,拓展新型文化业态,到2012年,文化产业增加值占GDP5%以上。

(三十九)加快发展社会事业。建立长三角教育联动发展会商机制;普及从学前教育到高中教育的15年教育,共同推进素质教育;全面提高高等教育质量和高校科技创新与服务能力,共建产学研合作与高校学分互认机制;大力发展职业教育,共享长三角职业教育实训基地;共建大中专毕业生就业平台。联合申报并共建长三角地区教育综合改革试验区,促进区域教育资源共享与联动发展。深化医药卫生体制改革,加快医疗卫生事业发展。建立健全区域内疾病预防控制、卫生监督、突发公共卫生事件应急处理协调和联防联控机制。共享体育设施,联合承接和举办大型体育赛事,积极发展体育产业,大力推进全民健身运动。到2012年率先基本实现教育现代化,初步建成覆盖城乡居民的公共卫生服务体系、医疗服务体系、医疗保障体系和药品供应保障体系。

(四十)构建完善的就业和社会保障体系。推进长三角地区资格证书的互认和衔接,统一职业准入标准,完善转移就业的政策制度,建立统一规范劳动用工制度,构建长三角地区统一的人力资源市场,逐步建立各类社会保险关系的转移接续机制,完善就业服务、社会保障服务、信息服务和劳动维权等管理体系,促进区域人力资源的合理流动。加快建立城乡统筹的就业创业服务体系。加快建立

新型农村养老保险制度,完善被征地农民基本生活保障制度,到2012年,基本实现城乡养老、失业、医疗、工伤、生育保险全覆盖。建立异地就医结算机制,做好各类医保之间的衔接,完善社会保障监管。统筹城乡社会救助体系建设,大力发展社会福利事业,促进慈善事业发展。率先建立收入分配调节机制和宏观监测机制,努力缩小城乡、地区和居民间的收入差距。

(四十一)加强流动人口服务和管理。推进户籍制度改革,完善以居住地登记户口为基本形式、合法固定住所和稳定职业为基本落户条件、城乡统一的户籍登记管理制度。推行居住证制度,使流动人口凭居住证在就业、社保、医疗、就学等方面逐步与当地居民享受平等待遇。依法保障流动人口子女平等接受义务教育。积极探索解决流动人口跨地区转移的社保关系转接问题。建立健全长三角地区流动人口协调机制,实现流动人口与社会救助信息共享。

十、深化重点领域和关键环节改革,争创体制机制新优势

(四十二)着力推进行政管理体制改革。加快建设服务型政府,稳步实施新一轮政府机构改革,调整优化政府组织机构和管理层次,进一步扩大县(市)经济管理权限,积极完善省直管县经济管理体制,推进县级市政府驻地镇撤镇设立街道办事处,对具备一定人口规模和经济实力的中心镇赋予必要的城市管理权限。深化事业单位改革,加快行业协会、中介组织的改革和发展。进一步减少和规范行政许可和行政审批,逐步健全政府部门绩效考核体系,建立健全行政问责制度。

(四十三)深入推进非公有制经济发展和国有企业改革。进一步消除非公有制经济发展的体制性障碍,鼓励和支持非公有制经济进入金融服务、公用事业、文化产业、基础设施等领域,完善中小企业服务体系,健全担保机构激励补偿机制,推动企业有效利用企业债、公司债、中期票据、短期融资券等债务融资工具,拓展融资渠道。稳步推进股权投资基金的试点工作。推动国有资本向重要行业和优势企业集聚,提高国有资本的运行效率和盈利能力。完善国有企业法人治理结构,实现投资主体多元化,积极发展混合所有制经济。

(四十四)加快推进市场化进程。建设统一开放、规范有序的市场体系,实现产品、技术、产权、资本、人力资源等要素的合理流动和优化配置。加快形成长三角地区相对统一的法制环境,实施统一的准入标准和技术标准,建立区域市场准入、品牌和质量互认制度,建立地方性法规、规章和规范性文件协作清理制度和备案审查制度,清理和修订阻碍要素合理流动的法规和政策,健全知识产权保护体系。以信贷、纳税、合同履约等信用记录为重点,加快长三角信用一体化建设。

(四十五)积极开展重大改革试点。学习借鉴上海浦东新区综合配套改革试点相对成熟、行之有效的改革政策,着力推进省级综合配套改革试点。着力开展南京市国家科技体制综合改革试点,创新体制机制,集聚科技精英和优势资源,率先建成具有国际竞争优势的科技创新型中心城市;以破解城乡二元体制为重点,全力实施苏州市城乡一体化发展综合配套改革试点,在城乡规划、产业布局、基础设施、公共服务、城乡社会保障"五个一体化"方面实现新突破;以创新可持续发展体制机制为重点,积极推进无锡市资源节约型和环境友好型社会建设试点工作,实现人口资源环境与经济社会可持续发展;创新南北挂钩合作新机制,加快土地、金融等资源要素市场化改革和社会管理体制改革,探索更具活力的区域协调发展模式。

十一、深入推进对外开放战略,加快开放型经济转型升级

(四十六)加快转变外经贸增长方式。积极扶持自主品牌和自主知识产权产品出口,鼓励高附加值产品和服务出口,培育建设机电产品出口基地、软件出口基地、科技兴贸出口创新基地、服务外包基地、轻纺产品出口基地和农产品出口基地。鼓励引进先进技术、设备及关键零部件,进口重要原材料、能源和矿产资源。支持加工贸易梯度转移,鼓励企业融入加工贸易配套产业链,并加快由代加工

向代设计、自主品牌转变,推动加工贸易转型升级。鼓励企业向研发、设计、营销和售后服务环节延伸,推动更多的内资企业着力发展服务贸易,建立长三角地区服务外包发展的联动机制。

(四十七)切实提高利用外资质量和水平。进一步优化外资结构,引导外资投向高新技术产业、基础设施领域和高端制造环节,以及现代物流、信息服务、金融保险、服务外包、现代会展和中介咨询等现代服务业领域,并重点向苏中、苏北地区转移。创新利用外资方式,继续鼓励和引导外资在竞争性产业领域开展并购重组,参与国有企业改组改造;引资和引智相结合,加快引进国际先进技术、管理经验和智力资源。加大间接利用外资力度,支持环境保护、节能减排、医疗卫生等领域借用国外优惠贷款。创新外商投资管理方式,建立长三角地区外资管理和共享信息平台,不断完善外资并购管理体制,规范招商引资行为,实行相对统一的土地、税收政策,营造公平、开放的投资环境。

(四十八)着力提升开发区发展水平。按照"布局集中、用地集约、产业集聚"的总体要求,制定开发区发展规划,优化区域发展布局,促进转型升级。积极推进南北共建开发区,提升苏北地区集聚集约发展水平。引导开发区整合资源、强化特色、优化环境,加快产业升级,支持符合条件的省级开发区申报国家级开发区。强化对开发区自主创新能力的考核,启动高新技术区"创新型园区提升工程",积极引导高新技术产业、研发机构和融资平台向高新园区集聚。逐步推广浦东综合配套改革试点和苏州工业园区的成功经验,加强长三角地区开发区之间的经济技术合作,加快苏通生态科技园区、新加坡——南京生态科技岛、盐沪合作园区和昆山花桥两岸商贸合作促进区建设。将保税物流功能叠加试点推广到全省出口加工区,积极争取在南京、连云港等沿江沿海重点港口建立保税港区。

(四十九)支持企业"走出去"。建立长三角地区共享的走出去信息发布平台,定期发布境外投资国别环境报告和信息。加快推进境外经贸合作区、开发区建设,鼓励和支持长三角产业关联度高的企业强强联合,共同开展境外投资,形成具有比较优势的境外产业集聚区。支持有实力的企业积极稳妥地参与境外资源开发,鼓励企业到境外建立生产基地、营销网络和研发中心,培育跨国经营企业,共同开拓对外承包工程和劳务合作市场。进一步简化和规范境外投资审批程序,在资金融通、检验检疫、海关、外汇等方面为企业走出去提供便利服务。加快培养企业跨国经营人才,支持财会、法律、咨询等中介服务机构走出去。

(五十)进一步优化开放环境。积极争取在南京、苏州、无锡等地逐步开展跨境贸易人民币结算试点,积极争取境外投资项下股东贷款在长三角地区的先行先试,进一步完善长三角区域内试行的贸易进口付汇异地备案改革办法,支持有条件的中外资企业集团实行外汇资金集中管理。进一步扩大服务业对外开放领域,降低市场准入门槛,简化市场准入程序。加快建设长三角地区大通关体系,促进区域物流一体化公共平台建设,实现跨关区申报、审单、验放。加快整合海关特殊监管区域,推广"区港联动"、"区区联动"及"区港一体"等特殊监管模式,加速区域间货物流转。积极引进跨国公司和国内大型集团地区总部和功能性机构。创新政府管理体制,提升服务功能,营造以人为本、安商亲商富商的开放环境。

十二、加强协调对接,促进区域联动发展

(五十一)组织实施与协调推进。各地、各部门要充分认识进一步推进长江三角洲地区改革开放和经济社会发展的重大意义,按照《指导意见》和本实施方案的要求,认真履行职责,研究制定切实可行的措施,扎实推进和落实各项目标任务。加强与国家有关部委的联系,积极争取国家对长三角地区发展的指导和相关政策的支持。加强与上海、浙江的沟通,做好相关规划之间的衔接,共同研究重大问题,协调出台重大政策,协同实施重大项目。

(五十二)完善和创新区域合作机制。坚持政府引导与市场推动并重,加快建立多层次、宽领域、全方位的区域合作机制。坚持"长三角地区主要领导座谈会"制度,加强对长三角一体化发展工作的

领导;完善“长三角地区合作与发展联席会议”制度,协调解决事关长三角地区发展的重大问题;做好长三角地区合作与发展联席会议办公室和重点合作专题组的工作,健全相关工作机制,提高合作效率,着力推进交通、能源、信息、科技、环保、信用、社保、金融、涉外服务、工商管理等重点专题合作。继续发挥长三角城市经济协调会的作用,支持城市间开展交流与合作。引导和鼓励社会各界参与长三角地区合作,构筑一批区域交流合作平台,积极组织开展会展、论坛、经贸洽谈等合作交流活动。探索设立区域发展促进基金,建立健全区域利益补偿机制。

(五十三)深化和扩大区域合作。促进产业转移,拓展发展空间。鼓励具备条件的市、县与上海、浙江临近地区开展合作对接试点,实现优势互补,形成同城效应。积极支持上海大丰农场发展转型,配合建设上海产业转移示范区。积极探索泛长三角合作机制,充分发挥南京都市圈的辐射带动作用,促进长江上、中、下游地区的要素流动与产业协作。争取国家编制淮海经济区区域规划,促进淮海经济区加快发展,增强辐射带动中西部地区发展的能力。加强与港澳台的投资及贸易往来,深化国际交流与合作,进一步提高开放型经济发展的质量和水平。

三　浙江省政府相关文件

创业风险投资引导基金管理办法

第一章　总　则

第一条　为贯彻省委、省政府“创业富民、创新强省”总战略,加快发展我省创业投资事业,根据《创业投资企业管理暂行办法》(发展改革委等十部委令2005年第39号)、国务院办公厅《关于创业投资引导基金规范设立与运作的指导意见》(国办发〔2008〕116号)和财政部、科技部《科技型中小企业创业投资引导基金管理暂行办法》(财企〔2007〕128号)等文件精神,制定本办法。

第二条　浙江省创业风险投资引导基金(以下简称引导基金)是由政府设立的政策性、引导性基金,其设立的宗旨是发挥财政资金“四两拨千斤”的作用,通过扶持创业投资企业的发展,逐级放大,引导社会资本进入创业投资领域,促进国内外优质创业资本、项目、技术、人才向浙江聚集,推进全省经济结构调整和产业升级。

第三条　引导基金规模为5亿元人民币,主要通过阶段参股和跟进投资等方式实施投资运作,其中跟进投资的资金比例不得高于30%。

引导基金以基金管理机构的资本金形式存续,逐年投入。

第四条　引导基金按照“政府引导、市场运作、科学决策、严格管理”的原则进行投资运作,重点引导创投基金或创业投资企业投向电子信息、生物医药、先进制造、新能源、新材料、环保节能、高效农业、现代服务业等符合浙江省高新技术产业发展规划的领域,引导创业投资企业重点投资处于初创期、既有风险又具成长性的科技型中小企业创新创业。

第二章　组织架构

第五条　浙江省创业风险投资引导基金管理委员会(以下简称管委会)为引导基金的领导机构。主要职责是:确定投资方向和投资原则,审查批准浙江省创业风险投资引导基金管理有限公司(以下简称引导基金管理公司)章程及投资项目管理、投资风险控制、投资退出机制和业绩考核等制度;审查批准引导基金管理公司资金筹集、投资计划等重大事项。

第六条　管委会由常务副省长任主任,省政府分管副秘书长和省财政厅厅长任副主任,委员由省发改委、省经贸委、省科技厅、省财政厅、省信息产业厅、省审计厅、省金融办、人行杭州中心支行、浙江银监局等部门负责人担任。

第七条　管委会下设办公室,主要负责管委会的日常工作。办公室设在省财政厅,由省财政厅分管副厅长兼任办公室主任。

第八条　管委会下设监事会,作为引导基金运作的监督机构,负责引导基金管理运作过程中的风险监控。监事会由省发改委、省科技厅、省财政厅、省审计厅、省金融办等部门委派相关人员组成。

第九条　浙江省财务开发公司为引导基金管理公司的出资人。

引导基金管理公司负责引导基金的日常管理与投资运作事务，实施阶段参股和跟进投资，并代表引导基金行使民事权力、承担民事义务与责任。

第十条　引导基金管理公司履行下列主要职责：

（一）承担引导基金对外投资的出资主体；

（二）面向社会公开征集引导基金合作的创业投资机构；在尽职调查、审慎评估的基础上，按照规定程序确定投资的可行性方案；

（三）决定阶段参股与跟进投资项目实施方案，并报管委会备案；

（四）管理引导基金投资形成的股权，履行股东的权利和义务；

（五）负责实施引导基金投资形成股权的退出工作；

（六）对引导基金所投资企业（项目）的实施情况进行监督检查，定期向管委会报告监督检查情况、引导基金财务状况及运作过程中的其他重大事项。

第三章　投资对象

第十一条　引导基金的投资对象主要是国内外有实力的创业投资企业和其他企业。

第十二条　引导基金按照公开、公平的原则，重点与国内外投资业绩突出、基金募集能力强、管理经验丰富的品牌创业投资企业进行合作。

第十三条　引导基金阶段参股创业投资企业应当具备以下条件：

（一）经工商行政管理部门登记并按照《创业投资企业管理暂行办法》的有关规定进行备案；

（二）实收资本（或出资额）在10 000万元人民币以上，或者出资人首期出资在3 000万元人民币以上，且承诺在注册后5年内出资总额达到10 000万元人民币以上。所有投资者以货币形式出资；

（三）至少有3个对高新技术中小企业投资的成功案例，即投资所形成的股权年平均收益率不低于15%，或股权转让收入高于原始投资额20%以上；投资累计5 000万元以上；

（四）至少有3名具备5年以上创业投资或相关业务经验的专职高级管理人员；

（五）管理和运作规范，具有严格合理的投资决策程序和风险控制机制；按照国家企业财务、会计制度规定，有健全的内部财务管理制度和会计核算办法；

（六）《创业投资企业管理暂行办法》其他有关规定。

第十四条　阶段参股的其他企业应当具备以下条件：

（一）注册资金5 000万元以上；

（二）新组建公司的投资额中，战略投资在1 000万元以上或财务投资在3 000万元以上；

（三）管理和运作规范，符合国家企业财务、会计制度规定，有健全的内部财务管理制度和会计核算办法。

第十五条　本办法所称初创期企业，是指在浙江省内注册设立，主要从事高新技术产品研究、开发、生产和服务，成立时间在5年以内的非上市公司，且应当具备下列条件：

（一）具有企业法人资格；

（二）职工人数在300人以下，具有大专以上学历的科技人员占职工总数的比例在30%以上，直接从事研究开发的科技人员占职工总数比例在10%以上；

（三）年销售额在3 000万元人民币以下，净资产在2 000万元人民币以下，每年用于高新技术研究开发的经费占销售额5%以上。

第十六条　引导基金不得用于从事贷款或股票、期货、房地产、基金、企业债券、金融衍生品等投资以及用于赞助、捐赠等支出和对创投以外的企业担保。闲置资金只能存放银行或购买国债。

第四章　投资管理

第十七条　引导基金投资主要采用阶段参股和跟进投资等方式。

第十八条　阶段参股是指引导基金向创投基金或创业投资企业进行股权投资,并在约定的期限内退出。主要支持与社会资本共同发起设立新的创投基金或创业投资企业。设立的创业投资企业必须在浙江注册。

第十九条　引导基金的参股比例最高不超过创业投资企业实收资本(或出资额)的25%,且不能成为第一大股东。

第二十条　参股创业投资企业的资金规模最低为1亿元人民币,引导基金参股期限一般不超过5年。

第二十一条　引导基金参股的创业投资企业进行投资时应当遵循下列原则:

(一)投资对象原则上应当是在浙江省范围内注册设立的创业企业,投资浙江省范围内企业的资金不低于80%;

(二)投资对象仅限于未上市企业。但所投资的未上市企业上市后,创业投资企业所持股份的未转让部分及其配售部分不在此限;

(三)投资对象应以处于初创期企业为主,投资初创期企业的投资额比例不得低于全部投资额30%,并逐步达到50%以上;

(四)为保证资金流动性和分散风险,对单个创业企业的累计投资不得超过创业投资企业自身注册资金的20%;

(五)投资对象不属于合伙或有限合伙企业;

(六)不得投资于其他创业投资企业;

(七)原则上不得控股被投资企业。

第二十二条　引导基金管理公司应监督所投资的创业投资企业按规定的投资方向、投资比例进行投资运作,但不参与该创业投资企业的日常经营和管理。

第二十三条　引导基金参股创业投资企业稳定运营以后,可在适当时机将股份通过下列途径完成退出:将股权优先转让给其他股东;公开转让股权;参股创业投资企业到期后清算退出。

第二十四条　参股创业投资企业应当在《投资合作协议》和《企业章程》中明确下列事项:

(一)在有受让方的情况下,引导基金可以随时退出;

(二)参股创业投资企业的其他股东不先于引导基金退出;

(三)参股创业投资企业未按规定向初创期企业投资的,引导基金有权退出。

第二十五条　参股创业投资企业其他股东自引导基金投入后3年内购买引导基金在参股创业投资企业中的股权,转让价格按不低于引导基金原始投资额确定;超过3年的,转让价格按不低于引导基金原始投资额与按照转让时中国人民银行公布的同期贷款基准利率计算的收益之和确定。参股创业投资企业其他股东之外的投资者购买引导基金在参股创业投资企业中的股权,按上述确定转让价格的原则,以公开方式进行转让。

第二十六条　经专家评审通过的阶段参股项目,应在有关媒体上公示1周。对公示中发现问题的项目,引导基金不得投资。

第二十七条　跟进投资是指对创业投资企业选定投资的创业企业,引导基金与创业投资企业共同投资的投资行为。

第二十八条　跟进投资仅限于当创业投资企业投资初创期企业或需要政府重点扶持和鼓励的高新技术等产业领域的创业企业时,引导基金可以按适当股权比例向该创业企业投资。跟进投资项目应在浙江省境内。

第二十九条 被跟进创业投资企业须按《创业投资企业管理暂行办法》的有关规定经过备案，并以现金方式对创业企业进行投资。

第三十条 对拟跟进投资的项目，引导基金管理公司应对以下内容进行审查：

（一）被投资企业法人营业执照复印件；

（二）被投资企业章程；

（三）上年度被投资企业的会计报表和审计报告（新设立的企业除外）；

（四）被投资企业的资产评估报告（新设立的企业除外）；

（五）创业投资企业已批准投资的决策文件副本；

（六）创业投资企业编制的《投资建议书》或《可行性研究报告》；

（七）创业投资企业与被投资企业或其股东签订的《投资意向书》。

第三十一条 对于符合条件的跟进投资项目，引导基金在确认创业投资企业已全额出资后，按双方协议要求办理跟进投资的出资手续。

第三十二条 引导基金按创业投资企业实际投资额30%以下的比例跟进投资，出资方式为现金出资，投资价格与被跟进创业投资企业的投资价格相同，单个项目原则上不超过500万元人民币。

第三十三条 引导基金对单个企业只进行一次跟进投资。

第三十四条 引导基金跟进投资形成的股权可委托共同投资的创业投资企业管理。采用股权托管的，应当由受托管机构与被跟进投资的创业投资企业签订《股权托管协议》，明确双方的权利、责任、义务、股权退出的条件或时间等。

第三十五条 引导基金采用跟进投资方式形成的股权一般在5年内退出。共同投资的创业投资机构不得先于引导基金退出其被投资企业的股权。

第三十六条 被跟进创业投资企业、创业企业其他股东购买引导基金跟进投资形成的股权，转让价格可以按不低于引导基金原始投资额与按照转让时中国人民银行公布的同期贷款基准利率计算的收益之和确定。同等条件下被跟进创业投资企业有优先受让权。被跟进创业投资企业、创业企业其他股东之外的其他投资者购买引导基金跟进投资形成的股权，按上述确定转让价格的原则，以公开方式进行转让。

第三十七条 参股的创业投资企业或跟进投资企业发生清算时，按照法律程序清偿债权人的债权后，按照事先约定，股东共有的剩余财产首先清偿引导基金。

第五章 监督管理

第三十八条 引导基金管理公司于每季度末向管委会报送引导基金投资运作、资金使用等情况；及时报告运作过程中的重大事件，并于每个会计年度结束后的4个月内提交经注册会计师审计的年度会计报表。

第三十九条 由监事会对基金管理机构履行职责情况进行日常监督，并委托社会中介机构对引导基金运作情况进行审计。

第四十条 实行绩效考核制度。由管委会办公室负责定期对引导基金有关政策目标、政策效果及其投资情况进行绩效评估，对引导基金管理公司进行年度业绩考核，考评结果作为对引导基金管理公司进行奖惩的依据。

关于促进小额贷款公司健康发展的若干意见

为了贯彻落实十七届三中全会关于大力发展小额信贷组织和《国务院办公厅关于当前金融促进经济发展的若干意见》(国办发〔2008〕126号)精神,进一步支持小额贷款公司服务"三农"和小企业发展,提高小额贷款公司防范风险能力,引导小额贷款公司合法经营、规范发展,经省政府同意,现就促进小额贷款公司健康发展提出以下意见:

一、明确小额贷款公司的定位

小额贷款公司是以服务"三农"和小企业为宗旨,从事小额放贷和融资活动的新型农村金融组织。各地政府、各有关部门在小额贷款公司办理工商登记、税收征缴、土地房产抵押及动产和其他权利抵押、财务监督等相关事务时,应参照银行业金融机构对待。小额贷款公司在开展与小额贷款活动相关的同业合作、向银行业金融机构融资等金融活动时,应给予积极支持。小额贷款公司按规定执行《金融企业财务规则》(财政部令第42号)、《金融企业呆账核销管理办法(2008修订版)》(财金〔2008〕28号)、《银行抵债资产管理办法》(财金〔2005〕53号)等金融业财务管理制度。

二、坚持服务"三农"和小企业的方向

在坚持"小额、分散"的原则,确保小额贷款公司服务"三农"和小企业试点方向不变的前提下,根据我省县域经济的发展水平和农村小额贷款的实际需求,适度调整《浙江省小额贷款公司试点暂行管理办法》关于单户小额贷款额度的规定,原则上小额贷款公司贷款余额的70%应用于单户贷款余额100万元以下的小额贷款及种植业、养殖业等纯农业贷款,其余部分单户贷款余额最高不超过资本净额的5%。

三、加大政策扶持力度

为了促进小额贷款公司健康发展,各地政府要加大对小额贷款公司的政策扶持力度,并与其支持"三农"和小企业贡献大小、合规经营、规范发展的年度考评情况挂钩。对服务"三农"和小企业贡献突出、考评优秀的小额贷款公司,其缴纳的所得税地方留成部分和营业税,3年内可由同级财政予以全额补助。对纳税确有困难的小额贷款公司,地方政府对有权限的税费,经批准后予以减免。对服务"三农"和小企业成效显著、考评优秀的小额贷款公司,省政府将给予表彰奖励。对从事非法集资、变相非法吸收公众存款的小额贷款公司,有关政府和部门可实行"一票否决制",并依法严肃处理。省金融办会同省财政厅、省工商局、人行杭州中心支行、浙江银监局等部门制定小额贷款公司年度考核评价办法,对全省小额贷款公司实施年度考评工作。各市、县(市、区)政府要制定适合本地实际的扶持政策,根据小额贷款公司年度考评情况,具体确定补助额度,实施财政扶持措施。

四、防范不良贷款风险

小额贷款公司从事的小企业贷款、涉农贷款业务，有效抵押物较为缺乏，风险相对较大。小额贷款公司要防止片面追求短期利益，提高风险防范意识，小企业贷款和涉农贷款应税前全额计提拨备损失准备金，并参照农村合作金融机构的标准计提呆账准备金。县级政府要参照我省小额贷款风险补偿办法的精神，结合全省小额贷款公司年度考核评价工作情况和当地实际，确定补偿比例，实施补偿措施。补偿范围包括涉农贷款、弱势群体的创业贷款和其他领域的小额贷款，补偿比例可掌握在以上范围贷款余额的0.5%左右。省级财政要根据全省小额贷款公司年度考评结果和各地补偿情况，通过转移支付的方式给予县级财政适当补助。

五、拓宽贷款资金渠道

对融资需求旺盛、民间利率偏高的县(市、区)，试点的小额贷款公司服务“三农”和小企业成效显著、内控制度健全的，可允许其提前半年按规定程序实施增资扩股。要严格把关股东资格和资金来源，主发起人的资产负债率应低于70%，其他发起人的资产负债率应低于75%，单次增资最高额度应低于原注册资本的1倍。信誉良好、牵头作用突出的主发起人的股份可增持至30%。鼓励经营管理层适度持股，并不断完善激励约束机制。

银行业金融机构要支持小额贷款公司发展，把其作为服务“三农”和小企业的有益补充。小额贷款公司可按规定从不超过两家银行业金融机构融入低于资本净额50%的资金，利率原则上以同期“上海银行间同业拆放利率”为基准加点确定，具体利率和期限由双方自主协商。银行业金融机构要为小额贷款公司开辟融资绿色通道，简化审批流程，提高审批效率，加快授信贷款投放进度。

六、适度放宽经营范围

坚持审慎有序、风险可控的原则，适度开展小额贷款公司新业务试点。对稳健运行一个年度考核评价达标，内控制度健全、法人治理严谨、不良贷款比例低于1%、小额贷款比例达到规定要求的优秀小额贷款公司，报经省小额贷款公司试点联席会议批准，可开展票据贴现、资产转让等新业务试点，具体办法由省小额贷款公司试点联席会议制定。

七、提供业务指导和服务

为进一步满足小额贷款公司的共性需求，提供优良服务，省里组建省小额贷款公司协会。小额贷款公司协会要宣传国家和我省有关金融改革发展的方针政策，反映试点过程中的新情况、新问题，加强信息交流，开展业务培训，总结推广创新经验，合作开发系统软件。省小额贷款公司试点联席会议要加强对协会工作的指导，促进其有效开展工作。银行业金融机构要主动加强与小额贷款公司的合作，积极为小额贷款公司提供信息管理系统建设、业务流程设计、产品开发、资金结算、人员培训等方面的支持。要尽快开通征信系统，抓紧解决小额贷款公司接入人民银行征信系统通道的技术和身份认证问题。

八、加强对试点工作的领导

县级政府要加强对小额贷款公司试点工作的领导，明确专门的工作部门，认真落实省政府关于促进小额贷款公司健康发展的政策措施，研究制定当地支持小额贷款公司发展的扶持政策。对“三农”和小企业贷款需求较大、民营经济比较发达、民间融资活跃、试点工作搞得好、扶持政策力度大的县(市、区)要求组建小额贷款公司，县级政府在承担风险处置责任的前提下，可向省小额贷款公司试点联席会议办公室提出申请,并在市级政府备案,经省政府批准后,可增加1家小额贷款公司试点名额,并按规定程序申报设立。

开展小额贷款公司试点工作,对落实省委、省政府“保稳促调”战略,缓解“三农”和小企业融资难的问题,扩大就业,改善民生,具有重要的现实意义。各级政府、各有关部门要高度重视,积极支持,认真落实有关扶持政策,确保试点工作顺利进行,促进我省小额贷款公司健康、可持续发展。

关于搞活流通扩大消费的实施意见

为贯彻落实《国务院办公厅关于搞活流通扩大消费的意见》(国办发〔2008〕134 号,以下简称《意见》)精神,结合我省实际,经省政府同意,现就搞活流通、扩大消费提出如下实施意见:

一、健全农村流通网络,进一步开拓农村市场

(一)深入推进“千镇连锁超市万村放心店”工程。结合农村社区建设,支持村集体和个人建设连锁经营网点,进一步扩大农村连锁网点覆盖面。引导连锁超市和放心店规范标志标识,完善经营管理,提高服务水平。鼓励多形式发展农村商品配送中心,将农村商品配送中心纳入城乡基础设施建设范围。依托农村客运班线发展小件快运网络,提高农村商品配送的便利性。引导连锁企业增加商品统一配送种类,提高农村商品特别是食品的统一配送率。推进“千镇连锁超市万村放心店”网络与供销、邮政、电信等网络的结合,支持音像、医药、图书等商品通过连锁超市和放心店渠道下乡。加大对“千镇连锁超市万村放心店”连锁龙头企业培育力度。

(二)加快现代农产品流通网络建设。大力改造提升农产品批发市场,支持市场冷链系统、检验检测系统、安全可追溯系统和产销信息发布系统建设;省重点培育的 20 家省级大型农产品批发市场和 20 家省级大型农产品流通企业,可享受农业龙头企业的相关政策。积极推动农产品产销对接,支持大型连锁超市、农产品流通企业与农产品专业合作社建立直接采购基地,发展订单农业,培育自有品牌。商务、农业、工商等部门应积极研究制订农产品购销组织和经纪人的扶持政策。完善农产品物流体系,加快农产品配送中心和冷链物流建设。在农产品流通领域大力推广电子商务等现代流通方式,提高农产品流通效率。

(三)完善农业生产资料流通体系。大力培育和发展农资连锁经营龙头企业,加快推进农资连锁经营,完善农资现代配送网络,减少流通环节,降低流通成本,减轻农民负担。推进农机下乡,鼓励和引导农资连锁经营企业开展农机具租赁、技术咨询等多样化服务,完善农机推广服务体系。

(四)全面实施家电下乡。加强对家电下乡中标生产企业、流通企业及其销售网点的指导和监督,加强对农村家电市场的监管,严厉打击借家电下乡名义销售假冒伪劣产品行为。鼓励家电下乡中标流通企业与农村连锁网点开展合作,经家电下乡中标流通企业授权后,农村连锁网点可直接到当地工商部门增加家电销售的经营范围。各地要加强对家电下乡工作的领导,建立相应的工作机构,制定工作方案,强化工作责任。有条件的地方在做好家电下乡工作的基础上,可研究出台推动其他工业品下乡的相关政策,有关政策应及时报省级有关部门备案。

二、完善城市消费服务体系,全面提高消费水平

(五)完善城乡商业网点布局。加快出台城乡商业网点布局规划管理办法,依法做好城乡商业网点布局规划的制定、执行和调整工作。新建小区、改造旧城区、工矿院校生活区和农村居民集住区均应建设商业服务网点。经确定的社区商业、农贸市场用房用地以及作为小区公益性资产的便民网

点,不得挪作他用。积极试行大型网点建设听证会制度。鼓励发展商业特色街和商业街区,加强街(区)的规划和功能布局,优先引进品牌企业入驻,打造若干个居民生活服务业集聚区。不断完善商贸业态分布,有序引导购物中心、大型超市、专卖店、便利店等零售业态发展,积极鼓励有条件的工业消费品零售市场进行商场化改造,培育一批有特色、有品牌、有发展潜力、吸纳就业人员多的中小流通企业,构建多层次、多元化的消费服务网络。

(六)加快发展社区商贸服务业。完善社区商业便民服务体系,加大对省级社区商贸服务示范企业的培育力度,鼓励企业运用连锁经营等方式,到城市社区设立超市、便利店、"菜篮子"专营店、家政服务等各类便民服务网点,方便群众生活。各级政府要积极推进居民生活服务平台建设,鼓励大中城市依托品牌企业建设居民生活服务平台;加大对菜市场改造的扶持力度,加快菜市场提档升级步伐,设区的市要实施标准化菜市场示范工程,对菜市场硬件设施和检测设备进行改造,各县(市)也要逐步推进菜市场的改造提升。

(七)大力发展餐饮业。大力培育"浙菜"品牌,支持品牌餐饮企业做强做大。充分挖掘我省地方餐饮特色和文化资源,大力发展主题宴席和地方特色小吃,促进中式正餐发展。深入实施"放心早餐"工程,鼓励餐饮龙头企业在大中城市发展主食加工配送中心,推进早餐、主食配送经营标准化、规范化和规模化;支持早餐企业发展"集中生产、统一配送、连锁经营"的早餐门店、早餐亭(车),为居民提供价廉物美、方便卫生的早餐服务。大力发展餐饮夜市,对现有餐饮夜市的经营环境、卫生设施进行改造提升。对早餐和夜市的经营网点和车辆停靠,各地城市管理和公安交通管理部门要予以大力支持。

(八)有效促进汽车消费。打破汽车销售市场分割,清理阻碍汽车消费的相关政策法规,进一步搞活汽车流通。培育汽车经销龙头企业,鼓励汽车经销企业拓展省内外市场。汽车总经销商、品牌经销商设立从事汽车品牌销售的非法人分支机构,可持汽车供应商对其授权和同意设立的书面材料,到当地工商部门办理登记。鼓励汽车信贷消费,对贷款购车,金融机构应积极给予利率下浮支持。支持二手车市场改造升级,建立二手车信息平台,促进二手车流通。各级商贸主管部门应牵头会同公安、工商、税务等部门,研究制定有利于二手车交易的政策措施。结合汽车、摩托车下乡工作,开展"以旧换新"业务。积极争取国家汽车报废更新资金扶持,认真落实扩大补贴范围、提高补贴标准、加速淘汰"黄标车"等要求;各地可视财力可能,给予相应的配套支持。积极发展汽车修理等售后服务,支持汽车快修服务进社区。支持报废汽车回收拆解企业改造升级,提高回收的水平。

(九)促进城市消费升级换代。促进消费结构升级,拓展电子信息、通信产品、教育培训、家政服务、文化娱乐、体育健身、休闲旅游等消费。引导企业积极调整产品结构,开发适销对路的商品和服务。不断完善旧货流通网络,鼓励零售企业会同生产厂家开展"收旧售新"、"以旧换新"等业务。鼓励设立旧货收购点、慈善捐助站和旧货交易市场,满足低收入家庭和贫困群体消费需要。加强再生资源回收体系建设,培育一批再生资源回收龙头企业,支持龙头企业通过连锁经营等形式,新建和改造一批统一规范的废旧物资回收站点、专业化分拣中心和集散市场,形成以社区回收站点为基础、集散市场为依托、龙头企业为骨干的"三位一体"再生资源回收网络。

三、支持促销和举办会展,扩大工业品销售

(十)支持开展促销和举办会展。支持商贸企业通过各类节庆、品牌推介、新品上市、换季清仓和特定主题活动开展促销,挖掘消费潜力。各地要加大对促销活动的支持力度,帮助做好促销活动的安全保障工作;简化户外促销宣传广告的审批手续;在不影响整体交通的前提下,临时增加车辆停放场所。加强促销商品价格标识监管,提高消费者对促销活动的信任度,扩大促销效果。鼓励"走出去"参展和促销,对企业到国(境)外、省外参加展会和开展促销活动的,省级有关部门要积极支持并

做好协调工作;对企业前往农村地区、边远山区开展促销和展销,有条件的地区可给予一定资金支持。继续办好“杭州西湖博览会”、“中国国际消费品博览会”、“中国义乌国际小商品博览会”、“中华老字号精品博览会”等一批知名展会,培育品牌会展,带动相关的住宿、餐饮、交通、通信等消费。

(十一)进一步扩大工业品销售。鼓励工业企业利用品牌等资源,建设连锁专卖网络,延伸销售终端,扩大产品销售。推进我省工业品与省内品牌商贸企业对接,落实相关政策,支持一批消费者认可程度较高、质量好的品牌产品进入大型百货店、大卖场等中高档零售企业,推动浙江产品分销由批发市场等销售渠道进一步向百货专柜、连锁采购和专卖店等渠道拓展。

四、提高流通业发展水平,增强流通产业竞争力

(十二)培育大型流通企业集团。各地、各有关部门要高度重视大型流通企业培育工作,采取有效措施,促进流通企业做强做大。对流通企业通过股权置换、资产收购、兼并重组等方式扩大经营规模的,在上市融资、资金补助、用地安排、市场准入和税费减免等方面予以支持。加大对省重点流通企业政策支持力度,尽快形成若干家具有我省自主品牌和较强竞争力的大型流通企业集团,全面提升流通企业竞争力。

(十三)实施流通领域品牌战略。促进流通产业走品牌发展之路,商贸企业使用的商标、商号享有与工业企业品牌同样的参评资格,对商贸企业获得中国驰名商标、“中华老字号”等国家级品牌称号的,给予一定奖励。加大对流通企业商标、商号等知识产权的保护力度。大力振兴老字号,积极开展“浙江老字号”认定,认真做好老字号的保护和发展工作。组织企业参与金鼎百货、钻级酒家等国家层面的等级评定,开展省级商贸服务品牌认定。开展“名品进名店”、“品牌产品下乡”等活动,培育猪肉和农副产品品牌,提高品牌流通企业影响力。

(十四)大力发展现代流通方式。加大对连锁经营的政策支持力度,进一步提高连锁经营销售额在社会消费品零售总额中的比重。促进连锁企业形成统一规范管理、批量集中采购和及时快速配货的经营优势,降低企业经营成本和销售价格,让利于消费者,提升竞争力。支持零售企业建立网上销售平台,拓宽消费者购物渠道;推进电子商务进社区,对社区商贸服务网点开展电子商务的宽带费用按个人用户标准执行;加快发展网上购物,重点培育若干个网上购物平台;继续发挥行业网站优势,深入实施“万企电子商务推进工程”,提升电子商务应用水平。逐步完善物流配送体系,健全城乡物流配送网络,加快商贸企业配送中心建设,培育第三方物流企业,提高物流配送效率。

(十五)改造提升商品交易市场。采取有效措施,促进商品交易市场做强做大,充分发挥商品交易市场销售我省产品、拉动消费的作用。进一步加大对省重点市场的政策支持力度,发展一批业态先进、集散功能强的消费品批发市场和产业支撑带动作用大的生产资料市场。引导市场举办者加快市场基础设施的更新改造,围绕创新流通业态、提高流通效率、改善交易环境,加快配套设施建设,扩展市场功能,提升档次。按照发展现代流通的要求,大胆探索市场交易方式的创新,积极推广电子商务、展示订货、合同交易、拍卖等新型交易方式。积极鼓励商品交易市场借助现代信息技术和电子商务模式进行改造提升,加快促进传统市场向现代流通业态转型升级,实现有形市场与无形市场的有机融合。进一步理顺商品交易市场管理体制。

五、加强市场监测和应急管理,维护市场稳定

(十六)加强市场监测和应急调控能力。各地要重视和加强市场运行监测体系的建设,进一步完善监测制度,优化样本结构,扩大监测范围,加强对生活必需品、重要生产资料和重点流通企业的监测。重点跟踪粮、油、肉、蛋、菜和成品油、钢材、水泥、棉花、化肥等商品的市场供求和价格情况,强化对重要生活必需品和生产资料的供求趋势及价格走势的预测。全面、及时、准确反映全省市场运行

状况,提高预测预警水平,增强应急调控能力。

(十七)健全居民生活必需品储备机制。抓紧充实地方粮油储备规模,优化储备粮品种结构。完善应急管理工作体系、重要物资储备体系和市场风险资金保障体系,健全重点调控商品应急响应企业联系制度,依托网络平台建立应急资源动态数据库,规范应急采购、调用和补偿工作程序。加强“菜篮子”商品供应的组织协调,以猪肉为重点,完善应急预案和调控体系,建立保障供给长效机制,确保生猪生产和市场供应稳定。探索建立商业代储制度,引导和鼓励企业保持适当库存水平。加快储备糖库和储备肉冷库建设,增加生活必须品储备品种和数量,提高商品储备水平。

六、规范市场秩序,切实改善消费环境

(十八)强化流通领域食品安全监管。加大食品安全监管体系建设的投入力度,完善流通领域市场信息系统和监管服务平台,加强对流通企业食品质量安全责任的监督。建立从鲜活农产品生产基地到超市的冷链系统、物流配送系统和快速检测系统,保证产品质量和安全。认真贯彻落实国务院《生猪屠宰管理条例》,严格落实生猪宰前瘦肉精检测制度,进一步规范屠宰加工行为,加快监管体系建设。实施《浙江省生猪定点屠宰厂(场)设置规划》,推动生猪屠宰行业布局优化和企业升级改造。规范酒类商品流通秩序,强化酒类流通企业备案登记和随附单溯源制度管理。

(十九)建立统一开放有序的市场体系。加快商贸流通领域法规体系建设,打破地区封锁、条块分割和行业垄断等行为,保障商品自由流通。进一步规范零售商、供应商关系和零售商促销行为,维护公平竞争秩序。严禁各地对外资商业实施超国民待遇,切实营造内外资相同的政策环境。积极推动市场秩序及诚信体系建设,加大对商贸信用信息平台项目的资金投入,完善商务举报投诉服务体系。加强商贸领域综合行政执法,严厉打击销售假冒伪劣商品、商业欺诈等各类违法违规行为,维护良好的市场秩序和交易环境,提振消费信心。

七、加大政策支持力度,促进流通业又好又快发展

(二十)给予金融支持。推动金融机构产品和服务方式创新,加大对商贸流通企业融资支持力度。金融机构要根据商贸流通企业特点,制定差别化的授信条件,创新担保方式,通过动产、应收账款、仓单质押等方式,解决商贸企业贷款担保问题。支持国内贸易信用保险业务发展,建立信用风险分担机制,缓解企业资金周转压力。加强银商合作,完善银行卡刷卡的配套支持政策,扩大银行卡使用范围,鼓励商贸领域特别是农村连锁网点采用银行卡结算,方便消费者使用银行卡支付,提升电子结算水平;规范电子消费卡管理,支持有条件的零售企业与银行机构合作,发行银企联名卡,提高金融服务效率。

(二十一)给予税收支持。对省重点流通企业和农产品流通企业,按规定纳税确有困难的,经地税部门批准,可减免房产税、城镇土地使用税、水利建设专项资金。对省级以上老字号企业,在创新发展阶段,由于投入大、费用高,发生亏损的,报经地税部门批准,可减免房产税、城镇土地使用税和水利建设专项资金。对商贸企业购置并实际使用国家规定的环境保护、节能节水、安全生产等专用设备的投资额,可按一定比例实行企业所得税税额抵免。对省内跨设区市经营的连锁企业,凡由总部全资或控股开设直营门店,在总部领导下统一经营、与总部微机联网并由总部实行统一采购配送、统一核算、统一规范化管理和经营,报经省国税部门批准,可由总部向其所在地税务机关统一申报缴纳增值税。对连锁企业省内跨市、县设立的不具有法人资格的直营门店,由总部汇总计算并缴纳企业所得税;连锁企业统一计算的当期预缴企业所得税税额,按省内跨市、县经营总分机构预缴企业所得税的有关规定执行。对纳税确有困难的新办连锁经营超市,经地税部门批准,自新办之日起一至三年内,可免征房产税、城镇土地使用税和水利建设专项资金。对单位和个人举办各种展览向参展

者收取各项价款,按"服务业——代理业"差额征收营业税。

(二十二)给予用地、用电和用水支持。对连锁企业和农产品配送中心的建设用地指标,各地要予以重点保障。对各级商贸主管部门确定的重要商贸企业租赁经营场所,各级电力部门应根据承租户的申请,免费进行装表到户的改造并承担由此带来的线损,逐户签订供用电合同,逐户进行电费结算和发票开具。对村及村以下连锁门店使用农村综合变压器供电的,在架设线路、安装电表、保证供电等方面给予支持。全面落实工商企业用电、用水同价政策,切实减轻企业负担。

(二十三)简化证照办理程序。连锁经营企业设立全资或控股的配送中心和门店,可持总部出具的文件,直接到所设机构所在地工商部门申请登记注册,免予办理工商登记核转手续。连锁经营企业经营药品、书籍、报刊、音像制品,代售邮票、信封、明信片、电话卡,代办公用电话等业务,可由总部向审批机关申请办理有关批准文件(或许可证);总部取得批准文件(或许可证)后,门店不需再办理相应批准文件(或许可证),可由总部(或委托门店)持加盖总部印章的批准文件(或许可证)复印件,向门店所在地有关部门备案,并由门店向所在地工商部门办理相关登记即可。连锁经营企业及其所属门店经营卷烟零售业务,零售许可证由连锁企业总部及其所属门店向其所在地的烟草专卖行政主管部门申请办理,许可证办理可适当放宽现有数量和间距限制。农村连锁龙头企业所属门店经营卷烟,其连锁企业总部和所属门店在同一县级行政区域内的,可由连锁企业总部向其所在地烟草公司订货、结算,由连锁企业总部凭烟草公司随货同行的有效配送单送货到各所属连锁门店。

(二十四)降低流通成本。整顿和规范银行卡收费秩序,引导商业银行加强对银行卡刷卡收费管理,降低商贸企业刷卡收费标准,对省重点流通企业实行刷卡手续费封顶机制。减免农产品运销环节收费,对鲜活农产品长期实行绿色通道政策。各有关部门要严格收费管理,规范收费制度,公开收费标准,严禁向企业乱摊派、乱收费。

(二十五)加大财政支持力度。整合专项资金,调整支持重点,扶持商贸流通业发展。2009年,省财政进一步加大对现代流通业、农村流通体系的支持力度,今后视财力可能,在整合现有支持商贸流通业相关专项资金的基础上,进一步加大支持力度,促进我省商贸流通业又好又快发展。

(二十六)加强对流通工作的领导。各级政府和有关部门要进一步统一思想,提高认识,从战略和全局的高度加强对流通工作的领导,采取有效措施予以推进。进一步理顺流通领域管理体制,加强管理队伍建设,调整和充实基层商贸流通管理力量,提高管理和服务水平。各级商贸主管部门要切实履行职责,做好牵头、协调和指导等工作,各有关部门要结合自身职责,加大支持力度,抓好现有政策的贯彻和执行,并针对当前出现的新情况、新问题,研究制定相应的政策,形成流通业发展合力,进一步搞活流通,促进消费,切实增强消费对经济增长的拉动作用。

关于当前稳定农业发展促进农民增收的若干意见

当前,各地正在积极应对国际金融危机影响,努力促进经济平稳较快发展和社会稳定,在这样的形势下,稳定农业这一基础,促进农民增收显得尤为重要。为了认真贯彻《国务院关于当前稳定农业发展促进农民增收的意见》(国发〔2009〕25号)精神,结合我省实际,现提出以下意见:

一、切实抓好当前农业生产

(一)切实抓好粮食等农作物生产。认真落实和深入宣传各级粮食生产扶持政策,引导农民多种晚稻。组织基层干部和农技人员深入生产一线,指导农民抓好田间管理,大力推广测土配方施肥、病虫统防统治等节本增效技术,深入推进粮食高产创建活动,努力实现粮食扩面增产。积极推进秋冬季农业综合开发,发展多种经营。同时,要抓好蔬菜、果品、茶叶、食用菌、竹笋、中药材、蚕桑、花卉苗木等主要农作物生产,努力夺取农业丰收。

(二)大力发展现代畜牧业。深入实施畜牧业"西进东扩"发展战略,稳定生猪生产,发展特色养殖,优化畜牧业区域布局与产业结构。按照农牧结合、资源循环、养殖健康、节约高效的要求,推进畜禽规模养殖场和生态养殖小区建设。各地要将畜禽规模场、养殖小区建设纳入新一轮土地利用总体规划,统筹落实畜牧业生产用地。省财政继续安排专项资金扶持标准化、生态化畜禽养殖场和养殖小区建设,支持温丽台地区和山区、海岛发展特色畜牧业。

(三)积极发展生态林业和生态渔业。大力推进"山上浙江"建设,实施浙江省现代农业——竹(干果、油茶)产业生产发展项目,加快发展高效生态林业。以生态、安全、优质、高效为目标,实施"生态强渔富民行动计划"和"渔业资源保护和增殖行动计划",提升水产品品质。推进水产养殖塘标准化建设,加快发展设施渔业。支持发展浅海养殖和稻田养鱼等生态特色养殖。

二、抓紧实施农产品品质提升工程

(一)抓紧制订农产品品质提升规划。各地要认真分析现有农业主导产业,明确发展定位。对有比较优势的产品,要抓紧研究制订品质提升规划和品种、品质、种养技术、加工等提升措施。认真落实柑桔、油茶等品质提升的政策。

(二)深入实施种子种苗工程。组织开展主要农产品良种应用情况调查,推出一批良种目录,并组织好种子种苗供应。继续支持引进、推广、选育优良品种,抓好地方特色优良品种保护和开发利用。以果品、蔬菜、茶叶、食用菌、畜禽、花卉、林木、水产养殖等为重点,深入实施种子种苗工程,提高优良品种覆盖率。省财政继续安排专项资金,重点用于主导产业优良品种的引进、繁育、推广。

(三)强化科技支撑。进一步推进科技特派员制度建设。围绕做大农业高科技产业和做强传统农业主导产业,创建一批产学研结合的科技创新团队,加快实施农业科技重大专项,加速科技成果转化与应用。大力推广农牧结合、"千斤粮万元钱"、"稻鱼共生"等新型种养模式,努力扩大应用面。强化农技推广责任制度建设,扎实推进基层农技推广、动植物防疫、农产品质量安全监管队伍"三位一体"试点工作,进一步完善农业公共服务体系。

(四)提升农业设施装备水平。各地要进一步加大扶持力度,充分利用低丘缓坡、滩涂以及地力难以提升的标准农田发展设施农业，提高土地产出率。支持引进国外先进设施、实用技术和管理经验，以水果、蔬菜、茶叶、食用菌、花卉、畜禽和水产养殖等为重点，加快推进省级国际先进农业技术实验园建设。推广应用节水灌溉技术，深入实施“百万亩喷微灌工程”。加快开展以竹林为主的山地设施林业建设步伐。实施百万亩生态型水产养殖塘标准化建设工程，推广生态养殖、生态修复技术，逐步将相关设施装备纳入农机购置补贴范围。

（五）积极培育优质农产品品牌。抓紧制定实施新一轮特色优势农产品区域布局规划，集中力量建设一批特色优势产业强县强镇（乡）。通过建设示范区、加强宣传引导和技术指导等途径，加快推进标准化生产，扩大无公害农产品、绿色食品、有机食品生产。整合农产品品牌资源，加强品牌培育、宣传和营销，形成优质优价的导向机制。

三、切实加强农产品营销工作

（一）抓好主要农产品收购。认真落实国家稻谷最低收购价、油菜籽托市和入市收购等政策，有关部门要加强监管，防止发生压级压价等损害农民利益的行为。及时做好订单粮食的收储和奖励政策兑现工作。认真落实食用油储备规模，地方国有粮食购销企业直接入市收购油菜籽的，收购价格不得低于国家规定的托市收购价格。鼓励千镇连锁超市开展农产品收购服务。建立多元化的蚕茧收购体制，完善产销一体化的经营机制。

（二）加强农产品市场预警和调控。加强农产品产销动态和价格信息监测，及时发布预警信息。继续实施奶粉临时收储政策，适度扩大国产奶粉收储规模，国家原料奶收购贷款财政贴息政策实施期限延长至2009年12月底。各地要采取有效措施，积极引导和支持牛奶加工企业收购原料奶，防止发生“倒奶杀牛”现象。

（三）积极开拓农产品市场。加快培育以经纪人为主的农产品购销网络，鼓励经纪人组建大型农产品流通企业，鼓励发展农产品物流配送、连锁经营，多渠道促进农产品销售。城市农贸市场要专门开辟农民专业合作社直销窗口，以优惠价格提供给农民专业合作社经营。推进鲜活农产品“超市＋基地”的供应链模式，引导大型连锁超市直接与鲜活农产品产地农民专业合作社和大户对接。组织开展形式多样的产销对接活动，深入开展农民信箱“每日一助”活动，积极探索农产品电子商务销售模式。继续办好省农博会、浙江名特优农产品上海展销会、森林产品博览会和农民信箱“网上农博会”等展会，支持重点外向型企业参加境外食品展示展销活动，拓展农产品市场。2009年，对参加境外农产品展览和专场推介活动的，摊位费、公共布展费继续给予70%的财政补助，其中对省商务厅组织的重点展会摊位费给予全额资助，对参展人员经费按不同参展地域给予适当补助。

（四）优化农产品营销环境。加强农产品市场建设，对国家开展的“双百市场工程”，要制定配套政策并加大支持力度，重点培育我省20家大型农产品批发市场、20家大型农产品流通企业。进一步优化出口农产品检验检疫、口岸通关程序，继续按照国家政策减免农产品出口检验检疫费，发挥区域检验检疫机构合作机制作用，推进相关农产品出口信息的共享和互认。鼓励农产品出口企业投保出口信用保险，2009年省级外经贸企业支出保费由省外贸出口发展基金给予50%的资助，市县外经贸企业给予10%的资助。及时、规范、客观、公正地向社会发布食品质量检验信息，避免炒作农产品质量个案问题，营造良好的农产品营销环境。

四、努力增加“三农”投入

（一）认真落实支农惠农政策。认真落实粮食生产、农产品基地建设、农民专业合作社、农业产业化、鲜活农产品绿色通道、森林生态效益补偿、燃油补贴等政策。对已经明确的政策性支农资金，要尽早下达到户、到项目。对农业机械、设施农业等，可预下达次年度扶持项目，动员农民群众先投资。继续坚持“多予、少取、放活”的方针,加强涉农负担年度专项考核,对农民负担较重、问题突出、涉及农民负担信访较多的地方实行农民负担综合治理,确保农民负担持续减轻不反弹。同时要落实好医疗、养老、教育等改善民生的相关政策。财政等相关部门要加强督查,确保补贴政策公开透明运行、资金及时兑现到户。

(二)加大金融支持力度。各类金融机构要加大对农业开发、农村基础设施建设、农业科技成果转化和产业化的信贷支持力度,尽可能扩大授信额度,简化审批程序,实施利率优惠。要积极支持农业龙头企业农产品收购、加工和优势农产品出口。在风险可控的前提下,对信用记录好、暂时出现经营或财务困难的农业龙头企业,在贷款展期、续贷和项目贷款宽限期等方面继续给予支持。探索开展农业设施大棚等大型农用生产设备抵押贷款和海域使用权、股权、无形资产质押贷款及农房抵押贷款等抵质押方式创新,扩大农村抵押物范围,拓宽支农融资渠道。各级政府要积极创造条件,全面推行省农信联社开发的“一次授信、循环使用”的丰收小额贷款卡,同时要进一步加强农村信用环境建设,扎实抓好信用户、信用村(社区)、信用乡(镇、街道)的评定工作,夯实丰收小额贷款卡发行基础,扩大“三农”金融服务惠及面。

五、千方百计促进农民创业就业

(一)因地制宜发展“农家乐”等乡村旅游业。坚持发展、规范、提升并举,帮助具备条件的村发展乡村旅游业及相关配套产业,加强从业人员培训,提升经营管理水平。加强精品旅游线路的宣传和推介,并借助旅游、工会渠道,加大与城市社区的对接,引导城市居民到农村休闲度假、消费。允许将收费低于政府定点采购标准的“农家乐”(休闲观光农业园),优先列入政府会议采购定点,引导政府部门把小型会议放到农村去开,鼓励机关干部在出差期间到“农家乐”(休闲观光农业园)住宿。

(二)大力发展来料加工业。加强政策引导和信息对接,大力培育和扶持来料加工经纪人、专业村、重点企业,动员企业将合适的产品或生产环节向家庭扩散和延伸,帮助农民就地就业增收。

(三)切实抓好农村扶贫开发。深入实施“低收入农户奔小康工程”,加大对低收入农户产业开发、培训就业、下山搬迁的扶持力度。认真落实扶贫小额信贷政策,加快推进村级资金互助组织试点。鼓励欠发达地区农民从事来料加工业,拓宽低收入农户就业增收渠道。积极引导农村妇女从事家政服务。深入实施“山海协作工程”,有关单位要加大对结对帮扶地区的产业开发扶持力度,增强“造血”功能,促进欠发达地区跨越式发展。

(四)落实农民就业创业政策。认真贯彻《国务院关于做好当前经济形势下就业工作的通知》(国发〔2009〕4 号)精神,落实和完善促进农民就业的政策,落实城乡企业减负稳岗措施以及下岗失业人员、在岗农民工技能提升培训补贴等政策,促进农民就业。同时,要在贷款、税费减免、工商登记、信息咨询、技术供给、业务辅导等方面支持农民创业。充分开发利用政府、集体掌握的就业资源,农村公共基础设施项目以及集体物业管理,应尽可能多安排当地农民就业。

(五)继续抓好农民培训工作。加大对农民转移就业特别是农民工返乡再就业技能培训的投入,鼓励和支持各类培训机构根据农民意愿,开展订单培训和定向培训,提高农民就业培训的针对性和有效性。

(六)加强农民就业服务。继续抓好信息对接、政策咨询、劳动力交流等一条龙式农民就业服务。办好浙江农民信箱“就业信息专场”,各地要落实责任部门,组织采集企业最新的招聘用工信息,组织动员基层干部进村入户,开展农民就业需求调查。农民就业指导服务部门要定期收集和编辑招聘信息,及时更新信息,确保真实有效;农业部门要组织村级信息员上门为未开通浙江农民信箱的农户提供信息服务,促进农村劳动力供需对接。

六、深入推进农村经营机制创新

(一)积极推进农村土地流转、发展农业规模经营。各地要按照依法、自愿、有偿的原则,认真研究促进土地流转的政策措施,积极引导离乡农民和兼业农户以转包、出租、互换、转让、股份合作等多种形式流转土地。鼓励以土地经营权作价出资组建农民专业合作社。加强土地流转指导、管理和服务,培育土地承包经营权流转市场,完善价格形成机制。加快建设土地承包流转信息平台和纠纷仲裁机构,妥善解决农村土地承包和流转纠纷。认真落实土地流转配套用地政策,促进规模经营。

(二)加快培育新型农业经营主体。引导和支持农业龙头企业抓住有利时机,引进国外先进加工设备,推进农产品加工技术改造。省级农业产业化资金等专项资金要对农产品加工企业进行重点支持。继续推进农民专业合作社的发展、规范化建设与再合作,健全农业社会化服务组织,进一步提高农业生产组织化程度。引导和支持务工返乡农民、大中专毕业生通过土地流转等途径成为新型农业主体。积极引导工商企业、民营资本投资发展农业。

(三)积极推进农业经营机制创新。大力发展农业产业化经营,鼓励和引导农业龙头企业、农民专业合作社参与农产品基地开发,发展"订单农业",加快形成规模化家庭经营与农民专业合作社、农业龙头企业相结合的新型农业经营机制。积极鼓励有条件的农民专业合作社兴办农产品加工和物流企业,特别是要引导农民专业合作社联合兴办农产品加工企业,成为与生产者共担风险、共享利益的服务组织和农业经营者。完善和创新农民专业合作、供销合作、信用合作等"多位一体"合作机制。

(四)深化集体林权制度改革。巩固完善主体改革成果,通过均股均利等方式,进一步落实山林产权。加快推进林权抵押贷款,落实财政贴息政策。开展森林采伐管理改革试点工作,探索建立森林可持续经营管理的新体系。

七、加快推进农村基础设施建设

加快推进"千村示范万村整治"、康庄工程、强塘固房、千万农民饮用水、万里清水河道、标准农田质量提升、农业综合开发、标准渔港、标准鱼塘以及动物防疫工程等农业农村基础设施建设。引导农民科学建房,扩大农村内需,拓宽农民就业增收渠道。结合实施标准农田质量提升工程和农业综合开发土地治理项目,集中力量建设一批连片规模经营、基础设施完善的粮食功能区,稳步提高粮食综合生产能力。继续加强林业生态工程建设,切实抓好村庄绿化、沿海(长江)防护林体系、生物防火林带建设,加强林区作业道特别是竹林道建设,改善林业生态和生产条件。对一些生产上急需、从长远看必须建设的农业农村基础设施等项目,要抓住当前原材料价格较低的有利时机,尽早建设。

八、认真落实农业防灾减灾措施

周密部署防汛防台抗旱工作,科学调度水利工程,确保安全度汛。加强动植物疫病防控工作,完善重大动物疫病、农业生物灾害应急预案以及种子、农药、化肥等储备制度,严密防控重大动植物疫情。加强森林防火工作。抓好渔业安全生产工作,加快建设海洋渔船安全救助信息系统,加强对各类渔船特别是远洋渔船的安全检测和管理。积极推进政策性农业保险和政策性农村住房保险,提高农户抗风险能力。

九、进一步加强组织领导

保障农业稳定发展,促进农民持续增收,事关全省经济社会发展大局,各地、各部门要高度重视,并作为"保增长、抓转型、重民生、促稳定"的一项重要工作来抓,列入各级政府和部门重要议事日程,切实加强组织领导,突出重点领域和关键环节,认真研究促进农业稳定发展和农民增收的政策措施,狠抓责任和工作落实,特别是农民增收困难的欠发达地区更要加大工作力度,千方百计促进农民就业增收,为我省经济社会平稳较快发展夯实基础。

关于加快推进基本公共服务均等化进一步改善民生的若干意见

推进基本公共服务均等化、改善民生是实现科学发展、促进社会和谐,全面建设惠及全省人民的小康社会的基本要求和重要内容。为了进一步完善为民办实事的长效机制,切实解决好人民群众最关心、最直接、最现实的利益问题,根据《中共浙江省委关于全面改善民生促进社会和谐的决定》(浙委〔2008〕38号)精神,现就加快推进基本公共服务均等化、全面改善民生工作,提出如下意见。

一、努力稳定和扩大就业

1. 实施更加积极的就业政策。建立与就业挂钩的企业发展支持政策,鼓励企业吸纳更多的劳动力就业。积极发展就业吸纳能力强的生活性服务业,大力开发公益性就业岗位,充分发挥政府投资和重大项目带动就业的作用,扩大就业容量。高度重视劳动密集型行业和中小企业发展,通过实施优惠政策、加强信贷服务、完善担保制度等方式帮助中小企业解决生产经营困难,防止出现大规模破产倒闭,支持企业采用灵活用工、弹性工时等措施稳定就业岗位,支持困难企业采取在岗培训、轮班工作等办法减少裁员。完善落实鼓励自主创业、自谋职业的政策,降低创业门槛,把小额担保贷款、贷款贴息、职业培训补贴等政策扩大到城乡所有创业人员。2009年,新增城镇就业人员60万人;帮助25万名城镇失业人员实现再就业,其中就业困难人员6万名;城镇登记失业率控制在4%以内。

2. 加大就业培训和就业援助力度。加强城镇劳动力就业培训和在岗培训,开展农村新生劳动力、被征地农民、转移就业农民、转产转业渔民和农民工职业技能培训,提高劳动者就业能力,2009年完成再就业培训15万人、职业技能鉴定60万人、"双证制"培训10万人。完善面向困难群众的就业援助制度,加大援助力度,提高援助实效。健全城镇零就业家庭就业援助长效机制,以创建充分就业社区为载体,建立申报登记、入户调查、动态管理和跟踪服务制度,做到"零就业家庭"发现一户、帮扶一户、解决一户,2009年50%以上的城市社区达到"充分就业社区"标准。进一步加强对低收入农户特别是农村低保家庭的就业帮扶,促进这些家庭有就业能力和就业愿望的劳动力就地就近就业。

3. 加强就业服务和管理。加快城乡统一的人力资源市场建设,进一步规范人力资源市场秩序。加强公共就业服务机构管理,实行职业中介行政许可制度,继续推进市、县公共就业服务场所建设,促进公共就业服务向乡镇、农村延伸。完善失业预警制度,加强对就业和失业状况的动态监测分析。

4. 积极做好高校毕业生和返乡农民工就业工作。加强高校毕业生的就业服务,落实高校毕业生自主创业和个体经营以及面向基层就业的支持政策,鼓励高校毕业生到农村和中小企业工作,引导各类孵化器为高校毕业生提供低成本创业平台。组织开展高校毕业生就业专项服务活动,建立离校未就业高校学生见习制度,实行高校毕业生失业登记制度,强化对困难家庭高校毕业生的就业援助。加强对农民工返乡情况的动态监测,做好返乡农民工的管理服务工作,大力支持农民工返乡创业和投身新农村建设。切实保障返乡农民工土地承包权益,鼓励发展高效生态农业。加强返乡农民工职业技能培训和农村实用技术培训,支持发展家庭工业、农村社区服务业,开展开业指导、项目开发、跟踪扶持等服务，拓宽创业就业门路。

二、健全社会保障体系

5. 完善养老保障制度。全面推进社会保险费“五费合征”，进一步扩大职工基本养老保险覆盖面，逐步做实个人账户，推行基本养老保险省级统筹。2009 年新增企业职工基本养老保险参保人数 60 万，继续提高企业退休人员养老金水平。推进事业单位养老保险制度改革。加强城镇居民养老保险制度建设。积极探索新型农村社会养老保险制度，2009 年在深化试点工作的基础上，提出建立新型农村社会养老保险制度的指导性意见。规范完善被征地农民基本生活保障制度，新增被征地农民实现“先保后征”，保障水平不低于当地城市居民最低生活保障标准。

6. 完善医疗保险制度。进一步扩大城镇职工基本医疗保险覆盖面，逐步将非公有制企业特别是规模以上非公有制企业及其从业人员纳入参保范围，积极推动灵活就业人员参保，2009 年新增城镇职工基本医疗保险参保人数 60 万。大力推进城镇居民基本医疗保险制度建设，积极探索城镇居民基本医疗保险门诊统筹办法，将大学生纳入城镇居民基本医疗保险保障范围，2009 年全省参保率力争达到 85% 以上，参保人数达到 425 万。巩固完善新型农村合作医疗制度，2009 年全省所有县（市、区）人均筹资水平达到 140 元以上，力争所有县（市、区）住院补偿比例达到 35% 以上，门诊补偿比例达到 15% –30%。完善农民健康体检制度，2009 年完成第二轮农民健康体检任务，重点做好 60 岁以上老人、7 岁以下儿童、育龄妇女等重点人群以及高血压、糖尿病、冠心病、恶性肿瘤和精神疾病等重点疾病对象的健康档案建立工作。完善各类医疗保险支付和费用报销政策，创新支付形式，方便群众报销。研究城镇职工基本医疗保险、城镇居民基本医疗保险、新型农村合作医疗制度之间的政策衔接问题，确保参保人员随身份变化选择合适的险种。

7. 切实做好工伤生育失业保险工作。以强化工伤保险服务为重点，巩固工伤保险扩面成果，2009 年基本实现工伤保险全覆盖。努力扩大生育保险覆盖范围，将享受生育保险的参保期限延长到 10 – 12 个月。以非公有制企业为重点，依法扩大失业保险覆盖范围和基金支出范围，增强失业保险在预防失业、促进再就业等方面的功能，2009 年新增失业保险参保人数 10 万。加强职业病防护，保障劳动者健康。

8. 加快新型社会救助体系建设。完善城乡最低生活保障制度，健全城乡低保标准动态调整机制、困难群众价格补贴机制和低保家庭定期复核机制，实现动态管理下的“应保尽保、应补尽补、应退尽退”。加大省级财政对农村最低生活保障的补助力度，取消乡镇一级的保障资金配套，不断提高保障标准和补助水平。健全农村五保和城镇“三无”对象集中供养制度，落实供养政策，实现供养对象按标施保、应保尽保。完善医疗救助制度，开展即时救助，加强救助资金筹措，加大对困难群众的大病救助力度。健全优抚医疗保障体系，完善重点优抚对象基本医疗保障、政府医疗补助、医疗救助和医疗优惠“四位一体”的医疗保障制度。落实计划生育奖励扶助政策，全面实施计划生育家庭特别扶助制度。健全法律援助组织网络，逐步扩大援助覆盖面，着重做好未成年人、残疾人、老年人、妇女、农民等群体和工伤赔偿、企业欠薪等重点领域及重大事项的法律援助工作，努力实现“应援尽援”，全省法律援助办案总量年均递增 10% 以上。进一步完善分层分类救助政策，切实增强社会救助的针对性和实效性。建立和完善临时社会救助制度，健全临时救助机制，对城乡低保边缘困难群众和其他因突发性灾害或重大疾病造成生活暂时困难的群众实施临时性社会救助。

9. 完善住房保障制度。健全廉租住房制度，提高廉租住房实物配租比例。完善经济适用住房制度，开展经济适用住房货币化补贴试点，进一步改善城镇低收入群众居住条件。2009 年，新增廉租住房保障对象 1 万户以上，新开工建设经济适用住房 300 万平方米以上，基本实现低保标准 1.5 倍以下城镇住房困难群体廉租住房应保尽保，基本满足城镇人均收入 60% 以下低收入住房困难家庭购租经济适用住房。研究帮助城市其他住房困难家庭解决住房问题的政策措施。完善政策性农村住房保险制度,加快建立农房救助体系和农房防灾减灾保障体系,加大农村危旧房改造力度,2009 年完成 1.6 万户农村困难群众危旧房改造,对列入年度救助任务的农村困难群众危旧房改造按户均5 000元的标准进行补助。加快推进欠发达地区廉租住房保障工作。

10. 健全新型社会福利体系。加强社会福利工程建设,鼓励引导社会力量兴办养老服务设施,全省机构床位数年均增长 10%,2009 年新增机构养老床位 1.5 万张。加快发展老龄事业、儿童福利事业和慈善事业,逐步将无保障老年人纳入社会保障和社会服务体系,深入实施农村老年福利服务“星光计划”和儿童福利机构“蓝天计划”,2009 年新建农村社区“星光老年之家”4 000个,完成 70% 设区市儿童福利机构设施建设。大力推进残疾人共享小康工程,缩小残疾人生存发展条件与社会平均水平的差距,2009 年使 10 万名贫困重度残疾人得到基本生活保障、基本照料和康复服务,其中提供免费助听助明助行服务 2.5 万名。

三、提升教育发展质量和水平

11. 推进城乡基础教育均衡协调发展。深化农村义务教育经费保障机制改革,化解义务教育债务,落实义务教育学校绩效工资制度,提高中小学生均公用经费标准,2009 年将中小学生均公用经费最低标准分别提高到 550 元和 350 元。加快农村中小学教师集体宿舍危旧房改造,2009 年开工建设 60 万平方米、竣工 40 万平方米。加快小规模学校调整改造,着力改善困难地区、薄弱学校办学条件。加强农村中小学教师队伍建设,加大教师培训和支教工作力度,促进优质教育资源向农村、欠发达地区流动。启动实施第二轮农村中小学现代远程教育工程,基本建成一体化远程教育网络平台。继续实施农村中小学“书香校园”工程,2009 年配送 150 万册图书。健全扶贫助学体系,落实对困难家庭学生的各项资助政策,提高农村中小学爱心营养餐标准,2009 年提高到每生每年 350 元。高质量普及高中段教育,积极发挥优质高中的示范辐射作用,不断提高高中段教育质量。重视和加强学前教育,努力提高学前教育办学水平,从 2009 年开始省财政每年安排5 000万元作为学前教育发展专项资金,重点用于扶持农村和欠发达地区学前教育。

12. 着力提高职业教育质量。全面实施新一轮职业教育六项行动计划,健全县域职业教育培训网络,办好面向农村的中等职业学校,提高高等职业院校办学水平,鼓励企业与职业学校联合办学,扩大城乡劳动者接受职业教育的覆盖面,加快应用型、技能型人才培养。逐步实行农村中等职业教育免费政策,2009 年起免除人均收入4 000元以下农村家庭子女就读中等职业学校的学费。继续实施“扶千名人才、促千村发展”计划,每年从省重点扶持范围内招收低收入农户青年农民到浙江林学院等高校免费接受高等农业职业教育。

四、完善城乡公共卫生服务体系

13. 深化医药卫生体制改革。认真贯彻国家深化医药卫生体制改革方案,着力推进全省医药卫生体制改革,加快建设覆盖城乡居民的基本医疗卫生制度。突出强化公立医疗机构公益性质,完善公立医疗机构运行机制和管理体制,积极探索城乡社区卫生服务机构收支两条线改革,着力缓解群众看病贵就医难问题。

14. 完善基层卫生机构管理体制。加强城乡医疗资源规划调控,切实推进县以下医疗机构卫生资源优化配置。建立健全城市医院对口支援乡镇卫生院的体制机制,完善分级医疗、双向转诊制度。开展乡镇卫生院体制改革试点,积极探索县、乡、村医疗机构一体化运行管理机制,进一步提高农村医疗机构特别是乡镇卫生院的服务水平。

15. 强化公共卫生服务。加强城乡基层卫生服务机构和卫生队伍建设,完善县、乡、村三级农村卫生服务体系，提升城乡社区卫生服务能力，2009 年重点支持欠发达地区城乡社区卫生服务中心建设。建立城乡统一的公共卫生服务项目制度，缩小城乡公共卫生项目服务经费差距，2009 年城乡公共卫生服务项目达标率达到 80% 以上。大力推行城乡社区责任医生制度，2009 年城乡每千居民拥有社区责任医生数达到 0.7 名以上，城乡社区卫生服务机构门诊量占总门诊量的比重达到 45% 以上。进一步加大艾滋病、结核病等重大传染病的防控工作力度。建立完善城乡计划生育公共服务体系，积极推行免费婚前医学检查和免费孕前优生检测，强化出生缺陷防控。

五、提高农村公共文化服务水平

16. 加快建设覆盖城乡的公共文化服务体系。推进城乡公共文化服务一体化建设，开展公共图书馆总分馆制建设试点。继续推进广播电视“村村通村村响”、中央农村广播电视节目无线覆盖、广播电视对农节目服务等工程，2009 年基本完成“村村响”工程建设，基本实现“乡乡建有广播站、行政村建有广播室”的目标，全省有线广播农户覆盖率达到 80% 左右，农村广播电视的综合人口覆盖率提高到 98%。扎实开展新农村文化建设“十项工程”，积极创新“送文化”活动的组织形式和服务方式，扩大“送戏送书送电影”工程的覆盖面，2009 年组织 1.5 万场演出、15 万场电影、100 万册图书到农村。加快实施“广电低保”工程，免除城乡低保户的有线电视网络初装费和视听维护费。继续实施“文化信息资源共享”工程，建成基本覆盖城乡的数字文化服务网络。

17. 加强农村文化机构和文化队伍建设。全面推进乡镇综合文化站建设，争取早日实现“县县建有文化馆、图书馆，乡乡建有综合文化站，不少于 85% 的行政村建有文化活动场所”的目标，2009 年完成 300 个左右乡镇综合文化站建设任务。继续实施“农村文化队伍素质提升”工程，分批培训乡镇文化员和各级文化馆、图书馆及各艺术门类骨干，重点提高基层文化工作者的文艺创作水平。以群艺馆、文化馆、文化站为依托，深入开展“千镇万村农民种文化”活动。

18. 加大全民健身工程实施力度。进一步完善全民健身服务体系，加强社会体育指导员队伍建设，突出抓好农村体育健身基础设施建设，继续开展“关爱农民体质健康”活动，2009 年新建小康体育村3 000个、村级体育俱乐部 200 个、省级青少年体育俱乐部和社区体育健身俱乐部 100 个，为 100 个体育强镇 1 万名农民进行体质健康测试。全面推进国民体质监测工作，2009 年扶持新建 100 个镇（乡）国民体质监测站。

六、改善城乡居民生产生活条件

19. 努力提高居民收入水平。着眼提高城乡居民尤其是低收入群众收入水平，调整和优化收入分配结构，健全农民增收减负长效机制和职工工资正常增长机制，提高劳动报酬在初次分配中的比重。全面落实各项支农惠农政策，提高粮食最低收购价格以及农资综合直补、良种补贴、农机具补贴等标准，完善鲜活农产品运输“绿色通道”制度，健全政策性农业保险制度。完善生态补偿机制，2009 年省重点生态公益林补偿标准提高到每亩 17 元。以低收入农户集中村为重点，加大“低收入农户奔小康”工程实施力度，建立健全扶贫小额贷款、林权抵押贷款、贫困村村级互助资金等制度，扶持低收入农户发展生产、开展来料加工，帮助低收入农户脱贫致富。加快革命老区、少数民族地区、偏远海岛和贫困山区困难群众脱贫致富奔小康，2009 年完成高山远山区、地质灾害危险区、重点库区贫困群众异地搬迁 5 万人。

20. 着力改善农村环境。统筹推进城乡公共基础设施建设，以实施新一轮“千村示范、万村整治”工程为抓手，以改厕、改水、改路和垃圾集中收集处理为重点，大力改善农村人居环境。2009 年，完成3 000个村庄环境整治任务；完成通村公路路基路面改造2 500公里，完善1 500公里农村公路安全设施；完成清水河道建设2 000公里；解决 210 万农村人口饮水安全问题，新增城镇集中供水覆盖农村人口130万人,争取率先基本实现农村饮水安全目标。加快海塘、堤坝和病险水库除险加固,2009年完成三类坝水库和重点小型二类坝水库除险加固任务;完成海塘加固65公里、堤防加固150公里。加快推进农村信息化,深入实施“农民信箱”工程,2009年新增联网村8 000个以上。加强海岛渔村基础设施建设,解决海岛居民水、电、交通等问题。

七、加强环境污染整治

21. 加快城乡环保基础设施建设。进一步完善县以上城市污水处理设施,加快推进配套管网建设,提高城市污水截污纳管集中处置率。2009年,建成100个镇的生活污水处理设施,配套建设污水管网1 000公里,新增城镇生活垃圾日处理能力1 600吨。

22. 加大重点领域环境污染整治力度。深入推进重点流域水污染防治,加强水系源头地区生态环境保护,加快太湖流域整治步伐,加强钱塘江流域氮磷污染控制和重点河段监管,提高市、县交界断面水质达标率。加快推进重点行业、重点企业污染治理,全面实行排污许可证制度,严禁排污单位无证或超标、超总量排污。2009年完成宁波临港工业废气污染、萧绍区域印染化工行业污染、丽水经济开发区革基布合成革行业污染等3个省级督办的重点环境问题和59个省级开发区的污染整治任务。

23. 全面推进农业农村环境污染防治。进一步加大农村地区工业污染防治力度,着力加强农民群众反映强烈的环境污染整治。加强养殖业污染防治,加快推进农村生活污水和生活垃圾集中处理工作。2009年完成生猪存栏200头、牛20头以上的规模养殖场排泄物治理,提升500个已整治村的生活污水治理水平,新增开展农村生活污水治理的农户93万户,新增卫生厕所56万户。

24. 切实保障饮用水源安全。加强以供水水库为重点的饮用水源地水质保护和农村饮用水安全管理,健全饮用水源安全监测和预警机制,加快建设饮用水第二水源或备用水源。2009年合格规范饮用水源保护区比例达到95%,县级以上集中式饮用水源地水质达标率达到85%以上。

八、保障社会公共安全

25. 防范和化解经济金融风险。建立健全政府、司法、金融等部门共同参与的经济金融风险预警和处置机制,采取综合措施预防和化解企业债务危机,妥善处置区域性龙头企业资金链断裂事件。深入开展劳动关系和谐企业和工业园区创建活动,督促企业履行社会责任,完善劳动争议调解机制,依法处理企业停产、关闭和破产过程中的劳资纠纷。强化市场物价监管,完善价格监测预警报告制度,健全重要商品物资储备制度,做好粮食和主要农产品市场供应保障。

26. 完善食品药品安全监管体系。落实食品药品安全监管责任制,严格实行食品药品生产标准,强化源头预防和治理,加强全过程监管,严厉打击涉及食品药品安全的各种违法行为。巩固农村食品安全“三网”建设成果,深入推进“千镇连锁超市、万村便利店”工程。深化食品药品安全专项整治,全面开展“十小”行业质量安全整治和规范行动,加大对无证无照及证照不齐的食品生产经营活动的整顿规范力度。2009年,新增村级连锁便利店1 000家,农村放心店食品统一配送面巩固在75%以上;50%以上县(市、区)和30%左右的乡镇(街道)开展食品安全示范创建活动;85%的县(市、区)达到药品“两网一规范”示范县创建标准。

27. 加大安全生产工作力度。进一步落实安全生产责任制,完善基层安全生产监管网络,突出加强交通、消防、危险化学品、建筑施工等重点领域、重点行业和重大危险源的监控管理,努力遏制重特大生产安全事故发生。确保2009年全省生产安全事故起数、死亡人数和直接经济损失三个“零增长”,确保亿元生产总值事故死亡率、工矿商贸企业十万从业人员事故死亡率、万车死亡率稳步下降。

28. 加强社会治安综合治理。健全治安防控体系,加快城乡警务一体化建设,以严重影响群众安全感的黑恶势力犯罪为重点对象，加大对刑事犯罪、多发性犯罪的打击整治力度，坚决遏制其高发势头。坚持和发展“枫桥经验”，加大社会矛盾纠纷排查和调解工作力度，着力完善人民调解、行政调解、司法调解互相衔接、良性互动的工作格局。

29. 健全公共安全应急管理机制。以农村、社区为重点进一步加强基层应急管理，建立健全应急管理体制。完善各类突发事件应急预案，落实各类应急预案的宣传、演练和相关保障措施，切实提高应对自然灾害、事故灾难、公共卫生和社会安全事件的能力。进一步加强防灾减灾救灾工作，确保群众生命财产安全和灾民基本生活需求。

30. 创新基层社会管理体制。深化基层平安创建活动，完善基层社会管理体系，充实一线管理力量。深入开展城乡和谐社区创建活动，改善社区工作条件，提高社区服务功能。加强对外来务工人员的服务和管理，积极推行流动人口居住证制度。

各地、各部门要把推进基本公共服务均等化、保障和改善民生工作摆到更加突出的位置，结合实施基本公共服务均等化、低收入群众增收、公民权益依法保障等行动计划，进一步加强组织领导，明确工作责任，完善推进机制，确保完成各项目标任务。

关于建立城乡居民社会养老保险制度的实施意见

为进一步完善我省社会养老保险体系,根据《国务院关于开展新型农村社会养老保险试点的指导意见》(国发〔2009〕32号)和省委、省政府关于建立健全覆盖城乡居民养老保障制度的总体安排,现就建立我省城乡居民社会养老保险制度提出如下实施意见。

一、指导思想和总体要求

(一)指导思想。高举中国特色社会主义伟大旗帜,以邓小平理论和“三个代表”重要思想为指导,深入贯彻落实科学发展观,紧紧围绕全面建设惠及全省人民小康社会的总体目标,着眼于建立健全覆盖城乡居民的养老保障体系,按照“保基本、广覆盖、有弹性、可持续”的基本原则,加快建立与我省经济社会发展水平相适应、与相关养老保障制度相衔接的城乡居民社会养老保险制度,确保城乡居民老有所养。

(二)总体要求。建立城乡居民社会养老保险制度,要坚持覆盖城乡、惠及全民,逐步实现人人享有基本养老保障,让全省人民共享改革发展成果;要坚持政府主导和城乡居民自愿参保相结合,社会统筹与个人账户相结合,引导城乡居民普遍参保;要坚持低水平起步、积极稳妥推进,筹资标准和待遇标准要与经济社会发展水平及各方面承受能力相适应;要坚持权利与义务相对应,个人(家庭)、集体、政府合理分担责任,鼓励长缴多得、多缴多得,逐步形成城乡居民社会养老保险与企业职工基本养老保险等保障制度相衔接的制度体系。

二、目标任务

今年,城乡居民社会养老保险工作要全面启动,各市都要确定1个县(市、区)列入国家或省试点;已经先行开展城乡居民社会养老保险工作的市、县(市、区),要根据本实施意见调整和完善相关政策;其他市、县(市、区)要抓紧按照本实施意见制订实施办法,做好组织实施准备。2010年1月1日起,凡符合条件、年满60周岁的本省户籍城乡居民按规定享受政府提供的基础养老金,并加快推进参保缴费工作,扩大覆盖面。2012年,全省实现制度全覆盖。

三、主要政策

(一)参保范围。具有本省户籍,年满16周岁(全日制学校在校学生除外),非国家机关、事业单位、社会团体工作人员,未参加职工基本养老保险的城乡居民,均可在户籍地参加城乡居民社会养老保险。

(二)基金筹集。城乡居民社会养老保险基金主要由个人缴费、集体补助和政府补贴构成。

1. 个人缴费。参加城乡居民社会养老保险的人员应当按规定缴纳养老保险费。缴费标准目前设为每年100元、200元、300元、400元、500元五个档次,各地可按不低于当地上年农村居民人均纯收入或城镇居民人均可支配收入5%的额度,增设和调整若干绝对额缴费档次。参保人自主选择档次缴费，多缴多得。

2. 集体补助。有条件的村集体经济组织应当对参保人缴费给予补助，补助标准由村民委员会召开村民会议民主确定。鼓励其他经济组织、社会公益组织、个人为参保人缴费提供资助。

3. 政府补贴。社会统筹基金由财政提供，主要用于支付基础养老金、参保人个人缴费补贴、缴费年限养老金和丧葬补助费等。省财政按照省里确定的基础养老金最低标准，对两类一至六档地区分别给予 80%、72%、64%、48%、20%和 10%的补助。对五至六档地区，如纳入国家或省试点，省财政按国家实际补助标准和城乡居民享受基础养老金的人数给予补助。

参保人所在市、县(市、区)财政对参保人缴费给予补贴，补贴标准不低于每人每年 30 元；对选择较高档次标准缴费的，可给予适当鼓励；对重度残疾人、低保对象等困难群体缴费，按当地最低档次缴费标准给予部分或全部补贴。缴费补贴的具体标准和办法由市、县(市、区)政府制订。

(三)个人账户。国家为每个城乡居民社会养老保险参保人建立终身记录的养老保险个人账户。个人缴费、集体补助及其他经济组织、社会公益组织、个人对参保人缴费的资助，市、县(市、区)政府对参保人的缴费补贴，全部记入个人账户。个人账户储存额目前每年参考中国人民银行公布的金融机构人民币一年期同期存款利率计息。

(四)待遇享受。城乡居民养老金待遇标准、领取条件等按下列规定执行：

1. 养老金待遇标准。城乡居民养老金待遇由基础养老金、个人账户养老金和缴费年限养老金三部分组成，支付终身。

基础养老金标准每人每月不低于 60 元。市、县(市、区)政府可适当提高当地基础养老金标准，城镇居民的基础养老金水平可适当高于农村居民。

个人账户养老金月标准为个人账户全部储存额除以 139(与现行企业职工基本养老保险个人账户养老金计发系数相同)。参保人死亡后，其个人账户中的资金余额，除政府补贴外，可以依法继承。政府补贴余额用于继续支付其他参保人的养老金。

缴费年限养老金月标准根据长缴多得的原则，按缴费年限分段计发。目前暂定为：缴费 5 年(含 5 年)以下的参保人，其月缴费年限养老金按 1 元/年计发；缴费 6 年以上、10 年(含 10 年)以下的参保人，其月缴费年限养老金从第 6 年起按 2 元/年计发；缴费年限 11 年(含 11 年)以上的参保人，其月缴费年限养老金从第 11 年起按 3 元/年计发。

按本实施意见规定已领取养老金待遇的参保人员，死亡时可享受一次性丧葬补助费。一次性丧葬补助费标准为参保人死亡当月享受的基础养老金的 20 个月金额。

对参保的复员退伍军人(含制度实施时 60 周岁以上的人员)，军龄视同缴费，并加发优待养老金。具体办法附后。

2. 养老金待遇领取条件。年满 60 周岁、未享受国家机关、事业单位、社会团体离休、退休、退职待遇和职工基本养老金待遇的城乡有户籍的老年人，可以按月领取养老金。

城乡居民社会养老保险制度实施时，已年满 60 周岁、未享受国家机关、事业单位、社会团体离休、退休、退职待遇和职工基本养老金待遇的本省户籍城乡居民，不用缴费，可以按月领取基础养老金，但其符合参保条件的子女应当参保缴费；距领取年龄不足 15 年的，应按年缴费，也允许补缴，年补缴额不得低于当地当年的最低缴费标准，累计缴费年限不超过 15 年；距领取年龄超过 15 年(含 15 年)的，应按年缴费，累计缴费年限不少于 15 年。

要引导中青年城乡居民积极参保、长期缴费，长缴多得。

3. 养老金调整机制。省政府根据国家政策并结合我省实际，适时调整全省基础养老金最低标准和缴费年限养老金标准。各市、县(市、区)政府可结合本地实际，适时调整当地基础养老金标准。

四、制度衔接

(一)与原农村社会养老保险制度的衔接。城乡居民社会养老保险制度实施时,凡已参加了原农村社会养老保险(以下简称老农保)、年满60周岁且已领取老农保养老金的参保人,在继续领取老农保养老金的同时,享受城乡居民社会养老保险基础养老金;对已参加老农保、未满60周岁且没有领取养老金的参保人,应将老农保个人账户储存额按城乡居民社会养老保险制度实施当年当地的平均缴费额折算缴费年限(折算的缴费年限最长不超过15年,下同)并继续缴费,老农保个人账户全部储存额并入城乡居民社会养老保险个人账户。

(二)与职工基本养老保险制度的衔接。城乡居民社会养老保险制度实施后,已参加职工基本养老保险的城乡居民,期间因就业状况发生变化而中断缴费的,如职工基本养老保险缴费年限累计不满15年的,可将职工基本养老保险关系转入户籍地参加城乡居民社会养老保险,职工基本养老保险个人账户资金转入城乡居民社会养老保险个人账户,并按转入当年当地的平均缴费额折算缴费年限,按规定享受城乡居民社会养老保险待遇。

城乡居民社会养老保险制度实施后,参加了城乡居民社会养老保险、后因就业又参加了职工基本养老保险的城乡居民,在养老保险关系转移时,可将城乡居民社会养老保险个人账户储存额,按职工基本养老保险的规定折算缴费年限并继续缴费。到达退休年龄时,如符合按月领取职工基本养老保险待遇条件的,按职工基本养老保险享受养老金待遇;如不符合按月领取职工基本养老保险待遇条件的,可将其职工基本养老保险个人账户转换为城乡居民社会养老保险个人账户,按当年当地城乡居民社会养老保险平均缴费额折算缴费年限,按规定享受城乡居民社会养老保险待遇。

(三)与被征地农民基本生活保障制度的衔接。城乡居民社会养老保险制度实施后,参加了城乡居民社会养老保险的农村居民,如被征地且符合参加被征地农民基本生活保障条件的,可以同时参加被征地农民基本生活保障。

城乡居民社会养老保险制度实施后,已经参加被征地农民基本生活保障的居民,要求转为参加城乡居民社会养老保险的,可将其被征地农民基本生活保障个人账户资金及其个人享有的社会统筹部分权益合并抵缴城乡居民社会养老保险的个人缴费,按当年当地城乡居民社会养老保险平均缴费额折算缴费年限,按城乡居民社会养老保险规定享受相应待遇。

(四)与其他保障待遇的衔接。符合享受城乡居民社会养老保险待遇条件的人员,如符合享受被征地农民基本生活保障、水库移民后期扶持政策、最低生活保障、计划生育家庭奖励扶助、社会优抚、农村"五保"和城镇"三无"人员供养、精减职工和遗属生活补助等待遇条件,可同时叠加享受。

(五)跨地区转移。城乡居民社会养老保险的参保人跨地区转移,可将其城乡居民社会养老保险关系及个人账户储存额转入新参保地,按新参保地规定继续参保缴费并享受相应待遇。

上述规定,今后国家有规定的,从其规定。

五、管理服务

(一)经办机构建设。各地要认真记录城乡居民参保缴费和领取待遇情况,建立档案,长期妥善保存。要建立城乡居民社会养老保险信息管理系统,纳入社会保障信息管理系统("金保工程")建设,并与其他公民信息管理系统实现信息资源共享。要大力推行社会保障卡,方便参保人持卡缴费、领取待遇和查询本人参保信息。各地要根据实际,依靠现有的社会保险经办机构,在增加必要人员力量、给予必要经费保障的基础上,承担起城乡居民社会养老保险有关经办业务。乡镇、街道劳动保障所(站)要配备专职人员,村、社区要落实代办员。要整合城乡现有社会服务资源,运用现代管理方式和政府购买服务方式,降低行政成本,提高工作效率。城乡居民社会养老保险工作经费纳入同级财政预算,不得从城乡居民社会养老保险基金中开支。

(二)基金管理和监督。城乡居民社会养老保险费由当地社会保险经办机构负责征收,也可由当地政府委托有关机构征收。城乡居民社会养老保险待遇发放,由当地社会保险经办机构负责。建立健全城乡居民社会养老保险基金财务会计制度。城乡居民社会养老保险统筹基金纳入同级财政预算。城乡居民社会养老保险基金以市、县(市、区)为单位,纳入同级社会保障基金财政专户,实行收支两条线管理,单独记账、核算,专款专用,并按有关规定实现保值增值。

各级人力资源社会保障行政部门要切实履行基金的监管职责,制订完善各项业务管理规章制度,规范业务程序,建立健全内控制度和基金稽核制度,对基金的筹集、上解、划拨、发放进行监控和定期检查,并定期披露基金筹集和支付信息,做到公开透明,加强社会监督。财政、监察、审计部门按各自职责实施监督,严禁挤占挪用,确保基金安全。社会保险经办机构和村民委员会、城镇社区居民委员会每年在行政村和社区范围内对参保人缴费和待遇领取资格进行公示,接受群众监督。

六、组织领导

(一)切实加强领导。建立城乡居民社会养老保险制度是深入贯彻落实科学发展观、加快建设覆盖城乡居民社会保障体系的重大决策,是应对国际金融危机、扩大内需、促进经济持续发展的重大举措,是逐步缩小城乡差距、改变城乡二元结构、推进基本公共服务均等化、促进城乡一体化发展的重要基础性工程,是实现广大城乡居民老有所养、增加收入、促进社会和谐的重大惠民政策。各级政府要充分认识做好这项工作的重大意义,将其纳入当地经济社会发展规划和年度计划,作为政府目标责任考核的重要内容,切实加强组织领导。省政府成立省城乡居民社会养老保险工作领导小组,负责这项工作的组织协调。各地也要抓紧成立相应的组织协调机构。各级人力资源社会保障行政部门要切实履行城乡居民社会养老保险工作行政主管部门的职责,会同有关部门做好城乡居民社会养老保险的统筹规划、政策制订、统一管理、综合协调等工作。各有关部门要密切配合,形成合力,共同积极有序地推进这项工作。

列入国家和省试点的县(市、区),要精心制订试点实施方案,报省政府批准后组织实施,确保试点工作取得成功。

(二)切实加强舆论宣传。各市、县(市、区)政府和有关部门要准确把握国家和省的文件精神,坚持正确的舆论导向,充分运用各种通俗易懂的宣传方式,向广大城乡居民和各级干部深入宣传建立城乡居民社会养老保险制度的重大意义、基本原则和具体政策,不断增强城乡居民的参保意识,使这项惠民政策家喻户晓、深入人心,形成推进城乡居民社会养老保险工作的良好氛围。

各市、县(市、区)政府及有关部门要及时掌握和研究工作推进过程中出现的新情况、新问题,妥善处理改革、发展和稳定的关系,把这件惠及城乡居民的好事真正办好。重要情况要及时向省城乡居民社会养老保险工作领导小组报告。

关于积极推进“数字城管”工作的实施意见

数字化城市管理(以下简称“数字城管”)是现代信息技术在城市管理领域的应用,是城市信息化建设和发展的重要组成部分,是城市管理现代化的客观趋势。近些年来,我省部分城市开展“数字城管”试点工作,取得了较好的成效,为全面推行积累了宝贵经验。为积极推进“数字城管”工作,全面提高城市日常管理和应急处置水平,经省政府同意,现提出如下实施意见:

一、指导思想

认真贯彻落实科学发展观,按照省委、省政府实施新型城市化战略、加强城市工作的部署,围绕科学化管理、精细化作业、人性化服务的城市管理要求,强化现代信息技术支撑,加快城市管理服务信息化平台建设,建立规划、建设、管理、服务、监督有机衔接的“数字城管”系统,创新城市管理模式和工作机制,促进城市管理流程再造,努力实现“第一时间发现问题、第一时间处置问题、第一时间解决问题”,不断提高城市的日常管理和应急处置的能力和效率。

二、工作目标

构建标准统一、资源共享、适应不同类型城市管理要求的“数字城管”体系,使之成为城市日常管理和应急处置的有效平台,成为面向城市居民的信息化服务平台。

——2009 年,尚未推行“数字城管”的设区市和有条件的县(市)要构建“数字城管”平台,争取年底前投入运行。2008 年底前已经投入运行的“数字城管”系统要进一步完善功能,不断提高城市管理问题的发现率、处置率和解决率。

——2010 年,所有设区市和三分之二以上县(市)要推行“数字城管”。同时,构建省级网络监管平台,通过与各设区市“数字城管”平台的网络链接,实现数据交换系统对接。

——2012 年,所有县城以上城市全面推行“数字城管”,实现省、市、县三级联网。各市、县(市、区)不断扩大“数字城管”管理服务区域,拓展管理服务内容,有条件的城市进一步向镇(乡)辐射延伸。

三、工作职责和要求

(一)工作职责。“数字城管”省级网络监管平台,上与建设部和省政府网络系统链接,下与各市、县(市、区)“数字城管”平台链接,对全省“数字城管”工作进行实时监管和系统分析,为综合考评提供技术支撑和依据。

设区市“数字城管”平台负责市本级“数字城管”信息的接收、处置及其评估,保障城市日常管理和应急处置。同时,指导所辖各县(市、区)“数字城管”平台开展工作,加强监管和考评。

县(市、区)“数字城管”平台负责本区域内城市的日常管理和应急处置,落实“数字城管”的协调指挥、信息接收、问题派遣、跟踪核实、督办考核、处理反馈和综合分析。

(二)工作要求。各地要按照“统一规划、分步实施、适用适度”的要求进行“数字城管”平台建设,积极借鉴杭州的市、县(市、区)两级共享平台“数字城管”模式,有效整合规划、建设、市政公用行业、市容环卫行业等与城市管理相关的人力资源、设施设备、网络系统、视频监控系统和基础数据,防止重复建设,以尽可能低的成本实现城市管理服务效能的最大化。特别是已经开展城市管理相对集中行政处罚权和综合行政执法改革的城市,更要加大资源整合力度。鼓励集中采购相关软件、技术和设备,努力降低“数字城管”建设投资成本。

已经开展“数字城管”的城市,要进一步完善各项制度、规范和标准,不断扩大工作覆盖面,拓展管理服务内容,提高管理服务的质量和效率。即将推行“数字城管”的城市,要积极学习借鉴试点城市经验,结合各自城市的特点,认真制定实施方案。要针对城市管理中的“重点”、“难点”、“热点”问题,突出实用性,合理确定“数字城管”模式和实施步骤,努力形成分工明确、责任到位、沟通快捷、反应快速、处置及时、运转高效的运行体系。

四、实施标准

“数字城管”的特点是精确、高效,量化城市管理对象,细化城市管理行为,实现城市管理全时段、全方位、全覆盖。管理流程包括信息采集、登记立案、处置执行、核实验收等。实施过程中应严格遵循相关标准。

(一)设置标准。“数字城管”应当按照指挥—处置、监督—考评“两轴”分离原则设置管理服务平台。根据不同的城市规模和城市管理的实际需要,选择合适的模式。大中城市可以采用市级设立指挥监督平台,在各城区分设“指挥平台”和“监督平台”,实行“统一接纳、统一派遣、区级受理”的模式;也可以在市级分设“指挥平台”和“监督平台”,区(县、市)级设立指挥监督平台,实行“统一接纳、分别派遣、区(县、市)级受理”的模式。小城市可以只设立一级“指挥平台”和“监督平台”,实行“统一接纳、分别派遣、统一受理”的模式。欠发达地区、山区和海岛城市,可以因地制宜采取更为灵活、简便、实用的模式。

(二)技术标准。“数字城管”应当建立在GPS(全球定位系统)、GIS(地理信息系统)、RS(遥感)空间信息系统基础上,采用城市部件、事件管理法进行管理。城市部件、事件数据库的建立和管理,按照建设部《城市市政综合监管信息系统单元网格划分与编码规划》(CJ/T213 - 2005)、《城市市政综合监管信息系统管理部件和事件分类与编码》(CJ/T214 - 2005)、《城市市政综合监管信息系统地理编码》(CJ/T215 - 2005)、《城市市政综合监管信息系统技术规范》〔CJJ/T106 - 2005(J455 - 2005)〕和《数字化城市管理信息系统建设技术指南》(建城容函〔2006〕59号)等标准和规范实施。

(三)立结案及考评标准。各地要严格执行省建设厅制订的《数字化城市管理部件和事件分类与立结案标准》(DB33/1059 - 2008)和《数字化城市管理绩效评价规范》(DB33/1060 - 2008),规范立结案,强化绩效考核评价,不断提高“数字城管”的管理服务水平。

五、保障措施

(一)加强组织领导。各市、县(市、区)政府要把推进“数字城管”工作摆上重要议事日程,按照“统一领导、分级管理、权责明确、协调高效”的要求,切实加强组织领导和工作协调,进一步理顺城市管理体制,明确相关机构组织实施“数字城管”具体工作,强化部门之间、条块之间的相互配合、协调和衔接。省推进数字化城市管理工作协调小组及其办公室要加强工作指导,加强规划、标准、规范和关键共性技术研发推广等方面的统筹协调。各级、各有关部门要认真履行职责,充分发挥职能优势,积极推进资源整合。

(二)落实资金保障。各市、县(市、区)政府要保障“数字城管”工作必需的建设资金和运行经费，要将“数字城管”系统建设作为当地重点城建项目，安排专项资金，要统筹安排好城市管理中相关事件处置所需的经费。省财政继续通过数字化城市管理专项资金对推行工作进展快、效果好的城市予以“以奖代补”。切实加强对“数字城管”相关建设资金和经费使用的财务、审计监督。

（三）强化信息技术支撑。各级城市建设、城市管理、信息产业等部门要深入调研，集中力量研究和解决“数字城管”建设运行中出现的重点、难点问题。信息产业部门要通过实施信息产业关键技术产业化专项、合资合作、研发攻关等方式，突出做好关键共性技术攻关、重点项目示范、公共服务平台建设等方面工作，建立“数字城管”的信息化支撑体系。

（四）健全监督考评体系。各市、县（市、区）政府要进一步建立健全“数字城管”综合监督考核评价体系，从区域评价、部门评价和岗位评价等各个层面，实现对辖区内各级政府和相关职能部门工作的绩效考评。要积极引入社会评价和监督机制，鼓励支持社会各界有序参与城市管理的评价和监督。

（五）积极推进“数字城管”的制度化、规范化。各地要认真总结实践经验，及时研究制订相关规章制度，健全“数字城管”运行体制机制。省推进数字化城市管理工作协调小组要组织有关部门抓紧研发符合标准规范、统一信息交换接口、流程可定制的“数字城管”信息系统和监督考评系统。要积极创造条件，适时推进“数字城管”领域的相关立法工作。

关于进一步加大力度开拓国际国内市场的若干意见

为积极应对国际金融危机，稳定外贸出口，扩大国内市场销售，保持我省经济平稳较快发展，经省政府同意，现就进一步加大力度开拓国际国内市场提出如下意见。

一、充分认识国际国内市场开拓工作的重要性。

当前，国际金融危机还在发展和蔓延，世界经济短期内难以复苏，外部需求持续低迷，我省经济形势依然严峻。大力开拓国际市场，深入开发国内市场，有效稳定省内市场，坚持国际与国内市场、省外与省内市场、农村与城市市场相互结合、相互促进，是应对国际金融危机冲击的迫切需要，是贯彻落实“标本兼治，保稳促调”的重要举措。各地、各部门要进一步统一思想，充分认识开拓国际国内市场、抢抓订单的重要意义，切实把抓好国际国内市场开拓工作摆在更加突出的位置，在认真分析国内外经济形势的基础上，结合本地、本部门实际，抓紧研究制定开拓国际国内市场的行动计划和具体措施，着力把相关工作抓实、抓出成效。

二、加强组织领导，明确当前市场开拓目标。

各地、各部门要切实加强对开拓国际国内市场工作的组织领导，定期研究工作进度和工作重点，加强对市场的监测、预警和调控，采取有力措施，努力为企业开拓国际国内市场营造良好的环境。2009 年，全省各地组织企业参加境外展销会的展位数力争突破 1 万个，比 2008 年增长 10% 以上，成交额增长 20% 以上；举办或组团参加境内 100 场重点国内贸易类展会（省内 80 场、省外 20 场）。力争推动重点企业新建立 400 个境外营销机构，支持 20 家重点企业建立境外营销网络，其中重点培育 10 个地区营销中心。在境内外组建若干个“浙江产品贸易（展示）中心”。新建1 000家村连锁便利店，重点培育省级大型农产品批发市场和省级大型农产品流通企业各 20 家。

三、加大企业参展扶持力度，提高参展成效。

省财政对企业参加境内外展会发生的摊位费、公共布展费等给予一定的资助，其中对参加省组织的重点展会的摊位费给予全额资助。各地财政要加大对企业参加境内外国际贸易展会的展位费等费用资助力度。着力提升境外展会层次，认真办好商务部与省政府联合在美国、日本举办的出口商品展销会，努力办好我省在阿联酋迪拜等地举办的重点展会。精心组织义乌国际博览会、中国国际日用消费品博览会、中国食品博览会、中华老字号精品博览会等展会，充分利用这些平台开展内外贸对接。积极创新展销方式，组织我省企业抱团参加境内外重要展会。开展“浙江市场万里行”活动，在请进来采购的同时，主动走出去推销，扩大浙江产品的市场销售。各级外事、侨务、贸促会、商会、协会等部门和中介组织要千方百计邀请更多境内外客商到会采购。

四、加快建设境内外营销网络。

推动一批有品牌优势和市场基础的企业到境外设立地区销售总部、专卖店或贸易代表处,鼓励通过并购获得国际销售网络。对我省企业在境外新开设的专卖店,省财政给予当年度租用场地等费用一定比例的资助。推动浙江老字号企业到台湾地区开设分号。积极扶持我省企业入股国内大型超市集团,努力培育我省生活消费品连锁商业集团。支持我省优势企业在省内外建立名特优新产品连锁销售网络,在省内外大型百货商场、超市以及市场开设销售专柜,选择服装、鞋帽、箱包、电器等10个行业的100家企业试点。加快我省农村流通网络建设,推进"千镇连锁超市万村便利店"工程,加快培育农资连锁经营龙头企业,并继续给予政策支持。建设若干大中型农产品交易中心,推进农产品批发市场升级改造和标准化建设,扶持供销合作社发展农村现代流通业,培育农产品购销组织和经纪人队伍。深入推动工业品下乡,尽快出台我省优势工业品下乡的产品目录和扶持措施。简化家电下乡补贴审核兑付程序,进一步扩大家电下乡的政策效应。完善城乡商业网点布局,有序引导购物中心、大型超市、专卖店、便利店等零售业态发展,进一步做好省重点流通企业培育工作。

五、积极开展多种形式的境内外商务对接活动。

积极推动我省企业联合组织推销团赴欧美、日韩、西亚、非洲、东欧及东盟等地,鼓励企业派出各类出国(境)推销小组,与境外地方政府或商务机构洽谈合作。大力推进"海外浙江人经济"与浙江本土经济的互动双赢。精心组织企业参加上海跨国采购会、广交会跨国采购会等重要采购活动。邀请境外大型采购商、联合国采购团来我省采购商品。外事、公安、边防、海关、检验检疫等相关部门要对境外客商邀请和出入境提供必要的便利措施。大力推进工商对接,实施"浙江名品进名店"行动,组织我省工业企业与省内外大型商贸流通企业的工商产销对接,推动我省名特优新产品更多地进入国内大型零售企业的采购体系。引导大型连锁超市与农民专业合作社实行产销对接,扩大我省农产品销售。

六、借助电子商务等手段开拓国际国内市场。

引导和帮助企业借助阿里巴巴、网盛生意宝、环球资源网等电子商务平台获取商务信息和出口订单。深入实施"万企电子商务推进工程",推动3万家中小企业开展"诚信通"业务,开展60场以上电子商务应用培训。完善交易、支付和商品配送等保障体系。对借助电子商务销售的企业免费开展电子商务培训。对现有电子商务平台进行资源整合,积极扶持若干按行业或按销售市场区域划分的"浙江产品网上展示销售专区"。加快实现"村村通宽带",逐步建立覆盖全省村级的电子商务平台。

七、加大浙江企业和产品的推广促销力度。

支持企业借助各种有效手段开展产品、品牌的宣传,对企业在境外进行广告宣传促销、产品商标注册等给予适当资助。对企业参加由省商务厅确认的境外促销活动所发生的国际交通费、生活费给予一定资助。加强与境外专业商务机构合作,建立浙江产品的海外仓储分拨中心。在境内外有重点地选择若干地区,组建"浙江名牌产品贸易(展示)中心",有针对性地选择一批我省名特优新产品进驻展示中心,进行推广和促销。鼓励各地探索"温州名品购物中心"等市场开拓模式,在省内外开设当地名特优新产品展示(购物)中心,各级财政对企业支付展示中心的场租费给予一定的资助。引导支持专业市场转型升级,使之成为我省中小企业的公共销售平台。

八、千方百计加大对企业开拓市场的服务力度。

加大开拓国际国内市场的政策扶持。商务、工商、质量技术监督、海关、检验检疫等部门要加大对企业开拓市场的服务力度，帮助企业及时解决实际困难。进一步完善出口退税政策，简化出口退税手续，加快出口退税进度，确保退税资金及时足额到位，扩大“先退税后核销”政策的实施范围。外汇管理、银行、保险等部门要加大对企业开拓市场的外汇结算、贸易融资、资金信贷等支持力度，积极开展出口订单抵押贷款、出口退税质押融资、出口信保质押融资等信贷业务。对重点商贸流通企业给予税收优惠政策，规范银行卡收费秩序，降低商贸企业刷卡收费标准，对企业连锁经营和农产品配送中心建设给予用地、用电和用水支持。各地、各部门要加大清费减负的力度，“减、免、缓、停”一批行政事业性收费和服务类收费，进一步规范中介服务收费。加强政策宣传，组织符合条件的企业积极申报中央和地方的政策扶持项目，指导企业用足用好相关政策。

九、完善出口信用保险，提高企业开拓国际市场的抗风险能力。

支持和引导企业投保出口信用保险，加大对企业投保出口信用保险的保费资助比例，对省级企业投保一般贸易项下短期出口信用保险保费的资助力度提高到50%，对市县企业投保一般贸易项下短期出口信用保险保费由省级财政提供10%的资助，各地根据实际情况再给予一定比例的资助。省里设立3 000万元出口信用风险补偿资金，提高出口信用保险机构的风险承担能力，力争超额完成国家下达的出口信用保险承保任务指标。降低企业投保出口信用保险的成本，引导企业“全风险投保”，扩大出口风险保障的覆盖范围，力争全省平均投保费率下降30%。开展信用证不符点风险投保在我省的试点工作，积极开展代理出口业务投保工作，加快出运前保险承保业务的开展。加快出口信用保险理赔速度，对案情清楚、单证齐全的出口信用保险理赔案件，在10个工作日内核赔。

十、着力提高我省产业和产品核心竞争力。

大力吸引以出口为主、产业链较长的大型外资项目来我省落户，加快外资项目技术的消化、吸收和再创新，提高我省传统产业层次，再创产业优势。积极实施品牌战略，提高浙江产品的国际国内竞争力，以技术、品牌、价格等竞争优势抢占市场份额。加大力度扩大进口，积极推进企业自主创新、扩大投资，鼓励企业引进先进技术设备，加快产业升级，延长产业链、提升价值链、提高竞争力，以产品创新和营销手段创新，创造市场需求，抢占国际国内市场份额。加快服务业对外开放，积极拓展服务业市场。大力发展服务贸易，加快发展服务外包产业，积极发展生产性服务业，以服务贸易弥补货物贸易下滑的不足，提升浙江服务业对外开放水平。

十一、加强境内外商务促进机构和人员建设。

加快我省在境内外商务促进机构的建设，重点在欧美、日本、香港等地区建立我省贸易投资促进中心，协助做好我省在境内外的贸易投资活动。充分发挥目前我省在境内外已有的政府派驻机构、国有及民营大型企业在境内外商务机构、浙江在外商会的作用和优势，聘任或选派一批“浙江省商务代表”，协助开展与市场开拓相关的工作，重点收集市场、展会、重大投资建设项目等信息，走访当地商务机构、商会和企业，宣传浙江产业与产品，组织协调和邀请境内外客商到浙江来采购产品，协助做好政策与信息咨询、市场调查、政企关系沟通等服务。

关于进一步做好加快发展服务业工作的意见

今年以来,各地、各部门认真贯彻省委、省政府"保稳促调"的一系列决策部署,积极落实推进服务业发展的各项政策措施,取得了明显成效,服务业总量快速增长、结构有所调整、布局趋向优化,为全省经济企稳回升发挥了重要作用。当前,我省经济发展仍然面临诸多困难和挑战,企稳回升的基础还不稳固。各地、各部门要继续扎实做好各项工作,进一步引导和推动服务业加快发展,为全省经济平稳较快增长和转型升级作出更大贡献。

一、进一步贯彻落实全省服务业工作会议精神

(一)抓目标落实。各市、各部门要根据省里年初下达的目标任务,做好半年度目标落实和完成情况的检查。各市要确保具体目标分解落实到县(市、区),同时根据目前服务业发展态势和全省经济"保稳促调"的要求,在原有基础上适度调高发展目标。2009 年全省服务业增长速度要确保超过 12%,力争达到 13% 左右。省级各部门也要根据《2009 年浙江省服务业工作要点》的要求,扎实做好各项工作,确保顺利完成今年的工作任务。

(二)抓政策落实。要全面落实国务院和省政府出台的促进服务业发展的各项政策,加大对政策落实情况的检查力度,分析政策实施过程中出现的各种问题,对不符合发展要求的政策及时进行调整和修改。要进一步深化细化促进服务业发展的政策。各部门要根据年初服务业重点工作安排,抓紧研究制定各项配套政策和实施细则,确保年内全部出台实施。各市、县(市、区)要结合本地实际,研究制定相关配套政策,为加快服务业发展创造良好的政策环境。

(三)抓责任落实。各地、各部门要进一步强化对服务业工作的组织领导,明确领导责任,强化协调服务职能,形成"主要领导亲自抓、分管领导直接抓"的工作格局。要明确落实各项服务业具体工作的责任部门和责任人,建立相应的考核和奖惩机制,推动服务业工作扎实有效开展。

二、进一步加快服务业重点行业、重点企业和重点区域发展

(一)突出发展三大行业。根据服务业发展规划的要求,继续抓好商贸、金融、物流、信息、科技、商务、旅游、文化、房地产和社区服务等与经济转型升级和改善民生密切相关的 10 大重点行业发展。近期要突出抓好以下三大行业:

一是现代物流。结合贯彻实施国家《物流业调整和振兴规划》,尽快编制出台我省物流业发展行动方案。围绕港航强省建设,大力推进港口物流发展,加快编制《宁波——舟山港域现代物流发展规划》,大力发展煤炭、矿石、石油、成品油、粮食等大宗商品物流体系,大力发展以保税物流为重点的国际物流体系,逐步将宁波——舟山港建设成为上海国际航运中心的重要组成部分。积极引进和培育现代物流骨干企业,鼓励和支持物流公共服务平台建设。

二是服务外包。顺应国际产业布局的新变化,积极承接国际服务业转移,加快提升我省承接国际服务外包业务的能力。围绕信息技术外包(ITO)和业务流程外包(BPO)两种主要形式,重点发展

软件、信息、金融、物流、人力资源、研发设计等领域的服务外包。从地区发展实际出发，推进服务外包产业差异化发展战略。杭州、宁波、嘉兴等城市应加快整合软件企业、高校和相关研究机构，打造服务外包产业示范基地。其他服务业外包产业发展基础相对薄弱的城市，应寻求比较优势和发展机遇，确定发展目标，予以重点突破。

三是商贸综合体。集购物、旅游、娱乐、休闲、餐饮等多种功能于一体的商贸综合体作为一种新兴业态，发展前景好；同时，我省商贸和旅游业发展基础扎实，为商贸综合体发展提供了较好条件。要加强规划引导和典型示范，大力推进商贸综合体建设。结合我省实际，加大创新力度，以购物、旅游等为中心，积极推进多种形式、不同规模的商贸综合体建设和发展。

（二）突出抓好"三个一批"工作。围绕培育服务业市场主体，着重做好服务业企业的分离、引进和提升工作。一是分离发展一批。在试点的基础上研究制定鼓励企业分离发展服务业的政策措施，着重推动企业分离发展生产性服务业，确保完成今年新增分离试点企业1000家的目标任务。二是引进移植一批。鼓励引进国外知名的服务企业，充分发挥其示范带动作用；加大与中央直属企业和国内大型服务企业的对接力度，鼓励其到我省投资发展各类服务业。三是整合提升一批。鼓励服务企业并购重组，加大资源整合力度；探索建立省级重点服务业企业培育和联系制度，在全省范围内选择一批具有较强创新性和竞争力的服务业企业，作为省级服务业重点企业，加大培育和支持力度。

（三）突出发挥三类区域优势。一是中心城市要大力引进和培育发展高端服务业。加快发展服务外包、文化创意、研发设计等新兴服务业，鼓励发展商贸综合体、电子商务等新型业态，大力支持服务业技术创新和商业模式创新。不断提高中心城市服务经济的比重，加快向现代服务业为主导的产业结构转型。二是经济强县要大力引导发展总部经济。顺应劳动密集型加工制造环节空间转移的趋势，在做大做强研发设计和品牌营销、售后服务等两端服务业上下功夫，提高核心竞争力。围绕块状经济向现代产业集群转型升级，加快推进科技、信息、物流和商务等区域生产性服务体系建设。积极扶持农村服务业发展，加快推进城乡基本公共服务均等化。三是把集聚区作为现代服务业发展的重要空间载体。年底前编制完成《浙江省现代服务业集聚区总体布局与建设规划》，选择确定30个左右已有一定基础、符合区域定位且发展前景好的现代服务业集聚区，作为省规划布局内集聚区加以重点培育。加强重点集聚区的土地、资金等要素保障，加大招商引资力度，扶持重点集聚区的公共服务平台建设。各市也要进一步加快推进服务业集聚区规划的编制和实施工作。

三、进一步推进服务业重大项目建设

（一）加大对服务业重大项目实施的要素保障。加强土地保障，优先安排列入全省服务业重大项目计划的项目用地。加强资金支持，推进银企合作和项目融资对接，提高服务业信贷比重；探索建立服务业债权基金和股权基金，发挥杠杆效应，引导社会资本加大对服务业的投入。

（二）做好服务业重大项目的增补和储备工作。根据各地项目进展情况和实际需要，下半年再选择一批具有创新性、带动性和可行性的服务业项目，增补列入省服务业重大项目计划。重点梳理一批现代物流、服务外包、商贸综合体等方面的项目，加大支持力度。建立和完善动态管理的服务业重大项目储备库，尽早启动2010年服务业重大项目计划的编制工作。

四、进一步加强服务业统计考评工作

（一）建立和完善服务业统计分析制度。进一步完善政府统计和行业主管部门分工负责的服务业统计工作机制。统计部门要加快健全服务业统计调查方法和指标体系，提高统计工作的全面性、科学性、及时性和有效性。各行业主管部门要结合统计部门的总体工作部署，及时准确汇总并报送基础数据。进一步加强对服务业运行情况的监测与分析，逐步建立服务业形势分析制度。各市也要尽快建立和完善相应的服务业统计分析制度。

(二)加强对服务业工作的考评督查。充分发挥考核评价机制的激励和鞭策作用,下半年重点做好对省级部门的服务业工作考核和对各市的服务业发展状况评价工作。各市要加大对服务业工作的考核评价力度,将服务业发展目标纳入政府工作目标责任考核体系;有条件的市可先行对所辖县(市、区)服务业发展状况进行评价通报。加强对各地、各部门贯彻落实全省服务业工作会议精神和《2009 年浙江省服务业工作要点》情况的专项督查,确保各项政策措施落到实处。

五、进一步重视对服务业发展的引导和管理服务

(一)加强规划和资金引导。一是重视规划引导。积极组织实施《浙江省服务业发展规划》,加强对服务业发展的重点行业和空间布局的引导。加快编制专项规划,引导和促进服务业具体行业和重点领域加快发展。二是注重财政资金引导。充分发挥各级服务业引导资金对社会资本进入服务业领域的引领和促进作用。整合省级服务业发展引导财政专项资金,优化专项资金的使用结构,对重点领域、重大项目、关键环节等加大资金的扶持力度,充分发挥财政资金“四两拨千斤”的作用,引导社会资金投资服务业。

(二)加强典型示范。在全省范围内树立一批服务业创新发展、集聚发展和分离发展的典型,树立一批服务业企业商业模式创新的典型,树立一批市、县(市、区)服务业工作的典型。在上半年组织开展服务业主要行业典型宣传工作的基础上,下半年适时启动围绕商业模式创新和服务业工作的典型宣传。各地要根据服务业发展和工作实际,充分利用各种媒体手段,抓好服务业典型宣传,加大力度营造舆论氛围,提升社会各界对服务业的认识。

(三)加强队伍建设。各地要根据服务业发展实际需要,加强服务业工作的队伍建设和人员力量调配,加大培训教育力度,不断提高干部队伍的业务水平,提高服务业综合管理能力,为推进我省服务业又好又快发展提供有力保障。

关于加快块状经济向现代产业集群转型升级的指导意见

为贯彻落实省委《关于深入学习实践科学发展观加快转变经济发展方式推进经济转型升级的决定》(浙委〔2008〕88号)和省政府《关于加快工业转型升级的实施意见》(浙政发〔2008〕80号),着力推进我省块状经济向现代产业集群转型升级,增强工业综合实力和国际竞争力,特提出如下指导意见。

一、充分认识加快块状经济向现代产业集群转型升级的重要意义

改革开放以来,块状经济已成为支撑我省区域经济发展的重要产业组织形态。以制造业为主的块状经济已占我省全部工业总产值的50%以上,在强化专业化分工协作、优化资源要素配置、吸纳劳动力就业、提高产业竞争力等方面发挥了重要作用。但是,块状经济长期发展过程中累积的一些素质性、结构性矛盾,尤其是产业层次低下、创新能力不强、规划引导缺失、平台支撑不力、转型升级缓慢等问题也逐渐显现。

产业集群化是当今世界产业发展的总体趋势,是产业发展的内在要求。加快块状经济向现代产业集群转型升级,有利于培育区域和产业国际竞争力,有利于形成工业化、市场化、城市化联动发展的新模式,对于转变经济发展方式,提高中小企业创新发展水平,走新型工业化道路,推进经济转型升级都具有十分重要的现实意义。

二、进一步明确加快块状经济向现代产业集群转型升级的目标和原则

(一)主要目标。力争到2012年,全省形成10个左右销售收入超1 000亿元、20个左右300－1 000亿元、60个左右100－300亿元的产业集群。集群内形成功能完善的专业化分工协作体系、产业公共服务平台和支撑体系,创建一批知名度高的区域产业集群品牌。

经过提升发展,努力形成产业集群的六大竞争优势,即龙头企业带动作用明显的集聚优势、配套协作紧密的产业链优势、持续创新的技术领先优势、公共服务平台的支撑优势、资源共享的市场网络优势、节能减排的生态优势;产业集群的综合实力和国际竞争力显著增强,成为推动我省区域经济发展的主导力量。

(二)基本原则。

——坚持企业主体、政府主导原则。通过市场调节、行业自律和能力提升,促进块状经济主动走转型升级之路。政府主要通过规划引导、平台支撑、区域品牌打造、政策扶持和动态评估,营造有利于块状经济转型升级的环境。

——坚持重点突破、整体推进原则。抓住块状经济提升发展过程中的重点问题,明确不同阶段的工作重点,集中资源进行重点突破,以点带面,点面结合,从而推动整个块状经济的转型升级。

——坚持存量优化、增量带动原则。加快信息化与工业化融合,加强标准引领、品牌带动、管理

创新,提升块状经济综合竞争能力。坚持开放拉动、增量推动,注重龙头项目、关键项目的引进,突出高新技术产业的拉动作用。

——坚持区别对待、分类指导原则。遵循不同块状经济发展和提升的内在规律,进一步提高工作的针对性和有效性,按照各自的内容和要求加大提升力度,促使其向现代产业集群转型发展。

三、加快块状经济向现代产业集群转型升级的工作重点

(一)加强战略筹划。以政府为主导、龙头骨干企业为主体,联合科研院校、行业协会等力量,以国际化视野,从全球产业链、价值链、供应链和资本链整合提升的高度,从工业化、城市化、市场化、信息化互动的角度,对块状经济转型升级工作进行整体谋划、科学规划。各市、县(市、区)政府要结合本区域产业发展实际,抓好当地块状经济转型升级实施方案的制订和落实工作,推动本区域块状经济加快向现代产业集群转型升级。

(二)优化空间布局。开发区、工业园区和乡镇工业功能区是块状经济向现代产业集群提升的重要载体,按照高水平开发、高强度投入、高密度产出的要求规划建设好各类园区,使之成为块状经济转型升级的核心区,着力形成多层次、梯度式的工业发展格局。对新开发和拓展的产业园区,尤其是一些新设立的沿海产业园区,要明确产业发展定位,深化园区集群培育和布局规划,特别是要为引进大项目、好项目,建设新型产业集群留足发展空间。按照产业集群和循环经济的理念,提升现有园区规划水平,合理优化空间布局,完善基础设施水平,加强功能性建设步伐,满足块状经济转型升级以及总部经济、物流集聚区、公共检测、信息平台等生产性服务业集聚发展的支撑条件。坚持集约节约利用土地,加快土地资源整合,盘活土地存量。完善标准厂房等生产和生活配套设施建设,保障创业型、成长型中小企业用地需求,为企业集聚发展提供必要空间。

(三)培育龙头骨干企业。积极培育块状经济中关联度大、主业突出、创新能力强、带动性强的龙头企业,发挥其产业辐射、技术示范和销售网络中的引领作用。引导行业龙头骨干企业通过联合、并购和品牌经营、虚拟经营等现代方式整合中小企业,提高产业集中度。鼓励行业龙头骨干企业实施国际化战略,支持其在省外、海外设立原料、能源供应基地、研发设计基地和营销网络,积极开辟新的发展空间。引导行业龙头骨干企业加强战略规划和管理创新,不断提升竞争优势。

(四)加强专业化配套协作。鼓励引导行业龙头骨干企业在做强核心业务的同时,加快剥离专业性强的零部件生产,发展专业化配套企业,提高企业间配套协作水平,形成一批专业化优势显著、竞争能力强的“小型巨人”企业,构建完善产业集群分工协作体系。大力发展生产性服务业,鼓励行业龙头骨干企业在研究开发、仓储物流、市场营销、后勤保障等非制造环节,在满足本企业生产经营所需的同时,为其他企业提供社会化服务。重视发挥中小企业在块状经济中的基础作用,加大政策扶持力度,促进中小企业加速成长,重点推动处于产业链和价值链低端环节的加工型、劳动密集型、贴牌生产型中小企业发展零部件专业化生产。

(五)强化项目带动。在行业和块状经济转型升级规划指导下,加大重大产业项目的前期谋划力度,积极为重大项目的引进实施创造必要的要素支撑条件。加快形成区域重大招商引资项目库,针对不同块状经济提升的关键瓶颈问题,引进一批市场前景好、对区域发展带动性强的产业项目,实施一批区块内重大企业技术改造项目,打造一批生产性服务业聚集区,以持续有效的增量投入支撑块状经济转型升级和结构优化。

(六)完善创新体系。加快以企业为主体、市场为导向、产学研相结合的技术创新体系建设,促进块状经济内企业由委托加工向自主设计研发转变。支持企业在关键技术、关键工艺上进行技术创新合作,构建企业间技术转让交易平台,实现技术创新成果的扩散效应,逐步形成区域技术联盟和创新体系。支持企业以发明专利等自主知识产权为基础,主动参与制订行业标准、国家标准甚至国际标

准，积极占据技术领域的制高点。督促企业严格执行强制性标准，鼓励企业积极采用国际标准和国外先进标准进行生产。

（七）构建公共服务平台。根据不同块状经济特征，探索推进多形式、多层次公共服务平台建设，重点支持研发中心、检测中心、信息中心等服务机构建设。对大企业集中度较高的块状经济，支持依托大企业建设公共服务平台；对以中小企业为主的块状经济，按照“政府推动、市场运作、自主经营、有偿服务”原则，鼓励民营投资、产学研合作、科研院所集聚等多种方式和经济主体参与公共服务平台建设。建立部门分工协作机制，有关部门要按照各自职能，明确分工、加强协作、聚焦政策、形成合力，共同推进各领域、各层面公共服务平台建设，为块状经济转型升级提供良好的支撑条件。鼓励为块状经济转型升级服务的各类中介服务机构建设，重点支持管理咨询、技术专利服务、人才教育培训、市场营销、中小企业融资担保等中介机构，为块状经济内部各企业解决生产、技术、管理、品牌、人才、信息等各方面问题提供支持和服务。

（八）提升集群品牌。大力实施质量振兴和品牌带动战略，提升产业集群内企业质量和品牌意识。加强企业计量、质量、标准等内部管理，不断提高产品质量和服务水平。引导和支持块状经济内企业创立品牌，实现从无牌、贴牌到有牌、自主品牌的转变。推动生产要素向品牌企业和优势企业流动，形成集聚效应，培育形成区域品牌。积极探索不同块状经济区域品牌建设的路径和方式，着力将企业品牌、产业品牌、区域品牌升级为城市品牌，形成浓厚的区域产业文化。抓好品牌保护，促进品牌企业自我保护，强化行政执法力度，形成打假工作合力，切实维护品牌形象。

（九）推进可持续发展。通过清洁生产、资源节约、污染治理和淘汰落后等手段，推广节能减排共性技术，推动块状经济向资源集约节约型和生态环保型产业集群转变。全面建立项目决策咨询服务协调机制，切实把好新上项目入口关、布局关。加强对产业转移的引导，结合区域资源环境承载能力，有序转移符合国家产业政策的资源依赖型和市场依托型生产能力。

四、加快块状经济向现代产业集群转型升级的政策措施

（一）加强组织协调。各地要建立政府主要领导负责、分管领导具体抓、部门分工明确、责任到位、合力扶持的块状经济转型升级工作协调机制。县域型、市域型块状经济所在地政府要负责对本区域块状经济转型升级实施方案编制和组织协调工作；对跨县域的块状经济，要探索建立以核心区所在县（市、区）政府牵头的跨地区的工作协调机制，研究解决块状经济转型升级所需的支撑条件，减少重复投入和无序竞争。省工业转型升级领导小组办公室具体负责全省块状经济升级工作，各成员单位要根据职责分工，加强协作配合，共同研究解决块状经济转型升级的重大问题。要加强调研和督促检查，及时了解和把握块状经济转型升级动态，协调解决有关问题。

（二）开展试点示范。县域型、市域型块状经济所在地的市、县（市、区）政府要重点抓好区域性块状经济提升发展工作，选择一批产业基础良好、区域优势明显、升级潜质较大的块状经济作为重点，加强工作指导、健全区域协调机制、集聚各类要素资源、加大政策扶持力度、营造良好发展氛围，不断摸索和创新块状经济转型升级新路径、新模式。对跨县域的块状经济，其核心区所在县（市、区）政府要牵头抓好提升发展工作。省工业转型升级领导小组办公室从全省范围内选择20个左右产业规模大、提升空间广、带动能力强、示范意义好的块状经济作为转型升级示范区试点单位，制订工作标准、完善实施方案、深化指导服务，着力把握好块状经济转型升级的共性要素和个性特色，积极探索不同行业、阶段和类型的块状经济转型升级路径，为全省块状经济转型升级起到示范引领作用。及时总结各地块状经济转型升级经验，树立典型，积极推广，以点带面，整体推进。加强对试点示范区的监督检查，对方案编制、政策配套及工作推进不力、收效不大的示范区实行动态调整。

（三）加大财政扶持。各地要加大对块状经济转型升级的扶持力度，整合相应的财政扶持政策，

重点用于推动块状经济向现代产业集群转型升级。要加大财政支持力度,采取贷款贴息、专项补助等方式,重点支持产业集群龙头骨干企业技术改造、技术创新、管理创新及节能减排等。

(四)加大金融支持。加强块状经济与各类金融机构的对接与合作,创新块状经济融资方式。对重点培育提升的块状经济,各级银行业金融机构要根据国家产业政策和信贷政策规定,建立健全有效机制,积极支持重点企业的信贷项目。优先支持重点企业在境内外上市,发行债券、短期融资券、中期票据以及上市公司再融资。进一步完善中小企业融资担保体系建设,为中小企业发展拓展融资渠道。

(五)强化智力支撑。建立健全鼓励人才创新的激励机制,鼓励有条件的企业实行期权、股权激励人才,建立完善人才和科研成果有偿转移机制。加强企业经营管理者培训,造就一支懂经营、善管理、具有国际化视野和战略思维的高素质企业家队伍。加强产业技术人才需求分析预测,完善高职院校专业和课程设置,加大教育资源优化配置力度,推动适应全省块状经济转型升级所需的高等、中等职业教育体系和技术培训基地建设。加强与相关国家级行业协会、中科院、工程院等大院名校的对接,组成行业指导和技术支撑力量,参与我省培育发展现代产业集群的战略咨询、规划编制、技术攻关、人才培训等工作。

(六)培育发展行业协会。加快专业性协会建设力度,积极吸收块状经济区块内龙头骨干和特色优势企业进入协会。充分发挥行业协会的桥梁和纽带作用,及时反映行业情况、问题和企业诉求,引导企业贯彻落实好产业政策。要在政府指导、授权或委托下,协助做好行业信息数据收集统计、运行分析、标准制订、品牌培育以及应对技术贸易壁垒诉讼等工作。加强行业自律,规范竞争秩序,促进产业集群有序升级。

关于推进台资企业加快转型升级的意见

台资企业(指在我省登记注册的台湾同胞投资企业)是我省经济的重要组成部分。为进一步适应两岸关系发展的新形势,按照省委提出的“创业富民、创新强省”总战略和“东引台资”的部署要求,积极应对国际金融危机,帮助我省台资企业渡过难关,实现平稳发展,促进台资企业转型升级,现提出如下意见:

一、鼓励台资企业转型升级和自主创新

(一)加强台资企业创新能力建设。鼓励台资企业独立建立或与我省高校、科研院所和企业共建各种形式的企业研发机构,提升技术研发能力;支持台资企业委托我省高校、科研院所和科技型企业开发科技项目或共同开发新技术、新产品、新工艺;在台资高新技术企业和大企业集聚地区,建立浙台高新技术产业园区和高新技术特色产业基地。

(二)支持台资企业申报高新技术企业。对符合高新技术企业条件的台资企业,及时办理认定手续,有关申请程序和认定条件与内资企业相同,并享受相关优惠政策。机电和高新技术产品出口台资企业可申请其对应的专项资金研发项目的资助。

(三)支持引进台湾先进适用的农业技术。围绕“台湾农民创业园”,支持引进台湾优良品种、先进实用技术、先进农业设施设备,促进农业转型升级;对符合《省财政农业产业化贴息资金管理办法》(浙财农字〔2007〕104 号)要求的台资农业龙头企业,优先给予申报安排有关项目。对台资企业从台湾地区引进新品种、新技术、新设备的科技项目,在农业科技经费上给予优先扶持。台资农业科技型企业按照《浙江省农业科技成果转化资金项目管理暂行办法》(浙科发农〔2002〕234 号),实行与内资企业相同的程序和条件申报项目。

(四)鼓励台资企业进行技术改造。为支持台资企业进行技术改造,对符合《浙江省工业转型升级财政专项资金管理暂行办法》(浙财企字〔2009〕60 号)的项目,可申请专项资金贴息或补助。

(五)鼓励台资企业进行研发和创新。鼓励和支持台资企业申请省属重大专项、省中小企业创新资金等省级科技计划项目;台资企业在利用自有资金或银行信贷资金开展研究、开发、成果转化和产业化活动,凡符合《浙江省省级科技成果转化产业化项目事后补助和贷款贴息经费管理办法(试行)》(浙财教字〔2007〕224 号)相关要求,实行与内资企业相同的程序和条件申请省级科技成果转化产业化项目事后补助或贷款贴息;台资企业与国(境)外企业进行合作研究项目和引进技术消化吸收再创新产业化项目,凡符合《浙江省国际合作科技项目管理办法》(浙科外发〔2008〕49 号)相关要求,实行与内资企业相同的程序和条件申报浙江省国际科技合作项目,获取相关资金支持;允许台资企业申请认定省级高新技术企业研究发展中心,符合条件的推荐认定国家工程技术研究中心;鼓励和支持台资企业申报科技奖励,有关申请程序和条件,与内资企业相同。

(六)加强对台资企业知识产权的政策支持与保护。台资企业以我省企业法人申请的发明专利,可以申请各级政府部门的专项补助资金;符合条件的,可以申请各级知识产权示范(试点)企业认定。

有关部门要切实加强对台资企业商标权、专利权、版权、植物新品种、商号等知识产权的保护,积极为台资企业提供快捷、便利的知识产权公共服务。

(七)鼓励台资企业创立自主品牌。支持和鼓励符合条件的台资企业产品申报中国驰名商标、国家质量奖、中国名牌产品、浙江省著名商标、浙江省名牌产品、浙江省知名商号。台资企业创立自主品牌,且出口达到一定标准的台资企业可申请认定“浙江出口品牌”。

(八)加大对台资企业节能降耗的支持。为支持台资企业节能降耗工作,符合《浙江省节能及工业循环经济财政专项资金管理办法》(浙财企字〔2008〕134 号)的台资项目,可申请节能、节水、资源综合利用、工业循环经济资金的补助或奖励。

(九)鼓励台资企业承建基础设施和重大工程建设。鼓励和支持具有相应资质的台资企业拓展大陆市场并参与我省扩大内需的基础设施和重大工程建设。

二、加强对台资企业的融资支持

(十)加大对台资企业贷款投放力度。在浙金融机构要积极争取各自总行对台资企业专项融资用于支持我省台资企业融资;对有市场、有订单、信用记录较好的台资企业要合理确定授信品种,增加信贷投放。

(十一)创新金融抵押担保方式。鼓励金融机构积极推出面向台资企业的股权质押、应收账款质押、知识产权质押等多元化动产抵质押及多户联保、个人无限责任连带担保等新型担保方式融资产品;利用省中小企业创业融资平台,通过“打包贷款、统借统还、抱团增信”的运作机制,为台资中小企业提供融资担保;探索发行面向台资中小企业的集合信托计划,整合财政、信托、担保、社会资金、风险投资等资源,缓解中小企业融资难;支持行业协会牵头组织有条件的台资企业,共同设立担保公司,为中小台资企业贷款提供担保。

(十二)鼓励台资企业在资本市场直接融资。积极引导我省有条件的台资企业在国内 A 股股票市场上市。相关部门要将符合转型升级要求和上市条件的台资企业作为重点培育对象,给予扶持和指导。同时,积极支持已上市的台资企业在符合条件的情况下进行再融资。

三、积极落实台资企业税费优惠政策

(十三)对台资企业代理报关业务实行营业税差额征收政策。台资企业从事代理报关业务,以其向委托人收取的全部价款和价外费用扣除税收政策规定项目金额后的余额,作为计税营业额申报缴纳营业税。

(十四)减免部分现代服务业台资企业税收。根据国家有关税收政策,台资企业从事技术转让、技术开发业务和与之相关的技术咨询、技术服务业务取得的收入,可申请免征营业税。企业在一个纳税年度内符合条件的技术转让所得不超过 500 万元的部分,免征企业所得税;超过 500 万元的部分,减半征收企业所得税。对国家服务外包示范城市符合条件的技术先进型服务企业,从事离岸外包业务收入免征营业税,减按 15% 的税率征收企业所得税。对台资企业增值税一般纳税人销售其自行开发生产的软件产品,增值税实际税负超过 3% 部分按规定即征即退。新办软件生产企业经认定后,自获利年度起,第一年和第二年免征企业所得税,第三年至第五年减半征收企业所得税。经国家有关部门认定的动漫企业自主开发、生产动漫作品和动漫产品,可申请享受国家现行鼓励软件产业发展的增值税、所得税政策,涉及营业税应税劳务的(除广告业、娱乐业外),减按 3% 的税率征收营业税,对动漫企业在境外提供劳务获得的境外收入不征营业税。

(十五)减免部分台资企业设备更新税收。台资企业购进的机器设备等固定资产的进项税额可按规定从增值税销项税额中抵扣,新购置的用于技术改造的固定资产,由于技术进步等原因,确需加速折旧的,可以按规定享受固定资产加速折旧的税收优惠;台资企业购置并实际使用的符合国家规定目录的环保、节能节水和安全生产专用设备,该专用设备投资额的10%可以从企业当年的应纳所得税中抵免。

(十六)鼓励台资企业享受资源综合利用税收优惠。企业以《资源综合利用企业所得税优惠目录》规定的资源作为主要原材料,生产国家非限制和禁止并符合国家和行业相关标准的产品取得的收入,可以减按90%计入总额;企业生产经营的产品凡符合《财政部国家税务总局关于资源综合利用及其他产品增值税的通知》(财政〔2008〕156号)要求的,允许享受增值税优惠政策。

(十七)鼓励台资企业享受环境保护、节能节水税收优惠。企业从事符合条件的环境保护、节能节水项目的所得,自项目取得第一笔生产经营收入所属纳税年度起,按照有关规定减免所得税。

(十八)减征、缓交困难台资企业相关税费。台资企业正常缴纳房产税、城镇土地使用税确有困难,符合税收政策规定的,可向主管地方税务机关申请减征或免征。台资企业按期缴纳企业所得税款确有困难、符合税收政策规定的,可按照有关规定向主管税务机关申请延期缴纳。

(十九)减轻台资企业社会保险负担。2009年按照《关于进一步采取帮扶措施减轻企业负担稳定就业局势有关问题的通知》(浙劳社就〔2009〕6号)规定,符合条件的台资企业在社会保险费缴纳比例实行临时性下浮的基础上,允许困难企业在一定期限内缓缴社会保险费。

四、支持台资企业从事进出口贸易

(二十)优化台资企业进出口通关环境。进一步推进"属地申报,口岸验放"通关模式,充分利用我省现有开放口岸开通与台湾的直航业务,支持和帮助台资企业充分利用特殊监管区域和海关政策的各种优势,积极开展加工贸易业务。

(二十一)简化台资企业加工贸易保税货物内销手续。完善加工贸易征税和审价作业,加强对重点涉税企业和纳税大户办理内销征税手续的指导,优先办理加工贸易内销征税手续,便利台资企业转变销售模式。

(二十二)优化台资企业贸易收结汇手续。在出口收结汇联网核查时,允许在确已出口但因数据传输时滞造成可收汇额不足的台资企业,可先结汇后核查。简化台资企业申请比例结汇和临时额度的审批程序,缩短审批时间。适当提高来料加工项下出口可收汇额度核定比例。

(二十三)优化台资企业出口退税手续。对符合产业政策、信誉良好、规模较大的台资企业出口产品,逐步实施"先退税后核销"的管理办法,以减少企业资金占用,鼓励台资企业经批准后外购产品并享受出口退税。

(二十四)优化台资企业检验检疫手续。对我省符合条件的台资企业,优先推荐实施国家质检总局"绿色通道"制度和"直通放行"制度,并可参照当地检验检疫机构一类企业管理。对我省台资企业进出口检验检疫按照有关规定减免费用、简化程序。对台资企业从事对台小额贸易根据"同等优先、适当放宽、风险管理、有序促进"方式进行检验检疫监管,优先受理报检、检验检疫、代理放行。

五、优化台商生产生活环境

(二十五)改善台商投资环境。各级政府有关部门都要坚持依法行政,提高办事效率,积极为台商投资创造公开、公正、廉洁、高效的行政环境,及时协调解决台资企业、台商在生产经营和生活中的困难和问题。

(二十六)完善台商维权机制。各级政府都要建立健全台商权益保障机制,及时、公正、妥善处理台商投诉,做好相关协调工作。高度重视台资纠纷处理,切实维护台商合法权益。

(二十七)保障台资企业用工需求。各级劳动人事部门要根据台资企业的用工需求,通过多种渠道,推荐各类人才到台资企业就业,并适时为台资企业举行专场人才招聘会。

(二十八)加强台资企业职工技能培训。支持省内技工院校和各类职业培训机构与台资企业的合作,开展多种形式的职工技能培训,特别是对农民工技术骨干实行技能提升培训,并按规定对其开展技能培训给予适当补助。

(二十九)妥善解决台商子女在我省就学问题。切实贯彻教育部和国台办联合下发的《关于进一步做好台湾同胞子女在大陆中小学和幼儿园就读工作的若干意见》(教港澳台〔2008〕7号),对台商子女入学实行"欢迎就读,一视同仁,就近入学,适当照顾"的原则,为台商子女解决在我省入托、入学的困难。

贯彻国务院关于进一步推进长江三角洲地区改革开放和经济社会发展指导意见的实施意见

为贯彻《国务院关于进一步推进长江三角洲地区改革开放和经济社会发展的指导意见》(国发〔2008〕30号,以下简称《指导意见》)精神,现结合我省实际,按照突出重点的原则,提出以下实施意见。

一、总体要求

(一)基本原则。坚持科学发展,推进转型升级,努力保持经济平稳较快发展;坚持和谐发展,推进基本公共服务均等化,着力保障和改善民生;坚持率先发展,深化改革开放,力争在重要领域和关键环节率先取得突破;坚持一体化发展,深化长三角区域及周边地区的合作,不断增强区域国际竞争力。

(二)发展定位。

——成为亚太地区国际门户的重要区域。围绕上海国际金融和国际航运中心建设,大力发展海洋经济,以宁波——舟山港为核心,打造全国重要的海上运输通道和战略物资储运基地,提高开放型经济水平,成为我国参与全球合作和对外开放的重要窗口。

——成为全球先进制造业和现代服务业的重要基地。加快区域创新体系建设,促进产业转型升级,提升制造业层次和水平,发展培育若干具有国内外竞争优势的现代产业集群;大力发展现代物流、金融服务、文化创意、科技服务、信息服务、商务服务、旅游休闲等产业,形成“高增值、强带动、宽辐射、广就业”的服务经济体系;继续成为我国经济最具活力的地区之一。

——成为长三角世界级城市群的重要组成部分。杭州、宁波、温州三大都市经济圈和浙中城市群的综合承载能力和服务功能大幅提升,与长三角其他城市的要素流动和功能整合更加充分,经济、技术、文化等联系更加紧密,为提高长三角城市群的国际影响力和竞争力提供重要支撑。

(三)主要目标。到2012年,产业结构进一步优化,高效生态农业发展水平明显提高,高新技术产业和装备制造业增加值占工业增加值比重分别达到26%和32%,力争服务业增加值占生产总值的比重达到47%;创新能力显著增强,全省科技综合实力、区域创新能力位居全国前列;统筹城乡区域发展取得重大突破,城市化水平超过60%;单位生产总值能耗和主要污染物排放总量明显降低,耕地和水资源得到有效保护;社会保障体系覆盖城乡,公共服务能力进一步增强;城乡居民人均收入明显提高,人民生活显著改善,基本实现全面建设小康社会的目标。

到2020年,率先基本实现现代化。基本形成以服务业为主的产业结构,三次产业协调发展;经济发展主要依靠科技进步和人力资本提升,建成具有浙江特色的区域创新体系;区域城乡发展更加协调,形成分工合理、各具特色的空间格局;节能降耗、环境保护和土地节约集约利用水平继续居于全国领先地位,初步建成资源节约型和环境友好型社会;社会保障水平进一步提高,实现基本公共服务均等化,人民生活更加富裕,生活质量显著提高。

二、重点任务

(四)加快现代服务业发展,促进产业转型升级。加快发展金融保险、现代物流、信息服务、科技教育、商务会展和批发分销等生产性服务业,大力发展电子商务、服务外包、文化创意、研发设计和数字传媒等新兴服务业,改造提升商贸、旅游和房地产等传统优势服务业,加快关系民生的公共服务、社区服务、人居休闲等服务业发展。鼓励服务领域技术创新、业态创新和商业模式创新,大力发展连锁经营、物流配送、电子商务等现代流通方式。推动区域中心城市产业结构由“二、三、一”向“三、二、一”加速转变,进一步发挥杭州、宁波、舟山作为全国性物流节点城市的积极作用。引导和支持服务业集聚发展,形成一批特色鲜明、主业突出、功能完善的现代服务业集聚区。支持和鼓励我省金融机构主动接轨上海国际金融中心建设,开展资本、业务和管理等方面的合作,形成比较发达的多功能、多层次金融市场体系。加快杭州、宁波、温州等中心城市金融集聚区建设,吸引金融机构总部的后台服务中心、小企业金融服务专营机构、金融服务外包、金融市场分中心等落户浙江,做强做大地方金融业。深入开展“信用浙江”建设,扩大长三角信用数据共享范围,建立区域社会信用平台与体系。促进服务业由城市向农村延伸,增强中小城镇服务功能,完善农村服务网络,基本形成分工合理的城乡服务业合作体系和协调发展格局。推进服务业管理体制改革,建立和完善统分结合的服务业工作机制,形成科学的服务业发展统计与考核评价体系。

(五)做大做强支柱产业,提升制造业发展水平。积极运用高新技术和先进适用技术改造提升纺织服装、皮革塑料、化学原料及化学制品、通用设备制造、建筑材料等传统及重点行业的技术水平,加强信息技术在工业领域的推广应用,全面推进工业结构优化升级。大力发展总部经济和研发、设计、营销中心,促进产业链向高端延伸。立足我省特色优势产业,构建国内重要的软件、家电、轿车、客车、汽车零部件等研发生产基地。积极发展生物和医药、新材料、新能源和高新节能产品等高科技产业,加快建设以舟山为重点的沿海海洋生物医药产业基地、以宁波为重点的新材料研发中心,以及台州、湖州的新材料研发转化生产基地。加快发展装备制造业,提高装备制造业系统集成能力和核心技术研发能力,重点推进电站装备、大型石化装备、轨道交通设备、纺织装备等重要领域装备的本地化。加大扶优扶强力度,在装备制造、汽车、船舶、医药、钢铁、电子信息、石化、纺织、轻工、有色金属、建材、新能源等领域,加快培育一批拥有自主知识产权、具有较强竞争力的行业龙头骨干企业,鼓励和支持优质资本、优势企业跨行政区并购和重组。完善块状经济生产性服务体系,构建公共服务平台,加强专业化配套协作,着力推进块状经济向现代产业集群转型升级。优化产业布局,加快推进环杭州湾、温台沿海和金衢丽高速公路沿线产业带建设。

(六)着力推进农村农业发展,加快城乡一体化进程。完善土地承包经营权流转的政策,全面深化集体林权制度改革,建立健全耕地、林地承包经营权流转市场,对于流入和流出承包经营权、宅基地的主体给予优惠政策。推行林权、大型农用生产设备等抵押贷款,探索开展农房抵押和海域使用权抵押贷款试点,全面推进政策性农业保险和农房保险。稳定粮食生产,全面实施千万亩标准农田质量提升工程。积极发展现代高效生态农业,培育、扶持农业主导产业发展,使我省成为长三角地区优质农副产品的重要生产供给基地。加快培育现代农业生产经营主体,建立以规模化家庭农场经营与农民专业合作社、农业龙头企业相结合的新型农业经营体制,完善专业合作、供销合作、信用合作“三位一体”合作机制。加强现代农业基础设施和基层农业公共服务体系建设,大力发展设施农业和生态循环农业,加快发展现代生态渔业和远洋渔业。完善农村流通体系,积极推进农产品批发市场升级改造,构筑农村食品消费安全网。加快发展农村社会事业,推动村内道路硬化、卫生改厕、安全饮水、污水治理和垃圾处理等设施建设。改善农村人居环境,按照布局优化、要素集聚、用地节约的要求,有序推进农村住房改造建设。实施下山搬迁、培训就业、产业开发等行动,加强长三角区域扶贫协作,切实促进农民增收。加快发展山区经济,推进城乡区域协调发展。

(七)构建现代海洋产业体系,大力发展海洋经济。择优发展临港重化工业,按照国家产业调整振兴规划,布局建设若干临港产业重大项目。高水平发展以炼油和乙烯为龙头、三大合成材料及多种有机化工原料为重点的石化工业，着力打造宁波国家级石化产业基地和温台石化产业基地。整合提升船舶、钢铁产业，加快形成集船舶现代设计、建造、修理、船用设备、船舶交易为一体的产业体系，重点发展高附加值的特种精品钢铁生产，规划建设浙江省特种船舶制造基地和宁波钢铁基地。积极发展海洋装备业，提升技术集成化和设备成套化水平。推进宁波——舟山港一体化建设，以其为核心，以资产为纽带，以企业为主体，组建全省港口联盟，增强港口整体竞争实力，进一步突出我省港口作为全国大宗散货和集装箱运输干线港的地位。加强港口各项规划之间的协调，统筹开发利用港口岸线资源。加快发展港域现代物流，进一步完善港口集疏运网络，促进港口物流与内陆物流联动发展。推进港口、航道等基础设施建设，以洋山、梅山、金塘、衢山、六横港区开发为重点，提升港口服务功能，建成我国重要的石油、煤炭、成品油、矿砂、粮食、液体化工等大宗战略物资储备和供应基地。继续推进电子口岸和“大通关”建设，建立不同关区、检区间紧密协作机制，不断扩展“大通关”覆盖范围。创新海洋经济发展体制机制，营造充满活力的体制先行区。科学开发利用海洋资源，加强海洋生态环境保护，努力建设海洋生态示范区。

（八）大力推动自主创新，积极建设创新型省份。完善区域创新体系，充分发挥企业在适用技术创新及应用中的主体作用，推动有条件的企业与高等院校、科研院所进行技术合作，有效利用国内外现有单项和分散技术，加强综合集成，提升我省科研创新与应用能力。推进国家科技创新试点省建设，做强一批国家级、省级工程实验室、工程研究中心、企业技术中心和研发中心。支持浙江清华长三角研究院等省部合作科研机构的发展，进一步发挥在浙部属高校科研院所的积极作用。构建各类创新载体和公共创新平台，建设科技企业孵化器、中试基地、高新技术产业基地等成果转化和产业化基地，组织实施一批高技术产业化示范项目，完善创新成果产业化的机制，提升科技创新平台载体的支撑能力，实现关键领域和核心技术的创新突破。推进创新型人才的培养和引进工作，营造有利于人才集聚和脱颖而出的良好环境，组织实施一批重大科技专项和百千万科技创新人才工程，实施企业人才优先开发战略，提高企业从事研发的科学家和工程师占全社会科学家和工程师的比重。营造良好的创新环境，加强区域知识产权保护工作，充分利用增值税转型和财政贴息等政策，增加财政对技术创新的引导性投入，加大对公益性科技项目的支持力度。会同上海、江苏共同组建国家级自主创新综合试验示范区，协同开展产业核心技术、共性关键技术的联合攻关，提高区域整体创新能力和国际竞争力。

（九）做强“三圈一群”，优化城镇空间布局。加快构建杭州、宁波、温州三大都市经济圈和浙中城市群，不断增强区域中心城市的综合实力和集聚辐射能力。编制实施《浙江省城镇体系规划（2008－2020）》，大力发展中小城市和中心镇，走资源节约、环境友好、经济高效、社会和谐、大中小城市和小城镇协调发展、城乡互促共进的新型城市化道路。推动县域特色经济发展提升，以中心镇为重要节点和载体，促进产业和人才、技术、资金、信息等要素的集聚，实现城镇集约集聚发展。进一步加强城市基础设施建设，重点推进综合交通系统、安全供水供能系统、现代信息网络系统、污水垃圾处理环保系统、防洪排涝防灾系统、绿化生态系统的建设。完善城市的综合服务功能，提高城市基础设施的利用效率，改善城市的投资环境和生活环境，提高对产业和人口的承载能力。

（十）加快基础设施建设，提高区域设施网络化水平。重点构建结构优化、功能完善的综合交通、能源、水利和信息等现代基础设施网络体系。加快建设高标准铁路客运专线和城际轨道交通，推进全省现代化轨道交通网建设，完善沟通周边省市的快速通道网络；完善高速公路、干线公路、农村公路三大路网建设，优化省内路网，畅通出省通道；推进涉海基础设施网络建设，完善公路、铁路、水运、电力和油气管网等集疏运体系；加强航空枢纽港与支线机场建设，构建具有国际竞争能力的国内国际航线网络。加强能源基础设施建设，进一步优化能源结构，鼓励发展新能源和可再生能源等清洁能源。统筹区域水利设施建设，完善防洪御潮、排涝和改善水环境的骨干工程体系，提高水库、海塘和堤防的安全保障水平，构筑防洪减灾体系、水资源合理配置和高效利用体系、饮用水安全保障体系以及水生态环境保护体系。完善信息网络基础设施，不断提高网络性能和技术水平，建成覆盖全省、全国领先、能够与全球信息高速公路接轨的信息基础设施，加快推进区域信息一体化，统一数据标准，完善信息资源共建共享机制。充分发挥重大项目协调推进机制的作用，切实做好建设项目的规划选址、环境论证、用地保障等工作，及时解决项目建设过程中的突出问题。

（十一）大力发展循环经济，加快生态省建设步伐。推进循环经济试点省建设，抓好循环经济试点基地和重点项目建设，继续实施循环经济"991 行动计划"，积极推进企业、园区、社会三个层面的循环经济发展，着力构建比较完善的循环经济产业体系、政策支持体系、技术创新体系和激励约束机制，努力创建全国循环经济发展示范区。切实推进节约集约用地，落实"365"节约集约用地实施方案，提高土地利用规划的严肃性，努力保持耕地占补平衡，科学安排新增建设用地计划，盘活存量建设用地，继续保持土地资源利用效率和综合利用水平处于全国领先水平。加快推动节能降耗和资源综合利用，出台节能降耗法规，制定节能降耗强制性地方标准和计量技术规范，大力开发和推广节水、节煤、节材和废弃物资源化的关键共性技术，推进新建建筑节能、太阳能和浅层地热利用。基本建成重点领域资源回收利用体系，在冶金、电力、化工、生物医药、纺织服装等行业探索循环经济发展模式，提高全省资源利用效率和再生资源回收利用率。加强环境保护和生态修复，全面完成"811"环境保护新三年行动和环境保护八大工程，加强钱塘江、太湖等重点流域水环境综合治理和监管，进一步改善全省地表水和空气环境质量。协同上海市、江苏省推进区域环境综合整治，健全区域环境监管联动机制，开展长三角地区环保联合执法。加强陆海污染综合治理，推进跨区域海洋生态环境联合建设。完善生态环境补偿机制，力争主要污染物减排和生态环境质量继续保持全国领先水平。

（十二）转变外贸增长方式，提高开放型经济竞争力。优化进出口结构，以纺织、服装、轻工、工艺和机电产品为重点，培育一批拥有自主知识产权、自主出口品牌的大型外贸企业，提高出口商品的质量、档次和附加值。推进优势企业采用国际先进标准，建立国际营销网络，在巩固传统国际市场的同时，积极开拓新兴市场。建立应对国际贸易摩擦的预警机制，探索攻防并举的维权机制。提高利用外资质量，以先进制造业和现代服务业为主导，引导外资投向电子信息、现代医药、生物环保、现代物流、产品研发、金融保险、旅游文化等领域，推动民营企业与外商开展营销合作、品牌合作和技术合作。大力实施"走出去"战略，充分发挥纺织、服装、轻工等行业竞争优势，鼓励有条件的企业走出去开展加工贸易、投资建设生产基地和营销网络，加强能源、森林、矿产等境外资源合作开发，促进我省经济积极参与全球生产要素配置。重点鼓励企业投标承包境外船舶修理等大中型工程项目，发展服装、建筑、电子以及国际海运、捕鱼等专业型和技术型劳务输出。大力推进空港综合保税区建设，积极发挥海关特殊监管区域的平台作用。

（十三）加快社会事业建设，提高基本公共服务水平。切实加强社会文化建设。着力加强公共文化服务，率先建成覆盖城乡、较为完善的公共文化服务体系；大力发展文化产业，重点发展影视业、新闻出版业、文化艺术服务业、旅游文化服务业、会展业、动漫业等文化产业，制定和实施《文化产业振兴规划》及《文化创意产业发展规划》，规划实施一批重大文化产业项目，做大做强一批大型文化企业集团，重点培育一批民营龙头文化企业，健全现代文化市场体系；创优文化发展环境，推进文化内容形式、体制机制和传播手段的创新，加强文化队伍建设，强化文化领域管理，完善文化发展政策法规。着力推进社会事业发展。提升教育发展水平，建设人力资源强省，加大高层次、创新型人才的引进和培养力度，加强高级职工技能人才的培养；构建覆盖城乡的公共卫生服务体系、医疗服务体系、医疗保障体系、药品供应保障体系；积极发展体育产业，加快构建全民健身服务体系。建立覆盖城乡的就业和社会保障体系。重视下岗失业人员再就业、新增劳动力就业和农村劳动力转移就业，统筹做好高校毕业生就业；完善基本养老、基本医疗、最低生活保障、住房保障和专项救助制度。加快实施企业职工基本养老保险省级统筹，稳步建立农村养老保险制度；协同上海市、江苏省探索建立长三角地区医疗、养老等社会保险的转移接续制度。加强外来人口服务和管理，全面推行居住证制度，逐步实现区域流动人口劳动就业、子女教育、公共卫生、社会保障等与常住人口享有同等待遇。

（十四）继续深化改革开放，再创体制机制优势。加快推进行政管理体制改革，深入推进扩权强县和扩权强镇改革，深化行政审批制度改革，完善投资项目审批联动机制，推行重大项目联合审批制和限时办结制，建立统一的固定资产投资项目管理信息系统。促进民营经济发展，推进公平准入，改善融资条件，优化政策环境，支持有条件的中小企业做大做强，运用多种有效方式，推动国有资本、民营资本和外资的融合，积极发展混合所有制经济。积极借鉴上海浦东综合配套改革试点成熟经验和有效做法，加快推进我省综合配套改革。加快推进要素保障改革，探索推进工业用地分阶段出让改革试点，建立健全建设用地退出机制，形成有利于土地集约节约利用的体制机制，完善水、电价格调节机制，实施污水处理收费及排污权交易制度。加快地方金融创新，进一步深化农信社改革，发挥对“三农”提供金融服务的主导作用；支持和规范发展小额贷款公司，鼓励有条件的小额贷款公司转为村镇银行；鼓励发展各类股权投资基金，推动科技型、创新型中小企业上市融资，进一步拓宽中小企业融资渠道。加快建立内外联动、互利共赢、安全高效的开放型经济体系，扩大开放领域，优化开放结构，提高开放质量，构筑全方位、宽领域、多层次的开放新格局。进一步加快区域市场化进程，共同建立统一开放的产品、技术、产权、资本、人力资源等各类市场，促进生产要素合理流动和资源优化配置，构建长三角相对统一和规范的政策法制环境。

三、主要措施

（十五）研究编制一批重大配套规划。根据《指导意见》的要求，结合国务院即将发布的《长江三角洲地区区域规划》，推进相关区域规划和专项规划的编制工作。协同上海市、江苏省联合开展长三角地区综合交通运输、长三角区域城际轨道交通等重点专项交通规划，以及长三角区域信息化合作、区域创新体系建设和区域信用体系建设等规划的研究编制。编制实施《浙江省主体功能区规划》，优化空间开发秩序；编制实施《浙江海洋经济发展带规划》，加快推进海洋综合开发和保护；编制实施《浙江省农业主导产业发展规划》和《浙江省现代服务业集聚区总体布局规划》，进一步优化产业布局；编制实施《浙江省低丘缓坡重点区块开发规划》和《浙江省滩涂围垦实施计划(2010－2012年)》，合理开发利用低丘缓坡和海涂资源；编制实施全省现代商贸业、金融服务业、现代物流业、信息服务业、科技服务业、旅游业、文化服务业、房地产业、社区服务业、服务外包产业等10个服务业重点行业发展规划，引导服务业创新发展；加快实施钢铁、汽车、船舶、石化、纺织、轻工、有色金属、装备制造、电子信息、建材、医药等产业转型升级规划，加快产业结构调整。

（十六）谋划推进一批重大建设项目。完善综合交通运输体系。大力推进“六线两枢纽”为重点的铁路项目，积极实施杭黄、沪乍嘉湖铁路等项目，加快建设杭州地铁、宁波地铁；加强以高速公路为重点的公路网建设，实施甬台温高速公路复线（沿海高速）、杭新景高速公路等项目；建设宁波——舟山港铁矿石码头、原油码头和宁波梅山保税区集装箱码头等一批码头项目，完善宁波——舟山港及浙南沿海港口的大宗散货和集装箱集疏运网络；提高杭州萧山机场国内干线运输能力，增辟国际客运和国际货运航线，加快宁波栎社国际机场扩建工程，大力发展国际货运航线。构建区域能源安全体系，大力开发利用核能、风能、潮汐能、太阳能等可再生能源和清洁能源，加快推进沿海50－100万千瓦风电，110KV以上主干电网，宁波——舟山煤炭储备和配送基地，舟山油气储备基地，洋山港区、大榭港区、台州大陈岛等油品储运设施，宁波——台州——温州和金华——丽水——温州天然气管网等项目建设。改善水利基础设施，共同推进太湖流域水环境综合治理，实施浙东引水工程和水资源保障百亿工程，推进“三大清水环境工程”等项目建设，解决重点地区的区域性缺水和城乡居民优质饮用水供应问题。完善信息网络基础设施，积极推进电信网、广播电视网、计算机网三网融合，共同推进基础地理空间信息、互联网交换中心互联等共享平台建设。

(十七)统筹布局一批重点开发区块。围绕发展海洋经济,着重抓好一批海洋产业区块的规划建设,合理推进一批滩涂资源的开发利用,建成浙江海洋综合开发的主要空间载体。围绕发展服务业,因势利导推进现代服务业集聚区建设,重点发展物流园区、现代商务区、总部基地、科技创业园、创意产业园、生产性服务集聚区、软件与服务外包基地、文化商旅综合体、新型专业市场等一批现代服务业集聚区。围绕工业转型升级,整合提升各类开发区(园区),建设研发设计、营销、物流和信息等公共服务平台,促进块状经济向现代产业集群转型。围绕发展现代农业,以优化农业布局、促进产业集聚、强化科技辐射、资源循环利用为重点,集中力量建设一批现代农业示范园区。围绕循环经济试点省建设,在再生资源回收利用、中水回用、海水淡化、余热利用、垃圾发电等领域着力打造一批循环经济试点基地,探索形成具有浙江特色的循环经济发展模式。围绕低丘缓坡资源综合开发利用,着重在湖州、衢州、金华、丽水等地区推进一批低丘缓坡建设用地和耕地垦造重点区块的开发,拓展新的发展空间。

(十八)探索实施一批重大改革试点。开展多层面、多层次、多主题的综合配套改革试点,力争在统筹城乡、民营经济创新发展、对外开放、社会主义新农村建设、海洋经济综合开发、生态经济创新发展等重点领域和关键环节改革上创新突破。深入实施三大省级综合配套改革试点,杭州市着力推进创业创新、社会管理、行政管理等体制改革,嘉兴市、义乌市着力打破城乡二元体制,深化城乡规划一体化、基本公共服务均等化、资源要素配置市场化等体制改革,温州市、台州市着力破解民营经济发展的体制机制障碍,推进制度创新、技术创新、市场准入、要素供给、政府转型等体制改革。加快启动其他各市综合配套改革试点,宁波市开展扩大对外开放综合配套改革试点、湖州市开展社会主义新农村建设综合配套改革试点、绍兴市开展工业转型升级综合配套改革试点、金华市开展现代服务业发展综合配套改革试点、衢州市开展产业集聚发展综合配套改革试点、舟山市开展海洋开发综合配套改革试点、丽水市开展生态经济创新发展综合配套改革试点。推进建立嘉善县域科学发展示范点,探索科学发展模式。深入实施全省中心镇、中心村培育工程,使之成为连接城乡的节点和繁荣农村、服务农业、集聚农民的重要载体。

(十九)进一步加强区域合作。建立和完善以决策层、协调层、执行层为基本构架的"三级运作、统分结合、务实高效"的区域合作机制。进一步发挥"长三角地区主要领导座谈会"决策机制的作用,不断健全"长三角地区合作与发展联席会议"协调机制,强化"长三角联席会议办公室"、"长三角合作办公室"、"长三角重点合作专题组"及"长三角地区城市经济合作组"等执行机制,会同上海市、江苏省切实落实长三角地区主要领导座谈会决策事项,着力推进交通、能源、信息、科技、环保、信用、社保、金融、涉外服务、工商管理等10个重点合作专题组的工作。同时加强长三角地区城市间的经济合作交流,主动配合和积极参与做好上海世博会的各项工作。注重发挥社会各界参与长三角合作的积极性和主动性,有序组织开展会展、论坛、经贸洽谈等合作交流活动,构筑一批有效交流平台,不断增强长三角区域合作的活力和影响。

(二十)进一步强化工作推进机制。贯彻实施国务院长三角《指导意见》,事关我省经济社会发展大局。各地、各部门要统一认识,真抓实干,形成合力;要根据《指导意见》和本实施意见的要求,进一步研究制定切实可行的实施方案,建立健全工作机制,落实各项工作任务;要切实加强与国家各有关部门的沟通衔接,积极争取相关支持政策和具体措施;要注重加强与上海市、江苏省和安徽省的对口衔接,在协同推进长三角区域合作和一体化发展的同时,积极推进泛长三角合作。各部门在实施过程中遇到重大问题要及时向省政府报告,确保《指导意见》得到全面有效地贯彻落实。

各地、各部门要充分认识推进长三角改革开放和经济社会发展的重大意义,增强工作的主动性和责任心,抢抓机遇,应对挑战,创造性地开展工作,努力促进我省在高起点上争创新优势、实现新跨越,为长三角率先全面建设小康社会和实现现代化作出更大贡献。

关于实施新一轮山海协作工程的若干意见

我省自2002年全面实施山海协作工程以来,坚持政府推动与市场运作相结合,深入推进发达地区与欠发达地区开展多领域、多层次合作,有力促进了欠发达地区的跨越式发展,为全省产业布局优化和区域协调发展发挥了积极作用。为认真贯彻落实党的十七届三中全会、省委十二届四次全会精神,进一步发挥山海协作工程在推进经济转型升级中的作用,提高我省区域协调发展的层次和水平,经省政府同意,现就实施新一轮山海协作工程提出如下意见。

一、总体要求

以科学发展观为指导,深入实施“创业富民、创新强省”总战略,按照保增长、促转型的要求,着力于增强动力、提升层次、完善机制、强化服务,发挥各自优势,深入推进发达地区与欠发达地区开展特色优势产业、新农村建设、人力资源培训就业、社会事业等领域合作,有效提升欠发达地区产业发展水平,促进低收入群众增收,把欠发达地区培育成为我省新的经济增长点。同时,积极推进发达地区调整产业结构、提升产业层次,实现互利共赢、共同发展,为全面建设惠及全省人民的小康社会做出积极的贡献。

通过几年的努力,到2012年,力争在欠发达地区新增山海协作特色优势产业项目2 000个,到位资金400亿元;建立山海协作参与新农村建设示范点100个,到位资金1.2亿元;培育10个山海协作职业技能实训基地,为1.2万欠发达地区群众提供创业就业技能培训;实施一批社会事业合作项目,有效缩小发达地区与欠发达地区的公共服务差距。

二、拓展山海协作工程的领域和内涵

(一)深化特色优势产业领域合作。把推进产业梯度转移和山海协作企业创新发展有机统一起来,着力提高产业合作的层次和水平,加快培育欠发达地区特色优势产业,提高欠发达地区自我发展能力。发达地区在积极帮助欠发达地区引进项目和资金的同时,要帮助解决项目建成后的技术开发、市场拓展等问题,确保合作项目顺利实施、取得实效。

(二)丰富新农村建设合作内涵。将加快推进欠发达地区新农村建设与促进低收入农户增收结合起来,引导和发挥省内外浙商等社会力量的作用,深入实施“山海协作工程百村经济发展促进计划”和“全国浙商帮扶低收入群众增收152计划”,重点在欠发达地区开展农业农村经济项目合作和农民素质培训,发展农村集体经济,培育新型农民,推进农业转型升级。积极引导和推进山海协作来料加工业务,促进欠发达地区劳动力就业增收。深入开展山海协作基层组织互帮互助工作,增强欠发达地区基层组织的凝聚力和战斗力,切实发挥其带头作用。

(三)创新人力资源培训就业合作方式。结合实施“千万农村劳动力素质培训工程”,依托职业高中、技校等,在衢州、丽水等欠发达地区建设一批山海协作职业技能实训基地。鼓励发达地区政府以及省内外浙商等社会力量采取资金和师资支持、签订就业协议、企业结对等多种方式,支持欠发达地区开展农业技术和适应二三产业发展要求的创业就业技能培训，重点扶持务工返乡人员、农村党员、青年农民、农村妇女等开展创业，不断提高欠发达地区群众就业创业能力。

(四)加强社会事业和公共服务领域合作。省级教育、科技、文化、卫生、人力社保等部门要发挥职能优势，在已有工作基础上，进一步创造条件，推进发达地区与欠发达地区建立社会事业合作结对关系，力争每年达成一批社会事业和公共服务领域合作项目，促进欠发达地区社会事业建设。

三、创新山海协作工程推进机制

(一)优化山海协作结对合作方式。加大发达地区与欠发达地区互访交流工作力度，对口市县每年至少互访一次。在原有结对协作基础上，根据市场规律和资源要素禀赋条件，促进发达地区市县和欠发达地区市县的全面对接，发达地区各市政府每年都要主动选择结对 1－2 个欠发达市，签署合作协议，明确目标任务，并把合作成效作为当年考核的依据。建立发达地区开发区(园区)与山海协作示范区的经常性联系制度；鼓励有条件的发达地区开发区(园区)在山海协作示范区内建立“区中园”，帮助山海协作示范区提升管理能力和产业发展水平。

(二)建立重点山海协作项目的部门联系机制。省级有关部门要发挥职能作用，牵头成立相关专题合作组，在全省组织动员本系统开展区域间交流合作活动，促进发达地区与欠发达地区互促共进发展。对投资额超过 5 亿元的重点山海协作项目，合作双方政府和各级经信、协作部门要建立定期会商制度，密切跟踪联系，及时研究解决项目合作中出现的困难和问题，主动做好服务保障。

(三)搭建山海协作平台。办好每年一度的山海协作工程系列活动，参照“义博会”设置山海协作专区的方式，把山海协作工程纳入到省内其他重大会展活动。省级有关部门要在本系统已有相关平台中融入山海协作内容，为省内区域交流合作创造条件。

(四)优化山海协作管理服务。加快山海协作统计网络和信息平台建设，及时准确全面反映山海协作工程的总体情况。深入搞好调研，开展重大课题的前瞻性研究，把握山海协作工程的宏观形势、政策环境、发展态势和需求，积极探索山海协作绩效评估方法，为山海协作工程提供决策依据。总结推广一批山海协作特色产业示范项目、山海协作新农村建设示范点、山海协作职业技能实训基地等成功做法，做好舆论引导和典型示范，营造全社会支持参与新一轮山海协作工程的浓厚氛围。

四、进一步加大政策扶持力度

(一)建立山海协作产业合作指导目录。根据优化全省产业布局的要求，研究制定山海协作重点产业导向目录，对符合目录要求的合作项目给予重点支持，促进全省产业结构调整和经济转型升级。

(二)切实加大财政扶持力度。逐步增加省山海协作专项资金，不断改善资金扶持结构，充分体现财政政策的导向作用；各有关部门的财政专项资金对山海协作项目要给予重点支持；各级政府要落实相应资金，采取补助、贴息、奖励等方式，支持产业转移和山海协作项目创新发展。

(三)落实山海协作项目用地倾斜政策。各地在控制土地供应总量的前提下，用地计划要优先保障山海协作项目建设需要，可适当降低山海协作项目在投资强度、容积率上的准入门槛。对欠发达地区产业带动作用特别明显的山海协作项目，省里在年度计划分解下达时给予积极扶持。鼓励区域间开展多种形式的资源与产业合作，进一步推进地区间资源合作，通过资源有偿调剂、产业转移等方式促进欠发达地区招商引资和经济社会建设。

(四)加大金融支持力度。鼓励各商业银行加大对欠发达地区的信贷支持，尤其对重大山海协作项目要给予重点支持，在符合贷款投放条件下，尽可能增加信贷资金额度、简化贷款手续。鼓励各地采取担保机构担保和联保等多种方式，有效解决山海协作项目融资担保问题，加快推进山海协作企业创新发展。

五、切实强化山海协作工程的组织保障

扎实开展新一轮山海协作工程，深化推进省内区域交流合作，有利于提升欠发达地区产业水平，促进低收入群众增收致富；有利于发达地区拓展发展空间，推进产业结构优化升级；有利于优化我省产业投资布局，促进“存量”调整和“增量”扩大，提高区域统筹发展水平。各级、各部门要从全局和战略的高度，加强对山海协作工程的领导，明确责任，狠抓落实，推动新一轮山海协作工程顺利开展。欠发达地区要制定配套政策，改善发展环境，切实维护和保障投资者的合法权益，为区域协作和招商引资提供优质服务。发达地区要完善激励政策，推动和鼓励本地企事业单位到欠发达地区开展投资创业和交流合作活动。省发改委、省经信委、省教育厅、省科技厅、省财政厅、省人力社保厅、省文化厅、省卫生厅等有关部门要制定政策措施，促进发达地区与欠发达地区开展多领域、多层次合作，形成推进新一轮山海协作工程的工作合力。要充分发挥各级山海协作工程领导小组的组织领导和督促检查作用，建立对各级各有关部门的目标责任考核制度，有力推进新一轮山海协作工程的顺利开展。

关于实施“百万”造地保障工程的通知

为全面贯彻落实党的十七大、十七届三中全会和中央、全省经济工作会议精神，切实做好扩大内需、促进经济平稳较快发展的建设用地保障工作，省政府决定组织实施“百万”造地保障工程。现将有关事项通知如下：

一、指导思想

以科学发展观为指导，贯彻落实最严格的耕地保护制度和最严格的节约用地制度，紧紧围绕“两创”总战略，通过大力推进低丘缓坡开发、滩涂围垦造地、农村建设用地复垦、土地整理等造地工程，积极扩大有效投资，拓展用地空间，增加耕地面积，实现全省耕地占补平衡，保障经济社会发展的合理用地需求，促进我省经济社会可持续发展。

二、基本原则

（一）坚持依法依规原则。严格遵守土地、林业、海洋、农业、环境保护等方面的法律法规，依法组织实施造地保障工程，依法维护农民等各方主体的合法权益。

（二）坚持统筹规划原则。根据经济社会发展的实际需要，结合产业带建设、土地利用总体规划和城乡建设规划等相关规划的实施，按照五年（2008－2012年）实施要求，统一编制“百万”造地保障工程规划，制定年度实施计划，统筹安排造地项目。

（三）坚持科学合理开发原则。根据我省土地资源的自然属性和区位条件，科学合理开发利用低丘缓坡、滩涂、农村建设用地等资源，严格保护生态环境。

（四）坚持突出重点原则。通过组织实施一批低丘缓坡开发、滩涂围垦造地、农村建设用地复垦、土地整理等省级重点项目，加快全省垦造耕地工作进度，推进“百万”造地保障工程顺利实施。

三、目标任务

从确保低丘缓坡开发新增耕地总量、加大滩涂围垦造地规模、推进农村建设用地复垦、挖掘土地整理潜力等四个方面入手，2008－2012年，全省力争完成新增耕地面积106万亩。其中，2009年计划安排完成新增耕地面积20万亩。

（一）低丘缓坡开发。重点推进金华、衢州、湖州、丽水等地区低丘缓坡资源的开发利用，2008－2012年完成新增耕地面积57万亩。

（二）滩涂围垦造地。重点实施宁波、台州、温州等地区滩涂围垦造地工程，2008－2012年完成新增耕地面积19万亩。

（三）农村建设用地复垦。重点加强杭州、嘉兴、湖州、衢州、绍兴、丽水等地区农村建设用地复垦，2008－2012年完成新增耕地面积19万亩。

（四）土地整理。重点挖掘杭州、金华、嘉兴、台州等地区土地整理新增耕地潜力，2008－2012年完成新增耕地面积11万亩。

四、严格落实省级重点项目和省统筹指标

（一）省级重点造地项目。对项目地块集中连片，农村建设用地复垦新增耕地面积达到50亩以上、低丘缓坡开发新增耕地面积达到500亩以上、滩涂围垦造地（含土地整理）新增耕地面积达到1 000亩以上的，列为“百万”造地保障工程省级重点造地项目。2009－2010年全省计划实施237个省级重点造地项目，计划新增耕地17万亩。2011－2012年再计划实施150个省级重点造地项目，计划新增耕地15万亩。

（二）省统筹补充耕地项目。2008－2012年计划落实省统筹补充耕地指标15.5万亩，其中滩涂围垦5.8万亩，低丘缓坡开发9.7万亩。2009年计划落实4万亩。

五、切实强化保障措施

（一）统一思想认识，加强组织领导。实施“百万”造地保障工程是我省扩大内需、增加投资的重要组成部分，是实现耕地占补平衡的重要途径，是建设项目顺利落地的重要保障。各级政府要从全局和战略的高度，充分认识实施“百万”造地保障工程的重要性、紧迫性，树立机遇意识、责任意识。“百万”造地保障工程纳入资源节约与环境保护行动计划中的“365”节约集约用地实施方案，各级政府要加强组织领导，把实施“百万”造地保障工程作为当前国土资源工作重中之重来抓，及时协调解决实施过程中重大问题，确保这项工程顺利推进。

（二）明确工作职责，落实计划任务。“百万”造地保障工程，纵向上实行省、市、县（市、区）三级耕地保护和造地改田领导小组负总责的组织管理制度；横向上实行政府主导、国土资源部门牵头、相关部门配合、企业竞争介入、农民主体参与的实施管理制度，落实共同责任。省里负责制定“百万”造地保障工程实施计划，督促落实省统筹指标和省级重点造地项目的立项审批、项目验收工作，做好实施情况考核，确保计划任务全面落实。市级政府负责分解落实“百万”造地保障工程计划任务，督导县级政府做好造地保障工程的实施。县级政府具体负责落实“百万”造地保障工程项目，组织实施造地任务。各地要层层分解任务，细化目标，并落实到具体项目、具体地块，建立“百万”造地保障工程项目库，按计划、有步骤、分年度组织实施。

（三）严格项目管理，确保垦造质量。严格执行国家和省有关政策、法规，加强对项目立项、规划设计、工程实施、竣工验收的管理，确保造地质量。废弃矿山复垦项目必须实施表土覆土工程。对列入省级重点造地项目的，实行省级验收制。严格执行项目法人制、招投标制、工程监理制、合同制、公告制和审计制，杜绝项目弄虚作假、面积不实、质量低劣等现象。加大垦后利用管理力度，通过种植利用，不断提升耕地质量。

（四）筹措落实资金，保障足额投入。严格按照国家、省的相关规定，耕地开垦费、新增建设用地土地有偿使用费、土地出让金的15%、耕地占用税等专项资金要足额收缴提留，不得减免。耕地开垦费、省级开发补助资金要专项用于垦造耕地项目，新增建设用地土地有偿使用费要保障垦造耕地项目需要，确保项目资金足额投入。发挥市场化运作机制作用，继续实行补充耕地指标有偿调剂政策，多渠道筹措造地资金。根据《土地开发整理项目预算定额标准》（财建〔2005〕169号），推行项目工程资金预算管理制度，注重资金使用效益。加强项目资金使用情况审计，确保资金专款专用，严禁任何单位和个人侵占挪用。

（五）强化考核奖惩，确保任务完成。“百万”造地保障工程实施情况纳入市级政府年度耕地保护目标责任制考核内容。实行土地开发整理、省重点建设项目当地占补平衡落实情况与新增建设用地指标安排挂钩政策，根据各地工作成效，奖励或者扣减一定的建设用地计划指标。鼓励实施重点造地项目，对列入省级重点造地项目的，按新增耕地面积给予每亩1 500元的补助。各地要结合本地区实际，制定激励措施，加快实施“百万”造地保障工程，确保这项工程顺利完成。

浙江省境外投资管理实施办法(试行)

第一条 为促进和规范我省企业境外投资,根据《境外投资管理办法》(商务部令 2009 年第 5 号),制定本实施办法。

第二条 本办法适用于我省企业境外投资行为。

第三条 浙江省商务厅负责对我省企业境外投资实施管理和监督,各市、县(区)商务主管部门负责对本行政区域内企业境外投资实施管理和监督。

第四条 省商务厅通过商务部建立的"境外投资管理系统"(以下简称"系统")对企业境外投资实行核准。对予以核准的企业颁发《企业境外投资证书》(以下简称《证书》,样式见附件 1)。

第五条 我省企业开展以下情形境外投资按规定报商务部核准:

(一)在与我国未建交国家的境外投资;

(二)特定国家或地区的境外投资;

(三)中方投资额 1 亿美元及以上的境外投资;

(四)涉及多国(地区)利益的境外投资;

(五)设立境外特殊目的公司。

省商务厅在向商务部提出申请前应征求我驻外使(领)馆(经商处室)意见。

第六条 我省企业开展以下情形的境外投资应当报省商务厅核准:

(一)中方投资额1 000万美元及以上、1 亿美元以下的境外投资;

(二)能源、矿产类境外投资;

(三)需在国内招商的境外投资。

省商务厅核准能源、矿产及需在国内招商类的境外投资应征求我驻外使(领)馆(经商处室)意见,其他情形的境外投资,视情征求我驻外使(领)馆(经商处室)意见。

第七条 企业开展本办法第五条、第六条规定情形以外的境外投资,按本办法第十二条规定办理核准。

第八条 企业境外投资有以下情形之一的,商务主管部门不予核准:

(一)危害我国国家主权、安全和社会公共利益,或违反我国法律法规;

(二)损害我与有关国家(地区)关系;

(三)可能违反我国对外缔结的国际条约;

(四)涉及我国禁止出口的技术和货物。

第九条 企业开展本办法第五条、第六条规定情形的境外投资应提交以下材料:

(一)申请书,主要内容包括境外企业的名称、注册资本、投资金额、经营范围、经营期限、投资资金来源情况的说明、投资的具体内容、股权结构、投资环境分析评价以及对不涉及本办法第八条所列情形的说明等;

(二)企业营业执照复印件;

(三)境外企业章程及相关协议或者合同;

(四)国家有关部门的核准或备案文件;

(五)并购类境外投资须提交《境外并购事项前期报告表》(样式见附件3);

(六)主管部门要求的其他文件。

第十条 企业开展本办法第五条规定情形的境外投资,省属企业直接报省商务厅,其他企业通过当地商务主管部门报省商务厅。省商务厅应当在收到转报材料后5个工作日内(不含征求驻外使(领)馆(经商处室)的时间)将初审意见和全部申请材料报送商务部。

第十一条 企业开展本办法第六条规定的境外投资,省属企业直接报省商务厅,其他企业通过当地商务主管部门报省商务厅。省商务厅应当在收到转报材料后5个工作日内决定是否受理。申请材料不齐全或者不符合法定形式的,应当在5个工作日内一次告之申请人;受理后,应当在10个工作日内(不含征求驻外使(领)馆(经商处室)意见的时间)做出是否予以核准的决定。

对予以核准的境外投资,省商务厅应当出具书面核准决定并颁发《证书》;不予核准的,应当书面通知申请企业并说明理由,告知其享有依法申请行政复议或者提起行政诉讼的权利。

第十二条 企业开展本办法第七条规定的境外投资,须通过"系统"填报《境外投资申请表》(以下简称申请表,样式见附件2),并将相关材料提交当地商务主管部门,由当地商务主管部门于2个工作日内进行初审转报。省商务厅应当在收到转报材料后3个工作日内进行审查,申请材料齐全、申请表填写完整且符合法定形式的即予颁发《证书》,申请材料不齐全、申请表填写不完整且不符合法定形式的,应当在2个工作日内一次告之申请人。省属企业直接提交省商务厅核准。

企业需提交以下材料:

(一)申请表(经法人代表签字、盖章);

(二)投资主体营业执照复印件、董事会决议;

(三)相关部门核准或备案文件;

(四)主管部门要求的其他文件。

第十三条 外商投资企业开展境外投资,当地商务主管部门应征求相关外资审批部门的意见。

第十四条 核准后,原境外投资申请事项发生变更,企业应参照原核准程序申请办理变更核准手续。

第十五条 我省企业之间转让境外企业股份,由受让方负责申请办理变更手续。

我省企业向外省(包括省、自治区、直辖市、计划单列市、新疆生产建设兵团)企业转让境外股份,由外省企业负责办理变更手续。我省企业应当将商务部或外省商务主管部门的相关核准文件报送我省商务厅备案。

外省企业向我省企业转让境外股份,由我省企业负责办理变更手续。我省商务厅应当将相关核准文件抄送其他股东所在地省级商务主管部门。

第十六条 境外企业增资后,投资总额达到或超过1 000万美元但不及1亿美元的,按本办法第六条规定办理;境外企业增资后,投资总额达到或超过1亿美元的,按本办法第五条规定办理。

第十七条 企业终止经省商务厅核准的境外投资应向省商务厅备案,交回《证书》。省商务厅出具备案函,同时抄送有关部门,企业据此向外汇管理等部门办理相关手续。

第十八条 《证书》是企业开展境外投资业务的合法凭证,企业应妥善保存。如《证书》丢失,企业要在全国性报纸上刊登遗失声明,方可办理补办手续。

第十九条 省商务厅负责对省内各市、县(区)商务主管部门及省属企业的境外投资管理情况进行检查和指导。

第二十条 各级商务主管部门会同有关部门建立健全境外投资引导、促进和服务体系,强化公共服务。

第二十一条 企业境外投资获得核准后,持《证书》到外汇管理、银行、海关、外事、公安等部门和机构办理相关手续,并享受国家和本省有关政策支持。

第二十二条 企业提供虚假申请材料或不如实填报申请表的,省商务厅可不予受理或不予核准,并给予警告,且可在一年内不受理该企业任何境外投资核准申请;企业以提供虚假材料等不正当手段取得境外投资核准的,原核准机关是省商务厅的,由省商务厅撤销相关文件,并在三年内不受理该企业任何境外投资核准申请。

第二十三条 违反本办法规定的企业三年内不得享受国家和本省有关境外投资政策支持。

第二十四条 市、县(市、区)商务主管部门未按本办法规定履行管理和监督职责的,省商务厅责令其改正并提出批评。

第二十五条 企业控股的境外企业的境外再投资,在完成法律手续后一个月内,应当通过“系统”填报相关信息,打印《境外中资企业境外投资备案表》(样式见附件4)并加盖本企业公章后向省商务厅备案。企业递交备案表后即完成备案。

第二十六条 本办法由省商务厅负责解释。

第二十七条 本办法自发布之日起施行。

长三角年鉴2010

第五篇 经济社会发展重要指标

表 5-1 长三角地区国民经济和社会发展总量与速度指标(2009 年)

指标	长三角	上海市	江苏省	浙江省
人口与就业				
人口(万人)				
年末人口	14 362.00	1 921.32	7 724.50	4 716.18
就业(万人)				
就业人数	9 331.04	1 064.42	4 674.64	3 591.98
宏观经济				
国民核算(亿元)				
地区生产总值	72 494.10	15 046.45	34 457.30	22 990.35
第一产业	3 538.76	113.82	2 261.86	1 163.08
第二产业	36 476.64	6 001.78	18 566.37	11 908.49
第三产业	32 478.70	8 930.85	13 629.07	9 918.78
固定资产投资(亿元)				
全社会固定资产投资总额	34 965.53	5 273.33	18 949.88	10 742.32
财政(亿元)				
财政收入	20 287.85	7 760.97	8 404.99	4 121.89
地方财政支出	9 660.36	2 989.65	4 017.36	2 653.35
物价(上年=100)				
居民消费价格指数		99.60	99.60	98.50
国内商业				
社会消费品零售总额(亿元)	25 279.60	5 173.24	11 484.10	8 622.26
对外经济贸易和旅游				
进出口总额(亿美元)	8 042.97	2 777.31	3 388.31	1 877.35
出口	4 741.66	1 419.14	1 992.42	1 330.10
教育、科技、文化				
教育				
高等学校本专科在校学生(万人)	307.62	51.28	165.34	91.00
普通中学在校学生(万人)	721.11	60.37	398.44	262.30
小学在校学生(万人)	788.24	67.12	396.02	325.10
文化				
图书出版量(亿册)	10.81	2.74	4.95	3.12
杂志出版量(万册)	35 074.00	17 900.00	9 578.00	7 596.00
报纸出版量(亿份)	74.23	16.33	26.50	31.40
家庭、生活、环境				
家庭				
生活				
城镇居民人均可支配收入(元)		28 838.00	20 552.00	24 611.00
农村居民人均纯收入(元)		12 324.00	8 004.00	10 007.00

表5-2　长三角地区国民经济和社会发展结构指标(2009年)

指标	上海市	江苏省	浙江省
人口与就业			
人口			
城乡结构			
城镇	88.30	55.60	57.90
乡村	11.70	44.40	42.10
性别结构			
男	49.90	50.04	50.90
女	50.10	49.96	49.10
就业			
产业结构			
第一产业	4.60	25.10	18.30
第二产业	39.70	35.70	48.10
第三产业	55.70	39.20	33.60
宏观经济			
国民核算			
地区生产总值产业结构			
第一产业	0.70	6.50	5.10
第二产业	39.90	53.90	51.80
第三产业	59.40	39.60	43.10
产业经济			
工业			
工业产值按轻重分			
轻工业	22.80	27.10	41.90
重工业	77.20	72.90	58.10
运输业			
货运量结构			
铁路	1.20	3.80	2.30
公路	49.10	64.60	63.30

（续表）

指标	上海市	江苏省	浙江省
水运	49.30	26.10	34.40
对外经济贸易和国际旅游			
海外旅游人数结构			
外国人	77.90	71.10	66.20
港澳台同胞	22.10	28.90	33.80
教育、科技、文化			
教育			
在校学生结构			
大学生	28.70	15.60	12.20
中学生	33.80	46.90	44.30
小学生	37.50	37.40	43.50
专任教师结构			
大学	26.70	14.70	11.40
中学	41.60	47.90	49.30
小学	31.00	37.50	39.30
生活、环境			
生活			
城镇居民消费结构			
食品	35.00	36.30	33.60
衣着	7.60	9.90	9.70
居住	9.10	8.70	8.90
其他	48.30	45.10	3.50
农村居民消费结构			
食品	37.10	39.20	37.40
衣着	5.10	5.30	6.30
居住	21.50	16.70	18.50
其他	36.30	38.80	2.10

表5-3 长三角地区主要年份地区生产总值按当年价格计算

单位:亿元

年份	长三角	上海市	江苏省	浙江省
1978	645.77	272.81	249.24	123.72
1979	742.73	286.43	298.55	157.75
1980	811.61	311.89	319.80	179.92
1981	879.64	324.76	350.02	204.86
1982	961.25	337.07	390.17	234.01
1983	1 046.55	351.81	437.65	257.09
1984	1 232.95	390.85	518.85	323.25
1985	1 547.73	466.75	651.82	429.16
1986	1 738.24	490.83	744.94	502.47
1987	2 074.78	545.46	922.33	606.99
1988	2 627.40	648.30	1 208.85	770.25
1989	2 867.83	696.54	1 321.85	849.44
1990	3 102.85	781.66	1 416.50	904.69
1991	3 584.48	893.77	1 601.38	1 089.33
1992	4 626.04	1 114.32	2 136.02	1 375.70
1993	6 443.30	1 519.23	2 998.16	1 925.91
1994	8 737.53	1 990.86	4 057.39	2 689.28
1995	11 212.23	2 499.43	5 155.25	3 557.55
1996	13 150.29	2 957.55	6 004.21	4 188.53
1997	14 805.24	3 438.79	6 680.34	4 686.11
1998	16 053.66	3 801.09	7 199.95	5 052.62
1999	17 330.47	4 188.73	7 697.82	5 443.92
2000	19 465.89	4 771.17	8 553.69	6 141.03
2001	21 565.30	5 210.12	9 456.84	6 898.34
2002	24 351.55	5 741.03	10 606.85	8 003.67
2003	28 842.12	6 694.23	12 442.87	9 705.02
2004	34 725.13	8 072.83	15 003.60	11 648.70
2005	40 897.69	9 154.18	18 305.66	13 437.85
2006	47 753.96	10 366.37	21 645.08	15 742.51
2007	56 710.44	12 188.85	25 741.15	18 780.44
2008	65 497.68	13 698.15	30 312.61	21486.92
2009	72 494.10	15 046.45	34 457.30	22 990.35

表 5－4　长三角地区主要年份第一产业生产总值

单位:亿元(按当年价格计算)

年份	长三角	上海市	江苏省	浙江省
1978	126. 80	11. 00	68. 71	47. 09
1979	182. 99	11. 39	104. 04	67. 56
1980	168. 95	10. 10	94. 24	64. 61
1981	189. 03	10. 58	109. 39	69. 06
1982	233. 34	13. 31	135. 15	84. 88
1983	246. 82	13. 52	150. 41	82. 89
1984	300. 66	17. 26	179. 00	104. 40
1985	339. 07	19. 53	195. 66	123. 88
1986	380. 24	19. 69	224. 26	136. 29
1987	427. 87	21. 60	246. 86	159. 41
1988	542. 22	27. 36	319. 18	195. 68
1989	564. 76	29. 63	324. 18	210. 95
1990	644. 45	34. 24	355. 17	255. 04
1991	624. 42	34. 06	345. 14	245. 22
1992	690. 65	34. 16	393. 82	262. 67
1993	844. 38	37. 82	490. 59	315. 97
1994	1 170. 24	47. 61	683. 98	438. 65
1995	1 476. 02	59. 82	866. 24	549. 96
1996	1 652. 84	68. 72	989. 18	594. 94
1997	1 726. 73	72. 03	1 035. 80	618. 90
1998	1 730. 30	73. 84	1 047. 16	609. 30
1999	1 718. 17	74. 49	1 037. 37	606. 31
2000	1 756. 00	76. 68	1 048. 34	630. 98
2001	1 832. 26	78. 00	1 094. 48	659. 78
2002	1 875. 32	79. 68	1 110. 44	685. 20
2003	1 961. 32	81. 02	1 162. 45	717. 85
2004	2 265. 13	83. 45	1 367. 58	814. 10
2005	2 434. 65	80. 34	1 461. 48	892. 83
2006	2 563. 91	93. 80	1 545. 01	925. 10
2007	2 904. 10	101. 84	1 816. 24	986. 02
2008	3 307. 23	111. 80	2 100. 00	1095. 43
2009	3 538. 76	113. 82	2 261. 86	1 163. 08

表5－5　长三角地区主要年份第二产业生产总值

单位:亿元(按当年价格计算)

年份	长三角	上海	江苏	浙江
1978	395.66	211.05	131.09	53.52
1979	426.42	221.21	141.14	64.07
1980	487.58	236.10	167.41	84.07
1981	516.43	244.34	178.01	94.08
1982	533.28	249.32	185.52	98.44
1983	579.25	255.32	210.81	113.12
1984	667.24	275.37	250.39	141.48
1985	864.10	325.63	339.56	198.91
1986	943.23	336.02	376.32	230.89
1987	1 129.54	354.38	493.69	281.47
1988	1 374.26	433.05	586.82	354.39
1989	1 509.49	466.18	657.06	386.25
1990	1 606.37	505.60	692.59	408.18
1991	1 838.67	550.64	793.92	494.11
1992	2 450.08	677.39	1 119.26	653.43
1993	3 484.39	902.38	1 598.05	983.96
1994	4 733.34	1 148.45	2 186.77	1 398.12
1995	5 989.19	1 419.41	2 715.26	1 854.52
1996	6 903.01	1 596.72	3 074.12	2 232.17
1997	7 740.45	1 774.02	3 411.86	2 554.57
1998	8 278.94	1 871.89	3 640.10	2 766.95
1999	8 879.53	1 984.64	3 920.15	2 974.74
2000	9 917.45	2 207.63	4 435.89	3 273.93
2001	10 883.52	2 403.18	4 907.46	3 572.88
2002	12 317.42	2 622.45	5 604.49	4 090.48
2003	15 092.51	3 209.02	6 787.11	5 096.38
2004	18 580.49	3 892.12	8 437.99	6 250.38
2005	21 974.11	4 452.92	10 355.04	7 166.15
2006	25 788.78	5 028.37	12 250.84	8 509.57
2007	30 133.36	5 678.51	14 306.40	10 148.45
2008	34 480.06	6 235.92	16 663.81	11 580.33
2009	36 476.64	6 001.78	18 566.37	11 908.49

表 5－6　长三角地区主要年份第三产业生产总值

单位:亿元(按当年价格计算)

年份	长三角	上海	江苏	浙江
1978	123.31	50.76	49.44	23.11
1979	133.32	53.83	53.37	26.12
1980	155.08	65.69	58.15	31.24
1981	173.58	69.84	62.62	41.12
1982	194.63	74.44	69.50	50.69
1983	220.48	82.97	76.43	61.08
1984	265.05	98.22	89.46	77.37
1985	344.56	121.59	116.60	106.37
1986	414.77	135.12	144.36	135.29
1987	507.37	159.48	181.78	166.11
1988	710.92	187.89	302.85	220.18
1989	793.58	200.73	340.61	252.24
1990	882.03	241.82	368.74	271.47
1991	1 121.39	309.07	462.32	350.00
1992	1 485.31	402.77	622.94	459.60
1993	2 114.54	579.03	909.52	625.99
1994	2 833.96	794.80	1 186.64	852.52
1995	2 726.82	1 020.20	1 573.75	1 153.07
1996	3 302.34	1 292.11	1 940.91	1 361.43
1997	3 745.32	1 592.74	2 232.68	1 512.64
1998	4 189.07	1 855.36	2 512.69	1 676.38
1999	4 603.17	2 129.60	2 740.30	1 862.87
2000	5 305.58	2 486.86	3 069.46	2 236.12
2001	6 120.58	2 728.94	3 454.90	2 665.68
2002	7 119.91	3 038.90	3 891.92	3 227.99
2003	8 384.10	3 404.19	4 493.31	3 890.79
2004	9 782.25	4 097.26	5 198.03	4 584.22
2005	11 868.01	4 620.92	6 489.14	5 378.87
2006	14 157.07	5 244.20	7 849.23	6 307.84
2007	23 672.98	6 408.50	9 618.51	7 645.97
2008	27 710.39	7 350.43	11 548.80	8 811.16
2009	32 478.70	8 930.85	13 629.07	9 918.78

表5－7 长三角地区主要年份工业生产总值

单位:亿元(按当年价格计算)

年份	长三角	上海	江苏	浙江
1978	371.54	207.47	117.10	46.97
1979	398.46	216.62	126.25	55.59
1980	455.80	230.87	151.22	73.71
1981	482.31	237.12	161.11	84.08
1982	496.05	240.75	168.09	87.21
1983	540.33	246.26	191.52	102.55
1984	619.68	263.19	228.58	127.91
1985	797.69	311.12	307.89	178.68
1986	863.29	318.89	337.77	206.63
1987	1 029.46	336.54	443.23	249.69
1988	1 241.81	399.53	526.92	315.36
1989	1 379.33	432.92	599.91	346.50
1990	1 467.70	469.83	634.13	363.74
1991	1 678.98	514.79	725.83	438.36
1992	2 236.35	636.68	1 017.94	581.73
1993	3 174.94	846.71	1 451.97	876.26
1994	4 319.96	1 074.37	2 002.22	1 243.37
1995	5 421.34	1 308.20	2 467.63	1 645.51
1996	6 191.49	1 452.79	2 754.80	1 983.90
1997	6 900.59	1 598.91	3 016.44	2 285.24
1998	7 312.85	1 670.19	3 157.69	2 484.97
1999	7 855.65	1 787.98	3 387.99	2 679.68
2000	8 793.18	1 998.96	3 848.52	2 945.70
2001	9 619.57	2 166.74	4 270.90	3 181.93
2002	10 888.95	2 368.02	4 880.09	3 640.84
2003	13 408.86	2 941.24	6 004.65	4 462.97
2004	16 598.97	3 593.25	7 514.39	5 491.33
2005	19 813.56	4 129.52	9 334.70	6 349.34
2006	23 370.92	4 670.11	11 110.24	7 590.57
2007	27 410.57	5 298.08	13 016.84	9 095.65
2008	31 213.74	5 784.99	15 068.98	10 359.77
2009	32 391.90	5 408.75	16 464.94	10 518.21

表5-8 长三角地区主要年份建筑业生产总值

单位:亿元(按当年价格计算)

年份	长三角	上海	江苏	浙江
1978	24.12	3.58	13.99	6.55
1979	27.96	4.59	14.89	8.48
1980	31.78	5.23	16.19	10.36
1981	34.72	7.22	16.90	10.60
1982	37.23	8.57	17.43	11.23
1983	38.92	9.06	19.29	10.57
1984	47.56	12.18	21.81	13.57
1985	66.41	14.51	31.67	20.23
1986	79.94	17.13	38.55	24.26
1987	110.08	27.84	50.46	31.78
1988	132.45	33.52	59.90	39.03
1989	130.16	33.26	57.15	39.75
1990	138.67	35.77	58.46	44.44
1991	159.69	35.85	68.09	55.75
1992	213.73	40.71	101.32	71.70
1993	309.45	55.67	146.08	107.70
1994	413.38	74.08	184.55	154.75
1995	567.85	111.21	247.63	209.01
1996	711.52	143.93	319.32	248.27
1997	839.86	175.11	395.42	269.33
1998	966.08	201.70	482.41	281.97
1999	1 023.88	196.66	532.16	295.06
2000	1 124.27	208.67	587.37	328.23
2001	1 263.94	236.44	636.56	390.94
2002	1 428.47	254.43	724.40	449.64
2003	1 683.66	267.78	782.46	633.42
2004	1 981.52	298.87	923.60	759.05
2005	2 160.55	323.40	1 020.34	816.81
2006	2 417.85	358.25	1 140.60	919.00
2007	2 722.79	380.43	1 289.56	1 052.80
2008	3 266.32	450.93	1 594.83	1 220.56
2009	4 084.74	593.03	2 101.43	1 390.28

表5-9 长三角地区主要年份地区生产总值中第一产业比重

单位:%(按当年价格计算)

	长三角	上海市	江苏省	浙江省
1978	19.6	4.0	27.6	38.1
1979	24.6	4.0	34.8	42.8
1980	20.8	3.2	29.5	35.9
1981	21.5	3.3	31.3	33.7
1982	24.3	3.9	34.6	36.3
1983	23.6	3.8	34.4	32.2
1984	24.4	4.4	34.5	32.3
1985	21.9	4.2	30.0	28.9
1986	21.9	4.0	30.1	27.1
1987	20.6	4.0	26.8	26.3
1988	20.6	4.2	26.4	25.4
1989	19.7	4.3	24.5	24.8
1990	20.8	4.4	25.1	24.9
1991	17.4	3.8	21.5	22.5
1992	14.9	3.1	18.4	19.1
1993	13.1	2.5	16.4	16.4
1994	13.4	2.4	16.9	16.3
1995	13.2	2.4	16.8	15.5
1996	12.6	2.3	16.5	14.2
1997	11.7	2.1	15.5	13.2
1998	10.8	1.9	14.5	12.1
1999	9.9	1.8	13.5	11.1
2000	9.0	1.6	12.2	10.3
2001	8.5	1.5	11.6	9.6
2002	7.7	1.4	10.5	8.6
2003	6.8	1.2	9.3	7.4
2004	6.5	1.0	9.1	7.0
2005	6.0	0.9	8.0	6.6
2006	5.4	0.9	7.1	5.9
2007	5.1	0.8	7.0	5.3
2008	5.0	0.8	6.9	5.1
2009	4.9	0.7	6.5	5.1

表 5－10　长三角地区主要年份地区生产总值中第二产业比重

单位:%(按当年价格计算)

	长三角	上海市	江苏省	浙江省
1978	61. 3	77. 4	52. 6	43. 3
1979	57. 4	77. 2	47. 3	40. 6
1980	60. 1	75. 7	52. 3	46. 7
1981	58. 7	75. 2	50. 8	46. 2
1982	55. 5	74. 0	47. 6	42. 1
1983	55. 3	72. 6	48. 2	44. 0
1984	54. 1	70. 5	48. 3	43. 8
1985	55. 8	69. 8	52. 1	46. 3
1986	54. 3	68. 5	50. 5	46. 0
1987	54. 4	66. 8	53. 5	46. 4
1988	52. 3	66. 8	48. 5	46. 0
1989	52. 6	66. 9	49. 7	45. 5
1990	51. 8	64. 7	48. 9	45. 1
1991	51. 3	61. 6	49. 6	45. 4
1992	53. 0	60. 8	52. 4	47. 5
1993	54. 1	59. 4	53. 3	51. 1
1994	54. 2	57. 7	53. 9	52. 0
1995	53. 4	56. 8	52. 7	52. 1
1996	52. 5	54. 0	51. 2	53. 3
1997	52. 3	51. 6	51. 1	54. 5
1998	51. 6	49. 3	50. 6	54. 8
1999	51. 2	47. 4	50. 9	54. 6
2000	50. 9	46. 3	51. 9	53. 3
2001	50. 5	46. 1	51. 9	51. 8
2002	50. 6	45. 7	52. 8	51. 1
2003	52. 3	47. 9	54. 6	52. 5
2004	53. 5	48. 2	56. 3	53. 6
2005	53. 7	48. 6	56. 6	53. 4
2006	53. 9	48. 5	56. 6	54. 0
2007	53. 1	46. 6	55. 6	54. 0
2008	52. 6	45. 5	55. 0	53. 9
2009	50. 3	39. 9	53. 9	51. 8

表5－11 长三角地区主要年份地区生产总值中第三产业比重

单位:%(按当年价格计算)

	长三角	上海市	江苏省	浙江省
1978	19.1	18.6	19.8	18.7
1979	17.9	18.8	17.9	16.6
1980	19.1	21.1	18.2	17.4
1981	19.7	21.5	17.9	20.1
1982	20.2	22.1	17.8	21.7
1983	21.1	23.6	17.4	23.8
1984	21.5	25.1	17.2	23.9
1985	22.3	26.0	17.9	24.8
1986	23.9	27.5	19.4	26.9
1987	24.5	29.2	19.7	27.4
1988	27.1	29.0	25.1	28.6
1989	27.7	28.8	25.8	29.7
1990	28.4	30.9	26.0	30.0
1991	31.3	34.6	28.9	32.1
1992	32.1	36.1	29.2	33.4
1993	32.8	38.1	30.3	32.5
1994	32.4	39.9	29.2	31.7
1995	33.4	40.8	30.5	32.4
1996	34.9	43.7	32.3	32.5
1997	36.1	46.3	33.4	32.3
1998	37.7	48.8	34.9	33.2
1999	38.8	50.8	35.6	34.2
2000	40.0	52.1	35.9	36.4
2001	41.0	52.4	36.5	38.6
2002	41.7	52.9	36.7	40.3
2003	40.9	50.9	36.1	40.1
2004	40.0	50.8	34.6	39.4
2005	40.3	50.5	35.4	40.0
2006	40.7	50.6	36.3	40.1
2007	41.7	52.6	37.4	40.7
2008	42.3	53.7	38.1	41.0
2009	44.8	59.4	39.6	43.1

表 5-12　长三角地区主要年份地区生产总值构成中工业比重

单位:%(按当年价格计算)

	长三角	上海市	江苏省	浙江省
1978	57.5	76.1	47.0	38.0
1979	53.6	75.6	42.3	35.2
1980	56.2	74.0	47.3	41.0
1981	54.8	73.0	46.0	41.0
1982	51.6	71.4	43.1	37.3
1983	51.6	70.0	43.8	39.9
1984	50.3	67.3	44.1	39.6
1985	51.5	66.7	47.2	41.6
1986	49.7	65.0	45.3	41.1
1987	49.6	61.7	48.1	41.1
1988	47.3	61.6	43.6	40.9
1989	48.1	62.1	45.4	40.8
1990	47.3	60.1	44.8	40.2
1991	46.8	57.6	45.3	40.2
1992	48.3	57.1	47.7	42.3
1993	49.3	55.7	48.4	45.5
1994	49.4	54.0	49.3	46.2
1995	48.4	52.3	47.9	46.3
1996	47.1	49.1	45.9	47.4
1997	46.6	46.5	45.2	48.8
1998	45.6	44.0	43.9	49.2
1999	45.3	42.7	44.0	49.2
2000	45.2	41.9	45.0	48.0
2001	44.6	41.6	45.2	46.1
2002	44.7	41.3	46.0	45.5
2003	46.5	43.9	48.3	46.0
2004	47.8	44.5	50.1	47.1
2005	48.4	45.1	51.0	47.2
2006	48.9	45.0	51.3	48.2
2007	48.3	43.5	50.6	48.4
2008	47.7	42.2	49.7	48.2
2009	44.7	36.0	47.8	45.8

表 5－13　长三角地区主要年份地区生产总值中建筑业比重

单位:%(按当年价格计算)

	长三角	上海市	江苏省	浙江省
1978	3.7	1.3	5.6	5.3
1979	3.8	1.6	5.0	5.4
1980	3.9	1.7	5.1	5.8
1981	3.9	2.2	4.8	5.2
1982	3.9	2.6	4.5	4.8
1983	3.7	2.6	4.4	4.1
1984	3.9	3.2	4.2	4.2
1985	4.3	3.1	4.9	4.7
1986	4.6	3.5	5.2	4.8
1987	5.3	5.1	5.5	5.2
1988	5.0	5.2	5.0	5.1
1989	4.5	4.8	4.3	4.7
1990	4.5	4.6	4.1	4.9
1991	4.5	4.0	4.3	5.1
1992	4.6	3.7	4.7	5.2
1993	4.8	3.7	4.9	5.6
1994	4.7	3.7	4.5	5.8
1995	5.1	4.5	4.8	5.9
1996	5.4	4.9	5.3	5.9
1997	5.7	5.1	5.9	5.7
1998	6.0	5.3	6.7	5.6
1999	5.9	4.7	6.9	5.4
2000	5.8	4.4	6.9	5.3
2001	5.9	4.5	6.7	5.7
2002	5.9	4.4	6.8	5.6
2003	5.8	4.0	6.3	6.5
2004	5.7	3.7	6.2	6.5
2005	5.3	3.5	5.6	6.1
2006	5.1	3.5	5.3	5.8
2007	3.8	3.1	5.3	5.6
2008	5.0	3.3	5.3	5.7
2009	5.6	3.9	6.1	6.0

表5－14 长三角地区生产总值项目结构（增加值）（2009年）

单位：亿元

项目	长三角	上海市	江苏省	浙江省
地区生产总值	72 494.10	15 046.45	34 457.30	22 990.35
第一产业	3 538.76	113.82	2 261.86	1 163.08
第二产业	36 476.64	6 001.78	18 566.37	11 908.49
工业	32 391.90	5 408.75	16 464.94	10 518.21
建筑业	4 084.74	593.03	2 101.43	1 390.28
第三产业	32 478.70	8 930.85	13 629.07	9 918.78
交通运输、仓储和邮政业	2 946.28	635.01	1 423.25	888.02
信息传输、计算机服务和软件业	1 643.65	601.73	526.52	515.40
批发和零售业	7 883.05	2 183.85	3 579.81	2 119.39
住宿和餐饮业	1 333.56	238.36	678.36	416.84
金融业	5 300.59	1 804.28	1 596.98	1 899.33
房地产业	4 579.78	1 237.56	2 025.39	1 316.83
租赁和商务服务业	1 562.66	641.97	555.72	364.97
科学研究、技术服务和地质勘查业	858.78	364.90	308.84	185.04
水利、环境和公共设施管理业	287.18	45.06	154.49	87.63
居民服务和其他服务业	739.90	156.83	293.65	289.42
教育	1 854.25	378.18	869.51	606.56
卫生、社会保障和社会福利业	980.94	227.47	416.40	337.07
文化、体育和娱乐业	375.73	87.49	150.17	138.07
公共管理和社会组织	2 132.35	328.16	1 049.98	754.21

表 5－15　长三角地区总人口基本情况

单位:万人

年份	长三角	上海市	江苏省	浙江省
1975	10 327. 31	1 076. 72	5 636. 12	3 614. 47
1976	10 444. 88	1 081. 30	5 700. 76	3 662. 82
1977	10 558. 85	1 086. 47	5 765. 28	3 707. 10
1978	10 683. 57	1 098. 28	5 834. 33	3 750. 96
1979	10 817. 02	1 132. 14	5 892. 55	3 792. 33
1980	10 911. 29	1 146. 52	5 938. 19	3 826. 58
1981	11 044. 59	1 162. 84	6 010. 24	3 871. 51
1982	11 193. 77	1 180. 51	6 088. 94	3 924. 32
1983	11 292. 10	1 194. 01	6 134. 99	3 963. 10
1984	11 369. 30	1 204. 78	6 171. 43	3 993. 09
1985	11 459. 73	1 216. 69	6 213. 48	4 029. 56
1986	11 572. 30	1 232. 33	6 269. 90	4 070. 07
1987	11 718. 70	1 249. 51	6 348. 00	4 121. 19
1988	11 870. 54	1 262. 42	6 438. 27	4 169. 85
1989	12 021. 18	1 276. 45	6 535. 85	4 208. 88
1990	12 285. 16	1 283. 35	6 766. 90	4 234. 91
1991	12 392. 27	1 287. 20	6 843. 70	4 261. 37
1992	12 486. 48	1 289. 37	6 911. 20	4 285. 91
1993	12 575. 31	1 294. 74	6 967. 27	4 313. 30
1994	12 660. 55	1 298. 81	7 020. 54	4 341. 20
1995	12 737. 02	1 301. 37	7 066. 02	4 369. 63
1996	12 814. 68	1 304. 43	7 110. 16	4 400. 09
1997	12 875. 60	1 305. 46	7 147. 86	4 422. 28
1998	12 935. 90	1 306. 58	7 182. 46	4 446. 86
1999	12 993. 71	1 313. 12	7 213. 13	4 467. 46
2000	13 150. 09	1 321. 63	7 327. 24	4 501. 22
2001	13 201. 90	1 327. 14	7 354. 92	4 519. 84
2002	13 251. 18	1 334. 23	7 380. 97	4 535. 98
2003	13 299. 17	1 341. 77	7 405. 82	4 551. 58
2004	13 362. 11	1 352. 39	7 432. 50	4 577. 22
2005	13 436. 87	1 360. 26	7 474. 50	4 602. 11
2006	13 547. 01	1 368. 08	7 549. 50	4 629. 43
2007	13 662. 70	1 378. 86	7 624. 50	4 659. 34
2008	14 252. 81	1 888. 46	7 676. 50	4 687. 85
2009	14 362. 00	1 921. 32	7 724. 50	4 716. 18

表 5－16 长三角地区城镇人口基本情况

单位:万人

年份	长三角	上海市		江苏省		浙江省	
	人口数	人口数	占比	人口数	占比	人口数	占比
1978	1 875.00	645.23	58.7	800.77	13.7	429.00	11.4
1980	2 084.39	702.43	61.3	901.78	15.2	480.18	12.5
1985	2 510.57	776.37	63.8	1 099.99	17.7	634.21	15.7
1990	3 020.18	864.46	67.4	1 458.94	21.6	696.78	16.5
1991	3 163.62	869.88	67.6	1 587.74	23.2	706.00	16.6
1992	3 245.05	875.55	67.9	1 643.72	23.8	725.78	16.9
1993	3 317.10	893.46	69.0	1 673.58	24.0	750.06	17.4
1994	3 419.51	910.49	70.1	1 733.01	24.7	776.01	17.9
1995	3 653.28	921.70	70.8	1 929.09	27.3	802.49	18.4
1996	3 704.56	932.14	71.5	1 942.50	27.3	829.92	18.9
1997	3 941.76	943.03	72.2	2 133.64	29.9	865.09	19.6
1998	4 123.20	953.65	73.0	2 262.47	31.5	907.08	20.4
1999	4 437.39	969.63	73.8	2 520.09	34.9	947.67	21.2
2000	5 021.99	986.16	74.6	3 040.81	41.5	995.02	22.1
2001	5 178.48	999.07	75.3	3 133.20	42.6	1 046.21	23.1
2002	5 415.32	1 018.81	76.4	3 299.29	44.7	1 097.22	24.2
2003	5 662.59	1 041.39	77.6	3 463.70	46.8	1 157.50	25.4
2004	5 902.64	1 097.60	81.2	3 580.98	48.2	1 224.06	26.7
2005	6 190.37	1 148.94	84.5	3 774.62	50.5	1 266.81	27.5
2006	6 403.66	1 173.30	85.8	3 918.19	51.9	1 312.17	28.3
2007	6 604.30	1 196.94	86.8	4 056.23	53.2	1 351.13	29.0
2008	6 780.52	1 216.56	87.5	4 168.48	54.3	1 395.48	29.8
2009	6 964.93	1 236.16	88.3	4 294.82	55.6	1 433.95	57.9

表5-17　长三角地区劳动就业基本情况(2009年)

单位:万人

指标	长三角	上海市	江苏省	浙江省
从业人员合计(万人)	8 731.01	1 064.42	4 674.64	2 991.95
第一产业	1 879.81	48.53	1 173.33	657.95
第二产业	3 817.94	423.03	1 668.85	1 726.06
第三产业	3 633.29	592.86	1 832.46	1 207.97
年末城镇登记失业人数(万人)	99.29	27.87	40.74	30.68
年末城镇登记失业率(%)		4.30	3.22	3.26

表5-18　长三角地区从业人员基本情况

单位:万人

	长三角	上海市	江苏省	浙江省
2000	7 889.47	745.24	4 418.14	2 726.09
2004	8 311.34	836.87	4 482.52	2 991.95
2005	8 474.20	863.32	4 510.12	3 100.76
2006	8 622.65	885.51	4 564.76	3 172.38
2007	8 932.23	909.08	4 618.14	3 405.01
2008	9 188.66	1 053.24	4 648.89	3486.53
2009	9 331.04	1 064.42	4 674.64	3 591.98

表5-19　长三角地区年末尚有失业人员

单位:万人

	长三角	上海市	江苏省	浙江省
1980	35.04	14.75	20.29	10.23
1985	8.35	1.20	7.15	3.45
1990	30.22	7.70	22.52	11.24
1995	34.49	14.36	20.13	17.72
1996	36.88	14.54	22.34	16.22
1997	38.70	14.90	23.80	18.75
1998	40.22	15.96	24.26	19.96
1999	44.04	17.47	26.57	21.17
2000	50.44	20.08	30.36	21.82
2001	61.86	25.72	36.14	23.99
2002	98.68	28.78	42.17	27.73
2003	100.22	30.11	41.84	28.27
2004	100.47	27.43	42.90	30.14
2005	98.10	27.50	41.63	28.97
2006	97.32	27.82	40.40	29.10
2007	94.64	26.78	39.26	28.60
2008	98.77	26.60	41.09	31.08
2009	99.29	27.87	40.74	30.68

表5－20　长三角地区人民生活水平情况(2009年)

指标	上海市	江苏省	浙江省
就业			
城镇居民家庭每户就业人口(人)	1.60	1.42	1.37
每一城镇就业者负担人数(人)	1.83	1.98	1.96
城镇登记失业率(%)	4.30	3.22	3.26
收入与支出			
城镇居民人均可支配收入(元)	28 838.00	20 552.00	24 611.00
城镇居民生活消费支出(元)	20 992.00	13 153.00	16 683.00
农村居民人均纯收入(元)	12 324.00	8 004.00	10 007.00
农村居民生活消费支出(元)	9 804.00	5 805.00	7 375.00
职工年平均工资(元)	42 789.00	35 890.00	37 395.00
人均储蓄存款余额(元)	75 373.00	25 996.00	34 427.00
生活质量			
居民家庭恩格尔系数(%)			
城镇居民	35.00	36.30	33.60
人均住房面积(平方米)			
农村人均住房面积	60.18	45.24	59.29
城市公用事业			
用水普及率(%)	99.99	99.20	99.81
人均公共绿地面积(平方米)	12.80	12.50	10.76
文化、教育和卫生			
文化			
城镇每百户拥有彩色电视机(台)	185.00	166.80	182.00
农村每百户拥有电视机(台)	190.00	134.70	157.00
每百户家用电脑拥有量(台)			
城市	123.00	75.72	84.53
居民家庭文教娱乐支出比重(%)			
城市	14.90	14.96	13.70
教育			
每万人口在校学生数(人)			
大学生数	267.00	214.00	175.65
中学生数	314.00	642.60	640.29
小学生数	349.00	512.70	627.69
平均每一教师负担学生(人)			
大学	13.00	17.70	18.38
中学	13.00	15.30	15.56
小学	15.00	15.60	19.11
卫生			
每万人拥有医生数(人)	27.00	15.90	20.80
居民家庭医疗保健支出比重(%)			
城市	4.80	6.15	5.90

表5－21　长三角地区农村居民家庭人均纯收入基本情况

单位:元

年份	上海市	江苏省	浙江省
1990	1 665	884	1 099
1991	2 003	921	1 211
1992	2 226	1 061	1 359
1993	2 727	1 267	1 746
1994	3 437	1 832	2 225
1995	4 246	2 457	2 966
1996	4 846	3 029	3 463
1997	5 277	3 270	3 684
1998	5 407	3 377	3 815
1999	5 481	3 495	3 948
2000	5 565	3 595	4 254
2001	5 850	3 785	4 582
2002	6 212	3 996	4 940
2003	6 658	4 239	5 431
2004	7 337	4 754	6 096
2005	8 342	5 276	6 660
2006	9 213	5 813	7 335
2007	10 222	6 561	8 265
2008	11 385	7 357	9 258
2009	12 324	8 004	10 007

表5－22　长三角地区城镇居民家庭人均可支配收入基本情况

单位:元

年份	上海市	江苏省	浙江省
1990	2 183	1 464	1 932
1991	2 486	1 623	2 143
1992	3 009	2 138	2 619
1993	4 277	2 774	3 626
1994	5 868	3 779	5 066
1995	7 172	4 634	6 221
1996	8 159	5 186	6 956
1997	8 439	5 765	7 359
1998	8 773	6 018	7 837
1999	10 932	6 538	8 428
2000	11 718	6 800	9 279
2001	12 883	7 375	10 465
2002	13 250	8 178	11 716
2003	14 867	9 263	13 180
2004	16 683	10 482	14 546
2005	18 645	12 319	16 294
2006	20 668	14 084	18 265
2007	23 623	16 378	20 574
2008	26 675	18 680	22 727
2009	28 838	20 552	24 611

表 5－23　长三角地区城镇居民家庭恩格尔系数

单位:%

年份	上海市	江苏省	浙江省
1981	56.8	55.9	55.6
1982	58.8	58.2	57.3
1983	58.6	58.6	59.5
1984	56.5	56.3	51.3
1985	52.1	52.5	51.3
1986	52.7	51.2	50.8
1987	54.5	52.0	51.8
1988	52.6	50.8	51.0
1989	55.8	53.9	54.7
1990	56.5	55.5	55.1
1991	56.9	55.7	55.0
1992	55.9	53.9	51.6
1993	53.1	49.4	49.4
1994	53.5	50.1	47.4
1995	53.4	51.9	47.0
1996	50.7	51.0	46.9
1997	51.7	47.7	43.9
1998	50.6	45.1	42.5
1999	45.2	44.1	40.3
2000	44.5	41.1	39.2
2001	43.4	39.7	36.3
2002	39.4	40.4	37.9
2003	37.2	38.3	36.6
2004	36.4	40.0	36.2
2005	35.9	37.2	33.8
2006	35.6	36.0	32.9
2007	35.5	36.7	34.7
2008	36.6	37.9	36.4
2009	35.0	36.3	33.6

表 5-24　长三角地区城镇居民家庭基本情况(2009 年)

指标	上海市	江苏省	浙江省
基本情况			
调查户数(户)	1 000.00	5 100.00	4 450.00
平均每户家庭人口(人)	2.93	2.81	2.68
平均每户就业人口(人)	1.60	1.42	1.37
平均每一就业人口负担人数(人)	1.83	1.98	1.96
平均每户就业面(%)	54.60	50.53	51.12
人均家庭总收入			
人均可支配收入(元)	28 838.00	20 552.00	24 611.00
人均家庭总支出			
人均消费性支出	20 992.00	13 153.00	16 683.00
#食品	7 345.00	4 773.68	5 605.00
衣着	1 593.00	1 297.95	1 615.00
家庭设备用品及服务	1 365.00	923.32	829.00
医疗保健	1 002.00	808.37	985.00
交通通讯	3 499.00	1 721.87	3 291.00
娱乐教育文化服务	3 139.00	1 968.03	2 295.00
居住	1 913.00	1 148.85	1 486.00
借贷支出	9 107.00	7 475.41	11 906.00

表 5-25　长三角地区农村居民家庭基本情况(2009 年)

指标	上海市	江苏省	浙江省
调查户数(户)	600.00	3 400.00	4 700.00
调查户人口(人)			
平均每户常住人口	3.15	3.69	3.49
平均每户整、半劳动力	2.11	2.66	2.57
平均每人全年收入(元)			
总收入	13 404.00	9 747.00	12 695.00
纯收入	12 324.00	8 003.50	10 007.00
按人均纯收入水平分组的户数占调查总户数的比重(%)			
2000 元以下		3.30	
2000-3000 元		6.30	
3000-4000 元		10.20	
4000-5000 元		9.70	
5000 元以上		70.50	
总支出	11 436.00	8 027.60	10 762.00
#家庭经营性费用支出		1 411.90	2 192.00
购置生产性固定资产支出		149.50	219.00
生活消费支出	9 804.00	5 804.50	7 375.00

表 5－26　长三角地区房地产投资主要指标(2009 年)

指标	长三角	上海市	江苏省	浙江省
房屋建筑面积(万平方米)				
施工面积	63 440.22	13 553.64	29 953.89	19 932.69
#住宅	43 321.45	6 581.16	22 794.31	13 945.98
竣工面积	15 257.54	2 970.92	8 442.80	3 843.82
#住宅	11 036.71	1 522.07	6 731.41	2 783.23
商品房销售情况				
房屋销售面积(万平方米)	19 158.78	3 372.45	10 248.20	5 538.13
商品房销售额(亿元)		4 330.22		

表 5－27　长三角地区商品零售价格指数

(1978 = 100)

年份	上海市	江苏省	浙江省
1985	130.4	123.2	100.0
1986	139.1	131.9	106.0
1987	151.4	144.2	116.0
1988	183.6	176.4	141.7
1989	214.3	206.0	166.9
1990	224.6	210.7	169.6
1991	245.9	220.9	174.7
1992	269.8	232.1	186.2
1993	317.0	269.0	217.3
1994	372.4	332.5	264.5
1995	420.9	380.1	300.2
1996	441.9	405.9	317.6
1997	436.6	403.1	318.6
1998	415.2	395.8	313.5
1999	404.0	383.5	306.3
2000	389.5	378.1	303.2
2001	384.0	373.9	297.4
2002	379.0	368.0	293.5
2003	375.4	367.3	292.3
2004	378.8	375.4	300.2
2005	376.7	376.5	302.9
2006	377.4	379.5	305.3
2007	386.5	390.5	430.5
2008	407.1	409.6	457.6
2009	404.8	405.1	452.1

表5－28 长三角地区居民消费价格指数

(1978＝100)

年份	上海市	江苏省	浙江省
1985	128.2	123.7	100.0
1986	136.3	132.5	106.2
1987	147.3	144.7	115.5
1988	176.9	176.3	140.4
1989	205.1	206.5	165.9
1990	218.0	213.1	169.4
1991	240.9	223.5	175.4
1992	265.0	238.3	188.5
1993	318.5	281.7	225.8
1994	394.6	347.0	281.8
1995	468.4	401.8	328.6
1996	511.5	439.2	354.6
1997	525.8	446.7	364.5
1998	525.8	444.0	363.4
1999	533.7	438.2	359.1
2000	547.0	438.7	362.6
2001	547.0	442.2	361.9
2002	549.8	438.6	358.6
2003	550.3	443.0	365.4
2004	562.2	461.2	379.7
2005	567.6	470.9	384.6
2006	574.5	478.4	388.8
2007	592.6	499.0	405.1
2008	626.8	525.9	659.1
2009	624.3	523.8	650.5

表 5－29　长三角地区主要年份农业总产值

单位:当年价格亿元

年份	长三角	上海市	江苏省	浙江省
1978	149. 48	13. 49	85. 17	50. 82
1979	198. 83	15. 10	114. 26	69. 47
1980	181. 61	11. 40	105. 98	64. 23
1981	201. 02	11. 91	119. 90	69. 21
1982	244. 10	13. 80	145. 69	84. 61
1983	256. 62	12. 59	160. 38	83. 65
1984	312. 49	16. 41	193. 28	102. 80
1985	328. 68	15. 63	201. 85	111. 20
1986	374. 87	16. 83	235. 07	122. 97
1987	416. 68	17. 69	257. 90	141. 09
1988	495. 47	22. 47	310. 20	162. 80
1989	531. 81	25. 53	325. 02	181. 26
1990	591. 03	29. 09	362. 46	199. 48
1991	602. 14	30. 51	354. 42	217. 21
1992	670. 59	32. 80	411. 33	226. 46
1993	833. 92	40. 52	518. 55	274. 85
1994	1 211. 10	60. 19	777. 94	372. 97
1995	1 545. 76	77. 71	986. 15	481. 90
1996	1 667. 32	87. 64	1 062. 39	517. 29
1997	1 686. 67	85. 20	1 085. 26	516. 21
1998	1 708. 96	89. 10	1 096. 88	522. 98
1999	1 701. 99	87. 86	1 095. 13	519. 00
2000	1 707. 14	89. 81	1 096. 02	521. 31
2001	1 726. 78	95. 53	1 142. 66	488. 59
2002	1 774. 12	97. 21	1 165. 49	511. 42
2003	1 608. 86	98. 17	981. 25	529. 44
2004	1 944. 32	109. 32	1 242. 41	592. 59
2005	2 057. 12	111. 25	1 291. 06	654. 81
2006	2 220. 90	119. 99	1 416. 91	684. 00
2007	2 405. 19	126. 74	1 542. 53	735. 92
2008	2 695. 45	135. 52	1 746. 83	813. 10
2009	2 974. 78	147. 53	1 948. 20	879. 05

表5－30 长三角地区主要年份林业总产值

单位:当年价格亿元

年份	长三角	上海市	江苏省	浙江省
1978	3.53	0.06	1.48	1.99
1979	4.82	0.04	2.03	2.75
1980	5.61	0.06	1.94	3.61
1981	6.00	0.21	2.00	3.79
1982	6.61	0.23	1.96	4.42
1983	8.27	0.20	3.30	4.77
1984	11.21	0.21	4.33	6.67
1985	13.71	0.21	4.63	8.87
1986	14.65	0.24	5.15	9.26
1987	17.97	0.34	6.02	11.61
1988	22.14	0.45	7.29	14.40
1989	21.01	0.39	7.02	13.60
1990	24.31	0.37	7.94	16.00
1991	25.36	0.39	7.55	17.42
1992	31.37	0.43	9.93	21.01
1993	44.82	0.41	14.61	29.80
1994	60.79	0.49	18.38	41.92
1995	71.89	0.45	21.42	50.02
1996	78.92	0.67	23.48	54.77
1997	82.29	0.47	22.56	59.26
1998	84.46	0.84	24.16	59.46
1999	89.42	0.98	26.13	62.31
2000	86.06	1.41	30.17	54.48
2001	94.48	3.52	30.76	60.20
2002	95.69	7.75	27.10	60.84
2003	110.21	13.05	31.49	65.67
2004	131.66	13.14	40.16	78.36
2005	139.89	11.11	45.27	83.51
2006	150.72	10.43	54.25	86.04
2007	164.40	10.05	58.88	95.47
2008	180.99	9.12	64.92	106.95
2009	197.42	8.99	70.79	117.64

表 5－31　长三角地区主要年份渔业总产值

单位:当年价格亿元

年份	长三角	上海市	江苏省	浙江省
1978	6.78	0.86	2.44	3.48
1979	8.16	0.90	3.19	4.07
1980	10.29	0.97	3.88	5.44
1981	11.95	1.23	4.61	6.11
1982	12.35	1.56	4.66	6.13
1983	14.66	1.29	6.52	6.85
1984	21.45	1.40	9.04	11.01
1985	34.49	2.82	15.53	16.14
1986	45.78	3.45	22.61	19.72
1987	59.08	4.79	28.38	25.91
1988	80.81	7.43	39.97	33.41
1989	83.92	7.88	42.08	33.96
1990	98.29	8.04	49.35	40.90
1991	111.44	8.97	50.66	51.81
1992	137.33	9.18	63.92	64.23
1993	211.08	12.31	105.40	93.37
1994	306.26	17.52	148.21	140.53
1995	421.18	22.83	203.54	194.81
1996	471.45	27.18	239.35	204.92
1997	547.73	30.37	277.98	239.38
1998	577.56	29.54	292.65	255.37
1999	600.84	31.71	302.22	266.91
2000	648.29	37.92	313.01	297.36
2001	683.14	40.13	334.17	308.84
2002	715.52	45.13	345.88	324.51
2003	757.88	49.21	371.56	337.11
2004	861.36	49.90	449.47	361.99
2005	944.31	51.64	511.86	380.81
2006	954.99	55.25	552.21	347.53
2007	1 003.09	54.19	579.00	369.90
2008	1 130.68	57.11	665.75	407.82
2009	1 208.26	53.53	719.25	435.48

表 5 - 32　长三角地区主要年份畜牧业总产值

单位:当年价格亿元

年份	长三角	上海市	江苏省	浙江省
1978	29.87	3.67	16.78	9.42
1979	45.54	4.22	25.77	15.55
1980	52.31	6.27	26.65	19.39
1981	49.94	6.38	27.11	16.45
1982	66.49	7.81	35.80	22.88
1983	67.87	7.80	36.66	23.41
1984	82.24	8.06	47.17	27.01
1985	116.63	12.25	66.54	37.84
1986	122.67	12.75	69.83	40.09
1987	152.00	15.48	87.95	48.57
1988	233.00	22.18	140.49	70.33
1989	250.22	26.41	148.13	75.68
1990	266.21	30.25	160.78	75.18
1991	278.46	33.38	168.30	76.78
1992	311.06	37.19	188.64	85.23
1993	371.87	42.95	236.81	92.11
1994	587.52	62.04	390.70	134.78
1995	699.18	81.48	475.67	142.03
1996	609.88	85.46	368.54	155.88
1997	708.97	88.37	430.57	190.03
1998	688.63	87.27	435.51	165.85
1999	657.30	86.35	413.95	157.00
2000	701.82	87.35	430.53	183.94
2001	732.88	88.43	448.51	195.94
2002	715.45	83.48	426.88	205.09
2003	773.01	81.13	458.87	233.01
2004	713.10	70.77	563.44	78.89
2005	939.43	54.34	599.14	285.95
2006	869.78	46.29	544.48	279.01
2007	1 129.98	58.00	704.38	367.60
2008	1 403.72	68.40	916.46	418.86
2009	1 343.46	64.61	873.97	404.88

表 5－33　长三角地区粮食产量

单位：万吨

年份	长三角	上海市	江苏省	浙江省
1980	4 040.30	186.85	2 417.95	1 435.50
1990	5 094.61	244.36	3 264.15	1 586.10
2000	4 497.63	174.00	3 106.63	1 217.00
2004	3 785.52	106.29	2 829.06	850.17
2005	3 770.37	105.36	2 834.59	830.42
2006	3 992.26	111.30	3 041.44	839.52
2007	4 043.11	109.20	3 132.24	801.67
2008	4 066.71	115.67	3 175.49	775.55
2009	4 140.93	121.68	3 230.10	789.15

表 5－34　长三角地区棉花产量

单位：万吨

年份	长三角	上海市	江苏省	浙江省
1980	57.72	7.62	41.81	8.29
1990	54.06	1.22	46.42	6.42
2000	34.49	0.12	31.45	2.92
2004	52.74	0.18	50.28	2.28
2005	34.61	0.18	32.27	2.16
2006	40.69	0.20	38.14	2.35
2007	37.54	0.25	34.75	2.54
2008	35.74	0.32	32.60	2.82
2009	28.62	0.26	25.55	2.81

表 5－35　长三角地区油料产量

单位：万吨

年份	长三角	上海市	江苏省	浙江省
1980	77.10	9.60	38.64	28.86
1990	178.94	18.20	112.39	48.35
2000	299.90	16.37	225.65	57.88
2004	294.54	7.39	238.38	48.77
2005	273.07	6.94	215.99	50.14
2006	269.72	5.31	218.18	46.23
2007	192.44	3.62	145.08	43.74
2008	195.16	3.60	150.29	41.27
2009	208.86	3.39	162.23	43.24

表 5－36　长三角地区农业现代化情况

指标	长三角	上海市	江苏省	浙江省
农业机械化情况				
机耕面积（千公顷）	6 522.60	38.90	5 486.83	996.87
机械收获面积（千公顷）	5 508.72	18.33	4 585.39	905.00
农村电气化情况				
农村用电量（亿千瓦小时）	2 217.83	191.80	1 316.62	709.41
农用物资使用情况				
化肥施用量（折纯量）（万吨）	450.16	12.56	344.00	93.60
农用塑料薄膜使用量（万吨）	16.91	2.04	9.43	5.44
农药使用量（万吨）	16.51	0.73	9.23	6.55

表5-37 长三角地区国有控股工业企业单位数(2009年)

单位:个

项目	长三角	上海市	江苏省	浙江省
总计	1 862	295	839	728
按轻重工业分				
轻工业	619	107	271	241
重工业	1 243	188	568	487
制造业				
农副食品加工业	53	8	28	17
食品制造业	39	8	15	16
饮料制造业	25	2	8	15
烟草加工业	9	1	6	2
纺织业	60	3	37	20
纺织服装、鞋、帽制造业	41	6	28	7
皮革、毛皮、羽毛(绒)及其制品业	5	3		2
木材加工及木、竹、藤、棕、草制造业	4	1	1	2
造纸及纸制品业	7	1	5	1
印刷业和记录媒介的复制	68	17	30	21
文教体育用品制造业	10	6	1	3
化学原料及化学制品制造业	136	24	68	44
医药制造业	52	12	25	15
化学纤维制造业	12	1	9	2
橡胶制品业	11	4	3	4
塑料制品业	31	8	14	9
非金属矿物制品业	111	15	44	52
黑色金属冶炼及压延加工业	22	5	10	7
有色金属冶炼及压延加工业	17	3	11	3
金属制品业	55	11	31	13
通用设备制造业	145	40	62	43
专用设备制造业	68	20	31	17
交通运输设备制造业	138	32	81	25
电气机械及器材制造业	76	12	37	27
通信设备、计算机及其他电子设备制造业	77	8	44	25
仪器仪表及文化、办公用机械制造业	38	9	22	7
工艺品及其他制造业	14	5	4	5
电力、燃气及水的生产和供应业				
电力、热力的生产和供应业	263	12	73	178
燃气生产和供应	21	1	8	12
水的生产和供应业	188	13	62	113

表5－38　长三角地区国有控股工业企业主营业务收入(2009年)

单位:亿元

项目	长三角	上海市	江苏省	浙江省
总计	15 314.58	1 932.98	7 944.73	5 436.87
按轻重工业分				
轻工业	1 922.53	517.58	794.74	610.21
重工业	13 392.06	1 415.40	7 150.00	4 826.66
按行业分				
农副食品加工业	76.03	23.32	40.78	11.93
食品制造业	39.06	9.15	20.08	9.83
饮料制造业	51.61	0.37	27.83	23.41
烟草加工业	917.25	387.35	296.08	233.82
纺织业	138.57	8.61	96.24	33.72
纺织服装、鞋、帽制造业	28.86	1.87	24.33	2.66
皮革、毛皮、羽毛(绒)及其制品业	3.35	0.57		2.78
木材加工及木、竹、藤、棕、草制造业	12.68	0.07	1.34	11.27
造纸及纸制品业	28.84	0.13	15.73	12.98
印刷业和记录媒介的复制	38.01	13.91	9.89	14.21
文教体育用品制造业	2.16	1.04	0.05	1.07
化学原料及化学制品制造业	1 545.32	53.32	1 195.27	296.73
医药制造业	175.10	25.87	69.89	79.34
化学纤维制造业	120.84		80.18	40.66
橡胶制品业	180.38	2.65	20.66	157.07
塑料制品业	40.45	4.53	29.77	6.15
非金属矿物制品业	256.53	15.46	122.79	118.28
黑色金属冶炼及压延加工业	529.76	7.71	214.32	307.73
有色金属冶炼及压延加工业	144.36	5.64	135.34	3.38
金属制品业	240.14	16.19	211.90	12.05
通用设备制造业	715.20	75.46	515.43	124.31
专用设备制造业	134.00	21.15	79.99	32.86
交通运输设备制造业	1 186.27	158.96	923.35	103.96
电气机械及器材制造业	266.61	17.03	202.35	47.23
通信设备、计算机及其他电子设备制造业	301.90	18.54	215.71	67.65
仪器仪表及文化、办公用机械制造业	100.51	7.90	89.60	3.01
工艺品及其他制造业	7.01	2.79	2.79	1.43
电力、燃气及水的生产和供应业				
电力、热力的生产和供应业	5 841.94	1 029.66	2 227.91	2 584.37
燃气生产和供应	93.42	0.56	33.95	58.91
水的生产和供应业	144.57	22.23	44.84	77.50

表5－39　长三角地区国有控股工业企业利润总额(2009年)

单位:亿元

项目	长三角	上海市	江苏省	浙江省
总计	894.48	147.65	452.16	294.67
按轻重工业分				
轻工业	284.74	121.41	99.58	63.75
重工业	609.75	26.24	352.58	230.93
按行业分				
农副食品加工业	1.74	0.38	0.60	0.76
食品制造业	2.62	0.80	1.10	0.72
饮料制造业	4.31	0.03	3.37	0.91
烟草加工业	202.72	113.69	58.63	30.40
纺织业	5.42	0.13	4.01	1.28
纺织服装、鞋、帽制造业	2.06	0.21	1.65	0.20
皮革、毛皮、羽毛(绒)及其制品业	0.41	0.01		0.40
木材加工及木、竹、藤、棕、草制造业	0.35		0.18	0.17
造纸及纸制品业	3.13	－0.02	1.58	1.57
印刷业和记录媒介的复制	2.75	0.94	0.51	1.30
文教体育用品制造业	0.01	－0.12	0.00	0.13
化学原料及化学制品制造业	87.24	6.39	61.30	19.55
医药制造业	32.76	5.64	6.96	20.16
化学纤维制造业	15.76		15.54	0.22
橡胶制品业	12.98	－0.14	1.01	12.11
塑料制品业	1.78	0.08	1.60	0.10
非金属矿物制品业	16.86	0.45	11.52	4.89
黑色金属冶炼及压延加工业	－1.33	0.06	－5.63	4.24
有色金属冶炼及压延加工业	0.46	－0.35	0.67	0.14
金属制品业	11.79	0.39	10.92	0.48
通用设备制造业	53.84	1.69	37.20	14.95
专用设备制造业	5.59	1.05	3.08	1.46
交通运输设备制造业	45.84	5.05	42.43	－1.64
电气机械及器材制造业	17.22	0.11	11.86	5.25
通信设备、计算机及其他电子设备制造业	13.53	－1.48	2.04	12.97
仪器仪表及文化、办公用机械制造业	15.25	0.90	14.26	0.09
工艺品及其他制造业	0.58	0.32	0.15	0.11
电力、燃气及水的生产和供应业				
电力、热力的生产和供应业	110.97	13.72	95.95	1.30
燃气生产和供应	97.93		4.57	93.36
水的生产和供应业	－0.11	－2.56	0.70	1.75

表5-40　长三角地区国有控股工业企业利税总额(2009年)

单位:亿元

项目	长三角	上海市	江苏省	浙江省
总计	2 221.49	307.56	1 106.41	807.52
按轻重工业分				
轻工业	832.74	268.25	314.46	250.03
重工业	1 388.78	39.32	791.96	557.50
按行业分				
农副食品加工业	2.38	0.07	1.43	0.88
食品制造业	3.60	0.45	1.99	1.16
饮料制造业	13.18	0.00	8.66	4.52
烟草加工业	704.79	261.76	248.74	194.29
纺织业	9.86	0.41	7.01	2.44
纺织服装、鞋、帽制造业	3.13	0.12	2.59	0.42
皮革、毛皮、羽毛(绒)及其制品业	0.75	0.02		0.73
木材加工及木、竹、藤、棕、草制造业	0.55		0.28	0.27
造纸及纸制品业	4.89	0.01	2.40	2.48
印刷业和记录媒介的复制	3.60	0.74	1.01	1.85
文教体育用品制造业	0.27	0.10	0.00	0.17
化学原料及化学制品制造业	165.78	2.07	136.30	27.41
医药制造业	40.33	1.91	11.12	27.30
化学纤维制造业	19.69		19.34	0.35
橡胶制品业	18.28	0.07	2.16	16.05
塑料制品业	2.91	0.22	2.40	0.29
非金属矿物制品业	27.96	0.59	17.41	9.96
黑色金属冶炼及压延加工业	7.67	0.14	-3.64	11.17
有色金属冶炼及压延加工业	2.01	0.06	1.67	0.28
金属制品业	23.49	0.65	22.02	0.82
通用设备制造业	77.20	3.28	53.80	20.12
专用设备制造业	8.99	0.75	5.84	2.40
交通运输设备制造业	78.32	5.91	70.65	1.76
电气机械及器材制造业	25.19	0.24	18.15	6.80
通信设备、计算机及其他电子设备制造业	21.25	0.20	5.36	15.69
仪器仪表及文化、办公用机械制造业	17.96	0.38	17.42	0.16
工艺品及其他制造业	0.55	0.08	0.23	0.24
电力、燃气及水的生产和供应业				
电力、热力的生产和供应业	434.57	26.10	206.01	202.46
燃气生产和供应	9.13	0.03	5.76	3.34
水的生产和供应业	9.21	1.13	3.64	4.44

表5－41　长三角地区建筑业总产值

单位:亿元

年份	长三角	上海市	江苏省	浙江省
1990	301.83	75.62	147.23	78.98
1991	353.34	84.30	176.21	92.83
1992	517.48	117.68	265.80	134.00
1993	903.53	193.00	449.99	260.54
1994	1 519.07	309.68	738.60	470.79
1995	2 099.76	391.42	998.11	710.23
1996	2 345.51	450.41	1 049.42	845.68
1997	2 549.82	564.37	1 102.12	883.33
1998	2 760.06	593.11	1 224.42	942.53
1999	3 039.80	573.06	1 338.46	1 128.28
2000	3 561.58	631.64	1 546.17	1 383.77
2001	4 358.19	730.33	1 859.41	1 768.45
2002	5 304.78	822.27	2 199.52	2 282.99
2003	7 118.02	1 195.80	2 794.94	3 127.28
2004	9 292.36	1 724.40	3 656.66	3 911.30
2005	11 001.50	1 889.25	4 368.95	4 743.30
2006	13 411.23	2 285.38	5 424.85	5 701.00
2007	16 571.55	2 524.18	7 010.57	7 036.80
2008	19 648.82	3 071.76	8 308.46	8 268.60
2009	23 841.66	3 830.53	10 264.92	9 746.21

表5－42　长三角地区交通运输基本情况(2009年)

指标	长三角	上海市	江苏省	浙江省
运输线路长度(公里)				
铁路营业里程	3 616.10	309.00	1 642.10	1 665.00
公路通车里程	262 416.00	11 671.00	143 803.00	106 942.00
#高速公路	7 821.00	768.00	3 755.00	3 298.00
内河航道里程	43 621.00	2 138.00	31 779.00	9 704.00
客运量总计(万人)	434 528.00	11 136.00	201 262.00	222 130.00
铁路	20 836.00	5 161.00	9 167.00	6 508.00
公路	404 580.00	2 995.00	191 001.00	210 584.00
水运	4 456.00	90.00	686.00	3 680.00
民用航空	4 656.00	2 890.00	408.00	1 358.00
旅客周转量(亿人公里)	3 578.30	1 002.59	1 423.33	1 152.38
货物运输量总计(万吨)	389 172.00	76 967.00	160 966.00	151 239.00
铁路	10 513.00	941.00	6 137.00	3 435.00
公路	237 549.00	37 745.00	104 002.00	95 802.00
水运	132 001.00	37 983.00	42 016.00	52 002.00
货物周转量(亿吨公里)	25 250.24	14 436.00	5 154.46	5 659.78
民用车辆拥有量(万辆)	2 678.53	285.00	1 370.07	1 023.46
#民用汽车拥有量	1 038.66	147.30	458.06	433.30
#载客汽车	846.95	124.90	370.58	351.47
载货汽车	160.07	22.19	61.23	76.65
#私人汽车	756.96	85.19	338.22	333.55
港口货物吞吐量(万吨)	270 560.70	59 205.00	132 786.70	78 569.00

表 5－43　长三角地区客运量基本情况（2009 年）

单位：万人

年份	长三角	上海市	江苏省	浙江省
1980	64 825	2 369	34 002	28 454
1985	110 145	3 434	53 935	52 776
1990	112 521	3 835	48 339	60 347
1995	199 207	5 265	84 803	109 139
1996	211 790	5 822	91 870	114 098
1997	214 882	6 057	93 684	115 141
1998	221 501	6 139	97 033	118 329
1999	226 225	6 406	101 000	118 819
2000	238 270	6 893	107 244	124 133
2001	249 918	6 324	110 713	132 881
2002	259 210	7 326	115 889	135 995
2003	271 373	7 212	123 462	140 699
2004	287 738	8 968	128 516	150 254
2005	315 360	9 487	145 204	160 669
2006	346 256	10 205	161 425	174 626
2007	387 270	10 371	187 241	189 658
2008	414 026	10 927	208 237	194 862
2009	434 528	11 136	201 262	222 130

表 5－44　长三角客运量基本情况（铁路）

单位：万人

年份	长三角	上海市	江苏省	浙江省
1980	7 477	1 692	3 364	2 421
1985	10 364	2 320	4 819	3 225
1990	10 282	2 476	4 788	3 018
1995	11 680	2 929	5 185	3 566
1996	10 377	2 804	4 502	3 071
1997	10 202	2 779	4 433	2 990
1998	10 380	2 760	4 451	3 169
1999	11 480	2 906	4 824	3 750
2000	11 780	2 980	4 891	3 909
2001	12 453	3 231	5 029	4 193
2002	13 326	3 518	5 297	4 511
2003	12 833	3 391	5 104	4 338
2004	15 268	4 076	5 997	5 195
2005	16 245	4 313	6 658	5 274
2006	17 338	4 458	7 292	5 588
2007	18 384	4 795	7 658	5 931
2008	20 633	5 339	8 846	6 448
2009	20 836	5 161	9 167	6 508

表 5－45　长三角地区公路客运量基本情况

单位:万人

年份	长三角	上海市	江苏省	浙江省
1980	45 989	200	26 463	19 326
1985	85 536	410	45 751	39 375
1990	93 538	605	41 850	51 083
1995	181 574	1 257	78 947	101 370
1996	196 092	1 974	86 801	107 317
1997	199 757	2 277	88 826	108 654
1998	206 068	2 006	92 215	111 847
1999	209 513	2 178	95 564	111 771
2000	221 191	2 482	101 713	116 996
2001	232 621	1 508	105 105	126 008
2002	241 165	2 046	110 139	128 980
2003	254 066	2 052	118 046	133 968
2004	266 860	2 465	122 218	142 177
2005	292 977	2 468	138 287	152 222
2006	322 050	2 784	153 825	165 441
2007	361 579	2 872	179 206	179 501
2008	385 706	2 934	199 008	183 764
2009	404 580	2 995	191 001	210 584

表 5－46　长三角地区水运客运量基本情况

单位:万人

年份	长三角	上海市	江苏省	浙江省
1980	11 323	446	4 175	6 702
1985	14 150	622	3 365	10 163
1990	8 470	555	1 701	6 214
1995	5 103	512	623	3 968
1996	4 367	422	499	3 446
1997	3 900	328	341	3 231
1998	3 985	678	273	3 034
1999	4 119	581	504	3 034
2000	3 991	539	514	2 938
2001	3 344	543	430	2 371
2002	2 932	526	284	2 122
2003	2 658	528	147	1 983
2004	3 023	621	91	2 311
2005	3 173	626	37	2 510
2006	3 473	654	27	2 792
2007	3 286	95	27	3 164
2008	3 615	89	32	3 494
2009	4 456	90	686	3 680

表 5－47 长三角地区民用航空客运量基本情况

单位:万人

年份	长三角	上海市	江苏省	浙江省
1995	850	567	48	235
1996	954	622	68	264
1997	1 023	673	84	266
1998	1 068	695	94	279
1999	1 113	741	108	264
2000	1 308	892	126	290
2001	1 500	1 042	149	309
2002	1 788	1 236	170	382
2003	1 816	1 241	165	410
2004	2 587	1 806	210	571
2005	2 965	2 080	222	663
2006	3 394	2 309	280	805
2007	4 021	2 609	350	1 062
2008	4 072	2 565	351	1 156
2009	4 656	2 890	408	1 358

表 4－48 长三角地区货运量基本情况

单位:万吨

年份	长三角	上海市	江苏省	浙江省
1980	46 141	20 037	16 527	9 577
1985	93 470	24 243	46 842	22 385
1990	109 650	26 777	49 399	33 474
1995	171 688	27 571	81 830	62 287
1996	194 362	45 821	84 666	63 875
1997	189 184	45 938	82 290	60 956
1998	187 028	46 230	80 429	60 369
1999	193 931	48 398	81 529	64 004
2000	217 526	52 206	90 436	74 884
2001	219 386	54 049	87 505	77 832
2002	237 996	58 901	88 588	90 507
2003	260 535	63 861	93 511	103 163
2004	283 149	65 758	100 093	117 298
2005	310 389	71 304	112 909	126 176
2006	340 393	75 184	125 114	140 095
2007	375 230	78 108	143 804	153 318
2008	409 439	84 347	166 322	158 770
2009	389 172	76 967	160 966	151 239

表5－49　长三角地区铁路货运量基本情况

单位:万吨

年份	长三角	上海市	江苏省	浙江省
1980	9 427	4 484	3 420	1 523
1985	10 877	5 059	4 037	1 781
1990	7 183	1 257	4 235	1 691
1995	7 433	1 376	4 143	1 914
1996	7 609	1 320	4 361	1 928
1997	7 104	1 252	4 131	1 721
1998	6 671	1 152	3 793	1 726
1999	6 648	997	3 941	1 710
2000	7 087	1 055	4 077	1 955
2001	7 500	1 080	4 239	2 181
2002	7 949	1 131	4 407	2 411
2003	8 328	1 208	4 462	2 658
2004	8 836	1 284	4 665	2 887
2005	9 328	1 278	5 090	2 960
2006	9 623	1 223	5 169	3 231
2007	9 767	1 143	5 177	3 447
2008	9 501	985	5 118	3 398
2009	10 513	941	6 137	3 435

表5－50　长三角地区公路货运量基本情况

单位:万吨

年份	长三角	上海市	江苏省	浙江省
1980	14 723	7 284	4 427	3 012
1985	41 868	9 216	23 255	9 397
1990	59 497	8 714	27 904	22 879
1995	100 903	6 273	49 578	45 052
1996	122 994	25 023	50 571	47 400
1997	123 656	25 991	52 441	45 224
1998	126 018	26 352	54 328	45 338
1999	127 728	27 171	54 803	45 754
2000	142 433	28 369	59 056	55 008
2001	143 633	28 869	59 058	55 706
2002	153 590	29 759	60 299	63 532
2003	165 906	30 678	64 321	70 907
2004	179 152	31 554	69 058	78 540
2005	190 433	32 684	76 301	81 448
2006	207 460	33 799	84 319	89 342
2007	231 850	35 634	97 474	98 742
2008	254 388	40 328	110 302	103 758
2009	237 549	37 745	104 002	95 802

表 5－51　长三角地区水运货运量基本情况

单位:万吨

年份	长三角	上海市	江苏省	浙江省
1980	19 791	8 267	6 482	5 042
1985	39 289	9 965	18 117	11 207
1990	37 676	12 864	15 908	8 904
1995	57 327	14 845	27 161	15 321
1996	57 910	14 544	28 819	14 547
1997	52 919	14 082	24 826	14 011
1998	49 197	14 529	21 363	13 305
1999	54 377	16 241	21 596	16 540
2000	62 265	18 442	25 902	17 921
2001	62 024	19 496	22 583	19 945
2002	70 149	23 174	22 411	24 564
2003	79 539	26 621	23 320	29 598
2004	90 831	30 148	24 812	35 871
2005	105 602	34 557	29 277	41 768
2006	117 726	37 342	32 862	47 522
2007	130 028	41 041	37 858	51 129
2008	137 142	42 729	42 799	51 614
2009	132 001	37 983	42 016	52 002

表 5－52　长三角地区民用车辆拥有辆(2009 年)

单位:万辆

指标	长三角	上海市	江苏省	浙江省
合计	2 678.53	285.00	1 370.07	1 023.46
汽车	1 038.66	147.30	458.06	433.30
载客汽车	846.95	124.90	370.58	351.47
#轿车	569.54	95.10	262.72	211.72
载货汽车	160.07	22.19	61.23	76.65
摩托车	1 582.82	128.64	906.93	547.25
拖拉机	169.73	1.15	131.83	36.75

表 5－53　长三角地区私人车辆拥有辆

单位:万辆

指标	长三角	上海市	江苏省	浙江省
民用汽车	756.96	85.19	338.22	333.55
载客汽车	661.34	84.95	291.19	285.20
轿车	499.29	71.06	216.51	211.72
载货汽车	72.48	0.77	25.29	46.42
摩托车	1 575.58	125.22	903.11	547.25

表5-54　长三角地区邮电业务基本情况(2009年)

指标	长三角	上海市	江苏省	浙江省
邮电业务总量(亿元)	3 547.37	68.60	1 812.40	1 666.37
函件(亿件)	30.85	12.98	9.51	8.36
特快专递(万件)	24 850.03	4 101.90	17 523.13	3 225.00
报刊期发数(万份)	256 766.60	118 300.00	1 138.62	137 328.00
年末市内电话(万户)	4 911.65	935.48	2 662.40	1 313.77
年末移动电话用户(万户)	11 482.62	2 106.32	4 940.30	4 436.00
国际互联网用户(万户)	3 101.95	1 250.00	960.95	891.00
邮路及农村投递路线总长度(万公里)	111.98	31.10	40.42	40.46
邮电通信工具拥有量				
长途光缆线路长度(公里)	59 669.00	4 297.00	32 137.00	23 235.00

表5-55　长三角地区社会消费品零售总额

单位:亿元

年份	长三角	上海	江苏	浙江
1978	185.75	54.10	84.79	46.86
1979	226.41	68.28	99.16	58.97
1980	277.86	80.43	122.56	74.87
1981	309.51	88.73	134.79	85.99
1982	333.58	89.80	150.01	93.77
1983	374.04	100.68	169.12	104.24
1984	454.59	123.72	205.05	125.82
1985	608.23	173.39	262.57	172.27
1986	704.91	196.84	304.58	203.49
1987	828.57	225.25	360.74	242.58
1988	1 093.54	295.83	471.83	325.88
1989	1 186.95	331.38	509.56	346.01
1990	1 203.04	333.86	515.43	353.75
1991	1 364.18	382.06	578.12	404.00
1992	1 663.21	464.82	704.52	493.87
1993	2 415.80	675.92	967.77	772.11
1994	3 327.55	834.76	1 359.61	1 133.18
1995	4 265.54	1 050.96	1 741.92	1 472.66
1996	5 115.11	1 258.00	2 080.44	1 776.67
1997	5 687.95	1 435.38	2 300.61	1 951.96
1998	6 113.89	1 539.27	2 453.84	2 120.78
1999	6 677.75	1 722.33	2 649.56	2 305.86
2000	7 327.33	1 865.28	2 908.46	2 553.59
2001	8 089.31	2 016.37	3 233.35	2 839.59
2002	9 026.61	2 203.89	3 656.57	3 166.15

（续表）

年份	长三角	上海	江苏	浙江
2003	10 110.21	2 404.45	4 194.50	3 511.26
2004	11 604.59	2 656.91	4 892.18	4 055.50
2005	13 304.55	2 972.97	5 699.89	4 631.69
2006	15 308.94	3 360.41	6 623.18	5 325.35
2007	17 899.91	3 847.79	7 838.08	6 214.04
2008	21 640.29	4 537.14	9 661.40	7441.75
2009	25 279.60	5 173.24	11 484.10	8 622.26

表5－56　长三角地区批发和零售总额

单位：亿元

年份	长三角	上海市	江苏省	浙江省
1978	170.30	47.55	79.18	43.57
1979	205.69	59.02	91.61	55.06
1980	254.25	70.28	114.35	69.62
1981	282.67	77.53	125.16	79.98
1982	302.96	77.31	138.87	86.78
1983	338.14	84.93	156.28	96.93
1984	408.44	103.27	188.80	116.37
1985	548.16	150.03	240.69	157.44
1990	1 059.84	265.67	472.72	321.45
1991	1 196.85	300.26	529.94	366.65
1992	1 449.28	362.03	644.61	442.64
1993	2 170.61	559.56	888.24	722.81
1994	2 936.29	684.81	1 238.30	1 013.18
1995	3 797.03	864.01	1 573.01	1 360.01
1996	4 545.19	1 032.78	1 901.47	1 610.94
1997	5 016.52	1 173.94	2 082.71	1 759.87
1998	5 403.57	1 298.40	2 208.24	1 896.93
1999	5 800.10	1 391.08	2 367.59	2 041.43
2000	6 311.33	1 493.13	2 583.19	2 235.01
2001	6 943.06	1 619.13	2 845.89	2 478.04
2002	7 672.10	1 756.77	3 179.23	2 736.10
2003	8 532.79	1 920.20	3 613.67	2 998.92
2004	9 800.65	2 108.59	4 166.92	3 525.14
2005	11 377.47	2 340.57	5 016.09	4 020.81
2006	13 170.16	2 695.62	5 815.78	4 658.76
2007	15 371.73	3 058.25	6 875.66	5 437.82
2008	18 487.00	3 605.32	8 360.18	6 521.50
2009	22 557.29	4 575.50	10 312.81	7 668.98

表5－57　长三角地区餐饮业总额

单位:亿元

年份	长三角	上海市	江苏省	浙江省
1978	7.47	2.39	3.24	1.84
1979	9.00	2.82	3.90	2.28
1980	10.99	3.41	4.72	2.86
1981	12.06	3.68	5.17	3.21
1982	12.70	3.76	5.49	3.45
1983	14.27	4.26	6.14	3.87
1984	17.49	4.90	7.61	4.98
1985	24.59	7.58	10.45	6.56
1990	57.15	17.08	24.17	15.90
1991	67.84	20.91	27.86	19.07
1992	84.60	25.92	33.64	25.04
1993	120.30	35.47	44.74	40.09
1994	169.42	42.74	71.44	55.24
1995	233.74	52.61	95.21	85.92
1996	329.16	78.50	135.64	115.02
1997	391.29	93.49	167.92	129.88
1998	398.43	56.58	192.52	149.33
1999	530.82	114.93	227.58	188.31
2000	641.38	134.12	269.59	237.67
2001	753.56	148.88	326.71	277.97
2002	944.85	193.68	410.83	340.34
2003	1 135.91	225.83	510.94	399.14
2004	1 385.68	279.44	653.46	452.78
2005	1 466.60	350.32	583.09	533.19
2006	1 740.84	452.16	678.83	609.85
2007	2 084.40	556.48	810.56	717.36
2008	2 621.95	669.54	1 083.01	869.40
2009	2 456.13	597.74	957.23	901.16

表 5-58 长三角地区限额以上批发和零售业法人企业数(2009 年)

单位:个

项目	长三角	上海市	江苏省	浙江省
总计	25 421	5 464	10 967	8 990
#国有及国有控股	1 582	361	582	639
批发业	17 509	4 088	7 005	6 416
#国有及国有控股	951	219	360	372
按登记注册类型分				
内资企业	16 451	3 220	6 882	6 349
国有企业	603	219	208	176
集体企业	196	78	70	48
股份制企业	3 178	580	950	1 648
私营企业	12 263	2 319	5 534	4 410
港、澳、台商投资企业	295	219	49	27
外商投资企业	763	649	74	40
按行业分				
农畜产品批发	287	27	189	71
食品、饮料及烟草制品批发	965	240	336	389
纺织、服装及日用品批发	2 919	493	984	1 442
文化、体育用品及器材批发	366	110	88	168
医药及医疗器材批发	460	146	125	189
矿产品、建材及化工产品批发	8 306	1 721	3 695	2 890
机械设备、五金交电及电子产品批发	2 963	1 011	936	1 016
贸易经纪与代理	279	144	115	20
其他批发	964	196	537	231
零售业	7 912	1 376	3 962	2 574
#国有及国有控股	631	142	222	267
按登记注册类型分				
内资企业	6 337	1228	3 843	2 494
国有企业	346	142	123	81
集体企业	256	81	110	65
股份制企业	2 058	407	861	790
私营企业	4 646	558	2 643	1 445
港、澳、台商投资企业	146	70	46	30
外商投资企业	201	78	73	50
按行业分				
综合零售	1 351	218	757	376
食品、饮料及烟草制品专门零售	404	89	255	60
纺织、服装及日用品专门零售	446	154	194	98
文化、体育用品及器材专门零售	502	97	259	146
医药及医疗器材专门零售	481	79	249	153
汽车、摩托车、燃料及零配件专门零售	3 146	495	1 403	1 248
家用电器及电子产品专门零售	966	92	530	344
五金、家具及室内装修材料专门零售	309	71	187	51
无店铺及其他零售	307	81	128	98

表 5－59　长三角地区限额以上批发和零售业产业活动单位(2009 年)

单位:个

项目	长三角	上海市	江苏省	浙江省
总计		16 649	22 087	
#国有及国有控股		1 757	3 721	
批发业		5 667	10 517	
#国有及国有控股		442	2 684	
按登记注册类型分				
内资企业		4 539	10 310	
国有企业		442	323	
集体企业		119	254	
股份制企业		1 296	3 426	
私营企业		2 657	6 157	
港、澳、台商投资企业		321	90	
外商投资企业		807	117	
按行业分				
农畜产品批发		33	273	
食品、饮料及烟草制品批发		876	551	
纺织、服装及日用品批发		663	1 049	
文化、体育用品及器材批发		139	123	
医药及医疗器材批发		186	181	
矿产品、建材及化工产品批发		2 124	6 448	
机械设备、五金交电及电子产品批发		1 230	1 068	
贸易经纪与代理		161	115	
其他批发		255	709	
零售业		10 982	11 570	
#国有及国有控股		1 315	1 037	
按登记注册类型分				
内资企业		9 777	10 343	
国有企业		1 315	457	
集体企业		339	227	
股份制企业		6 530	4 534	
私营企业		1 507	4 823	
港、澳、台商投资企业		289	210	
外商投资企业		916	1 017	
按行业分				
综合零售		5 935	3 170	
食品、饮料及烟草制品专门零售		1 081	1 723	
纺织、服装及日用品专门零售		649	302	
文化、体育用品及器材专门零售		336	693	
医药及医疗器材专门零售		1 220	2 397	
汽车、摩托车、燃料及零配件专门零售		1 066	1 784	
家用电器及电子产品专门零售		369	998	
五金、家具及室内装修材料专门零售		145	237	
无店铺及其他零售		181	266	

表 5－60　长三角地区限额以上批发和零售业从业人员(2009 年)

单位:人

项目	长三角	上海市	江苏省	浙江省
总计	1 676 991	518 052	706 394	452 545
#国有及国有控股	208 109	30 407	113 706	63 996
批发业	740 482	238 130	284 172	218 180
#国有及国有控股	118 051	17 427	60 609	40 015
按登记注册类型分				
内资企业	605 102	140 832	251 009	213 261
国有企业	71 866	17 427	34 096	20 343
集体企业	9 239	3 392	4 098	1 749
股份制企业	221 550	49 893	84 417	87 240
私营企业	292 255	68 888	122 452	100 915
港、澳、台商投资企业	35 015	25 045	7 599	2 371
外商投资企业	100 365	72 253	25 564	2 548
按行业分				
农畜产品批发	12 557	1 381	8 503	2 673
食品、饮料及烟草制品批发	99 311	29 307	35 166	34 838
纺织、服装及日用品批发	151 954	55 635	43 642	52 677
文化、体育用品及器材批发	21 089	9 067	5 998	6 024
医药及医疗器材批发	65 721	22 486	26 481	16 754
矿产品、建材及化工产品批发	188 609	42 833	85 611	60 165
机械设备、五金交电及电子产品批发	160 584	60 474	60 257	39 853
贸易经纪与代理	9 517	6 413	2 619	485
其他批发	31 140	10 534	15 895	4 711
零售业	936 509	279 922	422 222	234 365
#国有及国有控股	90 058	12 980	53 097	23 981
按登记注册类型分				
内资企业	756 325	212 468	331 813	212 044
国有企业	41 715	12 980	22 557	6 178
集体企业	14 455	4 407	6 801	3 247
股份制企业	410 168	148 225	148 296	113 647
私营企业	277 612	44 864	145 331	87 417
港、澳、台商投资企业	67 686	17 031	42 957	7 698
外商投资企业	112 498	50 423	47 452	14 623
按行业分				
综合零售	488 441	156 562	223 275	108 604

(续表)

项目	长三角	上海市	江苏省	浙江省
食品、饮料及烟草制品专门零售	30 524	9 704	15 057	5 763
纺织、服装及日用品专门零售	51 300	27 586	11 865	11 849
文化、体育用品及器材专门零售	35 055	10 029	16 068	8 958
医药及医疗器材专门零售	55 503	11 902	25 900	17 701
汽车、摩托车、燃料及零配件专门零售	158 962	30 212	72 605	56 145
家用电器及电子产品专门零售	84 659	19 944	43 711	21 004
五金、家具及室内装修材料专门零售	16 149	8 816	5 886	1 447
无店铺及其他零售	15 916	5 167	7 855	2 894

表 5 -61　长三角地区对外经济主要指标(2009 年)

单位:亿美元

指标	长三角	上海市	江苏省	浙江省
进出口总额	8 042.98	2 777.31	3 388.32	1 877.35
进口总额	3 301.31	1 358.17	1 395.89	547.25
初级产品			193.70	137.97
工业制成品			1 202.19	409.28
出口总额	4 741.67	1 419.14	1 992.43	1 330.10
初级产品			29.64	46.96
工业制成品			1 962.79	1 283.15
合同外商直接投资项目(个)	9 047.00	3 090.00	4 219.00	1 738.00
合同外商直接投资	803.00	133.01	509.81	160.18
实际外商直接投资	458.01	105.38	253.23	99.40
接待海外旅游者(万人次)	1 215.91	88.44	556.83	570.64
外国人	860.19	86.52	396.07	377.60
港澳同胞	152.40	0.67	61.08	90.65
台湾同胞	203.31	1.25	99.68	102.38
旅游外汇收入(万美元)	1 203 559.00	479 600.00	401 601.00	322 358.00

表 5 -62　长三角地区合同外商直接投资项目(2009 年)

单位:个

指标	长三角	上海市	江苏省	浙江省
合计	9 047	3 090	4 219	1 738
合资经营企业	1 617	361	847	409
合作经营企业	59	7	39	13
独资经营企业	7 368	2 721	3 332	1 315

表 5－63　长三角地区合同外商直接投资金额(2009 年)

单位:万美元

指标	长三角	上海市	江苏省	浙江省
合计	8 029 960	1 330 100	5 098 075	1 601 785
合资经营企业	1 059 981	174 000	669 283	216 698
合作经营企业	125 209	37 300	73 626	14 283
独资经营企业	6 731 037	1 092 200	4 273 011	1 365 826

表 5－64　长三角地区实际外商直接投资金额(2009 年)

单位:万美元

指标	长三角	上海市	江苏省	浙江省
合计	4 580 072	1 053 800	2 532 298	993 974
合资经营企业	819 816	161 600	404 788	253 428
合作经营企业	57 912	20 400	36 554	958
独资经营企业	3 627 571	871 800	2 030 215	725 556

表 5－65　长三角地区接待海外旅游者人数和收入(2009 年)

项目	长三角	上海市	江苏省	浙江省
接待人数(人次)	17 563 842	6 289 200	5 568 257	5 706 385
外国人	12 634 100	4 897 400	3 960 676	3 776 024
日本	2 852 384	1 243 800	952 862	655 722
新加坡	494 668	184 300	181 930	128 438
美国	1 301 634	591 700	439 504	270 430
加拿大	311 278	123 700	112 212	75 366
英国	419 070	175 400	159 865	83 805
法国	371 922	164 100	111 939	95 883
德国	560 765	231 100	211 819	117 846
意大利	248 616	82 300	63 242	103 074
澳大利亚	348 730	140 800	134 114	73 816
港澳同胞	2 057 868	540 500	610 821	906 547
台湾同胞	2 871 874	851 300	996 760	1 023 814
旅游外汇收入(万美元)	1 203 559	479 600	401 601	322 358

表 5－66　长三角地区国内旅游者人数

单位:万人次

年份	长三角	上海市	江苏省	浙江省
2003	27 455.82	7 603	11 423.82	8 429.0
2004	33 766.80	8 505	14 661.80	10 600.0
2005	39 004.26	9 012	17 234.26	12 758.0
2006	45 768.89	9 684	19 935.79	16 149.1
2007	52 508.60	10 210	23 198.60	19 100.0
2008	58 027.62	11 006	26 121.62	20 900.0
2009	66 497.60	12 361	29 726.60	24 410.0

表 5-67　长三角地区保险业务主要指标(2009 年)

单位:亿元

指标	长三角	上海市	江苏省	浙江省
保费收入	2 218.30	665.03	907.73	645.54
财产险	627.61	151.81	228.39	247.41
#机动车辆保险			173.56	196.29
人身意外伤害险			20.40	16.74
健康险			39.45	29.07
寿险			619.49	352.31
各项赔款和给付	670.34	176.74	273.53	220.07
财产险	334.62	78.50	127.41	128.71
#机动车辆保险			104.12	104.83
人身意外伤害险			5.92	3.67
健康险			15.31	12.30
寿险			124.89	75.39

表 5-68　长三角地区科研机构数(2009 年)

单位:个

指标	长三角	上海市	江苏省	浙江省
科技机构数(个)		2 109	7 521	
#科研单位	344	112	135	97
大中型工业企业	6 089	1 738	2 249	2 102
高等院校	1 220	67	578	575

表 5-69　长三角地区三种专利申请受理量(2009 年)

单位:件

项目	长三角	上海市	江苏省	浙江省
申请受理量合计	345 133	62 241	174 329	108 563
#发明	69 468	22 012	31 801	15 655
实用新型	96 236	19 650	36 150	40 436
外观设计	179 429	20 579	106 378	52 472

表 5-70　长三角地区三种专利授权量(2009 年)

单位:件

项目	长三角	上海市	江苏省	浙江省
授权量合计	202 144	34 913	87 286	79 945
#发明	16 137	5 997	5 322	4 818
实用新型	60 393	13 158	21 940	25 295
外观设计	125 614	15 758	60 024	49 832

表 5－71　长三角地区教育事业基本情况（2009 年）

指标	长三角	上海市	江苏省	浙江省
学校数（所）				
普通高等学校	266.00	66.00	122.00	78.00
普通中学	6 006.00	762.00	2 891.00	2 353.00
小学	9 864.00	751.00	5 013.00	4 100.00
特殊教育	206.00	29.00	113.00	64.00
专任教师（万人）				
普通高等学校	18.75	3.81	9.99	4.95
普通中学	51.76	5.05	28.69	18.02
小学	46.91	4.43	25.47	17.01
特殊教育	0.55	0.11	0.30	0.14
招生数（万人）				
普通高等教育	89.10	14.35	47.00	27.75
研究生	9.18	3.54	4.02	1.62
本专科生	78.15	9.03	42.98	26.14
普通中学	225.37	16.50	123.40	85.47
小学	133.82	13.86	66.05	53.91
特殊教育	0.71	0.08	0.45	0.18
在校学生（万人）				
普通高等教育	319.00	51.28	176.73	90.99
研究生	25.49	9.76	11.39	4.34
本专科生	286.73	34.74	165.34	86.65
普通中学	721.08	60.37	398.44	262.27
小学	788.28	67.12	396.02	325.14
特殊教育	4.82	0.50	3.09	1.23
毕业生数（万人）				
普通高等教育	79.54	12.69	44.23	22.62
研究生	6.44	2.69	2.96	0.79
本专科生	70.28	7.19	41.27	21.82
普通中学	252.35	17.03	147.59	87.73
小学	145.87	11.36	77.27	57.24
特殊教育	0.78	0.09	0.53	0.16

表5－72 长三角地区文化艺术和文物事业机构情况(2009年)

单位:个

项目	长三角	上海市	江苏省	浙江省
总计	38 438	18 754	17 444	2 240
艺术业	608	188	279	141
#艺术表演团体	268	77	119	72
图书馆业	234	29	109	96
群众文化服务业	3 302	242	1 447	1 613
群众艺术馆、文化馆	234	29	117	88
文化站	3 068	213	1 330	1 525
艺术教育业	23	1	17	5
文艺科研	19	2	10	7
文物业	614	112	267	235
博物馆	383	111	182	90

表5－73 长三角地区卫生事业机构数(2009年)

单位:个

项目	长三角	上海市	江苏省	浙江省
总计	32 019	3 013	13 388	15 618
医院	2 060	296	1 112	652
综合医院	1 252	179	720	353
中医院	206	17	86	103
中西结合医院	26	4	9	13
专科医院	544	84	282	178
疗养院	32	2	17	13
社区卫生服务中心	7 624	640	1 671	5 313
卫生院			1 440	1 821
门诊部	1 480	376	484	620
专科疾病防治院(所、站)	92	20	47	25
疾病预防控制中心(防疫站)	292	21	170	101
卫生监督所	230	20	111	99
医学科学研究机构	26	9	9	8

长三角年鉴2010

第六篇 大事记

2009年1月

1月1日 2009年上海市各界人士新年音乐会举行。

修建一新的中共二大会址纪念馆正式向上海市民开放。

由浙江省新闻工作者协会与浙江日报报业集团、浙江广播电视集团、浙江在线新闻网站联合举办的“2008年浙江十大新闻”评选揭晓。

浙江宁波33个重大项目同日开工建设,总投资206亿元。

2008年南京市国税收入总量(含海关代征)突破了500亿元,达到521.6亿元,增长达16.3%。

江苏省企业退休人员养老金人均每月增加118元以上。

1月2日 2008年全年数据分析,上海市经认定登记的技术合同成交金额超过480亿元,连续第十年以两位数的速度增长。

江苏省苏州市节能环保创业园获称国家高新技术创业服务中心。

1月3日 2008年浙江农村十大新闻评选揭晓。

1月4日 2008年度上海名牌出炉,共有175项产品、95项服务、4项区域榜上有名。其中有47家获得“中国名牌”和“中国世界名牌产品”称号,46家获得“中国名牌产品”称号。

1月5日 “上海外资网上办事系统”(wz. investment. gov. cn/SFI/)正式开通。

浙江省启动千万珍贵树木发展行动暨重点防护林建设。

浙江省临海市荣获“国家卫生城市”称号。

浙江省信用协会在杭州成立。

1月6日 上海市首家整合型能源服务公司“申能能源服务公司”揭牌成立。

浙江省表彰农业科学发展创业创新典范。

浙江造轻型飞机试飞成功。

江苏省连云港市田湾核电站2009年上缴税收13亿。

江苏省无锡市惠山经济开发区与南京航空航天大学合作共建江苏风电研究设计院签约仪式举行。

1月7日 由上汽集团和上海汽车共同投资的上海捷能汽车技术公司正式成立。

中国报刊2007－2008年广告投放价值百强排行榜发布,上海《解放日报》、《新闻晨报》、《申江服务导报》进入全国前十强;江苏新华日报、扬子晚报双双入选全国日报、晚报“五强”。

“中科院上海光机所高功率激光元器件研究与生产中心”和“新傲科技公司北区产业园”奠基开工。

浙江省瑞安市东源木活字印刷术申报世界遗产。

杭州海关2008年税收突破300亿元。

1月8日 由上海市政府侨办主管的上海侨界最大的文化艺术团体“上海市华侨书画院”成立。

融城际铁路、城市轨道交通、城市公交于一体的综合交通枢纽上海西站正式启动“升级”程序。

由上海教育报刊总社与上海教育电视台举办的“2008上海教育年度新闻人物”评选活动揭晓。

江苏省南通市荣获国家历史文化名城称号。

1月9日 上海市工商联召开十二届四次主席会议、常委会、三次执委会议,听取并审议了《上海市工商联(商会)十二届三次执委会工作报告》。

2008年江苏省苏州市实现地方一般预算收入668.9亿元,增收127.1亿元,增长23.5%,总量和增量继续稳居江苏省首位。其中苏州市地方财政收入总量占江苏全省的24.49%。

1月10日 2008年度国家科学技术奖在京揭晓,上海市获奖项目57个;江苏省获奖项目47个,获奖数量继续保持全国第三、省份第一;浙江省获奖项目24个。

上海市市管国有企业董事会建设试点工作正式启动。

由中国医院协会、中华医疗科学及技术促进交流会、上海市政府参事室共同主办的"海峡两岸医疗层峰论坛"在沪举行。

长三角地区台商座谈会在江苏南京召开。

1月11日 主题为"东西携手、紧密合作、共度时艰"的中国产业转移(上海)投资峰会在沪召开。

江苏省投资2亿多元的常州京杭运河西港建成。

1月12日 上海市政协第十一届二次会议开幕。

工业和信息化部"部分省市促进工业产品研发设计信息化经验交流会"信息:上海已率先获得国家批复,成为我国工业化和信息化融合试验区。

上海海关统计,2008年上海关区外贸进出口达到6 065.6亿美元,较上年增长16.3%,增速同比回落5.3个百分点。

1月13日 第23届全国残联工作会议在浙江省杭州市召开。

浙江省杭州选手宋容慧获第七届正官庄杯世界女子围棋赛六连胜。

江苏省溧水跻身"全国食品工业十大特色县"。

2008年"绿色江苏"一年新造林163万亩。

1月14日 上海电大获"2008年度联合国教科文组织哈马德国王奖"。

由浙江省温州医学院李校堃教授主持申报的《细胞生长因子药物基础与工程技术研究》项目获中华医学科技奖一等奖。

2009年第五届中国会展经济国际合作论坛在江苏南京开幕。

1月15日 制定肝移植领域"杭州标准"的中国工程院院士、浙医一院院长郑树森教授获国家科技进步二等奖。

1月16日 由江浙沪三省市文化厅(局)、文联联合主办的"与时代同行·纪念改革开放30周年长三角美术作品联展"在江苏省南京博物院开幕。

1月17日 上海市科委、中科院上海分院和上海院士中心共同举办"中国科学院、中国工程院沪区院士2009年新春音乐会"。

1月18日 "2008年上海市反腐倡廉建设有影响的十件大事"评出。

由上海市政府新闻办、新民晚报主办的"上海·我们的故事:1978-2008纪念改革开放三十周年图文展"开展。

江苏省宿迁市荣获省政府颁发的"财政收入增收表彰单位"称号。

1月19日 江苏邮储银行向江苏省县以及县以下农村地区累计发放各类贷款达80亿元,有力地支持了江苏省农村地区和县域经济的发展。

1月20日 上海市举行"2008上海文艺创作和重大文化活动奖"颁奖仪式,共颁发6个精品奖,3个上海文艺家荣誉奖以及17个优品奖、13项优秀单项成果奖、10位优秀文艺家奖。

由上海市"台办"主办的2008年沪台交流十大新闻揭晓。

据上海保监局统计,2008 年上海保险市场保费收入已突破 600 亿元。

1 月 21 日 2008 年上海经济保持平稳较快发展,全年实现生产总值13 698.15亿元,人均 GDP 首次实现了一万美元的突破,达到10 529美元。

浙江省宁波市蝉联全国文明城市称号。

江苏省徐州经济开发区自主创新产业 73 亿元重大项目开工。

1 月 22 日 上海市学生德育发展中心成立。

上海国际航运研究中心发布《航运市场分析报告》。

上海餐饮业 2008 年实现营业额 669.54 亿元,比上年同期增长了 20.3%。

上海市“迎世博贡献奖”首批获奖名单公布。

浙江日报报业集团钱江报系正式成立。

江苏省徐工集团实现营业收入超过 400 亿元,成为中国工程机械行业首个 400 亿元级企业

1 月 23 日 中共浙江省委、浙江省政府发布关于加快推进残疾人事业发展的实施意见。

2008 年浙江省生产总值首次突破两万亿元大关,达21 487亿元,比上年增长 10.1%。

1 月 26 日 全民“K 歌”节目《世博欢唱会》在上海东方卫视亮相开播。

1 月 29 日 浙江大学教授在超导研究上取得重要发现,在二维层状化合物铁基超导体中发现超导态具有三维各向同性特征。

江苏高科技投资集团获首批国家级创投引导基金最高额度资金扶持,数额约为5 500万元。

首届江苏旅游联盟恳谈会在南通举行。

江苏省徐州市与德国北莱恩－威斯特法伦州签约共建江苏省徐州生态示范区项目合作意向书。

1 月 30 日 伦敦“上海周”暨“中国古代城市文明与礼仪文化:青铜、玉器展”开幕式举行。

“上海与上海世博会”摄影图片展开幕式在英国伦敦市举行。

2009 年 2 月

2 月 1 日 上海市总工会发布《关于深入开展“千方百计促就业,齐心协力保稳定就业援助服务行动”的通知》,帮助和扶持 4 万名就业困难人员就业或再就业。

2 月 2 日 上海市政府布置 2009 年 22 项重点工作。

上海旅游职业教育集团成立。

浙江省宁波舟山港集装箱吞吐量跃居世界第八。

江苏省苏州市在昆山举行总投资达 279.3 亿元的 33 个重大项目开工开业仪式。

江苏省首家区域性海外创业组织——南通世界通商总会成立。

2 月 3 日 由上海市海峡交流促进会等主办的中华才艺小天使两岸少年学习营在沪开营。

浙江省出台十大惠农举措促增收,力争 2010 年全省农民来自农业收入增加 50 亿元以上。

2 月 4 日 上海市人力资源和社会保障局发布《关于用人单位依法实施裁减人员报告的通知》。

上海市教委宣布,将在民办学校建立年金制度。

浙江全省贷款增量和增速连续第四年居沿海主要省市第一位,贷款余额已跃居全国第 2 位。

江苏省扬州市在邗江开发区举行总投资 220 多亿元的 100 个工业重大项目开工仪式。

2月5日 英国《金融时报》“MBA全球百强榜”公布,中国上海“中欧国际工商学院”成为亚洲首家闯入世界十强的商学院。
2008年上海市专利申请总量达52 835件,比2007年增长11.9%。
江苏省南京市正式确认申办2014年世界青年夏季奥运会。

2月6日 上海商务工作十项重点确定:积极扩大国内消费,确保外贸平稳增长,着力提高外资质量,积极稳妥推进对外投资合作,全面实施迎世博600天行动计划,加快上海国际贸易中心建设,研究制定促进现代服务业发展重大举措,建立商务预警机制和应急处理机制,支持浦东先行先试,深化商务体制改革并进一步扩大对外开放。
上海交通大学结直肠癌诊治中心成立。
浙江省农民收入连续24年居全国省区首位。

2月8日 “建国60年上海儿童文学作家作品巡展”活动正式启动。
2008年江苏造船订单占全国37.2%,造船完工量、新承接订单量、手持订单量及经济效益等均位居中国第一,成为中国第一造船大省。

2月9日 上海市教委推行两项免费政策:本市民办中小学生将免学杂费,在沪借读的外省市学生将免借读费。
上海市启动“上海市大学生创业见习资助项目”。
上海交响乐团旗下三大演出品牌“乐生活”、“乐工房”和“乐行天下”全新登场。
由浙江大学信息学院教授虞露领衔研发的两项技术成为数字音视频编码国际标准,打破该领域由国外垄断的格局。

2月10日 “中国图书国际会展中心”揭牌仪式在上海举行。
江苏省泰州民营经济注册资本逾800亿。
江苏省昆山可再生能源基地升为“国家级”。

2月11日 上海市政府审议并通过《上海市2009年－2011年环境保护和建设三年行动计划》。
上海浦东新区检察院荣获第三届“全国十佳基层检察院”殊荣。
由江苏梅兰化工有限公司承担的“12万吨/年超高纯甲烷氯化物生产关键技术研发及其产业化”项目通过江苏省级专家验收,标志着亚洲规模最大的甲烷氯化物生产装置在江苏省建成。

2月12日 浙江全省科技奖励大会在杭州隆重举行。
浙江省义乌市检察院获“全国十佳基层检察院”称号。
江苏省南京市与中国航空工业集团公司等一批大型央企在北京签约15个投资项目,投资额达739亿元。

2月13日 浙江省湖州市15项重点项目开工建设,预计3年内总共投资50亿元。

2月14日 “2008年上海十大法治新闻”揭晓。

2月15日 上海证监局召开2009年上海证券期货监管工作会议,部署上海辖区证券期货监管工作。
2008年江苏省农产品出口19.79亿美元,同比增长20.8%。
总投资10亿元的南京激光显示产业基地在江苏省南京市仙林大学城开建。

2月16日 2007－2008年度全国最大500家外商投资企业排行榜揭晓,上海市入选外资企业95家,江苏省90家。

2月17日 上海首度采用风云三号卫星遥感的方式监测空气污染。
全国优秀流行歌曲创作大赛华东赛区总决赛在沪落幕。
由上海文广新闻传媒集团影视剧中心主办的中国电视剧上海排行榜颁奖典礼暨2009年

电视剧制播年会举行。

2 月 18 日 上海第一家村镇银行"长江村镇银行"开张营业。

上海市东方医院改扩建工程和浦东医院新建工程同时开工。

2 月 19 日 上海飞机制造厂与北京航空航天大学、上海交通大学、南京航空航天大学合作建立"民用飞机复合材料制造"、"民用飞机先进制造工艺"和"民用飞机先进装配"三大技术中心。

以"森林、人文、田园"三大特色而闻名的江苏省苏州大阳山森林公园被国家林业局定名为"江苏大阳山国家森林公园"。

2008 年江苏省造船完工量 889.5 万吨，占国内份额的 30.9%、世界份额的 9.1%。

2 月 20 日 第二届中国现代服务业发展论坛在浙江杭州落幕。

江苏省建湖县被评为"中国民营经济最具潜力县(市、区)"。

2 月 21 日 由中国产学研合作促进会、上海市浦东新区科学技术协会主办的 2009 浦东科技创新与发展论坛举行。

上海首届大学生创新论坛举行。

2 月 22 日 上海闵行区浦江镇发现一处约5 000平方米的清代建筑群，这是该区迄今为止面积最大、保存最完整的古建筑群落。

浙江省第九届(桐庐)兰花博览会开幕。

江苏高科技投资集团获首批国家级创投引导基金最高额度资金扶持，数额约为5 500万元。

首届江苏旅游联盟恳谈会在南通举行。

2 月 23 日 上海市卫生局透露，2008 年本市新型农村合作医疗的人均筹资水平达到 500 元，同比增长约 11.1%，居全国各省区市最高水平。

2 月 24 日 上海市十三届人大常委会第九次会议审议了《上海市推进国际金融中心建设条例(草案)》，通过了《上海市人大常委会 2009 年度工作要点》。

上海市"浦东新区法院金融审判培训基地"、"华东政法大学金融法科研实践基地"揭牌。

2008 年全国十大考古新发现评选江苏南京大报恩寺、浙江余姚田螺山遗址等 61 项考古成果入围。

2 月 25 日 中共上海九届市委七次全会举行，审议并通过了九届市委七次全会决议。

2007 - 2008 年度上海市三八红旗手(集体)评选产生。

浙江省首家保税物流中心在宁波建成。

2008 年江苏省南京市软件产业销售收入增长 30%，达 471 亿元。有 8 家企业进入中国软件百强行列，全市软件服务外包合同 8 亿美元。10 个软件产品获得"中国优秀软件产品"称号。

2 月 26 日 上海至杭州铁路客运专线建设动员大会在上海举行。

"万国禁烟会"百年纪念活动在上海举行，通过了《上海宣言》。

中国商用飞机设计研发中心落户上海浦东。

上海两大基地航空公司——东航和上航公开宣布，将分别获得 70 亿元和 10 亿元注资。

江苏省 29 家县市级档案馆被评为首批国家级档案馆。

江苏省南京工业大学科技园升格为"国家级"。

2 月 27 日 上海市委、市政府召开科学技术奖励大会，表彰 2008 年度上海市科学技术奖获得者。

中国法学会审判理论研究会金融审判理论专业委员会成立大会在上海举行。

沪杭客运专线建设正式启动。

2月28日　上海市人力资源和社会保障局发布《关于贯彻人力资源和社会保障部〈关于进一步做好劳动人事争议调解仲裁工作的通知〉的通知》。

上海市马克思主义研究会、市委党校共同举办"学习实践科学发展观与马克思主义研究研讨会"。

2009年3月

3月1日　第19届中国华东进出口商品交易会在上海新国际博览中心开幕。

2009年上海市民族宗教法制宣传周开幕。

3月2日　解放日报报业集团第21届文化讲坛落下帷幕。

浙江省创业风险投资引导基金设立。

浙江省探索建立担保职业资格制度,1 300多人获担保行业从业资格。

"2009年度中国旅游竞争力百强城市"名单出炉,杭州、南京、宁波、无锡、绍兴位居前20名。苏州、常州、温州、徐州、扬州、镇江、南通、嘉兴、连云港、泰州、金华、盐城、湖州、舟山、宿迁榜上有名。

江苏省南京市实行建筑民工工伤保险实名缴存。

3月3日　据上海市国资委系统,至2008年底,上海地方国资总量净值达到11 500亿元,同比增长12.5%;市国资委系统内企业2008年实现销售收入7 226亿元,同比增长6.1%。

浙江省在北京举行经济社会发展情况汇报会。

47亿元"09浙能债"成功发行,创浙江省国企债券市场融资规模之最。

平安银行开设杭州分行。

3月4日　杭州启动6万吨婴幼儿配方奶粉项目。

3月6日　上海市经济信息化委召开2008－2009年度上海市重点工程实事立功竞赛设备赛区表彰动员大会。

总投资9 000万美元的可口可乐全球创新与研发中心暨中国总部园区在沪落成并正式开业。

3月7日　上海舞台美术学会年会召开,为2010年上海世博会进行战前总动员。

浙江省国有企业巨化债券成功发行,发行量达9亿元,期限为10年。

浙江省建立省级综合卫生应急救援队。

3月8日　上海市政府侨办、徐汇区政府联合举办"和谐发展、共迎世博"侨法广场宣传活动。

浙江省与"中国节能投资公司"在北京签订战略合作协议。

3月10日　上海科学院与上海应用技术学院签署全面合作框架协议。

"浙江最美的城市蓝图十年展暨浙江省规划建设示范城市推选活动"正式启动。

江苏泰州市成为首批国家级创建创业示范城市。

"2008中国船港服务星光榜"揭晓,江苏省连云港港荣登中国港口五星级榜首。这是该港连续第4次获得五星级港口殊荣,也是第3次居于榜首。

3月11日　中国人民解放军总后勤部与上海市政府合作建设第二军医大学签约仪式举行。

渤海银行杭州分行与浙江最大的造船企业——舟山金海湾船业有限公司在杭州签署了战略合作协议。

浙江奉化发现千年青瓷古窑群,共6座,均为龙窑,并出土大量器物和窑具。

中国最大液晶模组基地——康佳液晶模组厂在江苏省昆山动工,总投资达8.86亿元。

3月12日 上海市工商部门销毁了2008年以来没收、缴获的1.5万余件假冒侵权商品。

3月13日 上海市交通港口局公布数据显示,2008年上海港货物吞吐量完成5.82亿吨,同比增长3.6%,继续保持世界第一。

浙江省与商务部签署《建立省部紧密合作机制备忘录》。

3月14日 两岸首个包船邮轮“海洋神话号”从上海港起航赴台。

浙江省与中国科学院签署新一轮科技合作协议。

第三届浙江省巾帼发明者表彰大会在杭州举行。

江浙沪三地工商行政管理局和消费者权益保护组织联合发表《2009长三角“消费与发展”行动合作宣言》。

3月15日 诺贝尔经济学奖获得者约瑟夫·斯蒂格利茨来沪作题为《论中国乃至世界经济的稳定发展》的演讲。

第一届上海市中西医结合学会脊柱专业委员会成立大会暨第四届上海国际脊柱畸形与非融合技术大会在沪举行。

3月16日 宜居国际高峰论坛在“中国宜居城市”上海举行。

3月17日 2009年上海市群众文化工作会议信息:上海已经建成标准化的社区文化活动中心135个,农村文化信息共享服务点1 237个。

2009上海国际信息化博览会揭幕。

“科技创业杯”上海高校学生创造发明奖启动。

浙江报业集团与浙江省海宁市“携手”签署全面战略合作协议,开创了浙江省主流媒体与县市政府合作的崭新模式。

3月18日 第二届上海市优秀创业女性表彰大会举行。

无锡市环太湖生态修复工程的13个湿地项目全面启动建设。

3月19日 上海市网络文化工作会议召开。

3月20日 上海市社会治安综合治理委员会召开“上海市平安建设推进大会”,推出了2009年上海平安建设的十项实事。

国家新闻出版总署正式批复上海7家高校出版单位转企改制方案。

经教育部批准,上海大学成为上海地方性本科院校中第一所试点自主招生的学校。

浙江宁波一座大楼获国际“绿色建筑奖”。

在江苏省太仓市举行的“江苏省·中央企业合作发展恳谈会”上,江苏省与中央企业签订了总投资达150亿元的3个合作项目。

江苏援建绵竹第一、二批共计113个项目中,开工率超过60%。

3月21日 总建筑面积约55万平方米的上海国际航运服务中心开工。

共青团上海市委、上海青年家园民间组织服务中心联合上海多家户外运动类青年社会组织共同启动“世博及天涯”项目。

2009年上海市首场大规模会展行业人才招聘会举行。

浙江正泰太阳能科技有限公司获私募股权投资5000万美元,打造薄膜太阳能电池领军企业。

首届长三角教育与文化发展研讨会在江苏省泰兴市举行。

3月22日 中国东方航空股份有限公司与中国建设银行签署了银企全面合作协议。

2009年江苏省农业综合开发产业化经营项目的财政贴息资金由2008年的826万元增

加到 1.23 亿元。

3 月 23 日　上海市重大工程东海大桥 10 万千瓦海上风电场首台风机整体安装成功。

"埃塞克斯·江苏节"在英国埃塞克斯郡闭幕。

我国快递服务领域的第一个规划——《长江三角洲地区快递服务发展规划(2009 - 2013 年)》在江苏省南京市发布,规划确定了期内快递服务年增长 25% 以上的发展目标,并计划新增就业岗位 8 万个。

江苏东海县政府与澳大利亚蒙宏远钛业有限公司签署了总投资 2 亿美元的东海金红石项目。

3 月 24 日　中国国际科教影视展评暨制作人年会在江苏省南京市举行。

共青团江苏省委在宜兴市周铁镇漕桥河畔举行"绿色江苏·青年当先"保护母亲河行动十周年纪念活动。

江苏省民营经济研究会在江苏省南京市成立。

3 月 25 日　上海市安全社区建设工作会议暨首批市级安全社区命名仪式举行。

第五届国际新闻摄影比赛(华赛)在上海揭晓。

浙江省政府专题会议研究上海世博会浙江馆设计方案。

浙江省义乌侨商会成立,300 多名来自海内外的义乌侨商和海外侨领云集义乌。

江苏省 2010 年安排重点建设项目 160 个,计划年度投资2 745亿元。

江苏省苏州市重点产业、重点项目融资推介会在苏州国际博览中心举行,东太湖整治工程等 8 个项目获银行授信 68 亿元。

3 月 26 日　据《2008 年上海市老年人口和老龄事业监测统计信息》:上海户籍老年人口首次突破 300 万。

中国 2010 年上海世博会媒体服务中心正式启用。

由中国科协学会学术部委托《学会》杂志社评选的 2008 年全国省级"学会之星"揭晓,上海市有 23 家学会入选,入选比例为全国第一;江苏省入选 12 家,浙江省入选 15 家。

杭州革命烈士纪念馆开馆。

由中国茶叶流通协会、浙江省茶叶产业协会和松阳县人民政府共同主办的"2009 年中国茶商大会暨松阳茶叶节"开幕。

第 44 届全国工艺品、旅游纪念品暨家居用品交易会在江苏省扬州开幕。

3 月 27 日　侵华日军南京大屠杀遇难同胞纪念馆又添 842 件日军侵华遗物,包括侵华日军当年所用的武器装备、军需保障品、生活用品和纪念品等四大类。

3 月 28 日　上海师大举办"基层民主与社区治理"国际学术研讨会。

上海公交新一轮改革全面启动,通过全面实施"公交优先"发展战略,将进一步突出公交行业的公益特性,完善市场化的运行机制,调动公交职工的积极性,提升公交管理和服务水平。

浙江"吉利汽车"收购澳大利亚 DSI 自动变速器公司,签字仪式在澳大利亚新南威尔士州政府大厦举行。

首届国际河姆渡文化节在浙江省余姚举行。

第二届世界佛教论坛在江苏省无锡灵山开幕。

江苏南京首届婚博会亮相江苏省南京国展中心。

江苏卓越国际交流教育基金会在江苏省南京成立。

3 月 29 日　由中国广告杂志社主办的第七届中国广告与品牌大会在沪举行。

中国徐霞客文化旅游节在江苏省江阴市徐霞客镇开幕。

3月30日　民革中央与上海社科院举行合作签约仪式。

由浙江省文化厅等单位与遂昌县委、县政府联合举办2009年遂昌汤显祖文化劝农节在遂昌开幕。

在"2009淮安(无锡)投资推介暨项目签约大会"上,江苏省淮安市与无锡市中外资企业成功签约25个项目,吸引投资达40多亿元人民币。

3月31日　15家银行联合与上海浦东新区政府有关部门及企业签订了总额达1 080亿元的综合授信协议。

上海青浦工业园区院士专家企业工作站工作启动仪式暨"中小企业自主创新与发展"论坛在青浦区会议中心举行。这是上海市首个试点建立的园区模式的院士专家企业工作站。

2009年4月

4月1日　平安银行在浙江省杭州成立首个小企业信贷中心。

4月2日　第七届"龙华魂"爱国主义教育主题活动:"共和国的基石"在上海举行。

浙江省发行地方债券82亿元,主要用于解决铁路建设资本金

由中国国际茶文化研究会和上海市普陀区政府主办的"全国茶馆馆长高峰会"举行,国内外60余家茶馆馆长莅会。

4月3日　上海盛东国际集装箱码头有限公司创造了每小时128.24个自然箱的桥吊单机作业效率世界纪录。

2009年海事卫星通信发展和技术应用研讨会在上海举行。

第十一届亚太Web国际会议及第十届Web时代信息管理会议联合会议在江苏省苏州市会议中心举行。

4月4日　江苏省苏州市决定2009年投入125亿元实施11个大类683个环境治理项目,确保太湖和阳澄湖水质得到改善。

4月5日　上海共有近60家单位130个项目参加"第十三届中国东西部合作与投资贸易洽谈会"。

上海、江苏两地旅游业界举行"沪苏携手迎世博"签约仪式。

国家科技部、教育部批准认定南京工业大学科技园、常州市大学科技园为国家大学科技园。

我国第一个动力分散型动车组出口项目——中国南车浦镇车辆有限公司向突尼斯出口总价近1亿美元动车组合同订单在突尼斯签约。

4月6日　汇丰银行(中国)有限公司与上海电气集团股份有限公司签署战略合作协议。

江苏国际生态节暨"2009中国泰州国际旅游节暨经贸洽谈会"开幕。

首届中国城河论坛在江苏省泰州市成功举行。

4月7日　我国首个海上风力发电工程"上海东海大桥100兆瓦海上风电示范项目"首批三台风机成功完成安装。

美国哈姆纳国际药物研究院和江苏泰州医药城共建联合国际药物研究院在泰州医药城揭牌。

4月8日　国务院决定在上海等五个城市开展跨境贸易人民币结算试点。

首届生态新沂旅游文化节江苏省新沂市开幕。

4月9日 旨在表彰每年度出现在上海舞台的优秀戏剧演员,加强各地戏剧交流,繁荣戏剧创作演出的上海白玉兰戏剧表演艺术奖(第19届)正式揭晓。
世界旅游资源博览会(WTF)在上海开幕。
上海市长宁法院成立了上海市首家"诉调对接中心"。
上海东方卫视举行ISO9001:2000质量管理体系认证暨CQC媒体质量管理体系认证颁证仪式。
浙报集团推出"传媒文化周"活动,主题为"推动进步的力量:浙江日报60周年。"

4月10日 上海市政府召开合作交流与对口支援工作会议。
总投资近5亿美元的22个中外资项目在上海集中签约。
新华通讯社与上海世博会事务协调局在上海签署战略合作协议,新华社正式成为"中国2010年上海世博会东道主通讯社"。
全国国防教育办公室主任会议在上海市召开。
"天华杯"全国电子专业人才设计与技能大赛(上海赛区)启动仪式举行。
2009中国(无锡)吴文化节在江苏省无锡开幕。
江苏省海门举办第十四届金花节,共签约166个项目,引资22亿美元。

4月11日 大修过后的上海外白渡桥正式开放。
浙江省杭州萧山启动6亿中小企业债权基金,当地10家中小企业与杭州银行、中投信托有限责任公司签订了合作意向书。

4月12日 浙江省成立工业设计学会,浙江工业大学等数十所高校和多家企业成为首批会员。

4月13日 上海"迎世博、树形象"南京路服务标准化工作推进会召开。
上海电气集团院士工作室揭牌。
亚太环境保护协会授予联合国"全球生态500佳"——江苏省姜堰市沈高镇河横村亚太(国际)低碳农业奖。

4月14日 上海市人大常委会召开2009年度立法计划落实工作会议。
长三角新闻出版(版权)协作第一次会议在上海举行。
上海终身学习网开通。
上海市版权局与市法院系统共同发布2008年度具有代表性的十个典型版权案例。
浙江省有六名技术工人获国务院特殊津贴。
浙江省宁波舟山港规划获得交通运输部和浙江省政府的批复。
江苏省京海禽业集团、扬州大学和江苏省畜牧总站联合培育的"京海黄鸡",正式获国家新品种证书。
2009中国徐州(苏州)投资恳谈会在江苏省苏州举行,会上签约项目21个,总投资87.8亿元人民币,其中利用外资6 000万美元。

4月15日 上海世纪出版集团举行成立十周年庆典大会。
第16届上海国际茶文化节开幕。
上海市总工会、市人力资源和社会保障局、市国资委联合发布《关于在本市企业中推行首席技师制度,促进高技能人才培养的指导意见》。
上海国际服装文化节十五周年庆典拉开帷幕。
由上海市质量协会和市中小企业服务机构合作设立的"上海市中小企业质量服务工作站"正式挂牌成立。
浙江省委在杭州举行"浙江论坛"报告会。

4 月 16 日　中共上海市委组织部发出《关于在全市基层党组织和全体党员中开展“世博先锋行动”的通知》。

由韩国忠清南道政府主办，中国贸促会上海市分会、上海国际商会协办的韩国忠清南道经贸投资说明会举行。

第二届中德“虚拟现实与增强现实技术及其工业应用”研讨会在上海召开。

华东片高校深入学习实践科学发展观活动交流座谈会在同济大学举行。

4 月 17 日　上海市浦东新区召开纪念开发开放 19 周年暨综合配套改革试点推进大会。

韩国海军“姜邯赞”号驱逐舰驶抵上海海军扬子江码头，开始对上海进行为期 3 天的顺访活动。

上汽－通用汽车馆奠基仪式举行。

第七届“上海文化新人”揭晓。

中央纪委中央组织部巡视组来浙江省开展巡视工作。

国务院批准撤销江苏省通州市，设立南通市通州区，以原通州市的行政区域为通州区的行政区域，区人民政府驻金沙镇。

4 月 18 日　2009 年女子国际公路自行车赛在上海开幕。

全国第一家集气象、海洋、海事、水文、水利、供水、排水等业务于一体的水务公共信息平台在上海建成。

上海浦东新区“迎世博：百支优秀文化团队评比展示”活动拉开帷幕。

2009 上海总部经济论坛举行。

上海市开出“M50 网上创意园”，为创意人才在线提供设计和商务平台。

上海交通大学中国企业发展研究院成立仪式暨第三届“中国管理学院奖“颁奖典礼举行。

2009 中国·扬州“烟花三月”国际经贸旅游节暨万花会开幕。

由中国史学会、南京大学和海门市政府联合举办的第五届张謇国际学术研讨会在江苏省海门举行。

4 月 19 日　上海交通大学上海高级金融学院成立。

由江苏省广电总台与中影集团共同出品的战争灾难巨片《南京！南京！》首映礼在南京举行。

4 月 20 日　上海促进科技成果转化投资合作联盟成立。

2010 年上海世博会首批 11 种纪念章和公众见面。

浙江省绍兴发现蔡元培三篇“文考作文”。

4 月 21 日　第 13 届上海国际汽车工业展览会开幕式举行。

以“融合多元文化，展示特色艺术”为主题的上海师范大学 2009 国际艺术节开幕，共有来自印度、美国、以色列、俄罗斯、法国、日本、印尼等国的高校或专业艺术团体近 800 名艺术工作者前来参加。

4 月 22 日　浙江省杭州市政府与法国赛诺菲安万特医药集团签署在杭州新建医药生产基地合作意向书。

4 月 23 日　上海市人大常委会通过了 2010 年发行地方债 76 亿元的《上海市 2009 年市本级预算调整方案》。

欧洲最大、历史悠久的私募股权基金安佰深公司在上海举行了中国首家分公司开业仪式。

上海市77家专业技术服务平台出炉,基本覆盖了生物医药、电子信息、先进制造、新材料、新能源等各个高新技术产业。

2009年中国·浙江绿茶大会暨第三届中国绍兴国际文化节在浙江省诸暨市开幕。

中央财政补助江苏重点水利工程4.34亿。

4月24日 由华东政法大学和《当代中国法学名家》编委会共同主办、英特尔(中国)有限公司协办的"首届中国法学名家论坛"拉开帷幕。

上海世博会事务协调局与中国音乐著作权协会签署《中国2010年上海世博会音乐著作权合作备忘录》。

"上海农商银行杯"2008年度上海十大青年经济人物评选结果揭晓。

上海市领导科学学会女性领导工作研究专业委员会成立大会暨"科学发展观与女性领导力创新"理论研讨会召开。

浙江省政府与中核集团在杭州签署能源战略合作协议。

江苏省南京渡江胜利纪念馆免费开放。

苏浙沪两省一市在上海召开长三角地区知识产权发展和保护状况新闻发布会,联手推进长三角地区知识产权保护再上台阶。

4月25日 上海市政府与国家开发银行金融发展合作备忘录签字仪式、上海市政府与中国农业银行战略合作备忘录签字仪式在北京举行。

第三届"上海市档案馆日"在上海举行,主题为"迎世博,档案便民服务"。

"国际金融危机与旅游发展高层论坛"在江苏省苏州举行。

以"世博之旅、昆山之约"为主题的江苏昆山国际文化旅游节开幕。

江苏光芒集团有限公司的"光芒"商标被认定为"中国驰名商标"。

4月27日 上海市举行五一劳动奖状、奖章表彰大会。

4月28日 2010上海之春国际音乐节揭幕。

上海市人民政府与中国电信集团公司签署协议,双方将进一步深化在信息化领域的战略合作关系。

上海海关驻世博会园区监管服务中心揭牌成立。

浙江省57人获全国五一劳动奖章。

由浙,沪、苏两省一市与中国人民银行共同举办的第二届长三角地区金融论坛在杭州开幕。

4月29日 上海光源国家重大科学工程竣工。

《国务院关于推进上海加快发展现代服务业和先进制造业建设国际金融中心和国际航运中心的意见》发布。

《2010年上海世博会市民法律知识手册》和《折页》首发式暨社区法制宣传系列讲座开讲仪式"举行。

长江三角洲地区环境保护合作第一次联席会议在上海召开。

第五届中国国际动漫节在浙江杭州(萧山)休博园开幕。

浙江省杭州市总工会设立创业就业基地。

纪念《新华日报》在江苏南京出版60周年座谈会举行。

4月30日 上海金融业联合会挂牌成立。

上海老龄大学(上海市市级机关老干部大学)成立二十周年庆祝大会举行。

上海·浙江经济合作洽谈会暨项目签约仪式在沪举行。

“放歌世博:2009 上海世界音乐周”在沪揭幕。

浙江省国际经济贸易学会在杭州成立。

2009 年 5 月

5 月 1 日　2010 年上海世博会志愿者招募启动仪式举行。

5 月 2 日　上海防控甲型 H1N1 流感专家组成立。

5 月 5 日　“上海世博会绿色出行”活动正式启动。

第三届国际太阳能光伏大会在上海开幕。

江苏省亿元投入改造 20 万亩黄河故道滩地。

5 月 6 日　上海市慈善基金会成立十五周年纪念大会举行。

上海东方青年学社举行纪念五四运动 90 周年学术研讨会。

浙江省启动首个文化产业投资基金,由浙江日报集团、浙江省烟草公司和浙江省财务开发公司共同组建“东方星空”文化基金。

江苏“盱眙龙虾”获中国驰名商标,成为全国首例动物类中国驰名商标。

5 月 7 日　全国大学生“世博城市之星”选拔活动在上海交通大学启动。

上海烟草(集团)公司向上海世博会中国国家馆捐赠人民币两亿元。

5 月 8 日　上海市召开“统一战线为文明增色,为世博添彩”活动推进大会。

上海社会科学院举行“弘扬五四精神,彰显青年责任”青年学者座谈会。

第六届中国城市森林论坛在浙江省杭州举行。

浙江省成立无偿献血志愿者协会。

江苏省南京市发行 10 亿交通债卷建设绕越公路。

面向苏沪两地客商的投资兴业平台——苏商创业园在江苏省南通市苏通大桥科技产业园开园。

由江苏省南京市政府和南京大学共建的南京国际服务外包研究中心揭牌。

5 月 9 日　由上海市慈善基金会和绿地集团出资捐建的四川省都江堰市绿地土桥小学竣工交付并举行入学仪式。

上海亚洲金融合作论坛举行。

上海交通大学农业与生物学院成立 50 周年庆祝大会举行。

2009 年中国柯桥国际纺织品面辅料博览会在浙江省绍兴柯桥开幕。

江南大学太湖学院被授予全国“五一”劳动奖状,成为全国惟一获此殊荣的民办高校。

5 月 10 日　“国际交流与合作:培养全球视野公民”国际教育研讨会在上海举行。

2009 年中国上海国际大众体育节开幕。

5 月 11 日　上海市委、市政府举行“贯彻国务院文件精神,加快推进上海国际金融中心国际航运中心建设”工作会议。

国际桥梁与结构工程协会向上海卢浦大桥颁发“2008 年杰出结构大奖”。

上海世博会组织者正式公布中国 2010 年上海世博会论坛总体方案。

浙江日报纪念创刊 60 周年。

中国 2010 年上海世界博览会执委会与长三角 6 座城市的政府签署合作协议,有三个主题论坛落户江苏。

5 月 12 日　上海市商业联合会及上海市各商业行业协会举行了“迎世博上海商业行业推进诚信建

设交流会”。

上海市第七届自然科学牡丹奖举行颁奖仪式,6位自然科学家获奖。

5月13日 全球唯一的反洗钱专家资格认证机构ACAMS与上海复旦大学中国反洗钱研究中心签约合作。

上海国际珠宝首饰展吸引来自22个国家和地区的400多家企业参展。

国际人口与发展南南合作战略研讨会在位于江苏省太仓市的中国生殖健康家庭保健培训中心(CTC)举行。

中国(江苏)企业跨国投资研讨会在江苏省南京市召开。

5月14日 中国银行与上海城投总公司在沪签署了总额为500亿元人民币的全面战略合作协议。

5月15日 中国金融信息大厦在上海浦东陆家嘴金融核心区奠基。

上海市人民政府与中国保监会举行关于推进上海保险业发展的合作备忘录签字仪式。

2009科技活动周暨上海科技节拉开帷幕。

“上海市国有企业《卓越绩效评价准则》高层培训研讨会”召开。

江苏省盐城市举办首届文化产业博览会,为当地文化产业引来总额超10亿元的投资。

第13届国际理论心理学大会在江苏南京召开。

5月16日 第三届上海职工科技节开幕。

上海浦东新区政府与中国银行上海分行、黄浦区政府与上海银行,分别签订推进消费金融战略合作协议。

上海市礼仪协会成立。

浙江省杭州市政府与微软中国公司签署为其3年的战略合作备忘录。

5月17日 “上海文化周”在土耳其安卡拉市开幕。

首场世博上海区县公众论坛“上海石库门遗产保护与文化传承”举行。

上海“同济与世博”大型展览开幕。

由苏浙沪两省一市总工会和上海市发改委共同主办的2009年长三角职工科技创新工作论坛举行。

长三角区域创新体系建设工作座谈会暨长三角区域创新体系联席会议2009年工作会议在沪召开。

上海市第八届青少年科技节暨第二届青少年创新峰会开幕。

2009年上海市“十佳少先队员”、“十佳少先队辅导员”评选揭晓。

浙江省杭州市滨江区农村住房改善项目获中国人居环境范例奖。

5月18日 上海市宝山区与14家银行签订了总额82亿元的政府投资项目综合授信协议。

上海市职工科技创新工作会议暨第三届上海职工科技节开幕式举行。

上海博物馆等60多家上海市的博物馆向社会公众免费开放。

上海市五所学校被评为“全国特殊教育先进单位”。

南京大学-东芬兰大学“中芬环境研究中心”在南京大学举行签约与揭幕仪式。

江苏省扬州市文化创意产业园在维扬区蜀冈正式启动。

5月19日 虹口区政府、上海海事局、上海航运交易所共同举行了“加快建设上海国际航运中心现代航运服务体系合作框架协议”签字仪式。

第22届上海市优秀发明选拔赛评选结果揭晓。

上海市普陀区企业服务中心正式揭牌。

“中国移动全球通”第八届“上海IT青年十大新锐”评选启动。

5 月 20 日　上海市政府举行飞行队、上海市公安局警务航空队成立仪式。
由上海电视节和 SMG 纪实频道联合主办的第三届“真实中国 · 导演计划”大师班及竞标决选正式开幕。
上海科技发展展示馆网上馆(www. sest. org. cn)正式启动。

5 月 21 日　上海市科委与美国通用电气中国研发中心签订合作备忘录,双方将在能源、水处理、医疗卫生、生物医药等领域开展合作。
由美国儿科协会主办、上海交通大学医学院附属上海儿童医学中心承办的“第五届美国—亚太地区关注儿童早期发育研讨会”在沪举行。
中国姜堰 · 溱潼会船节荣膺“大世界基尼斯之最——规模最大的船会活动”荣誉称号。
由苏皖赣三省 18 市联办的 2009 中国南京重大项目投资洽谈会开幕式在江苏省南京金陵饭店举行。

5 月 22 日　“解放之路:庆祝上海解放 60 周年”档案图片展开展。
中国商用飞机有限责任公司适航工程中心在上海正式揭牌。
第三届上海职工科技节的重要活动之一“上海职工科技创新成果展”落下帷幕。
上海浦东国际机场飞往美国达拉斯 · 沃斯堡国际机场定期货运航班开通。
江苏省凤凰出版传媒集团出资创立的美国佩斯大学孔子学院在纽约曼哈顿正式揭牌。

5 月 23 日　上海市发展改革研究院能源交通研究所成立。
上海市社联举办的第八届上海市社会科学普及活动周开幕。

5 月 24 日　苏州工业园签约 390 亿元项目,其中 21 个签约项目以先进制造业和现代服务业为主。

5 月 25 日　上海国际航运仲裁院成立。
上海市工人发明家沙龙在宝钢举行成立仪式。
上海市政府与中国普天信息产业集团公司签署战略合作框架协议。
南京与新加坡合作建设生态科技园项目在江苏南京江心洲隆重举行。

5 月 26 日　经国家发改委批准,江苏省无锡市首个国家工程实验室江苏长电科技股份有限公司高密度集成电路封装技术国家工程实验室设立。
首届中国(常熟)江南文化节暨第十届服装服饰博览会在江苏省常熟市开幕。

5 月 27 日　“向祖国汇报:庆祝上海解放 60 周年文艺晚会”在沪举行。
“海宝游世界:中国 2010 年上海世博会大型网络图片征集活动”启动。
首届国际河姆渡文化节在浙江余姚开幕。
中国民俗文化当代传承浙江论坛开幕。

5 月 28 日　第三届上海国际航空航天技术与设备展览会举行。
“古风新貌:纪念谢稚柳百年诞辰暨苏浙沪名家邀请展”在上海开幕。

5 月 29 日　千年古刹上海太平报恩寺重建奠基仪式在沪举行。

5 月 30 日　全国首届社区共建共享高层论坛在上海开幕。
第九届中国青少年机器人竞赛上海赛区选拔赛暨第六届上海市家庭机器人挑战赛在沪举行。

5 月 31 日　2008 年中国外贸 200 强企业排名在京揭晓,上海 32 家进口企业和 28 家出口企业入围;江苏省入围出口企业 19 家、出口企业 14 家;浙江入围出口企业 2 家、进口企业 3 家。

2009年6月

6月1日　中国少年先锋队上海市第六次代表大会召开。
《江苏省未成年人保护条例》正式施行。
经中国红十字总会批准,南京市儿童医院冠名为“江苏省红十字儿童医院”。

6月2日　由上海孙中山故居纪念馆与中国国民党党史馆联合举办的《永恒的丰碑—纪念孙中山先生文物文献展》开幕。
2009年上海国际生物技术与医药研讨会召开。

6月3日　上海同济大学举办首届“同舟共济国际问题高峰论坛”。
上海交大“职业生涯导师”计划启动,18位校友受聘成为交大首批“职业生涯导师”。

6月4日　上海市启动由群众评选“100位为新中国成立作出突出贡献的英雄模范人物和100位新中国成立以来感动中国人物”活动。
江苏省洪泽湖湿地国家级自然保护区总体规划(2008－2020年)获通过。

6月5日　“向世博Say Yes,共享城市优生活”:上海市青少年迎世博百万笑脸征集活动启动。

6月6日　上海飞机厂改制为“上海飞机制造有限公司暨中国商用飞机有限责任公司总装制造中心”。
《上海市实施〈中华人民共和国义务教育法〉办法》开始实施。
首届亚太戏博会暨第五届上海国际小剧场戏剧展演在沪揭幕。
上海国际模型展开幕。
新加坡杭州科技园开业。
东南大学苏州研究院校区落成;苏州大学凤凰传媒学院揭牌。

6月7日　浙江日报报业集团与阿里巴巴集团在杭州签订战略合作协议。
“2009中国城市管理发展年会”授予江苏省扬州市“中国和谐管理城市”的金牌。

6月8日　第十五届上海电视节举行。
第二届上海市大学生影像大赛暨2009广播影视论坛举行。
中国特色社会主义统一战线理论研究基地成立大会暨第四届上海统战系统局级领导干部理论培训班在复旦大学举办。
中国(上海)突尼斯投资贸易洽谈会在突尼斯共和国首都举行。

6月9日　上海知识产权(专利信息)公共服务平台(www.shanghaiip.cn)向所有互联网用户免费开放。
浙江省与教育部共建浙江工业大学签字仪式举行。
第十一届浙江投资贸易洽谈会、第八届中国国际日用消费品博览会在浙江宁波开幕。
浙江省杭州市首个服务投资基金“钱江浙商现代服务业投资基金”正式成立。
江苏省常熟古里镇被中国商业联合会授予“中国针纺织市场产业基地”称号。

6月10日　浙江省宁波市13个重大外商投资项目在第十一届浙江投资贸易洽谈会上签约。

6月11日　2009世界温商领袖(上海)论坛沪举行。
浙江省政府与壳牌(中国)有限公司签订战略合作框架协议。
江苏省无锡市,浙江省杭州市和宁波市获得“国家森林城市”奖牌。
2009中国国际棉花会议在江苏南京开幕。

6月12日　《商务部和上海市人民政府关于共同推进上海市商务工作全面发展的合作协议》签字仪

式在上海举行。
2009 中国(上海)轨道交通国际论坛暨《城市轨道交通研究》理事会年会在上海开幕。
长三角中级人民法院院长论坛在上海举行。

6 月 13 日 第 12 届上海国际电影节开幕。

6 月 14 日 浙江大学设立“刘锡光人文奖励基金”。

6 月 15 日 国内首家文化产权交易所在上海揭牌。
由中国科学院计算所国家智能计算机研究开发中心、曙光信息产业(北京)有限公司、上海超级计算中心联合研制的百万亿次超级计算机开通运转。
首届泛长三角侨商合作发展高层论坛在上海举行。
全国第一家低碳城市研究中心——“无锡低碳城市发展研究中心”在无锡江南大学揭牌成立。

6 月 16 日 由上海社会科学院和纽约市政府联合主办的“2009 上海—纽约国际金融论坛”在沪举行。
由《解放日报·保险周刊》主办的第四届上海保险论坛举行。
江苏无锡中标联合国开发计划署 UNDP(促进农民工及其家属的社会融入 - 加强农民工就业服务和职业培训)项目。
江苏省同里镇获得“国家级生态宜居示范乡镇”称号。
江苏苏果超市以品牌价值 60.34 亿元排名 2009 年度《中国 500 最具价值品牌》榜单的第 138 位。

6 月 17 日 上海市委政法委和东方新闻网站联合举行上海政法综治网开通仪式。
2009 年杭州上海经济合作洽谈会暨第 11 届杭州西湖博览会在沪举行。
浙江日报入选中国品牌 500 强。

6 月 18 日 上海市最大的燃气电厂——上海临港燃气电厂一期工程开工。
江苏国信集团 2009 年 50 亿元公司债券正式发行。
第四届中国昆剧艺术节、中国苏州评弹艺术节和第五届中国昆曲国际学术研讨会在江苏省昆曲发源地昆山隆重举行。

6 月 19 日 上海交通大学马克思主义学院成立。
浙江长兴经济开发区的海信惠而浦(浙江)电器有限公司打造亚洲最大白色家电生产基地。

6 月 20 日 中国国际法学会 2009 年学术年会在上海华东政法大学开幕。
中国旅游高等教育国际化论坛在上海师大举行。

6 月 23 日 由中共上海市委宣传部、上海世博局、黄浦区人民政府联合主办的世博公众论坛“开埠地三民文化与上海城市发展”开讲。
第二届中国国际服务外包大会在江苏南京国际博览中心开幕。

6 月 24 日 上海市社会主义学院举行建院五十周年院庆大会。

6 月 25 日 上海市交通港口局公布 15 项国际航运中心建设工作措施。
由上海交通大学主办的国际航运大会开幕。
浙江省宁波高新区列入国家创新型科技园区试点,力争于 2015 年建成长三角南翼高技术中心。
“2009 中国江苏 - 意大利经贸交流会”在罗马举办。

6 月 26 日 经国家新闻出版总署批准,上海文汇出版社有限公司举行揭牌仪式。

上海国际邮轮经济研究中心成立暨上海国际邮轮经济人才基地揭牌仪式举行。
"反腐败:经验与启示"国际学术研讨会在上海行政学院举行。
浙江大学发明专利数量居全国高校首位,半年来向全国300多家企业优惠转让400多项发明专利。
浙江省宁波市镇海区政府与省物产集团公司签订战略合作框架协议,双方将联手推进宁波(镇海)大宗货物海铁联运物流枢纽港建设。

6月27日　由上海张江高科技园区开发股份有限公司主办的"中国宏观经济论坛"举行。
浙江省宁波市加快推进重大项目建设,15个项目开工或奠基,总投资220亿元。
江苏沿海开发高层论坛在江苏南京举行。

6月29日　上海国际航运研究中心第一届理事会会议召开。

6月30日　上海市居民经济状况核对中心在沪成立。
2009上海国际女性论坛在沪举行。

2009年7月

7月1日　上海市举行纪念中国共产党成立88周年座谈会。
今日零时09分上海世博会售出首张个人票。
上海绿地集团投资30亿元开发建设南昌新地标"绿地中心"。
上海至伊斯坦布尔直飞航班开通。
45周岁以下外地来沪从业人员符合相关条件可参加本市城镇基本养老保险。
上海生产的第二架具有完全自主知识产权的ARJ21—700飞机成功首飞。
温福铁路浙江段开通,有望2010年9月底正式运行。
首届中国·浙江工艺美术精品博览会开幕。
浙江省在尼日利亚举行投资贸易推介会。
浙江省基本消除"零就业家庭",实现"基数归零、动态归零"目标,城镇"零就业家庭"中至少有一人就业。
全长43.229公里,工程总投资约9.5亿元的204国道江苏省如皋段改线工程全道通车。
江苏南京宝生源公司年产10万吨黑莓、年产值超10亿元项目落户于江苏省溧水县。
江苏省南京市城市总体规划(至2030年)向市民公示。今后的20年中,区域协作和城际协调发展将成为南京提升城市竞争力和布局城镇体系的主题,城区和城际交通实现无缝接驳。
江苏省15项产品喜登首批国家自主创新产品名单,其中有13个专项资金项目累计实现销售收入47.72亿元、新增利税金3.86亿元、新增利润10.07亿元。

7月2日　上海服装设计协会成立。

7月3日　山西省在上海举行招商推介会。
中国国际动漫游戏博览会在上海开幕。
浙江省杭州市成立江南科学研究院。
2009昆明招商引资推介会在江苏省南京市召开,与南京企业签订了6项协议,协议投资总额60亿元人民币。
江苏省苏州市投资近10亿元实施"群众得实惠"的工程实事项目正式启动。

7月4日　中国科学院上海生命科学研究院建院10周年。

中国社会科学院公布《中国地区金融生态环境评价(2008－2009)》显示,上海金融生态环境全国居首。

上海市人民政府与交通银行股份有限公司全面合作备忘录签字仪式在上海举行。

国内单体建筑面积最大的医院、总投资13亿元的江苏省南京市鼓楼医院南扩工程举行封顶仪式。

7月5日 上海市政府新闻办英语官方网站上线

上海交大国际与公共事务学院与德国阿登纳基金会共同主办"上海交大MPA深度论坛"举行。

7月6日 中国商用飞机有限责任公司设计研发中心在上海浦东张江奠基。

"中国联通－招商银行－东方航空"战略合作签约仪式在上海举行。

工程总造价为8亿多人民币的江苏省扬州市中机环建建设工程公司与"国字号"中国机械工业建设总公司正式签约,承接特立尼达和多巴哥ALUTRINT铝厂12.5万吨年产电解铝项目土建工程。

7月7日 跨境贸易人民币结算首笔结算款由香港入上海。

津沪两市旅游局签署"天津上海旅游合作协议书"。

浙江省杭州经济技术开发区成立创投参股合作基金。

2008年度浙江省对外传播"金鸽奖"广播电视节目颁奖在杭州举行。

浙江省玉环大麦屿港到台湾宜兰苏澳港客运航线开通

江苏省南京第四届跨国零售采购会开幕

以"国际机遇与挑战下的中国规划"为主题的"转型期的中国城市与区域规划国际会议暨国际中国城市规划学会第三届年会"在南京大学举行。

中国石化与德国巴斯夫集团共同投资约14亿美元扩建扬子石化巴斯夫有限责任公司。

7月8日 以"祝福祖国"为主题的首届"中国手机文化盛典"启动仪式在上海科技馆举行。

江苏省南京市大报恩寺复建项目获亿元融资。

总投资50亿美元的南京国际科技园项目落户浦口签约仪式在江苏省南京市举行,建设周期为5年,分三期完成。

7月9日 香港凤凰卫视和上海世博会组织者在上海签约,成为"中国2010年上海世博会合作媒体"。

上海市中小企业(生产力促进)服务中心和市小企业(贸易发展)服务中心主办的上海市中小企业品牌建设"名家与名品"论坛召开。

上海市呼叫中心产业基地在宝山揭牌,这将进一步提升上海服务外包基地城市建设水平。

浙江工业职业技术学院与浙江古越龙山绍兴酒股份有限公司联合筹建黄酒学院。

江苏省泰州市计划投资50亿元建设引江河大道、江海高速、328国道泰州段改建等工程。

由台湾纬创集团和江苏省泰州联合总投资10亿美元的纬创资通(泰州)项目在江苏省泰州正式签约,主要从事笔记本电脑生产。

7月10日 上海联合产权交易所在上海举行纪念上海产权市场发展十五周年座谈会。

第四届华商高峰论坛在复旦大学举行,论坛主题为"全球危机下的企业转型"。

第五届上海国际儿童戏剧节上海艺海剧院开幕,有20多个国家和地区的儿童剧团来上海演出。

国际知名专家"转会"浙江省衢州市,已有101位海内外人才申报106个项目。

第六届“全国德艺双馨电视艺术工作者”表彰大会在浙江省嘉兴市举行,80人受表彰。

全国第一座台风地标浙江省台州市“9015”号台风登陆地标志物在台州市椒江区椒江口南岸海塘上落成。

江苏盐海化工有限公司投资10亿元的30万吨离子膜烧碱项目在江苏省滨海县沿海工业园动工建设。

7月12日 第四届中国科学院院士(专家)苏州论坛在江苏省苏州市举行。

7月13日 上海文广新闻传媒集团与台北艺术推广协会签订协议,双方将在2010上海世博会期间联合创作出品大型主题演出“城市之窗”。

浙江省外贸上半年“成绩单”显示,累计实现进出口总值830.3亿美元,虽然同比下降18.9%,但降幅小于全国平均降幅4.6个百分点。

江苏省常州市政府已筹集30亿元资金建设保障性住房,对全市2.8万户住房保障对象实施分层次保障。

7月14日 江苏省宁启线铁路复线电气化改造开工建设。

江苏省盐城市总投入170亿元为沿海运输疏通实施连城达港、通江入海计划。

7月15日 中国共产党上海市第九届委员会第八次全体会议举行。

浙江省政府与海航集团在杭州签署战略合作框架协议,在船舶制造、航空运输、现代物流、金融服务、旅游、能源等领域开展全方位的合作。

浙江省杭州关区内首个县级市的隶属海关——义乌海关正式开关。

江苏省淮安市2009年初启动的“台资大项目突破年”竞赛活动取得阶段性成果:上半年成功签约项目38个,其中外资项目26个,总投资达13.5亿美元。

7月16日 上海学生合唱团荣获在德国举办的第六届约翰·勃拉姆斯世界合唱比赛总冠军。

全球最大NOR闪存公司Numonyx正式投资落户上海市外高桥保税区。

上海绿地集团与上海市松江区签署战略合作协议,计划总投资约120亿元参与松江新城国际生态商务区项目的建设。

上海外贸产品内销订货会在上海世贸商城开幕。

上海市知识产权局副局长吕国强当选2009年度“全球知识产权界50位最具影响人物”。

杰克控股集团下属全资子公司浙江新杰克缝纫机股份有限公司在德国成功收购奔马和拓卡两家知名企业,并新成立了拓卡奔马公司。

浙江省规模最大、聚集了百家研发机构、五大院士工作室、15家大院名校技术成果转移中心、十大公共技术服务平台的“宁波研发园”正式开园运行。

总投资达260亿元的秦山核电一期扩建2号机组在浙江省海盐秦山方家山工地开工。

2009年江苏省财政累计安排近20亿元专项资金用于农村水利投资改善小型农田水利等基础设施。

7月17日 由江苏省外经贸厅与江苏省苏州市合作举办的外商投资企业产品内销协作对接会在江苏省苏州市举行,共有15个项目现场签约,采购金额约15亿元。

7月18日 总高度632米、共121层的上海中心大厦完成主楼桩基工程施工。

2009年上海国际航运高端论坛举行。

由浙江省民营企业中高曼恩柴油机股份有限公司制造的首台4 500千瓦/6 120马力大功率重型发动机成功下线交付,成为宁波一艘万吨大型海运货轮的动力“心脏”。

面向先进制造业的产业化园区上海交大嘉兴科技园在浙江省嘉兴市秀洲区正式开工。

由江苏省政府台湾事务办公室指导、台湾同胞投资企业协会等主办的“台商投资论坛”在江苏省金湖县举行,现场签订5个投资项目,总投资达4 000万美元。

7月19日 由上海市浙江商会主办的长三角2009商业地产发展论坛在上海举行,此次论坛以“新形势·新趋势——商业地产的转型与创新”为主题。

由浙江海外联谊会和浙江省台湾同胞联谊会共同举办的“2009年台湾大学生浙江夏令营”在杭州开营。

7月20日 《中国上海》网站荣获2009年联合国公共服务奖“公共行政网优秀成员特别奖”。

浙江省德清县面向西部大型国企招商,6月份拿下十亿投资大单。

浙江交响乐团成立。

江苏省常州市2009年上半年全市地区生产总值约1 100亿元,财政总收入291.2亿元。

7月21日 上海汽车工业(集团)总公司以2008年度合并报表248.8亿美元的销售收入排名美国《财富》杂志2009年全球500强排行榜第359位。

由浙江省委宣传部、浙江省委外宣办(网宣办)、浙江省文明办、浙江省摄影家协会共同组织的“辉煌60年:我爱我的祖国”网络作品大赛日前正式启动。

7月22日 上海市市政府新闻发布会信息:2010年上半年全市实现生产总值(GDP)6 612亿元,比2009年同期增长5.6%。

世界上跨径最大的双塔双索面双层桥面公路斜拉桥上海闵浦大桥正式合龙。

浙江省设立农村教师突出贡献奖,奖励从教20年以上的优秀教师。

江苏省家电下乡产品销售额突破10亿元大关,达到10.1亿元。

7月23日 上海社会科学院上海社会科学国际创新基地正式启用。

浙江省首家国资控股、民企参与的全国性财产保险总部金融机构“浙商财产保险股份有限公司”开业,实现了浙江本地财险法人机构零的突破。

规划总面积3 000亩,由花卉生产功能区、综合服务区等四大功能区组成的江苏省武进江南花都产业园开工,总投资2.5亿元。

7月24日 经国家新闻出版总署批准,上海三联书店有限公司举行揭牌仪式。

被列为江苏省重点建设项目的泰州长江大桥总投资93.7亿元,2009年计划投资18亿元。

7月25日 中共江苏省委、江苏省政府在南京召开全省林业工作会议,研究部署深化集体林权制度改革,加快推进绿色江苏建设。

7月26日 由11名大学生“村官”自己筹资入股创办的“黄岩思创果蔬专业合作社”在浙江省台州市黄岩区宁溪镇上桧村挂牌成立。

7月27日 由中国移动、中国联通、清华紫光、中讯邮电等77家国内知名电子通信、软件、信息服务企业加盟的全国第一个IT、电子通信产业联盟在上海市闸北区市北工业园区诞生。

第六届全国知名培训机构交流会暨2009百佳管理培训师南京演示会在江苏省南京市召开,讨论管理培训师的师资队伍建设等问题。

7月28日 “祖国颂:庆祝中华人民共和国成立六十周年上海摄影艺术精品展览”在上海美术馆开幕。

浙江民营企业舟基集团与海航集团旗下的大新华物流控股集团签订“金海湾船业”股权转让等多项合作协议。

浙江省温州港货船首次直航台湾。

浙江移动通信TD产业园落户杭州萧山经济技术开发区。

江苏省政府在南京召开全省开放型经济工作会议,围绕保增长、调结构、促转型、增后劲,研究落实开放型经济发展的重点措施。

7月29日 海峡和平交响乐团在上海东方艺术中心举行首演,这是两岸音乐家首次组建成联合乐团演出。

江苏省南通市财政部投入资金6.8亿用于农村水利建设的饮水安全工程。

7月30日 江苏省苏州中学投资1.2亿元实施整体改造。

7月31日 上海市新规划了约330万平方米经济适用住房,条件成熟的地块已开工建设。

中国下一代广播电视网(NGB)启动仪式暨科技部、国家广电总局、上海市下一代广播电视网建设示范合作协议签字仪式在上海举行。

江苏省南京市34家中外资商业银行共同签署《关于实施银团贷款的约定》,将在全省范围内大力推进银团贷款,半年新增逾50亿。

2009年8月

8月1日 上海男子足球队在济南体育中心以3比0击败广东队,夺得第十一届全运会男足甲组冠军。

上海学生民乐团在2009年维也纳国际青年音乐节上获银奖。

“华东师范大学-康奈尔大学比较人文研究中心”举行揭牌仪式。

浙江省绍兴县夏履镇荣获“中国非织造布特色名镇”。

由浙江民营企业斥资10亿巨资建设的江苏华海家电科技有限公司项目在江苏省泗阳县正式签约。

8月3日 江苏省东台市来上海举办“绿色产业暨科技合作恳谈会”。

江苏省常州市为常州国际创新基地(江苏新西伯利亚高科技合作中心)项目建设募资20亿元、投资40亿元。

8月4日 上海金融发展投资基金在上海正式成立。

由上海市政协经济委员会、上海对外贸易学院、虹口区政协、上海国际航运中心联合主办的“北外滩国际航运和国际贸易融合发展研讨会”在上海召开。

第十八届海峡两岸关系学术研讨会在江苏省南京市举行,主题为“两岸关系和平发展的机遇与挑战”。

8月5日 浙江日报报业集团启动“祝福我的祖国:60句爱国名言,60句祝福祖国的话”投票评选活动,引起社会各界广泛关注和踊跃参与。

江苏省南通市“七横九纵一环”通江达海干线公路网络建设计划项目2009年已完成投资12.5亿元。

8月6日 由上海对外文化交流协会和上海摄影家协会等联合举办的上海·汉堡城市印象摄影展在上海城市规划馆举行。

上海市宏观经济学会正式成立。

8月7日 浙江省民企60个“典型促转型”典型样本单位评选揭晓。

8月8日 第十届全国中学生运动会上海市中学生体育代表团举行参加出征仪式,140名运动员将参加全部8个项目的比赛;江苏省将派出11支代表队260多人参加全部8个项目的角逐;浙江省代表团将有132人参加田径、游泳、武术、健美操和男子篮球五个大项的比赛。

浙江省暨杭州市全民健身日活动在杭州黄龙体育中心体育馆正式启动。

"2008－2009中国报刊广告投放价值百强"榜单发布，浙江日报位列省级日报第一名；上海市《新民晚报》、江苏省《扬子晚报》和浙江省《钱江晚报》位居晚报前7位。

2009第四届中国南京文化产业交易会启动仪式在江苏省南京市鼓楼广场举行，体育、动漫、工艺美术、书画等文交会各大文化产业项目板块还在广场上提供了现场咨询和展示。

江苏省金湖县建县50周年庆祝大会暨第九届中国金湖荷花·美食节共签约、开工和竣工123个项目，总投资额达80.09亿元。

8月9日　浙江美术馆开馆，首展"历史的凝眸·浙江历史文化重大题材美术作品大展"。

上海与南京计划建设沪宁城际铁路，全长297公里，其中江苏境内长269公里，总投资约422亿元。

8月10日　江苏省南京市社会科学联合会邀请海洋文化与郑和研究专家在连云港市做关于"连云港海洋文化与'长三角'"的专题报告会。

江苏省2009年160个重点项目8成开工，完成投资1 200多亿。

江苏省宝应荷藕节签约项目总投资达47.48亿元。

8月11日　浙江大学台湾研究所、浙江省海峡两岸经济文化发展促进会、中国评论通讯社共同举办"第三届两岸发展研讨会"。

2009年上半年江苏省农业招商引资的规模项目协议投资总额达到408.9亿元，比2008年同期增长50%。

8月12日　上海外高桥国际贸易示范区举行揭牌仪式。

8月13日　2009上海书展在上海展览中心正式拉开帷幕。

南京计划投资10亿元加紧对全市河流的专项整治。

8月14日　全国文化体制改革经验交流会在江苏省南京市召开，对北京、上海、江苏等12个全国文化体制改革先进地区给予表彰。上海市获选全国文化体制改革先进地区，上海新华传媒获选文化体制改革先进企业。

8月15日　解放日报报业集团携手北大光华管理学院在上海共同举办"危机改变世界：聚焦中国"——第26届文化讲坛暨北大光华管理学院EMBA10周年上海论坛。

长三角地区合作与发展联席会议第一次会议在江苏省无锡市召开，审议并原则通过了《2009年长三角地区合作与发展联席会议纪要》、联席会议工作制度和重点专题组工作制度。

"2009深化统筹共建、促进科学发展"江苏企业家高层峰会在江苏省江阴举行。

8月16日　福建省晋江市在上海举行上海晋江商会成立大会。

8月17日　上海光明食品(集团)有限公司与云南省最大的制糖企业英茂糖业正式签约，光明控股英茂60%股权。

"金融危机影响下的企业社会责任"研讨会在浙江省杭州市举行。

8月18日　上海市第十三届人大常委会第十三次会议在上海展览中心举行扩大会议。

联合国环境规划署发布对上海为举办一届环境友好的2010年世博会所作努力的评估报告。

上海市十三届人大常委会第十三次会议审议《上海市饮用水水源保护条例(草案)》。

浙江省湖州织里镇开建国内最大童装城。

江苏发展高层论坛第26次会议在南京大学举行，主题是如何在新形势下加快推进江苏经济的转型升级。

8月19日　国务院日前正式批准设立上海浦东机场综合保税区。

上海世博会事务协调局、江苏省参与世博会领导小组、浙江省参与世博会组委会在江苏省常州市共同召开2009年长三角城市参与世博会第二次工作会议,重点研究推进上海世博会长三角15城市“友谊日”活动。

8月20日　由100家航运企业、培训院校和机构、船员服务机构组成的我国首个海员管理协会“浙江省省级海员管理协会”在杭州成立。

国家发改委正式印发《江苏沿海地区发展规划》,标志着江苏沿海开发国家战略操作“蓝本”正式出台。

江苏省依法治省领导小组办公室、江苏省法学会、南京师范大学联合主办2009年法治江苏建设高层论坛。

8月21日　日本国家旅游局、上海市妇联、日本神户市政府共同举办的中日妇女“迎世博·城市创意旅游经济论坛”拉开帷幕。

“更快、更高、更强:上海体育六十年成就展”大型主题展览在东亚展览馆开幕。

“沪港国际贸易中心互动发展”研讨会在上海市政协召开。

8月22日　被列为2009年上海市府十大实事项目之一的苏州河桥梁综合整治工程全面启动。

中国人民银行上海总部、上海市金融服务办公室和全国工商联并购公会联合主办的“中国本土产业整合研讨会”在上海召开。

8月24日　上海金秋文化、旅游、体育盛事推介活动昨日在澳门隆重开幕。

塞尔维亚经贸投资论坛在上海举行。

由上海市口岸办等共同主办的《腾飞的上海口岸:上海口岸60年成就展》在市档案馆开幕。

江苏省江阴华西村总投资15亿元以上建设74层328米高大楼。

8月25日　由教育部、民政部、文化部、国家广电总局和中国残联共同举办的第七届全国残疾人艺术汇演(江苏赛区)在江苏省南京圆满落幕。

8月26日　由国家科技部火炬中心主办、上海市张江高科技园区承办的“创新方法论坛暨国家高新区科技金融工作座谈会”在上海张江召开。

8月27日　“让我们生活得更好:2009首届杭州生活品质展”在浙江世贸国际展览中心开幕。

投资10亿元的“华莱坞电影产业园”在江苏省无锡市成立。

8月28日　总投资30亿元的中国电子科技集团第十四研究所雨花新区在江苏省南京雨花经济开发区正式落成。

8月29日　第三届台湾·浙江文化节开幕。

由扬州大学、浙江农科院和上海农科院联合主办的江浙沪水禽产业发展论坛在江苏省扬州开幕。

“第五届(2009)中国(苏州)太湖开捕节”在苏州太湖新天地举行。

2009年9月

9月1日　由中共江苏省委宣传部主办的“江苏沿海开发网络媒体行”大型采访活动在江苏省南京市启动,省相关部门负责人和来自全国各地近30家网络媒体参加启动仪式。

江苏扬州华建公司中标总投资3.8亿元的上海世博会“外滩源”项目。

9月2日　国家质量监督检验检疫总局与上海市人民政府进一步加强合作创建浦东“全国质检改革创新区”的备忘录签约仪式在上海举行。

江苏省洪泽县投资25亿兴建粮食产业园,占地760亩。

9月3日 中国(江苏)海外人才智力为国服务高峰会暨第八次江苏科技论坛在江苏省南京市拉开帷幕。

9月4日 上海东海风力发电有限公司东海大桥海上风电场首批三台风机正式并网发电,我国海上风电事业正式拉开帷幕。

浙江省象山县荣膺"中国梭子蟹之乡"称号。

第三届全球外包大会在江苏省南京市举行,来自24个国家和地区的政要、世界500强企业、世界服务外包100强企业总裁及专家学者出席大会。

由南京财经大学主办、江苏省电子商务重点实验室和中国制造网承办的"2009国际电子商务高峰论坛"在江苏省南京市举行。

9月5日 "向祖国汇报:庆祝建国60周年"中国话剧发展论坛在上海揭幕。

新世纪、新跨越:中国船舶工业集团公司成就展"在上海国际展览中心开幕。

上海市和奥地利萨尔茨堡市结为友好城市。

第三届台湾·浙江文化节展览项目"千峰翠色:浙江龙泉青瓷特展"在台北十三行博物馆与台北观众见面。

第五届中国(南京)国际软件产品博览会在江苏省南京国际博览中心落下帷幕,达成重要签约项目162个,总投资额逾104.9亿元人民币。

由中共江苏省委宣传部、江苏省文联主办的新中国成立60周年江苏优秀书法篆刻作品展在江苏省美术馆开幕。

9月6日 以研究生层次为主要培养对象、由中国人民大学与苏州市政府合作共建的国际学院(苏州研究院)在江苏省苏州市举行开学典礼。

9月7日 共青团上海市委学校部与SMG综艺部携手举办的2009首届上海高校歌唱大赛在上视大厦启动。

由江苏省知识产权局与日本贸易振兴机构上海代表处联合主办的"中日(江苏)知识产权研讨会"在江苏省南京拉开帷幕,就知识产权刑事诉讼等相关课题展开讨论与交流。

9月8日 投资5 000万欧元的联合利华全球第六个研发网络核心——上海研发中心正式落成使用,标志着中国成为联合利华全球研发重镇。

第七届全国检察长论坛在浙江省义乌市召开。

9月9日 全球最大的电信产业联盟组织——GSM协会在上海举行2009亚太专题会议。

2009江苏发展国际咨询会议在江苏省南京市举行。

9月10日 上海电子艺术节主题展"EARTSBEYOND:上海国际画廊媒体艺术邀请展"在东方明珠拉开帷幕,推出数十个在电子新媒体前沿画廊的经典作品及新媒体艺术的新形态。

上海市网络文化协会主办的"首届上海网络文化高峰论坛"举行,集中探讨了社会化媒体基本特征、应用模式和发展趋势。

上海市政府举行上海市海洋局揭牌仪式,该部门从挂靠国家海洋局东海分局调整为与上海市水务局合署办公。

由浙江日报报业集团和阿里巴巴集团共同出资打造的文化产品、中国第一份网络时尚生活周刊——《淘宝天下》在杭州首发。

2009年中国杭州电子信息博览会在杭州举行。

9月11日 浙江省首家经理学院在浙江大学宁波理工学院成立。

以"全基因组关联性研究与药物靶点的发现"为主题,中国药科大学承办的"中国科协青年科学家论坛”在江苏省南京市开幕。

9月12日　经国家正式批准的国内首条高世代液晶面板(TFT - LCD)项目在江苏省昆山开发区光电产业园开工建设。

9月14日　新华社上海浦东采访中心揭牌。

第13届亚洲化学大会在上海国际会议中心开幕,这是18年后中国第二次主办大会。

浙江省政府追认在2010年防御和抗击“莫拉克”台风过程中因公殉职的桐庐县乡村干部陈柱平、钟伟良、毛文国为革命烈士。

江苏省南京市政府在南京第20届“金秋经贸洽谈会”上推出78个、总值约2 450亿元的市级重点招商大盘。

9月16日　第十一届全国运动会火炬传递活动上海市火炬传递起跑仪式在东方明珠广播电视塔广场举行。

以“携手开拓,共创双赢”为主题,为两岸企业开展交流、增进了解、加强合作搭建平台的海峡两岸企业合作大会在江苏省南京国际博览中心隆重举行。

中电熊猫集团与日本夏普合作,总投资为650亿的高世代液晶面板大项目落户于江苏省南京市,打造国内首个液晶行业完整产业链。

中国传媒大学、中国教育国际交流协会和韩国高等教育财团共同主办的“第四届世界大学女校长论坛”在中国传媒大学南京广电学院开幕。

由江苏省宜兴市与中国国电科技环保集团合作总投资90亿元的国电新能源产业基地项目正式落户江苏省宜兴市。

9月17日　“上海 - 黑龙江食品产业合作发展高峰论坛”上海举行。

首届中国(浙江)非物质文化遗产博览会暨第六届中国中华老字号精品博览会在浙江省世贸国际展览中心召开。

第十一届全国运动会火炬传递活动江苏省火炬传递起跑仪式在江苏省南京市奥体中心举行。

华东地区首个钻石五星级国际IDC(国际数据中心)——中国(无锡)国际数据中心在江苏无锡正式落成投运。

9月18日　第二届中国精神分析大会在上海召开,来自全球10多个国家的心理学专家,以及经济、文化、科技等领域学者400余人共同探讨“现代化进程中的精神分析”。

由江苏省委宣传部、江苏省文化厅和江苏省文联共同主办的庆祝中华人民共和国成立60周年江苏省美术作品展览在江苏省美术馆开幕。

9月19日　由国务院侨办、上海市政府和中国新闻社主办第五届世界华文传媒论坛在上海开幕,就“全球金融危机下的华文媒体”和“海外华文媒体与上海世博”两大主题进行研讨,并成立世界华文媒体合作联盟。

2010中国上海国际新闻中心启用仪式举行。

国内第一个汽车风洞“上海地面交通工具风洞中心”在同济大学嘉定校区落成。

“城市轨道交通综合试验系统”首条轨道交通试验线在同济大学嘉定校区开通,标志着我国在轨道交通装备核心技术研发领域迈出关键一步。

9月20日　由江苏省政府主办、以“科技保增长促转型”为主题的“中国 · 江苏第二届产学研合作成果展示洽谈会”在南京国际展览中心举行。

9月21日　叶圣陶先生115周年诞辰纪念会暨叶圣陶教育思想当代价值研讨会在江苏省南京市召开。

9 月 22 日 由江苏省法学会、上海市法学会、浙江省法学会等联合主办的第六届“长三角法学论坛”和第四届无锡“法治建设”论坛在江苏省无锡市开幕。

9 月 23 日 陕西省在上海举行陕沪投融资洽谈会，在政银合作、政保合作、银企合作、金融合作等方面达成多项合作协议和意向，累计金额达 130 亿元。

浙江省工业转型升级系列报告会——新能源专题报告会在浙江省嘉善举行。

总投资达 2 亿美元的博西家电园洗衣机工厂在江苏省南京市全面竣工。

9 月 24 日 上海市政协举行《上海人民政协志(1993. 2 – 2003. 2)》首发式。

9 月 25 日 人民日报社浙江分社成立暨揭牌仪式在杭州举行。

2009 年长三角旅游城市高峰论坛在江苏省扬州举行，长三角 4 省 1 市 25 个城市的市长出席。

江苏省社科界纪念新中国成立 60 周年研讨会在江苏省南京市举行。

9 月 26 日 第十四届中国五金博览会在浙江省永康开幕。

占地 30 亩、建筑面积2 201平方米的“南京抗日航空纪念馆”在江苏省南京市开馆。

江苏省丹阳市政府总投资 14 亿元的丹阳练湖集中居住区开工。

9 月 27 日 由上海市松江区人民政府和解放日报共同主办的“2009 旅游文化产业发展论坛”在松江开幕，论坛以“探讨旅游文化发展规律、推动区域经济结构调整”为主题。

第五届(中国 · 金坛)国际剪纸艺术展暨金坛市第四届文化艺术节在江苏省金坛华罗庚纪念馆广场开幕。

9 月 28 日 由华东师大国际关系与地区发展研究院、俄罗斯研究中心主办的第三届欧亚论坛在华东师大举行，主题是“形成中的中亚权力均衡与上海合作组织的发展”。

首届杭商大会在浙江杭州大剧院举行。

2009 中国常州科技经贸洽谈会开幕，共推出招商项目 200 项，总投资 113. 3 亿美元。

9 月 29 日 江苏省暨南京市各界庆祝中华人民共和国成立 60 周年大会在江苏省南京人民大会堂隆重举行。

9 月 30 日 江苏省庆祝新中国成立 60 周年万人歌咏大会在江苏省南京奥体中心拉开帷幕。

由江苏省南京市人民政府和中共江苏省委宣传部主办的 2009(第四届)中国南京文化产业交易会在江苏省南京国际博览中心开幕。

9 月 31 日 2009 上海旅游节“永达之夜”第十届上海国际音乐烟花节在世纪公园开幕。

2009 年 10 月

10 月 1 日 上海男女乒乓组合王励勤、许昕夺得第十一届全运会乒乓球男双决赛金牌。

浙江省杭州市西湖博物馆重新开放。

参加 60 周年国庆大典的江苏灵芝状“吉祥如意”彩车举行亮相群众游行仪式，展示南京云锦、五亭桥、虎丘塔、苏通大桥等厚重江苏元素。

10 月 2 日 位于宝山区的上海市最大城市郊野森林公园顾村公园一期试开园。

10 月 5 日 上海市加强公共卫生体系建设三年行动计划(2007 – 2009)中，免费接种甲肝疫苗、新建危重孕产妇会诊抢救中心、启动青少年健康等促进十大公共卫生公益实事项目已经顺利完成。

上海旅游节经典节目玫瑰婚典举行，60 对新人齐聚新天地，以传统中国婚俗的形式步入幸福殿堂。

上海世博会江苏馆展示设计顺利完成。

10 月 8 日　上海市四平路海伦路区域周边综合开发启动,将建设成一个大型商业商务中心。

上海至温州、福州、台州等地首次开通动车组列车。

上海芭蕾舞团在泰国曼谷国际舞蹈音乐艺术节上成功地完成了芭蕾舞剧《罗密欧与朱丽叶》和《仙女》两台演出。

2009 年江苏省新建 226 家科技创新平台,总投入为 28.2 亿元,江苏省专项经费 2.5 亿元。

总投资约 2 亿元、校友杜厦先生捐资3 000万元助建的南京大学仙林校区“杜厦图书馆”正式落成。

10 月 9 日　上海市政协与上海社科院合作签约仪式在上海社科院举行,双方将围绕事关上海改革发展的战略性、综合性、前瞻性问题开展合作,共同创建一流智库。

上海解放日报报业集团第 28 届文化讲坛在美国哥伦比亚大学举办,十多位专家共同探讨“新媒体与全球变革”。

上海市法院、市检察院共同签署《关于人民法院、人民检察院依法加强监督的若干意见》,以此增强司法合力、优化执法环境。

上海至四川九寨沟直飞航线正式开通。

第四届“中国技术市场协会金桥奖”近日揭晓,上海有 42 个项目获奖,为历届最高。

上海市信息管理学校揭牌。

上海市民间体育大赛在安亭老街举行。

上海市国防动员委员会第十三次全体(扩大)会议举行,国防动员建设纳入上海发展战略。

上海新长宁集团投资 10 亿元在浙江省湖州动工兴建多媒体产业园。

由江苏省金融办、弘业期货、南京大学工程管理学院等举办的“中国江苏第二届国际期货论坛”在江苏省南京市举办。

10 月 10 日　由国家旅游局、世界旅游记者联合会主办,上海市旅游局承办的第 51 届世界旅游记者联合会年会在沪召开。

2009 年上海 ATP 男子职业网球巡回赛1 000大师赛拉开帷幕。

10 月 11 日　由上海交大、江苏省南通市人民政府、美国兰德公司及上海文广集团共同主办的“太平洋论坛”探讨如何发挥“江海联动”的比较优势,建设上海国际航运中心南北翼航运分中心建成,形成整个长三角长江流域“水水转运”的功能。

南京举办首届栖霞山文化节。

总投资 21.8 亿元的芜申运河南京段航道在南京高淳开工建设。

由上海市新闻出版局统一组团的上海代表团参加第 61 届德国法兰克福书展,以“阅读上海,走近世博”为主题展示新中国成立 60 年来上海出版的优秀文化产品。

上海话剧《梅兰芳》入选在厦门举办的第十一届中国戏剧节。

“2009 游戏开发者大会 · 中国”(GDC China 2009)在上海国际会议中心拉开帷幕。

10 月 12 日　上海机场(集团)有限公司与香港机场管理局在上海举行沪港机场合作项目签约仪式,双方决定合资亿元成立上海沪港机场管理有限公司,合作管理虹桥机场。

2009 上海推进软件和信息服务业高新技术产业化活动周开幕。

第八届“上海法国周”在上海市雁荡路上拉开帷幕。

共青团江苏省委、江苏省少工委在南京市举行座谈会,纪念中国少年先锋队建队 60

周年。

10月13日 2009年“上海音乐学院当代音乐周”在贺绿汀音乐厅开幕。

上海世博会组织者与常州、扬州、镇江、泰州、南通、湖州、嘉兴、舟山、台州9个长三角城市共同在沪签署上海世博会“友谊日”活动合作协议。

上海市创意产业集聚区工作推进大会发布信息:2009年上海创意产业增加值达1 048.75亿元,同比增幅超20%,占全市GDP比重达7.66%;集聚区内已吸引30多个国家和地区4 000多家企业入驻,近70亿元社会资本参与建设,部分集聚区税收已经过亿。

国家体育总局授予浙江省富阳市“国家运动休闲示范区”称号。

总建筑面积达5.2万平方米的动漫场景式职业体验中心落户于江苏省南京市,成为少年儿童体验社会百态的一部百科全书。

10月14日 由上海市剧协、市群艺馆和青浦区文广局主办的“祖国颂”上海小戏小品创作大赛在青浦文化中心揭晓并颁奖,小品《便民小店》《毛脚女婿》和小戏《陆家嘴的传说》《投井记》等剧获奖。

由国家图书馆主办的第二届“全国馆际互借与文献传递研讨会”在江苏省苏州独墅湖图书馆举行,探讨馆际互借和文献传递的战略发展方向。

由江苏省科协、浙江省科协、上海市科协等共同主办的第六届长三角科技论坛移师江苏省南通市,研讨“加快长三角一体化进程,大力发展低碳经济”。

10月15日 上海大众第500万辆轿车下线。

以“创意·遇见世博,设计·品味生活”为主题的“上海国际创意产业活动周”在上海市静安区800秀创意产业集聚区开幕,包括上海国际创意产业博览会、上海国际创意产业论坛、上海国际创意产业活动周活动三大板块。

由台湾台北市文化局、台北市文化基金会、中华文化联谊会、上海文化联谊会主办,新象文教基金会承办的“两岸城市艺术节——上海文化周”在台北市举办。

第五届中日韩文化交流论坛在江苏省扬州市开幕,探讨三国间青少年交流主题。

10月16日 上海师范大学举行建校55周年庆典活动。

“2009长三角青少年科技创新月”在上海市闵行区七宝中学启动,来自苏浙沪等地千余名中小学生和科技教师参加系列活动。

“金秋闵行”合唱节在上海城市剧院举行,拉开了第十一届中国上海国际艺术节群文活动大幕。

外高桥造船公司为新加坡海洋油船有限公司建造的绿色环保型31.9万载重吨超级油轮“九华山”号命名仪式举行,这是目前世界上建成的全面满足由国际船级社协会(IACS)制定的最新《共同结构规范》(CSR)的最大吨位超级油轮。

10月17日 第十一届中国杭州西湖国际博览会在浙江杭州开幕。

首届南京国际文化交流日暨“新南京、新生活”大型咨询活动在江苏省南京市玄武湖畔的白马公园隆重举行。

第二届全国大学生创新论坛在东南大学开幕,全国各地120余所高校展示了200多个创新性实验计划项目成果。

10月18日 由国家文化部主办、上海市人民政府承办的第十一届中国上海国际艺术节在上海东方艺术中心歌剧厅开幕。

江苏省无锡市“千人计划”正式启动,引进并重点支持海外高层次人才创新创业,力争到2020年左右把无锡建成集聚高层次人才、培育高新技术产业、发展高端服务业、具有高品质人居环境的“东方硅谷”。

2009中国·太湖明珠——长兴国际投资贸易洽谈会在浙江省长兴县开幕,国内外800余名客商参会。

2009“世界宁波帮定海商人”学术论坛在浙江舟山定海开坛。

2009中国美术产业高峰论坛暨中国美术产业多元化发展研讨会在“江南第一水乡”周庄举行。

亚洲太平洋地区表演艺术中心联盟(AAPPAC)2009年会在上海大剧院召开,重点讨论的内容为中国文化产业发展政策、产业生态环境、表演艺术中心与剧场的管理特色、发展趋势等。

第十一届中国(浙江新昌)天姥山文化旅游节开幕。

2009中国陶都(宜兴)金秋经贸洽谈会在江苏宜兴举行。

总投资90亿元的中国国电新能源产业基地暨晶德太阳能股权重组项目在江苏省宜兴市经济开发区正式奠基。

10月19日 上海市中心城区有线电视数字化整体转换启动。

“共创机遇、同赢挑战——首届沪台新闻界论坛”在沪举行。

为期一周的“海外买家中国之旅”在上海世贸商城启动,58家欧美知名品牌商和12家跨国公司驻沪机构代表与85家中国供应商进行了配对出口洽谈。

浙江省海宁市开出“网上皮革城”。

首届义乌世界侨商大会在浙江省义乌市举行。

10月20日 地处江苏大丰市、海安县的杨浦工业园正式揭牌,来自上海杨浦的首批11家企业项目集中开工,涉及电子、机械、风力发电等制造业,累计投资超过20.5亿元。

以“风华上海·情系世博”为主题的2009上海时装周正式拉开帷幕。

以“中国故事”为主题的世博旅游推介会在马来西亚吉隆坡举行,拉开了苏浙沪三地旅游部门赴东南亚世博游促销的序幕。

以“开放的表达”为题的“2009上海青年美术大展”在刘海粟美术馆和明圆文化艺术中心同时开幕。

10月21日 上海文化体制改革推出重大举措,率先整体实施广播电视制播分离。

上海已明确社工薪酬最低标准,在今后1至2年内,全市社工的人均总费用不低于每年5万元。

上海市社会科学界联合会第三届学会学术活动月开幕式暨学术报告会在市社联大楼举行。

由上海市演讲学研究会主办、上海交大党委宣传部等承办的2009年上海市大学生演讲比赛举行,主题为“与共和国同行”。

第四届江苏海安青墩文化艺术节暨经贸洽谈会闭幕。

由南京林业大学主办的第19届木材机械加工国际研讨会在江苏省南京开幕。

10月22日 上海市文化管理委员会和普陀区政府等单位举办“2009苏州河文化遗产博览论坛”,讨论苏州河岸线上上海近代工业文明足迹的保护与开发。

上海百家外资企业高管专门组团来到崇明三岛参观考察,了解崇明产业发展重点和相关政策,寻找未来投资新增长点。

为期一周,以“文化、创新、传统、壮美的自然风景”为主题的上海2009意大利周在上海市雁荡路举行。
由上海交通大学上海高级金融学院和怡安咨询联合主办的“2009 金融人力资源管理峰会”举行。
上海市卢湾区青少年活动中心学生获 2009 年第三届华东地区青少年机器人竞赛高中组和小学组冠军，将代表中国参加 2010 年 11 月在澳大利亚举行的亚太地区机器人锦标赛。
意大利碧莎马赛克公司全球营运中心(欧洲除外)落户上海外高桥保税区并开始运作。
2009 中国徐州第十二届投资洽谈会暨海外江苏之友徐州行、第三届汉文化旅游节在江苏省徐州市举行，签约项目投资总额达 277.51 亿人民币。

10 月 23 日 莫斯科国际投资论坛在上海市花园饭店举行。
由文化部、中国文联、中国美术家协会主办的“第十一届全国美术作品展览中国画展”在上海展览中心拉开帷幕。
第五届“中华杯”中国上海国际青年钢琴比赛在东方艺术中心揭幕。
第十三届宁波国际服装节在浙江宁波开幕。
入选“长三角世博主题体验之旅示范点”的江苏省常州市政府 2009 年重点工程、总投资 6 亿多元的“三河三园”(关河、北塘河、东支河，红梅公园、东坡公园、中华恐龙园)正式开工。

10 月 24 日 由上海市经济学会、上海市人民政府发展研究中心、上海财经大学主办的第四届上海青年经济学者论坛举行，聚焦金融危机与中国经济发展的主题，展示交流最新研究成果。
全国文化信息资源共享工程上海市分中心网——上海数字文化网成功完成升级改造，2009 年数字文化网 2.0 新版将提供给用户更多 WEB2.0 概念的新服务。
第二届中国(浙江衢州)“农博会”、“粮交会”在浙江省衢州市会展中心开幕。
浙江工商大学在杭州成立浙商研究院。
以“融全球智力，促创新发展”为主题的第二届中国留学人员南京国际交流与合作大会在江苏省南京国际博览中心拉开帷幕。

10 月 25 日 上海首个为失智老人打造的失智老人照料中心在市第三社会福利院正式揭牌。
由中国诗歌学会、浙江省作协等主办的第二届中国(海宁)徐志摩诗歌节在“志摩故里”浙江省海宁市举行。
以“珍爱国宝、弘扬国粹”为主题的“中医药发展与人类健康国医大师暨专家研讨会”在沪举行。
上海时装周开幕，作为此次时装周重要项目之一的“第一届上海少儿模特大赛”正式启动。
浙江省首条“空中快客”航线——京杭国航快线开通。
浙江绍兴文理学院迎来办学百年华诞。
“2009 中国柯桥国际纺织品博览会(秋季)”在浙江省绍兴县中国轻纺城国际会展中心开幕。
第十一届江苏农业国际合作洽谈会·苏台农业合作洽谈会在江苏省无锡市召开。

10 月 26 日 第三次“亚太清洁发展和气候伙伴计划”(简称 APP)部长级会议在上海举行。
上海市大学生话剧节落幕，上海中医药大学卿园剧社《甲子传奇》夺得了一等奖与最佳主题创作两项大奖。
上海——巴黎都市文化国际学术研讨会在上海师范大学开幕。

10 月 27 日　上海市统计局公布数据,2009 年前三季度上海市生产总值(GDP)为10 214.82亿元,按可比价格计算,比2008 年同期增长7.1%。

以“金融危机下现代针织产业集群的创新与发展”为主题的第二届长三角纺织产业协同创新论坛在上海召开。

科文斯医药研发、安络杰医疗器械等12 个生物医药相关项目集中签约,落户上海国际医学园区。

上海市新增10 个职业开放实训中心,承担中职生实训和社会培训职责。

在南非举行的第三世界科学院(TWAS)第20 届全体院士大会上,上海复旦大学赵东元院士因在介孔材料合成结构方面作出的贡献被授予TWAS2008 年度化学奖。

上海市首批文化产业示范基地的申报工作启动。

浙江省湖州职业技术学院成立中国首家创意人才学院——长三角创意人才学院。

由江苏省社会科学院主办的“江苏沿海开发国际论坛”在江苏省南京市举行。

由江苏省委、江苏省政府主办的《奋进的江苏——庆祝新中国成立60 周年大型成就展》在江苏省南京国际博览中心开展。

10 月 28 日　福布斯全球软件企业30 强有12 家在上海浦东软件园设立了研发中心,福布斯最佳IT 服务全球10 强4 家落户浦东软件园。

由国家商务部、工信部和上海市人民政府联合主办的第六届中国产业国际竞争力论坛在沪举行,主题为“集聚优势,转型升级,提升产业国际竞争力”。

上海绿地集团投资40 亿元在江苏太仓市开发建设的绿地太仓新城正式开工建设。

首届中国·江山毛氏文化旅游节在浙江省江山市拉开帷幕。

为期10 天的第十届洪泽湖螃蟹节在江苏省洪泽落幕,吸引中外投资近百亿元。

10 月 29 日　由上海市律师协会、长宁区司法局主办的首届虹桥法律服务论坛在沪举办。

上海市66 个街镇已建立了市容环境责任区管理的有效机制,其它街镇也在积极推进之中。

2009 福布斯·中国县域经济发展论坛在江苏省上虞县举行,会上颁布了2009“福布斯中国最佳商业城市”的子榜单——最佳县级城市排行榜,江苏省有昆山、常熟、张家港、吴江等16 个县市入榜,为入榜最多的省份;浙江省有14 个县市入榜。

由江苏省广播电影电视局主办的“2009 江苏影视动画基地峰会论坛”在江苏常州举行。

10 月 30 日　上海市政府举行首届上海市市长质量奖颁奖仪式,宝山钢铁股份有限公司宝钢分公司、上海三菱电梯有限公司获得市政府颁发的奖状和证书。

解放日报报业集团与南方报业传媒集团在广州珠江宾馆举行战略合作框架性协议签约仪式。

“新沪上八景”命名及授牌仪式举行,“八景”分别是“外滩晨钟”、“豫园雅韵”、“摩天览胜”、“旧里新辉”、“十里霓虹”、“佘山拾翠”、“枫泾寻画”、“淀湖环秀”。

《浙江省人民政府公报》创刊60 周年纪念会在杭州举行。

由中国银行牵头组建的沪宁城际轨道交通项目银团贷款签约仪式在江苏省南京市举行,获贷197.25 亿元。

10 月 31 日　世界上规模最大的隧桥结合工程上海长江隧桥正式通车。

2009 中国国际工业博览会科技论坛院士圆桌会议举行,研讨金融危机下的上海城市竞争力等议题。

浙江中医药大学庆祝五十华诞。

2009 中国(杭州)国际循环经济产业博览会在杭州世贸中心举行。
“2009 首届中国浙江瓜菜种业交流会暨浙江农民信箱网上种业交流会”在杭州举行。
教育部在江苏省南京市召开基础教育课程改革经验交流会,对深化课程改革的主要任务和重点工作进行部署。

2009 年 11 月

11 月 1 日 上海市第五届全民终身学习活动周在杨浦区文化馆举行。
以“积极应对国际金融危机挑战,加快实现上海经济转型”为主题的第 21 次上海市市长国际企业家咨询会议在浦东香格里拉大酒店举行。
集全国泥人作品艺术之最的“中国泥人艺术展”在无锡市举行。
2009 中国义乌国际森林产品博览会在浙江省义乌市国际博览中心开幕。
浙江省社区科技(科普)文化节在杭州市朝晖公园举行。
由江苏省教育厅组织开展、省内 30 多家高校参加的江苏高校沿海开发科技行动在江苏省连云港启动。

11 月 2 日 上海市政府与瑞士诺华公司《关于在上海进一步加大研究开发投资战略合作备忘录》签约仪式举行。诺华公司将在未来 5 年内共投资 10 亿美元在上海建立全球第三大研发中心,针对中国高发疾病从事新药的基础研发。
浙江省风筝代表队在 2009 年全国风筝锦标赛上获得团体总分第一名,龙类风筝金牌,最长类风筝银牌,串类风筝银牌。
2009 中国(张家港)长江文化艺术节的系列活动之一“长江文化”高层论坛在江苏省张家港举行,探讨长江文化的保护与发展。

11 月 3 日 2009 年“浩沙杯”全国万人健美操大赛上海分赛区的比赛在上海市体操运动中心举行。
上海文广演艺(集团)有限公司成立大会在艺海剧院举行,集团下属上海话剧艺术中心、上海歌舞团、上海滑稽剧团、上海木偶剧团、上海轻音乐团也同时宣布转企改制,分别成立有限责任公司。
中国广东核电集团在杭州与浙江省 30 家能源装备企业举行签约仪式,双方在通用机械设备、仪器、消防、电器以及工程建设综合三大领域形成紧密型长期合作关系。
浙江省参事咨询协会成立。
主题为“加快推进省直管县改革”的第四届“九三论坛”在浙江杭州开幕。
“2009 中国杭州韩国文化周”在浙江杭州举行。
第四届中国电视观众节在浙江杭州开幕。
由浙江省政协、中国社会科学院、中共浙江省委宣传部联合主办的中国(浙江)政协文化论坛在杭州举行。
以“技术、历史与遗产”为主题的首届中国技术史论坛在南京农业大学举行,水车、指南车、张衡地动仪等古代技术的复原研究成为大会关注的焦点。
2009 年度江苏省文化产业引导资金扶持项目签约仪式在江苏省南京举行,119 个文化项目合计获得 1.7 亿元的扶持资金。

11 月 4 日 “2009 年浙江省文化传播创新十佳网站评选”正式启动。

11 月 5 日 上海市政协考察团赴浙江省嘉兴市、杭州市、义乌市、宁波市学习考察,了解浙江省经济社会发展情况,就更好发挥政协在促进经济社会发展中的作用交流经验。

以"艺术让生活更精彩,木偶让孩子更快乐"为主题的首届上海国际木偶艺术节暨邀请赛在南京东路世纪广场开场。

"上海新一轮发展与文化软实力"论坛在上海交通大学安泰经济与管理学院举行。

浙江省慈善总会成立15周年暨慈善工作先进集体和优秀慈善工作者表彰会在杭州举行。

2009中国·杭州集成电路国际论坛在杭州举行。

第十一届中国塑料博览会在"塑料王国"浙江省余姚举行。

2009中国舟山国际船业博览会暨第四届浙江国际船舶工业博览会在浙江省舟山开幕。

以"着眼核心军事能力建设,推动信息化条件下联合作战理论创新"为主题的2009年全国军事学博士生学术论坛在中国人民解放军南京陆军指挥学院开幕。

11月6日 上海市人民政府与各区(县)人民政府签订了《上海市耕地保护目标(2009年-2012年)责任书》,到2020年,上海的基本农田保护面积不得少于328万亩、建设用地总规模控制在2 981平方公里以内。

"中国2010年上海世博会公众论坛"在浙江省湖州市举行。

11月7日 上海为积极实施"千人计划"创造良好工作和生活环境,在中组部等部门授予的第二批47家国家级海外高级人才创新创业基地中,宝钢、复旦大学、上海紫竹科学园区、杨浦知识创新基地、上海国际汽车城上榜。

上海京剧院举办青年演出季。

上海戏剧学院在国家大剧院成功上演经典话剧《牛虻》。

由上海市民建市委和黄浦区政府共同举办的"上海民建浦江论坛——外滩金融集聚带、股权投资"在沪举行。

中共上海金山区委、市文史研究馆在金山召开南社百年纪念座谈会,海内外"南社学"专家学者、南社成员后裔及社会各界人士100多人参加座谈。

无锡轨道交通1号线正式开工建设。

由国家知识产权局、科技部和江苏省人民政府主办的第七届中国(无锡)国际工业设计博览会暨第六届中国国际专利与名牌博览会在江苏无锡开幕。

11月8日 第四届中国木雕竹编工艺美术博览会在浙江省东阳开幕。

以"21世纪的水与人居环境"为主题的2009全球人居环境论坛在江苏省无锡市举行。

11月9日 上海已建立了全市统一的数据底板,包括地、楼、房在内的基础数据"一网打尽",通过"天上看、地上查、网上管",全市每一块土地变化的情况可实时掌握。

2009中国(国际)休闲发展论坛在浙江杭州举行。

纪念王阳明逝世480周年暨阳明学派国际学术研讨会在浙江杭州举行。

江苏省金融办、弘业期货、南京大学工程管理学院等单位举办"中国江苏第二届国际期货论坛"。

11月10日 《中国2010年上海世博会规划》获最新评出的2007年度全国优秀城乡规划设计奖一等奖。

2009首届中国国际生态(乡村)旅游节在浙江省湖州开幕。

以"科技创新与促进江苏经济平稳较快发展"为主题的第二届"江苏九三论坛"在江苏省南京举行。

11月11日 中共上海九届市委九次全会举行,审议并通过《中共上海市委关于贯彻〈中共中央关于加强和改进新形势下党的建设若干重大问题的决定〉的实施意见》。

上海市“十二五”规划编制工作会议召开，标志着上海市“十二五”规划编制工作正式启动。

“建设南桥新城，推进城乡一体化发展”专题研讨会在上海市政协召开。

上海市统计局公布的数据显示，10月份上海市规模以上工业企业完成工业总产值2 160.44亿元，比2008年同月增长12%。

以“食品安全与品牌建设”为主题的2009中国食品博览会在浙江省宁波市开幕。

共建海西浙闽边际区域协作组织成立大会暨第一届年会在浙江省庆元举行。

以“关注民生，稳定市场”为主题的第五届江浙沪房地产经济论坛在江苏省镇江市开幕。

以“和谐宗教与江苏经济社会发展”为主题的首届江苏宗教论坛在江苏省南京市举行。

11月12日　上海平安志愿者总队成立暨世博安保志愿服务启动仪式在上海音乐厅举行，已有近80万上海市民报名成为平安志愿者。

上海运动员刘翔以13秒50的成绩夺得亚洲田径锦标赛男子110米栏冠军，成为该项目历史上第一个实现三连冠的运动员。

首届浙江文化艺术节暨浙江省第十届精神文明建设“五个一工程”表彰大会在杭州举行。

江苏省2009年获国家自然科学基金资助项目数为1 487项，首次突破5亿元。

11月13日　由上海新闻战线“三项学习教育”活动领导小组、上海市新闻工作者协会、解放日报报业集团、文新报业集团、上海广播电视台、东方网联合举办的第10届上海传媒业博览会在上海展览馆拉开帷幕。

上海中医药大学中医药文化研究与传播中心揭牌仪式暨学术顾问聘请仪式举行。

杭州市茶文化研究会成立。

由南京大学主办的第二届亚洲配位化学会议在江苏省南京市举行。

11月14日　上海黄浦江上游两岸已建成200至500米宽的水源涵养林，总面积达到58 481亩。

以探讨“科技、文化与城市创新”为主题的第八届海派文化学术研讨会举行，探讨传承历史文化记忆、坚守文化根基，又融入现代元素，使科技和文化更有力地支撑起上海城市的创新和发展。

华东地区党史工作协作会议在江苏省南京市召开。

11月15日　由数百幅富士3D笑脸照片组成的全球首面“迎世博3D笑脸墙”亮相上海，成为“上海市青少年迎世博百万笑脸征集”突破30万张的一个纪念性标志。

上海桥牌选手庄则军、周咏梅在混合双人赛中夺得第一届全国智力运动会首枚金牌。

2009年上海国际当代戏剧季以英国经典悬疑惊悚喜剧《39级台阶》在安福路话剧大厦揭幕。

第七届中国杭州国际教育创新大会开幕。

第三届中国武义温泉节暨全国摩托车越野锦标赛和国际邀请赛在浙江省武义县开幕。

面积有66平方公里，预计总投资约33亿的江苏文化科技产业园揭牌暨天地石刻园奠基仪式在江苏省丹阳市举行。

江苏省无锡产业发展集团与美国AAL公司正式签订合资制造SL－100公务型飞机的协议。

11月16日　浙江省仙居县被正式批准为首批设立的台湾农民创业园。

以中美文化交流为主题的2009“相约西湖”文化活动在浙江杭州开幕。

第三届中国杭州竹笋节在浙江省余杭市开幕。

11月17日　上海市政府宣布再次放宽廉租住房家庭收入认定标准,将原规定人均月收入低于800元(含800元)的标准,调整为人均月可支配收入低于960元(含960元),同时放宽财产认定标准,调整为家庭财产低于12万元(含12万元)。

京、津、沪、渝、深五城区公共文化论坛在上海市徐汇区举行。

上海市浦东新区政府与中国商用飞机有限责任公司总装制造中心项目《合作框架协议》签约,中国商飞公司总装制造中心项目正式落户浦东新区。

“崇明商机研讨会暨招商推介会”举行,中船江南重工、绿地集团、百联集团、宝钢集团、上海外国语大学贤达学院、加拿大和谐汇有机农业园与崇明有关方面现场签约6个项目,总投资额超过80亿元。

第11届中国国际高新技术成果交易会在浙江科技孵化城(嘉兴)开幕。

江苏省首届慈善论坛在江苏省南京市举行。

2009中国医药产业发展战略论坛在江苏盐城举行。

11月18日　上海政法学院庆祝建校25周年。

第五届中国国际物流节在江苏南京国际博览中心开幕,融资合作项目18个,签约总额折合人民币32亿元。

11月19日　由苏浙沪两省一市哲学社会科学规划办公室联合主办的“2009年长江三角洲区域经济社会协调发展学术研讨会”在上海召开。

由江苏畜牧兽医职业技术学院主办的“2009江苏–台湾高等职业教育研讨会”在江苏省泰州市举行,研讨苏台两地高等职业教育的合作与发展。

11月20日　“欧罗巴利亚中国艺术节:上海文化周”开幕仪式在比利时安特卫普市举行,展示来自中国上海的戏曲、电影、文学、美术等传统文化和现代艺术。

总投资1 680万美元,注册资本1 200万美元的上海发那科机器人有限公司新工厂在宝山区顾村镇奠基开工。

第七届江苏省盐城科交会在江苏省盐城市举行,盐城市与国内50多家高校科研院所集中签约48个项目,总投资达34.68亿元。

11月21日　上海队在第一届全国智力运动会桥牌青年男、女团体赛中囊括双金。

以“贯彻《全民健身条例》、迎接健康和谐世博”为主题的上海市第十四届全民健身节举行。

以“发展青田华侨总部经济,促进经济转型升级”为主题的2009中国青田华侨总部经济发展论坛在浙江省青田县开幕。

11月23日　2009首届中国技术创业峰会在江苏无锡举行,针对国际高新技术领域的创新、创业、孵化、发展以及技术创业国际合作等主题开展多方位的专题研讨。

11月24日　第二届中国留学人员南京国际交流与合作大会在江苏省南京博览中心举行。

11月25日　“海上文化论坛”第二讲在上海文艺会堂开讲,主题是“世博中的上海文化元素”。

新加坡–江苏合作理事会第三次会议在江苏省无锡市举行,确认并同意2010年将继续推动并深化各领域的合作。

11月26日　由上海市旅游局、解放日报、崇明县人民政府联合主办的“2009上海·崇明旅游论坛”在上海国际会议中心举行,与会专家提出在崇明设立“低碳旅游示范区”的建议。

江苏镇江市党政代表团在沪举行“2009年沪镇合作交流恳谈暨项目集中签约仪式”,两地企业共达成70多个合作项目,总投资超过200亿元,包括制造业、服务业和现代农业等。

由上海市教委和华东师范大学共建的上海市特殊教育资源中心成立。

2009年江苏省灌南世界魔术交流大会暨第六届亚洲魔术比赛在“魔术之乡”灌南县举行。

“江苏省文化创新与科技发展论坛”在江苏省常州市举行，来自文化部、南京大学、北京师范大学等单位的专家学者作主题发言。

11月27日　第七届江苏名特优农产品交易会在上海国际农展中心开幕。

沪苏皖高速公路电子不停车收费系统正式联网——徽通卡宣布开通，两省一市在安徽合肥共同签署了《长三角高速公路电子不停车收费系统清算协议》。

2009年浙江农业博览会在杭州国际和平会展中心举行。

以长三角地区一体化发展面临的新形势、新机遇为主题的“长江三角洲地区主要领导座谈会”在江苏省苏州市举行。

11月28日　2009中国·邳州产业发展投资洽谈会暨100个项目竣工、100个项目开工、100个项目签约仪式在江苏省邳州炮车镇装备制造产业园开幕，签约项目投资总额达190亿元。

11月29日　2009年“东丽杯”上海国际马拉松赛在南京东路世纪广场鸣枪起跑，共有来自51个国家和地区的2万余名选手参加。

江苏省太仓市与上海有关方面达成一致意见，新辟“太嘉线”城际公交，实现了两地“公铁”无缝对接。

11月30日　上海飞机设计研究院暨中国商用飞机设计研发中心在上海揭牌。

上海人民等七家出版社、江苏人民等六家出版社、浙江教育出版社等四家出版社被授予“全国百佳图书出版单位”荣誉称号。

上海市卢湾区青少年活动中心代表队夺得第三届亚太地区机器人锦标赛冠军。

由上海市总工会、市文广局、市文联主办的第三届上海市“五一文化奖”颁奖典礼在上海大剧院举行，评选活动围绕“职工歌手大赛”和“职工文化活动品牌项目”两个门类开展。

浙江省科研机构创新基地(科技城)奠基仪式在浙江省临安青山湖畔举行。

由欧洲委员会驻华代表团出资主办的第二届欧盟电影展南京站活动正式启动。

2009年12月

12月1日　上海经济适用住房申请审核、轮候供应试点相关准入标准和供应标准已经市政府批准同意。

上海交通大学安泰经济与管理学院首次发布“中国城市公共服务指数”，上海在基础设施、健康安全、就业社保、科教文化和环境保护这五大方面都排名在前五之内，综合水平排名全国首位。

上海师范大学都市文化研究中心、上海市高校都市文化E－研究院合作举办的“世博会与都市文化论坛”之“世博会与市民文化素质”在上海师范大学举行。

12月2日　上海市规划和国土资源管理局向市人大常委会作本市2009年城市规划制定和实施情况报告，至2009年全市实际建设用地总量已达2 860平方公里，距2020年规划指标(2 981平方公里)的增长空间十分有限。

上海首届民营经济发展峰会在新浦东召开，主题“新浦东·新机遇·新发展”，一批民营企业与新区政府及其所属功能区、开发公司和工业园区签订了总投资达 200 亿元的投资项目协议。

第 15 届中国国际海事技术学术会议和展览会高级海事论坛在上海召开,探讨推进上海海洋经济和海事产业的跨越式发展。

上海浦东新区首个院士专家企业工作站在微创医疗器械(上海)有限公司成立。

浙江大学民政研究中心成立暨授牌仪式在浙江大学玉泉校区举行。

12 月 3 日　由上海国际金融学院、香港特别行政区政府驻上海经济贸易办事处等单位共同举办的“沪港金融高管联席会议机制第一次专题研讨会”在上海召开,沪港金融高管共同探讨市场发展共赢模式。

主题为“经济走势与企业机遇”的“中国发展论坛 · 浦东论坛”在上海浦东张江举行。

第二届美术报艺术节在杭州世贸国际会展中心开幕。

由美国微软公司和江苏省无锡市政府共同举办的 2009 年微软中国软件外包事业高峰论坛在江苏省无锡新区开幕。

总投资 6 亿美元的台湾晶元光电 LED 外延片、芯片项目入驻常州签约仪式在江苏省南京市举行。

12 月 4 日　沪宁城际铁路望虞河特大桥等 8 个标段同时进行无砟轨道板铺设施工,标志着沪宁城际铁路开始进入全线铺轨阶段。

中国科学院公布 2009 年院士增选名单,中国科学院上海生命科学研究院植物生理生态研究所林鸿宣、上海微系统与信息技术研究所王曦、国家天文台南京天文光学技术研究所崔向群(女)入选。

江苏省南通机场飞行区改扩建工程获国家民航局批复,总投资 5.73 亿元。

12 月 5 日　纵贯上海市中心城区的轨交新线 7 号线一期正式通车试运营。

上海市社会科学界第七届(2009)学术年会马克思主义研究学科专场暨上海市马克思主义研究年度论坛举行,主题是“马克思主义:中国探索与当代价值”。

上海戏剧博物馆在上海戏剧学院莲花路校区正式建成开馆。

浙江大学医学院附属第二医院迎来建院 140 周年。

第四届生活品质全国论坛在浙江杭州举行。

浙江数字医疗卫生技术研究院揭牌暨国家数字卫生项目——浙医一院良渚文化村数字化健康服务示范社区启动仪式在浙江省良渚文化村举行。

以“海归创业与经济转型”为主题的中国海归创业发展(无锡)论坛在江苏省无锡市举办。

12 月 6 日　浙江省设立“省政府质量奖”。

以集中优势、联合开发、资源共享、力推“文化长三角”为主题的“2009 · 长三角对外文化交流工作联席会议”在江苏省扬州市召开。

12 月 7 日　东亚运动会乒乓球男女单打决赛结束,上海籍女选手姚彦夺取女单金牌;上海籍男选手许昕获得男单金牌。

12 月 8 日　大型保障性住房项目“上海晶城”正式破土动工,预计 2013 年建成后,将为7 000余户家庭提供约 50 万平方米的经济适用住房。

复旦大学物理系教授龚新高入选美国物理学会会士。

上海市大学生创业社团联盟成立。

第三届国际环保科学和商业大会在沪落幕,此次会议主题为“清洁技术:研发、投资、技术转移和制造”。

王冬龄巨幅草书《老子》捐赠仪式在浙江省美术馆举行。

中国国际贸易促进委员会浙江省分会成立50周年纪念大会在浙江省人民大会堂举行。

12月9日 作为上海浦东推进国际金融中心建设的35项工作之一,第三届陆家嘴金融文化节开幕,主题为“参与、共建、分享”。

总投资11.95亿元,占地123亩的上海曙海太阳能有限公司光伏项目落户新浦东的南汇工业园区,将生产具有自主知识产权和国际先进水平的非晶硅薄膜太阳能电池生产线及其光伏电池组件。

12月10日 上海地产集团中星公司、上海城投总公司城投置地公司、上海建工集团建工房产公司、上海城建集团城建置业公司、上海绿地集团绿地实业公司与上海市工程建设质量管理协会、解放报业集团房地产时报共同签订《上海市住宅建设质量公约》。

上海市11名2008年享受国务院特殊津贴的高技能人才和50名2008－2009年度享受市政府特殊津贴的“上海市突出贡献技师”在本市高技能人才工作会议上受到表彰。

总面积近700万平方米,总投资达581亿元的“城市综合体(无锡)项目”21个在江苏省无锡市开工建设。

12月11日 上海市行政审批制度改革工作电视电话会议召开,公布取消、调整950个行政审批事项。

浙江大学出版社编辑出版的《宋画全集》、浙江教育出版社的《王国维全集》和浙江人民出版社的《毛泽东著作辞典》等项目获得国家出版基金资助,其中《宋画全集》的资助金额为1 250万元。

12月12日 上海市社会科学界第七届学术年会全体大会举行,就“新中国60年:现代化道路与中国特色”的主题展开了交流和探讨。

第八届“上海IT青年十大新锐”评选结果揭晓。

第九届中国经济学年会在杭州开幕。

以“南京都市圈现代服务业发展”为主题的第七届南京都市圈发展论坛在南京财经大学举行。

中国民营船企发展高层论坛在江苏省南通市举行。

12月13日 为迎接世博会,体现“爱上海,从我做起”的“三五”行动主题,南京路步行街恢复上海传统的周四大扫除,组织沿街商家企业的干部群众清扫门前、清洁橱窗和店面招牌。

江苏盐城市在沪举行园区共建集中签约仪式。来自盐城的11个省级开发区与上海漕河泾新兴技术开发区、上海西郊经济技术开发区、上海嘉定工业区等园区选择了一批投资亿元以上或3 000万美元以上项目进行签约,这批项目总投资为41.2亿元。

12月14日 上海市淮海中路796号历峰双墅因其历史建筑的保护、技术规划和成功的商业运营,荣获2009联合国教科文组织亚太地区文化遗产保护优胜奖。

“2009中国城市商业发展论坛”信息,2010年1－10月份,上海零售额及增速分别低于北京52亿元和1.1%,要夺回全国中心城市零售额规模第一的地位基本无望。

第23届陈伯吹儿童文学奖颁奖暨“陈伯吹儿童文学基金会创作研究基地”揭牌仪式在上海市宝山区庙行镇举行,同时还举行了圣野儿童文学创作研讨会。

由上海对外科学技术交流中心、浦东新区归国留学人员联合会、以色列驻上海总领事馆、中以文化咨询中心主办的“以色列文化论坛”日前在浦东张江高科技园区惠生科技园举行。

全国首届“群文品牌”创建论坛暨展示活动在浙江省三门市举行。

12月15日 上海市已建成1 000余个“职工书屋”，全年职工图书借阅量超过500万册，遍布上海各区县的“职工书屋”网络已发展成为凝聚职工的平台和提升职工素质的课堂。

联合国教科文组织为宁波市江北区慈城古建筑颁发“联合国亚太地区文化遗产保护荣誉奖”。

12月16日 中国电信上海公司与SMG合作共同运营的IPTV业务在上海地区的用户规模突破一百万户，上海已经成为IPTV全国乃至全球用户数最多的城市。

由农工党上海市委、浦东新区政府和上海科普教育发展基金会联合主办“2009上海生态与健康论坛”在上海科技馆举行。

上海市第七次哲学社会科学学术团体工作会议在上海科学会堂国际会议中心举行。

由上海民间文艺家协会、上海工艺美术行业协会等联合主办的“激情纸艺2009上海原创纸艺大展”在徐汇区图书馆举行。

为破解公墓土地紧缺难题，上海市将在淀山湖归园尝试推出“复式家庭葬”，骨灰盒可分层叠放，形成地下“四世同堂”。

浙江省宁波热电厂关闭。

12月17日 沪浙首个国家级开发区合作项目——上海漕河泾新兴技术开发区海宁分区的开发建设全面启动。

江苏省2009年共向家庭经济困难学生发放扶困助学经费16.3亿元，受益学生达151.58万人次。

12月18日 投资落户申城并获上海市政府认定的总部经济外资项目累计已达751个，上海已成为除香港特区以外我国吸引总部经济外资项目最多城市。

上海浦东新区召开金融城楼宇商业配套现场推进会，启动实施《关于完善陆家嘴金融城商业配套的财政扶持办法》。

浙江地图网正式开通，将不间断地为互联网用户免费提供覆盖浙江全省的二维、三维地图。

由北京北科建集团开发建设的长三角创新园在浙江省嘉兴市秀洲区正式开工兴建。

江苏省“文化强省”建设标志性重点工程——江苏省档案馆新馆正式开工建设。

上海市、江苏省、浙江省和安徽省市场监管部门负责人在江苏省苏州市签署合作交流备忘录，共商共建统一开放的大市场。

12月19日 截至2010年11月底，上海全市实现累计原保费收入604亿元，位列全国第五，同比增长8.5%。

上海外国语大学举行建校60周年庆典。

由上海市委宣传部、上海世博局、市交运港口局、市旅游局、市政协经济委员会和宝山区人民政府共同主办的“世博论坛·水上旅游与城市生活”举行。

12月20日 2009年上海市职业技能竞赛活动市级一类竞赛决赛在中国(上海)高技能人才实训中心等七个赛场同时展开。

复旦大学成立“当代中国研究中心”。

浙江省博物馆武林馆区、浙江革命历史纪念馆开馆。

12月21日 中国社区建设展示中心在浙江杭州落成。

12月22日 浙江画院建院25周年庆典举行。

12月23日 以“读书让生活更美好”为主题的第十一届上海读书节在长宁区工人文化宫圆满闭幕。

上海市“实有人口、实有房屋”全覆盖管理已进入最后验收评估阶段，截至11月底，本市共登记门弄号信息 254 万余条,房屋信息1 129万余间,实有人口信息2 080万余人。

由上海广播电视台艺术人文频道和《新民晚报》文化新闻部联合主办的“2009 上海文化事件榜”举行揭晓盛典,上海文化体制改革推出重大举措、上海文广演艺集团面向市场经济扬帆起航、《中国新文学大系》百卷问世等入选。

第二届中国(浙江)廉政故事大奖赛颁奖仪式在浙江省余杭举行。

南京大学连云港高新技术研究院和连云港市高层科技人才交流中心签约仪式在江苏省连云港市行政中心举行。

“2009 中国会展节事经济年会暨第二届中国会展节事产业 60 人圆桌峰会”在江苏省南京市举行。

12 月 24 日 全国发展改革系统财政金融工作会议在江苏省南京市召开,会议分析国内外财政金融形势,研究部署明年工作。

12 月 25 日 上海世博会永久性建筑“一轴四馆”中的重要场馆世博中心正式竣工。

上海市金山、奉贤两分区正式纳入上海化学工业区“一体化管理”,为上海化工区增添“两翼”,实现“三合一”。

浙江舟山跨海大桥试通车。

12 月 26 日 上海市长兴岛新一轮建设全面启动,先期开建十大工程,总投资预计 80 亿元。

浙江省嘉兴市正式通过新农村电气化市建设考评验收,成为全国首个新农村电气化市。

12 月 28 日 “2009 上海中国画院年展”开展。

在浙江省长兴县举行的首届长三角地区县级广播电视台台长论坛”上,沪、苏、浙、皖 60 余家县(区)广播电视台缔结了“农村公共新闻交流联盟”。

上海世博会大型图片展在江苏省南京市城建馆开幕。

12 月 29 日 由上海市海峡两岸交流促进会和台北县工商发展策进会共同主办的“绿色经济时代,共创城市双赢”论坛在沪举行。

由国家科技部高技术研究发展中心组织的专家组在上海长江隧桥对国家“863 计划”《超大特长越江盾构隧道关键技术研究》课题进行了现场验收。

由上海巴士公交集团与崇明县国资委共同出资组建的上海崇明巴士公共交通有限公司正式挂牌成立。

有着近百年历史的上海市黄浦剧场修缮一新,变身“上海笑天地”,成为上海人民滑稽剧团的专属舞台。

中国食品总部基地落户浙江食品市场。

“苏通大桥建设关键技术研究”成果通过了由六位院士领衔的专家组验收。这是江苏省第一个通过国家验收的科技支撑计划项目。

12 月 30 日 上海市政府新闻办书面发布,2009 年度上海市人民政府为民办实事 10 个大项、28 个子项已全面完成年度目标任务,实现年初对市民的承诺。

2009 第三届陆家嘴金融文化节落下帷幕。

12 月 31 日 沪上迎新电视直播主会场将首次入驻外滩,推出一场“跨越零点大狂欢”。变脸后的上海新外滩将亮相在观众面前。

上海黄浦江上第八座大桥闵浦大桥正式通车。

上海市浦东新区张江高科技园区有轨电车试验线正式对外载客运营。

长江三角洲城市经济协调会第十次市长联席会议纪要

(2010年3月26日长江三角洲城市经济协调会第十次市长联席会议通过)

长江三角洲城市经济协调会(以下简称“协调会”)第十次市长联席会议于2010年3月26日在浙江省嘉兴市举行。上海市副市长胡延照、浙江省副省长龚正、安徽省副省长孙志刚,上海、无锡、宁波、舟山、苏州、扬州、杭州、绍兴、南京、南通、泰州、常州、湖州、嘉兴、镇江、台州、合肥、盐城、马鞍山、金华、淮安、衢州等22个成员城市政府领导和有关部门负责人出席了会议。国家发改委地区司、沪苏浙皖三省一市发改委、协作部门领导,以及泛珠三角、环渤海区域合作组织常设机构负责人应邀参加了会议。

本次会议共分两个阶段。上午召开了市长联席会议内部会议。上海市副市长胡延照主持会议。会议审议通过了《关于修改长江三角洲城市经济协调会章程的提案》:同意吸收合肥市、盐城市、马鞍山市、金华市、淮安市、衢州市为协调会成员;协调会增设秘书长,由上海市人民政府合作交流办公室主任兼任;大会正式更名为:长江三角洲城市经济协调会市长联席会议;明确由各成员城市市长出席联席会议。审议通过了协调会《2010年度城市合作专(课)题的提案》,批准继续深化“长三角医保合作”、“长三角金融合作”、“长三角会展合作”等三个合作专题,新设“长三角园区共建”专题和“长三角异地养老合作”、“长三角现代物流业整合和提升”两个课题。审议通过了《协调会第十次市长联席会议工作报告》;听取了协调会办公室主任胡雅龙同志所作的《2009年度协调会会费收支情况的报告》。各成员城市市长就贯彻落实国务院《指导意见》和“长三角地区主要领导座谈会”精神,用好世博机遇、放大世博效应,务实推进长三角城市间合作,加强协调会建设进行了交流座谈。

会议充分肯定了加强城市合作对于推进区域一体化发展、同城化发展的重要意义,城市合作有利于促进各城市经济社会全面发展,有利于长三角这一世界第六大城市群的加快形成。协调会成立13年来,在推进长三角城市合作方面发挥了积极务实和富有成效的作用。

会议认为,长三角城市群要想实现进一步发展,在服务全国中发挥更大作用,在国际竞争中保持主动地位和领先优势,就必须率先转变发展方式,全面提升发展水平,才能在更高起点上实现新跨越。

会议强调,上海世博会是长三角城市共同分享发展机遇、共同繁荣城市文化、共同赢得区域合作一体化的实践平台。各成员城市要秉承“机遇共抓、资源共享、主题共绎、活动共办、声势共造”的理念,动员各方面的力量,主动参与,全面融合,放大世博效应,为共同打造长三角率先和谐发展的新平台,为办一届“成功、精彩、难忘”的世博会做出积极贡献。

下午,召开了市长联席会议全体会议,嘉兴市人民政府市长李卫宁、常务副市长裘东耀分别主持了会议。中共嘉兴市委书记、市人大常委会主任陈德荣、国家发改委地区司副司长刘苏社、上海市副市长胡延照、浙江省副省长龚正、安徽省副省长孙志刚等分别致辞。协调会办公室主任胡雅龙受协调会秘书长林湘同志委托通报了市长内部会议的主要内容。

会议听取了协调会秘书长林湘委托协调会办公室主任胡雅龙同志所作的《长江三角洲城市经济协调会第十次市长联席会议工作报告》。报告对一年来协调会的工作给予充分肯定,对所提出的工作建议表示赞同，对下一步工作提出了具体要求。会议宣读了《长江三角洲城市经济协调会办公室关于对2009年度城市合作专(课)题工作先进集体、先进个人予以表彰的决定》。会上，湖州、嘉兴、合肥、盐城、金华等五城市围绕会议主题和完善区域合作机制等进行了大会发言，其他成员城市作了书面交流。22个成员城市领导共同签署了《长江三角洲地区城市合作(嘉兴)协议》。

会议商定，本年度协调会要继续贯彻落实国务院《指导意见》和"长三角地区主要领导座谈会"有关精神，积极推进城市专题合作、切实加强协调会自身建设等工作。

会议决定，长江三角洲城市经济协调会第十一次市长联席会议在江苏省镇江市召开。

长江三角洲城市经济协调会第九次会议以来工作情况的报告

湖州市人民政府市长　马以

各位市长、各位代表、各位嘉宾：

2009年，是长江三角洲地区深入贯彻落实共同应对金融危机、务实推进城市间合作的一年。一年来，湖州市作为2009年度长三角城市经济协调会执行主席方，在常务主席方的指导帮助下，在兄弟城市的支持配合下，深入贯彻落实《国务院关于进一步推进长江三角洲地区改革开放和经济社会发展的指导意见》的精神，认真落实"沪苏浙主要领导座谈会"精神，积极推动城市合作，各项工作均取得了较好的发展。现在，我代表长江三角洲城市经济协调会2009年度执行主席方，向大会作一年来长三角协调会的工作报告，请予审议。

一、市长会议展现新亮点

2009年3月27日，长江三角洲城市经济协调会第九次会议在湖州成功举行，会议围绕"贯彻国务院指导意见精神，共同应对金融危机，务实推进长三角城市合作"的主题，充分肯定了长三角城市经济协调会办公室和各专业委员会围绕长三角城市经济建设所做的各项工作，16个成员城市领导共同签署了《长江三角洲地区城市合作(湖州)协议》。会议首次邀请了除原长三角十六城市外的江浙两省其他8个城市的有关领导和长三角部分城市的24家企业代表参会，进一步拓展了长三角城市合作的领域。

二、积极推进合作专题工作

城市合作专题是协调会务实推进区域合作的重要突破点。一年来，长三角协调会认真组织各牵头单位和各市有关部门全力推进实施合作专题，"长三角世博主题体验之旅"、"协调会自身建设"、"长三角金融合作"、"长三角医疗保险"、"长三角会展合作"5个专题都完成了年度目标任务。

(一)深化长三角世博主题体验之旅专题。

2009年度长三角世博主题体验之旅专题合作项目圆满完成了长三角世博主题体验之旅示范点的征集、遴选和评比工作，共有52项方案入围。同时，专题合作组织协调会机制对2008年度入选的示范点进行跟踪评估，并对2008和2009年评选入围的示范点进行产品设计；设计制作了体验之旅画册、旅游产品手册等推介宣传资料。

(二)深化协调会自身建设专题。

该专题完成了内部发行的《中心简报》的定期出版，定期发布专项研究报告；根据协调会工作需求组织召开各类研讨会、咨询会，形成咨询报告；建立了以地理系统为基础的长三角数据信息库；启动了长三角电话抽样调查系统。

（三）长三角金融合作专题。

该专题建立了长三角金融合作联席会议制度；加强了与金融监管部门之间的合作；共同研究制定了跨区域金融监管、风险预警、风险救助等合作措施；此外共同完善了应急预案。

（四）长三角医疗保险合作专题。

该专题建立了长三角地区16个城市的医疗保险合作联席会议制度；对参保人员异地就医开展了调研，详细了解了各地医疗保险政策、经办情况、信息系统构架等情况。

（五）长三角会展合作课题。

该专题完成了长三角区域会展业现状发展情况的调研摸底；对长三角区域会展业发展在现代服务业发展中所处的战略地位做出评估。

各位市长、各位代表，第九次会议以来，各成员城市努力区域合作、务实推进专题建设，各项工作取得了长足的进步。在此，我谨代表湖州市人民政府，对一年来常务主席方给我们工作的指导和帮助，以及各兄弟城市对我们工作的大力理解和支持，表示衷心的感谢！我们深信，在各成员城市的团结协作和共同努力下，长三角地区一定能够在高的起点上又好又快的发展，实现新的跨越！

长江三角洲地区城市合作(嘉兴)协议

(2010年3月26日长江三角洲城市经济协调会第十次市长联席会议通过)

2010年3月26日,长江三角洲城市经济协调会(以下简称“协调会”)第十次市长联席会议在浙江省嘉兴市召开。会议根据《国务院关于进一步推进长江三角洲地区改革开放和经济社会发展的指导意见》(以下简称“指导意见”)的要求,按照2009年11月27日在苏州召开的“长江三角洲地区主要领导座谈会”对长三角区域合作的总体部署,在征求各城市意见的基础上,,决定2010年在推进长三角城市合作中,继续深化“长三角医保合作”、“长三角金融合作”、“长三角会展合作”等三个合作专题,新设“长三角园区共建”专题和“长三角异地养老合作”、“长三角现代物流业整合和提升”两个课题。

会议达成如下协议:

一、落实国家战略和长三角地区主要领导座谈会工作部署,共同推进区域一体化发展

为了进一步贯彻《指导意见》以及即将出台的《长江三角洲地区区域规划》,落实“长三角地区主要领导座谈会”的精神,组织成员城市解读、研究,提出近期行动计划,开展工作对接和落实。2010年,各成员城市将从以下两个方面推进工作:

1. 组织成员城市研讨长三角地区主要领导座谈会精神,分解《共同推进长三角地区一体化发展若干重要事项》的目标任务,拟定行动计划,以区域合作项目为抓手,推进落实;

2. 组织各成员城市研究、交流“十二五”规划的编制工作,把加快长三角地区一体化发展列为重要内容,着力在城镇体系、产业布局、重大基础设施等方面加强规划、政策和项目的对接。

该项工作由协调会2010年度执行主席方嘉兴市(合作办)牵头负责。

二、深化长三角医保合作专题

2009年设立的长三角医保合作专题初步建立了16个城市医疗保险合作联席会议制度,拟定了长三角地区医疗保险异地就医费用结算方案,并在部分城市开始实施,为全面推进异地就医费用结算工作奠定了基础。

2010年拟完成以下任务:

1. 继续实施结算方案。重点做好南京与上海利用“金保工程”平台开展异地结算,以及做好南京与杭州的异地就医结算工作;

2. 协调解决难点问题。完善联席会议制度,使异地结算工作覆盖16个城市,并向新入会的6个城市拓展,同时研究扩大就医人群范围的可能性;

3. 制定规范统一的信息格式标准。召开计算机信息人员会议,围绕异地就医结算信息化建设、网络安全等问题进行研讨,制定异地就医结算基础信息、结构标准的规范化文本。

该专题由南京市劳动和社会保障局牵头,协调会其他成员城市的社保局或医保局及相关部门参

与组织实施。

三、深化长三角金融合作专题

2009年设立的长三角金融合作专题全面系统的了解了长三角经济金融发展状况，提出了长三角在金融合作上可以启动的9大项目方案。专题组将按照项目的成熟度和难易度，先期推动金融产品创新合作、金融风险防范合作、“金融峰会”论坛合作3个项目。

2010年拟完成以下任务：

1. 以“经济转型升级背景下的长三角金融合作”为主题召开长三角金融峰会；

2. 探索出台金融风险监测指标体系，并据此发布《长三角地区金融稳定报告》。

该专题由杭州市金融办牵头，协调会其他成员城市的金融办及相关部门参与组织实施。

四、深化长三角会展合作专题

2009年设立的会展合作课题，完成了长三角区域会展业现状发展情况的调研摸底，对长三角区域会展业发展在现代服务业发展中所处的战略地位作出评估，并提出了长三角区域会展业今后开展合作的具体对策措施。

2010年决定在此基础上继续深化，落实有关建议措施，拟完成以下任务：

1. 完成2010年上海世博会对长三角经济拉动作用测算和影响分析报告；

2. 建立长三角城市重点展会活动互动参与机制，逐步推进长三角会展业合作发展；

3. 编制印发每月一期的“长三角会展业要报”。

该专题由宁波市会展办牵头，协调会其他成员城市的相关部门参与组织实施。

五、长三角园区共建专题

目前，长三角地区有关城市在园区共建方面进行了一些有益尝试，采取了“飞地型”等共建模式，取得了较好的成效。为进一步深化研究并完善长三角园区共建的体制和机制，遴选和认定若干长三角园区共建的示范点，从而促进以园区为纽带的长三角地区间的产业转移与合作交流，实现区域共赢和协调发展，决定设立该专题。

2010年拟完成以下任务：

1. 成立长三角园区共建合作专题的组织协调机构；

2. 研究制定长三角园区共建的规范标准及相关政策；

3. 遴选和认定若干长三角园区共建的示范点；

4. 联合有关城市政府统一开展长三角共建园区的推介和招商活动；

5. 协助编制相关共建园区系列规划。

该专题由上海市政府研究中心、上海市经济信息委牵头，协调会其他成员城市的发改委、经委等相关部门参与组织实施。

六、长三角异地养老课题

踏入二十一世纪以来，人口老龄化问题成为长三角各城市关注的焦点，养老服务供需矛盾日益突出。而异地养老恰可以有效的缓解大城市因经济发展而形成的城市扩容压力，增强城市活力。2009年，扬州市开展了长三角异地养老可行性方案的研究，初步设计出异地养老的实现路径，经研究决定设立长三角异地养老课题。

2010年拟完成以下任务：

1. 建立长三角16城市由发改委、老干部局、民政局等相关部门参加的异地养老互动合作联系会议制度；

2. 提交长三角异地养老课题报告；

3. 同时在具备条件的城市探索启动异地公寓养老、租房养老、候鸟式养老、旅游养老等形式的养老模式。

该课题由扬州市政府发改委牵头实施，协调会其他成员城市的发改委、民政局等相关部门参与组织实施。

七、长三角现代物流业整合和提升课题

大力发展现代物流业，是优化区域产业结构，发展现代服务业的必然选择，对于长三角大城市群而言，则更是加快“四个中心”，尤其是国际航运中心的建设和推进区域经济一体化发展的迫切需要。为此，决定设立长三角现代物流业整合和提升课题。

2010年拟完成以下任务：

1. 召开长三角物流业联席会议；

2. 组织物流专家对各城市的物流业现状进行调研，提出长三角物流业整合和提升的方案。

3. 提交课题成果。

该课题由苏州市政府发改委牵头实施，协调会其他成员城市的发改委、经委等相关部门参与组织实施。

为将此协议落到实处，要求各成员城市要落实责任部门，明确考核目标，配备必要的工作经费，认真组织实施。

图书在版编目(CIP)数据

长三角年鉴. 2010/长三角联合研究中心主办.
—南京:河海大学出版社,2010.12
ISBN 978-7-5630-2777-4

Ⅰ.①长… Ⅱ.①长… Ⅲ.①长江三角洲—2010—年鉴 Ⅳ.①Z525

中国版本图书馆 CIP 数据核字(2010)第 253928 号

长三角年鉴(2010)

主　　编/长三角联合研究中心
执行主编/孙克强

出 版 者/河海大学出版社
地　　址/南京市西康路 1 号
邮政编码/210098
电　　话/(025)83737852
电子信箱/hhup@hhu.edu.cn
责任编辑/朱婵玲　毛积孝
特约校对/李元松　范　蓉
责任印刷/张陆海

总 经 销/河海大学出版社发行部
经　　销/江苏省新华发行集团有限公司
读者服务/邮购部(025)83722833
排　　版/江苏省地质测绘院
印　　刷/江苏省地质测绘院

开　　本/880 毫米×1230 毫米　1/16 开
印　　张/64.875
插图印张/2.25
字　　数/1850 千字
版　　次/2010 年 12 月第 1 版
印　　次/2010 年 12 月第 1 次印刷

书　　号/ISBN 978-7-5630-2777-4/Z·59
定　　价/430.00 元